KB143785

마이어스의 심리학 제13판

PSYCHOLOGY

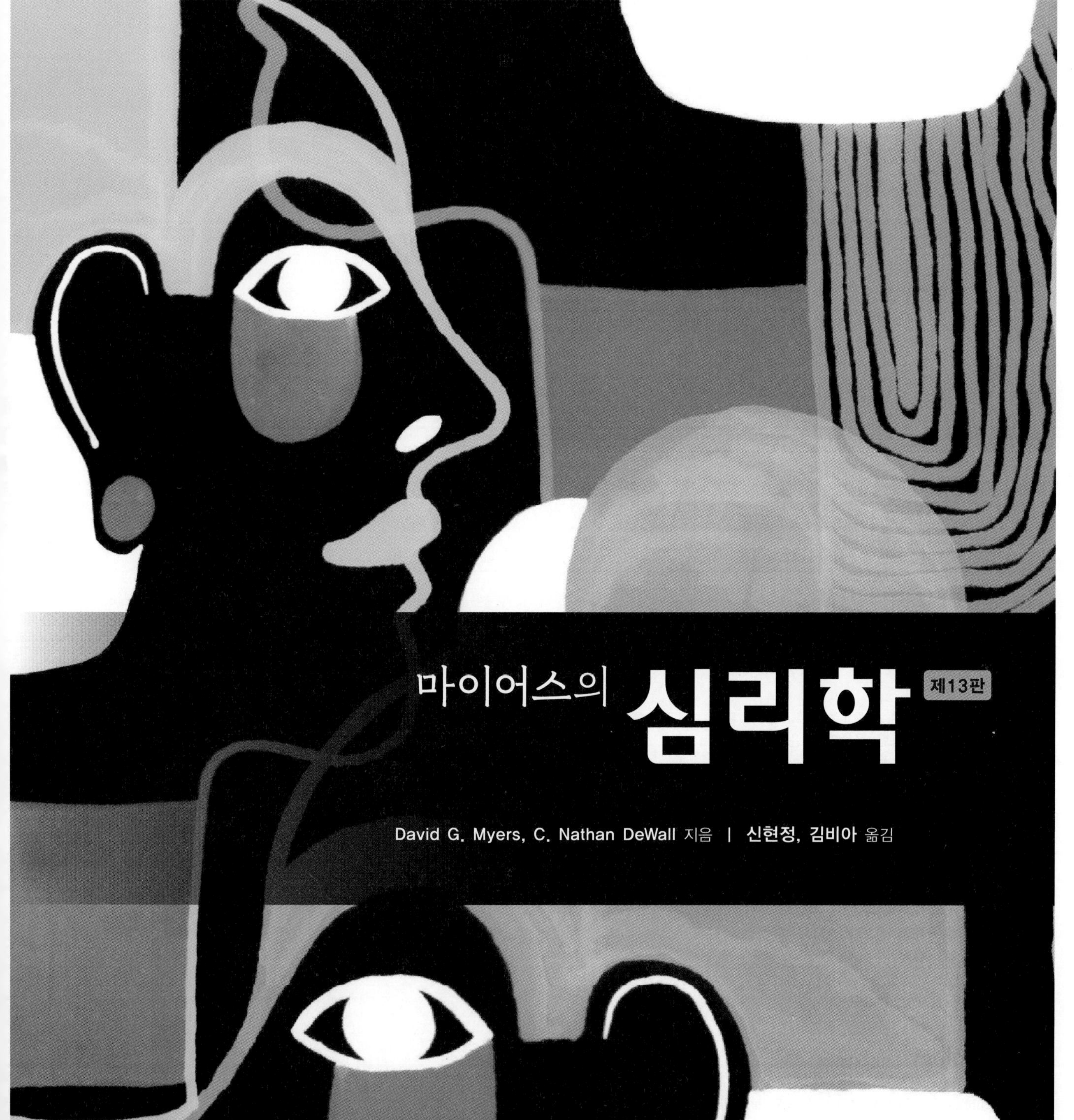

마이어스의 **심리학** 제13판

David G. Myers, C. Nathan DeWall 지음 | 신현정, 김비아 옮김

Σ 시그마프레스

마이어스의 **심리학**, 제13판

발행일 | 2022년 2월 25일 1쇄 발행

지은이 | David G. Myers, C. Nathan DeWall
옮긴이 | 신현정, 김비아
발행인 | 강학경
발행처 | ㈜시그마프레스
디자인 | 고유진, 이상화, 우주연, 김은경
편　집 | 윤원진, 김은실, 이호선
마케팅 | 문정현, 송치헌, 김인수, 김미래, 김성옥

등록번호 | 제10−2642호
주소 | 서울특별시 영등포구 양평로 22길 21 선유도코오롱디지털타워 A401~402호
전자우편 | sigma@spress.co.kr
홈페이지 | http://www.sigmapress.co.kr
전화 | (02)323−4845, (02)2062−5184~8
팩스 | (02)323−4197

ISBN | 979−11−6226−363−1

Psychology, 13th Edition

First published in the United States by Worth Publishers

Copyright ⓒ 2021, 2018, 2015, 2013 Worth Publishers

All rights reserved.

Korean language edition ⓒ 2022 by Sigma Press, Inc. published by arrangement with Worth Publishers

이 책은 Worth Publishers와 ㈜시그마프레스 간에 한국어판 출판 · 판매권 독점 계약에 의해 발행되었으므로 본사의 허락 없이 어떠한 형태로든 일부 또는 전부를 무단복제 및 무단전사할 수 없습니다.

* 책값은 뒤표지에 있습니다.

요약 차례

차례

제 4 장

선천성과 후천성 그리고 인간의 다양성

제 5 장

일생에 걸친 발달

제 6 장

감각과 지각

제 7 장

학습

제 8 장

기억

제 9 장

사고와 언어

제 10 장

지능

제 11 장

동기 : 배고픔, 성, 소속감, 그리고 성취

제 16 장

치료

역자 서문

끝날 것 같지 않았던 작업이 이제야 마무리되었다. 2008년에 제8판을 번역하였고, 2015년에는 제11판을 번역하였으니, 이 제13판은 세 번째 번역 작업이다. 조금 더 시간과 노력을 경주하여 더 매끄러운 표현을 했어야 하였다는 아쉬움이 없지 않지만, 역자 역량의 한계를 더욱 절감할 수밖에 없는 나이가 되고 말았다. 특히 첫 번째 역자가 자기위주 편향에 빠져, 젊은 시절처럼 빠르게 작업할 수 있을 것이라고 착각한 것이 제일 큰 문제였다. 어쨌거나 시간에 쫓기면서도 이제 끝을 보게 된 것을 참으로 다행으로 생각한다.

고대 로마의 시인이자 철학자인 루크레티우스가 "유일하게 불변하는 진리는 변화"라고 천명한 바와 같이, 이 세상에 변하지 않는 것은 없다. 그렇지만 현대심리학처럼 빠른 속도로 급변하고 있는 학문도 흔하지 않다. 21세기에 들어서서 그 변화 속도는 감지하기조차 쉽지 않다. 심리학자임에도 불구하고, 전공 분야가 아닌 다른 심리학 분야에서 급변하고 있는 내용을 깊이 있게 이해하는 데 숨이 찰 지경이다.

역자 중의 한 사람이 심리학 공부를 본격적으로 시작한 1970년대 후반에는, 심지어 또 다른 역자가 심리학 공부를 시작한 1990년대 중반까지도, 개론서에서 인용하는 연구가 아무리 최신의 것이라고 할지라도 발표하고 최소한 10년 이상 경과한 것이었다. 그런데 21세기로 접어들면서 인터넷을 비롯한 소셜 미디어 테크놀로지의 급격한 발달은 그 시차를 1년 이내로 줄여버렸다.

이제 마이어스의 심리학 제13판의 번역서를 출간하면서, 독자들에게 양해를 구할 수밖에 없는 일이 없지 않다. 저자들은 책의 전체 분량을 오히려 줄이면서도 최신의 연구를 포함하여 더 많은 내용을 담고자 시도하고 있다. 이 사실은 저자들이 내용을 예전 판에 비해서 상당히 함축적으로 기술하고 있음을 나타낸다. 저자들에게는 별문제가 되지 않았을는지 모르겠으나, 역자들에게는 여간 부담되는 일이 아니다. 외국 서적을 번역해본 분들은 모두 공감하고 있듯이, 역자는 이중 삼중의 역경에 직면할 수밖에 없다. 내용을 한국어답게 표현해야 할 뿐만 아니라, 저자의 의도와 글쓰기 스타일도 반영해야 하며, 문화 차이로 인하여 한국어로 직접 표현하기 어려운 문화 특수적 유머 등에도 적절하게 대처하여야만 한다. 함축적 내용을 길게 풀어 쓰거나 각주를 이용하는 것이 한 가지 방법일 수 있겠지만, 저자와 독자들에 대한 예의가 아니기 십상이다. 역자로서 이 모든 문제에 적절하게 대처하고자 애를 썼지만, 한계가 없을 수 없다. 올바르게 전달하지 못한 부분이 있다면, 그것은 전적으로 역자들의 역량이 모자란 때문이다. 어떤 것이든 독자들께서 피드백을 주신다면, 정말로 감사하겠다.

이제 제8판 역자 서문의 마지막 문단을 반복하는 것으로 역자의 변을 대신한다. "끝이 보이지 않던 번역과 교정 작업이 이제야 마무리되어 한 권의 책이 되니, 한편으로는 안도의 한숨이, 다른 한편으로는 미진함의 한숨이 교차한다. 영어로 골머리를 앓는 심리학도들에게 조금이나마 도움이 되기를 기대하고, 이 책을 기꺼이 출판해준 ㈜시그마프레스에 다시 한번 감사드린다."

2021년 12월

신현정(hjshin@pusan.ac.kr), 김비아(biakim@pusan.ac.kr)

심리학개론을 가르치는 교수를 위한 **저자 서문**

이 책은 초판에서부터 줄곧 비판적 사고를 가르치고 학생들이 심리학 발견의 토대를 이루는 연구를 이해하도록 지원하는 데 초점을 맞추어왔다. 이번 제13판에서는 그러한 초점을 더욱 확대하였다(다음 페이지 '마이어스와 드월의 연구와 비판적 사고 이야기'를 참조하라). 제13판은 2015~2020년 사이에 발표된 2,100편의 연구를 인용함으로써 가장 최신의 자료가 가용한 심리학개론 교재가 되도록 만들었다. 많은 흥미진진한 새로운 연구결과 그리고 새로운 사례와 아이디어로 갱신한 모든 장(chapter)을 통해서 학생들은 심리학 연구의 중요성과 가치 그리고 어떻게 심리학이 세상을 이해하도록 도와줄 수 있는지를 알게 된다. 예컨대, COVID-19 대유행이 소속욕구(제11장), 사회적 책무 규범과 편견(제13장), 자살행동(제15장) 등에 미치는 영향에 관한 새로운 연구를 논의한다.

표 1 2020년 APA 심리학개론 계획의 통합적 주제

APA의 다섯 가지 '통합적 주제'	APA의 '견본 개념 또는 아이디어'
a. 심리과학은 경험적 증거에 의존하며, 새로운 데이터가 누적됨에 따라 조정한다.	• 실험법 • 통계 • 기억 모형 • 역치하 지각 • 치료 개입
b. 심리학은 행동을 주도하는 보편 원리를 설명하며 동시에 개인차를 인정한다.	• 지능 • 탄력성 • 성격검사 • 슈퍼미각자 • 공감각
c. 심리적, 생물학적, 사회적, 문화적 요인이 심적 과정과 행동에 영향을 미친다.	• 심리장애 • 노화 • 건강과 안녕감 • 애착 • 성격 이론
d. 지각은 불완전한 개인적 렌즈를 통해서 세상 경험을 걸러낸다.	• 지각 착시 • 스키마 • 인지적 오류 • 자기위주 편향 • 내집단 편향
e. 심리학 원리의 적용은 삶을 긍정적인 방식으로 변화시킬 수 있다.	• 심리치료 • 학습기술 • 대처 • 갈등 해소 • 행동 변화

APA 심리학개론 계획과 심리학 전공자를 위한 학습목표와 기대하는 결과

미국심리학회(APA)는 '심리학개론 경험의 자질'을 개선시킨다는 희망을 가지고 2020년 8월에 심리학개론 계획(IPI)의 결과를 발표하였다. 다섯 가지 '통합적 주제'와 여섯 가지 '학생의 학습 결과'를 포함하고 있는 APA IPI는 담당 교수들에게 강의에서 학생들에게 정기적으로 이러한 주제들을 연습하고 생각하며 소통할 기회를 제공하고 학생들의 이해를 정기적으로 평가하면서 그 주제들을 통합시킬 것을 권장하였다.

요컨대, APA IPI는 담당 교수가 다섯 가지 통합적 주제를 사용하여 학생들이 (1) 경험적 증거에 맞추어 자신의 생각을 조정하고, (2) 일반원리뿐만 아니라 개인차를 인식하며, (3) 생물심리사회적 영향요인을 인정하고, (4) 지각과 사고의 오류를 자각하며, (5) 자신의 삶을 개선하는 데 심리학 원리를 적용하는 것을 도와줄 것을 권장한다.

여섯 가지 학습 결과는 학생들이 (1) 다섯 가지 주제를 충분히 이해하고, (2) 자신의 일상 삶에 심리학을 적용하며, (3) 판단과 의사결정에서 경험적 증거를 사용하고, (4) 어떤 주장이든 심리과학을 사용하여 평가하며, (5) 연구를 설계하고 수행하며 평가하고, (6) 연구와 치료의 윤리 원리를 알 것을 요구한다.

마이어스의 심리학 제13판은 이러한 새로운 지침을 충실하게 따르고자 하는 모든 분에게 완벽한 관련 내용과 풍부한 강의실 활동과 평가 기회를 제공하고 있다(표 1 참조).

마이어스와 드월의 연구와 비판적 사고 이야기

2015~2020년에 출판된 2,100편의 참고문헌

저자에게 가장 중요한 과제는 각 하위분야의 최근 연구동향을 포함하여 심리학의 현재 상태를 알려주는 것이다. 따라서 제13판에서 여러분은 2015~2020년 사이에 출판된 2,100편의 새로운 참고문헌을 보게 된다. 2014년 이래로 상당한 변화가 있었다. 버락 오바마는 더 이상 미국 대통령이 아니며(심지어는 트럼프도 대통령이 아니다), 미투 운동과 COVID-19 대유행이 일어났으며, 별로 알려지지도 않았던 인스타그램이라는 앱이 지금은 10억 명의 사용자를 자랑하고, 심리과학에서 반복연구를 개선하려는 노력이 물밀 듯이 증가하였다.

책 말미의 **참고문헌** 절에서는 이러한 2,100편의 최근 참고문헌을 파란색으로 표시하였다(참고문헌 목록은 출판사 홈페이지의 일반자료실에서 내려받을 수 있음, http://sigmapress.co.kr). 이 책을 집필하는 작업은 대부분 최근 연구를 읽는 것이다. 매년 수천 편의 연구가 발표되기 때문에, 흥미진진하기 짝이 없는 심리학 분야에서 일어나는 모든 사건을 따라잡으려면 끊임없이 노력을 경주해야 한다. 새로운 연구결과를 선정하는 데는 다음과 같은 기준을 고려하였다.

- **신뢰도** : 반복연구 또는 연구결과에 내재한 척도가 결과를 신뢰할 수 있게 해주는가?
- **중요도** : 이 결과는 심리학에서 중요한 새로운 발견인가? 그리고 교양인이 알아야 할 필요가 있는 것인가?
- **명확성** : 독자가 이해하고 기억할 수 있는 것인가?

이 판에 포함된 새로운 연구결과는 이렇게 높은 기준을 만족한 것들이다. 각 연구는 핵심 개념을 확증하거나 그 개념을 제시하는 방식을 알려주고 있다. 나머지 수천 편의 참고문헌은 심리학의 틀을 형성해온 중요한 고전적 연구를 포함하고 있다.

우리 모두는 학생들이 자신의 삶과 일에 적용할 수 있는 가장 정확한 오늘날의 심리학을 이해하기를 원한다. 가장 최근의 연구를 포함시키는 것은 학생들이 훨씬 효율적으로 그 일을 해내게 만든다. 여기 학생들이 심리과학과 그 응용을 이해하는 데 중요한, 2년도 채 되지 않은 새로운 연구 영역의 두 가지 사례가 있다.

1. 사람들은 상이한 세계관을 가지고 있는 사람을 퇴짜 놓기 십상이지만, 새로운 판에서 소개하고 있는 최근의 과학적 증거는 다양한 조망을 포용하는 것의 가치를 입증하고 있다.
   - 다양한 조망을 가지고 있는 연구팀이 과학적 돌파구를 더 많이 만들어낸다(AlShebli et al., 2018; 제13장 반사회적 관계 절을 참조).
   - 유능하고 안전한 보살핌을 받으며 성장하는 아동은 부모의 성별과 성적 지향성에 관계없이 잘 자란다(Calzo et al., 2019; 제5장 유아기와 아동기 절을 참조).

- 트랜스젠더인 사람은 치료사가 자신의 정체성을 인정할 때 더욱 긍정적인 치료경험을 갖는다(Bettergarcia & Israel, 2018; 제16장 **심리치료의 평가** 절을 참조).
- 정치적으로 보수적인 사람과 진보적인 사람은 똑같이 상이한 정치적 견해를 견지하는 사람에게 편향성을 보인다(Ditto et al., 2019a; 제1장 **연구 전략 : 심리학자가 물음을 던지고 답하는 방법** 절을 참조).
- 소셜 미디어 소통은 이념적 진공 상태에서 일어나기 십상이다. 소셜 미디어에서는 대부분 유유상종인 사람들로 둘러싸이게 된다(Hills, 2019; 제13장 **사회적 영향** 절을 참조).

2. 소셜 미디어의 사용이 급증해왔으며, 제1장과 제11장에서 제시한 새로운 연구는 상관연구, 종단연구, 실험연구 등을 통해서 소셜 미디어가 10대 소년의 우울증과 자살생각에 미치는 효과를 탐구하고 있다.

학생들과 관련이 있는 또 다른 새로운 연구는 다음과 같은 주제를 탐구하고 있다.

- '탈진실' 세상을 살아가기.
- 유전자-환경 상호작용이 사람에게 영향을 미치는 방식을 이해하기.
- 물질 사용과 남용을 구분하기.
- 발달에 대한 부모/또래의 영향을 비교하기.
- 세상을 향한 감각과 지각이라는 독특한 창문을 이해하기.
- 가장 효과적으로 학습하고 기억하는 방법을 찾아내기.
- 다른 사람과 성공적으로 사회적 연계를 이루어서 건강과 안녕감을 구축하기.
- 성별 정체성과 성적 지향성을 이해하기.
- 배고픔과 성적 동기에 대해서 알기.
- 스트레스에 대처하고 번성하는 방법을 결정하기.
- 생득적인 성격 차이를 인식하기.
- 심리장애라는 도전거리에 대처하기.
- (자폐 스펙트럼 장애, ADHD, 학습장애, 두뇌 손상 등을 포함한) 신경다양성 이해하기.
- 심리치료와 생의학치료에서 희망을 찾기.
- 일상의 삶과 일에서 '몰입'을 추구하기.

비판적 사고와 연구에 대한 초점의 확장

이 책 전반에 걸쳐서 저자는 학생들이 비판적으로 사고하는 것을 도와주고 있다. 학생들은 출처와 증거를 살펴봄으로써 자신의 삶과 공부에 심리학 개념들을 적용할 수 있다. 예컨대, 사회적 관계, 학업 성공, 스트레스 관리 등을 비롯한 많은 것을 개선하는 데 증거기반 원리를 사용할 수 있다. "비판적 사고를 가르친다."는 초판 이래로 이 책의 집필을 주도해온 '여덟 가지 안내 원리' 중 항상 첫 번째 원리이었다. 이 책의 서막에서 첫 번째 하위 절의 제목이 "심리학은 과학이다"이며, 제1장은 학생들에게 심리학의 연구방법을 소개하는 데 비판적 사고 접근방식을 취하고 있다. '비판적 사고'는 핵심용어이며, 책 전반에 걸쳐서 강조하고 있다.

마이어스와 드월의 여덟 가지 안내 원리

초판 이래로 이 책을 생동감 있게 만들어주었던 목표, 즉 안내 원리를 그대로 유지하였다.

학습 경험 촉진하기

1. **비판적 사고를 가르친다.** 연구를 지적 탐정수사의 형식으로 제시함으로써, 탐구적이고 분석적인 마음갖춤새를 예시한다. 학생들은 비판적 사고가 ESP(초감각지각)와 기억 구성에서부터 지능의 집단 차이와 여러 가지 심리치료법에 이르기까지, 경쟁적인 아이디어와 대중적 주장들을 평가하는 데 어떤 도움을 줄 수 있는지를 깨닫게 된다.
2. **원리의 응용을 제공한다.** 이야기, 예시, 온라인 자료 등을 통해서, 심리학의 연구결과를 실세계에서의 응용과 관련시킨다. 심리학이 일생에 걸친 발달, 관계와 행동의 추구, 편견과 같은 부정적 힘의 이해 등을 비롯한 수많은 현상을 수반하는 우리의 삶과 어떻게 관련되는지를 보여줌으로써 학생들에게 심리학을 의미심장한 것으로 만든다. 각 장마다 제시하는 '자문자답하기' 질문은 학생들로 하여금 자신의 삶에 중요한 개념을 적용해보고 핵심적인 개인적 장점을 계발하는 방법을 배우도록 이끌어간다.
3. **각 단계에서의 학습을 강화한다.** 일상의 예와 생각을 촉발하는 질문은 학생들로 하여금 적극적으로 학습 자료를 처리하도록 이끌어간다. 책 전반에 걸친 자기검증 기회는 학생들이 중요한 용어와 개념들을 학습하고 기억하는 데 도움을 준다.

과학으로서의 심리학 예증하기

4. **연구 과정을 예시한다.** 학생들에게 고전적인 연구에서 실험자나 참가자의 역할을 부여함으로써 연구의 결과만이 아니라 연구가 진행되는 과정을 보여주고자 노력하였다. 단서들이 하나씩 드러남에 따라서 수수께끼들이 점진적으로 해결되는 방식으로 연구의 이야기를 소개하였다.
5. **가능한 한 최신의 정보를 제시한다.** 심리학의 고전적 연구와 개념을 유지하면서도, 가장 중요한 최근 연구들을 제시하였다. 이 판에서 2,100편의 참고문헌은 2015~2020년 사이에 발표된 것이다. 마찬가지로, 새로운 사진과 일상의 예들도 최근의 것에서 선정하였다.
6. **사실들을 개념 이해에 도움이 되도록 제시한다.** 저자의 의도는 학생들을 연구결과에 압도되도록 만들려는 것이 아니라 심리학의 주요 개념들을 제공하면서 사고하는 방법을 가르치고 생각할 가치가 있는 심리학적 아이디어를 제공하려는 것이다. 각 장마다 제시하는 학습목표 물음과 인출 연습 문제는 학생들이 가장 중요한 개념에 초점을 맞추도록 지원한다.

거대 담론과 넓어진 지평 촉진하기

7. **연속성을 제공함으로써 이해를 증진시킨다.** 많은 장이 하위주제들을 연계시키고 그 장을 하나로 묶어주는 중요한 이슈나 주제를 가지고 있다. 학습 장(제7장)은 용감한 사색가가 지적 선구자의 역할을 담당할 수 있다는 생각을 담고 있다. 사고와 언어 장(제9장)은 인간의 합리성과 비합리성의 논제를 제기한다. 심리장애 장(제15장)은 고통스러운 삶에 대한 공감과 이해를 담고 있다. 인지신경과학, 이중처리, 그리고 개인과 집단의 다양성과 같은 다른 연속성들은 이 책 전반에 걸쳐 얽혀있으며, 학생들은 일관성 있는 주장을 보게 된다.
8. **인간의 동질성과 다양성에 대한 경의를 전달한다.** 책 전반에 걸쳐서 독자들은 인간의 친족관계

에 대한 증거를 보게 될 것이다. 공유하는 생물학적 유산, 보고 학습하며 배고프고 느끼며 사랑하고 미워하는 등의 공통 기제를 보게 된다. 또한 독자들은 인간의 다양한 차원들도 보다 잘 이해하게 될 것이다. 즉, 발달과 적성, 기질과 성격, 장애와 건강에서 사람들의 다양성, 그리고 태도와 표현 스타일, 자녀양육과 노인 보호, 삶의 우선순위와 경험 등에서 문화적 다양성을 이해하게 된다.

감사의 말씀

오랜 세월 동안 수많은 교수와 학생이 제공해준 조언에 힘입어, 이 책은 두 명의 저자가 독자적으로 집필할 수 있는 것보다 훨씬 더 효율적이고 정확한 심리학개론 교과서가 되었다. 자신의 연구를 정확하게 표현하도록 도와주기 위해서 기꺼이 시간과 노력을 들인 헤아릴 수 없이 많은 연구자들 그리고 저자에게 피드백을 제공하고자 시간을 할애해준 수많은 강사들께 커다란 은혜를 입었다.

이 개정판의 내용, 교육방식, 체제 등과 관련하여 비판해주고 수정해주었으며 창의적 아이디어를 제공해준 동료 연구자들께도 감사드린다. 이들의 전문성과 격려 그리고 심리학 강의에 쏟은 시간을 생각하면서, 개관을 해주신 분들과 자문을 해주신 분들에게도 감사의 말씀을 전한다.

* * *

이 책이 인쇄에 들어간 날은 바로 저자들이 다음 판을 위하여 정보와 아이디어를 수집하는 날이 되었다. 여러분의 피드백은 이 책이 어떻게 계속해서 진화할 것인지에 영향을 미칠 것이다. 부디 여러분의 생각을 저자들과 함께 나누기를 기대한다.

데이비드 마이어스

네이선 드월

학생의 성공 : 심리학을 적용하여 최선의 삶을 영위하는 법

이 책을 공부하면서 보게 되겠지만, 의지력을 가지고 기질, 체형, 성적 지향성, 성격 특질 등을 포함한 많은 것을 억제할 수도 있지만, 그것들을 변화시키는 것은 대체로 각자의 능력을 넘어서는 일이다. 그렇기에 자신이 누구인지를 거부하기보다는 인정하는 것이 더 좋다.

그렇지만 변화를 시도하여 자신이 열망하는 사람이 될 수 있는 또 다른 방법들이 존재한다. 심리학을 사용하여 최선의 삶을 영위할 수 있는 다섯 가지 방법을 생각해보자.

- 판단과 결정을 내릴 때 비판적으로 사고하기.
- 자기제어와 자기증진에 집중하기.
- 시간과 공부를 관리하기.
- 만족스러운 사회생활을 즐기기.
- 목표를 추구하면서 의미를 찾기.

비판적이고 과학적으로 사고하기

최선의 삶을 영위하려면, 비판적으로 사고하는 방법을 배울 필요가 있으며, 비판적 사고는 이 책 전반에 걸쳐서 보게 될 지침이기도 하다. 여러분의 희망, 공포, 결정을 진실이라고 하는 토대에 근거를 두며, 이 책에서 제시하는 모든 내용에 기저하는 과학적 사고와 신중한 연구의 중요성을 이해할 필요가 있다.

불행하게도 엉터리 정보가 쉽게 퍼져나간다. 많은 사람은 집 안에 있는 총기와 자동차 여행이 초래하는 엄청나게 큰 위협보다도 테러, 총기 난사, 비행기 여행을 두려워한다. 미국에서는 3명 중에서 2명이 해를 거듭하면서 범죄가 증가하는 것으로 지각해왔지만, 실제로는 극적이라고 할 만큼 감소해왔다(McCarthy, 2019). "전 세계에서 얼마나 많은 1세 아동이 질병을 예방하기 위한 백신을 맞았겠는가? 20%, 50%, 80%?" 대부분의 국가에서 5명 중에서 4명 이상은 20%이거나 50%라고 추측하지만, 진실은 88%이다(Rosling, 2018).

무엇이 인류를 위협하고 도움을 주는지에 관한 진실을 아는 것은 개인에게도 도움을 주지만 모든 사람에게도 도움을 준다. 민주주의는 인류의 지혜를 전제로 한다. 유권자들이 진실을 포착해야만, 즉 사실이 거짓뉴스를 압도해야만, 합리적인 정책을 지지하고 유능한 지도자를 선출할 수 있는 것이다.

엉터리 정보는 다양한 출처에서 나온다.

- 어떤 사람이나 기관은 자신의 상품을 팔거나 정적(政敵)을 물리치기 위하여 사람들을 속이고자 한다.
- 센세이션을 일으키는 뉴스는 사람들을 호도할 수 있다. 무시무시한 총기 난사나 비행기 추

락이라는 생생한 이미지는 어떤 위험을 지나치게 두려워하고 다른 위험은 너무나도 두려워하지 않게 이끌어가기도 한다.

- 자신의 사고방식을 반영하는 사람, 웹사이트, 뉴스 출처와만 상호작용하게 되면, 자신의 생각을 시험해보기보다는 확증하게 된다.
- 사람들은 선천적으로 '진실 편향', 즉 다른 사람이 말하는 것을 믿으려는 경향성을 가지고 있으며, 특히 그 말을 반복할 때 그렇다.

다행스럽게도 교육이 무지에 대한 무지를 개선시킬 수 있다. 여러분을 이 책으로 이끌어온 것도 교육이며, 이 책은 비판적 사고에 대한 심리학의 공헌을 제공한다. 여러분의 두뇌를 해킹할지도 모르는 오류와 편향으로부터 자신을 보호하는 방법을 학습하고, 오늘날의 과학 연구 그리고 그 연구가 준수하는 신중한 절차의 중요성을 보다 잘 이해하고 싶다면, 계속해서 읽어보라.

열린 마음의 호기심과 증거를 찾는 질문하기를 통해서, 진실로부터 거짓을 보다 잘 걸러낼 수 있다. 그리고 더 현명하고 번성하는 삶을 영위할 수 있다.

자기제어와 자기증진

적절한 자기관리를 포함하여 최선의 삶을 영위하기 위한 모든 측면에 현명한 사고를 적용할 수 있다. 가족, 일거리, 학교 공부가 자신의 목표를 달성하고 건강을 유지하며 즐거움을 추구할 시간을 마련하기 어렵게 만들 수 있다. 그렇지만 다른 사람을 배려하기 위해서는 우선 자신을 배려할 필요가 있다.

자기제어

성공은 자기제어, 즉 충동을 억제하고 장기적인 큰 보상을 위하여 단기적인 만족을 지연시키는 능력으로부터 출발한다. 여러분의 자기제어는 어떤 수준인가? 다음 각 진술이 여러분을 얼마나 반영하는지를 5점 척도(1: 전혀 그렇지 않다, 5: 매우 그렇다)에서 평정해보라(Tangney et al., 2004).

1.______ 나는 유혹에 저항하는 데 유능하다.
2.______ 나는 나쁜 습관을 깨뜨리기가 어렵다.
3.______ 나는 게으르다.
4.______ 나는 부적절한 언행을 한다.
5.______ 나는 재미있다면 해로운 일도 한다.
6.______ 나는 나에게 해로운 것을 거부한다.
7.______ 나는 자기수양이 더 되기를 소망한다.
8.______ 사람들은 나의 자기수양이 강건하다고 말한다.
9.______ 즐거움이나 재미가 때때로 일을 마치지 못하게 만든다.
10.______ 나는 집중하는 데 어려움이 있다.
11.______ 나는 장기적 목표를 향하여 효과적으로 일을 할 수 있다.
12.______ 때때로 나는 잘못임을 알고 있음에도 무엇인가를 멈출 수가 없다.
13.______ 나는 모든 대안을 따져보지도 않은 채 행동하기 십상이다.

점수를 매겨보려면,

- 문항 2, 3, 4, 5, 7, 9, 10, 12, 13의 평정치를 역전시켜라(1=5, 2=4, 3=3, 4=2, 5=1).
- 이제 모든 평정치를 합하여 전체 점수, 즉 총점을 구하라.
- 총점은 13~65 범위에 속하며, 점수가 높을수록 더 높은 자기제어를 나타낸다. 대학생을 대상으로 수행한 두 차례 연구에서 평균은 39이었다(Tangney et al., 2004).

자기증진

여러분의 자기관리를 증진시키기 위한 몇 가지 조언이 있다.

- **여러분의 목표를 설정하고 공개하라.** "다가오는 금요일까지 보고서 작성"과 같이 구체적이고 현실적인 목표는 주의를 집중하고, 노력을 경주하며, 끈기 있게 매달리게 해준다. 스스로 책임감을 느끼려면, 그 목표를 친구나 가족에게 천명하라.
- **작업계획을 수립하라.** 목표를 향해서 어떻게 진행할 것인지를 명시하라. 목표를 세부적인 계획으로 구체화하는 사람은 더 집중하게 되고, 제시간에 끝마칠 가능성이 더 크다. 최종적인 성공(멋진 보고서를 제시간에 제출하는 것, 좋은 학점을 받는 것, 스포츠 경기에서 승리하는 것 등)을 머릿속에 그려보는 것이 도움을 준다. 그렇지만 단계별 세부사항을 그려보는 것이 더 큰 도움을 준다.
- **유익한 습관을 형성하라.** 운동하기와 같이 자동화시키고 싶은 행동이 있는가? 2개월 동안 매일같이 그렇게 해보라. 그러면 수행하기 어렵던 행동이 해야만 하는 습관으로 변모해있을 것이다.
- **숙면계획을 세워라.** 일거리, 가족 스트레스 등을 비롯한 도전거리가 수면을 방해할 수 있다. 화면을 들여다보는 시간과 사교를 위한 시간도 방해를 줄 수 있다. 수면 패턴을 바꾸는 첫 번째 단계는 "나는 행복감, 에너지, 주의집중, 건강을 증진시키기를 원하는가?"라는 물음으로 시작한다. 만일 그렇다면, 여러분의 신체가 갈망하는 수면시간을 늘리는 방법을 찾아보라(양질의 수면에 관한 조언을 보려면 제3장을 참조).
- **지지하는 환경을 조성하라.** 주변에 정크푸드가 없을 때 건강한 식사를 하기가 더 용이하다. 식사할 때는 작은 접시와 그릇을 사용함으로써 한 번에 먹는 양을 조절하라. 프로젝트에 집중하려면, 방해자극을 치워버려라. 밤에는 스마트폰을 다른 곳에 치워둠으로써 방해받지 않고 잠잘 수 있다. 여러분에게 해로운 것이 아니라 이로운 것을 가져다주는 친구와 어울려라.
- **약물 사용을 제어하라.** 니코틴과 같은 많은 향정신성 약물은 중독성이 매우 높으며, 일상의 삶, 장기적 목표, 우수한 건강 등을 손쉽게 앗아갈 수 있다. 카페인과 같은 어떤 약물은 적당량을 섭취한다면 안전하게 사용할 수도 있지만, 다른 많은 약물은 완전히 끊지 않는 한에 있어서 최선의 삶을 심각하게 와해시키게 된다(더 많은 내용을 보려면 제3장을 참조).
- **운동을 위한 시간을 마련하라.** 빈번한 유산소 운동은 훌륭한 시간 투자이다. 유산소 운동은 조금만 하더라도 건강을 증진시키고, 에너지를 증가시키며, 기분을 개선시키고, 기억을 증진시키며, 불안을 완화시킨다.
- **마음챙김 명상을 병행하라.** 마음챙김 명상은 보다 건강하게 스트레스를 관리하고 정서를 조절하는 것을 도와줄 수 있다.

- **스트레스 대처기술과 건강한 삶의 양식을 구축하라.** 탄력성을 증강시키고 정서를 관리하는 것이 스트레스에 대처하는 데 도움을 준다. 또한 삶의 양식을 변화시킴으로써 정신건강을 증진시킬 수 있다. 더 많은 정보를 보려면, 제12장 그리고 제16장의 비판적으로 생각하기 : 생활양식 변화의 치료 효과를 참조하라.

시간관리와 공부를 위한 조언

어떤 학생은 낙오하며, 어떤 학생은 살아남고, 어떤 학생은 성공한다. 그렇다면 여러분은 성공하기 위하여 어떤 선택을 할 수 있겠는가?

시간을 관리하고 공부시간을 극대화하는 계획을 세우는 것으로부터 시작할 수 있다. 전설적인 농구감독이었던 존 우든(1977)은 "준비하는 데 실패한다면, 실패를 준비하고 있는 것이다."라고 말하였다.

모든 것을 해내기 위해서는 충분한 시간이 없는 것처럼 보일 수 있다. 여러분은 시간을 효율적으로 사용하고 있지 않을는지도 모른다. 현재의 시간관리와 공부하는 기술을 평가해보려면, 아래의 질문지에 '예'와 '아니요'로 답해보라.[1]

1. ______ 매주 몇 시간을 공부할 필요가 있을지를 추정해왔는가?
2. ______ 과제물을 제시간에 마무리하는 경향이 있는가?
3. ______ 각 과제를 마무리하는 데 얼마나 걸리는지를 추정해왔는가?
4. ______ 장기적 과제물에 대한 작업을 학기 초에 시작하는가?
5. ______ 해야 할 일의 목록을 메모지나 디지털 스케줄 프로그램이 아니라 머릿속에서 작성하는가?
6. ______ 공부해야만 한다는 사실을 알고 있을 때조차도 사교활동에 참가하는가?
7. ______ 시험을 위한 공부시간의 계획을 세우는가?
8. ______ 1주일에 20시간 이상을 일해야 하는 아르바이트를 하는가?
9. ______ 공부하려고 자리를 잡으면 하려고 하는 과제가 무엇인지를 정확하게 알고 있는가?
10. ______ 가장 어려운 과목의 과제물을 가장 먼저 시도하는가?

문항 5, 6, 8에 대한 '아니요'에 1점을 부여하고, 나머지 문항에 대한 '예'에 1점을 부여하라. 여러분은 몇 점이나 얻었는가? 8점 이상을 받은 사람은 이미 훌륭한 시간관리와 공부기술 경향을 가지고 있다. 4점 이하를 받은 사람은 개선책을 찾아봄으로써 상당한 도움을 받게 된다. 여기 몇 가지 조언을 제시한다.

시간을 관리하라

여러분의 시간은 매우 귀중한 자원이다. 시간관리는 언제 목표를 향해 전진할 것인지를 의도적으로 계획할 것을 요구한다. 모든 개인적 시간, 학업 시간, 그리고 일거리 시간을 포함하여 한 주일의 시간 사용을 신중하게 추적하고 그 패턴과 기회를 관찰하는 것으로부터 시작하라. (두 저자는 각자 이 작업을 해보고 얼마나 많은 시간을 허비하고 있는지를 알고는 기절초풍하고 말았

---

1 출처 : Van Blerkom, D. L. (2012). *Orientation to learning* (7th ed.). Wadsworth.

다!) 그런 다음에 삶을 즐기고, 에너지를 보충하며, 공부와 일거리 그리고 가족 일을 할 수 있는 '시간 예산'을 작성하라. 여가와 친구를 위한 시간, 소셜 미디어 시간, 잠자는 시간, 먹는 시간, 개인적 관리를 위한 시간, 수업시간과 공부시간, 그리고 아르바이트나 집안일을 하는 시간의 계획을 세워라. 각각의 활동에 대해서 죄책감을 느끼지 않도록 여유를 두는 1주일 계획과 일일 계획을 세움으로써, 언제 각각을 할 것인지를 상세하게 결정하라. 여러분이 원하는 사람이 되고 싶다면, 하루하루를 의도적으로 생활하라.

심적 에너지를 관리하라

어떤 과제는 심리적 부담이 크다. 그러한 과제는 에너지가 가장 충만할 때 수행하도록 하루의 계획을 세워라. 그다음으로 심리적 부담이 큰 과제를 수행하기에 앞서 휴식을 취하고 회복할 수 있는 시간을 가져라. 심적 에너지를 추적해보면, 언제 그 에너지를 사용하고 언제 보충해야 하는지를 알게 된다.

공격적으로 대처하라

자동차 고장, 가족 문제, 도전적인 일거리 등은 일어나기 마련이다. 때로는 삶의 요구사항과 문제에 '방어적'으로 대처함으로써, 스트레스를 받고 목표를 달성하지 못하기도 한다. 해결책은 가능하다면 환경에 '공격적'으로 대처하는 것이다. 하루가 그저 지나가도록 만들기보다는 매일마다 계획을 세우고 시작하라. 시간을 어떻게 보낼 것인지를 제어하라. 미리 어떤 행동을 습관적인 것으로 만들어놓는 것은 일상적 의사결정을 감소시킴으로써 에너지를 보존하게 해준다. 수업에 앞서 아침에 두 시간 공부하기로 했다는 사실을 알고 있다면, 무슨 일을 할까 저울질하느라고 시간을 낭비하지 않게 된다.

현명하게 공부하라

읽은 것을 잘 기억하려면, SQ3R(Survey, Question, Read, Retrieve, Review : 훑어보기, 질문하기,

stock_colors/Getty Images

성공을 위한 시간 현실적인 매일의 계획을 수립하는 것은 여러분이 하고 싶은 것을 하는 시간뿐만 아니라 할 필요가 있는 것을 하는 시간도 제공해준다.

읽기, 인출하기, 개관하기) 시스템을 사용하라. 한 장의 체제를 훑어보라. 여러분이 답해야 할 물음을 확인하라. 답을 찾으면서 적극적으로 읽어라. 핵심 아이디어를 인출하고 되뇌기하라. 마지막으로 그 장의 체제와 개념들을 개관하라.

마지막 두 개의 R이 특히 중요하다. 반복적인 자기검증과 앞에서 공부한 내용의 되뇌기를 통해서 정보를 가장 잘 파지하게 된다. 즉각적인 피드백은 이러한 검증 효과를 더욱 강력한 것으로 만들어준다.

공부를 몰아서 하는 것보다는 공부시간을 분산하는 것도 도움을 준다. 계획을 세우고 준수하는 것은 학기에 걸쳐 부담을 분산시켜 준다. 더 많은 정보를 보려면, 서막 장의 끝부분에 있는 심리학을 통하여 더욱 강건한 사람/더욱 우수한 학생 되기와 제8장의 기억 증진법을 참조하라.

사회생활

최선의 삶은 사회적 지원을 필요로 한다. 여기 건강하고 지지적인 관계를 형성하고 유지하는 몇 가지 조언이 있다.

- **사람에게 우선권을 부여하라.** 사람은 사회적 동물이다. 소속할 필요가 있다. 친구의 지원을 받고 친구에게 지원을 해줄 때 더 행복하고 건강하다. 따라서 동아리나 스포츠팀에 가입하는 등 친구를 사귀고자 노력하라. 담당 교수와 교류하라. 친구나 연인을 당연한 것으로 치부하지 말라. 그들에게 관심을 기울이고 인정하라. 일상의 경험과 감정을 그들과 공유하라.
- **소셜 미디어와 스마트폰이 여러분을 제어하도록 만들지 않으면서 그것을 즐겨라.** 소셜 미디어와 스마트폰을 사용하여 친구나 가족과의 연계를 유지하되, 여러분의 시간과 다른 우선적으로 해야 하는 일을 망가뜨리지 않도록 하라. 그리고 소셜 미디어에 무엇인가를 올려놓을 때는 잠재적인 고용자가 여러분의 이름을 검색할지도 모른다는 사실을 명심하라.

Mariusz Szczawinski/Alamy

사회적 성공 관계를 형성하는 것은 성공적인 삶의 중요한 부분이다. 중요한 타인을 위한 시간과 에너지를 할애하라. 그러면 더 좋은 신체건강과 정신건강을 갖게 될 것이다.

- **비난 문화보다는 말하기 문화를 받아들여라.** 동의하지 않는 것은 지극히 인간적인 것이다. 여러분은 다른 사람에 동의하지 않고, 다른 사람은 여러분에 동의하지 않을 수 있다. 실제로 사람들은 이렇게 서로 다른 조망을 살펴봄으로써 무엇인가를 배우기 십상이다. (심리과학자가 겸손함을 보이는 것이 그토록 중요한 이유가 바로 이것이다.) 여러분이 동의하지 않을 때는 상대방을 비난하지 말라(공개적으로 무안하게 만들지 말라). 대신에 말을 하라. 상대방에게 다가가서 비난하지 말고 동의하지 않는 이유를 설명하라. 사람들은 상대방의 행동을 상황보다는 성격 특질에 근거하여 설명하려는 선천적인 경향성을 가지고 있다. 이러한 경향성에 맞서려면, 상대방의 조망을 취해보라.
- **어른이 될 때가 되었다.** 사람은 성장함에 따라서 상이한 발달단계를 거친다. 대부분의 청소년은 여전히 가족에게 의존하고 있으면서도 사회적으로 인정받기를 원한다. 청소년기에서 성인기로의 이동은 독립적일 것을 요구한다. 성인으로서 자신의 목표, 태도, 가치관, 신념 등을 보유하고, 스스로 결정을 내리고 문제를 해결할 필요가 있다.

의미 찾기와 목표 추구하기

의미가 있다는 것은 목적, 응집성, 의의로 충만한 삶을 영위하는 것이다. 대부분의 사람은 의미 충만한 삶을 원하지만, 삶의 한 구석이 채워지지 않았다는 느낌을 토로하기 마련이다. 직무에 충분하게 몰입하지 못할 수 있다. 아니면 돈을 벌기 위해서 아무 의미도 없는 일상적 업무에 얽매여있다고 느낄 수도 있다. 최선의 삶을 영위하려면, 다음과 같이 의미를 조장하고 목표를 추구하는 단계를 취해보라.

- **여러분의 가능한 자기를 상상하라.** 여러분이 되고 싶은 사람은 누구인가? 여러분이 되고자 꿈꾸는 '가능한 자기'는 누구인가? 여러분이 되고자 희망하는 인물 그리고 달성하려는 목표를 정의해보라. 그러한 비전을 마음에 새겨보면, 여러분을 도달하고 싶은 곳으로 데려다줄 구체적인 목표와 전략을 펼칠 수 있게 된다.
- **매일같이 여러분이 꿈꾸는 삶을 추구하라.** 여기 성공을 위한 좋은 규칙이 있다. 무엇을 달성하고자 희망하든지 간에 매일같이 그 목표를 향한 무엇인가를 하라. 더 친절하고 교양을 쌓으며 자기주장을 펼치고 싶은가? 그렇다면 매일같이 친절한 행동을 하고, 새로운 무엇인가를 배우며, 자기주장을 연습하라. 비록 많은 날에 희망하였던 것을 온전히 달성하지 못한다고 하더라도, 목표를 향한 작은 발걸음들이 시간이 경과하면서 여러분을 목적지로 데려다줄 것이다. 즉, 가능한 자기를 실제 자기로 변모시킬 것이다.
- **'성장 마음갖춤새'를 채택하라.** 활력과 노력을 통해서 자신의 능력을 변화시킬 수 있다고 믿는 것은 놀라울 정도로 강력한 힘을 발휘한다. 사람은 그대로 받아들일 수밖에 없는 것도 있지만, 많은 것을 변화시킬 힘을 가지고 있다. 만일 여러분의 수학, 글쓰기, 말하기 능력을 근육, 즉 훈련과 연습을 통해서 더욱 강건해지는 어떤 것처럼 생각한다면, 실제로 더 많은 기술을 개발하게 된다. 마음갖춤새가 중요하다(자세한 내용은 제10장을 참조).
- **여러분의 소명을 찾아라.** 서두를 필요는 없다. 대부분의 학생은 시간이 지나면서 자신의 직업 계획을 변경하게 되는데, 여러분도 마찬가지일 가능성이 높다. 그렇지만 여러분이 어떤 유형의 활동에 몰입하고 어떤 활동이 시간을 쏜살같이 지나가게 만드는지에 주목하라. 사람들

과 함께 있을 때인가? 손으로 무엇인가를 만들 때인가? 마음속에서 문제를 해결할 때인가? 여러분이 사랑하는 것을 하게 만들어주고 여러분이 하는 것을 사랑하게 만들어주는 일과 활동을 탐색하고는 그 길을 추구하라.

* * *

이 책 전반에 걸쳐서 여러분은 번성하는 삶에 대한 부가적인 조언을 접하게 된다. 예컨대, 자신이 가지고 있는 것을 고맙게 생각하기, 감사를 표현하기, 몰입하기, 행복하게 행동하기, 의지력을 훈련하기, 마음을 챙기기, 낙관적인 태도를 취하기 등이다. 이러한 것들을 통해서 여러분은 생존할 뿐만 아니라 번성할 수 있다. 차질을 겪더라도 너무 자책하지 말라. 매일같이 조금 더 잘하고자 애쓴다면, 처음에는 불가능한 것처럼 보였던 목표를 시간이 경과하면서 달성할 수 있다. 라인홀트 니부어가 제안한 바와 같이, 변화시킬 수 없는 것은 받아들이도록 평정심을 추구하고 변화시킬 수 있는 것에 대해서는 변화시킬 힘을 느껴야 한다.

FatCamera/Getty Images

심리학 이야기

천문학자 오언 깅거리치는 인간의 두뇌를 '우주 전체에서 지금까지 알려진 가장 복잡한 존재'(2006, 29쪽)로 묘사하였다. 천체 단위에서 볼 때, 인간은 전 세계 모든 해변에 존재하는 한 알의 모래알보다도 미미한 존재이며, (하루를 우주의 역사라고 가정할 때) 개인의 일생은 1나노초(10^{-9}초)보다도 짧다 하겠다. 그렇지만 인간의 내면세계만큼 경외감을 불러일으키고 흥미진진한 것도 없다. 의식, 즉 물질에서 출현한 마음은 여전히 심오한 불가사의로 남아있다. 사고, 정서, 행위(그리고 다른 사람의 사고, 정서, 행위와의 상호작용)는 모두를 매혹시킨다. 외부세계는 그 장대함으로 사람들을 망연자실케 하는 반면, 내면세계는 너무나 매력적이다. 이제 심리과학의 세계로 들어가 보자.

뉴스와 대중매체에서 묘사하는 것에 근거하여 여러분은 심리학자가 상담을 하고, 성격을 분석하며, 자녀양육법을 조언하고, 범죄현장을 조사하며, 법정에서 증언하는 사람이라고 생각할지도 모르겠다. 정말 그런가? 물론 그런 일도 하지만, 그것보다 훨씬 많은 일을 하고 있다. 여러분이 궁금해할지도 모르는 몇 가지 심리학 물음을 살펴보자.

- 어떤 것에 대해서 부모님과 동일한 방식으로 행동하고 있는 자신을 발견한 적이 있는가? 자신은 결코 그렇게 행동하지 않을 것이라고 맹세하였던 방식으로 말이다. 여러분의 성격 중에서 얼마나 많은 부분을 부모로부터 물려받은 것인지 궁금해한 적이 있는가? *유전자는 사람들 간의 성격 차이를 얼마만큼이나 결정하는가? 가정환경과 지역사회는 어느 정도나 사람을 만들어 가는가?*

- 여러분은 상이한 문화, 성별 정체성, 성적 지향성을 지닌 사람들 속에서 어떻게 행동해야 할 것인지를 걱정해본 적이 있는가? *인류라는 가족의 구성원으로서 사람들은 어떤 면에서 유사한가? 또한 어떻게 다른 것인가?*
- 여러분은 악몽에서 깨어나 안도의 한숨을 쉬면서 어째서 그토록 해괴망측한 꿈을 꾸게 되었는지 궁금해한 적이 있는가? *꿈은 왜 꾸는가?*
- 생후 6개월 유아와 까꿍 놀이를 하고는 아이들이 그 놀이를 그토록 즐거워하는 이유를 궁금해한 적이 있는가? *아이들이 실제로 지각하고 생각하는 것은 무엇인가?*
- 학교와 직장에서 성공을 조장하는 것이 무엇인지를 궁금해한 적이 있는가? *정말로 선천적 지능이 어떤 사람은 더 부유해지거나 창의적으로 생각하거나 현명하게 관계를 맺는 이유를 설명해주는가? 아니면 부단한 노력 그리고 의지력에 대한 신념이 더 중요한가?*
- 우울하거나 불안해져서는 앞으로 '정상적인' 감정을 느낄 수 있을지 걱정해본 적이 있는가? *나쁜 기분과 좋은 기분을 촉발하는 것은 무엇인가? 정상적인 기분의 흔들림과 도움을 받아야만 하는 심리장애를 구분하는 경계는 무엇인가?*

심리학은 인간에 관한 모든 물음, 즉 사람들이 생각하고 느끼며 행동하는 방식과 그 이유에 대한 답을 추구하는 과학이다.

심리학이란 무엇인가?

옛날 옛적에 우주의 변방에 있는 한 행성에 인간이 출현하게 되었다. 곧이어서 이 피조물은 자기 자신과 다른 사람과의 관계에 집중적인 관심을 갖게 되었다. "우리는 누구인가? 우리의 생각을 초래하는 것은 무엇인가? 우리의 감정은? 우리의 행위는? 우리 주변에서 일어나는 현상을 어떻게 이해하고 대처해야 하는가?"

심리학은 과학이다

여러분의 공부를 지원하기 위하여 각 절의 첫머리에 번호를 붙인 학습목표 물음을 제시하였다. 내용을 읽기 전에, 그리고 해당 절을 모두 읽은 후에 다시 한번 물음에 답해봄으로써 여러분의 이해도를 검증해볼 수 있다.

학습목표 물음 LOQ **P-1** 어째서 심리학은 과학인가?

모든 과학에 기저하는 것은 무엇보다도 오류를 범하거나 그 오류에 빠지지 않으면서 탐구하고 이해하려는 열정이다. 어떤 물음(예컨대, "죽음 후에도 삶이 존재하는가?")은 과학을 넘어서는 것이다. 어떤 방식으로든 이러한 물음에 답하려면 논리의 비약이 없을 수 없다. 다른 많은 아이디어(예컨대, "어떤 사람은 초능력을 보여줄 수 있는가?")의 경우도 백문불여일견이다. 사실이 증거가 될 수 있도록 해야 한다.

마술사인 제임스 랜디는 사람의 신체 주변에서 아우라를 볼 수 있다고 주장하는 사람을 검증할 때 이러한 **경험적 접근**(empirical approach)을 사용하였다.

책 전반에 걸쳐서 중요한 개념은 **굵은 글씨**로 제시한다. 공부하면서 각 페이지의 좌우 여백과 책 말미의 용어해설에서 그 개념의 정의를 찾아볼 수 있다.

랜디 : 내 머리 주변에 아우라가 보입니까?
아우라 주장자 : 그렇습니다.
랜디 : 내 얼굴 앞에 이 잡지를 놓아도 아우라를 계속 볼 수 있습니까?
아우라 주장자 : 물론입니다.

랜디 : 그렇다면 만일 내가 높은 벽 뒤에 서있으면, 내 머리 위로 보이는 아우라를 가지고 나의 위치를 정확하게 알 수 있겠네요. 그렇습니까?

경험적 접근 관찰과 실험에 바탕을 두는 경험 기반 방법 

언젠가 랜디는 저자(마이어스)에게 아우라를 볼 수 있다고 주장한 어느 누구도 이렇게 간단한 검증에 동의하지 않았다고 알려주었다.

하나의 아이디어가 아무리 합리적이거나 황당무계한 것으로 보일지라도, 현명한 판단자는 이렇게 묻는다. '그 아이디어는 작동하는가? 검증하였을 때 그 예측을 지지하는가?' 기상천외한 아이디어가 때로는 엄격한 검증을 받아서 지지받기도 한다. 1700년대에 과학자들은 유성이 외계에서 온 것이라는 생각에 코웃음을 쳤었다. 두 명의 예일대 과학자가 관례에서 벗어나는 주장을 과감하게 내놓자, 토머스 제퍼슨은 야유 섞인 목소리로, "여러분! 돌멩이가 하늘에서 떨어졌다는 사실을 믿느니 차라리 두 양키 교수들이 거짓말을 하고 있다고 믿겠소."라고 맞받아쳤다. 때때로 과학 탐구는 야유를 칭찬으로 바꾸어놓는다.

과학은 대부분의 허무맹랑한 아이디어를 영구운동 기계(외부로부터 에너지를 공급받지 않더라도 영구히 일정한 비율로 작업을 계속하게 된다는 기계), 기적의 암 치료제, 과거로의 영혼 여행 등과 같이, 잊힌 주장으로 가득 찬 유형지로 추방시켜 버린다. 실제를 환상과 구분하고 사실을 난센스와 분리하기 위해서는 과학적 태도, 즉 회의적이지만 냉소적이지 않으며, 개방적이지만 잘 속아 넘어가지 않는 태도가 절대적으로 필요하다. 아이디어들이 경쟁을 벌일 때는 신중한 검증만이 어느 아이디어가 사실과 가장 부합하는지를 밝혀낼 수 있다. 어떤 사람은 예기치 못한 재앙을 예측하는 초능력을 가지고 있는가? 전기충격요법은 심각한 우울증을 치료하는 효과적인 치료법인가? 앞으로 보게 되겠지만, 이러한 주장들의 검증은 심리과학자로 하여금 첫 번째 질문에는 '아니요'라는 답을, 두 번째 질문에는 '예'라는 답을 하도록 이끌어왔다.

과학적 태도를 실행에 옮기는 데는 호기심과 회의적 태도뿐만 아니라 **겸손함**, 즉 자신이 오류에 취약하다는 사실의 자각 그리고 놀라운 결과와 새로운 조망에 대한 개방성이 요구된다(Leary et al., 2017). 중요한 것은 누구의 아이디어인지가 아니라 던지는 물음과 검증이 밝혀내는 진리이다. 만일 사람이나 동물이 어떤 아이디어가 예측한 대로 행동하지 않는다면, 그 아이디어는 엉터리이다. 초기 심리학의 좌우명 중 하나였던 '쥐는 항상 옳다'에 들어있는 것이 바로 이러한 겸손한 태도이다. (**비판적으로 생각하기 : 과학적 태도**를 참조하라.)

책 전반에 걸쳐 정보 출처의 인용은 이름과 연도를 괄호 안에 표시하였다. 모든 인용은 출판사 홈페이지의 일반자료실에 업로드해 둔 참고문헌에서 APA 양식에 맞게 제시된 목록을 통해 확인할 수 있다.

겸손함은 유익하고 현실적인 학문적 신뢰감을 예측해준다(Erlandsson et al., 2018). 9개 국가를 대상으로 수행한 연구에서 40,000명의 10대에게 16개의 수학 개념 중에서 어느 개념을 잘 알고 있는지를 물었는데, 그중에는 '진정수', '주관적 척도화', '선언 소수'라는 세 가지 엉터리 개념이 포함되어 있었다. 존재하지도 않는 수학 개념을 알고 있다고 으스대며 주장한 10대는 대부분 특권층의 남학생이었다(Jerrim et al., 2019). **명심할 사항** : 무엇을 모르는지를 아는 것이야말로 아량과 지적 겸손함을 가능하게 해준다.

자문자답하기

심리학이 과학이라는 사실을 알고서 놀랐는가? 이제 누군가 여러분에게 이 사실에 관하여 묻는다면 어떻게 설명해 주겠는가?

비판적으로 생각하기

과학적 태도

LOQ P-2 과학적 태도의 세 가지 핵심 요소는 무엇이며, 어떻게 과학적 탐구를 지원하는가?

세 가지 기본 태도가 현대 과학을 가능하게 만드는 데 일조하였다.

1 호기심

이것은 작동하는가?

검증을 하면 그 예측을 확증할 수 있는가?

혹자는 마음을 읽을 수 있는가? ●

스트레스 수준이 건강이나 안녕감과 관련되어 있는가? ○

- ● 지금까지 초감각적인 독심능력을 입증할 수 있었던 사람은 없다.
- ○ 많은 연구는 높은 스트레스가 열악한 건강과 관련된다는 결과를 보여주었다.

2 회의적 태도

무슨 뜻인가?

어떻게 아는가?

실제를 환상과 구분하려면 건강한 회의적 태도, 즉 냉소적(모든 것을 의심함)이지 않으면서도 잘 속아 넘어가지(모든 것을 믿어버림) 않는 태도가 필요하다.

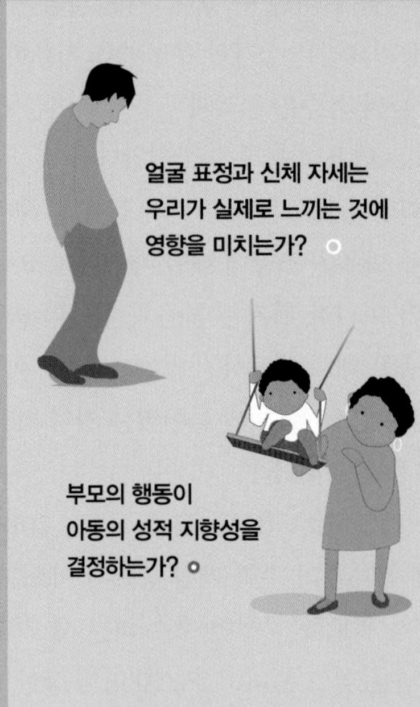

얼굴 표정과 신체 자세는 우리가 실제로 느끼는 것에 영향을 미치는가? ○

부모의 행동이 아동의 성적 지향성을 결정하는가? ○

- ○ 얼굴 표정과 신체 자세는 우리의 느낌에 영향을 미칠 수 있다.
- ○ 제11장은 부모의 행동과 아동의 성적 지향성 간에 관계가 없다고 설명하고 있다.

3 겸손함

그건 예상치 못했어!

더 탐구해보자.

연구자는 기꺼이 새로운 아이디어에 경탄하고 그 아이디어를 추구해야 한다. 사람과 동물은 특정 아이디어와 신념이 예측하는 대로 행동하지만은 않는다.

쥐는 항상 옳다.

비판적 사고

LOQ P-3 어떻게 비판적 사고가 과학적 태도, 그리고 보다 현명한 생각을 일상생활에 제공하는가?

비판적 사고 주장과 결론을 자동적으로 받아들이지 않는 사고. 가정을 살펴보고, 출처를 평가하며, 숨어있는 편향을 가려내고, 증거와 결론을 평가한다.

과학적 태도, 즉 호기심+회의적 태도+겸손함은 보다 현명하게 생각하도록 만들어준다. **비판적 사고**(critical thinking)라고 부르는 현명한 사고는 전제를 살펴보고, 출처를 평가하며, 숨어있는 편향을 구분해내고, 증거를 평가하며, 결론의 타당성을 따지는 것이다. 비판적 사고자는 연구보고서, 온라인 견해, 뉴스 보도 등을 읽을 때 다음과 같은 질문을 던진다. 그걸 어떻게 알았나요? 이 사람의 제안은 무엇인가요? 결론이 일화에 근거한 것인가요, 아니면 증거에 근거한 것인가요? 증거가 인과 결론을 정당화시켜 줍니까? 어떤 대안적 설명이 가능한가요?"

어떤 트위터 계정의 우스갯소리 : "인터넷 인용의 문제는 그것이 참인지를 결코 알 수 없다는 점이다." 에이브러햄 링컨

비판적 사고자는 사람들이 다음과 같이 육감에 근거한 주장을 할 때 당혹스럽다. "기후변화가 일어나고 있는(또는 있지 않은) 것 같아요.", "자율주행 자동차가 더(또는 덜) 위험한 것 같아요.", "내가 지지하는 후보가 더 정직한 것 같아요." 이러한 신념(일반적으로는 '느낌'이라고 잘못 표현한다)은 참일 수도 있고 아닐 수도 있다. 비판적 사고자는 자신이 틀렸을 가능성에 개방적이다. 때로는 최선의 증거가 신념을 확증해주기도 하고, 신념에 도전장을 내밀고는 다른 방식으로 생각하도록 이끌어간다. 부정적인 사람이 현명한 것처럼 보이기 십상이지만, 대부분은 평균 이하의 인지능력과 학업능력을 나타낸다(Stavrova & Ehlebracht, 2018). 맹목적으로 모든 것을 믿거나 부정하는 것은 어리석은 짓이다. 과학이 알려주는 비판적 사고는 편향이라는 색안경을 깨끗하게 닦아준다. 다음을 생각해보자. "기후변화는 인류의 미래를 위협합니까? 만일 그렇다면, 그것은 인간이 초래한 것인가요?" 2016년에 몇몇 기후변화 주창자는 미국 루이지애나에서 발생한 기록적인 홍수를 기후변화의 증거로 해석하였다. 2015년에 기후변화 회의론자들은 북미의 혹한을 지구 온난화를 무력화시키는 증거로 간주하였다. 비판적 사고자는 기후변화에 대한 자신의 이해가 오늘의 날씨와 같은 국지적 사례에 의해서 좌지우지되도록 만들기보다는 "증거를 보여주세요."라고 말한다. 시간이 경과하면서 지구가 실제로 더워지고 있는가? 극지의 빙산이 녹고 있는가? 식물의 성장 패턴이 변하고 있는가? 극단적인 기상 사건이 더욱 빈번해지고 있는가? 인간의 활동이 그러한 변화를 예측하도록 이끌어가는 이산화탄소를 방출하고 있는가?

비판적 사고자는 이러한 논제를 숙고할 때 출처의 신빙성도 고려하며 증거를 살펴본다("사실이 논제를 지지하는가, 아니면 단지 날조된 것인가?"). 다양한 조망을 인정하며 자신이 견지하고 있는 생각에 도전하는 뉴스 출처를 스스로 찾아 나선다.

몇몇 종교인은 비판적 사고와 심리학을 포함한 과학적 탐구를 위협으로 간주하기도 한다. 그렇지만 코페르니쿠스와 뉴턴을 포함한 과학혁명의 많은 선구자들은 "신을 사랑하고 공경하기 위해서는 신의 경이로운 창조물을 충분히 존중할 필요가 있다."(Stark, 2003a,b)라는 생각에 근거하여 행동한 신앙심이 깊은 사람들이었다.

"만일 전통적 유형의 신과 같은 것이 존재한다면, 우리의 호기심과 지능은 그러한 신이 제공한다는 것이 나의 굳건한 신념이다. 만일 우주와 우리 자신을 탐구하려는 열정을 억누른다면⋯ 그러한 재능을 인정하지 않은 것이다." 칼 세이건, 『브로카의 뇌』(1979)

비판적 탐구는 놀라운 결과를 초래할 수 있다. 심리과학의 몇 가지 예를 보자. 생애 초기에 두뇌조직을 대량으로 상실하는 것은 장기적으로 별 영향을 미치지 않을 수 있다(제2장 참조). 신생아는 수일 내에 냄새로써 자기 엄마를 재인할 수 있다(제5장 참조). 두뇌 손상 후에도 새로운 기술을 학습할 수 있지만, 그 기술을 학습하였다는 사실은 자각하지 못할 수 있다(제8장 참조). 남자와 여자, 노인과 젊은이, 부자와 중산층, 장애자와 정상인 등 다양한 집단이 대체로 상응하는 수준의 개인적 행복을 보고하고 있다(제12장 참조).

후속 장(章)들은 비판적 탐구가 어떻게 대중의 선입견을 설득력 있게 깨뜨리는지도 예증한다. 몽유병자는 자신의 꿈을 실행하고 있는 것이 아니다(제3장 참조). 모든 과거 경험이 두뇌에 사실 그대로 기록되지는 않는다. 두뇌를 자극하거나 최면을 걸어보아도 단지 '재생 버튼'을 눌러 오랫동안 묻혀있거나 억압된 기억을 재생시킬 수 없다(제8장 참조). 대부분의 사람은 비현실적이게 낮은 자존감으로 고통받지 않으며, 높은 자존감이 항상 좋은 것도 아니다(제14장 참조). 양극은 서로를 끌어당기지 않는 경향이 있다(제13장 참조). 이 예들을 비롯한 많은 사례에서 심리과학자들이 밝혀낸 것은 많은 사람이 믿고 있는 것과 다르다.

심리과학은 효과적인 정책도 밝혀내 제안할 수 있다. 범죄를 억제하려면 형량을 늘리는 데 재원을 투여해야 하는가, 아니면 체포 비율을 높이는 데 투여해야 하는가? 사람들이 심적 외상에서 회복하는 것을 돕기 위해서 상담자는 그들이 그 외상을 생생하게 떠올리도록 도와주어야 하는가, 아니면 떠올리지 않도록 도와주어야 하는가? 투표율을 높이려면 유권자에게 낮은 투표율의 문제점을 알려주어야 하겠는가, 아니면 동료들이 투표하고 있다는 사실을 강조해야 하겠는가? 중요한 것은 사람들이 느끼는 것이 아니라 사실이다. 상식적인 판단이 아니라 비판적 사고 검증을 하게 되면, 모든 경우에 두 번째 대안이 더욱 효과적이다(Shafir, 2013). 비판적 사고는 세상을 변화시킬 수 있으며, 때때로 변화시키고 있다.

비판적 사고는 심리학의 대중적 적용을 평가하도록 도와줌으로써 사람들 자신도 변화시킬 수 있다. 자기계발 서적을 들여다보면, 저자의 전문성과 목표를 살펴볼 수 있다. 비판적 사고자는 다음과 같은 질문을 던진다. 제안은 증거에 근거한 것인가, 아니면 일화에 근거한 것인가? 저자의 개인적 가치관과 의도가 조언에 영향을 미쳤겠는가? 만일 자녀양육법, 자기실현법, 성적 감정 대처법, 직장에서의 출세법 등과 같은 삶의 방법들을 그 조언에 맡겨버린다면, 여러분은 개인적 가치에 함몰된 조언을 받아들이고 있는 것이다. 행동과 심적 과정을 다루는 과학, 즉 심리과학이 이러한 목표를 달성하는 데 도움을 줄 수 있다. 그렇지만 어느 목표가 추구할 가치가 있는 것인지를 결정해줄 수는 없다. 심리과학이 무엇인가를 가르쳐주지만, 설교하는 것은 아니다.

학습을 위한 조언 : 기억 연구는 검증 효과를 보여주고 있다. 즉, 우리가 스스로 자기검증과 되뇌기를 통해 정보를 인출할 수 있다면 훨씬 더 많은 정보를 파지할 수 있다. (서막 마지막 부분에서 더 많은 내용을 볼 수 있다.) 여러분의 학습과 기억을 향상시키려면 이 책 곳곳에 제시한 인출 연습 기회를 잘 활용하라.

인출 연습

RP-1 비판적 사고가 수반하고 있는 것을 기술해보라.

답은 부록 E를 참조

심리과학의 탄생

LOQ P-4 심리학의 초기 발전에서 중요한 이정표에는 어떤 것이 있는가?

인간답다는 것은 자기 자신과 주변 세상에 관하여 호기심을 갖는 것이다. 기원전 300년경에 그리스 박물학자이자 철학자인 아리스토텔레스는 학습과 기억, 동기와 정서, 지각과 성격에 관한 이론을 구축하였다. 오늘날 사람들은 그의 몇몇 엉성한 추측이 우스워 낄낄대기도 한다. 예컨대, 식사를 하면 졸린 까닭은 성격의 발원지인 심장 주변에 가스와 열기가 축적되기 때문이라는 제안과 같은 것이다. 그렇지만 아리스토텔레스가 올바른 물음을 던졌다는 점에서 그의 공헌을 인정해야만 한다.

심리학 최초의 실험실

빌헬름 분트(1832~1920) 분트는 독일 라이프치히대학교에 최초의 심리학 실험실을 만들었다.

사고에 관한 철학자들의 생각은 우리가 알고 있는 것처럼 1879년 12월 어느 날 독일 라이프치히대학교에 있는 어느 건물 3층의 작은 공간에서 심리학이 출발할 때까지 계속되었다. 그곳에서는 근엄한 중년의 교수인 빌헬름 분트가 실험 장치를 개발하는 것을 두 젊은이가 돕고 있었다. 그 장치는 공이 플랫폼을 치는 것을 듣는 시점과 전신기의 버튼을 누르는 시점 간의 시간을 측정하는 것이었다(Hunt, 1993). 흥미롭게도 소리가 발생하면 바로 버튼을 누르도록 요구하였을 때, 사람들은 대략 0.1초 내에 반응을 하였다. 그리고 소리의 지각을 의식적으로 자각하면 바로 누르도록 요구하였을 때는 대략 0.2초 정도 걸렸다. (자신의 자각을 깨닫는 것이 조금 더 오래 걸린다.) 분트는 '마음의 원자', 즉 가장 빠르고 가장 단순한 심적 과정을 측정하고자 시도하고 있었던 것이다. 분트와 심리학 최초의 대학원생이 설립한 최초의 심리학 실험실은 이렇게 시작하였다.

초기 심리학파

오래지 않아서 새로운 심리과학은 선구자적인 학자들이 주도하는 여러 가지 상이한 학파로 체제를 갖추기 시작하였다. 초기의 두 학파는 **구조주의**(structuralism)와 **기능주의**(functionalism)이었다.

에드워드 브래드퍼드 티치너(1867~1927) 티치너는 마음의 구성 요소를 찾기 위하여 내성법을 사용하였다.

구조주의 화학자가 화학 성분을 분류하는 주기율표를 개발해냈듯이, 심리학자인 에드워드 브래드퍼드 티치너는 마음 구조의 요소를 분류하고 이해하려는 목표를 가지고 있었다. 그는 사람들에게 자기반성적인 내성(내면을 들여다보기)을 하도록 요구하면서, 예컨대 장미를 보거나, 메트로놈 소리를 듣거나, 향기를 맡거나, 어떤 맛을 볼 때 자신의 경험 요소를 보고하도록 훈련시켰다. 이들의 즉각적인 감각, 심상, 느낌은 어떤 것이었을까? 그리고 서로 어떻게 관련되었을까? 불행하게도 내성이라는 구조주의의 기법은 다분히 신뢰할 수 없는 것으로 판명되었다. 내성은 똑똑하고 말을 잘하는 사람을 요구하였으며, 그 결과는 사람마다, 그리고 경험할 때마다 달랐다. 내성법이 시들해지자 구조주의도 함께 쇄락의 길을 걸었다. 단순 요소들을 가지고 마음의 구조를 구성해보고자 시도하는 것은 조립하지 않은 부품들을 살펴봄으로써 자동차를 이해하고자 시도하는 것과 마찬가지이었다.

기능주의 철학자이자 심리학자인 윌리엄 제임스는 내적 사고와 감정의 진화된 기능을 살펴봄으로써 단순히 그 사고와 감정에 이름을 붙이는 작업을 넘어서고자 시도하였다. 냄새 맡기는 코가 하는 일이며, 생각하기는 두뇌가 하는 일이다. 그렇다면 어째서 코와 뇌가 그러한 기능을 갖는 것인가? 진화론 주창자인 찰스 다윈의 영향을 받은 제임스는 냄새 맡기와 마찬가지로 사고가 발달한 까닭은 그것이 적응적이기 때문이라고 가정하였다. 즉 사고가 조상의 생존에 기여하였다는 것이다. 의식은 한 가지 기능을 담당한다. 즉 의식은 과거를 돌이켜보고, 현재에 적응하며, 미래를 계획할 수 있게 해준다. 제임스는 마음의 적응기능을 탐구하기 위하여 실질적인 정서, 기억, 의지력, 습관, 그리고 매 순간 의식의 흐름을 탐구하였다.

구조주의 분트와 티치너가 중심이 된 초기 심리학파. 인간 마음의 구조를 밝히기 위하여 내성법을 사용하였다.

기능주의 윌리엄 제임스가 주장하고 다윈의 영향을 받은 초기 심리학파. 마음과 행동의 과정이 작동하는 방식, 즉 유기체로 하여금 적응하고 생존하며 번창하게 만드는 방식을 탐구하였다.

제임스의 뛰어난 글솜씨는 출판업자 헨리 홀트로 하여금 새로운 심리과학 교과서 집필 계약을 제안하게 만들었다. 제임스는 동의하였으며, 집필을 마무리하는 데 2년이 걸릴 것이라는 양해하에 1878년에 작업을 시작하였다. 교과서 작업은 예상치 않게 자질구레한 일이 많은 것으로 드러났으며, 실제로 완성하는 데 12년의 세월이 걸렸다. (우리가 놀라지 않은 이유는 무엇이겠는가?) 한 세기도 넘은 오늘날에도 사람들은 여전히 그의 저서 심리학원리(*Principles of Psychology*, 1890)를 탐독하며 제임스가 탁월하고도 우아하게 고급 교양인들에게 심리학을 소개하고 있다는 사실에 경탄을 금하지 못한다.

최초의 여성 심리학자

제임스의 전설은 그의 저작뿐만 아니라 하버드대학교에서의 학생 지도에서도 유래한다. 하버드대학교 총장의 반대에도 불구하고, 제임스는 1890년에 메리 휘턴 캘킨스라는 여학생이 자신의 대학원 세미나에 참석하는 것을 허용하였다(Scarborough & Furumoto, 1987). 그 당시에 여성은 참정권조차 갖지 못하였다. 캘킨스가 세미나에 합류하자, 남학생이었던 다른 모든 대학원생들이 수강을 취소해버렸다. 따라서 제임스는 그녀만을 가르치게 되었다. 캘킨스는 하버드대학교의 박사학위 요구사항을 모두 충족시키고 종합시험에서도 모든 남학생을 압도해버렸다. 불행하게도 하버드대학교는 그녀가 획득한 박사학위를 취소시키고는, 대신에 여자를 위한 자매대학인 래드클리프 칼리지에서 학위를 받을 것을 제안하였다. 캘킨스는 부당한 대우에 저항하고 학위를 거부하였다. 그럼에도 불구하고 그녀는 뛰어난 기억 연구자가 되었으며, 1905년에는 미국심리학회(APA) 최초의 여성 회장이 되었다.

최초의 여성 심리학 박사학위를 수여받는 영예는 나중에 마거릿 플로이 워시번에게 돌아갔는데, 그녀는 영향력 있는 저서 동물의 마음(*The Animal Mind*)을 집필하였으며, 1921년에는 미국심리학회의 두 번째 여성 회장이 되었다. 그렇지만 여자라는 사실이 그녀의 발목을 잡기도 하였다. 그녀의 학위논문은 분트가 자신의 저널에 게재한 최초의 해외연구이었음에도 불구하고, 그녀는 자신의 대학원 지도교수인 티치너가 설립하였으며 모두 남성으로만 구성된 실험심리학회에는 가입할 수 없었다(Johnson, 1997). 1997년부터 2019년까지 과학을 지향하는 심리과학회(Association for Psychological Science, APS)에서 선출한 회장의 과반수가 여성이었다는 사실을

윌리엄 제임스(1842~1910)와 메리 휘턴 캘킨스(1863~1930) 제임스는 1890년에 중요한 『심리학원리』를 집필한 전설적인 교수이자 작가이다. 제임스는 캘킨스를 지도하였는데, 그녀는 기억 연구의 선구자로서 미국심리학회 회장이 된 최초의 여성이다.

Macmillan Learning

Macmillan Learning

마거릿 플로이 워시번(1871~1939) 심리학으로 박사학위를 받은 최초의 여성. 『동물의 마음』(1908)에서 동물행동 연구를 종합하였다.

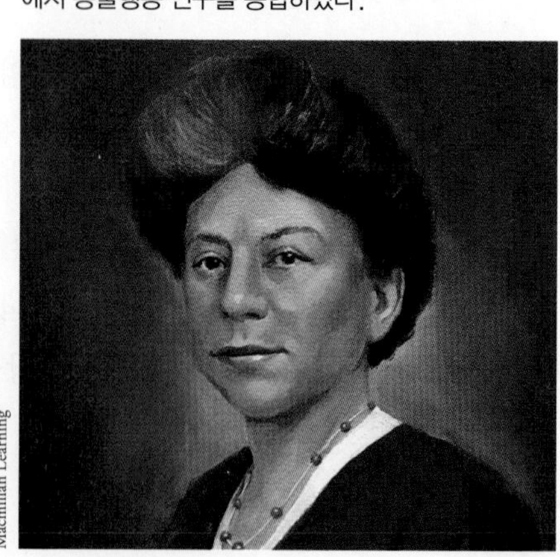

Macmillan Learning

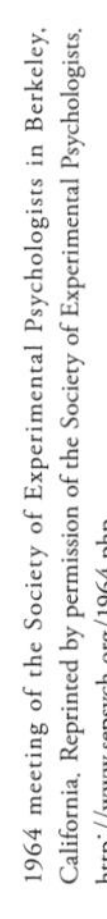
1964 meeting of the Society of Experimental Psychologists in Berkeley, California. Reprinted by permission of the Society of Experimental Psychologists, http://www.sepsych.org/1964.php

(a)

Gordon B. Moskowitz, professor in Lehigh's Department of Psychology

(b)

다양성이 증가하고 있는 심리학
1964년 실험심리학회 기념사진(a)에서 대부분 백인 남성인 회원 중에서 엘리너 깁슨을 찾아내기는 아주 쉽다. 반면에 오늘날 심리과학회 대학원생 사진(b)에서 볼 수 있는 바와 같이 심리과학회 회원의 62%, 그리고 학생 회원의 75%가 여성이다. 유색인들이 심리학 분야에 장대한 공헌을 해 왔으며, 심리학의 다양성은 계속해서 증가하고 있다. 이러한 변화의 역사를 보려면, 부록 A(심리학 이야기 : 연대표)를 참조하라.

감안할 때, 정말로 격세지감이 크다. 미국, 캐나다, 유럽에서 오늘날 대부분의 박사학위 수여자는 여성이다.

자문자답하기

장차 더 많은 여성들 그리고 역사적으로 박해받았던 집단의 인물들이 심리학 분야에 자신의 아이디어로 공헌함에 따라서 심리학은 어떻게 변모할 것이라고 생각하는가?

인출 연습

RP-2 어떤 사건이 과학적 심리학의 출발을 정의하였는가?

RP-3 마음의 작동방식을 이해하는 방법으로 내성이 실패한 이유는 무엇인가?

RP-4 __________학파는 마음의 구조를 정의하고자 내성법을 사용하였다. __________학파는 심적 과정이 어떻게 사람들이 적응하고 생존하며 번창하게 만드는지에 초점을 맞추었다.

답은 부록 E를 참조

심리과학의 성숙

LOQ P-5 어떻게 행동주의, 프로이트 심리학, 인본주의 심리학이 심리과학의 발전을 더욱 촉진시켰는가?

심리학 초창기에는 많은 심리학자가 영국 수필가인 C. S. 루이스의 다음과 같은 견해, 즉 '전체 우주에서 우리가 외부 환경을 관찰함으로써 알 수 있는 것보다 더 많이 알고 있는 것은 오직 하나뿐'이라는 견해를 받아들였다. 루이스는 그 유일한 대상이 바로 우리 자신이라고 천명하였다. "우리는 말하자면 내부 정보를 가지고 있는 것이다"(1960, 18~19쪽). 분트와 티치너는 내부 감각, 심상, 감정 등에 초점을 맞추었다. 제임스도 인간의 생존과 번성에 어떤 도움을 주었는지를 이해하려는 희망을 가지고 의식의 흐름과 정서의 내성적 탐구에 몰두하였다. 이들을 비롯한 초창기 선구자들은 심리학을 '정신적 삶의 과학'으로 정의하였다.

행동주의

이러한 정의는 두 명의 도발적인 미국 심리학자가 그 정의에 도전장을 내민 1920년대까지 계속되었다. 존 B. 왓슨과 뒤이어 등장한 B. F. 스키너는 내성법을 배제하고 심리학을 '관찰 가능한 행동의 과학 연구'로 재정의하였다. 이들은 과학이 관찰에 뿌리를 두고 있다고 주장하였다. 즉, 관찰하고 측정할 수 없는 것은 과학적으로 연구할 수 없다는 것이다. 감각, 감정, 사고는 관찰할 수 없지만, 사람들이 다양한 상황에서 반응할 때 그들의 조건형성된 행동을 관찰하고 기록할 수 있다는 것이다. 많은 심리학자가 이 주장에 동의하였으며, **행동주의**(behaviorism)는 1960년대에 이르기까지 심리학을 이끌어온 두 가지 주류 세력 중의 하나가 되었다.

프로이트 심리학(정신분석)

또 다른 주류 세력은 지그문트 프로이트의 정신분석 심리학으로, 아동기 경험에 대한 무의식적 사고과정과 정서반응이 행동에 영향을 미치는 방식을 강조하였다. (후속 장들에서 지그문트 프로이트의 성격 이론, 무의식적 성적 갈등과 마음이 자신의 소망과 충동에 대처하는 방어기제에 관한 견해를 포함하여 그의 가르침에 대해 상세하게 살펴볼 것이다.)

존 왓슨(1878~1958)과 로잘리 레이너(1898~1935) 레이너와 함께 연구한 왓슨은 행동의 과학적 연구로서의 심리학을 대표한다. 그와 레이너는 '어린 앨버트'로 유명해진 아이를 대상으로 수행한 실험에서 공포가 학습될 수 있다는 사실을 보여주었다.

Macmillan Learning

Macmillan Learning

B. F. 스키너(1904~1990) 위대한 행동주의자로, 내성을 거부하고 결과가 어떻게 행동을 조성하는 것인지를 연구하였다.

Macmillan Learning

인본주의 심리학

행동주의자들이 20세기 전반부에 그러하였던 것처럼, 다른 집단들은 행동주의자의 정의를 거부하였다. 1960년대에 칼 로저스와 에이브러햄 매슬로우가 주도한 **인본주의 심리학자**(humanistic psychologist)들은 행동주의와 프로이트 심리학이 너무나 제한적이라는 사실을 발견하였다. 인본주의 심리학자들은 아동기 기억의 의미나 조건반응의 학습에 초점을 맞추기보다 현재의 환경이 사람들의 성장 잠재력을 촉진하거나 제한하는 방식, 그리고 사랑과 승인의 욕구를 만족시키는 것의 중요성에 주의를 기울였다.

지그문트 프로이트(1856~1939)
유명한 성격 이론가이자 치료사로, 그의 논란 많은 아이디어들은 인간성의 이해에 영향을 주었다.

인출 연습

RP-5 1920년대부터 1960년대까지 심리학의 양대 세력은 ________와 ________심리학이었다.

답은 부록 E를 참조

오늘날의 심리학

LOQ P-6 어떻게 오늘날의 심리학은 인지, 생물학적 특성과 경험, 문화와 성별, 인간의 번성 등에 초점을 맞추게 되었는가?

인본주의 심리학이 출현한 1960년대에 심리학자들은 인지혁명을 선도하였다. 인지혁명은 마음이 정보를 처리하고 파지하는 방식의 중요성과 같이, 심리학을 심적 과정에 대한 초창기의 관심사로 되돌리게 만들었다. 오늘날 **인지심리학**(cognitive psychology)은 계속해서 사람들이 정보를 지각하고 처리하며 기억해내는 방식 그리고 불안장애나 우울증을 비롯한 심리장애에서 사고와 정서가 상호작용하는 방식을 과학적으로 탐구한다. **인지신경과학**(cognitive neuroscience)은 마음의 과학인 인지심리학과 두뇌의 과학인 신경과학이 융합함으로써 탄생하였다. 인지신경과학은 학제적 연구 분야로서 심적 활동에 기저하는 두뇌 활동을 연구한다.

오늘날의 심리학은 수많은 초기 과학자와 학파의 연구에 토대를 두고 있다. 관찰 가능한 행동 그리고 내적 사고와 감정에 관한 심리학의 관심사를 포괄하기 위하여 오늘날에는 **심리학**(psychology)을 **행동과 심적 과정의 과학**으로 정의한다. 이 정의를 풀어보자. 행동은 유기체가 행하는 것, 즉 관찰하고 기록할 수 있는 행위이다. 고함을 지르고 미소를 지으며 눈을 깜빡이고 땀을 흘리며 이야기하고 질문지에 답하는 것은 모두 관찰 가능한 행동이다. 감각, 지각, 꿈, 사고, 신념, 감정 등의 심적 과정은 행동으로부터 추론하는 내적인 주관적 경험이다.

오늘날의 심리학 정의에서 핵심 단어는 과학이다. 심리학은 연구결과의 집합이라기보다는 질문을 던지고 그 질문에 답하는 방식이라고 할 수 있다. 그렇기 때문에 저자로서 우리의 목표는 연구결과를 보여주는 것뿐만 아니라 심리학자가 연구하는 방법을 보여주려는 것이다. 여러분은 연구자들이 갈등적인 견해와 아이디어를 평가하는 방식을 보게 될 것이다. 그리고 과학자이든 아니면 단순히 호기심이 많은 사람이든, 삶의 사건을 기술하고 설명할 때 더 견고하면서도 현명하게 사고할 수 있는 방법을 배우게 될 것이다.

행동과 심적 과정의 과학인 심리학은 많은 학문분야와 국가에 뿌리를 두고 있다. 젊은 과학인 심리학은 철학과 생물학이라는 기성 분야로부터 발전하였다. 분트는 독일의 철학자이자 물리학자이었으며, 제임스는 미국의 철학자이었다. 프로이트는 오스트리아의 의사이었다. 학습 연구를

행동주의 심리학은 (1) 객관적 과학이며, (2) 심적 과정을 참조하지 않고 행동을 연구해야 한다는 견해. 오늘날 대부분의 심리학자들은 (1)에 동의하지만 (2)에는 동의하지 않는다. 

인본주의 심리학 건강한 사람의 성장 잠재력을 강조한 역사적으로 중요한 조망

인지심리학 우리가 지각하고 학습하며 기억하고 사고하며 소통하고 문제를 해결할 때 발생하는 것과 같은 심적 과정의 연구

인지신경과학 지각, 사고, 기억, 언어 등 인지와 연계된 두뇌 활동을 연구하는 학제적 분야

심리학 행동과 심적 과정의 과학

선도한 이반 파블로프는 러시아의 생리학자이었다. 지난 세기 가장 영향력 있는 아동관찰자인 장 피아제는 스위스 생물학자이었다. 심리학사가인 모턴 헌트(1993)가 명명하였던 바와 같이, 이러한 '마음의 마젤란'들은 다양한 분야와 국가에서 심리학의 기원을 예증하고 있다.

이러한 선구자들과 마찬가지로, 오늘날 100만 명이 넘을 것으로 추정하는 심리학자들은 수많은 국가의 국민이다(Zoma & Gielen, 2015). 국제심리과학연합(International Union of Psychological Science)에는 알파벳순으로 알바니아에서 짐바브웨에 이르기까지 82개 국가가 회원으로 활동하고 있다. 중국에서 최초의 대학교 심리학과는 1978년에 설립되었다. 2016년에는 270개의 심리학과가 존재한다(Zhang, 2016). 심리학은 증대되고 있으며 세계화되고 있다. 신경세포 활동에 관한 연구에서부터 국제분쟁 연구에 이르기까지 심리학 이야기는 다양한 지역에서 작성되고 있다. 많은 세력에 의해서 모습을 갖춘 오늘날의 심리학은 특히 생물학적 특성과 경험, 문화와 성별, 그리고 인간의 번성에 대한 이해의 영향을 받고 있다.

자문자답하기

이 교과목을 수강하기 전에 여러분은 심리학을 어떻게 정의하였는가?

진화심리학과 행동유전학

Macmillan Learning

찰스 다윈(1809~1882) 다윈은 자연선택이 신체뿐만 아니라 행동도 조성한다고 주장하였다.

인간의 특질은 조상으로부터 물려받은 것인가, 아니면 경험을 통해서 발달하는 것인가? 이 물음은 심리학에서 가장 크고 지속적인 논제가 되어왔다. 그렇지만 **선천성-후천성 논제**(nature-nurture issue)에 관한 논쟁은 고대로부터 이어져온 것이다. 고대 그리스 철학자 플라톤(기원전 428~348)은 사람들이 품성과 지능을 조상으로부터 물려받았으며 특정 관념들은 생득적이라고 가정하였다. 아리스토텔레스(기원전 384~322)는 마음이 감각을 통해 외부세계로부터 받아들이지 않는 것은 아무것도 없다고 맞받아쳤다.

1600년대에 유럽 철학자들이 이 논쟁에 다시 불을 붙였다. 존 로크는 마음이란 경험이 채색하는 빈 서판과 같은 것이라고 주장하였다. 르네 데카르트는 이에 동의하지 않고 몇몇 관념은 생득적이라고 굳게 믿었다. 데카르트의 견해는 두 세기가 지난 후에 호기심 많은 한 박물학자로부터 지지를 받았다. 1831년에 어느 입장으로도 치우치지 않았던 박물학도이지만 곤충과 연체동물 그리고 조개의 열렬한 수집광이 역사적인 세계일주의 닻을 올리게 되었다. 22세 약관의 항해자인 찰스 다윈은 인근 섬의 거북이와 차이를 보이는 다른 섬의 거북이를 포함하여, 자신이 접한 동물종의 믿기 어려울 만큼의 변이를 심사숙고하였다. 다윈의 저서 종의 기원(*On the Origin of Species,*

rubberball/Getty Images

© Tony Freeman/PhotoEdit–All rights reserved.

자연이 제공하는 선천성-후천성 실험 일란성 쌍둥이는 동일한 유전자를 가지고 있기 때문에, 기질과 지능을 비롯한 여러 특질에서 유전과 환경이 미치는 영향에 서광을 비춰줄 수 있는 이상적인 연구참가자들이다. 일란성 쌍둥이와 이란성 쌍둥이 연구는 후속하는 여러 장에서 기술할 풍부한 결과들을 제공해주는데, 그 결과들은 선천성과 후천성 모두의 중요성을 강조한다.

1859)은 **자연선택**(natural selection)이라는 진화과정을 제안함으로써 이러한 다양성을 설명하였다. 즉, 자연은 우연한 변이 가운데 유기체가 특정 환경에서 가장 잘 생존하고 후손을 퍼뜨릴 수 있게 해주는 특질을 선택한다는 것이다. 철학자 대니얼 데닛(1996)이 '누군가 생각해낸 것 중에서 최고의 아이디어'라고 극찬하고 있는 다윈의 자연선택 원리는 160여 년이 지난 오늘날에도 여전히 생물학의 체제화 원리로 굳건하게 남아있다. 또한 진화는 21세기 심리학에서도 중요한 원리가 되어왔다. 이 사실은 다윈을 즐겁게 해주었을 것이 틀림없다. 그는 자기 이론이 동물의 구조(예컨대, 북극곰의 흰 털)뿐만 아니라 행동(예컨대, 인간의 기쁨이나 분노와 관련된 정서 표현)도 설명하는 것이라고 믿었기 때문이다.

선천성-후천성 논제는 오늘날 심리학자들이 생물학적 특성과 경험의 상대적 공헌을 탐구하고 있기에, 이 책 전반에 걸쳐서 반복 등장한다. 예컨대, 심리학자는 공통적인 생물학적 특성과 진화사로 인하여 사람들이 얼마나 유사한지를 묻는다. 이 물음이 **진화심리학**(evolutionary psychology)의 핵심이다. 그리고 상이한 유전자와 환경으로 인하여 얼마나 다양한지를 묻는다. 이것이 **행동유전학**(behavior genetics)의 핵심이다.

예컨대 다음과 같은 물음을 던질 수 있다. 성별 차이는 생물학적 특성이 결정하는가, 아니면 사회가 만들어내는가? 아동의 문법은 대체로 생득적인가, 아니면 경험이 만들어내는가? 지능과 성격의 차이는 유전과 환경에 의해서 얼마나 영향을 받는가? 성행동은 내적인 생물학적 특성이 촉발하는가, 아니면 외적 유인자극이 이끌어가는가? 우울증과 같은 심리장애를 두뇌 장애로 치료해야 하는가, 사고 장애로 치료해야 하는가, 아니면 둘을 모두 고려해야 하는가?

이러한 논쟁은 계속되고 있다. 그렇기는 하지만 여러분은 오늘날 과학에서 선천성-후천성 간의 긴장이 해소되고 있다는 사실을 보게 될 것이다. 즉, **후천성은 선천성이 부여하는 것에 작동한다.** 인간은 학습하고 적응하는 엄청난 능력을 생물학적으로 부여받는다. 나아가서 모든 심리적 사건(모든 사고와 정서)도 마찬가지로 생물학적 사건이다. 따라서 우울증은 두뇌 장애인 동시에 사고 장애일 수 있는 것이다.

자문자답하기

여러분 자신의 특질 하나를 생각해보라. (예컨대, 여러분은 사전 계획에 충실한 사람인가, 아니면 가능한 한 뒤로 미루는 사람인가? 일반적으로 과제를 제때에 마무리하는가, 아니면 늦는가? 내향적인가, 아니면 외향적인가? 사회적 교류를 통해 에너지가 충만해지는가, 아니면 혼자 시간을 보내면서 재충전하는가?) 그 특질은 얼마나 선천성과 후천성의 영향을 받았다고 생각하는가?

인출 연습

RP-6 인지혁명은 심리학 분야에 어떤 영향을 미쳤는가?

RP-7 자연선택이란 무엇인가?

RP-8 선천성-후천성 논제에 대한 오늘날 심리학의 입장은 무엇인가?

답은 부록 E를 참조

선천성-후천성 논제 유전자와 환경이 심적 특질과 행동의 발달에 기여하는 상대적 공헌에 대한 해묵은 논쟁. 오늘날의 과학은 특질과 행동이 선천성과 후천성의 상호작용에서 출현하는 것으로 간주한다.

자연선택 유전된 특질의 변이라는 범위 내에서 자손 번식과 생존에 기여하는 특질은 후세대에게 전달될 가능성이 더 크다는 원리

진화심리학 자연선택의 원리를 사용하여 행동과 마음의 진화를 연구하는 분야

행동유전학 행동에 대한 유전적 영향과 환경적 영향의 상대적 힘과 제한점에 관한 연구

비교문화심리학과 성별심리학

특정 시점과 장소에서 수행한 심리학 연구, 특히 심리학자들이 WEIRD 문화[1]라고 명명한 문화

1 WEIRD는 Western, Educated, Industrialized, Rich, Democratic(서구의, 교양 있는, 선진국의, 부유한, 민주적인)의 두문자

세계 어디서나 미소는 미소다 이 책은 문화적 유사성과 차이 그리고 성별 유사성과 차이를 연구하는 총체적 과학으로서의 심리학 이야기를 제공한다. 예컨대, 언제 그리고 얼마나 자주 미소를 지어야 하는지에 관한 문화 규범은 다르지만, 행복한 미소는 세계 어디서나 동일한 의미를 갖는다.

Roy Toft/National Geographic Creative

Antonia Brune

에 속한 참가자들을 대상으로 수행한 심리학 연구로부터 사람 일반에 관하여 무엇을 알 수 있는가?(Henrich et al., 2010; Hruschka et al., 2018). 이 책 전반에 걸쳐서 자주 보겠지만, **문화**(culture), 즉 한 세대에서 다음 세대로 전달하는 공유된 생각과 행동이 중요하다. 문화는 신속성과 솔직성의 기준, 혼전 성경험과 다양한 체형에 대한 태도, 격식을 찾는 경향성, 눈맞춤을 하려는 의향, 대화할 때의 거리 등 수많은 것에 영향을 미친다. 그러한 차이점을 자각함으로써 다른 사람들도 자신과 마찬가지로 생각하고 행동할 것이라는 가정에 제한을 둘 수 있다.

"모든 사람은 동일하다. 단지 습관만이 차이를 보인다." 공자

그렇지만 공유하는 생물학적 유산이 모든 사람을 보편적인 인간 가족의 일원으로 묶어준다는 사실도 참이다. 인간다움의 여러 측면, 예컨대 보고 듣는 방식, 신체가 스트레스에 반응하는 방식, 미소가 감정을 전달하는 방식 등은 모든 인간이 공유한다. 세계 어디서나 다음과 같은 동일한 기저과정이 사람들을 이끌어간다.

- (과거에 난독증이라고 불렀던) 특정 학습 장애로 진단받은 사람은 이탈리아인이든 프랑스인이든 영국인이든 동일한 두뇌기능부전을 나타낸다(Paulesu et al., 2001).
- 언어 차이는 문화 간의 소통을 방해한다. 그렇지만 모든 언어는 심층의 문법 원리를 공유한다.
- 상이한 문화의 사람들은 외로움의 감정에서 차이를 보인다(Lykes & Kemmelmeier, 2014). 그렇지만 모든 문화에 걸쳐 수줍음, 낮은 자존감, 독신생활 등이 외로움을 증폭시킨다(Jones et al., 1985; Rokach et al., 2002).

각자는 특정 측면에서는 다른 모든 사람과 닮았고, 다른 측면에서는 일부의 사람과 닮았으며, 또 다른 측면에서는 전혀 닮지 않았다. 모든 문화의 사람을 연구하는 것은 사람들 간의 유사성과 차이점, 한 가족으로서의 인류와 다양성을 밝혀내는 데 도움을 준다.

여러분은 이 책 전반에 걸쳐 성별 정체성, 즉 자신이 남자이거나 여자이거나 아무것도 아니거나 남자와 여자의 결합이라는 생각도 생물학적으로 영향을 받는 성 못지않게 중요하다는 사실을 보게 될 것이다.[2] 오늘날 연구자들은 꿈의 내용, 정서를 표현하고 탐지하는 방식, 그리고 알코올 남용 장애, 우울증, 섭식장애 등의 위험성에서 성별 차이를 보고하고 있다. 성별 차이는 흥미진진하며, 그 연구는 사람들에게 도움을 줄 잠재성이 크다. 예컨대, 많은 연구자는 여성이 관

문화 한 집단의 사람들이 공유하며 한 세대에서 다음 세대로 전달하는 지속적인 행동, 생각, 태도, 그리고 전통

어이다. '괴상한, 별난' 등의 뜻을 가진 영어 단어 weird에 대응하도록 표현한 것이다. 전통적으로 심리학 연구는 WEIRD 문화에 속한 것으로 생각할 수 있는 미국 대학생을 대상으로 많이 수행하였으며, 이 연구결과를 다양한 문화권에 속해 있는 사람 일반에 적용하고자 시도하였다. 대부분의 연구참가자를 제공하는 WEIRD 문화에 속한 사람은 지구촌 전체 인구의 단지 12%에 불과함에도 말이다.

2 gender와 sex라는 용어를 구분하기 위하여 이 책에서는 전자를 '성별'로, 그리고 후자는 '성'으로 표현한다.

계를 형성하기 위한 대화를 더 많이 나누는 반면에, 남성은 정보를 제공하고 충고하는 말을 더 많이 한다는 사실을 관찰해왔다(Tannen, 2001). 이러한 차이점을 아는 것은 일상의 관계에서 갈등과 오해를 예방하는 데 도움을 줄 수 있다.

Hemis/Alamy

Jane Barlow/Getty Images

문화와 키스하기 키스하기는 다양한 문화에 걸쳐 존재한다. 그렇지만 키스하는 방식은 문화에 따라 다르다. 여러분이 누군가의 입술에 키스하는 것을 상상해보라. 머리를 좌우 어느 쪽으로 기울이는가? 글을 왼쪽에서 오른쪽으로 읽어가는 서구 문화에서는, 영국 해리 왕자와 메건의 결혼식 키스, 그리고 로댕의 조각에서 보는 바와 같이, 대략 2/3의 남녀가 오른쪽으로 키스한다. 한 연구에서 보면, 글을 오른쪽에서 왼쪽으로 읽는 히브리어와 아랍어 사용자들은 77%가 왼쪽으로 키스한다(Shaki, 2013).

그렇지만 생물학적으로나 심리적으로나 남자와 여자는 압도적으로 유사하다는 사실을 다시 언급해야겠다. 남자이든 여자이든 모든 사람은 동일한 연령에 걷기를 배운다. 동일한 시감각과 소리감각을 경험한다. 배고픔, 욕망, 공포의 고통을 동일하게 느낀다. 전반적으로 유사한 지능과 안녕감을 나타낸다.

명심할 사항 : 특정 태도와 행동이 성별이나 문화에 따라서 차이를 보이는 경우에도, 기저 원인은 매우 동일하다.

자문자답하기

문화적 경험이 여러분의 발달에 어떤 영향을 미쳤는가?

긍정심리학

심리학의 초기 100년은 학대와 불안, 우울과 질병, 편견과 가난 등과 같은 불행을 이해하고 치유하는 데 초점을 맞추었다. 오늘날에도 많은 심리학 분야는 이러한 도전거리를 계속해서 탐구하고 있다. 마틴 셀리그먼과 그의 동료들(2002, 2011, 2016)은 인류의 번성에 도움을 주는 정서와 특질을 이해하고 계발하는 것에 관하여 더 많은 연구를 수행할 것을 주창해왔다. 이들은 자신의 접근을 **긍정심리학**(positive psychology)이라고 부르며, 행복이 즐겁고 몰입하며 의미 있는 삶의 부산물이라고 믿고 있다. 따라서 긍정심리학은 과학적 방법을 사용하여 개개인의 재능을 활용하는 '좋은 삶' 그리고 현재의 자신을 넘어서는 '의미 있는 삶'의 구축을 탐구하고 있다.

심리학의 세 가지 주요 분석 수준

LOQ P-7 어떻게 심리학자들은 생물심리사회적 접근방법을 사용하며, 이 접근방법은 다양하기 그지없는 세상을 이해하는 데 어떤 도움을 줄 수 있는가?

긍정심리학 개인과 지역사회가 융성하도록 도와주는 장점과 덕목을 발견하고 조장한다는 목표를 가지고, 인간의 기능성을 과학적으로 연구하는 심리학 분야

생물심리사회적 접근방법 생물학적, 심리적, 그리고 사회문화적 분석 수준을 아우르는 통합적 접근방법

분석 수준 어느 것이든 주어진 현상에 대한 생물학적 특성 분석에서부터 심리적 분석과 사회문화적 분석에 이르는 서로 다른 보완적 견해

모든 사람은 생물학적 특성에 뿌리를 두고 있는 인간 본성을 공유한다. 그렇지만 많은 심리적 요인과 사회문화적 요인이 사람들의 생각과 가치관 그리고 행동을 조율한다. 사람들은 성별 정체성, 신체능력, 성적 지향성 등에서 개인마다 차이를 보인다. 그리고 각 개인은 가족, 인종집단, 문화, 사회경제적 지위 등과 같은 보다 큰 사회 시스템의 부분을 구성하는 복잡한 시스템이다. 그렇지만 개개인은 신경계와 신체기관과 같은 작은 시스템들로 구성되어 있으며, 이것들은 다시 세포와 분자 그리고 원자와 같이 더 작은 시스템들로 구성되어 있다. **생물심리사회적 접근방법**(biopsychosocial approach)은 이러한 세 가지 **분석 수준**(level of analysis), 즉 생물학적, 심리적, 그리고 사회문화적 분석 수준을 통합하고 있다.

소름끼치는 학교 총기 사건을 생각해보라. 범인이 자신을 폭력적이게 만드는 뇌질환이나 유전

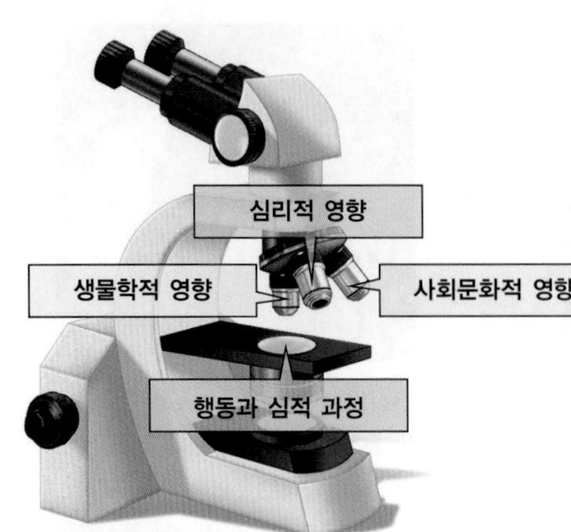

생물학적 영향
- 유전적 성향(유전적으로 영향을 받은 특질)
- 유전적 변이(유전자 복제에서의 무작위적 오류)
- 세대에 걸쳐 전달되는 적응적 특질과 행동의 자연선택
- 환경에 반응하는 유전자

심리적 영향
- 학습된 공포와 기대
- 정서적 반응
- 인지적 처리와 지각적 해석

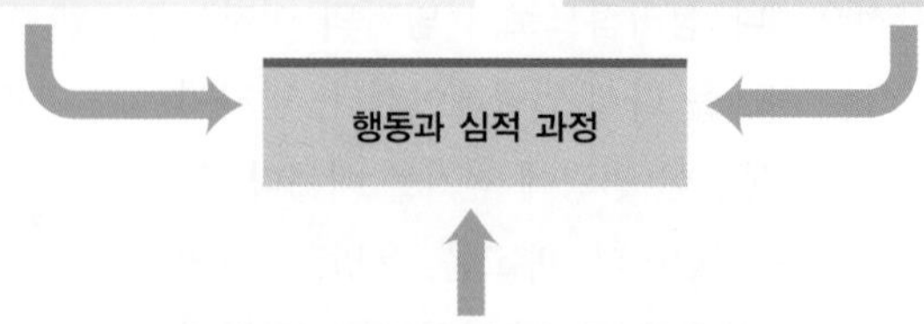

사회문화적 영향
- 타인의 존재
- 문화와 사회 그리고 가족의 기대
- 또래 집단을 비롯한 많은 집단의 영향
- (대중매체 등에서) 주목을 끄는 모델

그림 P.1
생물심리사회적 접근방법 이러한 통합적 견지는 다양한 분석 수준을 아우르며 주어진 행동이나 심적 과정에 대한 보다 완벽한 그림을 제공해준다.

성향을 가지고 있기 때문에 그 사건이 발생하는가? 대중매체에서 잔혹성을 목격하거나 폭력적인 비디오 게임을 즐기기 때문인가? 폭력을 수용하는 총기 권장 사회에 살고 있기 때문인가? 생물심리사회적 접근방법은 심리학자들로 하여금 단순히 표지를 붙이는 것('학교 총기범죄자')을 넘어서서 폭력적 행위로 이끌어가는 상호 연관된 요인들을 따져볼 수 있게 해준다(Pryor, 2019; 그림 P.1). 임상심리학자는 이 접근방법을 사용하여 심리장애자에게 도움을 준다(Teachman et al., 2019).

각 분석 수준은 행동이나 심적 과정을 들여다보는 조망을 제공하지만, 각각은 자체적으로 불완전하다. 표 P.1에서 기술하고 있는 각각의 조망은 상이한 물음을 던지고 있으며 자체적인 제한점을 가지고 있지만, 총체적으로는 상호보완적이다. 예컨대, 각 조망이 분노를 어떻게 바라보고 있는지를 살펴보자.

- **신경과학적 조망**의 연구자는 '얼굴이 붉어지고', '흥분하는' 신체 상태를 유발하는 두뇌 회로를 연구할 수 있다.
- **진화론적 조망**의 연구자는 분노가 조상들의 유전자가 어떻게 살아남는 것을 촉진시켰는지를 분석할 수 있다.
- **행동유전학적 조망**의 연구자는 유전과 환경이 어떻게 기질의 개인차에 영향을 미치는지를 연구할 수 있다.
- **정신역동적 조망**의 연구자는 분노의 분출을 무의식적 적대감의 방출로 간주할 수 있다.
- **행동적 조망**의 연구자는 어떤 외적 자극이 공격 행위를 초래하는지를 결정하고자 시도할 수 있다.
- **인지적 조망**의 연구자는 상황의 해석이 어떻게 분노에 영향을 미치며, 분노가 어떻게 사고에 영향을 미치는지를 연구할 수 있다.
- **사회문화적 조망**의 연구자는 분노의 표현이 문화 맥락에 따라 어떻게 다른지를 연구할 수 있다.

표 P.1 심리학의 이론적 조망들

조망	초점	물음의 예	이 조망을 사용하는 하위분야의 예
신경과학	어떻게 신체와 두뇌가 정서, 기억, 감각 경험을 가능하게 만드는가?	어떻게 통증 신호가 손에서 두뇌로 전달되는가? 혈중 화학 성분은 어떻게 기분이나 동기와 연계되는가?	생물심리학, 인지심리학, 임상심리학
진화론	특질의 자연선택은 어떻게 유전자의 생존을 촉진시키는가?	진화는 어떻게 행동 경향성에 영향을 미치는가?	생물심리학, 발달심리학, 사회심리학
행동유전학	유전자와 환경은 얼마나 개인차에 영향을 미치는가?	지능, 성격, 성적 지향성, 우울 취약성 등과 같은 심리적 특질은 어느 정도나 유전자의 산물인가? 환경의 영향은 어느 정도나 되는가?	성격심리학, 발달심리학, 법심리학
정신역동	어떻게 행동이 무의식적 추동과 갈등에서 초래되는가?	개인의 성격 특질과 심리장애를 어떻게 충족되지 않은 소망과 아동기 외상 경험으로 설명할 수 있는가?	임상심리학, 상담심리학, 성격심리학
행동	관찰 가능한 반응을 어떻게 학습하는가?	특정 대상이나 상황에 대한 공포를 어떻게 학습하는가? 예컨대, 체중 감량이나 금연과 같은 행동 변화에 가장 효과적인 방법은 무엇인가?	임상심리학, 상담심리학, 산업조직심리학
인지	어떻게 정보를 부호화하고 처리하며 저장하고 인출하는가?	기억해내거나, 추리하거나, 문제를 해결할 때 어떻게 정보를 사용하는가?	인지신경과학, 임상심리학, 상담심리학, 산업조직심리학
사회문화	행동과 사고가 어떻게 상황과 문화에 따라서 차이를 보이는가?	사람들은 얼마나 주변 인물과 환경의 영향을 받는가?	발달심리학, 사회심리학, 임상심리학, 상담심리학

명심할 사항 : 3차원 대상의 2차원적 관점과 마찬가지로, 각 조망은 유용하다. 그렇지만 각각이 자체적으로 전체적인 모습을 보여주지는 못한다.

자문자답하기

여러분이 가장 흥미진진하게 생각하는 심리학의 이론적 조망은 무엇인가? 그 이유는 무엇인가?

인출 연습

RP-9 심리적 사건을 연구하는 데 생물심리사회적 접근방법을 사용함으로써 얻는 이점은 무엇인가?

RP-10 심리학의 __________조망은 행동과 사고가 상황에 따라, 그리고 문화에 따라 어떻게 다른지에 초점을 맞추는 반면, __________조망은 사람들이 다양한 상황에서 어떻게 반응하고 학습하는지를 강조한다.

답은 부록 E를 참조

심리학의 하위분야

LOQ P-8 심리학의 주요 하위분야는 무엇인가?

실험실의 화학자를 머리에 그려보면, 아마도 유리용기와 하이테크 실험기기에 둘러싸인 흰 가운

J.B. Handelsman/Cartoon Stock

"아빠는 사회과학자란다. 다시 말해서 전기와 같은 것은 설명할 수 없지만, 만일 네가 사람에 대해서 알고 싶다면, 아빠가 바로 적임자란다."

의 과학자가 머리에 떠오를지 모르겠다. 작업 중인 심리학자를 머리에 그려보는데, 다음과 같은 모습을 떠올린다면 올바르게 생각하는 것이겠다.

- 쥐 두뇌를 탐침으로 자극하고 있는 흰 가운의 과학자
- 유아가 친숙한 그림에 얼마나 빨리 싫증내는지를, 즉 다른 곳을 보게 되는지를 측정하고 있는 지능 연구자
- 사원을 위한 새로운 '건강한 생활양식' 훈련 프로그램을 평가하고 있는 회사 중역
- 소셜 미디어나 구글 검색을 통하여 '빅데이터'를 분석하기 위하여 컴퓨터 앞에 앉아있는 연구자
- 내담자의 우울한 생각에 주의 깊게 귀를 기울이고 있는 심리치료사
- 인간의 가치와 행동의 변산성에 관한 데이터를 수집하기 위하여 다른 문화를 방문 중인 연구자
- 다른 사람들과 심리학의 즐거움을 공유하는 교사나 작가

심리학이라고 부르는 하위분야들의 집합체는 상이한 분야들을 위한 만남의 장소이다. 따라서 심리학은 다양한 관심사를 가지고 있는 사람들을 위한 완벽한 안식처이다. 생물학적 실험에서부터 문화 비교에 이르기까지 다양한 활동 속에서도 하나의 공통적인 물음, 즉 행동과 그 행동의 기저를 이루는 마음을 기술하고 설명하기가 심리학의 하위분야들을 하나로 묶어준다.

어떤 심리학자는 심리학의 지식 기반을 형성하는 **기초연구**(basic research)를 수행한다. 이 책의 여러 부분에서 두뇌와 마음 간의 연구를 탐구하는 생물심리학자, 자궁에서부터 무덤에 이르기까지 변화하는 능력을 연구하는 발달심리학자, 지각하고 사고하며 문제를 해결하는 방식을 실험적으로 접근하는 인지심리학자, 지속적인 특질을 탐구하는 성격심리학자, 사람들이 상대방을 어떻게 바라다보며 영향을 주는지를 연구하는 사회심리학자 등 이러한 기초연구를 수행하는 다양한 연구자를 보게 될 것이다.

기초심리학자와 또 다른 심리학자는 현실적 문제를 다루는 **응용연구**(applied research)도 수행한다. 예컨대, 산업조직심리학자는 심리학 개념과 방법을 사용하여 조직체와 회사가 사원을 효율적으로 선발하고 훈련하며, 사기와 생산성을 고양하고, 제품을 디자인하며, 시스템을 구현하는 데 도움을 준다.

심리학은 과학이지만, 사람들이 보다 건강한 관계를 형성하고, 불안이나 우울을 극복하며, 자녀양육을 도와주는 등의 현실적인 문제에 공헌하는 전문영역이기도 하다. 상담심리학과 임상심리학은 상이한 역사적 전통에서 출발하였다. 초기 상담심리학자는 직업기술 지도를 제공한 반면, 임상심리학자는 정신과 의사와 함께 심리장애자를 평가하고 심리치료를 제공하였다. 오늘날의 상담심리학자와 임상심리학자는 상당 부분을 공유하고 있다. **상담심리학자**(counseling psychologist)는 사람들이 학업, 직업, 부부간 문제 등의 도전거리와 위기에 대처하고 자신의 개인적·사회적 기능을 증진시킬 수 있도록 도와준다. **임상심리학자**(clinical

Ted Fitzgerald/AP Images

법정에서의 심리학 법심리학자들은 심리학 원리와 방법들을 형사사법 제도 내에 적용한다. 그들은 목격자의 신뢰도를 평가하고, 피고의 심리 상태나 향후의 위험에 대하여 법정에서 진술한다.

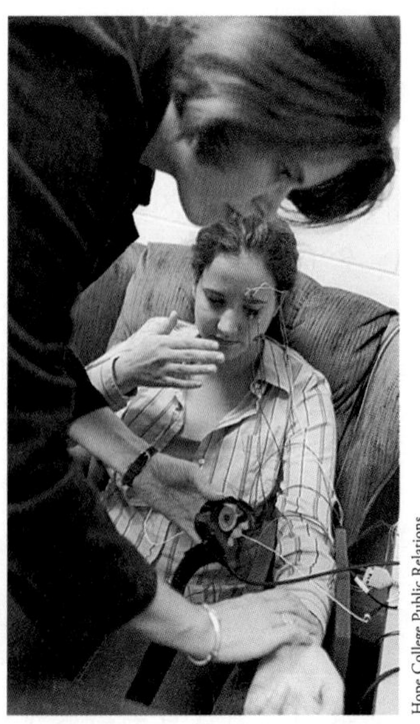

심리학 : 과학과 전문직업 심리학자들은 실험하고 관찰하며 검사하고 행동을 치료한다. 왼쪽부터 아동을 검사하고, 정서 관련 생리반응을 측정하며, 면대면 치료를 하고 있는 심리학자의 모습이다.

psychologist)는 심리장애, 정서장애, 행동장애 등을 평가하고 치료하는 데 초점을 맞춘다. 상담심리학자와 임상심리학자는 모두 심리검사를 실시하고 해석하며, 다양한 수준의 심리적 어려움을 겪고 있는 사람에게 상담과 심리치료를 제공하며, 동일한 자격시험을 통해 전문가 자격증을 획득한다. 때로는 기초연구와 응용연구를 수행하기도 한다. 반면에 **정신과 의사**(psychiatrist)는 심리치료를 제공하기도 하지만, 약물을 처방하고 심리장애의 신체적 원인을 치료할 수 있는 면허증을 가지고 있는 의사이다.

지역사회심리학자(community psychologist)는 사람들을 환경에 적응하도록 변화시키고자 시도하기보다는 모든 사람에게 건강한 사회적 · 물리적 환경을 조성하는 역할을 수행한다(Bradshaw et al., 2009; Trickett, 2009). 학교 폭력을 예방하기 위하여, 학교와 이웃의 문화를 개선하고 방관자 개입을 증가시킬 수 있는 방법을 모색한다(Polanin et al., 2012).

생물학적 조망에서부터 사회적 조망에 이르기까지의 다양한 조망에서, 실험실에서부터 임상 클리닉에 이르기까지의 다양한 상황에서, 심리학자들은 많은 학문분야와 연관되어 있다. 심리학자들은 의대, 법대, 신학대학 등에서도 교수로 활동하며, 병원이나 공장 또는 회사 사무실에서도 일을 한다. 심리역사학(역사적 인물의 심리학적 분석), 언어심리학(언어와 사고의 연구), 그리고 심리도예학(괴짜에 대한 연구)[3]과 같은 학제적 연구에 종사하고 있다.

기초연구 과학지식 기반을 증대시키려는 목적을 갖는 순수과학

응용연구 현실 문제를 해결하려는 목적을 갖는 과학 연구

상담심리학 삶의 문제(학교, 직장, 또는 결혼과 관련됨) 또는 보다 나은 삶의 질을 달성하는 문제를 가지고 있는 사람을 지원하는 심리학의 한 분야

임상심리학 심리장애를 가지고 있는 사람을 연구하고 평가하며 치료하는 심리학의 한 분야

정신의학 심리장애를 다루는 의학의 한 분야. 심리치료뿐만 아니라 의학치료(예컨대, 약물치료)도 제공하는 의사들이 활동하는 분야

지역사회심리학 사람들이 자신의 사회 환경과 상호작용하는 방식 그리고 사회 제도가 개인과 집단에 영향을 미치는 방식을 연구하는 심리학의 한 분야

자문자답하기

여러분이 수강신청할 때 다양한 심리학 전공분야에 관하여 무엇을 알고 있었는가?

심리학은 문화에도 영향을 미친다. 지식은 사람들을 변형시킨다. 태양계 지식과 질병의 병균 이론 지식이 사람들의 생각과 행동방식을 변화시킨다. 심리학 연구결과에 대한 지식도 마찬가지이다. 심리장애를 더 이상 처벌과 추방으로 치료할 수 있는 도덕적 무능력으로 판단하지 않는다. 여자를 남자보다 정신적으로 열등한 존재로 치부하지도 않는다. 아동을 무지하며 길들일 필요

3 고백건대, 이 용어는 만우절에 저자(마이어스) 멋대로 적어본 것이다.

가 있는 욕구로 가득 찬 짐승으로 간주하고 양육하지 않는다. 모턴 헌트(1990, 206쪽)는 다음과 같이 지적하였다. "모든 경우에 지식은 태도를 수정해왔으며, 그 태도를 통해 행동을 수정해왔다." 일단 심리학에서 연구를 수행해온 아이디어들, 예컨대 신체와 마음은 어떻게 연계되는 것인지, 아동의 마음은 어떻게 성장하는 것인지, 지각 경험은 어떻게 구성되는 것인지, 경험을 어떻게 기억하고 잘못 기억해내는 것인지, 문화에 따라서 사람들이 어떻게 차이나고 유사한 것인지 등등에 관한 아이디어들을 자각하게 되면, 여러분의 마음은 결코 그 이전과 동일할 수 없다.

"일단 보다 큰 아이디어의 차원으로 확장되면, 마음은 원래의 크기로 결코 되돌아오지 않는다." 랠프 월도 에머슨

그렇지만 심리학의 한계를 명심하기 바란다. 러시아의 소설가 레프 톨스토이(1904)가 던진 다음과 같은 궁극적 물음들에 심리학이 답을 줄 것이라고 기대해서는 안 된다: "나는 왜 살아야만 하는가? 나는 왜 무엇인가를 해야만 하는가? 나를 기다리고 있는 어쩔 수 없는 죽음도 돌이킬 수 없고 파괴할 수 없는 어떤 목표가 삶에는 존재하는가?"

비록 삶의 의미심장한 많은 물음이 심리학을 넘어서는 것이기는 하지만, 몇 가지 매우 중요한 물음에 대한 답을 심리학개론 강의에서도 들어볼 수 있다. 뼈를 깎는 노력을 경주한 연구를 통해서 심리학자들은 두뇌와 마음, 꿈과 기억, 우울과 환희 등에 관한 통찰을 획득해왔다. 아직 답을 내놓지 못하고 있는 물음들조차도 아직 이해하지 못하고 있는 대상의 신비로움을 재조명해 줄 수 있다. 나아가서 심리학 공부는 중요한 물음을 던지고 답하는 방법, 즉 경쟁적인 아이디어와 주장을 평가할 때 비판적으로 사고하는 방법을 여러분에게 가르치는 데 도움을 준다.

"나는 깨닫지도 못한 일을 말하였고, 스스로 알 수도 없고 헤아리기도 어려운 일을 말하였나이다." 욥기 42장 3절

심리학은 인간이 어떻게 지각하고 사고하며 느끼고 행동하는지에 관한 이해를 심화시켜 준다. 그렇게 함으로써 심리학은 삶을 풍요롭게 해주고 시야를 넓혀줄 수 있다. 이 책을 통해서 저자들은 여러분을 그러한 목표로 안내하기를 희망하고 있다. 교육자인 찰스 엘리엇이 한 세기 전에 다음과 같이 말했던 것처럼 말이다. "책은 가장 조용하면서도 변함없는 친구이며, 가장 인내심이 많은 선생이다."

인출 연습

RP-11 좌측의 전문 분야를 우측의 기술과 대응시켜라.

1. 임상심리학
2. 정신의학
3. 지역사회심리학

a. 모두에게 건강한 사회적/물리적 환경을 조성하고자 한다.
b. 심리장애자를 연구하고 평가하며 치료하지만 일반적으로 의학적 치료는 제공하지 않는다.
c. 심리장애를 다루는 의학의 한 분야이다.

답은 부록 E를 참조

심리학을 통하여 더욱 강건한 사람/더욱 우수한 학생 되기

LOQ P-9 심리학 원리는 어떻게 여러분이 학습하고 기억해내며 발전해나가는 것을 도와줄 수 있는가?

심리학은 그저 타인을 이해하려는 것만이 아니라 자신을 이해하려는 학문이기도 하다. 심리학을 공부함으로써 최선의 자기가 될 수 있으며 그 사실을 세상에 알릴 수 있다. 이 책 전반을 통해서 여러분이 행복하고 효율적이며 번성하는 삶을 영위하기 위하여 사용할 수 있는 증거에 기반한 다음과 같은 것들을 포함하여 제언을 한다.

- **밤에 숙면할 수 있도록 시간을 관리하라.** 수면이 모자라 피로와 우울한 기분 속에서 생활하는 사람과 달리, 충분한 휴식을 취한 사람은 에너지가 충만하고 행복하며 생산성이 높은 삶을 영위한다.
- **운동을 위한 시간과 공간을 확보하라.** 유산소 운동은 건강과 에너지를 증진시킬 뿐만 아니라 우울과 불안을 누그러뜨리는 효과적인 치료제이기도 하다.
- **매일의 목표와 함께 장기적 목표를 설정하라.** 성공적인 사람은 매일같이 운동이나 수면을 더 많이 하거나 더 건강한 음식을 먹는 등 자신의 목표를 위한 행동에 시간을 할애한다. 시간이 경과하면서 이러한 일상적 행동이 습관으로 변모한 모습을 보기 십상이다.
- **성장 마음갖춤새를 갖춰라.** 성공적인 사람은 자신의 능력을 고정된 것이 아니라 효율적으로 사용함으로써 더욱 강력해지는 근육과 같은 것으로 간주한다.
- **관계에 우선권을 부여하라.** 인간은 사회적 동물이다. 긴밀한 관계로 연결될 때 번성한다. 배려하는 친구의 도움을 받고 그 친구에게 도움을 줄 때 더 행복하고 건강하다.

심리학 연구는 정보를 학습하고 기억할 수 있는 방법도 알려준다. 많은 학생이 새롭게 학습한 내용을 공고한 것으로 만드는 방법은 반복해서 읽어보는 것이라고 생각한다. 더 도움이 되는 방법, 따라서 이 책이 권장하는 방법은 이전에 공부한 내용을 반복적으로 자기검증해 보고 되뇌기해 보는 것이다. 기억 연구자인 헨리 뢰디거와 제프리 카피키(2006)는 이 현상을 **검증 효과**(testing effect)라고 부른다. (때로는 인출 연습 효과 또는 검증 고양 학습이라고도 부른다.) 이들은 '검증은 학습을 단지 평가하는 것이 아니라 증진시키는 강력한 수단'이라는 사실을 지적하고 있다. 한 연구에서는 사전에 학습한 리투아니아어 단어 20개의 의미를 반복적으로 검증받은 집단이 동일한 시간 동안 그 단어들을 재학습한 집단보다 의미를 더 잘 회상하였다(Ariel & Karpicke, 2018). 반복적 검증이 제공하는 보상은 강화물의 역할도 담당한다. 반복 검증을 사용한 학생이 그 방법의 효과를 알게 되면, 나중에 새로운 자료를 학습할 때에도 더 자주 사용하게 된다.

대학에서의 강의를 포함하여 다른 많은 연구는 빈번한 퀴즈와 자기검증이 학생들의 기억을 배가시킨다는 사실을 확증하고 있다(Cho et al., 2017; Foss & Pirozzolo, 2017; Trumbo et al., 2016).

제8장에서 보게 되겠지만, 정보를 숙달하려면 그 정보를 능동적·적극적으로 처리해야만 한다. 225개 연구를 요약한 내용을 보면, 능동적으로 공부한 학생이 과학, 테크놀로지, 공학, 그리고 수학(흔히 각 영역의 첫 글자를 따서 STEM 분야라고도 부른다) 시험에서 가장 높은 점수를 나타냈다(Freeman et al., 2014). 마찬가지로 새로운 언어를 학습할 때도 말하기를 연습하는 사람이 수동적으로 듣기만 하는 사람보다 더 잘 학습한다(Hopman & MacDonald, 2018). 듣기보다는 말하기가 더 좋다. 따라서 여러분의 마음을 수동적으로 무엇인가 채워지는 위장과 같은 것으로 취급하지 말라. 운동을 함으로써 더욱 튼튼해지는 근육과 같은 것으로 취급하라. 헤아릴 수도 없이 많은 실험의 결과는 공부거리를 자신의 방식대로 표현하고 되뇌기한 후에 다시 인출해보고 개관할 때 가장 잘 학습하고 기억해낼 수 있다는 사실을 보여준다.

"만일 책의 어떤 부분을 스무 차례에 걸쳐 읽는다면, 여러분은 그 부분을 열 차례 읽으면서 중간중간에 암송해보고자 시도하면서 기억해낼 수 없을 때 책을 참조하는 것만큼 쉽게 암송할 수 없을 것이다." 프랜시스 베이컨, 『노붐 오르가눔』(1620)

SQ3R 학습법은 이러한 원리를 도입한 것이다(McDaniel et al., 2009; Robinson, 1970). **SQ3R**은 다음과 같은 다섯 가지 단계의 두문자어이다. 훑어보기(Survey), 질문하기(Question), 읽기(Read), 인출하기[Retrieve, 때로는 암송하기(Recite)라고도 부른다], 개관하기(Review).

검증 효과 정보를 단순히 읽어보기만 하는 것보다는 인출을 시도한 후에 기억이 증진되는 효과. 때로는 인출 연습 효과 또는 검증 고양 학습이라고도 부른다.

SQ3R 훑어보고, 질문을 던지며, 읽고, 인출하며, 개관하는 다섯 단계를 사용하는 공부법

하나의 장(章)을 공부하려면, 우선 조감도를 보듯이 훑어보라. 그 장의 첫 페이지에 나와있는 목차를 훑어보고, 그 장이 어떻게 조직되어 있는지에 주목하라.

각각의 핵심 절을 읽기에 앞서, 번호가 붙어있는 학습목표 물음(Learning Objective Question, LOQ. 이 절의 경우라면 "심리학 원리는 어떻게 여러분이 학습하고 기억해내며 발전해나가는 것을 도와줄 수 있는가?")에 답하려고 시도해보라. 뢰디거와 브리지드 핀(2010)은 "답을 인출해 보고자 시도하고 실패하는 것이 실제로 학습에 유용하다."라는 사실을 찾아내었다. 읽기에 앞서 자신의 이해도를 검증하고는 아직 아무것도 모른다는 사실을 발견한 사람이 보다 잘 학습하고 기억해내게 된다.

그런 다음에 학습목표 물음, 즉 LOQ에 대한 답을 적극적으로 탐색하면서 **읽어라**. 일단 자리를 잡고 앉았으면, 지치지 않고 받아들일 수 있는 만큼만 읽어라(일반적으로 하나의 주요 절이 되겠다). 적극적이고 비판적으로 읽어라. 질문을 던져라. 노트를 하라. 여러분 자신의 아이디어를 생성하라. 예컨대, 읽은 내용이 여러분 자신의 삶과 어떻게 관련되는가? 그 내용이 여러분의 생각을 지지하는가, 아니면 그 생각에 도전장을 내미는가? 증거는 얼마나 설득적인가? (제13판에 각 장마다 새롭게 첨가한 '자문자답하기'가 이러한 작업을 수행하는 데 도움을 줄 것이다.) 알고 있는 것을 적어보라. 연구자들은 '글쓰기가 학습을 위한 도구이기 십상'이라고 말한다(Arnold et al., 2017).

한 절을 모두 읽었다면, 주요 아이디어를 **인출해보라**. 카피키(2012)는 "적극적 인출은 의미 있는 학습을 조장한다."라고 말한다. 그러니 자기검증해 보라. 여러분이 알고 있는 것이 무엇인지를 헤아려보는 데 도움이 될 뿐만 아니라 검증 자체가 효과적으로 학습하고 정보를 저장하는 것을 도와주게 된다. 스스로 반복적으로 검증해보는 것이 좋다. 이렇게 하는 것을 촉진시키기 위하여 각 장마다 주기적으로 '인출 연습' 기회를 제공하고 있다(예컨대, 이 장에서 제공한 질문들을 보라). 이 질문들에 스스로 답한 후에, 제공한 답을 확인해보고, 필요하다면 다시 읽어라.

"책을 다시 들여다보는 것보다는 시간이 걸리더라도 스스로 노력을 기울여 회상해보는 것이 더 좋다." 윌리엄 제임스, 『심리학원리』(1890)

마지막으로 **개관하라**. 여러분이 작성한 노트를 읽고, 다시 그 장의 체제에 주의를 기울이면서 그 장 전체를 신속하게 개관해보라. 한 개념에 대한 여러분의 이해를 확인하기 위하여 다시 읽어보기에 앞서 그 개념이 무엇인지를 적어보거나 말해보라.

훑어보고, 질문하고, 읽고, 인출하고, 개관하라. 저자들은 SQ3R 학습 체계의 사용을 촉진시킬 수 있도록 이 책의 각 장을 체제화해 놓았다. 각 장은 여러분의 훑어보기를 돕는 개요로 시작한다. 제목과 학습목표 물음(LOQ)은 여러분이 읽으면서 고려해야 할 논제와 개념들을 시사한다. 내용은 읽을 수 있는 분량의 절들로 체제화하였다. 인출 연습 물음은 여러분이 공부한 내용을 인출해보도록 함으로써 보다 잘 기억해내도록 하였다. 각 절 말미의 개관에는 자기검증을 해볼 수 있도록 학습목표 물음과 핵심 용어들이 들어있다. 장 전체의 개관은 부록 C에서 찾아볼 수 있다. 부가적인 자기검증 질문이 각 장의 말미에 다양한 형식으로 각 절별로 제시되어 있으며, 그 답은 부록 D에서 찾아볼 수 있다. 훑어보고, 질문하고, 읽고 …

다음에 제시하는 네 가지 부가적인 학습 지침이 여러분의 학습을 더욱 촉진시킬 수 있겠다.

공부시간을 분산시켜라. 심리학에서 가장 오래된 결과 중의 하나는 **분산학습**이 **집중학습**보다 기억을 촉진시킨다는 사실이다. 공부거리를 전격적으로 한꺼번에 머리에 집어넣으려고 하는 것보다는 매일 한 시간씩 1주일에 6일 동안 공부하는 것처럼, 공부시간을 분산시킬 때 더 잘 기억해낼 수 있다. 예컨대, 한 장 전체를 한자리에서 한꺼번에 모두 읽으려고 시도하는 것보다는 각 장의 한 절씩만 읽은 다음에 다른 일을 하라. 심리학 공부를 다른 교과목 공부 사이에 끼워 넣는 것이 장기적인 기억을 증진시키고 과신하지 않도록 해준다(Kornell & Bjork, 2008; Taylor & Rohrer, 2010).

공부시간을 분산시키는 것은 시간을 관리하는 잘 훈련된 접근을 요구한다. 시간관리에 관하여 더 많은 조언을 보고자 한다면, 이 책의 시작 부분에서 새롭게 시도한 '학생을 위한 서문(학생의 성공 : 심리학을 사용하여 최선의 삶을 영위하는 법)'을 참조하라.

비판적으로 사고하는 방법을 배워라. 강의실 안팎 모두에서 비판적 사고, 즉 현명한 사고는 지혜를 얻는 열쇠이다. 책을 읽고 있든 대화를 하고 있든지 간에, 사람들이 가정하고 있는 것과 가치관을 노트하라. 어떤 조망이나 편향이 주장의 근거를 이루고 있는가? 증거를 평가하라. 일화적인 증거인가, 아니면 정보가치를 가지고 있는 실험에 근거한 것인가? 결론을 평가하라. 대안적 설명은 없는가?

수업내용을 적극적으로 처리하라. 강의의 핵심 아이디어와 하위 아이디어들을 경청하라. 그 내용을 적어놓아라. 강의 중이나 종료 후에 질문을 하라. 수업 중에도 혼자 공부할 때와 마찬가지로 정보를 적극적으로 처리하라. 보다 잘 이해하고 기억하게 될 것이다. 한 세기 전에 심리학자 윌리엄 제임스가 지적한 바와 같이, "반응 없이는 받아들이는 것도 없으며, 표현하지 않고는 감동도 없다." 정보를 여러분 자신의 것으로 만들어라. 각 장에 걸쳐 주기적으로 나와있는 '자문자답하기'에 근거하여 여러분이 읽은 것을 여러분 자신의 삶과 관련지어 보라. 그 내용을 누군가에게 말해보라. (모든 교수가 동의하듯이, 가르치는 것은 기억하는 것이다.)

또한 손으로 직접 필기하라. 여러분 자신의 표현을 사용한 손필기는 전형적으로 노트북 컴퓨터에 글자 그대로 타이핑하는 것보다 더 적극적인 처리를 요구하며 더 우수한 기억을 초래한다 (Mueller & Oppenheimer, 2014).

과잉학습하라. 심리학은 과잉학습이 기억을 증진시킨다는 사실을 알려준다. 사람들은 자신이 알고 있는 것을 과대평가하기 십상이다. 각 장을 읽으면서 이해할 수는 있겠지만, 그러한 친숙감은 잘못된 안도감일 수 있다. '인출 연습'과 '학습내용 숙달하기'를 사용함으로써 여러분은 자신의 지식을 검증하고 그 과정에서 과잉학습할 수 있다.

기억 전문가인 엘리자베스 비요크와 로버트 비요크(2011, 63쪽)는 여러분의 기억과 학점을 증진시킬 수 있는 방법의 핵심 요소를 다음과 같이 제안하고 있다.

> 정보를 입력하는 데 시간을 덜 사용하고, 여러분이 읽은 것을 기억에서 끄집어내어 요약하거나 친구들과 만나 서로 질문을 던져보는 것과 같이 출력하는 데 더 많은 시간을 사용하라. 스스로 검증해보는 것을 수반하는 활동, 즉 단순히 정보를 기억에 표상하는 것이 아니라 그 정보를 인출하거나 생성해내는 것을 요구하는 활동이 여러분의 학습을 보다 지속적이고 융통성 있게 만들어줄 것이다.

학습을 위한 부가적 제언 검증 효과와 SQ3R에 관하여 더 많은 것을 알고 싶다면, tinyurl.com/HowToRemember에서 길이가 5분인 "Make Things Memorable"이라는 제목의 애니메이션을 보라.

Worth Publishers

자문자답하기

이 모든 유용한 원리 중에서 어느 원리가 여러분 자신의 삶과 공부를 개선하는 데 매우 적합하고 중요하게 보이는가? 그 원리를 어떻게 여러분의 일상적 삶의 패턴에 적용하겠는가?

인출 연습

RP-12 ________는 새로운 정보의 단순한 반복 읽기보다 (자기검증과 같은) 반복적 인출이 초래하는 기억의 고양을 기술하고 있다.

RP-13 SQ3R의 의미는 무엇인가?

답은 부록 E를 참조

개관 심리학 이야기

학습목표

자기검증 개념 파악을 증진시키도록 (부록 D의 답을 확인해보기에 앞서) 여러분 자신의 표현으로 여기서 반복하는 학습목표 물음에 답해보라 (McDaniel et al., 2009, 2015).

LOQ P-1 어째서 심리학은 과학인가?

LOQ P-2 과학적 태도의 세 가지 핵심 요소는 무엇이며, 어떻게 과학적 탐구를 지원하는가?

LOQ P-3 어떻게 비판적 사고가 과학적 태도, 그리고 보다 현명한 생각을 일상생활에 제공하는가?

LOQ P-4 심리학의 초기 발전에서 중요한 이정표에는 어떤 것이 있는가?

LOQ P-5 어떻게 행동주의, 프로이트 심리학, 인본주의 심리학이 심리과학의 발전을 더욱 촉진시켰는가?

LOQ P-6 어떻게 오늘날의 심리학은 인지, 생물학적 특성과 경험, 문화와 성별, 인간의 번성 등에 초점을 맞추게 되었는가?

LOQ P-7 어떻게 심리학자들은 생물심리사회적 접근방법을 사용하며, 이 접근방법은 다양하기 그지없는 세상을 이해하는 데 어떤 도움을 줄 수 있는가?

LOQ P-8 심리학의 주요 하위분야는 무엇인가?

LOQ P-9 심리학 원리는 어떻게 여러분이 학습하고 기억해내며 발전해나가는 것을 도와줄 수 있는가?

기억해야 할 용어와 개념들

자기검증 여러분 자신의 표현으로 정의를 적어본 후에 답을 확인해보라.

검증 효과
경험적 접근
구조주의
긍정심리학
기능주의
기초연구
문화
분석 수준
비판적 사고
상담심리학
생물심리사회적 접근 방법
선천성-후천성 논제
심리학
응용연구
인본주의 심리학
인지신경과학
인지심리학
임상심리학
자연선택
정신의학
지역사회심리학
진화심리학
행동유전학
행동주의
SQ3R

학습내용 숙달하기

자기검증 여러분 자신의 표현으로 다음 물음에 답한 후에 부록 E에서 답을 확인해보라.

1. 비록 여러분이 해당 분야의 과학 전문가가 아닐지라도, 어떻게 비판적 사고는 여러분이 대중매체의 주장을 평가하는 데 도움을 줄 수 있겠는가?

2. 1879년 심리학 최초의 실험실에서 __________와 그의 제자들은 공이 플랫폼을 치는 것을 듣는 시점과 전신기의 버튼을 누르는 시점 간의 시간을 측정하였다.

3. 윌리엄 제임스는 __________이며, 빌헬름 분트와 에드워드 티치너는 __________이다.

a. 기능주의자, 구조주의자 **b.** 구조주의자, 기능주의자
c. 진화론자, 구조주의자 **d.** 기능주의자, 진화론자

4. 20세기 초반에 __________은(는) 심리학을 '관찰 가능한 행동의 과학'으로 재정의하였다.

a. 존 왓슨 **b.** 에이브러햄 매슬로우
c. 윌리엄 제임스 **d.** 지그문트 프로이트

5. 다음 중 선천성과 후천성 간의 관계에 유추할 수 있는 것은 무엇인가?

a. 성격과 지능 **b.** 생물학과 경험
c. 지능과 생물학 **d.** 심리적 특질과 행동

6. "후천성은 선천성이 부여한 것에 작용한다." 이 문장이 의미하는 바를 여러분 자신의 표현으로 기술해보라.

7. 다음 중 성별 차이와 유사성에 관하여 참인 것은 무엇인가?

a. 성별 간 차이가 유사성을 압도한다.
b. 성별 차이에도 불구하고, 인간 행동의 기저과정은 동일하다.
c. 성별 간의 차이와 유사성은 환경보다 생물학적 특성에 더 많이 의존한다.
d. 성별 차이는 너무나 다양해서 의미 있는 비교가 어렵다.

8. 인류 번성의 다양한 측면을 탐구하는 마틴 셀리그먼을 비롯한 여러 연구자들은 자신의 연구 분야를 __________이라고 부른다.

9. 지역정신건강센터에서 정서장애를 나타내는 청소년을 치료하는 심리학자일 가능성이 가장 큰 사람은 누구인가?

a. 연구심리학자 **b.** 정신의학자
c. 산업조직심리학자 **d.** 임상심리학자

10. 의학 학위를 가지고 있으며 의학 처방을 내릴 수 있는 정신건강 전문가는 __________이다.

11. 다음 중 심리학의 지식 기반을 확장하기 위한 기초연구를 수행하는 심리학자일 가능성이 가장 큰 사람은 누구인가?

a. 제한된 밝기의 컴퓨터 스크린을 설계하고, 하루 동안 컴퓨터 작업을 수행한 사용자의 눈에 미치는 효과를 검증하는 사람

b. 우울증으로 무력해진 노인을 치료하는 사람

c. 수수께끼를 풀고 있는 3세와 6세 아동을 관찰하고, 이들의 능력 차이를 분석하는 사람

d. 행동장애를 가지고 있는 아동을 면담하고 치료를 제안하는 사람

Eva-Katalin/Getty Images

심리과학을 비판적으로 생각하기

사람들에 관한 호기심을 충족시키며 자신의 고통을 치료해줄 것이라는 희망을 가지고 수많은 사람이 '심리학'에 관심을 기울인다. 사람들은 자신이 직면한 문제에 대처하고, 마약이나 알코올 중독을 극복하며, 결혼생활을 유지하도록 도와주려는 신문이나 잡지의 상담 칼럼을 읽는다. 유명인사를 자처하는 영매가 자신의 위력을 시범 보이는 장면을 시청한다. 금연을 위한 최면술 세미나에 참석한다. 두뇌를 강화시키려는 희망을 가지고 온라인 게임에 임한다. 황홀한 사랑과 개인적 행복에 이르는 길과 성공의 지름길을 가르쳐준다고 허풍을 떠는 자기계발 서적과 웹사이트 그리고 강연에 몰두한다.

심리적으로 참이라는 주장에 귀가 솔깃해진 또 다른 사람들은 다음과 같은 것들을 궁금해한다. 양육방식이 어떻게, 그리고 얼마나 아동의 성격과 능력을 조성하는가? 맏이는 성취동기가 높은가? 꿈은 심층적 의미를 가지고 있는가? 실제로 일어나지도 않은 사건을 때때로 기억해내기도 하는가? 심리치료는 효과가 있는가?

심리과학은 이러한 물음들을 다루면서 단순히 사색만을 하는 것은 아니다. 근거 없는 견해를 검증된 결론과 분리해내기 위하여 심리학자는 연구를 수행하기 위한 과학적 방법을 사용한다. 어떻게 심리학 연구자가 과학적 연구를 수행하는지를 살펴보도록 하자.

연구 전략 : 심리학자가 물음을 던지고 답하는 방법

심리과학의 필요성

학습목표 물음 LOQ **1-1** 어떻게 일상적 사고가 때때로 잘못된 결론에 도달하게 만드는가?

혹자는 심리학이 단지 이미 우리가 알고 있는 것들을 전문용어로 포장하여 진술하는 것에 불과하다고 생각한다. "우리 할머니도 알고 있는 것을 증명하기 위하여 멋진 방법을 사용하고 돈을 받는단 말입니까?"

실제로 할머니의 상식은 맞는 것이기 십상이다. 전설적인 야구선수 요기 베라(1925~2015)가 말한 것처럼, "바라다봄으로써 많은 것을 관찰할 수 있다." ("아무도 더 이상 그곳에 가지 않는다. 그곳은 너무도 붐빈다." 그리고 "만일 사람들이 야구장에 가려고 하지 않는다면, 누구도 그들을 막을 수 없다." 같은 주옥같은 문구에 대해서도 베라에게 감사해야 한다.) 사람들은 누구나 행동관찰자이기 때문에, 많은 심리학 연구결과를 예측하지 못하였던 것에 놀라게 된다. 예컨대, 많은 사람은 사랑이 행복을 낳는다고 믿으며, 이 믿음은 옳다(사람들은 내면에 제11장에서 '소속욕구'라 부르는 것을 가지고 있다).

그렇지만 헤아릴 수 없이 많은 우연한 관찰이 제공한 할머니의 상식은 때때로 잘못된 것이다. 후속 장들에서 여러분은 어떻게 연구가 대중의 생각을 뒤집어버렸는지를 보게 될 것이다. 예컨대, 친숙함이 경멸을 초래한다거나 꿈이 미래를 예언한다거나 대부분의 사람이 단지 10%의 두뇌만을 사용한다는 등의 생각 말이다. 또한 연구가 두뇌의 화학물질이 기분과 기억을 제어하는 방식, 동물의 능력, 스트레스가 질병에 맞서는 능력에 미치는 효과 등을 찾아냄으로써 어떻게 사람들을 놀라게 만들었는지도 보게 된다.

어떤 것들은 단지 반복해서 듣기 때문에 상식적 진실처럼 보이기도 한다. 참이든 거짓이든 어떤 진술의 단순한 반복은 처리하고 기억해내기 쉽게 만들기 때문에 더욱 참인 것처럼 보이게 된다(Dechêne et al., 2010; Fazio et al., 2015). 따라서 기억해내기 용이한 오해(예컨대, "비타민 C가 감기를 예방한다.")는 받아들이기 쉽지 않은 진실을 압도한다. 친숙하며 제거하기 어려운 거짓의 위력은 정치꾼들에게 잘 알려져 있으며, 비판적 사고자가 명심해야 하는 교훈이다.

"모든 효과적 선전선동은 극소수의 핵심에만 국한하고 구호에서 이것들을 반복해야만 한다." 아돌프 히틀러, 『나의 투쟁』(1926)

소설가인 매들린 렝글(1973)이 천명한 바와 같이, 상식적 사고에서의 세 가지 보편적 현상인 **후견 편향**, **과신**, 그리고 **무선 사건에서 패턴을 지각하려는 경향성**은 '무방비적인 지성이야말로 이례적이라고 할 만큼 부정확한 도구'임을 예증해준다.

"자신의 지혜를 믿는 사람은 멍청하다." 잠언 28장 26절

우리는 줄곧 알고 있었는가? 후견 편향

화살이 과녁판에 꽂힌 후에 그 과녁의 중심을 그리는 것은 얼마나 쉬운 일인지를 생각해보라. 주식시장이 하락한 후에 사람들은 하락이 '필연적'이었다고 말한다. 축구 경기가 끝난 후에 만일 경기에서 이겼다면 사람들은 감독의 '용기 있는 작전'에 찬사를 보내며, 졌다면 '어리석은 작전'을 비난한다. 전쟁이나 선거가 끝난 후에는 일반적으로 그 결과가 자명한 것처럼 보인다. 그렇기 때문에 역사는 일련의 필연적인 사건들의 연속인 것처럼 보일 수 있지만, 실제로 미래를 정확하게 예견하는 것은 불가능한 일이다. 어느 누구도 자신의 일기에 "오늘 백년전쟁이 시작되었

"삶은 앞을 향해 나아가지만, 삶의 이해는 뒤로 진행된다." 철학자 키르케고르

후견 편향 2010년 석유 시추 시설인 딥워터 호라이즌이 폭발하여 기름이 유출되었을 때, BP사 직원들은 인명, 환경, 또는 회사 명성의 손상을 의도하지는 않았지만, 경고 신호를 무시하고 손쉬운 방법을 택하였다. 폭발로 인해 11명의 직원이 사망하고 사상 최악의 해양오염을 초래한 후에야 소 잃고 외양간 고치는 격으로 그들 판단이 멍청하였음이 명백해졌다.

다."라고 기록한 적은 없었다.

이러한 **후견 편향**(hindsight bias)을 시범 보이는 것은 아주 쉽다. 한 집단의 절반에게는 어떤 결과가 심리학 연구의 내용이라고 알려주고, 나머지 절반에게는 정반대되는 결과를 제공하라. 첫 번째 집단에게는 "심리학자들이 헤어짐이 낭만적 매력을 약화시킨다는 사실을 찾아냈다. 속담에서 말하듯이, 눈에서 멀어지면 마음에서도 멀어진다."라고 말해주어라. 이 사실이 참인 이유를 상상해보도록 요구하라. 그렇게 하면 설명은 들은 후에 거의 대부분의 사람은 이러한 실제 결과가 놀라울 것이 없다고 생각하게 된다.

두 번째 집단에게는 "심리학자들이 헤어짐은 낭만적 매력을 강화시킨다는 사실을 찾아냈다. 속담에서 말하듯이, 떨어져 있으면 더욱 애틋해진다."라고 말해주어라. 사실이 아닌 이러한 결과를 받은 사람들도 이 결과를 쉽게 상상할 수 있으며, 대부분의 사람들이 이 결과를 놀랍지 않은 것으로 받아들인다. 두 가지 상반된 결과가 모두 상식처럼 보인다는 데 문제가 있는 것이다.

사람들의 회상과 설명에서의 이러한 오류는 심리학 연구가 필요한 이유를 보여준다. 상식이 일반적으로 틀렸다는 것이 아니다. 상식은 앞으로 일어날 사건보다 이미 일어난 사건을 보다 쉽게 기술하기 때문이다.

800여 편 이상의 학술논문들은 전 세계 어디서나 남녀노소 모두에서 후견 편향을 보여주었다(Roese & Vohs, 2012). 물리학자인 닐스 보어가 말한 것으로 알려진 것에 따르면, "예측은 매우 어렵다. 특히 미래에 관한 예측은 더 어렵다."

"무엇이든지 일단 설명하고 나면 진부하게 보인다." 왓슨 박사가 셜록 홈스에게 한 말

과신

사람들은 실제로 알고 있는 것보다 더 많은 것을 알고 있다고 생각하는 경향이 있다. 사실에 관한 질문(예컨대, "보스턴은 파리보다 북쪽에 위치하는가, 아니면 남쪽에 위치하는가?")에 대한 답을 얼마나 확신하는지를 물었을 때, 사람들은 실제의 정확도보다 더 확신하는 경향이 있다.[1] 오른쪽에 정답을 제시한 다음의 세 가지 단어 만들기 과제를 생각해보자(Goranson, 1978에서 인용).

WREAT → WATER
ETRYN → ENTRY
GRABE → BARGE

여러분은 몇 초 내에 왼쪽 철자들을 재배열하여 오른쪽의 온전한 영어 단어를 만들어낼 수 있을 것이라고 생각하는가? 후견 편향이 여러분에게 영향을 미쳤는가? 답을 알고 있다는 사실은 사람들을 과신하게 만드는 경향이 있다. 정답을 찾아내는 데 단지 10초 정도가 걸릴 것이라고 말하겠지만, 실제로 평균적인 사람들은 3분(180초)을 소비한다. 여러분도 다음과 같이 정답을 모르는 단어 만들기 과제에서 그럴 것이다 : OCHSA.[2]

후견 편향 결과를 알고 난 후에, 그 결과를 예측할 수 있었던 것처럼 믿는 경향성('나는 진작 알고 있었어' 현상이라고도 알려져 있다.)

1 보스턴이 파리보다 남쪽에 위치한다.

2 정답은 CHAOS이다.

사회행동을 예측하는 데는 조금 더 우수하지 않을까? 심리학자 필립 테틀록(1998, 2005)은 남아프리카공화국의 미래 또는 퀘벡이 캐나다에서 독립할지 여부 등과 같은 세계적 사건에 대한 27,000명 이상의 전문가 예측을 수집하였다. 그가 반복적으로 얻었던 결과는 다음과 같다. 전문가들이 평균적으로 80%의 확신을 보였던 예측들은 40% 이하의 정확도를 보였다. 단지 2%가량의 사람들만이 사회행동을 정확하게 예측한다. 테틀록과 가드너(2016)는 이들을 '슈퍼예측자'라고 부른다. 슈퍼예측자는 과신을 하지 않는다. 어려운 예측에 직면하였을 때, "사실을 수집하고, 상충하는 주장을 비교하며, 답을 결정한다."

"우리는 그들의 사운드가 맘에 들지 않는다. 기타들이 제멋대로다." 비틀스와의 녹음 계약을 거절한 데카레코드 담당자(1962)

"미래의 컴퓨터는 1.5톤이 넘지는 않을 것이다." 「포퓰러 메카닉스」(1949)

"이 정도 거리에서는 코끼리도 맞출 수 없다." 미국 남북전쟁 당시 존 세지윅 장군(1864)

"내 생전에는 어느 여자도 수상이 되지 못할 것이다." 마거릿 대처(1969)(1979년부터 1990년까지 영국의 수상이었음)

자문자답하기

여러분이 과신한다는 사실을 믿기 어려운가? 그러한 자기 평가에서 과신이 작동할 수 있을까? 과신에 관한 이 절을 읽는 것이 어떻게 과신 경향성을 줄이는 데 도움을 주었는가?

인출 연습

RP-1 친구가 데이트를 시작한 후에 여러분은 그들이 만날 것을 알고 있었다고 느끼기 십상인 까닭은 무엇인가?

답은 부록 E를 참조

무선적 사건에서 질서를 지각하기

사람들은 세상을 의미 있는 것으로 이해하려는 욕구를 가지고 태어난다. 달에서 얼굴을 보고, 거꾸로 틀어놓은 음악에서 악마의 메시지를 들으며, 치즈 샌드위치에서 성모 마리아의 이미지를 지각한다. 심지어 무선(무작위) 데이터 속에서도 패턴을 찾는다. 연속하는 무선 배열이 무선적으로 보이지 않기 십상이기 때문이며, 이것이야말로 우리 삶에서 흥미로운 사실 중의 하나이다(Falk et al., 2009; Nickerson, 2002, 2005). 동전을 50번 던져보라. 그러면 여러분은 앞면이나 뒷면이 연속해서 나타나는 사실에 놀랄는지도 모른다. 농구에서의 슈팅과 야구의 타격에서 연속해서 골인이 되고 안타를 치거나 아니면 정반대의 사건이 일어나는 경우처럼 말이다. 실제 무선적 연속에서, 어떤 패턴이나 연속(동일한 수가 반복되는 것)은 사람들이 예상하는 것보다 훨씬 자주 나타난다(Oskarsson et al., 2009). 또한 이 사실은 사람들이 무선적 연속을 생성하기 어렵게 만든다. 횡령범이 얼마를 착복할지를 결정하고자 난수를 시뮬레이션할 때, 사기 전문가는 이들의 비무선성 패턴에 주목할 수 있다(Poundstone, 2014).

어째서 사람들은 그토록 패턴을 추구하는가? 대부분의 사람에게 무선적이고 예측할 수 없는 세상은 불편하기 짝이 없다(Tullett et al., 2015). 세상에 패턴을 부여하는 것은 스트레스를 경감시키고 일상의 삶을 영위하도록 도와준다(Ma et al., 2017).

2주 연속해서 로또에 당첨되는 것과 같은 사건들은 너무나 유별난 것처럼 보여서, 일반적인 우연에 기초한 설명을 적용하기 쉽지 않다. "그렇지만 표본이 충분히 크다면, 어떤 황당무계한 사건도 일어날 수 있다."라는 사실을 통계학자 퍼시 다이아코니스와 프레데릭 모스텔러(1989)는 지적하고 있다. 10억 명의 사람 중에서 한 명에게만 일어나는 희귀한 사건도 하루에 대략 일곱 번 발생하며, 한 해에 2,500번이나 일어나는 것이다.

"정말 이상한 날은 이상한 일이 하나도 일어나지 않은 날이다." 통계학자 퍼시 다이아코니스(2002)

명심할 사항 : 상식적 사고는 후견 편향, 과신, 무선 사건에서 패턴을 지각하려는 경향성이라는 세 가지 강력한 경향성으로 인해 결함을 나타낸다. 그렇지만 과학적 탐구는 착각에서 실제를 걸러내도록 도와줄 수 있다.

탈진실 세상에서의 심리과학

LOQ 1-2 어째서 사람들은 거짓에 그토록 취약한가?

2017년 옥스퍼드 영어사전이 선정한 올해의 단어가 post-truth(탈진실)이었으며, 이 단어는 정서와 개인적인 신념이 객관적 사실의 인정을 압도하기 십상인 문화를 나타내려는 것이었다.

그러한 '진실의 퇴락', 즉 미국에서 널리 공유되는 오해의 다음 두 사례를 살펴보자.

믿음 : 범죄율이 증가하고 있다. 최근 들어 매년 성인 10명 중에서 7명이 '작년보다' 범죄가 더 많아졌다고 갤럽 조사에 응답하였다(Swift, 2016).

사실 : 수십 년에 걸쳐서 폭력범죄와 재산범죄율은 감소해왔다. 2015년 폭력범죄율은 1990년의 비율에 절반에도 미치지 않았다(BJS, 2017; Statista, 2017).

믿음 : 많은 이민자가 범죄자이다(McCarthy, 2017). 기억에 남을 만한 사건들이 이 이야기에 자양분을 제공한다. 이민자의 살인, 절도, 거짓말 이야기는 소셜 네트워크와 대중매체 뉴스를 통해 퍼져나간다. 그러한 공포는 북미뿐만 아니라 유럽과 호주에서도 널리 퍼져있다(Nunziata, 2015).

사실 : 대부분의 이민자는 범죄자가 아니다. 토박이 미국인과 비교할 때 이민자가 투옥될 가능성은 44%나 낮다(CATO, 2017; Flagg, 2018, 2019). 이탈리아와 영국을 비롯한 다른 국가에서도 마찬가지이었다(Di Carlo et al., 2018).

정당 편향성이 미국인의 사고를 왜곡시켜왔다. 심리학자 피터 디토와 동료들(2019a,b)은 연구자들이 '진보주의자와 보수주의자 모두에서 거의 동일한 수준의 당파적 편향'을 발견해왔다고 보고하였다. 미국에서 대부분의 공화당 지지자는 민주당의 버락 오바마 대통령 시절에 실업이 증가하였다고 믿는 반면(실제로는 감소하였다), 적극적 민주당 지지자 대부분은 공화당의 로널드 레이건 대통령 시절에 인플레이션이 악화되었다고 믿었다(실제로는 개선되었다)(Gelman, 2009; PPP, 2016). 한 연구는 미국 공화당 지지자와 민주당 지지자 모두가 상대당 후보자의 대학 장학금조차 불편부당하게 대한다는 사실을 발견하였다(Iyengar & Westwood, 2015). 어느 누구도 의기양양하게 "그렇지만 나에게는 편향이 적용되지 않는다."라고 생각하지 말자. 편향은 어디서나 작동한다.

미국의 민주당 지지자와 공화당 지지자는 사실을 허구와 구분하지 못한다는 우려를 공유한다. 버락 오바마 대통령(2017)은 고별 연설에서 '사실의 공통기반'이 없으면 민주주의가 위협받는다고 다음과 같이 경고하였다. "우리가 거품 속에 안주하게 되면 우리의 의견을 주어진 증거에 바탕을 두는 대신에, 참이든 거짓이든 관계없이 자신의 의견에 들어맞는 정보만을 받아들이기 시작하게 됩니다." 마찬가지로 공화당 상원의원이었던 존 매케인(2017)도 '진실을 거짓과 분리하는 능력의 감소, 심지어는 그러한 의지의 결여'를 경고하였다.

그렇다면 탈진실 시대의 사람들은 어째서, 심리학자 톰 길로비치의 표현을 빌리면, '있지도 않은 것을 알고 있기' 십상인 것인가?

거짓뉴스 : 어떤 거짓정보는 의도적으로 사람들에게 주입된다. 이것은 '뉴스를 가장한 거짓말'이다(Kristof, 2017). 2016년 미국의 선거기간에, 모든 트위터 뉴스의 6%가 거짓뉴스였다(Grinberg et al., 2019). 날조한 뉴스는 집요하게 계속된다. 300만 명이 트윗한 126,000개의

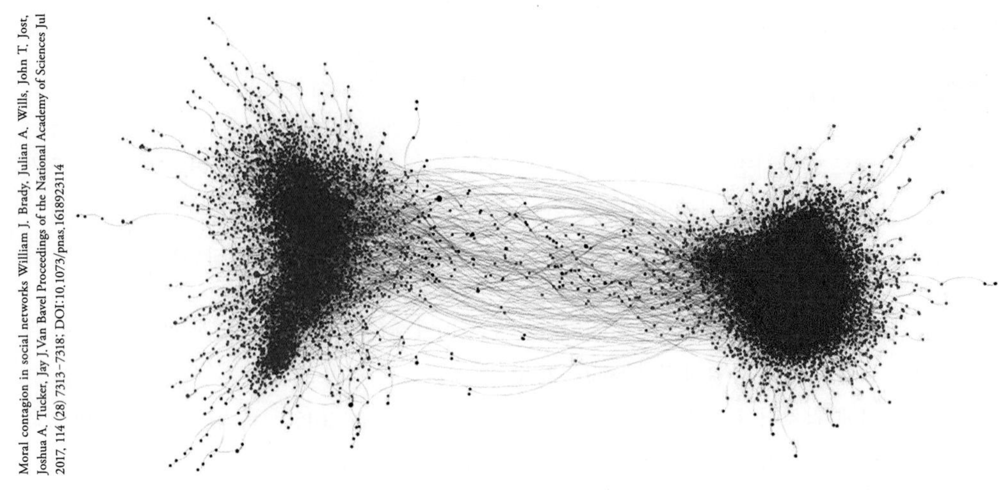

Moral contagion in social networks William J. Brady, Julian A. Wills, John T. Jost, Joshua A. Tucker, Jay J. Van Bavel Proceedings of the National Academy of Sciences Jul 2017, 114 (28) 7313-7318; DOI:10.1073/pnas.1618923114

그림 1.1
유유상종 많은 사람들이 소셜 미디어에서 총기 규제, 동성결혼, 기후변화와 같은 논쟁거리를 논의하지만 의기투합하는 사람들끼리만 논의한다. 정치 성향을 나타내는 활동을 나타내는 이 그래프에서 각 점은 메시지를 보내는 사용자를 나타낸다. 각 선은 다른 사용자를 리트윗한 사용자를 나타낸다. 보는 바와 같이, 사용자들은 진보주의(파란색)나 보수주의(빨간색)를 공유하는 사람들에게 압도적으로 많은 메시지를 보내고 그 사람들의 메시지를 리트윗한다.

이야기를 분석한 결과를 보면, 가짜, 특히 거짓 정치 뉴스가 진실보다 유의하게 더 멀리, 더 빠르게, 더 심층적으로 그리고 더 광범위하게 확산되었다(Vosoughi et al., 2018). 좋은 소식은 대부분의 사람이 우수한 정보출처와 저질의 정보출처 간의 차이를 구분할 수 있다는 점이다(Pennycook & Rand, 2019).

반복 : 실험결과를 보면, 진술은 반복될수록 더욱 믿을 만한 것이 된다(De keersmaecker et al., 2019). 정적(政敵)에 대한 중상모략과 같은 것을 반복적으로 듣게 되면, 그것이 기억에 남고 진실인 것처럼 되어버린다(Fazio et al., 2015).

강력한 사례의 가용성 : 대중매체에서는 "피를 보아야 (프로그램이) 뜬다." 끔찍한 살인, 집단살해, 비행기 격추 등과 같은 섬뜩한 폭력은 사람들의 판단을 흐리게 만드는 선명한 장면과 함께 보도된다. 미국인들이 범죄, 테러, 비행기 추락 등으로 희생될 위험을 지나치게 과대추정하는 것은 놀라운 일이 아니다.

집단 정체성과 의기투합자들의 이구동성 : 집단 정체성이 중요하다. 자기 집단에 대한 좋은 감정은 자신에 대해서도 좋은 감정을 느끼게 해준다. 소셜 미디어에서 사람들은 자신과 같은 생각을 가진 사람들을 사귀는 경향이 있다(그림 1.1 참조). 자신의 견해를 지지하는 뉴스를 읽고 그렇지 않은 뉴스를 배척하기 십상이다.

"우리는 … 예전보다 엉성해졌어요. 우선 트윗한 다음에 연구합니다. 우선 게시한 다음에 폐지하지요. 우선 추측한 다음에 확인합니다." 루비 아자이(2016)

좋은 소식은 사람들이 과학적 마음갖춤새를 견지함으로써 진실한 세상을 구축할 수 있다는 점이다. 사람들은 호기심과 회의적 태도 그리고 겸손함을 겸비함으로써, 비판적 사고의 정신을 받아들일 수 있다. 모든 것을 받아들이게 되면 속아 넘어가기 십상이고, 모든 것을 부정하면 냉소적이기 십상이다.

과학적 방법

모든 과학의 토대는 **호기심**과 **회의적 태도** 그리고 **겸손함**이 결합된 과학적 태도이다. 심리학자들은 자신의 과학적 태도를 **과학적 방법**, 즉 아이디어를 관찰과 분석을 통해서 평가하는 자기교정 절차로 무장시킨다. 인간 본질을 기술하고 설명하고자 시도함에 있어서, 심리과학은 추측과 그럴듯하게 들리는 이론들을 모두 기꺼이 받아들인다. 그리고 그것들을 검증한다. 만일 한 이론이 작동하는 것이라면, 즉 데이터가 그 이론의 예측을 지지한다면, 그 이론에게는 더할 나위 없이 좋은 것이다. 만일 예측이 들어맞지 않는다면, 그 이론을 수정하거나 파기하게 된다. 연구자가 자신의 연구결과를 과학저널에 투고하면, 동료 심사자 즉 해당 분야의 전문가들이 그 연구의 이론, 독창성, 정확성 등을 익명으로 평가한다. 이러한 피드백을 받은 저널 편집장은 그 연구가 출판할 가치가 있는지를 결정하게 된다.

Joe Dator The New Yorker Collection/The Cartoon Bank

"미안합니다, 지니. 당신의 답이 맞긴 하지만, 케빈이 틀린 답을 더 큰 소리로 말하는 바람에 그가 점수를 얻었네요."

이론 구축하기

LOQ 1-3 이론은 어떻게 심리과학을 발전시키는가?

일상의 대화에서는 이론이라는 용어를 '단순한 추측'이라는 의미로 사용하는 경향이 있다. 예컨대, 혹자는 진화론을 마치 단순한 추측인 듯이 "이론일 뿐이잖아."라고 평가절하한다. 과학에서 **이론**(theory)이란 관찰을 체제화하는 아이디어를 제안함으로써 행동이나 사건을 설명하는 것이다. 이론은 기저 원리를 사용하여 낱개로 존재하는 사실들을 체제화함으로써 현상을 요약하고 단순화시킨다. 관찰하는 점들을 연결시켜 응집적인 그림을 보게 되는 것과 마찬가지다.

예컨대, 수면이 기억에 미치는 효과에 관한 이론은 헤아릴 수 없이 많은 수면 관련 관찰들을 짧은 원리 목록으로 체제화하는 데 도움을 준다. 좋은 수면 습관을 가진 사람이 수업시간에 질문에 정확하게 답하고 시험 점수도 우수하다는 사실을 반복해서 관찰하고 있다고 상상해보자. 그렇다면 우리는 수면이 기억을 증진시킨다고 가정해볼 수 있다. 여기까지는 아무 문제가 없다. 우리의 원리가 숙면의 효과에 관한 수많은 사실들을 말끔하게 요약해준다.

그렇지만 하나의 이론이 아무리 합리적인 것처럼 들린다 하더라도, 예컨대 수면이 기억을 증진시킬 수 있다고 제안하는 것이 아무리 합리적인 것처럼 보일지라도, 그것을 검증해보아야만 한다. 좋은 이론은 **가설**(hypothesis)이라고 부르는 검증 가능한 예측을 내놓는다. 그러한 예측은 어떤 결과(어떤 행동이나 사건)가 이론을 지지하고 어떤 결과가 그 이론을 부정할 것인지를 구체적으로 제시한다. 기억에 미치는 수면 효과에 관한 이론을 검증하려면, 수면을 박탈하였을 때 사람들이 전날의 사건들을 제대로 기억해내지 못할 것이라는 가설을 세울 수 있다. 이 가설을 검증하기 위하여 숙면을 취한 다음 날 또는 제대로 잠을 자지 못한 다음 날 강의내용에 관한 파지 정도를 평가해볼 수 있다(그림 1.2). 결과는 그 이론을 지지하거나 아니면 그 이론을 개정하거나 폐기처분하도록 이끌어가게 된다.

이론은 관찰을 편향시킬 수 있다. 충분한 수면이 좋은 기억을 초래한다고 가정함으로써, 우리가 기대하는 것을 관찰하게 될 수 있다. 즉, 졸린 사람의 언급이 덜 통찰적이라고 지각할 수 있다. 기대하는 것을 관찰하려는 충동은 실험실 안팎에서 항상 존재한다. 기후 변화에 대한 사람들의 견해가 지역의 날씨를 해석하는 데 영향을 미치는 것처럼 말이다.

이러한 편향을 점검하기 위해서 심리학자들은 자기가 사용하는 절차와 개념들에 대한 명확한 **조작적 정의**(operational definition)를 가지고 연구결과를 보고한다. 예컨대, 수면 박탈은 정상적인 수면시간보다 '적어도 2시간 적게' 잔 시간으로 정의할 수 있다. (마찬가지로, '공격성' 연구는 실험에서 배정된 동료를 나타내는 인형에 얼마나 많은 바늘을 찔러넣는지를 관찰할 수 있고, '도움' 연구는 기부한 돈의 액수를 기록할 수 있다.) 이렇게 신중하게 규정한 정의를 사용함으로써 다른 연구자들도 상이한 참가자와 자료 그리고 상황에서 처음의 관찰을 **반복**(replication)할 수 있다. 만일 다른 연구자들도 유사한 결과를 얻는다면, 연구결과의 신뢰도가 증가한다. 예컨대, 최초의 후견 편향 연구는 심리학자들의 호기심을 발동시켰다. 이제 상이한 참가자들과 물음

이론 관찰을 체제화하고 행동이나 사건을 예측하는 원리들의 통합적 집합을 사용한 설명

가설 이론이 함축하기 십상인 검증 가능한 예측

조작적 정의 연구에서 사용하는 정확한 절차에 대해 신중하게 표현한 진술. 예컨대, 인간 지능은 지능검사가 측정한 것이라고 조작적으로 정의할 수 있다.

반복연구 연구결과를 다른 참가자와 상황에도 확장할 수 있는 것인지를 알아보기 위하여 다른 상황에서 다른 참가자들을 대상으로 연구의 핵심을 반복하는 것

그림 1.2
과학적 방법 물음을 던지고 자연이 제공하는 답을 관찰하는 자기교정적 과정

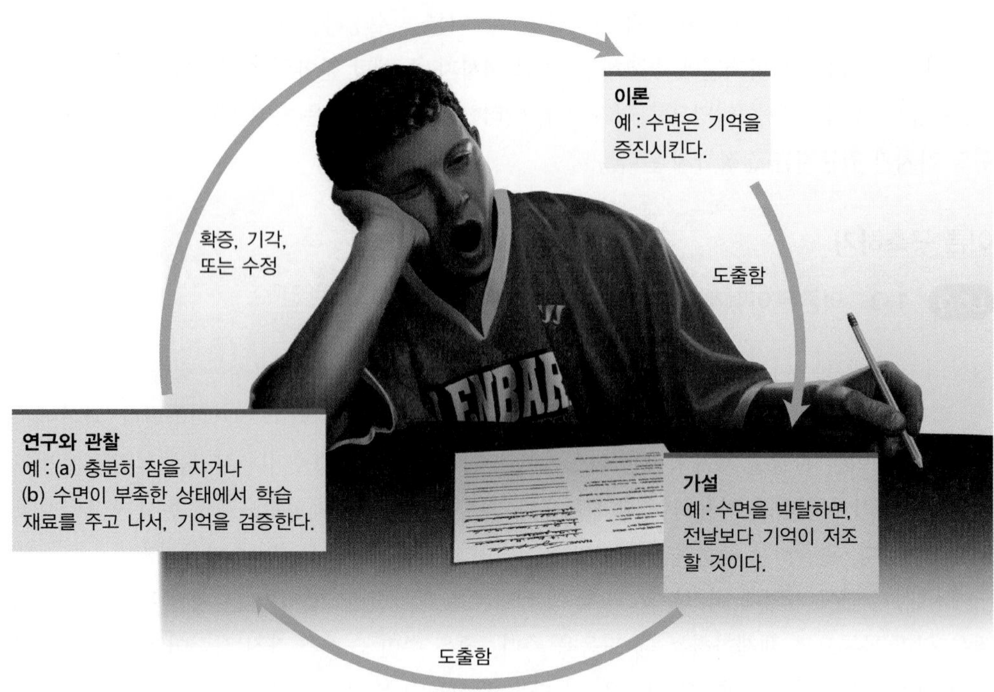
이론
예 : 수면은 기억을 증진시킨다.
도출함
가설
예 : 수면을 박탈하면, 전날보다 기억이 저조할 것이다.
도출함
연구와 관찰
예 : (a) 충분히 잠을 자거나 (b) 수면이 부족한 상태에서 학습 재료를 주고 나서, 기억을 검증한다.
확증, 기각, 또는 수정

을 가지고 성공적으로 수행한 수많은 반복연구를 통해서 이 현상의 힘을 확신하고 있다. 반복연구는 곧 확증을 의미한다.

반복연구는 우수한 과학의 필수적인 부분이다. 심리학은 최근 다양한 실험실에서 100개의 연구를 반복해보려는 시도가 혼란스러운 결과를 내놓음에 따라서 '반복연구 위기'를 경험하였다. 36%에서 85%에 이르는 연구들만이 반복되었던 것이다(Camerer et al., 2018a; Klein et al., 2014, 2018; Open Science Collaboration, 2015). (이 책에서는 반복 가능하지 않은 결과를 제시하지 않는다.) 반복실패는 표본이 작을 때 발생하기 때문에, 심리학자들은 점차적으로 대규모 표본을 연구하고 있다(Camerer et al., 2018b; Sassenberg & Ditrich, 2019; Stanley et al., 2018). 표본이 클수록 반복의 가능성이 커지는 것이다.

오늘날 심리학 연구는 더 많은 반복연구, 더 엄격한 연구방법, 더 많은 연구 데이터의 공유를 통해서 도움을 받고 있다(Dougherty et al., 2018; Smaldino & McElreath, 2016; Zwaan et al., 2018). 점점 더 많은 심리학자가 **사전등록**(preregistration)을 사용하여 자신이 계획한 연구설계, 가설, 데이터 수집, 그리고 분석을 공개적으로 천명하고 있다(Nosek et al., 2018). (이러한 개방성과 투명성은 데이터에 맞추어서 가설을 변경하는 것과 같은 사후수정도 예방한다.) 물론 탐색연구의 여지는 여전히 존재한다. 연구자들이 데이터를 수집하여 이론을 고취하는 어떤 패턴을 모색하며, 뒤이어 (사전등록한 가설과 분석법을 갖춘) 확증 연구를 통해서 그 패턴을 검증할 수 있다.

"반복 실패는 버그가 아니라, 하나의 자질이다. 과학적 발견의 길, 즉 기가 막히게 굴곡진 길로 이끌어가는 것이 바로 반복 실패인 것이다." 리사 펠트먼 배럿, "심리학은 위기에 처한 것이 아니다"(2015)

탐색, 반복연구, 사전등록, 그리고 원자료의 공유 등은 과학적 연구의 개선이라는 '심리학의 르네상스'를 가능하게 해주고 있다(Motyl et al., 2017; Nelson et al., 2018).

심리과학과 의학은 **메타분석**(meta-analysis)의 위력도 활용하고 있다. 메타분석이란 일단의 과학적 증거를 통계적으로 종합하는 절차이다. 많은 연구의 결과를 종합함으로써, 연구자들은 작은 표본 문제를 해결하고 최종 결론에 도달하게 된다.

사전등록 계획한 연구설계, 가설, 데이터 수집, 그리고 분석을 공개적으로 천명하는 것

메타분석 통합적 결론에 도달하기 위하여 많은 연구의 결과를 분석하는 통계 절차

요컨대, 이론이 (1) 관찰을 체제화하고, (2) 누구든지 그 이론을 검증하거나 실제로 적용할 수 있는 명확한 예언을 함축할 때(수면은 기억을 예측하는가?) 유용성이 있는 것이다. 궁극적으로 연구는 (3) 사실들을 보다 잘 체제화하고 예언하는 개선된 이론으로 이끌어가는 후속 연구를 촉발할 수 있다.

다음 절에서 보게 되겠지만, **기술적**(記述的) **방법**(흔히 사례연구, 사회조사, 또는 자연관찰을 통하여 행동을 기술하는 방법), **상관법**(상이한 요인들을 연합하는 방법), 그리고 **실험법**(변인들에 처치를 가하여 그 효과를 밝혀내는 방법)을 사용하여 가설을 검증하고 이론을 정제할 수 있다. 일반 심리 현상에 관한 대중의 주장을 비판적으로 생각하기 위해서는, 이러한 방법들을 이해하고 각 방법이 어떤 결론을 가능하게 해주는 것인지를 알 필요가 있다.

인출 연습

RP-2 좋은 이론이 하는 역할은 무엇인가?

RP-3 반복연구가 중요한 까닭은 무엇인가?

답은 부록 E를 참조

기술적 방법

LOQ 1-4 심리학자는 행동을 관찰하고 기술하기 위하여 어떻게 사례연구, 자연관찰, 사회조사법을 사용하는가? 그리고 무선표집이 중요한 이유는 무엇인가?

어느 과학이든 출발점은 현상을 기술(記述)하는 것이다. 일상생활에서 우리 모두는 사람들을 관찰하고 기술하며, 그들 방식대로 생각하고 느끼며 행동하는 이유에 대하여 결론을 내리기 십상이다. 심리학자도 동일한 작업을 수행하지만, 보다 객관적이고 체계적으로 그렇게 한다.

- **사례연구**(특정인이나 집단의 심층 분석)
- **자연관찰**(많은 사람의 자연스러운 행동을 관찰하고 기록하는 것)
- **사회조사와 인터뷰**(사람들에게 질문을 하는 것)

사례연구 가장 오래된 연구방법의 하나인 **사례연구**(case study)는 우리 모두에게 참인 사실이 드러날 것이라는 희망을 가지고 한 개인이나 집단을 심층적으로 살펴보는 것이다. 몇 가지 예를 보자.

- **두뇌 손상** 두뇌에 관한 초기 지식 대부분은 특정 두뇌영역이 손상된 후에 특정 장애로 고통받은 개인의 사례연구를 통해서 얻었다.
- **아동의 마음** 장 피아제는 소수의 아동을 주의 깊게 관찰하고 그 아동들에게 과제를 제시함으로써 아동 사고의 특징들을 우리에게 알려주었다.
- **동물 지능** 소수의 침팬지를 포함하여 다양한 동물에 대한 연구는 이들의 이해능력과 언어능력을 밝혀왔다.

때때로 집중적인 사례연구는 매우 설득적이며, 후속 연구의 방향을 설정해주는 경우가 많다.

그렇지만 대표적이지 않은 개별 사례는 우리를 오도하기도 한다. 일상생활뿐만 아니라 과학연구에서도 대표성이 없는 정보는 잘못된 판단과 엉터리 결론으로 이끌어갈 수 있다. 실제로 한

사례연구 보편 원리를 밝혀낼 것이라는 희망을 가지고 한 개인이나 집단을 심층적으로 연구하는 기술적 방법 

Skye Hohmann/Alamy

프로이트와 어린 한스 말에게 극심한 공포를 보였던 다섯 살배기 한스를 대상으로 수행한 지그문트 프로이트의 사례연구는 그로 하여금 아동기 성욕에 대한 이론을 제안하도록 이끌어갔다. 프로이트는 한스가 무의식적으로 엄마에게 성욕을 가지지만 경쟁 상대인 아버지에 의한 거세 불안을 느껴, 이 두려움이 말에게 물릴지도 모른다는 공포증으로 전이된 것으로 보았다. 제14장에서 설명하는 바와 같이, 오늘날 심리과학은 아동기 성욕에 대한 프로이트의 이론을 평가절하하고 있지만, 인간의 마음이 의식적 자각을 넘어 작동하는 경우가 많다는 사실을 인정한다.

연구자가 어떤 결과(흡연자는 일찍 사망한다, 85세가 넘는 남성의 95%가 비흡연자이다.)를 제시하면, 누군가 상반되는 사례(글쎄요, 우리 삼촌은 담배를 하루에 두 갑씩 피우시는데 올해 연세가 여든아홉이거든요.)를 제시하기 십상이다.

극적인 이야기와 개인적 경험, 심지어는 심리학의 사례연구조차도 우리의 주의를 끌고 기억해내기도 쉽다. 기자들은 이 사실을 잘 알고 있기 때문에, 자신의 기사를 흥미진진한 이야기로 시작한다. 이야기는 우리를 감동케 하지만, 오도할 수도 있다. 여러분은 다음의 두 이야기 중에서 어느 것을 더 잘 기억하겠는가? (1) "유괴된 아이와 관련된 꿈을 꾸었다는 1,300건이 넘는 보고를 다룬 한 연구에서는 단지 5%에서만 정확하게 아이가 사망한 것으로 나타났다(Murray & Wheeler, 1937)." (2) "자신의 여동생이 자동차 사고를 당하는 꿈을 꾸었는데 이틀 후에 정말로 정면충돌 사고가 일어나 그 동생이 사망한 사람을 나는 알고 있다." 아무리 횟수가 우리를 망연자실하게 만드는 것이라고 하더라도, 여러 차례의 일화는 결코 증거가 될 수 없다. 심리학자 고든 올포트(1954, 9쪽)는 "손톱만 한 극적인 사실이 있으면, 우리는 함지박만 하게 일반화시키느라 정신이 없다."라고 언급하고 있다.

명심할 사항 : 개별 사례는 쓸모 있는 아이디어를 제안할 수 있다. 우리 모두에게 참인 사실은 어떤 사람에서든 포착할 수 있다. 그러나 개별 사례에 적용된 보편적 진리를 파악하기 위해서는 다른 연구방법으로도 물음에 답할 수 있어야만 한다.

인출 연습

RP-4 사례연구가 항상 모든 사람에게 적용되는 보편 원리를 알려준다고 생각할 수는 없다. 그 이유는 무엇인가?

답은 부록 E를 참조

자연관찰 두 번째 기술적 방법은 자연환경에서 행동을 기록하는 것이다. **자연관찰**(natural observation)은 밀림 속에서 침팬지 사회를 관찰하는 것에서부터 상이한 문화에서 부모-자식 상호작용을 비디오 촬영하여 분석하며, 학교 식당에서 학생들이 스스로 자리를 잡는 패턴의 인종 간 차이를 기록하는 것에 이르기까지 다양하다. 디지털 시대를 맞이하여 자연관찰은 스마트폰 앱, 소셜 미디어, 구글 검색 등을 통해서 수집한 '빅데이터' 덕분에 더욱 증가해왔다.

자연관찰은 대체로 '소규모 과학', 즉 멋들어진 장치와 상당한 연구비를 사용하는 과학이 아니라 지필도구만을 사용하여 수행할 수 있는 과학에 머물러왔다(Provine, 2012). 그렇지만 오늘날의 디지털 테크놀로지는 자연관찰을 거대과학으로 변모시켜왔다. 사람들이 얼마나 자주 체육관이나 카페 또는 도서관에 가는지를 추적해보고 싶은가? 여러분에게 필요한 것은 단지 그들이 사용하는 전화기의 위성항법장치(GPS)에 접속하는 것뿐이다(Harari et al., 2016). 웨어러블 카메라와 피트니스 센서, 그리고 인터넷에 연결된 스마트홈 센서 등과 같은 새로운 테크놀로지는 사람들의 활동, 관계, 수면, 스트레스 등을 정확하게 기록할 수 있는 가능성을 증가시키고 있다(Nelson & Allen, 2018; Yokum et al., 2019).

개인 정보를 온라인에 게시하는 수십억 명의 사람들도 (개인 정보를 노출시키지 않은 채) 빅데이터 관찰을 가능하게 해주었다. 한 연구팀은 84개 국가에서 5억 개 이상의 트위터 메시지에 포함된 긍정 단어와 부정 단어의 수를 계산함으로써 사람들의 기분이 오르내리는 것을 연구하였다(Golder & Macy, 2011). 그림 1.3에서 보는 바와 같이, 사람들은 주말, 아침에 잠에서 깨어난 직

자연관찰 상황에 처치를 가하거나 통제하지 않은 채 자연적으로 발생하는 상황에서 행동을 관찰하고 기록하는 기술적 기법

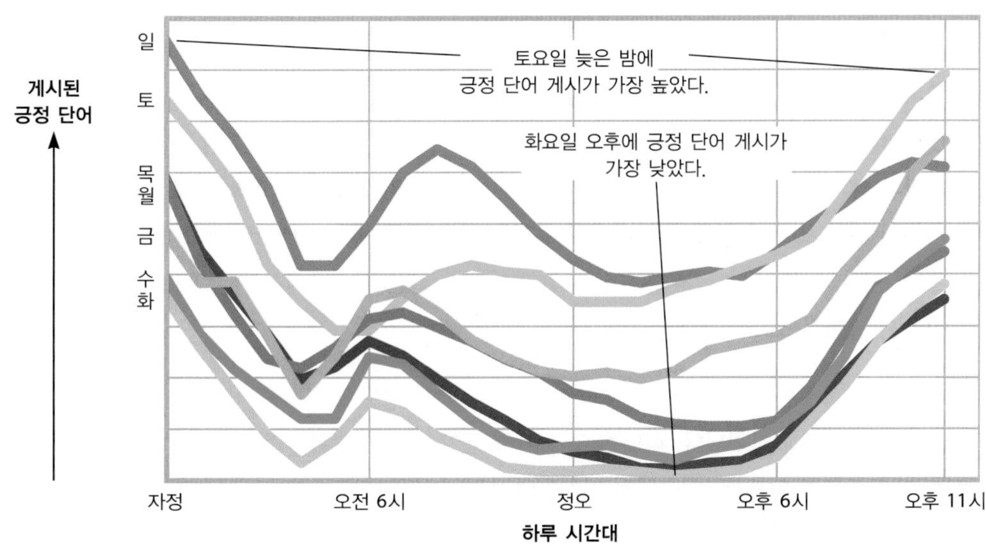

그림 1.3
요일과 하루 시간대에 따른 트위터 메시지의 기분 이 그래프는 대상자들을 알지 못한 채, 어떻게 빅데이터가 연구자들로 하여금 거대 척도에서 인간 행동을 연구할 수 있는지를 예증하고 있다. 또한 사람들의 기분을, 예컨대 지역이나 날씨와 관련지을 수도 있으며, 소셜 네트워크를 통하여 생각들이 전파되는 현상도 연구할 수 있다(Golder & Macy, 2011에서 인용한 데이터).

후, 그리고 저녁에 더 행복한 것으로 보인다. (여러분의 경우에도 토요일 늦은 저녁시간이 행복한 시간인가?) 또 다른 연구는 1억 4,800만 개의 트윗을 통해 (특히 분노와 관련된) 미국의 1,347개 카운티에서 부정 정서 단어가 흡연과 비만율보다 심장병을 더 잘 예측한다는 사실을 찾아냈다(Eichstaedt et al., 2015). 구글은 사람들이 세상을 더 잘 알 수 있게 해주며, 사람들의 구글 사용은 그들을 더 잘 알 수 있게 해준다. 예컨대, 사람들이 검색하는 단어와 던지는 질문은 인종차별과 우울증의 지역별 수준을 정확하게 밝힐 수 있게 해준다. 그렇지만 구글 검색은 다양한 국가에 걸쳐 동일한 음식의 갈망과 연계하여 '임신'이라는 단어를 검색한다는 사실이 예증하는 바와 같이, 사람들이 보편적으로 선호하는 것도 밝혀준다(Stephens-Davidowitz, 2017). 전 지구적으로 우리는 피부색만 다른 친척이다.

MICHAEL NICHOLS/National Geographic Creative

천부적 관찰자 침팬지 연구자인 제인 구달(1998)은 "자연 서식지에서 시행한 관찰은 동물의 사회와 행동이 예전에 생각하였던 것보다 훨씬 복잡하다는 사실을 보여주는 데 도움을 주었다."라고 언급하였다.

자연관찰은 사례연구와 마찬가지로 행동을 설명하지는 못한다. 그저 그 행동을 기술할 뿐이다. 그렇더라도 그 기술내용은 분명하게 드러난다. 예컨대, 우리는 한때 사람만이 도구를 사용한다고 생각했었다. 그런데 자연관찰은 침팬지도 때로는 흰개미 굴에 막대를 집어넣었다 빼서는 막대에 붙어있는 흰개미들을 잡아먹는다는 사실을 보여주었다. 이러한 비간섭적 자연관찰은 동물의 사고와 언어 그리고 정서에 관한 후속 연구의 토대를 마련해주었으며, 이러한 관찰은 지구촌의 친구인 동물에 관한 이해를 더욱 확장시켰다. 연구자들의 관찰 덕분에 침팬지와 비비원숭이가 속임수를 쓴다는 사실도 알게 되었다. 심리학자들은 어린 비비원숭이 한 마리가 자기 어미로 하여금 다른 비비원숭이들이 자신의 먹이를 먹지 못하게 하는 책략으로 마치 다른 놈에게 공격을 당한 것처럼 가장하는 장면을 반복해서 목격하였다(Whiten & Byrne, 1988).

자연관찰은 사람 행동도 예증해준다. 여기 여러분들도 좋아할 것이라고 생각하는 두 가지 사례를 제시한다.

- **재미있는 결과** 사람은 혼자 있을 때에 비해서 사회 상황에서 30배나 더 많이 웃는다(Provine, 2001). (여러분은 혼자 있을 때 거의 웃지 않는다는 사실을 깨달은 적이 있는가?)
- **문화와 삶의 페이스** 자연관찰은 로버트 르바인과 애라 노렌자얀(1999)으로 하여금 31개 국가에서 걷는 속도와 공공장소 시계의 정확도 등과 같은 삶의 페이스도 비교할 수 있게 해주었다. 이들의 결론은 다음과 같다. 삶의 페이스가 일본과 서구에서 가장 빠르고 개발도상국가에서 상대적으로 느리다.

자연관찰은 일상생활의 흥미진진한 단면을 보여주지만, 행동에 영향을 미칠 수 있는 모든 요인을 통제하지 않은 채 진행된다. 다양한 장소에서 삶의 페이스를 관찰하는 것과 사람들로 하여금 빠르게 행동하도록 만드는 것이 무엇인지를 이해하는 것은 별개의 문제이다. 그럼에도 불구하고 그 기술내용은 분명하게 드러난다. 어느 과학이든지 그 출발점은 기술인 것이다.

인출 연습

RP-5 자연관찰의 장점과 단점은 무엇인가?

답은 부록 E를 참조

사회조사 **사회조사**(survey)는 많은 사례를 살펴보며, 사람들에게 자신의 행동이나 견해를 보고하도록 요구한다. 성생활에서부터 정치적 견해에 이르기까지 다양한 질문이 주어진다. 최근의 사회조사 예를 보자.

- 1960년대와 1970년대에 태어난 동일 연령의 사람들과 비교할 때, 1990년대에 태어난 많은 밀레니엄 세대의 사람들은 18세가 될 때까지 성적 파트너가 없었다고 보고하는 비율이 두 배나 높았다(Twenge et al., 2017). 오늘날 애착에서 뒤처진 젊은이들은 한 작가가 표현한 것처럼 '섹스 불황'을 경험하고 있다(Julian, 2018).
- 24개 국가에 걸쳐 두 명 중 한 명은 '우주에 지능을 갖춘 외계 문명의 존재'를 믿고 있다고 보고하였다(Lampert, 2017).
- 인류의 68%, 즉 대략 52억 명의 사람들이 종교는 자신의 일상에서 중요하다고 말한다(Diener et al., 2011이 분석한 갤럽 세계조사에서 인용).

그렇지만 던지는 질문에는 기만적인 측면이 있다. 사람들은 흡연량을 낮게 보고하거나 투표 참여를 과대보고하는 것처럼, 사회적으로 바람직한 방식으로 자신의 답을 꾸미기도 한다. 그리고 응답은 질문의 표현방식과 응답자의 선정방식에 달려있기 십상이다.

말표현 효과 질문의 순서나 말표현에서의 미묘한 차이조차도 엄청난 차이를 초래할 수 있다(표 1.1). 복음주의 기독교신자인 미국의 백인에게 (1) 인간은 시간이 경과하면서 진화해왔는지 또는 (2) 인간은 우주 창생 때부터 현재의 모습으로 존재해왔는지를 물었을 때, 단지 32%만이 진화를 믿는다고 응답하였다(Funk, 2019). 그렇지만 (1) 인간은 자연선택과 같은 과정에 따라 시간이 경과하면서 진화해왔으며, 신이나 절대자가 그 과정에 관여하지 않았는지, (2) 인간은 신이나 절대자가 인도하거나 허용한 과정에 따라 시간이 경과하면서 진화해왔는지, 아니면 (3) 인간은 우주

사회조사 특정 집단의 사람들이 스스로 보고하는 태도나 행동을 확인하는 기술적 방법으로, 일반적으로는 대표적인 무선표본에게 질문을 하게 된다.

표 1.1 사회조사 말표현 효과

찬성을 유도하는 표현	반대를 유도하는 표현
"극빈자 지원"	"복지"
"차별 철폐 조치"	"우선적 조치"
"허가증이 없는 노동자"	"불법 체류자"
"총기 안전법"	"총기 통제법"
"예산 증가"	"세금"
"선진적 심문"	"고문"

창생 때부터 현재의 모습으로 존재해왔는지를 물었을 때는 두 배 이상, 즉 68%가 진화를 믿는다고 응답하였다. 말표현은 미묘한 문제이기 때문에, 비판적 사고자는 질문의 표현이 어떻게 사람들의 의견에 영향을 미칠 것인지를 숙고하게 된다.

무선표집 일상적인 사고에서 사람들은 관찰한 표본, 특히 현저하게 눈에 뜨이는 사례들을 일반화하는 경향이 있다. (a) 한 교수에 대한 수강생 평가의 통계적 요약 그리고 (b) 두 명의 분노한 학생과 같이 편향된 표본의 선명한 진술을 읽는 학교당국은 통계 요약에 들어있는 많은 호의적 평가 못지않게 두 명의 불행한 학생에 의해 영향을 받을 수 있다. 표집 편향을 무시하고 극소수의 선명하지만 대표적이지 않은 사례들을 가지고 일반화하려는 유혹은 제거하기 거의 불가능하다.

그렇다면 어떻게 대표표본을 구하는가? 여러분 대학의 학생들이 등록금 인상안에 대해서 어떻게 생각하는지를 알고자 한다고 해보자. 전체 집단을 조사하는 것은 가능하지 않기 십상이다. 그렇다면 어떻게 전체 학생을 대표하는 집단을 선택할 수 있겠는가? 전형적으로는 **무선표본**(random sample)을 구하고자 한다. 무선표본에서는 전체 **전집**(population)의 모든 사람이 조사에 참여할 동동한 기회를 갖는다. 모든 학생의 이름에 번호를 붙인 다음 난수생성기를 사용하여 조사에 참여할 학생들을 선발할 수 있다. (모든 학생에게 질문지를 보내는 것은 바람직하지 않다. 질문지를 작성하여 반송하는 성실한 학생들은 무선표본이 아니기 때문이다.) 대표표본이라도 작은 표본보다는 큰 표본이 더 좋지만, 대표적이지 않은 500명의 표본보다는 100명의 작은 대표표본이 더 좋다. 단순히 더 많은 사람을 포함시킨다고 해서 대표적이지 않은 표본을 보상할 수는 없다.

정치 여론조사자들은 전국 선거에서 바로 이러한 방식으로 유권자들을 표집한다. 무선표집을 하지 않은 채, 웹사이트 조사와 같은 대규모 표본은 엉뚱한 결과를 내놓기 십상이다. 그렇지만 전국의 모든 지역에서 선발한 단지 1,500명의 무선표본을 사용하여 전국적 여론의 놀라우리만치 정확한 단면을 제공할 수 있다. 나아가서 여론조사자는 정부 통계를 기준점으로 사용할 수 있는 응답자의 결혼 여부와 같은 무관련 질문을 통해서 표집의 정확도를 평가할 수 있다(Bialik, 2018). 만일 조사한 표본이 전국의 분포와 근사하게 대응한다면, 더없이 좋은 것이다.

여론조사의 오차범위 그리고 마지막 순간에 지지 후보를 바꾸어버리는 부동표를 감안할 때, 정치 여론조사는 실제 결과에 대하여 우수하지만 불완전한 추정치이다. 2016년 미국 대통령 선

무선표본 전집의 모든 사람이 표본으로 선발될 가능성이 동일함으로써 전집을 대표할 수 있는 표본

전집 연구를 위한 표본을 추출하는 전체 집단. (주 : 전국 연구를 제외하고는 전집이 한 국가의 모든 인구를 지칭하지 않는다.)

거 바로 직전까지 인기 있는 여론분석 웹사이트인 FiveThirtyEight.com은 힐러리 클린턴 후보가 승리할 가능성이 71%라고 추정하였다. 도널드 트럼프가 승리하자, 많은 사람은 예측이 틀린 것으로 간주하였다. 그렇지만 생각해보라. 예측모형이 한 후보의 승리 가능성을 71%로 추정한다면, 그 후보는 1/3의 경우에 패배할 수밖에 없다. (비가 올 가능성이 70%라고 예측하는 기상예보를 상상해보라. 만일 그렇게 예보할 때마다 비가 온다면, 그것은 엉터리 예보가 된다.) 1942년부터 2017년까지 45개 국가에서 실시한 30,000번의 총선 결과에 대한 한 가지 분석은 다음과 같이 요약하였다. 일반 대중의 생각과 달리, 여론조사는 꽤나 정확하다(Jennings & Wlezien, 2018).

명심할 사항 : 사회조사 결과를 받아들이기에 앞서 비판적으로 사고하라. 표본을 따져보라. 일반화를 위한 최선의 교두보는 대표표본에서 나온다.

커다란 표본을 사용하면, 추정치는 상당히 신뢰할 수 있게 된다. 활자화된 영어에서 E는 전체 알파벳의 12.7%를 차지하는 것으로 추정된다. 실제로 멜빌의 『모비딕』에 들어있는 925,141개 알파벳 중에서 12.3%를 차지하며, 디킨스의 『두 도시 이야기』의 586,747개 알파벳 중에서 12.4%를 차지하고, 마크 트웨인의 열두 작품에 들어있는 3,901,021개 알파벳 중에서는 12.1%를 차지하고 있다(*Chance News*, 1997).

인출 연습

RP-6 대표적이지 않은 표본이란 무엇인가? 연구자들은 이 문제를 어떻게 해결하는가?

답은 부록 E를 참조

상관

LOQ 1-5 두 요인이 상관되어 있다고 말하는 것의 의미는 무엇인가? 정적 상관과 부적 상관이란 무엇인가?

행동을 기술하는 것은 그 행동을 예측하는 첫걸음이다. 자연관찰과 사회조사는 흔히 한 특질이나 행동이 다른 특질이나 행동과 관련되어 있다는 사실을 보여준다. 그러한 경우에 우리는 둘이 **상관**(correlate)되어 있다고 말한다. 통계 특정치인 **상관계수**(correlational coefficient)는 두 특질이나 행동이 얼마나 밀접하게 함께 변하는 것인지를 알려주기 때문에, 하나로 다른 하나를 얼마나 잘 예측할 수 있는지를 알 수 있게 해준다. 적성검사 점수가 학업성취와 얼마나 상관적인지를 알게 되면, 그 점수가 학업성취를 얼마나 잘 예측할 수 있는지를 말할 수 있게 된다.

이 책 전반에 걸쳐서 우리는 자주 두 **변인**(variable)이 얼마나 강력하게 상관적인지를 묻게 된다. 예컨대, 일란성 쌍둥이들의 성격검사 점수는 얼마나 관련되어 있는가? 지능검사 점수는 성취를 얼마나 잘 예측하는가? 스트레스는 질병과 얼마나 밀접하게 관련되는가? 그러한 경우에 **산포도**(scatterplot)는 매우 설득적인 도구가 된다.

상관 두 요인이 함께 변하는 정도에 대한 측정치이며, 한 요인이 다른 요인을 얼마나 잘 예측하는지에 대한 측정치이다.

상관계수 두 변인 간의 관계를 나타내는 통계적 지표. −1에서부터 +1 범위 내의 값을 갖는다.

변인 변할 수 있으며, 윤리적으로 측정 가능한 모든 것

산포도 각 개인에게 있어서 두 변인의 값을 직교좌표상에서 한 점으로 나타낸 것의 그래프. 점들의 기울기는 두 변인 간 관계의 방향을 시사한다. 분산된 정도는 상관의 강도를 시사한다(분산이 적을수록 높은 상관을 나타낸다).

산포도에서 각 점은 두 변인의 값을 나타낸다. 그림 1.4에 나와있는 세 산포도는 완벽한 정적 상관에서부터 완벽한 부적 상관에 이르기까지 가능한 상관의 범위를 예시하고 있다. (완벽한 상관은 실세계에서 거의 일어나지 않는다.) 만일 신장과 체중의 경우처럼 두 집합의 점수가 함께 증가하거나 함께 감소하면 상관은 정적이다.

상관이 '부적'이라고 말하는 것은 그 관계의 강도에 관하여 아무것도 알려주지 않는다. 만일 한 집합의 점수가 감소함에 따라서 다른 집합의 점수가 증가하는 것처럼 두 집합의 점수가 반대의 관계를 갖는다면, 상관은 부적이다. 사람들의 신장과 그 사람들의 머리와 천장 간의 거리 간에는 강력한(실제로는 완벽한) 부적 상관이 존재한다.

통계는 우리가 얼핏 보아서는 놓칠 수도 있는 것을 이해하는 데 도움을 줄 수 있다. 야쿠프 폴락과 동료들(2019)이 체코와 슬로바키아에서 자원한 2,291명의 참가자에게 24종의 동물 각각에 대한 공포와 혐오를 7점 척도에서 평가하도록 요구하였던 결과를 보자. 모든 관련 데이터를 제

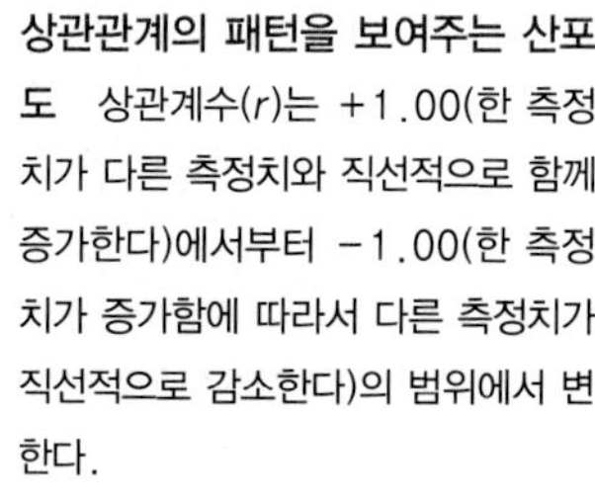

그림 1.4
상관관계의 패턴을 보여주는 산포도 상관계수(r)는 +1.00(한 측정치가 다른 측정치와 직선적으로 함께 증가한다)에서부터 −1.00(한 측정치가 증가함에 따라서 다른 측정치가 직선적으로 감소한다)의 범위에서 변한다.

시한다면(표 1.2), 여러분은 참가자들의 공포와 혐오 간의 상관이 정적인지, 부적인지, 아니면 상관이 거의 없는지 말할 수 있겠는가?

대부분의 사람들은 표 1.2의 두 열을 비교하더라도 공포와 혐오감 사이에서 거의 아무런 관계도 탐지하지 못한다. 데이터를 산포도로 나타내면 볼 수 있는 바와 같이(그림 1.5), 실제로 이 가상 데이터에서 상관은 정적($r = +0.72$)이다.

표 1.2처럼 데이터를 체계적으로 제시하였을 때도 강력한 관계를 쉽게 보지 못한다면, 일상생활에서 그 관계를 알아채는 것은 얼마나 어렵겠는가? 우리 앞에 펼쳐진 사건들을 정확하게 보기 위해서는, 때때로 통계 분석이 필요하다. 직무 수준, 직급, 수행능력, 성별, 그리고 연봉 등을 통계적으로 요약한 정보가 주어지면 성차별에 대한 증거를 쉽게 볼 수 있다. 그렇지만 동일한 정보가 개별적으로 찔끔찔끔 주어지면 그러한 차별을 알아채지 못하기 십상이다(Twiss et al., 1989). 심리과학자처럼 생각하는 것은 주의를 끄는 사람뿐만 아니라 모든 사람에게 등가적으로 가치를 부여하도록 도와준다.

명심할 사항 : 상관계수는 두 사건이 관련된 정도를 밝힘으로써 세상을 보다 명확하게 볼 수 있게 해준다.

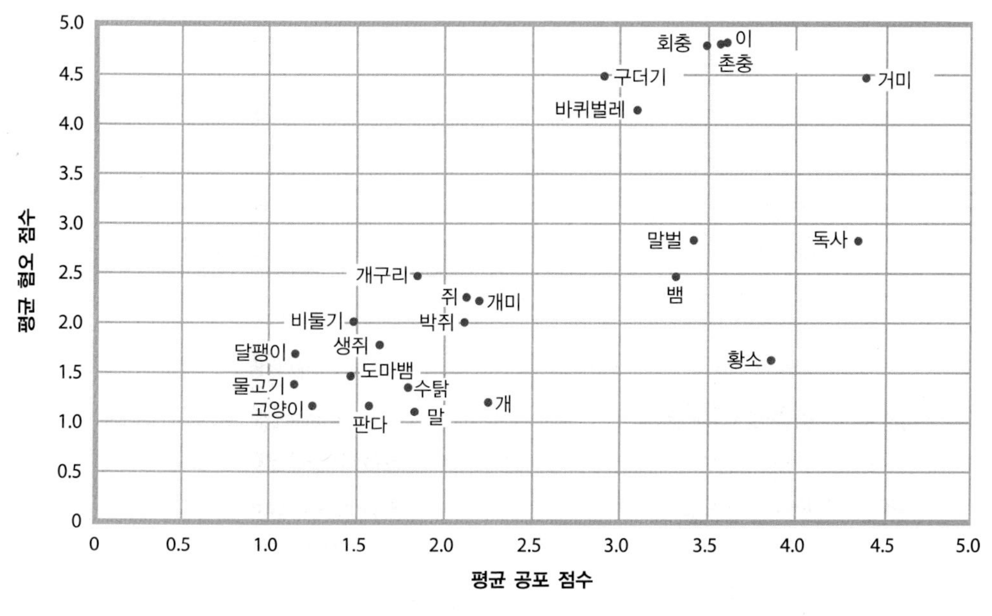

그림 1.5
24종의 동물에 대한 공포와 혐오의 산포도 자기보고한 공포와 혐오감의 평균을 나타낸 이 그래프(각 점이 한 개인을 나타낸다)는 위로 향하는 기울기를 나타내는데, 이것은 정적 상관을 나타내는 것이다. 데이터가 상당히 분산되었다는 사실은 상관관계가 +1.00보다 상당히 작다는 사실을 나타낸다.

표 1.2 다양한 동물에 대한 사람들의 공포와 혐오반응

동물	평균 공포	평균 혐오
개미	2.12	2.26
박쥐	2.11	2.01
황소	3.84	1.62
고양이	1.24	1.17
바퀴벌레	3.10	4.16
개	2.25	1.20
물고기	1.15	1.38
개구리	1.84	2.48
뱀	3.32	2.47
말	1.82	1.11
도마뱀	1.46	1.46
이	3.58	4.83
구더기	2.90	4.49
생쥐	1.62	1.78
판다	1.57	1.17
비둘기	1.48	2.01
쥐	2.11	2.25
수탉	1.78	1.34
회충	3.49	4.79
달팽이	1.15	1.69
거미	4.39	4.47
촌충	3.60	4.83
독사	4.34	2.83
말벌	3.42	2.84

인출 연습

RP-7 다음 각각이 정적 상관인지 아니면 부적 상관인지를 지적해보라.

1. 남편이 인터넷에서 포르노를 많이 볼수록 부부관계는 나빠진다(Muusses et al., 2015).
2. 10대 소녀가 온라인 소셜 미디어에 몰두하는 시간이 많을수록, 우울증과 자살 생각에 빠질 위험성이 증가한다(Kelly et al., 2018; Twenge & Campbell, 2019).
3. 유아가 모유를 먹는 기간이 길수록 성장한 후 학업성취가 더 우수하다(Horwood & Fergusson, 1998).
4. 노인이 잎채소를 더 많이 섭취할수록, 향후 5년에 걸쳐 심적 능력이 덜 감소한다(Morris et al., 2018).

답은 부록 E를 참조

착각상관과 평균으로의 회귀

LOQ 1-6 착각상관이란 무엇이며, 평균으로의 회귀란 무엇인가?

상관은 우리가 놓칠 수 있는 관계를 가시적인 것으로 만들어줄 뿐만 아니라 존재하지도 않는 관계를 보지 않게 해주기도 한다. 둘 사이에 관계가 있다고 믿을 때는 그 믿음을 확증하는 사례를 포착하고 회상할 가능성이 높아진다. 만일 꿈이 실제 사건을 예언한다고 믿는다면, 예언하지 못하는 사례보다는 그 믿음을 확증하는 사례를 포착하고 회상할 수 있다. 그 결과가 **착각상관**(illusory correlation)이다.

착각상관은 제어감의 착각, 즉 우연 사건을 개인적으로 제어할 수 있다는 착각을 불러일으킨다. 주사위 도박을 하는 노름꾼은 운이 좋았던 경우만을 기억해내서는 낮은 숫자를 위해서는 부드럽게 던지고 높은 숫자를 위해서는 강하게 던짐으로써 주사위의 숫자에 영향을 미칠 수 있다고 믿게 되기도 한다. **평균으로의 회귀**(regression toward the mean)라고 부르는 통계 현상도 제어 불가능한 사건이 자신의 행위와 상관적이라는 착각을 부추긴다. 평균적 결과가 극단적인 결과보다 더 전형적이다. 따라서 이례적인 사건 후에는 평균 수준으로 되돌아가는 경향이 있다. 즉, 이례적인 사건 후에는 평균에 보다 가까운 사건이 뒤따르는 경향이 있는 것이다. 시험에서 평소보다 훨씬 높은 점수나 낮은 점수를 받은 학생은 다음 시험에서 일반적으로 평소 점수로 되돌아올 가능성이 크다. 첫 번째 검사에서 우연 수준을 능가하는 ESP 능력을 보여주었던 이례적인 참가자들은 재검사를 실시하였을 때 거의 항상 '염력'을 상실한다.

회귀 현상을 깨닫지 못하는 것이, 예컨대 스포츠에서의 코칭이나 직장에서 볼 수 있는 비효과적인 관행의 근원이기도 하다. 평소보다 못한 수행으로 직원(또는 선수)을 질책한 후에, 상사는 그 직원이 정상으로 회귀할 때 질책을 하니 좋아졌다는 일종의 보상감을 느낄 수 있다. 직원의 이례적인 멋진 수행을 칭찬한 후에 그의 행동이 다시 평균으로 회귀할 때는 실망할 수도 있다. 역설적이게도 평균으로의 회귀는 질책 후에 보상감을 느끼고("질책하였더니 더 열심히 일하잖아!") 칭찬 후에는 자책감을 느끼도록("도대체 칭찬을 못하겠어!") 사람들을 오도할 수 있다(Tversky & Kahneman, 1974).

명심할 사항 : 우연히 오르내리는 행동이 정상으로 되돌아올 때, 그 이유에 대한 멋들어진 설명은 엉터리이기 십상이다. 아마도 평균으로의 회귀가 작동한 것이겠다.

덧붙여서, 상관연구가 관계를 밝히는 데는 도움이 되더라도, 그 관계를 설명하는 것은 아니다. 10대의 소셜 미디어 사용이 우울증의 위험과 상관이 있다면, 그 관계는 소셜 미디어 사용이 우울증 위험에 영향을 미친다는 사실을 나타내는 것일 수도 있고 아닐 수도 있다. 다른 설명도 가능하다(비판적으로 생각하기 : 상관과 인과성을 참고하라).

착각상관 관계가 존재하지 않는데 어떤 관계를 지각하거나 실제보다 더 강력한 관계를 지각하는 것

평균으로의 회귀 극단적이거나 이례적인 점수 또는 사건은 평균 방향으로 되돌아오게 되는(회귀하는) 경향성

"일단 여러분이 회귀에 민감해지게 되면, 어느 곳에서나 그것을 보게 된다." 심리학자 대니얼 카너먼(1985)

비판적으로 생각하기

상관과 인과성

LOQ 1-7 상관이 예측은 가능하게 하지만 인과적 설명을 못 하는 까닭은 무엇인가?

정신질환은 흡연과 상관이 있다. 즉, 정신질환을 겪는 사람은 흡연자일 가능성이 더 높다.[1] 이 사실은 정신질환이나 흡연을 초래하는 것에 대해서 무엇인가를 알려주는가? **아니다.**

흡연에는 정신질환을 초래하는 어떤 것이 있을 수 있다.

정신질환자가 흡연할 가능성이 더 높을 수 있다.

또는

흡연과 정신질환 모두를 촉발하는, 예컨대 스트레스로 가득한 가정생활과 같은 제3변인이 있을 수 있다.

그렇다면 다음과 같은 최근 결과를 어떻게 해석하겠는가?

a) 성관계는 여대생이 경험하는 우울과 상관이 있다.
b) 성관계를 지연시키는 것은 더 우수한 관계 만족도와 안정성과 같은 긍정적 결과와 상관이 있다.[2]

가능한 설명

1. 성적 욕구 억제 →	보다 우수한 정신건강과 강건한 관계
2. 우울 →	성관계를 가질 가능성을 높인다.
3. 낮은 충동성과 같은 제3변인 →	성적 욕구 억제, 심리적 웰빙, 우수한 관계

상관은 예측을 돕는다.
예컨대, 자존감은 우울과 부적 상관을 갖는다(따라서 우울을 예측한다). 자존감이 낮을수록, 우울의 위험이 높아진다.

가능한 해석

1. 낮은 자존감 →	우울
2. 우울 →	낮은 자존감
3. 고통스러운 사건이나 생물학적 소인과 같은 제3변인 →	낮은 자존감과 우울

시도해보라!

12,000여 명의 청소년을 대상으로 실시한 조사를 보면, 10대가 부모의 애정을 많이 느낄수록 조숙한 성관계, 흡연, 알코올과 약물의 남용, 폭력 행사 등과 같이 건강하지 못한 행동을 할 가능성이 낮다.[3] 이 결과를 해석할 수 있는 세 가지 가능한 방법은 무엇인가?

1) 부모의 사랑이 건강한 10대를 만들 수 있다. 2) 모범적인 10대는 부모의 사랑과 인정을 더 많이 느낄 수 있다. 3) 수입이나 이웃과 같은 제3변인이 둘 모두에 영향을 미칠 수 있다.

명심할 사항 : 상관은 인과성을 입증하지 않는다.

상관은 가능한 인과관계를 시사하지만, 입증하는 것은 아니다. 이 사실을 명심하라. 그러면 과학 연구 소식을 읽거나 들을 때 더 현명해지게 될 것이다.

1. Belluck, 2013. 2. Fielder et al., 2013; Willoughby et al., 2014. 3. Resnick et al., 1997.

인출 연습

RP-8 학교의 농구팀 코치가 전반전에 형편없이 부진하였던 선수들을 야단침으로써 팀의 연승 행진을 이어나갔다고 친구에게 말하고 있다. 후반전에 팀의 수행이 증진된 이유에 대한 또 다른 설명은 무엇이겠는가?

RP-9 결혼기간은 남편의 탈모와 정적 상관을 갖는다. 이 관계는 결혼이 남성의 탈모를 초래한다는(아니면 대머리가 더 자상한 남편을 만든다는) 사실을 의미하는가?

Nancy Brown/Getty Images

답은 부록 E를 참조

실험법

LOQ 1-8 원인과 결과를 분리해낼 수 있는 실험법의 특징은 무엇인가?

로마 시인 베르길리우스는 "사건의 원인을 지각할 수 있었던 사람들은 얼마나 행복한가!"라고 읊조렸다. 심리학자들은 10대 소녀의 소셜 미디어 사용과 우울이나 자해의 위험성 간의 작은 상관을 밝혀낸 상관연구에서 어떻게 그 원인을 밝혀낼 수 있는 것인가?

실험처치 이러한 탐정과 같은 과정은 다음과 같은 두 가지 명백한 사실로부터 출발한다.

1. 2010년부터 전 세계적으로 스마트폰과 소셜 미디어 사용이 폭발적으로 증가하였다.
2. 동시에 캐나다, 미국, 영국의 10대 소녀들의 우울, 불안, 자해, 그리고 자살의 비율이 급격하게 증가하였다(Mercado et al., 2017; Morgan, 2017; Statistics Canada, 2016).

이러한 결과가 의미하는 바는 무엇인가? 인과적 연계가 존재하는가? 만일 그렇다면, 부모는 중학생 자녀가 인스타그램이나 스냅챗을 사용하는 시간을 제한해야만 하겠는가? 100만 명의 10대에게서 얻은 거대한 상관 데이터라고 하더라도 답을 알려줄 수는 없다. 이 문제는 계속해서 논쟁 중이며 데이터는 엇갈리고 있다. 단순 상관을 넘어서서 많은 상관연구를 요약한 결과를 보면, 8개의 종단연구 중에서 6개 연구가 10대의 현재 소셜 미디어 사용이 미래의 정신건강을 예측하였다고 밝혔다(Haidt, 2019). 그렇다고 하더라도 원인과 결과를 확인해내려면, **실험**(experiment)을 수행하여야만 한다. 실험은 연구자들이 (1) 관심을 갖는 변인들에 처치를 가하고 (2) 다른 변인들을 일정하게 유지함으로써, 즉 '제어함으로써', 하나 이상의 변인들이 가지고 있는 효과를 분리해낼 수 있게 해준다. 이를 위하여 연구자들은 흔히 사람(실험참가자)들이 처치를 받는 **실험집단**(experimental group)과 처치를 받지 않는 **통제집단**(control group)을 구성한다.

실험에 앞서 존재할 수도 있는 두 집단 간의 차이를 최소화하기 위하여 참가자들을 각 조건에 **무선할당**(random assignment)한다. 난수표를 이용하든 아니면 동전 던지기를 이용하든, 무선할당은 두 집단을 효과적으로 동등한 것으로 만들어준다. 만일 실험에 자원한 사람의 1/3이 귀를 움직일 수 있다면, 각 집단의 대략 1/3이 귀를 움직일 수 있게 된다. 마찬가지로 연령과 태도 등 다른 특징들도 실험집단과 통제집단에서 유사하게 된다. 따라서 집단들이 실험 종료 후에 차이를 보인다면, 처치가 효과를 초래하였다고 추론할 수 있다. (실험집단과 통제집단을 동등하게

실험 연구자가 하나 이상의 변인(독립변인)에 처치를 가하고 행동이나 심적 과정(종속변인)에 미치는 효과를 관찰하는 연구방법. 참가자들을 무선할당함으로써 연구자는 다른 관련 요인들을 통제하고자 한다.

실험집단 실험참가자들에게 처치를 가하는, 즉 독립변인의 한 수준에 노출시키는 집단

통제집단 실험에서 처치를 받지 않는 집단. 실험집단과 대비시키며 처치 효과를 평가하는 비교 기준이 된다.

무선할당 실험참가자들을 실험집단과 통제집단으로 확률에 따라 할당함으로써 서로 다른 집단에 할당한 참가자들 간에 이미 존재하는 차이를 최소화하는 기법

만드는 무선할당과 대표적인 사회조사 표본을 생성하는 무선표집 간의 차이를 명심하라.)

그렇다면 실험은 10대 소녀의 소셜 미디어 사용과 우울이나 자해의 위험 간의 관계에 관하여 무엇을 밝혀주는 것인가? 소셜 미디어 사용에 처치를 가한 실제 실험은 거의 없었지만, 한 연구는 4주 동안 페이스북 계정을 차단하는 데 동의한 거의 1,700명의 사람을 구할 수 있었다(Allcott et al., 2019). 통제집단과 비교할 때 계정 차단 집단에 무선적으로 할당한 사람들은 텔레비전을 시청하고 친구나 가족과 어울리는 데 더 많은 시간을 보냈으며, 낮은 우울 증상과 삶에 대한 더 높은 행복감과 만족감을 보고하였다(그리고 실험 후 페이스북 사용도 줄었다). 페이스북 사용시간의 감소가 더 행복한 삶을 의미하였던 것이다.

지속적인 소셜 미디어 사용의 효과에 관한 논쟁은 여전히 진행 중이다. 현재로서는 대부분의 연구자가 10대의 무절제한 소셜 미디어 사용이 어느 정도의 정신건강 위험성을 내포하고 있다는 데 동의하고 있다. 더 많은 대규모 상관연구와 종단연구 그리고 지속적인 실험연구를 통해서 연구자들은 이러한 잠정적인 결론에 마침표를 찍게 될 것이다.

명심할 사항 : 실험연구는 자연적으로 발생하는 관계를 밝히는 상관연구와 달리, 어떤 변인의 효과를 결정하기 위하여 그 변인에 처치를 가한다.

© The New Yorker Collection, 2007, P. C. Vey from cartoonbank.com. All Rights Reserved.

"내가 작동하지 않을 것이라고 생각하는데도 이게 여전히 작동할까요?"

절차와 가짜약 효과 이제 치료 개입을 어떻게 평가할 것인지 생각해보자. 우리가 아프거나 정서적으로 위축될 때 새로운 치료법을 찾아보려는 경향성은 엉터리 증언을 만들어낼 수 있다. 감기에 걸리고 사흘 후부터 아연이 들어있는 알약을 복용하기 시작하였는데 감기증세가 호전된다면, 우리는 감기가 자연적으로 호전되었다기보다는 그 알약 덕분이라고 생각하기 쉽다. 1700년대에는 출혈법이 효과적인 것처럼 보였다. 때때로 사람들은 출혈치료를 받은 후에 호전되었다. 호전되지 않는 경우에 치료사는 병이 너무 많이 진척되어서 치료할 수 없었던 것이라고 생각하였다. 따라서 치료법이 정말로 효과적인지에 관계없이, 광신적인 사용자는 계속해서 그 효과를 믿게 된다. 정말로 그 효과를 알아보려면 다른 요인들을 통제하여야만 한다.

이것이야말로 바로 연구자들이 신약의 치료 효과와 새로운 심리치료법의 효과를 평가하는 방법이다(제16장). 연구자들은 참가자들을 각 집단에 무선할당한다. 한 집단은 사이비처치, 즉 효과가 없는 가짜약(placebo, 신약이 들어있지 않은 알약)을 받는다. 다른 집단은 항우울제와 같은 처치를 받는다. (가짜약과 실제 약을 '처치의 속임수'로 생각할 수 있다.) 참가자들은 자신이 어떤 처치를 받고 있는지를 모르기 십상이다. 만일 연구가 **이중은폐 절차**(double-blind procedure)를 사용하고 있다면, 참가자뿐만 아니라 직접 약물을 투여하고 데이터를 얻는 연구보조원들조차도 어느 집단이 처치를 받고 있는지 알지 못하게 된다.

이중은폐 연구에서 연구자들은 신약의 치료 효과에 관한 참가자와 연구보조원들의 신념과 분리된 처치의 실제 효과를 확인하게 된다. 단지 처치를 받고 있다고 생각하는 것이 여러분의 원기를 북돋워주고 신체를 이완시키며 증상을 완화시킬 수 있다. 이러한 **가짜약 효과**(placebo effect)는 통증, 우울, 불안, 그리고 조현병에서 나타나는 청각적 환각을 완화시키는 데 있어서 잘 입증되어 있다(Dollfus et al., 2016; Kirsch, 2010). 운동선수들은 수행을 증진시킬 것이라고 믿는 약물을 투여받았을 때 더 빨리 뛴다(McClung & Collins, 2007). 카페인이 들어있지 않음에도 들어있다고 생각하면서 커피를 마신 사람은 활력과 각성 수준이 높아진다(Dawkins et al., 2011). 기분을 고양시킨다고 엉터리로 알려준 약물을 복용하면 기분이 좋아졌다고 느낀다(Michael et al., 2012). 그리고 가짜약이 비쌀수록 더 '실제적'인 것처럼 느끼게 된다. 100원짜리 엉터리 알약보

이중은폐 절차 실험참가자와 실험자 모두 누가 실험처치를 받았는지, 그리고 누가 가짜약을 받았는지를 모르는 실험 절차. 일반적으로 약물 평가 연구에서 사용한다.

가짜약 효과 단지 기대에 의해 초래된 실험결과. 불활성 물질이나 조건을 처치하였지만, 활성제라고 가정함으로써 초래된 행동의 효과

다는 3,000원짜리 엉터리 알약이 더 잘 듣는다(Waber et al., 2008). 치료가 실제로 얼마나 효과적인지를 알아보려면, 가능한 가짜약 효과를 통제해야만 한다.

독립변인 실험에서 처치를 가하는 요인. 그 효과를 연구하는 변인이다.

혼입변인 실험에서 독립변인 이외에 효과를 초래할 수도 있는 가외 요인

종속변인 실험에서 측정하는 결과. 독립변인의 처치로 인해서 변하게 되는 변인이다.

인출 연습

RP-10 연구자들은 가짜약 효과가 자신의 결과를 왜곡시키는 것을 방지하기 위하여 어떤 측정치를 사용하는가?

답은 부록 E를 참조

독립변인과 종속변인 여기에 보다 강력한 사례가 있다. 비아그라는 21회의 임상 검증을 거친 후에 사용이 허가되었다. 여기에는 329명의 발기부전 남자들을 실험집단(비아그라 집단)과 통제집단(가짜약 집단)에 무선할당하는 실험도 포함되었다. 이 실험은 이중은폐 실험이었다. 즉, 참가자들과 약물을 주는 사람 모두 어느 약을 받거나 주었는지를 알지 못하였다. 결과는 다음과 같다. 최대 투여량에서 비아그라 집단의 69%가 성행위에 성공한 반면, 가짜약 집단에서는 22%만이 성공하였다(Goldstein et al., 1998). 비아그라는 효과가 있었던 것이다.

이렇게 간단한 실험은 단지 하나의 요인, 즉 약물 투여량(투여하지 않음 대 최대 투여량)만을 처치하였다. 이 실험 요인은 참가자의 연령, 체중, 성격 등과 같은 다른 요인들과는 독립적으로 변화시킬 수 있기 때문에, **독립변인**(independent variable)이라고 부른다. 실험의 결과에 영향을 미칠 가능성이 있는 다른 요인들은 **혼입변인**(confounding variable)이라고 부른다. 무선할당은 가능한 혼입변인들을 통제한다.

실험은 하나 이상의 독립변인이 어떤 측정 가능한 행동에 미치는 효과를 검증한다. 이 행동은 실험 중에 어떤 일이 일어나는지에 따라서 변할 수 있기 때문에 **종속변인**(dependent variable)이라고 부른다. 독립변인과 종속변인에는 모두 명확한 조작적 정의를 부여하는데, 조작적 정의란 독립변인에 처치를 가하는 절차(이 연구에서는 투여하는 약물의 양과 시간)나 종속변인을 측정하는 절차(남자들의 반응을 평가하는 질문들)를 명세하는 것이다. 조작적 정의는 다른 사람들도 연구를 반복할 수 있게 해주는 구체적인 수준으로 제시한다(페이스북 실험의 설계는 그림 1.6을 참조).

여성의 성적 흥분을 증가시킨다고 승인한 약물에 대한 또 다른 유사 실험은, "한 달에 한 번의 만족스러운 성관계의 절반"을 부가한다는, 말하자면 실망스럽다고 기술할 수밖에 없는 결과를 내놓았다(Ness, 2016; Tavernise, 2016).

잠시 간단한 심리학 실험을 사용하여 여러분의 이해도를 확인해보도록 하자. 에이드리언 카퍼서와 윌리엄 로지스(2006)는 임대 주택을 빌릴 수 있는 가능성에 대하여 집주인이 지각한 인종효과를 검증하기 위하여 미국 로스앤젤레스 지역에 거주하는 1,115명의 집주인들에게 똑같은 이메일을 보냈다. 연구자들은 발신자 이름이 함축하는 인종을 다르게 하고는 긍정적 답신, 즉 개인적으로 아파트를 살펴볼 수 있는 기회를 제공하는 답신의 비율을 추적하였다. '패트릭 맥두

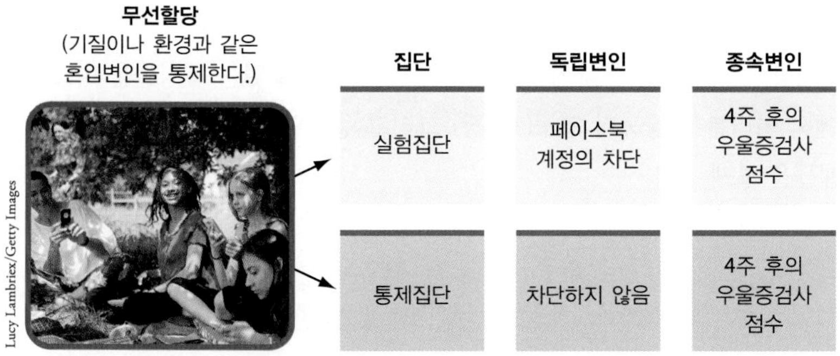

무선할당
(기질이나 환경과 같은 혼입변인을 통제한다.)

집단	독립변인	종속변인
실험집단	페이스북 계정의 차단	4주 후의 우울증검사 점수
통제집단	차단하지 않음	4주 후의 우울증검사 점수

Lucy Lambriex/Getty Images

그림 1.6
실험법 인과관계를 분별해내기 위해서 심리학자들은 참가자들을 실험집단과 통제집단에 무선할당한다. 종속변인(우울검사 점수)의 측정이 독립변인(소셜 미디어에의 노출)의 효과를 결정한다.

"우리는 인종 무시 발언뿐만 아니라 취업 인터뷰를 위해 (백인을 함축하는) 조니에게는 전화를 걸면서 (흑인을 함축하는) 자말에게는 연락하지 않으려는 미묘한 충동에도 대비해야만 합니다." 미국 대통령 버락 오바마의 주 상원의원이자 교회 총기난사 희생자인 클레멘타 핀크니를 위한 추도사에서(2015년 6월 26일)

걸', '사이드 알-라만', 그리고 '타이렐 잭슨'은 각각 89%, 66%, 56%의 긍정적 답신을 받았다. 이 실험에서 독립변인은 무엇인가? 그리고 종속변인은 무엇인가?[3]

실험은 사회 프로그램을 평가하는 데도 도움을 줄 수 있다. 학령 전기 아동의 교육 프로그램은 아동들이 성공할 기회를 증진시키는가? 여러 가지 금연 프로그램의 효과는 어떤 것인가? 학교 성교육 프로그램은 10대의 임신을 줄이는가? 이러한 물음에 답하기 위해서는 실험을 해보아야만 한다. 만일 프로그램은 받아들일 수 있지만 재원이 한정되어 있다면, 추첨을 통해서 어떤 사람이나 지역은 새로운 프로그램을 경험하는 집단에, 그리고 다른 사람은 통제집단에 무선할당할 수 있다. 만일 두 집단이 차이를 보이게 된다면, 프로그램의 효과는 확증된다(Passell, 1993).

요약을 해보자. 변인이란 적용 가능성과 윤리성의 범위 내에서 유아의 영양, 지능, 텔레비전 시청 등 변할 수 있는 모든 것이다. 실험은 독립변인에 처치를 가하고, 종속변인을 측정하며, 혼입변인들을 제어하는 것을 목적으로 한다. 실험은 최소한 실험조건과 비교조건(통제조건)이라는 두 조건을 갖는다. 무선할당은 처치 효과에 앞서 집단 간에 사전에 존재하는 차이를 최소화해 준다. 이러한 방식으로 실험은 적어도 하나의 독립변인(처치를 가하는 변인)이 적어도 하나의 종속변인(측정하는 결과)에 미치는 효과를 검증한다.

인출 연습

RP-11 연구자들은 무선할당을 사용하여, 독립변인 이외에 연구결과에 영향을 미칠 수도 있는 다른 요인들인 ________을 통제할 수 있다.

RP-12 왼쪽의 용어들을 오른쪽의 기술내용과 연결해보라.

1. 이중은폐 절차	**a.** 소수의 사회조사 반응을 큰 전집에 일반화한다.
2. 무선표집	**b.** 실험집단과 통제집단 간의 사전 차이를 최소화한다.
3. 무선할당	**c.** 가짜약 효과를 통제한다. 연구자와 참가자 모두 누가 실제 처치를 받는지 모른다.

RP-13 새로운 혈압약을 검증할 때 1,000명의 참가자 모두에게 그 약을 투여하는 것보다 1,000명의 절반에게만 투여함으로써 그 효과를 보다 잘 알게 되는 이유는 무엇인가?

답은 부록 E를 참조

연구설계

LOQ 1-9 어떤 연구설계를 사용할 것인지를 어떻게 아는가?

여러분은 이 책 전반에 걸쳐 심리과학의 놀라운 발견들을 읽게 된다. 그런데 심리과학자들은 어떻게 연구방법을 선택하고 의미심장한 결과를 제공하도록 자신의 연구를 설계하는 것인가? 연구 수행방법의 이해, 즉 검증 가능한 물음을 개발하고 연구하는 방법의 이해는 모든 심리학 연구의 진가를 포착하는 열쇠이다. 표 1.3은 심리학의 주요 연구방법이 가지고 있는 특징들을 비교한 것이다. 후속하는 장들에서 여러분은 쌍둥이 연구(제4장) 그리고 종단연구와 횡단연구(제10장)를 포함한 다른 연구설계들을 보게 된다.

---

3 '패트릭 맥두걸'은 유럽계 백인, '사이드 알-라만'은 중동인, 그리고 '타이렐 잭슨'은 흑인, 즉 아프리카계 미국인을 함축하고 있다. 연구자가 처치를 가한 독립변인은 발신자 이름이 함축하는 인종이었다. 연구자가 측정한 종속변인은 집주인이 회신한 긍정적 반응의 비율이었다.

표 1.3 연구방법의 비교

연구방법	기본 목적	수행방법	처치	약점
기술적 방법	행동을 관찰하고 기록한다.	사례연구, 자연관찰, 사회조사	없음	변인을 통제하지 못한다. 단일 사례가 결과를 오도할 수 있다.
상관연구	자연적으로 발생하는 관계를 찾는다. 한 변인이 다른 변인을 예측하는 정도를 평가한다.	둘 이상의 변인에 대한 데이터를 수집한다. 아무런 처치도 없다.	없음	원인과 결과를 명세하지 못한다.
실험법	원인과 결과를 탐색한다.	하나 이상의 변인에 처치를 가한다. 무선할당을 사용한다.	하나 이상의 독립변인	때로는 가능하지 않을 수 있다. 결과를 다른 맥락에 일반화하지 못할 수 있다. 윤리적인 문제로 특정 변인에 처치를 가하지 못할 수 있다.

심리학 연구에서는 검증 불가능한(또는 비윤리적인) 것을 제외하고는 어떤 물음에도 제약을 가하지 않는다. 자유의지는 존재하는가? 사람들은 사악하게 태어나는가? 사후세계는 존재하는가? 심리학자들은 이러한 물음을 검증할 수 없다. 그렇지만 자유의지 신념, 공격적 성격, 사후세계의 믿음이 사람들의 사고, 감정, 행위 등에 영향을 미치는지를 검증할 수 있다(Dechesne et al., 2003; Shariff et al., 2014; Webster et al., 2014).

심리과학자는 자신의 물음을 선택한 후에, 실험이든 상관연구이든 사례연구이든 자연관찰이든 쌍둥이 연구이든 종단연구이든 아니면 횡단연구이든 가장 적절한 연구설계를 선택한 다음에 그 설계를 가장 효과적으로 구성하는 방법을 결정한다. 그리고 가용한 경비와 시간, 윤리적 문제를 비롯한 여러 제한점들을 따져본다. 예컨대, 실험법을 사용하여 애정이 넘치는 가정과 무자비한 가정에 아동을 무선할당하여 아동 발달을 연구하는 것은 비윤리적이다.

그런 다음에 심리과학자는 연구하는 행동이나 심적 과정을 측정하는 방법을 결정한다. 예컨대, 공격행동 연구자는 낯선 이에게 강력한 소음을 들려주겠다는 참가자의 의향을 측정할 수 있다(물론 실제로 그러한 소음을 들려주는 것은 아니다).

연구자는 자신의 결과를 확신하고 싶기 때문에, 혼입변인 즉 결과 해석에 영향을 미칠 수도 있는 다른 요인들을 신중하게 고려한다.

심리학 연구는 창의적인 모험이다. 연구자는 모든 연구를 설계하고, 표적 행동을 측정하며, 결과를 해석하고, 끊임없이 행동과 심적 과정이라는 환상적인 세계에 관하여 더 많은 것을 밝혀낸다.

자문자답하기

여러분이 어떤 것이든 심리학적 물음에 관한 연구를 수행할 수 있다면, 어떤 물음을 선택하겠는가? 그 연구를 어떻게 설계하겠는가?

일상 행동 예측하기

LOQ 1-10 단순화시킨 실험실 조건이 어떻게 일상의 삶을 예증할 수 있는가?

심리학 연구를 보거나 들을 때, 실험실에서의 행동이 실제 삶에서의 행동을 예측할 수 있을까 하고 궁금하게 생각해본 적이 있는가? 암실에서 희미한 붉은 빛을 탐지하는 것이 야간 비행하는 항공기에 무엇인가 유용한 정보를 제공하는가? 폭력적이고 성적인 영화를 관람한 후에 흥분이 증가한 남자가 여자에게 강력한 소음을 들려주는 것으로 생각하는 단추를 더 많이 누른다는 사실은 폭력 포르노가 남자들로 하여금 여자를 더 많이 학대하게 만들 것인지에 대해서 무엇인가 알려주는 것이 있는가?

답하기 전에 다음을 생각해보자. 실험자는 실험실 환경을 단순화한 실제, 즉 일상생활의 중요한 자질들을 모방하고 통제한 것으로 만들 의도를 가지고 있다. 항공공학용 바람 터널이 공학자에게 통제된 상태에서 대기 압력을 재구성하도록 만들어주는 것처럼, 실험실 실험은 심리학자로 하여금 통제된 조건에서 심리적 힘들을 재구성하게 만들어준다.

실험의 목적은 일상생활의 행동을 정확하게 재현하려는 것이 아니라 이론적 원리를 검증하려는 것이다(Mook, 1983). 공격성 연구에서 강력한 소음을 전달하는 단추를 누를 것인지를 결정하는 것은 면전에서 상대방의 따귀를 때리는 것과 다를 수 있지만, 그 원리는 동일하다. 일상 행동을 설명하는 데 도움을 주는 것은 특정한 결과가 아니라 그 결과들로부터 도출하는 원리인 것이다.

심리학자들이 공격성에 관한 실험실 연구를 실제 폭력에 적용할 때는 공격행동에 관한 많은 실험을 통해서 정교화시킨 이론적 원리를 적용하는 것이다. 마찬가지로 야간비행과 같이 매우 복잡한 행동에 적용하는 것은, 예컨대 어둠 속에서 붉은 빛을 보는 것과 같은 인공 상황에서 수행한 실험으로부터 발전시킨 시각 시스템 원리이다. 많은 연구를 보면, 실험실에서 유도한 원리들이 일상세계에 잘 일반화된다는 사실을 알 수 있다(Mitchell, 2012).

명심할 사항 : 심리과학은 특정 행동이 아니라 많은 행동을 설명하는 데 도움을 주는 보편 원리에 초점을 맞춘다.

심리학의 연구윤리

LOQ 1-11 심리학자가 동물을 연구하는 이유는 무엇이며, 인간과 동물 연구 참가자들을 보호하는 윤리적 지침은 무엇인가? 심리학자의 가치관은 연구내용과 그 결과의 응용에 어떤 영향을 미치는가?

지금까지 과학적 접근이 어떻게 편향에 제약을 가할 수 있는지를 살펴보았다. 사례연구, 자연관찰, 사회조사가 행동을 기술하는 데 어떤 도움을 주는지를 보았다. 상관연구는 두 요인 간의 관계를 평가하며, 그 관계는 하나가 다른 하나를 얼마나 잘 예측하는지를 나타낸다는 사실도 살펴보았다. 실험에 기저하는 논리도 살펴보았다. 실험은 종속변인에 대한 독립변인의 효과를 분리해내기 위하여 통제조건과 참가자들의 무선할당을 사용한다.

그렇지만 이것들을 충분히 알았다고 하더라도, 여전히 호기심과 두려움이 혼재한 상태에서 심리학을 바라다보고 있을 수 있다. 따라서 심리학 속으로 뛰어들기에 앞서 심리학 연구의 윤리와 가치관에 관한 몇 가지 일반적인 물음을 다루어보기로 하자.

동물을 연구하고 보호하기

많은 심리학자가 동물을 연구하는 이유는 동물에서 매력적인 사실들을 찾아내기 때문이다. 서로 다른 동물종들이 어떻게 학습하고 사고하며 행동하는지를 이해하고자 한다. 또한 인간을 이해하기 위하여 동물을 연구한다. 우리 인간은 동물과 같지 않지만, 공통적인 생물학적 특징을 공유하는 동물이기도 하다. 따라서 동물실험은 인간의 질병을 치료할 수 있도록 이끌어왔다. 예컨대, 당뇨병 치료를 위한 인슐린, 천연두와 광견병을 예방하는 백신, 손상된 조직을 대체하는 조직 이식 등이 바로 그것이다.

인간은 복잡하다. 그렇지만 우리가 학습하는 것과 동일한 과정들이 다른 동물에도 존재하며, 심지어 바다 괄태충이나 꿀벌도 마찬가지다. 바다 괄태충 신경계의 단순성은 학습의 신경기제를 명확하게 드러나게 해준다. 꿀벌의 경우에도 마찬가지이며, 스트레스에 대처하는 방법에서도 우리 인간을 닮았다(Dinges et al., 2017).

만일 우리가 다른 동물들과 중요한 측면에서 유사성을 공유하고 있다면, 그 동물들을 존중해야 하지 않겠는가? 동물 보호 운동가들은 심리학, 생물학, 의학 연구에서 동물을 사용하는 것에 강력하게 반대한다. 로저 울리히(1991)는 '동물과 우리 자신 간의 유사성에 근거해서는 동물을 대상으로 하는 과학 연구를 옹호할 수 없으며, 단지 차이점에 근거하여 도덕적인 차원에서 그 연구를 옹호하는 것'이라고 일갈하였다. 미국에서 실시한 전국 조사에서 보면, '과학 연구에 동물을 사용한 것'에 성인의 절반이 반대하고 나머지 절반은 찬성하고 있는데, 과학을 이해하고 있는 사람들이 가장 많은 지지를 나타내고 있다(Strauss, 2018).

"쥐는 로또 복권을 살 만큼 어리석지 않다는 점을 제외하고는 인간과 아주 유사하다." 칼럼니스트 데이브 배리(2002년 7월 2일)

이렇게 뜨거운 논쟁에서 두 가지 논제가 대두된다. 근본적 논제는 인간의 웰빙을 동물의 웰빙 위에 놓는 것이 정당한지 여부이다. 스트레스와 암에 관한 실험에서 사람들이 암에 걸리지 않을 것이라는 희망 속에서 쥐에게 암세포를 유발시키는 것은 정당한가? 에이즈(후천성 면역 결핍증) 백신을 찾기 위해서 원숭이를 HIV(인간 면역 결핍 바이러스)에 노출시켜도 되는가? 인간은 매년 560억 마리의 동물을 사육하고 도살한다(Thornton, 2019). 인간이 동물을 사용하고 섭취하는 것이 포식동물인 매, 고양이, 고래 등의 행동과 마찬가지로 자연스러운 일인가?

"동물 사용을 필요로 하는 연구를 통해서 치료될 것이라는 희망을 가지고 있는 불치병이나 장애로 고통받고 있는 사람들을 제발 잊지 말아주십시오." 심리학자 데니스 피니(1987)

만일 인간의 삶에 최우선권을 부여한다면, 다음과 같은 두 번째 물음을 제기하게 된다. 어떤 보호 장치로 연구에 동원하는 동물의 웰빙을 보호해야 하겠는가? 동물 연구자들을 대상으로 실시한 사회조사가 한 가지 답을 내놓았다. 98% 이상이 영장류, 개, 그리고 고양이를 보호하는 정부의 법제화에 찬성하였으며, 74%가 실험용 쥐에게 인간다운 보호를 제공하도록 하는 법제화에 찬성하였다(Plous & Herzog, 2000). 많은 전문단체와 연구비 지원기관은 이미 동물을 인간적으로 대하는 지침을 가지고 있다. 영국심리학회 지침서는 동일 동물종의 다른 개체들과의 교류가 가능한 자연스러운 생활조건에서 동물들을 사육할 것을 요구하고 있다(Lea, 2000). 미국심리학회 지침서는 동물을 '안락하고, 건강하며, 인간적으로 대우하며', 실험동물의 '감염, 질병, 그리고 통증'을 최소화하도록 강제하고 있다(APA, 2002). 유럽 의회도 동물 보호와 시설에 관한 표준을 강력하게 시행하고 있다(Vogel, 2010). 대부분의 대학들은 IRB(기관생명윤리위원회)를 통해서 연구제안서를 검토하며, 실험실을 규제하고 조사한다.

"한 국가의 위대함은 동물을 다루는 방식으로 판단할 수 있다." 마하트마 간디

동물들도 동물 연구를 통해서 도움을 받아왔다. 미국 오하이오의 한 심리학 연구팀은 매년 동물보호소로 이관되는 수백만 마리 개의 스트레스 호르몬 수준을 측정하였으며, 스트레스를 감소시키고 입양가정에 쉽게 적응하도록 해주는 대처방법들을 고안해냈다(Tuber et al., 1999). 다

른 연구들은 동물의 자연 서식지를 보호하고 관리하는 데 도움을 주었다. 실험은 또한 동물들과의 행동 유사성, 침팬지나 고릴라 등의 놀랄 만한 지능을 밝혀냄으로써 동물과의 공감을 증진시켜 왔다. 인간애를 가지고 있으며 동물들에 민감한 심리학은 인간과 동물 모두의 복지를 달성하는 데 최선을 다하고 있다.

인간을 연구하고 보호하기

인간 참가자의 경우는 어떠한가? 전기쇼크를 가할 것처럼 보이는 하얀 가운의 과학자 이미지가 여러분을 괴롭히는가? 실제에 있어서 대부분의 심리학 연구는 그러한 스트레스와 무관하다. 깜빡거리는 불빛, 순간적으로 제시하는 단어, 그리고 즐거운 사회적 교류가 훨씬 일반적이다.

하지만 때때로 연구자들이 일시적으로 사람들에게 스트레스를 가하거나 속이기도 하는데, 이것은 단지 난폭한 행동을 이해하고 제어하거나 감정의 기복을 연구할 때처럼 정당화할 수 있는 목적을 위해서 필수적이라고 확신하는 경우에 한한다. 만일 참가자들이 실험에 앞서 모든 것을 다 알고 있다면, 그러한 실험은 가능하지가 않다. (협조적이고자 원하는 실험참가자들이 연구자의 예측대로 행동하려고 시도할 수 있는 것이다.)

미국심리학회와 영국심리학회가 제정한 윤리강령은 연구자들로 하여금 (1) 실험에 앞서 실험참가자들에게 **고지된 동의**(informed consent)를 받고, (2) 상해와 불편함으로부터 참가자를 보호하며, (3) 참가자 정보를 비밀로 다루고, (4) 참가자에게 충분한 **실험 후 설명**(debriefing)을 제공하도록(실험이 끝난 후에 일시적인 속임수 등을 포함하여 연구의 모든 내용을 설명하도록) 요구하고 있다. 이러한 윤리 기준을 시행하기 위하여 대학과 연구기관은 연구제안서들을 검토하며 참가자의 안녕과 웰빙을 보호하는 IRB를 두고 있다.

동물에게 도움을 주는 동물 연구 심리학자는 동물원이 동물 환경을 풍요롭게 만드는 것을 돕는다. 예컨대, 동물에게 더 많은 선택권을 제공함으로써 감금으로 인해 발생하는 학습된 무력감을 감소시킨다(Kurtycz, 2015; Weir, 2013). 부분적으로 새로운 경험, 통제, 그리고 자극 주기의 이점에 관한 연구 덕분에, 뉴욕 브롱크스 동물원의 고릴라들은 개선된 삶의 질을 즐기고 있다.

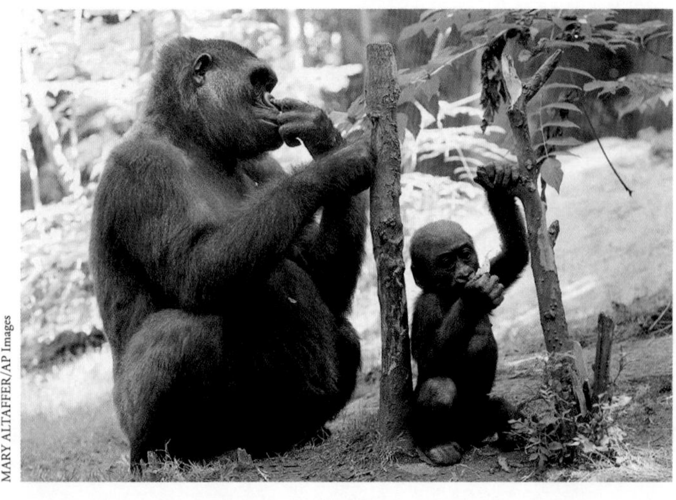
MARY ALTAFFER/AP Images

과학의 진실성 확보하기

일상 삶과 마찬가지로, 과학에서도 실수가 발생한다. 실수로 데이터를 잘못 계산하거나 잘못 보고하는 것은 용서받을 수 있고 수정할 수 있다. 용납할 수 없으며 과학자를 학계에서 퇴출시킬 수밖에 없는 것은 사기를 치는 것이다. 실제로 선도적인 과학자들은 과학에서 정직성을 가장 중요한 덕목으로 간주하며, 그 뒤를 호기심과 끈기가 뒤따르고 있다(*Nature*, 2016). 다른 사람의 표현이나 아이디어를 표절하여 경력을 쌓고자 하거나 아니면 데이터를 조작하는 것은 그 연구자의 경력에 종지부를 찍게 만들 위험성이 있다. 드문 사례이기는 하지만 네덜란드의 한 심리학자는 데이터를 조작하여 58개의 연구논문을 작성하였는데, 기민한 동료가 탐지해낸 기막힌 사기극이었다(Retraction Watch, 2015).

사기과학(가짜과학)은 엄청난 해를 초래할 잠재력도 가지고 있다. 지금은 자격이 박탈된 영국의 내과의사인 앤드루 웨이크필드가 권위 있는 의학저널인 *Lancet*에 MMR 백신(홍역, 볼거리, 풍진 혼합 백신)을 맞은 영국 아동이 나중에 자폐증을 일으킨 것처럼 보이는 열두 사례를 보고하는 논문을 게재하였던 1998년에 이러한 사태가 발생하였다. 다른 연구들은 그 결과를 재생하는 데 실패하였던 것이다(반복연구가 중요하다!)(Hviid et al., 2019). 조사 결과, 거짓 데이터와 함께 사기임이 밝혀졌으며 저널은 그 논문을 퇴출시켰다(Godlee, 2011). 아뿔싸! '지난 100년 동안 가장 해로운 의학적 사기'(Flaherty, 2011)이었던 사기 논문이 이미 널리 퍼짐으로써, '백신 반대' 운동과 백신 접종율의 저하를 초래하고 말았던 것이다. 질병 퇴치의 올바른 길을 따르는 대신, 2019년 미국의 홍역 발병률은 25년 만에 가장 높은 수준으로 치솟고 말았다(CDC, 2019; Graham et al., 2019). 백신을 접종하지 않은 아동은 장기적인 손상이나 심지어는 죽음에 이를 수 있을 뿐만 아니라 너무 어려서 다른 백신을 제대로 접종할 수 없는 위험에 처할 수도 있다. 과학이 스스로 교정하였지만, 그 손해는 여전히 꿈틀거리고 있다. 아무튼 좋은 소식은, 반복연구로 충만한 과학의 철저한 검토가 우리에게 올바른 정보를 제공하고 또한 우리를 보호할 수 있다는 사실이다.

고지된 동의 잠재적 연구참가자에게 참가 여부를 결정하는 데 충분한 정보를 제공하는 것

실험 후 설명 실험을 종료한 후에 참가자에게 그 실험의 목적이나 (만일 있었다면) 속임수 등을 포함하여 연구의 내용을 설명해 주는 것

심리학에서 가치의 문제

가치관은 연구하는 내용, 연구하는 방법, 그리고 결과를 해석하는 방식에 영향을 미친다. 연구자의 가치관은 주제의 선택에 영향을 미친다. 우리는 노동자의 생산성이나 그들의 작업의욕을 연구해야만 하는가? 성차별이나 성별 차이는 어떤가? 동조나 독립성은? 가치관은 '사실'을 색안경을 끼고 바라보게도 만든다. 앞에서 언급하였던 것처럼, 선입견은 관찰과 해석을 편향시키며, 때때로 우리는 보고 싶거나 볼 것이라고 기대하는 것을 보게 만든다(그림 1.7).

성격 특질과 경향성을 기술하는 데 사용하는 어휘조차도 가치관을 반영할 수 있다. 심리학과 일상 표현 모두에서 이름 붙이기는 그 대상을 기술하고 평가하는 것이다. 한 사람의 '고집불통'이 다른 사람에서는 '일관성'이 된다. 한 사람의 '신념'이 다른 사람에서는 '광신'이 된다. 한 사람의 '간통'이 다른 사람에서는 '공개결혼'이 된다. 어떤 사람을 '심지가 굳은'이나 '고집불통의', '신중한'이나 '괴팍한', '사려 깊은'이나 '음흉한'이라고 이름 붙이는 것은 바로 우리 자신의 태도를 드러내는 것이다.

따라서 가치는 심리과학에 영향을 미치며, 심리과학은 설득력을 갖는다. 이 사실이 혹자에게는 미심쩍을 수 있다. 심리학은 위험할 정도로 강력한가? 암암리에 사람들을 조정하는 데 심리학을 사용하지는 않겠는가? 지식은 모든 권력과 마찬가지로 선의로도 악의로도 사용할 수 있다.

The New Yorker Collection, Paul Noth, from cartoonbank.com. All Rights Reserved.

"저들이 토끼 신을 포기하고 오리 신을 인정하지 않는 한, 평화는 있을 수 없다."

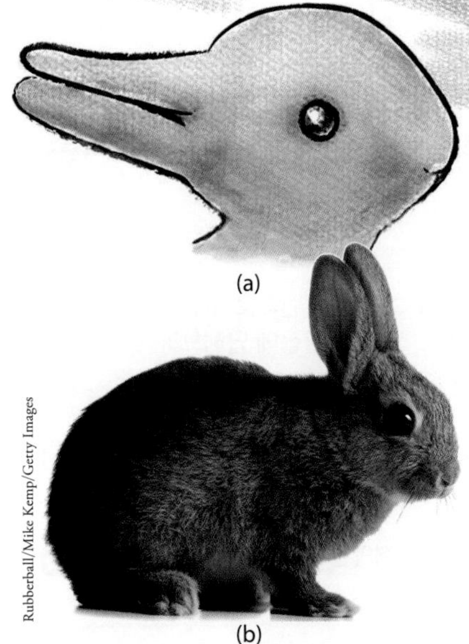

(a)

(b)

Rubberball/Mike Kemp/Getty Images

그림 1.7
무엇이 보이는가? 기대가 (a)에서 지각하는 것에 영향을 미친다. 오리가 보이는가? 아니면 토끼가 보이는가? 토끼 사진(b)을 가리고 친구들에게 (a) 그림을 보여줄 때, 오리를 지각할 가능성이 더 큰지를 알아보라. (Shepard, 1990에서 인용.)

Macmillan Learning / Macmillan Learning / Gordon Parks Foundation

심리학은 증언한다 미국 대법원은 1954년 학교 인종차별 철폐에 대한 역사적인 결정을 할 때, 심리학자인 케네스 클라크와 마미 핍스 클라크(1947)의 전문가 증언과 연구를 받아들였다. 클라크 부부는 흑인 아동들에게 흑인 인형과 백인 인형 중에서 선택하게 하였을 때, 대부분이 백인 인형을 선택한다고 보고하였다. 이 결과는 흑백차별하에서 흑인 아동들이 반흑인 편견을 내면화하고 있음을 시사하는 것이었다.

원자력은 도시에 전력을 공급하는 데 사용해왔지만, 그 도시를 파괴할 수도 있다. 설득력은 사람들을 교육시키는 데 사용해왔지만, 그들을 속일 수도 있다. 심리학이 정말로 사람들을 기만하는 힘을 가지고 있다고 하더라도, 그 목적은 계몽하는 데 있다. 심리학자들은 학습, 창의성, 그리고 열정을 고양시키는 방법들을 쉬지 않고 탐구하고 있다. 심리학은 이 세상의 많은 심각한 문제들, 예컨대 전쟁, 인구과밀, 불평등, 기후 변화, 편견, 가정 붕괴, 범죄 등을 다루고 있는데, 이러한 문제들은 모두 태도와 행동을 수반하고 있다. 심리학은 마음 깊은 곳에 들어있는 염원들, 예컨대 영양섭취, 사랑, 행복 등에 대한 염원 등도 다루고 있다. 심리학이 삶의 중대한 문제들 모두에 대처할 수 있는 것은 물론 아니다. 그렇지만 대단히 중요한 문제들을 다루고 있는 것은 확실하다.

자문자답하기

여러분이 심리학에 대해서 가지고 있는 질문이나 염려는 무엇인가?

인출 연습

RP-14 연구에 참가하는 동물과 사람을 어떻게 보호하는가?

답은 부록 E를 참조

개관 연구 전략 : 심리학자가 물음을 던지고 답하는 방법

학습목표

자기검증 개념 파악을 증진시키도록 (부록 D의 답을 확인해보기에 앞서) 여러분 자신의 표현으로 여기서 반복하는 학습목표 물음에 답해보라 (McDaniel et al., 2009, 2015).

LOQ 1-1 어떻게 일상적 사고가 때때로 잘못된 결론에 도달하게 만드는가?

LOQ 1-2 어째서 사람들은 거짓에 그토록 취약한가?

LOQ 1-3 이론은 어떻게 심리과학을 발전시키는가?

LOQ 1-4 심리학자는 행동을 관찰하고 기술하기 위하여 어떻게 사례연구, 자연관찰, 사회조사법을 사용하는가? 그리고 무선표집이 중요한 이유는 무엇인가?

LOQ 1-5 두 요인이 상관되어 있다고 말하는 것의 의미는 무엇인가? 정적 상관과 부적 상관이란 무엇인가?

LOQ 1-6 착각상관이란 무엇이며, 평균으로의 회귀란 무엇인가?

LOQ 1-7 상관이 예측은 가능하게 하지만 인과적 설명을 못 하는 까닭은 무엇인가?

LOQ 1-8 원인과 결과를 분리해낼 수 있는 실험법의 특징은 무엇인가?

LOQ 1-9 어떤 연구설계를 사용할 것인지를 어떻게 아는 것인가?

LOQ 1-10 단순화시킨 실험실 조건이 어떻게 일상의 삶을 예증할 수 있는가?

LOQ 1-11 심리학자가 동물을 연구하는 이유는 무엇이며, 인간과 동물 연구 참가자들을 보호하는 윤리적 지침은 무엇인가? 심리학자의 가치관은 연구내용과 그 결과의 응용에 어떤 영향을 미치는가?

기억해야 할 용어와 개념들

자기검증 여러분 자신의 표현으로 정의를 적어본 후에 답을 확인해보라.

가설	사전등록	자연관찰
가짜약 효과	사회조사	전집
고지된 동의	산포도	조작적 정의
독립변인	상관	종속변인
메타분석	상관계수	착각상관
무선표본	실험	통제집단
무선할당	실험집단	평균으로의 회귀
반복연구	실험 후 설명	혼입변인
변인	이론	후견 편향
사례연구	이중은폐 절차	

학습내용 숙달하기

자기검증 여러분 자신의 표현으로 다음 물음에 답한 후에 부록 E에서 답을 확인해보라.

1. ______________은 사건이 일어난 후에 그 사건은 명백하거나 필연적인 것이었다고 지각하는 경향성을 지칭한다.

2. 과학자로서 심리학자가 하는 일은 다음 중 어느 것인가?

a. 다른 사람은 연구를 반복하지 못하도록 자신의 연구방법을 혼자만 간직한다.
b. 유수 과학저널에 게재된 논문은 반드시 참이라고 생각한다.
c. 전통적 연구결과와 상반된 증거를 배격한다.
d. 기꺼이 물음을 던지며 과학 연구로 검증할 수 없는 주장을 배격한다.

3. 이론에 기반한 예측을 __________이라고 부른다.

4. 다음 중에서 심리학자가 행동을 관찰하고 기술하는 데 사용하는 기술적 방법이 아닌 것은 무엇인가?

a. 사례연구 **b.** 자연관찰
c. 상관연구 **d.** 전화조사

5. 여러분이 전국 성인 전집을 제대로 대표하는 표본을 대상으로 사회조사를 실시하고자 한다. 따라서 여러분은 전집의 ________ 표본에게 질문을 한다는 사실을 확신할 필요가 있다.

6. 한 연구는 임산부가 출산 훈련 프로그램에 더 많이 참여할수록, 출산할 때 통증 처치를 덜 요구한다는 사실을 발견하였다. 이 결과는 (정적/부적) 상관으로 기술할 수 있다.

7. __________는 두 변인 간 관계의 방향과 강도에 관한 시각적 표현을 제공한다.

8. __________ 상관에서는 점수들이 함께 오르내린다. __________ 상관에서는 한 점수가 올라가면 다른 점수는 내려간다.

a. 정적; 부적 **b.** 정적; 착각
c. 부적; 약한 **d.** 강력한; 약한

9. 평균으로의 회귀는 사건의 해석에 어떤 영향을 미칠 수 있는가?

10. 다음 중에서 두 사건이 상관적이라는 사실이 제공하는 것은 어느 것인가?

a. 예측의 근거
b. 사건이 관련된 이유에 대한 설명
c. 하나가 증가하면 다른 것도 증가한다는 사실의 증명
d. 기저의 제3변인이 작동한다는 사실

11. 여기 기자들이 첨가한 해석과 함께 최근에 보도된 상관들이 있다. 여러분은 단지 이러한 상관만을 가지고 다른 가능한 설명을 내놓을 수 있겠는가?

a. 알코올 남용은 폭력과 관련이 있다. (한 가지 해석 : 음주가 공격행동을 촉발하거나 풀어놓는다.)
b. 평균적으로 교육을 많이 받은 사람들이 적게 받은 사람들보다 오래 산다. (한 가지 해석 : 교육이 생명을 연장시키며 건강을 증진시킨다.)
c. 팀 스포츠에 참여하는 10대들이 그렇지 않은 10대들보다 마약을 남용하고, 흡연하며, 성관계를 갖고, 무기를 소지하며, 패스트푸드를 먹을 가능성이 낮다. (한 가지 해석 : 팀 스포츠가 건강한 삶을 조장한다.)
d. 영화에서 흡연 장면을 자주 목격한 청소년들이 흡연할 가능성이 높다. (한 가지 해석 : 영화배우들의 행동이 10대에게 영향을 미친다.)

12. 심리학자들은 행동을 설명하고 원인과 결과를 명확하게 분리해내기 위하여 __________을 사용한다.

13. 우울증에 대한 신약의 효과를 검증하기 위하여 참가자들을 통제집단과 실험집단에 무선할당한다. 통제집단의 참가자들은 약물이 들어있지 않은 알약을 복용한다. 이 약물을 __________이라고 부른다.

14. 다음 중 이중은폐 절차에 해당하는 것은 무엇인가?

a. 참가자들만이 자신이 통제집단인지 실험집단인지를 알고 있다.

b. 실험집단과 통제집단 참가자들을 연령, 성별, 수입, 교육 수준에서 신중하게 대응시킨다.

c. 참가자와 실험자 모두 누가 실험집단이나 통제집단에 속해있는지 알지 못한다.

d. 연구자 이외의 인물이 사람들에게 실험집단이나 통제집단에 자원해줄 것을 요청한다.

15. 한 연구자는 소음 수준이 작업자들의 혈압에 영향을 미치는지를 알아보고자 한다. 한 집단을 대상으로 환경의 소음 수준을 변화시키고는 참가자들의 혈압을 측정한다. 이 실험에서 소음 수준은 ___________이다.

16. 다음 중 실험실 환경의 설계 목적은 무엇인가?

a. 일상생활의 사건들을 정확하게 재현한다.

b. 통제된 조건에서 심리적 요인들을 재구성한다.

c. 안전한 장소를 제공한다.

d. 심리학 연구에서 동물과 인간의 사용을 최소화한다.

17. 다음 중 심리학자들이 동물을 대상으로 수행하는 실험연구를 옹호하기 위하여 내세우는 주장은 무엇인가?

a. 동물의 생리적 특성과 행동이 사람에 관하여 많은 것을 알려줄 수 있다.

b. 동물실험은 인간뿐만 아니라 동물에게도 도움이 된다.

c. 동물은 흥미진진한 생명체이며 연구할 가치가 있다.

d. 세 진술이 모두 옳다.

일상생활에서의 통계적 추리

기술적 연구와 상관연구 그리고 실험연구에서 통계는 맨눈으로는 놓치기 쉬운 것들을 들여다보고 해석하는 데 도움을 주는 도구이다. 통계의 정확한 이해는 모든 사람에게 도움이 된다. 오늘날 교양인이 된다는 것은 일상적 추리에 간단한 통계 원리들을 적용할 수 있다는 것이다. 데이터에 관하여 보다 명확하고 비판적으로 생각하기 위하여 복잡한 공식들을 기억해야 할 필요는 없다.

기억에 들어있는 지식에 근거한 추정치는 흔히 실제를 왜곡시키며, 그렇기 때문에 대중을 오도하게 된다. 누군가 10의 배수가 되는 큰 수치를 내뱉고, 다른 사람이 이에 화답하면, 오래지 않아서 이 숫자는 대중을 오도하는 정보가 된다. 세 가지 사례를 보자.

- 10%의 사람들이 동성애자이다. 아니면 다양한 전국 조사가 시사하는 바와 같이 2 내지 4%인가? (제11장)
- 사람들은 일상적으로 두뇌의 10%만을 사용한다. 아니면 100%에 근접하는가? (제2장)
- 건강하려면 하루에 10,000보를 걸어라. 아니면 8,500보나 13,000보가 효과적이거나, 수영이나 조깅이 효과적인가? (Mull, 2019)

목표를 설정할 때, 사람들은 커다란 10의 배수를 좋아한다. 체중 감량을 할 때 9kg이나 11kg보다는 10kg을 감량하고자 원하기 십상이다. 야구선수는 자신의 스윙폼을 수정해서라도 타율 .299보다는 .300으로 시즌을 마치고 싶어 할 가능성이 거의 네 배나 높다(Pope & Simonsohn, 2011).

만일 전국적으로 10대 임신이 100만 명에 달한다거나, 200만 명의 노숙자가 존재한다거나, 300만 건의 음주운전 교통사고가 일어난다는 제목의 증거도 없는 기사가 눈길을 끈다면, 여러분은 누군가 추측을 하고 있다고 확신해도 무방하다. 문제점을 강조하고 싶을 때, 사람들은 큰 수치를 추측하려고 한다. 문제를 축소하고 싶을 때는 작은 수치를 추측한다. **명심할 사항 :** 검증되지 않은 커다란 10의 배수에 직면할 때는 비판적으로 생각하라.

통계맹은 쓸데없는 건강염려증도 불러일으킨다(Gigerenzer, 2010). 1990년대에 영국언론은 여성들이 복용하는 특정한 경구 피임약이 뇌졸중의 원인이 되는 응혈 위험성을 100% 증가시킨다는 사실을 보여주는 한 연구를 보도하였다. 이 보도는 수많은 여성들로 하여금 피임약 복용을 중지하게 만들었으며, 거친 파도가 밀려오듯 증가한 원치 않는 임신 그리고 추정컨대 13,000건의 부가적인 낙태(낙태도 응혈 위험의 증가와 연관되어 있다)를 초래하고 말았다. 그렇다면 그 연구가 찾아낸 것은 무엇이었는가? 100% 증가한 위험이란 그 확률이 단지 1/7,000에서 2/7,000로 증가한 것이었다. 이러한 허깨비 반응은 통계적 추리를 가르칠 필요성, 그리고 통계 정보를 보다 명확하게 제시할 필요성을 강조하고 있다.

데이터 기술하기

LOQ 1-12 어떻게 세 가지 집중경향 측정치를 사용하여 데이터를 기술할 수 있는가? 두 가지 변산성 측정치의 상대적 유용성은 무엇인가?

일단 연구자가 데이터를 수집하였다면, **기술통계**를 사용하여 그 데이터를 의미 있게 체제화할 수 있다. 한 가지 방법은 그림 1.8과 같이 데이터를 간단한 막대그래프로 변환하는 것이다. 이 그림은 10년이 지난 후에도 운행하고 있는 다양한 브랜드의 트럭 분포를 나타낸 것이다. 이러한 통계 그래프를 읽을 때는 신중을 기해야 한다. 동일한 차이를 크게 보이거나(그림 1.8a) 작게 보이도록(그림 1.8b) 그래프를 작성하는 것은 용이한 일이다. 비밀은 세로축(y축)의 값을 어떻게 매기는지에 달려있다.

명심할 사항 : 현명하게 사고하라. 그래프를 해석할 때는 사용한 척도 단위를 읽고 그 범위에 주목하라.

자문자답하기

통계를 사용하여 우쭐했던 때를 생각해보라. 아마도 강의시간이나 글을 쓸 때, 또는 친구나 가족들과의 토론에서 그랬을 것이다. 다시 생각해볼 때, 여러분이 인용한 데이터는 믿을 만하고 정확한 것이었는가? 그렇다는 사실을 어떻게 아는가?

인출 연습

RP-1 한 트럭 제조회사가 실제 제품명들이 포함된 그림 1.8의 그래프(a)를 제시하여 자기 회사 제품의 뛰어난 내구성을 시사하였다. 내구성의 차이에 관하여 그래프(b)가 명확하게 보여주는 것은 무엇인가?

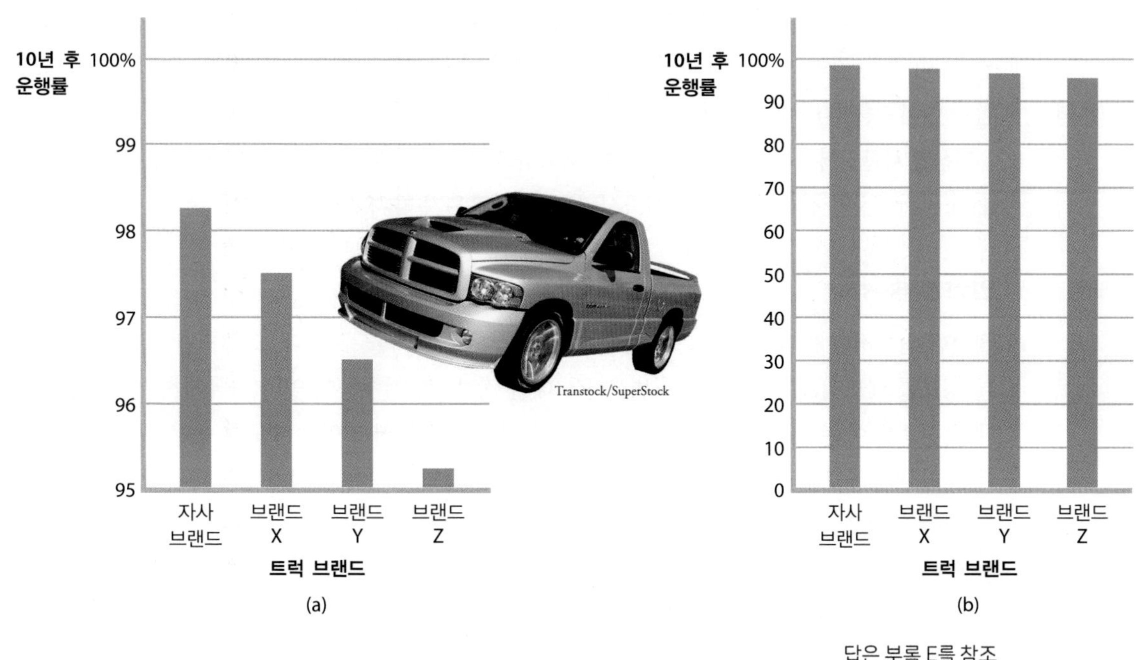

그림 1.8
척도의 값들을 읽어보라

답은 부록 E를 참조

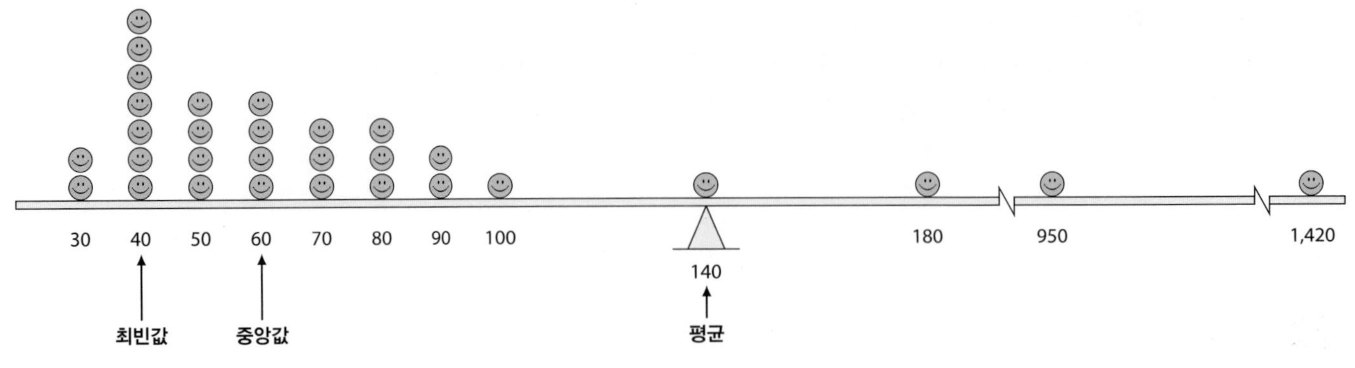

그림 1.9
편중분포 수입 분포에 대한 이 그래프는 세 가지 집중경향치, 즉 최빈값과 평균 그리고 중앙값을 예시하고 있다. 소수의 고소득자들이 평균을 사기치듯이 높게 만들고 있는 사실에 주목하라.

집중경향 측정치

다음 단계는 **집중경향 측정치**, 즉 전체 점수 집합을 대표하는 단일 점수를 사용하여 데이터를 요약하는 것이다. 가장 간단한 측정치가 **최빈값**(mode)으로, 가장 빈번하게 출현한 값을 의미한다. 가장 친숙한 측정치는 **평균**(mean)이며, 모든 점수의 합을 점수의 개수로 나눈 것이다. **중앙값**(median)은 말 그대로 서열상 중앙에 해당하는 값, 즉 50퍼센타일에 해당하는 값이다. 모든 점수를 최댓값으로부터 최솟값에 이르기까지 배열한다면, 절반은 중앙값 위에 위치하고 나머지 절반은 아래에 위치하게 된다.

집중경향 측정치들은 데이터를 간결하게 요약해준다. 그렇지만 만일 분포가 한쪽으로 치우쳐 있다면, 즉 소수의 예외적인 점수로 인해서 편포되어 있다면, 평균에 어떤 일이 일어나는지를 생각해보자. 예컨대, 가계소득 데이터에서 최빈값, 중앙값, 그리고 평균은 전혀 다른 결과를 알려주기 십상이다(그림 1.9). 이러한 일이 일어나는 까닭은 평균이 소수의 극단적인 값에 의해서 편향되기 때문이다. 아마존 설립자인 제프 베이조스가 조그만 카페에 앉아있을 때, 그 카페에 앉아 있는 손님들의 평균 소득은 억만장자에 해당하게 된다. 그렇지만 그 손님들의 중앙값 소득은 변하지 않는다. 이 사실을 이해하면, 2010년 미국 인구조사에서 거의 65%의 가구가 '평균 이하'의 수입을 올리는 까닭을 알 수 있다. 소득이 있는 국민의 하위 절반은 국가 전체 소득의 절반에 훨씬 못 미친다. 따라서 미국인 대부분의 소득이 평균 이하이다. 평균과 중앙값은 상이하지만 모두 참인 이야기를 들려주고 있다.

보통 사람은 하나의 난소 혹은 하나의 고환만을 가지고 있다.

명심할 사항 : 어느 집중경향 측정치를 보고하고 있는지에 항상 주목하라. 만일 평균이라면, 소수의 비전형적인 점수가 평균을 왜곡시키고 있지 않은지 따져보라.

최빈값 분포에서 가장 빈번하게 나타나는 점수

평균 점수들을 모두 합한 후에 점수의 수로 나누어줌으로써 얻게 되는 분포의 산술평균

중앙값 분포의 중간 점수. 점수의 절반은 중앙값 위쪽에, 그리고 나머지 절반은 아래쪽에 위치하게 된다.

범위 분포에서 최고점과 최저점 간의 차이

변산성 측정치

적절한 집중경향 측정치의 값은 우리에게 많은 정보를 알려줄 수 있다. 그렇지만 단일 수치는 다른 정보를 빠뜨리게 된다. 데이터 변산성에 대한 정보, 즉 점수들이 얼마나 유사하거나 다른지에 대한 정보를 아는 것도 도움이 된다. 변산성이 낮은 점수들에서 얻은 평균은 높은 변산성 점수들에 근거한 평균보다 신뢰할 수 있다. 농구 시즌이 시작되고 처음 10경기에서 13점에서 17점 사이를 획득한 농구선수를 생각해보자. 이 사실을 알고 있다면, 그 선수의 득점이 5점에서 25점 사이를 왔다 갔다 했을 때에 비해서 다음 경기에서 15점 내외를 득점할 것이라고 더 확신할 수 있다.

점수의 **범위**(range), 즉 최저 점수와 최고 점수 간의 차이는 변산성의 엉성한 추정치만을 제공

한다. 그림 1.9에서 오른쪽 극단에 위치한 두 사람의 소득(950,000달러와 1,420,000달러)과 같이, 만일 이 두 사람이 없었더라면 상당히 획일적이었을 집단에서 한두 개의 극단적인 점수가 엄청난 범위를 만들어내게 된다.

점수들이 서로 얼마나 차이나는 것인지를 측정하는 데 보다 유용한 기준이 **표준편차**(standard deviation)이다. 표준편차는 상호 간의 정보를 사용하기 때문에 점수들이 한 군데 몰려 있는지 아니면 산개되어 있는지에 대한 좋은 추정치를 제공한다. 계산[4]은 개별 점수들이 평균으로부터 얼마나 떨어져 있는지에 관한 정보를 종합하는 것이다. 강의 A와 B의 시험점수가 동일한 평균(모두 75점)을 가지고 있지만, 매우 상이한 표준편차(각각 5.0과 15.0)를 가지고 있다고 해보자. 여러분은 이러한 시험을 경험해본 적이 있는가? 한 강의에서는 수강생의 2/3가 70~80점 범위에 들어가는 반면, 다른 강의에서는 60~90점 범위에 들어가는 식의 경험 말이다. 표준편차는 평균 못지않게 각 강의의 수강생들이 얼마나 잘 해냈는지를 알려준다.

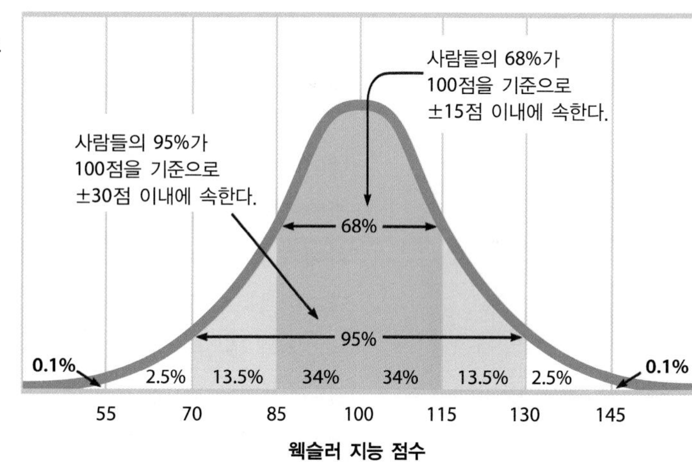

그림 1.10

정상곡선 지능검사 점수는 산 모양의 정상적인 형태를 띤다. 예컨대, 웩슬러 성인 지능 척도의 평균은 100점이다.

삶에서 점수가 어떻게 분포하는 경향이 있는지를 고려해보면, 여러분은 표준편차의 의미를 더 잘 파악할 수 있다. 신장, 지능검사 점수, 기대수명 등과 같은 대규모 데이터들은 흔히 대칭적인 산 모양의 분포를 나타낸다(그렇지만 소득은 그렇지 않다). 대부분의 사례들이 평균 근처에 위치하며, 소수의 사례들만이 양쪽 극단에 위치한다. 이러한 분포는 전형적인 것이기 때문에 **정상곡선**(normal curve)이라고 부른다.

그림 1.10이 보여주는 바와 같이, 정상곡선이 가지고 있는 유용한 특징은 대체로 68%의 사례가 평균을 중심으로 좌우 1 표준편차 이내에 위치한다는 사실이다. 대략 95%의 사례가 좌우 2 표준편차 이내에 위치한다. 따라서 제10장에서 언급하는 바와 같이, 지능검사를 실시한 사람들의 대략 68%가 100±15점(즉, 85점에서 115점) 이내의 점수를 받으며, 대략 95%의 사람들은 ±30(즉, 70점에서 130점) 이내의 점수를 받게 된다.

인출 연습

RP-2 점수 분포의 무게 중심에 해당하는 점수는 ______이다. 가장 빈번하게 출현하는 점수는 ______이다. 분포의 정중앙에 위치하는 점수(위쪽에 절반, 아래쪽에 절반의 점수가 있는 점수)는 ______이다. 점수들이 평균 주변에서 얼마나 변하는지는 ______공식을 사용하여 점수들의 ______에 관한 정보(최고점과 최저점 간의 차이)를 포함하는 방식으로 결정한다.

답은 부록 E를 참조

표준편차 점수들이 평균을 중심으로 얼마나 변하는지를 계산한 측정치

정상곡선(정상분포) 많은 유형의 데이터 분포를 기술하는 대칭적인 산 모양의 곡선. 대부분의 점수가 평균 주변에 위치하며(대략 68%가 좌우 1 표준편차 내에 들어있다), 극단으로 갈수록 적은 수의 점수가 위치한다.

4 실제 표준편차 공식은 다음과 같다. $\sqrt{\frac{\Sigma(X-M)^2}{N-1}}$ 여기서 X는 개별 점수이고, M은 평균이며, N은 점수의 개수이다.

유의한 차이

LOQ 1-13 관찰한 차이를 다른 전집에 일반화시킬 수 있는지를 어떻게 아는가?

The New Yorker Collection, 1988, Mirachi from cartoonbank.com. All Rights Reserved.

"가난뱅이는 계속 가난해지지만, 부자는 계속 부유해지기 때문에 결국에는 서로 상쇄됩니다."

데이터에는 불순물들이 들어있다. 한 집단(예컨대, 앞선 언급한 실험에서 페이스북 계정을 정지시킨 집단)의 평균 점수가 다른 집단(정지시키지 않은 집단)의 것과 꽤나 차이나는 것은 정말로 차이가 있어서가 아니라 표집한 대상들의 우연한 차이 때문일 수 있다. 그렇다면 관찰한 차이가 단순한 실수, 즉 표집에 따른 우연한 결과가 아니라는 사실을 얼마나 자신 있게 추론할 수 있겠는가? 이 물음에 대한 길잡이로 그 차이가 얼마나 신뢰할 수 있으며 유의한 것인지를 물음할 수 있다. 이러한 추론통계는 결과를 보다 큰 전집(연구하는 집단이 속해있는 모든 사람이나 동물)에 일반화할 수 있는지를 결정하는 데 도움을 준다.

언제 관찰한 차이를 신뢰할 수 있는가?

표본으로부터 안전하게 일반화하려면 다음과 같은 세 가지 원리를 명심하고 있어야 한다.

1. **대표표본이 편파표본보다 좋다.** 일반화를 위한 최선의 근간은 극단에 위치하는 예외적이고 특출한 사례가 아니라 대표성을 갖는 표본에서 나온다. 어느 연구도 인간 전체 전집에서 표본을 무선적으로 표집하지 않는다. 따라서 표본을 표집한 전집이 무엇이냐는 사실을 명심하고 있어야 한다.
2. **변산성이 큰 관찰들보다는 작은 관찰들을 더 신뢰할 수 있다.** 일관성 있는 점수를 획득한 농구선수의 예에서 언급한 바와 같이, 평균은 변산성이 낮은 점수일 때 더 신뢰할 수 있다.
3. **사례 수가 많을수록 좋다.** 열성적인 대학지망생 한 명이 두 대학의 캠퍼스를 하루에 한 대학씩 방문한다. 첫 번째 대학에서 무작위로 두 강의를 청강하였는데, 두 강의 모두 교수가 재치 있고 열강을 한다. 두 번째 대학에서는 무작위로 청강한 두 강의 모두에서 교수가 엉성해 보이고 적극적이지도 않다. 나중에 이 지망생은 각 대학에서 두 명의 교수는 매우 작은 표본이라는 사실을 무시한 채, 친구들에게 첫 번째 대학에서의 '대단한 교수'와 두 번째 대학에서의 '별 볼일 없는 교수'에 관해서 이야기한다. 이 경우에도 알고는 있지만 무시하고 있는 것은 극소수의 사례에 근거한 평균보다 많은 사례에 근거한 평균을 훨씬 신뢰할 수 있다는 사실이다. 가장 성공적인 대학 중에서 규모가 작은 학교가 상대적으로 많다는 사실을 알아차린 여러 재단은 규모가 큰 대학을 규모가 작은 여러 대학으로 분할하는 데 투자하였다. 학생 수가 적은 학교가 변산성이 크기 때문에, 가장 성공적이지 않은 대학 중에도 규모가 작은 대학이 상대적으로 많다는 사실을 간과한 채 말이다(Nisbett, 2015). 다시 말하지만, 사례가 많은 연구일수록 평균을 더욱 신뢰할 수 있으며 더욱 반복 가능하다.

명심할 사항 : 현명한 사고자는 소수의 일화에 지나치게 감동받지 않는다. 소수의 대표적이지 않은 사례에 근거한 일반화는 믿을 수 없는 것이다.

관찰한 차이는 언제 유의한 것인가?

남성과 여성의 공격성 검사 점수를 비교하였다고 해보자. 여러분은 남성이 여성보다 더 공격적으로 행동한다는 사실을 발견하였다. 그런데 개개인은 모두 다르다. 여러분이 찾아낸 차이가 단순한 실수이었을 가능성은 얼마나 되겠는가?

통계적 유의도 연구하는 전집들 간에 차이가 없다고 가정할 때, 결과가 우연히 얻어질 가능성이 얼마나 되는 것인지를 통계적으로 진술한 것

연구자들은 통계 절차를 사용하여 이 물음에 답한다. 통계 검증은 집단 간에 차이가 없다는 가정, 즉 영가설이라고 부르는 가정으로부터 출발한다. 통계치를 사용하여 관찰한 성별 차이는 너무 커서 영가설에 들어맞을 가능성이 낮다고 결론내릴 수 있다. 이 시점에서 차이가 없다는 영가설을 기각하고는 결과가 **통계적으로 유의**(statistically significant)하다고 말하게 된다. 그렇게 큰 차이는 대립가설, 즉 연구한 집단(남성과 여성) 간에 차이(이 사례에서는 공격성에서의 차이)가 존재한다는 가설을 지지하게 된다.

집단 간 차이의 크기인 효과크기는 어떻게 통계적 유의성을 결정하는가? 첫째, 두 표본의 평균이 모두 (변산성이 낮은 많은 수의 관찰로부터 평균을 구했을 때와 같이) 해당 전집의 신뢰할 수 있는 측정치일 때, 두 표본 간의 차이가 통계적으로 유의할 가능성이 크다. (여성과 남성의 공격 점수에서 변산성이 낮을수록 관찰한 성별 차이는 실재하는 것이라고 더욱 확신할 수 있다.) 그리고 (표본이 많은 관찰에 근거한 것인 한에 있어서) 표본 평균들 간의 차이가 크면 클수록, 둘 간의 차이는 전집에서의 실제 차이를 반영하는 것이라고 더 확신할 수 있다.

요컨대, 표본이 크고, 표본 간의 차이가 비교적 클 때, 그 차이가 통계적 유의성을 갖는다고 말하게 된다. 이 말이 의미하는 바는 관찰한 차이가 표본들 간의 우연한 변산성 때문에 나타난 것이 아니며, 차이가 존재하지 않는다는 영가설을 기각할 수 있다는 것이다.

통계적 유의성을 판단하는 데 있어서 심리학자들은 꽤나 보수적이다. 유죄임이 입증되기 전에는 무죄라고 전제하는 판사와 같다. 많은 통계검증은 p 값을 제공하는데, 이 값은 표본 데이터가 주어졌을 때 영가설이 참일 확률을 나타낸다. 대부분의 심리학자에게 있어서 합리적 의심을 넘어서는 입증이란 우연히 그러한 결과를 얻을 가능성이 5%도 안 된다는 것($p<.05$)을 의미한다. 몇몇 연구자는 통계적 유의성이 지나치게 강조되고 있다고 주장하면서, '유의하지 않은' 결과가 흔히 생각하는 것처럼 집단 간 차이가 완전히 결여되었음을 의미하지는 않는다는 사실을 지적한다(Amrhein et al., 2019). 단지 불확실성이 크다는 사실만을 나타낸다는 것이다. 현재로서는 많은 심리학자가 계속해서 '$p<.05$'를 사용하고 있지만, 다음의 사실에 주목하라.

연구결과를 들여다볼 때 명심해야 할 사항은, 충분히 크고 동질적인 사례들의 표본에서 표본들 간의 차이가 '통계적으로 유의'하더라도 실제적인 중요성은 없을 수도 있다는 점이다. 통계적으로는 유의하지만 작은 효과크기를 가지고 있을 수 있다. 예컨대, 수십만 명의 맏이와 동생들 간에 지능검사 점수를 비교해 보았더니, 맏이의 평균 점수가 동생들의 평균 점수보다 통계적으로 상당히 유의하게 높다(Rohrer et al., 2015; Zajonc & Marcus, 1975). 그렇지만 점수가 미미하게만 다르기 때문에 '유의한' 차이가 작은 효과크기를 가지며 현실적으로는 아무런 중요성도 갖지 못한다.

PEANUTS

Reprinted by permission of Andres McMeel Syndicate, Inc.

명심할 사항 : 통계적 유의성은 차이가 없다는 영가설이 참일 때 그 결과가 우연히 발생할 가능성을 나타낸다. 결과의 중요성에 대해서는 아무것도 알려주는 것이 없다.

자문자답하기

누군가 통계를 가지고 설득하려고 시도함으로써 여러분이 바보가 되고 말았던 상황을 생각해볼 수 있는가? 이 장에서 배운 내용 중에서 장차 여러분이 또다시 호도되는 것을 방지하는 데 꽤나 도움이 될 것은 무엇인가?

인출 연습

RP-3 다음 수수께끼를 풀어보라.

미국 미시간대학교 교무처는 일반적으로 문리과대학 재학생 중에서 100명가량이 첫 번째 학기말에 만점을 받는다는 사실을 발견하였다. 그런데 단지 10 내지 15명의 학생만이 만점을 받고 졸업을 한다. 졸업할 때보다 첫 학기가 끝난 후에 만점을 받는 학생이 더 많은 사실에 대해서 가장 그럴듯한 설명은 무엇이라고 생각하는가?(Jepson et al., 1983).

RP-4 __________통계는 데이터를 요약하는 반면, __________통계는 데이터를 다른 전집에 일반화할 수 있는지를 결정한다.

답은 부록 E를 참조

개관 일상생활에서의 통계적 추리

학습목표

자기검증 개념 파악을 증진시키도록 (부록 D의 답을 확인해보기에 앞서) 여러분 자신의 표현으로 여기서 반복하는 학습목표 물음에 답해보라(McDaniel et al., 2009, 2015).

 **1-12** 어떻게 세 가지 집중경향 측정치를 사용하여 데이터를 기술할 수 있는가? 두 가지 변산성 측정치의 상대적 유용성은 무엇인가?

LOQ 1-13 관찰한 차이를 다른 전집에 일반화시킬 수 있는지를 어떻게 아는가?

기억해야 할 용어와 개념들

자기검증 여러분 자신의 표현으로 정의를 적어본 후에 답을 확인해보라.

범위	최빈값	표준편차
정상곡선	통계적 유의도	
중앙값	평균	

학습내용 숙달하기

자기검증 여러분 자신의 표현으로 다음 물음에 답한 후에 부록 E에서 답을 확인해보라.

1. 다음 세 가지 집중경향 측정치 중에서 소수의 매우 크거나 작은 점수들로 인해서 쉽게 왜곡되는 것은 어느 것인가?

a. 최빈값
b. 평균
c. 중앙값
d. 세 가지 모두 동일하게 왜곡된다.

2. 표준편차가 데이터의 변산성에 관하여 가장 유용한 측정치인 까닭은 무엇인가?

a. 데이터에서 최고 점수와 최저 점수 간의 차이를 알려준다.
b. 사용한 표본이 전집에서부터 벗어난 정도를 알려준다.
c. 개별 점수들이 최빈값에서 벗어난 정도를 알려준다.
d. 개별 점수들이 평균에서 벗어난 정도를 알려준다.

3. 많은 점수들이 중앙에 몰려있으며 극단으로 갈수록 적은 수의 점수들이 위치하는 산 모양의 분포를 __________이라고 부른다.

4. 표본 평균들이 __________, 평균들 간의 차이가 __________, 그 차이는 통계적으로 유의하다고 말할 수 있다.

a. 신뢰할 수 있고; 클 때
b. 신뢰할 수 있고; 작을 때
c. 우연적이고; 클 때
d. 우연적이고; 작을 때

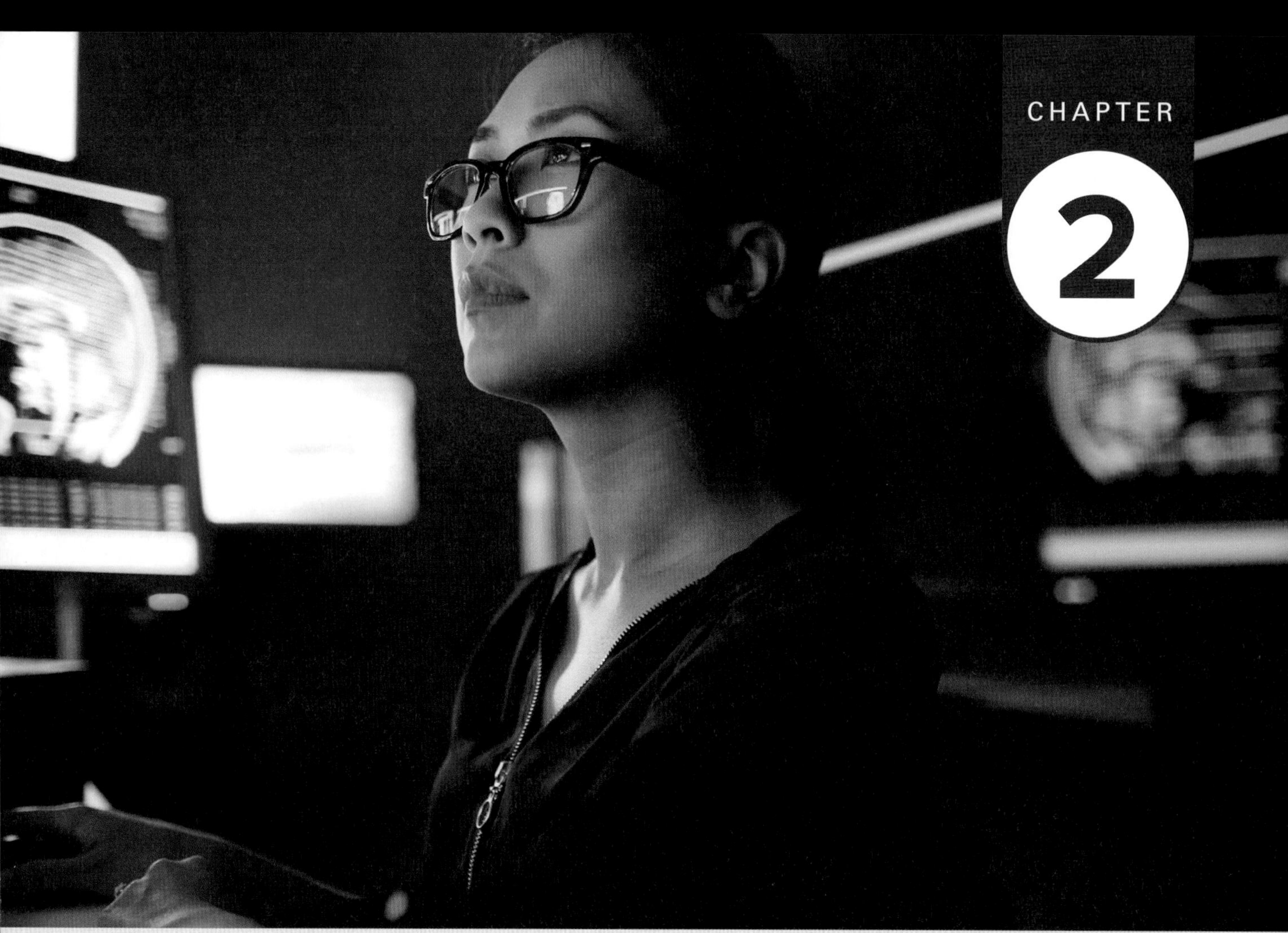

Laurence Dutton/Getty Images

마음의 생물학

두 명의 이식 외과의사인 이탈리아의 세르지오 카나베로와 중국의 샤오핑 렌은 대담한 의학적 모험인 두뇌 이식을 위한 국제적 팀을 구성하였다(Kean, 2016; Ren & Canavero, 2017; Ren et al., 2019). 목이 부러져 마비된 왕후안밍은 온전하게 기능하는 자신의 두뇌를 신체만 온전하게 기능하는 뇌사자에게 이식하도록 자원하였다.

잠시 이러한 실험의 윤리적 논제를 접어두도록 하자. 혹자는 이러한 실험을 "무모하고도 끔찍하며" 과학자의 엽기적인 환상이라고 매도하였다(Illes & McDonald, 2017; Wolpe, 2018). 1억 달러로 추정되는 수술비용도 무시하라(Hjelmgaard, 2019). 그리고 두뇌와 척수신경을 정확하게 연결할 가능성이 없어 보인다는 사실도 무시하라. 그저 수술절차가 진행될 것이라고만 상상하라. 두뇌는 동일하고 신체는 다를 때, 왕후안밍은 여전히 왕후안밍인가? 그는 어느 집으로 가겠는가? 만일 예전에 유능한 음악가이었다면, 새로운 왕후안밍도 그 재능을 보유하고 있겠는가, 아니면 새로운 신체에 저장된 근육기억에 의존하겠는가? 그리고 만일 그가 나중에 자식을 갖게 되면(새로운 신체는 남성이었다고 가정하자), 출생신고서에는 누구를 아버지로 기재하여야 하는가?

21세기 인간인 우리들 대부분은, 비록 신체가 새로운 것이라고 하더라도, 왕후안밍은 여전히 왕후안밍이라고 생각한다. 사람들은 유전자가 설계하고 경험이 만들어낸 두뇌가 자신의 정체성을 제공하며 마음의 작동이 가능하게 만들어준다고 생각한다. 두뇌가 없다면 마음도 없는 것이다.

실제로 사람은 살아있는 두뇌이지만, 그 이상의 존재다. 사람은 살아있는 신체인 것이다. 오늘날의 심리학, 그리고 이 책에서 "*심리적인 것은 동시에*

생물적인 것이다."라는 주장보다 더 핵심적인 원리는 없다. 여러분의 모든 아이디어, 모든 기분, 모든 충동은 생물적 사건이다. 신체를 통해서 사랑하고 울고 웃는다. 신체가 존재하지 않은 채 생각하거나 느끼거나 행동한다는 것은 두 다리도 없이 달리는 것과 같다. 유전자, 신경계, 호르몬, 외모 등을 갖춘 신체가 없다면, 그 누구도 아니다. 이에 덧붙여서 신체와 두뇌는 경험에 영향을 미치고 영향을 받는다. 이 책 전반을 통해서 여러분은 생물학과 심리학이 상호작용하는 많은 사례를 보게 된다.

또한 이 책 전반을 통해서 모든 인간이 기본적으로 동일한 생물적 설계를 공유하고 있다는 사실도 보게 된다. 그렇기는 하지만 개별적인 유전자, 경험, 문화전통 그리고 교육 등의 덕분으로, 사람들은 서로 다르다. 특질과 행동은 선천성과 후천성의 상호작용으로 나타난다. 사고, 감정, 그리고 행위는 혈압, 호르몬, 건강, 그리고 두뇌에 영향을 미친다. 요람에서 무덤으로 이동해 가면서 나타내는 행동과 환경에 대한 반응으로 생물학적 특성이 변한다.

이 장에서는 마음의 생물학적 특성을 탐구한다. 신경세포에서부터 두뇌에 이르기까지 작은 조직에서 시작하여 상향식으로 진행한다. 그렇지만 행동과 환경이 어떻게 생물학적 특성에 영향을 미칠 수 있는지를 하향식으로도 논의한다. 삶은 사람을 변화시킨다. 여러분은 "*선천성이 제공하는 것에 후천성이 작동한다.*"라는 말을 들었을 것이며, 이 책에서도 계속해서 듣게 된다.

신경계와 내분비계

생물심리학 생물학적 특성과 행동 간의 연계에 초점을 맞춘다. 신경과학, 행동유전학, 진화심리학 분야에서 활동하는 심리학자들이 견지하는 조망인데, 이들은 스스로를 행동신경과학자, 신경심리학자, 행동유전학자, 생리심리학자, 또는 생물심리학자라고 부르기도 한다.

생물학, 행동, 그리고 마음

학습목표 물음 LOQ 2-1 심리학자들이 인간의 생물학에 관심을 갖는 이유는 무엇인가?

두뇌가 마음을 만들어내는 방법에 대한 이해는 오랜 역사를 가지고 있다. 고대 그리스 의사 히포크라테스는 마음이 두뇌에 자리하고 있다고 정확하게 지적하였다. 그와 당대의 철학자이었던 아리스토텔레스는 신체에 온기와 생명력을 펌프질해 주는 심장에 마음이 있다고 믿었다. 심장은 아직도 사랑의 상징으로 남아있지만, 과학은 이미 오래전에 이 논쟁거리에 관해서 철학을 압도해왔다. 사랑에 빠지는 것은 심장이 아니라 바로 두뇌인 것이다.

1800년대 초기에 독일 의사 프란츠 갈은 두개골의 튀어나온 부분을 연구하는 골상학이 심적 능력과 성격 특질을 밝혀줄 수 있다고 제안하였다(그림 2.1). 한때는 영국에 29개 골상학 단체가 있었으며, 골상학자들은 미국으로 건너가 두개골 해석법을 전파하기도 하였다(Dean, 2012; Hunt, 1993). 유머가 넘치는 작가인 마크 트웨인은 한 유명한 골상학자가 두개골 해석을 위해서 미국에 왔을 때, 가명으로 그의 능력을 검증하였다. "그는 내 두개골에서 움푹 들어간 곳을 찾아내고는 그것 때문에 유머 감각이 전혀 없다고 말해서 나를 놀라게 했습니다!" 3개월 후에 트웨인은 두 번째 두개골 검사를 받았는데, 이번에는 자기가 마크 트웨인임을 밝혔다. 이제 "움푹 들어간 곳은 사라지고, 그 자리가 일생에 걸친 경험에서 보았던 최고의 유머 요철이 되었다!"(Lopez, 2002). 골상학이라는 '과학'은 오늘날 비판적 사고와 과학적 분석의 필요성을 상기시키는 것으로 남아있다. 골상학은 적어도 기능 국재화, 즉 다양한 두뇌영역이 특정 기능을 담당한다는 생각에 주의의 초점을 맞추는 데 있어서는 성공적이었다.

Gahan Wilson/Cartoon Stock

"당신은 수술받고 나서 정말로 재미없어졌어요."

우리는 프란츠 갈이 꿈에서나 접할 수 있었을 시대에 살고 있다. **생물심리학자**(biological psychologist)는 첨단 테크놀로지를 사용하여 생물학적 과정(유전, 신경계, 호르몬 등)과 심리적 과

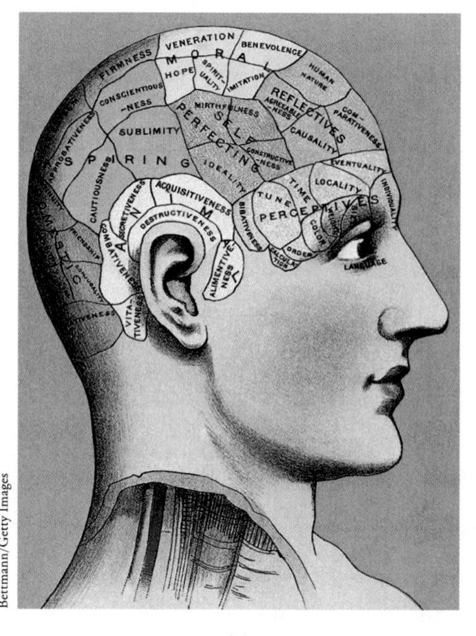

Bettmann/Getty Images

(a)

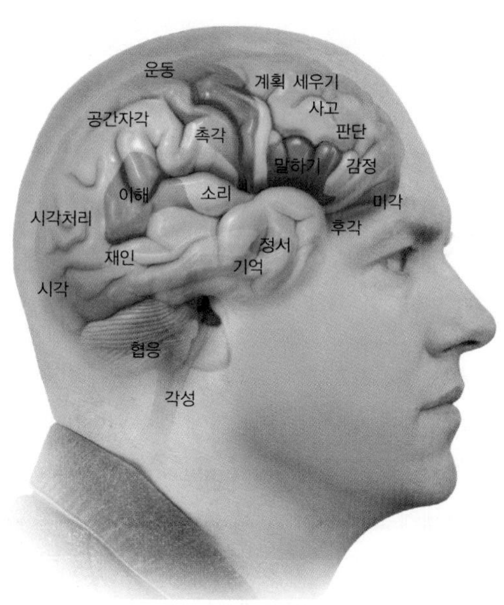

(b)

그림 2.1

머리를 잘못 굴린 이론 프란츠 갈의 생각을 처음에는 받아들였다고 하더라도, 두개골의 튀어나온 부분은 두뇌의 기저 기능에 대해서 아무것도 알려주는 것이 없다. 그렇기는 하지만 프란츠 갈의 몇 가지 가정은 인정받아 왔다. 프란츠 갈이 제안한 기능은 아니지만, (b)가 시사하는 바와 같이, 그리고 이 장을 통해서 보는 바와 같이 두뇌의 각기 다른 영역은 행동의 각기 다른 측면을 제어한다.

정 간의 연계를 연구한다. 생물심리학자와 생물학적 조망을 취하는 연구자들은 생물학적 특성과 행동 그리고 마음 간의 상호작용에 관한 발견들을 경이로운 속도로 속속 발표하고 있다. 한 세기도 지나지 않는 시기에 마음의 생물학을 이해하고자 추구하는 연구자들은 다음과 같은 사실들을 발견해왔다.

- 경험이 적응적 두뇌를 구축한다.
- 세포 중에는 전기를 전달하고 미세한 간극에서 화학 메시지를 전달하는 방식으로 서로 소통하는 신경세포들이 있다.
- 특정 두뇌 시스템은 특정 기능을 담당한다(그렇지만 프란츠 갈이 생각했던 기능들은 아니다).
- 여러 두뇌 시스템이 처리한 정보를 통합하여 시각과 청각 경험, 의미와 기억, 통증과 열정의 경험 등을 구성한다.

또한 사람은 하위 시스템들로 구성된 하나의 시스템이며, 각 하위 시스템은 더 소규모의 하위 시스템들로 구성된다는 사실도 밝혀왔다. 미세한 세포들이 체계적으로 신체 기관을 구성한다. 이 기관들이 소화, 순환, 정보처리를 담당하는 보다 큰 시스템을 구성한다. 그리고 이 시스템들은 더 큰 시스템, 즉 개인의 부분이며, 개인은 다시 가족, 문화, 지역사회의 부분이 된다. 따라서 우리는 **생물심리사회적** 시스템이다. 행동을 이해하기 위해서는 이러한 생물 시스템과 심리 시스템 그리고 사회 시스템이 어떻게 작동하고 상호작용하는 것인지를 연구할 필요가 있다. 두뇌가 경험에 적응하면서 스스로 재배열하는 능력에서부터 출발해보자.

World Access for the Blind

마음의 눈 완전한 맹인인 대니얼 키쉬는 산행을 즐긴다. 안전을 위해서 반향위치결정법, 즉 박쥐나 돌고래가 사용하는 것과 동일한 이동방법을 사용한다. 키쉬와 같은 반향위치 전문가는 주변을 이동하는 데 두뇌의 시각중추를 사용한다(Thaler et al., 2011, 2014). 키쉬는 맹인이지만, 그의 융통성 있는 두뇌가 '보는 것'을 도와준다.

인출 연습

RP-1 골상학과 심리학의 생물학적 조망이 공유하는 것은 무엇인가?

답은 부록 E를 참조

신경가소성의 위력

LOQ 2-2 어떻게 생물적 특성과 경험이 함께 신경가소성을 가능하게 만드는가?

메리언 다이아몬드(1926~2017) 신기원을 이룬 이 신경과학자의 연구가 두뇌를 이해하는 방법을 근본적으로 변모시켰다. 그녀는 경험이 두뇌를 변화시키는 방법을 탐구한 선구자이었다. 또한 앨버트 아인슈타인이 서거한 후 그의 두뇌를 분석하기도 하였는데, 이 분석은 아인슈타인 마음의 신경기제를 밝히는 데 도움을 주었다.

Luna Productions

두뇌는 유전자뿐만 아니라 삶의 경험에 의해서도 만들어진다. 자각하지는 못하지만, 두뇌는 끊임없이 변하며, 새로운 경험에 적응함에 따라서 새로운 신경통로를 만들어내고 있다. 이러한 신경 변화를 **신경가소성**(neuroplasticity)이라고 부른다. 아동기에 가장 현저하지만 신경가소성은 삶 전체에 걸쳐 계속된다(Gutchess, 2014).

신경가소성의 작동을 보기 위해서 영국 런던에서 택시운전을 훈련받는 사람을 생각해보자. 이들은 런던의 25,000여 개 위치와 연결도로를 학습하고 기억하는 데 여러 해를 보낸다. 어렵기로 소문난 최종 시험을 통과한 절반의 지원자에게는 상당한 보상이 뒤따른다. 더 많은 수입뿐만 아니라 공간기억을 처리하는 두뇌의 기억중추 중의 하나인 해마의 크기가 증가하는 것이다. 제한된 구역만을 운전하는 런던의 버스운전사는 이와 유사한 신경적 보상을 얻지 못한다(Maguire et al., 2000, 2006; Woollett & Maguire, 2012).

연습을 많이 한 피아니스트에서도 신경가소성을 볼 수 있는데, 음을 처리하는 청각피질 영역이 더 크다(Bavelier et al., 2000; Pantev et al., 1998). 마찬가지로 연습은 발레리나, 저글링하는 사람, 외발자전거 타는 사람 등의 두뇌도 변화시킨다(Draganski et al., 2004; Hänggi et al., 2010; Weber et al., 2019).

두뇌는 항상 미완성인 채 진행 중이다. 여러분이 태어날 때의 두뇌와 죽을 때의 두뇌는 같지 않다. 제한된 연습시간조차도 신경적 보상을 초래할 수 있다. 만일 여러분이 한 연구의 참가자들처럼 후각을 훈련하면서 6주를 보낸다면, 후각 관련 두뇌영역이 커질 수 있다(Al Aïn et al., 2019). 단지 한 시간의 학습조차도 미묘한 두뇌 변화를 초래한다(Brodt et al., 2018). 다음 수업시간을 기대해보라!

신경가소성은 인간 두뇌를 이례적인 것으로 만들어주는 특성 중의 하나이다(Gómez-Robles et al., 2015). 지난 50년 동안 세상이 얼마나 많이 변하였는지, 그리고 향후 50년 동안 얼마나 많이 변할 것인지를 생각해보라. 인간의 신경가소성은 다른 어떤 동물종보다도 급변하는 세상에 적응할 수 있게 해준다(Roberts & Stewart, 2018).

인출 연습

RP-2 새로운 기량의 학습은 두뇌 구조에 어떤 영향을 미치는가?

답은 부록 E를 참조

신경가소성 손상 후의 재조직하거나 경험에 근거하여 새로운 신경통로를 구축하는 방식으로 두뇌가 변화하는 능력. 아동기에 특히 현저하다.

신경 소통

과학자들에게는 인간과 다른 동물종의 정보처리 시스템이 매우 유사하게 작동하기 때문에 인간과 원숭이의 두뇌조직 표본을 구분할 수 없을 정도라는 사실이 천만다행한 일이다. 이러한 유사성으로 인해서 연구자들은 오징어나 바다 괄태충과 같은 비교적 단순한 동물들을 연구하여 신경 시스템이 작동하는 방식을 발견할 수 있다. 인간 두뇌의 체제화를 이해하기 위해서 다른 포유류의 두뇌를 연구할 수 있게 해준다. 자동차들은 서로 다르지만, 모두 엔진, 액셀, 운전대, 브레이크를 가지고 있다. 외계인도 한 대의 자동차만 들여다보면 그 작동 원리를 파악할 수 있다. 마찬가지로 동물종은 서로 다르지만 그들의 신경계는 유사하게 작동한다.

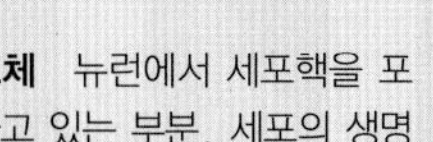

뉴런 신경세포. 신경계의 기본 단위

세포체 뉴런에서 세포핵을 포함하고 있는 부분. 세포의 생명 유지 중추

수상돌기 메시지를 받아들이고 신경 흥분을 세포체 쪽으로 전도하는 뉴런의 나뭇가지 모양의 구조

축색 뉴런에서 뻗어 나와 다른 뉴런이나 근육 또는 내분비선에 메시지를 전달하는 구조

수초 많은 뉴런의 축색을 마디마다 덮고 있는 기름층. 신경 흥분이 한 마디에서 다음 마디로 뛰어넘어 감에 따라서 흥분의 전달속도를 아주 빠르게 해준다.

뉴런(신경세포)

LOQ 2-3 뉴런이란 무엇인가? 뉴런은 어떻게 정보를 전달하는가?

우리 신체의 신경정보 시스템은 단순체로 구성된 복합체이다. 기본 단위는 **뉴런**(neuron), 즉 신경세포이다. 일생에 걸쳐 새로운 뉴런이 탄생하고, 사용하지 않는 뉴런은 사라진다(O'Leary et al., 2014; Shors, 2014). 우리의 사고와 행위 그리고 기억과 기분의 속내를 들여다보려면, 우선 뉴런이 작동하고 소통하는 방식을 이해하여야만 한다.

뉴런은 조금씩 차이가 있지만, 모두 동일한 주제의 변형이라고 할 수 있다(그림 2.2). 각 뉴런은 **세포체**(cell body)와 가지를 치고 있는 섬유질들로 구성되어 있다. 나뭇가지 같은 **수상돌기**(dendrite)는 받아들인 정보를 통합하여 세포체 쪽으로 전달한다(Stuart & Spruston, 2015). 이곳으로부터 기다란 하나의 **축색**(axon)이 종말가지를 통하여 메시지를 다른 뉴런이나 근육 또는 분비선에 전달한다(그림 2.3). 축색은 말하고, 수상돌기는 듣는다.

길이가 짧은 수상돌기와는 달리, 축색은 매우 길어서 때로는 1미터 이상 뻗어 있는 경우도 있다. 예컨대, 다리 근육에 명령을 전달하는 뉴런의 축색과 세포체는 대략 6킬로미터 이상 되는 밧줄 끝에 매달린 농구공에 비유할 수 있다. 가정에서 사용하는 전선이 절연체로 둘러싸여 있듯이, 어떤 축색은 **수초**(myelin sheath), 즉 축색을 절연시키고 전달속도를 증가시키는 지방층으로 덮여있다. 대략 25세가 될 때까지 수초가 만들어짐으로써 신경의 효율성이 증가하고, 판단과 자기 통제 능력이 증가한다(Fields, 2008; Nakamura et al., 2018; Van Munster et al., 2015). 수초가 퇴화하면 다발성 경화증, 즉 근육으로 전달하는 모든 신경명령의 속도가 느려져 결국에는 근육 제어능력을 상실하고 때로는 인지능력이 저하하는 질병에 걸리게 된다.

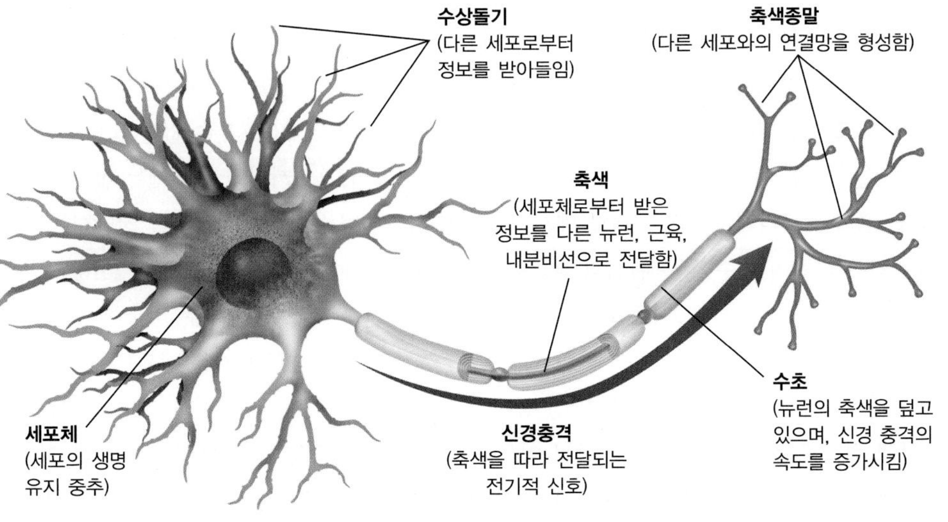

그림 2.2
운동뉴런

John Shearer/Getty Images

다발성 경화증에 대처하기 배우인 셀마 블레어의 다발성 경화증은 운동뉴런 축색을 절연시켜 정보전달 속도를 증가시키는 수초가 상실됨으로써 초래되었다. 그녀는 말하기와 걷기의 어려움을 포함하여 직면하고 있는 도전거리를 공개적으로 논의하였다. 2018년에 블레어는 지팡이를 짚고 할리우드 행사에 참석하였다.

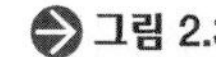

그림 2.3

소통하는 뉴런 거대하고 빽빽하게 상호 연계된 신경망 속에 엄청난 수의 뉴런이 존재한다. 뉴런의 종말가지는 이웃하는 수상돌기에 메시지를 전달한다. 이렇게 복잡하고 멋들어진 전기화학적 소통과정에 관하여 더 많은 것을 알고 싶다면, 이 책을 계속 읽어보라.

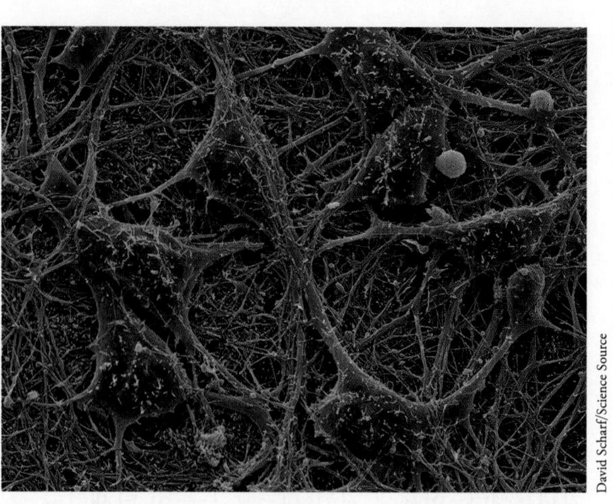

David Scharf/Science Source

수없이 많은 신경세포를 지원해주는 세포가 바로 거미줄같이 촘촘하게 얽혀있는 **교세포**(glial cell)이다. 뉴런은 마치 여왕벌과 같다. 스스로는 영양분을 공급하거나 보호할 능력이 없다. 교세포는 일벌과 같다. 영양분을 제공해주고 수초로 절연시키며, 신경연계를 주도하고 이온과 신경전달물질들을 처리한다. 교세포는 학습과 사고 그리고 기억에서도 일익을 담당한다. 즉 뉴런들과 소통함으로써 정보전달과 기억에 관여한다(Fields, 2011, 2013; Martín et al., 2015).

보다 복잡한 동물의 두뇌일수록, 뉴런 대비 교세포의 비율이 증가한다. 아인슈타인 사후 그의 두뇌를 분석하였을 때, 평균 이상으로 많거나 큰 뉴런들을 찾아내지 못하였지만, 그의 두개골 크기를 감안할 때 교세포의 밀도가 상당히 높다는 사실을 찾아냈다(Fields, 2004). 아인슈타인의 교세포들이 그의 두뇌가 왕성하게 활동하도록 유지해준 것이다.

"나는 신체의 전기활동을 노래한다." 월트 휘트먼, 『아담의 후예들』(1855)

신경 흥분

뉴런은 감각으로부터 신호를 받거나 이웃 뉴런들로부터 화학적 신호가 촉발될 때, 메시지를 전달한다. 이러한 자극에 대한 반응으로 뉴런은 축색을 따라서 전달되는 짧은 전류인 **활동전위**(action potential)라고 부르는 전기 충격을 발생한다.

신경섬유의 유형에 따라서 신경 흥분은 시간당 3킬로미터의 느린 속도로부터 320킬로미터 이상의 엄청나게 빠른 속도로 전달된다. 그렇지만 가장 빠른 전달속도라도 전기가 전선을 따라 흘러가는 속도와 비교하면 300만 배나 느리다. 두뇌 활동은 밀리초(10^{-3}초) 단위로 측정하며, 컴퓨터의 작동은 나노초(10^{-9}초) 단위로 측정한다. 따라서 컴퓨터가 거의 즉각적으로 반응하는 것과는 달리, 자동차로 갑자기 달려드는 아이와 같이 갑작스러운 사건에 대한 여러분의 반응이 1/4초 내지 그 이상 걸리는 이유도 여기에 있다. 두뇌는 컴퓨터와 비교할 수 없을 정도로 복잡하지만, 단순 반응을 수행하는 데는 그렇게 빠르지 않다. 그리고 코끼리의 경우에는 반사가 더욱 느리다. 코끼리 꼬리에서부터 두뇌로 메시지를 전달하고 다시 꼬리로 메시지를 전달하는 데 걸리는 시간은 몸집이 아주 작은 뒤쥐의 경우보다 100배나 오래 걸린다(More et al., 2010).

뉴런은 배터리와 마찬가지로 화학적 사건을 통해서 전기를 생성한다. 뉴런의 화학-전기 변환 과정은 이온(전하를 띤 원자)의 교환을 수반한다. 세포막 바깥쪽의 용액은 대부분 양전하를 띠고 있는 나트륨 이온을 가지고 있다. 안정 상태의 뉴런 안쪽 용액(크고 음전하를 띠고 있는 단백질 이온과 작고 양전하를 띠고 있는 칼륨 이온을 모두 포함하고 있다)은 대부분 음전하 이온을 가지고 있다. 감시가 철저한 기관처럼, 뉴런의 표면(세포막)은 출입에 대해서 매우 선택적이다. 그

교세포 뉴런을 지원하고 영양분을 제공하며 보호해주는 신경계의 세포. 학습, 사고, 기억에서도 역할을 담당한다.

활동전위 신경 흥분. 축색을 따라 전달되는 짧은 전위

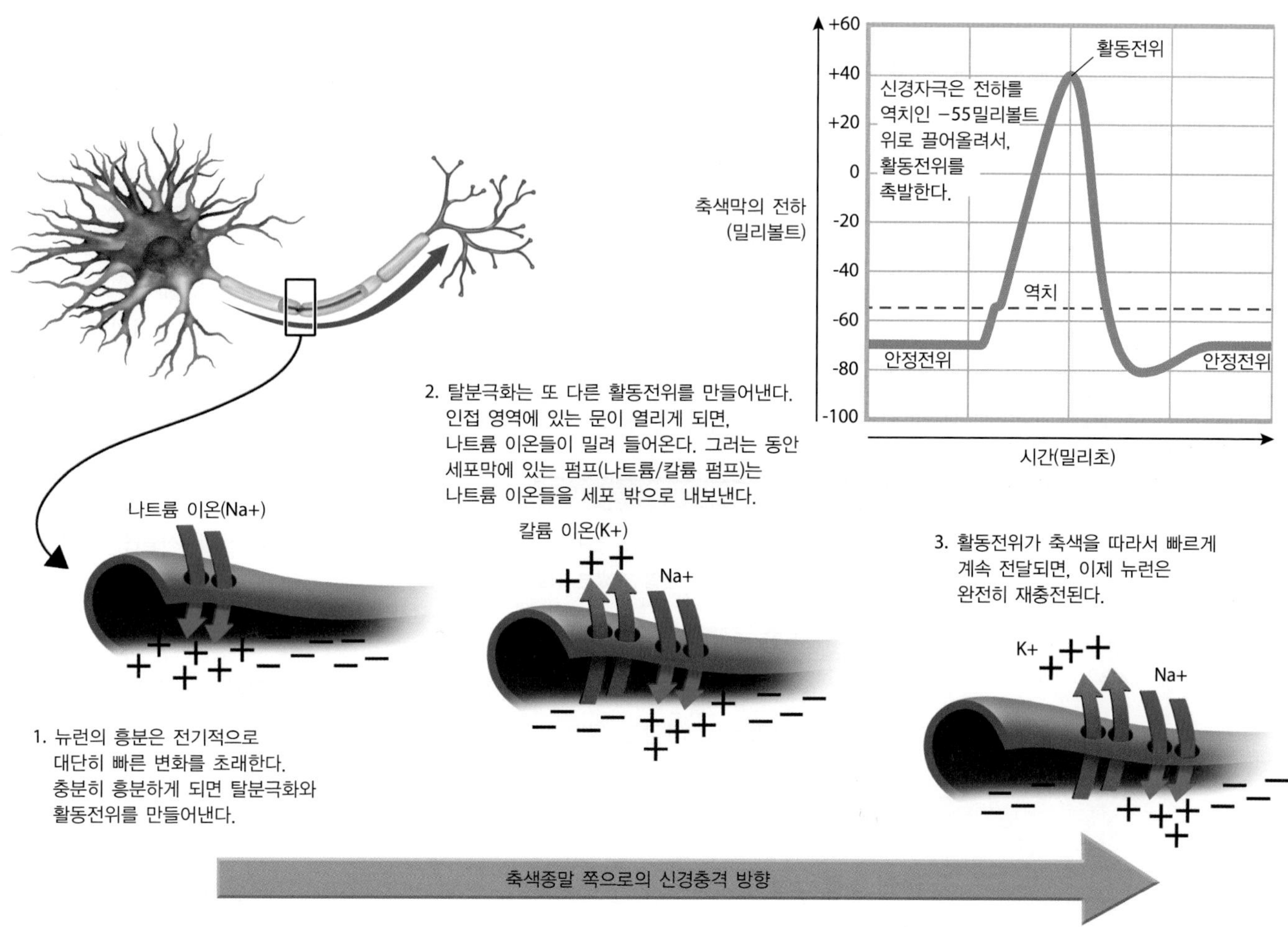
+60
+40
+20
0
-20
-40
-60
-80
-100
축색막의 전하
(밀리볼트)
활동전위
신경자극은 전하를
역치인 −55밀리볼트
위로 끌어올려서,
활동전위를
촉발한다.
역치
안정전위
안정전위
시간(밀리초)
2. 탈분극화는 또 다른 활동전위를 만들어낸다.
인접 영역에 있는 문이 열리게 되면,
나트륨 이온들이 밀려 들어온다. 그러는 동안
세포막에 있는 펌프(나트륨/칼륨 펌프)는
나트륨 이온들을 세포 밖으로 내보낸다.
나트륨 이온(Na+)
칼륨 이온(K+)
Na+
3. 활동전위가 축색을 따라서 빠르게
계속 전달되면, 이제 뉴런은
완전히 재충전된다.
K+
Na+
1. 뉴런의 흥분은 전기적으로
대단히 빠른 변화를 초래한다.
충분히 흥분하게 되면 탈분극화와
활동전위를 만들어낸다.
축색종말 쪽으로의 신경충격 방향

그림 2.4

활동전위 껴안기를 느끼거나 축구공을 차는 것과 같은 신체 감각과 행위는 뉴런의 막전위가 역치에 도달하기에 충분한 자극을 받을 때(이 사례에서는 −55밀리볼트. 그래프를 참조) 발생한다. 이러한 자극은 각 뉴런이 활동전위를 일으키도록 유도하며, 활동전위는 축색을 따라 이동하여 다른 뉴런이나 근육 또는 내분비선에 메시지를 전달한다.

래서 세포막은 **선택적 투과**의 특성을 가지고 있다고 말한다. 이렇게 안쪽은 음전하이고 바깥쪽은 양전하인 상태를 **안정전위**라고 부른다.

그런데 뉴런이 흥분하면 출입구 경계 지침이 변한다. 처음에는 마치 맨홀 뚜껑을 열어젖히는 것처럼 축색의 시작 부분에 위치한 출입구가 열리고, 양전하의 나트륨 이온이 그 출입구를 통해 밀려 들어온다(그림 2.4). 이렇게 세포막 내외부 전하 차이가 사라지는 것을 **탈분극화**라고 부르며, 이것이 축색의 다음 부분 출입구를 순차적으로 열게 만드는데, 마치 도미노가 쓰러지면서 그 힘이 이웃에 전달되는 것과 같다. 이렇게 양이온이 순간적으로 유입되는 것이 바로 신경 흥분, 즉 활동전위이다. 각 뉴런은 그 자체가 소규모 의사결정 장치이며, 수백, 수천 개의 다른 뉴런으로부터 신호를 받아들여 복잡한 계산을 수행한다. 이러한 전기화학적 과정이 초당 100회, 심지어는 1,000회나 반복된다고 상상하게 되면, 놀라움에 주춤거리게 된다. 그렇지만 이것은 단지 수많은 경이로움의 시작일 뿐이다.

대부분의 신경 신호는 뉴런의 액셀을 밟는 것과 같이 **흥분성**이다. 다른 신호는 브레이크를 밟는 것과 같이 **억제성**이다. 만일 흥분성 신호에서 억제성 신호를 빼고 남은 신호의 강도가 **역치**(threshold)라고 부르는 최소 강도를 넘어서게 되면, 결합된 신호들이 활동전위를 촉발시킨다. (이것을 다음과 같이 생각해보라. 만일 흥분성인 파티광이 억제성인 흥을 깨는 사람보다 많다면, 파티는 계속된다.) 활동전위는 축색을 따라 전달되는데, 축색은 수백, 수천 개의 다른 뉴런들 그리고 신체의 근육과 분비선으로 연결되어 있다.

뉴런에는 지극히 짧은 휴지기가 필요하다. **불응기**(refractory period)라고 부르는 휴지기 동안 축색이 안정전위 상태로 되돌아갈 때까지는 후속 활동전위가 발생할 수 없다. 그러고 나서 뉴런은 다시 흥분할 수 있다.

자극의 강도가 역치를 넘어서서 계속 증가한다고 해서 활동전위 강도도 증가하는 것은 아니다. 뉴런의 반응은 **실무율 반응**(all-or-none response)이다. 총과 마찬가지로, 뉴런은 흥분을 하거나 하지 않거나 둘 중 하나다. 그렇다면 어떻게 자극의 강도를 탐지하는 것인가? 어떻게 부드러운 접촉과 격렬한 포옹을 구분할 수 있는가? 강한 자극은 보다 많은 뉴런을 흥분시키며, 보다 자주 흥분하게 만든다. 그렇지만 활동전위의 강도나 속도에 영향을 주지는 못한다. 총의 방아쇠를 힘껏 당긴다고 해서 총알이 더 빠르고 멀리 나가는 것이 아닌 것과 마찬가지다.

"하나의 뉴런이 다른 뉴런에 말하는 것은, 얼마나 흥분했느냐는 것이다." 프랜시스 크릭, 『놀라운 가설』(1994)

자문자답하기

두뇌의 복잡성에도 불구하고 반응시간은 컴퓨터보다 느리다는 사실을 알고는 놀랐는가? 이 사실은 사람보다 컴퓨터가 어떤 과제를 더 용이하게 수행할 수 있는지를 시사하는가?

인출 연습

RP-3 축색, 수상돌기 그리고 세포체를 뉴런이 활동전위를 일으킬 때 정보가 전달되는 순서대로 배열해보라.

RP-4 신경계는 어떻게 등짝의 강한 타격과 살짝 두드림 간의 차이를 경험하게 해주는가?

답은 부록 E를 참조

뉴런의 소통방법

LOQ 2-4 신경세포는 어떻게 다른 신경세포와 소통하는가?

뉴런들은 너무나 복잡하게 얽혀 있기 때문에, 현미경을 통해서도 어디서 하나의 뉴런이 끝나고 다른 뉴런이 시작되는지를 보기 어렵다. 한때 과학자들은 한 뉴런의 축색이 다른 뉴런의 수상돌기와 바로 붙어있다고 생각하였다. 영국 생리학자인 찰스 셰링턴 경(1857~1952)은 신경 흥분이 신경통로를 따라 전달되는 데 예상치 않게 오랜 시간이 걸린다는 사실에 주목하였다. 신경 정보 전달에는 짧지만 어떤 차단이 있음에 틀림없다고 추론한 셰링턴은 뉴런들 간의 접합점을 **시냅스**(synapse, 연접)라고 불렀다.

오늘날 우리는 한 뉴런의 축색종말이 다음 뉴런과 10^{-6}밀리미터도 안 되는 좁은 간극, 즉 시냅스 틈을 사이에 두고 떨어져 있다는 사실을 알고 있다. 스페인 해부학자 산티아고 라몬 이 카할(1852~1934)은 거의 붙어있는 듯이 보이는 뉴런 간의 연결에 경외감을 느끼고는, 이것을 '원형질 키스'라고 불렀다. 시인인 다이앤 애커먼(2004, 37쪽)은 "얼굴 화장이 지워지지 않도록 키스하는 흉내만 내는 우아한 숙녀처럼, 수상돌기와 축색은 서로를 건드리지 않는다."라고 노래하고 있다. 뉴런들은 어떻게 원형질 키스를 하는 것인가? 정보는 어떻게 좁은 간극을 넘어가는 것인가? 그 답은 우리 시대에 찾아낸 한 가지 중요한 과학발견에 들어있다.

"두뇌에서의 모든 정보처리는 시냅스에서 서로 대화하는 뉴런들을 수반한다." 신경과학자 솔로몬 스나이더(1984)

활동전위가 축색의 끝부분에 있는 혹같이 생긴 종말에 도달하면, **신경전달물질**(neurotransmitter)이라고 부르는 화학적 정보전달자의 방출을 촉발한다(그림 2.5). 10^{-4}초 내에 신경전달물질 분자가 간극을 넘어서 정보를 받아들이는 뉴런의 수용기에 들러붙는다. 이것은 마치 열쇠로 자

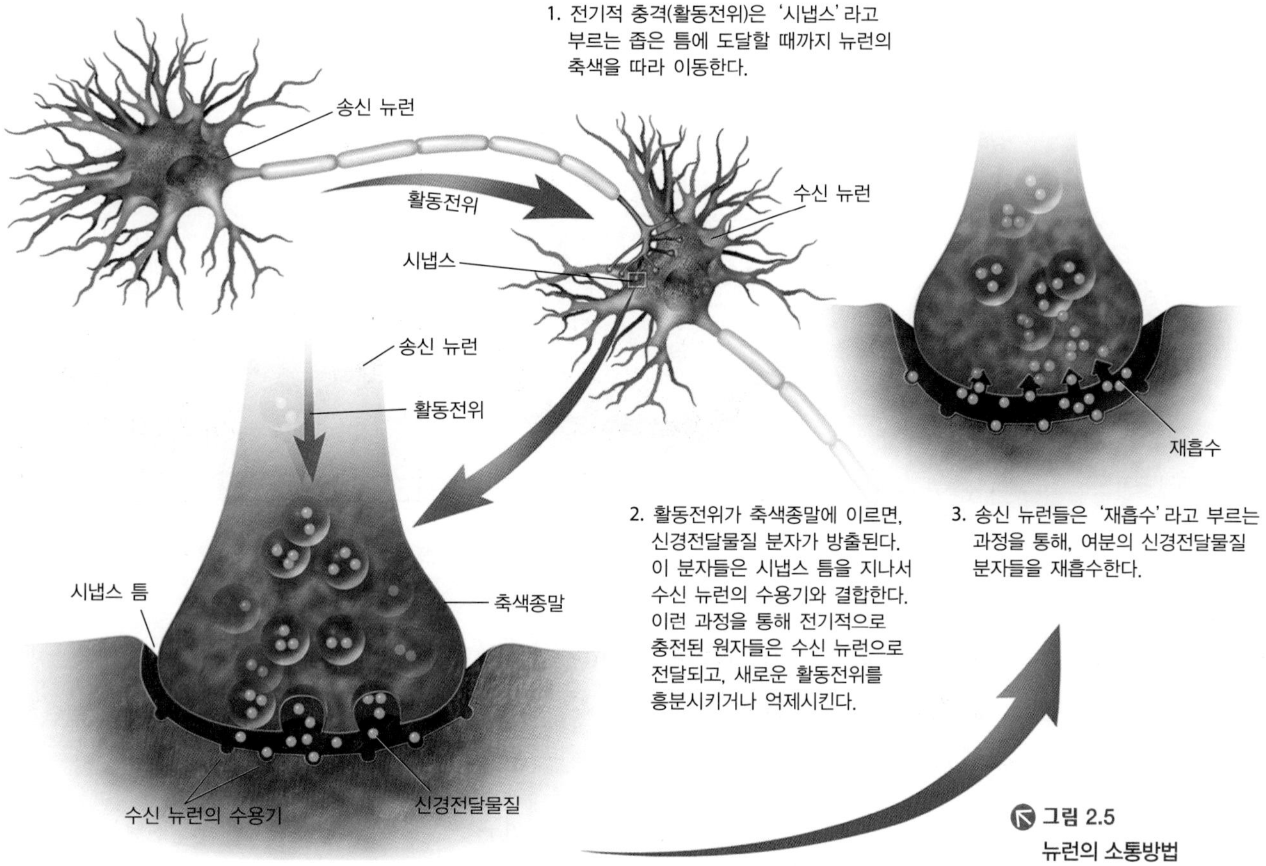

1. 전기적 충격(활동전위)은 '시냅스'라고 부르는 좁은 틈에 도달할 때까지 뉴런의 축색을 따라 이동한다.

송신 뉴런

활동전위

수신 뉴런

시냅스

송신 뉴런

활동전위

시냅스 틈

축색종말

수신 뉴런의 수용기

신경전달물질

재흡수

2. 활동전위가 축색종말에 이르면, 신경전달물질 분자가 방출된다. 이 분자들은 시냅스 틈을 지나서 수신 뉴런의 수용기와 결합한다. 이런 과정을 통해 전기적으로 충전된 원자들은 수신 뉴런으로 전달되고, 새로운 활동전위를 흥분시키거나 억제시킨다.

3. 송신 뉴런들은 '재흡수'라고 부르는 과정을 통해, 여분의 신경전달물질 분자들을 재흡수한다.

그림 2.5
뉴런의 소통방법

물쇠를 여는 것과 같다. 신경전달물질은 즉각적으로 작은 문을 연다. 밖의 이온들이 뉴런 안으로 들어가게 됨에 따라 그 뉴런을 흥분시키거나 억제하게 된다. 그런 다음에 과도한 신경전달물질은 흩어져 버리거나, 효소들이 분해해 버리거나, 아니면 **재흡수**(reuptake)라고 부르는 과정을 통해서 정보를 전달한 뉴런으로 되돌아간다. 어떤 항우울제는 부분적으로 기분을 고양시키는 신경전달물질의 재흡수를 차단한다(그림 2.6).

자문자답하기

뉴런의 소통기제를 밝혀낸 것이 그토록 중요한 까닭은 무엇인가?

인출 연습

RP-5 시냅스 틈에서는 어떤 일이 일어나는가?

RP-6 재흡수란 무엇인가? 뉴런이 반응한 후에 과도한 신경전달물질에 일어날 수 있는 두 가지 일은 무엇인가?

답은 부록 E를 참조

역치 신경 흥분을 촉발시키는 데 필요한 자극의 수준 

불응기 뉴런이 흥분한 후에 다시 활동하지 못하는 휴지기간. 축색이 안정 상태로 돌아올 때까지는 후속 활동전위가 일어날 수 없다.

실무율 반응 뉴런이 (최대 강도로) 흥분하거나 흥분하지 않는 반응

시냅스 정보를 보내는 뉴런의 축색 끝부분과 받아들이는 뉴런의 수상돌기나 세포체 간의 접합부분. 이 접합부분의 미세한 간극을 시냅스 틈이라고 부른다.

신경전달물질 뉴런들 사이의 시냅스 틈에서 작용하는 화학 메신저. 정보를 보내는 뉴런에서 방출된 신경전달물질은 시냅스 틈을 건너가서 받아들이는 뉴런의 수용기 영역에 들러붙음으로써 그 뉴런이 신경 흥분을 생성하는 데 영향을 미친다.

재흡수 신경전달물질이 내보냈던 뉴런으로 되돌아가는 현상

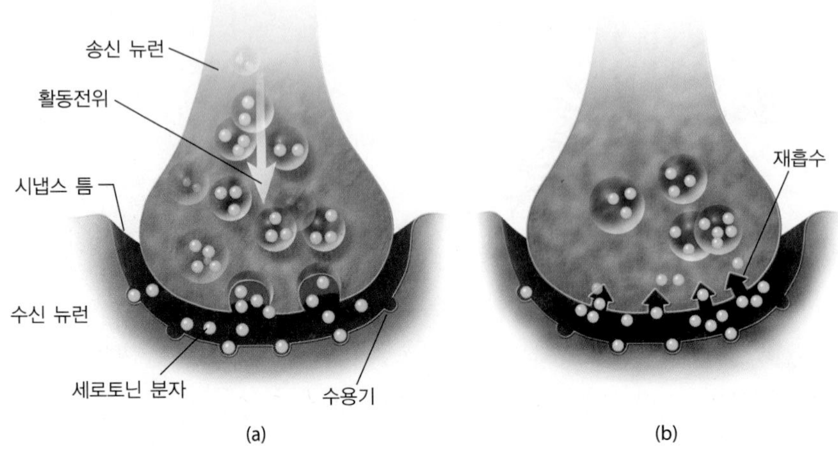
메시지는 시냅스 틈을 통해서 전달된다.
메시지를 받아들인다.
여분의 세로토닌 분자는 송신 뉴런으로 재흡수된다.
송신 뉴런
활동전위
시냅스 틈
수신 뉴런
세로토닌 분자
수용기
재흡수
(a)
(b)

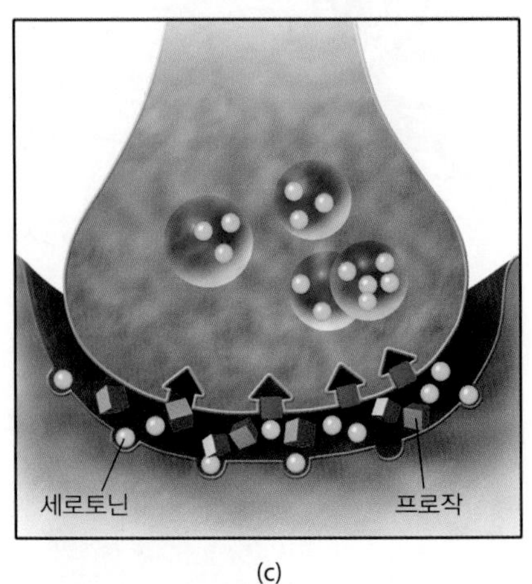
프로작은 세로토닌의 정상적인 재흡수 과정을 부분적으로 차단한다. 시냅스에 남아있는 여분의 세로토닌이 기분 고양 효과를 증진시킨다.
세로토닌
프로작
(c)

그림 2.6
항우울제의 생물학 일반적으로 선택적 세로토닌 재흡수 억제제(SSRI)를 항우울제로 처방한다. 이 약물은 신경전달물질인 세로토닌의 재흡수를 부분적으로 차단함으로써 우울 증상을 완화시킨다. 그림이 보여주는 것은 SSRI인 프로작의 작용이다.

"두뇌에서 벌어지는 활동을 보고 싶다면, 신경전달물질을 따라가보라." 신경과학자 플로이드 블룸(1993)

신경전달물질은 어떤 영향을 미치는가?

LOQ 2-5 신경전달물질은 행동에 어떤 영향을 미치는가? 약물이나 다른 화학물질은 신경전달에 어떤 영향을 미치는가?

신경 소통을 이해하고자 추구하는 과정에서 연구자들은 수십 가지 상이한 신경전달물질을 발견해왔으며, 다음과 같은 여러 가지 새로운 물음을 던지게 되었다. 특정 신경전달물질은 특정 영역에만 존재하는가? 신경전달물질들은 우리의 기분과 기억 그리고 심적 능력에 어떤 영향을 미치는가? 약물이나 섭식을 통해서 이 효과를 증폭시키거나 감소시킬 수 있는가?

후속하는 여러 장에서 우리는 배고픔과 사고, 우울과 과잉행복감, 중독과 치료에 대한 신경전달물질의 영향을 살펴볼 것이다. 여기서는 신경전달물질이 어떻게 우리의 움직임과 정서에 영향을 미치는 것인지를 간략하게 살펴보기로 하자. 특정한 두뇌 신경회로는 세로토닌이나 도파민과 같은 한두 가지 신경전달물질만을 사용하며, 특정 신경전달물질은 특정 행동과 정서에 영향을 미치는 것으로 보인다(표 2.1). 그런데 신경전달물질들은 독자적으로 작동하지 않는다. 상호작용하며, 그 효과는 신경전달물질이 자극을 가하는 수용기에 따라서 달라진다.

가장 잘 이해하고 있는 신경전달물질 중의 하나인 **아세틸콜린**(ACh)은 학습과 기억에서 일익을 담당한다. 이에 덧붙여서 아세틸콜린은 운동뉴런(대뇌와 척수로부터 신체조직으로 정보를 전달하는 뉴런)과 신체 근육 사이의 모든 접합점에서 작용하는 메신저이기도 하다. ACh가 근육세포 수용기로 방출되면, 근육이 수축한다. 몇몇 유형의 마취제와 독극물을 투여할 때 일어나는 현상처럼, ACh 방출을 차단하면 근육을 수축할 수 없어 마비 상태가 된다.

캔더스 퍼트와 솔로몬 스나이더(1973)는 기분을 고양하고 통증을 완화하는 마약인 모르핀에 방사능 추적물질을 부착하여 신경전달물질에 관한 흥미진진한 발견을 하게 되었다. 동물 두뇌에서 모르핀을 추적함으로써 기분이나 통각과 관련된 두뇌영역에 있는 수용기와 결합한다는 사실을 찾아냈다. 그렇다면 두뇌는 어째서 이러한 '아편 수용기'를 가지고 있는 것인가? 만일 두뇌가 그 수용기라는 자물쇠를 여는 자연적인 열쇠를 가지고 있지 않다면, 도대체 왜 그러한 화학적 자물쇠를 가지고 있겠는가?

표 2.1 대표적인 신경전달물질과 그 기능

신경전달물질	기능	오기능의 예
아세틸콜린(ACh)	근육 운동, 학습, 기억	알츠하이머병에 걸리면 ACh를 생성하는 뉴런들이 퇴화한다.
도파민	움직임, 학습, 주의, 정서	공급과잉은 조현병과 관련된다. 공급부족은 파킨슨병의 떨림과 동작 감소를 초래한다.
세로토닌	기분, 배고픔, 수면, 각성	공급부족은 우울증과 관련된다. 몇몇 항우울제는 세로토닌 수준을 높여준다.
노르에피네프린	각성의 제어	공급부족은 기분을 저하시킨다.
GABA	대표적 억제성 신경전달물질	공급부족은 경련, 떨림, 불면증과 관련된다.
글루타메이트	기억에 관여하는 일차적 흥분성 신경전달물질	공급과잉은 두뇌를 과잉흥분시켜, 편두통이나 경련을 초래한다.
엔도르핀	통증이나 쾌감의 지각에 영향을 미치는 신경전달물질	마약의 과잉투여는 신체의 자연적인 엔도르핀 공급을 억압할 수 있다.

Noam Galai/Getty Images

ASSOCIATED PRESS

도파민 의존성 신경전달물질 도파민은 움직이고, 생각하며 느끼는 것을 도와준다. 지나치게 적은 도파민은 파킨슨병의 떨림과 동작 감소를 초래할 수 있다(NIA, 2019; Weinstein et al., 2018). 유명배우인 마이클 J. 폭스와 전설적인 권투선수이었던 무하마드 알리를 포함하여 전 세계적으로 1,000만 명 이상의 사람이 파킨슨병을 앓고 있다(Parkinson's Foundation, 2018).

연구자들은 곧 두뇌가 실제로 모르핀과 유사한 자연발생적인 아편을 자체적으로 생산하고 있다는 사실을 확증하였다. 우리 신체는 통증과 격렬한 운동에 대한 반응으로 모르핀과 유사한 여러 가지 유형의 신경전달물질 분자를 방출한다. 이러한 **엔도르핀**(endorphin, endogenous morphine의 합성어)은 달리기의 쾌감(runner's high), 침술의 진통효과, 그리고 심각하게 부상당한 사람이 통증을 느끼지 않는 현상 등을 설명하는 데 도움을 준다(Boecker et al., 2008; Fuss et al., 2015). 그렇지만 다시 한번 언급하듯이, 새로운 지식은 새로운 물음을 낳기 마련이다.

"엔도르핀은 생물학적으로 보편적인 자비 행위이다. 내가 기획위원회의 위원으로 처음부터 참가하여 앉아있었더라면 통과시켰을 것이라고 말하는 것 이외에 이것을 설명할 길이 없다." 엔도르핀 전문의 루이스 토머스, 『가장 젊은 과학』(1983)

자문자답하기

아마도 격렬한 운동을 하고 난 후이겠지만, 여러분이 엔도르핀의 효과를 느꼈던 때를 회상할 수 있는가? 그 느낌을 어떻게 기술하겠는가?

인출 연습

RP-7 세로토닌, 도파민, 그리고 엔도르핀은 모두 ________이라고 부르는 화학적 메신저들이다.

답은 부록 E를 참조

약물을 비롯한 화학물질은 어떻게 신경전달을 변화시키는가? 만일 엔도르핀이 정말로 통증을 완화하고 기분을 고양한다면, 두뇌에 합성 아편물질을 마구 주입하여 두뇌 자체의 '즐거움' 상태를 강화하지 않은 이유는 무엇인가? 그것은 마약이 두뇌의 화학적 균형을 와해시키기 때문이다. 헤로인, 모르핀, 펜타닐(강력한 합성 마약) 등과 같은 마약물질을 마구 주입하면, 두뇌는 화학적

엔도르핀 '신체 내부의 모르핀'으로, 통증 조절과 쾌(快)와 연결된 자연적인 마약과 같은 신경전달물질

균형 상태를 유지하기 위하여 스스로 만들어내는 자연적 마약 생산을 중단하게 된다. 약물 주입을 금지하게 되면, 두뇌에 마약물질이 전혀 없게 되어, 심각한 불편함을 초래하게 된다. 신체 자체의 신경전달물질 생산을 억압하면, 그 대가를 치를 수밖에 없다.

약물을 비롯한 화학물질들은 뉴런의 활동을 촉진하거나 억제함으로써 두뇌의 화학작용에 영향을 미친다. **효능제**(agonist) 분자는 신경전달물질의 작동을 증가시킨다. 몇몇 효능제는 신경전달물질의 생산이나 방출을 증가시키거나, 시냅스에서 재흡수를 차단한다. 다른 효능제는 특정 신경전달물질과 매우 유사하여 그 수용기에 달라붙어서는 흥분성 효과나 억제성 효과를 흉내 낸다. 몇몇 아편물질은 효능제이며, 정상적인 각성이나 즐거움을 증폭시킴으로써 일시적인 '의기양양함'을 초래한다.

길항제(antagonist)는 신경전달물질의 생성이나 방출을 차단함으로써 그 신경전달물질의 작동을 약화시킨다. 오염된 통조림 음식에서 발생할 수 있는 독물인 보툴리누스는 ACh 방출을 차단함으로써 마비를 일으킨다. (상품명인 보톡스로 알려져 있는 보툴리누스를 소량 주사하면 얼굴 근육을 마비시킴으로써 주름을 펴주는 효과가 나타난다.) 이러한 길항제들은 자연적인 신경전달물질과 꽤나 유사하여 수용기에 달라붙어서는 그 효과를 차단하지만, 그 수용기를 자극할 만큼 충분히 유사하지는 못하다. 비유컨대, 크기가 비슷해서 자동판매기에 들어가기는 하지만 작동하지는 않는 외국동전과 같다. 남미 인디언들이 사냥용 활이나 창에 바르는 독물인 쿠라레는 근육의 ACh 수용기에 들러붙어 그 수용기를 차단함으로써 화살이나 창을 맞은 동물을 마비시키게 된다.

인출 연습

RP-8 쿠라레 중독은 근육 운동에 관여하는 ACh 수용기를 차단함으로써 중독자를 마비시킨다. 모르핀은 엔도르핀 작용을 흉내 낸다. 어느 것이 효능제이고 어느 것이 길항제인가?

답은 부록 E를 참조

효능제 신경전달물질의 활동을 증가시키는 분자

길항제 신경전달물질의 작동을 억제하거나 차단하는 분자

신경계 말초신경계와 중추신경계의 모든 뉴런으로 구성된 신체의 신속한 전기화학적 소통망

중추신경계 두뇌와 척수

말초신경계 중추신경계와 신체의 나머지 부분을 연결하는 감각뉴런과 운동뉴런들

신경 많은 축색으로 구성된 신경 '케이블'로, 말초신경계의 한 부분인 이러한 축색 다발은 중추신경계를 근육, 내분비선, 그리고 감각기관과 연결시킨다.

감각(구심성)뉴런 들어오는 정보를 감각수용기로부터 척수와 뇌로 전달하는 뉴런

운동(원심성)뉴런 중추신경계에서 내보내는 정보를 근육과 내분비선에 전달하는 뉴런

신경계

LOQ 2-6 신경계 주요 부분들의 기능은 무엇인가? 뉴런의 세 가지 주요 유형은 무엇인가?

신경전달물질을 통해서 소통하고 있는 뉴런들이 신체의 **신경계**(nervous system)를 구성하며, 신경계는 외부세계와 신체조직으로부터 정보를 받아들이고, 의사결정하며, 신체조직에 정보를 되돌려 보내는 일종의 소통망이다(그림 2.7).

간략하게 개관해보자. 두뇌와 척수가 신체의 의사결정자인 **중추신경계**(central nervous system, CNS)를 구성한다. **말초신경계**(peripheral nervous system, PNS)는 정보를 수집하고 CNS의 결정을 신체의 다른 부위에 전달하는 역할을 담당한다. 축색 다발로 구성되는 전기 케이블이라고 할 수 있는 **신경**(nerve)은 CNS를 신체의 감각수용기, 근육, 그리고 분비선과 연결한다. 예컨대, 시신경은 100만 개의 축색이 하나의 다발을 이룬 것으로 각 눈의 정보를 두뇌에 전달한다(Mason & Kandel, 1991).

신경계에서 정보의 흐름은 세 가지 유형의 뉴런을 통해서 이루어진다. **감각뉴런**(sensory neuron)은 정보를 신체조직과 감각수용기로부터 정보처리가 이루어지는 중추신경계의 두뇌와 척수로 전달한다(따라서 구심성 뉴런이다). **운동뉴런**(motor neuron)은 중추신경계의 명령을 신체 근

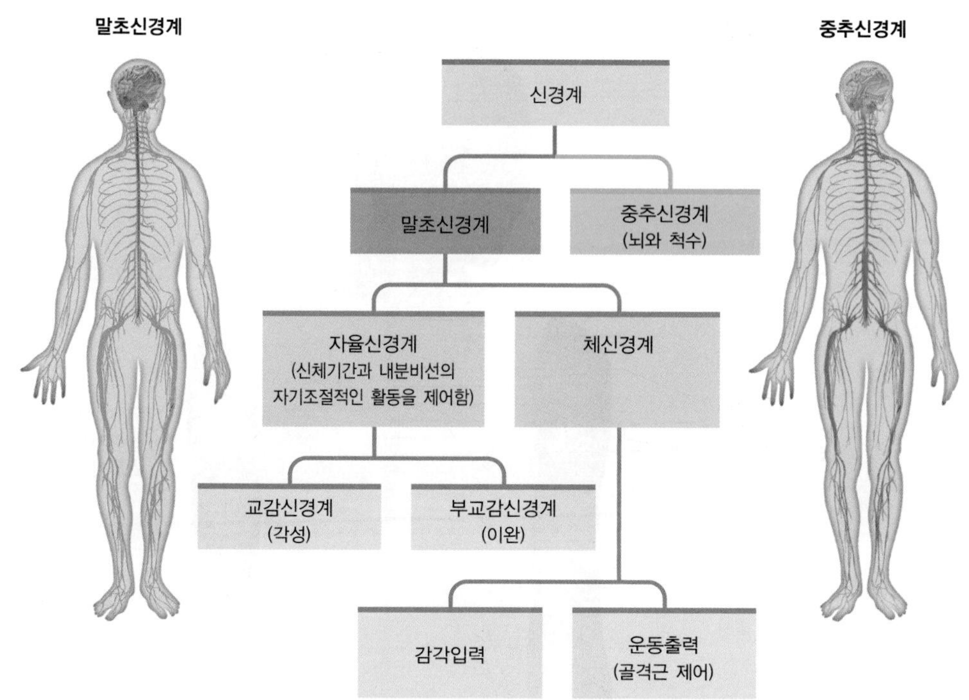

그림 2.7
인간 신경계의 기능적 구분

육과 내분비선으로 내려보낸다(따라서 원심성 뉴런이다). 감각입력과 운동출력 사이에서는 **간뉴런**(interneuron)을 경유하는 두뇌의 내적 소통 시스템이 정보를 처리한다. 신경계의 복잡성은 대체로 간뉴런 시스템에 달려있다. 우리의 신경계는 수백만 개의 감각뉴런과 운동뉴런, 그리고 헤아릴 수 없이 많은 간뉴런들로 구성되어 있다.

말초신경계

말초신경계는 두 개의 하위 성분, 즉 체신경계와 자율신경계로 구성된다. **체신경계**(somatic nervous system)는 골격근의 자발적 제어를 담당한다. 친구가 여러분의 어깨를 두드리면, 체신경계는 두뇌에 골격근의 현재 상태를 보고하고, 명령을 되받아서는 머리를 그 친구 쪽으로 돌리게 만든다.

자율신경계(autonomic nervous system)는 분비선과 내장근육을 제어하여 분비선 활동, 심장박동, 소화 등의 기능에 영향을 미친다. 자율신경계는 자율자동차처럼 의도적으로 제어할 수도 있지만, 일반적으로는 자율적(자동적)으로 작동한다.

자율신경계의 하위 구조는 두 가지 중요한 기본 기능을 담당한다(그림 2.8). **교감신경계**(sympathetic nervous system)는 신체를 각성시키고 에너지를 사용한다. 오랫동안 기다려온 취업 면접과 같은 무엇인가가 당신을 놀라게 하거나 긴장하게 만들면, 교감신경계가 여러분의 심장박동을 가속시키고, 혈압을 높이며, 소화를 지연시키고, 혈당 수준을 높이며, 발한작용을 일으키고, 각성 수준을 높여 반응할 준비 상태를 만들어준다. 취업 면접이 끝나고 스트레스가 완화되면, **부교감신경계**(parasympathetic nervous system)가 상반된 효과를 초래하여 안정을 되찾게 함으로써 에너지를 보존한다. 교감신경계와 부교감신경계는 항상성이라고 부르는 안정된 내적 상태를 유지시키도록 액셀과 브레이크처럼 함께 작동한다(보다 자세한 내용은 제11장에서 다룬다).

최근에 필자(마이어스)는 자율신경계가 작동하는 것을 경험하였다. MRI 기사는 어깨 영상을

간뉴런 감각입력과 운동출력 사이에서 내부적으로 소통하는 두뇌와 척수의 뉴런

체신경계 신체 골격근을 제어하는 말초신경계의 부분

자율신경계 내분비선과 신체기관(예컨대, 심장)의 근육을 제어하는 말초신경계의 부분. 교감신경계는 활성화하고, 부교감신경계는 안정을 유지한다.

교감신경계 스트레스 상황에서 신체를 활성화시키고 에너지를 동원하는 자율신경계의 부분

부교감신경계 신체를 안정시키고 에너지를 보존하는 자율신경계의 부분

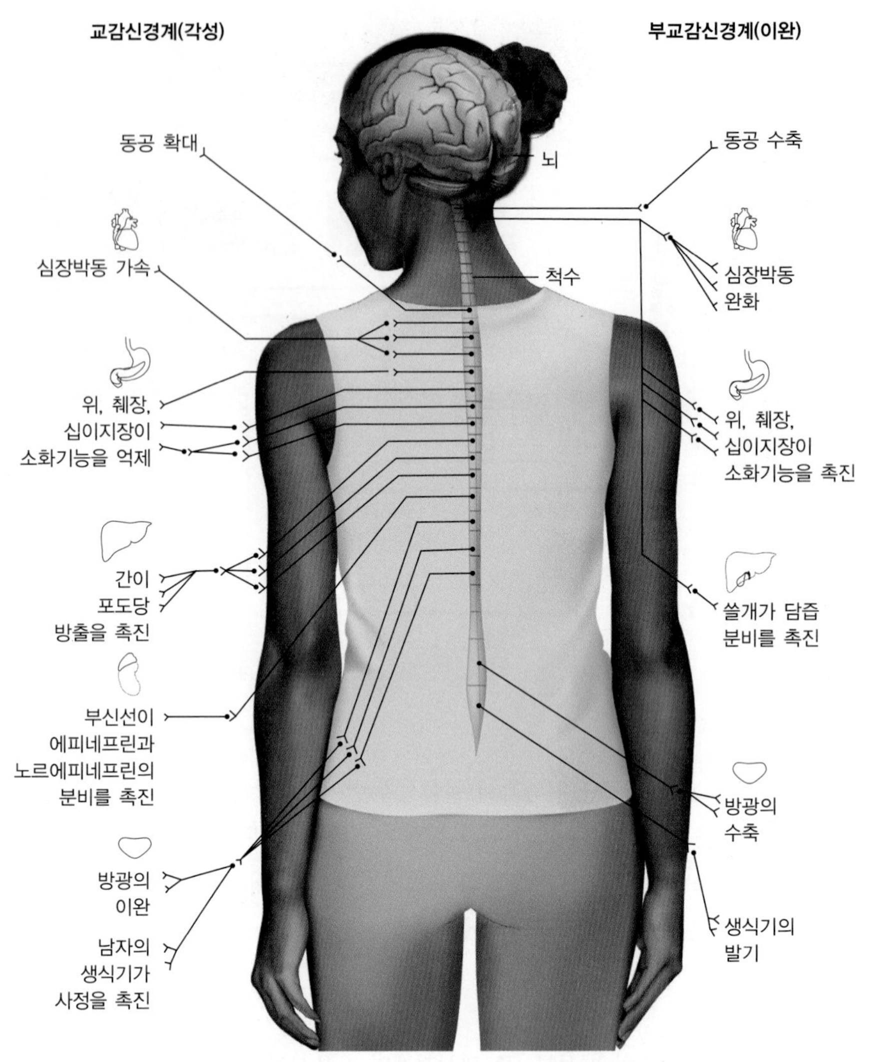

그림 2.8
자율신경계 이중 기능 자율신경계는 자율적인 내부 기능들을 제어한다. 교감신경계는 에너지를 활성화시키고 사용한다. 부교감신경계는 에너지를 보존하여 일상적인 유지기능을 담당한다. 예컨대, 교감신경계의 활동은 심장박동을 촉진시키는 반면, 부교감신경계의 활동은 심장박동을 느리게 만든다.

찍기 위하여 나를 기계 속에 집어넣기에 앞서, 폐쇄공포증이 있는지를 물었다. 나는 짐짓 남자답게 어깨를 으쓱하며, "아니요, 전혀 그렇지 않아요."라고 말하였다. 잠시 후에 등을 바닥에 댄 채 누워서 관 크기의 상자 안으로 밀려 들어가서는 움직일 수 없게 되자, 나의 교감신경계가 다르게 작동하게 되었다. 폐쇄공포증이 나를 압도하자 심장은 쿵쾅거리기 시작하였으며, 도망가고 싶은 필사적인 충동을 느꼈다. 꺼내달라고 막 부르짖으려는 순간, 나는 갑자기 온화한 부교감신경계가 비집고 들어오는 것을 느꼈다. 심장박동이 느려지고, 신체는 이완되었다. 비록 기계 속에서의 20분이 모두 지나기 전에 각성이 재차 치솟기는 하였지만 말이다. 그 기사는 나의 자율신경계가 롤러코스터를 탔었다는 사실을 알지 못한 채, "참 잘하셨습니다."라고 말하였다.

자문자답하기

교감신경계가 작동하고 있다고 느꼈던 스트레스 상황을 회상해보라. 신체는 여러분을 위해서 무엇을 준비하고 있었는가? 도전거리가 지나간 후에 부교감신경계의 반응을 느낄 수 있었는가?

인출 연습

RP-9 뉴런 유형을 오른쪽 기술과 연결해보라.

유형	기술
1. 운동뉴런	**a.** 감각수용기로부터 CNS로 정보를 전달한다.
2. 감각뉴런	**b.** CNS 내에서 소통하며 입력과 출력 메시지를 매개한다.
3. 간뉴런	**c.** CNS로부터의 출력 메시지를 근육과 분비선으로 전달한다.

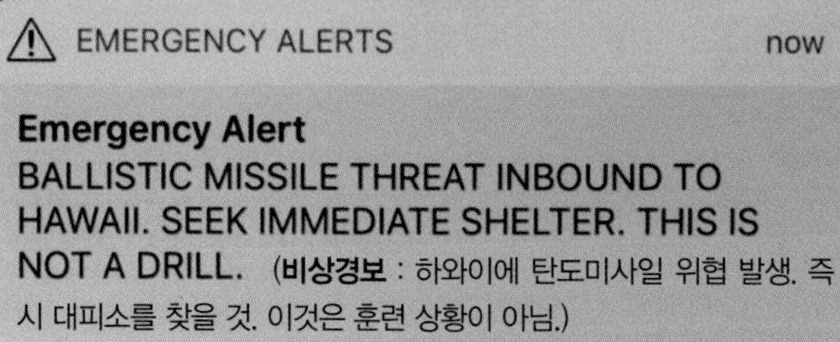

미사일 스트레스 2018년 하와이 주민은 북한의 핵탄두를 걱정하고 있는 와중에 이렇게 겁나는 경고를 받았다. 공황상태에 빠진 한 어머니는 "정말로 곧 죽는 줄 알았어요."라고 말하였다(Nagourney et al., 2018). 38분이 지난 후에, 그 경보는 오경보로 판명되었다.

RP-10 하와이 주민이 공포반응을 보일 때, 그리고 오경보임을 깨달은 후에 신체를 완화시키는 데 자율신경계가 어떻게 연관되었는가?

답은 부록 E를 참조

중추신경계

다른 뉴런들과 '대화'하는 뉴런들로부터 중추신경계인 두뇌와 척수의 복잡성이 발생한다. 우리의 인간다움, 즉 생각하고 느끼며 행동하는 것을 가능하게 해주는 것이 바로 두뇌이다. 수천 개의 다른 뉴런들과 소통하는 수백억 개의 개별 뉴런들이 끊임없이 변하는 역동적인 회로망을 만들어낸다. 소규모 두뇌 표본에서 뉴런의 개수를 추정한 한 가지 추정치에 따르면, 우리의 두뇌는 대략 860억 개의 뉴런을 가지고 있다(Azevedo et al., 2009; Herculano-Houzel, 2012).

개별 화소들이 결합하여 그림을 구성하는 것처럼, 두뇌의 개별 뉴런들은 군집을 이루어 신경망이라고 부르는 작업집단을 구성한다. 뉴런들이 이웃 뉴런들과 연결되어 있는 이유를 이해시키기 위해서, 스티븐 코슬린과 올리비에 쾨니그(1992, 12쪽)는 "도시들이 존재하는 이유를 생각해보라. 사람들이 전국에 걸쳐서 골고루 분포되어 있지 않은 이유는 무엇인가?"라는 물음을 던진다. 사람들이 다른 사람들과 네트워크를 이루고 있듯이, 뉴런들도 신속한 연결을 맺을 수 있는 이웃 뉴런들과 네트워크를 이룬다. 신경망에서 각 층의 뉴런들은 다음 층의 다양한 뉴런들과 연계되어 있다. 학습하는 것, 예컨대, 바이올린을 연주하고 외국어를 말하며 수학문제를 푸는 것을 학습하는 것은 피드백이 특정 결과를 초래하는 연계를 강화시킴으로써 이루어진다. 한 신경심리학자의 표현을 빌리면, 함께 활동하는 뉴런들은 함께 연결된다(Hebb, 1949).

© Tom Swick/Cartoonstock.com

"신체는 헤아릴 수도 없이 많은 빵조각들로 구성되어 있습니다."

CNS의 또 다른 부분인 척수는 말초신경계와 두뇌를 연결해주는 양방향 정보 고속도로이다. 상향 신경섬유는 감각 정보를 올려 보내고, 하향 신경섬유는 운동 제어 정보를 내려보낸다. 자극에 대한 자동반응인 **반사**(reflex)를 관장하는 신경경로가 척수의 작동을 잘 예시해준다. 간단한 척수반사 경로는 하나의 감각뉴런과 하나의 운동뉴런으로 구성된다. 둘은 간뉴런을 통해서 소통하기 십상이다. 예컨대, 무릎반사가 이렇게 단순한 통로를 수반한다. 무릎반사는 머리가 없어

반사 무릎반사와 같이 감각자극에 대한 단순하고 자동적인 반응

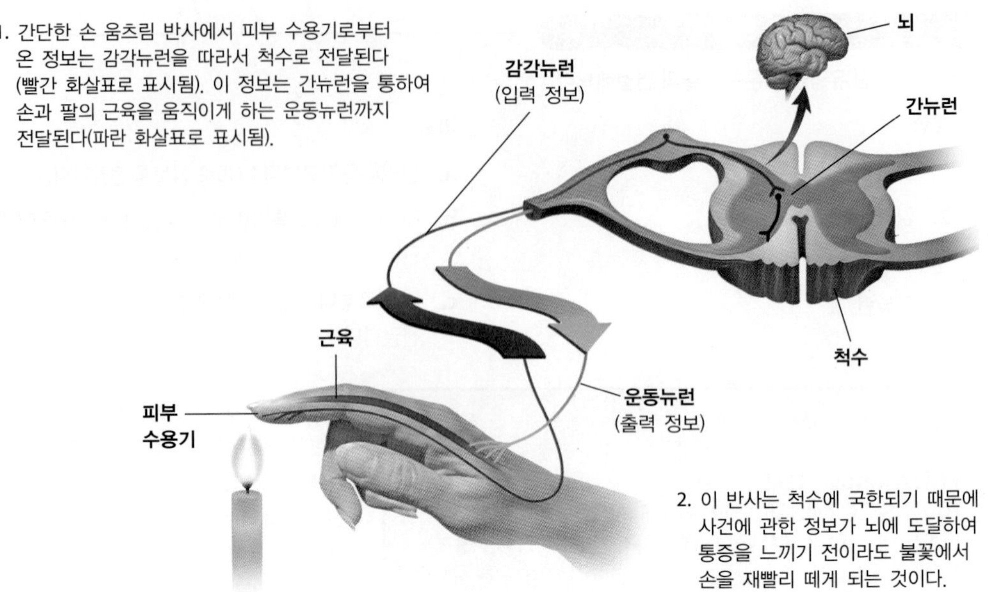
1. 간단한 손 움츠림 반사에서 피부 수용기로부터 온 정보는 감각뉴런을 따라서 척수로 전달된다 (빨간 화살표로 표시됨). 이 정보는 간뉴런을 통하여 손과 팔의 근육을 움직이게 하는 운동뉴런까지 전달된다(파란 화살표로 표시됨).
뇌
감각뉴런
(입력 정보)
간뉴런
근육
척수
피부
수용기
운동뉴런
(출력 정보)
2. 이 반사는 척수에 국한되기 때문에 사건에 관한 정보가 뇌에 도달하여 통증을 느끼기 전이라도 불꽃에서 손을 재빨리 떼게 되는 것이다.

그림 2.9
단순반사

도 가능하다.

또 다른 신경경로가 통증반사를 가능하게 해준다(그림 2.9). 손가락이 불꽃을 건드리면, 열에 의한 신경 활동이 감각뉴런을 통해서 척수의 간뉴런으로 전달된다. 그 간뉴런은 팔 근육으로 이어지는 운동뉴런을 흥분시킨다. 단순한 통증반사 경로는 척수를 거쳐 근육으로 바로 연결되기 때문에, 두뇌가 통각을 초래한 정보를 받아들여 반응을 보이기도 전에 여러분의 손은 불꽃으로부터 움츠러들게 된다. 손을 움츠리는 행동이 의지에 의해서가 아니라 저절로 이루어지는 것처럼 느껴지는 이유가 바로 이것이다.

정보는 척수를 거쳐서 두뇌로 전달되고 두뇌로부터 말초기관으로 전달된다. 만일 척수의 최상단 부분이 절단되었다면, 그 아래쪽 신체의 통증을 느낄 수 없게 된다. 즐거움도 느낄 수 없다. 말 그대로 두뇌가 신체와 접촉할 수 없기 때문에, 손상된 위치 아래쪽 척수 부위의 감각경로와 운동경로를 가지고 있는 신체기관에서는 모든 감각과 자발적 움직임을 상실하게 된다. 즉 고무망치를 느끼지 않고도 무릎반사를 나타낼 수 있다. 허리 아래쪽이 마비된 남성은 발기를 조절하는 두뇌 중추가 절단되었을 때도 성기가 자극을 받으면 (단순 반사이기 때문에) 발기할 수 있다(Gomes et al., 2017; Hess & Hough, 2012). 똑같은 마비 증상을 보이는 여성도 질을 자극하면 성적 반응을 보일 수 있다. 그렇지만 척수의 어느 위치가 얼마만큼 절단되었는지에 따라서 성적 이미지에 생식기가 성적 반응을 보이지 않고 성적 감정도 느끼지 못할 수 있다(Kennedy & Over, 1990; Sipski et al., 1999). 신체의 통증이나 쾌감을 느끼려면, 감각 정보가 두뇌에 도달해야만 한다.

"만일 신경계가 두뇌와 나머지 부분 사이에서 절단된다면, 나머지 부분의 경험은 마음에 존재하지 않는다. 눈과 귀가 멀고, 손은 감각도 못 하고 움직일 수도 없다." 윌리엄 제임스, 『심리학원리』(1890)

내분비계

LOQ 2-7 내분비계는 어떻게 정보를 전달하고 신경계와 상호작용하는가?

지금까지는 속도가 빠른 전기화학적 정보 시스템에 초점을 맞추었다. 신경계와 상호 연결되어 있는 두 번째 소통 시스템이 **내분비계**(endocrine system)이다(그림 2.10). 내분비계는 **호르몬**

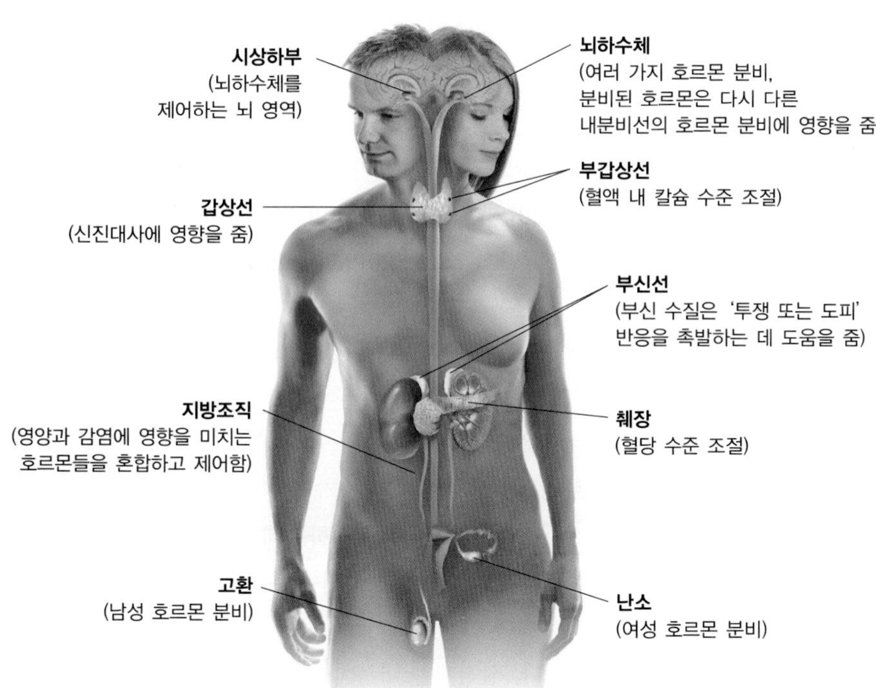

그림 2.10
내분비계

(hormone)이라는 또 다른 형태의 화학 메신저를 분비하는 선(腺)과 지방조직을 포함하고 있다. 호르몬은 혈액을 따라 돌아다니면서 두뇌를 포함한 다른 조직들에 영향을 미친다. 호르몬이 두뇌에 작용함으로써 성과 섭식 그리고 공격성 등에 영향을 미친다.

어떤 호르몬은 화학적으로 신경전달물질(시냅스에 분산되어 인접 뉴런을 흥분시키거나 억제하는 화학적 메신저)과 동일하다. 따라서 내분비계와 신경계는 친족관계 시스템이다. 둘 모두 다른 곳의 수용기를 활성화시키는 분자를 방출한다. 그렇지만 친족의 경우와 마찬가지로 차이점도 존재한다. 속도가 빠른 신경계는 순식간에 눈에서부터 두뇌를 통하여 손으로 메시지를 전달한다. 내분비선 메시지는 혈액을 따라 서서히 이동하기 때문에 내분비선에서 목표 조직까지 전달되는 데는 몇 초 이상이 걸리게 된다. 신경계 소통이 메시지를 문자 메시지의 속도로 전달하는 것이라면, 내분비계는 옛날 방식으로 편지를 보내는 것과 같다.

그러나 느리지만 안정적인 것이 때로는 경주에서 승리할 수도 있다. 내분비선 메시지는 신경 메시지의 효과보다 지속적인 경향이 있다. 이 사실은 우리를 흥분시킨 것이 무엇인지를 자각한 후에도 흥분된 감정이 지속되는 이유를 설명해준다. 이러한 일이 발생하였을 때, 진정하기까지는 시간이 걸린다. 무엇이 정서를 야기하였는지 의식적으로 자각하지도 않은 채 정서가 지속되는 현상은 한 가지 독창적인 실험에서 극적으로 나타났다. 새로운 의식적 기억을 형성할 수 없는 뇌손상 환자들이 슬픈 영화를 관람한 후에 행복한 영화를 관람하였다. 이들은 각 영화를 관람한 후에 의식적으로는 그 영화의 내용을 회상할 수 없었지만, 슬프거나 행복한 정서는 지속되었다(Feinstein et al., 2010).

위험한 순간이 닥치면, 자율신경계(ANS)는 콩팥 위쪽의 **부신선**(adrenal gland)으로 하여금 에피네프린과 노르에피네프린(각각 아드레날린과 노르아드레날린이라고도 부른다)을 방출하도록 명령한다. 이 호르몬들은 심장박동과 혈압 그리고 혈당을 증가시킴으로써, 에너지가 고조되도록 만든다. 위급상황이 지나가더라도, 호르몬과 흥분의 감정은 잠시 그대로 유지된다.

fizkes/Getty Images

편견이 스트레스를 유발한다 편견의 경험은 스트레스 호르몬인 코르티솔의 방출을 촉발시킬 수 있다(Deer et al., 2018).

내분비계 신체의 '느린' 화학적 소통 시스템. 호르몬을 혈관에 분비하는 일련의 내분비선으로 구성되어 있다.

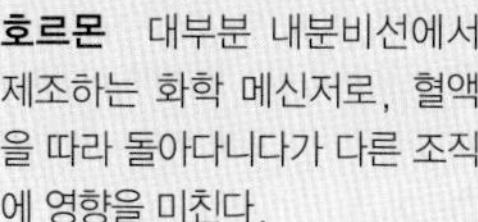

호르몬 대부분 내분비선에서 제조하는 화학 메신저로, 혈액을 따라 돌아다니다가 다른 조직에 영향을 미친다.

부신선 콩팥 바로 위에 있는 한 쌍의 내분비선. 에피네프린(아드레날린)과 노르에피네프린(노르아드레날린)을 분비하는데, 이 호르몬은 스트레스 상황에서 신체를 각성시키는 데 일조한다.

뇌하수체 내분비계에서 가장 영향력 있는 내분비선. 시상하부의 영향을 받아서 성장을 조절하며 다른 내분비선을 제어한다.

영향력이 가장 큰 내분비선은 두뇌 중심부에 자리 잡고 있는 콩알 크기의 **뇌하수체**(pituitary gland)이며, 시상하부(잠시 후에 다룬다)라고 부르는 이웃 두뇌영역의 통제를 받는다. 뇌하수체가 방출하는 호르몬 중의 하나가 신체 발달을 촉진하는 성장 호르몬이다. 또 다른 호르몬인 옥시토신은 출산과 연합된 수축, 모유 생성, 오르가슴 등을 가능하게 해주고, 사회적 유대감도 촉진한다(Bartz et al., 2019; Kreuder et al., 2018; Tan et al., 2019). 또한 긴밀한 관계를 강화하고 집단에 대한 위협에 주의를 환기시킨다(Nitschke et al., 2019; Sunahara et al., 2019; Zhang et al., 2019).

뇌하수체 호르몬은 다른 내분비선의 호르몬 분비도 주도한다. 뇌하수체는 실제로 우두머리 내분비선이라고 할 수 있다(뇌하수체의 우두머리는 시상하부이다). 예컨대, 뇌하수체는 두뇌의 명령을 받아서 성선을 촉발시켜 성호르몬을 분비하게 만든다. 이것은 다시 두뇌와 행동에 영향을 미치게 된다(Goetz et al., 2014). 스트레스의 경우에도 마찬가지이다. 스트레스 사건은 시상하부를 촉발시켜 뇌하수체로 하여금 호르몬을 분비하도록 지시하는데, 이 호르몬은 부신선으로 하여금 혈당을 증가시키는 스트레스 호르몬인 코르티솔을 신체에 분비하도록 만든다.

이러한 피드백 시스템(두뇌 → 뇌하수체 → 다른 내분비선 → 호르몬 → 신체와 두뇌)은 신경계와 내분비계의 긴밀한 연계를 보여준다. 신경계는 내분비선의 호르몬 분비를 지시하고, 이 호르몬이 다시 신경계에 영향을 미친다. 이러한 전기화학적 오케스트라를 조율하고 지휘하는 마에스트로가 바로 두뇌이다.

자문자답하기

화가 치밀어 오르는 사건 후에 분노와 같은 호르몬 반응의 잔존효과를 느꼈던 경험을 기억하는가? 기분이 어땠는가? 얼마나 오래 지속되었는가?

인출 연습

RP-11 뇌하수체를 '우두머리 내분비선'이라고 부르는 이유는 무엇인가?

RP-12 신경계와 내분비계는 어떻게 유사한가? 그리고 어떻게 다른가?

답은 부록 E를 참조

개관 신경계와 내분비계

학습목표

자기검증 개념 파악을 증진시키도록 (부록 D의 답을 확인해보기에 앞서) 여러분 자신의 표현으로 여기서 반복하는 학습목표 물음에 답해보라 (McDaniel et al., 2009, 2015).

LOQ 2-1 심리학자들이 인간의 생물학에 관심을 갖는 이유는 무엇인가?

LOQ 2-2 어떻게 생물적 특성과 경험이 함께 신경가소성을 가능하게 만드는가?

LOQ 2-3 뉴런이란 무엇인가? 뉴런은 어떻게 정보를 전달하는가?

LOQ 2-4 신경세포는 어떻게 다른 신경세포와 소통하는가?

LOQ 2-5 신경전달물질은 행동에 어떤 영향을 미치는가? 약물이나 다른 화학물질은 신경전달에 어떤 영향을 미치는가?

LOQ 2-6 신경계 주요 부분들의 기능은 무엇인가? 뉴런의 세 가지 주요 유형은 무엇인가?

LOQ 2-7 내분비계는 어떻게 정보를 전달하고 신경계와 상호작용하는가?

기억해야 할 용어와 개념들

자기검증 여러분 자신의 표현으로 정의를 적어본 후에 답을 확인해보라.

간뉴런	불응기	역치
감각뉴런	생물심리학	운동뉴런
교감신경계	세포체	자율신경계
교세포	수상돌기	재흡수
길항제	수초	중추신경계
내분비계	시냅스	체신경계
뇌하수체	신경	축색
뉴런	신경가소성	호르몬
말초신경계	신경계	활동전위
반사	신경전달물질	효능제
부교감신경계	실무율 반응	
부신선	엔도르핀	

학습내용 숙달하기

자기검증 여러분 자신의 표현으로 다음 물음에 답한 후에 부록 E에서 답을 확인해보라.

1. 심리학자가 두뇌는 '가소성'을 가지고 있다고 말하는 것의 의미는 무엇인가?

2. 메시지를 다른 뉴런 또는 근육과 내분비선으로 전달하는 신경섬유는 ______이다.

3. 다음 중에서 한 뉴런의 축색과 다른 뉴런의 수상돌기나 세포체 사이의 미세한 공간을 나타내는 이름은 무엇인가?

a. 축색종말 **b.** 분지섬유
c. 시냅스 틈 **d.** 역치

4. 다음 중 자극에 대한 뉴런의 반응에서 자극의 강도가 결정하는 것은 무엇인가?

a. 신경 흥분을 생성할 것인지 여부
b. 신경 흥분이 전달되는 속도
c. 신경 흥분의 강도
d. 재흡수가 일어날 것인지 여부

5. 정보를 전달하는 뉴런에서 활동전위가 축색종말에 도달할 때, 신경 흥분은 ______이라고 부르는 화학메신저 방출을 촉발한다.

6. 다음 중 두뇌에서 엔도르핀을 방출시키는 것은 무엇인가?

a. 모르핀이나 헤로인 **b.** 통증이나 격렬한 운동
c. 실무율 반응 **d.** 세 가지 모두

7. 자율신경계는 심장박동이나 내분비선 활동과 같은 내적 기능을 제어한다. 다음 중 '자율'이라는 단어가 의미하는 것은 무엇인가?

a. 진정시킨다 **b.** 자발적
c. 자기조절적 **d.** 각성적

8. 교감신경계는 우리가 행동하도록 각성시키며, 부교감신경계는 우리를 진정시킨다. 두 신경계를 합쳐 ______라고 부른다.

9. 척수의 뉴런들은 ______신경계의 부분이다.

10. 다음 중 우두머리 내분비선이라고 알려진 가장 영향력이 큰 내분비선은 무엇인가?

a. 뇌하수체 **b.** 시상하부
c. 갑상선 **d.** 췌장

11. ______은 스트레스를 받을 때 신체를 각성시키기 위하여 에피네프린과 노르에피네프린을 방출한다.

발견도구, 오래된 두뇌 구조, 그리고 변연계

사람들은 자신이 '목 위쪽 어디엔가'(Fodor, 1999)에 살고 있다고 확신한다. 그러한 생각에는 충분한 이유가 있다. 두뇌는 마음을 가능하게 해준다. 보고 들으며, 냄새 맡고 느끼며, 기억하고 생각하며, 말하고 꿈꾸게 해준다. 저자(마이어스)의 지인 한 사람은 어떤 여성으로부터 새로운 심장을 이식받았는데, 그 여성은 심장과 폐를 동시에 이식받는 희귀한 수술을 받았다. 두 사람이 우연히 병동에서 마주쳤을 때, 그녀는 자신을 다음과 같이 소개하였다. "댁이 내 심장을 가졌나 보네요." 그렇지만 심장뿐이다. 그녀는 자신의 자아가 여전히 자신의 두개골 속에 남아있다고 생각하였다. 두뇌를 자기반성적으로 분석하는 것은 바로 두뇌이다. 두뇌에 대해서 생각할 때, 두

"왓슨 박사, 나는 두뇌요. 나의 나머지 부분은 그저 부수적일 뿐이요." 셜록 홈스, 아서 코난 도일의 「마자린 스톤의 모험」(1921)

뇌를 가지고 생각하는 것이다. 헤아릴 수 없이 많은 시냅스가 활동하며 신경전달물질 분자들을 방출하면서 말이다. 사랑과 같은 경험에 대한 호르몬의 효과는 만일 우리가 신체는 없이 두뇌만 가지고 있다면 신체가 있을 때와 똑같은 마음을 갖지 못할 것이라는 생각을 불러일으킨다. 아무튼 두뇌와 행동 그리고 인지(cognition)는 통합된 전체인 것이다. 그렇다면 정확하게 어디서, 그리고 어떻게 마음의 기능이 두뇌와 연결되는 것인가? 우선 과학자들이 그러한 물음을 탐구하는 방법을 보도록 하자.

발견도구 : 두뇌 들여다보기

LOQ 2-8 신경과학자들은 두뇌와 행동이나 마음 간의 연계를 어떻게 연구하는가?

인간의 역사에서 과학자들은 오랫동안 살아있는 인간의 두뇌를 탐구할 수 있을 만큼 강력하면서도 동시에 해를 끼치지 않는 도구를 갖지 못하였다. 초기의 사례연구는 몇몇 두뇌기능의 위치를 확인하는 데 도움을 주었다. 두뇌 한쪽 측면의 손상은 흔히 신체 반대쪽의 무감각이나 마비를 초래하였으며, 이 사실은 신체의 오른쪽은 두뇌의 왼쪽과 연결되어 있으며 그 반대도 마찬가지라는 사실을 시사하였다. 두뇌 뒷부분의 손상은 시각을 와해시켰으며, 두뇌 왼쪽 앞부분의 손상은 발성 장애를 초래하였다. 초기 연구자들은 점차적으로 두뇌의 지도를 작성하게 되었다.

이제 인간의 두뇌는 자신을 연구하는 새로운 방법들을 개발하고 있다. 새로운 세대의 신경지도 제작자들은 우리가 알고 있는 우주에서 가장 경이로운 기관을 탐색하고 그 지도를 작성하고 있다. 과학자들은 정상적이거나 손상된 극소수의 두뇌 세포만을 선택적으로 **손상**(lesion)시키고 두뇌기능에 대한 효과를 관찰할 수 있다. 실험실에서 이러한 연구들은, 예컨대 쥐의 두뇌에서 시상하부의 한 영역을 손상시키면 굶어 죽을 정도로 먹는 양이 감소하는 반면, 다른 영역의 손상은 과식을 초래한다는 사실을 밝혀왔다.

오늘날의 신경과학자들은 전기적으로, 화학적으로, 또는 자기력을 이용하여 두뇌의 다양한 부위를 자극하고 그 효과를 기록할 수 있다. 몇 가지 예를 들자면, 자극을 가한 두뇌 부위에 따라서 사람들은 낄낄거리고, 목소리를 들으며, 고개를 돌리고, 낙하하는 느낌을 받으며, 자신의 신체를 벗어나는 경험을 할 수 있다(Selimbeyoglu & Parvizi, 2010).

과학자들은 개별 뉴런들의 메시지조차 엿들을 수 있다. 그 끝부분이 아주 미세하여 단일 뉴런의 전기 펄스를 탐지할 수 있는 오늘날의 미세전극은, 예컨대 고양이의 복부를 간질일 때 그 고양이 두뇌에서 정보가 흘러가는 위치를 정확하게 탐지할 수 있다(Ishiyama & Brecht, 2017). 전도가 유망한 새로운 도구에는 **광유전학**이 포함되어 있는데, 이 기법은 신경과학자로 하여금 개별 뉴런의 활동을 제어할 수 있게 해준다(Boyden, 2014). 뉴런이 빛에 민감하도록 프로그래밍함으로써, 감각, 공포, 우울, 약물 남용 장애 등의 생물학적 토대를 살펴볼 수 있다(Dygalo & Shishkina, 2019; Firsov, 2019; Juarez et al., 2019; Nikitin et al., 2019).

또한 연구자들은 수십억 개 뉴런들이 소통하는 것도 엿들을 수 있다. 지금 이 순간 여러분의 심적 활동은 전기, 신진대사, 그리고 자기 신호를 방출하고 있으며, 이 신호는 신경과학자들로 하여금 여러분의 두뇌가 작동하는 것을 관찰할 수 있게 해준다. 수십억 두뇌 뉴런들의 전기 활동은 두개골을 통해서 규칙적인 전기파를 방출한다. **뇌전도**(electroencephalogram, EEG)는 그러한 전기파를 증폭시켜 읽어낸 것이다. 연구자들은 전도성 물질을 덧바른 전극들로 채워 넣은 샤워

살아있는 인간 두뇌를 노출시킨 모습 오늘날 신경과학 도구들은 두개골 속을 들여다보면서, 마음을 가능하도록 작동하고 있는 두뇌를 살펴볼 수 있게 해준다.

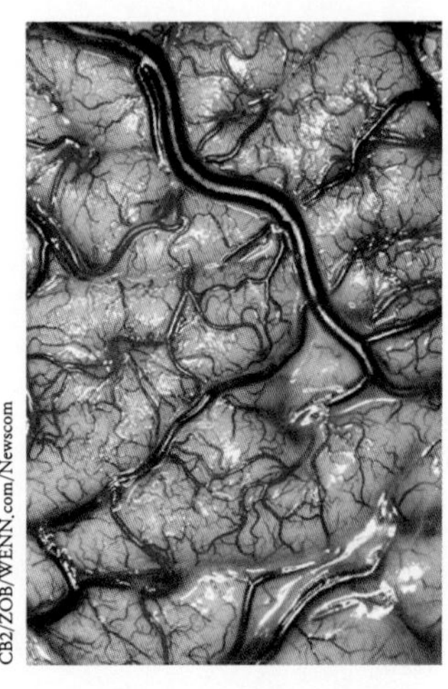
CB2/ZOB/WENN.com/Newscom

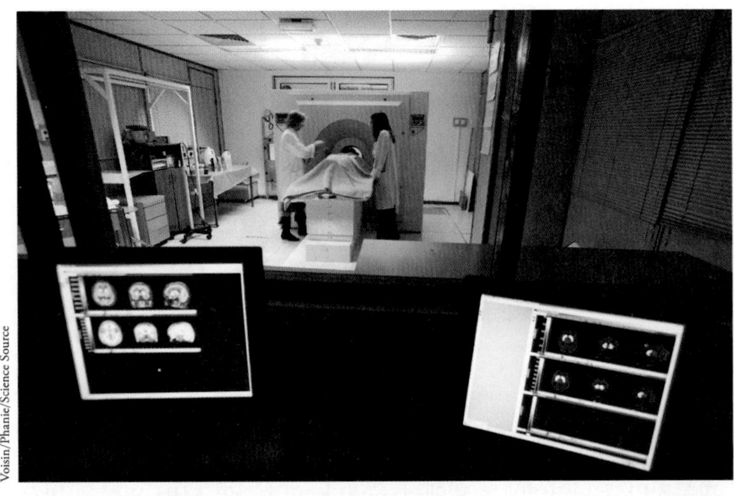
Voisin/Phanie/Science Source

그림 2.11
PET 영상 PET 영상을 얻기 위해서 연구자는 자원자들에게 반감기가 짧고 무해한 방사능이 조금 섞인 포도당을 주사한다. 자원자 머리 주변의 탐지기들이 포도당으로부터 방출되는 감마선을 찾아내는데, 포도당은 활동하고 있는 두뇌영역에 집중된다. 그런 다음에 컴퓨터가 신호들을 처리하여 활동하는 두뇌의 지도를 만들어낸다.

용 모자와 같은 장치를 통해서 뇌파를 기록한다. 두뇌 활동의 EEG를 연구하는 것은 그 소리를 듣고 자동차 엔진을 연구하는 것에 비유할 수 있다. 두뇌에 직접 접근할 수 없는 연구자들은 자극을 반복해서 제시하고 컴퓨터를 이용해서 그 자극과 무관한 두뇌 활동들을 걸러낸다. 여기서 남은 뇌파가 자극이 촉발한 전기파이다.

EEG와 관련된 기법이 **뇌자도**(magnetoencephalography, MEG)이다. 두뇌의 자기장을 분리해 내기 위하여 연구자들은 지구 자장과 같은 다른 자기 신호를 상쇄시키는 특수한 공간을 만들어냈다. 참가자는 미장원의 헤어드라이어를 닮은 헤드코일 아래쪽에 앉는다. 참가자가 어떤 행위를 수행하는 동안 수많은 뉴런이 전기 펄스를 생성하는데, 이것이 자기장을 만들어낸다. 자기장의 속도와 강도는 연구자들로 하여금 특정 과제가 두뇌 활동에 어떤 영향을 미치는지를 이해할 수 있게 해준다(Eldar et al., 2018; Ruzich et al., 2019; Uhlhaas et al., 2018).

"너는 사람들을 바라다볼 뿐만 아니라 그 속내도 들여다보아야만 한다."라고 체스터필드 경은 1746년에 자기 아들에게 보낸 편지에서 충고하였다. 보다 새로운 신경 영상 기법들은 살아있는 두뇌의 내부를 들여다볼 수 있는 슈퍼맨과 같은 능력을 제공해준다. **양전자 방출 단층촬영법**(positron emission tomography, PET) 영상(그림 2.11)은 두뇌의 각 영역이 화학적 연료인 포도당을 소비하는 정도를 보여줌으로써 두뇌 활동을 나타낸다. 활동하는 뉴런은 포도당 대식가이다. 두뇌는 체중의 단지 2%에 불과하지만 칼로리 섭취량의 20%를 사용한다. 사람에게 반감기가 아주 짧은 방사능 물질을 섞은 포도당을 주입하면, PET 영상은 그 사람이 어떤 과제를 수행할 때 '사고를 위한 자양분'이 방출하는 감마선을 추적할 수 있다. 강우 활동을 보여주는 기상 레이더와 마찬가지로 PET 영상의 '핫 스폿(hot spot)'은 사람들이 수학 계산을 하거나 음악을 듣거나 백일몽을 꿀 때, 두뇌의 어느 영역이 매우 활동적인지를 보여준다.

자기공명 영상법(magnetic resonance imaging, MRI) 두뇌 영상에서는 두뇌를 강력한 자기장에 놓음으로써 두뇌 분자의 회전하는 원자를 정렬시킨다. 그런 다음에 라디오파를 두뇌에 쏘면, 원자들이 순간적으로 흐트러진다. 원자들이 원래의 회전 상태를 회복할 때, 밀집된 정도에 관한 영상을 제공하는 신호를 방출함으로써 두뇌를 포함한 부드러운 조직에 대한 상세한 그림을 그릴 수 있게 된다. MRI 영상은 절대 음감을 나타내는 음악가의 좌반구에서 비교적 큰 신경영역을 보여준다(Schlaug et al., 1995). 또한 MRI는 조현병 환자에서 뇌척수액이 들어있는 뇌실(그림 2.12에서 빨간색 화살표가 가리키는 나비 모양의 공간)이 확장된 것도 보여주었다.

손상법 조직의 파괴. 두뇌 손상이란 자연적으로 또는 실험에서 처치한 두뇌조직 파괴를 말한다.

뇌전도(EEG) 두뇌 표면에 걸쳐 나타나는 전기파를 증폭시켜 기록한 것. 이 뇌파는 두피에 부착한 전극으로 측정한다.

뇌자도(MEG) 두뇌의 전기 활동에 따른 자기장을 측정하는 두뇌 영상 기법

양전자 방출 단층촬영법(PET) 두뇌가 특정 과제를 수행하는 동안 방사능 물질이 포함된 포도당이 어느 곳에 몰리는지를 탐지하는 기법

자기공명 영상법(MRI) 자기장과 라디오파를 사용하여 컴퓨터가 생성하는 영상을 만들어내는 기법. 두뇌 구조를 보여준다.

기능성 자기공명 영상법(fMRI) 연속적인 MRI 영상을 비교함으로써 혈액의 흐름을 통해서 두뇌 활동을 밝혀내는 기법. fMRI는 두뇌의 구조뿐만 아니라 기능도 보여준다.

그림 2.12
건강한 사람(a)과 조현병 환자(b)의 MRI 영상
오른쪽 그림에서 뇌척수액으로 채워져 있는 뇌실이 확장된 것에 주목하라.

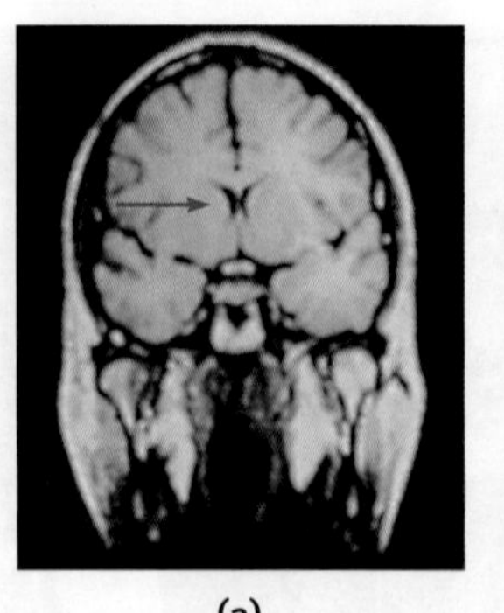
(a)

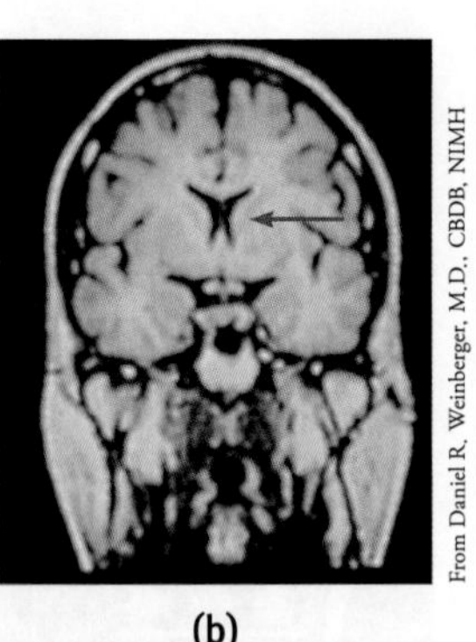
(b)

From Daniel R. Weinberger, M.D., CBDB, NIMH

특수하게 제작한 MRI인 **fMRI**(funtional MRI, 기능성 MRI)는 두뇌의 구조뿐만 아니라 기능도 밝혀줄 수 있다. 특별히 활동적인 두뇌영역에는 혈액이 몰린다. 연속적인 MRI 영상을 비교함으로써 특정 두뇌영역이 활성화함에 따라서 산소를 보유한 혈류가 증가하는 것을 관찰할 수 있다. 예컨대, 어떤 장면을 쳐다볼 때 fMRI는 시각정보를 처리하는 두뇌의 뒤쪽 영역으로 혈액이 몰려가는 것을 탐지하게 된다. 또 다른 도구인 기능성 근적외선 분광분석기(functional near-infrared spectroscopy, fNIRS)는 혈액 분자에서 빛을 발하는 적외선을 사용하여 두뇌 활동을 찾아낸다. fNIRS 장치는 그 크기가 커다란 배낭에 들어갈 정도이기 때문에, 연구자들이 접근하기 어려운 집단을 대상으로 마음의 생물학적 특성을 연구할 수 있게 해준다(Burns et al., 2019; Perdue et al., 2019). 이러한 영상기법들을 비교해보려면 표 2.2를 참조하라.

두뇌의 변화무쌍한 활동에 대한 이러한 스냅 사진은 어떻게 두뇌가 분업을 하고 있으며 변하

표 2.2 전형적인 신경 측정 도구

이름	작동방식	사례
뇌전도(EEG)	두피에 부착한 전극이 뉴런의 전기 활동을 측정한다.	우울과 불안 징후는 행동 철회나 부정적 정서와 연합된 두뇌영역인 우반구 전두엽의 증가된 활동과 상관이 있다(Thibodeau et al., 2006).
뇌자도(MEG)	헤드코일이 두뇌가 생성하는 전류의 자기장을 기록한다.	외상 후 스트레스 장애(PTSD)를 겪는 군인은 그렇지 않은 군인과 비교할 때, 외상 관련 영상을 보면 시각피질에서 강력한 자기장을 나타낸다(Todd et al., 2015).
양전자 방출 단층촬영법(PET)	특정 과제를 수행하는 동안 두뇌의 어느 영역에 포도당이 몰리는지를 추적한다.	불안 기질이 있는 원숭이는 공포, 기억, 그리고 보상과 처벌의 기대와 관련이 있는 두뇌영역에서 더 많은 포도당을 사용하는 두뇌를 가지고 있다(Fox et al., 2015).
자기공명 영상법(MRI)	두뇌 구조 지도를 작성하기 위하여 자기장과 라디오파를 사용하는 공간에 앉거나 누워있는다.	폭력의 개인사를 가지고 있는 사람은 작은 전두엽을 가지고 있는데, 특히 도덕 판단과 자기제어를 지원하는 영역에서 그렇다(Glenn & Raine, 2014).
기능성 자기공명 영상법(fMRI)	연속적인 MRI 영상을 비교하여 특정 두뇌 영역의 혈류를 측정한다.	비행기 추락에서 살아남은 사람은 몇 년이 지난 후에도 그 외상과 관련된 사건을 보면 9/11 테러와 연관된 장면을 볼 때보다 두뇌의 공포, 기억 그리고 시각 중추에서 더 큰 활성화를 나타냈다(Palombo et al., 2015).

는 욕구에 대응하는지에 대한 새로운 통찰을 제공하고 있다. 산처럼 쌓여가는 최근의 fMRI 연구들은 사람들이 통증이나 소외감을 느낄 때, 화난 목소리를 들을 때, 무서운 생각을 할 때, 즐거울 때, 또는 성적으로 흥분할 때, 어느 두뇌영역이 가장 활동적인지를 보여준다. 심지어 fMRI는 사람들이 배우처럼 자신의 성격을 의도적으로 억제할 때 일어나는 일조차도 보여줄 수 있다(Brown et al., 2019).

두뇌 영상은 마음 읽기를 가능하게 해주는가? fMRI 테크놀로지는 다소 조잡한 독심술을 가능하게 해준다. 한 신경과학 연구팀은 여덟 가지 상이한 심적 과제(읽기, 도박하기, 또는 운율 따라 말하기 등)를 수행하고 있는 129명의 뇌 영상을 가지고 그 사람들이 어떤 과제를 수행하고 있는지를 80%의 정확도를 가지고 예측할 수 있었다(Poldrack, 2018). 다른 연구들은 두뇌 활동을 사용하여 공중보건 캠페인의 효과 그리고 학업, 마약 복용, 친구의 선택 등과 같은 미래 행동을 예측해왔다(Chung et al., 2017; Cooper et al., 2019; Kranzler et al., 2019; Zerubavel et al., 2018).

Mark Straccia/UCLA Social Cognitive Neuroscience Laboratory

WEIRD가 아닌 사람의 두뇌 이해하기 대부분의 신경과학 연구는 WEIRD(Western, educated, industrial, rich, and democratic) 전집의 사람을 대상으로 수행된다(Falk et al., 2013). 이 사진 속 연구자들은 기능성 근적외선 분광분석기(fNIRS)를 사용하여 요르단 사람들을 대상으로 설득에 수반된 두뇌영역을 확인해낼 수 있었다.

여러분들은 '음악을 듣고 있는 두뇌'와 같은 표제를 달고 있는 천연색 두뇌 사진들을 보았을 것이다. 두뇌영역이 실제로 빛을 발하는 것은 아니지만, 선명한 두뇌 영상은 인상적이다. 사람들은 과학적 설명이 신경과학을 포함하고 있을 때 더 믿을 만하고 흥미진진하다고 평가한다(Fernandez-Duque et al., 2015; Im et al., 2017). 그렇지만 '신경회의론자'들은 고객의 선호를 예측하고, 거짓말을 탐지하며, 범죄를 예언하는 등의 능력에 관하여 도가 지나친 주장들을 경고하고 있다(Rose & Rose, 2016; Satel & Lilienfeld, 2013; Schwartz et al., 2016). 신경마케팅, 신경법학, 신경정치학 등은 과대망상적이기 십상이다. 영상기법은 두뇌의 구조와 활동을 밝혀주고, 때로는 상이한 행동 이론들을 검증하는 데 도움을 주기도 한다(Mather et al., 2013). 그렇지만 인간의 모든 경험이 두뇌에 기반한다는 사실을 전제로 할 때, 강의를 듣거나 욕정이 솟구칠 때 상이한 두뇌영역이 활성화된다고 해서 놀라울 것은 없다.

* * *

생각하고 느끼고 있는 두뇌의 속내를 들여다볼 수 있는 오늘날의 기법들은, 현미경이 생물학에 공헌한 것이나 망원경이 천문학에 공헌한 것처럼, 심리학에 공헌하고 있다. 지난 100년 동안 우리는 이 기법들을 통해서 두뇌에 관하여 과거 10,000년보다도 더 많은 것을 밝혀왔다. 그리고 매년 두뇌 연구에 엄청난 연구비를 투자함에 따라서, 향후 10년에 걸쳐서 훨씬 더 많은 사실을 밝혀내게 될 것이다. 유럽의 인간 두뇌 프로젝트는 뇌과학을 발전시키기 위하여 2013년부터 2023년까지 10억 달러의 예산을 책정하였다(Salles et al., 2019). 4,000만 달러의 예산을 책정한 휴먼커넥토미 프로젝트(Human Connectome Project)는 MRI 테크놀로지의 일종인 초강력 **확산 스펙트럼 영상**(diffusion spectrum imaging, DSI)을 활용하여 두뇌에서 원거리 신경통로 지도의 작성을 시도하고 있다(Glasser et al., 2016; Wang & Olson, 2018; 그림 2.13). 이러한 노력은 과거에는 기술하지 못하였던 100개의 신경중추를 가지고 있는 새로운 두뇌지도를 만들어냈다(Glasser et al., 2016). 이러한 작업에 토대를 두고 있는 새로운 프로젝트는 36세부터 100세 이상까지 전형적으로 나타나는 두뇌 노화를 이해하고자 시도하고 있다(Bookheimer et al., 2019). 장차 흥미진진한 발견을 기대하라.

그림 2.13
멋들어진 두뇌 연결 모습 휴먼 커넥토미 프로젝트가 최첨단 기법을 사용하여 두뇌의 상호 연결된 뉴런들의 지도를 작성하고 있다. 연구자들은 여러 두뇌영역에 수분을 전달하는 신경섬유의 조화로운 모습을 다양한 색깔을 사용하여 만들어냈다.

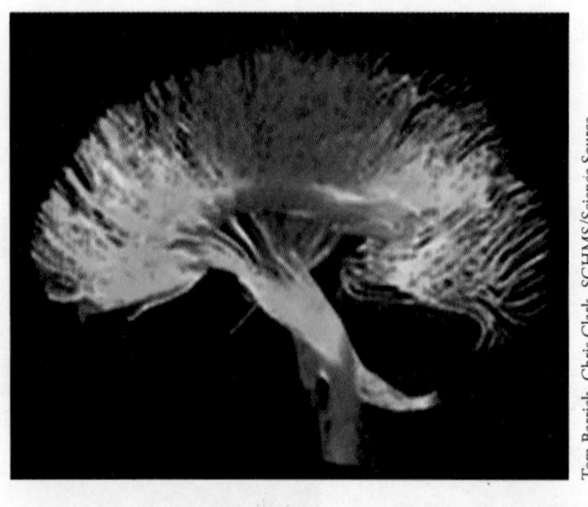
Tom Barrick, Chris Clark, SGHMS/Science Source

오늘날 신경과학을 공부하는 것은 마젤란이 대양을 탐험하면서 세계지리를 연구한 것에 비유할 수 있다. 지금이 두뇌과학의 황금기임에 틀림없다.

"우리의 진보가 의기양양할 만한 것이기는 하지만, 지금까지 우리는 인간 두뇌에 관하여 알아내려는 것의 지극히 일부분만을 발견하였다. 그렇지만 이 발견은 어떤 셜록 홈스 소설보다도 흥미진진한 이야기를 만들어내고 있다." V. S. 라마찬드란, 『명령하는 뇌, 착각하는 뇌(*The Tell-Tale Brain*)』(2011)

자문자답하기

두뇌의 구조와 기능을 연구하기 위해서 그토록 많은 테크놀로지 도구가 존재한다는 사실을 알고는 놀랐는가? 어느 기법이 가장 흥미진진한가? 그 이유는 무엇인가?

인출 연습

RP-1 다음의 영상기법들을 정확한 기술과 연결해보라.

기법	기술
1. fMRI 영상	**a.** 두뇌 활동을 밝히기 위하여 방사능 포도당의 흐름을 추적한다.
2. PET 영상	**b.** 두뇌기능을 보기 위하여 두뇌조직의 연속적인 영상을 추적한다.
3. MRI 영상	**c.** 두뇌의 해부학적 구조를 보기 위하여 자장과 라디오파를 사용한다.

답은 부록 E를 참조

오래된 두뇌 구조

LOQ 2-9 뇌간을 구성하는 구조들은 무엇인가? 뇌간, 시상, 망상체 그리고 소뇌의 기능은 무엇인가?

동물의 능력은 두뇌 구조에서 나온다. 상어와 같은 원시 척추동물에서는 그렇게 복잡하지 않은 두뇌가 일차적으로 호흡, 휴식, 섭식 등의 기본 생존기능을 담당한다. 설치류와 같이 낮은 수준의 포유류에서는 조금 더 복잡한 두뇌가 정서와 상대적으로 뛰어난 기억을 가능하게 해준다. 인간과 같이 더욱 진화한 포유류에서는 두뇌가 보다 많은 정보를 처리함으로써 선견지명을 가지고 행동을 할 수 있게 된다.

두뇌의 점진적 복잡성은 오래된 구조 위에 새로운 구조가 첨가됨으로써 발생한다. 이것은 마치 지구 표면에서 오래된 지층 위에 새로운 지층이 덮이는 것과 같다. 속으로 들어가 보면, 과거의 화석과 같은 잔재를 발견하게 되는데, 뇌간의 성분들은 오랜 조상의 두뇌에서와 동일한 기능을 여전히 수행하고 있다. 뇌간으로부터 시작해서 새로운 두뇌조직으로 진행하는 방식으로 두뇌를 살펴보도록 하자.

뇌간 두뇌에서 가장 오래된 중추적 핵심 부분으로, 척수가 두개골로 들어오면서 부풀어 오른 곳에서부터 시작한다. 뇌간은 자동적인 생존기능을 책임지고 있다.

연수 뇌간의 토대. 심장박동과 호흡을 제어한다.

시상 뇌간의 꼭대기에 위치한 두뇌의 감각 스위치. 피질의 감각영역으로 메시지를 보내며 피질의 응답을 소뇌와 연수로 전달한다.

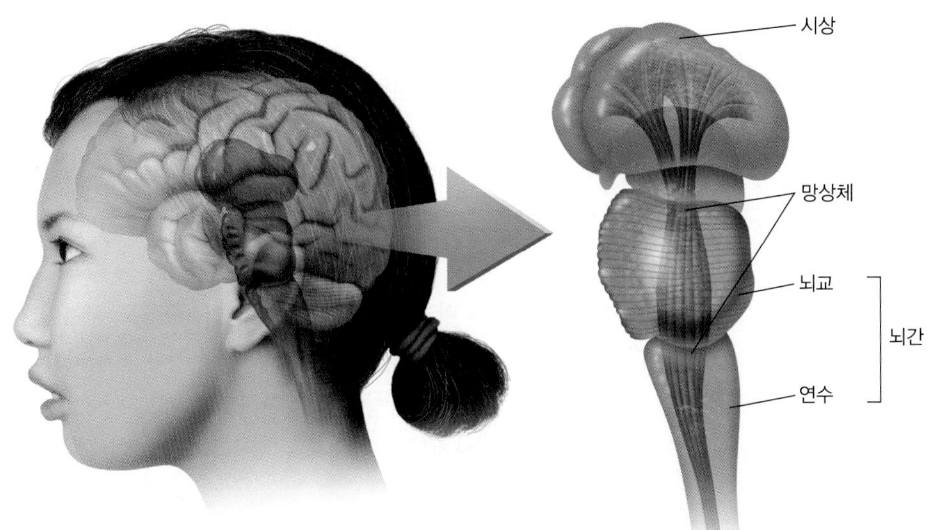

그림 2.14
뇌간과 시상 뇌교와 연수를 포함한 뇌간은 척수의 확장이다. 시상이 꼭대기에 붙어있다. 망상체는 두 구조를 모두 관통한다.

뇌간

뇌간(brainstem)은 두뇌에서 가장 오래되고 가장 깊은 곳에 위치한 영역이다. 맨 아랫부분이 **연수**(medulla)로, 척수가 두개골 속으로 진입하면서 약간 부풀어오른 곳이다(그림 2.14). 여기서 심장박동과 호흡을 제어한다. 식물인간 상태의 몇몇 두뇌 손상 환자들이 예증하는 바와 같이, 심장의 펌프질과 허파의 호흡을 조율하는 데는 상위의 두뇌 구조나 의식적 마음이 필요하지 않다. 뇌간이 이 과제를 수행한다. 연수 바로 위에 자리 잡고 있는 뇌교는 움직임 조절과 수면 제어를 지원한다.

만일 고양이의 뇌간을 위쪽에 위치한 나머지 두뇌영역들과 분리시켜도, 여전히 호흡을 하며 살아있다. 심지어는 뛰고 기어오르며 털을 관리할 수 있다(Klemm, 1990). 그렇지만 더 상위에 위치한 두뇌영역들을 절단하게 되면, 먹이를 얻기 위하여 의도적으로 뛰거나 기어오를 수 없다.

뇌간은 대부분의 신경들이 신체 반대쪽으로 연결되는 교차지점이다(그림 2.15). 이렇게 독특한 교차 배선은 두뇌가 보여주는 많은 놀라운 사실들 중의 하나일 뿐이다.

시상

뇌간 바로 위에 **시상**(thalamus)이라고 부르는 계란 모양의 쌍으로 구성된 구조가 자리 잡고 있는데, 두뇌의 감각 제어 중추를 담당한다(그림 2.14 참조). 시상은 후각을 제외한 모든 감각으로부터 정보를 받아들이며, 시각, 청각, 미각, 그리고 촉각을 담당하는 두뇌영역에 그 정보를 전달한다. 또한 시상은 상부에 존재하는 두뇌의 명령을 받아들이기도 하는데, 그 정보를 연수와 소뇌로 전달한다. 감각 정보의 경우에 시상은 한국의 철도에서 서울과 같은 역할을 한다. 서울은 한국의 교통량을 다양한 종착지로 연결하는 교통 중심지이다.

인출 연습

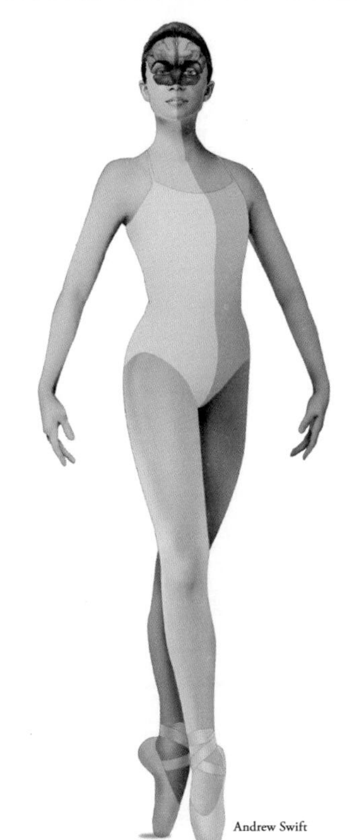

그림 2.15
신체의 배선

RP-2 ________은 두뇌 왼쪽의 신경들이 대부분 신체의 오른쪽과 연결되어 있으며, 그 반대도 마찬가지인 교차점이다.

답은 부록 E를 참조

망상체

뇌간 안쪽, 즉 양쪽 귀 사이에는 **망상체**(reticular formation)가 자리 잡고 있는데, 척수로부터 시상까지 퍼져있는 신경망이다. 척수의 감각입력을 시상으로 전달할 때, 어떤 입력은 망상체를 통해서 전달한다. 망상체는 유입 자극에서 중요한 정보를 걸러내서는 두뇌의 다른 영역으로 전달한다. 여러분은 오늘 멀티태스킹을 하였는가? 그렇다면 망상체에 감사를 표해도 된다(Wimmer et al., 2015).

망상체는 1949년에 주세페 모루치와 호레이스 마군이 밝혀낸 바와 같이, 각성도 제어한다. 잠자고 있는 고양이의 망상체를 전기적으로 자극하면 거의 즉각적으로 각성 상태를 나타낸다. 마군이 주변의 감각경로는 손상시키지 않은 채 고양이 망상체를 절단하였을 때도 이에 못지않은 극적인 효과가 나타났다. 고양이가 혼수상태로 빠져들어서 다시는 깨어나지 못하였다.

소뇌

뇌간의 뒤쪽으로는 야구공만 한 크기의 **소뇌**(cerebellum)가 위치하는데, 말 그대로 '작은 두뇌'라는 의미이며 닮은꼴인 두 개의 주름 잡힌 구조를 가리킨다(그림 2.16). 소뇌는 (신체운동에 관여하는 심층 두뇌 구조인 기저신경절과 함께) 비언어적 학습과 기술기억을 가능하게 해준다. 특히 자각하지 못한 채 일어나는 사건에서 상당히 중요한 역할을 담당한다. 다음 물음에 신속하게 답해보라. 이 책을 얼마나 오랫동안 읽었는가? 입고 있는 옷이 피부에 부드러운 느낌을 주는가 아니면 거칠거칠한가? 오늘 기분이 어떤가? 아마도 여러분은 소뇌 덕분에 손쉽게 답하였을 것이다. 실제로 대뇌 뉴런의 절반 이상의 뉴런을 가지고 있는 이 작은 두뇌는 시간을 판단하고, 소리와 질감을 변별하며, 정서와 사회행동을 제어하는 데 도움을 준다(Bower & Parsons, 2003; Carta et al., 2019). 어휘, 읽기 그리고 정보를 저장하는 능력에도 도움을 준다(Moore et al., 2017). 뇌교의 도움을 받아 자발적 운동도 조절한다. 축구선수가 정교하게 공을 다루는 것도 상당 부분 소뇌의 공헌이다. 그런 소뇌가 알코올의 영향을 받으면 협응이 어려워지게 된다. 그리고 소뇌가 손상되면, 걷거나 균형을 잡거나 악수를 하는 데 어려움을 겪게 된다. 동작은 굼뜨게 되고 과장되기 십상이다. 무용가나 기타리스트가 되는 꿈을 접을 수밖에 없다.

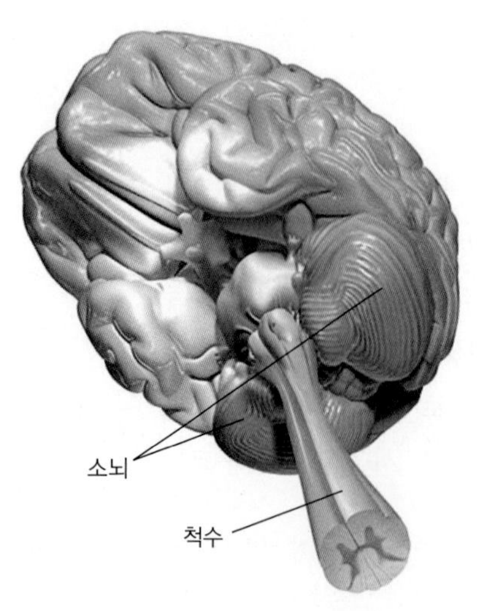

그림 2.16
두뇌의 민첩성 기관 두뇌 뒤쪽에 달려있는 소뇌는 자발적 운동을 조절한다.

* * *

명심할 사항 : 이렇게 오래된 두뇌의 기능은 모두 의식적 노력 없이 일어난다. 이 사실은 이 책에서 반복하고 있는 또 다른 주제를 예시하고 있다. 즉, **두뇌는 정보를 대부분 자각하지 않은 채 처리한다.** 우리는 두뇌가 작동한 결과를 자각하지만(예컨대, 현재의 시각 경험), 어떻게 시각상을 만들어내는 것인지는 자각하지 못한다. 마찬가지로 우리가 잠을 자든 아니면 깨어있든지 간에 뇌간은 생명유지 기능을 수행함으로써 새로운 두뇌영역들이 자유롭게 꿈을 꾸고, 생각하고, 말하고, 기억하도록 만들어주는 것이다.

망상체 각성을 제어하는 데 있어서 중요한 역할을 담당하는 뇌간의 신경망

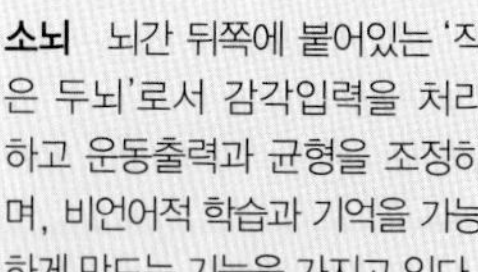

소뇌 뇌간 뒤쪽에 붙어있는 '작은 두뇌'로서 감각입력을 처리하고 운동출력과 균형을 조정하며, 비언어적 학습과 기억을 가능하게 만드는 기능을 가지고 있다.

변연계 대뇌반구 바로 안쪽에 위치한 신경 구조(해마, 편도체, 그리고 시상하부를 포함한다)로서 정서와 추동과 관련되어 있다.

편도체 콩알 크기의 두 신경군집으로 정서와 관련되어 있다.

인출 연습

RP-3 어느 두뇌영역이 손상되었을 때 다음과 같은 현상들이 일어날 가능성이 큰 것인가? (a) 줄넘기 능력이 와해된다. (b) 청각 능력이 와해된다. (c) 혼수상태에 빠질 가능성이 크다. (d) 호흡과 심장박동이 중지된다.

답은 부록 E를 참조

변연계

LOQ 2-10 변연계의 구조와 기능은 무엇인가?

지금까지 두뇌에서 가장 오래된 영역들을 살펴보았지만, 아직 가장 최근의 상위영역인 대뇌반구(두뇌의 양쪽 절반)에는 도달하지 못하였다. 가장 오래된 영역과 가장 최근의 영역 사이에는 **변연계**(limbic system)가 자리 잡고 있다. 이 시스템은 정서와 추동과 연관되어 있으며, 편도체, 시상하부 그리고 해마를 포함한다(그림 2.17).

편도체

두 개의 작은 콩 크기의 신경군집인 **편도체**(amygdala)는 공격과 공포를 가능하게 해준다. 1939년에 심리학자인 하인리히 클뤼버와 신경외과 의사인 폴 부시는 붉은털원숭이의 편도체를 제거하여 난폭하였던 동물을 가장 말랑말랑한 존재로 바꾸어버렸다. 스라소니, 늑대, 들고양이 등을 포함하여 다른 야생동물들을 대상으로 수행한 연구에서도 연구자들은 동일한 효과를 보고하였다. 인간의 경우에도 마찬가지다. 편도체 손상을 입은 여성 환자인 S. M.은 '두려움이 없는 여성'이라고 불렸는데, 총으로 위협받는 상황에서도 아무런 공포를 나타내지 않았다(Feinstein et al., 2013). 평균 이하의 작은 편도체를 가지고 있는 건강한 사람조차도 위협적 자극에 각성을 덜 나타낸다(Foell et al., 2019). 편도체가 작을수록 공포가 줄어든다.

그렇다면 고양이와 같이 보통 때는 온순한 반려동물의 편도체를 전기적으로 자극하면 어떤 일이 일어날까? 편도체의 한 지점을 자극하였더니 고양이가 공격할 준비를 하는데, 등을 구부리고 쉿소리를 내고, 동공이 확장되고, 털을 곤두세운다. 반면 편도체 내에서 미세전극의 위치를 약간 이동시키고 쥐 한 마리를 우리에 집어넣었더니, 그 고양이가 쥐 앞에서 공포에 질려 오금도 펴지 못한다.

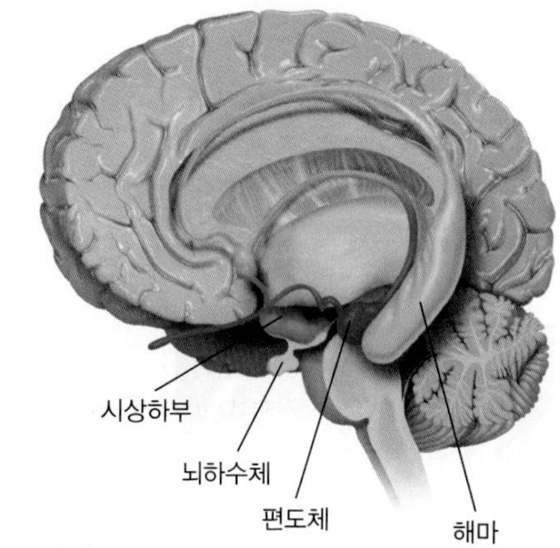

그림 2.17
변연계 이 신경조직은 두뇌의 오래된 부분과 대뇌반구 사이에 위치한다. 변연계의 시상하부가 이웃한 뇌하수체를 제어한다.

이러한 실험들은 분노와 공포에서 편도체가 담당하는 역할을 확증해왔다. 편도체가 손상된 원숭이와 사람은 낯선 사람을 덜 무서워하게 된다(Harrison et al., 2015). 다른 연구는 범죄행위를 편도체 오기능과 연계시키고 있다(da Cunha-Bang et al., 2017; Dotterer et al., 2017; Ermer et al., 2012). 사람들이 화난 얼굴과 행복한 얼굴

을 볼 때, 화난 얼굴만이 편도체의 활동을 증가시킨다(Mende-Siedlecki et al., 2013). 그리고 부정적 사건이 편도체를 활성화시킬 때, 그 사건을 더 잘 기억하게 된다(Admon et al., 2018).

그렇기는 하지만 유념할 사항이 있다. 두뇌는 행동 범주에 대응하는 구조들로 매끈하게 조직되어 있지는 않다. 편도체는 다른 심적 현상에도 관여한다. 그리고 사람들이 두려움을 느끼거나 공격적으로 행동할 때, 편도체뿐만 아니라 다른 많은 두뇌영역에서도 신경 활동이 증가한다. 자동차 배터리를 망가뜨리면 시동을 걸 수 없다. 그렇지만 그 배터리는 자동차라고 하는 전체 시스템의 한 부분일 뿐이다.

인출 연습

GK Hart/Vikki Hart/Getty Images

RP-4 고양이 편도체를 전기적으로 자극하는 것이 분노 반응을 촉발시킨다. 편도체의 자극은 자율신경계의 어느 부분을 활성화시키는가?

답은 부록 E를 참조

시상하부

시상의 바로 밑에는 신체 유지를 담당하는 명령 회로에서 중요한 연계를 담당하고 있는 **시상하부**(hypothalamus)가 자리 잡고 있다(그림 2.18). 시상하부에서 어떤 신경군집은 기아감에 영향을 미치며, 다른 군집들은 갈증, 체온, 성행동 등을 조절한다. 이 군집들은 일정한 내적 상태(항상성)를 유지하는 데 도움을 준다.

시상하부는 신체 상태를 감시하면서, 혈액 성분 그리고 다른 두뇌 부위로부터의 명령과 조화를 이룬다. 예컨대, 여러분이 섹스에 관하여 생각하고 있다는 신호를 대뇌피질로부터 받아들이게 되면, 시상하부는 호르몬들을 분비하게 된다. 이 호르몬들은 다시 인접한 '우두머리 분비선'인 뇌하수체(그림 2.17 참조)를 촉발시켜, 성선이 자신의 호르몬을 분비하도록 만든다. 이 호르몬들이 대뇌피질에서 섹스에 관한 생각을 강화한다. 여기서 다시 우리는 신경계와 내분비계 간의 상호작용을 보고 있다. 두뇌는 내분비계에 영향을 미치고, 내분비계는 다시 두뇌에 영향을 미친다.

그림 2.18
시상하부 작지만 중요한 구조이며, MRI 영상에서 노란색으로 표시되어 있다. 갈증, 기아 그리고 체온을 조절함으로써 신체의 내부환경을 일정한 상태로 유지하는 데 일조한다.

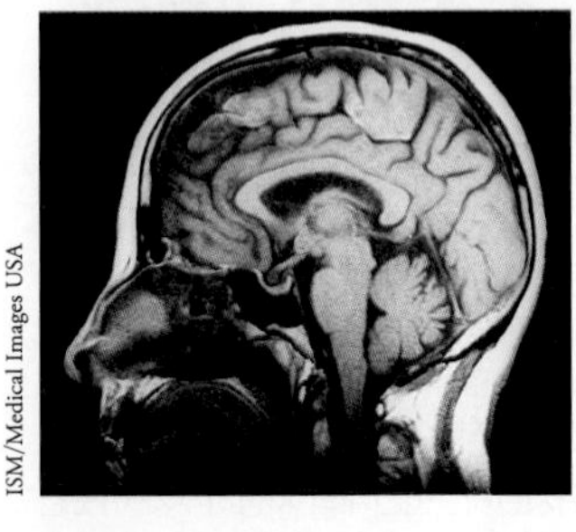
ISM/Medical Images USA

시상하부에 관한 한 가지 주목할 만한 발견은 호기심으로 가득 차고 개방적인 연구자들이 예상치 않았던 사건을 관찰하게 되었을 때, 어떻게 과학의 진보가 이루어지는 것인지를 예시해준다. 캐나다 맥길대학교의 젊은 신경심리학자인 제임스 올즈와 피터 밀너(1954)는 쥐의 망상체에 미세전극을 꽂으려고 시도하다가 엄청난 실수를 저지르고 말았다. 미세전극을 엉뚱한 곳에 꽂고 말았던 것이다(Olds, 1975). 이상하게도 그 쥐는 이렇게 잘못 꽂힌 미세전극을 통해서 자극을 받았던 위치로 되돌아오곤 하였는데, 마치 보다 많은 자극을 원하는 것처럼 보였다. 자신들이 실제로는 미세전극을 시상하부의 한 영역에 꽂았다는 사실을 발견하였을 때, 올즈와 밀너는 즐거운 보상을 제공하는 두뇌 중추를 건드린 것이라는 사실을 인식하게 되었다.

후속 실험은 다른 '쾌 중추'를 확인해냈다(Olds, 1958). (쥐가 실제로 경험한 것은 쥐만이 알고 있는데, 쥐는 말을 해주지 않는다. 오늘날 과학자들은 인간의 감정을 쥐에게 부여하는 '쾌 중추'라는 표현보다는 '보상 중추'라고 부른다.) 이러한 보상 중추는 얼마나 보상적인가? 쥐로 하여금 그 두뇌영역을 시간당 1,000번 이상 스스로 자극하게 만들 만큼 강력하다.

뒤이어 시상하부 앞쪽에 위치한 중격핵과 같은 다른 변연계 보상 중추들이 돌고래와 원숭이를 포함한 다른 많은 종에서 발견되었다(Hamid et al., 2016). 또한 동물 연구는 도파민과 관련된 범용 보상 시스템과 먹기와 마시기 그리고 섹스의 즐거움과 연합된 세부 중추도 찾아냈다. 동물은 생존에 필수적인 행위를 보상하는 선천적 시스템을 갖추고 태어나는 것으로 보인다.

연구자들은 탐색-구조 작업에서 동물의 행동을 제어하는 데 두뇌 자극하기를 사용하는 방법을 가지고 실험해왔다. 한 연구팀은 쥐가 좌회전하거나 우회전하는 것에 보상을 주는 방식으로, 과거에는 우리에 갇혀 있던 쥐들을 자연환경에서 돌아다닐 수 있도록 훈련하였다(Talwar et al., 2002). 노트북 컴퓨터의 버튼을 눌러, 배낭에 리시버와 배터리 그리고 비디오카메라를 장착한 쥐로 하여금 단서가 나타나면 회전하고, 나무를 타고 올라가며, 나뭇가지를 따라 신속하게 이동하고, 되돌아서 다시 내려오도록 지시할 수 있었다.

인간도 쾌를 위한 변연계를 가지고 있는가? 몇몇 증거는 그렇다는 사실을 보여주고 있다. 좋아하는 사람을 만나면, 두뇌가 보상 중추 활동으로 부산해진다(Zerubavel et al., 2018). 친구나 가족으로부터 "나의 온전한 삶에 빛을 비추어줍니다."와 같이 친근한 메시지를 받을 때도 마찬가지이다(Inagaki et al., 2019). 보상 중추의 자극은 몹시 잔인한 인물들을 제어하는 데도 도움을 줄 수 있다. 그렇지만 신경외과 의사가 난폭한 환자의 변연계에 미세전극을 삽입하였을 때, 그 환자는 단지 미미한 쾌만을 보고하였다. 올즈와 밀너의 쥐들과는 달리, 그 환자는 미친 듯이 그 자극을 원하지는 않았다(Deutsch, 1972; Hooper & Teresi, 1986). 나아가서 새로운 연구는 두뇌의 '쾌 중추'(보상 회로)를 자극하는 것이 순수한 즐거움보다는 더 많은 소망을 초래한다는 사실을 밝히고 있다(Kringelbach & Berridge, 2012).

또한 실험들은 사람을 대상으로 도파민 관련 보상 시스템의 효과도 밝혀왔다. 예컨대, 실험적으로 증가시킨 도파민 수준이 좋아하는 음악에 대해서는 소름이 끼칠 정도의 즐거운 반응을 초래하는 반면, 도파민 수준을 낮추면 음악의 즐거움이 줄어들었다(Ferreri et al., 2019). 몇몇 연구자들은 많은 장애행동이 쾌와 웰빙을 위한 두뇌 시스템의 장애에서 유래할 수 있다고 믿고 있다. 유전적으로 이러한 **보상 결핍 증후군**의 성향을 물려받은 사람들은 결핍된 즐거움을 제공하거나 공격성, 살찌게 만드는 음식, 또는 마약이나 술과 같은 부적 감정을 완화해주는 것이라면 무엇이든 심하게 갈망할 수 있다(Blum et al., 1996, 2014; Chester et al., 2016).

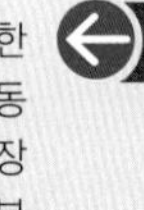

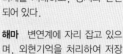

시상하부 시상 아래에 위치한 신경 구조. 여러 신체보존 활동(먹기, 마시기, 체온 등)을 관장하며, 뇌하수체를 통하여 내분비계를 지배하고, 정서와 관련되어 있다.

해마 변연계에 자리 잡고 있으며, 외현기억을 처리하여 저장하는 데 도움을 주는 신경중추

"만일 미래로 걸어 들어가서 생존할 수 있는 로봇을 설계하고 있다면, … 성행동이나 먹기 행동과 같이, 자신이나 종족의 생존을 보장해주는 행동이 자연스럽게 보상적인 것이 되도록 만들 것이다." 신경과학자 캔더스 퍼트(1986)

해마

바다생물인 해마의 형상을 갖추고 있는 두뇌 구조인 **해마**(hippocampus)는 의식적이고 명시적인 기억을 처리한다. 해마 발달에서의 변이는 학업성취를 예측한다(Wilkey et al., 2018). 뇌수술이나 부상으로 해마를 상실한 사람은 사실과 사건에 관한 새로운 기억을 형성하는 능력을 상실한다(Clark & Maguire, 2016). 아동기에 해마에 발생한 종양에도 살아남은 사람은 성인이 되어서 새로운 정보를 기억해내는 데 어려움을 겪는다(Jayakar et al., 2015). 한 번 이상 뇌진탕으로 실신하였던 NFL 미식축구 선수는 나중에 위축된 해마와 형편없는 기억을 가지게 될 수 있다(Strain

미식축구 선수의 두뇌는 보호받고 있는가? 사망한 111명의 NFL 선수의 두뇌를 분석하였을 때, 99%가 빈번한 머리 충격과 관련된 퇴화의 징표를 보여주었다(Mez et al., 2017). 2017년에 NFL 선수인 에런 에르난데스(배번 81)는 살인죄로 투옥되어 있는 동안에 자살하였다. 부검 결과, 27세이었던 그의 두뇌는 이미 상당한 퇴화를 보여주고 있었다(Kilgore, 2017). 한 가지 소규모 연구를 보면, 단 한 시즌 동안만 대학 미식축구 선수로 뛰었던 사람은 뇌진탕 경험에 관계없이 뇌손상을 나타낼 가능성이 높았다(Hirad et al., 2019). 선수 보호 차원에서 오늘날 미식축구팀과 과학자들은 보다 안전한 장비와 휴대용 두뇌 영상 장비를 사용하고 있다(Canadian Press, 2018).

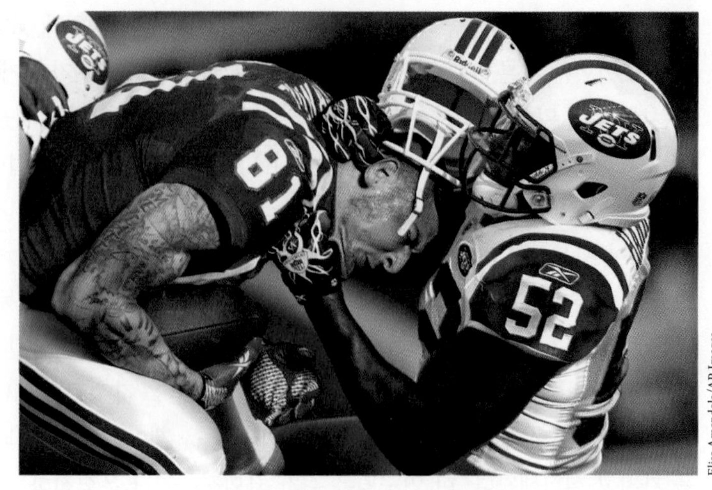

Elise Amendola/AP Images

et al., 2015; Tharmaratnam et al., 2018). 나이가 들어가면서 해마의 크기와 기능이 감소하며, 이것이 다시 인지 저하를 촉진한다(O'Callaghan et al., 2019). 제8장은 두 가지 궤적을 따라 작동하는 우리의 마음이 어떻게 해마를 사용하여 기억을 처리하는지를 기술한다.

* * *

그림 2.19는 신체의 궁극적인 제어 중추이자 정보처리 중추인 대뇌반구와 함께 지금까지 논의해 온 두뇌영역들의 위치를 보여주고 있다.

그림 2.19
두뇌의 구조와 기능

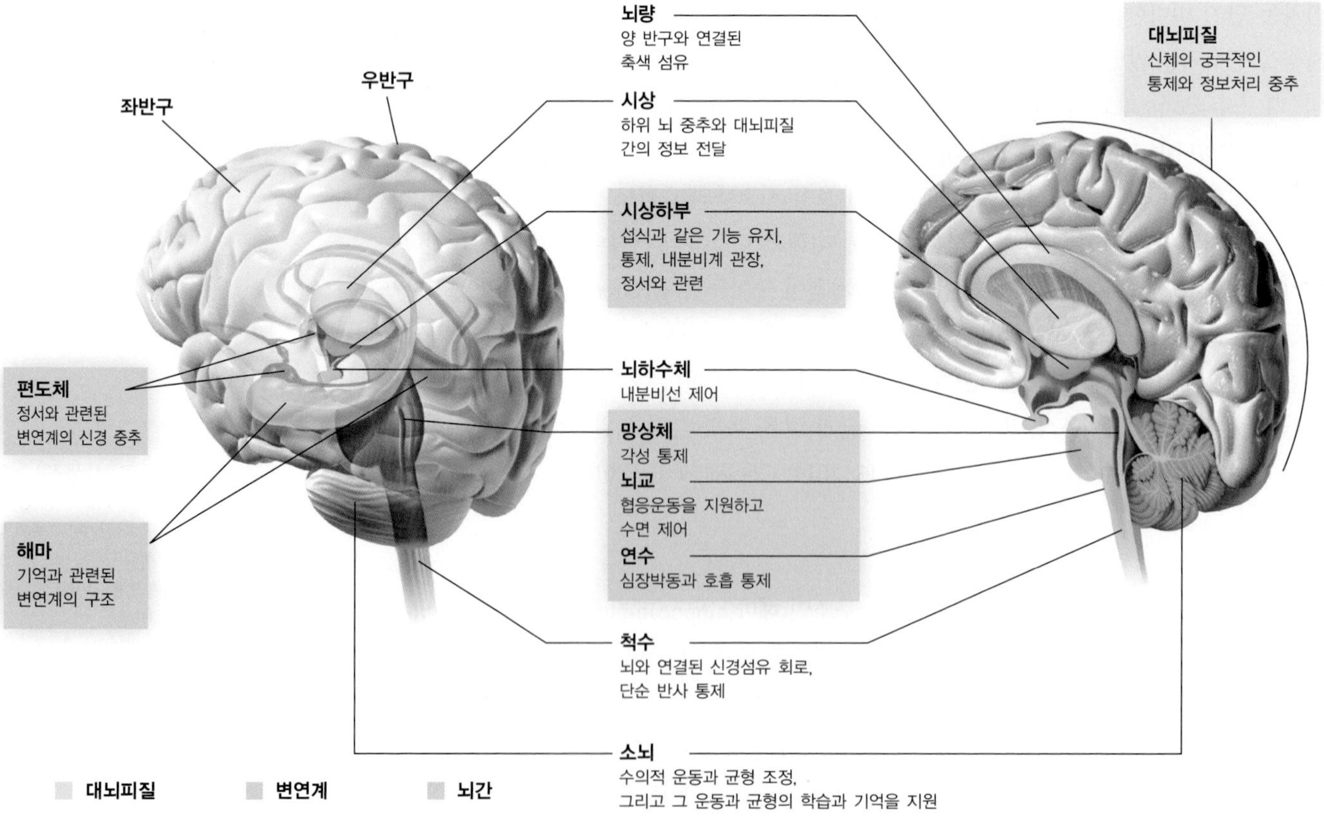

좌반구
우반구
편도체 정서와 관련된 변연계의 신경 중추
해마 기억과 관련된 변연계의 구조
뇌량 양 반구와 연결된 축색 섬유
시상 하위 뇌 중추와 대뇌피질 간의 정보 전달
시상하부 섭식과 같은 기능 유지, 통제, 내분비계 관장, 정서와 관련
뇌하수체 내분비선 제어
망상체 각성 통제
뇌교 협응운동을 지원하고 수면 제어
연수 심장박동과 호흡 통제
척수 뇌와 연결된 신경섬유 회로, 단순 반사 통제
소뇌 수의적 운동과 균형 조정, 그리고 그 운동과 균형의 학습과 기억을 지원
대뇌피질 신체의 궁극적인 통제와 정보처리 중추

대뇌피질 변연계 뇌간

인출 연습

RP-5 변연계의 세 가지 핵심 구조는 무엇인가? 이들은 어떤 기능을 담당하는가?

답은 부록 E를 참조

개관 발견도구, 오래된 두뇌 구조, 그리고 변연계

학습목표

자기검증 개념 파악을 증진시키도록 (부록 D의 답을 확인해보기에 앞서) 여러분 자신의 표현으로 여기서 반복하는 학습목표 물음에 답해보라(McDaniel et al., 2009, 2015).

LOQ 2-8 신경과학자들은 두뇌와 행동이나 마음 간의 연계를 어떻게 연구하는가?

LOQ 2-9 뇌간을 구성하는 구조들은 무엇인가? 뇌간, 시상, 망상체 그리고 소뇌의 기능은 무엇인가?

LOQ 2-10 변연계의 구조와 기능은 무엇인가?

기억해야 할 용어와 개념들

자기검증 여러분 자신의 표현으로 정의를 적어본 후에 답을 확인해보라.

기능성 자기공명 영상법
뇌간
뇌자도
뇌전도
망상체
변연계
소뇌
손상법
시상
시상하부
양전자 방출 단층 촬영법
연수
자기공명 영상법
편도체
해마

학습내용 숙달하기

자기검증 여러분 자신의 표현으로 다음 물음에 답한 후에 부록 E에서 답을 확인해보라.

1. 다음 중에서 심장박동과 호흡을 제어하는 뇌간의 구조는 무엇인가?

a. 소뇌 **b.** 연수
c. 피질 **d.** 시상

2. 다음 중에서 시상의 기능은 무엇인가?

a. 기억 저장소 **b.** 균형 중추
c. 호흡 조절 **d.** 감각 제어 중추

3. 다음 중에서 각성을 지배하는 하위 두뇌 구조는 무엇인가?

a. 척수 **b.** 소뇌
c. 망상체 **d.** 연수

4. 자발적 움직임을 조절하고 비언어적 학습과 기억을 가능하게 해주는 두뇌영역은 ________이다.

5. 다음 중에서 편도체와 함께 변연계를 구성하는 구조는 무엇인가?

a. 대뇌피질 **b.** 해마
c. 시상 **d.** 뇌하수체

6. 두뇌 전기 자극에 대해서 고양이가 분노반응을 나타내는 것은 전극이 ________에 닿아있기 때문이다.

7. 다음 중에서 먹기, 마시기, 체온 등을 직접 관장하는 신경 구조는 무엇인가?

a. 내분비계 **b.** 시상하부
c. 해마 **d.** 편도체

8. 올즈와 밀너가 처음으로 발견한 보상 중추는 ________에 위치한다.

대뇌피질

LOQ 2-11 대뇌피질을 구성하는 네 가지 엽은 무엇인가? 운동피질, 체감각피질 그리고 연합영역의 기능은 무엇인가?

오래된 두뇌조직들은 기본 생명기능을 유지하며, 기억과 정서 그리고 기본 욕구들을 가능하게 해준다. 대뇌(cerebrum), 즉 두뇌 무게의 85%를 차지하고 있는 두 반구에 들어있는 보다 새로운 신경망은 지각하고 생각하며 말할 수 있게 해주는 특별 작업팀들을 구성한다. 시상과 해마 그리고 편도체 등을 포함하여 뇌간 위쪽의 다른 구조들과 마찬가지로, 대뇌반구는 쌍으로 존재한다. 나무껍질처럼 이 반구들을 덮고 있는 것이 **대뇌피질**(cerebral cortex)이며, 복잡하게 상호 연결된 신경세포들로 이루어진 얇은 막이다. 두뇌의 진화사에서 사고의 영예를 차지하고 있는 대뇌피질은 상대적으로 새로운 구조이다.

최초로 두뇌를 해부하고 이름을 붙인 사람들은 라틴어와 그리스어를 사용하였다. 이들이 사용한 용어는 실제로 모양을 기술하는 것이다. 예컨대, cortex(피질)는 '나무껍질', cerebellum(소뇌)은 '작은 두뇌', 그리고 thalamus(시상)는 '내실(內室)'을 의미한다.

동물계의 사다리를 타고 올라감에 따라서 대뇌피질은 확대되고, 엄격한 유전적 제어는 완화되며, 유기체의 적응력은 증가한다. 작은 피질을 가지고 있는 개구리와 같은 양서류는 거의 전적으로 사전에 입력되어 있는 유전 명령에 따라 활동한다. 포유류의 상대적으로 큰 피질은 학습하고 생각하는 능력을 증가시킴으로써 끊임없이 변하는 환경에 적응할 수 있게 해준다. 인간을 다른 동물과 차별적이게 만들어주는 것은 바로 대뇌피질의 크기와 상호연결성이다(Donahue et al., 2018). 그 구조와 기능을 살펴보도록 하자.

인출 연습

RP-1 인간 두뇌의 어느 영역이 하등 동물의 두뇌와 가장 유사한가? 인간 두뇌의 어느 영역이 우리를 하등 동물과 가장 잘 구분해주는가?

답은 부록 E를 참조

대뇌피질의 구조

사람의 두개골을 열어서 두뇌를 노출시켜 보면, 커다란 호두 껍데기를 벗겨놓은 것처럼 잔뜩 주름 잡힌 조직을 보게 된다. 이러한 주름이 없다면, 평평한 대뇌피질은 그 영역이 세 배로 확장되어 대략 큰 피자 크기가 된다. 좌우 반구는 주로 피질과 두뇌의 다른 영역들을 연결하는 축색들로 채워져 있다. 표면의 얇은 막인 대뇌피질에는 대략 200억에서 230억 개의 신경세포와 300조 개의 시냅스가 들어있다(de Courten-Myers, 2005). 인간이 되려면 엄청난 수의 신경이 필요하다.

각 반구의 피질은 네 개의 엽으로 나뉘는데, 현저한 골짜기, 즉 열(고랑)을 기준으로 위치에 따라 분할된다(그림 2.20). 두뇌 앞쪽에서 시작하여 윗부분을 넘어가면서 **전두엽**(frontal lobe, 이마의 안쪽 부분), **두정엽**(parietal lobe, 머리 위에서 뒤쪽까지), **후두엽**(occipital lobe, 머리 뒷부분)이 위치한다. 방향을 바꾸어 앞쪽으로 이동하면서 귀 바로 위에 **측두엽**(temporal lobe)이 위치한다. 각 엽은 많은 기능을 수행하며, 그 기능들은 여러 엽들 간의 상호작용을 필요로 한다.

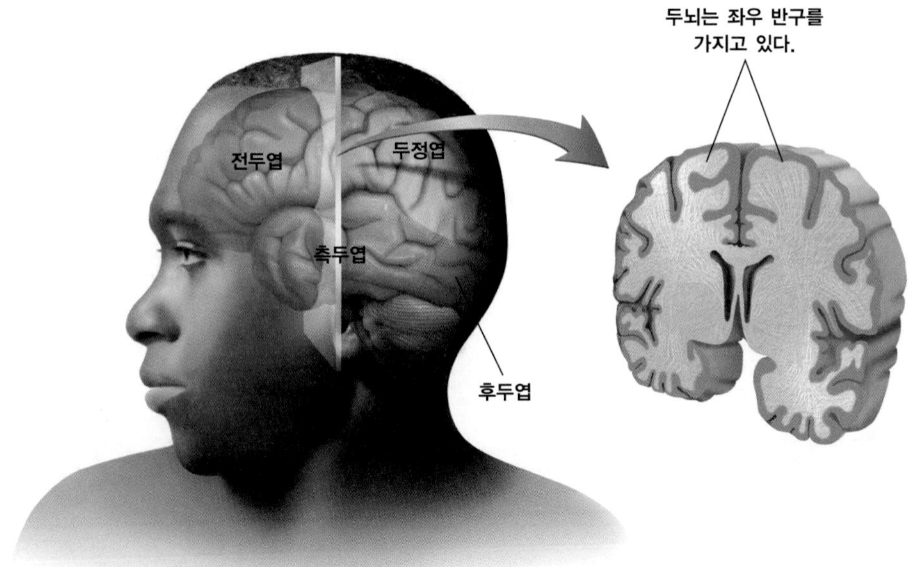

그림 2.20
대뇌피질과 네 가지 기본 하위 영역

대뇌피질의 기능

100여 년 전에 부분적으로 마비증상을 보이거나 말을 할 수 없게 된 사람의 두뇌를 부검해 보았더니 특정 피질영역이 손상된 것을 볼 수 있었다. 그렇지만 이렇게 엉성한 증거가 피질의 특정 영역이 특정 기능을 담당한다는 사실을 입증한 것은 아니었다. 전선이 끊어진 컴퓨터가 먹통이 된다고 해서, 인터넷이 전선에 들어있다고, 즉 전선에 '국재화(localized)'되어 있다고 생각한다면, 엄청난 착각을 하는 것이 된다.

운동기능

과학자들이 보다 단순한 두뇌기능을 국재화하는 데는 운이 따랐다. 예컨대, 1870년 독일 의사 구스타프 프리치와 에두아르트 히치히는 중요한 발견을 하였다. 동물 피질의 특정 영역에 가한 약한 전기 자극이 특정 신체부위를 움직이게 만들었던 것이다. 그 효과는 선택적이었다. 전두엽의 가장 뒷부분 중에서 대략 양쪽 귀를 연결하는 아치 모양의 영역에 자극을 주었을 때만 움직임이 나타났다. 이에 덧붙여서 좌반구나 우반구에서 이 영역의 특정 위치를 자극하는 것은 반대쪽 신체에 있는 특정 영역의 움직임을 초래하였다. 프리치와 히치히는 오늘날 **운동피질**(motor cortex)이라고 부르는 영역을 발견한 것이다.

운동피질의 지도 작성 신경외과 의사와 그 환자들에게는 다행스럽게도, 두뇌는 감각수용기를 가지고 있지 않다. 이러한 사실을 알고 나서 오트프리트 푀르스터와 와일더 펜필드는 각성 상태를 유지하고 있는 수백 명의 환자를 대상으로 다양한 피질영역을 자극하고 신체반응을 관찰함으로써 운동피질의 지도를 작성할 수 있었다. 이들은 손가락이나 입처럼 정교한 제어를 요구하는 신체부위가 가장 많은 피질영역을 차지하고 있다는 사실을 발견하였다(그림 2.21). 스페인 신경과학자 호세 델가도는 운동반응 기제를 시범 보이면서, 한 환자의 좌측 운동피질의 한 곳을 자극하여, 오른손이 주먹을 쥐도록 촉발시켰다. 다시 그 지점을 자극하면서 손바닥을 펴고 있도록 요청하였을 때, 그 환자는 온갖 노력에도 불구하고 계속해서 주먹을 쥔 채로 다음과 같이 말

대뇌피질 대뇌반구를 덮고 있는 복잡하게 상호 연결된 뉴런들의 조직. 신체의 궁극적인 통제와 정보처리 센터이다.

전두엽 이마 쪽에 위치한 대뇌피질 영역. 말하기와 근육운동 그리고 계획 세우기와 판단에 관여한다.

두정엽 머리 위쪽에서부터 뒤쪽으로 위치한 대뇌피질 영역. 촉각과 신체 위치에 대한 감각입력을 받아들인다.

후두엽 뒤통수 쪽에 위치한 대뇌피질 영역. 반대편 시야로부터 시각정보를 받아들이는 시각영역을 포함한다.

측두엽 귀 쪽에 위치한 대뇌피질 영역. 좌우 측두엽은 반대편 귀로부터 청각정보를 받아들인다.

운동피질 자발적 운동을 통제하는 전두엽의 뒤쪽 영역

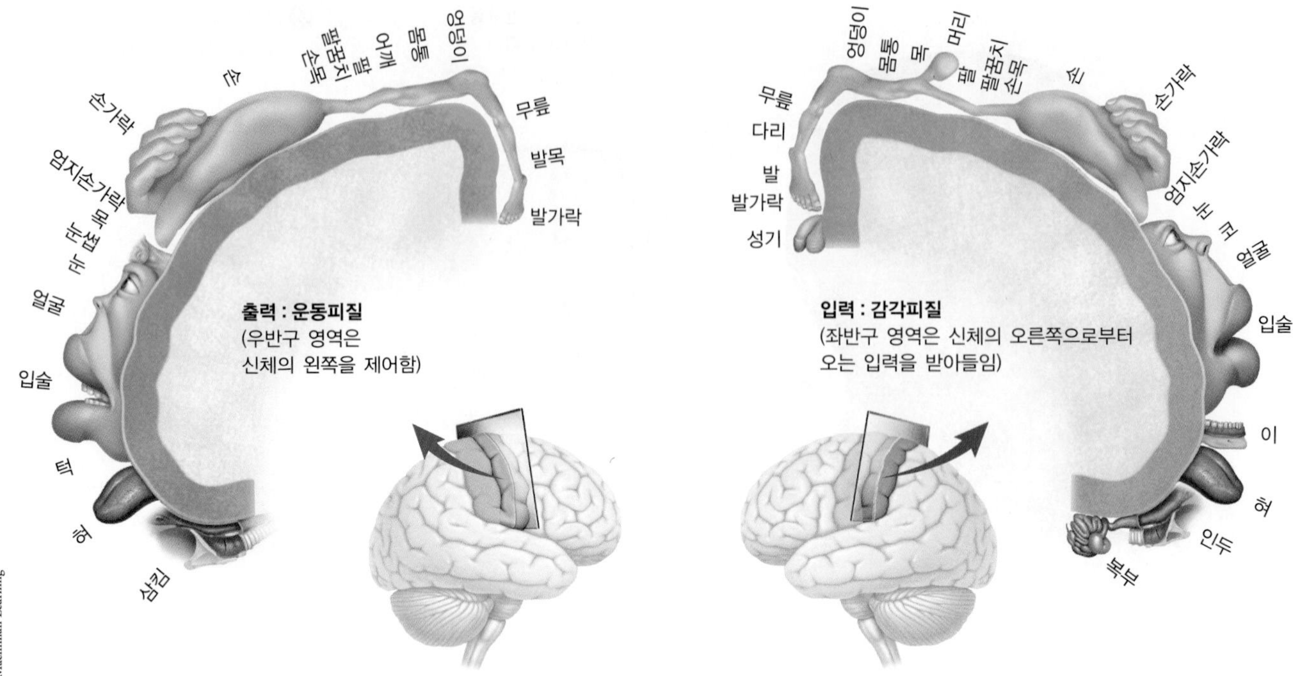

그림 2.21
각 신체부위를 담당하는 운동피질과 체감각피질 고전이기는 하지만 정확하지는 않은 그림에서 볼 수 있는 것처럼, 한 신체부위를 관장하는 피질의 양은 그 부위의 크기에 비례하지 않는다. 오히려 두뇌는 민감한 영역, 그리고 정확한 제어를 요구하는 영역에 많은 부위를 할당한다. 따라서 손가락은 팔 부위보다 더 큰 피질영역을 차지한다.

하였다. "선생님, 제 머리에 가하는 전기가 제 의지보다 더 강한 것 같습니다"(Delgado, 1969, 114쪽).

과학자들은 특정한 팔 운동에 선행해서 나타나는 운동피질 활동을 반복적으로 측정해봄으로써 원숭이의 팔이 움직이기 바로 직전에 그 운동을 예측할 수 있다(Livi et al., 2019). 또한 원숭이가 비사회적 행위(그릇이나 자신의 입에 무엇인가를 집어넣는 행위)를 할 때와 사회적 행위(실험자의 손에 무엇인가를 쥐여주는 행위)를 할 때 운동피질 뉴런이 다르게 반응한다는 사실도 관찰하였다(Coudé et al., 2019). 이러한 결과는 두뇌가 제어하는 컴퓨터에 관한 연구의 문을 활짝 열어놓았다.

인출 연습

RP-2 여러분의 오른손으로 마치 식탁을 닦아내는 것처럼 회전운동을 해보라. 그런 다음에 오른발로 똑같은 운동을 하면서 손의 움직임과 동기화해 보라. 이제 오른발의 운동 방향을 반대로 하되, 오른손은 그대로 계속 해보라. 마지막으로 왼발을 오른손과 반대 방향으로 움직이도록 시도해보라.

a. 오른발 운동 방향을 역전시키는 것이 그토록 어려운 이유는 무엇인가?

b. 왼발을 오른손과 반대 방향으로 움직이는 것이 더 쉬운 이유는 무엇인가?

답은 부록 E를 참조

두뇌-기계 인터페이스 연구자들은 다음과 같은 물음을 던졌다. 두뇌 활동을 엿들음으로써, 마비된 사람으로 하여금 로봇 팔을 움직이게 할 수 있겠는가? 두뇌-기계 인터페이스가 이메일을 쓰거나 온라인으로 작업할 수 있도록 커서에 명령을 내리는 것을 학습하도록 도와줄 수 있겠는가? 이 물음에 답하기 위하여 세 마리의 원숭이 운동피질에 100개의 미세전극을 삽입하였다(Nicolelis, 2011; Serruya et al., 2002). 원숭이들이 움직이는 빨간 표적을 따라 커서를 이동시키기 위해서 조이스틱을 사용하여 보상을 받을 때, 연구자들은 두뇌 신호를 팔 운동에 대응시켰다. 그런 다음에 컴퓨터가 신호를 모니터링하면서 조이스틱을 조작하도록 해주는 프로그램을 작성하였다. 원숭이가 단지 커서의 움직임을 생각할 때, 독심 능력을 가진 컴퓨터는 보상을 추구하는 실제 원숭이 못지않게 커서를 이동시켰다. 원숭이가 생각하면, 컴퓨터도 그렇게 한다.

이러한 **인지 신경 보철술**에 대한 임상 실험을 심각한 마비나 사지 절단으로 고생하고 있는 사람들을 대상으로 진행해왔다(Andersen et al., 2010; Nurmikko et al., 2010; Rajangam et al., 2016; Velliste et al., 2008). 마비 증상을 보이는 25세 남성인 첫 번째 환자는 생각만을 가지고 텔레비전을 제어하고, 컴퓨터 화면에 도형을 그리며, 비디오 게임을 할 수 있었다. 이 모든 것들은 운동피질의 활동을 기록하는 100개의 미세전극을 담고 있는 아스피린 크기의 칩 덕분에 가능했다(Hochberg et al., 2006). 보철술을 받은 다른 마비 환자는 생각만으로 로봇 팔에 명령을 내리는 방법을 학습하였다(Clausen et al., 2017).

이언 버크하트는 19세에 팔과 다리를 사용할 수 없게 되었다. 미국 오하이오주립대학교 뇌연구자들은 그의 운동피질에 전극을 이식하였다(Schwemmer et al., 2018). 컴퓨터 기계학습을 사용하여 버크하트에게 움직이는 손을 보여주는 화면을 응시하도록 지시한다. 그런 다음에 버크하트는 자신의 손이 움직이는 것을 상상한다. 그러면 운동피질의 신경 신호가 컴퓨터로 전달되기 시작하는데, 컴퓨터는 그가 팔을 움직이고 싶다는 메시지를 받았기 때문에 팔 근육을 자극한다. 결과는 어떻겠는가? 버크하트는 완전히 마비된 자신의 팔을 가지고 병을 집어서 그 내용물을 쏟아버리고 막대기를 집어 든다. 심지어 '기타 히어로'라는 비디오 게임을 수행할 수도 있다. 컴퓨터는 버크하트의 독특한 두뇌반응 패턴을 학습함으로써 이러한 동작을 하도록 도와주는 두뇌 활동을 예측할 수 있다. 버크하트는 "일상생활에서 이러한 도구를 사용할 수 있다는 사실은 나와 많은 사람들에게 정말로 미래에 관한 많은 희망을 회복시켜 주었어요."라고 말하였다(Wood, 2018).

만일 모든 심리적인 것이 생물적인 것이라면, 예컨대 모든 생각이 신경사건이라면, 미세전극이 언젠가는 사람들이 더욱 정확하게 환경을 제어하기에 충분할 만큼 복잡한 생각을 탐지할 수 있을 것이다(그림 2.22 참조). 과학자들은 발성 보철술도 개발하였다. 발성운동을 지시하는 두뇌의 운동명령을 읽어냄으로써 컴퓨터가 합성한 가상의 음성은 대부분 이해할 수 있는 말소리를 생성하였다(Anumanchipalli et al., 2019).

기계학습의 또 다른 시범에서 연구자들은 물리학과 학생들이 중력이나 모멘텀과 같은 30개의 물리학 개념에 관하여 생각하고 있을 때 그 학생들의 두뇌 영상을 찍었다(Mason & Just, 2016). 컴퓨터 프로그램은 특정한 두뇌영역 활동과 개념 간의 연계를 학습하여 정확하게 확인해냈다.

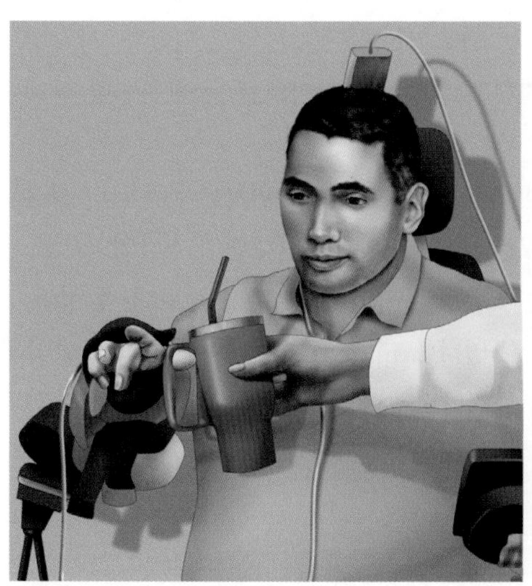
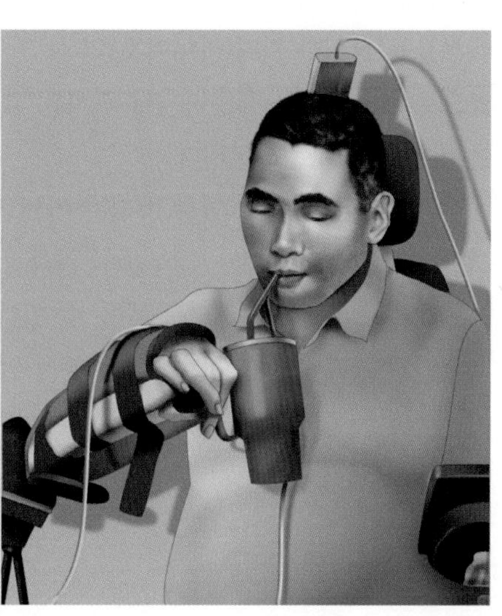

그림 2.22
두뇌-기계 상호작용 운동피질의 손 영역 그리고 손과 팔꿈치와 어깨 근육에 꽂은 미세전극은 사지가 마비된 남자가 마비된 팔을 사용하여 커피를 마실 수 있도록 도와주었다(Ajiboye et al., 2017). 이러한 진보는 제한적인 실험실 환경을 넘어서서 일상생활에서의 동작을 회복시킬 수 있는 기반을 닦고 있다(Andersen, 2019; Andersen et al., 2010).

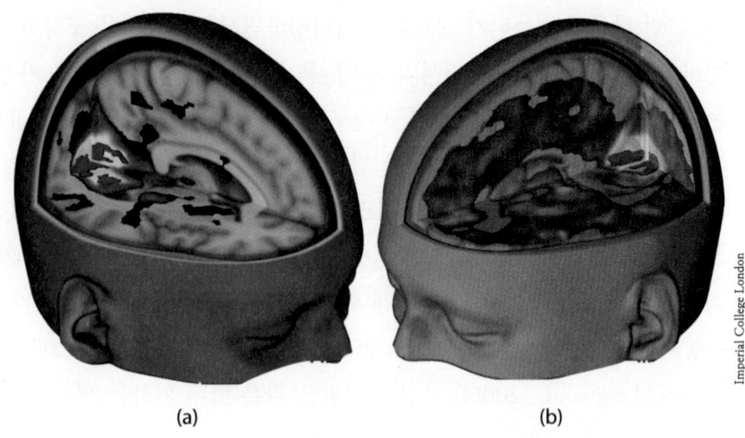

그림 2.23
눈 없이 보기 향정신성 약물인 LSD는 선명한 환각을 초래하기 십상이다. 그 이유는 무엇인가? (후두엽에 위치한) 시각피질과 다른 두뇌 영역 간의 소통을 극적으로 증가시키기 때문이다. 이 그림은 눈을 감은 채 (a) 가짜약을 투여한 참가자와 (b) LSD의 영향을 받고 있는 동일 참가자의 fMRI 영상을 보여주고 있다. 색깔은 증가된 혈류를 나타낸다 (Carhart-Harris et al., 2016). 다른 연구자들도 LSD가 두뇌영역들 간의 소통을 증가시킨다는 사실을 확증해왔다(Preller et al., 2019; Timmerman et al., 2018).

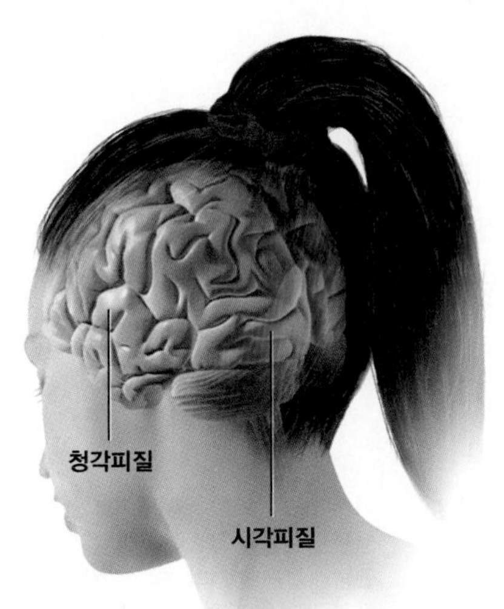

그림 2.24
시각피질과 청각피질 두뇌 뒤쪽의 후두엽은 눈으로부터 입력을 받아들인다. 측두엽의 청각영역은 귀로부터 정보를 받아들인다.

감각기능

만일 운동피질이 신체로 메시지를 내보낸다면, 유입되는 메시지는 피질 어느 곳에서 받아들이는 것인가? 와일더 펜필드는 촉각이나 온각과 같은 피부감각 그리고 신체부위의 움직임으로부터 정보를 받아들이는 데 전문화된 피질영역도 확인하였다. 운동피질과 평행하며, 운동피질의 뒤쪽이자 두정엽의 맨 앞쪽에 해당하는 이 영역을 오늘날 **체감각피질**(somatosensory cortex)이라고 부른다. 이 영역의 한 지점을 자극하면, 누가 어깨를 건드리고 있다고 보고할지 모르겠다. 다른 지점을 자극하면 얼굴에서 무엇인가를 느낄 수도 있다.

신체부위가 예민할수록 그 부위를 관장하는 체감각피질의 영역도 커진다(그림 2.21 참조). 매우 민감한 입술은 발가락이 투사하는 피질영역보다 훨씬 넓은 영역에 투사한다. 우리가 키스할 때 발가락을 비비기보다는 입술을 사용하는 한 가지 이유가 바로 이것이다. 쥐는 수염감각에 관여하는 두뇌영역이 크며, 부엉이는 청각에 관여하는 영역이 크다.

연구자들은 촉각 외의 감각으로부터 입력을 받아들이는 부가적인 영역들을 확인해왔다. 지금 이 순간 여러분은 두뇌 뒤통수 부분의 후두엽에서 시각정보를 받아들이고 있다(그림 2.23과 2.24). 정상적인 시각을 가지고 있다면, 후두엽을 자극할 때 불빛이나 색깔을 볼지도 모른다. (어떤 의미에서는 우리가 머리 뒤쪽에 눈을 가지고 있는 것이다!) 종양을 제거하느라 우측 후두엽 대부분을 상실한 저자(마이어스)의 한 친구는 좌측 시야를 볼 수 없게 되었다. 시각정보는 후두엽으로부터 단어를 재인하거나 정서를 탐지하거나 얼굴을 알아보는 등의 특별한 과제를 수행하는 다른 영역으로 전달된다.

지금 여러분이 듣고 있는 소리는 어느 것이나 귀 바로 위쪽에 위치한 측두엽의 청각피질이 처리한다(그림 2.24 참조). 대부분의 청각정보는 한쪽 귀로부터 반대편의 청각영역으로 전달된다. 그 영역을 자극하면, 소리를 들을 수 있다. 조현병 환자의 MRI 영상을 보면, 환청이 일어날 때 측두엽의 청각영역이 활성화되는 것을 알 수 있다(Lennox et al., 1999). 청력이 손상된 사람들이 경험하는 공명음이 만일 한쪽 귀에서만 들린다면, 반대쪽 측두엽의 활성화와 연관된 것이다(Muhlnickel, 1998).

인출 연습

RP-3 두뇌의 ________은 신체 촉각과 운동감각을 받아들이고 처리한다. ________은 자발적 움직임을 제어한다.

답은 부록 E를 참조

체감각피질 두정엽의 앞부분 영역으로, 촉각과 운동감각을 받아들이고 처리한다.

연합영역 일차 운동기능과 감각기능에 관여하지 않는 대뇌피질 영역. 학습, 기억, 사고 그리고 언어와 같은 고등 심적 기능에 관여한다.

연합영역

지금까지는 피질에서 감각입력을 받아들이거나 운동출력을 지시하는 조그만 영역을 다루었다. 모두 합쳐보아도 이 영역은 인간 두뇌의 얇고 쭈글쭈글한 막의 대략 1/4만을 차지하고 있다. 그렇다면 피질의 나머지 넓은 영역에서는 무슨 일이 일어나는 것인가? 이러한 **연합영역**(association area)의 뉴런들은 우리를 인간으로 만들어주는 고등 정신 기능을 수행하느라 무척이나 바쁘다. 연합영역의 전기적 자극은 아무런 관찰 가능한 반응을 촉발하지 않는다. 따라서 감각영역이나 운동영역과는 달리, 연합영역 기능은 말끔하게 지도를 그릴 수 없다. 이 사실은 사람들이 그 영역을 사용하지 않음을 의미하는가? 아니면 두 차례의 조사에서 10명 중 4명이 동의한 "우리는 두뇌의 단지 10%만을 사용한다."를 의미하는가?(Furnham, 2018; Macdonald et al., 2017). (비판적으로 생각하기 : 우리는 두뇌의 단지 10%만을 사용하는가?를 참조하라.)

연합영역은 네 가지 엽 모두에 존재한다. 전두엽의 가장 앞쪽에 위치한 전전두엽은 판단, 계획 세우기, 사회적 상호작용, 그리고 새로운 기억의 처리를 가능하게 해준다(de la Vega et al., 2016; Silwa & Frehwald, 2017; Yin & Weber, 2019). 전두엽이 손상된 사람도 지능검사에서 높은 점수를 받고, 케이크를 굽는 상당한 기술을 가지고 있을 수 있다. 그렇지만 생일파티를 위한 케이크를 굽기 시작하기에 앞서 계획을 세울 수는 없을지도 모른다(Huey et al., 2006). 만일 케이크를 굽기 시작하였더라도 조리법을 망각하였을 수 있다(MacPherson et al., 2016). 그리고 생일파티에 케이크를 마련하지 못하더라도 후회하지 않을지도 모른다(Bault et al., 2019).

전두엽 손상은 성격을 변화시키고 억제력을 제거할 수도 있다. 철도 노동자이었던 피니어스 게이지의 고전적인 사례를 보도록 하자. 1848년 어느 날 오후, 당시 25세이었던 게이지는 쇠막대를 가지고 바위 구멍에 화약을 다져넣고 있었다. 그 순간 불꽃이 일어나서 화약에 점화되어 폭발하는 바람에, 쇠막대가 그의 왼쪽 뺨을 관통하여 두개골 상단으로 빠져나와서는 전두엽을 크게 다치는 사고가 일어났다(그림 2.25). 놀랍게도 게이지는 즉각 일어나서 말할 수 있었으며, 부상을 치료받은 후에 일터로 되돌아왔다. 그렇지만 폭발은 정서를 제어하고 의사결정을 가능하게 해주는 두뇌영역과 전두엽 간의 연계를 손상시켰다(Thiebaut de Schotten et al., 2015; Van Horn et al., 2012). 이 손상이 게이지의 성격에 어떤 영향을 미쳤겠는가? 다정다감하고 사근사근하게 말하던 게이지는 성마르고 음란하며 부정직한 사람이 되었다. 그의 친구들은 "그 녀석은 더 이상 게이지가 아니야."라고 말하였다. 비록 게이지가 직장을 잃었지만, 시간이 경과하면서 자신의 부상에 적응하고 역마차 기사로 다시 일할 수 있었다(Macmillan & Lena, 2010).

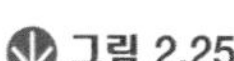
그림 2.25
피니어스 게이지를 회상함 (a) 게이지의 두개골은 의학기록으로 남아 있다. 측정기법과 현대의 신경 영상기법을 사용하여 연구자들은 쇠막대가 게이지 두뇌를 관통한 것을 재구성하였다(Van Horn et al., 2012). (b) 이 사진은 사고 이후 게이지의 모습을 보여준다(이 사진은 원래의 모습으로 수정하여 보여주기 위하여 좌우를 뒤바꾼 것이다. 초창기 사진들은 실제로 거울상이었다).

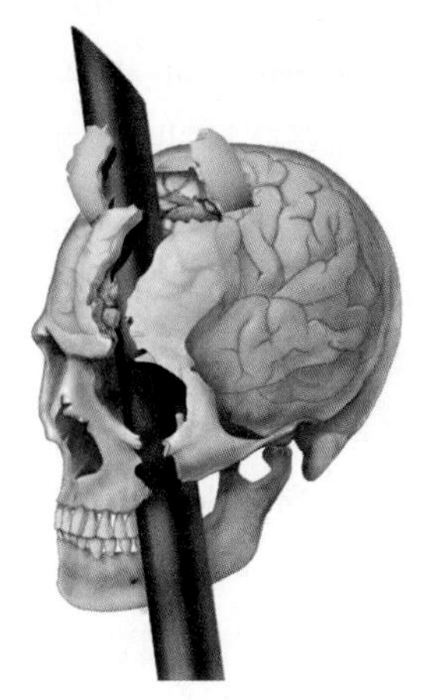
(a)

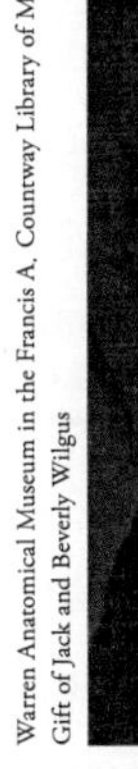

(b)

전두엽이 손상된 사람들에 대한 또 다른 연구들도 유사한 장애를 밝혀왔다. 이들은 충동을 억제하는 전두엽

비판적으로 생각하기

우리는 두뇌의 단지 10%만을 사용하는가?

LOQ 2-12 두뇌의 90%를 실제로 사용하지 않는다는 것이 사실인가?

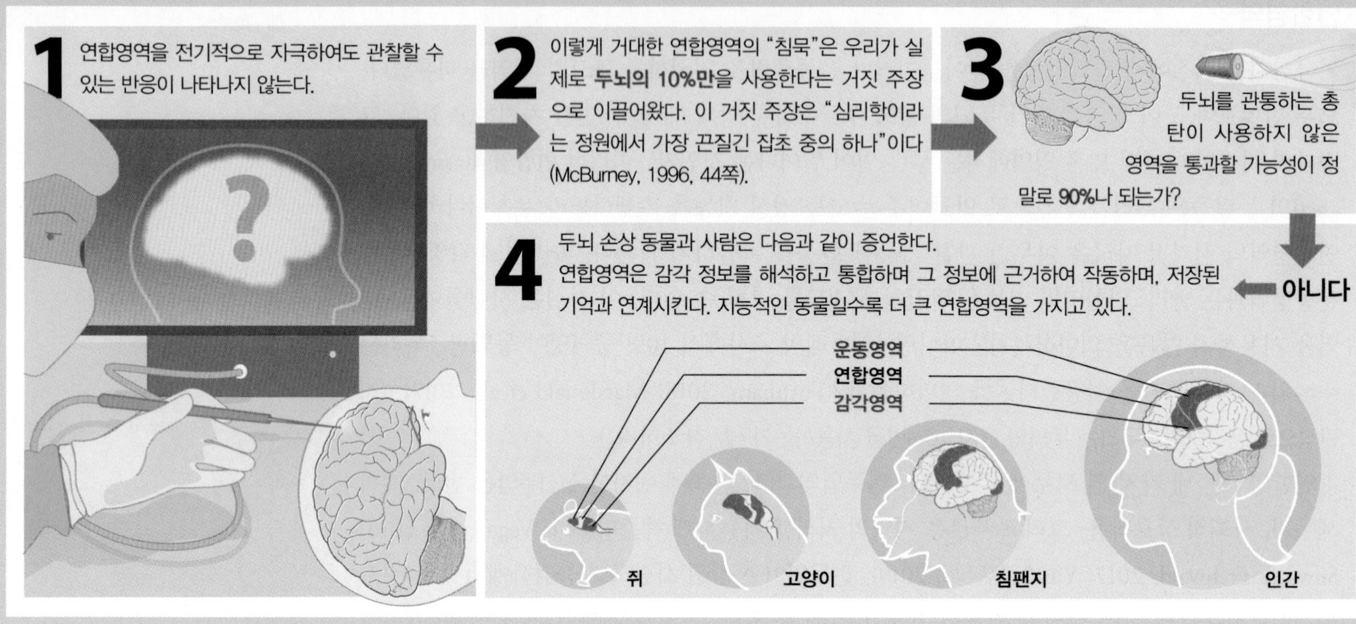

1 연합영역을 전기적으로 자극하여도 관찰할 수 있는 반응이 나타나지 않는다.
2 이렇게 거대한 연합영역의 "침묵"은 우리가 실제로 두뇌의 10%만을 사용한다는 거짓 주장으로 이끌어왔다. 이 거짓 주장은 "심리학이라는 정원에서 가장 끈질긴 잡초 중의 하나"이다 (McBurney, 1996, 44쪽).
3 두뇌를 관통하는 총탄이 사용하지 않은 영역을 통과할 가능성이 정말로 90%나 되는가?
아니다
4 두뇌 손상 동물과 사람은 다음과 같이 증언한다.
연합영역은 감각 정보를 해석하고 통합하며 그 정보에 근거하여 작동하며, 저장된 기억과 연계시킨다. 지능적인 동물일수록 더 큰 연합영역을 가지고 있다.
운동영역
연합영역
감각영역
쥐
고양이
침팬지
인간

브레이크가 없기 때문에 억제력을 상실하게 되었을 뿐만 아니라, 도덕 판단도 고삐 풀린 망아지가 되었다. 세실 클레이턴은 1972년에 발생한 목재소 사고로 좌측 전두엽의 20%를 상실하였다. 그의 지능검사 점수는 초등학생 수준으로 떨어졌으며 충동성이 증가하였다. 그는 1996년에 보안관보를 총으로 살해하였다. 74세가 된 2015년에 미주리주는 그를 사형에 처하였다(Williams, 2015).

여러분은 다섯 사람을 구하기 위하여 달려오는 전차 앞으로 누군가를 밀어넣자고 주장하겠는가? 대부분의 사람들은 그렇지 않지만, 눈 뒤의 두뇌영역, 즉 전두엽이 손상된 사람들은 그렇게 주장한다(Koenigs et al., 2007). 전두엽은 사람들을 친절하게 만들고 폭력에서 멀어지도록 이끌어간다(Lieberman et al., 2019; Molenberghs et al., 2015; Yang & Raine, 2009). 전두엽이 붕괴된 사람은 도덕적 나침반이 행동과 단절된 것으로 보인다. 선과 악을 알고는 있지만 개의치 않는다.

전두엽 상실 부상으로 좌측 전두엽의 일부분이 상실된(이 사진은 아래쪽이 얼굴을 향하고 있다) 세실 클레이턴은 더욱 충동적이 되었으며 보안관보를 살해하였다. 19년 후에 미국 미주리주는 사형을 집행하였다.

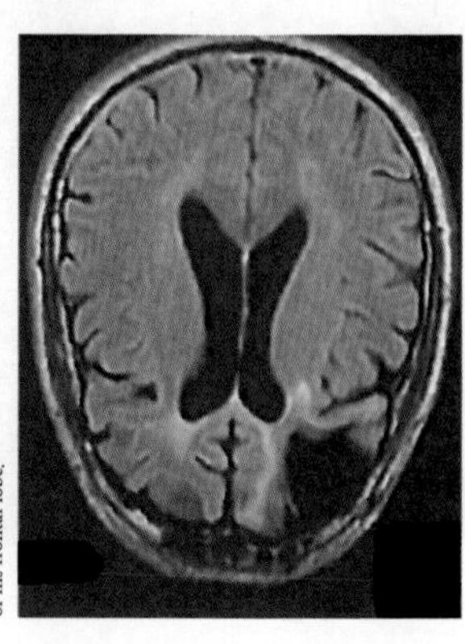

Cecil Clayton's brain scan, included with request for stay of execution filed with the Supreme Court, showing a missing portion of his frontal lobe.

연합영역은 다른 심적 기능들도 수행한다. 보통 크기였던 아인슈타인의 뇌에서 매우 크고 이례적인 모습을 하고 있었던 두정엽은 수학 추리와 공간 추리를 가능하게 해준다(Amalric & Dehaene, 2019; Wilkey et al., 2018). 뇌수술을 받고 있는 환자의 두정엽을 자극하는 것은 팔이나 입술 또는 혀를 움직이고 싶다는 느낌을 초래하였다(그렇지만 실제로 움직인 것은 아니다). 자극의 강도를 높이자, 그 환자는 자신이 실제로 움직였다고 잘못 믿게 되었다. 흥미롭게도 전두엽 운동피질 근처의 연합영역을 자극하였을 때는 환자가 움직였음에도 불구하고 그렇게 움직였다는 사실을 자각하지 못하였다(Desmurget et al., 2009). 이렇게 머리를 긁적이게 만드는 결과들은 움직임 지각이 움직임 자체에서 오는 것이 아니라 의도와 기대한 결과에서 오는 것이라는 사실을 시사한다.

우측 측두엽의 아래쪽에 위치한 또 다른 연합영역은 얼굴을 재인할 수 있게 해준다. 뇌졸중이나 뇌손상으로 이 영역이 파괴되면, 얼굴 특징을 묘사하고 남녀 성별을 구분하여 나이를 대충 짐작할 수는 있지만, 이상하리만치 자기 할머니의 얼굴조차 알아보지 못하게 된다.

아무튼 다시 한번 강조하지만, 우리는 두뇌 '핵심 영역'들에 관한 그림을 사용하여 세부적 두뇌영역에 복잡한 기능들을 위치시키는 새로운 골상학을 만들어내는 것은 아닌지 조심해야만 한다(Beck, 2010; Shimamura, 2010; Uttal, 2001). 복잡한 과제를 수행하고 있는 두뇌의 영상을 보면 두뇌의 독자적인 많은 영역이 함께 작동하는데, 어떤 영역은 의식과는 무관하게 자동적으로 작동하며, 다른 영역은 의식적 제어를 받으면서 작동하고 있음을 알 수 있다(Chein & Schneider, 2012). 기억, 언어, 주의 그리고 사회적 기술은 **기능적 연결성**, 즉 차별적 두뇌영역과 신경망 간의 소통에서 유래한다(Bassett et al., 2018; Knight, 2007; Silston et al., 2018). 두뇌영역들이 서로 소통하고자 허우적거릴 때 어떤 일이 일어나는가? 다양한 심적 장애가 초래될 위험에 처하게 된다(Baker et al., 2019; Zhang et al., 2019). **명심할 사항** : 우리의 심적 경험 그리고 심리적 건강은 협응하는 두뇌 활동으로부터 발생한다.

"우리는 아인슈타인의 두뇌를 손에 들고 이것이 바로 우주에 대한 생각을 변화시킨 기관임을 실감하였다… 우리는 경외감에 휩싸였다." 신경과학자 샌드라 위텔슨(2011)

인출 연습

RP-4 연합영역이 중요한 이유는 무엇인가?

답은 부록 E를 참조

손상에 대한 반응

LOQ 2-13 손상된 두뇌는 어느 정도나 자체적으로 재조직될 수 있는가? 신경생성이란 무엇인가?

앞에서 **신경가소성**, 즉 두뇌가 새로운 상황에 적응하는 방식을 다루었다. 크든 작든 불행한 사건을 경험하면 어떤 일이 일어나는가? 두뇌가 손상을 받은 후에 스스로 교정하는 능력을 살펴보자.

대부분의 두뇌 손상 효과는 다음과 같은 두 가지 명명백백한 사실로 거슬러 올라갈 수 있다. (1) 두뇌와 척수에서 절단된 뉴런은 피부의 경우와는 달리, 일반적으로 재생되지 않는다. (만일 척수가 절단된다면, 아마도 평생 마비 상태가 지속될 것이다.) (2) 몇몇 두뇌기능은 특정 영역에 사전 배정된 것으로 보인다. 측두엽 얼굴 재인영역에 손상을 입은 신생아는 결코 얼굴을 재인할 수 없었다(Farah et al., 2000). 그렇지만 좋은 소식이 있다. 어떤 신경조직은 손상에 대처하여 재조직될 수 있다.

신경가소성은 심각한 손상 후에도 일어날 수 있으며, 특히 어린 아동의 경우에 그렇다(Kolb, 1989; 그림 2.26도 참조). **제약 유도 치료**(constraint-induced therapy)는 두뇌 손상 아동이나 심지어는 뇌졸중 성인 환자의 두뇌를 재배열시키고 움직임을 능숙하게 개선시키려는 것이다(Taub, 2004). 치료사는 제대로 기능하는 팔다리에 제약을 가하여 환자로 하여금 '불편한' 손이나 다리를 사용하도록 강제함으로써, 점진적으로 두뇌를 재프로그래밍하게 된다. 50대의 외과의사인 한 뇌졸중 환자에게, 정상적인 손과 팔에 제약을 가한 뒤에 식탁을 치우는 일을 하도록 하였

마음의 물리학 맥카서 천재상 수상자인 대니얼 바셋의 연구는 학문 경계를 넘나든다. 그녀는 물리학과 수학의 개념을 적용하여 두뇌의 신경망 연결을 설명하고 있다.

Courtesy of Dr. Danielle Bassett

Joe McNally/Hulton Archive/Getty Images

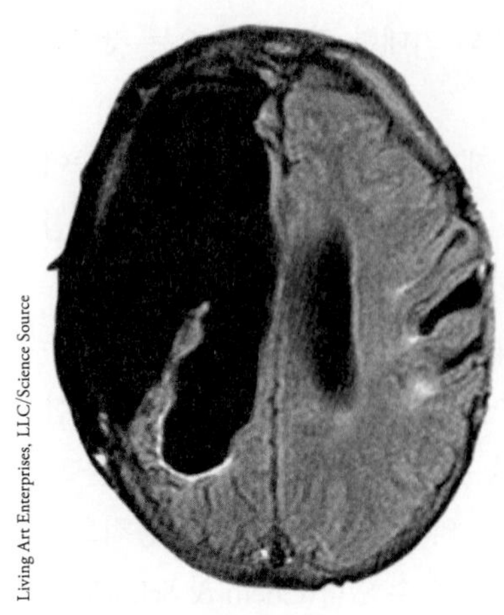
Living Art Enterprises, LLC/Science Source

그림 2.26
두뇌가소성 그림에서 보는 6세 아동은 생명을 위협하는 발작을 종식시키기 위한 외과수술을 받았다. 대부분의 우반구가 제거되었지만(반구를 제거한 MRI 영상을 보라), 남아있는 반구가 그 역할을 벌충하였다. 미국 존스홉킨스대학교의 한 의료팀은 자기들이 시술한 아동들의 반구 제거수술을 회고하면서, 반구 하나를 제거한 후에도 아동들이 얼마나 자신의 기억과 성격 그리고 유머를 잘 유지하는지를 보고 '경외감'을 느꼈다고 보고하고 있다(Vining et al., 1997). 아동이 어릴수록 외과적으로 제거된 부분의 기능을 반구의 다른 부분에서 대신 처리할 가능성이 더 많다(Choi, 2008; Danelli et al., 2013).

다. 그러자 서서히 불편한 팔이 회복되었다. 손상된 두뇌기능이 다른 영역으로 이전됨에 따라서, 점진적으로 다시 글을 쓰고 심지어는 테니스를 배울 수 있게 되었다(Doidge, 2007).

신경가소성은 시각 장애자나 청각 장애자에게 희소식이다. 눈이 멀거나 귀가 먹는 것은 사용하지 않는 두뇌영역을 소리나 냄새와 같은 다른 용도로 사용할 수 있게 해준다(Amedi et al., 2005; Bauer et al., 2017). 만일 시각 장애자가 점자를 읽는 데 특정 손가락을 사용한다면, 그 손가락 정보를 처리하는 두뇌영역이 확장되어, 마치 촉각이 시각피질을 침공하는 것처럼 될 수 있다(Barinaga, 1992; Sadato et al., 1996). 신경가소성은 청각 장애자들의 주변시각과 움직임 탐지 시각이 증진된다는 사실을 찾아낸 몇몇 연구결과를 설명하는 데도 도움을 준다(Bosworth & Dobkins, 1999; Shiell et al., 2014). 수화가 모국어인 청각 장애자의 경우, 정상적으로는 청각정보를 처리하는 측두엽이 헛되이 자극이 들어오기만 기다리고 있다. 결국에는 기호를 보고 해석하는 데 사용하는 시각피질에서 들어오는 것과 같은 다른 신호를 찾게 된다.

유사한 재배열은 질병이나 손상으로 인해서 정상적이라면 특정한 기능을 담당하였을 두뇌영역들을 자유롭게 내버려두게 될 때도 일어날 수 있다. 만일 서서히 커지는 좌반구 종양이 언어를 와해시킨다면(언어는 대부분의 경우에 좌반구에 자리한다), 우반구가 그 기능을 대신할 수 있다(Thiel et al., 2006). 손이 없이 태어난 사람이 발을 사용하여 일상 과제를 수행하게 되면, 손을 가져본 적이 없음에도 불구하고 손에 해당하는 체감각피질이 활성화된다(Striem-Amit et al., 2018). 그렇다면 여러분은 다리 아래 부분이 절단된 환자의 성관계 경험은 어떨 것이라고 생각하는가? (그림 2.21에서 보는 바와 같이, 발가락 영역이 성기 영역과 이웃하고 있다는 사실에 주목하라.) "나는 실제로 존재하지도 않는 발에서 오르가슴을 경험합니다. 그리고 더 이상 나의 성기에만 국한되지 않기 때문에 발에서의 느낌이 보통 때보다도 훨씬 더 강렬하지요"(Ramachandran & Blakeslee, 1998, 36쪽).

흔히 두뇌는 기존 조직을 재조직함으로써 스스로 복구를 시도한다고 하더라도, 연구자들은 **신경생성**(neurogenesis), 즉 새로운 뉴런의 생성을 통해서도 스스로 수리할 수 있는지에 대해서 논쟁을 벌이고 있다(Boldrini et al., 2018; Kempermann et al., 2018; Sorrells et al., 2018). 연구자들은 다 자란 쥐, 새, 원숭이 그리고 인간의 두뇌 깊은 곳에서 신생 뉴런을 발견해왔다(He & Jin, 2016; Jessberger et al., 2008). 이러한 신생 뉴런은 이웃 뉴런들과 연계를 형성하기도 한다(Gould, 2007; Luna et al., 2019). 신경생성은 사람마다 다르며, 이 사실은 어떻게 사람들이 공통의 과정을 자기만의 독특한 방식으로 경험하게 되는지를 보여주는 또 다른 예를 보여준다(Kempermann, 2019).

어떤 유형의 두뇌 세포로든 발달할 수 있는 **줄기세포**들이 인간의 배아에서도 발견되어 왔다. 만일 신경 줄기세포를 실험실에서 대량으로 복제하여 손상된 두뇌에 주입하면, 스스로 손실된 뉴런을 대체할 수 있을까? 대학과 바이오테크 기업의 연구진은 인간의 뉴런을 닮은 줄기세포를 생성하는 방법에 관한 새로운 분야를 계속해서 개척하고 있다(Lu et al., 2016; Paşca et al., 2015). 이러한 줄기세포 연구는 병들거나 손상된 두뇌를 치료하는 데 도움을 줄 뿐만 아니라 두뇌 발달과 기억 등을 비롯한 기본적인 심리과정을 이해하는 데도 도움을 준다(Mariani et al., 2012; Sun et al., 2015; Zhang et al., 2016). 망가진 잔디밭에 씨를 다시 뿌리듯이 손상된 두뇌를 재구축할 수 있는 날이 올 것인가? 새로운 약물이 새로운 뉴런의 생성을 촉진시킬 수 있을까? 귀를 기울이고 기다려보자. 기다리는 동안에도 우리 모두는 운동, 수면, 스트레스는 없지만 자극적인 환경과 같은 다른 자연적 신경생성 촉진자들로부터 도움을 받을 수 있다(Liu & Nusslock, 2018; Monteiro et al., 2014; Nollet et al., 2019).

신경생성 새로운 뉴런의 형성

뇌량 두 대뇌반구를 연결하는 커다란 신경섬유 다발. 두 반구 사이에서 메시지를 전달한다.

분할뇌 좌우 반구를 연결하는 뇌량을 절단함으로써 두 대뇌반구가 분리된 상태

분할뇌

LOQ 2-14 분할뇌는 두 대뇌반구의 기능에 관하여 무엇을 밝혀주는가?

비슷하게 생긴 두뇌 좌반구와 우반구는 상이한 기능을 담당한다. 이러한 편재화는 두뇌 손상 후에 명백하게 드러난다. 한 세기 이상 누적된 연구들은 좌반구의 손상, 뇌졸중, 그리고 종양이 읽기, 쓰기, 말하기, 수학 추리, 이해 등을 손상시킬 수 있다는 사실을 보여주었다. 우반구에서의 유사한 손상은 그렇게 극적인 효과를 보이는 경우가 지극히 드물다. 이 사실은 우반구가 단지 무임승차하고 있다는 것을 의미하는가? 많은 사람들은 심리학 역사에서 매혹적인 새로운 장이 열리기 시작하였던 1960년대까지 그렇다고 믿었다. 즉, 이때가 되어서야 비로소 연구자들은 '열성' 우반구가 전혀 그렇게 제한적이지 않다는 사실을 발견하였던 것이다.

두뇌 분할하기

1960년대 초반 두 명의 신경외과 의사는 총체적 시스템으로 함께 작동하는 두 대뇌반구 사이에서 공명하는 증폭된 비정상적 두뇌 활동 때문에 간질 대발작이 일어나는 것이 아닐까 생각하였다(Bogen & Vogel, 1962). 만일 그렇다면, **뇌량**(corpus callosum)을 절단함으로써 이러한 생물학적 테니스 게임을 종식시킬 수 있을지 궁리하였다(그림 2.27 참조). 이렇게 넓은 축색 다발은 두 반구를 연결시키며 둘 사이에 메시지를 주고받는다. 보겔과 보겐은 심리학자들인 로저 스페리, 로널드 마이어스, 그리고 마이클 가자니가 등이 이러한 방식으로 고양이와 원숭이의 두뇌를 분할하여도 아무런 심각한 부작용이 없었다는 사실을 알고 있었다.

따라서 이들은 수술을 감행하였다. 결과는 어떠하였는가? 발작은 거의 사라졌다. 이러한 **분할뇌**(split brain) 환자들은 놀라우리만치 정상적이었으며, 성격과 지능도 거의 영향을 받지 않았

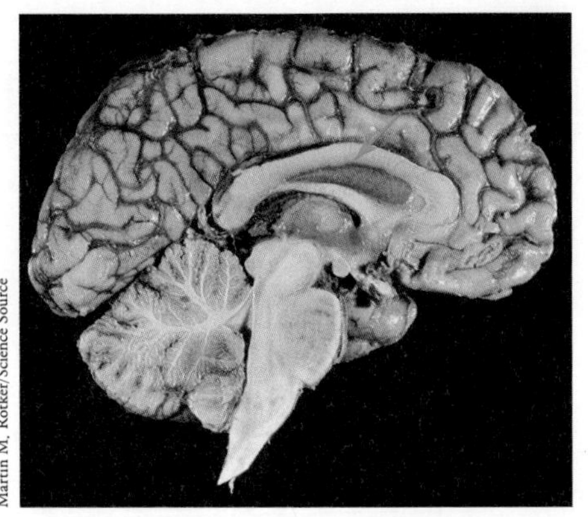

Martin M. Rotker/Science Source

(a)

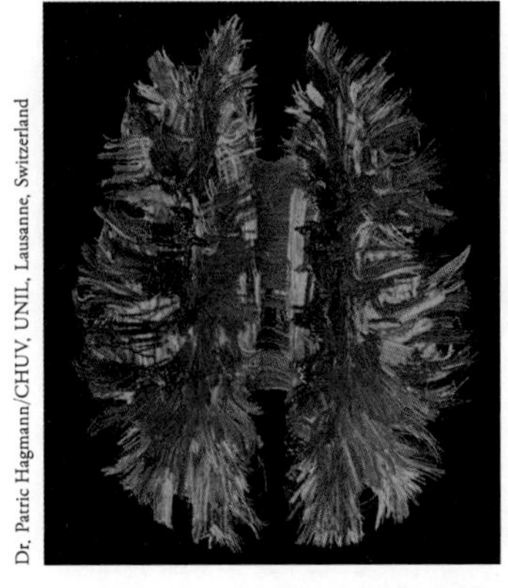

Dr. Patric Hagmann/CHUV, UNIL, Lausanne, Switzerland

(b)

그림 2.27

뇌량 커다란 신경섬유 띠가 좌우 대뇌반구를 연결한다. 왼쪽 사진은 뇌량과 두뇌 아래쪽 영역을 가로질러 두 반구를 분리시킨 후에 찍은 것이다. 오른쪽의 고화질 확산 스펙트럼 영상(위에서 내려다보고 있는 모습)은 두 반구 속에 들어있는 신경망들, 그리고 두 반구를 연결하고 있는 뇌량을 보여주고 있다.

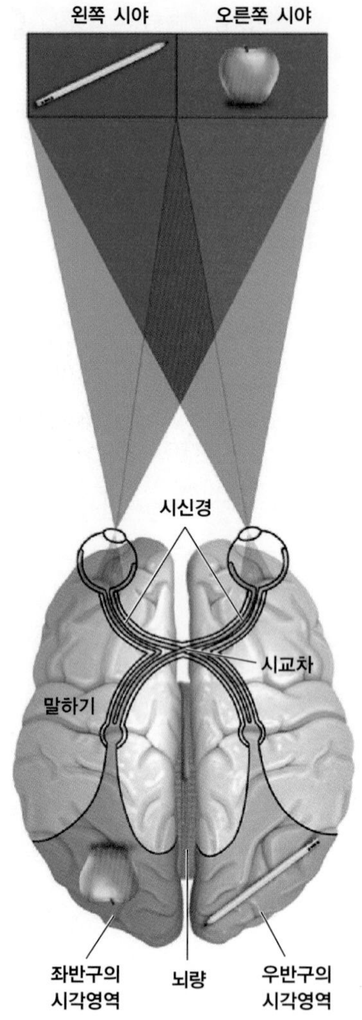

그림 2.28
눈으로부터 두뇌로 연결되는 정보 고속도로

다. 수술에서 깨어난 후, 한 환자는 자신에게 '분할 두통'이 생겼다고 익살을 부리기조차 하였다(Gazzaniga, 1967). 이 환자들은 자신의 경험을 과학과 공유함으로써 온전한 두뇌의 두 반구 간 상호작용에 관한 이해를 크게 확장해주었다.

이러한 발견을 진정으로 이해하기 위해서는 잠시 시각 배열의 독특한 본질에 초점을 맞출 필요가 있다. 그림 2.28이 예시하는 바와 같이, 각 눈은 전체 시각장(시야)으로부터 감각 정보를 받아들인다. 그렇지만 각 눈에서 좌측 시각장의 정보는 우반구로 전달되며, 우측 시각장의 정보는 좌반구로 전달되는데, 일반적으로 좌반구가 말하기를 제어한다. 각 반구가 받아들인 데이터는 즉각적으로 뇌량을 거쳐 다른 쪽 반구로 전달된다. 뇌량이 절단된 사람에게 있어서는 이러한 정보 공유가 일어나지 않는다.

이 사실을 알고 있는 스페리와 가자니가는 시각정보를 환자의 좌반구나 우반구로만 보낼 수 있었다. 그 환자가 한 점을 응시하고 있을 때, 자극을 응시점의 왼쪽이나 오른쪽에 순간적으로 제시하였다. 정상인에게도 자극을 이렇게 제시할 수 있지만, 온전한 두뇌에서는 정보를 받아들인 반구가 즉각적으로 다른 반구로 그 정보를 보낸다. 분할뇌 수술이 반구 간 소통을 차단하였기 때문에, 연구자들은 이 환자들의 각 반구에 상이한 문제를 제공할 수 있었다.

마이클 가자니가(1967)는 초기 실험에서 분할뇌 환자에게 중앙의 한 점을 응시케 하고, 화면에, 예컨대 HE · ART를 짧게 제시하였다(그림 2.29). 따라서 HE는 왼쪽 시야에(우반구로 전달된다) 그리고 ART는 오른쪽 시야에 나타났다(좌반구로 전달된다). 그런 다음에

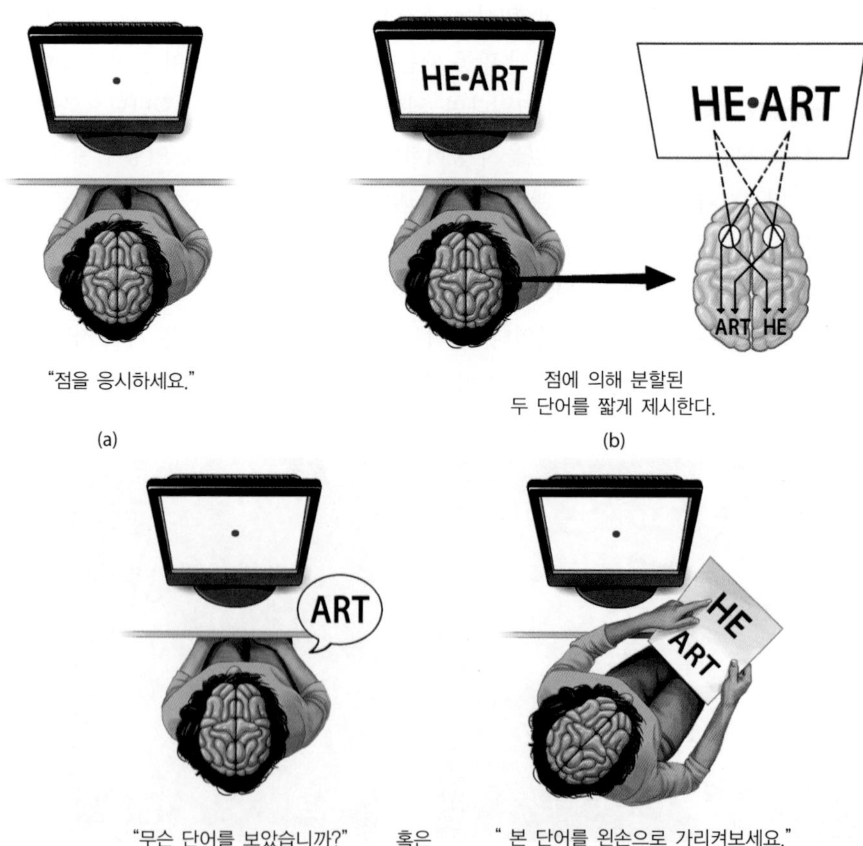

그림 2.29
하나의 두개골 속에 들어있는 두 마음 실험자가 시야 전역에 걸쳐서 'HE · ART'라는 단어를 순간적으로 제시하면, 분할뇌 환자는 좌반구로 전달된 부분만 보았다고 보고한다. 그렇지만 자신이 본 것을 왼손으로 가리키도록 요구하면, 우반구로 전달된 부분을 가리키게 된다(Gazzaniga, 1983에서 인용).

무엇을 보았는지 물었을 때, 환자는 ART를 보았다고 답하였다. 그런데 단어를 손으로 짚어보라고 요구하였을 때 (우반구가 제어하는) 왼손이 HE를 가리키는 것을 보고는 본인 스스로도 놀랐다. 스스로 표현할 기회를 주었을 때, 각 반구는 자신이 본 것을 독자적으로 보고한 것이다. (왼손을 제어하는) 우반구는 자신이 언어로 보고할 수 없는 것을 직관적으로 알고 있었던 것이다.

숟가락 그림을 순간적으로 우반구에만 전달하였을 때, 분할뇌 환자는 무엇을 보았는지 말할 수 없었다. 그러나 숨겨진 사물들 중에서 보았던 것을 왼손으로 더듬어서 확인해보라고 요구하면, 즉각적으로 숟가락을 선택하였다. 만일 실험자가 "맞았습니다."라고 말하면, 환자는 "뭐라고요? 맞았다고요? 내가 무엇을 보았는지도 모르는데 어떻게 맞는 물건을 선택할 수 있겠습니까?"라고 답하는 경우도 있었다. 물론 말은 좌반구가 하는 것이며, 비언어적인 우반구가 알고 있는 것으로 인해서 당혹감을 느꼈던 것이다.

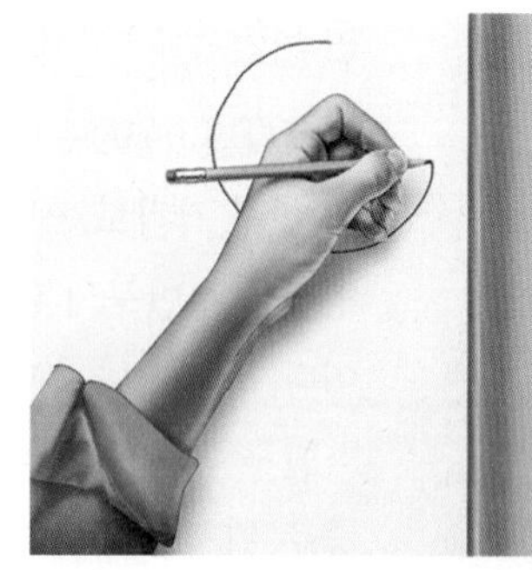
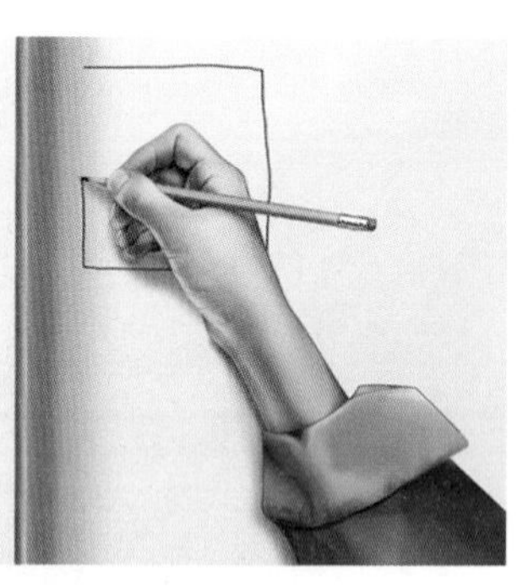

그림 2.30
이 과제를 해보라! 분할뇌 환자는 두 가지 다른 모양을 동시에 그릴 수 있다.

분할뇌 수술을 받았던 몇몇 사람은 왼손이 제멋대로 행동함으로써 한동안 곤란을 겪기도 하였다. 왼손은 오른손이 무엇을 하고 있었는지를 정말로 알지 못하는 것처럼 보였다. 오른손은 단추를 채우는 반면 왼손은 단추를 푼다거나 오른손이 쇼핑카트에 물건을 집어넣었는데 왼손이 다시 제자리에 갖다놓기도 하였다. 마치 각 반구는 "오늘 녹색(파란색) 셔츠를 입어야겠다."라고 생각하고 있는 것처럼 보였다. 실제로 스페리(1964)는 분할뇌 수술이 사람들에게 '두 개의 독립된 마음'을 남겨놓는다고 언급하고 있다. 분할뇌가 되면, 양 반구는 왼손과 오른손을 가지고 서로 다른 그림을 이해하고 동시에 그려보라는 지시를 따를 수 있다(Franz et al., 2000, 그림 2.30도 참조). 오늘날 연구자들은 분할뇌 환자의 마음이, 마치 강이 서로를 자각하지도 못한 채 독자적인 두 개의 물줄기로 나뉘는 것과 같다고 생각하고 있다(Pinto et al., 2017). (이러한 연구결과를 읽으면서, 여러분은 분할뇌 환자가 혼자서 왼손과 오른손을 가지고 '가위, 바위, 보' 게임을 즐기는 모습을 상상해볼 수 있겠는가?)

"오른손이 하는 일을 왼손이 모르게 하라." 마태복음 6장 3절

'두 마음'이 일치하지 않을 때, 좌반구는 이해되지 않은 행위를 합리화하는 재주를 부리게 된다. 만일 분할뇌 환자가 우반구에 전달된 명령("걸어가세요.")을 따르면, 이상한 일이 벌어진다. 명령을 깨닫지 못한 좌반구는 걷기 시작한 이유를 알지 못한다. 그렇지만 그 이유를 물었을 때, "모르겠는데요."라고 말하지 않는다. 오히려 해석하기를 좋아하는 좌반구는 즉석에서 "콜라를 가지러 집에 들어가는 거예요."라고 꾸며댄다. 이 환자들을 '세상에서 가장 환상적인 사람들'이라고 간주한 가자니가(1988)는 의식적인 좌반구가 행동의 이유를 즉각적으로 구성하는 '통역자'의 역할을 담당한다고 결론짓고 있다. 그는 두뇌가 자동항법장치로 작동하기 십상이라고 결론짓고 있다. 우선 행동한 후에 그 행동을 설명하는 것이다.

인출 연습

RP-5 (a) 분할뇌 환자의 우반구에는 빨간 불빛을, 그리고 좌반구에는 녹색 불빛을 순간적으로 비추면, 각 반구는 상이한 색을 관찰하겠는가? (b) 그 환자는 색깔이 다르다는 사실을 자각하겠는가? (c) 환자는 어느 색깔을 보았다고 말하겠는가?

답은 부록 E를 참조

온전한 두뇌에서 좌우반구의 차이

그렇다면 99.99% 이상이 분할되지 않은 두뇌를 가지고 있는 정상인들의 경우는 어떤가? 정상인의 반구 각각도 차별적인 기능을 수행하는가? 즉답은 '그렇다'이다. 지각 과제를 수행할 때 두뇌 영상은 우반구의 활동(뇌파와 혈류 그리고 포도당 소비량)이 증가한다는 사실을 보여주기 십상이다. 말하거나 수학계산을 할 때는 일반적으로 좌반구의 활동이 증가한다.

반구 전문화의 극적인 시범은 몇몇 유형의 뇌수술 직전에 일어난다. 외과 의사는 환자의 언어중추 위치를 확인하기 위하여 일반적으로 언어를 제어하는 좌반구로 혈액을 공급하는 경동맥에 마취제를 주입한다. 주입에 앞서, 환자는 누워서 손을 뻗고 의사와 이야기를 한다. 여러분은 마취제가 좌반구를 잠에 빠뜨릴 때 어떤 일이 일어날 것인지를 예측할 수 있는가? 몇 초도 지나지 않아서 환자의 오른팔이 툭 떨어진다. 만일 좌반구가 언어를 제어하고 있다면, 환자는 마취효과가 사라질 때까지 말을 하지 못할 것이다. 만일 마취제를 우반구로 가는 동맥에 주입하면, 왼팔이 무력해지지만 여전히 말을 할 수 있을 것이다.

두뇌 영상을 보면, 일반적으로 개도 사람과 마찬가지로 단어를 좌반구에서 처리하고 억양을 우반구에서 처리한다. 한 연구는 개가 듣는 것과 말하는 방식이 대응되지 않으면 칭찬을 해주어도 효과가 없다는 사실을 입증하였다(Andics et al., 2016).

두뇌에게 있어서는 구어이든 수화이든 언어는 언어일 뿐이다(두뇌가 언어를 처리하는 방식과 영역을 보려면 제9장을 참조). 정상적으로 들을 수 있는 사람들이 일반적으로 좌반구를 사용하여 언어를 처리하는 것과 마찬가지로, 청각 장애자들도 좌반구를 사용하여 수화를 처리한다(Corina et al., 1992; Hickok et al., 2001). 따라서 좌반구 뇌졸중은 정상인의 말하기를 와해시키는 것만큼 청각 장애자의 수화를 와해시킨다(Corina, 1998).

좌반구가 언어를 신속하고 직접적으로 해석하는 데 유능하지만, 우반구는 다음과 같은 능력을 갖는다.

- **추론을 하는 데 뛰어나다**(Beeman & Chiarello, 1998; Bowden & Beeman, 1998; Mason & Just, 2004). 만일 '발'이라는 단어로 순간적으로 점화하면, 좌반구는 발과 밀접하게 연합된 '뒤꿈치'라는 단어를 보다 빠르게 재인한다. 그러나 만일 "'워킹화', '여름', 그리고 '그라운드'라는 세 단어와 어울리는 단어는 무엇인가?"와 같은 통찰 문제를 제시하면, 우반구가 신속하게 합리적 결론에 도달하고는 '캠핑'이라는 해답을 재인한다. 뇌졸중으로 우반구가 손상된 한 환자는, "단어는 이해하겠는데 미묘한 차이를 놓치고 맙니다."라고 말하며 어려움을 토로하였다. 또한 우반구는 좌반구에 비해서 그림을 똑같이 복사하고, 얼굴을 재인하며, 차이점을 알아차리고, 정서를 지각하며, 얼굴에서 보다 표현적인 왼쪽 부위를 통해서 정서를 표현하는 데 더 유능하다. 우반구 손상은 이러한 능력을 심각하게 와해시킬 수 있다.
- **의미를 명확하게 만들기 위한 말하기 조율을 돕는다.** 예컨대, "아버지 가방에 들어가십니까?"가 아니라 "아버지가 방에 들어가십니까?"라고 물을 때처럼 말이다(Heller, 1990).
- **우리의 자기자각을 조율하는 것을 돕는다.** 우반구에만 손상이 있는 국소마비로 고생하는 사람은 때때로 자신의 문제점을 완강하게 거부한다. 이상하리만치 마비된 팔다리를 움직일 수 있다고 주장하는 것이다(Berti et al., 2005).

맨눈에는 비슷하게 보이는 두 반구를 그냥 들여다보기만 해서 어떻게 두 반구가 독자적으로 작동하여 조화로운 전체를 구성하게 된다는 사실을 알 수 있었겠는가? 그렇지만 분할뇌 환자와 정상인들 그리고 심지어는 다른 동물종의 두뇌를 대상으로 수행한 다양한 관찰은 멋들어지게 수렴하여, 이제 우리가 전문화된 부분들로 구성된 통합적 두뇌를 가지고 있다는 사실에는 의심의 여지가 없게 되었다(Hopkins & Cantalupo, 2008; MacNeilage et al., 2009).

자문자답하기

상이한 기능을 가지고 있는 그토록 많은 구조들이 상호 연결되도록 두뇌가 진화한 까닭은 무엇이라고 생각하는가?

* * *

이 장에서는 '심리적인 것은 동시에 모두 생물적인 것'이라는 결정적인 원리를 살펴보았다. 사고와 감정 그리고 행위가 어떻게 전문화 되어있으면서도 통합적인 두뇌에서 발생하는 것인지에 초점을 맞추었다. 후속 장들에서는 심리학에서 생물학적 혁명이 가지고 있는 중요성을 보다 자세하게 살펴볼 것이다.

19세기 골상학에서부터 오늘날 신경과학에 이르기까지 우리는 먼 길을 달려왔다. 신경과학은 우리 자신을 포함한 모든 인간을 이해하는 데 도움을 준다. 현대 신경과학의 창시자 중의 한 사람인 메리언 다이아몬드(2016)가 지적한 바와 같이, "두뇌를 제거하면 그 사람을 제거하는 것이다." 그렇기는 하지만 심리과학자는 지적 겸손을 실천할 필요가 있다. 아직도 모르는 것에 비하면 아는 것이 미미하기만 하다. 우리는 두뇌를 기술할 수 있다. 각 부분들의 기능을 알 수 있다. 각 영역들이 소통하는 방법을 연구할 수 있다. 그렇다면 이러한 구조들로부터 어떻게 마음이 생겨나는 것일까? 작은 양배추만 한 크기의 조직 덩어리에서 일어나는 전기화학적 활동이 어떻게 환희와 창의성, 그리고 할머니에 대한 기억을 만들어내는 것인가?

가스와 공기가 전혀 다른 것, 즉 불을 만들어내는 것과 마찬가지로, 복잡한 인간 두뇌가 의식이라고 하는 전혀 다른 것을 만들어낸다. 로저 스페리는 마음이 두뇌 이온들의 활동으로부터 출현하지만, 그렇다고 해서 마음이 이온 활동으로 환원될 수는 없다고 주장하였다. 신경과학자 도널드 맥케이(1978)가 주장하는 바와 같이, "내 두뇌 활동은 내가 생각하고 있는 것을 반영한다. 컴퓨터의 작동이 풀고 있는 방정식을 반영하고 있는 것처럼 말이다." 그는 마음과 두뇌 활동이 서로를 억죄고 있지만, 둘은 상호 보완적이며 개념적으로만 구별된다고 주장하였다.

세포가 원자의 활동으로 충분히 설명될 수 없는 것처럼, 마음도 세포의 활동으로 설명될 수는 없다. 심리학은 생물학에 뿌리를 두며, 생물학은 화학에, 화학은 물리학에 뿌리를 두고 있다. 그렇지만 심리학은 응용물리학 이상의 것이다. 제롬 케이건(1998)이 환기시키고 있는 것처럼, 게티즈버그 연설의 의미가 신경 활동으로 환원될 수 있는 것은 아니다. 성적인 사랑이 성기에 혈액이 몰리는 것만은 아니다. 스페리(1992)는 우리가 마음을 '총체적 시스템'으로 이해할 때 비로소 도덕성과 책임감이 가능해진다고 역설한다. 우리는 단순히 나불거리기만 하는 로봇이 아닌 것이다. 두뇌는 사고를 만들어낸다. 그리고 사고는 두뇌를 변화시킨다.

두뇌를 이해하려고 애쓰는 마음이야말로 과학의 궁극적 도전거리 중의 하나다. 앞으로도 계속 그럴 것이다. 우주학자 존 배로의 말을 다르게 표현한다면, 이해할 수 있을 만큼 단순한 두뇌는 너무나 단순해서 두뇌를 이해할 수 있는 마음을 만들어낼 수 없다.

"모든 심리 현상은 두뇌가 초래하지만, 많은 현상은 마음의 수준에서 보다 잘 이해할 수 있다." 심리학자 스티븐 핑커의 트윗 메시지(2013)

개관 대뇌피질

학습목표

자기검증 개념 파악을 증진시키도록 (부록 D의 답을 확인해보기에 앞서) 여러분 자신의 표현으로 여기서 반복하는 학습목표 물음에 답해보라 (McDaniel et al., 2009, 2015).

LOQ 2-11 대뇌피질을 구성하는 네 가지 엽은 무엇인가? 운동피질, 체감각피질 그리고 연합영역의 기능은 무엇인가?

LOQ 2-12 두뇌의 90%를 실제로 사용하지 않는다는 것이 사실인가?

LOQ 2-13 손상된 두뇌는 어느 정도나 자체적으로 재조직될 수 있는가? 신경생성이란 무엇인가?

LOQ 2-14 분할뇌는 두 대뇌반구의 기능에 관하여 무엇을 밝혀주는가?

기억해야 할 용어와 개념들

자기검증 여러분 자신의 표현으로 정의를 적어본 후에 답을 확인해보라.

뇌량	신경생성	체감각피질
대뇌피질	연합영역	측두엽
두정엽	운동피질	후두엽
분할뇌	전두엽	

학습내용 숙달하기

자기검증 여러분 자신의 표현으로 다음 물음에 답한 후에 부록 E에서 답을 확인해보라.

1. 다음 중 신경외과 의사가 여러분의 오른쪽 운동피질을 자극할 때, 나타낼 가능성이 큰 반응은 무엇인가?

a. 불빛을 본다.

b. 소리를 듣는다.

c. 오른팔에서 촉각을 경험한다.

d. 왼쪽 다리를 움직인다.

2. 파티에서 한 친구가 여러분을 반길 때 반응을 보일 수 있게 해주는 다양한 신경망들은 어떻게 서로 소통하는 것인가?

3. 다음 중 체감각피질에서 가장 큰 영역을 차지하고 있는 신체부위는 무엇인가?

a. 팔 윗부분

b. 엄지발가락

c. 입술

d. 모든 부위가 동일한 크기의 영역을 차지한다.

4. __________엽이 판단하기와 계획 세우기를 수행한다.

5. 대뇌피질의 3/4을 차지하며 감각과 운동에 직접 관여하지 않는 영역을 __________이라 부른다.

6. 다음 중 신경가소성이 특히 현저한 사람은 누구인가?

a. 분할뇌 환자 **b.** 젊은 성인

c. 어린 아동 **d.** 오른손잡이

7. 한 실험자가 뇌량이 절단된 환자의 시야에 HERON이라는 단어를 비춘다. HER은 우반구로 전달되고 ON은 좌반구로 전달된다. 보았던 것을 지적해보라고 할 때, 그 환자는 __________을 보았다고 말하지만, __________을 왼손으로 가리킨다.

8. 분할뇌 환자 연구와 정상인 두뇌 영상에 근거할 때, 다음 중 좌반구가 우반구보다 뛰어난 능력은 무엇인가?

a. 언어처리 **b.** 시지각

c. 추론 **d.** 신경생성

9. 다음 중 우반구의 손상이 떨어뜨릴 가능성이 가장 높은 능력은 무엇인가?

a. 알파벳을 신속하게 되뇌기 **b.** 추론하기

c. 언어지시 이해하기 **d.** 산수문제 풀기

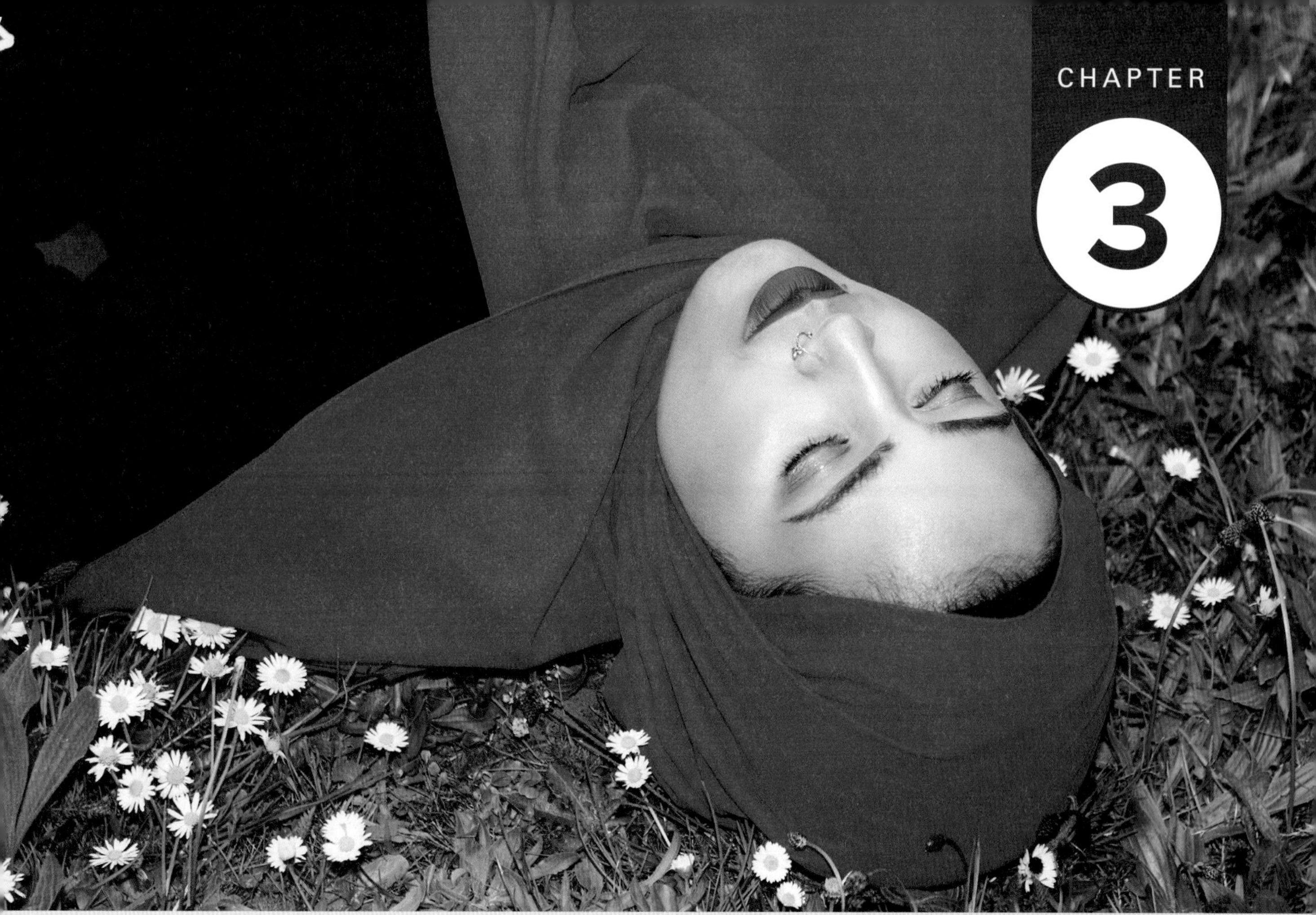

We Are/Getty Images

의식과 이중 궤적의 마음

의식은 참으로 기묘한 것이다. 잠에 빠져들거나 꿈에서 깨어날 때처럼 야릇한 경험을 제공하며, 때로는 무엇이 의식을 제어하고 있는 것인지를 궁금하게 만들기도 한다. 치과의사가 저자(마이어스)를 국소 마취한 다음에 머리를 왼쪽으로 돌리라고 말한다. 나의 의식적 마음은 저항하면서, 속으로 이렇게 말한다. "절대로 안 돌릴 거야. 당신은 나에게 명령할 권한이 없어!" 로봇 같은 나의 머리는 의식적 마음을 무시한 채 치과의사의 요구대로 순순히 돌아간다.

농구 경기를 즐기는 동안, 나의 의식적 마음은 "안 돼, 중지해! 세라가 가로채려고 하잖아!"라고 말하고 있는데도, 나의 신체가 공을 패스할 때 약간의 갈등을 겪기도 한다. 불행하게도 나의 신체는 그대로 패스를 하고 만다. 심리학자 대니얼 웨그너(2002)가 그의 저서 『의식적 의지의 환상(*The Illusion of Conscious Will*)』에서 지적하는 것처럼, 사람들은 의식이 행동을 제어하고 있다고 믿고 있다. 실제로는 그렇지 않은데도 말이다. 한 실험에서는 두 사람이 공동으로 컴퓨터 마우스를 제어하였다. 자신의 파트너(실제로는 실험협조자)가 마우스를 사전에 결정되어 있는 사각형에서 정지시켰을 때조차도, 참가자들은 자신이 그곳에 정지하도록 만들었다고 지각하였다.

그런데 의식이 분할되는 것처럼 보일 때가 있다. 때때로 매일같이 어린 딸과 함께 동요를 부르는 동안 저자(드월)의 마음은 다른 어딘가를 떠돌아다니기도 한다. 자녀에게 똑같은 동화를 수도 없이 반복해서 읽어줄 때, 저자(마이어스)의 친절한 입이 글을 읽는 동안에 마음은 이야기를 넘나들고 있다. 그리고 여러분이 문자 메시지를 보내는 동안 친구가 점심으로 무엇을 먹겠느냐고 방해를 하더라도 전혀 문제가 되지 않는다. 타코가 어떻겠느냐고 제안하면서도 여러분의 두 엄지손가락은 타이핑을 끝마칠 수 있다.

이러한 경험이 알려주는 것은 무엇인가? 노래하거나 글을 읽거나 문자 메시지를 보내는 동안 방랑하는 마음은 의식의 분할을 드러내는 것인가? 의식 상태는 수면과 꿈에서 어떤 역할을 담당하는가? 마취제가 유도한 치과 경험은 기분과 지각을 변화시키는 다른 향정신성 약물의 경험과 유사한 것인가? 이러한 물음들을 살펴보기에 앞서, "의식이란 무엇인가?"라는 근본적인 물음을 던져보자.

의식의 기본 개념

Roz Chast The New Yorker Collection/The Cartoon Bank

"심리학은 의식에 대한 모든 언급을 폐기해야만 한다." 행동주의자 존 B. 왓슨(1913)

모든 과학은 정의하기가 거의 불가능하면서도 근본적인 개념들을 가지고 있다. 생물학자들은 살아있다는 것이 무엇인지에 동의하지만, 생명이 정확하게 무엇인지에 관해서는 동의하지 않는다. 물리학에서 물질과 에너지의 개념은 단순한 정의에서 벗어나있다. 마찬가지로 심리학자들에게 있어서 의식은 근본적인 것이지만 포착하기 쉽지 않은 개념이다.

의식의 정의

학습목표 물음 LOQ 3-1 심리학 역사에서 의식의 위상은 어떤 것인가?

출발할 당시의 심리학은 '의식 상태를 기술하고 설명하는 것'이었다(Ladd, 1887). 그러나 20세기 전반부에, 의식을 과학적으로 연구하기 어렵다는 사실은 그 당시 새롭게 출현한 학파인 행동주의(제7장)를 따르는 심리학자들을 비롯하여 많은 심리학자가 행동의 직접적 관찰로 선회하도록 이끌어갔다. 1960년대까지 심리학은 의식을 거의 포기하고 스스로 '행동의 과학'으로 정의하였다. 심리학에서는 의식을 자동차 속도계와 같은 것으로 간주하였다. "속도계는 자동차를 가도록 만들지는 않으며, 단지 일어나고 있는 것을 반영할 뿐이다"(Seligman, 1991, 24쪽).

1960년 이후 심성 개념들이 부활하였다. 신경과학의 진보는 수면과 꿈 그리고 다른 심적 상태를 두뇌 활동과 연계시켰다. 연구자들은 약물, 최면, 명상 등으로 변화된 의식을 연구하기 시작하였다(명상에 관한 자세한 내용은 제12장을 참조). 모든 분야의 심리학자들은 인지, 즉 심적 과정의 중요성을 받아들이고 있었다. 심리학은 의식을 되찾고 있었던 것이다.

오늘날 의식은 번창하고 있는 연구영역이다(Michel et al., 2019). 대부분의 심리학자는 **의식**(consciousness)을 다음과 같이 자기 자신과 환경의 주관적 자각으로 정의한다(Feinberg & Mallatt, 2016).

- 의식적 자각은 감각, 정서, 선택 등을 포함하여 삶을 이해하도록 도와준다(Weisman et al., 2017).
- 의식적 자각은 사람들이 과거를 되돌아보고 현재에 적응하며 미래를 계획함에 있어서 목표

자발적으로 발생함	백일몽	졸림	꿈
생리적으로 유도됨	환각	오르가슴	음식이나 산소 결핍
심리적으로 유도됨	감각결핍	최면	명상

INSADCO Photography/Alamy

그림 3.1
변화하는 의식 상태 의식은 정상적으로 깨어있는 자각 상태에 덧붙여 백일몽, 수면, 명상, 약물로 유도된 환각 등을 포함한 변화된 상태로 나타나기도 한다.

를 설정하고 달성할 수 있게 해준다.

- 의식적 자각은 어떤 행동을 배울 때 주의를 집중하게 해준다(Logan, 2018; Rand et al., 2017; Servant et al., 2018). 시간이 경과하면서, 자동체계가 이어받게 되면, 마음은 자동항법장치에 따라 작동하는 경향이 있다(Logan, 2018; Rand et al., 2017). 운전을 배울 때, 자동차와 교통흐름에 집중하게 된다. 연습을 함에 따라서 운전은 준자동적인 행동이 된다. 길게 뻗어있는 고속도로에서는 마음이 방황하기도 한다. 누군가 끼어들기를 하여 이에 대처할 필요가 있을 때에만 차와 교통흐름에 주의를 되돌리게 된다.
- 시간이 경과하면서 사람들은 정상적인 자각과 다양하게 변화된 상태를 포함한 상이한 의식 상태 사이를 오락가락한다(그림 3.1).

최면

사람들은 **최면**(hypnosis)을 통해서 지각, 감정, 사고, 행동 등의 변화를 수반하는 의식의 변화된 상태를 경험하기도 한다. 오래전부터 연구자와 건강관리자들은 수술, 두통, 화상, 심장병, 치통 등과 관련된 통증을 완화하는 데 최면을 사용해왔다(Milling et al., 2002; Montgomery et al., 2000; Patterson & Jensen, 2003). 또한 최면은 정서적 고통, 불쾌한 생각, 사회적 배척의 고통도 완화시킬 수 있다(Rainville et al., 1997; Raz & Fan, 2005; Schnur et al., 2008). 비만인 사람에게는 최면이 체중 감량을 도와줄 수 있으며, 특히 심리치료와 함께 사용할 때 그렇다(Milling et al., 2008). (최면의 자세한 내용은 제6장 참조.)

***

따라서 의식은 적응과 생존에 도움을 준다. 그렇지만 이 사실은 연구자들이 (해결 불가능에 가까운) '어려운 문제'라고 부르는 문제를 제시한다. 서로 나불거리고 있는 두뇌 신경세포들이 어떻게 토스트의 맛, 무한대의 개념, 놀람 감정 등의 자각을 생성해내는 것인가? 어떻게 의식이 물질인 두뇌에서 출현하느냐는 물음은 우리 삶의 가장 심오한 수수께끼 중의 하나이다.

인지신경과학

과학자들은, 신경과학자 마빈 민스키(1986, 287쪽)의 표현을 빌리면, "마음이란 곧 두뇌가 하는 일"이라고 가정한다. 단지 두뇌가 어떻게 작동하는지를 모를 뿐이다. 이 세상에 존재하는 모든 테크놀로지를 동원하더라도, 여전히 어떻게 의식적 로봇을 만들 것인지에 대한 단 하나의 단서도 가지고 있지 못하다. 그렇지만 오늘날 심적 과정과 연계된 두뇌 활동에 관한 학제적 분야인 **인지신경과학**(cognitive neuroscience)은 특정 두뇌 상태를 의식 경험과 관련짓고 있다.

의식 우리 자신과 환경에 대한 자각

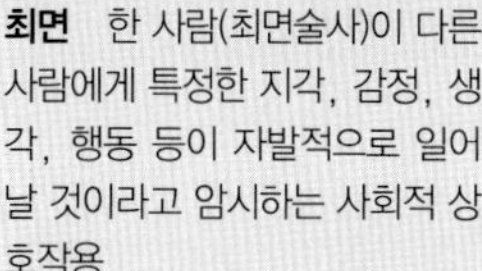

최면 한 사람(최면술사)이 다른 사람에게 특정한 지각, 감정, 생각, 행동 등이 자발적으로 일어날 것이라고 암시하는 사회적 상호작용

인지신경과학 지각, 사고, 기억, 언어 등 인지와 연계된 두뇌 활동을 연구하는 학제적 분야

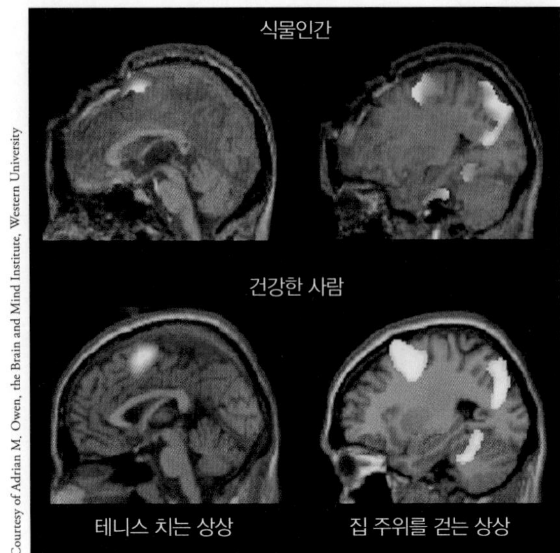

그림 3.2
자각의 증거? 테니스를 치거나 집까지 길을 찾아가는 것을 상상해보라고 요구받았을 때 식물인간의 뇌(위)는 건강한 사람의 뇌(아래)와 유사한 활동을 나타냈다. 연구자들은 이러한 fMRI 영상이 무반응 환자와 '대화'할 수 있게 해줄 것인지 궁금해하고 있다. 예컨대, 환자들에게 어떤 물음에 대해서 테니스 치는 것을 상상함으로써 "네."라고 응답하게 하고(왼쪽의 두 영상), 집 주위를 걷는 것을 상상하게 함으로써 "아니요."라고 응답하게(오른쪽의 두 영상) 할 수 있느냐는 것이다.

만일 여러분이 축구공 차기에 관한 생각을 한다면, fMRI 영상은 그러한 행위를 계획하는 두뇌영역에 혈류가 몰리는 것을 탐지할 수 있다. 한 연구에서는 축구선수들에게 창의적 동작(오버헤드 킥)이나 일반적 동작(두 발 사이에서 공을 좌우로 보내는 것)을 하고 있다고 상상해보도록 요구하였다. 두뇌 영상을 보면 창의적 동작의 상상이 여러 두뇌영역 간에 가장 협응적인 두뇌 활동을 초래하였다(Fink et al., 2019).

만일 두뇌 활동이 의식적 사고를 드러낼 수 있다면, 두뇌 영상도 반응을 못 하는 환자의 심적 활동을 구분할 수 있게 해주겠는가? 그렇다. 의식에 관한 놀라운 시범은 소통이 불가능한 환자, 즉 교통사고를 당하여 의식적 자각의 외현적 신호를 보이지 않았던 23세 여성의 두뇌 영상에서 나타났다(Owen, 2017a; Owen et al., 2006). 그녀에게 테니스를 치고 있다고 상상해보도록 요청하였을 때, fMRI 영상은 일반적으로 팔다리 운동을 제어하는 두뇌영역에서의 신경 활동을 나타냈다(그림 3.2). 연구자들은 움직임이 없는 신체에서도 두뇌(그리고 마음)는 여전히 활동적일 수 있다고 결론 내렸다. 또 다른 수십 명의 식물 상태 환자의 두뇌 활동을 살펴본 후속 연구는 25~30%의 환자가 의미 있는 의식적 자각을 경험한다는 사실을 시사한다(Owen, 2017b; Stender et al., 2014).

많은 인지신경과학자는 피질의 의식적 기능을 탐구하고 뇌지도를 그리고 있다. 이들은 비록 제한적이기는 하지만, 피질의 활성화 패턴에 근거하여 마음을 읽어낼 수 있다(Bor, 2010). 예컨대, 10개의 유사한 사물(망치, 드릴 등) 중에서 여러분이 지금 무엇을 보고 있는지를 찾아낼 수 있다(Shinkareva et al., 2008).

인출한 기억을 포함한 의식적 경험은 두뇌 전반에 걸친 동기화된 활동에서 발생한다(Chennu et al., 2014; Mashour, 2018; Vaz et al., 2019). 만일 어떤 자극이 두뇌 전반에 걸쳐서 충분한 협응적 신경 활동을 활성화시키면, 즉 한 두뇌영역에서의 강력한 신호가 다른 영역에서의 활동을 촉발시키게 되면, 의식의 역치를 넘어서게 된다. 약한 자극, 예컨대 너무나 짧게 제시하여 의식적으로 지각할 수 없는 단어는 신속하게 소멸하는 국재적 시각피질 활동만을 촉발시킬 수 있다. 보다 강력한 자극은 언어와 주의 그리고 기억에 수반된 영역과 같은 다른 두뇌영역들을 동원한다. 두뇌 영상으로 탐지한 이러한 반향적인 활동이 바로 의식적 자각을 밝혀주는 신호이다(Boly et al., 2011; Silverstein et al., 2015). 따라서 두뇌 전반에 걸친 협응 활동이 반응을 못 하는 환자가 자각하고 있다는 또 다른 지표를 제공할 수 있다(Demertzi et al., 2019). 동기화된 활동이 어떻게 자각을 만들어내는 것인지, 즉 어떻게 물질이 마음을 만들어내는 것인지는 여전히 미스터리로 남아있다.

인출 연습

RP-1 ________이라고 부르는 학제적 분야에서 활동하는 과학자들은 지각, 사고, 기억, 언어와 연합된 두뇌 활동을 연구한다.

답은 부록 E를 참조

선택주의

선택주의 특정 자극에 의식적 자각의 초점을 맞추는 것

LOQ 3-2 어떻게 선택주의가 지각을 주도하는가?

의식적 자각은 **선택주의**(selective attention)를 통해서 경험하는 모든 것 중의 극히 일부분에만 초점을 맞춘다. 마치 조명등처럼 말이다. 문자 메시지를 확인하고 답하면서도 대화나 강의에 충분히 주의를 기울일 수 있다고 생각할는지도 모른다. 실제로 의식은 한 번에 오직 하나에만 초점을 맞춘다.

한 추정치에 따르면, 우리의 다섯 가지 감각은 초당 11,000,000비트의 정보를 받아들이는데, 이 중에서 대략 40비트만을 의식적으로 처리한다(Wilson, 2002). 그렇지만 마음의 무의식적 궤적이 직관적으로 나머지 10,999,960비트를 훌륭하게 사용하고 있다.

무엇이 제한된 주의를 포착하는가? 그것은 바로 우리가 중요하게 생각하는 것이다. 선택주의의 고전적 사례가 **칵테일파티 효과**, 즉 파티에 참가한 손님들의 수많은 말소리 중에서 오직 한 목소리에만 주의를 기울이는 능력이다. 다른 목소리가 여러분의 이름을 들먹이면, 무슨 일이 일어나는가? 마음의 다른 궤적에서 작동하고 있던 여러분의 인지 레이더가 주의를 기울이지 않고 있던 그 소리를 즉각 의식으로 들여보낸다. 고양이조차도 자기 이름에 선택적으로 반응한다(Saito et al., 2019). 이 효과는 2009년 노스웨스트항공의 두 조종사가 '시간의 궤적을 상실하였을 때' 발생한 당황스럽고도 위험한 상황을 막아주었을 수도 있었다. 컴퓨터와의 대화에 몰두한 나머지, 목적지인 미니애폴리스 공항을 240킬로미터나 지나쳤음에도 공항 관제탑의 교신 시도를 무시하고 말았다. 관제탑 통제사들이 조종사들의 이름을 알아서 불렀더라면 얼마나 좋았겠는가?

선택주의와 불상사

여러분은 미국의 운전자 60%와 마찬가지로 지난달에 운전하면서 문자 메시지를 읽거나 보거나 아니면 스마트폰의 지도를 살펴본 적이 있는가?(Gliklich et al., 2016). 만일 그렇다면 여러분은 동시에 도로에도 주의를 기울일 수 있었다고 잘못 생각하였을 가능성이 높다. 선택주의는 사람들이 생각하는 것보다 더 많이 오락가락하기 때문에 디지털 방해자극이 불행한 결말을 초래할 수 있다(Stavrinos et al., 2017). 한 연구는 참가자들이 28분 동안 자유롭게 인터넷과 텔레비전에 접속할 수 있도록 내버려두었다. 참가자들은 평균 15회 주의를 이동하였다고 추정하였다. 그렇지만 이 추정은 실제 결과 근처에도 미치지 못하는 것이었다. 안구운동 추적 결과는 주의 이동이 추정치의 8배, 즉 120회에 달하였음을 보여주었다(Brasel & Gips, 2011).

행위들 간의 이토록 신속한 이동은 오늘날 지속적인 주의, 초점주의에 가장 큰 적이 되고 있다. 무심코 스마트폰을 확인하면 할수록 일상 과제의 방해를 더 많이 받는다(Marty-Dugas et al., 2018). 주의를 이동할 때, 특히 주변에서 달리고 있는 차들을 포착하고 피하는 것과 같이 복잡한 과제로 이동할 때 대가를 치르게 된다. 그 대가는 미미한 것이지만 때로는 위기에 대처하는 데 치명적인 지연이 되기도 한다(Rubenstein et al., 2001). 운전자가 대화에 주의를 기울일 때, 운전에 필수적인 두뇌영역의 활동이 평균 37% 감소한다(Just et al., 2008).

Reprinted with permission of Bill Whitehead

주의산만한 운전은 얼마나 위험한가? 매일같이 부주의한 운전이 대략 9명의 미국인을 살해한다(CDC, 2018b). 비디오카메라를 사용한 10대 운전자 연구를 보면, 동승자나 전화로 인한 운전자 부주의가 58%의 충돌사고 바로 직전에 발생하였다(AAA, 2015). 동승자와의 대화는 정상적으로 운전할 때보다 사고의 위험을 1.6배 높인다. 휴대폰의 사용은 위험을 4배나 높이는데(핸

스프리도 마찬가지다), 이것은 음주운전의 위험과 맞먹는다(McEvoy et al., 2005, 2007). 대화가 주의를 산만하게 만들지만, 문자 주고받기가 위험 게임에서 단연코 우승자이다. 한 연구는 18개월 동안 장거리 트럭 운전사들을 비디오카메라로 추적하였다. 문자 주고받기를 하는 동안에 충돌 위험이 23배나 높아졌다(Olson et al., 2009). 많은 유럽 국가, 캐나다 대부분의 주 그리고 미국 50개 주 중에서 48개 주는 운전 중에 문자를 주고받는 것을 법으로 금지하고 있다(CBC News, 2014; Rosenthal, 2009). 따라서 운전석에 앉을 때는 문자에 브레이크를 걸어두라. 동승자들이 고마워할 것이다.

부주의적 맹시

의식적 자각 수준에서 사람들은 시각자극의 아주 조그만 부분을 제외하고는 거의 모든 것을 보지 못한다. 율릭 나이서(1979) 그리고 로버트 벡클렌과 다니엘 서보니(1983)는 이러한 **부주의적 맹시**(inattentional blindness)를 극적으로 입증하였다. 이들은 사람들에게 1분짜리 비디오를 보여주었는데, 이 비디오에서는 검은 셔츠를 입은 세 사람이 농구공을 주고받는 장면과 흰 셔츠를 입은 세 사람이 농구공을 주고받는 장면이 겹쳐있었다. 관찰자들의 과제는 검은 셔츠를 입은 사람이 공을 패스할 때마다 버튼을 누르는 것이었다. 대부분의 관찰자는 패스놀이에 모든 주의를 집중하였기 때문에 비디오를 보는 도중에 양산을 쓴 젊은 여자가 어슬렁거리며 지나가는 장면을 알아채지 못하였다(그림 3.3). 관찰자들은 재생되는 비디오에서 그녀를 보자 경악하고 말았다(Mack & Rock, 2000). 이러한 부주의적 맹시는 사람들이 실제로 유능성을 보이는 것, 즉 환경의 특정 부분에 주의를 집중하는 것의 후유증과 같은 부산물이다.

"휴대폰으로 문자를 보내고, 인터넷 서핑을 하며, 트위터를 사용하는 세대는 새로운 정보를 병렬적으로 다중 처리할 수 있는 부러운 능력을 발달시켜 왔는가? 많은 인지심리학자들은 이것에 의문을 제기한다." 스티븐 핑커, "결코 아니다"(2010)

한 반복실험에서는 유능함을 과시하고 싶은 연구자들이 공놀이하는 사람들 속으로 고릴라 복장을 한 사람을 집어넣었다(Simons & Chabris, 1999). 고릴라는 5 내지 9초 동안 멈추어 서서 가슴을 마구 두드렸다. 그럼에도 불구하고 고릴라는 관심의 대상이 되지 못하였다. 공을 패스하는 횟수를 세는 데만 몰두한 순진한 참가자들의 절반은 그 장면을 보지 못하였다. 심리학자들은 '보이지 않는' 고릴라를 계속해서 즐겨왔다. 폐 영상에서 폐암 결절을 찾고 있었던 24명의 방사선과 의사 중에서 20명이 영상에 중첩된 고릴라를 놓치고 말았다. 물론 이들은 찾고 있었던 것, 즉 아주 미세한 암조직은 찾아낼 수 있었다(Drew et al., 2013). 이러한 심리학적 장난에 들어있는 핵심은 주의가 엄청나게 선택적이라는 사실이다. 의식적 마음은 한 번에 한 위치에만 국한된다.

이 현상은 부주의적 무감각으로 확장된다. 소매치기는 상대방과의 부딪침이 주머니에 손이 들어오는 것을 알아차리지 못하게 만들 가능성이 크다는 사실을 진작에 알고 있었다. 영국 연구자들이 이러한 촉각 부주의를 실험하였다. 주의가 산만해지면, 참가자들은 산만하지 않았더라면 손쉽게 알아차릴 수 있는 손의 진동을 지각하지 못하였다(Murphy & Dalton, 2016, 2018). 부주의적 무감각은 코 바로 아래에 있는 정보를 무시하도록 이끌어갈 수도 있다. 방해 과제에 초점을 맞추고 있을 때, 사람들은 방에 퍼져있는 커피향을 알아차리지 못하였다(Forster & Spence, 2018). 주의는 경이로운 선물이지만, 한 번에 하나에만 국한된다.

그림 3.3
부주의적 맹시 검은 셔츠를 입은 사람들이 농구공 주고받는 것에 주의를 기울이라고 지시받은 사람들은 우산을 쓰고 스크린을 가로질러 천천히 걸어가는 여자를 알아채지 못하였다(Neisser, 1979).

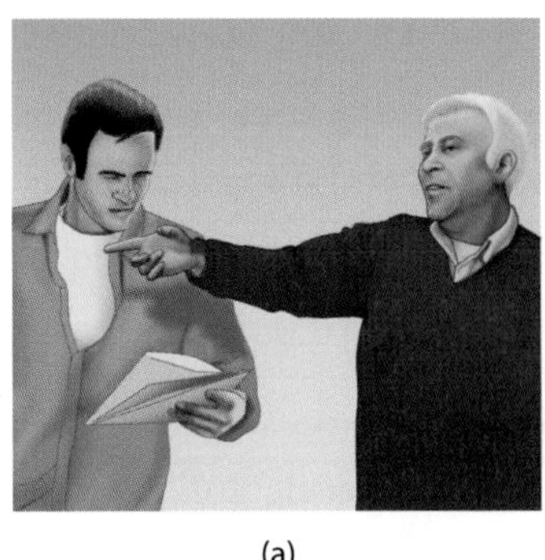
(a)

(b)

(c)

그림 3.4
변화맹 빨간 옷을 입은 사람이 작업인부에게 길을 가르쳐주는 동안, 두 실험자가 문짝을 들고 무례하게 두 사람 사이를 지나간다. 그 순간 원래의 작업인부가 다른 색깔의 옷을 입고 있는 다른 사람으로 바뀐다. 대부분의 사람들은 길을 가르쳐주는 데 초점을 맞추기 때문에 사람이 바뀐 것을 알아채지 못한다(Simons & Levin, 1998).

대부분의 사람들이 주의를 다른 곳에 고정시키고 있는 동안 고릴라 복장의 사람을 알아차리지 못한다고 할 때, 마술사가 선택주의를 조작하여 즐거움을 제공하는 것을 상상해보라. 마술사이자 마음을 헷갈리게 만드는 방법의 전문가인 텔러(2009)는 '마술 속임수 재주를 부릴 때마다 여러분은 실험심리학을 수행하고 있는 것'이라고 말한다. 똑똑한 도둑도 이 사실을 알고 있다. 한 스웨덴 심리학자는 스톡홀름에서 한 여자의 노출에 놀란 후에 비로소 자신이 소매치기를 당했다는 사실을 깨달았다. 선택적 주의의 제약을 이해하고 있는 도둑에게 한 방 먹은 것이다(Gallace, 2012).

다른 실험에서 사람들은 **변화맹**(change blindness)이라고 부르는 다른 형태의 부주의적 맹시를 나타냈다. 관찰자는 잠시 시각적 방해가 있은 후에 커다란 코카콜라 병이 장면에서 사라지고 난간이 올라가며 옷의 색깔이 변하여도 그 사실을 알아차리지 못하였다. 심지어는 대화하고 있던 사람이 다른 사람으로 교체되어도 알아차리지 못하였던 것이다(그림 3.4; Chabris & Simons, 2010; Resnick et al., 1997). 보지 않으면, 마음에도 없는 것이다.

자문자답하기

여러분이 한 가지 대상에 주의를 집중하고 있을 때 다른 것, 예컨대 통증, 다른 사람의 접근, 아니면 노래가사 등을 의식하지 못하였던 최근의 사례를 회상할 수 있는가? [만일 흥미진진한 음악을 청취하면서 이 부분을 읽고 있다면, 여러분은 질문을 이해하는 데 어려움을 겪었을 수 있다 😊 (Vasilev et al., 2018)].

인출 연습

RP-2 마술사가 사람들을 현혹시키기 위해서 사용하는 두 가지 주의 원리를 설명하라.

답은 부록 E를 참조

이중 처리과정 : 두 궤적의 마음

LOQ 3-3 오늘날의 인지신경과학이 밝혀내고 있는 이중 처리과정은 무엇인가?

특정 의식 경험을 할 때 활동하는 특정 두뇌영역을 밝혀내는 것이 많은 사람에게 흥미를 유발하기는 하지만, 간담이 서늘할 정도로 놀라운 것은 아니다. 만일 심리적인 것은 모두 동시에 생물학적인 것이라면, 우리의 아이디어, 정서, 그리고 영적인 것들은 어떻게든 체화되어 있는 것임에 틀림없다. 많은 사람을 놀라게 만드는 사실은 각각 자체적인 신경조직이 지원하고 있는 두 개의 마음이 존재한다는 증거이다.

부주의적 맹시 주의가 다른 곳을 향하고 있을 때 가시적 사물을 보지 못하는 것

변화맹 환경의 변화를 탐지하지 못하는 상태. 부주의적 맹시의 한 형태

어느 시점에서나 우리는 의식이라는 스크린에 제시되어 있는 것 이상을 거의 자각하지 못한다. 그렇지만 스크린 이면에서는 무의식적 정보처리가 많은 병렬적인 궤적을 따라 동시 발생하고 있다. 새가 날고 있는 것을 바라다볼 때, 사람들은 인지처리의 결과를 의식적으로 자각하지만("아, 휘파람새구나!"), 그 새의 색깔, 형태, 움직임, 거리 등에 관한 하의식 처리는 자각하지 못한다. 최근 인지신경과학의 한 가지 거창한 아이디어는, 우리 두뇌의 작업 대부분은 보이지 않는 무대 밖에서 이루어진다는 것이다. 지각, 기억, 사고, 언어, 태도 등은 모두 두 수준, 즉 의식적이고 신중한 '윗길'과 무의식적이고 자동적인 '아랫길'에서 작동한다(Wang et al., 2017). 윗길은 회고적인 길이며, 아랫길은 직관적인 길이다(Kahneman, 2011; Pennycook et al., 2018). 오늘날의 연구자들은 이것을 **이중 처리과정**(dual processing)이라고 부른다. 우리는 알고 있다고 생각하는 것보다 더 많은 것을 알고 있는 것이다.

만일 여러분이 운전을 하고 있다면, 어떻게 오른쪽 차선으로 이동하는지를 생각해보라. 운전자는 이것을 무의식적으로 알고 있지만 정확하게 설명할 수는 없다(Eagleman, 2011). 대부분의 사람들은 핸들을 오른쪽으로 돌린 다음에 다시 똑바로 한다고 말하겠지만, 이렇게 하면 차가 차선을 벗어나게 된다. 실제로 능숙한 운전자는 오른쪽 차선으로 이동한 후에 자동적으로 핸들을 차선 왼쪽 방향으로 돌린 다음에 중앙 위치로 되돌린다. 교훈은 이렇다. 인간 두뇌는 의식적 지식을 무의식적 지식으로 전환하는 장치이다.

아니면 과학이 공상과학보다도 더 이상하게 보일 수 있다는 사실을 예증하는 다음 이야기를 생각해보자. 2008년도에 스코틀랜드의 세인트앤드루스대학교에 잠시 체류하는 동안, 나는 인지신경과학자인 데이비드 밀너와 멜빈 구데일을 알게 되었다. 그들이 D. F.라고 부르는 그 지역의 한 여성은 일산화탄소 중독에서 회복된 후에 사물들을 시각적으로 재인하고 변별하지 못하게 만든 뇌손상으로 고통받고 있었다. 의식적으로는 아무것도 볼 수 없었지만, 그녀는 **맹시**(blindsight)를 보여주었다. 즉, 마치 볼 수 있는 것처럼 행동하였다. 우편엽서를 우체통의 수직 또는 수평 홈에 집어넣도록 요구하면, 실수 없이 할 수 있었다. 앞에 있는 벽돌의 너비를 보고할 수는 없었지만, 적절한 손 모양을 갖추고 그 벽돌을 집어 들 수 있었다. 그녀와 마찬가지로, 만일 여러분의 왼쪽 눈과 오른쪽 눈이 상이한 장면을 보고 있다면, 의식 수준에서는 한 번에 하나의 장면만을 자각할 수 있다. 그렇지만 다른 장면에 대해서는 어느 정도 맹시적 자각을 보여줄 수 있다(Baker & Cass, 2013).

이것이 어떻게 가능한 것인가? 우리는 하나의 시각 시스템을 가지고 있지 않은가? 구데일과 밀너는 동물 연구를 통해서 눈이 각각 상이한 과제에 관여하는 상이한 두뇌영역들에 동시적으로 정보를 보낸다는 사실을 알고 있었다(Weiskrantz, 2009, 2010). D. F.의 두뇌 활동 영상은 사물에 접근하고 그것을 집으며 그 주변을 돌아다니는 것과 관련된 두뇌영역의 정상적인 활성화를 나타냈지만, 의식적으로 대상을 재인하는 것과 관련된 영역에는 손상이 있다는 사실을 보여주었다.[1] (그림 3.5에서 또 다른 사례를 참고하라.)

구데일과 밀너는 *Sight Unseen*(보이지 않는 시각)이라는 멋들어진 제목을 붙인 저서에서 우리가 시각이라고 부르는 것은 이상하리만치 복잡한 것이라고 결론짓고 있다. 시각이 시각 주도 행위를 제어하는 하나의 단일 시스템이라고 생각하기 쉽지만, 실제로는 이중 처리 시스템이다

그림 3.5
맹인이 '볼' 수 있을 때 연구자 로렌스 와이스크란츠는 맹시와 이중 궤적의 마음을 드러내는 실험에서, 맹시 환자가 물건들이 어수선하게 널려 있는 복도를 천천히 걷는 것을 관찰하였다. 복도에 장애물이 없다고 말하긴 했지만, 환자는 장애물을 자각하지는 못해도 그것들을 피해 이리저리 걸었다.

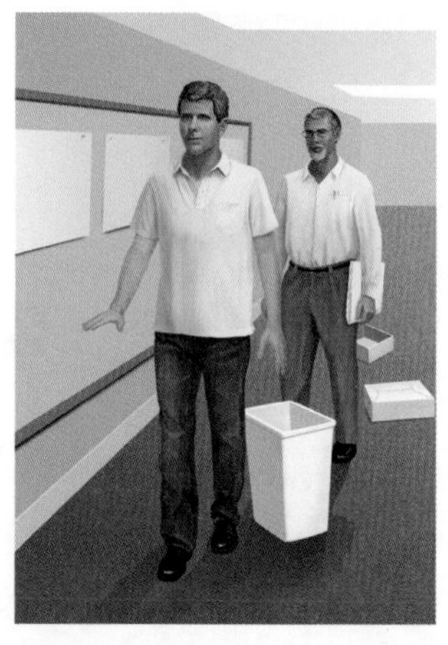

1 그렇다면 상반된 손상은 반대되는 증상을 초래하는가? 실제로 대상을 보고 재인할 수 있지만 그 대상을 가리키거나 집는 데 어려움을 겪는 소수의 환자가 있다.

(Foley et al., 2015). 시지각 궤적은 '세상에 관하여 생각할 수 있게', 즉 대상을 재인하고 앞으로의 행위를 계획할 수 있게 해준다. 시각 행위 궤적은 매 순간의 동작을 주도한다.

이중 궤적 마음은 좌반구 시각피질을 거의 모두 상실하여 우측 시야에 제시한 사물을 볼 수 없게 된 또 다른 환자에서도 볼 수 있다. 이 환자는 의식적으로 지각하지 못하는 얼굴에 나타난 정서를 지각할 수 있다(De Gelder, 2010). 자기장으로 자극하여 시각피질이 일시적으로 무력해진 정상적인 사람도 마찬가지이다. 이 사실은 피질 아래쪽의 두뇌영역들이 정서 관련 정보를 처리하고 있다는 사실을 시사한다.

일상 사고와 감정 그리고 행위 대부분이 의식적 자각 이면에서 작동하고 있다(Bargh & Chartrand, 1999). 노벨상 수상자이며 기억 전문가인 에릭 캔들(2008)은 "사람들이 행하는 것의 대략 80~90%는 무의식적인 것이다."라고 말한다. 때때로 사람들은 생각하지 않으려는 동기를 갖게 되는데, 특히 신중한 사고("저 디저트에는 몇 칼로리나 들어있을까?")가 자신의 목표("나는 저 케이크 한 조각이 먹고 싶다!")와 갈등을 빚을 때 그렇다(Woolley & Risen, 2018). 그럼에도 불구하고 대부분의 사람은 많은 경우에 자신의 의도와 신중한 선택이 삶을 지배하고 있다고 잘못 믿고 있다. 실제로는 그렇지 않다.

의식이 자발적 제어를 수행하고 자신의 심적 상태를 다른 사람에게 소통할 수 있게 해준다고 하더라도, 그 의식은 정보처리라는 빙산의 일각에 불과한 것이다. 마술사가 카드 묶음을 뒤섞는 것을 본 후에 한 장의 카드를 선택한 자원자에게 물어보라(Olson et al., 2015). 거의 모든 경우에, 마술사는 절묘하게 한 장의 카드를 더 오랫동안 보여줌으로써 참가자의 결정에 영향을 미쳤다. 그렇지만 참가자의 91%는 자신의 의지대로 선택하였다고 믿었다. 하나의 행위(예컨대, 희망사항이겠지만, 이 책을 읽는 것)에 집중적으로 초점을 맞추는 것은 여러분의 전체 두뇌 활동을 기저율보다 5% 이상 증가시키지 못한다. 여러분이 휴식을 취하고 있을 때조차도, '보이지 않는 에너지의 중심부'는 여러분의 머리에서 소용돌이치고 있는 것이다(Raichle, 2010).

무의식적인 병렬처리는 의식적인 계열처리보다 빠르지만, 둘 모두 필수적이다. **병렬처리**(parallel processing)는 마음이 관례적인 행위들을 다룰 수 있게 해준다(제6장에서 자세하게 다룬다). **계열처리**(sequential processing)는 초점주의를 요구하는 새로운 문제를 해결할 때 가장 좋다. 다음을 시도해보라. 만일 여러분이 오른손잡이라면, 오른발을 시계 반대 방향으로 부드럽게 돌리면서 동시에 오른손으로 숫자 3을 반복해서 적어보라. 똑같이 어려운 다음도 시도해보라. 일정하게 오른손으로 네 번 두드리는 동안 왼손으로 세 번 두드리는 것을 반복해보라. 두 과제는 모두 의식적 주의를 요구하는데, 그 주의는 한 번에 한 곳에만 기울일 수 있을 뿐이다. 만일 모든 것이 동시에 일어나지 않도록 유지해주는 자연의 방법이 시간이라면, 의식은 모든 것을 동시에 생각하고 행동하지 못하도록 유지하는 자연의 방법이겠다.

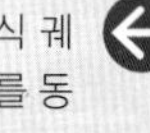

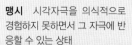

이중 처리과정 분리된 의식 궤적과 무의식 궤적에서 정보를 동시에 처리한다는 원리

맹시 시각자극을 의식적으로 경험하지 못하면서 그 자극에 반응할 수 있는 상태

병렬처리 자극이나 문제의 여러 측면을 동시에 처리

계열처리 자극이나 문제의 한 측면을 한 번에 하나씩 처리. 일반적으로 새로운 정보를 처리하거나 어려운 문제를 해결할 때 사용

인출 연습

RP-3 마음의 두 궤적은 무엇인가? '이중 처리'란 무엇인가?

답은 부록 E를 참조

개관 의식의 기본 개념

학습목표

자기검증 개념 파악을 증진시키도록 (부록 D의 답을 확인해보기에 앞서) 여러분 자신의 표현으로 여기서 반복하는 학습목표 물음에 답해보라(McDaniel et al., 2009, 2015).

LOQ 3-1 심리학 역사에서 의식의 위상은 어떤 것인가?

LOQ 3-2 어떻게 선택주의가 지각을 주도하는가?

LOQ 3-3 오늘날의 인지신경과학이 밝혀내고 있는 이중 처리과정은 무엇인가?

기억해야 할 용어와 개념들

자기검증 여러분 자신의 표현으로 정의를 적어본 후에 답을 확인해보라.

계열처리	부주의적 맹시	인지신경과학
맹시	선택주의	최면
변화맹	의식	
병렬처리	이중 처리과정	

학습내용 숙달하기

자기검증 여러분 자신의 표현으로 다음 물음에 답한 후에 부록 E에서 답을 확인해보라.

1. 주의를 다른 곳에 몰두함으로써 가시적인 대상을 보지 못하는 현상을 ________라고 부른다.
2. 사람들은 ________처리를 이용하여 자각을 넘어서는 자극들을 받아들이고 그에 반응한다. 자극에 의도적인 주의를 기울일 때, ________처리를 사용하는 것이다.
3. 부주의적 맹시는 ________주의의 산물이다.

수면과 꿈

LOQ 3-4 수면이란 무엇인가?

인간은 안락한 무선충전 패드에 누워서 잠에 빠져들 때까지 대략 16시간 작동하는 배터리의 삶을 영위한다. **수면**(sleep)은 사람들이 끝내 굴복하게 되는 거역할 수 없는 유혹이다. 수면은 대통령과 농부를 평등하게 만들어준다. 수면은 달콤하고 활력을 되찾게 해주는 미스터리이다. 잠을 자는 동안 여러분은 '세상과 결별한' 것처럼 느낄 수 있지만, 그렇지 않다. 지나가는 차의 굉음도 여러분의 깊은 잠을 방해하지 않을 수 있지만, 갓난아기의 울음소리는 여러분의 잠을 즉각 방해한다. 깊은 잠에 빠져들었을 때조차도 여러분의 지각 통로는 약간 열려있다. 침대에서 뒤척거리지만, 떨어지지 않도록 조절한다. 여러분의 이름을 부르는 소리도 마찬가지다. 뇌전도(EEG) 기록은 잠을 자는 동안에도 두뇌의 청각피질이 소리자극에 반응한다는 사실을 확증해준다(Kutas, 1990). 그리고 잠을 잘 때도 깨어있을 때처럼 의식적 자각을 벗어난 대부분의 정보를 처리한다.

"나는 잠을 좋아한다. 여러분은 어떤가? 잠은 대단하지 않은가? 잠은 의식과 무의식 세계 모두에서 정말로 최선의 것이다. 활기차면서도 무의식적이라니." 코미디언 리타 루드너(1993)

잠자고 있는 참가자의 뇌파와 근육운동을 기록하고 관찰하며 때로는 깨우기도 하면서, 연구자들은 수면의 심층에 들어있는 미스터리를 해결하고 있다. 여러분은 몇몇 발견들을 예측할 수 있을지도 모르겠다. 다음의 진술은 참인가 거짓인가?

1. 사람들이 어떤 행위를 수행하는 꿈을 꿀 때, 사지가 꿈의 내용과 일치하는 움직임을 보이기 십상이다.
2. 노인이 젊은 성인보다 잠을 더 많이 잔다.
3. 몽유병자는 꿈을 표현하고 있는 것이다.
4. 수면 전문가는 불면증을 수면제로 치료할 것을 권장한다.
5. 어떤 사람은 매일 밤 꿈을 꾸지만, 다른 사람은 꿈을 거의 꾸지 않는다.

위의 진술들(Palladino & Carducci, 1983에서 인용)은 모두 거짓이다. 그 이유를 알고 싶다면, 계속 읽어보라.

수면 규칙적이고 자연적인 의식의 상실. 혼수상태나 마취 또는 동면으로 인해서 초래되는 무의식과는 구별된다(Dement, 1999에서 인용).

일주기 리듬 생물학적 시계. 24시간 주기로 발생하는 규칙적인 신체리듬(예컨대, 체온과 각성의 리듬)

생물학적 리듬과 수면

바다와 마찬가지로, 삶도 리듬을 가지고 있다. 신체는 다양한 주기에 따라 오르내리며, 그에 따라 마음도 오르내린다. 이러한 생물학적 리듬의 두 가지, 즉 24시간 생물학적 시계와 90분 수면 주기를 보다 상세하게 살펴보자.

일주기 리듬

LOQ 3-5 생물학적 리듬은 사람들의 일상 기능에 어떤 영향을 미치는가?

하루의 리듬은 삶의 리듬과 대응된다. 새날을 시작하는 아침에 일어나서 밤에는 셰익스피어가 '죽음의 모조품'이라고 부른 것으로 되돌아간다. 신체는 **일주기 리듬**(circadian rhythm)이라고 부르는 생물학적 시계를 통하여 낮과 밤의 24시간 주기와 대체로 동기화된다. 체온은 아침이 다가올수록 높아지며, 낮에 정점에 도달하였다가 이른 오후에(많은 사람이 낮잠을 즐기거나 카페인이 들어있는 음료수를 마시는 시간이다) 잠시 떨어졌다가 잠자리에 들기 전까지 다시 떨어지기 시작한다. 일주기 각성에서 정점에 도달했을 때 사고와 기억이 증진된다. 밤샘을 해본 적이 있는가? 여러분은 한밤중에 가장 심각한 그로기 상태를 느끼지만, 정상적인 기상시간에 도달하면 다시 활력을 되찾게 된다.

Eric Isselee/Shutterstock

한 가지 유명한 사례에서 보면, 한 사나이가 태양이 어디로 지는지를 보려고 밤을 꼬박 새웠다. (그리고는 새벽이 왔다.)

연령과 경험이 일주기 리듬을 변화시킬 수 있다. 대부분의 20대들은 저녁시간에 활기찬 '올빼미형'이며, 이들의 수행은 하루가 지나가면서 증진된다(May & Hasher, 1998). 나이가 들어가면서, 취침시간을 더욱 고대하게 된다. 대부분의 노인은 방해받기 쉬운 얕은 수면을 경험하며 아침을 사랑하는 '종달새형'이다. 먼 조상의 경우(그리고 오늘날에도 존재하는 수렵채취인들의 경우) 아침에 일찍 그리고 쉽게 깨는 노인이 포식자로부터 가족을 보호하는 데 일조하였다(Samson et al., 2017). 많은 젊은이에게는 아직 밤이 시작되지도 않은 저녁시간에 실버타운은 전형적으로 조용하다. 대략 20세경부터(여성들은 약간 이른 시기부터) 올빼미형에서 종달새형으로 변화하기 시작한다(Roenneberg et al., 2004). 연령이 한 가지 요인이기는 하지만, 일반적으로 올빼미형이 똑똑하고 창의적이며 열심히 일하는 경향이 있다(Giampietro & Cavallera, 2007; Schmidt et al., 2009). 종달새형은 학업이 우수하고, 주도권을 더 많이 쥐며, 시간을 엄수하고, 우울증에 덜 취약한 경향이 있다(Preckel et al., 2013; Randler, 2008, 2009; Werner et al., 2015).

Peter Chadwick/Science Source

REM 수면 빠른 안구운동 수면으로, 일반적으로 선명한 꿈이 나타나는 수면단계이다. 근육은 이완되지만 다른 신체 시스템은 활동적이기 때문에 역설적 수면이라고도 알려져 있다(때로는 R 수면이라고 부른다).

알파파 깨어있으면서 이완된 상태의 비교적 느린 뇌파

환각 외부 자극이 없음에도 무엇인가를 보는 것과 같은 잘못된 시각 경험

자문자답하기

여러분은 자신이 올빼미형이라고 생각하는가, 아니면 종달새형이라고 생각하는가? 일반적으로 몇 시에 가장 에너지가 넘친다고 느끼는가? 하루 중에서 공부하기 가장 좋은 시간은 언제인가?

수면단계

LOQ 3-6 수면과 꿈의 단계에서 나타나는 생물학적 리듬은 무엇인가?

잠을 청할 때 사람들은 침대로 기어 들어가서는 잠이 들 때까지 자는 척하고 있다. 마침내 잠이 엄습하고 두뇌피질의 여러 영역이 소통을 중지함에 따라서 의식이 사라지게 된다(Massimini et al., 2005). 수면은 미래로 몇 시간 동안 여행하는 것과 같은 느낌일 수 있다. 그렇지만 잠자는 뇌는 활동적인 채 남아있으며 자체적인 생물학적 리듬을 가지고 있다.

대략 90분마다 특징적인 수면단계 주기를 거친다. 이 사실은 1952년 어느 날 밤에 8세 아동인 아몬드 아세린스키가 잠을 잘 때까지는 알려지지 않았었다. 그의 아버지 유진 아세린스키는 그 당시 시카고대학교 대학원생이었는데, 낮에 수선한 뇌전도기를 테스트해 볼 필요가 있었다(Aserinsky, 1988; Seligman & Yellen, 1987). 따라서 많은 유능한 과학자와 마찬가지로, 그도 자신의 연구에 가족을 참여시켰던 것이다! 그는 잠을 잘 때 일어난다고 그 당시 믿고 있었던 안구운동을 기록하기 위해서 아들의 눈 주위에 전극을 부착하였다. 오래지 않아서 기계가 미친 듯이 작동하면서 그래프지에 커다란 지그재그 곡선을 그려냈다. 기계가 제대로 고쳐지지 않은 것인가? 그런데 밤시간이 진행되면서, 그 활동은 주기적으로 나타났다. 마침내 아세린스키는 이것이 활발한 두뇌 활동에 수반된 빠르고 경련을 일으키듯 하는 안구운동을 나타내는 것이라는 사실을 깨닫게 되었다. 그러한 안구운동이 일어나고 있는 동안 깨웠을 때, 그의 아들은 꿈을 꾸고 있었다고 말하였다. 아세린스키는 오늘날 **REM 수면**(rapid eye movement sleep, 때로는 R 수면이라고 부른다)이라고 알려진 현상을 발견하였던 것이다.

수천 명의 자원자를 대상으로 수행한 유사한 절차는 그 주기가 수면의 정상적인 부분이라는 사실을 보여주었다(Kleitman, 1960). 이 연구를 제대로 이해하기 위하여 여러분이 실험참가자라고 상상해보라. 밤이 깊어짐에 따라서 여러분은 졸음과 싸우기 시작하고 두뇌 신진대사의 감소로 인해 하품을 시작한다. [사회적 전염성이 있는 하품은 목 근육을 펴주고 심장박동을 증가시킴으로써 각성 수준을 높여준다(Moorcroft, 2003).] 잠잘 준비가 되었을 때, 연구자가 여러분의 두피(뇌파를 탐지하기 위한 것임), 뺨(근육 긴장도를 탐지하기 위한 것임), 그리고 눈의 바깥쪽(안구운동을 탐지하기 위한 것임)에 전극을 붙인다(그림 3.6). 다른 장치는 여러분의 심장박동, 호흡속도, 그리고 성기의 발기 정도를 측정할 수 있게 해준다.

눈을 감고 침대에 누워있을 때, 옆방의 연구자는 EEG에서 깨어있기는 하지만 이완된 상태의 비교적 느린 **알파파**(alpha wave)를 관찰하게 된다(그림 3.7). 여러분은 눈을 감고 있지만, 여전히 연구자가 인터컴으로 말하는 것에 주의를 기울일 수 있다(Legendre et al., 2019). 시간이 경과함에 따라서 여러분은 모든 장치에 적응하고 피로가 쌓임에 따라서 기억해낼 수 없는 어느 순간에 잠에 빠져들게 된다(그림 3.8). 이러한 전이는 호흡이 느려지고 미국수면의학회가 N1 수면, 즉 REM이 없는 수면(NREM 수면)의 첫 번째 단계로 분류한 불규칙한 뇌파의 특징을 나타낸다(Silber et al., 2007).

윌리엄 디멘트(1999)는 자신의 연구에 참여한 참가자 15,000명 중의 한 명에서 외부세계를 향

돌고래와 고래는 뇌의 한 부분만을 잠들게 할 수 있다(Miller et al., 2008).

왼쪽 안구운동
오른쪽 안구운동
EMG(근육 긴장도)
EEG(뇌파)
Hank Morgan/Science Source

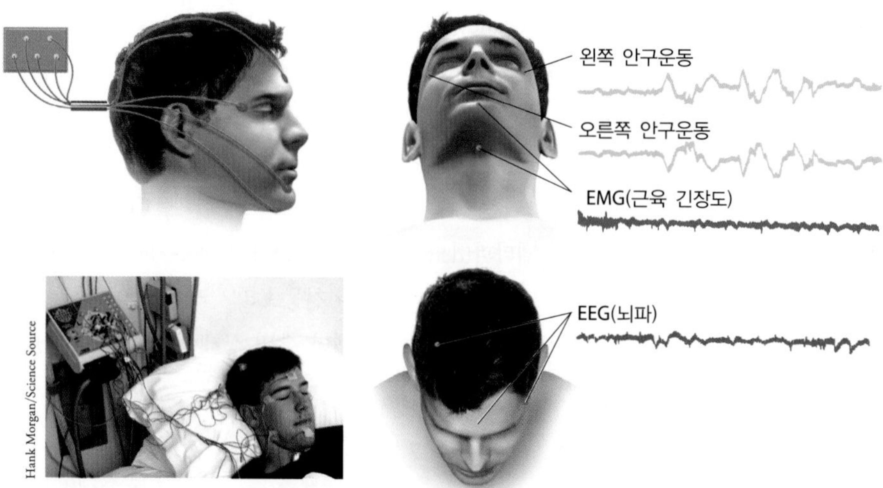

그림 3.6
수면 활동의 측정 수면 연구자들은 두뇌와 눈 그리고 안면근육으로부터 약한 전기 신호를 잡아내는 전극을 통해서 뇌파 활동, 안구운동 그리고 근육 긴장을 측정한다(Dement, 1978).

한 두뇌의 지각 창문이 꽝 하고 닫히는 순간을 관찰하였다. 디멘트는 수면을 박탈당한 채 눈꺼풀에 테이프를 붙여 눈을 감을 수 없는 젊은이에게, 눈에 불빛을 비출 때마다(평균적으로 6초에 한 번 정도 되었다) 버튼을 누르도록 요구하였다. 몇 분이 지나자, 불빛 하나를 놓쳤다. 그 이유를 묻자, "불빛이 없었어요."라고 답하였다. 그렇지만 실제로는 불빛이 있었으며, 그가 놓친 이유는 2초간 잠에 빠져있었기 때문이었다(두뇌 활동이 이 사실을 알려주었다). 자신이 잠들었다는 사실을 깨닫지 못한 그는 코 15센티미터 위에서 비춘 불빛을 놓쳤을 뿐만 아니라 순간적으로 잠에 빠져들었던 사실도 자각하지 못하였던 것이다.

이렇게 짧은 N1 수면 중에 **환각**(hallucination), 즉 감각자극이 없이 일어나는 감각 경험을 닮은 몽상적 이미지를 경험할 수 있다. 떨어지는 느낌을 가질 수도 있으며(이 순간에 신체는 갑자기 뒤틀린다), 무중력 상태로 떠있는 느낌을 가질 수도 있다. 이러한 수면 감각은 나중에 기억에 병합되기도 한다. 외계인에게 유괴되었다는 주장은 흔히 잠자리에 든 직후에 내놓기 십상인데, 이렇게 주장하는 사람들은 일반적으로 침대 위를 떠다녔거나 침대에

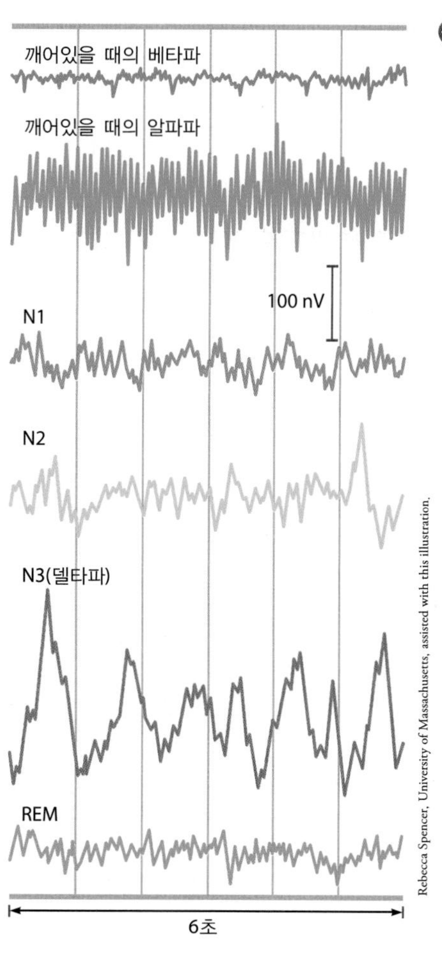

깨어있을 때의 베타파
깨어있을 때의 알파파
100 nV
N1
N2
N3(델타파)
REM
6초
Rebecca Spencer, University of Massachusetts, assisted with this illustration.

그림 3.7
뇌파와 수면단계 각성 시의 베타파, 깨어있으면서 이완된 상태의 규칙적인 알파파는 깊은 N3 수면의 느리고 큰 델타파와는 다르다. REM 수면파는 거의 깨어있는 N1 수면파와 유사하지만, 신체는 NREM 수면보다는 REM 수면 중에 더 각성된다.

여러분 자신의 최면 경험을 포착하려면, 알람의 스누즈 기능을 사용해야 할지도 모른다.

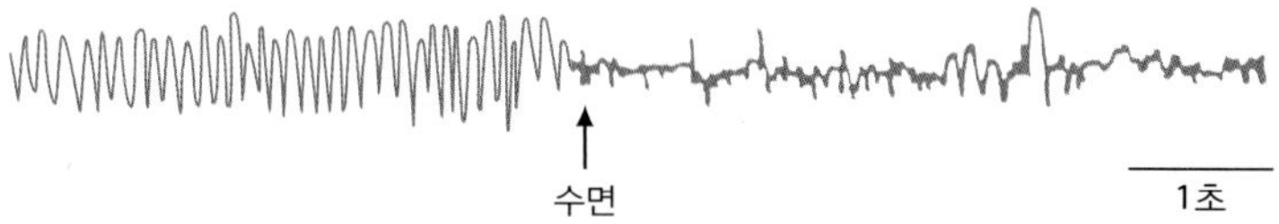

수면
1초

그림 3.8
수면의 순간 우리는 잠에 빠져드는 순간을 자각하지 못하는 것으로 보이지만, 뇌파를 엿보는 연구자는 그 순간을 알 수 있다(Dement, 1999).

"내 문제는 알파파가 항상 지나치게 많았다는 게야."

묶여있던 꿈을 회상해내는 것이다(Clancy, 2005; McNally, 2012).

곧이어 더욱 깊이 이완하며 20분가량의 N2 수면을 시작하는데, 기억 처리를 지원하는 신속하고 리드미컬한 뇌파 활동의 분출인 주기적인 **수면방추**가 나타난다(Studte et al., 2017). 이 단계에서도 별 어려움 없이 깨울 수 있지만, 이제는 확실하게 잠든 것이다.

그다음에 저주파의 뇌파가 나타나는 깊은 N3 수면으로 이동한다. 대략 30분가량 지속되는 N3 수면 중에 두뇌는 크고 느린 **델타파**(delta wave)를 방출하며 깨우기가 어렵다. 친구에게 "지난 밤 천둥소리가 굉장했어."라고 말하였더니 "무슨 천둥소리?"라는 답이 되돌아왔던 적이 있는가? 천둥소리를 듣지 못한 사람은 바로 그 순간 델타 수면 상태에 있었을 수 있다. (아이들이 오줌을 싸는 것은 이 단계가 끝나는 시점이다.)

REM 수면

여러분이 처음 잠에 빠져들고 한 시간 정도가 지나면, 이상한 일이 일어난다. 계속해서 깊은 잠에 빠져있기보다는 잠을 자기 시작하였던 상태로 다시 솟아오르게 된다. N2(수면의 절반 정도를 이 단계에서 보낸다)로 되돌아온 후에, 가장 흥미진진한 국면인 REM 수면으로 접어든다(그림 3.9). 대략 10분가량 뇌파는 빨라지고 톱니바퀴 같은 모양을 하게 되는데, 거의 깨어있는 N1 수면의 뇌파와 유사하다. 그러나 N1 수면과 달리, REM 수면 중에는 심장박동이 증가하고, 호흡이 빠르고 불규칙적으로 변하며, 대략 30초 정도마다 안구는 덮여 있는 눈꺼풀 속에서 재빠른 속도로 운동을 한다. 이러한 안구운동은 흔히 정서적인 이야기 같은 상당히 환각적인 꿈의 시작을 알려주는 것이다. 꿈은 실재가 아니지만, REM 수면이 여러분의 두뇌로 하여금 실재인 것처

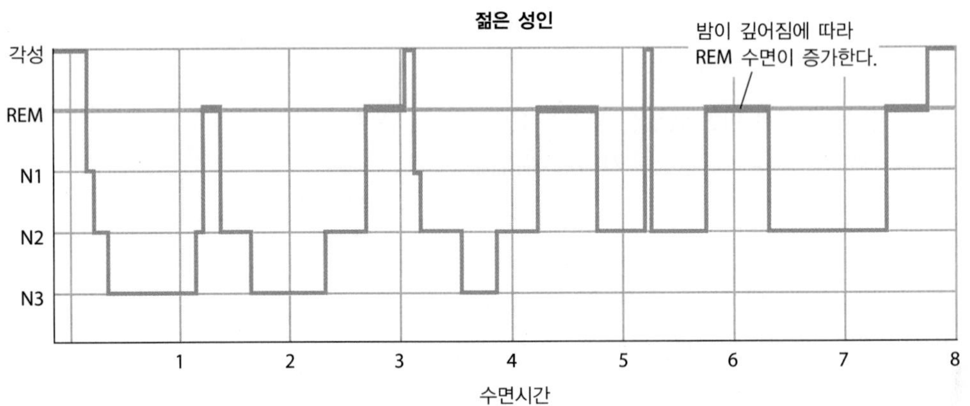

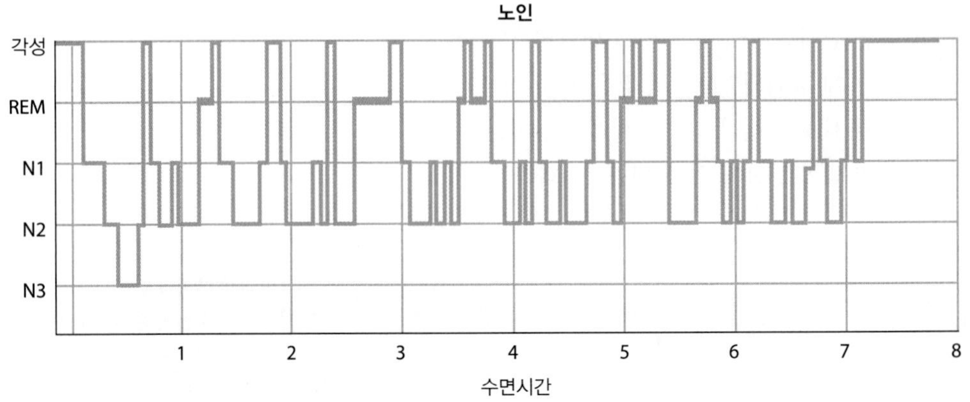

그림 3.9
전형적인 밤잠의 수면단계 우리는 매일 밤 몇 단계의 수면 주기를 여러 차례 반복하는데, 깊은 수면시간은 줄어들고 REM 수면시간은 증가한다. 나이가 들수록 사람들은 수면 중에 더 잘 깬다(Kamel & Gammack, 2006; Neubauer, 1999).

럼 반응하도록 속임수를 쓰는 것이다(Andrillon et al., 2015). 잠자는 사람의 눈을 들여다본 사람은 누구나 이러한 REM을 목격할 수 있기 때문에 1952년이 될 때까지 과학이 REM 수면을 모르고 있었다는 사실이 놀랍기만 하다.

아주 무시무시한 꿈을 꾸는 동안을 제외하고는 REM 수면 중에 성기가 흥분하게 된다. 꿈의 내용이 성적인 것인지에 관계없이, 발기를 하거나 질의 점액이 증가하고 음핵이 충혈하게 된다(Karacan et al., 1966). 소위 조양(朝陽, morning erection)은 아침에 깨어나기 직전이기 십상인 마지막 REM 단계에서 나타난다. 발기불능의 문제가 있는 많은 남성도 조양 현상을 보인다는 사실은 그 문제가 단순히 신체적인 것이 아님을 시사한다.

REM 수면 중에도 두뇌 운동피질이 활동하지만, 뇌간이 그 메시지를 차단시켜 근육을 이완된 채로 남아있게 해준다. 때때로 손가락이나 발가락 또는 안면의 경련을 제외하고는 거의 마비 상태일 정도로 이완되어 있다. 게다가 REM 수면 중에는 쉽게 깨울 수 없다. [REM 수면에서 깨어날 때, 때로는 이러한 부동성이 아직 남아있어서 수면 마비라는 괴로운 경험을 초래하기도 한다(Santomauro & French, 2009)]. 따라서 REM 수면을 때때로 역설적 수면이라고도 부른다. 즉, 신체가 깨어있을 때와 같은 두뇌 활동과 함께 내적으로는 각성되어 있지만, 여전히 잠들어있으며 외적으로는 평온한 상태다. 사람들은 1년에 600시간 정도를 1,500가지의 꿈을 꾸는 데 소비한다. 일생동안 10만 가지 이상의 꿈을 꾸는 것이다. REM의 보호적 마비 덕분에 밤이 삼켜버리고는 결코 밖으로 튀어나오지 않는 꿈을 말이다.

젊은이의 경우에는 수면 주기가 대략 90분마다 반복한다(노인의 경우에는 주기가 더 짧고 더 자주 반복된다). 밤이 깊어짐에 따라서 깊은 N3 수면은 점차적으로 짧아진 후에 사라지고, REM 수면과 N2 수면은 점차 길어진다(그림 3.9 참조). 아침이 될 때까지 잠의 20~25%를 REM 수면으로 보내는데, 대체로 100분 정도이다. 37%의 사람이 '다음 날 아침에 기억해낼 수 있는' 꿈을 거의 꾸지 않거나 전혀 꾸지 않는다고 보고한다(Moore, 2004). 그렇지만 이들조차도 REM 수면 중에 깨우면 80% 이상의 경우에 꿈을 회상한다. 신경과학자들은 꿈을 꿀 때 활동적인 두뇌영역도 확인해왔으며, 그 두뇌영역은 꿈을 꾸는 시점을 탐지할 수 있게 해준다(Sicarli et al., 2017).

델타파 깊은 수면과 연합된 크고 느린 뇌파

말은 하루의 92%를 서있고 서서 잘 수 있는데, REM 수면을 위해서는 누워야만 한다(Morrison, 2003).

인출 연습

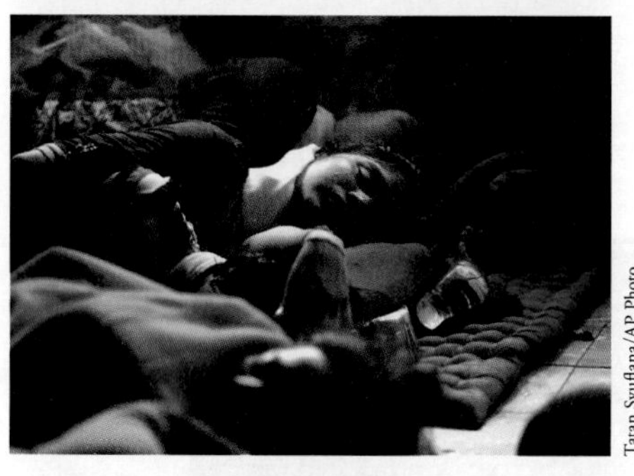
Tatan Syuflana/AP Photo

RP-1 사진 속의 파리 난민들처럼, 안전이 경계에 달려있는 사람들에게 집단수면이 부가적인 보호책을 제공하는 이유는 무엇인가?

RP-2 수면의 단계는 무엇인가? 정상적으로 수면을 취할 때, 어떤 순서로 이 단계들을 거치게 되는가?

RP-3 우측의 인지 경험을 좌측의 수면 단계와 연결해보라.

수면단계	인지 경험
1. N1	**a.** 이야기 같은 꿈
2. N3	**b.** 떠돌아다니는 이미지
3. REM	**c.** 최소한의 자각

답은 부록 E를 참조

무엇이 수면 패턴에 영향을 미치는가?

시교차상핵(SCN) 시상하부에 있는 일주기 리듬을 제어하는 한 쌍의 세포군집. 빛에 대한 반응으로 송과선으로 하여금 멜라토닌 생성을 조절하게 만들어서 졸리다는 느낌을 변화시킨다.

LOQ 3-7 수면 패턴에서 생물학적 요인과 환경은 어떻게 상호작용하는가?

다음은 참인가 거짓인가? "누구나 하루에 8시간의 수면이 필요하다." 거짓이다. 신생아는 하루의 거의 2/3를 잠을 자면서 보내며, 대부분의 성인은 1/3이 채 안 된다. (어떤 사람은 하루에 6시간 미만을 자고도 끄떡없으며, 다른 사람은 매일같이 9시간 이상을 잔다.) 그렇지만 수면의 차이에는 연령 이상의 것이 들어있다. 어떤 사람은 한밤중의 '첫 번째 수면'과 '두 번째 수면' 사이에 깨어난다(Randall, 2012). 그리고 어떤 사람에게는 15분의 낮잠이 한 시간의 밤잠과 동일한 효과를 보이기도 한다(Horne, 2011).

꿈을 꿀 때는 코를 고는 일이 거의 없다. REM이 시작되면 코골이가 중지된다.

수면 패턴은 유전적 영향을 받는다. 연구자들은 인간과 동물의 수면을 조절하는 유전자를 추적하고 있다(Hayashi et al., 2015; Mackenzie et al., 2015). 130만 명을 분석한 연구는 불면증과 같은 수면 패턴과 관련된 956개의 유전자를 확인해냈다(Jansen et al., 2019). 또 다른 분석은 종달새형과 연관된 유전자를 확인하였다(Jones et al., 2019).

수면 패턴은 문화, 사회 그리고 경제의 영향도 받는다. 영국, 캐나다, 독일, 일본 그리고 미국의 성인들은 주중에 평균 7시간, 그리고 주말에 7~8시간을 잔다(NSF, 2013). 그렇지만 많은 학생과 근로자의 주중 수면시간은 평균에 미치지 못한다(NSF, 2008). 등교시간이 빠르고, 과외활동이 많으며, 부모가 취침시간을 정해주는 경우가 적음으로 인해서 미국 청소년은 호주 청소년보다 적은 수면을 취하고 있다(Short et al., 2013). 생활비에 어려움을 겪는 사람은 충분한 수면을 취하는 데도 어려움을 겪는다(Johnson et al., 2018; Mai et al., 2019; Vancampfort et al., 2018). 깨어있을 때의 행동과 마찬가지로 수면에서도 생물학적 요인과 환경이 상호작용한다.

일을 하든 놀이를 하든, 밝은 빛은 빛에 민감한 망막 단백질을 활성화시킴으로써 일주기 리듬시계의 작동을 교란시킨다. 이 단백질은 두뇌의 **시교차상핵**(suprachiasmatic nucleus, SCN)으로 전달되는 신호를 촉발시킴으로써 일주기 리듬시계를 제어하는데, 이 구조는 쌀알 크기의 쌍으로 좌우 시상하부 속에 들어있는 10,000개 정도의 신경세포 군집이다(그림 3.10). 시교차상핵은 부분적으로 송과선이 수면 유도 호르몬인 멜라토닌을 생성하는 것을 아침에는 감소시키고 저녁에는 증가시킴으로써 이 일을 수행한다(Chang et al., 2015; Gandhi et al., 2015). (2017년 노벨 생리학상은 생물학적 시계에 작동하는 분자생물학에 관한 연구에 돌아갔다.)

그림 3.10
생물학적 시계 망막을 때린 빛은 시교차상핵(SCN)에 신호를 보내 송과선이 수면 호르몬 멜라토닌을 생성하는 것을 억제한다(a). 밤이 되면 SCN은 잠잠해져 송과선에서 혈류로 멜라토닌을 방출하게 만든다(b).

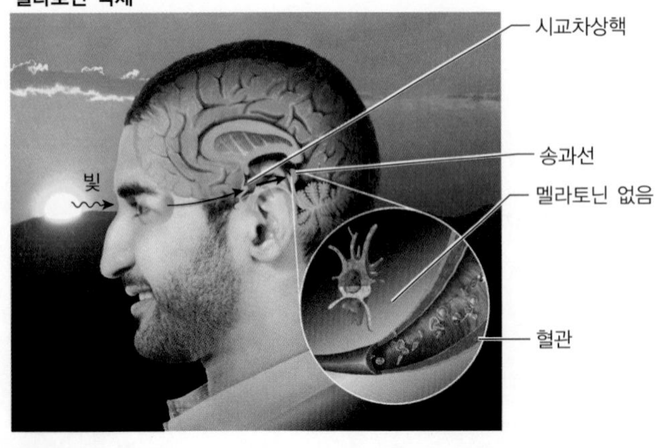

(a)

멜라토닌 생성

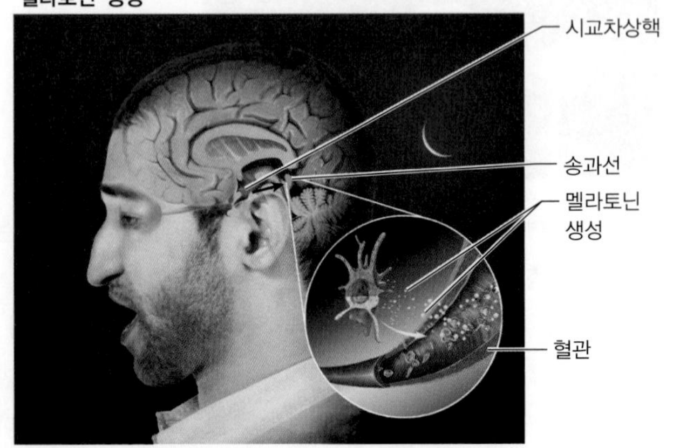

(b)

불빛에 노출되는 것(또는 박탈하는 것)은 우리의 24시간 생물학적 시계를 와해시킨다(Czeisler et al., 1999; Dement, 1999). 한 연구는 화성으로의 우주여행을 시뮬레이션하였는데, 훈련 중인 우주인이 햇빛이 차단된 상태에서 520일을 보냈다(Basner et al., 2013). 그 결과 우주인들은 **탈동기화**(desynchronization)를 경험하였다. 야간근무자도 경험하는 경향이 있는 이 조건은 피로, 위장병, 심장병을 초래할 수 있으며, 여성의 경우에는 유방암을 초래할 수도 있다(Knutsson & Bøggild, 2010; Lin et al., 2015; Puttonen et al., 2009). 우리 조상의 생체시계는 하루 24시간의 일출과 일몰에 맞추어져 있었기 때문에, 어두운 겨울철에는 잠을 더 많이 자고 밝은 여름철에는 덜 자도록 유도하였다(van Egmond et al., 2019).

Phil McAndrew/The Cartoonbank/The New Yorker

나는 한밤중에 깨어나서는 재빠르게 인스타그램, 트위터, 페이스북, 이메일, 날씨 앱 그리고 문자 메시지를 확인하였으며, 이제 자극을 너무 많이 받아서 다시 잠들 수가 없다.

오늘날의 많은 젊은이는 8시간의 수면을 취할 수 없을 만큼 밤늦게까지 깨어있음으로써 하루 25시간에 가까운 주기를 택하고 있다. 이 사실에 대해서는 전구를 발명한 토머스 에디슨에게 감사드리거나 그를 비난해야 하겠다. 대략 90%의 미국인은 잠들기 전에 1시간가량 전자 조명장치를 사용하고 있다고 보고한다(Chang et al., 2015). 그러한 인공 불빛이 수면을 지체시키고 수면의 질에 영향을 미친다. 대학 신입생의 경우 텔레비전을 시청하면서 늦게까지 깨어있는 것이 수면의 시작과 질 그리고 지속시간을 방해하였다(Exelmans & Van den Bulck, 2018). 스트리밍(인터넷에서 음성이나 영상, 애니메이션 등을 실시간으로 재생하는 것)이 꿈을 와해시킨다.

수면은 주중에는 깨어있고 주말에 잠에 빠져들며, 새로운 한 주를 준비하기 위하여 일요일 저녁 일찍 잠자리에 드는 사람들을 혼란스럽게 만들기 십상이다(Oren & Terman, 1998). 미국 캘리포니아를 다녀온 후에 재적응하고 있는 뉴욕사람들처럼(캘리포니아와 뉴욕은 4시간의 시차가 있다), 이들은 '사회적 시차'를 경험한다. 유럽으로 비행기를 타고 가서 자신의 일주기 리듬은 "잠 좀 자자!"라고 외치고 있는 시간에 깨어있어야 하는 북미인들에게 있어서, 밝은 빛(다음 날 야외에서 시간을 보내는 것)은 생체시계를 재조정하는 데 도움이 된다(Czeisler et al., 1986, 1989; Eastman et al., 1995).

인출 연습

RP-4 ________은 두뇌에서 멜라토닌의 분비를 모니터링하는데, 멜라토닌은 우리의 ________ 리듬에 영향을 미친다.

답은 부록 E를 참조

잠을 자는 이유

LOQ 3-8 수면의 기능은 무엇인가?

수면 패턴은 사람에 따라서, 그리고 문화에 따라서 다르다. 그런데 사람들이 수면 욕구를 가지고 있는 이유는 무엇인가?

심리학자들은 다음과 같은 다섯 가지 이유를 제안한다.

1. 수면은 보호기능을 갖는다. 어둠이 우리 조상들의 수렵과 채취를 불가능하게 만들고 돌아다

일주기 리듬의 단점 : 24,000회 이상의 메이저리그 야구경기를 조사한 연구는 며칠에 걸쳐서 연속경기를 치르기 위해 다른 시간대로 넘어온 팀들이 첫 번째 시합에서 패배할 확률은 거의 60%에 달하였다는 사실을 찾아냈다(Winter et al., 2009). 후속 연구는 NBA와 NHL에서도 이 효과를 반복하였다(Roy & Forest, 2018).

20시간
Kruglov_Orda/Shutterstock

16시간
Andrew D. Myers

12시간
Utekhina Anna/Shutterstock

10시간
Steffen Foerster/Shutterstock

8시간
RubberBall Productions/Getty Images

4시간
Eric Isselee/Shutterstock

2시간
pandapaw/Shutterstock

그림 3.11
동물의 수면시간 20시간 수면을 취하는 박쥐가 되겠는가, 아니면 2시간만 수면을 취하는 기린이 되겠는가?(NIH, 2010의 데이터).

니는 것을 위험하게 만들었을 때, 위험을 피하여 동굴에서 잠을 자는 것이 생존에 도움이 되었다. 밤에 바위와 절벽을 돌아다니려고 시도하지 않았던 먼 조상들이 후손을 전파하였을 가능성이 크다. 이 사실은 보다 광의적 원리, 즉 한 동물종의 수면 패턴은 그 종의 생태 환경에 적합한 경향이 있다는 원리(Siegel, 2009)와 잘 들어맞는다. 풀을 뜯어 먹으려는 욕구가 강하고 숨을 능력이 거의 없는 동물들은 잠을 적게 자는 경향이 있다. 또한 교미를 하거나 이동할 때도 잠을 적게 자는데, 아무런 해로운 효과를 초래하지 않는다(Siegel, 2012). (동물들의 수면시간 예를 보려면, 그림 3.11을 참조하라.)

2. **수면은 우리가 회복하는 데 도움을 준다.** 수면은 신체와 두뇌가 보수하고 재배열하며 재조직할 수 있는 기회를 제공한다. 즉 신체가 감염을 치료하고 면역계를 회복시키는 것을 돕는다(Dimitrov et al., 2019). 휴식 중인 뉴런에게 스스로 보수하고 사용하지 않는 연결을 가지치기하거나 약화시킬 시간을 제공한다(Ascády & Harris, 2017; Ding et al., 2016; Li et al., 2017). 박쥐처럼 깨어있을 때 신진대사가 활발한 동물은 많은 칼로리를 태워서 뉴런에 해로운 유리기(free radical)를 많이 만들어낸다. 수면은 알츠하이머병을 초래할 수 있는 단백질 조각들과 함께 이러한 독성 쓰레기를 치워준다(Beil, 2018; Xie et al., 2013). 이것을 다음과 같이 생각할 수 있다. 의식이 집을 떠나면, 청소부들이 들어와 깨끗하게 청소해준다.

충분한 수면은 기술 학습과 높은 성과를 돕는다 피겨스케이트 선수인 세라 휴스는 수면요법의 일환으로 새벽 연습을 줄이라는 충고를 받았다. 그 결과 기량이 좋아지고 좋은 점수를 냄으로써 결국에는 2002년 동계올림픽 금메달리스트가 되었다.

TIMOTHY A. CLARY/AFP/Getty Images

3. **수면은 그날 경험의 기억이 희미해지는 것을 복원시키고 재생하는 데 도움을 준다.** 잠을 잔다는 것은 강화시킨다는 것이다. 수면은 최근에 학습한 것을 재생하고 신경연계를 강화함으로써 기억을 공고하게 만들어준다(Paller & Oudiette, 2018). 해마에 저장된 최근 경험을 재활성화시켜 영구히 저장하도록 피질의 다른 곳으로 전이시킨다(Racsmány et al., 2010; Urbain et al., 2016). 따라서 새로운 과제를 훈련받은 성인, 아동, 유아는 몇 시간 깨어있는 것보다는 밤에 잠을 잔 후에, 심지어는 짧은 시간의 낮잠을 잔 후에도 그 과제를 더 잘 회상한다(Friedrich et al., 2015; Horváth et al., 2017; Sandoval et al., 2017; Seehagen et al., 2015). 나이가 더 많은 성인들 역시 잠을 자주 방해받을수록 기억 응고화가 와해된다(Boyce et al., 2016; Pace-Schott & Spencer, 2011).

4. **수면은 창의적 사고를 배양시킨다.** 때때로 수면은 화학자 아우구스트 케쿨레에게 벤젠 구조에 관한 단서를 제공하였던 꿈(Ross, 2006) 그리고 의학자 칼 앨빙(2011)으로 하여금 백신 패치를 만들어내도록 만든 꿈과 같이, 주목할 만한 문학과 예술 그리고 과학 성취의 영감을 제공해왔다. 보다 일반적인 현상은 하룻밤의 숙면이 사람들의 사고와 학습을 고양해주는 것이다. 한 과제를 수행한 후에 잠을 자고 난 사람들이 계속 깨어있었던 사람들보다 문제를 더욱 통찰력 있게 해결한다(Barrett, 2011; Sio et al., 2013). 또한 새로운 정보들 간의 연계도 잘 찾아낸다(Ellenbogen et al., 2007; Whitehurst et al., 2016). 명석하게 생각하고 연계를 찾아내려면, 잠자리에 들기 직전 문제에 집중한 후 그 생각을 하면서 잠을 청하는 것이 좋다.

5. 수면은 성장을 지원한다. 대부분 밤잠의 처음 절반에서 발생하는 서파 수면(깊은 수면) 중에 뇌하수체는 근육 발달에 필요한 성장 호르몬을 분비한다.

제임스 마스와 레베카 로빈스(2010)는 규칙적인 숙면이 운동능력도 극적으로 증진시킬 수 있다고 보고한다. 하룻밤 수면의 마지막 몇 시간 동안에 주로 나타나는 REM 수면과 N2 수면은 테니스를 연습하거나 농구 슈팅을 하면서 학습한 '근육 기억'을 포함하여, 지속적 기억을 형성하는 신경연계를 강화하는 데 도움을 준다. 수면 연구자인 셰리 마와 그녀의 동료들(2011)은 운동선수들에게 수면을 훈련프로그램에 포함시키는 방법을 조언한다. 그녀는 낮잠을 즐기고 밤늦게 비디오 게임을 즐기던 NBA 선수인 안드레 이궈달라를 건강한 수면 습관을 가진 사람으로 변모시켰다(Gonzalez, 2018). 결과는 어떠했는가? 이궈달라의 출전시간이 늘어났고, 보다 효과적으로 슈팅을 하였으며, 2015년에는 NBA 결승시리즈 MVP 상을 수상하였다. 수면의 모든 이점을 고려할 때, 수면 결핍이 사람들을 그토록 힘들게 만든다는 사실은 놀라울 것이 없다.

"빨리 잠들려면, 베개가 필요하다." 유대인 격언

"코르덴 베개는 헤드라인을 만든다"(머리에 줄이 생기게 만든다). 익명의 작가

인출 연습

RP-5 수면의 필요성을 제안하는 다섯 가지 이유는 무엇인가?

답은 부록 E를 참조

수면 박탈과 수면장애

LOQ 3-9 수면 결핍은 사람들에게 어떤 영향을 미치는가? 대표적인 수면장애는 무엇인가?

신체가 잠을 자고자 갈망하지만 그렇게 하지 못할 때, 괴로움을 느끼기 시작한다. 깨어있고자 애쓰지만, 결국에는 굴복하고 만다. 피로와의 전쟁에서 수면은 항상 승리한다.

수면 결핍의 효과

'수면 대공황' 시대인 오늘날의 수면 패턴은 사람들을 졸리게 만들 뿐만 아니라 에너지와 안녕감을 고갈시키고 있다(Keyes et al., 2015; Thorarinsdottir et al., 2019). 하루 5시간밖에 못 자는 날이 계속되면, 완전한 보상이 필요한 것은 아니지만 하룻밤의 오랜 수면으로는 충족시킬 수 없는 부채가 누적된다. 수면 연구자 윌리엄 디멘트(1994, 64쪽)는 "두뇌는 적어도 2주 동안 수면 부채를 정확하게 계산"한다고 보고하였다.

수면이 필요한 것은 명백하다. 수면은 대체로 삶의 1/3, 즉 평균적으로 25년 정도를 요구한다. 방해받지 않고 잠을 자도록 해주면, 대부분의 성인은 그간의 수면 부채를 갚느라 하룻밤에 적어도 9시간을 잔다(Coren, 1996). 한 실험은 자원자들이 최소한 1주일 동안 하루에 14시간을 침대에서 지내도록 함으로써 제약이 없는 수면의 이점을 입증하였다. 처음 며칠 동안 자원자들은 하루에 평균 12시간 이상 잠을 자면서, 대체로 25 내지 30시간 정도의 수면 부채를 갚아버리는 것처럼 보였다. 부채를 다 갚은 후에는 다시 7.5 내지 9시간의 수면으로 되돌아오고는 에너지가 넘치고 더 행복하다고 느꼈다(Dement, 1999).

대학생들은 특히 잠이 모자란다. 전국 조사에서 69%의 대학생들이 지난 2주 동안 여러 날에 걸쳐서 '피곤하다'거나 '에너지가 모자란다'고 보고하였다(AP, 2009). 중국 대학생 4명 중 1명은 심각한 수면 문제를 가지고 있다(Li et al., 2018). 미국의 조사결과를 보면, 고등학생의 75%가 하

1989년에 마이클 두셋은 미국에서 가장 안전하게 운전하는 10대로 선정되었다. 1990년에 학교를 마치고 집으로 돌아오면서 운전대를 잡은 채로 잠이 들어 마주 오는 차와 충돌해서는 자신과 상대 운전자 모두 목숨을 잃었다. 나중에 마이클의 운전 교습자는 수면 박탈과 졸음운전에 대해서 그에게 한 번도 언급하지 않았음을 인정하였다(Dement, 1999).

루에 8시간 미만의 잠을 자며, 28%는 적어도 1주일에 한 번은 수업 중 잠에 빠져든다는 사실을 인정하였다(CDC, 2019; NSF, 2006). 수업이 지루해지면, 학생들은 코를 골기 시작한다.

수면 결핍은 기분에도 영향을 미친다. 피로감은 성마름을 촉발한다. 즉, 모자라는 수면은 더 많은 분노와 관계 갈등을 예측한다(Keller et al., 2019; Krizan & Hisler, 2019; Madrid-Valero et al., 2019). 그리고 수면 결핍은 우울증의 강력한 예측자이다(Palagini et al., 2019). 두 연구에 걸쳐서 수천 명의 젊은이를 조사한 연구자들은 하룻밤에 5시간 이하의 수면을 취하는 젊은이들의 우울증과 자살 위험성이 8시간 이상 수면을 취하는 또래들보다 70~80%나 높다는 사실을 발견하였다(Gangwisch et al., 2010; Whitmore et al., 2018). 50만 명의 30~79세 중국 성인 중에서 하루에 5시간 이하의 수면을 취하는 사람은 우울증 비율이 두 배 이상 증가하였다(Sun et al., 2018). 이 관련성은 수면에 대한 우울의 효과를 반영하는 것으로는 보이지 않는다. 아동과 젊은이들을 오랫동안 추적조사해 보면, 우울이 수면 결핍을 예측하기보다는 수면 결핍이 우울을 예측한다(Gregory et al., 2009). 자살 위험이 있는 사람의 경우에, 하룻밤의 수면 결핍조차도 다음 날의 자살 생각을 증가시킨다(Littlewood et al., 2019).

그렇지만 희망은 있다. REM 수면의 정서 경험 처리가 우울증을 예방하는 데 도움을 준다(Walker & van der Helm, 2009). 이 사실은 부모가 강제로라도 취침시간을 지키게 하는 것이 우울을 덜 초래하게 되는 이유를 설명하는 데 도움을 준다. 또한 등교시간을 늦추는 것이 학생들이 수면을 더 많이 취하고 지각을 하지 않으며, 집중력을 증가시키고 교통사고를 덜 당하는 이유를 설명하는 데도 도움을 준다(Bowers & Moyer, 2017; Foss et al., 2019; Morgenthaler et al., 2016). 미국 시애틀 교육청이 중고등학교 등교시간을 55분 늦추었을 때, 그 결과는 명확해졌다. 더 많은 수면을 취하고, 성적도 좋아졌다(Dunster et al., 2018). 따라서 유럽의 고등학교가 오전 9시 전에 시작하는 경우는 지극히 드물다(Fischetti, 2014). 미국소아과학회(2014)는 "학생들에게 적절한 수준의 수면(8.5~9.5시간)을 취할 기회를 제공하기 위하여" 등교시간을 늦출 것을 주창한다. 심리학자 록산 프리처드가 지적하는 바와 같이, "좋은 수면으로 나빠지는 것은 아무것도 없으며, 많은 것들이 좋아진다"(Brody, 2018).

"기억하려면 잘 필요가 있기 때문에 자야 한다는 것을 기억해라." 제임스 마스와 레베카 로빈스, 『성공을 위한 수면』(2010)

한 심리학 교수가 학생들에게 학기말시험 주간에 최소 8시간의 수면을 취할 것을 적극 요구하였을 때, 그 도전거리를 받아들인 학생들이 가장 높은 점수를 받았다(Scullin, 2019). 핵심은 좋은 수면이 우수한 성과를 낳는다는 것이다.

수면 도둑 "한밤중에 깨어나서는 시간을 확인하기 위하여 스마트폰을 집어 든다. 새벽 3시다. 그리고는 메시지가 왔다는 신호를 보게 된다. 메시지를 확인하지 않고 이메일과 트위터의 신호를 꺼버린다. 잠을 다시 자겠는가? 결코 아니다." 닉 빌튼, "방해자극들 : 편안한 밤을 위해서 여러분의 스마트폰이 소파에서 잠을 자도록 내버려두어라"(2014)

수면 박탈은 여러분을 뚱뚱하게 만들 수도 있다. 수면 박탈은 호르몬, 신진대사 그리고 음식에 대한 두뇌의 반응을 방해하여 다음과 같은 불행한 결과를 초래한다.

- 기아감을 촉진하는 호르몬인 그렐린을 증가시키며, 기아감을 억제하는 호르몬인 렙틴을 감소시킨다(Shilsky et al., 2012).
- 신체가 지방을 만들도록 자극하는 스트레스 호르몬인 코르티솔을 증가시킨다.
- 신진대사율(에너지 사용율)을 떨어뜨린다(Schmid et al., 2015; Potter et al., 2017).
- 유전자 발현을 와해시키는데, 이것이 심장병을 비롯한 나쁜 건강의 위험도를 증가시킨다(Möller-Levet et al., 2013; Mure et al., 2018).
- 보이는 음식에 대한 두뇌 변연계 반응을 증가시키고 유혹에 저항하게 하는 피질 반응을 감소시킨다(Benedict et al., 2012; Greer et al., 2013; St-Onge et al., 2012).

따라서 정상보다 잠을 적게 자는 아동과 성인들이 더 뚱뚱하며, 최근 수십 년 동안 사람들은 잠을 적게 자면서 체중을 늘려왔다(Hall et al., 2018; Miller et al., 2018). 실험실에서 수면을 박탈하면 식욕과 정크푸드를 먹는 행위가 증가하며, 피로해진 두뇌는 지방이 들어있는 음식을 더욱 추구하게 된다(Fang et al., 2015; Hanlon et al., 2015; Rihm, 2019). 따라서 수면 상실은 수면이 결핍된 학생들의 공통적인 체중 증가를 설명하는 데 도움을 주기도 한다(Hull et al., 2007).

수면은 신체건강에도 영향을 미친다. 병균에 감염되면, 사람들은 전형적으로 면역세포를 늘리기 위하여 잠을 더 많이 잔다. 수면 박탈은 바이러스 감염과 암에 맞서 싸우는 면역 시스템을 억제할 수 있다(Möller-Levet et al., 2013; Motivala & Irwin, 2007; Opp & Krueger, 2015). 한 실험은 자원자들을 감기 바이러스에 노출시켰다. 하루 수면시간이 평균 5시간 이하인 사람들은 7시간 이상 수면을 취한 사람들보다 감기에 걸릴 가능성이 4.5배나 높았다(Prather et al., 2015). 수면의 보호기능은 하루에 7~8시간 수면을 취하는 사람들이 만성적으로 수면 박탈된 사람들보다 더 오래 사는 경향이 있는 이유를 설명하는 데 일조한다(Dew et al., 2003; Parthasarathy et al., 2015; Scullin & Bliwise, 2015).

수면 박탈은 공항에서의 수화물 검사, 외과수술, 엑스레이 사진 판독 등과 유사한 시각주의 과제에서 반응시간을 느리게 만들고 오류를 증가시킨다(Caldwell, 2012; Lim & Dinges, 2010). 특히 나른할 때, 자신도 모르는 사이에 1~6초의 '미세수면'을 경험하기도 한다(Koch, 2016). 느린 반응과 미세수면은 운전과 비행기 조종 그리고 장치 조작 등에서 치명적인 결과를 초래할 수 있다. 미국에서는 교통사고의 1/6이 졸음운전 때문인 것으로 추정되며(AAA, 2010), 호주 고속도로 사망의 30%가 졸음운전에 의한 것이다(Maas, 1999). **수면 무호흡증**으로 인한 피로가 미국 뉴욕에서 두 통근열차의 충돌을 야기하여 100명이 부상하고 행인 한 명을 사망하게 만들었던 두 기관사를 생각해보라(McGeehan, 2018). 수면에 취한 전두엽이 예기치 않은 상황에 직면하게 되면, 불행을 초래하기 십상이다.

스탠리 코렌은 북미에서 연례적으로 실시하는 수면처치 실험, 즉 낮 시간을 늘리기 위하여 봄부터 서머타임을 실시하고 가을에 다시 표준시간으로 되돌아가는 것에 주목하였다. 수백만 명의 기록을 찾아본 코렌은 캐나다와 미국에서 모두 서머타임 실시로 인해서 수면시간이 줄어든 직후에 곧바로 사고가 증가한다는 사실을 발견하였다(그림 3.12).

"눈을 감아요
나에게 굿바이 키스를 해줘요
그리고 잠들어요
이제 자요."
마이 케미컬 로맨스의 노래 가사 중에서

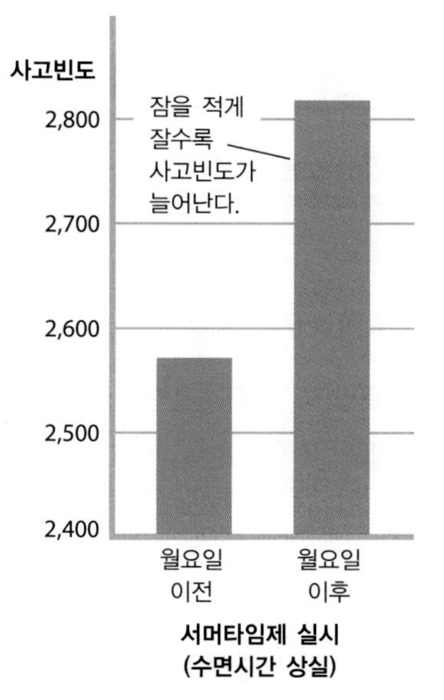

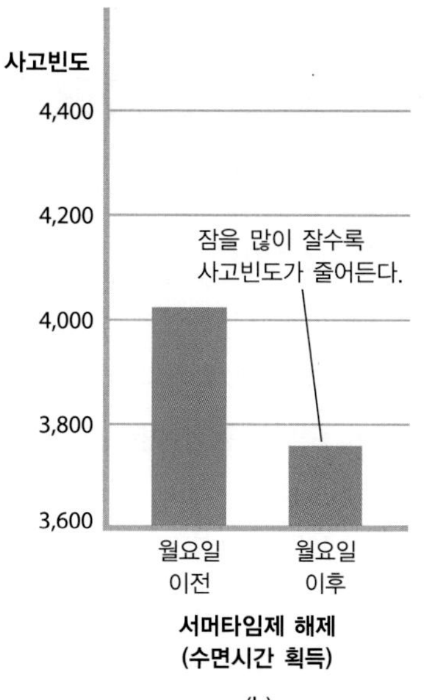

그림 3.12

미국과 캐나다의 교통사고 서머타임이 시작되어 1시간 잠을 적게 자게 된 월요일의 사고 건수가 그 전의 월요일에 비해서 증가하였다. 가을 이후에는 눈과 빙판 그리고 어둠으로 인해서 교통사고가 정상적으로 증가하였으나, 서머타임이 해제된 후에는 사고가 감소하였다(Coren, 1996의 데이터).

그림 3.13
수면 박탈의 영향

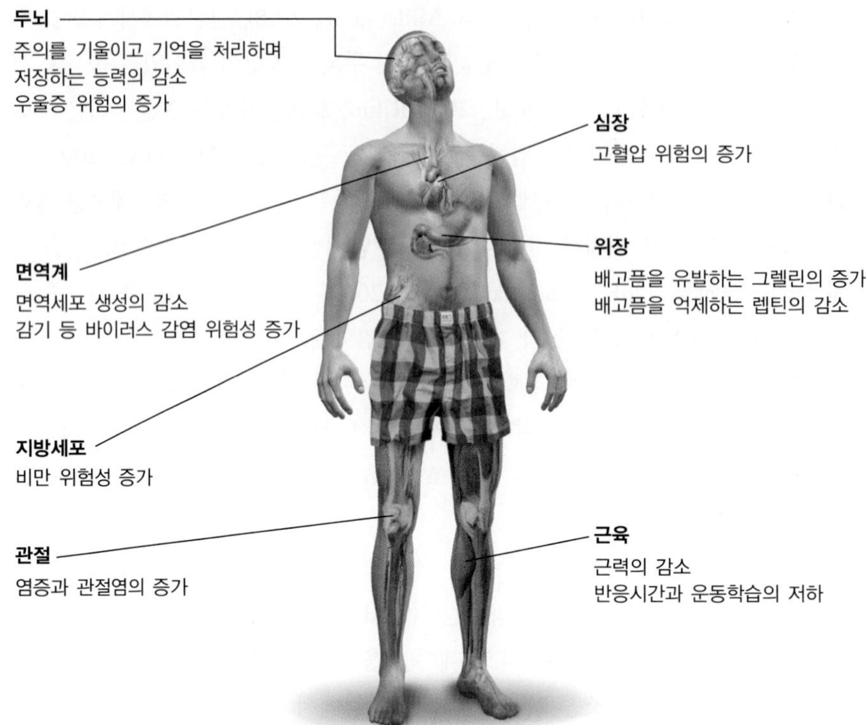

그림 3.13은 수면 박탈 효과를 요약한 것이다. 그렇지만 좋은 소식도 있다! 심리학자들은 기억력을 강화하고 집중력을 높이며, 기분을 고양하고 배고픔과 비만을 조절하며, 질병과 싸우는 면역 시스템을 공고하게 만들고, 치명적 사고의 위험을 줄여주는 치료법을 발견한 것이다. 이것보다 더 좋은 소식이 있다. 그 치료는 기분을 좋게 만들어주며, 자가처치가 가능하고, 공급에 제한이 없으며, 게다가 무료다! 만일 여러분이 밤늦게 잠자리에 드는 전형적인 대학생이라면, 불면 주기라는 덫에 갇혀있다는 느낌을 가질 수 있다. 스트레스로 충만한 생활이 수면을 필수라기보다는 사치인 것처럼 만들지도 모르겠다. 매일 밤 수면시간을 15분씩만 늘리도록 시도해보라. 휴식을 취했다고 느끼고 좀비 같은 느낌이 덜 든다면, 가능한 한 자주 더 많은 수면을 취하도록 시도하라. 양질의 수면을 취할 수 있는 부가적인 조언을 보려면, 표 3.1을 참조하라.

자문자답하기

수면에 관하여 공부한 것 중에서 여러분 스스로 적용할 수 있는 것은 무엇인가?

주요 수면장애

불안하거나 흥분하였을 때 잠들기가 어려운가? 대부분의 사람이 그렇다. 일시적인 수면 상실은 걱정할 문제가 아니다. 그렇지만 **불면증**(insomnia), **기면증**(narcolepsy), **수면 무호흡증**(sleep apnea), 수면보행(몽유병), 잠꼬대, 또는 **야경증**(night terror) 등과 같은 주요 수면장애를 겪는 사람에게는 잠을 자려고 시도하는 것이 악몽일 수 있다. (장애의 요약을 보려면 표 3.2를 참조하라.)

성인 10명 중 1명 그리고 노인 4명 중 1명은 불면증, 즉 잠에 빠져들거나 계속 잠을 자는 데 있어서의 지속적인 장애를 호소하고 있다(Irwin et al., 2006). 그 결과로 피로와 우울증의 위험이 증가한다(Baglioni et al., 2016). 중년을 넘어서면 수면 도중에 가끔씩 깨어나는 것이 정상이며, 고민하거나 치료를 받아야 할 문제가 아니다(Vitiello, 2009). 역설적이지만 불면증은 그 증상에

불면증 잠에 빠져들고 계속해서 잠을 자는 데 어려움이 있는 장애

기면증 통제할 수 없이 수면에 빠져드는 수면장애. 곧바로 REM 수면으로 빠져들게 되는데, 부적절한 시간에 그렇게 되기 십상이다.

수면 무호흡증 잠을 자면서 일시적인 호흡 중단으로 반복적으로 깨어나게 되는 특징을 보이는 수면장애

야경증 높은 각성과 심각한 공포의 모습을 보이는 수면장애. 악몽과는 달리 잠들고 두세 시간 내의 N3 수면 중에 일어나며 기억하는 경우가 드물다.

표 3.1 양질의 수면을 취하는 방법 : 자연스러운 수면 보조방법

- 규칙적으로 운동하되, 늦은 저녁에는 하지 말라(Lowe et al., 2019). (늦은 오후가 가장 좋다.)
- 이른 오후부터는 카페인을 피하고, 취침 직전에는 음식과 음료수를 피하라. 예외적으로 한 잔의 우유는 도움이 될 수 있다. 우유는 수면을 촉진하는 신경전달물질인 세로토닌 생산의 원료를 제공해준다.
- 침대에 들기 전에 약한 불빛을 이용하여 긴장을 풀어라.
- 규칙적으로 잠을 자고(잠 못 드는 밤이었다고 하더라도 동일한 시간에 기상하라) 긴 시간의 낮잠을 피하라(Jansson-Fröjmark et al., 2019).
- 시계를 치워서 반복적으로 시간을 확인하려는 유혹을 없애라.
- 일시적으로 잠을 못 들 수도 있으며, 때때로 잠들기가 어려운 것은 정상이라는 사실을 확신하라. 매일 최선을 다해보라.
- 노래 가사나 텔레비전 프로그램 또는 휴가 여행 등과 같이, 각성시키지 않으면서 집중할 수 있는 생각에 초점을 맞추어라(Gellis et al., 2013). (잠들기를 생각하는 것이 여러분을 각성시킬 수도 있다.)
- 스트레스에 대처하라. 스트레스를 받는 유기체는 각성이 자연스럽고 적응적이다. 적은 스트레스가 양질의 수면을 초래한다.

표 3.2 수면장애

장애	발병율	증상	초래되는 결과
불면증	성인 4명 중 1명	잠에 빠져들거나 계속 잠을 자는 데 있어서의 지속적인 장애이다.	만성 피로감, 우울증, 비만, 고혈압, 관절통과 섬유근육통의 위험성 증가(Olfson et al., 2018). 수면제와 술에 의존함으로써, REM 수면이 감소하고 내성, 즉 동일한 효과를 위해 사용량을 늘려야 하는 상태를 초래한다.
기면증	성인 2,000명 중 1명	불가항력적인 수면이 급작스럽게 출현한다.	위험한 순간에 잠에 빠져드는 위험성. 일반적으로 5분 이내의 짧은 시간 동안 갑자기 출현하지만, 최악의 가장 정서적인 상태에서 발생할 수 있다. 운전과 같은 일상행위에 특별히 조심해야 한다.
수면 무호흡증	성인 20명 중 1명	수면 중에 반복적으로 호흡이 정지된다.	(서파 수면 박탈로 인한) 피로와 우울 증상. 비만과 관련이 있다(특히 남성에게서 그렇다).
수면보행과 잠꼬대	수면보행은 100명 중 1~15명(NSF, 2016) 잠꼬대는 어린 아동의 대략 절반(Reimão & Lefévre, 1980)	잠을 자면서 깨어있을 때 정상적으로 나타내는 행위(앉아있기, 걷기, 말하기 등)를 한다. 잠꼬대는 어떤 수면 단계에서든 나타날 수 있다. 수면보행은 N3 수면 중에서 나타난다.	심각하게 염려할 문제는 거의 없다. 수면보행자는 스스로 또는 가족의 도움을 받아 잠자리로 되돌아가며, 다음 날 아침 그 사실을 기억하는 경우는 거의 없다.
야경증	성인 100명 중 1명, 아동 30명 중 1명	N3 수면 중에, 공포에 질린 것처럼 보이고, 무슨 말을 중얼거리며 앉아있거나 돌아다니기도 한다. 악몽과는 다른 것이다.	야경증이 나타날 때 아동의 심장박동과 호흡이 두 배로 증가한다. 다행스럽게도 아동은 다음 날 무서웠던 사건을 거의 기억하지 못한다. 연령이 증가함에 따라서 야경증은 지극히 드물게 된다.

"수면은 사랑이나 행복과 같다. 열렬히 추구하면 달아날 것이다." 윌스 웨브, 『수면 : 부드러운 폭군』(1992)

"잠을 잘 수 있는 사람과 그렇지 못한 사람 간에는 확고한 간극이 존재한다. 이 간극은 인류를 구분하는 대단한 방식 중의 하나이다." 아이리스 머독, 『수녀와 병사』(1980)

대한 고민 때문에 악화된다. 실험실 연구에서 보면 불면증 환자들이 다른 사람보다 잠을 적게 자기는 하지만, 잠에 빠져드는 데 걸리는 시간을 과대추정하고 실제로 잠잔 시간을 과소 추정한다(Harvey & Tang, 2012). 사람들이 기억하는 것은 깨어있는 부분이기 때문에, 단지 한두 시간만 깨어있었어도 잠을 거의 자지 못하였다고 생각할 수 있다.

진정한 불면증에 가장 흔하게 사용하는 응급요법인 수면제와 술은 전형적으로 증상을 악화시킨다. REM 수면을 감소시키고 집중과 기억 문제를 초래하며 다음 날을 짜증나게 만들어버린다. 이러한 대증요법은 내성을 초래할 수도 있다. 즉, 동일한 효과를 보기 위해서 사용량을 늘리게 된다. 수면 전문가를 찾아서 건강한 장기적 치료 계획을 수립하는 것이 더 좋다.

인출 연습

RP-6 제대로 휴식을 취한 사람은 (골칫거리에 집중할/ 반응시간이 빨라질) 가능성이 더 높으며, 수면이 박탈된 사람은 (체중이 증가할/감기를 이겨낼) 가능성이 더 높다.

답은 부록 E를 참조

꿈

LOQ 3-10 사람들은 무엇을 꿈꾸며, 꿈 이론가들이 제안하는 꿈의 기능은 무엇인가?

이제 여러분 내부의 극장에서 연기하는 것, 즉 잠자는 사람의 선명한 꿈을 보여주는 공연무대에 접어들었다. 과거에는 결코 보지 못하였던 마음속의 영화에는 독창적이며 일어날 가능성은 거의 없지만 복잡하게 얽혀있고 사실인 것처럼 보이기 때문에 나중에 관객이 그 제작에 경탄을 금하지 못하게 되는 각본에 몰입하고 있는 매혹적인 등장인물들이 등장한다.

꿈(dream)은 선명하고 정서적이며 기묘하다(Loftus & Ketcham, 1994). 꿈에서 깨어난 후에 사람들은 어떻게 두뇌가 그토록 창의적이고 화려하며 완벽한 대안적 의식세계를 구축할 수 있는 것인지가 궁금하다. 꿈을 꾸는 의식과 깨어있는 의식 사이의 환상세계에서 잠시나마 무엇이 참인지를 의심해볼 수도 있다. 악몽에서 깨어난 4세 아동은 집에 곰이 있다고 확신하기도 한다.

REM 수면과 꿈 간의 관계를 밝힌 것은 꿈 연구의 새로운 지평을 열어주었다. 연구자들은 누군가 꿈을 꾸고 몇 시간이나 며칠이 지난 후에 어렴풋한 기억에 의존하는 대신에, 꿈을 실시간으로 포착할 수 있게 되었다. REM 수면이 진행되는 동안이나 종료 후 3분 이내에 잠자고 있는 사람을 깨워서 선명한 설명을 들을 수 있게 되었다.

꿈의 내용

사람들은 6년의 삶을 꿈속에서 보내는데, 대부분의 꿈은 달콤한 것이 아니다. 남녀를 막론하고, 열 번의 꿈 중에서 여덟 번은 적어도 하나 이상의 부정적 사건이나 정서를 수반한다(Domhoff, 2007). 공통적인 주제는 무엇인가를 시도하는데 반복적으로 실패하는 것이다. 즉, 공격을 당하거나, 누군가에게 쫓기거나, 거절당하거나, 불행을 경험하는 꿈을 꾼다(Hall et al., 1982). 일반적으로 생각하는 것과는 달리, 성적 이미지를 담고 있는 꿈은 자주 일어나지 않는다[그렇지만 성과 관련된 매체를 경험한 후에는 빈도가 늘어난다(Van den Bulck et al., 2016)]. 한 연구에서는 젊은 남성의 경우 열 번의 꿈 중에서 한 번만, 그리고 젊은 여성의 경우에는 서른 번 중에서 한 번만 성적 내용을 포함하였다(Domhoff, 1996).

꿈 잠자고 있는 사람의 마음을 관통하는 일련의 장면, 정서, 사고

꿈에서 전개되는 이야기는 다음의 예와 같이, 성적인 것과는 무관한 전날의 경험과 생각을 포함하는 것이 보편적이다(Nikles et al., 2017).

- **트라우마와 꿈** 심적 외상으로 고통을 받은 후에 사람들은 악몽을 보고하기 십상인데, 이것은 전날의 공포를 제거하는 데 도움을 준다(Levin & Nielsen, 2007, 2009). 아우슈비츠 강제수용소 수감자, 격변 속에서 살고 있는 팔레스타인 아동, 9/11 테러 이후의 미국인은 모두 트라우마와 관련된 꿈을 빈번하게 경험하였다(Owczarski, 2018; Propper et al., 2007; Punamäki & Joustie, 1998).
- **음악가의 꿈** 일반인과 비교할 때, 음악가는 음악에 관한 꿈을 두 배 이상 보고한다(Uga et al., 2006).
- **시각 장애자의 꿈** 4개국에서 수행한 연구들은 선천성 시각 장애자들이 시각 이외의 감각을 사용하는 꿈을 꾼다는 사실을 찾아냈다(Buquet, 1988; Taha, 1972; Vekassy, 1977). 그렇지만 선천성 시각 장애자들도 꿈에서는 보기도 한다(Bértolo, 2005). 마찬가지로 허리 아래쪽이 마비된 채로 태어난 사람들도 때로는 걷고, 서있으며, 달리고, 자전거 타는 꿈을 꾼다(Saurat et al., 2011; Voss et al., 2011).
- **대중매체 경험과 꿈** 1,287명의 터키인을 대상으로 수행한 연구에서 "폭력 프로그램을 시청한 참가자는 폭력적 꿈을, 그리고 성적 프로그램을 시청한 참가자는 성적인 꿈을 꾸는 경향이 있었다"(Van den Bulck et al., 2016).

© Mark Parisi/Atlantic Feature Syndicate

두 개의 궤적을 가지고 있는 마음은 잠을 자면서도 계속해서 환경을 감시·감독한다. 특정 냄새나 전화벨소리와 같은 감각자극들은 즉각적이고도 교묘하게 꿈의 줄거리와 엮이기도 한다. 고전이 되어버린 한 실험에서는 꿈꾸는 사람의 얼굴에 찬물을 조금 뿌렸다(Dement & Wolpert, 1958). 이러한 처치를 받지 않은 통제집단과 비교할 때, 찬물을 경험한 사람은 폭포나 비가 새는 천장, 심지어는 누군가가 자기 얼굴에 물을 뿌리는 것 등에 관한 꿈을 꿀 가능성이 더 컸다.

수면에 대한 일반적 오해 : 땅에 떨어지는(또는 죽는) 꿈을 꾸면 죽는다. 불행하게도 이러한 생각을 확증해줄 수 있는 사람이 주변에 없다. 그렇지만 어떤 사람들은 그러한 꿈을 꾸었으며 살아남아서 그 사실을 보고한다.

그렇다면 잠을 자면서 녹음테이프를 틀어놓으면 외국어를 학습할 수 있을까? 만일 가능하다면, 외국어 공부가 얼마나 쉽겠는가! 잠자는 동안에 소리를 약한 전기쇼크와 연합시킬 수 있다(따라서 그 소리에 반응할 수 있다). 또한 특정한 소리를 유쾌하거나 불쾌한 냄새와 연합시킬 수도 있다(Arzi et al., 2012). 그렇지만 깊이 잠들었을 때 들려주었던 녹음 정보를 기억해내지는 못한다(Eich, 1990; Wyatt & Bootzin, 1994). 실제로 잠들기 바로 직전의 5분 동안 일어났던 일들도 기억에서 사라지고 만다(Roth et al., 1988). 숨을 헐떡이며 깨었다가는 즉시 잠에 빠져들기를 반복하는 무호흡증 환자들이 아침에 그 사실을 회상할 수 없는 이유도 바로 이것이다. 일시적으로 깨어나서는 문자 메시지를 보냈지만, 다음 날 아침에 그 사실을 기억해내지 못하는 경우도 마찬가지이다. 이 사실은 사람들을 일시적으로 깨웠던 꿈의 대부분을 아침에 망각하는 이유도 설명해준다. 꿈을 기억해내려면, 잠에서 일어나 적어도 몇 분 동안은 깨어있어야 한다.

"당신의 꿈에 복종하라. 다만 직장에서 벌거벗고 있는 꿈을 제외하고는." 코미디언 헤니 영맨

꿈을 꾸는 이유

꿈 이론가들은 꿈을 꾸는 이유에 대하여 여러 가지 가능한 설명을 제안해왔다. 그 설명에는 다음과 같은 것들이 포함된다.

자신의 소망을 충족시킨다. 프로이트는 1900년에 출판한 기념비적 저서 꿈의 해석에서 스스

표출내용 프로이트에 따르면, 꿈의 상징적이고 기억된 이야기이다.

잠재내용 프로이트에 따르면, 꿈의 숨어있는 의미이다.

로 "내가 운 좋게 찾아낸 모든 발견 중에서 가장 가치 있는 것"이라고 생각한 것을 내놓았다. 그는 꿈이 다른 방식으로는 용인될 수 없는 감정을 방출시키는 정신적 안전밸브를 제공한다고 제안하였다. 프로이트는 꿈의 **표출내용**(manifest content, 외현적이고 기억해낸 이야기)을 **잠재내용**(latent content), 즉 직접적으로 표현하면 위협적일 수 있는 무의식적 충동과 소망(성적인 것이기 십상이다)의 검열받은 상징적 버전으로 간주하였다. 따라서 총은 남근의 위장된 표현일 수 있다는 것이다.

프로이트는 꿈이 내적 갈등을 이해하는 열쇠라고 생각하였다. 그렇지만 비판자들은 과학의 악몽이라고 할 수 있는 프로이트의 꿈 이론 미망에서 깨어날 때가 되었다고 주장한다. 시가를 즐겨 피우던 프로이트조차도 '때로는 시가는 그저 시가일 뿐'이라고 언급하였다는 전설적인 이야기가 전해지고 있기도 하다. 세스 스티븐스 다비도위츠(2017)는 남근에 관한 내용이 '예기치 않게 꿈으로 몰래 잠입하는지'를 분석하였는데, 그 답은 "아니다."이다. 예컨대, 오이는 꿈속에서 일곱 번째로 자주 등장하는 채소이며, 실제로도 일곱 번째로 흔한 채소이다. "꿈과 그 꿈의 목적에 대한 프로이트의 세부 주장들을 받아들여야 할 아무런 이유가 없다."라고 꿈 연구자인 윌리엄 돔호프(2003)는 지적한다. 때때로 오이는 그저 오이일 뿐이다.

"사람들이 꿈을 마치 의미 있는 것처럼 해석하고 그 해석을 다른 사람에게 판다면, 그것은 사기다." 수면 연구자 앨런 홉슨(1995)

혹자는 설령 꿈이 상징적이라고 할지라도 해석자가 원하는 어떤 방식으로도 해석할 수 있다고 주장한다. 다른 사람들은 꿈이 아무것도 숨기는 것이 없다고 주장한다. 프로이트의 소망충족 이론은 대부분 다음과 같은 이론들에 자리를 내주었다.

기억을 정리·보관한다. 정보처리 조망은 꿈이 그날의 경험을 솎아내어 분류하고 기억에 자리잡게 하는 데 도움을 준다고 제안한다. 몇몇 연구는 이 견해를 지지하고 있다. 한 과제를 학습하고 다음 날 검증해보면, 서파(느린 뇌파)와 REM 수면을 모두 박탈당한 사람들은 방해받지 않고 잠을 잔 사람들만큼 학습한 것을 잘 기억해내지 못하였다(Stickgold, 2012). 다른 연구들은 REM 수면을 시작할 때마다 깨운 사람들이 새로 학습한 내용을 잘 기억해내지 못한다는 사실을 보여주었다(Empson & Clarke, 1970; Karni & Sagi, 1994).

두뇌 영상은 REM 수면과 기억 간의 연계를 확증해준다. 쥐가 미로를 학습할 때 또는 사람이 시각변별 과제를 학습할 때 활발하게 활동하는 두뇌영역은 나중에 REM 수면 중에도 활발하게 활동한다(Louie & Wilson, 2001; Maquet, 2001). 따라서 과학자들은 두뇌 활동 패턴에 근거하여, 만일 쥐가 깨어있다면 미로 어디에 있을 것인지를 정확하게 예측할 수 있다. 잠을 잠으로써 기억을 하는 것이다.

이것은 10대와 대학생들에게 중요한 뉴스라고 로버트 스틱골드(2000)는 믿고 있다. 많은 학생은 일종의 수면 거부증과 주말 수면증으로 고통받고 있다. 스틱골드는 "만일 새로운 내용을 학습한 후에 잠을 충분히 자지 못하면, 그 내용을 기억에 효과적으로 통합시킬 수 없다."라고 경고한다. 학업성적이 우수한 고등학생이 그렇지 못한 학생보다 평균적으로 25분 더 오래 자는 이유도 바로 이것이다(Wolfson & Carskadon, 1998; 그림 3.14 참조). 공부하느라 수면시간을 희생시키는 것은 다음 날 강의내용을 이해하거나 시험을 잘 치르는 것을 어렵게 만들기 때문에, 실제로는 학업수행을 악화시킨다(Gillen-O'Neel et al., 2013).

신경통로를 발달시키고 유지시킨다. 꿈 또는 REM 수면과 관련된 두뇌 활동은 잠자는 두뇌에 규칙적인 자극을 제공하는 생리적 기능을 담당한다. 이 이론은 발달적 함의를 가지고 있다. 자극경험은 두뇌 신경통로를 유지하고 확장해준다. 신경망이 급속도로 발달하고 있는 유아는 상당히 많은 시간을 REM 수면에 투자하고 있다(그림 3.15).

REM은 각막 뒤편의 액을 휘저어주기도 한다. 이것이 각막세포에 신선한 산소를 공급하여 질식하는 것을 막아준다.

(a) 학습한다.

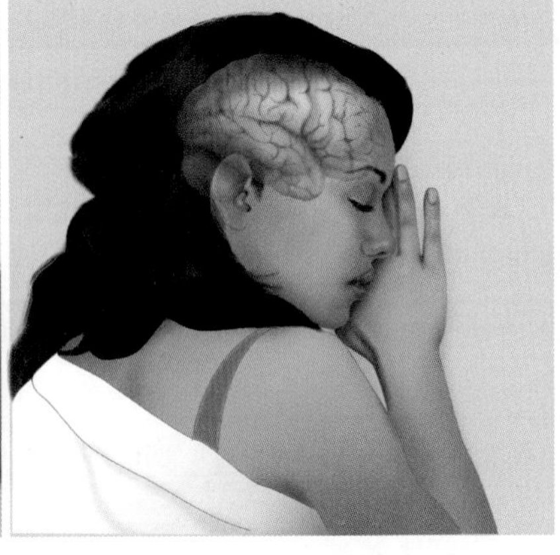
(b) 수면은 학습한 것을 장기기억에 응고화시킨다.

(c) 학습내용이 파지된다.

그림 3.14
잠자고 있는 두뇌는 작동하고 있다

신경의 전기 활동을 의미 있는 것으로 만들어준다. 다른 이론들은 꿈이 뇌간으로부터 피질 방향으로 확산되는 신경 활동으로부터 분출된다고 제안한다(Antrobus, 1991; Hobson, 2003, 2004, 2009). 활성화-종합 이론에 따르면, 꿈은 무선적인 신경 활동을 의미 있는 것으로 만들려는 두뇌의 시도이다. 신경외과 의사가 환자 피질의 여러 영역을 자극함으로써 환각을 만들어낼 수 있는 것과 마찬가지로, 두뇌에서 유래하는 자극도 환각을 만들어낼 수 있다. 프로이트라면 예상하였겠지만, 잠자는 사람의 PET 영상도 정서적 꿈을 꾸고 있는 동안 정서 관련 변연계(편도체)에서 활동이 증가하는 것을 보여준다(Schwartz, 2012). 반면에 억제와 논리적 사고를 담당하는 전두엽 영역은 놀고 있는 것으로 보이는데, 이 사실은 꿈이 실제의 우리보다 덜 억제적인 이유를 설명해줄 수 있다(Maquet et al., 1996). 변연계의 정서적 기조가 두뇌의 시각 활동에 첨가됨으로써 꿈을 꾸게 되는 것이다. 꿈을 꿀 때 활동하는 변연계나 시각중추를 손상시키게 되면, 꿈 자체가 손상될 수 있다(Domhoff, 2003).

인지 발달을 반영한다. 몇몇 꿈 연구자들은 꿈을 두뇌 성숙과 인지 발달의 한 부분으로 간주한다(Domhoff, 2010, 2011; Foulkes, 1999). 예컨대, 9세 이전 아동의 꿈은 슬라이드 쇼와 더 유사

그림 3.15
일생에 걸친 수면 나이가 들어감에 따라서 수면 패턴이 변한다. 생애 첫 몇 달 동안은 점진적으로 REM 수면의 양이 줄어든다. 첫 20년 동안에는 점진적으로 수면시간이 줄어든다(Snyder & Scott, 1972의 데이터).

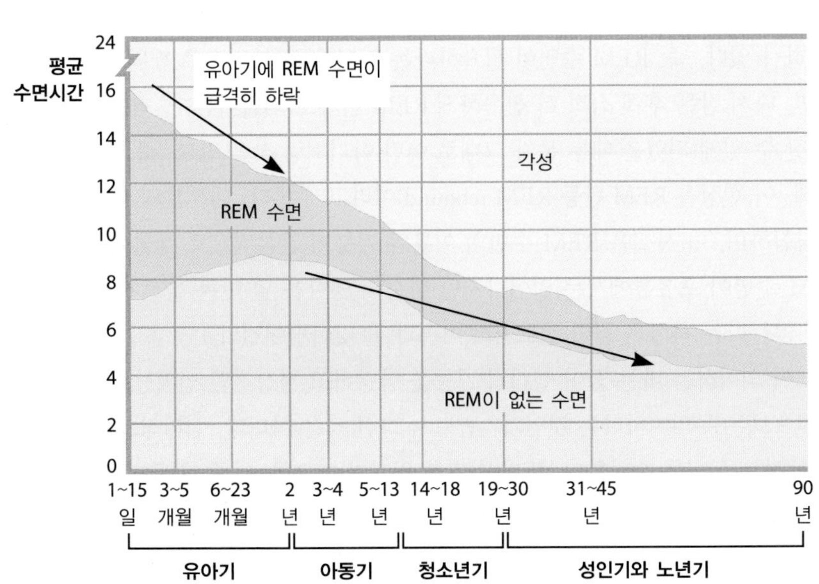

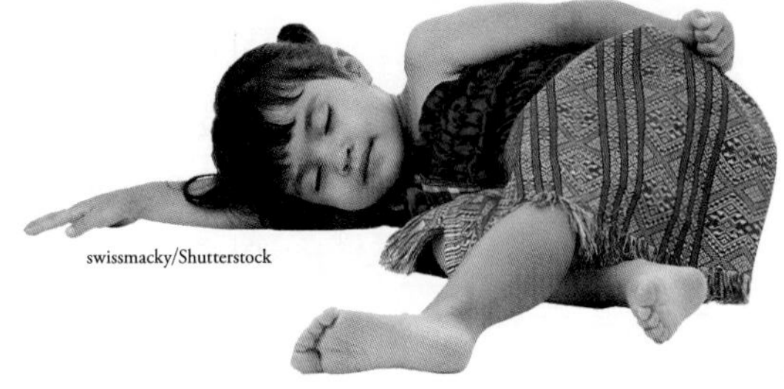

표 3.3 꿈 이론

이론	설명	비판적 고려사항
프로이트의 소망충족	꿈은 다른 방법으로는 용인될 수 없는 감정을 표현하는 '정신적 안전밸브'를 제공한다. 표출(기억된)내용과 깊은 곳의 잠재내용(숨겨진 의미)을 담고 있다.	과학적 증거가 결여되어 있다. 꿈을 여러 가지 다른 방식으로 해석할 소지가 있다.
정보처리	꿈은 그날의 사건을 분류하고 기억을 공고한 것으로 만드는 데 도움을 준다.	그렇다면 경험하지도 않은 사건과 과거 사건에 대한 꿈을 꾸기도 하는 이유는 무엇인가?
생리적 기능	REM 수면의 규칙적인 두뇌 자극은 신경통로의 발달과 유지에 도움을 준다.	의미 있는 꿈을 꾸는 이유를 설명하지 못한다.
활성화-종합	REM 수면은 무작위적 시각기억을 유발하는 신경 활동을 촉발시키는데, 잠자고 있는 두뇌가 이것을 이야기로 엮는다.	개인의 두뇌가 이야기를 엮는 것인데, 그 이야기는 꿈꾸는 사람과 관련된 것이다.
인지 발달	꿈의 내용은 꿈꾸는 사람의 인지 발달, 즉 지식과 이해를 반영한다. 꿈은 최악의 시나리오를 포함한 삶을 시뮬레이션한다.	꿈의 적응적 기능을 제안하지 않는다.

하며, 꿈꾸는 사람이 주인공인 실제 이야기와는 닮지 않은 것으로 보인다. 꿈은 깨어있을 때의 인지과정과 조리 있는 말과 중첩된다. 우리가 가지고 있는 개념과 지식에 근거함으로써 실제를 시뮬레이션한다. 백일몽을 꿀 때 활성화되는 두뇌영역도 수반한다. 따라서 꿈은 시각 심상이 고양시킴으로써 증폭된 마음이 방황하는 것으로 간주할 수 있다(Fox et al., 2013). 꿈이 상향식 두뇌 활성화에서 발생한다는 아이디어와는 달리, 인지적 조망은 꿈의 내용에 대한 우리 마음의 하향식 제어를 강조한다(Nir & Tononi, 2010). 윌리엄 돔호프(2014)는 꿈이 "사람들이 실제 사건으로 경험하는 놀라운 시나리오에서 자신의 소망, 공포, 관심사, 흥미 등을 극화하는 것"이라고 주장한다.

질문 : 매운 음식을 먹으면 꿈을 더 많이 꾸는가?
답 : 당신을 더 각성시키는 모든 음식은 꿈을 회상할 확률을 증가시킨다(Moorcroft, 2003).

표 3.3은 주요 꿈 이론들을 비교하고 있다. 오늘날 수면 연구자들이 꿈의 기능에 대해서 논쟁을 벌이고 있으며, 혹자는 꿈이 어떤 기능을 담당한다는 사실 자체에 회의적이기도 하지만, 이들이 동의하는 것이 하나 있다. 즉, REM 수면이 필요하다는 것이다. 반복적으로 깨워서 REM 수면을 박탈하게 되면, 다시 잠든 후에 점점 더 신속하게 REM 단계로 되돌아간다. 최종적으로 방해받지 않고 잠을 잘 수 있게 되었을 때는 문자 그대로 어린 아기처럼 잠을 잔다. 즉, REM 수면이 증가하게 되는데, 이 현상을 **REM 반동**(REM rebound)이라고 부른다. 대부분의 다른 포유류도 REM 반동을 경험하며, 이 사실은 REM 수면의 이유와 기능이 근본적으로 생물학적인 것임을 시사한다. (REM 수면이 포유류에서는 일어나지만 학습의 영향을 덜 받는 물고기와 같은 동물에서는 일어나지 않는다는 사실은 꿈의 정보처리 이론과 잘 맞아떨어진다.)

그렇다면 이 사실이 의미하는 바는 꿈이 생리적 기능을 담당하고 정상적인 인지능력을 확장시키기 때문에 심리적으로는 무의미하다는 것인가? 반드시 그런 것은 아니다. 심리적으로 의미 있는 모든 경험은 활동하는 두뇌를 수반한다. 또다시 기본 원리가 떠오른다. 즉, **행동에 대한 생물학적 설명과 심리학적 설명은 동반자이지 경쟁자가 아니다.**

REM 반동 REM 수면이 박탈된 후에 REM 수면이 증가하는 경향성

꿈은 매혹적인 대안적 의식 상태이다. 그렇지만 꿈만이 유일한 대안 상태는 아니다. 다음 절에

서 보는 바와 같이, 약물도 의식적 자각을 변화시킨다.

자문자답하기

꿈을 꾸는 이유에 관한 어떤 설명이 여러분에게 가장 타당해 보이는가? 그 설명은 여러분 자신의 꿈을 얼마나 잘 설명하는가?

인출 연습

RP-7 꿈을 꾸는 이유를 설명하는 다섯 가지 이론은 무엇인가?

답은 부록 E를 참조

개관 수면과 꿈

학습목표

자기검증 개념 파악을 증진시키도록 (부록 D의 답을 확인해보기에 앞서) 여러분 자신의 표현으로 여기서 반복하는 학습목표 물음에 답해보라 (McDaniel et al., 2009, 2015).

LOQ 3-4 수면이란 무엇인가?

LOQ 3-5 생물학적 리듬은 사람들의 일상 기능에 어떤 영향을 미치는가?

LOQ 3-6 수면과 꿈의 단계에서 나타나는 생물학적 리듬은 무엇인가?

LOQ 3-7 수면 패턴에서 생물학적 요인과 환경은 어떻게 상호작용하는가?

LOQ 3-8 수면의 기능은 무엇인가?

LOQ 3-9 수면 결핍은 사람들에게 어떤 영향을 미치는가? 대표적인 수면장애는 무엇인가?

LOQ 3-10 사람들은 무엇을 꿈꾸며, 꿈 이론가들이 제안하는 꿈의 기능은 무엇인가?

기억해야 할 용어와 개념들

자기검증 여러분 자신의 표현으로 정의를 적어본 후에 답을 확인해보라.

기면증	수면 무호흡증	잠재내용
꿈	시교차상핵	표출내용
델타파	알파파	환각
불면증	야경증	REM 반동
수면	일주기 리듬	REM 수면

학습내용 숙달하기

자기검증 여러분 자신의 표현으로 다음 물음에 답한 후에 부록 E에서 답을 확인해보라.

1. 우리 체온은 __________이라고 부르는 생물학적 시계와 일치하여 오르내린다.

2. 다음 중에서 N1 수면단계에서 경험할 가능성이 가장 높은 것은 무엇인가?

a. 수면방추 **b.** 환각
c. 야경증이나 악몽 **d.** 빠른 안구운동

3. 두뇌는 __________수면 중에 크고 느린 델타파를 방출한다.

4. 밤이 깊어짐에 따라서 수면의 REM 단계에는 어떤 일이 일어나는가?

5. 다음 중에서 수면의 필요성을 설명하기 위하여 제안한 이유가 아닌 것은 무엇인가?

a. 수면은 생존가치를 가지고 있다.
b. 수면은 회복을 도와준다.
c. 수면은 눈에 휴식을 제공한다.
d. 수면은 성숙과정에서 역할을 담당한다.

6. 기면증과 수면 무호흡증 간의 차이는 무엇인가?

7. 다음 중 프로이트가 꿈의 해석에서 가장 관심을 가졌던 것은 무엇인가?

a. 정보처리 기능
b. 생리적 기능
c. 표출내용 또는 이야기
d. 잠재내용 또는 숨어있는 의미

8. 꿈을 꾸는 이유를 설명하는 데 활성화-종합을 어떻게 사용해왔는가?

9. "낮에 궁리하였던 것들이 밤의 시야에 나타난다"(아테네의 메난드로스, 유고). 꿈에 대한 정보처리 조망은 위와 같은 고대 그리스 인용문을 어떻게 해석하겠는가?

10. REM 수면을 박탈한 후에 REM 수면이 증가하는 경향성을 ________이라고 부른다.

약물과 의식

물질 남용 장애에서 내성과 중독

LOQ 3-11 물질 남용 장애란 무엇인가?

약물을 사용하고 있는 가상적인 학생의 삶에서 어느 하루를 상상해보자. 아침을 깨우는 커피와 아침 강의에 집중하는 데 도움을 주는 애더럴(각성제의 일종)로 시작한다. 낮 시간이 되면, 에너지 드링크가 점심의 식곤증을 제거하는 데 도움을 준다. 친구와 함께 피운 전자담배가 강의 전에 곤두섰던 신경을 가라앉힌다. 저녁식사 후의 공부시간은 또 다른 애더럴 복용을 의미하며, 동네 술집을 향하기에 앞서 친구와 마리화나를 즐긴다. 기분을 가라앉히는 데는 한두 잔이면 충분하였는데, 지금은 원하는 효과를 보기 위해서 서너 잔이 필요하다. 귀가 후에는 두 알의 애드빌이 흥분을 가라앉히는 데 도움을 준다. 몇 시간 후에 자명종이 울리고, 형편없는 수면을 취한 후에, 또 다른 약물 사용 주기가 시작된다. 시간이 경과하면서, 이러한 가상적 학생뿐만 아니라 많은 실제 학생이 학업, 직장, 가사를 감당하느라 쩔쩔매고, 껄끄러운 인간관계를 경험하며, 약물 사용을 줄이는 데 어려움을 겪는다. 약물 사용이 문제가 되는 시점을 어떻게 아는 것인가?

가상적 학생이 사용하는 물질(약물)이 **향정신성 약물**(psychoactive drug), 즉 지각과 기분을 변화시키는 화학물질이다. 대부분의 사람은 삶을 훼손시키지 않는 수준에서 향정신성 약물을 적당하게 사용한다. 그렇지만 때로는 약물 사용이 적정 수준을 넘어서서 **물질 남용 장애**(substance use disorder)를 일으킨다(표 3.4).

오늘날 정신의학 진단 시스템은 물질/약물 유도 장애도 포함하고 있다(APA, 2018). 물질/약물 유도 장애는 사람들이 약물과 알코올을 남용하여 다양한 심리장애를 닮은 변화를 초래할 때 발생한다. 여기에는 성기능 장애, 강박장애(OCD), 우울증, 정신병, 그리고 수면장애와 신경인지 장애 등이 포함된다.

약물의 전반적인 효과는 생물학적 효과뿐만 아니라 사용자의 기대심리에도 달려있는데, 그 기대심리는 사회문화 맥락에 따라 달라진다(Gu et al., 2015; Ward, 1994). 만일 한 문화는 특정 약물이 행복감(또는 공격성이나 성적 흥분)을 초래한다고 생각하는 반면 다른 문화는 그렇게 생각하지 않는다면, 각 문화는 그 기대를 충족시킬 수도 있다. 특정 향정신성 약물의 사용과 남용에서 이렇게 상호작용하고 있는 요인들에 대해서는 뒤에서 보다 상세하게 살펴볼 것이다. 그렇지만 우선 무엇이 다양한 물질의 무절제한 사용에 기여하는지를 알아보기 위해서 비판적으로 생각하기 : 내성과 중독을 보라.

향정신성 약물 지각과 기분을 변화시키는 화학물질

물질 남용 장애 삶의 심각한 와해와 신체적 위험에도 불구하고 특정 물질을 계속해서 갈망하고 사용하려는 장애

표 3.4 약물 사용은 언제 장애가 되는 것인가?
미국정신의학회에 따르면, 삶의 심각한 와해에도 불구하고 약물 사용을 계속할 때 물질 남용 장애로 진단받을 수 있다. 그에 따른 두뇌 회로에서의 변화는 약물 사용을 중지한 후에도 지속될 수 있다. 따라서 약물 사용에 관한 기억을 촉발시키는 사람과 상황에 노출되면 참기 어려운 강력한 갈망이 초래된다. 물질 남용 장애의 심각성은 가벼운 증상(2~3 증상)에서 경증(4~5 증상)과 중증(6 증상 이상)에 이르기까지 다양하다(American Psychiatric Association, 2013). 여러분 자신이나 사랑하는 사람의 물질 남용이 걱정된다면, 학교 카운슬링센터나 보건소 아니면 의사와 상의하라.
손상된 제어력
1. 의도한 것보다 더 많은 물질을 더 오래 사용한다.
2. 물질 사용을 조절하고자 시도하지만 성공하지 못한다.
3. 물질을 구하거나 사용하거나 물질 남용에서 회복하고자 많은 시간을 소비한다.
4. 물질을 강력하게 갈망한다.
손상된 사회적 기능
5. 물질 사용이 직장이나 학교나 집에서 해야 할 의무를 와해시킨다.
6. 사회적 문제에도 불구하고 계속 사용한다.
7. 사회 활동과 여가 활동 그리고 직장 활동의 악화를 초래한다.
위험한 사용
8. 위험에도 불구하고 계속 사용한다.
9. 신체적 문제나 심리적 문제가 악화됨에도 불구하고 계속 사용한다.
약물의 작동
10. 내성을 경험한다. 원하는 효과를 위해서는 더 많은 양의 물질이 필요하다.
11. 사용을 중지하고자 시도할 때 금단 증상을 경험한다.

인출 연습

RP-1 약물 내성을 초래하는 과정은 어떤 것인가?

RP-2 쇼핑에 '중독될' 수 있겠는가?

답은 부록 E를 참조

비판적으로 생각하기

내성과 중독

LOQ 3-12 내성과 중독은 물질 남용 장애에서 어떤 역할을 담당하는가? 그리고 중독의 개념이 어떻게 변하였는가?

내성

술을 비롯하여 (마리화나를 제외한) 다른 약물을 지속적으로 사용하면, 두뇌의 화학적 상태가 약물 효과를 상쇄하도록 적응함에 따라서(신경적응) **내성**(tolerance)이 발달한다. 사용자가 동일한 효과를 경험하려면 점점 더 많은 양을 복용해야 하며, 이것이 **중독**(addiction)과 물질 남용 장애로 발전할 위험성을 증가시킨다.

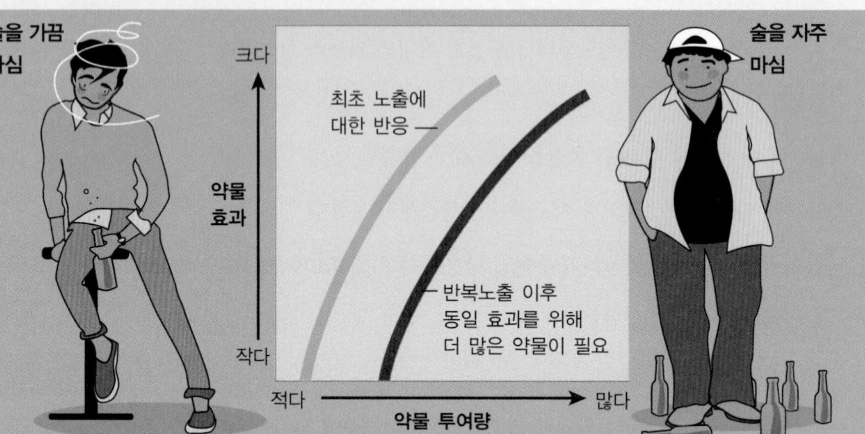

중독

(처방한 진통제를 포함한) 대부분의 향정신성 약물의 끊임없는 증가가 중독을 초래한다. 해로운 효과에도 불구하고 그 약물을 병적으로 갈망하고 사용하게 되며, 약물을 끊으려고 시도할 때 **금단**(withdraw)을 겪게 된다. 이러한 행동이 물질 남용 장애를 시사한다. 일단 중독의 굴레에 빠지게 되면, 단순히 좋아하던 때보다 약물을 더 갈망하게 된다.[1]

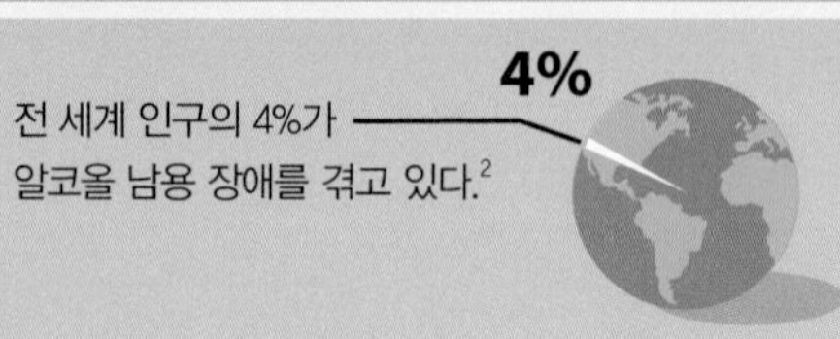

살아가는 동안 다음 약물을 사용한 후에 중독될 가능성

9%	마리화나
21%	코카인
23%	알코올(술)
68%	담배

출처 : National Epidemiologic Survey on Alcohol and Related Conditions[3]

치료 또는 AA(Alcoholics Anonymous)와 같은 집단적 지원이 도움이 될 수 있다. 또한 중독은 제어할 수 있으며 사람은 변할 수 있다고 믿도록 도와준다. 많은 사람은 치료를 받지 않고도 자발적으로 중독성 약물을 끊는다. 대부분의 금연자는 스스로 흡연 습관을 차버렸다.[4]

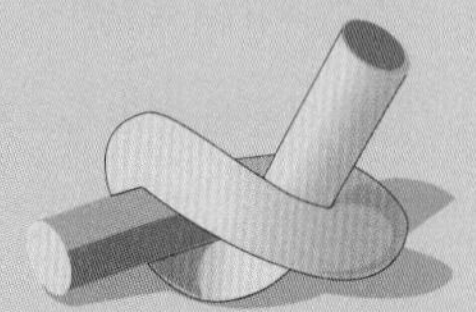

행동중독

심리학자들은 먹기, 일하기, 섹스 그리고 부의 축적 등의 지나치게 과도한 행동에 '중독'이라는 표지의 사용을 피하고자 애쓰고 있다.

어떤 행동은 문제가 심각한 알코올이나 약물 남용과 마찬가지로 충동적이고 역기능적인 것이 될 수 있다.[5] 행동중독에는 도박중독이 포함된다. 오늘날에는 인터넷 게임중독도 중독으로 진단된다.[6] 게임중독자는 인터넷 게임 접속을 거부할 능력을 상실하며, 과도한 게임이 직무와 사회관계를 손상시킬 때조차 그렇다. 19,000명의 게임중독자를 대상으로 실시한 국제적 조사를 보면, 3명 중 1명이 장애의 징후를 적어도 하나 이상 가지고 있었다. 그렇지만 중독으로 진단할 기준을 충족하는 사람은 1%가 되지 않는다.[7]

심리치료와 약물치료는 문제가 심각한 인터넷 사용에 '매우 효과적'일 수 있다.[8]

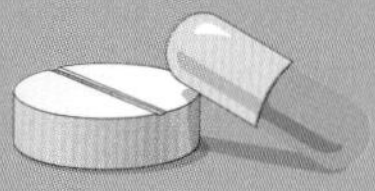

1. Berridge et al., 2009; Robinson & Berridge, 2003. 2. WHO, 2014b. 3. Lopez-Quintero et al., 2011. 4. Newport, 2013b. 5. Gentile, 2009; Griffiths, 2001; Hoeft et al., 2008. 6. WHO, 2018b. 7. Przybylski et al., 2017. 8. Winkler et al., 2013.

향정신성 약물의 유형

향정신성 약물의 세 가지 대표적인 범주는 **진정제**, **흥분제**, 그리고 **환각제**이다. 이 약물들은 모두 두뇌의 화학 메신저인 신경전달물질의 활동을 촉진하거나 억제하거나 흉내 내는 방식으로 두뇌의 시냅스에서 작동한다.

진정제

LOQ 3-13 진정제란 무엇인가? 그 효과는 무엇인가?

진정제(depressant)는 신경 활동을 낮추고 신체기능을 느리게 만드는 알코올, 바르비투르산염(신경안정제), 그리고 아편제와 같은 약물이다.

알코올 다음은 참인가 거짓인가? 알코올이 대량일 때는 진정제이지만, 소량일 때는 흥분제이다. 이 진술은 거짓이다. 알코올은 양과 무관하게 진정제이다. 소량의 알코올이 사람을 활기 있게 만들어줄 수 있지만, **탈억제자**로 작동함으로써 그렇게 되는 것이다. 즉, 소량의 알코올은 판단과 억제를 제어하는 두뇌 활동을 느리게 만들어서 매년 전 세계적으로 300만 명의 사망을 초래한다(WHO, 2018a).

알코올은 기회균등의 약물이다. 즉, 술에 취한 고객이 터무니없이 많은 팁을 주고 사교적 음주자들이 집단 응집성을 형성할 때처럼 도움 경향성을 증가(탈억제)시킨다(Fairbairn & Sayette, 2014; Lynn, 1988). 그리고 성적으로 흥분한 남자가 성적으로 더 공격적이 될 때처럼, 위험 경향성도 증가시킨다. 미국 일리노이대학교 캠퍼스에서 실시한 조사를 보면, 성폭행에 앞서 남성 폭행자의 80% 그리고 여성 피해자의 70%가 술을 마셨다는 사실을 알 수 있다(Camper, 1990). 89,874명의 미국 대학생들을 대상으로 실시한 또 다른 조사는 원치 않은 성관계 경험의 79%에 알코올이나 약물이 수반되었다는 사실을 발견하였다(Presley et al., 1997). 음주는 남녀 모두 즉흥적 성관계를 더 갈망하게 만들고 상대방을 더 매력적으로 지각하게 만든다(Bowdring & Sayette, 2018; Johnson & Chen, 2015). 그렇지만 특히 여자가 음주와 관련된 성행동을 후회하기 십상이다(Peterson et al., 2019). 결론은 이렇다. 멀쩡할 때 느낄 수 있는 충동이 술 취했을 때는 행동으로 옮겨질 가능성이 커진다.

알코올 남용 장애(alcohol use disorder)의 특징인 지속적이고 과도한 음주는 두뇌를 줄어들게 만들고 조기사망을 초래할 수 있다(Kendler et al., 2016; Mackey et al., 2019). 어리거나 젊은 여자(알코올 분해효소가 적다)는 어리거나 젊은 남자보다 쉽게 알코올에 중독될 수 있으며, 적은 양의 음주만으로도 폐, 두뇌, 간 등이 손상될 위험이 크다(CASA, 2003). 여성이 폭음하게 되면, 성별 차이는 더욱 증가하며 생사의 기로에 직면하게 된다. 캐나다 여성들이 2001~2017년 사이에 알코올과 관련되어 사망할 위험성은 남성에 비해서 5배나 높았다(Tam, 2018; 그림 3.16). 오늘날 캐나다와 호주의 연구자들은 다른 위험 요인을 확인하고 알코올 남용이 초래하는 문제를 예측하는 데 컴퓨터 기반 기계학습을 사용하고 있다(Afzali et al., 2019).

느린 신경처리 알코올은 교감신경계 활동을 늦춘다. 많이 마시게 되면 반응이 느려지고, 말이 흐리멍덩해지며, 숙달된 작업도 엉망진창이 된다. 알코올은 강력한 진정제이며, 특히 수면 결핍과 짝 지어질 때 그렇다. 이

내성 동일한 양의 약물을 반복적으로 사용함으로써 효과가 감소하는 것. 약물의 효과를 경험하려면 점점 더 많은 양이 필요하게 된다.

중독 해로운 결과를 초래함에도 불구하고 강박적인 물질 남용(그리고 때로는 제어할 수 없는 도박과 같은 역기능적 행동 패턴)에 대한 일상적 용어(물질 남용 장애도 참조)

금단 중독성 약물이나 행동의 중지에 뒤따르는 불편함과 고통

진정제 신경 활동을 감소시키고 신체기능을 느리게 만드는 약물(알코올, 바르비투르산염과 아편제 등)

알코올 남용 장애 내성과 금단 그리고 계속해서 알코올을 사용하려는 추동의 특징을 나타내는 장애 (일반적으로는 알코올 중독이라고 부른다.)

그림 3.16
알코올 중독은 두뇌를 수축시킨다 MRI 영상을 보면 여성 알코올 중독자의 수축된 두뇌(왼쪽)를 통제집단 여성의 두뇌와 비교해볼 수 있다.

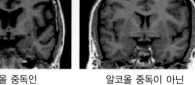

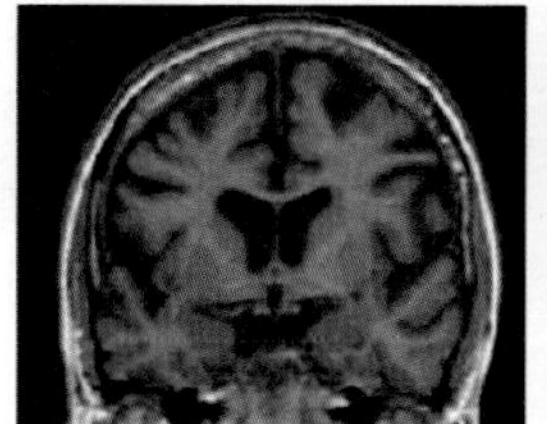

알코올 중독인 여성의 뇌
(a)

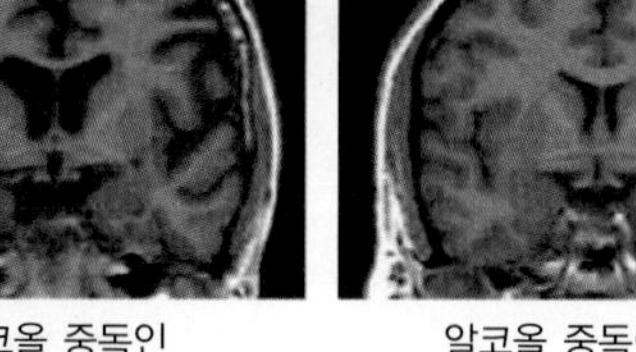

알코올 중독이 아닌 여성의 뇌
(b)

음주가 초래하는 재앙의 시범 소방관들이 음주와 관련된 교통사고의 외상을 재현함으로써, 고등학생들의 기억에 새길 수 있는 시범을 보이고 있다. 음주는 천하무적과 같은 느낌을 초래함으로써 운전대 앞에서 특히 위험하게 된다.

Lon Clark Diehl

러한 신체 효과가 억제력 상실에 더해지면, 그 결과는 치명적일 수 있다. 혈중 알코올 농도가 높아지고 도덕 판단이 미숙해짐에 따라, 음주운전에 대한 양심의 가책도 낮아진다. 술을 마시면 사람들은 자신이 얼마나 취하였는지를 자각하지 못한다(Moore et al., 2016). 실험에 참가하였을 때 대부분의 음주자들은 음주운전이 잘못된 것이라고 믿으며, 자신은 음주운전을 절대로 하지 않을 것이라고 주장한다. 그럼에도 불구하고 거의 모든 음주자들은 음주측정을 받고 술에 취했다는 말을 듣는 경우조차도 차를 몰고 집으로 가려고 한다(Denton & Krebs, 1990; MacDonald et al., 1995). 처음에는 적당량의 술을 마시다가(이것은 구토반응을 약화시킨다) 폭음 상태가 뒤따를 때, 알코올은 생명을 위협할 수 있다. 자신의 신체가 다시 쏟아낼 만큼의 과다 음주로 스스로를 해치게 된다.

기억 와해 알코올은 기억 형성을 와해시키며, 과음은 두뇌와 인지에 장기적인 악영향을 미칠 수 있다. 쥐의 경우, 인간의 청년기에 해당하는 발달시기에 폭음을 하면 신경세포의 사망을 초래하고 새로운 신경세포의 생성을 감소시킨다. 시냅스 연결의 성장도 손상시킨다(Crews et al., 2006, 2007). 사람의 경우, 과음은 술에 취한 채 전날 밤에 만났던 사람이나 자신이 말하거나 행한 내용을 회상할 수 없게 만든다. 이렇게 음주 후에 기억이 깜깜한 것은(소위 필름이 끊기는 것은) 부분적으로 알코올이 REM 수면을 억압하기 때문이다. REM 수면은 하루의 경험을 영구 기억으로 고정시키는 데 일조한다.

자기자각의 감소 한 실험에서는 알코올이 들어있지 않은 가짜 술을 마신 사람들보다 실제로 술을 마신 사람들이 읽기 과제를 수행하는 동안 마음이 방황할 가능성이 두 배나 높았음에도, 자신이 기진맥진하였다는 사실을 깨달을 가능성은 낮았다(Sayette et al., 2009). 때때로 마음은 두뇌에 휴식을 제공하기 위하여 방황하기도 하지만, 예컨대 운전 중에 의도하지 않은 기진맥진은 뒤늦은 후회를 초래할 수 있다(Seli et al., 2016). 알코올은 약 올리기와 같이 흥분을 초래하는 상황에 주의의 초점을 맞추고, 정상적인 억제와 미래의 결과에 주의를 기울이지 않는 일종의 '근시' 효과도 초래한다(Giancola et al., 2010; Hull & Bond, 1986; Steele & Josephs, 1990).

자기자각의 감퇴는 자신의 실패나 단점을 억누르고 싶어 하는 사람들이 자신을 긍정적으로 느끼는 사람들보다 술을 더 많이 마시는 경향이 있는 이유를 설명하는 데 도움을 줄 수 있다. 거래 상담이나 게임 또는 연애의 실패가 때때로 폭음을 유발한다.

기대성 효과 기대가 행동에 영향을 미친다. 기대는 알코올이 자신의 정신을 고양시킬 것이라고 믿는 청소년이 때때로 흥분하거나 혼자 있을 때 술을 마시는 이유를 설명하는 데 도움을 준다(Bresin et al., 2018). 실제로 혼자 마시는 술은 기분을 고양시키지 않으며, 물질 남용 장애를 일으킬 가능성만을 증가시킨다(Creswell et al., 2014; Fairbairn & Sayette, 2014).

단순히 술을 마시고 있다고 믿는 것이 알코올에 대해서 기대하는 행동을 나타내게 만들 수 있다(Christiansen et al., 2016; Moss & Albery, 2009). 이제는 고전이 되어버린 실험에서 연구자들은 미국 럿거스대학교 남학생들(이 학생들은 '알코올과 성적 자극'에 관한 연구에 자원하였다)에게 알코올이 든 음료수나 들어있지 않은 음료수를 제공하였다(Abrams & Wilson, 1983). 두 음료수는 모두 알코올 맛을 차단시킬 만큼 강한 맛이 나는 것이었다. 성적인 동영상을 관람한 후에, 알코올을 마셨다고 생각한 남학생들은 강력한 성적 공상을 하였으며, 죄의식을 느끼지 않았다고 보고할 가능성이 더 높았다. 자신의 성적 반응을 알코올에 귀인할 수 있다는 사실이 이들의 억제력을 완화시켰다. 그들이 실제로 알코올을 마셨는지 여부와 관계없이 말이다. 열네 차례의 '개입 연구'는 대학생 음주자들에게 바로 이 사실을 교육시켰다(Scott-Sheldon et al., 2014). 대부분의 참가자가 알코올에 대해서 낮아진 기대를 갖게 되었으며 다음 달에 음주량이 줄어들었다. **명심할 사항** : 알코올 효과는 부분적으로 강력한 성적 기관인 마음에 달려있다.

Theo Wargo/Getty Images

Jerod Harris/Getty Images

아편제 남용에 의한 사망 최근 비극적인 아편 과용으로 사망한 수많은 사람 중에는 프린스와 톰 페티가 포함되어 있다. 두 음악가는 만성 통증으로 인한 마약성 진통제를 처방받아 왔다.

바르비투르산염 알코올과 마찬가지로, 신경안정제인 **바르비투르산염**(barbiturate)도 신경계 활동을 억압한다. 넴부탈과 세코날 그리고 아미탈과 같은 바르비투르산염은 때때로 수면을 유도하거나 불안을 완화시키기 위해서 처방한다. 복용량이 지나치면, 기억과 판단을 손상시킬 수 있다. 폭음한 날 밤에 수면제를 먹을 때와 같이, 알코올과 결합되면 신체 기능에 대한 진정 효과가 치명적일 수 있다.

아편제 아편과 그 유도체들인 **아편제**(opiate)도 신경기능을 억누른다. 아편제에는 헤로인 그리고 의학적으로 처방하는 대체재인 메타돈이 포함된다. 또한 코데인, 옥시콘틴, 비코딘, 모르핀, 그리고 모르핀보다 훨씬 강력한 합성제인 펜타닐 등과 같은 진통제 마약도 포함된다. 감미로운 쾌감이 통증과 불안을 대신함에 따라서 사용자의 동공이 수축하고, 호흡이 느려지며, 무력감이 스며든다. 이러한 단기적 쾌감에 중독된 사람은 장기적 대가를 치러야 한다. 또 다른 아편주사를 격렬하게 갈망하며, 내성이 생김에 따라서 점차적으로 더 많은 양을 요구하게 되고, 극단적인 금단의 불편함이 뒤따른다. 인공 아편제를 반복적으로 받아들이게 되면, 두뇌는 결국 자체적인 아편제인 엔도르핀의 생산을 중지한다. 그런 다음에 약물을 중지하면, 두뇌는 통증을 제거하는 신경전달물질의 정상 수준을 유지할 수 없게 된다.

놀라울 정도로 많은 수의 미국인이 이 상태를 참아낼 수 없거나 참아내는 것을 선택하지 않음으로써 극단적인 대가, 즉 과잉투여로 인한 사망에 이르고 말았다. 2013~2017년 사이에 미국에서 아편제 과용에 따른 사망률은 거의 10배로 증가하여 43,036명에 이르렀다(NIDA, 2018; NSC, 2019). 2019년에 미국 국립안전위원회는 "미국 역사상 최초로 교통사고보다 아편제 과잉투여로 사망할 가능성이 더 높아졌다."라고 보고하였다.

무엇이 아편제 위기를 초래하였는가? 제약회사가 상당한 역할을 담당하였다. 아편제의 위험성을 경시하고 아편제가 들어있는 약물을 공격적으로 홍보하면서 불법 판매하는 것으로 알려진

바르비투르산염 중추신경계의 활동을 억제하는 약물로, 불안을 감소시키지만 기억과 판단을 손상시킨다.

아편제 아편 그리고 모르핀과 헤로인과 같은 유도체. 신경 활동을 억제하며 일시적으로 통증과 불안을 완화시킨다.

약국들에 엄청난 양의 약물을 배포하였던 것이다(Rashbaum, 2019). 그 결과로 제약회사에는 수십억 달러의 벌금이 부과되었으며, 그중에는 2019년에 아편제를 '거짓으로 호도하며 위험하기 짝이 없는' 마케팅을 하였던 한 회사도 포함되었다(Hoffman, 2019). 어떤 의사는 약물을 과잉처방하여 환자들이 중독될 가능성을 높이기도 하였다(Tompkins et al., 2017). 사회적 영향도 중요하다. 아편제를 사용하는 부모나 친구가 있는 사람이 아편제를 사용할 가능성이 더 높다(Griesler et al., 2019; Keyes et al., 2014).

인출 연습

RP-3 알코올, 바르비투르산염, 그리고 아편제는 모두 ________라고 부르는 범주에 속한다.

답은 부록 E를 참조

흥분제

LOQ 3-14 흥분제란 무엇인가? 그 효과는 무엇인가?

흥분제(stimulant)는 신경 활동을 촉진하고 신체기능 속도를 높인다. 동공을 확대시키고, 심장박동률과 호흡률을 증가시키며, 혈당 수준을 높이고, 식욕을 떨어뜨린다. 에너지와 자신감도 높여준다.

흥분제에는 카페인, 니코틴, 보다 강력한 코카인, **암페타민**(amphetamine), 메탐페타민(일명 '스피드'), 엑스터시 등이 포함된다. 사람들은 깨어있다는 느낌을 갖거나, 체중을 줄이거나, 기분을 고양시키거나, 운동수행을 향상시키고자 흥분제를 사용한다. 서구 문화의 대학생들에게 커피 사진을 보여주는 것만으로도 그들이 더욱 초롱초롱한 느낌을 갖게 만든다(Chan & Maglio, 2019). 어떤 학생은 성적을 올리려는 희망을 갖고 더욱 강력한 흥분제에 의존하는데, 실제로는 아무런 도움도 되지 않는다(Ilieva et al., 2015; Teter et al., 2018). 흥분제는 중독될 수 있다. 일상적으로 받아들이던 카페인 양을 줄이게 되면, 피로감, 두통, 성마름, 우울 등의 여파를 초래할 수 있다(Silverman et al., 1992). 소량의 카페인 효과는 전형적으로 서너 시간 동안 지속되는데, 저녁에 받아들인 카페인의 효과는 수면을 방해할 정도로 오래 지속될 수 있다.

니코틴 궐련제품은 중독성이 매우 강한 **니코틴**(nicotine)을 제공한다. 담배가 무해하다고 가정해보자. 단, 예외적으로 25,000갑에서 한 갑 비율로 담배 대신에 다이너마이트로 채워진 멀쩡하게 보이는 담배 한 개비가 들어있다고 해보자. 여러분의 머리가 폭발해버리는 불행한 위험성은 높지 않다. 그렇지만 전 세계적으로 하루에 2억 5,000만 갑이 소비된다는 사실을 감안할 때, 하루에 10,000명 이상이 참혹한 죽음을 맞이할 것이라고 예상할 수 있다(이것은 매일 9/11 테러 사망자의 세 배도 넘는 수치이다). 전 세계적으로 담배를 금지시키기에 충분하지 않은가![2]

다이너마이트로 채운 담배로 희생되는 생명의 숫자는 오늘날 실제로 담배로 인하여 사망하는 숫자와 얼추 맞아떨어진다. 10대부터 무덤에 들어갈 때까지 담배를 피우는 흡연자는 흡연으로 사망할 가능성이 50%이며, 담배는 매년 전 세계 13억 명의 흡연자 중에서 거의 540만 명을 사망에 이르게 만든다. (만일 테러리스트들이 오늘 25대의 만석인 점보제트기를 격추시켰을 때의 분노를 상상해보라. 내일, 그리고 그 이후 매일같이 격추시키는 것은 접어놓고 말이다.) 2030년에 이

흥분제 신경 활동을 증폭시키고 신체기능을 촉진시키는 약물(카페인, 니코틴 그리고 보다 강력한 암페타민, 코카인, 엑스터시)

암페타민 신경 활동을 자극하여 신체기능을 촉진시키고 에너지와 기분 변화를 초래하는 메탐페타민과 같은 약물

니코틴 담배에 들어있는 흥분제이며 상당한 중독성을 나타내는 향정신성 약물

2 전 세계의 수치를 가지고 여기서 사용한 이 유추는 K. C. 콜(1998)이 보고한 바와 같이, 수학자 샘 손더스가 제안한 것이다.

르면, 연간 흡연으로 인한 사망자 수가 800만 명으로 증가할 것으로 예상된다. 이것은 1억 명의 21세기 사람들이 담배로 사망하는 것을 의미한다(WHO, 2012). 대부분의 흡연 사망은 전 세계 흡연자의 80%가 살고 있는 저소득국가와 중소득국가에서 발생할 것이다(Akanbi et al., 2019).

궐련제품에는 담배, 시가, 씹는 담배, 파이프담배, 코담배 그리고 최근에는 전자담배 등이 포함된다. 전자담배 증기를 흡입하는(베이핑하는) 사람은 암을 유발하는 타르가 없는 니코틴 덩어리를 받아들이게 된다. 전자담배의 급격한 증가 탓으로(역사적으로 약물 사용의 가장 빠른 증가 속도이다), 2019년에 미국의 고등학생은 전자담배를 전통적인 담배보다 다섯 배나 많이 사용하였다(Miech et al., 2019). 미국, 영국, 캐나다, 호주에서 일상적으로 전자담배를 사용하는 흡연자를 대상으로 수행한 조사에서 보면, 85%가 전통적인 흡연을 줄이는 데 도움을 준다고 믿기 때문에 전자담배를 피운다고 보고하였다(Yong et al., 2019). 불행하게도 전자담배는 중독적인 니코틴 제공장치이며, 독성 화학물질을 전달한다. 그리고 전통적인 담배를 피울 가능성을 증가시킨다(Prochaska, 2019). 영국에서 수행한 연구에서 보면, 전자담배를 피우기 시작한 비흡연 10대가 전통적인 담배로 옮겨갈 가능성이 네 배나 컸다(Miech et al., 2017).

"니코틴을 사용해본 적이 한 번도 없는 성인은 우리 제품을 사용해서는 안 된다." 전자담배회사 '쥴랩'의 최고관리자 애슐리 굴드(2018)

10대의 전자담배 사용은 연구뿐만 아니라 법적 제약을 촉진시켰으며, 그중에는 전자담배 제조회사가 10대 사용자를 표적으로 삼는지를 알아보려는 미국 식품의약국의 연구도 포함되어 있다(Richtel & Kaplan, 2018). 예컨대, 전자담배에 과일향을 첨가하는 것은 10대의 사용을 증가시킨다(Buckell & Sindelar, 2019; O'Connor et al., 2019). 이렇게 골치 아픈 추세는 미국 의무감인 제롬 애덤스로 하여금 "젊은이들의 전자담배 사용을 유행병이라고 공식적으로 선언"하도록 부추겼다(Stein, 2018).

담배 한 개비를 피우면 기대수명이 12분 줄어드는데, 역설적이게도 이 시간은 담배를 피우는 시간과 얼추 일치한다(*Discover*, 1996). (전자담배가 기대수명에 어떤 영향을 미치는지는 아직 잘 모른다.) 비흡연자와 비교할 때, 흡연자의 기대수명은 "적어도 10년이 짧다"(CDC, 2013b). 금연은 다른 어떤 예방조치보다도 기대수명을 증가시킨다. 그렇다면 그토록 많은 사람이 흡연하는 이유는 무엇인가?

"흡연은 과체중 문제를 해결해준다… 결국에는 말이다." 코미디작가 스티븐 라이트

궐련제품은 강력하고도 신속하게 중독을 초래한다. 흡연하기 시작한 첫 주에 금연하려는 시도조차 실패하기 십상이다(DiFranza, 2008). 다른 중독과 마찬가지로, 내성이 점증한다. 금연은 병적인 갈망, 불면, 불안, 성마름, 그리고 주의산만 등을 포함한 금단 증상을 초래한다. 어떤 과제에 집중하고자 시도하는 마음이 허공을 헤매는 경험을 3배나 더 많이 하게 된다(Sayette et al., 2010). 담배 욕구가 없을 때는 흡연자조차도 니코틴이 결핍되었을 때 그 갈망의 위력을 과소평가한다(Sayette et al., 2008).

갈망의 혐오 상태를 가장 잘 완화해주는 것이 담배 한 모금이다. 담배를 한 모금 빨아들이면, 니코틴의 쇄도가 중추신경계에 신경전달물질들을 신속하게 방출하라는 신호를 보낸다(그림 3.17). 에피네프린과 노르에피네프린은 식욕을 감소시키고 각성 상태와 심적 효율성을 증폭시킨다. 도파민과 아편제 물질은 일시적으로 불안을 진정시키고 통증 예민도를 낮추어준다(Ditre et al., 2011; Gavin, 2004). 금연한 사람이 스트레스를 받을 때 흡연 습관으로 되돌아가는 것은 이상한 일이 아니다. 9/11 테러 이후에 대략 100만 명의 미국인이 그러하였던 것처럼 말이다(Pesko, 2014). 주요 우울 장애를 겪고 있는 사람들의 경우도 마찬가지다. 이들은 어느 누구보다도 금연하고자 애를 쓰는데, 이들의 노력은 연기와 함께 날아가기 십상이다(Zvolensky et al., 2015).

"금연은 내가 이제껏 한 일 중에 가장 쉬웠다. 1,000번이나 해봤기 때문에 잘 알 수밖에 없다." 마트 트웨인

흡연은 미국에서 '예방할 수 있는 사망'의 주도적 원인이며, 매년 48만 명을 죽음으로 내몰고

그림 3.17
니코틴의 생리적 효과 니코틴은 7초 이내에 두뇌에 도달하며, 헤로인 주사보다도 두 배나 빠르다. 몇 분 지나지 않아서 혈액 속의 니코틴양이 급등한다.

1. 두뇌를 높아진
각성 상태로 이끌어감
2. 심장박동과 혈압을
상승시킴
3. 니코틴 수준이 높을 때, 근육을
이완시키고, 스트레스를 감소시키는
신경전달물질의 분비를 촉발함
4. 신체 말단까지의
순환을 저해함
5. 탄수화물에 대한
식욕을 억제함

있다(CDC, 2018c). 4명 중에서 3명은 금연할 수 있기를 소망하지만, 매년 7명 중에서 1명도 안 되는 사람만이 성공한다(Newport, 2013b). 심지어는 자신이 서서히 작동하는 자살을 시도하고 있다는 사실을 아는 경우에도 그렇다(Saad, 2002).

그렇기는 하지만 반복적인 시도는 보상을 가져다주는 것으로 보인다. 남자의 25% 그리고 여자의 5%가 흡연자인 전 세계의 흡연율이 1990년 이래로 대략 30% 감소하였다(GBD, 2017). 과거에 흡연하였던 모든 미국인의 절반이 때로는 니코틴 대체 약물과 전화 상담자나 지지 집단의 격려에 힘을 얻어 금연하였다. 몇몇 연구자는 한순간에 금연하는 것이 최선이라고 주장한다(Lindson-Hawley et al., 2016). 다른 연구자는 흡연자가 한순간에 금연하든지 아니면 서서히 줄여나가든지, 성공의 가능성은 거의 같다고 제안한다(Fiore et al., 2008; Lichtenstein et al., 2010). 끈기 있게 참아내는 사람의 경우에는 6개월에 걸쳐 예리한 갈망과 금단 증상이 점차적으로 사라지게 된다(Ward et al., 1997). 1년을 참아낸 후에는, 단지 10%만이 다음 해에 다시 흡연으로 되돌아간다(Hughes, 2010). 이러한 금연자들은 더 건강할 뿐만 아니라 더 행복한 삶을 영위할 수 있다. 흡연은 우울, 만성 장애, 그리고 이혼과 높은 상관을 갖는다(Doherty & Doherty, 1998; Edwards & Kendler, 2012; Vita et al., 1998). 건강한 삶은 앞으로 살아갈 날들을 늘려주고 동시에 그날들에 생명력을 더해주는 것으로 보인다. 비흡연자의 더 좋은 건강과 행복감을 자각하는 것이 미국 고등학교 3학년생의 88%가 담배를 하루에 한 갑 이상 피우는 것을 거부하게 만들었으며, 일상적 흡연율이 1998년의 22%에서 2018년의 2%로 곤두박질하는 데 기여하였다(Miech et al., 2019).

유머작가 데이브 배리(1995)는 그가 15세가 되던 여름에 어째서 처음 담배를 피우게 되었는지를 회상한다. "흡연에 반대하는 주장 : 흡연은 역겨운 충동이며, 천천히 그렇지만 확실하게 숨이 차고 피부가 누렇게 변하며 종양에 찌든 환자를 만들며, 하나 남은 폐에서 독성 찌꺼기의 누런 가래를 내뱉게 만든다. 흡연을 지지하는 입장 : 다른 친구들도 담배를 피운다. 이야기 끝! 담배 일발 장전!"

코카인 코카나무에서 추출한 강력하고도 중독성이 강한 흥분제. 일시적으로 각성과 도취감을 증가시킨다.

자문자답하기

니코틴에 중독된 친구나 가족을 생각해보라. 금연하도록 설득하는 데 가장 효과적인 말은 무엇이라고 생각하는가?

인출 연습

RP-4 금연할 때 어떤 금단 증상을 예상해야 하는가?

답은 부록 E를 참조

코카인 **코카인**(cocaine)은 코카나무에서 추출하는 중독성이 아주 강한 흥분제이다. 원래 코카콜라 제조법은 코카나무 잎의 추출액을 포함하고 있었는데, 피로에 지친 노인들을 위한 코카인 강장제를 만들려는 것이었다. 1896~1905년 사이에는 코카콜라야말로 진정한 '만병통치약'이었다. 오늘날 코카인은 코로 들이마시거나, 주사로 주입하거나, 담배로 피운다. (때때로 신속하게 작동하는 투명한 형태의 크랙 코카인은 짧지만 아주 강력한 흥분 상태를 초래한 후에 나락과 같은 매우 강력한 와해감을 초래한다.) 코카인은 신속하게 혈관으로 흘러 들어가 물밀듯이 황홀감을 만들어내고, 도파민과 세로토닌 그리고 노르에피네프린 등 신경전달물질의 두뇌 공급을 고갈시키게 된다(그림 3.18). 한 시간도 지나지 않아서 약물의 효과가 약화됨에 따라 나락과 같은 우울이 뒤따른다. 몇 시간이 지나서야 갈망이 잦아들고, 며칠이 지나서야 정상으로 되돌아오게 된다(Gawin, 1991).

공격성을 촉발하는 상황에서 코카인을 주입하면 반응성이 증대되기도 한다. 케이지에 들어있는 쥐들의 발바닥에 쇼크를 가하면, 서로 싸운다. 코카인을 주입하고 쇼크를 가하면, 더 많이 싸운다. 마찬가지로 실험실에서 상당량의 코카인을 주입받은 실험참가자들은 가짜약을 받았지만 코카인이라고 생각한 참가자들보다 경쟁자로 지각한 사람(실제로는 실험협조자)에게 더 높은 수준의 쇼크를 가한다(그렇다고 실제로 쇼크를 받는 것은 아니다)(Licata et al., 1993). 코카인 사

그림 3.18
코카인 도취감과 붕괴

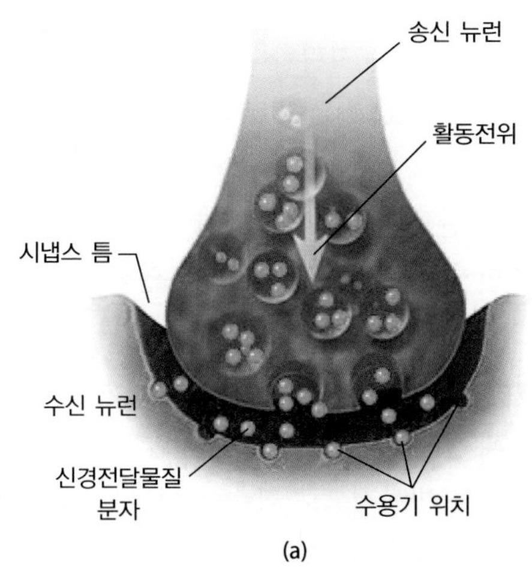

(a)
신경전달물질이 시냅스 전 뉴런으로부터 시냅스를 건너서 시냅스 후 뉴런의 수용기 영역으로 메시지를 전달한다.

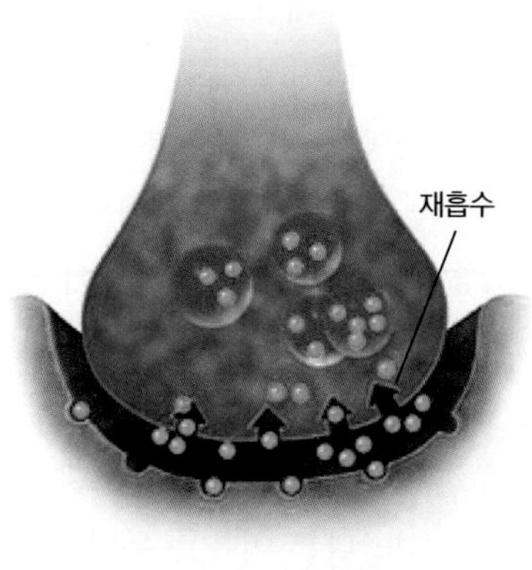

(b)
시냅스 전 뉴런은 지나친 신경전달물질 분자를 '재흡수'라고 부르는 과정을 통해서 다시 받아들인다.

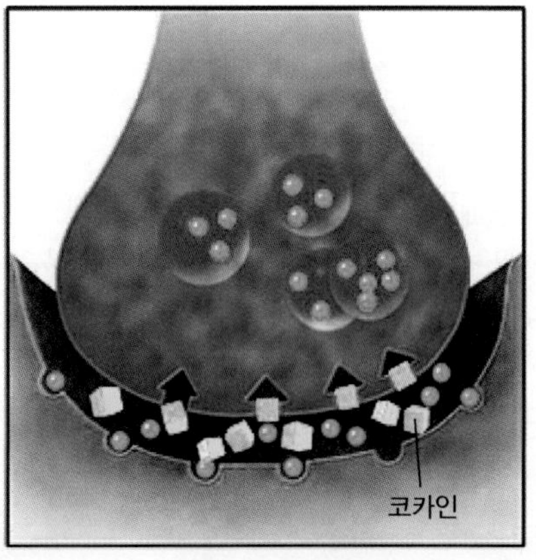

(c)
정상적이라면 신경전달물질 분자를 재흡수하는 영역에 들러붙음으로써 코카인은 도파민과 노르에피네프린 그리고 세로토닌의 재흡수를 차단한다(Ray & Ksir, 1990). 따라서 여분의 신경전달물질 분자들이 시냅스에 남아서 정상적인 기분전환 효과를 강화하고 도취감을 초래한다. 코카인 수준이 떨어질 때, 이러한 신경전달물질의 결핍이 붕괴를 초래한다.

메탐페타민 중추신경계를 자극하는 강력한 중독성 약물로, 신체기능을 촉진하고 에너지와 기분 변화를 초래한다. 시간이 경과함에 따라서 도파민 수준을 감소시키는 것으로 보인다.

엑스터시(MDMA) 합성 흥분제이며 약한 환각제. 도취감과 사회적 친밀감을 만들어내지만, 단기적으로는 건강의 위험 그리고 장기적으로는 세로토닌 생성 뉴런과 기분 그리고 인지를 손상시키게 된다.

환각제 LSD와 같이 지각을 왜곡시키고 감각입력이 없는 상태에서 감각 이미지를 촉발시키는 마약

임사체험 (심장마비 등으로 인해서) 죽음에 임박하였던 경험 후에 보고하는 의식의 변경된 상태. 약물로 유도한 환각과 유사하기 십상이다.

LSD(lysergic acid diethylamide) 강력한 환각제이며, acid라고도 부른다.

"코카인은 당신을 새로운 사람으로 만들어준다. 그리고 새로운 사람이 첫 번째로 원하는 것은 바로 더 많은 코카인이다." 코미디언 조지 칼린

용은 정서적 와해, 의심성, 강박성, 심장발작, 호흡기장애 등을 초래할 수도 있다.

코카인은 두뇌의 보상통로를 강력하게 자극한다(Keramati et al., 2017; Walker et al., 2018). 코카인을 사용하기에 앞서 나타나기 십상인 알코올이나 니코틴의 사용은 코카인에 대한 두뇌의 반응을 증폭시킨다(Griffin et al., 2017). 코카인의 심리적 효과는 용량과 사용하는 형태에 따라 달라지지만, 상황과 사용자의 기대 그리고 성격도 일익을 담당한다. 가짜약을 주었을 때 코카인을 받아들였다고 생각한 코카인 사용자는 코카인과 같은 경험을 하기 십상이다(Van Dyke & Byck, 1982).

미국과 영국에서 실시한 전국 조사에서, 미국 고등학교 3학년생의 2% 그리고 영국의 18~24세 젊은이의 6%가 지난 한 해 동안 코카인을 시도한 적이 있다고 보고하였다(ACMD, 2009; Miech et al., 2019). 이 사람들의 거의 절반은 소위 크랙(crack)이라고 부르는 작은 코카인을 담배처럼 말아서 피웠다.

메탐페타민 암페타민은 신경 활동을 촉진시킨다. 신체기능이 빨라짐에 따라서 사용자의 에너지가 상승하고 기분이 솟구친다. 암페타민은 중독성이 매우 강한 **메탐페타민**(methamphetamine)의 전구물질이며, 메탐페타민은 암페타민과 화학적으로 유사하지만 그 효과는 훨씬 크다(NIDA, 2002, 2005). 메탐페타민은 신경전달물질인 도파민의 분비를 촉발하는데, 도파민은 에너지와 기분을 고양하는 두뇌 신경세포들을 자극한다. 이 약물은 8시간가량 지속되는 충만된 에너지와 황홀감을 초래할 수 있다. 그 후유증에는 성마름, 불면, 과도한 긴장, 마비, 사회적 고립, 우울, 그리고 때때로 발생하는 폭력의 분출 등이 포함된다(Homer et al., 2008). 시간이 경과하면서 메탐페타민은 도파민의 기저 수준을 감소시켜 사용자의 기능성을 약화시키게 된다.

엑스터시 MDMA(methylenedioxymethamphetamine, 가루 형태는 몰리라고도 부른다)의 속명인 **엑스터시**(ecstasy)는 흥분제이며 동시에 약한 환각제이다. 암페타민 유도체인 엑스터시는 도파민의 방출을 촉발한다. 그렇지만 일차적 효과는 저장된 세로토닌을 방출하고 재흡수를 차단함으로써 세로토닌의 '기분 좋음' 효과를 지속시키는 것이다(Braun, 2001). 엑스터시를 복용하고 30분 정도가 지나면서부터 서너 시간 동안 사용자는 정서 고양을 경험하며, 사회 맥락에 따라서는 주변의 모든 사람과 유대감을 경험한다("나는 모든 사람을 사랑한다"). 마찬가지로 문어도 MDMA를 투여하였을 때 사교적이 되었다(Edsinger et al., 2018). 여러분의 팔이 2개이든 8개이든, MDMA는 상대방에게 접근하도록 만든다.

엑스터시는 1990년대에 나이트클럽에서 밤새도록 광란하는 사람들이 즐겨 사용하는 '클럽 약물'로 인기가 급증하였다(Landry, 2002). 이 약물의 인기는 국경선을 넘어서서, 영국에서는 매년 6,000만 개가 소비되는 것으로 추정하고 있다(ACMD, 2009). 그렇지만 엑스터시가 말 그대로 황홀한 것만이 아닌 이유가 있다. 한 가지 이유는 탈수증이며, 계속해서 춤을 추게 되면 심각한 체온 상승과 혈압 증가 그리고 사망 위험을 초래한다. 또 다른 이유는 두뇌의 세로토닌을 반복적으로 착취함으로써 장기적으로 세로토닌을 생산하는 뉴런들을 손상시켜 세로토닌 수준을 감소시키고 지속적으로 우울한 기분을 갖게 만들 위험성이 증가한다는 것이다(Croft et al., 2001; McCann et al., 2001; Roiser et al., 2005). 또한 질병과 싸우는 면역 시스템을 억제하며, 기억을 손상시키고, 사고를 느리게 만들며, 일주기 리듬에 대한 세로토닌의 통제력을 방해함으로써 수면을 와해시키기도 한다

약물이 초래한 극적인 폐해 18개월에 걸쳐 찍은 두 사진에서 보면, 이 여인의 메탐페타민 중독이 엄청난 신체 변화를 초래하였다.

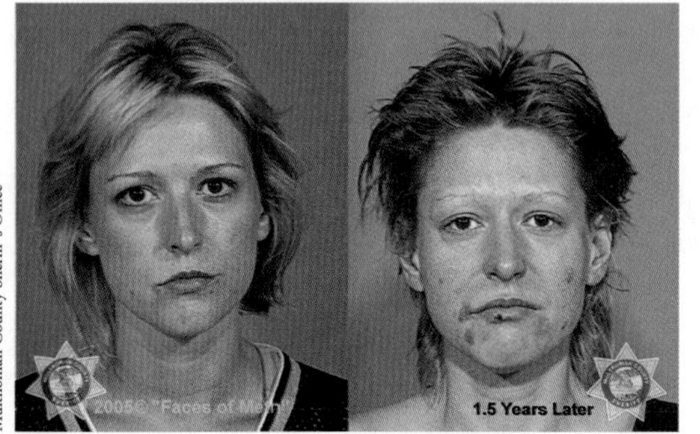

(Laws & Kokkalis, 2007; Schilt et al., 2007; Wagner et al., 2012). 엑스터시는 하룻밤을 즐겁게 만들지만, 다음 날 의기소침하게 만든다.

환각제

LOQ 3-15 환각제란 무엇인가? 그 효과는 무엇인가?

환각제(hallucinogen)는 지각을 왜곡시키며 감각입력이 없는 상황에서 감각 경험을 야기한다. LSD와 MDMA(엑스터시)와 같은 몇몇 약물은 합성한 것이다. 실로시빈을 함유하고 있는 환각버섯, 아야후아스카 진액, 그리고 약한 환각제인 마리화나 등과 같은 몇몇 환각제는 천연물질이다. 실로시빈과 아야후아스카가 만성 우울증을 치료할 가능성을 탐구하는 실험이 지속되고 있다.

PYMCA/UIG/AGE Fotostock

포옹 약물 엑스터시로 알려진 MDMA는 도취감과 친밀감을 초래한다. 그렇지만 습관적 사용은 세로토닌을 생산하는 뉴런을 파괴시키고 만성적인 기분 감퇴와 기억 손상을 초래할 수 있다.

약물이나 산소 결핍 아니면 극단적인 감각 박탈에 의해서든, 두뇌는 기본적으로 동일한 방식으로 환각을 경험한다(Siegel, 1982). 그 경험은 전형적으로 나선형과 같이 단순한 기하도형으로 시작한다. 다음 단계는 보다 의미 있는 이미지로 구성되는데, 어떤 이미지는 터널에 중첩되기도 하며, 다른 것은 과거 정서 경험의 재생이기도 하다. LSD에 의한 환각여행을 하고 있는 사람의 두뇌 영상은 시각피질이 지나치게 예민해지고 두뇌의 정서중추와 강력하게 연계됨을 보여준다(Carhart-Harris et al., 2016). 환각 경험이 정점에 도달하면, 사람들은 자주 신체와 분리되는 느낌을 가지며, 꿈과 같은 장면을 실제인 것처럼 경험하게 되는데, 자신과 외부세계 간의 경계가 와해되는 것처럼 자기감이 와해된다(Lebedev et al., 2015).

너무나 생생하여 공황상태에 빠지거나 자해를 하게 되기도 한다. 그 감각은 심장마비에서 소생한 사람들의 대략 15%가 보고하는 변형된 의식 상태인 **임사체험**(near-death experience)과 놀라우리만치 유사하다(Agrillo, 2011; Greyson, 2010; Parnia et al., 2014). 많은 사람이 시각적 터널(그림 3.19), 밝은 빛, 과거 기억의 재생, 그리고 신체로부터 분리되는 느낌 등을 경험한다(Siegel, 1980). 이러한 경험은 나중에 영성을 고양시키고 개인적 성숙감을 조장할 수 있다(Khanna & Greyson, 2014, 2015). 산소 결핍이나 두뇌에 가하는 다른 상해가 환각을 만들어낸다는 사실을 전제로 할 때, 스트레스를 받는 두뇌가 임사체험을 만들어내는 것은 아닌지 궁금해하지 않을 수 없다. 간질 발작이나 편두통이 일어날 때, 기하 패턴의 환각과 유사한 것을 경험할 수 있다(Billock & Tsou, 2012). 마찬가지로 단조로움과 외로움 그리고 추위를 감내하고 있는 고립된 병사와 극지 탐험가들도 이러한 경험들을 보고해왔다(Suedfeld & Mocellin, 1987). 철학자이자 신경과학자인 패트리샤 처치랜드(2013, 70쪽)는 이러한 경험을 "신경적으로 웃기는 일"이라고 불렀다.

그림 3.19
임사 시각인가 아니면 환각인가? 심리학자 로널드 시겔(1977)은 환각제의 영향을 받고 있는 사람들이 '시야의 중심부에서 밝은 빛… 불빛이 있는 위치에서 터널과 같은 조망이 만들어지는 것'을 보곤 한다고 보고하였다.

NUMAX3D/Shutterstock

LSD 화학자 앨버트 호프먼이 **LSD**(lysergic acid diethylamide)를 합성하였으며, 1943년 4월 어느 금요일 오후에 실수로 이 약물을 복용하였다. "경이로운 모양에 강렬한 색채가 만화경처럼 펼쳐지는 환상적인 그림들이 끊임없이 이어지는" 경험은 그로 하여금 아동기에 "불가사의하고 강력하며 그 속을 헤아려볼 수 없는 실재"의 또 다른 단면을 그리워하게 만들었던 신비로운 경험을 떠올리게 하였다(Siegel, 1984; Smith, 2006).

LSD 환각 체험에서의 정서는 황홀경에서부터 공포에 초연해지는 것에 이르기까지 다양하다.

사용자의 기분과 높은 기대가 정서 경험을 채색하지만, 지각적 왜곡과 환각은 공통적으로 나타난다.

마리화나 대마의 잎과 꽃에는 **THC**(delta-9-tetrahydrocannabinol)가 들어있다. 담배로 피우든지(대략 7초 만에 대뇌로 들어간다) 복용하든지(효과의 정점에 도달하는 시간이 느리고 예측하기 쉽지 않다) 간에, THC는 복합적 효과를 초래한다.

일반적으로 마리화나를 경미한 환각제로 분류하는 까닭은 색깔, 소리, 맛, 그리고 냄새에 대한 민감도를 증폭시키기 때문이다. 그렇지만 진정제인 알코올과 마찬가지로 사용자를 이완시키고 탈억제시키며, 황홀감을 초래하기도 한다. 때때로 사람들은 잠을 자거나 기분을 고양하는 데 도움을 받으려고 알코올과 함께 마리화나를 사용한다(Buckner et al., 2019; Wong et al., 2019). 알코올과 마리화나는 모두 자동차와 같은 기계를 안전하게 조작하는 데 필요한 운동협응, 지각능력, 반응시간 등을 손상시킨다. 로널드 시겔(1990, 163쪽)은 "THC가 동물들로 하여금 사건을 오판하게 만든다. 비둘기는 너무 오래 기다려서 먹이가 짧은 시간 동안만 가용하다는 사실을 알려주는 부저소리나 불빛에 반응하지 못한다. 그리고 쥐는 미로에서 잘못된 길을 선택한다."라고 보고하였다.

마리화나와 알코올은 차이도 있다. 알코올은 몇 시간 내에 제거되는 반면, THC와 부산물들은 신체에 1주일 이상 남아있는다. 이 사실은 습관적 사용자들이 급작스러운 금단 현상을 덜 경험하며, 가끔씩만 사용하는 사람들이 필요한 양보다 적은 양으로도 황홀감을 느낄 수 있다는 사실을 의미한다. 이것은 내성의 일반적인 진행과정과 상반된다. 일반적으로는 상습적 사용자들이 동일한 효과를 느끼기 위해서는 더 많은 양을 받아들일 필요가 있다.

합성 마리화나(K2, 스파이스라고도 부른다)는 THC를 흉내 낸다. 해로운 부작용에는 심한 불안과 환각이 포함된다(Fattore, 2016; Sherif et al., 2016).

미국 국립과학회, 국립공학회, 국립의학회의 합동위원회(2017)는 10,000개 이상의 과학논문을 살펴본 후에, 마리화나 사용이 다음과 같은 결과를 초래한다고 결론지었다.

- 만성적 통증 그리고 화학치료와 관련된 메스꺼움을 완화시킨다.
- 폐암과 같은 흡연 관련 질병과 관련이 없다.
- 교통사고, 만성 기관지염, 정신병, 사회불안 장애, 자살 충동 등의 위험 증가를 예측한다.
- 주의, 학습, 기억 등의 손상에 기여할 가능성이 있으며, 학업 저하를 초래할 수도 있다.

마리화나를 더 자주 사용할수록 불안, 우울, 정신병, 자살행위 등의 위험은 증가하며, 특히 청소년기에 그렇다(Gage, 2019; Gobbi et al., 2019; Huckins, 2017). 4,000명가량의 캐나다 중학교 1학년생을 대상으로 수행한 연구는 어린 나이에 마리화나를 사용하는 것은 '신경조직에 유독'하였으며, 장기적 인지 손상을 예측하였다고 결론지었다(Harvey, 2019). 마리화나는 장차 알코올과 아편제 남용으로 이끌어가는 '관문 약물'로 기능할 수도 있다(Gunn et al., 2018; Olfson et al., 2017). 미국 의무감 제롬 애덤스는 "청소년기에 마리화나를 사용한 사람 5명 중에서 1명이 중독되었다."라고 경고하였다(Aubrey, 2019).

지난 반세기에 걸쳐서 마리화나 사용에 대한 태도가 현저하게 변해왔다. 1969년에는 12%가 마리화나 합법화에 찬성한 반면, 2019년에는 66%로 증가하였다(De Pinto, 2019; McCarthy, 2018). 미국을 비롯한 몇몇 국가는 마리화나 소지를 합법화하는 법을 통과시켰다. 법적 용인이 증가한다는 사실은 1969~2017년 사이에 마리화나를 시도해본 미국인의 비율이 4%에서 45%로 극적이라고 할 만큼 증가한 이유를 설명하는 데 도움이 된다(Gallup, 2019).

THC 마리화나의 주요 성분. 약한 환각을 포함한 다양한 효과를 초래한다.

표 3.5 몇 가지 향정신성 약물의 특징

약물	유형	쾌 효과	부적 후유증
알코올	진정제	처음의 황홀감 상태에 이완과 탈억제가 뒤따름	우울, 기억상실, 신체기관 손상, 반응 저하
헤로인	진정제	황홀감의 쇄도, 통증 완화	생리적 활동 저하, 고통스러운 금단 현상
카페인	흥분제	지속적인 각성	불안, 성마름, 불면, 참기 어려운 금단 현상
니코틴	흥분제	각성과 이완, 안녕감	심장병, 암
코카인	흥분제	황홀감의 쇄도, 자신감, 에너지	심혈관 수축, 의심, 우울
메탐페타민	흥분제	황홀감, 각성, 에너지	성마름, 불면증, 고혈압, 발작
엑스터시 (MDMA)	흥분제, 약한 환각제	정서적 고양, 탈억제	탈수증, 체온 상승, 우울한 기분, 인지기능과 면역기능의 와해
LSD	환각제	시각 여행	공황의 엄습
마리화나 (THC)	약한 환각제	감각예민도 증가, 통증 완화, 시간 왜곡, 이완	학습과 기억의 손상, 심리적 장애의 위험 증가

* * *

표 3.5에 요약한 향정신성 약물들은 차이점에도 불구하고 다음과 같은 공통점을 공유하고 있다. 즉, 즉각적인 정적 효과를 상쇄시키는 부적 후유증을 촉발하며, 반복적으로 사용함에 따라서 부적 효과가 커진다. 이 사실은 내성과 금단 모두를 설명하는 데 도움을 준다.

인출 연습

"사람들이 쾌라고 부르는 이것은 얼마나 낯설게 보이는가! 그리고 이것은 얼마나 이상하리만치 쾌의 반대라고 생각하는 통증과 관련되어 있단 말인가!… 하나를 찾아내는 곳에서는 항상 이면에 다른 것이 뒤따른다"(플라톤, 『파이돈』, 기원전 4세기).

RP-5 위와 같은 쾌-통증 기술을 어떻게 향정신성 약물의 습관적 사용에 적용할 수 있는가?

답은 부록 E를 참조

약물 사용에 영향을 미치는 요인

LOQ 3-16 사람들이 의식을 변화시키는 약물의 습관적 사용자가 되는 이유는 무엇인가?

북미 젊은이들의 향정신성 약물 사용은 1970년대에 증가하였다. 그 이후 약물 교육을 늘리고 대중매체가 그 약물들을 보다 현실적이고 덜 매력적으로 묘사하게 되자, 약물 사용은 급격하게 줄어들었다(예외적으로 1980년대 중반에 약간 증가한 적이 있다). 1990년대 초를 지나면서 약물에 반대하는 목소리는 잦아들고, 몇몇 음악과 영화에서 약물을 또다시 매혹적인 것으로 묘사하게 되었다. 마리화나 사용의 역사적 추세를 보자.

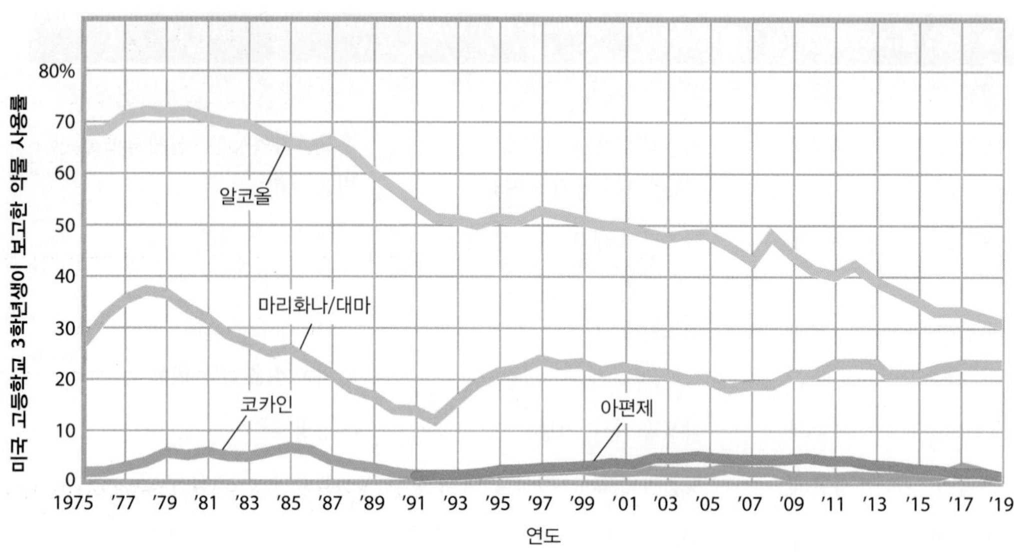

그림 3.20
약물 남용 추세 지난 30일 동안 알코올, 마리화나, 코카인을 사용하였다고 보고한 미국 고등학교 3학년생의 백분율이 1970년 후반부터 1992년까지 감소하였으며, 다시 몇 년에 걸쳐서 약간 반등하였다. 코카인 남용은 1980년대 중반 이래로 감소하였으며, 아편제는 2009년에 정점에 도달하였다(Miech et al., 2016, 2019의 데이터). 미국 이외에 유럽에서도 10대의 약물 남용이 감소해왔다. 15세의 매주 음주는 2002~2014년 사이에 26%에서 13%로 급감하였다. 영국에서는 46%에서 10%로 떨어졌다(WHO, 2018b).

- 미국 고등학교 3학년생 15,000명을 대상으로 실시한 미시간대학교의 연례조사에서 보면, 마리화나의 습관적 사용에 '상당한 위험'이 도사리고 있다고 믿는 비율이 1978년 35%에서 1991년 79%로 증가하였다가, 2018년에는 다시 30%로 내려갔다(Miech et al., 2019).
- 미국 고등학고 3학년생의 마리화나 사용이 1978년에 최고조에 달한 후에 1992년까지 감소하다가 최근에 다시 증가해왔다(그림 3.20 참조). 마찬가지로 15~24세 캐나다 젊은이들의 약물 사용도 2012년 이래로 증가 추세를 보였으며, 2018년 후반기에는 15세 이상의 모든 캐나다인의 15%가 약물을 사용하였다(CCSA, 2017; Statistics Canada, 2019). 유럽 10대의 약물 사용률은 낮은 수준을 유지해왔으나, 북미의 추세를 반영하여 마리화나 사용은 증가하고 흡연은 감소하고 있다(Wadley & Lee, 2016).

일부 청소년들에게 있어서 간헐적인 약물 사용은 스릴을 추구하려는 것이다. 그렇다면 다른 청소년들이 상습적인 약물 사용자가 되는 이유는 무엇인가? 그 답을 찾기 위하여 연구자들은 생물, 심리, 사회문화적 수준의 분석을 시도해왔다.

생물학적 영향

어떤 사람들은 생물학적으로 특정 약물에 취약할 수 있다. 예컨대, 유전이 물질 남용 문제에 영향을 미친다는 증거가 누적되고 있는데, 특히 성인 초기에 물질을 남용하는 경우에 그렇다(Crabbe, 2002).

- **유전학 연구** 연구자들은 알코올 남용 장애와 연합된 유전자를 확인해왔으며, 니코틴 중독에 기여하는 유전자들을 찾고 있다(Stacey et al., 2012). 이렇게 혐의가 있는 유전자들이 두뇌의 자연적인 도파민 보상 시스템에서 결손을 초래하는 것으로 보인다. 중독성 약물들은 일시적으로 도파민이 생성하는 쾌를 촉발함으로써, 정상적인 도파민 균형을 와해시킨다. 약물이 두뇌의 보상 시스템을 재편하는 방식에 관한 연구들은 알코올이나 다른 약물들의 효과를 차단하거나 약화시키는 항중독 약물이라는 희망을 가지고 있다(Volkow & Boyle, 2018).
- **쌍둥이 연구** 이란성 쌍둥이보다는 일란성 쌍둥이 중의 한 사람이 알코올 남용 장애자일 때,

다른 형제도 알코올 문제를 일으킬 위험성이 증가한다(Kendler et al., 2002). 마리화나 사용에 있어서도 이란성 쌍둥이보다는 일란성 쌍둥이들이 더 유사한 행동 패턴을 보인다.

- **입양 연구** 한 연구는 스웨덴에서 18,115명의 입양아를 추적하였다. 친부모가 약물을 남용하는 입양아의 약물 남용 위험도가 두 배나 높았는데, 이 결과는 유전적 영향을 나타내는 것이다. 14,000명 이상의 쌍둥이와 130만 명의 형제를 대상으로 수행한 또 다른 스웨덴 연구가 이 결과를 확증하였다. 그렇지만 약물을 남용하는 입양 형제를 가지고 있는 사람도 약물 남용의 위험도가 두 배나 높았으며, 이 결과는 환경적 영향을 나타내는 것이다(Kendler et al., 2012; Maes et al., 2016). 이제 환경적 영향은 어떤 것인지를 보도록 하자.

알코올 남용 장애의 경고 신호

- 폭음(두 시간에 걸쳐 남자는 다섯 잔 그리고 여자는 네 잔)
- 알코올을 갈망함
- 직장, 학업, 가사를 제대로 해내지 못함
- 금주 맹세를 하찮게 여김
- 건강 위험에도 불구하고 계속해서 음주함
- 술 마실 때 가족이나 친구를 기피함

심리적 영향과 사회문화적 영향

이 책 전반에 걸쳐서 여러분은 생물, 심리 그리고 사회문화적 영향이 상호작용하여 행동을 초래한다는 사실을 보게 된다. 약물 남용의 경우도 마찬가지다(그림 3.21). 가족이나 친구와 친밀하고도 안정적인 애착을 형성하지 못한 사람은 물질 남용에 몰두할 가능성이 더 크다(Fairbairn et al., 2018). 청소년과 젊은 성인을 대상으로 수행한 연구가 밝혀온 한 가지 심리적 요인은 삶이 무의미하고 방향도 없다는 느낌이다(Newcomb & Harlow, 1986). 이러한 느낌은 직업기술도 없고, 선택능력도 없으며 아무 희망도 없이 하루하루를 연명하는 학교 중퇴자들 사이에서 공통적으로 나타난다.

때로는 심리적 영향이 명백하기도 하다. 알코올, 마리화나, 코카인 등을 지나치게 남용하는 많은 사람은 심각한 스트레스나 실패를 경험해왔으며 현재 우울하다. 우울증이나 섭식장애 또는 성적 학대나 신체 학대의 개인사를 가지고 있는 소녀가 심각한 물질 남용의 위험에 처하게 된다. 전학을 가거나 이사를 가는 젊은이도 마찬가지다(CASA, 2003; Logan et al., 2002). 아직 명확한 정체감을 획득하지 못한 대학생도 상당한 위험에 처하게 된다(Bishop et al., 2005). 향정신성 약물은 고통의 자각을 일시적으로 무디게 해주기 때문에, 우울이나 분노 또는 불면증에 맞서 싸

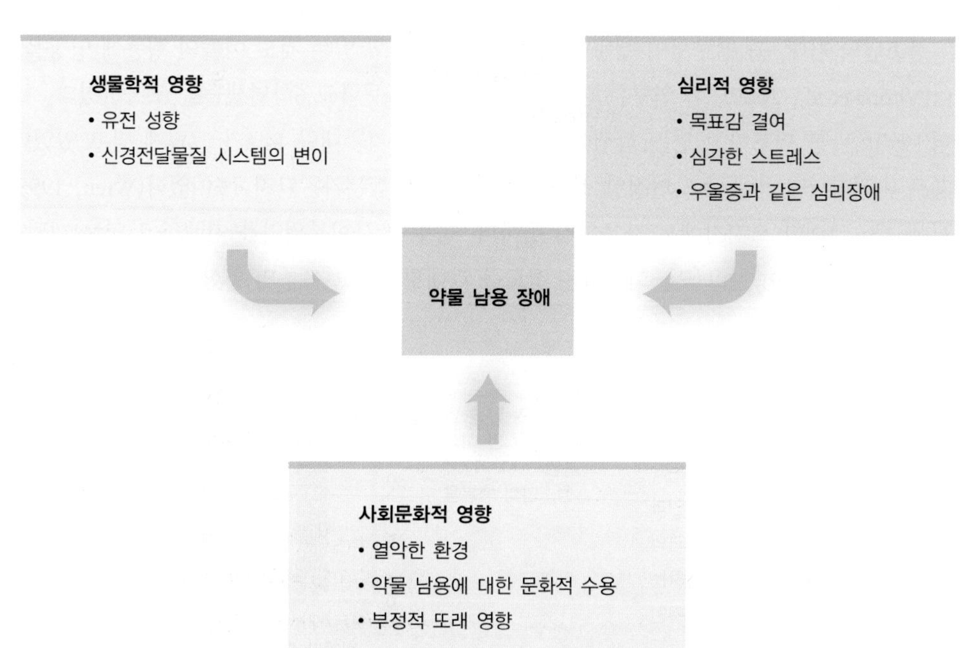

그림 3.21
약물 남용 장애에 대한 분석 수준
생물심리사회적 접근은 연구자들로 하여금 상호 보완적인 조망에서 약물 남용 장애를 연구할 수 있게 해준다.

10대의 흡연(Nic-A-Teen) 취약한 10대 시절을 넘어서서 흡연이나 베이핑을 시작하는 사람은 거의 없다. 앞으로 계속 담배를 찾을 중독된 고객들을 확보하고자 혈안이 된 담배 회사들은 10대를 표적으로 삼는다. 가수 릴리 알렌과 같은 유명인이 담배를 피우거나 베이핑하는 장면은 10대들이 그들을 모방하도록 유혹한다. 2017년 출시된 청소년용(G, PG, PG-13) 미국 영화의 1/3 이상에 흡연 장면이 등장하였다(CDC, 2018b).

우지 않고 회피하는 방법을 제공해준다(제7장에서 설명하는 바와 같이, 먼 미래의 효과보다는 즉각적인 효과가 행동을 더 많이 제어하기 십상이다).

일반적으로 흡연과 베이핑은 청소년기 초기에 시작된다. (만일 여러분이 대학생이며, 지금까지 담배 제조회사들이 여러분을 열렬한 고객으로 만드는 데 성공하지 못하였다면, 향후에도 성공할 가능성은 거의 없다.) 자의식이 강하고 흔히 세상이 자신들의 일거수일투족을 지켜보고 있다고 생각하기 십상인 청소년들은 흡연 유혹에 취약하다. 이들은 글래머의 유명인사를 모방하기 위해서, 성숙한 이미지를 보여주기 위해서, 또는 다른 흡연자들이 인정해주는 사회적 보상을 얻기 위해서 처음으로 담배에 불을 붙일 수 있다(Cin et al., 2007; DeWall & Pond, 2011; Tickle et al., 2006). 이러한 경향성을 염두에 둔 담배회사들은 젊은이들에게 어필하는 주제, 예컨대 세련됨, 독립성, 모험 추구, 사회적 인정 등의 주제를 가지고 흡연을 효과적으로 광고해왔다(Surgeon General, 2012).

약물 남용 비율은 문화집단과 인종집단에 따라서도 다르다. 유럽의 10대를 대상으로 수행한 조사에서 보면, 생애 마리화나 사용률이 노르웨이의 5%에서부터 체코공화국의 40% 이상까지 걸쳐있다(Romelsjö et al., 2014). 알코올을 비롯한 다른 약물의 중독 비율은 종교 활동에 적극적인 사람들에서도 낮았으며, 정통 유대인과 모르몬교도 그리고 메노파와 아만파 신도에서 극히 낮았다(DeWall et al., 2014; Salas-Wright et al., 2012).

전형적으로 흡연을 시작한 10대는 흡연하는 친구를 가지고 있기 십상인데, 그 친구는 흡연의 즐거움을 시사하고 또한 흡연을 권하기도 한다(Rose et al., 1999). 부모 그리고 절친한 친구들이 비흡연자인 10대의 경우에는 흡연율이 거의 영에 가깝다(Moss et al., 1992; 그림 3.22도 참조하라). 마찬가지로 친구가 약물을 사용하고 있다면, 자신도 약물을 사용하게 될 가능성이 배가된다(Liu et al., 2017). 또래 친구가 파티를 열고는 약물을 제공한다(또는 제공하지 않는다). 행복한 가정 출신이며 15세까지 음주를 시작하지 않고 학교에서 모범생인 10대는 약물을 사용하지 않는 경향이 있다. 가장 큰 이유는 약물을 사용하는 친구들과 어울리는 경우가 거의 없기 때문이다(Bachman et al., 2007; Hingson et al., 2006; Odgers et al., 2008).

청소년의 기대, 즉 친구들이 행동하고 선호한다고 믿고 있는 것도 이들의 행동에 영향을 미친다(Vitória et al., 2009). 한 연구는 미국 22개 주에서 초등학교 6학년생들을 조사하였다. 친구들이 마리화나를 피운다고 믿는 학생이 얼마나 되었겠는가? 대략 14%가 그렇게 믿고 있었다. 실제로 마리화나를 피운다고 인정한 친구는 얼마나 되었겠는가? 단지 4%이었다(Wren, 1999). 대학생들도 그러한 오지각에서 자유롭지 못하다. 음주가 사회분위기를 지배하고 있는 까닭은 부분적으로 학우들이 알코올을 희구하는 정도를 과대평가하고 음주의 위험에 관한 그들의 견해를

그림 3.22
또래 영향 친구가 담배를 피우지 않으면 아이들은 담배를 피우지 않는다(Philip Morris, 2003). 상관-인과성 질문 : 10대 흡연과 친구 흡연과의 밀접한 연계는 또래 영향을 반영하는가? 10대는 유사한 친구를 찾는 것인가, 아니면 둘 다인가?

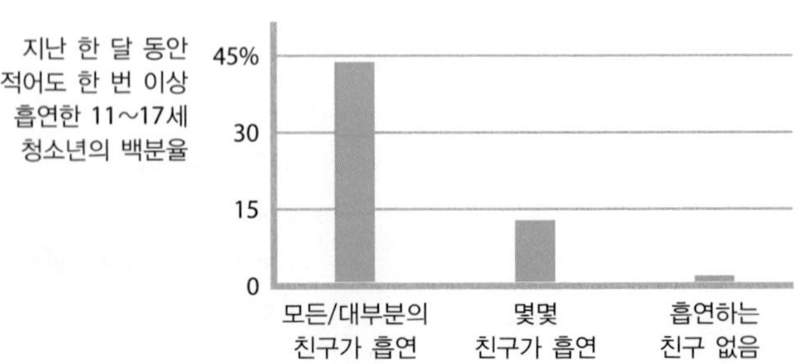

표 3.6 고등교육의 현실

- 대학생들은 대학생이 아닌 또래들보다 술을 더 많이 마시며, 물질 남용 비율이 일반 국민보다 2.5배나 높다(Lee et al., 2018).
- 미국 대학의 남학생 전용 기숙사와 여학생 전용 기숙사에서 생활하는 학생들은 일반 학생들보다 폭음하는 비율을 거의 2배나 보고하고 있다.
- 1993년 이래, 캠퍼스에서의 흡연 비율은 감소해왔고, 음주 비율은 일정한 상태를 유지해왔으며, 처방이 필요한 아편제, 흥분제, 진정제, 그리고 안정제의 남용은 마리화나 사용과 함께 증가해왔다.

출처 : NCASA(2007)

과소평가하기 때문이다(Prentice & Miller, 1993; Self, 1994; 표 3.6). 학우들의 음주에 대한 과대평가를 수정시켜 줄 때, 알코올 남용이 잦아들기 십상이다(Moreira et al., 2009).

또래 영향으로 약물 사용을 시작한 사람들은 친구가 약물을 끊거나 사회적 연결망이 변하면, 자신도 중지할 가능성이 높다(Chassin & MacKinnon, 2015). 32년에 걸쳐 12,000명의 성인들을 추적조사한 연구에서 보면, 흡연자들은 단체로 금연하는 경향이 있다(Christakis & Fowler, 2008). 사회 연결망 속에서 배우자나 친구 또는 동료가 금연할 때, 본인도 금연할 가능성이 증가하였다. 마찬가지로 베트남전쟁에서 약물에 중독되었던 대부분의 병사는 귀국 후에 약물 사용을 중지하였다(Robins et al., 1974).

상관이 늘 그렇듯이, 친구가 약물을 사용하는 것과 자신의 약물 사용 간의 관계는 양방향적이다. 친구가 우리에게 영향을 미친다. 사회 연결망이 중요하다. 그렇지만 우리도 호불호를 공유하는 친구를 선택하는 것이다.

약물 사용에 관한 연구결과들이 약물 예방과 치료 프로그램에 제안하고 있는 것은 무엇인가? 영향을 주고받는 것과 관련하여 다음과 같은 세 가지 통로가 가능해 보인다.

- 젊은이들에게 약물의 일시적 쾌락이 초래하는 장기적 대가를 교육시킨다.
- 젊은이들이 자존감과 삶의 목표를 증진시키는 다른 방법을 찾도록 도와준다.
- 또래관계를 수정하거나 거절하는 기술을 훈련시킴으로써, 또래 압력을 이겨내도록 예방접종을 맞추고자 시도한다.

사람들이 약물 사용의 신체적 대가와 심리적 대가를 이해하고, 자신과 자기 삶의 방향을 긍정적으로 느끼며, 마약 사용을 거부하는 또래집단에 들어있

스냅사진

HIGH SCHOOL
옛날, 옛날 한 옛날에, 또래들은 밥이 흡연을 시작하도록 압력을 가하였다.
RESTAURANT
20년이 지난 후, 또래 압력은 밥에게 금연할 것을 강제한다.
(c) Love A141

Jason Love

"물질 남용 장애는 차별하지 않는다. 부자와 가난한 자, 모든 인종집단에게 발병한다. 공중보건의 위기이지만, 우리는 해결책을 가지고 있다." 미국 의무감 비벡 머시(2016)

을 때는 약물을 남용하는 경우가 드물다. 이러한 교육적 요인과 심리 · 사회적 요인들은 미국 고등학교 중퇴자의 26%가 흡연을 하는 반면, 대학 졸업자는 6%만이 흡연을 하는 이유를 설명하는 데 일조하고 있다(CDC, 2011).

인출 연습

RP-6 담배회사가 10대를 고객으로 끌어들이기 위하여 그토록 혈안이 되어있는 이유는 무엇인가?

RP-7 연구에 따르면, 음주를 10대 초기에 시작하는 사람들은 21세 이후에 시작하는 사람들보다 알코올 남용 장애를 나타낼 가능성이 훨씬 높다. 이른 시기의 사용과 성인기의 남용 간의 이러한 상관에는 어떤 설명들이 가능하겠는가?

답은 부록 E를 참조

개관 약물과 의식

학습목표

자기검증 개념 파악을 증진시키도록 (부록 D의 답을 확인해보기에 앞서) 여러분 자신의 표현으로 여기서 반복하는 학습목표 물음에 답해보라(McDaniel et al., 2009, 2015).

LOQ 3-11 물질 남용 장애란 무엇인가?

LOQ 3-12 내성과 중독은 물질 남용 장애에서 어떤 역할을 담당하는가? 그리고 중독의 개념이 어떻게 변하였는가?

LOQ 3-13 진정제란 무엇인가? 그 효과는 무엇인가?

LOQ 3-14 흥분제란 무엇인가? 그 효과는 무엇인가?

LOQ 3-15 환각제란 무엇인가? 그 효과는 무엇인가?

LOQ 3-16 사람들이 의식을 변화시키는 약물의 습관적 사용자가 되는 이유는 무엇인가?

기억해야 할 용어와 개념들

자기검증 여러분 자신의 표현으로 정의를 적어본 후에 답을 확인해보라.

금단	알코올 남용 장애	향정신성 약물
내성	암페타민	환각제
니코틴	엑스터시	흥분제
메탐페타민	임사체험	LSD
물질 남용 장애	중독	THC
바르비투르산염	진정제	
아편제	코카인	

학습내용 숙달하기

자기검증 여러분 자신의 표현으로 다음 물음에 답한 후에 부록 E에서 답을 확인해보라.

1. 향정신성 약물을 지속적으로 사용하는 경우에는, 약물 사용자가 원하는 효과를 얻으려면 더 많은 양의 약물이 필요하다. 이 현상을 ________이라고 부른다.

2. 다음 중에서 알코올, 바르비투르산염 이외에 진정제에 해당하는 것은 무엇인가?

a. 아편제 **b.** 코카인과 모르핀
c. 카페인, 니코틴, 마리화나 **d.** 암페타민

3. 알코올이 사람을 더 협조적이거나 공격적이게 만드는 이유는 무엇인가?

4. 다음 중에서 엑스터시의 장기적 사용이 초래하는 효과는 무엇인가?

a. 교감신경계 활동을 억제한다.
b. 두뇌의 에피네프린 공급을 억제한다.
c. 두뇌의 도파민 공급을 억제한다.
d. 세로토닌 생성 뉴런들을 손상시킨다.

5. 임사체험은 ________가 초래하는 환각과 놀라우리만치 유사하다.

6. 다음 중에서 마리화나의 사용이 초래하는 효과는 무엇인가?

a. 운동협응, 지각, 반응시간, 기억 등을 손상시킨다.
b. 정서를 억제한다.
c. 탈수와 체온 증가를 초래한다.
d. 두뇌 뉴런 발달을 자극한다.

7. 다음 중에서 약물 남용에 기여하는 중요한 심리적 요인은 무엇인가?

a. 높은 자존감

b. 삶이 무의미하고 방향도 없다는 느낌

c. 유전 성향

d. 과보호하는 부모

Sisoje/Getty Images

선천성과 후천성 그리고 인간의 다양성

여러분을 여러분답게 만들어주는 것은 무엇인가? 중요한 측면에서 사람은 모두 독특하다. 외모, 언어, 성격, 흥미, 능력 그리고 문화적 배경 등이 독특한 하나의 묶음을 이루고 있다.

사람은 또한 동일한 나무의 나뭇잎이다. 인류는 칼에 베이면 피가 나는 것처럼, 공통적인 생물학적 유산을 공유할 뿐만 아니라 동일한 행동 경향성도 가지고 있다. 공유하고 있는 두뇌 구조는 동일한 기제를 통하여 세상을 지각하고 언어를 발달시키며, 배고픔을 느끼게 만드는 소인을 부여한다. 극지방에 살든 아니면 열대지방에 살든, 신맛보다는 단맛을 선호한다. 색채 스펙트럼을 유사한 색들로 분할하며, 자손을 낳고 보호하는 행동을 할 때 긴장한다.

친족관계는 사회행동에서도 나타난다. 성씨가 곤잘레스이든 응코모이든 아마디이든 스미스이든 아니면 웡이든 간에, 생후 8개월 정도가 되면 낯가림을 하며, 어른이 되어서는 태도와 속성이 자신과 유사한 사람들을 선호한다. 지구 어느 곳에서 살든, 타인의 미소와 찡그림을 읽어낼 줄 안다. 같은 종의 구성원으로서 함께 어울리고 동조하며, 호의에 보답하고 반칙에 처벌을 가하며, 지위의 위계를 구성하고 아이의 죽음에 비탄해 한다. 외계인이 지구를 방문하여 어느 곳을 가보더라도 춤추고 축제를 벌이며, 노래하고 경배하며, 스포츠와 게임을 즐기고, 웃고 울며, 가정을 이루고 집단을 형성하는 사람들을 보게 될 것이다. 이렇게 보편적 행동들은 인간의 본성을 드러낸다.

인간의 엄청난 다양성과 공유하는 본성을 초래하는 것은 무엇인가? 유전자는 사람들 간의 차이를 얼마나 결정하는가? 환경, 즉 자궁에 들어있는 동안 어머니의 영양공급에서부터 죽음을 앞두고 있을 때의 사회적 지원에 이르기까지 외부의 영향은 사람들 간의 차이를 얼마나 결정하는가? 양육방식은 얼마나 영향을 미치는가? 문화는 어떤가? 현재 상황은 어떤가? 유전적 소인에 대한 사람들의 반응은 어떤가? 사람들 스스로의 선택과 노력은 어떤가? 이 장은 유전자(선천성)와 환경(후천성)이 사람을 어떻게 규정하는 것인지에 관한 복잡한 이야기를 하는 것으로 시작한다.

→ 행동유전학 : 개인차 예측하기

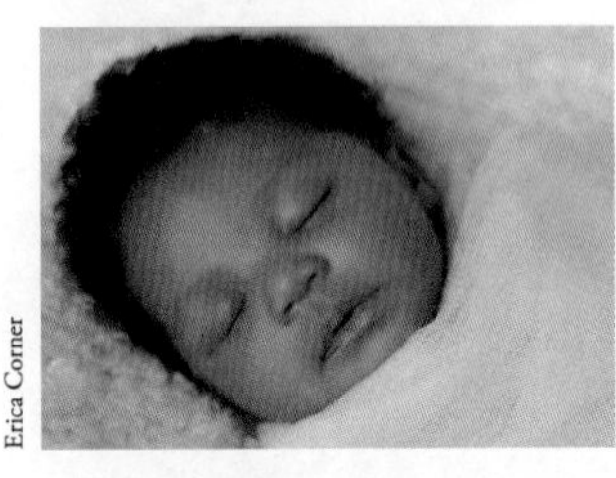

A Thousand Words Photography by Erica Corner

선천성의 후천성 세계 어디서나 부모들은 궁금해한다. 우리 아이가 평온하게 성장하겠는가, 아니면 공격적으로 성장하겠는가? 수수하겠는가, 아니면 매력적이겠는가? 성공적이겠는가, 모든 단계에서 어려움을 겪겠는가? 타고난 것은 무엇이며, 후천적인 것은 무엇인가? 연구는 선천성과 후천성이 함께 모든 단계에서의 발달을 만들어간다는 사실을 보여준다.

The New Yorker Collection, 1999 Danny Shanahan from cartoonbank.com. All Rights Reserved.

"모든 것에 감사해요, 아버지."

학습목표 물음 **LOQ** **4-1** 염색체, DNA, 유전자, 그리고 인간 게놈이란 무엇인가? 행동유전학자는 개인차를 어떻게 설명하는가?

만일 비욘세와 제이지의 맏딸인 블루 아이비가 성장하여 유명한 음반예술가가 된다면, 그녀의 음악 재능을 '슈퍼스타 유전자' 탓으로 돌려야 하겠는가? 아니면 풍요로운 음악적 환경에서 성장한 탓으로 돌려야 하겠는가? 높은 기대감은 어떤가? 이러한 물음들이 **행동유전학자**(behavior geneticist)들의 호기심을 불러일으킨다. 이들은 사람들 간의 차이 즉 개인차를 연구하며, **유전**(heredity)과 **환경**(environment)의 효과 그리고 그 상호작용에 가중치를 부여한다.

유전자 : 생명의 코드

신체 그리고 지구상에서 가장 경이로운 대상임에 틀림없는 두뇌의 이야기 이면에는 유전이 자리 잡고 있는데, 유전은 경험과 상호작용하여 보편적인 인간의 본성 그리고 개인과 사회의 다양성을 만들어낸다. 20세기가 시작될 무렵만 해도 모든 세포의 핵이 신체 전체에 대한 유전적 마스터 코드를 가지고 있다고 생각한 사람은 아무도 없었다. 이것은 마치 세계에서 가장 높은 빌딩인 두바이 크리크 타워의 모든 방에 전체 건물의 설계도가 들어있는 책이 비치되어 있는 것과 같다. 여러분의 생명에 관한 책은 46장(章)까지 진행되는데, 23장은 어머니의 난자로부터, 그리고 나머지 23장은 아버지의 정자로부터 기증받은 것이다. **염색체**(chromosome)라고 부르는 각 장은 **DNA**(deoxyribonucleic acid) 분자의 코일 형태 연쇄로 구성되어 있다. 거대한 DNA 분자의 작은 단위인 **유전자**(gene)는 염색체 코드북의 단어에 해당한다(그림 4.1). 사람은 20,000개 정도의 유전자를 가지고 있는데, 유전자는 작동(발현)하거나 작동하지 않을 수 있다. 환경 사건들은 마치 뜨거운 물이 티백으로 하여금 맛과 향기를 내도록 하는 것처럼, 유전자를 작동시킨다. 이렇게 '작동하면', 유전자는 신체 발달에 기본 단위인 단백질 분자를 생성하는 코드를 제공하게 된다.

유전학적으로 볼 때 모든 사람은 일란성 쌍둥이나 마찬가지이다. 인간 **게놈**(genome) 연구자들은 인간 DNA에서 공통된 배열을 찾아내었다. 튤립이나 바나나 또는 침팬지가 아니라 바로 인간이도록 만들어주는 것이 바로 이렇게 공유하고 있는 유전 프로파일이다.

실제로 사람은 사촌이라고 할 수 있는 침팬지와 거의 다르지 않다. 유전자 수준에서 볼 때, 인

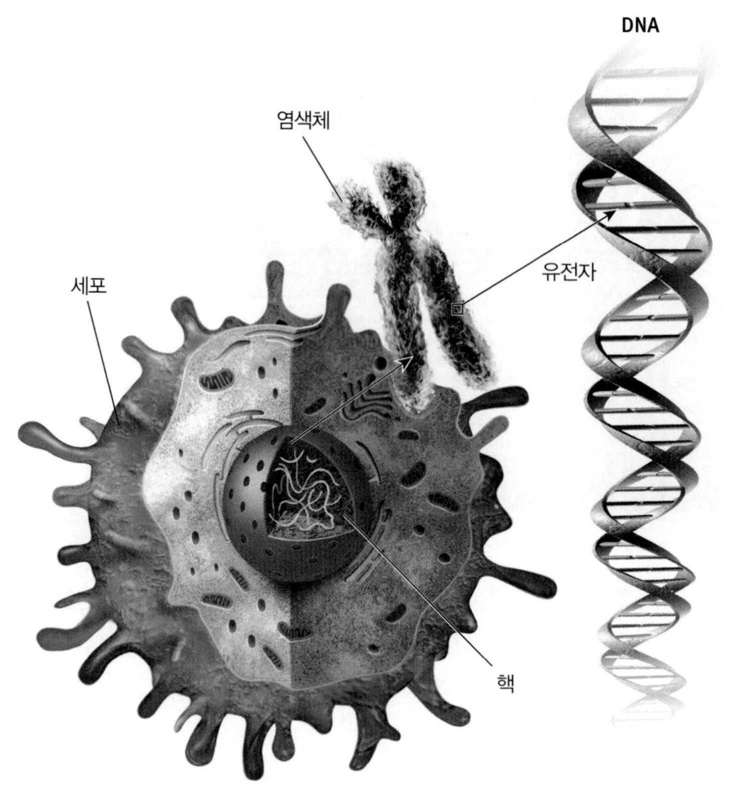

그림 4.1
생명 코드 인간의 모든 세포핵은 염색체를 가지고 있는데, 각 염색체는 이중 나선고리로 연결된 두 개의 DNA 가닥으로 구성되어 있다. 유전자는 발현될 때 개인의 발달에 영향을 미치는 단백질 합성을 지시하는 DNA 조각이다.

행동유전학 행동에 대한 유전과 환경의 상대적 영향력과 제한점에 관한 연구

유전 조상으로부터 후손으로 유전적 특성이 전이되는 것

환경 출생 이전 영양공급에서부터 우리를 둘러싸고 있는 사람과 사물에 이르는 모든 비유전적 영향

염색체 유전자를 담고 있는 DNA 분자로 구성된 실 같은 구조

DNA 염색체를 구성하는 유전적 정보를 담고 있는 복잡한 분자

유전자 염색체를 구성하는 생화학적 유전 단위. 단백질을 합성할 수 있는 DNA의 부분

게놈 유기체를 만드는 완벽한 명령으로, 그 유기체의 염색체에 들어있는 모든 유전물질로 구성된다.

간과 침팬지는 96%나 동일하다(Mikkelsen et al., 2005). '기능적으로 중요한' DNA 위치에서는 이 수치가 99.4%에 이른다!(Wildman et al., 2003). 그렇지만 이렇게 작은 0.6%의 차이가 중요하다. 인간인 셰익스피어는 침팬지가 할 수 없는 것, 즉 17,677개의 단어를 정교하게 엮어서 문학적 걸작을 만들어냈다.

"우리는 절반의 유전자를 바나나와 공유하고 있다." 진화심리학자 로버트 메이(2001)

작은 차이는 다른 동물종 사이에서도 중요하다. 동일 계통의 침팬지와 보노보는 많은 점에서 서로 닮았다. 게놈의 1% 미만에서만 차이가 나기 때문에 그럴 수밖에 없다. 그렇지만 행동에서 현저한 차이를 보인다. 침팬지는 공격적이며 수컷이 지배적이다. 보노보는 온순하고 암컷이 지배적이다.

"여러분의 DNA와 나의 DNA는 99.9% 동일하다… DNA 수준에서는 우리는 확실히 전 세계적 가족의 일원이다." 인간 게놈 프로젝트 책임자 프랜시스 콜린스(2007)

인간 DNA의 특정 유전자 위치에서 때때로 발견되는 변이는 유전학자와 심리학자들을 매혹시킨다. 공통 패턴에서 사람마다 약간씩 나타나는 변이는 사람들의 독특성, 예컨대 어째서 어떤 사람은 병에 걸리는데 다른 사람은 걸리지 않는지, 어째서 어떤 사람은 크고 다른 사람은 작은지, 어째서 어떤 사람은 불안하고 다른 사람은 차분한지 등에 대한 실마리를 제공해준다. 사람들은 새롭게 가용한 유전자 편집 테크놀로지를 사용하여 앞으로 태어날 아이의 질병 위험을 감소시켜야 하겠는가? 미국인의 26%만이 여기에 찬성한다(Scheufele et al., 2017).

인간의 특질 대부분은 복잡한 유전적 뿌리를 가지고 있다. 예컨대, 여러분의 신장은 얼굴 길이, 척추 크기, 다리뼈 길이 등을 반영하는데, 각각은 환경과 상호작용하는 서로 다른 유전자의 영향을 받는다. 마찬가지로 지능, 행복감, 공격성 등과 같은 특질도 유전자 집단의 영향을 받는다(Holden, 2008). 실제로 오늘날 행동유전학의 중차대한 발견 중의 하나는 여러분의 재능, 성적 지향성, 성격 등을 예측하는 단일 유전자는 존재하지 않는다는 사실이다. 80만 명 이상의 유전자 분석은 우울증과 관련된 269개의 유전자를 확인해냈다(Howard et al., 2019). 110만 명을

선천성인가, 후천성인가, 아니면 둘 모두인가? 윈튼 마살리스, 브랜포드 마살리스, 델피요 마살리스의 경우처럼, 재능이 가계에 흐르고 있을 때 어떻게 유전과 환경이 함께 작동하는 것인가?

Charles Sykes/AP Images

대상으로 수행한 또 다른 연구는 사람들이 나타내는 학력 차이의 12% 정도를 예측하는 1,271가지 유전자 변이를 확인하였다(Lee et al., 2018). 요점은 다음과 같다. 특질의 차이는 많은 유전자가 결정한다. 특질은 "작은 효과를 나타내는 많은 유전자"의 영향을 받는다(Lee et al., 2018; Matoba et al., 2019; Plomin, 2018).

따라서 유전자는 사람들이 공유하는 인간의 본성과 다양성 모두를 설명하는 데 도움을 준다. 그렇지만 유전 특성을 아는 것은 이야기의 한 부분일 뿐이다. 환경 영향이 유전 소인과 상호작용하여 우리 인간을 만드는 것이다.

인출 연습

RP-1 다음의 세포 구조들을 크기순으로 배열해보라 : 세포핵, 유전자, 염색체.

답은 부록 E를 참조

쌍둥이와 입양아 연구

LOQ 4-2 쌍둥이와 입양아 연구는 어떻게 선천성과 후천성의 영향 그리고 둘 간의 상호작용을 이해하는 데 도움을 주는가?

행동유전학자는 환경과 유전의 영향을 과학적으로 분리하기 위하여 두 가지 유형의 실험을 설계할 필요가 있다. 첫째는 가정환경을 변화시키면서 유전을 통제하는 것이다. 둘째는 유전을 변화시키면서 가정환경을 통제하는 것이다. 유아를 대상으로 이러한 실험을 수행하는 것은 비윤리적이겠지만, 다행스럽게도 자연은 이를 가능하게 해준다.

일란성 쌍둥이 대 이란성 쌍둥이

일란성 쌍둥이 둘로 분할되어 유전적으로 동일한 두 유기체를 만들어내는 단일 수정란에서 발달한 쌍둥이

이란성 쌍둥이 서로 다른 수정란으로부터 발달한 쌍둥이. 유전적으로는 형제들보다 더 유사하지 않지만, 태내 환경을 공유한다.

일란성 쌍둥이(identical twins)는 하나의 수정란이 두 개로 분리됨으로써 발달한다. 따라서 유전적으로 동일하며, 자연이 만들어준 복제인간이다(그림 4.2). 실제로 유전자만 동일한 것이 아니라 동일한 임신과 자궁을 공유하며, 일반적으로 동일한 출생일과 문화적 개인사도 공유한다. 두 가지 부연 설명이 필요하겠다.

- 일란성 쌍둥이들이 동일한 유전자를 가지고 있기는 하지만, 그 유전자의 복사본을 항상 동일한 수만큼 가지고 있는 것은 아니다. 일란성 쌍둥이의 경우 한 명이 다른 한 명보다 조현병을 포함하여 특정 질병과 장애에 더 취약할 수 있는 이유가 바로 이것이다(Lee at al., 2019; Maiti et al., 2011).
- 대부분의 일란성 쌍둥이들은 태내 발달과정에서 하나의 태반(산모로부터 태아에게 영양분과 산소를 전달한다)을 공유하지만, 1/3 확률로 개별적인 태반을 갖는다. 한 명의 태반이 약간 더 양질의 영양분을 제공할 수 있기 때문에, 일란성 쌍둥이 간의 차이를 초래할 수도 있다(Marceau et al., 2016; van Beijsterveldt et al., 2016).

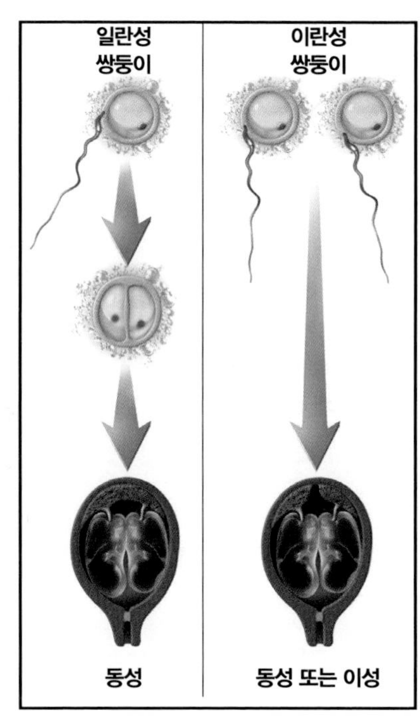

그림 4.2
동일한 수정란, 동일한 유전자 또는 상이한 수정란, 상이한 유전자
일란성 쌍둥이는 단일 수정란에서 발달하며, 이란성 쌍둥이는 두 개의 수정란에서 발달한다.

이란성 쌍둥이(fraternal twins)는 별개의 두 수정란으로부터 발달한다. 동일한 자궁 속에 들어있다는 점에서 태내 환경을 공유하지만, 유전적으로는 일반 형제들보다 더 유사한 것은 아니다.

공유하는 유전자는 공유하는 환경으로 전환될 수 있다. 예컨대, 일란성 쌍둥이 중 한 명이 자폐 스펙트럼 장애를 가지고 있을 때, 다른 한 명도 그 병을 진단받을 위험성은 대략 4명 중 3명꼴이다. 이란성 쌍둥이의 경우에는 그 위험성이 대략 3명 중 1명 정도이다(Tick et al., 2016). 수많은 연구자들은 유전자와 환경의 효과를 밝히기 위하여 거의 1,500만 쌍 이상의 일란성 쌍둥이와 이란성 쌍둥이들을 연구해왔다(Polderman et al., 2015).

일란성 쌍둥이는 이란성 쌍둥이보다 행동에서도 서로 더 유사한가? 12개 국가에서 수행한 연구를 보면, 이란성 쌍둥이에 비해서 일란성 쌍둥이가 개방성, 성실성, 우호성, 외향성, 신경증(정서적 불안정성) 등에서 훨씬 더 유사하다(제14장 참조; Vukasović & Bratko, 2015). 일란성 쌍둥이는 나이가 들어도 행동이 유사한 채로 남아있다(McGue & Christensen, 2013). 유전자는 많은 특정 행동에도 영향을 미친다. 예컨대, 이란성 쌍둥이보다는 일란성 쌍둥이가 더 유사한 연령에 마리화나를 사용하기 시작한다(Minică et al., 2018).

일란성 쌍둥이는 이란성 쌍둥이보다 더 닮았다. 그렇기 때문에 대부분의 사람은 한 명의 사진을 다른 한 명의 사진과 구분하는 데 어려움을 겪는다(Martini et al., 2015). 그렇다면 외모에 대한 사람들의 반응이 그들의 유사성을 설명하는 것인가? 그렇지 않다. 자신이 이란성 쌍둥이인 낸시 시걸(2013; Segal et al., 2013)은 재치 있는 접근방법을 사용하여 일란성 쌍둥이 간의, 그리고 유전적으로 무관하지만 외모가 유사한 두 사람 간의 성격 유사성을 비교하였다. 그 결과, 일란성 쌍둥이만이 유사한 성격을 보고하였다. 다른 연구들을 보면, 부모가 유사하게 취급한(예컨대, 똑같은 옷을 입힘) 일란성 쌍둥이가 심리적으로는 다른 일란성 쌍둥이보다 더 유사하지 않았다(Kendler et al., 1994; Loehlin & Nichols, 1976). 개인차를 설명하는 데 있어서는 유전자가 중요하다.

분리 성장한 쌍둥이

다음과 같은 공상과학 실험을 상상해보자. 두 쌍의 일란성 쌍둥이를 제공받은 한 미치광이 과학자가 각 쌍에서 한 명씩 바꾼다. 그렇게 만들어진 쌍을 마치 이란성 쌍둥이인 것처럼 서로 다른 환경에서 양육한다. 상상만의 일은 아니다. 실제 이야기를 보도록 하자(Dominus, 2015; Segal & Montoya, 2018).

2015년에 윌리엄 벨라스코는 콜롬비아 보고타의 한 정육점에서 일하고 있었다. 어느 날 손님

유사하게 생긴 사람이 유사하게 행동하는가? 흔히 도플갱어라고 부르는, 유전적으로 무관하지만 외모가 유사한 사람들이 특별히 유사한 성격을 가지고 있는 것은 아니다(Segal, 2013). 놀랍게도 사진에서 보는 바와 같이 수염을 기르고 빨강 머리인 두 명의 마이너리그 투수는 브래디 파이글이라는 흔치 않은 이름도 공유하고 있지만, 서로 아무 관련이 없으며 상대를 모른 채 성장하였다.

Charlie Riedel/AP Images

Icon Sportswire/Getty Images

분리 성장한 두 명의 짐

1979년에 짐 루이스는 자신의 두 번째 부인 옆에서 기상하였다. 짐은 집 주변에 부인에게 사랑의 표시를 남겨두곤 하였다. 짐은 잠자리에 들 때, 아들인 제임스 앨런과 애완견인 토이를 포함하여 자신이 사랑하는 대상들을 생각하곤 하였다. 그는 지하실 목공 작업장에서 가구 제작을 즐겼는데, 정원에 있는 나무 옆에 설치한 원형의 하얀 벤치도 그의 작품이다. 또한 여가시간에 드라이브하거나 자동차 경주를 관람하거나 밀러라이트 맥주를 마시면서 보내기를 좋아하였다.

놀랍게도 지금까지 말한 모든 것이 딱 들어맞는 또 다른 짐이 존재하였다. 출생 후 37일 만에 일란성 쌍둥이인 짐 루이스와 짐 스프링어는 헤어져서 서로 다른 가정에 입양되었으며, 짐 루이스가 유전적 복제인물로부터 전화를 받을 때까지 만난 적도 없고 서로의 신상에 대해서도 전혀 알지 못한 채 성장하였다(그 유전적 복제인물은 자신이 쌍둥이라는 이야기를 듣고는 형제를 찾아 나섰던 것이다).

이제 39세가 된 형제는 심리학자 토머스 부차드와 동료들(2009; Miller, 2012c)이 연구대상으로 삼은 첫 번째 분리 성장한 일란성 쌍둥이가 되었다. 형제의 목소리 억양은 너무도 비슷해서 짐 스프링어는 녹음한 첫 번째 인터뷰를 듣고는 "저건 나야."라고 추측하였지만, 실제로는 짐 루이스의 목소리이었다. 성격, 지능, 맥박, 그리고 뇌파를 측정한 검사결과는 동일한 사람을 두 번 측정한 것과 같은 결과를 보여주었다.

인 로라 베가 가르손은 그를 자신의 동료인 호르헤로 착각하였다. 올라간 광대뼈, 웃는 모습, 걷는 스타일 등이 똑같았다. 짐짓 다른 사람인 척하는 호르헤인가? 혼란에 빠진 그녀는 정육점으로 되돌아와서는 윌리엄에게 똑같이 생긴 호르헤의 사진을 보여주었다. 윌리엄은 웃으면서 심각하게 받아들이지 않았지만, 나중에 로라가 호르헤에게 윌리엄의 사진을 보여주자 호르헤는 "바로 나잖아!"라고 외쳤다. 윌리엄의 소셜 미디어 사진을 훑어보면서 호르헤는 계속해서 자신의 거울상을 보게 되었다. 호르헤는 자신을 놀라게 만든 또 다른 것도 보았다. 자신과 닮은 윌리엄이 호르헤의 이란성 쌍둥이 형제(적어도 호르헤와 어느 정도는 닮았다) 곁에 앉아있는 것이었다.

그때까지 윌리엄과 호르헤는 완전히 독자적인 삶을 영위하였다. 윌리엄은 농촌에서 성장한 반면, 호르헤는 도시에서 자랐다. 윌리엄과 호르헤는 모두 병원의 엄청난 실수 덕분에 자신들에게 각각 이란성 쌍둥이 형제인 윌버와 카를로스가 있다고 믿고 있었다. 실제로 윌버와 카를로스는 윌리엄과 호르헤와 마찬가지로 1988년에 태어난 일란성 쌍둥이이었다. 병원은 윌리엄은 윌버와 함께, 그리고 카를로스는 호르헤와 함께 집으로 보냈던 것이다.

윌리엄과 호르헤는 떨어진 채 성장하였지만, 모두 장난꾸러기이고 신체가 건장하며 남을 잘 도와주는 타입이었다. 윌버와 카를로스는 침울하고 심각하며, 항상 정리정돈을 잘하고, 잘 울며, 똑같은 언어장애를 가지고 있었다. 이들 각자는 어째서 자신의 이란성 쌍둥이와 그토록 다르게 느끼는지가 궁금하였다. 일란성 쌍둥이와의 재회가 유전성의 위력을 드러낸 것이다.

유전자가 중요하지만, 환경도 마찬가지로 중요하다. 도시거주자인 호르헤와 카를로스는 영양상태가 더 좋았으며, 농촌에서 자란 윌리엄과 윌버보다 더 컸다. 윌버는 카를로스가 받았던 언어치료를 접하지 못하였는데, 그 결과 윌버만이 성인이 되어서도 말하기에 어려움을 겪었다.

'보고타 형제'(더 자세한 내용은 tinyurl.com/BogotaBrothers를 참조)의 기막힌 이야기는 심리학자 토머스 부차드와 낸시 시걸이 검사한 수많은 분리 성장한 쌍둥이의 이야기와 흡사하다. 이 연구들은 입맛과 신체 속성뿐만 아니라 성격, 능력, 태도, 흥미, 공포 등에서도 유사성을 발견하였다.

비판자들은 쌍둥이의 놀랄 만한 유사성 이야기에 별로 감명받지 않는다. 이들은 "일화가 많다고 해서 그것이 데이터가 되는 것은 아니다."라는 사실을 일깨운다. 비판자들은 만일 아무 관계도 없는 두 사람이 몇 시간 동안 앉아서 자신들의 행동과 인생사를 비교한다면, 많은 우연한 유사성들을 찾아낼 가능성이 크다고 주장한다. 연령과 성별 그리고 인종이 동일하지만 생물학적으로 아무 관계가 없으며, 함께 성장하지는 않았지만 분리 성장한 쌍둥이들의 경제문화적 배경과 유사한 쌍으로 구성된 통제집단을 만든다면, 이 쌍들도 놀랄 만한 유사성을 보여주지 않겠는가?(Joseph, 2001). 쌍둥이 연구자들은 분리 성장한 이란성 쌍둥이들이 분리 성장한 일란성 쌍둥이에 비견할 만한 유사성을 보이지 않는다고 반박하고 있다.

성격 평가에서 얻은 훨씬 인상적인 데이터조차도 분리 성장한 쌍둥이들이 검사받기 수년 전에 이미 재회하였다는 사실로 인해서 그 가치가 훼손되어 버린다. 입양기관은 쌍둥이들을 유사한 가정에 보내는 경향이 있다. 이러한 비판에도 불구하고 쌍둥이 연구의 놀라운 결과들은 과학자들로 하여금 유전 영향을 제대로 파악하는 일에 주의를 기울이게 만들었다.

생물학적 친족 대 입양 친족

행동유전학자들에게 자연이 제공하는 두 번째 실생활 실험, 즉 입양은 **유전적 친족**(생물학적 부모와 형제)과 **환경적 친족**(양부모와 이복형제)이라는 두 집단을 만들어낸다. 따라서 어느 성격 특질에 대해서든, 입양아가 가정환경을 만들어주는 양부모와 더 유사한지 아니면 유전자를 제공해 준 친부모와 더 유사한지를 알아볼 수 있다. 입양아는 동일한 가정환경을 공유함으로써 입양가정 형제들과 성격 특질을 공유하게 되는가?

수백 가구의 입양가정을 대상으로 수행한 연구들의 놀라운 발견은, 생물학적으로 관련이 있든 없든 함께 성장한 사람들의 성격이 그렇게 닮지 않았다는 사실이다(McGue & Bouchard, 1998; Plomin, 2011; Rowe, 1990). 예컨대, 외향성과 우호성과 같은 성격 특질에서 입양아는 자신을 키워준 양부모보다는 친부모를 더 많이 닮는다.

이 결과는 중요하기 때문에 다시 한번 반복할 필요가 있다. **한 가정의 아동들이 공유하는 환경 요인은 성격에 거의 아무런 영향을 미치지 않는다.** 동일한 가정에서 성장하는 두 입양아가 성격 특질을 공유할 가능성은 이웃 동네에 사는 아이와 닮을 가능성보다 결코 높지 않다.

유전은 다른 영장류의 성격도 만들어낸다. 대리모가 양육한 마카크원숭이들도 대리모보다는 생물학적 어미를 닮은 사회행동을 나타낸다(Maestripieri, 2003).

동일한 가정의 아동들이 그토록 다른 까닭은 무엇인가? 공유하는 가정환경이 아동의 성격에 그토록 미미한 영향을 끼치는 까닭은 무엇인가? 각각의 아동이 독특한 또래 영향과 삶의 사건을 경험하기 때문인가? 형제관계가 서로 반작용을 일으켜 차이를 증폭하기 때문인가? 형제들이 절반의 유전자를 공유함에도 불구하고 각기 다른 유전자 결합을 가지고 있으며 매우 상이한 유형의 양육방식을 촉발하기 때문인가? 이러한 물음은 행동유전학자의 호기심을 증폭시키고 있다.

유전적 구속력이 성격에 대한 가정환경의 영향을 제한할 수 있겠지만, 그렇다고 해서 입양가정의 양육방식은 쓸데없는 투자라는 사실을 의미하는 것은 아니다. 한 연구는 스웨덴에서 전과가 있거나 물질 남용 장애가 있는 부모의 아동을 4,000명 이상 추적조사하였다. 입양하지 않은 형제와 비교할 때, 입양가정에서 성장한 아동은 범죄를 저지를 가능성이 44%나 낮았다(Kendler et al., 2016). 아동을 입양한 저자(드월)는 부모가 아동의 태도, 가치관, 예절, 정치적 성향, 교육, 종교 등에 영향을 미친다는 사실을 알고는 안도하고 있다(Gould et al., 2019; Kandler & Riemann, 2013). 이 사실은 이차 세계대전 중에 분리 성장한 일란성 쌍둥이인 잭 유페와 오스카 슈퇴르가 극적으로 예증하고 있는데, 잭은 유대인이었으며 오스카는 히틀러 유겐트(히틀러 청소년단)이었다. 나중에 재회하였을 때, 오스카는 잭에게 다음과 같이 웅얼거리듯 말하였다. “만일

입양이 중요하다 컨트리뮤직 가수인 페이스 힐과 올림픽 체조 금메달리스트인 시몬 바일스는 모두 사랑의 최대 선물 중의 하나인 입양으로부터 도움을 받았다.

Frederick Breedon IV/Getty Images

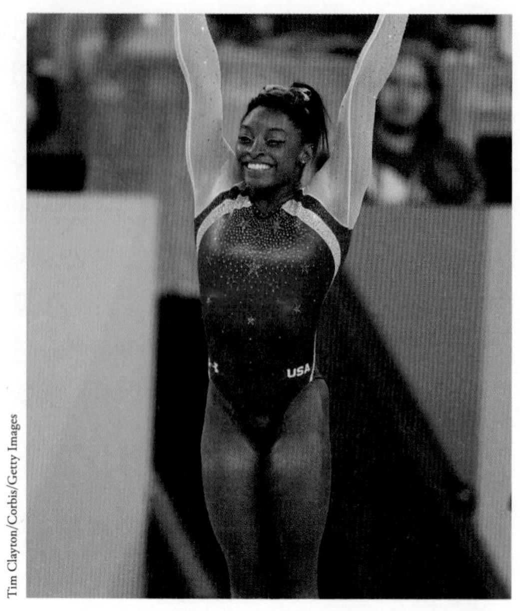

Tim Clayton/Corbis/Getty Images

너무나 다른 형제 : 헤르만 괴링은 외향적이고 모임을 사랑하였으며, 히틀러의 오른팔이 되었고 나치 게슈타포의 설립자이었다. 그의 동생 알베르트 괴링은 조용하고 은둔적이었으며, 형인 헤르만이 속한 정권이 살인 만행을 저지르고 있던 유대인을 구하는 일을 하였다(Brennan, 2010).

우리가 바뀌었다면, 나는 유대인이 되었고, 너는 나치가 되었겠구나"(Segal, 2005, 70쪽). 부모의 양육방식과 아동이 처한 문화적 환경이 중요한 것이다!

한 걸음 더 나아가서, 입양가정에서는 아동의 방기와 학대 그리고 심지어는 부모의 이혼도 드물다. (양부모는 신중하게 선택되지만, 친부모는 그렇지 않다.) 한 연구는 분리 성장한 형제, 즉 친모와 함께 성장한 아동과 양모와 함께 성장한 아동의 양육방식을 살펴보았다(Natsuaki et al., 2019). 생모와 비교해서 양모는 보다 온화한 양육방식을 사용하고, 지도를 더 많이 해주었으며, 우울 증상을 덜 경험하였다. 따라서 심리장애의 위험성은 조금 높다 하더라도, 대부분의 입양아가 유아기에 입양되었을 때 특히 성공적으로 성장한다는 사실은 그렇게 놀라울 것이 없다(Loehlin et al., 2007; van IJzendoorn & Juffer, 2006; Wierzbicki, 1993). 8명 중 7명의 입양아동은 적어도 양부모 중 한 사람에게 강력한 애착을 느낀다고 보고한다. 이타적 부모의 자녀로서 입양아는 보다 헌신적이고 이타적인 사람으로 성장한다(Sharma et al., 1998). 많은 입양아가 지능검사에서 친부모보다 더 높은 점수를 보이며, 더 행복하고 안정된 사람으로 성장한다(Kendler et al., 2015b; van IJzendoorn et al., 2005). 한 스웨덴 연구에서 보면, 유아기에 입양한 아이들은 친부모가 처음에는 입양기관에 맡겼다가 나중에 자기들이 키우기로 마음을 바꾼 아이들에 비해서 더 적은 수의 문제를 일으키며 성장한다(Bohman & Sigvardsson, 1990). 결론은 다음과 같다. 대부분의 입양아는 입양으로 인해서 도움을 받는다.

자문자답하기

함께 성장하였음에도 불구하고 매우 다른 성격을 가진 형제를 알고 있는가? (혹 여러분이 그러한 형제 중의 한 사람은 아닌가?) 형제의 삶과 양육과정을 알고 있다고 할 때, 이러한 차이에 영향을 미친 것은 무엇이라고 생각하는가?

인출 연습

RP-2 연구자들은 쌍둥이 연구와 입양아 연구를 사용하여 어떻게 심리학적 원리들을 밝혀내는가?

답은 부록 E를 참조

기질과 유전

LOQ 4-3 심리학자들은 기질에 관하여 무엇을 알아냈는가?

둘 이상의 자녀를 둔 대부분의 부모가 말하는 것처럼, 아이들은 출산 직후부터 차이를 보인다(Willoughby et al., 2019). 성격의 한 측면, 즉 **기질**(temperament, 정서적 반응성과 흥분성)은 곧바로 나타나며, 유전의 영향을 받는다(Kandler et al., 2013; Raby et al., 2012). 일란성 쌍둥이는 이란성 쌍둥이보다 더 유사한 기질을 가지고 있기 십상이다(Fraley & Tancredy, 2012; Kandler et al., 2013). 전형적으로 기질 차이는 지속적이다. 정서반응이 심한 신생아는 생후 9개월이 되어서도 매우 반동적으로 반응하는 경향이 있다(Wilson & Matheny, 1986; Worobey & Blajda, 1989). 정서적으로 지나치게 격정적인 학령 전기 아동은 어른이 되어서도 비교적 격정적인 경향이 있다(Larsen & Diener, 1987). 1,037명의 뉴질랜드 사람을 대상으로 수행한 연구에서 보면, 3세 아동이 나타내는 좌절감, 아량, 충동성, 지능 등에 대한 45분에 걸친 평가는 38세가 되었을 때 누가 복지지원금을 가장 많이 사용하며, 가장 많은 자녀를 유기하고, 가장 많은 범죄를 저지를지를 '상당히 정확하게' 예측할 수 있었다(Caspi et al., 2016).

유전 효과는 생리적 차이에서 나타난다. 불안하고 억제적인 유아는 심장박동이 빠르고 가변적이며, 예민하게 반응하는 신경계를 가지고 있다. 새롭거나 낯선 상황에 직면하면 생리적으로 상당히 각성된다(Kagan & Snidman, 2004; Roque et al., 2012).

유전성

LOQ 4-4 유전성이란 무엇인가? 유전성은 개인이나 집단과 어떻게 관련되는가?

이렇듯 생물학적 특성은 성격 형성에 영향을 미친다. 그렇지만 성격이 주로 유전의 산물인지 아니면 환경의 산물인지를 묻는 것은 농구코트의 크기가 길이에 달렸는지 아니면 너비 때문인지를 묻는 것과 같다. 아무튼 농구코트 크기의 차이가 길이의 차이나 너비의 차이 중에서 어느 것의 영향을 더 받는지를 물을 수는 있겠다. 마찬가지로 개인 간의 성격 차이가 선천성의 영향을 더 받는지 아니면 후천성의 영향을 더 받는지를 물을 수 있다.

행동유전학자들은 쌍둥이 연구와 입양아 연구를 사용하여 한 성격 특질의 **유전성**(heritability)을 수학적으로 추정한다. 유전성이란 개인들 간의 변산성을 유전자 탓으로 돌릴 수 있는 정도를 말한다. 많은 성격 특질의 경우에는 유전성이 대략 40%이며, 주요 우울 장애의 경우에는 유전성이 대략 30%이다(Haworth et al., 2010; Pettersson et al., 2019). 지능의 유전성에 대한 일반적 추정치는 50~80%에 이른다(Madison et al., 2016; Plomin et al., 2016; Plomin & von Stumm, 2018). 이 말이 여러분 지능의 50~80%가 유전적이라는 사실을 의미하는 것은 아니다. 유전 영향이 사람들 간에 관찰되는 변산성의 50~80%가량을 설명한다는 사실을 의미하는 것이다. 한 개인의 성격이나 지능의 몇 퍼센트가 유전된 것이라고는 결코 말할 수 없다. 여러분의 성격에서 x 퍼센트는 유전 때문이고 y 퍼센트는 환경 때문이라고 말하는 것은 아무 의미가 없다. 이 사실은 오해의 소지가 크기 때문에, 다시 한번 말하지만 유전성이란 사람들 간의 차이를 유전자 탓으로 돌릴 수 있는 정도를 나타내는 것이다.

지능과 같은 특질의 유전성은 연구마다 차이를 보인다. 사내아이들을 12세까지 나무통 속에

기질 한 개인의 특징적인 정서 반응과 강도

유전성 개인들 간의 변산성 중에서 유전 탓으로 돌릴 수 있는 비율. 한 특질의 유전성은 연구하는 전집의 범위와 환경의 범위에 따라서 변할 수 있다.

서 키우면서 구멍을 통해서 음식을 제공해보자는 마크 트웨인(1835~1910)의 가상적 제안을 생각해보자. 만일 이 제안에 따른다면, 그 아이들은 정상적인 12세 아동보다 낮은 지능지수를 나타낼 것이다. 그렇지만 동일한 환경임에도 불구하고 검사 점수의 차이는 오직 유전으로만 설명할 수 있을 것이다. 환경이 동일하다면, 그 차이에 대한 유전성은 거의 100%가 된다.

환경이 점차 유사해짐에 따라 유전이 차이의 일차 원천이 된다. 만일 모든 학교가 동등한 자질을 가지고 있으며, 모든 가정이 똑같이 사랑하고, 모든 이웃이 똑같이 건강하다면, 유전자에 따른 차이인 유전성은 증가하게 된다(환경에 따른 차이가 감소하기 때문이다). 반대로 만일 모든 사람이 유전적으로 유사하지만 극단적으로 다른 환경에서(어떤 사람은 나무통에서, 다른 사람은 풍요로운 가정에서) 성장한다면, 유전성은 훨씬 낮아지게 된다. 따라서 유전성은 고정된 단일 점수가 아니라, 환경 변화에 따라 가변적인 것이다.

The New Yorker Collection, 2003, Michael Shaw from cartoonbank.com. All Rights Reserved.

"제 과학 프로젝트의 제목은 '내 동생 : 선천성인가 아니면 후천성인가?'예요."

유전 영향이 한 집단에 들어있는 사람들 간에 나타나는 특질 변산성을 설명하는 데 도움을 준다면, 집단 간의 특질 차이에 대해서도 똑같은 말을 할 수 있겠는가? 반드시 그렇지는 않다. 신장은 90% 유전성이지만, 집단적으로 볼 때 오늘날 성인들이 예전보다 더 큰 이유는 유전보다는 영양 상태(환경 요인) 때문이다(Floud et al., 2011). 1896년에 전 세계 남자의 평균 키는 162센티미터이었으며, 여자의 평균 키는 151센티미터이었다(Our World in Data, 2019). 1990년대에 남자와 여자 모두 9센티미터나 더 커졌다. 두 집단이 차이를 보이지만, 인간 유전자가 지극히 짧은 시간 동안 변하였기 때문은 아니다. 우수한 영양을 섭취하는 대한민국 국민은 동일한 유전 특성을 가지고 있는 북한 주민보다 평균적으로 15센티미터나 더 크다(Johnson et al., 2009). 유전자가 중요하지만 환경도 중요한 것이다.

신장과 마찬가지로 성격이나 지능도 그렇다. 유전적인 개인차가 반드시 유전적인 집단 차이를 함축하지는 않는다. 어떤 개인이 보다 공격적인 유전 소인을 가지고 있다고 하더라도, 어떤 집단이 다른 집단보다 더 공격적인 이유를 설명해주지는 않는다. 사람을 새로운 사회 맥락에 집어넣게 되면, 공격성도 변할 수 있다. 오늘날 평화로운 스칸디나비아 사람은 바이킹 조상으로부터 물려받은 많은 유전자를 가지고 있는 것이다.

인출 연습

RP-3 한 특질의 유전성을 연구하고 있는 연구자는 그 특질에서의 개인차 중에서 얼마만큼을 ________ 탓으로 돌릴 수 있는지를 결정하고자 한다.

답은 부록 E를 참조

유전자-환경 상호작용

사람들 간의 유사성 중에서 가장 중요한 것은 대단한 적응력이며, 이것은 인간이라는 종의 행동 보증서이기도 하다. 몇몇 특질은 거의 모든 환경에서 동일하게 발달한다. 그러나 어떤 특질은 특정 환경에서만 발현한다. 여름에 맨발로 다녀보라. 그러면 발바닥이 단단해지고 굳은살이 박이는데, 이것은 마찰에 대한 생물학적 적응이다. 반면에 신발을 신고 다닌 사람은 부드러운 발을 유지할 것이다. 두 사람의 차이는 물론 환경의 영향이다. 그렇지만 이것은 생물학적 기제, 즉 적응의 산물이다. 공유하는 생물학적 소인이 다양성을 발달시키게 만드는 것이다(Buss, 1991). 따라서 유전자와 경험이 모두 중요하다고 말하는 것이 참이다. 그렇지만 보다 정확하게는 **상호작**

용(interaction)한다. 유전자와 경험이 어떻게 상호작용하여 사람들을 독특한 개별자로 만드는 것인지는 오늘날 심리학에서 가장 뜨거운 주제의 하나이다. 예컨대, 유전자-환경 상호작용 연구는 스트레스와 학대로 인한 영구적 손상의 위험이 매우 큰 사람 그리고 개입의 도움을 받을 가능성이 매우 큰 사람 등을 밝혀내고 있다(Byrd et al., 2019; Manuck & McCaffery, 2014). 미국 국립보건원(NIH)의 연구 프로그램은 현재 유전자와 환경이 함께 신체건강과 정신건강에 어떤 영향을 미치는지를 정확하게 밝혀내기 위하여 100만 명을 연구하고 있다(NIH, 2019).

Derek Storm/Splash News/Newscom

유전적 우주 탐사 2015년에 스콧 켈리(왼쪽)는 국제 우주정거장에서 지구를 선회하면서 340일을 보냈다. 그의 쌍둥이 형제인 마크 켈리(오른쪽)는 지구에 남아있었다. 두 사람은 동일한 신체검사와 심리검사를 받았다(Garrett-Bakelman et al., 2019). 지구에 남았던 형제와 비교할 때, 스콧 켈리의 면역 시스템이 일시적으로 과잉 활동하였는데, 아마도 우주생활의 스트레스와 평균 수준 이상의 방사선 노출 때문인 것으로 보였다. 연구결과는 과학자들이 유전자와 환경(우주공간과 지구) 간의 상호작용을 이해하는 데 도움을 주고 있다.

분자행동유전학

LOQ 4-5 분자유전학 연구는 선천성과 후천성의 효과에 관한 이해를 얼마나 변화시키고 있는가?

행동유전학자들은 "유전자가 행동에 영향을 미치는가?"라는 물음을 넘어서서 진보해왔다. 행동유전학 연구의 새로운 프런티어는 유전자의 분자 구조와 기능을 연구하는 '상향식' **분자유전학**(molecular genetics)에 토대를 두고 있다.

행동에 영향을 미치는 특정 유전자의 탐색 앞에서 보았던 것처럼, 유전자는 전형적으로 단독으로 작동하지 않는다. 예컨대, 쌍둥이와 입양아 연구는 '비만 유전자'를 단 하나도 밝혀내지 못하였다. 몇몇 유전자는 위가 두뇌에게 "배가 불러요."라고 말하는 속도에 영향을 미친다(Adetunji, 2014). 다른 유전자들은 근육에 얼마나 많은 연료가 필요한지, 초조할 때 얼마나 많은 칼로리를 소비할지, 신체가 여분의 칼로리를 얼마나 효율적으로 지방으로 전환시키는지를 알려주기도 한다. 따라서 **분자행동유전학**(molecular behavior genetics)의 한 가지 목표는 많은 유전자 중에서 어떤 유전자들이 협응하여 체중, 성적 지향성, 충동성 등과 같은 복잡한 성격 특질에 영향을 주는 것인지를 찾아내려는 것이다.

후생유전학 : 유전자 발현에서 스위치 역할을 담당하는 제동장치의 탐색 유전자는 작동(발현)하거나 작동(발현)하지 않을 수 있다. **후생유전학**(epigenetics)은 환경이 유전자 발현을 촉발하거나 차단하는 분자기제를 연구한다. 유전자는 자기조절적이다. 맥락에 관계없이 동일한 결과로 이끌어가는 청사진처럼 작동하기보다는 환경에 반작용을 나타낸다. 여름에는 녹색인 아프리카 나비는 기온이 조절하는 유전 스위치 덕분에 가을에는 갈색으로 변한다. 한 상황에서 녹색을 생성하는 유전자가 다른 상황에서는 갈색을 내놓는다.

경험도 후생유전적 표지를 만들어내는데, 흔히 DNA 가닥의 한 부분에 붙어있는 유기 메틸 분자이다(그림 4.3). 이 표지가 세포에게 그 DNA 가닥에 존재하는 유전자는 어느 것이든 무시하도록 지시하게 되면, 그 유전자들의 스위치는 꺼지게 된다. 즉, DNA로 하여금 그 유전자들이 부호화하고 있는 단백질을 생성하지 못하도록 만든다. 한 유전학자가 말한 바와 같이, "펜으로 작성한 것은 바꿀 수 없다. 그것이 DNA이다. 연필로 작성한 것은 바꿀 수 있다. 그것이 후행유전학이다"(Reed, 2012).

섭식, 약물, 스트레스 등과 같은 환경 요인들은 유전자 발현을 조절하는 후생유전학 분자에 영향을 미칠 수 있다. 어미 쥐는 일반적으로 새끼를 핥아준다. 여러 실험에서 이러한 핥기가 박

상호작용 한 요인(예컨대, 환경)의 효과가 다른 요인(예컨대, 유전)에 의존적일 때 발생하는 공동 효과

분자유전학 유전자의 분자구조와 기능을 연구하는 생물학의 하위분야

분자행동유전학 유전자의 구조와 기능이 어떻게 환경과 상호작용하여 행동에 영향을 미치는지를 연구하는 분야

후생유전학 DNA 변화 없이 발생하는 유전자 발현에 영향을 미치는 요인들에 관한 연구

THE CANADIAN PRESS/Adrian Wyld

지속적 효과 캐나다 상원의원인 머레이 싱클레어는 캐나다가 오랫동안 시행해온 토착민 아동을 가족으로부터 분리시키는 지역학교 프로그램의 충격적인 효과를 심도 있게 보고한 공로로 캐나다심리학회로부터 인도주의상을 수상하였다. 심리학자 수전 핑커(2015)는 강제 가족분리의 후생유전적 효과가 "지역학교의 생존자뿐만 아니라 후손 세대에서도 발현될 수 있다."라는 사실을 밝혔다.

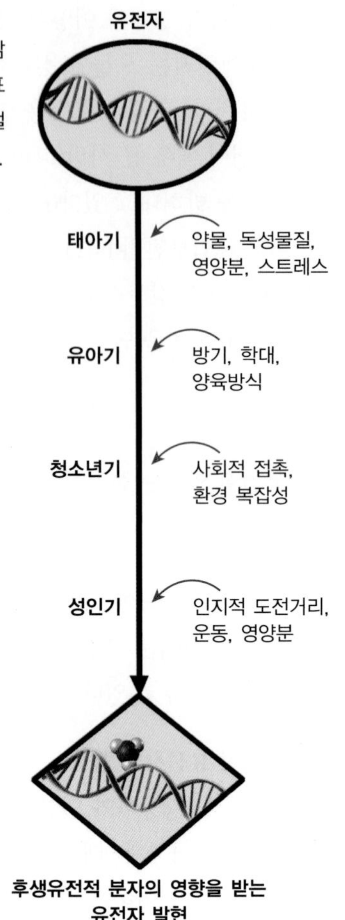

그림 4.3
후생유전적 발현 자궁에서 시작하는 삶의 경험은 유기 메틸 분자인 후생유전적 표지를 남기는데, 이 표지는 관련 DNA 분절에서 유전자 발현에 영향을 미칠 수 있다. (Champagne, 2010에서 인용.)

탈된 새끼 쥐는 두뇌의 스트레스 호르몬 수용기가 발달하려면 작동해야 하는 스위치를 차단하는 후생유전학 분자들을 더 많이 가지고 있었다. 스트레스를 받으면, 이 쥐들은 수용기가 없기 때문에 제멋대로 돌아다니는 스트레스 호르몬을 더 많이 가지게 됨으로써 더 많은 스트레스를 받게 된다(Champagne et al., 2003; Champagne & Mashoodh, 2009).

후생유전학은 아동기 외상, 가난, 영양실조 등의 효과가 평생 동안 지속되기도 하는 기제를 밝히고 있다(Nugent et al., 2016; Peter et al., 2016; Swartz et al., 2016). 그러한 경험은 한 개인의 게놈에 족적을 남긴다. 몇몇 후생유전학적 변화는 후속 세대에 전달되기도 한다. 과거 홀로코스트 생존자와 미국 남북전쟁 포로이었던 사람들을 대상으로 수행한 연구는 후손들과 공유하는 후생유전학적 변이를 보여주었다(Costa et al., 2018; Yehuda et al., 2016). 몇몇 비판자는 이러한 결과의 신뢰성에 의문을 제기한다(Horsthemke, 2018; Yasmin, 2017). 기대하시라. 이러한 과학 이야기는 여전히 진행 중이다.

후생유전학 연구는 일란성 쌍둥이 중 한 명만이 유전적 영향을 받는 심리장애를 일으키는 이유와 같은 몇몇 과학적 미스터리를 해결할지도 모른다(Spector, 2012). 후생유전학은 일란성 쌍둥이가 서로 약간 다르게 보이는 이유를 설명하는 데도 도움을 줄 수 있다. 쥐 연구자들은 자궁을 특정 화학물질에 노출시키는 것이 유전적 일란성 쌍둥이들이 상이한 색깔의 털을 갖게 만들 수 있다는 사실을 밝혀왔다(Dolinoy et al., 2007).

인출 연습

RP-4 다음 용어들을 정확한 설명과 연결하라.

1. 후생유전학	**a.** 행동에 대한 유전과 환경의 상대적 영향을 연구한다.
2. 분자행동유전학	**b.** 특정 유전자의 구조와 기능이 어떻게 환경과 상호작용하여 행동에 영향을 미치는지를 연구한다.
3. 행동유전학	**c.** 유전자의 발현방식에 영향을 미치는 환경 요인을 연구한다.

답은 부록 E를 참조

개관 행동유전학 : 개인차 예측하기

학습목표

자기검증 개념 파악을 증진시키도록 (부록 D의 답을 확인해보기에 앞서) 여러분 자신의 표현으로 여기서 반복하는 학습목표 물음에 답해보라 (McDaniel et al., 2009, 2015).

LOQ 4-1 염색체, DNA, 유전자, 그리고 인간 게놈이란 무엇인가? 행동유전학자는 개인차를 어떻게 설명하는가?

LOQ 4-2 쌍둥이와 입양아 연구는 어떻게 선천성과 후천성의 영향 그리고 둘 간의 상호작용을 이해하는 데 도움을 주는가?

LOQ 4-3 심리학자들은 기질에 관하여 무엇을 알아냈는가?

LOQ 4-4 유전성이란 무엇인가? 유전성은 개인이나 집단과 어떻게 관련되는가?

LOQ 4-5 분자유전학 연구는 선천성과 후천성의 효과에 관한 이해를 얼마나 변화시키고 있는가?

기억해야 할 용어와 개념들

자기검증 여러분 자신의 표현으로 정의를 적어본 후에 답을 확인해보라.

게놈	염색체	일란성 쌍둥이
기질	유전	행동유전학
분자유전학	유전성	환경
분자행동유전학	유전자	후생유전학
상호작용	이란성 쌍둥이	DNA

학습내용 숙달하기

자기검증 여러분 자신의 표현으로 다음 물음에 답한 후에 부록 E에서 답을 확인해보라.

1. 대부분 DNA 분자들로 구성된 실과 같은 구조를 ________라고 부른다.

2. 특정 단백질 코드를 가지고 있는 DNA의 작은 단위를 ________라고 부른다.

3. 다음 중 난자와 정자가 결합될 때, 각각이 기여하는 것은 무엇인가?

a. 염색체 한 쌍 **b.** 23개의 염색체
c. 23쌍의 염색체 **d.** 25,000개의 염색체

4. 다음 중 이란성 쌍둥이가 만들어지는 과정은 어느 것인가?

a. 하나의 난자와 하나의 정자가 결합한 후 분할된다.
b. 하나의 난자와 두 개의 정자와 결합한 후 분할된다.
c. 두 개의 난자가 두 개의 정자와 결합한다.
d. 두 개의 난자가 하나의 정자와 결합한다.

5. ________쌍둥이는 동일한 DNA를 공유한다.

6. 입양아 연구는 성격에 대한 유전 영향을 이해하고자 한다. 다음 중 이 연구가 사용하는 방법은 어느 것인가?

a. 입양아를 비입양아와 비교한다.
b. 입양아 성격이 양부모와 친부모 중에서 누구의 성격을 더 닮았는지 평가한다.
c. 과거의 무단방치가 입양아에게 미치는 효과를 연구한다.
d. 입양연령의 효과를 연구한다.

7. 생애 첫 주부터 유아들은 정서반응에서 차이를 보인다. 어떤 유아는 격렬하게 반응하고 불안한 반면, 다른 유아는 태평하고 편안하다. 일반적으로 이러한 차이를 ________에서의 차이로 설명한다.

8. ________이란 유전자 탓으로 돌릴 수 있는 개인들 간의 변산성 비율을 말한다.

9. 후생유전학은 ________이 유전자 발현을 촉발하거나 차단하는 분자 기제를 연구한다.

진화심리학 : 인간의 선천성과 후천성 설명하기

LOQ 4-6 진화심리학자는 어떻게 자연선택을 사용하여 행동 경향성을 설명하는가?

행동유전학자는 개인차의 유전적 뿌리와 환경적 뿌리를 탐구한다. 반면에 **진화심리학자**(evolutionary psychologist)는 우리 모두를 인간으로서 유사하게 만들어주는 것에 초점을 맞춘다. 이들은 행동과 심적 과정의 뿌리를 이해하기 위하여 찰스 다윈의 **자연선택**(natural selection) 원리를 사용한다. 리처드 도킨스(2007)는 자연선택을 "인간의 마음에서 일어날 수 있는 가장 획기적인 아이디어"라고 부르고 있다. 이 아이디어를 단순화하면 다음과 같다.

- 변이를 일으킨 후손들은 생존을 위해 경쟁한다.
- 특정한 생물학적 변이와 행동 변이는 자신의 환경에서 후손 전파율과 생존율을 증가시킨다.
- 생존한 후손은 자신의 유전자들을 후속 세대에 전달할 가능성이 더 높다.
- 시간이 경과함에 따라서 집단의 특성이 변하게 된다.

이러한 원리가 작동하는 방식을 이해하기 위하여, 여우의 예를 직접 보도록 하자.

자연선택과 적응

여우는 조심성 있는 야생동물이다. 여우를 잡아서 길들이려면 조심해야 한다. 만일 소심한 여우가 도망갈 수 없다면 손가락을 물지도 모른다. 1950년대 초에 러시아 과학자 드미트리 벨랴예프는 여우와 마찬가지로 야생의 늑대 조상을 가지고 있는 개를 선조들이 어떻게 길들이게 되었는지를 궁리하였다. 어떻게 하면 비교적 짧은 시간에 공포에 떠는 여우를 친근한 여우로 전환시켜 선조들과 유사한 성과를 낼 수 있을까?

벨랴예프는 이 방법을 찾아내기 위하여 여우 농장에서 선택한 100마리의 암컷 여우와 30마리의 수컷 여우를 대상으로 연구에 착수하였다[여우 농장에 가두어 키우며 먹이를 줌으로써 어느 정도 길들이기가 이루어졌을 수도 있다(Gorman, 2019)]. 이들이 낳은 새끼들 중에서 가장 온순한 20%의 암컷과 5%의 수컷을 선별하여 교배시켰다. (온순한 정도는 먹이를 주거나 손으로 만지거나 쓰다듬을 때 여우의 반응을 가지고 측정하였다.) 벨랴예프와 그의 후계자인 류드밀라 트루트는 이렇게 단순한 과정을 57세대 이상에 걸쳐 반복하였다(Dugatkin & Trut, 2017). 40년 동안 45,000마리를 거친 후에, 이들은 새로운 품종의 여우를 갖게 되었다. 트루트(1999)의 표현에 따르면, "온순하고 쉽게 즐거워하며 확실하게 길들여졌다… 우리 눈에는 '짐승'이 '예쁜이'로 바뀌었으며, 야생 조상의 공격 행동은 완전히 사라지고 말았다." 변화가 일어난 것이다. 친근하고 사람들과 접촉하고자 애쓰며, 주의를 끌기 위해서 낑낑거리기도 하며, 다정한 고양이처럼 사람을 핥기도 하였기에, 연구비가 필요한 연구소는 기금 마련의 일환으로 자기들이 선택 교배한 여우들을 반려동물로 판매하기 위한 마케팅에 나서기도 하였다.

동일한 과정이 자연발생적인 선택에도 작동하는가? 자연선택은 인간의 경향성을 설명해주는가? 실제로 자연은 때때로 발생하는 **돌연변이**(mutation, 유전자 복제에서의 무선 오류), 그리고 임신할 때마다 만들어지는 새로운 유전자 결합 중에서 장점을 갖는 것들을 선택해왔다. 그렇지

진화심리학 자연선택의 원리를 사용하여 행동과 마음의 진화를 연구하는 분야

자연선택 유전된 특질의 변이라는 범위 내에서 자손 번식과 생존에 기여하는 특질은 후세대에게 전달될 가능성이 더 크다는 원리

돌연변이 유전자 복제에서 변화를 초래하는 무선 오류

만 개가 사냥감을 물어오고, 고양이가 먹이를 덮치고, 개미가 집을 짓게 만드는 엄격한 유전적 구속력이 사람에게는 느슨해진다. 인류사에서 선택된 유전자들은 구속만 하는 것이 아니다. 사람에게 대단한 학습능력을 부여해줌으로써 툰드라에서부터 정글에 이르기까지 다양한 환경에 적응할 수 있게 해준다. 유전자와 경험이 함께 두뇌를 구조화한다. 다양한 환경에 대처하는 적응적 가소성이야말로 인간의 유능성, 즉 생존하고 후손을 퍼뜨리는 능력을 가능하게 만드는 것이다.

Courtesy Institute of Cytology and Genetics, SB RAS

여우 길들이기 60년에 걸쳐서 류드밀라 트루트는 유전적으로 은여우를 인간의 다정한 동반자로 키워냈다.

인출 연습

RP-1 벨랴예프와 트루트의 선택 교배는 자연선택이 정상적으로 일어나는 방식과 얼마나 유사하고 또한 얼마나 다른가?

답은 부록 E를 참조

진화적 성공은 유사성을 설명하는 데 도움을 준다

개인차가 우리의 관심을 끈다. 기네스북의 세계기록은 가장 큰 사람의 신장, 최고령자, 문신을 가장 많이 한 사람 등으로 우리를 즐겁게 해준다. 그렇지만 우리의 진정한 유사성도 설명을 요구한다. 네덜란드 암스테르담의 국제공항 입국장에서는 인도네시아 할머니, 중국 어린이, 그리고 집으로 돌아오는 네덜란드인들의 얼굴에서 모두 동일한 모습의 환희를 볼 수 있다. 의사이자 사회학자인 니콜라스 크리스타키스(2019)는 "모든 것이 변하고 있는 것처럼 보이는 매 순간에도 사람들이 함께 살아가는 근본적인 방식은 그대로 남아있다."라고 지적한다.

유전적 유산

인간의 유사성은 공유하는 유전 프로파일, 즉 공유하는 **게놈**에서 유래한다. 사람들 간의 유전적 개인차 중에서 집단 간 차이에 의한 것은 5%도 되지 않는다. 95%가량의 유전 변이는 집단 내에 존재한다(Rosenberg et al., 2002). 남아공의 두 사람이나 싱가포르의 두 사람 간의 전형적인 유전적 차이가 두 집단의 평균 차이보다 훨씬 크다. 따라서 만일 전 세계적 재앙으로 인해 남아공인과 싱가포르인만 살아남는다고 해도, 인간종의 유전적 다양성은 크게 줄어들 것이 없다(Lewontin, 1982).

그렇다면 우리는 어떻게 공유하는 인간 게놈을 발달시켜 왔는가? 인간의 역사가 시작될 때, 우리 조상들은 몇 가지 문제에 직면하였다. 누가 나의 친구이며 누가 나의 적인가? 누구와 짝짓기를 해야 하는가? 어떤 음식을 먹어야 할까? 어떤 조상은 다른 조상보다 이러한 도전거리에 보다 잘 대처하였다. 예컨대, 임신 초기 3개월 동안에 입덧을 경험하는 여자는 쓰고 맛이 강하며 낯선 음식을 회피하는 소인을 갖게 되었다. 그러한 음식을 회피하는 것은 생존가치를 갖는다. 그러한 음식은 대개 태아 발달에 해로운 것이기 때문이다(Profet, 1992; Schmitt & Pilcher, 2004). 독이 들어있는 음식보다는 영양분이 많은 음식을 먹으려는 소인을 가진 사람은 살아남아서 자신의 유전자를 후세에 전달하였다. 표범을 애완동물로 길들이려던 사람들은 그러지 못하였다.

마찬가지로 자손을 낳고 양육할 수 있는 사람과 짝짓기를 한 조상들도 성공적이었다. 세대를 거치면서 그러한 성향을 갖지 못한 사람의 유전자는 인간 유전자 전집에서 탈락하였다. 성공을 증진시키는 유전자들은 계속해서 선택되었다. 그 결과로 석기시대 조상들이 살아남아 자손을 퍼 여러분의 행운을 생각해보라. 지난 1,000년 동안에 높은 유아 사망률과 만연하였던 질병에도 불구하고, 여러분의 헤아릴 수 없이 많은 조상은 어느 누구도 자식 없이 죽지 않았다.

뜨리며 자신들의 유전자를 미래로 전파하도록 만들어준 행동 경향성과 생각하고 학습하는 능력이 현재의 우리에게까지 이어져온 것이다.

사람들은 다양한 문화에 걸쳐 심지어 '보편적인 도덕규칙'까지도 공유하고 있다(Mikhail, 2007). 남자이든 여자이든, 젊든 늙었든, 진보적이든 보수적이든, 시드니에 살든 서울에 살든, 모든 사람은 다음 질문에 부정적 반응을 보인다. "만일 살인가스가 환풍기로 스며들어 7명이 있는 방을 향하여 흘러가고 있다면, 누군가를 강제로 환풍기로 밀어넣어 한 사람을 죽이는 대신에 7명을 살리는 것은 괜찮겠는가?" 그렇지만 한 사람이 환풍기로 뛰어들어서 그 사람은 희생되지만 7명을 구하도록 허용하는 것은 괜찮겠는지 물어볼 때는 모든 사람이 긍정적으로 반응한다. 사람들이 공유하는 도덕적 본능은 조상이 직접적인 해코지를 처벌하는 소집단으로 살았던 먼 과거로부터 지금까지 살아남은 것이다. 진화 이론은 후손을 보호하려는 강력한 욕구에서부터 공유하는 공포와 성욕에 이르기까지, 인간의 모든 보편적인 경향성을 자연선택이라는 한 가지로 설명하고 있다(Schloss, 2009).

선사시대의 유전적 유산을 물려받은 우리는 조상의 생존과 후손 전파를 촉진했던 방식으로 행동하려는 소인을 가지고 있다. 생존 관련 정보("불을 났을 때는 계단을 사용하라.")를 쉽게 기억해내며, 낭만적으로 바람직한 상대에게 세심한 주의를 기울인다(Nairne et al., 2019; Nakamura et al., 2017). 그렇지만 어떤 면에서 우리는 더 이상 존재하지 않는 세상에서나 적합하였던 생물학적 특성을 여전히 가지고 있다. 여전히 단맛과 지방질을 선호하는데, 이것은 조상들이 기아에서 굶어 죽지 않고 살아남도록 마련된 것이다. 오늘날 사냥을 하고 먹거리를 채취하는 사람은 거의 없다. 사람들은 너무나도 자주 패스트푸드 식당이나 자판기에서 달콤하고 맛있는 것들을 찾고 있다. 역사적으로 깊은 뿌리를 갖고 있는 이러한 성향은 오늘날 정크푸드와 활동적이지 않은 생활양식과 갈등을 겪고 있다.

오늘날의 진화심리학

다윈의 진화론은 생물학의 체제화 원리 중의 하나로 자리 잡아왔으며, 심리학에 진화 원리를 적용한다는 두 번째 다윈 혁명을 거치고 있다. 다윈(1859, 346쪽)은 『종의 기원』의 결론 부분에서 이것을 예견하면서, "훨씬 더 중요한 연구를 수행하는 열린 분야로서 심리학은 새로운 토대에 근거하게 될 것"이라고 내다보았다.

인간의 기원에 대한 과학적 설명과 종교적 설명 사이의 명백한 갈등으로 고민하는 사람들은 이 책의 서막에서 삶에 대한 서로 다른 조망이 상호 보완적일 수 있다는 사실을 회상해보는 것이 도움이 되겠다. 예컨대, 과학적 설명은 언제 그리고 어떻게 인류가 지구상에 태어나게 되었는지를 알려주려고 시도하며, 종교적 창조론 이야기는 일반적으로 궁극적인 누가 그리고 왜 인류를 창조하였는지에 대해 이야기하려는 것이다. 갈릴레오가 설명하였듯이, "성경은 천국에 이르는 길을 가르쳐주지만, 천국이 어떤 것인지는 알려주지 않는다."

이 책의 나머지 부분에서는 진화심리학자의 호기심을 자극하는 물음들을 다루게 된다. 유아가 스스로 움직일 수 있을 즈음에 낯선 사람을 무서워하게 되는 이유는 무엇인가? 많은 사람이 총이나 전기가 훨씬 더 위험한 대상임에도 거미나 뱀 그리고 높은 곳에 대한 공포증을 가지고 있는 이유는 무엇인가? 운전하는 것보다 비행기 여행을 훨씬 더 무서워하는 이유는 무엇인가?(어느 것이 더 위험한가).

진화심리학자가 생각하고 추리하는 방식을 이해하기 위해서 잠시 다음의 두 가지 물음에 대한 이들의 답을 알아보도록 하자. 여자와 남자는 얼마나 유사한가? 그리고 그들의 성징은 얼마나 다르며 그 이유는 무엇인가?

인간 성징의 진화적 설명

LOQ 4-7 진화심리학자는 성징과 배우자 선호에서의 성차를 어떻게 설명하는가?

인류 역사를 통해서 많은 유사한 도전거리에 직면하였던 남자와 여자는 유사한 방식으로 적응해왔다. 여자이든 남자이든 같은 음식을 먹고, 똑같이 높은 곳을 두려워하며, 동일한 포식자를 회피하고, 유사하게 지각하며 학습하고 기억한다. 남자와 여자가 서로 다른 적응적 도전거리에 직면해온 유일한 영역은 자손 번식과 관련된 행동뿐이라고 진화심리학자는 주장한다.

성징에서의 성차

남녀는 정말로 다르다. 성욕을 생각해보자. 남자와 여자는 모두 성적 동기를 가지고 있으며, 어떤 여자는 많은 남자보다 그 동기가 더 강하다. 그런데 평균적으로 누가 섹스를 더 많이 생각할까? 누가 바람을 더 많이 피울까? 누가 자위행위를 더 많이 할까? 누가 포르노를 더 많이 볼까? 전 세계적인 답은 모두 남자, 남자, 남자, 남자이다(Baumeister et al., 2001; Hall et al., 2017; Lippa, 2009; Petersen & Hyde, 2010). 65~80세의 미국인 중에서조차 여자의 12%와 남자의 50%가 섹스에 '매우' 또는 '극단적으로' 관심이 있다고 보고하였다(Malani et al., 2018).

사귀는 사람이 없는 이성애 남자는 여성의 관심에 민감하며, 여자의 친절함을 성적 관심으로 오해하기 십상이다(Abbey, 1987). 이러한 **성적 과잉지각 편향**은 스피드 데이트(독신 남녀들이 애인을 찾을 수 있도록 여러 사람을 돌아가며 잠깐씩 만나 보게 하는 행사)에 참가한 남자에게서 명확하게 드러나는데, 데이트 파트너가 실제로 표현하고 있다고 보고하는 것보다 더 많은 성적 관심을 표현하였다고 믿는다(Perilloux et al., 2012). [사귀는 사람이 없는 이성애 여자가 자신의 성적 관심을 과소진술하는 것도 이 사실을 부분적으로 설명하고 있다(Engeler & Raghubir, 2018).] 오래된 연인들이 파트너의 성적 관심을 더 잘 헤아린다(Dobson et al., 2018).

많은 성별 유사성과 차이점은 성적 지향성을 넘어서서 나타난다. 레즈비언과 비교할 때, 게이는 이성애 남자와 마찬가지로 시각적인 성적 자극에 더 민감하며, 상대방의 신체 매력에 더 관심이 있다(Bailey et al., 1994; Doyle, 2005; Schmitt, 2007; Sprecher et al., 2013). 게이 동거자들이 레즈비언 동거자들보다 더 많은 성관계를 갖는다고 보고한다(Peplau & Fingerhut, 2007). 그리고 이성애 남자와 마찬가지로 게이는 구속받지 않는 성관계에 더 많은 관심을 보고한다(Schmitt, 2003).

자연선택과 배우자 선호도

자연선택은 생존과 후손 전파에 기여하는 특질과 욕구를 자연이 선택하는 것이다. 시간이 경과하면서, 개인이나 종에 후손 전파의 이점을 제공하는 특질은 선택되고 번성한다. 진화심리학자는 성 선택 원리를 사용하여 침팬지이든 코끼리이든, 시골 농부이든 기업 회장이든, 남성과 여성이 성관계와 관련된 영역에서 어떻게 다른지를 설명한다(Buss & Schmitt, 2019; Geary, 2010). 인간의 선천적인 열망은 유전자가 자기복제를 하려는 것이라고 진화심리학자는 주장한다.

성적 배우자를 선택함에 있어서, 왜 여자가 남자보다 더 까다로운 경향을 나타내는가? 여자가 더 위험하기 때문이다. 자기 유전자를 후손에게 전달하기 위해서 여자는 최소한 임신을 하고 9개월 동안 자기 몸속에서 자라는 태아를 보호해야만 하며, 태어난 후 몇 달 동안 보살펴야 할지

Carolita Johnson/The New Yorker Collection/The Cartoon Bank

"그게 당신이 생각할 수 있는 전부예요?"

도 모른다. 그렇기에 이성애 여자가 후손을 지원하고 보호할 배우자를 선호하는 것은 놀라운 일이 아니다. 잘생겼지만 제멋대로 돌아다니는 망나니보다는 한곳에 머무르는 아버지를 선호한다(Meeussen et al., 2019). 키 크고 가는 허리에 넓은 어깨를 가지고 있는 남자에게 매력을 느끼는데, 이 모든 것은 성공적인 후손 전파의 신호이다(Mautz et al., 2013). 그리고 이성애 여자는 부유해 보이는 남자를 압도적으로 선호한다(Wang et al., 2018). 한 연구는 웨일스에서 행인 수백 명에게 별 볼 일 없는 자동차나 멋들어진 스포츠카 운전자의 사진을 평가하도록 요구하였다. 남자들은 차에 관계없이 사진 속 여자의 매력도를 동일하게 평가하였다. 그렇지만 여자들은 고급 승용차를 타고 있는 남자를 더 매력적으로 판단하였다(Dunn & Searle, 2010). 마찬가지로 고급 아파트나 평범한 아파트에 있는 사람의 사진을 볼 때, 여자들은 고급 아파트에 있는 남자를 더 매력적이라고 판단하였지만, 남자들의 지각은 배경의 영향을 받지 않았다(Dunn & Hill, 2014).

진화론자는 남자가 다양한 짝을 추구하며, 여자가 현명하게 짝을 구한다고 말한다. 이성애 남자는 어떤 특질을 바람직하게 생각하는가? 여자의 매끄러운 피부나 젊은 외모와 같은 특질은 시공간을 초월하여 건강과 다산성을 의미한다(Buss & Von Hippel, 2018). 그러한 여자와의 성관계는 남자에게 자신의 유전자를 미래로 전달할 기회를 더 많이 제공한다. 그리고 남자는 허리가 엉덩이보다 1/3 정도 날씬한(아직 출산 경험이 없다는 신호일 가능성이 높다) 여자에게 가장 매력을 느끼는 것은 말할 것도 없다(Lassek & Gaulin, 2018, 2019; Lewis et al., 2015). 시각 장애자조차도 허리/엉덩이 비율이 낮은 여자를 선호한다(Karremans et al., 2010). 남자들은 배란이 오늘날보다 늦게 시작되었던 먼 과거에 최고의 가임성과 연합되었던 연령에 도달한 여자들에게 가장 매력을 느낀다(Kenrick et al., 2009). 따라서 10대 남자는 자신보다 몇 살 연상의 여자에게 가장 흥분하고, 20대 중반의 남자는 동갑내기 여자를 선호하고, 나이 든 남자는 젊은 여자를 선호한다. 이 패턴은 유럽의 구혼자 광고, 인도의 결혼 광고, 그리고 북미와 남미, 아프리카, 필리핀의 결혼 기록에서도 일관성 있게 나타난다(Singh, 1993; Singh & Randall, 2007).

자연은 유전자를 미래로 전달할 가능성을 증가시키는 행동을 선택한다. 살아 움직이는 유전자 기계로서의 우리는 조상들이 그 당시의 환경에서 효과가 있었던 것을 선호하도록 설계되어 있다. 조상들은 후손을 남길 수 있는 방식으로 행동하는 소인을 가지고 있었다. 만일 그렇지 않았다면, 우리는 현재 존재하지도 못하였을 것이다. 유전적 유산의 전달자인 우리도 동일한 소인을 가지고 있는 것이다.

MGP/Photodisc/Getty Images

진화적 조망에 대한 비판

LOQ 4-8 인간 성징의 진화적 설명에 대한 핵심 비판은 무엇인가? 진화심리학자는 어떻게 대응하고 있는가?

대부분의 심리학자는 자연선택이 생존과 후손 전

파를 제공한다는 데 동의한다. 그러나 비판자들은 배우자 선호도를 설명하기 위해서 진화심리학자들이 사용하는 논리에 약점이 있다고 주장한다. 이미 고전이 되어버린 이성애 남자와 여자에 대한 놀라운 연구(Clark & Hatfield, 1989)의 결과를 진화심리학자가 어떻게 설명하며, 비판자는 어떤 이의를 제기하는지를 살펴보자.

이 실험에서는 낯선 사람으로 가장한 남자나 여자(물론 실험협조자이다)가 이성에게 접근하여 "캠퍼스에서 줄곧 보았는데, 정말 매력적이십니다."라고 말을 건넨 다음에 한 가지 제안을 하는데, 때때로 그 제안은 "오늘밤 저와 잠자리를 같이 하실래요?"이었다. 여러분은 몇 퍼센트의 남자와 여자가 동의하였을 것이라고 생각하는가? 성징에 관한 진화적 설명은 성적 파트너를 선택하는 데 있어서 여자가 남자보다 더 까다롭다고 예측한다. 실제로 동의한 여자는 한 명도 없었다. 그렇지만 남자는 70%가 동의하였다. 프랑스에서 수행한 반복연구도 유사한 결과를 내놓았다(Guéguen, 2011).

연구는 진화심리학을 지지하였는가? 비판자들은 진화심리학자들이 결과를 가지고 출발하여 그 결과를 설명하기 위하여 거꾸로 거슬러 올라간다고 주장한다. 이 경우에는 남자들이 우발적인 성적 제안을 받아들일 가능성이 더 높다는 사실을 보여주는 조사결과가 되겠다. 만일 연구가 상반된 결과를 보여주었다면 어떻게 되겠는가? 남자들이 우발적인 성적 제안을 거부하였다면, 평생 동안 한 여자와 유대관계를 맺는 남자들이 더 좋은 아버지가 되며 그 자식들이 생존할 가능성이 높다고 추리하지 않았겠는가?

다른 비판자들은 어째서 수천 년 전 조상들이 내렸던 결정에 근거하여 오늘날의 행동을 설명하고자 시도해야 하는지를 묻는다. 문화적 기대도 성별 차이를 왜곡시키지 않겠는가? 앨리스 이글리와 웬디 우드(1999, 2013)는 성평등이 높은 문화에서 남자와 여자 간의 행동 차이가 적다는 사실을 지적한다. 이러한 비판자들은 사회학습 이론이 연구결과들에 대한 보다 우수하고 직접적인 설명을 제공한다고 믿고 있다. 누구나 **사회 스크립트**(social script), 즉 특정 상황에서 어떻게 행동해야 하는지에 관한 문화 지침을 학습한다. 자기 문화에서 다른 사람들을 관찰하고 모방함으로써, 여자는 낯선 남자와의 성관계가 위험하며, 우발적 성관계는 별다른 성적 쾌감을 제공하지 않을지도 모르고, 우발적 성관계를 갖는 여자는 자신의 명예에 먹칠을 하게 된다는 사실을 학습할 수 있다(Conley, 2011; Muggleton et al., 2019). 이러한 대안적 설명은 여자들이 사회 스크립트 방식대로 성적 접촉에 대처하는 것이라고 제안한다. 그리고 남자의 반응은 '진정한 남자'라면 성관계를 가질 수 있는 모든 기회를 이용한다는 사회 스크립트를 반영하는 것일 수 있다.

세 번째 비판은 진화심리학의 잠재적인 사회적 영향에 초점을 맞춘다. 이성애 남자는 정말로 자신에게 접근하는 어떤 여자와도 성관계를 갖도록 생득적으로 결정되어 있는가? 만일 그렇다면, 남자는 자신의 배우자에게 충직해야 하는 도덕적 책임감을 결여하고 있다는 것을 의미하는가? 이 설명은 부적절한 성행동을 남자의 진화적 유산으로 치부하는 것인가? 진화심리학은 미투(MeToo) 운동과 같이 성적 공격성을 감소시키려는 사회운동을 약화시키지는 않겠는가?

진화심리학자들은 우리의 상당 부분이 생득적으로 결정되지 않았다는 데 동의한다. 한 연구팀은 "진화는 유전적 결정론을 강력하게 거부한다."라고 주장한다(Confer et al., 2010). 진화는 운명이 아니다. 그리고 진화심리학 연구는 남녀가 유사한 적응 문제에 직면해왔으며, 차이점보다는 공통점을 훨씬 많이 가지고 있음을 확실하게 보여준다. 자연선택은 우리에게 융통성을 제공해왔다. 인간은 학습과 사회 진보의 위대한 능력을 가지고 있다. 다양한 환경에 적응하고 반응한다. 극지방에 살든 아니면 사막에 살든지 간에, 적응하고 살아남는다.

사회 스크립트 다양한 상황에서 어떻게 행동할 것인지에 대한 문화적 지침

"한 남자에게 그의 위대함을 보여주지 않으면서 동시에 그가 얼마나 짐승을 닮았는지를 너무나 명확하게 보여주는 것은 위험하다. 그의 저열한 모습 없이 위대한 모습을 너무나 명확하게 보여주는 것도 위험하다. 둘 모두에 대해 무지한 채로 두는 것은 더욱더 위험하다." 파스칼, 『팡세』(1670)

진화심리학자는 몇몇 성격 특질과 자살과 같은 행동은 자연선택으로 설명하기 어렵다는 비판에도 동의한다(Barash, 2012; Confer et al., 2010). 그렇지만 진화심리학의 과학적 목표, 즉 자연선택 원리를 사용하여 검증 가능한 예측을 제안함으로써 행동과 심적 특질을 설명한다는 목표를 명심할 것으로 요구한다(Lewis et al., 2017). 예컨대, 사람들은 유전자를 더 많이 공유하거나 나중에 자신의 호의를 되갚을 수 있는 사람을 호의적으로 받아들이는 경향이 있는가? (그 답은 '그렇다'이다.) 또한 진화심리학자들은 어떻게 현재의 우리가 만들어진 것인지에 대한 연구가 당위적 존재를 규정하는 것은 아니라는 사실을 일깨워주기도 한다. 우리의 성향을 이해하는 것이 그 성향을 극복하는 데 도움을 줄 수도 있는 것이다.

자문자답하기

지금까지 배운 것에 근거할 때, 여러분은 유전자와 환경이 함께 작동하여 성행동에 어떤 영향을 미친다고 말할 수 있겠는가?

인출 연습

RP-2 진화심리학자들은 성징에서의 성차를 어떻게 설명하는가?

RP-3 인간 성징의 진화적 설명에 대한 세 가지 주요 비판은 무엇인가?

답은 부록 E를 참조

개관 진화심리학 : 인간의 선천성과 후천성 설명하기

학습목표

자기검증 개념 파악을 증진시키도록 (부록 D의 답을 확인해보기에 앞서) 여러분 자신의 표현으로 여기서 반복하는 학습목표 물음에 답해보라 (McDaniel et al., 2009, 2015).

LOQ 4-6 진화심리학자는 어떻게 자연선택을 사용하여 행동 경향성을 설명하는가?

LOQ 4-7 진화심리학자는 성징과 배우자 선호에서의 성차를 어떻게 설명하는가?

LOQ 4-8 인간 성징의 진화적 설명에 대한 핵심 비판은 무엇인가? 진화심리학자는 어떻게 대응하고 있는가?

기억해야 할 용어와 개념들

자기검증 여러분 자신의 표현으로 정의를 적어본 후에 답을 확인해보라.

돌연변이   자연선택
사회 스크립트   진화심리학

학습내용 숙달하기

자기검증 여러분 자신의 표현으로 다음 물음에 답한 후에 부록 E에서 답을 확인해보라.

1. 행동유전학자는 우리 행동의 (공통점/차이점)을 탐구하는 데 관심이 더 있는 반면, 진화심리학자는 (공통점/차이점)을 탐구하는 데 더 관심을 기울인다.

2. 다음 중에서 진화심리학자들이 가장 초점을 맞출 가능성이 높은 것은 무엇인가?

a. 개인들이 서로 다른 방식   **b.** 성행동의 사회적 효과
c. 적자생존의 자연선택   **d.** 사회 스크립트

3. 진화심리학자는 자연선택 원리를 사용하여 어떻게 여자와 남자의 성적 배우자 선호에서의 차이를 설명하는가?

문화 다양성과 성별 다양성 : 선천성과 후천성 이해하기

수정란이 만들어진 이후, 사람들은 줄곧 유전 소인과 주변 환경 간의 끊임없는 상호작용의 산물이다(McGue, 2010). 유전자는 사람들이 상호 반응을 나타내고 영향을 주고받는 방식에 영향을 미친다. 그리고 가정환경에도 영향을 미친다(Barlow, 2019; Kong et al., 2018). 선천성 대 후천성의 대비는 잊어버려라. 후천성을 통한 선천성을 생각하라.

두 아이, 즉 매력적이고 붙임성 있으며 태평스러운 유전 소인을 가지고 있는 아이와 그렇지 못한 아이를 생각해보라. 나아가서 첫 번째 아이가 더 다정하고 고무적인 보호를 초래함으로써 따뜻하고 외향적인 인물로 발달한다고 가정해보라. 두 아이가 성장함에 따라서, 선천적으로 외향적인 아동이 사회적 확신성을 부추기는 활동과 친구들을 더 많이 찾게 될 수 있다.

이들의 성격 차이를 초래한 것은 무엇인가? 유전이나 경험만이 작동하는 것은 결코 아니다. 환경은 유전자 활동을 촉발시킨다. 그리고 유전 소인을 갖는 특질은 다른 사람의 특정 반응을 유발한다. 따라서 아동의 충동성과 공격성은 부모나 교사의 분노반응을 유발하지만, 이들도 가정이나 교실에서 모범적인 아동에게는 따뜻하게 대해준다. 이 경우에는 아동의 선천성과 부모나 교사의 후천성이 상호작용한다. 유전자와 환경은 함께 춤을 추는 것이다.

일란성 쌍둥이는 동일한 유전 소인을 공유할 뿐만 아니라 공유하는 유전자가 발현되는 유사한 환경을 추구하고 만들어낸다(Kandler et al., 2012). 이러한 상호작용은 상이한 가정에서 성장한 일란성 쌍둥이들이 자기 부모의 애정이 놀라우리만치 유사한 것으로 회상하는 이유를 설명하는 데 도움을 준다. 마치 동일한 부모 밑에서 성장한 것처럼 유사하게 말이다(Plomin et al., 1988, 1991, 1994). 이란성 쌍둥이는 비록 동일한 가정에서 성장하였더라도, 초기 가정생활을 훨씬 다르게 회상한다. 샌드라 스카(1990)는 "아동은 자신의 자질에 따라서 부모를 전혀 다르게 경험한다."라고 지적하였다.

경험은 발달에 어떤 영향을 미치는가?

특정 환경에서 발현된 유전자는 발달의 차이에 영향을 미친다. 우리는 특정한 선들이 이미 그어져있으며 경험이 그림을 채워 넣는 색칠하기 그림책을 닮았다. 선천성과 후천성이 우리를 만드는 것이다. 그렇다면 후천성 중에서 가장 영향력이 큰 요소는 무엇인가? 초기 경험, 가족과 또래 관계, 그리고 다른 모든 경험이 어떻게 우리의 발달을 이끌어가고 사람들 간의 다양성에 기여하는 것인가?

선천성과 공모하는 후천성의 역할은 임신하는 순간부터 시작되며, 태아가 산모로부터 서로 다른 영양분을 공급받고 상이한 수준의 독극물에 노출되는 자궁이라는 출생 이전 환경으로 이어진다. 후천성은 태어난 이후에도 계속되며, 생후 초기 경험이 두뇌 발달을 촉진한다.

경험과 두뇌 발달

LOQ 4-9 초기 경험은 어떻게 두뇌를 조성하는가?

신경연계의 발달은 두뇌에게 사고와 언어 그리고 다른 후속 경험들을 준비시킨다. 그렇다면 초

신경회로를 어린 시절에 조율하기 12세 이전에 현악기를 시작한 음악가들이 더 늦은 나이에 시작한 음악가들에 비해서 왼손을 제어하는 신경회로가 더 크고 복잡하다(Elbert et al., 1995).

기 경험은 어떻게 자신의 족적을 두뇌에 남기는 것인가? 마크 로젠츠바이크와 동료들(1962)은 어린 쥐들을 열악한 환경에서 키우거나 장난감이 풍부한 공동 놀이터에서 키움으로써, 그 과정에 대한 새로운 지평을 열었다. 나중에 두뇌를 분석하였을 때, 장난감을 많이 가지고 놀았던 쥐들이 여러 이점을 가지고 있었다. 자연환경을 흉내 낸 풍부한 환경에서 살았던 쥐들이 일반적으로 더 무겁고 두꺼운 두뇌피질을 발달시켰던 것이다(그림 4.4).

로젠츠바이크는 이러한 발견에 놀란 나머지, 자신의 결과를 발표하기에 앞서 여러 차례 실험을 반복하였다(Renner & Rosenzweig, 1987; Rosenzweig, 1984). 그 효과는 대단한 것이어서, 쥐들을 촬영한 짧은 비디오 클립만 보아도 이들의 활동과 호기심에 근거하여 열악한 환경에서 성장하였는지 아니면 풍요로운 환경에서 성장하였는지를 단박에 알아볼 수 있었다(Renner & Renner, 1993). 쥐들이 풍요로운 환경에서 60일 동안 성장한 후에, 두뇌 무게는 7~10% 증가하였으며, 시냅스 숫자는 대략 20%가량 폭발적으로 증가하였다(Kolb & Whishaw, 1998). 풍요로운 환경은 문자 그대로 두뇌의 힘을 폭증하게 만들었다. 인간의 경우에도 자극 결여가 두뇌 발달과 인지 발달 속도를 저하시킬 수 있다(Farah, 2017).

이러한 결과는 실험실과 농장 그리고 동물원에서 제공하는 환경을 개선하도록 자극하여 왔으며, 물론 보육기관 아동의 경우도 마찬가지다. 만져주거나 마사지를 해주는 것도 새끼 쥐와 조산아에게 도움을 준다(Field et al., 2007; Sarro et al., 2014). 신체 접촉을 해준 유아와 새끼 쥐 모두 신경학적으로도 빠르게 발달하고 체중도 빠르게 증가하였다. 어머니와 신체 접촉을 가졌던 조산아들이 잠도 잘 자고, 스트레스도 적게 경험하며 10년 후의 인지 발달도 더 우수하였다(Britto et al., 2017; Feldman et al., 2014).

선천성과 후천성이 상호작용하여 시냅스를 만들어간다. 두뇌 성숙은 풍부한 신경연계를 만들어낸다. 경험이 시각과 후각, 촉각과 끌어당기기 등을 촉발하며, 연결을 활성화하고 강화한다. 사용하지 않는 신경통로는 약화된다. 숲속 오솔길과 마찬가지로, 많은 사람이 다니는 길은 확장되고, 사용자가 적은 길은 점차적으로 사라진다(Dahl et al., 2018; Gopnik et al., 2015). 사춘기에 도달하면, 이러한 가지치기 과정이 사용하지 않는 연결들은 대대적으로 제거해버린다.

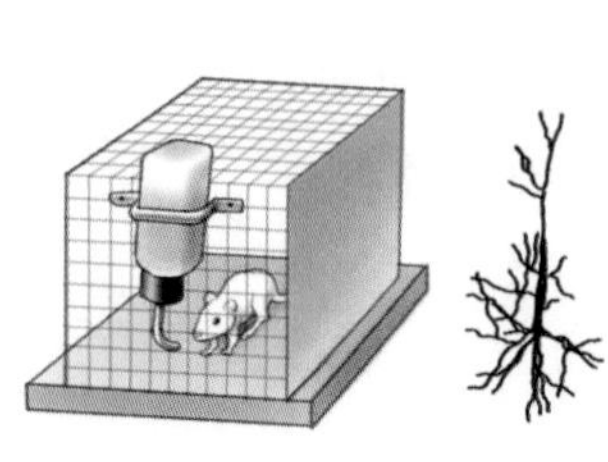

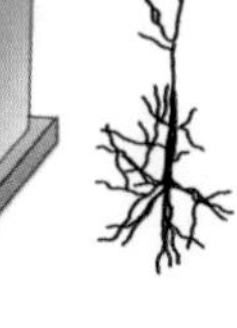

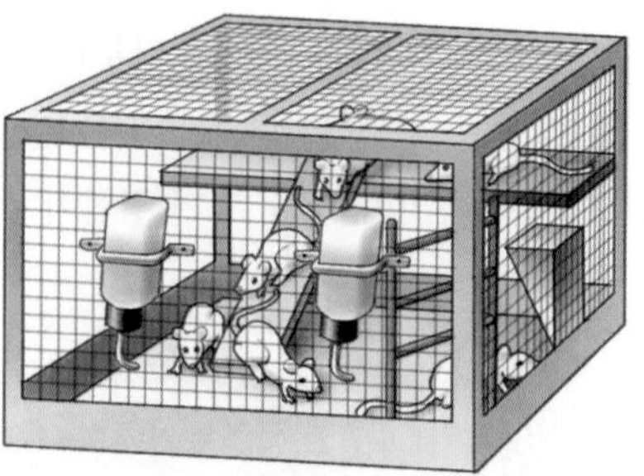

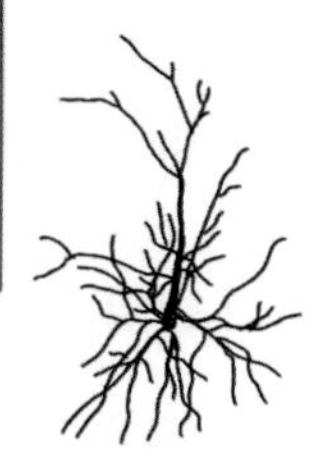

열악한 환경 / 열악한 환경에서 자란 쥐의 뇌세포 / 풍요로운 환경 / 풍요로운 환경에서 자란 쥐의 뇌세포

그림 4.4
경험이 두뇌 발달에 미치는 영향 연구자들은 쥐들을 놀잇감이 아무것도 없는 환경에서 홀로 키우거나 매일같이 변하는 놀잇감들로 가득 찬 환경에서 다른 쥐들과 함께 키웠다(Rosenzweig et al., 1962). 16차례 수행된 이러한 기초실험 중 14차례의 실험에서 풍요로운 환경에서 성장한 쥐들의 대뇌피질이 (두뇌조직의 나머지 부분들에 비해서) 열악한 환경에서 성장한 쥐들보다 유의하게 많이 발달하였다.

아동 초기 학습의 생물학적 실재가 후천성과 선천성이 만나는 접점이다. 과도한 신경연계가 아직 사용되기만을 기다리고 있는 시기인 아동 초기에는 외국어 문법과 악센트와 같은 기술들을 아주 쉽게 숙달할 수 있다. 청소년기 이전에 언어에 노출되지 않은 사람은 어떤 언어도 결코 숙달할 수 없게 된다. 마찬가지로 백내장 등으로 아동 초기에 시각 경험을 하지 못한 사람은 수술을 받아 시력을 회복하여도 결코 정상적인 시각능력을 획득하지 못한다(Gregory, 1978; Wiesel, 1982). 생애 초기에 시각자극을 받지 못하면, 시각에 할당되었던 두뇌세포들이 죽어버리거나 다른 용도로 전환된다. 성숙하고 있는 두뇌에 적용되는 규칙은 "사용하라. 그렇지 않으면 상실할 것이다."이다.

아동 초기에 정상적인 자극을 경험하는 것이 결정적이라고 하더라도, 두뇌 발달이 아동기에 끝나는 것은 아니다. 두뇌의 놀랄 만한 **신경가소성** 덕분에, 신경조직은 끊임없이 변하며, 새로운 경험에 대한 반응으로 새롭게 체제화된다. 새로운 뉴런들도 탄생한다. 만일 원숭이가 동일한 손가락으로 매일같이 반복해서 레버를 누르면, 그 손가락을 통제하는 두뇌조직이 그 경험을 반영하도록 변하게 된다(Karni et al., 1998). 인간 두뇌도 마찬가지로 작동한다. 키보드를 치거나 스케이트보드 타는 것을 학습하든, 런던 거리를 돌아다니든지 간에, 두뇌가 그 학습을 받아들임에 따라서 더 잘 수행할 수 있게 된다(Ambrose, 2010; Maguire et al., 2000).

"유전자와 경험은 단지 동일한 일, 즉 시냅스를 구축하는 일의 두 가지 방법일 뿐이다." 조지프 르두, 『시냅스와 자아』(2002)

자문자답하기

여러분은 어린 시절에 스포츠, 음악, 요리, 비디오 게임 등 어떤 재능을 가장 많이 연습하였는가? 그 연습이 두뇌 발달에 어떤 영향을 미쳤다고 생각하는가? 여러분은 새로운 학습과 새로운 재능으로 어떻게 두뇌를 계속해서 발달시키겠는가?

부모는 얼마만큼의 공로 또는 비난을 받아야 하는가?

LOQ 4-10 부모와 또래는 어떤 방식으로 아동의 발달을 만들어가는가?

생물학적 부모는 자신의 유전자 카드들을 뒤섞어서 태어날 자녀에게 생명을 형성하는 패를 나누어주는 것이며, 그런 후에 자녀는 자신의 통제를 넘어서서 영향을 미치는 수많은 요인에 노출된다. 어쨌거나 친부모이든 양부모이든 모든 부모는 자식의 성공에 엄청난 만족감을 느끼며, 실패에 죄책감이나 부끄러움을 느낀다. 자녀가 상을 받으면 기쁨이 넘쳐흐른다. 반복적으로 말썽을 일으키는 자녀에 대해서는 어디서 자신들이 잘못한 것인지를 걱정한다.

프로이트 계통의 정신의학과 심리학은 천식에서부터 조현병에 이르기까지 모든 문제를 '어머니의 나쁜 양육방식' 탓으로 돌림으로써, 그러한 생각을 부추겼다. 옹기장이가 그릇을 만들듯이 부모가 자식을 만들어간다고 믿는 많은 사람은 자녀의 미덕에 대해서 부모를 칭찬하며 자녀의 악덕 그리고 유해한 부모가 연약한 아동에게 끼친 심리적 위해를 비난한다. 자녀를 갖고 양육하는 것은 정말로 위험한 것처럼 보일 수 있다고 해서 전혀 놀라운 일이 아니다.

그렇다면 정말로 부모는 고압적이거나 방관함으로써, 뻔뻔스럽거나 무능해서, 아니면 과잉보호하거나 내팽개침으로써, 아동을 상처받은 미래의 성인으로 만들어가는 것인가? 만일 그렇다면 우리의 실패에 대해 부모를 비난하고, 자식의 실패에 대해 우리 자신을 비난해야만 할 것인가? 아니면 정상적인 부모의 실수로 인해서 상처받기 쉬운 연약한 아동에 관한 모든 이야기는 실제 학대의 잔인함을 사소한 것으로 만드는 것은 아닐까? 발달심리학자 앨리슨 고프닉(2016)

요구하는 엄마 법학 교수이며 『타이거 마더』(2011)의 저자인 에이미 추아는 엄격한 '중국'의 양육방식과 허용적인 '서구'의 양육방식을 비교함으로써 논란을 불러일으켰다. 추아는 두 딸을 기르면서, 외부적 통제를 많이 가하는 전통적인 중국 양육방식의 이점과 대가를 인식하게 되었다.

Lorenzo Ciniglio/Polaris

The New Yorker Collection, 2007, Julia Suits from cartoonbank.com. All Rights Reserved.

"경찰관님, 솔직히 말해서 우리 부모님은 결코 한계를 설정하지 않거든요."

The New Yorker Collection, 2001, Barbara Smaller from cartoonbank.com. All Rights Reserved.

"그래, 내가 네 일거수일투족을 비난하는데, 이게 다 누구 잘못이겠니?"

의 말을 바꾸어 표현하면, 부모는 옹기장이가 아니라 아동의 자연스러운 성장을 위한 토양을 제공하는 정원사를 더 닮았는가?

부모는 정말로 중요하다. 양육방식의 위력은 극단적이라고 할 만큼 확실하다. 학대받은 아동이 학대자가 되고, 사랑받지만 엄격한 훈육을 받은 아동은 자기를 존중하고 사회적으로 유능한 사람이 된다. 가정환경의 위력은 베트남과 캄보디아에서 탈출한 보트피플 난민의 자식들이 보여주는 학업과 직업에서의 주목할 만한 성공에서도 나타난다. 이들의 성공은 유대가 긴밀하고, 자녀를 적극적으로 후원하며, 심지어는 많은 것을 요구하는 가정 덕으로 돌릴 수 있다(Caplan et al., 1992). 아시아계 미국인과 유럽계 미국인은 양육방식에 대한 기대에서 차이를 보인다. 아시아계 미국인 어머니는 자식에게 압박을 가하지만, 그 압박이 자녀와의 관계를 긴장상태로 이끌어갈 가능성은 높지 않다(Fu & Markus, 2014). 지지적인 '호랑이 엄마', 즉 자녀가 잘하도록 압박하고 매사를 자녀와 함께하는 어머니가 있다는 사실이 아시아계 미국 아동에게 열심히 공부할 동기를 제공한다(이 문화는 아동에게 그러한 독려를 기대하게 준비시킨다). 유럽계 미국인은 그러한 유형의 양육방식을 '목을 조이는' 것으로 간주하고, 아동의 동기를 약화시킨다고 믿는다(Deal, 2011).

그렇지만 성격 측정에서는 자궁에서부터 계속되는 공유 환경의 영향이 아동들 간 차이의 10% 미만만을 설명하기 십상이다. 행동유전학자 로버트 플로민(2018b)은 가치관이 아니라 성격 특질에 관하여 "출생 시에 입양되어 상이한 가정에서 성장한다고 하더라도 근본적으로는 동일한 사람이다."라고 언급하였다.

이 연구는 놀라운 함의를 가지고 있다. 발달심리학자인 샌드라 스카(1993)에게 있어서 이 사실이 함축하는 바는 "대단한 성공을 보이는 아동에 대해서 부모의 공적을 높이 평가해서도 안 되며, 그렇지 않은 아동에 대해서도 부모를 비난해서는 안 된다."라는 것이다. 부모의 후천적 양육방식으로 아동을 쉽게 만들어가지 못한다는 사실을 받아들인다면, 아마도 부모들은 조금 더 안심하고는, 있는 그대로의 자녀를 사랑할 수 있을 것이다.

또래 영향

아동이 성숙함에 따라서, 어떤 다른 경험이 후천성의 역할을 담당하게 되는가? 모든 연령대, 특히 아동기와 청소년기에 사람들은 자신의 집단과 어울리고자 한다(Blakemore, 2018; Harris, 1998, 2000).

Matt Henry Gunther/Getty Images

또래의 위력 아이들은 발달함에 따라서 또래들과 함께 놀고 성관계를 가지며 배우자가 된다. 아동과 청소년들이 또래 영향력에 그토록 예민하게 반응하는 것은 하나도 이상할 것이 없다.

- 특정 음식을 거부하는 학령 전기 아동도 그 음식을 좋아하는 또래집단과 함께 있으면 먹기 십상이다.
- 집에서는 특정 악센트의 영어를 듣고 동네와 학교에서는 다른 악센트의 영어를 듣는 아동은 너 나 할 것 없이 부모의 악센트가 아니라 또래의 악센트를 받아들인다. 악센트(그리고 비속어)는 문화를 반영하며, "아동은 또래들로부터 그들의 문화를 받아들인다."라고 주디스 리치 해리스(2007)는 지적하였다.

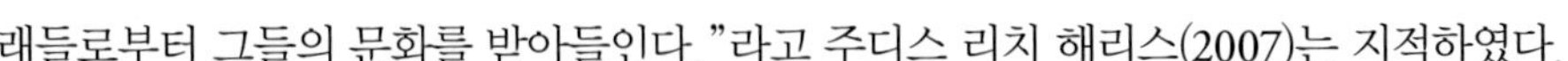

- 흡연을 시작하는 10대는 전형적으로 흡연의 모델이 되고 흡연의 즐거움을 시사하며 담배를 권하는 친구를 가지고 있다(Liu et al., 2017). 또래와의 유사성은 부분적으로 유사한 태도, 관심사, 성격 특질 등을 가지고 있는 또래를 찾아 나서는 선택 효과에 의해서 초래된다. 흡연하는(하지 않는) 10대는 흡연하는(하지 않는) 또래를 친구로 선택할 가능성이 높다.

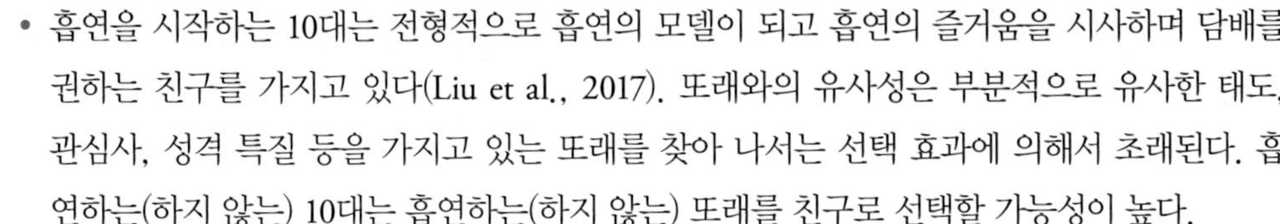

자녀의 이웃과 학교를 선택할 수 있는 결정 권한은 부모에게 자녀의 또래집단을 형성하는 문화에 영향력을 행사할 수 있게 해준다. 그리고 이웃의 영향력은 중요하기 때문에 부모는 학교 전체나 동네 전체를 대상으로 하는 개입 프로그램에 관여하고자 할 수 있다. 만일 해로운 환경의 기운이 아동의 삶에 스며들고 있다면, 아동이 아니라 그 환경을 개선할 필요가 있는 것이다. 그렇다고 하더라도, 또래는 문화적 영향의 한 가지 매체일 뿐이다. 아프리카의 한 격언이 선언적으로 표현하고 있는 것처럼, "한 아이를 키우려면 온 마을이 필요하다."

인출 연습

RP-1 선택 효과란 무엇인가? 이 효과는 10대가 학교 스포츠 팀에 가입하려는 결정에 어떤 영향을 미칠 수 있겠는가?

답은 부록 E를 참조

문화의 영향

LOQ 4-11 문화는 행동에 어떤 영향을 미치는가?

파리나 물고기 또는 여우가 택하는 협소한 삶의 길과 비교할 때, 환경이 사람들을 이끌어가는 길은 넓다. 자연이 부여한 최대의 선물이라고 할 수 있는 인간종의 징표는 학습하고 적응하는 능력이다. 우리는 문화 앱을 받아들일 준비가 되어있는 거대한 두뇌 모바일을 장착한 채 태어나는 것이다.

문화(culture)란 집단이 공유하는 행동, 생각, 태도, 가치, 전통 등이며, 한 세대에서 다음 세대로 전달된다(Brislin, 1988; Cohen, 2009). 로이 바우마이스터(2005)는 인간의 본성이 문화를 형성하도록 설계된 것으로 보인다고 말한다. 사람은 사회적 동물이지만, 그 이상의 특징을 가지고 있다. 늑대도 사회적 동물이다. 무리를 지어 살며 사냥한다. 개미도 사회적이며, 결코 홀로 사는 경우가 없다. 그렇지만 "문화야말로 더 좋은 방식의 사회"라고 바우마이스터는 말한다. 늑대는

문화 한 집단의 사람들이 공유하며 한 세대에서 다음 세대로 전달하는 지속적인 행동, 생각, 태도, 전통 등 

10,000년 전에 살았던 방식과 아주 유사하게 생활한다. 사람은 한 세기 전의 조상들 대부분에게 알려져 있지 않았던 많은 것들, 예컨대 전기, 실내 배관, 항생제, 인터넷 등을 즐기고 있다. 문화가 작동하고 있는 것이다.

다른 동물들은 소규모의 문화를 나타낸다. 침팬지는 때때로 나뭇잎을 사용하여 몸을 씻고, 주의를 끌기 위해서 나뭇가지를 흔들며, 비가 내리기 시작할 때 천천히 자신의 몸을 드러냄으로써 일종의 기우제를 드리는 등의 관습을 만들어내며, 또래와 후손들에게 그 관습을 전달한다(Whiten et al., 1999). 문화는 집단에게 이점을 제공해주는 학습된 행동을 전달함으로써 동물종의 생존과 번식을 지원한다. 그렇지만 인간 문화는 그 이상의 것이다.

언어를 숙달한 덕분에, 인간은 새로운 기술의 보존을 향유한다. 오늘 하루만 하더라도 저자들은 구글, 스마트폰, 디지털 보청기(마이어스), 디지털 기타 튜너(드월) 등을 사용하였다. 더욱 거창한 수준에서 보면, 이 책을 사용하고 있는 대부분의 국가에서 지난 20세기에 기대수명이 30년이나 확장된 것은 문화가 축적해온 지식 덕분이다. 게다가 문화는 효율적인 분업을 가능하게 한다. 운 좋은 두 사람이 (축적된 문화적 지혜를 전달하는) 이 책 표지에 저자로 이름을 올리게 되었지만, 실제로 이 책은 수많은 연구자의 협력과 관여의 산물인 것이며 어느 누구도 혼자서는 해낼 수 없는 것이다.

문화에 따라서 언어, 화폐제도, 스포츠, 종교, 관습 등이 다르다. 그렇지만 이러한 차이 이면에는 엄청난 유사성, 즉 문화를 만들어내는 능력이 존재한다. 문화는 소통하고, 돈을 가지고 물건을 사며, 놀이를 즐기고 전통음식을 먹으며, 서로 충돌하지 않으면서 규칙에 따라 운전할 수 있게 해주는 관습과 신념들을 미래로 전달해준다.

문화의 다양성

신념과 가치관에서의 문화 다양성, 자녀의 양육방식과 죽은 사람의 무덤양식 그리고 의상 등에서 인간의 적응력을 보게 된다. 이 책의 두 저자는 독자들이 문화적으로 다양할 것이라는 사실을 항상 염두에 두고 있다. 여러분과 여러분의 조상은 호주에서부터 아프리카에 이르기까지, 그리고 싱가포르에서 스웨덴에 이르기까지 다양할 것이다.

성별 공정성 : 중앙아프리카의 아카족의 경우에는 남자와 여자가 사냥과 자녀양육과 같은 역할을 교대로 수행한다. 따라서 아버지는 유아와 상당히 밀접한 유대를 형성하는데, 심지어 어머니가 돌아올 때까지 아이가 배고픔을 참지 못할 때는 자신의 젖꼭지를 물리기도 한다. 이 문화에서 아버지는 아이를 안고 있거나 손이 닿는 곳에 두는 경우가 47%나 된다(Hewlett, 1991).

단일 문화 속에서 살아가는 것은 바람이 부는 가운데 자전거를 타는 것과 같다. 뒷바람이 밀어줄 때는 바람이 존재하는지조차 깨닫기 어렵다. 맞바람을 거슬러 나아가고자 할 때는 그 힘을 느낀다. 다양한 문화를 직접 체험함으로써, 우리는 문화라고 하는 바람을 자각하게 된다. 유럽을 방문한 대부분의 북미인들은 소형차, 포크를 왼손으로 사용하는 것, 해변에서의 자유로운 복장 등에 주목하게 된다. 이라크, 아프가니스탄, 쿠웨이트 등에 주둔하고 있는 유럽과 미국의 병사들도 자국의 문화가 얼마나 자유로운 것인지를 깨닫는다. 북미에 도착한 일본과 인도의 방문객들은 어째서 많은 사람이 길거리에서 더러워진 신발을 집에서도 신고 있는지를 이해하느라 애를 먹는다.

그렇기는 하지만 다양한 문화에 속한 사람들은 몇 가지 기본적인 도덕적 생각을 공유한다. 유아는 걸을 수 있기도 전부터 귀찮아하는 사람보다는 도움을 주는 사람을 선호한다(Hamlin et al., 2011). 전 세계적으로 사람들은 정직함, 공정함, 친절함 등을 소중하게 생각한다(McGrath, 2015). 그렇지만 각 문화집단은 자체적인 **규범**(norm), 즉 용인하고 기대하는 행동에 관한 규칙도 발전시킨다. 영국인들은 줄을 서서 질서정연하게 기다리는 규범을 가지고 있다. 서남아시아, 아프리카, 중동의 많은 사람은 식사할 때 오른손만을 사용한다. 때때로 사회적 기대는 강압적으로

규범 용인되고 기대되는 행동에 대한 규칙. 규범은 '적절한' 행동을 처방한다.

보인다. "내가 옷을 입는 방식이 어째서 문제가 되어야 하는가?" 그렇지만 인사법이나 식사예절 등의 규범은 사회라는 기계의 윤활유 역할을 담당한다.

문화가 충돌할 때, 서로 다른 규범이 혼란을 일으킨다. 인사를 할 때 악수를 해야 하는가, 고개를 숙여야 하는가, 아니면 서로의 볼에 입맞춤을 해야 하는가? 어떤 유형의 몸짓과 칭찬이 문화적으로 적절한 것인지를 알게 되면, 당황하거나 모욕의 두려움 없이 편안한 상태에서 서로를 즐길 수 있다.

기대하는 것이나 용인하는 것이 무엇인지를 이해하지 못할 때, **문화 충격**을 경험하기도 한다. 지중해 문화의 사람은 북유럽인이 효율적이지만 냉정하고 약속시간 엄수에 사로잡혀 있다고 지각해왔다(Triandis, 1981). 은행의 시계는 정확한 시간을 나타내고 보행자는 활기차게 걸어 다니며 우체국 직원은 고객의 요청을 신속하게 처리하는 것에서 볼 수 있듯이, 시간을 의식하는 일본사람은 삶의 속도가 훨씬 느긋한 인도네시아를 방문할 때 인내심을 잃게 될 수 있다(Levine & Norenzayan, 1999). 매년 20일의 유급 휴가를 요구하는 유럽문화의 사람이 미국에서 일을 하게 될 때도 문화 충격을 경험할 수 있다. 미국은 근로자들에게 유급 휴가를 보장해주지 않는다(Ray et al., 2013).

시대적 다양성

문화는 생물학적 존재와 마찬가지로, 변화하며 자원을 놓고 경쟁하기 때문에 시간이 흘러감에 따라 진화한다(Mesoudi, 2009). 문화가 얼마나 빠르게 변할 수 있는지를 생각해보자. 영국 시인 제프리 초서(1342~1400)는 오늘날 영국인과 단지 25세대만큼의 시대적 차이를 보일 뿐이지만, 둘은 대화하기가 거의 불가능할 것이다. 지난 세기가 시작할 즈음에 우리 조상은 자동차, 라디오 방송, 전등도 없는 세상에서 살았다. 그리고 1960년 이래의 짧은 역사에서도 대부분의 서양 문화는 엄청난 속도로 변모해왔다. 중산층 사람들은 에어컨, 온라인 홈쇼핑, 언제 어디서나 가능한 전자 소통의 안락함을 즐기며, 1인당 실제 소득이 두 배로 증가한 덕분에 1960년대 문화에서 살았던 자기 부모보다 두 배나 더 많은 외식을 즐긴다. 오늘날 사람들은 확대된 인권을 즐기고 있다. 그리고 오늘날 여성들은 경제적 독립성을 확보함으로써 사랑에 근거하여 결혼할 가능성이 커졌으며, 학대관계를 지속할 가능성은 줄어들고 있다.

그렇지만 어떤 변화는 그렇게 긍정적인 것으로만 보이지 않는다. 만일 여러분이 미국에서 1960년에 잠이 들었다가 오늘 깨어났다면, 우울증과 경제적 불평등이 급상승한 문화에 눈이 휘둥그레질 것이다. 또한 미국인들이 영국, 호주, 뉴질랜드 사람들과 마찬가지로 일에 더 많은 시간을 사용하며, 친구와 가족과 보내는 시간이 줄어들고, 잠자는 시간도 줄어들었다는 사실을 발견할 것이다. 유사한 문화적 변화가 캐나다, 영국, 호주, 그리고 뉴질랜드에서도 일어났다(BLS, 2011; Twenge, 2017).

이러한 변화를 사랑하든지 아니면 혐오하든지 간에, 우리는 숨이 막힐 정도로 빠른 속도에 놀라지 않을 수 없다. 이러한 변화를 인간 유전자 집합의 변화로 설명할 수는 없다. 유전자 집단은 너무나 느리게 변하기 때문에, 문화의 빠른 변화를 설명할 수 없는 것이다. 문화는 다양하다. 문화는 변한다. 그리고 문화는 우리의 삶을 만들어간다.

문화와 자기

LOQ 4-12 개인주의 문화와 집단주의 문화는 가치관과 목표에서 어떻게 다른가?

누군가 여러분을 낯선 땅에 홀로 남은 난민으로 만들어서 여러분의 사회적 연결을 제거하였다고 상상해보라. 여러분의 정체성은 얼마나 온전하게 남아있을까?

만일 **개인주의자**(individualist)라면, 대부분 온전하게 남아있을 것이다. 여러분은 독자적인 '나'라는 느낌 그리고 여러분 나름의 독특한 개인적 신념과 가치관을 가지고 있을 것이다. 개인주의자는 개인 목표에 우선권을 부여한다. 자신의 정체성을 개인 특질에 따라서 정의하며, 개인적 제어와 성취를 추구한다.

인간의 소속욕구는 보편적이기 때문에 개인주의자도 집단을 찾아 가입하지만, 집단의 조화와 집단에 대한 의무를 수행하는 데 초점을 덜 맞춘다(Brewer & Chen, 2007). 아동기에는 자유의지에 가치를 부여한다(Chernyak et al., 2019). 자기 본위의 개인주의자는 사회집단에 보다 쉽게 들어가기도 하고 나오기도 한다. 다니는 교회를 바꾸거나 직업을 바꾸거나 아니면 가족을 떠나서 새로운 곳으로 이동하는 것조차도 비교적 자유롭게 느낀다. 결혼은 서로가 사랑할 때까지만 지속하기 십상이다.

"대아(大我)의 이득을 달성하기 위하여 소아(小我)를 희생하는 정신을 길러야 한다." 중국 격언

집단주의자(collectivist)가 낯선 땅에 표류하게 되면, 정체성의 상실을 크게 경험할 수 있다. 가족과 소속 집단 그리고 절친한 친구와 차단되면, 자신이 누구인지를 정의해주었던 사회적 연계를 상실하게 되는 것이다. 집단 정체성은 소속감, 가치관, 확실한 안전 등을 제공해준다. 집단주의자는 자신의 집단, 즉 가족, 씨족, 회사, 국가 등에 더욱 깊고 안정적인 애착을 갖는다. 어르신들은 존경을 받는다. 예컨대, 중국의 법은 만일 자식들이 '60세가 넘은 부모를 봉양하지 않고 편안하게 모시지 않으며 부모의 특별한 요구를 들어주지 않으면' 부모가 자식들을 고발할 수 있다고 천명하고 있다.

집단주의자는 자신의 성취보다는 팀의 승리에 더 많은 즐거움을 느끼는 운동선수와 같다. 개인 욕구를 희생하더라도 집단 이익을 내세우는 데서 만족감을 찾는다. 집단정신을 유지하고 사회적으로 당황스러운 상황을 피하는 것이 중요한 목표이다. 따라서 집단주의자는 직접적인 맞대결과 퉁명스러운 정직성 그리고 불편한 화제를 피함으로써 집단정신을 유지한다. 자신의 중요성이 아니라 겸손함에 가치를 부여한다(Bond et al., 2012). 집단주의자는 용서를 집단 조화를 강화하는 방법으로 간주한다(Joo et al., 2019). 낯선 사람을 만날 때 대화를 주도하기보다는 한 걸음 물러나서 수줍음을 표시한다(Cheek & Melchior, 1990). 우선권이 '나'가 아니라 '우리'에 있기 때문에, 커피숍에서 "카페인은 빼고, 한 잔씩 만드는 방법으로, 지방을 제거하고, 아주 뜨겁게 만들어주세요."와 같은 개별적 주문이 북미인들에게는 행복감을 느끼게 해주지만, 서울에서라면 지나치게 이기적인 요구로 들릴 수 있다(Kim & Markus, 1999).

개인주의 집단 목표보다는 개인 목표에 우선권을 부여하고, 자신의 정체성을 집단과의 동일시보다는 개인 특성으로 정의 내리는 입장

집단주의 집단(자신의 확장된 가족이거나 직장이기 십상이다)의 목표에 우선권을 부여하며, 그에 따라서 자신의 정체성을 정의 내리는 입장

한 가지 의문사항 : 여러분은 상이한 사람과 상황에 맞추어 자신의 행동을 기꺼이 바꾸는 사람을 어떻게 생각하는가? 개인주의 국가(예컨대, 미국과 브라질) 사람은 전형적으로 '정직하지 못하고', '신뢰할 수 없고', '가식적'이라고 기술한다(Levine, 2016). 전통적인 집단주의 국가(예컨대, 중국, 인도, 네팔 등)에서는 '성숙하고', '정직하며', '신뢰할 수 있고', '진실하다'고 기술하기 십상이다.

한 문화 내에도 다양성이 존재하는 것은 확실하다. 많은 국가에는 종교, 경제적 지위, 지역 등과 관련된 독특한 하위문화가 존재한다(Cohen, 2009). 남중국의 농부는 전형적으로 쌀을 재

배하는데, 쌀은 집단 협력을 필요로 하며 집단주의적 가치관을 요구한다. 북중국의 농부는 밀을 재배하기 십상인데, 밀은 개인적 노력을 수반하며 개인주의적 가치관으로 이끌어간다. 이러한 차이가 남중국인과 북중국인이 상이하게 생각하고 느끼며 행동하도록 만든다(Dong et al., 2019; Obschonka et al., 2018; Talhelm et al., 2014). 한 가지 재치 있는 연구에서는 중국 전역에 있는 스타벅스 커피점에서 의자들을 몽땅 옮겨 통로를 막아버렸다. 연구자들은 누가 전형적인 개인주의자처럼 행동하고, 즉 의자 하나를 통로에서 이동시켜 환경을 제어하고자 하는지, 그리고 누가 집단주의자처럼 행동하는지, 즉 의자들을 밀착시켜 환경에 적응하는지를 관찰하였다(Talhelm et al., 2018). 집단주의적인 남중국인에 비해서, 북중국인이 의자를 이동시킬 가능성이 더 컸다.

"I'D LIKE a DECAFFACINNO FRAPPA CHAPPA DAPPA DINGO ICE BLENDED LAST OF THE MOCCA-HICANS VANILLA ICE ICE BETTER LATTE' THAN NEVER SMOOTHIE WITH a SHOT OF SELF-EXPRESSO."
hickerson

스타벅스 바리스타의 인내심을 심각하게 테스트하고 있다.

Cartoon by Buddy Hickerson

집단주의적인 일본에서도, 북쪽에 위치한 북해도에서는 개인주의 정신을 향유한다(Kitayama et al., 2006). 가장 개인주의적인 국가에서도, 사람들은 어느 정도 집단주의적 가치관을 가지고 있다. 그렇지만 일반적으로는 경쟁적이고 개인주의적인 문화에 속한 사람들, 특히 남자들은 더 많은 자유를 누리며, 지리적으로 가족의 제한을 덜 받고, 사생활을 더 많이 즐기며, 개인적 성취에 더 많은 자부심을 느낀다(표 4.1).

심지어 심리학자 진 트웬지가 자신의 첫아이 이름을 지으려는 중에 알아차렸던 것처럼, 개인주의자는 이례적인 이름을 선호하기도 한다. 트웬지와 그녀의 동료들(2010a, 2016a)이 1880년부터 2015년 사이에 미국에서 태어난 3억 5,800만 명의 이름을 분석하였을 때, 가장 보편적이었던 이름이 가장 보편적이지 않은 이름이 되어버렸다는 사실을 발견하였다. 그림 4.5가 예증하는 바와 같이, 태어난 해에 가장 흔한 이름 10개 중의 하나를 갖게 된 남아와 여아의 비율이 급강하하였다. 집단주의적인 일본은 대조를 이룬다. 일본 아이의 절반이 가장 보편적인 열 가지 이름 중의 하나를 가지고 있다(Ogihara et al., 2015).

개인주의-집단주의의 구분은 올림픽에서 획득한 메달에 대한 반응에서도 나타난다. 미국의 금메달 수상자를 취재한 대중매체는 그 성취를 대체로 선수 자신에게 돌렸다(Markus et al., 2006). "나는 끝까지 집중했었다고 생각합니다. 내가 무엇을 할 수 있는지를 세상에 보여주어야

표 4.1 개인주의와 집단주의 간의 가치관 비교

개념	개인주의	집단주의
자기	독립적(개인 특질에 근거한 정체성)	상호의존성(소속감에 근거한 정체성)
삶의 과제	자신의 독특성을 발견하고 표현	연계를 유지하고 그 역할을 수행
중요시하는 것	'나' 즉 개인적 성취와 충족, 권리와 자유, 자존감	'우리' 즉 집단의 목표와 응집성, 사회적 책임과 관계, 가족의 의무
대처방법	현실을 변화시킴	현실에 순응함
도덕성	개인이 정의함(개인 기반적)	사회망이 정의함(의무 기반적)
관계	많으며, 일시적이거나 우발적임, 대립도 인정함	적으며, 긴밀하고 지속적임, 조화에 가치를 둠
행동의 귀인	행동은 자신의 성격과 태도를 반영	행동은 사회적 규범과 역할을 반영

출처 : Thomas Schoeneman(1994); Harry Triandis(1994)

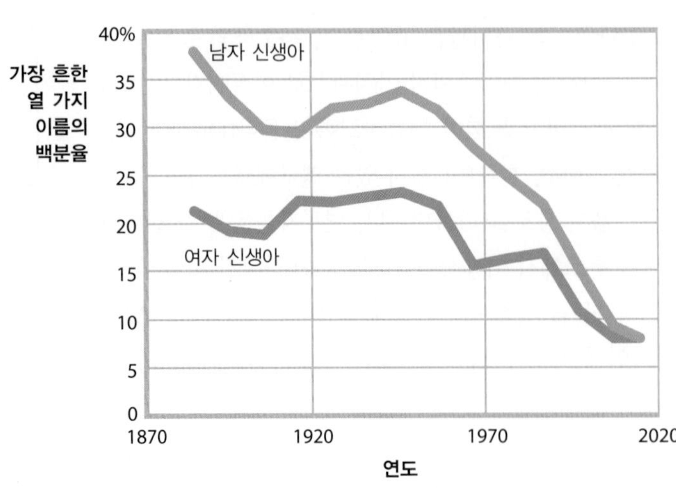

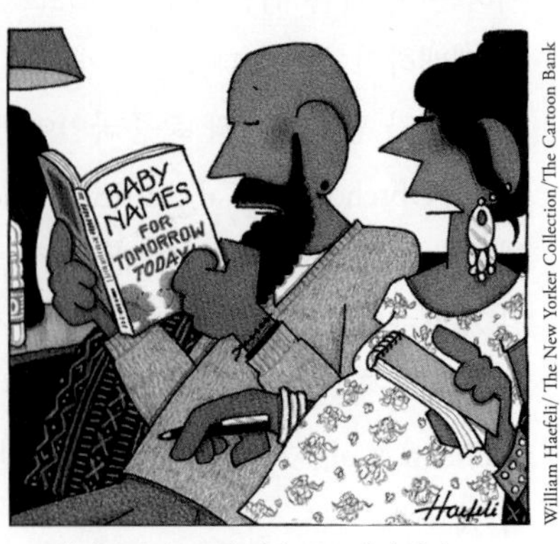

William Haefeli/ The New Yorker Collection/The Cartoon Bank

"명심하세요. 딸애가 두드러지면서도 어울리기를 원하잖아요."

그림 4.5
어느 누구와도 같지 않은 아동 미국의 개인주의 추세는 자녀 이름을 선택하는 데도 반영되어 있다. 최근 몇 년 동안 그해에 가장 흔한 열 가지 이름을 지은 미국 아동의 백분율이 급락하였다(Twenge et al., 2010a, 2016a의 데이터).

할 시점이었지요."라고 수영 금메달 수상자인 미스티 하이먼은 설명하였다. 여자 마라톤에서 금메달을 수상한 일본의 다카하시 나오코는 전혀 다른 소감을 밝혔다. "세상에서 최고의 코치와 최고의 감독님, 그리고 저를 지원하는 모든 사람들이 있지요. 이 모든 분들이 함께함으로써 금메달이 된 것입니다."

개인주의자는 결혼에서 더 많은 사랑과 개인적 만족을 요구한다(Dion & Dion, 1993). 반면에 집단주의적 사랑 노래는 중국의 한 연가(戀歌)가 "우리는 이제 함께할 거야… 나는 이제부터 영원히 절대로 변하지 않을 거야."라고 표현하듯이, 지속적인 몰입과 애정을 표현하기 십상이다(Rothbaum & Tsang, 1998).

시간이 경과하면서 한 문화의 변화 또는 문화 간 차이의 변화를 예측하는 것은 무엇인가? 사회의 역사가 중요하다. 자발적인 인구 이동, 자본주의 경제, 그리고 인구밀도가 낮고 도전적인 환경 등이 개인주의와 독립성을 조장해왔다(Kitayama et al., 2009, 2010; Varnum et al., 2010). 지난 세기부터 오늘에 이르기까지 가장 가난한 몇몇 국가를 제외한 모든 서구 문화에서는 개인주의가 늘어나는 풍요로움을 뒤쫓아 함께 증가해왔다(Grossmann & Varnum, 2015; Santos et al., 2017). 생물학적 특성도 어떤 역할을 하겠는가? 집단주의자와 개인주의자의 두뇌 활동을 비교한 연구는 다른 사람의 비탄을 목격할 때 집단주의자가 더 큰 정서적 고통을 경험한다는 사실을 시사하였다(Cheon et al., 2013). 이미 보았던 것처럼, 사람은 생물심리사회적 존재인 것이다.

Sam Harrel/Fairbanks/AK/U.S./ZUMA Press/Newscom

집단주의 문화 미국은 대체로 개인주의적이지만, 많은 문화적 하위 집단은 집단주의로 남아있다. 이는 알래스카 원주민에게도 참인데, 이들은 부족 어르신들에게 존경을 표하며, 정체성은 대체로 소속 집단에서 나온다.

자문자답하기

여러분은 자신이 집단주의자라고 생각하는가, 아니면 개인주의자라고 생각하는가? 이러한 자기감이 여러분의 행동, 정서, 사고에 어떤 영향을 미쳤다고 생각하는가?

문화와 자녀양육

자녀양육에 관한 가치관의 변화는 시대에 따른 변화뿐만 아니라 개인적 다양성과 문화적 다양성을 반영한다. 여러분은 독립적인 아동을 선호하는가, 아니면 다른 사람의 생각에 동조하는 아동을 선호하는가? 아시아 문화의 가정과 비교할 때, 서구 문화의 가정은 독립성을 더 선호한다. "네 일은 네가 책임져라. 양심에 충실하여라. 자신에게 진실하라. 너의 재능을 찾아라." 최근에 어떤 서구 부모는 한 걸음 더 나아가서 자식에게 다음과 같이 말한다. "너는 다른 어떤 아이보다도 특별해"(Brummelman et al., 2015). 서구 문화의 가치관을 가지고 있는 많은 사람은 더 이상 복종과 존경 그리고 타인에 대한 감수성에 우선권을 부여하지 않는다(Alwin, 1990; Remley, 1988). 1950년대에 서구 문화의 부모는 자식에게 "전통에 충실하라. 과거 유산과 국가에 충성심을 가져라. 부모와 윗사람에게 존경심을 표하라."라고 가르쳤다. 문화는 다양하다. 그리고 변한다.

아이들은 지역과 시대를 넘어서서 다양한 양육 시스템에서 무럭무럭 성장해왔다. 영국의 상류층 부모는 전통적으로 양육을 보모에게 맡겼으며, 그런 다음에 10세경이 되면 사립 기숙학교로 보냈다. 일반적으로 이 아이들이 영국사회의 기둥으로 성장하였다.

아시아 문화와 아프리카 문화의 사람들은 정서적 유대감에 가치를 부여한다. 유아는 하루 종일 가족들과 함께 생활한다(Morelli et al., 1992; Whiting & Edwards, 1988). 이러한 문화는 강력한 **가족감**, 즉 자신의 수치는 가족의 수치이며 가족의 영예는 나의 영예라는 감정을 부추긴다.

케냐 서부의 전통적인 구시족 사회에서는 아이가 자유롭게 젖을 먹지만 대부분의 시간을 어머니나 형제의 등에 업힌 채로 보낸다. 따라서 신체 접촉은 많지만 면대면의 상호작용과 언어적 상

Stephen H. Reehl

문화 다양성 부모는 어디에서나 자식을 보호하지만, 문화에 따라서 상이하게 양육하며 보호한다. 뉴욕과 같은 대도시에서는 부모들이 자녀를 가까이 두려고 한다. 스코틀랜드 오크니제도의 시내와 같이 작은 지역사회에서는 사회적 신뢰감이 부모로 하여금 상점 바깥에 유모차를 세워놓도록 해준다.

호작용은 거의 없다. 서구인들은 언어 상호작용의 결핍이 초래할 부정적 효과를 염려할 수 있겠지만, 구시족 사람들은 아이들을 유모차에 태워 밀어주며 유아용 펜스와 카시트에 홀로 놓아두는 것을 이상하게 생각할 수 있다(Small, 1997). 세네갈의 농촌 마을에는 보호자가 어린 아동과 대화하는 것을 금지하는 문화적 전통이 있다. 언어 소통을 조장하는 프로그램은 1년 후 아동의 언어 발달을 증진시켰다(Weber et al., 2017). 그렇다면 프로그램은 문화를 붕괴시킬 가치가 있었는가? 자녀양육의 다양성은 우리 문화의 방식이 자녀를 성공적으로 양육하는 유일한 방식이라고 생각하는 것에 경종을 울린다.

집단에 걸친 발달 유사성

다른 사람들이 우리와 얼마나 차이 나는 것인지에 몰두하게 되면, 생물학적으로 공유하는 유사성을 간과하게 된다. 49개 국가를 대상으로 수행한 연구는 양심이나 외향성과 같은 성격 특질에서 국가 간 차이가 예상보다 작다는 사실을 밝혀주었다(Terracciano et al., 2006). 국가 고정관념이 실재한다고 하더라도 미미한 차이를 과장한다. 호주인은 자신이 외향적이라고 생각하며, 독일어를 사용하는 스위스인은 자신이 양심적이라고 생각하고, 캐나다인은 자신이 원만하다고 생각한다. 실제로 집단 내 개인차와 비교해보면, 집단 간 차이는 미미하다. 어떤 문화인지에 관계없이, 우리 인간은 다르기보다 훨씬 더 유사하다. 우리는 동일한 삶의 주기를 공유한다. 유아에게 유사한 방식으로 말하며 유아가 까르륵거리거나 우는 것에 대해서도 유사한 반응을 보인다(Bornstein et al., 1992a,b).

한 문화 내에서 때때로 인종에 귀인하는 차이조차도 생물학적 특성과 문화 간의 상호작용으로 쉽게 설명할 수 있다. 흑인은 백인보다 혈압이 높은 경향이 있다(Rowe et al., 1994, 1995)는 사례를 생각해보자. (1) 두 집단 모두 소금 섭취량이 혈압과 상관적이며, (2) 소금 섭취량이 백인보다 흑인에게서 더 높다고 가정해보자. 혈압의 인종 차이가 실제로 존재하지만, 적어도 부분적으로는 섭식 패턴의 차이에 의한 것일 수 있다.

이것은 심리학 연구결과에도 그대로 적용된다. 인종집단은 때때로 평균 학업성취와 같은 것에서 차이를 보인다. 그렇지만 그 차이는 연구자들이 지적하는 바와 같이, '피부색깔의 차이'에 불과할 뿐이다. 가족 구조, 또래 영향, 그리고 부모의 교육 수준이 한 인종집단에서의 행동을 예언하는 한에 있어서, 다른 집단에도 똑같이 적용되는 것이다.

따라서 상이한 인종집단과 문화집단의 구성원으로서 피상적으로는 차이가 있다손 치더라도, 동일한 동물종의 구성원으로서 사람들은 동일한 심리적 힘의 지배를 받는 것으로 보인다. 나타내는 반응은 다양하지만, 기본 정서는 보편적이다. 입맛은 다르지만, 공통적인 배고픔 원리를 반영한다. 사회행동은 다르지만, 인간의 영향력에 관한 주도적인 원리를 반영한다. 비교문화 연구는 문화 다양성과 인간 보편성 모두를 이해하는 데 도움을 준다.

인출 연습

RP-2 개인주의 문화의 사람과 집단주의 문화의 사람은 어떻게 다른가?

답은 부록 E를 참조

성별 발달

LOQ 4-13 성별의 의미는 성의 의미와 어떻게 다른가?

우리 인간은 세상을 단순한 범주들로 체제화하려는 억제할 수 없는 충동을 가지고 있다. 신장이 크거나 작은 사람, 날씬하거나 뚱뚱한 사람, 똑똑하거나 멍청한 사람 등의 분류방식 중에서 한 가지 범주화가 현저하게 두드러진다. 즉, 여러분이 태어났을 때 모든 사람이 알고 싶어 했던 한 가지 사실은 '아들인가 딸인가?'이었다. 부모는 흔히 분홍색이나 파란색 아기 옷으로 단서를 제공해왔다. 간단한 답이 여러분의 **성**(sex), 즉 염색체와 해부학적 특징이 정의하는 생물학적 위상을 기술하였다. 대부분의 사람들에게 있어서 이러한 생물학적 특질이 그들의 **성별**(gender), 즉 남성이나 여성이 의미하는 것에 대한 문화의 기대를 정의하는 데 도움을 준다. 최근에는 성별 발달에 관한 문화적 이해와 과학적 이해가 대두해왔다.

문화 규범은 끝없이 변한다. 1918년 언쇼 유아 백화점은 "일반적으로 받아들이고 있는 규칙에 따르면 남아는 분홍색이고 여아는 파란색이다. 왜냐하면 분홍색은 보다 단호하며 강렬하여 남아에게 더 적합한 반면, 보다 미묘하고 단아한 색깔인 파랑은 여아를 더 예쁘게 만들기 때문이다."라고 천명하였다(Frassanito & Pettorini, 2008).

간단하게 말해서, 여러분의 신체가 성을 정의하며, 여러분의 마음이 성별을 정의한다. 그렇지만 성별은 생물학적 소인, 발달 경험, 그리고 현재 상황이 상호작용한 산물이다(Eagly & Wood, 2013). 그 상호작용을 보다 상세하게 들여다보기에 앞서, 남성과 여성이 유사하기도 하고 다르기도 한 면면들을 보다 자세하게 살펴보도록 하자.

유사점과 차이점

LOQ 4-14 남성과 여성이 유사한 경향이 있으며 동시에 차이를 보일 경향이 있는 방식에는 어떤 것들이 있는가?

남성이든 여성이든 아니면 **간성**(intersex)이든, 대부분의 사람은 어머니로부터 23개의 염색체를 그리고 아버지로부터 23개의 염색체를 물려받는다. 46개의 염색체 중에서 45개는 남녀공용으로 성의 구분이 없다. 유사한 생물학적 특성은 조상들이 유사한 적응적 도전거리에 대처하는 데 도움을 주었다. 예컨대, 남자든 여자든 생존은 장거리 여행(이주, 포식자로부터 달아나기, 위험물에서 벗어나기 등)을 수반하였는데, 이것은 오늘날 울트라마라톤 남녀 기록이 거의 유사하다는 사실에 반영되어 있다. 모든 사람이 생존하고 후손을 퍼뜨리며 포식자를 피해야 하였는데, 오늘날 우리도 거의 모든 면에서 유사하다. 여러분은 자신의 정체성을 남성, 여성, 아니면 둘 모두 아니거나 둘의 조합으로 간주하는가?(Hyde et al., 2019). 여러분의 답이 무엇이든지 간에, 어휘력, 지능, 행복, 여러분이 보고 듣고 배우고 기억하는 능력에 대해서는 아무 단서도 제공해주지 않는다. 성별이 무엇이든지 간에, 사람들은 평균적으로 비교적 창의적이고 지적이며 동일한 정서와 욕망을 느낀다(Hyde, 2014; Lauer et al., 2019; Reilly et al., 2019).

그렇지만 어떤 영역에서는 남성과 여성이 다르며, 그 차이점이 주의를 끈다. 자주 언급하는 몇 가지 차이점(예컨대, 자존감에서의 차이)이 실제로는 지극히 미미하다(Zell et al., 2015). 그리고 남성과 여성의 평균 지능 점수는 거의 동일하다(Lynn & Kanazawa, 2011; Tran et al., 2014). 다른 차이점은 보다 현저하다. 남자와 비교할 때, 여자는 평균적으로 2년 일찍 사춘기에 접어들며, 기대수명은 4년이 더 길다. 정서를 더 자유롭게 표현하며, 더 자주 웃고 울며, 페이스북의 근황에서 "사랑"과 "너무너무 신나고 흥분돼요!!!"와 같은 표현을 훨씬 자주 사용한다(Fischer & LaFrance, 2015; Schwartz et al., 2013). 여성은 철자법과 읽기에서 더 우수하다(Reilly et al., 2019). 미약한 냄새를 맡을 수 있고, 성적으로 오르가슴에 도달한 후에도 다시 쉽게 흥분할 수

성 심리학에서 사람들이 남성과 여성을 정의하는 생물학적으로 영향을 받은 특성들

성별 심리학에서 사람들이 여자와 남자를 정의하는 사회적으로 영향을 받은 특성들

간성 출생 시에 남성과 여성의 생물학적인 성적 특성을 모두 소유하고 있다.

공격성 남을 해치려는 의도를 가진 신체행동이나 언어행동

관계 공격성 어떤 사람의 관계나 사회적 지위에 해를 끼칠 의도가 있는 신체적이거나 언어적인 공격행위

2019년에 미국심리학회(APA)는 치료사가 남자와 남아를 대하는 데 도움을 주는 지침을 발표하였다. (여자와 여아를 대하는 유사한 지침은 2007년에 발표되었다.)

있다. 우울과 불안에 두 배 이상 취약하며, 섭식장애의 위험은 열 배나 더 높다. 반면에 남성은 자살로 사망하거나 담배 골초가 되거나 알코올 남용 장애를 나타낼 가능성이 네 배나 높다. 남성의 특성 목록에는 더 크고 건장한 신체뿐만 아니라 자폐 스펙트럼 장애, 색맹, 주의력결핍 과잉행동장애(ADHD) 등이 포함된다. 그리고 성인기에 반사회적 성격장애의 위험성이 더 높다. 남성이든 여성이든 자체적인 위험 요소들을 가지고 있다.

성별 유사성과 차이점은 이 책 전반에 걸쳐 나타나지만, 여기서는 세 가지 성별 차이를 자세하게 살펴보도록 하자. 사람들이 개별적으로 상당한 차이를 보이지만, 남성과 여성은 평균적으로 공격성과 사회권력 그리고 사회적 유대감에서 차이를 나타낸다.

공격성 심리학자에게 있어서 **공격성**(aggression)이란 누군가를 신체적으로나 정서적으로 해치려는 의도가 있는 신체행동이나 언어행동을 말한다(Bushman & Huesmann, 2010). 공격적인 인물의 사례를 생각해보라. 대체로 남자들인가? 아마도 그럴 것이다. 일반적으로 남자들이 더 많은 공격행동, 특히 극단적인 신체 폭력을 나타낸다(Yount et al., 2017). 14~19세 미국 소년의 거의 절반은 '누군가 도발하면 펀치를 날리고 싶은' 압박감을 느낀다(PLAN USA, 2018). 남녀 간의 낭만적 관계에서는 손바닥으로 때리기와 같이 사소한 신체 공격행위가 대체로 비슷하게 나타나지만, 극단적인 폭력행위는 대부분 남자들이 일으킨다(Archer, 2000; Tremblay et al., 2018).

실험연구는 공격성에서의 성별 차이를 입증해왔다. 남자는 자신이 강력하고도 지속적인 소음이라고 믿는 자극을 가지고 상대방을 공격할 의사가 더 높았다(Bushman et al., 2007). 실세계에서도 전 세계적으로 남자들이 폭력범죄를 더 많이 저지른다(Antonaccio et al., 2011; Caddick & Porter, 2012; Frisell et al., 2012). 전 세계적으로 살인을 저지르는 사람의 95%가 남성이다(HEUNI, 2015). 남성은 사냥, 싸움, 전쟁, 그리고 전쟁을 지지하는 데 있어서도 주도권을 쥔다(Liddle et al., 2012; Wood & Eagly, 2002, 2007).

여기 또 다른 물음이 있다. 험담을 퍼뜨리거나 사회집단이나 상황에서 배척함으로써 누군가에게 상처를 입히는 사람의 예를 생각해보라. 이 사람도 대체로 남자인가? 아마도 아닐 것이다. 이러한 행동은 **관계 공격성**(relational aggression) 행위이며, 여자가 남자보다 이러한 공격행위를 할 가능성이 조금 더 높다(Archer, 2004, 2007, 2009).

역사적 사건 2019년에 웨스트포인트(미국 육군사관학교)에서는 34명의 흑인 여생도가 역사상 가장 다양한 졸업생 명단에 포함되었다.

Cadet Hallie H. Pound/U.S. Army

사회권력 구직 면접 장소에 들어서서 처음으로 두 명의 면접관을 바라다보고 있다고 상상해보라. 웃지 않고 있는 왼편 면접관은 자신감과 독립심을 표출하면서 여러분과 지속적인 눈맞춤을 하고 있다. 오른편 면접관은 따뜻한 미소를 던지지만 눈맞춤을 덜 하며 다른 면접관이 주도하기를 기대하는 것처럼 보인다.

어느 면접관이 남성인가?

왼편 면접관이라고 말한다면, 여러분은 혼자가 아니겠다. 나이지리아에서 뉴질랜드에 이르기까지 전 세계적으로 사람들은 사회권력에서의 성별 차이에 주목해왔다(Williams & Best, 1990). (이 주제에 관하여 더 많은 것을 알고 싶다면, 비

판적으로 생각하기 : 직장에서의 성별 편향을 참조하라.)

이제 자동차 구입가격을 흥정하고 있는 부부를 상상해보라. 한 사람이 "안 깎아주면 우린 갈래요."라고 말하면서 영업사원에게 새로운 제안을 촉구하고 있다.

부부 중에서 누가 협상을 하고 있는가?

만일 남편이라고 답하였다면, 이 경우에도 여러분은 혼자가 아니다. 사람들은 협상을 남성과 연관 짓는 경향이 있으며, 이 사실은 남성이 협상결과에서 우선권을 갖게 되는 이유를 설명하는 데 도움을 준다(Mazei et al., 2015).

"나는 권력을 행사하는 남성적 방법과 여성적 방법이 있다는 말을 하고 싶지 않다. 우리 모두는 남성적 특성과 여성적 특성을 가지고 있다고 생각하기 때문이다. 그렇지만 나 자신의 경험에 비추어볼 때, 여자는 포용적이고 상대에게 더 많은 관심을 보이며 조금 더 배려하는 경향이 있다." 유럽 중앙은행장 크리스틴 라가르드(2011)

사회적 유대감 남성이든 여성이든, 모든 사람은 소속욕구를 가지고 있다. 비록 다른 방식으로 그 욕구를 만족시키기는 하지만 말이다(Baumeister, 2010). 남성은 독자적인 경향이 있다. 아동기에도 남아는 전형적으로 큰 놀이집단을 형성한다. 남아의 놀이는 행동과 경쟁으로 점철되며 친밀한 대화나 토론은 별로 없다(Rose & Rudolph, 2006). 남자 성인들은 어깨를 맞댄 활동을 즐기며, 문제해결책을 논의하기 위하여 대화하는 경향이 있다(Baumeister, 2010; Tannen, 1990). "왜 하늘이 파랗게 보이는지 알고 있습니까?"와 같은 어려운 질문을 받았을 때, 남자는 여자에 비해서 모른다는 사실을 인정하기보다는 어림짐작의 답이라도 내놓을 가능성이 더 큰데, 이 현상을 **남성 응답 증후군**이라고 불러왔다(Giuliano et al., 1998).

두뇌 영상은 놀랄 만한 성차를 보이지 않는다(Ritchie et al., 2018; Wierenga et al., 2019). 신경과학자 대프너 조엘과 동료들(2015)은 "인간 두뇌를 두 가지 차별적인 유목, 즉 남성 두뇌/여성 두뇌로 범주화할 수 없다."라고 보고하였다. 그렇지만 두뇌 영상은 문화가 영향을 미치기 전인 태아기에 두뇌 신경망 연계에서 성차가 발생함을 보여준다(Wheelock et al., 2019). 그리고 일반적으로 남자 두뇌보다 여자 두뇌가 사회적 관계를 가능하게 해주는 방식으로 배선되어 있다는 사실을 시사한다(Ingalhalikar et al., 2013). 이 사실은 여성이 보다 상호의존적인 까닭을 설명하는 데 도움을 준다. 아동기에 여아는 일반적으로 소집단 놀이를 즐기는데, 한 명의 친구와 일대일로 놀기 십상이다. 여아는 덜 경쟁적이며 사회적 관계를 많이 흉내 낸다(Maccoby, 1990; Roberts, 1991). 10대 소녀는 친구와 더 많은 시간을 보내며 혼자 보내는 시간이 적다(Wong & Csikszentmihalyi, 1991). 10대 후반기에는 소년들보다 소셜 네트워킹을 하는 인터넷 사이트와 문자 메시지를 주고받는 데 더 많은 시간을 사용한다(Pew, 2015; Yang et al., 2018). 여성의 우정은 더 친밀하며, 관계를 모색하는 대화를 더 많이 나눈다(Maccoby, 2002). 1,000만 개의 페이스북(여자들이 더 많이 사용한다) 게시물을 분석한 결과를 보면, 여자의 정보 업데이트가 남자의 것 못지않게 적극적이지만, 보다 부드러운 표현을 사용한다. 남자는 맹세하거나 분노를 표현하기 십상이었다(Gramlich, 2018; Park et al., 2016). 페이스북 메시지에서 수집한 7억 개 이상의 단어를 분석한 결과, 여자는 가족과 관련된 단어를 더 많이 사용한 반면, 남자는 일과 관련된 단어를 더 많이 사용하였다(Schwartz et al., 2013).

자신의 걱정거리와 속상함을 공유할 누군가의 이해를 모색할 때, 사람들은 일반적으로 여자를 찾는다. 남녀 모두 여자와의 우정이 더 친밀하고 재미있으며 보살핌을 제공한다고 보고하였다(Kuttler et al., 1999;

맨스플레이닝 [mansplaining : '남자(man)'와 '설명하다(explain)'를 합친 단어로, 남성이 여성보다 우위에 있다고 생각하며 여성에게 모든 것을 가르치려 드는 행위를 지칭한다.]

"아니, 벌써 읽었다고? 당신이 안 읽은 것처럼 설명해주려고 했는데."

Emily Bernstein/The New Yorker Collection/The Cartoon Bank

비판적으로 생각하기

직장에서의 성별 편향

LOQ 4-15 어떤 요인이 직장에서의 성별 편향에 기여하는가?

지각에서의 차이

권력에 목마른 정치가 중에서 여자는 남자보다 덜 성공한다.[1]

대부분의 정치 지도자는 남자이다

2019년에 남자가 전 세계 국회 의석의 76%를 차지하고 있었다.[2]

전 세계적으로 사람들은 남자가 더 영향력이 있다고 생각하는 경향이 있다.[3]

배심원단이든 기업이든 집단을 형성할 때, 리더십은 남자에게 돌아가는 경향이 있다.[4]

보수에서의 차이

전통적인 남자 직업을 가지고 있는 여자는 남자 동료보다 임금을 적게 받아왔다.[5]

의료계
미국에서 남자의사와 여자의사 간의 봉급 격차[6]

$171,880 여자의사
$243,072 남자의사

학계 연구비를 신청한 여성 연구자는 낮은 평가를 받아왔으며 연구비를 지원받을 가능성도 낮았다.[7] (그러나 앞으로 보겠지만, 성별 태도와 역할은 변하고 있다.)

가사 의무에서의 차이

미국에서 어머니는 자녀양육에서 여전히 **아버지**보다 거의 **두 배**의 일을 하고 있다.[8] 직장에서 여자는 돈과 지위에 의해서 덜 동기화되며, 절충안으로 근무시간의 감소를 더 선호한다.[9]

이 외에 어떤 것이 직장 성별 편향에 기여하는가?

사회 규범

대부분의 사회에서 남자는 권력과 성취에 중요성을 부과하며, 사회적으로 주도적이다.[10]

리더십 스타일

남자는 지시적이며, 사람들에게 무엇을 어떻게 할 것인지를 말한다.

여자는 민주적이며, 의사결정에서 다른 사람의 의견을 기꺼이 받아들인다.[11]

상호작용 스타일

여자는 지지를 표명할 가능성이 더 크다.[12]

남자는 의견을 제시할 가능성이 더 크다.[12]

일상 행동

여자는 남자보다 더 많이 웃고 사과한다.[13]

남자는 적극적으로 말하고, 끼어들며, 신체 접촉을 먼저 하고, 응시할 가능성이 더 크다.[13]

그렇지만 성별 역할은 시공간에 걸쳐 광범위하게 변하고 있다.

여자가 점차적으로 리더십과 직장을 대표하고 있다(현재 캐나다 내각의 50%를 여자가 차지하고 있다). 하버드 경영대학원은 1963년에야 비로소 처음으로 여학생을 받아들였다. 2020년에는 41%가 여자이다.[14] 1960년에는 미국 의대생의 6%만이 여성이었다. 오늘날에는 절반을 약간 상회한다.[15]

1. Okimoto & Brescoll, 2010. 2. IPU, 2019. 3. Williams & Best, 1990. 4. Colarelli et al., 2006. 5. Willett et al., 2015. 6. Census Bureau, 2018. 7. Witteman et al., 2019. 8. CEA 2014; Parker & Wang, 2013; Pew, 2015. 9. Nikolova & Lamberton, 2016; Pinker, 2008. 10. Gino et al., 2015; Schwartz & Rubel-Lifschitz, 2009. 11. Eagly & Carli, 2007 van Engen & Willemsen, 2004. 12. Aries, 1987; Wood, 1987. 13. Leaper & Ayres, 2007; Major et al., 1990; Schumann & Ross, 2010. 14. Harvard Business School, 2019. 15 AAMC, 2018.

Anthony Asael/Danita Delimont Stock Photography

© 2/Rob Van Petten/Ocean/Corbis

모든 남자는 자기를 위하는가, 아니면 상냥하고 친애적인가? 우리가 다른 사람들과 상호작용하는 데 있어서 성차는 아주 어린 시기부터 나타나기 시작한다.

Rubin, 1985; Sapadin, 1988). 유대감과 지지감도 남자보다는 여자에게서 더 강하다(Rossi & Rossi, 1993). 어머니로서, 딸로서, 자매로서, 이모나 고모로서, 할머니로서, 여성의 유대감은 가족을 하나로 묶어준다. 친구로서 여자들이 남자들보다 대화를 더 자주 나누며 더 개방적이다(Berndt, 1992; Dindia & Allen, 1992). 대학에 입학하는 여학생이 남학생보다 룸메이트를 바꿀 가능성이 두 배 높은 까닭은 "아마도 여자의 친밀감 욕구가 더 크기 때문일 것"이라고 조이스 베넨슨과 동료들(2009)은 지적한다. 여자는 자신의 스트레스에 어떻게 대처하는가? 남자와 비교할 때, 여자는 다른 사람에게 지원을 요청할 가능성이 크다. 여자들이 돌봐주고 친구가 되어주기 때문이다(Tamres et al., 2002; Taylor, 2002).

사회적 유대감과 권력에서의 성별 차이는 청소년기와 성인 초기에 정점에 도달하는데, 바로 이 연령대가 데이트도 하고 결혼도 하는 시기이다(Hoff et al., 2018). 10대 소녀는 덜 적극적이고 더 불안정해 보이며, 10대 소년은 더 주도적이고 덜 표현적인 것처럼 보인다(Chaplin, 2015). 10대 소녀들은 점차적으로 덜 독단적이 되고 말이 많아진다. 소년들은 더 주도적이 되고 표현이 적어진다. 성인기에는 첫째 아이가 태어난 후에 태도와 행동의 차이가 정점에 도달하기 십상이다. 특히 어머니는 더욱 전통적으로 여성의 태도와 행동을 표현하기도 한다(Ferriman et al., 2009; Katz-Wise et al., 2010). 50대에 접어들면서 대부분의 성별 차이는 사그라지는데, 특히 부모 간에서 그렇다. 남자들은 더 공감적이고 덜 주도적이 되며, 여자들, 특히 직장에 다니는 여자들은 더 확신에 차고 자신감이 있게 된다(Kasen et al., 2006; Maccoby, 1998). 전 세계적으로 남자보다 적은 수의 여자가 일을 한다. 그렇지만 남자와 마찬가지로 여자도 직업을 가지고 있을 때 자신의 삶에 더 만족하는 경향이 있다(Ryan, 2016).

따라서 여자와 남자가 다르기보다는 더 유사하지만, 보통의 남자와 여자 사이에는 몇 가지 행동 차이가 존재하며, 몇몇 차이는 인간을 제외한 영장류에서도 나타난다(Lonsdorf, 2017). 이러한 차이는 생물학적 특성에 따른 것인가? 문화와 다른 경험이 조성하는 것인가? 사람들은 여성이거나 남성인 정도에서 차이를 보이는가? 계속 읽어보자.

"먼 훗날, 그들은 유사하게 성장할 것이 틀림없다. 남자는 여자답게, 여자는 남자답게 말이다." 앨프리드 로드 테니슨, 『프린세스』(1847)

인출 연습

RP-3 (남자/여자)는 관계적 공격성을 표출할 가능성이 더 크며, (남자/여자)는 신체적 공격성을 표출할 가능성이 더 크다.

답은 부록 E를 참조

성별의 본질

LOQ 4-16 성호르몬은 태아와 청소년의 성 발달에 어떤 영향을 미치는가?

땀을 흘려 체온을 조절하거나, 에너지가 풍부한 음식을 선호하거나, 피부 마찰로 인해 굳은살이 박이거나, 신체적으로는 사람 모두가 유사하다. 생물학적 특성이 성별을 규정하지는 않지만, 다음과 같은 두 가지 방식으로 성별에 영향을 미칠 수 있다.

- 유전적으로, 남성과 여성은 상이한 성염색체를 가지고 있다.
- 생리적으로, 남성과 여성은 상이한 비율의 성호르몬을 가지고 있는데, 이것이 다른 해부학적 차이를 촉발한다.

이러한 두 가지 요인은 여러분이 태어나기 훨씬 전부터 여러분을 만들기 시작하였다.

태아기 성 발달 임신 6주까지는 여러분이나 다른 성의 사람도 아주 똑같아 보인다. 그 이후에 유전자들이 작동함에 따라서 23번 염색체 쌍(두 개의 성 염색체)이 결정하는 생물학적 성이 보다 명확하게 드러난다. 남성이든 여성이든, 그 염색체 쌍에 대해 어머니가 기여하는 것은 **X 염색체**(X chromosome)이다. 아버지로부터는 46개 염색체 중에서 단성이 아닌 염색체 하나를 물려받는다. 이것은 여성을 만드는 X 염색체이거나 남성을 만드는 **Y 염색체**(Y chromosome)이다. 잠시 후에 보게 되겠지만, 성 발달의 다른 변이도 존재한다.

임신 후 대략 7주경에, Y 염색체의 한 유전자가 마스터 스위치를 작동시키는데, 이것은 고환이 발달하여 남성 성기의 발달을 촉진하는 주요 안드로겐(남성호르몬)인 **테스토스테론**(testosterone)을 생성하도록 촉발한다. 여성도 테스토스테론을 가지고 있지만 그 양이 매우 적다. 주요 여성 성호르몬은 에스트라디올과 같은 **에스트로겐**(estrogen)이다.

임신 4개월과 5개월 사이에, 성호르몬이 태아 두뇌를 뒤덮고는 신경세포들의 배선에 영향을 미친다. 남자와 여자의 상이한 배선 패턴은 남자의 많은 테스토스테론과 여자의 에스트로겐의 영향을 받으면서 발달한다(Hines, 2004; Udry, 2000). 그렇지만 만일 태아기에 여자가 이례적으로 높은 수준의 남성호르몬에 노출되면, 남자에게 전형적인 관심사를 보이면서 성장하는 경향이 있다(Endendijk et al., 2016).

청소년기 성 발달 쏟아져 나오듯 분비되는 호르몬은 청소년기에 또 다른 극적인 신체 변화기를 촉발하는데, 이 시기에 아동은 **사춘기**(puberty)에 접어든다. 2년에 걸친 급격한 성 발달 시기에 현저한 남녀 차이가 출현한다. 다양한 변화가 여아는 대략 10세에 그리고 남아는 대략 12세에 시작되지만, 부풀어 오르는 젖가슴이나 고환의 크기 확대와 같이 미묘한 시작은 더 일찍 출현한다(Biro et al., 2012; Herman-Giddens et al., 2012). 신체 변화가 가시적으로 나타나기 한두 해 전에 아동은 이성이나 동성의 누군가에게 처음으로 매력을 느끼기 십상이다(McClintock & Herdt, 1996).

여아가 조금 일찍 사춘기에 접어들기 때문에 처음에는 여아가 동년배의 남아보다 신장이 더 크다(그림 4.6). 그렇지만 남아가 사춘기에 접어들면서 따라잡게 되고, 14세가 되면 일반적으로 여아보다 더 크다. 이러한 성장 급등 시기에, **일차 성징**(primary sex characteristics), 즉 생식기관과 성기가 극적으로 발달한다. 생식과 무관한 **이차 성징**(secondary sex characteristics)도 마찬가지다. 여아는 가슴과 엉덩이가 발달한다. 남아는 수염이 자라기 시작하고 목소리가 굵어진다. 남

X 염색체 남성과 여성 모두에 존재하는 성염색체. 여성은 두 개의 X 염색체를 가지고 있는 반면, 남성은 하나만 가지고 있다. 각 부모로부터 X 염색체를 물려받으면, 여아가 된다.

Y 염색체 남성에게만 존재하는 성염색체. 어머니로부터 받은 X 염색체와 결합하여 남아가 된다.

테스토스테론 남성호르몬 중에서 가장 중요한 호르몬. 남성과 여성 모두 가지고 있지만, 남성의 부가적 테스토스테론이 태아기에 남성 성기의 성장을 자극하며 사춘기 남성의 성징 발달을 촉진시킨다.

에스트로겐 에스트라디올과 같은 성호르몬으로 여성의 성징에 영향을 미치며 남자보다는 여자가 더 많이 분비한다.

사춘기 성적 성숙이 이루어지는 시기로, 이 시기에 자손 번식이 가능해진다.

일차 성징 자손 번식을 가능하게 만들어주는 신체 구조(난소, 고환, 그리고 외부의 성기)

이차 성징 여성의 가슴과 엉덩이, 남성의 변성과 체모 등과 같은 부차적 성징

첫 사정 최초의 사정

초경 최초의 생리 경험

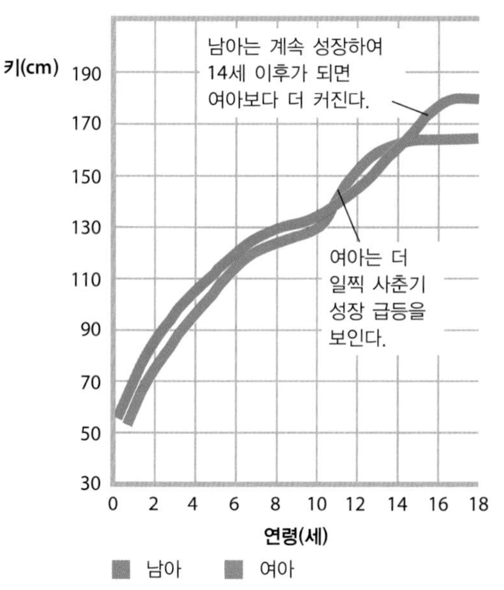

그림 4.6
신장 차이(Tanner, 1978의 데이터)

아와 여아 모두 음모와 겨드랑이 털이 나타난다(그림 4.7).

남아의 경우 사춘기의 이정표는 최초의 사정인데, 수면 중에 처음 발생하기 십상이다. **첫 사정**(spermarche)이라고 부르는 이 사건은 일반적으로 14세경에 발생한다.

사춘기 소년들은 듬성듬성 나는 수염을 처음에는 싫어할지 모르겠다. (그렇지만 그 이후로도 수염은 자라난다.)

여아의 경우, 그 이정표는 **초경**(menarche)인데, 일반적으로 12.5세 이전에 나타난다(Anderson et al., 2003). 연구자들은 초경의 시기를 예측하는 거의 250개의 유전자를 확인해왔다(Day et al., 2017). 그렇지만 환경도 중요하다. 시기적으로 빠른 초경은 아버지의 부재, 성적 학대, 불안정 애착, 임신 중 어머니의 흡연 등과 관련된 스트레스로 인해 나타날 가능성이 크다(Richardson et al., 2018; Shrestha et al., 2011; Sung et al., 2016). 오늘날 많은 국가에서는 과거에 비해서 여아는 가슴이 일찍 발달하고 사춘기에 일찍 도달한다. 혐의가 가는 촉발자극에는 체지방의 증가, 호르몬을 흉내 내는 화학물질이 들어있는 음식의 섭취, 그리고 가정 와해에 따른 스트레스 증가

그림 4.7
사춘기의 신체 변화 여아는 10세경에 그리고 남아는 12세경에 급격한 호르몬 분비가 다양한 신체 변화를 촉발시킨다.

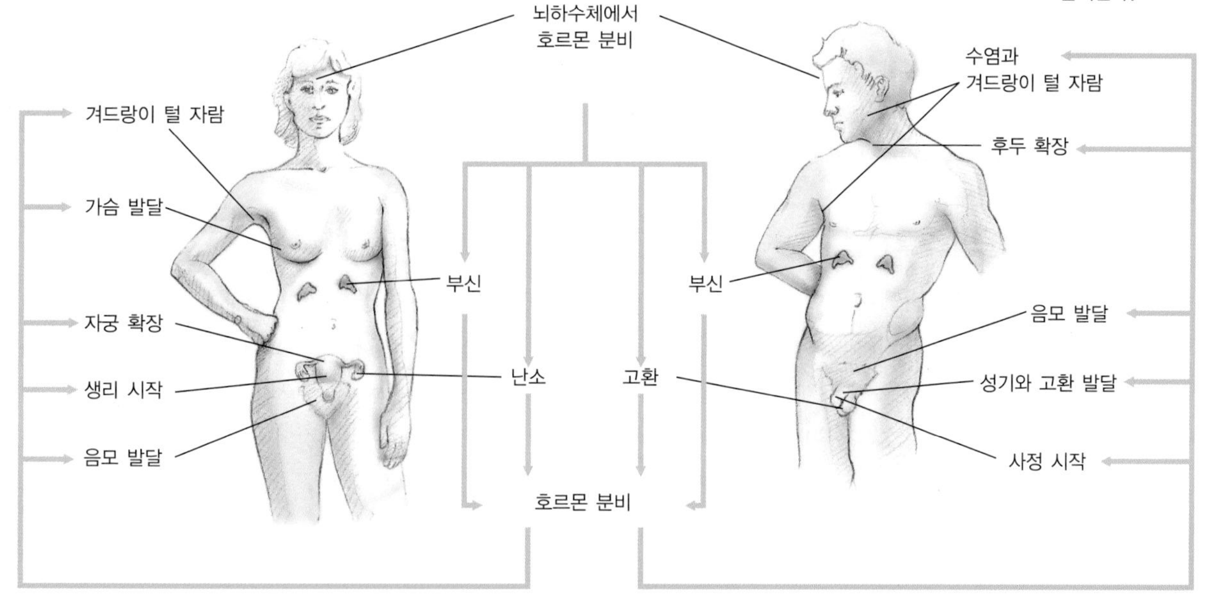

Michael Dalder/SEMENYA Reuters/Newscom

"나는 여전히 나다." 남아프리카 공화국의 뛰어난 육상선수 캐스터 세메냐가 기록을 극적으로 단축함에 따라서 국제육상연맹(IAAF)은 2009년부터 성검사를 실시하게 되었다. 세메냐는 남성도 아니고 여성도 아닌 신체 특성을 가지고 있는 것으로 알려졌다. 2016년에 그녀는 올림픽 금메달을 획득하였다. 2019년에 IAAF는 테스토스테론 억제제를 복용하지 않는 한 그녀의 대회 출전을 금지시키겠다고 하였으나, 세메냐는 이를 거부하였다. 대회 출전 권리를 위해 투쟁하고 있는 그녀는 "남아프리카와 전 세계의 젊은 여성과 운동선수를 계속해서 고취시키겠다."라고 말하였다(Reuters, 2019).

등이 포함된다(Biro et al., 2010, 2012; Ellis et al., 2012; Herman-Giddens, 2013). 그렇지만 좋은 소식은 안정적인 모자(모녀) 애착이 조숙한 사춘기와 관련된 스트레스를 포함한 아동기 스트레스에 대한 완충작용을 한다는 점이다. 명심할 사항 : 선천성과 후천성은 상호작용한다.

인출 연습

RP-4 태아기 성 발달은 임신 후 대략 __________ 주에 시작된다. 청소년기는 __________ 의 시작이 특징적이다.

답은 부록 E를 참조

성 발달의 가변성 자연은 남자와 여자 간의 생물학적 구분을 모호하게 만들기도 한다. 간성인 사람은 남자와 여자의 염색체, 호르몬, 해부학적 구조 등이 비정상적으로 조합된 채 태어나기도 한다. 예컨대, 유전적인 남자가 Y 염색체뿐만 아니라 두 개 이상의 X 염색체를 가지고 태어나서 불임과 작은 고환을 초래한다(클라인펠터 증후군). 단 하나의 정상적인 X 염색체만을 가지고 태어나는 유전적 여자는 월경을 하지 않거나, 가슴이 발달하지 않거나, 임신을 하지 못할 수 있다(터너 증후군). 이러한 사람은 자신의 성별 정체성으로 인해 어려움을 겪는다.

과거에는 의학 전문가들이 이렇게 태어난 아동에게 명확한 성 정체성을 만들어주기 위하여 성 재할당 수술을 권하곤 하였다. 한 연구는 생애 초기에 이 수술을 받고 여아로 성장한 14명의 유전적 남아 사례를 개관하였다. 이 사례들 중에서 6명은 훗날 자신이 남자라고 선언하였고, 5명은 여자로 살고 있었으며, 3명은 불명확한 성 정체성을 보고하였다(Reiner & Gearhart, 2004).

한 가지 유명한 사례에서는 어린 남아가 돌팔이 포경수술을 받던 중에 음경을 상실하고 말았다. 부모는 정신과 의사의 충고에 따라 그 남아를 여아로 취급하면서 키웠다. 남자 염색체와 호르몬을 가지고 있음에도 여자로 양육되었을 때, 선천성과 후천성 중에서 어느 것이 그 아이의 성별 정체성을 형성하였겠는가? 브렌다 레이머는 여느 여아들과는 달랐다. 그녀는 인형을 싫어하였다. 개구쟁이 놀이를 하면서 옷을 찢어먹기 일쑤이었다. 사춘기가 되었을 때, 남자들과 키스하기를 원치 않았다. 결국 브렌다의 부모는 과거에 일어났던 사건을 설명하였으며, 그 설명을 들은 브렌다는 즉각 자신에게 부여된 여성 정체성을 걷어차 버렸다. 호르몬 치료를 통해 키운 가슴을 제거하는 수술을 받았다. 머리를 깎고 데이비드라는 남성 이름을 선택하였다. 종내에는 한 여자와 결혼하고 양아버지가 되었다. 불행하게도 나중에 자살하고 말았는데, 우울증이 있던 그의 일란성 쌍둥이 형제도 마찬가지이었다(Colapinto, 2000). 오늘날 대부분의 전문가는 자연스럽게 발달하는 신체 외모와 성별 정체성이 명확해질 때까지 수술을 연기하도록 충고하고 있다.

성별의 후천성

많은 사람에게 있어서 생물학적 성과 성별은 조화를 이루며 공존한다. 생물학적 특성이 스케치를 그리면, 문화가 세부사항에 색을 입힌다. 생물학적 남성이나 여성 또는 간성으로 정의해주는 신체 특질은 전 세계적으로 동일하다. 그렇지만 남자(또는 남아)와 여자(또는 여아)가 어떻게 행동하고 상호작용하며 자신에 대해서 어떤 감정을 가져야 하는지를 정의하는 성별 특질은 시대와 지역에 따라 다르다(Zentner & Eagly, 2015).

성별 역할

LOQ 4-17 성별 역할에 대한 문화적 영향은 무엇인가?

문화는 특정한 사회 상황에서 어떻게 행동해야 하는 것인지를 규정함으로써 사람들의 행동 또는 **역할**(role)을 조성한다. 이러한 조성의 힘은 **성별 역할**(gender role), 즉 남자나 여자로서 사람들의 행동을 이끌어가는 사회적 기대에서 볼 수 있다.

역할 사회적 위상에 대한 일련의 기대(규범)이며, 그 위상에 위치하는 사람이 어떻게 행동해야 할 것인지를 규정한다.

성별 역할 남성과 여성에게 기대하는 행동의 집합

성별 역할은 인류 역사의 지극히 짧은 시간 동안 전 세계적으로 극단적인 변모를 겪었다. 20세기 초반에는 전 세계에서 오직 한 국가, 즉 뉴질랜드만이 여자에게 투표권을 허용하였다(Briscoe, 1997). 2015년에는 모든 국가가 여자의 참정권을 허용하고 있다. 한 세기 전에 북미 여자들은 투표권도 없고, 군인도 될 수 없으며, 이유 없이 이혼할 수도 없었다. 만일 여자가 돈을 벌기 위해서 가정 밖에서 일을 한다면, 대학교수이기보다는 조리사이기 십상이었다. 1960년대와 1970년대에 미국 아동에게 과학자를 그려보라고 하면, 여자 과학자를 그리는 경우는 1%에도 미치지 못하였다. 최근 연구에서는 28%가 여자를 그린다(Miller et al., 2018). 오늘날에는 많은 국가에서 여자가 노동력의 40% 이상을 차지하고 있다(BLS, 2019; Fetterolf, 2017).

"미투운동의 시대와 여성행진이라는 운동은 여성의 권리와 평등 그리고 성별의 역동적 힘에 대해 비판적으로 논의할 필요가 있다는 사실을 알려준다. … 성희롱, 예컨대 회사와 정부기관에서의 성희롱은 조직적 문제이며 용납할 수 없는 것이다. 지도자들은 진정 새로운 시대가 시작되었음을 보여주도록 행동할 필요가 있다." 캐나다 총리 쥐스탱 트뤼도(2018)

전 지구적으로 여자는 STEM(과학, 테크놀로지, 공학, 수학) 분야에서 열세이기 십상이다(UNESCO, 2017). 남자가 대부분의 교수직을 차지하고, 더 많은 연구비 지원을 받으며, 유수 저널에 더 많은 논문을 게재하는 경향이 있다(Odic & Wojcik, 2020; Oliveira et al., 2019; Shen et al., 2018). 많은 국가에서 여자는 여전히 미묘한 방식으로 STEM 분야와 관련된 경력을 무력화시키는 성차별을 겪고 있다(Kuchynka et al., 2018; Leaper & Starr, 2019). 그렇지만 STEM 분야에서 여자에 대한 수요와 공급이 증가하고 있다는 신호가 존재한다. 미국 고등학교에서는 읽기와 쓰기에서 여학생이 남학생을 압도하고 있다(Reilly et al., 2019). 대학 수준에서는 남학생과 비교할 때 여학생이 더 좋은 성적과 더 많은 학위를 받으며, 과학과 수학에서 대등한 경쟁력을 보여주고 있다(Stoet & Geary, 2018; Terrell et al., 2017). 미국 교수에게 STEM 분야 연구직 일자리에 후보자를 추천해달라고 요청하였을 때, 대부분의 교수는 똑같이 우수하더라도 남자보다는 여자를 선호한다고 답하였다(Williams & Ceci, 2015). 유능하고 동기가 높은 여성 멘토와 역할 모델로부터 도움을 받는 새내기 여성 과학자와 공학자에게는 좋은 소식이다(Dennehy & Dasgupta, 2017; Moss-Racusin et al., 2018).

성별 역할은 지역에 따라서도 차이를 보이고 있다. 수렵채취 위주의 유목민 사회는 성에 따른 분업이 거의 없다. 남아와 여아를 거의 동일하게 양육한다. 여자는 근처 밭에서 농사를 짓고 남자는 가축을 몰고 떠돌아다니는 농경사회에서는 문화가 아이들에게 차별적인 성별 역할을 조성해왔다(Segall et al., 1990; Van Leeuwen, 1978).

MARWAN NAAMANI/Getty Images

변화된 운전
마날 알 샤리프(사우디아라비아의 여성운동가)를 비롯한 여러 사람의 노력 덕분에, 2018년에 사우디아라비아가 금지법을 폐기함으로써 운전은 여성의 보편적 권리가 되었다. 그녀는 "어디에서든 여성의 권리를 위한 투쟁은 전 세계 모든 곳에서 여성을 위한 투쟁에 기여한다."라고 말하였다(al-Sharif, 2019).

비판적으로 생각하기

성폭력

LOQ 4-18 성폭력의 후유증은 무엇인가? 문화적 견해는 어떻게 변해왔으며, 어떻게 성폭력을 근절할 수 있는가?

성폭력의 정의

성희롱

원치 않는 성적 지분대기, 외설적 언급, 또는 성관계 요구 등을 수반한다.[1]

성추행

원치 않는 신체 접촉, 성적 괴롭힘, 강간이나 강간의 시도 등과 같이, 상대방의 명시적인 동의 없이 발생하는 모든 유형의 성적 접촉이나 행동.[2]

삶에 대한 문화적 효과

지역적 효과

몇몇 문화는 성폭력 희생자를 가문의 명예를 더럽힌 죄가 있다고 간주한다. 인도와 파키스탄에서는 남자 가족 구성원이 많은 여자를 살해하는데, 한 출처는 각 국가에서 가족의 명예를 더럽힌 죄로 살해되는 여자가 매년 1,000명에 이른다고 추정하고 있다.[9]

시대적 효과

전 지구적 규범의 변화는 점차적으로 성폭력 희생자의 비난을 용인하지 않고 있다.

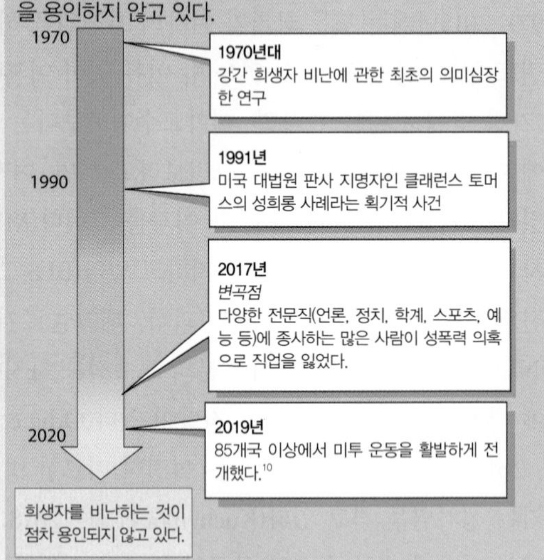

1970
1990
2020
1970년대
강간 희생자 비난에 관한 최초의 의미심장한 연구
1991년
미국 대법원 판사 지명자인 클래런스 토머스의 성희롱 사례라는 획기적 사건
2017년
변곡점
다양한 전문직(언론, 정치, 학계, 스포츠, 예능 등)에 종사하는 많은 사람이 성폭력 의혹으로 직업을 잃었다.
2019년
85개국 이상에서 미투 운동을 활발하게 전개했다.[10]
희생자를 비난하는 것이 점차 용인되지 않고 있다.

희생자

미국에서는 여자의 **81%**와 남자의 **43%**가 성폭력을 경험하였다고 보고하고 있다.[3]

성폭력은 모든 인종집단에 영향을 미친다.[4]

강간 희생자의 거의 **70%**가 11~ 24.4세이다.[4]

전국 학교환경 조사에서 **10**명의 게이나 레즈비언 중에서 **8**명이 지난해에 성과 관련된 희롱을 경험하였다고 보고하였다.[5]

웰빙에 미치는 효과

인간의 탄력성 덕분에, 성폭력 희생자는 회복하여 건강하고 의미 있는 삶을 영위한다. 그렇지만, 많은 사람이 다음과 같은 심각한 후유증으로 고생하고 있다.

- 수면장애[6]
- 나빠진 신체건강[7]
- 새로운 대인관계의 신뢰감 상실[8]

성폭력 근절방법

성폭력 치료법은 그렇게 효과적이 못하였다.[11] 그렇지만 다음과 같은 광의적 전략은 효과가 있다.

희생자에게 자신의 경험을 권위 있는 인물(부모, 상사나 지도교수, 법집행관 등)에게 말하게 하고 자신의 경험을 공개적으로 공유하도록 **격려한다**.

희생자가 자신의 상황을 스스로 제어하고 가해자가 희생자를 주도하거나 사주하는 것을 거부할 권한을 **제공한다**.

사람들에게 예방적인 방관자 개입 전략을 **교육한다**. 이 교육은 지역사회의 성폭력을 거의 20%나 감소시켰다.[12]

1. McDonald, 2012; U.S.E.E.O.C, 2018. 2. U.S.D.O.J., 2018. 3. Stop Street Harassment, 2018. 4. Black et al., 2011. 5. GLSEN, 2012; Krahé & Berger, 2017; Snipes et al., 2017; Zanarini et al., 1997. 6. Krakow et al., 2001, 2002. 7. Schuyler et al., 2017; Zinzow et al., 2011. 8. Muldoon et al., 2016; Starzynski et al., 2017. 9. HBVA, 2018. 10. Stone & Vogelstein, 2019. 11. Grønnerød et al., 2015. 12. Coker et al., 2017. 13. Jesse, 2019.

잠시 시간을 내서 여러분 자신의 성별 기대를 확인해보라. "일거리가 모자랄 때는 남자가 그 일을 할 권리를 더 많이 가져야 한다."에 동의하는가? 스웨덴과 스페인에서는 10%를 약간 상회할 정도의 성인이 이 진술에 동의한다. 이집트와 요르단에서는 90% 정도의 성인이 동의한다(UNFPA, 2016). 우리 모두는 인간이지만, 자신을 바라다보는 견지는 차이를 보인다.

성별 역할에 관한 기대는 **성폭력**(sexual aggression)에 관한 문화적 기대에도 스며든다. 유명인과 권력자의 성폭력에 대한 강력한 비난의 여파로, 많은 국가가 성희롱과 성추행을 제거하려는 노력을 경주하고 있다. (비판적으로 생각하기 : 성폭력을 참조하라.)

Dinodia/The Image Works

성차별 쓰나미 스리랑카, 인도네시아, 인도에서 성별에 따른 분업이 2004년 쓰나미로 인하여 여자의 사망이 압도적으로 많았던 이유를 설명하는 데 도움을 준다. 어떤 마을에서는 사망한 사람의 80%가 여자였는데, 남자들이 바다에서 낚시를 하거나 바깥의 잡일을 하고 있는 동안, 여자들은 대부분 집에 있었을 가능성이 높았다(Oxfam, 2005).

인출 연습

RP-5 성별 역할이란 무엇인가? 성별 역할의 다양성은 학습하고 적응하는 인간의 능력에 관하여 무엇을 알려주는가?

답은 부록 E를 참조

성별 정체성

LOQ 4-19 사람들은 어떻게 성별 정체성을 형성하는가?

성별 역할은 우리가 어떻게 생각하고 느끼며 행동할 것인지에 대한 다른 사람들의 기대를 의미한다. **성별 정체성**(gender identity)이란 오직 두 가지 선택지만 있는 경우에는 남성이거나 여성이라는 개인적 이해를 말한다. 성별 정체성이 이원적이지 않은 사람은 자신이 남성이나 여성이라고 느끼지 않거나 자신의 정체성을 남성과 여성의 조합으로 받아들이기도 한다. 성별 정체성은 어떻게 발달하는 것인가?

사회학습 이론(social learning theory)은 아동이 다른 사람의 성별 관련 행동을 관찰하고 흉내 내며, 특정 방식으로 행동한 것이 보상받거나 처벌받음으로써 성별 정체성을 학습한다고 가정한다. "영희야, 너는 인형한테 참 좋은 엄마네.", "철수야, 씩씩한 사람은 울지 않는 거야." 그렇지만 비판자들은 성별 정체성에는 모방과 보상 이상의 것이 존재한다는 사실을 지적한다. 이들은 **성별 유형화**(gender typing), 즉 전통적인 남성 역할이나 여성 역할이 아동에 따라서 차이를 보인다는 사실을 지적한다(Tobin et al., 2010).

부모가 성별에 관한 문화적 견해를 전달하는 데 일조한다. 43편의 연구를 분석한 결과에서 보면, 전통적 성별 스키마를 가지고 있는 부모는 남성과 여성의 행동에 대한 문화의 기대를 공유하는 자녀들을 가지고 있을 가능성이 더 높았다(Tenenbaum & Leaper, 2002). 아버지가 가사를 공평하게 분담할 때, 딸들이 바깥일에 대하여 더 높은 포부를 견지한다(Croft et al., 2014).

그렇지만 전통적인 성별 행동을 얼마나 격려하거나 억제하든지 간에, 아동은 자신이 옳다고 느끼는 것을 향하여 나아간다. 어떤 아이들은 자신을 '남자의 세계'나 '여자의 세계'로 체제화하

"여자와 남자를 동등한 입장에 놓을 수는 없다. 그것은 자연에 반하는 짓이다." 터키 대통령 레제프 타이이프 에르도안(2014)

"우리는 여자아이를 얌전하게 그리고 남자아이를 적극적이게 키우려는 태도, 딸들이 목소리를 높이고 아들들이 눈물을 흘리는 것을 비난하는 태도를 계속해서 바꾸어나갈 필요가 있습니다." 전 미국 대통령 버락 오바마(2016)

성폭력 신체적으로든 정서적으로든 원치 않는 사람에게 성적으로 해를 끼치려는 의도가 있는 신체적 또는 언어적 행동

성별 정체성 남성 또는 여성이거나 남성과 여성의 조합이라는 생각

사회학습 이론 관찰하고 흉내 내며 보상받거나 처벌받음으로써 사회행동을 학습한다는 이론

성별 유형화 전통적인 남성과 여성의 역할을 획득하는 것

는데, 각 세계를 주도하는 규칙들이 있다. 다른 아이들은 보다 융통성 있게 이러한 규칙에 동조한다. 또 다른 아이들은 **양성성**(androgyny)을 선호한다. 즉, 이 아이들은 남성 역할과 여성 역할의 조화로운 공존을 정당하게 느낀다. 양성성은 장점을 가지고 있다. 양성적인 사람들이 더 적응적이다. 행동과 경력 선택에서 상당한 융통성을 보인다(Bem, 1993). 아동기부터 보다 탄력적이고 자기수용적이며, 우울을 적게 경험한다(Lam & McBride-Chang, 2007; Mosher & Danoff-Burg, 2008; Pauletti et al., 2017).

어떻게 느끼는지도 중요하지만, 어떻게 생각하는지도 중요하다. 사람들은 생애 초기에 세상을 이해하도록 도와주는 스키마 또는 개념을 형성한다. 성별 스키마는 남성-여성 특성의 경험을 체제화하며, 성별 정체성, 즉 독특한 개인으로서의 자신이 누구인지를 생각하도록 도와준다(Bem, 1987, 1993; Martin et al., 2002).

어린 시절에는 누구나 '성별 탐정'이다(Martin & Ruble, 2004). 첫돌도 되기 전에 남성과 여성의 목소리와 얼굴 간의 차이를 알아챈다(Martin et al., 2002). 만 2세를 넘을 무렵에는 언어가 세상을 성별로 구분하도록 만든다. 영어는 사람을 'he'와 'she'로 분류한다. 다른 언어는 사물을 남성형('le train')이나 여성형('la table')으로 분류한다.

아동은 두 종류의 사람이 존재하며 자신은 그중 하나에 속한다는 사실을 학습하는 경향이 있으며, 성별 단서를 찾기 시작한다. 각 문화마다 사람들은 다양한 방식으로 성별을 소통한다. 성별 표현은 언어뿐만 아니라 복장과 관심사 그리고 소유물에서 단서들을 보여준다. 3세 아동은 인간 세계를 둘로 분할한 다음에, 자신이 속한 절반을 더 좋아하게 되고 그 속에서 놀이대상을 찾는다. 이 아동은 "여자는 '백설공주'를 시청하고 머리카락이 길며", "남자는 '쿵푸 팬더'를 시청하고 드레스를 입지 않는다."라고 결정할 수 있다. 그런 다음에 새롭게 수집한 '증거'들로 무장하고는 자신의 행동을 성별 개념에 맞추어 조정한다. 남자와 여자 고정관념의 경직성은 대략 5~6세에서 최고조에 다다른다. 만일 옆집에 새로 이사 온 아이가 여자라면, 6세 남아는 막연히 그 아이가 자신과 관심사가 다를 것이라고 가정할 수 있다.

어린 아동에게 있어서 성별 스키마는 엄청난 크기로 다가온다. 그렇지만 아동의 성별 스키마는 고전적인 만화영화 또는 인형과 액션 영웅을 분리하여 진열하는 장난감 가게에서 볼 수 있는 '두 종류의 사람'으로부터 서서히 벗어나고 있다. 2019년에 아동에게 인기 있는 만화영화인 아서(Arthur)는 아서의 남자 선생님이 다른 남성 주인공과 결혼하는 장면을 보여주었다. 원작자인 마크 브라운은 "예술은 삶을 반영하며, 아이들은 세상에서 일어나는 일을 볼 필요가 있다."라고 말하였다(Wong, 2019).

자신을 시스젠더(타고난 생물학적 성과 성별 정체성이 일치하는 사람)로 간주하는 사람에게는 성별이 태어난 성과 일치한다. 자신을 **트랜스젠더**(transgender)로 간주하는 사람에게 있어서는 성별 정체성이 출생이 부여한 성과 차이를 보인다(APA, 2010; Bockting, 2014). 아동기부터 어떤 사람은, 예컨대 여성의 신체를 가진 남성처럼 느끼거나 남성의 신체를 가진 여성처럼 느낀다(Olson et al., 2015). 3~12세의 트랜스젠더 아동 300명을 대상으로 수행한 연구를 보면, 이렇게 '조기 성별 이동'을 나타내는 아동은 시스젠더인 형제나 시스젠더 통제집단 못지않게 강력한 성별 유형화와 정체성을 나타낸다(Gülgöz et al., 2019). 두뇌 영상도 흥미진진하다. 의학적 성전환을 시도하는 사람(대략 75%가 남자이다)은 성별 정체성이 출생 성과 일치하는 사람과는 차이 나는 신경회로를 가지고 있다(Kranz et al., 2014; Van Kesteren et al., 1997). 그리고 두뇌 영상은 트랜스젠더와 시스젠더 간의 차이도 드러내는데, 이 사실은 성별 정체성에 대한 생물학적 영향

"트랜스젠더는 정신과적 정체성이 아니라 개인적이거나 사회적 정체성이어야 한다." 인류학자 로이 리처드 그린커 (2018)

양성성 전통적으로 남성적인 심적 특성과 여성적인 심적 특성을 모두 나타내는 특성

트랜스젠더 성별 정체성이나 표현이 생물학적 성과 연합된 방식에서 벗어난 사람들을 기술하는 포괄적 용어

을 시사한다(Williams, 2018). 생물학자 로버트 새폴스키(2015)는 다음과 같이 설명한다. "이 사람들은 자신의 실제 성별과 다른 성별을 가졌다고 생각하는 것이 아니다. 실제 성별과 다른 성별의 신체에 갇혀있는 것이다."

대부분의 국가에서 트랜스젠더로 살아가는 것은 쉬운 일이 아니다. 레즈비언, 게이, 양성애자, 트랜스젠더 미국인을 대상으로 실시한 전국 조사에서 보면, 71%는 남자 동성애자를 '어느 정도' 또는 '상당히' 사회적으로 용인한다고 보았으며, 85%는 여자 동성애자의 경우에도 그렇다고 답하였다. 그렇지만 트랜스젠더에 대해서는 18%만이 그렇다고 답하였다(Sandstrom, 2015). 27,175명의 트랜스젠더에 대한 또 다른 조사에서는 46%가 지난해에 언어적 모욕을 당하였다고 보고하였다(James et al., 2016). 유럽과 아시아에서도 트랜스젠더는 빈번한 모욕, 편견, 차별을 경험한다(Amnesty International, 2018). 몇몇 트랜스젠더는 심각한 고통을 겪기도 하는데, 여기에는 젠더 디스포리아(성 불편증)로 진단받을 위험이 포함된다(McNeil et al., 2017; Mueller et al., 2017). 젠더 디스포리아로 진단받으려면, 성별 정체성과 관련된 임상 수준의 고통을 경험해야만 한다. 단순히 트랜스젠더 정체성을 갖고 있다고 해서 심리장애가 있는 것은 아니다. 미국 군대에서 트랜스젠더 퇴역병은 편견을 경험함으로 인해서 시스젠더 퇴역병보다 자살할 위험성이 두 배로 높다(Tucker, 2019). 그리고 27,000명의 트랜스젠더 성인을 대상으로 수행한 연구에서 보면, '전환 치료(심리적, 신체적, 영적 개입을 사용하여 동성애나 양성애인 성적 지향성을 이성애로 전환시키려는 비과학적 치료)'를 받은 사람이 자살할 위험성이 배가되었다(Turban et al., 2020).

트랜스젠더는 자신의 외모와 일상의 삶을 성별 정체성에 맞추고자 시도하기도 한다. 2019년에 미국 대법원은 트랜스젠더도 자신의 성별 정체성과 일치하는 화장실을 사용할 권리가 있다는 법령을 인정하였다(Wolf, 2019). 성별 정체성에 대한 이러한 법적 공인은 트랜스젠더가 우울과 낮은 자존감에서 벗어나는 데 도움을 줄 수 있다(Glynn et al., 2017). 실제로 성별을 인정하는 의료 기법(호르몬 사용, 외과수술 등)은 트랜스젠더의 불안, 우울, 외상 후 스트레스 등을 감소시키는 것으로 보인다(Tomita et al., 2018).

성별 정체성은 **성적 지향성**(성적 매력을 느끼는 방향)과는 다르다는 사실에 주목하라. 트랜스젠더는 모든 성별에 성적 매력을 느낄 수 있으며, 반대로 어느 누구에게도 느끼지 않을 수 있다. 여러분의 성적 지향성은 여러분이 잠자리에 함께 들기를 꿈꾸는 사람이며, 성별 정체성은 잠자리에 들어가는 바로 그 사람이다.

전 세계적으로 2,500만 명이 트랜스젠더 정체성을 가지고 있는 것으로 추정된다(WHO, 2016). 미국에서는 대략 100만 명이 트랜스젠더이다(Meerwijk & Sevelius, 2017). 이 집단의 대략 30%는 양분적이지 않은 성별 정체성, 즉 남성과 여성의 조합으로 받아들이거나 남성이나 여성 어느 성으로도 받아들이지 않는다(Barr et al., 2016; James et al., 2016; Mikalson et al., 2012). 북미와 유럽에서는 그 숫자가 급증하고 있으며, 특히 태어날 때 여성으로 간주된 청소년 사이에서 그렇다. 혹자는 이러한 증가가 부분적으로 사회적 현상인지 아니면 단순히 오늘날 청소년들이 자신의 개인적 정체성에 대해서 자유롭게 느끼기 때문인지 궁리하고 있다(Wadman, 2018). 그렇지만 전환하는 많은 사람이 이미 어린 아동처럼 성별에 동조하지 않는 의상, 장난감, 머리스타일을 선호해왔다(Rae et al., 2019).

Colin McPherson/Getty Images

"내 아버지는… 여자입니다." 마크 모리스(2015)는 영국 웨일스 출신의 유명 작가이자 트랜스젠더인 아버지 얀 모리스에 대해서 그렇게 말하였다. 1973년에 성전환 수술을 받은 후에 얀 모리스는 법에 의해서 마크의 어머니와 강제로 이혼할 수밖에 없었다. 영국에서 동성결혼이 합법화되어 다시 결혼할 때까지도 "두 사람은 놀라우리만치 강력한 유대감을 가지고 계속해서 함께 생활하였다."

사랑하는 아들 작가이자 음악가이며, 변호사이자 배우인 채즈 보노는 가수이자 배우인 셰어와 음악가이자 정치가인 소니 보노의 트랜스젠더 아들이다.

Axelle/Bauer-Griffin/Getty Images

자문자답하기

여러분은 어떤 성별 유형화를 가지고 있는가? 무엇이 남성, 여성, 남성과 여성의 조합, 아니면 그 어떤 성도 아니라는 여러분의 감정에 영향을 미쳐왔는가?

San Diego Museum of Man, photograph by Rose Tyson

문화가 중요하다 미국 샌디에이고 '인류박물관'에 전시된 작품에서 보는 바와 같이, 아동은 자신의 문화를 학습한다. 어린 아기의 발은 어느 문화로든 들어갈 수 있다.

선천성과 후천성 그리고 그 상호작용에 대한 재고찰

LOQ 4-20 선천성, 후천성, 그리고 자발적 선택은 성별 역할과 삶의 여러 측면에 어떤 영향을 미치는가?

물리학자 닐스 보어는 현대과학의 몇몇 패러독스를 이렇게 되새긴다. "사소한 진리와 위대한 진리가 있다. 사소한 진리에 반대되는 것은 그저 틀린 것이다. 위대한 진리에 반대되는 것은 그 역시 진리이다." 우리 조상의 역사는 우리를 하나의 동물종으로 만드는 데 기여하였다. 변이, 자연선택, 유전이 있는 곳에는 진화가 존재한다. 어머니의 난자가 아버지의 정자를 빨아들일 때 만들어지는 독특한 유전자 결합도 개개인으로서의 우리를 만들어왔다. 유전자는 우리를 만든다. 이 사실은 인간 본성에 대한 위대한 진리이다.

그렇지만 경험도 우리를 만든다. 가족과 또래 관계는 생각하고 행동하는 방식을 가르쳐준다. 선천성이 주도하는 차이를 후천성이 증폭시킨다. 만일 유전자와 호르몬이 여성보다는 남성을 더 공격적이게 만든다면, 남자는 전통적인 남자 즉 마초로, 그리고 여자는 친절하고 관대하도록 권장하는 규범을 통해서 문화가 이러한 성차를 확대시킬 수 있다. 남자는 신체적 힘을 요구하는 역할을, 그리고 여자는 보살펴주는 역할을 하도록 권장하게 되면, 각자는 그에 따라서 행동하게 된다. 역할이 그 역할수행자를 재구성하는 것이다. 변호사는 더욱 변호사답게 되고, 교수는 더욱 교수답게 된다. 마찬가지로 성별 역할도 우리를 조성한다.

많은 현대 문화에서 성별 역할은 수렴하고 있다. 동물적 힘은 점차적으로 권력이나 지위와 무관해지고 있다('박애주의 자본가'인 프리실라 챈과 마크 저커버그를 생각해보라. 둘은 부부이다). 1965년부터 2019까지 미국 의과대학생의 여학생 비율은 9%에서 52%로 치솟았다(AAMC, 2014, 2018). 1965년에 미국의 부인이 집안일에 투자하는 시간은 남편보다 8배나 많았다. 2012년에 이러한 괴리는 2배 이하로 줄어들었다(Parker & Wang, 2013; Sayer, 2016). 30개 국가에서의 조사는 자녀양육과 같은 가사를 비롯한 다른 무보수 노동에서 성별 괴리의 유사한 축소를 보여주었다(OECD, 2018). 이렇게 급속한 변화는 생물학적 특성이 성별 역할을 결정하는 것이 아니라는 사실을 보여주는 것이다.

만일 선천성과 후천성이 함께 만드는 것이라면, 사람은 그저 선천성과 후천성의 산물에 불과하며 엄격하게 결정되어 있는 것인가?

Ellis Rosen/ The New Yorker Collection/The Cartoon Bank

사람은 선천성과 후천성의 산물이지만, 개방 시스템이기도 하다(그림 4.8). 유전자가 막강하기는 하지만 전권을 쥐고 있는 것은 아니다. 유전자 전달자라는 진화적 역할을 거부하고 후손 전파를 거부하기도 한다. 문화도 막강하지만 전권을 쥐고 있지 못하다. 사람들은 때때로 또래 압력을 거부하고 기대와는 정반대로 행동하기도 한다.

우리는 자신의 실패를 단지 나쁜 유전자나 나쁜 영향 탓으로 돌릴 수 없다. 실제로 우리는 이 세상의 피조물이며 동시에 창조자이다. 따라서 성별 정체성과 성행동을 포함한 많은 것이 유전자와 환경의 산물이다. 그렇기는 하지만 미래를 만드는 인과관계의 연속은 현재의 선택을 통해

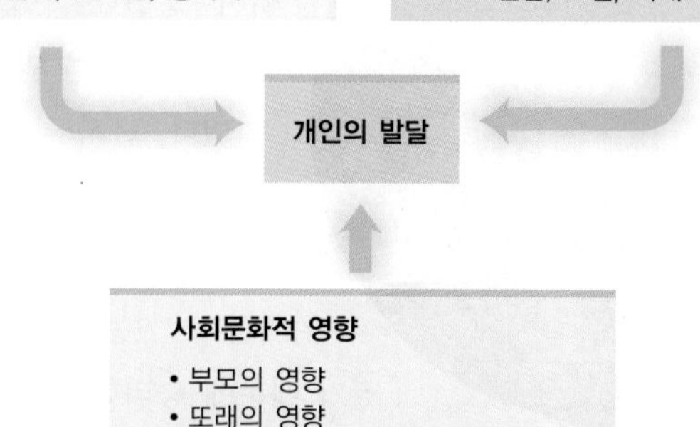

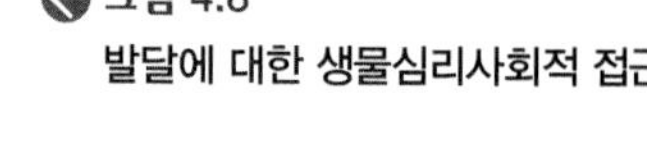
그림 4.8
발달에 대한 생물심리사회적 접근

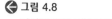

서 진행된다. 오늘의 결정이 내일의 환경을 설계한다. 인간의 환경은 그저 발생하는 날씨와 같은 것이 아니다. 우리가 환경의 건축가인 것이다. 우리의 희망, 목표, 그리고 기대가 미래에 영향을 미친다. 바로 이것이 문화를 다양하게 만들며 그토록 빠르게 변하도록 만든다. 마음이 중요한 것이다.

인출 연습

RP-6 생물심리사회적 접근은 어떻게 우리의 개별적인 발달을 설명해주는가?

답은 부록 E를 참조

* * *

저자들은 편지와 여론조사를 통해서 몇몇 독자들이 현대과학의 자연주의와 진화주의로 혼란을 겪는다는 사실을 알고 있다. (다른 국가의 독자들도 우리를 압박하지만, 특히 미국에는 진화에 관한 과학적 사고와 대중적 사고 간에 건널 수 없을 만큼 깊고 넓은 간극이 존재한다.) 선도적인 과학 저널인 *Nature*는 2007년 사설에서 '인간의 마음이 진화의 산물이라는 생각은 … 논란의 여지가 없는 진리'라고 천명하였다. 인간 게놈 프로젝트의 책임자이며 복음주의 기독교신자이기도 한 프랜시스 콜린스(2006)는 신의 언어(*The Language of God*)에서 다윈의 위대한 생각은 '의심의 여지가 없는 진리'라고 결론 내리도록 이끌어간 '거역할 수 없는' 증거들을 열거하고 있다. 그럼에도 불구하고 갤럽 조사는 미국 성인의 38%가 인간은 지난 10,000년 이전에 '현재와 똑같은 모습으로' 창조되었다고 믿고 있다고 보고하였다(Swift, 2017). 과학적 사실을 거부하는 많은 사람은 행동과학(특히 진화론에 근거한 과학)이 인간의 아름다움과 불가사의 그리고 영성적(靈性的) 의미를 파괴하지 않을까 걱정한다. 이런 걱정을 하는 사람들을 위해서 저자들은 몇 가지 안심시키는 생각을 제안하고자 한다.

"사실이 아니기를 희망해보자. 그런데 만일 사실이라면, 널리 알려지지 않기를 희망해보자." 다윈 이론에 대한 애슐리 부인의 언급

아이작 뉴턴이 서로 다른 파장의 빛을 가지고 무지개를 설명하였을 때, 시인인 존 키츠는 뉴턴이 무지개의 신비로운 아름다움을 파괴하였다고 두려워하였다. 그렇지만 리처드 도킨스(1998)는 무지개를 풀며(*Unweaving the Rainbow*)에서 뉴턴의 분석은 더욱 심오한 불가사의, 즉 아인슈타인의 특수상대성 이론으로 이끌어갔다는 사실을 지적하였다. 뉴턴의 광학에는 비 갠 하늘에

"세상이 실제로 어떻게 작동하는 것인지를 이해하는 것, 즉 백색 광선이 여러 색깔로 구성되어 있으며, 색깔은 빛의 파장을 측정하고, 투명한 공기가 빛을 반사한다는 등의 사실을 이해하는 것에 흥분되지 않는가? 석양에 대해 조금 안다고 해서 그 석양의 낭만에 해를 끼치는 것은 아니다." 칼 세이건, 『다른 세계의 하늘』(1988)

걸려 있는 무지개의 극적인 우아함에 대한 우리의 심미감을 손상시키는 것이 아무것도 없다.

heromen30/Shutterstock

갈릴레오가 지구는 태양을 중심으로 공전하는 것이지 그 반대가 아니라는 증거를 수집하였을 때, 자신의 이론을 반박할 수 없는 증명을 내놓지 못하였다. 단지 달에 있는 산이 만들어내는 그림자가 변하는 것과 같은 다양한 관찰에 대해 응집성 있는 설명을 내놓았을 뿐이다. 결국 그의 설명은 이해할 수 있는 방식으로 현상들을 기술하고 설명하였기 때문에 승리하게 되었다. 마찬가지로 다윈의 진화론은 자연의 역사에 대한 응집성 있는 견해이다. 다양한 관찰을 통합시키는 작동 원리를 제안하고 있는 것이다.

신앙심이 깊은 많은 사람은 인간의 기원에 대한 과학적 생각이 자신의 영성과 맞아떨어진다고 믿는다. 5세기에 성 어거스틴은 이렇게 적고 있다(Wilford, 1999에서 인용). “우주는 완전하게 형성되지 않은 상태로 주어졌지만, 완성되지 않은 물질로부터 정말로 놀랄 만한 구조의 배열과 생명체로 스스로 변화하는 능력을 부여받았다.” 14세기에 이슬람교 역사가인 이븐 할둔(1377)은 다음과 같이 적었다. “창조의 세상을 살펴보아야만 한다. 무기질로부터 시작하여 독창적이고 점진적인 방식으로 행성과 동물로 진보하였다.” 800여 년이 지난 2015년에 프란치스코 교황은 과학-종교 대화를 기꺼이 받아들이면서, “자연에서의 진화가 창조의 개념과 불일치하는 것은 아니다. 진화에는 진화할 피조물이 필요하기 때문이다.”라고 말하였다.

한편 많은 과학자는 우주와 인간이라는 피조물에 대한 이해가 점증하는 것에 압도되고 있다. 대략 140억 년 전에 전체 우주가 한 점으로부터 대폭발하여 순간적으로 현재의 우주 크기로 팽창하였다는 사실은 우리를 움찔하게 만든다. 빅뱅의 에너지가 조금만 모자랐더라도, 우주는 다시 한 점으로 응축되고 말았을 것이다. 반면에 조금만 더 많았더라면, 생명체를 지원하기에는 너무나 묽은 수프가 되고 말았을 것이다. 천문학자 마틴 리스 경(1999)은 여섯 개의 수(*Just Six Numbers*)에서 만일 이 중에서 하나라도 조금 변하였더라면 생명이 존재할 수 없는 우주가 만들어졌을 것이라고 기술하였다. 중력이 조금만 더 강하거나 약했더라면, 탄소 양자 무게가 조금만 달랐더라면, 우리의 우주는 작동하지 못하였을 것이다.

너무나 절묘해서 진리라고 받아들이기 쉽지 않을 정도로 정교하게 조율된 우주를 초래한 것은 무엇인가? 무(無)의 상태가 아니라 유(有)의 상태인 이유는 무엇인가? 하버드-스미소니언 천체물리학자인 오언 진저리치(1999)의 표현을 빌리면, 어떻게 우주가 “비상하리만치 올바른 방식으로 존재하게 되어, 마치 우주는 지능적이고 분별력 있는 존재를 만들어내도록 공개적으로 설계되었던 것처럼 보이게 된 것인가?” 이러한 물음들에 대해서는 겸손하고 경외심을 가진 과학적 침묵이 적절하다고 철학자 루트비히 비트겐슈타인은 지적하였다. “말할 수 없는 것에 대해서는 침묵해야만 한다”(1922, 189쪽).

우리는 과학을 두려워하기보다는 이해를 확장시키고 경외감을 일깨워주는 것을 환영해야 한다. 루이스 토마스(1992)는 허약한 종(*The Fragile Species*)에서 지구가 적절한 시기에 박테리아를 만들어냈으며 종내에는 바흐의 미사곡을 만들어냈다는 사실에 경악을 금치 못하였다고 기술하였다. 40억 년이라는 짧은 시간에 지구의 생명체는 무(無)에서 60억 단위 DNA 나선구조와 이해할 수 없을 만큼 복잡한 인간 두뇌와 같은 구조를 만들어냈다. 바위를 구성하고 있는 것과 전혀 다르지 않은 원자들이 결국에는 이례적이며 자기복제적인 정보처리 시스템을 생성한 역동적 존재, 즉 우리 인간을 만들어냈다(Davies, 2007). 우리 인간이 영겁의 시간을 거치면서 먼지로부터 창조된 것으로 보이기는 하지만, 최종 결과는 우리의 상상을 초월하는 무한한 잠재력을 가지고 있는, 값을 매길 수 없을 정도로 귀중한 피조물인 것이다.

"지식을 소유하는 것이 경이감과 불가사의를 없애버리지 않는다. 항상 더 많은 불가사의가 존재하는 것이다." 아나이스 닌, 『아나이스 닌의 일기』(1934)

개관 문화 다양성과 성별 다양성 : 선천성과 후천성 이해하기

학습목표

자기검증 개념 파악을 증진시키도록 (부록 D의 답을 확인해보기에 앞서) 여러분 자신의 표현으로 여기서 반복하는 학습목표 물음에 답해보라(McDaniel et al., 2009, 2015).

LOQ 4-9 초기 경험은 어떻게 두뇌를 조성하는가?

LOQ 4-10 부모와 또래는 어떤 방식으로 아동의 발달을 만들어가는가?

LOQ 4-11 문화는 행동에 어떤 영향을 미치는가?

LOQ 4-12 개인주의 문화와 집단주의 문화는 가치관과 목표에서 어떻게 다른가?

LOQ 4-13 성별(gender)의 의미는 성(sex)의 의미와 어떻게 다른가?

LOQ 4-14 남성과 여성이 유사한 경향이 있으며 동시에 차이를 보일 경향이 있는 방식에는 어떤 것들이 있는가?

LOQ 4-15 어떤 요인이 직장에서의 성별 편향에 기여하는가?

LOQ 4-16 성호르몬은 태아와 청소년의 성 발달에 어떤 영향을 미치는가?

LOQ 4-17 성별 역할에 대한 문화적 영향은 무엇인가?

LOQ 4-18 성폭력의 후유증은 무엇인가? 문화적 견해는 어떻게 변해왔으며, 어떻게 성폭력을 근절할 수 있는가?

LOQ 4-19 사람들은 어떻게 성별 정체성을 형성하는가?

LOQ 4-20 선천성, 후천성, 그리고 자발적 선택은 성별 역할과 삶의 여러 측면에 어떤 영향을 미치는가?

기억해야 할 용어와 개념들

자기검증 여러분 자신의 표현으로 정의를 적어본 후에 답을 확인해보라.

간성
개인주의
공격성
관계 공격성
규범
문화
사춘기
사회학습 이론
성
성별
성별 역할
성별 유형화
성별 정체성
성폭력
양성성
에스트로겐
역할
이차 성징
일차 성징
집단주의
첫 사정
초경
테스토스테론
트랜스젠더
X 염색체
Y 염색체

학습내용 숙달하기

자기검증 여러분 자신의 표현으로 다음 물음에 답한 후에 부록 E에서 답을 확인해보라.

1. 개인주의 문화는 ________에 가치를 부여하고, 집단주의 문화는 ________에 가치를 부여하는 경향이 있다.

a. 상호의존성; 독립성 **b.** 독립성; 상호의존성
c. 집단 응집성; 독특성 **d.** 가족에의 의무; 개인적 성취

2. 심리학에서 ________은 사람들이 남성, 여성, 간성을 정의하는 생물학적 영향을 받은 특성이다. 사람들이 남아, 여아, 남자, 여자와 연합시키는 행동 특성은 ________이다.

3. 남성과 여성은 서로 매우 유사하다. 다음 중 남성과 여성이 다른 방식은 무엇인가?

a. 여성은 남성보다 더 자주 끼어든다.
b. 리더십 역할에서 남성은 여성보다 더 민주적이다.
c. 여아는 소집단으로 놀이하는 반면, 남아는 대집단으로 놀이하는 경향이 있다.
d. 여성이 자살할 가능성이 더 높다.

4. 수정란은 아버지로부터 ________ 염색체를 받아들일 때 남아로 발달하게 된다.

5. 다음 중 일차 성징과 관계가 있는 것과 이차 성징을 지칭하는 것은 무엇인가?

a. 사정; 첫 사정 **b.** 가슴과 수염; 난소와 고환
c. 정서적 성숙; 호르몬 증가 **d.** 생식기관; 비생식 특질

6. 평균적으로 여아는 대략 ______세에 그리고 남아는 ______세에 사춘기를 시작한다.

7. 남성과 여성의 생물학적 성 특징의 조합을 가지고 태어나는 사람을 ______________이라 부른다.

8. 다음 중 성별 역할(gender role)이 지칭하는 것은 무엇인가?
   a. 남성, 여성, 양성의 조합 또는 모두 아니라는 개인적 이해
   b. 남성이나 여성이 올바르게 행동하는 방식에 대한 문화의 기대
   c. 생득적 성(염색체와 해부학적 특징)
   d. 유니섹스 특성

9. 남성, 여성, 두 성의 조합, 또는 그 어느 것도 아니라는 생각을 __________이라고 부른다.

Tanya Constantine/Getty Images

일생에 걸친 발달

일생은 자궁에서 무덤으로 향하는 여행이다. 나(마이어스)에게도 그렇고, 여러분에게도 마찬가지다. 나의 이야기와 여러분의 이야기는 한 남자와 한 여자가 독특한 인간으로 발달한 수정란에 20,000개 이상의 유전자를 제공함으로써 시작되었다. 그 유전자들은 놀랄 만한 정확도를 가지고 신체를 형성하며 성격 특질을 결정하는 단백질 구축 단위에 대한 암호를 가지고 있다. 나의 할머니는 어머니에게 희귀한 청력 상실 패턴을 물려주었으며, 다시 어머니는 나에게 그 패턴을 물려주었다. 아버지는 친밀감이 넘치는 외향적인 분이었으며, 나는 때때로 말을 멈추어야 한다는 사실을 까먹곤 한다. 어렸을 때는 고통스러운 말더듬으로 인해 말이 지체되었는데, 내가 살았던 시애틀의 초등학교는 내가 언어치료를 받을 수 있게 해주었다.

나는 부모로부터 선천성과 함께 후천성도 물려받았다. 여러분과 마찬가지로 나는 나름대로의 세계관을 가지고 있는 특정한 가정과 문화에서 태어났다. 다정한 말과 웃음소리로 가득한 가정문화, 사랑과 정의를 말하는 종교문화, 그리고 비판적 사고(그게 무슨 뜻이지요? 어떻게 알 수 있나요?)를 조장하는 학교문화는 나의 가치관을 조성해왔다.

인간은 유전자와 환경맥락이 만들어내는 것이기에, 사람들의 이야기는 서로 다르다. 그렇지만 지구에서 살고 있는 사람은 많은 측면에서 서로 거의 같다. 인간으로서 여러분과 나는 소속욕구를 가지고 있다. 4세 이후에나 시작하는 나의 심적 비디오는 사회적 애착의 장면들로 채워져 있다. 시간이 경과함에 따라, 또래 우정이 싹트면서 부모를 향한 애착은 약화되었다. 고등학교 시절에는 데이트할 자신감이 없었지만, 대학 동창과 사랑에 빠져서는 20세의 나이에 결혼을 하였다. 자연선택은 우리 부부로

하여금 생존하여 유전자를 존속시키도록 만들었다. 2년 후에 아이가 우리의 삶에 비집고 들어왔으며, 나는 경탄할 만큼 강력한 새로운 형태의 사랑을 경험하였다.

그렇지만 삶은 변화로 점철된다. 그 아이는 지금 나와 3,200킬로미터 떨어진 곳에 살고 있으며, 두 동생 중의 하나는 남아프리카에서 전화를 주고받고 있다. 여러분의 경우도 마찬가지이겠지만, 부모와 자식을 연결해주는 팽팽한 고무 밴드는 느슨해져 왔다.

변화는 직장생활에서도 나타난다. 나의 경우에는 10대에 가족이 운영하는 보험회사에서 일하다가, 의대에 진학하기 위하여 화학을 전공하고 병원에서 보조원으로 일하였다, 도중에 의대 진학을 포기하고는 심리학 교수와 저자로 진로를 바꾸었다. 여러분도 10년 후에는 현재 예상하지 못한 일을 하고 있을 것이라고 생각한다.

안정성도 발달에 흔적을 남긴다. 삶의 상황은 변하지만, 우리는 연속적인 자기(self)를 경험한다. 거울을 들여다볼 때, 과거의 나를 보는 것이 아니지만, 항상 그 자리에 있었던 사람인 것처럼 느낀다. 나는 10대 후반에 농구경기를 즐기고 사랑을 발견하였던 바로 그 사람인 것이다. 60년이 지난 지금도 나는 여전히 농구경기를 즐기며 삶의 질곡을 함께 나누어온 삶의 동반자를 여전히 사랑하고 있다. 물론 열정은 줄었지만, 더 많은 안정감을 느끼면서 말이다.

연속성은 성장하고, 자녀를 키우며, 직업을 즐기고, 결국에는 삶의 마지막 단계로 이어지는 여러 단계들을 통해서 변해간다. 삶과 죽음의 이러한 주기를 통해서 나의 길을 감에 따라서, 나는 삶이라는 하나의 여정을 소중하게 생각하고 있다. 선천성이 씨를 뿌리고 후천성이 만들어가며, 사랑으로 생동감을 얻고 일에 집중하며, 천진난만한 호기심으로 시작하여 성숙한 노년을 살아가는 축복을 받은 사람에게는 평화와 결코 끝나지 않을 희망을 가지고 삶을 마감하게 되는 지속적인 발달과정을 말이다.

인간은 일생에 걸쳐 신생아에서 걸음마를 하는 유아로 성장하고, 유아에서 10대로, 10대에서 성숙한 성인으로 발달해간다. 삶의 각 단계에는 신체적, 인지적, 사회적 이정표들이 존재한다. 여기서는 출생 이전 발달과 신생아로부터 시작한다. 그런 다음에 유아기와 아동기, 청소년기, 그리고 성인기로 주의를 돌리게 될 것이다.

발달의 주요 논제, 출생 이전 발달, 그리고 신생아

발달심리학 일생을 통한 신체적, 인지적, 그리고 사회적 변화를 연구하는 심리학 분야

횡단연구 동일 시점에 상이한 연령의 사람들을 비교하는 연구

종단연구 시간 경과에 따라 동일한 사람들을 추적 · 조사하는 연구

발달심리학의 주요 논제

학습목표 물음 LOQ **5-1** 발달심리학자가 추구해온 세 가지 논제는 무엇인가?

연구자들은 대부분의 사람과 동일한 이유로 인간의 발달을 흥미진진해한다. 즉, 사람은 어떻게 현재의 자기로 발전한 것인지, 그리고 향후에는 어떻게 변할 것인지를 보다 잘 이해하고자 하는 것이다. **발달심리학**(developmental psychology)은 일생을 통한 신체 발달과 인지 발달 그리고 사회성 발달을 탐구한다. 발달심리학자는 다음과 같은 세 가지 논제를 탐구하기 위하여 **횡단연구**(cross-sectional study, 상이한 연령대의 사람을 비교한다)와 **종단연구**(longitudinal study, 시간 경과에 걸쳐 사람을 추적 · 조사한다)를 수행하기 십상이다.

"선천성은 인간이 세상에 가지고 오는 모든 것이다. 후천성은 출생 후에 영향을 미치는 모든 요인이다." 프랜시스 골턴, 『영국의 과학자들』(1874)

1. **선천성과 후천성** : 유전적 유산(선천성)은 경험(후천성)과 어떻게 상호작용하여 발달에 영향을 미치는가? (이 논제가 제4장의 핵심이었다.)
2. **연속성과 단계** : 발달의 어느 부분이 에스컬레이터가 올라가는 것처럼 점진적이고 연속적인 과정인가? 발달의 어느 부분이 사다리를 오르는 것처럼 분리된 단계로 한순간에 변하는 것

인가?

3. **안정성과 변화** : 어떤 성격 특질이 일생에 걸쳐 유지되는가? 사람은 나이 들어감에 따라서 어떻게 변하는가?

연속성과 단계

성인은 거대한 삼나무가 조그만 묘목과 다른 것처럼, 즉 점진적이고 누적되는 성장이 둘 간의 차이를 초래하는 것처럼, 유아와 차이를 보이는 것인가? 아니면 나비가 애벌레와 다른 것처럼, 즉 특정 단계에서의 변화가 차이를 초래하는 것인가?

경험과 학습을 강조하는 연구자는 발달을 느리고 연속적인 조성 과정으로 간주한다. 생물학적 성숙을 강조하는 연구자는 발달을 유전적으로 결정되어 있는 단계의 연속으로 간주하는 경향이 있다. 여러 단계를 거치는 발달이 신속하거나 느릴 수는 있다고 하더라도, 모든 사람은 동일한 순서의 단계를 거친다.

삶 주기의 단계들

뛰기 전에 걷는 단계가 있는 것처럼, 심리적 발달에도 명확한 단계가 존재하는가? 앞으로 살펴볼 단계 이론, 즉 인지 발달에 대한 장 피아제의 이론, 도덕성 발달에 대한 로런스 콜버그의 이론, 그리고 심리사회적 발달에 대한 에릭 에릭슨의 이론은 발달단계를 상정하고 있다(그림 5.1에 요약). 그렇지만 앞으로 보게 되겠지만, 몇몇 연구는 삶이 깔끔하게 정의된 연령 기반 단계를 거쳐 진행된다는 생각에 의문을 제기한다.

오늘날 많은 발달심리학자는 자신을 단계 이론가로 간주하지 않지만, 단계 개념은 여전히 유용한 것으로 남아있다. 인간 두뇌는 피아제의 단계와 대체로 맞아떨어지는 아동기와 사춘기에 성장 급등을 경험한다(Thatcher et al., 1987). 그리고 단계 이론은 한 연령의 사람이 다음 연령에 도달할 때 어떻게 생각하고 행동할 것인지를 제안함으로써 평생에 걸친 발달을 조망할 수 있게 해준다.

그림 5.1
단계 이론 비교[1]

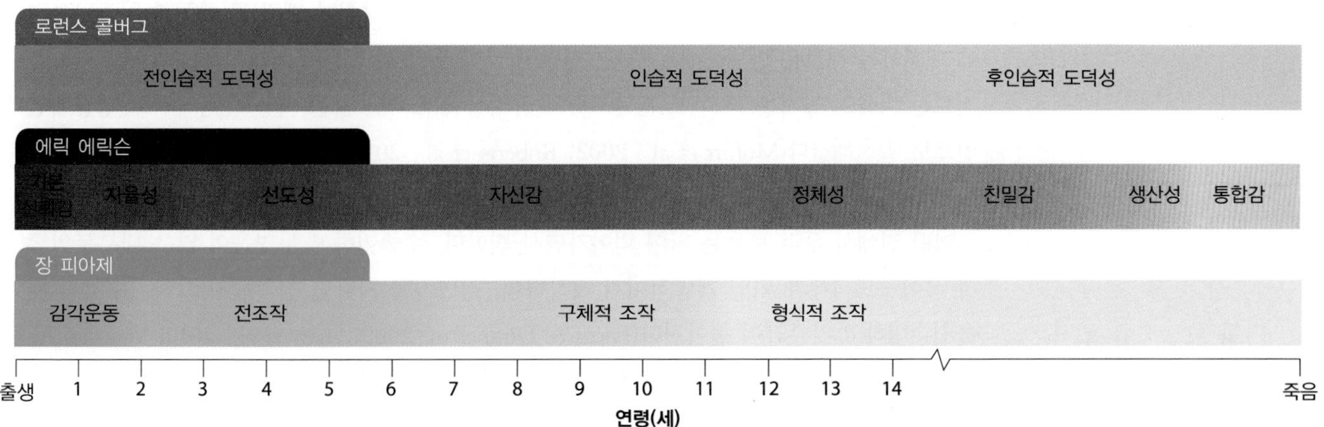

1 이 예시는 샌드라 깁스의 도움을 받은 것이다.

(a)

(b)

미소는 결혼 안정성을 예측한다 306명의 대학 동창생들을 대상으로 수행한 연구에서 보면, 졸업앨범에서 왼쪽 사진과 같은 표정을 한 4명 중 1명이 나중에 이혼하였으며, 오른쪽 사진과 같이 미소 짓는 사람은 20명 중 1명만이 이혼하였다(Hertenstein et al., 2009).

안정성과 변화

삶을 영위하면서 우리는 안정성의 증거를 더 많이 발견하게 되는가, 아니면 변화의 증거를 더 많이 발견하게 되는가? 오랫동안 보지 못하였던 어린 시절의 친구와 다시 만났을 때, 여러분은 "이 친구가 그 옛날 철수구나."라며 즉각적으로 알아볼 수 있겠는가? 아니면 삶의 한 시기에 친구였던 사람이 훗날에는 낯선 사람처럼 보이겠는가? (저자의 지인 중 적어도 한 사람은 두 번째 입장을 취할 것이다. 그는 40주년 동창회에서 과거의 급우를 알아보지 못하였다. 어안이 벙벙해진 급우는 마침내 오래전 그 사람의 첫 번째 부인이었다는 사실을 밝히고 말았다.)

우리는 안정성과 변화를 모두 경험한다. 기질과 같은 몇몇 특성은 상당히 안정적이다. 수십 년에 걸쳐 뉴질랜드와 미국에서 수천 명을 연구한 연구팀은 기질과 정서성이 시대에 관계없이 한결같음에 놀라고 말았다(Kassing et al., 2019; Moffitt et al., 2013; Slutske et al., 2012). 또한 174명의 스코틀랜드 사람을 14세부터 77세까지 63년에 걸쳐 추적 · 조사하였을 때도 기분의 안정성을 확증하였다(Harris et al., 2016). 통제 불가능한 아동은 10대 흡연자가 되거나 성인 범죄자 또는 걷잡을 수 없는 노름꾼이 될 가능성이 가장 높았다. 주의가 산만한 캐나다 유치원생은 어른이 되어서 높은 수입을 올릴 가능성이 낮았다(Vergunst et al., 2019). 이에 덧붙여서 반복적으로 동물을 잔인하게 대했던 아동은 폭력적인 성인이 되기 십상이었다(Hensley et al., 2018). 그렇지만 긍정적인 측면을 보면, 아동기와 대학 졸업앨범에서 활짝 미소 짓던 사람들이 세월이 지난 후에도 지속적인 결혼생활을 즐길 가능성이 높았다(Hertenstein et al., 2009).

"초등학교 1학년일 때와 지금의 나를 볼 때, 나는 기본적으로 똑같다. 기질이 별로 다르지 않다." 도널드 트럼프가 자신의 전기 작가에게 한 말(2015)

"일곱 살이나 일흔 살이나." 유대인 속담

그렇지만 삶의 처음 몇 년에 근거하여 한 개인의 궁극적 자기를 모두 예측할 수는 없다. 예컨대, 사회적 태도는 기질처럼 안정적이지 못하며, 특히 쉽게 외부의 영향에 휘둘리는 청소년 후기에 그렇다(Krosnick & Alwin, 1989; Rekker et al., 2015). 나이가 제법 든 아동과 청소년은 환경에 대처하는 새로운 방법을 학습한다. 일탈 아동이 훗날 직업 문제, 약물남용, 그리고 범죄를 저지르는 비율이 높기는 하지만, 혼란스럽고 말썽을 일으키던 많은 아동도 성숙하고 성공적인 성인으로 발전해간다(Moffitt et al., 2002; Roberts et al., 2013; Thomas & Chess, 1986). 삶이란 변해가는 과정인 것이다. 현재의 분투는 행복한 내일의 초석을 놓는 것이기도 하다.

어떤 면에서 우리 모두는 나이 먹어가면서 변한다. 수줍어하고 두려움이 많은 대부분의 걸음마 유아들도 4세가 되면 개방적이기 시작하며, 청년기를 지나면 침착해지고 자기수양이 되며, 솔선수범하고 자존감이 높아진다(Lucas & Donnellan, 2009; Shaw et al., 2010; Van den Akker et al., 2014). 위험하기 짝이 없던 청소년은 성인이 되면서 더욱 신중해지는 경향이 있다(Mata et al., 2016). 실제로 18세 때 농땡이였던 많은 사람이 40세가 되어 산업계와 문화계의 지도자로 성장한다. (만일 여러분이 현재 농땡이라면, 아직 그렇게 되지 못한 것뿐이다.) 그렇지만 지난 10년 동안 어떻게 변해왔는지, 그리고 향후 10년 동안 어떻게 변할 것인지를 물으면, 노소를 막론하고 사람들은 변화의 종말 착각을 나타낸다. 자신이 변하였다는 사실을 인정하지만, 미래에는 거의 변하지 않을 것이라고 생각한다(Quoidbach et al., 2013).

The New Yorker Collection, 1998, Peter Mueller from cartoonbank.com. All Rights Reserved.

나이가 들어가도, 자기의 연속성이 존재한다

삶은 안정성과 변화를 모두 필요로 한다. 안정성은 정체성을 제공한다. 변화는 보다 밝은 미래에 대한 희망을 제공해주며, 경험을 통하여 적응하고 성장하도록 만들어준다.

자문자답하기

여러분은 학령 전기 아동일 때와 동일한 사람인가? 8세일 때와는 어떤가? 12세일 때는? 여러분은 어떻게 다른가? 그리고 어떻게 동일한가?

인출 연습

RP-1 학습과 경험을 강조하는 발달 연구자들은 ________을 지지한다. 생물학적 성숙을 강조하는 연구자들은 ________를 지지한다.

RP-2 심리학의 어떤 연구결과들이 (1) 발달의 단계 이론 그리고 (2) 평생에 걸친 성격의 안정성이라는 생각을 지지하는가?

답은 부록 E를 참조

출생 이전 발달과 신생아

LOQ 5-2 출생 이전 발달의 과정은 어떻게 진행되는가? 테라토겐은 발달에 어떤 영향을 미치는가?

임신

자기 복제하는 종보다 더 자연스러운 것은 없으며, 동시에 이것처럼 불가사의한 것도 없다. 여러분의 경우에 그 과정은 할머니 뱃속에서 시작하였다. 할머니 뱃속에서 발달하고 있던 여성, 즉 할머니 뱃속에 들어있는 난자로부터 출발하였다. 어머니는 평생 동안 가지고 있을 미성숙한 난자들을 가지고 태어났다. 반면에 아버지는 사춘기부터 끊임없이 정자를 생성하기 시작하였는데, 처음에는 이 문단을 읽는 데 걸리는 정도의 시간 동안 1,000마리 이상의 정자를 생성하였다.

사춘기를 맞이한 후에 어머니의 난소는 성숙한 난자를 방출하였는데, 이 책에서 사용하는 구두점 정도의 크기를 갖는 세포이다. 대략 2억 5,000만 마리 정도의 방출된 정자들은 거대한 혹성에 접근하는 우주선처럼, 자기보다 85,000배나 큰 난자를 향하여 경주를 벌이기 시작하였다. 난자에 접근하는 데 성공한 소수의 정자가 난자의 보호막을 먹어 치우는 소화효소를 방출하였다(그림 5.2a). 한 마리의 정자가 보호막을 침투하는 데 성공하자마자(그림 5.2b), 난자의 보호막은

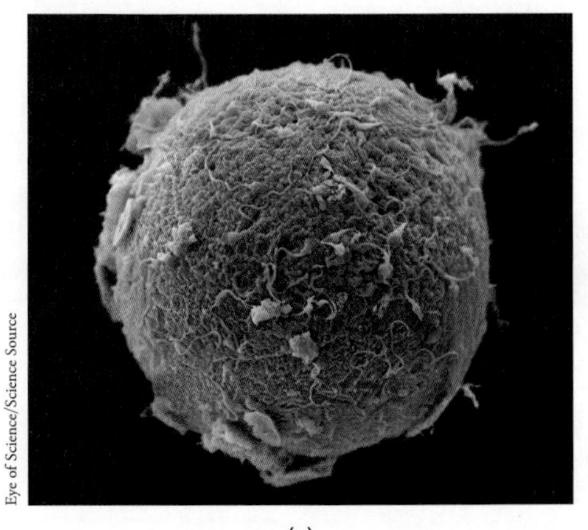
Eye of Science/Science Source

(a)

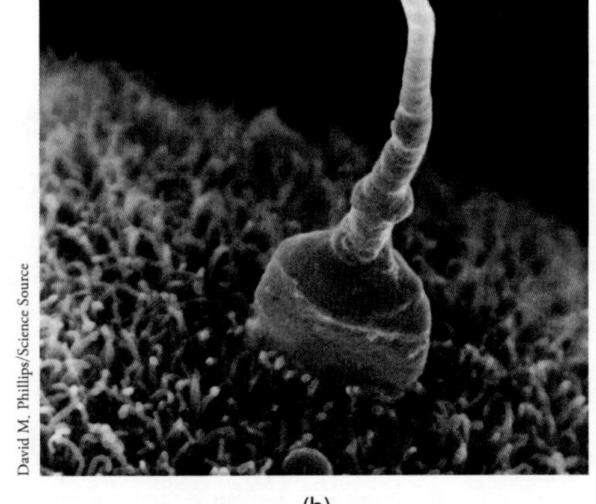
David M. Phillips/Science Source

(b)

그림 5.2
삶은 성을 통해 전달된다 (a) 난자 주변의 정자들, (b) 하나의 정자가 난자의 젤리와 같은 바깥층을 뚫고 들어감에 따라서 일련의 화학적 사건들이 시작되어 정자와 난자가 하나의 세포로 결합하도록 만든다. 모든 작업이 제대로 이루어지게 되면, 그 세포는 끊임없이 분열하여 9개월 후에는 100조 개의 세포로 이루어진 인간이 출현하게 된다.

다른 정자들의 침투를 차단시켜 버렸다. 반나절도 지나지 않아서 난자의 핵과 정자의 핵이 결합하였다. 둘이 하나가 된 것이다.

이 시점을 여러분에게 가장 행복한 순간으로 생각하라. 2억 5,000만 마리의 정자 중에서 여러분을 만드는 데 필요한 한 마리의 정자가 경주에서 승리하여 특정한 난자와 결합한 것이다. 이러한 과정이 앞선 수많은 세대를 거쳐 반복되었다. 만일 조상 중의 어느 한 분이라도 다른 정자나 난자로 임신이 되었거나, 임신에 앞서 돌아가셨거나, 배우자를 만나지 못하였더라면… 내 마음은 여러분과 나를 만들어낸 확률적으로 거의 불가능한 사건들의 연쇄가 깨지지 않았다는 사실에 놀라 멈칫거리고 있다.

출생 이전 발달

접합자(zygote)라고 부르는 많은 수정란 중에서 처음 2주를 넘어 살아남는 것은 얼마나 되겠는가? 절반도 되지 않는다(Grobstein, 1979; Hall, 2004). 우리에게는 큰 행운이 찾아왔던 것이다. 수정란은 2개로, 다시 4개로 분열하는데, 임신 첫 주 동안에 100개 정도의 동일한 세포가 만들어질 때까지 진행된다. 그런 다음에 세포들은 분화, 즉 구조와 기능에서 전문화되기 시작한다('나는 두뇌가 될 터이니, 너는 내장이 되어라!').

임신 후 열흘 정도가 되면 접합자는 어머니의 자궁벽에 들러붙어서 대략 37주 동안 가장 밀접한 인간관계를 시작하게 된다. 이러한 어머니의 신체 형성 작업이 시작될 무렵에 세포의 작은 군집이 두 부분을 형성한다. 접합자 내부의 세포들은 **배아**(embryo)가 된다(그림 5.3a). 바깥쪽의 많은 세포들은 어머니로부터 배아로 영양분과 산소를 전달하는 생명줄인 태반이 된다. 다음 6주가 지나면서 배아의 기관들이 형성되어 작동하기 시작한다. 심장도 뛰기 시작한다.

임신 9주가 되면 배아는 확실하게 사람처럼 보이게 된다(그림 5.3b). 이제 **태아**(fetus)가 된 것이다. 6개월이 되면 위와 같은 기관이 충분하게 형성되어 조산아도 생존할 수 있을 만큼 기능한다.

출생 이전의 모든 단계에서 유전 요인과 환경 요인이 발달에 영향을 미친다. 6개월이 되었을 때, 마이크를 통해 자궁에서 일어나는 소리를 들어보면, 태아가 소리에 반응을 보이며 어머니의 분명치 않은 목소리를 듣고 있다는 사실을 알 수 있다(Ecklund-Flores, 1992; Hepper, 2005). 어머니의 양수 속에서만 생활한 태아는 출생한 직후에도 다른 여성이나 아버지의 목소리보다 어머니의 목소리를 선호한다(DeCasper et al., 1986, 1994; Lee & Kisilevsky, 2014).

그림 5.3
출생 이전 발달 (a) 배아는 신속하게 성정하고 발달한다. 임신 40일경에 척추가 보이며, 팔과 다리가 성장하기 시작한다. (b) 임신 2개월이 끝날 무렵부터 태아기가 시작되는데, 얼굴의 세부 특징, 손과 팔이 모습을 갖추기 시작한다. (c) 태아가 4개월에 접어들면서 100g 정도의 무게가 되며 손바닥 정도의 크기가 된다.

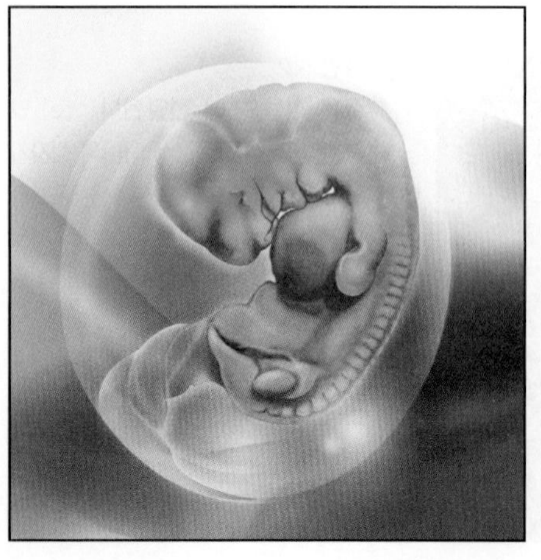
(a)

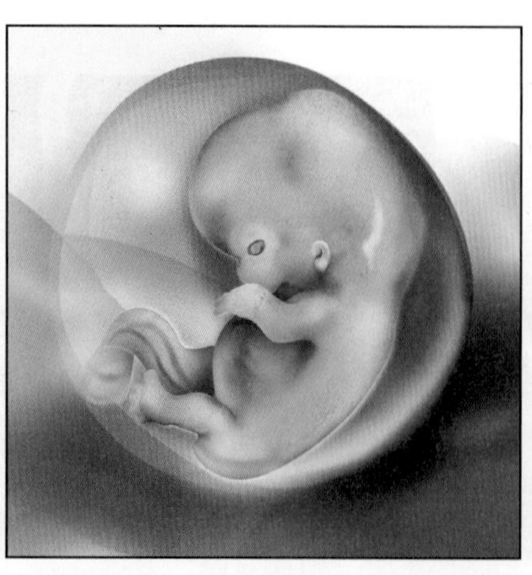
(b)

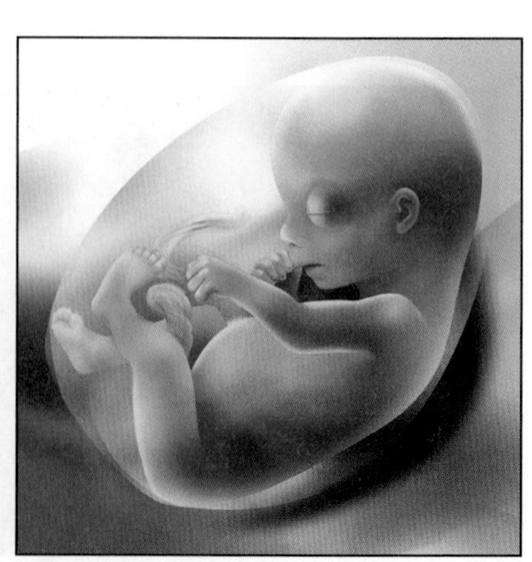
(c)

또한 신생아는 어머니의 말소리를 선호한다. 미국과 스웨덴의 신생아들은 엄마의 말소리에서 친숙한 모음을 들을 때, 공갈 젖꼭지 빠는 것을 더 오랫동안 멈춘다(Moon et al., 2013). 자궁 속에서 '타타타'와 같은 무의미한 단어를 반복적으로 들었던 핀란드 신생아가 출생 후 그 단어를 들을 때, 이들의 뇌파는 그 단어를 재인하고 있다는 사실을 보여준다(Partanen et al., 2013). 만일 어머니가 임신기간 중에 두 언어를 사용하였다면, 두 언어 모두에 흥미를 나타낸다(Byers-Heinlein et al., 2010). 그리고 출생 직후 신생아 울음소리의 오르내리는 억양은 어머니의 모국어 억양을 닮는다. 프랑스어를 사용하는 어머니에게서 태어난 신생아는 프랑스어의 올라가는 억양으로 우는 경향이 있고, 독일어를 사용하는 어머니에게서 태어난 신생아는 독일어의 내려가는 억양으로 우는 경향이 있다(Mampe et al., 2009). 여러분은 상상이나 해보았는가! 언어학습은 자궁에서부터 시작하는 것이다.

출생 이전 발달
접합자 : 임신 2주까지
배아 : 2~9주
태아 : 9주부터 출생까지

출생 직전 2개월 동안 태아는 다른 방식으로도 학습을 한다. 예컨대, 어머니 배 위에서 진동하면서 경적소리를 내는 장치에 적응한다(Dirix et al., 2009). 집 근처를 지나가는 기차소리에 사람들이 적응하는 것처럼, 태아도 경적소리에 익숙해지는 것이다. 게다가 4주 후에도 그 소리를 회상해낸다. (이전에 노출된 적이 없는 소리에 대한 반응과 비교할 때, 그 경적소리에는 반응을 보이지 않는다는 것이 그 증거이다.)

소리만이 태아 발달에 영향을 미치는 환경 요인이 아니다. 태반은 어머니로부터 태아로 영양분과 산소를 공급할 뿐만 아니라 많은 해로운 물질을 걸러내지만, 어떤 물질들은 통과해버린다. **테라토겐**(teratogen), 즉 바이러스나 약물 등과 같이 해로운 인자들은 배아나 태아에게 손상을 입힐 수 있다. 임산부에게 알코올이 든 음료를 마시지 말고 니코틴이나 마리화나를 멀리하도록 권하는 한 가지 이유가 바로 이것이다(Kuehn, 2019; Saint Louis, 2017). 임산부는 혼자 흡연하거나 전자담배 연기를 마시거나 음주하는 것이 아니다. 알코올이 혈관으로 스며듦에 따라서 태아에게도 전달되며, 태아의 중추신경계 활동도 억제하게 된다. 임신 중에 알코올을 섭취하는 것은 자녀가 알코올을 좋아하게 만들 수 있으며, 10대가 되었을 때 폭음을 하고 알코올 남용 장애의 위험에 빠지게 만들 수 있다. 실험실에서 임신한 쥐들이 알코올을 마시게 되면, 나중에 그 후손인 쥐들도 알코올 맛과 냄새를 선호하였다(Youngentob & Glendinning, 2009; Youngentob et al., 2007).

"아들을 수태하고 낳게 될 것이다. 그러니 술과 독한 음료를 삼가라." 사사기 13장 7절

전 세계적으로 10명 중에서 1명의 여성은 임신하였을 때 술을 마셨다고 보고하고 있다(Popova et al., 2019). 가벼운 음주나 어쩌다 폭음하는 것조차도 태아 두뇌에 나쁜 영향을 미칠 수 있다(CDC, 2018; Ghazi Sherbaf et al., 2019; Marjonen et al., 2015). 지속적인 폭음은 태아를 선천적 결함 그리고 장차 행동장애와 낮은 지능 등의 위험에 빠뜨리게 된다. 전 세계적으로는 아동 130명 중 1명 그리고 미국에서는 30명 중 1명에서 그 효과가 태아 알코올 스펙트럼 장애로 나타난다(Lange et al., 2017; May et al., 2018). 가장 심각한 형태가 **태아 알코올 증후군**(fetal alcohol syndrome, FAS)이며, 평생에 걸친 신체적 비정상과 심적 비정상의 특징을 나타낸다. 태아 손상은 알코올이 후생유전적 효과를 나타내기 때문에 발생할 수도 있다. 즉, 유전자들이 비정상적으로 작동하거나 작동하지 않게 만드는 화학적 표지를 DNA에 남겨놓는다(Liu et al., 2009). 임신 중 흡연이나 마리화나 사용도 후생유전적 흔적을 남기는데, 이 흔적은 스트레스나 중독에 대한 취약성을 증가시킬 수 있다(Stroud et al., 2014; Szutorisz & Hurd, 2016).

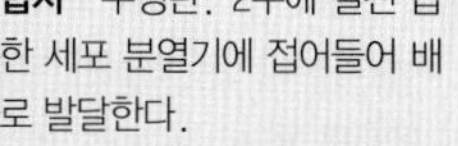

접합자 수정란. 2주에 걸친 급속한 세포 분열기에 접어들어 배아로 발달한다.

배아 수정란이 만들어진 후 2주부터 임신 2개월에 걸쳐 발달하고 있는 자궁 속의 유기체

태아 임신 9주부터 출생 때까지 발달하는 자궁 속의 유기체

테라토겐 화학물질이나 바이러스와 같이 출생 이전 발달과정에서 배아나 태아에 침투하여 해를 끼치는 물질

태아 알코올 증후군(FAS) 임산부의 음주로 인해 아동에게 초래된 신체적이고 인지적인 이상. 심한 경우에는 현저한 얼굴 이상의 증상이 나타난다.

만일 임산부가 극단적인 스트레스를 경험하게 되면, 신체에 넘쳐흐르는 스트레스 호르몬이 태아의 생존을 위협하고 조산을 초래할 수도 있다. 그리고 기근이나 영양실조는 아동을 고혈

습관화 반복되는 자극에 대한 반응성의 감소. 유아가 시각자극에 반복적으로 노출되어 친숙해짐에 따라서 흥미가 감소하고 곧 다른 곳으로 시야를 돌리게 된다.

압, 심장병, 비만, 심리장애 등과 같은 건강 문제에 빠뜨리게 된다(Glynn & Sandman, 2011; Santavirta et al., 2018).

인출 연습

RP-3 출생 이전 발달에서 처음 2주 기간의 상태를 ________라고 부른다. 임신 9주부터 출생까지 기간의 상태를 ________라고 부른다. 두 기간 사이의 상태를 ________라고 부른다.

답은 부록 E를 참조

유능한 신생아

LOQ 5-3 신생아의 능력에는 어떤 것이 있는가? 신생아의 심적 능력은 어떻게 연구하는가?

신생아는 앱을 장착한 채 태어난다. 출생 이전 위기에서 살아남은 신생아는 생존에 필수적인 자동적인 반사반응을 장착한 채 태어나는 것이다. 통증을 피하기 위하여 사지를 움츠린다. 옷가지가 얼굴을 덮어 숨이 막히면, 머리를 옆으로 돌리고 그 옷을 치워버린다.

초보 부모는 아이가 먹을 것을 얻기 위해 수행하는 일련의 협응적인 반사에 경외감을 갖기 십상이다. 무엇인가 뺨을 건드리면, 아이는 그쪽으로 머리를 돌리고 입을 벌린 다음에 젖꼭지를 열심히 찾는다. 찾은 후에는 자동적으로 입으로 물고는 빨기 시작한다. 이 행위는 혀의 움직임, 삼키기, 그리고 호흡의 연속적인 협응을 요구한다. (만족할 만한 결과를 얻지 못하여 배가 고픈 아이는 울어버린다. 부모는 아이의 우는 행동을 매우 불편하게 느끼고 달래주는 것을 보상으로 느끼는 소인을 가지고 있다.) 다른 적응적 반사에는 놀람반사(팔과 다리를 밖으로 뻗은 즉시 주먹쥐기와 큰 소리의 울음이 뒤따른다)와 놀라우리만치 강한 쥐기반사가 포함되는데, 둘 모두 유아가 보호자 곁에 머물도록 도와줄 수 있다.

미국 심리학의 선구자인 윌리엄 제임스는 신생아가 '활발하고 웅성거리는 혼란'을 경험한다고 가정하였으며, 1960년대에 이르기까지 어느 누구도 이 가정에 이의를 제기하지 않았다. 그러나 과학자들은 물음을 제대로만 던진다면 아이들이 많은 것을 알려줄 수 있다는 사실을 발견하였다. 물음을 던지기 위해서는 응시하고 빨고 머리를 돌리는 등 아이가 할 수 있는 것들을 파악해야만 한다. 따라서 안구추적 장치 그리고 전자장치와 연결된 고무젖꼭지 등으로 무장한 연구자들은 부모의 케케묵은 물음, 즉 내 아이가 무엇을 보고, 듣고, 냄새 맡고, 생각할 수 있는지에 답하는 작업에 착수하였다.

연구자들이 **습관화**(habituation), 즉 자극을 반복 제시하면 반응이 줄어드는 현상을 어떻게 이용하는지를 살펴보자. 앞 절에서 어머니 배 위에 부착한 진동하면서 경적소리를 내는 장치에 태아가 적응하는 것을 소개할 때 이 현상을 보았다. 새로운 자극은 처음 제시할 때 주의를 끈다. 반복하면, 반응이 약화된다. 친숙한 자극을 지루해하는 듯이 보이는 이 현상은 유아가 무엇을 보고 기억하는지를 물음할 수 있는 방법을 제공해준다.

신생아조차도 사회적 반응을 촉진하는 시각자극과 소리를 선호한다. 사람의 말소리가 들리는 방향으로 머리를 돌린다. 얼굴을 닮은 그림을 더 오래 응시한다(그림 5.4). 심지어 출생을 앞둔 태아조차도 붉은 빛으로 자궁에 비추어준 얼굴과 같은 패턴을 더 많이 주시한다(Reid et al., 2017). 어린 유아도 눈에서 20~30센티미터 떨어져있는 대상을 바라보는 것을 선호하는데, 젖을 먹고 있는 유아의 눈과 어머니 사이의 거리가 이 정도라는 사실은 정말로 경이롭지 않은

그림 5.4

신생아의 얼굴 선호도 동일한 요소들로 구성된 두 자극을 보여주었을 때, 이탈리아의 신생아들은 얼굴 같은 이미지를 들여다보는 데 거의 2배 이상의 시간을 사용하였다(Valenza et al., 1996). 캐나다 신생아들도 (한 연구에서는 평균 생후 53분밖에 되지 않은 신생아들에게 실험하였다) 동일한 얼굴 선호도를 나타냈다(Mondloch et al., 1999).

JamesBrey/E+/Getty Images

Alice DeWall

먹이고 먹을 준비성 새를 비롯한 여러 동물과 마찬가지로, 사람도 자식이 배고프다는 울음소리에 반응하도록 준비되어 있다. 18개월 된 딸이 아빠만이 자신에게 먹을 것을 줄 수 있다고 판단하였을 때 저자(드월)가 그러하였던 것처럼 500킬로미터 울트라마라톤에 참가하고 있을 때조차도 그렇다.

가!(Maurer & Maurer, 1988). 인간 두뇌가 설정한 지정값은 사회적 연계를 도와준다.

출생 후 며칠 이내에 유아 두뇌의 신경망에는 어머니의 체취가 각인된다. 생후 1주일 된 유아를 어머니 젖이 묻어있는 거즈와 다른 산모의 젖이 묻어있는 거즈 사이에 놓아두면, 자기 어머니 냄새가 나는 쪽으로 머리를 돌리기 십상이다(MacFarlane, 1978). 더욱 놀라운 것은 그러한 냄새 선호가 지속된다는 점이다. 한 실험은 프랑스의 산부인과 병동에서 모유를 먹이는 몇몇 어머니들이 젖꼭지 통증을 예방하기 위하여 카밀레 향이 나는 향유를 사용하였다는 사실에 주목하였다(Delaunay-El Allam et al., 2010). 21개월이 지난 후에도 이 아이들은 카밀레 향이 나는 장난감들을 가지고 노는 것을 선호하였던 것이다! 모유를 먹는 동안 이 향기를 맡지 못하였던 다른 또래들은 그러한 선호를 보이지 않았다. (이 사실은 다음과 같은 궁금증을 불러일으킨다. 어렸을 때 어머니 젖가슴에서 카밀레 향을 맡았던 사람은 성인이 되어서도 카밀레 향 음료수를 열렬히 선호하게 될까?) 이러한 연구는 아이가 세상의 일원이 될 때 가지고 나오는 놀랄 만한 능력들을 밝히고 있다.

인출 연습

RP-4 반복적인 자극에 대한 유아의 __________는 발달심리학자가 유아의 학습과 기억 능력을 연구하는 데 도움을 준다.

답은 부록 E를 참조

개관 발달의 주요 논제, 출생 이전 발달, 그리고 신생아

학습목표

자기검증 개념 파악을 증진시키도록 (부록 D의 답을 확인해보기에 앞서) 여러분 자신의 표현으로 여기서 반복하는 학습목표 물음에 답해보라(McDaniel et al., 2009, 2015).

LOQ 5-1 발달심리학자가 추구해온 세 가지 논제는 무엇인가?

LOQ 5-2 출생 이전 발달의 과정은 어떻게 진행되는가? 테라토겐은 발달에 어떤 영향을 미치는가?

LOQ 5-3 신생아의 능력에는 어떤 것이 있는가? 신생아의 심적 능력은 어떻게 연구하는가?

기억해야 할 용어와 개념들

자기검증 여러분 자신의 표현으로 정의를 적어본 후에 답을 확인해보라.

발달심리학	접합자	태아 알코올 증후군
배아	종단연구	테라토겐
습관화	태아	횡단연구

학습내용 숙달하기

자기검증 여러분 자신의 표현으로 다음 물음에 답한 후에 부록 E에서 답을 확인해보라.

1. 횡단연구와 종단연구는 어떻게 다른가?
2. 발달심리학자들의 관심을 끄는 세 가지 주요 논제는 선천성/후천성, 안정성/변화 그리고 ______________ 이다.
3. 발달은 평생에 걸쳐 이루어지지만, 성격은 시간이 경과하여도 안정성을 유지한다. 다음 중 그 예에 해당하는 것은 무엇인가?
   - a. 대부분 성격 특질은 유아기에 출현하여 평생 동안 지속된다.
   - b. 기질은 평생에 걸쳐 안정적인 경향이 있다.
   - c. 청소년기 후에 유의하게 변하는 사람은 거의 없다.
   - d. 사람들은 나이 먹어감에 따라 상당한 성격 변화를 겪는 경향이 있다.
4. 신체기관은 __________시기에 처음으로 형성되고 기능하기 시작한다. 6개월 이내의 __________시기에 유기체는 생존할 만큼 충분한 기능을 나타낸다.
   - a. 접합자; 배아
   - b. 접합자; 태아
   - c. 배아; 태아
   - d. 태반; 태아
5. 태반의 차단을 통과하여 배아나 태아에게 해를 끼치는 화학물질을 __________이라고 부른다.

유아기와 아동기

꽃이 유전 정보에 따라서 개화하는 것과 마찬가지로, 사람도 그렇다. **성숙**(maturation), 즉 생물학적 성장의 질서정연한 순서는 수많은 공통점을 결정한다. 유아는 걷기 전에 두 발로 선다. 명사를 사용한 다음에 동사를 사용한다. 심각한 박탈이나 학대는 발달을 지체시킬 수 있다. 그렇지만 유전적 성장 경향성은 생득적인 것이다. 성숙(선천성)은 발달의 기본 진로를 규정한다. 경험(후천성)은 그 진로를 조정한다. 유전자와 환경은 상호작용하는 것이다.

그림 5.5
인간 대뇌피질의 도식적 그림 인간에게 있어서 출생 시의 두뇌는 미성숙한 상태이다. 아동이 성장함에 따라서 신경망은 놀랄 만큼 복잡하게 성장한다.

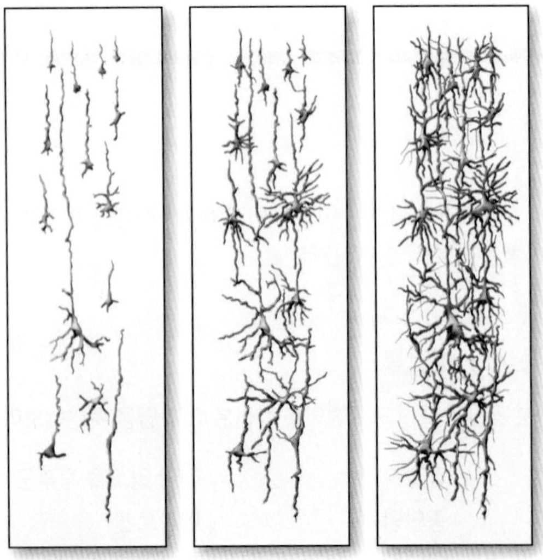

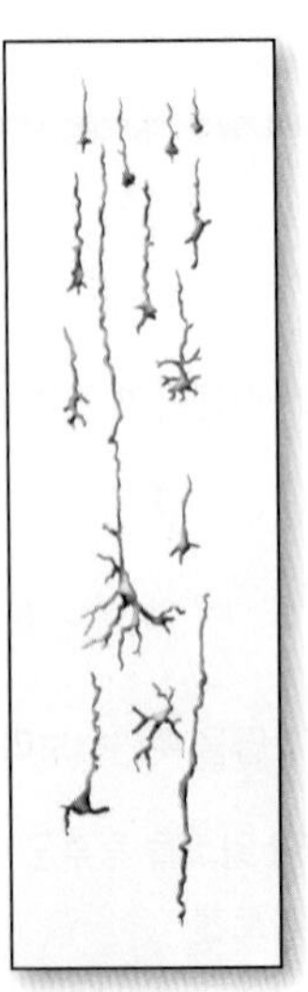
출생 시

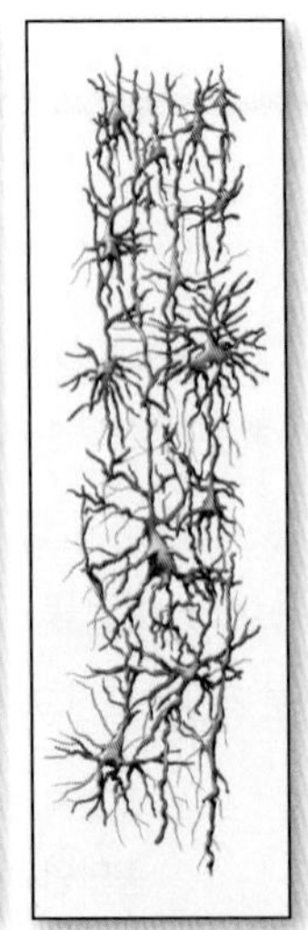
3개월

15개월

신체 발달

LOQ 5-4 유아기와 아동기에 두뇌와 운동기술은 어떻게 발달하는가?

두뇌 발달

어머니 자궁 속에 있을 때, 1분당 거의 25만 개라는 폭발적인 속도로 신경세포가 만들어진다. 발달하는 두뇌피질은 실제로는 뉴런을 과잉생성하는데, 그 수는 임신 28주에 최고조에 달한다(Rabinowicz et al., 1996, 1999).

유아기부터 신경 하드웨어와 인지 소프트웨어라고 할 수 있는 두뇌와 마음은 함께 발달한다. 태어날 때 이미 평생 갖게 될 두뇌 신경세포 대부분을 가지고 있다. 그렇지만 출생 시의 신경계는 미숙한 상태이다. 출생한 후에, 궁극적으로 모든 능력을 가능하게 해주는 신경망의 급성장은 제멋대로의 성장 급등을 나타낸다(그림 5.5). 이처럼 신속한 발달은 유아의 두뇌 크기가 출생 초기에 신속하게 증가하는 까닭을 설명하는 데 도움을 준다(Holland et al., 2014). 3세에서 6세 사이에 두뇌 신경망은 전두엽에서 가장 급속하게 성장하는데, 이 영역은 합리적인 계획 세우기를 가능하게 만들어준다. 이 시기에 두뇌는 엄청난 양의 에너지를 필요로 한다(Kuzawa et al., 2014). 이렇게 에너지 집약적인 과정이 주의와 행동을 제어하는 능력을 신속하게 발달시킨다(Garon et al., 2008; Thompson-Schill et al., 2009).

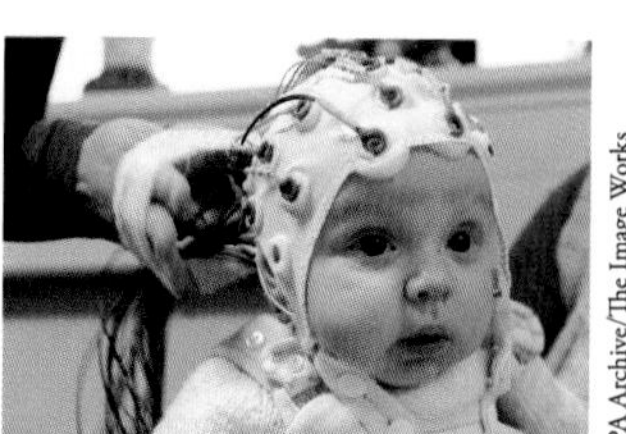

PA Archive/The Image Works

유아 두뇌 이 전극모자는 연구자로 하여금 상이한 자극이 촉발하는 두뇌 활동의 변화를 탐지할 수 있게 해준다.

사고와 기억 그리고 언어와 관련된 영역인 두뇌 연합영역은 가장 늦게 발달한다. 연합영역이 발달함에 따라서 심적 능력이 급증한다(Chugani & Phelps, 1986; Thatcher et al., 1987). 민첩성, 언어, 자기제어 등을 지원하는 신경통로는 사춘기까지 증식된다. 부신 호르몬의 영향을 받아 수백억 개의 시냅스가 형성되고 체제화되는 동안, 용불용적 시냅스 가지치기 과정이 사용하지 않는 통로를 차단한다(Paus et al., 1999; Thompson et al., 2000).

운동 발달

두뇌 발달은 신체 협응을 가능하게 해준다. 유아가 성숙하는 근육과 신경계를 사용함에 따라 운동기술이 출현한다. 거의 예외 없이, 운동 발달 순서는 보편적이다. 일반적으로 아이는 혼자 앉기 전에 구르며, 걷기 전에 네발로 긴다. 이러한 행동은 모방이 아니라 성숙하는 신경계를 반영한다. 눈먼 아이도 걷기 전에 긴다.

유전자가 운동 발달을 주도한다. 미국에서는 모든 아이의 25%가 생후 11개월에 걸으며, 50%가 첫돌 직후에, 그리고 90%가 생후 15개월에 걷는다(Frankenburg et al., 1992). 일란성 쌍둥이는 전형적으로 거의 같은 날에 걷기 시작한다(Wilson, 1979). 머리 뒤쪽에 위치한 소뇌의 신속한 발달을 포함한 생물학적 성숙이 첫돌경에 걷기를 학습할 준비를 해준다. 이것은 항문과 방광 괄약근 제어를 포함한 다른 신체기술에도 적용된다. 필요한 근육과 신경이 성숙하기 전에는 간청을 하든 처벌을 하든, 어떤 방법으로도 배변훈련을 성공시킬 수 없다.

Juice Images/JupiterImages/Getty Images

신체 발달 앉고, 기며, 걷고, 뛴다. 운동 발달 이정표의 이러한 순서는 전 세계 어디서나 동일하다. 물론 아동이 그 단계에 도달하는 연령에는 차이가 있지만 말이다.

여전히 선천성이 의도한 것을 후천성이 수정할 수 있다. 아프리카, 카리브해 연안, 인도 등의 지역에서는 보호자가 아이에게 마사지를 해주고 운동을 시키는데, 이것은 걷기 학습을 촉진할 수 있다(Karasik et al., 2010). 유아를 바로 뉘인 자세로 재우도록 권장하는 것은(아이가 질식사하는 위험을 줄이기 위하여 등을 바닥에 대고 잠을 자도록 하는 것) 나중에 기는 것과 어느 정도 관련되지만, 걷는 것과는 아무 관계가 없다(Davis et al., 1998; Lipsitt, 2003).

1994년 미국에서 바로 뉘어 재우기 교육 캠페인을 시작하고 8년 동안, 엎드려 재우는 유아의 수는 70%에서 11%로 떨어졌으며, 예상치 못한 유아의 급사율도 유의하게 감소하였다(Braiker, 2005).

인출 연습

RP-1 ________이라고 부르는 생물학적 성장과정은 대부분의 아동이 대략 12개월에서 15개월 사이에 걷기 시작하는 이유를 설명해준다.

답은 부록 E를 참조

두뇌 성숙과 유아의 기억

여러분은 세 번째 생일파티를 회상할 수 있는가? 대부분의 사람은 4세 이전의 경험을 의식적으로 거의 기억하지 못한다. 쥐와 원숭이도 초기 삶을 망각하는데, 신속한 신경세포 성장이 옛날 기억을 저장하고 있는 회로를 와해시키기 때문이다(Akers et al., 2014). 그렇지만 아동이 성숙함에 따라 이러한 유아 기억상실은 사그라지며, 점차적으로 1년 이상 지난 경험도 기억해낼 수 있다(Bauer & Larkina, 2014; Morris et al., 2010). 해마와 전두엽 등과 같이 기억의 바탕이 되는 두뇌 영역들은 청소년기 이후까지 계속해서 성숙한다(Luby et al., 2016; Murty et al., 2016).

성숙 경험의 영향을 거의 받지 않으면서 행동이 질서정연하게 변화하도록 해주는 생물학적 성장과정

Michael Maslin/The New Yorker Collection/The Cartoon Bank

"먼 훗날, 우리는 우리 삶의 이 시기를 돌이켜보고는 기억해내지 못할 거야."

초년기 경험을 의식적으로는 거의 회상하지 못하지만, 두뇌는 그 기간 동안에도 정보를 처리하고 저장하고 있었다. 심리학 박사과정을 마무리하고 있던 캐롤린 로비콜리어는 유아의 비언어 기억이 작동하고 있음을 관찰하였다. 그녀는 요람 위에 달려있는 모빌을 흔들어줌으로써 생후 2개월 된 아들 벤저민을 진정시킬 수 있었다. 자신이 작업하는 동안 아이가 진정 상태에 있기를 희망하면서, 그녀는 리본 끈을 이용하여 모빌을 벤저민의 발에 연결해놓았다. 곧이어 벤저민은 모빌이 움직이도록 발을 차고 있었다. 자신의 의도하지 않았던 간이 실험을 생각하다가 로비콜리어는 1960년대의 대중적 견해와는 달리 아이들도 학습하고 기억할 능력이 있다는 사실을 깨닫게 되었다. 자신의 아들이 유별난 아이가 아니라는 사실을 확인하기 위하여 다른 아이들을 대상으로 실험을 반복하였다(Rovee-Collier, 1989, 1999). 그 아이들도 모빌과 연결했을 때 실험을 시작한 바로 그날, 그리고 그다음 날 발차기를 더 많이 하는 것이 확실하였다. 아이들이 움직이는 다리와 모빌 간의 연결을 학습하였던 것이다. 그렇지만 다음 날 새로운 모빌을 달아주었을 때, 아이들은 학습효과를 나타내지 않았다. 이 사실은 아이들이 애초의 모빌을 기억하고 차이점을 인식하였다는 사실을 나타내는 것이었다. 이에 덧붙여서, 1개월 후에 친숙한 모빌을 제시하였을 때는 연결을 기억해내고는 다시 발차기를 시작하였다.

망각한 아동기 언어의 흔적도 지속될 수 있다. 한 연구는 아동기에 사용하였던 힌디어나 줄루어에 대한 의식적 기억이 전혀 없는 영국 성인들을 검증하였다. 이들은 40세가 되어서도 아동기 경험이 없는 사람들은 학습할 수 없었던 힌디어나 줄루어의 미묘한 대비음들을 재학습할 수 있었다(Bowers et al., 2009). 1세 때부터 캐나다에 살고 있는 중국 입양아는 유창한 중국어 사용자 못지않게 중국어 소리를 처리한다. 비록 중국어 단어를 의식적으로 회상할 수는 없지만 말이다(Pierce et al., 2014). 여기서도 두 궤적의 마음이 작동하는 것을 보게 된다. 의식적 마음은 알지 못하고 언어로 표현할 수 없는 것들을 신경계와 무의식적 마음은 어떻게든 기억해낸다.

자문자답하기

여러분은 아주 어린 시절의 기억을 어떻게 생각하는가? 이제 유아기 기억상실증을 알고 나니 그 기억의 정확성에 대한 생각이 바뀌었는가?

인지 발달

장 피아제(1896~1980) "한 개인이나 인류 전체의 지적 발달을 살펴보면, 인간의 정신이 서로 다른 특정한 수의 단계를 거쳐 진행된다는 사실을 발견하게 될 것이다"(1930).

Bill Anderson/Science Source

LOQ 5-5 피아제는 아동의 마음이 발달하는 방식에 대한 이해를 어떻게 확장했는가? 그리고 오늘날의 연구자들은 그의 연구에 무엇을 쌓아올렸는가?

여러분은 '난자 상태에서 인간 상태로의'(Broks, 2007) 위태로운 여행을 하던 중 어디에선가 의식을 갖게 되었다. 그때는 언제였는가? 프랑스의 한 연구팀은 유아의 의식적 사고, 정확하게는 의식적 자각을 나타내는 신경 신호를 찾아내기 위하여, 스크린에 얼굴을 짧게 비췄다. 처음에는 얼굴이 너무나 순간적으로 나타나서 성인조차도 의식적으로는 지각할 수 없었다. 얼굴 제시 후 대략 300밀리초경에 성인의 뇌파반응이 의식적 자각을 신호할 때까지 점차적으로 제시시간을 늘려갔다. 얼굴의 노출시간을 늘려감에 따라서 생후 5개월 유아도 의식적 자각의 동일한 두뇌 신호를 나타냈다(Dehaene, 2014; Kouider et al., 2013).

일단 의식을 하게 된 후에는, 마음이 어떻게 성장하는가? 발달심리학자 장 피아제는 이 물음

Image Ideas/Getty Images

Christian L. Birmele

그림 5.6
변하고 있는 결혼 스키마 한때는 대부분의 사람이 한 남자와 한 여자의 결합이라는 결혼 스키마를 가지고 있었다. 오늘날에는 수십 개 국가가 동성결혼을 합법화하였다.

에 대한 답을 찾는 데 일생을 바쳤다. 그는 아동의 발달하는 **인지**(cognition), 즉 생각하기, 알기, 기억해내기, 소통하기 등과 연합된 모든 심적 활동을 연구하였다. 그의 관심은 1920년에 시작되었는데, 당시 그는 파리에서 아동의 지능검사 문항을 개발하는 작업을 하고 있었다. 검사를 실시하면서, 피아제는 아동의 틀린 답에 흥미를 갖게 되었다. 피아제는 특정 연령의 아동이 저지르는 오류가 놀라울 정도로 유사하다는 사실에 주목하였다. 다른 사람들은 실수로 간주한 곳에서 피아제는 지능이 작동하고 있는 것을 보았던 것이다. 심리과학이 찾아낸 열매 중에는 그렇게 우연한 발견들이 들어있다.

반세기를 아동과 보낸 피아제는 아동 마음이 어른 마음의 축소판이 아니라고 확신하였다. 부분적으로 그의 연구 덕분에 이제 우리는 아동이 어른과는 다르게 추론한다는 사실, 즉 '어른에게는 자명한 문제를 아동은 심하게 비논리적인 방식으로 추론'한다는 사실을 이해하고 있다(Brainerd, 1996).

피아제 연구는 아동 마음이 신생아의 단순 반사에서부터 어른의 추상적 추리능력에 이르기까지 일련의 단계를 통해서 발전한다고 생각하도록 이끌어갔다. 따라서 8세 아동은 3세 아동이 이해할 수 없는 것을 이해한다. 8세 아동은 '아이디어를 얻는 것은 머릿속에서 전등을 켜는 것과 같은 것'이라는 유추를 이해할 수 있다.

피아제의 핵심 아이디어는 경험을 이해하려는 끊임없는 노력이 인지 발달의 원동력이라는 것이다. 궁극적으로 성숙하는 두뇌는 **스키마**(schema)를 형성하는데, 스키마란 경험을 부어넣는 심적 주물과 같은 것이다(그림 5.6).

스키마를 어떻게 사용하고 조정하는지를 설명하기 위해서 피아제는 두 개념을 제안하였다. 첫째, 새로운 경험을 **동화**(assimilation)한다. 즉 새로운 경험을 기존의 스키마(이해)에 따라서 해석한다. 예컨대, 강아지에 대한 단순한 스키마를 가지고 있는 유아는 네발 달린 동물들을 모두 '멍멍이'라고 부를 수 있다. 그러나 세상과 상호작용하면서 새로운 경험이 제공하는 정보에 적합하도록 스키마를 **조절**(accommodation)하기도 한다. 따라서 아동은 곧 원래의 멍멍이 스키마가 너무 광의적이라는 사실을 학습하고는 범주를 다듬어서 조절한다.

자문자답하기

어떤 노래가사를 여러분 자신의 스키마에 동화하였기 때문에 그 가사를 잘못 들었던 때를 회상할 수 있는가? (다양한 사례를 보려면, KissThisGuy.com에 접속해보라.)

인지 사고하기, 알기, 기억하기, 그리고 의사소통하기와 연합된 모든 심적 활동

스키마 정보를 체제화하고 해석하는 개념 또는 틀

동화 새로운 경험을 기존의 스키마로 해석하기

조절 새로운 정보를 받아들이기 위해서 그 정보에 현재의 이해(스키마)를 적응하기

피아제 이론과 오늘날의 입장

피아제는 아동이 세상과 상호작용하면서 그 세상에 대한 이해를 구축한다고 생각하였다. 아동의 마음이 급격한 변화를 경험한 후에는 상당히 안정된 상태가 뒤따른다. 다시 말해서 하나의 인지적 고원에서 다음 고원으로 이동하게 되는데, 각각의 고원은 특정 유형의 사고를 가능하게 해주는 독특한 특성을 가지고 있다. 피아제의 견해에서 인지 발달은 **감각운동 단계**, **전조작 단계**, **구체적 조작단계**, **형식적 조작단계**라는 네 가지 주요 단계로 구성된다.

감각운동 단계 출생부터 만 2세까지 해당하는 **감각운동 단계**(sensorimotor stage)에서 아동은 감각과 운동, 즉 보고, 듣고, 만지고, 입에 넣고, 손에 쥐는 등의 감각과 운동을 통하여 세상을 받아들인다. 손과 발을 움직이기 시작하면서, 세상에서 일어나는 일을 배운다.

아주 어린 아이는 현재만을 살아가는 것처럼 보인다. 눈에 보이지 않는 것은 마음에도 존재하지 않는다. 한 실험에서 피아제는 유아에게 재미있는 장난감을 보여주고는 자신의 베레모로 덮었다. 생후 6개월 이전의 유아는 마치 그 장난감이 더 이상 존재하지 않는 것처럼 행동하였다. 어린 유아에게는 **대상영속성**(object permanence), 즉 대상은 지각되지 않을 때에도 계속해서 존재한다는 사실의 자각이 존재하지 않는다. 생후 8개월이 되면 유아는 더 이상 보이지 않는 대상에 대한 기억을 나타내기 시작한다. 장난감을 숨기면 유아는 잠시나마 그것을 찾는다(그림 5.7). 또다시 한두 달이 지나면 유아는 몇 초가 지난 후에도 그것을 찾아 나선다.

그렇다면 대상영속성은 튤립이 봄에 피는 것처럼, 실제로 생후 8개월에 갑자기 꽃을 피우는 것인가? 오늘날의 연구자들은 대상영속성이 점진적으로 나타나는 것이라고 생각하며, 발달을 피아제가 생각하였던 것보다 훨씬 연속적인 것으로 간주한다. 더 어린 유아조차도 숨긴 장난감을 바로 직전에 보았던 곳에서 잠시나마 찾는다는 것이다(Wang et al., 2004).

또한 연구자들은 피아제와 그의 동료들이 어린 아동의 능력을 과소평가하였다고 생각한다. 어린 아동은 어린 과학자처럼 생각한다. 생각을 검증하고, 인과추론을 하며, 통계적 패턴에서 무엇인가를 학습한다(Gopnik et al., 2015). 다음과 같은 간단한 실험을 살펴보자.

- **유아 물리학** : 마술의 속임수를 미심쩍은 눈으로 응시하는 어른과 마찬가지로, 유아는 단단한 물체를 통과하는 것처럼 보이는 자동차, 공중에서 정지한 공, 또는 마술처럼 사라지게 함으로써 대상영속성을 위배한 사물과 같이 예상치 못한 장면을 더 오래 응시한다(Shuwairi & Johnson, 2013; Stahl & Feigenson, 2015). 유아가 이러한 시각 편향을 보이는 까닭은 무엇

그림 5.7
대상영속성 생후 6개월 미만의 유아는 대상이 시야에서 사라졌을 때도 계속 존재한다는 사실을 거의 이해하지 못한다. 그렇지만 이 유아에게 있어서도 시야에서 사라졌다고 해서 반드시 마음에서도 사라진 것은 아니다.

© Doug Goodman/Science Source

가능한 결과
(e) 스크린이 내려감

(a) 사물이 상자 안에 놓임

(b) 스크린이 올라감

(c) 빈손이 들어감

(d) 1개의 사물이 제거됨

혹은 불가능한 결과
(f) 사물이 2개 남았음

그림 5.8
유아 수학 산술적으로 불가능한 결과를 보여주면 유아는 오래 응시한다(Wynn, 1992에서 인용).

인가? 불가능한 사건은 아동의 기대를 위배하기 때문이다(Baillargeon, et al., 2016).

- **유아 수학** : 캐런 윈(1992, 2000, 2008)은 생후 5개월 유아에게 사물을 하나 또는 두 개 보여주었다(그림 5.8a). 그런 다음에 사물을 스크린으로 가리고는 하나를 확실하게 보이도록 제거하거나 첨가하였다(그림 5.8d). 스크린을 다시 내렸을 때 사물의 숫자가 맞지 않으면, 유아는 때때로 더 오래 응시하면서 찬찬히 뜯어보았다(그림 5.8f). 그렇다면 유아는 숫자의 변화가 아니라 그저 더 많은 양이나 더 적은 양에 반응하는 것은 아닐까?(Feigenson et al., 2002). 후속 실험은 유아의 숫자 감각이 더 많은 수, 비율, 드럼의 장단이나 움직임 등으로 확장될 수 있다는 사실을 보여주었다(Libertus & Brannon, 2009; McCrink & Wynn, 2004; Spelke et al., 2013). 오리 꼭두각시가 무대에서 세 번 뛰어오르는 데 익숙해진 유아는 단지 두 번만 뛰는 것을 보게 되면 놀람반응을 나타낸다.

"살아있는 인간 마음의 탄생과 성장 그리고 연약하기 짝이 없는 노력을 관찰한다는 것은 진귀한 특권이다." 헬렌 켈러의 『내 삶의 이야기』(1903)에서 애니 설리번의 말

전조작 단계 피아제는 6~7세가 될 때까지 아동이 **전조작 단계**(preoperational stage), 즉 대상을 단어나 이미지로 표상할 수는 있지만, 심적 조작(예컨대, 행위를 상상하고 마음속에서 그 행위를 역전시키는 것)을 수행하기에는 너무 어린 단계에 머물게 된다고 믿었다. 5세 아동에게 있어서 밑면적이 작고 높이가 높은 유리잔에 들어있는 '지나치게 많아 보이는' 우유를 밑면적이 크고 낮은 유리잔에 부으면 적당한 정도의 양으로 보일 수 있다. 높이 차원에만 초점을 맞춤으로써 아동은 우유를 원래의 유리잔에 다시 붓는 심적 조작을 수행할 수 없는 것이다. 피아제는 6세 이전의 아동이 **보존**(conservation) 개념, 즉 모양이 달라져도 양은 동일하다는 원리를 결여하고 있다고 주장하였다(그림 5.9).

가상놀이 상징적 사고와 가상놀이는 피아제가 생각하였던 것보다 이른 시기에 출현한다. 주디 들로치(1987)는 아동에게 방의 모형을 보여주고 미니어처 소파 뒤에 미니어처 강아지 인형을 숨김으로써 이 사실을 발견하였다. 2.5세 아동은 장난감 인형을 어디에서 찾을 수 있는지를 쉽게 기억해낼 수 있었지만, 방의 모형을 사용하여 실제 방에 있는 소파 뒤에서 실제 강아지 인형을 찾아낼 수는 없었다. 3세 아동은 비록 6개월 일찍 태어났을 뿐이지만, 일반적으로 실제 방에서 실제 강아지 인형이 있는 곳을 찾아감으로써 모형을 방의 상징으로 생각할 수 있다는 사실을 보여주었다. 비록 피아제가 단계 전이를 급작스러운 것으로 간주하지는 않았다고 하더라도, 이렇

감각운동 단계 피아제 이론에서 유아가 주로 감각 인상과 신체운동을 통해서 세상을 알아가는 단계(출생부터 2세까지)

대상영속성 지각할 수 없는 경우에도 대상이 계속해서 존재한다는 사실을 자각하는 것

전조작 단계 피아제 이론에서 아동이 언어를 학습하지만 구체적 논리의 심적 조작을 아직 이해하지 못하는 단계(대략 2세에서 7세까지)

보존 사물의 모양이 달라져도 질량, 부피, 그리고 숫자와 같은 특성이 그대로 남아있다는 원리(피아제는 이를 구체적 조작단계 추리의 한 부분이라고 믿었음)

Bianca Moscatelli/Worth Publishers

그림 5.9
피아제의 보존검사 시각에 초점을 맞추고 있는 전조작 단계의 이 아동은 보존 원리를 아직 이해하지 못하고 있다. 우유를 기다란 잔에 부으면, 갑자기 넓은 잔에 들어있을 때보다 더 많은 것처럼 보인다. 한두 해가 지나면, 이 아이도 우유의 양이 동일하다는 사실을 이해하게 된다.

게 어린 나이에 나타나는 상징적 사고를 보았다면 기절초풍하였을 것이다.

자기중심성 피아제는 학령 전기 아동이 **자기중심적**(egocentric)이라고 주장하였다. 즉, 다른 사람의 견지에서 대상을 지각하는 데 어려움이 있다는 것이다. 이 아동은 강 건너에 있는 어떤 사람이 "나는 어떻게 강을 건넜을까?"라고 물으면, "이미 강 건너편에 있잖아요."라고 말하는 사람과 같다. "엄마에게 네 그림을 보여주렴." 하고 요구할 때, 2세 아동은 그림이 자기 쪽을 향하도록 들게 된다. 3세 아동은 자신이 상대방을 볼 수 없으면 그도 자신을 볼 수 없을 것이라고 생각하고는 눈에 손을 얹어 자신이 안 보이게 만든다. 곰을 만나면 어떻게 할지 물을 때, 3세 아동은 "내 눈을 가리게 되면 곰도 나를 볼 수 없어요."라고 응답한다.

한 아이가 예증하는 것처럼, 아동들의 대화도 자기중심성을 나타낸다(Phillips, 1969, 61쪽).

"너는 형제가 있니?"
"네."
"이름이 무엇이니?"
"짐이요."
"짐은 형제가 있니?"
"아니요."

Dave Myers

자기중심성의 작동 4살배기 손녀인 앨리는 할아버지에게 짝이 맞는 두 개의 메모리 게임 카드가 자신을 향하게 들고는, "보세요, 할아버지. 맞잖아요!"라고 말한다.

이 아이와 마찬가지로, 다른 사람의 시야를 가로막은 채 텔레비전을 들여다보는 학령 전기 아동도 자기가 보는 것을 다른 사람들도 보고 있다고 생각한다. 이 아이들은 단지 다른 사람의 견지를 고려할 능력을 발달시키지 못한 것이다. 그렇지만 어른조차도 다른 사람이 자신을 주목하는 정도를 과대추정한다(Lin, 2016). 그리고 다른 사람이 자신의 의견, 지식, 입장 등을 공유하는 정도를 과대추정하기도 한다. 나에게 명확한 것은 다른 사람에게도 명확할 것이라고 생각하며, 농담 삼아 보낸 이메일을 수신자들이 모두 읽어볼 것이라고 생각한다(Epley et al., 2004; Kruger et al., 2005). 아마도 여러분은 '생일 축하노래'와 같이 단순한 노래의 리듬에 따라 박수를 치거나 책상을 두드리면서 누군가에게 그 노래를 추측해보도록 요구하였던 적을 회상할 수 있을 것이다. 마음속에서는 그 노랫가락이 너무나 자명하지 않았는가! 그렇지만 여러분은 자기 머리에 들어있는 것이 다른 사람의 머리에도 들어있다고 생각함으로써 자기중심적인 **지식의 저주**를 범한 것이다.

The New Yorker Collection, 2007, David Sipress from cartoonbank.com. All Rights Reserved.

"너무 늦었어, 로저.
이미 우릴 보셨단 말이야."

로저는 초기 아동기의 자기중심성에서 벗어나지 못하였다

구체적 조작단계 피아제는 아동이 대략 7세가 되면 **구체적 조작단계**(concrete operational stage)에 접어든다고 주장하였다. 구체적인 물질이 주어지면 보존과 같은 조작을 이해하기 시작한다.

즉, 모양의 변화가 양의 변화를 의미하지 않는다는 사실을 이해하고는 마음속에서 우유를 서로 다른 모양의 유리잔에 붓고 되부을 수 있다. 또한 이렇게 새로운 이해를 사용하는 농담도 즐길 수 있게 된다.

> 존스 씨가 식당에 들어가서 저녁식사로 피자 한 판을 주문하였다. 웨이터가 피자를 여섯 조각으로 자를지 아니면 여덟 조각으로 자를지 물었다. 존스 씨는 "여섯 조각으로 잘라주세요. 여덟 조각은 다 먹을 수가 없거든요!" (McGhee, 1976)

아동은 구체적 조작단계가 되어야 수학적 변형과 보존을 이해할 수 있게 된다고 피아제는 생각하였다. 저자(마이어스)의 딸 로라가 여섯 살일 때, 그는 아이가 산술연산을 역전시키는 능력이 없다는 데 놀라고 말았다. "8 더하기 4는 얼마니?"라고 물었을 때, "12"를 계산하는 데 5초가 걸렸으며, 12 빼기 4를 계산하는 데 5초가 더 걸렸다. 8세가 되었을 때는 두 번째 물음에 즉각 답할 수 있었다.

자기중심성 피아제 이론에서 전조작기 아동이 다른 견지를 받아들이는 데 어려움을 느끼는 현상

구체적 조작단계 피아제 이론에서 아동이 구체 사건들에 대해 논리적으로 생각할 수 있게 해주는 심적 조작을 획득하는 인지 발달 단계(대략 7세에서 11세까지)

형식적 조작단계 피아제 이론에서 아동이 추상 개념에 대해 논리적으로 사고하기 시작하는 인지 발달 단계(정상적이라면 12세에서 시작)

형식적 조작단계 12세가 되면 추리능력은 실제 경험을 수반한 구체적인 것을 넘어서서 상상의 세계와 상징을 수반한 추상적 사고를 포괄하도록 확장된다. 청소년기에 도달하면서 많은 아동은 과학자처럼 생각할 수 있게 된다고 피아제는 주장하였다. 가설적 명제를 따져보고는 결론을 연역해낼 수 있다. 피아제가 **형식적 조작**(formal operational) 사고라고 불렀던 체계적 추리가 이제 손아귀에 들어있는 것이다.

비록 만개한 논리와 추리는 청소년기가 되어야 가능하더라도, 형식적 조작 사고의 뿌리는 피아제가 생각하였던 것보다 일찍 시작한다. 다음의 간단한 문제를 생각해보자.

> 만일 존이 학교에 있다면 메리도 학교에 있다. 존이 학교에 있다. 메리에 대해서 무슨 말을 할 수 있을까?

형식적 조작 사고자는 정확하게 답하는 데 아무 문제가 없다. 그렇지만 대부분의 7세 아동은 그렇지 못하다(Suppes, 1982). 표 5.1은 피아제 이론의 네 단계를 요약하고 있다.

표 5.1 피아제의 인지 발달 단계

전형적 연령	단계의 기술	발달 현상
출생부터 2세	*감각운동 단계* 감각과 행위(보고, 만지고, 입에 넣고, 쥐기 등)를 통해 세상을 경험한다.	• 대상영속성 • 낯가림
2세부터 6, 7세	*전조작 단계* 단어와 이미지로 대상을 표상한다. 논리적 추리보다는 직관을 사용한다.	• 가상놀이 • 자기중심성
7세부터 11세	*구체적 조작단계* 구체적 사건에 대해서 논리적으로 사고한다. 구체적 유추를 이해하며 수리적 연산을 수행한다.	• 보존 개념 • 수학적 변환
12세부터 성인기	*형식적 조작단계* 추상적 추리를 한다.	• 추상적 논리 • 성숙한 도덕 추리 잠재성

Liz Banfield/Getty Images

가상놀이

인출 연습

RP-2 대상영속성, 가상놀이, 보존, 추상적 논리는 각각 피아제가 제안한 어떤 단계의 발달 이정표가 되는가?

RP-3 다음 발달 현상들(1~6)을 정확한 인지 발달 단계(a~d)와 연결해보라. (a) 감각운동 단계, (b) 전조작 단계, (c) 구체적 조작단계, (d) 형식적 조작단계

1. '자유'와 같은 추상 개념에 대해 생각한다.
2. 가상놀이를 즐긴다.
3. 대상의 모양이 변하여도 물리적 특성은 유지된다는 사실을 이해한다.
4. 산술연산을 역전시킬 수 있는 능력을 지닌다.
5. 어머니가 문 뒤로 사라질 때처럼 시야에서 벗어나더라도 영원히 사라진 것이 아니라는 사실을 이해한다.
6. 텔레비전을 시청하는 다른 사람의 시야를 가로막을 때처럼, 다른 사람의 견지를 이해하는 데 어려움이 있다.

답은 부록 E를 참조

피아제 이론의 재고찰

"발달심리학에 대한 피아제의 영향을 평가하는 것은 영문학에서 셰익스피어의 영향을 평가하는 것과 마찬가지다." 발달심리학자 해리 베일린(1992)

아동 마음에 관한 피아제의 생각 중에서 남아있는 것은 무엇인가? *Time*이 20세기 가장 영향력 있는 과학자 20명 중의 한 사람으로 선정하고, 영국 심리학자들이 20세기 가장 위대한 심리학자로 평가하기에 충분할 만큼 많이 남아있다(*Psychologist*, 2003). 피아제는 중요한 인지적 이정표를 확인해냈으며 마음이 발달하는 방법에 대한 전 세계적인 관심을 불러일으켰다. 그의 강조점은 아동이 전형적으로 특정한 이정표에 도달하는 연령이 아니라 그 이정표의 순서에 있었다. 호주에서부터 알제리와 북미에 이르기까지 전 세계에 걸친 연구는 인간의 인지가 근본적으로 피아제가 제안한 순서에 따라 전개된다는 사실을 지지해왔다(Lourenco & Machado, 1996; Segall et al., 1990).

"아동기는 보고 생각하며 느끼는 자신만의 방법을 가지고 있으며, 우리의 방식을 아동에게 적용하려는 것보다 더 어리석은 짓은 없다." 철학자 장자크 루소(1798)

그렇지만 오늘날 연구자들은 발달이 피아제가 생각한 것보다는 더 연속적이라고 생각한다. 각 유형의 사고가 더 이른 시기에 시작하는 것을 발견해냄으로써, 피아제가 놓쳤던 개념적 능력들을 밝혀왔다. 나아가서 피아제와 달리, 형식논리를 인지의 작은 부분으로 간주한다. 오늘날 연구자들은 새로운 결과에 부합하도록 그의 생각을 조정하고 있다.

부모와 교사에게 주는 함의 미래의 부모와 교사는 다음을 기억하기 바란다. 어린 아동은 어른의 논리를 이해할 수 없다. 다른 사람의 텔레비전 시청을 가로막는 학령 전기 아동은 상대방의 견지를 받아들이는 것을 아직 학습하지 못한 것뿐이다. 여러분에게는 단순하고 자명한 사실, 예컨대 친구와 시소를 타다가 갑자기 내려버리면 반대쪽의 친구가 엉덩방아를 찧게 된다는 사실을 3세 아동은 이해하지 못할 수 있다. 그리고 아동은 지식으로 채워지기를 기다리는 수동적인 그릇이 아니라는 사실을 명심하는 것도 중요하다. 아동이 이미 알고 있는 것에 기반을 두고 구체적인 시범을 해보도록 유도하고, 스스로 생각하도록 자극하는 것이 더 좋다. 마지막으로 아동의 인지적 미성숙을 적응적인 것으로 인정하라. 아동을 보호자인 어른 곁에 남겨두고 학습과 사회화를 위한 시간을 제공하는 것이 자연의 전략인 것이다(Bjorklund & Green, 1992).

대안적 견해 : 레프 비고츠키와 사회적 아동

LOQ 5-6 비고츠키는 아동의 인지 발달을 어떻게 간주하였는가?

피아제가 자신의 인지 발달 이론을 구성하고 있을 당시, 러시아 심리학자 레프 비고츠키도 아동

이 사고하고 학습하는 방식을 연구하고 있었다. 피아제는 아동의 마음이 물리적 환경과의 상호작용을 통해서 성장하는 방식을 강조한 반면, 비고츠키는 아동의 마음이 사회적 환경과의 상호작용을 통해서 성장하는 방식을 강조하였다. 피아제의 아동이 어린 과학자라면, 비고츠키의 아동은 어린 견습생이다. 부모와 교사를 비롯한 주변 사람들은 아동에게 새로운 어휘들을 제공하고 개별 훈련을 시킴으로써, 아동이 보다 높은 사고 수준으로 뛰어오를 수 있는 일시적인 **도약대**(scaffold)를 제공한다는 것이다(Renninger & Granott, 2005; Wood et al., 1976). 사회적 환경이 너무 쉽지도 않고 너무 어렵지도 않은 최적의 것을 제시할 때 아동은 가장 잘 학습한다.

비고츠키는 사회적 훈련의 중요한 요소인 언어가 사고를 위한 토대를 제공한다고 주장하였다. (비고츠키는 피아제와 같은 해에 태어났지만, 폐결핵으로 젊은 나이에 사망하고 말았다.) 그는 아동이 7세가 되면 점차적으로 언어로 사고하며 문제를 해결하는 데 언어를 사용한다고 주장하였다. 아동은 자기 문화의 언어를 내면화하고 속내말(inner speech)에 의존함으로써 그렇게 한다는 것이다(Fernyhough, 2008). 뜨거운 커피잔을 만지려는 아이의 손을 잡아끌면서 "안 돼, 안 돼!"라고 말하는 부모는 아이에게 자기통제 도구를 제공하고 있는 것이다. 나중에 유혹에 저항할 필요가 있을 때, 아동은 똑같이 "안 돼, 안 돼!"라고 말할 수 있다. 수학문제를 풀면서 자신에게 혼잣말을 하였던 초등학교 2학년생은 다음 해에 3학년 수학문제를 더 잘 풀었다(Berk, 1994). 큰 소리로 말하든 속삭이듯 말하든, 스스로에게 말을 하는 것은 아동이 자신의 행동과 정서를 제어하고 새로운 기술을 숙달하는 데 도움을 준다. [성인에게도 도움이 된다. "나는 할 수 있어!"라고 스스로 되뇌면서 동기를 높이는 성인은 더 우수한 성과를 경험한다(Kross et al., 2014).]

마음 이론

LOQ 5-7 마음 이론이 발달한다는 것은 무엇을 의미하는가? 그리고 자폐 스펙트럼 장애 아동의 경우에는 마음 이론이 어떻게 손상되어 있는가?

빨간 망토는 자기 할머니가 사실은 늑대라는 사실을 깨달았을 때, 그 동물의 의도에 대한 자신의 생각을 즉각적으로 바꾸고는 도망을 간다.[2] 학령 전 아동은 여전히 자기중심적이기는 하지만, **마음 이론**(theory of mind)을 형성하기 시작할 때 다른 사람의 심적 상태를 추론하는 능력을 발달시킨다(Premack & Woodruff, 1978).

생후 7개월 유아도 다른 사람의 신념에 관한 지식을 나타낸다(Kovács et al., 2010). 시간이 경과함에 따라 상대방의 관점을 파악하는 능력이 발달한다. 무엇이 놀이친구를 화나게 만들었는지, 언제 형제가 자기 것을 나누어주는지, 어떻게 하면 부모가 장난감을 사주는지를 이해하게 된다. 상대방을 놀리고 공감하며 설득하기 시작한다. 의사결정을 할 때, 자신의 행위를 다른 사람이 어떻게 느낄지에 관한 이해를 사용한다(Repacholi et al., 2016). 다른 사람의 마음을 이해하는 능력이 뛰어난 어린 아동이 더 인기가 있다(McElwain et al., 2019; Slaughter et al., 2015).

3~4.5세 아동은 다른 사람이 엉터리 신념을 가질 수도 있다는 사실을 깨닫기 시작한다(Callaghan et al., 2005; Rubio-Fernández & Geurts, 2013; Sabbagh et al., 2006). 제니퍼 젠킨

도약대 비고츠키 이론에서, 아동이 높은 사고 수준으로 발달할 때 일시적인 지지를 제공하는 틀걸이

마음 이론 감정, 지각, 사고 그리고 이러한 것들이 예측하는 행동 등 자신과 타인의 심적 상태에 대한 사람들의 생각

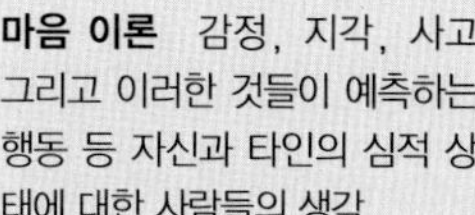

2 빨간 망토(Little Red Riding Hood)는 유명한 서양 민간설화의 주인공이다. 빨간 망토의 할머니를 잡아먹은 늑대가 할머니에게 음식을 전해주기 위해 찾아온 아이를 잡아먹기 위해서 할머니인 척 위장하고 있었는데, 아이가 그 의도를 알아차리고 도망가는 장면을 묘사하고 있다._역자 주

샐리
앤
샐리가 빨간 찬장에 공을 넣어둠
샐리가 나감
앤이 와서 파란 찬장으로 공을 옮김
샐리는 공을 찾으려고 어디를 볼까?

그림 5.10
아동의 마음 이론 검증하기 이 간단한 문제는 연구자들이 다른 사람들의 심적 상태에 대한 아동의 생각을 어떻게 검증하는지를 예시하고 있다(Baron-Cohen et al., 1985의 아이디어).

스와 재닛 애스팅턴(1996)은 캐나다 토론토 아동들에게 일회용 반창고 상자를 보여주고는 그 안에 무엇이 들어있는지 물었다. 반창고를 예상하고 있던 아동이 실제로는 연필이 들어있는 것을 발견하고는 놀랐다. 상자를 본 적이 없는 아동은 그 속에 무엇이 들어있다고 생각할 것인지 물었을 때, 연필을 보았던 3세 아동은 전형적으로 연필이라고 답하였다. 4~5세가 되면, 아동의 '마음 이론'이 도약하게 되며, 상자에 일회용 반창고가 들어있을 것이라는 친구의 잘못된 신념을 예상하였다.

후속 실험에서 아동은 샐리라는 이름의 인형이 공을 빨간 찬장에 넣는 것을 보았다(그림 5.10). 그런 다음에 앤이라는 이름의 또 다른 인형이 공을 파란 찬장으로 옮겼다. 이제 연구자가 다음과 같은 질문을 던졌다. 샐리가 되돌아왔을 때 공을 찾기 위해서 어디를 뒤져보겠는가? 자폐 스펙트럼 장애(제15장 참조) 아동은 샐리의 마음 상태가 자신과 다르다는 사실, 즉 공이 옮겨진 것을 알지 못하는 샐리는 빨간 찬장으로 갈 것이라는 사실을 이해하는 데 어려움이 있다. 또한 자신의 심적 상태를 나타내는 데에도 어려움이 있다. 예컨대, 자폐아는 일인칭 대명사를 사용할 가능성이 적다. 정상적인 청력의 부모를 두고 있지만 소통의 기회가 거의 없는 청각 장애 아동도 상대방의 마음 상태를 추론하는 데 유사한 어려움을 가지고 있었다(Peterson & Siegal, 1999).

인출 연습

RP-4 마음 이론은 자폐 스펙트럼 장애와 어떤 관계가 있는가?

답은 부록 E를 참조

사회성 발달

LOQ 5-8 부모-유아 애착의 유대는 어떻게 형성되는가?

아이는 태어날 때부터 사회적 존재이며, 보호자와 강력한 유대관계를 발달시킨다. 유아는 친숙한 얼굴과 목소리를 선호하며, 보호자가 주의를 기울여주면 목울대를 울리며 좋아한다. 4.5개월이 되면 유아는 친숙한 언어와 낯선 언어를 구분할 수 있다(Fecher & Johnson, 2019). 대상영속성이 출현하고 아동이 활발하게 움직이게 되는 대략 8개월경에 이상한 일이 발생한다. 유아가 **낯가림**(stranger anxiety)을 발달시키는 것이다. 낯선 사람을 우는 것으로 맞이하며, "안 돼요! 나를 떠나지 마세요!"라고 말하는 것처럼 친숙한 보호자에게 매달린다. 이 시기가 되면 유아는 친숙한 얼굴의 스키마를 갖는다. 새로운 얼굴을 기억하고 있는 스키마에 동화시킬 수 없을 때, 괴로워한다(Kagan, 1984). 또다시 중요한 원리 하나를 보게 된다. 즉, 두뇌, 마음, 사회적 · 정서적 행동은 함께 발달한다.

애착의 원천

첫돌을 맞이한 유아는 놀라거나 헤어짐이 예상될 때 전형적으로 보호자에게 찰싹 매달린다. 헤어졌다가 다시 만나면, 보호자에게 미소 지으며 보호자를 꼭 껴안는다. 보호자-유아 간의 이토록 현저한 **애착**(attachment)은 유아를 자신의 보호자 곁에 있게 만드는 강력한 생존 충동이다. 유아는 편안하고 친숙한 사람, 전형적으로 부모에게 애착하게 된다. 오랜 세월 동안 심리학자들은 유아가 자신의 영양분 욕구를 만족시켜 주는 사람에게 애착한다고 추리해왔다. 우연한 발견이 이러한 설명을 뒤엎어버렸다.

신체 접촉 1950년대에 미국 위스콘신대학교 심리학자 해리 할로우와 마거릿 할로우는 자신들의 학습연구를 위하여 원숭이들을 키웠다. 새끼 원숭이들의 경험을 동일하게 하고 질병을 차단하기 위하여 출생 직후에 어미로부터 격리하여 위생 처리된 개별 우리에서 사육하였는데, 여기에는 얇은 무명으로 만든 유아용 담요가 들어있었다(Harlow et al., 1971). 여기서 놀라운 일이 벌어졌다. 빨래하기 위하여 담요를 가지고 갔을 때, 원숭이는 비탄에 빠져버렸던 것이다.

할로우 부부는 담요에 집착하는 것이 영양분 공급과 연합된 대상으로부터 애착이 유래한다는 생각과 상충된다는 사실을 인식하였다. 그렇다면 이것을 어떻게 설득력 있게 보여줄 수 있겠는가? 영양분 공급의 위력을 담요의 포근함과 대비시키기 위하여, 두 마리의 인공 어미, 즉 대리모를 만들었다. 하나는 나무 머리를 가지고 있는 철사 실린더에 우유병이 부착되어 있었으며, 다른 하나는 그저 보들보들한 천으로 둘러싼 실린더였다.

두 대리모가 모두 존재하는 상태에서 사육하였을 때, 원숭이는 편안함을 제공하는 천 대리모를 압도적으로 선호하였다(그림 5.11). 어머니에게 매달리는 인간 유아와 마찬가지로, 새끼 원숭이는 불안할 때 천 대리모에 매달림으로써 접촉위안을 통해 안정감을 찾았다. 주변을 탐색할 때는 천 대리모를 안전한 교두보로 사용하였는데, 마치 멀리까지 늘어났다가 다시 잡아당기는 보이지 않는 탄력성 있는 끈을 통해서 어미와 연결되어 있는 것처럼 보였다. 연구자들은 곧이어 천 대리모를 더욱 매력적인 어미로 만드는 다른 자질들, 예컨대 흔들리고, 따뜻하며, 젖을 먹이는 등의 자질들을 밝혀냈다.

PR INC/Science Source

그림 5.11
할로우의 대리모 심리학자 해리 할로우와 마거릿 할로우는 두 대리모를 가지고 원숭이를 양육하였다. 한 대리모는 나무 머리에 철사로 만든 몸통을 가지고 있으며, 우유를 공급하는 젖병이 달려있었다. 다른 하나에는 우유병이 달려있지 않지만, 고무로 싸여있으며, 부드러운 천으로 덮여있는 대리모였다. 할로우 부부의 결과는 많은 심리학자를 놀라게 만들었다. 즉, 원숭이들은 편안함을 제공하는 천 대리모를 압도적으로 선호하였는데, 심지어는 젖을 주는 대리모로부터 우유를 먹을 때조차 그러하였다.

유아도 부드럽고 따뜻하며 흔들어주고 먹여주며 토닥여주는 부모에게 애착한다. 부모-유아 간의 정서 소통은 대부분 접촉을 통해서 일어나며, 그 접촉은 진정시키거나(부모에게 파고든다) 자극적(간지럼을 태운다)일 수 있다(Hertenstein et al., 2006). 전 세계의 모든 사람은 이상적인 엄마는 접촉을 통해서 애정을 표현한다는 데 동의하였다(Mesman et al., 2015). 이러한 부모의 애정은 기분이 좋을 뿐만 아니라 두뇌 발달과 뒤따르는 인지능력을 증폭시킨다(Davis et al., 2017).

인간의 애착은 또한 한 사람이 고통을 받을 때 다른 사람이 안전한 정박지를 제공하고 탐험을 시작하는 안정된 베이스캠프를 마련해주기도 한다. 성숙함에 따라서, 안정된 베이스캠프와 안전한 정박지가 부모로부터 또래와 배우자로 이동한다(Cassidy & Shaver, 1999; Schmidt et al., 2019). 그렇지만 어떤 연령대에 있든지 간에 인간은 사회적 존재다. 말이든 행동이든 누군가 안전한 정박지를 제공해줄 때 힘을 얻는다. "나 여기 있을게요. 당신에게 관심이 있습니다. 무슨 일이 있든지 간에 당신을 적극적으로 지지할 것입니다"(Crowell & Waters, 1994).

낯가림 유아가 일반적으로 나타내는 낯선 사람에 대한 두려움. 대략 생후 8개월에 시작된다.

애착 다른 사람과의 정서적 유대. 어린 아동은 보호자와 가까이 있으려고 하고 헤어지면 불편함을 나타낸다.

결정적 시기 출생 직후 유기체가 특정 자극이나 경험에 노출되는 것이 적절한 발달을 초래하는 최적 시기

친숙성 접촉은 애착으로 향하는 한 가지 열쇠다. 또 다른 열쇠가 친숙성이다. 많은 동물에게 있어서 친숙성에 근거한 애착은 **결정적 시기**(critical period), 즉 출생 직후에 적절한 발달을 촉진시키기 위해서는 특정 사건이 발생해야만 하는 최적의 기간 동안에 형성된다(Bornstein, 1989). 새끼 거위나 오리 또는 병아리의 경우에 그 기간은 부화 직후 몇 시간인데, 그 기간 내에 최초로 보게 되는 움직이는 대상이 어미가 된다. 그 이후부터 새끼들은 그 대상만을 따라다닌다.

아빠 오리? 콘라트 로렌츠는 오리가 최초로 보는 움직이는 대상에 각인된다는 사실을 입증하였는데, 이 경우에는 로렌츠 자신이었다!

콘라트 로렌츠(1937)는 **각인**(imprinting)이라고 부르는 이렇게 경직된 애착과정을 연구하였다. 그는 다음과 같은 물음을 던졌다. 만일 새끼 오리가 관찰하는 최초의 움직이는 대상이 로렌츠 본인이라면, 이 녀석들이 어떻게 행동할까? 새끼들은 줄곧 그를 따라다니는 행동을 보였다. 로렌츠가 어디를 가든, 필사적으로 그를 따라다닌 것이다. 새끼 새는 자기 종에 가장 잘 각인되기는 하지만, 다른 종의 동물이나 바퀴가 달린 상자 또는 튀어오르는 공 등 다양한 움직이는 대상에도 각인되었다(Colombo, 1982; Johnson, 1992). 그리고 일단 형성된 각인은 되돌리기가 거의 불가능하다.

어떤 사람들에게 있어서는 신과의 지각된 관계가 다른 애착과 같이 기능한다. 탐색을 위한 안전한 베이스캠프를 제공하여 위협을 받을 때 안전한 피난처를 제공하는 것이다(Granqvist et al., 2010; Kirkpatrick, 1999).

아동은 새끼 오리가 각인되는 것처럼 각인되지는 않는다. 그렇지만 아동은 자기가 알고 있는 것에 각인된다. 사람과 사물에의 단순 노출이 호감을 조장한다. 아동은 동일한 책을 반복해서 읽고, 동일한 영화를 반복 시청하며, 가정의 전통을 반복하고자 한다. 친숙한 음식을 먹고, 친숙한 동네에서 살며, 옛날 친구들과 함께 학교에 다니는 것을 선호한다. 친숙성은 안전 신호인 것이다. 친숙성은 만족감을 불러일으킨다.

인출 연습

RP-5 각인과 애착을 구분하는 것은 무엇인가?

답은 부록 E를 참조

애착의 차이

LOQ 5-9 심리학자는 애착의 차이를 어떻게 연구해왔으며, 무엇을 알아냈는가?

무엇이 아동의 애착 차이를 설명해주는가? 메리 에인스워스(1979)는 이 물음에 답하기 위하여 **낯선 상황** 실험을 설계하였다. 그녀는 처음 6개월 동안 집에서 어머니-유아 쌍을 관찰하였다. 나중에 낯선 상황(일반적으로 실험실의 놀이방)에서 어머니와 함께 있거나 어머니가 없는 상태에서 1세 유아를 관찰하였다. 이러한 연구는 대략 60%의 유아와 어린 아동이 **안정 애착**을 나타낸다는 사실을 보여주었다(Moulin et al., 2014). 어머니가 존재할 때 유아는 편안하게 놀이를 즐기며 행복하게 새로운 환경을 탐색한다. 어머니가 떠나면, 고통을 받는다. 다시 돌아오면, 어머니와의 신체 접촉을 시도한다.

각인 특정 동물이 생애 초기 결정적 시기에 애착을 형성하는 과정

다른 유아들은 애착을 회피하거나 불안이나 신뢰할 만한 관계의 회피가 특징인 **불안정 애착**을 나타낸다. 주변 환경을 탐색하려고 할 가능성이 낮으며, 어머니에 더욱 매달리기도 한다. 어머니

가 떠나면, 큰 소리로 울면서 혼란에 빠지거나 아니면 어머니가 떠났다가 되돌아오는 것에 무관심한 것처럼 보인다(Ainsworth, 1973, 1989; Kagan, 1995; van IJzendoorn & Kroonenberg, 1988).

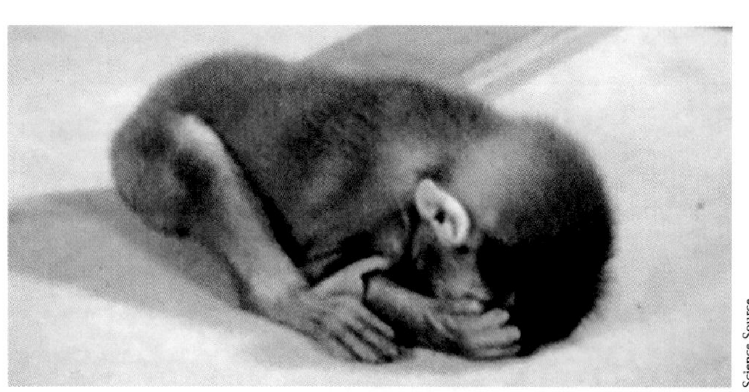

그림 5.12
사회적 박탈과 공포 대리모로 양육한 원숭이가 대리모가 없는 낯선 상황에서 공포에 질려있다(동물복지를 내세우는 오늘날의 연구풍토는 이러한 영장류 연구를 금지하고 있다).

에인스워스를 비롯한 여러 연구자는 예민하고 반응적인 어머니, 즉 자기 아이가 하고 있는 것에 주목하고 적절하게 반응해주는 어머니가 안정 애착을 나타내는 유아를 가지고 있다는 사실을 발견하였다(De Wolff & van IJzendoorn, 1997). 둔감하고 반응적이지 않은 어머니, 즉 자기가 하고 싶을 때는 아이에게 주의를 기울이지만 다른 경우에는 무관심한 어머니들이 불안정하게 애착하는 유아를 가지고 있기 십상이었다. 무반응의 인공적인 대리모를 사용한 할로우의 원숭이 연구는 더욱 극적인 효과를 초래하였다. 대리모도 없는 낯선 상황에 놓였을 때, 박탈당한 새끼 원숭이는 공포에 휩싸였다(그림 5.12).

많은 사람은 해리 할로우를 불쌍한 원숭이에게 고문을 가한 연구자로 기억하고 있으며, 동물복지에 대한 관심사가 증가한 오늘날의 연구 분위기는 그러한 영장류 연구를 금지할 가능성이 있다. 그렇지만 할로우는 자신의 연구방법을 옹호하였다. 그는 자신의 연구가 사람들에게 아동 학대와 방치의 경종을 울려줄 것이라는 희망을 토로하면서 이렇게 말하였다. "제대로 대접받지 못한 원숭이 한 마리마다 100만 명의 대접받지 못한 아동이 존재한다는 사실을 명심해주십시오." 할로우의 전기작가인 데버라 블럼(2011, 292쪽, 307쪽)은 이렇게 적고 있다. "해리의 연구를 알고 있는 사람이라면 어느 누구라도 '아동은 친밀감이 없이도 잘 성장하며 다정한 엄마는 중요하지 않다'고 주장할 수 없다. 우리는 해리 할로우가 연구를 수행할 때까지 그 사실을 제대로 믿지 않았기 때문에, 다시는 의심할 수 없도록 단 한 번만이라도 그 진리로부터 정말로 강한 충격을 받을 필요가 있다."

다정한 부모(그리고 다른 보호자)는 중요하다. 그렇다면 애착 스타일은 양육방식의 결과인가? 아니면 유전 영향을 받은 기질의 결과인가? 연구결과는 유전이 기질에 영향을 미치며 기질이 애착 스타일에 영향을 미친다는 사실을 밝히고 있다(Picardi et al., 2011; Raby et al., 2012). 출생 직후부터 어떤 아이는 유난히 다루기 힘들다. 성마르고, 격렬하며, 예측 불가능하다. 다른 아이는 다루기가 쉽다. 명랑하고, 편안하며, 먹고 자는 것이 예측할 수 있을 정도로 규칙적이다(Chess & Thomas, 1987). 주디스 해리스(1998)는 이러한 생득적 차이를 무시한 양육방식 연구는 "개 훈련소에서 성장한 사냥개를 아파트에서 성장한 푸들과 비교하는 것과 같다."라고 지적한다. 따라서 선천성과 후천성을 분리시키기 위해서는 기질을 통제한 상황에서 부모의 양육방식을 변화시킬 필요가 있다. (잠시 생각해보자. 만일 여러분이 연구자라면, 이 문제를 어떻게 다루겠는가?)

네덜란드 연구자인 딤프나 판덴붐(1994)의 해결책은 기질적으로 다루기 힘든 생후 6~9개월 유아 100명을 어머니가 개인적으로 감수성 훈련을 받은 실험조건과 훈련을 받지 않은 통제조건에 무선할당하는 것이었다. 생후 12개월이 되었을 때 실험집단 유아의 68%는 안정적으로 애착하는 것으로 평가받은 반면, 통제집단 유아는 28%만이 그러한 평가를 받았다. 다른 연구들도 개입 프로그램이 부모의 감수성을 증가시키며, 부모의 감수성만큼은 아니지만 유아 애착의 안정성을 증가시킨다는 사실을 발견해왔다(Bakermans-Kranenburg et al., 2003; Van Zeijl et al., 2006). 이와 같이 '긍정적인 양육' 개입은 다루기 힘든 기질의 아동에게 특히 도움이 되는 것으로 보인다(Slagt et al., 2016).

표 5.2 부모가 함께 양육하는 것의 긍정적 측면

- 적극적인 아버지가 더 자상하다. 1965년의 아버지와 비교할 때, 오늘날 부인과 함께 자녀를 양육하는 아버지는 자녀와 함께 보내는 시간이 두 배로 늘었다(Livingston & Parker, 2011).
- 집안일과 자녀양육을 함께하는 부부가 둘 간의 관계에서 더 행복하며 이혼할 가능성이 적다(Wilcox & Marquardt, 2011).
- 부모가 함께하는 양육이 아동에게 힘이 된다. 다른 요인들을 통제한 후에도, 부모가 함께 양육할 때 평균적으로 아동은 더 우수한 삶의 결과를 초래한다.
- 부모의 성별과 성적 지향성은 아동의 웰빙에 영향을 미치지 않는다. 미국 소아의학회(2013)는 부모의 성별과 성적 지향성에 관계없이, 유능하고 안정적이며 양육에 관여하는 부모가 중요하다고 보고하고 있다. 미국사회학회(2013)는 수십 년 동안 수행한 연구들이 부모의 안정성과 자원이 중요하다는 사실을 확증하고 있다고 화답한다. "아이를 양육하는 사람이 동성의 부모인지 아니면 양성의 부모인지는 아동의 안녕에 아무런 영향을 미치지 않는다." 4~17세 미국 아동 21,000명의 분석을 보면, 이성애 부모의 자녀와 비교할 때, 게이나 레즈비언 부모의 자녀도 유사한 수준의 웰빙을 경험하였다(Calzo et al., 2019).

Lorie Hailey

이러한 사례가 보여주는 것처럼, 연구자들은 아버지의 보호보다는 어머니의 보호를 더 많이 연구해왔다. 뒷바라지해 주는 어머니가 없는 유아는 '모성 결핍'으로 고통받는 것으로 알려져 있으며, 아버지의 뒷바라지가 없는 유아는 단지 '아버지 부재'를 경험한다고 말한다. 이 사실은 아버지 노릇을 한다는 것이 임신을 시킨다는 것을 의미하는 반면, 어머니 역할을 한다는 것은 양육을 의미한다는 광범위한 태도를 반영한다. 그렇지만 아버지는 단순히 움직이는 정자은행이 아니다. 전 세계적으로 100회에 가까운 연구에 걸쳐서 자식의 건강과 웰빙을 예측하는 데 있어서 아버지의 사랑과 인정이 어머니의 사랑에 비견할 만한 것으로 나타났다(Rohner & Veneziano, 2001; 표 5.2도 참조하라). 즉 아버지가 중요하다.

7,259명의 아동을 출생부터 성인이 될 때까지 추적조사한 영국의 대규모 연구에서 보면, 나들이와 책 읽어주기 그리고 자녀교육에 관심을 기울이는 것 등을 포함하여 아버지가 양육에 적극 관여한 아동들의 학업성취가 우수한 경향이 있었으며, 부모의 교육 수준이나 경제 수준과 같은 다른 요인들을 통제한 후에도 마찬가지였다(Flouri & Buchanan, 2004). 아버지의 지지를 받는 여아는 다른 남자들도 자신을 소중하게 대해줄 것이라고 기대하며, 위험한 성적 행동을 저지를 가능성이 낮다(DelPriore et al., 2017, 2019). 그러나 미혼모 출산과 동거 불안정성의 증가는 아버지가 부재하는 가정이 더 많음을 의미한다(Hymowitz et al., 2013). 예컨대, 유럽과 미국에서, 결혼한 부부의 아동은 동거 부부의 아동과 비교할 때 부모의 이혼을 경험할 가능성이 절반에 불과하며, 부모의 이혼은 아버지의 보호가 감소됨을 수반하기 십상이다(Brown et al., 2016; Wilcox & DeRose, 2017). 부모의 수입, 교육 수준, 인종 등을 통제한 후에도, 부모가 함께 양육하는 아동이 낮은 수준의 학업 문제를 경험한다(Zill & Wilcox, 2017).

기본 신뢰감 에릭 에릭슨이 주장한 개념으로, 세상은 예측 가능하고 신뢰할 만하다는 느낌. 공감적인 보호자와의 적절한 경험을 통해서 유아기에 형성되는 것으로 알려져 있다.

부모와의 분리불안은 13개월경에 최고조에 달한 후에 서서히 가라앉는다(그림 5.13). 아동이 한쪽 부모와 살든 아니면 두 부모와 정상적으로 살든, 가정에서 생활하든 아니면 어린이집에 다니든, 사는 곳이 북미이든 과테말라이든 아니면 칼라하리 사막이든지 간에, 이러한 현상이 나타난다. 이 사실은 자녀에 대한 부모의 필요성과 사랑도 사라지는 것을 의미하는가? 결코 아니다. 사랑하는 힘은 증가하며, 사랑하는 사람과 접촉하고 껴안는 즐거움은 결코 사라지지 않는다.

애착 스타일과 성장 후의 관계 자신의 부인인 조앤 에릭슨(1902~1997)과 함께 연구를 수행하였던 발달이론가 에릭 에릭슨(1902~1994)은 안정적으로 애착하는 아동이 **기본 신뢰감**(basic trust), 즉 세상은 예측 가능하고 신뢰할 만하다는 느낌을 가지고 삶에 접근한다고 주장하였다. 그는 기본 신뢰감의 원인을 긍정적 환경이나 생득적 기질이 아니라 초기 양육방식 탓으로 돌렸다. 그는 감수성이 크고 사랑하는 보호자를 갖는 행운의 유아는 평생에 걸쳐서 공포보다는 신뢰의 태도를 형성한다고 가정하였다.

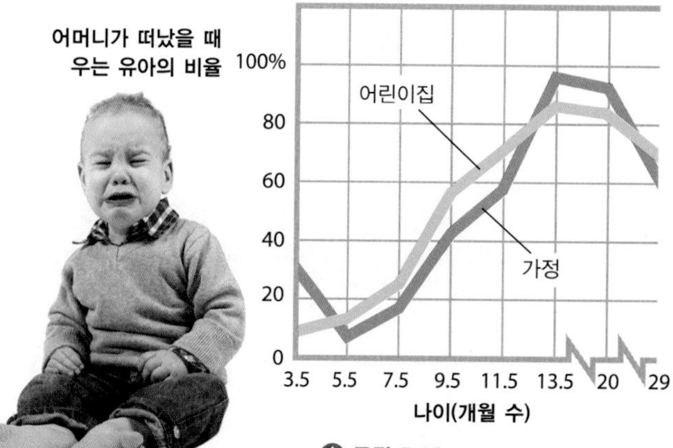

그림 5.13
부모와의 격리에 따른 유아의 스트레스 한 실험에서 어머니가 아이를 낯선 방에 놓고 나갔다. 집에서 키우는 유아와 어린이집에 보내는 유아 모두 어머니가 방을 나갔을 때 우는 비율은 생후 13개월 정도일 때 최고에 달하였다(Kagan, 1976).

오늘날 많은 연구자는 초기 애착이 성인이 되었을 때의 대인관계 그리고 애정과 친밀감으로 충만한 편안함의 토대를 형성한다고 믿고 있다(Birnbaum et al., 2006; Fraley et al., 2013). 부모와 안정적인 관계를 보고하는 사람들은 안정적인 우정을 향유하는 경향이 있다(Gorrese & Ruggieri, 2012). 대학에 입학하기 위하여 집을 떠나는 것도 또 다른 유형의 '낯선 상황'이며, 이 경우에도 부모와 밀접하게 애착하는 학생이 잘 적응하는 경향이 있다(Mattanah et al., 2011). 민감하고 반응적인 어머니의 자녀가 사회에서나 학업에서나 성공적인 경향이 있다(Raby et al., 2014).

다른 사람에게 불안정하게 애착할 때의 감정은 다음과 같은 두 가지 주요 형태 중의 하나를 취한다(Fraley et al., 2011). 하나는 불안 애착이며, 끊임없이 인정을 갈망하지만 가능한 배척 신호에 예민하다. [불안 애착을 하는 사람은 위협에 민감하기 때문에 유능한 거짓말 탐지자나 포커 선수인 경향도 있다(Ein-Dor & Perry, 2012, 2013).] 다른 하나는 회피 애착이며, 다른 사람과 긴밀해질 때 불편함을 경험하며 그 사람과 거리를 유지하기 위한 회피 전략을 사용한다. 낭만적 관계에서 불안 애착 스타일은 거부에 대해 끊임없이 염려하여 파트너에게 매달리게 된다. 회피 애착 스타일은 상대에게 전념하지 못하고 갈등을 증폭시킨다(DeWall et al., 2011; Overall et al., 2015).

"신뢰와 불신 사이의 갈등을 통해서 유아는 희망을 발달시키는데, 이 희망은 어른이 되면서 점차적으로 신뢰감이 되어 가는 것의 초기 형태이다." 에릭 에릭슨(1983)

성인의 애착 스타일은 자녀와의 관계에도 영향을 미칠 수 있다. 그렇지만 (거의 절반의 사람들이 해당하는) 불안정 애착을 보이는 사람에게는 다음과 같은 말을 해주고 싶다. 불안하거나 회피적인 경향성은 사람들로 하여금 위험을 탐지하거나 회피하는 데 도움을 주어왔다(Ein-Dor et al., 2010).

자문자답하기

여러분이 양육된 방식은 애착 스타일에 어떤 영향을 미쳤는가?

애착 박탈

LOQ 5-10 아동기 방치나 학대가 아동의 애착에 어떤 영향을 미치는가?

만일 안정 애착이 사회적 유능성을 촉진한다면, 환경으로 인해서 아동이 애착을 형성할 수 없을 때 무슨 일이 일어나는가? 심리학의 모든 영역에서 이것보다 더 슬픈 연구결과는 없다. 집에

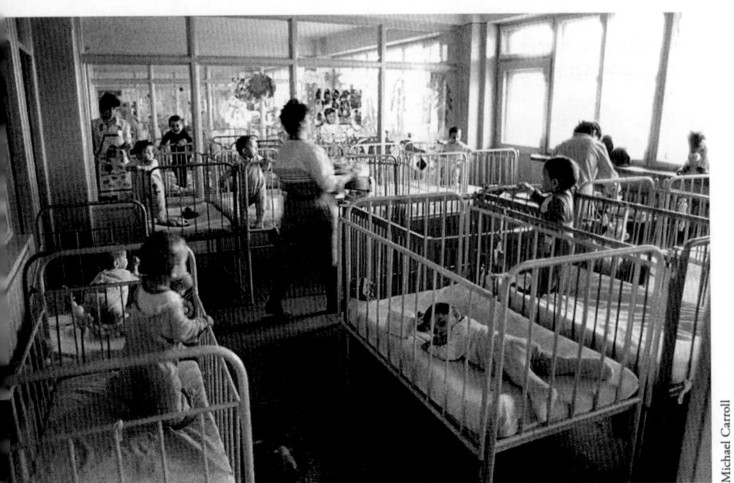

애착 박탈 1980년대 루마니아의 이 고아원에는 1~5세 아동이 수용되어 있었는데, 아동의 수에 비해 보호자의 수는 1/15에 불과하였다.

서 학대받거나 극단적으로 방치된 조건에 감금된 아이는 철회적이고 공포에 질려있으며, 심지어는 말을 못하기조차 한다. 1970년대와 1980년대 루마니아에서 발생하였던 비극적인 사건이 예증하는 것처럼, 정상적인 보호자의 자극과 관심을 받지 못한 채 보육기관에서 성장한 아동의 경우도 마찬가지이다. 루마니아 공산주의 독재자이었던 니콜라에 차우셰스쿠는 황폐한 국가경제가 성장하기 위해서는 인적 자본이 더 많이 필요하다고 결정한 후에, 피임을 불법화하고 낙태를 금지시켰으며 자녀가 넷 이하인 가정에 세금을 물렸다. 출산율이 정말로 하늘을 찌를 듯 증가하였다. 그렇지만 아이를 감당할 수 없게 되자, 많은 가정이 자녀를 포기하고 어쩔 수 없이 정부가 운영하며 미숙련되고 과로에 지친 직원들이 근무하는 고아원에 보낼 수밖에 없었다. 보호자 한 명이 담당해야 하는 아동의 수는 보통 15명이나 되었기 때문에, 아이들은 최소한 한 명의 성인과도 건강한 애착관계를 형성할 수 없었다.

1989년 차우셰스쿠가 암살당한 후에 조사하였을 때, 양질의 보육시설에 배정된 아이들에 비해서 이 아이들은 낮은 지능 점수, 저하된 두뇌 발달, 비정상적인 스트레스 반응, 네 배나 높은 주의력결핍 과잉행동장애(ADHD)를 나타냈다(Bick et al., 2015; Kennedy et al., 2016; McLaughlin et al., 2015; Nelson et al., 2014). 19개 국가에 걸쳐 수행한 수십 회의 다른 연구는 고아도 어린 시기부터 가정에 배정하여 양육하면 지능검사에서 더 우수한 성과를 나타내는 경향이 있다는 사실을 확인해왔다(van IJzendoorn et al., 2008, 2017).

홀로코스트에서 살아남은 아이들이 그러하였던 것처럼, 역경 속에서 성장한 대부분의 아동은 탄력성을 가지고 있다. 즉, 이들은 심적 외상(트라우마)을 이겨내고 잘 적응한 성인이 된다(Helmreich, 1992; Masten, 2001). 수전 클랜시(2010)는 아동기 성적 학대를 받았던 대부분의 희생자도 마찬가지라는 사실을 지적하였다. 실제로 심적 외상이 없는 역경은 심리적 강건성을 증폭하기 십상이다(Seery, 2011). 어느 정도의 역경에 대처해온 아동은 장차 스트레스에 직면할 때 더 강건해진다(Ellis et al., 2017). 나아가서 가난하게 성장하는 것이 아동을 사회병리의 위험에 노출시키지만, 부유하게 성장하는 것은 다른 병리의 위험에 노출시킨다. 부유한 아동은 물질 남용, 섭식 장애, 불안, 우울 등의 위험이 배가된다(Lund & Dearing, 2012; Luthar et al., 2013). 따라서 만일 여러분이 직면하였던 역경을 회상할 때는, 이면의 희망을 생각하기 바란다. 여러분의 대처는 탄력성, 즉 원상태로 회복하여 더 좋은 삶을 영위하는 힘을 키웠을지도 모른다.

그렇지만 지속적인 학대를 경험하는 많은 사람은 쉽게 정상으로 되돌아오지 못한다. 완전히 고립된 상태에서 대리모조차 없이 성장한 할로우의 원숭이는 평생 지속되는 상처를 갖게 되었다. 성장한 후에 또래의 다른 원숭이들과 함께 있을 때, 고립 성장한 원숭이는 두려움에 질려 웅크리고 있거나 공격적인 모습을 나타냈다. 성적으로 성숙한 단계에 도달하였을 때도 대부분은 짝짓기를 할 수 없었다. 인공수정을 시키면, 암컷은 자신의 첫 번째 새끼를 무시하고 학대하며, 심지어는 죽이기도 하였다. 또 다른 영장류 실험도 학대가 학대를 낳는 현상을 확인하였다. 한 연구에서 보면, 어미에게 학대받았던 열여섯 마리의 암컷 중에서 아홉 마리가 학대하는 어미가 된 반면에, 학대하지 않는 어미가 양육한 암컷은 한 마리도 그런 경우가 없었다(Maestripieri, 2005).

인간의 경우에도 사랑받지 못한 사람은 사랑하지 못하는 사람이 되기도 한다. 대부분의 학대 부모와 유죄 판결을 받은 살인자는 아동기에 방치되거나 학대받았다고 보고하였다(Kempe & Kempe, 1978; Lewis et al., 1988). 학대받았던 사람의 대략 30%가 나중에 자기 자녀를 학대하였으며, 이 비율은 미국의 아동 학대 비율보다 네 배나 높은 것이다(Dumont et al., 2007; Kaufman & Zigler, 1987). 그리고 부모는 자신이 아동일 때 학대받았던 방식, 예컨대 무단방치, 정서적 학대, 신체적 학대, 성적 학대 등의 방식으로 자신의 자녀를 학대하는 경향이 있다(Madigan et al., 2019).

비록 학대받았던 아동 대부분이 성장한 후에 폭력범죄자나 학대하는 부모가 되는 것은 아니라고 하더라도, 극단적인 아동기 외상은 두뇌에 그 흔적을 남길 수 있다(Teicher & Samson, 2016). 전쟁 스트레스를 받은 군인과 마찬가지로, 학대받은 아동의 두뇌는 화난 얼굴에 대해 위협 탐지영역의 증폭된 활동을 보인다(McCrory et al., 2011). 갈등으로 점철된 가정에서는 잠자고 있는 유아의 두뇌조차도 화난 목소리를 들으면 증폭된 과잉활동을 나타낸다(Graham et al., 2013). 이러한 아동은 성인이 되었을 때 자신의 부적 정서를 조절하느라 애를 먹고, 강력한 놀람 반응을 나타내며, 자살을 시도할 가능성이 두 배 이상 높다(Angelakis et al., 2019; Jovanovic et al., 2009; Lavi et al., 2019).

정상적으로는 온순하기 짝이 없는 골든 햄스터에게 어렸을 때 반복적으로 위협과 공격을 가하게 되면, 성장한 후에 같은 크기의 다른 햄스터와 한 우리에 들어있을 때 겁쟁이가 되며, 더 약한 햄스터들과 함께 있을 때는 깡패가 되어버린다(Ferris, 1996). 이러한 동물들은 두뇌에서 공격 충동을 진정시키는 세로토닌의 변화를 보여준다. 아동기에 학대받아 공격적인 10대를 보내고 어른이 된 사람에서도 마찬가지로 세로토닌의 분비가 저하된다. 생애 초기의 스트레스는 스트레스 반응 시스템을 민감하게 만들어서는 성장한 후에도 스트레스에 영원히 과민반응을 보이고 스트레스 관련 질병에 취약해질 수 있다(Fagundes & Way, 2014; van Zuiden et al., 2012; Wei et al., 2012). 제4장에서 지적한 바와 같이, 아동 학대도 정상적인 유전자 발현을 왜곡할 수 있는 화학적인 후생유전적 표지를 남기게 된다(Lutz et al., 2017; McKinney, 2017).

이러한 결과는 심각하거나 지속적인 신체 학대, 아동기 성적 학대, 집단 따돌림, 또는 전쟁의 참혹함에서 살아남은 어린 아동들의 건강 문제, 심리장애, 약물 남용, 범죄 등의 위험 그리고 여성의 경우에는 조기 사망의 위험이 증가하는 이유를 설명하는 데 도움을 준다(Chen et al., 2016; Jakubowski et al., 2018; Schaefer et al., 2018). 48개 국가에서 135,000명을 분석한 결과를 보면, 집단 따돌림을 당한 사람은 자살 시도가 정상적인 비율보다 세 배나 높았다(Koyanagi et al., 2019). 43,093명의 성인을 대상으로 수행한 전국 조사에서 보면, 8%가 18세 이전에 꽤나 자주 신체 학대를 경험하였다고 보고하였다(Sugaya et al., 2012). 그중의 84%는 최소한 한 가지 심리장애를 경험하였다. 나아가서 학대가 심각할수록, 불안, 우울, 물질 남용 장애, 자살 시도 등의 가능성이 높았다. 아동기 학대 희생자는 성인이 되어 낭만적 관계에서도 더 많은 어려움을 경험한다(Labella et al., 2018).

만일 학대 희생자들이 스트레스 호르몬 생성을 촉진시키는 유전자 변이를 가지고 있다면, 우울증의 위험이 상당한 높아진다(Bradley et al., 2008). 반복해서 보게 되겠지만, 행동과 정서는 특정 유전자들과 상호작용하는 특정 환경에서 나타나는 것이다.

성인도 애착이 단절될 때 고통을 받는다. 죽음이든 이별이든, 단절은 예측 가능한 결과를 초래한다. 배우자를 잃은 직후에는 깊은 슬픔이 뒤따르지만, 결국에는 정서적 단절이 시작되고 정상적인 삶으로 되돌아온다(Hazan & Shaver, 1994). 이미 오래전부터 애정을 상실하고는 최근에 헤어진 부부는 때때로 과거 배우자 곁에 있고 싶다는 욕구에 놀라게 된다. 단절은 과정이지 사건이 아니다.

자기개념의 발달

Kate Nurre

자기자각 거울상은 대략 생후 6개월 유아를 매혹시킨다. 그렇지만 생후 18개월 정도가 되어야 비로소 아동은 거울상이 '자신'이라는 사실을 인식하게 된다.

LOQ 5-11 아동의 자기개념은 어떻게 발달하는가?

유아기에 이룩하는 최대의 사회적 성취가 애착이다. 아동기에 이룩하는 최대의 사회적 성취는 긍정적 자기감이다. 대략 12세경 아동기가 끝날 무렵에 대부분의 아동은 **자기개념**(self-concept), 즉 자신의 정체성과 개인적 가치감을 발달시킨다. 부모는 언제 어떻게 자기감이 발달하는 것인지를 궁금해한다. "내 딸아이가 자신을 자각하나요? 자신이 다른 사람과 분리된 독자적 존재라는 것을 알고 있는가요?"

물론 아이에게 직접 물어볼 수는 없지만, 아이가 할 수 있는 행동을 이용할 수 있다. 즉, 행동을 통해서 자기감의 출현에 대한 단서를 제공하도록 할 수 있다. 1877년 생물학자인 찰스 다윈은 거울 속의 자신을 알아볼 때 자기자각이 시작된다는 생각을 제안하였다. 아동이 거울 속의 이미지가 친근한 친구가 아니라 자신이라는 것을 재인하는지를 알아보기 위하여, 연구자들은 아동의 코에 살짝 빨간 점을 칠하였다. 대략 생후 6개월 아동은 거울 속의 모습을 마치 다른 아이인 것처럼 생각하고는 거울상을 만지려고 손을 뻗었다(Courage & Howe, 2002; Damon & Hart, 1982, 1988, 1992). 대략 15~18개월 아동은 거울 속에서 빨간 점을 보게 되면 자신의 코를 만지기 시작한다(Butterworth, 1992; Gallup & Suarez, 1986). 18개월 아동은 자기 얼굴 생김새에 대한 스키마를 명확히 가지고 있는 것으로 보이며, '내 얼굴에 찍혀 있는 점은 무엇인가?'를 궁금해한다.

학령기가 되면, 아동의 자기개념이 만개한다. 자신의 성별 정체감, 소속 집단, 심리적 특질, 그리고 다른 아동과 비교한 유사성과 차이점을 포함한 보다 상세한 기술로 확장된다(Newman & Ruble, 1988; Stipek, 1992). 어떤 면에서는 자신이 좋고 유능하지만 다른 면에서는 그렇지 않다고 지각하게 된다. 자신이 어떤 특질을 가졌으면 좋겠다는 이상적인 자기개념을 형성한다. 8~10세 정도가 되면 자기상은 상당히 안정된다.

아동의 자기관은 행동에 영향을 미친다. 긍정적 자기개념을 형성한 아동은 보다 자신감 있고, 독립적이며, 낙관적이고, 적극적이며, 사교적이다(Maccoby, 1980). 그렇다면 부모는 어떻게 긍정적이면서도 현실적인 자기개념을 조장할 수 있는가?

양육방식

Robert Weber/The New Yorker Collection/The Cartoon Bank

"고맙구나, 아들아. 양육은 학습과정인데, 네 비판이 도움이 된다."

LOQ 5-12 네 가지 대표적인 양육방식은 무엇인가?

어떤 부모는 처벌을 가하고 어떤 부모는 조리 있게 설명한다. 어떤 부모는 엄격하고 어떤 부모는 관대하다. 어떤 부모는 애정을 거의 보이지 않으며 어떤 부모는 개방적으로 껴안고 입맞춤한다. 이러한 양육방식 차이가 아동에게 어떤 영향을 미치는가?

양육방식에 관해서 가장 집중적으로 연구를 수행한 측면은 부모가 어떻게 그리고 어느 정도나 자녀를 통제하려고 하는지에 관한 것이다. 양육방식은 두 가지 특성의 조합, 즉 부모가 얼마나 즉각적으로 반응해주는지 그리고 얼마나 요구를 많이 하는지의 조합으로 기술할 수 있다

(Kakinami et al., 2015). 연구자들은 다음과 같은 네 가지 양육방식을 확인해왔다(Baumrind, 1966, 1989, 1991; Maccoby & Martin, 1983; Steinberg et al., 1994).

자기개념 자신의 정체감과 개인적 가치에 대한 감각

1. **권위주의적**(authoritarian) 부모는 강압적이다. 규칙을 부과하고 복종을 요구한다. "방해하지 마.", "방을 깨끗하게 청소해.", "늦게 돌아다니지 마. 안 그러면 외출 금지야.", "왜냐고? 내가 그렇게 말했으니까."
2. **허용적**(permissive) 부모는 제약을 가하지 않는다. 요구를 하지 않으며, 명령을 거의 하지 않으며, 처벌도 거의 사용하지 않는다.
3. **방임적**(neglectful) 부모는 관여를 하지 않는다. 요구도 하지 않고 반응도 하지 않는다. 무관심하고 주의도 기울이지 않으며 자녀와 밀접한 관계를 추구하지도 않는다.
4. **권위적**(authoritative) 부모는 타협적이다. 자녀에게 요구도 하지만 수용적이기도 하다. 규칙을 정하여 시행할 뿐만 아니라 특히 성장한 자식에게는 그 이유도 설명해줌으로써, 개방적 토론을 조장하고 규칙을 만들 때 예외도 인정하는 방식으로 통제를 가한다.

양육방식과 연관된 결과를 자세하게 보려면, 비판적으로 생각하기 : 양육방식을 참고하라.

갈등을 일으키는 충고로 어려움을 겪는 부모는 모든 충고는 충고를 하는 사람의 가치관을 반영한다는 사실을 명심해야만 한다. 아동의 무조건적인 복종을 높이 평가하는 부모에게는 권위주의적 스타일이 원하는 효과를 나타내게 된다. 아동의 사회성과 자신감에 가치를 두는 부모에게는 권위적인, 즉 확고하지만 개방적인 양육방식이 바람직하다.

"결혼하기 전에는 자녀를 양육하는 여섯 가지 이론을 가지고 있었다. 지금은 여섯 명의 자녀가 있으며 아무 이론도 없다." 로체스터 백작 존 윌멋(1647~1680)을 기리며

자녀양육에의 투자는 즐거움과 사랑뿐만 아니라 걱정과 짜증이 혼재된 오랜 기간을 필요로 한다. 그렇지만 대부분의 부모에게 있어서 자녀는 자신의 생물학적 유산이며 사회적 유산이다. 즉, 인류의 미래를 위한 개인적 투자인 것이다. 정신분석학자 칼 융의 표현을 빌리면, 우리는 뒤로는 부모와 연결되고 앞으로는 자녀와 연결되는 것이며, 자녀를 통해서 우리가 결코 볼 수는 없지만 관심을 가져야만 하는 미래와 연결되는 것이다.

"당신은 자녀를 살아있는 화살로 쏘아 날려 보내는 활이다." 칼릴 지브란, 『예언자』(1923)

자문자답하기

과거의 부모는 어떤 실수를 가장 자주 저질렀다고 생각하는가? 오늘날의 부모는 어떤 실수를 저지르고 있다고 생각하는가? 그리고 부모로서 여러분이 피하고 싶은 실수는 무엇인가?

인출 연습

RP-6 아동의 자기의존성에 가치를 두는 사람에게는 네 가지 양육방식이 '너무 경직되고, 너무 부드럽고, 너무 무관심하고, 가장 알맞다'고 알려져왔다. 어느 스타일이 각각의 기술과 일치하는가? 아동은 '가장 알맞은' 스타일로부터 어떤 도움을 받는가?

답은 부록 E를 참조

비판적으로 생각하기

양육방식 : 너무 경직되고, 너무 부드럽고, 너무 무관심하고, 가장 알맞은가?

LOQ 5-13 어떤 결과가 각 양육방식과 연합되어 있는가?

연구자들은 네 가지 양육방식을 확인하였으며,[1] 각각은 다양한 결과와 연합되어 있다.

1 권위주의적 부모

↕ 사회적 기술과 자존감이 낮으며, 실수를 저지를 때 두뇌가 과민반응을 보이는 아동[2]

2 허용적 부모

↕ 공격적이고 미숙한 아동[3]

그렇지만 상관관계 ≠ 인과관계

어떤 다른 요인이 양육-유능성 연계를 설명하겠는가?

- 아동의 성격 특질이 양육방식에 영향을 미칠 수 있다. 동일한 가정에서조차 부모의 애정과 통제는 자녀마다 조금씩 다르다.[6] 아마도 사회적으로 성숙하고 원만하며, 다루기 쉬운 아동은 부모로부터 더 큰 신뢰감과 애정을 촉발시킬 것이다. 쌍둥이 연구는 이 가능성을 지지한다.[7]
- 기저에 제3의 요인이 있을 가능성이 있다. 예컨대, 유능한 부모와 유능한 자식은 사회적 유능성 소인을 가지고 있는 유전자를 공유할 수 있다. 쌍둥이 연구는 이러한 가능성도 지지해왔다.[8]

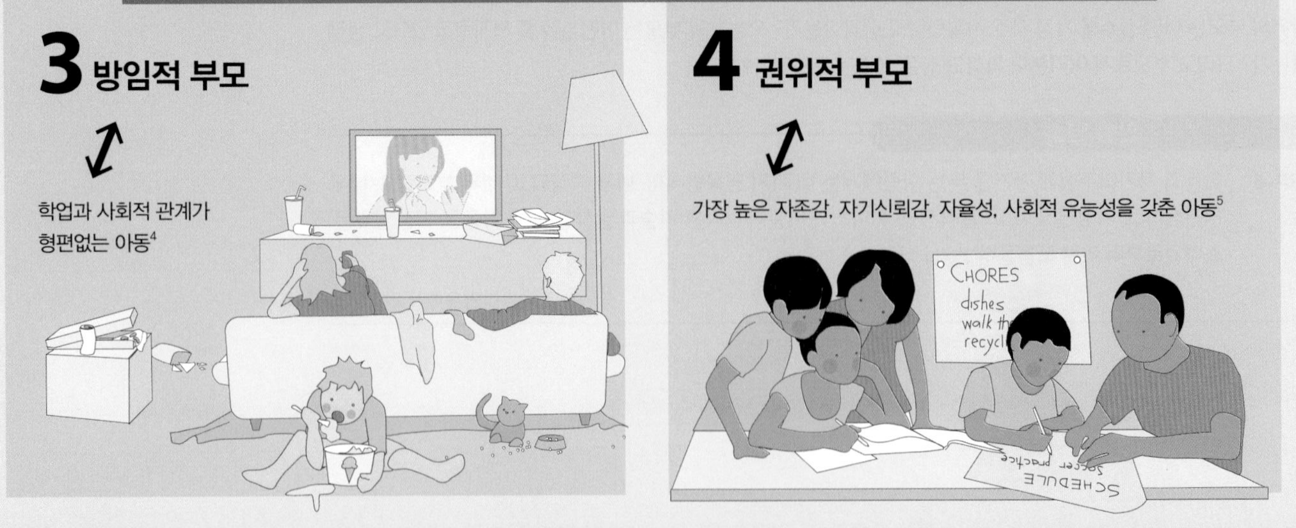

3 방임적 부모

↕ 학업과 사회적 관계가 형편없는 아동[4]

4 권위적 부모

↕ 가장 높은 자존감, 자기신뢰감, 자율성, 사회적 유능성을 갖춘 아동[5]

1. Kakinami et al., 2015. 2. Meyer et al., 2019. 3. Luyckx et al., 2011. 4. Pinquart, 2016; Steinberg et al., 1994. 5. Baumrind, 1996, 2013; Buri et al., 1988, Coopersmith, 1967; Sulik et al., 2015. 6. Holden & Miller, 1999; Klahr & Burt, 2014. 7. Kendler, 1996. 8. South et al., 2008.

개관 유아기와 아동기

학습목표

자기검증 개념 파악을 증진시키도록 (부록 D의 답을 확인해보기에 앞서) 여러분 자신의 표현으로 여기서 반복하는 학습목표 물음에 답해보라 (McDaniel et al., 2009, 2015).

LOQ 5-4 유아기와 아동기에 두뇌와 운동기술은 어떻게 발달하는가?

LOQ 5-5 피아제는 아동의 마음이 발달하는 방식에 대한 이해를 어떻게 확장했는가? 그리고 오늘날의 연구자들은 그의 연구에 무엇을 쌓아올렸는가?

LOQ 5-6 비고츠키는 아동의 인지 발달을 어떻게 간주하였는가?

LOQ 5-7 마음 이론이 발달한다는 것은 무엇을 의미하는가? 그리고 자폐 스펙트럼 장애 아동의 경우에는 마음 이론이 어떻게 손상되어 있는가?

LOQ 5-8 부모-유아 애착의 유대는 어떻게 형성되는가?

LOQ 5-9 심리학자는 애착의 차이를 어떻게 연구해왔으며, 무엇을 알아냈는가?

LOQ 5-10 아동기 방치나 학대가 아동의 애착에 어떤 영향을 미치는가?

LOQ 5-11 아동의 자기개념은 어떻게 발달하는가?

LOQ 5-12 네 가지 대표적인 양육방식은 무엇인가?

LOQ 5-13 어떤 결과가 각 양육방식과 연합되어 있는가?

기억해야 할 용어와 개념들

자기검증 여러분 자신의 표현으로 정의를 적어본 후에 답을 확인해보라.

각인	도약대	인지
감각운동 단계	동화	자기개념
결정적 시기	마음 이론	자기중심성
구체적 조작단계	보존	전조작 단계
기본 신뢰감	성숙	조절
낯가림	스키마	형식적 조작단계
대상영속성	애착	

학습내용 숙달하기

자기검증 여러분 자신의 표현으로 다음 물음에 답한 후에 부록 E에서 답을 확인해보라.

1. 신생아의 뺨을 자극하면, 젖꼭지를 찾는 반응을 보인다. 다음 중 이것에 해당하는 것은 무엇인가?

a. 반사 **b.** 후천성
c. 분화 **d.** 연속성

2. 3~6세 사이에 인간 두뇌는 ___________엽에서의 상당한 성숙을 나타내는데, 이것이 합리적 계획 세우기를 가능하게 해주고 기억을 돕는다.

3. 다음 중 운동기술 발달에서 참인 것은 무엇인가?

a. 오직 유전 요인들이 결정한다.
b. 출현시점이 아니라 순서가 보편적이다.
c. 순서가 아니라 출현시점이 보편적이다.
d. 오직 환경 요인들이 결정한다.

4. 유아였을 때 어떻게 걸음마를 학습하였는지를 의식적으로 회상할 수 없는 이유는 무엇인가?

5. 피아제 인지 발달 이론의 처음 세 단계를 사용하여, 어린 아동이 사고방식에서 단지 성인의 닮은꼴이 아닌 이유를 설명하라.

6. 피아제의 단계 이론이 아동 사고에 관하여 많은 사실을 계속해서 알려주고 있다. 그럼에도 불구하고 최근의 많은 연구자가 생각하고 있는 것은 다음 중 무엇인가?

a. 피아제의 단계는 더 일찍 시작하며 발달은 더 연속적이다.
b. 아동은 피아제가 예측한 것처럼 빠르게 발달하지 않는다.
c. 구체적 조작단계까지 발달하는 아동은 거의 없다.
d. 피아제의 이론적 연구 대부분을 검증할 수 있는 방법이 없다.

7. 새로운 돌보미를 보고 울면서 아버지 어깨에 매달리는 생후 8개월 유아는 ___________을 나타내고 있는 것이다.

8. 할로우 부부는 일련의 실험에서 대리모와 함께 성장한 원숭이가 두려울 때는 우유병을 달고 있는 철사 대리모보다는 부드러운 천 대리모에 매달린다는 사실을 밝혀냈다. 이 결과가 중요한 이유는 무엇인가?

청소년기

LOQ 5-14 청소년기를 어떻게 정의하는가? 신체 변화는 발달하고 있는 10대에 어떤 영향을 미치는가?

한때는 많은 심리학자가 아동기에 특질이 결정된다고 믿었다. 오늘날 발달심리학자는 발달을 평생에 걸쳐 이루어지는 것으로 간주한다. 이렇게 평생에 걸친 조망이 출현하게 되자, 심리학자들은 성숙과 경험이 유아기와 아동기에서뿐만 아니라 청소년기와 그 이후에서 어떻게 사람들을 만들어가는 것인지를 들여다보기 시작하였다. 아동에서 성인으로 변모해가는 데 소비하는 기간인 **청소년기**(adolescence)는 신체적인 성적 성숙으로 시작하여 사회적으로 독자적인 어른의 지위를 달성하는 것으로 종료된다. 따라서 10대가 자립하는 문화에서는 청소년기가 거의 존재하지 않는다. 그리고 성적 성숙이 일찍 출현하고 나중에 독립하게 되는 서구 문화에서는 청소년기가 늘어나고 있다(Sawyer et al., 2018; Worthman & Trang, 2018).

산업국가에서 10대의 삶은 어떤 것일까? 레프 톨스토이의 안나 카레리나에서 10대의 삶은 '아동기가 이제 막 종료되는 더없이 행복한 시기이며, 광대한 영역에서 행복하고 즐거운 진로를 잡아가는 시기'이다. 그렇지만 나치로부터 숨어 지내면서 일기를 쓴 안네 프랑크는 10대의 격정적인 정서를 다음과 같이 기술하였다.

> 나의 상태는 지극히 가변적이다. 어느 날은 아주 분별력이 있어서 모든 것을 알 수 있게 된다. 그리고 다음 날은 아무것도 알지 못하는 어리석은 새끼 양에 불과하다는 이야기를 듣고, 책에서 놀랄 만큼 많은 것들을 배웠으면 좋겠다는 상상을 한다… 침대에 누워있으면 내 깊은 곳에서 너무나도 많은 것들이 거품처럼 솟아오르는데, 나의 의도를 항상 오해하여 내가 진절머리 내는 사람들을 참고 견디어내야만 한다.

초기 심리학자의 한 사람인 스탠리 홀(1904)에게 있어서는 청소년기가 생물학적 성숙과 사회적 의존성 간의 긴장이 '질풍노도'를 만들어내는 시기다. 이 시기에는 부모의 통제가 줄어든다(Lionetti et al., 2019). 또한 사회적 인정을 갈망하지만 사회적 단절감을 느끼게 되는 시기이기도 하다. 미국에서 중학교 1학년에 시작한 우정의 경우, 넷 중 셋이 2학년 말에는 깨지고 만다(Hartl et al., 2015). 이러한 사회적 단절이 청소년을 힘들게 만들어서, 물질 남용과 우울 징후의 위험성을 증가시킨다(Hussong et al., 2019). 실제로 독립성을 강조하는 서구 문화에서 성장하여 30세가 넘은 많은 사람은 자신의 10대를 다시 돌아가고 싶지 않은 시기, 또래의 사회적 인정이 절대적이었으며, 삶의 방향성이 유동적이고, 부모와의 단절감이 최고조에 달하였던 시기로 회상한다(Arnett, 1999; Macfarlane, 1964). 그렇지만 많은 사람에게 있어서 청소년기는 성인기를 염두에 두지 않는 활기찬 시기이며, 우정을 쌓고 저 높은 이상을 추구하고 삶의 흥미진진한 가능성을 느끼는 시기이다.

자문자답하기

지금부터 10년 후에 여러분의 삶을 어떻게 되돌아보겠는가? 무엇을 변화시키면 미래의 어느 날 여러분의 선택을 만족스럽게 회상하겠는가?

신체 발달

청소년기 아동기에서 성인기로 넘어가는 과도기로, 사춘기에서부터 독립하는 시기까지를 말한다.

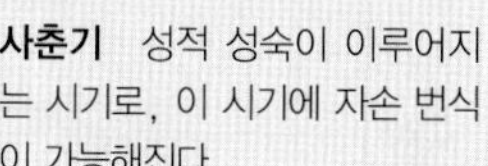

사춘기 성적 성숙이 이루어지는 시기로, 이 시기에 자손 번식이 가능해진다.

청소년기는 **사춘기**(puberty), 즉 성적으로 성숙하는 시기로부터 시작한다. 사춘기에는 호르몬이 급격하게 증가하는데, 이것이 기분을 한층 격렬하게 만들며 제4장에서 논의한 신체 변화를 촉발한다.

사춘기의 출현 순서

생의 초기단계들이 그러한 것처럼, 사춘기의 신체 변화(예컨대, 초경 전 유두의 확대와 가시적인 음모 등)의 순서는 그 출현 시점보다 훨씬 예측 가능하다. 어떤 여아는 성장 급등이 9세에 시작되고, 어떤 남아는 16세가 되어서야 시작되기도 한다.

조숙함은 도전거리가 될 수 있다. 조시 울스퍼거와 몰리 니콜라스(2017)는 "조숙한 청소년은 사춘기와 관련된 스트레스와 장애물로 인하여 정신건강 문제를 경험할 가능성이 더 높다."라고 보고하였다. 이러한 취약성은 정서적으로 민감한 기질의 10대 소녀와 소년들에게서 가장 높다. 또한 소녀의 신체 발달이 자신의 정서적 성숙이나 친구들의 신체 발달보다 빨리 진행되면, 더 나이 많은 청소년들과 어울리게 되거나 성희롱과 같은 놀림거리의 대상이 될 수 있으며, 불안하거나 우울해질 수 있다(Alloy et al., 2016; Ge & Natsuaki, 2009; Weingarden & Renshaw, 2012).

10대의 두뇌

청소년의 두뇌는 계속해서 발달한다. 사춘기가 될 때까지 두뇌 신경세포들은 마치 나무가 더 많은 뿌리와 가지로 성장하는 것처럼, 상호 간의 연결을 증가시킨다. 그런 다음에 청소년기 동안에 사용하지 않은 뉴런과 연결을 선택적으로 가지치기한다(Blakemore, 2008). 사용하지 않는 것은 버리게 되는 것이다.

10대가 성숙함에 따라서 전두엽도 계속해서 발달한다. 축색을 감싸 신경전달 속도를 높여주는 지방조직인 수초의 성장은 다른 두뇌영역과 더 잘 소통할 수 있게 해준다(Whitaker et al., 2016). 이러한 발달은 판단과 충동 제어 그리고 장기적 계획 세우기 등을 증진시킨다. 아동기 후반에서 성인 초기에 이르는 11,000명의 참가자를 대상으로 수행한 획기적 연구는 약물, (스마트폰이나 컴퓨터 등) 화면 들여다보는 시간, 수면 등과 같이 10대의 두뇌 발달에 영향을 미치는 요인들을 살펴보고 있다(NIMH, 2019; Wadman, 2018).

그렇지만 전두엽의 성숙은 정서를 담당하는 변연계의 발달보다 지체된다. 사춘기의 호르몬 급등과 변연계의 발달은 문을 쾅쾅 닫으며 음악의 볼륨을 한껏 높이는 등 10대의 충동성과 위험행동 그리고 정서적 질풍노도를 설명하는 데 도움이 된다(Casey & Caudle, 2013; Fuhrmann et al., 2015; Smith, 2018). 충분히 성숙하지 않은 전두엽으로 인해 아직 장기적 계획을 수립하고 충동을 억제하지 못하는 어린 10대들이 흡연이나 베이핑의 유혹에 굴복하기 십상인 것은 이상한 일이 아니다. 10대들이 실제로 흡연이나 과속 또는 조심성 없는 성관계 등의 위험을 과소평가하는 것은 아니다. 단지 10대의 두뇌가 즉각적 보상으로 편향되어 있을 뿐이다. 이 사실은 전 세계적으로 10대가 자기제어에 어려움을 겪는 이유를 설명하는 데 도움이 된다(Hansen et al., 2019; Steinberg et al., 2018). 10대의 두뇌는 강력한 액셀과 미숙한 브레이크를 장착한 자동차와 같다(그림 5.14).

The New Yorker Collection 2006 by Barbara Smaller. From cartoonbank.com

"젊은이여, 방에 들어가서 대뇌피질이 성숙할 때까지 나오지 말게."

그렇다면 10대 자녀가 위험하게 차를 몰고 학업에 열중하지 않을 때, 부모는 "어쩔 수 없어.

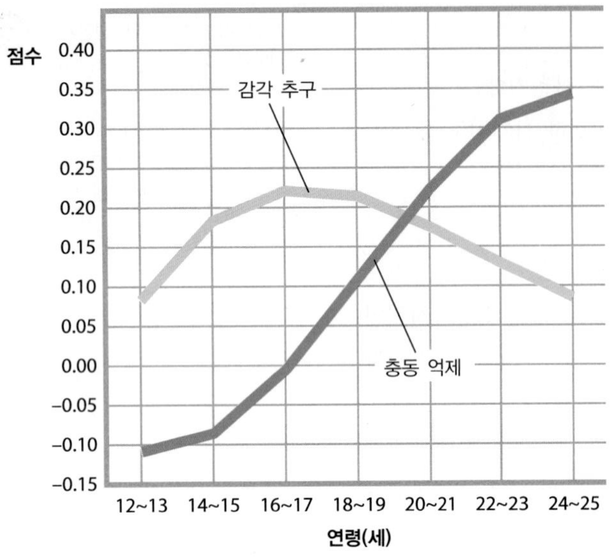

그림 5.14
충동 억제는 보상 추구보다 지체된다 미국의 12~24세 젊은이 7,000명 이상을 대상으로 수행한 전국 조사는 감각 추구가 10대 중반에 최고조에 이르며, 충동 억제는 전두엽이 성숙하는 것에 맞추어 보다 느리게 발달한다는 사실을 밝히고 있다(Steinberg, 2013).

전두엽이 충분하게 성숙하지 않았거든."이라고 자위해야만 할 것인가? 최소한도의 희망은 가질 수 있다. 10대의 두뇌 변화는 다른 사람이 생각하고 있는 것 그리고 위험스러운 보상에 가치를 부여하는 것에 대한 새로운 자의식의 토대가 된다(Barkley-Levenson & Galván, 2014; Somerville et al., 2013). 그리고 10대를 시작할 때의 두뇌는 10대를 마칠 때의 두뇌와 다르다. 과음으로 두뇌 발달을 지체시켜 충동성과 중독에 취약하도록 만들지 않는다면, 전두엽은 대략 25세가 될 때까지 계속해서 성숙한다(Crews et al., 2007; Giedd, 2015). 또한 전두엽은 변연계와의 연계를 잘 이룩함으로써 정서 조절을 보다 잘할 수 있게 된다(Cohen et al., 2016; Steinberg, 2012).

2004년에 미국심리학회(APA)는 일곱 개의 다른 의학학회나 정신건강학회와 연합하여 대법원에 16~17세 청소년에게 사형선고를 내려서는 안 된다는 청원서를 제출하였다. 그 청원서는 '청소년의 의사결정을 책임지는 두뇌영역'의 미성숙을 담고 있었다. 10대의 두뇌 영상은 전두엽 미성숙이 청소년 범법자와 마약 사용자에서 매우 명확하다는 사실을 보여준다(Shannon et al., 2011; Whelan et al., 2012). 따라서 10대는 '청소년기이기 때문에 형량을 낮추어야' 한다고 심리학자인 로런스 스타인버그와 법학 교수인 엘리자베스 스콧(2003; Steinberg et al., 2009)은 주장하였다. 2005년에 대법원은 5 대 4의 결정으로 청소년 사형이 위헌이라고 선언하였다. 2012년에 미국심리학회는 청소년에게 가석방이 허용되지 않는 종신형을 언도하는 것에 반대하는 유사한 청원서를 제출하였다(Banville, 2012; Steinberg, 2013). 대법원은 5 대 4의 결정으로 이 청원도 받아들였다.

인지 발달

LOQ 5-15 피아제와 콜버그 그리고 후속 연구자들은 청소년기 인지 발달과 도덕성 발달을 어떻게 기술하는가?

"비행기 기장이 우리한테 똑바로 서서 발목을 잡으라고 말하였을 때 첫 번째로 든 생각은, 우리가 모두 엄청 멍청하게 보일 것이라는 점이었지요." 제러마이아 롤링스(1989년 미국 아이오와주 수시티에 DC-10기가 추락할 당시 12세)

10대 초기에는 **자기중심성**이 지속되며 추리가 자기에게 집중되기 십상이다. 자기 자신의 사고와 다른 사람의 사고에 관하여 생각할 수 있게 됨에 따라서, 다른 사람들이 자신에 대해서 어떻게 생각할 것인지를 머리에 그려보기 시작한다. (만일 또래들의 유사한 자기몰두를 이해한다면, 덜 걱정할 것이다.) 또한 10대는 개인적 우화, 즉 자신은 독특하고 특별하며 대부분의 사람에게 일어나는 일이 자신에게는 결코 일어나지 않을 것이라는 믿음을 만들어내는 경향성을 가지고 있다. "내가 피우는 전자담배는 단지 재미로 하는 것뿐이야. 나는 결코 삼촌처럼 중독된 흡연자가 되지는 않을 것이야."

추리능력의 발달

청소년들이 피아제가 말하는 형식적 조작이라는 지적 정점에 도달하게 되면, 새로운 추상적 추리도구들을 세상에 적용하게 된다. 이상적(理想的)으로 가능한 것에 관하여 생각하고, 그것을 사회와 부모, 심지어는 자신의 불완전한 현실과 비교한다. 인간 본성, 선과 악, 진실과 정의에

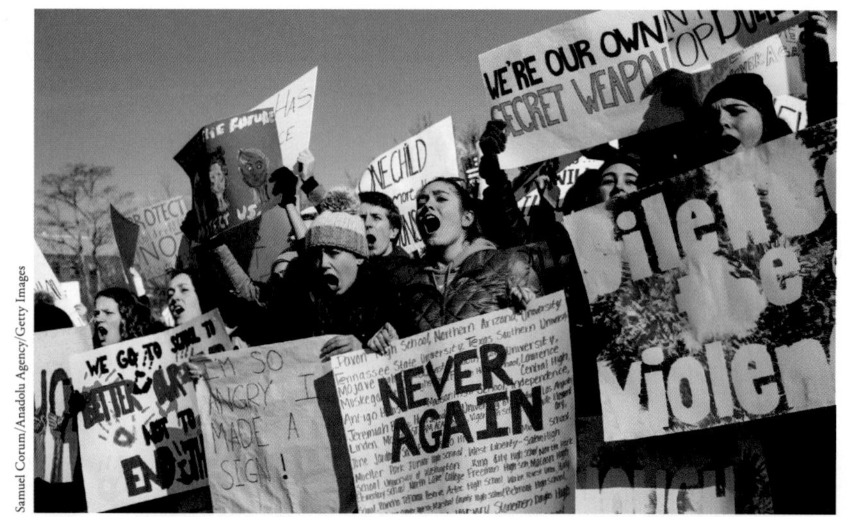

Samuel Corum/Anadolu Agency/Getty Images

총기에 진저리를 내다 2018년 플로리다 파클랜드에서 고등학교 총기난사 사건이 발생한 후, 생존한 학생들이 미국의 총기법 개혁을 요구하는 #NeverAgain 운동을 전개하였다. 그 이래로 수십만 명의 10대들이 수업거부와 가두시위에 참가하여, 추상적 주제에 대하여 논리적으로 사고하고 자신들의 이상(理想)에 목소리를 높일 수 있음을 보여주었다. 피아제에 따르면, 이 10대들은 마지막 인지 발달 단계, 즉 형식적 조작단계에 들어선 것이다.

관하여 논쟁을 벌이기도 한다. 공정한 것에 대한 생각이 단순한 평등에서 공평, 즉 능력에 비례하는 것으로 바뀐다(Almås et al., 2010). 초기 아동기의 구체적 이미지를 넘어서서, 신의 개념과 그 존재에 대해서 더 깊은 성찰을 추구한다(Boyatzis, 2012; Elkind, 1970). 가설을 세우고 연역적으로 결론을 도출하는 청소년의 능력은 다른 사람의 추리에서 모순을 발견하고 위선을 밝혀낼 수 있게도 해준다. 이러한 능력이 청소년을 부모와의 열띤 논쟁으로 이끌어가며, 자신의 이상을 결코 놓치지 않으리라 다짐하게 만들어주는 것이다(Peterson et al., 1986).

도덕성의 발달

아동기와 청소년기의 중차대한 두 가지 과제는 옳고 그른 것을 구분하는 것 그리고 인격, 즉 충동을 제어하는 심적 근육을 발달시키는 것이다. 아동은 다른 사람에게 공감하는 능력을 획득하는데, 이 능력은 청소년기에도 계속 발달한다. 도덕적인 인물이 된다는 것은 도덕적으로 생각하고 그에 따라서 행동하는 것이다. 장 피아제와 로런스 콜버그는 도덕 추리가 도덕 행동으로 이끌어간다고 제안하였다. 보다 새로운 견해는 우리의 심적 기능 대부분이 의도적이고 의식적인 사고의 고속도로가 아니라 무의식적이고 자동적인 사고의 지방도로를 통해서 일어나는 것이라는 심리학의 혁신적인 입장에 토대를 두고 있다.

"저는 친구가 무장 강도와 살인을 저지르는 것을 도왔어요… 그 당시 17살이었어요. 20년 이상을 교도소에 있었는데… 자유로웠던 시간보다 더 오래 있었지요… 저는 미시간교도소에 수감 중이던 300여 명의 소년범 중의 한 명이었습니다. 수감된 이후 저는 많은 것을 배웠고 성숙하였습니다. 엄청난 회한을 경험하였으며 부끄럽게도 제가 관여하였던 비극을 후회하였습니다. 그렇지만 저는 배움과 성숙을 통해서 이 경험을 얻었습니다." 미시간교도소 수감자의 개인적 서신(2015)

도덕 추리 피아제(1932)는 아동의 도덕 판단이 인지 발달에 기초한다고 믿었다. 로런스 콜버그(1981, 1984)는 피아제의 견해에 동의하면서 도덕 추리, 즉 옳고 그른 것을 따질 때 일어나는 사고의 발달을 기술하고자 시도하였다. 콜버그는 아동과 청소년 그리고 어른들에게 도덕 딜레마(예컨대, 사랑하는 부인의 생명을 구하기 위하여 약을 훔쳐야만 하는 상황)를 제시하고, 그 행위가 옳은지 아니면 잘못인지를 물었다. 그런 다음에 그 답을 분석하여 도덕적 사고단계의 증거를 찾고자 하였다. 그 결과에 근거하여 콜버그는 도덕적 사고의 세 가지 기본 수준, 즉 전인습 단계, 인습 단계, 후인습 단계를 제안하였다(표 5.3). 콜버그는 이 수준들이 도덕의 사다리를 형성한다고 주장하였다. 모든 단계 이론과 마찬가지로, 그 순서는 불변적이다. 밑바닥 단에서부터 시작하여 다양한 수준까지 올라간다. 후인습 단계에 도달한 사람은 다른 사람의 안녕을 자신의 안녕보다 우선할 수 있다(Crockett et al., 2014). 유아는 옳고 그름을 인식하고 비도덕적 행위보다 도덕적 행위를 선호한다(Cowell & Decety, 2015). 전형적으로 자신의 문화집단과 동일시하는 학

표 5.3 콜버그의 도덕적 사고 수준

콜버그는 "사랑하는 사람을 구하기 위하여 약을 훔쳐도 괜찮은가?"와 같은 도덕 딜레마를 제시하였다.

수준(대략적 연령)	초점	도덕 추리의 사례
전인습적 도덕성 (9세 이전)	자신의 이해관계. 처벌을 피하거나 구체적 보상을 얻는 규칙을 준수한다.	"약을 훔치면 교도소에 갈 것이다."
인습적 도덕성 (청소년기 초기)	사회적 인정을 얻거나 사회 질서를 유지하기 위하여 법과 규칙을 준수한다.	"사랑하는 사람을 책임져야 하기 때문에, 약을 훔쳐야만 한다."
후인습적 도덕성 (청소년기와 그 이후 연령)	행위는 기본 권리와 자신이 규정한 윤리 원리에 관한 신념을 반영한다.	"사람은 누구나 살 권리를 가지고 있다."

령 전기 아동은 집단의 도덕 규범에 동조하고 그 규범을 준수한다(Tomasello, 2019; Yudkin et al., 2019). 도덕 규범이 친절한 행위에 보상을 한다면, 학령 전기 아동은 다른 사람을 도와준다(Carragan & Dweck, 2014). 인간은 생래적으로 어린 시절부터 불공정을 혐오하는 것으로 보인다(Elenbaas, 2019).

콜버그 비판자들은 그의 후인습 단계가 문화적 제약을 받는다는 점을 지적해왔다. 이 단계는 대체로 집단 목표에 더 많은 가치를 부여하는 집단주의 사회보다는 개인적 목표에 우선권을 부여하는 대규모 개인주의 사회의 사람들에서 나타난다(Barrett et al., 2016; Eckensberger, 1994). 집단주의적인 인도에서 도덕성은 개인적 선택의 문제가 아니라 역할과 관련된 책무이다(Miller et al., 2017). 또한 공정한 것보다는 어려움에 처한 타인의 배려를 강조하는 여성의 경향성을 감안할 때, 콜버그 이론은 남성 중심적이라고 간주할 수 있다(Gilligan, 1982, 2015).

도덕 직관 심리학자 조너선 하이트(2002, 2012)는 도덕성의 대부분이 도덕 직관, 즉 '신속한 육감 또는 감정이 내포된 직관'에 뿌리를 두고 있다고 믿는다. 이러한 직관 견해에 따르면, 마음은 신속하고도 자동적으로 심미적 판단을 하는 것과 마찬가지 방식으로 도덕 판단을 하는 것이다. 하이트는 혐오감이나 기쁨이 도덕 추리를 촉발한다고 말한다.

도덕 추리 바하마 주민들은 2019년 허리케인 도리안이 북섬을 황폐화시켰을 때 도덕 딜레마에 직면하였다. 이제 집도 절도 없는 친척과 친구들을 받아들여야만 하는가? 비록 이들이 유사하게 행동하였더라도 그 이유는 상이한 수준의 도덕적 사고를 반영하였을 가능성이 크다.

Ramon Espinosa/AP Images

> 한 여자는 세 남자와 함께 눈이 쌓인 이웃 동네를 차를 타고 지나갔던 사건을 회상해냈다. 이들이 지나가는데 "한 할머니가 집 앞에 눈을 치우는 삽을 들고 있었지요. 나는 별생각을 하지 않았는데, 뒷좌석의 한 남자가 차를 세워달라고 하데요. 그 사람이 할머니 대신 집 앞의 눈을 치워주겠다고 나서는 것이었음을 깨닫고는 놀라 입이 다물어지지 않았습니다." 이렇게 예상치 않았던 선행을 목격하게 되면, 숭고한 감정이 촉발된다. "나는 차에서 뛰어내려 그 사나이를 껴안아주고 싶었습니다. 노래를 부르며 달려가거나 깡충깡충 뛰면서 웃고 싶었습니다. 사람들에 대해서 무엇인가 멋진 말을 해주고 싶은 감정이었지요"(Haidt, 2000).

하이트는 "짐짓 도덕 추리가 인간의 도덕성을 통제하는 것처럼 보이기는 하지만, 실제로는 도덕적 정서가 주도하는 것은 아닐까?" 하고 궁금해하고 있다. 처벌 욕구를 생각해보자. 실험실에서 수행하는 게임을 보면, 잘못을 처벌하려는 욕구는 처벌이 범죄를 방지하는 정도를 객관적으로 계산해보는 것과 같은 이성이 주도하는 것이 아니라, 대부분 도덕적 모욕과 같은 정서반응이 주도한다(Chester & DeWall, 2016; Darley, 2009). 정서반응을 보인 후에, 마음의 홍보담당관이라고 할 수 있는 도덕 추리가 자신과 타인들에게 직관적으로 느꼈던 감정의 논리를 설득하고자 시도한다.

어려운 도덕 딜레마에 직면한 꼬마 기관차
SPAULDING

Trevor Spaulding/The New Yorker Collection/The Cartoon Bank

도덕성에 관한 직관주의적 조망은 도덕 패러독스 연구에서 지지받고 있다. 전차 한 대가 다섯 사람을 향해 돌진하고 있는 상황을 상상해보라. 만일 스위치를 돌려서 전차를 다른 선로로 이동시키지 않는다면 다섯 사람 모두가 죽을 것이 확실한데, 선로를 변경하면 또 다른 한 사람이 죽게 된다. 여러분이라면 스위치를 돌리겠는가? 대부분의 사람은 그렇게 하겠다고 답한다. 다섯 사람을 살리고 한 사람을 희생시킨다.

이제 덩치가 큰 낯선 사람을 선로로 밀어 넣어서 전차를 멈추게 함으로써 그는 희생되지만 다섯 사람을 구할 수 있다는 사실을 제외하고는 모든 것이 동일한 딜레마를 상상해보자. 그래도 한 사람을 희생시키고 다섯 사람을 구하겠는가? 논리는 동일함에도 불구하고, 대부분의 사람은 그렇게 하지 않겠다고 답한다. 두뇌 영상 연구를 보면, 누군가의 신체를 미는 유형의 도덕 딜레마만이 정서영역의 신경반응을 활성화하였다(Greene et al., 2001). 따라서 도덕 판단은 두 궤적의 마음, 즉 이중 처리의 또 다른 예를 제공한다(Feinberg et al., 2012). 한 두뇌영역에 자리 잡고 있는 도덕 추리는 스위치를 돌리라고 말한다. 다른 두뇌영역에 뿌리를 두고 있는 직관적 도덕 정서는 그 사람을 밀어 넣지 말라고 말함으로써 논리를 압도해버린다. 도덕 인지를 휴대폰에 장착된 카메라에 비유할 수 있다. 일반적으로는 설정된 지정값에 의존한다. 그렇지만 때로는 추리를 사용하여 지정값을 수동적으로 차단하거나 영상을 조절한다(Greene, 2010).

도덕 행위 도덕적 사고와 감정이 도덕적 언행에 영향을 미치는 것은 확실하다. 그렇지만 때때로 발언은 쉽게 할 수 있는 것이고 정서는 오래 가지 못한다. 도덕성은 올바른 일을 행하는 것을 수반하며, 행동은 사회적 영향에도 의존한다. 정치이론가인 한나 아렌트(1963)가 목격한 바와 같이, 이차 세계대전 중에 나치 집단수용소의 많은 경비병은 대체로 '도덕적'인 사람이었으며, 매우 사악한 환경 탓에 비도덕적인 행동을 한 것이다.

"함께 행동하고 말하는 것이야말로 행복한 조화이다." 미셸 드 몽테뉴

오늘날 인성교육 프로그램들은 생각하고 느끼며 올바르게 행동하는 것 등 모든 도덕적 논제에 초점을 맞추는 경향이 있다. 서비스 학습 프로그램에서는 10대가 아이를 돌보아주고, 동네를 청소하며, 노약자를 도와주게 된다. 그 결과가 궁금한가? 10대들의 유능감과 남을 도와주겠다는 욕구가 증가하게 되며, 결석률과 자퇴율도 줄어든다(Andersen, 1998; Heller, 2014; Piliavin, 2003). 도덕적 행동이 도덕적 태도를 싹트게 하는 것이다.

이 프로그램은 자신의 충동을 억제하는 데 필요한 자기훈련도 가르친다. 만족을 지연시키는 것을 학습한 아동은 사회적으로 책임감 있고, 학업에서 성공적이며, 생산적인 사람이 되었다(Daly et al., 2015; Funder & Block, 1989; Sawyer et al., 2015). 지금의 작은 보상보다는 나중의 큰 보상을 선호하는 것은 도박, 흡연, 일탈행동 등의 위험성을 감소시킨다(Callan et al., 2011; Ert et al., 2013; Lee et al., 2017).

월터 미셸(2014)은 심리학에서 가장 널리 알려진 실험에서 4세 아동들에게 지금 마시멜로 한 개와 몇 분 후 실험자가 돌아왔을 때의 마시멜로 두 개 중에서 선택하도록 하였다. 욕구를 지연시킬 의지력을 가졌던 아동들이 성장하여 더 높은 대학 졸업률을 보였으며 수입도 더 많았다. 그리고 중독 문제로 고통받는 경우가 적기 십상이었다. 이렇게 유명한 실험의 반복연구는 약간 낮은 효과를 발견하였다(Watts et al., 2018). 그렇지만 기본 아이디어는 그대로 남아있다. 성숙과 삶의 성공은 나중의 더 큰 보상을 위해 지금의 작은 보상을 포기하는 능력에서 나온다(Watts et al., 2018). 욕구 지연, 즉 미래에 초점을 맞추고 살아가는 것이 번성을 조장한다.

"나무를 심는 최선의 시간은 20년 전이었다. 두 번째 최선의 시간은 지금이다." 중국 속담

자문자답하기

청소년기 초기에 내려야만 하였으며 나중에 후회하였던 어려운 결정 하나를 생각해보라. 여러분은 어떻게 하였는가? 지금이라면 어떻게 하였겠는가?

인출 연습

RP-1 콜버그에 따르면 __________ 도덕성은 법과 사회규칙을 준수하는 데 초점을 맞추고, __________ 도덕성은 자기의 이해관계에 초점을 맞추며, __________ 도덕성은 자신이 정의한 윤리 원리에 초점을 맞춘다.

RP-2 콜버그의 도덕 추리 이론은 어떤 비판을 받았는가?

답은 부록 E를 참조

사회성 발달

LOQ 5-16 청소년기의 사회적 과업과 도전거리는 무엇인가?

에릭 에릭슨(1963)은 삶의 각 단계가 자체적으로 심리사회적 과제, 즉 해결해야 할 위기를 가지고 있다고 주장하였다. 어린 아동은 신뢰의 과제와 씨름한 후에, 자율성(독립심)과 선도성의 과제에 직면한다. 학령기 아동은 자신감, 즉 유능하고 생산적이라는 감정을 추구한다. 청소년의 과제는 과거와 현재 그리고 미래의 가능성을 보다 명확한 자기정체성으로 통합하는 것이다(표 5.4). 청소년은 "도대체 한 개인으로서 나는 누구인가? 내 삶에서 하고 싶은 일은 무엇인가? 어떤 가치관을 가지고 살아가야 하는 것인가? 무엇을 믿어야 할 것인가?"를 자문한다. 에릭슨은 이러한 물음을 청소년들의 **정체성** 탐구라고 불렀다.

"아동은 10세와 13세 사이에(호르몬이 근력을 얼마나 증진시키는지에 따라서) 청소년기에 접어드는데, 이른바 '밉상'의 시기이다." 존 스튜어트 외, 『지구』(2010)

심리학에서 때때로 일어나는 일인 것처럼, 에릭슨의 관심사도 자기 삶의 경험에서 잉태되었다. 유대인 어머니와 덴마크인 아버지 사이에서 태어난 에릭슨은 '이중으로 이방인'이었다고 모트 헌트(1993, 391쪽)는 지적한다. 그는 "학교에서는 유대인이라고 비난받고, 유대교 예배당에서는 금발과 파란 눈 때문에 이교도라고 놀림을 당하였다." 이러한 개인적 경험이 청소년의 정체성 투쟁에 관한 그의 관심을 불러일으켰던 것이다.

표 5.4 에릭슨의 심리사회적 발달단계

단계 (대략적 연령)	심리사회적 위기	과제
유아기 (0~1세)	신뢰감 대 불신감	욕구가 신뢰할 만큼 만족되면, 유아는 기본 신뢰감을 발달시킨다.
걸음마기 (1~2세)	자율성 대 수치감과 자기의심	의지를 나타내고 스스로 행하는 것을 학습한다. 그렇지 않으면 자신의 능력을 의심하게 된다.
학령 전기 (3~6세)	선도성 대 죄책감	과제를 스스로 하며 계획의 실행을 배운다. 그렇지 않으면 독립적이고자 하는 노력에 대해 죄책감을 느끼게 된다.
학령기 (6세~사춘기)	자신감 대 열등감	과제를 수행하는 즐거움을 학습한다. 그렇지 않으면 열등감을 느끼게 된다.
청소년기 (10~20대)	정체성 대 역할 혼미	역할을 검증함으로써 자기감을 정교화한 후에 정체성으로 통합시킨다. 그렇지 않으면 자신에 대한 혼란이 초래된다.
성인 초기 (20~40대 초)	친밀감 대 소외감	밀접한 관계를 형성하고자 노력하며, 친밀한 사랑의 능력을 획득한다. 그렇지 않으면 사회적 고립감을 느끼게 된다.
중년기 (40~60대)	생산성 대 침체감	일반적으로 가족과 일을 통해서 사회에 공헌한다는 느낌을 발견한다. 그렇지 않으면 목표감을 상실하게 된다.
노년기 (60대 후반 이후)	통합감 대 절망감	자신의 삶을 되돌아볼 때, 노인은 만족감이나 실패감을 느끼게 된다.

chee gin tan/Getty Images

자신감 대 열등감

정체성의 형성

정체성을 확립하기 위하여 개인주의 문화의 청소년들은 일반적으로 다양한 상황에서 다양한 '자기'를 시도해본다. 집에서 작동하는 자기, 친구와 함께 있을 때 작동하는 자기, 온라인에서 작동하는 자기, 학교에서 작동하는 자기 등을 시도해볼 수 있다. 만일 10대가 친구를 집에 데리고 왔을 때처럼, 두 상황이 중복되면 불편함이 상당할 수 있다(Klimstra et al., 2015). 10대는 "어느 자기를 작동시킬 것인가? 진정한 나는 어느 것인가?"를 궁리한다. 궁극적인 해결책은 다양한 자기를 일관성 있고 편안하게 느끼는 자기감, 즉 **정체성**(identity)으로 통합하는 자기를 정의하는 것이다.

정체성 자기라는 느낌. 에릭슨에 따르면, 청소년의 과제는 다양한 역할을 검증하고 통합함으로써 자기감을 공고하게 만드는 것이다.

사회적 정체성 자기개념 중에 '우리'의 측면. "나는 누구인가?"에 대한 답의 한 부분이며, 소속 집단에서 나온다.

청소년과 성인 모두에게 있어서, 집단 정체성은 자신이 주변의 다른 사람과 성별과 성적 지향성, 연령과 상대적 부, 능력과 신념 등에서 어떻게 다른지에 근거해서 형성된다. 저자(마이어스)가 영국에서 생활할 때는 자신의 미국인다움을 의식하게 된다. 또 다른 저자(드월)가 홍콩에서 시간을 보낼 때는, 자신이 백인임을 의식하게 된다. 외국인 학생, 소수인종에 속한 사람, 장애인, 한 팀에 속한 사람에게 있어서 **사회적 정체성**(social identity)은 자신의 차별성을 중심으로 형성된

"자의식, 즉 '자기'로서의 존재를 인식하는 것은 '타인', 즉 자기가 아닌 다른 대상과의 대비를 통하지 않고는 존재할 수 없다." C. S. 루이스, 『고통의 문제』(1940)

친밀감 에릭슨 이론에서 밀접하고 사랑하는 관계를 형성하는 능력. 청소년 후기와 초기 성인기에 직면하는 일차 발달 과제이다.

"나는 어느 누구든 단지 한 가지 이름으로만 국한되기를 좋아한다고 생각하지 않는다." 배우 리즈 아메드(2016)

다. (사회적 정체성과 편견에 관한 자세한 내용은 제13장에서 다룬다.)

에릭슨은 어떤 청소년들의 경우에 부모의 가치관과 기대를 그냥 받아들임으로써 자신의 정체성을 일찍 만들기도 한다는 데 주목하였다. 다른 청소년들은 특정한 또래집단의 정체성을 받아들이기도 한다. 전통적인 집단주의 문화는 청소년들에게 자신을 스스로 결정하게 내버려두기보다는 자신이 누구인지를 알려준다. 이중문화 청소년은 집단 구성원 여부와 그 집단에 대한 감정을 통합함에 따라서 복합적인 정체감을 형성한다(Marks et al., 2011).

대부분의 젊은이는 자신의 삶에 대한 만족감을 발달시킨다. 미국의 10대들에게 일련의 진술문이 자신에게 해당하는지를 물었을 때, 81%는 "나는 현재 내 삶의 방식을 선택할 것이다."에 '그렇다'고 답하였다. 나머지 19%는 "내가 다른 사람이었으면 좋겠다."에 동의하였다(Lyons, 2004). 자신의 존재에 대해 숙고한 후에, 미국 대학생의 75%가 "종교/영적인 문제를 친구와 상의하고", "기도한다."고 말하며, "우리는 모두 영적인 존재다."와 "삶의 의미/목표를 추구한다."에 동의하고 있다(Astin et al., 2004; Bryant & Astin, 2008). 이 사실이 연구자들을 놀라게 하지는 않을 것인데, 이들은 청소년 발달의 핵심 과제는 목표, 즉 자기 자신을 넘어서서 세상을 변화시킬 수 있는 개인적으로 의미심장한 무엇인가를 성취하려는 욕망을 달성하는 것이라고 주장하고 있다(Damon et al., 2003; Summer et al., 2018).

청소년의 건강과 웰빙을 부양하려는 개입은 자존감, 지위, 존경 등에 대한 청소년의 열망과 부합할 때 가장 잘 작동하였다(Yeager et al., 2018). "잘 먹는 것이 너의 건강에 중요하다."라고 말하기보다는 "정크푸드를 사먹는 것은 네가 잘 모른다고 생각하면서 너를 무시하는 부자 어른에게 돈을 가져다 바치는 것이란다."라고 말해주는 것이 더 효과적인 메시지이다.

소셜 미디어가 확산되고 또래 비교가 가능해지면서 10대 우울증과 자살률이 증가해왔다. (자세한 내용은 제11장을 참조하라.) 만일 온라인 친구들이 게시한 즐겁기 짝이 없어 보이는 경험에 비해서 여러분의 삶이 초라하게 느껴진다면, 자책하지 말라. 여러분의 친구 대부분도 똑같이 느끼고 있다(Deri et al., 2017).

자존감은 전형적으로 10대 초기에서 중기까지 낮아지며, 소녀들의 경우에는 우울증 점수가 증가한다(Salk et al., 2017). 그렇지만 10대 후반과 20대로 접어들면서 다시 자기상을 회복하며, 자존감의 성별 차이는 줄어든다(Zuckerman et al., 2016). 청소년 후기는 우호성과 정서적 안정성 점수가 증가하는 시기이기도 하다(Klimstra et al., 2009).

Ian Cook/Image Source

오늘 나는 누가 될 것인가? 청소년들은 외모를 변화시킴으로써 상이한 '자기'를 시도한다. 결국에는 일관성 있고 안정된 정체감을 형성하게 된다고 하더라도, 사람들이 보여주는 자기는 상황에 따라서 변할 수 있다.

10대 후반의 기간은 산업국가에서 대부분의 사람이 대학에 다니거나 직장생활을 통해서 새로운 기회를 탐색하기 시작하는 시기이다. 많은 대학생은 4학년이 되면 신입생 시절에 비해서 더욱 명확한 정체성을 확립하게 된다(Waterman, 1988). 명확한 정체성을 획득한 대학생은 알코올 남용에 덜 취약하다(Bishop et al., 2005).

에릭슨은 청소년기의 정체성 단계 이후에 **친밀감**(intimacy)의 능력, 즉 정서적으로 친밀한 관계를 형성하는 능력이 발달하는 성인 초기가 뒤따른다고 주장하였다. 미하이 칙센트미하이와 제러미 헌터(2003)가 소위 삐삐를 사용하여 미국 10대의 일상 경험을 표집한 결과, 혼자 있을 때 가장 불행하고 친구와 있을 때 가장 행복하다는 사실을 발견하였다. 북미의 17세 청소년 3명 중에서 2명은 정서적으로 강렬한 경향이 있는 낭만적 관계를 가지고 있다고 보고하는 반면, 중국과 같은 집단주의 국가에서는 그렇게 보고하는 경우가 훨씬 적다(Collins et al., 2009; Li et al., 2010). 가족과 친구들과 친밀하고 지지적인 관계를 즐기고 있는 사람들은 청소년기에 양질의 낭만적 관계도 즐기는 경향이 있으며, 이러한 관계가 건강한 성인관계를 위한 발판을 마련해준다. 대부분의 사람에게 있어서 그러한 관계는 상당한 즐거움의 원천이 된다. 이미 오래전에 아리스토텔레스가 지적한 바와 같이, 우리 인간은 사회적 동물이다. 사람은 강한 소속욕구를 가지고 있다. 즉 관계가 중요한 것이다.

부모관계와 또래관계

LOQ 5-17 부모와 또래는 청소년에게 어떤 영향을 미치는가?

청소년기는 전형적으로 부모의 영향력이 감소하고 또래의 영향력이 증가하는 시기이다(Blakemore, 2018). 어머니에게 밀착할 수는 없지만 어머니와 신체적으로 접촉하고 매달리고 싶어 하는 학령 이전 아동이 10대 중반으로 성장하면 어머니와 손을 잡고 죽은 듯이 있기를 원치 않게 된다. 이 전환은 점진적으로 일어난다(그림 5.15). 아동은 다른 아동의 얼굴보다 어른의 얼굴을 보다 잘 재인하지만, 청소년은 또래의 얼굴을 훨씬 잘 재인한다(Picci & Scherf, 2016). 사춘기는 애착을 변화시키며 지각을 점화한다.

그림 5.15
변화하는 부모-자식 관계 캐나다 가정을 대상으로 실시한 대규모 전국 조사를 보면, 아동이 10대에 접어들면서 부모와의 친밀하고 따뜻한 관계가 느슨해졌다.

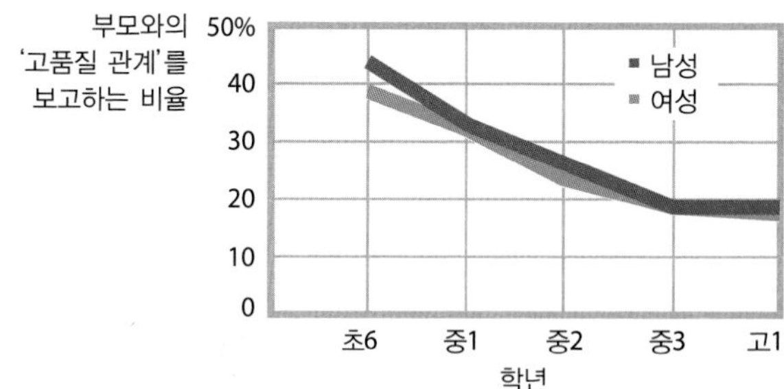

청소년기에는 부모-자식 간에 논쟁이 자주 벌어지는데, 집안의 자질구레한 일, 취침시간, 숙제하기 등과 같이 대부분은 사소한 것들에 관한 것이다(Tesser et al., 1989). 청소년기로 전환하는 동안, 그 갈등은 맏이와 가장 큰 경향이 있으며, 아버지보다는 어머니와의 갈등이 크다(Burk et al., 2009; Shanahan et al., 2007).

소수의 부모와 청소년 자녀에게 있어서는, 갈등이 실제로 결별과 엄청난 스트레스로 이끌어가기도 한다(Steinberg & Morris, 2001). 그렇지만 대부분의 갈등은 무해한 말다툼 수준에 머무른다. 갈등내용을 보면, 아들의 경우에는 밖에서의 행동이나 청결과 같은 행동 문제가 보통인 반면, 딸의 경우에는 데이트나 친구 등과 같이 관계를 수반하는 것이 일반적이다(Schlomer et al., 2011). 그리고 호주에서 방글라데시 그리고 터키에 이르기까지 10개 국가에서 조사한 6,000명의 청소년 대부분은 부모를 좋아한다고 답하였다(Offer et al., 1988). 청소년들은 "우리는 대체로 잘 지냅니다. 그런데…"라고 답하기 십상이었다(Galambos, 1992; Steinberg, 1987).

"엄마 아빠, 사랑해요." 2006년 콜로라도 총기사건으로 죽기 직전에 에밀리 케이스가 부모에게 보낸 마지막 메시지

부모와 10대 자녀 간의 긍정적 관계와 긍정적인 또래관계는 병행하기 십상이다. 어머니와 가장 다정한 관계를 유지하는 고등학교 여학생은 동성친구들과 가장 친밀한 우정을 즐기는 경향이 있다(Gold & Yanof, 1985). 그리고 부모와 친밀감을 느끼는 10대들이 건강하고 행복하며 학교생활도 우수한 경향이 있다(Resnick et al., 1997). 물론 이러한 상관을 다른 방식으로 진술할 수도 있다. 즉, 비행청소년들이 부모와 팽팽하게 긴장된 관계를 가질 가능성이 크다.

David Sipress/Cartoon Stock

"딸아이는 자신이 먼 옛날 아버지인 나를 낳고 키웠으며 모든 것을 희생하였기에 원하는 것이라면 무엇이든 가질 수도 있었던 누군가일 것이라고 말하네요."

제4장에서 지적한 바와 같이, 인성과 성격의 개인차를 만들어내는 데 있어서 유전이 상당 부분 영향을 미치며, 또래 영향이 나머지의 많은 부분을 채운다. 10대는 또래와 함께 있을 때 미래를 절감하고 즉각적인 보상에 더 초점을 맞춘다(O'Brien et al., 2011). 대부분의 10대는 무리를

Barbara Smaller/Cartoon Stock

"처음에는 부모의 인정을 받으려고 하였고, 그다음에는 부모의 인정을 받지 않으려고 하였는데, 이제는 내가 하는 일의 이유를 모르겠습니다."

짓고 사는 동물이다. 부모보다는 또래처럼 말하고 옷 입고 행동한다. 10대는 친구처럼 되고, 친구의 행동을 따라 한다. 10대의 소셜 미디어 사용은 또래 영향의 위력을 예증한다. 10대는 '좋아요' 수가 적은 사진보다는 많은 사진을 선호한다. 나아가서 그러한 사진을 들여다볼 때, 10대의 두뇌에서는 보상 처리와 모방과 연합된 영역이 더욱 활성화된다(Sherman et al., 2016). 또래가 좋아하고 행하는 것을 좋아하고 행함으로써 기분이 좋아지는 것이다.

온라인에서든 실생활에서든 또래들로부터 배척당하였다고 느끼는 사람에게 그 고통은 예리하다. 대부분 배척당한 "학생은 조용히 고통을 받아들이며… 소수의 학생들이 학교 친구들을 향하여 폭력적인 방식으로 대응한다"(Aronson, 2001). 배척의 고통도 지속적이다. 한 가지 대규모 연구에서 보면, 아동기에 배척당한 사람은 40년이 지난 후에도 나쁜 신체건강과 심각한 심리적 고통을 나타냈다(Takizawa et al., 2014).

자문자답하기

여러분 자신의 청소년기에 대해서 기억하고 있는 가장 긍정적인 것과 가장 부정적인 것은 무엇인가? 여러분의 부모님과 또래 중에서 누구의 공로를 인정하거나 비난하겠는가?

신흥 성인기

LOQ 5-18 신흥 성인기란 무엇인가?

서구 사회에서 청소년기는 대체로 10대에 해당한다. 먼 옛날 그리고 오늘날 몇몇 지역에서는, 이 시기를 짧은 막간 정도로 치부하였다(Baumeister & Tice, 1986). 성적으로 성숙하게 되면 젊은이는 곧바로 어른의 책무와 지위를 부여받는다. 성인식을 통하여 그 사실을 확인시켰다. 그렇게 되면 새롭게 성인이 된 사람은 직업을 갖고 결혼하여 자녀를 두었다.

많은 서구 국가가 의무교육을 시행함에 따라서, 독립은 졸업할 때까지 늦춰지게 되었다. 오늘날 청소년은 스스로 성인으로 자리 잡는 데 더 많은 시간을 소비하고 있다. 오늘날의 청소년이 돈을 벌기 위해서 일을 하거나 운전을 하거나 낭만적 애착관계를 가질 가능성은 낮다(Twenge & Park, 2019). 미국에서는 평균 결혼연령이 남자는 29세이고 여자는 27세로, 1960년 이래 5년 이상 증가해왔다. 1960년에는 30세가 되었을 때, 4명의 여자 중에서 3명이, 그리고 3명의 남자 중에서 2명이 학업을 마치고 집을 떠나 경제적으로 독립하고 결혼하여 자녀를 가졌다. 오늘날에는 30세 여자의 절반 이하, 그리고 남자의 1/3 이하만이 이러한 다섯 가지 이정표를 달성한다(Henig, 2010). 2016년에는 25~35세 미국인의 15%가 부모의 집에서 동거하고 있었는데, 그 비율은 1981년보다 두 배로 늘어난 것이다(Frey, 2017).

늦은 독립과 성적 조숙 모두가 한때는 생물학적 성숙과 사회적 독립 사이의 짧은 막간으로 여겨졌던 시기를 연장해왔다(그림 5.16). 경제적으로 풍요로운 사회에서 18세부터 20대 중반까지의 시기는 점차적으로 정착하지 못한 삶의 시기가 되어가고 있으며, 혹자는 이 시기를 **신흥 성인기**(emerging adulthood)라고 부른다(Arnett, 2006, 2007; Reitzle, 2006). 더 이상 청소년이 아니지만, 성인의 의무와 독립을 제대로 달성하지도 못한 이러한 신흥 성인들은 무엇인가 사이에 끼여 있다는 느낌을 갖는다. 고등학교를 졸업하고 직업전선에 뛰어들거나 대학에 진학하는 사람들은 과거 어느 때보다 자신의 시간과 우선순위를 스스로 관리하고 있을 수 있다. 그렇지만 여전히

신흥 성인기 오늘날 어떤 사람들에게 있어서, 청소년의 의존성과 완전히 독립적이고 책임을 져야 하는 성인기 간의 간극을 연결시키는 18세부터 20대 중반까지의 시기

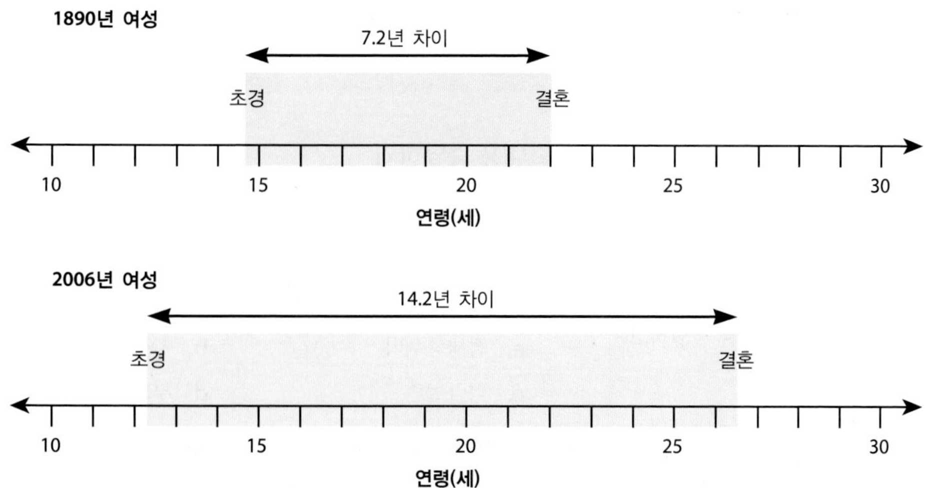

그림 5.16
성인기로의 전환은 양쪽으로 확장되고 있다 1890년대에 여성의 초경과 결혼(전형적으로 성인기로의 전환을 나타냈었다) 사이의 평균기간이 대략 7년이었다. 한 세기가 지난 오늘날의 산업국가에서는 대략 14년이 되었다(Finer & Philbin, 2014; Guttmacher Institute, 1994). 많은 성인들이 결혼하지 않지만, 교육기간의 연장으로 인한 늦은 결혼과 빨리 시작하는 초경은 성인기로의 전환을 연장시키는 데 일조한다.

부모의 집에서 그렇게 하고 있을지도 모른다. 자신의 집을 마련할 능력이 없으며 정서적으로도 여전히 의존적이기 때문이다(Fry, 2017). 오늘날 점차적으로 늘어나는 신흥 성인기를 인식한 미국 정부는 동거하고 있는 자녀들이 26세가 될 때까지 부모의 건강보험에 포함될 수 있도록 허용하고 있다(Cohen, 2010).

Barbara Smaller/Cartoon Stock

"나는 대학을 졸업하고 사회적으로 안정되기 전까지의 긴 세월 동안 뭘 해야 할지 모르겠습니다."

자문자답하기

무엇이 사람을 성인으로 만든다고 생각하는가? 여러분은 성인이라고 느끼는가? 그렇게 느끼는 이유는 무엇인가?

인출 연습

RP-3 아래의 여덟 가지 심리사회적 발달단계들(1~8)을 에릭슨이 각 단계에서 극복해야 하는 것이라고 생각한 심리사회적 위기들(a~h)과 연결해보라.

1. 유아기	**a.** 생산성 대 침체감
2. 걸음마기	**b.** 통합감 대 절망감
3. 학령 전기	**c.** 선도성 대 죄책감
4. 학령기	**d.** 친밀감 대 소외감
5. 청소년기	**e.** 정체성 대 역할 혼미
6. 성인 초기	**f.** 자신감 대 열등감
7. 중년기	**g.** 신뢰 대 불신
8. 노년기	**h.** 자율성 대 수치감과 자기의심

답은 부록 E를 참조

개관 청소년기

학습목표

자기검증 개념 파악을 증진시키도록 (부록 D의 답을 확인해보기에 앞서) 여러분 자신의 표현으로 여기서 반복하는 학습목표 물음에 답해보라 (McDaniel et al., 2009, 2015).

LOQ 5-14 청소년기를 어떻게 정의하는가? 신체 변화는 발달하고 있는 10대에 어떤 영향을 미치는가?

LOQ 5-15 피아제와 콜버그 그리고 후속 연구자들은 청소년기 인지 발달과 도덕성 발달을 어떻게 기술하는가?

LOQ 5-16 청소년기의 사회적 과업과 도전거리는 무엇인가?

LOQ 5-17 부모와 또래는 청소년에게 어떤 영향을 미치는가?

LOQ 5-18 신흥 성인기란 무엇인가?

기억해야 할 용어와 개념들

자기검증 여러분 자신의 표현으로 정의를 적어본 후에 답을 확인해보라.

사춘기	신흥 성인기	청소년기
사회적 정체성	정체성	친밀감

학습내용 숙달하기

자기검증 여러분 자신의 표현으로 다음 물음에 답한 후에 부록 E에서 답을 확인해보라.

1. 다음 중 청소년기의 출현을 특징짓는 것은 무엇인가?

a. 정체성 위기 **b.** 사춘기
c. 격리 불안 **d.** 부모-아동 갈등

2. 피아제에 따르면, 추상성에 대해 논리적으로 사고할 수 있는 사람은 ________단계에 해당한다.

3. 다음 중 에릭슨의 발달에서 청소년기에 직면하는 일차 과제는 무엇인가?

a. 형식적 조작의 획득 **b.** 정체성의 추구
c. 타인과의 친밀감 발달 **d.** 부모에게서 독립해서 사는 것

4. 오늘날 몇몇 발달심리학자들은, 서양 문화에서 18세부터 대체로 20대 중반까지, 독립생활을 할 때까지의 기간을 ____________라고 부른다.

성인기

삶의 전개는 평생에 걸쳐 지속된다. 그렇지만 삶의 초기에 비해서 성인기 단계들을 일반화하는 것은 훨씬 어렵다. 철수는 한 살이고 영수는 열 살이라는 사실을 안다면, 각 아동에 대해서 상당히 많은 사실을 말할 수 있을 것이다. 단지 생활연령에서만 차이를 보이는 성인의 경우에는 그렇지 못하다. 상사가 30세일 수도 있고 60세일 수도 있다. 마라톤 선수는 20세일 수도 있고 50세일 수도 있다. 19세인 사람이 자식을 키우는 부모일 수도 있고, 여전히 용돈을 타서 쓰는 어린아이일 수도 있다. 그렇기는 하지만 삶의 과정은 몇몇 측면에서 유사하게 나타난다. 신체적으로나 인지적으로, 그리고 특히 사회적으로 50세의 성인은 25세일 때와 다르다. 이 절에서 우리는 이러한 차이점들을 인식하고, 성인 초기(대체로 20대에서 30대까지), 중년기(대략 65세까지), 그리고 성인 후기(65세 이후)라는 용어를 사용할 것이다. 각 단계 내에서 사람들은 신체적, 심리적, 사회적 발달에서 상당한 차이를 보인다.

얼마나 나이가 많아야 늙었다고 할 수 있을까? 18~29세에 이르는 사람들은 평균 67세라고 말한다. 60세 이상 되는 사람들은 76세라고 말한다 (Yankelovich Partners, 1995).

자문자답하기

미래를 상상할 때, 여러분은 어떻게 변할 것이라고 생각하는가? 얼마나 동일한 상태로 남아있겠는가? 한 인간으로서 어떤 방식으로 성장하기를 원하는가?

신체 발달

LOQ 5-19 중년기와 성인 후기에 어떤 신체 변화가 일어나는가?

하지를 지나면서 낮의 길이가 줄어드는 것과 마찬가지로, 근력, 반응시간, 감각예민도, 심폐기능 등의 신체능력은 20대 중반부터 눈에 뜨이지 않게 서서히 감소하기 시작한다. 이러한 변화는 운동선수들이 가장 먼저 알아차리기 십상이다. 세계 수준의 단거리 육상선수와 수영선수들은 20대 초반에 전성기를 맞는다. 야구선수들은 대략 27세에 정점에 도달한다. 1985년 이래 메이저리그에서 MVP를 수상한 선수의 60%가 27±2세에 해당하였다(Silver, 2012). 그렇지만 대부분의 사람들, 특히 일상의 삶이 최고 수준의 신체능력을 요구하지 않는 사람들은 감퇴의 초기 신호를 지각하기 어렵다.

성인의 능력은 상당한 차이를 보인다 조지 블레어는 2007년에 최고령 맨발 수상스키어로 기록되었다. 사진의 모습은 2002년 87세의 나이로 생애 첫 세계기록을 달성할 때의 모습이다. (그는 2013년 98세의 나이로 사망하였다.)

Rick Doyle/Getty Images

중년기의 신체 변화

40세가 넘은 운동선수들은 신체능력의 감퇴가 점차적으로 가속화된다는 사실을 너무나 잘 알고 있다. 평생 농구를 즐기고 있는 저자(마이어스)는 농구장을 덜 찾으며 더 이상 놓친 공을 쫓아 달려가지 않는다. 그렇지만 감소된 활력이라도 정상적인 활동을 하는 데는 충분하다. 나아가서 성인 초기와 중년기에는 신체 활력이 연령보다는 건강이나 운동 습관과 더 많이 관련되어 있다. 신체적으로 건강한 50대가 몇 킬로미터 정도를 쉽게 달릴 수 있는 반면에, 게으르기 짝이 없는 20대는 몇 계단 올라가기도 전에 헉헉거리며 숨을 헐떡거리는 경우도 많다.

여자에게 있어서 노화는 임신 가능성의 점진적 감소도 초래한다. 35~39세 여자의 경우 단 한 번의 성관계가 임신을 초래할 가능성은 19~26세 여자의 절반에 불과하다(Dunson et al., 2002). 남자는 방출하는 정자의 수, 테스토스테론 수준, 발기와 사정 속도 등에서 점진적인 감소를 경험한다. 여자는 일반적으로 50대 초반에 **폐경**(menopause), 즉 월경의 중지를 경험한다. 남성다움과 신체능력이 감소하는 것을 알아차린 몇몇 남자들이 그러한 것처럼 혹자는 고통스러워할 수도 있지만, 대부분의 사람은 그러한 문제를 겪지 않으면서 나이를 먹어간다.

The New Yorker Collection, 1999 Tom Cheney from cartoonbank.com

"행복한 40대여. 내 당신의 팔뚝에서 근육질을 떼어가고, 목소리의 소녀 같은 떨림을 없애며, 카페인 내성을 제거하고, 감자튀김을 소화하는 능력을 가져갈 것이오. 나머지는 그대로 남아있을 것이오."

중년기 이후에 빈도가 줄기는 하지만, 대부분은 자신의 성생활에 만족감을 표명한다. 40세에서 64세에 이르는 캐나다인의 70%, 그리고 65세에서 74세에 이르는 핀란드인의 75%에서 그렇다(Kontula & Haavio-Mannila, 2009; Wright, 2006). 한 조사에서는 응답자의 75%가 80대까지 성적으로 원기왕성하다고 보고하였다(Schick et al., 2010). 그리고 미국은퇴자연합회의 조사에서 보면, 75세 이상이 되어서야 비로소 대부분의 여자 그리고 거의 절반의 남자들이 성적 욕구가 없다고 보고하였다(DeLamater, 2012; DeLamater & Sill, 2005). 많은 노인은 성관계의 빈도는 잦아들더라도 성적 만족감을 유지한다(Forbes et al., 2017; Schick et al., 2010). 건강이 허락하고 기꺼이 응하는 파트너가 있다면, 비록 약화되었기는 하지만 욕망의 불꽃이 되살아난다.

"나이가 들면서 성관계를 중지하는 것은 자전거 타기를 중지하는 것과 똑같다(나쁜 건강, 멍청해 보일 것이라는 생각, 자전거가 없음)." 알렉스 컴포트, 『섹스의 즐거움』(2002)

"나는 영원히 살렵니다. 지금까지는 괜찮네요." 코미디언 스티븐 라이트

성인 후기의 신체 변화

노년은 "죽음보다도 더 두려운 것인가"(유베날리스, *The Satires*)? 아니면 삶은 "하강 슬로프 위에 있을 때 더 즐거운 것인가"(세네카, *Epistulae ad Lucilium*)? 늙는다는 것은 어떤 것일까?

기대수명 1950년부터 2015년까지 출생할 때의 기대수명은 전 세계적으로 50년에서 73년으로 증가하였다(Dicker et al., 2018). (그림 5.17 참조.) 20년 이상의 부가적 삶이라니, 얼마나 대단한

폐경 월경주기가 자연적으로 중지되는 시점. 또한 여성의 자녀 생산 능력이 감소함에 따라서 경험하게 되는 생물학적 변화를 지칭한다. 

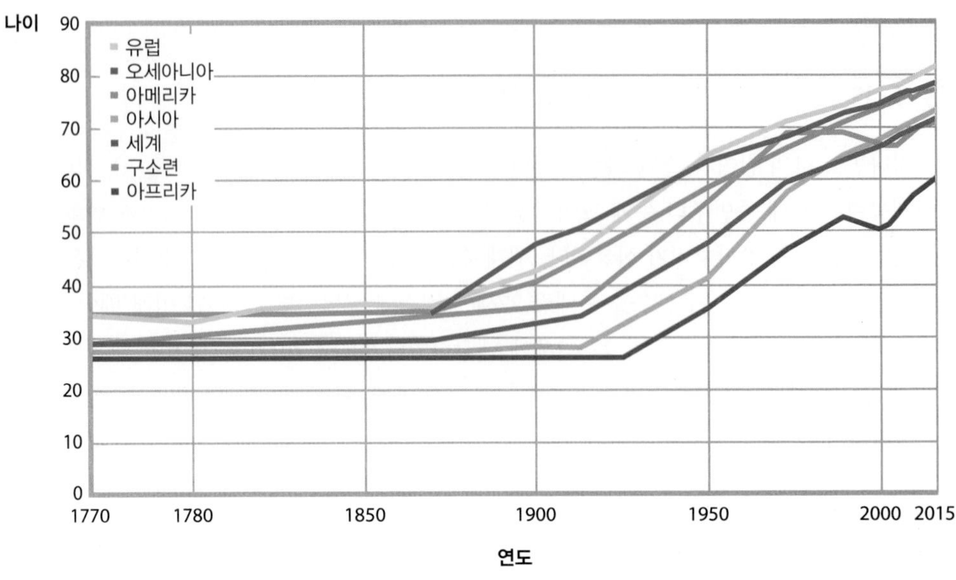

그림 5.17
1770년 이래 세계 여러 지역의 기대수명 개선된 위생시설, 현대 의학, 항생제의 개발 등으로 20세기에 유아 사망은 감소하고 기대수명은 증가하였다(Roser, 2019).

장수 세계 신기록? 프랑스 할머니 잔 칼망은 사실임이 입증된 인류 역사상 가장 나이가 많았던 분이다. 1998년 122세의 나이로 사망하였다(Robine & Allard, 1999). 100세 때에도 여전히 자전거를 탔다.

선물인가! 중국, 미국, 영국, 캐나다, 호주에서 기대수명은 각각 76, 79, 81, 82, 82년으로 증가해왔다(World Bank, 2019). 혹자는 인류 최대의 업적이라고 말하기도 하는 기대수명의 증가는 출산율의 감소와 맞물리면서 노인층을 점점 더 큰 인구집단으로 만들고 있으며, 보청기와 은퇴자 마을 그리고 요양원의 수요를 증가시킨다. 오늘날 전 세계적으로 인구의 13%가 60세를 넘어섰다. 유엔(2017)은 2100년이 되면 그 비율이 두 배 이상으로 늘어날 것이라고 예측하고 있다.

일생에 걸쳐서 남성이 사망할 가능성이 더 높다. 태내 배아의 경우에는 여성 100명당 남성이 126명이나 되지만, 출생 시에는 성비가 여성 100명당 남성 105명으로 줄어든다(Strickland, 1992). 생후 첫해에 남아의 사망률은 여아의 사망률보다 25%나 높다. 전 세계적으로 여자가 남자보다 4.7년을 더 산다(WHO, 2016b). (만일 20세 여자가 자신과 기대수명을 공유할 남편을 원한다면, 연상의 남자와 결혼하지 말고 16세 소년이 성숙할 때까지 기다려야 하겠다.) 100세가 된 남녀의 비율은 5 대 1로 여자가 압도적으로 많다.

그렇지만 100세까지 생존하는 사람은 거의 없다. 질병이 엄습하는 것이다. 신체는 늙어간다. 세포분열이 중지된다. 뜨거운 날씨, 넘어짐, 미약한 감염 등 20세 때는 사소한 것이었을 약간의 손상에도 취약해진다. **텔로미어**라고 부르는 염색체 말단 부위가 마치 운동화 끈의 끝부분이 풀려버리는 것처럼, 닳아서 짧아진다. 흡연이나 비만 또는 스트레스가 이 과정을 촉진시킨다. 모유를 먹고 자라는 아동이 더 긴 텔로미어를 가지고 있는 반면, 빈번한 학대와 따돌림으로 고통받는 아동은 짧아진 텔로미어에 생물학적 상처의 흔적을 나타낸다(Shalev et al., 2013). 텔로미어가 짧아짐에 따라서, 노화한 세포는 유전적으로 완벽하게 복제된 세포로 대치되지 않은 채 죽어버릴 수 있다(Epel, 2009).

만성 분노와 우울은 때 이른 사망 위험을 증가시킨다. 그렇지만 긍정적 마음가짐과 마찬가지로, 적은 스트레스와 좋은 건강 습관은 장수를 돕는다. 연구자들은 심지어 **사망 지연 현상**도 관찰해왔다(Shimizu & Pelham, 2008). 최근 15년 사이에 보면, 크리스마스 당일과 이틀 전에 사망한 사람보다 이틀 후에 사망한 사람이 2,000~3,000명 더 많다. 또한 사망률은 생일을 맞이하였거나 새로운 천년의 첫날과 같은 시대적 이정표를 맞이할 때까지 생존한 후에 증가한다.

Nicole Bengiveno/The New York Times/Redux Pictures

노인을 위한 복장 장수는 축복이다. 노년까지 살아남으려면 우수한 유전자, 배려하는 환경, 그리고 약간의 행운이 있어야 한다. 새로운 테크놀로지는 노인의 삶을 경험할 수 있게 해준다. 이러한 특수복장을 하면 젊은 사람도 전형적인 85세 노인처럼 듣고 보며 움직일 수 있다.

감각능력, 체력, 스태미나 신체적 쇠퇴는 성인 초기에 시작하지만, 성인 후기에 도달하기 전에는 이것을 절실하게 자각하는 경우가 별로 없다. 성인 후기가 되면 계단은 더 가파르게 보이고, 활자는 더 작게 보이며, 사람들이 더 웅얼거리는 것처럼 들리게 된다. 시력은 감퇴하고, 거리 지각과 빛의 변화에 대한 순응도 예리하지 못하다. 근력과 반응시간 그리고 스태미나도 현저하게 감퇴하며, 후각과 청각도 마찬가지다. 웨일스에서는 30세가 넘은 사람은 거의 들을 수 없는 혐오스러운 고음을 내는 장치를 사용하여 10대가 편의점 주변에서 어슬렁거리는 것을 차단해왔다(Lyall, 2005).

나이가 들면서 눈의 동공이 수축하며 수정체도 덜 투명해짐으로써 망막에 도달하는 빛의 양이 줄어들게 된다. 실제로 65세 노인의 망막은 20세 청년에 비하면 대략 1/3의 빛만을 받아들인다(Kline & Schieber, 1985). 따라서 65세 노인이 글을 읽거나 운전을 할 때 20세 청년처럼 보기 위해서는 세 배나 많은 양의 빛이 필요하다. 노인들이 자신의 자동차에 선팅을 하지 않으려는 이유, 그리고 젊은이에게 "독서하기에는 빛이 너무 약하지 않은가?"라고 묻는 이유가 바로 이것이다.

"무슨 이유인지 모르겠는데, 아마도 잉크를 아끼기 위해서겠지만, 식당들이 박테리아 같은 크기의 활자로 메뉴를 인쇄하기 시작하였다." 데이브 배리, 『데이브 배리 50대가 되다』(1998)

건강 나이 들어감에 따라서 사람들은 자기 신체의 모습에는 덜 신경을 쓰고, 신체기능에 더 관심을 갖는다. 늙어가는 사람에게는 건강에 대한 좋은 소식과 나쁜 소식이 모두 존재한다. 나쁜 소식은 질병과 싸우는 신체 면역 시스템이 약해져서, 암이나 폐렴과 같이 생명을 위협하는 질병에 더 취약하게 된다는 것이다. 좋은 소식은 부분적으로 일생을 통한 항체가 누적된 덕분에, 일상적인 독감이나 감기 바이러스와 같은 단기적 질병에 잘 걸리지 않는다는 점이다. 한 연구는 65세 이상의 노인이 매년 호흡기성 독감에 걸려 고생할 가능성은 20세 청년의 절반 정도이며, 학령 전기 아동의 1/5 정도에 불과하다는 사실을 찾아냈다(National Center for Health Statistics, 1990).

노인들이 계단에서 넘어지는 사고의 대부분은 꼭대기 단에서 발생하는데, 창문을 통해서 빛이 들어오는 복도로부터 어두운 계단으로 막 접어들어 내려오기 시작하는 곳이다(Fozard & Popkin, 1978). 이러한 사고를 감소시키도록 환경을 설계하는 데 노화에 대한 지식을 사용할 수 있다.

늙어가는 두뇌 10대까지는 점점 더 빠른 속도로 정보를 처리한다(Fry & Hale, 1996; Kail, 1991). 그러나 10대나 성인 초기와 비교할 때, 노인은 자극에 반응하거나 지각 퍼즐을 풀거나 심지어는 이름을 기억해내는 데 있어서도 더 많은 시간을 사용한다(Bashore et al., 1997; Verhaeghen & Salthouse, 1997). 비디오 게임에서 70세 노인은 어떻게 하더라도 20세 청년의 적수가 되지 못한다. 이러한 처리 지연은 치명적 결과를 초래할 수 있다(Aichele et al., 2016). 그림 5.18이 보여주는 것처럼, 운전 중의 치명적 사고 발생률도 75세 이후에 급격하게 증가한다. 85세가 되면, 16세의 사고 발생률을 넘어선다. 노인 운전자는 전방을 잘 주시하지만, 옆에서 접근하는 다른 차에는 주의를 덜 기울이는 것으로 보인다(Pollatsek et al., 2012).

나이가 들어감에 따라서 기억에서 중요한 역할을 담당하는 두뇌영역이 퇴화하기 시작한다(Fraser et al., 2015; Ritchie et al., 2015). 해마에서부터 붕괴되는 혈뇌장벽도 인지능력을 더욱 저하시킨다(Montagne et al., 2015). 노인이 기억검사를 받은 후에 더 늙은 것처럼 느끼는 것은 전혀 이상한 일이 아니다. 한 연구팀은 "5분 동안에 5년을 늙어버리는 것 같다."라고 재치 있게 표현하였다(Hughes et al., 2013). 성인 초기부터 두뇌 신경세포의 손실이 서서히 시작되어서, 80세가 되면 두뇌 무게가 5% 정도 줄어들게 된다. 앞에서 늦게 성숙하는 전두엽이 10대의 충동성을

그림 5.18

연령과 운전자 사망 75세 이상 노인들에게 있어서 느려진 반응이 사고 위험을 증가시키는 데 일조하며, 허약한 신체로 인해서 사고가 날 때 사망할 위험이 증가한다(NHTSA, 2000). 여러분은 느린 반응이나 감각 손상이 사고 위험을 나타내는 사람들을 걸러내기 위해서 연령이 아니라 수행능력에 근거한 운전면허 시험을 선택하겠는가?

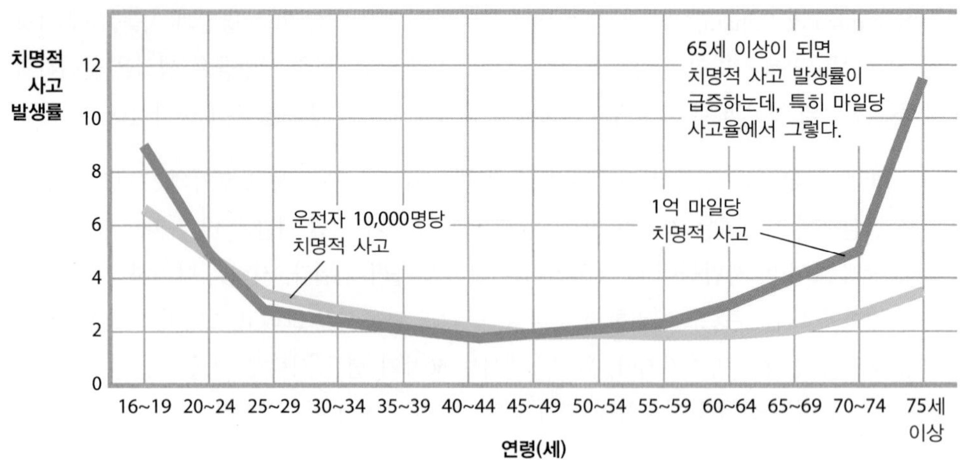

설명하는 데 도움을 준다는 사실을 지적한 바 있다. 억제를 제어하는 전두엽의 퇴화는 노인들이 때때로 뚱딴지같은 질문을 하고("자네 체중이 늘었나?"), 노골적인 언급을 하는 이유를 설명해 주는 것으로 보인다(von Hippel, 2007, 2015). 그렇지만 좋은 소식도 있다. 늙어가는 두뇌도 가소성이 있어서 신경망을 동원하거나 재구성함으로써 상실된 기능을 부분적이나마 보상한다(Park & McDonough, 2013). 예컨대, 기억 과제를 수행하는 동안, 젊은 성인 두뇌에서는 좌측 전두엽이 특히 활동하는 반면, 노인의 두뇌는 좌우 전두엽 모두를 사용한다.

The New Yorker Collection Kaamran Hafeez from cartoonbank.com

"이곳에서 운동한 지 6개월이 되었는데, 내가 얻은 것은 모두 인지기능으로 들어갔지요."

운동과 노화 그리고 더 좋은 소식이 있다. 일란성 쌍둥이 중에서 한 명만이 운동을 하였던 쌍둥이 연구에서 보는 바와 같이, 운동이 노화를 지연시킨다(Iso-Markku et al., 2016; Rottensteiner et al., 2015). 운동을 더 많이 하고 덜 앉아있는 중년기와 성인 후기 노인이 심적으로 더 재빠른 경향이 있다(Kramer & Colcombe, 2018; Won et al., 2019). 신체운동은 근육과 뼈를 강화시키고 에너지를 제공하며 비만과 심장병을 예방하는 데 도움을 줄 뿐만 아니라, 염색체 말단을 보호하는 텔로미어를 유지시키며, 심지어는 알츠하이머병의 진행속도를 늦추는 것으로 보인다(Kivipelto & Håkansson, 2017; Loprinzi et al., 2015; Smith et al., 2014).

운동은 산소와 영양분의 공급을 증가시킴으로써, 신경생성 즉 새로운 뇌세포의 발달과 신경연결도 자극한다(Erickson et al., 2010; Pereira et al., 2007). 유산소 운동 프로그램에 무선할당된 무기력하던 노인들은 기억과 판단력의 증진을 보이고 심각한 인지 저하 위험성의 감소를 보였다(Northey et al., 2018; Raji et al., 2016; Smith, 2016). 운동은 늙어가는 두뇌의 수축을 감소시킨다(Gow et al., 2012). 그리고 근육과 두뇌세포 모두에게 활력을 제공하는 세포 내 미토콘드리아를 증가시킨다(Steiner et al., 2011). 지나치게 사용하여 낡기보다는 사용하지 않아서 녹이 스는 경우가 더 많다. 건강한 신체는 건강한 마음을 제공한다.

인지 발달

노화와 기억

만일 여러분이 20세 안팎이라면, 지난 해의 어떤 경험들을 가장 잊지 못할 것인가? (이 시기는 여러분이 50세가 되었을 때 가장 잘 기억해낼 수 있는 삶의 시기이다.)

LOQ 5-20 기억은 나이 들어감에 따라서 어떻게 변하는가?

발달심리학 연구에서 가장 논란을 불러일으키는 물음 중의 하나는 기억, 지능, 창의성 등과 같은 성인의 인지능력이 점진적으로 가속화되는 신체능력의 퇴화와 상응하는 것인지의 여부이다.

나이가 들어도 어떤 것은 잘 기억하고 있다. 나이가 들어서 지나온 날들을 되돌아볼 때, 사람들에게 지난 반세기에 걸쳐서 가장 중요한 사건을 한두 개 회상해보도록 요청하면 10대나 20대에 겪었던 사건들을 거론하는 경향이 있다(Conway et al., 2005; Rubin et al., 1998). 평생 동안 좋아하는 음악, 영화, 운동선수 등의 이름을 요청할 때도 이러한 '회고 절정'을 보인다(Janssen et al., 2012). 베트남전쟁, 9/11 테러 사건, 도널드 트럼프의 놀랄 만한 당선 등 이 시기에 경험한 것은 무엇이든지 간에 중요한 사건이 되어버린다(Pillemer, 1998; Schuman & Scott, 1989). 10대와 20대는 첫 키스, 첫 직장, 대학에서의 첫날, 첫 아파트 등 삶에서 기억할 만한 첫 경험을 많이 하는 시기이다.

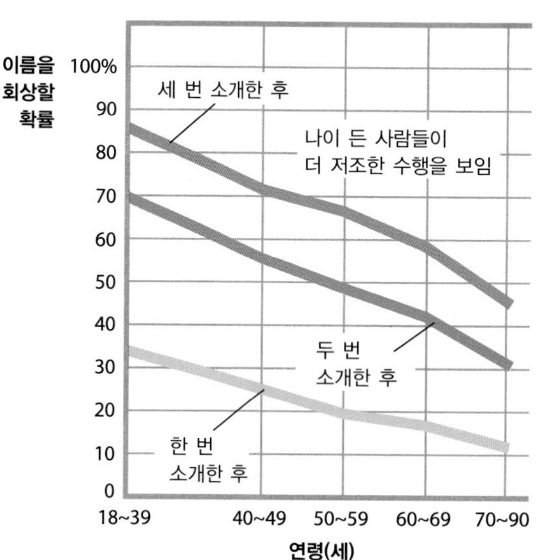

그림 5.19
회상검사 한 번, 두 번 또는 세 번 소개한 새로운 이름을 회상하는 것은 나이 든 사람보다 젊은 사람에게 더 용이한 과제다(Crook & West, 1990에서 인용한 데이터).

몇몇 유형의 학습과 기억에서는 성인 초기가 실제로 절정기가 된다. 한 회상 실험에서는 참가자들이 14명의 낯선 사람이 각각 "안녕하세요. 저는 래리입니다."의 형식으로 자신의 이름을 말하는 동영상들을 보았다(Crook & West, 1990). 그림 5.19에서 보는 바와 같이, 모든 사람은 소개가 두세 번 반복됨에 따라서 더 많은 이름을 기억해냈지만, 젊은이의 회상이 노인의 회상보다 일관성 있게 우수하였다. 노인이 얼마나 잘 기억해내는지는 부분적으로 과제에 달려있다. 또 다른 실험에서 기억하려고 시도하였던 24개 단어를 재인하도록 요청하였을 때는 노인이 기억 저하를 보이지 않았다. 그렇지만 아무 단서도 없이 그 단어를 회상하도록 요청하였을 때는 기억 저하가 상당하였다(그림 5.20).

"나는 아직도 배우고 있습니다."
85세의 미켈란젤로(1560)

10대와 젊은 성인은 미래전망 기억에서도 어린 아동과 70대 노인을 훨씬 능가한다(Zimmerman & Meier, 2006). 그렇지만 사건이 기억을 촉발시킬 때는 노인의 미래전망 기억이 강력하게 남아있다(편의점 앞을 지나가는 것이 '우유를 사야 한다'는 사실을 촉발시킬 때). 시간 기반 과제('3시 회의를 기억하고 있는 것'), 특히 습관적으로 수행해야 하는 과제('매일 오전 9시, 오후 2시, 오후 6시에 약을 복용해야 하는 과제')는 어려운 것일 수 있다(Einstein & McDaniel, 1990; Einstein et al., 1995, 1998). 이러한 문제를 최소화하기 위하여 노인은 시간관리뿐만 아니라 메모하기 같은 '생각나기 단서'를 사용하는 것에 더 많이 의존하게 된다(Henry et al., 2004). 이러한 단서가 존 베이신저에게 도움이 되었을 수도 있다. 그는 76세의 고령에도 불구하고 밀턴의 서사시 「실낙원」 열두 권의 내용을 모두 암송할 수 있다는 심리학 잡지의 보도에 관하여 지역신문과 인터뷰를 하도록 되어있었는데(Seamon et al., 2010; Weir, 2010), 그만 기자와의 약속을 잊어버렸다. 사과하고자 전화를 걸었을 때, 그는 얄궂게도 자신의 기억에 관하여 인터뷰한다는 사실을 망각하였음을 이야기하고 말았다!

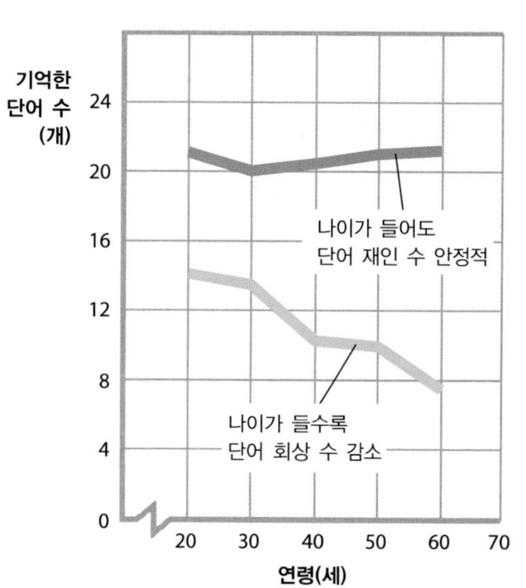

그림 5.20
성인기의 회상과 재인 이 실험에서 새로운 정보를 '회상'하는 능력은 성인 초기와 중년기 동안 감소하지만, 새로운 정보를 '재인'하는 능력은 감소하지 않았다(Schonfield & Robertson, 1966에서 인용한 데이터).

다른 발달영역에서와 마찬가지로, 학습하고 기억해내는 능력에서도 개인차가 존재한다. 젊은 성인도 학습과 기억 능력에서 차이를 보이지만, 70세 노인은 더 큰 개인차를 나타낸다. 옥스퍼드대학교 연구자인 패트릭 래빗(2006)은 "가장 유능한 70대와 가장 무능한 70대 간의 차이는 가장 유능한 50대와 가장 무능한 50대 간의 차이보다 훨씬 크다."라고 보고하고 있다. 어떤 70대 노인의 수행은 거의 모든 20대 젊은이의 수행보다 열등하지만, 다른 70대 노인의 수행은 20대의 평균 수행과 맞먹거나 그것을 능가하기도 한다.

얼마나 빠르거나 느리게 기억해낼 수 있는지와 관계없이, 기억해내기는 인출하고자 시도하고 있는 정보의 유형에도 달려있는 것으로 보인다. 만일 정보가 무의미철자나 중요하지 않은 사건과 같이 의미 없는 것이라면, 나이가 들수록 오류를 범할 가능성이 증가한다. 존 베이신저의 「실낙원」 암송의 경우와 같이, 정보가 의미 있는 것이라면, 노인의 풍부한 기존 지식망이 그 정보를 유지하는 데 도움을 준다. 그렇지만 알고 있는 지식을 끄집어내는 데는 젊은 성인보다 시간이 더 걸릴 수 있다. 또한 노인은 설단 현상 망각을 더 자주 경험한다(Ossher et al., 2012). 가능한 한 빨리 답을 내놓아야 하는 퀴즈 게임의 승자는 일반적으로 젊은 성인이거나 중년이다(Burke & Shafto, 2004).

심적 능력의 유지

노화하는 마음을 연구하는 심리학자들은 '두뇌 피트니스' 컴퓨터 훈련 프로그램이 심적 근력을 강화시키고 인지 저하를 지연시킬 수 있는지에 관하여 논쟁을 벌이고 있다. 두뇌는 일생 동안 가소성을 유지한다(Gutchess, 2014). 그렇다면 기억과 시각 추적 그리고 문제해결 연습 등 '인지 러닝머신' 위에서 두뇌를 훈련하는 것은 마음의 상실을 피할 수 있게 해주겠는가? 한 신경과학자이자 사업가는 '삶의 매 순간, 두뇌의 선천적인 가소성은 사람들에게 증진하고 기능할 수 있는 능력을 제공'한다고 주장하였다(Merzenich, 2007). 인지 훈련 프로그램을 분석한 결과를 보면, 훈련과 관련된 검사에서의 점수가 일관성 있게 증가하였다(Simons et al., 2016). 비디오 게임도 사람들의 주의력을 고양시킨다(Bediou et al., 2018).

이러한 결과에 근거하여, 몇몇 컴퓨터 게임 제작자들은 노인을 위한 두뇌 훈련 프로그램을 판매하고 있다. 그렇지만 연구자들은 모든 가용한 연구들을 개관한 후에, 신중을 기하도록 충고한다(Melby-Lervåg et al., 2016; Redick et al., 2017; Sala et al., 2018). 한 전문가 팀은 "두뇌 훈련 개입이 훈련받은 과제에서의 수행을 증진시킨다는 광범위한 증거와 훈련과 밀접하게 관련된 과제에서의 수행을 증진시킨다는 약간의 증거가 있으며, 별로 관련되지 않은 과제에서의 수행이나 일상적인 인지수행을 증진시킨다는 증거는 거의 없다."라고 보고하였다(Simons et al., 2016, 103쪽). 자크 햄브릭(2014)이 설명하는 바와 같이, "비디오 게임을 즐기면, 그 비디오 게임을 더 잘하게 되며, 매우 유사한 비디오 게임에서도 잘할 수 있을지도 모르겠다." 그렇지만 자동차를 운전하거나 세금 환급서류를 작성하는 것은 아닐 것이다. 한 실험은 단순히 온라인 비디오 게임을 즐기는 것과 비교할 때, 유명한 두뇌 훈련 프로그램이 심적 수행을 증진시키지는 않는다는 사실을 발견하였다(Kable et al., 2017).

제10장은 인지 발달의 또 다른 차원인 지능을 다룬다. 앞으로 보게 되겠지만, **횡단연구**와 **종단연구**는 나이를 먹어감에 따라서 변하는 심적 능력과 변하지 않는 심적 능력들을 확인해왔다. 연령은 기억과 지능보다는 죽음에 근접하였음을 알려주는 예언자이며, 사람들의 심적 능력에 대한 단서를 제공한다. 삶의 마지막 3~4년 동안에, 그리고 특히 죽음이 다가옴에 따라서 전형적으

"삶의 덧없음에 대한 갑작스러운 깨달음은 아버지의 관심사를 축소시키고 갈망하는 것을 바꾸어놓았다… 손주들을 더 자주 찾고, 인도의 가족을 만나러 가는 가외적 여행을 하며, 새로운 모험을 억제하도록 만들었다." 아툴 가완디, 『어떻게 죽을 것인가』(2014)

로 인지능력의 감소에 가속도가 붙게 된다(Vogel et al., 2013; Wilson et al., 2007b). 연구자들은 죽음을 앞둔 이러한 하강을 **종착역 내리막길**이라고 부르고 있다(Backman & MacDonald, 2006). 삶의 목표도 변한다. 무엇인가를 배우려는 동기보다는 사회적 연계의 동기가 더 강하게 작동한다(Carstensen, 2011).

신경인지장애와 알츠하이머병

LOQ 5-21 신경인지장애와 알츠하이머병은 인지능력에 어떤 영향을 미치는가?

90대까지 생존하는 대부분의 사람은 맑은 정신을 가지고 살아가지만, 불행하게도 어떤 사람들은 정상적인 노화과정이 아닌 상당한 심리적 쇠퇴로 고통받는다. 노인의 경우 청각 상실 그리고 이에 따른 사회적 고립이 우울증과 가속화된 심리적 쇠퇴의 위험성을 초래한다(Lin et al., 2011a,b, 2013; Loughrey et al., 2018). 청각이 정상인 사람과 비교할 때, 청각을 상실한 사람은 대략 3년 전부터 기억, 주의, 학습 등의 감퇴를 보이지만, 보청기를 착용하면 그 정도가 덜하다(Maharani et al., 2018). 반복되는 경미한 뇌졸중, 뇌종양 또는 알코올 남용 장애는 점진적으로 두뇌를 손상시켜 **신경인지장애**(neurocognitive disorder, NCD)(치매라고도 부른다)라고 부르는 심리적 와해를 초래하게 된다. 중년기의 과도한 흡연은 노년기에 이 장애의 위험성을 두 배 이상 증가시킨다(Rusanen et al., 2011). 무서운 질병인 **알츠하이머병**(Alzheimer's disease)은 75세 인구의 3%를 고통으로 몰아넣는다. 95세에 이르기까지, 심리적 와해의 발병률은 대체로 5년마다 두 배로 증가한다.

알츠하이머병은 마음의 가장 밝은 측면조차도 파괴시킨다. 우선 기억이 붕괴된 후에 추리능력이 망가진다. (자동차 열쇠를 어디에 두었는지를 때때로 망각하는 것은 심각한 문제가 아니다. 그렇지만 집에 가는 길을 망각한다면 알츠하이머병을 의심해야 한다.) 로버트 세이어(1979)는 그의 아버지가 알츠하이머 증상을 보이는 어머니에게 "더 잘 생각해봐!"라고 고함을 치는 동안, 어머니는 혼란스럽고 당황하여 눈물을 흘리면서 잃어버린 물건을 찾아 집안을 이리저리 헤매던 사건을 기억하고 있다. 알츠하이머 증상이 시작되고 5년에서 20년이 지나면 정서적으로 무감각해진 후에, 방향감각을 잃고 억제력을 상실하며 대소변을 가리지 못하게 되고, 결국에는 심리적 진공 상태에 빠지게 된다. 인간성이 박탈된 채 몸뚱이만 살아있는 일종의 살아있는 시체가 되어버리는 것이다.

뇌세포의 손상 그리고 기억과 사고에 필수적인 신경전달물질인 아세틸콜린을 생산하는 뉴런의 퇴화가 알츠하이머병 증상의 기저를 이룬다. 사후에 부검을 해보면, 아세틸콜린을 생산하는 뉴런에 두 가지 수상한 변이를 볼 수 있다. 세포체에서 말라 죽은 단백질 섬유 그리고 뉴런 수상돌기 끝부분에서 발생한 퇴적물(퇴화한 조직의 덩어리)이 그것이다. 오늘날 새로운 테크놀로지는 이러한 증상이 발생하기 오래전부터 알츠하이머병에 취약한 유전자 검사를 하거나 뇌척수액에 의심스러운 단백질 쪼가리가 들어있는지를 확인할 수 있다(De Meyer et al., 2010; Luciano et al., 2009). 이러한 발견은 예컨대, GABA라고 부르는 기억 억제 신경전달물질의 활동을 감소시킴으로써 질병을 제압하는 약물들을 개발하고 검증하려는 경쟁을 부추겨왔다(Chen et al., 2014). 21개의 관련 유전자를 발견한 것이 도움을 줄지도 모르겠다(Lambert et al., 2013).

후각 감퇴와 느리고 비틀거리는 걸음걸이가 알츠하이머병을 예측하기도 한다(Belluck, 2012; Wilson et al., 2007a). 알츠하이머병에 걸릴 위험이 있는 사람들의 두뇌 영상(그림 5.21)도 증상

신경인지장애(NCD) 인지 결손이 특징인 후천적 장애. 알츠하이머병, 두뇌 손상이나 질병, 물질 남용 등과 관련되기 십상이다. 노인들의 신경인지장애를 치매라고도 부른다.

알츠하이머병 신경 반점이 특징적으로 나타나는 신경인지장애. 보통 80세 이후에 출현하며, 기억을 포함한 여러 인지능력의 점진적 손상을 수반한다.

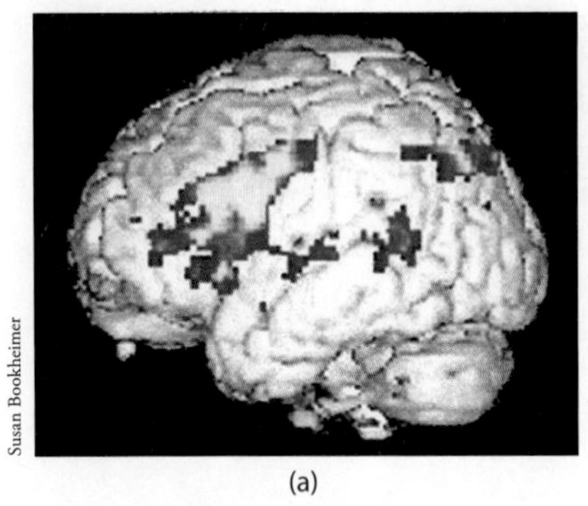
(a)

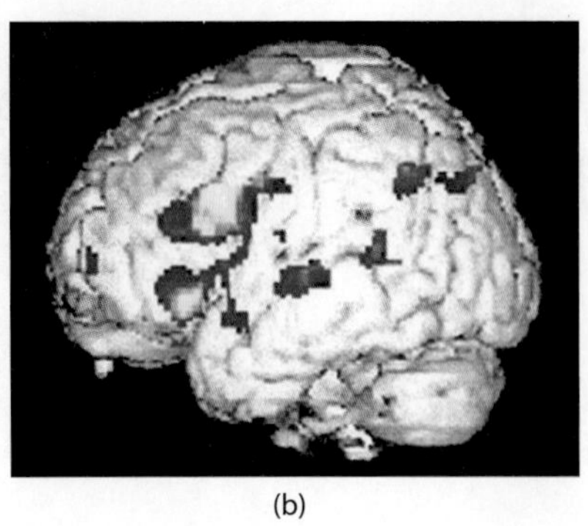
(b)

Susan Bookheimer

그림 5.21
알츠하이머병의 예측 알츠하이머병의 위험이 있는 사람이 기억검사를 받는 동안 두뇌의 MRI 영상(왼쪽)은 정상 두뇌와 비교할 때보다 강력한 활동을 나타낸다(노랑이 가장 강력한 것이고, 그다음이 주황, 빨강 순이다). 두뇌 영상과 유전자 검사가 알츠하이머병에 걸릴 가능성이 큰 사람을 확인해낼 수 있게 된다면, 여러분은 검사를 받겠는가? 받겠다면, 어느 연령대에서 받겠는가?

이 나타나기도 전에 특정 뇌세포의 상당한 퇴화 그리고 알츠하이머병과 관련된 두뇌영역에서의 활동 저하를 보여준다(Apostolova et al., 2006; Johnson et al., 2006; Wu & Small, 2006). 사람들이 단어 목록을 기억할 때, 두뇌 영상은 산만한 두뇌 활동도 보여주는데, 이것은 마치 동일한 수행을 달성하는 데 더 많은 두뇌 활동이 필요한 것처럼 보인다(Bookheimer et al, 2000).

알츠하이머병은 잠을 잘 자고 독서, 교육 프로그램 참가, 달리기나 근력운동 등과 같은 활동을 통해서 심신을 활동적으로 유지하는 사람들 사이에서 다소 덜 빈번하게 나타난다(Agrigoroaei & Lachman, 2011; Noble & Spires-Jones, 2019; Reynolds, 2019). 스웨덴에서 거의 1,500명에 달하는 중년 여성을 40년 동안 추적조사한 연구에서 보면, 높은 신체건강 수준이 치매의 발현을 9.5년 지연시켰다(Hörder et al., 2018). 근육의 경우와 마찬가지로 두뇌도 사용할수록 덜 상실되는 것이다.

사회성 발달

LOQ 5-22 어떤 주제와 영향 요인이 성인 초기부터 죽음에 이르기까지의 사회적 여정을 특징짓는가?

다음 문장을 다섯 차례에 걸쳐 완성해보라. "나는 __________하다."

10대는 대부분 자신의 개인적 특질을 기술한다. 젊은 성인은 자신을 직업이나 자녀의 존재 여부 등의 사회적 역할에 따라서 정의한다(Hards et al., 2019). 삶의 중차대한 사건들이 젊은이와 노인 간의 많은 차이를 만들어낸다. 새로운 직장은 새로운 관계와 새로운 기대 그리고 새로운 요구사항을 의미한다. 혼인은 친밀감의 즐거움과 자신의 삶을 다른 사람의 삶과 합병해야 하는 스트레스를 모두 초래한다. 자녀 출산 전후의 3년은 대부분의 부모에게 삶의 만족도를 증가시킨다(Dyrdal & Lucas, 2011). 사랑하는 사람의 죽음은 돌이킬 수 없는 상실감을 초래한다. 성인의 삶에서 발생하는 이러한 사건들이 삶의 변화에서 어떤 순서를 만들어내는가?

성인기의 연령과 단계

40대에 접어들면 사람들은 중년기로의 전환을 겪게 되는데, 남아있는 삶이 지나온 삶보다 더 짧다는 사실을 깨닫는 시기이기도 하다. 몇몇 심리학자는 중년으로의 전이가 많은 사람에게 위기이며, 심하게 발버둥치고 후회하거나 심지어는 삶으로 인해 좌절감을 느끼기까지 하는 시기라고 주장해왔다. 중년의 위기에 대한 일반의 이미지는 젊은 애인과 새로 출시된 스포츠카를 위하여 가족을 버리는 40대 초반의 남자이지만, 이것은 사실이라기보다는 신화에 가깝다. 불행, 직업 불만족, 결혼 불만족, 이혼, 불안, 자살 등이 40대 초에 솟아나지는 않는다(Hunter & Sundel, 1989; Mroczek & Kolarz, 1998). 예컨대, 이혼은 20대에서 가장 많으며, 자살은 70~80대에서 가장 많이 발생한다. 거의 10,000명에 이르는 남녀를 대상으로 정서 불안정을 조사한 연구는 고통이 중년기에서 최고조에 이른다는 아무런 증거도 찾아내지 못하였다(McCrae & Costa, 1990).

삶의 위기를 경험하였다고 보고한 중년 4명 중 1명에게 있어서 그 촉발자극은 연령이 아니라 질병, 이혼, 실직 등과 같은 중대 사건이다(Lachman, 2004). 어떤 중년기 성인은 자신을 '샌드위치 세대'라고 부르기도 한다. 고령의 부모를 부양하는 동시에 성인으로 성장하고 있는 자식들이나 손주를 돌보아야 한다(Riley & Bowen, 2005).

사회적 시계 결혼, 부모가 되는 것, 그리고 은퇴와 같은 사회적 사건에 대해서 문화적으로 선호하는 타이밍

삶의 사건은 다양한 연령에서 새로운 삶의 단계로의 전이를 촉발한다. 집을 떠나고 직장을 구하며 혼인하고 자녀를 낳으며 은퇴할 시점을 정의하는 **사회적 시계**(social clock)는 시대에 따라서 그리고 문화에 따라서 다르다. 한때는 견고하게 자리 잡고 있던 삶의 순서가 많이 느슨해졌다. 사회적 시계는 여전히 똑딱거리며 작동하고 있지만, 사람들은 자신만의 시간 속에서 많은 해방감을 느끼고 있다.

"나는 정말 궁금한 게 많아요… 흥미진진한 것을 찾지 못하였다면 지금도 이렇게 일하고 있겠습니까." 99세의 신경심리학자 브렌다 밀너(2017)

심지어 우연 사건조차도 삶의 진로를 뒤틀리게 함으로써 지속적인 영향을 미칠 수 있다. 앨버트 반두라(1982, 2005)는 '우연한 만남과 삶의 진로에 대한 심리학'에 관한 그의 강연에 참석하였다가 우연히 자기 곁에 앉았던 여자와 결혼하게 되었던 출판사 편집장의 아이러니한 실제 이야기를 회상하고 있다. (저자인 마이어스의 의도와는 무관하게) 이 책을 집필하도록 이끌어간 사건의 순서는 국제 학술회의에서 우연히 저명한 연구자 곁에 앉게 되어 서로를 알게 된 것으로부터 시작되었다. 마찬가지로 드월이 이 책의 공동저자가 된 것도 의도하지 않은 채 시작된 일이었다. 드월의 전문가로서의 삶에 관한 기사를 우연히 발견한 마이어스는 그를 자신의 대학에 초청하였다. 그곳에서 공동 작업을 위한 대화를 시작하였던 것이다. 우연한 사건이 우리의 삶을 변화시킬 수 있다.

"한 개인의 삶에서 중요한 사건들은 거의 불가능한 사건들이 연쇄적으로 발생한 산물들이다." 조셉 트라웁, 『트라웁의 법칙』(2003)

성인기의 몰입

삶의 두 가지 기본적인 측면이 성인기를 지배한다. 에릭 에릭슨은 이것을 친밀감(친밀한 관계를 형성하는 것)과 생산성(생산적이고 미래 세대를 지원하는 것)이라고 불렀다. 지그문트 프로이트(1935/1960)는 아주 간단하게 표현하였다. 즉, 건강한 성인이란 사랑하고 일할 수 있는 사람이라는 것이다.

사랑 점점 더 많은 사람이 독신으로 살아가고 있다고 하더라도, 결국에는 대부분이 낭만적 사랑으로 결합한다. 사람들은 전형적으로 시시덕거리다 사랑에 빠지고 상대방에게 몰입하게 되는데, 한 번에 한 사람과 관계를 맺는다. 인류학자인 헬렌 피셔(1993)는 '한 쌍의 유대관계야말로 인간이라는 동물의 트레이드마크'라고 표현하였다. 진화적인 관점에서 볼 때, 이러한 일부일처 관계는 이해할 수 있는 일이다. 자녀가 성숙하도록 양육하는 데 협력하는 부모는 그렇지 않은 부모에 비해서 자신의 유전자를 후손에게 전달할 가능성이 더 크다.

사랑 친밀감, 애착, 상대방에의 헌신 등 무엇이라고 부르든 사랑이 건강하고 행복한 성인기의 핵심이다.

Andersen Ross/Blend Images/Alamy

사랑을 통한 성인들의 유대는 관심사와 가치관의 유사성, 정서적·재정적 지원의 공유, 그리고 친밀한 자기노출을 나타낼 때 가장 만족스럽고 지속적이게 된다. 그리고 싫든 좋든 간에, 사람들의 기준은 세월이 지나면서 높아져왔다. 오늘날 사람들은 지속적인 유대관계뿐만 아니라 돈을 버는 직업이 있고 자녀를 양육하며 다정한 친구이자 따뜻하고 수용적인 연인이기도 한 배우자를 희망한다(Finkel, 2017). '서약의 위력'도 존재한다. 사랑을 서약한 이성애 관계와 동성애 관계가 지속적이기 십상이다(Balsam et al., 2008; Rosenfeld, 2014). 20세 이후에 결혼하고 학력이 높을수록 그러한 유대관계가 지속될 가능성이 특히 높다. 서구 국가의 사람들은 30년 전의 사

람들과 비교할 때, 더 좋은 교육을 받으며 늦게 결혼한다(Wolfinger, 2015). 이러한 추세는 1960년부터 1980년까지 치솟았던 미국의 이혼율이 감소한 이유를 설명하는 데 도움을 준다. 캐나다의 이혼율도 1980년대 이후 유사한 패턴을 보였다(Statistics Canada, 2011).

동거를 해보는 것이 이혼의 위험을 최소화시킬 수 있겠는가? 유럽, 캐나다, 미국에서 보면, 결혼에 앞서(특히 약혼하기도 전에) 동거하였던 사람들이 그렇지 않은 사람들보다 더 높은 이혼율과 파경을 보인다는 사실을 반복적으로 보여왔다(Goodwin et al., 2010; Jose et al., 2010; Manning & Cohen, 2012; Stanley et al., 2010). 연구를 수행한 11개 선진국에서, 동거하는 사람은 배우자에 비해서 자신이 지난해에 관계가 지속될 것인지에 대해서 심각하게 의심해본 적이 있다는 데 동의할 가능성이 높았다(Wang & Wilcox, 2019). 세 가지 요인이 영향을 미친다. 첫째, 동거하는 사람은 애초에 지속적인 결혼생활이라는 이상에 충실하지 않은 경향이 있다. 둘째, 동거하는 동안 결혼을 덜 지지하게 될 수 있다. 셋째, 데이트 상대자에 비해서 동거자와 헤어지는 것이 더 어색하고 곤란하여, 동거하지 않았더라면 남겨두고 떠났을 사람과 결혼하도록 이끌어간다(Stanley & Rhoades, 2016a,b).

오늘날에는 더욱 다양한 관계가 가능하지만, 결혼의 관습은 지속되고 있다. 미국 성인 10명 중에서 9명 이상이 결혼을 하였거나 원한다(Newport & Wilke, 2013). 서구 국가에서 결혼하는 '매우 중요한' 이유는 무엇인가? 미국인의 경우에는 31%가 경제적 안정성이라고 말하며, 93%는 사랑을 내세운다(Cohn, 2013). 그리고 결혼은 행복감, 성적 만족, 수입, 신체적 건강과 심리적 건강의 예측자이다(Scott et al., 2010; Wilcox & Wolfinger, 2017). 1972~2018년 사이에 60,000명 이상의 미국인을 대상으로 수행한 조사는 결혼한 성인의 40% 그리고 미혼 성인의 23%가 '매우 행복하다'고 보고하였다(NORC, 2019). 동성애 부부도 독신 동성애자보다 더 큰 웰빙을 보고하고 있다(Peplau & Fingerhut, 2007; Wayment & Peplau, 1995). 나아가서 결혼율이 높은 동네일수록 범죄와 일탈행동 그리고 아동의 정서장애와 같은 사회병리의 비율이 낮아진다(Myers & Scanzoni, 2005; Wilcox et al., 2018).

여러분은 어떻게 생각하는가? 결혼이 행복과 상관되는 이유가 배우자의 지지와 친밀감이 행복을 초래하기 때문인가, 행복한 사람들이 결혼하여 결혼생활을 유지하기 때문인가, 아니면 둘 모두 때문인가?

지속되는 결혼생활이 항상 갈등에서 자유로운 것은 아니다. 어떤 부부는 싸움도 하지만 서로를 애정으로 감싸주기도 한다. 다른 부부는 결코 목소리를 높이는 경우가 없지만, 상대방을 치켜세우거나 껴안아주지 않는다. 두 스타일이 모두 지속적일 수 있다. 2,000쌍의 상호작용을 관찰한 후에 존 고트만과 줄리 고트만(2018)은 결혼의 성공에 대한 한 가지 지표를 보고하였다. 즉, **긍정적 상호작용 대 부정적 상호작용의 비율이 최소한 5 대 1은 되어야 한다는** 것이다. 안정된 결혼에는 미소 짓고, 신체접촉을 하며, 칭찬해주고, 웃어 젖히는 비율이 비꼬고 비난하며 무례한 것보다 다섯 배 이상 많다. 따라서 만일 갓 결혼한 어느 부부가 결혼생활을 유지할 것인지를 예측하고자 한다면, 그들이 얼마나 열정적으로 사랑하는가에 주의를 기울이지 말라. 결혼생활을 유지하는 부부는 배우자를 억누르는 것을 억제하는 부부이다. 성공적인 부부는 암과 같은 불치의 결과를 예방하기 위해서 공정하게 싸우며(모욕을 주기보다는 자신의 감정을 표현한다) "당신 잘못이 아니라는 것을 알고 있어."라든가 "나는 잠시 입을 다물고 당신 말을 듣도록 할게."와 같은 말을 함으로써 혼란 속에서 갈등을 걸러내는 방법을 학습한다.

흔히 사랑은 자식을 잉태한다. 대부분의 사람에게 있어서 가장 지속적인 삶의 변화인 자녀의 출생은 삶의 의미와 환희 그리고 때로는 스트레스를 야기하기도 하는 행복한 사건이다(Nelson-Coffey et al., 2019; Witters, 2014). 전국 조사에 참여한 미국 어머니의 93%는 "나는 그 어느 누구에게보다도 더 내 자식을 향한 불가항력적인 사랑을 느낀다."에 동의하였다(Erickson & Aird,

2005). 많은 아버지도 똑같은 느낌을 갖는다. 저자인 마이어스는 첫째 아이가 출생한 후 몇 주 동안에 "이것이야말로 부모님이 나에게 느꼈던 감정이구나!"라는 사실을 깨닫게 되었다.

자녀가 시간과 돈 그리고 정서적 에너지를 빨아들이기 시작하면, 결혼 자체에 대한 만족도가 줄어들 수 있다(Doss et al., 2009). 특히 가정에서 자신이 예상하였던 것보다도 더 많은 전통적인·잡일의 부담을 안게 되는 직업여성에게서 그 가능성이 더욱 크다. 따라서 대등한 관계를 만드는 데 노력을 경주하는 것은 이득을 배가시킬 수 있다. 즉, 결혼이 만족스러울수록 더 좋은 부모-자식 관계가 싹트게 된다(Erel & Burman, 1995).

"부모의 사랑을 이해하려면, 자식을 가져 보라." 중국 격언

결국 자식은 집을 떠나게 된다. 자녀의 떠남은 중차대한 사건이며, 때로는 어려움을 초래하기도 한다. 그렇지만 대부분의 사람에게는 빈 둥지가 행복한 공간이 된다(Adelmann et al., 1989; Gorchoff et al., 2008). 많은 부모는 새로운 밀월을 경험하며, 특히 자녀들과 긴밀한 관계를 유지하고 있을 때 더욱 그렇다(White & Edwards, 1990). 대니얼 길버트(2006)가 언급한 바와 같이, "유일하게 알려져 있는 '빈 둥지 증후군' 증상은 증가된 미소이다."

"자식 사랑은 다른 어떤 정서와도 전혀 닮지 않았다. 나는 내 아이들에게 너무나도 빨리 그리고 깊게 사랑에 빠져버렸는데, 그 아이들의 특정 자질과는 전적으로 무관한 것이었다. 그리고 20년 후에 그 아이들이 떠나는 것을 보며 행복했다. 떠나는 것을 보는 것이 행복할 수밖에 없었다. 우리는 아이들이 어렸을 때 완전히 헌신적이었으며, 성장할 때 보상으로 기대할 수 있는 것이란 오직 아이들이 황홀하고도 관대한 애정을 가지고 우리를 존경하는 것이다." 발달심리학자 앨리슨 고프닉, "지고지선의 유아"(2010)

직업 많은 성인에게 있어서 "당신은 누구입니까?"에 대한 답변은 "무슨 일을 하고 계십니까?"에 대한 답변에 크게 의존하고 있다. 남녀 모두에게 있어서, 자신의 경력을 선택하는 것은 어려운 일이며, 특히 경제 상황이 좋지 않은 시기에는 더욱 그렇다. 경제 상황이 좋은 시기에도 대학 1학년이나 2학년생이 자신의 미래 경력을 예측할 수 있는 경우는 거의 없다.

© Jose Luis Pelaez Inc/Blend Images/ Corbis

Hill Street Studios/Getty Images

직무 만족과 삶의 만족 직업은 우리에게 정체감과 유능감 그리고 성취의 기회를 제공해줄 수 있다. 아마도 도전적이고 흥미진진한 직업이 사람들의 행복감을 증진시키는 이유가 바로 이것일 것이다.

결론적으로 행복이란 자신의 흥미에 맞으며 유능감과 성취감을 제공해주는 직업을 갖는 것이다. 행복은 여러분의 시간과 자원을 기꺼이 내주는 것이다(Mogilner & Norton, 2016; Whillans et al., 2016). 행복은 여러분이 달성한 성과를 알아채고는 응원해주는 친밀하고 지지적인 동료나 가족과 친구를 갖는 것이다(Campos et al., 2015). 그리고 여러분을 사랑하며 여러분도 사랑하고 자랑스럽게 여기는 자식을 갖는 것도 포함된다.

인출 연습

RP-1 프로이트는 건강한 성인을 ________과 ________을 가지고 있는 사람으로 정의하였다.

답은 부록 E를 참조

평생에 걸친 웰빙

LOQ 5-23 사람들의 안녕감은 평생에 걸쳐서 어떻게 변하는가?

산다는 것은 늙어간다는 것이다. 지금 이 순간은 여러분에게 있어서 가장 늙은 순간이며, 미래로 보면 가장 젊은 순간이기도 하다. 이 말은 우리 모두가 만족하거나 후회하면서 뒤를 돌아볼 수 있으며, 희망이나 두려움을 가지고 앞을 내다볼 수도 있다는 사실을 의미한다. 사람들에게 만일 다시 한번 살 수 있다면 어떻게 살아가겠는지 물었을 때, 가장 많은 응답은 "공부하는 것을 보다 중요하게 받아들이고 더 열심히 하겠다."라는 것이었다(Kinnier & Metha, 1989; Roese & Summerville, 2005). "아버지에게 사랑한다고 말했어야만 했다." 또는 "유럽에 한 번도 가보지 못한 것을 후회한다."와 같은 다른 후회들도 저지른 실수보다는 하지 못한 것들에 초점을 맞추고 있다(Gilovich & Medvec, 1995).

그렇지만 65세가 넘은 노인이 죽을 때까지 특별히 불행한 것은 아니다. 예컨대, 자존감은 안정적으로 남아있다(Wagner et al., 2013). 갤럽은 전 세계적으로 658,038명의 사람에게 자신의 삶을 0('최악의 삶')에서부터 10('최고의 삶')에 이르는 사다리에서 평가해보도록 요청하였다. 15세에서 90세 이상에 이르는 연령은 삶의 만족도에 아무런 단서도 제공하지 못하였다(Morrison et al., 2014). 증대된 정서 제어가 지원하는 긍정적 감정은 중년기 이후에 증가하는 경향이 있으며, 부적 감정은 가라앉는다(Stone et al., 2010; Urry & Gross, 2010). 예컨대, 중국과 미국의 젊은 성인과 비교하여, 나이 든 성인은 긍정적 뉴스에 더 많은 주의를 기울인다(Isaacowitz, 2012; Wang et al., 2015a).

"태어날 때 여러분은 울었고 세상은 환호하였다. 죽을 때 세상이 울고 여러분이 환호하는 방식으로 삶을 살아가라." 아메리카 원주민 격언

모든 연령대의 사람들과 마찬가지로, 노인들도 홀로 있지 않을 때 가장 행복하다(그림 5.22). 10대나 젊은 성인과 비교해보면, 나이 든 성인은 소셜 네트워크가 줄어들고 친구의 수도 줄어들며, 외로움이 증가한다(Luhmann & Hawkley, 2016; Wagner et al., 2016). 그렇지만 사회관계에서 더 적은 문제점을 나타낸다. 애착 불안, 스트레스, 분노 등이 줄어든다(Chopik et al., 2013; Fingerman & Charles, 2010). 나이 들어감에 따라서 사람들은 더욱 안정되고 수용적이 된다(Bailey & Leon, 2019; Shallcross et al., 2013).

"3년이 꼬박 지난 후에도 여전히 기혼입니까?
신비한 것은 없습니다.
우리는 서로의 습관이며,
서로의 역사입니다."
주디스 비오르스트, "기혼으로 남는 것의 비밀"(2007)

나이 들어가는 두뇌가 이러한 정적 감정을 배양하는 데 도움을 줄 수 있다. 노인의 두뇌 영상을 보면, 정서의 신경처리 중추인 편도체가 부정적 사건에 덜 적극적인 반응을 보인다(그렇지만

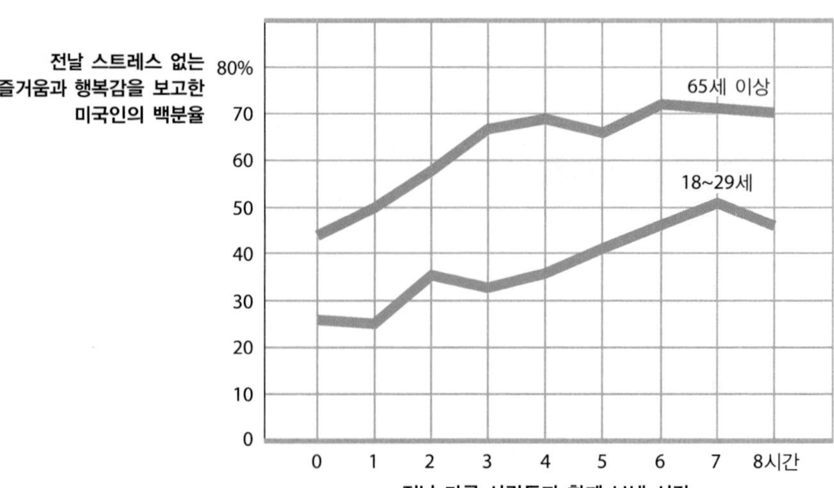

그림 5.22
인간은 사회적 존재다 젊은 성인과 노인 모두 다른 사람들과 함께 시간을 보낼 때 더 높은 행복감을 보고한다(주 : 이 상관은 보다 행복한 사람이 더 사회적이라는 사실을 반영할 수도 있다)(Crabtree, 2011).

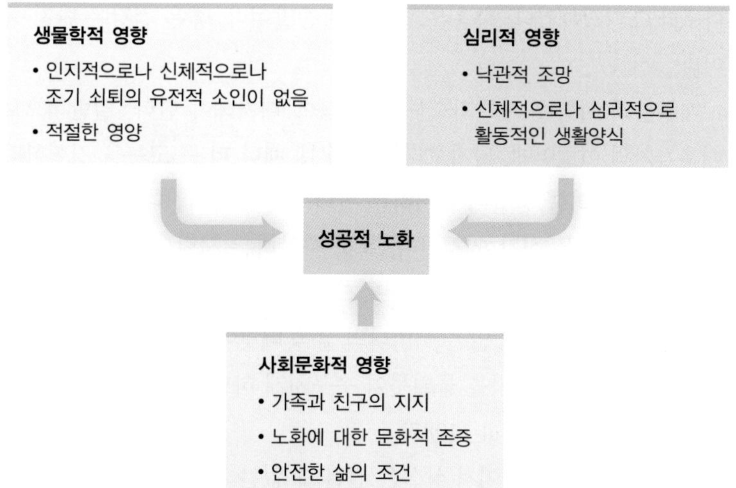

그림 5.23 성공적인 노화에 대한 생물심리사회적 영향

긍정적 사건에는 여전히 반응한다)(Mather et al., 2004). 부정적 이미지에 대한 뇌파반응도 감소한다(Kisley et al., 2007). 삶의 종착역에 도달함에 따라서, 두뇌는 만족스러운 정점에 도달할 수 있게 해주는 것이다(Mather, 2016).

이에 덧붙여, 노인은 젊은 성인과는 달리 삶의 나쁜 사건보다는 좋은 사건을 더 잘 기억한다(Addis et al., 2010). 이렇게 행복한 현상은 대부분의 노인으로 하여금 자신의 삶은 전반적으로 만족스러운 것이었다고 느끼게 하는 데 일조한다. 생물, 심리, 사회문화 요인의 영향 덕분에 점점 더 많은 사람이 화려한 말년을 맞이하는 것이다(그림 5.23).

평생에 걸친 웰빙의 탄력성은 연령과 관련된 몇 가지 흥미로운 정서적 차이점을 덮어버리게 된다. 호출기를 정기적으로 울리게 해서 그 순간의 활동과 감정을 보고하게 하는 방법을 사용하여 사람들의 정서적 지형을 그려보았다. 연구자들이 찾아낸 것은 10대들이 전형적으로 한 시간도 되지 않아서 우쭐함과 우울함 사이를 오락가락하는 반면에, 어른의 기분은 덜 극단적이며 더욱 지속적이라는 사실이다(Csikszentmihalyi & Larson, 1984). 나이를 먹어감에 따라서 감정은 부드러워진다(Brose et al., 2015). 덜 흥분하게 되고 덜 소침해진다. 칭찬은 우쭐함을 덜 야기하고 비판은 절망감을 덜 야기한다. 그동안 산처럼 누적된 칭찬과 비난의 꼭대기에 단지 부가적인 피드백이 될 뿐이다. 나이를 먹어감에 따라서 삶은 정서적 롤러코스터를 타는 것이라기보다는 카누의 노를 저어가는 것과 같이 되는 것이다.

"70세가 된 것의 장점은 삶을 보다 평온하게 받아들인다는 것이라고 말하고 싶다. '언젠가는 이 나이도 지나가게 될 것'이다." 엘리너 루스벨트(1954)

인출 연습

RP-2 늙어가는 것의 가장 심각한 도전거리와 보상에는 어떤 것이 있는가?

답은 부록 E를 참조

죽음

LOQ 5-24 사랑하는 사람의 죽음은 어떤 반응을 촉발하는가?

경고 : 만일 여러분이 다음 문단을 읽기 시작한다면, 죽게 될 것이다.

설령 여러분이 이 문단을 읽지 않는다고 하더라고, 언젠가는 죽게 될 것이다. 19세기 작곡가 엑토르 베를리오즈는 "시간은 위대한 스승이지만, 불행하게도 자신의 제자를 모두 죽이고 만다."라고 지적하였다. 죽음은 필연적인 종말이다. 좋은 건강은 단지 죽음으로 가는 가장 느린 길이다.

"100세가 되어 가장 좋은 것은 또래 압력이 없다는 점이다." 루이스 쿠에스터, 2005년에 100세가 되면서

대부분의 사람은 가족과 친구의 죽음에 대처해야 한다. 일반적으로 가장 고통스러운 이별은 배우자와의 이별인데, 남자보다 여자가 네 배나 더 큰 고통을 경험한다. 일상생활과 관계를 유지하는 것이 그러한 상실에 대처하는 탄력성을 증가시킨다(Infurna & Luthar, 2016). 그렇지만 누군가에게 슬픔은 심각한 것이며, 특히 사랑하는 사람의 죽음이 갑작스럽게 사회적 시계에서 예정된 시간보다 일찍 찾아오게 되면, 그 슬픔은 정말로 통렬한 것이 된다. 저자(드월)는 비극적인 사고가 60세밖에 되지 않은 어머니의 삶을 빼앗아 갔을 때 그러한 슬픔을 직접 경험하였다. 그러한 비극은 과거의 기억을 물밀듯이 솟구치게 하며, 그로 인해 슬퍼하는 기간이 1년 이상 지속되기도 한다(Lehman et al., 1987).

어떤 사람들에게 있어서 상실은 견딜 수 없는 것이 된다. 100만 명 이상의 덴마크 사람을 장기적으로 추적조사한 연구는 대략 17,000명의 사람이 18세 이전 자녀의 죽음으로 고통받았다는 사실을 찾아냈다. 자녀가 죽은 후 5년 동안에 3%가 정신병원에 입원하게 되었는데, 이 비율은 그런 경험을 하지 않은 부모의 비율보다 67%나 높은 것이었다(Li et al., 2005).

사랑하는 사람의 죽음에 대한 반응범위는 많은 사람이 생각하는 것보다 훨씬 광범위하다. 어떤 문화는 공개적으로 울부짖고 통곡하는 것을 권장하며, 다른 문화는 슬픔을 감춘다. 한 문화 내에서도 개인차가 존재한다. 유사한 상실에 대해서 어떤 사람은 격정적이고 오랫동안 슬퍼하지만, 다른 사람들은 덜 그렇다(Ott et al., 2007). 아무튼 일반의 오해와는 정반대되는 다음과 같은 현상들이 존재한다.

- **비통함에는 단계가 존재하는가?** 사랑하는 사람이 죽을병에 걸려 사별한 사람이 모두 '분노하기에 앞서 부정하는 것'과 같이 예측 가능한 단계를 거치는 것은 아니다(Friedman & James, 2008; Nolen-Hoeksema & Larson, 1999).
- **비통함을 제거해야만 하는가?** 즉각적으로 강렬한 슬픔을 표출하는 사람들이 그 슬픔을 보다 신속하게 일소하는 것은 아니다(Bonanno & Kaltman, 1999; Wortman & Silver, 1989). '굳건하게 견디며' 자녀의 죽음을 이야기하지 않음으로써, 자신의 배우자를 보호하고자 애쓰는 고통스러운 부모가 실제로는 그 괴로움을 지속적으로 느낄 수 있다(Stroebe et al., 2013).
- **치료가 필요한가?** 사별 치료와 자조집단이 도움을 주지만, 시간 경과와 친구의 지원 그리고 다른 사람들을 지원하고 도와주는 것도 유사한 치료 효과를 갖는다(Baddeley & Singer, 2009; Brown et al., 2008; Neimeyer & Currier, 2009). 비탄에 빠진 배우자가 다른 사람과 자주 이야기하거나 슬픔 상담을 받는다고 해서 혼자서 슬픔을 삭이고 있는 사람보다 더 잘 적응하는 것은 아니다(Bonanno, 2004; Stroebe et al., 2005).
- **다가오는 죽음은 두려운 것인가?** 사람들이 죽음에 직면할 때 느낄 것이라고 상상하는 것과 비교할 때, 실제로 죽을병으로 다가오는 죽음을 마주하고 있는 사람은 더 긍정적이며 덜 슬프고 덜 절망적이다. 죽을병에 걸린 환자의 블로그 게시물과 사형수의 마지막 발언을 연구한 아멜리아 고란슨과 동료들(2017)은 "저승사자를 만나는 것은 생각처럼 끔찍한 것은 아닐는지도 모른다."라고 결론지었다.

품위 있고 솔직하게 죽음을 맞이하는 것은 자기 삶이 의미 충만한 것이고 조화로운 것이었다

는 느낌, 즉 자신의 존재가 유익한 것이었으며 삶과 죽음은 진행되는 주기의 한 부분이라는 느낌을 가지고 일생을 마감할 수 있게 해준다. 비록 죽음이 환영할 만한 것은 아니라고 하더라도, 삶 자체는 죽은 후에도 긍정적인 것이 될 수 있다. 특히 자신의 삶을 절망감이 아니라 에릭 에릭슨이 말하는 통합감, 즉 자신의 삶이 의미 충만하며 가치 있는 것이었다는 느낌을 가지고 관조하는 사람들에게서 그렇다.

개관 성인기

학습목표

자기검증 개념 파악을 증진시키도록 (부록 D의 답을 확인해보기에 앞서) 여러분 자신의 표현으로 여기서 반복하는 학습목표 물음에 답해보라 (McDaniel et al., 2009, 2015).

LOQ 5-19 중년기와 성인 후기에 어떤 신체 변화가 일어나는가?

LOQ 5-20 기억은 나이 들어감에 따라서 어떻게 변하는가?

LOQ 5-21 신경인지장애와 알츠하이머병은 인지능력에 어떤 영향을 미치는가?

LOQ 5-22 어떤 주제와 영향 요인이 성인 초기부터 죽음에 이르기까지의 사회적 여정을 특징짓는가?

LOQ 5-23 사람들의 안녕감은 평생에 걸쳐서 어떻게 변하는가?

LOQ 5-24 사랑하는 사람의 죽음은 어떤 반응을 촉발하는가?

기억해야 할 용어와 개념들

자기검증 여러분 자신의 표현으로 정의를 적어본 후에 답을 확인해보라.

사회적 시계 | 알츠하이머병
신경인지장애 | 폐경

학습내용 숙달하기

자기검증 여러분 자신의 표현으로 다음 물음에 답한 후에 부록 E에서 답을 확인해보라.

1. 다음 중 65세 이후의 노인이 인지 저하를 경험할 가능성이 가장 높은 것은 무엇인가?

a. 이 장에서 중요한 모든 용어와 개념들을 회상하는 능력
b. 선다형 문제에서 정확한 정의를 골라내는 능력
c. 자신의 생일을 회상해내는 능력
d. 뜨개질과 같이 잘 학습한 기술을 나타내는 능력

2. 프로이트는 사랑하고 일할 수 있는 사람을 건강한 성인으로 정의하였다. 성인들이 친밀감과 ___________을 획득하고자 애쓴다는 사실을 관찰한 에릭슨도 이에 동의하였다.

3. 다음 중 많은 사람이 생각하는 것과 다른 것은 어느 것인가?

a. 노인은 청소년보다 훨씬 행복하다.
b. 40대 남자는 동년배의 여자보다 삶의 훨씬 큰 불만족을 표명한다.
c. 모든 연령의 사람들은 유사한 수준의 행복을 보고한다.
d. 자녀가 최근에 집을 떠나 빈 둥지를 지키는 부모의 행복감이 가장 낮다.

Artem Varnitsin/EyeEm/Getty Images

감각과 지각

작가이자 교사인 헤더 셀러스는 "나는 완벽한 시각을 가지고 있다."라고 주장한다. 그녀의 시각은 온전할지 모르겠으나, 지각은 그렇지 않다. 그녀는 자신의 회고록 『당신은 내가 아는 사람처럼 보이질 않아요』에서 평생 동안 지속된 얼굴실인증이 초래한 어색한 순간들을 다음과 같이 기술하고 있다.

> 대학 시절 스파게티 식당에서 데이트를 하던 중, 나는 화장실에 다녀오면서 엉뚱한 남자를 바라보면서 엉뚱한 좌석에 털썩 주저앉았다. (나에게는 낯선 사람으로 보이는) 나의 데이트 상대가 이 엉뚱한 남자에게 다가오고 있음에도 불구하고, 나는 그가 나의 데이트 상대가 아니라는 사실을 깨닫지 못하고 있었다. 그 사실을 깨달은 순간 나는 허겁지겁 그 식당에서 뛰쳐나오고 말았다. 나는 영화와 텔레비전에서 연기자들을 구분할 수 없다. 사진이나 비디오에서 나 자신도 재인하지 못한다. 나는 축구 시합을 마치고 나오는 나의 양아들을 재인할 수 없다. 파티에서, 쇼핑몰에서, 시장에서, 누가 내 남편인지를 알아차리지 못하였다.

셀러스는 다른 사람들이 자신을 배타적이거나 쌀쌀맞은 것으로 지각하는 것을 피하기 위하여, 때때로 알아보는 척한다. 알고 있는 사람들이 스쳐 지나가는 경우에, 그 사람들을 향하여 자주 미소를 짓는다. 또는 대화를 나누고 있는 사람들을 알고 있는 척하기도 한다. 그렇지만 셀러스는 동전에도 뒷면이 있게 마련이라는 사실을 지적한다. 과거에 자신을 귀찮게 하였던 사람을 만났을 때, 전형적으로 나쁜 의도를 느끼지 못한다. 왜냐고? 그 사람을 재인할 수 없기 때문이다.

셀러스와 달리, 대부분의 사람은 1/7초도 되지 않

는 짧은 시간에 친숙한 얼굴을 재인할 수 있게 도와주는 대뇌 우반구 아래쪽에 자리 잡고 있는 영역을 가지고 있다(Jacques & Rossion, 2006). 이렇게 뛰어난 능력은 광의적 원리 하나를 예증한다. 즉, 자연이 선물한 감각은 각 동물로 하여금 필수 정보를 얻을 수 있도록 해준다. 몇 가지 예를 보자.

- 사람의 귀는 말소리 특히 아이의 울음소리를 포함하는 소리 주파수에 가장 민감하다.
- 개구리는 날아다니는 벌레를 잡아먹는데, 그 눈에는 작고 움직이는 대상이 있을 때만 활동하는 세포들이 있다. 개구리는 벌레가 움직이지 않는다면 먹잇감이 아무리 많이 있어도 굶어 죽을 수 있다. 그렇지만 벌레가 움직이는 순간 개구리의 '벌레 탐지기' 세포가 작동하게 된다.
- 누에나방 수놈의 냄새 수용기는 암놈이 반경 1.6킬로미터 내에서 방출한 초당 대략 3,000만분의 1 그램의 성 분비물을 탐지할 수 있다(Sagan, 1977). 누에나방이 멸종하지 않는 이유가 바로 여기에 있다.

이 장에서는 사람들이 주변세계를 감각하고 지각하는 방법에 대해서 심리학자들이 밝혀온 내용들을 보다 상세하게 살펴본다. 모든 감각에 적용되는 몇 가지 기본 원리를 살펴보는 것으로 시작한다.

감각과 지각의 기본 개념

하루 24시간 마치 폭격하듯 신체에 쏟아지는 감각자극의 회오리로부터 우리는 어떻게 의미를 생성하는 것인가? 두뇌는 철저한 어둠 속에서 정적이 감도는 내적 세상에서 떠다니고 있다. 두뇌는 아무것도 보지 못한다. 아무것도 듣지 못한다. 아무것도 느끼지 못한다. 그렇다면 어떻게 바깥세상이 두뇌 안으로 들어가는 것인가? 이 물음을 과학적으로 다시 표현해보자. 어떻게 사람들은 외부세계에 대한 표상을 구축하는 것인가? 캠프파이어의 타오르는 불꽃, 장작 타는 소리, 연기 냄새 등이 어떻게 신경회로들을 활성화하는 것인가? 살아있는 신경화학적 존재로서 어떻게 불꽃의 움직임과 따뜻함, 그 향기와 아름다움에 대한 의식 경험을 만들어내는 것인가?

그림 6.1
여기서 무슨 일이 일어나고 있는가? 감각과 지각과정은 복잡한 심상을 구별할 수 있도록 함께 작동한다. 당나귀 타고 있는 사람이 감추어져 있는 산드로 델 프레테의 「레오나르도 다빈치에게 바치는 경의」.

Sandro Del-Prete

감각과 지각의 처리

학습목표 물음 LOQ **6-1** 감각과 지각이란 무엇인가? 상향처리와 하향처리가 의미하는 것은 무엇인가?

'완벽한 시각'과 얼굴실인증이라는 헤더 셀러스의 흥미로운 공존은 감각과 지각 간의 차이를 예증하고 있다. 친구를 바라다볼 때, 그녀의 **감각**(sensation)은 정상이다. 그녀의 **감각수용기**(sensory receptor)는 여러분의 감각기관이 탐지하는 것과 동일한 정보를 탐지하고, 그 정보를 두뇌로 전달한다. 그녀의 **지각**(perception), 즉 두뇌가 감각입력을 체제화하고 해석하는 과정도 거의 정상이다. 따라서 얼굴이 아니라 머리 스타일, 걸음걸이, 목소리, 특정한 신체 특징 등을 통해서 사람을 재인할 수 있다. 그녀의 경험은 뒤뚱거리는 펭귄집단 속에서 특정 펭귄을 재인하고자 애쓰고 있는 것과 같다.

정상적인 상황에서 감각과 지각은 하나의 연속적인 처리과정으로 진행된다.

- **상향처리**(bottom-up processing) 감각수용기로부터 출발하여 보다 높은 수준의 처리로 진행
- **하향처리**(top-down processing) 경험과 기대에 근거하여 감각입력으로부터 지각을 구성

그림 6.1에 들어있는 정보를 두뇌가 받아들임에 따라서, 상향처리는 감각 시스템으로 하여금 꽃과 잎사귀를 구성하는 선분, 각도, 색깔 등을 탐지할 수 있게 해준다. 하향처리를 사용하여 감각이 탐지한 정보를 해석하게 된다.

변환

LOQ 6-2 모든 감각 시스템에 기본이 되는 세 단계는 무엇인가?

감각 시스템은 놀라운 과업을 수행한다. 즉, 한 형태의 에너지를 다른 형태로 변환한다. 시각은 빛 에너지를 처리한다. 청각은 음파를 처리한다. 모든 감각은 다음의 세 가지 작업을 수행한다.

- 전문화된 수용기세포를 사용하여 감각자극을 **받아들인다**.
- 그 자극을 신경 활동으로 **변환한다**.
- 신경정보를 두뇌에 **전달한다**.

한 형태의 에너지를 다른 형태로 전환하는 과정을 **변환**(transduction)이라고 부른다. 변환은 광파와 같은 물리적 에너지를 두뇌의 전기화학적 언어로 바꾸는 번역 작업과 같은 것이다. **정신물리학**(psychophysics)은 사람들이 탐지할 수 있는 물리적 에너지와 심리적 경험에 미치는 그 에너지의 효과 간의 관계를 연구한다.

이 장의 뒷부분에서는 개별 감각 시스템에 초점을 맞춘다. 어떻게 보는가? 듣는 것은? 통증을 느끼는 것은? 맛은? 냄새는? 균형을 유지하는 것은? 각 경우에 감각 시스템은 정보를 받아들이고 변환하여 그 정보를 두뇌로 전달한다. 그리고 모든 감각은 함께 작업한다.

광대한 에너지 바다에서 자극을 탐지하고 해석하는 사람들의 능력이 가지고 있는 몇 가지 장점과 단점들을 살펴보도록 하자.

인출 연습

RP-1 감각과 지각 간의 개략적인 차이점은 무엇인가?

답은 부록 E를 참조

역치

LOQ 6-3 절대 역치와 차이 역치는 어떻게 다른가?

이 순간에도 우리는 모두 X선, 라디오파, 적외선과 자외선, 초고주파와 초저주파 등에 둘러싸여 있다. 이것들은 볼 수도 들을 수도 없다. 상이한 욕구를 가지고 있는 다른 동물은 인간의 경험을 넘어서는 세상을 탐지할 수 있다. 철새는 몸에 장착한 자기 나침반을 사용하여 비행경로를 유지한다. 박쥐와 돌고래는 물체로부터 반향하는 초음파로 먹잇감의 위치를 알아낸다. 일벌은 구름이 낀 날에도 사람에게는 보이지 않는 태양으로부터 오는 편광을 탐지하여 날아다닌다.

감각을 가리고 있는 차단막은 일부분만 열려있어서 이렇게 광대한 에너지의 바다를 제한적으

감각 감각수용기와 신경 시스템이 환경으로부터 자극 에너지를 받아들이고 표상하는 과정 

감각수용기 자극에 반응하는 감각신경 말단

지각 감각정보를 체제화하고 해석하는 과정으로, 의미 있는 사물과 사건을 재인할 수 있게 해준다.

상향처리 감각수용기로부터 시작하여 감각정보에 대한 두뇌의 통합으로 나아가는 분석

하향처리 경험과 기대에 근거하여 지각을 구성할 때와 같이, 상위 수준의 심적 과정에 의해 주도되는 정보처리 과정

변환 한 형태의 에너지를 다른 형태로 바꾸는 것. 감각에서 빛, 소리, 그리고 냄새와 같은 자극 에너지를 두뇌가 해석할 수 있는 신경 흥분으로 변환시킨다.

정신물리학 자극의 강도와 같은 물리적 특성과 심리적 경험 사이의 관계에 대한 연구

Dan Dunkley/Science Source

그림 6.2
절대 역치 이 소리를 탐지할 수 있는가? '절대 역치'란 특정 자극을 50%의 시행에서 탐지할 수 있는 강도이다. 청력검사는 다양한 주파수별로 역치를 찾아낸다.

정확 탐지율
100%
75
50
25
0
역치하 자극
낮음
절대 역치
높음
자극 강도 ⟶

로만 자각할 수 있게 해준다. 그렇지만 인간의 욕구를 위해서는 이것이면 충분하다.

절대 역치

사람은 특정 유형의 자극에 유별나게 민감하다. 맑은 날 한밤중에 산 정상에 올라갔다면, 50킬로미터 떨어진 또 다른 산 정상에 켜놓은 촛불을 볼 수 있다. 뺨에 내려앉은 벌의 날개를 느낄 수 있다. 방이 세 개 있는 아파트에서 향수 한 방울의 냄새를 맡을 수도 있다(Galanter, 1962).

독일의 과학자이자 철학자인 구스타프 페히너(1801~1887)는 이렇게 희미한 자극에 대한 자각을 연구하고, 특정 빛, 소리, 압력, 맛, 냄새 등을 0.5의 확률로 탐지하는 데 필요한 최소 자극 값을 **절대 역치**(absolute threshold)라고 불렀다. 청각 전문가는 소리의 절대 역치를 검증하기 위해서 양쪽 귀에 다양한 강도의 소리를 제시한다(그림 6.2). 검사는 각 소리에 대해서 절반의 시행에서는 소리를 탐지하고 나머지 절반에서는 탐지하지 못하는 지점을 결정하게 된다. 이렇게 50 대 50으로 탐지하는 지점이 절대 역치를 규정하게 된다.

청력검사에서 사용하는 소리와 같이 미약한 자극이나 신호의 탐지는 그 신호의 강도뿐만 아니라 경험, 기대, 동기, 각성 등의 심리 상태에도 영향을 받는다. **신호탐지 이론**(signal detection theory)은 적중(hit)과 허위경보(false alarm)의 비율을 측정함으로써, 언제 약한 신호를 탐지할 것인지를 예측한다. 신호탐지 이론가는 사람들이 동일한 자극에 대해서 다르게 반응하는 이유, 그리고 상황이 변함에 따라서 동일인의 반응이 변하는 이유를 설명하고자 시도한다.

탐지 확률이 0.5 이하인 자극은 **역치하**(subliminal), 즉 절대 역치 이하의 자극이 된다(그림 6.2). 역치하 자극을 사용한 실험은 성적 지향성의 깊은 내면을 예증해준다. 참가자들이 화면 중앙에 초점을 맞추고 있을 때, 한쪽에는 사람의 나체사진을, 그리고 다른 쪽에는 신체 부분들이 제멋대로 배열된 사진을 순간적으로 제시하였다(Jiang et al., 2006). 색채가 들어있는 바둑판무늬로 사진을 즉각적으로 차폐하였기 때문에, 의식 수준에서는 색깔이 번쩍인 것 이외에는 아무것도 보지 못하였으며 나체사진이 어디에 나타났었는지를 추측할 수도 없었다. 보지 못한 이미지가 무의식적으로 주의를 끌었는지를 검증하기 위하여 실험자는 시야의 어느 한쪽에 차폐자극이 뒤따르는 기하도형을 제시하였다. 도형의 각도를 보고하도록 요구하였을 때, 이성애 남자들은 바로 직전에 여자 나체사진을 제시하였던 위치에 제시한 기하도형을 더 정확하게 추측하였다. 동성애 남자와 이성애 여자들은 기하도형이 남자 나체사진을 대치하였을 때, 더 정확하게 추측하였다. 따라서 의식적으로는 지각하지 못하더라도 자극적인 성적 이미지가 이들의 주의를 끌었던 것이다.

이 실험은 성적 지향성이 의식적 도덕 판단보다는 더 깊은 곳에 자리 잡고 있음을 보여준다. 그리고 무의식적 마음이 어떻게 바람과 같은 것인지도 예증한다. 볼 수는 없지만 그 효과는 볼 수 있다. 그렇다면 역치하 메시지가 사람을 통제할 수 있겠는가? (비판적으로 생각하기 : 역치하 감각과 역치하 설득을 참고하라.)

절대 역치 특정 자극을 50%의 시행에서 탐지하는 데 필요한 최소 자극

신호탐지 이론 배경 자극(소음) 속에서 희미한 자극(신호)의 존재를 언제, 어떻게 탐지하는지를 예언하는 이론. 단 하나의 절대 역치는 존재하지 않으며, 탐지는 부분적으로 개인의 경험과 기대 그리고 동기와 피로 수준에 달려있다고 가정한다.

역치하 의식적 자각을 위한 절대 역치 이하

점화 특정 연합의 무의식적 활성화. 지각이나 기억 또는 반응을 한쪽으로 이끌어간다.

신호탐지 의사가 유방조영상을 읽어낼 때, 배경 자극(소음) 속에서 희미한 유방암 자극(신호)을 탐지하고자 시도한다. 새로운 3차원 초음파 유방영상 테크놀로지는 신호를 명확하게 잡아내고 허위경보의 비율을 낮추는 것을 목표로 삼고 있다.

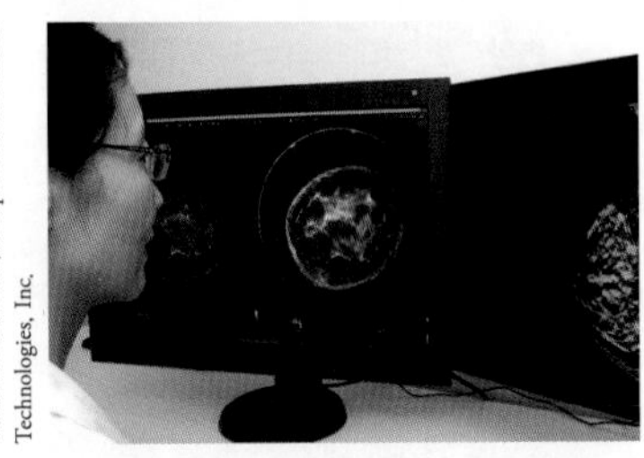

Tamara Collins/Delphinus Medical Technologies, Inc.

비판적으로 생각하기

역치하 감각과 역치하 설득

LOQ 6-4 역치하 자극은 사람들에게 어떤 영향을 미치는가?

사람은 역치하 감각, 즉 너무나 약해서 의식적으로는 알아차릴 수 없는 자극의 영향을 받을 수 있다.

연구자는 **점화**(priming)를 사용하여 무의식적 연합을 활성화시킨다.

참가자가 사람 사진을 보고 그 사람에 대한 호오도를 평가한다.

그렇지만

각 사진이 나타나기 직전에 연구자가 교묘하게 역치하로 기분 좋은 이미지(예컨대, 새끼 고양이)나 기분 나쁜 이미지(예컨대, 늑대인간)를 보여준다.

의식 수준에서는 참가자가 이러한 이미지를 빛이 번쩍하는 것으로만 지각한다.

참가자의 얼굴 평가가 영향을 받겠는가?

그렇다. 영향을 받는다![1]

참가자의 두뇌가 역치하 이미지를 의식적으로 지각할만한 시간이 없는 경우조차도 점화는 일어난다. 사람들은 의식적으로 자각할 수 없을 때에도 자극을 평가할 수 있다.[2]

역치하 자극이 사람들을 점화할 수 있다면, 설득할 수도 있겠는가? 예컨대, 체중을 감소하거나 금연을 하거나 기억력을 증진하도록 말이다.

의식적 자각이 없는 상태에서 다음과 같은 역치하 시청각 메시지를 전달한다.

"나는 날씬해."
"담배연기는 맛이 형편없어."
"나는 검사를 잘 해낼 거야. 정보를 완벽하게 회상한다고."

열여섯 가지 실험의 결과는 행동에 대한 강력하고도 지속적인 영향을 전혀 보여주지 못하였다.[3] 어떤 시청각 자료도 가짜약 이상의 도움을 주지 못하였다. 단지 효과가 있을 것이라고 믿기 때문에 나타나는 효과가 있을 뿐이었다.

1. Krosnick et al., 1992. 2. Ferguson & Zayas, 2009. 3. Greenwald et al., 1991, 1992.

Eric Isselee/Shutterstock

차이 역치

효율적으로 기능하기 위해서는 빛, 소리, 촉감, 맛, 냄새 등을 탐지하는 절대 역치가 낮을 필요가 있다. 또한 자극 간의 조그만 차이를 탐지할 필요도 있다. 음악가는 악기를 조율할 때 미묘한 차이를 탐지할 수 있어야만 한다. 부모들은 여러 아이의 소리 중에서 자기 아이의 소리를 탐지해야만 한다. 스코틀랜드에서 2년을 생활한 후에도 양의 울음소리가 저자(마이어스)의 귀에는 모두 똑같이 들렸다. 그렇지만 어미 양에게는 그렇지 않았다. 털을 깎은 후에 어미 양이 스트레스를 받고 있는 수많은 새끼 양의 합창 속에서 자기 새끼의 울음소리를 향해서 바로 달려가는 모습을 목격하였다.

차이 역치(difference threshold)[또는 최소식별차이(just noticeable difference, jnd)]란 두 자극이 다르다는 것을 탐지할 확률이 0.5가 되는 최소 차이값을 말한다. 차이 역치는 자극의 강도가 클수록 증가한다. 40데시벨의 크기로 음악을 듣는다면, 5데시벨(jnd)의 증가를 탐지할 수 있다. 그렇지만 볼륨을 110데시벨로 높이게 되면, 5데시벨의 증가를 탐지하지 못한다.

The LORD is my shepherd;
I shall not want.
He maketh me to lie down
in green pastures:
he leadeth me
beside the still waters.
He restoreth my soul:
he leadeth me
in the paths of righteousness
for his name's sake.
Yea, though I walk through the valley
of the shadow of death,
I will fear no evil:
for thou art with me;
thy rod and thy staff
they comfort me.
Thou preparest a table before me
in the presence of mine enemies:
thou anointest my head with oil,
my cup runneth over.
Surely goodness and mercy
shall follow me
all the days of my life:
and I will dwell
in the house of the LORD
for ever.

차이 역치 컴퓨터로 인쇄한 시편 23편에서, 각 줄의 글씨체가 조금씩 커지고 있다. 여러분은 몇 줄 지나서야 글씨체가 커졌다는 사실을 자각할 수 있는가?

19세기 후반에 독일의 의사인 에른스트 베버는 간단하면서도 광범위하게 적용되며, 오늘날에도 여전히 **베버의 법칙**(Weber's law)이라고 부르는 현상에 주목하였다. 이 법칙은 보통사람이 차이를 지각하려면 두 자극이 일정한 양이 아니라 일정한 비율만큼 달라야만 한다고 진술한다. 그 비율은 자극의 유형에 따라 다르다. 예컨대, 두 불빛은 강도가 8% 정도 차이 나야만 한다. 무게의 경우에는 2% 차이 나야 한다. 그리고 소리는 주파수가 0.3%만 달라도 차이를 지각할 수 있다(Teghtsoonian, 1971).

인출 연습

RP-2 소리를 사용하여 다음 개념들 간의 차이를 예시해보라. 절대 역치, 역치하 자극, 차이 역치.

답은 부록 E를 참조

감각 순응

LOQ 6-5 감각 순응의 기능은 무엇인가?

다음은 삶의 소소한 호기심 중의 하나이다. 환풍기를 켜거나 끌 때까지는 그 소음을 알아차리지 못할 수 있다. 냄새의 경우에도 마찬가지다. 버스에서 자리에 앉자마자 옆좌석 사람의 심한 향수냄새가 코를 찌른다. 이 냄새를 어떻게 견디나 싶었는데, 몇 분 지나면 더 이상 냄새를 맡을 수 없다. **감각 순응**(sensory adaptation)이 여러분을 구해준 것이다. 변하지 않는 자극에 지속적으로 노출되면, 신경세포들이 덜 반응하게 되기 때문에 그 자극을 덜 자각하게 된다. (감각 순응을 경

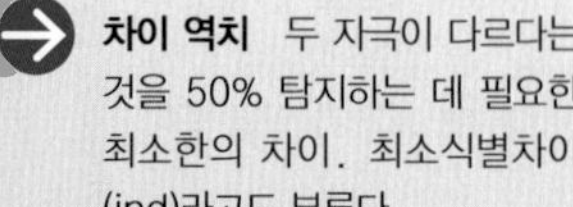

차이 역치 두 자극이 다르다는 것을 50% 탐지하는 데 필요한 최소한의 차이. 최소식별차이(jnd)라고도 부른다.

베버의 법칙 두 자극이 다르게 지각되기 위해서는 최소한 일정 비율만큼(일정한 양이 아니라) 차이가 나야 한다는 원리

감각 순응 일정한 자극의 결과로 민감도가 줄어드는 것

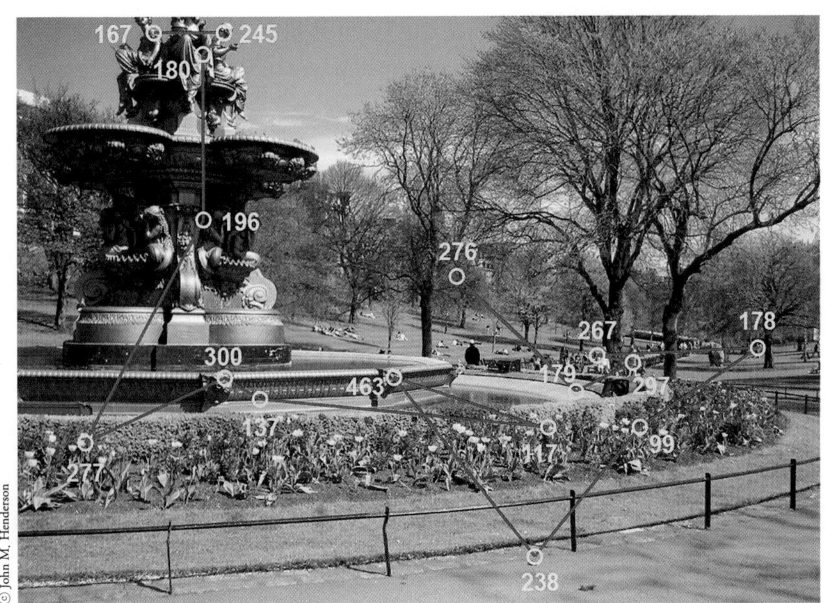

그림 6.3
점프하는 눈 우리의 응시는 한 사람이 에든버러의 프린스 스트리트 가든의 사진을 살펴보는 것을 눈 추적 장치가 예시하는 것처럼, 한 지점에서 다른 지점으로 약 1/3초마다 건너뛴다(Henderson, 2007). 동그라미는 응시를 나타내고, 숫자는 밀리초(ms) 단위로 응시시간을 표시한 것이다(300밀리초=3/10초).

험해보려면, 소매를 걷어보라. 처음에는 그것을 감각할 수 있지만, 단지 잠시만 그럴 것이다.)

그렇다면 눈을 고정한 채 응시할 때는 어째서 사물이 시야에서 사라지지 않는 것인가? 그 이유는 눈이 자각할 수 없을 만큼 계속해서 움직이고 있기 때문이다. 눈이 계속해서 움직임으로써 망막 수용기에 대한 자극이 계속해서 변하게 된다(그림 6.3).

눈이 움직이지 않도록 고정시키면 어떤 일이 일어나겠는가? 시각도 냄새처럼 사라지겠는가? 이 물음을 검증하기 위하여 심리학자들은 망막상을 일정하게 유지시키는 독창적인 장비들을 개발해왔다. 한 실험참가자가 눈에 이러한 장비 중의 하나, 즉 콘택트렌즈에 부착한 극소형 프로젝터를 착용하였다고 해보자. 그 참가자가 눈을 움직이면 프로젝터가 제공하는 상도 함께 움직인다. 따라서 어디를 응시하든 장면도 함께 이동한다. 여러분은 기묘한 결과를 추측해볼 수 있겠는가? (그림 6.4를 참조하라.)

감각 순응이 민감도를 감소시키기는 하지만, 중요한 이점을 가지고 있다. 즉, 정보를 담고 있는 환경 변화에 초점을 맞출 수 있게 해주는 것이다. 테크놀로지 기업은 변화하는 자극의 주의를 끌어당기는 힘을 이해하고 있다. 스마트폰이 전달하는 새로운 트윗, 문자 메시지, 긴급뉴스, 채팅 메시지 등을 무시하기는 매우 어렵다. 인스타그램을 설립한 엔지니어 중의 한 사람은 "클릭하게 만드는 해시태그(단어 앞에 # 기호를 붙여 그 단어에 대한 글이라는 것을 표현하는 기능)는

"우리는 무엇보다도 변화에 대해서 알려고 한다. 어느 누구도 구두를 신고 있다는 사실을 하루에 16시간씩 상기하고자 하지도 않고, 상기할 필요도 없다." 신경과학자 데이비드 허블(1979)

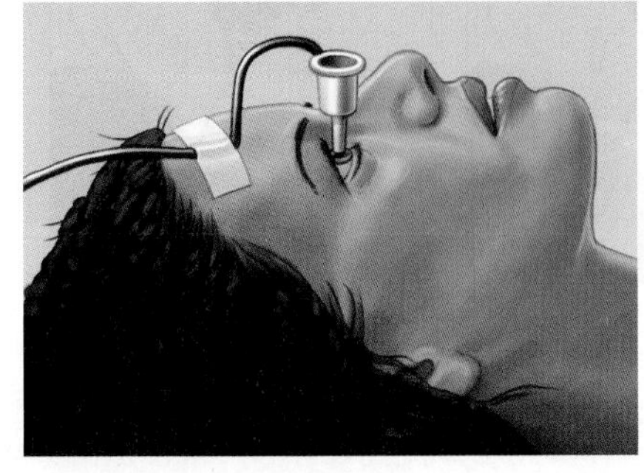
(a)

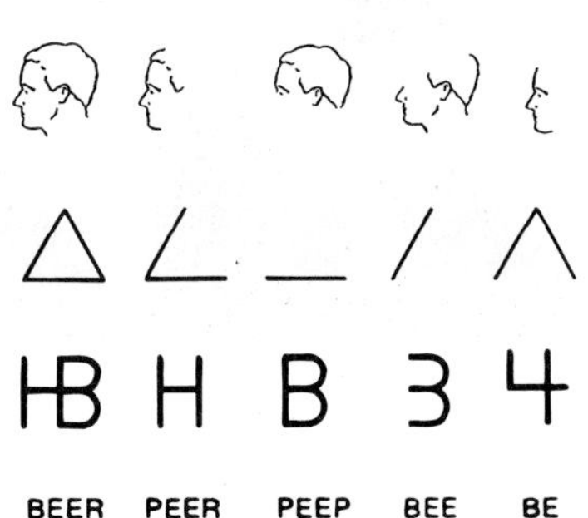

(b)

그림 6.4
감각 순응 : 보이다가, 또 안 보이다가 (a) 콘택트렌즈에 부착한 프로젝터가 망막상을 눈과 함께 이동시킨다. (b) 처음에는 안정된 이미지가 보이지만, 곧이어 부분들이 사라졌다가 다시 나타나는 것을 보게 된다.

지각갖춤새 사물을 한 가지 방식으로만 지각하려는 심적 성향

항상 존재한다."라고 말하였다(Alter, 2017). 만일 다른 과제를 수행하고 있다면, 이러한 방해가 그 수행에 해를 끼칠 수 있다(Stothart et al., 2015).

명심할 사항 : 감각 시스템은 새로움에 민감하다. 반복을 무시함으로써 보다 중요한 대상들에 주의를 기울이게 된다. 사람은 세상을 있는 그대로 지각하는 것이 아니라 자신에게 유용한 방식으로 지각한다.

자문자답하기

지난 24시간 동안 어떤 유형의 감각 순응을 경험하였는가?

인출 연습

RP-3 구두를 신고 어느 정도 시간이 경과하면, 그 구두를 신고 있다는 사실을 깨닫지 못하는 이유는 무엇인가?(이 질문이 여러분의 주의를 구두로 되돌릴 때까지 말이다).

답은 부록 E를 참조

중앙에서 숫자를 지각하는가, 아니면 문자를 지각하는가? 왼쪽에서 오른쪽으로 읽으면, 문자를 지각할 가능성이 크다. 그렇지만 위에서 아래로 읽으면, 동일한 중앙 이미지를 숫자로 읽게 된다.

There
Are Two
Errors in The
The Title Of
This Book

로버트 M. 마틴의 저서 제목(2002)

여러분은 이 제목에서 기대한 것을 지각하고, 오류를 놓쳤는가? 아직도 여전히 어리둥절하다면, 아래 각주에 적어 놓은 설명을 참조하라.[1]

지각갖춤새

LOQ 6-6 기대, 맥락, 동기, 정서 등은 지각에 어떤 영향을 미치는가?

백문이 불여일견이다[百聞 不如一見]. 사람들이 충분히 인식하지 못하고 있는 사실은 '백견이 불여일념[百見 不如一念]', 즉 믿는 것이 보는 것이라는 점이다. 경험을 통해서 사람들은 특정 결과를 기대하게 된다. 이러한 기대가 **지각갖춤새**(perceptual set), 즉 듣고, 맛보며, 느끼고 보는 것에 (하향처리의 방향으로) 영향을 미치는 일련의 심적 경향성과 가정을 제공한다.

그림 6.5를 보라. 중앙 그림(b)은 젊은 여자인가 아니면 늙은 여자인가? 이러한 그림에서 지각하는 것은 두 개의 명료한 그림(a와 c) 중에서 어느 것을 먼저 보았는지의 영향을 받을 수 있다(Boring, 1930).

지각갖춤새의 일상 예는 무궁무진하다. 1972년 영국의 한 신문은 스코틀랜드 네스호에 나타난 '괴물' 사진을 보도하면서, '지금까지 찍은 것 중에서 가장 놀랄 만한 사진'이라는 논평을 달았다. 만일 그 신문을 읽은 대부분의 독자가 그랬던 것처럼 이 정보가 여러분에게도 동일한 지

(a)

(b)

(c)

그림 6.5
지각갖춤새 친구에게 왼쪽 혹은 오른쪽 그림 중 하나를 보여주어라. 그런 다음에 중앙 그림을 보여주고 '무엇이 보이는지'를 물어보라. 친구가 늙은 여자 혹은 젊은 여자의 얼굴이 보인다고 답하는지는 먼저 본 그림이 무엇이었는지에 달려있다. 이 의미는 명확하다. 먼저 본 그림이 지각갖춤새를 형성하게 할 것이라는 점이다.

1 제목의 첫 번째 오류는 "the"가 반복된 것이다. 역설적인 두 번째 오류는 단지 하나의 오류만 있는데도 두 개가 있다고 잘못 언급한 것이다.

각갖춤새를 만들어낸다면, 여러분도 그림 6.6에서 괴물을 보게 될 것이다. 그렇지만 한 회의적인 연구자가 상이한 기대를 가지고 사진을 들여다보았을 때, 그는 휘어진 나무 등걸을 보았는데, 그 나무 등걸은 괴물 사진을 찍었던 바로 그날 다른 사람들이 호수에서 보았던 것과 아주 유사한 것이었다(Campbell, 1986). 새로운 지각갖춤새가 엄청난 차이를 만들어내는 것이다.

지각갖춤새는 듣는 것에도 영향을 미친다. 여객기를 이륙시키고자 활주로를 달리고 있는 도중에 친절한 기장이 옆에 앉아있는 우울한 모습의 부기장을 건너다보면서 "Cheer up(기운 차려)."이라고 말하였다고 가정해보자. 부기장은 그 소리를 평소처럼 예상하였던 "Gear up(기어 올려)."이라고 잘못 듣고는 비행기가 이륙하기도 전에 즉각적으로 바퀴를 올려버렸던 것이다(Reason & Mycielska, 1982). 무슨 생각을 하고 있는지에 따라서 사람들은 전혀 다른 것을 들을 수 있다.

이제 다음과 같이 엉뚱해 보이는 물음을 생각해보자. 만일 여러분이 어떤 말을 하였는데, 여러분 자신은 다른 말을 하고 있는 것으로 들었다면, 무슨 말을 하였다고 생각하겠는가? 이 물음을 검증하기 위하여, 스웨덴의 재치 있는 한 연구팀은 참가자들에게 활자의 색깔을 말하도록 요구하였다. 예컨대, '녹색'이라는 단어가 회색 활자로 나타날 때 '회색'이라고 말하는 것이었다(Lind et al., 2014). 참가자가 자신이 말하는 것을 완벽하게 방음이 되는 헤드셋을 통해서 듣는 동안에, 실험자는 때때로 교묘하게도 참가자의 녹음된 발성으로 바꾸어버렸다. 즉, 참가자가 '회색' 대신에 '녹색'을 말한 것처럼 말이다. 놀랍게도 참가자들은 일반적으로 발성이 교체되었다는 사실을 놓치고는 삽입된 단어를 자신이 발성한 것으로 들었다. 청각의 경우에도 '듣는 것이 믿는 것'이다.

기대는 맛 지각에도 영향을 미칠 수 있다. 학령 전기 아동들은 6 대 1의 비율로 감자튀김이 아무 표시도 없는 흰 봉투에 들어있을 때보다 맥도날드 봉투에 들어있을 때 더 맛있다고 생각하였다(Robinson et al., 2007). 또 다른 실험은 MIT 구내술집의 몇몇 단골손님을 초대하여 공짜 맥주 시음회를 열었다(Lee et al., 2006). 연구자들이 시중에서 판매하는 유명 맥주에 식초 몇 방울을 첨가하고는 'MIT 제조 맥주'라고 말하였을 때, 시음자들은 그 맥주를 선호하였다. 식초를 첨가한 맥주를 마시고 있다고 말해주지 않는 한에 말이다. 그 사실을 알려주었을 때는 기대한대로 형편없는 맛을 경험하였다.

지각갖춤새를 결정하는 것은 무엇인가? 사람들은 경험을 통해서 친숙하지 않은 정보를 체제화하고 해석하는 개념 또는 스키마를 형성한다. 이미 가지고 있는 괴물과 나무 등걸에 관한 스키마는 모두 하향처리를 통해서 모호한 감각을 처리하는 데 영향을 미친다.

일상생활에서는 고정관념, 즉 문화, 인종, 성별 정체성, 성적 지향성, 수입, 연령, 장애인 등등에 대한 고정관념이 지각을 채색할 수 있다. 사람들(특히 아이들)은 예컨대, 어떤 아기의 이름이 '영희'라고 알려줄 때보다 '철수'라고 알려줄 때, 그 아기가 더 크고 힘이 센 것으로 지각하기도 한다(Stern & Karraker, 1989). 어떤 차이는 단지 지각하는 사람의 눈에만 존재하는 것으로 보인다.

Keystone/Getty Images

그림 6.6
믿으면 보인다 무엇을 지각하는가? 네스호의 괴물 네시인가, 아니면 통나무인가?

"우리는 이미 절반은 알고 있는 것만을 듣고 파악한다." 헨리 데이비드 소로, 『저널』(1860)

맥락, 동기, 정서

지각갖춤새는 자극을 해석하는 방식에 영향을 미친다. 그렇지만 목전의 맥락, 그리고 상황이 야기하는 동기와 정서도 해석에 영향을 미친다.

그림 6.7
문화와 맥락효과 여성의 머리 위에 있는 것은 무엇인가? 한 연구에서 거의 모든 동아프리카 사람들은 여성이 머리 위에 금속상자나 통을 얹고 있으며, 가족들이 나무 밑에 앉아있다고 말하였다. 모서리나 상자 모양의 건축이 보다 일상적인 서구인들은 가족이 실내에 있으며 여성은 창문 밑에 앉아 있는 것으로 지각할 가능성이 더 컸다(Gregory & Gombrich, 1973에서 인용).

맥락 사회심리학자 리 로스는 상이한 맥락에서 자기 자신의 지각을 회상해볼 것을 권한다. "차를 몰고 있을 때는 보행자가 횡단보도를 어슬렁거리며 건너는 것을 증오하며 들이받고 싶기도 하지만, 여러분이 걷고 있을 때는 운전자를 증오한다는 사실을 자각한 적이 있는가?"(Jaffe, 2004). 화난 사람에 대한 것이든(열쇠를 집으러 오는 것인가, 아니면 무기를 집으러 오는 것인가?) 지나치게 가깝게 접근하는 사람에 대한 것이든(위협하는 것인가, 아니면 유혹하는 것인가?) 사람들의 기대는 항상 지각에 영향을 미친다.

Craig Klomparens/Hope College

그림 6.8
이것은 어떤 정서인가? (그림 6.9를 참조하라.)

맥락의 위력에 대한 몇 가지 예를 보자.

- 백인과 비교해서 흑인은 더 크고, 더 무거우며, 더 근육질인 것으로 지각된다(Wilson et al., 2017). 이렇게 편향적인 크기 지각은 사람들로 하여금 흑인을 위협적으로 지각하며 흑인 범죄혐의자에 대한 무력 사용을 정당화시키기 십상이다. 이러한 지각 편향은 경찰관이 무장하지 않은 흑인에게 실수로 총을 발사하게 만들 수 있다(Johnson et al., 2018; Plant & Peruche, 2005).
- 짧은 소음에 바로 뒤이어서 "eel is on the wagon"을 들려주면, 첫 번째 단어를 wheel로 듣기 십상이다. 마찬가지로 "eel is on the orange"를 들려주면, peel을 들을 가능성이 크다. 각 경우에 맥락이 기대를 생성하는데, 그 기대는 하향적으로 앞서 들었던 구절의 지각에 영향을 미친다(Grossberg, 1995).
- 문화적 맥락은 사람들의 지각에 영향을 미치기 때문에, 그림 6.7에서 보는 바와 같이, 상이한 문화가 대상을 상이하게 지각하도록 만들 수 있다고 해서 놀라운 일이 아니다. 지각은 문화의 영향을 받는다.
- 그림 6.8의 여자는 어떤 감정을 느끼고 있는가? 그림 6.9에 제시한 맥락이 모호함을 해소시킨다.

청각적으로 과장된 환호 어째서 사람들은 오래된 이탈리아제 바이올린에 수백만 달러를 지불하는가? 많은 사람은 그 음질이 더할 나위 없이 좋다고 믿고 있다. 불행하게도 최근 연구를 보면, 전문적인 바이올린 독주자들이 블라인드 테스트 조건에서 일반적으로 비싸기 그지없는 오래된 이탈리아제 바이올린보다 비싸지 않은 오늘날의 바이올린 소리를 선호하였다(Fritz et al., 2017).

Inti St. Clair/Getty Images

Craig Klomparens/Hope College

그림 6.9
맥락이 선명하게 만들어준다 호프칼리지 배구팀이 전국대회 우승을 축하하고 있다.

자문자답하기

여러분의 기대가 개인이나 집단의 의도를 잘못 지각하게 만들었던 때를 기억할 수 있는가? 어떻게 맥락효과의 자각을 사용하여 여러분의 기대를 수정하겠는가?

인출 연습

RP-4 지각갖춤새는 상향처리를 수반하는가 아니면 하향처리를 수반하는가? 그 이유는 무엇인가?

답은 부록 E를 참조

동기 동기는 목표를 달성하는 에너지를 제공한다. 맥락과 마찬가지로 동기도 중립적 자극의 해석을 편향시킬 수 있다.

- 갈증이 날 때 물병과 같이 원하는 사물은 실제보다 더 가까이 있는 것처럼 보인다(Balcetis & Dunning, 2010). 그리고 근접성이 욕구 자체를 증가시킬 수 있다. 예컨대, 이성애 남자는 물리적으로 더 가까이 있는 여자를 더 매력적으로 생각한다(Shin et al., 2019).
- 무거운 배낭을 짊어지고 있을 때 올라가야 할 언덕이 더 가파르게 보이며, 피곤하다고 느낄 때 걸어가야 할 목적지가 더 멀어 보인다(Burrow et al., 2016; Philbeck & Witt, 2015; Proffitt, 2006a,b). 육중한 사람이 체중 감량을 하면, 언덕과 계단이 더 이상 가파르게 보이지 않는다(Taylor-Covill & Eves, 2016).
- 소프트볼은 바로 직전에 스윙을 멋지게 하였을 때 더 크게 보인다. 선수들에게 직전에 멋진 스윙을 한 후에, 그리고 형편없는 스윙을 한 후에 소프트볼 크기의 원을 선택하게 함으로써 이 사실을 관찰하였다. 상보적인 현상도 존재한다. 선수가 표적에 초점을 맞출 때처럼, 표적을 더 크게 지각하면 성과가 좋아진다(Witt et al., 2012).

"안타를 칠 때는 공이 수박만 하게 보이고, 타격에 실패할 때에는 콩알만 하게 보인다." 전 메이저리그 야구선수 조지 스콧

정서 다른 재치 있는 실험들은 정서가 지각을 상이한 방식으로 이끌어갈 수 있다는 사실을 입증하였다.

- 슬픈 음악을 듣는 것은 사람들을 동음이의어에서 슬픈 의미를 지각하도록 만들 수 있다. 예컨대, morning보다는 mourning을, dye보다는 die를, pane보다는 pain을 듣게 만든다(Halberstadt et al., 1995).
- 밝고 신나는 장조 음악은 행복한 정서 단어의 확인시간을 촉진시킨다(Tay & Ng, 2019). 따

파장 광파나 음파의 한 정점에서 다음 정점까지의 거리. 전자기 파장은 극히 짧은 감마선으로부터 매우 긴 라디오파에 이르기까지 다양하다.

색상 빛의 파장에 의해서 결정되는 색 차원. 우리가 파랑, 빨강 등의 색깔 이름으로 부르는 것이다.

강도 광파나 음파에 들어있는 에너지의 양. 파의 진폭에 의해 서 결정되며, 빛의 밝기 또는 소리의 크기로 지각한다.

라서 장조 음악인 비욘세의 'Single Ladies'는 주변에서 행복한 것들을 쉽게 찾아낼 수 있게 해준다.

- 사람들은 화가 났을 때 엉뚱한 사물을 총으로 지각할 가능성이 높다(Baumann & DeSteno, 2010). 찡그린 얼굴을 역치하로 제시하여 약간 흥분되게 만들면, 사람들은 중립적 얼굴을 덜 매력적이고 호감이 가지 않는 것으로 지각한다(Anderson et al., 2012).

정서와 동기는 사회 지각도 채색한다. 고문을 약간 경험하게 되면, 사람들은 홀로 있는 것, 수면 박탈, 추운 날씨 등을 '고문'으로 더 자주 지각하기 십상이다(Nordgren et al., 2011). 사랑하고 존중하는 부부는 결혼생활에서 스트레스를 초래하는 사건을 덜 위협적인 것으로 지각한다. "남편이 오늘 일진이 안 좋은가 봐"(Murray et al., 2003).

명심할 사항 : 대부분의 지각은 지각 대상 자체뿐만 아니라 눈과 귀 이면에 있는 것에 의해서 이루어진다. 하향처리를 통해서 경험, 가정, 기대 그리고 심지어는 맥락, 동기, 정서 등이 세상에 대한 관점을 조성하고 채색할 수 있는 것이다.

개관 감각과 지각의 기본 개념

학습목표

자기검증 개념 파악을 증진시키도록 (부록 D의 답을 확인해보기에 앞서) 여러분 자신의 표현으로 여기서 반복하는 학습목표 물음에 답해보라 (McDaniel et al., 2009, 2015).

LOQ 6-1 감각과 지각이란 무엇인가? 상향처리와 하향처리가 의미하는 것은 무엇인가?

LOQ 6-2 모든 감각 시스템에 기본이 되는 세 단계는 무엇인가?

LOQ 6-3 절대 역치와 차이 역치는 어떻게 다른가?

LOQ 6-4 역치하 자극은 사람들에게 어떤 영향을 미치는가?

LOQ 6-5 감각 순응의 기능은 무엇인가?

LOQ 6-6 기대, 맥락, 동기, 정서 등은 지각에 어떤 영향을 미치는가?

기억해야 할 용어와 개념들

자기검증 여러분 자신의 표현으로 정의를 적어본 후에 답을 확인해보라.

감각	상향처리	정신물리학
감각수용기	신호탐지 이론	지각
감각 순응	역치하	지각갖춤새
베버의 법칙	절대 역치	차이 역치
변환	점화	하향처리

학습내용 숙달하기

자기검증 여러분 자신의 표현으로 다음 물음에 답한 후에 부록 E에서 답을 확인해보라.

1. 감각과 ________의 관계는 지각과 ________의 관계와 같다.

a. 절대 역치; 차이 역치 **b.** 상향처리; 하향처리
c. 해석; 탐지 **d.** 집단화; 점화

2. 감각정보를 조직하고 해석하는 과정을 ________이라고 부른다.

3. 다음 중 역치하 자극에 해당하는 것은 무엇인가?

a. 너무나 미약해서 어떤 방법으로든 두뇌가 처리할 수 없다.
b. 50% 이상 의식적으로 지각할 수 있다.
c. 항상 행동에 영향을 미칠 정도로 강하다.
d. 의식적 자각을 위한 절대 역치 이하이다.

4. 차이 역치의 또 다른 용어는 ________이다.

5. 베버의 법칙에 따라 차이를 지각하려면 두 자극이 얼마만큼 차이 나야 하는 것인가?

a. 고정되거나 일정한 에너지양
b. 일정한 최소한의 백분율
c. 항상 변하는 양
d. 7% 이상

6. 감각 순응은 다음 중에서 어느 것에 초점을 맞추게 해주는가?
   a. 시각자극
   b. 청각자극
   c. 환경의 일정한 자질
   d. 환경의 중요한 변화

7. 지각갖춤새는 지각하는 것에 영향을 미친다. 다음 중에서 이러한 심적 경향성이 반영하고 있는 것은 무엇인가?
   a. 경험, 가정, 기대
   b. 지각 순응
   c. 점화능력
   d. 차이 역치

시각 : 감각처리와 지각처리

빛 에너지와 눈의 구조

6-7 사람들이 가시광선으로 보는 에너지의 특징은 무엇인가? 눈의 어느 구조가 그 에너지에 초점을 맞추게 도와주는가?

눈은 빛 에너지를 받아들여 신경 메시지로 변환한다. 생명체의 가장 불가사의한 것 중의 하나인 두뇌는 사람들이 의식적으로 보게 되는 것을 만들어낸다. 당연한 것처럼 보이면서도 이처럼 경이로운 사건은 어떻게 일어나는 것일까?

자극 입력 : 빛 에너지

빨간 튤립을 바라다볼 때 눈에 도달하는 자극은 빨간색 입자가 아니라 시각 시스템이 빨강으로 지각하는 전자기 에너지 파동이다. 사람이 가시광선으로 보는 것은 감마선과 같이 지각할 수 없는 짧은 파장에서부터 라디오파와 같은 장파장에 이르기까지 넓게 퍼져있는 전자기 에너지의 전체 스펙트럼에서 극히 좁은 영역에 불과하다(그림 6.10). 다른 동물들은 스펙트럼의 다른 영역에 민감하다. 예컨대, 일벌은 사람이 빨강으로 지각하는 것은 볼 수 없지만 자외선은 볼 수 있다.

빛은 파동으로 전달되는데, 그 파동의 모양이 보는 것에 영향을 미친다. 빛의 **파장**(wavelength)은 파동의 한 정점에서 다음 정점까지의 거리이다(그림 6.11a). 파장은 튤립의 빨간 꽃잎이나 녹색 잎사귀와 같은 **색상**(hue)을 결정한다. 파동의 진폭 또는 높이가 빛의 **강도**(intensity), 즉 빛이 가지고 있는 에너지의 양을 결정한다. 강도는 밝기에 영향을 미친다(그림 6.11b).

물리적 에너지를 색채와 의미로 변환하는 방식을 이해하려면, 우선 시각의 창문이라고 할 수 있는 눈을 이해할 필요가 있다.

그림 6.10
우리가 보는 파장 우리가 빛으로 보는 것은 원자의 직경만큼 짧은 감마선에서부터 100킬로미터 길이의 라디오파에까지 걸쳐있는 광범위한 전자기 에너지 스펙트럼의 극히 미미한 영역에 불과하다. 인간의 눈이 볼 수 있는 파장의 좁은 영역은 상대적으로 짧은 푸른빛-보랏빛에서 상대적으로 긴 붉은 빛에까지 이른다.

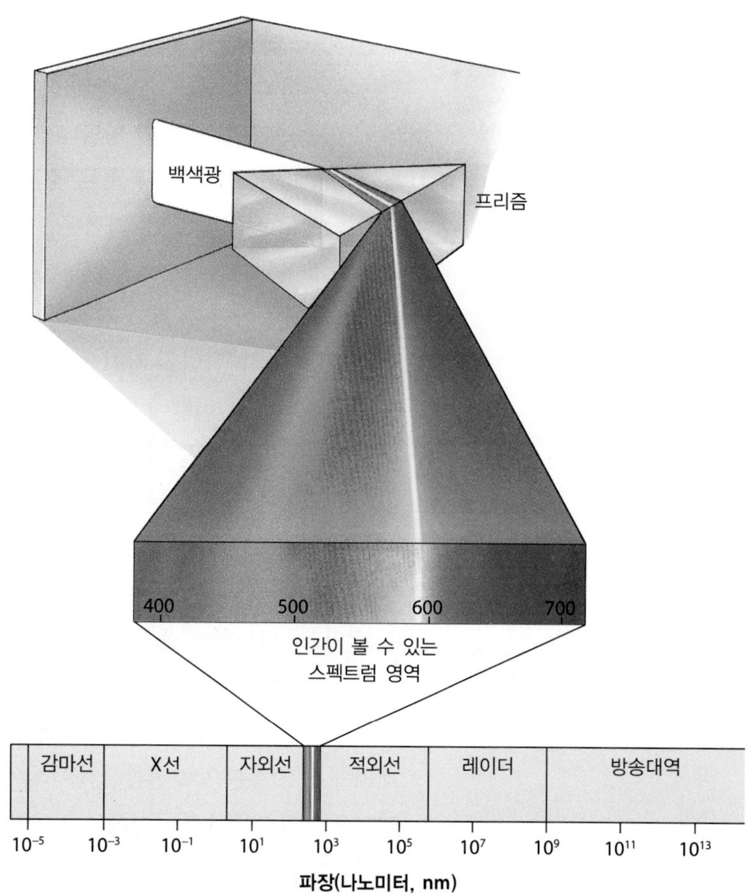

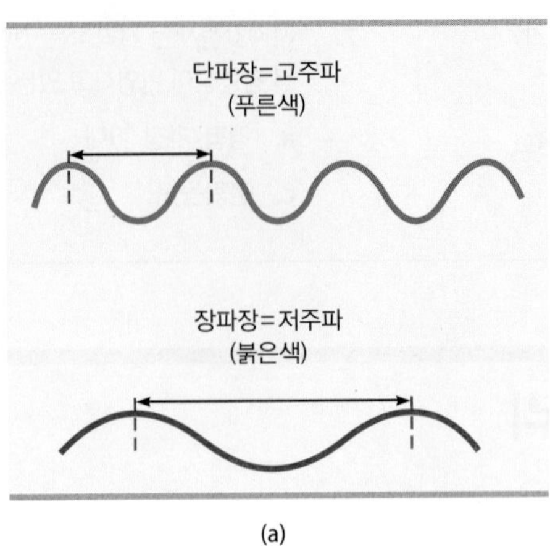

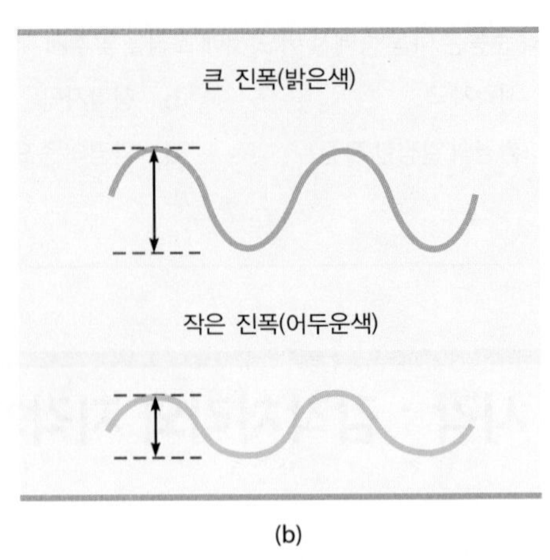

그림 6.11
파의 물리적 특성 (a) 파는 파장, 즉 연속되는 정점 간의 거리에서 차이가 있다. 단위시간에 한 점을 통과할 수 있는 파장의 수인 주파수는 파장에 달려있다. 파장이 짧을수록 주파수는 크다. (b) 파는 진폭, 즉 최상 정점에서부터 최하 정점까지의 높이에서도 차이가 있다. 파의 진폭은 색의 밝기를 결정한다.

눈

빛은 각막을 통해서 눈으로 들어오는데, 각막은 빛을 굴절시켜 초점을 맞추도록 해준다. 다시 빛은 조절 가능한 작은 구멍인 **동공**을 통과한다. 동공을 둘러싸고 있으면서 동공의 크기를 조절해주는 것이 **홍채**이며, 빛의 강도에 따라서 확장되거나 수축하는 붉은색의 근육이다. 홍채는 매우 차별적이기 때문에 홍채인식 기술을 사용하여 개인의 신분을 확인할 수 있다.

홍채는 인지 상태와 정서 상태에도 반응을 보인다. 색맹이 아니라면 화창한 하늘을 상상할 때 수축하며, 어두운 방을 상상하면 확장된다(Laeng & Sulutvedt, 2014). 질문에 '아니요'라고 답하고자 하거나 혐오감을 느낄 때도 홍채가 수축한다(de Gee et al., 2014; Goldinger & Papesh, 2012). 성적 흥분이나 신뢰감을 느낄 때 가식 없이 확장된 동공은 여러분의 느낌을 암암리에 전달한다(Attard-Johnson et al., 2016, 2017; Kret & De Dreu, 2017; Prochanzkova et al., 2018).

동공을 통과한 빛은 투명한 **수정체**에 도달한다. 수정체는 안구의 내부 표면에 여러 층을 이루고 있는 예민한 조직인 **망막**(retina)에 상이 맺히도록 초점을 맞추게 된다. 수정체는 **조절**(accommodation)과정을 통해 굴곡 정도를 변화시킴으로써 이 작업을 수행한다. 만일 수정체가 망막 앞에 초점을 맞추면, 가까운 사물은 명확하게 보지만 먼 사물은 그렇지 못하다. 이러한 근시는 안경, 콘택트렌즈, 외과수술 등을 통해서 치료할 수 있다.

과학자들은 이미 수 세기 전부터 촛불의 상이 작은 구멍을 통과하면, 뒷면에 상하좌우가 전도된 거울상이 나타난다는 사실을 알고 있었다. 만일 그림 6.12에서 보는 것처럼 망막이 전도된 상을 받아들인다면, 어떻게 제대로 된 세상을 볼 수 있는 것인가? 호기심으로 가득 찬 레오나르도 다빈치는 아마도 눈을 채우고 있는 액체가 빛을 다시 굴절시켜서 망막에 도달할 때는 상이 정상 위치로 되돌아와 있을 것이라고 생각하였다. 그러나 1604년에 천문학자이자 광학자인 요하네스 케플러는 망막이 역전된 상을 받아들인다는 사실을 보여줌으로써, 다빈치에게는 불행하게도, 그 생각은 반증되었다(Crombie, 1964). 그렇다면 도대체 그러한 세계를 어떻게 이해할 수 있다는 말인가? 당황한 케플러는 "나는 이 문제를 자연철학자들에게 넘긴다."라고 발뺌하였다.

오늘날의 답은 다음과 같다. 망막이 상 전체를 읽어내는 것이 아니다. 야구에서 타자가 투수의 강속구에 반응하는 데 걸리는 0.4초를 생각해보라. 망막에 있는 수백만 개의 수용기세포가 빛 에너지를 신경 흥분으로 전환시켜 두뇌에 전달하며, 두뇌가 신경 흥분을 정상적으로 보이는 상, 즉 날아오는 강속구로 재구성하는 것이다! 시각 정보처리는 점진적으로 더욱 추상적인 수준으로 넘어가는데, 이 모든 과정이 경이로운 속도로 진행된다.

망막 빛에 민감한 눈의 안쪽 면으로, 광수용기인 간상체와 원추체 그리고 시각 정보처리를 시작하는 뉴런의 여러 층을 가지고 있다.

조절 가깝거나 먼 사물이 망막에 초점을 맞추도록 수정체의 모양이 변화하는 과정

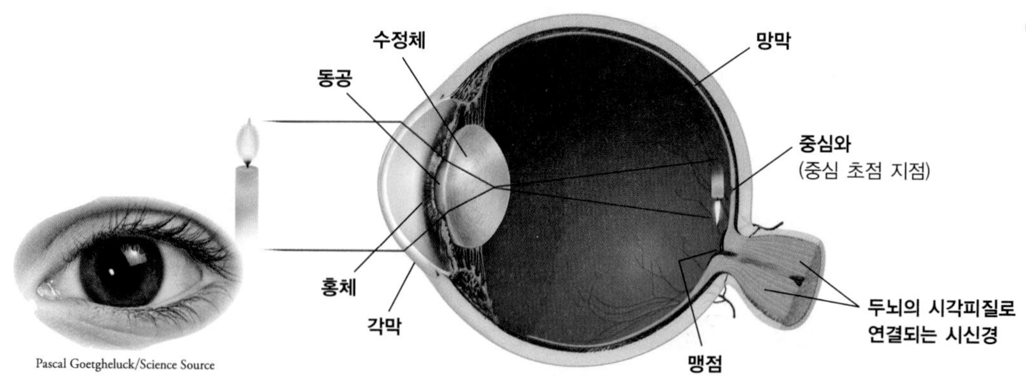

그림 6.12
눈 촛불로부터 반사된 빛이 각막, 동공, 수정체를 통과한다. 수정체의 만곡과 두께가 변하여 가깝거나 먼 사물이 망막에 초점을 맞춘다. 빛은 직진한다. 따라서 촛불 상단에서 오는 빛은 망막 하단에 닿고 촛불의 왼쪽은 망막 오른쪽에 닿는다. 따라서 촛불의 망막상은 상하좌우가 도치된다.

눈과 두뇌에서의 정보처리

LOQ 6-8 간상체와 원추체는 어떻게 정보를 처리하는가? 그리고 정보가 눈에서 두뇌로 전달되는 신경통로는 무엇인가?

눈-두뇌 신경통로

여러분이 단일 광자가 눈으로 들어온 후에 그 광자를 추적할 수 있다고 상상해보자. 우선 망막 바깥 표면에 있는 세포층을 통과하여 맨 뒤쪽에 묻혀있는 1억 3,000만 개의 수용기세포, 즉 **간상체**(rod)와 **원추체**(cone)에 도달하는 것을 보게 된다(그림 6.13). 그곳에서 빛 에너지가 화학 변화를 촉발하는 것을 보게 된다. 그 화학반응은 이웃한 **양극세포**에서 신경 신호를 촉발한다. 양극세포는 다시 이웃한 **신경절세포**를 활성화시키는데, 이 신경절세포의 축색들은 밧줄의 가닥들처럼 수렴하여 대뇌로 정보를 전달하는 **시신경**(optic nerve)을 형성한다. 시상에서 잠시 머문 정보는 최종 목적지인 두뇌 뒤쪽에 위치한 후두엽의 시각피질에 쏜살같이 도달한다.

간상체 명암을 탐지하는 망막 수용기. 주변시 그리고 원추체가 반응하지 않는 석양 무렵의 시각에 필요하다.

원추체 망막 중심부에 집중되어 있으며 낮이나 조명이 밝을 때 기능하는 망막수용기. 세부사항을 탐지하며 색채감각을 유발한다.

시신경 눈에서의 신경 흥분을 두뇌로 전달하는 신경

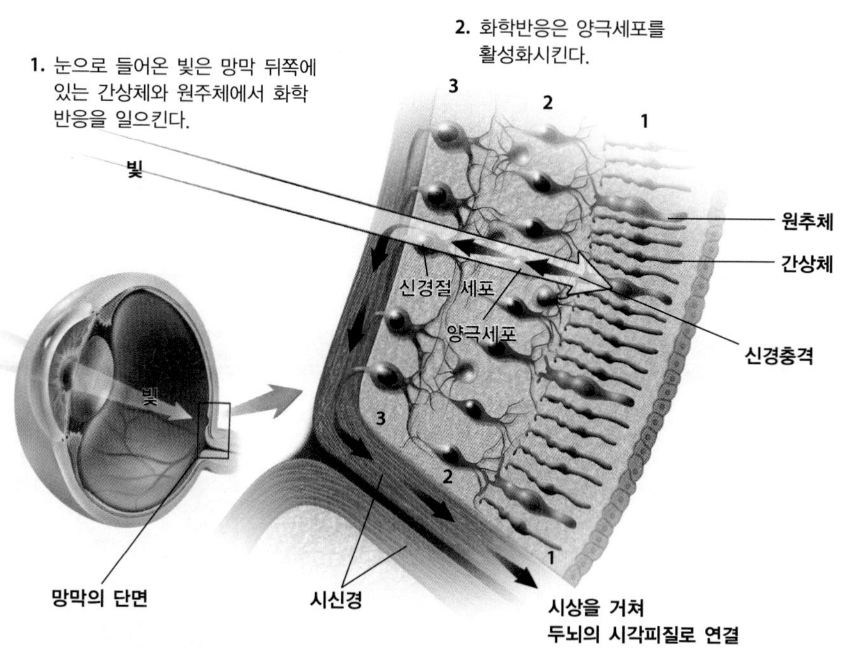

그림 6.13
빛에 대한 망막의 반응

맹점 시신경이 망막을 출발하는 지점. 그 영역에는 광수용기가 존재하지 않기 때문에 볼 수 없는 지점이 된다.

중심와 망막의 중심 위치로, 원추체들이 몰려있다.

시신경은 눈에서부터 두뇌로 가는 정보 고속도로이다. 시신경은 거의 백만 개에 달하는 신경절세포의 축색을 통해서 한 번에 거의 100만 개의 메시지를 전달할 수 있다. (듣기에 관여하는 청각 신경은 단지 3만 개의 축색 다발을 통해서 훨씬 적은 정보를 전달한다.) 눈과 두뇌를 연결하는 신경 고속도로로 인해서 약간의 대가를 치른다. 시신경이 눈을 떠나는 영역은 수용기세포가 없는 **맹점**(blind spot)이 된다(그림 6.14). 한 눈을 감아보라. 검은 점이 보이는가? 보이지 않는다. 두뇌가 여러분의 허락도 받지 않은 채, 보이지 않는 점을 벌충해버리기 때문이다.

인출 연습

RP-1 시신경이 눈을 빠져나가는 곳에는 수용기세포가 없다. 이것이 시각에서 맹점을 만들어낸다. 직접 증명해보고 싶다면, 우선 왼쪽 눈을 감고 중앙의 점을 보면서 좌우에 있는 두 대의 차 중에서 하나가 사라질 때까지 눈과 책 간의 거리를 조정해보라. (여러분은 어느 쪽의 차가 사라질 것이라고 예측하였는가?) 이제 오른쪽 눈을 감고 다시 해보면서 어느 쪽 차가 사라지는지에 주목하라. 여러분은 그 이유를 설명할 수 있겠는가?

그림 6.14 맹점

답은 부록 E를 참조

간상체와 원추체는 분포가 다르며 역할도 다르다(표 6.1). 원추체는 **중심와**(fovea), 즉 망막의 중앙영역에 몰려있다(그림 6.12). 많은 원추체는 두뇌로 가는 자신만의 핫라인을 가지고 있다. 각 원추체는 자신의 개별 메시지를 단일 양극세포에 전달한다. 그 양극세포는 원추체의 개별 메시지를 시각피질에 전달하는 것을 돕는데, 시각피질은 중심와에서 오는 입력을 처리하는 데 많은 영역을 할애한다. 이렇게 직접적인 연결은 원추체의 정확한 정보를 유지함으로써 미세한 세부사항을 탐지할 수 있게 해준다. 원추체는 흰색을 탐지하고 색깔을 지각할 수 있게 해주지만, 야간에는 그러지 못한다(Sabesan et al., 2016).

간상체는 원추체와 달리 망막의 주변영역에 위치하고 있으며, 어두운 빛에서도 여전히 민감하고, 흑백 시각을 가능하게 해준다. 간상체는 두뇌와의 핫라인을 가지고 있지 못하다. 원추체가 독창자라면, 간상체는 합창단같이 작동한다. 여러 간상체가 미미한 에너지 출력을 합하여 단일 양극세포로 보내면, 양극세포는 결합된 메시지를 두뇌에 전달한다.

원추체와 간상체는 각각 독특한 민감도를 나타낸다. 원추체는 세부사항과 색깔에 그리고 간상체는 희미한 빛과 주변 움직임에 민감하다. 잠시 읽기를 멈추고 이러한 간상체-원추체 차이를

표 6.1 인간 눈의 광수용기 : 막대 모양의 간상체와 고깔 모양의 원추체

	원추체	간상체
수	600만 개	1억 2,000만 개
망막 위치	중앙	주변
약한 빛 민감도	낮다	높다
색채 민감도	높다	낮다
세부사항 민감도	높다	낮다

Omikron/Science Source

경험해보라. 이 문장에서 한 단어를 선택하여 중심와에 상이 맺히도록 응시해 보라. 그 단어에서 멀리 떨어진 단어들이 흐릿하게 보이는가? 그 단어들이 세부사항을 결여하는 까닭은 망막에서 간상체가 다수를 이루고 있는 주변영역에 상을 맺기 때문이다. 따라서 운전을 하거나 자전거를 타고 갈 때, 주변에 있는 차의 세부사항을 지각하기도 전에 주변시각을 통해서 그 차를 탐지할 수 있는 것이다. 그리고 12개의 검은 점이 들어있는 그림 6.15에서 여러분은 한 번에 겨우 두 개만을 볼 수 있는데, 두뇌가 명확하지 않은 말초 입력을 채워넣는 것이다(Kitaoka, 2016; Ninio & Stevens, 2000에서 발췌함).

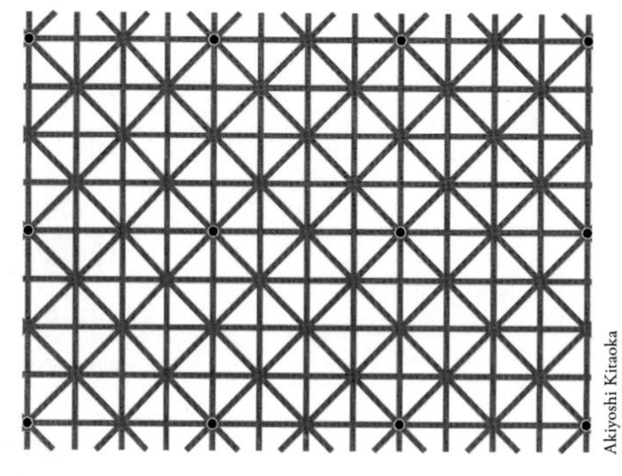

그림 6.15
사라지는 점을 한 번에 몇 개나 볼 수 있는가? 12개의 점이나 그 근처에 초점을 맞추면 볼 수 있지만, 주변시에서는 볼 수가 없다.

어두운 극장에 들어서거나 밤에 전등을 끄면, 눈이 적응한다. 동공이 확대되어 더 많은 빛이 망막에 도달할 수 있게 해주지만, 눈이 충분하게 적응하는 데는 전형적으로 20분 이상의 시간이 걸린다. 암순응이 일어나는 시간은 석양에서 어둠으로 바뀌는 평균시간과 일치한다. 우리는 정말로 멋들어지게 만들어진 존재가 아니겠는가!

입력 수준에서 망막의 신경층은 전기적 흥분을 그저 통과시키는 것이 아니다. 감각정보를 부호화화고 분석하는 데 일익을 담당한다. (예컨대, 개구리의 눈에서 세 번째 신경층은 움직이는 파리와 같은 자극에만 반응하여 흥분하는 '벌레 탐지기' 세포를 가지고 있다.) 인간의 눈에서 망막의 특정 영역은 정보를 후두엽에 위치한 시각피질의 해당 영역으로 전달한다. 두뇌의 신경망이 특별하다는 의미는 각 눈에 들어온 감각정보의 절반은 X 형태의 시교차에서 교차함으로써 두뇌의 반대쪽으로 전달된다는 것이다(그림 6.16).

망막 세포들이 활동하고 메시지를 전달하도록 해주는 바로 그 민감성이 잘못 활동하게 만들 수 있다. 눈을 왼쪽으로 돌리고 감은 다음에 오른쪽 눈꺼풀을 손가락 끝으로 가볍게 문질러보라. 손가락을 움직임에 따라서 빛 조각이 왼쪽으로 움직이는 것에 주목하라.

어떻게 빛을 보는 것인가? 왼쪽으로 움직이는 까닭은 무엇인가? 망막 세포가 민감해서 손가

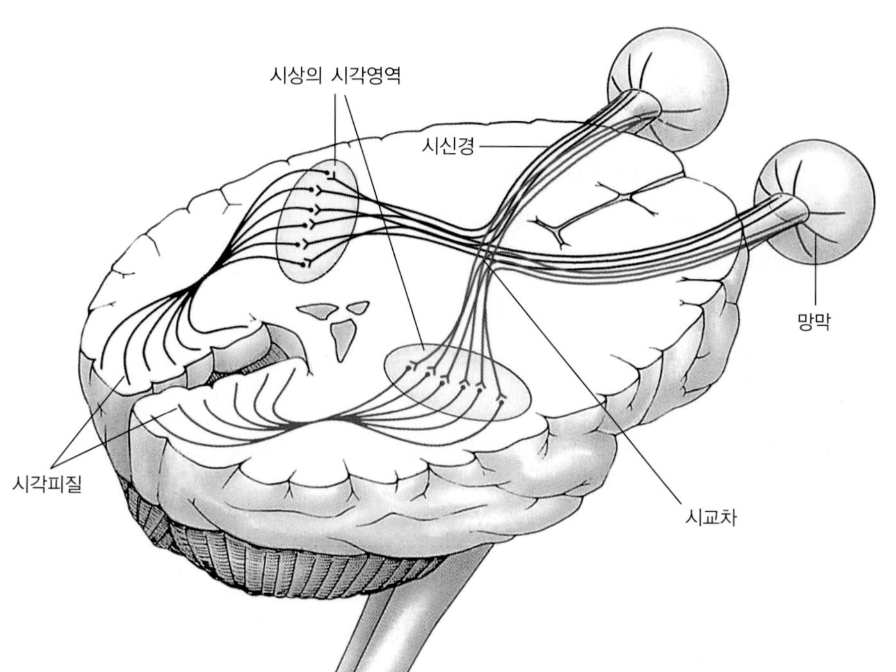

그림 6.16
눈으로부터 시각피질까지의 신경회로 시신경을 구성하는 신경절세포의 축색다발이 시상으로 연결되는데, 시상에서 시각피질로 전달되는 뉴런들과 시냅스를 이룬다.

락의 압력조차도 반응을 촉발하기 때문이다. 두뇌는 그러한 활동을 빛으로 해석한다. 이에 덧붙여서 빛이 왼쪽에서 들어오는 것으로 해석한다. 망막의 오른쪽을 활성화시키는 빛의 정상적인 방향이 왼쪽이기 때문이다.

자문자답하기

어제의 활동을 생각해보라. 어떤 활동이 간상체의 의존하고, 어떤 활동이 원추체에 의존하였는가? 이러한 광수용기의 상이한 능력이 없다면 이러한 활동은 어떻게 달랐겠는가(아니면 불가능하였겠는가)?

인출 연습

RP-2 두꺼비, 쥐, 박쥐 등과 같은 야행성 동물들은 망막에 (간상체/원추체)보다 (간상체/원추체)를 더 많이 가지고 있는 덕분에 놀랄 만한 야간시각 능력을 가지고 있다. 아마도 이 동물들은 매우 열등한 (색채/명암) 시각 능력을 가지고 있을 것이다.

Kruglov_Orda/Shutterstock

RP-3 고양이는 사람보다 눈의 __________을 더 넓게 확대할 수 있으며, 더 많은 빛이 눈에 들어올 수 있게 해줌으로써 야간에 더 잘 볼 수 있다.

답은 부록 E를 참조

색채처리

LOQ 6-9 사람들은 주변 세상에서 어떻게 색깔을 지각하는가?

사람들은 사물이 색깔을 가지고 있는 것처럼 이야기한다. 예컨대, "토마토가 빨갛다."라고 말한다. "만일 숲에서 나무 한 그루가 쓰러지는데 아무도 듣는 사람이 없다면, 나무는 소리를 내는 것인가?"라는 오래된 물음을 회상해보라. 색채에 대해서도 동일한 물음을 던질 수 있다. 만일 토마토를 보는 사람이 없다면, 그 토마토는 여전히 빨간색인가?

그 답은 '아니다'이다. 첫째, 토마토는 결코 빨갛지 않다. 토마토는 빨강에 해당하는 장파장을 거부(반사)하기 때문이다. 둘째, 토마토의 색은 마음이 구성한 것이다. 아이작 뉴턴(1704)이 언급한 바와 같이, "빛은 색을 가지고 있지 않다." 색채는 시각의 모든 측면과 마찬가지로 대상에 자리 잡고 있는 것이 아니라, 두뇌라고 하는 극장에 들어있는 것이다. 꿈을 꿀 때조차도 사람들은 일반적으로 사물을 컬러로 지각한다.

시각에서 가장 기본적이면서도 까다로운 수수께끼 중의 하나는 어떻게 색채가 있는 세상을 보느냐는 것이다. 망막을 자극하는 빛 에너지로부터 두뇌는 어떻게 다양한 색채 경험을 만들어내는 것인가?

"양귀비가 빨갛고, 사과가 향기로우며, 종달새가 지저귀는 것은 두뇌에 들어있는 것이다." 오스카 와일드, 알프레드 더글라스에게 보내는 연서(1896)

색채 시각의 미스터리에 대한 현대적 연구는 19세기에 헤르만 폰 헬름홀츠가 영국의 물리학자 토머스 영의 통찰을 확장시키면서 시작되었다. 영과 헬름홀츠는 세 가지 원색, 즉 빨강, 녹색, 파랑에 해당하는 빛을 조합함으로써 모든 색을 만들어낼 수 있다는 사실을 알고 있었다. 따라서 이들은 눈이 빛의 삼원색 각각에 반응하는 세 가지 유형의 색채수용기를 가지고 있을 수밖에 없다고 추론하였다.

영-헬름홀츠 삼원색 이론 망막에는 세 가지 상이한 색채수용기, 즉 빨강에 매우 민감한 수용기, 녹색에 민감한 수용기, 그리고 파랑에 민감한 수용기가 있으며, 이것들이 적절하게 조합하여 활동함으로써 모든 색을 지각할 수 있게 된다는 이론

나중에 연구자들은 다양한 색깔 자극에 대한 여러 원추체의 반응을 측정하여 세 가지 유형의 수용기가 팀을 이루어 색채 마술을 펼친다는 **영-헬름홀츠 삼원색 이론**(Young-Helmholtz trichromatic theory)을 확증하였다. 실제로 망막은 세 가지 유형의 색채수용기를 가지고 있으며, 각각은 세 가지 원색 중 하나에만 특별히 민감하다. 그리고 그 세 가지 색은 정말로 빨강, 녹색,

파랑이다. 이 원추체의 조합을 자극하면, 다른 색깔을 경험한다. 예컨대, 노랑에 특별히 민감한 수용기는 없다. 그렇지만 빨간 빛과 녹색 빛을 혼합하여 빨강에 민감한 원추체와 녹색에 민감한 원추체를 동시에 자극하면, 노랑을 경험한다. 다시 말해서, 만일 눈이 파란색은 없이 빨간색과 녹색을 보게 되면, 두뇌는 '노랑'이라고 답한다.

한 추정치에 따르면, 대부분의 사람은 100만 가지 이상의 색채 간 차이를 볼 수 있다(Neitz et al., 2001). 어떤 운이 좋은 사람은 4색형 색지각이라고 알려진 유전적 특성 덕분에 1억 가지 색채를 볼 수 있는데, 대부분은 여자이다(Jordan et al., 2010). 나뭇잎사귀를 살펴보도록 요청할 때, 4색형 색지각을 하는 여자는 "당신은 어두운 녹색을 보겠지만 나는 보라, 청록, 파랑이 보여요. 마치 색채 모자이크 같아요."라고 말하였다(Ossola, 2014). 운이 없는 다른 사람은 유전적으로 성과 관련된 색결손 시각을 가지고 있는데, 대부분은 남자이다. 전 세계적으로 남자 12명 중에서 1명 그리고 여자 200명 중에서 1명이 '색맹'이다. 대부분의 색맹이 실제로 모든 색깔을 보지 못하는 것은 아니다. 단지 빨강에 민감한 원추체나 녹색에 민감한 원추체의 기능이 결여되었거나 때로는 둘 모두의 기능이 장애를 보일 뿐이다. 이들의 시각은 삼원색이 아니라 단색상이거나 두 가지 색상이어서 그림 6.17에서 빨강과 녹색을 구분할 수 없게 된다(Boynton, 1979). 일생 동안 지속되는 시각은 정상인 것처럼 보이기 때문에 본인들은 이 사실을 알지 못하기 십상이다. 개들도 빨강에 해당하는 파장을 받아들이는 수용기가 없기 때문에 단지 제한된 두 가지 색상의 색채 시각만을 할 수 있다(Neitz et al., 1989).

싱가포르에서 가시성이 뛰어난 노란 택시가 파란 택시보다 교통사고를 9% 적게 일으킨다(Ho et al., 2017).

그렇다면 빨강과 녹색을 볼 수 없는 사람이 어떻게 계속해서 노랑은 볼 수 있는 것인가? 그리고 보라색이 빨강과 파랑의 혼합으로 보이는 것과는 달리, 노랑은 빨강과 녹색의 혼합이 아니라 순색으로 보이는 까닭은 무엇인가? 헬름홀츠와 동시대의 생리학자인 에발트 헤링이 지적한 바와 같이, 삼원색 이론은 색채 시각의 몇몇 미스터리를 해결하지 못하였다.

헤링은 잔상 현상에서 실마리를 찾아냈다. 녹색 사각형을 얼마 동안 응시하고 나서 흰 종이를 보면, 녹색의 대립색인 빨강을 경험한다. 노랑 사각형을 응시하고 나서 흰 종이를 보면, 노랑의 대립색인 파랑을 경험한다(이 현상을 경험해보려면, 그림 6.18에 나와있는 깃발 시범을 시도해보라). 헤링은 다른 가설을 세웠다. 색지각은 두 가지 부가적인 색채과정, 즉 빨강-녹색 지각을 담당하는 과정과 파랑-노랑 지각을 담당하는 과정을 수반해야만 한다는 가설이었다.

실제로 한 세기가 지난 후에 연구자들은 오늘날 **대립과정 이론**(opponent-process theory)이라고 부르는 헤링의 가설을 확증하였다. 이 개념이 까다롭기는 하지만, 요점은 다음과 같다. 색채 지각은 망막에서 일어나는 빨강-녹색, 파랑-노랑, 그리고 하양-검정의 세 가지 대립과정의 집합에

대립과정 이론 망막과 시상에서의 대립적인 과정(빨강-녹색, 파랑-노랑, 하양-검정)이 색채 시각을 가능하게 만든다는 이론. 예컨대, 어떤 세포는 녹색에 의해서 흥분하고 빨강에 의해서 억제된다. 다른 세포는 빨강에 의해서 흥분하고 녹색에 의해서 억제된다.

(a) (b)

BEN SOLOMON/The New York Times/Redux Pictures

그림 6.17

색맹 (a)의 사진은 적록 색약인 사람이 2015년 버펄로 빌스와 뉴욕 제트 간의 미식축구 경기를 어떻게 지각하였는지를 보여준다. 한 명의 팬은 "나처럼 적록 색약인 8%의 미국인에게 이 경기의 시청은 악몽이다."라고 트윗하였다. 또 다른 팬은 "모든 선수가 같은 팀인 것처럼 보인다."라고 응답하였다. (b)의 사진은 색채 지각이 정상인 사람이 보는 모습이다.

그림 6.18
잔상효과 깃발의 중앙을 1분 정도 응시한 후에 옆에 있는 검은 점으로 눈을 돌려보라. 무엇이 보이는가? (검정, 녹색, 노랑에 대한 신경반응이 피로해진 후에, 보색들을 보게 될 것이다.) 흰 벽을 응시한 후에 깃발의 크기가 커지는 것처럼 보이는 현상에 주목하라.

근거한다. 신경 흥분이 시각피질로 전달될 때, 망막과 시상에 있는 어떤 뉴런은 빨강에 흥분하고 녹색에 반응하지 않는다. 다른 뉴런은 녹색에 흥분하고 빨강에는 반응하지 않는다(DeValois & DeValois, 1975). 좁은 관을 따라 내려가는 빨간 구슬과 녹색 구슬처럼, '빨강' 메시지와 '녹색' 메시지는 동시에 전달될 수 없다. 따라서 빨강과 녹색은 대립적이기 때문에 사람들은 '빨간 녹색'을 경험하지 못한다. 그렇지만 빨강과 파랑은 분리된 채널을 통해 전달되기 때문에, 빨간 파랑에 해당하는 심홍색을 볼 수 있다.

그렇다면 대립과정 이론은 깃발 시범에서 본 바와 같은 잔상을 어떻게 설명할 수 있는가? 녹색 막대를 응시하면, 녹색 반응이 피로해진다. 그런 다음에 (빨강을 포함하여 모든 색채를 포함하고 있는) 흰 판을 응시하면, 빨강-녹색 쌍에서 빨강 부분만이 정상적으로 활동을 하게 되는 것이다.

색채 시각의 미스터리에 대한 현재까지의 해결책은 색채의 처리가 두 단계로 진행된다는 것이다.

1. 영-헬름홀츠 삼원색 이론이 제안하고 있는 것처럼, 망막에서 빨강, 녹색, 파랑에 민감한 원추체가 서로 다른 색채 자극에 상이한 정도로 반응한다.
2. 그런 후에 헤링의 대립과정 이론이 제안하는 것처럼, 대립과정 세포가 원추체의 반응을 처리한다.

자문자답하기

색깔은 지각하는 사물에 존재하는 것이 아니라는 사실, 즉 사물은 경험하는 색을 제외한 모든 것이라는 사실을 알고는 놀랐는가? 만일 이 절을 읽기 전에 누군가 여러분에게 "풀은 녹색입니까?"라고 물었다면, 여러분은 어떻게 응답하였겠는가?

인출 연습

RP-4 색채 지각의 두 가지 핵심 이론은 무엇인가? 그 이론들은 대립적인가 아니면 상보적인가? 설명해보라.

답은 부록 E를 참조

자질 탐지

LOQ 6-10 자질 탐지기는 어디에 존재하는가? 이들의 역할은 무엇인가?

과거에 과학자들은 두뇌를 눈이 이미지를 투영하는 스크린에 비유하였다. 그런데 데이비드 허블과 토르스텐 비셀(1979)이 나타나서는, 두뇌의 계산 시스템이 시각 이미지를 해체한 다음에 재조립한다는 사실을 보여주었다. 허블과 비셀은 **자질 탐지기**(feature detector), 즉 장면의 특정 자질, 예컨대 모서리, 선분, 각도, 움직임 등에 반응하는 두뇌의 신경세포에 관한 연구로 노벨상을 수상하였다.

이들은 미세전극을 사용하여 어떤 뉴런은 고양이에게 특정 각도의 선분을 보여줄 때 적극적으로 흥분하는 반면, 다른 뉴런은 다른 각도의 선분에 반응한다는 사실을 발견하였다. 이들은 후두엽 시각피질에 있는 전문화된 뉴런들이 망막의 개별 신경절세포로부터 정보를 받아들인다고 추측하였다. 자질 탐지기는 특정 정보를 다른 피질영역으로 전달하는데, 이 영역에서는 일단의 세포들(상위세포 군집)이 보다 복잡한 패턴에 반응한다.

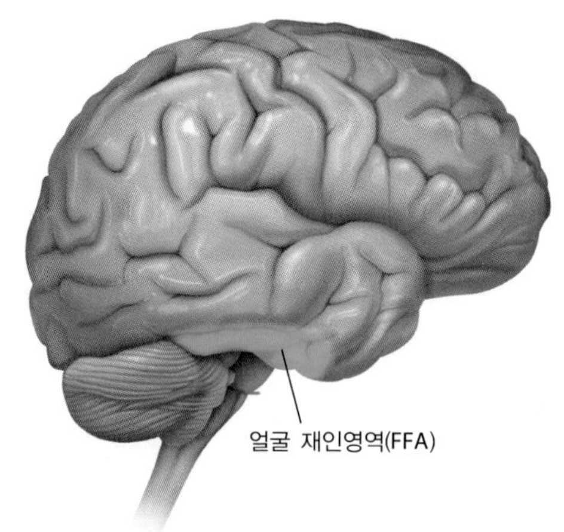

그림 6.19

얼굴 재인처리 인간과 같은 사회적 동물들의 경우에는 우반구 측두엽의 큰 영역이 얼굴 재인이라는 중차대한 과제에 전문화되어 있다(Gorno-Tempini, & Price, 2001).

원숭이 두뇌는 생물학적으로 중요한 사물이나 사건에 대해서는 전문화된 세포들에 분산되어있는 '방대한 시각 백과사전'을 가지고 있다(인간의 두뇌도 마찬가지이다)(Perrett et al., 1990, 1992, 1994). 이 세포들은 특정 걸음걸이, 머리의 각도, 자세, 신체 움직임 등과 같은 한 가지 유형의 자극에 반응한다. 다른 상위세포 군집들이 이 정보를 통합하며, 단서들이 집단적으로 누군가의 주의와 접근 방향을 나타낼 때에만 활동한다. 이러한 즉각적인 분석은 조상들의 생존에도 도움을 주었으며, 아이스하키 선수가 어느 곳으로 슈팅할지를 예측하고 운전자가 보행자의 다음 움직임을 예측하는 데도 도움을 준다.

우측 귀 옆의 한 측두엽 영역(그림 6.19)은 얼굴을 지각할 수 있게 해주며, 전문화된 신경망 덕분에, 다양한 조망에서도 그 얼굴을 재인할 수 있다(Connor, 2010). 이러한 방추형 얼굴영역(FFA)은 친구와 낯선 사람, 자신과 다르게 생긴 사람, 유사한 인종 배경을 가진 사람의 얼굴을 확인하는 데 도움을 준다(Hughes et al., 2019; Wiese et al., 2019). 방추형 얼굴영역을 자극하면, 자발적으로 얼굴을 보게 된다. 한 참가자는 실험자에게 "당신이 방금 다른 사람으로 변했어요. 당신 얼굴이 탈바꿈을 했다니까요."라고 말하기도 하였다(Koch, 2015). 방추형 얼굴영역이 손상되면, 다른 형태와 사물은 재인할 수 있지만, 친숙한 얼굴을 재인할 수 없게 된다.

연구자가 자기장 펄스로 두뇌의 얼굴처리 영역의 작동을 일시적으로 중지시키면, 얼굴을 재인할 수 없게 된다. 그렇지만 집과 같은 다른 사물은 여전히 재인할 수 있다. 두뇌의 얼굴 지각이 사물 지각과 독립적으로 작동하기 때문이다(McKone et al., 2007; Pitcher et al., 2007). 따라서 fMRI 영상을 보면, 사람들이 상이한 사물을 바라다볼 때 상이한 두뇌영역이 활성화되는 것을

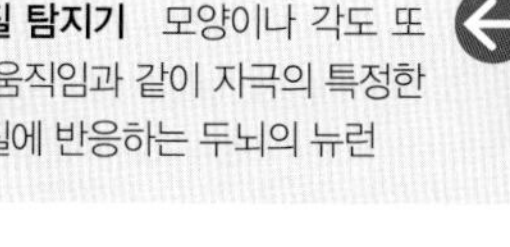

자질 탐지기 모양이나 각도 또는 움직임과 같이 자극의 특정한 자질에 반응하는 두뇌의 뉴런

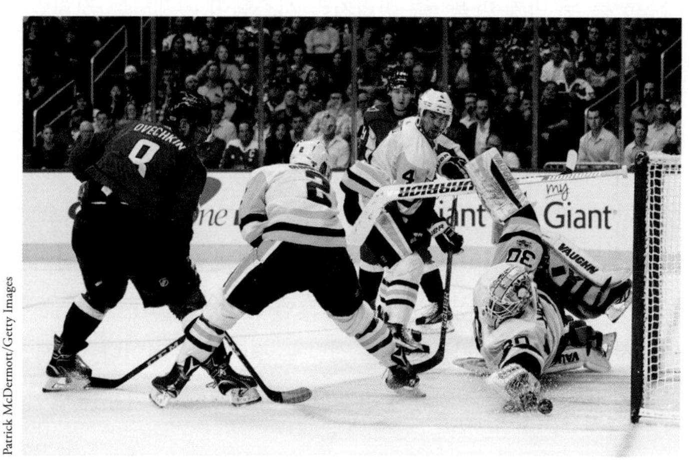

Patrick McDermott/Getty Images

상위세포가 득점하다 2017년 NHL 경기에서 앨릭스 오베치킨(빨간 유니폼)은 세 명의 상대팀 선수의 위치와 움직임에 관한 시각 정보를 순간적으로 처리하였다. 그는 패턴 탐지 상위세포를 사용하여 퍽을 골네트에 꽂아 넣었다.

병렬처리 문제의 여러 측면들을 동시에 처리하는 것. 시각을 포함하여 두뇌가 정보를 처리하는 방식이다. 대부분의 컴퓨터와 의식적 문제해결의 단계적(계열적) 처리와 대비된다.

알 수 있다(Downing et al., 2001). 두뇌 활성화는 매우 전문화되어 있기 때문에 두뇌 영상의 도움을 받아서 "두뇌 활성화 패턴에 근거하여 어떤 사람이 신발, 의자, 또는 얼굴을 보고 있는지를 알 수 있다"(Haxby, 2001).

병렬처리

LOQ 6-11 두뇌는 어떻게 병렬처리를 사용하여 시지각을 구성하는가?

두뇌는 이렇게 주목할 만한 성과를 **병렬처리**(parallel processing), 즉 여러 가지 작업을 동시에 수행하는 처리를 통해서 달성한다. 두뇌는 시각 장면을 분석하기 위해서 움직임, 형태, 깊이, 색깔 등의 하위차원들을 동시에 처리한다.

두뇌는 얼굴을 재인하기 위해서 망막이 여러 두뇌피질 영역에 투사하는 정보를 통합하고 저장된 정보와 비교함으로써, 방추형 얼굴영역이 예컨대 여러분의 할머니를 알아볼 수 있게 해주는 것이다! 연구자들은 이렇게 저장된 정보가 단일 세포에 들어있는 것인지, 아니면 오늘날 대세를 이루고 있는 것처럼 비트 단위로 얼굴 이미지를 구축하는 세포들의 신경망에 분산되어 있는 것인지에 관하여 논쟁을 벌이고 있다(Tsao, 2019). 그렇지만 '할머니 세포'라는 별명을 가지고 있는 어떤 상위세포들은 100개의 얼굴 중에서 한두 개의 얼굴에만 매우 선택적으로 반응을 보인다(Bowers, 2009; Quiroga et al., 2013). 얼굴 재인의 전체과정은 시각 신경망, 기억 신경망, 사회 신경망, 청각 신경망 간의 연결을 수반하는 엄청난 두뇌의 힘을 요구한다(Ramot et al., 2019). 상위세포는 상당한 두뇌의 힘을 필요로 하는 것이다.

시각 과제를 담당하는 신경중추를 파괴하거나 무력화시키면, 'M 부인'에게 일어났던 것과 같은 이상한 결과가 초래된다(Hoffman, 1998). 두 대뇌반구 모두의 뒤통수 영역에 뇌졸중을 일으켰던 그녀는 더 이상 움직임을 지각할 수 없었다. 방 안에서 움직이고 있는 사람이 '갑자기 이곳에 있다가 다음 순간에는 다른 곳에 있는 것처럼 보이지만' 움직임 자체를 볼 수는 없었다. 찻잔에 차를 따르는 것도 상당한 도전거리인데, 차가 얼어붙은 것처럼 보이고 잔에 차가 차오르는 것을 지각할 수 없기 때문이다.

뇌졸중이나 외과수술로 시각피질의 일부분을 상실한 사람들은 맹시를 경험하였다(제3장 참조). 일련의 막대를 보여주면, 아무것도 보이지 않는다고 말한다. 그렇지만 막대들이 수직으로 놓여있는지 아니면 수평으로 놓여있는지를 추측해보도록 요청하면, 전형적으로 시각적 직관이 정답을 내놓는다. "추측한 답들이 모두 맞았다."라고 말해주면 기절초풍한다. 보이지 않는 것에 작동하는 두 번째 마음, 즉 병렬처리 시스템이 존재하는 것처럼 보인다. 지각과 행위를 위한 분리된 시각 시스템들은 이중처리, 즉 두 궤적의 마음을 예증해준다.

* * *

시각처리의 경이로움에 대해서 생각해보라. 여러분이 이 페이지를 읽을 때, 활자는 망막에 빛을 투영하며, 망막은 형체도 없는 신경 흥분을 두뇌의 여러 영역으로 전달하는 과정을 촉발한다. 두뇌는 정보를 통합하고 의미를 해부호화함으로써 시공간을 넘어 나의 마음에서 여러분의 마음으로 정보의 전이를 완성하는 것이다(그림 6.20). 이 모든 작업을 즉각적이고 힘도 들이지 않은 채 연속적으로 수행한다는 사실은 정말로 경이로운 것이다. 로저 스페리(1985)가 지적한 바와 같이, "과학의 통찰은 경외감과 존경심을 가져야 하는 이유를 덜어주기는커녕 더해줄 뿐이다."

"나는 … 정말 대단한 피조물이다." 시편 139장 14절, 다윗왕의 말

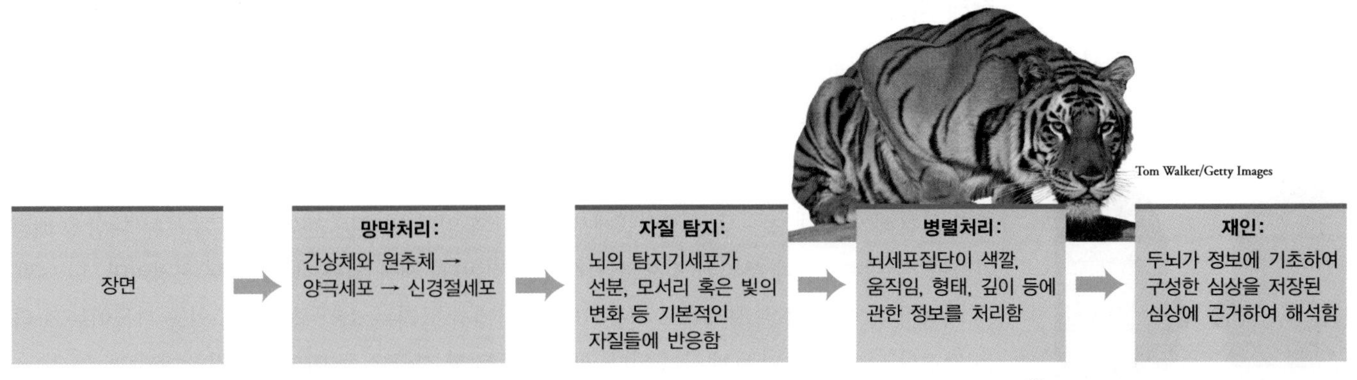

그림 6.20
시각 정보처리의 요약

인출 연습

RP-5 여러분이 친구를 보고 재인할 때 신속하게 일어나는 일련의 사건들은 무엇인가?

답은 부록 E를 참조

게슈탈트 체제화된 전체. 게슈탈트심리학자들은 부분 정보들을 의미 있는 전체로 통합하는 경향성을 강조하였다.

지각 체제화

LOQ 6-12 게슈탈트심리학자들은 어떻게 지각 체제화를 이해하였는가? 전경-배경 그리고 집단화 원리는 어떻게 지각에 기여하는가?

20세기 초엽 일단의 독일 심리학자는 사람들이 시각 경험을 어떻게 만개한 장미, 친숙한 얼굴, 석양 등과 같이 의미 있는 지각으로 체제화하고 해석하는지에 관한 이해를 확장시켰다. 이들은 감각군집이 주어지면 사람들이 그것을 **게슈탈트**(gestalt)로 체제화하는 경향이 있다는 사실에 주목하였다. 게슈탈트란 '모양'이나 '전체'를 의미하는 독일어 단어이다. 두 눈을 뜨고 앞을 내다볼 때, 지각하는 장면을 (마치 한쪽 눈을 감은 것처럼) 왼쪽 시야와 오른쪽 시야로 분리할 수 없다. 의식적 지각은 모든 순간에 하나의 분리되지 않는 장면, 즉 통합된 전체이다.

그림 6.21을 보자. 네커 육면체라고 부르는 이 도형의 각 요소는 단지 여덟 개의 육각형에 불과하며, 각 육각형에는 세 개의 수렴적 흰 선분이 들어있을 뿐이다. 그렇지만 이 요소들을 모두 함께 보게 되면, 어떤 일이 일어나는가? 그 결과로 나타나는 네커 육면체는 게슈탈트심리학자들이 즐겨 사용하는 표현을 멋지게 예시하고 있다. 즉, **지각에서는 전체가 부분들의 합을 넘어설 수 있다.**

여러 해에 걸쳐서 게슈탈트심리학자들은 감각을 지각으로 조직하는 데 사용하는 많은 원리를 시범 보였다(Wagemans et al., 2012a,b). 모든 원리의 기저에 깔려있는 것은 다음과 같은 하나의 근본적인 사실이다. 두뇌는 세상에 관한 정보를 등록하는 것 이상의 일을 한다. 지각은 단지 두뇌에 사진을 등록시키는 것이 아니다. 들어오는 정보를 선별하여 지각을 구성하는 것이다. 마음이 중요하다.

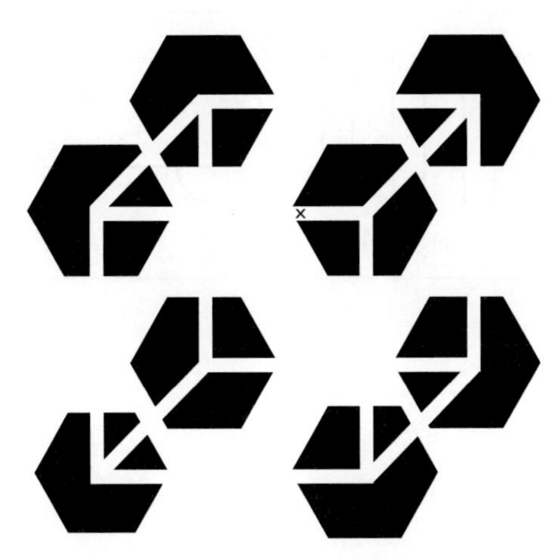

그림 6.21
네커 육면체 무엇이 보이는가? 흰 선분이 있는 육각형들인가, 아니면 육면체인가? 만일 육면체를 본다면, 그 위치가 역전되면서 중앙에 있는 X가 앞면에서 뒷면으로 이동하는 것을 알아차릴 수 있다. 어떤 때는 육면체가 페이지 앞쪽으로 떠오르면서 육각형들이 뒤로 처진다. 다른 때는 육각형들이 육면체를 들여다보는 페이지의 구멍이 되기도 하는데, 육면체는 페이지 뒤에서 떠다니는 것처럼 보이기도 한다. 주의는 선택적이기 때문에, 한 순간에는 하나의 해석만을 볼 수 있다(Bradley et al., 1976).

형태 지각

눈-두뇌 시스템과 같이 얼굴을 한 눈에 알아볼 수 있는 비디오-컴퓨터 시스템을 디자인한다고 생각해보라. 어떤 능력이 필요하겠는가?

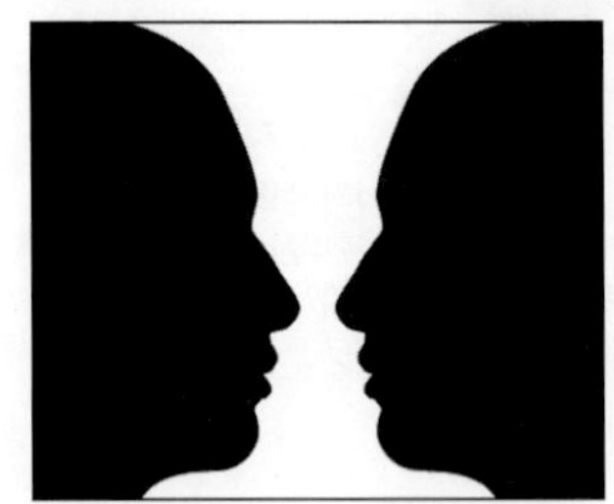

그림 6.22
가역적 전경과 배경

전경과 배경 우선 그 시스템은 **전경-배경**(figure-ground)을 지각할 필요가 있다. 즉, 얼굴을 배경과 구분해야 한다. 눈-두뇌 시스템에서도 지각의 일차 과제는 전경이라고 부르는 대상을 배경이라고 부르는 주변과 분리된 것으로 지각하는 것이다. 책을 읽을 때, 단어는 전경이며, 흰 여백은 배경이다. 이 현상은 청각에도 적용된다. 파티에서 들리는 소리 중에서 주의를 기울이는 소리는 전경이 되며, 나머지는 배경이 된다. 때때로 동일한 자극이 둘 이상의 지각을 촉발할 수 있다. 그림 6.22에서 전경-배경 관계가 계속해서 역전되고 있다. 처음에는 꽃병(아니면 얼굴)을 보고 다음 순간에는 얼굴(또는 꽃병)을 보지만, 언제든지 배경을 바탕으로 하는 전경으로 자극을 체제화한다.

집단화 전경을 배경과 분리하고 나면, 전경을 의미 있는 형태로 조직하여야 한다. 비디오-컴퓨터 시스템도 마찬가지이다. 색깔, 움직임, 흑백 대비 등과 같은 장면의 몇몇 기본 자질은 즉각적이고도 자동적으로 처리된다(Treisman, 1987). 이러한 기본 감각에 질서와 형태를 부여하기 위해서 마음은 자극을 함께 **집단화**(grouping)하는 규칙을 사용한다. 게슈탈트심리학자들이 확인해내고, 유아들도 사용하는 이러한 규칙은 지각된 전체가 부분들의 합과는 다르다는 사실을 예시해주고 있다(Gallace & Spence, 2011; Quinn et al., 2002; Rock & Palmer, 1990). 그림 6.23에서 세 가지 예를 보라.

일반적으로 이러한 집단화 원리는 실재를 구성하는 데 도움을 준다. 그렇지만 때로는 그림 6.24의 개집을 볼 때와 같이 사람들을 혼란의 구렁텅이로 빠뜨릴 수도 있다.

인출 연습

RP-6 지각이라는 측면에서 보컬 그룹의 리드 싱어는 (전경/배경)으로 간주되며, 악기를 연주하는 다른 구성원들은 (전경/배경)으로 간주된다.

RP-7 지각에서 "전체가 부분의 합보다 크다."라고 말할 때 의미하는 것은 무엇인가?

답은 부록 E를 참조

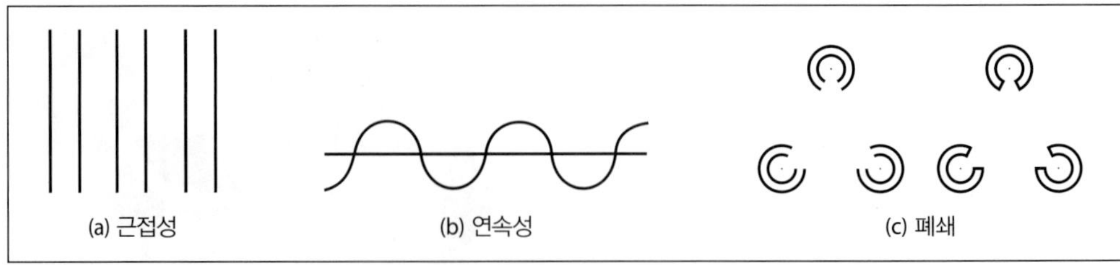

그림 6.23
세 가지 집단화 원리 (a) 근접성 원리에 따라서, 사람들은 가까운 선분들을 함께 묶는다. 6개의 개별 선분이 아니라 세 쌍의 선분을 본다. (b) 연속성 원리에 따라서, 불연속적인 패턴이 아니라 부드럽게 연속되는 패턴을 지각한다. 이 패턴은 반원들의 연속일 수도 있음에도 불구하고, 두 개의 연속선, 즉 직선과 파동선으로 지각한다. (c) 폐쇄 원리를 사용하여 완전한 전체 대상을 만들기 위하여 끊어진 부분을 메꾼다. 따라서 왼쪽의 원들은 온전한 것인데, (가상적인) 삼각형이 부분적으로 가리고 있는 것이라고 가정한다. 각 원에 짧은 선분 하나씩을 첨가하여 닫힌 도형을 만들어버리면, 두뇌는 (가상적인) 삼각형을 만들어내지 않는다.

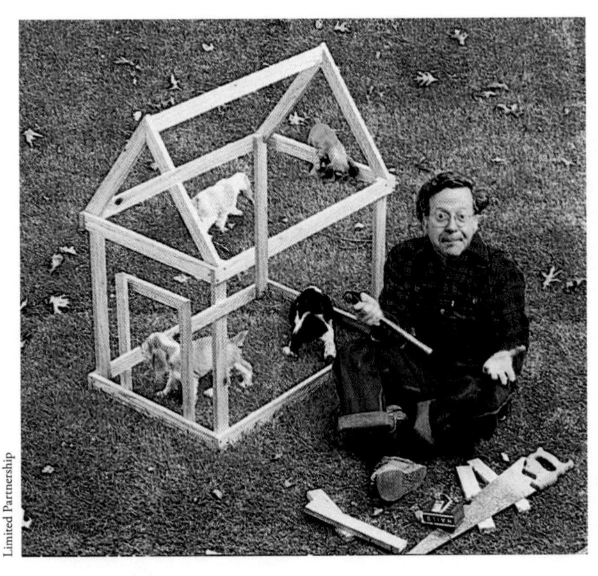
Photo by Walter Wick. Reprinted by permission from GAMES Magazine © 1983 PCS Games Limited Partnership

그림 6.24
집단화 원리 이 불가능한 개집의 비밀은 무엇인가? 아마도 여러분은 이 개집을 게슈탈트, 즉 (불가능하지만) 전체 구조로 지각할 것이다. 실제로 여러분의 두뇌는 그림에 전체감을 부여한다. 그림 6.28이 보여주는 것처럼, 폐쇄와 연속성과 같은 게슈탈트 집단화 원리가 여기에 작동하고 있다.

전경-배경 시야를 주변(배경)에 존재하는 사물(전경)로 체제화하는 것

집단화 자극들을 응집적인 집단으로 체제화하는 지각 경향성

깊이 지각 망막상은 2차원임에도 불구하고 사물을 3차원으로 지각하는 능력. 거리를 판단할 수 있게 해준다.

시각 절벽 유아와 어린 동물의 깊이 지각을 검사하는 실험도구

깊이 지각

LOQ 6-13 어떻게 양안 단서와 단안 단서를 사용하여 3차원 세상을 지각하는가? 어떻게 움직임을 지각하는가?

눈-두뇌 시스템은 많은 놀라운 위업을 달성하는데, 그중의 하나가 **깊이 지각**(depth perception)이다. 망막에 맺히는 2차원 상으로부터 3차원 지각을 만들어내는데, 이 3차원 지각이 예컨대, 달려오는 자동차까지의 거리를 추정할 수 있게 해준다. 어떻게 이 능력을 획득하는가? 생래적인 것인가? 아니면 학습하는 것인가?

심리학자 엘리너 깁슨이 그랜드캐니언에 놀러갔을 때, 그녀의 과학적 호기심이 발동하였다. 그녀는 캐니언 정상에서 절벽을 내려다보는 갓난아기가 추락의 위험을 지각하고 뒤로 물러설 것인지 궁금하였다. 이 물음에 답하기 위하여 엘리너 깁슨과 리처드 워크(1960)는 코넬대학교 실험실에서 **시각 절벽**(visual cliff)을 사용한 일련의 실험을 설계하였다. 시각 절벽이란 튼튼한 유리로 덮은 절벽 모형이다. 깁슨과 워크는 안전한 절벽 모서리에 생후 6~14개월 된 유아를 올려놓은 다음에, 유리 위로 기어오도록 반대편에서 어머니가 유아를 부르게 하였다(그림 6.25). 대부분의 유아는 기어오지 않았는데, 이 사실은 유아도 깊이를 지각할 수 있음을 반영하는 것이었다.

유아들은 깊이 지각을 학습한 것인가? 학습이 부분적인 답인 것처럼 보인다. 깁슨과 워크가 고전에 해당하는 시각 절벽 연구를 수행하고 상당한 시간이 경과한 후에, 심리학자 캐런 아돌프는 유아의 운동발달 연구를 계속하였다(Adolph & Hoch, 2019). 아돌프를 비롯한 여러 연구자는 언제부터 기어 다니기 시작하였든지 간에, 기어 다니기는 유아가 높이를 더욱 조심하게 만드는 것으로 보인다는 사실을 보여주었다(Adolph et al., 2014; Campos et al., 1992). 기어 다니는 유아는 아래쪽을 바라다보는 경향이 있기 때문에, 자신이 접근하고 있는 위험물을 응시하게 될 가능성이 더 크다(Kretch et al., 2014). 유아의 이러한 경향성이 진화되었을 가능성이 큰 까닭은 절벽 피하기를 학습하는 것이 생존에 도움을 주었기 때문이다. 어린 고양이, 어제 태어난 염소, 갓 부화한 병아리 등을 포함하여 태어나면

2차원에서 3차원 지각을 만들어내기 세계의 여러 도시는 3차원 착시를 불러일으키는 횡단보도 그림을 사용하여 통행속도를 늦추고 있다. 미술가 사움야 판디아 타카르와 샤쿤탈라 판디안드 덕분에 인도에서 처음으로 시행하게 되었다.

Monika Skolimowska/AP Images

양안 단서 망막 부등이나 수렴과 같이 두 눈의 사용에 의존하는 깊이 단서

망막 부등 깊이 지각을 위한 양안 단서. 두 망막의 이미지를 비교함으로써 두뇌는 거리를 계산한다. 두 이미지 간의 부등(차이)이 클수록 사물은 가깝게 지각된다.

단안 단서 중첩이나 선형 조망과 같이 한쪽 눈만으로도 가용한 깊이 단서

그림 6.25
시각 절벽 엘리너 깁슨과 리처드 워크는 기어 다니는 유아와 갓 태어난 동물이 깊이를 지각할 수 있는지를 알아보기 위해서 유리로 덮은 소형 낭떠러지를 만들었다. 어머니가 부르는 경우에도, 유아는 절벽 위로 올라서는 모험을 하지 않으려고 한다.

서 바로 움직일 수 있는 동물은 시각 경험이 전혀 없는 경우에도 시각 절벽을 건너려는 모험을 거부한다. 따라서 생물학적 특성이 높이를 두려워하도록 준비시키며, 경험은 그 공포를 증폭한다.

만일 비디오-컴퓨터 시스템에 깊이를 지각하는 능력을 부여하고자 한다면, 어떤 규칙이 2차원 상들을 하나의 3차원 지각으로 변환해주겠는가? 눈이 제공하는 정보로부터 두뇌가 받아들이는 깊이 단서가 좋은 출발점이다.

양안 단서 두 눈을 가지고 세상을 보는 사람은 부분적으로 **양안 단서**(binocular cue) 덕분에 깊이를 지각한다. 두 눈을 뜬 상태에서 두 자루의 펜이나 연필을 눈앞에 들고 그 끝을 맞추어보라. 이제 한 눈을 감은 채 해보라. 과제가 훨씬 어려워지지 않았는가?

가까운 사물 간의 거리를 판단할 때 양안 단서를 사용한다. 양안 단서의 하나가 수렴, 즉 가까운 사물에 초점을 맞추고 있는 두 눈의 내각이다. 또 다른 단서가 **망막 부등**(retinal disparity)이다. 두 눈 사이에는 간격이 있기 때문에, 각 망막은 세상에 대해 약간 다른 상을 받아들인다. 두 개의 상을 비교해봄으로써, 두뇌는 사물이 얼마나 가까이 있는지를 판단할 수 있다. 두 망막상 간의 부등(차이)이 클수록, 사물은 가까이 있는 것이다. 다음을 해보라. 두 손의 인지(둘째 손가락)를 코 바로 앞쪽에 약간의 간격을 두고 마주 보도록 하라. 그러면 두 망막은 전혀 다른 모습을 보게 된다. 한 눈을 감고 보고 나서 다른 눈을 감고 보면, 그 차이를 볼 수 있다. (그림 6.26처럼 손가락을 얼굴 가까이 위치시키면, 손가락 소시지를 만들어볼 수도 있다.) 상대적으로 먼 거리, 예컨대 한 팔 거리 정도에 손가락을 위치시키면, 그 부등은 아주 작아진다.

망막 부등을 비디오-컴퓨터 시스템에 쉽게 장착시킬 수 있다. 때때로 영화 제작자는 위치를 약간 달리한 두 대의 카메라로 장면을 촬영한다. 그런 다음에 왼쪽 눈은 왼쪽 카메라의 영상만을 보고, 오른쪽 눈은 오른쪽 카메라의 영상만을 보도록 만드는 특수 안경을 끼고 영화를 시청한다. 입체영화 팬이라면 알고 있는 바와 같이, 그 결과로 나타나는 3D 효과는 정상적인 망막 부등을 흉내 내거나 과장함으로써 깊이 지각을 초래한다.

인간을 포함한 육식동물들은 먹잇감을 향해 초점을 맞추고 양안 단서가 증폭시키는 깊이 지각이 가능한 눈을 가지고 있다. 말이나 양과 같이 풀을 뜯어 먹는 초식동물들은 전형적으로 머리 바깥쪽에 붙어있는 눈을 가지고 있다. 따라서 양안 깊이 지각은 떨어지지만 주변시각이 넓다.

단안 단서 어떤 사람이 10미터 떨어져있는지 아니면 100미터 떨어져있는지를 어떻게 판단하는 것인가? 이 경우에 망막 부등은 별 도움이 되지 않는다. 좌우 망막상 간의 차이가 별로 없기 때

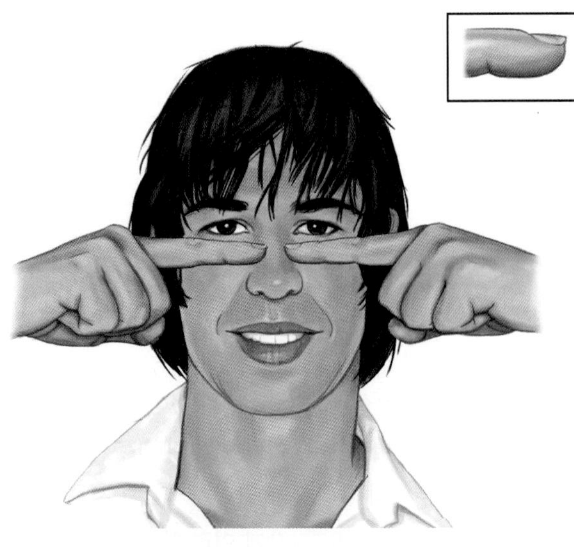

그림 6.26
부동하는 손가락 소시지 양손의 인지를 눈앞 12센티미터 정도 앞에서 마주보게 하는데, 두 손가락 끝이 1센티미터 정도 떨어지게 하라. 이제 손가락 너머를 바라보면서 괴상망측한 결과에 주목해보라. 손가락을 눈에서 먼 쪽으로 움직여보라. 그러면 망막 부등이, 그리고 손가락 소시지가 줄어들게 된다.

문이다. 이렇게 먼 거리에서는 **단안 단서**(monocular cue, 각 눈에 독자적으로 가용한 깊이 단서)에 의존하게 된다. 그림 6.27에 몇몇 예가 나와있다.

그림 6.27
단안 깊이 단서

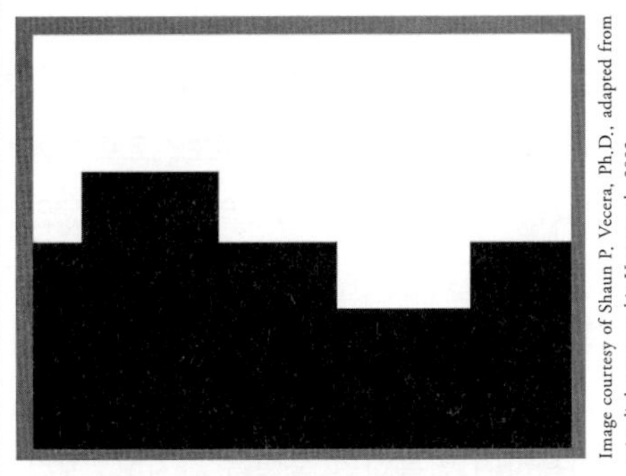

Image courtesy of Shaun P. Vecera, Ph.D., adapted from stimuli that appeared in Vecera et al., 2002.

상대적 높이 우리는 시야에서 더 높이 있는 물체를 더 멀리 있는 것으로 지각한다. 상대적 높이 덕분에 낮은 쪽의 사물들이 더 가까운 것처럼 보인다. 따라서 일반적으로는 전경으로 지각된다(Vecera et al., 2002). 이 그림을 뒤집어보라. 검정색 부분이 밤하늘처럼 배경으로 보일 것이다.

BIZARRO © 2014 Dan Piraro, Dist. By King Features

상대적 크기 두 대상이 비슷한 크기라면, 대부분의 사람은 더 작은 망막상을 더 멀리 있는 것으로 지각한다.

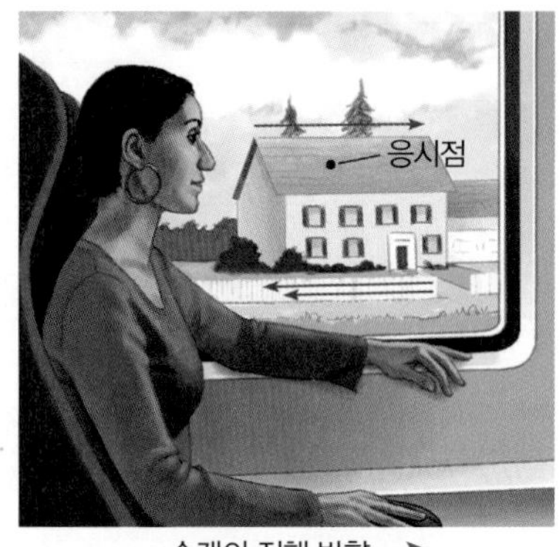

상대적 운동 우리가 움직임에 따라서 실제로는 정지해있는 대상도 움직이는 것처럼 보인다. 버스를 타고 가면서 어떤 대상, 예컨대 한 채의 집을 응시하게 되면, 응시점인 집보다 가까운 대상들은 뒤로 움직이는 것처럼 보인다. 대상이 가까울수록 더 빠르게 움직이는 것처럼 보인다.

Rhymes with Oranges © 2010 Hilary B. Price. Distributed by King Features Syndicate, Inc.

선형 조망 평행선은 거리가 멀어짐에 따라서 한 점으로 수렴하는 것으로 보인다. 수렴한 정도가 클수록 지각된 거리도 증가한다.

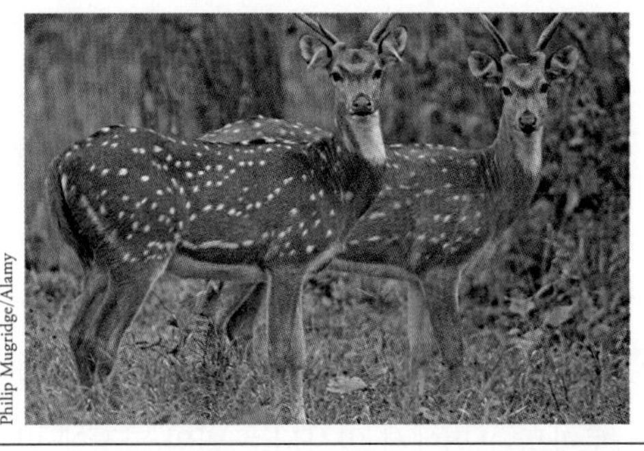

Philip Mugridge/Alamy

중첩 한 대상이 다른 대상을 부분적으로 가리고 있으면, 가리고 있는 대상을 더 가까운 것으로 지각한다.

파이 현상 둘 이상의 인접한 불빛이 빠른 속도로 교대할 때 발생하는 움직임 착시

지각 항등성 조명과 망막상이 변하여도 사물을 불변적인 것으로 지각하는 것 (일정한 밝기, 색깔, 모양, 그리고 크기로 지각한다.)

인출 연습

RP-8 우리는 어떻게 깊이를 지각하는 것인가?

답은 부록 E를 참조

움직임 지각

앞에서 소개하였던 M 부인처럼 여러분이 색채, 형태, 깊이는 지각할 수 있지만, 운동을 지각할 수 없다고 상상해보라. 자전거를 타거나 자동차를 운전할 수 없을 뿐만 아니라 글쓰기, 먹기, 걷기에서조차 어려움에 직면하게 될 것이다.

정상적인 두뇌는 부분적으로 축소되는 대상은 멀어지고(실제로 작아지는 것이 아니다) 확장되는 대상은 접근하는 것이라는 가정에 근거하여 운동을 계산한다. 어린 아동의 경우, 접근하는(그래서 확장하는) 자동차를 정확하게 지각하는 능력이 아직 충분하게 발달하지 않아서, 보행자 사고의 위험에 처하기 쉽다(Wann et al., 2011). 그렇지만 움직임 지각에 어려움을 겪는 것은 비단 어린이뿐만이 아니다. 성인의 두뇌도 때로는 보고 있지 않은 것을 믿게 되는 속임수에 시달린다. 큰 대상과 작은 대상이 동일한 속도로 운동할 때, 큰 대상이 느리게 움직이는 것처럼 보인다. 따라서 기차가 자동차보다 느린 것처럼 보이며, 점보 여객기가 작은 비행기보다 더 느리게 착륙하는 것처럼 보인다.

한 번에 0.1초가 걸리며 1분에 대략 15번, 하루에 15,000번이나 하는 눈깜빡임이 여러분의 시각을 얼마나 자주 차단시키는지를 깨달은 적이 있는가? 아마도 아닐 것이다. 두뇌는 조금씩 변하는 상들이 빠른 속도로 제시되면 그것을 연속적인 움직임으로 지각한다(스트로보스코프 운동이라고 알려진 현상이다). 만화영화 제작자들이 잘 알고 있는 것처럼, 초당 24장의 정지된 장면을 화면에 연속적으로 비춤으로써 이러한 움직임 착시를 만들어낼 수 있다. 네온사인이나 크리스마스 전등에서 움직임을 만들어내는 것처럼 두뇌가 움직임을 만들어내는 것이다. 두 개의 인접한 고정 불빛이 빠르게 교대되면, 하나의 불빛이 두 지점 사이를 오락가락하는 것으로 지각한다. 교통안전 신호는 이러한 **파이 현상**(phi phenomenon)을 이용하여 연속적인 불빛을 가지고, 예컨대 움직이는 화살표를 만들어내는 것이다.

지각 항등성

LOQ 6-14 지각 항등성은 어떻게 의미 있는 지각을 구축하는 데 도움을 주는가?

지금까지는 사람들이 사물을 지각하는 것과 마찬가지로, 비디오-컴퓨터 시스템도 우선 사물의 특정한 형태, 위치, 그리고 운동을 지각해야만 한다는 사실을 언급하였다. 다음 과제는 사물의 모양, 크기, 밝기, 색깔 등의 변화에 현혹되지 않고 그 사물을 동일한 것으로 재인하는 것, 즉 **지각 항등성**(perceptual constancy)이라고 부르는 하향처리이다. 사람들은 조망 각도, 거리, 조명 등과 관계없이, 눈 깜빡할 사이에 사람과 사물을 확인할 수 있다. 이 능력은 비디오-컴퓨터 시스템에게 거대한 도전거리이다.

그림 6.28
개집의 정답 그림 6.24의 불가능한 개집의 또 다른 조망은 착시의 비밀을 밝혀준다. 앞서 제시한 사진 각도에서 폐쇄라는 집단화 원리가 널빤지들을 연속적인 것으로 지각하게 만든다.

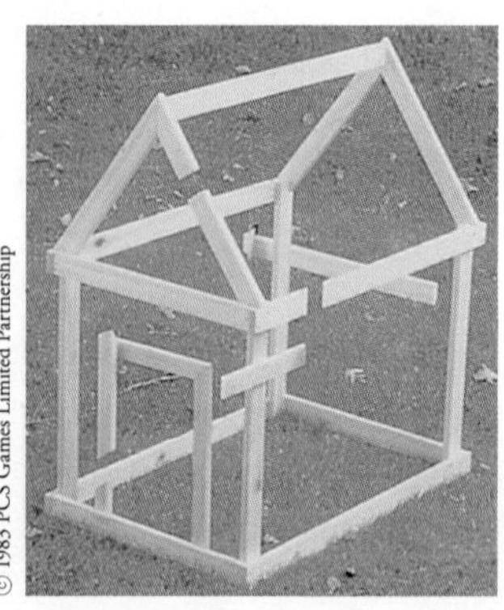

Photo by Walter Wick. Reprinted from GAMES Magazine © 1983 PCS Games Limited Partnership

색채 항등성과 밝기 항등성 제임스 깁슨(1979)은 지각이 사물의 맥락에 달려있다는 생태학적 접근을 주장하였다. 토마토의 색깔을 어떻게 경험하는지를 생각해보라. 그리고 토마토를 둘둘 만 종이를 통해서 하루 종일 본다면 색깔이 어떻게 변하는지를 생각해보라. 빛이 변함에 따라서, 즉 토마토 표면에서 반사되는 빛의 파장에 따라서, 그 색이 변하는 것처럼 보이게 된다. 그렇지만

R. Beau Lotto/Lottolab

(a) (b)

그림 6.29
색채는 맥락에 의존한다 (a) 믿거나 말거나 그림의 세 파란색 반점은 똑같은 색깔이다. (b) 배경 맥락을 제거하면 무엇이 보이는지를 보라.

그 토마토를 과일 바구니에 들어있는 과일의 하나로 보게 되면, 조명이 변하여도 그 색은 대체로 일정한 것이 되어버린다. 이렇게 일정한 색깔로 지각하는 것을 **색채 항등성**이라고 부른다.

색채 항등성을 당연한 것처럼 생각하지만, 이 능력이야말로 놀랄 만한 것이다. 실내조명 아래서 파란색 포커 칩이 반사하는 파장은 햇빛을 받고 있는 금색 칩이 반사하는 파장과 대응된다(Jameson, 1985). 그렇지만 파랑새를 실내로 들여온다고 해서 황금방울새처럼 보이지는 않는다. 색깔은 새의 깃털에 들어있는 것이 아니다. 두뇌가 사물에서 반사되는 빛을 주변 자극으로부터의 빛과 관련시켜 계산해주는 덕분에 색채를 보게 된다. 그림 6.29는 파란 반점을 세 가지 상이한 맥락에서 매우 다르게 볼 수 있는 능력을 극적으로 예시하고 있다. 아무튼 사람들은 이 반점들을 파란색으로 보는 데 아무런 어려움이 없다. 세 개의 반점이 동일한 색깔이라는 사실을 아는 것도 그것들을 전혀 다르게 지각하는 것을 약화시키지 못한다. 지각은 구성되는 것이기 때문에, 주관적 실제와 객관적 실제를 동시에 받아들일 수 있는 것이다.

"저기에서 여기로, 여기에서 저기로, 웃기는 일이 도처에 있다." 닥터 수스, 『물고기 한 마리, 물고기 두 마리, 빨간 물고기, 파란 물고기』(1960)

마찬가지로 **밝기 항등성**도 맥락에 의존한다. 사람들은 조명이 바뀌어도 사물은 동일한 밝기를 가지고 있는 것으로 지각한다. 지각된 밝기는 **상대적 휘도**, 즉 주변과의 관계에서 대상이 반사하는 빛의 양에 달려있다(그림 6.30). 흰 종이는 들어오는 빛의 90%를 반사한다. 검은 종이는 단지 10%만을 반사한다. 햇빛을 받는 검은 종이는 실내에 있는 흰 종이보다 100배 이상 더 많은 빛을 반사할 수 있지만, 여전히 검은색으로 보인다(McBurney & Collings, 1984). 그렇지만 둘둘 만

Photo by Manuel Schmalstieg/Color Illusory color remix by Øyvind Kolås

색깔이 보이는가? 놀랍지 않은가! 실제로 이 사진은 흑백사진이다. 겹쳐놓은 다양한 색깔의 격자 선분이 여러분의 눈에도 속임수를 가하였는가?

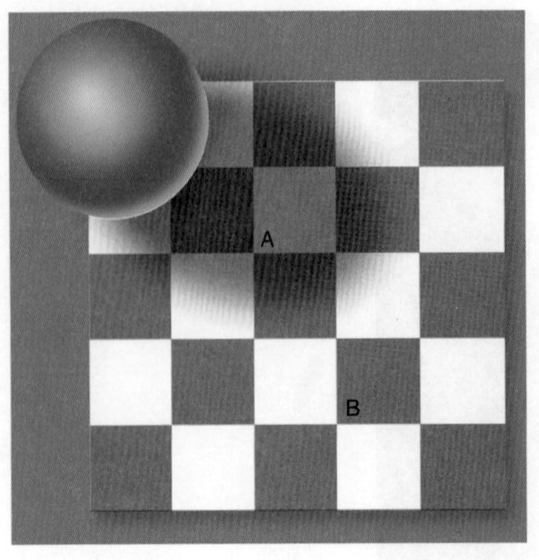

그림 6.30
상대적 휘도 주변 맥락으로 인해서 사각형 A를 사각형 B보다 더 밝은 것으로 지각한다. 그렇지만 믿거나 말거나, 둘의 밝기는 동일하다. 코미디언 리처드 프라이어의 표현을 빌리면, "당신은 누구를 믿겠습니까? 나입니까, 아니면 당신의 엉터리 눈입니까?" 만일 여러분이 거짓말을 하고 있는 눈을 믿는다면(실제로는 두뇌가 거짓말을 하고 있는 것이다), 이 그림을 복사한 다음에 두 사각형을 오려서 비교해보기 바란다.

종이를 통해서 햇빛 아래의 검은 종이를 봄으로써 다른 것들은 볼 수 없게 만들면, 상당한 양의 빛을 반사하고 있기 때문에 회색으로 보이게 된다. 두루마리를 치우면, 다시 검은색으로 보인다. 주변의 대상들보다 훨씬 적은 양의 빛을 반사하기 때문이다.

이 원리, 즉 사물을 독자적으로 지각하는 것이 아니라 환경 맥락 속에서 지각한다는 원리는 예술가, 실내장식가, 그리고 의상 디자이너에게 특히 중요한 의미를 갖는다. 벽지의 색이나 캔버스에 칠한 물감의 색과 밝기를 지각하는 것은 단지 물감 자체에 의존하는 것이 아니라 주변 환경의 색에 달려있는 것이다. 명심해야 할 교훈은 **맥락이 지각을 지배한다**는 것이다.

모양 항등성과 크기 항등성 모양 항등성 덕분에, 망막상이 변하더라도 그림 6.31의 문과 같이 친숙한 대상의 모양을 일정한 것으로 지각한다. 한 대상의 상이한 조망들을 연합시키는 것을 신속하게 학습하는 시각피질 뉴런들 덕분에, 두뇌는 이러한 솜씨를 발휘하는 것이다(Li & DiCarlo, 2008).

"때때로 나는 궁금할 때가 있다. 저 프리스비는 왜 점점 커지다가는 나하고 부딪힐까?" 작자 미상

크기 항등성 덕분에 사람들은 대상까지의 거리가 변하더라도 그 대상을 일정한 크기로 지각한다. 멀리 떨어져 있어 아주 작게 보이는 버스도 여러 사람을 태울 만큼 큰 것이라고 생각한다. 이 사실은 대상의 지각한 거리와 지각한 크기 간에 밀접한 관계가 있음을 알려준다. 사물까지의 거리 지각은 크기에 대한 단서를 제공한다. 마찬가지로 일반적인 크기, 예컨대 버스의 크기에 대한 지식도 거리에 대한 단서를 제공해준다.

그렇지만 크기-거리 판단에서조차도 사물의 맥락을 고려한다. 지각한 크기와 지각한 거리 간의 이러한 상호작용은 달 착시를 포함하여 여러 가지 잘 알려져 있는 착시들을 설명하는 데 도움을 준다. 달은 중천에 떠있을 때보다 수평선 가까이 있을 때 50%나 더 크게 보인다. 여러분은 그 이유를 설명할 수 있겠는가?

적어도 2,200여 년 동안 연구자들은 이 물음에 관하여 논쟁을 벌여왔다(Hershenson, 1989). 한 가지 이유는 사물의 거리에 관한 단안 단서들이 지평선에 걸려있는 달은 멀리 있는 것처럼 보이게 만들기 때문이다. 두뇌는 만일 수평선 달이 멀리 있다면 중천에 높이 솟아있는 달보다 클 수밖에 없다고 가정한다(Kaufman & Kaufman, 2000). 여기서도 두루마리를 통해서 수평선의 달을 봄으로써 거리 단서들을 제거해버리면, 달은 갑자기 왜소해지고 만다.

지각 착시는 한 가지 근본적인 교훈을 강조한다. 즉, 지각은 세상을 두뇌에 투사하는 것만이

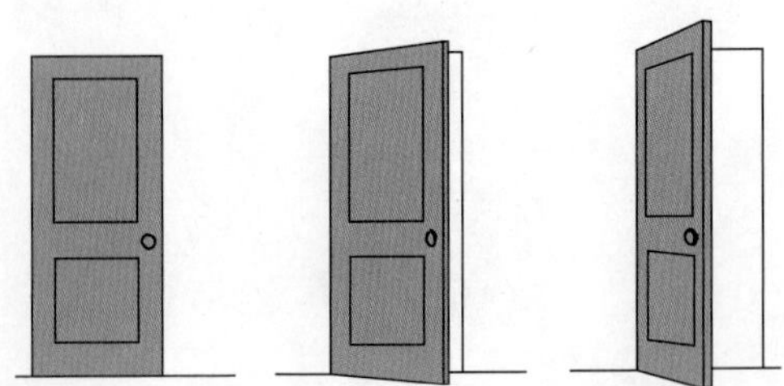

그림 6.31
모양 항등성 문이 열림에 따라서 망막에 사다리꼴의 이미지를 투사한다. 그렇지만 여전히 직사각형으로 지각한다.

아니다. 오히려 감각은 부분적인 정보들로 분할되며, 두뇌가 외부세계에 관한 자체적인 기능적 모형으로 재조합하는 것이다. 이러한 재조합 과정에서 일반적인 거리-크기 관계와 같은 가정이 사람들을 혼란에 빠뜨릴 수 있다. **두뇌가 지각을 구축하는 것이다.**

***

형태 지각, 깊이 지각, 움직임 지각, 지각 항등성 등은 사람들이 시각 경험을 체제화하는 방식을 예증한다. 지각 체제화는 다른 감각에도 적용된다. 친숙하지 않은 언어를 들을 때 언제 한 단어가 끝나고 다른 단어가 시작되는 것인지를 잘 들을 수 없다. 모국어를 들을 때는 분절된 단어들을 자동적으로 듣는다. 이것도 지각 체제화의 한 형태이다. 그것만이 아니다. 예컨대, "아버지가방에들어가신다."와 같은 글자의 연속을 볼 때도 의미 있는 구를 만드는 단어들로 체제화하기 때문에, "아버지 가방에 들어가신다."보다는 "아버지가 방에 들어가신다."라고 분절하기 십상이다(McBurney & Collings, 1984). 이 과정은 체제화뿐만 아니라 해석, 즉 지각한 것에서 의미를 추려내는 작업도 수반한다.

지각 해석

철학자들은 지각능력이 선천적인 것인지 아니면 후천적인 것인지에 대해서 논쟁을 벌여왔다. 어느 정도나 지각능력을 학습하는 것일까? 독일 철학자 이마누엘 칸트(1724~1804)는 지식이 감각 경험을 체제화하는 생득적 방식에서 나온다고 주장하였다. 실제로 사람들은 감각 정보를 처리할 능력을 가지고 태어난다. 그렇지만 영국 철학자 존 로크(1632~1704)는 경험을 통해서 세상을 지각하는 능력을 학습한다고 주장하였다. 실제로 사람들은 대상의 거리를 크기와 연결시키는 능력을 학습한다. 그렇다면 경험은 얼마나 중요한 것인가? 경험은 지각해석 능력에 얼마나 영향을 미치는 것인가?

경험과 시지각

LOQ 6-15 회복된 시각, 감각 제약, 그리고 지각 순응에 관한 연구는 지각에 대한 경험의 효과에 관하여 무엇을 밝혀주는가?

회복된 시각과 감각 제약 윌리엄 몰리뉴는 존 로크에게 보낸 편지에서 '장님으로 태어나서 정육면체와 구를 촉각으로 구분하는 것을 배우고 성장한 사람'이 다시 시각을 회복하였을 때 둘을 시각적으로 구분할 수 있을 것인지를 문의하였다. 로크의 답은 '불가능하다'였는데, 그 사람은 차이를 보는 것을 학습한 적이 없었기 때문이라는 것이었다.

그 이래로 연구자들은 장님으로 태어났지만 다시 시각을 회복한 수십 명을 대상으로 몰리뉴의 가상적 사례를 검증해왔다(Gandhi et al., 2017; Gregory, 1978; von Senden, 1932). 대부분은 백내장 상태로 태어난 사람들이었다. 백내장은 수정체에 막이 생겨서 단지 분산된 빛만을 경험할 수 있는 질병인데, 반으로 자른 탁구공을 통해서 빛의 산란을 경험하는 것과 유사하다. 외과수술을 통해서 백내장을 제거하였을 때, 환자들은 전경을 배경과 분리할 수 있었으며 색채를 구분하고 얼굴과 얼굴 아닌 것을 구분할 수 있었다. 이 사실은 지각의 이러한 측면들이 생득적이라는 사실을 시사한다. 그렇지만 로크가 가정한 것처럼, 촉감으로 친숙하였던 대상들을 눈으로는 재인하지 못하기 십상이었다.

"마음이, 말하자면, 아무 관념도 없고 아무런 특징도 가지고 있지 않은 백지라고 가정해보자. 어떻게 마음이 장식되는 것인가? … 이 물음에 한 단어로 답한다면, 그것은 경험이다." 존 로크, 『인간오성론』(1690)

보는 것을 학습하기 마이크 메이는 3세 때 폭발사고로 실명하였다. 수십 년이 지난 후, 새로운 각막 이식으로 오른쪽 눈의 시력을 회복하였을 때, 그는 자신의 부인과 아이들을 처음 보게 되었다. 불행하게도 이제 신호가 시각피질에 도달하는데도 불구하고, 그 신호를 해석할 경험이 없었다. 메이는 머리카락 같은 자질과는 별도로 얼굴이나 표정을 재인할 수 없었다. 그렇기는 하지만 그는 움직이는 사물을 볼 수 있고, 점차적으로 돌아다니는 것을 학습하였으며, 햇빛 속에서 떠다니는 먼지와 같은 것을 보고는 경이롭게 생각하게 되었다(Abrams, 2002; Gorlick, 2010; Huber et al., 2015).

Marcio Jose Sanchez/AP Images

연구자들은 임상 사례가 제공하는 증거 이상의 것을 얻기 위하여 새끼 고양이 시각에 제약을 가하였다(Hubel & Wiesel, 1963). 어린 시기가 지나고 시각이 회복되었을 때, 고양이는 백내장으로 태어난 사람처럼 행동하였다. 색깔과 밝기는 구분할 수 있었지만, 원과 정사각형의 형태는 구분할 수 없었다. 눈이 퇴화한 것은 아니었다. 망각은 여전히 시각피질에 신호를 전달하였다. 그런데 피질세포들이 적절한 자극을 받지 못하여 정상적인 회로를 만들지 못하였던 것이다. 따라서 모양에 대해서 계속해서 기능적 장님으로 남아있게 된 것이다.

인도에서 시행한 시각 장애 아동의 외과수술은 선천성 시각 장애 아동이 백내장 제거로 도움을 받을 수 있다는 사실을 보여준다. 그렇지만 어릴수록 더 많은 도움을 받으며, 시력은 결코 정상적일 수 없다(Chatterjee, 2015; Gandhi et al., 2014). 정상적인 감각 발달과 지각 발달에는 결정적 시기, 즉 특정 자극에의 노출이나 경험이 반드시 필요한 시기가 있다.

일단 결정적 시기가 지나가면, 생애 후기의 감각 제약은 영구적인 장애를 초래하지 않는다. 다 자란 동물에게 몇 달 동안 안대를 착용하게 한 뒤 제거하여도 시각은 거의 영향을 받지 않는다. 성인 후기에 발생한 백내장을 제거하면, 대부분의 사람은 정상 시각으로 되돌아온 것에 황홀감을 느끼게 된다.

지각 순응 후버트 돌레잘은 세상이 도치되어 보이는 특수 안경을 착용하고 세상을 바라보면서, "에쿠, 또 실수했네!"를 연발하였다. 그렇지만 믿거나 말거나, 고양이와 원숭이 그리고 인간도 도치된 세상에 적응할 수 있다.

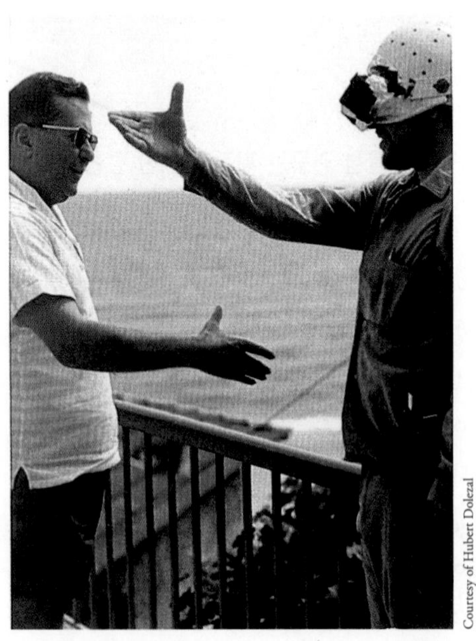
Courtesy of Hubert Dolezal

지각 순응 새로 안경을 끼면, 약간 방향감각을 상실하고 어지럽기까지 하다. 하루나 이틀 정도 지나면, 적응하게 된다. 변화된 시각입력에 대한 **지각 순응**(perceptual adaptation)은 세상을 다시 정상적인 것으로 만들어준다. 그런데 훨씬 극적인 효과를 나타내는 안경, 대상의 위치를 왼쪽으로 40도 이동시키는 안경을 생각해보자. 이 안경을 끼고 친구에게 공을 던져준다면, 그 공은 왼쪽으로 날아갈 것이다. 상대방과 악수하기 위해서 앞으로 걸어갈 때, 왼쪽을 향해서 가게 된다.

이렇게 왜곡된 세상에 적응할 수 있겠는가? 병아리는 할 수 없다. 병아리에게 이러한 특수 안경을 끼우면, 모이가 있는 것처럼 보이는 위치만을 계속해서 쪼게 된다(Hess, 1956; Rossi, 1968). 그렇지만 사람은 그런 특수 안경에도 곧바로 적응한다. 몇 분 지나지 않아서 공을 정확하게 던지며, 표적을 향해서 곧바로 걸어갈 수 있다. 안경을 벗으면, 역작용을 경험하게 된다. 즉, 처음에는 공을 반대 방향을 던지고, 오른쪽으로 걸

지각 순응 시각에서 인위적으로 이동되거나 심지어는 도치된 세상에도 적응할 수 있는 능력

어가게 된다. 그렇지만 곧바로 재적응할 수 있다.

실제로 더욱 극단적인 안경, 예컨대 세상의 위와 아래가 뒤바뀌게 만드는 안경을 껴도 여전히 적응할 수 있다. 심리학자 조지 스트라튼(1896)은 세상을 상하뿐만 아니라 좌우로도 역전시키는 특수 안경을 스스로 제작하여 여드레 동안 끼고 있음으로써 이 현상을 경험하였다. 스트라튼은 정상적으로 서서 정상적인 망막상을 경험한 최초의 사람이 되었다. 바닥이 위에 있으며, 하늘이 아래에 있었던 것이다.

처음에 스트라튼은 걷고자 할 때, 이제는 위쪽에 위치하고 있는 다리를 찾아 헤매는 자신을 발견하였다. 먹는 것은 거의 불가능하였다. 구역질이 나고 우울 상태에 빠졌다. 그렇지만 그는 극복하였으며, 여드레가 되던 날에는 대상에 쉽게 접근할 수 있었고, 다른 것에 부딪치지 않으면서 걸을 수 있었다. 마침내 안경을 벗었을 때는 훨씬 빠르게 재적응하였다. 후속 실험에서 특수 안경을 착용한 사람들은 오토바이를 타고, 알프스에서 스키를 타며, 비행기를 조종할 수도 있었다(Dolezal, 1982; Kohler, 1962). 뒤죽박죽인 세상에서 적극적으로 움직여봄으로써, 맥락에 적응한 것이며 자신의 움직임을 조정하도록 학습한 것이다.

그렇다면 사람들은 세상을 지각하도록 학습하는 것인가? 변하는 감각입력에 끊임없이 적응하듯이, 부분적으로는 학습한다. 결정적 시기에 관한 연구는 선천성이 제공한 원자료에 초기 후천성이 형상을 입힌다는 사실을 알려준다. 이처럼 극적이지는 않지만, 후천성은 일생을 통하여 형상을 입히는 작업을 계속한다. 경험은 지각을 가능하게 해주는 두뇌 신경통로를 주도하고 유지시킨다.

자문자답하기

시작 장애를 가지고 있으며 여러분이 알고 있는 사람(여러분 자신일 수도 있다)을 생각해보라. 시각 처리과정에서 어떤 유형의 와해가 이러한 장애를 초래하겠는가?

개관 시각 : 감각처리와 지각처리

학습목표

자기검증 개념 파악을 증진시키도록 (부록 D의 답을 확인해보기에 앞서) 여러분 자신의 표현으로 여기서 반복하는 학습목표 물음에 답해보라(McDaniel et al., 2009, 2015).

LOQ 6-7 사람들이 가시광선으로 보는 에너지의 특징은 무엇인가? 눈의 어느 구조가 그 에너지에 초점을 맞추게 도와주는가?

LOQ 6-8 간상체와 원추체는 어떻게 정보를 처리하는가? 그리고 정보가 눈에서 두뇌로 전달되는 신경통로는 무엇인가?

LOQ 6-9 사람들은 주변 세상에서 어떻게 색깔을 지각하는가?

LOQ 6-10 자질 탐지기는 어디에 존재하는가? 이들의 역할은 무엇인가?

LOQ 6-11 두뇌는 어떻게 병렬처리를 사용하여 시지각을 구성하는가?

LOQ 6-12 게슈탈트심리학자들은 어떻게 지각 체제화를 이해하였는가? 전경-배경 그리고 집단화 원리는 어떻게 지각에 기여하는가?

LOQ 6-13 어떻게 양안 단서와 단안 단서를 사용하여 3차원 세상을 지각하는가? 어떻게 움직임을 지각하는가?

LOQ 6-14 지각 항등성은 어떻게 의미 있는 지각을 구축하는 데 도움을 주는가?

LOQ 6-15 회복된 시각, 감각 제약, 그리고 지각 순응에 관한 연구는 지각에 대한 경험의 효과에 관하여 무엇을 밝혀주는가?

기억해야 할 용어와 개념들

자기검증 여러분 자신의 표현으로 정의를 적어본 후에 답을 확인해보라.

간상체	병렬처리	전경-배경
강도	색상	조절
게슈탈트	시각 절벽	중심와
깊이 지각	시신경	지각 순응
단안 단서	양안 단서	지각 항등성
대립과정 이론	영-헬름홀츠 삼원색 이론	집단화
망막		파이 현상
망막 부등	원추체	파장
맹점	자질 탐지기	

학습내용 숙달하기

자기검증 여러분 자신의 표현으로 다음 물음에 답한 후에 부록 E에서 답을 확인해보라.

1. 빨강, 파랑 등과 같이 사람들이 경험하는 색채를 결정하는 빛의 특징은 ______이다.

2. 다음 중에서 빛의 강도가 결정하는 지각은 무엇인가?

a. 밝기　b. 색채
c. 의미　d. 거리

3. 다음 중에서 망막에 맹점이 위치하는 곳은 어디인가?

a. 간상체는 있지만 원추체는 없는 곳
b. 원추체는 있지만 간상체는 없는 곳
c. 시신경이 눈을 떠나는 곳
d. 양극세포들이 신경절세포를 만나는 곳

4. 원추체는 ______빛에 특히 예민하고 ______시각을 담당하는 눈의 수용기세포이다.

a. 밝은; 흑백　b. 어두운; 색채
c. 밝은; 색채　d. 어두운; 흑백

5. 두 이론이 함께 색채 시각을 설명한다. 영-헬름홀츠 삼원색 이론은 눈이 ______을(를) 가지고 있다는 사실을 보여주며, 대립과정 이론은 신경계가 ______을(를) 가지고 있다는 사실을 설명한다.

a. 대립적 망막 처리과정; 세 쌍의 색채수용기
b. 대립과정 세포; 세 유형의 색채수용기
c. 세 쌍의 색채수용기; 대립적 망막 처리과정
d. 세 유형의 색채수용기; 대립과정 세포

6. 어떤 심적 과정이 레몬을 노랗게 지각하도록 해주는가?

7. 특정 선분, 모서리, 각도 등에 반응하는 시각피질의 세포를 ______라고 부른다.

8. 사물이나 문제의 여러 측면을 동시에 처리하는 두뇌의 능력을 ______라고 부른다.

9. 콘서트에서 독주하는 악기에 주의를 기울이고, 교향악단의 연주가 수반되는 것으로 지각한다. 이것은 ______(이)라는 체제화 원리를 예시한다.

a. 전경-배경　b. 모양 항등성
c. 집단화　d. 깊이 지각

10. 간극을 채워 넣고 하나의 패턴을 연속적으로 지각하는 경향성은 ______(이)라 부르는 체제화 원리의 두 가지 상이한 예이다.

a. 중첩　b. 깊이 지각
c. 모양 항등성　d. 집단화

11. 다음 중에서 시각 절벽 실험이 시사하는 것은 무엇인가?

a. 유아는 깊이 지각을 아직 발달시키지 못하였다.
b. 기어 다니는 유아와 어린 동물들은 깊이를 지각한다.
c. 유아가 깊이를 지각할 수 있는지를 알아낼 방법은 없다.
d. 다른 동물종과는 달리, 인간은 유아기에 깊이를 지각할 수 있다.

12. 다음 중에서 깊이 지각에 근거한 능력은 무엇인가?

a. 유사한 항목들을 게슈탈트로 묶는다.
b. 대상들을 일정한 모양으로 지각한다.
c. 거리를 판단한다.
d. 도형에서 빠진 부분을 채워 넣는다.

13. 깊이에 대한 ______단서의 두 가지 예는 중첩과 선형 조망이다.

14. 조명이 변하여도 토마토를 일정한 빨간색으로 지각하는 것은 다음 중 무엇의 예인가?

a. 모양 항등성　b. 지각 항등성
c. 양안 단서　d. 연속성

15. 다음 중에서 선천적으로 시각 장애였던 환자가 시력 회복수술을 받은 후에 겪는 어려움은 무엇인가?

a. 촉각으로 사물을 재인하기
b. 시각으로 사물을 재인하기
c. 전경을 배경에서 구분해내기
d. 밝은 빛과 희미한 빛을 구분하기

16. 실험에서 사람들은 상하가 도치되는 안경을 착용하였다. 일정한 적응기간 후에 이들은 잘 기능하는 것을 학습하였다. 이 능력을 ______이라 부른다.

시각 이외의 감각

청각

다른 감각과 마찬가지로 **청각**(audition)은 사람들이 적응하고 살아남는 데 도움을 준다. 정보를 제공하고 관계를 가능하게 해주며, 인간을 인간답게 만들어준다. 누군가의 글을 읽기만 하는 것이 아니라 들을 때 그 사람이 더 사려 깊고 유능하며 호의적인 것처럼 보인다(Schroeder & Epley, 2015, 2016). 그리고 청각은 꽤나 화려하다. 눈에 드러나지 않은 채 소통할 수 있게 해준다. 보이지도 않는 공기 파동을 공간으로 날려 보내고 다른 사람으로부터 동일한 파동을 받아들인다. 따라서 청력 손상은 보이지 않는 엄청난 장애가 된다. 다른 사람의 이름을 알아차리지 못하고, 다른 사람이 묻는 것을 이해하지 못하며, 재치 있는 농담을 놓치는 것은 다른 사람들이 알고 있는 것에서 소외되는 것이며, 때로는 배척되었다고 느끼게 한다. 청력 손상이 있는 저자(마이어스)는 그 느낌을 알고 있으며, 심각한 청력 손상이 있는 사람이 우울증과 불안의 상당한 위험을 경험하는 이유를 이해할 수 있다(Blazer & Tucci, 2019; Scinicariello et al., 2019).

Courtesy of Eric Richmond/ The Chineke! Foundation

Vereshchagin Dmitry/Shutterstock

악기의 소리 바이올린의 짧고 빠른 음파는 높은 음고를 만들어내며, 첼로의 길고 느린 음파는 낮은 음고를 만들어낸다. 음파의 높이 또는 강도의 차이는 소리의 크기를 결정한다.

아무튼 대부분의 사람은 광범위한 소리를 들을 수 있으며, 인간 음성의 주파수대에 해당하는 소리를 가장 잘 듣는다. 정상 청력을 가지고 있는 사람은 아기가 낑낑거리는 것과 같은 미세한 소리에도 놀랄 만치 예민하다. (만일 우리 귀가 조금만 더 민감했더라면, 공기분자의 운동으로 인해서 끊임없이 쉿쉿 소리를 듣게 되었을 것이다.) 이러한 민감도는 우리의 먼 조상들이 사냥을 하거나 포식자에게 쫓길 때 생존할 수 있게 해주었다.

사람들은 소리의 변화에도 상당히 민감하다. 수천 명의 음성 속에서도 보이지 않는 친구를 쉽게 재인한다. 더군다나 청각은 신속하다. 청각 신경과학자 세스 호로비츠(2012)는 "여러분 눈의 한 귀퉁이에 있는 대상을 알아보려면, 머리를 그쪽으로 돌리고 재인한 후에 반응을 보이는 데 1초가 걸린다. 새롭거나 갑작스러운 소리에 대한 반응은 최소한 이것보다 10배는 빠르다."라고 지적하고 있다. 그러한 사건이 일어나고 0.1초도 되지 않은 짧은 시간에 귀의 수용기가 활동하고, 수백만 개의 뉴런이 동시적으로 협응하여 필수 자질을 추출하며, 과거의 경험과 비교하고, 그 자극을 확인해낸다(Freeman, 1991). 다른 감각의 경우와 마찬가지로 청각에서도 "어떻게 그런 일을 해낼 수 있는 것인가?"라는 근본적인 물음을 던지게 된다.

자극 입력 : 음파

LOQ 6-16 사람들이 소리로 듣게 되는 음파의 특징은 무엇인가?

바이올린 현을 활로 긁으면, 음파 에너지가 발생한다. 공기 분자들이 서로 밀치며 부산하게 움직

청각 듣는 감각 또는 행위 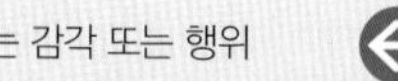

그림 6.32
파동의 물리적 특징 (a) 파동은 '파장'(연속적인 정점 간의 거리)에서 차이를 보인다. '주파수', 즉 주어진 시간에 한 지점을 통과할 수 있는 파장의 수는 그 파장에 달려있다. 파장이 짧을수록 주파수는 커진다. 파장은 '음고'를 결정한다. (b) 파동은 '강도'(저점에서 정점까지의 높이)에서도 변한다. 파동의 강도는 음의 크기에 영향을 미친다.

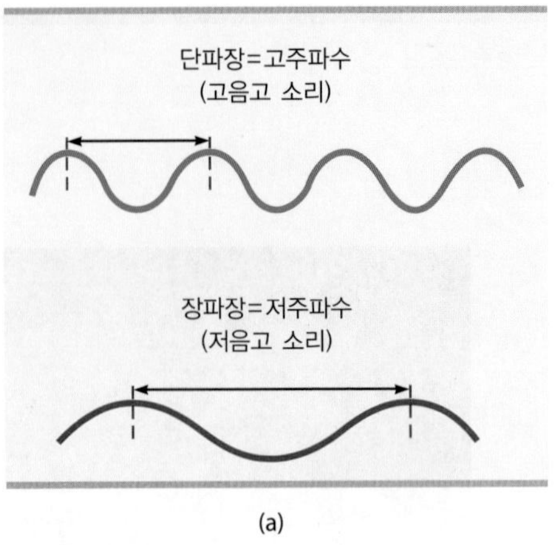

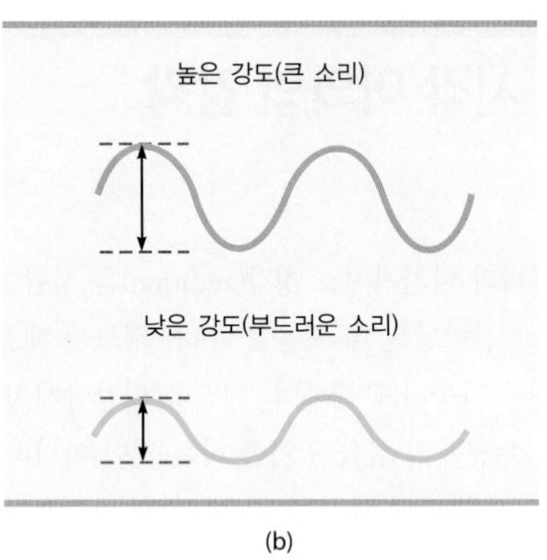

임으로써 잔잔한 호수에 돌을 던졌을 때 사방으로 퍼져 나가는 파도와 같이, 압축되고 확산되는 음파를 만들어낸다. 움직이는 공기 분자들이라는 망망대해에서 헤엄치면서, 우리의 귀는 순간적인 공기압의 변화를 탐지해낸다.

광파와 마찬가지로 음파도 다양한 형태를 취한다(그림 6.32). 음파의 높이 즉 강도는 소리의 크기를 결정한다. 음파의 길이, 즉 **주파수**(frequency)는 경험하는 **음고**(pitch)를 결정한다. 장파는 저주파이며 음고가 낮다. 단파는 고주파이며 음고가 높다. 소프라노가 만들어내는 음파는 바리톤이 만들어내는 음파보다 훨씬 짧고 빠르다.

소리의 크기는 데시벨로 측정하며, 0데시벨은 청각의 절대 역치를 나타낸다. 10데시벨마다 소리는 10배로 커진다. 따라서 60데시벨 정도인 정상적인 대화는 20데시벨의 속삭임보다 10,000배나 더 크다. 그런대로 견딜 수 있는 100데시벨의 지하철 소리는 절대 역치에 해당하는 소리보다 무려 100억 배나 크다. 85데시벨 이상의 소리에 지속적으로 노출되면 청각 손상을 입을 수 있다. 2017년 126데시벨로 가장 시끄러운 실내체육시설이라는 기네스 기록을 깨뜨린 켄터키대학교 농구팬들에게 이 사실을 알려주어라(WKYT, 2017). 오늘은 듣지만, 내일은 사라지고 만다.

귀

LOQ 6-17 귀는 소리 에너지를 어떻게 신경 메시지로 변환하는가?

진동하는 공기는 어떻게 두뇌가 소리로 해독하는 신경 흥분을 촉발하는가? 그 과정은 음파가 질긴 막인 고막을 때려 진동시키는 것에서 출발한다(그림 6.33).

중이(middle ear), 즉 세 개의 작은 뼈[이소골(망치뼈, 모루뼈, 등자뼈)]로 이루어진 피스톤은 진동을 받아들여 **내이**(inner ear)에 들어있는 달팽이 모양의 관인 **달팽이관**(cochlea, 달팽이관)으로 전달한다.

유입되는 진동은 달팽이관의 막(난원창)을 진동시키고, 관 속을 채우고 있는 액체를 흔들어놓는다. 이러한 움직임은 모세포들이 정렬되어 있는 기저막의 파동을 야기한다. 이 과정의 마지막 부분에서 기저막의 파동이 모세포를 구부러뜨리는데, 바람이 논의 벼를 휘어지게 하는 것과 다르지 않다.

모세포의 움직임은 이웃한 신경세포들의 활동을 촉발하며, 이것들이 수렴하여 청각신경을 형성한다. 청각신경은 신경 메시지를 시상으로 전달한 다음에 두뇌 측두엽에 위치한 청각피질로

주파수 주어진 시간에 한 지점을 통과하는 완벽한 파장의 수

음고 소리의 높낮이. 주파수에 달려있다.

중이 고막과 달팽이관 사이의 공간으로 세 개의 작은 뼈(망치뼈, 모루뼈, 그리고 등자뼈)를 가지고 있다. 이 뼈들은 고막의 진동을 증폭시켜 달팽이관의 난원창으로 전달한다.

내이 귀의 가장 깊은 곳으로 달팽이관, 삼반규관 그리고 전정낭을 가지고 있다.

달팽이관 내이(속귀)에 들어있는 나선 형태의 뼈로 만들어진, 액체가 들어있는 튜브. 달팽이관에서 음파가 신경 흥분을 촉발한다.

감각신경성 청력 손실 달팽이관 모세포의 손상이나 청신경의 손상이 야기한 청력 손상. 신경성 청각 장애라고도 부른다.

전도성 청력 손실 음파를 달팽이관으로 전달하는 기계적 시스템의 손상이 야기하는 청력 손상

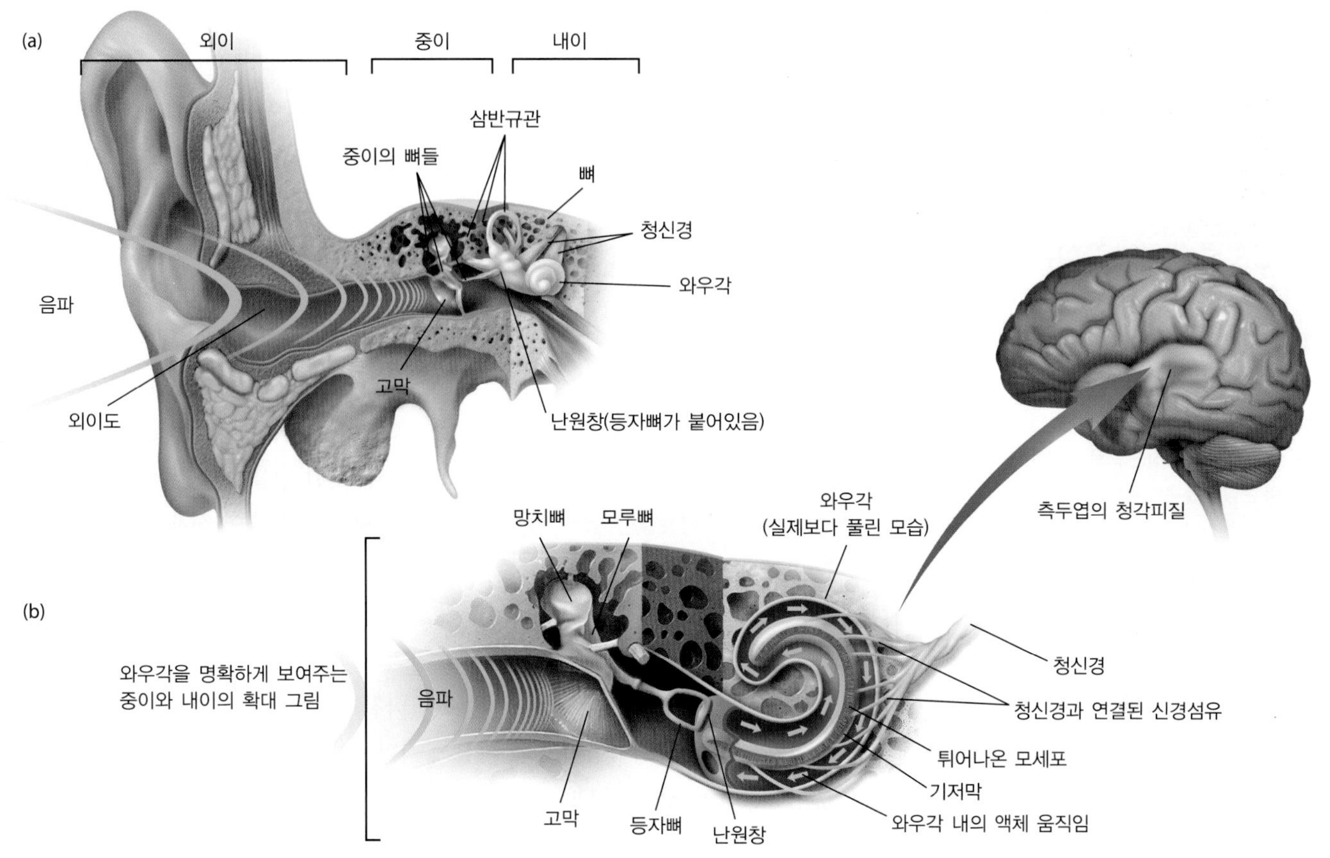

그림 6.33
두뇌가 음파를 해석할 수 있는 신경 흥분으로 어떻게 변환시키는 것인가? (a) 외이는 음파를 고막으로 보낸다. 중이의 뼈들은 고막의 진동을 증폭시켜 난원창을 통하여 액체가 차 있는 달팽이관으로 전달한다. (b) 중이와 내이의 자세한 그림에서 보는 바와 같이, 달팽이관 액의 압력 변화가 기저막을 진동시켜 표면에 붙어있는 모세포를 구부러뜨린다. 모세포의 운동이 신경세포의 흥분을 촉발시키며, 신경세포의 축색들이 수렴하여 청신경을 이루어서 시상과 청각피질에 신경 메시지를 전달한다.

전달한다. 진동하는 공기에서부터 움직이는 이소골을 통해 액체의 파동을 거쳐 전기적 흥분이 두뇌로 전달된다. 대단하다! 이러한 과정을 통해서 듣게 되는 것이다!

아마도 청각과정에서 가장 매혹적이고 흥미진진한 부분은 모세포, 즉 '엄청난 민감도와 속도' 덕분에 '사람들이 들을 수 있게 해주는 떨리는 털의 다발'일 것이다(Goldberg, 2007). 달팽이관은 16,000개의 모세포를 가지고 있는데, 눈에 들어있는 1억 3,000만 개나 되는 광수용기의 숫자와 비교할 때 대단하지 않은 것처럼 보일 수 있다. 그렇지만 이들의 반응성을 생각해보라. 모세포 끝부분에 붙어있는 섬모의 다발을 원자 하나의 폭만큼만 구부리면, 이 사실을 알아챈 모세포가 특별한 단백질 덕분에 신경반응을 촉발하게 된다(Corey et al., 2004).

달팽이관 모세포 수용기나 청각신경의 손상은 **감각신경성 청력 손실**(sensorineural hearing loss, 신경성 귀머거리)을 초래할 수 있다. 청각신경이 손상되면, 소리를 들을 수는 있지만 무엇이라고 말하는지를 알아차리는 데 어려움이 있다.

때로는 질병이 모세포 수용기를 손상시키기도 하지만, 보다 빈번한 원인은 유전이나 노화와 연계된 생물학적 변화이다. 할머니와 어머니로부터 물려받은 심각한 청력 손상을 가지고 살아가고 있는 저자(마이어스)는 한 유전자(WFS1)의 변이 덕분에 듣고 이해할 수 있다. 귀를 찢을 듯이 강력한 음악과 같이 유해한 소음에 지속적으로 노출되는 것이 청력 손상의 또 다른 원인이다. 감각신경성 청력 손실에 비해서 상대적으로 흔치 않은 청력 손실의 형태가 **전도성 청력 손실**(conduction hearing loss)인데, 이는 음파를 달팽이관으로 전달하는 기계적 시스템, 즉 고막과 이소골의 손상이 야기한다.

여러분은 www.tinyurl.com/YannyLaurel에서 무엇을 듣는가? 모든 사람은 자신만의 독특한 하향적 청각 시스템을 가지고 있기 때문에 동일한 소리를 상이하게 처리하기도 한다. 어떤 사람은 야니(Yanny)를 듣고 어떤 사람은 로렐(Laurel)을 듣는데, 둘은 전혀 다른 이름이다.

달팽이관의 모세포를 카펫의 섬유에 비유해왔다. 카펫 위를 걸은 후에는 섬유들이 원상태로

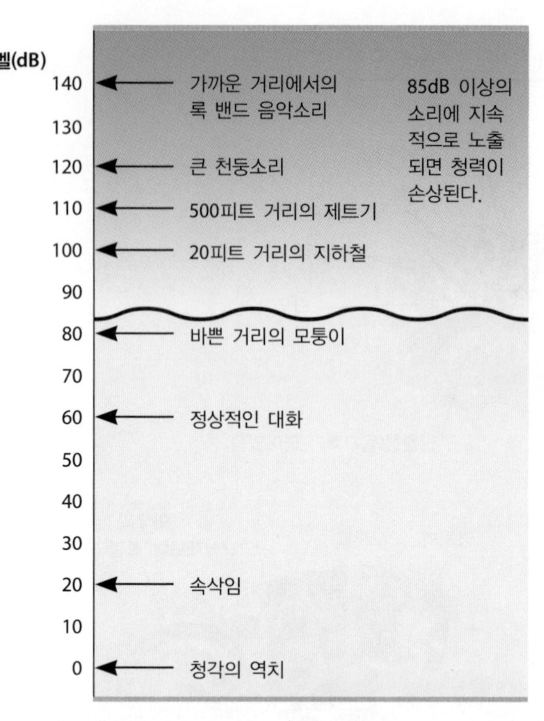

그림 6.34
일상에서 듣는 소리의 강도 한 연구는 300만 명에 달하는 프로 음악가의 청력 손상이 소음이 유발하는 정상적인 청력 손상보다 네 배나 많이 발생한다는 사실을 확인하였다(Schink et al., 2014). 주변 소음을 차단하는 이어폰이나 헤드폰은 위험 수준의 볼륨으로 음악을 쾅쾅 틀어놓을 필요성을 감소시킨다.

되돌아온다. 그렇지만 카펫 위에 무거운 가구를 오랫동안 놓아두면, 결코 원상태로 되돌아올 수 없다. 일반적으로 대화를 나눌 수 없을 정도의 소음(시끄러운 기계, 콘서트나 스포츠 경기에서 환호하는 팬, 볼륨을 최대로 틀어놓은 오디오 등)은 해로울 수 있으며, 특히 그 소음이 지속적이고 반복적일 때 더욱 그렇다(Roesser, 1998; 그림 6.34). 그러한 경험 후에 귀가 먹먹해지는 것은 불쌍한 모세포에 못된 짓을 하였다는 사실을 나타내는 것이다. 통증이 신체 손상의 가능성을 경고하는 것처럼, 귀가 먹먹해지는 것은 청력 손상의 가능성을 경고한다. 귀가 먹먹해지는 것은 신체가 피를 흘리는 것과 마찬가지다.

전 세계적으로 12억 3,000만 명가량이 청력 손상에 직면해있으며, 5억 명 정도는 청력 손상 장애를 가지고 있다(Global Burden of Disease, 2015; Wilson et al., 2017). 1990년대 초반 이래로 10대의 청력 손실 비율은 1/3이나 증가하였으며, 6명 중 1명의 청력이 손상되었다(Shargorodsky et al., 2010; Weichbold et al., 2012). 라이브이든 헤드폰을 통해서이든, 시끄러운 음악에의 노출이 원인이다. 평균 99데시벨의 록 콘서트 음악에 3시간 노출된 후에 54%의 10대가 일시적으로 잘 듣지 못하겠다고 보고하였으며, 4명 중 1명은 귀가 먹먹해졌다(Derebery et al., 2012). 10대 소년이 10대 소녀나 성인에 비해서 강력한 소리에 더 오랫동안 노출되어 있다(Widén et al., 2017; Zogby, 2006). 강력한 소음에 더 많이 노출되기 때문에, 남자의 청력이 여자보다 예민하지 못한 경향이 있다. 그렇지만 남녀를 막론하고 오랜 시간을 시끄러운 나이트클럽에서 보내거나, 강력한 예초기나 착암기를 사용하는 사람들은 귀마개를 착용해야만 한다. 성 교육자가 "콘돔을 사용하라, 아니면 더 안전한 금욕을 택하라."라고 말하듯이, 청력 교육자는 "귀마개를 사용하라, 아니면 소음에서 멀리 벗어나라."라고 말한다.

아직까지는 신경성 청각 장애를 되돌릴 수 없다. 청력을 회복하는 유일한 방법은 일종의 생체공학적 귀, 즉 **달팽이관 임플란트**(cochlear implant)를 이식하는 것이다. 매년 대략 50,000명이 이러한 전자장치를 이식하는데, 30,000명 정도가 어린이이다(Hochmair, 2013). 달팽이관 신경에 연결된 임플란트는 소리를 전기 신호로 변환시켜 두뇌로 소리 정보를 전달한다(그림 6.35). 귀가 먹은 새끼 고양이와 유아에게 시술한 달팽이관 임플란트는 관련된 두뇌영역의 '각성'을 촉발하는 것으로 보인다(Klinke et al., 1999; Sireteanu, 1999). 이 장치는 아동들이 구술 소통에 능숙하게 만들어준다(학령기 이전에, 심지어는 첫돌 전에 이식하였을 때 특히 그렇다)(Dettman et al., 2007; Schorr et al., 2005). 청각도 시각과 마찬가지로 결정적 시기가 있다. 달팽이관 임플란트는 많은 성인이 청력을 회복하는 데 도움을 줄 수 있지만, 두뇌가 아동기에 소리를 처리하는 것을 학습하였을 때에만 그렇다. 또한 회복된 청력은 사회적 고립과 우울증의 위험도 감소시킬 수 있다(Mosnier et al., 2015).

인출 연습

RP-1 음파를 지각된 소리로 변환하는 기본 단계는 어떤 것인가?

RP-2 음파의 강도는 소리의 (크기/음고) 지각을 결정한다.

RP-3 음파가 길수록 주파수는 (낮고/높고), 음고는 (낮다/높다).

답은 부록 E를 참조

소리 크기, 음고, 그리고 위치의 지각

LOQ 6-18 어떻게 소리의 크기를 탐지하고 음고를 변별하며 소리의 위치를 파악하는가?

큰 소리와 부드러운 소리에 대한 반응 소리의 크기를 어떻게 탐지하는가? 모세포 반응의 강도와 관련될 것이라고 추측하였다면, 틀렸다. 오히려 부드러운 순음은 그 주파수에 동조하는 소수의 모세포만을 활성화시킨다. 큰 소리가 주어지면, 이웃한 모세포들도 반응한다. 따라서 두뇌는 활동하는 모세포의 수에 근거하여 크기를 해석한다.

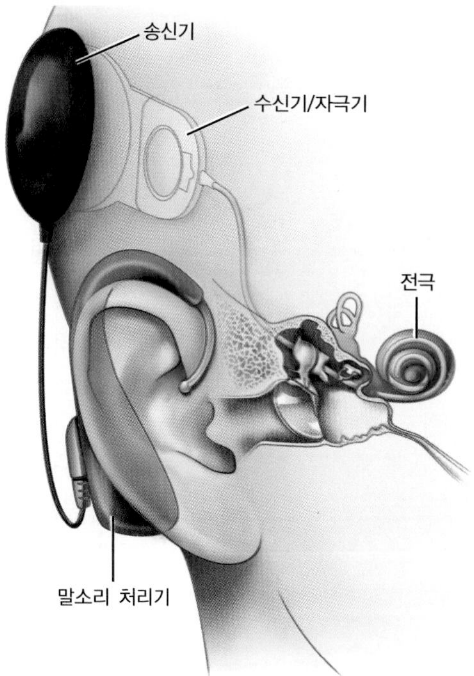

그림 6.35
청각용 하드웨어 달팽이관 임플란트는 소리를 전기 신호로 변환하여 달팽이관으로 전달하며, 청신경을 통해서 계속해서 두뇌로 전달한다.

모세포가 부드러운 소리에 대한 민감도를 상실하더라도 큰 소리에는 계속해서 반응할 수 있다. 이 사실은 또 다른 놀라운 현상을 설명하는 데 도움이 된다. 즉, 정말로 큰 소리는 청력이 손상된 사람과 정상 청력의 사람 모두에게 크게 들린다. 청력이 손상된 저자(마이어스)는 정말로 큰 소리의 음악에 노출되면 정상 청력의 사람에게 어떻게 들릴 것인지를 궁금해하곤 하였다. 이제는 거의 똑같이 들린다는 사실을 알고 있다. 차이를 보이는 것은 부드러운 소리에 대한 민감도(그리고 소음 속에서 하나의 소리를 분리해내는 능력)이다. 청력이 약한 사람이 모든 소리(큰 소리와 부드러운 소리)를 증폭시킨 소리를 좋아하지 않는 이유가 바로 이것이다. 청력이 약한 사람은 압축된 소리를 좋아하는데, 여기서 압축이란 큰 소리보다 듣기 쉽지 않은 소리를 증폭시키는 것을 의미한다(오늘날 디지털 보청기가 가지고 있는 자질이 바로 이것이다).

상이한 음고의 지각 들리는 소리가 고주파의 음고가 높은 새의 지저귐인지 아니면 저주파의 음고가 낮은 트럭의 덜덜거림인지를 어떻게 아는 것인가? 음고 변별방법에 대한 오늘날의 생각은 다음과 같은 두 이론을 결합시키고 있다.

- **장소 이론**(place theory, 장소 부호화라고도 부른다)은 각기 다른 음파가 달팽이관의 기저막을 따라서 각기 다른 위치의 활동을 촉발시킴으로써 각기 다른 음고를 듣게 되는 것이라고 가정한다. 따라서 두뇌는 신경 신호를 생성하는 기저막의 위치, 즉 장소를 확인함으로써 소리의 음고를 결정할 수 있다는 것이다. 노벨 생리학상 수상자인 게오르크 폰 베케시(1957)가 기니피그와 죽은 사람의 달팽이관에 구멍을 뚫고 현미경을 통해서 속내를 들여다보았을 때, 달팽이관이 소리에 대한 반응으로 침대보가 쭈그러지는 것처럼 진동한다는 사실을 발견하게 되었다. 고주파는 기저막이 시작되는 부분에 상당한 진동을 초래한다. 저주파는 기저막 상당 부분에 진동을 초래하며 그 위치를 확인해내기가 쉽지 않다. 따라서 문제가 발생한다. 장소 이론이 고주파 소리를 듣게 되는 방식은 설명해주지만, 저주파 소리를 듣는 방식은 설명하지 못한다.
- **주파수 이론**(frequency theory, 시간적 부호화라고도 부른다)은 대안적 설명을 제안한다. 즉,

달팽이관 임플란트 소리를 전기 신호로 변환하고 달팽이관에 이식한 전극을 통해서 청신경을 자극하는 장치

장소 이론 우리가 듣는 음고를 달팽이관의 기저막이 자극받는 위치와 연결시키는 이론

주파수 이론 청신경을 따라 전달되는 신경 흥분의 비율이 소리의 주파수와 대응되어 음고를 지각할 수 있게 해준다는 이론

두뇌는 청신경을 따라 올라오는 신경 흥분의 주파수, 즉 빈도를 따져봄으로써 음고를 읽어낸다는 것이다. 음파가 들어오면 기저막 전체가 진동을 하는데, 음파의 주파수와 동일한 비율의 신경 흥분을 두뇌로 전달한다는 것이다. 만일 음파가 초당 100의 주파수를 가지고 있다면, 초당 100회의 신경 흥분이 청각신경을 따라 두뇌로 전달된다. 그렇지만 주파수 이론도 문제점을 가지고 있다. 개별 뉴런은 초당 1,000회 이상으로 빠르게 흥분할 수 없다. 그렇다면 주파수 1,000 이상의 소리(대략적으로 피아노 건반의 상위 1/3에 해당하는 소리)를 어떻게 감각할 수 있는 것인가? 연사 원리를 보자. 교대로 총을 쏨으로써 어떤 병사가 재장전하는 동안 다른 병사는 계속 총을 쏠 수 있는 것처럼, 뉴런들이 활동을 교대하는 것이다. 빠르게 연속적으로 활동함으로써 초당 1,000회 이상의 조합된 빈도를 만들어낼 수 있다.

따라서 장소 이론과 주파수 이론이 함께 작동하여 음고 지각을 가능하게 만든다. 장소 이론은 높은 음고를 감각하는 방식을 잘 설명한다. 연사 원리로 무장한 빈도 이론은 낮은 음고를 지각하는 방식을 잘 설명한다. 마지막으로 장소 이론과 주파수 이론의 조합이 중간 범위의 음고를 감각하는 방식을 설명한다.

인출 연습

RP-4 교향악단의 청중이 높은 음고의 피콜로 소리를 즐기는 것을 가장 잘 설명하는 이론은 어느 이론인가? 낮은 음고의 첼로의 경우는 어떠한가?

답은 부록 E를 참조

음원의 위치 지각 사람들이 큰 귀 하나를, 예컨대 코 위에 가지고 있지 않은 이유는 무엇일까? 늑대가 빨간 망토에게 말하였던 것처럼, "잘 듣기 위해서이다." 두 귀의 위치 덕분에 스테레오(3차원) 음향을 즐길 수 있다. 하나의 귀보다 두 개의 귀가 좋은 이유에는 적어도 두 가지가 있다(그림 6.36). 오른쪽 자동차가 경적을 울리면, 오른쪽 귀가 왼쪽 귀보다 더 강한 소리를 조금 더 일찍 받아들인다.

소리는 빠르게 전달되며(초당 대략 340미터의 속도), 두 귀는 약간만 떨어져 있기 때문에(15센티미터 정도), 강도의 차이와 시간의 지체는 지극히 미미하다. 두 음원 방향에서의 최소식별차이(jnd)는 단지 0.000027초의 시간차에 해당한다! 다행스럽게도 민감하기 그지없는 청각 시스템은 그러한 미미한 차이를 탐지할 수 있는 것이다(Brown & Deffenbacher, 1979; Middlebrooks & Green, 1991).

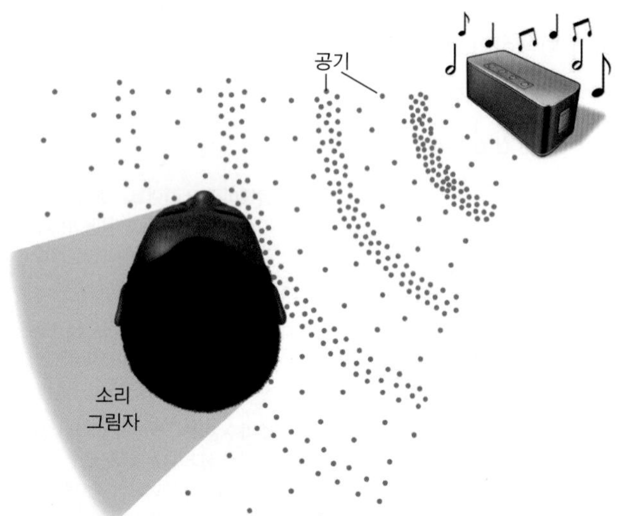

그림 6.36
음원의 위치를 어떻게 알아내는가? 음파는 한쪽 귀에 먼저 도달하며 그 귀를 더 강력하게 자극한다. 이 정보에 근거하여 민첩한 두뇌가 소리의 위치를 계산한다. 따라서 여러분도 예상할 수 있듯이, 한쪽 귀의 청력을 완전히 상실한 사람은 소리의 위치를 파악하는 데 어려움이 있기 십상이다.

다른 감각들

상어와 개는 후각에 전문화되어 있는 커다란 두뇌영역 덕분에 비상한 후각에 크게 의존한다. 인간 두뇌는 시각과 청각에 더 많은 영역을 할당한다. 그렇지만 다른 감각에서도 놀라운 사건이 발생한다. 촉각, 미각, 후각, 그리고 신체 위치와 운동감각이 없다면, 우리 인간은 심각한 장애를 갖게 될 것이며, 이 세상을 즐기는 능력도 황폐하리만치 저하될 것이다.

촉각

LOQ 6-19 네 가지 기본 촉각은 무엇인가? 어떻게 촉각을 경험하는가?

촉각, 즉 접촉 감각은 절대 필수이다. 유아기부터 성인기에 이르기까지 다정한 접촉은 사람들의 웰빙을 촉진한다(Jakubiak & Feeney, 2017). 촉각은 출생 직후부터 발달을 돕는다. 어미가 쓰다듬어 주는 촉각을 박탈당한 새끼 쥐는 성장 호르몬을 적게 분비하며 신진대사율도 낮다. 낮은 신진대사율은 어미가 먹이를 구해서 되돌아올 때까지 살아남는 좋은 방법일 수는 있지만, 지속되면 성장을 저해하는 반응이 된다. 어미를 보고, 듣고, 냄새 맡을 수는 있지만 촉각 경험을 할 수 없도록 차단한 새끼 원숭이는 절망적으로 불행하게 된다(Suomi et al., 1976). 조산아를 손 마사지로 자극해주면, 체중이 빨리 증가하여 일찍 퇴원할 수 있다(Field et al., 2006). 재앙을 경험하거나 죽음을 슬퍼할 때, 누군가의 품속에서 안정감을 찾는다. 성인도 키스, 어루만지기, 껴안기 등 촉감을 간절히 원한다.

© Jose Luis Pelaez, Inc./Blend Images/Corbis

귀중한 촉각 윌리엄 제임스가 『심리학원리』(1890)에서 적고 있듯이, "촉각은 애정의 알파요 오메가다."

유머작가인 데이브 배리(1985, 2쪽)가 여러분의 피부는 "사람들이 혐오감을 불러일으킬 수도 있는 여러분의 신체 내부를 들여다보지 못하게 해주며, 신체가 바닥으로 무너져 내리지 않게 해준다."라고 익살을 부리는 것이 옳은 말인지도 모른다. 그렇지만 피부는 그 이상의 역할을 수행한다. 피부의 여러 부위를 부드러운 털이나 따뜻하거나 차가운 철사, 또는 핀의 끝부분으로 자극해보면 어떤 부위는 압각에 특히 예민하고, 다른 부위는 온각에, 다른 부위는 냉각에, 그리고 또 다른 부위는 통각에 민감하다는 사실을 알 수 있다. 촉각이란 실제로 이러한 네 가지 기본적이고 차별적인 피부 감각의 혼합체이며, 다른 피부 감각들은 네 가지 기본 촉각(압각, 온각, 냉각, 통각)의 변형들이다. 몇 가지 예를 보자. 압각 부위의 인접영역을 문지르면 간지럼을 경험한다. 통각 부위를 반복해서 부드럽게 문지르면 가려움을 경험한다. 냉각과 압각 부위의 인접영역을 만지면 축축하다는 감각을 경험하는데, 건조하고 차가운 금속을 만질 때도 이러한 감각을 경험한다.

촉각은 무엇인가 피부에 닿는 자극 이상의 것을 수반한다. 스스로 자기 몸을 간질이는 것은 다른 사람이 간질이는 것보다 두뇌 체감각피질의 활동을 적게 초래한다(Blakemore et al., 1998). 마찬가지로 다리를 육감적으로 애무하는 경우, 이성애 남자가 그 애무를 다른 남자가 한다고 믿을 때와 매력적인 여자가 하고 있다고 믿을 때 상이한 체감각피질 반응을 유발한다(Gazzola et al., 2012). 이러한 반응은 인지가 얼마나 신속하게 두뇌의 감각반응에 영향을 미칠 수 있는지를 보여준다.

통각

LOQ 6-20 어떤 생물학적, 심리적, 사회문화적 요인들이 통각 경험에 영향을 미치는가? 가짜약, 주의분산, 최면은 어떻게 통각을 제어하는 데 도움을 주는가?

간간이 경험하는 통증을 고맙게 생각하자. 통각은 무엇인가 잘못된 것이 있다는 사실을 신체가 우리에게 알려주는 방법이다. 화상, 골절, 파열 등에 주의를 기울이게 함으로써 행동을 즉각적으로 바꾸도록 해준다. "(접질린) 발목을 가만히 놓아두어라." 통증은 심리적 기능도 담당하며,

"통증은 축복이다." 통증을 느끼지 못하게 만드는 희귀한 유전적 변이를 가지고 있는 애쉬린 블로커를 연구하고 있는 한 의사는 이렇게 말하였다. 애쉬린은 태어날 때도 울지 않았다. 어렸을 때는 발목이 부러진 채로 이틀 동안을 뛰어다녔다. 자신의 손을 뜨거운 기계에 올려놓아서는 살점을 태우기도 하였다. 떨어뜨린 숟가락을 꺼내기 위해서 끓고 있는 물에 손을 넣기도 하였다. "모든 사람들이 나의 행동에 대해서 묻는데, 나는 '압력은 느낄 수 있는데, 통증을 느낄 수 없어요. 통증이요? 나는 느낄 수가 없단 말이에요!'라고 말합니다"(Heckert, 2012).

Photo by Jeff Riedel/Contour by Getty Images

자기자각을 고양하고, 타인에 대한 공감을 불러일으키며, 사회적 연계를 고취한다(Bastian et al., 2014).

드물기는 하지만 통증을 느끼는 능력이 없이 태어난 사람은 통증이 없는 출생을 경험할 수는 있겠지만, 심각한 부상을 경험하기 십상이며 젊은 나이에 사망하기도 한다(Habib et al., 2019). 때때로 자세를 고쳐 잡도록 해주는 불편함을 느끼지 않기 때문에 관절이 지나친 긴장으로 인해서 망가지게 되고, 통증의 위험 신호가 없기 때문에 확인하지 못한 감염이나 부상의 효과가 누적되게 된다(Neese, 1991).

보다 많은 사례는 만성 통증인데, 이것은 마치 중지시킬 수 없는 자명종과 같은 것이다. 이러한 사람의 고통, 그리고 지속적이거나 반복적으로 발생하는 요통, 관절통, 두통, 그리고 암 관련 통증 환자의 고통은 다음과 같은 두 가지 물음을 던지게 만든다. 통각이란 무엇인가? 어떻게 통각을 제어할 수 있는가?

통각의 이해 통각 경험은 상향 감각과 하향 인지를 모두 반영한다. 통각은 생물심리사회적 사건이다(Hadjistavropoulos et al., 2011). 그렇기에 통각 경험은 집단에 따라 그리고 사람에 따라 상당한 차이를 보인다. 생물학적, 심리적, 사회문화적 관점에서 바라다보는 것이 통각을 보다 잘 이해하도록 도와줄 수 있으며, 통증에 대처하고 치료하는 데에도 도움을 줄 수 있다(그림 6.37).

생물학적 영향 통각은 감각이 초래하는 신체 사건이다. 그렇지만 통각은 다른 감각과 다르다.

그림 6.37
통증의 생물심리사회적 조망
통증 경험은 두뇌에 전달되는 신경 메시지 이상의 것이다.

생물학적 영향
- 척수 섬유조직의 활동
- 엔도르핀 생성의 유전적 차이
- 중추신경계 활동에 대한 뇌의 해석

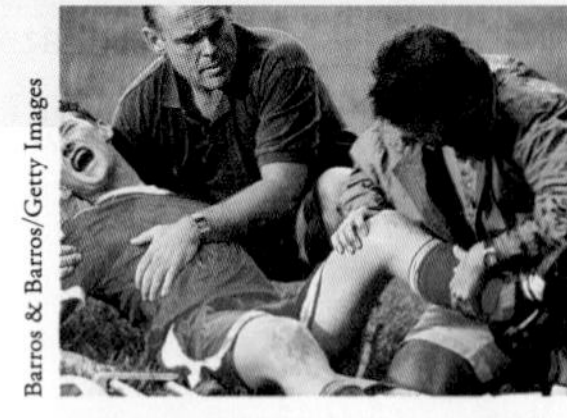
Barros & Barros/Getty Images

심리적 영향
- 통증에 대한 주의
- 경험에 근거한 학습
- 기대

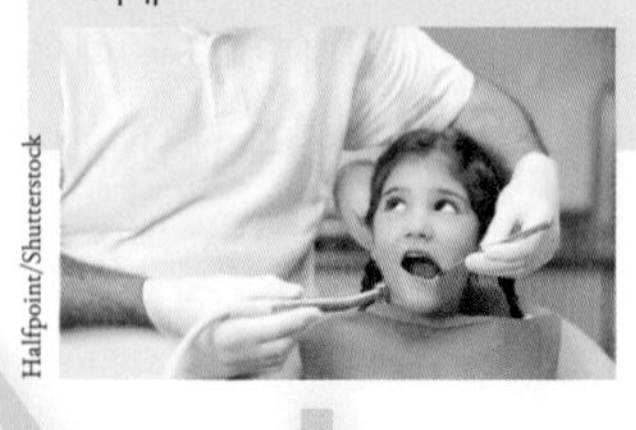
Halfpoint/Shutterstock

사회문화적 영향
- 타인의 존재
- 타인의 고통에 대한 감정이입
- 문화적 기대

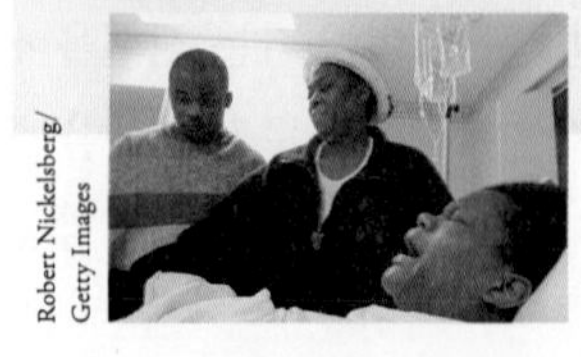
Robert Nickelsberg/Getty Images

통증에 대한 개인적 경험

빛이 시각을 촉발하는 방식으로 통각을 촉발하는 자극 유형은 없다. 그리고 망막의 광수용기가 빛에 반응하는 것처럼 통각 신호를 처리하는 전문화된 수용기는 없다. 오히려 손상을 입힐 수 있는 온도나 압력 또는 화학물질을 탐지하는 감각수용기, 즉 유해수용기들이 존재하는데, 대부분은 피부에 존재하지만 근육과 내장기관에도 존재한다(그림 6.38).

통각 경험은 부분적으로 물려받은 유전자와 신체적 특성에 달려있다(Gatchel et al., 2007; Reimann et al., 2010). 여자가 남자보다 통각에 더 민감하다(청각과 후각도 여자가 더 민감한 경향이 있다)(Ruau et al., 2012; Wickelgren, 2009).

어떤 통각 이론도 모든 연구결과를 설명할 수는 없다. 한 가지 유용한 모형인 **출입문 제어 이론**(gate-control theory)은 척수가 통각 신호의 대뇌 전달을 제어하는 신경학적 '출입문'을 가지고 있다고 제안한다(Melzack & Katz, 2013; Melzack & Wall, 1965, 1983).

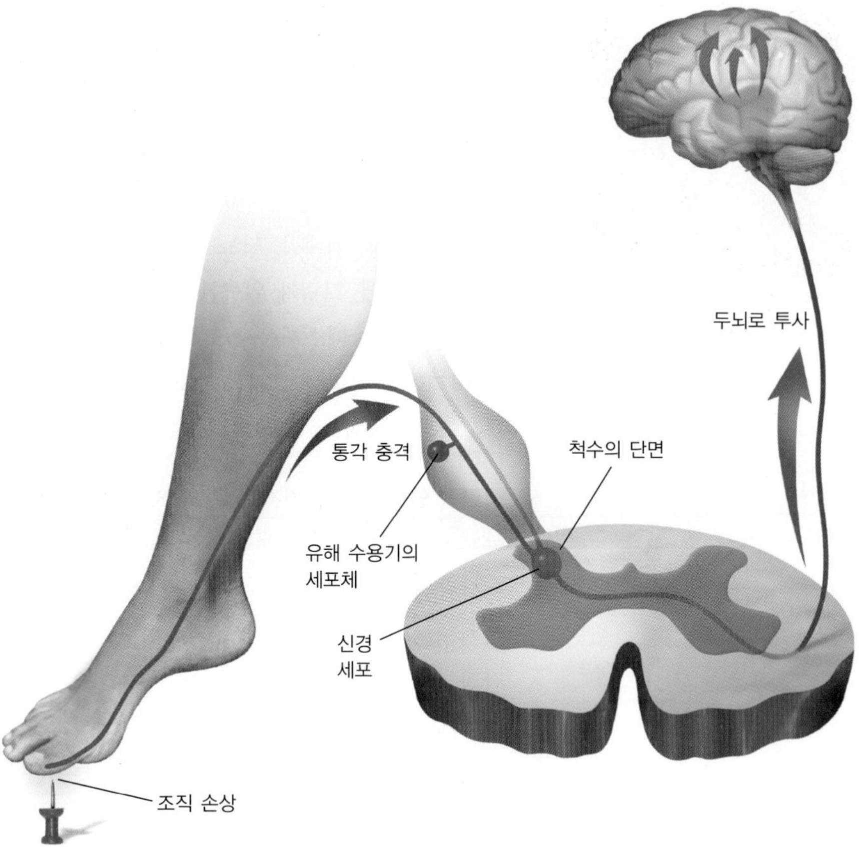

그림 6.38
통각회로 감각수용기('유해수용기')는 신경 흥분을 척수로 전달함으로써 위험 가능한 자극에 반응을 보이는데, 척수는 그 메시지를 두뇌로 보내며, 두뇌는 그 신호를 통각으로 해석한다.

척수의 작은 신경섬유가 대부분의 통각 신호를 전달하기 때문에, 신체조직의 손상은 작은 섬유를 활성화하고 출입문을 열어젖힌다. 그렇게 되면 통각 신호가 두뇌로 전달되어 통증을 느끼게 된다. 그렇지만 (마사지, 전기자극, 침술 등으로 자극받은) 큰 신경섬유의 활동은 통각 신호를 차단함으로써 통각 출입문을 닫을 수 있다. 두뇌에서 척수로 전달되는 메시지도 출입문을 닫을 수 있다. 따라서 만성 통증은 마사지와 같은 출입문 닫기 자극과 주의분산과 같은 심리적 활동을 통해서 치료할 수 있다(Wall, 2000).

천연 진통제인 **엔도르핀**의 도움도 받을 수 있다. 엔도르핀은 심각한 통증이나 격렬한 운동에 대한 반응으로 분비된다. 엔도르핀의 가용성을 증폭하는 유전자를 가지고 있는 사람은 통증의 시달림을 덜 받으며 두뇌도 통각에 덜 반응한다(Zubieta et al., 2003). 통각회로 신경전달을 와해시키는 변이 유전자를 가지고 있는 사람은 통각을 경험하지 못할 수 있다(Cox et al., 2006). 이러한 발견은 유전효과를 흉내 내는 미래의 통증 치료를 향한 길로 이끌어가고 있다.

그렇지만 통각은 종을 치기 위해서 줄을 잡아당기는 것처럼, 단순히 특정 두뇌영역에 신경 흥분을 전달하는 손상된 신경이 나타내는 신체 현상만은 아니다. 허깨비 사지 감각 경험을 할 때 나타나는 것처럼, 두뇌도 통각을 만들어낼 수 있다. 절단된 사지로부터의 정상적인 감각 입력이 없음에도, 두뇌가 중추신경계의 자발적이지만 무관한 활동을 잘못 해석하고 증폭할 수 있다. 꿈꾸는 사람이 눈을 감고도 무엇인가를 보는 것과 마찬가지로, 팔이나 다리를 절단한 사람의 대략 70%가 존재하지도 않는 팔다리에서 통각이나 움직임을 느낀다고 보고한다(Melzack, 1992, 2005). 어떤 환자는 존재하지 않는 팔로 컵을 집으려고 하거나 다리를 사용하여 침대에서 내려

출입문 제어 이론 척수에 통각 신호를 차단하거나 두뇌로 전달하는 신경학적 '출입문'이 있다는 이론. '출입문'은 작은 신경섬유를 통해 위로 올라가는 통각 신호의 활동으로 열리며, 큰 신경섬유의 활동이나 두뇌로부터 내려오는 정보에 의해서 닫힌다.

William Haefeli/The Cartoon Bank/Conde Nast Publications

"내 이명은 어디서든 들리는데, 이건 이명이 아니야."

오려고도 한다. 팔다리가 없이 태어난 사람조차도 때로는 존재하지 않는 팔이나 다리의 감각을 경험한다. 두뇌는 만들어질 때부터 '팔다리가 있는 신체로부터 정보를 받아들일 것'이라는 기대를 가지고 있는지도 모르겠다(Melzack, 1998).

다른 감각에서도 이와 유사한 허깨비 현상이 일어난다. 청각이 손상된 사람들은 청각피질의 활동을 수반하는 흔히 이명이라고 알려진 윙윙거리는 허깨비 소리를 경험한다(Sedley et al., 2015). 녹내장, 백내장, 당뇨, 각막 퇴화 등에 의해 시각이 손상된 사람들은 때때로 허깨비 시각 경험을 하는데, 그렇게 위험한 환각은 아니다(Painter et al., 2018). 미각과 후각 시스템의 신경이 손상된 사람은 메스꺼울 정도로 단맛이 나는 얼음물이나 썩은 음식의 악취를 풍기는 공기와 같은 허깨비 미각이나 후각을 경험한다(Goode, 1999). **명심할 사항 : 사람은 두뇌를 가지고 보고, 듣고, 맛을 느끼고, 냄새 맡고, 촉감을 느낀다.**

심리적 영향 통각 지각의 한 가지 강력한 영향인은 통증에 주의를 집중하는 것이다. 운동선수는 승리에만 몰두하여 통증에도 불구하고 경기를 계속하기도 한다.

사람들은 통증 기억을 편집하는 것으로도 보이는데, 편집한 기억은 실제로 경험한 통각과 다르기 십상이다. 실험에서든 통증이 심한 수술이나 출산 후에든, 사람들은 통각의 지속시간을 간과한다. 대신에 그 기억은 두 가지 요인, 즉 통증이 정점에 다다랐던 시점[최악이었던 정점을 기준으로 사람들이 다양한 통증을 회상하도록 만들 수 있다(Chajut et al., 2014; Stone et al., 2005)] 그리고 최종적으로 얼마나 심한 통증을 느꼈는지에 대한 정보만을 저장한다. 한 실험에서 참가자들은 고통스러울 정도로 차가운 물에 한 손을 60초 동안 담그고 있은 후에 다른 손을 똑같이 차가운 물에 60초 동안 담그고 다시 덜 차가운(덜 고통스러운) 물에 30초 동안 더 담그고 있었다(Kahneman et al., 1993). 여러분은 참가자들이 어느 경험을 더 고통스러웠던 것으로 회상할 것이라고 예상하는가?

흥미롭게도, 실험을 반복한다면 어느 시행을 선택하겠는지 물었을 때, 대부분의 사람은 시간이 더 긴 90초 시행을 선택하였다. 즉, 통증의 기간은 더 길지만, 최종적으로 경험하는 통증의 정도가 덜한 시행을 선택하였던 것이다. 의사들은 결장검사를 받는 환자에게 이 원리를 사용해왔다. 즉, 불편한 시간은 1분 정도 더 길지만, 통증의 강도를 낮추는 방법을 사용한다(Kahneman, 1999). 통증이 심한 수술을 받은 후에 의사가 여러분에게 바로 집에 가고 싶은지 아니면 조금 덜 고통스러운 치료를 몇 분만 더 참아줄 것인지를 묻는다고 상상해보라. 이것이 바로 여러분의 고통을 연장시키기 위한 경우가 되겠다.

"통증은 그 통증에 주의를 기울임으로써 증가한다." 찰스 다윈, 『인간과 동물의 정서 표현』(1872)

경험의 종료는 쾌감의 기억도 채색시킬 수 있다. 한 가지 간단한 실험에서 어떤 사람들에게는 다섯 번째이자 마지막 초콜릿 조각을 주면서, 이것이 '다음' 초콜릿이라고 말해주었다. 그것이 '마지막' 초콜릿이라고 말해준 다른 사람들이 그 마지막 초콜릿을 더 좋아하였으며 실험도 즐거웠다고 평가하였다(O'Brien & Ellsworth, 2012). 마지막이 중요한 것이다.

사회문화적 영향 통증은 주의집중, 기대, 그리고 문화의 산물이다(Gatchel et al., 2007; Reimann et al., 2010). 그렇다면 통증 지각은 사회 상황과 문화 전통에 따라서 변한다고 해서 놀라울 것이 없다. 다른 사람들도 고통을 경험하고 있는 것처럼 보일 때 통증을 더 많이 지각하는 경향이 있다(Symbaluk et al., 1997). 이 현상은 통각의 명백한 사회적 측면들을 설명하는 데 도움이 될 수 있다. 1980년대 중반 호주에서 일단의 타자수들이 아무런 신체 증상이 없음에도 불구하고 타이핑이나 다른 반복적 작업을 하는 동안 거의 같은 시점에서 심각한 통증을 호소하였던 경우가 바로 이것이다(Gawande, 1998). 때때로 손목의 통증은 바로 두뇌에 있는 것이다. 다른 사람의 통증을 공감하는 사람의 두뇌 활동은 부분적으로 통증을 느끼고 있는 그 사람의 두뇌 활동을 흉내 내고 있는 것이다(Singer et al., 2004).

Reinhold Matay/AP Images

통증으로부터 주의분산 축구선수 모하메드 알리 칸(흰 유니폼)은 치열한 경기의 전반전에 태클을 당했을 때, "약간의 통증을 느꼈지만, 그저 멍이 들었다고 생각하였습니다."라고 말하였다. 그는 경기에 주의를 몰두함으로써 계속해서 플레이하였다. 후반전에 들어서 주치의로부터 다리가 부러졌다는 이야기를 듣고는 놀라고 말았다.

통증 제어 만일 통각이 신체와 마음이 만나는 접점에서 일어나는 것이라면, 즉 통각이 신체 현상이며 동시에 심리 현상이라면, 통증은 신체적으로든 심리적으로든 치료가 가능해야 한다. 통증클리닉에는 증상의 유형에 따라서 약물, 외과수술, 침술, 전기 자극, 마사지, 운동, 최면, 이완훈련, 명상, 주의분산 등이 포함된다.

가짜약 심지어는 가짜약도 진통제의 효과를 흉내 내서 고통스러운 경험에 대한 중추신경계의 주의집중과 반응을 약화시킴으로써 도움을 줄 수 있다(Eippert et al., 2009; Wager & Atlas, 2013). 한 실험에서 참가자의 턱에다 톡 쏘는 느낌이 드는 생리식염수를 주사한 후에 통증이 완화될 것이라고 말해주었더니 곧바로 나아지기도 하였다. 실제로는 아무것도 작동하지 않았는데도 말이다. 통증을 완화시키는 천연 마약, 즉 엔도르핀을 방출하는 두뇌영역의 활동이 보여주는 것처럼, 통증을 제거할 것이라고 믿게 만드는 가짜약을 투여하는 것은 두뇌로 하여금 실제 진통제를 투여하지 않고도 환자가 버틸 수 있게 해주었다(Scott et al., 2007; Zubieta et al., 2005).

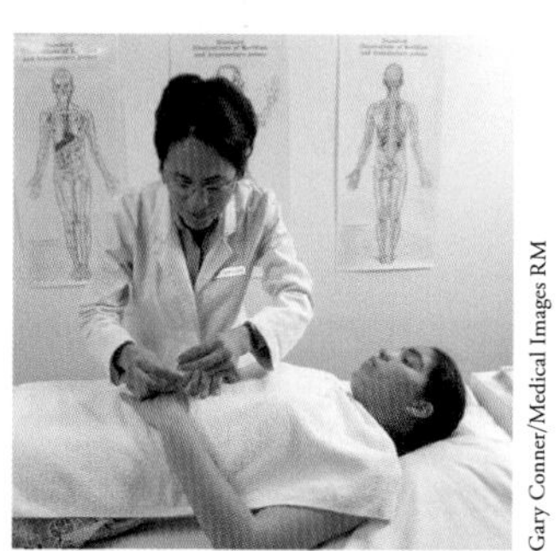
Gary Conner/Medical Images RM

침술 : 효과적인 바늘 찌르기 침술사는 환자 손의 경락에 침을 꽂음으로써 요통을 완화하도록 도움을 주고 있다.

또 다른 실험은 가짜 알약과 가상 침술이라는 두 가지 가짜약을 서로 대비시켰다(Kaptchuk et al., 2006). 손에 지속적인 통증을 느끼는 사람이 엉터리 침술(피부를 뚫고 들어가는 것이 아니라 꼬집는 엉터리 바늘을 사용하였다)이나 흔히 근육통에 처방하는 알약처럼 생긴 파란색의 녹말가루 알약을 받았다. 2개월 후에 두 집단 모두 통증이 가라앉았다고 보고하였는데, 엉터리 침술 집단이 더 큰 감소를 보고하였다. 엉터리 침술을 받은 사람의 25%, 그리고 엉터리 알약을 받은 사람들의 31%가 피부 통증이나 입이 마르고 피로하다는 등의 부작용을 호소하기도 하였다.

주의분산 전문 의료진이 여러분에게 기분 좋은 이미지에 초점을 맞추거나("따뜻하고 안락한 환경을 생각해보세요.") 어떤 과제를 수행하도록("숫자를 3씩 거꾸로 빼면서 말해보세요.") 요구한 적이 있는가? 고통스러운 자극으로부터 주의를 다른 곳으로 돌리는 것이 통증 억제회로를 활성화하고 통증 참을성을 증가시키는 데 특히 효과적인 방법이다(Edwards et al., 2009). 참기 어려운 치료를 받는 화상 환자에게는 가상현실에 빠져드는 것이 더욱 효과적인 주의분산법이다. fMRI 영상을 보면, 가상현실에서 놀이를 즐기는 것이 두뇌의 고통 관련 활동을 감소시키는 것을 알 수 있다(Hoffman, 2004). 통각은 두뇌에 있는 것이기 때문에 두뇌의 주의를 분산시키는 것이 위안을 가져오는 것이다. 통증을 치료하는 데 가상현실을 사용하고 있는 의사는 "가상공간에 완전하게 몰입하는 것은 두뇌를 해킹하는 것과 같다. 다른 어떤 것에도 몰두할 수가 없다."라고 언급하였다(Brody, 2019).

Ellis Rosen/Cartoon Collections

"정말로 걷고 있는 것 같네."

최면 연구결과는 가짜약과 주의분산을 결합하여 통증 완화를 극대화하고(Buhle et al., 2012),

최면 한 사람(최면술사)이 다른 사람(피최면자)에게 특정한 지각이나 감정, 사고나 행동이 저절로 나타날 것이라는 암시를 주는 사회적 상호작용

해리 의식의 분리로, 어떤 사고와 행동이 다른 것들과 동시에 발생하도록 만든다.

최면 후 암시 최면을 거는 동안 최면이 풀린 후에 수행할 것이라고 주어진 암시. 몇몇 임상치료사들이 바람직하지 않은 증상과 행동을 제어하기 위해서 사용한다.

최면(hypnosis)으로 그 효과를 증폭시키고자 시도하는 것이 더 좋음을 시사한다. 여러분이 최면에 걸린다고 상상해보라. 최면술사가 여러분에게 의자에 기대고 앉아서 벽 높은 곳의 한 지점에 초점을 맞추고는 긴장을 풀도록 요구한다. 최면술사는 조용하고 낮은 목소리로 암시를 준다. "눈이 점점 피로해집니다… 눈꺼풀이 무거워지기 시작하고… 이제 점점 더 무거워집니다… 눈이 감기기 시작합니다… 점점 더 편안해집니다… 이제 호흡은 깊어지고 규칙적으로 됩니다… 근육은 더욱더 이완됩니다. 몸 전체가 납덩어리처럼 느껴지기 시작합니다." 이렇게 몇 분간 최면 유도를 진행하면, 여러분은 최면을 경험할 수 있다. 암시하는 말이 일시적으로 두뇌 활동을 변화시킬 수 있는 것이다.

최면술사가 마음을 제어하는 마법의 힘을 가지고 있는 것은 아니다. 단지 사람들에게 특정 이미지나 행동에 초점을 맞추게 할 뿐이다. 어느 정도는 모든 사람이 암시에 개방적이다. 그렇지만 피암시성이 높은 사람들, 예컨대 코 밑에 들이밀고 있는 암모니아 냄새를 맡지 못하거나 반응을 보이지 말라는 암시를 수행할 수 있는 20%의 사람들은 상상적인 활동에 깊이 빠져들게 되기 십상이다(Barnier & McConkey, 2004; Silva & Kirsch, 1992). 이들의 두뇌도 최면 상태에서는 변화된 활동을 나타낸다(Jiang et al., 2016).

최면은 통증을 완화시킬 수 있는가? 물론이다. 최면에 걸리지 않은 사람이 얼음통에 손을 넣으면, 25초 이내에 심한 통증을 느낀다(Elkins et al., 2012; Jensen, 2008). 최면에 걸린 사람은 통증이 없을 것이라는 암시를 받은 후에 똑같은 행동을 할 때, 실제로 아무 통증도 느끼지 않는다고 보고한다. 최면은 몇몇 유형의 만성 통증과 장애 관련 통증도 완화시킬 수 있다(Adachi et al., 2014; Bowker & Dorstyn, 2016).

외과 실험에서 보면, 최면에 걸린 환자는 최면을 사용하지 않은 통제집단보다 치료가 덜 필요하고, 빨리 회복하며, 일찍 퇴원할 수 있었다(Askay & Patterson, 2007; Hammond, 2008; Spiegel, 2007). 거의 10%의 사람들이 완벽한 최면에 걸릴 수 있기 때문에 중차대한 수술조차도 마취하지 않고 시행할 수 있다. 절반 정도의 사람은 적어도 최면을 통해서 통증을 낮출 수 있다. 외과수술에서 최면을 사용하는 것은 유럽에서 성행하였다. 벨기에의 한 수술팀은 최면과 국부마취 그리고 소량의 진정제를 결합하여 5,000건 이상의 외과수술을 실시하였다(Facco, 2016; Song, 2006).

심리학자들은 최면이 작동하는 방식에 대해서 다음과 같은 두 가지 설명을 제안해왔다.

- 사회영향 이론은 최면이 정상적인 사회적 과정과 심적 과정의 부산물이라고 주장한다(Lynn et al., 1990, 2015; Spanos & Coe, 1992). 이 견해에서는 최면 걸린 사람이 자신의 배역에 몰두하고 있는 배우처럼, '착한 최면 대상자'의 역할에 어울리도록 느끼고 행동하기 시작한다. 최면술사로 하여금 자신의 주의를 통증으로부터 멀어지도록 허락할지도 모른다.
- 해리 이론은 최면을 **해리**(dissociation), 즉 상이한 수준의 의식이 분리된 특별한 이중처리 상태로 간주한다. 해리 이론은 아무도 관찰하고 있지 않을 때도 최면 걸린 사람이 **최면 후 암시**(posthypnotic suggestion, 최면 상태에서 암시를 주었는데, 최면에서 깨어난 후에 그 암시에 따라 행동하는 것)를 수행하기도 하는 이유를 설명하고자 시도한다(Perugini et al., 1998). 또한 통증 이완을 위해 최면에 걸린 사람이 감각 정보를 받아들이는 두뇌영역의 활성화는 보이지만, 통증 관련 정보를 처리하는 영역의 활성화는 보이지 않는 이유도 설명한다(Rainville et al., 1997).

해리인가, 아니면 사회적 영향인가? 유명한 연구자였던 어니스트 힐가드가 검사하고 있는 이 최면 상태의 여자는 자신의 손을 얼음통에 집어넣었을 때도 통증을 나타내지 않았다. 그렇지만 신체의 어느 부분에 통증을 느낄 때 버튼을 누르도록 요구하였을 때는 그렇게 하였다. 힐가드(1986, 1992)에게 있어서 이 결과는 해리 또는 분할 의식의 증거이었다. 그렇지만 사회적 영향 조망은 이 러한 방식으로 반응하는 사람들은 '착한 참가자'의 역할을 수행하는 데 사로잡혀 있는 것이라고 주장한다.

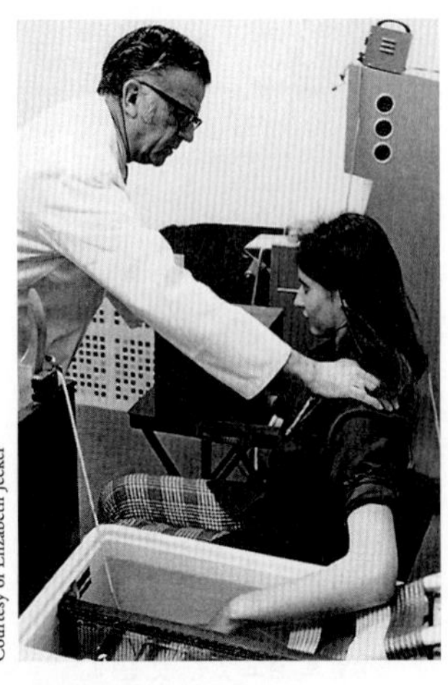

Courtesy of Elizabeth Jecker

선택주의(제3장 참조)도 최면 상태에서의 통증 완화에서 어떤 역할을 담당할 수 있다. 두뇌 영상을 보면, 최면이 전두엽 주의 시스템의 활동을 증가시킨다(Oakley & Halligan, 2013). 최면이 감각입력을 차단시키지는 않지만, 그 자극에 대한 주의는 차단할 수 있다. 부상당한 군인이 전투에 몰두한 나머지, 안전지역에 도착할 때까지 통증을 거의 느끼지 않을 수 있는 이유도 바로 이것이다.

자문자답하기

여러분은 통증을 제어할 필요가 있을 때 일반적으로 어떤 통증제어법을 사용하는가? 통증을 제어하는 방법을 공부한 것이 여러분에게 효과적인 전략에 대해 어떤 새로운 아이디어를 제공하였는가?

인출 연습

RP-5 다음 중에서 통증을 완화하는 방법으로 입증되지 않은 것은 어느 것인가?

a. 주의분산 **b.** 최면 암시 **c.** 허깨비 사지 감각 **d.** 엔도르핀

답은 부록 E를 참조

미각

LOQ 6-21 미각과 후각은 어떤 측면에서 유사하며 어떻게 다른가?

촉각과 마찬가지로, **미각**(gustation)도 여러 기본 감각을 수반한다. 한때는 미각이 단맛, 신맛, 짠맛, 쓴맛으로 구성되어 있으며, 다른 모든 미각 경험은 이 네 가지의 혼합에서 유래하는 것이라고 생각하였다(McBurney & Gent, 1979). 그런데 네 가지 기본 미각에 전문화된 신경섬유를 밝히는 과정에서 연구자들은 오늘날 다섯 번째 것으로 알려져 있는 맛의 수용기를 찾아내게 되었다. 이 맛은 화학조미료인 MSG(monosodium glutamate)에서 가장 잘 경험할 수 있는 고기 맛과 같은 감칠맛이다.

미각은 단지 즐거움을 위해서만 존재하는 것이 아니다(표 6.2 참조). 즐거운 맛은 선조들로 하여금 에너지가 풍부한 또는 단백질이 풍부한 음식에 끌리게 만들어서 생존할 수 있게 하였으며, 혐오적인 맛은 독이 들어있을지도 모르는 새로운 음식을 거부하게 만들었다. 이러한 생물학적 지혜의 유산을 오늘날의 2세에서 6세 사이의 아동에서 볼 수 있는데, 이 연령의 아동은 전형적으로 까다로운 식성을 가지고 있으며, 특히 새로운 고기나 시금치와 같이 쓴맛이 나는 야채에 대해서 그렇다(Cooke et al., 2003). 고기와 식물의 독은 조상, 특히 아동에게 식중독을 일으킬 수 있

표 6.2 기본 맛의 생존기능

맛	기능
단맛	에너지원
짠맛	생리적 처리과정에 필수적인 나트륨
신맛	해로운 산성물질의 가능성
쓴맛	독극물의 가능성
감칠맛	성장과 신체조직 회복을 위한 단백질

Lauren Burke/Getty Images

미각 맛의 감각

Macmillan Learning

린다 바토슈크(1938~) 성차별이 극심하였던 1950년대 후반에 학생이었던 바토슈크(2010)는 "여자에게는 대형 망원경 사용이 허용되지 않는다."라는 사실을 알고는 천문학에 대한 관심을 포기하였다. 이것이 그녀를 정신물리학, 즉 혀에 닿은 물질과 같은 물리적 자극이 어떻게 주관적 경험을 초래하는지를 밝히려는 분야로 이끌어갔다. 그녀는 미각 경험을 연구하던 중에 슈퍼미각자를 발견하였다.

는 위험의 원천이 되었다. 그렇지만 싫어하는 새로운 음식의 맛을 조금씩 반복적으로 먹게 함으로써, 오늘날의 아동도 그 음식을 받아들이게 된다(Wardle et al., 2003). 사람들은 자신이 먹는 것을 좋아하게 된다. 모유를 먹고 자란 아이들과 비교할 때, 독일에서 바닐라 향의 우유를 먹고 자란 아이들은 성장하여 바닐라 향을 무척이나 좋아하는 성인이 되었다(Haller et al., 1999). 미각 노출 현상은 자궁에까지 확장된다. 한 실험에서는 임신 말기와 생후 몇 주 동안 어머니가 당근주스를 마셨던 아기는 당근 향이 나는 시리얼에 대한 선호를 나타냈다(Mennella et al., 2001).

미각은 화학적 감각이다. 혀의 윗부분과 옆 부분에 나있는 작은 돌기 각각에는 200여 개의 미뢰가 들어있는데, 각 미뢰에는 음식의 화학물질을 받아들이고 신경전달물질을 방출하는 작은 구멍인 미공이 나있다(Roper & Chaudhari, 2017). 이 미공으로 안테나같이 생긴 끝부분을 내놓고 있는 50 내지 100개의 미각수용기가 음식 분자에 반응한다. 어떤 수용기는 유독 단맛 분자에 반응하고, 다른 수용기는 짠맛, 신맛, 감칠맛, 또는 쓴맛 분자에 각각 반응한다. 각 수용기는 측두엽에 있는 해당 세포로 메시지를 전달한다(Barretto et al., 2015). 어떤 사람은 상대적으로 더 많은 미뢰를 가지고 있어서 보다 강력한 미각을 경험할 수 있다. 심리학자인 린다 바토슈크(2000)는 이러한 슈퍼미각자가 어떻게 다른 사람에겐 불가능한 맛을 경험할 수 있는지를 연구해왔다.

대부분의 사람에게 있어서 미각반응을 촉발하는 데는 약간의 자극만 있으면 된다. 물이 혀 위를 흘러간다고 가정할 때, 농축된 짠맛이나 단맛이 단지 1/10초만 함께 지나가도 그 맛을 알아차릴 수 있다(Kelling & Halpern, 1983). 만일 친구가 당신이 마시고 있는 음료수를 맛보고 싶다고 하면, 빨대 속에 들어있는 것을 조금 짜서 주기만 해도 충분하다.

미각수용기는 1~2주 내에 재생되기 때문에, 뜨거운 음식으로 혀를 데는 경우에도 큰 문제가 되지 않는다. 그렇지만 나이가 들어감에 따라서 미뢰의 수가 줄어들며, 맛에 대한 민감도도 줄어든다(Cowart, 1981). (아동이 거부하는 강한 맛의 음식을 어른이 즐기는 것도 이상한 일이 아니다.) 흡연과 음주는 미뢰와 민감도의 감소를 촉진시킨다. 미각을 상실한 사람은 음식 맛이 모래를 씹는 것과 같고, 삼키기가 어렵다고 보고한다(Cowart, 2005).

미각에는 혀에 닿는 것 이상의 것이 관여한다. 식사할 때 눈가리개를 써보라. 그러면 그 맛에 더 집중하고 풍미를 더 많이 느낄 것이다(O'Brien & Smith, 2019). 기대도 맛에 영향을 미친다. 한 실험에서 참가자들에게 소시지 롤을 살코기로 만든 것이라고 말해주었을 때보다 식물성 재료로 만든 것이라고 말해주었을 때 확실히 맛이 없다고 보고하였다(Allen et al., 2008). 또 다른 실험에서는 가격이 10,000원인 와인을 90,000원짜리라고 말해주는 것이 맛을 좋게 만들었으며, 즐거운 경험에 반응하는 두뇌영역에서 더 많은 활동을 촉발하였다(Plassmann et al., 2008). 셰익스피어가 '로미오와 줄리엣'에서 "장미는 어떤 이름을 갖더라도 향기롭다."라고 말한 것과는 반대로, 꼬리표가 중요하다.

여러분이 오늘 배운 내용을 가지고 친구들에게 강한 인상을 남겨보라. 볼 수 없는 사람은 시각 장애를 경험한다. 들을 수 없는 사람은 청각 장애를 경험한다. 냄새를 맡을 수 없는 사람은 후각상실증(anosmia)을 경험한다. 7,500명 중에서 1명이 후각상실증을 가지고 태어나는데, 이 사람은 음식을 만들고 먹는 데 어려움을 겪을 뿐만 아니라, 우울증, 사고, 관계 불안정 등에도 상당히 취약하다(Croy et al., 2012, 2013).

후각

들이쉬고 내쉬고. 출생 시의 들숨과 죽을 때의 날숨 사이에 인간은 생명을 유지시키는 공기를 거의 5억 회 들이마시고 내뱉으면서, 냄새를 담고 있는 분자의 흐름이 콧구멍을 통과하게 만든다. 그 결과로 너무나도 친숙하게 **후각**(olfaction)을 경험하게 되는 것이다. 즉, 냄새 맡는 대상이 무엇이든지 아니면 누구이든지 간에, 무엇인가를 들이마시는 것이다.

후각 냄새 감각

미각과 마찬가지로 후각도 화학적 감각이다. 공기에 들어있는 물질의 분자가 비강 상단부에

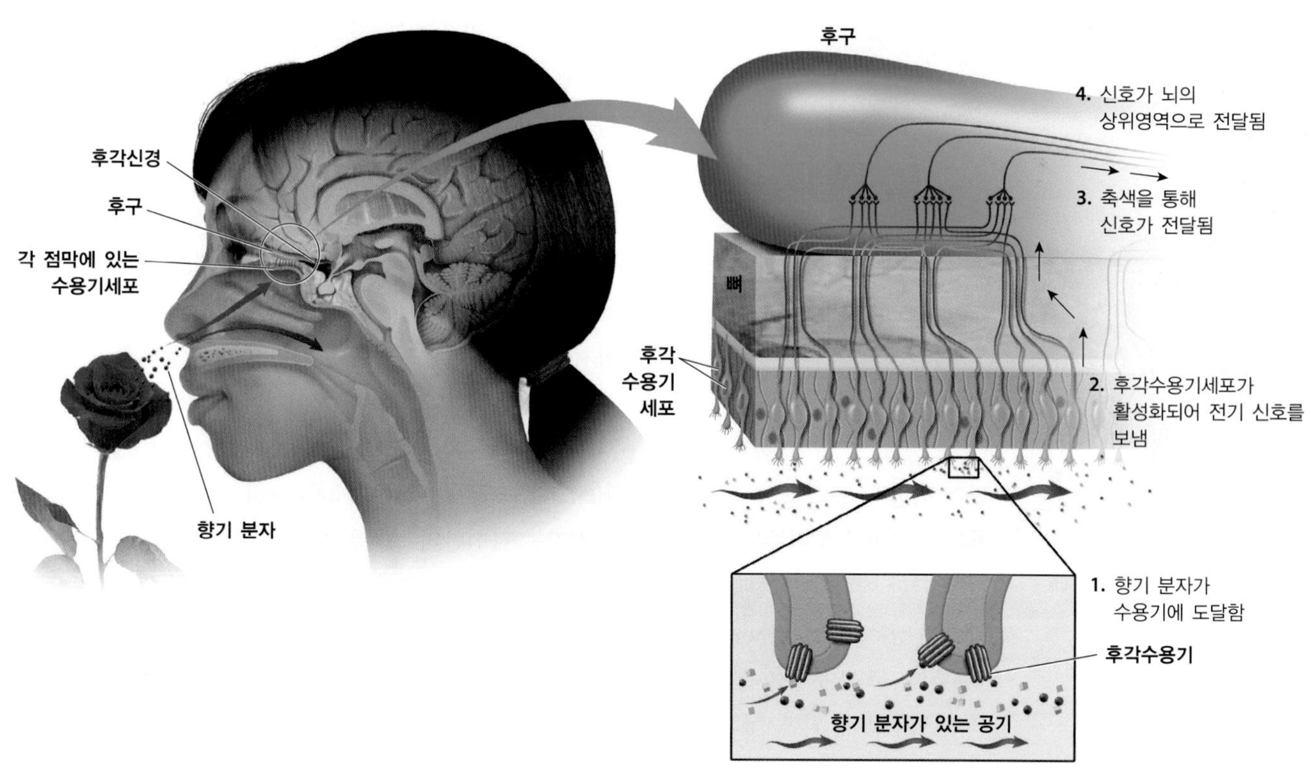

그림 6.39

후각 꽃향기를 맡으려면 공기에 들어있는 향기 분자가 코 윗부분에 있는 수용기에 도달하여야 한다. 킁킁거리며 냄새를 맡는 행위는 공기를 수용기까지 올라오게 만들어서 향기를 북돋는다. 수용기세포는 두뇌 후구로 메시지를 보낸 다음에 계속해서 측두엽의 일차 후각피질, 그리고 기억과 정서에 관여하는 변연계로 메시지를 보낸다.

있는 2,000만 개의 수용기세포 군집에 도달할 때 냄새를 맡는다(그림 6.39). 이러한 후각수용기세포는 말미잘같이 흔들리면서, 예컨대 빵 굽는 향기나 담배 냄새나 친구의 향수 냄새 등에 선택적으로 반응한다. 이 반응은 즉각적으로 후각신경을 통해서 두뇌를 활성화시킨다.

후각은 오래되고 원시적인 감각이기에, 후각신경은 두뇌의 감각 제어 중추인 시상을 거치지 않는다. 대뇌피질이 충분히 진화하기도 훨씬 전부터 포유류 조상은 먹거리와 포식자의 냄새를 맡기 위해 코를 벌름거렸다. 또한 **페로몬**이라고 부르는 분자의 냄새도 맡았는데, 특히 동종의 다른 구성원이 분비하는 페로몬에 민감하였다. 어떤 페로몬은 성적 유인자극으로 기능한다. 이성애 남자가 배란기 여자의 티셔츠 냄새를 맡으면, 성적으로 흥분하게 되며 테스토스테론의 증가를 경험한다(Miller & Maner, 2010, 2011).

냄새 분자는 형태와 크기가 다양하다. 실제로 분자가 다양하기 때문에 탐지하기 위해서는 여러 가지 수용기가 필요하다. 유전자는 특정한 냄새 분자를 재인하는 350여 가지의 수용기 단백질을 만들어낸다(Miller, 2004). 린다 벅과 리처드 액설(1991)은 이러한 수용기 단백질이 비강 뉴런의 표면에 붙어있다는 사실을 발견하였으며, 이 업적으로 2004년에 노벨상을 수상하였다. 열쇠가 자물쇠에 맞물려 들어가듯, 냄새 분자가 수용기 안으로 들어간다. 그렇지만 탐지 가능한 모든 냄새 각각을 위한 별도의 수용기가 존재하지는 않는 것으로 보인다. 어떤 냄새는 여러 수용기를 동시에 촉발시키며, 후각피질이 그 수용기 조합의 활동을 해석한다. 영어 알파벳의 26개 문자를 조합하여 많은 단어를 만들어내는 것처럼, 냄새 분자들도 다양한 수용기 배열과 결합하여 최소한 1조 가지의 변별 가능한 냄새를 만들어낸다(Bushdid et al., 2014). 신경과학자는 상이한 신경망을 촉발하여 기분 좋은 냄새와 불쾌한 냄새를 구분할 수 있게 해주는 후각수용기의 복잡한 조합을 확인해왔다(Zou et al., 2016).

사람보다 몇 배 이상 많은 후각수용기를 가지고 있는 동물은 소통하거나 돌아다닐 때 후각을

LAYNE BAILEY/AP Images

코는 알고 있다 인간은 대략 2,000만 개의 후각수용기를 가지고 있다. 블러드하운드 종의 개는 2억 2,000만 개 정도의 수용기를 가지고 있다(Herz, 2007).

사용하기도 한다. 코끼리는 많은 양과 적은 양의 먹거리 간의 차이를 냄새로 알 수 있기 때문에, 자신이나 무리가 배를 채우기에 충분한 먹이가 있는지를 알게 해준다(Plotnik et al., 2019). 상어가 먹잇감을 눈으로 확인하거나 나방이 배우자를 보기 훨씬 전에, 냄새가 방향을 알려준다. 회귀하는 연어는 희미한 후각 단서를 따라서 태어난 하천으로 다시 되돌아온다. 부화할 때 특정 냄새가 나는 화학물질에 노출되면, 2년 후에 회귀할 때는 어느 하천이든지 친숙한 냄새가 나는 곳을 찾아오게 된다(Barinaga, 1999).

새끼 물개로 넘쳐나는 해변으로 되돌아온 어미 물개는 냄새의 도움을 받아 자신의 새끼를 찾아낸다. 젖먹이 유아와 어머니도 서로의 냄새를 신속하게 학습한다(McCarthy, 1986). 연인관계에 있는 사람이 상대방의 체취를 맡게 되면, 스트레스 수준이 떨어진다(Granqvist et al., 2019; Hofer et al., 2018). 후각이 발달한 개나 고양이가 보여주는 것처럼, 우리 각자는 자신만의 독특한 냄새를 가지고 있다. 한 가지 특기할 만한 예외가 있는데, 개가 일란성 쌍둥이 중의 한 명을 추적할 때, 다른 한 명의 체취를 따라가는 경우도 있다(Thomas, 1974).

두뇌는 코가 무엇을 싫어하는지를 알고 있다(Cook et al., 2017; Zou et al., 2016). 쥐가 천적의 냄새를 맡게 되면, 두뇌가 즉각적으로 스트레스 관련 뉴런에게 신호를 보낸다(Kondoh et al., 2016). 그렇지만 후각 전문가인 레이첼 허츠(2001)는 냄새(또는 냄새 없음)의 매력이 문화적 경험도 의존적임을 지적하고 있다. 북미에서 사람들은 노루발풀의 냄새를 사탕이나 껌과 관련지으며 그 냄새를 좋아하는 경향이 있다. 영국에서는 노루발풀을 의약품과 연합시키기 십상이며 매력적이지 않은 냄새로 받아들인다. 연구자들이 미국 브라운대학교 학생들에게 특정 냄새가 나는 방에서 실험자가 조작하는 컴퓨터 게임을 하게 해서 좌절감을 느끼게 만들었을 때, 냄새가 불쾌한 정서를 유발하였다(Herz et al., 2004). 나중에 언어 과제를 수행하는 동안 동일한 냄새에 노출시켰을 때, 이들의 좌절감이 되살아나서는 냄새를 맡지 않거나 다른 냄새에 노출된 학생들보다 더 빨리 포기하였다.

후각이 중요한 것은 사실이지만, 시각이나 청각처럼 예민하지는 않다. 정원을 둘러보면, 사물의 형태와 색깔을 세밀하게 보고 다양한 새가 지저귀는 소리를 듣지만, 꽃에 코를 들이대지 않는 한 정원의 향기를 놓치게 된다. 냄새의 미묘한 차이를 학습할 수 있지만 쉬운 일이 아니다(Al Aïn et al., 2019). 장면과 소리를 경험하고 기억해내는 것과 비교할 때, 냄새는 기술하거나 회상하기가 더 어렵다(Richardson & Zucco, 1989; Zucco, 2003). 여러분 스스로 검증해보라. 커피 끓이는 소리를 기술하는 것과 커피 향을 기술하는 것 중에서 어느 것이 더 용이한가? 대부분의 서구인의 경우에는 소리의 기술이 더 용이하다.

냄새를 이름으로 회상하기는 어렵다고 하더라도, 사람들은 오랫동안 잊고 있었던 냄새, 그리고 그 냄새와 연합된 개인적 일화를 재인하는 놀라운 능력을 가지고 있다(Engen, 1987; Schab, 1991). 두뇌 회로는 어째서 바다 냄새, 향수 냄새, 좋아하는 친척집의 주방 냄새 등이 행복한 시간을 떠올리게 할 수 있는지를 설명하는 데 도움을 준다. 다른 냄새는 외상적 사건을 떠올리게 해서는 공포와 관련된 두뇌영역을 활성화시킨다(Kadohisa, 2013). 실제로 기억이나 정서와 연합된 변연계와 코로부터 정보를 받아들이는 두뇌영역 사이에는 핫라인이 존재한다(그림 6.40). 따라서 썩은 냄새가 나는 방에 있을 때 사람들은 다른 사람이나 부도덕한 행위(예컨대, 거짓말이나 소매치기)에 더욱 엄한 벌을 가해야 한다는 견해를 표명하였다(Inbar et al., 2012; Schnall et al.,

2008). 생선 썩는 냄새에 노출된 사람이 의심의 눈초리를 더 많이 보낸다(Lee et al., 2015; Lee & Schwarz, 2012). 그리고 세정제의 감귤 향이 나는 기차를 탔을 때, 사람들은 쓰레기를 덜 버렸다(de Lange et al., 2012).

성별과 연령이 냄새를 맡는 능력에 영향을 미친다. 여자와 젊은 성인이 가장 우수한 후각을 가지고 있는 경향이 있다(Wysocki & Gilbert, 1989). 신체조건도 중요하다. 흡연자 그리고 알츠하이머병이나 파킨슨병 또는 알코올 남용 장애 환자는 전형적으로 후각능력의 저하를 경험한다(Doty, 2001). 이에 덧붙여서 유전자의 영향으로 인해서 탐지하는 냄새 그리고 그 냄새를 경험하는 방식이 달라진다(Trimmer et al., 2019). 꽃향기조차도 여러분과 친구에게 다르게 느껴질 수 있다. 그렇지만 모든 사람에게 있어 후각능력은 전형적으로 성인 초기에 최고조에 도달하였다가 그 이후 서서히 감퇴한다.

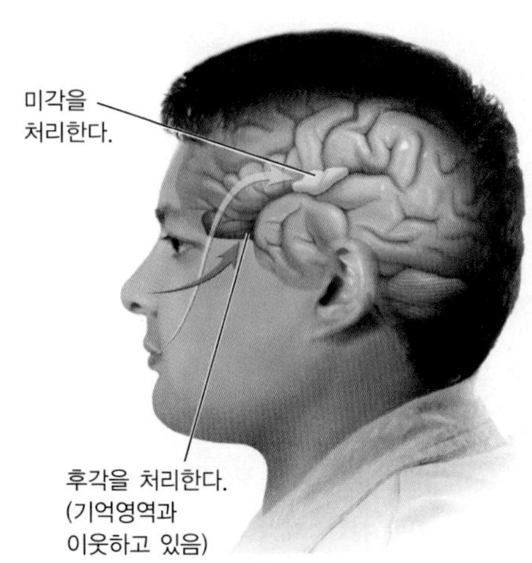
미각을 처리한다.
후각을 처리한다. (기억영역과 이웃하고 있음)

그림 6.40
미각, 후각 그리고 기억 미뢰에서 들어오는 정보(노란색 화살표)는 두뇌의 전두엽과 측두엽 사이의 영역으로 전달된다. 그 정보는 후각 정보를 받아들이는 두뇌영역과 이웃하고 있으며, 후각과 미각은 상호작용한다. 두뇌의 미각회로(빨간색 영역)도 기억 저장에 관여하는 영역과 연결되어 있는데, 이 사실은 냄새가 기억을 촉발시킬 수 있는 이유를 설명하는 데 도움을 준다.

인출 연습

RP-6 후각 시스템은 촉각이나 미각 시스템과 어떻게 다른가?

답은 부록 E를 참조

신체 위치와 움직임 감각

LOQ 6-22 어떻게 신체 위치와 움직임을 감각하는가?

신체 위치와 움직임을 감각하지 못한다면, 입에 음식을 넣거나 두 발로 서거나 팔을 뻗어 누군가를 건드릴 수도 없다. 심지어 한 발을 내딛는 '단순하기 짝이 없는' 행위조차 할 수 없다. 그 행위는 200여 개 근육으로부터의 피드백과 그 근육에의 명령을 필요로 하며, 추리에 수반되는 심적 활동을 훨씬 능가하는 두뇌의 힘을 수반한다. 온몸에 걸쳐 근육, 힘줄, 관절 등에 있으며 고유감각기라고 부르는 수많은 위치 센서와 움직임 센서가 두뇌에 끊임없는 피드백을 제공해줌으로써 **운동감각**(kinesthesia), 즉 신체부위의 위치와 움직임에 관한 감각을 가능하게 해준다. 손목을 1도만 비틀어보라. 그러면 두뇌가 즉각적인 피드백을 받는다.

"사람을 진정으로 이해하려면 보고 냄새 맡으며 그 사람의 주변을 느껴야만 한다." 미국 상원의원(현 미국 부통령) 카멀라 해리스(2019)

만일 여러분이 정상적인 시각과 청각을 가지고 있다면, 눈을 감고 귀마개를 함으로써 잠시나마 암흑의 정적 속에 존재하는 자신을 상상해볼 수 있다. 그런데 촉각이나 운동감각 없이, 그래서 밤에 잠에서 깨어났을 때 팔다리의 위치를 느낄 수 없는 채 살아가는 모습은 어떤 것이겠는가? 영국 햄프셔의 이언 워터먼은 알고 있다. 워터먼은 19세일 때 희귀한 바이러스에 감염되었는데, 그로 인해 가벼운 접촉과 신체 위치 그리고 운동을 감각하게 해주는 신경이 파괴되었다. 이 병에 걸린 사람은 마치 자신의 몸이 실제도 아니고 자신의 것도 아니며 죽은 것처럼 느껴진다고 보고한다(Sacks, 1985). 자신의 사지에 시각적으로 초점을 맞추고 그에 따라 사지를 움직이는 지속적인 연습을 통해서 워터먼은 걷고 먹는 것을 학습하였다. 그렇지만 실내조명이 꺼지면, 바닥으로 나뒹굴고 만다(Azar, 1998).

정상인의 경우에도 시각은 운동감각과 상호작용한다. 왼발을 앞으로 내밀고 오른발로 서보라. 쉽다. 이제 눈을 감고 시도해보라. 휘청거리지 않았는가?

전정감각(vestibular sense)은 머리와 신체의 위치와 움직임을 감시·감독한다. 평형감각을 위한 생물학적 자이로스코프는 내이(속귀)에 들어있는 두 개의 구조이다. 첫째는 3차원의 프레첼 과

운동감각 각 신체부위의 위치와 운동을 감각하는 시스템

전정감각 균형감각을 포함하여 신체 운동과 위치에 대한 감각

Icon Sportswire/Getty Images

공중에 떠있는 신체 대학 치어리더들은 두뇌로 하여금 신체 위치를 능숙하게 감시하도록 정보를 제공해주는 내이에 감사해야 한다.

자 모양으로 액체가 차있는 **삼반규관**(세반고리관)이다(그림 6.33a 참조). 둘째는 칼슘과 크리스털이 들어있는 한 쌍의 **전정낭**(vestibular sac)이다. 머리가 회전하거나 기울어질 때 이 기관들의 움직임이 머리카락같이 생긴 수용기를 자극하게 되는데, 이 수용기가 두뇌 뒤쪽에 붙어있는 소뇌에 메시지를 전달하여 신체 위치를 감각하고 균형을 유지하게 해준다.

만일 빙글빙글 돌다가 갑자기 멈추게 되면, 삼반규관액과 운동감각수용기가 관성으로 인해서 즉각적으로 중립 상태로 되돌아오지 못한다. 그 후유증으로 두뇌는 신체가 계속해서 돌고 있다고 해석하게 된다. 이 연구는 지각 착시의 토대가 되는 원리, 즉 **정상적으로는 세상을 정확하게 경험하게 해주는 기제가 특수한 조건에서는 사람들을 바보로 만들 수 있다는** 원리를 예시하고 있다. 어떻게 바보 같은 경험을 하는 것인지에 대한 이해는 지각 시스템이 작동하는 방식에 대한 실마리를 제공해준다.

전정감각은 엄청나게 빠르다. 만일 미끄러지면, 의식적으로 중심을 잡으려고 결정하기도 훨씬 전에 전정감각기가 자동적이고 즉각적으로 근육반응을 명령한다. 다음을 시도해보라. 얼굴 앞에 엄지 하나를 들고 좌우로 빠르게 움직여보라. 엄지가 희미해지는 것에 주목하라(시각은 엄지의 움직임을 추적할 수 있을 만큼 빠르지 않다). 이제 엄지를 고정시키고 머리를 빠르게 좌우로 흔들어보라. 짜잔! 엄지가 선명하게 보인다. 머리 위치를 모니터링하고 있는 전정기관이 눈을 재빠르게 이동시키기 때문이다. 머리가 오른쪽으로 움직이면, 눈은 왼쪽으로 움직인다. 시각도 빠르지만, 전정감각은 더 빠르다.

***

감각 시스템의 요약을 보려면 표 6.3을 참조하라.

인출 연습

RP-7 운동감각수용기와 전정감각수용기는 어디에 위치하는가?

답은 부록 E를 참조

감각 상호작용

LOQ 6-23 감각 상호작용은 지각에 어떤 영향을 미치는가? 체화 인지란 무엇인가?

시각과 운동감각이 상호작용한다는 사실을 보았다. 실제로 어떤 감각도 독불장군이 아니다. 모든 감각, 즉 시각, 청각, 미각, 후각, 촉각은 상호 간에 도청을 하며, 두뇌는 이들의 입력을 혼합하여 세상을 해석한다(Rosenblum, 2013). 이것이 **감각 상호작용**(sensory interaction)이다. 하나의 감각이 다른 감각에 영향을 미칠 수 있는 것이다.

미각이 하는 일에 후각이 어떤 참견을 하는지 생각해보자. 코를 막고 눈을 감은 채 다른 사람이 여러분에게 다양한 음식을 먹여주도록 해보라. 사과 조각이 토마토 조각과 구분되지 않을 수 있다. 크래커는 널빤지와 같은 맛일 수도 있다. 냄새가 없다면, 냉커피를 레드와인과 구분하지 못할 수 있다. 맛을 음미할 때는 후각도 코를 처박고 있는 것이다.

감각 상호작용 음식 냄새가 맛에 영향을 미치는 것처럼 하나의 감각이 다른 감각에 영향을 미치는 원리

일반적으로는 코를 통하여 냄새를 들이마신다. 굴뚝으로 연기가 올라가는 것처럼, 음식 분자가 비강으로 올라가는 것이다. 감기에 걸렸을 때 먹는 것이 즐겁지 않은 이유가 바로 이것이다. 후각은 미각 자체를 변화시킬 수도 있다. 음료수의 딸기 냄새는 달콤한 맛의 지각을 촉진시킨

표 6.3 감각의 요약

감각 시스템	감각원	수용기	핵심 두뇌영역
시각	눈으로 들어오는 광파	망막의 간상체와 원추체	후두엽
청각	외이로 들어오는 음파	내이의 달팽이관 모세포	측두엽
촉각	피부의 압력, 온기, 냉기, 해로운 화학물질	대부분 피부에 존재하는 (통각에 민감한 유해수용기를 포함한) 수용기들은 압각, 온각, 냉각, 통각을 탐지한다.	체감각피질
미각	입속의 화학 분자	혀에 존재하는 단맛, 신맛, 짠맛, 쓴맛, 감칠맛 수용기	전두엽과 측두엽의 경계영역
후각	코를 통해 호흡하는 화학 분자	비강 상부에 있는 수백만 개의 수용기	후구
운동감각 (신체 위치와 움직임 감각)	시각과 상호작용하는 신체부위 위치의 변화	관절, 힘줄, 근육에 들어있는 운동 센서(고유감각기)	소뇌
전정감각 (균형과 움직임 감각)	머리/신체 움직임이 초래하는 내이 용액의 움직임	삼반규관에 들어있는 모세포와 전정낭	소뇌

다. 촉각조차도 미각에 영향을 미칠 수 있다. 감자칩은 표면의 질감에 따라서 신선하거나 부패한 맛이 날 수 있다(Smith, 2011). 냄새에 질감을 보태고 맛을 더한 것이 바로 풍미(風味)인 것이다. 그렇지만 아마도 여러분은 풍미를 입에서 일어나는 현상으로만 생각해왔을 것이다(Stevenson, 2014).

마찬가지로 시각과 청각도 상호작용한다. 야구 심판의 시각은 야구공이 야수의 글러브에 와 닿는 순간의 소리에 영향을 미침으로써 주자가 아웃인지 세이프인지를 판단하는 데 영향을 미친다(Krynen & McBeath, 2019). 마찬가지로 미약한 불빛도 짧은 소리가 수반될 때는 더 선명해진다(Kayser, 2007). 그 역도 참이다. 즉, 부드러운 소리도 시각 단서가 있을 때 더 잘 들린다. 청력 손상이 있는 저자(마이어스)가 자막이 들어있는 화면을 볼 때는, 보고 있는 단어를 듣는 데 어려움이 없다. 따라서 자막이 필요하지 않다고 생각하고는 자막을 지워버리면, 갑자기 필요하다는 사실을 깨닫게 된다. 눈이 귀를 인도하는 것이다(그림 6.41).

따라서 감각은 독자적으로 기능하기보다는 상호작용한다. 그런데 감각이 불일치하면 어떤 일이 일어나는가? 눈은 말하는 사람이 어떤 한 음절을 말하는 것을 보는데 귀로

© Albrecht Weisser/Westend61/Corbis

그림 6.41

감각 상호작용 청력에 문제가 있는 사람이 전화선을 통해서 들리는 단어를 발음하는 애니메이션 얼굴을 함께 보면, 그 단어를 쉽게 이해할 수 있게 된다(Knight, 2004).

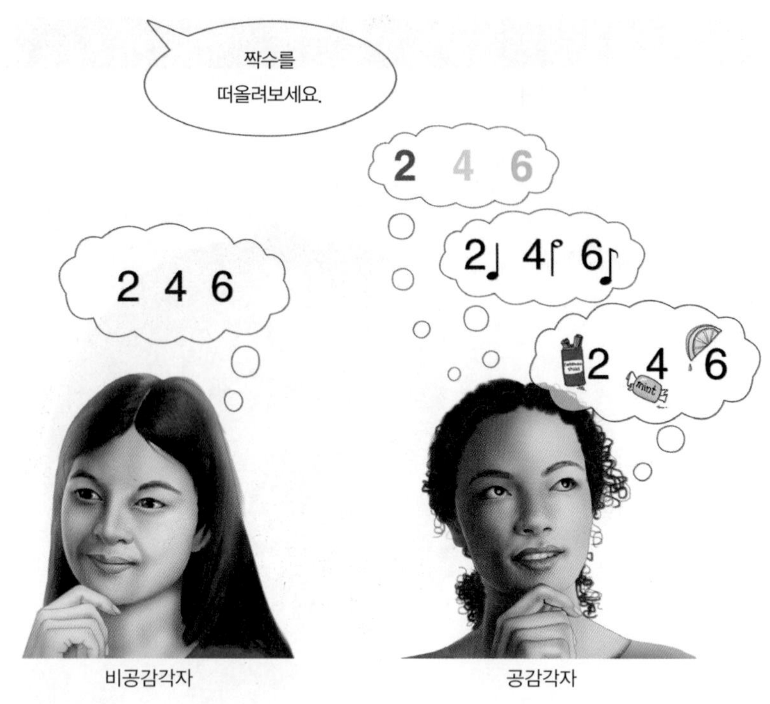

그림 6.42
공감각의 교향악 공감각자는 혼합된 감각을 경험한다. 예컨대, 숫자를 듣는 것이 특정한 색깔이나 냄새 또는 음표의 경험을 촉발하기도 한다.

다른 음절이 들리게 되면, 어떻게 되겠는가? 놀라운 이 벌어진다. 두 입력이 뒤섞인 제3의 음절을 지각게 되는 것이다. 입은 '가'라고 말하는 듯이 움직이 것을 보면서 귀로는 '바'를 듣게 되면, '다'라고 지각게 된다. 스코틀랜드 심리학자 해리 맥거크가 조수 존 맥도널드의 도움을 받아 이 효과를 발견하였기에, 이 현상을 맥거크 효과라고 부른다(McGurk & MacDonald, 1976). 대부분의 사람에게 있어서 독순은 듣기의 한 부분인 것이다.

지각이 상향 감각과 하향 인지(예컨대, 기대, 태도, 사고, 기억 등)라는 두 가지 핵심 성분을 가지고 있다는 사실을 앞에서 보았다. 일상생활에서 감각과 지각은 연속체의 두 점이다. 신체 감각을 처리하는 두뇌 회로가 때때로 인지를 담당하는 두뇌 회로와 상호작용한다고 해서 놀라울 것이 없다. 그 결과가 **체화 인지**(embodied cognition)이다. 신체 내에서 생각하는 것이다. 세 가지 재미있는 실험 사례를 보자.

- **판단은 신체 감각을 흉내 낸다.** 뒤뚱거리는 책상과 의자에 앉아있는 것이 관계를 덜 안정적인 것처럼 만든다(Forest et al., 2015; Kille et al., 2013).
- **신체적 따뜻함이 사회적 따뜻함을 촉진한다.** 신체적으로 따뜻하게 느끼는 날에 사람들은 사회적으로도 따뜻하고 친근한 느낌을 갖는다(Fetterman et al., 2018). 자신과 상대방을 사회적으로 더 따뜻한 사람으로 지각하고 싶은가? 그렇다면 티셔츠보다는 스웨터를 입도록 하라.
- **단단한 사물이 범죄에 엄격하게 만든다.** 부드러운 의자와 비교해서 단단한 의자에 앉아있는 사람이 범죄자, 그리고 기말보고서를 표절한 대학생에게 더 가혹한 처벌을 가한다(Schaefer et al., 2018). 의자가 단단할수록 범죄에 단호하다.

세상을 이해하고자 시도할 때, 두뇌는 다양한 채널을 통해서 들어오는 입력들을 조화시킨다. 그런데 극소수 사람에게 있어서는 감각을 처리하는 둘 이상의 두뇌 회로가 공감각이라고 부르는 현상으로 합쳐지게 되는데, 한 종류의 감각(예컨대, 숫자나 악보를 듣는 것)이 다른 감각(예컨대, 특정한 색깔이나 맛 또는 냄새를 경험하는 것)을 초래하는 것이다(그림 6.42). 생애 초기에는 '과도한 신경연결'이 감각들 간에 임의적 연합을 만들어내기도 하는데, 일반적으로는 나중에 가지치기를 하게 된다. 그렇지만 가지치기가 항상 일어나는 것은 아니다(Wagner & Dobkins, 2011). 따라서 음악을 듣거나 특정한 숫자를 보는 것이 색채에 민감한 두뇌영역을 활성화시켜서는 색채감각을 촉발시킬 수 있다(Brang et al., 2008; Hubbard et al., 2005). 숫자를 보는 것이 미각이나 색깔을 촉발시킬 수도 있다(Newell & Mitchell, 2016; Ranzini & Girelli, 2019). 공감각 능력이 있는 사람은 이러한 감각 이동을 경험한다.

자문자답하기

여러분이 생각하기에 체화 인지로 설명할 수 있는 느낌을 언제 경험해보았는가?

초감각지각(ESP) : 감각이 없는 지각?

LOQ 6-24 ESP의 주장은 무엇인가? 이 주장을 검증해본 후에 대부분의 심리학자가 내린 결론은 무엇인가?

Jon Carter/Cartoonstock

감각, 인지, 정서가 지각이라는 강물을 이끌어간다. 만일 지각이 이러한 세 가지 원천의 산물이라면, **초감각지각**(extrasensory perception, ESP)에 관하여 무슨 말을 할 수 있겠는가? 초감각지각은 지각이 감각입력도 없이 일어날 수 있다고 주장한다. 독심술을 하거나 벽을 꿰뚫어보거나 미래를 예언할 수 있는 사람이 정말로 있는가? 조사한 미국인의 거의 절반은 ESP가 가능하다고 믿으며, 41%는 심령술을 믿고 있다(Gecewicz, 2018; Kim et al., 2015).

만일 ESP가 참이라면, 인간은 마음이 물리적 두뇌와 연계된 피조물이며 세상에 대한 지각 경험은 감각에 기초한 것이라는 과학적 이해를 뒤엎을 필요가 있다. 가장 검증 가능하며 이 장의 논의와 관련하여 가장 적절한 ESP 개념에는 다음과 같은 세 가지가 있다.

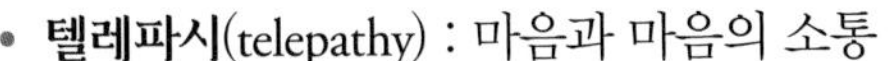

- **텔레파시**(telepathy) : 마음과 마음의 소통
- **천리안**(clairvoyance) : 멀리 떨어진 사건의 지각. 예컨대, 다른 지역에 화재가 발생한 집의 지각
- **예지**(precognition) : 미래 사건의 지각. 예컨대, 다음 달 예기치 않은 죽음의 지각

이러한 주장과 밀접하게 관련된 것이 염력, 즉 테이블을 들어 올리거나 주사위의 결과에 영향을 미치는 것과 같이 '마음이 물질에 힘을 가하는 것'이다. ("염력을 신봉하는 모든 분들께서는 내 손을 올려주시겠습니까?"와 같이 얼토당토않은 요구가 이러한 주장을 예시하고 있다.) 영국에서는 심리학자들이 '마음 기계'를 제작하여 축제 참가자들이 동전 던지기에 영향을 미치거나 결과를 예측할 수 있는지를 보고자 하였다(Wiseman & Greening, 2002). 참가자에게는 컴퓨터와 게임을 하면서 앞면이나 뒷면을 예측할 네 번의 기회가 주어졌다. 실험이 종료된 시점에는 거의 28,000명이 110,959번을 예측하였는데, 49.8%가 맞았다.

대부분의 심리학자는 정상을 벗어나는 현상의 존재에 회의적이다. 그럼에도 불구하고 많은 유수 대학에서 **초심리학**(parapsychology, 사이비심리학) 연구자들이 과학적 실험을 수행함으로써 가능한 ESP 현상이 있는지를 탐색하고 있다(Cardeña, 2018; Storm et al., 2010a,b; Turpin, 2005). 초심리학자들이 ESP에 관한 연구를 어떻게 수행하는지를 알아보기에 앞서, 몇 가지 대중들의 생각을 살펴보도록 하자.

예지력인가 아니면 거짓 주장인가?

영매는 미래를 내다볼 수 있는가? 어떤 탐욕스러운(아니면 자비로운) 영매도 주식시장에서 억만장자가 될 수 없었다. 도대체 9/11 테러 전날에 영매들을 다 어디에 있었단 말인가? 그 이후 오사마 빈라덴의 은신처를 찾아내는 데 도움을 준 영매가 한 명도 없었던 까닭은 무엇인가? 2010년에 칠레에서 광산이 붕괴하여 33명의 광부가 매몰된 후에, 칠레 정부가 네 명의 영매에게 자문을 구하였을 때 "모두 사망하였다."라고 음울하게 판단하였던 까닭은 무엇인가?(Kraul, 2010). 69일이 지난 후에 33명의 광부가 모두 구조되었을 때 그들의 놀란 표정을 상상해보라.

체화 인지 심리과학에서 인지적 선호도와 판단에 미치는 신체 감각, 몸동작 등의 영향

초감각지각(ESP) 감각입력 없이 지각이 일어날 수 있다는 논란의 소지가 많은 주장. 텔레파시, 천리안, 예지 등이 포함된다고 주장한다.

초심리학(사이비심리학) ESP와 염력을 포함한 심령 현상 연구

영매들이 경찰에 제공한 천리안 정보도 정확도에 있어서 보통 사람의 추측보다 나을 것이 없었다(Nickell, 2005; Palmer, 2013; Radford, 2010). 그렇지만 예언의 수가 증가함에 따라서 그중의 어떤 것은 우연히도 정확한 추측이 될 가능성이 높아지는데, 영매들이 대중매체에 보고하는 것이 바로 이런 것이다. 그러한 천리안은 나중에 사건과 짜맞추어 볼 때 놀라우리만치 정확한 것처럼 들릴 수 있다. 16세기 프랑스 영매인 노스트라다무스는 자신의 애매모호한 예언은 '사건이 일어난 후에 그 사건에 근거해서 해석될 때까지는 이해될 수 없는 것'이라고 노골적으로 말하기조차 하였다.

여러분이 결코 본 적이 없는 머리기사 : "영매가 로또에 당첨되다."

일반인들의 자발적이고 자연스러운 '시각'이 더 정확한 것은 아닐까? 예컨대, 동서양 문화의 사람들이 모두 믿고 있는 경향이 있는 것처럼, 꿈은 미래를 예언하는가?(Morewedge & Norton, 2009). 아니면 이미 일어난 사건에 비추어 꿈을 회상하거나 재구성할 가능성이 많기 때문에 그렇게 보이는 것뿐인가? 사람들이 기억해낸 장면은 단순히 재구성한 것인가? 두 명의 하버드대학교 심리학자(Murray & Wheeler, 1937)는 1932년에 찰스 린드버그의 어린 아들이 유괴당하여 살해되었지만 사체를 발견하기 전에 사람들에게 아이에 대한 꿈을 알려달라고 요청하였다. 얼마나 많은 사람이 응답하였겠는가? 1,300명이나 되었다. 얼마나 많은 사람이 아이의 죽음을 꿈에서 보았을까? 5%다. 그리고 얼마나 많은 사람이 나무 밑에 묻힌 사체의 위치를 정확하게 예언하였을까? 단지 4명이었다. 이 숫자는 확실히 우연 수준보다도 못한 것이었음에도 불구하고, 4명에게는 자신의 예지처럼 보이는 것이 초자연적인 어떤 것처럼 보였을 것이 틀림없다.

"말이 많은 사람이 가끔은 옳을 때도 있다." 스페인 격언

매일같이 헤아릴 수 없이 많은 사건이 발생하며 그날들이 계속해서 반복된다는 사실을 감안할 때, 기절초풍할 우연의 일치는 발생하게 되어있다. 한 가지 조심스러운 추정에 따르면 지구상에서 어떤 사람이 다른 사람을 생각하는데, 그러고 나서 채 5분도 지나지 않아 그 사람의 죽음을 알게 되는 우연한 경우가 하루에도 수천 건 이상이나 된다(Charpak & Broch, 2004). 따라서 놀라운 사건을 설명할 때는 '우연히 일어났을 가능성'을 고려해야만 한다(Lilienfeld, 2009). 충분한 시간과 사람을 감안한다면, 확률이 거의 없는 사건도 필연적인 것이 될 수 있는 것이다.

ESP의 실험적 검증

독심술이나 영혼-신체 분리여행이나 망자와의 대화 등의 주장에 직면할 때, 어떻게 황당무계한 생각과 이상하게 들리기는 하지만 참인 생각을 분리해낼 수 있는 것인가? 심리과학은 다음과 같은 간단한 답을 내놓고 있다. 즉, 정말로 작동하는지를 알아보기 위한 검증을 실시하라. 만일 작동한다면, 그 생각은 많은 지지를 받을 것이다. 만일 작동하지 않는다면, 회의론이 정당화될 것이다.

신봉자와 회의론자는 모두 초심리학에 필요한 것은 반복 가능한 현상과 그것을 설명하는 이론이라는 데 동의하고 있다. 초심리학자 레아 화이트(1998)는 다음과 같이 자인하고 있다. "거의 44년 동안 이 분야에서 활동한 나의 마음에 떠오르는 초심리학의 이미지는 1882년 이래로 경험과학이라는 공항의 활주로에서만 끊임없이 왔다 갔다 하는 경비행기의 모습이다… 이 경비행기의 움직임은 가끔 지상 몇 미터 위로 날 듯 하다가는 곧바로 다시 활주로로 곤두박질하는 것으로 특징지을 수 있다. 안정적인 비행을 위해서 이륙한 적이 단 한 번도 없다."

어떻게 통제를 가하고 반복 가능한 실험에서 ESP 주장을 검증할 수 있을까? 실험은 무대에서의 시범과는 다른 것이다. 실험실에서 실험자는 자칭 '영매'가 보고 듣는 것을 통제하게 된다. 무대에서는 관객이 보고 듣는 것을 영매가 통제한다.

널리 알려진 사회심리학자인 대릴 벰(2011)은 한때 "영매는 영매의 역할을 연기하는 배우"(1984)라고 비꼬았다. 그렇지만 그는 사람들이 미래 사건을 예언하는 것처럼 보이는 아홉 가지 실험을 통해서 반복 가능한 증거에 대한 희망의 불꽃을 재점화해 왔다(Bem, 2011). 한 실험에서는 야한 장면을 두 위치 중 한 곳에 무선 제시하였는데, 미국 코넬대학교 학생들은 53.1%를 정확하게 예측하였다(우연 수준인 50%에서 약간 벗어난 것이기는 하지만, 통계적으로는 유의한 차이이다). 벰은 혹시 자신의 '이례적인' 결과가 미래 위험을 예지적으로 예측할 수 있는 사람들에게 주어진 진화적 장점을 반영하는 것은 아닐까 궁리하고 있다.

벰의 연구가 저명한 심리학 저널의 비판적 평가에서 살아남기는 하였지만, 비판자들은 연구방법과 통계분석이 '심각한 문제점을 가지고 있으며', '편향되어 있다'는 사실을 찾아냈다(Alcock, 2011; Wagenmakers et al., 2011). 다른 비판자는 결과를 반복하는 데 실패할 것이라고 예측하였다(Helfand, 2011). 이러한 회의론을 예상한 벰은 자신의 연구를 반복해보고자 원하는 모든 사람들에게 자신의 실험 자료를 공개하였다. 수많은 시도가 이루어졌지만, 성공은 미미하였으며 끊임없는 논쟁이 지속되고 있다(Bem et al., 2015; Ritchie et al., 2012; Wagenmakers, 2014). 그 결과가 어떤 것이든지 간에, 과학은 다음과 같이 본연의 임무를 수행하고 있다.

- 과학은 자신의 가정에 도전거리를 제공하는 결과에 개방적이었다.
- 후속 연구를 통해서 과학은 그 결과의 신뢰도와 타당도를 평가해왔다.

그리고 과학이 미친 소리처럼 들리는 아이디어들을 채로 걸러내는 방법이 바로 이것이며, 가끔씩은 사람들을 놀라게 만들기도 하지만 대부분은 역사의 뒤안길에 남아있는 쓰레기 더미에 내다 버리게 된다.

19년 동안 회의론자이자 마술사로 활동한 제임스 랜디(Amazing Randi라는 예명으로 널리 알려져 있다)는 '타당한 관찰조건에서 진정한 염력을 보이는 사람'에게 100만 달러를 상금으로 주겠다는 제안을 내놓았다(Randi, 1999; Thompson, 2010). 프랑스, 호주, 그리고 인도에서도 초능력을 증명할 수 있는 사람에게 20만 유로를 상금으로 주겠다는 제안을 내놓았다(CFI, 2003). 상금 액수도 만만치 않지만, 염력의 주장이 진실임을 확증할 수 있는 사람에게는 과학계의 인증서가 훨씬 더 가치 있는 것이겠다. ESP는 없다고 주장하는 사람들을 물리치는 데는 단 하나의 반복 가능한 ESP 현상을 증명할 수 있는 단 한 사람만 있으면 된다. (돼지는 말을 할 수 없다고 주장하는 사람의 잘못을 밝히는 데는 말을 할 수 있는 단 한 마리의 돼지만 있으면 족하지 않겠는가!) 지금까지는 단 한 사람도 나타나지 않았다.

"과학의 심장부에는 두 가지 모순적으로 보이는 태도 사이의 본질적인 긴장이 존재한다. 아무리 괴상망측하거나 직관에 배치되더라도 새로운 아이디어를 받아들이려는 태도, 그리고 옛것이든 새로운 것이든 모든 아이디어를 냉철하게 회의적으로 검증하려는 태도 말이다." 칼 세이건(1987)

인출 연습

RP-8 만일 통제된 조건에서 ESP 사건이 일어난다면, ESP가 정말로 존재한다는 사실을 확증하는 다음 단계는 무엇이겠는가?

답은 부록 E를 참조

***

삶에 경외감을 느끼며 깊은 곳에서 우러나오는 존경심을 갖기 위해서는 지각 시스템, 그리고 무형의 신경 활동을 다채로운 장면, 선명한 소리, 그리고 자극적인 냄새로 조직하는 능력 이상의 것을 찾아 헤맬 필요가 없다. 셰익스피어의 햄릿이 인정하듯이, "호레이쇼, 이 하늘과 땅에는 당신의 철학이 꿈꾸는 것보다 더 많은 것이 있다오." 우리의 일상적인 지각 경험 속에는 정말로 경이로운 많은 것들이 자리 잡고 있다. 심리학이 지금까지 꿈꾸어 왔던 것보다도 훨씬 많은 것들이 말이다.

개관 시각 이외의 감각

학습목표

자기검증 개념 파악을 증진시키도록 (부록 D의 답을 확인해보기에 앞서) 여러분 자신의 표현으로 여기서 반복하는 학습목표 물음에 답해보라 (McDaniel et al., 2009, 2015).

LOQ 6-16 사람들이 소리로 듣게 되는 음파의 특징은 무엇인가?

LOQ 6-17 귀는 소리 에너지를 어떻게 신경 메시지로 변환하는가?

LOQ 6-18 어떻게 소리의 크기를 탐지하고 음고를 변별하며 소리의 위치를 파악하는가?

LOQ 6-19 네 가지 기본 촉각은 무엇인가? 어떻게 촉각을 경험하는가?

LOQ 6-20 어떤 생물학적, 심리적, 사회문화적 요인들이 통각 경험에 영향을 미치는가? 가짜약, 주의분산, 최면은 어떻게 통각을 제어하는 데 도움을 주는가?

LOQ 6-21 미각과 후각은 어떤 측면에서 유사하며 어떻게 다른가?

LOQ 6-22 어떻게 신체 위치와 움직임을 감각하는가?

LOQ 6-23 감각 상호작용은 지각에 어떤 영향을 미치는가? 체화 인지란 무엇인가?

LOQ 6-24 ESP의 주장은 무엇인가? 이 주장을 검증해본 후에 대부분의 심리학자가 내린 결론은 무엇인가?

기억해야 할 용어와 개념들

자기검증 여러분 자신의 표현으로 정의를 적어본 후에 답을 확인해보라.

감각 상호작용	장소 이론	초감각지각
감각신경성 청력 손실	전도성 청력 손실	초심리학
내이	전정감각	최면
미각	주파수	최면 후 암시
달팽이관	주파수 이론	출입문 제어 이론
달팽이관 임플란트	중이	해리
운동감각	청각	후각
음고	체화 인지	

학습내용 숙달하기

자기검증 여러분 자신의 표현으로 다음 물음에 답한 후에 부록 E에서 답을 확인해보라.

1. 음파가 신경 활동으로 변환되는 내이의 달팽이 모양의 관을 ________이라고 부른다.

2. 음파를 지각한 음으로 변환하는 기본 단계는 무엇인가?

3. ________이론은 높은 음고의 소리를 듣는 방식을 설명하며, ________이론은 낮은 음고의 소리를 듣는 방식을 설명한다.

4. 대부분 피부에 존재하며 고통스러운 온도, 압력, 화학물질 등을 탐지하는 감각수용기를 ________라고 부른다.

5. 다음 중에서 통각의 출입문 제어 이론이 제안하는 것은 무엇인가?

a. 특별한 통각수용기가 두뇌에 직접 신호를 보낸다.

b. 통각은 감각의 자질이지 두뇌의 자질이 아니다.

c. 척수의 작은 신경섬유가 대부분의 통각 신호를 전달하며, 큰 신경섬유의 활동이 그 통각 신호에의 접속을 차단할 수 있다.

d. 통각을 초래하는 자극은 다른 감각과 무관하다.

6. 생물심리사회적 접근은 통각 경험을 어떻게 설명하는가? 예를 들어보라.

7. 사람들은 다섯 가지 맛을 탐지하는 특별한 신경 수용기를 가지고 있다. 이 능력은 조상들에게 어떤 도움을 주었는가?

8. ________은 신체 위치와 움직임의 감각이다. ________은 내이의 센서들을 가지고 특히 머리의 움직임을 감시 · 감독한다.

9. 롤러코스터를 탄 직후에 잠시 어지러움을 느끼는 까닭은 무엇인가?

10. 음식의 향기는 맛을 크게 개선시킬 수 있다. 이것은 다음 중에서 무엇의 예인가?

a. 감각 순응 **b.** 화학적 감각

c. 근육 감각 **d.** 감각 상호작용

11. 다음의 ESP 현상 중 확고하고 반복 가능한 과학적 증거가 지지하는 것은 무엇인가?

a. 텔레파시 **b.** 천리안

c. 예지 **d.** 해당 없음

Nastasic/Getty Images

학습

1940년대 초, 미국 미네소타대학교 대학원생인 매리언 브릴랜드와 켈러 브릴랜드는 새로운 학습 기법의 위력을 실감하였다. 이들의 스승인 B. F. 스키너는 쥐와 비둘기가 원하는 행동에 조금씩 가까워질 때마다 적절한 시점에 보상을 제공함으로써 이들의 행동을 조성하는 것으로 유명해지고 있었다. 스키너의 결과에 감명받은 브릴랜드 부부는 고양이, 병아리, 앵무새, 칠면조, 돼지, 오리, 햄스터 등의 행동을 조성하기 시작하였다(Bailey & Gillaspy, 2005). 이들이 설립한 회사는 나머지 반세기를 140여 종 15,000마리 이상의 동물을 훈련시키는 일에 몰두하였다. 이들의 노력은 경찰과 시각 장애자를 돕는 동물을 훈련시키는 기반을 닦는 데 도움을 주었다.

다른 동물과 마찬가지로 인간도 경험으로부터 학습한다. 실제로 자연이 제공한 가장 중요한 선물은 적응성, 즉 변화하는 세상에 대처하도록 도와주는 새로운 행동을 학습하는 능력이겠다. 풀로 엮은 집이나 눈으로 만든 대피소, 잠수함이나 우주정거장을 제작하는 방법을 학습할 수 있기에 거의 모든 환경에 적응할 수 있다.

오프라 윈프리가 적응성의 살아있는 본보기이다. 할머니와 함께 가난 속에서 성장한 윈프리는 감자 포대로 만든 옷을 입었다. 끊임없는 인종차별을 경험하였으며, 9세부터는 사촌, 삼촌, 가족의 친구로부터 성추행을 당하였다. 13세에 가출하고, 14세에 임신하게 되었지만, 그녀의 아들은 출생 직후 사망하고 말았다.

그토록 가혹한 역경을 극복하기 위하여 윈프리는 새로운 상황에 적응하는 방법을 배웠다. 고등학교 웅변 동아리에 가입하였으며, 그 재능으로 대학 장학금을 받게 되었다. 졸업 후에 시카고로 이주하여 허우적대고 있던 텔레비전 프로그램의 진행자를 맡아 미국에서 가장 유명한 주간 토크쇼로 변모시켰다. 윈프리는 계속해서 대중매체 운영자, 자선사업가, 정치활동가로 세상에 영향을 미치고 있다. 윈프리는 "교육이야말로 세상을 밝히는 열쇠이며 자유로 가는 통행증이다."라고 말하였다.

학습은 희망을 갖게 해준다. 학습할 수 있는 것이면 어느 것이든 가르칠 수 있다. 이 사실은 동물조련사뿐만 아니라 부모, 교육자, 코치에게도 바람직한 것이다. 새로운 학습을 통해서 이미 학습한 것을 변화시킬 수 있다. 이 생각은 상담, 심리치료, 재활 프로그램 등의 토대가 된다. 지금 얼마나 불행하고 성공적이지 못하며 사랑받지 못하든지 간에, 이것이 삶의 끝일 필요는 없다.

학습보다 심리학의 핵심에 근접한 주제는 없다. 선행 장들에서는 유아의 학습, 시지각, 약물의 기대효과, 성별 역할의 학습 등을 살펴보았다. 후속 장들에서는 어떻게 학습이 사고와 언어, 동기와 정서, 성격과 태도 등을 만들어가는 것인지를 논의하게 된다. 이 장에서는 학습의 핵심, 즉 파블로프식 조건형성(고전적 조건형성), 조작적 조건형성, 학습에서 생물학적 특성과 인지과정의 효과, 관찰을 통한 학습 등을 살펴본다.

 학습의 기본 개념과 파블로프식 조건형성

어떻게 학습하는 것인가?

학습목표 물음 LOQ 7-1 어떻게 학습을 정의하며, 학습의 기본 형태는 무엇인가?

학습(learning)을 통해서 우리 인간은 환경에 적응한다. 먹거리나 고통의 도래와 같은 중요한 사건을 예상하고 준비하는 것을 학습한다(**파블로프식 조건형성**). 보상을 초래하는 행위를 반복하고 원치 않는 결과를 초래하는 행위를 피하는 것을 학습한다(**조작적 조건형성**). 사건과 사람을 관찰함으로써 새로운 행동을 학습하며, 언어를 통해서 경험하지 않았거나 관찰하지 않은 것을 학습한다(**인지학습**). 그렇다면 어떻게 학습하는 것인가?

학습하는 한 가지 방법은 **연합**을 통한 것이다. 마음은 자연스럽게 연속적으로 발생하는 사건을 연결시키며, 그렇게 학습한 연계가 보상을 제공한다는 사실을 알게 된다(Kobayashi & Hsu, 2019; Rodríguez & Hall, 2019). 사람은 학습을 선호하도록 진화하였다(Clark & Gilchrist, 2018). 갓 구운 신선한 빵 냄새를 맡고는 한 조각을 먹었더니 만족스럽다고 가정해보라. 다음번에 신선한 빵을 보고 냄새 맡는다면, 여러분은 그 빵을 먹으면 만족스러울 것이라고 기대할 것이다. 소리의 경우도 마찬가지이다. 만일 어떤 소리를 무서운 결과와 연합시킨다면, 그 소리를 듣는 것만으로도 공포가 촉발될 수 있다. 네 살짜리 꼬마는 텔레비전 주인공의 목이 졸리는 장면을 배경음악과 함께 시청한 후에, "만일 저 음악소리가 들린다면 저 모퉁이를 돌아갈 수 없어요!"라고 울부짖었다(Wells, 1981).

학습한 연합은 습관적 행동도 초래한다(Urcelay & Jonkman, 2019; Wood et al., 2014). 침대에서 특정 자세로 잠을 자고, 수업 중에 손톱을 물어뜯으며, 극장에서 팝콘을 먹는 것 등 주어진 맥락에서 행동을 반복하게 되면, 습관이 형성될 수 있다. 행동이 맥락과 연계됨에 따라서, 그 맥락의 재경험은 습관적 반응을 야기한다. 특히 심적으로 피로할 때처럼 의지력이 고갈될 때, 습관적인 행동으로 되돌아가는 경향이 있다(Neal et al., 2013). 이것은 과일 먹기와 같은 좋은 습

학습 경험에 따른 유기체 행동의 비교적 영속적인 변화

연합학습 특정 사건들이 함께 출현하는 것을 학습하는 것. 사건은 두 자극일 수도 있고(파블로프식 조건형성), 반응과 그 결과일 수도 있다(조작적 조건형성).

자극 반응을 유발하는 어떤 사건이나 상황

반응행동 어떤 자극에 대한 자동적 반응으로 일어나는 행동

조작행동 환경에 조작을 가하여 결과를 초래하는 행동

관이든 술에 만취하기와 같은 나쁜 습관이든 모두 참이며, 두뇌 회로에 체화되어 있는 것이다(Graybiel & Smith, 2014). 자기제어력을 증가시키고 결심을 긍정적 결과와 연계시키는 핵심은 '유익한 습관'을 형성하는 것이다(Galla & Duckworth, 2015).

유익한 습관을 형성하는 데 얼마나 오래 걸리겠는가? 영국의 한 연구팀은 저녁식사 전에 달리기를 하거나 점심에 과일을 먹는 것 등 몇 가지 건강 행동을 선택하고, 96명의 대학생에게 84일에 걸쳐서 매일 시행하도록 요청한 다음에, 그 행동이 자동적이라고 느껴지는지 기록하도록 요구하였다(생각하지 않고 행하며, 하지 않기가 어렵게 되었는지 여부). 평균적으로 행동은 대략 66일 후에 습관적이 되었다(Lally et al., 2010). 여러분은 삶의 습관적이거나 핵심적인 부분이 되도록 만들고 싶은 것이 있는가? 두 달 동안만 매일같이 해보라. 운동의 경우라면 조금 더 오랫동안 그렇게 해보라. 그러면 새로운 습관이 생긴 자신을 발견할 가능성이 높다. 이러한 습관이 두 저자 모두에게 일어났다. 한낮의 운동(마이어스)과 늦은 오후 기타 연습(드월)이 오래전부터 자동적인 일상이 되었다.

"당신의 생각에 주목하면, 말이 된다. 말에 주목하면, 행위가 된다. 행위에 주목하면, 습관이 된다. 습관에 주목하면, 인성이 된다. 인성에 주목하라. 당신의 운명이 될지니." 19세기 도망자 프랭크 아웃로를 추모하며(1977)

다른 동물도 연합을 통해서 학습한다. 군소는 물세례를 받으면, 방어적으로 아가미를 움츠린다. 파도치는 물에서 자연스럽게 물세례가 계속되면, 움츠리는 반응은 감소한다. 그런데 만일 물세례를 받은 후에 곧바로 전기쇼크를 받는 일이 반복되면, 물세례에 대한 움츠리기 반응은 오히려 강해진다. 군소는 물세례를 닥쳐올 쇼크와 관련지은 것이다.

복잡한 동물은 자신의 행동을 그 결과와 연합시키는 것을 학습할 수 있다. 동물원의 물개는 물을 철썩거리거나 짖는 것과 같은 행동을 반복하여 사람들로 하여금 먹이를 던져주도록 유도할 수 있다.

인접해서 발생하는 두 사건을 연계시킴으로써, 군소와 물개는 모두 **연합학습**(associative learning)을 나타낸 것이다. 군소는 물세례를 닥쳐올 쇼크와 연합시키며, 물개는 물 철썩대기나 짖기를 먹이와 연합시킨다. 두 경우 모두 생존에 중요한 것, 즉 가까운 미래 사건의 예측을 학습한 것이다.

연합을 학습하는 이 과정이 조건형성이며, 다음과 같은 두 가지 기본 형태를 취한다.

우리들 대부분은 좋아하는 레코드판이나 연주목록에서 곡목의 순서를 말할 수 없다. 그렇지만 한 곡의 마지막 소절을 듣는 것이 연합에 의해서 다음 곡을 예상하는 단서로 작용한다. 마찬가지로 국가를 부를 때, 각 소절의 마지막 부분을 다음 소절의 시작과 연합시킨다(노래의 중간 소절을 하나 뽑았을 때, 그 앞 소절을 회상하기가 얼마나 어려운지를 확인해보라).

- 파블로프식(고전적) 조건형성에서는 두 자극을 연합하여 미래 사건을 예측하는 것을 학습한다. **자극**(stimulus)이란 반응을 유발하는 사건이나 상황을 일컫는다. 번개가 다가올 천둥소리를 신호한다는 사실을 학습함으로써 번개가 칠 때 긴장하기 시작한다(그림 7.1). 유기체는 제어할 수 없는 자극들을 연합하여 자동적으로 반응하게 되는데, 이것을 **반응행동**(respondent behavior)이라고 부른다.
- 조작적 조건형성에서는 반응(자신의 행동)을 그 결과와 연합시키는 것을 학습한다. 따라서 좋은 결과가 뒤따르는 행위를 반복하고 나쁜 결과가 뒤따르는 행위를 피하는 것을 학습한다(그림 7.2). 이러한 연합이 **조작행동**(operant behavior), 즉 환경에 조작을 가하여 어떤 결과를 초래하는 행동을 만들어낸다.

설명을 단순화하기 위하여, 이러한 두 유형의 연합학습을 따로따로 다룬다. 그렇기는 하지만 두 학습은 동일한 상황에서 함께 일어나기 십상이다. 일본의 한 목장주는 모든 소에게 휴대폰으로 소리를 전달하는 전자호출기를 부착하여 소 떼를 불러 모은다고 한다. 1주일의 훈련을 통해서 소들은 두 자극, 즉 호출기 소리와 먹이의 도착을 연합시키는 것을 학습하였다(파블로프식 조건형성). 그렇지만 여물통으로 달려오는 행동과 먹는 즐거움을 연합시키는 것도 학습하였는데

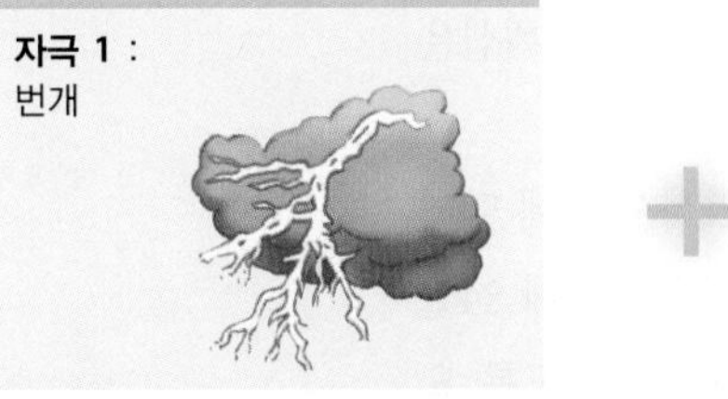

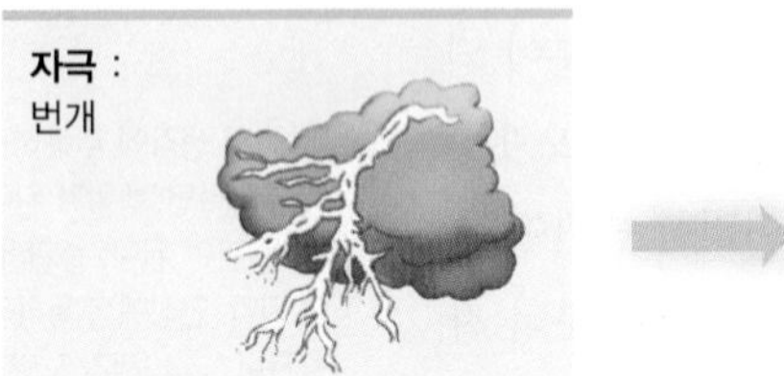
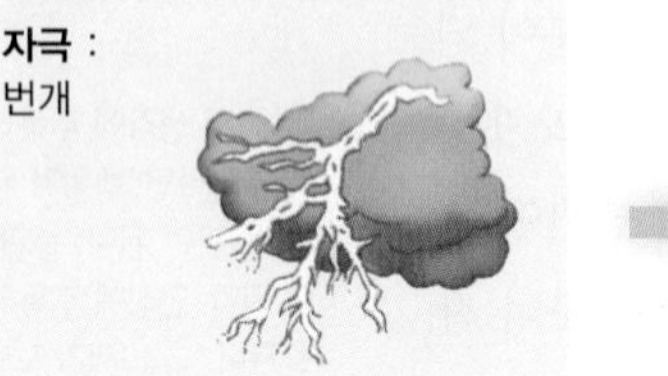

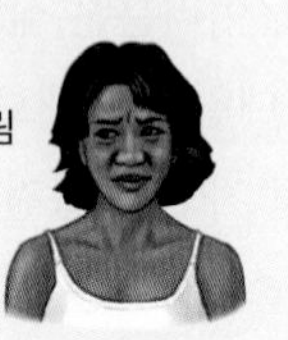

그림 7.1
파블로프식 조건형성

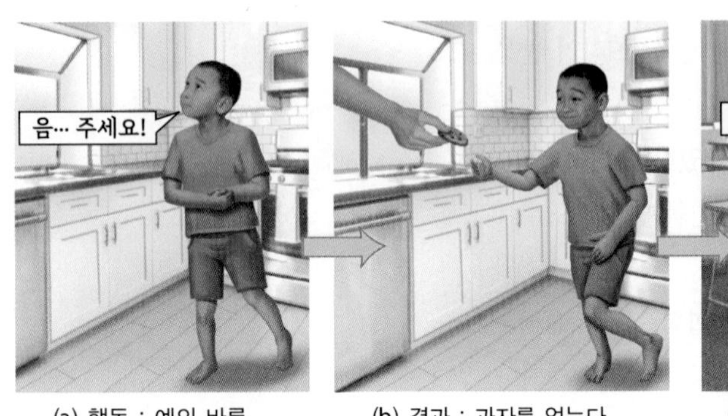

(a) 행동 : 예의 바름 (b) 결과 : 과자를 얻는다. (c) 행동이 강화된다.

그림 7.2
조작적 조건형성

(조작적 조건형성), 이것이 목장주의 일거리를 덜어주었다. 이 경우에 파블로프식 조건형성과 조작적 조건형성의 조합이 비결이었다.

조건형성만이 유일한 학습 형태가 아니다. **인지학습**(cognitive learning)을 통해서 행동으로 이끌어가는 심적 정보를 획득한다. 인지학습의 한 형태인 관찰학습은 다른 사람의 경험을 통해서 학습할 수 있게 해준다. 예컨대, 침팬지는 단지 동료의 행동을 관찰하는 것만으로도 학습한다. 동료가 먹이 보상을 얻는 문제를 해결하는 것을 관찰하면, 그 행동을 보다 빠르게 나타낼 수 있다. 인간의 경우에도 마찬가지로 살펴봄으로써 학습한다.

이제 파블로프식 조건형성을 보다 상세하게 살펴보도록 하자.

인출 연습

RP-1 커피를 마실 때 달착지근한 무엇인가를 함께 먹는 것과 같은 습관을 깨뜨리기 어려운 이유는 무엇인가?

답은 부록 E를 참조

파블로프식 조건형성

LOQ 7-2 학습에 대한 행동주의 견해는 무엇인가?

많은 사람에게 있어서 이반 파블로프(1849~1936)라는 이름은 무엇인가를 생각나게 만든다. 20세기 초엽에 그가 수행한 실험들은 오늘날 심리학에서 가장 유명한 고전적인 연구가 되었으며, 그가 탐구한 현상을 **파블로프식 조건형성**(pavlovian conditioning)[1]이라고 부른다.

파블로프의 연구는 심리학자 존 왓슨이 내놓은 많은 아이디어의 초석을 제공하였다. 왓슨(1913)은 학습의 기저를 이루고 있는 법칙을 탐구하면서, 심리학이 내면의 사고, 감정, 동기 등의

인지학습 사건을 관찰하든 타인을 주시하든 언어를 통해서든, 심적 정보를 획득하는 학습

파블로프식 조건형성(고전적 조건형성) 유기체가 자극들을 연합시키는 유형의 학습. 무조건자극(US)을 신호하는 중성자극이 무조건자극을 기대하고 준비하는 반응을 초래하기 시작한다.

행동주의 심리학은 (1) 객관적 과학이며, (2) 심적 과정을 참조하지 않고 행동을 연구해야 한다는 견해. 오늘날 대부분의 심리학자는 (1)에 동의하지만 (2)에는 동의하지 않는다.

중성자극(NS) 파블로프식 조건형성에서 조건형성이 이루어지기 이전에 조건반응을 유발하지 않는 자극

심성 개념을 폐기처분해야 한다고 주장하였다. 오히려 심리과학은 유기체가 환경 속의 자극에 어떻게 반응하는지를 연구해야 한다는 것이었다. 왓슨은 다음과 같이 주장하였다. "심리과학의 이론적 목표는 행동을 예측하고 제어하는 것이다. 내성(內省)은 핵심적인 연구방법이 아니다." 다시 말해서 심리학은 관찰 가능한 행동에 근거한 객관적 과학이어야 한다는 것이다.

이러한 견해가 20세기 전반부 미국 심리학에 영향을 미쳤으며, 왓슨은 이 견해를 **행동주의**(behaviorism)라고 불렀다. 파블로프와 왓슨은 의식과 같은 '심성' 개념을 평가절하하고 학습의 기본 법칙은 군소이든 개이든 사람이든 모든 동물에게서 동일하다는 신념을 공유하였다. 오늘날 심리학이 심적 과정을 무시해야 한다는 데 동의하는 연구자는 거의 없지만, 파블로프식 조건형성이 모든 유기체가 환경에 적응하기 위한 기본적인 학습 형태라는 사실에는 동의하고 있다.

Macmillan Learning

이반 파블로프 "실험 연구는… 심리학이라는 미래의 진정한 과학의 튼튼한 토대를 놓아야만 한다"(1927).

파블로프의 실험

LOQ 7-3 파블로프는 누구이며, 파블로프식 조건형성의 기본 성분은 무엇인가?

파블로프는 연구에 대한 열정에 일생을 바친 사람이다. 아버지를 따라서 러시아 정교회 목사가 되겠다는 젊은 시절의 계획을 포기하고 33세에 의학박사 학위를 받았으며, 그 후 20년에 걸쳐 개의 소화기관에 관한 연구를 수행하였다. 그 업적으로 1904년 러시아인으로는 처음으로 노벨상을 수상하였다. 그러나 이렇게 열정적인 과학자를 역사적 인물로 만들어준 것은 노벨상 수상 후 생애 마지막 30년에 걸쳐 수행한 학습에 대한 그의 독창적 실험이었다(Todes, 2014).

Macmillan Learning

존 B. 왓슨 왓슨(1924)은 그의 유명한 허풍을 제안하였을 때 '도가 지나쳤다'는 점을 인정하였다. "건강한 유아 12명을 내 자신이 마련한 세상에서 키울 수 있도록 데리고 오면, 그 중에서 무선적으로 한 아이를 뽑아서 내가 선택한 어떤 유형의 전문가가 되도록 훈련시킬 것을 보장한다. 그 아이의 재능, 취미, 성향, 능력, 직업, 인종에 관계없이 의사이든, 변호사이든, 예술가이든, 사업가이든, 심지어는 거지나 도둑이라도 말이다."

파블로프의 새로운 연구 방향은 그의 독창성이 우연한 발견에 사로잡힘으로써 시작되었다. 입에 먹이를 넣어줄 때마다 개는 항상 침을 흘렸다. 또한 개는 음식 맛에만 침을 흘린 것이 아니라 단순히 먹이나 먹이 그릇 또는 먹이를 정기적으로 가져다주는 사람을 보는 것, 심지어는 그 사람의 다가오는 발소리 등에도 침을 흘렸다. 이러한 '정신적 침 분비'가 단순하지만 매우 중요한 학습 형태를 보여주는 것이라는 사실을 깨닫기 전까지 파블로프는 이것을 그저 성가신 현상으로만 간주하였다.

파블로프와 그의 연구팀[절반 이상이 여성이었다(Hill, 2019)]은 우선 개가 먹이를 예상하면서 침을 흘릴 때 어떤 생각을 하고 어떤 느낌을 가질 것인가를 상상해보려고 시도하였다. 그렇지만 그러한 노력은 쓸데없는 논쟁만 불러일으켰다. 따라서 현상을 보다 객관적으로 탐구하기 위한 실험을 수행하게 되었다. 가외 자극의 영향을 배제하기 위해서 개를 조그만 실험실에 격리시켜 제멋대로 움직이지 못하도록 벨트를 착용시킨 다음, 흘린 침을 측정 장치로 이동시키는 도구를 부착하였다(그림 7.3). 옆방에서 개에게 먹이를 제공하였는데, 처음에는 미끄럼틀을 이용하여 개의 입 바로 앞에 먹이가 도달하도록 하였으며, 나중에는 정확한 시간에 개의 입에 고깃가루를 집어넣어 주는 방법을 사용하였다. 그런 다음에 개가 보거나 들을 수는 있지만 먹이와 연합되지 않았던 다양한 **중성자극**(neutral stimulus, NS)을 먹이와 짝 지었다. 만일 불빛이나 소리와 같은 중성자극이 먹이의 출현을 규칙적으로 신호해준다면, 개는 두 자극을 연합할 것인가? 만일 그렇다면 먹이를 예견하여 중성자극에 침을 흘리기 시작하겠는가?

그 답은 말할 것도 없이 "그렇다"와 "그렇다"로 판명되었다. 개가 침을 흘리도록 입에 먹이를

1 파블로프의 연구를 관례적으로 고전적 조건형성이라고 부르고 있으나, '고전적'이라는 표현에는 낡은 것이라는 의미도 포함되어 있기에 최근에는 오히려 '파블로프식 조건형성'이라고 부르는 것이 보편적이다. 이 책에서는 가능한 한 후자의 표현을 사용한다._역자 주

그림 7.3
침 분비를 기록하는 파블로프의 장치 개의 뺨에 삽입한 튜브로 침을 모은 뒤에 실험실 밖에 있는 실린더에서 그 양을 측정한다.

넣어주기 직전에 소리를 들려주었다. 소리와 먹이를 몇 차례 짝 짓게 되자, 개는 고깃가루를 예상하여 소리만 들려도 침을 흘리기 시작하였다. 후속 실험에서는 버저소리[2], 불빛, 다리 건드리기, 심지어는 원의 제시 등도 침을 흘리도록 만들었다. 이것은 사람에게도 적용된다. 배가 고픈 런던의 젊은이들이 땅콩버터나 바닐라 향을 냄새 맡기에 앞서 추상적 도형을 제시하자, 이들의 두뇌는 곧이어 추상적 도형에도 반응을 나타내게 되었다(Gottfried et al., 2006).

개가 입에 넣어주는 먹이에 대한 반응으로 침을 흘리는 것을 학습하는 것은 아니다. 입속의 먹이는 자동적이고 무조건적으로 개의 침 분비 반사를 촉발한다(그림 7.4). 따라서 파블로프는 이러한 침 흘리기를 **무조건반응**(unconditioned response, **UR**)이라고 불렀다. 그리고 먹이 자극을 **무조건자극**(unconditioned stimulus, **US**)이라고 불렀다.

그렇지만 소리에 대한 반응으로 흘린 침은 학습한 것이다. 개가 소리와 먹이 간의 연합을 학

그림 7.4
파블로프의 고전적 실험 파블로프는 무조건자극(입안의 먹이) 직전에 중성자극(소리)을 제시하였다. 중성자극은 조건자극이 되어서 조건반응을 초래하게 된다.

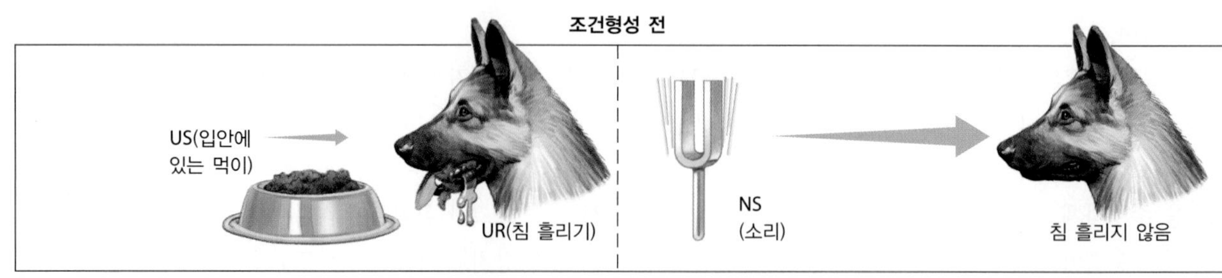

무조건자극(US)이 무조건반응(UR)을 유발한다.

중성자극(NS)은 침 흘리기 반응을 유발하지 않는다.

무조건자극(US)이 중성자극(NS) 직후에 반복적으로 제시된다. 무조건자극은 무조건반응(UR)을 계속 유발한다.

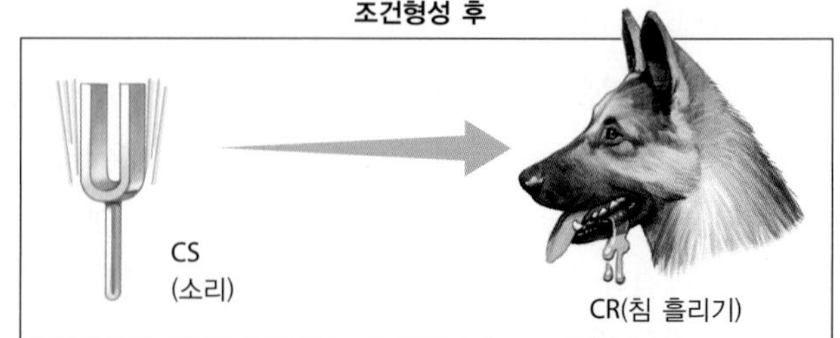

이젠 중성자극(NS)만 제시해도 조건반응(CR)이 유발되어, 중성자극은 조건자극(CS)이 된다.

2 버저는 아마도 사람들이 일반적으로 파블로프라고 하면 떠올리는 종(벨)이었을 것이다(Tully, 2003). 파블로프가 다양한 자극을 사용하였지만, 혹자는 그가 종을 사용하였는지에 대해서 의문을 제기해왔다.

PEANUTS

Peanuts reprinted with permission of United Features Syndicate

습한 것에 조건적이기 때문에, 이 반응을 **조건반응**(conditioned response, **CR**)이라고 부른다. 이전에는 무관하였지만 이제 조건적으로 침 분비를 촉발하게 된 소리자극을 **조건자극**(conditioned stimulus, **CS**)이라고 부른다. 자극과 반응의 두 유형은 쉽게 구분할 수 있다. '조건'이 붙으면 학습한 것이고, '무조건'이 붙으면 학습한 것이 아니다.

만일 연합학습에 대한 파블로프의 시범이 이렇게 단순한 것이라면, 도대체 30년 동안 무엇을 했단 말인가? 그의 실험실에서 출판한 침 분비에 관한 532편의 논문에는 어떤 연구결과가 들어 있는가?(Windholz, 1997). 파블로프와 그의 동료들은 다음과 같은 다섯 가지의 주요 조건형성 과정을 탐구하였다. 획득, 소거, 자발적 회복, 일반화, 그리고 변별이 바로 그것이다.

인출 연습

RP-2 실험자가 여러분의 눈에 공기를 훅 불어넣기 직전에 소리를 들려준다. 여러 차례 반복한 후에, 여러분은 소리만 들어도 눈을 깜빡인다. 중성자극(NS), 무조건자극(US), 무조건반응(UR), 조건자극(CS), 조건반응(CR)은 각각 무엇인가?

답은 부록 E를 참조

획득

LOQ 7-4 파블로프식 조건형성에서 획득, 소거, 자발적 회복, 일반화, 그리고 변별 과정이란 무엇인가?

자극-반응 관계의 **획득**(acquisition), 즉 초기 학습을 이해하기 위하여, 파블로프와 그의 동료들은 먼저 시간간격이라는 물음을 던졌다. 즉, 중성자극(소리, 불빛, 촉각자극 등)과 무조건자극(먹이)을 제시하는 시간간격은 어떻게 해야 하는가? 대부분의 경우에는 일반적으로 0.5초가 잘 작동한다.

만일 먹이(US)가 소리(NS)에 뒤따르지 않고 먼저 주어진다면, 어떤 일이 일어날 것이라고 생각하는가? 그래도 조건형성이 일어날 것인가? 가능성이 거의 없다. NS가 US에 뒤따르게 되면 조건형성은 거의 일어나지 않는다. **파블로프식 조건형성이 생물학적 적응성을 갖는 까닭은 유기체로 하여금 좋은 사건이나 나쁜 사건에 대비하도록 도와주기 때문이라는** 사실을 명심하기 바란다. 파블로프의 개에게 있어서 원래 중성적이었던 소리는 중요한 생물학적 사건, 즉 먹이(US)의 출현을 신호해줌으로써 조건자극이 되는 것이다. 숲속의 사슴에게 나뭇가지가 흔들리는 소리(CS)는 포식자의 접근(US)을 신호해줄 수 있다.

일본 메추라기 수놈을 대상으로 수행한 연구는 어떻게 CS가 다른 중요한 생물학적 사건을 신

무조건반응(UR) 파블로프식 조건형성에서 먹이가 입에 들어올 때 침을 흘리는 것처럼, 무조건자극(US)에 대해서 자연스럽게 나타내는 반응

무조건자극(US) 파블로프식 조건형성에서 무조건적으로, 즉 자연스럽고 자동적으로 반응을 촉발시키는 자극

조건반응(CR) 파블로프식 조건형성에서 이전에 중성적이었던(현재는 조건화된) 자극(CS)에 대한 학습된 반응

조건자극(CS) 파블로프식 조건형성에서 무조건자극(US)과 연합된 후에 조건반응(CR)을 촉발시키게 된 자극

획득 파블로프식 조건형성의 첫 단계. 중성자극이 US와 짝지어져서 CR을 유발하게 되는 단계. 조작적 조건형성에서는 강화된 반응이 증가하는 것

그림 7.5
예상치 않은 CS 심리학자 마이클 티렐(1990)은 이렇게 회상하였다. "내 첫 번째 여자 친구는 양파를 좋아하였기에, 양파 입냄새를 키스와 연합하게 되었다. 오래지 않아서 양파 입냄새는 내 몸을 흥분시키게 되었다. 그 느낌이란!"

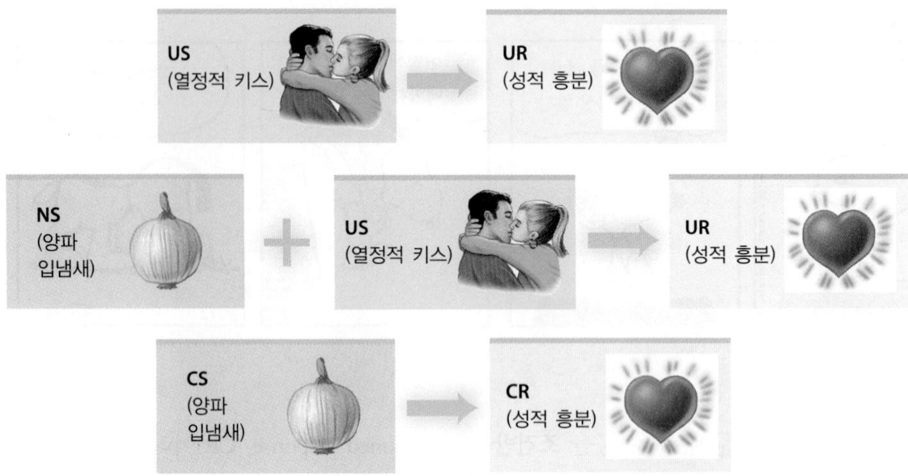

고차 조건형성 한 조건형성 경험에서 조건자극이었던 자극을 새로운 중성자극과 짝을 지어서 두 번째 조건자극을 만들어내는 절차. 예컨대, 소리가 먹이를 예측한다는 사실을 학습한 동물이 소리를 예측하는 불빛을 학습하고는 불빛에도 조건반응을 보이기 시작한다. 이차 조건형성이라고도 부른다.

소거 조건반응의 감소. 파블로프식 조건형성에서는 US가 CS에 뒤따르지 않을 때, 그리고 조작적 조건형성에서는 반응이 더 이상 강화되지 않을 때 일어난다.

자발적 회복 휴지기간 후에 소거되었던 조건반응이 다시 나타나는 현상

일반화 파블로프식 조건형성에서 일단 한 반응이 조건형성된 후, 조건자극과 유사한 자극이 유사한 반응을 초래하는 경향성(조작적 조건형성에서는 한 상황에서 학습한 반응이 다른 유사한 상황에서 일어날 때 일반화가 발생한다.)

호해주는지를 보여준다(Domjan, 1992, 1994, 2005). 수놈에게 발정기에 도달한 암놈을 제시하기 직전에 빨간 불빛을 켰다. 빨간 불빛이 계속해서 암놈의 도착을 알려주게 되자, 그 불빛은 수놈을 성적으로 흥분하게 만들게 되었다. 수놈은 빨간 불빛이 켜있는 장소를 선호하게 되었으며, 암놈이 도착하였을 때 더 신속하게 교미하고는 더 많은 정액과 정자를 방출하였다(Matthews et al., 2007). 파블로프식 조건형성 능력이 개체 번식을 지원한다.

인간의 경우에도 성적 쾌감과 연합된 대상, 냄새, 모습, 심지어는 실험에서 사용한 기하 도형까지도 성적 흥분을 촉진하는 조건자극이 될 수 있다(Byrne, 1982; Hoffman, 2012, 2017). 양파 냄새는 일반적으로 성적 흥분을 초래하지 않는다. 그렇지만 정열적인 키스와 반복적으로 짝 짓게 되면 CS가 될 수 있으며, 실제로도 그렇다(그림 7.5).

중대한 교훈은 다음과 같다. 조건형성은 먹이를 구하거나 위험을 피하거나 경쟁자를 물리치거나, 배우자를 찾아내거나 자손을 퍼뜨리는 데 도움을 주는 단서에 반응함으로써 동물의 생존과 번식에 도움을 준다(Hollis, 1997). 학습이 무엇인가를 갈망하게 만드는 것이다.

고차 조건형성(higher-order conditioning)을 통해서, 새로운 중성자극은 무조건자극이 없이도 새로운 조건자극이 될 수 있다. 필요한 것이란 새로운 중성자극을 이미 조건자극이 된 자극과 연합하는 것이다. 만일 소리가 규칙적으로 먹이를 신호하고 침 흘리기를 초래한다면, 소리와 연합되는 불빛도 침 흘리기를 촉발하기 시작한다(불빛 → 소리 → 먹이). 이러한 고차 조건형성(이차 조건형성이라고도 부른다)은 일차 조건형성보다 약한 경향이 있기는 하지만, 일상 삶에 영향을 미친다. 여러분을 두렵게 만드는 무엇인가를 상상해보라(과거에 개에게 물렸던 사실과 연합된 경비견일 수 있겠다). 만일 개가 여러분을 물었다면, 개가 짖는 소리 자체만으로도 여러분을 무서움에 떨게 만들 수 있다.

자문자답하기

심리학자 마이클 티렐은 여자 친구의 양파 입냄새를 성적 흥분과 연합시키게 되었던 일을 회상하였다. 정상적이라면 중성적(또는 불쾌한) 자극이었을 무엇인가가 여러분에게 특별한 것을 의미하게 되었던 경험을 기억해낼 수 있는가?

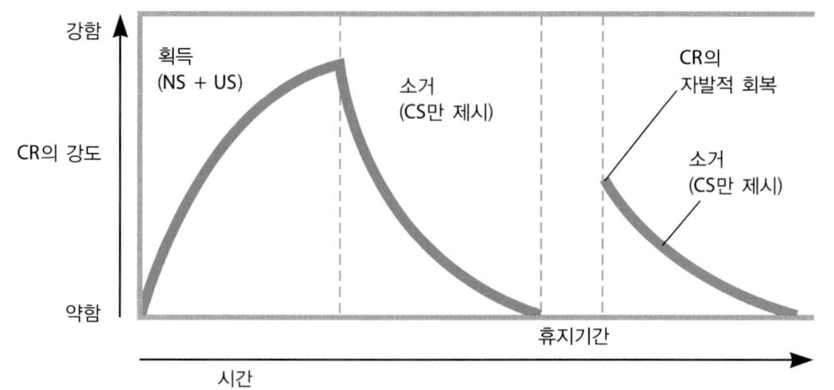

그림 7.6
획득, 소거, 자발적 회복의 이상적인 곡선 CS와 US가 반복적으로 짝 지어짐으로써 CR이 급격하게 증가하며('획득'), CS만 제시되면 약화된다('소거'). 휴지기간 후에 CR이 다시 나타난다('자발적 회복').

소거와 자발적 회복 파블로프는 조건형성이 이루어진 후, US 없이 CS만 반복적으로 나타나면 무슨 일이 일어날 것인지를 알고자 하였다. 먹이는 주지 않고 소리만 반복해서 들려주더라도 그 소리가 여전히 침 흘리기를 촉발할 것인가? 그 답은 양면적인 것이었다. 개는 침을 점점 덜 흘리는 **소거**(extinction)를 나타내는데, 소거란 CS(소리)가 더 이상 US(먹이)를 신호하지 않을 때 반응이 감소하는 것을 말한다. 그런데 몇 시간이 경과한 후에 소리를 다시 들려주었을 때 개는 소리에 대해서 다시 침을 흘리기 시작하였다(그림 7.6). 이러한 **자발적 회복**(spontaneous recovery), 즉 시간 경과 후 (약화되었던) CR이 재출현하는 현상은 파블로프에게 소거는 CR을 제거하는 것이 아니라 억압하는 것이라는 사실을 시사하였다.

인출 연습

RP-3 케이크 굽는 냄새가 여러분 입에 군침이 돌게 한다면, 무엇이 US인가? CS는? CR은?

RP-4 NS가 CS로 변하는 파블로프식 조건형성의 첫 번째 단계를 ________이라고 부른다. US가 더 이상 CS에 뒤따르지 않을 때 CR이 약화되는데, 이것을 ________라고 부른다.

답은 부록 E를 참조

일반화 파블로프와 그의 동료들은 특정 소리에 조건형성 된 개가 다른 소리에도 어느 정도는 침을 흘린다는 사실에 주목하였다. 마찬가지로 문지르기에 조건형성된 개가 긁는 자극이나(Windholz, 1989) 다른 신체부위를 문질러도 어느 정도는 침을 흘린다(그림 7.7). CS와 유사한 자극에 반응하는 경향성을 **일반화**(generalization, 엄격하게는 **자극일반화**)라고 부른다.

거리에서 달리는 차를 무서워하도록 가르친 아이가 트럭이나 오토바이에 대해서도 마찬가지로 반응하는 경우처럼, 일반화는 적응적인 현상이다. 그리고 일반화된 공포는 기억에 매달려 좀처럼 사라지지 않을 수 있다(Simon-Kutscher

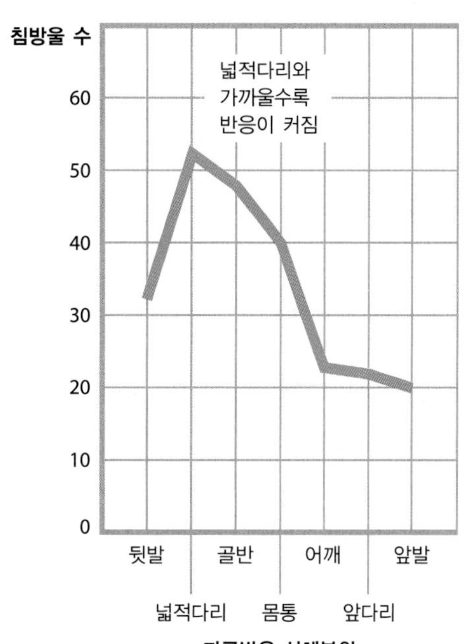

그림 7.7
일반화 파블로프는 개의 신체 여러 부위에 소형 진동기를 부착함으로써 일반화를 증명하였다. 넓적다리에 자극을 주어 침 흘리기를 조건형성시킨 후에, 다른 영역을 자극하였다. 자극부위가 넓적다리에 가까울수록 조건반응의 크기가 컸다(Pavlov, 1927).

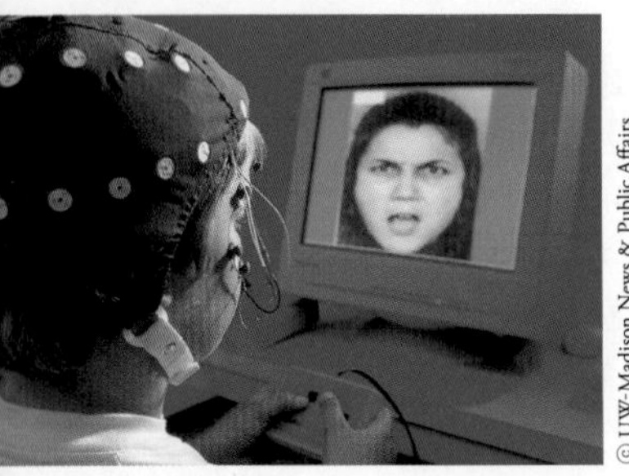
© UW-Madison News & Public Affairs, Photo by Jeff Miller

그림 7.8
아동 학대가 두뇌에 흔적을 남긴다 학대받은 아동의 민감해진 뇌는 화난 얼굴에 더 강하게 반응한다(Pollak et al., 1998). 이 일반화된 불안반응은 그들의 심리장애 위험성이 더 크다는 것을 설명해준다.

et al., 2019; Stout et al., 2018). 자동차 충돌사고를 당한 후 2개월 동안 민감해진 젊은 운전자는 충돌사고를 반복해서 일으킬 가능성이 낮아진다(O'Brien et al., 2017). 고문을 당했던 한 아르헨티나 작가는 검은 구두를 보면 여전히 무서움에 진저리를 친다(고문관이 그의 교도소 독방에 들어올 때 처음 본 것이 바로 검은 구두였다)(Timerman, 1980). 일반화된 불안반응은 학대받은 아동과 정상적인 아동의 뇌파를 비교하는 실험 연구에서도 입증되었다(그림 7.8).

자연 상태에서 혐오적이거나 도덕적으로 비난받을 대상과 관련된 자극도 연합을 통해서 어떤 신체적이거나 도덕적인 혐오감을 유발할 수 있다. 유사하게 생긴 자극도 연합에 의해 혐오감을 유발한다(Rozin et al., 1986). 정상적이라면 먹고 싶은 아이스크림이 개똥 모양을 하고 있을 때 사람들이 그것을 먹겠는가? 아돌프 히틀러가 소유하였고 사용하였던 것이 확실한 영어사전을 갖겠는가? 알카에다 테러리스트 집단의 구성원이 소유하였던 것으로 생각되는 담요를 덮겠는가? 모두 '아니다', '아니다', '아니다'이다. 이러한 상황은 사람들을 정나미 떨어지게 만든다(Fedotova & Rozin, 2018; Rozin et al., 1986, 2015). 이러한 사례는 한 자극에 대한 정서반응이 다른 관련 자극에 일반화될 수 있음을 보여주고 있다.

변별 파블로프의 개는 특정 소리에는 반응하고 다른 소리에는 반응하지 않는 것도 학습하였다. 조건자극(US를 예언하는 자극)과 다른 무관련 자극을 구분하는 학습능력을 **변별**(discrimination)이라고 부른다. 차이를 재인할 수 있는 능력은 적응적이다. 약간 다른 자극이 엄청나게 차이 나는 결과를 초래할 수 있다. 새는 독이 있는 나방을 잡아먹은 후에 일반화한다. 즉, 유사한 나방을 회피한다. 그렇지만 새는 결국 독이 있는 나방과 잡아먹을 수 있는 나방을 변별하게 된다(Sims, 2018). 케냐 코끼리는 공포를 학습하였던 마사이족 사냥꾼 냄새를 맡으면 도망가지만, 위협적이지 않은 캄바족 남자의 냄새에 대해서는 그렇지 않다. 경비견과 맞닥뜨리면 심장이 요동을 치지만, 안내견를 만나면 그렇지 않을 가능성이 크다.

인출 연습

RP-5 어떤 조건형성 원리가 달팽이의 애정 공세에 영향을 미치고 있는가?

Sam Gross/Cartoon Stock

"나는 그녀가 테이프통이라도 관계없어. 난 그녀를 사랑해."

답은 부록 E를 참조

파블로프의 유산

LOQ 7-5 파블로프의 연구가 여전히 중요하게 남아있는 이유는 무엇인가?

변별 파블로프식 조건형성에서 무조건자극을 신호하지 않는 자극과 조건자극을 구분하는 학습된 능력. (조작적 조건형성에서는 강화받는 반응과 유사하지만 강화받지 못하는 반응을 구분하는 능력)

오늘날 파블로프의 아이디어 중에서 남아있는 것은 무엇인가? 상당히 많다. 대부분의 심리학자는 파블로프식 조건형성이 학습의 기본 형식이라는 데 동의한다. 현대 신경과학도 조건자극(경고신호)을 다가오는 무조건자극(위협)과 연결시키는 신경회로를 찾아냄으로써, 파블로프의 아이디어를 지지해왔다(Harnett et al., 2016; Yau & McNally, 2018). 생물학적 소인과 심리적 특성 그리고 사회문화적 환경 간의 상호작용에 대한 오늘날의 지식으로 판단하건대, 파블로프의 아이디어는 불완전하다. 그렇지만 우리가 파블로프보다 더 많은 것을 알고 있다면, 그것은 우리가 그를 디딤돌로 삼고 서있기 때문이다.

파블로프의 연구가 그토록 중요한 이유는 무엇인가? 만일 늙은 개가 새로운 트릭을 배울 수 있다는 사실만을 알려주었다면, 그의 실험은 이미 오래전에 망각되고 말았을 것이다. 개가 소리에 침을 흘리도록 조건형성될 수 있다는 사실에 관심을 기울이는 이유는 무엇인가? 우선 그 중요성은 다음의 발견에 들어있다. 즉, **수많은 다양한 자극에 대한 수많은 다양한 반응이 수많은 다양한 유기체에서 파블로프식으로 조건형성될 수 있다는** 것이다. 실제로 지렁이로부터 물고기와 개 그리고 원숭이와 인간에 이르기까지, 연구대상이 되었던 모든 동물종에서 그렇다(Schwartz, 1984; Zhou et al., 2019). 따라서 파블로프식 조건형성은 거의 모든 유기체가 환경에 적응하도록 학습하는 한 가지 방법인 것이다.

둘째, **파블로프는 학습과 같은 과정을 객관적으로 연구할 수 있는 방법을 제공해주었다.** 파블로프는 자신의 연구방법에 개의 마음에서 진행되는 일에 대한 주관적 판단이나 추측이 전혀 포함되지 않았다는 사실에 자부심을 가지고 있었다. 침 흘리기 반응은 cm^3 단위로 측정할 수 있는 명백한 행동이다. 따라서 파블로프의 성공은 심리학과 같은 젊은 학문분야가 어떻게 나아가야 할 것인지를 알려주는, 즉 복잡한 행동을 기본 구성 단위로 분리하여 객관적인 실험 절차를 가지고 연구해야 한다는 과학 모델을 제안해주었던 것이다.

심리학 괴짜의 농담 : "파블로프의 머리카락이 부드러웠던 까닭은 무엇인가?" "그가 조건형성 시켰기 때문이지."

인출 연습

RP-6 기업은 자신의 제품이 인기 있는 영화에 등장하도록 만드는 데 대가를 지불하기 십상이다. 유명배우가 특정 음료수를 마시는 장면처럼 말이다. 파블로프식 조건형성 원리에 근거할 때, 그 효과는 무엇이겠는가?

답은 부록 E를 참조

파블로프식 조건형성의 응용

LOQ 7-6 파블로프의 연구는 인간의 건강과 안녕감에 어떻게 적용되어 왔는가? 왓슨은 파블로프의 원리를 학습된 공포에 어떻게 적용하였는가?

의식, 동기, 정서, 건강, 심리장애, 치료 등에 관한 이 책의 여러 장은 파블로프식 조건형성 원리가 인간의 건강과 안녕감에 어떻게 적용되는지를 보여준다. 세 가지 예를 보도록 하자.

- **약물 갈망** : 파블로프식 조건형성은 물질 남용 장애의 치료 방안을 제공할 수 있다. 예전에 향정신성 약물을 사용하였던 사람이 약물을 사용하였던 맥락을 다시 접하게 되면 간절한 기분에 빠지기 십상이다. 두뇌가 그 맥락을 약물의 보상과 연합시키도록 조건형성되었기 때문이다(Wang et al., 2018; Wilar et al., 2019). 이러한 연합을 깨뜨리는 것이 갈망을 완화시킬 수 있다(Ananthe et al., 2019; Matínez-Rivera et al., 2019). 많은 약물 상담자는 내담자에게 과거 약물을 사용할 때의 황홀감과 연합된 상황과 소지품을 말끔하게 치워버리도록 충고한다(NIDA, 2017; Siegel, 2005).
- **음식 갈망** : 파블로프식 조건형성은 다이어트를 어렵게 만든다. 당분은 달콤한 감각을 유발

한다. 연구자들은 건강한 자원자가 달콤한 음식을 단 한 번 먹은 후에 그 음식을 갈망하도록 조건형성시켰다(Blechert et al., 2016). 따라서 "나는 쿠키를 딱 한 개만 먹을 수 있어."라고 생각한다면, 다시 생각해보기 바란다. 체중으로 어려움을 겪는 사람은 자신의 과체중을 유지시켜 주는 바로 그 음식을 먹으려는 강력한 조건반응을 가지고 있기 십상이다(Hill, 2007).

- **면역반응** : 파블로프식 조건형성은 신체가 질병과 싸우는 면역체계에도 작동한다. 면역반응에 영향을 미치는 약물에 특정한 맛이 첨가되면, 맛 자체가 면역반응을 생성할 수도 있다(Ader & Cohen, 1985).

파블로프의 연구는 또한 인간의 정서와 행동이 비록 생물학적인 영향을 받는다고 할지라도 주로 조건반응의 집합체라는 존 왓슨(1913)의 아이디어에 대한 근거를 제공하였다. 왓슨과 그의 대학원생이었던 로잘리 레이너(1920; Harris, 1979)는 생후 11개월밖에 되지 않은 유아를 대상으로 어떻게 특정한 공포가 조건형성될 수 있는지를 보여주었다. 대부분의 유아와 마찬가지로 '어린 앨버트'는 큰 소리를 무서워하였지만, 흰쥐는 무서워하지 않았다. 왓슨과 레이너는 앨버트에게 흰쥐를 가져다주고, 아이가 만져보기 위해 다가설 때 바로 머리 뒤에서 쇠막대를 망치로 두드리는 큰 소리를 들려주었다. 흰쥐를 보고 무서운 소리를 듣는 시행이 일곱 번 반복된 후에, 앨버트는 흰쥐만 보면 울음보를 터뜨렸다. 닷새가 지난 후에 앨버트는 토끼, 개, 심지어는 모피코트에도 공포반응을 일반화시켰다. 오늘날의 재분석 결과는 왓슨이 제시한 앨버트의 조건형성에 관한 증거에 의문을 제기하였지만, 아무튼 이 사례는 전설로 남아있다(Powell & Schmaltz, 2017).

오랫동안 사람들은 어린 앨버트가 어떻게 되었는지 궁금해했다. 러셀 포웰과 동료들(2014)의 끈질긴 탐문 끝에, 한 간호사의 아들이 딱 들어맞는 아이임을 밝혀내게 되었다. 윌리엄 앨버트 바거라는 이름의 이 아동은 앨버트 B.로 알려져왔는데, 왓슨과 레이너가 사용하였던 바로 그 이름이었다. 그는 태평스러운 사람이었지만, 우연인지는 몰라도 개에 대한 혐오감을 가지고 있었다. 앨버트는 심리학 역사에서 자신이 어떤 역할을 했는지 알지 못한 채 2007년 사망하였다.

사람들은 왓슨이 어떻게 되었는지도 궁금해했다. 레이너와의 염문으로 인해서(그의 대학원생 제자이었으며 나중에 결혼하였다) 존스홉킨스대학교 교수직을 상실한 후, 한 광고회사에서 그를 고문 심리학자로 영입하였다. 그곳에서 연합학습에 관한 지식을 사용하여 많은 성공적인 광고를 만들었는데, 여기에는 미국에 '커피 브레이크'를 정착시키게 만든 맥스웰하우스 커피회사를 위한 광고도 포함되어 있다(Hunt, 1993).

몇몇 심리학자는 다른 아동들을 대상으로 왓슨과 레이너의 결과를 반복하는 데 어려움을 겪었다. (이러한 실험은 오늘날의 윤리 기준으로 볼 때 용납할 수 없는 것이겠다.) 그럼에도 불구하고 어린 앨버트의 학습된 공포는 많은 심리학자로 하여금 모든 사람이 조건화된 정서의 창고는 아닐까 궁금해하도록 이끌어왔다. 만일 그렇다면, 소거 절차 아니면 새로운 조건형성이 정서 유발 자극에 대한 원치 않는 반응을 변화시키는 데 도움을 주지 않겠는가?

30년 동안 혼자서 엘리베이터를 타는 데 공포를 느껴온 환자가 바로 그러하였다. 치료사의 충고를 받아들여, 그는 억지로라도 매일 엘리베이터에 20번씩 들어갔다. 열흘이 지나지 않아서 그 환자의 공포는 거의 사라지고 말았다(Ellis & Becker, 1982). 마찬가지로 코미디 작가인 마크 말코프도 한 항공기 회사의 도움을 받아 비행기 공포를 소거시켰다. 그는 30일 동안 비행기에서 생활하면서 135차례의 비행을 경험하였는데, 하루에 14시간씩 공중에 있었던 셈이다(NPR, 2009).

열흘이 지나자 그의 공포는 약화되었으며 다른 승객과 게임도 즐기기 시작하였다. 그가 즐기던 익살극은 '화장실 휴지 실험'이었다. 화장실에서 두루마리 휴지의 한쪽 끝을 잡고 복도를 따라 모두 풀어 젖힌 다음에 변기의 물을 내린다. 휴지는 3초 이내에 몽땅 물에 젖고 만다! 제16장에서는 심리학자들이 심리장애를 치료하고 개인적 성장을 촉진하기 위해서 역조건형성과 같은 행동기법을 사용하는 더 많은 예를 보게 된다.

인출 연습

RP-7 왓슨과 레이너 실험에서 '어린 앨버트'는 흰쥐가 출현할 때 큰 소음을 반복적으로 경험한 후에 쥐에 대한 공포를 학습하였다. 이 실험에서 US, UR, NS, CS, CR은 각각 무엇이었나?

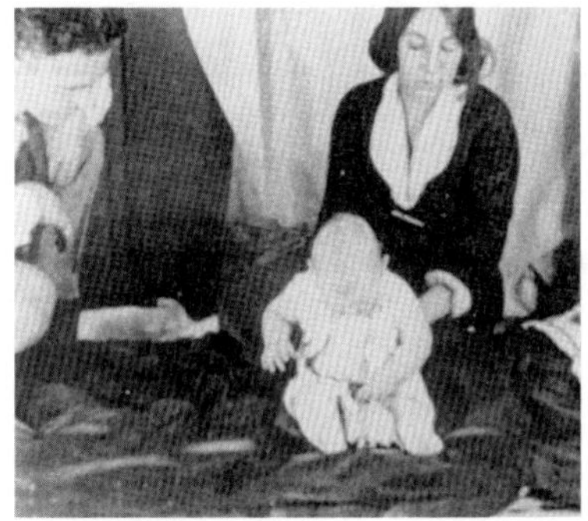

Archives of the History of American Psychology, The Center for the History of Psychology, The University of Akron

답은 부록 E를 참조

개관 학습의 기본 개념과 파블로프식 조건형성

학습목표

자기검증 개념 파악을 증진시키도록 (부록 D의 답을 확인해보기에 앞서) 여러분 자신의 표현으로 여기서 반복하는 학습목표 물음에 답해보라 (McDaniel et al., 2009, 2015).

LOQ 7-1 어떻게 학습을 정의하며, 학습의 기본 형태는 무엇인가?

LOQ 7-2 학습에 대한 행동주의 견해는 무엇인가?

LOQ 7-3 파블로프는 누구이며, 파블로프식 조건형성의 기본 성분은 무엇인가?

LOQ 7-4 파블로프식 조건형성에서 획득, 소거, 자발적 회복, 일반화, 그리고 변별 과정이란 무엇인가?

LOQ 7-5 파블로프의 연구가 여전히 중요하게 남아있는 이유는 무엇인가?

LOQ 7-6 파블로프의 연구는 인간의 건강과 안녕감에 어떻게 적용되어 왔는가? 왓슨은 파블로프의 원리를 학습된 공포에 어떻게 적용하였는가?

기억해야 할 용어와 개념들

자기검증 여러분 자신의 표현으로 정의를 적어본 후에 답을 확인해보라.

고차 조건형성	인지학습	중성자극
무조건반응	일반화	파블로프식 조건형성
무조건자극	자극	학습
반응행동	자발적 회복	행동주의
변별	조건반응	획득
소거	조건자극	
연합학습	조작행동	

학습내용 숙달하기

자기검증 여러분 자신의 표현으로 다음 물음에 답한 후에 부록 E에서 답을 확인해보라.

1. 학습은 "경험을 통해서 새롭고 비교적 지속적인 ______나 ______을 획득하는 과정"으로 정의한다.

2. 두 가지 유형의 연합학습은 유기체가 ________을 연합하는 파블로프식 조건형성, 그리고 유기체가 ________을(를) 연합하는 조작적 조건형성이다.
   a. 둘 이상의 반응; 반응과 그 결과
   b. 둘 이상의 자극; 둘 이상의 반응
   c. 둘 이상의 자극; 반응과 그 결과
   d. 둘 이상의 반응; 둘 이상의 자극

3. 파블로프 실험에서 버저소리는 중성자극으로 시작한 다음에 ________자극이 되었다.

4. 원에는 침을 흘리지만 정사각형에는 그러지 않도록 개를 훈련시켰다. 이 과정은 ________의 한 예이다.

5. 왓슨과 레이너가 흰쥐에 공포를 나타내도록 파블로프식으로 조건형성시킨 후에, 어린 앨버트는 토끼, 개, 모피코트 등에도 공포를 나타냈다. 이것은 ________을(를) 예증하는 것이다.
   a. 소거
   b. 일반화
   c. 자발적 회복
   d. 두 자극 간의 변별

6. "섹스가 물건을 판다!"는 광고계에서 흔한 표현이다. 파블로프식 조건형성 용어를 사용하여 광고에서 성적 이미지가 제품에 대한 여러분의 반응을 어떻게 조건형성시키는지를 설명해보라.

조작적 조건형성

LOQ 7-7 조작적 조건형성이란 무엇인가?

개로 하여금 소리에 침을 흘리게 하거나 아동이 거리에서 차를 무서워하도록 파블로프식으로 조건형성시킬 수 있다. 코끼리가 뒷발로만 걷게 하거나 아동이 "고맙습니다."라고 말하도록 가르치려면, 조작적 조건형성을 사용해야 한다.

파블로프식 조건형성과 조작적 조건형성은 모두 연합학습의 형태이지만, 차이점도 명백하다.

- 파블로프식 조건형성은 자극들(CS와 US) 간의 연합을 형성한다. 반응행동, 즉 특정 자극에 대한 자동반응을 수반한다(예컨대 고깃가루에 대해서, 그리고 나중에는 소리에 대한 반응으로 침 흘리기).
- **조작적 조건형성**(operant conditioning)에서는 유기체가 자신의 행위를 결과와 연합시킨다. 강화물이 뒤따르는 행위는 증가하며, 처벌자극이 뒤따르는 행위는 감소한다. 보상을 초래하거나 처벌자극을 제거하기 위하여 환경에 가하는 행동을 **조작행동**이라고 부른다.

조작적 조건형성 강화가 뒤따를 때 행동이 강력해지고, 처벌이 뒤따를 때 행동이 약화되는 유형의 학습

효과의 법칙 호의적 결과가 뒤따르는 행동은 출현 가능성이 증가하고, 호의적이지 않은 결과가 뒤따르는 행동은 출현 가능성이 줄어든다는 손다이크의 원리

조작실 스키너 상자로 알려진 실험공간. 동물이 먹이나 물이라는 강화물을 얻기 위해서 조작을 가할 수 있는 지렛대나 원판이 설치되어 있으며, 연결 장치를 통해서 동물이 지렛대를 누르거나 원판을 쪼는 반응률을 기록할 수 있다. 조작적 조건형성 연구에 사용된다.

강화 조작적 조건형성에서 행동을 강력하게 만드는 사건

조성 강화물을 사용하여 원하는 행동으로 조금씩 접근하도록 유도하는 조작적 조건형성 절차

인출 연습

RP-1 파블로프식 조건형성을 통해서 유기체가 제어할 수 (있는/없는) 사건들 간의 연합을 학습하며, 조작적 조건형성을 통해서는 행동과 (뒤따르는/무작위적인) 결과 사건 간의 연합을 학습한다.

답은 부록 E를 참조

스키너의 실험

LOQ 7-8 스키너는 누구이며, 어떻게 조작행동을 강화하고 조성하는가?

B. F. 스키너(1904~1990)는 학부에서 영문학을 전공한 야심적인 작가였는데, 새로운 진로를 모색하면서 심리학과 대학원에 진학하였다. 그는 현대 행동주의의 가장 영향력 있고 인구에 회자되는 인물이 되었다. 스키너의 연구는 심리학자 에드워드 손다이크(1874~1949)가 **효과의 법칙**

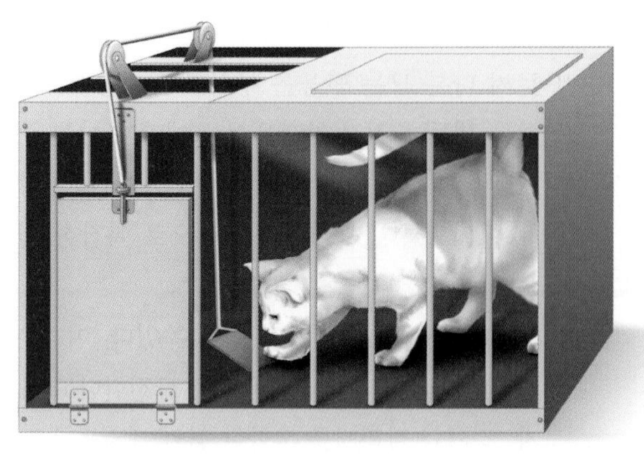

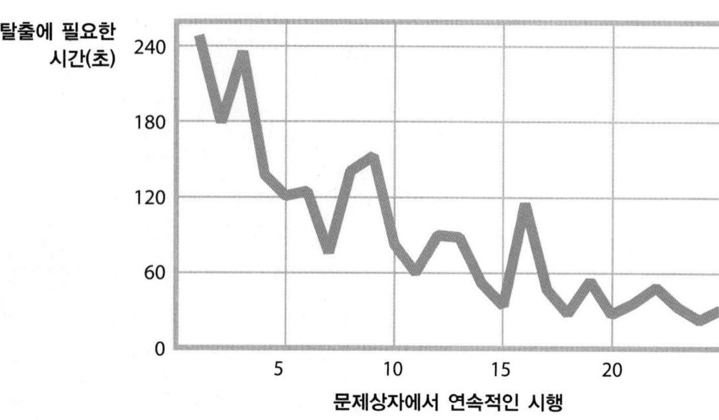

그림 7.9
문제상자 속의 고양이 손다이크는 물고기 강화물을 사용하여 고양이가 문제상자(왼쪽)에서 빠져나오는 방법을 찾도록 유도하였다. 고양이의 성과는 연속적인 시행을 통해서 증진되는 경향이 있었다(오른쪽). 이 결과는 손다이크의 '효과의 법칙'을 예증하는 것이다(Thorndike, 1898의 데이터).

(law of effect)이라 명명한, 보상받은 행동은 재발할 가능성이 크며 처벌받은 행동은 재발할 가능성이 줄어든다는 단순한 사실을 정교화시킨 것이다(그림 7.9). 손다이크의 '효과의 법칙'을 출발점으로 삼은 스키너는 행동 제어의 원리를 밝히는 '행동공학'으로 발전시켰다. 1943년 미국 미니애폴리스 밀가루 공장의 옥탑방 연구실에서 작업하던 스키너와 그의 학생이었던 켈러 브릴랜드와 노먼 구트먼은 창턱에 앉아있는 한 무리의 비둘기를 바라다보면서 "비둘기에게 볼링을 가르칠 수 있을까?"라는 농담을 던졌다(Goddard, 2018; Skinner, 1960). 비둘기의 선천적인 걷기와 쪼기 행동을 조성함으로써, 스키너와 학생들은 바로 그렇게 하였던 것이다(Peterson, 2004). 훗날 스키너는 자신의 새로운 학습 원리를 사용하여 비둘기에게 전혀 비둘기답지 않은 행동, 예컨대 8자를 그리면서 걷게 하거나, 탁구를 치게 하거나, 미사일이 목표 방향을 유지할 수 있게 화면의 표적을 쪼도록 가르칠 수도 있었다.

스키너는 자신의 선구자적 연구를 수행하기 위해서 스키너 상자라고 널리 알려진 **조작실**(operant chamber)을 설계하였다(그림 7.10). 이 상자에는 동물이 먹이나 물이라는 보상을 얻기 위해서 누르거나 쪼는 막대나 단추가 설치되어 있으며, 반응을 기록하는 장치가 연결되어 있다. 이 설계는 쥐를 비롯한 다른 동물들이 스키너의 **강화**(reinforcement) 개념, 즉 앞서 나타낸 반응을 강력한 것으로 만들어주는(반응의 빈도를 증가시키는) 사건을 수행할 수 있는 무대를 제공한다. 무엇을 강화할 것인지는 동물과 조건에 달려있다. 어떤 사람의 경우에는 칭찬이나 관심 또는 수표일 수 있다. 다른 사람에게는 통증을 완화하거나 희열감을 제공하는 약물일 수 있다(Bechara et al., 2019). 배가 고프고 목이 마른 쥐에게는 먹이와 물이 잘 작동한다. 스키너가 수행한 실험은 쥐에게 습관을 만드는 방법 이상의 것을 알려주었다. 그 실험은 효율적이고 지속적인 학습을 촉진시키는 엄밀한 조건을 탐구해왔다.

그림 7.10
스키너 상자 상자 안에서 쥐는 먹이 보상을 위해 지렛대를 누른다. 밖에서는 측정 장치가 동물의 누적반응을 기록한다.

행동 조성

배고픈 쥐에게 지렛대를 누르도록 조건형성시키려고 한다고 가정해보자. 스키너와 마찬가지로 여러분은 **조성**(shaping), 즉 쥐의 행위를 원하는 행동으로 점진적으로 유도하는 방법을 사용하여 이 행동을 끈질기게 만들어갈 수 있다. 우선 쥐가 자연 상태에서 어떻게 행동하는지를 관찰한 후에 기존 행동에 근거하여 새 행동을 만들 수 있다. 쥐가 지렛대에 접근할 때마다 먹이 보상을 준다. 일단 쥐가 규칙적으로 지렛대에 접근하게 되면, 보상을 위해서는 더 가까이 접근할 것을 요구한다. 최종적으로 먹이를 얻기 위해서는 지렛대를 앞발로 건드릴

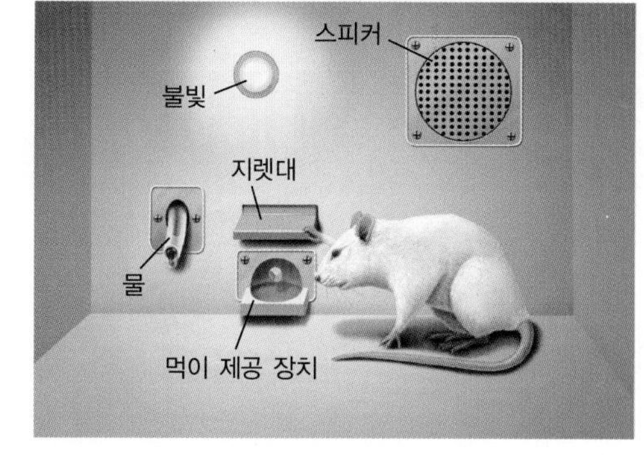

강화는 상황에 따라 달라진다 어떤 동물(추위에 떨고 있는 미어캣)에게 강화가 되는 것(열 램프)이 다른 대상(더위에 지친 아동)에게는 그렇지 않을 수 있다. 어떤 상황(호주 시드니 타롱가 동물원에 닥친 추위)에서는 강화인 것이 다른 상황(무더운 여름)에서는 그렇지 않을 수 있다.

것을 요구한다. 이러한 계기적 근사법을 사용함으로써 다른 모든 반응은 무시하고 최종적으로 원하는 행동에 점점 가까운 반응에만 보상을 준다. 연구자와 동물 조련사는 원하는 행동에 보상이 수반되도록 만들어서 점진적으로 복잡한 행동을 만들어간다.

사람은 자신의 행동도 조성할 수 있다. 여러분이 5킬로미터 달리기에 처음으로 도전한다고 해보자. 걷기와 달리기를 혼합한 일일 계획표를 작성한다. 각 단계마다 스스로에게 멋진 보상을 제공한다. 처음에는 15분 걷기에, 그다음에는 1킬로미터 걷기와 달리기에, 그다음에는 1킬로미터 달리기에, 그다음에는 부가적인 500미터 달리기마다 보상을 주는 방식으로, 목표 행동에 근접하는 것에 보상을 주는 것이다.

조성은 언어를 사용하지 못하는 동물이 무엇을 지각할 수 있는지를 이해하는 데도 도움을 줄 수 있다. 개는 빨강과 녹색을 구별할 수 있는가? 갓난아이는 고음과 저음을 변별할 수 있는가? 한 자극에는 반응을 하고 다른 자극에는 반응하지 않도록 조성할 수 있다면, 그 차이를 지각할 수 있는지를 알 수 있다. 이러한 실험은 몇몇 동물종이 개념을 형성할 수 있다는 사실도 보여주었다. 사람 얼굴이 나타날 때 부리로 원판을 쪼면 강화물을 주고 다른 이미지가 보일 때 쪼면 강화물을 주지 않았을 때, 비둘기의 행동은 사람 얼굴을 재인할 수 있다는 사실을 보여주었다(Herrnstein & Loveland, 1964). 이 실험에서 얼굴은 **변별자극**이었다. 녹색 신호등과 마찬가지로, 변별자극은 반응이 강화받을 것임을 신호해준다. 비둘기는 꽃, 사람, 자동차, 의자 등을 변별하도록 훈련받은 후에 새로 제시하는 사물이 어느 범주에 속하는 것인지를 확인할 수 있다(Bhatt et al., 1988; Wasserman, 1993). 심지어 비둘기가 바흐와 스트라빈스키의 음악을 변별하도록 훈련시킬 수도 있었다(Porter & Neuringer, 1984).

새의 두뇌가 종양을 찾아내다 유방 종양을 정확하게 찾아내면 먹이 보상을 받은 비둘기는 건강한 조직과 암 조직을 변별하는 데 있어서 사람 못지않게 유능하게 되었다(Levenson et al., 2015). 그 외에도 땅에 묻혀 있는 지뢰를 냄새로 찾아내거나 무너진 잔해 속에서 사람을 찾아내도록 동물을 조성해왔다(La Londe et al., 2015).

Levenson RM, Krupinski EA, Navarro VM, Wasserman EA (2015) Pigeons (Columba livia) as Trainable Observers of Pathology and Radiology Breast Cancer Images. PLoS ONE 10(11): e0141357.

스키너는 사람들이 일상생활에서 그럴 의도가 없음에도 불구하고 다른 사람의 행동을 끊임없이 강화하고 조성한다는 사실을 지적하였다. 예컨대, 아이의 칭얼거림은 부모를 짜증 나게 만든다. 그럼에도 불구하고 부모가 아이를 대하는 전형적인 방식은 다음과 같다.

> 아이 : 쇼핑몰에 데려가 주실 갈 수 있나요?
> 엄마 : (전화기만 계속 확인하고 있다.)
> 아이 : 엄마, 몰에 갈래요.
> 엄마 : 어, 그래. 잠깐만 기다려라.
> 아이 : 엄마아아! 모오오올!
> 엄마 : 예의 바르게 행동해야지! 자, 자동차 열쇠가 어디 있더라…

아이의 칭얼거림은 강화를 받는다. 원하는 것, 즉 쇼핑몰에 갈 수 있게 되었기 때문이다. 엄마의 반응도 강화를 받는다. 아이의 칭얼거림이라는 혐오적인 자극을 없애주기 때문이다.

교실 벽에 붙여놓은 학생 명단에서 받아쓰기 100점을 받은 학생의 이름 옆에 별표 스티커를 붙여주는 선생님을 생각해보자. 누구나 볼 수 있는 바와 같이, 공부

잘하는 몇몇은 100점을 받아 별이 계속 붙는다. 다른 학생들은 더 열심히 공부하였음에도 보상을 받지 못한다. 이 선생님에게는 조작적 조건형성의 원리를 사용할 것을 권하고 싶다. 즉, 점진적인 증진을 보이는 모든 학생에게 강화를 주도록 말이다(도전거리로만 생각하던 완벽한 받아쓰기를 향한 계기적 근사법).

자문자답하기

선생님, 코치, 가족, 고용주 등이 목표를 달성할 때까지 단계별로 여러분의 행동을 조성함으로써 무엇인가를 배우도록 도와주었던 때를 회상할 수 있는가?

강화물의 유형

LOQ 7-9 정적 강화와 부적 강화는 어떻게 다르며, 강화물의 기본 유형에는 어떤 것이 있는가?

지금까지는 주로 **정적 강화**(positive reinforcement), 즉 반응 직후에 즐거움을 선사하는 자극을 제공함으로써 그 반응을 강하게 만드는 처치를 논의해왔다. 그렇지만 아이의 칭얼거림 예에서 보았던 것처럼, 강화에는 두 가지 기본 유형이 존재한다(표 7.1). **부적 강화**(negative reinforcement)는 부정적인 자극을 감소시키거나 제거함으로써 반응을 강하게 만든다. 아이의 칭얼거림이 정적으로 강화되는 까닭은 쇼핑몰 가기라는 바람직한 결과를 얻기 때문이다. 칭얼거림에 대한 엄마의 반응이 부적으로 강화되는 까닭은 아이의 칭얼거림이라는 혐오 사건을 종료시키기 때문이다. 마찬가지로 아스피린 복용은 두통을 감소시킨다. 자명종의 버튼을 누르면 귀찮은 알람소리가 사라진다. 이렇게 바람직한 결과가 부적 강화를 제공하며 그 행동을 반복할 가능성을 증가시킨다. 약물 중독자에게 있어서 금단의 고통을 종료시키는 부적 강화는 다시 약물을 찾게 만드는 강력한 이유가 될 수 있다(Baker et al., 2004). 부적 강화는 처벌이 아니라는 사실에 주목하라. 심리학에서 가장 오해를 많이 하는 개념 중의 하나인 부적 강화는 처벌 사건(혐오 사건)을 제거하는 것이다. 부적 강화를 여러분에게 안도감을 제공하는 것으로 생각하기 바란다. 칭얼거리는 아동, 두통, 귀찮은 알람소리 등으로부터 벗어나는 것 말이다.

때때로 부적 강화와 정적 강화가 동시 발생하기도 한다. 빈둥거리다가 시험을 망치고는 걱정이 태산인 학생이 다음 시험을 위해서 열심히 공부하는 것을 생각해보자. 이 학생이 공부하는 것은 불안에서 벗어남으로써 부적으로 강화되며, 동시에 좋은 성적을 받아 정적으로 강화된다. 강화는 바람직한 것을 제공하든 아니면 혐오적인 것을 감소시키든지 간에, 행동을 강력하게 만드는 것을 의미한다.

정적 강화 먹이와 같은 정적 자극을 제공함으로써 행동을 증가시키는 것. 정적 강화물은 반응 후에 제공함으로써 그 반응을 강력하게 만드는 자극이다.

부적 강화 쇼크와 같은 부적 자극을 중지시키거나 감소시킴으로써 행동을 증가시키는 것. 부적 강화물은 반응 후에 제거함으로써 반응을 강력하게 만드는 자극이다. (부적 강화는 처벌이 아니다.)

표 7.1 행동을 증가시키는 방법

용어	내용	사례
정적 강화	바람직한 자극을 제공한다.	부를 때 다가오는 강아지를 껴안아주는 것, 집에 페인트칠을 한 사람에게 대가를 지불하는 것.
부적 강화	혐오적인 자극을 제거한다.	통증을 가라앉히기 위해서 진통제를 복용하는 것, 안전벨트를 착용하여 자동차 경고음을 제거하는 것.

인출 연습

RP-2 이 만화에서 조작적 조건형성이 어떻게 작동하고 있는가?

Hi & LOIS © 1992 by King Features Syndicate, Inc. World Rights Reserved.

답은 부록 E를 참조

일차 강화물과 조건 강화물 배고플 때 음식을 먹는 것이나 고통스러운 두통이 사라지는 것은 생래적으로 만족스러운 사건이다. 이러한 **일차 강화물**(primary reinforcer)은 학습된 것이 아니다. **조건 강화물**(conditioned reinforcer, 이차 강화물이라고도 부른다)은 일차 강화물과의 연합을 통해서 그 위력을 갖게 된다. 스키너 상자에 들어있는 쥐가 불빛 후에 신뢰할 만하게 먹이가 주어진다는 사실을 학습한다면, 그 불빛을 켜는 행위를 하게 될 것이다(그림 7.10 참조). 불빛은 조건 강화물이 되었다. 인간의 삶은 돈, 좋은 성적, 부드러운 목소리, 칭찬 등과 같은 수많은 조건 강화물로 둘러싸여 있으며, 이것들 각각은 보다 기본적인 보상과 연계되어 왔다.

즉시 강화물과 지연 강화물 쥐에게 지렛대를 누르도록 조건형성시켰던 가상적인 조성실험으로 되돌아가 보자. 배고픈 쥐는 실험자가 원하는 대로 행동하기에 앞서, 긁기나 냄새 맡기 아니면 이리저리 돌아다니기 등 바람직하지 않은 일련의 행동을 하게 된다. 한 가지 행동을 하고난 즉시 먹이 강화물이 뒤따르면, 그 행동을 재현할 가능성이 증가한다. 쥐가 지렛대를 눌렀는데도 실험자가 딴청을 부리는 바람에 강화물이 지연된다면, 어떤 일이 벌어지겠는가? 만일 그 지연이 30초 이상 지속된다면, 쥐는 지렛대 누르기를 학습하지 못한다(Austen & Sanderson, 2019; Cunningham & Shahan, 2019). 지연은 인간 학습도 감소시킨다. 즉각적인 피드백을 제공하는 퀴즈를 빈번하게 치를 때, 학생들이 강의내용을 더 잘 학습한다(Healy et al., 2017). 즉각적 피드백은 즉각적 학습을 초래한다.

그렇지만 사람들은 쥐와 달라서 한 달 후에 받는 봉급, 학기가 끝난 후에 얻는 좋은 학점, 한 시즌이 끝나고 받는 트로피 등 상당히 지연된 강화물에도 반응할 수 있다. 실제로 사람들이 효율적으로 기능하기 위해서는 지연된 큰 보상을 위해서 즉각적인 작은 보상을 지연시키는 것을 학습해야만 한다. 심리학에서 가장 유명한 연구 중의 하나에서 보면, 보상 지연 능력을 보이는 4세 아동도 있다. 이렇게 충동을 제어할 수 있는 아동은 사탕이나 마시멜로를 보상으로 받을 때, 지금 당장 주어지는 작은 보상보다는 내일 주어지는 큰 보상을 선호한다. 만족을 지연시킬 수 있는 아동은 사회적으로 유능하고 높은 성취를 보이는 성인이 되는 경향이 있다(Mischel, 2014). 최근 연구는 만족 지연과 훗날의 성취 간에 작기는 하지만 유사한 관계를 보여주었다(Watts et al., 2018). 보다 가치 있는 보상을 얻기 위하여 충동을 제어하는 학습은 훗날 충동적 범죄를 저지르지 않도록 보호해줄 수도 있다(Åkerlund et al., 2016; Logue, 1998a,b). 요컨대, 만족 지연은 보상을 준다.

불행한 사실은 때때로 작지만 즉각적인 결과(예컨대, 늦은 밤 텔레비전을 시청하는 즐거움)가

일차 강화물 생물학적 욕구를 만족시키는 생득적으로 강화적인 자극

조건 강화물 일차 강화물과 연합되어 강화의 힘을 획득한 자극. 이차 강화물이라고도 부른다.

크지만 지연된 결과(내일의 중요한 시험을 앞두고 숙면하였다는 느낌)보다 유혹적으로 보일 때가 많다는 점이다. 많은 10대 청소년에게 있어서 열정에 못 이겨 위험하고 무방비적인 성행위가 가져다주는 즉각적인 만족감이 안전하고 보호받을 수 있는 성행위라는 지연된 만족감을 압도하기도 한다. 많은 사람에게 있어서 휘발유를 게걸스럽게 먹어대는 오늘날의 차량과 항공 여행 그리고 에어컨 등이 제공하는 즉각적인 보상이 미래의 지구 온난화, 해수면의 증가, 기상 이변 등과 같이 엄청난 결과를 압도하고 있다.

강화계획

LOQ 7-10 상이한 강화계획이 행동에 어떤 영향을 미치는가?

지금까지 대부분의 예에서는 원하는 반응이 일어날 때마다 강화를 받았다. 그렇지만 **강화계획**(reinforcement schedule)은 그렇지 않다. **연속 강화**(continuous reinforcement)를 사용하면 학습은 신속하게 일어나며, 그렇기 때문에 하나의 행동을 숙달시키는 데는 이것이 최선의 선택이 된다. 그렇지만 소거도 신속하게 일어난다. 쥐가 지렛대를 눌렀음에도 먹이 공급을 차단할 때처럼 강화를 중단하면, 그 행동은 곧바로 중단된다(소거된다). 정상적이라면 신뢰할 만한 자판기가 두 번 연속해서 작동하지 않으면, 돈을 더 이상 집어넣지 않게 된다(1주일 후에는 자발적 회복이 일어나서 다시 시도해볼는지 모르겠다).

실생활에서는 연속 강화를 주지 못하기 십상이다. 영업사원이 고객을 끌어들일 때마다 물건을 판매할 수는 없다. 그렇지만 이러한 노력이 때때로 보상을 받기 때문에 계속하는 것이다. 이러한 지속성이 **부분 강화계획**(partial reinforcement schedule)의 전형적인 특징이다. 이 계획에서는 반응이 때로는 강화를 받고 때로는 그렇지 못하다. 부분 강화를 사용하면 연속 강화를 사용할 때보다 학습이 느리게 진행되지만, 소거 저항이 더 커진다. 먹이를 얻기 위해서 원판 쪼기를 학습한 비둘기를 생각해보자. 실험자가 먹이 공급을 서서히 줄여서 궁극적으로는 먹이 제공을 아주 드물고 예측할 수 없는 것으로 만들면, 아무 보상이 없이도 150,000번을 쪼게 만들 수 있었다(Skinner, 1953). 슬롯머신도 동일한 방식, 즉 가끔씩 예측할 수 없는 방식으로 노름꾼들에게 보상을 준다. 그렇기 때문에 비둘기와 마찬가지로 노름꾼도 끊임없이 시도하게 되는 것이다. 간헐적 강화를 사용하면, 희망이 무한하게 샘솟을 수 있다.

부모를 위한 제언 : 부분 강화는 아동에게도 작동한다. 가정의 평화와 안식을 위해서 때때로 아이의 투정을 받아주는 것은 그 투정을 간헐적으로 강화한다. 이것이야말로 그 투정을 지속하게 만드는 최악의 절차이다.

스키너(1961)와 그의 동료들은 네 가지 부분 강화계획을 비교하였다. 둘은 엄격하게 고정된 것이고, 나머지 둘은 예측 불가능하게 변동하는 것이다.

고정비율 계획(fixed-ratio schedule)은 일정한 수의 반응 다음에 나타내는 행동을 강화한다. 커피숍은 열 잔을 마실 때마다 보상으로 한 잔의 공짜 커피를 주기도 한다. 일단 조건형성이 이루어지면 쥐는 고정비율에 따라, 예컨대 매 30번의 반응마다 강화를 받을 수 있다. 쥐는 강화를 받고 잠시 휴식한 후에 다시 빠른 속도로 반응하게 된다.

변동비율 계획(variable-ratio schedule)은 마치 예측할 수 없는 것처럼 보이는 수의 반응 후에 강화물을 제공한다. 이것이 바로 슬롯머신 노름꾼이나 낚시꾼이 경험하는 것, 즉 예측 불가능한 강화이며, 아무런 소득이 없는 경우조차도 노름과 낚시가 소거되기 어렵게 만드는 원인이 되

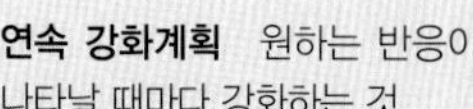

강화계획 원하는 반응을 얼마나 자주 강화할 것인지를 정의하는 패턴

연속 강화계획 원하는 반응이 나타날 때마다 강화하는 것

부분(간헐적) 강화계획 부분적으로만 반응을 강화하는 것. 연속 강화에 비해서 반응의 획득은 느리지만, 소거 저항이 매우 강하다.

고정비율 계획 조작적 조건형성에서 특정한 수의 반응이 일어난 후에만 반응을 강화하는 계획

변동비율 계획 조작적 조건형성에서 예측 불가능한 횟수의 반응 후의 반응에 강화를 주는 계획

The New Yorker Collection, 1993, Tom Cheney from cartoonbank.com. All Rights Reserved.

"나쁘지 않아요. 불이 들어오고, 내가 지렛대를 누르면 수표를 써주네요. 당신은 어때요?"

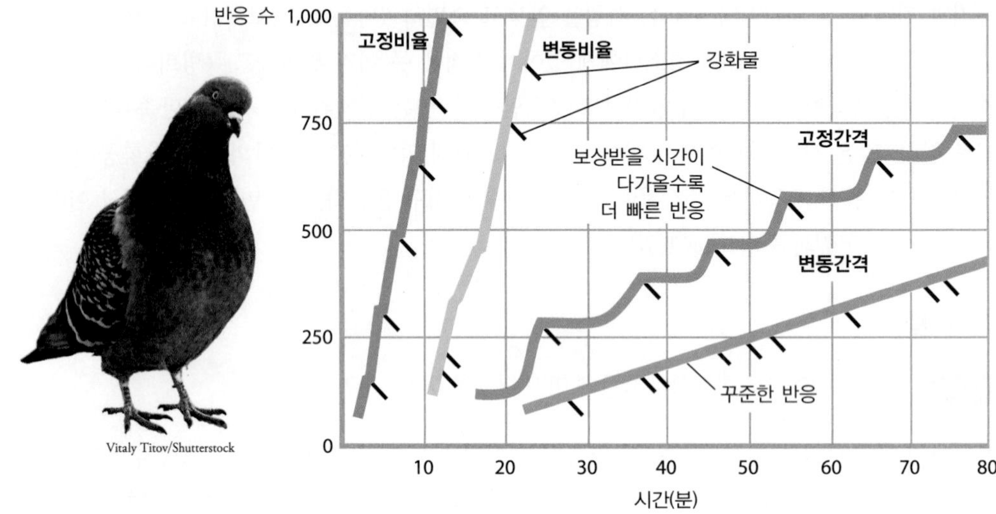

그림 7.11
간헐적 강화계획 스키너 실험실의 비둘기가 네 강화 계획 각각에 대해서 보여준 반응 패턴이다(강화는 대각선 표시로 나타냈다). 사람들도 비둘기와 마찬가지로 반응 수와 연합된 강화(비율 계획)는 시간 경과와 연합된 강화(간격 계획)보다 더 높은 반응률을 초래한다. 그렇지만 강화의 예측 가능성도 중요하다. 예측 불가능한 계획(변동 계획)은 예측 가능한 계획(고정 계획)보다 더 많은 일관성 있는 반응을 초래한다.

"낚시의 매력은 포획하기는 어렵지만 잡을 수는 있는 것을 추구한다는 것인데, 희망적인 기회가 끊임없이 계속된다는 것입니다." 스코틀랜드 작가 존 버컨

기도 한다. 반응의 수가 증가함에 따라서 강화도 증가하기 때문에 변동비율 계획은 높은 비율의 반응을 초래한다.

고정간격 계획(fixed-interval schedule)은 정해진 시간이 지난 후에 나타나는 첫 번째 반응을 강화한다. 고정간격 계획의 동물은 보상의 예상시간이 가까워질수록 더 자주 반응하는 경향이 있다. 사람들은 우편 배달시간이 가까워질수록 우체통을 더 자주 확인한다. 비둘기는 강화시간이 가까워질수록 원판을 더 빠르게 쫀다. 이 절차는 일정한 비율의 반응이 나타나는 것이 아니라 급격하게 반응이 증가하는 패턴을 보이게 된다(그림 7.11).

변동간격 계획(variable-interval schedule)은 가변적인 시간간격 후에 나타나는 첫 번째 반응을 강화한다. 전자우편을 반복적으로 확인할수록 "메일이 도착했습니다."라는 보상을 받게 되는 것처럼, 변동간격 계획은 느리지만 꾸준한 반응을 초래하는 경향이 있다. 언제 기다림이 끝날지 알 수 없기 때문에 이것은 충분히 이해할 수 있다(표 7.2).

일반적으로 강화가 반응시간이 아니라(간격 계획) 반응의 수와 연계되어 있을 때(비율 계획), 반응률이 더 높다. 그렇지만 강화가 예측 가능할 때보다(고정 계획) 예측 불가능할 때(변동 계획), 반응이 더욱 지속적이다(그림 7.11 참조). 동물의 행동에는 차이가 있지만, 스키너(1956)는 조작적 조건형성의 이러한 강화 원리가 보편적이라고 주장하였다. 어떤 반응인지, 어떤 강화물인지, 아니면 어떤 동물종을 사용하는지는 문제가 되지 않는다고 말하였다. 강화계획의 효과는

표 7.2 강화계획

	고정	변동
비율	고정된 수의 반응 후 강화. 열 잔의 커피마다 한 잔이 공짜 또는 제품을 완성할 때마다 대가를 지불하는 것처럼, 매 n번째 행동을 강화	예측할 수 없는 수의 반응 후 강화. 슬롯머신을 하거나 낚시를 할 때처럼 무선적인 수의 행동 후의 행동을 강화
간격	고정된 시간 경과 후 강화. 화요일 특별 할인가격처럼 고정된 시간이 지난 후의 행동을 강화	예측할 수 없는 시간 경과 후 강화. 페이스북을 확인하는 것처럼 무선적인 시간 경과 후의 행동을 강화

매우 유사하다는 것이다. "비둘기, 쥐, 원숭이? 무엇이 문제인가? 아무런 차이가 없다… 행동은 놀라우리만치 유사한 특성을 보인다."

인출 연습

RP-3 스팸메일을 보내는 사람은 어떤 강화계획으로 강화를 받는가? 과자가 다 익었는지 보기 위하여 오븐을 확인하는 사람에게는 어떤 강화계획이 작동하는 것인가? 10개를 구입하면 공짜로 한 개를 제공하는 샌드위치 가게는 어떤 강화계획을 사용하고 있는가?

답은 부록 E를 참조

처벌

LOQ 7-11 처벌은 부적 강화와 어떻게 다른가? 처벌은 행동에 어떤 영향을 미치는가?

강화는 행동을 증가시키는 반면, **처벌**(punishment)은 행동을 감소시킨다. 따라서 부적 강화는 선행 행동의 빈도를 증가시키는 반면, 처벌자극은 선행 행동의 빈도를 감소시키는 효과를 초래한다(표 7.3). 신속하고도 확실한 처벌자극은 원하지 않는 행동을 강력하게 감소시킬 수 있다. 금지된 사물을 건드린 후에 쇼크를 받는 쥐 그리고 뜨거운 난로를 만져서 손을 덴 아이는 그 행동을 반복하지 않는 것을 학습한다.

대부분이 충동적으로 저지르게 되는 범죄 행동도 중형의 위협보다는 신속하고 확실한 처벌자극의 영향을 더 많이 받는다(Darley & Alter, 2013). 따라서 미국 애리조나에서 초범인 음주운전자에게 이례적으로 중형을 선고하는 방안을 도입하였을 때, 음주운전 비율은 거의 변하지 않았다. 그렇지만 캔자스시티 경찰이 처벌의 즉각성과 확실성을 높이고자 우범지대를 순찰하기 시작하자마자, 이 도시의 범죄율은 극적으로 감소하였다.

양육방식과 관련하여 처벌 연구가 함축하는 것은 무엇인가? 160,000명이 넘는 아동을 분석한 결과는 체벌이 바람직하지 않은 행동을 교정하는 경우는 드물다는 사실을 밝혔다(Gershoff & Grogan-Kaylor, 2016). 체벌의 비효과성과 잠재적 위해에 관한 미국심리학회 결의안에 힘을 얻은 많은 심리학자는 다음과 같은 체벌의 다섯 가지 중대 문제점을 지적하고 있다(APA, 2019; Finkenauer et al., 2015; Gershoff et al., 2018; Marshall, 2002).

1. **처벌받은 행동은 망각하는 것이 아니라 억제된다. 이렇게 일시적인 상태가 부모의 처벌 행위를 부적으로 강화할 수 있다.** 아이가 욕지거리를 해대서 부모가 체벌을 가하면, 부모가 가까이 있을 때는 아이가 상소리를 하지 않기 때문에 부모는 처벌이 그 행동을 차단하는 데 효과적이었다고 생각한다. 많은 부모가 체벌을 가하는 것은 이상한 일이 아니다. 전 세계적으로 60%의 아

표 7.3 행동을 감소시키는 방법

처벌자극의 유형	내용	가능한 사례
정적 처벌(제1유형 처벌)	혐오자극을 가한다.	짖는 개에게 물을 뿌린다. 과속 차에 벌금을 물린다.
부적 처벌(제2유형 처벌)	보상자극을 철회한다.	10대의 운전면허를 취소한다. 벌금을 내지 않으면 도서관 이용카드를 회수한다.

고정간격 계획 조작적 조건형성에서 일정한 시간이 지난 후의 반응에 강화를 주는 계획

변동간격 계획 조작적 조건형성에서 예측 불가능한 시간 경과 후의 반응에 강화를 주는 계획

처벌 반응 후에 주어짐으로써 그 행동을 감소시키는 사건

동이 매를 맞거나 다른 체벌을 받는다(UNICEF, 2014).

2. **체벌은 바람직하지 않은 행동을 바꾸지 못한다.** 체벌이 바람직하지 않은 행동을 감소시키거나 제거시킬 수도 있겠지만, 적절한 행동의 방향을 제공해주지는 못한다. 차에서 소리를 지른다고 매를 맞은 아이는 소리 지르기는 중지하지만 계속해서 먹던 것을 던지거나 형제의 장난감을 빼앗을 수 있다.
3. **처벌은 상황을 변별하도록 가르친다.** 조작적 조건형성에서 유기체가 특정 반응은 강화를 받지만 다른 행동을 그렇지 못하다는 사실을 학습할 때 변별이 일어난다. 처벌은 아동의 상소리를 효과적으로 종료시켰는가? 아니면 단지 집에서는 상소리가 허용되지 않지만 다른 곳에서는 괜찮다는 사실을 학습한 것인가?
4. **처벌은 공포를 가르칠 수 있다.** 조작적 조건형성에서 유사한 자극에 대한 반응도 강화받을 때 일반화가 일어난다. 처벌받은 아동은 공포를 바람직하지 않은 행동뿐만 아니라 처벌을 가한 사람이나 처벌을 받은 장소와도 연합시킬 수 있다. 따라서 아동은 처벌을 가하는 선생님에 대한 공포를 학습하여 학교를 기피하거나 더 불안해할 수 있다(Gershoff et al., 2010). 그렇기 때문에 오늘날 대부분의 유럽 국가와 미국의 31개 주정부는 학교와 아동보호기관에서의 체벌을 금지하고 있다(EndCorporalPunishment.org). 2019년 현재, 156개 국가가 집에서 가하는 매질을 불법으로 금지하고 있다. 이러한 법안을 두 번째로 통과시킨 핀란드에서 수행한 대규모 조사를 보면, 이 법이 통과된 후에 태어난 아동이 매를 맞는 빈도가 실제로 줄어들었다(Österman et al., 2014).
5. **체벌은 문제에 대처하는 방법으로 공격을 시범 보임으로써 공격성을 증가시킬 수 있다.** 매 맞는 아동은 공격성의 위험에 더 많이 노출된다(MacKenzie et al., 2013). 널리 알려진 바와 같이, 많은 폭력범죄자와 학대부모는 학대가정에서 나온다(Straus & Gelles, 1980; Straus et al., 1997).

어떤 연구자는 이 논리에 의문을 제기한다. 이들은 체벌받은 아동이 더 공격적일 수 있다고 인정한다. 그렇지만 이것은 심리치료를 받아온 사람이 우울증으로 고생할 가능성이 더 높은 것과 같은 이치이다. 이들은 이미 치료를 필요로 할 만큼 문제를 가지고 있는 것이다(Ferguson, 2013a; Larzelere, 2000; Larzelere et al., 2019). 체벌이 나쁜 행동을 초래하는가, 아니면 나쁜 행동이 체벌을 초래하는가? 상관은 이 문제에 관하여 아무런 답도 내놓지 못한다.

그렇다면 부모는 자녀를 어떻게 훈육해야 하는가? 많은 심리학자는 정적 강화의 타임아웃을 권장한다. 즉, 나쁜 행동을 하는 아동으로부터 형제나 부모의 관심과 같은 바람직한 자극을 배제하라는 것이다(Dadds & Tully, 2019). 타임아웃의 효과는 문제행동(형제를 때리기)을 긍정적 행동(형제에게 자신의 기분을 상하게 했다고 말하는 것)으로 대치한다는 확실한 기대에 달려있다(O'Leary et al., 1967; Patterson et al., 1968). 아동은 타임아웃이 긍정적이고 자신을 보살펴주는 상호작용을 즐기도록 도와준다는 사실을 학습하게 된다.

비행 청소년의 부모는 고함치거나 때리거나 처벌의 위협을 가하지 않고 어떻게 바람직한 행동을 달성할 수 있는지를 깨닫고 있지 못하기 십상이다(Patterson et al., 1982). 훈련 프로그램은 무시무시한 위협("너! 방을 즉시 치워. 안 치우면 저녁식사는 없다.")을 긍정적 유인자극("방을 깨끗하게 치운 후에 저녁식사를 하면 참 좋겠지.")으로 전환하는 것을 도와줄 수 있다. 잠시 하던 일을 멈추고 생각해보라. 많은 처벌 위협은 단지 강압적일 뿐이며, 긍정적으로 표현하면 더 효과적이지 않겠는가? 따라서 "숙제를 다 하지 않으면, 간식도 없을 줄 알아."를 더 긍정적으로 표현할 수 있다.

교실에서도 교사는 "아니야. 그런데 이렇게 해보거라." 그리고 "그래, 바로 그거야!"라고 말함으로써 답안지에 대한 피드백을 제공할 수 있다. 이러한 반응은 보다 바람직한 행동을 강화하면서 원치 않는 행동을 감소시키게 된다. 처벌은 하지 않아야 할 것을 알려주지만, 강화는 해야 할 것을 알려준다는 사실을 명심하라. 따라서 처벌은 특정 유형의 도덕성, 즉 긍정적인 복종보다는 금지에 초점을 맞춘 도덕성을 훈련시킨다(Sheikh & Janoff-Bulman, 2013).

스키너의 표현에 따르면, 처벌이 가르쳐주는 것은 그 처벌을 회피하는 방법이다. 오늘날 대부분의 심리학자는 강화를 선호한다. 올바르게 행동하는 것에 주목하고 그것을 칭찬해주어라.

인출 연습

RP-4 아래 표의 빈칸을 다음 용어로 채워넣어라. 정적 강화, 부적 강화, 정적 처벌, 부적 처벌.

자극 유형	제공	철회
원하는 자극(예컨대, 10대의 자동차 운전)	1.	2.
원하지 않는 혐오자극(예컨대, 모욕)	3.	4.

답은 부록 E를 참조

스키너의 유산

LOQ 7-12 스키너의 생각이 논쟁을 불러일으킨 이유는 무엇인가? 그의 조작적 조건형성 원리를 어떻게 응용할 수 있겠는가?

스키너는 자신의 거리낌 없는 생각으로 마치 벌집을 쑤셔대듯 논쟁을 불러일으켰다. 그는 내적 사고나 감정이 아니라 외부 힘이 행동을 조성한다고 끊임없이 주장하였다. 그는 "행동의 과학은 신경학과 무관하다."라고 말하면서, 심리과학에는 뇌과학이 필요하지 않다고 주장하였다(Skinner, 1938/1966, 423~424쪽). 그리고 학교, 직장, 가정 등에서 사람들의 행동에 영향을 미치려면 조작적 조건형성 원리를 사용할 것을 주창하였다. 행동은 그 결과가 조성하는 것임을 알고 있었던 스키너는 바람직한 행동을 촉발하려면 보상을 사용해야 한다고 주장하였다.

비판자들은 이에 반대하며, 스키너가 개인적 자유를 무시하고 행위를 통제하는 방법을 모색함으로써 사람을 비인간화시켰다고 비난한다. 스키너의 응답은 이미 외적 결과가 사람들의 행동을 우발적으로 통제하고 있다는 것이다. 인간의 복지 향상을 위해서 이러한 결과를 사용해야 하지 않겠는가? 가정과 학교 그리고 교도소에서 사용하고 있는 처벌 대신에 강화를 사용하는 것이 보다 인간적이지 않은가? 그리고 인류의 역사가 사람들을 조성해왔다는 사실을 겸허하게 받아들인다면, 바로 그러한 생각이 인류의 미래를 조성하는 데 조작적 조건형성을 적용할 수 있

B. F. 스키너 "나는 때때로 '연구하고 있는 유기체를 생각하듯이 당신 자신에 대해서도 그렇게 생각합니까?'라는 질문을 받는데, 내 답은 '그렇다'이다. 내가 아는 한에 있어서 어느 한 순간의 내 행동은 유전적 소인과 개인사 그리고 현재 상황의 소산 이외의 아무것도 아니었다"(1983).

다는 희망도 가져다주지 않겠는가?

조작적 조건형성의 응용

후속 장에서 사람들이 고혈압을 낮추거나 사회적 기술을 습득하도록 도와주기 위하여, 심리학자들이 조작적 조건형성 원리를 어떻게 응용하고 있는지를 보게 될 것이다. 강화기법은 학교, 스포츠, 컴퓨터 프로그램, 직장, 가정 등에서도 작동하고 있으며, 자기증진조차도 지원할 수 있다(Flora, 2004).

학교 이미 50여 년 전에 스키너를 비롯한 여러 연구자는 '기계와 교과서'가 학습을 작은 단계별로 조성하고 정확반응에 즉각적인 강화를 제공하는 시대가 도래할 것을 머릿속에 그리고 있었다. 이들은 그러한 기계와 교과서가 교육혁명을 가져올 것이며, 교사가 개별 학생의 특수한 욕구에 집중할 수 있게 해줄 것이라고 말하였다. 스키너(1989)는 다음과 같이 언급하였다. "좋은 교육은 두 가지를 요구한다. 학생은 자신이 맞았는지 아니면 틀렸는지를 즉각적으로 피드백받아야 하며, 맞았을 때는 다음 단계로 이동해야만 한다."

만일 스키너가 오늘날 교육에 관한 자신의 많은 아이디어가 가능하다는 사실을 알았다면 기뻐하였을 것이다. 교사는 수업내용을 개별 학생의 학습진도에 맞추고, 즉각적인 피드백을 제공하기가 어려웠다. 조정 가능한 온라인 퀴즈라면 두 가지가 모두 가능하다. 학생은 자신의 이해 수준에 따라 페이스에 맞추어 퀴즈를 진행하며, 개별화된 학습계획을 포함하여 즉각적인 피드백을 얻게 된다.

스포츠 운동 수행에서 행동을 조성하는 핵심은 다른 상황에서와 마찬가지로 우선 작은 성취를 강화한 다음에 점차적으로 도전거리의 수준을 높이는 것이다. 골프 선수는 매우 짧은 퍼팅으로부터 시작하여, 익숙해짐에 따라서 점차적으로 거리를 늘림으로써 퍼팅을 훈련할 수 있다. 야구 초보자는 배트를 짧게 잡고 투수가 3미터 거리에서 던져주는 커다란 공을 하프 스윙으로 성공적으로 맞춤으로써 공을 때려냈다는 즉각적인 기쁨을 경험한다. 성공으로 인해 타자의 자신감이 증가함에 따라서 투수는 점진적으로 뒤로 물러나서 공을 던져주게 되고, 궁극적으로는 실제 거리에서 던지는 실제 야구공을 때려내게 된다. 전통적인 방법으로 가르친 아이와 비교할 때 이러한 행동기법으로 훈련받은 아이의 기량이 빠르게 증진된다(Simek & O'Brien, 1981, 1988).

즉시 강화 2018년 전국여자대학농구 결승전에 진출한 노트르담대학의 감독인 머핏 맥그로는 선수들이 제대로 해낸 것을 포착하여 즉석에서 칭찬을 해주는 것에 초점을 맞추고 있다.

Chuck Burton/AP Images

컴퓨터 프로그램 개발자들은 강화 원리를 사용하여 인간의 학습을 흉내 내는 컴퓨터 프로그램을 개발해왔다. 그러한 인공지능(AI) 프로그램은 체스, 포커, 비디오 게임 등이 요구하는 행위를 사람보다 빠르게 수행함으로써, 프로그램이 강화받은 행위를 반복하고 처벌받은 반응을 피하도록 신속하게 학습할 수 있게 해준다(Botvinick et al., 2019; Jaderberg et al., 2019). AI 프로그램은 인간 학습의 한계를 가르쳐주고 있다.

직장 어떻게 관리자는 직원들의 동기를, 그리고 코치는 선수들의 동기를 성공적으로 함양시키겠는가? 강화를 즉각적으로 제공하며, 모호하게 정의된 행동이 아니라 구체적이고 달성 가능한 행동에 보상을 제공하는 것이 도움을 준다. 사람은 비둘기와는 달리 지연된 정적 강화물과 부적 강화물에도 반응한다. 제너럴 모터스 회장인 메리 배라는 이 사실을 알고 있었다. 2015년에 그녀는 직원의 높은 성과를 목격하고는 기록적인 상여금을 상으로 주었다(Vlasic, 2015). 그렇지만 보상이 반드시 금전적인 것일 필요는 없다. 유능한 관리자라면 그저 복도를 거닐면서 만나는 직원의 훌륭한 성과를 진지하게 칭찬해줄 수도 있다.

가정교육 이미 보았던 것처럼, 부모는 조작적 조건형성을 활용하여 도움을 받을 수 있다. 부모 훈련 연구자들은 부모가 아이에게 "잘 시간"이라고 말해놓고는 항의나 거부에 굴복하게 되면 그 행동을 강화하게 된다는 사실을 일깨우고 있다(Wierson & Forehand, 1994). 결국에는 화가 나서 아이에게 고함을 치거나 위협적인 동작을 취하게 되는데, 이 시점에서는 아이가 무서워서 복종하는 행동이 다시 부모의 화난 행동을 강화하게 된다. 이는 시간이 경과함에 따라서 파괴적인 부모-자식 관계로 발전하게 된다.

이러한 악순환의 고리를 깨뜨리려면, 부모는 조성의 기본 규칙을 명심해야만 한다. 즉, **올바르게 행동하는 것에 주목하고 그것을 칭찬해주어야 한다.** 아이가 올바르게 행동하고 있을 때 관심을 기울이고 강화물을 제공하라. 10대 자녀가 안전하게 운전하기를 원한다면, 안전 운전에 보상을 주어라(Hinnant et al., 2019). 구체적 행동을 목표로 삼아 보상을 주고 그 행동이 증가하는지를 지켜보라. 아이가 잘못된 행동을 할 때, 고함을 지르거나 매를 들지 말라. 그저 잘못된 행동을 설명해주고 아이패드를 치워버리거나, 잘못 사용한 장난감을 제거하거나, 잠시 타임아웃을 실시하라.

자기 자신의 행동 마지막으로, 사람들은 자신의 삶에 조작적 조건형성을 사용할 수 있다. 심리학자들은 바람직한 행동(예컨대, 공부습관을 개선하는 것)을 강화하고 원치 않는 행동(예컨대, 흡연)을 제거하기 위하여 다음과 같은 단계를 취할 것을 제안하고 있다.

1. **현실적인 목표를 측정 가능한 기간으로 천명하라.** 예컨대, 공부시간을 하루에 한 시간 늘리겠다는 목표를 설정할 수 있다. 여러분의 노력과 성공 가능성을 증가시키려면, 그 목표를 친구와 공유하라.
2. **언제, 어디서, 어떻게 목표 달성을 위한 행동을 할 것인지를 결정하라.** 시간을 내서 계획을 세워라. 북미의 대학생에서부터 스웨덴의 사업가에 이르기까지 목표를 달성하는 구체적인 계획을 세우는 사람이 그 목표를 달성할 가능성이 훨씬 높다(Gollwitzer & Oettingen, 2012; van Gelderen et al., 2018).
3. **증진시키고자 하는 행동을 얼마나 자주 하고 있는지를 확인하라.** 현재의 공부시간을 기록하면서 어떤 조건에서 공부를 하거나 안 하는지를 확인한다. (두 저자가 이 책을 쓰기 시작하면서 매일 시간을 어떻게 사용하였는지를 기록하였는데, 얼마나 많은 시간을 낭비하고 있었는지를 알고는 놀라지 않을 수 없었다.)
4. **바람직한 행동을 강화하라.** 장기적 목표를 향한 인내는 대체로 즉각적 보상으로 힘을 얻는다(Woolley & Fishbach, 2017). 따라서 공부시간을 늘리기 위해서는, 과외적인 공부시간을 끝마친 후에만 스스로 보상(간식 또는 여러분이 즐기는 활동)을 제공하라. 한 주일의 공부 목표량을 달성하였을 때에만 주말의 여가 활동에 참여하겠다는 사실을 친구와 합의하라.
5. **보상을 점차적으로 줄여나가라.** 새로운 행동이 점차 습관적인 것으로 바뀌어감에 따라서, 간식과 같은 구체적인 보상 대신에 마음속으로 스스로를 칭찬해주어라.

Mick Stevens/Cartoon Stock

"제가 또 500개의 단어를 적었거든요. 또 다른 쿠키를 줄 수 있는지요?"

자문자답하기

여러분의 나쁜 습관을 생각해보라. 그 습관을 깨뜨리기 위해서 조작적 조건형성을 어떻게 사용할 수 있겠는가?

인출 연습

RP-5 유치원에서 선생님이 반복해서 혼을 냄에도 불구하고 영숙이는 끊임없이 나쁜 행동을 한다. 영숙이의 나쁜 행동이 계속되는 까닭은 무엇이며, 선생님은 그 행동을 중지시키기 위해서 무엇을 할 수 있겠는가?

답은 부록 E를 참조

파블로프식 조건형성과 조작적 조건형성의 대비

LOQ 7-13 조작적 조건형성은 파블로프식 조건형성과 어떻게 다른가?

파블로프식 조건형성과 조작적 조건형성은 모두 연합학습의 유형이며, **획득**, **소거**, **자발적 회복**, **일반화**, **변별** 현상을 수반한다. 그렇지만 두 학습 형태는 차이점도 가지고 있다. 파블로프식 조건형성에서는 유기체가 제어할 수 없는 자극들을 연합시키고, 자동적으로 반응한다(**반응행동**). 조작적 조건형성에서는 유기체가 조작행동, 즉 보상이나 처벌자극을 초래하도록 환경에 가하는 행동(**조작행동**)을 그 결과와 연합시킨다(표 7.4).

"아! 이것은 있는 그대로를 학습한 거지요." 윌리엄 셰익스피어, 「말괄량이 길들이기」(1597)

다음 절에서 보겠지만, 인지과정과 생물학적 소인이 파블로프식 조건형성과 조작적 조건형성 모두에 영향을 미친다.

인출 연습

RP-6 먹이와 짝 지어진 소리에 침을 흘리는 것은 __________ 행동이며, 먹이를 얻기 위해서 지렛대를 누르는 것은 __________ 행동이다.

답은 부록 E를 참조

표 7.4 파블로프식 조건형성과 조작적 조건형성의 비교

	파블로프식 조건형성	조작적 조건형성
기본 아이디어	유기체가 제어할 수 없는 사건들 간의 연합을 학습한다.	유기체가 행동과 결과 사건 간의 연합을 학습한다.
반응	비자발적, 자동적	자발적, 환경에 조작을 가한다.
획득	사건들의 연합, NS가 US와 짝지어서 CS가 된다.	반응을 결과(강화물이나 처벌자극)와 연합
소거	CS만 반복적으로 제시되면 CR이 감소한다.	강화가 차단되면 반응이 감소한다.
자발적 회복	휴지기간 후, 소거된 CR이 다시 나타난다.	휴지기간 후, 소거된 반응이 다시 나타난다.
일반화	CS와 유사한 자극에 반응하는 경향성	한 상황에서 학습한 반응이 다른 유사 상황에서도 나타난다.
변별	CS와 다른 자극(US를 신호해주지 않는 자극)을 구분하는 학습	특정 반응은 강화되고 다른 반응은 그렇지 않다는 사실의 학습

개관 조작적 조건형성

학습목표

자기검증 개념 파악을 증진시키도록 (부록 D의 답을 확인해보기에 앞서) 여러분 자신의 표현으로 여기서 반복하는 학습목표 물음에 답해보라 (McDaniel et al., 2009, 2015).

LOQ 7-7 조작적 조건형성이란 무엇인가?

LOQ 7-8 스키너는 누구이며, 어떻게 조작행동을 강화하고 조성하는가?

LOQ 7-9 정적 강화와 부적 강화는 어떻게 다르며, 강화물의 기본 유형에는 어떤 것이 있는가?

LOQ 7-10 상이한 강화계획이 행동에 어떤 영향을 미치는가?

LOQ 7-11 처벌은 부적 강화와 어떻게 다른가? 처벌은 행동에 어떤 영향을 미치는가?

LOQ 7-12 스키너의 생각이 논쟁을 불러일으킨 이유는 무엇인가? 그의 조작적 조건형성 원리를 어떻게 응용할 수 있겠는가?

LOQ 7-13 조작적 조건형성은 파블로프식 조건형성과 어떻게 다른가?

기억해야 할 용어와 개념들

자기검증 여러분 자신의 표현으로 정의를 적어본 후에 답을 확인해보라.

강화
강화계획
고정간격 계획
고정비율 계획
변동간격 계획
변동비율 계획
부분(간헐적) 강화계획
부적 강화
연속 강화계획
일차 강화물
정적 강화
조건 강화물
조성
조작실
조작적 조건형성
처벌
효과의 법칙

학습내용 숙달하기

자기검증 여러분 자신의 표현으로 다음 물음에 답한 후에 부록 E에서 답을 확인해보라.

1. 손다이크의 효과의 법칙은 조작적 조건형성과 행동 제어에 관한 ________ 연구의 토대가 되었다.

2. 행동을 변화시키는 한 가지 방법은 유기체가 원하는 행동에 조금씩 접근함에 따라서 중립적 행동들을 단계적으로 보상하는 것이다. 이 과정을 ________이라고 부른다.

3. 여러분의 강아지가 너무나도 크게 짖어서 귀를 먹먹하게 만들고 있다. 여러분이 손바닥을 치자, 강아지는 짖기를 멈추고, 귀도 더 이상 먹먹하지 않다. 여러분은 '저 녀석이 다시 짖을 때, 손바닥을 쳐야겠구나.' 하고 생각한다. 여러분에게 있어서 짖기의 멈춤은 ________이었다.

a. 정적 강화물 **b.** 부적 강화물
c. 정적 처벌 **d.** 부적 처벌

4. 심리학 교수는 수업 중에 여러분의 주의집중 행동을 부추기기 위해서 어떤 부적 강화를 사용할 수 있겠는가?

5. 원하는 행동이 나타날 때, 가끔씩만 강화를 주는 것을 ________강화라고 부른다.

6. 한 식당이 특별 상품을 판매하고 있다. 온 돈을 주고 네 차례 식사를 하면, 다섯 번째 식사는 무료라는 것이다. 이것은 강화계획에서 ________계획의 한 예이다.

a. 고정비율 **b.** 변동비율
c. 고정간격 **d.** 변동간격

7. 예측할 수 없는 시간 경과 후에 나타나는 반응을 강화하는 부분 강화 계획은 ________계획이다.

8. "불에 덴 적 있는 아이가 불을 두려워한다."라는 중세 격언이 있다. 조작적 조건형성에서 불에 데는 것은 ________의 사례이다.

a. 일차 강화물 **b.** 부적 강화물
c. 처벌자극 **d.** 정적 강화물

생물학적 소인, 인지, 그리고 학습

침을 흘리는 개, 미로를 달리는 쥐, 원판을 쪼는 비둘기 등을 통해서 학습의 기본과정에 관하여 많은 사실을 밝혀왔다. 그렇지만 조건형성 원리가 학습의 모든 것을 알려주지는 않는다. 오늘날의 학습 이론가는 학습이 생물 요인과 심리 요인 그리고 사회문화 요인이 상호작용한 산물이라는 사실을 인식하고 있다(그림 7.12).

조건형성에 대한 생물학적 제약

LOQ 7-14 생물학적 제약은 파블로프식 조건형성과 조작적 조건형성에 어떤 영향을 미치는가?

찰스 다윈 이래로 과학자들은 모든 동물종이 공통적인 진화사를 공유하며, 따라서 기질이나 기능에서도 공통점을 가지고 있다고 가정해왔다. 예컨대, 파블로프와 왓슨은 학습의 기본법칙이 모든 동물에서 근본적으로 동일하다고 믿었다. 따라서 비둘기를 연구하든 아니면 사람을 연구하든, 차이가 거의 없다는 것이었다. 나아가서 자연스러운 반응이라면 어떤 것이든 모든 중립자극으로 조건형성시킬 수 있는 것으로 보았다.

파블로프식 조건형성에 대한 생물학적 제약

학습심리학자 그레고리 킴블(1956, 195쪽)은 "유기체가 나타낼 수 있는 것이면 어떤 행위이든지 간에 조건형성시킬 수 있으며… 이러한 반응은 유기체가 지각할 수 있는 것이면 어떤 자극에도 조건형성시킬 수 있다."라고 선언하였다. 25년이 지난 후에 그는 500여 편의 과학논문이 자기 생각의 잘못을 입증해왔다고 겸허하게 인정하였다(Kimble, 1981). 초기 행동주의자들이 생각했던 것과는 달리, 동물의 조건형성 능력은 생물학적 소인의 제약을 받는다. 각 동물종의 생물학적 소인은 생존을 증진시키는 연합을 학습하도록 준비시켜 놓았으며, 이 현상을 **준비성**(preparedness)이라고 부른다. 환경이 모든 것을 말해주는 것은 결코 아니다. 생물학적 특성이 중요하다.

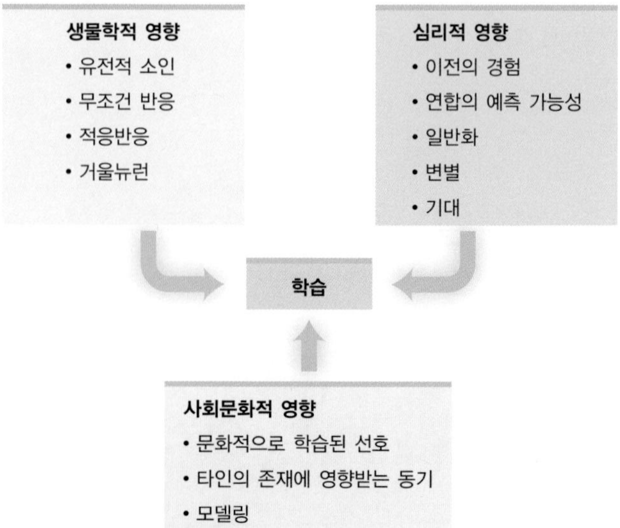

그림 7.12
학습에 대한 생물심리사회적 영향 우리의 학습은 환경 경험뿐만 아니라 인지적 영향과 생물학적 영향에서 유래한다.

생물학적 영향
- 유전적 소인
- 무조건 반응
- 적응반응
- 거울뉴런

심리적 영향
- 이전의 경험
- 연합의 예측 가능성
- 일반화
- 변별
- 기대

사회문화적 영향
- 문화적으로 학습된 선호
- 타인의 존재에 영향받는 동기
- 모델링

준비성 맛과 메스꺼움 간의 관계와 같이 생존가치를 가지고 있는 연합을 학습하려는 생물학적 소인

어떤 연합이든 모두 똑같이 학습할 수 있다는 주장에 도전장을 내민 연구자 중의 한 사람이 바로 존 가르시아(1917~2012)였다. 가르시아와 퀼링(1966)은 방사능이 실험실 동물에 미치는 효과를 연구하던 중에 쥐가 방사능이 퍼져있는 방에 있던 플라스틱 물병에서 물 마시기를 회피하기 시작하였다는 사실에 주목하였다. 파블로프식 조건형성이 원인일 수 있을까? 쥐가 플라스틱 맛이 나는 물(CS)을 방사능(US)에 의한 복통(UR)과 연계시킨 것은 아닐까?

존 가르시아 캘리포니아 농부의 가난한 아들이었던 가르시아는 초기 아동기에는 농한기에만 학교를 다녔다. 20대 후반에 초급대학에 입학한 후에, 40대 후반에서야 겨우 박사학위를 받았다. 그는 '조건형성과 학습 분야에서 지극히 창의적이고 선구자적인 연구'로 미국심리학회 연구업적상을 수상하였으며, 국립학술원의 회원으로 선정되기도 하였다.

이러한 추측을 검증하기 위하여 가르시아와 퀼링은 쥐에게 특정한 맛, 불빛, 또는 소리(CS)를 제시하고 뒤이어서 복통과 구토(UR)를 야기하는 방사능이나 약물(US)을 주었다. 두 가지 놀랄 만한 결과가 나타났다. 첫째, 특정한 새로운 맛을 경험하고 여러 시간이 경과한 후에 통증이 나타나더라도, 쥐는 그 맛을 회피하게 되었다. 이것은 조건형성이 일어나려면 US가 CS에 즉각적으로 뒤따라야 한다는 생각을 위배하는 것이었다.

둘째, 복통을 경험한 쥐가 맛에는 혐오를 나타냈지만, 불빛이나 소리에는 그러지 않았다. 이 결과는 지각할 수 있는 모든 자극이 CS로 작용할 수 있다는 행동주의자의 생각에 위배되는 것이었다. 그렇기는 하지만 이것은 적응 가치를 가지고 있었다. 쥐에게 있어서 부패한 먹이를 확인하는 가장 손쉬운 방법은 맛을 보는 것이기 때문이다. 만일 조금 먹어본 새로운 먹이가 통증을 초래한다면, 그 이후로는 그 먹이를 기피한다. **미각 혐오**라고 부르는 이 반응은 쥐약을 살포하여 '미끼를 기피하게 된' 쥐를 박멸하기 어렵게 만든다.

미각 혐오 만일 여러분이 굴을 먹은 후에 심각한 복통을 일으켰다면, 다시 먹는 데 상당한 어려움을 겪게 될 것이다. 굴의 냄새와 맛은 구역질의 CS가 된다. 이러한 학습은 용이하게 이루어지는데, 우리가 유해한 음식에 대한 미각 혐오를 학습하도록 생물학적으로 준비되어 있기 때문이다.

사람도 특정 연합을 더 잘 학습하도록 생물학적으로 준비되어 있는 것으로 보인다. 만일 부패한 굴을 먹고 네 시간 후에 급작스러운 복통을 경험한다면, 굴 맛에 혐오감을 발달시키지 식당이나 접시 혹은 같이 있었던 사람이나 식당에서 들었던 음악에 대한 혐오감을 발달시키지는 않을 것이다. [반면에 눈으로 확인하고 먹이를 구하는 새는 부패한 먹이의 모습에 혐오감을 발달시키도록 생물학적으로 점화되어 있는 것으로 보인다(Nicolaus et al., 1983).]

미각 혐오에 관한 가르시아의 초기 결과는 무자비한 비판에 직면하였다. 독일 철학자 아르투어 쇼펜하우어(1788~1860)가 중요한 아이디어는 처음에 조롱거리가 되고, 그다음에 공격을 받으며, 결국에 가서는 당연한 것으로 받아들이게 된다고 말한 적이 있다. 권위 있는 심리학 저널들이 그의 연구논문 게재를 거부하였다. 어떤 비판자는 그 결과가 불가능한 것이라고 말하기도 하였다. 그러나 과학에서 때때로 발생하는 것처럼, 가르시아와 퀼링의 미각 혐오 연구결과는 단순한 달팽이에서부터 복잡한 인간에 이르기까지 반복되었다(Aonuma et al., 2018). 오늘날 조건형성된 미각 혐오는 심리학개론서의 기본 내용으로 자리 잡고 있다.

이 연구도 몇몇 실험동물의 불편함으로 시작하여 많은 동물의 복지를 고양하는 것으로 막을 내린 실험의 좋은 사례이다. 한 미각 혐오 연구에서는 복통을 일으키는 독물을 주입한 양의 시체를 먹도록 코요테와 늑대를 유인하였다. 그 이후에 이 포식동물들은 양고기에 대한 혐오감을 발달시켰으며, 나중에는 살아있는 양 한 마리와 함께 같은 우리에 넣은 두 마리의 늑대가 실제로 양을 두려워하는 것처럼 보이기까지 하였다(Gustavson et al., 1974, 1976). 이 연구는 양을 코요테와 늑대로부터 보호할 뿐만 아니라 그 포식자들을 제거하고자 원하는 성난 목장주와 농부들

동물의 미각 혐오 어떤 목장주들은 양을 습격하는 늑대와 코요테를 살상하는 대신에, 약물을 주입한 양을 이용하여 포식자들에게 복통을 일으켜 왔다.

blickwinkel/Alamy

로부터 양을 기피하는 포식자들도 보호하게 되었다. 이와 유사한 응용은 비비원숭이가 아프리카인의 농토를 습격하거나, 너구리가 병아리를 공격하거나, 까마귀가 두루미 알을 먹어 치우는 것을 막을 수 있게 해주었다. 이 모든 경우에 연구는 중요한 생태 환경을 차지하고 있는 먹잇감 동물과 포식동물을 모두 보호하는 데 도움을 주었다(Dingfelder, 2010; Garcia & Gustavson, 1997).

이러한 연구는 자연선택이 생존을 돕는 특질을 선호한다는 다윈의 원리를 지지한다. 자신을 병들게 하는 먹거리와 상황을 회피하는 것을 학습한 조상은 생존하여 후손을 남겼을 가능성이 더 컸다(Bernal-Gamboa et al., 2018). 불안과 통증을 비롯한 다른 나쁜 감정과 마찬가지로, 구역질은 좋은 기능을 수행한다. 자동차 계기판에 나타나는 주유 경고등과 마찬가지로, 이 모든 것은 신체가 위협에 대처하도록 해준다(Davidson & Riley, 2015; Neese, 1991).

"모든 동물은 시간 여행을 하면서, 자신의 생존을 위협하는 미래를 피하고 생존을 조장하는 미래로 방향을 잡는다. 쾌와 고통은 동물들이 방향타를 조정하는 밤하늘의 별과 같은 것이다." 심리학자 대니얼 길버트와 티머시 윌슨, "전망 : 미래를 경험하기"(2007)

조건자극을 예측 가능하게 즉각적으로 뒤따르는 무조건자극과 연합시키는 준비성은 적응적이다. 원인이 결과에 바로 선행하기 십상인 것이다. 그렇지만 미각 혐오 연구에서 보았던 것처럼, 결과를 선행 사건과 연합시키는 유전적 소인이 사람들을 골탕 먹일 수도 있다. 화학치료는 처치를 받은 후 한 시간 이상 지난 후에야 구역질과 구토를 초래하기 때문에, 암환자는 시간이 경과하면서 병원과 연합된 장면과 소리 그리고 냄새에 파블로프식으로 조건형성된 메스꺼움(그리고 때로는 불안)을 발달시킬 수 있다(Hall, 1997; 그림 7.13). 병원 대기실에 다시 오거나 간호사를 보는 것만으로도 이러한 조건형성된 느낌이 야기될 수 있다(Burish & Carey, 1986; Davey, 1992). 정상적인 상황이라면 통증 유발자극에 나타내는 혐오감은 적응적인 것이다.

"한 번 혼이 나면 조심을 하게 된다." G. F. 노스홀(1894)

인출 연습

RP-1 가르시아와 쾰링의 미각 혐오 연구는 "유기체가 나타낼 수 있는 것이면 어떤 행위이든지 간에 조건형성시킬 수 있으며… 이러한 반응은 유기체가 지각할 수 있는 것이면 어떤 자극에도 조건형성시킬 수 있다."라는 그레고리 킴블의 초기 주장을 반증하는 데 어떤 도움을 주었는가?

답은 부록 E를 참조

그림 7.13
암환자의 구역질 조건형성

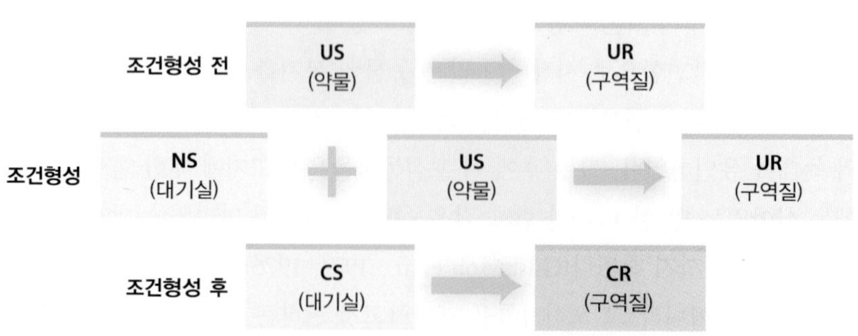

조작적 조건형성에 대한 생물학적 제약

자연은 각 동물종의 조작적 조건형성 능력에도 제약을 가하고 있다. 과학소설가인 로버트 하인라인(1907~1988)은 다음과 같이 멋지게 표현하였다. "돼지에게 노래를 가르치려고 시도해서는 안 된다. 시간 낭비일 뿐이며 돼지를 화나게 만든다."

Jeffery Jones/The Gallup Independent/AP Images

천부적인 운동선수 동물들은 자신의 생물학적 소인에 부합하는 행동을 쉽게 학습하고 파지할 수 있다. 예컨대, 말은 민첩하면서도 빠르게 장애물을 피해 갈 수 있는 선천적 능력을 가지고 있다.

유기체는 생물학적 소인과 심리적 소인을 반영하는 행동을 아주 쉽게 학습하고 유지한다(Iliescu et al., 2018). 따라서 먹이를 강화물로 사용하여 햄스터로 하여금 땅을 파거나 뒷발로 서도록 쉽게 조건형성시킬 수 있다. 햄스터가 먹이를 찾을 때 나타내는 전형적인 행동이기 때문이다. 그렇지만 정상적으로 먹이나 배고픔과 연합되어 있지 않은 얼굴 씻기와 같은 다른 행동을 햄스터에게 조성하기 위하여 먹이를 강화물로 사용한다면, 별로 성공적이지 못할 것이다(Shettleworth, 1973). 마찬가지로 비둘기가 쇼크를 피하기 위하여 날개를 퍼덕거리거나 먹이를 얻기 위하여 부리로 쪼는 것은 쉽게 학습시킬 수 있다. 날갯짓하면서 도망가는 것, 그리고 부리로 모이를 쪼아 먹는 것은 비둘기에게 자연스러운 행동이기 때문이다. 그렇지만 쇼크를 피하기 위하여 부리로 쪼거나 먹이를 얻기 위하여 날갯짓하는 것을 학습하기는 매우 어렵다(Foree & LoLordo, 1973). 원리는 이렇다. 생물학적 제약이 유기체로 하여금 자연 상태에서 적응적인 연합을 학습하는 소인을 제공한다.

동물 조련 사업을 시작할 무렵에 브릴랜드 부부는 조작적 원리가 어느 동물에게 어떤 반응을 조성하든 모두 똑같이 작동할 것이라고 생각하였다. 그렇지만 사업을 진행하는 과정에서 생물학적 제약에 관해서도 알게 되었다. 커다란 나무 동전을 집어서 돼지저금통에 집어넣도록 훈련시킨 돼지가 자신의 생래적 행동방식으로 되돌아가기 시작하였다. 즉, 동전을 떨어뜨리고는 돼지들이 늘 하는 것처럼 주둥이로 밀어제쳤다가는 다시 집어 들고는 다시 떨어뜨리는 행위를 반복하여, 먹이 강화물을 지연시켰다. 동물이 생물학적으로 결정된 행동 패턴으로 되돌아감으로써 이러한 **향본능 표류**(instinctive drift)가 일어난 것이다.

조건형성에 대한 인지과정의 영향

LOQ 7-15 인지과정은 파블로프식 조건형성과 조작적 조건형성에 어떤 영향을 미치는가?

인지과정과 파블로프식 조건형성

파블로프와 왓슨은 의식과 같은 '심성' 개념을 배제하면서, 준비성과 향본능 표류와 같은 생물학적 제약뿐만 아니라 인지과정(사고, 지각, 기대 등) 효과의 중요성도 과소평가하였다. 초기 행동주의자들은 쥐와 개의 학습행동을 마음이 없는 기제로 환원할 수 있기 때문에, 인지를 고려할 필요가 없다고 믿었다. 그렇지만 로버트 레스콜라와 앨런 와그너(1972)는 동물이 사건의 **예측** 가

향본능 표류 학습한 행동이 점진적으로 생물학적 소인의 패턴으로 되돌아가는 경향성 

능성을 학습할 수 있음을 보여주었다. 만일 쇼크가 소리에 항상 뒤따른다면, 그런 다음에 그 소리를 동반하는 불빛에도 뒤따른다면, 쥐가 소리에는 공포를 나타내지만 불빛에는 공포반응을 보이지 않는다. 불빛 다음에 항상 쇼크가 뒤따름에도 불구하고, 그 불빛은 새로운 정보를 제공하지 않는다. 소리가 더 우수한 예언자인 것이다. 연합이 예측 가능한 것일수록, 조건반응은 강력해진다. 마치 동물이 기대성, 즉 무조건자극이 출현할 가능성을 자각한 것처럼 말이다.

"모든 두뇌는 본질적으로 예측 기계다." 대니얼 데닛, 『의식의 수수께기를 풀다』(1991)

인지를 무시한 파블로프식 조건형성 치료법은 그 효과가 제한적이다. 예컨대, 알코올 남용 장애로 치료받는 사람에게 메스꺼운 느낌이 나는 약물을 첨가한 술을 주기도 한다. 그러면 이들이 술과 복통을 연합시키겠는가? 만일 파블로프식 조건형성만이 자극 간의 연합을 각인시키는 데 중요하다면, 그럴 것이라고 기대할 수 있으며, 어느 정도는 그렇기도 하다. 그렇지만 욕지기는 약물 때문이지 술 때문이 아니라는 사실을 자각하게 되면, 술 마시는 것과 복통을 경험하는 것 간의 연합이 약화되어 치료 효과가 감소된다. 따라서 파블로프식 조건형성조차도 단순한 CS-US 연합뿐만 아니라 사고과정까지 고려해야 한다. 사람의 경우에 특히 그렇다.

인지과정과 조작적 조건형성

스키너는 행동의 생물학적 토대와 개인적인 사고과정의 존재를 인정하였다. 그렇지만 많은 심리학자는 그가 인지의 중요성을 평가절하하였다고 비난하였다.

스키너는 1990년에 백혈병으로 사망하기 여드레 전에도 미국심리학회 총회 연단에 섰다. 마지막 연설에서도 그는 인지과정(사고, 지각, 기대 등)이 심리과학에 필요하다는 생각 그리고 심지어는 조건형성을 이해하는 데도 필요하다는 생각을 거부하였다. 그는 인지과학을 20세기 초의 내성주의로 되돌아가는 것으로 간주하였다. 스키너에게 있어서는 사고와 정서도 다른 행동과 마찬가지로 동일한 법칙을 따르는 행동이었던 것이다.

그렇지만 인지과정의 증거는 무시할 수 없다. 예컨대, 고정간격 강화계획에 따라 반응하는 동물은 반응이 강화를 초래할 시간이 임박함에 따라서 더욱 빈번하게 반응한다. 엄격한 행동주의자라면 '기대성'을 언급하는 것에 반대하겠지만, 동물은 마치 반응을 반복하는 것이 곧 보상을 초래할 것이라고 기대하는 것처럼 행동하는 것이다.

인지과정의 증거는 미로 속의 쥐를 연구한 결과에서도 볼 수 있다. 미로를 탐색하는 쥐는 아무런 명백한 보상이 없어도 **인지도**(cognitive map), 즉 미로에 대한 심적 표상을 발달시키는 것으로 보인다. 그런 다음에 미로 끝에 있는 목표 상자에 보상을 가져다놓으면, 쥐는 미로 달리기로 먹이 보상을 받아왔던 다른 쥐 못지않게 재빨리 목표 상자에 도달한다. 새로운 도시를 관광하는 사람들처럼, 쥐는 탐색하는 동안 **잠재학습**(latent learning)을 경험한 것처럼 보인다(Tolman & Honzik, 1930). 그 학습은 시범 보일 유인자극이 있을 때에만 바깥으로 나타난다. 아동도 부모를 관찰함으로써 학습하지만, 한참 지나서 필요할 때에라야 학습한 것을 나타내기도 한다.

The New Yorker Collection, 2000, Pat Byrnes, from cartoonbank.com. All Rights Reserved.

"화장실이요? 네, 복도를 따라서 좌측으로 가다가 우측으로 살짝 틀고, 다시 좌측 또 좌측으로 틀고, 두 번의 좌측 방향을 지나 똑바로 간 다음에 우측으로 틀면, 세 번째 복도 오른쪽 끝에 있어요."

명심할 사항 : 학습에는 반응을 결과와 연합하는 것 이상의 것이 들어있다. 인지를 포함하고 있는 것이다. 제9장에서는 문제를 해결하

표 7.5 조건형성에 대한 생물학적 영향과 인지적 영향

	파블로프식 조건형성	조작적 조건형성
생물학적 영향	선천적 소인은 어느 자극과 반응이 쉽게 연합될 수 있는지를 결정한다.	유기체는 선천적 행동과 유사한 행동을 가장 잘 학습한다. 선천적이지 않은 행동은 본능적으로 선천적 행동으로 표류한다.
인지적 영향	유기체는 CS가 US의 도착을 신호한다는 기대를 발달시킨다.	유기체는 반응이 강화되거나 처벌된다는 기대를 발달시킨다. 또한 강화 없이도 잠재학습을 나타낸다.

고 언어를 사용하는 데 있어서 동물의 인지능력에 대한 보다 설득력 있는 증거를 보게 될 것이다. 그리고 제11장에서는 인지로 인해서 어떻게 지나친 보상이 원하는 행동을 수행할 동기를 낮출 수 있는지도 보게 된다.

표 7.5는 파블로프식 조건형성과 조작적 조건형성에 대한 생물학적 영향과 인지적 영향을 비교한 것이다.

자문자답하기

아동기에 파블로프식 조건형성(예컨대, 주방에서 요리하고 있는 소리나 맛있는 음식의 냄새에 침 흘리기), 조작적 조건형성(예컨대, 결과를 싫어하였기 때문에 어떤 행동을 반복하지 않겠다고 결정하기), 그리고 인지적 학습(예컨대, 누군가 나타내는 행동을 관찰하고는 그 행동을 반복하거나 회피하기)을 통해서 학습한 사례를 기억해낼 수 있겠는가?

인출 연습

RP-2 향본능 표류와 잠재학습은 어떤 중요한 아이디어의 사례인가?

답은 부록 E를 참조

관찰을 통한 학습

LOQ 7-16 관찰학습이란 무엇인가?

인지가 **관찰학습**(observational learning, 사회학습이라고도 부른다)을 지원한다. 관찰학습에서 고등동물, 특히 인간은 직접 경험 없이 다른 개체를 관찰하고 모방함으로써 학습한다. 여동생이 뜨거운 난로에 손가락 데는 것을 목격한 아동은 그 난로를 만지지 않는 것을 학습한다. 다른 사람을 관찰하고 모방하는 **모델링**(modeling) 과정을 통해서 모국어를 학습하고 다른 많은 구체적 행동을 학습한다.

관찰학습의 선구자적 연구자인 앨버트 반두라의 실험에 나오는 다음 장면을 구성해보자(Bandura et al., 1961). 학령 전기 아동이 그림을 그리고 있다. 방의 다른 쪽에서는 한 어른이 블록 장난감을 조립하고 있다. 아동이 보고 있는 가운데, 그 어른이 일어나더니 거의 10분 동안 커다란 오뚝이 인형을 때리고 발로 차며 집어던지면서, "코를 납작하게 해주겠어… 때려 부숴야지… 발로 차버릴 거야." 하고 고함을 지른다.

그런 다음에 아동을 흥미진진한 장난감으로 가득 찬 다른 방으로 데리고 간다. 곧이어 실험

인지도 환경의 배열에 관한 심적 표상. 예컨대, 미로를 탐색한 후에 쥐는 마치 그 미로의 인지도를 학습한 것처럼 행동한다.

잠재학습 학습이 일어났지만 그것을 나타낼 유인자극이 있을 때까지 외현적으로 나타나지 않는 학습

관찰학습 타인을 관찰함으로써 학습하는 것

모델링 특정 행동을 관찰하고 흉내 내는 과정

앨버트 반두라 "보보인형은 내가 어디를 가든 따라다닌다. 그 사진은 모든 심리학개론서에 들어있으며 거의 모든 학부생이 심리학개론을 수강한다. 나는 최근에 워싱턴의 한 호텔에 묵었다. 프런트 직원이 '오뚝이 인형 실험을 하였던 심리학자 아니십니까?'라고 물었다. 나는 '그게 내 유산이 될까 걱정입니다'라고 답하였다. 직원은 '그 실험은 업그레이드를 받을 자격이 있지요. 호텔에서 가장 조용한 스위트룸을 드리겠습니다'라고 응답하였다"(2005). 인용 횟수, 수상, 그리고 교과서 내용에 관한 한 분석은 반두라를 세계에서 가장 명망 있는 심리학자로 인정하였다(Diener et al., 2014). 이 사진은 2016년 당시 오바마 대통령이 반두라에게 국가과학 메달을 수상하는 장면이다.

Polaris/Newscom

자가 다시 나타나서는 아동에게 이 장난감들은 '다른 아이들을 위하여' 놔두기로 결정하였다고 말한다. 이제 욕구가 좌절된 아동을 오뚝이 인형을 포함하여 단지 몇 개의 장난감만이 들어있는 또 다른 방으로 데려간다. 혼자 있게 하였을 때, 그 아동은 어떻게 하겠는가?

어른 모델을 관찰하지 않은 아동과 달리(이 아동은 어느 누구도 모델을 흉내 내지 않았다), 공격적 광란을 관찰한 아동은 오뚝이 인형을 공격할 가능성이 매우 높았다(Bandura, 2017). 공격의 분출을 관찰한 것이 아동의 억제력을 떨어뜨린 것으로 보인다. 그런데 억제력의 감소 이외에 다른 요인도 작동하였다. 아동은 자신이 관찰한 바로 그 행동과 들었던 바로 그 표현을 모방하였던 것이다(그림 7.14).

다른 요인이란 다음과 같은 것이라고 반두라는 제안한다. 즉, 사람들은 모델을 관찰함으로써 대리 강화나 대리 처벌을 경험하며, 관찰하고 있는 것과 같은 상황에서 행동의 결과를 예측하는 것을 학습한다. 특히 성공적이거나 존경스럽거나 자신과 유사한 사람으로 지각하는 사람에게서 학습할 가능성이 높다. fMRI 영상을 보면 사람들이 보상을 받는 어떤 사람을 관찰할 때(특히 좋아할 만한 사람이거나 자신과 유사한 사람일 때), 마치 자신이 보상을 받는 것처럼 두뇌의 보상 시스템이 활성화된다는 사실을 알 수 있다(Mobbs et al., 2009). 누군가와 동일시할 때 사람들은 대리적 결과를 경험하는 것이다. 심지어는 다른 사람이 공포를 야기하는 상황을 안전하게 통과하는 것을 관찰하면 학습된 공포가 사라질 수도 있다(Golkar et al., 2013). 체스터필드 경(1694~1773)은 이렇게 말하였다. "우리는 실제로 모방에 의해서 절반 이상이 만들어지는 것이다."

반두라의 연구는 '연구 자체를 추구하는' 기초연구가 어떻게 더욱 광의적인 목표를 가질 수 있는지를 보여준다. 반두라(2016, 2017)는 "오뚝이 인형 연구는 예기치 않게 25년 후에 전 지구적으로 적용될 수 있는 원리를 제공하였다."라고 회고하였다. 그의 연구에서 도출한 통찰은 텔레비전 폭력을 제한하는 것뿐만 아니라 아프리카, 아시아, 남미 등에서 텔레비전과 라디오 시리즈

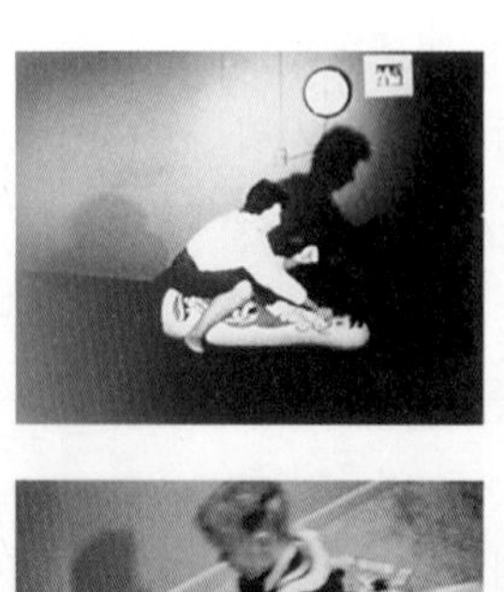

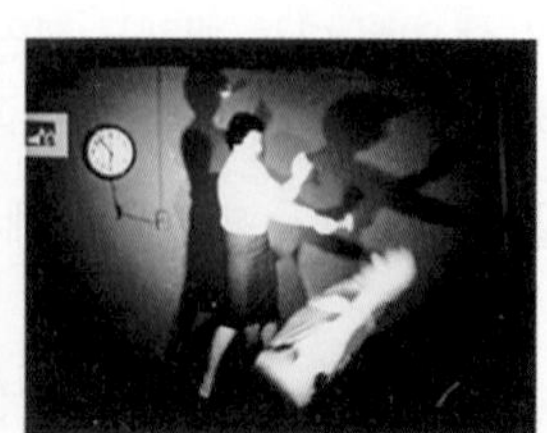
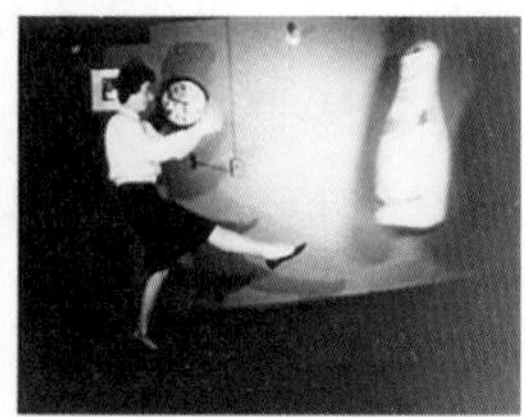
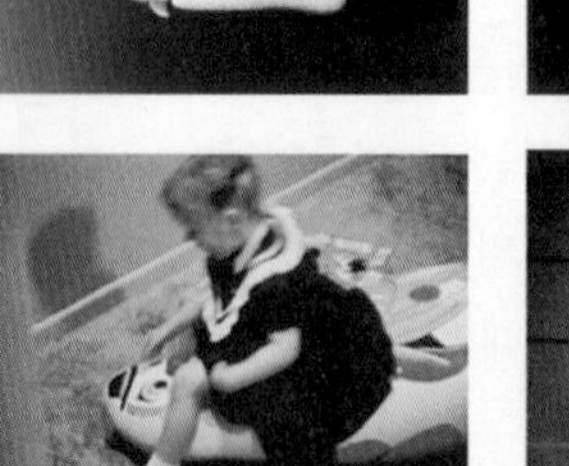

© Albert Bandura, Dept. of Psychology, Stanford University

그림 7.14
유명한 오뚝이 실험 아동이 어떻게 어른의 행동을 직접적으로 모방하는지 보라.

물의 사회적 모델을 제공하는 데도 사용되었는데, 그 시리즈물은 무계획적인 충동적 임신을 감소시키고, 에이즈 감염을 차단하며, 환경보전을 증진하는 데 도움을 주었다.

거울뉴런 특정한 행동을 수행하거나 다른 사람이 그렇게 행동하는 것을 관찰할 때 흥분하는 전두엽의 뉴런. 거울뉴런의 활동은 모방과 언어행동 그리고 공감을 가능하게 해준다.

두뇌의 거울뉴런과 모방

LOQ 7-17 어떻게 거울뉴런은 관찰학습을 가능하게 해주는가?

1991년 어느 뜨거운 여름날, 이탈리아 파르마에서 한 실험실 원숭이는 연구자들이 점심식사를 마치고 돌아오기를 기다리고 있었다. 연구자들은 원숭이의 운동피질 바로 옆, 즉 계획하고 운동을 시작하게 해주는 전두엽 영역에 전극을 삽입해놓았다. 감시 장치가 연구자들에게 이 두뇌영역에서의 활동을 알려주도록 되어있었다. 예컨대, 원숭이가 땅콩 한 알을 입에 넣을 때, 장치가 버저소리를 내게 되어있었다. 바로 그날 연구자 중의 한 사람이 손에 아이스크림을 들고 실험실로 되돌아왔을 때, 원숭이가 그를 응시하였다. 연구자가 아이스크림을 입에 대고 핥아먹자, 움직이지 않고 있는 원숭이가 마치 움직인 것처럼 장치의 버저소리가 들렸다(Blakeslee, 2006; Iacoboni, 2008, 2009).

David Sipress/Cartoon Stock

"당신 등통이 나를 아프게 하고 있잖아요."

거울뉴런이 작동하고 있는가?

다른 사람이나 원숭이가 땅콩을 입에 넣기 위해서 움직이는 것을 그 원숭이가 목격하였을 때도 이미 버저소리가 났었다. 자코모 리졸라티(2002, 2006)가 이끄는 연구팀의 연구자들은 기절초풍하였으며, 이전에는 알려지지 않았던 유형의 뉴런을 뜻하지 않게 찾아낸 것이라고 믿었다. 연구자들은 이렇게 가정한 **거울뉴런**(mirror neuron)이 일상적인 모방과 관찰학습의 신경토대를 제공한다고 주장하였다. 다른 원숭이가 하고 있는 행동을 관찰할 때, 이 뉴런들이 그 행동을 거울처럼 투영하고 있다는 것이다. (거울뉴런의 중요성에 관한 논쟁을 보려면, Gallese et al., 2011; Hickok, 2014를 참조하라. 때때로 대중매체는 거울뉴런의 중요성을 지나치게 과장하고 있다.)

모방은 다른 동물종에게도 널리 퍼져있다. 영장류는 돌망치를 사용하여 견과류를 까먹는 방법과 같이 모든 유형의 새로운 도구 사용 행동을 관찰하고 모방한다(Fragaszy et al., 2017). 그렇게 되면 그러한 유형의 행동을 자신이 속한 지역문화 속에서 세대를 거쳐 전달한다(Hopper et al.,

동물의 사회학습 (a) 먹잇감을 모으기 위한 꼬리치기가 사회학습을 통해서 혹고래들 사이에 퍼져나갔다(Allen et al., 2013). (b) 마찬가지로 원숭이도 다른 원숭이들이 먹는 옥수수의 색깔을 선호하도록 관찰을 통해서 학습한다.

Masa Ushioda/AGE Fotostock

(a)

Erica van de Waal

(b)

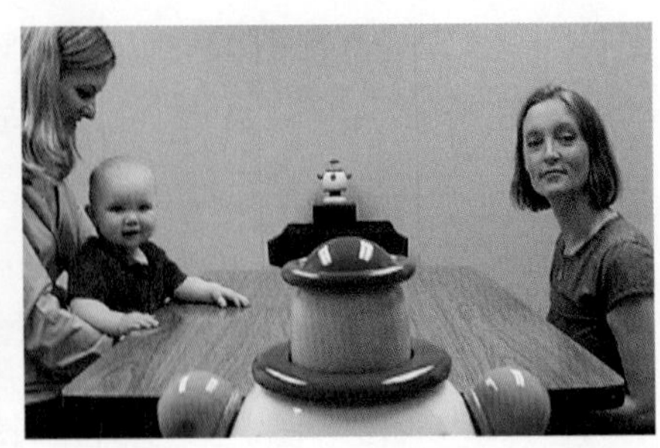

Meltzoff, A. N., Kuhl, P. K., Movellan, J. & Sejnowski, T. J. (2009). Foundations for a new science of learning. Science, 325, 284–288.

그림 7.15
모방 12개월 된 유아가 모델이 왼쪽을 쳐다보는 것을 보고, 즉시 따라 한다(Meltzoff et al., 2009).

2008; Whiten et al., 2007). 27년에 걸쳐 73,790마리의 혹등고래를 관찰한 결과에서 보면, 1980년에 한 마리가 먹잇감인 물고기들을 한군데로 모으기 위해 꼬리로 물을 철썩철썩 쳐댔다. 그 이후로 이러한 꼬리치기 기법이 다른 고래에게도 확산되었다(Allen et al., 2013).

원숭이의 경우도 마찬가지다. 에리카 반 드 왈과 그녀의 동료들(2013)은 일군의 버빗원숭이로 하여금 혐오스러운 맛이 나는 특정 색깔의 용액을 마심으로써 파란색 옥수수나 분홍색 옥수수를 선호하도록 훈련시켰다. 4~6개월이 지나 후속 세대가 태어났을 때, 부모들이 선호하도록 학습하였던 색에 집착하는 것을 관찰한 새끼 원숭이 27마리 중에서 한 마리를 제외한 26마리가 모두 부모가 선택한 색을 선호하였다. 이에 덧붙여서, 파란색(또는 분홍색)을 선호하는 수놈이 반대되는 색을 선호하는 집단으로 이주하였을 때, 선호도를 역전시켜서는 그 집단이 먹는 것을 먹기 시작하였다. 원숭이도 본 것을 행동으로 나타내는 것이다.

사람의 경우에도 모방은 모든 것에 스며들어 있다. 캐치프레이즈, 바지 길이, 세리머니, 먹거리, 전통, 악행, 유행 등은 모두 다른 사람을 흉내 내는 사람들이 퍼뜨린다. 모방은 심지어 아주 어린 아동의 행동조차 조성한다(Marshall & Meltzoff, 2014). 생후 8~16개월의 유아는 다양한 새로운 몸동작을 모방한다(Jones, 2007, 2017). 그림 7.15에서 보는 것처럼, 생후 12개월이 되면 어른이 바라다보고 있는 곳을 쳐다본다(Meltzoff et al., 2009). 생후 14개월이 되면 텔레비전에서 모델이 하는 행위를 모방한다(Meltzoff, 1988; Meltzoff & Moore, 1989, 1997). 생후 30개월이 되면 많은 심적 능력이 다 자란 침팬지의 능력에 근접하게 되는데, 다른 사람의 문제해결을 모방하는 것과 같은 사회적 과제에서는 침팬지를 능가한다(Herrmann et al., 2007). 아동은 본 것을 행동으로 나타내는 것이다.

어른을 관찰함으로써 학습하는 인간의 생득적 소인은 매우 강력하기 때문에, 2~5세 아동은 과잉모방을 하게 된다. 호주의 도시에 살든 아니면 아프리카 오지에 살든지 간에, 아동은 어른의 부적절한 행위조차도 흉내 낸다. 만일 어른이 플라스틱 통을 새의 깃털로 때리는 장면을 관찰하였다면, 그 통에 들어있는 장난감을 꺼내기에 앞서 그러한 행동을 먼저 하게 된다(Lyons et al., 2007). 상자를 여는 데 필요한 것은 단지 손잡이를 누르는 것임에도 불구하고, 어른의 행동을 모방하여 막대기를 상자 위에서 흔들어댄 다음에 그 막대기를 사용하여 상자를 여는 손잡이를 누른다(Nielsen & Tomaselli, 2010).

"남에게 창피를 주려는 이 본능을 공개석상에서, 누군가 유력인사가 따라 하게 되면, 모든 사람의 삶에 스며들게 되지요. 왜냐하면 … 다른 사람도 똑같은 짓을 하도록 허락하는 것이니까요." 메릴 스트립, 골든 글로브 시상식 연설(2017)

사람은 원숭이와 마찬가지로 공감과 모방을 지원하는 두뇌를 가지고 있다. 사람 두뇌에 실험용 전극을 삽입할 수는 없지만, 특정 행위를 수행하고 관찰하는 것과 연합된 두뇌 활동을 보기 위하여 fMRI 영상을 사용할 수 있다. 다른 사람의 행위를 모방하고 경험을 공유하는 인간의 능력은 특수한 거울뉴런에 근거한 것인가? 아니면 분산된 두뇌 신경망에 근거한 것인가? 이 논제는 현재 논쟁 중이다(Fox et al., 2016; Gallese et al., 2011; Hickok, 2014; Iacoboni, 2009). 그 논

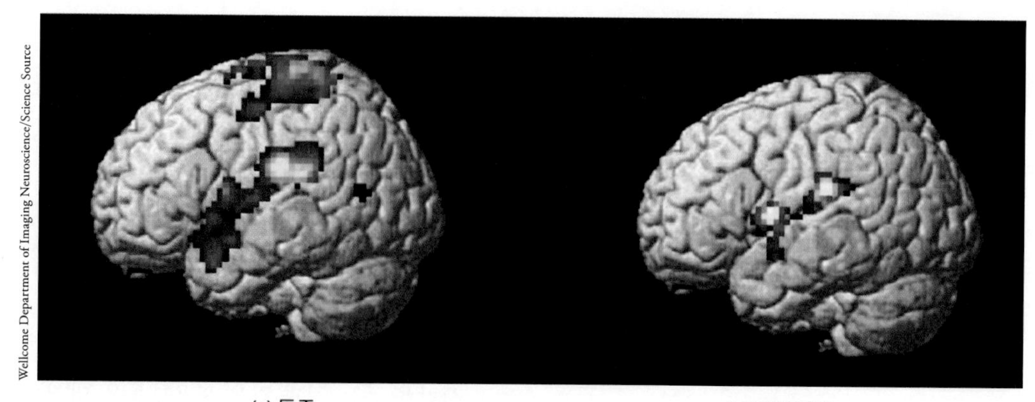

(a) 통증　(b) 감정이입

그림 7.16
두뇌에서 경험하는 통증과 상상한 통증 실제 통증과 관련된 두뇌 활동(a)은 사랑하는 사람의 통증을 관찰하는 두뇌에 반영된다(b)(Singer et al., 2004). 두뇌에서 공감은 정서 영역이 관여하지만, 물리적 통각 입력을 받아들이는 체감각피질은 관여하지 않는다.

쟁과 무관하게, 아동의 두뇌는 공감할 수 있게 해주며 다른 사람의 심적 상태를 추론할 수 있게 해준다. 이 능력을 마음 이론(theory of mind)이라고 부른다.

다른 사람을 관찰할 때 두뇌의 반응이 정서를 전염적인 것으로 만들어버린다. 두뇌는 신경 반향을 통해서 관찰한 것을 흉내 내고 대리적으로 경험한다. 이렇게 즉각적인 심적 재현은 너무나 생생하기 때문에, 관찰한 행위를 스스로 수행한 행위로 잘못 기억해내기도 한다(Lindner et al., 2010). 그렇지만 이러한 재현을 통해서 다른 사람의 마음 상태를 포착한다. 다른 사람의 자세, 얼굴, 목소리, 글쓰기 스타일 등을 관찰함으로써 의식하지도 못한 채 자신의 행동을 그 사람의 행동과 일치시킨다. 이러한 재현은 다른 사람들이 느끼고 있는 것을 우리도 느끼도록 도와준다(Bernieri et al., 1994; Ireland & Pennebaker, 2010). 상대방이 하품할 때 우리도 하품하고, 웃을 때 우리도 웃는다.

"아동에겐 비판보다 모델이 더 필요하다." 조제프 주베르, 『팡세』(1842)

사랑하는 사람의 고통을 보고 있는 얼굴은 그 사람의 정서를 반영한다. 그렇지만 그림 7.16이 보여주는 바와 같이, 두뇌도 그렇다. 다른 사람이 겪고 있는 고통의 목격은 우리 신체가 생득적 진통제를 방출하게 만들어서 우리의 고통을 완화시키고 도움행동을 나타내게 만든다(Haaker et al., 2017). 심지어 소설을 읽는 것조차도 기술하고 있는 경험을 심적으로 흉내냄으로써(그리고 대리적으로 경험함으로써) 두뇌 활동을 유발할 수 있다(Mar & Oatley, 2008; Speer et al., 2009). 일련의 실험에서는 판타지 소설인 해리 포터에서, 해리가 머드블러드(마법 세계와 혈통이 섞이지 않은, 말 그래도 머글 태생을 비하하는 별칭)와 같은 사람들은 인정하는 대목을 읽는 것이 이민자, 난민, 동성애자 등에 대한 편견을 감소시켰다(Vezzali et al., 2015).

관찰학습의 응용

LOQ 7-18 친사회적 모델링과 반사회적 모델링의 영향은 무엇인가?

반두라의 연구와 거울뉴런 연구가 제공하는 엄청난 사실은 사람들이 본 것을 심적으로 모방하며 학습한다는 것이다. 가정에서든 이웃에서든 아니면 텔레비전에서든, 모델은 좋든 나쁘든 영향을 미친다.

친사회적 영향 좋은 소식은 **친사회적 행동**(prosocial behavior)의 모델링이 친사회적 효과를 초래할 수 있다는 것이다. 많은 기업은 신입사원들이 소통, 판매, 소비자 서비스 기술을 학습하는 것을 도와주는 행동 모델링을 효과적으로 사용하고 있다(Taylor et al., 2005). 피훈련자는 숙달된

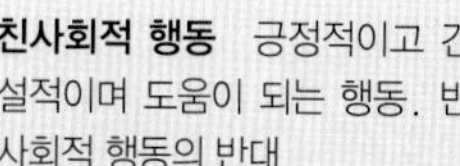

친사회적 행동 긍정적이고 건설적이며 도움이 되는 행동. 반사회적 행동의 반대

보육자 모델 이 소녀는 멘토의 행동을 관찰함으로써 공감과 더불어 어미 잃은 동물을 보살피는 기술을 학습하고 있다. 16세기 격언처럼, "본보기가 규범보다 낫다."

작업자(또는 연기자)가 보여주는 기술을 관찰할 수 있을 때, 그 기술을 더 빠르게 획득한다.

비폭력적이고 이타적인 행동을 보여주는 사람은 다른 사람에게 유사한 행동을 촉진시킬 수 있다. 누군가 돕는 행동(책을 떨어뜨린 여자를 도와주는 것)을 하는 것을 관찰한 후에 사람들은 돈을 떨어뜨린 사람을 돕는 것과 같은 도움행동을 더 많이 하게 되었다(Burger et al., 2015). 인도의 마하트마 간디와 미국의 마틴 루서 킹 목사는 모두 자신의 나라에서 비폭력적 행위를 사회변혁의 강력한 힘으로 만들어 보임으로써 모델링의 위력을 보여주었다(Matsumoto et al., 2015). 대중매체도 모델을 제공한다. 많은 국가에서 수행한 수십 편의 연구에서 보면, 친사회적인 텔레비전 프로그램, 영화, 비디오 게임은 나중에 도움행동을 증진시켰다(Coyne et al., 2018; Prot et al., 2014).

부모도 강력한 모델이다. 나치로부터 유대인을 구하기 위해 목숨을 불사하였던 유럽의 기독교인들은 일반적으로 강력한 도덕적, 인류애적 관심을 가지고 있는 부모와 밀접한 관계를 가지고 있었다. 1960년대 미국 시민운동가들의 경우도 마찬가지다(London, 1970; Oliner & Oliner, 1988). 도덕성의 관찰학습은 일찍 시작한다. 부모를 흉내 내고 사회적 반응을 보일 준비가 된 유아는 강력한 내적 양심을 소유한 아동이 되는 경향이 있다(Forman et al., 2004).

모델은 그 언행이 일치할 때 효과가 가장 크다. 자녀에게 독서를 부추기려면, 책을 읽어주고 책과 독서하는 사람들이 있는 환경을 만들어주어라. 자녀가 자신의 종교를 믿게 될 가능성을 높이고자 한다면, 함께 기도하고 함께 종교 활동에 참여하라(Lanman & Buhrmester, 2017). 자녀에게 인내심을 가르치려면, 부모의 인내심을 보게 하라(Butler, 2017). 그런데 때로는 모델의 말과 행동이 일치하지 않는다. 많은 부모는 "내가 말한 대로 행동하지, 행동한 대로 따라 하지 말라."는 원리에 따라서 자녀를 양육하는 것처럼 보인다. 실험결과는 아동이 두 가지를 모두 학습한다는 사실을 시사한다(Rice & Grusec, 1975; Rushton, 1975). 위선자를 접하게 되면 아동은 모델이 하는 말과 행동을 따라 함으로써 위선을 흉내 내는 경향이 있다.

인출 연습

RP-3 철수의 부모와 친구는 모두 과속운전을 하지만, 철수에게는 과속하지 말라고 충고한다. 영철이의 부모와 친구는 과속을 하지 않지만, 과속에 대해서 아무 말도 하지 않는다. 철수와 영철이 중에서 누가 과속할 가능성이 더 높겠는가?

답은 부록 E를 참조

반사회적 영향 나쁜 소식은 관찰학습이 반사회적 효과를 가질 수도 있다는 것이다. 이 사실은 학대하는 부모가 공격적인 자녀를 갖게 되고, 거짓말을 들었던 아동이 사기꾼이 될 가능성이 더 높으며, 부인을 폭행하는 많은 남자에게 가정폭력을 일삼던 아버지가 있었던 이유를 이해하는 데 도움을 준다(Hays & Carver, 2014; Jung et al., 2019; Stith et al., 2000). 비판자들은 공격성이 유전적일 수 있음을 지적한다. 그렇지만 원숭이 연구를 통해서 공격성이 환경적일 수도 있음을 알고 있다. 수많은 연구에서 어미와 격리되고 높은 수준의 공격성에 노출된 어린 원숭이들이 성장하여 공격적인 존재가 되었다(Chamove, 1980). 아동기에 학습한 것은 어른이 되어서도 쉽게 대치되지 않으며, 때로는 다음 세대로 전달되기도 하는 것이다.

David Strickler/The Image Works

아동은 관찰한 것을 행하는가? 신체적 처벌을 자주 받은 아동이 공격성을 더 많이 보이는 경향이 있다.

관찰학습은 성인에게도 영향을 미친다. 증오 발언에 반복적으로 노출된 사람은 증오 표현에 둔감해진다. 그리고 표적대상에 더욱 편견을 갖게 된다(Soral et al., 2018). 사회심리학자 크리스 크랜들과 마크 화이트(2016)가 상기시키는 바와 같이, 정치지도자는 규범에 영향을 미칠 수 있는 권력을 가지고 있는데, 규범이 중요한 것이다. "사람들은 사회적으로 용납될 수 있는 편견을 표명하고 용납되지 않는 것을 숨긴다."

텔레비전 프로그램, 영화, 비디오는 관찰학습의 강력한 원천이다. 아동들은 텔레비전과 비디오를 시청하는 동안 괴롭힘이 다른 사람을 통제하는 효과적인 방법이라거나, 방종한 성관계는 나중에 불행이나 질병을 초래하지도 않으면서 쾌를 가져다준다거나, 남자는 거칠고 여자는 온순해야만 한다는 등의 내용을 학습할 수 있다. 몇몇 영화는 과속과 위험한 운전을 찬양하기도 한다. 이러한 영화는 시청자에게 그러한 운전이 용납된다고 가르치는가? 거의 200,000장의 과속 딱지를 분석한 결과를 보면, 영화 **분노의 질주**가 출시된 주말에 딱지를 떼인 운전자들의 평균 속도가 증가하였다(Jena et al., 2018).

그리고 아동은 그러한 내용을 학습할 충분한 시간도 가지고 있다. 저개발국가에서 대부분의 아동은 18세가 될 때까지 학교에서 보내는 시간보다 텔레비전을 시청하면서 보내는 시간이 더 많다. 보통의 10대는 하루에 4시간 이상 텔레비전을 시청하며, 보통의 성인은 3시간 이상 시청한다(Robinson & Martin, 2009; Strasburger et al., 2010).

스크린 타임(전자기기를 사용할 시간)의 가장 큰 효과는 그 시간이 대체해버리는 것에서 나온다. 화면 앞에서 하루에 여러 시간을 보내는 아동과 성인은 대화하기, 공부하기, 놀이하기, 독서하기, 친구와 면대면으로 사교하기 등과 같은 다른 활동에 그만큼 적은 시간을 할애하게 된다. 화면 앞에서 보내는 시간을 절반으로 줄인다면 여러분은 남는 시간에 무엇을 하였겠는가? 그 결과로 여러분이 어떻게 달라질 수 있겠는가?

시청자는 유별난 이야기꾼, 즉 현실을 반영하기보다는 그 문화의 신화적 내용을 반영하는 이야기꾼으로부터 삶에 대해 배우고 있는 것이다. 1998년부터 2006년 사이에 저녁 황금시간대 텔레비전 프로그램에서 폭력이 75%나 증가하였다(PTC, 2007). 지상파와 케이블 텔레비전에서 방영한 3,000개 이상의 프로그램을 분석한 결과를 보면, 10개 중 6개 프로그램이 폭력을 표현하고, 폭력의 74%가 처벌받지 않으며, 58%가 희생자의 고통을 보여주지 않고, 거의 절반의 사건이 '정당한' 폭력을 포함하고 있으며 매력적인 폭력자를 보여주고 있다. 이러한 조건들은 많은 연구에서 기술하고 있는 **폭력 시청 효과**에 대한 처방전이 어떠해야 할 것인지를 규정해준다(Anderson et al., 2017; Bushman, 2018; Martins & Weaver, 2019; Teng et al., 2019). (비판적으로 생각하기 : 대중매체 폭력 시청의 효과를 참조하라.)

Paul Noth/The New Yorker Collection/The Cartoon Bank

"스크린 타임⋯ 스크린 타임 ⋯"

* * *

이반 파블로프, 존 왓슨, B. F. 스키너를 비롯하여 학습 원리에 관

비판적으로 생각하기

대중매체 폭력 시청의 효과

LOQ 7-19 폭력 시청의 효과는 무엇인가?

텔레비전 도입 1957~1974 ↔ 미국과 캐나다의 살인율이 배가됨[1]

1975년 남아공 백인에게 텔레비전 도입 ↔ 남아공의 살인율이 거의 배가됨[1]

미국 9~11세 아동의 심각한 매체 폭력 노출 ↔ 10대 후기에 싸움과 폭력행동의 증가[2]

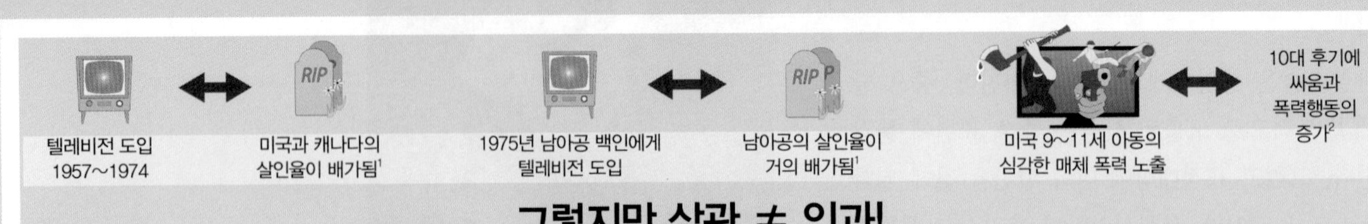

그렇지만 상관 ≠ 인과!

실험연구는 매체 폭력 시청이 공격성을 야기할 수 있다는 사실도 찾아냈다.

폭력 시청(비폭력 프로그램에 비해서) ➡ 참가자들이 약이 오르면 더 잔인하게 반응한다. (폭력을 저지르는 사람이 매력적이고 폭력이 정당하고 현실적인 것처럼 보이며, 폭력행위가 처벌받지 않고 시청자가 고통이나 상해를 보지 못할 때 그 효과가 가장 컸다.)

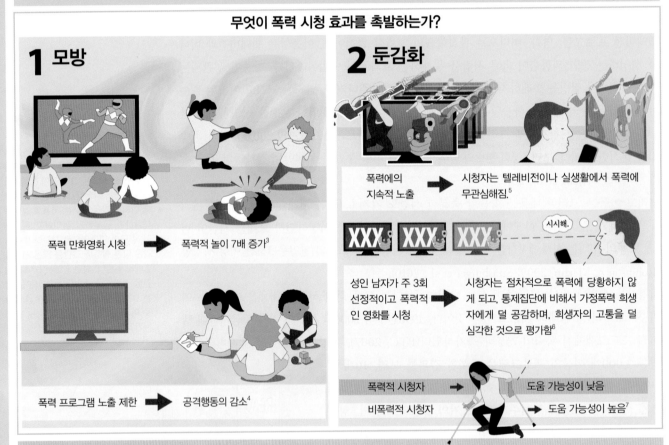

무엇이 폭력 시청 효과를 촉발하는가?

1 모방

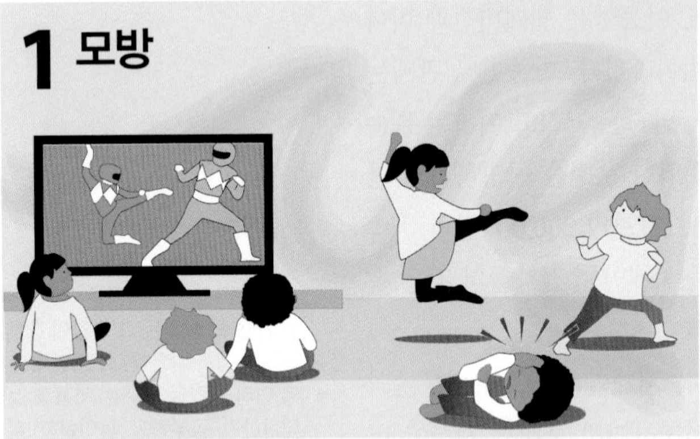

폭력 만화영화 시청 ➡ 폭력적 놀이 7배 증가[3]

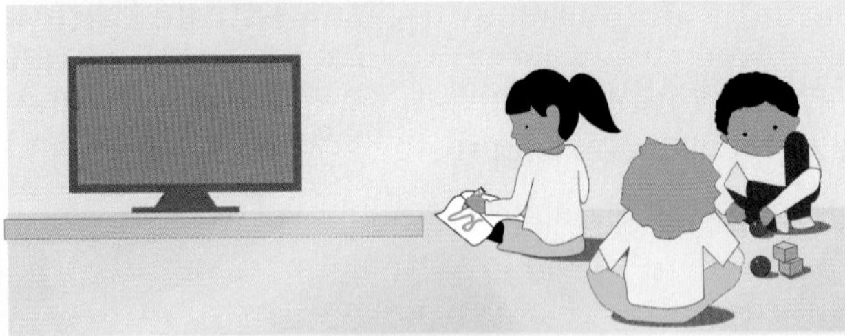

폭력 프로그램 노출 제한 ➡ 공격행동의 감소[4]

2 둔감화

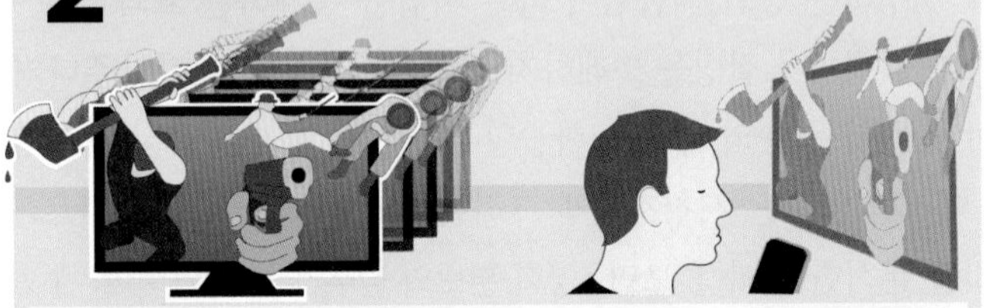

폭력에의 지속적 노출 ➡ 시청자는 텔레비전이나 실생활에서 폭력에 무관심해짐.[5]

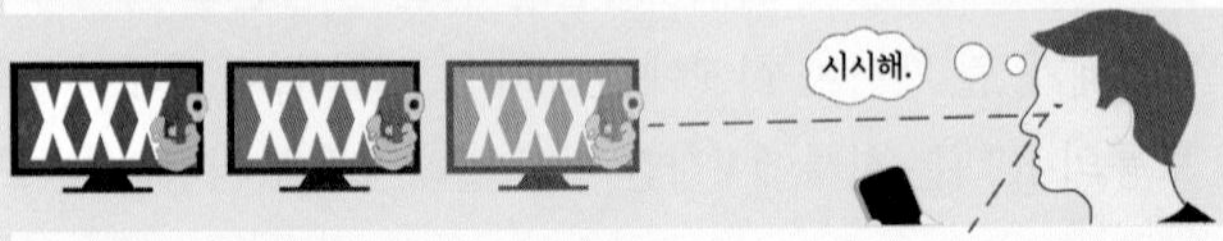

성인 남자가 주 3회 선정적이고 폭력적인 영화를 시청 ➡ 시청자는 점차적으로 폭력에 당황하지 않게 되고, 통제집단에 비해서 가정폭력 희생자에게 덜 공감하며, 희생자의 고통을 덜 심각한 것으로 평가함[6]

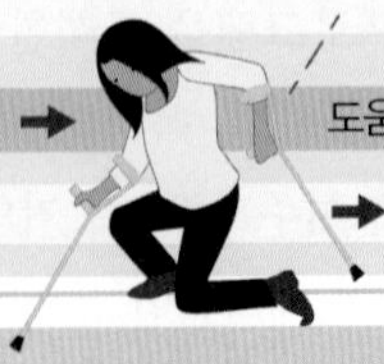

폭력적 시청자 ➡ 도움 가능성이 낮음

비폭력적 시청자 ➡ 도움 가능성이 높음[7]

- **APA의 폭력적 대중매체 특별 연구팀(2015)**은 "폭력적 비디오 게임 사용과 공격적 행동, 공격적 생각, 공격적 감정의 증가 그리고 친사회적 행동, 공감, 공격성에 대한 민감도의 감소 간에 일관성 있는 관계"를 찾아냈다.

- **미국아동의학회(2009)**는 소아과 의사에게 "대중매체 폭력은 공격행동, 폭력에의 둔감화, 악몽, 해코지 당할 두려움 등에 영향을 미칠 수 있다."라고 충고하였다.

비판자들은 이러한 진술이 대중매체 폭력 연구가 신뢰도나 효과크기와 같은 측면에서 가지고 있는 몇몇 취약점을 무시할 수 있다고 제안한다. 또한 일본과 같은 몇몇 지역도 유사한 폭력 대중매체를 가지고 있지만 폭력행동이 훨씬 적다는 사실도 지적하고 있다.[8]

1. Centerwall, 1989. 2. Boxer et al., 2009; Gentile et al., 2011; Gentile & Bushman, 2012. 3. Boyatzis et al., 1995. 4. Christakis et al., 2013. 5. Fanti et al., 2009; Jin et al., 2018; Rule & Ferguson, 1986. 6. Mullin & Linz, 1995. 7. Bushman & Anderson, 2009. 8. Elson et al., 2019.

한 지식을 넓혀준 수많은 연구자와 마찬가지로, 반두라의 연구는 몇 가지 잘 정의된 문제와 아이디어에 혼신을 다해 전념함으로써 얻을 수 있는 효과를 예시해주었다. 이들은 문제점이 무엇인지를 정의하고 학습의 중요성을 일깨워주었다. 이들이 남겨놓은 유산이 증명하고 있듯이, 지성의 역사는 아이디어를 극한으로 몰아가는 위험을 감내하는 사람들이 만들어내기 십상인 것이다(Simonton, 2000).

자문자답하기

여러분에게 대단히 중요한 역할 모델은 누구이었는가? 그 사람을 관찰함으로써 무엇을 배웠는가? 여러분은 누구의 역할 모델인가? 어떻게 하면 다른 사람을 위한 더 훌륭한 역할 모델이 되겠는가?

인출 연습

RP-4 아래의 사례(1~5)를 적절한 기저 학습 원리(a~e)와 연결해보라.

1. 어둠 속에서 침실에서 화장실로 가는 길을 아는 것
2. 폭력 영화를 시청한 후에 싸움을 벌이는 동생
3. 오븐에서 나는 과자 냄새에 침을 흘리는 것
4. 칠리를 먹고 몇 시간 지난 후 심한 복통을 겪고 나서 칠리 맛을 싫어하게 되는 것

5. 여러분이 집에 도착하자 반갑게 달려오는 강아지

a. 파블로프식 조건형성
b. 조작적 조건형성
c. 잠재학습
d. 관찰학습
e. 생물학적 소인

답은 부록 E를 참조

개관 생물학적 소인, 인지, 그리고 학습

학습목표

자기검증 개념 파악을 증진시키도록 (부록 D의 답을 확인해보기에 앞서) 여러분 자신의 표현으로 여기서 반복하는 학습목표 물음에 답해보라(McDaniel et al., 2009, 2015).

LOQ 7-14 생물학적 제약은 파블로프식 조건형성과 조작적 조건형성에 어떤 영향을 미치는가?

LOQ 7-15 인지과정은 파블로프식 조건형성과 조작적 조건형성에 어떤 영향을 미치는가?

LOQ 7-16 관찰학습이란 무엇인가?

LOQ 7-17 어떻게 거울뉴런은 관찰학습을 가능하게 해주는가?

LOQ 7-18 친사회적 모델링과 반사회적 모델링의 영향은 무엇인가?

LOQ 7-19 폭력 시청의 효과는 무엇인가?

기억해야 할 용어와 개념들

자기검증 여러분 자신의 표현으로 정의를 적어본 후에 답을 확인해보라.

거울뉴런	인지도	친사회적 행동
관찰학습	잠재학습	향본능 표류
모델링	준비성	

학습내용 숙달하기

자기검증 여러분 자신의 표현으로 다음 물음에 답한 후에 부록 E에서 답을 확인해보라.

1. 가르시아와 쾰링의 __________ 연구를 보면, 중성자극에 무조건자극이 즉각적으로 뒤따르지 않는 경우에도 조건형성이 일어날 수 있다는 사실을 알 수 있다.

2. 미각 혐오 연구는 어떤 동물은 특정 맛에 혐오감을 발달시키지만 장면이나 소리에는 그렇지 않다는 사실을 보여주었다. 다윈의 어떤 원리가 이 사실을 지지하는가?

3. 인지과정이 학습에서 중요한 역할을 수행한다는 증거는 부분적으로 미로를 달리는 쥐가 그 미로의 ________를 학습한다는 연구에서 나온다.

4. 아무런 보상도 없이 미로를 탐색한 쥐가 나중에는 미로 달리기에 대해서 먹이 보상을 받았던 쥐 못지않게 미로를 잘 달릴 수 있다. 강화 없이 학습한 쥐는 ________을 보여주는 것이다.

5. 아동은 부모와 다른 모델들을 모방함으로써 많은 사회행동을 학습한다. 이러한 유형의 학습을 ________이라고 부른다.

6. 반두라에 따르면, 모델을 관찰함으로써 학습할 수 있는 까닭은 ________강화 또는 ________처벌을 경험하기 때문이다.

7. 다음 중 자녀가 모방할 때 가장 효과적인 부모는 누구인가?

a. 언행이 일치하는 부모

b. 외향적 성격의 부모

c. 한 사람은 밖에서 일을 하고 다른 사람은 집에서 자녀를 보호하는 부모

d. 어떤 행동이 어른에게는 허용되지만 아동에게는 그렇지 않은 이유를 자상하게 설명해주는 부모

8. 어떤 과학자들은 공감과 모방을 가능하게 해주는 ________이 두뇌에 존재한다고 믿고 있다.

9. 다음 중에서 대중매체 폭력을 반복적으로 시청하는 것의 효과에 대하여 대부분의 전문가들이 동의하고 있는 것은 어느 것인가?

a. 모든 시청자를 유의할 정도로 더 공격적으로 만든다.

b. 시청자에게 아무런 효과가 없다.

c. 폭력에 대한 시청자의 민감도를 떨어뜨린다.

d. 시청자를 분노하고 좌절하게 만든다.

Hill Street Studios/Getty Images

기억

기억에 감사하자. 사람들은 잘못 작동할 때를 제외하면 기억을 당연한 것으로 받아들인다. 그렇지만 시간을 설명해주고 삶을 정의해주는 것이 바로 기억이다. 가족을 알아보고, 언어를 사용하며, 집으로 가는 길을 찾게 해주는 것이 기억이다. 어떤 경험을 즐긴 다음에 마음속에서 그 경험을 다시 재현하면서 즐기게 해주는 것도 바로 기억이다. 사랑하는 사람과 함께 추억을 쌓아가게 해주는 것도 기억이다. 아일랜드 사람이건 소말리아 사람이건 사모아 사람이건, 하나로 함께 묶어주는 것도 사람들이 공유하는 기억이다. 그리고 결코 잊을 수 없는 죄악을 저지르는 사람과 싸움을 벌이게 하는 것도 기억이다.

대체로 사람은 기억하는 만큼 존재한다. 기억, 즉 누적된 학습의 저장고가 없다면, 즐거웠던 과거의 순간을 즐길 수도 없으며, 고통스러운 회상으로 인해 죄책감을 갖거나 화를 내지도 않을 것이다. 그저 지금 이 순간만을 살아가게 된다. 모든 순간이 새로운 것일 터이니 말이다. 그렇지만 모든 사람이 낯선 사람이며, 모든 언어는 외국어와 같고, 옷 입고 음식 만들고 자전거 타는 등의 모든 과제가 새로운 도전거리가 되어버린다. 먼 과거로부터 지금 이 순간까지 확장된 연속적인 자기감을 결여함으로써 자기 자신조차도 낯선 사람이 되어버린다.

연구자들은 다양한 조망에서 기억을 연구한다. 기억을 측정하고, 기억 모형을 구축하며, 부호화를 살펴보는 것으로 시작할 것이며, 기억을 저장하고 인출하는 방법을 살펴본다. 그런 다음에 기억이 실패할 때 일어나는 사건들을 탐구하고, 기억을 증진시키는 방법들을 알아본다.

 기억 연구와 부호화

기억 연구

학습목표 물음 LOQ 8-1 기억이란 무엇인가? 어떻게 기억을 측정하는가?

기억(memory)은 시간이 경과하여도 지속되는 학습이다. 획득하고 저장하였다가 인출할 수 있는 정보이다. 극단적 기억을 연구하는 것이 기억의 작동방식을 이해하는 데 도움을 주어왔다. 저자(마이어스)의 아버지는 92세에 경미한 뇌졸중을 겪었는데, 한 가지 특이한 증상만이 나타났다. 아버지의 온화한 성격은 그대로였다. 가족을 알아보고 가족사진을 들여다보면서 당신의 과거를 상세하게 회상하실 수 있었다. 그런데 대화하거나 일상에 대한 새로운 기억을 저장하는 능력을 대부분 상실하고 말았다. 오늘이 무슨 요일인지, 점심식사로 무슨 음식을 드셨는지 말씀하실 수 없었다. 처남의 사망 소식을 반복해서 말씀드릴 때마다 그 소식에 놀라움을 나타내셨다.

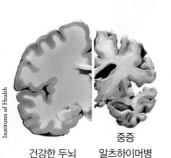

National Institute on Aging, National Institutes of Health

건강한 두뇌 중증 알츠하이머병

극단적 망각 알츠하이머병은 두뇌에 심각한 손상을 초래하며, 그 과정에서 기억을 와해시킨다.

어떤 질병은 서서히 기억을 갉아먹는다. **알츠하이머병**은 새로운 정보를 기억해내기가 어려운 것으로 시작하여 일상 과제를 수행하지 못하는 것으로 발전한다. 복잡한 말표현은 단순문이 된다. 가족이나 친한 친구가 낯선 사람이 되어버린다. 한때는 강건하였던 두뇌의 기억중추가 약해지고 시들어간다(Desikan et al., 2009). 여러 해에 걸쳐 알츠하이머병 환자는 자신을 알지 못하게 되고, 새로운 것을 알 수 없게 된다. 자기감이 약화되어, "나는 누구인가?"를 궁금해하게 된다(Ben Malek et al., 2019). 상실한 기억은 인간성의 핵심을 파고들어서 기쁨, 의미, 우애 등을 빼앗아간다.

다른 극단에는, 기억 올림픽이 있다면 금메달을 수상할 만한 사람들이 있다. 두 차례나 세계 기억 챔피언이었던 왕펑이 21살의 대학생이었을 때는 친구의 전화번호를 기억하기 위해서 자기 전화기의 도움을 받을 필요가 없었다. 보통사람은 7개 숫자열, 잘하면 9개까지를 반복해낼 수 있다. 왕펑은 조용한 방에서 1초에 한 개씩 숫자를 읽어주면, 200개까지 정확하게 반복해낼 수 있었다(Ericsson et al., 2017). 어떤 경연대회에서는 숫자를 300개까지도 기억할 수 있었다!

기억을 검사해보고 싶은가? 원주율의 처음 10개 숫자(3.141592653)를 기억하고자 시도해보라. 2015년에 인도의 라즈비르 미나는 파이의 70,000개 소수점 숫자를 암송함으로써 세계 신기록을 갱신하였다(Guinness World Records, 2019).

놀랍지 않은가? 정말로 놀랍다. 그렇지만 여러분 자신의 인상적인 기억을 생각해보라. 여러분은 헤아릴 수 없이 많은 얼굴, 장소, 사건, 맛, 냄새, 촉감, 음성, 소리, 노래 등을 기억하고 있지 않은가 말이다. 한 연구에서는 대학생들이 대중음악의 0.4초짜리 지극히 짧은 단편들을 들었다. 가수와 노래를 얼마나 재인하였겠는가? 25% 이상이나 되었다(Krumhansl, 2010). 사람들은 친숙한 목소리 못지않게 음악을 신속하게 재인하기 십상이다.

얼굴과 장소도 마찬가지다. 2,500장 이상의 얼굴과 장소 사진을 각 장당 10초씩만 본다고 상상해보라. 나중에 그중에서 280장의 사진을 하나씩 전에 보지 않았던 사진과 짝 지어서 제시한다. 이 실험의 실제 참가자들은 딱 한 번씩만 보았던 사진의 90% 이상을 정확하게 재인해낼 수 있었다(Haber, 1970). 후속 실험에서는 2,800장의 사진을 각 3초씩만 보았던 사람들이 82%의 정확도를 가지고 재인해내었다(Konkle et al., 2010). 수많은 얼굴 중에서 표적 얼굴을 들여다보라. 그러면 여러분은 나중에 장면 속에서 다른 얼굴도 재인할 수 있게 된다(Kaunitz et al., 2016).

보통사람은 대략 5,000개의 얼굴을 기억에 영원히 저장하고 재인한다(Jenkins et al., 2018). 그렇지만 재인기억이 뛰어난 사람은 이례적인 얼굴 재인능력을 발휘한다. 길거리에 설치한 CCTV

화면을 사용한 영국, 아시아, 독일 등의 경찰은 이러한 초능력자를 통해서 어려운 사건들을 해결해왔다(Keefe, 2016; NPR, 2018). 한 경찰관은 무장 강도 비디오를 살펴보고 18개월이 지난 후에, 북적이는 거리를 걸어가던 강도를 확인하고 체포하였다(Davis et al., 2013). 대단한 얼굴 기억능력을 보여준 것은 인간만이 아니다. 양도 얼굴을 기억한다(그림 8.1). 그리고 먹이 보상을 얻기 위해서 친숙한 얼굴에 입속의 물을 내뱉는 적어도 한 종의 어류도 얼굴을 기억한다(Newport et al., 2016).

A. Jennifer Morton/University of Cambridge

그림 8.1
다른 동물도 뛰어난 얼굴 재인능력을 보인다 양들은 특정한 양이나 사람의 얼굴과 연합된 먹이 보상을 반복적으로 경험한 후에, 2년 동안이나 먹이와 연합된 얼굴을 기억한다(Kendrick & Feng, 2011; Knolle et al., 2017).

사람은 어떻게 이토록 놀라운 기억 솜씨를 나타내는 것인가? 두뇌는 어떻게 주변 세상의 정보를 낚아채서는 나중에 사용하기 위하여 챙겨놓는 것인가? 어떻게 여러 해 동안 생각해본 적도 없는 것을 기억해낼 수 있으면서도, 방금 만났던 사람의 이름을 망각하는 것인가? 기억은 두뇌에 어떻게 저장되는가? 어째서 여러분은 이 장을 모두 읽고 난 후에 "성난 폭도가 창문에 돌을 던졌다."라는 문장을 잘못 회상할 가능성이 큰 것인가?

"만일 자연의 어떤 능력이 나머지 능력보다 더 경이롭다고 한다면, 그것은 바로 기억이라고 생각한다." 제인 오스틴, 『맨스필드 파크』(1814)

자문자답하기

새로운 기억을 형성하는 능력을 심각하게 손상시킨 부상을 당했다고 상상해보라. 이제 왕평과 같이 기록적인 기억력을 가지고 있다고 상상해보라. 각 경우는 여러분의 일상에 어떤 영향을 미치겠는가?

파지의 측정

심리학자에게 있어서 학습한 것이 계속해서 남아있다는 증거에는 다음과 같은 세 가지 **파지 측정치**가 포함되어 있다.

- **회상**(recall) : 현재 의식적 자각 속에 들어있지는 않지만 과거에 학습하였던 정보를 인출하는 것. 빈칸 채우기 문제는 여러분의 회상을 검증하는 것이다.
- **재인**(recognition) : 과거에 학습한 항목을 확인하는 것. 선택형 문제는 여러분의 재인을 검증하는 것이다.
- **재학습**(relearning) : 동일한 내용을 두 번 학습하거나 나중에 다시 학습할 때, 보다 신속하게 학습하는 것. 기말시험을 위해서 배운 것을 다시 살펴보거나 어린 시절에 사용하던 언어를 다시 사용하고자 할 때, 여러분은 처음에 학습할 때보다 더 용이하게 재학습하게 된다.

심리학자는 이러한 세 가지 형태의 기억을 개별적으로 측정할 수 있다. 1945년에 데이비드 웩슬러가 처음으로 개발하였고 이제는 제4판이 나와있는 웩슬러 기억검사(WMS-IV)는 기억 기능의 전반적 평가를 포함하고 있다. 세월이 많이 지나서 고등학교 동창 대부분을 회상할 수는 없더라도, 여전히 졸업앨범에서 얼굴을 재인하고 이름 목록에서 그 얼굴의 이름을 재인할 수 있다. 한 실험에서 보면, 25년 전에 졸업한 사람은 대부분의 옛 급우를 회상할 수 없었지만 90%

기억 정보의 저장과 인출을 통해서 시간이 경과하여도 학습한 내용을 유지하는 것

회상 괄호넣기 검사에서와 같이 학습한 정보를 인출해야만 하는 기억 측정 방법

재인 선다형 검사에서와 같이 학습한 항목을 확인만 하면 되는 기억 측정 방법

재학습 학습하였던 정보를 다시 학습할 때 절약되는 시간의 양을 평가하는 기억 측정 방법

유명한 얼굴 테일러 스위프트와 버락 오바마가 유명해지지 않았더라도, 고등학교 친구들은 이 사진을 재인할 가능성이 매우 높다.

National News/ZUMAPRESS.com/Newscom

OBAMA PRESS OFFICE/United Press International (UPI)/Newscom

의 사진과 이름을 재인할 수는 있었다(Bahrick et al., 1975). 여러분이 다른 학생들과 다르지 않다면, 백설공주 일곱 난쟁이의 이름을 회상할 수 있는 것보다 더 많은 이름을 재인할 수 있을 것이다(Miserandino, 1991).

재인기억은 인상적일 만큼 신속하고 방대하다. "친구가 새 옷을 입고 있습니까, 아니면 낡은 옷을 입고 있습니까?", "낡은 옷이요.", "이 교재를 전에 읽어본 적이 있습니까?", "아니요.", "(눈, 코, 입 등을 약간 변형시킨) 이 사람을 전에 본 적이 있습니까?", "아니요." 이러한 자질구레한 수많은 질문에 대해 입이 답을 내놓기도 전에, 마음은 그 답을 알고 있다는 사실을 알고 있다.

정보를 회상하거나 재인할 때의 반응속도가 기억의 강도를 나타내듯이, 재학습 속도도 기억을 드러낸다. 선도적인 기억 연구자이었던 헤르만 에빙하우스(1850~1909)는 이미 19세기에 무의미철자를 사용하여 이 사실을 보여주었다. 그는 무의미철자 표본을 무작위로 선정하여 연습한 다음에 스스로 검증해보았다. 그의 실험을 느껴보고 싶다면, 다음 목록(Baddeley, 1982에서 인용)을 8회에 걸쳐 큰 소리로 빠르게 읽어본 후에, 다른 곳을 보면서 회상해보라.

JIH, BAZ, FUB, YOX, SUJ, XIR, DAX, LEQ, VUM, PID, KEL, WAV, TUV, ZOF, GEK, HIW

에빙하우스는 이러한 목록을 학습한 다음 날, 철자를 거의 회상할 수 없었다. 그렇지만 완전히 망각한 것은 아니었다. 그림 8.2가 보여주는 바와 같이, 첫째 날 목록을 큰 소리로 반복한 횟수가 많을수록, 다음 날 그 목록을 재학습하는 데 필요한 시간이 줄어들었다. 언어 정보의 부가적인 되뇌기(과잉학습)가 파지를 증가시키며, 특히 연습을 시간에 걸쳐 분산하였을 때 그렇다. 학생들에게 주는 함의는 강의내용을 알게 된 후에도 되뇌기를 하는 것이 도움을 준다는 것이겠다. 휴식을 취하면서 아무것도 기억해내지 못하는 것보다는 되뇌기하고 과잉학습하는 것이 더 좋다.

명심할 사항 : 재인과 재학습하는 데 걸린 시간은 사람들이 회상할 수 있는 것보다 더 많은 것

그림 8.2

에빙하우스의 파지 곡선 에빙하우스는 첫째 날 무의미철자 목록을 더 많이 연습할수록 둘째 날 재학습하는 데 시간이 적게 걸린다는 사실을 찾아냈다. 재학습 속도는 기억 파지의 한 측정치이다(Baddeley, 1982에서 인용).

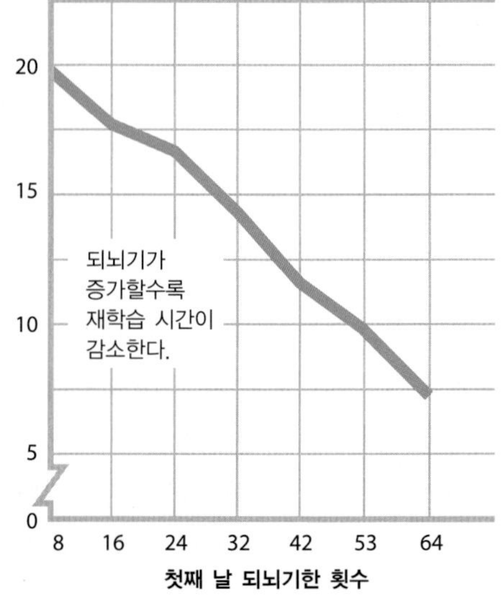

을 기억하고 있다는 사실을 보여준다.

인출 연습

RP-1 선택형 질문은 __________을 검증한다. 빈칸 채우기 질문은 __________을 검증한다.

RP-2 다가오는 시험에 대비하여 공부하고 있는 것을 기억하고 있는지 확인해보고자 한다면, 회상과 재인 중에서 어느 것을 사용하는 것이 더 좋겠는가? 그 이유는 무엇인가?

답은 부록 E를 참조

기억 모형

LOQ 8-2 기억 모형은 기억을 연구하는 데 어떤 도움을 주는가? 후속 연구는 3단계 정보처리 모형을 어떻게 업데이트하였는가?

건축가는 고객이 자신의 미래 집을 상상해보는 것을 도와주기 위하여 집 모형을 만든다. 마찬가지로 심리학자도 기억 모형을 만든다. 그러한 모형이 완벽하지는 않지만, 두뇌가 기억을 형성하고 인출하는 방식에 관하여 생각하는 것을 도와준다. 역사적으로 다양한 기억 모형이 제안되었다. 밀랍판(아리스토텔레스), '신기한 서판'(프로이트), 창고, 도서관, 전화기 스위치보드, 비디오테이프 등이 그것이다(Roediger, 1980). 오늘날의 **정보처리 모형**은 인간 기억을 컴퓨터의 작동에 비유한다. 따라서 어떤 사건을 기억해내려면, 다음의 과정을 수행하여야만 한다.

- 정보를 두뇌에 집어넣는 **부호화**(encoding) 과정
- 정보를 파지하는 **저장**(storage) 과정
- 나중에 그 정보를 끄집어내는 **인출**(retrieval) 과정

모든 유추가 그렇듯이, 컴퓨터 모형도 제한점을 가지고 있다. 인간의 기억은 컴퓨터에 비해서 덜 축어적이며 더 깨지기 쉽다. 대부분의 컴퓨터는 과제를 교대로 수행하는 경우조차도 정보를 계열적으로 처리한다. 민첩한 두뇌는 **병렬처리**(parallel processing)를 통해서 많은 일을 동시에 수행하며, 어떤 것은 무의식적으로 수행한다(제3장 참조). 정보처리 모형의 하나인 연결주의 모형은 이렇게 복잡하고 동시발생적인 처리에 초점을 맞추기 위하여 기억을 상호 연결된 신경망의 산물로 간주한다. 여러분이 무엇인가 새로운 것을 학습할 때마다, 두뇌의 신경연결이 변하며(신경가소성의 한 가지 사례이다. 제2장 참조), 끊임없이 변하는 환경과 상호작용하고 학습하게 해주는 신경회로를 형성하고 강화시킨다.

리처드 앳킨슨과 리처드 시프린(1968, 2016)은 기억 형성 과정을 설명하기 위하여 다음과 같은 3단계 정보처리 모형을 제안하였다.

1. 우선 기억해야 할 정보를 일시적인 **감각기억**(sensory memory)으로 등록한다.
2. 감각기억 정보를 처리하여 **단기기억**(short-term memory)으로 보내는데, 이곳에서는 되뇌기를 통해서 그 정보를 부호화한다.
3. 마지막으로 정보는 나중의 인출을 위하여 **장기기억**(long-term memory)으로 이동한다.

이 모형은 작업기억과 자동처리 등을 포함한 새로운 중요한 개념이 등장함에 따라서 개정되어 왔다(그림 8.3).

부호화 정보를 기억 시스템에 집어넣는 과정

저장 부호화된 정보를 오랫동안 파지하는 것

인출 기억 저장소에서 정보를 끌어내는 과정

병렬처리 자극이나 문제의 여러 측면을 동시에 처리하는 것

감각기억 기억 시스템에 감각 정보를 매우 짧은 시간 동안 기록하는 것

단기기억 전화를 거는 동안 일곱 자리 전화번호를 유지하는 것처럼 정보가 저장되거나 망각되기 전에 소수의 항목을 잠시 유지하는 활성화된 기억

장기기억 비교적 영속적이고 무제한의 기억저장 창고. 지식, 기술, 경험 등이 포함된다.

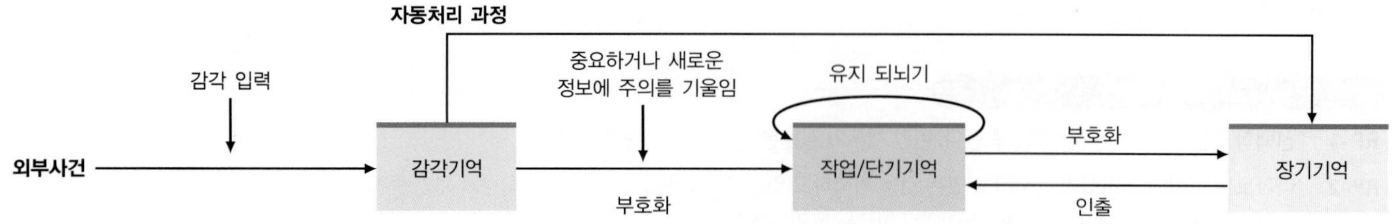

그림 8.3
기억에 대한 수정된 3단계 정보처리 모형 고전이 되어버린 앳킨슨과 시프린의 3단계 모형은 기억의 처리 과정을 생각하는 데 도움을 준다. 그렇지만 오늘날의 연구자들은 장기기억이 형성되는 다른 방법들을 인정하고 있다. 예컨대, 어떤 정보는 우리가 의식적으로 주의를 기울이지 않은 채 '뒷문'을 통해서 장기기억으로 흘러 들어간다(자동처리). 그리고 오늘날 많은 연구자가 '작업기억'이라는 용어를 선호하는 단기기억에서는 상당히 적극적인 처리가 일어난다.

자문자답하기

오늘 여러분의 기억 시스템은 무엇을 부호화하고 저장하였으며 인출하였는가?

작업기억 앳킨슨과 시프린은 단기기억을 최근의 생각과 경험을 잠시 저장하는 공간으로만 생각하였다. 앨런 배들리와 동료들(Baddeley, 2002; Barrouillet et al., 2011; Engle, 2002)은 그 생각을 확장하였다. 이들은 이 단계를 **작업기억**(working memory)이라고 부르기 시작하였다. 이 단계는 두뇌가 새로운 경험을 이해하고 기존의 장기기억과 연계시키는 적극적인 메모장을 닮았기 때문이다. "정보를 마음에 유지하면서 그 정보에 작업을 가하는 이 작업기억 시스템"(Oberauer et al., 2018)은 이전에 저장된 정보를 인출하여 처리하는 반대 방향으로도 기능하는 것이다.

작업기억은 선천성과 후천성의 영향을 받는다. 어떤 사람은 다른 사람보다 더 우수한 작업기억을 보유하고 있다(Balaban et al., 2019). 유전이 작업기억의 개인차를 절반 정도 설명하는 것으로 생각하고 있다(Blokland et al., 2011; Knowles et al., 2014). 이란성 쌍둥이에 비해서 일란성 쌍둥이가 더욱 유사한 작업기억 능력을 가지고 있다(Kremen et al., 2007). 이에 덧붙여서 실험 결과는 사람들이 훈련을 통해서 전반적인 작업기억 능력을 확장시키지 못하는 것으로 나타나고 있다. 작업기억 과제의 연습은 오직 그 과제, 그리고 밀접하게 관련된 과제에서만 수행을 증진시킨다(Redick, 2019). 그렇지만 환경도 중요하다. 스트레스 상황에 노출된 아동은 성인이 되었을 때 열등한 작업기억을 갖는 경향이 있다(Goodman et al., 2019). 일시적인 심리적 피로조차도 작업기억 능력을 감소시킬 수 있다(Garrison et al., 2019).

새로운 정보를 기존의 장기기억에 통합하고자 할 때, 주의가 초점을 맞추게 된다. 배들리 모형(2002)에서는 **중앙집행기**가 이러한 초점주의를 조정한다. 초점주의가 없으면 전형적으로 정보는 사라진다. 만일 여러분이 어떤 것을 나중에 들여다볼 수 있을 것이라고 생각하면, 주의를 적게 기울이고는 신속하게 망각한다. 한 실험에서 참가자들은 "타조의 눈은 두뇌보다 크다"와 같이 나중에 필요할 수도 있는 새로운 정보를 읽고 타이핑하였다. 참가자들이 그 정보가 온라인에서 가용하다는 사실을 알고 있었을 때는 기억하는 데 에너지를 덜 투자하였으며, 그 내용을 잘 기억해내지 못하였다(Wegner & Ward, 2013). 온라인에 존재하면 마음에서 사라지는 것이다.

지금 이 순간, 여러분의 작업기억은 읽고 있는 것을 이미 알고 있는 것과 적극적으로 연계시키고 있다(Cowan, 2010, 2016; deBettencourt et al., 2019). 만일 여러분이 '아이-스크림'을 듣고 있다면, 경험과 맥락(과자가게 또는 공포영화) 모두에 의존하여 '아이스크림(ice cream)'이나 '아이 스크림(I scream)'으로 부호화하게 된다.

대부분의 사람에 있어서, 읽은 내용은 시각을 통하여 감각기억으로 들어간 후에 작업기억으로 들어간다. 청각적 되뇌기를 사용할 수도 있다. 북캐나다의 이누이트족과 같은 집단은 젊은이들은 중요한 정보를 기억하도록 반복적인 구술역사를 사용한다. 한 가지 극적인 사례에서 보면, 여러 세대에 걸쳐 반복적으로 구전된 정보가 고고학자들이 1845년 프랭클린 탐험대의 불운하였던 선단을 찾아내는 데 결정적이었다. 그 배들은 이누이트족이 살던 마을 근처에서 침몰하였던 것이다(Neatby & Mercer, 2018). 눈이든 귀이든, 어떤 감각을 통해서 정보를 빨아들이든지 간에, 작업기억은 현명한 결정을 내리기 위하여 선행 경험을 통합하는 데 도움을 준다.

인출 연습

RP-3 작업기억 개념은 고전적인 앳킨슨-시프린 3단계 정보처리 모형을 어떻게 개정하였는가?

RP-4 작업기억의 두 가지 기본 기능은 무엇인가?

답은 부록 E를 참조

기억 부호화

이중 궤적 기억 : 통제처리 대 자동처리

LOQ 8-3 외현기억과 암묵기억은 어떻게 다른가?

앳킨슨-시프린 모형은 **외현기억**(explicit memory, 선언적 기억), 즉 의식적으로 알고 있으며 선언할 수 있는 사실과 경험을 처리하는 방식에 초점을 맞추었다. 사람들은 의식적인 **통제처리**(controlled processing, effortful processing)를 통해서 많은 외현기억을 부호화한다. 그렇지만 마음은 무의식적인 두 번째 궤적을 가지고 있다. 무대 이면에서는 다른 정보가 의식적 부호화를 뛰어넘어 직접 저장고로 들어온다. 자각하지 않은 채 일어나는 이러한 **자동처리**(automatic processing)가 적극적으로 생각하지 않은 채 알 수 있는 것들을 내놓으며(예컨대, 손에 들고 있는 쟁반의 모양), **암묵기억**(implicit memory, 비선언적 기억)도 만들어낸다.

이중 궤적의 마음은 통제처리 궤적과 자동처리 궤적 모두를 통해서 정보를 부호화하고, 파지하며, 인출하도록 도와준다. 자동처리가 암묵기억의 형성을 어떻게 지원하는지를 보는 것으로 시작해보자.

자동처리와 암묵기억

LOQ 8-4 어떤 정보를 자동적으로 처리하는가?

암묵기억은 자전거 타기와 같이 자동화된 기술에 관한 절차기억 그리고 파블로프식으로 조건형성된 자극 간의 연합 등을 포함한다. 개의 공격을 받았다면, 여러 해가 지난 후에 개가 다가올 때 조건형성된 연합을 회상하지 않고도 자동적으로 긴장하게 된다.

여러분은 의식적 노력 없이도 다음과 같은 정보를 자동적으로 처리한다.

- **공간** : 여러분은 공부하면서 특정 자극의 위치를 부호화한다. 나중에 그 정보를 회상하고자 할 때, 그 위치를 시각화할 수 있다.
- **시간** : 하루를 보내면서, 사람들은 의도하지는 않았지만 그날 있었던 사건들의 순서를 기억한다. 나중에 전화기를 어딘가에 두고 왔다는 사실을 알게 되었을 때, 두뇌가 자동적으로 부호화한 사건 순서가 그날 있었던 일의 순서를 되짚어볼 수 있게 해준다.
- **빈도** : "오늘 그녀와 마주친 것이 세 번째"라고 깨닫는 것처럼, 사람들은 어떤 일이 얼마나

작업기억 단기기억에 대한 새로운 이해로서, 들어오는 청각 정보와 시공간 정보 그리고 장기기억에서 인출된 정보의 의식적이고 적극적인 처리를 수반한다.

외현기억 의식적으로 알고 있으며 선언할 수 있는 사실과 경험의 기억 (선언기억이라고도 부른다.)

통제처리 주의와 의식적 노력이 요구되는 부호화

자동처리 공간, 시간, 빈도, 단어 의미 등과 같이 잘 학습된 정보의 무의식적 부호화

암묵기억 의식적 회상과 독립적인 학습된 기술이나 파블로프식으로 조건형성된 연합의 파지 (비선언적 기억이라고도 부른다.)

자주 일어났는지를 힘들이지 않고 기록한다.

이중 궤적의 마음은 효율적인 정보처리를 훌륭하게 수행한다. 하나의 궤적이 많은 일상적인 세부사항을 자동적으로 처리함에 따라서, 다른 궤적은 의식적이고 노력이 많이 드는 처리에 초점을 맞출 수 있는 것이다. 시각, 사고, 기억 등과 같은 심적 성취는 단일 능력인 것처럼 보이기도 하지만, 실제로는 그렇지 않다. 오히려 개별적이면서 동시적인 병렬처리를 위해서 정보를 다양한 성분으로 분할한다.

통제처리와 외현기억

자동처리는 노력을 기울이지 않은 채 일어난다. 예컨대, 택배 트럭에 여러분의 모국어로 부착된 단어를 보면, 그것을 읽고 의미를 받아들이지 않을 수 없게 된다. 읽기를 배우는 것은 자동적이지 않았다. 자모들을 찾아 특정 발음과 연결시키기 위하여 애를 썼던 사실을 기억할는지도 모르겠다. 그렇지만 경험과 연습을 통해서 여러분의 읽기는 자동화된 것이다. 이제 다음과 같이 거꾸로 적은 문장 읽기를 학습한다고 상상해보라.

.다있 수 될화동자 가리처제통 는하 야여울기 을력노

처음에는 노력이 필요하지만 충분한 연습을 하고 나면 이 과제도 자동적으로 수행할 수 있다. 사람들은 운전하기, 문자 주고받기, 새로운 언어로 말하기 등 많은 기술을 이러한 방식으로 발달시킨다.

자문자답하기

그토록 많은 기억 처리가 자동적이라는 사실에 놀랐는가? 만일 모든 기억 처리가 노력을 요구하는 통제적인 것이라면 삶이 어떨 것이라고 생각하는가?

감각기억

LOQ 8-5 감각기억은 어떻게 작동하는가?

감각기억은 적극적인 작업기억에 정보를 전달해주며(그림 8.3 참조), 일시적인 장면 이미지나 소리, 강한 냄새 등을 기록한다. 그렇지만 감각기억은 번개와 마찬가지로 찰나적이다. 얼마나 짧으냐고? 한 실험에서는 참가자들이 한 줄에 세 개씩 세 줄로 제시하는 9개의 문자를 단지 50밀리초(0.05초) 동안 보았다(그림 8.4). 9개의 문자가 사라진 후에 참가자들은 대략 절반만을 회상할 수 있었다.

K	Z	R
Q	B	T
S	G	N

➔ **그림 8.4**
순간적인 완벽한 회상

문자들을 볼 수 있는 충분한 시간이 없었기 때문인가? 그렇지 않다. 실제로 모든 문자를 보고 회상할 수 있지만, 오직 순간적으로만 그렇다. 그렇다는 사실을 아는 까닭은 조지 스펄링이 9개 문자 모두를 한 번에 회상하도록 요구하는 대신에, 문자들을 반짝 제시한 직후에 고음, 중음, 또는 저음을 들려주었기 때문이다. 소리의 음고는 각각 해당하는 상중하 열의 문자만을 보고하도록 지시하였다. 이제 세 개의 문자를 하나라도 회상하지 못하는 경우는 거의 없었으며, 이 결과는 9개 문자 모두가 일시적으로는 회상할 수 있었다는 사실을 보여주는 것이었다.

스펄링의 실험은 **영상기억**(iconic memory), 즉 시각자극의 일시적인 감각기억을 입증한 것이다. 눈은 장면의 사진과 같은 이미지 기억을 수백 밀리초 동안 등록시키며, 어느 부분이든지 놀라우리만치 상세하게 회상할 수 있다. 그렇지만 소리 신호를 500밀리초(0.5초) 이상 지연시켰을 때, 이미지는 희미해지고 기억은 어려움을 겪게 된다. 또한 사람들은 청각자극에 대해 순간적이지만 확실하게 존재하는 **반향기억**(echoic memory)도 가지고 있다(Cowan, 1988; Lu et al., 1992). 수업 중에 문자 메시지로 방해받고 있는 자신을 그려보라. 약간 짜증 난 교수가 "내가 방금 뭐라고 그랬지?"라고 물어봄으로써 주의를 환기시키면, 여러분은 마음의 반향기억에서 마지막 몇 단어를 복구시킬 수 있다. 청각 반향은 3~4초가량 남아있는 경향이 있다.

영상기억 시각자극의 순간적인 감각기억. 300밀리초도 지속되지 않는다.

반향기억 청각자극의 순간적인 감각기억. 주의가 다른 곳에 주어졌더라도, 소리와 단어는 3~4초 정도 유지되고 회상될 수 있다.

단기기억 용량

LOQ 8-6 단기기억 용량은 얼마나 되는가?

단기기억 그리고 그 단기기억의 적극적인 처리 관리자인 작업기억은 사람들이 잠시 파지할 수 있는 것을 지칭한다. 이러한 중간 단계에서 유지할 수 있는 정보의 한계는 무엇인가?

조지 밀러(1956)는 단기기억에 대략 7개 정도(여기에 2개를 더하거나 뺀 정도)의 정보를 파지할 수 있다고 제안하였다. 밀러가 제안한 마법의 수 7은 일곱 가지 불가사의, 일곱 대양, 칠거지악, 무지개의 일곱 가지 기본색, 한 옥타브의 일곱 계음, 한 주의 칠 일 등 수많은 마법적인 일곱 개에 대한 심리학의 공헌이다.

2012년 심리학자 조지 밀러가 서거한 후에, 그의 딸은 그가 즐기던 골프에서 최고의 순간을 다음과 같이 회상하였다. "생애 처음이자 마지막 홀인원을 77세에, 7번 홀에서 7번 아이언을 가지고 해냈지요. 아버지는 7이라는 숫자를 사랑하셨답니다"(Vitello, 2012에서 인용).

다른 연구는 만일 방해자극이 존재하지 않는다면, 사람들이 대략 일곱 개의 정보를 회상할 수 있음을 확증한다. 그렇지만 그 숫자는 과제에 따라 변한다. 대략 여섯 개 문자 그리고 다섯 개의 단어를 회상하는 경향이 있다(Baddeley et al., 1975; Cowan, 2015). 그리고 단기기억은 얼마나 빠르게 사라지는가? 이 물음에 답하기 위하여 로이드 피터슨과 마거릿 피터슨(1959)은 참가자들에게 CHJ와 같은 3개의 영어 자음을 기억하도록 요구하였다. 되뇌기를 차단하기 위하여 참가자들에게 예컨대, 100부터 시작하여 3씩 뺀 결과를 큰 소리로 말하도록 요구하였다. 3초 후에 참가자들은 단지 절반 정도만을 회상하였으며, 12초가 지난 후에는 거의 회상하지 못하였다(그림 8.5). 오늘날 '작업기억' 개념의 한 부분으로 이해하고 있는 적극적 처리를 하지 않는다면, 단기기억은 짧은 시한부 인생과 같다.

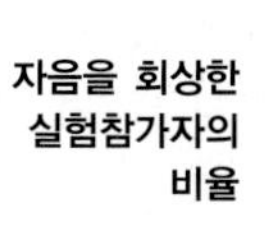

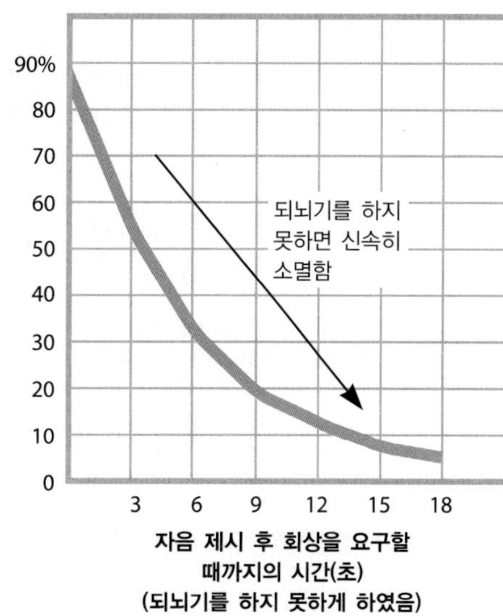

그림 8.5
단기기억 소멸 되뇌기를 하지 못하게 하면, 언어 정보는 곧 망각된다(Peterson & Peterson, 1959의 데이터; Brown, 1958 참조).

작업기억 용량은 연령을 비롯한 다른 여러 요인에 따라서 차이를 보인다. 아동이나 노인보다 젊은 성인의 작업기억 용량, 즉 정보를 처리하는 동안 다양한 항목을 다루는 능력이 더 크다(Bopp & Verhaeghen, 2020; Jaroslawska & Rhodes, 2019). 이러한 능력은 젊은 성인이 정보를 보다 잘 파지하고 문제를 창의적으로 해결하도록 도와준다(De Dreu et al., 2012; Fenn & Hambrick, 2012; Wiley & Jarosz, 2012). 그렇지만 과제 전환은 작업기억을 감소시키기 때문에, 방해받지 않은 채 한 번에 한 과제에만 주의를 집중하면 보다 효과적으로 작업할 수 있다(Steyvers et al., 2019). **명심할 사항** : 주의를 이리저리 교대하면서, 동시에 텔레비전을 시청하고, 친구와 문자를 주고받으며, 심리학 과제물을 작성하려는 것은 형편없는 생각이겠다!(Willingham, 2010).

작업기억 용량은 지능 수준을 반영하는 것으로 보인다(Cowan, 2008; Shelton et al., 2010). 알파벳의 한 문자를 보고 나서 간단한 질문에 답하고, 다시 또 다른 문자를 보고 나서 다른 질문에 답하는 과정을 계속한다고 상상해보라. 이러한 실험에서, 방해에도 불구하고 많은 문자를 기억해낼 수 있는 사람은 일상생활에서 높은 지능과 주의집중 능력을 보이는 경향이 있다(Kane et al., 2007; Unsworth & Engle, 2007). 이 사람들은 다양한 시점에서 버저소리로 문자를 회상할 것을 알려주었을 때, 자신의 마음이 이리저리 방황하고 있었다고 보고할 가능성이 낮았다.

인출 연습

RP-5 자동처리와 통제처리 간의 차이는 무엇인가? 각 처리의 예에는 어떤 것이 있는가?

RP-6 영상기억과 반향기억은 앳킨슨-시프린의 세 기억 단계 중 어디에서 일어나는가?

답은 부록 E를 참조

통제처리 전략

LOQ 8-7 새로운 정보를 기억하는 데 도움을 줄 수 있는 통제처리 전략에는 어떤 것이 있는가?

여러 가지 통제처리 전략이 새로운 기억을 형성하는 능력을 고양시킨다. 나중에 어떤 기억을 인출하고자 시도할 때, 이러한 전략이 성공과 실패 간의 차이를 만들어낼 수 있다.

청크 만들기 그림 8.6의 1번 항목을 몇 초 동안 응시한 후에 다른 곳을 보면서 보았던 것을 재생하고자 시도해보라. 불가능하지 않은가? 그렇지만 2번 항목은 덜 복잡한 것도 아닌데 쉽게 재생할 수 있다. 마찬가지로 4번과 6번 항목은 동일한 문자들을 포함하고 있는 3번과 5번보다 기억해내기 훨씬 용이하다. 이것이 예증하는 바와 같이, 정보의 **청크 만들기**(chunking), 즉 항목들을 친숙하고 대처할 수 있는 더 큰 단위로 체제화하는 것은 보다 용이하게 회상할 수 있게 해준다(Thalmann et al., 2019). 26개의 개별 숫자와 글자를 기억해내고자 시도해보라. "26개의 개별 숫자와 글자를 기억해낼 수 있겠는지 시도해보라."와 같이, 8개의 의미 있는 청크로 만들지 않는다면 불가능할 것이다. ☺

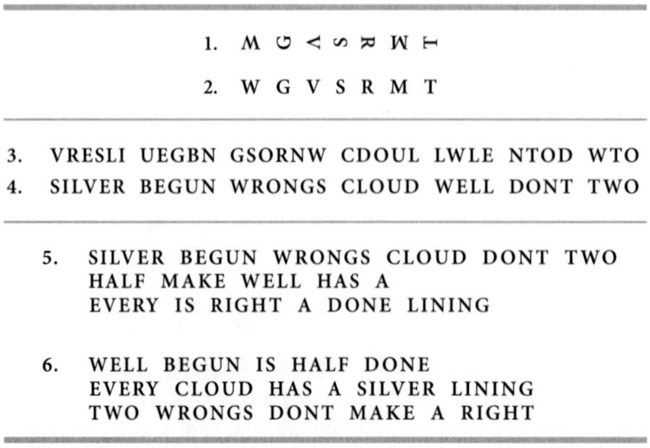

1. M G V S R M T
2. W G V S R M T

3. VRESLI UEGBN GSORNW CDOUL LWLE NTOD WTO
4. SILVER BEGUN WRONGS CLOUD WELL DONT TWO

5. SILVER BEGUN WRONGS CLOUD DONT TWO
HALF MAKE WELL HAS A
EVERY IS RIGHT A DONE LINING

6. WELL BEGUN IS HALF DONE
EVERY CLOUD HAS A SILVER LINING
TWO WRONGS DONT MAKE A RIGHT

그림 8.6
청크 만들기 효과 정보를 문자, 단어, 구 등과 같이 의미 있는 단위로 체제화하는 것은 그 정보를 더욱 용이하게 회상하도록 도와준다(Hintzman, 1978).

청크 만들기는 자연스럽게 발생하기 때문에 당연한 것처럼 받아들인다. 만일 여러분의 모국어가 영어라면, 그림 8.6의 6번에 나와있는 세 개의 구절에 들어있는 단어들의 성분인 150개 이상의 획을 완벽하게 재생할 수 있을 것이다. 영어에 친숙하지 않은 사람에게는 이것이 놀라움으로 다가올 것이다. 마찬가지로 중국인이 그림 8.7을 얼핏 들여다보고는 모든 획을 재생할 수 있는 능력이나 농구경기 장면을 4초간 살펴보고는 모든 선수의 위치를 회상할 수 있는 대학 농구선수의 능력도 놀랍다(Allard & Burnett, 1985). 모든 사람은 정보를 개인적으로 의미 있는 배열로 체제화시킬 수 있을 때 가장 잘 기억하게 된다.

기억술 고대 그리스 학자와 웅변가는 긴 이야기와 연설내용을 부호화하는 데 도움을 받기 위하여 **기억술**(mnemonics)을 발달시켰다. 많은 기억 보조수단이 선명한 심상을 사용하는 까닭은 사람들이 심적 사진, 즉 심상을 기억하는 데 특히 유능하기 때문이다. 사람들은 추상 단어보다 구체적이고 시각화할 수 있는 단어를 더 용이하게 기억한다(Akpinar & Berger, 2015). 만일 여러분이 아직도 앞부분에 나왔던 돌을 던지는 폭도들에 관한 문장을 회상할 수 있다면, 그 이유는 여러분이 부호화한 의미 때문만이 아니라 그 문장의 심상을 형성하였기 때문이기도 할 것이다.

기억의 명인은 이러한 시스템의 위력을 이해하고 있다. 세계 기억 챔피언 대회에서 뛰어난 성과를 내는 사람은 일반적으로 이례적인 지능을 가지고 있는 것이 아니라 기억술 전략을 사용하는 데 뛰어난 것이다(Maguire et al., 2003b). 자신의 평범한 기억력에 좌절감을 느낀 과학작가 조슈아 포어는 자신이 기억력을 얼마나 증진시킬 수 있는지를 알아보고자 하였다. 1년에 걸쳐 집중 훈련을 한 후에 미국 기억 챔피언 대회에서 우승하였는데, 52장의 플레잉 카드의 순서를 2분 안에 기억해냈던 것이다. 포어는 어떻게 한 것인가? 그는 친숙한 장소인 어릴 적에 살던 집의 기억에 선명한 세부사항을 첨가하였다. 그렇게 함으로써 무작위 순서로 제시되는 각 카드를 머릿속에서 선명한 그림과 짝 지을 수 있었다. 자신의 자연스러운 기억 실험의 참가자로서 그는 마음속에서 예쁜 그림에 색칠하기의 위력을 학습하였던 것이다.

청크 만들기와 기억술 기법을 결합하면 친숙하지 않은 자극에 대한 상당한 기억 보조수단이 될 수 있다. 태양으로부터의 거리 순서로 행성들의 영어 이름을 기억해내고 싶은가? "My Very Educated Mother Just Served Us Noodls"(Mercury, Venus, Earth, Mars, Jupiter, Saturn, Uranus, Neptune)라는 문장을 생각하라. 미국 5대호의 이름을 기억할 필요가 있는가? 그저 HOMES(Huron, Ontario, Michigan, Erie, Superior)를 기억하라. 각 경우에 기억해야 할 단어들의 첫 번째 문자(두문자어)로 문장이나 단어를 만들어서 정보를 친숙한 형태의 청크로 만드는 것이다.[1]

위계 한 영역에서 전문성을 획득할 때, 사람들은 정보를 청크로 처리할 뿐만 아니라 위계로도 처리하는데, 위계에서는 소수의 광의적 개념이 협의적 개념들로 분할되고 재분할되어 종내 개별 사실에 이르게 된다. (뒤에서 보게 될 그림 8.11은 기억의 자동처리 시스템과 통제처리 시스템의 위계를 보여주고 있다.) 고든 바우어와 그의 동료들(1969)이 실험참가자들에게 단어들을 무작위로 제시하거나 범주로 유목화하여 제시함으로써 입증한 바와 같이, 정보를 위계적으로 체제화하는 것은 정보를 효율적으로 인출하도록 도와준다. 단어들을 범주로 체제화하였을 때에는 회상이 두세 배나 좋았다. 이러한 결과는 공부할 때 체제화가 갖는 이득을 보여준다. 즉, 각 장의 개요, 제목, (이 책의 경우에는) 번호를 붙인 학습목표 물음(LOQ) 등에 특별히 주의를 기울이는

1 한국어에서는 첫음절을 연결시키는 방법을 많이 사용한다. 행성의 경우에는 '수금지화목토천해', 무지개의 경우에는 '빨주노초파남보'를 반복하는 것이다. 여기에 운율을 덧붙이면 더 효과적일 수 있다. 예컨대, 조선왕조 역대 왕을 순서대로 기억하기 위해서 '태정태세문단세…'를 '할미꽃'과 같은 동요에 붙여 외우기도 한다._역자 주

春
夏
秋
冬

그림 8.7
청크 만들기의 예 이 글자들을 들여다본 후에 똑같이 쓸 수 있겠는가? 만일 그렇다면, 여러분은 한자를 읽을 줄 아는 것이다.

청크 만들기 항목들을 친숙하고 처리 가능한 단위로 체제화하는 것. 자동적으로 일어나기 십상이다.

기억술 선명한 심상과 체제화 도구를 사용하는 기억 지원 기법

간격두기 효과 집중적인 공부나 연습보다 분산된 공부나 연습이 더 우수한 장기 파지를 초래하는 경향성

검증 효과 정보를 단순히 읽어보기만 하는 것보다는 인출을 시도한 후에 기억이 증진되는 효과. 때로는 인출 연습 효과 또는 검증 고양 학습이라고도 부른다.

얕은 처리 단어의 구조나 외형에 근거한 기본 수준에서의 부호화

깊은 처리 단어의 의미에 근거하여 부호화하는 것. 최선의 파지를 보이는 경향이 있다.

것이 많은 이점을 갖는다. 강의를 들으면서 개관 형식으로 노트필기를 하는 것도 일종의 위계적 체제화로서 도움을 줄 수 있다.

자문자답하기

여러분이 기억해내고자 시도하고 있는 자료를 체제화하기 위하여 위계를 어떻게 사용해왔는가? 이 절에 대해서는 어떻게 하겠는가?

분산훈련

LOQ 8-8 분산훈련, 심층처리, 새로운 자료를 개인적으로 의미 있는 것으로 만드는 것이 기억에 어떤 도움을 주는가?

정보의 부호화를 여러 시간대에 걸쳐 분산시키면, 그 정보를 더 잘 파지하게 된다. 실험결과는 이러한 **간격두기 효과**(spacing effect)의 이점을 일관성 있게 보여주었다(Cepeda et al., 2006; Soderstrom et al., 2016). 집중훈련(벼락치기 공부)은 신속한 단기 학습과 자신감을 초래할 수 있다. 그렇지만 선구적인 기억 연구자인 헤르만 에빙하우스(1885)의 표현을 빌리면, 신속하게 학습한 자는 신속하게 망각한다. 분산훈련이 보다 우수한 장기 회상을 초래한다. 어떤 정보를 숙달하기에 충분한 시간 동안 학습한 후에, 계속해서 공부하는 것은 효율적이지 않다. 가외적 공부시간을 나중에 투자하는 것이 좋다. 만일 어떤 것을 10일 동안 기억할 필요가 있다면 하루가 지난 후에, 6개월 동안 기억할 필요가 있다면 한 달 후에 다시 공부하는 것이 좋다(Cepeda et al., 2008). 간격두기 효과는 심리학에서 가장 신뢰할 수 있는 결과 중의 하나이며, 운동기술과 온라인 게임 수행에까지 확대된다(Stafford & Dewar, 2014). 기억 연구자 헨리 뢰디거(2013)는 이렇게 요약하고 있다. "수백 편의 연구는 분산훈련이 보다 안정적인 학습으로 이끌어간다는 사실을 보여주었다."

"학습하는 데 오랜 시간이 걸렸던 것을 마음에서 없애는 데는 더 오랜 시간이 걸린다." 로마 철학자 세네카

연습을 분산시키는 한 가지 효과적인 방법은 반복적인 자기검증인데, 헨리 뢰디거와 제프리 카피키(2006, 2018)는 이 현상을 **검증 효과**(testing effect)라고 부른다. 검증은 학습한 것을 평가하는 것 이상의 역할을 담당한다. 즉, 학습을 증진시킨다(Pan & Rickard, 2018). 이 책에서는 인출 연습 문제와 학습내용 숙달하기를 포함한 개관 절이 학습과 기억을 증진시킬 기회를 제공하고 있다. 단순히 내용을 다시 읽는 것(숙달했다는 잘못된 느낌의 유혹에 빠질 수 있다)보다는 인출을 연습하는 것(시험을 보는 것과 같은 것이다)이 더 좋다. 뢰디거(2013)는 이렇게 설명하고 있다. "학생들이 공부할 때 자주 사용한다고 보고하는 두 가지 기법, 즉 밑줄 긋기와 다시 읽기는 비효과적인 것으로 밝혀져왔다. 인출 연습(또는 검증)이 공부를 위한 강력하고도 보편적인 전략이다." 또 다른 기억 전문가가 설명하고 있는 것처럼, "우리가 회상한 것이 더욱 회상 가능해진다"(Bjork, 2011). 강의시간마다 퀴즈를 보는 것이 심리학개론 수강생의 성적을 높인다는 사실은 당연한 것이겠다(Batsell et al., 2017; Pennebaker et al., 2013).

명심할 사항 : 분산학습과 자기평가가 벼락치기 공부나 다시 읽어보는 것을 압도한다. 연습이 완벽하게 만들어주지는 않겠지만, 현명한 연습, 즉 자기검증을 수반한 되뇌기를 반복하는 것은 오랫동안 지속하는 기억을 만들어준다.

처리 수준 기억 연구자들은 사람들이 언어 정보를 상이한 수준에서 처리하며, 처리 깊이가 장

표 8.1

상이한 수준의 처리를 유발하는 질문	보여준 단어	그렇다	아니다
매우 얕은 수준 : 이 단어의 활자가 고딕체인가?	의자	______	______
얕은 수준 : 이 단어는 '의성어'와 운율이 같은가?	합성어	______	______
깊은 수준 : 단어가 다음 문장에 적합한가? 소녀가 탁자에 ________을 놓았다.	퍼즐	______	______

기파지에 영향을 미친다는 사실을 밝혀왔다. **얕은 처리**(shallow processing)는 단어의 문자와 같이 아주 기본적인 수준에서 또는 단어의 발성과 같이 중간 수준에서 정보를 부호화한다. 따라서 'their' 대신에 'there', 'right' 대신에 'write', 'too' 대신에 'two'라고 쓸 수 있다.[2] **깊은 처리**(deep processing)는 단어의 의미에 근거하여 의미적으로 정보를 부호화한다. 처리가 깊을수록(의미적일수록), 파지가 우수하다.

사건을 기억할 만한 것으로 만들기 검증 효과를 여러분 자신의 공부에 어떻게 적용할 것인지 알아보려면, tinyurl.com/HowToRemember에서 5분짜리 동영상을 보라.

퍼거스 크레이크와 엔델 툴빙(1975)은 이미 고전이 된 실험에서 참가자들에게 단어들을 화면에 비춰주었다. 그런 다음에 상이한 처리 수준을 유발하는 질문을 던졌다. 여러분 스스로 과제를 경험하고 싶다면, 표 8.1의 질문에 신속하게 답해보아라.

어떤 유형의 처리가 한 번 보여주었던 단어를 나중에 재인하는 데 가장 큰 도움이 되겠는가? 크레이크와 툴빙의 실험에서는 세 번째 질문이 유발하는 상대적으로 깊은 처리인 의미부호화가 두 번째 질문이 유발하는 상대적으로 얕은 처리나 첫 번째 질문이 유발하는 특히 비효율적인 매우 '얕은 처리'보다 더 우수한 기억 성과를 보여주었다.

내용을 개인적으로 의미 있는 것으로 만들기 만일 새로운 정보가 의미적이지 않거나 경험과 관련된 것이 아니라면, 그 정보를 처리하는 데 애를 먹게 된다. 다음과 같은 이야기를 녹음하여 들려주고 기억하도록 요구받았던 실험참가자의 입장이 되어보자.

> 실제로 절차는 지극히 간단하다. 우선 물건들을 여러 묶음으로 분류한다. 물론 해야 할 일이 얼마나 되는지에 따라서 한 묶음으로도 충분할 수 있다… 절차가 완료된 후에 물건들을 다시 서로 다른 묶음으로 분류한다. 그렇게 하면 그것들을 적절한 장소에 넣어둘 수 있다. 결국 그것들을 다시 한번 사용할 것이며 전체 사이클을 반복할 수밖에 없다. 아무튼 이것도 삶의 한 부분이다.

위의 문단을 아무런 맥락도 없이 들었을 때는 참가자들이 거의 아무것도 기억해내지 못하였다(Bransford & Johnson, 1972). 다른 참가자에게는 이 문단이 세탁기로 옷을 빠는 이야기라고 말해주었더니(참가자들에게 의미 있는 일이다), 여러분이 지금 다시 읽고 난 후에 할 수 있는 것처럼, 훨씬 많은 것을 기억해냈다.

여러분은 이 장의 첫 부분에서 제시하였던 폭도에 관한 문장을 반복할 수 있는가? 아마도 윌

---

2 한국어에서는 연음법칙(걸음 대 거름)이나 자음접변(맛나다 대 만나다) 등으로 인해서 소리 나는 대로 적어서 오류를 범하는 경우가 많다._역자 주

리엄 브루어(1977)의 실험에 참가하였던 참가자들과 마찬가지로, 여러분도 그 문장을 읽을 때 부호화한 의미는 회상할 수 있겠지만, 문장 그대로를 회상하지는 못할 것이다. 어떤 연구자들은 이러한 심적 비대응을 지칭하면서, 마음을 대본에 따라서 완성된 무대를 상상하는 연극의 무대 감독에 비유해왔다(Bower & Morrow, 1990). 나중에 듣거나 읽은 것을 회상하도록 요청하면, 사람들은 문자 그대로의 대본을 회상하는 것이 아니라 부호화한 것을 회상한다. 따라서 시험을 위하여 공부할 때, 여러분은 강의 자체보다는 강의 노트를 기억해내게 된다.

읽고 듣는 것을 의미 있는 용어들로 다시 표현함으로써 경험한 것과 기억하는 것의 불일치를 피해 갈 수 있다. 에빙하우스는 자신을 대상으로 수행한 실험을 통해서, 무의미 자료를 학습하는 것과 비교할 때 의미 있는 자료의 학습은 1/10의 노력으로 충분하다고 추정하였다. 기억 연구자 웨인 위켈그렌(1977, 346쪽)이 지적한 것처럼, "여러분이 읽고 있는 자료에 대해 생각하고 이미 저장된 자료와 관련짓기 위해서 사용하는 시간은 어떤 것이든 새로운 주제를 학습하는 데 있어서 할 수 있는 가장 유용한 것이다."

심리학자이자 배우인 헬가 노이스와 토니 노이스(2006)는 배우가 '대사의 모든 것'을 학습하는 위압적인 과제에 어떻게 의미를 삽입하는 것인지를 기술한 바 있다. 우선 의미의 흐름을 이해하는 것으로부터 시작한다. "한 배우는 반 페이지에 해당하는 대사를 세 가지 의도, 즉 '그에게 알랑거리기', '그를 꾀어서 비밀을 털어놓게 만들기', '그의 두려움을 달래주기'로 분할하였다." 이렇게 의미 있는 순서를 염두에 둠으로써 대사를 보다 용이하게 기억하게 된다.

대부분의 사람은 자신과 의미 있게 연관시킬 수 있는 정보를 특히 잘 회상한다. 특정 형용사가 어떤 사람을 얼마나 잘 기술하는지를 판단한 후에는 그 형용사를 망각하기 십상이다. 그렇지만 자기 자신을 얼마나 잘 기술하는지를 판단한 후에는 그 형용사를 잘 기억하게 된다. 사람들은 비밀번호를 기억하기 위하여 자기 관련 정보를 사용한다(Taylor & Garry, 2019). **자기참조 효과**라고 부르는 이 현상은 특히 개인주의적 서양문화 구성원에게서 강하다(Jiang et al., 2019; Symons & Johnson, 1997). 반면에 집단주의적 동양문화 구성원은 자기 관련 정보와 가족 관련 정보를 똑같이 잘 기억하는 경향이 있다(Sparks et al., 2016). 이 사실을 알았으니, 어떤 사람은 '자신과 관련된' 정보를 가장 잘 기억하는 반면, 다른 사람은 '가족과 관련된' 정보도 잘 기억하는 까닭을 이해할 수 있다.

명심할 사항 : 공부하고 있는 것에서 개인적 의미를 찾는 데 시간을 할애함으로써 도움을 받을 수 있다.

인출 연습

RP-7 벼락치기 공부, 반복적 읽기, 학습을 여러 시간대에 걸쳐 분산하고 스스로 반복적으로 검증해보는 것 중에서 어느 전략이 장기적 파지에 더 좋은가?

RP-8 학습하고 있는 내용을 개인적으로 의미 있는 것으로 만들고자 시도한다면, 여러분은 얕은 처리를 하는 것인가, 아니면 깊은 처리를 하는 것인가? 어느 수준이 보다 우수한 파지로 이끌어가는가?

답은 부록 E를 참조

개관 기억 연구와 부호화

학습목표

자기검증 개념 파악을 증진시키도록 (부록 D의 답을 확인해보기에 앞서) 여러분 자신의 표현으로 여기서 반복하는 학습목표 물음에 답해보라 (McDaniel et al., 2009, 2015).

LOQ 8-1 기억이란 무엇인가? 어떻게 기억을 측정하는가?

LOQ 8-2 기억 모형은 기억을 연구하는 데 어떤 도움을 주는가? 후속 연구는 3단계 정보처리 모형을 어떻게 업데이트하였는가?

LOQ 8-3 외현기억과 암묵기억은 어떻게 다른가?

LOQ 8-4 어떤 정보를 자동적으로 처리하는가?

LOQ 8-5 감각기억은 어떻게 작동하는가?

LOQ 8-6 단기기억 용량은 얼마나 되는가?

LOQ 8-7 새로운 정보를 기억하는 데 도움을 줄 수 있는 통제처리 전략에는 어떤 것이 있는가?

LOQ 8-8 분산훈련, 심층처리, 새로운 자료를 개인적으로 의미 있는 것으로 만드는 것이 기억에 어떤 도움을 주는가?

기억해야 할 용어와 개념들

자기검증 여러분 자신의 표현으로 정의를 적어본 후에 답을 확인해보라.

간격두기 효과	깊은 처리	암묵기억
감각기억	단기기억	얕은 처리
검증 효과	반향기억	영상기억
기억	병렬처리	외현기억
기억술	부호화	인출
자동처리	재인	청크 만들기
작업기억	재학습	통제처리
장기기억	저장	회상

학습내용 숙달하기

자기검증 여러분 자신의 표현으로 다음 물음에 답한 후에 부록 E에서 답을 확인해보라.

1. 몇 분 전에 보았던 대상들을 가능한 한 많이 적어보도록 요구하는 심리학자는 여러분의 ________을 검증하고 있는 것이다.

2. 정보를 받아들이고 파지하며 나중에 끄집어내는 것에 대한 심리학 용어는 각각 ________, ________, ________이다.

3. 다음 중에서 작업기억 개념에 해당하는 것은 어느 것인가?

a. 적극적 처리에 초점을 맞춤으로써 단기기억이라는 생각을 명확하게 만든다.

b. 단기기억을 감각기억과 영상기억이라는 두 하위 단계로 분할한다.

c. 단기기억을 암묵기억과 외현기억이라는 두 영역으로 분할한다.

d. 시간, 공간, 빈도에 초점을 맞춤으로써 단기기억이라는 생각을 명확하게 만든다.

4. 감각기억은 시각적이거나(________기억) 청각적일 수 있다 (________기억).

5. 새로운 정보에 대한 단기기억은 대략 ________항목으로 제한된다.

6. 시각 심상을 사용하거나 두문자어와 같은 체제화 도구를 사용하는 기억 보조수단을 ________이라고 부른다.

기억 저장과 인출

기억 저장

LOQ 8-9 장기기억의 용량은 얼마나 되는가? 장기기억은 두뇌의 특정 위치에서 처리하고 저장하는가?

아서 코넌 도일의 작품 **주홍색 연구**에서 셜록 홈스는 기억용량에 대한 통속 이론을 제안한다.

의미기억 사실과 일반지식의 외현기억. 두 개의 의식적 기억 시스템 중의 하나이다(다른 하나는 일화기억이다).

일화기억 개인적 경험의 외현기억. 두 개의 의식적 기억 시스템 중의 하나이다(다른 하나는 의미기억이다).

해마 변연계에 자리 잡고 있으며, 외현기억을 처리하여 저장하는 데 도움을 주는 신경중추

기억 응고화 장기기억의 신경 저장

> 나는 사람의 두뇌가 원래 작은 빈 다락방과 같으며, 선택하는 가구로 채워넣어야만 하는 것이라고 생각한다… 이 작은 방이 신축성 있는 벽으로 만들어져서 한없이 확장될 수 있다고 생각하는 것은 잘못이다. 그렇기 때문에 지식이 더해질 때마다 이미 알고 있던 무엇인가를 망각해야 하는 시점이 오게 된다.

홈스의 '기억 모형'과는 정반대로, 두뇌는 일단 다 채워지면 옛것을 버려야만 새로운 것을 집어넣을 수 있는 다락방과 같은 것은 절대 아니다. 장기기억의 저장용량은 근본적으로 무한하다. 한 연구팀은 두뇌의 신경망을 연구한 후에 그 저장용량을 '월드와이드웹(www)의 공간'과 같은 것으로 추정하였다(Sejnowski, 2016).

두뇌에 정보를 파지하기

저자(마이어스)는 은퇴한 피아니스트이자 오르가니스트인 장모님에게 경탄을 금치 못한다. 88세 때 장모님은 눈이 나빠져서 악보를 더 이상 볼 수 없었다. 그렇지만 건반 앞에 앉기만 하면 20년 동안 한 번도 생각해보지 않았던 노래를 포함하여 수많은 찬송가를 깔끔하게 연주할 수 있었다. 장모님의 두뇌 어디에 이렇게 많은 악보가 저장되어 있는 것일까?

한때 몇몇 신경외과 의사와 기억 연구자는 수술 중에 두뇌를 자극해봄으로써 환자의 선명한 듯 보이는 기억을 기록하였다. 이 기록은 연습을 많이 하였던 음악뿐만 아니라 전체 과거가 온전한 모습으로 두뇌에 들어있으며 재활성화되기만을 기다리고 있다는 사실을 입증한 것인가? 면밀하게 분석한 결과, 되살아난 것처럼 보이는 기억은 부활한 것이 아니라 만들어진 것으로 나타났다(Loftus & Loftus, 1980). 심리학자 칼 래슐리(1950)는 기억이 두뇌의 특정 영역에 자리 잡고 있는 것이 아니라는 사실을 입증하기 위하여, 쥐에게 미로학습을 시킨 후에 두뇌피질의 일부분을 제거하고 기억을 검사하였다. 피질영역의 어디를 얼마만큼 제거하느냐에 관계없이 쥐는 미로학습에 대한 기억을 적어도 부분적으로는 파지하고 있었다. 기억은 두뇌에 기반하지만, 두뇌는 기억 성분을 여러 위치에 걸쳐있는 신경망에 분산시켜 놓는다. 이러한 특정 위치에는 원래의 경험에 수반되었던 몇몇 회로가 포함된다. 어떤 것을 경험할 때 흥분하는 두뇌세포는 그것을 회상할 때도 흥분한다(Miller, 2012a; Miller et al., 2013).

명심할 사항 : 두뇌가 엄청난 저장능력을 가지고 있지만, 도서관이 책을 특정한 위치에 소장하는 것처럼 정보를 저장하는 것은 아니다. 오히려 기억을 형성하는 정보를 부호화하고 저장하며 인출할 때 두뇌의 많은 부분이 상호작용한다.

"기억은 융통성이 있으며, 중첩시킬 수 있고, 파노라마처럼 펼쳐지는, 분필과 지우개가 끊임없이 공급되는 흑판이다."
엘리자베스 로프터스와 캐서린 케첨, 『우리 기억은 진짜 기억일까?』(1994)

외현기억 시스템 : 전두엽과 해마

LOQ 8-10 기억 처리에서 전두엽과 해마의 역할은 무엇인가?

외현적이고 의식적인 기억은 **의미적**(semantic, 사실과 일반지식)이거나 **일화적**(episodic, 경험한 사건)이다. 사실과 일화에 대한 새로운 외현기억을 처리하고 저장하는 신경망은 전두엽과 해마를 포함한다. 과거 경험의 심적 복사물을 소환할 때, 많은 두뇌영역이 작업기억 처리를 위하여 전전두엽(전두엽의 앞부분)에 정보를 보낸다(de Chastelaine et al., 2016; Michalka et al., 2015). 좌측 전두엽과 우측 전두엽은 상이한 유형의 기억을 처리한다. 예컨대, 비밀번호를 회상하고 그 정보를 작업기억에 유지하는 것은 좌측 전두엽을 활성화시킨다. 파티 장면을 시각적으로 떠올리는 것은 우측 전두엽을 활성화시킬 가능성이 더 크다. 그리고 일화기억이 남자보다 뛰어난 여자

가 파티에서 일어났던 일을 정확하게 기억해낼 가능성이 더 크다(Asperholm et al., 2019).

인지신경과학자는 변연계에 자리 잡고 있는 측두엽 신경중추인 **해마**(hippocampus)가 외현기억을 위한 '저장하기' 버튼에 해당한다는 사실을 발견하였다(그림 8.8). 아동이 성숙함에 따라 해마도 성장하여 상세한 기억을 구축할 수 있게 해준다(Keresztes et al., 2017). 두뇌 영상은 사람들이 이름, 이미지, 사건 등의 외현기억을 형성할 때, 해마와 그 주변 신경망의 활성화를 보여준다(Norman et al., 2019; Terada et al., 2017).

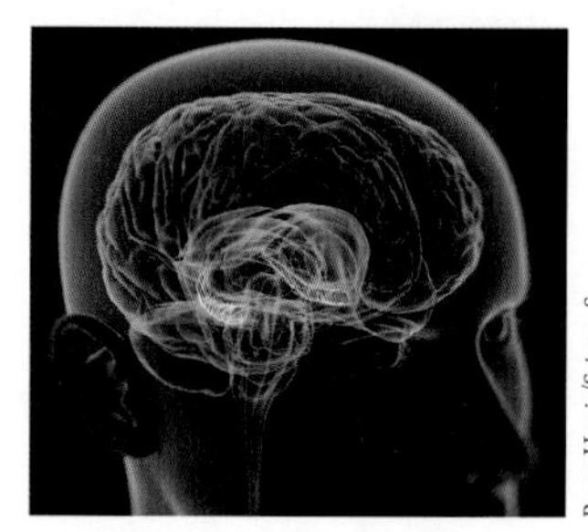

Roger Harris/Science Source

그림 8.8
해마 사실과 일화에 관한 외현기억은 해마(주황색 구조)에서 처리되어 저장을 위해 다른 두뇌영역으로 전달된다.

따라서 이 구조의 손상은 외현기억의 형성과 회상을 와해시킨다. 북미산 박새를 비롯한 몇몇 종류의 새는 해마를 제거하더라도 계속해서 수백 개의 장소에 먹이를 저장하지만, 나중에 그 먹이를 찾아낼 수가 없다(Kamil & Cheng, 2001; Sherry & Vaccarino, 1989). 좌측 해마가 손상된 사람은 언어 정보를 기억하는 데 어려움을 겪지만, 시각 디자인과 장소를 회상하는 데는 아무런 어려움이 없다. 우측 해마가 손상된 경우에는 문제가 역전된다(Schacter, 1996).

해마는 복잡한 구조이며, 하위영역들은 상이한 기능을 담당한다. 한 부분은 사람이나 쥐가 사회적 정보를 학습할 때 활성화된다(Okuyama et al., 2016; Zeineh et al., 2003). 또 다른 부분은 기억 챔피언이 공간 기억술을 사용할 때 활성화된다(Maguire et al., 2003a). 공간기억을 처리하는 뒤쪽 부분은 런던의 택시 운전사들이 미로 같은 거리를 운행함에 따라서 더 커진다(Woolett & Maguire, 2011).

Tim Zurowski/All Canada Photos

해마 영웅 기억 챔피언이 될 만한 동물 중 하나는 산갈가마귀이다. 이 새는 겨울과 봄 동안에 자신이 묻어두었던 6,000개 이상의 잣을 찾아낼 수 있다(Gould et al., 2013; Shettleworth, 1993).

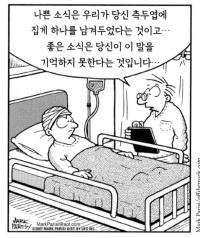

기억이 해마에 영원히 저장되는 것은 아니다. 오히려 이 구조는 기억한 일화의 요소들, 즉 냄새, 느낌, 소리, 장소 등을 등록하고 일시적으로 유지하는 하역대와 같이 작동하는 것으로 보인다. 그런 다음에 오래된 파일들을 지하 저장소로 옮기는 것처럼, 기억은 저장을 위해 다른 곳으로 이동한다. 이러한 저장과정을 **기억 응고화**(memory consolidation)라고 부른다.

수면이 기억 응고화를 지원한다. 한 실험에서 보면, 학습/수면/재학습 조건에서 자료를 학습한 학생이 중간에 잠을 자지 않고 아침저녁으로 공부한 학생보다 자료를 더 잘 기억해냈는데, 1주일 후와 6개월 후 모두에서 그러하였다(Mazza et al., 2016). 깊은 수면에 빠져있는 동안, 해마는 나중의 인출을 위해 기억을 처리한다. 훈련한 후에, 수면 중 해마의 활동이 클수록 다음 날의 기억도 좋게 된다(Peigneux et al., 2004; Whitehurst et al., 2016). 연구자들은 잠을 자는 동안에 해마와 두뇌피질이 마치 대화를 나누고 있는 것처럼 동시적인 활동 리듬을 나타내는 것을 관찰해왔다(Euston et al., 2007; Khodagholy et al., 2017). 두뇌가 장기저장을 위해 정보를 피질로 전이할 때 그날의 경험을 재현하고 있는 것처럼 보인다(Squire & Zola-Morgan, 1991). 학습이 단 하루에 몰아치기식으로 이루어지기보다는 여러 날에 걸쳐 분산되어 있을 때, 사람들은 수면이 유도하는 기억 응고화를 더 많이 경험한다. 그리고 그것이 간격두기 효과를 설명하는 데 도움을 준다.

나쁜 소식은 우리가 당신 측두엽에 집게 하나를 남겨두었다는 것이고… 좋은 소식은 당신이 이 말을 기억하지 못한다는 것입니다…
MARK PARISI
MarkParisi@aol.com
©2007 MARK PARISI DIST. BY UFS INC.

Mark Parisi/offthemark.com

암묵기억 시스템 : 소뇌와 기저신경절

LOQ 8-11 기억 처리에서 소뇌와 기저신경절이 담당하는 역할은 무엇인가?

해마와 전두엽은 외현기억을 처리하는 영역이다. 그렇지만 이 영역이 손상되어도 자동처리 덕분에 기술과 조건형성된 연합을 위한 암묵기억은 여전히 작동한다. 조지프 르두(1996)는 기억상실증으로 인해서 담당 의사를 알아보지 못하고 매일 악수하고 자신을 소개하는 두뇌 손상 환자의 이야기를 상세하게 소개하고 있다. 하루는 이 환자가 악수하기 위해 손을 내밀었다가는 급히 뒤로 뺐다. 의사가 압핀으로 그의 손바닥을 찔렀기 때문이었다. 나중에 의사가 다시 와서 또 소개를 하려고 할 때 악수하기를 거부하였지만, 그 이유는 설명할 수 없었다. 그는 파블로프식으로 조건형성되어 악수를 하지 않으려고 한 것이다. 설명할 수 없는 것을 직관적으로(암묵적으로) 느꼈던 것이다.

소뇌는 파블로프식 조건형성이 생성한 암묵기억을 형성하고 저장하는 데 있어서 핵심 역할을 담당한다. 소뇌가 손상된 사람은 조건반응을 형성할 수 없다. 예컨대, 소리를 뒤따르는 공기 분사와 연합시킬 수 없기 때문에, 공기 분사를 예상하여 눈을 깜빡거리지 못한다(Daum & Schugens, 1996; Green & Woodruff-Pak, 2000). 암묵기억을 형성하는 데는 소뇌가 필요하다.

신체운동에 관여하는 심층 두뇌구조인 **기저신경절**은 기술에 관한 절차기억의 형성을 촉진한다(Mishkin, 1982; Mishkin et al., 1997). 기저신경절은 피질로부터 정보를 받아들이지만, 절차기억을 의식적으로 자각하게 해주는 피질로 정보를 되돌려보내지는 않는다. 만일 여러분이 자전거 타는 방법을 학습하였다면, 기저신경절 덕분이다.

소뇌와 기저신경절이 가능하게 해주는 암묵기억 시스템은 유아기에 학습한 반응과 기술을 먼 훗날에도 할 수 있는 이유를 설명하는 데 도움을 준다. 어른이 되어서 생후 첫 4년에 관한 의식적 기억은 비어있는데, 이것은 **유아기 기억상실** 때문이다. 저자(마이어스)의 딸은 어른이 되어서 2세 때 홍콩 디즈니랜드에서 신나게 놀았던 사실을 의식적으로 기억하지 못한다. 두 가지 요인이 유아기 기억상실에 영향을 미친다. 첫째, 언어를 사용하여 대부분의 외현기억에 표지를 붙이는데, 이 연령의 유아는 아직 언어를 충분히 학습하지 못한다. 둘째, 해마는 가장 늦게 성숙하는 두뇌구조 중의 하나이며, 해마가 발달함에 따라서 보다 많은 정보를 파지하게 된다(Akers et al., 2014).

인출 연습

RP-1 두뇌의 어느 부분이 암묵기억 처리에 필수적이며, 어느 부분이 외현기억 처리에서 핵심 역할을 담당하는가?

RP-2 여러분의 친구가 사고로 두뇌 손상을 입었다. 그가 구두끈 매는 방법은 기억해낼 수 있지만, 대화 중에 이야기한 것을 기억해내는 데는 어려움을 겪고 있다. 암묵기억과 외현기억 정보처리가 어떻게 이 사실을 설명하는가?

답은 부록 E를 참조

편도체, 정서, 그리고 기억

LOQ 8-12 정서는 기억 처리에 어떤 영향을 미치는가?

정서는 기억 형성에 영향을 미치는 스트레스 호르몬 분비를 촉발시킨다. 흥분하거나 스트레스를 받을 때, 이 호르몬이 두뇌 활동의 연료인 포도당 에너지를 더 많이 만들어내며, 무엇인가 중요한 사건이 일어났다는 사실을 두뇌에 신호해준다. 이에 덧붙여 스트레스 호르몬은 기억에 초점을 맞춘다. 스트레스는 변연계에 들어있는 정서 처리중추인 편도체를 자극하여 전두엽과 기저신경절에 들어있는 기억흔적을 활성화하고 두뇌의 기억 형성영역의 활동을 증가시킨다(Buchanan,

섬광기억 정서적으로 중차대한 순간이나 사건에 대한 선명한 기억

2007; Kensinger, 2007; 그림 8.9). 이것은 마치 편도체가 "두뇌야. 나중에 참고하도록 이 순간을 부호화하거라."라고 말하는 것과 같다. 그 결과는 무엇이겠는가? 정서적 각성은 특정 사건을 두뇌에 각인시키는 동시에 무관한 사건에 대한 기억을 와해시킨다(Brewin et al., 2007; McGaugh, 2015).

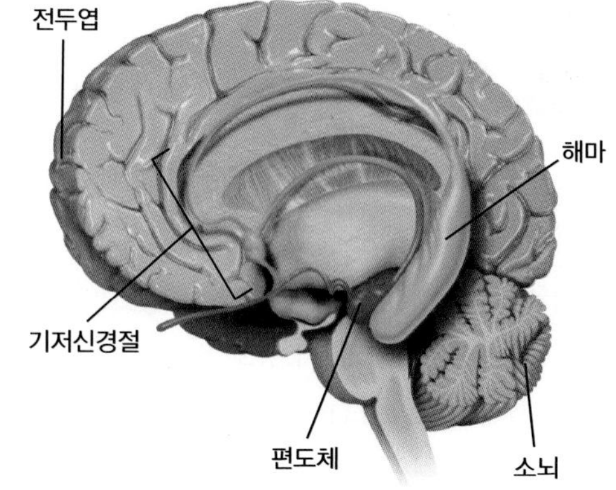

그림 8.9
두뇌의 핵심 기억구조
전두엽과 해마 : 외현기억의 형성
소뇌와 기저신경절 : 암묵기억의 형성
편도체 : 정서 관련 기억의 형성

심각한 스트레스를 초래하는 사건은 거의 항상 지워지지 않는 기억을 형성하게 된다. 학교 총기사건, 집의 화재, 강간 등과 같은 외상 경험을 겪은 후에는 충격적 사건에 대한 선명한 기억이 반복해서 떠오르게 된다. 마치 그 사건만을 인화한 사진처럼 말이다. 제임스 맥고프(1994, 2003)는 "보다 강력한 정서 경험이 보다 강력하고 신뢰할 수 있는 기억을 만들어낸다."라고 지적하였다. 그러한 경험은 관련된 직전 사건의 회상을 강화시키기도 한다(Dunsmoor et al., 2015; Jobson & Cheraghi, 2016). 이것은 적응이라는 측면에서 의미를 갖는다. 기억이 경고 신호를 내보냄으로써 앞으로 닥칠 위험으로부터 사람들을 보호한다(Leding, 2019).

그런데 정서적 사건은 터널과 같은 시각기억을 만들어낸다. 우선순위가 높은 정보에 주의를 집중하고 회상하며, 관련이 없는 세부사항의 회상을 억제한다(Mather & Sutherland, 2012). 무엇이든지 주의를 잡아끄는 것은 잘 회상하지만, 주변 맥락을 처리하지 않는 대가를 치르게 된다.

여러분의 경험과 그 경험의 기억 중에서 어느 것이 더 중요한가?

정서가 촉발하는 호르몬의 변화는 첫 키스나 사랑하는 사람의 사망 소식을 들었을 때의 상황 등과 같이, 흥분시키거나 충격적인 사건을 오랫동안 기억할 수 있는 이유를 설명해준다. 예컨대, 2016년 미국 대통령 선거에서 도널드 트럼프가 당선되었다는 사실을 알았을 때 여러분은 어디에 있었는가? 2006년에 수행한 조사에서 보면, 미국 성인의 95%는 9/11 테러 소식을 처음 들었을 때 자신이 어디에서 무엇을 하고 있었는지를 완벽하게 회상해낼 수 있다고 말하였다. 몇몇 심리학자는 놀랍고 의미심장한 사건에 대한 이토록 선명한 기억을 **섬광기억**(flashbulb memory)이라고 부른다.

섬광기억은 선명함 그리고 회상에 대한 확신도에서 주목할 만한 기억이다. 그렇지만 그 기억을 되살리고 되뇌기하며 이야기함에 따라서, 오정보가 스며들어 오류를 범하게 될 수도 있다. 시간이 경과함에 따라서, 테러 직후에 얻는 정보와 비교해볼 때 몇몇 오류가 사람들의 회상에 스며들었다. 그렇지만 뒤이은 10년에 걸쳐서는 9/11 테러에 관한 기억이 일관성을 유지하였다(Hirst et al., 2015).

극적인 경험이 기억에 선명하게 남아있는 까닭은 부분적으로 그 기억을 되뇌기 때문이다(Hirst & Phelps, 2016). 그 경험을 떠올리고 다른 사람에게 이야기한다. 개인적으로 중요한 경험의 기억도 지속적이다(Storm & Jobe, 2012; Talarico & Moore, 2012). 가톨릭 교인이 아닌 사람에 비해서 독실한 가톨릭 교인이 교황 베네딕토 16세의 사임을 더 잘 회상하였다(Curci et al., 2015). 2011년 일본 후쿠시마 원자력발전소 재앙의 경우에도 유사한 기억 부양(memory boost)이 발생하였다(Talarico et al., 2019). 핵에너지의 위험성에 관한 논의가 빈번하지 않은 네덜란드에 비해서 그 위험성에 관한 정치적 논의가 반복적으로 진행되고 있는 독일에서 원자력 재앙에 대한 기억이 더 오랫동안 지속되었다.

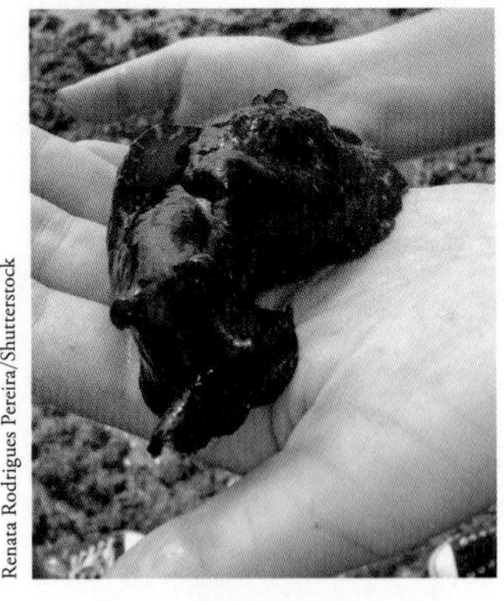

Renata Rodrigues Pereira/Shutterstock

군소 신경과학자 에릭 캔들이 45년 동안 연구하였던 캘리포니아 군소는 학습의 신경적 토대에 관한 이해를 증가시켜 주었다.

시냅스 변화

LOQ 8-13 시냅스 수준에서의 변화가 기억 처리에 어떤 영향을 미치는가?

여러분이 지금 기억과정을 생각하고 학습함에 따라서, 여러분의 유연한 두뇌는 변하고 있다. 특정 신경회로의 활동이 증가함에 따라, 뉴런 간의 상호 연결이 형성되고 강화되는 것이다.

기억의 물리적 토대, 즉 정보가 두뇌에 저장되는 방식을 이해하려는 탐구는 뉴런들이 신경전달물질 메신저를 통해서 상호 간에 소통하는 장소인 시냅스에 관한 연구에 불을 지폈다. 에릭 캔들과 제임스 슈워츠(1982)는 캘리포니아 군소가 학습하는 동안 시냅스의 변화를 관찰함으로써, 기억 연구에 적합해 보이지 않은 듯이 보이는 동물을 끌어들였다. 군소는 뉴런의 수가 20,000개 정도밖에 되지 않으며 이례적으로 크고 쉽게 들여다볼 수 있는 뉴런을 가지고 있는 단순 동물이다. 지뢰에 겁먹은 군인이 나뭇가지가 흔들리는 소리에 깜짝 놀라는 것과 마찬가지로, 군소에게 물을 분사하면 아가미를 반사적으로 움츠리도록 (전기쇼크를 US로 사용하여) 파블로프식으로 조건형성시킬 수 있다. 캔들과 슈워츠는 학습이 일어날 때 군소가 특정 시냅스에서 신경전달물질인 세로토닌을 더 많이 방출한다는 사실을 찾아냈다. 그렇게 되면 이 시냅스는 신호를 더 효과적으로 전달하게 된다. 경험과 학습은 군소에서조차 시냅스의 숫자를 두 배까지 증가시킬 수 있다(Kandel, 2012).

사람을 대상으로 수행한 실험에서는 특정 기억회로를 빠르게 자극하면 그 회로의 민감도가 몇 시간 동안, 심지어는 몇 주에 걸쳐 증가하였다. 이제 정보를 전달하는 뉴런은 더 약한 자극에도 신경전달물질을 방출하게 되었으며, 뉴런들 간의 연결도 더 많이 존재한다. **장기 활동증폭**(long-term potentiation, **LTP**)이라고 부르는 이러한 신경 활동 효율성의 증가가 연합을 학습하고 기억해내는 신경 토대를 제공한다(Lynch, 2002; Whitlock et al., 2006; 그림 8.10). 여러 계통의 증거는 LTP가 기억의 물리적 토대임을 확증해주고 있다. 예컨대, LTP를 차단하는 약물이 학습을 방해한다(Lynch & Staubli, 1991). 학습하는 동안 일어나는 일을 흉내 내는 약물은 LTP를 증가시킨다(Harward et al., 2016). 그리고 LTP를 증진시키는 약물을 투여한 쥐는 보통 쥐보다 절반의 오류만을 보이면서 미로를 학습한다(Service, 1994).

LTP가 일어난 후에는 두뇌에 전기자극을 가하여도 기존의 기억이 와해되지 않지만, 아주 최근의 기억은 지워질 수 있다. 이러한 경험은 실험실 동물에서뿐만 아니라 **전기충격요법**(ECT)을 받은 우울증 환자에서도 나타난다. 머리를 강타하는 것도 동일한 효과를 나타낼 수 있다. 타격에 의해서 순간적으로 의식을 잃어버린 축구선수와 권투선수는 전형적으로 쓰러지기 직전의 사건을 기억하지 못한다(Yarnell & Lynch, 1970). 타격을 받기 직전에 작업기억에 들어있던 정보를 장기기억으로 응고시킬 시간이 없었던 것이다. 저자(드월)도 고등학교 시절 미식축구 시합을 하다가 기절하였던 경험을 가지고 이 사실을 확증할 수 있다(이것이 저자의 마지막 경기가 되고 말았지만 말이다).

최근에 저자(마이어스)는 간단한 기억 응고화 검사를 받았다. 농구를 즐기다가 다친 힘줄을 복원하기 위하여 수술대에

그림 8.10
수용기 영역의 배가 전자현미경 영상은 시냅스 전 뉴런을 향해 뻗어나간 수용기 영역(회색)이 장기 활동증폭 이전에는 단 하나만 있으며(왼쪽 그림) 이후에는 두 개가 된 것을(오른쪽 그림) 보여주고 있다. 수용기 영역이 배가된다는 것은 시냅스 후 뉴런이 신경전달물질의 존재를 탐지하는 민감도가 배가되었다는 사실을 의미한다(Toni et al., 1999에서 인용).

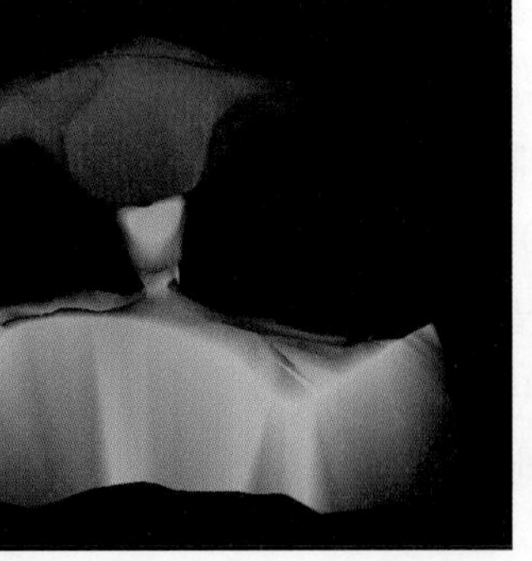

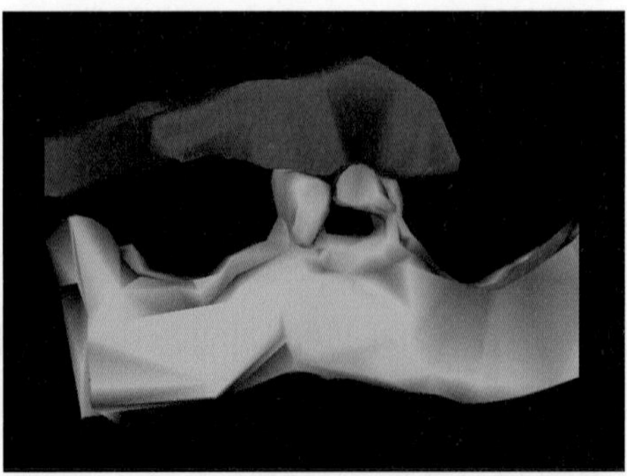

누워있는 동안, 얼굴에 마스크를 씌웠고 곧 마취제의 냄새를 맡을 수 있었다. 나는 마취과 의사에게 "선생님하고 얼마나 오래 있게 되나요?"라고 물었다. "대략 10초입니다."라는 의사의 답이 저자가 기억하는 마지막 순간이었다. 저자의 두뇌는 2초짜리 응답을 기억에 응고시키는 데 그 10초를 사용하였지만, 의식을 잃기 전에 그 이상의 기억을 챙겨넣지는 못하였다.

장기 활동증폭(LTP) 짧고 신속한 자극 후에 시냅스 활동의 잠재력이 증가하는 것. 학습과 기억의 신경적 토대로 보인다.

기억의 생물학적 토대를 탐구하는 몇몇 연구자들은 기억을 변화시키는 약물을 개발하고자 경쟁하는 제약회사를 설립하는 데 일익을 담당해왔다. 이들이 표적으로 삼는 시장은 어마어마하다. 알츠하이머병을 앓고 있는 수백만 명의 환자, 알츠하이머병으로 발전할 가능성이 높은 더 많은 '경도 인지 손상' 환자, 노화에 따른 기억상실의 시계를 되돌려놓고자 열망하는 헤아릴 수 없이 많은 노인, 단순히 더 좋은 기억을 원하는 사람 등이 존재한다. 그 와중에 학생들은 이미 안전하면서도 공짜인 기억 증진제의 효율성을 높이고자 시도할 수 있다. 즉, 적절한 수면을 취하면서 효과적인 학습기법을 사용하는 것 말이다.

기억을 증진시키려는 한 가지 접근은 LTP를 고양시키는 신경전달물질인 글루타민을 증가시키는 약물에 초점을 맞추고 있다(Lynch et al., 2011). 다른 접근은 LTP 과정을 고양하는 단백질인 CREB의 생성을 촉진하는 약물의 개발에 관여하고 있다(Fields, 2005). CREB 단백질 생성을 촉진하는 것은 시냅스를 변화시키고 단기기억을 장기기억으로 응고시키는 데 작동하는 단백질의 생성을 증가시키게 된다.

어떤 사람은 기억을 차단하는 약물을 원하고 있다. 외상 경험을 겪은 후에, 시도 때도 없이 떠오르는 기억을 제거하는 약물을 원하는 바로 그런 사람들이다(Adler, 2012; Kearns et al., 2012). 몇몇 실험에서는 교통사고나 강간 등의 희생자에게 사건이 벌어진 후 6~10일 동안 그러한 약물인 프로프라놀롤이나 가짜약을 투여하였다. 후속된 스트레스 징후 검사에서 약물치료 집단이 상당한 완화를 나타냈다(Brunet et al., 2018; Pitman et al., 2002).

그림 8.11은 암묵기억과 외현기억을 위한 두뇌의 두 궤적 기억 처리 시스템을 요약하고 있다. 결론은 이렇다. 무엇인가를 학습하라. 그러면 여러분은 두뇌를 약간 변화시키게 된다.

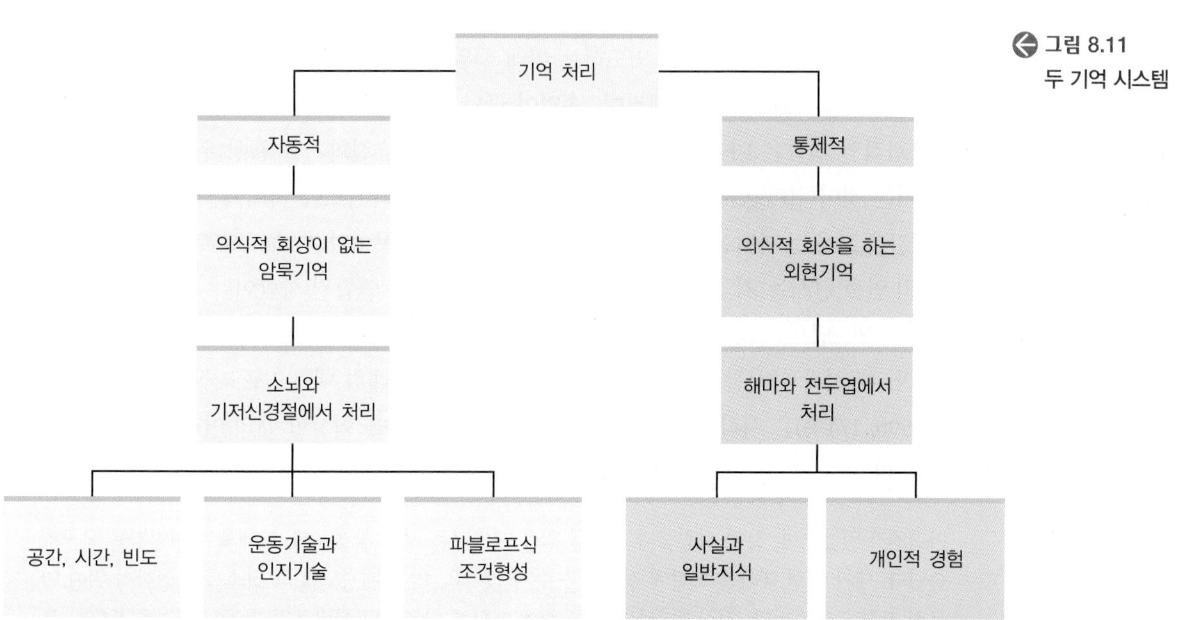

그림 8.11 두 기억 시스템

인출 연습

RP-3 두뇌의 어느 영역이 보다 강력한 기억을 형성하도록 도와줌으로써 스트레스 호르몬에 반응하는가?

RP-4 시냅스 효율성의 증가는 학습과 기억의 신경적 토대를 보여주는 증거이다. 이것을 ________이라고 부른다.

답은 부록 E를 참조

기억 인출

두뇌가 부호화와 저장이라는 마술을 부린 후에도, 여전히 정보 인출이라는 험난한 과제가 남아 있다. 인출을 촉발하는 것은 무엇인가?

인출 단서

LOQ 8-14 외적 단서, 내적 정서, 출현 순서 등이 기억 인출에 어떤 영향을 미치는가?

거미가 거미집 중앙에 매달려있고, 거미집은 거미를 중심으로 사방팔방으로 서로 다른 지점까지 퍼져나간 많은 거미줄로 유지되고 있는 모습을 상상해보라. 거미까지의 통로를 추적해보려면, 우선 하나의 기점으로부터 시작하는 통로를 만든 다음에 그 기점에 부착된 거미줄을 따라가면 된다.

기억을 인출하는 과정도 유사한 원리를 따른다. 기억 정보들도 상호 연결된 연합의 망조직으로 저장되어 있기 때문이다. 교실에서 옆에 앉은 사람의 이름과 같은 표적 정보를 기억에 부호화할 때, 그 표적 정보를 주변 자극, 기분, 위치 등과 같은 다른 정보와 연합시키게 된다. 이 정보들은 나중에 표적 정보에 접속할 때 인출 단서로 작용할 수 있다. 보다 많은 인출 단서를 가지고 있을수록 끄집어내려는 기억으로 통하는 통로를 찾아낼 가능성이 크다. 따라서 직업과 이름이 동일한 누군가를 만났다면(영어의 경우 baker인 Baker), 보다 풍부한 연합망을 통해서 그의 직업을 보다 잘 기억해내게 된다(Cohen, 1990).

"기억은 조금씩 채워지는 용기와 같은 것이 아니다. 기억을 걸어놓는 고리가 성장하는 나무와 같은 것이다." 피터 러셀, 『두뇌 책』(1979)

과거에 대한 기억(회고기억)과 의도하는 미래 행위에 대한 기억(전망기억) 모두를 인출할 필요가 있다. 무엇인가 해야 할 일(예컨대, 수업이 끝난 후 친구에게 문자 보내기)을 기억해내는 한 가지 효과적인 전략은 마음속에서 그 행위를 단서(예컨대, 전화기를 책상 위에 놓아두는 것)와 연합시키는 것이다(Rogers & Milkman, 2016). 사람들이 과거보다 미래에 대해서 생각할 때 더 많은 시간을 보내는 까닭은 사전에 계획을 세워야 하기 때문이다(Anderson & McDaniel, 2019).

최선의 인출 단서는 기억을 부호화할 때 형성한 연합, 즉 연합된 사람이나 사건의 기억을 촉발할 수 있는 맛, 냄새, 그리고 장면 등에서 나온다(Tamminen & Mebude, 2019). 무엇인가를 회상하려고 할 때 시각 단서를 떠올리기 위해서 마음속으로 원래의 맥락으로 되돌아가 보기도 한다. 존 헐(1990, 174쪽)은 시각을 상실한 후에 그러한 세부사항을 회상할 때의 어려움을 다음과 같이 기술하였다.

> 어디엔가 있었으며, 특정 사람들과 특정한 일을 하였다는 것은 알겠는데, 도대체 어디인지를 모르겠습니다. 내가 했던 대화를 맥락에 집어넣을 수가 없어요. 아무 배경도 없고 장소를 확인하기 위한 아무런 자질도 없습니다. 정상적이라면 하루 중에 대화를 나누었던 사람들의 기억이 배경을 포함한 틀 속에 저장되었을 터인데 말입니다.

회상치료법은 인출 단서의 위력을 사용하여 사람들이 오래된 기억을 떠올리도록 도와준다(İnel Manav & Simsek, 2019; Park et al., 2019). 한 연구는 노인 알츠하이머병 환자들에게 1950년대 박물관처럼 꾸민 방에서 시간을 보내도록 하였는데, 그 방은 젊은 시절의 기억을 촉발하는 장면, 소리, 냄새 등으로 채워져 있었다(Kirk et al., 2019). 표준적인 도움을 받은 사람에 비해서, 철저한 회상 치료를 경험한 사람이 기억검사에서 더 우수한 성과를 나타냈다. 인출 단서가 기억을 되찾는 데 도움이 되었던 것이다.

점화 연합은 자각하지 못한 채 활성화되곤 한다. 철학자이자 심리학자인 윌리엄 제임스는 오늘날 **점화**(priming)라고 부르는 이 과정을 '연합 깨우기'라고 칭하였다. '병원'이라는 단어를 보거나 들으면, 비록 그 단어를 보거나 들었다는 사실을 회상할 수 없는 경우에도, '의사'와의 연합을 점화시킨다(Bower, 1986; 그림 8.12).

점화는 '기억이 없는 기억', 즉 의식적 자각이 없는 암묵적이고 보이지 않는 기억이다. 실종 아동 포스터를 보게 되면, 무의식적으로 애매모호한 어른-아동 상호작용을 유괴의 가능성으로 해석하도록 점화될 수 있다(James, 1986). 비록 의식적으로는 포스터를 기억해내지 못한다 하더라도, 그 포스터가 여러분의 해석을 편향시킨 것이다. 점화는 행동에도 영향을 미칠 수 있다(Weingarten et al., 2016). 돈과 관련된 단어와 사물로 점화한 성인과 어린이는 도움행동이 줄어드는 것과 같이 다양한 방식으로 자신의 행동을 변화시킨다(Gasiorowska et al., 2016; Lodder et al., 2019). 돈이 물질주의와 사리사욕을 점화시킬 수 있다.

맥락의존 기억 여러분은 알아차렸는가? 예전에 무엇인가를 경험하였던 맥락으로 되돌아가는 것이 기억 인출을 점화할 수 있다. 기억해내기는 여러 가지 많은 측면에서 환경에 의존하고 있다(Palmer, 1989). 어렸을 때 살았던 집이나 동네를 방문하면, 옛 기억이 떠오른다. 무엇인가 경험하였던 맥락으로 되돌아가는 것이 기억 인출을 점화시킬 수 있는 것이다. 스쿠버 다이버들이 두 가지 상이한 상황(3미터 물속이거나 해안에 앉아있는 상황)에서 단어 목록을 들었을 때, 목록을 들었던 상황에서 더 많은 단어를 회상해냈다(Godden & Baddeley, 1975).

반면에 일상적 장면을 벗어나서 무엇인가를 경험하는 것은 혼란스러울 수 있다. 상점이나 공원과 같이 이례적인 장소에서 옛날 선생님과 마주친 적이 있는가? 상대방을 알고 있는 것처럼 느끼지만, 누구인지 그리고 어떻게 알게 되었는지를 알아내는 데 어려움을 겪었을 수 있다. **부호화 명세성 원리**(encoding specificity principle)는 특정 단서가 그 기억을 가장 효과적으로 촉발하게 되는 현상을 이해하는 데 도움을 준다. 낯선 장면에서는 신속한 얼굴 재인에 필요한 기억 단서를 가지고 있지 못할 수 있다. 기억은 맥락의존적이며 그 맥락과 연합되어 있는 단서의 영향을 받는다.

캐롤린 로비-콜리어(1993)는 여러 실험을 통해서 친숙한 맥락이 생후 3개월 유아의 기억조차도 활성화시킨다는 사실을 찾아냈다. 발을 움직이면 요람의 모빌이 움직인다는 사실을 학습한 후에 유아는 다른 맥락보다는 동일한 요람에서 발차기를 더 많이 하였다.

상태의존 기억 맥락의존 기억과 밀접하게 관련된 것이 상태의존 기억이다. 술에 취했거나 명징한 상태이거나 어떤 한 상태에서 학습한 것은 다시 그 상태가 되었을 때 쉽게 회상할 수 있다. 술

그림 8.12
점화-활성화 연합

친구에게 다음의 세 질문을 빠르게 던져보라.
1. 내리는 눈의 색깔은 무엇인가?
2. 구름의 색깔은 무엇인가?
3. 소가 마시는 것은 무엇인가?
만일 친구가 세 번째 질문에 '우유'라고 답한다면, 점화를 시범 보인 것이다.

점화 무의식적인 특정 연합의 활성화

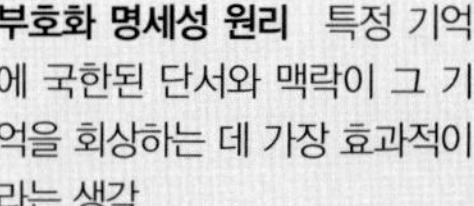

부호화 명세성 원리 특정 기억에 국한된 단서와 맥락이 그 기억을 회상하는 데 가장 효과적이라는 생각

기분부합 기억 현재의 좋은 기분이나 나쁜 기분과 일관성을 유지하는 경험을 회상하는 경향성

계열위치 효과 목록에서 처음과 마지막 항목들을 가장 잘 회상하는 경향성

에 취했을 때 학습한 것은 어떤 상태에서도 잘 회상하지 못한다(술은 기억 저장을 와해시킨다). 그렇지만 다시 술에 취했을 때 약간은 더 잘 회상하게 된다. 술에 취해서 돈을 숨겨놓은 사람은 다시 술에 취할 때까지 그 위치를 망각하기도 한다.

기분 상태는 기억의 상태의존성에 관한 한 가지 예를 제공한다. 좋거나 나쁜 사건에 뒤따르는 정서는 인출 단서가 된다(Gaddy & Ingram, 2014). 따라서 기억은 어느 정도 **기분부합적**(mood congruent)이다. 친구가 여러분을 빼놓은 채 지난밤을 즐긴 사실을 소셜 미디어에 올렸다든가 상사가 휴식시간을 주지 않는다든가 중간고사가 코앞에 다가왔다는 등 일진이 나빴다면, 우울한 기분이 다른 나빴던 순간의 회상을 촉진하기도 한다. 우울한 것은 부적 연합을 점화함으로써 기억을 역겨운 것으로 만들며, 사람들은 자신의 현재 기분을 설명하는 데 이 기억을 사용하게 된다. 많은 실험에서 최면을 이용하거나 바로 그날 일어났던 사건을 이용하든지 간에(한 연구에서는 독일이 월드컵에서 우승한 날 독일 사람들을 실험참가자로 사용하였다), 좋은 기분에 사로잡힌 사람은 장밋빛 색안경을 통해서 세상사를 회상하였다(DeSteno et al., 2000; Forgas et al., 1984; Schwarz et al., 1987). 자신의 행동은 유능하고 효율적이며, 다른 사람들은 박애적이며, 즐거운 일이 더 많이 일어났다고 회상한다.

여러분의 현재 기분이 가족에 대한 여러분의 지각에 영향을 미친다는 사실을 알아차린 적이 있는가? 한 연구에서 보면, 부모의 애정에 대한 청소년의 현재 평가는 6주가 지난 후의 평가에 대해서 아무것도 알려주는 것이 없다(Bornstein et al., 1991). 10대 청소년이 우울할 때는 부모가 비인간적인 것처럼 보인다. 기분이 좋아짐에 따라서 부모가 악마에서 천사로 바뀐다. 모두 이 사실을 알고 있었다는 듯이 고개를 끄덕일는지 모르겠다. 아무튼 좋거나 나쁜 기분에 빠져있을 때, 자신의 판단과 기억을 끊임없이 현실 탓으로 돌린다. 기분이 나쁠 때는 다른 사람이 쳐다보는 것을 노려보는 것으로 판단하여 기분이 더 나빠진다. 기분이 좋을 때는 동일한 응시를 관심으로 부호화하여 기분이 더 좋아지기도 한다. 열정이 과장되는 것이다.

인출에 대한 기분 효과는 기분이 지속되는 이유를 설명하는 데 도움을 준다. 행복할 때는 행복한 사건을 회상함으로써 세상을 행복한 공간으로 바라보게 되는데, 이것이 좋은 기분을 지속하는 데 도움을 준다. 우울할 때는 슬픈 사건들을 회상하며, 이것이 현재 사건의 해석을 어둡게 만들어버린다. 우울의 소인을 가지고 있는 사람에게는 이 과정이 해로운 악순환을 유지하는 데 기여할 수 있다.

The New Yorker Collection, 2005 David Sipress from cartoonbank.com. All Rights Reserved.

"우리가 무엇을 가지고 언쟁을 벌이고 있었는지 기억이 안 나네. 계속 소리 질러봅시다. 다시 기억이 날지도 모를 테니."

자문자답하기

최근에 어떤 유형의 기분에 빠져있었는가? 여러분의 기분이 기억, 지각, 기대 등을 어떻게 채색하였는가?

계열위치 효과 또 다른 기억-인출 특성인 **계열위치 효과**(serial position effect)는 최근 사건들의 목록에 대한 기억에 커다란 구멍이 뚫려있는 이유를 의아하게 생각하도록 만들 수 있다. 오늘이 새 직장에 처음 출근한 날이고, 상사가 동료들을 소개하고 있다고 상상해보라. 한 사람씩 차례로 만나면서 여러분은 그들의 이름을 속으로 반복해보는데, 처음 만난 사람부터 반복하기 십상이다. 마지막 사람이 미소를 지으면서 돌아서 가면, 여러분은 다음 날 새로운 동료의 이름을 부르면서 인사를 나눌 수 있을 것이라고 확신하는 느낌을 갖게 된다.

그러한 느낌을 믿지 말라. 먼저 만난 사람들의 이름을 나중에 만난 사람들의 이름보다 더 많이 되뇌기하였을 것이기 때문에, 다음 날 아마도 먼저 만났던 사람들의 이름을 보다 쉽게 회상하

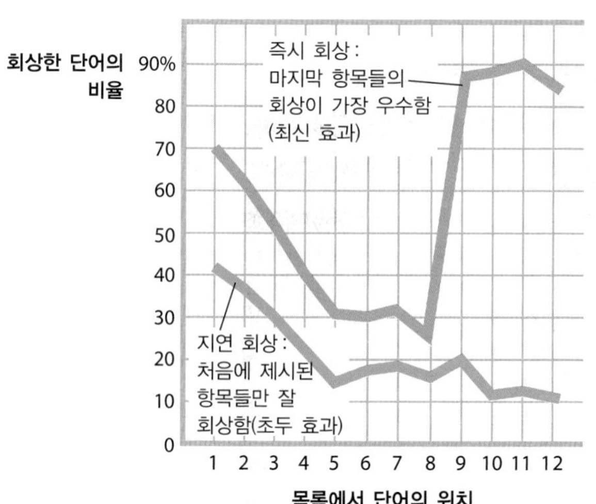

그림 8.13
계열위치 효과 배우 마허셜라 알리가 2019년 아카데미상 시상식에서 레드카펫을 밟은 직후에는 아마도 마지막에 인사한 몇 사람을 가장 잘 회상하였을 것이다(최신 효과). 그렇지만 나중에는 처음에 만났던 몇 사람을 가장 잘 회상할 수 있었을 것이다(초두 효과).

게 될 것이다. 실험에서 참가자들이 항목(단어, 이름, 날짜 등)의 목록을 보고 즉각적으로 순서에 관계없이 회상하고자 시도할 때, 계열위치 효과의 희생양이 되어버린다(Daniel & Katz, 2018; Dimsdale-Zucker et al., 2019). 마지막 항목들을 특히 신속하고도 잘 회상하게 되는데(최신 효과), 아마도 마지막 항목들은 아직 작업기억에 남아있을 것이기 때문이다. 그렇지만 시간이 지나고 마지막 항목들로부터 주의를 다른 곳으로 전환하였을 때는 처음 항목들에 대한 회상이 가장 높다(초두 효과)(그림 8.13를 참조하라).

인출 연습

RP-5 점화란 무엇인가?

RP-6 단어 목록을 본 직후에 검사할 때는 처음 항목들과 마지막 항목들을 가장 잘 회상하는 경향이 있다. 이것을 ________ 효과라고 부른다.

답은 부록 E를 참조

개관 기억 저장과 인출

학습목표

자기검증 개념 파악을 증진시키도록 (부록 D의 답을 확인해보기에 앞서) 여러분 자신의 표현으로 여기서 반복하는 학습목표 물음에 답해보라(McDaniel et al., 2009, 2015).

LOQ 8-9 장기기억의 용량은 얼마나 되는가? 장기기억은 두뇌의 특정 위치에서 처리하고 저장하는가?

LOQ 8-10 기억 처리에서 전두엽과 해마의 역할은 무엇인가?

LOQ 8-11 기억 처리에서 소뇌와 기저신경절이 담당하는 역할은 무엇인가?

LOQ 8-12 정서는 기억 처리에 어떤 영향을 미치는가?

LOQ 8-13 시냅스 수준에서의 변화가 기억 처리에 어떤 영향을 미치는가?

LOQ 8-14 외적 단서, 내적 정서, 출현 순서 등이 기억 인출에 어떤 영향을 미치는가?

기억해야 할 용어와 개념들

자기검증 여러분 자신의 표현으로 정의를 적어본 후에 답을 확인해보라.

계열위치 효과	섬광기억	점화
기분부합 기억	의미기억	해마
기억 응고화	일화기억	
부호화 명세성 원리	장기 활동증폭	

학습내용 숙달하기

자기검증 여러분 자신의 표현으로 다음 물음에 답한 후에 부록 E에서 답을 확인해보라.

1. 다음 중에서 해마의 기능인 것은 어느 것인가?
- **a.** 외현기억의 잠정적 처리장소
- **b.** 암묵기억의 잠정적 처리장소
- **c.** 정서 기반 기억의 영구 저장소
- **d.** 영상기억과 반향기억의 영구 저장소

2. 해마 손상에 따른 기억상실증은 전형적으로 새로운 사실을 학습하거나 최근 사건을 회상하지 못하게 만든다. 그렇지만 자전거 타기와 같은 새로운 기술을 학습할 수 있는데, 이것은 (외현/암묵)기억이다.

3. 다음 중에서 장기 활동증폭(LTP)에 해당하는 것은 어느 것인가?
- **a.** 정서가 촉발하는 호르몬의 변화
- **b.** 외현기억을 처리할 때 해마의 역할
- **c.** 짧고 신속한 자극 후에 세포의 흥분 가능성이 증가하는 것
- **d.** 노인의 학습 잠재력

4. 어떤 기억에 접속하는 것을 도와주는 특정 냄새, 시각 심상, 정서, 또는 연합 등은 __________의 사례들이다.

5. 슬플 때, 최선의 좋은 기억을 떠올리게 해주는 그림을 들여다보는 것이 도움을 줄 수 있는 까닭은 무엇인가?

6. 단어 목록을 본 직후에 검사하면, 중간 단어들보다 처음과 마지막에 본 단어들을 더 잘 회상하는 경향이 있다. 다음 중에서 지연한 후에 재검사할 때 회상할 가능성이 가장 높은 것은 어느 것인가?
- **a.** 목록의 처음 단어들
- **b.** 목록의 처음과 마지막 단어들
- **c.** 무선적 위치의 몇몇 단어들
- **d.** 목록의 마지막 단어들

망각, 기억 구성, 그리고 기억 증진법

망각

LOQ 8-15 망각하는 이유는 무엇인가?

기억에 대한 모든 박수갈채 중에서, 즉 기억을 이해하려는 모든 노력과 기억 증진법에 관한 모든 책에서, 망각을 찬양하는 소리를 들어본 적이 있는가? 윌리엄 제임스(1890, 680쪽)가 바로 그런 사람이다. "만일 우리가 모든 것을 기억한다면, 많은 경우에 아무것도 기억할 수 없는 것과 마찬가지로, 살아가기 어려울 것이다." 심리학자 로버트 비요크와 엘리자베스 비요크(2019)도 이에 동의하면서 망각을 '학습의 친구'라고 불렀다. 어제 주차하였던 위치, 친구의 옛 전화번호, 식당에서 이미 주문해서 제공된 음식 등의 정보와 같이, 쓸모없거나 시효가 지난 잡동사니 정보를 폐기처분하는 것은 확실히 축복이다(Nørby, 2015). 1920년대 러시아의 기자이자 기억 달인이었던 솔로몬 셰레셰프스키는 다른 기자들이 메모를 휘갈기고 있는 동안 그냥 듣기만 하였다. 기억이 완벽하지는 않았지만, 그는 자신이 알지도 못하는 언어로 읊어대는 단테의 신곡과 같은 무의미한 정보의 흐름을 암기할 수 있었으며, 이것을 군중 앞에서 시연하였다(Johnson, 2017). 그렇지만 쓰레기같이 쌓인 기억이 그의 의식을 압도하였다(Luria, 1968). 그는 일반화하기, 체제화하기, 평가하기 등과 같은 추상적 사고에 어려움이 있었다. 어떤 이야기를 읽은 후에 그 이야기를 암송할 수는 있었지만, 핵심을 요약하는 데는 어려움을 겪었던 것이다.

"기억상실증은 우리 두뇌의 갈라진 틈으로 흘러나옴으로써 치료가 된다." 조이스 캐롤 오티스, "말은 실패하고, 기억은 희미해지며, 인생은 승리한다"(2001)

어바인 소재 캘리포니아대학교 연구팀은 14세 때부터 삶의 사건에 대한 질 프라이스의 믿을 수 없이 정확한 기억을 면밀하게 연구해왔다. 그녀는 자신의 뛰어난 자전적 기억이 삶을 방해한다고 말하였다. 하나의 기억이 다른 기억의 단서로 작동한다는 것이다(McGaugh & LePort, 2014; Parker et al., 2006). "결코 끝나지 않고 지속되는 영화 같아요…. 멈추지도 않고, 제어할 수도 없으며, 정말로 소모적입니다." 비록 기억이 완벽하지는 않다고 하더라도 프라이스와 같은 사람의 마음은 일단 기억에 저장되면 결코 떠나지 않는 정보로 가득 차버리는 경향이 있다(Frithsen et al., 2019; Patihis, 2016). 연구자들은 전 세계적으로 60명 정도가 확인된 이렇게 진귀한 사람의 두뇌에서 확장된 기억중추와 증가된 두뇌 활동을 확인해왔다(Dutton, 2018; Mazzoni et al., 2019; Santangelo et al., 2018). 좋은 기억은 도움이 되지만, 망각하는 능력도 마찬가지이다. 만일 기억 증진제가 가용해진다면, 너무 효과가 크지 않은 것이 좋겠다.

그렇지만 많은 경우에 기억은 사람들을 낙담시키고 좌절시킨다. 기억은 제멋대로다. 저자(마이어스) 자신의 기억은 사랑하는 여인과의 황홀한 첫 키스나 런던에서 디트로이트까지의 항공 마일리지와 같이 사소한 사실을 쉽게 끄집어낸다. 그런데 학생의 이름이나 자동차 열쇠를 어디에 두었는지를 회상하려고 애쓰다가 그 정보를 부호화하거나 저장하거나 아니면 인출하는 데 실패하였다는 사실을 발견할 때, 기억은 저자를 저버리고 만다. "물고기가 물놀이를 즐기고 있는 사람을 공격하였다."라는 문장을 나중에 여러분이 어떻게 기억해내는지를 보라.

정보를 처리하면서 사람들은 대부분의 정보를 걸러내거나 변화시키거나 상실한다(그림 8.14).

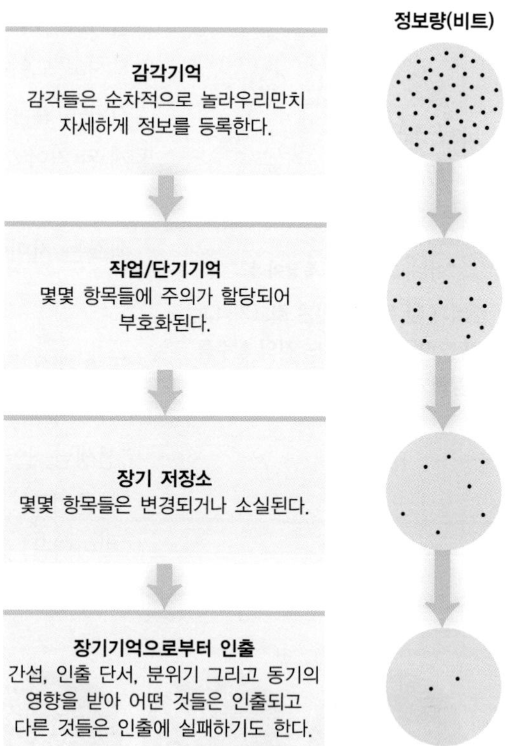

정보량(비트)
감각기억
감각들은 순차적으로 놀라우리만치 자세하게 정보를 등록한다.
작업/단기기억
몇몇 항목들에 주의가 할당되어 부호화된다.
장기 저장소
몇몇 항목들은 변경되거나 소실된다.
장기기억으로부터 인출
간섭, 인출 단서, 분위기 그리고 동기의 영향을 받아 어떤 것들은 인출되고 다른 것들은 인출에 실패하기도 한다.

그림 8.14
우리는 언제 망각하는가? 망각은 모든 기억단계에서 일어날 수 있다. 우리가 정보를 처리함에 따라서 많은 정보를 걸러내거나 변경시키거나 상실하게 된다.

망각과 두 궤적의 마음

어떤 사람에게 있어서는 기억 손실이 심각하고 영구적이다. 2008년에 사망할 때까지 "H.M."으로 알려져 있던 헨리 몰레이슨(1926~2008)을 생각해보자. 심각한 발작을 멈추게 하려고 외과의사가 그의 해마 대부분을 제거해버렸다. 그 결과로 남아있는 해마를 두뇌의 나머지 영역과 심각하게 차단하게 되었다(Annese et al., 2014). 55년의 여생 동안, 그는 새로운 의식적 기억을 형성할 수 없었다. 몰레이슨은 **진행성 기억상실증**(anterograde amnesia)으로 고생하였다. 즉, 과거는 기억해낼 수 있었지만, 새로운 기억을 형성할 수 없었던 것이다. [과거, 즉 장기기억에 저장된 옛 정보를 기억해낼 수 없는 사람은 **역행성 기억상실증**(retrograde amnesia) 환자이다.] 수술을 받기 전과 마찬가지로 그는 지적이었고, 매일 낱말 맞히기 퍼즐을 하였다. 그렇지만 신경과학자 수잔 코르킨(2005, 2013)은 "1962년부터 H.M.을 알고 있었지만 그는 아직도 내가 누구인지 모릅니다."라고 보고하였다. 대략 30초 정도 동안은 대화를 나눌 수 있을 만큼 무엇인가를 마음에 유지할 수 있었다. 주의를 다른 곳으로 돌리게 되면, 방금 말한 것이나 방금 일어났던 일을 상실하게 된다. 새로운 정보를 장기기억으로 전환시키는 데 필요한 신경조직이 없기 때문에, 미국의 현직 대통령 이름을 결코 말할 수 없었다(Ogden, 2012).

신경학자 올리버 색스(1985, 26~27쪽)는 두뇌 손상으로 인해 진행성 기억상실증을 나타낸 또 다른 환자인 지미에 대해서 기술하였다. 지미는 1945년에 손상을 입은 후의 기억이 없으며, 따라서 시간 경과에 대한 감각도 없다.

진행성 기억상실증 새로운 기억을 형성하지 못하는 장애

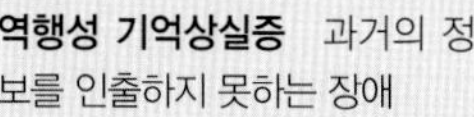

역행성 기억상실증 과거의 정보를 인출하지 못하는 장애

© The New Yorker Collection, 2007 Robert Leighton from cartoonbank.com. All Rights Reserved.

"아니, 그게 오늘 복장이야?"

준비가 안 된 우주인은 회고기억과 전망기억 중에서 어느 것의 실수를 예증하고 있는가?

지미가 자신의 나이를 19세라고 말하자, 색스는 그 앞에 거울을 가져다놓았다. "거울을 들여다보시고 보이는 것을 말해보세요. 거울 속의 모습이 19세로 보입니까?"

지미는 얼굴이 백지장같이 변하고 의자를 움켜쥐고 욕설을 퍼붓더니 광란 상태에 빠졌다. "어떻게 된 거야? 나한테 무슨 일이 있었지? 악몽인가? 내가 미쳤나? 농담이겠지?" 그의 주의가 야구놀이를 하는 아동으로 전환되자 그의 공황 상태는 끝이 나고 무시무시한 거울은 잊어버렸다.

색스는 지미에게 내셔널 지오그래픽에 게재된 사진을 한 장 보여주었다. "이게 뭐죠?"라고 물었다.

"달이네요."라고 지미가 답하였다.

"아니지요. 이 그림은 달에서 지구를 찍은 사진이에요."라고 색스가 답하였다.

"선생님. 놀리는 겁니까? 누군가 달까지 카메라를 가지고 갔다는 말이잖습니까?"

"물론이죠."

"빌어먹을! 농담이겠죠. 도대체 어떻게 그럴 수가 있습니까?" 지미의 놀람반응은 미래 여행에 경탄반응을 보인 1940년대의 한 명석한 젊은이의 반응, 바로 그것이었다.

Lightspring/Shutterstock

이렇게 유별난 사람들을 세심하게 조사해보면 더욱 이상한 일이 나타난다. 비록 새로운 사실이나 최근에 행한 것을 회상할 능력은 없지만, 몰레이슨과 지미를 비롯하여 이와 유사한 상태에 놓인 사람들도 비언어적 과제는 학습할 수 있다. 어려운 숨은 그림 찾기 과제를 보여주면, 나중에 그 그림을 신속하게 찾아낼 수 있다. 화장실이 어디에 있는지를 말할 수는 없지만, 화장실을 찾아갈 수는 있다. 거울상으로 제시된 글을 읽거나 조각그림 맞추기를 학습할 수 있으며, 심지어는 복잡한 직업기술을 가르칠 수도 있다(Schacter, 1992, 1996; Xu & Corkin, 2001). 파블로프식으로 쉽게 조건형성시킬 수도 있다. 그렇지만 이 사람들은 그것을 학습하였다는 사실을 자각하지 못한 채 그 일을 해내는 것이다. 몰레이슨은 능숙한 거울상 추적에 관한 비선언적 기억을 시범 보인 후에, "이런, 참 이상하군. 어려울 것이라고 생각하였는데, 내가 굉장히 잘한 것처럼 보이네요."라고 말하였다(Shapin, 2013).

몰레이슨과 지미는 새로운 외현기억을 형성할 능력은 상실하였지만, 자동처리 능력은 온전한 채로 남아있었다. 사람과 사건에 관한 외현기억을 상실한 알츠하이머 환자와 마찬가지로, 이들도 새로운 암묵기억은 형성할 수 있었다(Lustig & Buckner, 2004). 무엇인가를 수행하는 방법을 학습할 수는 있지만, 새로운 기술을 학습하였다는 사실을 의식적으로 회상할 수가 없는 것이다. 이토록 불행한 사례는 두뇌의 상이한 영역이 제어하는 두 가지 기억 시스템이 존재한다는 사실을 입증해준다.

대부분의 사람에게 있어서 망각은 이토록 심각한 과정이 아니다. 망각의 몇 가지 이유를 생각해보도록 하자.

부호화 실패

알아차리지 못한 감각의 대부분, 그리고 부호화에 실패한 것을 기억해낼 수는 없다(그림 8.15). 영국의 소설가이자 비평가인 C. S. 루이스(1967, 107쪽)는 사람들이 결코 부호화하지 못한 것이 얼마나 방대한지를 다음과 같이 기술하였다.

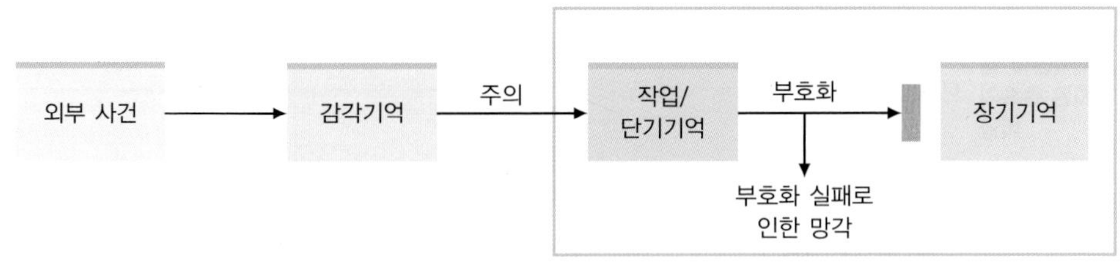

그림 8.15
부호화 실패로서의 망각 부호화하지 못한 것을 기억해낼 수는 없다.

> 매 순간 감각, 정서, 사고 등이 우리에게 폭격하듯 다가온다… 90%는 그저 무시해야만 한다. 과거란 헤아릴 수 없이 많은 그러한 순간이 만들어내는 포효하는 폭포와 같은 것이다. 어느 순간도 너무나 복잡하여 전체를 포착할 수 없으며, 순간들의 집합은 상상을 초월하는 것이다… 시계의 초침이 똑딱거릴 때마다, 이 세상에서 인류가 점령하고 있는 모든 지역에서는 상상 자체가 불가능한 풍부하고도 다채로운 '과거'가 세상을 벗어나 완전한 망각으로 흘러들어 간다.

연령이 부호화 효율성에 영향을 미칠 수 있다. 젊은 성인이 새로운 정보를 부호화할 때 활동하는 두뇌영역이 노인의 경우에는 덜 활동한다. 이렇게 느려진 부호화가 연령과 관련된 기억 저하를 설명하는 데 도움을 준다(Grady et al., 1995). (기억에 대한 노화의 효과를 보려면 제5장을 참조하라.)

그렇지만 아무리 젊다 하더라도, 끊임없이 덮쳐오는 엄청난 양의 감각 정보 중에서 오직 소량에만 선택적으로 주의를 기울인다. 다음을 생각해보자. 여러분은 애플사의 로고를 수천 번은 보았을 것이 확실하다. 그 로고를 그릴 수 있겠는가? 한 연구에서 보면, 85명의 UCLA 재학생(52명은 애플 사용자이었다) 중에서 단지 한 명만이 정확하게 그릴 수 있었다(Blake et al., 2015). 대부분의 사람은 모국에서 사용하는 동전과 같이 친숙한 사물의 세부사항을 회상하는 데 어려움을 겪는다(Nickerson & Adams, 1979; Richardson, 1993). 노력을 기울이지 않는 한, 많은 잠재적 기억을 결코 형성하지 못한다.

저장 소멸

때로는 무엇인가를 잘 부호화한 후에도, 나중에 망각하게 된다. 헤르만 에빙하우스(1885)는 저장된 기억의 지속기간을 연구하기 위하여 무의미철자의 많은 목록을 학습하고, 20분에서 30일에 이르기까지 경과한 후에 그 목록을 재학습할 때 얼마나 많은 정보를 파지하고 있는지를 측정하였다. 그 결과가 그의 유명한 망각곡선이다. 즉, **망각은 처음에 신속하게 일어난 후에 시간이 경과하면서 안정된다**(그림 8.16; Wixted & Ebbesen, 1991). 또 다른 연구는 학창 시절에 배운 스페인어 어휘에서도 유사한 망각곡선을 찾아냈다(Bahrick, 1984). 고등학교나 대학교 스페인어 과목을 막 수강한 학생에 비해서, 3년 전에 졸업한 사람은 학습하였던 것의 대부분을 망각하였다(그림 8.17). 그렇지만 3년이 경과한 후에도 기억하고 있는 내용은 스페인어를 전혀 사용하지 않고 25년 이상이 경과한 후에도 계속해서 기억에 남아있었다. 이들의 망각이 안정된 것이다.

이러한 망각곡선에 대한 한 가지 설명은 물리적 기억흔적이 서서히 소멸한다는 것이다. 인지신경과학자들은 기억의 물리적 저장에 관한 수수께끼를 해결하는 데 점차 근접하고 있으며, 기억 저장이 소멸하는 방식에 대한 이해가 증가하고 있다. 학교 도서관에서 찾을 수 없는 책과 마찬가지로, 기억은 여러 가지 이유로 접속할 수 없기도 하다. 어떤 정보는 결코 획득한 적이 없다(부호화하지 못하였다). 다른 정보는 폐기되었다(저장된 기억이 소멸하였다). 그리고 또 다른 정보는 인출할 수 없기 때문에 가용하지 못하다.

그림 8.16
에빙하우스의 망각곡선
(Ebbinghaus, 1885의 데이터)

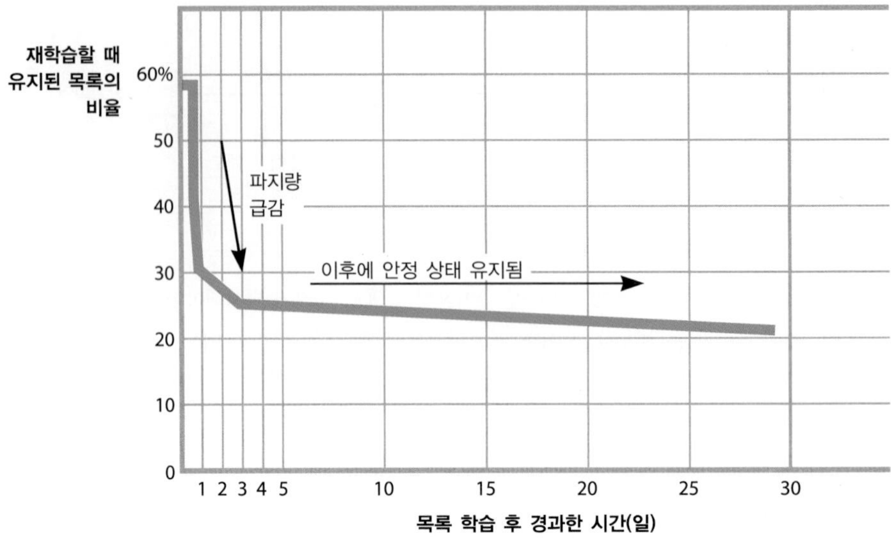

인출 실패

흔히 망각은 기억이 사라진 것이 아니라 인출하지 못하는 것이다. 사람들은 중요한 것이나 되뇌기한 것을 장기기억에 저장한다. 그렇지만 때로는 중요한 사건조차도 접속을 거부하기도 한다(그림 8.18). 어떤 사람의 이름이 혀끝에만 맴돌 뿐 접속할 수 없을 때, 참으로 좌절감을 느끼기도 한다. 인출 단서를 주면(예컨대, "ㄴ으로 시작한다."), 맴돌던 이름을 쉽게 인출하기도 한다. 인출 문제는 나이 든 사람이 자주 겪는 기억 실패의 원인이며, 노인은 설단 현상에 의한 망각으로 더 자주 좌절을 경험한다(Abrams, 2008; Salthouse & Mandell, 2013).

여러분은 기억하도록 요청하였던 두 번째 문장(공격당한 헤엄치는 사람)의 핵심을 회상할 수 있는가? 회상할 수 없다면, 상어라는 단어가 인출 단서로 작동하겠는가? 실험결과를 보면, 상어(여러분이 이미지를 형성하였을 가능성이 크다)가 문장의 실제 단어이었던 물고기보다 저장한 이미지를 보다 쉽게 인출하게 만들어준다는 사실을 알 수 있다(그 문장은 "물고기가 물놀이를 즐기고 있는 사람을 공격하였다."이었다).

수화가 유창한 청각 장애자들은 설단 현상과 병행하는 '수단(tip of the fingers)' 현상을 경험한다(Thompson et al., 2005).

그림 8.17
학교에서 배운 스페인어의 망각곡선
방금 스페인어 강의를 마친 사람들과 비교할 때, 3년이 지난 사람은 많은 내용을 망각하였다. 그렇지만 3년이 지난 사람들과 비교할 때, 훨씬 오래전에 스페인어를 학습한 사람들도 그렇게 많이 망각하지는 않았다(Bahrick, 1984의 데이터).

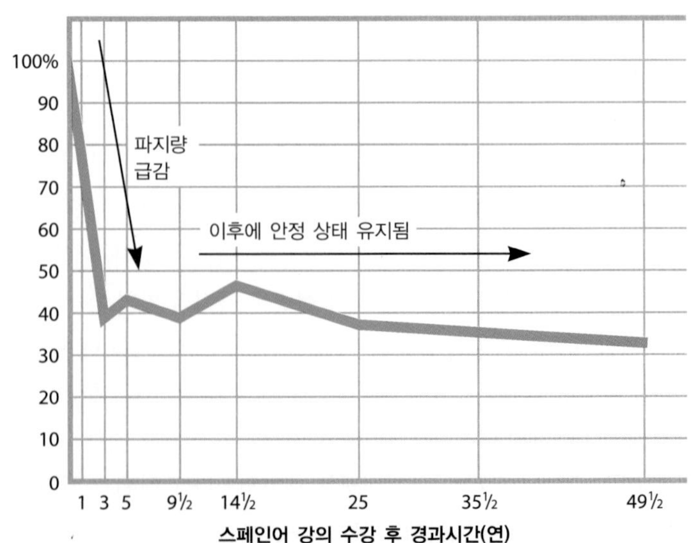

외부 사건 → 감각기억 → 주의 → 작업/단기기억 → 부호화 → 장기기억
장기기억 → 인출 → 작업/단기기억
인출 → 인출 실패로 인한 망각

그림 8.18
인출 실패 우리는 중요하거나 되뇌기하였던 것을 장기기억에 저장한다. 그렇지만 때로는 저장된 정보조차도 접속할 수 없어서 망각으로 이끌어간다.

인출 문제는 때때로 간섭과 동기적 망각에서 유래한다.

간섭 여러분이 정보를 계속해서 수집한다고 하더라도, 심적 다락방은 결코 가득 채워지지 않지만 뒤죽박죽될 수는 있다. 두뇌는 모든 것을 깔끔하게 정리하고자 애쓴다. 새로운 비밀번호는 예전 비밀번호의 기억을 약화시킨다(Wimber et al., 2015). 그렇지만 때로는 뒤죽박죽 상태가 우선하여, 새로운 학습과 기존에 학습한 것 간에 충돌이 일어나기도 한다. **순행간섭**(proactive interference)은 기존 학습내용이 새로운 정보의 회상을 방해할 때 일어난다. 번호자물쇠를 새로 구입했을 때, 예전 자물쇠 번호에 대한 기억이 새로운 번호의 인출을 간섭하기도 한다.

© Dave Coverly/speedbump.com

역행간섭(retroactive interference)은 새로운 학습이 기존 정보의 회상을 방해할 때 일어난다. 만일 누군가 기존 노래를 새로운 가사로 부른다면, 원래의 가사를 기억해내는 데 어려움을 겪기도 한다. 마치 연못에 돌 하나를 던져서 생긴 물결을 두 번째 던진 돌의 물결이 방해하는 것과 같다.

순행간섭 과거의 학습이 새로운 정보의 회상을 방해하는 효과

역행간섭 새로운 학습이 기존 정보의 회상을 방해하는 효과

잠자기 직전에 제시한 정보는 역행간섭에서 보호받는다. 간섭 사건의 기회를 최소화시키기 때문이다(Mercer, 2015). 이제는 고전이 된 실험에서 두 사람이 여러 날에 걸쳐서 무의미철자 목록을 학습하였다(Jenkins & Dallenbach, 1924). 그런 다음에 밤에 잠을 자거나 깨어있은 후에 목록을 회상하였다. 그림 8.19에서 보는 바와 같이, 깨어있으면서 다른 활동을 한 후에 망각이 보다 신속하게 일어났다. 연구자들은 "망각은 예전의 인상과 연합의 소멸이 문제가 아니라 새로운 정보에 의한 옛 정보의 간섭, 억제, 또는 말소의 문제"라고 추정하였다(1924, 612쪽).

잠자기 직전의 시간이 정보를 기억에 집어넣기 좋은 시간이지만(Scullin & McDaniel, 2010),

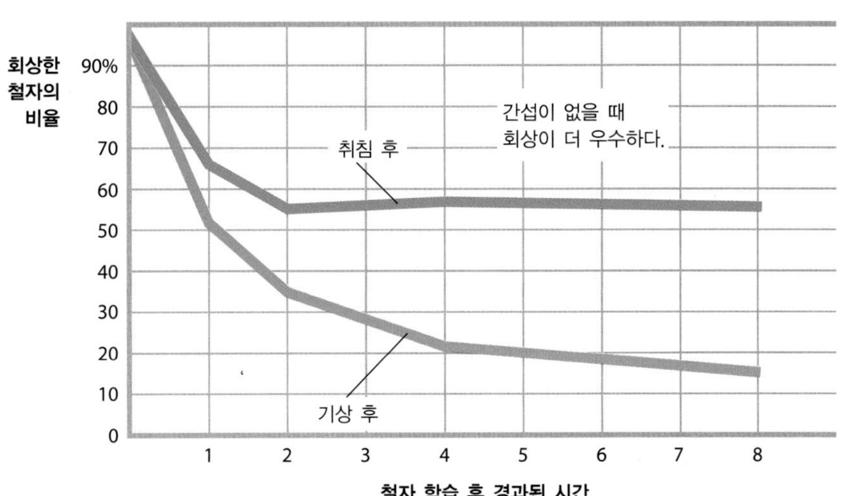

그림 8.19
역행간섭 깨어있으면서 다른 새로운 정보를 경험할 때 보다 많은 망각이 일어난다(Jenkins & Dallenbach, 1924의 데이터).

억압 정신분석 이론에서 불안을 유발하는 사고와 감정 그리고 기억을 의식으로부터 밀어내는 기본적인 방어기제

수면 직전의 몇 초 동안 제시하는 정보는 거의 기억해낼 수 없다(Wyatt & Bootzin, 1994). 만일 여러분이 잠을 자면서 공부하는 것을 염두에 두고 있다면, 포기하라. 잠을 자고 있는 동안 큰 소리로 틀어놓은 정보에 대한 기억은 전혀 없다. 물론 귀가 그 정보를 등록은 하겠지만 말이다(Wood et al., 1992).

물론 기존 학습과 새로운 학습이 항상 경쟁을 벌이는 것은 아니다. 스페인어를 알고 있는 것이 2016년 브라질에서 올림픽이 열렸을 때 저자(드월)가 어느 정도 포르투갈어를 알아차리는 데 도움을 주었다. 이러한 현상을 **정적 전이**라고 부른다.

동기적 망각 과거를 기억해내는 것은 그 과거를 수정시킨다. 여러 해 전에 저자(마이어스)의 집 주방에 있는 커다란 과자통은 새로 구운 초콜릿 쿠키로 가득 차있었다. 그리고 식탁 위에서 더 많은 쿠키를 식히고 있었다. 그런데 24시간이 지난 후에는 한 조각도 남아있지 않았다. 누가 다 먹었을까? 그 시간 동안 집에는 아내와 세 아이 그리고 나밖에 없었다. 따라서 기억이 아직 생생한 상태에 있는 동안 저자는 간단한 기억검사를 실시하였다. 맏이는 20개 정도를 후딱 먹어 치웠다고 시인하였다. 둘째는 15개를 먹었다고 생각하였다. 막내는 그 당시 여섯 살이었음에도 15개의 쿠키로 배를 채웠다. 아내는 6개를 먹었다고 회상하였고, 나는 15개를 먹었고, 18개를 출근길에 가져갔다는 사실을 기억해냈다. 식구들은 부끄러워하면서 89개의 쿠키를 먹어 치운 것을 인정하였다. 그렇지만 아직도 해결해야 할 문제가 남았다. 모두 160개의 쿠키가 있었던 것이다.

기억이 실패하는 이유는 무엇인가? 그 이유는 부분적으로 기억이 '신뢰할 수 없고 자기위주의 기록'이기 때문이다(Tavris & Aronson, 2007, 6쪽). 한 연구에서는 참가자들에게 이를 자주 닦는 것의 이점에 관하여 말해주었다. 그랬더니 다른 사람들보다 지난 2주에 걸쳐 실제보다 이를 더 자주 닦았다고 회상하였다(Ross et al., 1981).

그렇다면 저자와 가족들이 먹어 치운 쿠키의 추정치가 그토록 실제에서 벗어난 이유는 무엇인가? 부호화의 문제이었는가? (먹어 치운 것을 그저 알아차리지 못하였던 것인가?) 저장 문제이었는가? (쿠키에 대한 가족의 기억은 무의미철자에 대한 에빙하우스의 기억과 마찬가지로, 쿠키가 사라지는 속도 못지않게 빠른 속도로 사라져버린 것인가?) 아니면 그 정보가 여전히 온전한 채로 남아있기는 하지만, 기억해내는 것 자체가 당황스러운 것이어서 인출할 수 없는 것인가?[3]

지그문트 프로이트라면 기억 시스템이 이 정보를 자체 검열하였다고 주장하였을지도 모르겠다. 그는 자기개념을 보호하고 불안을 최소화하기 위하여 고통스럽거나 용납할 수 없는 기억을 **억압**(repress)한다고 제안하였다. 프로이트는 억압된 기억이 잔존해있으면서 나중에 제공하는 단서나 치료를 받는 중에 인출될 수 있다고 믿었다. 억압은 프로이트의 역동적 성격 이론에서 핵심적인 개념이며, 아직도 널리 퍼져있는 아이디어이다. 실제로 노르웨이에서 수행한 연구에서 보면, 교육을 많이 받은 사람이 그렇지 않은 사람보다 억압기억을 더 많이 신봉하는 경향이 있다(Magnussen et al., 2006). 미국에서 수행한 연구에서는 대학생의 81% 그리고 심리치료사의 60~90%(이들의 조망에 따라 차이를 보였다)가 "고통스러운 경험에 대한 기억은 억압되기 십상이다."라고 믿고 있다(Otgaar et al., 2019; Patihis et al., 2014a,b). 그렇지만 오늘날 점증하고 있는 기억 연구자들은 억압이 설령 발생한다고 하더라도 실제로는 거의 일어나지 않는다고 생각하고 있다. 사람들이 나중에 기억해내는 단어를 생각해보자. 예컨대, 성폭력을 경험하였던 사

Peter Johansky/Photolibrary/Getty Images

3 과자를 게걸스럽게 먹었던 아들 중의 한 녀석은, 몇 년이 지난 후에 아버지의 저서에서 이 부분을 읽고는 '약간' 거짓말을 하였다고 고백하였다.

람은 중립적 단어(예컨대, 소금, 식물)를 망각하는 데는 성공하지만, 외상과 관련된 단어(예컨대, 성행위, 폭행)를 망각하는 데는 어려움을 겪는다(Blix & Brennen, 2011). 외상은 스트레스 호르몬을 분비하는데, 이 호르몬이 외상 경험자로 하여금 위협에 주의를 기울이고 그 위협을 기억해내도록 만든다(Quaedflieg & Schwabe, 2017). 따라서 사람들은 가장 망각하고 싶은 심각한 외상 경험에 대한 바람직하지 않으면서도 지속적인 기억을 가지고 있게 된다(Marks et al., 2018).

"외상 사건의 기억은 두뇌에 다르게 저장됩니다. 어떤 부분은 … 마치 사건이 방금 일어난 것처럼 몹시 고통스러울 정도로 상세하게 회상되는 반면, 다른 부분은 망각될 수 있습니다." APA 회장 제시카 헨더슨 대니얼, 성폭력 생존자 증언에 관한 연설 중에서(2018)

인출 연습

RP-1 망각하는 세 가지 방식은 무엇인가? 각각의 방식은 어떻게 발생하는 것인가?

RP-2 프로이트는 (많은 연구자가 의문을 제기함에도 불구하고) 사람들이 불안을 최소화시키기 위하여 용납할 수 없는 기억을 _________ 한다고 믿었다.

답은 부록 E를 참조

기억 구성 오류

LOQ 8-16 오정보, 상상, 출처 기억상실이 기억 구성에 어떤 영향을 미치는가? 사람들은 어떻게 기억이 실제인지 거짓인지를 판단하는가?

미국인의 거의 2/3는 "기억은 비디오카메라와 같이 작동하며, 보고 듣는 사건을 정확하게 기록함으로써 나중에 그 기억을 떠올리고 살펴볼 수 있다."라는 진술에 동의하고 있다(Simons & Chabris, 2011). 실제로 기억은 별로 정확하지 않다. 화석 쪼가리를 가지고 공룡의 모습을 추론하는 과학자처럼, 사람들은 저장된 정보에다가 나중에 상상하고 기대하고 보고 들었던 것을 더하여 과거를 추론한다. 기억은 구성된 것이다. 단순히 기억을 인출하는 것이 아니라 재조직하는 것이다.

기억은 인터넷 위키피디아와 마찬가지로 끊임없이 개정될 수 있다. 재현할 때마다 원래의 기억은 약간 수정한 기억으로 대치된다. 마치 (귀에 대고 한 사람한테만 속삭이듯이 메시지를 전달하는) 전화 게임에서 메시지가 한 사람에서 다른 사람으로 계속해서 전달됨에 따라 점차적으로

Stringer/European Pressphoto Agency/Lages/PORTUGAL/Newscom

사람들은 외상 경험을 선명하게 기억해내거나 억압하는가? 여러분이 토론토에서 리스본으로 가는 항공편 AT236에 서너 시간 동안 타고 있다고 상상해보라. 파열된 연료 라인이 새기 시작한다. 곧 엔진이 멎고, 전력이 끊어졌다. 무시무시한 정적 속에서 기장은 여러분과 공포에 떨고 있는 다른 승객들에게 구명조끼를 입고, 바다 비상착륙에 대비하라고 지시한다. 머지않아서 기장은 승객의 비명과 기도소리가 들리는 가운데 "바다로 내려갑니다."라고 말한다. 죽음이 기다리고 있다.

그런데 아니다! "활주로가 있습니다! 공항 나오시오! 공항! 공항!" 비행기는 아조레스 공군기지에 경착륙(비행기 구조에 손상을 입히기에 충분한 정도의 힘이 전달되는 비행기 착륙)하여, 탑승한 305명 모두의 사망을 피하게 된다.

'내가 죽는구나.'라고 생각한 승객 중에 심리학자 마거릿 매키넌이 있었다. 기회를 포착한 그녀는 동승하였던 15명을 찾아 외상기억을 검증해보았다. 그들은 경험을 억압하였겠는가? 전혀 아니다. 모든 사람이 선명하고도 상세한 기억을 나타냈다. 외상과 함께 억압이 아니라 '강건한' 기억이 훨씬 더 빈번하였다(McKinnon et al., 2015).

바뀌는 것처럼 말이다(Hardt et al., 2010). 기억 연구자들은 이것을 **재응고화**(reconsolidation)라고 부른다(Elsey et al., 2018). 조지프 르두(2009)가 "여러분의 기억 중에서 가장 마지막의 기억만이 제대로 된 것이다. 적게 사용할수록 원상태를 더 유지한다."라고 말한 것처럼, 어떤 의미에서는 정말로 그렇다. 이것은 어느 정도 '모든 기억이 거짓'이라는 사실을 의미한다(Bernstein & Loftus, 2009b).

이 모든 것을 알고 있음에도 불구하고, 저자(마이어스)는 기억 연구자인 엘리자베스 로프투스(2012)가 발표하고 있던 국제학술대회에서 자신의 과거를 다시 적게 되었다. 로프터스는 마치 경찰이 사용하는 라인업처럼, 나중에 확인해야 하는 일련의 얼굴을 청중에게 보여주었다. 나중에 그녀는 앞에서 보았던 얼굴과 보지 않았던 얼굴을 쌍으로 제시하고는 어느 얼굴이 보았던 것인지를 확인하도록 요청하였다. 그런데 그녀가 끼워넣은 한 쌍은 모두 새로운 얼굴이었는데, 그 중의 한 얼굴은 앞에서 보았던 얼굴과 조금 닮은 것이었다. 청중 대부분은 그 얼굴을 앞에서 보았던 것으로 잘못 확인하였는데, 그것은 충분히 이해할 만한 것이었다. 이 시범의 클라이맥스는 그녀가 앞에서 보여주었던 원래의 얼굴과 청중이 잘못 선택한 얼굴을 함께 제시하였을 때, 대부분은 엉뚱한 얼굴을 선택한 것이었다! 기억 재응고화로 인해서, 조금 더 잘 알고 있었어야만 하였던 심리학자들조차도 원래의 기억을 거짓기억으로 대치하고 말았던 것이다.

신경과학자들은 기억 재응고화를 돕거나 중지시키는 방법을 알아내기 위하여 관련된 두뇌영역과 신경화학물질을 찾아내고자 애쓰고 있다(Bang et al., 2018). 임상 연구자들도 실험연구를 수행해왔다. 연구자들은 사람들에게 외상 경험이나 부정적 경험을 회상하도록 요구한 다음에, (프로프라놀롤과 같은) 약물, 짧고 고통스럽지 않은 전기충격, 새로운 주의분산 이미지 등으로 그 기억의 재응고화를 와해시킨다(Phelps & Hofmann, 2019; Scully et al., 2017; Treanor et al., 2017). 언젠가는 기억 재응고화를 이러한 방식으로 사용하여 특정한 외상기억을 지워버릴 수 있게 될지도 모르겠다. 여러분은 괴로운 기억을 지워버리고 싶은가? 잔혹하게 괴롭힘을 당하였다면, 그러한 공격 그리고 그 공격과 관련된 공포를 지워버리는 데 기꺼이 동의하겠는가?

오정보와 상상력 효과

엘리자베스 로프터스는 20,000명 이상이 참가한 200여 회의 실험을 통해서 범죄나 사건이 일어난 후에 목격자가 어떻게 기억을 재구성하는지를 보여주었다. 한 가지 중요한 실험에서는 두 집단이 교통사고 장면 동영상을 본 다음, 목격한 것에 대한 질문에 답하였다(Loftus & Palmer, 1974). "두 차가 **정면충돌**하였을 때 얼마나 빠르게 달리고 있었습니까?"라고 물어본 집단이 "두 차가 **접촉사고**를 일으켰을 때 얼마나 빠르게 달리고 있었습니까?"라고 물어본 집단보다 차량의 속도가 더 빨랐던 것으로 추정하였다. 1주일 후에는 유리창이 깨진 것을 보았었는지를 물었다. 접촉사고라는 질문을 받았던 집단에 비해서 정면충돌 질문을 받았던 집단이 깨진 유리를 보았다고 보고하는 비율이 두 배나 높았다(그림 8.20). 실제로 그 장면에서 깨진 유리는 없었다.

전 세계에 걸쳐 수행한 많은 후속실험에서 사람들은 사건을 목격하고 그 사건을 오도하는 정보를 받거나 받지 않은 채 기억검사를 받았다. 반복적인 결과는 **오정보 효과**(misinformation effect)이다. 즉, 확신이 넘치는 경우에도 알게 모르게 오정보에 노출되면, 사람들이 보거나 들었던 것을 잘못 기억해낸다(Anglada-Tort et al., 2019; Loftus et al., 1992). 여러 연구에 걸쳐서 대략 절반 정도의 사람이 오정보 효과에 취약성을 나타냈다(Brewin & Andrews, 2017; Scoboria et al., 2017). 양보 신호는 정지 신호가 되며, 망치는 드라이버로, 콜라 캔은 땅콩 캔으로, 아침식사

재응고화 과거에 저장한 기억이 인출된 후에는 다시 저장하기에 앞서 또다시 변화될 가능성이 있는 과정

오정보 효과 오도하는 정보에 의해 기억이 오염되는 효과

유도질문 :
"차량 두 대가 정면으로 충돌했을 때, 얼마나 빠르게 달리고 있었나요?"

실제 사건

기억 구성

그림 8.20

기억 구성 이 실험에서 사람들은 교통사고 장면을 보았다(왼쪽). 나중에 유도질문을 던진 사람들은 자신들이 목격하였던 것보다 훨씬 심각한 사고를 회상하였다(Loftus & Palmer, 1974).

용 시리얼은 계란으로, 그리고 말끔하게 수염을 깎은 사람은 수염 난 사람이 되어버린다. 오정보에 나가떨어진다고 해서 사람들이 엉망진창인 기억을 가지고 있다는 말은 아니다. 오정보 효과는 다른 기억 측정에서 우수한 수행을 보이는 사람에게서도 나타난다(Nichols & Loftus, 2019; Patihis et al., 2018). 인간의 마음은 선천적으로 사진 편집 소프트웨어를 장착하고 있는 것으로 보인다.

오정보 효과는 매우 강력한 것이어서 나중에 태도와 행동에 영향을 미칠 수도 있다(Bernstein & Loftus, 2009a). 한 실험에서는 네덜란드 대학생들에게 어렸을 때 부패한 달걀 샐러드를 먹고 복통을 일으켰었다고 거짓 암시를 주었다(Geraerts et al., 2008). 이러한 암시를 받아들인 후에, 그 자리에서든 아니면 4개월 후에든 학생들이 달걀 샐러드 샌드위치를 먹을 가능성이 낮았다.

존재하지도 않은 행위와 사건을 반복적으로 상상하는 것만으로도 거짓기억을 만들어낼 수 있다. 실제 삶에서 어떤 사람은 암시적 인터뷰 후에 자신이 저지르지 않은 살인이나 다른 범죄를 선명하게 회상하기도 하였다(Aviv, 2017; Shaw, 2018; Wade et al., 2018).

"기억은 견실하지 못하다. 계속해서 대치되고 있다. 한 무더기의 스냅사진이 여러분의 기억을 수정하고 파괴시킨다··· 저질의 스냅사진을 제외하면 여행에서 아무것도 기억해낼 수가 없는 것이다."
애니 딜러드, "글 치장하기"(1988)

오정보 효과와 상상력 효과가 일어나는 이유는 부분적으로 무엇인가를 머리에 그려보는 것과 실제로 그것을 지각하는 것이 유사한 두뇌영역을 활성화시키기 때문이다(Gonsalves et al., 2004). 상상한 사건도 나중에는 친숙해지고, 친숙한 것은 더욱 현실적으로 보이게 된다. 대상을 보다 선명하게 상상할 수 있을수록 상상한 것을 기억에 집어넣게 될 가능성이 커진다(Loftus, 2001; Porter et al., 2000). 마찬가지로 거짓말하는 것도 사람들의 실제 기억을 변화시킬 수 있다(Otgaar & Baker, 2018). 거짓말이 거짓을 낳는다.

Evan Agostini/Invision/AP Photos

YamabikaY/Shutterstock

알렉산더 해밀턴은 미국 대통령이었는가? 때로는 마음이 날짜, 장소, 이름 등을 잘못 기억하도록 속임수를 쓰기도 한다. 친숙한 정보를 잘못 사용함으로써 이러한 일이 자주 일어난다. 한 연구에서 보면, 많은 미국인은 알렉산더 해밀턴을 미국 대통령으로 잘못 회상하였다. 그의 얼굴이 10달러 지폐에 등장하고, 린마누엘 미란다의 유명한 뮤지컬의 등장인물이기도 하기 때문이다(Roediger & DeSoto, 2016).

여러 실험에서는 가족 앨범에 들어있는 사진을 변형시켜 열기구를 타고 있는 가족의 모습을 보여주었다. 이렇게 변형시킨 사진을 본 후에 아동은 열기구를 탔었다는 거짓기억을 더 많이 보고하였으며, 자신의 기억에 높은 확신을 나타냈다. 며칠 후에 인터뷰를 하였을 때는 거짓기억의 상세한 부분까지 보고하는 **상상력 인플레이션**이 나타났다(Strange et al., 2008; Wade et al., 2002). 많은 사람은 2세 이전에 있었던 불가능한 기억을 회상하는데, 한 조사에서는 39%가 그러하였다(Akhtar et al., 2018). 그리고 영국과 캐나다 대학생들을 대상으로 수행한 조사에서는 대학생의 거의 1/4이 나중에 참이 아니라는 사실을 깨닫게 된 자서전적 기억을 보고하였다(Foley, 2015; Mazzoni et al., 2010). 결론 : 기억해내는 어떤 것도 믿지 말라.

2015년에 NBC 야간뉴스 앵커인 브라이언 윌리엄스는 자신이 군용 헬리콥터를 타고 이동하던 중에 로켓추진식 수류탄에 맞았던 사건을 보도하였다. 그런데 그가 기술한 사건은 일어난 적이 없었다. 기억 연구자 크리스토퍼 샤브리스(2015)가 언급한 바와 같이, "아무리 기억을 확신하더라도 거짓기억은 발생할 수 있다는 사실을 너무나 많은 사람이 인식하지 못하고 있다."

출처 기억상실

기억에서 가장 취약한 부분은 무엇인가? 바로 기억의 출처이다. 소셜 미디어에 관해서 무엇인가 배웠다는 사실은 기억하지만, 그것이 실제인지 아니면 거짓인지를 확신하지 못하기도 한다. 어떤 사건에 관한 꿈을 꾸고는 나중에 그 사건이 실제로 일어났었는지를 확신하지 못한다. 친구에게 어떤 뒷담화를 말하려고 하는데, 그 소식을 바로 그 친구에게서 얻은 것임을 알아차리기도 한다. 저명한 발달심리학자 장 피아제는 어른이 되어서 보모가 자신의 유괴를 막아주었던 사건에 대한 선명하고도 상세한 기억이 완전히 거짓말이었다는 사실을 알고는 놀라 자빠질 뻔하였다. 피아제는 셀 수 없을 만큼 자주 들었던 이야기로부터 기억을 구성한 것이 틀림없다(그의 보모가 구세군에 귀의한 후에 그 사건은 거짓이었다고 고백하였다). 자신의 '기억'을 보모의 이야기가 아니라 자신의 경험에 귀인하는 과정에서 피아제가 **출처 기억상실**(source amnesia, 출처 오귀인이라고도 부른다)을 경험하였던 것이다. 오귀인이야말로 많은 거짓기억의 핵심이다. 저자, 작곡자, 코미디언 등이 때때로 오귀인으로 어려움을 겪는다. 이들은 어떤 아이디어가 자신의 창의적 상상력에서 나온 것이라고 생각하지만, 실제로는 의도하지 않은 채 예전에 읽었거나 들었던 것을 표절하고 있는 것이다.

학령 전기 아동조차도 출처 기억상실을 경험한다. 한 연구에서는 학령 전기 아동에게 '과학 아저씨'와 놀게 하였는데, 과학 아저씨는 베이킹 소다와 식초를 가지고 풍선을 부풀리는 것과 같은 시범을 보여주었다(Poole & Lindsay, 1995, 2001). 3개월 후에 부모가 사흘에 걸쳐 아이가 '과학 아저씨'와 함께 경험하였던 일과 그렇지 않았던 일이 포함된 이야기를 읽어주었다. 아이에게 "과학 아저씨가 로프를 잡아당기는 기계를 가지고 있었니?"와 같이 이야기 속에만 등장하는 활동에 관하여 물었을 때, 10명 중에서 4명이 그 사건에 참가하였었다고 자발적으로 회상하였다.

출처 기억상실은 **데자뷔**(déjà vu, 기시감) 현상을 설명하는 데도 도움을 준다. 2/3에 해당하는 사람이 "바로 이 장면에 있었던 적이 있어."라는 순간적으로 섬뜩한 느낌을 경험하였다. 데자뷔의 핵심은 자극의 친숙성과 과거에 어디서 경험하였는지에 대한 불확실성인 것으로 보인다(Cleary & Claxton, 2018; Urquhart et al., 2018). 일반적으로 사람들은 (해마와 전두엽 처리 덕분에) 의식적으로 세부사항을 기억해내기도 전에 (측두엽 처리 덕분에) 친숙감을 경험한다. 이러한 기능(그리고 두뇌영역)이 시간적으로 일치하지 않을 때, 의식적 회상 없이 친숙감을 경험하기도 한다. 경탄스러운 두뇌가 이렇게 불가능한 상황을 이해하고자 시도하면서, 과거의 어떤 것을 재현하고 있다는 무시무시한 느낌을 갖게 되는 것이다. 출처 기억상실은 사람들로 하여금 괴상한 순간을 이해하고자 최선을 다하도록 강제한다.

"여러분은 뷔자데의 묘한 기분을 느낀 적이 있습니까? 데자뷔가 아니라 뷔자데 말입니다. 전에는 결코 일어난 적이 없지만 방금 일어난 어떤 일과 같은 독특한 감각이지요. 어느 것도 친숙한 것이 없습니다. 그리고는 갑자기 그 뷔자데 감정은 사라지고 맙니다." 코미디언 조지 칼린, *Funny Times*, 2001년 12월호에서

실제기억과 거짓기억 구분하기

기억은 재생일 뿐만 아니라 재구성이기 때문에, 얼마나 실감나는지에 근거하여 기억이 실제인지 여부를 확신할 수는 없다. 많은 지각 착시가 실제 지각처럼 보이는 것과 마찬가지로, 거짓기억도 실제기억처럼 느껴진다. 오정보 효과와 출처 기억상실은 자각되지 않은 채 일어나기 때문에, 실제기억으로부터 거짓기억을 분리해내기 어렵다(Schooler et al., 1986). 여러분은 아동기 경험을 친구에게 설명하면서 합리적인 추측으로 기억의 간극을 메웠던 것을 회상할 가능성이 높다. 누구나 그렇게 한다. 이야기를 반복한 후에, 이제는 기억으로 흡수해버린 추측하였던 세부사항이 실제로 경험하였던 것처럼 느껴지기도 한다(Roediger et al., 1993). 가짜 다이아몬드처럼, 거짓기억이 실제인 것처럼 느껴지는 것이다.

출처 기억상실 정보를 언제 어디서 어떻게 획득하거나 상상하였는지에 대한 잘못된 기억. (출처 오귀인이라고도 부른다.) 출처 기억상실은 오정보 효과와 함께 많은 거짓기억의 핵심을 이룬다.

데자뷔(기시감) "이것을 전에 경험한 적이 있어."라는 기묘한 느낌. 현재 상황에 들어있는 단서가 과거 경험의 인출을 무의식적으로 촉발시킬 수 있다.

거짓기억은 매우 지속적일 수 있으며, 특히 자신의 신념과 일치할 때 그렇다. 아일랜드 사람들이 2018년에 아일랜드에서 실시한 낙태에 관한 국민투표와 관련된 거짓뉴스에 대해 부정확한 기억을 유지한 것이 한 가지 사례이다. 특히 그 거짓뉴스가 자신의 견해를 지지할 때 그러하였다(Murphy et al., 2019).

거짓기억은 거짓연합을 유지하기 십상이다. '사탕, 설탕, 꿀, 맛' 등과 같은 단어 목록을 큰 소리로 읽는다고 상상해보라. 나중에 여러분에게 보다 큰 목록을 제시하고, 읽었던 단어들을 재인해보라고 요구한다. 만일 여러분이 헨리 뢰디거와 캐슬린 맥더못(1995) 실험에 참가한 참가자들과 다르지 않다면, 네 번 중의 세 번은 '단맛'처럼 제시되지는 않았지만 유사한 단어를 잘못 재인하는 오류를 범할 것이다. 사람들은 단어 자체보다 요지를 더 용이하게 기억한다.

거짓기억은 사회적 전염성이 있다. 누군가 어떤 사건을 거짓으로 기억해내는 것을 듣게 되면, 똑같은 기억 실수를 범하는 경향이 있다(Roediger et al., 2001). 애초에 거짓 사건을 어디에서 알게 되었는지 혼동하고는 다른 사람의 거짓기억을 받아들인다(Hirst & Echterhoff, 2012). 여러분의 페이스북 친구가 어떤 수줍어하는 학우가 무례하게 행동한 것으로 잘못 기억해내면, 여러분도 그 학우를 부정적으로 잘못 기억하도록 이끌어간다. 온라인의 거짓 이야기가 어떻게 퍼져나가서는 거짓기억이 되는지를 쉽게 볼 수 있다.

기억 구성 오류는 어떤 사람들이 결코 저지르지도 않은 범죄로 인해서 복역하였던 이유를 설명하는 데도 도움을 준다. 나중에 DNA 검사를 통해서 무죄가 확정된 365명의 복역자 중 69%가 잘못된 목격자 증언 때문에 억울하게 유죄 판결을 받았다(Innocence Project, 2019; Smalarz & Wells, 2015). 이 사실은 범죄에 관해서 '최면으로 활성화시킨' 기억이 그토록 쉽게 오류를 불러일으키는 이유를 설명하는 데도 도움을 주는데, 어떤 오류는 최면술사의 유도질문("큰 소음을 들었습니까?")에서 유래한다. 기억 구성 오류는 아동기 학대에 대한 많은 '회복된' 기억에서도 작동하는 것으로 보인다. (비판적으로 생각하기 : 아동기 성적 학대 기억은 억압되었다가 회복될 수 있는가?를 참조하라.)

목격자 정확성은 같은 인종의 얼굴을 다른 인종의 얼굴보다 더 정확하게 회상하는 경향성의 영향도 받는다(제11장에서 다른 인종 효과에 관한 논의를 참조하라). 목격자가 사람을 오인한 후에 DNA 증거로 무죄임이 밝혀진 범죄 혐의자 중에서 거의 절반은 다른 인종 효과에 의한 오인으로 잘못 기소되었다(Innocence Project, 2019).

기억 구성 오류는 사랑에 빠진 사람이 데이트 상대에 대한 첫인상을 과대추정하는 반면("첫눈에 반하고 말았어."), 헤어진 사람들은 처음의 호감도를 과소 추정하는("우리는 처음부터 삐걱거렸어.") 이유도 설명해준다(McFarland & Ross, 1987). 사랑에 빠지면, 기억이 부정적인 면은 지워버리고 긍정적인 면을 집중 조명한다(Cortes et al., 2018). 그리고 10년 전에 마리화나나 성차별에 대해서 어떻게 느꼈었는지를 물어보면, 실제로 그 당시에 보고하였던 견해보다 현재의 견해와 유사한 태도를 회상하는 이유도 설명해준다(Markus, 1986). 한 실험에서 보면, 높은 등록금 정책을 지지하는 글을 쓰겠다고 선택한 학생은 그 정책에 처음에는 반대하였음에도 불구하고, 과거에도 그 정책을 지지하였다는 거짓기억을 구성하였다(Rodriguez & Strange, 2015). 아동 체벌에 관한 태도의 경우에도 마찬가지이다. 사람들의 현재 견해는 과거의 견해를 잘못 기억해내도록 만든다(Wolfe & Williams, 2018). 사람들은 오늘 느끼는 것처럼 항상 그렇게 느껴왔다고 회상하는 경향이 있다(Mazzoni & Vannucci, 2007). 조지 베일런트(1977, 197쪽)가 성인들의 삶을 추적조사한 후에 언급한 바와 같이, "애벌레가 나비로 변한 다음에 젊은 시절에도 자신은 작은 나비였다고 주장하는 것은 너무나 흔한 일이다. 성숙은 모든 사람을 거짓말쟁이로 만들어 버린다."

자문자답하기

여러분이 자주 회상하는 기억 하나를 생각해보라. 의식적으로 자각하지 못한 채 어떻게 그 기억을 변모시켜 왔겠는가?

아동 목격자의 회상

LOQ 8-17 어린 아동이 목격한 내용의 진술은 얼마나 믿을 수 있는가?

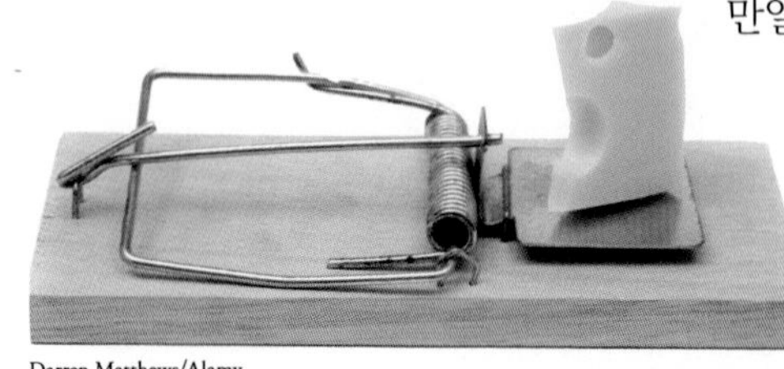

Darren Matthews/Alamy

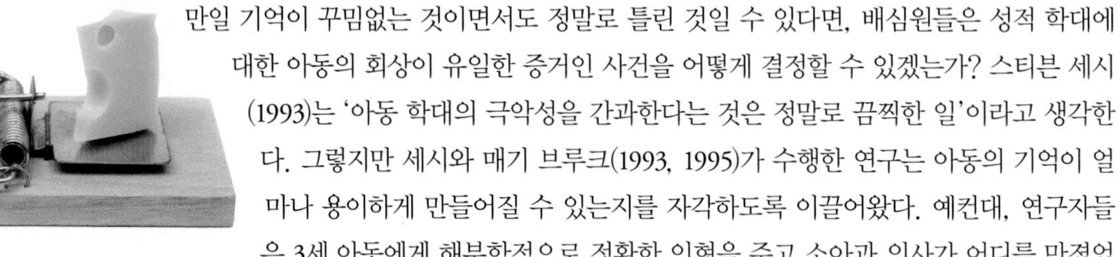

만일 기억이 꾸밈없는 것이면서도 정말로 틀린 것일 수 있다면, 배심원들은 성적 학대에 대한 아동의 회상이 유일한 증거인 사건을 어떻게 결정할 수 있겠는가? 스티븐 세시(1993)는 '아동 학대의 극악성을 간과한다는 것은 정말로 끔찍한 일'이라고 생각한다. 그렇지만 세시와 매기 브루크(1993, 1995)가 수행한 연구는 아동의 기억이 얼마나 용이하게 만들어질 수 있는지를 자각하도록 이끌어왔다. 예컨대, 연구자들은 3세 아동에게 해부학적으로 정확한 인형을 주고 소아과 의사가 어디를 만졌었는지를 보여주도록 요청하였다. 성기검사를 받지 않았던 아동의 55%가 성기나 항문 부위를 가리켰다.

연구자들은 암시적 인터뷰 기법의 효과도 검증하였다(Bruck & Ceci, 1999, 2004). 한 실험에서는 아동이 가능한 사건들의 카드 묶음에서 하나를 선택하면, 어른이 그 카드의 내용을 아동에게 읽어주었다. 예컨대, "잘 생각해보고 이러한 사건이 일어났었는지를 말해주세요. 발가락이 쥐덫에 걸려서 병원에 갔던 일을 기억할 수 있나요?" 인터뷰에서는 동일한 어른이 아동에게 반복해서 여러 실제 사건과 가상 사건에 대해 생각해보도록 요구하였다. 10주가 지난 후에 새로운 어른이 동일한 질문을 던졌다. 놀라운 결과가 나타났다. 학령 전기 아동의 58%가 결코 경험한 적이 없는 하나 이상의 사건에 관한 거짓(그렇지만 생생한) 이야기를 만들어냈던 것이다(Ceci et al., 1994). 바로 다음의 사례가 보여주듯이 말이다.

> 내 동생 콜린이 장난감을 뺏으려고 해서 못 가지고 가게 했더니, 나를 쥐덫이 설치된 장작더미로 떠밀었어요. 그래서 내 손가락이 거기 걸렸어요. 그래서 병원에 갔는데, 엄마, 아빠, 콜린이 나를 밴에 태우고 병원에 갔어요. 병원이 멀거든요. 그리고 의사선생님이 내 손가락에 붕대를 감아주었어요.

이렇게 상세한 이야기를 들으면 아동 인터뷰 전문가인 심리학자조차도 실제기억과 거짓기억을 확실하게 분리할 수 없다. 아동 자신도 분리해낼 수 없기는 마찬가지다. 위 사례의 아동은 쥐덫 사건이 일어난 적은 없으며, 혼자서 상상한 것이라는 사실을 부모가 여러 번 말해주었던 것이

비판적으로 생각하기

아동기 성적 학대 기억은 억압되었다가 회복될 수 있는가?

LOQ 8-18 억압되었다가 회복된 기억의 보고가 그토록 뜨거운 논쟁을 일으켜온 까닭은 무엇인가?

두 가지 가능한 비극

1. 사람들은 자신의 비밀을 말하는 아동기 성적 학대 생존자에게 의구심을 보낸다.

2. 치료사가 아동기 성적 학대의 '회복된' 기억을 촉발함으로써, **무고한 사람이 잘못 비난받고 기소된다.**

"성적 학대 희생자는 당신과 같은 증상을 보이곤 합니다. 그래서 당신은 학대받았고 그 기억을 억압하였을지도 모릅니다. 당신의 외상을 되살려 기억을 회복하는 데 도움을 줄 수 있을지 봅시다."

오정보 효과와 출처 기억상실 : 성인 내담자는 위협을 가하는 사람의 이미지를 형성한다.

되뇌기(반복되는 치료 회기)를 통해서, 그 이미지가 커지고 더욱 선명해진다.

내담자가 경악하고 분노하며 기억해낸 학대자에 맞서거나 고발할 준비가 되었다.

고발당한 사람도 똑같이 경악하고는 오래전의 학대를 격렬하게 부정한다.

전문기관(미국의학회, 미국심리학회, 미국정신의학회 등)들은 심리학의 '기억 전쟁'을 해결할 합리적인 공통 기반을 찾아내려는 연구를 수행하고 있다.[1]

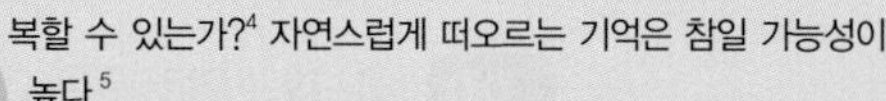

- **아동기 성적 학대는 발생**하며 희생자를 성적 기능 장애에서부터 우울증에 이르는 문제에서 위험에 처하게 만든다.[2] 그렇지만 '생존자 증후군', 즉 성적 학대 희생자만을 확인시켜 주는 증상 집합은 없다.[3]
- **불공정성이 발생한다.** 결백한 사람들이 잘못 기소되어 왔다. 반면에 범죄자는 진실을 말하는 고발자의 진실성을 의심하는 방법으로 죗값을 치르지 않았다.
- **망각이 일어난다.** 아주 어려서 학대받은 아동은 자기 경험의 의미를 이해하지 못하거나 기억하지 못할 수 있다. 긍정적인 것이든 부정적인 것이든, 오래된 사건의 망각은 일상의 삶에서 항상 일어난다.
- **회복된 기억은 흔한 일이다.** 어떤 언급이나 경험이 단서로 주어지면, 즐거웠던 것이든 괴로웠던 것이든 오랫동안 망각하였던 사건의 기억을 회복할 수 있다. 그런데 무의식적 마음이 고통스러운 경험을 강제로 억압하고, 치료사가 도움을 주는 기법을 통해서 그 경험을 회복할 수 있는가?[4] 자연스럽게 떠오르는 기억은 참일 가능성이 높다.[5]
- **4세 이전에 일어난 사건의 기억은 신뢰하기 어렵다.** 유아기 기억상실은 아직 발달하지 않은 두뇌 회로로 인해서 발생한다. 따라서 많은 심리학자는 유아기 학대에 대한 '회복된' 기억에 회의적이다.[6] 성적 학대를 받을 때의 나이가 많을수록, 그리고 그 학대의 정도가 심하였을수록 기억해낼 가능성이 크다.[7]
- **최면이나 약물의 효과로 인해 '회복된' 기억은 특히 신뢰하기 어렵다.**
- **기억은 그것이 참이든 거짓이든지 간에 정서적 혼란을 초래할 수 있다.** 단순한 암시가 만들어낸 외상도 실제 외상과 마찬가지로 신체 스트레스를 초래하는 고통스러운 기억이 되어버린다.[8]

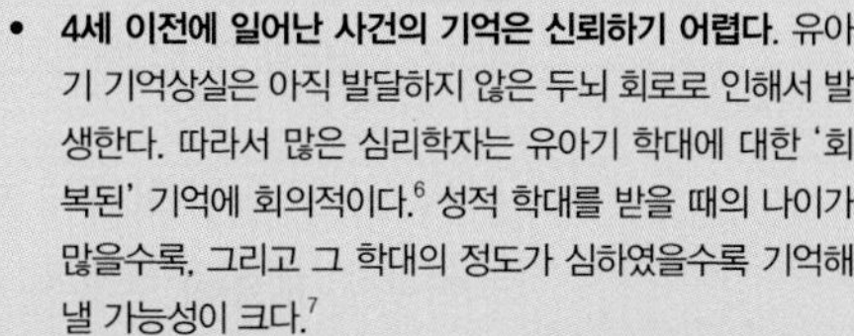

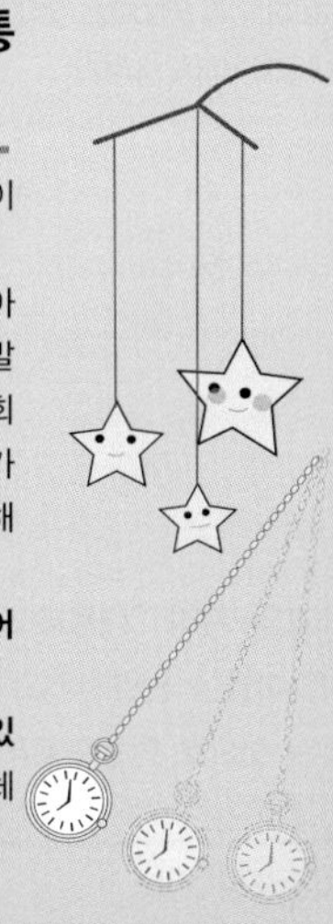

심리학자는 억압이 일어나는지를 물음한다.
(프로이트 이론의 핵심인 이 개념을 자세히 보려면 제14장을 참조하라.)

외상 경험(사랑하는 사람의 피살 목격, 납치범이나 강간범에 의한 테러, 자연재해로 인한 모든 것의 상실 등) → **전형적으로 다음을 초래한다.** → **선명하고 지속적이며 잊을 수 없는 기억**[9]

아동기 성적 학대의 회복된 기억을 다루는 왕립 정신의학회의 특별위원회는 "오랜 기간의 기억상실 후에 기억이 '회복'되었을 때, 특히 기억의 회복을 위하여 이례적인 수단을 사용하였을 때는, 그 기억이 거짓일 가능성이 매우 높다."라고 충고하였다.[10]

1. Patihis et al., 2014a. 2. Freyd et al., 2007. 3. Kendall-Tackett et al., 1993. 4. McNally & Geraerts, 2009. 5. Geraerts et al., 2007. 6. Gore-Felton et al., 2000; Knapp & VandeCreek, 2000. 7. Goodman et al., 2003. 8. McNally, 2003, 2007. 9. Porter & Peace, 2007; Goldfarb et al., 2019. 10. Brandon et al., 1998.

생각남에도 불구하고, "그렇지만 정말이란 말이에요. 내가 기억하거든요!"라고 항의하였다. 불행하게도 이러한 유형의 오류는 흔히 일어난다. 20,000여 명 참가자의 증언 데이터를 분석한 결과에서 보면, 아동은 꽤나 자주 결백한 혐의자를 범인으로 지목하였다(Fitzgerald & Price, 2015). 세시(1993)는 다음과 같이 진술하였다. "이 연구는 나로 하여금 거짓 주장의 가능성에 관하여 염려하게 만들었다. 데이터가 한쪽을 더 많이 지지하고 있음에도 중립을 지키는 것은 과학적 통합에 대한 찬사가 될 수 없다."

그렇기는 하지만 제대로 훈련받은 인터뷰 전문가와 함께한다면, 성인과 아동 모두 정확한 목격자가 될 수 있다(Wixted et al., 2018). 경험한 것에 관하여 아동이 이해할 수 있는 중립적 용어로 질문을 하면, 일어난 사건과 누가 한 짓인지를 정확하게 회상해낸다(Brewin & Andrews, 2017; Goodman, 2006). 인터뷰를 하는 사람이 덜 암시적이고 더 효과적인 기법을 사용하면, 4~5세 아동도 보다 정확한 회상을 내놓을 수 있다(Holliday & Albon, 2004; Pipe et al., 2004). 인터뷰에 앞서 목격한 사건에 연루된 사람과 이야기하지 않았을 때, 그리고 유도질문을 하지 않는 중립적 인물과의 첫 번째 인터뷰에서 사실을 밝힐 때 아동은 특히 정확하게 회상하였다.

전두엽이 완전히 발달되지 않은 아동과 마찬가지로, 노인, 특히 전두엽 기능이 쇠퇴한 노인은 젊은 성인보다 거짓기억에 더 취약하다. 나이 든 성인은 암시된 거짓기억에 취약하기 때문에 사기를 쉽게 당한다. 예컨대, 전화기 속에서 "로또 사신 것 기억나세요? 450만 달러에 당첨되셨어요. 당첨금을 처리하고 보내드리려면, 우선 4,500달러의 보증금을 보내야 하거든요."라는 엉터리 이야기가 들릴 때처럼 말이다(Jacoby & Rhodes, 2006; Roediger & McDaniel, 2007).

인출 연습

RP-3 출처 기억상실의 보편성을 전제로 할 때, 만일 우리가 모든 경험과 꿈을 기억해낸다면 우리의 삶은 어떻게 되겠는가?

RP-4 회복된 기억에 근거하여 성적 학대로 기소된 부모의 재판에 배심원으로 참여하고 있다고 상상해보라. 여러분은 기억 연구로부터 어떤 통찰을 다른 배심원들과 공유해야만 하겠는가?

답은 부록 E를 참조

기억 증진법

LOQ 8-19 여러분은 이 과목을 포함하여 모든 교과목을 잘 해내기 위하여 기억 연구의 결과를 어떻게 사용할 수 있겠는가?

생물학의 발견은 의학에 도움을 준다. 식물학의 발견은 농업에 도움을 준다. 기억에 관한 심리학 연구도 교육에 도움을 줄 수 있으며, 수업과 검사에서 여러분의 수행을 증진시킬 수 있다. 쉽게 참조할 수 있도록 여기에 요약한 내용은 여러분이 필요로 할 때 정보를 기억해내도록 도와줄 수 있는 구체적 제안이며, 모두 연구에 기반한 것이다. SQ3R, 즉 훑어보고(Survey) 질문하며(Question) 읽고(Read) 인출하며(Retrieve) 개관하기(Review)는 이러한 여러 가지 전략을 합쳐놓은 것이다.

사고와 기억 내용을 되뇌기하고 아이디어들을 관련시키고 자료를 의미 있는 것으로 만듦으로써, 읽은 것을 적극적으로 생각하는 것은 최고의 기억을 보장한다.

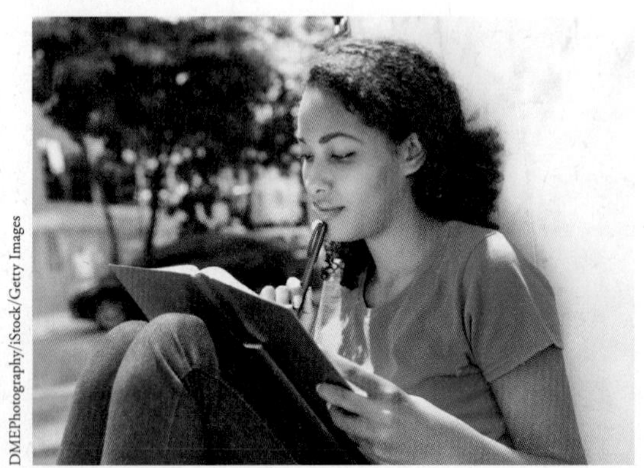
DMEPhotography/iStock/Getty Images

반복적으로 되뇌기하라. 공부거리를 숙달하려면, 간격두기 효과를 명심하라. 즉, 간격을 두고 분산연습을 하라. 어떤 개념을 학습하려면, 공부시간을 여러 개로 쪼개라. 버스를 타고 있는 시간, 학교에서 걸어다니는 시간, 강의가 시작되기를 기다리는 시간 등 토막시간을 활용하라. 새로운 기억은 허약하다. 연습을 하면 강해진다. 전문가는 공부를 마치기 전에 기억해야 할 항목을 세 차례 인출해보도록 권장한다(Miyatsu et al., 2018). 되뇌기를 거의 하지 않은 채 복잡한 공부거리를 읽기만 하는 것은 기억에 거의 아무것도 남겨놓지 않는다. 되뇌기와 비판적 회고가 많은 도움을 준다. 검증 효과가 보여준 바와 같이, 이렇게 하는 것이야말로 적극적으로 공부하는 것을 보상해주고도 남는다. 성과의 측면에서 마음속으로 내용을 말하거나 써보거나 타이핑해보는 것이 묵독만 하는 것을 압도한다(MacLeod & Bodner, 2017). 이러한 산출 효과는 무엇이든 가르쳐보거나, 스스로에게 설명해보거나, 아니면 큰 소리로 되뇌기할 때 가장 잘 학습하는 까닭을 설명해준다(Bisra et al., 2018; Forrin & MacLeod, 2018; Koh et al., 2018).

적극적인 설명이나 되뇌기가 학습에 미치는 힘은 흔히 간과된다. 한 실험에서는 학생들을 수동적인 강의를 경험하거나 적극적인 학습을 경험하는 조건에 무선할당하였다. 학생들은 적극적 학습조건에서 더 많은 것을 학습하였다(그렇지만 더 적게 학습하였다고 믿었다)(Deslauriers et al., 2019). 따라서 강의내용을 발표도 하고 사회적 지지라는 보상도 받을 수 있는 스터디그룹을 조직할 수도 있겠다. 심지어는 강의 노트필기를 손으로 직접 쓰는 것조차도 강의내용을 스스로 요약하는 것을 도와줄 수 있으며, 노트북 컴퓨터를 이용하여 내용을 그대로 복사하는 것보다 더 잘 기억하도록 해준다. 팸 뮐러와 대니얼 오펜하이머(2014)는 "펜이 키보드보다 강하다."라고 지적하고 있다.

노트북 컴퓨터가 방해를 한다고? 대규모 심리학개론 수강생을 조사한 연구에서 보면, 학생들이 강의시간의 1/3 정도를 온라인 검색하는 데 사용하였다. 적성과 표현한 흥미를 통제한 후에도 온라인에서 보내는 시간은 시험성적을 예측하였다(많은 시간을 쓸수록 성적은 더욱 형편없다)(Ravizza et al., 2017).

공부거리를 의미 있는 것으로 만들어라. 가능한 한 많은 연합을 형성함으로써 인출 단서망을 구축할 수 있다. 공부한 개념을 여러분 자신의 삶에 적용해보라. 정보를 이해하고 체제화하라. 이미지를 형성하라. 실제로 개념을 유도해내는 것이 더 좋다(Fernandes et al., 2018). 공부거리를 여러분이 이미 알고 있거나 경험하였던 것과 관련시켜라. 윌리엄 제임스(1890)가 제안하였던 바와 같이, "새로운 것 각각을 이미 획득하여 저장하고 있는 것과 접목시켜라." 다른 사람의 표현을 정말로 이해하는 데 시간을 할애하지 않은 채, 아무 생각 없이 반복하는 것은 많은 인출 단서를 제공해주지 않는다. 시험을 치를 때, 여러분이 암기하고 있는 형식과 다른 구문을 사용한 질문을 보게 되면 벽에 부딪히고 만다.

인출 단서들을 활성화시켜라. 맥락의존 기억과 상태의존 기억의 중요성을 명심하라. 마음속에서 여러분이 원래 학습하였던 상황과 기분을 다시 만들어라. 하나의 생각이 다음 생각의 단서가 되도록 기억을 일깨우라.

기억술 도구들을 사용하라. 개념의 선명한 이미지를 포함한 이야기를 구성하라. 정보를 청크로 묶어라. 기억할 만한 기억술 도구를 개발하라.

순행간섭과 역행간섭을 최소화하라. 잠자기 전에 학습하라. 스페인어와 프랑스어 같이 서로 간섭할 가능성이 큰 주제를 왔다 갔다 하면서 공부하는 계획을 세우지 말라.

충분한 수면을 취하라. 잠자는 동안 두뇌는 정보를 재조직하며 장기기억에 응고시킨다. 수면 박탈은 이러한 과정을 와해시킨다(Frenda et al., 2014; Lo et al., 2016). 깨어있는 동안 단지 10분의 휴식조차도 읽은 것의 기억을 증진시킨다(Dewar et al., 2012). 따라서 열심히 공부한 후에는 다음 주제에 도전하기에 앞서, 몇 분 동안만이라도 조용히 앉아있거나 누워있기 바란다.

되뇌기도 하고 아직 모르는 것이 무엇인지를 확인하기 위해 자신의 지식을 검증해보라. 검증 효과는 실재하며 강력하다. 지금 재인할 수 있다고 해서 과신에 놀아나지 말라. 각 장 전반에 걸쳐 제시하고 있는 인출 연습 그리고 각 절 말미의 개관에 나와있는 학습목표 물음을 사용하여 여러분의 회상능력을 검증해보라. 연습장에 각 절의 개요를 적어보라. 각 장의 말미에 정리해놓은 용어와 개념의 정의를 들여다보기 전에 스스로 정의를 내려보라. 연습문제를 풀어보라. 이 책과 같이 많은 교과서에 붙어있는 학습안내서는 이러한 검증을 해보는 데 많은 도움이 된다.

자문자답하기

학습과 기억 전략 중에서 어느 것 세 가지가 여러분 자신의 학습과 기억을 증진시키고자 사용하는 데 가장 중요하겠는가?

인출 연습

RP-5 어떤 기억전략이 보다 현명하게 공부하고 더 많은 정보를 기억하는 것을 도와줄 수 있겠는가?

답은 부록 E를 참조

개관 망각, 기억 구성, 그리고 기억 증진법

학습목표

자기검증 개념 파악을 증진시키도록 (부록 D의 답을 확인해보기에 앞서) 여러분 자신의 표현으로 여기서 반복하는 학습목표 물음에 답해보라 (McDaniel et al., 2009, 2015).

LOQ 8-15 망각하는 이유는 무엇인가?

LOQ 8-16 오정보, 상상, 출처 기억상실이 기억 구성에 어떤 영향을 미치는가? 사람들은 어떻게 기억이 실제인지 거짓인지를 판단하는가?

LOQ 8-17 어린 아동이 목격한 내용의 진술은 얼마나 믿을 수 있는가?

LOQ 8-18 억압되었다가 회복된 기억의 보고가 그토록 뜨거운 논쟁을 일으켜온 까닭은 무엇인가?

LOQ 8-19 여러분은 이 과목을 포함하여 모든 교과목을 잘 해내기 위하여 기억 연구의 결과를 어떻게 사용할 수 있겠는가?

기억해야 할 용어와 개념들

자기검증 여러분 자신의 표현으로 정의를 적어본 후에 답을 확인해보라.

데자뷔	역행간섭	재응고화
순행간섭	역행성 기억상실증	진행성 기억상실증
억압	오정보 효과	출처 기억상실

학습내용 숙달하기

자기검증 여러분 자신의 표현으로 다음 물음에 답한 후에 부록 E에서 답을 확인해보라.

1. 다음 중에서 망각이 부호화 실패에 따른 것일 때, 정보의 전이가 일어나지 않은 것은 어느 것인가?
- **a.** 환경으로부터 감각기억으로의 전이
- **b.** 감각기억으로부터 장기기억으로의 전이
- **c.** 장기기억으로부터 단기기억으로의 전이
- **d.** 단기기억으로부터 장기기억으로의 전이

2. 에빙하우스의 '망각곡선'을 보면, 새로운 정보의 기억은 처음에 급격히 감소한 후에 어떤 경향을 나타내는가?
- **a.** 약간 증가한다.
- **b.** 현저하게 줄어든다.
- **c.** 상당히 줄어든다.
- **d.** 안정된 상태를 나타낸다.

3. 새로운 내용을 잠자기 전에 공부하면 다른 과목으로 전환하기 전에 공부할 때보다 ________간섭을 적게 경험하게 된다.

4. 프로이트는 고통스럽거나 용납할 수 없는 기억을 ________이라고 부르는 기제를 통하여 의식에서 차단한다고 제안하였다.

5. 거짓기억을 형성하는 한 가지 이유는 엉터리 정보에 근거하여 기억의 간극을 합리적인 추측과 가정으로 채워넣으려는 경향성이다. 다음 중에서 이 경향성의 예에 해당하는 것은 무엇인가?
- **a.** 순행간섭
- **b.** 오정보 효과
- **c.** 역행간섭
- **d.** 망각곡선

6. 엘리자의 가족은 그녀가 2살이었을 때 이모의 결혼 피로연에서 춤을 추어서 칭찬을 받았던 이야기를 즐겨 한다. 엘리자는 아주 어렸었지만, 그 사건을 선명하게 회상할 수 있다. 어떻게 이것이 가능한 것인가?

7. 사람들은 사교모임에서 한 얼굴을 재인하면서도 어떻게 그 사람을 알고 있는 것인지를 기억해내지 못할 수 있다. 이것은 ________의 한 사례이다.

8. 어떤 상황이 '나는 이곳에 온 적이 있었다.'는 느낌을 촉발할 때, 여러분은 __________를 경험하고 있는 것이다.

9. 다음 중에서 아동이 정확한 목격자가 될 수 있는 경우는 어느 것인가?

a. 인터뷰하는 사람이 아동에게 실제로 일어난 사건에 관한 힌트를 준다.

b. 중립적 인물이 사건 직후에 아동이 이해할 수 있는 표현으로 객관적 질문을 한다.

c. 아동이 인터뷰 전에 관련 인물들과 이야기할 기회를 갖는다.

d. 인터뷰하는 사람이 정확한 전문적인 의학용어를 사용한다.

10. 다음 중에서 학대기억 연구에 관여하는 심리학자들이 동의하지 않는 진술은 어느 것인가?

a. 4세 이전에 일어난 사건의 기억은 신뢰하기 어렵다.

b. 사람들은 극단적으로 괴로운 기억을 억압하는 경향이 있다.

c. 기억은 정서적으로 괴로운 것일 수 있다.

d. 성적 학대는 일어난다.

fizkes/Shutterstock

사고와 언어

역사적으로 인간은 자신의 어리석음을 한탄하면서 동시에 지혜를 찬양해왔다. 시인 T. S. 엘리엇은 "공허한 인간… 지푸라기로 가득 찬 머리통"과 마주쳤다. 반면에 셰익스피어의 햄릿은 인간을 "고귀한 이성!… 무한한 재능!… 신과 같은 판단력!"을 가진 존재로 찬양하였다. 마찬가지로 이 책 전반에 걸쳐서도 인간의 능력과 오류를 범하는 경향성 모두에 놀라게 된다.

연구자들은 조그만 양배추 크기에 1.5kg 남짓함에도 놀라우리만치 복잡한 회로를 가지고 있는 인간의 두뇌를 연구한다. 신생아의 유능성을 높게 평가한다. 시각자극을 수백만 개의 신경 흥분으로 분해하여 병렬처리하도록 분배한 후에 명확하게 지각하는 상으로 재조립하는 감각 시스템에 경탄을 금치 못한다. 무한한 것으로 보이는 기억 용량 그리고 두 궤적의 마음이 의식적이든 무의식적이든 정보를 처리하는 용이성을 숙고한다. 인간이라는 동물종이 카메라, 자동차, 컴퓨터를 발명하고, 원자의 수수께끼를 풀고 유전부호를 해독하며, 우주공간과 두뇌의 속내를 탐험하는 집단적 천재성을 가지고 있다는 것이 하나도 놀랍지 않다.

또한 다른 측면에서는 인간이 사고능력에서 그렇게 대단하지 않다는 사실도 알고 있다. 인간종은 다른 동물종과 닮았으며, 쥐와 비둘기의 학습을 가능하게 해주는 동일한 원리의 영향을 받는다. 항상 현명하지만은 않은 인간이 지각 착시, 사이비 심령가의 주장, 거짓기억 등에 쉽게 속아 넘어가는 모습에 주목한다.

이 장에서는 인간의 두 가지 모습, 즉 합리적 모습과 비합리적 모습의 또 다른 사례를 접하게 된다. 사람들이 받아들이고 지각하며 인출하는 정보를 어떻게 사용하고 잘못 사용하는 것인지를 따져본다.

인간의 언어 재능을 찾아보고, 언어가 어떻게 그리고 왜 발달하는 것인지를 살펴본다. 최종적으로는 우리 인간이 현명한 인간이라는 뜻의 호모 사피엔스에 걸맞은 것인지를 다루게 된다.

사고

개념

학습목표 물음 LOQ **9-1** 인지와 메타인지란 무엇인가? 개념의 기능은 무엇인가?

Jeff Kaufman The New Yorker Collection/The Cartoon Bank

"모두 주목하세요! 우리 가족의 새 식구를 소개하겠습니다."

인지(cognition)를 연구하는 심리학자는 생각하기, 알기, 기억해내기, 소통하기 등과 관련된 심적 활동에 초점을 맞춘다. 이러한 활동 중의 하나가 **메타인지**(metacognition)이다. 메타인지는 인지에 대한 인지, 또는 사고에 대한 사고이다. 메타인지를 사용하는, 즉 자신이 학습하는 것을 모니터링하고 평가하는 학생의 학업수행이 더 우수하다(de Boer et al., 2018). (성적을 올리기 위해서는 무엇을 모르고 있는지를 헤아려보는 것이 도움이 된다.)

또 다른 활동이 **개념**(concept), 즉 유사한 대상, 사건, 아이디어, 사람 등의 심적 집단을 형성하는 것이다. 의자 개념은 앉는 데 사용하는 모든 다양한 대상들, 예컨대 유아용 높은 의자, 흔들의자, 식당 테이블용 의자, 치과용 의자 등을 포함한다. 개념은 사고를 단순화시켜 준다. 개념이 없는 삶을 상상해보라. 아이에게 "공을 던져."라고 말할 수도 없다. '공'이나 '던지기'의 개념이 없기 때문이다. "나는 돈을 벌고 싶다."라고 말할 수 없다. 사람들은 '벌다'나 '돈'의 개념을 가지고 태어나지 않기 때문이다. '공'이나 '돈'과 같은 개념은 많은 인지적 노력을 들이지 않고 많은 정보를 제공해준다. 그리고 사람들은 유입되는 데이터를 두 개의 범주로 분리하려는 선천적인 편향을 가지고 있다. 사람들을 '멍청이'나 '똑똑이', '진보주의자'나 '보수주의자', '백인'이나 '흑인' 등과 같은 두 개의 분절된 유목에 집어넣으려고 한다(Fisher & Keil, 2018).

사람들은 **원형**(prototype), 즉 한 범주의 심상이나 최선의 본보기를 발달시킴으로써 개념을 형성한다(Rosch, 1978). "펭귄은 새다."보다는 "참새는 새다."라는 진술에 더 신속하게 동의한다. 대부분의 사람에게 있어서, 참새가 더 새다운 새이며, 새의 원형에 더 가깝다. 어떤 대상이 한 개념의 원형과 보다 잘 대응할수록 보다 쉽게 그 개념의 사례로 재인한다.

사람을 범주화할 때, 마음속에서는 범주 원형 쪽으로 기울어지게 된다. 종족의 특징이 혼합된 얼굴을 보았던 벨기에 학생들이 그러하였다. 백인 자질의 70%와 동양인 자질의 30%를 혼합한 얼굴을 보여주었을 때, 그 얼굴을 백인으로 범주화하였다(그림 9.1). 이들의 기억이 백인 원형으로 이동함에 따라서, 실제로 보았던 70% 백인 얼굴보다 80% 백인 얼굴을 보았다고 기억해낼 가능성이 더 컸다(Corneille et al., 2004). 마찬가지로 70% 동양인 얼굴을 보여주었을 때는 나중에 보다 전형적인 동양인 얼굴을 기억해냈다. 성별에서도 동일한 현상이 나타난다. 70% 남자 얼굴을 본 사람들은 그 얼굴을 남자로 범주화하였으며(여기에는 놀랄 것이 없다), 나중에는 보다 전형적인 남자 얼굴로 잘못 기억해냈다(Huart et al., 2005).

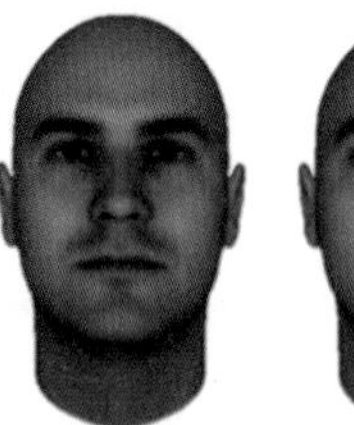

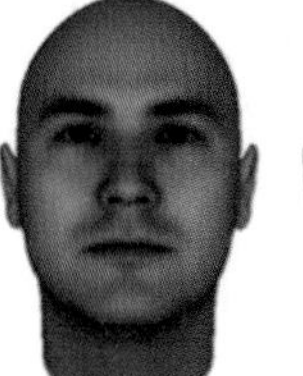

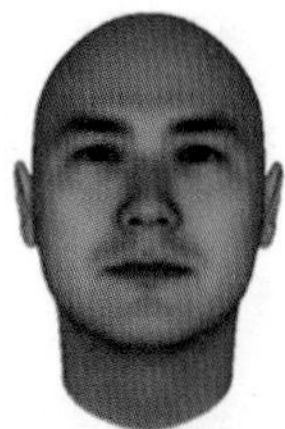

그림 9.1
얼굴 범주화는 회상에 영향을 미친다 예컨대, 70%가 백인인 얼굴을 보여주면, 사람들은 그 얼굴을 백인으로 범주화하며 실제보다 더 백인인 얼굴을 회상해내는 경향이 있다.

원형으로부터 멀어지면 범주 경계가 모호해지기도 한다. 토마토는 과일인가? 16세의 여자는 소녀인가 여인인가? 고래는 물고기인가 포유류인가? 고래는 '포유류' 원형과 잘 대응되지 않기 때문에 고래를 포유류로 재인하는 데 시간이 더 걸린다. 마찬가지로 증상이 어떤 질병의 원형과 일치하지 않을 때 그 질병을 알아차리는 데 시간이 오래 걸린다(Bishop, 1991). 심장마비 증상의 원형(예리한 가슴 통증)과 일치하지 않는 증상(호흡 부족, 탈진, 가슴이 묵직함)을 보이는 사람은 도움을 받지 못할 수 있다. 그리고 행동이 차별의 원형(예컨대, 백인 대 흑인, 남성 대 여성, 젊은이 대 노인 등)과 일치하지 않을 때, 그 차별을 깨닫지 못하기 십상이다. 여성에 대한 남성의 편견은 쉽게 알아채지만, 남성에 대한 여성의 편견이나 여성에 대한 여성의 편견은 잘 알아채지 못한다(Cunningham et al., 2009; Inman & Baron, 1996). 개념이 사고를 촉진하고 이끌어가지만 사람을 항상 현명하게 만들어주는 것은 아니다.

문제해결 : 전략과 장애물

LOQ 9-2 어떤 인지 전략이 문제해결을 지원하고, 어떤 장애물이 방해하는가?

합리성에 대한 한 가지 찬사가 문제를 해결하는 능력이다. 교통체증을 우회하는 최선의 길은 무엇인가? 친구의 비난을 어떻게 처리할 것인가? 열쇠를 잃어버렸다면 어떻게 집에 들어갈 수 있을까?

어떤 문제는 시행착오를 거쳐 해결한다. 토머스 에디슨은 작동하는 전구와 직면하기 전에 수천 번의 전구 필라멘트를 시도해보아야만 하였다. 다른 문제의 경우에는 **알고리듬**(algorithm), 즉 해결책을 보장하는 단계별 절차를 따른다. 그렇지만 단계별 알고리듬은 지겹고 화를 돋울 수 있다. SPLOYOCHYG의 모든 문자를 사용하여 실제 단어를 찾아내려고 할 때, 각각의 문자를 모든 위치에 놓을 수 있는 907,200가지의 배열을 만들고 조사해볼 수 있다. 자연은 비치볼 크기의 계산하는 두뇌를 주는 대신에, 보다 단순한 사고 전략인 **발견법**(heuristic, 어림법, 추단법)에 의존하게 만들었다. 따라서 함께 자주 나타나는 문자들(CH와 GY)을 집단화하고 가능성이 별로 없는 조합들(예컨대, YY)을 배제함으로써, SPLOYOCHYG 사례에서 대안의 수를 줄일 수 있다. 발견법을 사용하여 대안의 수를 줄인 다음에 시행착오를 통해 답을 찾아낼 수 있다. 여러분은 이 단어가 무엇인지 알아냈는가?[1]

때때로 어떤 문제에 골몰하고 있는데, 갑자기 조각들이 모자이크처럼 급작스럽고 참인 것처럼 보이며 흔히 만족스러운 해결책으로 묶이기도 하는 번쩍이는 **통찰**(insight)이 나타나기도 한다(Topolinski & Reber, 2010; Webb et al., 2019). 조니 애플턴은 10세일 때 건설인부들을 난처

인지 사고하기, 알기, 기억하기, 그리고 의사소통하기와 연합된 모든 심적 활동

메타인지 인지에 대한 인지. 심적 과정을 추적하고 평가한다.

개념 유사한 사물, 사건, 아이디어, 사람 등의 심적 집단화

원형 한 범주의 심상이나 최선의 사례. 새로운 항목을 원형과 대응시키는 것은 그 항목을 한 범주에 포함시키는 신속하고도 용이한 방법을 제공해준다.

알고리듬 특정한 문제의 해결을 보장해주는 논리적 규칙이나 절차. 일반적으로 신속하지만 실수를 저지르기도 쉬운 발견법(어림법)과 대비된다.

발견법 판단과 문제해결을 효율적으로 만들어주는 간단한 사고 방략. 일반적으로 알고리듬보다 빠르지만 실수를 범할 가능성도 크다.

통찰 문제의 해결책을 갑작스럽게 깨닫는 것. 전략 기반 해결책과 대비된다.

1 답은 PSYCHOLOGY이다.

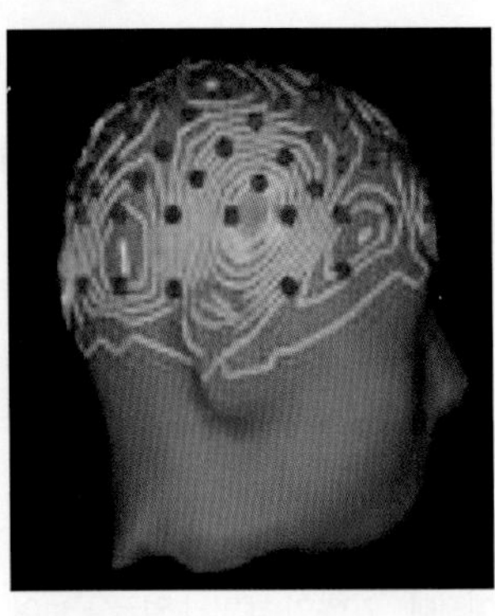
From Mark Jung-Beeman, Northwestern University and John Kounios, Drexel University

그림 9.2
아하! 순간 우뇌 측두엽의 폭발적인 활동이 단어 문제에 대한 통찰적 해결책에 수반된다(Jung-Beeman et al., 2004). 붉은 점은 EEG 전극을 나타낸다. 밝은 회색 선분은 통찰을 수반한 고주파 활동의 분포를 보여준다. 통찰과 관련된 활동은 우측 측두엽에 몰려있다(노란색 영역).

하게 만들었던 문제를 해결하는 데 통찰을 보여주었다. 시멘트 담에 나있는 75센티미터 깊이의 좁은 구멍 속으로 떨어진 새끼 올새를 어떻게 구출할 것인가? 조니의 해결책은 이랬다. 모래를 서서히 부어서, 새가 조금씩 높아지는 모래 위로 올라서기에 충분한 시간을 주는 것이었다(Ruchlis, 1990). 통찰이 항상 완벽하지는 않지만, 올바른 해결책으로 이끌어가기 십상이다(Danek & Salvi, 2018).

사람들이 아하! 순간을 경험할 때 두뇌에서는 어떤 일이 일어나는가? 두뇌 영상(EEG 또는 fMRI)은 통찰의 갑작스러운 출현과 연합된 폭발적 두뇌 활동을 보여준다(Kounios & Beeman, 2014). 한 연구에서는 사람들에게 pine, crab, sauce와 같은 세 단어의 집합을 제시하고는 세 단어 각각과 복합어나 구를 이룰 수 있는 단어 하나를 생각하고 해결책을 찾았을 때 버튼을 누르도록 요구하였다(만일 힌트가 필요하다면, 그 단어는 과일 종류이다[2]). 갑작스러운 아하! 통찰이 절반 가량의 해결책으로 이끌어갔다. 통찰의 순간 바로 직전에, 문제해결자의 주의집중에 관여하는 전두엽이 활동하였으며, 해결책을 발견한 순간에는 오른쪽 귀 바로 위쪽의 우반구 측두엽의 폭발적 신경 활동이 나타났다(그림 9.2).

통찰은 해결책에 가까워지고 있다는 느낌 없이 갑작스럽게 발생한다(Knoblich & Oellinger, 2006; Metcalfe, 1986). 답이 갑자기 튀어나올 때("아하! apple이구나!"), 만족이라는 행복감을 느끼게 된다. 마찬가지로 농담의 즐거움도 예상치 못한 결말이나 이중 의미를 갑자기 이해하는 것에 달려있기도 하다. "어느 복날, 정치인 다섯 명이 보신탕집을 찾아가 자리에 앉았다. 주인이 물었다. 전부 다 '개'지요. 다섯 명 모두 당연하다는 표정으로 고개를 끄덕였다." 코미디언인 그루초 막스는 이 분야의 대가이었다. 그루초 막스가 1930년대 영화 Animal Crackers(동물비스킷)에서 읊은 다음 대사의 의미를 이해하고자 시도해보라. "I once shot an elephant in my pajamas. How he got in my pajamas I'll never know."[3]

우리 인간이 아무리 통찰에서 뛰어나다고 하더라도, 다른 인지 경향성은 사람들을 혼란에 빠뜨리기도 한다. 예컨대, **확증 편향**(confirmation bias)은 자신의 생각을 반박하는 증거보다는 확증해주는 증거를 보다 열심히 찾도록 이끌어간다(Klayman & Ha, 1987; Skov & Sherman, 1986). 이미 고전이 된 연구에서 피터 웨이슨(1960)은 영국 대학생들에게 세 숫자의 연속 2-4-6을 제시하고, 그 연속은 어떤 규칙에 근거한 것이라고 알려주었다. 과제는 그 규칙을 알아내는 것이었다. (그 규칙은 간단한 것이었다. 그저 증가하는 세 숫자이었다.) 학생들은 답을 내놓기 전에 스스로 세 숫자 연속을 만들었으며, 그때마다 웨이슨은 그 연속이 규칙에 맞는 것인지를 알려주었다. 규칙을 찾아냈다고 확신하면 학생들이 답을 내놓았다. 결과는 어떠했을까? 대부분의 학생이 틀린 규칙을 만들었으며(예컨대, '2씩 증가하는 수'), 그다음에는 (6-8-10, 100-102-104 등을 검증하는 방식으로) 그 규칙을 확증해주는 증거만을 찾았다. 정답은 거의 없었음에도 정답이 아닐 것이라고 의심한 경우도 결코 없었다.

S.H. Chambers

2 그 단어는 apple이다 : pineapple, crabapple, applesauce.

3 이해가 되었는가? 예문에서 첫 문장은 elephant의 앞과 뒤에서 문장을 자르는 차이에 따라 "언젠가 나는 잠옷 바람으로 나가 코끼리를 총으로 쐈다."와 "언젠가 나는 내 잠옷을 걸친 코끼리를 쏘았다."라고 의미가 달라진다. 두 번째 의미로 해석해야만 다음 문장 "코끼리가 어쩌다 내 잠옷을 입었는지는 귀신이 곡할 노릇이지만."과 연결되어, 유머스러운 표현이 된다._역자 주

웨이슨(1981)은 이렇게 말하였다. "보통 사람은 사실을 회피하거나 일관적이지 못하게 되거나 아니면 이슈와 관련된 새로운 정보가 두려워서 자신을 조직적으로 방어한다." 따라서 사람들이 일단 백신이 자폐 스펙트럼 장애를 초래한다거나, 성적 지향성은 변화시킬 수 있다거나(없다거나), 총기 규제가 생명을 구한다는(또는 구하지 못한다는) 신념을 형성하게 되면, 그 신념을 확증해주는 정보를 선호하게 된다. 일단 잘못된 견지에 매달리게 되면, 다른 각도에서 문제에 접근하기 어렵게 된다. 문제해결의 이러한 장애물을 **고착**(fixation)이라고 부르며, 새로운 조망을 채택하는 능력의 부재를 말한다. 고착이 그림 9.3의 성냥개비 문제의 해결을 방해하는지 확인해보라(해결책은 그림 9.4를 보라).

고착의 전형적인 사례가 **마음갖춤새**(mental set), 즉 과거에 작동하였던 마음의 자세를 가지고 문제에 접근하려는 경향성이다. 실제로 과거에 작동하였던 해결책이 새로운 문제에서도 작동하기 십상이다. 다음을 생각해보자.

O-T-T-F-?-?-?의 연속이 주어졌을 때 마지막 세 문자는 무엇일까?

대부분의 사람은 마지막 세 문자가 F(ive), S(ix), 그리고 S(even)이라는 사실을 알아채는 데 어려움을 겪는다. 그렇지만 이 문제를 해결하고 나면 다음 문제는 아주 쉬워진다.

J-F-M-A-?-?-?의 연속이 주어졌을 때 마지막 세 문자는 무엇인가? (만일 이 문제의 답을 모르겠다면, 열두 달에 해당하는 영어 단어가 무엇인지를 생각해보라.)

지각갖춤새가 지각하는 것을 편향시키듯이, 마음갖춤새는 생각하는 방식을 편향시킨다. 과거 경험에 의한 마음갖춤새가 성냥을 이차원에서 배열하도록 편향시킬 때처럼, 때로는 과거에 작동하던 마음갖춤새가 새로운 문제에서 새로운 해결책을 찾아내는 것을 방해하기도 한다.

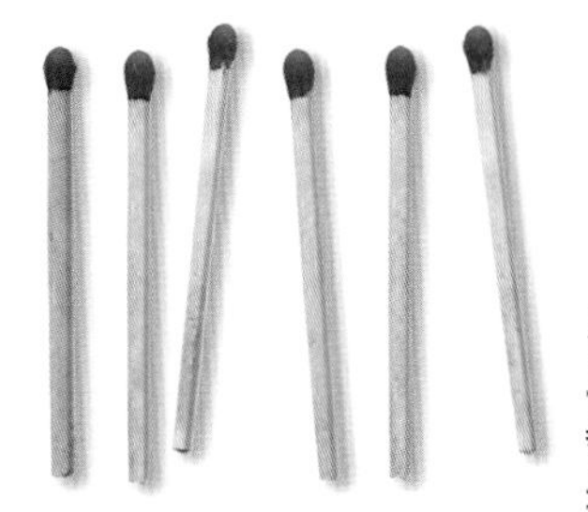

그림 9.3
성냥 문제 6개의 성냥개비를 가지고 4개의 정삼각형을 만들 수 있겠는가?

"인간의 오성(悟性)은 일단 어떤 명제가 확실하게 규정되었을 때, … 나머지 것들을 새로운 지지와 확증으로 첨가되도록 만들어버린다." 프랜시스 베이컨, 『노붐 오르가눔』(1620)

좋거나 나쁜 결정과 판단 내리기

LOQ 9-3 직관이란 무엇인가? 대표성 발견법과 가용성 발견법이 결정과 판단에 어떤 영향을 미칠 수 있는가?

매일같이 수많은 판단과 결정을 할 때(재킷을 입어야 할까? 이 사람은 믿을 만한가? 내가 슈팅을 할 것인가 아니면 발바닥에 땀이 난 동료에게 패스를 할 것인가? 등등), 체계적으로 추리하기 위해서 시간과 노력을 들이는 경우는 거의 없다. **직관**(intuition), 즉 빠르고 자동적이며 추론에 따르지 않은 감정과 사고를 따를 뿐이다. 사회심리학자 어빙 재니스(1986)는 정부와 기업 그리고 교육 장면의 정책입안자들을 인터뷰한 후에, 다음과 같이 결론짓고 있다. "이들은 사려 깊은 문제해결 접근을 사용하지 않는다. 일반적으로 어떻게 결정에 도달하는가? 만일 이렇게 묻는다면, 대부분 육감과 경험에 근거하여 결정한다고 말할 가능성이 크다."

신속하지만 위험한 두 가지 지름길

신속하게 판단을 내릴 필요가 있을 때, 발견법은 대부분의 경우에 성공적으로 작동하는 재빠른 사고를 가능하게 해준다(Gigerenzer, 2015). 그렇지만 인지심리학자 아모스 트버스키와 대니얼 카너먼(1974)이 보여준 바와 같이, 어떤 직관적인 심적 지름길, 예컨대 대표성 발견법과 가용성 발견법은 가장 똑똑한 사람조차도 멍청한 결정으로 이끌어갈 수 있다.

트버스키와 카너먼이 친구이자 공동연구자가 될 것을 예측하였던 사람은 거의 없었다(Lewis,

확증 편향 자신의 선입견을 확증하는 정보만을 찾으며 상반된 증거를 무시하거나 왜곡하려는 경향성

고착 프로이트에 따르면, 갈등이 해소되지 않은 초기의 심리성적 단계에 쾌추구 에너지가 머물러있는 것

마음갖춤새 문제를 특정한 방식으로만 접근하려는 경향성. 과거에 성공적이었던 방식이기 십상이다.

직관 노력이 들지 않고 즉각적이며 자동적인 감정이나 사고. 외현적이고 의식적인 추리와 대비된다.

"이런 문제들을 만들 때, 사람들을 멍청하게 보이게 하려는 것이 아니었다. 모든 문제에 우리 역시 속는다."

– 아모스 트버스키(1985)

"직관적 사고는 대개 괜찮다…. 하지만 때로는 마음의 습관이 우리를 곤경에 처하게 한다."

– 대니얼 카너먼(2005)

2016; Sunstein & Thaler, 2016). 둘이 만났을 때, 트버스키는 의사결정을 연구하면서 거들먹거리는 전쟁영웅이었으며, 카너먼은 시각을 연구하는 만성적 걱정쟁이이었다. 이러한 차이점을 곁에 둔 채로, 둘은 작은 세미나룸에 틀어박혀 논쟁을 벌이고 폭소를 터뜨리며, 결국에는 사람들이 사고와 의사결정을 바라다보는 방법을 바꾸어놓고 말았다(Dean & Ortoleva, 2019). 이들의 공동노력으로 마침내 2002년 노벨상을 거머쥐게 되었다. (슬픈 일이지만 카너먼만이 살아서 영예를 안았다.[4]) 카너먼이 저자(마이어스)의 **사회심리학** 교과서를 위한 짧은 서문에서 밝힌 바와 같이, "아모스와 나는 황금알을 낳는 거위를 같이 소유하는 기적을 공유하였다. 개별적인 마음보다 더 나은 공동의 마음 말이다."

대표성 발견법 **대표성 발견법**(representativeness heuristic)을 사용한다는 것은 어떤 것을 특정 원형과 직관적으로 비교하여 그 가능성을 판단하는 것이다. 작고 호리호리하며 시집 읽기를 좋아하는 사람을 상상해보라. 이 사람이 아이비리그 영문학 교수일 가능성과 트럭 운전사일 가능성 중에서 어느 것이 더 크겠는가?(Nisbett & Ross, 1980).

많은 사람은 영문학 교수라고 추측한다. 트럭 운전사보다는 학문에만 집착하는 교수의 원형에 더 잘 들어맞기 때문이다. 그렇게 추측하는 과정에서 사람들은 아이비리그 영문학 교수(400명이 되지 않는다)와 트럭 운전사(미국에만 350만 명이 존재한다)의 기저율을 고려하는 데 실패한다. 이 진술이 트럭 운전사보다는 영문학 교수의 원형에 50배 더 잘 들어맞는다고 하더라도, 트럭 운전사의 수가 7,000배나 많다는 사실은 시집 읽는 사람이 트럭 운전사일 가능성이 몇 배나 더 높음을 의미한다.

어떤 원형은 사회적 효과를 갖는다. 두 명의 흑인과 세 명의 백인 10대를 둔 어머니가 다른 부모에게 다음과 같이 물었다. "댁의 아이들이 게토레이를 집어들 때 점원이 따라다니던가요? 제 아이들을 따라다니지는 않았어요. … 댁의 아이들이 닌자나 광대로 분장하고 핼러윈데이에 트릿

대표성 발견법 사건의 가능성을 그 사건이 특정한 원형을 얼마나 잘 대표하는지 또는 원형에 잘 들어맞는지에 따라 판단하는 방법. 다른 관련 정보를 무시하도록 이끌어가기도 한다.

가용성 발견법 사건의 가능성을 기억의 가용성에 근거하여 추정하는 방법. 사례들이 쉽게 마음에 떠오르면, 그러한 사건이 흔하다고 가정하게 된다.

4 노벨상은 살아있는 사람에게만 수여하는데, 트버스키는 1996년에 사망하였기에 카너먼만이 수상자가 된 것이다. 수상연도에 살아있었더라면 아마도 노벨 경제학상을 공동으로 수상하였을 것이다. 경제학상이라고? 그렇다. 불행하게도 아직은 노벨 심리학상이 존재하지 않는다. 이들의 연구가 경제학의 핵심인 판단과 의사결정에 관한 것이었기에 경제학상을 수상한 것이다.

오어트릭 놀이를 할 때, 집집마다 어디에서 누구와 사느냐는 질문을 받나요? 제 아이들은 그런 질문을 받은 적이 없어요"(Roper, 2016). 만일 흑인인 비행 10대에 대한 원형, 즉 고정관념을 가지고 있다면, 사람을 판단할 때 무의식적으로 대표성 발견법을 사용할지도 모른다. 의도하지 않았다고 하더라도 결과적으로는 인종차별이 된다.

"카너먼을 비롯한 그의 동료와 제자들은 사람들이 생각하는 방식에 대한 우리의 사고방식을 바꾸어 왔다." 미국심리학회장 샤론 브렘(2007)

가용성 발견법 심적 가용성에 근거하여 어떤 사건의 출현 가능성을 추정할 때 **가용성 발견법**(availability heuristic)이 작동한다. 선명성, 최신성, 차별성 등과 같이, 정보가 마음에 튀어오르게 만들어주는 것은 무엇이든지 그 사건이 빈번하게 일어나는 것처럼 만들 수 있다. 카지노에서 커다란 손실은 소리도 나지 않고 보이지도 않는 반면, 아주 적은 이득도 선명하게 기억에 남도록 만들기 위해서 벨소리와 번쩍거리는 불빛으로 신호해줌으로써 도박을 하도록 유혹한다.

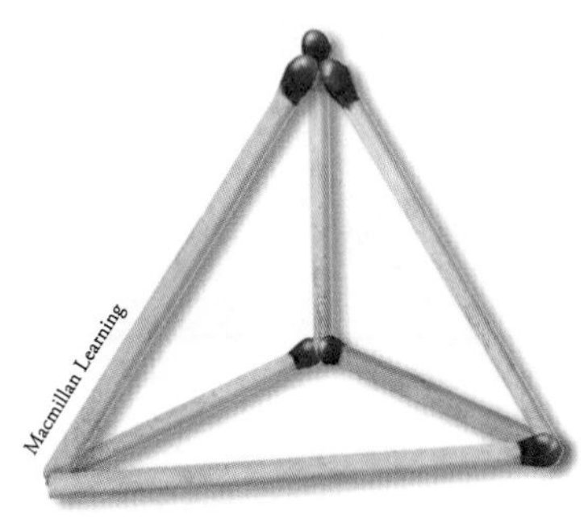

그림 9.4
성냥 문제의 해답 이 문제를 해결하려면 해결책을 이차원에 한정하려는 고착에서 벗어나 새로운 조망에서 바라보아야 한다.

가용성 발견법은 위험 판단을 왜곡시킨다. 유명인사의 자녀가 백신을 맞고 자폐증이 발생한 후에, 수많은 사람은 백신-자폐증 연계를 부정하는 과학적 데이터보다 그 유명인사의 이야기를 더 설득적인 것으로 받아들인다(Hoffman, 2019). 걸음마를 하는 아이와 테러리스트 중에서 누가 더 무시무시한지 생각해보라. 2015년과 2016년에 외국 테러리스트보다 권총을 손에 쥔 아이가 더 많은 미국인을 살해하였다는 사실을 고려한다면, 여러분은 답을 바꿀는지도 모르겠다(Ingraham, 2016; LaCapria, 2015). 만일 올해 외국 테러리스트가 미국에서 1,000명을 살해하였다면, 미국인들은 어마어마한 공포에 사로잡힐 것이다. 그렇다면 총기에 의한 살인, 자살, 사고사로 30배 이상 더 무서워해야 할 충분한 이유가 있다. 총기는 매년 30,000명 이상의 목숨을 앗아가고 있는 것이다.

결론은 이렇다. 사람들은 엉뚱한 것을 무서워한다(비판적으로 생각하기 : 공포 요인을 참고하라).

"당신이 생각하는 모든 것을 믿지 말라." 자동차 범퍼 스티커에서

반면에 기후변화에 따른 미래의 재앙에 대해서는 가용한 이미지가 상대적으로 적기 때문에, 대부분의 사람은 이것을 염려하지 않는다. 몇몇 과학자는 이것을 미래의 '슬로모션으로 나타나는 아마겟돈'으로 간주하기도 한다. 서서히 진행하는 기후변화보다 인지적으로 더 가용한 것은 최근에 경험한 지역 날씨인데, 이것은 지구라고 하는 행성의 장기적인 추세에 관해서 아무것도 알려주지 않는다(Egan & Mullin, 2012; Kaufmann et al., 2017; Zaval et al., 2014). 살고 있는 지역에서 이례적으로 더운 날씨는 지구 온난화에 대한 걱정을 증가시키는 반면, 최근에 추웠던 날에 관한 선명한 기억은 장기적인 지구 온난화에 대한 걱정을 감소시키며, 기억에 희미하게 남아있는 과학적 데이터를 압도한다(Li et al., 2011). 스티븐 콜베어(2014)가 다음과 같이 트윗하였다. "오늘 춥기 때문에 지구 온난화는 사실이 아니다! 그리고 중대한 소식. 나는 방금 먹었기 때문에 세계의 기아는 끝났다."

기후변화를 선명하게 묘사하기 위하여, 미국 칼테크의 과학자들은 지난 120년에 걸친 지구 기후에 대한 상호작용적 지도를 만들었다(www.tinyurl.com/TempChange를 참조하라).

극적인 결과는 놀라움에 숨이 막히게 만들지만, 확률에는 전혀 놀라지 않는다. 40여 국가가 담뱃갑에다 이목을 집중시키는 경고문과 사진을 집어넣음으로써 선명하고도 기억에 남을 만한 이미지의 긍정적

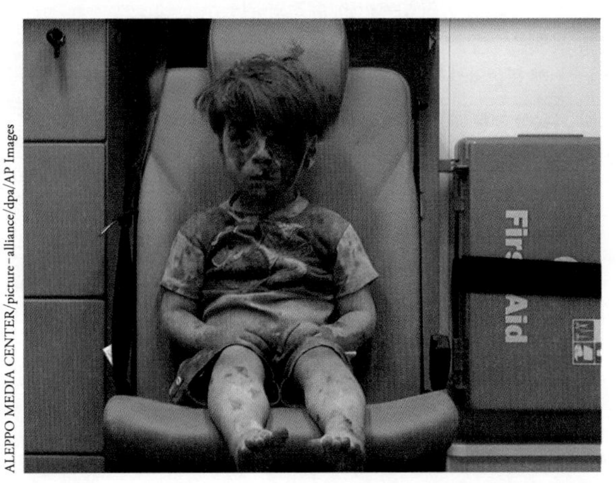

선명한 사례의 위력 시리아 알레포의 공중 폭격으로 인한 잔해 속에서 구출된 후에 멍하니 앉아있는 5세 아동 옴란 다크니시의 잊을 수 없는(인지적으로 가용한) 사진은 폭정을 피해 달아나는 시리아 난민의 역경을 서구 국가들이 깨닫게 하는 데 도움을 주었다.

비판적으로 생각하기

공포 요인

LOQ 9-4 어떤 요인이 일어날 가능성이 없는 사건에 대한 두려움을 가중시키는가?

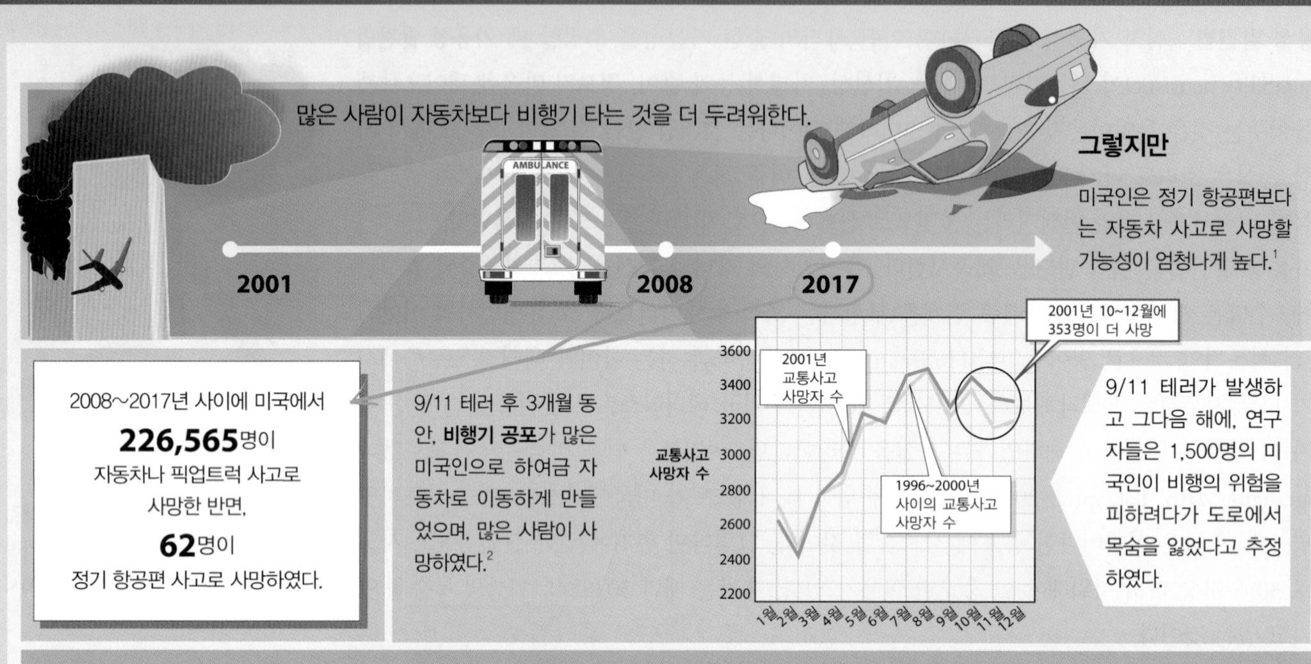

많은 사람이 자동차보다 비행기 타는 것을 더 두려워한다.
AMBULANCE
2001
2008
2017
그렇지만
미국인은 정기 항공편보다는 자동차 사고로 사망할 가능성이 엄청나게 높다.[1]
2008~2017년 사이에 미국에서
226,565명이
자동차나 픽업트럭 사고로
사망한 반면,
62명이
정기 항공편 사고로 사망하였다.
9/11 테러 후 3개월 동안, 비행기 공포가 많은 미국인으로 하여금 자동차로 이동하게 만들었으며, 많은 사람이 사망하였다.[2]
2001년 10~12월에 353명이 더 사망
2001년 교통사고 사망자 수
1996~2000년 사이의 교통사고 사망자 수
교통사고 사망자 수
3600
3400
3200
3000
2800
2600
2400
2200
1월 2월 3월 4월 5월 6월 7월 8월 9월 10월 11월 12월
9/11 테러가 발생하고 그다음 해에, 연구자들은 1,500명의 미국인이 비행의 위험을 피하려다가 도로에서 목숨을 잃었다고 추정하였다.

어째서 사람들은 엉뚱한 것을 두려워하는가?

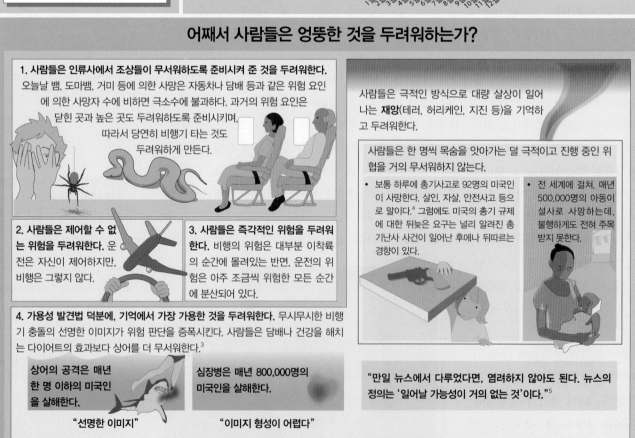

1. 사람들은 인류사에서 조상들이 무서워하도록 준비시켜 준 것을 두려워한다. 오늘날 뱀, 도마뱀, 거미 등에 의한 사망은 자동차나 담배 등과 같은 위험 요인에 의한 사망자 수에 비하면 극소수에 불과하다. 과거의 위험 요인은 닫힌 곳과 높은 곳도 두려워하도록 준비시키며, 따라서 당연히 비행기 타는 것도 두려워하게 만든다.

2. 사람들은 제어할 수 없는 위험을 두려워한다. 운전은 자신이 제어하지만, 비행은 그렇지 않다.

3. 사람들은 즉각적인 위험을 두려워한다. 비행의 위험은 대부분 이착륙의 순간에 몰려있는 반면, 운전의 위험은 아주 조금씩 위험한 모든 순간에 분산되어 있다.

4. 가용성 발견법 덕분에, 기억에서 가장 가용한 것을 두려워한다. 무시무시한 비행기 충돌의 선명한 이미지가 위험 판단을 증폭시킨다. 사람들은 담배나 건강을 해치는 다이어트의 효과보다 상어를 더 무서워한다.[3]

상어의 공격은 매년 한 명 이하의 미국인을 살해한다.

"선명한 이미지"

심장병은 매년 800,000명의 미국인을 살해한다.

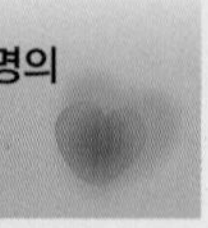

"이미지 형성이 어렵다"

사람들은 극적인 방식으로 대량 살상이 일어나는 **재앙**(테러, 허리케인, 지진 등)을 기억하고 두려워한다.

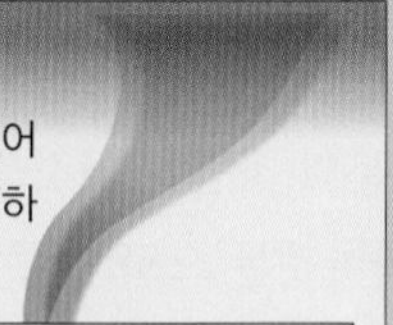

사람들은 한 명씩 목숨을 앗아가는 덜 극적이고 진행 중인 위협을 거의 무서워하지 않는다.

- 보통 하루에 총기사고로 92명의 미국인이 사망한다. 살인, 자살, 안전사고 등으로 말이다.[4] 그럼에도 미국의 총기 규제에 대한 뒤늦은 요구는 널리 알려진 총기난사 사건이 일어난 후에나 뒤따르는 경향이 있다. 
- 전 세계에 걸쳐, 매년 500,000명의 아동이 설사로 사망하는데, 불행하게도 전혀 주목받지 못한다.

"만일 뉴스에서 다루었다면, 염려하지 않아도 된다. 뉴스의 정의는 '일어날 가능성이 거의 없는 것'이다."[5]

1. National Safety Council, 2019. 2. Gaissmaier & Gigerenzer, 2012; Gigerenzer, 2004, 2006. 3. Daley, 2011. 4. Xu et al., 2016. 5. Schneier, 2007.

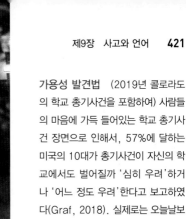

Tom Cooper/Getty Images

가용성 발견법 (2019년 콜로라도의 학교 총기사건을 포함하여) 사람들의 마음에 가득 들어있는 학교 총기사건 장면으로 인해서, 57%에 달하는 미국의 10대가 총기사건이 자신의 학교에서도 벌어질까 '심히 우려'하거나 '어느 정도 우려'한다고 보고하였다(Graf, 2018). 실제로는 오늘날보다도 1990년대 초반에 네 배나 많은 학생이 학교에서 살해되었다(Fox et al., 2018). 학교는 상대적으로 안전한 장소로 남아있으며, 운전이나 독감과 같은 다른 위험 요인이 더 많은 사람을 살해하고 있음에도, 이렇게 합리적 판단을 상실하는 것은 사람들이 비합리적이리만치 엉뚱한 것을 얼마나 두려워하는지를 예증하고 있다.

위력을 활용하고자 시도해왔다(Riordan, 2013). 이 캠페인은 효과적으로 작동해왔다. 사람들이 감정적으로 생각하기 때문이다(Huang et al., 2013). 사람들은 지나치게 감정적이고 지나치게 아무 생각이 없다(Slovic, 2007). 2015년 해변에 죽은 채 누워있던 시리아 아동의 사진은 전염병처럼 퍼져나갔다. 그 사진으로 인해 모인 시리아 난민을 위한 적십자 기부금은 수십만 명에 달하는 난민 사망자를 기술하는 통계치로 인한 기부금의 55배에 달하였다(Slovic et al., 2017).

자문자답하기

여러분은 무엇을 무서워하는가? 어떤 공포는 발생 가능성을 훨씬 뛰어넘는 것은 아닌가? 여러분이 느끼는 공포의 합리성을 평가하고 더욱 조심할 필요가 있는 삶의 영역을 확인하는 데 어떻게 비판적 사고를 사용할 수 있겠는가?

인출 연습

RP-1 뉴스를 '일어나기 힘든 사건'으로 기술할 수 있는 이유는 무엇인가? 이 사실을 아는 것은 사람들의 공포를 평가하는 데 어떤 도움을 주는가?

답은 부록 E를 참조

과신

LOQ 9-5 과신, 신념 집착, 틀만들기는 사람들의 결정과 판단에 어떤 영향을 미치는가?

때때로 사람들은 실제보다 더 과신한다. 다양한 과제에 걸쳐서 자신의 성과를 과대추정한다(Metcalfe, 1998). 만일 "압생트는 술인가, 아니면 보석인가?"와 같이 사실에 관한 질문에 60%의 사람이 정확하게 답한다면, 전형적으로 평균 75%의 확신도를 나타낸다(Fischhoff et al., 1977). (압생트는 감초 맛이 나는 술이다.) 자신의 지식과 판단의 정확도를 과대추정하는 이러한 경향성이 **과신**(overconfidence)이다.

주식 중개인과 투자 매니저들로 하여금 자신들이 주식시장 평균을 능가하는 능력을 가지고 있다고 선전하도록 만드는 것도 과신이다. 하나의 집단으로서 절대 불가능한 일이다(Malkiel, 2016). 지금이 매수할 시점이라고 판단한 주식 중개인이 추천하여 주식 X를 구매하는 것은 일반적으로 지금이 매도할 시점이라고 판단하는 다른 사람의 매도에 의해 균형을 이루게 된다. 아무리 확신한다고 하더라도 매수자와 매도자가 모두 옳을 수는 없는 것이다. **계획 오류**, 즉 미래의 여가시간과 수입을 과대추정하는 오류에 굴복하도록 이끌어가는 것도 과신이다(Zauberman

호프스태터의 법칙 : 당신이 예상하는 것보다 항상 오래 걸린다. 호프스태터의 법칙을 고려할 때조차 그렇다. 더글러스 호프스태터, 『괴델, 에셔, 바흐 : 영원한 황금 노끈』(1979)

과신 자신의 신념과 판단의 정확성을 실제보다 과잉추정하는 경향성

"당신이 무엇인가 알고 있을 때 아는 것을 붙잡아두는 것, 그리고 무엇인가 모르고 있을 때 모른다는 것을 인정하는 것. 그것이 지식이다." 공자,『논어』

Bianca Moscatelli/Worth Publishers

자신의 행동 예측하기 여러분은 언제 이 장 읽기를 마치겠는가?

& Lynch, 2005). 학생은 물론이고 일반인도 과제를 스케줄에 앞서 끝마칠 것이라고 기대한다(Buehler et al., 1994, 2002). 실제로는 그러한 프로젝트가 일반적으로 예상시간보다 두 배 정도 걸린다. 다음 달에 얼마나 많은 여유시간을 갖게 될지를 예상하면서, 초대에 기꺼이 응한다. 그리고 내년에는 돈이 더 많을 것이라고 믿기에, 대출을 하거나 외상으로 물건을 사들인다.

카너먼(2015)이 만일 요술지팡이가 있다면 가장 먼저 제거하고 싶어 하였던 편향인 과신은 생사가 달린 결정에 영향을 미친다. 역사에는 전쟁을 벌이면서 실제보다 더 확신에 차있던 지도자가 넘쳐난다. 정치에서는 과신이 극단적인 정치 견해를 조장한다. 의학에서는 과신이 엉터리 진단으로 이끌어갈 수 있다(Saposnik et al., 2016).

한 연구팀은 743명의 미국 연방정부의 정보분석가가 미래 사건을 예측하는 능력을 검증하였는데, 전형적으로 그들의 예측은 과신하는 것이었다. 잘못된 예측을 내놓는 사람은 융통성이 없고 완고하기 십상이었다(Mellers et al., 2015). 탄소 배출권 거래제도나 비례세율의 제안을 피상적으로 이해하고 있는 일반 시민은 강력한 찬성이나 반대 견해를 피력하기 십상이다. 때때로 아는 것이 적을수록, 더 극단적인 입장을 취하게 된다. 그러한 정책의 세부사항을 설명해달라고 요청하는 것은 그들의 무식함을 드러내게 만들어서는 다소 중도적인 입장을 표명하게 이끌어간다(Fernbach et al., 2013). 즉, 무식하면 용감해진다.

그렇기는 하지만 과신은 때때로 적응 가치를 갖기도 한다. 자신의 결정이 옳고 여유시간이 있다고 믿는 자기확신에 찬 사람이 더 행복하게 살아가는 경향이 있다. 어려운 결정을 보다 쉽게 내리며, 유능한 것처럼 보인다(Anderson et al., 2012). 판단의 정확성에 대한 즉각적이고 명확한 피드백을 주게 되면, 자신의 정확성을 보다 현실적으로 평가하는 것을 곧바로 학습한다(Fischhoff, 1982). 자신이 언제 알고 있고 언제 알지 못하는지를 아는 지혜는 경험의 소산인 것이다.

신념 집착

판단에서 과신은 놀랄 정도이다. **신념 집착**(belief perseverance), 즉 상반된 증거에 직면하고서도 자신의 신념에 매달리려는 경향성도 마찬가지이다. 신념 집착에 관한 연구는 사형제도에 대해서 상반된 견해를 가지고 있는 사람들을 대상으로 수행하였다(Lord et al., 1979). 각 진영의 사람들은 짐짓 새로운 연구결과인 것처럼 보이는 두 가지 결과를 보았는데, 하나는 사형선고가 범죄를 줄인다는 것이고 다른 하나는 반박하는 것이었다. 각 진영은 자신의 신념을 지지하는 연구에 더 많이 동조하였으며, 다른 연구는 즉각 반박하였다. 따라서 사형제도에 찬성하는 집단과 반대하는 집단에 동일한 상반된 증거를 제시하는 것이 실제로 두 진영 간의 불일치를 증가시켰다. 증거를 사용하여 결론을 도출하기보다는 결론을 사용하여 증거를 평가하였다. 이 현상을 동기적 추리라고 부르기도 한다.

기후변화, 동성결혼, 정치적 논쟁 등에 관한 또 다른 연구 그리고 일상생활에서도 마찬가지로 사람들은 자신의 신념을 지지하는 논리와 증거를 기꺼이 받아들이는 반면, 도전적인 증거는 평가절하한다(Friesen et al., 2015; Gampe et al., 2019; Sunstein et al., 2016). 편견은 지속적이기 십상이다. 신념은 고집을 부린다. 옛말에 이르기를, "늙은 개에게 새로운 재주를 가르치기는 어렵다."

Jason Adam Katzenstein/The New Yorker Collection/The Cartoon Bank

"나의 확신감으로 당신의 전문성을 중단시킬래요."

신념 집착 현상을 견제하는 간단한 처방이 있다. 즉, 반대편 입장을 고려하라는 것이다. 동일한 연구자들이 사형제도 연구를 반복하였을 때, 참가자에게 '가능한 객관적이고 비편향적일 것'을 요구하였다(Lord et al., 1984). 이러한 호소는 증거의 편향적 평가를 전혀 감소시키지 못하였다. 또 다른 집단에게는 '만일 동일한 연구가 정반대되는 결과를 내놓았다고 하더라도 똑같이 높거나 낮은 평가를 하였겠는지'를 고려하도록 요구하였다. 상반된 결과를 상상하고 따져봄으로써 증거의 평가에서 훨씬 덜 편향적이게 되었다. 후속 연구도 이 사실을 확증해준다. 즉, 반대편의 주장을 고려하는 것이 편향을 감소시킨다(Catapano et al., 2019; Van Boven et al., 2019).

일단 신념을 형성하고 정당화하게 되면, 그 신념을 바꾸기 위해서는 처음에 만들어낼 때보다도 더 강력한 증거가 필요하게 된다. 다른 조망이나 견해에 개방적인 것처럼 보이는 경우에도 사람들은 자신의 신념에 위배되는 증거는 '약하다'고 간주하기 십상이다(Anglin, 2019). 예컨대, 기후변화 회의론자는 기후변화를 지지하는 증거를 부정확하거나 신뢰할 수 없는 것으로 간주하는 경향이 있다(Druckman & McGrath, 2019). 중국의 옛 속담이 이르는 것처럼, "우리가 보는 것의 절반 이상은 눈 뒤에 있다."

틀만들기 효과

틀만들기(framing), 즉 논제를 제시하는 방식은 심리학자와 경제학자가 모두 알고 있는 바와 같이, 설득의 강력한 도구가 될 수 있다. 행동경제학자인 리처드 탈러는 젊은 시절부터 인지심리학자인 아모스 트버스키와 대니얼 카너먼과 긴밀하게 공동연구를 수행하였다. 탈러를 비롯한 연구자들은 선택지의 틀만들기가 어떻게 사람들이 이로운 결정을 하도록 옆구리를 슬쩍 찌르듯이 주의를 환기시킬 수 있는지, 즉 어떻게 **넛지**(nudge)를 가할 수 있는지 보여주었다(Benartzi et al., 2017; Daniels & Zlatev, 2019; Thaler & Sunstein, 2008).

- **은퇴에 대비하여 저축하기** 한때 미국의 기업들은 퇴직연금 제도에 가입하기를 원하는 피고용자들이 상대적으로 적은 월급 실수령액을 수령할 수밖에 없는 선택지를 선택할 것을 요구하였는데, 이것을 선택하는 사람은 거의 없었다. 새로운 법 덕분에, 이제 기업은 피고용자를 연금제도에 자동으로 가입시킬 수 있게 되었지만, 이들에게 사후철회의 선택권을 부여한다. 어떻게 하든지 간에 기여금의 공제 결정은 피고용자의 몫이다. 그렇기는 하지만 340만 명의 피고용자를 대상으로 실시한 분석에서 보면, 새로운 사후철회 선택 조건에서는 가입률이 59%에서 86%로 치솟았다(Rosenberg, 2010). 마찬가지로 2012년 영국의 사후철회 틀만들기로의 전환도 500만 명이 새롭게 연금저축에 가입하게 만들었다(Halpern, 2015). 이제 연구자들은 넛지가 사람들이 자신의 은퇴기금을 현명하게 투자하도록 어떤 도움을 줄 수 있는지를 연구하고 있다.
- **도덕적 판단 내리기** 실험자가 여러분에게 5,000원을 주고는 얼마를 기부하겠느냐고 묻는다고 상상해보라. 결정에 앞서, 여러분이 관대한 마음의 틀을 채택하도록 넛지를 가하기 위해 다음과 같은 질문을 던졌다. "개인적으로 여러분은 이 상황에서 어떻게 하는 것이 도덕적으로 옳은 일이라고 생각합니까?" 도덕적 마음갖춤새를 취하도록 넛지를 가하는 것이 사람들을 더욱 관대하게 만들어서는 기부액을 44%나 증가시켰다(Capraro et al., 2019).
- **장기 기증하기** 미국뿐만 아니라 유럽의 많은 국가에서 사람들은 운전면허증을 갱신할 때 장기 기증자가 되기를 원하는지 결정할 수 있다. 몇몇 국가에서는 '원한다'가 기본 선택이지만, 사후에 철회할 수 있다. 이러한 사후철회 국가에서는 거의 100%의 사람이 기증자가 되는 데 동의한다. 기본 선택이 '원하지 않는다'인 국가에서는 대부분이 기증자가 되는 데 동

신념 집착 자기 생각의 토대가 잘못된 것임이 판명된 후에도 처음의 생각에 매달리는 것

틀만들기 문제를 제기하는 방법. 문제를 어떤 틀에 맞추느냐가 의사결정과 판단에 심각한 영향을 미칠 수 있다.

넛지 사람들이 이로운 결정을 내리도록 부추기는 방식으로 틀을 선택하는 것

의하지 않는다(Hajhosseini et al., 2013; Johnson & Goldstein, 2003). 기본 선택이 '기증'인 것이 사람들에게 도움이 된다.

- **음주량 감소시키기** 술을 마시는 사람은 마신 양보다는 마신 술잔의 수를 계산하기 십상이다. 영국의 한 연구는 술집에서 제공하는 술잔의 크기를 줄임으로써 음주량을 1/3로 줄였다(Kersbergen et al., 2018). 영국, 덴마크, 독일, 한국, 미국 등에서 대부분의 사람은 개인의 자유를 제한하지 않으면서도 음주량을 줄이도록 넛지를 가하는 정책을 받아들인다(Reynolds et al., 2019; Sunstein et al., 2019).

명심할 사항 : 틀만들기는 사람들의 태도와 결정에 넛지를 가할 수 있다.

직관의 위험과 위력

LOQ 9-6 현명하게 생각하는 사람은 어떻게 직관을 사용하는가?

Bradford Veley/CartoonStock

"문제는 이 세상에서 정말로 현명한 직관적 판단과 내 자신의 바보 같은 아이디어 사이의 차이를 알 수 없다는 것이지!"

합리적이지 않은 직관이 문제를 해결하고 위험을 평가하며 현명한 결정을 내리려는 노력을 어떻게 오염시킬 수 있는지를 보았다. 사람들에게 현명한 사고에 대해 가외적 보상을 제공할 때조차, 자신의 답을 정당화하도록 요청할 때조차, 그리고 전문가인 의사나 임상치료사나 미국 연방정부의 정보요원에게조차도 직관의 위험이 지속될 수 있다(Reyna et al., 2014; Shafir & LeBoeuf, 2002; Stanovich et al., 2013). 아주 현명한 사람조차도 별로 현명하지 못한 판단을 할 수 있는 것이다.

그렇다면 T. S. 엘리엇이 시사한 바처럼, 사람의 머리는 하찮은 것들로 채워져있다는 말인가? 좋은 소식도 있다. 인지과학자들은 다음과 같이 직관의 위력도 밝히고 있다.

- **직관은 경험에서 유래한 재인과정이다.** 직관은 암묵적(무의식적) 지식, 즉 두뇌에 기록해두었지만 제대로 설명할 수 없는 지식이다(Chassy & Gobet, 2011; Gore & Sadler-Smith, 2011). 경험이 풍부한 간호사, 소방관, 미술 비평가, 자동차 기능공 등의 현명하고 신속한 판단에서 이러한 암묵적 지식을 볼 수 있다. 생각하지 않은 채 반응하는 숙달된 운동선수에서도 볼 수 있다. 실제로 의식적 사고는 잘 훈련된 동작을 와해시켜서는 자유투를 던질 때처럼 유능한 농구선수를 압박감에 질식시킬 수 있다(Beilock, 2010). 그리고 경험에 근거하여 지식을 발달시켜 왔다면 어느 것에서든 여러분에게서도 즉각적인 직관을 볼 수 있다.
- **직관은 일반적으로 적응적이다.** 빠르고 소박한 발견법은 희미하게 보이는 대상은 멀리 떨어져있는 것이라고 직관적으로 가정할 수 있게 해준다. 안개 낀 아침이 아니라면 일반적으로 그렇다. 학습한 연합은 옳든 그르든 간에 육감으로 떠오르게 된다. 만일 어떤 낯선 사람이 과거에 자신을 해치거나 위협하였던 사람과 닮았다면, 자동적으로 경계심을 가지고 반응하게 된다. 따라서 직관은 생존을 도와주며, 만족스러운 배우자를 향해 이동할 수 있게 해준다. 자신의 새로운 배우자에 대한 신혼부부의 자동적인 연합, 즉 이들의 육감은 장차 결혼 행복도를 예측해준다(McNulty et al., 2017).
- **직관의 적용범위는 방대하다.** 무의식적이고 자동적인 요인이 끊임없이 사람들의 판단에 영향을 미친다(Custers & Aarts, 2010; Kihlstrom, 2019). 다음을 생각해보라. 대부분의 사람은 선택이 복잡할수록 직관적이기보다는 합리적으로 결정하는 것이 더 현명하다고 추측한다(Inbar et al., 2010). 실제로는 복잡한 결정을 할 때, 때때로 문제에 대해서 생각하지 않은 채

두뇌가 알아서 일을 처리하도록 함으로써 더 많은 도움을 받는다(Strick et al., 2010, 2011). 일련의 실험에서 세 집단의 참가자가 복잡한 정보(예컨대, 아파트나 유럽의 축구시합 등에 관한 정보)를 읽었다. 첫 번째 집단은 네 가지 선택지 각각에 관한 정보를 읽은 즉시 선호하는 것을 진술하였다. 정보를 분석할 수 있도록 몇 분의 시간을 제공한 두 번째 집단이 약간 더 현명한 판단을 하였다. 그렇지만 수많은 연구에서 가장 현명한 판단을 한 집단은 일정 시간 동안 주의를 방해하여 복잡한 정보를 무의식적으로 처리하도록 하였던 세 번째 집단이었다. 현실적인 교훈은 이렇다. 다른 일에 주의를 기울이고 있는 동안 문제가 '부화'하도록 내버려두는 것이 도움이 될 수 있다는 것이다(Dijksterhuis & Strick, 2016). 수많은 사실을 수반한 어려운 결정에 직면할 때는 가능한 한 모든 정보를 수집한 다음에, "이것들을 생각하지 않을 시간을 달라."라고 말하는 것이 현명하다. 잠을 자는 것조차 도움이 될 수 있다. 적극적이고 능동적인 두뇌 덕분에, 무의식적 사고(추리, 문제해결, 의사결정, 계획 세우기 등)가 놀라우리만치 명민해지는 것이다(Creswell et al., 2013; Hassin, 2013; Lin & Murray, 2015).

"가슴은 이성이 알지 못하는 이유를 가지고 있다." 파스칼, 『팡세』(1670)

"굳이 표현하자면, 부인께서 알고 있는 것이 무엇인지를 모르고 있다는 것이겠지요. 단지 결과만을 깨닫고 있을 뿐입니다. 부인, 그것은 직관입니다." 애거사 크리스티의 탐정 에르퀼 푸아로, 『죽은 자의 어리석음』

비판자들은 몇몇 연구가 무의식적 사고의 위력을 찾아내지 못하였음을 지적하고, 의도적이고 의식적인 사고도 현명한 사고를 증폭시킨다는 사실을 상기시킨다(Newell, 2015; Nieuwenstein et al., 2015; Phillips et al., 2016). 체스에서 최선의 수를 둔다거나 거짓뉴스와 사실보도 간의 차이를 밝히는 등의 도전적인 상황에서는 유능한 의사결정자도 생각할 시간을 갖는다(Moxley et al., 2012; Pennycook & Rand, 2019). 그리고 많은 유형의 문제에 대해서, 신중하게 생각하는 사람은 직관적 선택지를 깨닫고 있지만, 언제 그것을 무시해야 할 것인지도 알고 있다(Mata et al., 2013). 다음을 생각해보자.

1. 야구방망이 한 개와 공 한 개의 가격은 110센트이다. 야구방망이는 공보다 100센트 비싸다. 공의 가격은 얼마인가?
2. 에밀리의 아버지에게는 세 명의 딸이 있다. 첫째와 둘째의 이름은 에이프릴과 메이이다. 셋째의 이름은 무엇인가?

대부분 사람의 직관적 반응, 즉 '10센트'와 '준'은 틀린 답이며, 잠시만 신중하게 생각하면 그 이유가 밝혀진다.[5]

결론은 다음과 같다. 현명하고 비판적인 사고가 광대하며 보이지 않는 마음의 창의적인 속삭임에 귀를 기울인 다음에 증거를 평가하고 결론을 검증해보며 미래를 계획할 때, 두 궤적의 마음은 멋진 조화를 이루게 된다.

자문자답하기

상반된 정보가 여러분의 견해에 도전장을 내밀었던 때를 회상할 수 있는가? 반대편의 견해를 고려하기가 힘들었는가? 무엇이 여러분의 생각을 변화시키거나 견해를 유지하도록 만들었는가?

5 첫 번째 답은 5센트이다. 따라서 야구방망이의 가격은 105센트이며, 전체 가격은 110센트가 된다. 만일 공의 가격이 직관적 답과 같이 10센트라면, 방망이는 110센트가 되어야 한다(그렇게 되면 공과 방망이의 전체 가격은 110이 아니라 120센트가 된다). 두 번째 답은 에밀리이다. 잘못 답하였다고 하더라도 실망하지 말라. 많은 학생이 그러하였다(Frederick, 2005; Thomson & Oppenheimer, 2016).

PETER MUHLY/Getty Images

부지런한 창의성 연구자 샐리 라이스(2001)는 노벨상을 수상한 유전학자 바버라 매클린톡 등과 같은 사례를 언급하면서, 뛰어나게 창의적인 여자는 소녀 시절에 전형적으로 '지적이고, 부지런하며, 상상력이 풍부하고, 의지가 강하다'는 사실을 찾아냈다. 사진에 있는 소설가 앨리스 먼로는 2013년 노벨 문학상 수락 연설에서 근면성으로서의 창의성에 대해서 언급하였다. "이야기는 세상에서 참으로 중요합니다···. 가장 어려운 부분은 이야기를 훑어보면서 얼마나 형편없는지를 깨달을 때입니다. 여러분도 알다시피 처음에는 흥미진진하고, 두 번째는 꽤 괜찮지만, 어느 날 아침 그 책을 집어 들고는 '무슨 소리야.'라고 생각합니다. 바로 그때가 정말로 작업을 해야만 하는 시점이지요. 제 경우에는 그렇게 하는 것이 항상 마땅한 것처럼 보였습니다."

창의적 사고

LOQ 9-7 창의성이란 무엇인가? 무엇이 창의성을 조장하는가?

창의성(creativity)이란 새롭고도 가치 있는 아이디어를 생성하는 능력이다(Hennessey & Amabile, 2010). 미국 프린스턴대학교 수학자 앤드루 와일스의 믿을 수 없는 창의적인 순간을 생각해보자. 17세기의 짓궂은 수학 천재이었던 피에르 드 페르마는 당대의 수학자들에게 다양한 정수론 문제에 대한 자신의 증명과 같은 것을 만들어보라는 도전거리를 제시하였다. 가장 유명한 도전거리, 소위 페르마의 마지막 정리는 1908년에 최초로 증명하는 사람에게 200만 달러(오늘날의 가치로 따져본 금액)를 상금으로 주겠다는 제안이 있은 후에도 가장 위대한 수학자들을 괴롭혀왔다.

와일스는 30년이 넘도록 이 문제에 매달린 끝에 해결의 순간에 도달하게 되었다. 1994년 어느 날 아침, 청천벽력과도 같이 '믿을 수 없는 계시'가 그의 머리를 강타하였다. "설명할 수 없을 정도로 아름다웠다. 너무나도 간단하고 우아한 것이었다. 어떻게 그 생각을 놓쳐왔는지 이해할 수 없었으며, … 나의 학문적 삶에서 가장 중요한 순간이었다"(Singh, 1997, 25쪽). 마찬가지로 창의적인 작가와 물리학자들도 마음이 방황하고 있을 때 예기치 않게 많은 의미심장한 아이디어를 경험한다(Gable et al., 2019). (혹시 여러분의 경험도 이런 것이 아닐까?)

창의성은 특정 수준의 적성, 즉 학습능력이 뒷받침한다. 13세에 정량적 적성에서 이례적으로 높은 점수를 받았던 사람이 나중에 논문을 발표하거나 특허를 받을 가능성이 더 높다(Bernstein et al., 2019; Lubinski et al., 2014). 그렇지만 창의성에는 적성 또는 지능검사가 밝혀낸 것 이상의 것이 들어있다. 실제로 지능과 관련된 두뇌 활동은 창의성과 관련된 두뇌 활동과 차이를 보인다(Jung & Haier, 2013; Shen et al., 2017). 적성검사는 전형적으로 **수렴적 사고**(convergent thinking), 즉 단 하나의 정답을 내놓는 능력을 요구한다.

창의성 검사(예컨대, '벽돌의 용도를 얼마나 많이 생각할 수 있는가?')는 **확산적 사고**(divergent thinking), 즉 다양한 여러 선택지를 고려하고 새로운 방식으로 생각하는 능력을 요구한다. 전두엽의 특정 영역에 입은 손상은 읽기와 쓰기 그리고 산수능력을 온전하게 남겨놓지만 상상력을 파괴시킨다(Kolb & Whishaw, 2006).

로버트 스턴버그와 그의 동료들은 창의성이 다음과 같은 다섯 가지 성분을 갖는다고 믿고 있다(Sternberg, 1988, 2003; Sternberg & Lubart, 1991, 1992).

1. 잘 발달된 지식 기반인 **전문성**은 심적 구성 단위로 사용하는 아이디어, 이미지, 구절 등을 제공해준다. 루이 파스퇴르는 "기회는 준비된 사람만을 선호한다."라고 말하였다. 이러한 심적 구성 단위를 많이 가지고 있을수록, 참신한 방식으로 결합시킬 기회가 더 많다. 와일스의 잘 발달된 지식 기반은 필요한 정리(定理)와 방법을 마음대로 쓸 수 있게 해준 것이다.
2. **상상력 사고기술**은 대상을 새로운 방식으로 보고, 패턴을 재인하며, 연계를 만들어내는 능력을 제공한다. 문제의 기본 요소들을 숙달한 후에는 그 문제를 새로운 방식으로 재정의하거나 탐색하게 된다. 코페르니쿠스는 처음에 태양계와 행성들에 관한 전문성을 발달시킨 후에 태양계는 지구가 아니라 태양을 중심으로 공전한다고 창의적으로 정의하였다. 와일스의 상상력 넘치는 해결책은 두 가지 중요하지만 불완전한 해결책을 결합한 것이다.
3. **모험지향적인 단호한 성격**은 새로운 경험을 추구하고, 모호성과 위험을 감내하며, 장애물을 극

창의성 신선하고 가치 있는 아이디어를 만들어내는 능력

수렴적 사고 최선의 해결책을 결정하기 위하여 가용한 문제해결 방안을 좁혀나가는 사고

확산적 사고 가능한 문제해결 방안의 수를 넓혀나가는 사고. 다양한 방향으로 퍼져나가는 창의적 사고

복하는 데 불굴의 의지를 보인다. 와일스는 자신이 문제에 집중하고 방해를 피하기 위해서 수학계와는 별도로 거의 독자적으로 연구를 수행하였다고 말하였다. 그러한 투지야말로 영원한 특질이다.

4. **내재적 동기**는 외부 압력보다는 흥미, 즐거움, 만족감, 일 자체의 도전 등이 동기를 유발하는 것이다(Amabile & Hennessey, 1992). 창의적인 사람은 자기 일의 내재적 즐거움과 도전거리 자체에 비해서 작업 마감일, 사람들을 감명시키는 것, 돈을 버는 것 등과 같은 외재적 동기 유발자극에는 관심을 갖지 않는다. 어떻게 그토록 어려운 과학 문제를 해결하였는가 물었을 때, 아이작 뉴턴은 "끊임없이 그 문제들을 생각함으로써"라고 답한 것으로 알려져 있다. 와일스는 이렇게 화답하였다. "나는 이 문제에 강박적으로 매달렸기에 아침에 일어날 때부터 밤에 잠자리에 들 때까지 끊임없이 이 문제에 대해서 생각하고 있었습니다"(Singh & Riber, 1997).
5. **창의적 환경**은 창의적 아이디어를 촉발하고 지지하며 정제시킨다. 와일스도 다른 사람의 도움을 받았으며 과거에 자기 학생이었던 수학자와 협력하여 문제와 씨름하였다. 2,026명의 뛰어난 과학자와 발명가들의 경력을 다룬 연구는 가장 뛰어난 인물도 동료로부터 지도받고, 도전받았으며 지지받기도 하였다는 사실을 지적하였다(Simonton, 1992). 창의성을 고양시키는 환경은 혁신, 팀 구성, 소통 등을 지원해준다(Hülsheger et al., 2009). 또한 불안을 최소화시키며 심사숙고하는 것도 지원한다(Byron & Khazanchi, 2011). 조나스 소크는 수도원에 칩거하고 있는 동안 소아마비 백신을 가능하게 해준 문제를 해결한 후에, 과학자들이 방해받지 않고 연구할 수 있는 명상이 가능한 공간을 제공해주는 소크 연구소를 설계하였다(Sternberg, 2006).

Mick Stevens/Cartoon Stock

창의적 환경

연구결과는 창의성을 북돋고자 원하는 사람에게 다음과 같은 아이디어를 제공하고 있다.

- **전문성을 발달시켜라.** 스스로 무엇에 관심이 있으며 무엇을 가장 즐기는지를 물음해보라. 지식 기반을 확장하고 무엇인가에 전문가가 됨으로써 자신의 열정을 추구하라.
- **부화시간을 가져라.** 한 문제를 집중적으로 생각한 다음에 옆으로 치워놓았다가 나중에 다시 집중하라. 새로운 관계를 찾는 데 필요한 충분한 지식이 있다면, 문제로부터 벗어나는 시간이 무의식적 처리로 하여금 연합을 형성할 수 있게 해준다(Zhong et al., 2008).
- **마음이 자유롭게 헤매고 다닐 수 있는 시간을 확보하라.** 창의성은 '초점을 맞추지 않은 주의'에서 샘솟는다(Simonton, 2012a,b). 따라서 주의를 끌어당기는 텔레비전, 소셜 네트워킹, 비디오 게임 등에서 벗어나는 시간을 가져라. 조깅을 하거나 장시간 걷거나 명상을 하라. 평온감은 자발성을 잉태한다. 극작가이자 음악가인 린마누엘 미란다는 "시간만이… 창의성 앞에 있을 뿐이다."라고 일갈하였다(Hainey, 2016).
- **다른 문화와 다른 사고방식을 경험하라.** 삶을 상이한 조망에서 바라다보는 것은 창의성이 넘쳐흐르게 해준다. 해외에서 생활하였던 학생들은 새로운 규범을 모국의 규범과 유용하게 혼합하는 방법을 배우는데, 이것이 창의성을 증가시킨다(Godart et al., 2015; Lu et al., 2018). 심지어는 동네를 벗어나보는 것이나 다른 문화권의 친구를 사귀는 것조차도 융통성 있는 사고를 촉진한다(Kim et al., 2013; Ritter et al., 2012).

Christopher Weyant The New Yorker Collection/The Cartoon Bank

"빌어먹을, 여기 의사 없습니까?"

그래, 내가 샴푸에 이스트를 첨가하라고 말했잖아.

© Dave Coverly/speedbump.com

창의적 사고 만화가들은 흔히 대상을 새로운 방식으로 바라보거나 이례적인 연결을 시도함으로써 창의성을 발현한다.

이 절의 핵심 아이디어에 관한 요약을 보려면, 표 9.1을 참조하라.

표 9.1 인지과정과 전략의 비교

과정 또는 전략	설명	위력	위험성
알고리듬	체계적 규칙이나 절차	해결책을 보장	시간과 노력이 필요
발견법	가용성 발견법과 같은 사고의 단순한 지름길	신속하고 효율적으로 행동하게 만들어줌	오류의 위험성이 있음
통찰	갑작스러운 아하! 반응	해결책의 즉각적인 실현을 제공	발생하지 않을 수 있음
확증 편향	자신의 견해를 지지하는 증거를 찾고 반대 증거를 무시하는 경향성	지지 증거를 신속하게 재인할 수 있게 해줌	상반된 증거의 재인을 방해
고착	새로운 각도에서 문제를 바라보는 능력의 결여	생각에 몰두함	창의적 문제해결을 방해
직관	빠르고 자동적인 감정과 사고	경험에 바탕을 둠. 적용범위가 방대하고 적응적임	지나치게 감정적이고 생각이 모자라게 만들 수 있음
과신	자신의 신념과 판단의 정확성을 과대추정	쉽게 결정하고 행복하게 만들어줌	오류의 위험성이 있음
신념 집착	자신의 신념과 상치하는 증거의 무시	지속적인 신념을 지지해줌	새로운 아이디어에 마음의 문을 닫음
틀만들기	원하는 반응을 유발하도록 질문이나 진술을 표현	다른 사람의 결정에 영향을 미칠 수 있음	오도하는 결과를 내놓을 수 있음
창의성	가치 있는 아이디어를 생성하는 능력	새로운 통찰과 산물을 만들어냄	구조화된 관례적 작업의 방해를 받음

인출 연습

RP-2 아래의 처리과정 또는 전략(1~11)을 기술한 내용(a~k)과 연결하라.

1. 알고리듬	**a.** 새로운 각도에서 문제를 조망하지 못함. 생각에 집중하지만 창의적인 문제해결을 방해한다.
2. 직관	**b.** 해결책을 보장하는 방법론적 규칙이나 절차. 그러나 시간과 노력을 요구한다.
3. 통찰	**c.** 경험에 근거한 빠르고 자동적이며 생각하지 않은 감정과 사고. 적용범위가 방대하고 적응적이지만, 지나치게 감정에 얽매이고 생각을 적게 하도록 만들 수 있다.
4. 발견법	**d.** 신속하고 효율적으로 행동하도록 해주는 단순한 사고 지름길. 오류의 위험이 있다.
5. 고착	**e.** 순간적으로 해결책을 제공하는 갑작스러운 아하! 반응
6. 확증 편향	**f.** 자신의 견해를 지지하는 증거는 찾으면서 상반된 증거는 무시하려는 경향성
7. 과신	**g.** 자신의 신념이 틀렸음을 입증하는 증거를 무시한다. 새로운 아이디어에 귀를 막는다.
8. 창의성	**h.** 자신의 신념과 판단의 정확성을 과잉추정한다. 행복감을 느끼고 결정을 쉽게 만들어주지만 오류의 위험이 있다.
9. 틀만들기	**i.** 원하는 반응을 유발하도록 질문이나 진술을 만드는 것. 다른 사람의 결정에 영향을 주고 잘못된 결과를 초래할 수 있다.
10. 신념 집착	**j.** 새롭고 가치 있는 아이디어를 생성하는 능력
11. 넛지	**k.** 좋은 결정을 부추기도록 선택지를 틀만들기한다.

답은 부록 E를 참조

다른 동물종도 인간의 인지기술을 공유하는가?

LOQ 9-8 다른 동물종의 사고에 관하여 무엇을 알고 있는가?

동물들은 놀라우리만치 똑똑하다(de Waal, 2016). 선구자적인 심리학자이었던 마거릿 플로이 워시번은 1908년에 출판한 저서 **동물의 마음**에서 동물의 의식과 지능은 행동으로부터 추론할 수 있다고 주장하였다. 2012년에 영국 케임브리지대학교에 모인 신경과학자들은 동물의 의식을 두뇌로부터도 추론할 수 있다고 덧붙였다. "모든 포유류와 조류를 포함한 동물은 의식을 생성하는 신경망을 가지고 있다"(Low, 2012). 이제 동물의 두뇌가 무엇을 할 수 있는지를 보자.

Mike Lovett

작동 중인 동물의 인지 아프리카 회색 앵무새인 앨릭스는 사물을 범주화하고 이름을 붙일 수 있었다(Pepperberg, 2009, 2012, 2013). 입을 다물지 못할 만큼 놀라운 숫자능력에는 8까지의 수를 이해하는 능력이 포함되어 있다. 앨릭스는 사물의 수를 말할 수 있었다. 두 묶음의 사물을 더하고, 그 결과 값을 말할 수 있었다. 두 숫자 중에서 어느 것이 더 큰지를 지적할 수 있었다. 다양한 사물집단을 보여주었을 때, 정답을 내놓을 수 있었다. 예컨대, "네 개의 색깔은 무엇이니?"(네 개가 한 묶음인 사물의 색깔이 무엇이냐는 질문)라고 물었을 때, 답할 수 있었다.

개념과 수의 사용

흑곰은 먹이 보상을 위하여 앞발을 스크린에 대는 방식으로 사진을 동물과 비동물 범주 또는 개념으로 분류하는 것을 학습하였다(Vonk et al., 2012). 침팬지와 고릴라를 포함한 유인원도 '고양이'와 '개'와 같은 개념을 형성한다. 원숭이가 이러한 개념을 학습한 후에, 두뇌 전두엽의 특정 뉴런들이 새로운 '고양이를 닮은' 이미지에 활동하며, 다른 뉴런들은 '개를 닮은' 이미지에 활동한다(Freedman et al., 2001). 새의 두뇌에 불과한 비둘기조차도 자동차, 고양이, 의자, 꽃 등과 같은 사물을 범주로 분류할 수 있다. 과거에 본 적이 없는 의자를 보여주었을 때, 비둘기는 '의자'를 표상하는 버튼을 신뢰할 수 있을 정도로 쪼아댔다(Wasserman, 1995).

통찰의 표출

심리학자 볼프강 쾰러(1925)는 인간만이 통찰을 나타내는 존재가 아니라는 사실을 보여주었다. 그는 술탄이라고 이름 붙인 침팬지가 들어있는 우리 바깥에 손이 닿지 않는 거리에 과일 한 조각과 긴 막대를 놓아두었다. 우리 안에는 짧은 막대를 놓아두었는데, 술탄은 이 짧은 막대를 집어 과일을 끌어오고자 시도하였다. 여러 차례의 시도가 실패한 후에, 술탄은 막대를 버리고는 상황을 탐색하는 것처럼 보였다. 그러더니 갑자기 마치 "아하!" 하고 생각한 듯이, 벌떡 일어나서는 다시 짧은 막대를 집어 들었다. 이번에는 긴 막대를 끌어오는 데 짧은 막대를 사용하였으며, 뒤이어서 과일 조각을 끌어오는 데 긴 막대를 사용하였다. 이것만이 아니었다. 다음 날 먹이를 끌어오는 데 사용할 수 있는 도구, 즉 긴 막대를 잘 간수하는 선견지명도 나타냈다(Mulcahy & Call, 2006). (침팬지가 선견지명을 사용하는 사례를 보려면, 그림 9.5a를 참조하라.) 그리고

(a) (b)

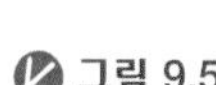 **그림 9.5**

동물의 재능 (a) 스웨덴 푸루빅 동물원에서는 수놈 침팬지 한 마리가 매일 아침마다 돌을 모아 작은 무더기를 만들어놓고는, 낮 시간에 찾아오는 방문객들에게 마구 던지는 일종의 탄약고로 사용하는 것이 목격되었다(Osvath & Karvonen, 2012). (b) 크리스토퍼 버드와 네이선 에머리(2009)가 연구한 까마귀는 비커 속에 돌을 떨어뜨려 수위를 높여서 물에 떠 있는 벌레를 잡아먹는 것을 신속하게 학습하였다. 다른 까마귀는 벌레를 찾기 위하여 나뭇가지를 사용하였으며, 먹이를 가져오기 위하여 철사를 구부렸다.

유인원은 상대방의 마음을 읽는 능력도 보여주었다. 특정 장소에 특정 대상이 더 이상 존재하지 않는 경우에도 사람이 그 대상을 어디에서 찾을 것인지를 예측하였던 것이다(Krupenye et al., 2016).

새들도 통찰을 나타냈다. 크리스토퍼 버드와 네이선 에머리(2009)가 수행한 실험은 목마른 까마귀가 반쯤 차있는 비커의 물을 마실 수 없었던 이솝 우화를 재현하였다. 그림 9.5b에서 까마귀의 해결책을 보라(이솝 우화에서와 똑같다). 다른 까마귀는 썩은 나무둥치에서 벌레와 같은 먹이를 끄집어내는 데 철사나 막대를 사용하였다(Jelbert et al., 2018; Rutz et al., 2016). 마찬가지로 큰까마귀도 스스로 만든 도구 사용에 익숙하며 미래 사건을 위해 몇 시간 전부터 계획을 세울 수 있다(Kabadayi & Osvath, 2017).

문화 전달

인간과 마찬가지로, 다른 동물종들도 행동을 만들어내고 동료와 후손에게 문화 패턴을 전수한다(Boesch-Achermann & Boesch, 1993). 돌고래는 연합체를 구성하고 협력하여 사냥하며 상호간에 도구 사용을 전수하고 학습한다(Bearzi & Stanford, 2010). 호주 서부에서 어떤 돌고래는 먹이를 찾고자 바다 밑바닥을 훑을 때, 해면동물을 코 보호대로 사용하는 방법을 학습하고는 후손에게 가르쳤다(Krützen et al., 2005).

밀림에 서식하는 침팬지는 구멍을 파기 위한 무거운 막대, 흰개미를 사냥하기 위한 가볍고 낭창낭창한 막대, 마시멜로를 구워 먹기 위한 뾰족한 막대 등과 같이, 상이한 목적을 위해 상이한 도구를 선택한다(Sanz et al., 2004). (마지막 사례는 농담이다. 침팬지가 마시멜로를 구워 먹지는 않지만, 정교한 도구 사용은 놀랍기만 하다.) 연구자들은 침팬지의 도구 사용과 털 손질 그리고 구애행동과 관련된 적어도 39가지의 관습을 찾아냈다(Claidière & Whiten, 2012; Whiten & Boesch, 2001). 한 침팬지 집단은 막대에 붙어있는 흰개미를 입으로 훑어 먹으며, 다른 집단은 한 마리씩 떼어낸다. 한 집단은 나무 열매를 돌망치로 깨뜨리며, 다른 집단은 나무망치로 깨뜨린다. 한 침팬지가 나무이끼는 물을 빨아들이고 있어서 구멍을 뚫으면 그 물을 마실 수 있다는 사실을 발견하였는데, 6일도 지나지 않아서 다른 일곱 마리의 침팬지도 똑같은 행위를 하기 시작하였다(Hobaiter et al., 2014). 이렇게 전달되는 행동은 상이한 소통 스타일과 사냥 스타일과 함께, 문화 다양성의 침팬지 버전인 것이다.

다른 인지적 재능

유인원, 돌고래, 까치, 코끼리 등은 거울 속의 자신을 알아봄으로써 자기자각 능력을 보여준다(Morrison & Reiss, 2018). 코끼리는 냄새를 학습하고 기억하며 변별하는 능력, 공감하며 협력하고 가르치며 자발적으로 도구를 사용하는 능력도 나타낸다(Byrne et al., 2009). 침팬지는 이타심, 협력, 집단 공격 등을 나타낸다. 인간과 마찬가지로 영토를 확보하기 위하여 의도적으로 이웃을 살해하며, 친족의 죽음을 슬퍼한다(Anderson et al., 2010; Biro et al., 2010; Mitani et al., 2010).

* * *

다른 동물종들의 대해 생각하다 보니, “우리는 현명한 인간이라는 의미의 호모사피엔스라는 이름을 가질 자격이 있는가?”라는 처음의 물음으로 되돌아가게 되었다. 잠시 여유를 가지고 인간종에 대한 중간평가를 해보자. 의사결정과 위험 평가에서 오류에 취약한 인간은 B^-를 받을 수 있겠다. 창의적이기는 하지만 확증 편향과 고착에 취약한 문제해결에서는 조금 더 좋은 평가인 B^+를 받을 만하다. 그리고 인지적 유능성과 창의성에서는 실수를 저지를 수도 있지만 신속한 발견법과 확산적 사고가 확실하게 A 학점을 제공해준다.

개관 사고

학습목표

자기검증 개념 파악을 증진시키도록 (부록 D의 답을 확인해보기에 앞서) 여러분 자신의 표현으로 여기서 반복하는 학습목표 물음에 답해보라(McDaniel et al., 2009, 2015).

LOQ 9-1 인지와 메타인지란 무엇인가? 개념의 기능은 무엇인가?

LOQ 9-2 어떤 인지 전략이 문제해결을 지원하고, 어떤 장애물이 방해하는가?

LOQ 9-3 직관이란 무엇인가? 대표성 발견법과 가용성 발견법이 결정과 판단에 어떤 영향을 미칠 수 있는가?

LOQ 9-4 어떤 요인이 일어날 가능성이 없는 사건에 대한 두려움을 가중시키는가?

LOQ 9-5 과신, 신념 집착, 틀만들기는 사람들의 결정과 판단에 어떤 영향을 미치는가?

LOQ 9-6 현명하게 생각하는 사람은 어떻게 직관을 사용하는가?

LOQ 9-7 창의성이란 무엇인가? 무엇이 창의성을 조장하는가?

LOQ 9-8 다른 동물종의 사고에 관하여 무엇을 알고 있는가?

기억해야 할 용어와 개념들

자기검증 여러분 자신의 표현으로 정의를 적어본 후에 답을 확인해보라.

가용성 발견법
개념
고착
과신
넛지
대표성 발견법
마음갖춤새
메타인지
발견법
수렴적 사고
신념 집착
알고리듬
원형
인지
직관
창의성
통찰
틀만들기
확산적 사고
확증 편향

학습내용 숙달하기

자기검증 여러분 자신의 표현으로 다음 물음에 답한 후에 부록 E에서 답을 확인해보라.

1. 유사한 대상들의 심적 집단화를 ________이라고 부른다.

2. 문제를 해결하기 위한 가장 체계적인 절차는 ________이다.

3. 오스카는 자신의 정치 신념을 '강력한 자유주의'라고 기술하면서도 반대 견해를 탐색해보기로 결정하였다. 그는 이러한 노력에서 확증 편향과 신념 집착의 영향을 얼마나 받겠는가?

4. 다음 중에서 문제해결의 주요 장애물인 고착에 해당하는 것은 어느 것인가?

a. 판단을 선명한 기억에 의존하는 경향성
b. 통찰이 일어날 때까지 기다리는 경향성
c. 문제를 새로운 조망에서 바라다보지 못하는 것
d. 한 사건의 가능성을 심상에 근거하여 판단하는 주먹구구식 규칙

5. 테러리스트의 공격은 미국인으로 하여금 다른 커다란 위협보다도 테러의 희생자가 되는 것을 더 두려워하게 만들었다. 극적인 사건 후에 이렇게 과장된 공포는 ________ 발견법을 예증하는 것이다.

6. 소비자가 '25% 비계'보다는 '75% 살코기'라고 이름 붙인 쇠고기에 더 긍정적 반응을 보일 때, ________의 영향을 받는 것이다.

7. 다음 중에서 창의적인 사람의 특징이 아닌 것은 어느 것인가?

a. 전문성 **b.** 외재적 동기
c. 모험적 성격 **d.** 상상하는 사고기술

8. 20세기 초반에 몇몇 심리학자는 동물의 의식을 행동에서 추론할 수 있음을 언급하였다. 21세기 초반에 다른 신경과학자는 동물의 의식을 두뇌의 ________에서 추론할 수 있다고 주장하였다.

언어와 사고

M. Spencer Green/AP Photo

언어는 지식을 전달한다 구어든, 문어든, 수화든, 애초의 무선 소통법인 언어는 마음에서 마음으로 정보를 전달할 수 있게 해주며, 세대에 걸쳐 문명의 축적된 지식을 전달할 수 있게 해준다.

공기 분자를 진동시킴으로써 자신의 머리에 들어있는 생각을 다른 개체에게 전달할 수 있는 외계의 동물종을 상상해보라. 아마도 이렇게 불가사의한 생명체가 앞으로 제작될 공상과학 영화에 출현하지 않겠는가? 실제로는 인간이 바로 그러한 생명체인 것이다! 말을 할 때, 두뇌와 발성기관이 상대방의 고막을 두드리는 음파를 만들어냄으로써 하나의 두뇌로부터 다른 두뇌로 사고를 전이시키고 있는 것이다. 인지과학자 스티븐 핑커(1998)가 지적한 바와 같이, 사람들은 때때로 몇 시간이라도 앉아서 "다른 사람이 날숨을 쉬면서 만들어내는 소음을 듣고 있기도 하는데, 그 이유는 그 소음이 정보를 담고 있기 때문이다." 그리고 자신이 내보내는 음파를 통해서 두뇌가 만들어내는 이 모든 흥미진진한 소리 덕분에 사람들의 주의를 끌며, 무엇인가를 하도록 만들며, 관계를 유지하게 된다(Guerin, 2003). 공기를 어떻게 진동시키느냐에 따라서, 뺨을 얻어맞을 수도 있고 키스를 할 수도 있다.

언어(language)는 공기 진동 이상의 것이다. 언어는 말하거나 쓰거나 신호로 나타내는 단어의 집합이며, 그것들을 결합하여 의미를 소통하는 방법이다. 저자(마이어스)가 이 문단을 작성함에 따라서, 키보드 위에 있는 손가락은 여러분 앞에 놓여있는 책 위에 인쇄된 꾸불꾸불한 선들로 번역되는 전자적 이진수를 생성한다. 반사된 불빛을 통해서 여러분의 망막으로 전달된 인쇄된 선들은 두뇌의 여러 영역으로 투사하는 형체도 없는 신경 흥분을 촉발하며, 두뇌는 그 정보를 통합하여 저장된 정보와 비교하고 의미를 이끌어낸다. 언어 덕분에 정보가 저자의 마음에서 여러분의 마음으로 이동하고 있는 것이다. 많은 동물은 자신이 감각하는 것 이상을 거의 알지 못한다. 언어 덕분에 사람들은 결코 본 적도 없으며 먼 조상은 결코 알지 못하였던 많은 것을 이해한다. 그리고 테크놀로지 덕분에, 말하거나 쓰거나 심지어는 그림으로 표시하는 이모티콘을 통해서 언어를 사용하여 먼 거리까지 소통할 수 있다(2015년 옥스퍼드 영어사전이 올해의 단어로 선정한 😂를 포함해서 말이다). 대니얼 길버트(2006)가 지적한 바와 같이, "오늘날, 피츠버그의 일반 택시 운전사는 갈릴레오, 아리스토텔레스, 레오나르도 다빈치, 아니면 이름만 대면 알 수 있는 너무나도 똑똑하였던 그 어떤 인물들보다도 우주에 관하여 더 많은 사실을 알고 있다."

언어의 몇몇 성분을 고찰하는 것으로 언어 연구를 시작해보자.

"조상이 살아남을 수 있었던 비밀은 아마도 언어를 사용하여 새로운 협동방식을 발달시킨 것이겠다." 데이비드 그린스푼, "인간은 멸종을 이겨낼 수 있을까?"(2016)

언어구조

LOQ 9-9 언어의 구조적 성분은 무엇인가?

어떻게 언어를 만들어내는 것인지를 생각해보자. 구어의 경우, 세 가지 구성 단위가 필요하다.

- **음소**(phoneme)는 한 언어에서 가장 작은 차별적 소리 단위이다. '발'을 말하려면, 음소 ㅂ, ㅏ, ㄹ을 발성해야 한다. (음소는 문자와 동일하지 않다. '빛'도 세 개의 음소를 갖지만(ㅂ, ㅣ, ㄷ), 음소와 문자가 일치하지 않는다.) 거의 500가지 언어를 조사한 언어학자들은 인간의 말에서 869개의 서로 다른 음소를 확인해왔지만, 어느 언어도 모든 음소를 사용하지는 않는다(Holt, 2002; Maddieson, 1984). 아동언어 연구자인 퍼트리샤 쿨(2015)은 이러한 800

여 개의 소리를 가지고 "세상의 모든 언어에서 모든 단어를 형성할 수 있다."라고 지적한다. 영어는 대략 40개의 음소를 사용한다. 다른 언어는 음소가 영어보다 두 배 이상 많거나 절반 정도만을 사용한다. 일반적으로 자음 음소가 모음 음소보다 더 많은 정보를 담고 있다. 모음이 바뀌어도 자음만 제대로 사용하면, 상당 부분 글이나 말을 이해할 수 있다. "머암이 버꾀어두 재음먼 자데루 서융히만, 성둥 버본 골이너 멀을 이하헐 소 있더." 조금 어렵겠지만, 애를 쓰면 무슨 말인지 이해할 수 있다.

"Eye dew."[6]

- **형태소**(morpheme)는 한 언어에서 의미를 담고 있는 가장 작은 단위이다. 영어에서 몇몇 형태소는 음소이기도 하다. (모아쓰기를 하는 음절언어인 한국어는 그렇지 않다. 단일 음소가 형태소인 경우는 없다.) 예컨대, 일인칭 대명사 'I'와 부정관사 'a'가 그렇다. 그렇지만 대부분의 형태소는 둘 이상의 음소 결합이다. '전위예술가들'은 세 개의 형태소, 즉 '전위, 예술가, 들'을 가지고 있으며, 각각의 의미가 전체 단어 의미에 첨가된다. 한 언어의 모든 단어는 하나 이상의 형태소를 포함한다.
- **문법**(grammar)은 상호 간에 소통할 수 있게 해주는 규칙 시스템이다. 문법 규칙은 소리로부터 의미를 도출하고(의미론) 단어들을 배열하여 문장을 만들도록 해준다(통사론).

유전자 부호라는 단순한 코드로부터 구성되는 생명체와 마찬가지로, 언어도 단순성으로 구성된 복잡성이다. 예컨대, 영어에서 40개 전후밖에 되지 않는 음소가 결합하여 100,000개 이상의 형태소를 이루게 되며, 이 형태소들은 독자적으로나 아니면 서로 결합하여, 옥스퍼드 영어사전에서 600,000여 개의 단어 형태를 취하게 된다. 다시 이 단어들을 사용하여 무한한 수의 문장을 만들 수 있게 되는데, 대부분의 문장은 처음 접하는 것들이다. 이 문장이 너무 복잡해지기 시작한다고 여러분이 생각한다고 내가 염려하는 이유를 여러분은 알 수 있다는 사실을 내가 알고 있지만, 그 복잡성이야말로 그리고 그 복잡성을 의사소통하고 이해할 수 있는 능력이야말로 인간의 언어능력을 차별화시켜 주는 것이다(Hauser et al., 2002; Premack, 2007). (어느 누구도 전에 보거나 들은 적이 없는 문장을 만들기 위하여 일부러 어렵게 표현해본 것이다.)

영어를 모국어로 사용하는 사람으로서, 다른 언어를 사용하는 사람들에게 영어의 괴상망측한 점을 사과드린다.[7]

- extraordinary는 '각별히 일반적'이라는 의미가 아니다.
- hyphenated는 하이픈으로 연결하지 않는다.
- non-hyphenated는 하이픈으로 연결하고 있다.
- adjective는 명사이다.
- weird의 철자법은 (wierd가 아니라) weird이다(즉, 괴상하다는 의미이다).

인출 연습

RP-1 '고양이들'에는 몇 개의 형태소가 들어있는가? 음소는 몇 개인가?

답은 부록 E를 참조

언어 말하거나 쓰거나 손으로 신호하는 단어들, 그리고 의미를 의사소통하기 위하여 그 단어들을 결합하는 방법

음소 한 언어에서 변별적인 최소 음성 단위

형태소 한 언어에서 의미를 담고 있는 최소 단위. 단어이거나 단어의 부분일 수가 있다(접두사 등).

문법 한 언어에서 상대방과 소통하고 말이나 글을 이해할 수 있게 해주는 규칙 시스템. 의미론은 음성으로부터 의미를 도출하는 일련의 규칙이며, 통사론은 단어들을 문법적으로 의미 있는 문장으로 결합하는 일련의 규칙이다.

언어의 획득과 발달

인간은 놀라운 언어능력을 가지고 있다. 기가 막힐 정도로 효율적으로 기억에서 수만 개의 단어들을 표집하여 힘들이지 않고 즉석에서 거의 완벽한 통사규칙에 따라 결합하여 초당 세 개 이상의 단어를 내뱉을 수 있다(Vigliocco & Hartsuiker, 2002). 문장을 말하기에 앞서 마음속에서 문장을 형성하는 경우는 거의 없다. 오히려 말을 하면서 즉석에서 문장을 만들어낸다. 그리고 이렇

6 결혼식에서 "검은 머리가 파뿌리가 되도록… 맹세합니까?"라는 주례의 혼인 서약 질문에 "I DO!(네! 그러겠습니다.)" 대신에 이와 발음이 동일한 "Eye dew."라고 표현한 것이다._역자 주

7 아마도 저자들이 재미로 첨가한 것이겠다. 독자들께서 즉각적으로 이해하기를 기대한다._역자 주

게 하는 과정에서 말하기를 사회 맥락과 문화 맥락에 맞추어 조절할 수 있다. 서로 얼마만큼 떨어져 말하며 대화에서 순서를 어떻게 지켜야 하는 것인지와 같은, 말하고 듣기에 관한 규범을 준수한다. 혼란을 불러일으킬 수 있는 수많은 방법이 존재한다는 사실을 감안할 때, 사람들이 이러한 사교춤과 같은 언어를 숙달할 수 있다는 사실은 정말로 놀라운 일이다. 그렇다면 언제 어떻게 언어가 발달하는 것인가?

"언어는 인간에게만 독특한 선물이며, 인간이라는 경험의 핵심이다." 레라 보로디츠키(2009)

언어 획득 : 어떻게 언어를 학습하는 것인가?

LOQ 9-10 어떻게 언어를 획득하는가? 보편문법이란 무엇인가?

언어학자 노엄 촘스키는 언어가 다른 인지 부분과는 분리된 학습하지 않은 특질이라고 주장해왔다. 그는 스스로 **보편문법**이라고 부른 문법규칙을 배우려는 생득적 소양이 학령 전기 아동조차도 그토록 쉽게 언어를 받아들이고 문법을 잘 사용하는 이유를 설명하는 데 도움을 준다는 이론을 세웠다. 새가 자연스럽게 날기를 배우는 것처럼, 언어가 너무나도 자연스럽게 나타나기 때문에 훈련은 거의 도움이 되지 않는다. 미국 인디애나에 있든 인도네시아에 있든, 사람들은 직관적으로 유사한 통사규칙을 따른다(Aryawibawa & Ambridge, 2019). 현재 6,000개 이상이 존재하는 자연언어는 모두 문법적 기본 단위로 명사, 동사, 형용사를 가지고 있으며, 몇몇 공통적인 방식으로 단어의 순서를 배열하며 말한다(Blasi et al., 2016; Futrell et al., 2015).

Sidney Harris/Cartoon Stock

"생각을 해. 더 정확하게 말해. 단어를 결합시켜. 문장을 만들란 말이야."

다른 연구자들은 아동이 실제로는 듣는 언어에서 패턴을 구분하면서 문법을 학습한다는 사실을 지적한다(Ibbotson & Tomasello, 2016). 그리고 촘스키조차도 생득적으로 특정 언어나 특정 문법규칙의 집합을 가지고 태어나는 것은 아니라는 점에 동의한다. 세상의 언어는 보편문법이라는 아이디어가 함축하는 것보다 구조적으로 훨씬 더 다양하다(Bergen, 2014). 구화이든 수화이든 아동기에 경험하는 언어가 무엇이든지 간에, 사람들은 특정한 문법과 어휘를 용이하게 학습한다(Bavelier et al., 2003). 그리고 어떤 언어를 학습하든지 간에, 대체로 동사나 형용사보다는 명사부터 말하기 시작한다(Bornstein et al., 2004). 생물학적 특성과 경험이 공동작업을 수행하는 것이다.

인출 연습

RP-2 노엄 촘스키의 언어 발달 견해는 무엇인가?

답은 부록 E를 참조

언어 발달 : 언제 언어를 학습하는가?

LOQ 9-11 언어 발달의 이정표는 무엇인가? 언어를 획득하는 결정적 시기는 언제인가?

신속하게 추측해보자. 여러분은 돌이 지난 후부터 고등학교를 졸업할 때까지 얼마나 많은 단어를 학습하였겠는가? 비록 말하는 것의 절반가량은 단지 150개의 단어만을 사용하고 있다고 하더라도, 아마도 여러분은 그 기간 동안에 모국어에서 60,000단어 정도를 학습하였을 것이다(Bloom, 2000; McMurray, 2007). 만 2세가 지난 후부터 평균적으로 매년 거의 3,500단어, 하루에 거의 열 단어를 학습한 것에 해당한다! 학교에서 선생님들이 의도적으로 가르칠 때 여러분이 1년에 대략 200개 정도의 단어를 학습하는 것과 비교할 때, 어떻게 이것이 가능한 것인지는 불가사의 중 하나이다.

여러분은 유창하게 사용하고 있는 언어의 통사 규칙, 즉 문장을 형성하기 위하여 단어들을 함께 연결하는 정확한 방법을 모두 진술할 수 있겠는가? 대부분의 사람은 그렇게 할 수 없다. 그렇지만 2+2를 학습하기도 전에 여러분은 자신만의 문장을 만들어내면서 이 규칙을 적용하였던 것이다. 학령 전기 아동은 외국어를 학습하느라 쩔쩔매는 대학생을 비웃기라도 하듯이, 쉽게 모국어를 이해하고 말한다.

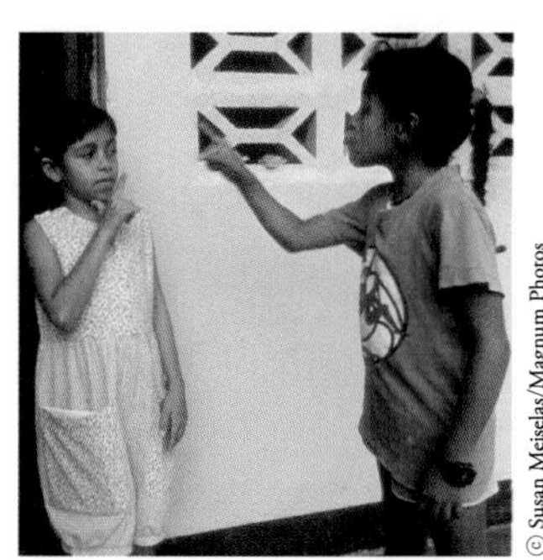

© Susan Meiselas/Magnum Photos

언어 생성 마치 무인도에 함께 있는 것처럼(실제로는 학교이다.) 생활한 니카라과의 어린 청각 장애 아동들이 시간이 경과함에 따라서 각자의 집에서 사용하던 제스처에 근거하여 단어와 정교한 문법을 완벽하게 갖춘 자신들만의 니카라과 수화를 만들어냈다. 언어의 생물학적 소인이 진공 상태에서 언어를 만들어내는 것은 아니다. 그렇지만 사회적 맥락에 의해 활성화됨으로써 선천성과 후천성이 함께 독창적인 작업을 해내는 것이다(Osborne, 1999; Sandler et al., 2005; Senghas & Coppola, 2001).

수용성 언어 아동의 언어 발달은 단순성에서 복잡성으로 이동한다. 유아는 언어 없이 출발한다(실제로 유아를 나타내는 영어 단어 infant는 '말을 하지 않는'을 의미한다). 그렇지만 생후 4개월이 되면, 말소리의 차이를 재인할 수 있다(Stager & Werker, 1997). 유아는 입술의 움직임도 읽을 수 있다. 음성과 대응하는 얼굴을 선호하는 것을 볼 때, 유아는 '아' 소리가 둥그렇게 벌린 입에서 나오며 '이' 소리는 입술을 좌우로 당긴 입에서 나온다는 사실을 재인함을 알 수 있다(Kuhl & Meltzoff, 1982). 이러한 차이를 재인한다는 사실은 유아의 수용성 언어(receptive language), 즉 말한 것을 이해하는 능력이 발달하기 시작함을 나타낸다.

유아의 언어 이해는 언어 생성을 훨씬 앞질러 출현한다. 말하기보다 훨씬 앞선 생후 6개월에도 많은 유아는 사물 이름을 재인한다(Bergelson & Swingley, 2012, 2013). 생후 7개월 이후에는 성인들도 친숙하지 않은 언어를 들을 때 어려워하는 것, 즉 말소리를 개별 단어들로 분절하는 능력이 증가한다. 성인이 친숙하지 않은 언어를 들을 때는 음절들이 모두 연결된 것처럼 들린다. 예컨대, 북미를 처음 방문하고 영어에 친숙하지 않은 젊은 수단 출신 부부는 United Nations를 발음한 것을 '언나이 테드네이 션스'처럼 들을 수 있다. 생후 7개월인 딸에게는 이러한 문제가 없다. 유아는 인간 말소리의 통계적 측면을 학습하는 놀라운 능력을 보여준다(Batterink, 2017; Werker et al., 2012). 이들의 두뇌는 단어 분절을 구분할 뿐만 아니라, 예컨대 "hap-py-ba-by"에서 어느 음절들이 자주 함께 출현하는지를 통계적으로 분석한다. 생후 8개월 유아는 컴퓨터로 합성한 분절되지 않고 단조로운 무의미 음절의 연속(비다쿠파도티골라부비다쿠…)을 단지 2분 동안 들은 후에, 반복적으로 나타나는 세 음절의 연속을 재인할 수 있었다(음절에 주의를 집중하는 정도로 측정하였다)(Saffran, 2009; Saffran et al., 1996, 2009).

표현성 언어 수용성 언어가 시작되고 한참 지난 후에야 아동의 표현성 언어(productive language), 즉 말을 하는 능력이 성숙한다. 후천성이 아동의 발성을 만들어내기에 앞서, 선천성은 생후 4개월 전후에 시작하는 **옹알이 단계**(babbling stage)에서 광범위하게 다양한 발성을 할 수 있게 해준다. 자발적으로 내놓는 많은 음성은 단순히 혀를 입의 앞쪽으로 내밀거나(다-다, 나-나, 타-타 등), 입술을 열거나 닫음으로써(마-마) 만들어내는 자음-모음 조합인데, 이 둘은 모두 유아가 자연스럽게 먹을 것을 달라고 표현하는 소리이다(MacNeilage & Davis, 2000). 옹알이는 어른 말소리의 모방이 아니다. 집에서는 사용하지 않는 언어를 포함한 다양한 언어의 발성을 포함한다. 초기의 옹알이를 가지고는 유아가 프랑스 아이인지 한국 아이인지 아니면 에티오피아 아이인지를 구분할 수 없다.

유아가 생후 10개월 정도 되면 옹알이는 변화하는데, 주의 깊게 들으면 그 속에서 가족의 언어를 확인할 수 있게 된다(de Boysson-Bardies et al., 1989). 청각 장애 부모의 수화를 관찰하는 청각 장애 아동은 손으로 옹알이를 더 많이 하기 시작한다(Petitto & Marentette, 1991). 다른 언어에 노출되지 않으면, 유아는 모국어 이외의 언어에서 사용하는 말소리를 듣고 생성하는 능력을

옹알이 단계 대략 생후 4개월에 시작하는 언어 발달 단계로, 이 단계의 유아는 자발적으로 가정에서 사용하는 언어와는 무관한 다양한 소리를 낸다.

표 9.2 언어 발달의 요약

개월 수	단계
4	많은 음성을 옹알이한다. ("아-구")
10	가족 언어를 닮은 소리를 옹알이한다. ("마-마")
12	한 단어 단계 ("야옹이!")
24	두 단어 단계, 전보식 말 ("공 주세요.")
24+	언어가 복잡한 문장으로 급속하게 발달한다.

상실하게 된다(Kuhl et al., 2014; Meltzoff et al., 2009). 믿거나 말거나 사실이다. 따라서 어른이 될 때까지 영어만을 사용한 사람은 일본어의 특정한 음소를 변별할 수 없게 된다. 영어를 배우지 않은 일본의 성인도 영어의 'r'과 'l'을 변별하지 못한다. 따라서 일본 성인에게는 'la-la-ra-ra'가 동일한 음절을 반복하는 것처럼 들리게 된다.

돌을 전후하여 대부분의 아동은 **한 단어 단계**(one-word stage)에 접어들게 된다. 아동은 이미 소리가 의미를 담고 있다는 사실을 학습하였으며, 예컨대 사과의 그림과 '사과'라는 단어를 연합하도록 반복해서 훈련받게 되면, 연구자가 "사과, 사과! 사과를 봐!"라고 말할 때 사과를 쳐다보게 된다(Schafer, 2005). 이제 아동은 의미를 전달하는 소리를 사용하기 시작하는데, 일반적으로 쉽게 재인하기 어려운 '마'나 '다'와 같은 단음절만을 사용한다. 그렇지만 가족은 아동의 언어를 쉽게 알아차리게 되며, 아동의 언어는 점차적으로 가족의 언어를 닮아가게 된다. 전 세계적으로, 아동의 첫 번째 단어는 사물이나 사람을 지칭하는 명사이다(Tardif et al., 2008). 한 단어 단계에서 "멍멍이!"와 같은 단일 단어는 문장에 해당한다("저기 강아지 좀 보세요!").

아동의 가장 보편적인 첫 번째 단어를 추측해보겠는가? (힌트 : 대부분의 언어에서 유사한 경향이 있다.) 영어, 크로아티아어, 프랑스어, 이탈리아어, 스와힐리어 등에서 그 단어는 엄마와 아빠를 부르는 말이다(Frank et al., 2019).

생후 18개월 정도가 되면, 단어 학습속도가 한 주에 한 단어에서 하루에 한 단어로 빨라진다. 두 돌 무렵이 되면 대부분의 아동은 **두 단어 단계**(two-word stage)에 접어들게 된다(표 9.2). 아동은 **전보식 말**(telegraphic speech)로 두 단어 문장을 내뱉기 시작한다. 단어의 수로 요금이 부과되던 과거의 전보처럼('조건 수락. 대금 송금'), 2세 아동의 말은 대체로 명사와 동사를 포함한다('맘마 주세요'). 또한 전보와 마찬가지로 통사 규칙을 따른다. 단어들을 의미 있는 순서로 나타낸다. 영어를 모국어로 하는 아동은 전형적으로 'white house'처럼 형용사를 명사 앞에 놓는다. 스페인 아동은 'casa blanca'처럼 이 순서를 뒤집는다.

일단 아동이 두 단어 단계를 벗어나게 되면, 즉각적으로 더 긴 표현을 나타내기 시작한다(Fromkin & Rodman, 1983). 초등학교에 입학할 시점이 되면 아동은 복잡한 문장을 이해하며, 이중 의미를 갖는 유머를 즐기기 시작한다. "임금님이 가마(타는 것)를 싫어한 까닭은 가마(머리에 있는 것)가 둘이나 있기 때문이지."

한 단어 단계 대략 1세에서 2세까지의 언어 발달 단계로, 아동은 대체로 한 단어만을 말한다.

두 단어 단계 대략 2세부터 시작하는 언어 발달 단계로, 아동은 대체로 두 단어 표현을 사용한다.

전보식 말 아동이 전보처럼 말하는 초기 언어단계로, 대체로 명사와 동사를 사용하며 보조단어들을 생략한다.

인출 연습

RP-3 수용성 언어와 표현성 언어 간의 차이는 무엇인가? 정상적인 아동은 언어 발달에서 언제 이러한 이정표에 직면하게 되는가?

답은 부록 E를 참조

결정적 시기 달팽이관을 이식받은 아동이나 외국 가정으로 입양되는 아동처럼, 어떤 아동은 언어학습을 늦게 시작한다. 이렇게 언어학습이 늦은 아동의 경우에도 언어 발달은 동일한 순서를 밟으며, 일반적으로는 더 빠른 속도로 진행된다(Ertmer et al., 2007; Snedeker et al., 2007). 그렇지만 언어학습이 지연될 수 있는 정도에는 한계가 있다. 아동기는 언어학습의 창문이 닫히기 전에 언어의 특정 측면들을 숙달할 수 있는 결정적 시기인 것으로 보인다(Hernandez & Li, 2007; Lenneberg, 1967). 한 연구에서 보면, 생후 1개월 동안만 한국어에 노출된 후 네덜란드에 입양된 한국 아동이 나중에 다른 아동은 할 수 없는 것, 즉 한국어 자음을 쉽게 학습할 수 있었다(Choi et al., 2017). 망각한 것이 무의식적으로 파지되었던 것이다. 그렇지만 대략 7세까지 구어이든 수화이든 특정 언어에 노출된 적이 없는 아동은 그 언어를 숙달할 능력을 상실한다.

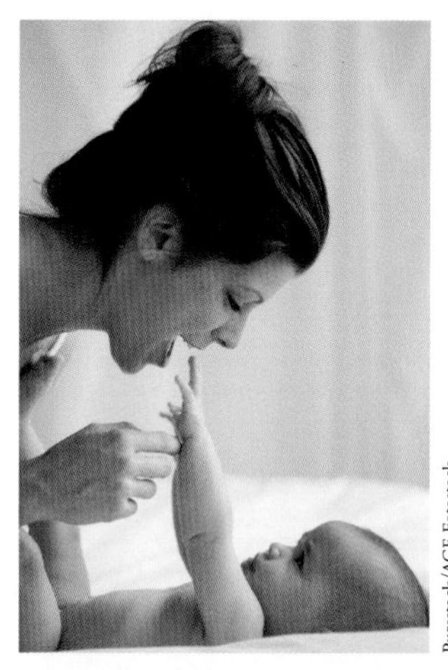
Purestock/AGE Fotostock

타고난 재주 유아는 언어를 빨아들이는 엄청난 능력을 갖고 태어난다. 하지만 그들이 학습하는 특정 언어는 타인과의 독특한 상호작용을 반영하게 된다.

문화와 환경의 변화가 아동의 언어 노출에 영향을 미친다. 볼리비아의 수렵채취 부족인 치마네족에서는 일조시간 중에 성인이 4세 이전의 아동에게 말을 해주는 시간이 1분도 되지 않는다(Cristia et al., 2019). 3세 아동들과 한 반인 4세의 미국 아동이나 열악한 가정의 아동처럼, 질이 낮은 언어에 노출된 아동은 열등한 언어기술을 나타낸다(Ansari et al., 2015; Hirsh-Pasek et al., 2015). 아동에게 글을 읽어주는 것이야말로 언어 노출을 증가시키는 좋은 방법이다. 제시카 로건과 동료들(2019)은 동화책을 자주 읽어주는 것이 아동의 학업 준비를 도와줄 수 있음을 확인하였다. 그녀는 "더 많은 어휘를 듣는 아동이 학교에 입학할 때 인쇄된 어휘를 보고 읽을 수 있는 준비가 더 잘 된다."라고 제안하였다.

언어학습 능력은 보편적이지만, 아동일 때 가장 용이하게 학습한다. 성인이 되어서 새로운 언어를 학습하면, 일반적으로 불완전한 문법에 따라 모국어 억양으로 말한다(Hartshorne et al., 2018). 한 실험에서는 미국에 이민 온 한국인과 중국인에게 276개의 영어 문장(예컨대, "Yesterday the hunter shoots a deer.")이 문법적으로 정확한 것인지를 판단하도록 요구하였다(Johnson & Newport, 1991). 모든 참가는 미국에서 대략 10년을 생활하였는데, 어떤 참가자는 아동 초기에 그리고 다른 참가자는 성인이 되어서 이민을 온 사람이었다. 그림 9.6이 보여주는 바와 같이, 아동기에 영어를 학습한 사람이 더 우수한 성과를 나타냈다.

새로운 국가에 올 때의 나이가 많을수록, 새로운 언어를 학습하고 문화를 흡수하는 것이 더 어

Arizona Daily Star, A.E. Araiza/AP Photo

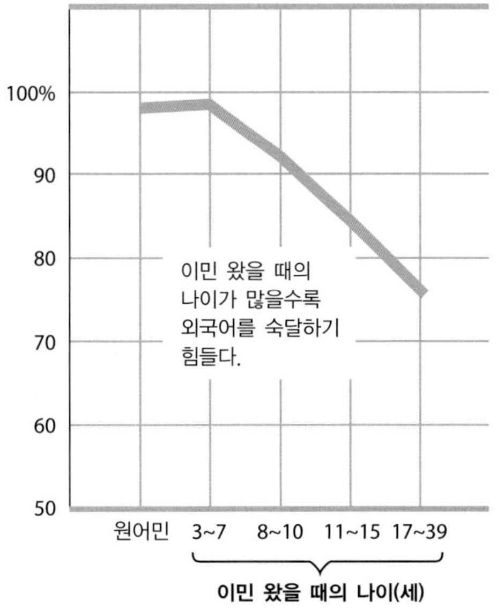

그림 9.6
새로운 언어를 학습하는 능력은 연령과 함께 줄어든다 미국으로 이주하고 10년이 지났을 때, 아시아계 이민자들이 문법검사를 받았다. 외국어 학습에 명확하게 규정된 결정적 시기가 존재하지는 않는다고 하더라도, 8세 이전에 이민을 온 사람은 원어민 못지않게 영문법을 잘 이해하였다. 뒤늦게 이민 온 사람은 그렇지 못하였다(Johnson & Newport, 1991의 데이터).

렵다(Cheung et al., 2011; Hakuta et al., 2003). 저자(드월)가 일본에 처음 갔을 때, 머리 숙여 인사하려고 애쓰지 말 것이며, 열 가지가 넘는 인사법이 있으며, 저자는 항상 '자신만의 독특한 방식'으로 머리를 숙이려고 한다는 이야기를 들었다.

인출 연습

RP-4 성인기에 새로운 언어를 학습하는 것이 그토록 어려운 까닭은 무엇인가?

답은 부록 E를 참조

청각 장애와 언어 발달

초기 경험의 영향력은 정상적인 부모 밑에서 태어난 청각 장애 아동이 보여주는 언어학습에서 명백하게 드러난다. 이 아동은 전형적으로 생애 초기에 언어를 경험하지 못한다. 9세 이후에 수화를 배우는 선천적 청각 장애 아동은 어려서부터 배운 아동만큼 수화를 잘하지 못한다. 10대나 어른이 되어서 수화를 배운 사람은 아동기가 지나 영어를 배우는 이민자와 같은 특징을 나타낸다. 기본 어휘를 숙달하고 그 어휘의 배열을 학습할 수 있지만, 미묘한 문법적 차이를 생성하고 이해하는 데 있어서 태어날 때부터 수화를 사용한 사람만큼 유창해지지 못한다(Newport, 1990). 영양분을 주지 않으면 꽃의 발육이 저해되는 것과 마찬가지로, 언어 획득의 결정적 시기 동안에 언어가 박탈되면 아동의 언어 발달도 저해된다.

청각 장애 아동의 90% 이상이 정상적인 부모에게서 태어난다. 대부분의 부모는 자신의 자녀가 말소리를 알아듣고 말도 하는 세상을 경험하기를 원한다. 달팽이관 이식은 소리를 전기 신호로 변환시키고 아동의 달팽이관에 심어놓은 전극을 통해서 청신경을 자극함으로써 이것을 가능하게 만들어준다. 그렇지만 만일 달팽이관 이식 아동으로 하여금 구술 소통에 능숙해지도록 도와주고자 한다면, 자녀가 스스로 시술을 승인할 수 있는 연령에 도달할 때까지 기다려서는 안 된다. 아동에게 달팽이관 이식을 시술하는 것은 뜨거운 논쟁거리이다. 청각 장애자 문화 주창자들은 언어가 발달하기 이전에 청각 장애 아동에게 시술하는 것에 반대한다. 예컨대, 전국청각 장애인협회는 수화를 모국어로 사용하는 사람은 언어장애자가 아니기 때문에 귀가 먹었다는 것이 장애는 아니라고 주장한다. 이미 50여 년 전에 갤러뎃대학교[세계에서 유일한 농아인(청각 장애나 언어장애가 있는 사람)을 위한 대학교]의 언어학자인 윌리엄 스토키(1960)는 수화도 자체적인 문법과 통사 그리고 의미를 가지고 있는 엄연한 언어라는 사실을 보여주었다. 한 걸음 더 나아가서, 때때로 청각 장애자 문화 주창자들은 귀가 먹었다는 것을 '청력 손상'에 따른 '시력 증진'으로도 간주할 수 있다고 주장한다. 눈을 감아보아라. 그러면 여러분도 주의가 다른 감각으로 쏠리는 것을 느끼게 될 것이다. 한 실험에서는 조용히 눈을 감은 채 90분을 보낸 참가자들이 소리의 위치를 파악하는 데 더 정확해졌다(Lewald, 2007). 연인들은 키스를 할 때 눈을 감음으로써 방해자극을 최소화하고 민감도를 증가시킨다.

한 가지 감각을 상실한 사람은 다른 감각능력을 약간 증진시키는 것으로 보상한다(Backman & Dixon, 1992; Levy & Langer, 1992). 선천적 청각 장애자이었던 사람은 향상된 시각처리를 나타낸다(Almeida et al., 2015). 감각입력에 목말라 있는 이들의 청각피질은 대체로 온전한 채로 남아있지만, 촉각과 시각 입력에 더 많이 반응하게 된다(Karns et al., 2012). 청각피질이 일단 다른 목표를 설정하게 되면, 청각에는 덜 가용하게 된다. 이 사실은 달팽이관 이식을 2세 이전에 시술할 때 가장 효과적인 이유를 설명하는 데 도움이 된다(Geers & Nicholas, 2013; Niparko et al., 2010).

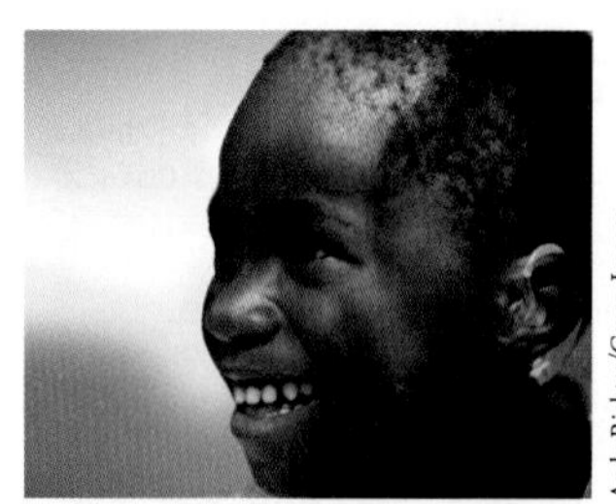

개선된 청력 말라위의 이 소년은 새로운 보청기를 경험하고 있다.

적막한 세상에서 살아가기 전 세계적으로 4억 6,600만 명이 청력을 상실한 채로 살아가고 있다(WHO, 2019). 어떤 사람은 심각한 청각 장애자이며, 대부분은 청력 손상을 가지고 있다(여자보다 남자가 더 많다)(Agrawal et al., 2008). 어떤 사람은 태어날 때부터 청각 장애자이며, 다른 사람은 청각이 정상이었던 시기가 있어 들을 수 있는 세상이 어떤 것인지를 알고 있다. 어떤 사람은 수화를 사용하며 자신을 언어 기반 청각 장애자 문화의 일원으로 간주한다. 다른 사람, 특히 한 언어를 사용하다가 청력을 상실한 사람은 소리를 낼 수 있으며 입 모양을 읽거나 글을 읽는 방법으로 소리의 세계와 대화를 나눈다. 또 다른 사람은 두 문화에 모두 걸쳐있기도 한다.

청각이 없는 삶의 도전거리는 아동에게서 가장 심각하다. 관례적인 방식으로 소통할 수 없기 때문에 수화를 사용하는 아동은 정상적인 아동과 협동적으로 놀이를 즐기기 어렵다. 학업성취에서도 어려움을 겪는다. 학교 공부가 구술언어에 뿌리를 두고 있기 때문이다. 청소년은 사회적 배척감을 느낌으로써 낮은 자존감을 초래할 수 있다. 다른 청각 장애자들과 함께 성장하는 청각 장애 아동은 청각 장애 문화와 동일시하기가 십상이며, 긍정적인 자존감을 느낀다. 부모가 정상인이든 청각 장애자이든, 수화를 사용하는 가정에서 성장한 아동도 보다 높은 자존감을 나타내며 인정받는다고 느낀다(Bat-Chava, 1993, 1994).

삶의 후기에 청력을 상실하게 된 성인도 도전거리에 직면한다. 말을 알아듣기 위해서 더 애를 써야만 할 때, 그 내용을 기억하고 이해하는 데 사용할 수 있는 여분의 인지능력이 감소하게 된다(Wingfield et al., 2005). 여러 연구에서 보면, 청력 손상이 있는 사람, 특히 보청기를 착용하지 않은 사람이 슬픔을 더 느끼고, 사회적 관여를 덜 하게 되며, 다른 사람이 짜증내는 것을 더 자주 경험한다고 보고해왔다(Kashubeck-West & Meyer, 2008; National Council on Aging, 1999). 이들은 일종의 수줍음도 경험할 수 있다. 한 시카고 신문의 편집장이자 칼럼니스트이며 3세에 청력을 상실한 헨리 키소(1990, 244쪽)는 이렇게 지적하였다. "정상인들을 가능한 한 안달나지 않게 하려는 것이 청각 장애자 사이에서는 거의 보편적으로 나타난다. 우리는 보이지 않을 만큼 자신을 숨기고 소심해질 수 있다. 때로는 이러한 경향성이 치명적일 수 있다. 나는 항상 이것과 싸울 수밖에 없다." 시각 장애자이자 청각 장애자이었던 헬렌 켈러도 "눈이 먼 것은 사람을 사물로부터 격리시킨다. 귀가 먼 것은 사람으로부터 격리시킨다."라고 지적하였다.

저자(마이어스)는 알고 있다. 글자를 적는 방법으로 소통하던 저자의 어머니는 말년의 열두 해를 침묵의 세계에서 보내셨으며, 가족과 오랜 친구라는 작은 세계 밖에 존재하는 사람들과 상호작용하려고 애쓰는 스트레스와 긴장에서 한 걸음 뒤로 물러나 생활하였다. 저자 자신의 청력도 어머니 수준으로 급전직하하고 있다. (밤에 보청기를 빼고 있으면, 바로 옆에서 아내가 말하는 것을 이해할 수 없다.) 보청기를 착용하고서도 저자는 연극과 회의에서 앞쪽 중앙에 자리하고, 식당에서는 조용한 구석자리를 찾는다. 저자는 버튼을 누르면 전화, 텔레비전, 안내방송 소리 등을 귓속에 들어있는 스피커로 전환시켜 주는 멋진 테크놀로지(HearingLoop.org를 참조)의 도움을 받고 있다. 그렇지만 보청기의 사용 여부와는 관계없이, 가장 심각한 좌절감은 다른 사람들이 낄낄대며 웃어젖히는 농담을 들을 수 없을 때, 반복적인 시도로 안달이 난 사람의 질문을 여전히 알아들을 수 없는데도 알아들은 척할 수 없을 때, 가족들이 별로 중요하지 않은 것을 말해주려고 몇 차례 시도한 후에 포기하고는 "아니, 그냥 신경 쓰지 마세요."라고 말할 때 일어

실어증 일반적으로 좌반구의 브로카 영역(말하기의 장애)이나 베르니케 영역(언어 이해의 장애)의 손상에 의해 야기되는 언어장애

브로카 영역 일반적으로 언어 표현을 제어하는 좌반구 전두엽의 한 영역. 말하기에 관여하는 근육운동을 제어한다.

베르니케 영역 언어 이해와 표현을 관장하는 두뇌영역으로, 일반적으로 좌반구 측두엽의 영역을 말한다.

난다.

연세가 많아짐에 따라서 저자의 어머니는 사회적 상호작용을 추구하는 것은 그렇게 애쓸 가치가 없다고 느끼시게 되었다. 그렇지만 저자는 소통이 애쓸 만한 가치가 있는 것이라는 신문 칼럼니스트인 키소(1990)의 생각에 동의하고 있다. "그렇기 때문에… 나는 이를 악물고 견디며 앞으로 나아갈 것이다"(246쪽). 비록 침묵이라는 간극이 존재한다손 치더라도, 상대방에게 다가가고, 관계를 맺고 소통하는 것은 사회적 존재로서 인간의 특성을 확증하는 것이다.

두뇌와 언어

LOQ 9-12 어느 두뇌영역이 언어처리와 말하기에 관여하는가?

사람들은 말하기와 듣기, 쓰기와 읽기, 또는 수화하기와 말하기를 단지 동일한 일반능력, 즉 언어의 상이한 사례라고 생각한다. 그렇다면 여러 피질영역 중의 어느 영역이든 손상되면 **실어증**(aphasia), 즉 언어의 손상이 초래될 수 있다는 흥미로운 결과를 생각해보자. 더욱 흥미를 끄는 사실은 어떤 실어증 환자는 유창하게 말을 할 수는 있지만 우수한 시력에도 불구하고 읽을 수 없는 반면, 다른 환자는 읽는 것을 이해할 수는 있지만 말을 할 수 없다는 것이다. 또 다른 환자는 글을 쓸 수는 있지만 읽을 수 없고, 읽을 수는 있지만 쓸 수 없으며, 숫자는 읽지만 문자는 읽을 수 없고, 노래는 부를 수 있지만 말은 할 수 없다. 이러한 사례는 언어가 복잡하며, 상이한 두뇌영역이 상이한 두뇌기능을 담당하고 있다는 사실을 시사한다.

실제로 1865년에 프랑스 의사 폴 브로카는 좌측 전두엽의 특정 영역[**브로카 영역**(Broca's area)]이 손상된 후에 말을 하는 데는 어려움을 겪는 반면에, 친숙한 노래는 부를 수 있고 다른 사람의 말은 이해할 수 있는 환자가 존재한다는 동료 의사의 관찰결과를 확인하였다. 10년 후에 독일 연구자 칼 베르니케는 좌측 측두엽의 특정 영역[**베르니케 영역**(Wernicke's area)]이 손상되면 다른 사람의 말을 이해할 수 없으며 의미 없는 말만을 해댈 수 있다는 사실을 발견하였다. 예컨대, 한 여자의 등 뒤에서 과자를 훔치는 두 사내아이를 그린 그림을 설명해보라고 요구하자, 한 환자는 어머니와 두 아이에 대해서 무엇인가 말을 하기는 하지만, 전혀 알아들을 수도 없고 의미도 없는 말만 지껄였다(Geschwind, 1979).

오늘날 신경과학은 언어를 처리하는 동안 브로카 영역과 베르니케 영역에서의 두뇌 활동을 확증해왔다(그림 9.7). 실어증 환자에게 브로카 영역을 전기로 자극하면 말하기 능력을 회복하는 데 도움을 줄 수 있다(Marangolo et al., 2016). [평균보다 큰 브로카 영역을 가지고 있는 사람에게는 문법학습이 식은 죽 먹기다(Novén et al., 2019).] 그렇지만 두뇌의 언어처리가 복잡하다는 사실도 알고 있다. 브로카 영역은 다른 영역들과 협응하여 언어를 처리한다(Flinker et al., 2015; Tremblay & Dick, 2016). 언어를 단일한 통합적 흐름으로 경험하지만, fMRI 영상은 두뇌가 멀티태스킹과 네트워킹으로 무척이나 바쁘다는 사실을 보여준다. 명사와 동사(또는 사물과 행위), 상이한 모음, 시각 경험이나 운동 경험에 관한 이야기, 말하는 사람과 말하는 내용 등을 비롯한 많은 자극이 상이한 신경망을 활성화시킨다(Perrachione et al., 2011; Shapiro et al., 2006; Speer et al., 2009). 그리고 글을 읽

그림 9.7
단어를 듣고 말할 때의 두뇌 활동

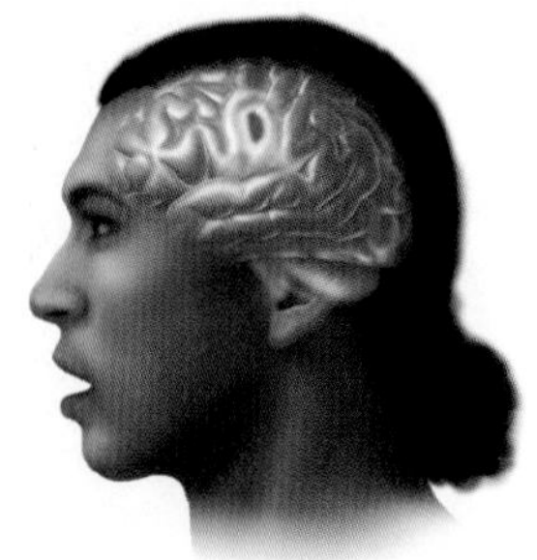

(a)
말하기
(브로카 영역과 운동피질)

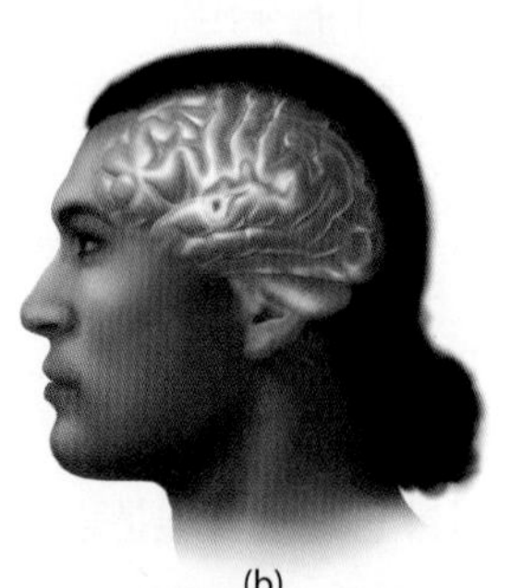

(b)
듣기
(베르니케 영역과 청각피질)

거나 듣는지에 관계없이, 동일한 신경망이 활성화된다(Deniz et al., 2019).

이에 덧붙여서 만일 태어날 때부터 두 개의 언어에 유창하게 되는 행운이 따른다면, 두 언어를 동일한 영역에서 처리하게 된다(Kim et al., 2017). 그렇지만 두 번째 언어를 나중에 학습하거나 수화로만 학습한다면 두뇌가 동일한 영역을 사용하지 않는다(Berken et al., 2015; Kovelman et al., 2014).

명심할 사항 : 두뇌는 언어를 처리할 때, 다른 형태의 정보처리와 마찬가지로, 말하기, 지각하기, 사고하기, 기억하기 등의 심적 기능을 하위기능들로 분할하는 방식으로 작동한다. 지금 이 페이지를 읽고 있다는 의식경험은 분할될 수 없는 것처럼 보이지만, 병렬처리 덕분에 수많은 신경망이 작업을 통합하여 단어, 문장, 문단 등에 의미를 부여한다(Fedorenko et al., 2016; Snell & Grainger, 2019). *E pluribus unum*, 즉 여럿이 모여 하나가 되는 것이다.

Jim Cummins/Getty Images

말하는 손 인간 언어는 몸짓 소통에서 진화한 것으로 보인다(Corballis, 2002, 2003; Pollick & de Waal, 2007). 오늘날에도 몸짓은 자발적인 발화, 특히 공간적 내용을 담고 있는 말과 자연스럽게 연합되어 있다. 몸짓과 말은 모두 소통하려는 것이며, 야구에서 심판들의 손짓과 발성이 그러한 것처럼, 둘이 상이한 정보가 아니라 동일한 정보를 전달할 때 사람들은 더 빠르고 정확하게 이해한다(Hostetter, 2011; Kelly et al., 2010). 1892년, 청각 장애를 가진 최초의 메이저리그 야구선수였던 외야수 윌리엄 호이가 "스트라이크!", "세이프!", "아웃!" 등의 수신호를 만드는 데 기여한 것으로 알려져 있다(Pollard, 1992). 오늘날 모든 스포츠에서 심판들은 만들어낸 신호를 사용하며, 관중들은 스포츠 수화에 유창하다.

인출 연습

RP-5 손상되면 말하는 능력이 손상되는 두뇌영역은 무엇인가? 손상되면 언어를 이해하는 능력이 손상되는 두뇌영역은 무엇인가?

답은 부록 E를 참조

다른 동물종도 언어를 가지고 있는가?

LOQ 9-13 다른 동물종의 언어능력에 대해서 무엇을 알고 있는가?

인간은 다른 어떤 동물종보다도 상대방의 조망을 받아들이고 도덕성을 가지고 자신을 조절하는 능력을 가지고 있다(Tomasello, 2019). 또한 오래전부터 언어야말로 다른 모든 동물종보다 자신을 우위에 서게 만드는 것이라고 주장해왔다. 노엄 촘스키(1972)는 "인간 언어를 연구하면, '인간다움의 요체', 즉 지금까지 알고 있는 한에 있어서 인간에게만 독특한 마음의 자질이라고 부를 수 있는 것을 다루고 있는 것"이라고 주장하였다. 정말로 인간만이 언어를 가지고 있는가?

어떤 동물은 기본적인 언어처리를 보여준다. 비둘기는 단어와 비단어 간의 차이를 학습할 수 있지만, 결코 이 책을 읽을 수는 없다(Scarf et al., 2016). 다른 동물은 인상적인 이해와 소통을 나타낸다. 다양한 원숭이 종은 상이한 포식자에 대해 상이한 경고음을 낸다. 표범에 대해서는 짖는 소리, 독수리에 대해서는 기침소리, 그리고 뱀에 대해서는 소란스러운 소리를 낸다. 표범 경고음을 들은 버빗원숭이는 가까운 나무로 올라간다. 독수리 경고음을 들으면, 덤불 속으로 뛰어든다. 뱀 경고음을 들으면, 일어서서 바닥을 훑어본다(Byrne, 1991; Clarke et al., 2015; Coye et al., 2015). 독수리, 표범, 쓰러지는 나무, 이웃집단의 출현 등의 위협을 나타내기 위해서 원숭이들은 6개의 상이한 경고음을 25가지 경고음의 연속으로 결합하게 된다(Balter, 2010). 그렇다면 이러한 소통이 언어인가?

1960년대 후반에 심리학자인 앨런 가드너와 베아트릭스 가드너(1969)는 워슈라는 이름의 어린 침팬지를 대상으로 수행한 연구로 과학계와 일반인의 엄청난 관심을 불러일으켰다. 몸짓을 이용하여 소통하려는 침팬지의 선천적 성향에 기초하여 워슈에게 수화를 가르쳤던 것이다. 4년이 지난 후에 워슈는 132가지 신호를 사용할 수 있었다. 2007년 생을 마감할 시점에는 250가지 이상의 신호를 사용하고 있었다(Metzler, 2011; Sanz et al., 1998).

1970년대에는 점점 더 많은 보고가 나타났다. 어떤 침팬지는 여러 신호를 함께 결합하여 문장을 구성하였다. 예컨대, 워슈는 "당신 나 밖에 나가자, 제발."을 신호하였다. 어떤 단어 조합은 창의적으로 보였다. 예컨대, 백조를 '물 새'라고 표현하거나 오렌지를 '사과 이것 오렌지색'이라고 표현하였다(Patterson, 1978; Rumbaugh, 1977).

그렇지만 1970년대 후반이 되자 다른 심리학자들은 더욱 회의적이 되었다. 침팬지가 언어 챔피언이었는가, 아니면 연구자들이 멍텅구리이었는가? 회의론자들은 다음을 생각해보라고 제안하였다.

- 유인원의 어휘와 문장은 2세 아동의 것처럼 단순한 것이다. 그리고 아동과 달리, 유인원은 엄청나게 공을 들여야만 제한된 수의 어휘를 획득한다(Wynne, 2004, 2008). 말을 하거나 수화를 사용하는 아동은 매주 수십 개의 새로운 단어를 쉽게 흡수하며, 어른이 되면 60,000개의 어휘를 갖는다.
- 침팬지는 보상을 얻기 위해서 연속해서 신호를 하거나 버튼을 누를 수 있다. 그렇지만 유인원의 신호는 조련사의 신호를 흉내 내고 특정한 팔 움직임이 보상을 초래한다는 사실을 학습한 것에 불과한 것일 수 있다(Terrace, 1979).
- 정보가 불확실할 때 사람은 지각갖춤새, 즉 보고자 원하거나 기대하는 것을 보는 경향을 나타내기 십상이다. 침팬지 신호를 언어로 해석하는 것은 조련사의 소망적 사고에 불과한 것일 수 있다(Terrace, 1979). 워슈가 '물 새'를 신호하였을 때, '물'과 '새'를 개별적으로 표현한 것일 수 있다.
- "주세요 오렌지 나 주세요 먹어요 오렌지 나 먹어요 오렌지…"는 3세 아동의 정교한 통사에 비교하면 비명소리에 불과하다(Anderson, 2004; Pinker, 1995). 인간 언어에서는 통사규칙이 문장의 어순을 주도한다. 따라서 아동에게 있어서 "당신 간지럽히다"와 "간지럽히다 당신"은 전혀 다른 아이디어를 소통하는 것이다. 이러한 통사규칙을 가지고 있지 못한 침팬지는 두 가지 상이한 구절에 동일한 어순을 사용하는 것일 수 있다.

논쟁은 진보를 촉진할 수 있으며, 이 경우에는 침팬지가 사고하고 소통하는 능력에 대한 더 많은 증거를 유발하였다. 한 가지 놀라운 발견은 워슈가 입양한 자식인 로울리스에게 자신이 학습하였던 신호를 사용하도록 훈련시켰다는 것이다. 로울리스는 사람의 도움을 받지 않은 채 워슈와 언어 훈련을 받은 다른 세 침팬지가 함께 수화를 사용하는 것만을 관찰함으로써 결국에는 68개의 신호를 획득하였다. 더욱 놀라운 보고가 뒤따랐다. 384개의 어휘를 가지고 있다고 알려진 보노보인 칸지가 구술 영어의 통사를 이해할 수 있었다는 것이다(Savage-Rumbaugh et al., 1993, 2009). 2세 아동의 수용성 언어능력을 가지고 있는 것으로 보이는 칸지는 "손전등을 가져올 수 있니?" 또는 "전등을 켤 수 있니?" 등의 질문에 모두 적절하게 반응하였다. 동물 인형을 주고는 난생 처음으로 '개가 뱀을 물게 해보라'고 요청하였을 때, 칸지는 뱀을 개의 입에 넣었다.

Susanne Baus/AFP/Getty Images/Newscom

말을 알아듣는 개 보더콜리 종의 개, 리코는 200개 단어의 어휘를 가지고 있었다. 한 번도 들어본 적이 없는 이름의 장난감을 가져오라고 명령하면, 리코는 친숙한 장난감 묶음에서 새로운 장난감을 물어왔다(Kaminski et al., 2004). 4주 후에 두 번째로 그 이름을 들었을 때, 리코는 똑같은 장난감을 물어왔다. 또 다른 보더콜리 종인 체이서는 1,000개의 사물 이름을 학습함으로써 새로운 기록을 작성하였다(Pilley, 2013). 3세 아동에 비견할 정도로, 기능과 모양에 따라 사물들을 범주화할 수도 있다. 예컨대 체이서는 "공을 가져와"와 "콩을 가져와"를 구별할 수 있다.

그렇다면 이 연구결과를 어떻게 해석해야 하겠는가? 인간만이 언어를 사용하는 유일한 동물종인가? 만일 언어가 신호의 의미 있는 연속을 통해서 소통하는 능력을 의미하는 것이라면, 유인원은 실제로 언어를 사용할 수 있다. 그렇지만 구술언어이든 수화이든 생각을 주고받게 해주는 복잡한 문법의 표현을 의미한다면, 오늘날 대부분의 심리학자는 인간만이 언어를 소유한다는 데 동의할 것이다(Suddendorf, 2018). 이에 덧붙여서 인간만이 인간의 말소리를 내기 위한 입술, 혀, 그리고 성대 움직임을 가능하게 해주는 유전자(FOXP2)를 가지고 있다(Lieberman, 2013). 이 유전자가 변이를 일으킨 사람은 말하기에 어려움을 겪는다.

Paul Fusco/Magnum

그런데 이게 언어인가요? 미국 수화로 자신을 표현할 수 있는 침팬지의 능력은 언어의 본질에 관한 물음들을 야기하고 있다. 그림에서 훈련자가 "이게 무엇이지?"라고 묻고 있다. 침팬지의 신호는 '아기'이다. 이 반응이 언어인가?

한 가지 사실은 명백하다. 동물 언어와 사고에 관한 연구는 심리학자로 하여금 다른 동물종의 뛰어난 능력을 더 잘 이해할 수 있게 만들어주었다(Friend, 2004; Rumbaugh & Washburn, 2003; Wilson et al., 2015). 과거에 많은 심리학자는 다른 동물종이 계획을 세우거나, 개념을 형성하거나, 수를 세거나, 도구를 사용하거나, 동정심을 보이거나, 언어를 사용할 수 있는지에 관하여 의구심을 품었다(Thorpe, 1974). 오늘날에는 동물연구자 덕분에, 더 많은 사실을 알게 되었다. 침팬지는 소통할 때 상대방이 알고 있는 것을 고려하는 것으로 보인다. 예컨대, '뱀이 다가온다는 사실을 친구는 알고 있는가?'(Crockford et al., 2017). 다른 동물종도 통찰을 나타내고, 가족에 대한 충성심을 보이며, 서로를 보호해주고, 세대에 걸쳐서 문화 패턴을 전수한다. 다른 동물종의 도덕적 권리라는 측면에서 이것이 의미하는 바를 받아들이고 실행에 옮기는 것은 미해결의 과제이다.

자문자답하기

동물이 여러분과 소통하고 있다고 믿었던 때를 생각할 수 있는가? 여러분은 그 믿음을 어떻게 검증하겠는가?

인출 연습

RP-6 여러분의 개가 현관에서 낯선 사람을 보고 짖는다면, 이것은 언어의 자질을 갖춘 것인가? 만일 개가 밖에 나가고 싶다는 것을 여러분에게 알려주고자 말하는 것처럼 낑낑거린다면 어떻겠는가?

답은 부록 E를 참조

사고와 언어

LOQ 9-14 사고와 언어 간의 관계는 무엇인가? 심상적 사고의 가치는 무엇인가?

사고와 언어 중에서 어느 것이 먼저인가? 이 물음은 심리학에서 닭과 달걀의 문제 중 하나다. 생각이 먼저 출현하고 그것에 대한 언어를 기다리는 것인가? 아니면 사고는 언어로 개념화되기 때문에 언어가 없이는 사고할 수 없는 것인가?

언어학자 벤저민 리 워프(1956)는 "언어 자체가 사람의 기본 생각을 만들어낸다."라고 주장하였다. 워프는 아메리카 원주민인 호피족의 언어, 즉 호피어는 동사의 과거시제를 가지고 있지 않기 때문에, 호피족은 과거를 쉽게 생각할 수 없다고 주장하였다. 오늘날의 심리학자는 워프의 강한 주장, 즉 **언어결정론**(linguistic determinism)은 지나치게 극단적이라고 생각한다. 사람들은 단어를 가지고 있지 않은 대상에 대해서도 사고할 수 있다. (여러분은 이름을 붙일 수 없는 어떤 푸르스름한 색조에 대해서 생각할 수 있는가?) 그리고 두 사람이 벽돌 더미를 들고 가는 것을 관찰하면서 벽돌을 떨어뜨리지 않을까 걱정할 때처럼, 상징화되지 않은(언어가 없는, 이미지가 없는)

언어결정론 언어가 사람들의 사고방식을 결정한다는 벤저민 워프의 가설 

Prisma by Dukas Presseagentur GmbH/Alamy

문화와 색깔 파푸아 뉴기니의 베린모 부족 아이들은 '노랑'의 다양한 색조에 대한 단어들을 가지고 있어서, 여러 가지 노란색을 더 재빨리 알아채고 회상해낼 수 있다. 심리학자 레라 보로디츠키(2009)는 "언어는 생각하고, 세상을 보며 삶을 살아가는 방식의 조성에 깊게 관여한다."라고 말한다.

사고를 한다(Heavey & Hurlbert, 2008; Hurlbert et al., 2013).

언어결정론의 약한 버전인 **언어상대성**(linguistic relativism)은 언어가 사고에 영향을 미친다는 사실을 인정한다(Gentner, 2016). 영어와 일본어와 같이, 두 가지 전혀 다른 언어를 사용하는 사람에게는 서로 다른 언어로 서로 다르게 생각한다는 것이 자명해 보일 수도 있다(Brown, 1986). 분노와 같이 자기중심 정서를 나타내는 어휘가 풍부한 영어와 달리, 일본어에는 공감과 같이 대인관계 정서를 나타내는 어휘가 더 많다(Markus & Kitayama, 1991). 많은 이중언어 사용자는 어떤 언어를 사용하는가에 따라서 서로 다른 자기개념을 갖는다고 보고한다(Matsumoto, 1994; Pavlenko, 2014). 아랍어와 히브리어를 모두 사용하는 이중언어 사용자인 이스라엘계 아랍인을 대상으로 수행한 일련의 연구에서, 참가자들은 검사 시행에서 어느 언어를 사용하느냐에 따라서 아랍인이나 유대인과의 자동적인 연합이 활성화됨으로써 자신의 사회적 세계에 대하여 상이한 생각을 하였다(Danziger & Ward, 2010).

이중언어 사용자는 표현하려는 정서가 무엇인지에 따라서 언어를 교대하기 십상이다. 한 중국계 미국인 학생은 "엄마가 나에게 화를 낼 때는 표준 중국어로 말씀합니다."라고 설명하였다. "정말로 화가 머리끝까지 나실 때는 광둥어로 표현을 바꾸시지요"(Chen et al., 2012). 동일한 성격검사를 두 가지 언어로 실시할 때, 이중언어 사용자는 상이한 성격 특성을 보여주기조차 한다(Chen & Bond, 2010; Dinges & Hull, 1992). 이러한 현상은 중국에서 태어나서 캐나다 워털루대학교에 재학 중인 이중언어 학생에게 영어나 중국어로 자신을 기술해보도록 요구하였을 때 나타났다(Ross et al., 2002). 영어로 자신을 기술할 때는 전형적인 캐나다 사람으로 기술하였다. 상당히 긍정적인 자기 진술과 기분을 표현하였다. 중국어로 반응하였을 때는 전형적인 중국인이었다. 중국 가치에 공감하였으며 긍정적 자기 진술과 부정적 자기 진술이 대략 절반 정도가 되었다. 이중문화자이자 이중언어자인 멕시코계 미국인이나 아랍계 미국인이 영어와 스페인어 또는 영어와 아랍어와 연합된 문화 틀을 왔다 갔다 하는 것에서도 유사한 성격 변화가 나타났다(Ogunnaike et al., 2010; Ramírez-Esparza et al., 2006). 체코의 한 속담에 따르면, "새로운 언어를 배우라. 그러면 새로운 영혼을 얻게 된다." 이중언어자가 나중에 학습한 언어로 반응할 때의 도덕 판단은 정서를 덜 반영한다. 즉 감성보다는 이성에 따라 반응한다(Costa et al., 2014).

따라서 언어가 사고에 영향을 미친다(Boroditsky, 2011). 언어가 심적 범주를 정의한다. 브라질에서 고립생활을 하는 피라하족은 숫자 1과 2에 대한 단어를 가지고 있지만, 그 이상에 해당하는 숫자는 그저 '많다'일 뿐이다. 따라서 일곱 개의 나무 열매를 일렬로 배열한 것을 보여주면, 똑같은 수를 스스로 배열하는 데 어려움을 느낀다(Gordon, 2004).

언어는 색깔을 생각하는 것에도 영향을 미친다. 미국의 뉴멕시코, 호주의 뉴사우스웨일스, 아니면 뉴기니에 살든지 간에, 사람들이 색깔을 똑같이 지각하지만, 그 색깔을 분류하고 기억하는 데는 모국어를 사용한다(Davidoff, 2004; Roberson et al., 2004, 2005). 세 가지 색깔을 보면서, 둘은 '노랑' 나머지 하나는 '파랑'이라고 부른다고 상상해보라. 나중에 여러분은 두 개의 노랑을 더 유사하게 지각하고 회상할 가능성이 높다. 그렇지만 만일 여러분이 파푸아 뉴기니의 베린모족이라면, 두 가지 상이한 노랑에 개별적인 어휘를 가지고 있기 때문에, 두 노랑 간의 차이를 더 신속하게 지각하고 보다 잘 회상할 수 있을 것이다. 그리고 만일 여러분의 모국어가 러시아어라면, 상이한 파랑에 별도의 이름을 가지고 있기 때문에, 노랑끼리는 더 유사한 것으로 회상하고 파란색들을 보다 잘 기억해낼 것이다(Maier & Abdel Rahman, 2018). 언어가 중요한 것이다.

언어상대성 언어가 사고방식에 영향을 미친다는 생각

상이한 이름을 부여하게 되면, 지각된 차이가 커진다. 색채 스펙트럼에서 파랑은 녹색과 맞물

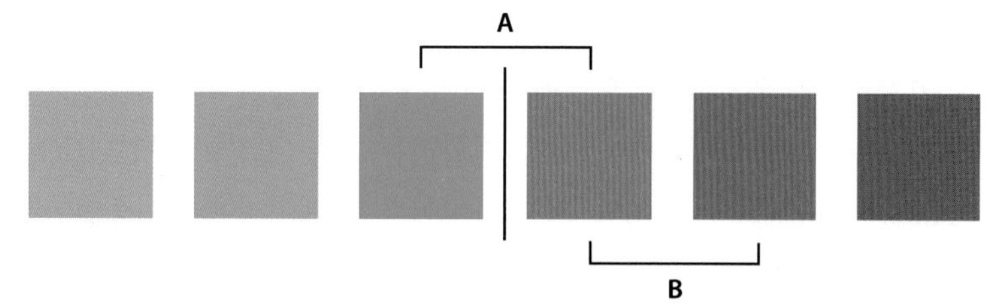

그림 9.8
언어와 지각
똑같이 차이 나는 색깔들을 볼 때, 사람들은 이름이 다른 색깔들이 더욱 차이 나는 것으로 지각한다. 따라서 대비 A에서 '녹색'과 '파랑'은 대비 B에서 똑같이 차이 나는 두 파란색보다 더 차이 나는 것처럼 보인다(Özgen, 2004).

려 있어서, '파랑'이라고 부르는 영역과 '녹색'이라고 부르는 영역 사이에 경계선을 그어야 한다. 색채 스펙트럼에서 동일한 정도의 차이가 있다고 하더라도, 동일한 이름을 공유하는 두 개의 상이한 색깔(그림 9.8 대비 B의 두 '파랑'처럼)은 상이한 이름의 두 색깔(그림 9.8 대비 A의 '파랑'과 '녹색'처럼)보다 구분하기 어렵다(Özgen, 2004). 마찬가지로 4,999원은 4,997원보다 5,001원과 지각적으로 더 멀리 떨어져있다. 그리고 동일한 거리만큼 떨어져있는 두 지역이 상이한 주에 있을 때보다 동일한 주에 있을 때, 더 가깝게 느껴지고 동일한 자연재해에 더 취약한 것처럼 보이게 된다(Burris & Branscombe, 2005; Mishra & Mishra, 2010). 토네이도는 주 경계를 알지 못하지만, 사람은 알고 있는 것이다.

언어가 사고에 미치는 미묘한 영향력을 감안할 때, 단어를 신중하게 선택할 필요가 있다. "아동은 그의 보호자와 상호작용하면서 언어를 학습한다."라고 표현하는 것과 "아동은 자신의 보호자와 상호작용하면서 언어를 학습한다."라고 표현하는 것에 차이가 있는가? 많은 연구들은 그렇다는 사실을 찾아냈다. 사람들이 ('예술가와 그의 작품'이라는 표현에서처럼) 보편적 대명사 '그'를 듣게 되면, 남성을 떠올릴 가능성이 크다(Henley, 1989; Ng, 1990). 만일 '그(he)'와 '그의(his)'가 진정으로 성별 보편적이라면, "그는 다른 포유류와 마찬가지로 그의 자식들에게 젖을 먹인다."는 말을 들을 때 숨이 멎는 일이 일어나서는 안 된다. 대명사 용법도 사람들이 자신에 대한 느낌에 영향을 미칠 수 있다. 트랜스젠더와 젠더를 인정하지 않는 젊은이는 he/she, him/her, they/their 등과 같이 자신이 선호하는 대명사를 사용할 때 존경감과 소속감을 느낀다고 보고한다(Olson & Gülgöz, 2018; Rae et al., 2019).

언어를 확장하는 것은 사고능력을 확장하는 것이다. 어린 아동에게 있어서 사고는 언어와 함께 발달한다(Gopnik & Meltzoff, 1986). 실제로 언어 없이 추상적 아이디어를 생각하거나 개념화하는 것이 얼마나 어려운 일이겠는가! 그리고 학령 전기 아동에게 참인 것은 모든 사람에게 있어서도 참이다. **어휘능력의 증가는 보상을 가져온다.** 이 책을 포함한 많은 교재가 새로운 아이디어와 새로운 사고방식을 가르치기 위해서 새로운 단어를 소개하는 것도 바로 이러한 이유 때문이다. 그리고 스티븐 핑커(2007)가 언어에 관한 자신의 책에 **사고의 본령**(本領)이라는 제목을 붙인 이유도 바로 이것이다.

"모든 단어는 아이디어를 매달아놓은 말뚝이다." 헨리 워드 비처, 『플리머스 설교의 교훈』(1887)

어휘능력의 증진은 캐나다 맥길대학교 심리학자 월리스 램버트(1992; Lambert et al., 1993)가 이중언어 장점이라고 부르는 현상을 설명하는 데 도움을 준다. 어린 나이에 이차언어를 학습하는 것은 언어 관련 두뇌영역의 발달을 촉진한다(Legault et al., 2019; Luo et al., 2019). (모든 연구는 아니지만) 몇몇 연구는 이중언어자가 한 언어를 사용할 때 다른 언어를 억제하는 능력이 우수하다는 사실을 보여주었다. 예컨대, 학교에서 "yellow crayon"이라고 말할 때는 "노란 크레용"을 억제하고, 집에서는 그 반대로 한다(Bialystok et al., 2015; Lehtonen et al., 2018; Tsui et al., 2019). 이중언어 아동은 사용 언어를 변경하면서 상대방의 조망을 보다 잘 이해함으로써 사회적 기술의 증진도 보여준다(Fan et al., 2015; Gampe et al., 2019). 이중언어의 장점은 말년에 건강한 인지기능을 유지시켜줌으로써 노년기까지도 확장된다(Li et al., 2017).

그렇지만 이중언어자가 언어를 전환하는 데는 시간이 걸린다(Kleinman & Gollan, 2016; Palomar-García et al., 2015). 저자(마이어스)가 베이징에서 이중언어자인 중국인 동료들 앞에서 발표할 때까지는 깨닫지 못하였던 것이 바로 이 현상이다. 저자는 영어로 발표하면서 화면에 제시한 슬라이드는 중국어로 된 것이었다. 나중에 깨달은 사실이지만, 중국어로 번역한 슬라이드가 영어로 발표하는 저자의 말에서 지속적인 '부호 전환'을 요구하였기 때문에, 청중들이 두 가지를 모두 처리하기 어렵게 만들었던 것이다.

램버트는 1981년부터 영어를 사용하는 수백만 명의 아동이 프랑스어에 몰입하게 만드는 캐나다 교육 프로그램을 개발하는 데 도움을 주었다(Statistics Canada, 2013). 놀랄 것도 없이, 다른 어떤 언어교육 방법과도 비교할 수 없을 만큼 아동은 프랑스어의 자연스러운 유창성을 획득하게 된다. 나아가서 유사한 능력을 보유한 비교집단의 아동과 비교할 때, 영어 유창성에 아무런 손상이 없으며, 적성검사와 수학에서 높은 점수를 받으며, 프랑스계 캐나다 문화도 더 잘 이해한다(Genesse & Gándara, 1999; Lazaruk, 2007).

언어라는 점에서 소수에 해당하든 다수에 해당하든, 언어는 사람들을 서로 연결시켜 준다. 또한 언어는 사람들을 과거나 미래와도 연결시켜 준다. "한 종족을 말살하려면, 그들의 언어를 파괴하라."라는 말이 있다.

자문자답하기

모국어를 배운 후에 배우기 시작하였던 언어를 생각해보라. 이차언어 배우기는 모국어 배우기와 어떻게 달랐는가? 말하는 것이 다르게 느껴지는가?

인출 연습

RP-7 ____________이라고 부르는 벤저민 리 워프의 논쟁을 불러일으키는 가설은 우리가 어떤 대상에 대해 생각하려면 그 대상의 개념이나 아이디어를 나타내는 어휘를 가져야만 한다고 제안하였다.

답은 부록 E를 참조

심상적 사고

여러분은 혼자 있을 때, 스스로에게 말을 하는가? 생각한다는 것은 단지 자신과 대화하는 것인가? 언어가 아이디어를 전달한다는 사실에는 의심의 여지도 없다. 그렇지만 아이디어가 언어에 선행하는 경우도 있지 않은가? 욕조에 찬물을 틀려면 어느 방향으로 수도꼭지를 돌려야 하는가? 이 물음에 답하기 위해서 아마도 여러분은 언어로 생각하는 것이 아니라 암묵기억(비선언기억, 절차기억), 즉 여러분이 어떻게 하는지를 머리에 떠올렸을 것이다.

실제로 사람들은 심상으로 생각하는 경우가 많다. 예술가는 심상으로 생각한다. 작곡가, 시인, 수학자, 운동선수, 과학자도 그렇게 한다. 앨버트 아인슈타인은 심상을 통해서 위대한 통찰에 도달한 후에 그것을 언어로 표현하였다고 보고하였다. 피아니스트 류시쿤은 심상적 사고의 가치를 보여주었다. 1958년 차이코프스키 피아노 경연대회에서 2등을 차지하고 1년이 지난 후에, 그는 중국 문화혁명 시기에 투옥되었다. 피아노에 손도 대지 못한 채 7년이 지나 사면된 직후 곧바로 순회공연에 올랐으며, 비평가들은 그의 음악 자질을 더 높게 평가하였다. 연습도 하지 않은 채 어떻게 끊임없이 발전할 수 있었던 것일까? 그는 "나는 매일 연습을 했습니다. 마음속에서 내가 연주하였던 모든 곡을 한 음 한 음 되뇌기하였지요."라고 말하였다(Garfield, 1986).

발레와 같은 기술을 습득한 사람은 발레 장면을 목격하는 것만으로도 두뇌 활동을 활성화시킬 수 있다(Calvo-Merino et al., 2004). 신체경험을 상상해보는 것도 실제 경험을 하는 동안 활동하는 신경회로를 활성화시킨다(Grèzes & Decety, 2001). 그렇기에 심적 훈련이 올림픽 대표선수를 훈련시키는 기본이 되어왔다는 사실도 별로 놀라운 것이 아니다(Blumenstein & Orbach, 2012; Ungerleider, 2005).

심적 연습과 농구 자유투에 관한 연구는 미국 테네시대학교 여자농구팀의 성과를 35게임에 걸쳐 추적하였다(Savoy & Beitel, 1996). 그 기간 동안, 표준화된 실전 훈련을 한 후의 경기에서 대략 52%이었던 팀의 자유투 성공률이 심적 연습을 한 후에는 65% 정도로 높아졌다. 선수들은 상대팀의 욕설을 포함한 다양한 조건에서 자유투를 던지는 장면을 반복적으로 상상하였다. 테네시대학교는 그해에 부분적으로 자유투 덕분에 연장전을 벌이면서 대학 챔피언 자리에 등극하였다.

중간고사를 1주일 앞두고 있는 두 집단의 심리학개론 수강생을 대상으로 입증한 바와 같이(Taylor et al., 1998), 심적 되뇌기는 학업 목표를 달성하는 데도 도움을 줄 수 있다. (심적 되뇌기를 전혀 하지 않은 다른 학생들이 통제집단이었다.) 첫 번째 집단은 게시판에 붙은 성적표를 훑어보면서 자신의 A 학점을 찾아내고는 기쁨에 들뜨고 자부심을 느끼는 장면을 머리에 그려보는 데 매일같이 5분을 사용하였다. 이러한 **결과 시뮬레이션**은 효과가 거의 없었다. 단지 평균 2점 정도만이 증가하였다. 다른 집단은 각 장을 읽고, 노트를 살펴보고, 방해자극을 제거하고, 외출하자는 제안을 거절하는 등 효과적으로 공부하는 자신의 모습을 머릿속에 그려보는 데 매일같이 5분을 사용하였다. 이러한 **과정 시뮬레이션**은 효과가 있었다. 이 집단은 일찍 공부를 시작하였으며, 공부하는 데 더 많은 시간을 할애하였고, 평균적으로 8점이나 앞서게 되었다. **명심할 사항 :** 목표점을 상상하는 것보다는 그 목표점에 어떻게 도달할 것인가를 계획하는 데 상상의 시간을 할애하는 것이 더 좋다.

"중얼거리면서 거리를 걷고 있는 사람을 보면 우리는 보통 정신이 이상한 사람이라고 생각한다. 하지만 우리 모두 지속적으로 혼잣말을 하고 있다. 단지 우리는 우리 입을 계속 닫게 하는 좋은 분별력을 가지고 있을 뿐이다. … 그것은 무한한 인내심을 가지고 있는 상상 속의 친구와 대화하는 것과 같다. 우리는 누구에게 말하고 있는가?" 샘 해리스, "생각 속에서 길을 잃다"(2011)

Blend Images/Getty Images

* * *

그렇다면 사고와 언어 간의 관계에 관하여 무엇을 말할 수 있는가? 앞에서 보았던 것처럼, 언어는 사고에 영향을 미친다. 그렇지만 역으로 사고가 언어에 영향을 미치지 않는다면, 새로운 단어를 결코 만들어낼 수 없을 것이다. 새로운 단어 그리고 기존 단어의 새로운 결합은 새로운 아이디어를 표현한다. 농구 용어 '슬램덩크'는 그 행위 자체가 꽤나 보편화된 후에나 만들어졌다. 그렇기 때문에 **사고는 언어에 영향을 주며, 언어는 다시 사고에 영향을 미친다고 말하는 것이** 타당하겠다(그림 9.9).

사고와 언어에 관한 심리학 연구는 문학과 종교와 같은 분야가 인간에 대해 가지고 있는 상반된 견해를 반영한다. 인간의 마음은 놀랄 만한 지적 위력과 오류를 동시에 가지고 있다. 잘못된 판단은 흔하게 나타나며 재앙적 결과를

Jupiterimages/Getty Images

그림 9.9

사고와 언어의 상호작용 사고와 언어 간의 의사소통은 양방향적이다. 사고는 언어에 영향을 미치며, 언어도 사고에 영향을 미친다.

초래할 수 있다. 따라서 오류 가능성을 인식할 필요가 있다. 그렇지만 효과적인 발견법은 잘 작동하기 십상이다. 게다가 문제해결에서 보여주는 독창성과 언어의 가공할 만한 위력은 인류를 거의 '무한한 능력'의 소유자로 특징짓게 해준다.

자문자답하기

여러분 삶의 영역, 예컨대 학업, 개인적 관계, 취미 등에서 수행을 증진시키기 위하여 어떻게 심적 훈련을 사용할 수 있었는가?

인출 연습

RP-8 '심적 훈련'이란 무엇인가? 이것은 어떻게 여러분이 다가오는 사건에 준비하도록 도와줄 수 있는가?

답은 부록 E를 참조

개관 언어와 사고

학습목표

자기검증 개념 파악을 증진시키도록 (부록 D의 답을 확인해보기에 앞서) 여러분 자신의 표현으로 여기서 반복하는 학습목표 물음에 답해보라 (McDaniel et al., 2009, 2015).

LOQ 9-9 언어의 구조적 성분은 무엇인가?

LOQ 9-10 어떻게 언어를 획득하는가? 보편문법이란 무엇인가?

LOQ 9-11 언어 발달의 이정표는 무엇인가? 언어를 획득하는 결정적 시기는 언제인가?

LOQ 9-12 어느 두뇌영역이 언어처리와 말하기에 관여하는가?

LOQ 9-13 다른 동물종의 언어능력에 대해서 무엇을 알고 있는가?

LOQ 9-14 사고와 언어 간의 관계는 무엇인가? 심상적 사고의 가치는 무엇인가?

기억해야 할 용어와 개념들

자기검증 여러분 자신의 표현으로 정의를 적어본 후에 답을 확인해보라.

두 단어 단계	언어	전보식 말
문법	언어결정론	한 단어 단계
베르니케 영역	언어상대성	형태소
브로카 영역	옹알이 단계	
실어증	음소	

학습내용 숙달하기

자기검증 여러분 자신의 표현으로 다음 물음에 답한 후에 부록 E에서 답을 확인해보라.

1. 다음 중에서 언어 발달의 한 단어 단계에 도달하는 시기는 언제인가?

a. 4개월 **b.** 6개월
c. 1년 **d.** 2년

2. 언어의 세 가지 기본 구성단위는 ________, ________, ________이다.

3. 어린 아동이 대부분 동사와 명사를 사용하여 짧은 구절로 말을 할 때, 이것을 ________이라고 부른다.

4. 촘스키에 따르면, 모든 언어는 ________을 공유한다.

5. 다음 중에서 대부분의 연구자가 유인원에 대해서 동의하는 것은 어느 것인가?

a. 상징을 통해서 소통한다.
b. 대부분의 인간 말소리를 낼 수 있다.
c. 성인기에 언어를 숙달한다.
d. 3세 아동의 언어기술을 능가한다.

JGI/Jamie Grill/Getty Images

지능

어린 네이티의 부모는 아이가 학업에서 뛰어나다고 생각해본 적이 전혀 없었다. 단지 현실적이었을 뿐이다. 아들은 학교를 지루해하곤 했다. 결코 '똑똑한' 아이가 아니었다. 네이티는 공부보다 스포츠를 압도적으로 좋아하였다. 결국에는 노래하면서 여러 악기를 동시에 연주하는 방법을 배워서는 꽤나 유능한 음악가가 되었다. 대학은 네이티의 목표가 아니었다. 그는 단연코 음악 경력 쌓기를 원하였다. 그래서 아버지는 "1년만 대학에 다녀보거라. 손해 볼 일도 아니잖니."라고 제안하였으며, 네이티도 동의하였다.

네이티는 학점을 채우기 위하여 심리학개론을 수강하였다. 여러분이 지금 읽고 있는 책의 초기 판이었던 교재는 그를 흥분의 도가니로 몰아넣었다. "과학을 사용하여 인간을 이해할 수 있다고는 꿈도 꾸지 못하였는걸!" 비록 A학점을 받지는 못하였지만, 네이티는 삶을 영원히 바꾸어놓은 사실, 즉 끈질긴 노력이야말로 자신의 지식을 증진시킬 수 있다는 사실을 배우게 되었다.

새로운 마음갖춤새로 무장한 네이티는 심리학에 매진하였다. 수십 권의 심리학 서적을 읽고 학업에서 앞서나가기 시작하였다. 연구경험을 쌓았으며 학술대회에도 참석하였다. 네이티는 계속해서 두 개의 석사학위와 심리학으로 박사학위를 취득하고 교수가 되었으며, 이 책의 공동저자도 되었다. 네이티(가족이 부르는 애칭)는 바로 저자(드월)인 것이다.

다음과 같은 지능 논쟁보다 심리학 안팎에서 더 많은 논쟁을 촉발시킨 주제는 없다. 사람들은 모두 생득적인 보편 지적 능력(지능)을 가지고 있는가? 이 능력을 의미 있는 수치로 정량화시킬 수 있는가? 지능은 집단 내에서 그리고 집단 간에 얼마나 차이를 보이는가? 지능이 불변적이라고 생각하든 아니면 경험을 통해서 증가한다고 생각하든, 지능에 대한 생각이 학업성취에 어떤 영향을 미치는가?

이 장은 그 답을 제공한다. 다양한 유형의 심리적 재능을 알아본다. 그리고 높은 성취를 위한 처방전은 재능과 불굴의 정신의 혼합물이라고 결론 내리고자 한다.

지능이란 무엇인가?

학습목표 물음 LOQ **10-1** 심리학자는 지능을 어떻게 정의하는가?

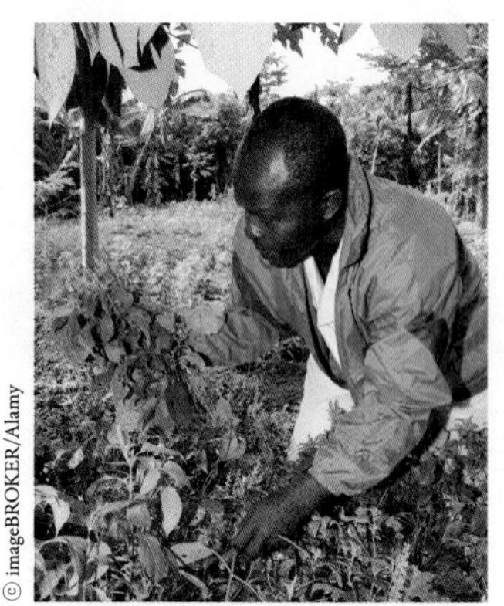

© imageBROKER/Alamy

힐링 실천하기 사회적으로 구성된 지능 개념은 문화에 따라 차이를 보인다. 카메룬의 이 자연치유자는 약초에 관한 지식 그리고 자신이 돕고 있는 사람들에게 필요한 것을 이해하는 능력에서 지능을 나타내고 있다.

많은 연구에서는 지능을 지능검사가 측정한 것으로 정의해왔으며, 이 정의는 학교 똑똑이와 관련이 있는 경향이 있었다. 그렇지만 지능은 전 세계의 모든 사람에게 동일한 의미를 갖는 체중이나 신장과 같은 자질이 아니다. 사람들은 자신의 시대와 문화에서 성공할 수 있게 해주는 자질에 지능이라는 용어를 부여한다(Sternberg & Kaufman, 1998). 카메룬의 열대우림에서 지능은 어떤 약초가 특정한 질병을 치료하는 데 효과적인지를 구별할 수 있는 능력이 될 수 있다. 북미의 고등학교에서는 대수학이나 화학의 복잡한 개념을 숙달하는 것일 수 있다. 두 지역 모두에서 **지능**(intelligence)은 경험으로부터 학습하고, 문제를 해결하며, 지식을 사용하여 새로운 상황에 적응하는 능력이다.

어떤 사람은 과학에 재능이 있고, 다른 사람은 인문학에서 수월성을 보이며, 또 다른 사람은 운동, 예술, 음악, 또는 춤에 재능을 가지고 있다는 사실을 여러분은 알고 있을 것이다. 또한 아주 단순한 수학 문제에도 쩔쩔매는 유능한 예술가나 문학 적성은 전혀 없는 뛰어난 수학자를 알고 있을지 모르겠다. 이 사람들은 모두 지능이 뛰어난 것인가? 이들의 지능을 단일 척도에서 평가할 수 있겠는가? 아니면 여러 가지 상이한 척도가 필요하겠는가?

스피어먼과 서스톤의 지능 이론

LOQ **10-2** 일반지능 g의 주장은 무엇인가?

찰스 스피어먼(1863~1945)은 사람들이 단 하나의 **일반지능**(general intelligence)을 가지고 있다고 믿었다(흔히 g로 표현한다). 이 일반지능이 항해를 하는 것에서부터 학업에서 뛰어난 것에 이르기까지 모든 지적 행동의 핵심이라는 것이다. 그는 사람들이 뛰어난 특별 능력을 가지고 있기 십상이라는 사실도 인정하였다. 그렇지만 그는 언어지능과 같은 요인에서 높은 점수를 받는 사람은 전형적으로 공간능력이나 추리능력과 같은 다른 요인에서도 평균 이상의 높은 점수를 획득한다는 사실을 지적하였다.

"g는 행동영역에서 가장 신뢰할 수 있고 타당한 측정치 중의 하나다… 그리고 다른 어떤 특질보다도 교육 수준과 직업 수준과 같은 중요한 사회적 결과를 보다 잘 예측해준다." 행동유전학자 로버트 플로민(1999)

스피어먼(1904)의 신념은 부분적으로 요인분석, 즉 관련된 항목들의 군집을 확인해내는 통계기법을 가지고 수행한 연구에서 유래하였다. 단일 지능 점수로 나타내는 일반적 심적 능력이 있다는 생각은 스피어먼의 시대에서도 논란거리였으며, 오늘날에도 논란거리로 남아있다. 스피어먼에 반대하는 대표적인 인물 중의 한 사람이 L. L. 서스톤(1887~1955)이었다. 서스톤은 사람들에게 56가지 서로 다른 검사를 실시하고, 수학적으로 일곱 개의 일차 심적 능력 군집을 확인해냈다(단어 유창성, 언어 이해, 공간능력, 지각속도, 수학능력, 귀납추론, 그리고 기억). 서스톤은 자신의 참가자들을 일반 적성이라는 단일 척도에서 서열화하지 않았다. 그런데 다른 연구자들이 서스톤 참가자들의 점수 프로파일을 조사하였을 때, 일곱 가지 일차 심적 능력 군집에서 어느 하나가 뛰어난 사람은 다른 능력에서도 높은 점수를 받는 경향이 조금은 있다는 사실을 발견하였다. 따라서 이들은 여전히 g 요인의 증거가 남아있다고 결론 내렸다.

그렇다면 심적 능력을 운동능력에 비유할 수 있겠다. 운동능력은 하나가 아니라 여러 가지다. 빨리 달리는 능력은 표적에 공을 던지는 데 요구되는 눈-손 협응과 구분된다. 그렇지만 그 능력들이 함께 묶이는 경향성은 남아있다. 달리기 속도와 던지기 정확성 간에는 상관이 존재한다. 지능에서도 마찬가지이며, 전 세계 모든 사람에게서 그렇다(Warne & Burningham, 2019). 여러 가지 차별적인 능력은 일반지능 요인의 존재를 정의하기에 충분할 정도로 함께 묶이고 상관을 나타내는 경향이 있다. 상이한 두뇌 신경망이 상이한 능력을 가능하게 만들며, 이들의 협응 활동이 일반지능 g를 설명해준다(Cole et al., 2015; Kocevar et al., 2019).

카텔-혼-캐롤의 지능 이론

LOQ 10-3 Gf와 Gc 개념 그리고 CHC 이론은 지능 이해에 어떤 영향을 미쳤는가?

레이먼드 카텔(1905~1998)과 그의 제자인 존 혼(1928~2006)은 서스톤의 일차 심적 능력을 다음과 같은 두 가지 요인으로 단순화시켰다. 즉, 논리 문제를 해결할 때처럼 빠르고 추상적으로 추리하는 능력인 **유동지능**(fluid intelligence, Gf) 그리고 어휘와 응용기술에 반영된 것과 같은 누적된 지식인 **결정지능**(crystallized intelligence, Gc)이 그것이다(Cattell, 1963). 경험이 풍부한 컴퓨터 프로그래머는 자신의 Gf를 사용하여 컴퓨터 프로그래밍의 창의적인 새로운 이론을 개발할 수 있다. 그(그녀)의 Gc는 학술대회에서 자신의 연구를 능수능란하게 토론하는 데서 나타날 수 있다. 누적된 지식을 사용하여 문제를 해결할 때처럼 Gf와 Gc는 함께 작동하기 십상이다.

카텔과 혼의 Gf와 Gc 연구는 단일 지능 요인(g)이라는 아이디어를 얼마나 잘 지지하는가? 존 캐롤(1993)은 이 물음에 답하기 위하여 지능을 다룬 수백 편의 선행 연구를 분석하여 다음과 같은 사실을 찾아냈다.

- 일반지능 요인 g가 존재한다.
- 보다 세부적인 능력들도 존재한다.
- Gf와 Gc는 일반지능과 특정 능력 간의 간극을 메워준다. 사람들은 g에 기반한 유동지능을 사용하여 학습하며, 그 보답으로 결정지능(특정 능력)을 획득한다.

이 연구로부터 **카텔-혼-캐롤 이론**(Cattell-Horn-Carroll theory, **CHC 이론**)이 탄생하였다. 이 이론은 일반지능 요인을 인정하였다. Gf와 Gc의 존재도 인정하였다. 그리고 읽기와 쓰기 능력, 기억능력, 처리속도 등과 같은 보다 세부적인 능력도 확인하였다(Schneider & McGrew, 2012). CHC 이론이 계속해서 심리학자들에게 영향을 미치는 까닭은 많은 능력이 지능을 구성하지만 그러한 세부능력은 일반지능이라는 광의적 우산 개념 아래에 존재한다는 사실을 인정하기 때문이다. 1980년대 중반 이후의 다른 심리학자들은 지능의 정의를 학교 똑똑이라는 아이디어를 넘어서서 확장하고자 시도해왔다.

지능 경험으로부터 학습하고, 문제를 해결하며, 지식을 사용하여 새로운 상황에 적응하는 능력

일반지능(g) 스피어먼 등에 의하면, 모든 심적 능력에 기저하며, 지능검사에 들어있는 모든 과제를 가지고 측정하게 된다.

유동지능(Gf) 빠르고 추상적으로 추리하는 능력. 연령이 증가함에 따라 감소하는 경향이 있으며, 특히 노년기에 그렇다.

결정지능(Gc) 누적된 지식과 언어기술. 연령과 함께 증가하는 경향이 있다.

카텔-혼-캐롤 이론(CHC 이론) 지능이 특정 능력들뿐만 아니라 g에도 근거하는데, Gf와 Gc가 둘을 연계한다는 이론

현자 증후군 다른 측면에서는 심적 능력이 모자란 사람이 계산이나 그림 그리기 등에서 이례적인 유능성을 보이는 현상

다중지능 이론

가드너의 다중지능

LOQ 10-4 가드너와 스턴버그의 다중지능 이론은 서로 어떻게 다른가? 이 이론들은 어떤 비판에 직면해왔는가?

하워드 가드너는 표준 지능검사로 평가하는 언어 적성과 수학 적성을 포함하여 상대적으로 독립적인 여덟 가지 지능을 확인해왔다(그림 10.1). 따라서 앱 개발자, 시인, 세상 물정에 밝은 젊은이, 농구팀에서 게임을 주도하는 포인트가드는 각기 다른 지능을 발휘한다(Gardner, 1998). 가드너(1999a)는 아홉 번째 가능한 지능으로 실존지능, 즉 '삶과 죽음 그리고 존재 등에 관한 거대 담론을 숙고'하는 능력도 제안하였다. 다중지능이라는 가드너의 생각은 아동이 시각적 스타일이나 청각적 스타일과 같이 상이한 '학습 스타일'을 가지고 있다는 많은 교육자의 신념에 계속해서 영향을 미치고 있다(Newton & Miah, 2017). 한 연구에서 보면, 영국 교사의 93%가 "사람들은 자신이 선호하는 학습 스타일로 정보를 받아들일 때 더 잘 학습한다."에 동의하였다(Dekker et al. 2012). 그렇지만 점차적으로 연구결과는 이러한 방식으로 이해를 증진시킬 수 있다는 생각에 의문을 제기하고 있다(Nancekivell et al., 2019; Papadatou-Pastou et al., 2018).

가드너(1983, 2006, 2011; Davis et al., 2011)는 이러한 지능영역을 상이한 패키지에 들어있는 다중능력으로 간주한다. 예컨대, 두뇌 손상이 한 가지 능력은 손상시키지만 다른 능력들은 온전하게 남아있을 수 있다. 닥터 P.라고 불린 한 사나이는 두뇌 시각영역의 손상을 입었다. 유창하게 말하고 똑바로 걸을 수 있었지만, 얼굴 재인능력이 손상되어서 자신의 부인을 어처구니없게도 모자로 착각하게 되었다(Sacks, 1985). **현자 증후군**(savant syndrome)을 나타내는 사람을 생각해보자. 이들은 지능검사에서 낮은 점수를 받으며 제한적인 언어능력을 가지고 있지만, 특정 영역에서는 뛰어난 능력을 보여준다(Treffert, 2010). 어떤 사람은 복잡한 계산을 거의 즉각적으로 계산할 수 있거나, 역사의 한 날짜에 해당하는 요일을 확인해내거나, 예술이나 음악에서 믿기 어려운 성과를 나타내는 능력을 가지고 있다(Miller, 1999).

그림 10.1
가드너의 여덟 가지 지능 가드너는 아홉 번째 지능인 실존지능, 즉 삶의 심오한 문제를 숙고하는 능력도 제안하였다.

이러한 현자 증후군을 갖는 사람 다섯 명 중 넷은 남자이며, 신경발달장애인 **자폐 스펙트럼 장애**(ASD)도 가지고 있다. ASD를 보이지 않으면서도 기억에서 천재적인 능력을 보였던 현자 증후군 환자인 킴 피크가 영화 레인맨의 소재를 제공하기도 하였다. 그는 8~10초 내에 한 페이지를 읽고 기억해낼 수 있었다. 평생 동안 9,000권의 책을 기억하였는데, 여기에는 셰익스피어의 작품과 성경이 포함되어 있다. 그는 미국의 모든 주요 도시에서 GPS처럼 가야 할 방향을 제시할 수 있었다. 그렇지만 옷의 단추를 꿸 수는 없었으며, 추상 개념에 대한 능력이 거의 없었다. 식당에서 아버지가 "목소리를 낮추어라."라고 말하자, 자기 발성기관의 위치를 낮추기 위하여 의자 밑으로 기어 들어갔다. 링컨의 게티즈버그 연설(Address)[1]을 물어보자, "노스웨스트 프론트가 227번지입니다. 그렇지만 그는 단 하룻밤만 그곳에 머물렀고, 다음 날 연설(speech)을 했어요."라고 반응하였다(Treffert & Christensen, 2005).

Then Chih Wey/Xinhua News Agency/Newscom

고립된 천재성 : 현자 증후군 영국의 현자 증후군 미술가인 스티븐 윌트셔는 싱가포르 상공을 헬리콥터를 타고 둘러본 다음에, 닷새에 걸쳐 기억에만 의존하여 이 도시의 조감도를 완벽하게 재생하였다.

스턴버그의 세 가지 지능

로버트 스턴버그(1985, 2015, 2017)는 성공에는 학업지능 이상의 것이 존재하며 그것이 다중지능이라는 가드너의 생각에 동의하지만, 여덟 개가 아니라 세 개의 지능이 존재한다는 **삼원 이론**(triarchic theory)을 제안하고 있다.

- **분석지능(학업 문제해결 지능)**은 단 하나의 정답을 갖는 잘 정의된 문제를 제시하는 지능검사로 평가한다. 이러한 검사는 학업성적을 상당히 잘 예측하며, 직업에서의 성공을 어느 정도 예측해준다.
- **창의성 지능**은 유능한 혁신자들이 나타내며, 새로운 상황에 적응하고 새로운 아이디어를 생성하는 능력이다.
- **현실지능**은 잘 정의되지 못하고 다중 해법을 갖는 일상의 과제에 필요한 지능이다.

imageBROKER/Alamy

거리의 똑똑이들 콜롬비아 보고타의 길거리에서 사탕을 팔고 있는 이 아이는 아주 어린 나이에 현실적인 지능을 발달시키고 있다.

가드너와 스턴버그가 세부사항에서는 차이를 보이고 있지만, 다음과 같은 두 가지 중요 사항에 동의하고 있다. 즉, 다중능력이 삶의 성공에 기여할 수 있으며, 재능의 다양성이 삶에 풍미를 더해주고 교육에 도전거리를 제공해준다는 것이다. 그러한 다양성을 인식하도록 훈련받은 많은 교사가 자신의 수업에 다중지능 이론을 적용해왔다.

자문자답하기

다중지능 개념은 전통적인 지능검사로 측정하는 학교 똑똑이의 분석능력이 중요하지만, 다른 능력들도 중요하다고 가정한다. 사람들은 다양한 재능을 가지고 있다는 것이다. 여러분의 재능은 무엇인가?

1 독자들도 알아차렸겠지만, 영어 단어 address는 주소, 연설, 수완 등 여러 가지 의미를 가지고 있는 다의어이다. 피크는 이 단어를 주소로 처리하여 위와 같이 답한 것이다.

일반지능, 불굴의 투지, 그리고 체계적인 훈련

게으른 자의 좌우명 : "열심히 일하는 것은 늦게 보상을 주지만, 게으름은 당장 보상을 준다."

한 영역에서의 취약점이 다른 영역에서의 천재적 능력으로 보상될 만큼 이 세상이 공정한 것이라면, 정말로 멋지지 않겠는가? 불행하게도 비판자들은 세상이 그렇게 공정하지만은 않다고 말한다(Ferguson, 2009; Scarr, 1989). 일반지능 요인이 존재한다. g가 중요한 것이다(Johnson et al., 2008). 일반지능은 다양한 복잡 과제와 직업에서의 성취를 예측한다(Gottfredson, 2002a,b, 2003a,b). 19개 국가에서 거의 70,000명을 대상으로 수행한 연구를 보면, g가 높은 수입을 예측하고 있다(Ganzach & Patel, 2018. 그림 10.2도 참고하라). 그리고 극단적으로 높은 인지능력 점수는 박사학위와 저서의 출판 등과 같은 이례적 성취를 예측해준다(Kuncel & Hezlett, 2010).

"나는 우연히 자본을 할당하는 재능을 갖게 되었다. 그렇지만 이 재능을 사용하는 나의 능력은 태어난 사회에 전적으로 달려있다. 만일 사냥하는 부족에게서 태어났더라면… 아마도 어떤 야생동물의 저녁거리로 끝났을 것이다." 억만장자 주식 투자자 워런 버핏(2006)

그렇다고 하더라도, '성공'은 단일 성분의 처방전이 아니다. 좋은 가정에서 태어나 좋은 학교를 다니는 행운 그리고 여러분의 재능이 중요한 시대와 장소에서 태어나는 것도 도움이 된다. 좋은 가정(넓은 공간, 조용하고 안락한 가정)에서 태어난 청소년은 그렇지 못한 청소년에 비해서 충분히 발달한 전전두피질을 가지고 있으며 높은 읽기 점수를 받는다(Uy et al., 2019). 그리고 높은 지능이 (학업과 훈련 프로그램을 통해서) 전문직에 진입하는 데 도움을 줄 수는 있지만, 일단 진입한 후의 성공을 보장해주지는 않는다. 성공은 재능과 **투지**의 조합이다. 매우 성공적인 사람은 성실하고, 대인관계가 원만하며, 억세게 활력적인 성향도 나타낸다. 2016년 올림픽 출전자이며 선수촌에서 세계 최고의 선수들과 생활한 시간을 글로 남긴 그리스 육상선수 알렉시 파파스(2016)에게 물어보면 된다. 선수촌에서 비디오 게임을 즐기거나, 탁구를 치거나, 테이블 축구를 하면서 휴식을 취할 수 있었지만, 이렇게 재능 있고 투지를 발휘하는 선수들이 천하태평인 경우는 거의 없었다. "경쟁에서 벗어나 있는 경우조차도, 그들을 경쟁할 수 없게 만들 수는 없습니다. 어쩔 수 없다니까요."

자기 도야의 분투가 어떻게 성취로 이끌어가는 것인지를 보려면 제11장을 참조하라.

성공을 초래하는 재능이 저절로 개화하는 경우는 드물다. 재능이 싹트는 데는 시간이 걸린다. K. 앤더스 에릭슨을 비롯한 여러 연구자는 10년 규칙을 제안하였다. 즉, 체스, 무용, 스포츠, 컴퓨터 프로그래밍, 음악, 의학 등에서 전문가 수준의 성과를 나타내기 위한 공통적인 성분은 "대략 10년에 걸쳐 하루도 빠지지 않는 치열한 훈련"이라는 것이다(Ericsson & Pool, 2016). 전문 음악가, 체스선수, 엘리트 운동선수가 되기 위해서는 무엇보다도 생득적 능력이 필요하다

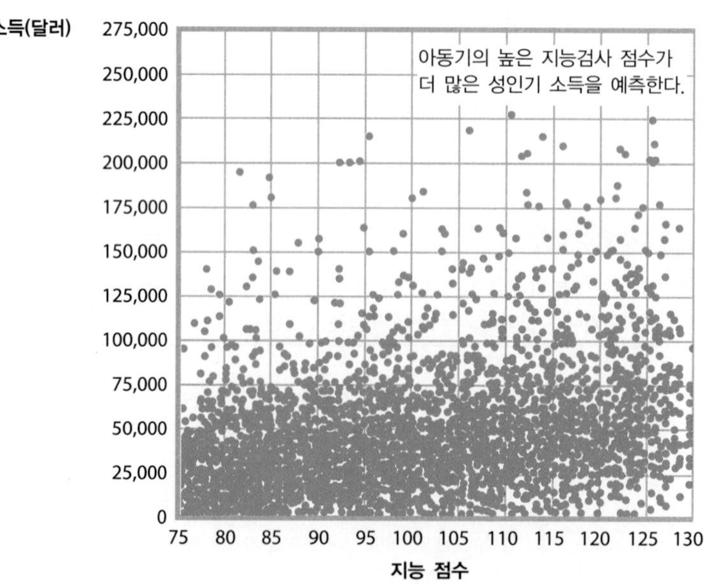

그림 10.2
똑똑함과 부유함? 제이 자고스키(2007)가 미국 젊은이들을 대상으로 수행한 전국 종단조사에 참가한 7,403명을 25년간 추적하였다. 산포도에서 보듯이, 지능지수와 이후 소득과의 상관은 +.30이었다. 산포도의 각 점은 한 사람의 청년기 지능 점수와 성인기 소득을 나타낸다.

(Macnamara et al., 2014, 2016; Vaci et al., 2019). 그렇지만 여러 해에 걸친 계획적인 훈련도 필요하다. 즉, 평균적으로 11,000시간, 최소한도 3,000시간의 훈련 또한 필요하다(Campitelli & Gobet, 2011). 성공을 위한 처방전은 생득적 재능에 엄청난 후천성을 가미한 것이다.

정서지능 정서를 지각하고 이해하며 처리하고 사용하는 능력

인출 연습

RP-1 현자 증후군의 존재는 어떻게 가드너의 다중지능 이론을 지지하는가?

답은 부록 E를 참조

정서지능

LOQ 10-5 정서지능의 네 가지 성분은 무엇인가?

사회지능이란 사회 상황을 이해하고 자신을 성공적으로 관리하는 것에 수반된 노하우를 말한다(Cantor & Kihlstrom, 1987). 이 개념은 1920년에 심리학자 에드워드 손다이크가 제안하였으며, 그는 "공장에서 최고의 기능공이라도 사회지능이 떨어진다면 반장으로서 실패할 수 있다."는 사실을 지적하였다(Goleman, 2006, 83쪽).

다음과 같은 네 가지 능력으로 구성된 **정서지능**(emotional intelligence)이라고 부르는 특수한 측면의 사회지능을 탐구해왔다(Mayer et al., 2002, 2012, 2016).

- **정서 지각하기**(얼굴, 음악, 이야기에서 정서를 재인하고 자신의 정서를 확인하는 것)
- **정서 이해하기**(정서를 예측하고 그 정서를 변화시키며 완화시키는 방법을 아는 것)
- **정서 관리하기**(다양한 상황에서 정서를 표현하는 방법 그리고 상대방의 정서에 대처하는 방법을 아는 것)
- 적응적이거나 창의적인 사고를 촉진하도록 **정서 사용하기**

정서지능이 높은 사람은 사회 상황과 자신을 모두 잘 자각한다. 압도하듯 밀려오는 우울, 불안, 분노 등에 휩쓸리지 않는다. 상대방의 정서 단서를 읽고, 비탄에 빠진 친구를 달래고 동료를 격려하며 갈등에 대처하기 위하여 어떤 말을 해야 하는지를 알고 있다. 커다란 보상을 위해서 만족을 지연시킬 수도 있다. 따라서 정서지능이 높은 사람은 학업은 우수하지만 정서지능이 높지 않은 사람들이 실패하는 사회관계, 경력, 자녀양육 등에서 성공적인 경우가 많다(Cherniss, 2010a,b; Czarna et al., 2016; Miao et al., 2016). 또한 행복하고 건강한 경향이 있다(Sánchez-Álvarez et al., 2016; Schutte et al., 2007, 2016). 학교 프로그램은 이러한 이점을 자각하고 교사와 학생의 정서지능을 증진시키고자 시도해왔다(Castillo-Gualda et al., 2017; Nathanson et al., 2016).

그렇지만 어떤 연구자는 '정서지능'과 같은 개념이 지능을 너무 확장하며, g에 비해서 증거가 매우 미약한 것에 우려를 표명한다(Brody, 2004; Visser et al., 2006; Waterhouse, 2006). 하워드 가드너(1999b)는 대인지능과 개인 내 지능을 자신이 제안한 다중지능에 포함시키고 있다. 그렇지만 가드너는 정서적 민감도, 창의성, 그리고 동기도 중요하지만 지능과는 다른 차원의 것으로 존중해야 한다는 사실도 지적하고 있다. 중요하게 생각하는 모든 것을 포함하도록 지능을 확장하게 되면, 지능이라는 단어의 의미가 상실되고 만다.

재능+훈련 타니톨루와('타니') 아데우미가 유치원생부터 초등학교 3학년생까지 참가하는 뉴욕주 체스대회에서 우승한 후, 자신의 집, 즉 노숙자 쉼터로 트로피를 힘겹게 옮기고 있다. 지난해에 모든 가족이 나이지리아 북부의 테러리스트를 피해 도망을 나온 후, 타니는 초등학교에서 체스를 배웠으며, 매일같이 몇 시간의 훈련을 시작하였다. 타니가 엘리트 학교에서 개인교습을 받는 아동을 도와준 후에, 그의 체스 선생님은 "체스의 묘수를 푸는 데 보통 아이들보다 족히 10배 이상의 시간을 보낼 겁니다."라고 말하였다(Kristof, 2019).

Christopher Lee/The New York Times/Redux Pictures

Donald Reilly The New Yorker Collection/The Cartoon Bank

"네가 똑똑하기는 하지만, 나무의 현명함은 없잖아."

* * *

지능 이론들의 요약을 보려면, 표 10.1을 참조하라.

표 10.1 지능 이론의 비교

이론	요약	장점	다른 고려사항
스피어먼 일반지능(g)	일반지능이 다양한 학문분야에서의 능력을 예측한다.	언어능력과 공간능력 같은 상이한 능력이 상관을 보인다.	인간의 능력은 너무나 다양해서 단일 일반지능 요인으로 묶을 수 없다.
서스톤 일차 심적 능력	지능이 7개의 차별적 요인으로 분할된다.	단일 g 점수는 7개 일차적 심적 능력 점수만큼 정보적이지 못하다.	서스톤의 일곱 가지 일차 심적능력들도 군집되는 경향성을 보이기 때문에, 기저의 g 요인을 시사한다.
카텔-혼-캐롤 이론(CHC 이론)	지능은 여러 세부능력뿐만 아니라 일반능력 요인에 근거하며, 유동지능과 결정지능이 둘을 연결해준다.	지능은 읽기능력, 기억능력, 처리속도 등과 같이 광의적 능력과 협의적 능력으로 구성된다.	CHC 이론이 제안하는 세부능력들은 지나치게 협소하다.
가드너 다중지능 이론	능력은 8개 또는 9개의 독립된 지능으로 분류되며, 여기에는 전통적인 학업을 넘어서는 광범위한 기술이 포함된다.	지능은 단지 언어능력과 수리능력에 머무르는 것이 아니다. 다른 능력들도 적응에 똑같이 중요하다.	모든 능력을 지능으로 간주해야만 하는가? 몇몇 능력은 삶에 덜 필수적인 재능이라고 불러야 하지 않을까?
스턴버그 삼원 이론	지능은 실세계의 성공을 예측하는 세 영역으로 분류된다. 분석지능, 창의성 지능, 현실지능	이러한 세 가지 측면의 지능은 신뢰할 수 있게 측정할 수 있다.	세 영역은 이론이 제안하는 것만큼 독립적이지 않으며, 실제로는 기저에 g 요인을 공유하고 있을 수 있다.
정서지능	사회지능은 삶의 성공을 예언하는 중요한 지표다. 정서를 지각하고, 이해하며, 관리하고, 사용하는 능력으로 구성된 정서지능이 사회지능의 핵심 측면이다.	네 가지 성분이 사회적 성공과 정서적 안녕을 예측한다.	지능의 개념을 지나치게 확대하고 있는 것은 아닌가?

인출 연습

RP-2 CHC 이론은 세부능력뿐만 아니라 일반지능의 아이디어를 어떻게 통합하고 있는가?

답은 부록 E를 참조

개관 지능이란 무엇인가?

학습목표

자기검증 개념 파악을 증진시키도록 (부록 D의 답을 확인해보기에 앞서) 여러분 자신의 표현으로 여기서 반복하는 학습목표 물음에 답해보라 (McDaniel et al., 2009, 2015).

LOQ 10-1 심리학자는 지능을 어떻게 정의하는가?

LOQ 10-2 일반지능 g의 주장은 무엇인가?

LOQ 10-3 Gf와 Gc 개념 그리고 CHC 이론은 지능 이해에 어떤 영향을 미쳤는가?

LOQ 10-4 가드너와 스턴버그의 다중지능 이론은 서로 어떻게 다른가? 이 이론들은 어떤 비판에 직면해왔는가?

LOQ 10-5 정서지능의 네 가지 성분은 무엇인가?

기억해야 할 용어와 개념들

자기검증 여러분 자신의 표현으로 정의를 적어본 후에 답을 확인해보라.

결정지능(Gc)	정서지능	카텔-혼-캐롤(CHC) 이론
유동지능(Gf)	지능	현자 증후군
일반지능(g)		

학습내용 숙달하기

자기검증 여러분 자신의 표현으로 다음 물음에 답한 후에 부록 E에서 답을 확인해보라.

1. 찰스 스피어먼은 다양한 지적 능력에 걸친 성공에 기저하는 하나의 ________이 존재한다고 제안하였다.

2. 다음 중에서 현자 증후군이 지지하는 것으로 보이는 것은 무엇인가?
- **a.** 스턴버그의 세 가지 유형의 지능 구분
- **b.** 다중지능 이론의 비판
- **c.** 가드너의 다중지능 이론
- **d.** 손다이크의 사회지능 견해

3. 스턴버그의 세 가지 지능 유형은 ________, ________, ________이다.

4. 다음 중에서 정서지능이 높은 사람이 나타내는 경향성은 어느 것인가?
- **a.** 즉각적 만족을 추구한다.
- **b.** 자신의 정서는 이해하지만 다른 사람의 정서는 이해하지 못한다.
- **c.** 다른 사람의 정서는 이해하지만 자신의 정서는 이해하지 못한다.
- **d.** 직업에서 성공한다.

지능의 평가와 역동성

LOQ 10-6 지능검사란 무엇인가? 성취검사나 적성검사와의 차이는 무엇인가?

지능검사(intelligence test)는 점수를 사용하여 심적 적성을 평가하고 다른 사람의 능력과 비교한다. 그러한 검사는 어떻게 설계하며, 검사를 신뢰할 수 있게 만들어주는 것은 무엇인가?

여러분은 삶에서 이 시점에 이를 때까지 읽기, 쓰기, 산수 등의 기본 검사, 교과목 시험, 지능검사, 운전면허 시험 등 수십 가지 능력검사들을 접해왔다. 이 검사들은 다음과 같은 두 가지 보편 범주에 해당한다.

- 이미 학습한 것을 반영하려는 **성취검사**(achievement test). 학기말시험은 강의에서 학습한 것을 측정한다.
- 학습하는 능력을 예측하려는 **적성검사**(aptitude test). 입학시험은 대학에서의 학습능력을 예측하도록 설계된 것이다.

지능검사 개인의 심적 적성을 평가하고 점수를 사용하여 다른 사람들의 적성과 비교하는 방법

성취검사 한 개인이 지금까지 학습한 것을 평가하는 검사

적성검사 한 개인의 미래 성취를 예언하기 위해 고안된 검사. 적성이란 학습능력을 말한다.

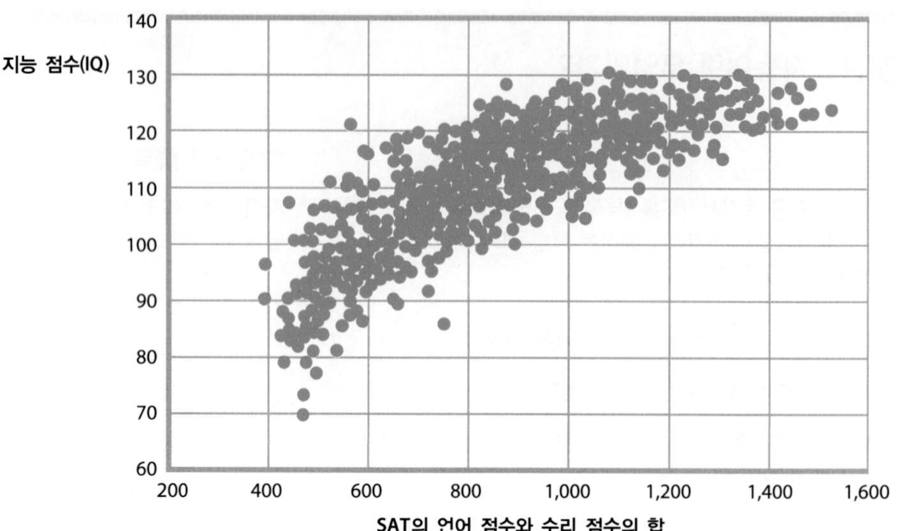

그림 10.3
밀접한 관계 : 적성 점수와 지능 점수 산포도를 보면 지능 점수와 SAT 언어 점수 그리고 수리 점수 사이에 밀접한 상관관계가 있음을 알 수 있다(Frey & Detterman, 2004).

하워드 가드너(1999b)는 적성검사를 '얄팍하게 위장한 지능검사'라고 말한다. 실제로 메러디스 프라이와 더글러스 데터먼(2004)은 미국에서 학업적성검사(SAT)의 총점은 14~21세의 전국 표본을 대상으로 한 일반지능 점수와 +.82의 상관을 갖는다고 보고하고 있다(그림 10.3). 적성은 성취도 지원한다. 학습속도가 빠른 사람은 정보를 파지하는 데도 유능하다(Zerr et al., 2018).

자문자답하기

여러분은 어떤 적성검사나 지능검사를 받아보았는가? 여러분이 생각하기에 그 검사는 여러분이 학습한 것을 얼마나 잘 평가하며 학습능력을 얼마나 잘 예측하였는가?

초기와 현대의 심적 능력 검사

LOQ 10-7 지능검사는 언제 그리고 왜 만들었는가? 오늘날의 지능검사는 초기의 검사와 어떻게 다른가?

어떤 사회는 가족, 지역 공동체, 사회의 집단 복지를 증진시키는 데 관심을 갖는다. 다른 사회는 개인의 기회에 초점을 맞춘다. 개인주의 전통의 선구자인 플라톤은 지금으로부터 2,000년도 넘은 과거에 *국가론*에서 "어느 두 사람도 아주 똑같이 태어나지 않는다. 각자는 생득적 재능이 서로 달라서 한 사람은 한 직업에 적합하고 다른 사람은 다른 직업에 적합하다."라고 적고 있다. 플라톤의 개인주의를 물려받은 서구사회의 사람들은 개인이 어떻게 그리고 왜 심적 능력에서 차이를 보이는 것인지를 연구해왔다.

프랜시스 골턴 : 유전적 천재의 가정

그러한 차이를 평가하려는 서구의 시도는 인간의 특질을 측정하는 데 매료되었던 영국 과학자 프랜시스 골턴(1822~1911)이 본격적으로 시작하였다. 사촌인 찰스 다윈이 적자생존에 따라서 자연이 성공적인 특질을 선택한다고 제안하자, 골턴은 '선천적인 능력'을 측정하고 높은 능력을 가진 사람들끼리 자식을 낳도록 하는 것이 가능한지를 궁리하였다. 1884년 런던 건강박람회에서 10,000명 이상의 관람자는 골턴이 실시한 반응시간, 감각 예민성, 근력, 신체 비율 등과 같은 측정치에 근거한 '지적 강도' 평가를 받았다. 그런데 불행하게도 이 측정치에서 존경받는 성인과 학생들이 높은 점수를 받지 못하였다. 그 측정치들은 상호 간에 상관조차 없었다.

단순한 지능 측정 시도가 실패하였지만, 골턴은 ('선천성과 후천성'이라는 표현뿐만 아니라) 우리가 지금도 사용하고 있는 몇 가지 통계기법을 제공해주었다. 그리고 자신의 저서 **유전적 천재**(1869)에 반영되어 있듯이, 천재는 유전되는 것이라는 그의 끈질긴 신념은 지능 연구의 역사와 과학의 역사에서 중요한 교훈을 예증하고 있다. 즉, 과학은 자체적으로 객관성을 유지하고자 노력하지만, 개별 과학자는 자신의 가정(假定)과 태도의 영향을 받는다는 것이다.

알프레드 비네 : 학업성취의 예측

현대적 지능검사는 20세기를 시작하는 시점에 프랑스 정부가 모든 아동은 학교에 진학해야 한다는 법을 통과시킴으로써 시작되었다. 프랑스 관리들은 파리로 새로 이주해온 아동을 포함한 어떤 아동들은 정규 학교의 교과과정을 쫓아갈 능력이 없어 특수교육을 받을 필요가 있다는 사실을 알고 있었다. 그렇다면 학교는 어떻게 특수교육이 필요한 학생을 객관적으로 가려낼 수 있는 것인가? 교사는 선행 교육을 받지 않은 아동을 학습지진아로 평가할 수 있다. 아니면 사회적 배경에 근거하여 아동을 분류할 수도 있다. 이러한 편향을 최소화시키기 위해서, 프랑스 교육부 장관은 1904년에 알프레드 비네에게 공정한 검사를 설계하는 과제를 부여하였다.

Macmillan Learning

알프레드 비네(1857~1911) "최근에 몇몇 철학자들은 개인의 지능이 고정된 것으로서 증가시킬 수 없는 것이라는 개탄스러운 판결을 인정해왔다. 우리는 이토록 잔인한 비관주의에 항의하고 반대운동에 나서야만 한다"(Binet, 1909, 141쪽).

비네와 그의 학생인 테오도르 시몽은 모든 아동이 동일한 지적 발달과정을 거치지만, 어떤 아동은 보다 빠르게 발달한다는 가정으로부터 출발하였다(Nicolas & Levine, 2012). '부진한' 아동은 더 어린 아동과 비슷한 점수를 받고, '총명한' 아동은 더 나이 든 아동과 비슷한 점수를 받을 것이라고 생각하였다. 따라서 이들의 목표는 각 아동의 **정신연령**(mental age), 즉 특정 생활연령과 전형적으로 연합된 수행 수준을 측정하는 것이 되었다. 보통의 8세 아동은 8세의 정신연령을 갖는다. 정신연령이 평균 이하인 8세 아동(예컨대, 6세 아동 수준의 수행을 보일 수 있겠다)은 해당 연령에 적합한 학업에서 어려움을 겪게 된다.

정신연령을 측정하기 위해서 비네와 시몽은 심적 적성이란 운동 적성과 마찬가지로, 다양한 방식으로 나타나는 보편능력이라고 가정하였다. 학업성취를 예측할 수 있는 다양한 추리 문제와 문제해결 문제를 우선적으로 비네의 두 딸에게 실시한 다음에, 파리의 '똑똑한' 학생들과 '학업 부진' 학생들에게 실시하였다. 정확하게 답을 내놓은 문항은 프랑스 아동들이 학업을 얼마나 잘 수행할 것인지를 예측할 수 있었다.

비네와 시몽은 특정 아동의 발달이 느리거나 평균적이거나 조숙한 이유에 관해서는 아무런 가정도 하지 않았다. 비네는 개인적으로 환경적 설명에 기울어져 있었다. 낮은 점수를 받는 아동의 능력을 증진시키기 위해서 그는 아동의 주의폭과 자기훈련능력이 발달하도록 훈련시키는 '심적 정형술'을 권장하였다. 그는 체중계가 체중을 측정하듯이 지능검사가 생득적 지능을 측정하는 것은 아니라고 생각하였다. 검사는 단지 특수교육이 필요한 프랑스 아동을 확인해낸다는 한 가지 현실적 목적을 가지고 있었다. 비네는 자신의 검사가 아동교육을 개선하는 데 사용되기를 희망하였지만, 동시에 아동에게 낙인을 찍어 기회를 제한하는 데 사용되지나 않을까 걱정하기도 하였다(Gould, 1981).

정신연령 비네가 고안한 지능검사 성과의 측정치. 검사 수행 수준에 대응되는 생활연령을 말한다. 따라서 평균 8세 아동의 검사 성과를 나타내는 아동은 8세의 정신연령을 갖는다.

스탠퍼드-비네 지능검사 비네 지능검사의 미국판 검사 (스탠퍼드대학교의 터먼 교수가 개발하였다.)

지능지수(IQ) 처음에는 생활연령(CA)에 대한 정신연령(MA)의 비율에 100을 곱한 점수로 정의되었다(즉, IQ=MA/CA×100). 오늘날의 지능검사에서는 해당 연령에서의 평균적 수행에 100의 점수를 부여한다.

웩슬러 성인용 지능검사(WAIS) 가장 널리 사용되는 지능검사. 언어성 하위검사와 동작성 하위검사로 구성되어 있다.

인출 연습

RP-1 비네는 아동의 정신연령을 측정함으로써 무엇을 달성하고자 희망하였는가?

답은 부록 E를 참조

루이스 터먼 : 생득적 지능의 측정

비네가 1911년에 사망한 후에, 다른 연구자들이 지능 측정치로 사용하기 위하여 그의 검사를 받아들였다. 루이스 터먼(1877~1956)은 야심만만한 스탠퍼드대학교 교수로, 지능검사를 도입하고자 추진하였다. 터먼은 어린 시절에 자신이 지적인 삶을 영위할 운명이 아니라고 생각하였다(Terman, 1930). 그는 교육을 거의 받지 못한 농부의 열네 자녀 중에서 열두 번째로 태어나 성장하였다. 그는 화재로 입은 화상, 엉덩이뼈가 부러지는 부상, 폐결핵 등을 이겨냈다(Boring, 1959). 터먼의 끈기와 채우기 어려운 독서 욕구는 그를 교실이 하나밖에 없는 학교(옛날에는 모든 학년의 학생이 한 교실에서 공부하였음)에서 벗어나 지역의 대학으로 이끌어갔으며, 나중에는 스탠퍼드대학교에서 자신과 같이 뛰어난 일반지능(g)을 가지고 태어난 아동을 연구하도록 만들었다.

자신의 목표를 달성하기 위하여 터먼은 파리에서 개발한 문항과 연령 규준을 캘리포니아 아동에게 시도하였다. 비네의 원래 문항 몇 개를 취사선택하고 다른 문항을 첨가하였으며, 새로운 연령 규준을 작성한 터먼은 검사의 적용범위를 12세에서부터 성인으로까지 확장하였다. 또한 터먼은 자신의 개정판 검사에다가 오늘날에도 사용하는 **스탠퍼드-비네**(Stanford-Binet) 지능검사라는 이름을 붙였다.

독일 심리학자 윌리엄 스턴은 이러한 검사에 근거하여 유명한 **지능지수**(intelligence quotient), 즉 IQ의 개념을 고안해냈다. IQ는 단지 한 개인의 정신연령을 생활연령으로 나누고, 소수점을 제거하기 위하여 100을 곱한 것이다. 따라서 정신연령과 생활연령이 동일한 평균적인 아동은 IQ 100을 갖는다. 그렇지만 전형적인 10세 아동이 답할 수 있는 질문에도 답하는 8세 아동은 다음과 같이 IQ 125를 갖게 된다.

$$IQ = \frac{10\text{세의 정신연령}}{8\text{세의 생활연령}} \times 100 = 125$$

원래의 IQ 공식이 아동에게는 잘 적용되었지만, 어른에게는 그렇지 못하였다. (40세인 사람이 검사에서 평균적인 20세만큼 수행을 보인다면, 단지 IQ 50을 부여해야 하겠는가?) 스탠퍼드-비네 검사를 포함하여, 오늘날 사용하고 있는 대부분의 지능검사는 더 이상 이러한 방식으로 IQ를 계산하지 않는다. (그렇지만 IQ라는 용어는 '지능검사 점수'를 가리키는 간편 표현으로 여전히 일상 대화에서 회자되고 있다.) 대신에 피검사자의 성과를 동일 연령의 다른 사람들의 평균 수행 정도와 비교하여 나타낸다. 이러한 평균 수행에 임의적으로 100의 점수를 부여하고, 모든 피검사자의 대략 68%가 85에서 115 사이의 점수를 갖게 된다.

터먼은 지능검사가 출생 때부터 존재하는 심적 능력을 드러낸다고 추론하였다. 또한 어떤 인종집단은 다른 집단보다 선천적으로 더 지능적이라고 가정하였다. 그리고 사람들의 특질을 측정하여 똑똑하고 재능 있는 사람들만 자식을 낳도록 권장하자고 제안한 19세기와 20세기의 운동으로 상당한 비난을 받았던 우생학을 지지하였다.

내 아들 마크는 지금
39세인데 벌써 42세 수준의
책을 읽고 있답니다.

© Dave Coverly/speedbump.com

랜돌프 부인의 어머니로서의 지나친 자부심

터먼의 도움으로 미국 정부는 새롭게 이주해 오는 이민자와 일차 세계대전에 참전하는 군대 징집병을 평가하는 새로운 검사들을 개발하였는데, 이것은 지능검사를 세계 최초로 집단으로 실시한 것이다. 어떤 심리학자들은 이 검사결과가 앵글로색슨 혈통을 가지지 않은 사람들의 열등성을 나타내는 것으로 받아들였다.

아마도 비네는 자신의 검사가 이러한 결론을 도출하는 데 사용되었다는 사실을 알았더라면 경악하고 말았을 것이다. 실제로 그토록 일방적인 결정은 심리검사를 옹호하는 대부분의 사람에게조차 황당한 것이 되어버렸다. 터먼조차도 검사 점수는 사람들의 생득적인 심적 능력뿐만 아니라 검사가 상정하는 교육 그리고 문화의 친숙성도 반영한다는 사실을 인식하게 되었다. 초기 지능검사의 남용은 과학이 가치지향적일 수 있다는 사실을 상기시켜 준다. 과학적 객관성이라는 차양 이면에서는 때때로 이데올로기가 스며들기도 한다.

인출 연습

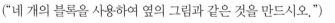

RP-2 정신연령이 5세인 4세 아동의 IQ는 얼마인가?

답은 부록 E를 참조

데이비드 웩슬러 : 개별 능력의 검사

심리학자 데이비드 웩슬러는 오늘날 가장 널리 사용하는 개인용 지능검사, 즉 **웩슬러 성인용 지능검사**(Wechsler Adult Intelligence Scale, **WAIS**)를 개발하였으며, 학령기 아동을 위한 웩슬러 아동용 지능검사(WISC) 그리고 학령 전기 아동을 위한 지능검사도 함께 개발하였다(Evers et al., 2012). WAIS의 2008년판[2]은 다음과 같은 하위검사를 포함한 15가지 하위검사로 구성되어 있다.

패턴 맞추기 토막 짜기 검사는 패턴을 분석하는 능력을 알아보려는 것이다. 개개인에게 실시하는 웩슬러 지능검사에는 성인용(WAIS)과 아동용(WISC)이 있다.

- **공통성** : 두 사물이나 개념의 공통성에 관한 추리("모직과 면은 어떤 점에서 유사한가?")
- **어휘** : 그림으로 나타낸 사물에 이름을 붙이거나 단어를 정의하기("기타란 무엇인가?")
- **토막 짜기** : 시각적 추상 처리
  ("네 개의 블록을 사용하여 옆의 그림과 같은 것을 만드시오.")
  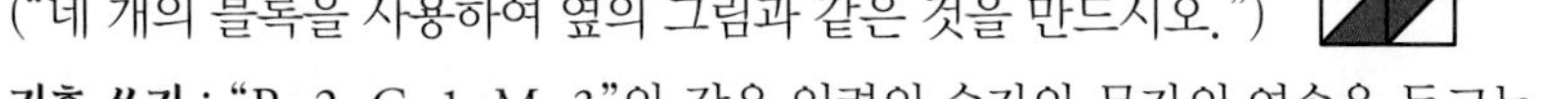
- **기호 쓰기** : "R-2-C-1-M-3"와 같은 일련의 숫자와 문자의 연속을 듣고는, 숫자들을 오름차순으로 반복한 다음에 문자들을 알파벳순으로 정렬하기

WAIS는 스탠퍼드-비네 검사와 마찬가지로 전반적인 지능 점수를 제공할 뿐만 아니라, 언어 이해, 지각 추리, 작업기억, 처리속도 등에 대한 개별 점수도 제공한다. 이 검사는 이러한 방식으로 비네의 목표, 즉 특수교육을 받을 기회로 이득을 볼 수 있는 사람을 확인해내는 목표를 실현하는 데 도움을 준다.

지능검사가 때로는 지능이 높은 사람들의 모임 등을 통해서 지적인 사람이 지적인 친구를 찾는 데도 도움을 준다. 그렇지만 항상 그런 것은 아니다. 예컨대 멘사[3] 회원은 지능검사를 매우 광범위하게 채택하고 있는 문화에 가장 많다. 미국인, 영국인, 독일인이 전 세계 회원의 70%를 차지하고 있다(Mensa, 2019).

2 가장 최신판인 WAIS-V가 2021년에 출판되었다._역자 주

3 멘사(MENSA)란 둥근 탁자란 뜻의 라틴어에서 나온 표현이다. '차별이 없다'는 뜻이겠는데, 멘사 회원이 되려면 전 인류 대비 상위 2% 안의 지능지수(IQ 148 이상)를 보여야 한다니 시작부터 차별이 있는 것은 아닌지 모르겠다._역자 주

인출 연습

RP-3 고용주가 여러 명의 구직 지원자를 대상으로 각 지원자의 잠재능력을 평가하고자 한다. 잠재능력을 평가하기 위해서 고용주는 (성취검사/적성검사)를 사용해야 한다. 직무 훈련 프로그램의 효과를 검증해보고자 원하는 동일한 고용주는 (성취검사/적성검사)를 사용하는 것이 현명하겠다.

답은 부록 E를 참조

검사의 제작 원리

LOQ 10-8 정상곡선(정규곡선)이란 무엇인가? 검사를 표준화한다는 것 그리고 검사가 신뢰할 수 있고 타당하다는 말은 무엇을 의미하는가?

심리검사가 널리 용인되기 위해서는 다음과 같은 세 가지 기준을 만족시켜야 한다. 즉, **표준화**되어야 하고, **신뢰도**가 높아야 하며, **타당도**가 있어야 한다. 스탠퍼드-비네 검사와 웩슬러 검사는 이러한 기준을 모두 만족시키고 있다.

표준화

지능검사에서 정확하게 답한 항목의 수는 거의 아무것도 알려주지 못한다. 한 사람의 성과를 평가하려면 다른 사람들의 성과와 비교할 근거가 필요하다. 검사 제작자가 우선 대표적인 표본에게 그 검사를 실시하는 이유가 바로 이것이다. 이러한 사전검사 집단의 점수가 나중에 비교할 토대가 된다. 만일 동일한 절차에 따라 그 검사를 받는다면, 여러분의 점수는 다른 점수와 비교함으로써 의미를 갖게 된다. 이 과정을 **표준화**(standardization)라고 부른다.

검사를 실시한 집단의 점수를 그래프로 그리면, 전형적으로 **정상곡선**(normal curve, 정규곡선)이라고 부르는 산 모양의 점수 패턴을 이룬다. 신장, 체중, 적성 등 무엇을 측정하든지 간에, 점수는 대체로 평균을 중심으로 대칭적이고 산 모양의 분포를 이루기 십상이다. 최고점은 중간 지점, 즉 평균 점수가 된다. 지능검사에서는 이 평균 점수를 100으로 나타낸다(그림 10.4). 어느 방향으로든지 평균에서 벗어날수록 사람의 수는 줄어들게 된다. 스탠퍼드-비네 검사와 웩슬러 검사 모두에서 한 사람의 점수는 그 사람의 성과가 평균 이상이나 이하로 얼마나 떨어져있는지를 나타낸다. 2.5%를 제외한 모든 사람들의 점수보다 높은 성과는 130의 지능 점수를 갖는다. 모든 점수의 97.5% 이하에 위치하는 성과는 70의 지능 점수를 갖는다.

그림 10.4
정규곡선 적성검사 점수들은 평균을 중심으로 산 모양의 정규곡선을 나타내는 경향이 있다. 예컨대, 웩슬러 검사에서 평균 점수는 100이다.

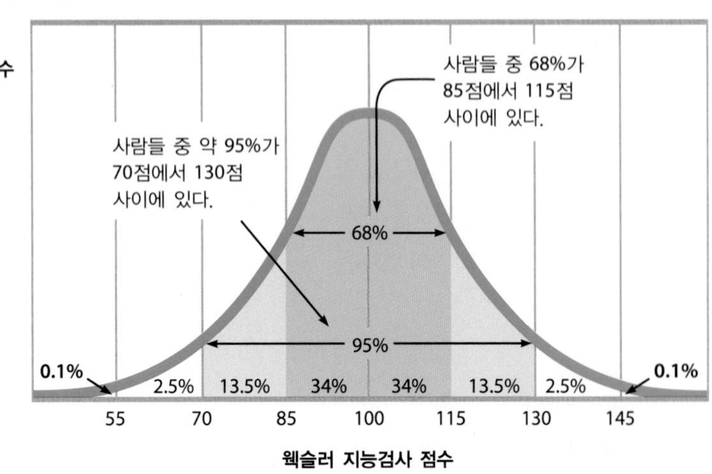

스탠퍼드-비네 검사와 웩슬러 검사는 평균 점수를 100으로 유지하기 위해서 정기적으로 재표준화한다. 만일 여러분이 최근에 WAIS 4판을 검사받았다면, 여러분의 성과를 1930년에 실시한 최초 표본이 아니라 2007년에 검사를 받은 표준화 집단과 비교하였을 것이다. 만일 가장 최근의 표준화 표본의 성과를 1930년대 표본의 성과와 비교한다면, 여러분은 검사의 성과가 올라갔으리라고 예상하는가, 아니면 내려갔으리라고 예상하는가? 1960년대와 1970년대에 대학입학 적성검사 점수가 하락하였다는 사실을 감안할 때, 지능검사 성과가 계속해서 증진해왔다는 사실이 놀랍

기만 하다. 이러한 전 세계적인 현상을 뉴질랜드의 제임스 플린(1987, 2012, 2018)을 기리는 뜻에서 **플린 효과**라고 부른다. 플린은 증진의 크기를 처음으로 계산한 사람이다. 플린은 보통사람의 지능검사 점수가 10년마다 3점씩 증가하였다는 사실을 관찰하였다. 따라서 1920년 보통사람의 지능검사 점수가 오늘날의 기준으로 볼 때는 단지 76에 불과하다! 스웨덴에서부터 수단에 이르기까지 49개 국가에서 이러한 성과의 증진을 관찰해왔다(Dutton et al., 2018; Wongupparaj et al., 2015). 시간이 경과하면서 IQ 점수가 가장 크게 증가한 국가는 더 높은 경제성장도 경험하였다(Rindermann & Becker, 2018). 지역에 따라서는 증진이 역전되기도 하였지만, 시대가 바뀌면서 이렇게 지능검사 성과가 증진하는 것을 중요한 현상의 하나로 널리 받아들이고 있다(Lynn, 2009; Teasdale & Owen, 2008).

플린 효과의 원인은 심리학에서 아직도 오리무중이다. 검사를 더욱 정교하게 만들었기 때문인가? 아니다. 지능검사를 널리 사용하기 전부터 증진이 나타났다. 우수한 영양섭취 때문인가? 개선된 영양섭취 덕분에, 사람들이 똑똑해졌을 뿐만 아니라 신장도 커졌다. 그런데 이차 세계대전 후의 영국에서 보면, 저소득층 아동들이 개선된 영양의 도움을 가장 많이 받은 반면에, 지능검사 수행의 증진 정도는 상류층 아동에게서 가장 컸다는 사실을 플린(2009)은 지적하고 있다. 증가된 교육 기회, 핵가족, 높아진 생활 수준이 설명해줄 수 있을까?(Pietschnig & Vorecek, 2015; Rindermann et al., 2016). 예컨대, 오늘날 전 세계 어린이는 지적 수행을 증진시키고 상이한 인종 배경의 아동을 향한 편견을 감소시키는 **세서미 스트리트**와 같은 교육 프로그램에 접속하고 있다(Kwauk et al., 2016). 플린(2012)은 IQ 점수의 증가를 오늘날의 환경에 대처하기 위한 새로운 심적 기술을 발달시킬 필요성 탓으로 돌리고 있다. 그렇지만 다른 연구자들은 검사에서의 변화로 설명할 수 있다고 주장한다(Kaufman et al., 2013). 어떤 요인들의 조합이 지능검사 점수의 상승을 설명하든지 간에, 이 현상은 몇몇 유전주의자의 주장, 즉 20세기에 낮은 지능 점수의 사람들 사이에서 출산율이 상대적으로 높은 것이 지능 점수를 깎아내릴 것이라는 주장과 상치된다(Lynn & Harvey, 2008).

신뢰도

만일 검사가 **신뢰도**(reliability)를 갖고 있지 못한다면, 한 사람의 점수를 표준화 집단의 점수와 비교하는 것이 아무것도 알려주지 못할 수 있다. 신뢰할 수 있는 검사는 다시 측정하였을 때도 일관성 있는 점수를 내놓는다. 검사의 신뢰도를 확인하기 위해서 연구자들은 사람들에게 검사를 반복해서 실시한다. 검사를 절반으로 분할하거나(**반분신뢰도**. 예컨대, 홀수 문항의 점수와 짝수 문항의 점수가 일치하는지를 본다), 동형의 다른 검사를 실시하거나, 아니면 동일한 검사를 재실시할 수도 있다(**검사-재검사 신뢰도**). 두 점수 간의 **상관**이 높을수록 그 검사의 신뢰도가 높아진다. 지금까지 논의한 검사들, 즉 스탠퍼드-비네 검사, WAIS, WISC 등은 아동 초기 이후를 넘어서면 모두 신뢰할 만하다(**상관계수**가 대략 +.9 정도이다). 재검사를 실시하였을 때 일반적으로 사람들의 점수는 첫 번째 검사 점수와 상당히 일치한다. 수십 년이 지난 후의 재검사에서도 그렇다(Deary et al., 2009a, 2009b; Lyons et al., 2017).

타당도

높은 신뢰도가 검사의 **타당도**(validity), 즉 검사가 측정하고자 하는 것 또는 예측하고자 하는 것을 정말로 측정하고 예측하는 정도를 보장해주지는 않는다. 만일 엉터리 자를 가지고 사람들의

표준화 일정한 검사 절차와 사전에 검사받은 집단의 성과를 비교함으로써 점수의 의미를 정의하는 것

정상곡선 많은 신체적 속성과 심리적 속성을 기술하는 대칭적인 산 모양의 곡선. 대부분의 점수가 평균 주변에 위치하며, 극단으로 갈수록 적은 수의 점수가 위치한다.

신뢰도 검사가 일관적인 결과를 내놓는 정도. 반분신뢰도, 동형검사 신뢰도, 또는 검사-재검사 신뢰도 등으로 평가한다.

타당도 검사가 측정하려는 것을 측정하거나 예측하는 정도(예측타당도를 참조)

예측타당도 검사가 예측하고자 계획한 행동을 실제로 예측하는 정도. 검사 점수와 기준행동 사이의 상관을 계산하여 평가한다(준거타당도라고도 부른다).

신장을 측정한다면, 신장의 보고가 높은 신뢰도(일관성)를 가질 수는 있다. 아무리 여러 번 측정하더라도 사람들의 신장은 동일할 것이다. 그렇지만 그 결과는 타당하지 않을 수 있다.

지능검사는 **예측타당도**(predictive validity)를 가지고 있기를 기대한다. 미래성과를 예측할 수 있어야 하며, 어느 정도는 그렇기도 하다. SAT 점수는 GRE(대학원 입시에 사용하는 적성검사) 점수와 대략 +.81의 상관을 가지고 있다(Wai et al., 2018).

일반 적성검사는 높은 신뢰도에 못지않은 예측력도 가지고 있는가? 아니다. 적성검사 점수는 학업성적을 예측해준다(Roth et al., 2015). 그렇지만 비판자들이 즐겨 언급하는 것처럼, 적성검사의 예측력이 학령 초기에는 꽤나 강력하지만, 연령이 증가할수록 떨어진다. SAT 점수가 6세에서 12세 사이의 아동에게는 상당히 훌륭한 예측력을 갖지만, 지능검사 점수와 학업성취 사이의 상관은 대략 +.60이다(Jensen, 1980). 지능검사 점수는 성취검사 점수와 더 높은 상관을 보인다. 70,000명의 영국 아동을 대상으로 11세 때의 지능검사 점수와 16세 때의 전국 학업성취검사 점수를 비교한 결과에서 보면, 상관계수가 +.81이었다(Deary et al., 2007, 2009b). 미국에서 대학입학시험으로 사용하는 SAT는 신입생의 학업성취를 예측하는 데 그렇게 성공적이지 못하다. [여기서 상관은 +.50 이하이었는데, 상대적으로 어려운 과목을 선택하여 높은 점수를 받은 학생들의 성과를 감안하여 점수를 조정하면 상관이 조금 높아지기는 한다(Berry & Sackett, 2009; Willingham et al., 1990)]. 미국 대학원 입학시험에서 사용하는 GRE에서는 대학원 학업성취와의 상관이 여전히 유의하기는 하지만, 더욱 낮은 +.40 정도에 머문다(Kuncel & Hezlett, 2007).

학생들이 교육이라는 사다리를 올라갈수록 적성검사 점수의 예측력이 감소하는 이유는 무엇인가? 상응하는 상황을 생각해 보자. 미국과 캐나다 미식축구 라인맨의 경우 체중은 성공과 상관이 있다. 체중이 150킬로그램인 선수는 100킬로그램의 상대방을 압도하는 경향이 있다. 그렇지만 프로 선수 수준에서 전형적으로 볼 수 있는 130킬로그램에서 150킬로그램이라는 좁은 범위 내에서는 체중과 성공 사이의 상관이 무시할 만한 것이 되어버린다(그림 10.5). 체중의 범위가 좁아질수록, 체중의 예측력은 낮아지게 된다. 만일 한 유수 대학이 매우 높은 SAT 점수를 얻은 학생들만을 받아들이고, 제한된 범위의 학점을 준다면, 그 점수들이 예측할 수 있는 것은 많지 않다. 검사가 다양한 학생 표본을 대상으로는 뛰어난 예측타당도를 가지고 있다 하더라도, 결과는 마찬가지다. 나아가서 오늘날 학점 인플레이션이 고등학교 성적의 다양성을 감소시켜 왔다.

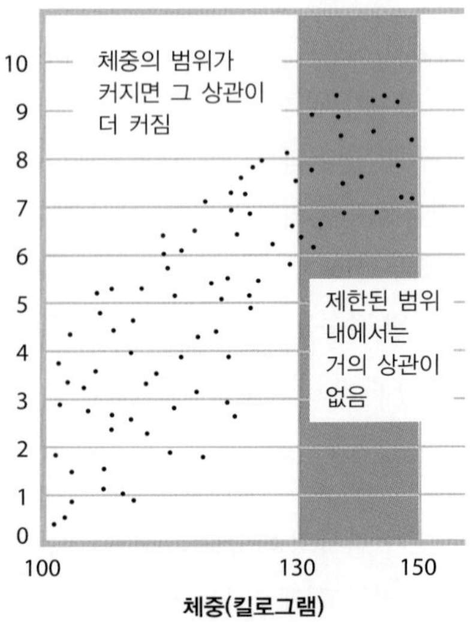

그림 10.5
감소하는 예측력 미식축구 라인맨의 체중과 선수로서의 성공 간의 상관을 생각해보자. 체중을 130에서 150킬로그램의 범위로 좁혔을 때 그 관계가 얼마나 무의미해지는 것인지에 주목하라. 관심을 기울이는 데이터의 범위가 줄어들게 되면, 예측력이 감소한다.

줄어든 범위로 인해서 오늘날 고등학교 성적의 대학 성적 예측력은 SAT 점수보다 나을 것이 없다(Sackett et al., 2012). 따라서 광범위한 사람을 대상으로 검사의 타당도를 검증하고는 제한된 범위의 사람들에게 사용한다면 예측타당도를 상당 부분 상실하게 된다.

인출 연습

RP-4 심리검사가 널리 용인될 수 있기 위해서 만족해야만 하는 세 가지 기준은 무엇인가?

RP-5 이 절에서는 상관계수를 사용하였다. 여기서 간략하게 개관해보자. 상관은 원인-결과를 나타내지 않지만, 두 가지가 어떤 측면에서 연합되어 있는지를 알려준다. −1.0의 상관은 두 집합의 점수들 간에 완벽한 (일치/불일치)를 나타낸다. 한 점수가 올라감에 따라서 다른 점수는 (올라간다/내려간다). ________의 상관은 무관련성을 나타낸다. 가장 높은 상관인 +1.0은 완벽한 (일치/불일치)를 나타낸다. 한 점수가 올라감에 따라서 다른 점수는 (올라간다/내려간다).

답은 부록 E를 참조

극단적 지능

LOQ 10-9 지능의 양극단에 위치하는 사람들의 특성은 무엇인가?

어느 검사이든지 타당성과 중요성을 파악하는 한 가지 방법은 정상곡선에서 양극단에 위치하는 사람들을 비교하는 것이다. 두 집단은 현저하게 달라야 하며, 지능검사에서도 그렇다.

저지능 극단

지적장애는 18세 이전에 나타나는 신경발달장애이며, 때로는 신체적 원인을 가지고 있기도 하다. 어떤 사람을 지적장애로 진단하려면, 여러 기준(제15장 참조)이 있지만 우선 지능검사 점수가 70점 이하이어야 한다. 어떤 사람에게 있어서는 지능검사 점수가 생사를 의미할 수 있다. 미국(사형을 집행하는 소수의 선진국 중 하나이다)에서는 플린 효과가 사형을 당하는 사람의 수가 줄어들고 있음을 의미한다. 왜냐고? 2002년에 대법원이 지적장애를 가진 사람을 사형에 처하는 것은 '잔인하고 공평하지 않은 처벌'이라고 결정하였기 때문이다. 테레사 루이스에게는 70이라는 기준이 상당히 위험한 것이었다. 지능이 모자라고(지능검사 점수가 72이었던 것으로 알려져 있다) '의존성 성격'을 가지고 있던 테레사 루이스는 보도에 따르면 생명보험금을 나누어 갖는 조건으로 두 남자가 자신의 남편과 의붓아들을 살해하는 음모에 동의한 것으로 알려져 있다(Eckholm, 2010). 버지니아주는 2010년에 그녀의 사형을 집행하였다. 그녀의 검사 점수가 69만 되었더라면….

2014년 미국 대법원은 70이라는 고정된 기준점의 부정확성과 임의성을 인식하고는, 지능검사 점수가 가까스로 70을 넘는 사형수가 있는 여러 주정부에 다른 증거들을 고려하도록 요구하였다. 따라서 지능검사에서 72점과 74점을 받았지만, 여름은 봄 다음에 오는 계절임을 모르고 집에 가기 위해서 버스를 어떻게 갈아타야 하는지를 몰랐던 테드 헤링은 플로리다 교도소의 사형수동을 벗어날 수 있었다(Alvarez & Schwartz, 2014).

고지능 극단

"사랑하는 여동생 아델에게. 나는 네 살이지만 영어책은 어느 것이든 읽을 수 있지. 52줄짜리 라틴어 시 이외에도, 모든 라틴어 명사와 형용사 그리고 동사를 말할 수 있단다." 프랜시스 골턴이 여동생에게 보낸 편지(1827)

터먼은 두 명의 미래 노벨 물리학상 수상자를 검사하였지만, 이들은 영재 표본의 기준을 넘어서는 점수를 받지 못하였다(Hulbert, 2005).

뛰어난 젊은이를 찾는 전국적 탐색에서 고득점을 보인 신동에는 구글 공동창업자인 세르게이 브린, 페이스북의 마크 저커버그, 음악가 레이디 가가 등이 있었다(Clynes, 2016). 또 다른 신동은 매년 100,000달러 이상을 벌어들이는 프로 포커선수가 되었다(Lubinski, 2016).

지능검사 점수가 이례적으로 높은 학업 재능을 나타내는 아동은 대부분은 잘 성장한다. 1921년에 시작한 유명한 프로젝트에서 루이스 터먼은 지능지수가 135 이상인 캘리포니아 초등학생 1,500여 명을 연구하였다. 고득점 아이들은 후속 연구에 참여한 고득점 아이들과 마찬가지로, 건강하고 적응적이며 학교에서도 이례적이라고 할 만큼 성공적이었다(Friedman & Martin, 2012; Koenen et al., 2009; Lubinski, 2009, 2016). 70년에 걸쳐서 반복연구하였을 때, 터먼 집단에 속한 대부분의 사람은 높은 수준의 교육을 받았다(Austin et al., 2002; Holahan & Sears, 1995). 이들 중 의사, 변호사, 교수, 과학자, 작가 등이 많았지만, 노벨상 수상자는 없었다.

다른 연구는 13세 때 SAT 수학검사에서 동년배 집단의 상위 1%에 속하였던 조숙한 아동들의 삶을 추적하였다. 50대가 되었을 때 이러한 수학 영재들은 681개의 특허를 받았으며, 많은 사람이 STEM(과학, 테크놀로지, 공학, 수학) 분야에서 명성을 얻었다(Bernstein et al., 2019; Lubinski et al., 2014). 미국인의 대략 1%가 박사학위를 받는다. 12세나 13세 때 SAT 검사에서 10,000명 중 1등에 해당하는 점수를 받았던 사람들은 대략 40%가 박사학위를 받았다(Kell et al., 2013; Makel et al., 2016). 심리학에서 가장 재능이 많은 아동 중의 한 명이 장 피아제이었는데, 그는 15세에 연체동물에 관한 과학 논문을 발표하였으며, 나중에는 20세기에 가장 유명한 발달심리학자가 되었다(Hunt, 1993).

학교 교육과 지능

Barbara Smaller/The New Yorker Collection/The Cartoon Bank

"자크는 '나는 영재이고 너는 아니야' 클래스에 들어갔어요."

'영재' 프로그램은 고득점 아동들을 특별반으로 분리 · 편성하여, 또래에게는 가용하지 않은 풍요로운 학업 환경을 제공하였다. '보충교육' 프로그램은 일반적으로 학업 부진 아동을 일반학교에 합류시키며, 도전거리를 극복하는 데 도움을 주는 자료에 접속할 수 있게 해준다. 비판자들은 적성에 따른 구분은 때때로 자기충족적 예언을 초래한다는 사실을 지적한다. 즉, 암묵적으로 '재능 없음'이라는 딱지를 붙이고 이들에게 풍요로운 교육의 기회를 박탈하는 것은 능력이 다른 집단들 간의 성취 격차를 넓힐 수 있다는 것이다(Batruch et al., 2019). 소수인종과 저소득층 청소년이 열등한 학업집단에 배치되기 십상이기 때문에, 분리는 차별과 편견을 촉진시킬 수도 있으며, 이것은 다문화 사회에서 일하고 살아가는 데 결코 건강한 준비 작업이 아니라는 사실을 비판자들은 강력하게 지적하고 있다.

그렇지만 영재교육의 비판자와 지지자들은 모두 아동들이 서로 다른 재능을 가지고 있다는 사실에 동의하고 있다. 어떤 아동은 수학에 특별히 재능이 있고, 어떤 아동은 언어 추리에, 어떤 아동은 사회적 리더십에 재능이 있다. 모든 아동이 마치 똑같은 것처럼 교육하는 것은 영재성이 마치 곱슬머리처럼 가지고 있거나 가지고 있지 않은 어떤 특성이라고 가정하는 것만큼이나 고지식한 짓이다. 아동의 특별한 재능을 확인하기 위해서 그리고 아동 자신의 능력과 이해의 미개척 분야에 도전해보도록 유도하기 위해서 아동에게 딱지를 붙일 필요는 없다. 각 아동의 재능에 알맞은 '적절한 발달적 배치'를 제공해줌으로써 모든 아동에게 공평성과 수월성을 촉진시킬 수 있는 것이다(Subotnik et al., 2011).

일생에 걸친 지능

연구자들은 인간 지능에 관하여 몇 가지 오래된 물음을 탐구하고 있다. 여러분도 알고 있는 것이다. 여러분은 어떤 사람보다는 똑똑하고 다른 사람만큼은 똑똑하지 않다. 그렇다면 똑똑함의 핵심이라고 할 수 있는 두뇌에서 무엇이 이러한 차이를 만들어내는가? 두뇌의 상대적 크기인가? 특정한 두뇌조직의 양인가? 두뇌 신경망의 처리속도인가? 연구자들은 그 가능성들을 검증해왔다.

또 다른 물음이 있다. 나이를 먹어감에 따라 지능이라는 근육에 어떤 일이 일어나는가? 체력과 마찬가지로 점차적으로 쇠퇴하는가? 아니면 일정한 상태를 유지하는가? 심리학자들이 지능을 어떻게 연구해왔는지 알아보고, 심리학의 자기교정 과정을 이해하고 싶다면, **비판적으로 생각하기 : 횡단연구와 종단연구**를 참고하라.

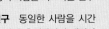

횡단연구 동일한 시점에 상이한 연령의 사람을 비교하는 연구

종단연구 동일한 사람을 시간 경과에 따라 추적하면서 재검사하는 연구

비판적으로 생각하기

횡단연구와 종단연구

LOQ 10-10 횡단연구와 종단연구란 무엇인가? 어느 연구법을 사용하였는지를 아는 것이 중요한 까닭은 무엇인가?

횡단연구법을 사용하는 연구자는 같은 시점에 상이한 연령집단들을 연구한다. 이들은 **심적 능력이 연령에 따라 저하한다**는 사실을 찾아냈다.[1]

70세 집단과 30세 집단의 비교는 상이한 두 집단을 비교하는 것뿐만 아니라 상이한 두 시대를 비교한다는 것을 의미한다. 이 연구자들은 다음과 같은 두 집단을 비교하는 것이다.

- 일반적으로 교육을 받지 못한 사람(20세기 초에 태어난 사람)과 제대로 교육받은 사람(1950년 이후 태어난 사람)

- 대가족에서 성장한 사람과 핵가족에서 성장한 사람

- 상대적으로 부유하지 않은 가정에서 성장한 사람과 부유한 가정에서 성장한 사람

종단연구법을 사용하는 연구자는 일생에 걸쳐 상이한 시간대에 동일한 집단을 연구하고 재연구한다. 이들은 **지능이 안정된 상태를 유지하며, 어떤 검사에서는 증가하기도 한다**는 사실을 찾아냈다.[2]

그렇지만 이러한 연구는 자체적인 문제점을 가지고 있다. 연구가 종료될 때까지 생존하는 참가자는 가장 건강하고 총명한 사람일 수도 있다. 덜 지적인 참가자의 탈락을 통계적으로 조정해보면, 지능이 말기에 다소 감소하는 것으로 보이며, 특히 85세 이후에 그렇다.[3]

1. Wechsler, 1972. 2. Salthouse, 2010, 2014; Schaie & Geiwitz, 1982. 3 Brayne et al., 1999.

지능의 안정성 시카고 트리뷴 지는 제임스 홀츠하우어가 4세일 때 사설에서 그의 수학능력을 다루었다. 그는 7세에 이미 5학년으로 월반하였다(Jacobs, 2019). 34세일 때는 퀴즈쇼 '제퍼디!'에서 32회를 연속해서 승리하였다.

안정적인가 변화하는가?

LOQ 10-11 지능검사 점수는 일생에 걸쳐 얼마나 안정적인가?

아동의 지능 점수를 가지고 무엇을 예측할 수 있는가? 조숙한 2세 아동은 유능한 대학생과 현명한 노인으로 성숙하겠는가? 그럴 수도 있고 그렇지 않을 수도 있다. 대부분의 아동에게 있어서, 3세 이전의 지능검사 결과는 그 아동의 장차 적성을 조금만 예측할 수 있을 뿐이다(Humphreys & Davey, 1988; Tasbihsazan et al., 2003; Yu et al., 2018). 조숙한 학령 이전 아동이 뛰어난 성인이 되기도 하지만, 앨버트 아인슈타인조차도 말하기의 학습이 늦어 한때는 부진아라고 생각하였다(Quasha, 1980).

그렇지만 4세경의 지능검사 점수는 청년기와 어른이 되었을 때의 점수를 예측하기 시작한다. 검사 점수의 일관성은 아동의 연령이 증가함에 따라서 함께 증가한다(Tucker-Drob & Briley, 2014). 이언 디어리와 동료들(2004, 2009b, 2013)이 여러 해에 걸쳐 동일한 **코호트**(cohort)를 재검사하여 밝힌 바와 같이, 11세가 되었을 때의 안정성은 인상적이다. 이들의 획기적인 종단연구는 스코틀랜드 정부의 지원으로 가능하였는데, 이 연구를 수행할 때까지 어느 국가도 이러한 연구의 지원을 시도하지 않았었다. 1932년 6월 1일 당시, 1921년에 태어나 대체로 11세에 해당하였던 87,498명의 스코틀랜드 아동 모두에게 지능검사를 실시하였다. 목표는 더 많은 교육을 통해 도움을 받을 수 있는 노동자 계급의 아동을 확인해내려는 것이었다. 65년이 지난 후에 디어리의 공동연구자이었던 로런스 웰리의 부인인 퍼트리샤 웰리는 에든버러대학교에 있는 디어리의 연구실에서 멀지 않은 스코틀랜드 교육위원회의 먼지 쌓인 창고 선반에서 검사 결과를 발견하였다. 웰리가 그 소식을 디어리에게 전하였을 때, 그는 '이것이 우리의 삶을 바꾸어놓을 것'이라고 응답하였다.

실제로도 그러하였다. 그들은 아동기에 실시한 검사 결과의 안정성과 예측능력에 관한 수십 편의 연구를 발표하게 되었다. 예컨대, 1932년에 11세였던 스코틀랜드인에게 실시하였던 지능검사를 새천년이 시작되면서 80세가 된 542명의 생존자에게 재실시하였을 때, 점수 간의 상관은 70년 동안 다양한 삶의 경험을 하였음에도 불구하고 놀라운 것이었다(그림 10.6). 90세가 된 106명의 생존자에게 재검사하였을 때도 마찬가지이었다(Deary et al., 2013). 1936년에 태어난 스코

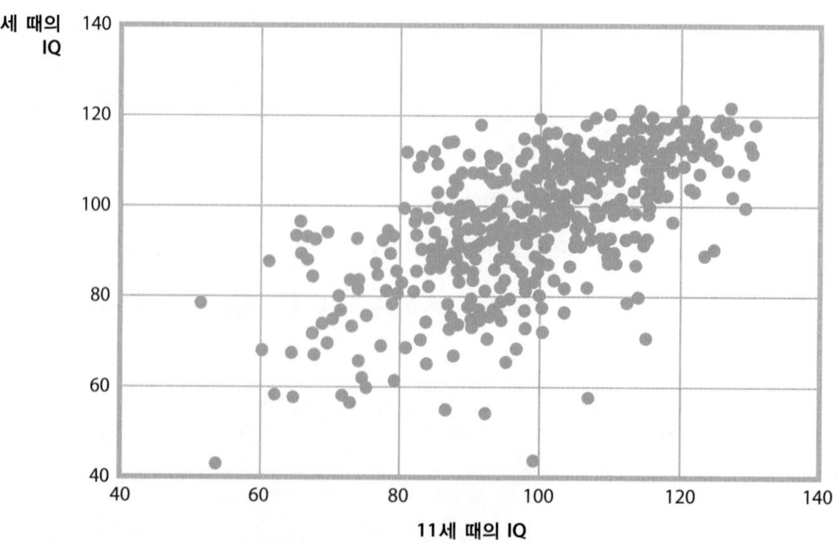

그림 10.6
지능은 유지된다 이언 디어리와 동료들이 스코틀랜드의 80세 노인들에게 11세 때 받았던 지능검사를 재실시하였을 때, 70년이 흘렀음에도 불구하고 이들의 점수는 그림에서 보는 바와 같이 +.66의 상관을 나타냈다(Deary et al., 2004의 데이터). 90세가 된 106명의 생존자에게 검사를 재실시하였을 때, 11세 때의 점수와의 상관은 +.54이었다(Deary et al., 2013).

틀랜드인을 11세부터 70세까지 추적조사한 후속 연구도 삶의 환경과 무관하게 지능이 놀라우리만치 안정적이라는 사실을 확인하였다(Johnson et al., 2010). 고득점 청소년은 50년이 지난 후에도 생활연령보다 더 젊다고 느낀다(Stephan et al., 2018).

지능이 높은 아동과 성인이 더 건강하고 장수하는 경향이 있다(Geary, 2019; Stephan et al., 2018). 그 이유는 무엇이겠는가? 디어리(2008)는 다음과 같은 네 가지 가능한 설명을 내놓고 있다.

"여러분이 노령연금을 받을 수 있을지는 부분적으로 11세 때의 IQ에 달려있다." 이언 디어리, "지능, 건강, 그리고 죽음"(2005)

1. 지능은 더 많은 교육, 더 좋은 직업, 더 건강한 환경을 촉진한다.
2. 지능은 흡연을 덜하고, 더 좋은 섭식생활을 하며, 운동을 더 많이 하는 등 건강한 삶을 부추긴다.
3. 출생 이전 사건이나 아동 초기의 질병이 지능과 건강 모두에 영향을 미칠 수 있다.
4. 빠른 반응속도가 입증해주는 '잘 조직된 신체'가 지능과 장수 모두를 촉진할 수 있다.

11세 때 스코틀랜드 전국 지능검사에서 상위 25%에 들었던 여성이 하위 25%에 들었던 여성보다 더 오래 사는 경향이 있었다. 디어리(2016)는 "평균적으로 11세 때 45분짜리 검사에서 지능지수가 30점 뒤처졌던 여아는 65년 후에 생존해있을 가능성이 절반에 불과하였다."라고 보고하였다.

노화와 지능

LOQ 10-12 노화는 결정지능(Gc)과 유동지능(Gf)에 어떤 영향을 미치는가?

심리과학자가 어떤 물음을 제기하는지가 중요하지만, 때로는 물음을 어떻게 제기하는지, 즉 어떤 연구방법을 사용하는지가 더 중요하다. 횡단연구는 지능검사에서 노인이 젊은이보다 적은 수의 정답을 내놓는다는 사실을 밝혀왔다. 따라서 WAIS를 개발한 데이비드 웩슬러(1972)는 "연령에 따라서 정신능력이 감퇴하는 것은 유기체 전반에서 일어나는 보편적 노화과정의 한 부분"이라고 결론지었다. 오랫동안 어떤 도전도 시도해보지 않은 채, 정신능력의 감소라는 다소 우울한 견해를 받아들였다. 많은 기업은 나이 든 사람을 젊고 그래서 유능할 것이라고 기대하는 사람으로 대치하는 것이 기업에 이득일 것이라는 가정하에 강제적인 은퇴정책을 수립하였다. 이러한 생각은 오늘날에도 지속되고 있으며, 교수에게 60세(홍콩) 또는 65세(네덜란드, 한국)에 은퇴할 것을 요구하는 국가들이 있다. 모든 사람이 참이라고 '알고 있었던' 것처럼, 늙은 개에게 새로운 기술을 가르칠 수는 없다. 그렇지만 1920년경에 대학이 신입생들에게 지능검사를 실시하게 되자, 종단연구를 실시한 심리학자들은 지능이 안정된 채로 남아있다는 사실을 발견하게 되었다. 심지어 어떤 검사의 경우에는 부분적으로 검사를 받았던 경험에 의해서 점수가 증가하기까지 하였다(Salthouse, 2014; 그림 10.7). 방법이 중요한 것이다.

"젊었을 때는 배우고, 나이가 들면 이해한다." 마리 폰 에브너에셴바흐, 『아포리즘』(1883)

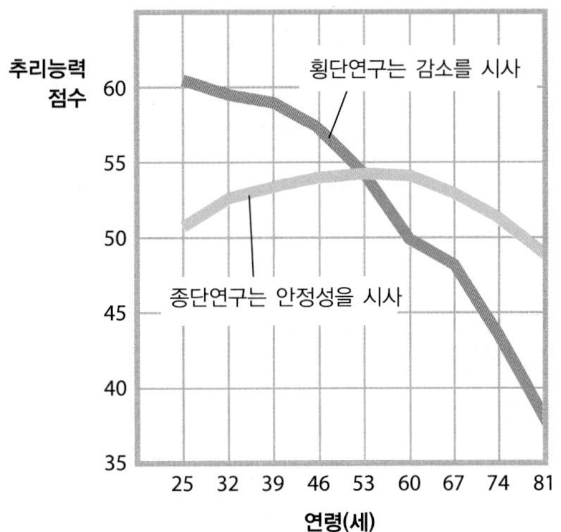

그림 10.7
다양한 연령대의 지능에 대한 횡단연구와 종단연구 결과 언어지능의 한 유형인 귀납 추리 검사에서, 횡단연구는 연령에 따라 지능의 감소를 보여주었다. 종단연구는 점수가 성인기에 약간 증가하는 것을 보여주었다(Schaie, 1994의 데이터).

종단연구의 더욱 낙관적인 결과는 지능이 연령과 함께 급격하게 감퇴한다는 생각에 도전장을 내밀었다. 유명한 화가 애나 메리 로버트슨 모지스는 70대에 화가로 활동하였으며, 88세 때 한 대중잡지에서 '올해의 젊은 여성'으로 선정되었다. 건축가인 프랭크 로이드 라이트는 89세에 뉴욕 구겐하임 박물관을 설계하였다. 신경과학자 브렌다 밀너는 101세에도 여전히

코호트 특정 시대 동일 연배의 집단과 같이, 공통된 특징을 공유하는 집단 

그림 10.8
연령이 증가함에 따라 얻는 것도 있고 잃는 것도 있다 연구들을 보면 어휘력은 연령에 따라 증가하는 반면, 유동지능은 감소한다(Salthouse, 2010의 데이터).

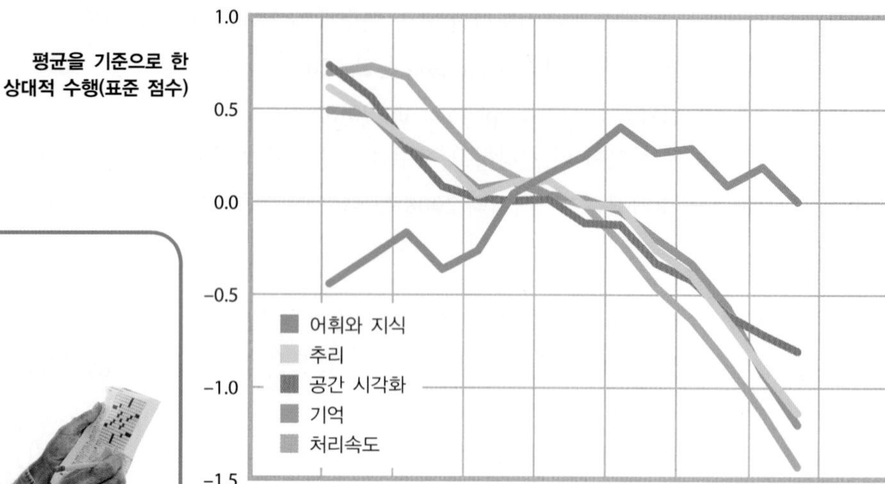

"우리는 50세의 지혜, 40세의 경험, 30세의 의욕, 그리고 20세의 급여체계에 해당하는 사람을 찾고 있는데요."

연구를 수행하고 학생을 지도하고 있다. 이제 모든 사람이 '알고 있는' 것처럼, 건강이 허락하는 한 학습에는 나이가 결코 문제 되지 않는다.

따라서 연령과 지능 물음에 대한 답은 무엇을 어떻게 평가하느냐에 달려있다. **결정지능**(Gc), 즉 어휘와 유추검사가 반영하고 있는 개인의 누적된 지식은 연령에 따라 증가한다. **유동지능**(Gf), 즉 새로운 논리 문제를 해결할 때처럼 신속하고 추상적으로 추리할 수 있는 능력은 20대와 30대에 시작하여 75세 정도까지는 서서히 감소하다가, 85세 이후가 되면 급격하게 감소한다(Cattell, 1963; Deary & Ritchie, 2016; Salthouse, 2013).

대부분의 사람에게 있어서 연령이 증가함에 따라 잃는 것도 있고 얻는 것도 있다. 회상능력과 처리속도는 잃지만, 어휘와 지식을 얻는다(Ackerman, 2014; Tucker-Drob et al., 2019; 그림 10.8). 유동지능은 감퇴하지만, 다양한 조망을 취할 수 있는 능력, 지식의 한계를 인식하는 능력, 사회적 갈등이 발생할 때 도움이 되는 지혜를 발휘하는 능력 등에서 볼 수 있는 바와 같이, 노인의 사회적 추리능력은 증가한다(Grossmann et al., 2010). 의사결정도 불안, 우울, 분노 등과 같은 부정적 정서에 의해서 덜 왜곡된다(Blanchard-Fields, 2007; Carstensen & Mikels, 2005).

"지식은 토마토가 과일임을 아는 것이다. 지혜는 토마토를 과일 샐러드에 넣지 않는 것이다." 작자 미상

연령과 관련된 인지적 차이는 노인이 새로운 테크놀로지를 받아들일 가능성이 낮은 이유를 설명하는 데 도움을 준다(Charness & Boot, 2009; Pew, 2017). 이러한 인지적 차이는 수학자와 과학자가 20대 후반에서 30대 초반에 가장 창의적인 연구의 대부분을 내놓게 되는 이유도 설명해준다. 이 시기가 바로 유동지능이 정점에 이르는 시점인 것이다(Jones et al., 2014). 반면에 문학과 역사 그리고 철학에서는 보다 많은 지식을 누적한 40대와 50대 그리고 그 이후에 최대의 업적을 내놓는다(Simonton, 1988, 1990). 예컨대, 유동지능에 의존하는 시인은 심오한 지식 저장고를 필요로 하는 산문 작가보다 이른 나이에 절정의 작품을 내놓는다. 이 결과는 현재 사용하고 있는 언어에서든 사라져버린 언어에서든, 모든 문학전통에서 나타난다.

인출 연습

RP-6 연구자 A는 지능이 일생에 걸쳐 어떻게 변하는지를 연구하려고 한다. 연구자 B는 현재 다양한 삶의 단계에 있는 사람들의 지능을 연구하고자 한다. 어느 연구자가 횡단연구를 그리고 어느 연구자가 종단연구를 해야 하겠는가?

답은 부록 E를 참조

개관 지능의 평가와 역동성

학습목표

자기검증 개념 파악을 증진시키도록 (부록 D의 답을 확인해보기에 앞서) 여러분 자신의 표현으로 여기서 반복하는 학습목표 물음에 답해보라 (McDaniel et al., 2009, 2015).

LOQ 10-6 지능검사란 무엇인가? 성취검사나 적성검사와의 차이는 무엇인가?

LOQ 10-7 지능검사는 언제 그리고 왜 만들었는가? 오늘날의 지능검사는 초기의 검사와 어떻게 다른가?

LOQ 10-8 정상곡선(정규곡선)이란 무엇인가? 검사를 표준화한다는 것 그리고 검사가 신뢰할 수 있고 타당하다는 말은 무엇을 의미하는가?

LOQ 10-9 지능의 양극단에 위치하는 사람들의 특성은 무엇인가?

LOQ 10-10 횡단연구와 종단연구란 무엇인가? 어느 연구법을 사용하였는지를 아는 것이 중요한 까닭은 무엇인가?

LOQ 10-11 지능검사 점수는 일생에 걸쳐 얼마나 안정적인가?

LOQ 10-12 노화는 결정지능(Gc)과 유동지능(Gf)에 어떤 영향을 미치는가?

기억해야 할 용어와 개념들

자기검증 여러분 자신의 표현으로 정의를 적어본 후에 답을 확인해보라.

성취검사	웩슬러 성인용 지능 검사(WAIS)	지능검사
스탠퍼드-비네 지능 검사	적성검사	지능지수(IQ)
신뢰도	정상곡선	코호트
예측타당도	정신연령	타당도
	종단연구	표준화
		횡단연구

학습내용 숙달하기

자기검증 여러분 자신의 표현으로 다음 물음에 답한 후에 부록 E에서 답을 확인해보라.

1. 다음 중에서 측정한 정신연령이 9세인 6세 아동의 지능지수는 얼마인가?

a. 67 **b.** 133
c. 86 **d.** 150

2. 다음 중에서 웩슬러 성인용 지능검사(WAIS)가 가장 잘 알려줄 수 있는 것은 어느 것인가?

a. 개인의 지능 중 유전에 의해 결정되는 부분
b. 피검사자가 직업에서 성공할지 여부
c. 어휘와 수리 추리에서 피검사자를 다른 성인들과 비교하는 방법
d. 피검사자가 음악과 예술의 특정 기술을 가지고 있는지 여부

3. 스탠퍼드-비네 검사, 웩슬러 성인용 지능검사, 웩슬러 아동용 지능검사는 예컨대, 검사를 반복 실시하였을 때 일관성 있는 결과를 내놓는다. 다시 말해서 이 검사들은 높은 __________를 가지고 있다.

4. 지능이 높은 아동과 성인이 더 건강하고 장수하는 경향이 있다. 다음 중에서 이 현상에 대한 가능한 이유가 아닌 것은 무엇인가?

a. 지능이 교육, 좋은 직업, 건강한 환경을 촉진한다.
b. 지능이 금연, 좋은 식사, 운동 등 건강한 삶을 조장한다.
c. 지능이 높은 사람은 반응시간이 느려 자신을 위험에 처하게 만들 가능성이 낮다.
d. 빠른 반응시간이 입증하듯, 잘 조성된 신체가 지능과 장수를 모두 조장한다.

5. 결정지능과 유동지능의 개념을 사용하여 작가는 생의 말년에 가장 창의적 작품을 내놓는 경향이 있는 반면, 과학자는 더 이른 나이에 정점에 도달하는 이유를 설명해보라.

지능에 대한 유전 영향과 환경 영향

지능은 가계의 내력이다. 그렇다면 그 이유는 무엇인가? 지적 능력은 대체로 유전되는가? 아니면 환경이 만들어내는 것인가? 심리학에서 이 물음만큼 감정을 격발시키는 논제도 없다. 만일 지능이 대체로 물려받는 것이라면, 사람들의 사회경제적 지위는 생득적 차이와 대응될 것이다. 반면에 만일 지능이 주로 환경에 의해서 형성되는 것이라면, 불리한 환경에서 성장하는 아동은

불리한 삶을 영위할 것이라고 기대하게 되지만, 환경 변화가 보다 지적이고 무엇인가를 성취한 성인을 만들어낼 수 있다는 어느 정도의 희망을 갖게 된다. 다음과 같은 물음에 초점을 맞추고 증거를 살펴보도록 하자.

- 쌍둥이 연구와 입양아 연구가 유전과 환경이 지능에 어떤 영향을 미치는지에 대해서 알려주는 것은 무엇인가?
- 극단적인 환경적 영향은 지능을 증폭시키거나 쇠퇴시킬 수 있는가?
- 집단 간에는 지능검사 점수에서 어떤 유사성과 차이점이 존재하는가? 이러한 차이점을 설명해주는 것은 무엇인가?

유전과 지능

LOQ 10-13 유전성이란 무엇인가? 쌍둥이 연구와 입양아 연구는 지능의 선천성과 후천성에 대해서 무엇을 알려주는가?

유전성(heritability)이란 한 집단의 개인들 간에 나타나는 변산성에서 유전자 탓으로 돌릴 수 있는 부분을 말한다. 지능 유전성 추정치, 즉 한 집단 내에서 유전적 변인 탓으로 돌릴 수 있는 지능검사 점수의 변산성은 50~80%에 이른다(Madison et al., 2016; Plomin et al., 2016; Plomin & von Stumm, 2018). 이 말은 여러분 지능의 50~80%가 유전자 때문이며, 나머지가 환경 때문이라는 사실을 의미하는가? **그렇지 않다**. 유전성은 결코 개인에게 적용할 수 없으며, **오직 한 집단의 사람들이 상호 간에 차이를 보이는 이유에만 적용할 수 있다.**

일란성 쌍둥이는 동일한 유전자를 공유한다. 이들은 심적 능력도 공유하는가? 많은 연구를 요약한 그림 10.9에서 볼 수 있는 바와 같이, 그 답은 명백하게 "그렇다."이다. 상이한 두 가정에 입양된 경우조차도, 이들의 지능검사 점수는 매우 유사하다. 함께 성장한다면, 이들의 점수는 동일인이 동일한 검사를 두 번 받았을 때의 점수만큼 유사하다(Haworth et al., 2009; Lykken, 2006; Plomin et al., 2016). 일란성 쌍둥이는 음악, 수학, 스포츠 등과 같은 특정 재능에 있어서

그림 10.9
지능 : 선천성과 후천성 유전적으로 가장 유사한 사람들이 가장 유사한 지능 점수를 보여준다. 상관계수 1.0은 완벽한 상관을, 0은 관계없음을 나타낸다는 사실을 기억하기 바란다(McGue et al., 1993의 데이터).

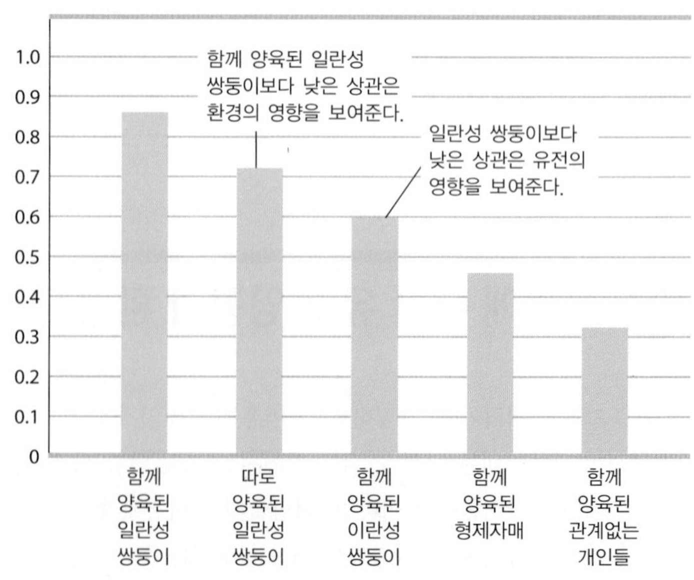

도 상당한 유사성(그리고 유전성)을 나타내며, 유전은 영국 16세 청소년들의 전국 수학시험과 과학시험 점수 변산성의 절반 이상을 설명하고 있다(Shakeshaft et al., 2013; Vinkhuyzen et al., 2009).

두뇌 영상을 보면, 일란성 쌍둥이의 두뇌는 유사한 크기의 회백질과 백질을 가지고 있으며, 언어지능이나 공간지능과 관련된 영역은 거의 동일하다(Deary et al., 2009a; Thompson et al., 2001). 심적 과제를 수행할 때도 유사한 활동을 나타낸다(Koten et al., 2009).

유전성 개인들 간의 변산성 중에서 유전 탓으로 돌릴 수 있는 비율. 한 특질의 유전성은 연구하는 전집의 범위와 환경의 범위에 따라서 변할 수 있다.

천재 유전자가 존재하는가? 100명의 연구자가 269,867명의 데이터를 통합하였을 때, 분석한 모든 유전자 변이는 학업성취에서 오직 5%의 차이만을 설명하였다(Savage et al., 2018). 110만 명의 유전자를 분석한 또 다른 연구는 학업성취 차이의 대략 12%를 설명하였다(Lee et al., 2018). 똑똑한 유전자의 탐색은 계속되고 있다. 혹자는 의사들이 엄선한 체외수정이 지능 유전자의 후보를 내놓을 수 있을지를 궁리해왔다. 통계유전학자들은 가까운 미래에 배아를 선택함으로써 지능이 높아질 가능성은 거의 없다고 보고하고 있다(Kaiser, 2019). 지능은 많은 유전자를 수반하는 **다중유전자**의 소산이기 때문이다. 웬디 존슨(2010)은 다중유전자 효과를 신장(키)에 접목시키고 있다. 신장의 경우 50개 이상의 특정한 유전자 변이가 신장의 개인차에서 5%만을 설명해주며, 나머지는 아직 밝혀내야 하는 숙제로 남아있다. (신장, 성격, 성적 지향성, 조현병 등을 비롯한 인간의 모든 특질에서와 마찬가지로) 지능에서 중요한 것은 거의 80,000명의 결과를 통합하여 확인해낸 52개의 지능 관련 유전자를 포함한 많은 유전자의 조합이다(Sniekers et al., 2017).

환경과 지능

이란성 쌍둥이는 다른 형제들보다 유전적으로 더 유사하지는 않지만, 일반적으로 환경을 공유하며, 유사하게 취급받기 십상이다. 이들의 지능검사 점수는 쌍둥이가 아닌 형제의 점수보다 조금 더 유사하다(그림 10.9 참조). 따라서 환경이 어느 정도 영향을 미친다. 입양아 연구는 환경의 영향을 평가하는 데 도움을 준다. 연구자들은 유전자와 환경을 분리하기 위하여 입양아의 지능검사 점수를 (a) 유전자를 제공해준 **친부모**, (b) 가정환경을 제공해준 **양부모**, (c) 가정환경을 공유한 **입양 형제**의 점수와도 비교해왔다.

여러 연구는 공유하는 환경이 지능검사 점수에 어느 정도의 영향력을 행사한다는 사실을 시사하고 있다.

- 가난한 집에서 중산층 집으로의 입양은 아동의 지능검사 점수를 증가시킨다(Nisbett et al., 2012). 스웨덴에서 실시한 대규모 연구는 양부모의 교육 수준이 높은 부유한 가정에 입양된 아동에서 이 효과를 살펴보았다. 입양아의 지능 점수는 입양하지 않은 친형제보다 평균 4.4점이 높았다(Kendler et al., 2015a).
- 학대당하거나 방치된 아동의 입양도 지능 점수를 증가시켰다(Almas et al., 2017).
- 나이가 같고 생물학적으로 무관하지만 유아기에 입양되어 함께 성장한 형제의 지능 점수는 +.28의 상관을 갖는다(Segal et al., 2012).

Leo Cullum/The New Yorker Collection/The Cartoon Bank

"선택적 교배가 나에게 법률 적성을 가져다주었지만, 나는 여전히 얼어붙은 물에서 죽은 오리 물어오기를 좋아하지요."

아동기에 입양 형제들의 지능검사 점수는 약간의 상관을 보인다. 시간이 경과함에 따라서 입양아는 입양가정에서 경험을 누적해간다. 그렇다면 연령이 증가함에 따라서 가정환경의 효과는

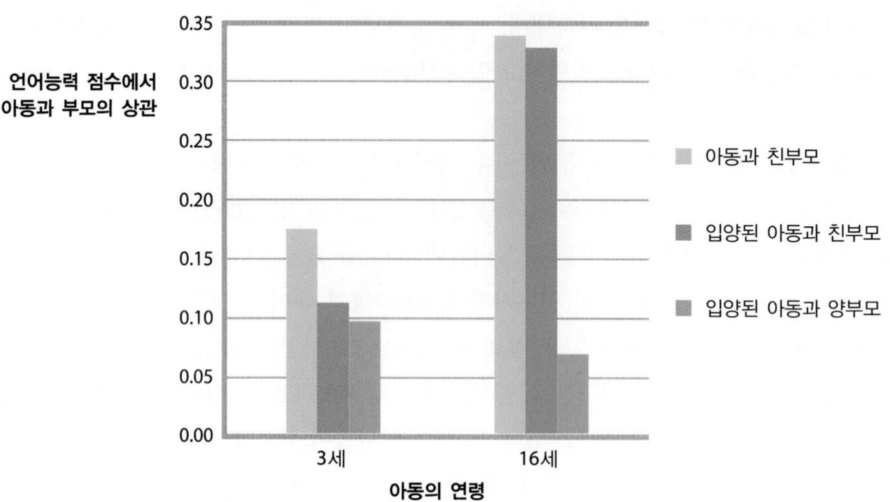

그림 10.10
입양아는 누구를 닮을까? 입양 가정에서 생활하는 기간이 증가함에 따라서 아동의 언어능력 점수는 '친부모'의 점수를 더 닮아가게 된다(Plomin & DeFries, 1998의 데이터).

증가하고 유전 효과는 감소할 것이라고 예상할 수 있을까?

만일 그렇게 생각한다면, 행동유전학자들이 여러분을 놀라게 만들 것이다. 입양아의 지능 점수는 양부모보다는 친부모의 점수를 훨씬 더 닮는다(Loehlin, 2016). 그리고 입양아의 언어능력 점수도 친부모의 점수와 점점 더 닮아간다(그림 10.10). 입양아와 양부모 간의 심적 능력 유사성은 연령이 증가하면서 약화된다(McGue et al., 1993). 도대체 누가 이것을 추측이나 해보았겠는가?

삶의 경험을 누적함에 따라서 유전 영향이 더욱 현저해진다. 예컨대, 일란성 쌍둥이의 유사성은 80대가 될 때까지 계속되거나 증가한다. 4개 국가에서 11,000쌍의 쌍둥이를 대상으로 수행한 대규모 연구에서 보면, 일반지능 g의 유전성이 아동 중기에 41%이던 것이 청소년기에는 55%로 그리고 성인 초기에는 66%로 증가하였다(Haworth et al., 2010). 따라서 디어리와 그의 동료들(2009a, 2012)은 일반지능의 유전성이 아동 초기에는 '대략 30%'이던 것이 '성인기에는 50%를 한참 뛰어넘는' 수준으로 증가한다고 보고하고 있다.

인출 연습

RP-1 유전성에 관한 여러분의 이해를 확인해보자. 만일 환경이 더욱 동일해진다면, 지능의 유전성은 ________.

a. 증가한다 **b.** 감소한다 **c.** 변하지 않는다

답은 부록 E를 참조

유전자-환경 상호작용

LOQ 10-14 환경 요인은 인지 발달에 어떤 영향을 미치는가?

유전자와 경험은 지능이라는 직물을 함께 직조한다. **후생유전학**은 이러한 선천성-후천성 만남의 장소에서 벌어지는 역동적인 생물학적 특성을 연구한다. 심리적이든 신체적이든 모든 능력에서, **유전자가 환경을 조성하고 환경이 사람을 조성한다.** 만일 선천적으로 스포츠 적성을 가지고 있다면, 아마도 여러분은 다른 것보다 스포츠를 더 많이 할 것이다(연습도 더 많이 하고, 코치도 더 많이

받고, 경험도 더 많이 한다). 반대로 학업 적성을 가지고 있다면, 학교에 더 오래 머물고, 책을 읽으며, 질문도 더 많이 할 가능성이 높다. 이 모든 것이 두뇌의 힘을 증가시키게 된다. 이것은 일란성 쌍둥이에게서도 참이다. 이러한 유전자-환경 상호작용에서, 소소한 유전적 이점이 애초에 가지고 있는 재능을 증폭시키는 사회적 경험을 촉발시킬 수 있는 것이다(Sauce & Matzel, 2018).

그렇지만 때로는 환경조건이 역으로 작동하여, 신체 발달이나 인지 발달을 억압하기도 한다. 정상보다 얇은 두뇌피질을 발달시키게 되는 쥐가 살아가는 어둡고 황폐한 실험실의 케이지처럼 사람이 살아가는 환경이 피폐된 경우는 거의 없다(Rosenzweig, 1984). 그렇지만 가혹한 삶의 경험은 두뇌에 족적을 남기게 된다. 맥비커 헌트(1982)가 이란의 한 궁핍한 고아원에서 관찰하였던 것과 같이, 황폐한 인간 환경에서 생물학적 특성과 경험이 맞물려 돌아가는 모습이 적나라하게 드러난 곳은 없다. 헌트가 그곳에서 관찰한 전형적인 아동은 2세가 되어서도 혼자 앉을 수 없었으며, 4세에도 걷지 못하였다. 울고 있든 즐거운 소리를 내든, 어떤 보살핌도 받지 못하였기 때문에 아이들은 환경에 대한 개인적 제어감을 전혀 발달시키지 못하였다. 오히려 수동적인 의기소침한 멍청이가 되어갔다. 극단적인 결핍이 선천적 지능을 압도하고 있었는데, 이 사실은 루마니아 등에서 고아원 아동을 대상으로 수행한 다른 연구들이 확증하고 있다(Nelson et al., 2009, 2013; van IJzendoorn et al., 2008).

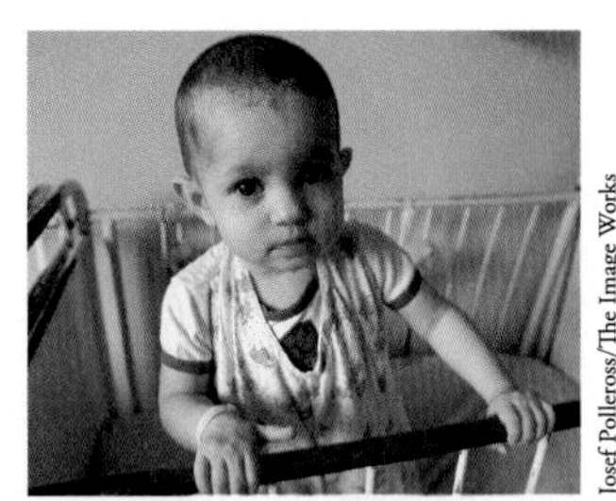

황폐한 무관심 1990년 레아가눌 펜트루 코피 고아원에 수용된 이 아이처럼 보호자와 상호작용이 거의 없는 루마니아의 고아들은 발달 지연이라는 고통을 받았다.

초기 경험의 극적인 효과 그리고 초기 보살핌의 중요성을 모두 자각하고 있던 헌트는 이란 보육사를 위한 자질 향상 훈련 프로그램을 시작하고, 보육사에게 11명의 유아와 언어 촉진 게임을 하도록 훈련시켰다. 유아의 옹알이를 흉내 낸 다음에 보육사의 소리를 따라 하도록 이끌었으며, 최종적으로는 이란어의 발성을 가르쳤다. 그 결과는 극적이었다. 생후 22개월이 되었을 때 50개 이상의 사물과 신체부위 이름을 말할 수 있었으며, 모두 귀엽고 매력적인 유아가 되었기에 대부분이 입양되었다. 고아원에서 전무후무한 성공이었던 것이다.

헌트의 결과는 가난을 수반한 열악한 환경조건이 인지 발달을 억압하고 인지수행을 방해하는 스트레스를 초래할 수 있다는 일반적인 결과의 극단적인 사례이다(Heberle & Carter, 2015; Tuerk, 2005). 그리고 이 사례는 또 다른 결과, 즉 교육을 받지 못한 부모의 자녀가 처한 것과 같이 환경이 심각하게 가변적일 때, 환경적 차이는 지능검사 점수를 훨씬 더 잘 예측한다는 결과를 설명하는 데도 도움이 될 수 있다(Tucker-Drob & Bates, 2016). 여러 가지 작업을 동시에 함으로써 처리속도가 느려지는 컴퓨터와 마찬가지로, 가난한 사람의 걱정거리와 혼란이 인지 대역폭을 낭비시켜 사고능력을 감퇴시킬 수 있다. 인도의 사탕수수 농부는 추수를 하여 임금을 받음으로써 돈 걱정이 감소하였을 때, 인지기능 검사에서 더 높은 점수를 받았다(Mani et al., 2013).

만일 감각 박탈, 사회적 고립, 가난 등의 극단적 조건이 정상적인 두뇌 발달을 저하시킬 수 있다면, 그 역도 참이겠는가? '풍요로운' 환경이 정상적인 발달을 증폭시켜 어린 아동에게 우수한 지능을 제공할 수 있겠는가? 대부분의 전문가는 회의적이다(DeLoache et al., 2010; Reichert et al., 2010; Vance, 2018). 정상 유아를 천재로 촉진시키는 환경 처방전은 존재하지 않는다. 모든 아이는 시각, 청각, 말소리 등을 정상적으로 경험하여야 한다. 샌드라 스카(1984)의 증언은 아직도 널리 인정받고 있다. "자기 자식에게 특별한 교육을 제공하려고 노심초사하는 부모는 시간을 낭비하고 있는 것이다."

더욱 고무적인 결과는 아동기 이후의 집중적인 심화 프로그램에서 나왔다(Dodge et al., 2017; Sasser et al., 2017; Tucker-Drob, 2012). 특히 가난한 아동을 위한 학령 전기 프로그램에서 그렇다(Gormley et al., 2013; Heckman & Karapakula, 2019; Magnuson et al., 2007). 임산부와 신

Courtesy Dr. Carol Dweck

지능을 확장 가능한 것으로 간주하는 것이 효과적이다 지능은 동기를 수반한 노력을 통해서 성장한다고 믿는 심리학자 캐롤 드웩은 성장 마음갖춤새를 채택하는 것의 여러 가지 이점을 보여주었다. 그녀는 "여러분의 능력이 어떻든지 간에, 그 능력에 불을 지피고 성취로 전환시켜 주는 것이 바로 노력이다."라고 말한다.

생아에게 영양 보조제를 제공할 때(3.5점), 양질의 조기교육 경험을 시킬 때(4점), 상호작용적인 읽기 프로그램을 실시할 때(6점) 지능 점수가 증가한다(Protzko et al., 2013).

성장 마음갖춤새

학교 교육과 지능은 상호작용하며, 둘 모두 성장 후의 수입을 증가시킨다(Ceci & Williams, 1997, 2009). 그렇지만 지능을 가지고 달성하는 것은 각자의 신념과 동기에도 달려있다. 72,431명의 대학생을 분석한 결과를 보면, 학업동기와 공부하는 요령이 학업성취의 예측자로서 적성과 과거의 성적에 필적하였다(Credé & Kuncel, 2008). 동기는 지능검사 수행에도 영향을 미칠 수 있다. 수행이 좋으면 돈을 주겠다고 약속할 때 청소년들이 그러한 검사에서 높은 점수를 받는다는 사실을 수십 편의 연구가 보여주고 있다(Duckworth et al., 2011).

심리학자 캐롤 드웩(2018; Dweck & Yeager, 2019)이라면 이러한 관찰결과에 놀라지 않을 것이다. 그녀는 지능이 가변적일 수 있다고 믿는 것이 학습과 성장에 초점을 맞추는 **성장 마음갖춤새**(growth mindset)를 조장한다고 보고하고 있다. 드웩은 어린 10대에게 두뇌는 근육과 같아서 신경 연결이 성장하는 것처럼 사용할수록 강력해진다는 사실을 가르치고 있다. "새로운 유형의 문제를 해결하는 방법을 학습하는 것은 여러분의 수학 두뇌를 성장시킨다!" 똑똑한 것이나 달성한 것이 아니라 노력하는 것 그리고 도전거리에 맞서는 것에 대한 칭찬은 10대가 진정한 노력과 성공 간의 연계를 이해하는 데 도움을 준다(Gunderson et al, 2013). 비록 성장 마음갖춤새가 생득적 지능을 바꾸지는 못하더라도, 아동과 청소년이 어려운 학습 과제나 좌절감을 안기는 사람에 직면할 때 더욱 탄력성을 갖게 만들 수 있다(Peng & Tullis, 2019; Walton & Wilson, 2018). 미국에서 6,320명의 성적 부진 고등학생을 대상으로 수행한 전국적 실험에서 보면, 성장 마음갖춤새를 조장하는 25분짜리 비디오 두 편을 시청하는 것이 성적을 어느 정도 높여주었다(Yeager et al., 2019). 마음갖춤새가 만병통치약은 아니더라도 중요한 것이다.

"진정 우리가 누구인지를 보여주는 것은… 우리의 능력보다는 우리의 선택이지요." J. K. 롤링, 『해리 포터와 비밀의 방』(1999)

300편 이상의 연구는 스포츠에서부터 과학과 음악에 이르는 분야에서 '능력+기회+동기=성공'이라는 사실을 확증하고 있다(Ericsson et al., 2007). 지능검사에서 극단적으로 높은 점수를 받은 12세 아동은 일반 아동에 비해 박사학위를 받고 특허를 낼 가능성이 무척이나 높지만, 그 능력이 헌신적 노력과 연동될 때 그렇다(Makel et al., 2016). 고등학생의 수학능력과 대학생의 학점은 적성뿐만 아니라 자기훈련, 노력의 힘에 대한 신념, 그리고 별나게 '헝그리 정신'도 반영한다(Murayama et al., 2013; Richardson et al., 2012; von Stumm et al., 2011). 168,000명의 칠레 고등학교 1학년생을 대상으로 수행한 연구에서 보면, 최저수입 가정 출신이면서 성장 마음갖춤새를 갖추고 있는 학생이 고정된 마음갖춤새의 중산층 학생에 견줄 만한 검사 점수를 나타냈다(Claro et al., 2016). 2008년부터 남아시아 출신의 청소년이 철자 맞히기(spelling bee) 전국대회에서 대부분 우승하였는데, 이러한 성과는 철저한 노력이 성공으로 이끌어간다는 문화적 신념의 영향을 받았을 가능성이 높은 성취이다(Rattan et al., 2012; Savani & Job, 2017). 여러분의 잠재력을 발휘하고 싶다면, 원리는 간단하다. 자신의 학습능력을 믿고, 지속적인 노력을 기울이면서 정진하라.

"실패한다면, 그 실패를 받아들여라. 실패로부터 배워라. 그 실패가 여러분이 되고자 하는 사람이 되는 것을 방해한다고 생각하지 마라… 나는 매일 아침 세상에다 대고 '자, 출발하자. 무슨 일이 있는 게야?'라고 말하면서 일어난다." 음반 아티스트 핏불(2019)

성장 마음갖춤새와 절제된 노력이 성취를 증진시킨다는 반복적인 연구결과는 주목을 받아왔다. 몇몇 연구자는 성장 마음갖춤새를 위험에 처한 학생을 위한 대규모 개입에 적용하는 것에는 자신의 상황에서 어려움에 직면해 있는 사람을 비난하는 사회적 비용이라는 부정적인 측면이 있을 수 있다고 경고한다(Ikizer & Blanton, 2016). 다른 연구자는 연구자와 교육자들이 때로는 성

Susan Walsh/AP Images

미국 철자 맞히기 대회 챔피언 8인방 2019년 스크립스 전국 철자 맞히기 대회에서는 한 명이 아니라 여덟 명의 승자가 탄생하였는데, 이 중에서 여섯 명이 남아시아계 학생이었다.

장 마음갖춤새의 미미한 효과를 과대추정한다는 사실을 지적한다(Sisk et al., 2018). 성장 마음갖춤새의 힘을 지나치게 강조하는 것은 **불굴의 투지**라는 동기 개념에서와 마찬가지로, 어떤 학생에게는 자신의 실망스러운 성과가 도덕적 결함을 반영한다고 느끼게 만들 수 있다. 때로는 가혹한 상황을 극복하는 데 긍정적 사고의 힘 이상의 무엇인가가 필요하다.

Dave Nagel/Getty Images

헝그리 정신

자문자답하기

여러분은 표준화 적성검사 점수가 반영하는 잠재력을 발휘하여 공부하고 있는가? 적성 이외에 무엇이 여러분의 학업성취에 영향을 미치고 있는가?

지능검사 점수에서의 집단 차이

만일 지능검사 점수에서 집단 차이가 전혀 없다면, 심리학자들은 유전과 환경의 영향에 관하여 그토록 논쟁을 벌이지 않았을 것이다. 그런데 집단 차이가 있다. 집단 차이란 무엇인가? 무엇이 집단 차이를 만들어내는가?

성별 유사점과 차이점

LOQ 10-15 심적 능력 점수에서 성별 차이는 얼마나 나타나며 그 이유는 무엇인가?

과학에서도 일상생활에서와 마찬가지로, 관심을 불러일으키는 것은 유사점이 아니라 차이점이다. 남자들이 스스로 추정한 지능은 여자들이 스스로 추정한 지능보다 높은데, 이것이 남자가 여자보다 똑똑하다는 잘못된 생각에 기름을 붓는다(Furnham, 2016). 실제로 남자와 여자의 지능 차이는 미미하다. 예컨대, 1932년에 실시한 스코틀랜드의 모든 11세 아동의 지능검사 결과에서, 여아의 평균 점수는 100.6이고 남아는 100.5이었다(Deary et al., 2003). 일반지능 g에 관한 한, 남아와 여아, 남자와 여자는 모두 동일하다.

여성에서 남성으로 성전환시키는 테스토스테론 치료는 두뇌 회백질의 손상뿐만 아니라 언어처리 영역의 남성화를 초래한다(Hahn et al., 2016).

그럼에도 불구하고 대부분의 사람은 차이점에 더 주목한다. 남아와 여아가 모두 교육을 받는 문화에서, 여아가 받아쓰기를 더 잘하고, 말을 더 잘하며, 읽기를 더 잘하고, 물건을 더 잘 찾아낸다(Reilly et al., 2019; Voyer & Voyer, 2014). 정서를 더 잘 탐지하며, 촉각과 미각 그리고 색깔에 더 민감하다(Halpern et al., 2007). 계산과 전반적인 수학 수행능력에서 남아와 여아는 거

성장 마음갖춤새 능력을 고정된 것으로 간주하지 않고 학습과 성장에 초점을 맞추는 상태 

아래 선택지 중에서
어느 것이 표준 도형과 일치하는가?

표준

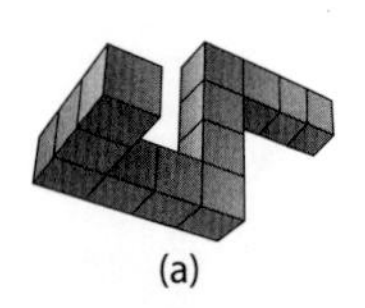

(a)

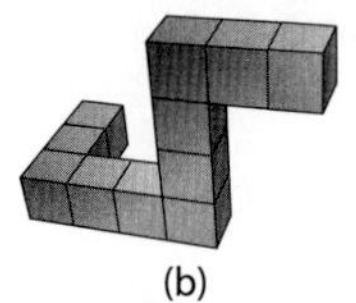

(b)

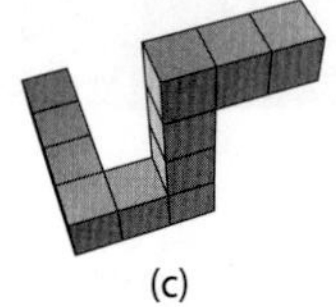

(c)

그림 10.11
심적 회전 검사 이런 유형의 항목은 공간능력 검사에서 보기 십상이다 [정답은 (c)이다].

의 차이가 없다(Else-Quest et al., 2010; Hyde & Mertz, 2009; Lindberg et al., 2010).

복잡한 수학 문제에서는 남자가 여자를 압도한다. 그렇지만 가장 믿을 만하게 남자가 앞서는 부분은 그림 10.11에서 보는 것과 같은 공간능력 검사에서 나타난다(Lauer et al., 2019). 해결책이 삼차원 대상의 신속한 심적 회전을 요구한다. 남자의 심적 능력 점수는 여자의 점수보다 더 가변적이기도 하다. 전 세계적으로 하위 극단과 상위 극단 모두에서 남아가 여아보다 압도적으로 많다(Ball et al., 2017; Baye & Monseur, 2016). 예컨대, 수학 보충교육이 필요할 가능성이 여자보다 남자에게서 높다. 그렇지만 수학에서 최고 점수를 받을 가능성도 남자가 더 높다.

심리학자 스티븐 핑커(2005)는 생물학적 특성이 삶의 우선순위(여자는 사람에 더 관심이 많고 남자는 돈과 물건에 더 관심이 있다), 위험 추구(남자가 더 무모하다), 수학 추리와 공간능력에서의 성별 차이에 영향을 미친다는 진화적 조망을 주장하였다. 핑커는 그러한 차이가 여러 문화에 걸쳐서 나타나며, 시대가 바뀌어도 안정적이고, 출생 이전 호르몬의 영향을 받으며, 여아로 성장한 남아에게서도 나타난다는 사실을 지적하였다.

그렇지만 사회적 기대와 기회도 관심사와 능력을 조성함으로써 성별 차이를 구축한다(Crawford et al., 1995; Eccles et al., 1990). 스티븐 세시와 웬디 윌리엄스(2010, 2011)는 문화적으로 영향받은 선호도가 미국 여자들이 남자들에 비해서 숫자로 가득 찬 직업을 기피하는 이유를 설명하는 데 도움을 준다고 보고하였다. 아시아와 러시아에서는 국제과학경시대회에서 10대 소녀들이 소년들을 압도해온 반면, 북미와 영국에서는 소년들이 높은 점수를 받아왔다(Fairfield, 2012).

스웨덴과 아이슬란드 같은 성별 공평 문화는 터키와 한국 같은 성별 불공평 문화에서 볼 수 있는 수학에서의 성별 격차를 거의 나타내지 않는다(Guiso et al., 2008; Kane & Mertz, 2012). 미국에서는 1970년대 이래 성별 평등성이 증가함에 따라서, 12~14세 아동의 경우 SAT 수학시험에서 700점 이상 고득점자의 남녀 비율이 13 : 1에서 3 : 1로 떨어졌다(Makel et al., 2016; Nisbett et al., 2012). 그리고 심리학에서는 박사학위를 취득하는 남녀의 비율에서 극적인 변화가 있어왔다. 1958년에 17%이었던 여자의 비율이 2018년에는 71%로 올라갔다(Burelli, 2008; NSF, 2019). 경험이 중요한 것이다.

Punch Cartoon Library/TopFoto

"탁월한 제안이네요, 미스 트리그스. 아마도 남자 중의 한 사람이 제안하려고 했을 거예요."

Stanford News Service/Zuma Press/Newscom

(a)

Henrik Montgomery/AP Images

(b)

Henrik Montgomery/AP Images

(c)

줄어들고 있는 과학계의 간극
2014년에 이란의 수학 교수인 마리암 미르자하니(1977~2017)가 수학계에서 가장 명망이 높은 상인 필즈상을 수상한 최초의 여성 수학자가 되었다(a). 2018년에 물리학자 도나 스트릭랜드(b)와 화학자 프랜시스 아놀드(c)가 여자가 수상한 적이 거의 없는 과학 분야에서 각각 노벨상을 수상하였다. 스트릭랜드는 수락 연설에서 "모든 사람이 물리학을 재미있다고 생각하지는 않지만, 저는 그렇게 생각합니다."라고 말하였다.

인종과 민족의 유사점과 차이점

LOQ 10-16 인종집단과 민족집단이 심적 능력 점수에서 어떤 차이를 보이며 그 이유는 무엇인가?

집단 차이 논쟁에 기름을 붓는 것은 다음과 같은 두 가지 불온하면서도 동의되고 있는 사실이다.

- 인종집단과 민족집단은 지능검사 점수의 평균에서 차이를 보인다.
- 높은 점수의 사람과 집단은 높은 수준의 교육을 받고 수입도 많을 가능성이 더 크다.

지능검사 점수의 평균에서 집단 차이가 존재한다. 검사 점수에서 유럽계 뉴질랜드인이 원주민인 마오리족을 압도한다. 이스라엘계 유대인이 이스라엘계 아랍인보다 검사 점수가 훨씬 높다. 대부분의 일본인은 낙인을 찍은 소수자인 부라쿠민[4]보다 높은 점수를 보인다. 미국 백인이 미국 흑인보다 높은 점수를 보인다. 그렇지만 이러한 차이는 최근에 특히 아동들 사이에서 줄어들고 있는 것으로 보인다(Dickens & Flynn, 2006; Nisbett et al., 2012). 이러한 집단 차이는 개인을 판단하는 근거를 거의 제공해주지 않는다. 전 세계적으로 여자가 남자보다 평균 5년을 더 살지만, 어떤 사람의 성별을 안다고 해서 그 사람이 얼마나 오래 살 것인지를 정확하게 알 수는 없다.

앞에서 보았던 것처럼 유전이 지능의 개인차에 영향을 미친다. 그렇지만 유전 가능한 특질에서의 집단 차이가 전적으로 환경적인 것일 수도 있다. 자연이 제공하는 실험 하나를 생각해보자. 어떤 아동은 모국어를 들으면서 성장하는 반면, 선천적 청각 장애 아동은 그렇지 못하다. 그런데 모국어에 근거한 지능검사를 모든 아동에게 실시한다. 결과는 어떻겠는가? 놀랄 것도 없이 검사를 구성하는 언어에 전문성을 획득한 아동이 청각 장애 상태로 태어난 아동보다 높은 점수를 받게 된다(Braden, 1994; Steele, 1990; Zeidner, 1990).

인종과 민족 간의 간극도 마찬가지로 환경적일 수 있겠는가? 다음의 경우도 생각해보자.

유전 연구는 피부색을 제외하면 사람들이 놀라우리만치 유사하다는 사실을 보여준다. 질병 위험성 등과 같은 것에서 인종 간 차이가 존재한다고 하더라도, 두 아이슬란드인 또는 두 케냐인 간의 평균적 유전 차이는 아이슬란드인 집단과 케냐인 집단 간의 차이를 훨씬 능가한다(Cavalli-Sforza et al., 1994; Rosenberg et al., 2002). 나아가서 피부색이 사람들을 현혹시킬 수 있다. 옅은 피부색의 유럽인과 진한 피부색의 아프리카인들 사이의 유전적 유사성이 진한 피부의 아프리카인들과 진한 피부의 호주 원주민들 사이의 유전적 유사성보다 훨씬 더 크다.

Larry Williams/Getty Images

4 부라쿠(부락)는 여러 집들이 모여 이룬 마을이라는 의미로, 부라쿠민은 전근대 일본의 신분제하에서 최하층에 위치했던 불가촉천민을 지칭한다. 이들은 신분제 폐지 이후에도 여전히 천민집단의 후예로 간주되어 일본사회에서 차별대상이 되고 있다._역자 주

PIUS UTOMI EKPEI/Getty Images

스크래블 세계 챔피언 2015년에 나이지리아팀이 스크래블(철자가 적힌 플라스틱 조각들로 글자 만들기를 하는 보드 게임의 하나) 세계 챔피언십 대회에서 당당히 단체전 정상에 올랐다. 여섯 명의 멤버 중에서 개인전 세계 챔피언인 웰링턴 지게러(가운데 인물)를 포함하여 다섯 명이 상위 50명에 포함되었다.

인종은 깔끔하게 정의된 생물학적 범주가 아니다. 인종은 무엇보다도 잘 정의된 신체적 경계가 없는 사회적 구성 개념이다. 각 인종은 지역적으로 이웃한 인종과 경계도 없이 혼재한다(Helms et al., 2005; Smedley & Smedley, 2005). 미국에 살고 있는 160,000명이 넘는 사람의 유전자 분석에서 보면, 아프리카 혈통이 28% 미만인 사람 대부분은 자신이 백인이라고 말하였으며, 28% 이상인 사람 대부분은 아프리카계 미국인, 즉 흑인이라고 말하였다(Byrc et al., 2015). 게다가 혼혈이 증가함에 따라서 점점 더 많은 사람이 자신을 특정 인종으로 범주화시키는 것을 거부하고 스스로 다인종 존재임을 인정하고 있다(Pauker et al., 2009).

동일 집단 내의 검사 점수에서 세대 간 차이가 존재한다. 오늘날 영양상태가 우수하고, 좋은 교육을 받으며, 검사에 대한 준비가 잘 되어있는 집단의 지능검사 점수는 1930년대 집단의 점수를 능가하는데, 그 차이는 오늘날 미국 백인과 흑인의 평균 점수 간의 차이보다도 훨씬 크다(Flynn, 2012; Pietschnig & Voracek, 2015; Trahan et al., 2014). 한 개관 연구는 오늘날 사하라 이남지역에 거주하는 아프리카인들의 평균 점수는 1948년 영국 성인의 점수와 동일하다는 사실을 지적하였다(Wicherts et al., 2010). 이러한 세대 간 차이를 유전적 요인 탓으로 돌릴 수는 없다.

학교 교육과 문화가 중요하다. 빈부 격차가 엄청난 국가도 부자와 가난한 사람들 간의 상당한 지능검사 점수의 간극을 나타내는 경향이 있다(Nisbett, 2009). 중국과 터키에서 가난한 지역의 주민이 가장 낮은 점수를 보이며, 부유한 지역의 주민이 가장 높은 점수를 보인다(Lynn et al., 2015, 2016). 이에 덧붙여서 유치원 다니기, 학교 교육방식, 연간 등교일수 등과 같은 교육정책이 지능검사와 성취검사에서의 국가 간 차이를 예측한다(Lynn & Vanhanen, 2012; Rindermann & Ceci, 2009). 600,000명의 학생을 분석한 결과를 보면, 학교를 1년 동안 더 다니는 것이 1~5점의 부가적인 지능검사 점수를 예측하였다(Ritchie & Tucker-Drob, 2018). 학교를 다니는 것이 뛰어난 지능을 보장하는 것이다.

수학 성취도, 적성검사에서의 차이, 그리고 특히 성적은 능력보다는 성실성을 반영하는 것일 수 있다(Poropat, 2014). 대학에서 여학생은 부분적으로 더 높은 성실성 덕분에 동일한 능력의 남학생을 압도한다(Keiser et al., 2016). 전반적으로 아시아계 학생이 그러한 시험에서 북미 학생을 압도하는데, 학교에서든 방과 후에든 공부하는 데 더 많은 시간을 할애한다(CMEC, 2018; Larson & Verma, 1999; NCEE, 2018). 이러한 차이는 미국 내에서도 지속되며, 아시아계 학생이 공부하는 데 가장 많은 시간을 할애하며 가장 높은 성적을 획득한다(Hsin & Xie, 2014).

"영국에서 당신의 노예를 구하지 말라. 그들은 너무 어리석어서 절대로 가르칠 수가 없다." 키케로

시대에 따라서 서로 다른 인종 집단이 황금기, 즉 혁혁한 성취의 시대를 경험해왔다. 2,500년 전에는 그리스인과 이집트인 그리고 로마인들의 시대이었다. 8세기와 9세기에는 천재들이 아랍세계에 존재하는 것처럼 보였다. 500년 전에는 아즈텍 인디언과 북유럽인의 시대였다. 문화는 세기에 걸쳐서 흥망성쇠를 반복한다.

인출 연습

RP-2 지능검사 점수의 유전성은 농경사회나 귀족사회보다 평등한 기회가 특징인 사회에서 더 크다. 그 이유는 무엇인가?

답은 부록 E를 참조

편향의 문제

LOQ 10-17 지능검사는 편향되거나 불공정한 것인가? '고정관념 위협'이란 무엇이며, 이것이 피검사자의 수행에 어떤 영향을 미치는가?

지능검사 점수에서 집단 차이가 있다는 사실은 그러한 차이가 검사에 내포되어 있느냐는 물음으로 이끌어간다. 지능검사의 실시는 사람들을 적합한 기회로 안내하는 건설적인 방법인가? 아니면 과학으로 위장한 강력한 차별을 위한 무기인가? 요컨대, 지능검사는 편향되어 있는가? 그 답은 편향에 대한 두 가지 전혀 다른 정의에 달려있다.

편향의 **과학적** 의미는 전적으로 검사가 모든 집단의 미래 행동을 예측하는지 아니면 오직 특정 집단의 미래 행동만을 예측하는지에 달려있다. 예컨대, SAT가 여학생의 성취만을 정확하게 예측하고 남학생의 성취를 예측하지 못한다면, 그 검사는 편향된 것이다. 이 용어의 과학적 의미에서 볼 때, (미국 국립연구위원회의와 미국심리학회 지능 태스크포스가 요약하고 있는 것처럼,) 심리학자들 간에 거의 합의된 사항은 미국의 주요 적성검사들이 편향되지 않았다는 것이다(Berry & Zhao, 2015; Neisser et al., 1996; Wigdor & Garner, 1982). 검사의 예측타당도는 남녀, 인종, 민족성, 사회경제적 지위 등에 관계없이 대체로 동일하다. 만일 95점이라는 지능검사 점수가 평균보다 약간 낮은 성적을 예측한다면, 그 예측은 대체로 모든 사람에게 동일하게 적용된다.

그렇지만 일상 언어에서는 검사가 공평하지 않다면, 즉 검사 점수가 피검사자의 문화 경험의 영향을 받는다면, 그 검사는 '편향적'이라고 생각할 수 있다. 실제로 이러한 편향은 1900년대 초기에 동유럽 이민자에게서 나타났다. 새로운 문화에 관한 질문에 답하기 위한 경험이 부족하였던 많은 사람이 '정신박약'으로 분류되었던 것이다. 만일 편향을 이러한 대중적 의미에서 사용한다면, 지능검사는 공정하지 않은 것으로 간주할 수 있다(비록 과학적으로는 편향되지 않았더라도 말이다). 왜냐고? 지능검사가 피검사자의 기존 능력을 측정하고 있는데, 그 능력은 부분적으로 교육과 경험을 반영하고 있기 때문이다.

여러분은 예컨대 컵은 받침과 함께 존재하는 것처럼, 중산층을 전제로 하는 지능검사 항목의 예들을 보았을 것이다. 이러한 검사 항목은 컵 받침을 사용하지 않는 사람에게 부정적으로 편향되어 있다. 이러한 문항이 검사 성과에서 문화 간의 차이를 설명해줄 수 있는가? 만일 그렇다면, (모국어가 다를 수도 있는) 잠재적인 능력을 가지고 있는 아이들을 막다른 골목과 같은 사회집단과 직업으로 내모는 차별 도구가 될 수 있다. 따라서 몇몇 지능 연구자는 문화에 공평한 적성검사를 위해서 새로운 단어나 표현 그리고 유추를 학습하는 능력을 평가하는 것과 같은 문화중립 문항을 권장한다(Fagan & Holland, 2007, 2009).

기존의 적성검사를 옹호하는 사람들은 인종 간의 차이가 숫자 거꾸로 세기와 같은 비언어적 문항에서도 나타난다는 사실을 지적해왔다(Jensen, 1983, 1998). 나아가서 이들은 한 집단의 점수가 낮다고 검사를 비난하는 것은 나쁜 소식을 전한다고 소식전달자를 비난하는 것과 같다고 덧붙인다. 불평등한 경험과 기회에 노출된 것을 가지고 어째서 검사를 비난하는 것인가? 만일

고정관념 위협 자신이 부정적 고정관념에 근거하여 평가될 것이라는 자기확증적 우려

영양 결핍으로 인해서 사람들이 성장 장애로 고통받는다면, 여러분은 그 사실을 나타내는 척도를 비난할 것인가? 만일 불평등한 과거 경험이 미래의 불평등한 성취를 예측한다면, 타당한 적성검사는 그러한 불평등을 탐지해낼 수 있어야 한다는 것이다.

이 책 전반에 걸친 많은 맥락에서 보았던 것처럼, 기대와 태도는 지각과 행동에 영향을 미칠 수 있다. 검사 제작자의 경우에도 기대가 편향을 불러올 수 있다. 피검사자에게는 기대가 자기충족적 예언이 될 수 있는 것이다.

인출 연습

RP-3 문화적으로 편향된 검사와 과학에서 편향된 검사 간의 차이는 무엇인가?

답은 부록 E를 참조

피검사자의 기대 스티븐 스펜서와 동료들(1997)이 대등한 능력을 소유한 남녀 학생에게 어려운 수학검사를 실시하였을 때, 남학생이 여학생을 압도하였다. 그렇지만 검사에서 여학생도 남학생 못지않게 잘할 수 있다고 기대하도록 유도한 경우에는 차이가 없었다. 그런 기대를 유도하지 않은 경우에는 무엇인가 여학생들의 검사 결과에 부정적인 영향을 미쳤다. 위협의 기운이 감돌고 있었던 것이다(Spencer et al., 2016). 스펜서(2002)는 흑인 학생에게서 이러한 자기충족적인 **고정관념 위협**(stereotype threat) 현상을 관찰하였는데, 언어 적성검사를 실시하기 직전에 자신의 인종을 생각하게 하였을 때 흑인 학생들의 수행이 떨어졌던 것이다. 후속 실험은 부정적 고정관념을 가지고 있는 소수자들과 여자들이 학업과 전문직의 잠재력을 발현하지 못할 수 있다는 사실을 확증해왔다(Grand, 2016; Nguyen & Ryan, 2008; Walton & Spencer, 2009). 만일 여러분과 같은 집단이나 유형의 사람은 특정 검사나 과제를 잘 해내지 못하기 십상이라고 걱정하고 있다면, 자기의심과 자기감시가 작업기억을 장악하고 주의, 수행, 학습 등의 성과를 손상시킬 수 있다(Hutchison et al., 2013; Inzlicht & Kang, 2010; Rydell et al., 2010). 비판자들은 상황 요인이 고정관념 위협의 효과를 감소하거나 제거할 수 있기 때문에, 그 효과는 애초에 생각하였던 것보다 미약하다고 주장한다(Flore & Wicherts, 2015; Flore et al., 2019).

고정관념 위협은 미국에서 검사를 백인이 실시할 때보다 흑인이 실시할 때, 흑인 학생들이 높은 점수를 받는 이유를 설명하는 데 도움을 준다(Danso & Esses, 2001). 이 사실은 흑인 교사보다 흑인 학생에 대해 낮은 기대를 가지고 있는 흑인이 아닌 교사가 미칠 수 있는 영향을 함축한다(Gershenson et al., 2016). 또한 남자 피검사자가 없을 때 여자들이 수학검사에서 더 높은 점수를 받는 이유에 대한 통찰도 제공해준다. 그리고 남자들이 매우 유능한 여자의 존재로 위협을 느끼지 않으면서 자신의 업무를 수행할 때, 전통적인 여성 직업(초등학교 교사, 아동보호사 등)을 지속하려고 하는 이유를 설명해준다(Doyle & Voyer, 2016; Kalokerinos et al., 2018). 더 우수한 성과를 기대할 수 있는 사람들로부터 차단하는 것이 최선을 다하고 있다는 자신감을 제공할 수 있다.

"수학 강의는 어려워!" 말하는 인형 '틴 토크(Teen Talk) 바비'의 말(1992)

이러한 연구에 근거하여 몇몇 연구자는 학생들에게 성공하지 못할 수도 있다고 믿게 만드는 것이 고정관념으로 작용하여 성과를 잠식시킬 수 있다고 결론 내리고 있다. 때로는 '소수자 지원' 구제 프로그램이 의도하지 않게 이러한 효과를 내기도 한다(Steele, 1995, 2010).

다른 연구팀은 학생들이 자신의 가장 중요한 가치에 관하여 글을 쓰는 자기확신 훈련이 가지고 있는 이점을 입증해왔다(Borman et al., 2019; Ferrer & Cohen, 2018; Logel et al., 2019). 사

회적으로 혜택을 받지 못하는 대학생은 자신의 잠재력을 믿거나 다양한 삶의 경험을 긍정적으로 생각하거나 소속감을 증가시키고자 시도할 때, 더 높은 학점을 받고 낮은 자퇴율을 나타냈다 (Broda et al., 2018; Sarrasin et al., 2018; Townsend et al., 2019).

* * *

그렇다면 적성검사와 편향에 대해서 현실적으로 어떤 결론을 내릴 수 있겠는가? 서로 다른 집단에 관해 타당한 통계적 예측을 하지 못한다는 과학적 의미에서는 편향적이지 않다. 그렇지만 한 가지 의미, 즉 문화 경험이 초래하는 수행 차이에 대한 민감도라는 의미에서는 편향적이다. 검사는 차별적인가? 이 물음의 답도 '그렇다'이기도 하고 '아니다'이기도 하다. 한 가지 의미에서는 그렇다. 검사의 목적은 변별하려는 것, 즉 개인들 간의 차이를 알아내려는 것이다. 또 다른 의미에서는 아니다. 검사의 목적은 학업과 직업 선택에 관한 주관적 기준에 의존하지 않도록 함으로써 차별을 제거하려는 것이다. 예컨대, 공무원 적성검사는 정치적, 인종적, 민족적, 성별의 차별을 제거함으로써 지원자들을 보다 공정하고 객관적으로 변별할 수 있도록 개발되었다. 적성검사의 사용을 금지시키게 되면, 개인적 견해와 같은 다른 고려사항에 의존해서 입학을 허가하거나 직원을 선발하게 만들어버린다.

아마도 심적 능력 검사의 목표는 세 가지가 되어야 하겠다. 첫째, 알프레드 비네가 예측한 지능검사의 이점, 즉 발달 초기에 개입함으로써 가장 도움을 많이 받을 수 있는 아동을 확인해낼 수 있게 해준다는 이점을 인식해야 한다. 둘째, 지능검사 점수가 개인의 가치와 고정된 잠재능력을 곧이곧대로 측정하는 것이라고 잘못 해석할 수도 있다는 비네의 걱정을 유념해야만 한다. 셋째, 지능검사가 측정하는 능력이 중요하다는 사실을 명심하여야 한다. 그 능력은 인생이라는 행로에서의 성공에 도움을 준다. 그렇지만 지능검사 점수는 단지 개인 능력의 한 측면만을 반영할 뿐이다(Stanovich et al., 2016). 여러 유형의 창의성, 재능, 품성 등이 중요한 것처럼, 합리성, 현실지능, 정서지능 등도 중요한 것이다.

명심할 사항 : 성공의 길은 다양하게 존재한다. 사람들 간의 차이는 인간 적응성의 다양성을 보여주는 것이다. 삶의 위대한 성취는 무엇인가를 할 수 있는 능력뿐만 아니라 무엇인가를 하겠다는 동기에서도 유래하는 것이다. '능력+근면성=성취'인 것이다.

"거의 모든 삶의 즐거움은 지능검사 측정 너머에 존재한다." 매들린 렝글, 『고요의 주기』(1972)

"(아인슈타인은) 천재는 두뇌에 끈기의 제곱을 더한 것임을 보여주었다." 월터 아이작슨, "아인슈타인의 마지막 탐구"(2009)

인출 연습

RP-4 어떤 심리학 원리가 함께 검사를 받는 사람 중에 남자가 한 명도 없을 때 여자들이 수학검사에서 높은 점수를 받는 경향성을 설명하는 데 도움을 주겠는가?

답은 부록 E를 참조

 개관 지능에 대한 유전 영향과 환경 영향

학습목표

자기검증 개념 파악을 증진시키도록 (부록 D의 답을 확인해보기에 앞서) 여러분 자신의 표현으로 여기서 반복하는 학습목표 물음에 답해보라 (McDaniel et al., 2009, 2015).

LOQ 10-13 유전성이란 무엇인가? 쌍둥이 연구와 입양아 연구는 지능의 선천성과 후천성에 대해서 무엇을 알려주는가?

LOQ 10-14 환경 요인은 인지 발달에 어떤 영향을 미치는가?

LOQ 10-15 심적 능력 점수에서 성별 차이는 얼마나 나타나며 그 이유는 무엇인가?

LOQ 10-16 인종집단과 민족집단이 심적 능력 점수에서 어떤 차이를 보이며 그 이유는 무엇인가?

LOQ 10-17 지능검사는 편향되거나 불공정한 것인가? '고정관념 위협'이란 무엇이며, 이것이 피검사자의 수행에 어떤 영향을 미치는가?

기억해야 할 용어와 개념들

자기검증 여러분 자신의 표현으로 정의를 적어본 후에 답을 확인해보라.

고정관념 위협 성장 마음갖춤새 유전성

학습내용 숙달하기

자기검증 여러분 자신의 표현으로 다음 물음에 답한 후에 부록 E에서 답을 확인해보라.

1. 다음 중에서 지능의 유전성이 대략 50%라고 말하는 것의 의미는 어느 것인가?

a. 개인 지능의 50%가 유전 요인에 달려있다.

b. 두 집단 간 유사성의 50%가 유전자 탓이다.

c. 한 집단 내 지능 변산성의 50%가 유전 요인 때문이다.

d. 지능의 50%는 어머니 유전자 덕분이고 나머지는 아버지 유전자 덕분이다.

2. 다음 중에서 지능에 대한 유전 영향을 가장 강력하게 지지하는 결과는 어느 것인가?

a. 일란성 쌍둥이는 거의 동일한 지능검사 점수를 나타내지만 형제들은 그렇지 않다.

b. 이란성 쌍둥이의 지능검사 점수 간 상관은 다른 형제들의 상관보다 높지 않다.

c. 입양 형제 간 심적 유사성은 연령에 따라 증가한다.

d. 열악한 가정의 아동들은 유사한 지능검사 점수를 나타낸다.

3. 다음 중에서 지능 발달에 가장 명확하고도 큰 효과를 갖는 환경 요인은 어느 것인가?

a. 정상 유아를 만 1세 이전에 심화학습 프로그램에 참가시킨다.

b. 경제적으로 열악한 가정이나 동네에서 성장한다.

c. 극단적 결손 상태에서 성장한다.

d. 일란성 쌍둥이가 된다.

4. __________은 검사에서 잘 해낼 수 있다는 피검사자의 신념을 와해시킴으로써 형편없는 검사 수행으로 이끌어갈 수 있다.

Tomas Rodriguez/Getty Images

동기 : 배고픔, 성, 소속감, 그리고 성취

저자(마이어스)는 새로운 심리학개론 강의시간에 첫 번째 토론 질문을 던졌던 것을 선명하게 기억하고 있다. 여러 명이 손을 들었는데, 한 명은 왼쪽 발을 치켜들었다. 그 발은 크리스 클라인의 것이었는데, 그는 이 수업에 참가할 가능성이 가장 낮은 학생이었다. 크리스는 출산할 때 40분에 걸친 심폐소생술이 필요할 만큼 산소 결핍으로 고통받았다. 그의 어머니는 "한 의사는 그대로 떠나보내기를 원하였다."라고 회상하였다.

그 결과로 심각한 뇌성마비가 생겼다. 근육 운동을 제어하는 두뇌영역이 손상됨으로써, 움직이는 손을 제어할 수가 없다. 혼자서는 먹거나 옷을 입거나 자신을 관리할 수 없다. 심지어 말을 할 수도 없다. 그렇지만 크리스가 가지고 있는 것은 날카로운 마음과 움직일 수 있는 왼발이다. 그 발을 가지고 전동 휠체어에 장착한 조이스틱을 제어한다. 엄지발가락을 사용하여 문장을 타이핑할 수 있는데, 그의 소통 시스템이 그 문장을 저장하거나 이메일로 보내거나 말을 대신해줄 수 있다. 크리스는 동기를 가지고 있으며, 그것도 정말로 엄청난 동기를 가지고 있다.

크리스가 미국 시카고 교외에서 고등학교를 다니고 있을 때, 세 명의 교사는 그가 대학에 진학하기 위하여 집을 떠날 수 있을지 의심하였다. 그럼에도 그는 굽히지 않았으며, 많은 도움을 받으면서 내가 재직하고 있는 대학으로의 모험을 시도하였다. 5년 후, 학위증을 받기 위해 그가 왼발을 이용하여 단상을 가로질러 이동하자, 경탄해 마지않는 급우들은 기립박수로 그의 성취에 찬사를 보냈다.

현재 크리스는 학교, 교회, 지역사회 행사 등의 감동적인 연사이며, '소리를 듣지 못하는 사람들에게 이야기를 전달하고 장애자들에게 도움의 손길'을 내밀고 있다. 그는 '엄지발가락의 교훈'이라는 제목의 책을 집필하고 있다. 그리고 사랑을 찾아서 결혼도 하였다.

크리스 클라인의 도전거리와 같은 것에 직면하는 사람은 거의 없지만, 모든 사람은 만족과 성공을 가져올 방향으로 에너지를 쏟고자 애를 쓴다. 배고픔이나 성과 같은 생물학적 동기에 이끌리며, 친애나 성취와 같은 사회적 동기가 모든 사람을 이끌어간다. 살아남고 배우며 사랑하려는 크리스 클라인의 맹렬한 의지는 삶에 활력을 불어넣고 그 삶을 이끌어가는 동기의 핵심을 집중 조명하고 있다.

심리학자들이 어떻게 동기를 연구해왔는지를 살펴보는 것으로 시작해보자.

동기의 기본 개념

Katie Green/MLIVE.COM

동기화된 사나이 크리스 클라인 자신의 이야기를 전하는 크리스를 보려면, tinyurl.com/ChrisPsychStudent를 방문해보라.

학습목표 물음 LOQ **11-1** 심리학자들은 동기를 어떻게 정의하는가? 네 가지 핵심 동기 이론은 무엇인가?

동기(motivation)는 선천성(신체의 '추진력')과 후천성(개인 경험, 사고, 문화 등이 '잡아당기는 힘')의 상호작용에서 발생한다. 동기는 행동을 주도한다. 일반적으로는 더 나아지려는 것이지만, 항상 그런 것은 아니다. 동기가 고갈되면, 삶은 엉망진창이 된다. 예컨대, **물질 남용 장애자의** 경우에는 중독성 물질의 갈망이 생활의 유지, 안전, 사회적 지원 등의 소망을 압도해버린다.

심리학자들은 동기행동을 이해하고자 시도하는 과정에서 다음과 같은 네 가지 조망에서 동기를 바라다보았다.

- **본능 이론**(오늘날에는 **진화적 조망**으로 대치되었다)은 유전적 소인을 가지고 있는 행동에 초점을 맞춘다.
- **추동감소 이론**은 내적 추진력과 외적 제어에 반응하는 방식에 초점을 맞춘다.
- **각성 이론**은 최적의 자극 수준을 찾아내는 데 초점을 맞춘다.
- **에이브러햄 매슬로우의 욕구 위계**는 동기의 우선순위에 초점을 맞춘다.

본능과 진화론

어떤 복잡행동을 **본능**(instinct)으로 평가하기 위해서는 그 행동이 동물종의 모든 개체에 걸쳐 고정된 패턴을 가지고 있어야 하며 학습한 것이 아니어야 한다(Tinbergen, 1951). 학습하지 않은 행동에는 새의 각인, 연어의 귀소행동 등이 포함된다. 유아의 젖찾기 반사와 빨기 반사와 같은 몇 가지 인간 행동도 학습하지 않은 고정된 패턴을 나타낸다. 20세기 초반부에 유행하였던 **본능 이론**은 본능을 동기의 출처로 간주하였다. 그렇지만 보다 많은 행동은 생리적 욕구와 심리적 필요성이 주도한다.

동기 행동을 하게 하고 방향 지어주는 욕구나 원망

본능 한 동물종에서 철저하게 패턴화되어 있으며, 학습하지 않은 복잡한 행동

Annika Erickson/Getty Images

James Warwick/Science Source

동일한 동기, 상이한 신경구조 신경계가 복잡할수록, 유기체는 적응적이다. 이 여성과 위버새는 모두 자신이 물려받은 능력을 반영하는 방식으로 주거지의 욕구를 만족시키고 있다. 인간의 행동은 융통성을 보인다. 집을 짓는 데 필요한 기술은 어느 것이나 학습할 수 있다. 새의 행동 패턴은 고정적이다. 즉 그림과 같은 둥지만을 지을 수 있다.

본능이 대부분의 인간 동기를 설명할 수는 없지만, 그 기저 가정, 즉 유전자가 몇몇 종 특유 행동의 소인을 이룬다는 가정은 **진화심리학**에 여전히 남아있다. 제7장에서는 생물학적 소인이 조건형성에 가하는 제약을 논의하였다. 뒤에서 진화가 공포, 도움행동, 낭만적 매력 등에 어떤 영향을 미쳐왔는지를 보게 될 것이다.

생리적 욕구 기본적인 신체의 요구

추동감소 이론 생리적 욕구가 유기체로 하여금 그 욕구를 만족시키도록 동기화하는 각성된 긴장 상태(추동)를 만들어낸다는 이론

항상성 일정한 내적 상태를 유지하려는 경향성. 혈당과 같은 신체의 화학적 상태를 특정한 수준으로 조절하는 것

유인자극 행동을 동기화하는 긍정적이거나 부정적인 환경 자극

추동과 유인자극

사람들은 선천적 소양에 덧붙여 추동을 가지고 있다. **생리적 욕구**(physiological need, 예컨대, 음식이나 물)는 그 욕구를 감소시키고자 압박하는 각성되고 동기화된 상태, 즉 추동(예컨대, 배고픔이나 갈증)을 만들어낸다. **추동감소 이론**(drive-reduction theory)은 생리적 욕구가 증가하면 예외 없이 그 욕구를 감소시키려는 심리적 추동도 증가한다고 설명한다.

추동감소는 신체가 **항상성**(homeostasis), 즉 안정된 내적 상태를 유지하는 한 가지 방법이다. 예컨대, 신체는 온도조절기와 유사한 방식으로 체온을 조절한다. 두 시스템은 모두 피드백 루프를 통해서 작동한다. 즉, 센서가 방의 온도를 조절장치에 피드백한다. 만일 방의 온도가 너무 낮으면, 조절장치는 보일러의 스위치를 작동시킨다. 마찬가지로 체온이 너무 낮으면, 체온을 보존하기 위하여 혈관이 수축하며, 옷을 더 많이 껴입거나 따뜻한 장소를 찾으려는 추동 상태가 된다(그림 11.1).

욕구 (음식, 물)	→	추동 (배고픔, 갈증)	→	추동감소 행동 (먹기, 마시기)

그림 11.1
추동감소 이론 추동감소 동기는 항상성, 즉 일정한 내적 상태를 유지하려는 유기체의 선천적 경향성에서 유래한다. 따라서 만일 물을 박탈하면, 갈증 추동이 물을 마셔 신체의 정상 상태를 회복하도록 이끌어간다.

사람은 욕구로 인해서 추동을 감소시키고자 할 뿐만 아니라 **유인자극**(incentive), 즉 유혹하거나 밀쳐내는 긍정적이거나 부정적인 환경 자극의 영향도 받는다. 긍정적 자극은 도파민 수준을 증가시켜, (음식이나 성과 같은) 기저 추동이 적극적인 충동이 되도록 만든다(Hamid et al., 2016). 그리고 그러한 충동이 만족되고 강화될수록, 추동도 강력해진다. 로이 바우마이스터(2015)가 언급한 바와 같이, "얻게 되면 더 많은 것을 원하게 된다." 배가 고프면 좋은 음식의 향기가 여러분을 동기화시킨다. 그 향기가 볶은 땅콩에서 오는 것인지 아니면 구운 독거미에서 오는 것인지는 여러분의 문화와 경험에 달려있다. 유인자극도 부정적인 것일 수 있다. 만일 소셜미디어에서 다른 사람을 괴롭혀서 못된 사람으로 찍히게 되면, 그러한 부정적 유인자극이 행동을 변화시키려는 동기를 유발할 수 있다.

욕구와 유인자극이 동시에 존재할 때, 더욱 강력한 추동을 느낀다. 배고픈 사람이 피자 굽는 냄새를 맡으면 강력한 배고픔 추동을 느끼며, 굽고 있는 피자는 억누르기 힘든 유인자극이 된다.

여키스-닷슨 법칙 성과는 일정 수준까지 각성과 함께 증가하며, 그 수준을 넘어서면 성과가 떨어진다는 원리

욕구 위계 인간 욕구에 대한 매슬로우의 피라미드. 가장 밑바닥에 우선적으로 만족되어야만 하는 생리적 욕구로 시작하여, 그 위에 안전 욕구가 존재하며, 그런 다음에 심리적 욕구들이 위치한다.

따라서 각각의 동기에 대해서 "이 동기가 생득적인 생리적 욕구와 환경에 존재하는 유인자극에 의해서 어떻게 유도되는 것인가?"라는 물음을 제기할 수 있다.

각성 이론

그렇지만 사람이 단지 항상성만을 추구하는 시스템은 아니다. 어떤 동기행동은 실제로 각성을 감소시키기보다는 증가시키기도 한다. 먹이를 충분히 섭취한 동물은 아무런 욕구 기반 추동도 없어 보이는데도 집을 벗어나 정보를 탐색하고 얻는다. 원숭이는 열어보았자 아무것도 주어지는 것이 없는 자물쇠를 단지 호기심으로 열어보려고 씨름하거나, 그저 밖을 내다볼 수 있을 뿐인 창문을 열려고 시도하기도 한다(Butler, 1954). 호기심은 이제 막 돌아다니기 시작한 유아로 하여금 집안 구석구석을 뒤져보도록 이끌어간다. 한 실험에서 보면, 호기심은 학생들로 하여금 펜을 클릭하도록 이끌어갔는데, 때때로 그 펜이 전기쇼크를 전달할 때조차도 그러하였다(Hsee & Ruan, 2016). 과학자들이 이 책에서 논의하는 연구를 수행하도록 이끌어간 것도 호기심이다. 조지 말로리와 같은 탐험가의 모험도 동기화시킨다. 산악인 조지 말로리는 에베레스트를 등정하려는 이유를 묻자, 잘 알려진 것처럼 "산이 거기에 있기 때문에"라고 답하였다. 때로는 불확실성이 흥분을 초래하고, 이 흥분이 다시 동기를 증폭시킨다(Shen et al., 2015). 말로리와 같이 높은 각성 상태를 즐기는 사람은 강렬한 음악과 새로운 음식 그리고 위험한 행동과 직업을 즐길 가능성이 크다(Roberti et al., 2004; Zuckerman, 1979, 2009). 이들을 **감각추구자**라고 불러왔지만, 위험추구자도 자신의 정서와 행위를 숙달하고자 동기화될 수 있다(Barlow et al., 2013).

따라서 인간 동기는 각성을 제거하는 것이 아니라 최적 수준의 각성을 추구하려는 목표를 가지고 있다. 모든 생물학적 욕구를 만족한 후에는 자극을 경험하려는 추동을 느낀다. 자극이 결여되면 지루함을 느끼고 각성을 증가시킬 수 있는 방법을 찾아 나선다. 전 세계적으로 대부분의 사람은 무엇인가 하는 것을 선호하며, (다른 선택지가 없다면) 심지어 약한 전기쇼크를 스스로 가하기도 한다(Buttrick et al., 2018; Wilson et al., 2014). 사람들이 각성을 높이려는 까닭은 무엇인가? 적절한 각성 그리고 심지어는 불안도 동기를 유발할 수 있으며, 예컨대 더 높은 수준의 수학 성취로 이끌어가기도 한다(Wang et al., 2015c). 그렇지만 지나치게 많은 자극이나 스트레스는 각성을 낮추는 방법을 찾으려는 동기를 유발한다. 실험에서 보면, 사람들은 이메일이나 전화가 항상 접속 가능할 때보다 제한을 두었을 때 스트레스를 덜 경험하였다(Fitz et al., 2019; Kushlev & Dunn, 2015).

20세기 초반에 두 심리학자가 각성과 수행 간의 관계를 연구하여, 적당한 각성이 최적의 수행으

호기심 새끼 원숭이와 아동은 예전에 한 번도 다루어보지 않았던 물건에 매료된다. 비교적 친숙하지 않은 것을 탐색하려는 충동은 즉각적인 생리적 욕구를 채워주지 않는 여러 동기 중의 하나다.

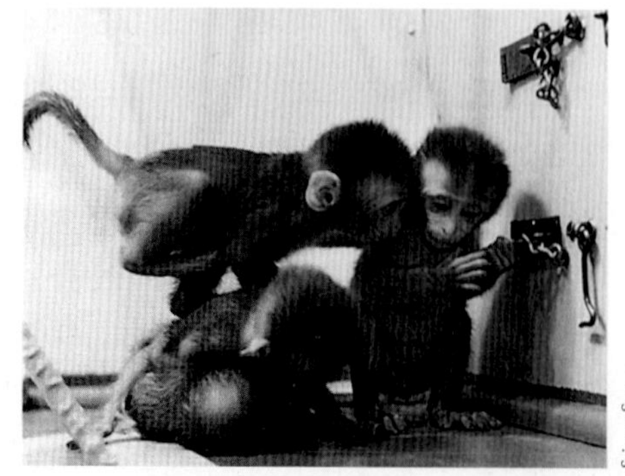

Science Source

Glenn Swier

로 이끌어간다는 **여키스-닷슨 법칙**(Yerkes-Dodson law)을 찾아냈다(Yerkes & Dodson, 1908). 시험을 볼 때 적당히 각성하는 것, 즉 깨어있지만 신경증적으로 떨지 않는 것이 도움을 준다. (이미 불안하다면, 카페인으로 더욱 각성되지 않는 것이 좋다.) 지루한 낮은 각성과 불안한 과잉각성 사이에, 번성하는 삶이 놓여있는 것이다. 최적 각성 수준은 과제의 영향을 받는다. 어려운 과제일수록 최선의 수행을 위해서는 낮은 각성이 필요하다(Hembree, 1988).

자문자답하기

지루함이 무엇인가 새로운 것을 알아내기 위하여 어떤 일을 하도록 여러분을 동기화시키는가? 최근에 언제 그러한 일이 일어났으며, 무엇을 알아냈는가?

인출 연습

RP-1 어려운 과제에서는 낮은 각성 수준에서, 쉽거나 친숙한 과제에서는 높은 각성 수준에서 성과가 최고점에 이른다. (a) 이 현상은 마라톤선수에게 어떤 영향을 미치겠는가? (b) 이 현상은 어려운 시험에 직면하고 있는 불안한 응시자에게 어떤 영향을 미치겠는가?

답은 부록 E를 참조

욕구 위계

어떤 욕구는 다른 욕구보다 우선권을 갖는다. 이 순간에 만일 공기와 물의 욕구를 만족하고 있다면, 공부하고 성취하려는 욕망과 같은 다른 동기가 여러분에게 에너지를 공급하고 행동을 이끌어갈 것이다. 만일 물에 대한 욕구를 만족시키지 못한 상태라면, 갈증이 다른 욕구를 압도해버린다. 공기가 결핍되어 있다면, 갈증 욕구는 사라지고 말 것이다.

"배고픔은 가장 시급한 형태의 가난이다." 기아종식 시민연대(2002)

에이브러햄 매슬로우(1970)는 이러한 우선성을 **욕구 위계**(hierarchy of needs)라고 기술하였으며, 다른 연구자들이 나중에 피라미드로 표현하였다(Bridgman et al., 2019; 그림 11.2). 음식과

자기초월 욕구
자기를 넘어선 의미와 정체성을 찾으려는 욕구

자아실현 욕구
자신의 모든 독특한 잠재력을 달성하는 욕구

존중 욕구
자존감, 성취, 유능감, 그리고 독립성에 대한 욕구, 타인에게 인정받고 존중받고자 하는 욕구

소속과 사랑 욕구
사랑하고 사랑받으려는 욕구, 소속되고 수용되고자 하는 욕구, 외로움과 소외감을 피하려는 욕구

안전 욕구
세상은 체제화되고 예측 가능하다고 느끼려는 욕구, 안전감과 안정감의 욕구

생리적 욕구
배고픔과 갈증을 해소하려는 욕구

Lionsgate/Photofest © Lionsgate

그림 11.2
매슬로우의 욕구 위계 수잔 콜린스의 소설『헝거게임』에 등장하는 국가인 판엠의 국민들은 지도자들로 인해서 거의 아사 직전으로 몰린다. 주인공 캣니스는 자기실현과 초월이라는 높은 수준의 욕구를 표현하며, 그 과정에서 국가를 고취시킨다.

물의 욕구와 같은 생리적 욕구가 피라미드의 최저층에 위치한다. 이 욕구를 만족한 후에라야 안전 욕구를 만족시키고자 시도하며, 그 후에 인간에게만 독특한 사랑을 주고받으려는 욕구와 자존감을 즐기려는 욕구를 만족시키고자 시도한다. 이 욕구를 넘어서면 자신의 모든 잠재력을 달성하려는 욕구가 존재한다고 매슬로우(1971)는 주장하였다.

매슬로우는 말년에 어떤 사람은 **자기초월**의 수준에 도달하기도 한다고 제안하였다. 자기실현 수준에서 사람들은 자신의 잠재력을 실현하고자 추구한다. 자기초월 수준에서는 자기를 넘어서는, 초개인적인 의미와 목표 그리고 교감을 추구한다(Koltko-Rivera, 2006). 매슬로우와 동시대의 정신의학자이며 나치 집단수용소에서 살아남은 빅터 프랭클(1962)은 의미의 추구가 중요한 인간 동기라는 데 동의하며 다음과 같이 말하였다. "삶은 상황이 아니라 의미와 목적의 결여에 의해서만 견딜 수 없는 것이 되어버린다."

갤럽이 132개 국가의 사람들에게 "여러분의 삶은 중요한 목표나 의미를 가지고 있다고 느끼고 있습니까?"라고 물었더니, 91%가 그렇다고 답하였다(Oishi & Diener, 2014). 자신의 삶이 **목적**(목표), **의의**(가치), **응집력**(감성) 등을 가지고 있는 것으로 경험할 때 사람들은 의미를 느낀다. 이것은 강력한 사회적 연계, 종교적 신념, 질서정연한 세상, 사회적 지위 등이 배양하는 감정을 일컫는다(King et al., 2016; Martela & Steger, 2016). 삶의 의미에 대한 사람들의 이해는 심리적 안녕감과 생리적 안녕감 그리고 만족을 지연시킬 수 있는 능력 등을 예측한다(Heine et al., 2006; Van Tongeren et al., 2018). 의미가 중요하다.

매슬로우 위계의 순서는 보편적으로 고정된 것이 아니다. 미국의 여성 참정권론자인 앨리스 폴은 정치적 입장을 밝히기 위하여 단식을 하였다(그 결과로 교도관의 강제 급식을 견디어내야 하였다). 문화도 우선권에 영향을 미친다. 가족이나 지역사회보다는 개인적 성취에 초점을 맞추는 경향이 있는 개인주의 국가에서는 자존감이 매우 중요하다(Oishi et al., 1999). 오늘날의 심리학자들은 매슬로우의 기본적인 욕구 수준에 동의하지만, 배우자를 얻고 관계를 유지하는 것, 후손을 양육하는 것, 사회적 지위를 소망하는 것도 기본적인 인간 동기라고 언급하고 있다(Anderson et al., 2015; Kenrick et al., 2010).

그렇기는 하지만 어떤 동기가 다른 동기보다 더 강력하다는 단순한 아이디어는 동기에 관한 틀걸이를 제공해준다. 전 세계적으로 수행한 '삶의 만족도' 조사는 이 기본 생각을 지지하고 있다(Oishi et al., 1999; Tay & Diener, 2011). 의식주를 쉽게 해결하기 어려운 가난한 국가에서는 경제적 만족이 주관적 안녕감을 강력하게 예측한다. 대부분의 사람이 기본 욕구를 만족시킬 수 있는 부유한 나라에서는 사회적 연계가 안녕감을 보다 잘 예측한다.

이러한 고전적인 동기 이론들을 염두에 두고(표 11.1), 이제 네 가지 대표적인 동기를 살펴보자. 배고픔이라는 기본적인 생리적 동기로부터 시작하여 성적 동기를 거쳐서 보다 높은 수준의 욕구인 소속감 동기와 성취동기를 다룰 것이다. 각 수준에서 환경 요인이 생리적 요인과 어떻게 상호작용하는지를 보게 된다.

표 11.1 고전적 동기 이론

이론	핵심 아이디어
본능과 진화 이론	학습하지 않는 종 특유 행동(예컨대, 새의 둥지 짓기, 유아의 젖찾기 반사 등)에는 유전적 기반이 존재한다.
추동감소 이론	생리적 욕구(배고픔이나 갈증 등)는 (음식을 먹거나 물을 마심으로써) 그 욕구를 제거하도록 동기화시키는 각성 상태로 이끌어간다.
각성 이론	적정 각성 수준을 유지하려는 욕구가 (자극을 갈망하거나 정보를 추구하는 것과 같이) 어떤 생리적 욕구도 만족시키지 않는 행동으로 이끌어간다.
매슬로우의 욕구 위계	생존에 기반한 욕구에 우선순위를 부여한 후에, 사회적 욕구 그리고 자존감과 의미에 대한 욕구로 순차적으로 나아간다.

자문자답하기

매슬로우 욕구 위계의 측면에서 여러분 자신의 경험을 생각해보라. 더 높은 수준의 욕구를 배제시킨 배고픔이나 갈증을 경험하였던 것을 기억하는가? 여러분은 대체로 안전하다고 느끼는가? 사랑받는다고, 자신감이 있다고 느끼는가? 얼마나 자주 매슬로우가 '자아실현' 욕구라고 부른 것을 만족시킬 수 있다고 느끼는가? '자기초월' 욕구는 어떤가?

인출 연습

RP-2 낯선 도시에서 여러 시간을 혼자 운전한 끝에, 마침내 식당을 하나 발견하였다. 황량하고 약간은 섬뜩해 보이지만, 너무 배가 고프기 때문에 차를 세웠다. 매슬로우의 욕구 위계는 이 행동을 어떻게 설명하겠는가?

답은 부록 E를 참조

개관 동기의 기본 개념

학습목표

자기검증 개념 파악을 증진시키도록 (부록 D의 답을 확인해보기에 앞서) 여러분 자신의 표현으로 여기서 반복하는 학습목표 물음에 답해보라 (McDaniel et al., 2009, 2015).

 **11-1** 심리학자들은 동기를 어떻게 정의하는가? 네 가지 핵심 동기 이론은 무엇인가?

기억해야 할 용어와 개념들

자기검증 여러분 자신의 표현으로 정의를 적어본 후에 답을 확인해보라.

동기	여키스-닷슨 법칙	추동감소 이론
본능	욕구 위계	항상성
생리적 욕구	유인자극	

학습내용 숙달하기

자기검증 여러분 자신의 표현으로 다음 물음에 답한 후에 부록 E에서 답을 확인해보라.

1. 오늘날의 진화심리학은 본능 이론의 기본 가정이었던 생각을 공유하고 있다. 다음 중 그 생각은 무엇인가?

a. 생리적 욕구가 심리적 상태를 각성시킨다.
b. 유전자가 종 특유 행동을 결정한다.
c. 생리적 욕구가 각성을 증가시킨다.
d. 외부 욕구가 행동을 활성화하고 방향 짓는다.

2. 생리적 욕구의 한 예는 __________이다. 심리적 추동의 한 예는 __________이다.

a. 배고픔; 먹을 것을 찾도록 이끄는 것
b. 먹을 것을 찾도록 이끄는 것; 배고픔
c. 호기심; 각성을 낮추려는 것
d. 각성을 낮추려는 것; 호기심

3. 철수는 친구 집의 부엌에 들어가 빵 굽는 냄새를 맡고는 심하게 배고픔을 느끼기 시작한다. 빵 굽는 냄새는 (유인자극/추동)이다.

4. __________이론은 생리적 욕구를 감소시키지 않은 행동을 설명하고자 시도한다.

5. 어려운 시험을 볼 때처럼 어려운 과제에 직면할 때도 성과를 유지하려면, 각성은 어떤 상태이어야 하는가?

a. 매우 높아야 한다. **b.** 적당해야 한다.
c. 매우 낮아야 한다. **d.** 없어야 한다.

6. 매슬로우의 욕구 위계에 따르면 가장 기본적인 욕구는 음식과 물 등을 포함한 생리적인 것이다. 다음 중 바로 그 위에 위치한 욕구는 어느 것인가?

a. 안전 **b.** 자존감
c. 소속 **d.** 자기초월

배고픔

Pictures/REX/Shutterstock

배고픔이 마음을 장악하다 제이차 세계대전에서 살아남은 루이 잠페리니[소설과 영화 '언브로큰(Unbroken)'의 주인공]는 자신의 전투기와 함께 태평양에 추락하였다. 그와 다른 두 승무원은 47일 동안 표류하면서 가끔씩 새나 물고기로 연명하였다. 배고픔에 압도된 사나이들은 시간을 흘려보내기 위해서 조리법을 되새기거나 엄마가 만들어주시던 가정식을 회상하였다.

생리적 욕구는 강력하다. 앤슬 키스와 그의 연구팀(1950)은 전시 자원자들의 준기아상태를 연구하였는데, 이들은 군입대를 대신한 대체복무로 연구에 참여하였다. 200명의 남자에게 3개월 동안 정상적인 식사를 제공한 후에, 그들 중에서 36명에게 제공하는 음식의 양을 절반으로 줄였다. 준기아 상태의 남자들은 신체가 에너지를 보존함에 따라서 기력이 없고 냉담해졌다. 결국 이들은 체중이 25% 줄어든 수준에서 안정되었다.

보다 극적인 현상은 심리적 효과이었다. 매슬로우의 욕구 위계가 주장하는 것처럼, 이들은 먹을 것에 강박적으로 사로잡혔다. 음식에 대해서 이야기하고 음식 백일몽을 꾸었다. 음식 조리법을 수집하고 요리책을 읽었으며 숨겨져 있는 먹을 것을 찾아내느라 혈안이 되었다. 충족되지 않은 기본욕구에 사로잡히게 되자, 이들은 성과 사회 활동에 대한 관심을 상실하였다. 한 참가자가 보고한 것처럼, "영화를 볼 때, 가장 흥미진진한 장면은 사람들이 먹고 있는 장면입니다. 이 세상에서 가장 웃기는 영화를 보고도 웃을 수 없으며, 사랑을 나누는 장면에서는 완전히 무덤덤합니다." 아사 직전의 남자들이 먹을 것에 사로잡혀 있는 것은 양심을 갉아먹을 정도로 활성화된 동기의 위력을 예증한다.

"배고플 때는 절대 사냥하지 마."

The New Yorker Collection, 2009, Mike Twohy from cartoonbank.com. All Rights Reserved.

"배가 부른 사람은 배고픔 욕구를 이해하지 못한다." 아일랜드 속담

배가 고프거나 목이 마르거나 피로하거나 성적으로 흥분해 있을 때는 다른 어떤 것도 중요해 보이지 않게 된다. 로란 노드그렌과 동료들(2006, 2007)은 암스테르담대학교 연구에서 (피로, 배고픔, 또는 성적 흥분 등으로 인해서) 동기적으로 '뜨거운' 상태에 있는 사람은 그러한 느낌을 자신의 과거에서 쉽게 회상하며, 다른 사람의 행동 추진력으로 지각한다는 사실을 찾아냈다(여러분은 제8장에서 살펴본 이에 상응하는 효과, 즉 현재의 좋거나 나쁜 기분이 기억에 미치는 효과를 기억하고 있는지 모르겠다). 성적으로 동기화되면, 남자들은 미소를 단순한 호의가 아니라 추파로 지각하기 십상이다(Howell et al., 2012). 정말로 동기가 중요한 것이다.

배고픔의 생리학

LOQ 11-2 배고픔을 유발하는 생리적 요인은 무엇인가?

아사 직전이었던 키스의 자원자들은 정상적인 체중과 적절한 영양공급을 유지하도록 설계된 항상성 시스템으로 인해서 배고픔을 느꼈다. 그렇다면 정확하게 무엇이 배고픔을 촉발하는 것인가? 텅 빈 위의 쓰라림인가? A. L. 워시번에게는 그러한 것처럼 보였다. 월터 캐넌과 함께 연구

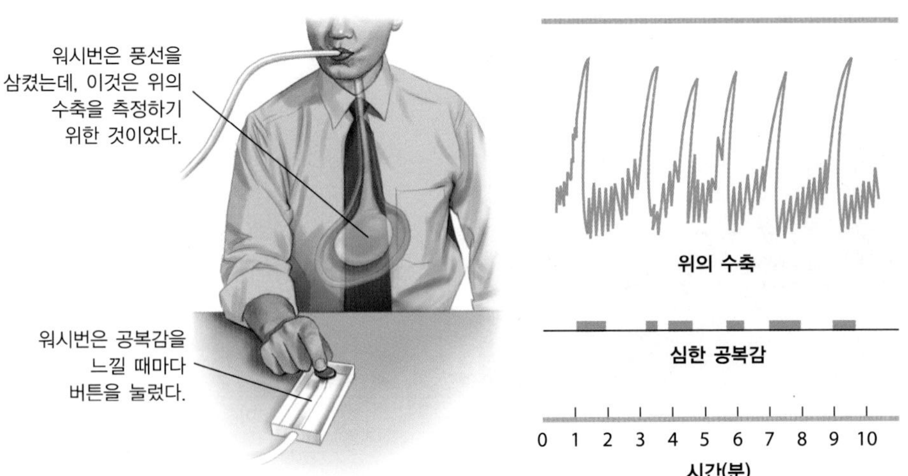
워시번은 풍선을 삼켰는데, 이것은 위의 수축을 측정하기 위한 것이었다.
워시번은 공복감을 느낄 때마다 버튼을 눌렀다.
위의 수축
심한 공복감
0 1 2 3 4 5 6 7 8 9 10
시간(분)

그림 11.3
위 수축 모니터링
(Cannon, 1929에서 인용)

하던 워시번은 기록 장치가 부착된 풍선을 삼키는 데 동의하였다(Cannon & Washburn, 1912; 그림 11.3). 위 속에 들어간 풍선에 공기를 주입하였을 때 풍선은 위의 수축을 기록계에 전달하였다. 워시번은 위의 활동을 감시하면서 배고픔을 느낄 때마다 버튼을 눌렀다. 그 결과는 다음과 같다. 워시번은 배고픔을 느낄 때는 언제나 위를 수축시키고 있었다.

위의 쓰라림이 없이도 배고픔을 경험할 수 있는가? 연구자들은 이 물음에 답하기 위하여 쥐의 위를 제거하고 식도를 소장에 직접 연결시켰다(Tsang, 1938). 쥐가 계속해서 먹었겠는가? 답은 '그렇다'이다. 마찬가지로 궤양이나 암으로 위를 제거한 사람에게서도 배고픔은 계속되었다.

텅 빈 위의 쓰라림이 배고픔의 유일한 원천이 아니라면 또 무엇이 중요한 것인가?

"자연은 삶의 필수적인 것, 즉 성, 먹기, 보호하기 등을 태어날 때부터 두뇌에 심어 놓기 십상이다." 프란스 드 발, "신이 없는 도덕?"(2010)

신체의 화학적 기제와 두뇌

사람과 동물은 에너지 결핍을 방지하고 안정된 체중을 유지하기 위해서 받아들이는 칼로리를 자동적으로 조절한다. 이 사실은 신체가 어떤 방법으로든 신체 어느 곳에서나 가용한 자원을 기록하고 감시하고 있음을 시사한다. 한 가지 자원이 **혈당**(blood glucose)이다. 췌장에서 분비하는 인슐린의 증가는 혈당의 일부분을 지방으로 변환하여 저장함으로써 혈당을 감소시킨다. 혈당 수준이 떨어져도 그 변화를 의식적으로 느끼지는 않는다. 그렇지만 혈액의 화학적 변화와 신체의 내적 상태를 자동적으로 감시하고 있는 두뇌가 배고픔을 촉발한다. (포도당을 저장하고 있는지 아니면 꺼내가고 있는지를 알려주는) 위와 내장 그리고 간의 신호가 두뇌로 하여금 먹도록 동기화할 것인지를 결정하도록 해준다.

두뇌는 어떻게 이 메시지들을 통합하여 경고 신호를 내보내는가? 여러 신경영역이 이 작업을 수행하는데, 어떤 영역은 해마 깊숙한 곳에 그리고 신경회로의 교차점인 시상하부 속에 자리 잡고 있다(Stevenson & Francis, 2017; 그림 11.4a). 예컨대, 궁상핵이라고 부르는 시상하부의 신경망은 입맛을 촉진하는 호르몬을 분비하는 중추를 가지고 있다. 이러한 식욕 촉진 중추를 전기로 자극하면 충분히 먹은 동물이 다시 먹기 시작한다. 이 영역을 파괴하면 굶주린 동물조차도 먹이에 관심을 보이지 않는다. 또 다른 신경중추는 식욕을 억제하는 호르몬을 분비한다. 이 영역을 전기적으로 자극하면 먹기를 중지한다. 이 영역을 파괴하면 끊임없이 먹어서는 극단적인 비만 상태가 된다(Duggan & Booth, 1986; Hoebel & Teitelbaum, 1966; 그림 11.4b).

혈관이 시상하부를 신체의 나머지 부분과 연결해주기 때문에, 시상하부는 혈액의 현재 화학

혈당 혈관을 따라 순환하면서 신체조직의 일차 에너지원을 공급해주는 당분의 형태. 이 수준이 낮아지면 배고픔을 느끼게 된다.

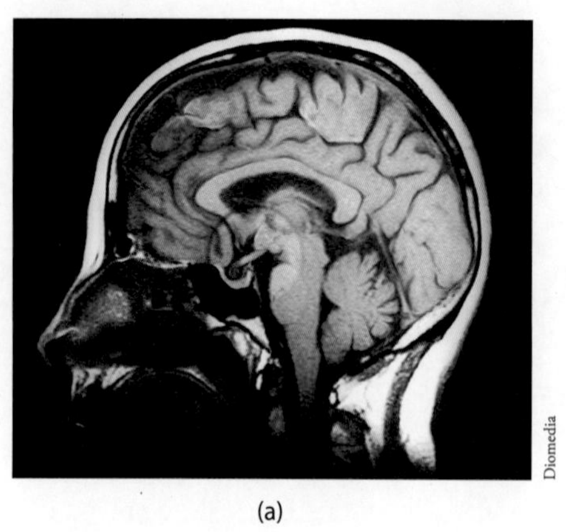

(a)

(b)

그림 11.4
시상하부 (a) 시상하부(주황색 영역)는 배고픔의 제어를 포함하여 다양한 신체 유지기능을 수행한다. 시상하부는 신체 상태에 관한 신경정보에 반응할 뿐만 아니라 혈관을 통해서 들어오는 혈액의 화학적 상태에 관한 정보에 반응한다. (b) 왼쪽의 비만 쥐는 시상하부의 식욕 억제 부위에 있는 수용기가 작동하지 않는다.

적 상태와 다른 유입 정보에 반응할 수 있다. 시상하부가 담당하는 과제 중의 하나는 비어있는 위가 분비하는 배고픔 유발 호르몬인 **그렐린**과 같은 섭식 호르몬의 수준을 감시하는 것이다. 심각한 비만을 치료하기 위한 외과수술은 위의 일부분을 절개해버린다. 그렇게 되면 남아있는 위가 적은 양의 그렐린을 분비하여 식욕이 감소하고 음식이 덜 유혹적이게 된다(Ammori, 2013; Lemonick, 2002; Scholtz et al., 2013). 그렐린 이외에도 섭식 호르몬에는 오렉신, 렙틴, PYY 등이 포함된다. 그림 11.5는 이 호르몬들이 배고픈 느낌에 어떤 영향을 미치는지를 보여주고 있다.

만일 체중을 감량한 후에 다시 군살이 슬금슬금 붙는다면, 두뇌를 비난해야 한다(Cornier, 2011). 섭식 호르몬과 두뇌 활동 간의 복잡한 상호작용이 특정 체중을 유지하려는 신체의 소인

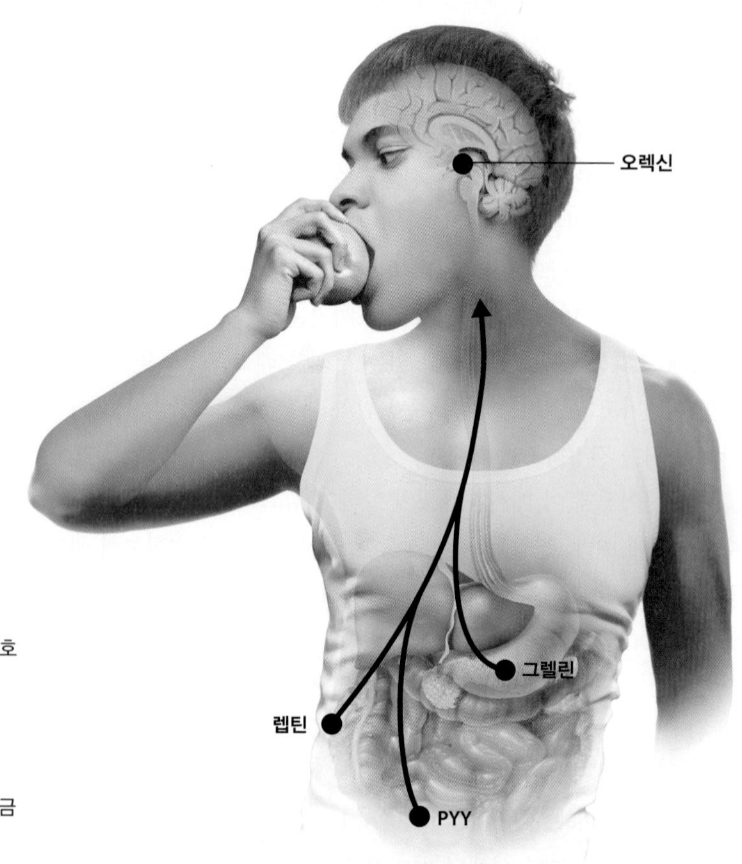

그림 11.5
식욕 관련 호르몬

식욕을 증가시키는 호르몬

- 그렐린 : 공복의 위가 분비하는 호르몬. 두뇌에 배가 고프다는 신호를 보낸다.
- 오렉신 : 시상하부가 분비하는 배고픔 촉발 호르몬

식욕을 억제하는 호르몬

- 렙틴 : 지방세포가 분비하는 단백질 호르몬. 많으면 두뇌로 하여금 신진대사를 촉진하고 배고픔을 감소시키도록 만든다.
- PYY : 소화관 호르몬. 두뇌에 배고프지 않다는 신호를 보낸다.

을 설명하는 데 도움을 준다. 굶긴 쥐의 체중이 정상 이하로 떨어지게 되면, '체중 자동조절 장치'가 신체에게 상실한 체중을 만회하라는 신호를 보낸다. 이것은 마치 지방세포들이 먹을 것을 달라고 아우성치며 혈액에서 혈당을 낚아채는 것과 같다(Ludwig & Friedman, 2014). 배고픔은 증가하고 에너지 소비는 감소한다. 굶긴 쥐가 회귀하려는 안정된 체중이 그 쥐의 **조절점**(set point)이다(Keesey & Corbett, 1984; Müller et al., 2010). 쥐나 사람이나, 유전이 신체 유형과 조절점에 영향을 미친다. 깡마른 유전자를 가지고 있는 사람은 몸에 딱 붙는 청바지를 입는 경향이 있다.

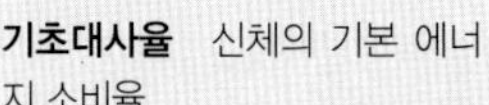

조절점 '체중 자동조절 장치'에 설정된 체중. 신체가 이 체중 이하로 떨어지면, 배고픔의 증가와 낮아진 신진대사율이 상실한 체중을 회복하도록 작동한다.

기초대사율 신체의 기본 에너지 소비율

신체는 음식 섭취, 에너지 사용 그리고 **기초대사율**(basal metabolic rate), 즉 신체가 휴식 상태에 있을 때 기본적인 신체기능을 유지하기 위해서 에너지를 사용하는 정도를 제어함으로써 체중을 조절한다. 키스의 실험에 참가하였던 남자들은 보통 때보다 절반의 식사만을 하였음에도 6개월의 준기아 상태가 끝날 무렵에 정상체중의 3/4에서 체중이 안정되었다. 참가자들은 어떻게 악몽과도 같은 체중을 달성할 수 있었는가? 부분적으로 신체 활동의 중지와 기초대사량의 29% 감소를 통해서 에너지 소비를 줄였던 것이다.

그렇지만 어떤 연구자는 신체가 최적의 조절점을 유지하려는 사전 경향성을 가지고 있다는 데 회의적이다(Assanand et al., 1998). 이들은 서서히 진행하는 체중 변화가 조절점을 변화시킬 수 있으며, 때로는 심리적 요인도 배고픈 느낌을 일으킨다는 사실을 지적한다. 다양한 맛의 음식을 무한정 먹을 수 있게 하면, 사람이든 동물이든 과식을 하고 체중이 늘어나는 경향이 있다(Raynor & Epstein, 2001). 따라서 많은 연구자는 체중이 칼로리 섭취와 소비(소비는 생물학적 요인뿐만 아니라 환경에 의해서도 영향을 받는다)에 근거하여 정착하는 수준을 나타내는 정착점이라는 용어를 선호한다.

인출 연습

RP-1 배고픔은 (높은/낮은) 혈당과 (높은/낮은) 그렐린 수준에 대한 반응으로 나타난다.

답은 부록 E를 참조

배고픔의 심리학

LOQ 11-3 어떤 문화 요인과 상황 요인이 배고픔에 영향을 미치는가?

먹고자 하는 욕구는 생리적 상태, 즉 신체의 화학성분과 시상하부 활동의 영향을 받는다. 그렇지만 배고픔에는 위에 음식을 채워넣는 것 이상의 것이 존재한다. 이 사실은 폴 로진과 동료(1998)들이 몇 분 전에 일어났던 사건을 기억하지 못하는 기억상실증 환자 두 명을 대상으로 수행한 연구에서 확연하게 드러났다. 정상적인 점심식사를 하고 20분이 지난 후에 다시 식사를 제공하면, 두 환자는 기꺼이 음식을 먹어치웠다. 그리고 다시 20분이 지난 후에 세 번째 식사를 제공하여도 마찬가지였다. 이 사실은 언제 음식을 먹을 것인가를 결정하는 것 중의 하나는 마지막 식사에 관한 기억이라는 사실을 시사한다. 마지막으로 식사를 한 후에 시간이 경과함에 따라서, 사람들은 다시 먹을 것을 기대하고 배고픔을 느끼기 시작한다.

Alex Gregory/Cartoon Stock

"술 마시고 배고플 때는 문신을 하지 마시오."

맛 선호 : 생물학적 소인과 문화적 소인

신체 단서와 환경 요인은 함께 작용하여 배고픔을 느끼는 시점뿐만 아니라 먹고 싶은 음식, 즉 맛

획득한 입맛 전 세계 사람은 그 문화권에서 기름지거나, 씁쓰름하거나, 아니면 매운 음식을 즐기도록 학습한다. (a) 알래스카 원주민에게는 고래의 방광이 맛있는 간식거리이지만, 대부분의 북미인에게는 그렇지 않다. (b) 페루인에게는 기니피그 구이가 별미이다.

RICHARD OLSENIUS/National Geographic Creative

(a)

Mark Bowler/Alamy

(b)

선호에도 영향을 미친다. 긴장하거나 우울할 때 녹말이 들어있는 탄수화물 음식이 그리워지지 않는가? 여러분이 열렬한 축구 팬이라면, 중요한 시합에서 패배한 후에 고칼로리 음식을 통해서 위로를 얻으려고 하지 않겠는가?(Cornil & Chandon, 2013). 탄수화물은 신경전달물질 세로토닌의 수준을 높이는데, 세로토닌은 진정시키는 효과를 가지고 있다. 다이어트를 하면서 스트레스를 받으면, 쥐뿐만 아니라 많은 사람도 달달한 과자를 게걸스럽게 먹는 것으로 보상을 받는다(Boggiano et al., 2005; Sproesser et al., 2014).

단맛과 짠맛을 선호하는 것은 유전적이며 보편적이다. 다른 맛 선호는 조건형성된 것이다. 매우 짠 음식을 먹어온 사람은 소금의 선호를 발전시키며(Beauchamp, 1987), 어떤 음식 때문에 체하게 되면, 그 음식에 대한 혐오를 발전시킨다. (아동은 병에 자주 걸리기 때문에 음식 혐오를 학습할 기회가 많다.)

문화도 맛에 영향을 미친다. 많은 아시아인이 두리안을 즐기는데, '테레빈유(소나무에서 얻는 무색의 기름으로 독특한 냄새를 지니고 있다)와 양파에 땀으로 찌든 운동양말을 고명으로 얹은 것'과 같은 냄새로 묘사되는 열대과일이다(Sterling, 2003). 아시아인은 많은 서구인이 좋아하는 '유제류(소·말처럼 발굽이 있는 동물)의 썩은 체액'을 거부하기 십상이다(즉, 치즈를 말하는 것이며, 어떤 것에는 발냄새가 나게 만드는 박테리아와 동일한 박테리아가 들어있다; Herz, 2012).

쥐는 낯선 음식을 기피하는 경향이 있다(Sclafani, 1995). 사람도 마찬가지이며, 특히 육류 음식의 경우에 그렇다. 이러한 **낯섦 공포증**, 즉 낯선 것을 싫어하는 것은 조상들을 독극물이 들어있을지도 모르는 먹거리로부터 보호해줌으로써 확실히 적응적이었을 것이다. 무해한 음식의 혐오는 친숙하지 않은 음식이나 음료수를 조금씩 반복적으로 시도해봄으로써 극복할 수 있다. 여러 실험에서 보면, 이러한 시도가 새로운 맛에 대한 평가를 개선시키는 경향이 있다(Pliner, 1982; Pliner et al., 1993).

다른 맛 선호도 적응적이다. 예컨대 음식, 특히 육류 음식이 매우 빨리 부패하는 열대지방의 음식에 흔히 사용하는 향료는 박테리아의 성장을 억제한다(그림 11.6). 임신과 관련된 메스꺼움, 즉 입덧에서 비롯된 음식 기피는 임신 10주경에 절정에 도달하는데, 발달하고 있는 태아가 유독물질에 가장 취약한 시점이다. 따라서 많은 임산부는 해로울 가능성이 있는 음식 그리고 술이나 카페인 음료수와 같은 물질을 자연스럽게 기피한다(Forbes et al., 2018; Gaskins et al., 2018).

그림 11.6
더운 지역에서는 강렬한 향신료를 즐긴다 음식이 빨리 부패하는 더운 기후의 나라들은 박테리아를 억제하는 향신료를 많이 첨가한 음식 조리법을 사용한다(Sherman & Flaxman, 2001). 인도는 평균적으로 고기 조리법마다 거의 열 가지 향신료를 사용하며, 핀란드는 두 가지 향신료만을 사용한다.

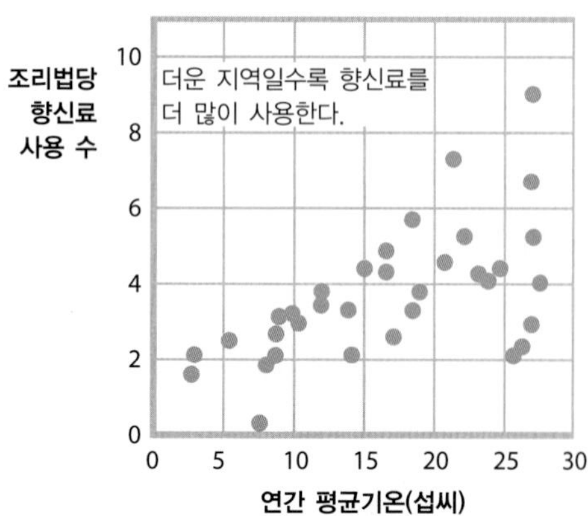

섭식에 대한 상황의 영향

상황도 놀라울 정도로 섭식행동을 제어한다. 심리학자들은 이 현상을 **섭식 생태학**이라고 불러왔다. 여러분도 목격하였지만 그 위력을 과소평가하였을 가능성이 있는 네 가지 상황을 보자.

- **친구와 음식** 친구와 함께 먹을 때 더 많이 먹는 경향이 있는가? 그렇다(Cummings & Tomiyama, 2019). 그렇지만 매력적인 데이트 상대자에게 좋은 인상을 남기려고 시도하고 있을 때는 적게 먹는다(Baker et al., 2019).
- **제공하는 음식 단위의 크기** 연구자들은 사람들에게 무료로 제공하는 다양한 스낵의 크기가 나타내는 효과를 연구하였다(Gaier et al., 2006). 예컨대, 아파트 로비에 프레첼(가운데에 매듭이 있는 하트 모양의 독일식 빵)을 온전하거나 절반으로 자른 것, 크거나 작은 투시롤(초콜릿 느낌과 맛이 나는 사탕), M&M 초콜릿 그릇 옆에 크거나 작은 국자를 진열하고는 사람들이 자유롭게 먹을 수 있게 하였다. 일관성 있는 결과는 다음과 같다. 제공하는 단위가 클수록, 사람들은 더 많은 칼로리를 섭취한다. 단위가 클수록 한입에 먹는 양이 많았는데, 입을 벌리는 시간이 줄어듦으로 인해서 섭취량을 증가시키는 것으로 보인다(Herman et al., 2015). 아동도 아동용 접시가 아니라 성인용 접시를 사용할 때 더 많이 먹는다(DiSantis et al., 2013). 한 번에 제공하는 분량이 중요하다.
- **흥미를 돋우는 자극적인 선택지** 음식의 다양성도 먹기를 촉진한다. 한 가지 선호하는 디저트만을 제공할 때보다 뷔페식으로 다양한 디저트를 제공할 때, 더 많이 먹는 경향이 있다. 조상들에게 있어서 다양성은 곧 건강한 것이었다. 먹거리가 풍부하고 다양할 때 많이 먹는 것은 필요한 비타민과 미네랄을 제공하며 추운 겨울과 기근으로부터 조상들을 보호해주는 지방을 만들어냈다. 다양한 먹거리가 가용하지 않을 때는, 저장한 지방이 겨울이나 기근이 끝날 때까지 에너지 공급을 가능하게 해주었다(Polivy et al., 2008; Remick et al., 2009).
- **영양소의 넛지** 한 연구팀은 학교 점심시간에 초등학생들에게 다른 음식을 선택하기에 앞서 당근을 제안하는 방식으로 당근 섭취량을 네 배나 증가시켰다(Redden et al., 2015). 이러한 넛지는 심리과학이 어떻게 일상의 삶을 개선시킬 수 있는지를 보여준다.

자문자답하기

여러분은 일반적으로 신체가 배고픔 신호를 보낼 때에만 먹는가? 배가 부를 때 맛있는 음식의 모양이나 냄새가 여러분을 얼마나 유혹하는가?

인출 연습

RP-2 아무것도 먹지 않은 채 8시간의 등산을 마친 후에, 오랫동안 기다렸던 좋아하는 음식이 여러분 앞에 놓여 있고 입에서는 군침이 돌고 있다. 그 이유는 무엇인가?

답은 부록 E를 참조

* * *

배고픔을 비롯한 다른 요인들이 **비만**(obesity)의 위험에 어떤 영향을 미치는지를 따져보려면, 비판적으로 생각하기 : 비만과 체중조절이라는 도전거리를 참조하라. 그리고 원치 않는 체중을 덜어내기 위한 조언을 보려면, 표 11.2를 참조하라.

비만 체질량지수 30 이상으로 정의하며, 체중과 신장의 비율로 계산한다(체질량지수가 25 이상이면 과체중이다). 

비판적으로 생각하기

비만과 체중조절이라는 도전거리

LOQ 11-4 비만은 신체건강과 정신건강에 어떤 영향을 미치는가? 체중관리에는 어떤 요인이 수반되는가?

비만의 건강 효과

비만과 관련된 위험

- **신체건강 위험**. 당뇨병, 고혈압, 심장병, 담석증, 관절염, 특정 유형의 암.[1]
- **우울의 증가**. 특히 여성에게서 그렇다.[2]
- **왕따 시키기**. 비만은 서구 문화에서 젊은이들이 왕따시키는 가장 큰 이유로, 인종과 성적 지향성을 압도한다.[3]

연구를 수행한 195개국에서 과체중의 백분율[4]

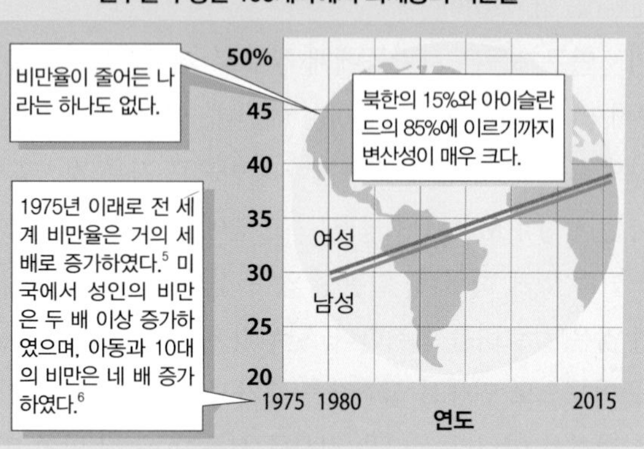

비만율이 줄어든 나라는 하나도 없다.
북한의 15%와 아이슬란드의 85%에 이르기까지 변산성이 매우 크다.
1975년 이래로 전 세계 비만율은 거의 세 배로 증가하였다.[5] 미국에서 성인의 비만은 두 배 이상 증가하였으며, 아동과 10대의 비만은 네 배 증가하였다.[6]
50%
45
40
35
30
25
20
여성
남성
1975 1980
2015
연도

체질량계수(BMI)

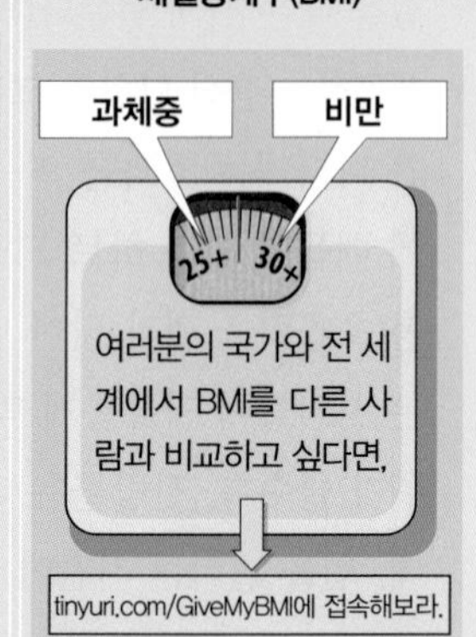

과체중
비만
25+
30+
여러분의 국가와 전 세계에서 BMI를 다른 사람과 비교하고 싶다면,
tinyurl.com/GiveMyBMI에 접속해보라.

어떻게 비만에 이르렀는가?

비만은 혹자가 생각하는 것처럼 단순히 의지력의 결여를 반영하는가?[7] **결코 아니다.** 많은 요인이 비만에 영향을 준다.

생리적 요인

지방의 비축은 적응적이었다.

- 이상적인 형태로 저장한 에너지는 선조들이 기근의 시기를 견디어낼 수 있게 해주었다. 몇몇 개발도상국가에서는 아직도 살찐 몸매가 더 매력적이며, 비만이 풍요와 사회적 지위를 반영한다.[8]
- 먹거리가 풍부한 국가에서는 지방의 욕구는 기능 장애가 되어왔다.[9]

지방세포

조절점과 신진대사가 중요하다.

- (근육보다 신진대사율이 낮은) 지방은 받아들일 때보다 유지하는 데 더 적은 에너지가 필요하다.
- 체중이 조절점(또는 정착점) 아래로 떨어지게 되면, 두뇌가 배고픔을 증가시키고 신진대사를 떨어뜨린다.
- 신체가 기아를 지각하고는 더 적은 양의 칼로리를 태우는 방식으로 적응한다. 대부분의 다이어트 실행자는 체중 감량 프로그램에서 감량하였던 체중을 결국에는 다시 회복한다.[10]
  - 텔레비전 체중 감량 경쟁 프로그램이 끝나고 6년이 지난 후에는 14명 중에서 단 한 명만이 체중을 유지하고 있었다. 평균적으로 이들은 감량하였던 체중의 70%를 회복하였으며, 신진대사는 느린 상태를 유지하고 있었다.[11]

유전자가 비만에 영향을 미친다.

- 군살이 없는 사람은 에너지를 보전하는 과체중인 사람보다 많이 움직이고 더 많은 칼로리를 태우는 선천적인 성향이 있는 것으로 보인다. 과체중자가 더 오래 앉아있는 경향이 있다.[12]
- 입양 형제의 체중은 상호 간에 상관이 없고 양부모 체중과도 상관이 없으며, 오히려 친부모의 체중을 닮는다.[13]
- 일란성 쌍둥이는 분리 성장한 경우에도 매우 유사한 체중을 나타낸다.[14] 이란성 쌍둥이 체중의 훨씬 낮은 상관은 유전자가 체중의 2/3를 설명하고 있다는 사실을 시사한다.[15]
- 100개 이상의 유전자가 체중에 조금씩 영향을 미치는 것으로 확인되었다.[16]

환경적 요인

- **수면 결핍**이 비만에 취약하게 만든다.[17]

- **사회적 영향** : 친한 친구가 비만이 되면, 자신도 비만이 될 가능성이 세 배로 증가한다.[18]
- **음식과 활동 수준** : 전 세계적으로 에너지가 충만한 음식을 먹고 적게 움직인다. (미국인의 43%와 유럽인의 25%를 포함하여) 성인의 31%가 걷기와 같은 활동을 하루에 20분도 하지 않는다.[19]

주 : 지능을 비롯한 다른 특성에서와 마찬가지로 체중에서도 높은 수준의 유전성(개인차에 대한 유전적 영향)이 존재할 수 있지만, 집단 차이를 설명하지는 못한다. 유전자는 대체로 한 사람이 다른 사람보다 과체중인 이유를 결정한다. 환경은 대체로 오늘날의 사람들이 50년 전의 사람들보다 과체중인 이유를 결정한다.

1. Kitahara et al., 2014. 2. Haynes et al., 2019; Jung et al., 2017; Rivera et al., 2017. 3. Puhl et al., 2015. 4. GBD, 2017. 5. NCD, 2016. 6. Flegal et al., 2010, 2012, 2016. 7. NORC, 2016b. 8. Furnham & Baguma, 1994; Nettle et al., 2017; Swami, 2015. 9. Hall, 2016. 10. Mann et al., 2015. 11. Fothergill et al., 2016. 12. Levine et al., 2005. 13. Grilo & Pogue-Geile, 1991. 14. Hjelmborg et al., 2008; Plomin et al., 1997. 15. Maes et al., 1997. 16. Akiyama et al., 2017. 17. Keith et al., 2006; Nedeltcheva et al., 2010; Taheri, 2004; Taheri et al., 2004. 18. Christakis & Fowler, 2007. 19. Hallal et al., 2012.

표 11.2 체중관리를 위한 조언

연구자들은 체중 감량을 갈망하는 사람에게 다음과 같은 조언과 함께 의학적 지침에 따를 것을 권장한다.

- **동기를 느끼고 자기수양이 되었을 때만 시작하라.** 지속적인 체중 감량은 일반적으로 운동량을 증가시키면서 섭식습관을 평생 동안 변화시킬 것을 요구한다. 자신의 체중을 변화시킬 수 있다고 믿는 사람이 감량에 성공하기 십상이다(Ehrlinger et al., 2017).
- **운동하고 충분한 수면을 취하라.** 특히 하룻밤에 7~8시간의 수면을 취할 때, 운동은 지방세포를 비워주고, 근육을 만들며, 신진대사를 촉진시키고, 정착점을 낮추는 데 도움을 주며, 스트레스를 감소시켜 스트레스가 유발하는 탄수화물 음식에 대한 갈망을 낮춘다(Bennett, 1995; Routsalainen et al., 2015; Thompson et al., 1982). 텔레비전 체중 감량 프로그램 참가자들을 보면, 운동이 체중 유지를 예측하였다(Kerns et al., 2017).
- **유혹적인 음식 단서에의 노출을 최소화하라.** 배가 부를 때에만 슈퍼마켓에 가라. 유혹적인 음식을 집이나 시야에서 치워버려라. 손이 닿을 수 없다면, 먹을 수 없지 않겠는가.
- **음식의 다양성을 제한하고 건강식품을 먹어라.** 음식이 다양하면 많이 먹는다. 따라서 단백질, 과일, 채소, 현미 등의 간단한 식사를 준비하라. 올리브유와 물고기에 들어있는 건강에 좋은 지방은 식욕을 조절하는 데 도움을 준다(Taubes, 2001, 2002). 수분과 비타민이 풍부한 야채는 적은 칼로리로도 배를 채워준다.
- **한 번에 먹는 양을 줄여라.** 적은 양을 제공하면 적게 먹는다. 또한 한 번에 먹는 음식을 양이 아니라 개수로 생각할 때도(예컨대, 감자칩 한 봉지가 아니라 10조각) 적게 먹는다(Lewis & Earl, 2018).
- **하루 종일 굶은 후에 밤늦은 과식을 피하라.** 저녁식사를 일찍 마치고 다음 날 아침식사를 할 때까지 음식이나 음료수를 미룰 때 더 건강한 체중(그리고 더 좋은 수면)을 유지하는 경향이 있다(Wilkinson et al., 2020). 하루의 이른 시간에 조금 많이 먹는 것은 신진대사를 촉진시키며, 균형 잡힌 아침식사를 하는 사람이 오후가 될 때까지 더 민첩하고 피로를 덜 느낀다(Spring et al., 1992).
- **폭식을 경계하라.** 음주, 불안, 우울감 등은 먹고자 하는 충동의 고삐를 풀어버릴 수 있다(Herman & Polivy, 1980). 그리고 천천히 먹는 것이 적게 먹도록 이끌어간다(Hurst & Fukuda, 2018; Martin et al., 2007).
- **다른 사람과 식사하기에 앞서, 얼마나 먹을 것인지를 결정하라.** 친구들과 식사하는 것은 자신의 섭식을 감시하는 것을 방해할 수 있다(Ward & Mann, 2000).
- **대부분의 사람도 때로는 깜빡한다는 사실을 명심하라.** 깜빡 실수한 것이 완전한 붕괴로 이어질 필요는 없다.
- **진척 상황을 표로 작성하여 온라인에 게시하라.** 목표를 향한 진척 상황을 기록하고 공개하는 사람이 그 목표를 달성하기 십상이다(Harkin et al., 2016).
- **지지집단과 연계하라.** 면대면이든 온라인이든, 여러분의 목표와 진전을 공유할 수 있는 사람들과 모임을 가져라(Freedman, 2011).

자문자답하기

여러분이나 여러분이 사랑하는 사람이 체중 감량을 시도하였다가 실패한 적이 있는가? 어떤 일이 일어났는가? 어떤 감량 전략이 더 성공적일 수 있었겠는가?

인출 연습

RP-3 동일한 신장, 연령, 활동 수준의 두 사람이 먹는 양에서 차이가 나는 경우에도 동일한 체중을 유지할 수 있는 이유는 무엇인가?

답은 부록 E를 참조

개관 배고픔

학습목표

자기검증 개념 파악을 증진시키도록 (부록 D의 답을 확인해보기에 앞서) 여러분 자신의 표현으로 여기서 반복하는 학습목표 물음에 답해보라(McDaniel et al., 2009, 2015).

LOQ 11-2 배고픔을 유발하는 생리적 요인은 무엇인가?

LOQ 11-3 어떤 문화 요인과 상황 요인이 배고픔에 영향을 미치는가?

LOQ 11-4 비만은 신체건강과 정신건강에 어떤 영향을 미치는가? 체중관리에는 어떤 요인이 수반되는가?

기억해야 할 용어와 개념들

자기검증 여러분 자신의 표현으로 정의를 적어본 후에 답을 확인해보라.

기초대사율
비만
조절점
혈당

학습내용 숙달하기

자기검증 여러분 자신의 표현으로 다음 물음에 답한 후에 부록 E에서 답을 확인해보라.

1. 신문기자인 도로시 딕스(1861~1951)는 "배고플 때는 어느 누구도 키스를 원하지 않는다."라고 말하였다. 어떤 동기 이론이 그녀의 진술을 가장 잘 지지하고 있는가?
2. ________개념에 따르면, 신체는 특정한 체중 수준을 유지한다.
3. 다음 중에서 먹을 것에 대한 유전적 소인의 반응은 어느 것인가?
   a. 고양이와 개를 먹는 것에 대한 혐오
   b. 새로운 음식에 대한 관심
   c. 달고 짭짤한 음식의 선호
   d. 탄수화물에 대한 혐오
4. 혈당은 신체에 에너지를 제공한다. 혈당이 (낮을 때/높을 때), 배고픔을 느낀다.
5. 휴식하고 있는 동안 신체가 에너지를 사용하는 비율을 ________이라고 부른다.
6. 비만자가 체중을 영원히 감량하기는 매우 어렵다. 여러 가지 요인이 있는데, 다음 중에서 그 요인에 해당하는 것은 무엇인가?
   a. 다이어트가 새로움 공포를 촉발한다.
   b. 비만인의 조절점이 평균보다 낮다.
   c. 다이어트를 하면 신진대사가 증가한다.
   d. 체중에는 유전적 영향이 존재한다.
7. 최근에 철수는 지방과 당분의 수준이 높은 음식을 먹기 시작하였다. 체중이 늘지도 모른다는 사실을 알고 있지만, 장차 체중을 줄일 수 있기 때문에 별문제가 되지 않는다고 판단한다. 여러분은 철수의 계획을 어떻게 평가하겠는가?

성적 동기

성은 삶의 일부이다. 성에 무관심한[즉, **무성애자**(asexual)인] 1%를 제외한 모든 사람에게 있어서, 사춘기가 시작된 이후 데이트를 하고 성관계를 갖는 것은 높은 우선순위를 갖게 된다. 생물학자 앨프리드 킨제이(1894~1956)는 인간 성징 연구를 개척한 선구자이었다(Kinsey et al., 1948, 1953). 킨제이는 우연히 성 연구에 뛰어들게 되었다. 가난하고 종교적인 가정에서 성장한 그는 자연에 매료되었다(PBS, 2019). 곤충을 수집하고 분류하는 생물학자로 경력의 처음 20년을 보냈지만, 사람들이 그 당시 금기시하던 성이라는 주제보다는 곤충에 대해서 더 많이 알고 있다는 사실에 관심과 우려를 갖게 되었다. 결혼과 가정에 관한 강의 경험이 그로 하여금 경력의 나머지 시간을 사람들의 성 개인사를 수집하고 분류하는 데 투자하게 만들었다. 킨제이와 동료들

무성애자 다른 사람을 향한 성적 관심이 없는 사람

의 연구결과는 논쟁에 불을 붙였지만, 남자와 여자의 성행동에 관한 연구에 발판을 마련하기도 하였다. 사람들의 성적 감정과 행동은 생리적 요인과 심리적 요인을 모두 반영한다.

성의 생리학

배고픔과는 달리, 성은 실질적인 **욕구**가 아니다. (성욕이 없다면 죽을 것같이 느낄 수도 있지만, 결코 죽지는 않는다.) 아무튼 성 동기가 작동한다. 만일 조상이 그렇지 않았더라면, 여러분은 지금 생존하여 이 책을 읽고 있을 수도 없었을 것이다. 성적 동기는 자손을 번식시킴으로써 인간종이 생존할 수 있게 해주는 자연의 지혜로운 방법이다. 삶은 성을 통해서 전달되고 이어지는 것이다.

"이것은 전 지구적 경험으로, 각자의 출생증명서에는 사춘기에 도달하면 보다 많은 출생증명서를 발급하는 것과 연관되기 십상인 활동에 몰입하려는 충동을 느낄 것이라고 명시한 보이지 않는 문구가 들어있다." 과학작가 나탈리 앤지어(2007)

호르몬과 성행동

LOQ 11-5 호르몬은 인간의 성적 동기에 어떤 영향을 미치는가?

성행동을 주도하는 힘 중의 하나가 **성호르몬**이다. 주요 남성호르몬이 **테스토스테론**(testosterone)이며, 주요 여성호르몬은 에스트라디올과 같은 **에스트로겐**(estrogen)이다. 성호르몬은 일생에 걸쳐 많은 시점에서 영향을 미친다.

- 출생 이전 시기에는 남성이나 여성으로의 발달을 주도한다.
- 사춘기에는 성호르몬의 급격한 증가가 청소년기로 이끌어간다.
- 사춘기 이후부터 노년기에 이르기까지, 성호르몬은 성행동을 촉진한다.

대부분의 포유류에게 있어서 성과 임신은 완벽하게 동시에 발생한다. 동물 암컷은 배란기에 여성호르몬인 에스트로겐의 생성이 절정에 달할 때 성적으로 수용 상태('발정기')가 되며, 실험실에서 암컷에게 에스트로겐을 주사함으로써 수용성을 촉진시킬 수 있다. 남성호르몬의 수준은 상당히 안정되어 있으며, 호르몬을 가지고 동물 수컷의 성행동을 변화시키기는 쉽지 않다. 그렇지만 테스토스테론을 생성하는 고환을 제거하여 거세시킨 수컷 쥐는 점차적으로 발정 난 암컷에게 관심을 보이지 않게 된다. 테스토스테론을 주사하면 서서히 관심을 되찾는다(Piekarski et al., 2009).

호르몬이 인간의 성행동에 영향을 미치지만, 그 영향력은 상당히 느슨하다. 연구자들은 여자의 경우 월경주기에 걸쳐서, 특히 에스트로겐과 테스토스테론이 모두 증가하는 배란기에 성적 선호가 변하는지를 연구하고 있으며 논쟁도 벌이고 있다(Arslan et al., 2018; Marcinkowska et al., 2018; Shirazi et al., 2019). 몇몇 증거는 배우자가 있는 여자의 경우 배란기에 성적 욕구가 약간 증가하는데, 이 변화는 남자와 여자 모두가 때때로 여자의 냄새, 행동, 목소리 등에서 감지할 수 있음을 시사한다(Gildersleeve et al., 2017; Haselton & Gildersleeve, 2011, 2016).

테스토스테론 남성호르몬 중에서 가장 중요한 호르몬. 남성과 여성 모두 가지고 있지만, 남성의 부가적 테스토스테론이 태아기에 남성 성기의 성장을 자극하며 사춘기 남성의 성징 발달을 촉진시킨다.

에스트로겐 남성보다 여성이 더 많이 분비하는 성호르몬. 인간을 제외한 포유류 암컷의 경우 에스트로겐 수준은 배란기에 최고조에 달하여 성적 수용성을 촉진시킨다.

여자는 남자보다 훨씬 적은 양의 테스토스테론을 가지고 있지만, 다른 포유류 암컷들보다 테스토스테론 수준에 훨씬 더 민감하게 반응한다(Davison & Davis, 2011; van Anders, 2012). 만일 난소나 부신을 제거하는 등의 방법으로 여자의 자연적인 테스토스테론 수준이 떨어지게 되면, 성적 관심이 사라져버리기도 한다. 그렇지만 외과수술을 받았거나 자연스럽게 폐경기에 도달한 여자들을 대상으로 수행한 실험이 보여주는 바와 같이, 테스토스테론 처방 치료법은 상실된 성적 행동, 각성, 열망을 회복시켜 준다(Braunstein et al., 2005; Buster et al., 2005; Petersen & Hyde, 2011).

비정상적으로 테스토스테론 수준이 낮은 남자의 경우, 테스토스테론을 보충해주는 치료는 성적 욕구를 증진시키며, 에너지와 활력도 불어넣어 준다(Khera et al., 2011). 그렇지만 남녀 간에든 시간에 따른 것이든, 테스토스테론 수준의 정상적인 변동은 성적 추동에 아무 영향도 미치지 않는다(Byrne, 1982). 실제로 남성호르몬은 때때로 성적 자극에 대한 반응으로 변동성을 보인다(Escasa et al., 2011). 한 연구에서 보면, 매력적인 여자가 출현하자 호주의 스케이트보드 선수들의 테스토스테론이 급증하였는데, 이것이 더 위험한 동작과 급한 착지를 하도록 이끌어갔다(Ronay & von Hippel, 2010). 따라서 성적 각성은 증가한 테스토스테론의 결과일 수도 있을 뿐만 아니라 원인이 될 수도 있다.

호르몬의 대폭 증가나 감소는 남자와 여자의 성적 욕구에 영향을 미치는데, 일생에 걸쳐 두 가지 예측 가능한 시점에서 일어나는 경향이 있으며, 때로는 예측 불가능한 제3의 시점에서도 일어난다.

1. **사춘기에 일어나는 성호르몬의 급격한 증가는 성징과 성적 관심의 발달을 촉발한다.** 1600년대와 1700년대에 이탈리아 오페라의 소프라노 목소리를 유지하기 위하여 사춘기 이전에 거세를 하였던 소년의 경우처럼, 호르몬의 급격한 상승을 차단하게 되면, 성징과 성적 욕구의 정상적인 발달이 일어나지 않는다(Peschel & Peschel, 1987).
2. **생의 후반기에 이르면 성호르몬 수준이 떨어진다.** 여자는 에스트로겐 수준이 감소함에 따라서 폐경을 경험한다. 남자는 더욱 완만한 변화를 경험한다(제4장 참조). 성이 삶의 한 부분으로 남아있기는 하지만, 성적 공상과 성관계도 줄어들게 된다(Leitenberg & Henning, 1995).
3. **어떤 사람의 경우에는 외과적 수술이나 약물이 호르몬의 변화를 초래할 수 있다.** 성인 남자를 거세하였을 때, 테스토스테론 수준이 급감함에 따라서 성적 추동도 전형적으로 감소하였다(Hucker & Bain, 1990). 남성 성범죄자에게 테스토스테론 수준을 사춘기 이전의 소년 수준으로 떨어뜨리는 약물인 데포프로베라를 주사하면, 마찬가지로 성적 충동이 상당히 감소한다(Bilefsky, 2009; Money et al., 1983).

요컨대, 인간의 성호르몬, 특히 테스토스테론은 자동차의 연료에 비유할 수 있다. 연료가 없으면 자동차는 작동하지 않는다. 그렇지만 연료가 최소한도라도 적절한 수준인 상태에서는 연료통에 연료를 더 집어넣는다고 해서 자동차의 주행이 변하는 것은 아니다. 호르몬과 성적 동기는 상호작용하기 때문에 이 유추가 완벽한 것은 아니다. 그렇기는 하지만 이 유추는 생물학적 소인이 인간의 성행동에 필요하기는 하지만 충분한 설명은 아니라는 사실을 정확하게 시사하고 있다. 호르몬이라는 연료가 필수적이지만, 엔진을 작동시켜 계속 달리면서 기어를 고속 상태로 바꾸어주는 심리적 자극도 필요한 것이다.

인출 연습

RP-1 주요한 여성호르몬은 ________ 이다. 주요한 남성호르몬은 ________ 이다.

답은 부록 E를 참조

성적 반응 주기

LOQ 11-6 인간의 성적 반응 주기란 무엇인가? 성기능부전과 성도착증은 어떻게 다른가?

과학의 진행과정은 복잡한 행동의 면밀한 관찰로 시작하기 십상이다. 산부인과 의사인 윌리엄 매스터스와 그의 동료인 버지니아 존슨(1966)이 1960년대에 인간의 성관계에 이 과정을 적용함으로써 세간의 화제를 불러일으켰다. 이들은 실험실에서 자위행위를 하거나 성관계를 갖는 자원자들의 생리적 반응을 측정하였다. (여자 382명과 남자 312명이었던 자원자는 연구자들이 관찰하는 동안 성적 흥분과 오르가슴을 기꺼이 보여줄 수 있는 사람들로만 구성된 다소 전형적이지 못한 표본이었다.) 매스터스와 존슨은 10,000회 이상의 성적 '주기'를 관찰하였다고 보고하였다. 이들은 **성적 반응 주기**(sexual response cycle)의 다음과 같은 네 단계를 확인하였다.

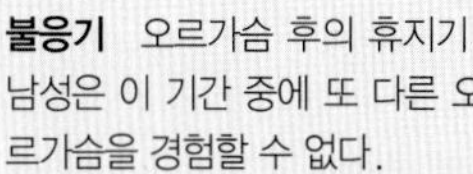

성적 반응 주기 매스터스와 존슨이 기술한 성적 반응의 네 단계 : 흥분, 고조, 오르가슴, 해소

불응기 오르가슴 후의 휴지기. 남성은 이 기간 중에 또 다른 오르가슴을 경험할 수 없다.

성기능부전 성적 반응 주기 도중에 성적 각성이나 기능이 계속적으로 손상되는 문제

발기장애 음경에 충분한 혈액을 공급하지 못함으로써 발기 상태를 일으키거나 유지하지 못하는 장애

여성 오르가슴 장애 오르가슴을 거의 경험하지 못하거나 전혀 경험할 수 없는 고통

1. **흥분 단계** : 성기 부위에 혈액이 몰리기 시작하여, 여자의 음핵과 남자의 음경이 확장된다. 여자의 질이 확장되면서 윤활성의 점액질을 분비하며, 유방과 유두가 커지기도 한다.
2. **고조 단계** : 호흡, 맥박, 혈압이 계속해서 증가하면서 흥분이 절정에 달한다. 남자의 음경이 최대로 발기된다. 콘돔의 크기를 맞추기 위하여 측정한 1,661명의 평균 길이는 5.6인치, 즉 14.2센티미터였다(Herbenick et al., 2014). 약간의 액체가 분비되기도 하는데, 이 물질에도 임신을 가능하게 할 만큼의 정자가 들어있는 경우가 많다. 여자의 질 점액질 분비도 계속해서 증가하고, 음핵이 수축하며, 곧 오르가슴에 도달할 것 같은 느낌을 갖는다.
3. **오르가슴 단계** : 전신에 걸쳐 근육 수축이 일어나며, 호흡과 맥박 그리고 혈압의 증가를 수반한다. 성적 쾌감은 남녀 모두에게 거의 동일하다. 전문가 집단도 남녀가 기술한 오르가슴을 신뢰할 수 있게 구분할 수 없었다(Vance & Wagner, 1976). 또 다른 연구에서 남녀가 오르가슴을 경험할 때 PET 영상을 촬영하였더니, 두뇌에서 동일한 피질하 영역이 활동하였다(Holstege et al., 2003a,b).
4. **해소 단계** : 오르가슴이 지나간 후에 팽창되었던 성기의 혈관에서 혈액이 빠져나감에 따라 신체는 점차적으로 안정된 상태로 되돌아온다. 남자의 경우에 오르가슴에 도달하였다면 이 과정이 상대적으로 빠르게 진행되며, 그렇지 않았다면 서서히 진행된다. (이것은 마치 재채기를 하면 코끝의 간지럼이 빨리 사라지는 것과 같다.) 이러한 해소 단계에 접어들게 되면, 남자는 몇 분에서부터 며칠 동안 지속되기도 하는 **불응기**(refractory period)에 접어들게 되는데, 이 시간 동안에는 또 다른 오르가슴을 경험할 수 없다. 여성의 불응기는 매우 짧으며, 해소 단계 중에 또는 그 직후에 다시 자극을 받으면 오르가슴을 다시 경험할 수 있다.

담배를 피우지 않는 50세 남성이 1시간 내에 심장마비를 일으킬 가능성은 100만분의 1 정도다. 성관계를 가진 후에는 단지 100만분의 2 정도로 증가한다. (규칙적으로 운동을 하는 사람의 경우에는 증가하지 않는다.) 힘든 작업이나 분노와 연합된 위험에 비해서, 이 정도의 위험은 잠을 설칠(아니면 성관계를 포기할) 만큼의 가치는 없어 보인다(Jackson, 2009; Muller et al., 1996).

제2장에서 보았던 것처럼, 신경처리에도 불응기, 즉 뉴런이 흥분한 후에 발생하는 짧은 휴지기가 존재한다.

성기능부전과 성도착증

매스터스와 존슨은 인간의 성적 반응 주기를 기술하고자 하였을 뿐만 아니라 그 주기를 수행하지 못하는 장애를 이해하고 치료하고자 시도하였다. **성기능부전**(sexual dysfunction)은 성적 각성이나 주기가 진행되는 동안의 기능이 지속적으로 손상된 장애이다. 어떤 장애는 성적 동기, 특히 성적 에너지와 성적 흥분의 결여를 수반한다. 다른 장애에는 남성의 경우 **발기장애**(erectile disorder, 발기를 하지 못하거나 유지하지 못하는 장애)와 조루가 포함되며, 여성의 경우에는 통증이나 **여성 오르가슴 장애**(female orgasmic disorder, 오르가슴을 가끔씩만 경험하거나 전혀 경험하지 못하는 스트레스성 장애)가 포함된다. 미국 보스턴에 거주하는 3,000명의 여성을 대상으로

수행한 조사, 그리고 다른 지역에 거주하는 32,000명의 여성을 대상으로 별도로 수행한 조사에서 보면, 10명 중 4명 정도가 오르가슴 장애나 낮은 성적 욕구와 같은 성적 문제를 보고하였다. 성적 고충을 경험하는 대부분의 여성은 그 원인을 성관계를 갖는 동안 배우자와의 정서관계와 관련시키고 있다(Bancroft et al., 2003).

심리치료와 의학치료가 성기능부전을 가지고 있는 사람을 도와줄 수 있다(Frühauf et al., 2013). 예컨대, 행동치료를 통해서 남자는 사정 충동을 제어하는 방법을 배울 수 있으며, 여자는 오르가슴에 도달하는 방법을 훈련받을 수 있다. 1998년 비아그라가 출시되면서, 발기장애는 이 약을 복용하는 것으로 치료해왔다. 연구자들은 여성의 성적 흥미/각성 장애를 신뢰할 수 있게 치료하는 약물을 개발하고자 전력투구하고 있다(Chivers & Brotto, 2017).

성기능부전은 각성이나 성적 기능의 문제를 수반한다. (대부분이 남자인) **성도착증**(paraphilia) 환자도 성적 욕구를 경험하지만, 비정상적인 방식으로 표출한다(Baur et al., 2016). 미국정신의학회(2013)는 다음과 같은 조건을 만족할 때만 장애로 분류한다.

- 비정상적인 성적 관심으로 인해서 고통을 경험할 때
- 다른 사람에게 해를 끼치거나 위험을 초래할 때

연쇄살인범 제프리 다머는 시체에 성적 매력을 느끼는 네크로필리아를 앓고 있었다. 노출증 환자는 동의 없이 다른 사람에게 자신의 성적 부위를 노출함으로써 쾌감을 얻는다. 소아기호증 환자는 사춘기에 도달하지 않은 아동에게서 성적 흥분을 경험한다.

인출 연습

RP-2 손상된 성적 각성으로 고통받는 사람은 __________을 진단받을 수 있다. 노출증은 __________으로 간주할 수 있다.

답은 부록 E를 참조

성관계를 통한 감염

LOQ 11-7 어떻게 하면 성관계를 통한 감염을 예방할 수 있을까?

전 세계적으로 매일 100만 명 이상의 사람이 성관계를 통한 감염(STI)에 노출된다(WHO, 2018). 보편적인 STI에는 클라미디아, 임질, 단순포진 바이러스(HSV), 인간 유두종 바이러스(HPV) 등의 감염이 포함된다. 질병통제예방센터(CDC, 2016b)는 "나이 든 성인과 비교할 때, 성적 활동이 활발한 15~19세의 청소년과 20~24세의 젊은이의 위험성이 더 크다."라고 보고하고 있다. 예컨대, 10대 소녀는 아직 생물학적으로 성숙하지 못하고 항체 수준도 낮기 때문에 STI의 위험성이 높다(Dehne & Riedner, 2005; Guttmacher Institute, 1994).

콘돔의 사용도 포진과 같은 특정 피부전염 STI를 차단하는 데 한계가 있지만, 아무튼 위험성을 감소시키는 효과가 있다(NIH, 2001). 그 효과는 태국 정부가 매춘 종사자들에게 예외 없이 콘돔을 사용하도록 강제하였을 때 명확하였다. 4년에 걸쳐 콘돔 사용이 14%에서 94%로 급증함에 따라서, 박테리아에 감염되는 STI의 연인원이 410,406명에서 27,362명으로 급락하여 93%가 줄어들었다(WHO, 2000). 콘돔은 HIV(인간 면역 결핍 바이러스, 에이즈 바이러스)에 감염된 파트너로부터 그 바이러스가 전달될 위험을 차단하는 데 80%의 효과가 있었다(Weller & Davis-

성도착증 사람이 아닌 대상을 수반하는 환상이나 행동 또는 충동으로부터 성적 각성을 경험하고, 동의하지 않는 사람에게 고통을 주는 장애

에이즈(AIDS) 성관계를 통하여 감염되는 질병으로 HIV가 초래하는 치명적인 상태이다. 면역 시스템을 무력화시켜 감염에 취약하도록 만든다.

Beaty, 2002; WHO, 2003). HIV는 마약을 사용하면서 주삿바늘을 공유하는 것과 같은 다른 수단을 통해서도 전파될 수 있지만, 성관계를 통한 전파가 가장 보편적이다. HIV 보균자의 절반(그리고 최근에 HIV로 진단받은 미국인의 20%)이 여자이다(CDC, 2018a). 전 세계적으로 여자의 AIDS 비율이 빠르게 증가하는 이유는 바이러스가 여자에게서 남자에게 전달되는 것보다 남자에게서 여자에게 전달되는 경우가 훨씬 많기 때문이다.

에이즈(AIDS)에 감염된 미국인의 절반이 30~49세이다(CDC, 2016). 에이즈의 긴 잠복기를 감안할 때, 이것이 의미하는 바는 많은 성인이 이미 10대와 20대에 감염되었다는 사실이다. 2012년에는 전 세계적으로 에이즈로 인해 160만 명이 사망함으로써 비탄에 빠진 수많은 배우자와 수백만 명의 고아가 남게 되었다(UNAIDS, 2013). HIV에 감염된 사람의 2/3가 사하라 이남 아프리카에 거주하고 있으며, 생명을 연장하고 죽어가는 사람을 돌보기 위한 의료 치치는 이 지역의 사회자원을 고갈시키고 있다.

한 사람과 성관계를 갖는다는 것은 그 사람의 과거 성적 파트너들과도 관계를 맺는다는 것을 의미하는데, 그중의 어떤 사람이 부지불식간에 STI를 전파하였을 수 있다. 따라서 STI를 예방하는 첫 번째 단계는 자신의 감염 상태를 확인하고, 그 사실을 성적 파트너와 공유하는 것이다.

성의 심리학

LOQ 11-8 외부자극과 상상자극은 성적 각성에 어떤 영향을 미치는가?

생물학적 요인이 성적 동기와 행동에 강력한 영향력을 행사한다. 그렇지만 시간과 장소 그리고 사람에 따라서 나타나는 상당한 변산성은 심리적 요인의 막대한 영향력도 입증하고 있다(그림 11.7). 따라서 성적 동기에 기저하는 공통적인 생물학적 특성에도 불구하고, 성관계를 갖는 것에 대해서 연구참가자들이 표출한 281가지에 이르는 이유는 '신에게 더 가깝게 다가서기 위해서'부터 '남자 친구의 입을 막기 위해서'에 이르기까지 다양하다(Buss, 2008; Meston & Buss, 2007).

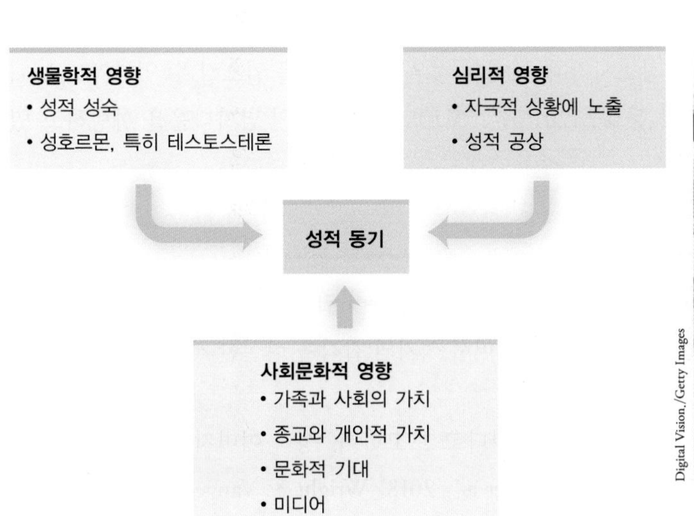

그림 11.7
성적 동기에 대한 생물심리사회적 요인 섭식 동기에 비해서 성적 동기는 생물학적 요인의 영향을 덜 받는다. 심리적 요인과 사회문화적 요인이 더 큰 역할을 담당한다.

외부자극

남자와 여자는 성적 자극물을 보거나 듣거나 읽을 때 흥분하게 된다(Heiman, 1975; Stockton & Murnen, 1992). 여자에 비해서 남자의 성적 각성이 성기반응을 훨씬 더 정확하게 반영하고 있다(Chivers et al., 2010).

사람들은 성적 각성을 즐거운 것으로나 괴로운 것으로 받아들일 수도 있다(자신의 성적 각성을 제어하고자 소망하는 사람은, 배고픔을 제어하고자 원하는 사람이 유혹적인 음식 단서에 노출되는 것을 제한하는 것과 마찬가지로, 그러한 자극에 노출되는 것을 제한하기 십상이다). 성적 자극에 반복적으로 노출되면, 정서반응이 약화되거나 습관화되기 십상이다. 서구 여자들의 치맛단이 처음으로 무릎까지 올라온 1920년대에는 노출된 다리가 경미하나마 성적인 자극이었다.

노골적인 성적 자극물에의 노출이 해로운 효과를 초래할 수 있는가? 연구결과는 다음과 같은 세 가지 방식으로 그 가능성이 충분히 있음을 보여준다.

- **강간은 용인된다는 생각** : 오늘날의 몇몇 포르노는 여자가 주도적 역할을 하는 것으로 묘사하지만, 대부분은 여자를 굴종적인 성적 대상으로 나타낸다(Fritz & Paul, 2018; Jones, 2018). 성적으로 강요당하면서 동시에 그것을 즐기는 여자들의 묘사는 여자가 강간을 즐긴다는 잘못된 생각을 증폭시켜 왔으며, 그런 장면을 본 남자들이 여자를 의도적으로 학대하고 강간하려는 태도를 증가시켜 왔다(Allen et al., 1995, 2000; Foubert et al., 2011; Zillmann, 1989).
- **배우자의 외모와 배우자와의 관계에 대한 만족 감소** : 사람들은 성적 매력이 있는 여자와 남자가 등장하는 애로영화를 시청한 후에, 자신의 관계가 덜 만족스럽다고 판단하였다(Perry, 2018). 포르노의 반복적 시청은 남녀의 성적 만족을 감소시킨다(Milas et al., 2019; Miller et al., 2019). 아마도 가능성이 거의 없는 시나리오의 성애물을 읽거나 시청하는 것이 어느 누구도 충족시킬 수 없는 기대를 만들어내는 것으로 보인다.
- **둔감화** : 온라인 포르노의 지나친 시청은 젊은 성인을 정상적인 성관계에 둔감하게 만들 수 있다. 이렇게 왜곡된 성의 세계에의 반복적인 노출은 성적 욕구와 만족을 저하시키고, 성적 이미지에 대한 두뇌 활동을 감소시키며, 남자의 경우 발기 문제를 일으킬 수 있다(Wright et al., 2018). 필립 짐바르도와 동료들(2016)은 "포르노는 여러분의 남자다움을 훼방하고 있다."라고 일갈하고 있다.

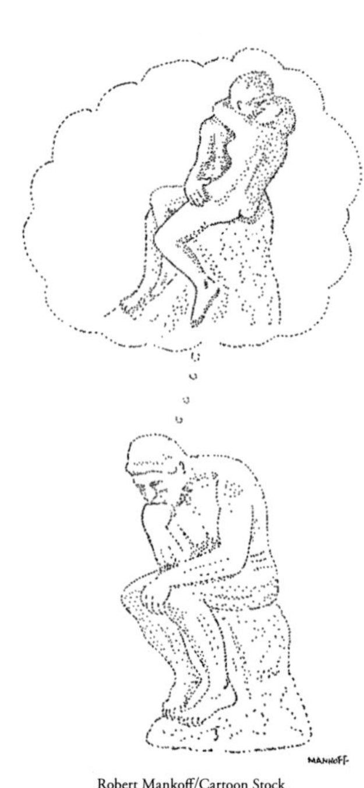

Robert Mankoff/Cartoon Stock

상상자극

두뇌야말로 가장 중요한 성기라고 알려져왔다. 두뇌 속에 자리 잡고 있는 자극, 즉 상상이 성적 흥분과 욕망에 영향을 미친다. 척수에 손상을 입어서 성기의 감각을 상실한 사람도 여전히 성적 욕구를 느낀다(Willmuth, 1987).

남녀 모두 성적 공상을 하고 포르노를 시청한다고 보고하며, 성적 이미지에 유사한 두뇌반응을 나타낸다(Mitricheva et al., 2019; Solano et al., 2018; Wright & Vangeel, 2019). 소수 여자의 경우에는 성적 공상만으로도 오르가슴에 도달할 수 있다(Komisaruk & Whipple, 2011). 남자는 성적 지향성에 관계없이 성적 공상이 더욱 빈번하고 신체적이며 공격적인 경향이 있다(Apostolou & Khalil, 2019; Schmitt et al., 2012). 또한 책과 비디오에서 덜 개인적이며 진행속도가 빠른 성적 줄거리를 선호한다(Leitenberg & Henning, 1995). 성에 대한 공상이 성적인 문제나 불만을 나타내는 것은 아니다. 문제가 있다면, 성적으로 적극적인 사람이 성적 공상을 더 많이 한다는 것이겠다.

인출 연습

RP-3 어떤 요인이 성적 동기와 행동에 영향을 미치는가?

답은 부록 E를 참조

성적인 위험 감수와 10대 임신

LOQ 11-9 어떤 요인이 10대의 성행동과 피임도구 사용에 영향을 미치는가?

성적 태도와 행동은 문화와 시대에 따라서 극적인 차이를 보인다. "결혼하지 않은 성인들 간의 성관계는 도덕적으로 용납할 수 없다."라는 진술에 97%의 인도네시아인과 6%의 독일인이 동의한다(Pew, 2014). 그리고 성행동의 감소와 보호책의 증가 덕분에, 미국의 10대 임신율이 감소하고 있다(CDC, 2016b, 2018f). 어떤 환경 요인이 10대 임신에 기여하는가?

피임에 관한 소통 많은 10대가 부모, 파트너, 또래들과 피임에 관하여 논의하는 것을 불편해한다. 부모와 자유롭고 거리낌 없이 대화하며 파트너와 배타적인 관계를 유지하는 10대가 피임도구를 사용할 가능성이 더 높다(Aspy et al., 2007; Milan & Kilmann, 1987).

충동성 성적으로 왕성한 12~17세의 미국 10대 소녀의 경우, 72%가 성관계를 가진 것을 후회한다고 답하였다(Reuters, 2000). 열정이 피임도구를 사용하거나 성관계를 뒤로 미루려는 의도를 압도하게 되면, 계획하지 않은 성관계가 임신을 초래하기도 한다(Ariely & Loewenstein, 2006; MacDonald & Hynie, 2008).

"Condoms should be used on every conceivable occasion."
(여기서 conceivable은 '생각할 수 있는, 상상할 수 있는'이라는 일차 의미와 '임신 가능한'이라는 이차 의미도 가지고 있는 다의어이기 때문에, 문장을 두 가지 의미로 해석할 수 있다.) 작자 미상

알코올 남용 10대 후반과 젊은 성인에게 있어서 대부분의 우발적인 성관계는 술을 마신 후에 상대가 동의하였는지도 알지 못한 채 벌어지기 십상이다(Fielder et al., 2013; Garcia et al., 2013; Johnson & Chen, 2015). 성관계를 갖기 전에 술을 마시는 사람은 콘돔을 사용할 가능성이 낮다(Kotchick et al., 2001). 술은 판단과 억제 그리고 자의식을 제어하는 두뇌 중추를 억압함으로써 정상적인 자제력을 붕괴시키는 경향이 있으며, 이는 성적으로 고압적인 남자들에게 잘 알려져 있는 현상이다.

대중매체 대중매체는 성적 행동의 **사회 스크립트**를 제공함으로써 10대에 영향을 미친다. 또한 또래 지각에도 영향을 미친다. 청소년과 젊은 성인이 성적 내용을 더 많이 보거나 읽을수록, 또래를 성적으로 왕성하다고 지각하고, 성에 관대한 태도를 발달시키며, 이른 성관계를 경험하고, 콘돔 사용도 제멋대로일 가능성이 높다(Escobar-Chaves et al., 2005; O'Hara et al., 2012; Parkes et al., 2013; Ward et al., 2018). 또래 규범을 어떻게 지각하느냐가 10대의 성행동에 영향을 미친다(Lyons, 2015; van

dpa/picture-alliance/Newscom

넘쳐나는 성 따라잡기 가장 많이 팔리는 60가지 비디오 게임에 대한 분석에 따르면, 구매자의 86%가 남성이다(게임을 즐기는 사람들도 마찬가지다). 여성 등장인물은 남성 등장인물들보다 지나치게 성적인 경향이 매우 높다. 반나체의 모습이거나 옷을 입었더라도 커다란 가슴과 잘록한 허리가 드러난다(Downs & Smith, 2010). 이러한 묘사는 성에 관하여 비현실적인 기대로 이끌어가고 여아들이 이른 나이에 성적으로 조숙하게 되는 데 기여할 수 있다(Karsay et al., 2018). 미국심리학회는 여아들에게 "남들에게 어떻게 보이느냐가 아니라 자신이 누구인지에 가치를 부여하라."라고 가르침으로써 이 문제에 맞설 것을 제안하고 있다(APA, 2007).

아버지의 존재

de Bongardt et al., 2015).

성관계의 지연 성관계를 억제하고 지연시키는 10대의 특징은 무엇인가?

- **높은 지능** : 지능검사 점수가 평균보다 높은 10대가 성관계를 지연시키는 경향이 있는데, 이들은 가능한 부정적 결과를 인식하고 있으며, 지금 이 순간의 즐거움보다는 미래의 성취에 초점을 맞추고 있기 때문이다(Harden & Mendle, 2011).
- **종교 활동** : 적극적으로 종교 활동을 하는 10대가 성관계를 성인기나 장기적 관계를 맺을 때까지 유보하는 경향이 크다(Hull et al., 2011; Schmitt & Fuller, 2015; Štulhofer et al., 2011).
- **아버지의 존재** : 5세에서 18세에 이르는 수백 명의 뉴질랜드와 미국의 소녀를 추적조사한 연구에서 보면, 아버지의 존재가 16세 이전의 임신과 성관계의 위험을 감소시켰다(Ellis et al., 2003). 이러한 연계는 가난과 같은 다른 부정적 영향을 제거한 후에도 존재하였다. 친밀한 가족 애착, 즉 함께 식사하며 부모가 10대 자녀의 활동과 친구들을 알고 있는 가족도 늦게 시작하는 성관계를 예측한다(Coley et al., 2008).
- **서비스 학습 프로그램 참여** : 가정교사나 선생님의 보조원으로 자원하거나 지역사회의 프로젝트에 자발적으로 참여하는 10대가 통제집단에 무선할당된 10대에 비해서 낮은 임신율을 나타냈다(Kirby, 2002; O'Donnell et al., 2002). 연구자들은 그 원인을 확신하지 못하고 있다. 서비스 학습이 개인적 유능감, 제어감, 책임감 등을 촉진시키는가? 미래지향적 사고를 부추기는가? 아니면 단순히 무방비적 성관계의 기회를 줄여주는 것인가? [방과후 활동과 늦은 등교시간도 계획에 없는 임신을 감소시켰다(Bryan et al., 2016; Steinberg, 2015).]

자문자답하기

여러분의 지역사회는 10대 임신을 줄이기 위하여 어떤 전략을 사용할 수 있겠는가?

인출 연습

RP-4 다음의 다섯 요인 중에서 무분별한 10대 임신에 기여하는 세 가지 요인은 무엇인가?

a. 알코올 남용
b. 높은 지적 수준
c. 아버지의 부재
d. 대중매체 모델
e. 서비스 학습 프로그램에의 참여

답은 부록 E를 참조

성적 지향성

LOQ 11-10 성적 지향성에 관하여 무엇을 알고 있는가?

동기를 부여한다는 것은 행동에 에너지를 제공하고 그 행동을 이끌어가는 것이다. 지금까지는 성적 동기에 에너지를 공급하는 것만을 다루었을 뿐, 그 방향 즉 **성적 지향성**(sexual orientation)은 다루지 않았다. 성적 지향성이란 이성인 사람에게(이성 지향성), 동성인 사람에게(동성 지향성), 또는 남성과 여성 모두에게(양성 지향성) 성적 매력을 느끼거나, 아니면 누구에게도 성적 매력을 전혀 느끼지 못하는 것(무성애 지향성)을 말한다. 어떤 사람에게 있어서는 성적 매력이 특정

제4장에서 설명한 바와 같이, 성적 지향성은 (트랜스젠더 정체성을 포함한) 성별 정체성과 다르다.

한 성 정체성에 국한되지 않는다(범성애 지향성). 사람들은 자신의 관심사와 망상에서 그러한 매력을 경험한다(여러분의 망상에는 누가 나타나는가?).

성적 지향성 성적 끌림의 방향으로, 사람들의 갈망이나 환상에 투영된다.

동성애에 대한 태도는 문화마다 다르다. "사회는 동성애를 받아들여야 하는가?"라는 물음에 스페인 사람의 88%와 나이지리아 사람의 1%가 '그렇다'고 답하며, 어느 곳에서나 남자보다는 여자가 더 수용적이다(Pew, 2013). 그렇지만 문화가 동성애를 비난하든 용인하든, 이성애가 세상을 풍미하고 있으며, 동성애도 존재한다. 대부분의 아프리카 국가에서는 동성관계가 불법이다. 그렇지만 남아프리카과학원(2015)은 레즈비언, 게이, 양성애의 비율은 "다른 대륙의 국가들과 다르지 않다."라고 보고하고 있다. 게다가 동성애는 인류의 역사에 상존하고 있다.

얼마나 많은 사람이 전적으로 동성애자인가? 유럽과 미국에서 실시한 10여 회에 걸친 전국 조사에 따르면, 남자의 대략 3~4%와 여자의 2% 정도인 것으로 보인다(Chandra et al., 2011; Copen et al., 2016; Savin-Williams et al., 2012). 그렇지만 그 비율은 시대에 따라 어느 정도 가변적이며, 사회적 동의가 증가함에 따라 스스로 레즈비언, 게이, 또는 양성애자라고 편안하게 보고하는 비율이 점차적으로 증가하고 있다(Newport, 2018). 익명으로 보고할 때도 비율이 약간 높다(Copen et al., 2016). 미국인 여자의 17%와 남자의 6%에 해당하는 많은 사람이 살아오면서 동성애 접촉을 한 적이 있다고 말한다(Copen et al., 2016). 심리학자들은 이제야 비로소 자신을 범성애자라고 말하는 사람의 경험을 연구하기 시작하였다(Borgogna et al., 2019; Greaves et al., 2019).

관용성이 낮은 지역에서는 사람들이 자신의 성적 지향성을 숨길 가능성이 높다. 예컨대, 미국 캘리포니아 남자의 대략 3%가 페이스북에 동성 선호를 표방하고 있는 반면, 미시시피에서는 1%만이 그렇다. 그런데 두 지역 모두에서 구글 포르노 탐색의 대략 5%가 게이를 위한 것이다. 그리고 다른 남자와의 '조건 없는 만남'을 원하는 남자를 위한 웹사이트 광고는 관용적이지 않은 지역에서도 관용적인 지역 못지않게 많으며, 구글에서 '내 남편은 게이인가요?'를 탐색하는 횟수도 더 많다(MacInnis & Hodson, 2015; Stephens-Davidowitz, 2013).

대부분이 이성애자인 문화에서 이성애자가 아니라는 사실은 어떤 느낌을 가져다주겠는가? 여러분이 이성애자이고, 완벽한 이성 파트너를 만났다고 상상해보라. 여러분의 그러한 감정을 누구와 공유할 수 있을지 확신할 수 없다면 어떻게 느끼겠는가? 사람들이 이성애자에 대한 조잡한 농담을 하는 것을 어깨너머로 듣거나, 대부분의 영화, 텔레비전 프로그램, 광고 등이 동성관계만을 보여준다면, 여러분은 어떻게 반응하겠는가? 많은 사람이 동성결혼을 선호하는 정치 후보자를 지지하지 않을 것이라는 말을 얼마나 좋아하겠는가? 그리고 아동기관과 입양 담당자가 이성인 사람이 여러분에게 매력을 느끼기 때문에 여러분은 안전하거나 신뢰할 수 없다고 생각한다면 어떤 느낌이 들겠는가?

자살로 몰아감 2010년 미국 럿거스대학교 학생 타일러 클레멘티는 다른 남자와의 친밀한 만남이 알려진 후에 이 다리에서 뛰어내렸다. 조롱을 당한 후에 유사한 비극적 방식으로 반응하였던 다른 10대 게이에 대한 보도가 줄을 이었다. 2010년 이래 미국인, 특히 30세 이하의 미국인은 동성 지향적인 사람을 점차 더 많이 지지하고 있다.

Splash News/Newscom

STAN HONDA/Getty Images

동성애적 반응에 직면한 어떤 사람은 자신의 욕구가 사라질 것을 희망하면서 처음에는 그 욕구를 무시하거나 부정하고자 시도한다. 그렇지만 그 욕구는 사라지지 않는다. 그리고 이 사람은 자신의 성적 지향성을 숨기게 되는데, 동성애를 비난하는 지역이나 국가에 살고 있을 때 더욱 그렇다(Pachankis & Bränström, 2018). 특히 청소년기이거나 부모나 또래에게 배척당하고 있다고 느낄 때, 동성애를 거부하고자 애를 쓴다. 지원해주는 부모와 친구가 없다면, 게이와 레즈비언인 10대는 집단 따돌림과 관련되기 십상인 상당한 불안과 우울을 나타내며, 자살의 위험도 세 배로 증가한다(Caputi et al., 2017; di Giacomo et al., 2018; NAS, 2019; Ross et al., 2018). 심리치료, 의지력, 기도 등을 통해서 성적 지향성을 변화시키고자 시도하기도 하지만, 이성애자의 감정과 마찬가지로 동성애 감정도 지속되기 십상이다. 이성애자도 동성애자가 되기 힘들기는 마찬가지다(Haldeman, 1994, 2002; Myers & Scanzoni, 2005).

불행하게도 동성애에 반대하는 좋지 않은 몇몇 고정관념이 지속되어 왔다. 그러한 고정관념의 하나는 동성애자가 아동을 성적으로 학대할 가능성이 더 높다는 것이다(Herek, 2016). 이것은 사실인가? 아니다. 다양한 성적 이미지에 대한 남자의 성기반응을 측정해보면, 성적 지향성은 소아성애와 아무런 관계가 없다(Blanchard et al., 2009; Herek, 2016). 레이 블랜차드가 이끄는 캐나다 연구팀(2012; Dreger, 2011)은 성적 각성을 측정하는 장치를 가지고 성적 이야기가 수반된 남녀 성인이나 아동의 나체사진을 보고 있는 2,278명의 남자(대부분은 성범죄자이었다)를 조사하였다. 대부분의 남자는 아동이 아니라 성인 남자(게이의 경우)나 성인 여자(이성애자의 경우)에게 반응을 보였다. 게이이든 이성애자이든 관계없이 몇몇 남자는 아동에게 가장 많은 반응을 보이고 성인에게는 반응을 덜 보임으로써 소아성애 증상을 나타내기도 하였다.

오늘날 심리학자들은 성적 지향성이 의지적으로 선택하거나 변화되는 것이 아니라고 생각한다. 미국심리학회 2009년도 보고서는 "성적 지향을 변화시키려는 노력은 성공할 가능성이 없으며 여러 가지 위험을 수반한다."라고 천명하고 있다. 영국 정신건강위원회도 그러한 시도가 비윤리적이며 해로울 가능성이 있다는 데 동의하였다(Gale et al., 2017). 이러한 사실을 인식한 몰타는 유럽 국가로서는 최초로 2016년에 말도 많고 탈도 많은 '전환치료', 즉 **성별 정체성**이나 성적 지향성을 변화시키려는 치료법을 법으로 금지시켰다. 미국의 여러 주와 도시도 마찬가지로 소수자를 대상으로 하는 전환치료를 금지시켜 왔다.

"성적 지향성이 변화될 수 있다는 확실한 과학 증거는 없다." 영국 로열칼리지의 정신의학자(2014)

성적 지향성은 어떤 면에서 왼손잡이/오른손잡이와 유사하다. 대부분은 오른손잡이이며 일부가 왼손잡이이다. 극소수만이 진정한 양손잡이다. 어찌 되었든 그 편향성은 지속적으로 존재하며, 특히 남자에게서 그렇다(Dickson et al., 2013; Norris et al., 2015). 여자의 성적 지향성은 덜 강력하며, 유동적이고 변화할 가능성이 높은 경향이 있다. 이성애 여자도 남자나 여자의 성적 자극에 성기의 흥분을 경험할 수 있다(Chivers, 2017). 일반적으로 남자가 성적으로 더 단순하다. 남자의 동질성은 다양한 방식으로 나타난다(Baumeister, 2000). 다양한 시대, 문화, 상황, 상이한 교육 수준, 종교, 또래 영향 등에 걸쳐서, 남자의 성적 추동과 관심사는 여자에 비해서 덜 유연하고 덜 가변적이다. 예컨대, 여자는 성행위를 많이 하는 기간과 전혀 하지 않는 기간이 교대되는 것을 선호한다(Mosher et al., 2005). 바우마이스터는 이러한 유연성을 **성적 가소성**이라고 부른다.

영국에서 18,876명을 대상으로 수행한 조사에 따르면, 대략 1%가 무성애자, 즉 "어느 누구에게도 성적으로 매력을 느껴본 적이 없는" 사람이었다(Bogaert, 2004, 2015). 그렇지만 무성애자는 다른 사람들 못지않게 자위행위를 자주 한다고 보고하고 있으며, 기분이 좋고, 불안을 감소시키며, '막힌 곳을 뚫어주는 느낌'을 갖는다고 언급하였다.

성적 지향성의 기원

성적 지향성은 실제로 선택하는 것이 아니며 변할 수도 없는 것이라면(특히 남자들에게서 그렇다), 그러한 감정은 어디에서 유래하는 것인가? 성적 지향성에 영향을 미치는 환경 요인을 찾아내고자 킨제이연구소의 연구자들은 1980년대에 거의 1,000명에 달하는 동성애자와 500명의 이성애자를 인터뷰하였다. 동성애와 관련하여 상상할 수 있는 거의 모든 심리적 원인, 예컨대 부모관계, 아동기 성경험, 또래관계, 데이트 경험 등을 평가하였다(Bell et al., 1981; Hammersmith, 1982). 그 결과는 동성애자가 이성애자에 비해서 어머니의 과도한 애정에 압도되지도 않았고, 아버지가 냉담하게 무시하지도 않았다는 것이었다. 그리고 다음을 생각해보자. 만일 관계가 소원한 아버지가 동성애 아들을 만들 가능성이 더 크다면, 아버지가 없는 가정에서 성장한 소년은 게이가 될 가능성이 더 커야 하지 않겠는가? (그렇지 않다.) 그러한 가정이 급격하게 증가함으로써 게이 인구도 눈에 뜨이게 증가해야 하지 않겠는가? (그렇지 않다.) 게이나 레즈비언인 부모가 양육한 대부분의 아동은 성별에 적합한 행동을 표출하며 이성애적이다(Farr et al., 2018; Gartrell & Bos, 2010). 그리고 이성애 부모의 아동과 유사하게(때로는 더 우수하게) 건강하고도 정서적 안녕감을 가지고 성장한다(Bos et al., 2016; Farr, 2017).

그렇다면 또 다른 무엇이 성적 지향성에 영향을 미칠 수 있는가? 한 이론은 성적 욕구가 성숙할 시점에 남녀를 따로 분리시키게 되면 동성을 향한 성적 애착이 발달한다고 제안한다(Storms, 1981). 실제로 게이는 사춘기를 다소 일찍 거치면서, 그 기간 동안 남자 또래하고만 지냈던 경험을 회상하는 경향이 있다(Bogaert et al., 2002). 그렇지만 결혼하기 전에는 모든 남자아이가 동성애적 행동을 보일 것으로 예상되는 부족사회에서조차 대부분의 남성들은 여전히 이성애자이다(Hammack, 2005; Money, 1987). (이 사례가 보여주는 것처럼, 성적 행동이 항상 성적 지향성을 나타내는 것은 아니다.) 이에 덧붙여서 또래의 태도가 10대의 성적 태도와 행동을 예측한다고 하더라도, 동성에게 끌리는 것을 예측하지는 못한다. "또래 영향은 성적 지향성에 아무런 영향을 미치지 않는다"(Brakefield et al., 2014).

선천성과 후천성은 함께 작동하기에, 환경이 성적 지향성에 영향을 미칠 가능성이 많다. 그렇지만 특정한 환경 요인을 찾아내지 못함으로써 연구자들은 여러 계통의 생물학적 증거를 탐구하기에 이르렀다. 여기에는 동물세계에서의 동성애, 두뇌 차이, 유전적 요인과 출생 전 요인 등이 포함된다.

동물세계에서의 동성애 미국 보스턴 퍼블릭 가든 관리자들은 열렬히 사랑하는 백조 부부의 알이 결코 부화되지 않는 비밀을 알아냈다. 두 백조는 모두 암컷이었던 것이다. 뉴욕의 센트럴 파크 동물원에서는 사일로와 로이라는 이름의 두 펭귄이 여러 해 동안 헌신적인 동성 배우자로 지냈다. 회색곰, 고릴라, 원숭이, 플라밍고, 부엉이 등을 포함하여 수백 종의 동물종에서도 동성 간의 성행동을 관찰해왔다(Bagemihl, 1999). 예컨대, 숫양 중에는 7~10% 정도가 동성에 매력을 느끼면서, 암컷을 기피하고 다른 수컷을 타 오르려는 행동을 한다(Perkins & Fitzgerald, 1997). 동물세계에서는 동성애 행동이 자연스러운 부분인 것처럼 보인다.

SEA LIFE Sydney Aquarium

두 마리의 펭귄 아빠 호주 시드니의 시라이프 아쿠아리움에서는 '스펜'과 '매직'이라는 이름의 동성 펭귄 쌍이 입양한 새끼('스펜직'이라는 절묘한 이름을 붙였다)를 성공적으로 키워냈다.

두뇌 차이 게이와 이성애자 두뇌의 구조와 기능은 다르겠는가? 사이먼 르베이(1991)는 사망한 이성애자와 동성애자의 시상하부를 연구하였다. 그는 이성애 남성의 어떤 세포군집이 여자와 동성애 남자의 것보다 일관성 있게 크다는 사실을 발견하였다.

두뇌가 성적 지향성에 따라 차이가 난다고 하더라도 놀랄 일은 아니다(Bao & Swaab, 2011; Savic & Lindström, 2008). **심리적인 것은 모두 동시에 생물학적인 것임을 명심하라.** 그렇다면 언제 두뇌 차이가 시작되는가? 임신할 때? 아동기나 청소년기에? 경험이 차이를 초래하는가? 아니면 유전자나 출생 전 호르몬(또는 출생 전 호르몬을 활성화시키는 유전자)의 영향인가?

르베이는 시상하부가 성적 지향성 중추라고 생각하지 않는다. 오히려 성적 행동에 관여하는 신경회로의 중요한 부분일 뿐이라고 생각한다. 그는 성행동 패턴이 두뇌의 해부학적 구조에 영향을 미칠 수 있다는 사실을 인정한다. 물고기, 새, 쥐, 그리고 인간에게 있어서 두뇌 구조는 성 경험을 포함한 다양한 경험에 의해 변한다고 성 연구자인 마크 브리드러브(1997)는 보고하고 있다. 그런데 르베이는 두뇌의 해부학적 구조가 성적 지향성에 영향을 미칠 가능성이 크다고 믿고 있다. 동성애 행동을 나타내는 숫양과 그렇지 않은 숫양 사이에서도 유사한 시상하부의 차이가 있다는 결과는 그의 추측을 입증해주는 것처럼 보인다(Larkin et al., 2002; Roselli et al.,

그림 11.8
공간능력과 성적 지향성 회전시키면 원래의 도형과 일치하는 도형은 어느 것인가? 이성애 남자는 이성애 여자보다 이 과제를 쉽게 해결하는 경향이 있으며, 게이와 레즈비언은 그 중간에 해당한다(그래프 참조)(Rahman et al., 2004).

(ɔ) : 日

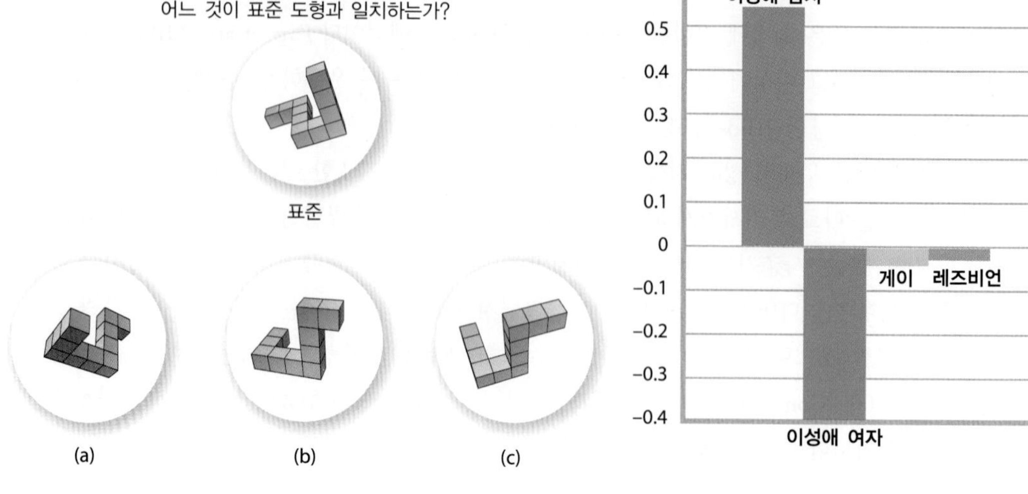

2002, 2004). 나아가서 그러한 차이는 출생 직후 아니면 출생 이전부터 발달하는 것으로 보인다(Rahman & Wilson, 2003).

르베이가 두뇌 구조의 차이를 발견한 이래로, 다른 연구자들은 게이와 이성애 두뇌가 기능하는 방식에서의 부가적인 차이를 보고해왔다. 한 가지 기능은 성적 각성을 주도하는 시상하부의 한 영역이 담당한다(Savic et al., 2005). 이성애 여자에게 남자의 땀에서 추출한 냄새를 맡게 하면, 그 영역이 활동한다. 게이의 두뇌도 남자의 체취에 유사한 반응을 보이지만, 이성애 남자의 두뇌는 여성호르몬 유도체에만 성적 흥분을 나타낸다. 유사한 연구에서는 레즈비언의 반응이 이성애 여자의 반응과 차이를 보였다(Kranz & Ishai, 2006; Martins et al., 2005). 콰지 라만(2015)은 다음과 같이 요약하고 있다. 이성애 남자나 여자와 비교할 때, 게이는 두뇌의 반응 패턴에서 평균적으로 '전형적인 여자'의 것으로 나타나며, 레즈비언은 '전형적인 남자'의 것으로 나타난다.

"게이 남자는 단지 여성에게 끌리는 두뇌 세포를 가지고 있지 않은 것이다." 사이먼 르베이, 『성적인 두뇌』(1993)

여러 가지 특질에서 게이와 레즈비언은 일반적으로 이성애 여자와 남자의 중간에 해당한다. 공간능력에서 게이와 이성애자 간의 차이를 보자. 그림 11.8과 같은 심적 회전 과제에서 이성애 남자는 이성애 여자를 압도하는 경향이 있으며, 게이와 레즈비언의 점수는 그 중간에 위치한다(Boone & Hegarty, 2017). 그렇지만 기억게임 과제에서 사물의 공간 위치를 기억해내는 데 있어서는 이성애 여자와 게이 모두가 이성애 남자를 압도하였다(Hassan & Rahman, 2007).

유전적 요인 연구결과는 성적 지향성의 대략 1/3을 유전적 요인 탓으로 돌릴 수 있음을 나타낸다(Bailey et al., 2016). 동성 지향성은 가족력이 있는 경향이 있다. 그리고 일란성 쌍둥이는 이란성 쌍둥이보다 성적 지향성을 공유할 가능성이 다소 높다(Alanko et al., 2010; Långström et al., 2010). 그렇지만 많은 일란성 쌍둥이의 성적 지향성이 다르며, 특히 여성 쌍둥이의 경우에 그렇기 때문에, 유전자 이외에 다른 요인도 작동하고 있는 것이 확실하다. 여기에는 게이 쌍둥이와 이성애 쌍둥이를 구분하는 데 도움이 되는 **후생유전적 표지**가 포함되는 것으로 보인다(Balter, 2015; Gavrilets et al., 2018).

연구자들은 초파리의 단일 유전자를 교체함으로써 그 초파리의 성적 지향성과 행동을 변화시켰다(Dickson, 2005). 인간의 성적 지향성에 영향을 미치는 유전자를 탐색하는 과정에서 게이 형제 409쌍, 이성애 남자 1,231명, 게이 1,077명의 게놈을 분석하여, 13번과 14번 염색체에 들어있는 두 유전자와 성적 지향성 간의 연계를 발견하였다. 첫 번째 유전자는 성적 지향성에 따라 크기가 달라지는 두뇌영역에 영향을 미친다. 두 번째 유전자는 갑상선 기능에 영향을 미치는데, 갑상선도 성적 지향성과 연합되어 있다(Sanders et al., 2015, 2017). 그렇지만 인간의 특질은 미미한 효과를 가지고 있는 수많은 유전자의 영향을 받는다는 친숙한 교훈도 명심할 필요가 있다. 실제로 거의 50만 명에 달하는 사람의 유전자를 분석한 연구는 "동성애 행동은 하나 또는 소수가 아니라 수많은 유전자의 영향을 받는다."라는 사실을 확증하였다(Ganna et al., 2019).

연구자들은 동성 부부는 후손을 퍼뜨릴 수 없다는 사실을 전제로, 인간 유전자 전집에 '게이 유전자'가 존재하는 까닭을 탐색해왔다. 한 가지 가능한 답이 **친족 선택**이다. 제4장에서 다루었던 진화심리학적 주장, 즉 많은 유전자가 생물학적 친족에도 자리 잡고 있다는 사실을 회상해 보라. 아마도 게이 유전자는 사촌이나 조카 또는 다른 친척의 생존과 번식을 지원해줌으로써 계속해서 살아남을 수 있었을지도 모르겠다.

번식력이 강한 여성 이론은 모계의 유전이 작동할 수도 있다고 제안한다(Bocklandt et al., 2006). 전 세계적으로 게이가 부계보다는 모계 쪽에 게이 친척을 더 많이 가지고 있는 경향이 있다(Camperio-Ciani et al., 2004, 2009, 2012; VanderLaan et al., 2012; VanderLaan & Vasey, 2011). 또한 이성애 남자의 모계 친척에 비해서 게이의 모계 친척이 보다 많은 자식을 낳는다. 아마도 남자에게 강한 매력을 풍겨서 여자가 더 많은 자식을 낳게 만들어주는 유전자가 남자도 남자에게 더 끌리게 만드는지도 모르겠다(LeVay, 2011). 따라서 게이로 인해 감소된 자손은 이들의 모계가 많은 자식을 낳는 것으로 상쇄되는 것으로 보인다.

출생 이전의 영향 요인 자궁 속에서 성호르몬이 남성과 여성의 발달을 주도한다는 사실을 회상해보라. 동물과 몇몇 예외적인 사람의 사례에서 보면, 비정상적인 출생 이전 호르몬 수준이 태아의 성적 지향성을 변화시켰으며, 여성의 경우에 더욱 그러하였다(Breedlove, 2017). 임신한 양에게 태아 발달의 결정적 시기에 테스토스테론을 주사하면, 암컷으로 태어난 새끼 양이 나중에 동성애 행동을 보였다(Money, 1987). 인간의 경우 두뇌의 신경-호르몬 제어 시스템의 결정적 시기는 임신 2개월에서 5개월 사이에 존재하는 것으로 보인다(Ellis & Ames, 1987; Garcia-Falgueras & Swaab, 2010; Meyer-Bahlburg, 1995). 이 시기에 여자아이 태아가 전형적으로 경험하는 호르몬 수준에 노출되면 성장한 후에 남자에게 끌리는 경향성을 나타낸다. 그리고 테스토스테론에 많이 노출된 여자아이 태아는 나중에 자신의 성별에 부적합한 특질을 나타내고 동성애 욕구를 경험할 가능성이 매우 높다.

"오늘날 과학 연구는 성적 지향성이 부분적으로 유전에 의해서 결정되지만, 자궁 속에서 호르몬 활동의 영향을 특히 많이 받는다는 사실을 나타내고 있다." 글렌 윌슨과 콰지 라만, 『게이로 태어나기 : 성적 지향성 심리학』(2005)

어머니의 면역 시스템도 성적 지향성 발달에서 일익을 담당하는 것으로 보인다. 연구한 36개 표본 중에서 35개 표본에서 형이 있는 남자가 게이가 될 가능성이 조금 더 컸는데, 이것은 놀라우리만치 신뢰할 수 있는 결과이다(Blanchard, 2004, 2018, 2019). 형의 수가 한 명 늘어날 때마다 그 가능성은 대략 1/3씩 늘어났다(Bogaert, 2003도 참조). 맏아들 가운데서 동성애자가 될 가능성이 대략 2%인 반면에, 둘째 아들에서는 2.6%가량으로 증가하고, 셋째 아들에서는 3.5% 정도이며, 아래로 내려갈수록 그 비율이 증가하고 있다(Bailey et al., 2016). 이것을 **형제 출생순위 효과**라고 부른다(그림 11.9 참조).

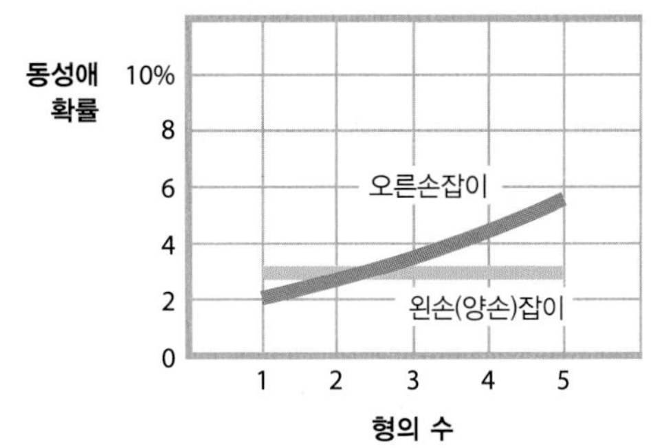

그림 11.9
형제 출생순위 효과 레이 블랜차드(2008)는 형이 몇 명인지의 함수로서 남자가 동성애가 될 가능성을 보여주는 곡선을 제안하고 있다(Bogaert, 2006). 이러한 상관은 여러 연구에서 나타났지만, 오직 오른손잡이에게서만 그렇다(10명 중 대략 9명이 오른손잡이다).

이렇게 흥미로운 현상이 나타나는 이유는 확

실하지 않다. 블랜차드는 사내아이 태아가 생성하는 이물질에 대한 어머니의 방어적 면역반응에 의한 것은 아닐까 의심하고 있다. 어머니의 항체는 사내아이를 임신할 때마다 강력해지며, 태아의 두뇌가 남성 특유의 패턴을 발달시키는 것을 방해할 수 있지 않겠냐는 것이다(Bogaert et al., 2018). 형제간의 출생순위 효과는 함께 성장하였는지에 관계없이 동일한 어머니에게서 태어난 남자들에서만 발생한다는 사실은 이러한 생물학적 설명과 일치한다. 입양 형제 사이에서는 출생순위가 성적 지향성에 영향을 미치지 않는다(Bogaert, 2006). 성적 지향성에 관한 출생순위 효과는 언니가 있는 여자 그리고 남자 쌍둥이와 함께 태어난 이란성 쌍둥이 여자, 그리고 오른손잡이가 아닌 남자에서는 나타나지 않는다(Rose et al., 2002).

과학적 물음은 "무엇이 동성애를 초래하는가?"(또는 "무엇이 이성애를 초래하는가?")가 아니라 "무엇이 성적 지향성의 차이를 초래하는가?"라는 점에 주목하기 바란다. 심리과학은 이 물음의 답을 찾기 위하여 성적 지향성에서 차이를 보이는 사람들의 배경과 생리적 특성을 비교한다.

게이-이성애자 간 특질 차이

게이와 이성애자의 특질을 비교하는 것은 남자와 여자의 신장을 비교하는 것과 같다. 평균적으로 남자가 여자보다 크지만, 남자보다 큰 여자도 많다. 그리고 누군가의 신장을 알려주는 것이 그 사람의 성별을 규정하지 않는 것과 마찬가지로, 특질을 아는 것이 그 사람의 성적 지향성을 알려주지 않는다. 그렇지만 여러 가지 특질에서 동성애자가 이성애 남자와 이성애 여자 중간쯤에 해당하는 것으로 나타나고 있다(표 11.3; LeVay, 2011; Rahman & Koerting, 2008; Rieger et al., 2016도 참조).

명심할 사항 : 종합적으로 볼 때, 두뇌, 유전자, 출생 전 요인의 연구결과는 성적 지향성에 대

표 11.3 성적 지향성의 생물학적 상관체

게이-이성애자 간 특질 차이

성적 지향성은 성격 특질 집합의 한 부분이다. 연구결과는 이성애자와 동성애자가 다음과 같은 생물학적 특성과 행동 특질에서 차이를 보인다는 사실을 보여준다. 몇몇 연구는 반복연구의 필요성이 있다.

- 공간능력
- 지문의 융기
- 청각 시스템의 발달
- 왼손/오른손잡이
- 직업 선호도
- 손가락의 상대적 길이
- 성별 비동조
- 남자의 사춘기 출현 연령
- 얼굴 구조와 출생 시 크기/체중
- 수면시간
- 신체 공격성
- 걷는 스타일

평균적으로(증거는 남자에게서 더 강력하게 나타난다) 게이와 레즈비언의 결과는 이성애 남자와 이성애 여자 중간 정도에 놓인다. 두뇌, 유전, 그리고 출생 전 환경이라는 세 가지 생물 요인이 이러한 차이에 영향을 미친다.

두뇌 차이

- 시상하부의 한 세포군집은 이성애 남자에 비해서 양성애 여자나 게이에서 더 작다.
- 게이의 시상하부는 남자의 성호르몬 냄새에 이성애 여성의 시상하부와 동일하게 반응한다.

유전 영향

- 성적 지향성의 공유 정도는 이란성 쌍둥이보다 일란성 쌍둥이에게서 높다.
- 초파리의 성적 지향성은 유전적으로 바꿀 수 있다.
- 남자의 동성애는 모계를 통해서 전달되는 것으로 보인다.

출생 전 영향 요인

- 출생 전 호르몬의 변화는 인간과 동물에서 동성애를 초래할 수 있다.
- 형이 많은 남자가 게이일 가능성이 더 크다. 어머니 면역 시스템의 반동 때문일 가능성이 있다.

한 생물학적 설명을 강력하게 지지하며, 특히 남자의 경우에 그렇다(LeVay, 2011; Rahman & Koerting, 2008). 여자의 성적 유동성이 크다는 사실은 생물심리사회적 요인에 관하여 더 많은 연구가 필요함을 시사하고 있다(Diamond et al., 2017).

＊＊＊

혹자는 여전히 의문을 제기한다. 성적 지향성의 원인이 정말로 중요한 것인가? 그렇지 않을 수도 있지만, 사람들의 생각은 중요한 함의를 갖는다. 성적 지향성이 선택의 문제라고 믿는 사람은 레즈비언이나 게이에게 동등한 권한을 부여하는 데 반대한다. 예컨대, 2014년에 우간다 대통령은 동성애 행위를 하는 사람을 종신형에 처할 수 있다는 법안에 서명하였다. 이것을 정당화하기 위하여, 동성애는 생득적인 것이 아니라 오히려 '선택'의 문제라고 천명하였다(Balter, 2014; Landau et al., 2014). 성적 지향성의 생득적 본질, 즉 이 장에서 개관한 생물학적 요인과 출생 전 요인에 의해서 만들어진다는 사실을 이해하는 사람은 '동성애자와 양성애자에게도 동등한 권한을 부여'하는 데 찬성할 가능성이 높다(Bailey et al., 2016).

'이원적이지 않은 성별 정체성'(제4장)과 '범성애'와 같은 개념의 논의는 여러분의 이해에 도전장을 내밀는지도 모른다. 이러한 새로운 용어는 사람들이 변하였음을 나타내는가? 실제로 과학자들은 성별 정체성과 성적 지향성은 항상 변해왔다고 믿는다. 어느 지역과 시대에서나 어떤 사람은 이원적인 남성/여성 또는 게이/이성애 범주에 깔끔하게 들어맞지 않았다.

자문자답하기

성적 지향성과 성별 정체성에 영향을 미치는 요인에 대해 공부한 것이 여러분의 견해에 어떤 영향을 미쳤는가? 새로운 지식은 레즈비언, 게이, 양성애자, 트랜스젠더, 퀴어(LGBTQ)와의 상호작용에 어떤 영향을 미치겠는가?

인출 연습

RP-5 다음의 다섯 요인 중 연구자들이 성적 지향성에 영향을 미치는 것으로 밝혀낸 세 요인은 어느 것인가?

a. 지배적인 어머니
b. 시상하부에 위치한 특정 세포군집의 크기
c. 출생 전 호르몬에의 노출
d. 냉담하거나 무능한 아버지
e. 남자의 경우 여러 명의 친형을 가지고 있는 것

답은 부록 E를 참조

성과 인간관계

LOQ 11-11 사회적 요인은 인간의 성징에서 어떤 역할을 담당하는가?

성적 동기에 관한 과학 연구는 삶에서 성의 개인적 의미를 정의하려는 것이 아니다. 여러분은 성에 관하여 가용한 모든 사실, 예컨대 오르가슴에 따른 최초의 근육수축은 0.8초 간격으로 일어나며, 여자의 유두는 성적 흥분이 최고조에 달할 때 10밀리미터 팽창하고, 최대 혈압은 대략 60점 상승하며, 호흡은 분당 40회까지 증가한다는 등의 사실을 알고 있을 수 있지만, 성적 친밀감의 중요성은 이해하지 못할 수 있다.

성적 욕구는 사람들로 하여금 친밀하고 헌신적인 관계를 형성하도록 동기화하며, 이것이 다시 만족스러운 성관계를 가능하게 해준다(Birnbaum, 2018). 참가자들을 30세가 될 때까지 추적·조사한 전국연구에서 보면, 첫 번째 성관계가 나중에 결혼이나 동거에서 더 큰 만족감을 예측해

주었다(Harden, 2012). 또 다른 연구는 2,035명의 기혼자에게 언제부터 배우자와 성관계를 갖기 시작하였는지를 물었다(교육 수준, 종교 활동 여부, 교제기간 등을 통계적으로 통제하였다). 관계가 결혼을 약속할 정도로 발전한 사람들이 더 큰 관계 만족감과 안정성을 보고하였으며, 더 만족스러운 성관계도 보고하였다(Busby et al., 2010; Galinsky & Sonenstein, 2013). 남자와 여자 모두에게 있어서, 그렇지만 특히 여자에게 있어서, 일시적 성관계보다는 헌신적인 관계에서 성관계를 가질 때 더 만족한다(오르가슴을 더 자주 경험하며, 후회를 덜 한다)(Armstrong et al., 2012; Benidixen et al., 2017; Dubé et al., 2017). 하룻저녁 초대한 손님보다는 규칙적으로 식사를 함께 하는 배우자가 어떤 양념이 자신들의 입맛에 맞는지를 서로에게 알려줄 가능성이 큰 것과 마찬가지로, 침대를 공유하는 헌신적 배우자의 손길도 마찬가지인 것이다.

성관계의 증가 ≠ 행복의 증가

부부의 경우, 성관계의 빈도는 행복감과 상관을 갖는다(Muise et al., 2016). 그렇다면 성관계를 체계적으로 증가시키는 것이 사람들을 더 행복하게 만들어주겠는가? 3개월에 걸쳐 성관계 빈도를 두 배로 늘리는 조건에 무선할당한 이성애 부부는 불행하게도 약간 덜 행복해졌다(Loewenstein et al., 2015).

성은 사회적으로 중차대한 행위이다. 남자와 여자가 홀로 오르가슴에 도달할 수도 있지만, 대부분의 사람은 사랑하는 사람과 성관계를 갖고 오르가슴을 경험한 후에 더 큰 만족을 경험하며, 성적 만족과 관련된 호르몬인 **프로락틴**의 급격한 증가를 경험한다(Brody & Tillmann, 2006). 한 연구에서 보면 신혼부부의 경우에 '성적 여운(성관계 후에 남아있는 만족감)'이 48시간 지속되었으며 결혼 만족감을 증가시켰다(Meltzer et al., 2017). 공유하는 두뇌의 보상 중추 덕분에, 성적 욕구와 사랑은 서로를 부추기게 된다(Cacioppo et al., 2012). 인간에게 있어 최선의 성은 삶을 하나로 묶어주며 애정을 새롭게 해주는 것이다.

개관 성적 동기

학습목표

자기검증 개념 파악을 증진시키도록 (부록 D의 답을 확인해보기에 앞서) 여러분 자신의 표현으로 여기서 반복하는 학습목표 물음에 답해보라(McDaniel et al., 2009, 2015).

LOQ 11-5 호르몬은 인간의 성적 동기에 어떤 영향을 미치는가?

LOQ 11-6 인간의 성적 반응 주기란 무엇인가? 성기능부전과 성도착증은 어떻게 다른가?

LOQ 11-7 어떻게 하면 성관계를 통한 감염을 예방할 수 있을까?

LOQ 11-8 외부자극과 상상자극은 성적 각성에 어떤 영향을 미치는가?

LOQ 11-9 어떤 요인이 10대의 성행동과 피임도구 사용에 영향을 미치는가?

LOQ 11-10 성적 지향성에 관하여 무엇을 알고 있는가?

LOQ 11-11 사회적 요인은 인간의 성징에서 어떤 역할을 담당하는가?

기억해야 할 용어와 개념들

자기검증 여러분 자신의 표현으로 정의를 적어본 후에 답을 확인해보라.

무성애자	성도착증	에이즈(AIDS)
발기장애	성적 반응 주기	여성 오르가슴 장애
불응기	성적 지향성	테스토스테론
성기능부전	에스트로겐	

학습내용 숙달하기

자기검증 여러분 자신의 표현으로 다음 물음에 답한 후에 부록 E에서 답을 확인해보라.

1. 다음 중 인간의 성행동에 대한 호르몬 변화의 놀라운 효과는 어느 것인가?

a. 60세가 넘은 남자의 성적 욕구가 사라진다.
b. 사춘기에 성적 관심이 급격하게 증가한다.
c. 배란기에 여자의 성적 욕구가 감소한다.
d. 거세한 남자의 테스토스테론 수준이 증가한다.

2. 다음 중 매스터스와 존슨이 성적 반응 주기를 기술하면서 지적한 것은 무엇인가?
   a. 오르가슴 후에 고조 단계가 뒤따른다.
   b. 남자는 오르가슴을 경험할 수 없는 불응기를 경험한다.
   c. 오르가슴에 수반되는 감정은 여자보다 남자에서 더 강력하다.
   d. 테스토스테론은 남자와 여자에게서 똑같이 분비된다.
3. 성기능부전과 성도착증 간의 차이는 무엇인가?
4. 성관계를 할 때 콘돔을 사용하는 것은 HIV에 감염될 위험성을 감소(시킨다/시키지 않는다). 그리고 피부로 전염되는 STI를 완벽하게 차단(시킨다/시키지 않는다).
5. 다음 중 성행동에 영향을 미칠 수 있는 외부자극의 예는 어느 것인가?
   a. 혈액의 테스토스테론 수준
   b. 사춘기의 출현
   c. 노골적인 성애영화
   d. 성애적 공상이나 꿈
6. 지금까지 연구자들이 성적 지향성의 발달과 무관한 것으로 밝혀낸 요인은 무엇인가?

친애와 성취

소속욕구

 **11-12** 어떤 증거가 인간의 친애욕구, 즉 소속하려는 욕구를 보여주는가?

대부분의 사람은 새로운 학교에 전학하거나 교도소에 수감되거나 외국에서 혼자 생활하게 되거나 코로나바이러스 전파속도를 낮추기 위해서 사회적 거리두기를 함으로써, 친구나 가족과 멀어지게 되면, 중요한 타인과의 연계가 상실되었다는 느낌을 강하게 받는다. 아리스토텔레스가 말한 것처럼 사람은 **사회적 동물**이다. 아리스토텔레스는 그의 저서 **니코마코스 윤리학**에서 "친구가 없다면, 다른 모든 것을 가지고 있다고 하더라도 어느 누구도 살아갈 수 없다."라고 설파하였다. 이렇게 깊이 자리 잡고 있는 **소속욕구**, 즉 **친애욕구**(affiliation need)는 인간의 핵심동기이다(Baumeister & Leary, 1995). 사람들이 어느 정도의 사생활과 홀로 있고자 하는 것은 정상이고 건강한 것이다(Nguyen et al., 2019). 그렇지만 대부분의 사람은 다른 사람과의 친애를 추구하며, 특정한 타인에게는 지속적이고 밀접한 관계 속에서 강력하게 애착하게 된다. 연구한 39개 국가 모두에서, 친구와 (가끔이 아니라) '자주' 시간을 보내는 사람이 더 행복하였다(Ortiz-Ospina, 2019). 성격 이론가인 알프레드 아들러는 인간이 '공동체 충동'을 가지고 있다고 주장하였다(Ferguson, 1989, 2001, 2010).

Photodisc/Getty Images

소속의 이점

사회적 유대는 조상의 생존 가능성을 높여주었다. 애착을 형성한 어른들이 함께 자손을 낳고 성숙할 때까지 양육할 가능성이 더 컸다. 애착 유대는 보호자로 하여금 자녀를 가까이 있게 만들어, 위협으로부터 자녀를 안정시키고 보호하였다(Esposito et al., 2013). 실제로 중세 영어 단어 'wrecche'에서 유래한 단어인 'wretched(불쌍한, 가련한)'는 문자 그대로 친족이 옆에 없다는 것을 의미한다.

친구나 지인과의 협력도 생존에 도움을 주었다. 혼자서 싸운다면 인류의 조상은 그렇게 강인한 포식자가 아니었다. 그렇지만 사냥꾼으로서 조상은 두 명보다는 세 명이 더 낫다는 사실을 학습하였다. 그리고 양식을 채취할 때 집단으로 이동함으로써 포식자와 적으로부터 보호받

친애욕구 관계를 형성하고 유지하며 집단의 일원임을 느끼려는 욕구 

을 수 있었다. 소속욕구를 가진 조상이 성공적으로 생존하고 후손을 퍼뜨렸으며, 오늘날에 이들의 유전자가 주도하게 된 것이다. 사람은 생득적으로 사회적 존재이다. 소속욕구는 협력하는 사람과 친구가 되고 자신을 이용해 먹으려는 사람을 기피하도록 이끌어간다(Feinberg et al., 2014; Kashima et al., 2019). 지구상의 모든 사회에 속해있는 사람은 집단에 소속되어 있으며, '외집단'보다는 '내집단'을 선호하고 좋아한다. **사회적 정체성**, 즉 집단의 일원이라는 느낌을 갖는 것은 사람들의 건강과 안녕감을 증진시킨다(Allen et al., 2015; Haslam et al., 2019).

여러분은 절친한 친구, 즉 여러분의 상태를 자유롭게 노출시킬 수 있는 사람을 가지고 있는가? 좋은 소식에 함께 기뻐할 사람을 가지고 있다는 사실은 좋은 소식을 더 즐거운 것으로 느끼게 해줄 뿐만 아니라 우정도 더 많이 느끼게 해준다(Reis, 2018). 그러한 우정은 연계와 협력을 조성한다(Canavello & Crocker, 2017). 그리고 절친한 친구는 마치 따뜻한 찻잔을 들고 있는 것처럼, 문자 그대로 상대방을 따뜻하게 느끼도록 만들어줄 수 있다(Inagaki et al., 2019). 소속욕구는 부유해지려는 욕구보다도 깊은 곳에 자리 잡고 있는 것으로 보인다. 매우 행복한 대학생은 돈이 아니라 '풍요롭고 만족스러운 긴밀한 관계'에 의해서 구분된다(Diener et al., 2018).

소속욕구는 사람들의 사고와 정서를 채색한다. 실제 관계와 희망하는 관계에 관해 생각하는 데 많은 시간을 할애한다. 관계를 형성하면 즐거움을 느끼기 십상이다. 서로 사랑에 빠진 사람들은 볼에 통증이 느껴질 정도로 웃음을 억누를 수 없다고들 말한다. "행복하기 위해서 무엇이 필요한가?" 또는 "너의 삶을 의미 있게 만들어주는 것은 무엇인가?"라고 물으면, 대부분의 사람은 무엇보다도 가족, 친구, 사랑하는 사람과의 만족스러운 관계를 언급한다(Berscheid, 1985). 행복은 멀리 있지 않다.

잠시 멈추고 다음을 생각해보자. 지난주에 가장 만족스러웠던 순간은 언제였는가? 연구자들은 이 물음을 미국과 한국의 대학생에게 묻고는 그 절정 경험이 다양한 욕구를 얼마나 만족시켰는지를 평가하도록 요구하였다(Sheldon et al., 2001). 두 나라 모두에서 자존감 그리고 관계-소속욕구의 만족이 절정 경험에 공헌한 가장 큰 요인이었다. 친애욕구는 보편적이다. **자기결정 이론**(self-determination theory)에 따르면, 사람들은 세 가지 욕구, 즉 유능성, 자율성(개인적 제어감), 관계성의 욕구를 만족시키고자 애를 쓴다(Deci & Ryan, 2012; Ryan & Deci, 2000). 이러한 동기의 만족은 건강을 증진시키고, 스트레스를 감소시키며, 자존감을 고양시킨다(Campbell et al., 2018; Cerasoli et al., 2016; Guertin et al., 2017). 거의 500편에 가까운 연구에 참가한 20만 명을 분석한 결과는 "자기결정이야말로 인간의 동기를 설명하는 핵심이다."라고 결론지었다(Howard et al., 2017, 1,346쪽).

자기결정 이론은 지도자가 사람들을 동기화하는 데 도움을 줄 수 있다. 자율권을 가지고 있다고 느끼는 피고용자가 일을 더 잘한다. 또한 자율적이고 유능하며 사회적 소속감도 더 많이 느낀다(Slemp et al., 2018; Van den Broeck et al., 2016). 학생의 동기를 높이는 교사와 장병의 사기를 높이는 상관도 마찬가지이다(Bakadorova & Raufelder, 2018; Chambel et al., 2015; Hagger & Chatzisarantis, 2016). 자율권을 가지고 있다는 마음갖춤새는 사람들에게 무한한 에너지를 가지고 있다는 생각을 제공함으로써 동기를 부여한다(Sieber et al., 2019).

그렇기 때문에 사회행동은 소속감을 증가시키려는 목표를 가지고 있기 십상이며 친구나 가족과 보내는 시간이 많을수록 행복감도 증가한다는 사실에는 놀라운 것이 없다(Li & Kanazawa, 2016; Rohrer et al., 2018). 사람들은 인정받기 위하여 일반적으로 집단 기준에 동조한다. 줄을 서서 기다리고, 법을 준수한다. 좋은 인상을 주기 위하여 자신의 행동을 감시한다. 옷, 화장품,

자기결정 이론 사람들은 유능성, 자율성, 관계성 욕구를 만족시키려는 동기를 가지고 있다는 이론

다이어트와 체력단련 도구 등에 엄청난 돈을 지출하는데, 이 모든 것은 사랑과 수용의 욕구가 동기화하는 것이다.

사람들은 학교나 직장에서 집단으로 활동함으로써 유대감을 형성한다. 분리되면 고통을 느낀다. 서로 연락할 것을 약속하고, 만나기 위해서 돌아온다. '우리' 주변에 명확한 원을 그림으로써, 소속욕구가 그 원 안에 들어있는 내집단 사람에 대한 깊은 애착을 유발하며(사랑하는 가족, 충직한 우정, 팀 정신 등), 바깥쪽의 외집단을 향한 적개심을 만들어낸다(10대 깡패조직, 인종 간 경쟁, 광적인 국수주의 등). 사랑의 감정은 두뇌의 보상 시스템과 안전 시스템을 활성화한다. 참가자들을 열기에 노출시킨 한 실험에서 보면, 사랑에 깊이 빠져있는 대학생들이 낯선 사람의 사진을 보거나 단어 과제로 주의가 흐트러질 때보다 연인의 사진을 들여다보고 있을 때 고통을 현저하게 덜 느꼈다(Younger et al., 2010). 연인의 사진이 안전과 연합된 두뇌영역, 즉 전전두엽도 활성화시키는데, 이 영역의 활성화는 신체 고통의 느낌을 완화시킨다(Eisenberger et al., 2011). 사랑은 천연 진통제인 것이다.

David Ramos/Getty Images

사회적 거리두기 소속욕구를 가지고 있는 사회적 동물인 사람들은 사회적 연계를 추구한다. 코로나바이러스가 대유행한 2020년에 사회적 거리두기는 바이러스의 전파속도를 늦추었지만, 일상의 관계도 와해시켰다.

나쁜 관계가 깨질 때조차도 사람들은 고통을 받는다. 16개국에서 수행하고 미국에서 반복한 조사에서 보면, 외톨이가 된 사람과 이혼한 사람은 결혼생활을 유지하고 있는 사람에 비해서 "매우 행복하다."라고 말하는 비율이 절반에도 미치지 못하였다(Inglehart, 1990; NORC, 2016a). 이 결과는 단지 행복한 사람이 결혼하고 결혼생활을 유지할 가능성이 더 높기 때문인가? 영국인을 대상으로 실시한 전국 조사는 결혼 전 삶의 만족도를 통제한 후에도, "기혼자가 여전히 더 만족하고 있으며, 이 사실은 결혼의 인과적 효과를 시사한다."라고 보고하였다(Grover & Helliwell, 2014). 이혼은 조기 사망도 예측한다. 24개 국가에서 무려 6억 명을 추적한 연구에서 보면, 기혼자에 비해서 별거 중이거나 이혼한 사람이 조기에 사망할 위험이 훨씬 크다(Shor et al., 2012). 어느 데이터 과학자가 지적한 바와 같이, "(행복한 결혼은) 아마도 금연하는 것만큼이나 중요하겠다. 말하자면 그 효과는 어마어마한 것이다"(Ungar, 2014).

일련의 양육가정을 전전하거나 정기적으로 가정을 이동하는 아동은 외톨이가 되는 두려움을 알고 있다. 싹트기 시작하는 애착이 반복적으로 와해되면, 깊은 애착을 형성하는 데 어려움을 겪게 된다(Oishi & Schimmack, 2010). 극단적인 상황에서 그 증거는 가장 명확하다. 제5장에서 보았던 바와 같이, 누구에게도 소속감을 갖지 못한 채 기관에서 성장하거나 집에 갇혀 심각하게 방치되는 아동은 소극적이고 겁에 질리며 말을 잃어버리기조차 하는 경향이 있다.

생애 초기의 삶이 얼마나 안전한 것이었는지에 상관없이, 모든 사람은 사회적 유대가 위협받거나 와해되면 불안, 외로움, 시기심, 죄책감 등을 경험한다. 새로운 친구를 사귀거나 사랑에 빠지거나 아이가 생기는 등 긴밀한 관계가 시작될 때 삶에서 최고의 순간이 발생하는 반면, 친밀한 관계가 끝날 때 삶에서 최악의 순간이 발생한다(Beam et al., 2016). 사랑하는 사람을 먼저 떠나보낸 사람은 삶이 공허하고 무의미하다고 느끼고, 그 공허함을 채우기 위해 과식하기도 한다(Yang et al., 2016). 집을 떠나서 대학 캠퍼스에서 생활하는 첫 주조차도 괴로운 것일 수 있다(English et al., 2017). 그렇지만 소속욕구는 새로운 사회적 관계망을 형성하도록 이끌어간다(Oishi et al., 2013a).

사회적 고립은 사람들을 심적 와해와 나쁜 건강 그리고 자살 사고의 위험에 빠뜨리기도 한다(Cacioppo et al., 2015; Cheek et al., 2019). 예컨대, 외로운 노인은 병원을 더 자주 찾고 치매의

추방 개인이나 집단을 의도적으로 사회에서 배척하는 것

위험성도 더 커진다(Gerst-Emerson & Jayawardhana, 2015; Holwerda et al., 2014). 사회적 고립은 운동을 하지 않는 것이나 당뇨병 못지않게 건강을 해칠 수 있다(Yang et al., 2016). 사회적 고립감과 배척감을 극복하려면, 가족이나 친구와 강력한 관계를 구축하고 새로운 집단에 적극적으로 참여하라.

The Granger Collection, NYC – All Rights Reserved.

추방의 고통을 견디어내기 미국 웨스트포인트 육군사관학교의 백인 생도들은 여러 해에 걸쳐 헨리 플리퍼가 중간에 포기하기를 희망하면서 그를 추방하였다. 그는 백인 생도들의 잔인성에 어떻게든 저항하면서 1877년 웨스트포인트에서 최초의 아프리카계 미국인 졸업생이 되었다.

추방의 고통

여러분은 배척당하거나 무시당하거나 회피대상이 되었다고 느꼈던 때를 회상할 수 있는가? 아마도 누군가가 여러분의 문자 메시지에 답을 하지 않거나, 온라인에서 친구를 만들지 못하고 무시당했을지도 모르겠다. 아니면 다른 사람들이 여러분을 냉담하게 대하거나 회피하거나 눈길을 돌리거나 조롱하거나 어떤 다른 방식으로 훼방 놓았을지도 모르겠다. 또는 다른 언어를 사용하는 사람들 사이에서 추방당했다는 느낌을 갖게 되었을지도 모르겠다(Dotan-Eliaz et al., 2009). 사람들은 퍼빙(휴대폰에 정신이 팔려 같이 있는 사람을 무시하는 행위)을 당하는 것과 같은 미미한 배척에서도 아픔을 느낀다. 대화를 나누고 있는 상대방이 자기보다는 휴대폰에 더 관심이 있는 것처럼 느낄 때 말이다(Roberts & David, 2016). 대화를 나누고 있는 중에 휴대폰을 확인할 수 있는 곳에 놓은 상대방의 빈번한 퍼빙은 만족스럽지 않은 관계를 예측한다.

이러한 모든 경험이 **추방**(ostracism), 즉 사회적 배척의 사례이다(Williams, 2007, 2009). 전 세계적으로 사람들은 사회행동을 처벌하고 제어하기 위하여 유배, 투옥, 독방 감금 등과 같은 다양한 유형의 추방을 사용한다. 아동에게는 짧은 시간 동안이라도 혼자 있도록 하는 타임아웃 역시 처벌이 될 수 있다. 사람들에게 자신을 특히 형편없게 느끼도록 만들었던 일화를 요구하면, 5명 중에서 4명은 불편한 관계를 기술하게 된다(Pillemer et al., 2007). 외로움은 혼자 있다는 문제이기보다는 무시되거나 거부되거나 관심을 받지 못한다는 느낌의 문제인 것이다.

기피대상이 되는 것도 소속욕구를 위협한다(Vanhalst et al., 2015; Wirth et al., 2010). 어머니와 할머니로부터 일생 동안 냉랭한 취급을 받았던 리아는 "이것은 누구에게든 가장 비열한 짓이며, 상대방이 되받아칠 수 없다는 사실을 알고 있을 때 특히 그렇다."라고 부르짖었다. 리아와 마찬가지로 사람들은 사회적 추방에 처음에는 인정을 회복하려고 노력하지만 우울한 기분이 뒤따르며, 마침내는 움츠러들고 만다. 윌리엄 블레이크는 25년 이상을 독방에 감금된 채 지냈다. "나는 감내하도록 강요당해 온 모든 것을 짊어지고 살아가는 것보다 죽어가는 것이 어떻게 더 힘들고 고통스러운 것인지를 헤아릴 수가 없습니다."라고 토로하였다(Blake, 2013). 많은 사람에게 있어서 사회적 배척은 죽음보다도 더 심각한 선고인 것이다.

"그 효과를 알면서도 어떻게 재소자를 불필요하게 독방에 가두어두고는 온전한 사람이 되어 사회로 귀환할 것을 기대할 수 있겠습니까? 그것은 사람들을 더 안전하게 만들어주지도 않습니다. 그것은 보편적인 인간성에 대한 모욕입니다."
전 미국 대통령 버락 오바마(2017)

사회심리학자 키플링 윌리엄스와 그의 동료들이 소셜 미디어에서의 추방에 관한 연구결과를 보고 놀랐던 것처럼, 추방을 경험하는 것은 바로 실제 고통을 경험하는 것이다(Gonsalkorale & Williams, 2006). 그러한 추방은 전측 대상회와 같은 두뇌영역의 활성화를 증가시키는데, 이 영역은 신체 고통이 있을 때도 활성화된다(Lieberman & Eisenberger, 2015; Rotge et al., 2015).

마음을 찢어지게 만든 연인의 사진을 볼 때, 두뇌와 신체도 아픔을 느끼기 시작한다(Kross et al., 2011). 이 사실은 진통제가 신체 통증뿐만 아니라 사회적 고통도 완화시킨다는 놀라운 결과를 설명하는 데 도움을 준다(DeWall et al., 2010). 마리화나의 경우에도 마찬가지이다(Deckman et al., 2014). 여러 문화에 걸쳐서, 사람들은 사회적 고통과 신체 통증에 대해서 동일한 표현(예컨대, 아프다, 으깨진다 등)을 사용한다(MacDonald & Leary, 2005). 심리적으로는 사회적 고통에서도 신체 통증에 수반되는 것과 동일한 정서적 불쾌감을 경험한다. 집단주의 문화에 비해서 미약한 사회적 지원망을 가지고 있는 개인주의 문화에서 배척이 사람들에게 더 심한 고통을 주는 경향이 있다(Heu et al., 2019; Uskul & Over, 2017).

사회적 수용과 배척 텔레비전 리얼리티 프로그램 '서바이버'에서 성공적인 참가자는 다른 참가자들과 동맹을 맺고 인정을 획득한다. 나머지 참가자들은 투표를 통해 섬에서 쫓겨남으로써 궁극적으로는 사회적 처벌을 받게 된다.

고통은 그 원천이 무엇이든지 간에 주의를 끌며 제거하려는 행위를 동기화한다. 거부당하였는데 상황을 개선시킬 수 없을 때, 사람들은 새로운 친구를 모색하거나 칼로리가 높지만 마음에 위안을 주는 음식을 먹거나 종교 신념을 강화함으로써 스트레스를 완화하기도 한다(Aydin et al., 2010; Maner et al., 2007; Sproesser et al., 2014).

추방은 사람들을 무례하고 비협조적이며 적대적이게 만들기도 하는데, 이것이 또 다른 추방으로 이끌어간다(Rudert et al., 2019; Walasek et al., 2019). 일련의 실험에서 참가자들에게 예전에 만났던 다른 사람들이 새로 만드는 집단에 자신을 끼워주지 않으려고 한다고 말해주었다(Gaertner et al., 2008; Twenge et al., 2001).[1] 다른 참가자들에게는 "누구나 당신을 같이 일하고 싶은 사람으로 선택하였다."라는 좋은 소식을 말해주었다. 추방된 사람은 자기파괴적인 행동을 하고 자신을 배척하였던 사람을 폄하하거나 공격적인 행동을 할 가능성이 훨씬 높았다(예컨대, 그들에게 소음 공격을 퍼부었다).

이러한 연구결과는 학교 총기난사범을 이해하는 데 도움을 준다. 이들은 사회적 배척을 경험하였기 십상이었던 것이다(Leary et al., 2003). 텍사스의 한 고등학생이 동료 여학생에게 반복적으로 치근대자 그녀는 공개적으로 그를 배척하였다. 그는 9명의 다른 학생과 교사와 함께 그녀를 총으로 쏘아 죽이는 것으로 반응하였다(BBC, 2018).

"우리가 들어섰을 때 아무도 돌아보지 않거나, 말하는데도 답을 하지 않거나, 우리가 하는 행동에 신경 쓰는 사람은 없지만, 만일 만난 모든 사람이 아예 못 본 척하고 우리가 존재하지도 않은 듯 행동한다면, 우리 내부에서 일종의 분노와 무력한 절망감이 오랫동안 남아있게 된다." 윌리엄 제임스, 『심리학원리』(1890)

자문자답하기

여러분이 외롭다거나 추방당했다고 느낀 적이 있는가? 또다시 이렇게 느낄 때 대처하도록 도와줄 전략에는 어떤 것이 있는가?

인출 연습

RP-1 거부당하고 있으며 불필요한 존재라고 느끼도록 만드는 연구에 참가한 대학생 참가자들은 어떤 반응을 보였는가? 무엇이 이 결과를 설명하는 데 도움을 주는가?

답은 부록 E를 참조

1 물론 연구자들은 참가자들에게 실험 후 설명을 해주고 안심시켰다.

연계와 소셜 네트워킹

LOQ 11-13 소셜 네트워킹은 사람들에게 어떤 영향을 미치는가?

사회적 존재로서 사람들은 연계를 하면서 살아가고 있다. 1930년대부터 사망할 때까지 238명의 하버드대학교 졸업생을 연구하여 알게 된 것이 무엇인지를 물었을 때, 조지 베일런트(2013)는 이렇게 답하였다. "행복은 사랑이다." 남아프리카 줄루족의 격언도 이 생각을 반영한다. "우문투 응그문투 응가반투" — "사람은 다른 사람을 통해서 사람이 된다."

모바일 네트워크와 소셜 미디어 주위를 돌아보면서 사람들이 연계하는 행위를 보라. 말하고, 트윗하며, 문자 보내고, 홈페이지에 게시하며, 채팅하고, 인터넷 게임을 함께 즐기며, 이메일을 주고받는다. 캠퍼스를 둘러보면, 휴대폰에 코를 박고는 스쳐지나가는 사람과 눈맞춤도 하지 않는다(혹시 여러분이 그렇지 않은가?). 오늘 여러분은 면대면으로 서로에게 관심을 보이는 학생을 더 많이 보았는가, 아니면 조용히 휴대폰을 확인하는 학생을 더 많이 보았는가? 학생들은 휴대폰을 하루에 평균 56회 확인한다(Elias et al., 2016). 사람들이 상호 간에 연계를 맺는 방법의 변화는 빠르고도 광대하다.

- **휴대폰** : 2018년이 끝나는 시점에, 전 세계 77억 명 중에서 96%가 모바일 네트워크 가능영역에 살고 있으며, 53억 명이 광역 휴대폰 서비스에 가입하였다(ITU, 2018).
- **문자 메시지** : 보통 미국인은 하루에 94통의 문자를 주고받는다(Burke, 2018). 18~29세에 해당하는 사람의 절반은 매 시간 두 번 이상 휴대폰을 확인하며, "휴대폰이 없는 세상은 상상할 수도 없다"(Newport, 2015; Saad, 2015).
- **인터넷** : 2018년에 81%의 사람이 인터넷을 사용하였다(ITU, 2018). 31개 국가에서 90,000명을 조사한 결과를 보면, 6%가 '인터넷 중독' 증상을 보였다(Cheng & Li, 2014). 10대의 경우에는 남자아이보다는 여자아이가 '거의 쉬지 않고' 인터넷을 사용한다고 말한다(Anderson & Jiang, 2018).
- **소셜 네트워킹** : 미국에서 대학 신입생의 절반은 한 주에 적어도 6시간을 소셜 네트워킹 사이트에 접속한다고 보고한다(Stolzenberg et al., 2019). 친구가 온라인에 있는 한, 소셜 네트워크를 기피하기는 매우 어렵다. 접속하라, 그렇지 않으면 탈락하고 만다.

온라인에서 보내는 시간이 다른 활동을 대신함에 따라서, 오늘날의 10대는 데이트, 운전, 일, 음주, 면대면 대화, 독서 등에 더욱 적은 시간을 할애한다(Livingston et al., 2019; Twenge & Park, 2019; Twenge et al., 2019). 테크놀로지가 10대의 경험을 급격하게 변화시켜 왔다.

Ellie Black/The New Yorker Collection/The Cartoon Bank

"당신과 함께임을 무시할 수 있으면 더 좋을 텐데."

소셜 네트워킹의 사회적 효과 인터넷은 의기투합하는 사람들을 연결시켜 줌으로써 일종의 사회적 증폭기의 역할을 담당한다. 사회적 위기나 개인적 스트레스가 발생할 때, 인터넷은 정보와 지지적 연계를 제공한다. 또한 온라인 맞선 장소로 기능하기도 한다(저자인 마이어스가 이 사실을 증명할 수 있다. 그는 온라인에서 배우자를 만났다).

그렇지만 소셜 미디어는 사람들로 하여금 자신의 삶을 다른 사람과 비교하도록 이끌어가기도 한다. 다른 사람이 더 행복하거나 더 유명하거나 더 성공적인 것처럼 보일 때, 시기심과 우울한 감정이 촉발될 수 있다(Verduyn et al., 2017; Whillans et al., 2017). 대부분의 사람은 다른 사람의 사회적 삶이 자신의 것보다 더 적극적이고 활발하다고 지각한다(Deri et al., 2017). 여러분도 알아차리지 않았겠는가? 다른 사람들이 파티도 많이 열고, 외식도 많이 하며, 친구도 더 많은 것 같지 않은가? 안심하라. 대부분의 친구도 똑같이 생각하고 있다.

스마트폰이 대세가 되었다. 미국에서 2011~2018년 사이에 그 숫자는 세 배로 증가하였으며, 다른 지역에서도 거의 마찬가지이다. 동시에 캐나다, 영국, 미국 10대의 우울, 불안, 자해, 자살율도 폭발적으로 치솟았다. 이것이 단순한 우연의 일치일까? 예컨대, 2011년부터 2018년까지 12~17세 미국 청소년의 우울증은 11%에서 14%로 증가하였으며, 18~25세에서는 8%에서 14%로 증가하였다(SAMSHA, 2019). 대학생의 경우도 마찬가지이다. 이들의 우울, 불안, 자해, 자살 위험도 마찬가지로 증가하였다(Duffy et al., 2019).

그렇다면 화면을 들여다보는 시간의 증가와 정신건강 문제 간에는 인과적 연계가 있는 것인가? 조너선 하이트와 진 트웬지가 이끄는 연구팀(2019)은 증거를 수집하면서 논쟁도 벌이고 있다. 이들은 다음과 같은 세 가지 유형의 연구를 통해서 잠정적인 결론을 내리고 있다.

- **상관연구** : 소셜 미디어 사용은 10대의 정신건강과 상관이 있는가? 연구결과는 다양하지만, 전반적으로는 청소년의 소셜 미디어 사용시간과 우울, 불안, 자해 위험성 간에는 약한 정적 상관이 존재한다. 화면을 들여다보는 시간과 장애 간의 상관은 텔레비전과 비디오 게임 시간보다는 소셜 미디어 사용시간에서 더 강력하고, 여성에게서 더 크며, 화면을 들여다보는 시간이 하루에 3시간 이상일 때에만 증가한다.
- **종단연구** : 10대의 소셜 미디어 사용은 미래의 정신건강을 예측하는가? 8개 연구 중 6개에서, 그 답은 "그렇다"이다.
- **실험연구** : 소셜 미디어 사용을 제한하는 조건에 무선할당된 참가자가 그렇지 않은 참가자보다 외로움과 우울과 같은 결과에서 더 우수한가? 모든 것을 감안할 때 그렇다고 할 수 있지만, 많지 않은 연구는 일관성이 떨어지는 결과를 내놓았다.

화면을 들여다보는 시간이 주범인 까닭은 다른 건강한 활동, 예컨대 면대면 연계, 수면, 운동, 독서, 야외 활동 등을 대신하기 때문인가? 아니면 소셜 미디어에만 특정하게, 자신의 별 볼 일 없는 삶을 멋들어지게 보이는 다른 사람의 삶과 비교하면서 시기심을 촉발하기 때문에 발생하는 문제인가? 또 어떤 사회적 요인이 작동하는가? 그리고 청소년과 젊은 성인의 안녕감을 보호하고 개선하기 위해서 무엇을 할 수 있겠는가? 기다려보라. 이렇게 중요한 이야기는 아직도 작성 중이다.

Liam Francis Walsh/Cartoon Stock

"이 구혼 사이트의 여자들은 내가 왕자라는 사실을 믿지 않는 것 같아요."

온라인 네트워킹은 양날의 검이다. 친구와 연결하고, 가족과 연락하며, 도전거리에 직면할 때 도움을 준다(Clark et al., 2018). 그렇지만 세상은 면대면 관계를 하도록 설계되어 있다. 1876년에 알렉산더 그레이엄 벨이 세계 최초로 전화를 걸었을 때도 그 용건은 면대면 만남을 요청하는 것이었다. "왓슨 박사, 이리 오세요. 보고 싶어요." 매일 온라인에 여러 시간을 할애하는 사람은 실세계의 이웃이 누구인지 알고 도움을 요청할 가능성이 더 적다. 그렇지만 적당히 사용한다면, 소셜 네트워킹은 사람들의 면대면 관계를 지원해줌으로써 장수를 예측해준다(Hobbs et al., 2016; Waytz & Gray, 2018).

자존감인가 자기애인가? 소셜 네트워킹은 사람들이 자신과 관련된 정보를 공유하고, 가족이나 친구와의 연계를 유지하도록 도와줄 수 있다. 그렇지만 자기애적 성향 그리고 자신을 매력적으로 보이게 하는 사진 게시를 부추길 수도 있다.

Guido Mieth/Getty Images

BROOK PIFER/Getty Images

전자 소통은 건강한 자기노출을 촉진하는가? 자기노출은 자신의 즐거움, 걱정거리, 약점 등을 다른 사람과 공유하는 것이다. 다른 사람에게 속내를 털어놓는 것은 일상의 도전거리에 대처하는 건강한 방법이 될 수 있다. 면대면이 아니라 전자통신으로 소통할 때는 상대방의 반응에 주의를 덜 기울인다. 자신을 덜 의식하기 때문에 덜 억제적이다. 때로는 탈억제가 해로울 수도 있다. 정치적 극단주의자는 선동하는 메시지를 게시하고, 온라인 깡패는 희생자를 밤낮없이 괴롭히며, 혐오단체는 심각한 편견을 유포하고, 사람들은 나중에 후회할 셀카 사진을 보낸다(Frimer et al., 2019). 그렇기는 하지만 자기노출의 증가가 우정을 깊게 만들어주는 역할을 할 때가 더 많다(Valkenburg & Peter, 2009).

소셜 네트워킹은 자기애를 조장하는가? **자기애**(narcissism)란 자존감이 도를 지나치는 것이다. 자기애적인 사람은 자기만이 중요하고 자기에게만 초점을 맞추며 자기의 발전만을 추구한다. 자기애 성향을 측정하고 싶다면, "나는 관심의 중심이 되는 것을 좋아한다."와 같은 성격검사 문항에 동의하는 정도를 평정해보면 된다. 이러한 진술에 동의하는 사람은 자기애 점수가 높은 경향이 있으며, 소셜 네트워킹 사이트에 특히 적극적이다. 피상적인 친구를 더 많이 끌어모으며, 연출된 멋진 사진을 더 많이 게시한다. 부정적인 언급에 극렬하게 보복한다. 그리고 놀랄 것도 없이, 낯선 사람에게 더욱 자기도취적 특성을 드러낸다(Buffardi & Campbell, 2008; Weiser, 2015).

자기애에 도취한 사람에게 있어서 소셜 네트워킹 사이트는 단지 회합 장소만이 아니다. 자기애를 조장하는 그릇이기도 하다. 한 연구에서는 대학생들을 15분 동안 자기 홈페이지의 내용을 편집하거나 설명하는 집단과 구글 맵을 공부하고 설명하는 데 사용하는 집단에 무선할당하였다(Freeman & Twenge, 2010). 과제를 마친 후에, 두 집단에게 모두 자기애 검사를 실시하였다. 어느 집단이 더 높은 점수를 보였겠는가? 자신에게 초점을 맞추는 데 시간을 할애한 학생의 점수가 더 높았다.

균형과 초점을 유지하기 대만과 미국 모두에서 과도한 온라인 접속과 게임은 낮은 학업성적 그리고 불안과 우울의 증가와 직결되어 왔다(Brooks, 2015; Lepp et al., 2014; Walsh et al., 2013). 미국에서 실시한 조사에 따르면, 인터넷을 비롯한 여러 매체를 과도하게 사용하는 사람의 47%가 대체로 C 이하의 학점을 받은 반면, 조금씩만 사용하는 사람은 23%만이 그러하였다(Kaiser Family Foundation, 2010). 또 다른 전국 조사에서 보면, 7개 이상의 소셜 미디어 플랫폼을 사용하는 젊은 성인은 2개 이하만을 사용하는 사람에 비해서 우울하거나 불안할 가능성이 세 배나

자기애 지나친 자기 사랑과 자기 연민

높았다(Primack et al., 2016). 두뇌 영상은 소셜 미디어를 극단적으로 과도하게 사용하는 사람의 편도체(정서 제어 중추이다)가 작아진 것을 보여주는데, 이것은 물질 남용 장애자와 유사한 특징이다(He et al., 2018).

Liam Walsh/Cartoon Stock

"이게 전화를 2초마다 들여다보지 않게 해주지요."

오늘날을 살고 있는 모든 사람은 실세계와 온라인 접속 간의 건강한 균형을 찾아야 하는 도전에 직면하고 있다. 전문가들은 몇 가지 현실적인 제안을 내놓고 있다.

- **여러분의 시간을 감시하라.** 시간 추적 앱을 사용하여 온라인에서 보내는 시간을 측정하라. 그런 다음에 자문해보라. "나의 시간 사용은 우선순위를 반영하고 있는가? 의도한 것보다 온라인에서 더 많은 시간을 보내고 있지는 않은가? 온라인에서 보내는 시간이 학업이나 작업 또는 사회적 관계를 방해하고 있는가?"
- **여러분의 감정을 감시하라.** 다음을 자문해보라. "지나치게 온라인에 사로잡혀 있어서 정서적으로 혼란스럽지는 않은가? 컴퓨터에서 벗어나 다른 활동을 할 때, 어떻게 느끼는가?"
- **필요하다면 끊임없이 온라인에 게시하는 친구로부터 벗어나라.** 그리고 여러분 자신의 것을 게시하기 전에 다음을 자문해보라. "만일 누군가 이것을 게시한다면 나는 읽어보고자 할 것인가?"
- **공부할 때는 기기를 자주 확인하지 않는 습관을 길러라.** 선택주의는 한 번에 한 곳에만 가능하다. 두 가지 일을 한꺼번에 하고자 할 때, 어느 것도 잘 해낼 수 없다(Willingham, 2010). 공부이든 일거리이든 생산적으로 수행하고 싶다면, 즉각 응답하려는 유혹을 억눌러버려라. 전자 장치가 내는 각종 소리와 시각자극의 작동을 차단시켜라. [저자(드월)는 이 장을 집필하는 동안 방해자극을 제거하기 위해서 웹사이트를 차단하는 앱을 사용하고 있다.]
- **산책을 통해서 여러분의 주의를 벌충하라.** 사람들은 숲속을 편안하게 거닌 후에 더 잘 학습한다. 산책은 바쁜 도시의 길을 걷는 것과 달리, 주의를 집중할 수 있는 능력을 벌충해준다(Berman et al., 2008). 자연과의 연계는 활력을 증가시키고 마음을 예리하게 만들어준다(Zelenski & Nisbet, 2014).

심리학자 스티븐 핑커(2010)가 언급한 바와 같이, "해결책은 테크놀로지를 한탄하는 것이 아니라, 삶의 다른 유혹에 대처하는 것처럼 자기제어 전략을 개발하는 것이다."

자문자답하기

소셜 미디어에서의 연결이 여러분의 소속감을 증가시키는가? 때때로 외롭다고 느끼게 만드는가? 여러분은 지금까지 논의한 전략 중에서 어느 것이 균형과 초점을 유지하는 데 가장 유용하다고 생각하는가?

인출 연습

RP-2 소셜 네트워킹은 여러분이 이미 알고 있는 사람들과의 관계를 (강화/약화)시키고, 자기노출을 (증가/감소)시킨다.

답은 부록 E를 참조

성취동기

LOQ 11-14 성취동기란 무엇인가? 성취를 고취시키는 방법에는 어떤 것이 있는가?

어떤 동기는 명백한 생존가치가 거의 없는 것처럼 보인다. 억만장자가 더 많은 부를 쌓으려고 하고, 인터넷 명사가 더 많은 소셜 미디어 추종자를 끌어들이려고 하며, 정치가가 더 많은 권력을 얻으려고 할 수 있다. 그리고 동기는 문화에 따라 다르다. 개인주의 문화에서 피고용자는 '이 달의 직원' 상을 받고자 일할는지 모르며, 집단주의 문화에서는 회사에서 가장 일을 많이 하는 팀에 들어가고자 애쓸는지도 모른다. 더 많이 성취할수록, 성취하려는 욕구가 증가하기도 한다. 심리학자 헨리 머레이(1938)는 **성취동기**(achievement motivation)를 의미 있는 성취, 기술이나 아이디어의 숙달, 제어, 높은 기준 등을 달성하려는 욕구로 정의하였다.

성취동기는 중요하다. 한 연구는 미국 캘리포니아 아동 중에서 지능검사 점수가 상위 1%에 해당하는 1,528명의 삶을 추적조사하였다. 40년 후에 전문직업에서 가장 성공적인 사람과 가장 실패한 사람을 비교하였다. 연구자들이 발견한 것은 무엇이겠는가? 동기에서의 차이였다. 가장 성공적인 사람은 야망이 있고 에너지가 넘쳐흐르며 인내심이 강하였다. 어렸을 때 적극적이고 능동적인 취미를 가지고 있었다. 어른이 되어서는 보다 많은 집단과 스포츠에 참여하였다(Goleman, 1980). 영재 아동은 유능한 학습자이다. 무엇인가를 성취한 어른은 끈기 있는 노력가이다. 어떤 프로젝트를 시작하고 마무리 지을 때는 누구든지 의욕에 넘치는 행동가가 된다. 프로젝트를 수행하는 도중에는 진전을 보이지 못하고 꽉 막혀버리기 쉽다. 높은 성취를 보이는 사람은 바로 이 시점에서도 끈기 있게 일을 해낸다(Bonezzi et al., 2011). 진퇴양난에 빠지게 되면, 이들의 동기가 목표를 추구하는 궤도를 유지시켜 준다(Foulk et al., 2019). 높은 성취동기를 가지고 있는 사람이 재정적 성공, 건강한 사회관계, 우수한 신체건강과 정신건강을 달성하는 경향이 있다는 사실에는 놀라울 것이 없다(Steptoe & Wardle, 2017).

중고등학생과 대학생을 대상으로 수행한 다른 연구에서는 지능검사 점수보다 자율성이 학업성취와 출석 그리고 우등 졸업의 우수한 예측 요인이었다. 앤절라 더크워스와 마틴 셀리그먼(2005, 2017)은 학업에 있어서는 "규율이 재능을 압도한다."라고 결론짓고 있다.

규율은 재능을 탄탄한 것으로 만들어준다. 최고의 바이올리니스트는 20대 초기에 이미 10,000시간 이상의 연습을 하고 있는데, 이 시간은 그저 음악교사가 되려는 다른 바이올린 전공학생의 연습시간보다 두 배 이상 많다(Ericsson, 2001, 2006, 2007). 뛰어난 학자, 운동선수, 예술가 등을 대상으로 수행한 연구를 보면, 모든 사람의 동기가 매우 높고 자율성이 강하며 자신의 목표를 추구하는 데 매일 상당한 시간을 기꺼이 할애한다는 사실을 알 수 있다(Bloom, 1985). 여덟 살에 작곡하였던 어린 모차르트가 예증하는 바와 같이, 선천적 재능도 중요하다(Hambrick & Meinz, 2011; Ruthsatz & Urbach, 2012). 스포츠, 음악, 체스 등에서 사람들이 투자한 연습량의 차이는 상당하지만, 그들이 보여준 성취의 차이를 1/3도 설명하지 못한다(Hambrick et al., 2014a,b; Macnamara et al., 2014, 2016; Ullén et al., 2016). 상당한 성취를 보이는 사람은 열정과 끈기의 도움을 받지만, 그중에서도 슈퍼스타는 뛰어난 생득적 재능에서도 차이를 보이고 있는 것이다.

더크워스(2016)는 야심만만한 장기적 목표를 향한 열정적 헌신에 **불굴의 투지**(grit)라는 이름을 붙이고 있다. 다른 연구자들은 이것을 성실이나 자기제어와 유사한 의미로 받아들인다(Credé, 2018; Schmidt et al., 2018; Vazsonyi et al., 2019). 연구자들은 불굴의 투지의 신경표지와 유전

성취동기 중요한 성취를 달성하고 완전해지려 하며 높은 기준을 달성하려는 욕구

불굴의 투지 장기적 목표를 추구하는 열정과 집념

내재적 동기 그 자체가 좋아서 어떤 행동을 하려는 욕구

외재적 동기 약속된 보상을 받거나 위협적인 처벌을 피하기 위해서 어떤 행동을 하려는 욕구

From Calum's Road by Roger Hutchinson, reproduced courtesy of Birlinn Ltd.

캘럼의 길 : 불굴의 투지가 달성할 수 있는 것 말콤('캘럼') 매클로드(1911~1988)는 스코틀랜드 라세이섬에서 조그만 밭을 일구고, 등대를 관리하며, 낚시를 하며 일생을 보내면서, 번민에 싸였다. 지방정부는 자동차가 섬의 북단까지 갈 수 있는 도로 건설을 계속해서 거부하고 있었다. 한때는 번성하였지만 지금은 부인과 단둘이 살고 있는 섬에서 매클로드는 영웅적인 작업에 착수하였다. 1964년 어느 봄날 아침, 당시 50대이었던 매클로드는 크고 작은 도끼, 삽, 외바퀴 손수레 등을 장만하였다. 맨손으로 기존의 오솔길을 2.8킬로미터의 차도로 바꾸는 작업을 시작하였던 것이다(Miers, 2009).

그의 예전 이웃은 이렇게 설명하였다. "그 사람은 도로가 생기면 젊은 세대 사람들이 섬 북단으로 되돌아와서, 전통문화를 회복해줄 것이라고 기대하였지요"(Hutchinson, 2006). 그는 매일같이 거칠기 짝이 없는 산비탈을 거쳐 위험하기 짝이 없는 절벽을 따라서 늪지대를 넘어 작업을 하였다. 10년이 경과한 후, 마침내 그는 엄청난 성취를 마무리 지었다. 나중에 지방정부가 도로포장을 한 이 도로는 불굴의 투지가 결합된 비전이 달성할 수 있는 것이 무엇인지를 분명하게 보여주는 사례로 남아있다. 이 성취는 모두에게 생각거리를 던져주고 있다. 장차 어떤 '도로', 즉 성취를 건설하고자 끊임없는 노력을 경주할 것인가?

표지를 탐색하기 시작하였다(Nemmi et al., 2016; Rimfeld et al., 2016; Wang et al., 2018). 열정과 끈기가 투지에 불타는 목표 추구에 에너지를 공급하는데, 이것이 뛰어난 성취를 가능하게 만들어준다(Jachimowicz et al., 2018; Muenks et al., 2018). 투지 있는 학생은 학업을 중도에 그만 두기보다는 대학에 남아있을 가능성이 매우 높다(Saunders-Scott et al., 2018). 뛰어난 농구선수인 데이미언 릴러드(2015)는 "만일 수천 명 앞에서 멋지게 보이고자 원한다면, 아무도 없을 때 수천 배 더 노력해야 한다."라고 말하였다.

지능은 정상분포를 이루고 있지만 성취는 그렇지 않다. 이 사실은 성취가 단순히 능력만을 수반하는 것이 아님을 나타낸다. 사람들의 성취동기를 끌어올리는 방법을 아는 것이 중요한 이유가 바로 이것이다. 재미있는 과제에 보상을 약속하는 것은 역효과를 불러일으킬 수 있다. 지나친 보상은 **내재적 동기**(intrinsic motivation), 즉 그 자체가 좋아서 어떤 행동을 효과적으로 수행하려는 욕구를 훼손시킬 수 있다. 실험에서는 아동에게 재미있는 퍼즐이나 장난감을 가지고 노는 것에 보상을 약속하였다. 나중에 이 아동은 보상을 받지 않은 아동에 비해서 그 장난감을 덜 가지고 놀았다(Deci et al., 1999; Tang & Hall, 1995). 마찬가지로 글읽기에 대해서 장난감이나 과자(또는 돈이나 휴대폰을 사용할 수 있는 시간)로 보상받은 아동에서는 글읽기에 할애하는 시간이 줄어들었다(Marinak & Gambrell, 2008). 마치 "이것을 하도록 매수해야만 한다면, 할 가치가 없는 것이 틀림없어!"라고 생각하는 것처럼 말이다.

내재적 동기와 **외재적 동기**(extrinsic motivation, 외적 보상을 얻거나 위협적인 처벌을 피하는 방식으로 행동하는 것) 간의 차이를 이해하고 싶다면, 이 강의에서의 경험을 생각해보라. 대부분의 학생과 마찬가지로, 여러분도 좋은 학점을 원할 것이다. 그런데 무엇이 그 목표를 달성하려는 여러분의 행위를 동기화하는가? 정해진 시간 전에 모두 읽어야 한다는 압박감을 느끼는가? 성적을 걱정하고 있는가? 졸업을 위한 학점 채우기를 간절히 바라는가? 만일 그렇다면, 여러분은 외재적으로 동기화된 것이다(모든 학생이 어느 정도는 그러할 것이 확실하다.) 교재내용이 흥미로운가? 공부가 유능감을 더 많이 느끼게 만들어주는가? 학점이 걸려있지 않더라도, 교재의 내용 자체를 학습하고자 원할 만큼 호기심에 차있는가? 만일 그렇다면, 내재적 동기도 여러분의 노력에 에너지를 공급하고 있는 것이다.

자신이 하고 있는 일의 의미와 중요성에 초점을 맞추는 사람이 일도 잘 해낼 뿐만 아니라 궁극적으로 더 많은 외재적 보상도 얻는다(Wrzesniewski et al., 2014). 학업에 대해 평균 이상의 내재적 동기를 가지고 있는, 즉 공부 자체를 좋아하는 초등학생은 학업이 우수하고, 더욱 도전적인 강의를 수강하며, 고급의 학위도 취득한다(Fan & Williams, 2018; Gottfried et al., 2006). 무엇인가를 해야만 한다는 마음보다는 하고 싶다는 마음이 성과를 올리는 것으로 보인다(Converse et al., 2019).

사람들이 복잡하고 창의적인 사고를 고취하지 않는 과제를 수행할 때는 외재적 보상이 잘 작동한다(Hewett & Conway, 2015). (누군가를 매수하거나 제어하는 것이 아니라) 과제를 잘 수행하였음을 신호해주는 데 사용할 때도 외재적 보상은 효과적이다(Boggiano et al., 1985). 현명하게만 사용한다면, 보상은 수행을 증진시키고 창의성을 촉발시킬 수 있다(Eisenberger & Aselage, 2009; Henderlong & Lepper, 2002). 예컨대, MIP 상(전년도보다 기량이 가장 많이 향상된 선수에게 주는 상)은 유능감을 증진시키고 스포츠의 즐거움을 증가시킬 수 있다. 그리고 장학금과 구직 기회 등과 같이 학업성취에 뒤따르기 십상인 보상은 장기적인 이득을 줄 수 있다.

조직심리학자들은 평범한 일을 하고 있는 보통 사람들을 동기화하고 일에 매진하도록 만들 수 있는 방법을 찾는다(부록 C : 일터에서의 심리학을 참고하라).

목표 설정

모든 사람은 자신의 목표를 달성하기 위하여 연구에 기반을 둔 전략을 채택할 수 있다.

1. **확실한 다짐을 하라.** 도전적인 목표는 성취하려는 동기를 유발한다(Harkin et al., 2016). 현명한(SMART) 목표는 구체적이고, 측정 가능하며, 달성할 수 있고, 현실적이며, 시의적절한 것이다.[2] 그러한 목표, 예컨대 '화요일까지 심리학 보고서를 마무리한다'는 목표는 주의를 집중시키고 끈기를 자극한다.
2. **목표를 친구나 가족에게 공언하라.** 공개적으로 천명한 후에 그 약속을 지킬 가능성이 더 높다.
3. **구현계획을 세워라.** 언제 어디서 어떻게 목표를 향해 나아갈 것인지를 구체적으로 기술하라. 세부적인 계획으로 목표에 살을 붙이는 사람이 더 집중하고 성공할 가능성이 높다(Gollwitzer & Oettingen, 2012). 예컨대, 하루에 달리기할 목표와 같은 작은 단계에 집중하는 것이 마라톤 완주를 꿈꾸는 것보다 낫다.
4. **장기적 목표를 지원하는 단기적 보상을 만들어라.** 지연된 보상이 목표를 설정하도록 동기화한다고 하더라도, 즉각적인 보상이 목표를 향한 인내심을 가장 잘 예측해준다(Woolley & Fishbach, 2018).
5. **진척 상황을 모니터링하고 기록하라.** 운동을 더 많이 하고자 애쓰고 있다면, 몸에 부착할 수 있는 운동 추적기를 사용하거나 운동 앱에 여러분의 활동을 입력하라. 진척 상황을 혼자만 알고 있는 것보다는 다른 사람과 공유하는 것이 더욱 분발할 수 있게 해준다(Harkin et al., 2016).
6. **지지적 환경을 조성하라.** 건강식을 하고자 원한다면, 정크푸드를 찬장에서 없애버려라. 프로젝

2 여기서 표현한 SMART는 '구체적이고(**S**pecific), 측정 가능하며(**M**easurable), 달성할 수 있고(**A**chievable), 현실적이며(**R**ealistic), 시의적절한(**T**imely)'의 첫 글자들을 결합한 두음문자(acronym)인데, 그 의미가 본문과 잘 어울린다._역자 주

트에 집중하려면, 도서관에 파묻혀라. 잠을 잘 때는 휴대폰을 멀리 두어라. 체육관에 들고 가는 가방을 전날 밤에 챙겨놓아라. 이러한 '상황적 자기제어 전략'은 유혹적인 충동을 예방해준다(Duckworth et al., 2016; Schiffer & Roberts, 2018).

7. **행하기 어려운 행동을 해야만 하는 행동으로 변형시켜라.** 특정 맥락에서 행동을 반복하면 습관이 형성된다(제7장 참조). 행동은 맥락과 연합되기 때문에, 그 맥락을 다시 경험하게 되면 습관적 반응이 촉발된다. 무엇이든 매일같이 2개월가량 해보라. 그러면 몸에 밴 습관이 될 것이다.

사람들은 중요한 삶의 목표를 달성하기 위해서는 무엇을 해야 하는지를 알고 있다. 하룻밤의 숙면은 명민함, 에너지, 기분을 고양시킨다는 사실을 알고 있다. 운동은 우울과 불안을 약화시키고, 근육을 만들어주며, 심장과 마음을 강화시킨다는 사실을 알고 있다. 정크푸드이든 균형 잡힌 영양소이든, 중독물질이든 신선한 공기이든, 신체가 받아들이는 것이 건강과 장수에 영향을 미친다는 사실을 알고 있다. 불행하게도 T. S. 엘리엇이 예측하였듯이, "아이디어와 현실 사이에는 … 어둠이 드리운다." 그렇지만 이러한 일곱 단계를 거침으로써, 아이디어와 현실 사이에 다리를 놓을 수 있다.

"천재는 1%의 영감과 99%의 땀이다." 토머스 에디슨

자문자답하기

어떤 목표를 달성하고 싶은가? 그 목표를 달성하기 위하여 이 절에서 제시한 일곱 가지 전략을 어떻게 사용하겠는가?

인출 연습

RP-3 지능검사 점수보다 학업성취를 더 잘 예측하는 요인으로 연구자들이 찾아낸 것은 무엇인가?

답은 부록 E를 참조

개관 친애와 성취

학습목표

자기검증 개념 파악을 증진시키도록 (부록 D의 답을 확인해보기에 앞서) 여러분 자신의 표현으로 여기서 반복하는 학습목표 물음에 답해보라(McDaniel et al., 2009, 2015).

LOQ 11-12 어떤 증거가 인간의 친애욕구, 즉 소속하려는 욕구를 보여주는가?

LOQ 11-13 소셜 네트워킹은 사람들에게 어떤 영향을 미치는가?

LOQ 11-14 성취동기란 무엇인가? 성취를 고취시키는 방법에는 어떤 것이 있는가?

기억해야 할 용어와 개념들

자기검증 여러분 자신의 표현으로 정의를 적어본 후에 답을 확인해보라.

내재적 동기	외재적 동기	추방
불굴의 투지	자기결정 이론	친애욕구
성취동기	자기애	

학습내용 숙달하기

자기검증 여러분 자신의 표현으로 다음 물음에 답한 후에 부록 E에서 답을 확인해보라.

1. 다음 중에서 인간은 소속욕구에 의해 강력하게 동기화된다는 견해를 지지하기 위해 제시된 증거가 아닌 것은 무엇인가?

a. 스스로 '매우 행복'하다고 평가한 학생이 절친한 관계를 만족하는 경향이 있다.

b. 유배나 독방 감금과 같은 사회적 배척은 심각한 유형의 처벌로 간주된다.

c. 입양아가 성인이 되면 친부모를 닮으며 친애하려는 욕구를 갖는 경향이 있다.

d. 극단적으로 방기되는 아동은 철회적이고 두려움에 떨며, 말을 잃어버리게 된다.

2. 소셜 네트워킹 시간을 성공적으로 관리하는 방법에는 어떤 것이 있는가?

3. 금연과 같은 새로운 목표를 달성하는 데 있어서 성공 가능성을 높이고자 한다면, 목표를 공개적으로 천명(해야/하지 말아야) 하며, 목표를 향한 진척 상황을 다른 사람과 공유(해야/하지 말아야) 한다.

Chip Somodevilla/Getty Images

정서, 스트레스, 그리고 건강

감정이 삶을 채색시켜 주며, 스트레스 상황에서 삶을 파괴하거나 구원해줄 수 있다는 사실은 명약관화하다. 공포, 분노, 슬픔, 기쁨, 사랑은 심적 상태이면서 신체반응도 수반한다. 중요한 만남을 걱정하면서, 뱃속이 울렁거리는 것을 느낀다. 사람들 앞에서 연설하는 것이 불안하여, 화장실을 들락거린다. 가족 간의 갈등으로 울적해져서는 편두통이 생긴다.

모든 사람은 격정에 휩싸였던 때를 기억하고 있다. 저자(마이어스)는 겨우 걸음마를 시작한 맏아이인 피터를 데리고 대형마트에 갔던 날에 대한 섬광기억을 가지고 있다. 피터를 세워놓고 신청서를 작성하고 있을 때, 지나가던 한 남자가 "조심하세요. 그러다가 꼬마를 잃어버리겠어요!"라고 경고하였다. 몇 초도 지나지 않아서 돌아다보니 내 옆에 있어야 할 피터가 보이지 않았다.

조금은 불안한 상태에서 고객 서비스 카운터 끝부분을 둘러보았지만, 피터는 보이지 않았다. 조금 더 불안해져서는 다른 진열대 주변을 살펴보았다. 거기에도 피터는 없었다. 이제 심장은 쿵쾅거리기 시작하였고, 이웃 진열대를 돌아다녔다. 그러나 어느 곳에도 피터는 없었다. 불안이 공황 상태로 변하면서 저자는 진열대 여기저기를 뛰어다니기 시작하였다. 피터는 어느 곳에서도 찾을 수 없었다. 나의 놀람반응을 목격한 상점 매니저가 고객들에게 잃어버린 아이를 찾는 데 도움을 달라는 방송을 하였다.

잠시 후에 저자에게 경고하였던 사람을 지나치게 되었다. 그는 "잃어버릴지도 모른다고 말했잖습니까?"라고 비난조로 말하였다. 유괴되었을지도 모른다는 생각에 나는 부주의로 인해 세상에서 가장 사랑하는 아들을 잃어버리게 되었으며, 생각하기에도 가장 끔찍한 일이지만 유일한 자식을 잃어버린 채 집으로 돌아가 아내를 만나야 할 가능성에 대비하였다.

그런데 내가 고객 서비스 카운터를 다시 지나가는데, 어떤 친절한 고객이 발견하여 데려다놓은 피터가 그곳에 있었던 것이다! 그 순간, 공포감은 환희로 녹아들었다. 갑자기 쏟아지는 눈물로 범벅이 된 채 아들을 부여잡고는, 고맙다는 인사말도 남기지 못하고 기쁨에 들떠서 상점을 뛰쳐나오고 말았다.

정서는 주관적이다. 그렇지만 실재한다. 리사 펠드먼 배럿(2012, 2013)은 이렇게 말한다. "나의 분노 경험은 환상이 아닙니다. 화날 때는 화를 느끼지요. 정말로 말입니다." 이러한 정서는 어디에서 오는 것인가? 정서를 가지고 있는 이유는 무엇인가? 정서는 무엇으로 구성되는가?

정서는 신체의 적응반응이다. 정서는 '최선을 다하고 있다는 사실을 우리에게 확신시켜 주는 신체의 방식'이라고 프란스 드 발(2019)은 천명한다. 도전거리에 직면할 때, 정서는 주의를 집중시키고 행동에 활력을 불어넣어 준다(Cyders & Smith, 2008). 심장이 쿵쾅거리며, 행동속도가 빨라진다. 모든 감각은 경계 상태로 접어든다. 환경, 신체, 경험으로부터의 데이터를 통합함으로써, 정서적 스트레스를 느낀다(Francis, 2018).

그렇지만 정서는 긍정적일 수도 있다. 예상치 않았던 좋은 소식을 들으면 눈물을 흘리기도 하고, 두 손을 위풍당당하게 들어올리기도 하며, 충만함과 새롭게 발견한 자신감을 느끼기도 한다. 그렇지만 지속적인 부정적 정서는 건강을 해칠 수도 있다.

정서의 소개

정서뿐만 아니라 대부분의 심리적 현상(시각, 수면, 기억, 성 등)도 이러한 세 가지 방식, 즉 생리적, 행동적, 인지적 방식으로 접근할 수 있다.

MATT SULLIVAN/REUTERS/Newscom

기쁨의 표현 제임스-랑게 이론에 따르면, 사람들이 팀 동료와 기쁨을 나누기 때문에 웃는 것만은 아니다. 그들과 함께 웃고 있기 때문에 기쁨도 나눌 수 있는 것이다.

정서 : 각성, 행동, 그리고 인지

학습목표 물음 LOQ 12-1 각성과 표현행동 그리고 인지는 정서에서 어떻게 상호작용하는가?

내가 비탄에 잠겨 피터를 찾아 헤매던 일이 예시하는 것처럼, **정서**(emotion)는 다음과 같은 것의 혼합체이다.

- 신체 각성(심장이 쿵쾅거림)
- 표현행동(속도가 빨라짐)
- 의식적 경험(유괴인가?)과 감정(공황, 공포, 환희 등)

Courtesy of David Myers

심리학자들에게 주어진 수수께끼는 이러한 세 성분을 하나로 짜맞추는 것이다. 이 수수께끼를 해결하기 위하여 초기의 정서 연구자들은 다음과 같은 두 가지 거대 담론을 심사숙고하였다.

1. 닭과 달걀 논쟁 : 신체 각성은 정서적 감정에 앞서 나타나는가, 아니면 뒤따르는 것인가? (저자는 쿵쾅거리는 심장과 빨라진 보행속도를 먼저 알아차린 후에 피터를 잃어버린 것에 관한 공포를 느꼈는가? 아니면 공포감을 먼저 느끼고, 이것이 심장을 자극하고 다리가 빠르게 반응하도록 만들었는가?)

2. 사고(인지)와 감정은 어떻게 상호작용하는가? 인지는 항상 정서에 선행하는가? (저자는 정서적으로 반응하기에 앞서 유괴 위협에 관하여 생각하였는가?)

정서에 관한 심리학 연구는 첫 번째 물음, 즉 신체반응은 정서와 어떻게 관련되느냐는 물음으로부터 시작하였다. 초기의 두 가지 정서 이론은 상이한 답을 내놓았다.

제임스-랑게 이론 : 각성이 정서에 선행한다

상식적으로는 슬프기 때문에 울고, 화나기 때문에 후려갈기며, 무섭기 때문에 벌벌 떤다. 우선 의식적 자각이 이루어진 다음에 생리적 변화가 수반된다. 그러나 심리학의 선구자인 윌리엄 제임스는 정서에 관한 이러한 상식적 견해를 180도 뒤집어버렸다. "울기 때문에 슬프고, 때리기 때문에 화가 나며, 떨기 때문에 무서움을 느낀다."라는 것이다(1890, 1,066쪽). 제임스에 따르면, 정서는 신체 활동에 주의를 기울임으로써 초래된다. 제임스의 아이디어는 덴마크 생리학자인 칼 랑게도 내놓았기 때문에 **제임스-랑게 이론**(James-Lange theory)이라고 부른다. 제임스와 랑게라면 저자가 쿵쾅거리는 심장을 알아차린 다음에 공포감에 떨면서 엄습하는 정서를 느꼈을 것이라고 추측하였을 것이다. 즉, 저자의 공포감이 신체반응에 뒤따랐다는 것이다.

캐넌-바드 이론 : 각성과 정서는 동시에 발생한다

생리학자인 월터 캐넌(1871~1945)은 제임스-랑게 이론에 동의하지 않았다. 심장의 고동이 신호하는 것은 공포인가, 분노인가, 아니면 애정인가? 심장박동과 호흡 그리고 체온 등의 신체반응은 너무나 유사하고 너무나 느리게 변하기 때문에 상이한 정서를 유발할 수 없다고 캐넌은 주장하였다. 캐넌 그리고 나중에 또 다른 생리학자인 필립 바드는 신체반응과 정서 경험이 독자적이기는 하지만 동시에 발생한다고 결론지었다. 따라서 **캐넌-바드 이론**(Cannon-Bard theory)에 따르면, 저자가 공포를 경험할 때 심장도 쿵쾅거리기 시작하였다. 정서 유발자극은 교감신경계로 전달되어, 신체 각성을 유발한다. 이와 동시에 두뇌피질로도 전달되어 정서의 주관적 자각으로 이끌어간다. 쿵쾅거리는 심장이 공포감을 초래한 것도 아니고 공포감이 쿵쾅거리는 심장을 초래한 것도 아니다.

그런데 둘은 정말로 상호 독립적인가? 캐넌-바드 이론을 반박하게 만든 것은 이차 세계대전에서 척수가 절단되는 부상을 입은 25명의 퇴역 군인을 포함하여 척수가 절단된 환자를 대상으로 수행한 연구이다(Hohmann, 1966). 척수 하단에 손상을 입어서 다리 감각만을 상실한 사람은 정서 강도에서의 변화를 전혀 보이지 않았다. 척수 상단에 손상을 입어서 목 아래쪽으로는 아무것도 느낄 수 없는 사람은 변화를 나타냈다. 어떤 반응은 부상 전과 비교해서 강도가 상당히 약화되었다. 척수 상단에 손상을 입은 한 환자는 "분노가 예전처럼 치솟지를 않아요. 그저 마음으로만 분노일 뿐."이라고 고백하였다. 대체로 목 위쪽의 신체영역에서 표현하는 다른 정서는 더욱 강력하게 느꼈다. 작별 인사를 하거나 기도를 하거나 아니면 감동적인 영화를 시청할 때는 눈물이 더 나고 목이 메며 가슴이 더욱 답답해진다고 보고하였다. 이러한 증거는 몇몇 연구자로 하여금 감정을 신체반응과 행동의 '그림자'로 간주하도록 이끌어갔다(Damasio, 2003). 신체반응이 정서 경험의 토대가 되는 것으로 보인다.

그렇지만 정서는 인지도 수반한다(Averill, 1993; Barrett, 2006, 2017). 여기서 심리학의 정서에 대한 두 번째 거대 담론, 즉 사고와 감정은 어떻게 상호작용하느냐는 물음에 직면하게 된다.

정서 생리적 각성, 표현적 행동, 그리고 무엇보다도 해석에 따른 의식적 경험을 수반하는 유기체의 반응

제임스-랑게 이론 정서 경험은 정서 유발자극에 대한 생리적 반응을 자각하는 것이라는 이론

캐넌-바드 이론 정서 유발자극이 생리적 반응과 정서의 주관적 경험을 동시에 촉발시킨다는 이론

2요인 이론 정서를 경험하기 위해서는 신체적으로 각성되고, 인지적으로 그 각성에 표지를 붙여야만 한다는 샥터와 싱어의 이론

어두운 길에서 뒤따라오는 남자가 두려운지는 그를 위협적이라고 해석하는지에 전적으로 달려 있다.

인출 연습

RP-1 캐넌-바드 이론에 따르면, (a) 자극에 대한 생리적 반응(예컨대, 쿵쾅거리는 심장)과 (b) 경험하는 정서(예컨대, 공포)는 (동시적으로/순차적으로) 발생한다. 제임스-랑게 이론에 따르면, (a)와 (b)는 (동시적으로/순차적으로) 발생한다.

답은 부록 E를 참조

샥터-싱어 2요인 이론 : 각성+이름 붙이기=정서

LOQ 12-2 정서를 경험하려면 그 정서를 의식적으로 해석하고 이름을 붙여야만 하는가?

스탠리 샥터와 제롬 싱어(1962)는 경험을 어떻게 **평가**(해석)하는지가 중요하다는 사실을 입증하였다. 신체반응과 **사고**(지각, 기억, 해석)가 함께 정서를 생성한다는 것이다. 이들의 **2요인 이론**(two-factor theory)에서는 정서가 신체 각성과 인지 평가라는 두 가지 성분을 갖는다. 정서 경험이 각성의 의식적 해석을 요구한다는 것이다.

각성이 한 사건에서 다른 사건으로 어떻게 번져나가는 것인지를 생각해보라. 활기차게 달리기 운동을 하고 집에 돌아왔는데 오랫동안 기다렸던 꿈의 직장에 드디어 취업하게 되었다는 메시지를 발견한 상황을 상상해보라. 밤새도록 공부한 후에 소식을 접하였을 때와 비교할 때, 달리기에 의해 남아있는 각성으로 인해서 더 고양된 감정을 느끼겠는가?

이러한 **파급 효과**가 존재하는지 여부를 확인하기 위해서 샥터와 싱어는 대학생들에게 각성의 느낌을 촉발하는 에피네프린을 주사하였다. 한 집단에게는 주사로 인해 각성의 느낌이 일어날 것이라고 알려주었다. 다른 집단에게는 시력검사에 도움이 될 것이라고 거짓정보를 알려주었다. 여러분이 실험참가자라고 상상해보라. 주사를 맞은 후에 대기실로 가서 다른 사람을 만나게 되는데(실제로는 실험협조자 또는 공모자이다), 그는 웃기는 행위를 하거나 성가신 행위를 한다. 이 사람을 관찰함에 따라서 여러분은 심장박동이 증가하고 혈색이 붉어지며 호흡이 빨라지는 것을 느끼기 시작한다. 주사 맞을 때 그러한 효과가 일어날 것이라는 이야기를 들었다면, 여러분은 어떻게 느끼겠는가? 샥터와 싱어의 참가자들은 거의 아무런 정서도 느끼지 않았다. 자신의 각성을 약물 탓으로 돌렸기 때문이다. 그런데 주사가 아무런 효과도 없다는 이야기를 들었다면 어떻게 느끼겠는가? 아마도 여러분은 실제 실험참가자들과 마찬가지로, 함께 있는 사람이 나타내는 정서에 따라 반응할 것이다. 즉, 실험협조자가 웃기면 행복하게 느끼고, 성가시게 굴면 화가 날 것이다.

파급 효과 축구 경기로 인한 각성은 분노를 부채질할 수 있으며, 이것이 폭도나 다른 폭력적 대결로 이어질 수 있다.

OLEG POPOV/REUTERS/Newscom

정서 촉발자극을 어떻게 해석하고 이름 붙이느냐에 따라서 전혀 다른 정서를 경험할 수 있다는 결과는 수많은 실험에서 반복되었으며 계속해서 오늘날의 정서 연구에 영향을 미치고 있다(MacCormack & Lindquist, 2016; Reisenzein, 1983; Sinclair et al., 1994). 대니얼 길버트(2006)가 지적한 바와 같이, "깎아지른 낭떠러지 앞에서는 공포로 해석되는 감정이 멋진 블라우스 앞에서는 환희로 해석될 수도 있다."

명심할 사항 : 각성은 정서에 에너지를 공급하고, 인지는 그 정서를 이끌어간다.

인출 연습

RP-2 샥터와 싱어에 따르면, 다음 두 요인이 정서 경험으로 이끌어간다. (1) 생리적 각성 그리고 (2) ________.

답은 부록 E를 참조

자이언스, 르두, 라자루스 : 인지는 항상 정서에 선행하는가?

그렇다면 심장은 항상 마음에 종속적인가? 정서를 경험하려면 항상 각성을 해석해야만 하는가? 로버트 자이언스(1923~2008)는 그렇게 생각하지 않았다. 그는 상황의 해석과는 분리된, 심지어는 해석보다 앞서는 많은 정서반응이 존재한다고 주장하였다(1980, 1984). 아마도 여러분은 그 이유를 알지 못한 채 어떤 것 또는 어떤 사람을 즉각적으로 좋아하였던 경험을 회상할 수 있을 것이다.

사람들이 지각하거나 회상할 수 없을 정도로 짧게 제시하는 자극을 반복적으로 경험하더라도, 그 자극을 선호하게 된다(Kunst-Wilson & Zajonc, 1980). 앞에서 보았다는 사실을 의식적으로는 자각할 수 없음에도 불구하고, 그 자극을 좋아하게 되는 것이다. 사람들은 정서적으로 의미심장한 정보를 탐지하는 지극히 예민한 자동 레이더를 가지고 있기 때문에, 역치 이하로 제시하는 자극조차도 뒤따르는 자극에 대해서 기분 좋거나 나쁘게 느끼도록 점화시킬 수 있다(Murphy et al., 1995; Zeelenberg et al., 2006).

신경과학자들은 정서의 신경회로를 작성하고 있다(Ochsner et al., 2009). 정서반응은 두 가지 상이한 두뇌 회로를 경유할 수 있다. 어떤 정서, 특히 증오나 사랑과 같이 상대적으로 복잡한 정서는 '윗길'을 따라 전달된다. 이 회로를 따르는 자극은 시상을 거쳐서 두뇌피질로 전달된다(그림 12.1a). 피질에서 자극을 분석하고 이름을 붙인 다음에, 반응명령을 정서 제어 중추인 편도체(정서 제어 중추의 하나이다)를 경유하여 신체로 내려보낸다.

그렇지만 때로는 정서, 특히 호오(좋거나 싫음)나 공포와 같이 단순한 정서는 조지프 르두

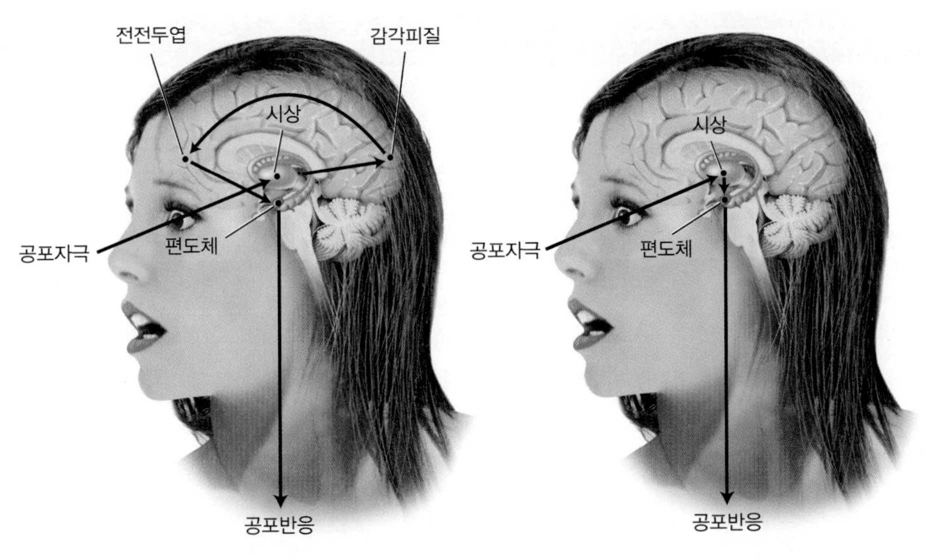

그림 12.1
두뇌의 정서 신경통로 이중 궤적의 두뇌에서 감각입력은 (a) 분석을 위하여 (시상하부를 경유하여) 피질로 전달된 다음에 편도체로 전달되거나, (b) 즉각적인 정서반응을 위하여 (시상을 경유하여) 직접 편도체로 전달된다.

(2002, 2015)가 '아랫길'이라고 명명한 피질을 우회하는 신경 지름길을 택한다. 공포 유발자극은 아랫길 회로를 따라서 눈이나 귀로부터 시상을 경유하여 편도체로 직접 이동한다(그림 12.1b). 피질을 우회하는 이러한 지름길은 지능이 개입하기도 전에 번개처럼 신속한 정서반응을 가능하게 만들어준다. 편도체 반응은 두뇌의 사고피질과는 독립적으로 작동하는 반사와 마찬가지로 신속하게 이루어지기 때문에 무슨 일이 일어났는지를 자각하지 못하기도 한다(Dimberg et al., 2000). 그런 다음에 두뇌가 위험을 탐지하였음을 자각함에 따라서 의식적 공포 경험이 발생하는 것이다(LeDoux & Brown, 2017).

편도체는 피질로부터 정보를 되받기보다는 피질에 더 많은 신경 정보를 내보낸다. 그렇기 때문에 생각이 감정을 지배하기보다는 감정이 생각을 빼앗아가기 쉽다(LeDoux & Armony, 1999). 숲속에서는 근처 덤불에서 바스락거리는 소리에 깜짝 놀라는 반응을 보이게 되는데, 나중에 그 소리가 포식자에 의한 것인지 아니면 바람 때문인지의 여부를 피질이 결정하게 된다. 이러한 경험은 자이언스와 르두의 주장, 즉 어떤 정서반응은 의도적 사고를 수반하지 않는다는 주장을 지지한다.

정서 연구자인 리처드 라자루스(1991, 1998)는 두뇌가 의식적 자각 없이 엄청난 양의 정보를 처리하며, 어떤 정서반응은 의식적 사고를 필요로 하지 않는다는 생각을 기꺼이 받아들였다. 대부분의 정서는 자동적이고 신속한 아랫길을 통하여 작동한다는 것이다. 그렇지만 라자루스는 계속해서 어떤 방식으로든지 상황을 평가하지 않는다면, 사람들이 반응을 보이는 것이 무엇인지를 어떻게 알 수 있는지를 물음하였다. 그러한 평가는 노력이 들지 않으며 의식하지 못할 수 있지만, 아무튼 이것도 심리적 기능이다. 자극이 이로운 것인지 아니면 해로운 것인지 알기 위해서 두뇌는 그 자극이 무엇인지에 관한 어떤 아이디어를 가지고 있어야만 한다(Storbeck et al., 2006). 따라서 어떤 사건을 무해한 것이나 위험한 것으로 평가할 때 정서가 발생하는 것이라고 라자루스는 주장하였다. 덤불의 바스락거리는 소리를 위협의 출현으로 평가하였지만 나중에 단지 바람 소리라는 사실을 알게 될 수 있다.

이제 요약을 해보자(표 12.1도 참조하라). 자이언스와 르두가 지적한 것처럼, 어떤 단순한 정서반응은 의식적 사고를 수반하지 않는다. 저자(드월)는 유리창 사이에 갇혀있는 큰 거미를 볼

표 12.1 정서 이론의 요약

이론	정서의 설명	사례
제임스-랑게	정서는 정서 유발자극에 대한 특정 신체 반응을 자각함으로써 일어난다.	위협을 당한 후 심장이 빨리 뛰는 것을 관찰하게 되면 두려움을 느낀다.
캐넌-바드	정서 유발자극이 신체반응을 촉발하는 동시에 주관적 경험도 촉발한다.	공포를 경험함과 동시에 심장이 빨리 뛴다.
샥터-싱어	정서 경험은 두 요인, 즉 일반적 각성과 의식적 인지 평가에 달려있다.	맥락에 따라서 각성에 공포나 흥미라는 이름을 붙일 수 있다.
자이언스, 르두	어떤 정서반응은 의식적 평가 없이 즉각적으로 발생한다.	숲에서 들리는 소리를 평가하기에 앞서 그 소리에 자동적으로 반응한다.
라자루스	때로는 자각하지 않은 채, 평가("위험한가?")가 정서를 정의한다.	그 소리는 "단지 바람 소리야."

때, 그 거미가 자신을 해치지 않는다는 사실을 알면서도 공포를 경험한다. 그러한 반응은 생각을 바꾼다고 해도 변화시키기 어렵다. 사람들은 1초도 되지 않는 짧은 시간에 누가 더 호감이 가거나 믿을 만한 사람인지 지각하고 판단한다(Willis & Todorov, 2006). 이러한 즉각적인 평가는 자신의 견해와 유사한 입장을 표명하는 후보자 대신에 좋아하는 후보자에게 투표하게 될 때처럼, 정치적 결정에도 영향을 미칠 수 있다(Westen, 2007).

그런데 우울한 기분과 복잡한 감정을 포함한 다른 정서는 기억, 기대, 해석 등 의식적이거나 무의식적인 정보처리의 영향을 크게 받는다. 이러한 정서는 의식적으로 더 많이 제어할 수 있다. 정서적으로 압도당하고 있다고 느낄 때는 그 해석을 변화시킬 수도 있다(Gross, 2013). 그러한 재평가는 고통을 감소시키고 그에 상응하는 편도체 반응도 감소시킨다(Denny et al., 2015; Troy et al., 2018). 재평가는 스트레스를 감소시킬 뿐만 아니라, 학생들이 학업을 더 잘 수행하도록 도와주기도 한다(Borman et al., 2019). 따라서 여러분의 스트레스를 강조하지 말라. 그 스트레스를 포용하고는 "스트레스는 내가 주의집중을 유지하고 문제를 해결하는 것을 도와주도록 진화하였다."라는 마음갖춤새를 가지고 다음 시험에 대비하라. 정서의 아랫길이 자동적으로 작동하더라도 사고의 윗길은 정서적 삶에 대한 제어력을 회복하도록 해준다. 결론은 다음과 같다. 자동적인 정서와 의식적인 사고는 정서적 삶이라는 직물을 함께 직조해나간다.

인출 연습

RP-3 정서 연구자들은 정서반응이 인지처리가 없는 상태에서 발생하는지에 관하여 견해를 달리해 왔다. 다음 연구자들의 접근방식을 어떻게 특징지을 수 있는가? : 자이언스, 르두, 라자루스, 샥터, 싱어

답은 부록 E를 참조

체화된 정서

여러분이 사랑에 빠져있든 죽음을 슬퍼하고 있든 간에, 정서가 신체반응을 수반한다는 데는 의심의 여지가 없다. 신체가 없는 감정이란 폐가 없이 호흡하는 것과 마찬가지다. 어떤 신체반응은 쉽게 자각한다. 다른 정서반응은 자각하지 않은 채 경험한다.

정서와 자율신경계

LOQ 12-3 정서적 각성과 자율신경계 간에는 어떤 관계가 있는가?

위기에 직면하면 **자율신경계**(ANS)의 **교감신경**이 신체 활동을 준비시킨다(그림 12.2). 부신선으로 하여금 스트레스 호르몬인 에피네프린(아드레날린)과 노르에피네프린(노르아드레날린)을 분비하도록 지시한다. 간은 에너지를 공급하기 위하여 혈액에 여분의 포도당을 방출한다. 포도당을 태우는 데 필요한 산소를 공급하기 위하여 호흡이 빨라진다. 심장박동률과 혈압도 증가한다. 내장기관의 혈액을 근육으로 이동시킴으로써 소화가 느려진다. 혈당을 근육에 공급함으로써 달리기가 훨씬 쉬워진다. 동공은 확장되어 더 많은 빛을 받아들인다. 흥분된 신체를 식히기 위하여 땀을 흘린다. 상처를 입게 되면, 혈액이 보다 신속하게 응고한다.

"공포는 다리에 날개를 달아준다." 베르길리우스, 「아이네이스」(기원전 19)

위기가 지나가면, 스트레스 호르몬들이 서서히 혈액에서 빠져나감에 따라서, 자율신경계의 **부교감신경**이 점진적으로 신체를 안정시킨다. 아무런 의식적 노력이 없이도, 위험에 대한 신체의

생리적 각성을 통제하는 자율신경계

교감신경 (각성)		부교감신경 (이완)
동공 확대	눈	동공 수축
감소	침 분비	증가
촉촉함	피부	건조함
증가	땀 분비	감소
증가	심장박동	감소
억제	소화	촉진
스트레스 호르몬 분비	부신	스트레스 호르몬 분비 감소
저하	면역체계 기능	증진

그림 12.2
정서적 각성 위기통제센터처럼, 자율신경계는 위기 상황에서 신체를 각성시키고 위험이 지나가면 안정시킨다.

반응은 경이로울 정도로 협응적이고 적응적이다. 즉, 맞서 싸울 것인지 아니면 도망갈 것인지를 준비시켜 준다. 그렇다면 상이한 정서는 독특한 각성 패턴을 가지고 있는가?

자문자답하기

최근에 긴장된 사회 장면이나 중요한 시험이나 시합 직전과 같이 정서가 충만한 상황에 대한 신체의 반응을 알아차렸던 때를 생각할 수 있는가? 여러분의 교감신경계의 반응을 어떻게 기술하겠는가?

정서의 생리학

LOQ 12-4 정서는 어떻게 상이한 생리적 반응과 두뇌 패턴반응을 활성화하는가?

상이한 정서의 생리적 반응을 측정하는 실험을 수행한다고 상상해보라. 네 개의 실험실 각각에서 참가자들은 공포영화, 분노 유발영화, 성애영화, 정말로 따분한 영화를 시청한다. 여러분은 통제실에서 발한, 호흡, 맥박 등을 측정하면서 각 사람의 생리적 반응을 감시한다. 누가 공포에 휩싸이고, 누가 분노를 느끼며, 누가 성적으로 흥분하고, 누가 지루해하는지를 알 수 있겠는가?

훈련을 받는다면 지루한 시청자를 구분해낼 수 있을지도 모른다. 그렇지만 공포, 분노, 성적 흥분 간의 생리적 차이를 구분해내는 것은 훨씬 어렵다(Siegel et al., 2018). 상이한 정서가 공통적인 생물학적 표지를 공유할 수 있다.

하나의 두뇌영역이 상이하게 보이는 여러 정서의 중추로 기능할 수도 있다. 두뇌 중앙에 깊숙이 자리하고 있는 신경중추인 뇌섬의 광범위한 정서 명세서를 살펴보자. 뇌섬은 다른 사람의 배우자를 향한 성욕, 자부심, 혐오감 등과 같은 다양한 부정적인 사회 정서를 경험할 때 활동한다. 두뇌 영상에서 보면, 사람들이 어떤 혐오음식을 한 입 깨물었거나, 그 혐오음식의 냄새를 맡거나, 혐오스러운 바퀴벌레를 덥석 깨물었다고 생각하거나, 아니면 순진한 미망인을 등쳐 먹는 얄팍한 상술에 도덕적 혐오감을 느낄 때, 뇌섬이 활동한다(Sapolsky, 2010). 다른 두뇌 부위에도 이와 유사한 다기능 영역들이 존재한다.

그렇지만 사람들은 다양한 정서를 다르게 느끼며 다른 사람에게도 상이한 정서로 보이기 십상이다. '공포로 오금이 저리거나', '폭발 직전'인 것처럼 보일 수 있다. 공포와 즐거움은 심장박동률을 유사하게 증가시키는 반면에, 서로 다른 안면 근육을 자극한다. 공포를 느낄 때는 눈썹 근육이 긴장한다. 즐거울 때는 볼 근육과 눈 아래 근육이 수축하면서 미소를 만들어낸다(Witvliet & Vrana, 1995).

"비탄이 그토록 공포처럼 느껴진다는 사실을 나에게 알려준 사람은 없었지만, 감각은 두려움과 같은 것이다. 위가 울렁거리는 것도 똑같고, 불안과 하품하는 것도 똑같다. 나는 계속해서 침을 삼키고 있다." C. S. 루이스, 『헤아려 본 슬픔』(1961)

어떤 정서는 사용하는 두뇌 회로에서도 차이를 보인다(Dixon et al., 2017; Panksepp, 2007). 두려움에 찬 얼굴을 관찰하는 사람은 화가 난 얼굴을 관찰하는 사람에 비해서 정서 제어 중추인 편도체의 활성화를 더 많이 보인다(Whalen et al., 2001). 또한 상이한 정서는 두뇌피질의 각기 다른 영역을 활성화시킨다. 혐오감과 같은 부정적 정서를 경험하면 좌측 전두엽보다 우측 전두엽이 더 많이 활동한다. 우울증 경향이 있는 사람 그리고 일반적으로 세상을 부정적으로 조망하는 사람도 우측 전두엽 활성화를 더 많이 보인다(Harmon-Jones et al., 2002).

Jacob Lund/Shutterstock

겁나는 스릴 고양된 흥분과 공황 상태는 유사한 생리적 각성을 수반한다. 이 사실이 두 정서 사이를 재빠르게 오갈 수 있게 해준다.

긍정적 기분은 좌반구 전두엽의 활동을 더 많이 촉발시키는 경향이 있다. 원기 왕성한 유아에서부터 방심하지 않고 에너지가 넘치며 끈기있게 목표를 추구하는 어른에 이르기까지, 긍정적 성격의 소유자들도 우측보다는 좌측 전두엽의 활동을 더 많이 나타낸다(Davidson et al., 2000; Urry et al., 2004). 실제로 전두엽의 기저 활동 수준이 좌측으로 기울어져 있을수록, 아니면 지각 경험을 통해서 그렇게 편향되도록 만들수록, 낙천적인 경향을 보인다(Drake & Myers, 2006).

요컨대, 심장박동률, 호흡, 발한 등을 추적하여 정서의 차이를 쉽게 볼 수 있는 것은 아니다. 그렇지만 얼굴 표정과 두뇌 활동은 정서에 따라 다를 수 있다. 그렇다면 우리가 피노키오처럼 거짓말을 할 때 눈에 뜨이는 어떤 징표를 나타내는가? (이 물음에 관하여 자세한 내용은 비판적으로 생각하기 : 거짓말 탐지를 참고하라.)

인출 연습

RP-4 자율신경계의 교감신경과 부교감신경은 정서반응에 어떤 영향을 미치는가?

답은 부록 E를 참조

비판적으로 생각하기

거짓말 탐지

LOQ 12-5 거짓말 탐지를 위하여 신체 상태를 사용하는 폴리그래프는 얼마나 효과적인가?

폴리그래프는 실제로 거짓말 탐지기가 아니라 각성 탐지기이다. 호흡, 심장박동, 발한 등에서 나타나는 정서 관련 변화를 측정한다. 거짓말을 탐지하는 데 이러한 결과를 사용할 수 있겠는가?

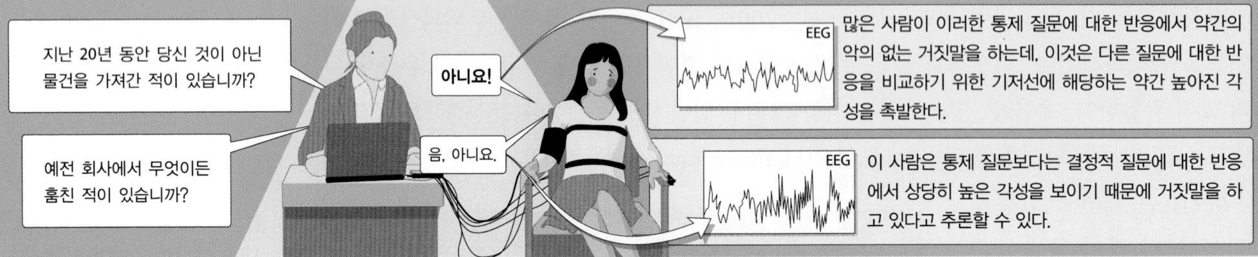

지난 20년 동안 당신 것이 아닌 물건을 가져간 적이 있습니까?
아니요!
예전 회사에서 무엇이든 훔친 적이 있습니까?
음, 아니요.
EEG
많은 사람이 이러한 통제 질문에 대한 반응에서 약간의 악의 없는 거짓말을 하는데, 이것은 다른 질문에 대한 반응을 비교하기 위한 기저선에 해당하는 약간 높아진 각성을 촉발한다.
EEG
이 사람은 통제 질문보다는 결정적 질문에 대한 반응에서 상당히 높은 각성을 보이기 때문에 거짓말을 하고 있다고 추론할 수 있다.

그렇다면 도둑만이 도둑질을 부정할 때 불안해지는가?

1. 사람들은 불안, 짜증, 죄책감 등에 대해서 유사한 신체적 각성을 나타낸다. 그렇다면 이 사람은 정말로 범죄를 저질렀는가, 아니면 그저 불안한 것인가?
2. 많은 결백한 사람도 결정적 질문이 함축하는 피의 사실에 지나치게 긴장한 반응을 나타낸다. (예컨대, 많은 강간 피해자는 강간범에 대해서 진실을 말하면서 심각한 정서적 반응을 나타내기 때문에 이 검사에서 실패하게 된다.[1])

폴리그래프 검사 결과는 1/3의 경우에 **그저 엉터리**이다.[2]

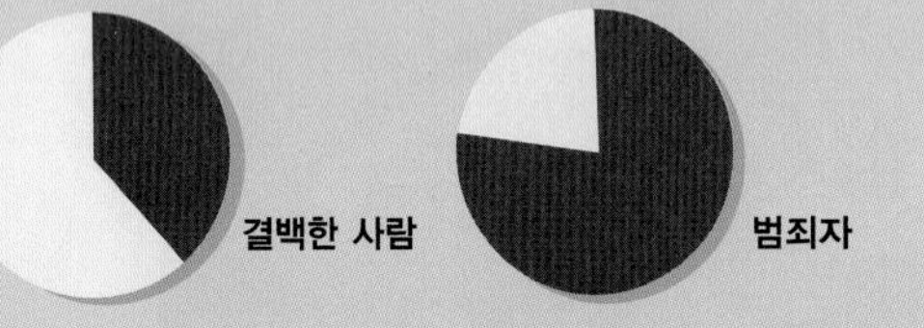

폴리그래프가 결백하다고 판단 / 폴리그래프가 범인이라고 판단

만일 이 폴리그래프 전문가가 판사였다면, 1/3 이상의 무고한 사람이 유죄 선고를 받았을 것이며, 거의 1/4의 범인이 석방되었을 것이다.

미국의 CIA를 비롯한 여러 기관이 수많은 피고용자를 검사하는 데 수백만 달러를 지출해왔다. 그렇지만 국립과학원(2002)은 "폴리그래프를 사용하여 스파이를 체포한 적이 한 번도 없다."라고 보고하였다.

숨긴 정보 검사가 더 효과적이다. 결백한 사람이 거짓말을 하고 있다고 잘못 판단하는 경우가 거의 없다.

질문은 경찰과 범인만이 알고 있는 범죄 현장의 세부사항에 초점을 맞춘다.[3] (예컨대, 카메라와 컴퓨터를 도난당하였다면, 범인만이 그 물건의 특정 상표에 강한 반응을 보일 것이다. 느린 반응시간도 거짓말을 나타낼 수 있다. 전형적으로 거짓말을 할 때보다 사실을 말할 때 시간이 덜 걸린다.[4])

1. Lykken, 1991. 2. Kleinmuntz & Szucko, 1984. 3. Ben-Shakhar & Elaad, 2003; Verschuere & Meijer, 2014; Vrij & Fisher, 2016. 4. Suchotzki et al., 2017.

개관 정서의 소개

학습목표

자기검증 개념 파악을 증진시키도록 (부록 D의 답을 확인해보기에 앞서) 여러분 자신의 표현으로 여기서 반복하는 학습목표 물음에 답해보라(McDaniel et al., 2009, 2015).

LOQ 12-1 각성과 표현행동 그리고 인지는 정서에서 어떻게 상호작용하는가?

LOQ 12-2 정서를 경험하려면 그 정서를 의식적으로 해석하고 이름을 붙여야만 하는가?

LOQ 12-3 정서적 각성과 자율신경계 간에는 어떤 관계가 있는가?

LOQ 12-4 정서는 어떻게 상이한 생리적 반응과 두뇌 패턴반응을 활성화하는가?

LOQ 12-5 거짓말 탐지를 위하여 신체 상태를 사용하는 폴리그래프는 얼마나 효과적인가?

기억해야 할 용어와 개념들

자기검증 여러분 자신의 표현으로 정의를 적어본 후에 답을 확인해보라.

정서
제임스-랑게 이론
캐넌-바드 이론
폴리그래프
2요인 이론

학습내용 숙달하기

자기검증 여러분 자신의 표현으로 다음 물음에 답한 후에 부록 E에서 답을 확인해보라.

1. __________ 정서 이론은 생리적 반응이 정서에 앞서 일어난다고 주장한다.

2. 한 시간 동안 조깅을 한 후에, 여러분의 장학금 신청을 받아들인다는 편지를 받는다. 다음 중 신체 각성의 효과에 대한 정서의 2요인 이론이 예측하는 것은 무엇인가?
   a. 행복감을 약화시킨다.
   b. 행복감을 강화시킨다.
   c. 행복감을 안도감으로 바꾼다.
   d. 행복감에 특별한 효과가 없다.

3. 어떤 정서반응은 그 반응에 이름을 붙이거나 해석할 기회를 갖기에 앞서 출현한다고 자이언스와 르두는 주장한다. 라자루스는 이에 동의하지 않는다. 다음 중 이 심리학자들이 정서반응의 출현에 관하여 차이를 보이는 것은 무엇인가?
   a. 신체 각성이 없이 출현한다.
   b. 에피네프린이 없이 출현한다.
   c. 인지처리가 없이 출현한다.
   d. 학습이 없이 출현한다.

4. 폴리그래프가 측정하는 것은 무엇이며, 그 결과가 의심스러운 이유는 무엇인가?

정서의 표현

표현행동은 정서를 함축한다. 얼굴이 온통 미소 짓는 것처럼 보이는 돌고래는 행복해 보인다. 상대방의 정서를 탐지하기 위하여 신체를 살피고 목소리에 귀를 기울이며, 얼굴을 들여다본다. 이러한 신체언어는 문화에 따라 다른가, 아니면 보편적인가? 표현은 정서 경험에 영향을 미치는가?

"당신의 얼굴은 마치 책과 같아서 감정을 숨길 수 없지요." 윌리엄 셰익스피어, 「맥베스」에서 맥베스 부인이 남편에게 하는 말

타인 정서의 탐지

LOQ 12-6 사람들은 어떻게 비언어적으로 소통하는가?

서구인에게 있어서 단호한 악수는 외향적이고 자기현시적 성격을 전달한다(Chaplin et al., 2000). 응시는 친밀감을 전달할 수 있는 반면, 흘깃거리는 눈길은 불안을 신호한다(Kleinke, 1986; Perkins et al., 2012). 열정적 사랑에 빠진 사람들 사이에서는 상대방의 눈을 서로 오랫동안 들여다보는 데 상당한 시간을 보내는 것이 전형적이다(Bolmont et al., 2014; Rubin, 1970). 친밀한 응시가 낯선 사람들 사이에서도 그러한 감정을 촉발할 수 있을까? 이 물음에 답하기 위하여 서로 알지 못하는 남녀 쌍에게 상대방의 손이나 눈을 2분 동안 의도적으로 응시하도록 요구하였다. 응시가 끝난 뒤에 상대방의 눈을 들여다보았던 사람이 조금이나마 매력과 정감을 느꼈다고 보고하였다(Kellerman et al., 1989).

폴리그래프 거짓말을 탐지할 때 사용하는 기계. 발한, 심장박동, 호흡 등에서 정서와 연계된 변화를 측정한다. 

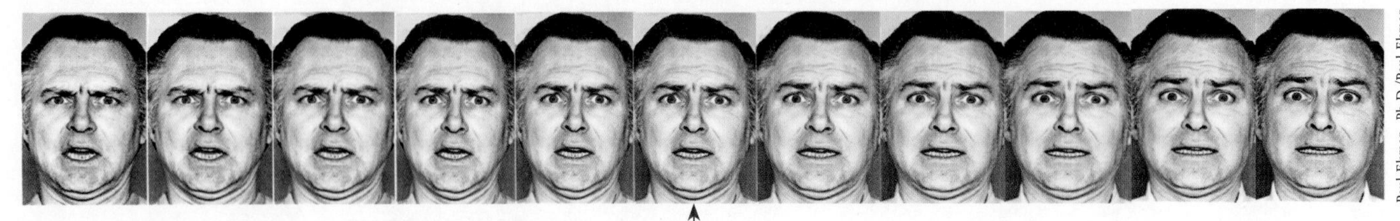

Paul Ekman, Ph.D./Paul Ekman Group, LLC.

그림 12.3
경험은 정서를 지각하는 방식에 영향을 미친다 공포나 슬픔을 분노와 똑같이 섞어서 합성하여 만든 얼굴들을 보여주면, 신체적으로 학대받은 아동은 그렇지 않은 아동에 비해서 그 얼굴을 화난 것으로 지각할 가능성이 훨씬 크다(Pollak & Kistler, 2002; Pollak & Tolley-Schell, 2003).

Zohaib Hussain/Getty Images

정서의 침묵 언어 힌두교의 고전무용은 얼굴과 신체를 사용하여 열 가지 상이한 정서를 효과적으로 전달한다(Hejmadi et al., 2000).

두뇌는 미묘한 표현을 놀라우리만치 잘 탐지하기 때문에, 사람들이 비언어적 단서를 제대로 읽어내도록 도와준다. 사람들은 미소의 흔적을 탐지하는 데 유능하다(Maher et al., 2014). 번개 데이트에서 남녀가 상호작용하는 장면을 10초 동안 보여주었을 때, 사람들은 누가 누구에게 끌리고 있는지를 탐지해내기 십상이다(Place et al., 2009). 지위의 신호도 쉽게 찾아낼 수 있다. 두 팔을 치켜세우고 가슴을 활짝 펴고 있으며 미소를 약간 머금고 있는 사람의 모습을 보여주면, 캐나다 대학생에서부터 피지 주민에 이르기까지 그 사람이 정서적 자부심을 경험하고 있으며, 높은 지위에 있는 것으로 지각한다(Tracy et al., 2013). 심지어 어떤 얼굴을 0.1초 동안 얼핏 보기만 하여도 그 사람의 신뢰성을 판단하거나 아니면 정치인의 유능성을 평가하여 유권자의 지지도를 예측할 수 있었다(Willis & Todorov, 2006). 크리스토퍼 올리볼라와 알렉산더 토도로프(2010)는 첫인상은 놀라우리만치 빠르게 발생한다고 지적하고 있다.

사람들은 비언어적 위협을 탐지하는 데도 유능성을 발휘한다. 역치하로 제시한 '뱀'이나 '폭탄'과 같은 부정적 단어를 쉽게 포착한다(Gomes et al., 2018). 화난 얼굴은 군중 속에서 튀어나온 듯이 눈에 뜨인다(Öhman et al., 2001; Stjepanovic & LaBar, 2018). 2세 아동조차도 화난 얼굴에 주의를 기울이는데, 이 사실은 사람이 선천적으로 위협을 탐지하는 능력을 내장하고 있음을 시사하는 것이다(Burris et al., 2019). 분노에서 공포나 슬픔으로 변하는 일련의 얼굴을 사용한 실험의 결과가 보여주는 것처럼(그림 12.3 참조), 경험은 특정 정서에 민감하게 만들 수 있다. 50%는 공포이고 50%는 분노인 얼굴을 보여주면, 신체적으로 학대받은 아동이 정상 아동보다 분노를 지각할 가능성이 더 크다. 이 아동의 지각은 학대받지 않은 아동이 놓치기 십상인 미묘한 위협 신호에 민감하게 조율되어 있는 것이다.

제어하기 어려운 안면 근육이 숨기고 싶은 정서를 드러낼 수 있다. 의식적으로 하는 행동은 아니지만, 단지 눈썹의 안쪽 부분을 치켜올리는 것은 괴로움이나 걱정을 드러낸다. 눈썹을 올리면서 잡아당기는 것은 공포를 나타낸다. 눈 아래쪽의 근육이 움직이고 볼이 올라가는 것은 자연스러운 미소를 시사한다. 사진을 찍을 때 취하는 가식적 미소는 몇 초간 지속되다가 순식간에 사라진다. 정말로 행복한 미소는 더 짧고 덜 즉각적으로 사라지는 경향이 있다(Bugental, 1986; 그림 12.4). 진정한 미소는 그 사람을 신뢰할 수 있고, 진정성을 담고 있으며, 매력적이라고 지각하게 만

그림 12.4
폴 에크먼의 어느 미소가 위장된 것이고 어느 미소가 자연스러운 것인가? 오른쪽의 미소가 자연스러운 미소의 얼굴 근육을 사용하고 있다.

(a)

(b)

Paul Ekman, Ph.D./Paul Ekman Group, LLC.

든다(Gunnery & Ruben, 2016).

두뇌가 정서를 탐지하는 데 유능함에도 불구하고, 거짓 표정을 탐지하는 데는 어려움을 겪기도 한다. 거짓말쟁이와 진실을 말하는 사람 간의 행동 차이는 지극히 미묘한 것이어서 대부분의 사람은 탐지할 수가 없다(Hartwig & Bond, 2011). 거짓과 진실을 구분하려는 206편의 연구를 종합해보면, 사람들의 정확성은 단지 54%에 불과하였는데, 이것은 동전 던지기를 예측하는 것과 별반 다르지 않다(Bond & DePaulo, 2006). 나아가서 심각한 상황에 처해있는 경찰 전문가를 제외한다면, 어느 누구도 우연 수준을 크게 벗어나지 못하며, 아동의 거짓말을 탐지할 때조차도 그렇다(Gongola et al., 2017; O'Sullivan et al., 2009; ten Brinke et al., 2016).

어떤 사람은 다양한 정서의 신체 단서에 더 민감하다. 한 연구에서는 수백 명의 사람에게 짧은 동영상이 보여주는 정서에 이름을 붙여보라고 요구하였다. 그 동영상은 어떤 사람이 정서를 표현하는 얼굴이나 신체를 보여주는 것이었는데, 때로는 엉뚱한 목소리를 동반하기도 하였다(Rosenthal et al., 1979). 예컨대, 흥분한 여자의 얼굴만을 보여주는 단 2초짜리 장면, 즉 '행동의 단면'을 제시한 후에, 참가자에게 그 여자가 약속시간에 늦은 어떤 사람을 비난하고 있는지 아니면 이혼한 남편에게 말하고 있는지를 물었다. 내성적인 사람은 상대방의 정서를 읽어내는 데 뛰어난 반면, 외향적인 사람은 속내를 쉽게 간파당하기 십상이다(Ambady et al., 1995).

글을 이용한 소통에는 결여되어 있는 몸짓, 얼굴 표정, 목소리 톤 등은 중요한 정보를 담고 있다. 그 차이는 한 연구에서 명확하게 드러났다. 한 집단의 참가자는 30초 동안 어떤 사람이 자신의 별거 상태를 이야기하는 것을 들었다. 다른 집단의 참가자는 녹음한 이야기의 대본을 읽었다. 이야기를 들은 사람들이 그 사람의 현재와 미래의 적응도를 보다 잘 예측할 수 있었다(Mason et al., 2010). 낯선 사람이 "안녕하십니까."라고 말하는 것을 듣기만 해도 그 사람의 성격에 대한 단서를 제공하기에 충분하다.

온라인 소통은 발성이나 얼굴 표정의 미묘한 단서가 부재함으로써 어려움을 겪기 십상이다. 정상적인 표현적 단서가 없기 때문에, 발달심리학자 장 피아제가 **자기중심성**이라고 부른 위험에 처하게 된다. 즉, 농담으로 보낸 메시지를 상대방은 곡해하기도 한다(Kruger et al., 2005). 따라서 온라인 진술이 심각한 것인지 농담인지 아니면 풍자적인 것인지 이해하는 데 도움이 되도록 이모티콘을 첨가하기도 한다. ☺

성별, 정서, 그리고 비언어적 행동

LOQ 12-7 남녀는 비언어적 소통에서 어떤 차이를 보이는가?

여자가 남자보다 비언어적 단서에 더 민감한가? 176편의 소위 '행동의 단면' 연구에 대한 주디스 홀과 동료들(2016)의 분석은 정서 탐지에서 여자가 남자를 압도한다는 사실을 보여주었다. 여자의 우수성은 발달 초기에 출현하는데, 심지어 유아에서도 나타난다(McClure, 2000). 여자의 비언어적 민감성은 정서적 언어 표현력이 뛰어난 이유를 설명해준다. 특정 상황에서 어떤 감정을 느끼는지를 기술하도록 요구하면, 남자는 비교적 단순한 정서반응을 기술한다(Barrett et al., 2000). 여러분 스스로 이 실험을 해볼 수 있다. 누군가에게 졸업하면서 친구들에게 작별 인사를 할 때 어떤 감정을 느끼겠는지를 물어보라. 연구결과는 남자의 경우 그저 "기분이 울적하겠지요." 정도를 말할 가능성이 크며, 여자는 "달콤하면서도 씁쓸하겠지요. 행복감과 슬픔을 모두

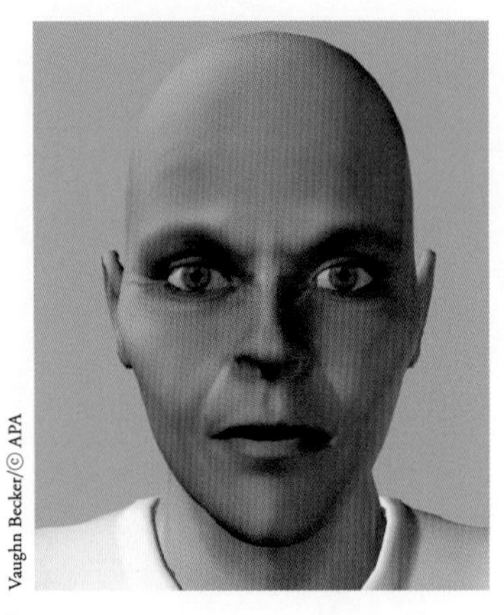
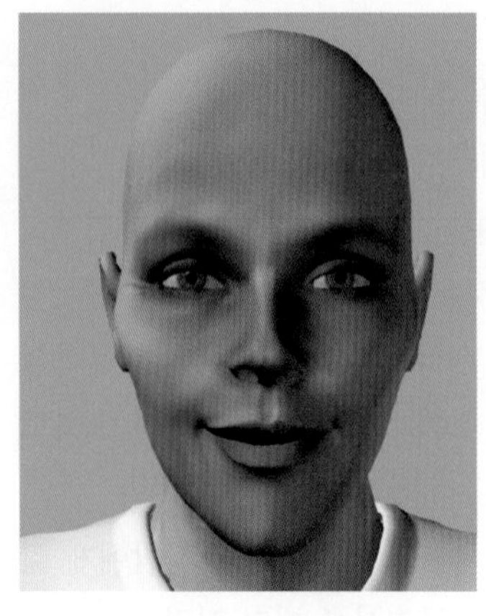

그림 12.5
남자인가 여자인가? 연구자들이 중성적인 얼굴을 만들어냈다. 사람들은 화난 표정이면 남자로 보고, 웃고 있으면 여자로 볼 가능성이 크다(Becker et al., 2007).

느낄 거예요."라는 보다 복잡한 정서를 표현할 것임을 시사한다.

상대방의 정서를 탐지해내는 기술은 여자의 풍부한 정서 반응성과 표현성에도 기여하며, 특히 긍정적 정서에서 그렇다(Fischer & LaFrance, 2015; McDuff et al., 2017). 26개 문화에서 23,000명을 대상으로 수행한 여러 연구에서 여자가 남자보다 감정에 더 개방적이라고 보고하였다(Costa et al., 2001). 여아도 남아보다 더 강력한 정서를 표현하며, 이 사실은 정서성이 '보다 여성적인 것'이라고 많은 사람이 생각하는 근거를 제공해주고 있는데, 18~29세 사이의 미국인 거의 대부분이 그렇게 지각하고 있다(Chaplin & Aldao, 2013; Newport, 2001).

한 가지 예외가 있다. 화난 얼굴을 상상해보라. 그 사람은 남성인가 여성인가? 만일 여러분이 미국 애리조나주립대학교의 3/4에 해당하는 학생들과 같다면, 남자를 상상하였을 것이다(Becker et al., 2007). 또한 중성적인 얼굴을 화난 것처럼 만들면, 대부분의 사람은 남자 얼굴로 지각한다. 얼굴이 웃고 있다면, 여자로 지각할 가능성이 더 높다(그림 12.5). 대부분의 사람은 분노를 남성적인 정서로 받아들인다.

여자가 정서적이라는 생각은 여자의 정서성을 기질 탓으로 귀인하고 남자의 정서성을 상황 탓으로 귀인하게 만들며, 그 반대 방향으로의 귀인도 마찬가지이다. "그 여자는 감성적이야. 그는 오늘 일진이 나빠"(Barrett & Bliss-Moreau, 2009). 문화 규범을 포함한 많은 요인이 이러한 귀인에 영향을 미친다(Mason & Morris, 2010). 그렇기는 하지만 정서 경험의 기술에서 약간의 성별 차이가 존재한다. 조사를 해보면 여자가 남자보다 자신을 더 공감적이라고 기술할 가능성이 훨씬 크다. 만일 여러분이 공감적인 사람이라면, 상대방과 동일시하며 상대방의 입장에 서있는 장면을 쉽게 상상할 수 있다. 상대방이 즐거우면 같이 즐겁고 슬픔에 잠기면 같이 슬퍼하면서 상황을 상대방과 마찬가지로 평가한다(Wondra & Ellsworth, 2015). 하퍼 리의 소설 앵무새 죽이기에서 변호사인 애티쿠스 핀치가 자신의 딸에게 설명하는 것처럼, 대상을 다른 사람의 견지에서 바라다보는 것은 '모든 유형의 사람과 보다 잘 어울리는' 간단한 방법이다. 그렇지만 공감에는 불리한 측면이 있다. 지금 이 순간에 보고 느끼는 것에만 초점을 맞춤으로써 지금 보이지 않는 것이나 미래에 일어날 사건의 중요성을 간과하게 된다(Bloom, 2016).

"공감의 가장 중요한 역할은 … 친절, 즉 자신에게 손해가 되는 경우조차도 서로 도우려는 경향성을 고취시키는 것이다." 자밀 자키, 『공감은 지능이다』(2019)

소설 주인공의 삶에 몰입하는 독자는 높은 수준의 공감을 보고한다(Mar et al., 2009). 이 사실은 남자보다 여자가 소설을 더 많이 읽는 이유를 설명하는 데 도움을 준다(Tepper, 2000). 그렇지만 상대방의 괴로움을 목격할 때의 심장박동률과 같은 생리적 측정치는 훨씬 작은 성차를 보인다(Eisenberg & Lennon, 1983; Rueckert et al., 2010).

여자는 공감을 표현할 가능성도 더 높다. 즉 다른 사람의 정서를 관찰할 때, 더 많은 정서를 나타낼 가능성이 크다. 그림 12.6이 보여주는 바와 같이, 이러한 성별 차이는 슬프거나(임종 직전의 부모와 함께 있는 아동), 행복하거나(코미디 장면), 놀라운(높은 빌딩 난간에 아슬아슬하게 매달려있는 남자) 장면의 동영상을 시청한 남녀 학생들에서 명백하게 드러난다(Kring & Gordon, 1998). 또한 여자들은 정서 사건, 예컨대 사지가 절단되는 장면을 목격하는 것과 같은 정서 사건을 보다 심층적으로 경험하는 경향이 있으며, 정서에 민감한 두뇌영역이 더 많이 활동한다. 또한 3주가 지난 후에도 그 장면을 더 잘 회상해낸다(Canli et al, 2002).

"자, 별로 어렵지 않잖아요, 안 그래요?"

그림 12.6

성별과 표현성 영화를 시청한 남자와 여자가 자기보고한 정서나 생리적 반응에서 극적인 차이를 보이지 않았다. 그렇지만 여자의 얼굴이 훨씬 더 많은 정서를 나타냈다(Kring & Gordon, 1998의 데이터).

인출 연습

RP-1 (여자/남자)가 정서를 보다 심층적으로 경험한다고 보고하며, 비언어적 행동을 읽어내는 데 더 유능하다.

답은 부록 E를 참조

문화와 정서 표현

LOQ 12-8 한 문화 내에서 그리고 문화 간에 몸짓과 얼굴 표정을 어떻게 이해하는가?

몸짓의 의미는 문화에 따라 다르다. 저자(드월)는 자신의 아이에게 엄지를 치켜세우는 동작을 가르쳐서는 무엇인가가 좋다는 사실을 저자에게 알려줄 수 있게 하였다. 또한 서아프리카와 중동 국가를 여행할 때는 그 동작을 하지 않도록 가르칠 생각이다. 그곳에서 이 동작은 '제기랄, 빌어먹을'을 의미할 수 있기 때문이다(Koerner, 2003).

얼굴 표정도 문화에 따라 다른 의미를 갖는가? 이 물음에 답하기 위하여 두 연구팀은 각기 다른 얼굴 표정의 사진을 세계 여러 지역의 사람에게 보여주고 정서를 추측해보도록 요청하였다(Ekman, 2016; Ekman & Friesen, 1975; Izard, 1994). 여러분도 그림 12.7에 나와있는 여섯 얼굴을 여섯 정서와 연결하고자 시도해볼 수 있다.

문화 배경에 관계없이, 아마도 여러분은 잘 해냈을 것이다. 미소는 세계 어디서나 미소다. 웃음과 슬픔도 마찬가지이다. [전 세계의 모든 사람은 진정한 웃음과 가식적 웃음을 구분할 수도 있다(Bryant et al., 2018).] 다른 정서 표현은 덜 보편적으로 재인된다(Cowen & Keltner, 2019; Crivelli et al., 2016a). 그렇지만 행복할 때 얼굴을 찡그리는 문화는 없다.

182편에 달하는 연구 데이터는 사람들이 자기 문화에서 정서를 판단할 때 정확도가 약간 높아진다는 사실을 보여준다(Crivelli et al., 2016b; Elfenbein & Ambady, 2002; Laukka et al., 2016). 그렇지만 암암리에 나타나는 정서 신호는 문화보편적이다. 세계 어디서나 아동은 고통스러울 때 울며, 거부할 때 고개를 저으며, 행복할 때 미소 짓는다. 얼굴을 전혀 본 적이 없는 맹인 아동의 경우도 그렇다(Eibl-Eibesfeldt, 1971). 선천적 시각 장애자도 즐거움, 슬픔, 공포, 그리고 분노 등의 정서와 연합된 공통적인 얼굴 표정을 짓는다(Galati et al., 1997).

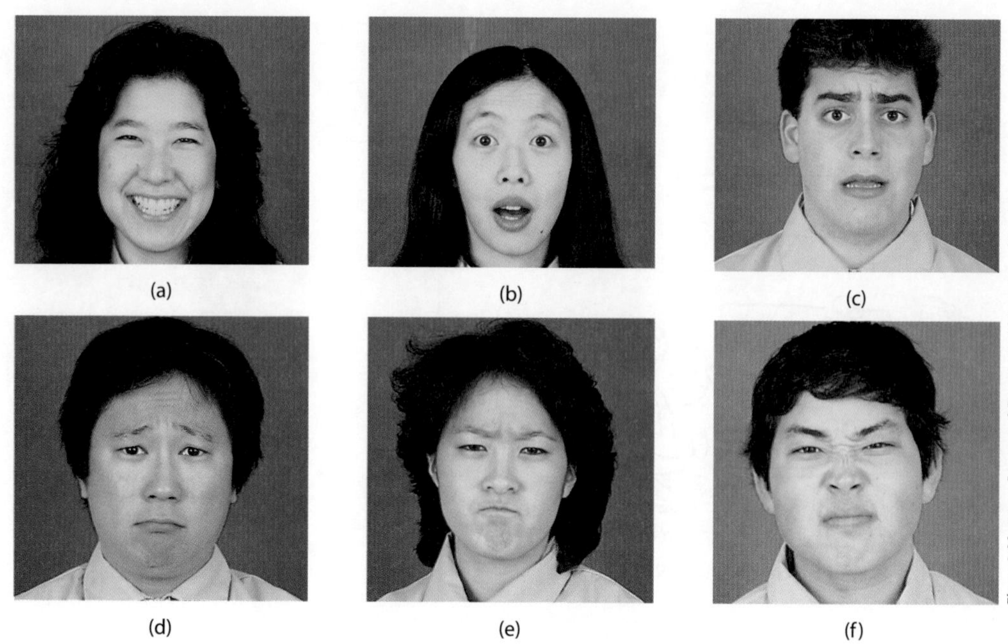

Ekman & Matsumoto, Japanese and Caucasian Facial Expressions of Emotions

그림 12.7
문화특수적 표정인가, 문화보편적 표정인가? 서로 다른 문화와 인종의 얼굴은 서로 다른 언어를 사용하는가? 어느 얼굴이 혐오를 표현하는가? 분노는? 공포는? 행복은? 슬픔은? 놀람은?(Matsumoto & Ekman, 1989에서 인용). 아래에 거꾸로 적어놓은 답을 참조하라.

답 : (a) 행복, (b) 놀람, (c) 공포, (d) 슬픔, (e) 분노, (f) 혐오

이렇게 공유하고 있는 정서 범주는 전 세계에 걸친 영화와 텔레비전 프로그램과 같이 공유하는 문화 경험을 반영하는 것인가? 그렇지 않다. 뉴기니에서 고립생활을 하는 사람들에게 "당신의 자녀가 죽은 것처럼 가장해보라."와 같은 진술에 따라 반응해보도록 요구하였다. 녹화한 반응을 보여주었을 때, 미국 대학생들은 뉴기니 사람들의 얼굴 표정을 쉽게 읽어냈다(Ekman & Friesen, 1971).

"마음의 소식을 알고 싶거든, 얼굴에게 물어보라." 기니 격언

따라서 얼굴 근육이 보편언어를 사용한다고 말할 수 있다. 이러한 발견이 찰스 다윈(1809~1882)에게는 그렇게 놀라운 일이 아니겠다. 다윈은 먼 옛날의 조상이 언어로 소통하기 이전의 선사시대에는 얼굴 표정으로 위협과 인사 그리고 복종을 나타내는 능력이 생존에 도움을 주었을 것이라고 주장하였다. 조상들이 공유한 표정이 생존에 도움을 주었을 것이다(Hess & Thibault, 2009). 예컨대, 대립할 때 나타내는 비웃음은 동물이 으르렁거리면서 이빨을 드러내는 특성이 남아있는 것이다(그림 12.8). 정서 표현은 다른 방식으로도 생존을 증진시킬 수 있다. 놀람은 눈썹을 치켜세우고 눈을 크게 뜨도록 만들어서는 더 많은 정보를 받아들일 수 있게 해준다. 혐오는 코에 주름을 만들어서는 나쁜 냄새가 들어오지 못하도록 막아준다.

미소는 정서 사건일 뿐만 아니라 사회적 사건이기도 하다. 올림픽에서 금메달을 따서 환희에 찬 선수는 시상식을 기다리는 동안은 미소 짓지 않지만, 시상자와 상호작용하며 관중과 카메라와 마주 설 때는 웃는다(Fernández-Dols & Ruiz-Belda, 1995). 따라서 올림픽 경기가 끝난 후에 선수들의 자발적인 표정을 흘깃 바라보는 것도 어느 나라 선수인지에 관계없이, 누가 승리하였는지에 대한 좋은 단서를 제공해준다(Crivelli et al., 2015; Matsumoto & Willingham, 2006, 2009). 미소를 관찰한 적이 전혀 없는 선천적인 시각 장애 선수조차도

Steve Schaefer/AP Images

보편적 정서 지구 어느 곳에 살든지 간에, 모어하우스대학의 어느 부유한 동문이 졸업생들의 학비 대출금 전액을 청산해주었다는 예기치 않은 소식을 듣고 그 졸업생들이 경험한 놀라움과 기쁨을 알아차리는 데는 어려움이 없다.

그러한 상황에서는 동일한 사회적 미소를 표출한다(Matsumoto et al., 2009).

사람들은 행복할 때 미소 짓고, 슬플 때 찡그리며, 화날 때 노려본다. 그렇지만 때로는 집중할 때나 화난 채 미소 지을 때도 노려본다. 이에 덧붙여서 맥락과 문화에 따라 동일한 얼굴 표정이 상이한 정서를 전달하기도 한다(Barrett et al., 2019). 무서운 상황에서의 화난 얼굴은 두려운 것으로, 고통스러운 상황에서의 걱정스러운 얼굴은 짜증스러워하는 것으로 판단한다(Carroll & Russell, 1996). 영화감독은 특정한 정서의 지각을 증폭시키는 맥락과 사운드트랙을 만드는 방법으로 이 현상을 활용한다.

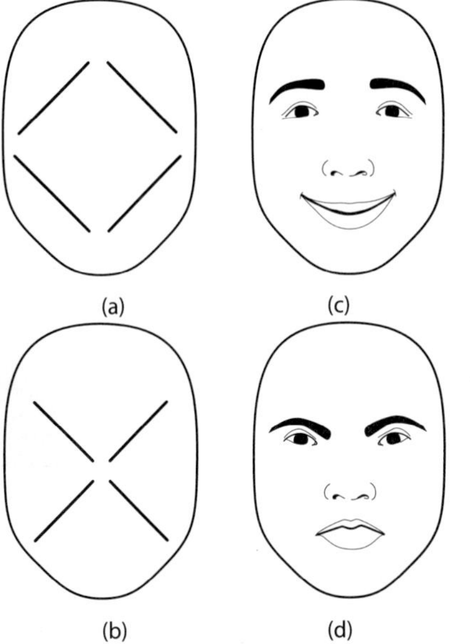

그림 12.8
분노의 표현 (c)와 (d)의 얼굴을 가리고 친구에게 (a)와 (b) 중에서 화난 얼굴을 선택하라고 요구해보라. 명백한 얼굴 단서가 없는 경우조차도, 대부분의 사람은 정답인 (b)를 쉽게 선택한다(Franklin et al., 2019).

미소는 얼마나 많은 정서를 표현할 것인지에 대한 **표출 규칙**을 가지고 있는 문화적 사건이기도 하다. 연구자들이 미국의 작은 도시에 있는 대학 캠퍼스에서 찾은 많은 수의 미소 짓는 학생과 중국 베이징의 캠퍼스에서 볼 수 있는 지극히 적은 수의 미소 짓는 학생을 생각해보라(Talhelm et al., 2019). 유럽, 호주, 뉴질랜드, 북미처럼 개인주의를 부추기는 문화는 눈에 드러나는 정서의 표출을 조장한다(van Hemert et al., 2007). 일본, 중국, 인도, 한국 등과 같이 다른 사람에게 맞출 것을 조장하는 문화에서는 눈에 뜨이는 정서 표출이 적다(Cordaro et al., 2018; Matsumoto et al., 2009). 일본에서는 사람들이 주변 맥락에서 정서를 더 많이 추론한다. 이에 덧붙여서 북미인에게는 지극히 표현적인 입도 눈보다 정서를 적게 전달한다(Masuda et al., 2008; Yuki et al., 2007). 정숙함을 강조하는 중국의 지도자에 비해서, 유럽과 미국의 지도자는 공식적인 사진에서 함박웃음을 여섯 배나 더 빈번하게 나타낸다(Tsai et al., 2006, 2016; 그림 12.9). 만일 행복하며 행복하다는 사실도 알고 있다면, 문화는 그 정서를 어떻게 표현해야 하는지를 확실하게 가르쳐준다.

문화 차이는 한 국가 내에도 존재한다. 아일랜드인과 아일랜드계 미국인은 스칸디나비아인과 스칸디나비아계 미국인보다 더 표현이 강한 경향이 있다(Tsai & Chentsova-Dutton, 2003). 이 사실은 한 가지 친숙한 교훈을 상기시킨다. 즉, 대부분의 심리적 사건과 마찬가지로 정서도 생물

(a)

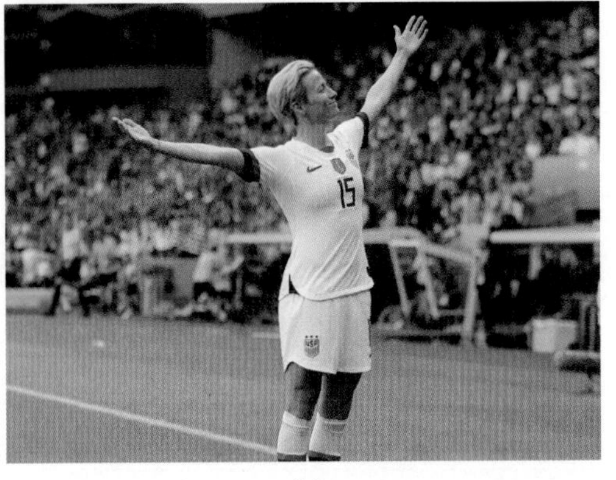

(b)

정서의 표출 규칙이 다르다 (a) 일본의 고바야시 유와 같이, 집단주의 문화의 축구선수는 주의를 자신으로부터 다른 곳으로 이동시키는 방식으로 동료 선수들과 득점을 축하하는 경향이 있다. (b) 미국의 메건 러피노와 같이, 개인주의 문화의 선수는 자신을 두드러지게 하는 것을 더 편안해한다. 사진은 2019년 여자 월드컵에서 득점한 후의 장면이다.

그림 12.9
문화와 미소 미국의 전직 부통령이자 현직 대통령인 조 바이든의 함박웃음과 중국의 주석인 시진핑의 절제된 미소는 얼굴 표정에서의 문화적 차이를 예증한다.

Peter Probst/Alamy

AP Photo

학적이고 인지적 현상일 뿐만 아니라 사회문화적 현상으로 가장 잘 이해할 수 있다.

인출 연습

RP-2 상이한 문화의 사람은 (얼굴 표정/몸동작)의 해석에서 차이를 보일 가능성이 더 높다.

답은 부록 E를 참조

얼굴 표정의 효과

LOQ 12-9 얼굴 표정은 감정에 어떤 영향을 미치는가?

윌리엄 제임스(1890)는 우울과 비탄의 감정에서 벗어나려고 몸부림치면서, 어느 것이든 경험하기를 원하는 정서를 향해 나아감으로써 정서를 제어할 수 있다고 믿게 되었다. 그는 "즐거운 감정을 가지려면, 즐겁게 앉고 즐겁게 둘러보며 즐거움이 이미 그곳에 존재하는 듯이 행동하라."라고 충고하였다. 찰스 다윈(1872)은 인간과 동물의 정서 표현에서 "정서의 외현 신호를 자유롭게 표현하는 것은 그 정서를 강력하게 만든다… 격렬한 몸짓에 굴복한 사람은 자신의 분노를 증가시키게 된다."라고 주장하였다.

"두려울 때마다 나는 머리를 똑바로 세우고 행복한 휘파람을 불지요." 리처드 로저스와 오스카 해머스타인, 『왕과 나』(1958)

이들은 옳았는가? 여러분도 그 가설을 검증할 수 있다. 함박웃음을 지어보라. 이제 찡그려보라. '미소 치료'의 차이를 느낄 수 있는가? 수많은 실험의 참가자들은 그 차이를 느꼈다. 예컨대, 연구자들은 대학생 참가자에게 (짐짓 연구자가 얼굴에 전극을 부착하는 것을 도와주기 위한 것처럼) 얼굴 근육을 긴장시키고 두 눈썹을 안쪽으로 모으도록 요청함으로써 자신도 모르게 찡그린 표정을 짓도록 유도하였다(Laird, 1974, 1984; Laird & Lacasse, 2014). 그 결과는 어떻겠는가? 태양을 마주 볼 때 눈을 가늘게 떠서 자연스럽게 찡그리는 것처럼, 참가자들은 약간의 분노를 느꼈다고 보고하였다(Marzoli et al., 2013). 다른 기본 정서의 경우에도 마찬가지였다. 예컨대, 두려운 표정을 짓도록 유도하였을 때는 분노, 혐오, 슬픔보다는 공포를 더 많이 보고하였다. "눈썹을 위로 치켜올리고 눈을 크게 뜨십시오. 머리 전체를 뒤로 잡아당겨서 뺨이 약간 오므라들게 하십시오. 그리고 입에 힘을 빼고 약간 벌리고 있으면 됩니다"(Duclos et al., 1989).

얼굴 피드백 효과 얼굴 근육 상태가 분노, 공포, 행복 등과 대응하는 감정을 촉발하는 경향성

행동 피드백 효과 행동이 사람들의 생각과 감정 그리고 행위에 영향을 미치는 경향성

제임스와 다윈은 옳았다. 표정은 정서를 소통할 뿐만 아니라, 그 정서를 증폭시키고 조절도 한다. 이러한 **얼굴 피드백 효과**(facial feedback effect)는 많은 기본 정서에서 그리고 다양한 시간과 공간에서 반복되어 왔다(Coles et al., 2019; 그림 12.10 참조). 미소 지으면 조금 더 행복하고, 짜

인출 연습

RP-3 (a) *얼굴 피드백 효과*에 근거할 때, 고무줄이 미소 지을 때처럼 입꼬리를 올리면 학생들은 어떤 감정을 보고하겠는가? (b) 고무줄이 입꼬리를 아래로 끌어당길 때는 어떤 감정을 보고하겠는가?

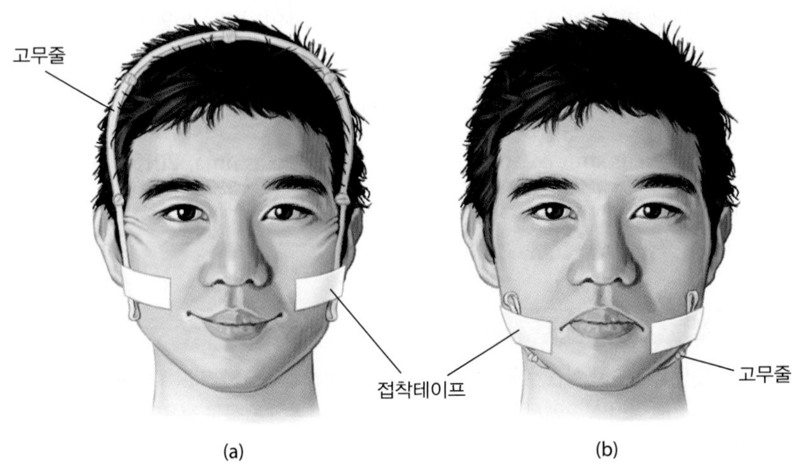

그림 12.10
미소 지으라고 말하지 않은 채 사람들을 미소 짓게 만드는 방법 모리 카즈오와 모리 히데코(2009)가 일본 학생들을 대상으로 행하였던 것을 시도해보라. 그림에서 보는 것처럼, 고무줄을 접착테이프로 얼굴 양쪽에 붙인 다음에, 머리 위로 올리거나 또는 턱 아래로 내려라.

답은 부록 E를 참조

려보면 더 화가 나며, 찡그리면 더 슬퍼진다. 윗니와 아랫니 사이에 펜을 물어서(입술로 물면 안 된다. 이것은 중립적 표현을 만들어낸다) 미소 근육 중의 하나를 작동시키기만 해도 스트레스 상황을 덜 괴로운 것으로 만들어준다(Kraft & Pressman, 2012). 입뿐만 아니라 눈가에 주름이 잡히도록 뺨 근육을 위로 올려야 만들어지는 진실한 미소는 무엇인가 즐겁거나 재미있는 것에 반응할 때보다도 더 긍정적인 감정을 만들어낸다(Soussignan, 2001). 행복하면 미소 짓고, 미소 지으면 행복해진다. [동영상의 모델이 되느라고 어려움을 겪지 않는 한에서 그렇다(Marsh et al., 2019; Noah et al., 2018; Strack, 2016).]

따라서 얼굴은 감정을 표출하는 게시판 이상의 것이다. 얼굴은 감정을 제공해주기도 한다. 째려보라, 그러면 온 세상이 여러분을 째려보게 된다. 사람들이 얼굴을 찡그리게 만드는 근육을 마비시키는 보톡스 주사를 양미간 사이에 맞은 후에 덜 우울하게 느끼는 것도 놀랄 일이 아니다(Parsaik et al., 2016). 찡그리는 근육을 보톡스 주사로 마비시키는 것이 슬픔이나 분노 관련 문장을 읽는 속도를 늦추며, 정서 관련 두뇌 회로의 활동도 늦춘다(Havas et al., 2010; Hennenlotter et al., 2008). 보톡스가 웃음 근육을 마비시키면 반대 현상이 일어난다. 더욱 우울감을 느끼게 된다(Lewis, 2018).

저자의 요청 : 이 책을 읽으면서 가능한 한 많이 웃어라.

연구자들은 더욱 광범위한 **행동 피드백 효과**(behavior feedback effect)도 관찰하였다(Carney et al., 2015; Flack, 2006). 여러분도 참가자들의 경험을 반복해볼 수 있다. 눈을 아래쪽으로 고정시키고, 보폭을 짧게 하고 발을 끌면서 몇 분 동안 걸어보라. 이제 두 팔을 흔들며 눈은 정면을 쳐다보면서 큰 보폭으로 걸어보라. 기분이 바뀌는 것을 느낄 수 있는가? 아니면 화가 날 때 등받이가 뒤로 넘어가는 의자에 등을 뒤로 젖히고 앉아보라. 그러면 분노가 가라앉는 것을 느낄 것이다(Krahé et al., 2018). 행동을 취하는 것이 정서를 일깨운다.

여러분도 피드백 효과에 관한 이해를 활용하여 보다 공감적이게 될 수 있다. 여러분 자신의 얼굴이 상대방의 표정을 흉내 내도록 하라. 상대방처럼 행동하는 것은 상대방처럼 느끼는 데 도움을 준다(Vaughn & Lanzetta, 1981). 뫼비우스 증후군(희귀한 얼굴 마비 장애)를 앓고 있던 사회복지사인 캐슬린 보가트가 허리케인 카트리나 난민들과 정서적 유대감을 맺고자 애를 쓰고 있을 때 알게 되었던 것처럼, 다른 사람을 흉내 내는 능력을 상실하게 되면 정서적 유대를 형성하는 데 어려움을 겪을 수 있다. 사람들이 슬픈 표정을 지을 때, "나는 대응하는 표정을 지을 수 없었습니다. 언어 표현과 목소리 억양으로 그렇게 하고자 시도하였지만, 소용이 없었지요. 얼굴 표정을 박탈당하면, 정서는 그 자리에서 사라지고 공유할 수 없지요."(Carey, 2010).

상대방의 정서를 자연스럽게 흉내 내는 것은 정서가 전염성을 갖고 있는 이유를 설명해준다(Dimberg et al., 2000; Neumann & Strack, 2000; Peters & Kashima, 2015). 페이스북에 긍정적이고 낙관적인 내용을 게시하는 것은 파급 효과를 만들어내서 페이스북 친구들이 보다 긍정적인 정서를 표현하도록 이끌어간다(Kramer, 2012).

자문자답하기

여러분이 느끼는 방식을 변화시키고 싶은 상황을 상상해보라. 어떻게 얼굴 표정이나 행동하는 방식을 변경함으로써 그렇게 할 수 있는가? 다른 어떤 상황에서 피드백 효과에 관한 여러분의 지식을 적용할 수 있겠는가?

개관 정서의 표현

학습목표

자기검증 개념 파악을 증진시키도록 (부록 D의 답을 확인해보기에 앞서) 여러분 자신의 표현으로 여기서 반복하는 학습목표 물음에 답해보라 (McDaniel et al., 2009, 2015).

LOQ 12-6 사람들은 어떻게 비언어적으로 소통하는가?

LOQ 12-7 남녀는 비언어적 소통에서 어떤 차이를 보이는가?

LOQ 12-8 한 문화 내에서 그리고 문화 간에 몸짓과 얼굴 표정을 어떻게 이해하는가?

LOQ 12-9 얼굴 표정은 감정에 어떤 영향을 미치는가?

기억해야 할 용어와 개념들

자기검증 여러분 자신의 표현으로 정의를 적어본 후에 답을 확인해보라.

얼굴 피드백 효과 행동 피드백 효과

학습내용 숙달하기

자기검증 여러분 자신의 표현으로 다음 물음에 답한 후에 부록 E에서 답을 확인해보라.

1. 두려운 표정을 나타내보도록 유도하면, 사람들은 약간 두려운 감정을 보고한다. 이러한 결과를 __________효과라고 부른다.

2. 철수는 심한 감기에 걸렸으며 머리를 숙인 채 발을 질질 끌며 강의실로 향하고 있다. 감기뿐만 아니라 그의 자세는 정서적 안녕감에 어떤 영향을 미치겠는가?

정서의 경험

LOQ 12-10 기본 정서에는 어떤 것이 있는가?

얼마나 많은 차별적인 정서가 존재하는가? 조사하였을 때, 대부분의 정서 연구자는 분노, 공포, 혐오, 슬픔, 행복이 인간의 기본 정서라는 데 동의하였다(Ekman, 2016). 캐럴 이저드(1977)는 열 가지 기본 정서를 구분하였으며(기쁨, 흥미, 놀람, 슬픔, 분노, 혐오, 경멸, 공포, 수치심, 죄책감), 대부분은 유아기에 존재한다(그림 12.11). 다른 연구자들은 자부심과 사랑도 기본 정서라고 믿고 있다(Shaver et al., 1996; Tracy & Robins, 2004). 그러나 이저드는 다른 정서는 열 가지 기본 정서의 조합이라고 주장한다. 예컨대, 사랑은 기쁨과 흥미의 혼합체라는 것이다.

분노와 행복감을 보다 자세하게 살펴보기로 하자. 이 정서의 기능은 무엇인가? 각 정서의 경험에 영향을 미치는 것은 무엇인가?

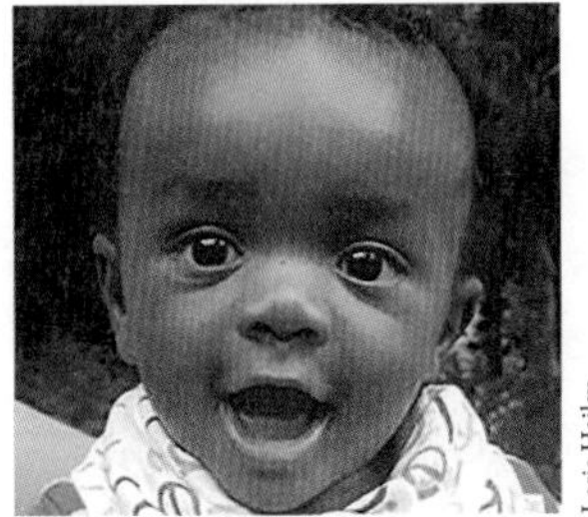

Lorie Hailey

기쁨(입이 미소를 띠고, 볼이 올라가며, 눈이 반짝인다.)

Patrick Donehue/Science Source

분노(눈썹이 함께 아래로 처지고, 눈이 고정되며, 입은 모가 진다.)

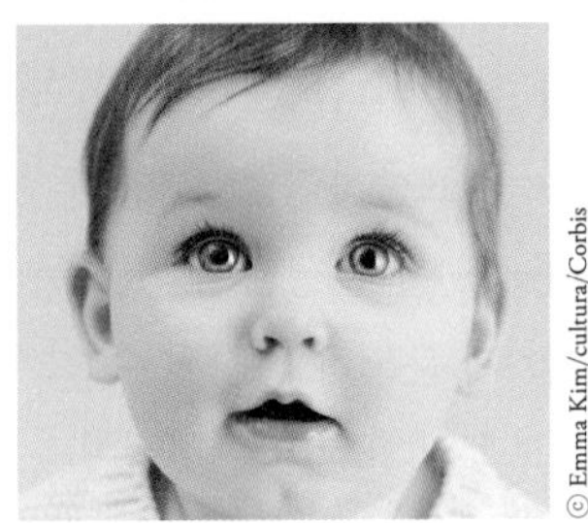

© Emma Kim/cultura/Corbis

흥미(눈썹이 올라가고, 입은 부드럽게 원형을 나타내며, 입술이 오므라든다.)

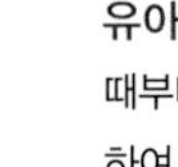

그림 12.11
유아의 자연스러운 정서 태어날 때부터 존재하는 정서를 확인하기 위하여 캐럴 이저드는 매우 어린 유아의 얼굴 표정을 분석하였다.

lina aidukaite/Getty Images

혐오(코에 주름이 지고, 윗입술이 올라가며, 혀를 내민다.)

Samuel Borges Photography/Shutterstock

놀람(눈썹이 올라가고, 눈이 커지며, 입은 타원형으로 벌어진다.)

bendao/Getty Images

슬픔(눈썹의 안쪽 부분이 올라가고, 입꼬리가 내려간다.)

Vladimir Godnik/Getty Images

공포(눈썹이 수평을 이루면서 안쪽 위로 오그라들고, 눈꺼풀이 올라가며, 입꼬리가 수축한다.)

분노

LOQ 12-11 분노의 원인과 결과는 무엇인가?

옛 현자들이 말하기를, 분노는 '짧은 광기'이고(호라티우스), '마음을 휩쓸어가는 것'이며(베르길리우스), '분노를 초래한 상해보다도 훨씬 더 해로운 것'(토머스 풀러)이다. 그렇지만 현자들은 '숭고한 분노'(셰익스피어)는 '군중을 용감하게 만들며'(카토), '힘을 되돌려준다'(베르길리우스)고도 말하였다.

MIKE HUTCHINGS/REUTERS/Newscom

노여움 발산하기 남아프리카에 거주하고 있는 저자(마이어스)의 딸은 월드컵 축구 시합에서 자신의 새로운 조국을 응원하면서 일시적인 카타르시스를 경험하였다. "우루과이 팀에 화가 치밀 때마다 부부젤라를 불어대고 항의의 합창을 부르는 게 나를 시원하게 해주었어요."

위협이나 도전거리에 직면하였을 때, 공포는 도망을 촉발하지만 분노는 투쟁을 촉발하며, 각각은 나름대로 적응적 행동이다. 분노를 초래하는 것은 무엇인가? 때때로 분노는 어떤 사람의 비행(非行)에 대한 반응이며, 특히 다른 사람의 행위가 계획적이고 부당한 것이며 피할 수 있는 것일 때 그렇다(Averill, 1983). 그러나 사소한 갈등이나 썩은 냄새, 고온, 교통체증, 통증 등과 같이 비난하기 어려운 불쾌감도 사람들을 화나게 만드는 힘을 가지고 있다(Berkowitz, 1990).

분노는 해로울 수 있으며, 만성적일 때 특히 그렇다. 분노는 심장박동을 증가시키고, 면역력을 약화시킴으로써 염증을 증가시키며, 테스토스테론 수준을 높인다(Barlow et al., 2019; Herrero et al., 2010; Peterson & Harmon-Jones, 2012). 그렇다면 어떻게 분노를 제어할 수 있는가? 대중매체는 때때로 화난 감정을 방출하는 것이 내면화하는 것보다 좋다고 충고한다. 화가 날 때는 그 화를 돋운 사람에게 풀어야 하겠는가? 돌아가신 부모님에게 분노를 표출하거나, 마음속으로 상사를 저주하거나, 아동기 학대자와 맞서야만 하는가?

개인주의 문화는 분노를 표출하도록 권장한다. 정체성이 집단에 집중되어 있는 문화에서는 이러한 충고를 듣기 어렵다. 상호의존성을 예민하게 받아들이는 사람은 분노를 집단 조화에 대한 위협으로 받아들인다(Markus & Kitayama, 1991). 예컨대, 타히티에서는 사려 깊고 온화하도록 가르친다. 일본에서는 이미 유아기 때부터 분노 표현이 서양 문화에 비해서 흔하지 않다. 서양의 정치와 소셜 미디어에서 보면, 분노가 더욱 격해지는 것으로 보인다.

'분노를 표출하라'는 서양의 충고는 공격행동이나 백일몽을 통하여 정서적 방출, 즉 **카타르시스**(catharsis)를 달성할 수 있다는 것을 전제로 하고 있다. 실험연구들은 때때로 공격자에게 보복을 가할 때 분노가 진정될 수 있지만, 다만 반격이 공격자를 향한 것이고, 보복이 정당화될 수 있으며, 보복의 표적이 위협적이지 않을 때에만 그렇다는 사실을 보여준다(Geen & Quanty, 1977; Hokanson & Edelman, 1966; Verona & Sullivan, 2008). 요컨대, 분노의 표출은 죄책감이나 불안감을 남겨놓지 않을 때에만 일시적으로 가라앉히는 효과가 있을 수 있다.

Isabella Bannerman, Distributed by King Features Syndicate

카타르시스 신화 : 이것은 참인가?

일시적인 즐거움에도 불구하고, 일반적으로 카타르시스는 분노를 완벽하게 제거해주지는 못한다. 분노의 표출은 더 큰 분노를 싹틔우기 십상이다. 무엇보다도 분노의 표출은 또 다른 보복을 야기하여 사소한 갈등을 심각한 대립으로 악화시키기도 한다. 또한 분노의 표출은 분노를 증대시킬 수 있다. 행동 피드백 연구가 입증하는 바와 같이, 화난 행동은 더 많은 분노를 느끼게 만든다(Flack, 2006; Snodgrass et al., 1986). 분노의 역습 가능성은 화가 난 사람들에게 자신을 화나게 만든 사람을 곱씹으면서 펀치백을 두드리도록 요구한 연구에서 나타났다(Bushman, 2002). 분노를 쏟아버릴 기회가 그 분노를 감소시켰는가? 정반대이었다. 나중에 보복할 기회가 주어졌을 때, 분노를 표출하였던 사람이 더욱 공격적이 되었다.

분노는 부적응적이기 십상이다. 분노는 공격성에 기름을 붓고 편견을 점화한다. 9/11 테러 후에 두려움보다는 분노를 경험한 미국인은 이민자와 회교도를 향한 편협성을 나타냈다(DeSteno et al., 2004; Skitka et al., 2004). 일시적인 진정 효과를 갖는 분노 표출은 그 자체가 강화적이어서 분노를 표출하는 습관을 형성하게 만들기도 한다. 만일 스트레스를 받은 상사가 부하직원을 타박함으로써 자신의 긴장을 해소할 수 있다는 사실을 알게 되면, 다음번에 짜증나고 긴장을 느낄 때 또다시 폭발할 가능성이 커진다.

분노에 대처하는 최선의 방법은 무엇인가? 전문가들은 다음과 같은 세 가지를 제안한다.

카타르시스 심리학에서 (행동이나 상상을 통한) 공격적 에너지의 방출이 공격 욕구를 완화시킨다는 아이디어

- **기다려라.** 기다림으로써 분노의 생리적 각성 수준을 가라앉힐 수 있다. 캐롤 타브리스

(1982)는 "올라간 것은 내려오기 마련이다. 충분히 기다리기만 하면 어떤 정서적 각성이라도 누그러지기 마련이다."라고 지적한다.

- **건전한 기분전환이나 지원 방안을 모색하라.** 운동을 하거나, 악기를 연주하거나, 친구와 그 문제를 이야기하는 것과 같은 다른 방법으로 자신을 진정시켜라. 두뇌 영상을 보면, 화가 난 이유를 속으로 곱씹어보는 것은 단지 편도체 혈류만을 증가시킬 뿐이다(Fabiansson et al., 2012).
- **거리를 두라.** 마치 멀리서 또는 미래에 전개되는 상황을 관망하는 것처럼, 마음속에서 그 상황으로부터 멀어지도록 노력하라. 스스로 거리를 두는 것은 곱씹기, 분노, 공격성을 감소시킨다(Kross & Ayduk, 2011; Mischkowski et al., 2012; White et al., 2015).

분노가 항상 잘못된 것은 아니다. 현명하게만 사용한다면, 힘과 능력을 전달할 수도 있다(Tiedens, 2001). 사람들로 하여금 용감하게 행동하여 목표를 달성하도록 동기화시키기도 한다(Aarts & Custers, 2012; Halmburger et al., 2015). 분노의 절제된 표현은 적대적인 폭발이나 씩씩거리는 화난 감정보다 더 적응적이다. 사람들은 화가 날 때 해를 끼치는 방식보다는 단호하게 반응하기 십상이다(Averill, 1983). 그런 다음에 그 분노를 유발한 사람과 빈번하게 대화한다. 정중함은 사소한 불편에 입을 다물고 있는 것뿐만 아니라 중차대한 도발행위를 명확하고도 단호하게 전달하는 것을 의미한다. 자신의 감정을 비난이 아닌 방식으로 진술하는 것, 예컨대 식구들에게 "나보고 설거지하라고 그릇에 찌꺼기를 그대로 남겨놓을 때 정말 짜증나거든."이라고 말해주는 것은 분노를 초래하는 갈등을 해소하는 데 도움이 될 수 있다. 보복이 아니라 화해를 촉진하는 방식으로 불편함을 표현하는 분노는 관계에 도움을 줄 수 있다.

"분한 생각이 마음에 자리 잡고 있는 한, 분노는 결코 사라지지 않는다." 석가모니(기원전 500)

상대방의 행동이 정말로 여러분에게 해를 끼치고 갈등을 해소할 수 없을 때는 어떻게 해야 하는가? 연구결과는 옛날부터 내려오는 처방, 즉 용서가 최선의 처방이라는 사실을 시사한다. 용서는 공격자를 면책시키거나 또 다른 불상사를 일으키지 않게 하면서 분노를 이완시키고 신체를 안정시킬 수 있다. 용서의 신경 효과를 탐색하기 위하여, 독일 대학생들을 대상으로 돈을 벌 수 있는 기회를 다른 사람이 방해할 때의 두뇌 활동을 들여다보았다(Strang et al., 2014). 그런 다음에 학생들에게 못된 짓을 한 사람을 용서하였는지를 물었다. 용서는 자신의 정서를 이해하고 사회적으로 적절한 결정을 하도록 도와주는 두뇌영역의 혈류량을 증가시켰다.

인출 연습

RP-1 다음 중에서 분노 감정을 감소시키는 효과적인 전략은 무엇인가?

a. 언어적 또는 신체적으로 보복한다.
b. 기다리거나 "가라앉힌다."
c. 행동이나 상상 속에서 분노를 표출한다.
d. 조용히 노여움을 되돌아본다.

답은 부록 E를 참조

행복

LOQ 12-12 기분 좋음, 선행 현상이란 무엇인가? 긍정심리학 연구의 핵심은 무엇인가?

사람들은 건강과 행복을 열망한다. 여기에는 충분한 이유가 있다. 행복하거나 불행한 상태는 모든 것을 채색한다. 행복한 사람은 세상을 더 안전하다고 지각한다. 정서적으로 긍정적인 정보에 관심이 쏠린다(Raila et al., 2015). 더욱 자신감이 있고 과단성이 있으며, 보다 쉽게 협력한다. 직업에서의 성공도 더 많이 경험한다(Walsh et al., 2018). 구직자를 보다 호의적으로 평가하며, 과거의 부정적인 경험에 매몰되지 않은 채 긍정적 경험을 음미하며, 사회적 연계도 우수하다. 보다 건강하고 활기차며 만족스러운 삶을 영위한다(Boehm et al., 2015; De Neve et al., 2013; Stellar et al., 2015). 그리고 더욱 관대해진다(Boenigk & Mayr, 2016).

결론은 간단하다. **기분이 중요하다.** 기분이 울적할 때는 삶 전체가 우울하고 무의미한 것처럼 보인다. 그리고 자신의 처지를 보다 회의적으로 생각하고 비판적으로 바라다본다. 기분을 밝게 만들면, 사고도 확장되고 보다 재미있으며 창의적이 된다(Baas et al., 2008; Forgas, 2008; Fredrickson, 2013).

젊은 성인의 행복감은 삶의 진로를 예측하는 데 도움을 준다. 한 연구에서 보면, 20세 때 매우 행복하였던 사람이 결혼할 가능성이 더 높고 이혼할 가능성이 더 낮았다(Stutzer & Frey, 2006). 1976년에 수천 명의 미국 대학생을 조사하고 37세가 되었을 때 다시 조사하였던 연구에서 보면, 행복하였던 학생이 평균 이하의 행복감을 나타냈던 학생보다 유의하게 수입이 많았다(Diener et al., 2002). 행복할 때, 관계와 자기상 그리고 미래에 대한 희망도 더욱 낙관적으로 보이게 된다.

게다가 행복감은 단지 기분 좋은 것이 아니라 선행을 많이 하게 만든다. 실제로 이것은 심리학에서 가장 일관성 있는 결과 중의 하나이다. 행복한 사건을 회상하는 것과 같이 기분을 고양시키는 경험은 사람들로 하여금 돈을 기부하고, 다른 사람이 떨어뜨린 서류를 집어주며, 자발적으로 시간을 할애하고, 여타 다른 선행을 할 가능성을 높여주었다. 심리학자들은 이것을 **기분 좋음, 선행 현상**(feel-good, do-good phenomenon)이라고 부른다(Salovey, 1990).

그 역도 참이다. 선행도 좋은 기분을 촉진한다. 136개국에 걸쳐 200,000명 이상을 대상으로 수행한 조사는 거의 모든 지역에서 사람들은 자기 자신보다 남을 위하여 돈을 지출한 후에 더 행복감을 느낀다고 보고한다는 사실을 찾아냈다(Aknin et al., 2015a). 어린 아동도 선물을 받을 때보다 줄 때 더 많은 긍정 정서를 나타낸다(Aknin et al., 2015b). 그리고 한 실험에서는 남을 도움으로써 스페인 노동자들이 더 높은 안녕감을 경험하게 만들었다. 나아가서 도움을 준 사람은 더욱 행복하고 기꺼이 돕는 사람이 되었다(Chancellor et al., 2018). 콩팥 기증은 고통스러운 일이지만, 기증자를 기분 좋게 만들어준다(Brethel-Haurwitz & Marsh, 2014). 심지어 재소자도 선행을 하면 기분이 좋아진다(Hanniball et al., 2019).

선행이 기분을 좋게 만드는 까닭은 무엇인가? 한 가지 이유는 사회적 관계를 강화시키기 때문이다(Aknin & Human, 2015; Yamaguchi et al., 2015). 몇몇 행복 훈련가는 사람들로 하여금 매일 '무엇이든 착한 일'을 하고는 그 결과를 기록하게 하는 과제를 부여함으로써 선행, 기분 좋음 현상을 활용하고 있다.

기분 좋음, 선행 현상 좋은 기분 상태에 있을 때 남에게 도움을 주려는 경향성

긍정심리학 개인과 지역사회가 융성하도록 도와주는 장점과 덕목을 발견하고 조장한다는 목표를 가지고, 인간의 기능성을 과학적으로 연구하는 심리학 분야

주관적 안녕감 스스로 지각한 행복이나 삶의 만족도. 사람들의 삶의 질을 평가하기 위해서 객관적 안녕감 측정치(예컨대, 신체적 지표와 경제적 지표 등)와 함께 사용한다.

긍정심리학

윌리엄 제임스는 이미 1902년에 행복의 중요성에 관한 글('우리 모두가 하는 것에 관한 숨겨진 동기')을 쓰고 있었다. 1960년대에 인본주의 심리학자는 인간의 성취를 증진시키는 데 관심이 있었다. 21세기에 접어들어 전 미국심리학회 회장이었던 마틴 셀리그먼이 주도하는 **긍정심리학**(positive psychology)은 과학적 방법을 사용하여 인간의 번성을 연구하고 있다. 이제 막 꽃봉오리가 피기 시작한 이 분야에는 **주관적 안녕감**(subjective well-being), 즉 행복감(때때로 부정적 감정 대비 긍정적 감정의 높은 비율로 정의한다)이나 삶의 만족감에 관한 연구가 포함되어 있다.

요컨대, 과거에 대한 만족감, 현재에 대한 행복감, 그리고 미래에 대한 낙관성이 긍정심리학 운동의 첫 번째 주춧돌인 **긍정적 안녕감**을 정의한다.

긍정심리학은 즐거운 삶뿐만 아니라 각자의 재능을 발휘하는 좋은 삶 그리고 자신을 넘어서는 의미 충만한 삶을 구축하는 것에 관한 심리학이라고 셀리그먼은 말한다. 따라서 두 번째 주춧돌인 **긍정적 품성**은 창의성, 용기, 열정, 통합성, 자기제어, 리더십, 지혜, 영성 등을 탐구하고 고양하는 데 초점을 맞춘다.

세 번째 주춧돌인 **긍정적 집단, 지역사회,** 그리고 **문화**는 긍정적인 사회 생태계를 조장하는 데 있다. 여기에는 건강한 가족, 소통하는 이웃, 유능한 학교, 사회적 책무를 다하는 대중매체, 시민들 간의 대화 등이 포함된다.

셀리그먼과 동료들(2005)은 '긍정심리학이 긍정적 정서, 긍정적 품성, 합리적 제도 등에 관한 연구를 총칭하는 포괄적 용어'라고 말해왔다. 긍정심리학의 초점은 학대와 불안, 우울과 질병, 편견과 가난 등과 같은 부정적 상태를 이해하고 완화시키려는 20세기 심리학의 전통적 관심사와 차이가 있다. (실제로 1887년 이래 '우울'에 관한 논문의 수는 '행복'에 관한 논문보다 17배나 많았다.)

역사를 돌이켜볼 때, 평화와 번성의 시대에서는 문화가 약점과 손상을 복구하는 것으로부터 셀리그먼(2002)이 '지고지선의 삶의 자질'이라고 불렀던 것을 촉진시키는 쪽으로 주의를 돌릴 수 있었다. 풍요로웠던 5세기의 아테네는 철학과 민주주의를 배양하였다. 번성하였던 15세기 플로렌스는 위대한 예술을 북돋우었다. 대영제국의 풍요로움이 넘쳐나던 영국 빅토리아 시대는 명예, 규율, 책무를 강조하였다. 21세기부터 시작한 새천년에는 융성하는 서구 문화가 '인도적인 과학적 기념비'로서, 약점과 손상뿐만 아니라 강점과 덕목에도 관심을 갖는 긍정적인 심리학을 창조할 호기를 맞고 있다고 셀리그먼은 믿고 있다. 그의 리더십 그리고 2억 달러가 넘는 연구기금 덕분에 이 운동은 힘을 얻어왔으며, 77개 국가로부터 지지받고 있다(IPPA, 2017; Seligman, 2016).

Courtesy of Martin Seligman

마틴 셀리그먼 "긍정심리학의 핵심 목표는 인간의 강점과 시민의 덕목을 측정하고 이해한 다음에 구축하는 것이다."

정서적 오르내림의 단명성

LOQ 12-13 시간, 부유함, 적응, 비교는 행복 수준에 어떤 영향을 미치는가?

1주일 중에 어떤 날은 다른 날보다 더 행복한가? 사회심리학자 애덤 크레이머는 [저자(마이어스)의 요청에 따라 페이스북과 공동으로] 지금까지 심리학에서 가장 클지도 모르는 데이터 표본에 들어있는 수십억 개의 단어 중에서 정서 단어에 대한 **자연관찰**을 실시하였다. 경축일 등과 같은 예외적인 날을 제외하고, 한 주의 각 요일에 사용한 정적 정서 단어와 부적 정서 단어의 빈도를 추적하였다. 기분이 가장 긍정적인 요일은 언제인가? 금요일과 토요일이다(그림 12.12). 질문지에 대한 반응과 5,900만 트위터 메시지의 유사한 분석도 금요일과 토요일이 가장 행복한 요일임을 찾아냈다(Golder & Macy, 2011; Helliwell & Wang, 2015; Young & Lim, 2014). 여러분의 경우도 그러한가?

장기적으로 볼 때, 정서적 오르내림은 균형을 이루는 경향이 있다. 하루에 걸쳐서도 그렇다. 긍정 정서는 하루의 중앙 시점 직전까지 증가한 다음에 떨어진다(Kahneman et al., 2004; Watson, 2000). 언쟁, 아픈 아

그림 12.12
행복한 날을 추적하기 위하여 웹 과학을 사용하기 애덤 크레이머(2010)는 2007년 9월 7일부터 2010년 11월 17일 사이에 미국 페이스북 사용자들이 게시한 수십억 개의 단어 중에서 긍정 정서와 부정 정서를 나타내는 단어들을 추적하였다.

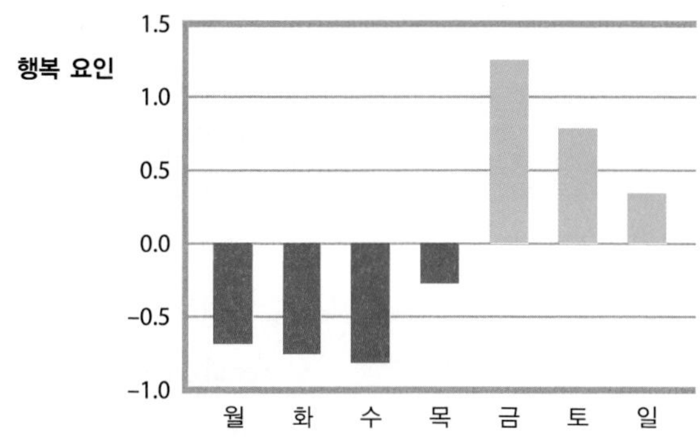

이, 자동차 문제 등 스트레스 사건은 나쁜 기분을 촉발한다. 여기에는 놀랄 것이 하나도 없다. 그렇지만 다음 날이 되면 우울한 기분은 거의 항상 개선된다(Affleck et al., 1994; Bolger et al., 1989; Stone & Neale, 1984). 삶에 대한 전반적 판단은 좋은 사건과 나쁜 사건의 지속적인 효과를 보여주지만, 기분은 회복되는 것이 전형적이다(Luhmann et al., 2012). 사람들은 우울한 날이 지나고 다음 날이 되면 평소보다 더 좋은 기분으로 회복하는 경향이 있다.

배우자나 직업의 상실과 같은 나쁜 사건이 오랫동안 우울하게 만들 수 있다(Infurna & Luthar, 2016). 그렇지만 나쁜 기분도 결국에는 끝이 난다. 연인과 헤어지는 것은 참담한 느낌을 초래하지만, 결국에는 그 상처도 치유된다. 한 연구에서 보면, 종신교수직을 받아야 하는 교수는 탈락 결정이 내려진다면 자신의 삶이 풍비박산될 것이라고 예상한다. 그렇지만 실제로 5~10년 후에 이들의 행복감 수준은 종신직을 받은 교수의 수준과 거의 같아진다(Gilbert et al., 1998).

"영원히 지속되는 행복이란 없다." 세네카, 『아가멤논』(기원후 60)

사랑하는 사람을 상실함으로써 지속되는 비탄이나 아동 학대나 강간 또는 테러 등과 같은 심각한 외상에 따른 불안이 사라지지 않고 남아있을 수 있다. 그렇지만 일반적으로 비극조차도 영원히 우울한 것은 아니다. 눈이 멀게 되거나 신체가 마비된 사람이 과거의 안녕감 수준을 완벽하게 회복하지는 못하더라도, 원만한 성격을 가지고 있는 사람이라면 일반적으로는 거의 정상 수준의 일상적 행복감을 회복한다(Boyce & Wood, 2011; Hall et al., 1999). 심리학자 대니얼 카너먼(2005)은 비록 마비가 되더라도 "점차적으로 다른 것을 생각하기 시작하게 되고, 그것을 생각하는 데 보내는 시간이 많아질수록, 덜 비참하게 된다."라고 설명하였다.

"모든 것은 경이롭다. 어둠과 침묵조차도 그렇다. 나는 어떤 상태에 있든지 간에 그 속에서 자족하는 것을 배운다." 헬렌 켈러, 『나의 이야기』(1902)

놀라운 사실은 이렇다. **사람들은 정서의 지속시간을 과대추정하며 자신의 탄력성과 적응력을 과소추정한다.** [모계로부터 청각 상실을 물려받은 사람으로서, 저자(마이어스)는 이러한 결과로 위안을 받고 있다. 그의 어머니는 삶의 마지막 13년을 완전한 청각 장애 상태로 생활하였다.]

돈으로 행복을 살 수 있을까?

돈을 더 많이 번다면 더 행복하겠는가? '경제적으로 윤택해지는 것'은 얼마나 중요한가? 미국 대학 신입생의 82%가 '매우 중요'하거나 '필수적'이라고 답하였다(Eagan et al., 2016). 그렇다면 정말로 돈으로 행복을 살 수 있겠는가?

수입과 불평등의 효과

국부(國富)가 중요하다. 대부분의 사람이 안정적인 삶을 영위하는 국가의 국민이 가난한 국가의 국민보다 행복한 경향이 있다(Diener & Tay, 2015).

개인의 수입이 (포만점에 이를 때까지의) 행복을 예측한다. 의식주를 해결하고 삶의 제어감을 가지고 있으며 때때로 특별한 무엇인가를 즐기기에 충분한 돈을 가지고 있는 것이 더 큰 행복을 예측해준다(Fischer & Boer, 2011; Ruberton et al., 2016). 호주 데이터가 입증하는 바와 같이, 더 많은 돈이 행복을 증진시키는 힘은 수입이 적을 때 가장 컸다(Cummins, 2006). 1,000달러의 연봉 증가는 100,000달러의 수입을 올리는 사람보다는 10,000달러를 버는 사람에게 더 중요하다.

일단 안락함과 안전을 위한 충분한 돈을 가지게 되면, '수입 포만점'에 도달하게 되는데, 그 이상의 부를 축적하는 것은 점점 덜 중요해진다(Donnelly et al., 2018; Jebb et al., 2018). 호사를 경험하는 것이 삶에서 보다 단순한 즐거움의 음미를 깎아내린다(Cooney et al., 2014; Quoidbach et al., 2010). 만일 여러분이 알프스에서 스키를 즐겼다면, 집 근처 언덕에서 타는 썰매는 시시해질 것이다. 만일 매년 알프스에서 스키를 즐긴다면, 귀한 경험이기보다는 일상 삶의 한 부분이

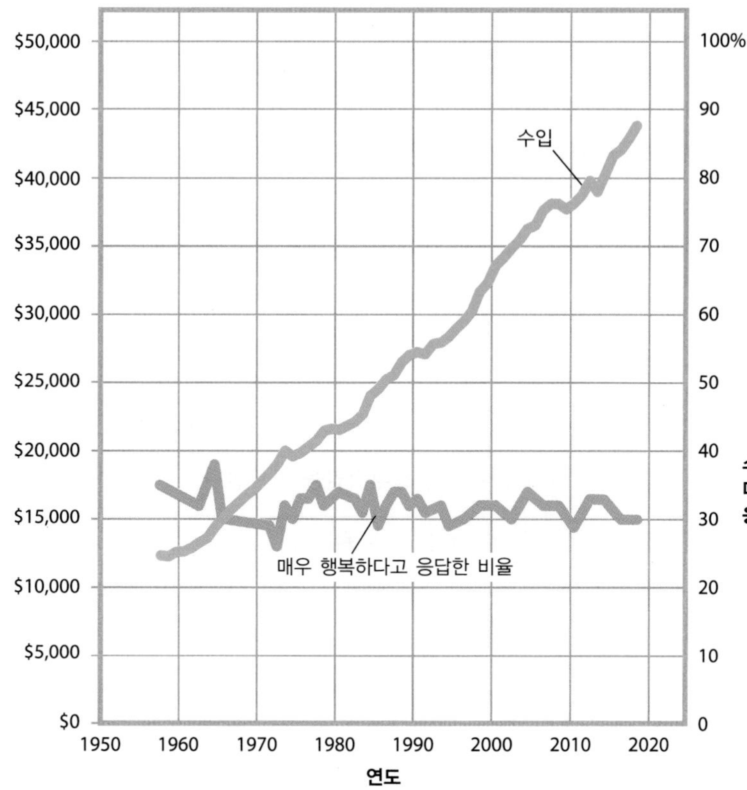

그림 12.13
돈으로 행복을 살 수 있을까? 돈이 특정 유형의 고통을 피하는 데 도움을 주는 것은 틀림없다. 그렇지만 1950년대 이후로 미국인들의 구매력이 거의 3배로 증가하였음에도 행복은 거의 변하지 않았다고 보고하였다(행복 데이터는 미국 국립여론조사센터에서 인용. 수입 데이터는 미국 통계자료와 경제지표에서 인용).

되어버린다(Quoidbach et al., 2015).

시간이 경과하면서 경제성장은 행복의 증가나 우울의 감소를 초래하지 않았다. 다음을 생각해보자. 1950년대 후반 이래, 미국 국민의 평균 구매력은 거의 세 배 늘어났다. 태블릿 PC와 스마트폰은 말할 것도 없고, 더 큰 집에서 살고, 한 사람이 살 수 있는 자동차의 수도 두 배로 늘어났다. 그래서 더 많은 행복도 사들였는가? 그림 12.13이 보여주는 바와 같이, 미국인은 더 행복해지지 않았다. 1957년에는 35% 정도가 "매우 행복하다."라고 말하였으며, 2014년에는 약간 낮은 비율, 즉 33%만이 그렇다고 답하였다. 유럽, 캐나다, 호주, 일본도 상황이 다르지 않다. 실질 소득의 증가가 행복의 증진을 초래하지는 못하였다(Australian Unity, 2008; Diener & Biswas-Diener, 2008; Di Tella & MacCulloch, 2010; Zuzanek, 2013). 중국도 마찬가지이다. 삶의 수준은 높아졌지만 행복과 삶의 만족도는 그렇지 않다(Davey & Rato, 2012; Graham et al., 2018). 이러한 결과는 현대 물질주의에 치명상을 입힌다. 풍요로운 국가의 경제성장은 자부심이나 사회적 안녕감의 가시적 증진을 아무것도 제공해주지 못하였다.

극단적인 불평등은 사회적으로 해롭다. 경제성장이 사람들을 더 행복하게 만들지 못하는 까닭은 무엇인가? 경제성장은 불평등의 증가를 수반해왔는데, 불평등은 시대와 지역에 관계없이 불행을 예측한다(Cheung & Lucas, 2016; Graafland & Lous, 2019). 미국, 중국, 인도와 같은 나라에서 경제성장은 빈자보다는 부자를 더욱 빠르게 끌어올렸다(Hasell, 2018). 불평등이 큰 국가에서, 수입이 낮은 사람은 좋지 않은 건강, 사회적 문제, 심리장애 등을 더 많이 경험하는 경향이 있다(Payne, 2017; Sommet et al., 2018; Wilkinson & Pickett, 2017a,b). 전 세계가 이 사실을

Harley Schwadron via CartoonStock – www.cartoonstock.com /cartoonview.asp?catref=hscn1246

"그런데 긍정적인 측면에서 보면, 돈으로 행복을 살 수가 없습니다. 그러니 누가 신경 쓰겠습니까?"

알고 있는 것으로 보인다. 대부분의 사람은 정치적 성향과 무관하게 부자와 빈자 간의 수입 격차가 적은 것을 선호한다고 말한다(Arsenio, 2018; Kiatpongsan & Norton, 2014).

역설적으로 모든 문화에서 부자가 되고자 치열하게 노력한 사람은 형편없는 안녕감의 삶을 살아가는 경향이 있었다. 특히 이렇게 애쓰는 사람이 가족의 부양보다는 자신의 능력을 입증하거나 권력을 획득하거나 과시하기 위해서 돈을 추구할 때, 더욱 그러하였다(Donnelly et al., 2016; Niemiec et al., 2009; Srivastava et al., 2001). 오히려 친밀감, 개인적 성장, 지역사회 공헌을 추구하는 사람이 수준 높은 삶의 질을 경험한다(Kasser, 2018).

행복은 상대적이다 : 적응과 비교

두 가지 심리학 원리는 지극히 궁핍한 경우를 제외하고는, 어째서 많은 돈이 더 큰 행복을 살 수 없는지를 설명해준다. 각 원리는 행복이 상대적임을 시사한다.

행복은 자신의 경험에 상대적이다 **적응 수준 현상**(adaptation-level phenomenon)은 이전에 경험하였던 자극에 비추어서 다양한 자극을 평가하는 경향성을 설명해준다. 심리학자 해리 헬슨(1898~1977)이 설명한 바와 같이, 사람들은 중립적 수준, 예컨대 소리가 크지도 작지도 않은 지점, 뜨겁지도 차갑지도 않은 온도, 즐겁지도 불쾌하지도 않은 사건 등을 경험에 근거하여 조절한다. 그런 다음에 이 수준에 근거하여 위아래로의 변화를 알아차리고 그 변화에 반응한다. 여러분은 가을에 처음으로 쌀쌀해진 날씨가 한겨울에 똑같은 기온보다 춥게 느껴진다는 사실을 알아차렸는가?

그렇다면 영원한 사회적 낙원을 조성할 수 있겠는가? 아마도 불가능하겠다(Campbell, 1975; Di Tella et al., 2010). 로또나 유산 또는 경기 호황 등으로 최근에 뜻밖의 횡재를 경험하였던 사람은 어느 정도 들뜬 기분을 느끼기 마련이다(Diener & Oishi, 2000; Gardner & Oswald, 2007). 만일 내일 아침에 유토피아, 즉 청구서도 없고, 질병도 없으며, 만점을 받는 곳에서 깨어난다면, 여러분도 잠시 동안은 황홀감을 느낄 것이다. 그렇지만 결국에는 새로운 정상(正常)에 적응하게 된다. 머지않아서 여러분은 다시 때로는 감사함을 느끼고(성취가 기대를 넘어설 때) 때로는 박탈감을 느낄 것이다(성취가 기대에 못 미칠 때). **명심해야 할 사항** : 만족감과 불만, 성공과 실패는 과거 경험에 근거하여 내리는 판단이다(Rutledge et al., 2014).

"나는 자랑스럽게 생각하는 '행운의 과자 금언'을 가지고 있습니다. '당신이 무엇인가에 대해서 생각하고 있을 때, 당신이 중요하다고 생각하고 있는 것보다 더 중요한 것은 삶에서 아무것도 없다. 따라서 행복하게 만들어줄 것이라고 생각하는 것만큼 당신을 행복하게 만들어주는 것은 아무것도 없다.'" 노벨 수상자 대니얼 카너먼의 갤럽 인터뷰 "그들을 무엇을 생각하고 있는가?"(2005)

행복은 타인의 성취에 상대적이다 사람들은 끊임없이 자신을 타인과 비교한다. 기분이 좋은지 나쁜지도 비교하는 타인에 달려있다(Lyubomirsky, 2001). 다른 사람이 더 많은 친구를 가지고 있거나 사회적으로 더 성공했다는 믿음은 사람들을 기분 나쁘게 만든다(Whillans et al., 2017; Zell et al., 2018). 비교하고 있는 다른 사람보다 자신이 뒤떨어진다는 이러한 생각을 **상대적 박탈감**(relative deprivation)이라고 부른다(Smith et al., 2018).

대부분의 다른 학생들이 뛰어난 능력을 가지고 있지 않은 학교에 다니는 학생은 더 높은 학업 자기개념을 가지고 있는 경향이 있다(Marsh & Parker, 1984; Rogers & Feller, 2016; Salchegger, 2016). 만일 여러분이 고등학교 졸업반에서 거의 최상급에 속했다면, 모든 신입생이 고등학교 시절 거의 최상급이었던 대학에 입학한 후에 열등감을 느낄 수 있다.

기대가 성과를 상회하면, 실망감을 느낀다. 전 세계적으로 수입이 적은 사람이 높은 수입을 올리는 사람과 자신을 비교할 때 삶의 만족도가 손상을 입는다(Macchia et al., 2019). 성공의 사다리를 올라감에 따라서, 대부분의 사람은 자신의 현재 수준과 동등하거나 상위에 있는 주변의 또래와 자신을 비교한다(Gruder, 1977; Suls & Tesch, 1978; Zell & Alicke, 2010). 영국의 철학자 버트런드 러셀(1930/1985, 68~69쪽)이 지적한 바와 같이, "나폴레옹은 시저를 시기하고, 시저는 알렉산더 대왕을 시기하며, 감히 말하건대, 알렉산더 대왕은 존재하지도 않았던 헤라클레스를 시기하였을 것이다. 따라서 성공만으로는 시기심으로부터 멀어질 수 없다. 역사나 전설에는

"비교는 즐거움을 훔쳐가는 도둑이다." 시어도어 루스벨트

당신보다 더 성공적이었던 사람이 있게 마련이기 때문이다."

자신보다 유복한 사람과 비교하는 것이 시기심을 만들어내는 것처럼, 자신의 행운을 덜 유복한 사람과 비교하는 것은 만족감을 높여준다. 한 연구에서는 여학생들에게 다른 사람의 박탈과 고통을 생각해보도록 하였다(Dermer et al., 1979). 그들은 1900년에 황량한 도시의 삶이 얼마나 비참한 것인지를 생생하게 묘사한 글을 읽었다. 그런 다음에 화상을 입어 몰골이 엉망이 된 것과 같은 다양한 개인적 비극을 상상하는 글을 썼다. 나중에 여학생들은 자신의 삶에 더욱 큰 만족감을 나타냈다. 마찬가지로, 약한 우울증을 앓는 사람이 심각한 우울증으로 고생하는 사람에 대한 글을 읽을 때 어느 정도는 기분이 좋아진다(Gibbons, 1986). "나는 다리가 없는 사람을 만나기 전까지는 구두가 없다고 징징대었다."라는 페르시아의 격언이 전해지고 있다.

Pat Byrnes The New Yorker Collection/The Cartoon Bank

"연구자들은 부유해진다고 해서 더 행복해지는 것은 아니라고 말하는데, 그들은 얼마를 벌까?"

무엇이 행복 수준을 예측하는가?

LOQ 12-14 무엇이 행복을 예측하며, 어떻게 하면 더 행복해질 수 있는가?

행복한 사람들은 많은 특징을 공유한다(표 12.2). 그런데 어떤 사람은 대체로 즐겁고 또 다른 사람은 울적한 이유는 무엇인가? 다른 많은 심리학 영역에서와 마찬가지로, 여기서도 그 답은 선천성과 후천성 간의 상호작용에서 찾아볼 수 있다.

유전자가 중요하다. 55,000쌍 이상의 일란성 쌍둥이와 이란성 쌍둥이를 분석한 결과를 보면, 사람들이 평가한 행복의 차이 중에서 대략 36%는 유전적인 것이었다(Bartels, 2015). 일란성 쌍둥이들은 분리 성장하더라도 행복한 정도에서 유사하기 십상이다. 행동에 영향을 미치는 특정 유전자를 찾으려는 노력은 친숙한 교훈, 즉 인간의 특질은 미미한 효과를 갖는 많은 유전자의 영향을 받는다는 교훈을 확증해준다(Røysamb & Nes, 2019).

그렇지만 개인사와 문화도 중요하다. 앞서 보았던 것처럼, 개인 수준에서 정서는 경험이 정의해주는 수준에서 균형을 이루는 경향이 있다. 문화 수준에서는 가치를 부여하는 특질에서 차이를 보인다. 자존감과 성취는 개인주의에 가치를 두는 서양 문화에서 더 중요하다. 사회적 용인과

표 12.2 행복이란…

연구자들은 행복한 사람들이 다음과 같은 특징을 갖는 경향이 있음을 찾아냈다.	그렇지만 행복은 다음과 같은 요인과는 그렇게 관련되지 않은 것으로 보인다.
높은 자존감(개인주의 국가에서)	연령
낙관성, 외향성, 원만성, 유머	성별(여성이 더 자주 우울하지만, 더 자주 즐거워하기도 한다.)
친밀하고 긍정적이며 지속적인 관계	신체적 매력
자신의 재능을 사용하는 직업과 여가	
적극적인 종교적 신념(특히 종교적인 국가에서)	
숙면과 운동	

출처 : Batz-Barbarich et al.(2018); De Neve & Cooper(1998); Diener et al.(2003, 2011); Headey et al.(2010); Lucas et al.(2004); Myers(1993, 2000); Myers & Diener(1995, 1996); Steel et al.(2008); Veenhoven(2014). 이들은 WorldDatabaseofHappiness.eur.nl에 13,000개 이상의 행복 상관체 데이터베이스를 제공하고 있다.

적응 수준 현상 과거 경험에 의해 정의된 중립적 수준에 비추어 판단하는 경향성

상대적 박탈감 자신이 비교하고 있는 대상에 비추어 자신을 열등하다고 지각하는 것

조화는 가족과 지역사회를 강조하는 일본과 같은 지역 공동체 문화에서 더 중요하다(Diener et al., 2003; Fulmer et al., 2010; Uchida & Kitayama, 2009).

유전자, 자신의 입장, 최근 경험 등에 따라서, 행복은 '행복 조절점'을 중심으로 진동하는 것으로 보이는데, 어떤 사람은 그 조절점이 높고 다른 사람은 낮은 성향이 있다. 그렇지만 20여 년에 걸쳐 수천 명의 삶을 추적조사한 연구자들은 삶의 만족도가 고정되어 있지 않다는 사실을 관찰하였다(Lucas & Donnellan, 2007). 행복은 올라가거나 내려갈 수 있으며, 제어할 수 있는 요인

표 12.3 더욱 행복한 삶을 위한 증거기반 제안

- **시간을 관리하라.** 행복한 사람은 자신의 삶을 제어하고 있으며 시간 스트레스가 덜 하다고 느낀다(Whillans, 2019). 모자란 시간은 스트레스이지만, 지나치게 많은 시간은 지루하다. 따라서 목표를 설정하고 그 목표를 매일의 하위목표로 분할하라. 모든 사람은 하루에 달성할 분량을 과대추정하는 경향이 있지만, 하루의 진척이 지극히 작기 때문에 일반적으로 1년에 달성할 수 있는 분량은 과소추정한다는 점은 희소식이다.
- **행복하게 행동하라.** 연구결과는 억지로라도 미소를 짓는 사람은 기분이 더 좋아진다는 사실을 보여준다. 그러하니 행복한 얼굴 표정을 지어라. 긍정적인 자존감을 느끼고, 낙천적이며 외향적인 것처럼 말하라. 누구나 행복한 마음의 상태로 이끌어가는 방식으로 행동할 수 있다.
- **자신의 재능을 수반하는 일과 여가를 찾아라.** 행복한 사람은 도전적인 과제에 빠져들지만 압도되지는 않는 상태, 즉 몰입감이라고 부르는 상태를 유지하곤 한다. 영화나 텔레비전과 같은 수동적인 형태의 여가는 운동하고 사교하며 예술적 관심사를 표명하는 것보다 몰입감 경험을 덜 제공한다.
- **물건보다는 공유하는 경험을 구입하라.** 재정적인 어려움이 없는 경우에, 고대하고 즐기며 회상하고 이야기할 수 있는 경험, 특히 사회적으로 공유하는 경험에 투자한다면, 돈으로 행복을 살 수도 있다(Caprariello & Reis, 2013; Kumar & Gilovich, 2013, 2015; Lee et al., 2018). 힌두교 성직자인 아트 버크월드가 말한 바와 같이, "삶에서 최선의 것은 물질이 아니다."
- **움직임을 수반한 운동에 참여하라.** 유산소 운동은 건강과 에너지를 촉진시킬 뿐만 아니라 우울을 예방하거나 완화시킬 수 있다(Willis et al., 2018). 건전한 정신은 건강한 신체에 자리한다.
- **신체에 필요한 만큼의 수면을 제공하라.** 행복한 사람은 적극적인 삶을 영위하지만 신체를 회복시켜 주는 수면과 휴식을 위한 시간을 비축해 둔다. 수면 부족은 피로, 각성의 감소, 우울한 기분 등을 초래한다. 지금 잠을 자면, 나중에 웃게 된다.
- **긴밀한 관계에 우선권을 부여하라.** 불행한 사람에 비해서 행복한 사람은 의미 있는 대화에 더 많은 시간을 할애한다(Milek et al., 2018). 사랑하는 사람을 당연한 것으로 받아들이지 않음으로써 여러분에게 가장 긴밀한 관계를 배양하도록 노력하라. 그들에게도 타인에게 보여주는 친절과 인정을 제공하라. 관계가 중요한 것이다.
- **자신을 넘어선 것에 초점을 맞추고 의미를 찾아라.** 도움이 필요한 사람에게 손을 내밀어라. 친절하게 행동하라. 행복은 도움행동을 증가시키지만, 선행도 행복감, 의미, 목적의식 등으로 충만하게 해준다. 의미가 무엇보다도 중요하다. 의미충만한 삶이란 오래 지속되고, 적극적이며, 건강한 삶이다(Alimujiang et al., 2019; Hooker & Masters, 2018).
- **부정적인 사고를 배격하라.** "나는 실패했어."를 "나는 이것에서 배울 수 있어."로 바꾸어라. 그런 일은 일어날 수 있지만, 한 달이나 일 년 후에는 이렇게 나빴던 경험도 대단한 일이 아니었던 것처럼 보일 수 있다.
- **자비행동과 감사의 표현을 기록하라.** 감사 일기를 쓰는 것은 안녕감을 높여준다(Davis et al., 2016). 시간을 내서 긍정적 경험과 성취를 음미하고 그런 일이 일어난 까닭을 평가해보라(Sheldon & Lyubomirsky, 2012). 다른 사람에게 감사의 표현을 해보라, 그러면 여러분과 그 사람이 모두 놀라우리만치 긍정적인 감정을 느끼게 된다(Dickens, 2017; Kumar & Epley, 2018).
- **영적 자기를 계발하라.** 명상은 정서적으로 안정된 상태를 유지하는 데 도움을 준다. 많은 사람에게 있어서, 영적 믿음은 지지집단, 자기를 넘어선 것에 초점을 맞추어야 하는 이유, 목표감과 희망 등을 제공해준다. 이 사실은 종교 활동에 적극적인 사람이 평균 이상의 행복감을 보고하고 위기에 잘 대처하는 이유를 설명하는 데 도움을 준다(Pew, 2019).

들의 영향을 받을 수 있다(Layous & Lyubomirsky, 2014; Nes, 2010). 여러분의 기분을 개선하고 삶의 만족도를 증진시키기 위한 연구에 토대를 둔 제안을 보려면 표 12.3을 참조하라.

개인 수준에서 행복을 증진시킬 수 있다면, 행복 연구를 사용하여 행복 추구에 대한 국가의 우선순위를 높이도록 할 수 있겠는가? 많은 심리학자는 가능하다고 믿고 있다. 행복한 사회는 번창할 뿐만 아니라, 사람들이 서로 신뢰하고 자유를 만끽하며 긴밀한 관계를 향유하는 공간이다(Helliwell et al.., 2013; Oishi & Schimmack, 2010). 따라서 최저임금, 경제 불평등, 세율, 이혼법, 건강보험, 도시계획 등에 관하여 논쟁을 벌일 때는, 사람들의 심리적 안녕감을 일차적으로 고려해야만 한다. 많은 정치 지도자가 이에 동의하고 있다. 43개 국가는 국민의 안녕감을 측정하기 시작하였으며, 많은 국가가 국가적 안녕감을 신장하려는 개입 프로그램을 시행해왔다(Diener et al., 2015, 2019). 예컨대, 영국의 연례적인 인구조사는 국민들에게 삶에 얼마나 만족하는지, 자신의 삶이 얼마나 가치 있다고 판단하는지, 어제 얼마나 행복하거나 불안하다고 느꼈는지 등을 묻는다(ONS, 2018).

RubberBall Selects/Alamy

자문자답하기

행복과 관련된 결과에 놀랐는가? 여러분의 삶에서 행복을 증진시키기 위해서 무엇을 바꾸겠는가?

인출 연습

RP-2 다음 중에서 자기보고식 행복을 예언하지 않는 요인은 어느 것인가?

a. 연령
b. 성격 특질
c. 수면과 운동
d. 종교적 신념

답은 부록 E를 참조

개관 정서의 경험

학습목표

자기검증 개념 파악을 증진시키도록 (부록 D의 답을 확인해보기에 앞서) 여러분 자신의 표현으로 여기서 반복하는 학습목표 물음에 답해보라(McDaniel et al., 2009, 2015).

 **12-10** 기본 정서에는 어떤 것이 있는가?

LOQ **12-11** 분노의 원인과 결과는 무엇인가?

LOQ **12-12** 기분 좋음, 선행 현상이란 무엇인가? 긍정심리학 연구의 핵심은 무엇인가?

LOQ **12-13** 시간, 부유함, 적응, 비교는 행복 수준에 어떤 영향을 미치는가?

LOQ **12-14** 무엇이 행복을 예측하며, 어떻게 하면 더 행복해질 수 있는가?

기억해야 할 용어와 개념들

자기검증 여러분 자신의 표현으로 정의를 적어본 후에 답을 확인해보라.

긍정심리학	상대적 박탈감	주관적 안녕감
기분 좋음, 선행 현상	적응 수준 현상	카타르시스

학습내용 숙달하기

자기검증 여러분 자신의 표현으로 다음 물음에 답한 후에 부록 E에서 답을 확인해보라.

1. 다음 중에서 행복한 사람에 관하여 가장 일관성 있는 심리학 연구결과의 하나는 무엇인가?

a. 분노를 표출할 가능성이 높다.
b. 일반적으로 다른 사람들보다 운이 좋다.
c. 부자 나라에 몰려있다.
d. 다른 사람들을 도울 가능성이 높다.

2. ________심리학은 인간의 번성에 초점을 맞춘 과학심리학의 한 분야이다.

3. 새로운 아파트로 이사한 후에 거리 소음이 성가실 정도로 매우 크다는 사실을 알게 되었지만, 얼마간 시간이 지난 다음에는 더 이상 괴롭지 않다. 이 반응이 예시하는 것은 다음 중 무엇인가?
   a. 상대적 박탈감 원리
   b. 적응 수준 현상
   c. 좋은 기분, 선행 현상
   d. 카타르시스 원리

4. 한 철학자는 사람이 시기심에서 벗어날 수 없다는 사실을 관찰하였다. 항상 더 성공적이거나, 더 많은 성취를 하거나, 더 부자인 사람들이 있기 때문이라는 것이다. 심리학에서 이러한 관찰은 ________원리에 해당한다.

스트레스와 질병

산다는 것은 스트레스를 경험하는 것이다. 전 세계적으로 35%의 사람이 어제 '상당한 스트레스'를 경험하였다고 보고한다(Gallup, 2019). (그리스가 59%로 가장 스트레스를 많이 받으며, 55%인 미국도 별 차이가 없다.)

사람들은 어느 정도의 스트레스를 예상한다. 이 경우에는 사람들에게 무엇인가 다가온다는 사실을 알려주려는 **경고문구**도 고통을 예방하는 데 아무런 도움이 되지 않는다(Sanson et al., 2019). 다른 스트레스는 아무런 경고도 없이 강타한다. 세상에서 가장 거칠고 빠른 휠체어에 앉아있던 21세의 벤 카펜터를 머릿속에 그려보자. 휠체어를 타고 교차로를 건너는 도중에 신호가 바뀌고는 트럭 한 대가 교차로에 진입하였다. 둘이 충돌하는 과정에서 휠체어의 손잡이가 트럭의 그릴에 끼이고 말았다. 카펜터를 보지도 못하고 도와달라는 외침도 듣지 못한 운전사는 3킬로미터 떨어진 목적지에 도달할 때까지 시속 80킬로미터의 속도로 휠체어를 밀고 갔던 것이다. 카펜터가 통제 불능 상태에 대처하고자 애씀에 따라서, 심장은 쿵쾅거리고 손에는 땀이 나며, 호흡은 거칠어졌다. "정말로 무시무시하였어요."라고 토로하였다.

여러분은 일상생활에서 얼마나 자주 스트레스를 경험하는가? 여러분에게 부과된 것으로 보이는 스트레스 상황(과제물, 제출 마감일자, 비극적 사건 등)과 여러분 스스로 부과한 스트레스(모험, 도전거리, 행복한 변화 등)에 대해서 다르게 느끼는가? 앞으로 보게 되겠지만, 사건의 해석이 그 사건의 경험에 영향을 미치며, 심지어는 그 사건을 스트레스로 간주할지에도 영향을 미친다. 이 절에서는 스트레스가 무엇인지 그리고 건강과 안녕감에 어떤 영향을 미치는지를 살펴본다. 몇 가지 기본용어로부터 시작해보자.

Michigan State Police

극단적 스트레스 119에 전화를 걸어 벤 카펜터의 고통을 전하는 사람의 전화 녹음내용 : "믿지 않으려고 하겠지만, 레드 애로우 고속도로에는 휠체어에 앉아있는 사나이를 밀고 가는 트럭이 있어요!"

스트레스 : 기본 개념

LOQ 12-15 사건의 판단은 스트레스 반응에 어떤 영향을 미치는가? 세 가지 핵심 유형의 스트레스원은 무엇인가?

스트레스 사람들이 위협적이거나 도전적이라고 평가하는 스트레스원이라고 부르는 특정 사건을 지각하고 그 사건에 반응하는 과정

스트레스(stress)는 위협적이거나 도전적인 사건을 평가하고 그에 대처하는 과정이다(그림 12.14). 그렇지만 스트레스는 모호한 개념이다. 때로는 위협이나 도전거리를 나타내는 비공식적 용어로 사용하며("카펜터는 상당한 스트레스를 받았다"), 때로는 반응을 나타내기도 한다("카펜터는 극심한 스트레스를 경험하였다"). 심리학자의 관점에서 위험한 트럭 여행은 **스트레스원**이다. 카펜터의 신체반응과 정서반응은 **스트레스 반응**이다. 그리고 카펜터가 위협과 관련시킨 과정이 **스트레스**이다. 스트레스는 사건 자체보다는 그 사건을 평가하는 방식에 의해서 발생하기 십상이다(Lazarus, 1998). 혼자 집에 있는 사람이 삐걱거리는 소리를 듣지 못하였다면, 아무런 스트레스도 경험하지 않는다. 또 다른 사람은 침입자가 있는지 의심하고는 두려워하게 된다. 한 사람은 새로운 직장을 기꺼운 도전거리로 간주하는데, 다른 사람은 실패의 위험으로 평가한다.

스트레스원을 일시적인 것이거나 도전거리로 지각할 때는 긍정적 효과를 나타낼 수 있다. 일시적 스트레스는 감염을 차단하고 부상을 치료하는 면역 시스템을 활성화시킬 수 있다(Segerstrom, 2007). 또한 문제를 해결하도록 각성시키고 동기화시킬 수도 있다. 전 세계를 대상으로 실시한 갤럽 조사에서 보면, 스트레스를 받지만 우울하지는 않은 사람이 원기왕성하고 삶에 만족한다고 보고하였다. 우울하지만 스트레스를 받지 않는다고 보고한 사람은 정반대로 무기력함을 나타냈다(Ng & Feldman, 2009). 스포츠 챔피언, 성공한 기업가, 그리고 위대한 교사와 지도자들은 도전거리가 각성시킬 때 수월성을 보인다(Blascovich & Mendes, 2010; Wang et al., 2015). 게임이나 스포츠 경기에서 누가 승리할지 모르는 스트레스가 경기를 흥미진진하게 만든다(Abuhamdeh et al., 2015). 어떤 사람은 암을 극복하거나 실직에서 벗어난 후에 보다 강력해진 자존감과 깊어진 정신력 그리고 목표감을 나타낸다. 실제로 삶 초기에 경험하는 약간의 스트레스는 **탄력성**을 구축하게 해준다(Seery, 2011). 역경이 성숙을 낳을 수 있는 것이다.

"지나치게 많은 부모가 너무나도 열광적으로 자녀의 삶을 쉽게 만들어주고자 애씀으로써 그들의 삶을 어렵게 만들고 있다." 독일 작가 요한 볼프강 폰 괴테

그렇지만 심각하거나 지속적인 스트레스는 해를 끼칠 수 있다. 스트레스는 위험한 결정과 건강을 해치는 행동을 촉발할 수 있다(Cohen et al., 2016; Starcke & Brand, 2016). 그리고 전염병과 관련된 죽음을 증가시키는 것처럼 건강에 직접적인 영향을 미칠 수 있다(Hamer et al., 2019). 지나치게 과민한 스트레스 시스템을 가지고 있는 임산부는 조산하는 경향이 있는데, 조산은 아

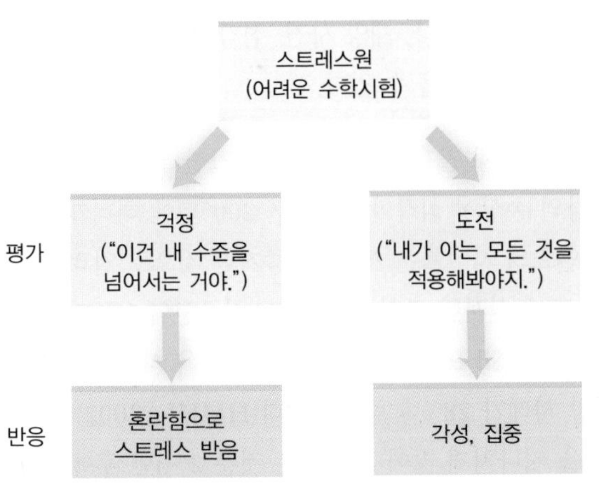

그림 12.14 스트레스 평가 우리 삶의 사건들은 심리적 필터를 통해서 흘러간다. 우리가 한 사건을 평가하는 방식은 우리가 얼마나 스트레스를 경험하는지 그리고 얼마나 효율적으로 반응하는지에 영향을 미친다.

그림 12.15
지각한 스트레스 척도

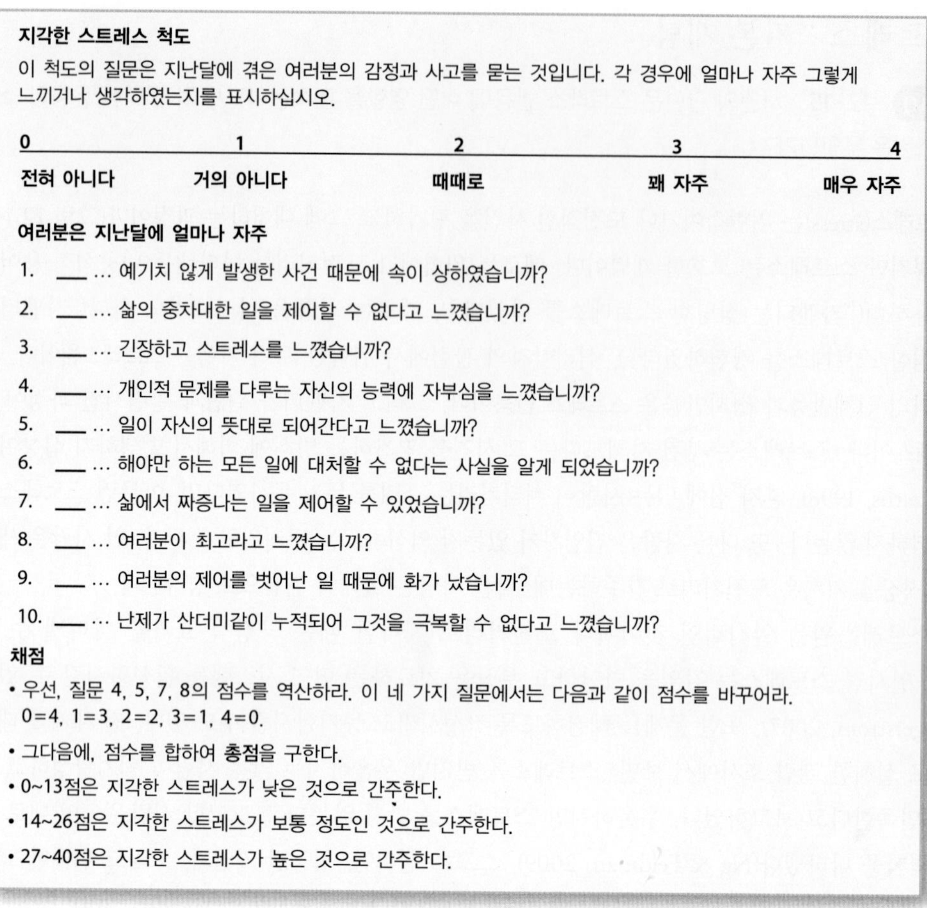

지각한 스트레스 척도

이 척도의 질문은 지난달에 겪은 여러분의 감정과 사고를 묻는 것입니다. 각 경우에 얼마나 자주 그렇게 느끼거나 생각하였는지를 표시하십시오.

0	1	2	3	4
전혀 아니다	거의 아니다	때때로	꽤 자주	매우 자주

여러분은 지난달에 얼마나 자주

1. ___ … 예기치 않게 발생한 사건 때문에 속이 상하였습니까?
2. ___ … 삶의 중차대한 일을 제어할 수 없다고 느꼈습니까?
3. ___ … 긴장하고 스트레스를 느꼈습니까?
4. ___ … 개인적 문제를 다루는 자신의 능력에 자부심을 느꼈습니까?
5. ___ … 일이 자신의 뜻대로 되어간다고 느꼈습니까?
6. ___ … 해야만 하는 모든 일에 대처할 수 없다는 사실을 알게 되었습니까?
7. ___ … 삶에서 짜증나는 일을 제어할 수 있었습니까?
8. ___ … 여러분이 최고라고 느꼈습니까?
9. ___ … 여러분의 제어를 벗어난 일 때문에 화가 났습니까?
10. ___ … 난제가 산더미같이 누적되어 그것을 극복할 수 없다고 느꼈습니까?

채점

- 우선, 질문 4, 5, 7, 8의 점수를 역산하라. 이 네 가지 질문에서는 다음과 같이 점수를 바꾸어라. 0=4, 1=3, 2=2, 3=1, 4=0.
- 그다음에, 점수를 합하여 **총점**을 구한다.
- 0~13점은 지각한 스트레스가 낮은 것으로 간주한다.
- 14~26점은 지각한 스트레스가 보통 정도인 것으로 간주한다.
- 27~40점은 지각한 스트레스가 높은 것으로 간주한다.

자료 출처 : Cohen, S., Kamarck, T., & Mermelstein, R. (1983). A global measure of perceived stress. *Journal of Health and Social Behavior*, 24, 385~396.

이에게 건강 위험을 초래한다(Guardino et al., 2016). 여러분이 지각하는 스트레스 수준은 어떤가?(그림 12.15).

두뇌와 건강은 상호작용한다. 이것은 놀라운 일이 아니다. 마음과 신체는 상호작용한다. 심리적인 것은 동시에 생리적인 것이다. 이러한 상호작용을 살펴보기에 앞서, 스트레스원과 스트레스 반응을 보다 상세하게 살펴보기로 하자.

스트레스원 : 도화선에 불을 붙이는 것들

스트레스원은 다음과 같은 세 가지 주요 유형으로 분류된다. 재앙 사건, 심각한 삶의 변화, 그리고 (사회적 스트레스를 포함한) 일상의 다툼. 모두가 해로울 수 있다.

재앙 사건 재앙 사건이란 지진, 태풍, 산불, 전쟁 등과 같은 대규모 재해를 말한다. 그러한 사건이 발생한 후에는, 정서적 건강과 신체적 건강의 손상이 심각할 수 있다. 2005년에 허리케인 카트리나가 휩쓸고 간 후 4개월 동안에 뉴올리언스의 자살률은 세 배나 증가한 것으로 알려져 있다(Saulny, 2006). 9/11 테러가 발생하고 3주 후에 실시한 조사에서 보면, 미국인의 58%가 평균 이상의 각성과 불안을 경험하고 있다고 보고하였다(Silver et al., 2002). 특히 뉴욕 시민이 그러한 징후를 보고할 가능성이 컸으며, 수면제 처방 사례가 28%나 증가하였다(HMHL, 2002; NSF, 2001). 텔레비전에서 방영한 9/11 테러 장면을 지나치게 많이 시청하는 것은 2~3년 후에 나빠진 건강을 예측하였다(Silver et al., 2013). 2011년에 벌어진 노르웨이 테러도 마찬가지로 심장병에서부터 자살에 이르기까지 건강 문제의 증가를 촉발하였다(Strand et al., 2016).

재앙 사건으로 다른 나라로 이주한 사람에게 있어서는, 고향에서 쫓겨나고 가족과 이별하였다는 외상이 낯선 문화의 새로운 언어, 민족성, 기후, 사회 규범 등에 적응해야 한다는 도전거리와 결합하게 되면, 스트레스가 배가된다(Pipher, 2002; Williams & Berry, 1991). 원기를 회복하기 시작하기도 전에 문화충격을 경험하여 스트레스와 염증을 초래하기 십상이다(Gonzales et al., 2018; Scholaske et al., 2018). 문화 변경에 따른 이러한 스트레스는 시간이 경과하면서 감소한다. 특히 의미 있는 활동에 매진하고 사회적 연계를 이룰 때 그렇다(Bostean & Gillespie, 2018; Kim et al., 2012). 이러한 이주는 조만간에 닥칠 환경 변화로 인해 점차 증가할 것으로 보인다.

Scott Olson/Getty Images

스트레스와 파괴를 초래하는 허리케인 예측할 수 없는 대규모 사건은 심각한 수준의 스트레스를 유발한다. 2018년에 허리케인 마이클이 중앙아메리카와 플로리다 팬핸들을 휩쓸고 지나가면서, 74명이 사망하고 수천 채의 가옥과 건물을 파괴하였다. 1년이 지난 후에 교육청 관리는 허리케인이 계속해서 정신건강을 손상시키고 있다고 언급하였다. "지역사회는 총체적으로 심적 외상과 비탄에 빠져있습니다. 시민들은 지치고 … 불안할 따름입니다"(Schneider, 2019). [저자(드월)의 처가 쪽 친척들이 플로리다 대파괴를 직접 경험하면서 집과 가재도구를 몽땅 잃어버렸다.]

심각한 삶의 변화 집을 떠나거나, 사랑하는 사람이 죽거나, 학자금 대출에 매달리거나, 실직하거나, 이혼하는 것과 같은 삶의 변화는 예리하게 느껴지기 십상이다. 졸업이나 결혼과 같이 행복한 사건조차도 스트레스를 초래하는 삶의 변화일 수 있다. 삶의 많은 변화가 청소년기와 성인 초기에 발생한다. 캐나다 사람을 대상으로 실시한 대규모 조사에서 예기치 못한 어려운 문제에 대처하는 능력이 '뛰어나거나 우수한지'를 물어보았을 때, 청소년이 가장 많은 어려움을 겪는다고 보고하였다(Statistics Canada, 2019). 650,000명의 미국인들에게 '어제' 얼마나 많은 스트레스를 경험하였는지를 물었을 때도 젊은 성인이 가장 많은 스트레스를 보고하였다(Newport & Pelham, 2009).

몇몇 심리학자는 오랜 기간 동안 사람들을 추적조사하는 방식을 사용하여 삶의 변화가 건강에 미치는 효과를 연구한다. 다른 심리학자는 심장마비와 같은 특정한 건강 문제로 고통을 받거나 그렇지 않은 사람이 회상하는 삶의 변화를 비교한다. 이 연구들은 최근에 배우자가 사망하였거나, 실직을 당하였거나, 이혼한 사람이 질병에 걸릴 가능성이 더 크다는 사실을 보여준다(Dohrenwend et al., 1982; Sbarra et al., 2015; Strully, 2009). 남편과 사별한 96,000명의 여성을 대상으로 실시한 핀란드 연구에서 보면, 배우자가 사망한 그다음 주에 사망할 위험이 두 배로 증가하였다(Kaprio et al., 1987). 직업과 가정 그리고 배우자를 동시에 잃는 것과 같은 위험 사건을 동시다발적으로 경험하는 것은 더욱 위험하다.

일상적 다툼과 사회적 스트레스 삶을 변화시켜야만 사건이 스트레스를 유발하는 것은 아니다. 화를 돋우는 동거자, 끊임없이 날아드는 소셜 미디어 알림, 시간은 없는데 할 일이 너무 많은 것 등, 일상의 짜증나는 일에서도 스트레스가 발생한다(Lazarus, 1990; Pascoe & Richman, 2009; Ruffin, 1993). 대중연설을 하거나 어려운 수학 문제를 풀어야만 할는지도 모르겠다(Balodis et al., 2010; Dickerson & Kemeny, 2004; 그림 12.16). 어떤 사람은 이렇게 짜증나는 일에 그저 어깨를 으쓱하고 말기도 하지만, 다른 사람은 그렇지 못할 수 있다. 매일 아침에 일어나서 집 문제, 신뢰할 수 없는 보육시설, 다음 월급날까지 버티기 어려운 가계 예산, 형편없는 건강 등에 직면하는 사람의 경우에 특히 그렇다. 불평등도 건강과 안녕감에 타격을 줄 수 있다(Piazza et al., 2013; Sapolsky, 2018; Sin et al., 2015). 만성적인 직장 스트레스는 직장인에게 '소진 상태', 즉

그림 12.16

스트레스 연구방법 대부분의 사람은 공개 연설을 할 때 스트레스를 경험한다. 연구자들은 스트레스를 연구하기 위하여 이러한 유형의 상황을 재구성한다. 실험이 끝난 후에는 실험 후 설명을 통해서 참가자를 안심시킨다.

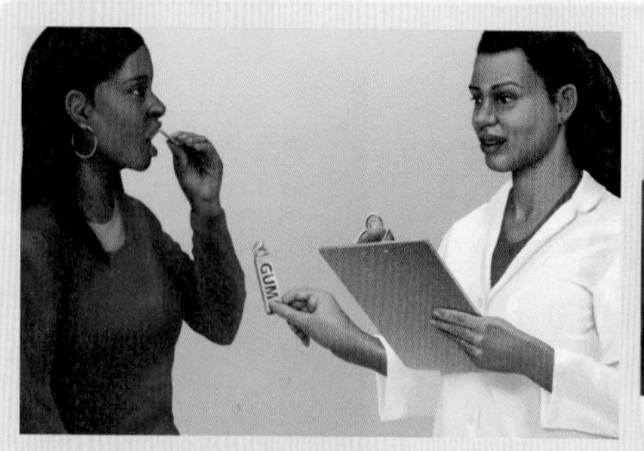

침을 모으기 쉽도록 참가자가 껌을 씹게 한다.

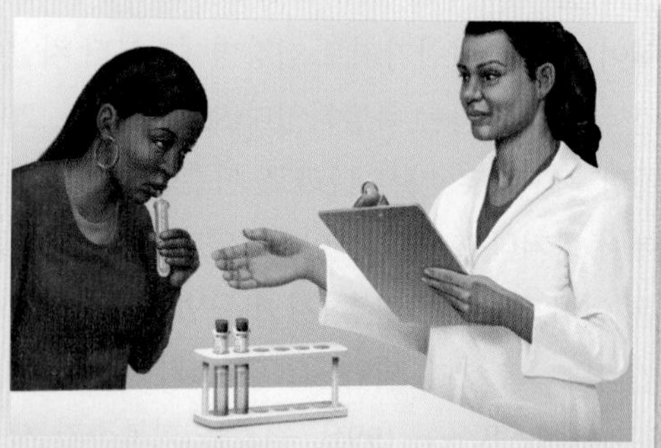

실험을 시작할 때 스트레스 호르몬인 코르티솔 수준을 측정하기 위하여 각 참가자로부터 타액 표본을 수집한다.

참가자가 평가 패널 앞에서 구직 면접 연설을 한다.

그런 다음 참가자에게 어려운 수학 문제에 큰 소리로 답하도록 요구한다.

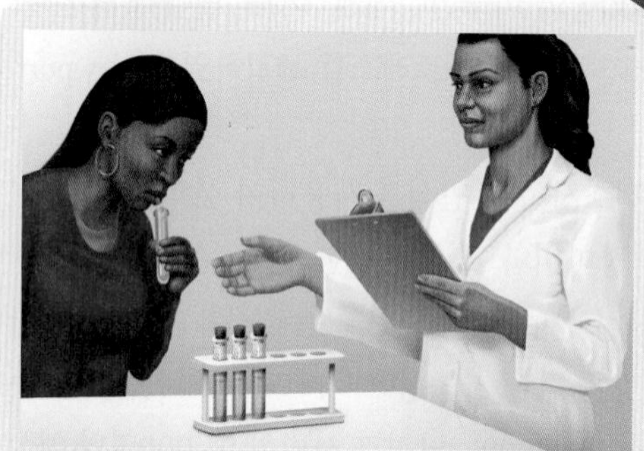

코르티솔 수준

높음

중간

낮음

실험 시작 시

사회적 스트레스 경험 후

(Balodis et al., 2010; Dickerson & Kemeny, 2004.)

실험 전후에 참가자의 타액에서 측정한 코르티솔은 어느 정도의 스트레스를 경험하는 실험에서도 사회적 스트레스를 경험한 후에 그 수준이 40%나 증가한다는 사실을 알려준다.

연구팀은 참가자에게 감사를 표시하고 실험 후 설명을 한다. 즉, 실험의 목적과 참가자가 행한 역할을 설명해준다.

무능하다고 느끼고, 정서적으로 고갈되며, 고립된 상태를 초래할 수 있다(WHO, 2019). 지금 느끼는 스트레스는 여러 해가 지난 후에 신체건강을 해칠 수 있으며, 심지어는 생명을 단축시킬 수도 있다(Chiang et al., 2018; Leger et al., 2018).

일상의 압박감은 편견과 뒤섞이기도 하는데, 편견도 다른 스트레스원과 마찬가지로 심리적 효과와 신체적 효과를 모두 초래할 수 있다(Benner et al., 2018; Pascoe & Richman, 2009). 매일같이 마주치는 어떤 사람이 여러분을 싫어하고 불신하며 능력을 의심한다고 생각하는 것은 일상의 삶을 스트레스로 뒤덮어버린다. 많은 트랜스젠더와 성별에 동조하지 않는 사람은 오명과 차별의 스트레스를 경험한다(Valentine & Shipherd, 2018). 지역사회에서 빈번한 편견에 직면하는 동성애자는 허용적인 사회에서 사는 동성애자보다 평균 12년 일찍 사망한다(Hatzenbuehler, 2014). 많은 아프리카계 미국인의 경우, 인종차별의 스트레스가 고혈압과 당뇨, 두뇌질환, 수면장애 등을 초래한다(Beatty Moody et al., 2019; Brody et al., 2018; Levy et al., 2016). 그리고 2016년 미국 대통령 선거의 후유증으로, 아프리카계 미국인 10명 중에서 7명, 아시아계와 남미계 미국인 10명 중에서 거의 6명은 선거결과가 자신에게 스트레스의 원천이라고 말하였다(APA, 2017).

스트레스는 **접근과 회피 동기**(approach and avoidance motive) 사이에서 직면하는 일상적 갈등에서도 발생한다(Lewin, 1935; Hovland & Sears, 1938). 가장 스트레스가 적은 갈등이 **접근-접근 갈등**이며, 스포츠 경기를 관람할 것인가 외식을 할 것인가, 무용 강의를 수강할 것인가 음악 강의를 수강할 것인가, 회색 점퍼를 입을 것인가 녹색 점퍼를 입을 것인가 등등, 매력적이지만 공존할 수 없는 두 가지 목표가 일으키는 갈등이다. 다른 경우에는 두 가지 바람직하지 않은 대안 사이에서 발생하는 **회피-회피 갈등**에 직면한다. 싫어하는 과목의 공부를 피할 것인가 아니면 공부를 해서 낙제를 피할 것인가? 진실을 말함으로써 누군가의 노여움을 인내할 것인가 아니면 거짓말을 하여 죄책감을 견딜 것인가?

접근-회피 갈등의 경우에는 매력과 혐오를 동시에 경험한다. 애인의 어떤 측면은 정말로 좋아하지만, 다른 측면은 싫어할 수 있다. 떨어져서 보면 행복한 관계라는 목표가 매력적으로 보인다. 그렇지만 그 목표에 접근함에 따라서 회피 경향성이 접근 경향성을 압도하기 시작하고 도망가려는 충동을 느끼게 된다. 뒤로 물러서면, 부정적 측면은 희미해지고 다시 매력을 느낀다. 누구와 데이트를 할 것인지, 어느 과목을 수강할 것인지, 어느 직장을 받아들일 것인지 등등, 동시에 여러 개의 접근-회피 갈등에 직면할 때 스트레스는 배가된다.

스트레스 반응 시스템

LOQ 12-16 사람들은 스트레스에 어떻게 반응하고 적응하는가?

스트레스에 대한 의학적 관심은 히포크라테스까지 거슬러 올라간다. 오랜 세월이 지난 후에 월터 캐넌(1929)은 스트레스 반응이 마음-신체 통합 시스템의 한 부분이라는 사실을 확증하였다. 캐넌은 극단적인 차가움, 산소 결핍, 정서 유발 사건 등은 모두 부신으로부터 스트레스 호르몬인 에피네프린과 노르에피네프린을 마구 방출하도록 촉발한다는 사실을 관찰하였다. 수많은 두뇌 신경회로 중에서 어느 것에 의해서든 자극받게 되면, 교감신경계가 신체를 각성시켜, 캐넌이 **투쟁 또는 도피**라고 부른 경이적인 적응반응을 할 수 있도록 준비시킨다. 맥박과 호흡을 증가시키고, 혈액을 소화기관에서 신체 근육으로 돌리며, 통증을 낮추고 저장고로부터 포도당과 지방을 방출한다. 교감신경계는 멀리 있거나 다가오는 위협(예컨대, 기후 위기)보다는 즉각적인 위협

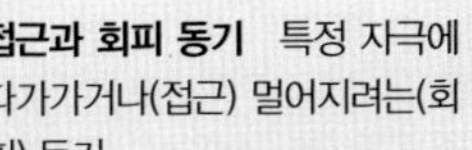

접근과 회피 동기 특정 자극에 다가가거나(접근) 멀어지려는(회피) 동기

일반 적응 증후군(GAS) 스트레스에 대한 신체의 적응적 반응을 나타내는 한스 셀리에의 개념으로, 세 단계 즉 경고단계, 저항단계, 소진단계로 진행된다.

보살피고 편들어주기 반응 스트레스에 직면할 때, 사람들(특히 여자들)은 다른 사람을 지원하고(보살피기) 유대감을 형성하며 그 사람으로부터의 지원을 모색한다(편들어주기).

건강심리학 심리학 지식을 행동의학에 제공하는 심리학의 하위분야

심리신경면역학 심리, 신경, 내분비 처리과정이 합동으로 면역 시스템과 그에 따른 건강에 영향을 미치는 방식을 연구하는 분야

(근처의 독사)에 더 많은 도움을 준다. 맞서 싸우거나 도망감으로써 생존 가능성을 증가시키는 것이다.

캐넌 이래로, 생리학자들은 부가적인 스트레스 반응 시스템을 확인해왔다. 시상하부와 뇌하수체를 통한 대뇌피질의 명령에 따라서, 부신피질은 **코르티솔**과 같은 **글루코코티코이드 스트레스 호르몬**을 분비한다. 생물학자 로버트 새폴스키(2003)의 설명에 따르면, 두 시스템의 반응속도가 다르다. "투쟁 또는 도피 시나리오에서 에피네프린은 권총을 꺼내드는 시스템이며, 글루코코티코이드는 전쟁 수행에 필요한 새로운 항공모함의 청사진을 그리는 시스템이다." 에피네프린이라는 권총은 샌프란시스코에서 런던으로 가는 브리티시 에어웨이 항공편에서 의도하지 않은 채 실시한 실험을 통해 매우 빠른 속도로 발사되었다. 이륙하고 3시간이 지났을 때, 잘못 방송된 메시지가 승객들에게 비행기는 곧 바다로 추락할 것이라고 알려주게 되었다. 승무원들이 즉각 실수를 깨닫고는 공포에 휩싸인 승객들을 진정시키고자 시도하였지만, 여러 사람이 의료 지원을 요구하게 되었다(Associated Press, 1999).

캐나다 과학자 한스 셀리에(1936, 1976)가 40년에 걸쳐 수행한 스트레스 연구는 캐넌의 결과를 확장시켰다. 전기충격과 외과수술과 같은 다양한 스트레스원에 대한 동물의 반응에 관한 그의 연구는 심리학과 의학 모두에서 스트레스를 중요한 개념으로 만드는 데 기여하였다. 셀리에는 스트레스에 대한 신체의 적응반응은 도난방지 시스템과 마찬가지로 보편적인 것이어서 무엇이 침입하든지 간에 경고음을 울린다고 제안하였다. 그는 이 반응에 **일반 적응 증후군**(general adaptation syndrome, **GAS**)이라는 이름을 붙이고, 3단계 과정으로 간주하였다. 여러분이 신체적이거나 정서적인 외상으로 고통받고 있다고 해보자.

- **단계 1**에서 교감신경계의 갑작스러운 활성화에 따른 **경고반응**을 경험한다. 심장박동이 급상승한다. 혈액은 골격근으로 몰린다. 자원을 동원함으로써, 이제 맞서 싸울 준비가 되었다.
- **단계 2**인 **저항**단계에서는 체온과 혈압 그리고 호흡이 높은 상태를 유지한다. 부신은 에피네프린과 노르에피네프린을 혈관에 폭발적으로 분비한다. 여러분은 도전거리에 맞서기 위하여 모든 자원을 동원한다. 시간이 경과하였음에도 스트레스로부터 벗어나지 못하게 되면, 신체의 자원은 고갈되기 시작한다.
- 여러분은 **단계 3**인 **소진**단계에 도달하였다. 소진이 되면, 질병에 더욱 취약하게 되며, 극단적인 경우에는 붕괴되어 사망에 이를 수도 있다.

셀리에의 요점은 다음과 같다. 인간의 신체가 일시적인 스트레스에는 잘 대처하지만, 지속적인 스트레스는 해로울 수 있다. 예컨대, 시리아 내전은 국민 건강에 타격을 주었다(Al Ibraheem et al., 2017; 그림 12.17). 심각한 아동기 스트레스는 잠복해있다가 성인기에 심각한 스트레스, 수면장애, 심장병 등으로 나타나게 된다(Jakubowski et al., 2018; Puterman et al., 2016; Talvitie et al., 2019). 20년에 걸친 연구에서 심각한 스트레스를 경험한 웨일스 아동은 성인이 되어 심장병을 일으킬 가능성이 세 배나 높았다(Ashton et al., 2016). 전쟁포로로서 끊임없는 스트레스와 고통을 경험하였던 사람은 **텔로머**, 즉 염색체 끝을 보호하는 DNA의 조각이 짧아졌다(Stein et al., 2018). 이 사실은 포로가 되지 않았던 장병에 비해서 포로가 되었던 사람이 일찍 사망하는 경향이 있는 이유를 설명해줄지도 모른다(Solomon et al., 2014, 2017). 심각한 장애를 가지고 있는 아동을 보호하느라 만성 스트레스에 시달리는 여자들을 대상으로 수행한 연구에서 보면, 스트레스를 심하게 받은 사람이 실제 연령보다 10년은 더 늙어 보이는 세포를 가지고 있었다(Epel et

"우리는 두려움 속에서 잠을 청하고, 두려움 속에서 깨어나며, 두려움 속에서 집을 나선다." 전쟁으로 망가진 예멘에서 자기 가족의 일상을 기술하는 15세 소녀의 페이스북 게시글(al-Assadi, 2016).

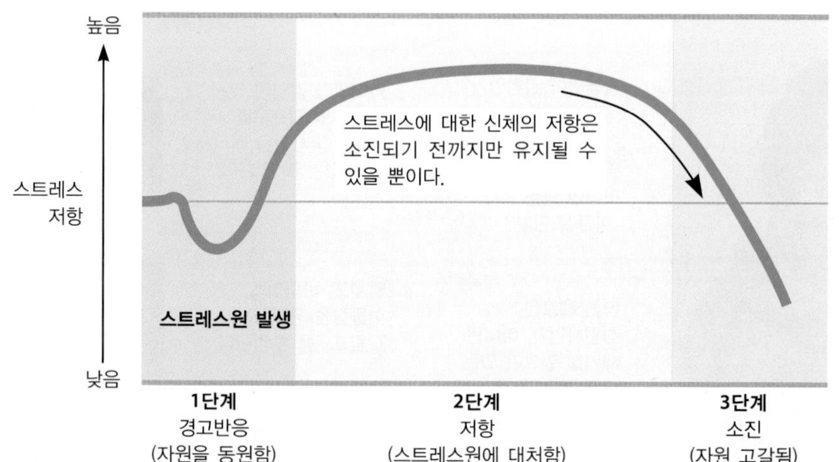

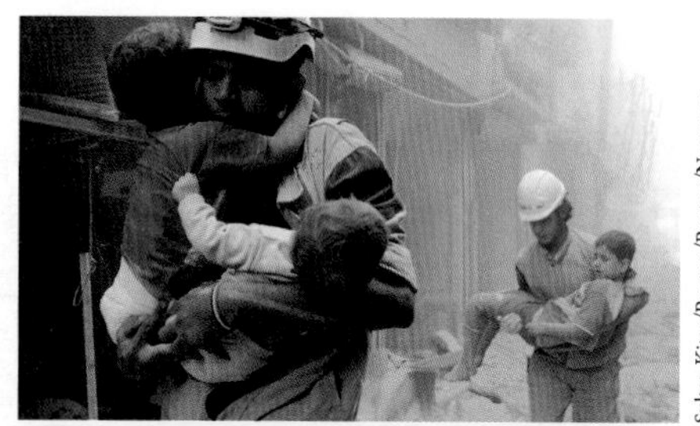
Sultan Kitaz/Reuters/Reuters/Newscom

Sebastiano Tomada/Getty Images

그림 12.17

셀리에의 일반 적응 증후군 지속되는 갈등으로 인해서 시리아의 화이트 헬멧(자원구조자)은 매번 새로운 공격이 있을 때마다 잔해 더미에서 희생자를 구출하러 달려가느라 끊임없는 '경고반응' 상태에 놓여있다. 저항능력이 고갈되면, 소진될 위험에 처하게 된다.

al., 2004). 심각한 스트레스가 사람을 늙게 만드는 것으로 보인다.

스트레스에 대처하는 다른 대안들이 있다. 하나는 사랑하는 사람의 죽음에서 공통적으로 나타나는 반응이다. 즉, 철회한다. 한 걸음 물러서서 에너지를 보존하는 것이다. 배가 침몰하는 것과 같은 극단적인 재앙에 직면하면, 어떤 사람은 공포로 마비되고 만다. 또 다른 대안은 지원을 제공하고 받는 것인데, 특히 여자들이 많이 사용한다. 이것을 **보살피고 편들어주기 반응**(tend-and-befriend response)이라고 부른다(Lim & DeSteno, 2016; Taylor, 2006; von Dawans et al., 2019).

인출 연습

RP-1 스트레스 반응 시스템 : 부정적이고 제어할 수 없는 사건에 대한 경각심을 느낄 때, __________ 신경계가 우리를 각성시킨다. 심장박동률과 호흡이 (증가한다/감소한다). 혈액은 소화기관에서 __________ 으로 이동한다. 신체는 포도당과 지방을 내놓는다. 이 모든 것은 신체로 하여금 __________ 반응을 준비하도록 만든다.

답은 부록 E를 참조

스트레스와 질병 취약성

LOQ 12-17 스트레스는 어떻게 질병에 더 취약하게 만드는가?

자원을 외부 위협에 맞서 싸우거나 도망가는 데 사용하는 것은 이득이 있다. 그렇지만 대가도 지불해야만 한다. 스트레스가 일시적일 때는 대가가 작다. 스트레스가 지속되면, 그 대가는 감염을 비롯한 정신적 안녕감과 신체건강에 대한 위협에 대처하는 저항력이 떨어지는 형태로 커질 수 있다.

스트레스 그리고 건강하거나 건강하지 않은 행동이 건강과 질병에 미치는 영향을 연구하기 위하여, 심리학자와 의사들은 심리학 지식과 의학 지식을 통합하는 행동의학이라는 학제적 분야를 만들어왔다. **건강심리학**(health psychology)은 행동의학에 심리학적 기여를 제공한다. **심리신경면역학**(psychoneuroimmunology)이라고 부르는 건강심리학의 하위분야는 심신 상호작용에 초점을 맞춘다(Kiecolt-Glaser, 2009; Kipnis, 2018). 다소 어색해 보이는 이름이지만, 천천히 발음을 해

선의의 경쟁 카라 가우처와 셜레인 플래너건은 미국 마라톤 경쟁자인 동시에 친한 친구이다. 보살피고 편들어주기가 이들이 스트레스에 대처하고 뛰어난 능력을 발휘하는 데 도움을 주었다. 2012년 런던 올림픽 마라톤 경기에서, 이들은 폭우와 신체적 고통으로 악전고투하면서 1초 차이로 결승선을 통과하였다.

Streeter Lecka/Getty Images

그림 12.18
면역반응의 개관 면역 시스템에서 작동하는 네 가지 유형의 세포는 백혈구의 B 림프구와 T 림프구 그리고 대식세포와 자연살생세포(NK 세포)이다.

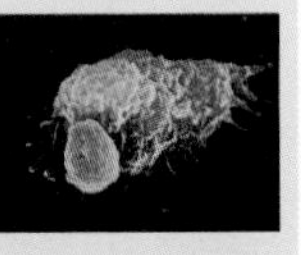

다른 해로운 침입자인가, 아니면 제거할 필요가 있는 낡은 세포인가?
바이러스나 암에 감염되어 제거할 필요가 있는 병든 세포인가?

CNRI/Science Source

암세포, 바이러스, 이물질을 공격하는 T 림프구를 투입한다.

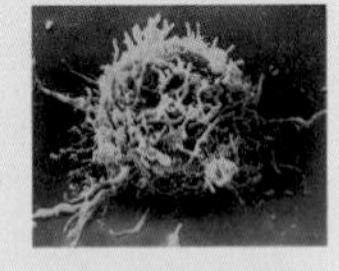

NIBSC/Science Source

해로운 침입자와 낡은 세포를 공격하는 대식세포를 투입한다 (사진은 폐결핵 박테리아를 빨아들이고 있는 대식세포).

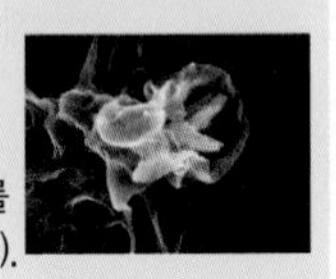

SPL/Science Source

병든 세포를 공격하는 자연살생세포(NK 세포)를 투입한다(두 NK 세포가 암세포를 공격하고 있다).

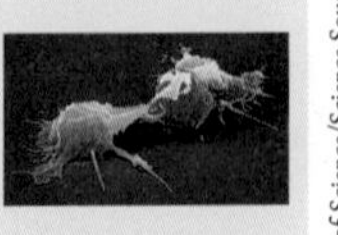

보면 그 의미를 이해할 수 있다. 여러분의 사고와 감정(심리)은 두뇌(신경)에 영향을 미치며, 두뇌는 질병과 투쟁하는 면역 시스템(면역)에 영향을 미치는 내분비 호르몬에 영향을 미친다. 그리고 이 하위분야는 그들 간의 상호작용을 연구한다(학).

스트레스로 인한 두통이 발생한 적이 있거나 분노로 혈압이 상승하는 것을 느꼈던 적이 있다면, 심리적 상태가 생리적 효과를 갖는다는 사실을 잘 알고 있을 것이다. 스트레스는 질병에 맞서 싸우지 못하게 만들 수도 있다. 신경계와 내분비계가 면역계에 영향을 미치기 때문이다(Sternberg, 2009). 면역 시스템은 복잡한 감시체계로 간주할 수 있다. 제대로 기능할 때는, 박테리아와 바이러스를 비롯한 침입자를 격리시키고 파괴함으로써 건강을 지켜준다. 침입자를 찾아서 파괴하는 임무를 수행하는 네 가지 유형의 세포들이 있다(그림 12.18).

연령, 영양 상태, 유전, 스트레스 수준 모두가 면역 시스템의 활동에 영향을 미친다. 면역 시스템이 제대로 기능하지 못할 때는 다음과 같은 두 가지 방향에서 실수를 범할 수 있다.

1. 과잉반응을 하다가 신체 조직을 잘못 공격하여 알레르기 반응이나 심상성 낭창, 다발성 경화증 등과 같은 자기파괴적 질병을 비롯하여 몇몇 형태의 관절염을 초래할 수 있다. 면역학적으로 보면, 여자가 남자보다 더 강인함에도 불구하고 자기파괴적 질병에는 더 취약하다(Nussinovitch & Schoenfeld, 2012; Schwartzman-Morris & Putterman, 2012).
2. 면역 시스템이 제대로 반응하지 못하면 박테리아 감염이 폭발적으로 증가하거나 휴지 중이던 바이러스가 활동을 개시하거나 암세포가 증식하게 될 수 있다. 면역 시스템은 이식한 장기도 이물질로 간주하기 때문에 그 장기를 보호하기 위하여 환자의 면역 시스템을 의도적으로 억압하기도 한다.

스트레스는 질병과 싸우는 림프구의 방출을 감소시킴으로써 면역력의 억제를 촉발할 수도 있다. 이 사실은 동물의 신체 구속, 피할 수 없는 전기쇼크, 소음, 과밀, 차가운 물, 사회적 좌절, 어미와의 결별 등으로 스트레스를 가했을 때 관찰되었다(Maier et al., 1994). 한 연구는 원숭이 43마리의 면역반응을 6개월에 걸쳐 모니터링하였다(Cohen et al., 1992). 절반은 안정적인 집단에 남아있었으며, 나머지 절반은 매달 서너 마리씩 새로운 룸메이트와 함께 한 방에 집어넣음으로써 스트레스를 받게 하였다. 실험이 종료될 무렵에, 사회적 혼란에 빠졌던 원숭이가 약화된 면역체계를 보였다.

인간의 면역 시스템도 유사한 반응을 보인다. 몇 가지 사례를 보자.

- **스트레스를 받는 사람은 상처가 더디게 낫는다.** 한 실험에서 치과대학생들이 피부에 작은 구멍을 뚫는 상처를 받았다. 여름방학 중에 받은 상처에 비해서, 중요한 시험 3일 전에 받은 상처가 40%나 느리게 아물었다(Kiecolt-Glaser et al., 1998). 다른 연구에서는 결혼 갈등도 치료를 느리게 만들었다(Kiecolt-Glaser et al., 2005).
- **스트레스를 받는 사람은 감기에 더 취약하다.** 중차대한 삶의 스트레스는 호흡기 감염의 위험성을 증가시킨다(Pedersen et al., 2010). 사람들의 코에 감기 바이러스를 떨어뜨렸을 때, 스트레스로 가득 찬 삶을 살고 있는 실험참가자의 47%가 감기에 걸린 반면에, 스트레스에서 비교적 자유로운 참가자의 경우에는 27%만이 감기에 걸렸다(그림 12.19). 후속 연구에서도 가장 행복하고 여유 있는 사람은 실험에서 제공한 감기 바이러스로 인해 감기에 걸릴 가능성이 현저하게 낮았다(Cohen et al., 2003, 2006; Cohen & Pressman, 2006).
- **스트레스는 질병의 진행속도를 촉진시킬 수 있다.** 이름에서 볼 수 있듯이 에이즈(AIDS, 후천성 면역 결핍증)는 HIV(인간 면역 결핍 바이러스)가 일으키는 면역 장애이다. 스트레스가 에이즈를 일으키지는 않는다. 그렇지만 전 세계 33,252명의 참가자를 분석한 결과를 보면, 스트레스와 부정적 정서가 HIV 감염으로부터 에이즈로의 전이를 빠르게 만든다. 그리고 스트레스는 에이즈 환자의 신속한 쇠퇴를 예측하였다(Chida & Vedhara, 2009). HIV에 감염된 사람이 스트레스를 많이 경험할수록, 질병이 빠르게 진행된다.

면역력에 대한 스트레스 효과는 생리학적으로 이해할 수 있다. 침입자를 색출하고, 종기를 만들며, 고열을 유지하는 데는 에너지가 필요하다. 따라서 병에 걸리게 되면, 신체가 활동을 줄

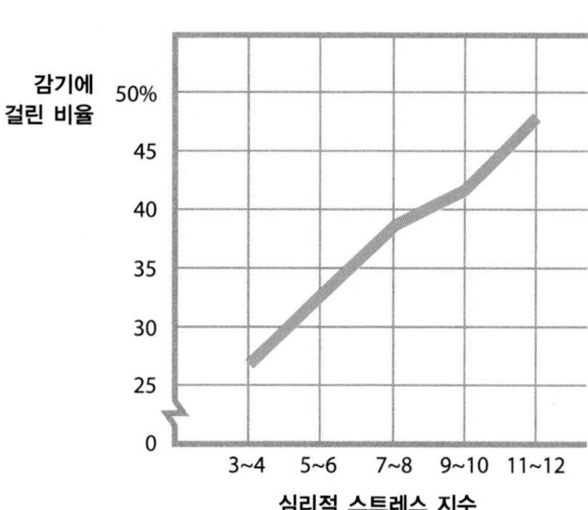

그림 12.19
스트레스와 감기 가장 높은 삶의 스트레스 지수를 나타내는 사람들이 실험실에서 감기 바이러스에 노출될 때도 매우 취약하였다(Cohen et al., 1991).

이고 더 많은 잠을 통해서 근육이 사용하는 에너지를 줄이게 된다. 스트레스는 반대로 작동한다. 투쟁에 필요한 에너지를 더 많이 요구한다. 각성된 투쟁 또는 도피 반응을 하는 동안에, 스트레스 반응은 에너지를 면역 시스템으로부터 근육과 두뇌로 돌리게 된다. 이렇게 됨으로써 질병에 취약해진다. 우울이라는 스트레스를 경험하는 사람은 빨리 늙고 사망하는 경향이 있다(McIntosh & Relton, 2018). 쌍둥이의 경우조차도 행복하지 않은 사람이 먼저 죽는 경향이 있다(Saunders et al., 2018). **명심할 사항** : 스트레스는 심기를 불편하게 만든다. 질병을 직접 초래하는 것은 아니지만, 면역 시스템의 작동을 제한시킴으로써 감염에 저항할 수 없게 만든다.

인출 연습

RP-2 ________ 분야는 마음-신체 상호작용을 연구하는데, 여기에는 면역 시스템과 전반적 건강에 대한 심리기능, 신경기능, 그리고 내분비선 기능 등의 효과가 포함된다.

RP-3 스트레스가 건강에 미치는 전반적 효과는 무엇인가?

답은 부록 E를 참조

스트레스와 암

스트레스가 암세포를 유발하지는 않는다. 그렇지만 건강하게 기능하는 면역 시스템에서는 림프구와 대식세포 그리고 NK 세포가 암세포와 암으로 손상된 세포를 찾아 파괴한다. 만일 스트레스가 면역 시스템을 약화시킨다면, 암에 맞서 싸우는 능력도 약화되지 않겠는가? 스트레스와 암 간의 연계 가능성을 알아보기 위하여 연구자들은 쥐에게 종양세포를 이식하거나 발암물질인 카시노겐을 주입하였다. 그런 다음에 피할 수 없는 쇼크와 같은 통제 불가능한 스트레스에 노출시켰는데, 이것이 면역 시스템을 약화시켰다(Sklar & Anisman, 1981). 통제집단의 쥐에 비해서 스트레스로 인해 면역력이 떨어진 쥐의 경우, 암이 더욱 빈번하게 발생하였고 종양이 신속하게 그리고 더 크게 성장하였다.

이러한 스트레스-암 연계가 인간에게도 적용되는가? 결과는 대체로 동일하다(Lutgendorf & Andersen, 2015). 몇몇 연구는 심각한 스트레스나 비탄을 경험하면 1년 이내에서 암에 걸릴 위험성이 증가한다는 결과를 보고하였다(Chida et al., 2008; Steptoe et al., 2010). 스웨덴에서 수행한 대규모 연구에서는 직장 스트레스의 개인사를 가지고 있는 사람이 그렇지 않은 사람보다 결장암에 걸릴 위험성이 5.5배나 높았다. 이 차이는 연령, 흡연, 음주, 신체적 특징 등에서의 집단차로 돌릴 수 있는 것이 아니었다(Courtney et al., 1993). 그렇지만 다른 연구들은 스트레스와 암 발병 사이에서 아무런 연계도 발견하지 못하였다(Butow et al., 2018; Petticrew et al., 1999, 2002). 예컨대, 유대인 집단수용소의 생존자와 전쟁포로이었던 사람이 높은 암 발병률을 나타내지는 않았다.

정서와 암 간의 관계를 과장하는 보고는 환자가 병에 걸린 것을 자신의 탓으로 돌리게 만들 수 있다. 이에 수반되는 위험성은 건강한 사람이 가지고 있는 '건강 자만심'인데, 이들은 '건강 체질'을 자랑하며 질병에 걸린 사람에게 죄를 뒤집어씌우는 과오를 범한다. 따라서 죽음은 궁극적인 실패가 되어버리는 것이다.

"내가 나에게 암을 제공한 것은 아니다." 뉴저지 프린스턴시 시장이었던 바버라 보그스 시그먼드

다시 한번 반복할 필요가 있겠다. 스트레스는 암세포를 만들어내지 않는다. 기껏해야 유해 세포의 증식에 대항하는 신체의 자연스러운 방어능력을 약화시킴으로써 암세포의 성장에 영향을 줄 수 있을 뿐이다(Lutgendorf et al., 2008; Nausheen et al., 2010; Sood et al., 2010). 이완하고 희

망을 갖는 상태가 이러한 방어능력을 고양할 수 있다손 치더라도, 과학을 소망적 사고와 분리하는 경계는 미약하다는 사실을 깨달아야만 한다(Anderson, 2002). 우울한 암환자의 경우에는 우울증의 치료가 삶의 질을 개선시키지만, 생존율을 높이지는 않는다(Mulick et al., 2018).

질병의 기질적 원인을 알지 못할 때는 심리학적 설명을 만들어내려는 유혹이 있다. 폐결핵균을 발견하기 전에는 폐결핵에 대한 성격적 설명이 유행하였다(Sontag, 1978).

스트레스와 심장병

LOQ 12-18 어떤 사람이 다른 사람보다 관상성 심장질환에 더 취약한 이유는 무엇인가?

매일 아침 일어나서 아침식사를 하고 뉴스를 확인하는 가상의 세상을 상상해보라. 헤드라인에는 어제 또다시 네 대의 747 점보 여객기가 추락하여 1,642명의 탑승자가 모두 사망하였다는 뉴스가 나와있다. 여러분은 아침식사를 마치고는 책가방을 집어 들고 학교로 향한다. 단지 평범한 하루일 뿐이다.

이제 여객기 추락을 북미에서 사망의 최대 원인인 **관상성 심장질환**(coronary heart disease)으로 대치해보라. 그러면 여러분은 현실로 되돌아온 것이다. 매년 630,000명가량의 미국인이 심장병으로 사망한다(CDC, 2017). 고혈압과 가족력이 관상성 심장질환의 위험을 증가시킨다. 흡연, 비만, 고지방 섭취, 운동 부족, 높은 콜레스테롤 수준 등과 같은 요인도 마찬가지이다. 전 세계적으로 여자보다 남자가 관상성 심장질환으로 더 많이 사망한다(Bots et al., 2017).

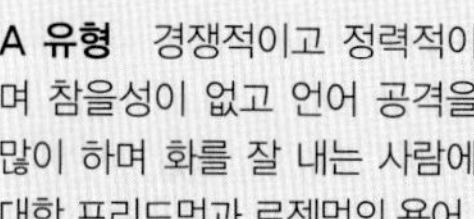

관상성 심장질환 심근에 영양을 공급하는 혈관이 막히는 질환. 많은 선진국에서 사망의 첫 번째 요인이다.

A 유형 경쟁적이고 정력적이며 참을성이 없고 언어 공격을 많이 하며 화를 잘 내는 사람에 대한 프리드먼과 로젠먼의 용어

B 유형 낙천적이고 편안한 사람에 대한 프리드먼과 로젠먼의 용어

스트레스와 성격도 심장병에서 심각한 역할을 담당한다. 심리적 외상을 많이 경험할수록 신체는 더 많은 염증을 일으키는데, 이것이 심장 문제뿐만 아니라 우울증을 포함한 건강 문제와 관련이 있다(Haapakoski et al., 2015; O'Donovan et al., 2012). 머리카락을 뽑아서 스트레스 호르몬인 코르티솔 수준을 측정해보면, 아동이 지속적인 스트레스를 경험하였는지를 확인하는 것과 성인이 장차 심장마비를 일으킬 위험이 있는지를 예측하는 데 도움을 줄 수 있다(Karlén et al., 2015; Pereg et al., 2011; Vliegenthart et al., 2016). 손톱의 코르티솔도 사람들이 과거에 노출된 스트레스를 나타낼 수 있다(Izawa et al., 2017).

성격, 비관주의, 우울의 효과 이제 고전이 되어버린 연구에서 마이어 프리드먼과 레이 로젠먼을 비롯한 동료들은 스트레스가 심장병의 위험을 증가시킨다는 생각을 검증하기 위하여, 미국의 남성 세무사 40명의 혈액 콜레스테롤 수준과 응고 수준을 연중 각기 다른 시점에서 측정하였다(Friedman & Ulmer, 1984). 1월부터 3월까지는 검사결과가 완벽하게 정상이었다. 그런데 마감일인 4월 15일 이전에 고객들의 세금 정산 작업을 완료하고자 허덕거리기 시작하자, 이들의 콜레스테롤과 응고 측정치가 위험 수준으로 치솟았다. 마감일이 지나간 5월과 6월에는 측정치가 다시 정상으로 되돌아왔다. 스트레스가 이 사람들의 심장마비 위험을 예언하였던 것이다.

그렇다면 어떤 사람들이 스트레스와 관련된 관상성 심장질환의 위험에 처해있는가? 이 물음에 답하기 위하여 35세에서 59세에 이르는 3,000명 이상의 건강한 남자를 대상으로 종단연구에 착수하였다. 모든 사람에게 일과 섭식 습관, 대화하는 방식 등 다양한 행동 패턴에 관하여 15분에 걸친 개별 면접을 실시하였다. 연구자들은 매우 반응적이고 경쟁적이며, 정력적이고 참을성이 없으며, 시간에 쫓기고 동기가 지나치게 높으며, 공격적인 언사를 사용하며 쉽게 화를 내는 것으로 보이는 사람들을 **A 유형**(Type A)이라고 불렀다. 거의 같은 수의 태평한 사람들을 **B 유형**(Type B)이라고 불렀다.

인도와 미국 모두에서 A 유형 버스 운전사는 문자 그대로 정력적이다. 태평한 B 유형 운전사보다 브레이크를 더 자주 밟고, 마구 달리며, 경적을 더 많이 눌러댄다(Evans et al., 1987).

9년이 지난 후에 257명이 심장병을 앓았는데, 69%가 A 유형이었다. 게다가 집단에서 가장 원만하고 느긋한 사람들인 '진정한' B 유형은 단 한 명도 심장병에 걸리지 않았다.

Isabella Bannerman via CartoonStock–www.cartoonstock.com/cartoonview.asp?catref=ibn0107

과학에서 흔히 그렇듯이, 이렇게 흥미진진한 발견은 일반 대중의 엄청난 관심을 불러일으켰다. 그렇지만 이 결과가 결정적이며 혁명적인 것처럼 보였던 밀월의 시기가 지난 후에, 연구자들은 더 많은 것을 알아내고자 하였다. 이 결과는 신뢰할 만한 것인가? 만일 그렇다면, A 유형의 특징에서 해로운 성분은 어떤 것인가? 시간에 쫓기는 것인가, 경쟁성인가, 분노인가?

수백 편의 연구가 심혈관 건강의 심리적 상관체나 예측 요인을 탐구해왔다(Chida & Hamer, 2008; Chida & Steptoe, 2009). 이 연구들은 A 유형 유해성의 핵심이 부정적 정서, 특히 공격적으로 반응하는 기질과 연합된 분노라는 사실을 밝혀왔다. 다투거나 도전에 직면하면 교감신경계가 적극적으로 혈액을 내장기관에서 빼내 근육으로 보낸다. 그 내장기관의 하나인 간이 혈액으로부터 콜레스테롤과 지방을 제거하는 정상적인 기능을 수행할 수 없게 된다. 따라서 과도한 콜레스테롤과 지방이 혈액에 남아있다가 나중에 심장 주변에 쌓이게 된다. 적개심도 흡연, 음주, 비만 등과 같은 다른 위험 요인과 상관이 있다(Bunde & Suls, 2006). 마음과 심장은 상호작용하고 있는 것이다.

청장년층을 대상으로 수행한 수많은 연구는 사소한 일에 화를 내면서 반응하는 사람이 관상성 심장질환에 가장 취약하다는 사실을 확증해왔다. 서구 문화에서 부정적 정서를 억압하는 것은 우울, 사회적 관계의 문제점, 건강 위험성을 배가시킨다(Cameron & Overall, 2018; Kitayama et al., 2015). 분노는 "심장 근육을 몰아치고 두들겨 패는 것처럼 보인다"(Spielberger & London, 1982).

"즐거운 마음은 좋은 약이 되지만, 낙심한 영혼은 뼈를 갉아먹는다." 잠언 17장 22절

비관주의도 마찬가지로 해로운 것으로 보인다(Pänkäläinen et al., 2016). 한 종단연구는 10년 전에 낙관주의자이거나 비관주의자 또는 중성적 입장을 취하면서 건강하였던 1,306명을 추적하였다(Kubzansky et al., 2001). 흡연과 같은 다른 위험 요인의 효과를 제거한 후에도, 비관론자는 낙관론자보다 심장병을 일으킬 가능성이 두 배 이상 높았다(그림 12.20). 행복하고 항상 만족하는 사람이 건강하며, 행복하지 않은 또래보다 장수하는 경향이 있다(Diener et al., 2017; Gana et al., 2016; Martín-María et al., 2017). 함박웃음을 짓는 사람이 넓은 사회적 연결망을 가지고 있는 경향이 있는데, 이것이 장수를 예측한다(Hertenstein, 2009). 행복한 배우자를 가지고 있는 것도 우수한 건강을 예측한다. 당신이 행복해야 내가 건강한 것이다(Chopik & O'Brien, 2017).

앞에서 지적한 바와 같이, 우울한 사람은 빨리 늙고 빨리 죽는 경향이 있다(Han et al., 2018). 한 연구에서는 52~79세에 해당하는 거의 4,000명에 달하는 영국 성인이 어느 하루의 기분을 보고하였다. 기분이 좋았던 사람에 비해서 우울한 기분이었던 사람이 5년 후에 사망하였을 가능성이 두 배나 높았다(Steptoe & Wardle, 2011). 164,102명의 미국 성인을 대상으로 수행한 조사에서 보면, 심장마비를 경험하였던 사람은 삶의 어느 시점에선가 우울하였다고 보고할 가능성이 두 배나 높았다(Witters & Wood, 2015). 그리고 심장마비를 겪은 후 몇 년 동안, 우울증 점수가 높은 사람은 낮은 사람에 비해 또 다른 심장 문제를 일으킬 가능성이 네 배나

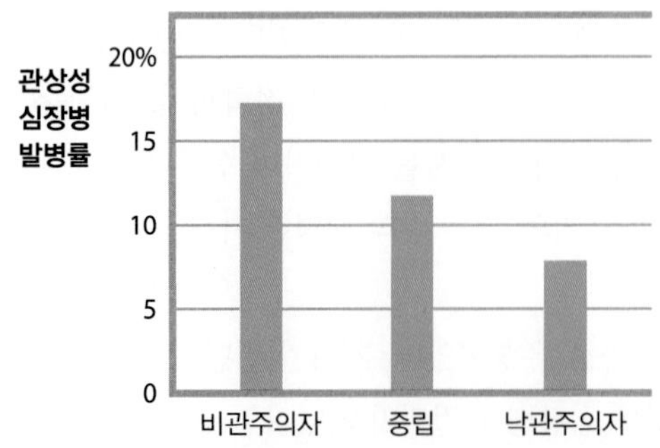

그림 12.20
낙관성과 심장병 하버드대학교 보건대학 연구팀은 비관적인 남자가 10년에 걸쳐 심장병을 일으킬 위험성이 배가된다는 사실을 밝혔다(Kubzansky et al., 2001의 데이터).

높았다(Frasure-Smith & Lesperance, 2005). 우울이 심장을 망치고 있는 것이다.

Jason LaVeris/Getty Images

상심? 2016년 캐리 피셔(오른쪽)의 갑작스러운 죽음은 팬들을 경악하게 만들었다. 그녀는 스타워즈 시리즈에서의 연기로 매우 유명하였다. 팬들은 사랑하는 딸(캐리 피셔)이 사망한 다음 날 배우이자 가수인 데비 레이놀즈(왼쪽)도 사망하였을 때 또다시 경악하였다. 팬들은 비탄과 관련된 우울과 스트레스 호르몬이 레이놀즈의 뇌졸중을 일으켰을지도 모르겠다고 생각하였다(Carey, 2016).

자문자답하기

여러분은 자신이 A 유형, B 유형, 아니면 그 중간 어디엔가 해당한다고 생각하는가? 그 성격이 어떤 면에서 도움이 되었으며, 어떤 면에서 도전거리였는가?

스트레스와 염증 우울한 사람은 흡연을 많이 하고 운동을 적게 하는 경향이 있다(Whooley et al., 2008). 스트레스 자체도 사람을 의기소침하게 만든다. 직장 스트레스, 강제 실직, 외상과 관련된 스트레스 징후 등은 심장병 위험을 증가시킨다(Allesøe et al., 2010; Gallo et al., 2006; Kubzansky et al., 2009; Slopen et al., 2010).

만성적인 스트레스가 혈관 염증을 촉발하게 되면, 신체의 면역체계를 와해시킴으로써 심장병과 우울증을 모두 초래할 수 있다(Miller & Blackwell, 2006; Mommersteeg et al., 2016). 형편없는 가정에서 성장하는 아동을 포함하여 사회적 위협을 경험하는 사람은 면역체계의 염증반응을 일으킬 가능성이 더 높다(Dickerson et al., 2009; Miller & Chen, 2010). 낮은 사회적 지위라는 스트레스를 경험하는 원숭이도 마찬가지다(Snyder-Mackler et al., 2016). 염증은 감염과 맞서 싸우는 것이다. 그렇지만 지속적인 염증은 천식이나 동맥 경화와 같은 문제를 초래하고 우울을 더욱 악화시킬 수 있다(Enache et al., 2019; Sforzini et al., 2019).

스트레스는 많은 방식으로 건강에 영향을 미친다(비판적으로 생각하기 : 스트레스와 건강을 참조하라). 스트레스-질병 연계는 스트레스가 제공하는 이점에 따라 지불해야 하는 대가로 간주할 수 있다. 스트레스는 사람들을 각성시키고 동기를 부여함으로써 삶에 활력을 불어넣는다. 스트레스가 없는 삶은 결코 도전적이거나 생산적일 수 없다.

* * *

스트레스와 건강에 관한 연구는 심리 상태가 곧 생리 시스템의 다른 부분에 영향을 미치는 생리적 사건임을 깨닫게 해준다. 잠시 멈추고 오렌지를 한 입 깨물어 먹는 장면을 생각해보라. 혀 사이로 흐르고 있는 달콤하고 톡 쏘는 과즙을 상상하는 것은 침 분비를 촉발할 수 있다. 고대 인도의 대서사시 마하바라타가 설파하는 바와 같이, "심리장애는 신체 원인에서 초래되며, 마찬가지로 신체 질병은 심리적 원인에서 초래된다." 두뇌와 건강 간에는 상호작용이 있다. 사람은 생물심리사회적 존재인 것이다.

인출 연습

RP-4 A 유형 성격의 어느 요소가 관상성 심장병과 가장 밀접하게 관련되어 있는가?

답은 부록 E를 참조

비판적으로 생각하기

스트레스와 건강

LOQ 12-19 스트레스가 질병을 야기하는가?

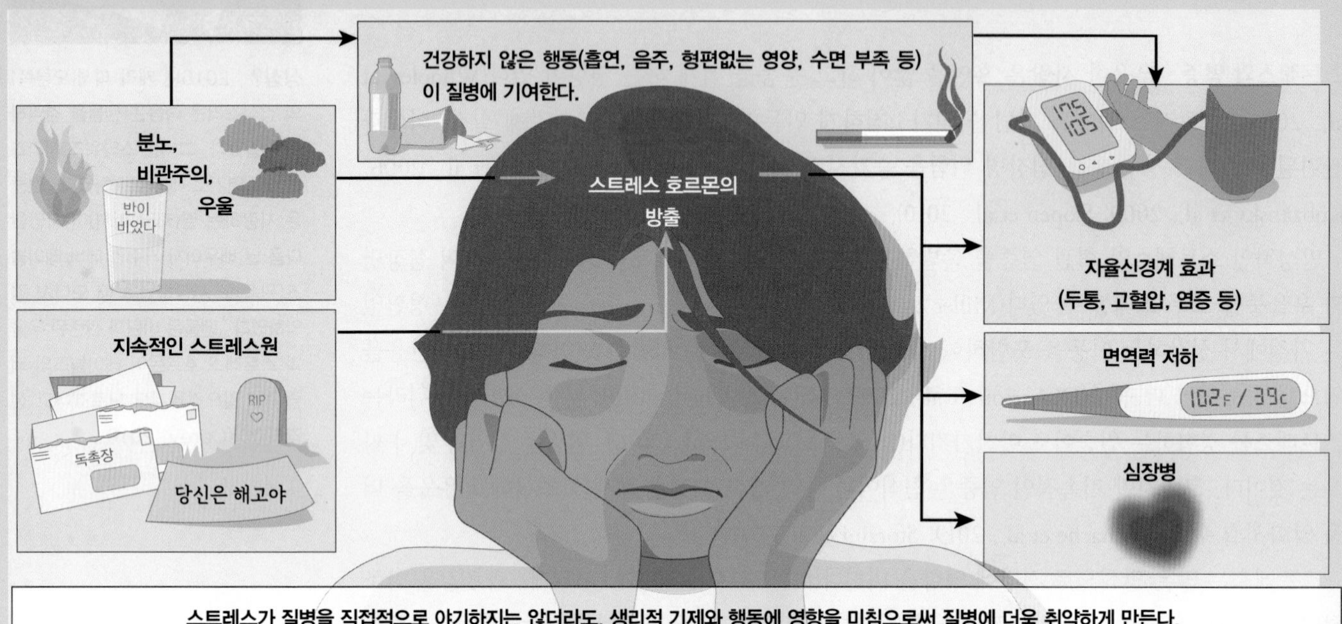

개관 스트레스와 질병

학습목표

자기검증 개념 파악을 증진시키도록 (부록 D의 답을 확인해보기에 앞서) 여러분 자신의 표현으로 여기서 반복하는 학습목표 물음에 답해보라 (McDaniel et al., 2009, 2015).

LOQ 12-15 사건의 판단은 스트레스 반응에 어떤 영향을 미치는가? 세 가지 핵심 유형의 스트레스원은 무엇인가?

LOQ 12-16 사람들은 스트레스에 어떻게 반응하고 적응하는가?

LOQ 12-17 스트레스는 어떻게 질병에 더 취약하게 만드는가?

LOQ 12-18 어떤 사람이 다른 사람보다 관상성 심장질환에 더 취약한 이유는 무엇인가?

LOQ 12-19 스트레스가 질병을 야기하는가?

기억해야 할 용어와 개념들

자기검증 여러분 자신의 표현으로 정의를 적어본 후에 답을 확인해보라.

건강심리학	스트레스	A 유형
관상성 심장질환	심리신경면역학	B 유형
보살피고 편들어주기 반응	일반 적응 증후군	
	접근과 회피 동기	

학습내용 숙달하기

자기검증 여러분 자신의 표현으로 다음 물음에 답한 후에 부록 E에서 답을 확인해보라.

1. 지진이 일어난 다음 달에는 일반적으로 단기적 질병과 스트레스 관련 심리장애의 빈도가 높아진다. 다음 중 이러한 결과가 시사하는 것은 무엇인가?

a. 일상적 다툼이 건강에 해로운 결과를 초래한다.

b. 스트레스가 심한 사건의 경험은 질병에 취약하게 만든다.

c. 한 개인이 느끼는 스트레스의 양은 경험한 스트레스원 숫자의 함수이다.

d. 사소하게 나쁜 사건은 스트레스를 초래하지 않지만, 큰 사건은 해롭다.

2. 다음 중 세 가지 대표적인 유형의 스트레스원이 아닌 것은 무엇인가?

a. 재앙적 사건 b. 중요한 삶의 변화

c. 일상적 다툼 d. 풍문으로 들은 위협적 사건

3. 셀리에의 일반 적응 증후군(GAS)에 따르면, 경고반응 후에 ________이 뒤따르고, 다시 ________이 뒤따르게 된다.

4. 스트레스에 직면할 때 여자가 남자보다 ________반응과 ________반응을 할 가능성이 더 높다.

5. 스트레스는 일반적으로 박테리아, 바이러스, 암세포를 비롯한 이물질을 공격하는 세포인 림프구를 감소시킴으로써 ________를 억압할 수 있다.

6. 연구결과를 보면 우울, 무기력, 사별 등을 경험한 후 암 발생의 위험이 증가한다. 다음 중 이러한 연계를 설명하기 위하여 연구자들이 일차적으로 지적하는 것은 무엇인가?

a. 누적된 스트레스가 암을 유발한다.

b. 분노는 암과 밀접하게 연계된 부정 정서이다.

c. 스트레스가 암세포를 만들지는 않지만, 신체의 방어능력을 약화시킨다.

d. 생존 가능성에 관한 낙관적 정서는 암환자가 회복될 것을 보증한다.

7. '적을 섬멸하려고 놓은 불이 나를 먼저 태워버린다'는 중국 속담이 있다. 이 속담은 A 유형 성격을 가진 사람들에게 어떻게 적용되는가?

건강과 대처법

건강 증진은 질병을 예방하고 건강을 고양시키는 전략을 사용하는 것으로부터 출발한다. 전통적으로 사람들은 무엇인가 잘못되었을 때에라야 자신의 건강을 생각하고는 의사를 찾는다. 건강심리학자는 이것이 마치 자동차 관리를 소홀히 하다가 망가진 후에야 정비업소를 찾아가는 것과 같다고 말한다. 건강 유지에는 스트레스를 낮추고 질병을 예방하며, 안녕감을 증진시키는 것이 포함된다.

스트레스 대처법

LOQ 12-20 사람들은 어떤 두 가지 방식으로 스트레스를 완화하고자 시도하는가?

스트레스원은 피할 수 없다. 이 사실은 지속적인 스트레스가 심장병, 우울, 면역력 등의 저하와 상관되어 있다는 사실과 함께, 명확한 메시지를 전달하고 있다. 삶의 스트레스에 **대처**(cope)하는 방법을 배워 정서적, 인지적, 행동적 방법을 통해서 스트레스를 경감시킬 필요가 있다는 것이다. 어떤 스트레스원은 **문제중심 대처법**(problem-focused coping)으로 직접적으로 다룬다. 조급성이 가족 간의 갈등을 초래한다면 가족들이 만나서 직접적으로 문제를 해결할 수 있다. 상황을 통제할 수 있다고 느끼며 그 상황을 변화시킬 수 있거나 아니면 적어도 자신을 변화시켜 보다 효과적으로 상황에 대처할 수 있다고 생각할 때, 문제중심 전략을 사용하는 경향이 있다. 상황을 변화시킬 수 없다고 믿고 있을 때는 **정서중심 대처법**(emotion-focused coping)을 찾는다. 아무리 애를 써도 가족들과 화해할 수 없다면, 친구에게 털어놓고 도움을 요청함으로써 스트레스에서 벗어나고자 할 수 있다. 몇몇 정서중심 전략은 건강에 좋지 않은 음식을 먹는 것으로 반응할 때처럼, 건

대처법 정서적, 인지적, 또는 행동적 방법을 사용하여 스트레스를 완화하는 것

문제중심 대처법 스트레스원을 변화시키거나 스트레스원과 상호작용하는 방법을 변화시킴으로써 직접적으로 스트레스를 경감하려는 시도

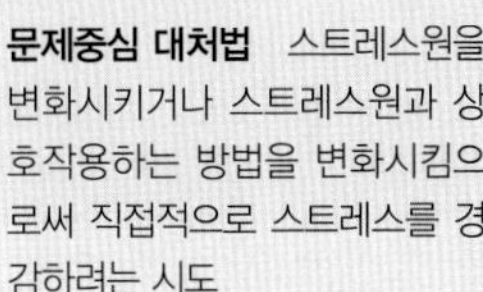

정서중심 대처법 스트레스원을 피하거나 무시하고 스트레스 반응과 관련된 정서적 욕구에 주의를 기울임으로써 스트레스를 경감하려는 시도

개인적 통제 무력하다고 느끼기보다는 환경을 통제하고 있다는 느낌

학습된 무기력 동물이나 사람이 반복적인 혐오 사건을 피할 수 없을 때 무력해지고 수동적으로 되는 것

강을 해칠 수도 있다. 도전거리에 직면할 때, 어떤 사람은 냉철하게 문제중심적으로 대처하며, 다른 사람은 정서중심적으로 대처하는 경향이 있다(Connor-Smith & Flachsbart, 2007). 개인적 통제감, 설명양식, 유머감각, 지지적 연계 등은 모두 성공적으로 대처하는 능력에 영향을 미친다.

통제감 결여의 지각

LOQ 12-21 통제할 수 없다는 지각은 건강에 어떤 영향을 미치는가?

다음 장면을 머리에 그려보자. 두 마리의 쥐가 동시에 쇼크를 받는다. 한 마리만이 바퀴를 돌려 쇼크를 중지시킬 수 있다. 바퀴를 돌릴 수 없는 무력한 쥐는 위궤양에 걸릴 가능성이 크며 질병에 대한 면역력도 떨어지게 된다(Laudenslager & Reite, 1984). 사람의 경우에도 통제 불가능한 위협이 가장 강력한 스트레스 반응을 촉발한다(Dickerson & Kemeny, 2004).

사람들은 때때로 **개인적 통제**(personal control)를 넘어서는 일련의 불행한 사건을 경험한 후에, 무기력하고 희망이 없으며 우울하다고 느낀다. 마틴 셀리그먼과 그의 동료들은 동물과 인간 모두에게 있어서 통제할 수 없는 일련의 사건은 수동적인 체념과 함께 **학습된 무기력**(learned helplessness) 상태를 만들어낸다는 사실을 보여주었다(그림 12.21). 일련의 실험에서 개를 움직이지 못하도록 마구를 채운 다음에 피할 수 없는 쇼크를 반복적으로 가하였다(Seligman & Maier, 1967). 나중에 허들만 뛰어넘으면 처벌을 피할 수 있는 또 다른 상황에 처했을 때, 개는 희망이 없다는 듯 웅크리고만 있었다. 첫 번째 쇼크를 피할 수 있었던 다른 개는 상이하게 반응하였다. 쇼크를 통제할 수 있다는 사실을 학습하였으며 새로운 상황에서 쇼크를 쉽게 피하였다(Seligman & Maier, 1967). 사람들도 유사한 패턴의 학습된 무기력을 나타냈다(Abramson et al., 1978, 1989; Seligman, 1975).

통제감의 상실을 지각하게 되면, 건강을 해칠 가능성이 증가한다. 이것은 노인에게 특히 심각한 문제이다. 노인은 건강 문제에 매우 취약하며 통제력을 거의 다 상실하였다고 지각한다(Drewelies et al., 2017). 양로원에 거주하는 노인을 대상으로 수행한 유명한 연구에서 보면, 자신의 활동에 대한 통제감을 거의 지각하지 못하는 노인은 자신의 활동을 통제할 수 있는 노인보다 빨리 늙고 사망하는 경향이 있다(Rodin, 1986). 사무실 가구배치를 조정할 수 있으며 작업 방해를 통제할 수 있는 등 자신의 작업 환경을 통제할 수 있는 작업자도 스트레스를 덜 경험한다(O'Neill, 1993). 이 사실은 영국 고위 공무원이 서기나 잡역부 수준의 사람보다 오래 사는 이유 그리고 직무 스트레스가 낮은 핀란드 사람이 부담스러운 직무를 스스로 통제할 수 없는 사람보다 심장질환으로 죽을 가능성이 절반에도 못 미치는 이유를 설명해준다. 작업자는 스스로 통제를 많이 할 수 있을수록 더 오래 산다(Bosma et al., 1997, 1998; Kivimaki et al., 2002; Marmot et al., 1997).

가난은 삶의 통제감 상실을 수반하는데, 이 사실은 경제적 지위와 장수 간의 관계를 설명하는 데 도움을 준다(Jokela et al., 2009). 스코틀랜드 글래스고에 있는 한 오래된 공동묘지에서 843개의 비석을 조사한 연구에서 보면, 부유함을 나타내는 지표라고 할 수 있는 값비싸고 큰 비석

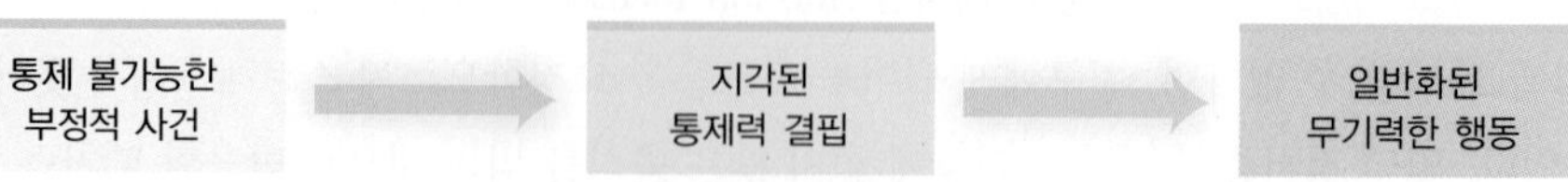

그림 12.21
학습된 무기력 동물과 사람이 반복적인 나쁜 사건에 대한 통제를 경험하지 못할 때, 무력감을 학습한다.

을 세워놓은 무덤일수록 더 오래 살았던 경향이 있었다(Carroll et al., 1994). 마찬가지로 일반적으로 부유하고 좋은 교육을 받았던 미국의 대통령들도 평균 이상의 장수를 누렸다(Olshansky, 2011). 모든 문화에 걸쳐 높은 경제적 지위는 심장질환과 호흡기 질환의 낮은 위험도를 예측한다(Sapolsky, 2005). 부유한 부모도 건강하고 혜택받은 자녀를 두는 경향이 있다(Savelieva et al., 2016). 경제적 지위가 높을수록 저체중 출산, 유아 사망, 흡연, 폭력 등의 위험률이 낮다. 다른 영장류에 있어서도 사회적 지위가 낮을수록 감기와 같은 바이러스에 노출되었을 때 질병에 걸릴 위험성이 크다(Cohen et al., 1997).

쥐가 쇼크를 통제할 수 없거나 사람을 비롯한 영장류가 환경을 통제할 수 없다고 느끼면, 스트레스 호르몬 수준이 높아지고, 혈압이 증가하며, 면역반응이 떨어지게 된다(Rodin, 1986; Sapolsky, 2005). 우리에 갇힌 동물이 야생의 동물보다 스트레스를 더 많이 경험하며 질병에 걸릴 위험성도 높다(Roberts, 1988). 인간 연구도 통제력을 상실할 때 스트레스가 증가한다는 사실을 확증하고 있다. 간호사의 작업 부하량이 클수록 코르티솔 수준과 혈압이 높았는데, 환경을 통제할 수 없다고 보고한 간호사에게서만 그러하였다(Fox et al., 1993). 인구밀도가 높은 동네, 감옥, 대학 기숙사 등의 과밀은 통제감 상실의 또 다른 원천이 되며, 스트레스 호르몬 수준과 혈압을 높이게 된다(Fleming et al., 1987; Ostfeld et al., 1987).

재소자에게 의자를 옮기고 실내조명과 텔레비전 시청을 통제할 수 있게 허용해주는 것, 근로자가 의사결정에 참여할 수 있게 해주는 것, 작업공간을 개인적인 것으로 허용해주는 것 등에 이르기까지, 통제의 증가는 건강과 사기를 현저하게 증가시켰다(Humphrey et al., 2007; Ng et al., 2012; Ruback et al., 1986). 양로원 주거자의 경우에, 환경을 통제하도록 권장하였던 노인의 93%가 더욱 생기 있고 활동적이며 행복해졌다(Rodin, 1986). 엘런 랭어가 결론 내리고 있듯이, '지각된 통제감은 인간 기능성의 기본'이다(1983, 291쪽). 그녀는 '노소를 막론하고' 환경이 통제감을 증진시켜야 한다고 제안하였다. 내용의 통제와 즐거움의 타이밍을 증진시키는 모바일 기기와 온라인 스트리밍이 그토록 유행하는 것도 이상한 일이 아니다.

구글은 이러한 원리를 효과적으로 활용하고 있다. 구글 직원은 매주 근무시간의 20%를 개인적으로 관심을 끄는 프로젝트에 할애할 수 있다. 이러한 혁신적인 타임오프 프로그램은 작업 환경에 대한 직원들의 개인적 통제감을 증가시키고, 회사에 기여하였다. 'Gmail'은 이렇게 해서 개발된 것이다.

사람들은 개인적 자유와 권한이 주어지는 조건에서 살아갈 때 번창한다. 국가 수준에서 보면, 안정된 민주국가의 국민이 더 높은 수준의 행복을 보고한다(Inglehart et al., 2008). 자유와 개인적 통제감은 인간의 번성을 조장한다. 그렇다면 끊임없이 증가하는 선택은 더 행복한 삶을 잉태하는가? 오늘날의 서구 문화는 '과도한 자유', 즉 너무나 많은 선택을 제공하고 있다. 그 결과로 삶의 만족도가 감소하고, 우울이 증가하며, 심지어는 행동 마비증세가 나타날 수 있다(Schwartz, 2000, 2004). 한 연구에서 보면, 30가지 상표의 잼이나 초콜릿 중에서 하나를 선택하도록 제안받은 사람은 6가지 중에서만 선택한 사람들보다 자신의 선택에 덜 만족하였다(Iyengar & Lepper, 2000). 이러한 선택의 독재는 정보 과부하 그리고 선택하지 않고 남겨놓을 수밖에 없는 것들에 대해서 후회할 가능성을 초래한다. 여러분도 너무

통제력 상실 2018년에 미국의 새로운 이민정책은 남쪽 국경에서 수많은 아동을 부모로부터 떨어지게 만들었다. 부모와 헤어져 집단보호소에 격리된 아동들은 자신의 운명에 대한 제어감을 상실하였다. 심리학 연구는 그토록 극단적인 스트레스는 아동들을 미래의 신체적 문제와 심리적 문제 모두에 취약하게 만든다는 사실을 시사한다.

Adrees Latif/Reuters/Newscom

Joshua Matagi

비극을 통제하기 형제인 파투 마타기(왼쪽)와 사모아나 '샘' 마타기(오른쪽)는 파투의 한쪽 팔과 샘의 양팔을 절단해버린 사고를 당하였다. 이들은 팔이 절단된 사람으로 살아가는 방법을 학습함으로써 통제력을 획득하였으며, 이러한 학습은 형제를 행복하고 사회적으로 연계할 수 있게 해주었다. 사지를 잃은 사람에게 이 닦는 법이나 심지어는 농구 경기를 하는 방법까지 가르치는 유튜브를 운영하고 있는 샘은 "팔 절단 환자가 되는 것은 다시 태어나는 것과 같습니다. 모든 것을 다시 배워야 하지요. 저는 처음의 무력감과 절망감을 기억합니다. 누군가를 돕는 것은 저의 영혼에도 좋습니다."라고 말하였다.

나 많은 선택지를 두고 골머리를 썩이느라 시간을 낭비하고 있지는 않는가?

내적 통제 소재 대 외적 통제 소재 여러분 자신의 통제감 지각을 생각해보라. 삶이 여러분의 제어를 벗어나 있다고 믿고 있는가? 좋은 직장을 구하는 것이 전적으로 요행에 달려있다고 생각하는가? 아니면 자신의 운명을 통제하고 있다고 강하게 믿고 있는가? 성공 여부는 노력의 문제라고 생각하는가?

수많은 연구가 통제감 지각에서 차이를 보이는 사람들을 비교해왔다. 한쪽에는 심리학자 줄리언 로터가 **외적 통제 소재**(external locus of control)라고 부른 특성, 즉 우연 또는 외부의 힘이 자신의 운명을 결정한다고 지각하는 특성을 가지고 있는 사람이 있다. 미사일 공격에 노출되었던 1,200명 이상의 이스라엘 사람을 대상으로 수행한 연구에서 보면, 외적 통제 소재의 특징을 보이는 사람이 가장 심각한 외상 후 스트레스 징후를 경험하였다(Hoffman et al., 2016). 다른 한쪽에는 **내적 통제 소재**(internal locus of control)를 지각하고 상당한 정도로 자신의 운명을 스스로 결정할 수 있다고 믿는 사람들이 있다. 많은 연구는 일관성 있게 내적 통제자가 외적 통제자보다 학교에서 더 높은 성취를 보이며, 더 독자적으로 행동하며, 더 좋은 건강을 즐기며, 덜 우울하게 느낀다는 결과를 내놓는다(Lefcourt, 1982; Ng et al., 2006). 7,500여 명을 장기 추적한 종단연구에서 보면, 10세에 내적 통제 소재를 더 많이 나타낸 사람이 30세에 비만과 고혈압 그리고 괴로움을 덜 나타냈다(Gale et al., 2008). 군대와 기업의 지도자는 뛰어난 통제감 덕분에 지도자가 아닌 사람에 비해서 평균 이하의 스트레스 호르몬 수준을 나타내고, 낮은 불안을 보고한다(Sherman et al., 2012).

오늘날 미국의 젊은이는 부모 세대에 비해서 외적 통제 소재를 더 많이 나타내고 있다(Twenge et al., 2004). 이러한 변화는 젊은이의 우울증을 비롯한 여러 심리장애의 빈도가 증가하는 것을 설명하는 데 도움을 준다(Twenge et al., 2010b).

사람들이 삶을 통제하고 있다고 믿는다는 사실을 다르게 표현한 것이 자유의지를 가지고 있다고 말하는 것이다. 연구들은 자유의지를 믿거나 의지력을 통제할 수 있다고 믿는 사람이 더 잘 학습하고, 직장에서 업무를 더 잘 수행하며, 더 협조적이며, 규칙 위반자를 처벌하려는 더 강한 욕구를 가지고 있다는 사실을 보여준다(Job et al., 2010; Li et al., 2018; Stillman et al., 2010). 다양한 문화에 걸쳐서, 자유의지를 신봉하는 사람이 더 큰 직업 만족도도 경험한다(Feldman et al., 2018). 자유의지라는 신념이 의지력 또는 자기통제를 고취하는 것이다.

자문자답하기

여러분은 삶을 얼마나 통제하고 있는가? 어떤 변화가 여러분의 통제감을 증가시키도록 만들겠는가?

인출 연습

RP-1 스트레스에 대처할 때, 환경을 통제할 수 있다고 느낄 때는 (정서/문제)중심 전략을 사용하며, 상황을 변화시킬 수 없다고 생각할 때는 (정서/문제)중심 전략을 사용한다.

답은 부록 E를 참조

외적 통제 소재 우연이나 자신의 개인적 통제를 벗어난 외부 힘이 자신의 운명을 결정한다는 지각

내적 통제 소재 스스로 자신의 운명을 통제한다는 지각

자기통제 충동을 통제하고 보다 큰 장기적 보상을 위하여 단기적 욕구를 지연하는 능력

자기통제감의 구축

LOQ 12-22 자기통제가 중요한 까닭은 무엇인가? 자기통제가 고갈될 수 있는가?

자신의 삶을 개인적으로 통제하고 있다는 느낌을 가지고 있을 때, **자기통제**(self-control), 즉 충

동을 통제하고 장기적 보상을 위하여 단기적 만족을 지연시킬 수 있는 능력을 발달시킬 가능성이 높다. 자기통제는 좋은 건강, 높은 수입, 우수한 학업수행 등을 예측한다(Bub et al., 2016; Keller et al., 2016; Moffitt et al., 2011). 미국, 아시아, 뉴질랜드 아동을 대상으로 수행한 연구에서 보면, 학업과 삶에서의 성공을 예측하는 데 있어서 자기통제가 지능검사 점수를 압도하였다(Duckworth & Seligman, 2005, 2017; Poulton et al., 2015; Wu et al., 2016).

자기통제를 강화하는 것이 스트레스에 효과적으로 대처하는 핵심이다. 그렇게 하는 데는 근육을 키우는 것과 마찬가지로 주의력과 에너지가 필요하다. 나쁜 습관을 형성하기는 쉽지만, 그 습관을 깨뜨리기는 매우 힘들다. 사람들은 원치 않는 충동을 극복하려는 반복적인 연습을 통해서 분노, 불성실, 흡연, 충동구매 등을 스스로 관리하는 능력을 증가시켰다(Beames et al., 2017; Wang et al., 2017a).

자기통제는 근육과 마찬가지로, 사용한 후에는 약화되고 휴식을 취하면 원기를 회복하며, 훈련을 통해 강해지는 경향이 있다(Baumeister & Vohs, 2016). 의지력을 사용하면 일시적으로 다른 과제에서 자기통제를 하는 데 필요한 심적 에너지가 고갈되는가?(Garrison et al., 2019). 한 가지 유명한 실험에서 보면, 배고픈 사람이 초콜릿 쿠키를 먹고 싶은 유혹에 저항하느라 의지력을 사용하고 나면 나중에 주어지는 지겨운 과제를 더 빨리 포기하게 된다(Baumeister et al., 1998a). 몇몇 연구자는 이러한 '고갈 효과'의 신뢰도에 의문을 제기하고 있지만(Hagger et al., 2016), 자기통제 연구는 다음과 같은 상당한 교훈을 제공하고 있다. 즉, 더 건강하고 행복하며 성공적인 삶을 원한다면 자기도야에 매진하라는 것이다(Baumeister et al., 2018; Tuk et al., 2015). 지금 사소한 즐거움을 참는 것은 더 큰 미래의 보상으로 이끌어갈 수 있다. 그리고 오늘의 어려움을 견디어내는 것은 내일의 도전거리에 도전할 수 있는 내적 힘을 구축해준다.

LatitudeStock-Brian Fairbrother/Getty Images

극단적인 자기통제 자기통제 능력은 연습을 통해서 증가하며, 어떤 사람을 특히 많은 연습을 해왔다. 스코틀랜드 에든버러의 로열 마일 거리에서 공연하고 있는 사람처럼, 수많은 행위예술가들은 살아있는 동상으로서 생계를 꾸려가고 있다.

설명양식 : 낙관성과 비관성

LOQ 12-23 낙관적 조망은 건강과 장수에 어떤 영향을 미치는가?

심리학자 소냐 류보미르스키(2008)는 자신의 저서 **행복도 연습이 필요하다**에서 랜디에 관한 실제 이야기를 들려주고 있다. 랜디는 정말로 힘든 삶을 살았다. 그의 아버지와 절친은 자살하였다. 성장할 때는 어머니의 남자 친구가 그를 학대하였다. 첫 번째 아내는 바람을 피웠으며 이혼하였다. 그러한 곤경에도 불구하고, 랜디는 존재 자체가 빛을 발할 만큼 행복한 사람이다. 재혼하여 세 아들의 양부 역할을 즐기고 있다. 직장생활도 충분한 보상을 주고 있다. 랜디는 '구름 뒤편의 밝은 햇살'을 보면서 삶의 스트레스를 극복하였다고 말한다.

랜디 이야기는 조망, 즉 세상으로부터 기대하는 것이 스트레스 대처에 어떤 영향을 미치는지를 예시해준다. 비관주의자는 매사가 잘못될 것이라고 예상한다(Aspinwall & Tedeschi, 2010). 형편없는 성과를 기본적으로 능력 부족("나는 이렇게밖에 할 수 없다.")이나 자신의 제어를 넘어서는 상황("이것에 대해서 내가 할 수 있는 것은 아무것도 없다.") 탓으로 돌린다. 랜디와 같은 낙관주의자는 더 많은 통제감, 대처능력, 더 우수한 건강을 기대하며, 정반대로 행동한다(Aspinwall & Tedeschi, 2010; Boehm & Kubzansky, 2012; Hernandez et al., 2015). 한 학기가 끝나는 마지막 한 달 동안에 낙관적인 학생은 피로감을 덜 느끼며, 기침이나 통증도 덜 느낀다고 보고한다. 그리고 법학전문대학원에서 스트레스를 많이 느끼는 첫 몇 주 동안에도 낙관적인 학생은 좋은 기분과 강력한 면역 시스템을 향유한다(Segerstrom et al., 1998). 낙관주의자는 최적

"낙관주의자는 모든 가능한 세상 중에서 최선의 세상에서 살고 있다고 선언하며, 비관주의자는 이것이 사실일까 두려워한다." 제임스 브랜치 캐벌, 『은마』(1926)

의 건강을 유지하는 경향이 있다.

낙관적인 학생이 보다 우수한 성적을 받는 경향이 있는 까닭은 마주친 난관을 극복할 수 있다는 희망적 태도를 가지고 대처하기 때문이다(Noel et al., 1987; Peterson & Barrett, 1987). 일반적으로 낙관주의자는 애인과의 갈등에 건설적으로 대처함으로써, 상대로부터 지지받고 있다고 느끼고 해결책과 자신의 관계에 더 많은 만족감을 느낀다(Srivastava et al., 2006). 낙관성은 중국과 일본을 비롯한 많은 지역에서도 안녕감이나 성공과 관련되어 있다(Qin & Piao, 2011).

여러 연구에서 나타난 낙관성과 긍정적 정서 요인의 일관성 있는 효과와 놀랄 만한 강도를 살펴보기로 하자.

- 한 연구팀은 70,021명의 간호사를 오랜 기간에 걸쳐 추적조사하였다. 낙관성에서 상위 25%에 해당하는 사람은 하위 25%에 해당하는 사람보다 사망하였을 가능성이 거의 30%나 낮았다(Kim et al., 2017). 더욱 큰 낙관성-장수 차이는 핀란드 남자와 미국의 베트남전쟁 참전용사 연구에서 나타났다(Everson et al., 1996; Phillips et al., 2009). 간호사와 참전용사를 대상으로 수행한 장기간 연구에서 보면, 가장 낙관적인 사람이 85세 이상 생존할 가능성은 비관적인 사람보다 50~70%가 더 높았다(Lee et al., 2019).
- 이제 고전에 해당하는 한 연구는 대략 22세의 나이에 짧은 자서전을 쓰고 그 이후로도 유사한 삶을 살았던 180명의 가톨릭 수녀를 추적조사하였다. 자서전에서 행복감과 사랑을 비롯한 긍정적 감정을 표현하였던 수녀가 그렇지 못하였던 수녀보다 평균 7년을 더 살았다(Danner et al., 2001). 80세가 되었을 때, 긍정적 정서를 거의 보이지 않았던 수녀의 54%가 사망한 반면, 긍정적인 생각을 가졌던 수녀는 단지 24%만이 사망하였다.
- 낙관적인 사람은 장수할 뿐만 아니라 삶의 마감도 긍정적으로 받아들인다. 한 연구는 50~79세에 해당하는 68,000명이 넘는 미국 여성을 거의 20년 동안 추적하였다(Zaslavsky et al., 2015). 죽음이 다가오자, 낙관적인 사람은 비관적인 사람보다 더 높은 삶의 만족도를 느끼는 경향이 있었다.

낙관성은 집안 내력이기 때문에, 어떤 사람은 정말로 밝고 희망적인 조망을 가지고 태어난다. 일란성 쌍둥이의 경우, 한 명이 낙관적이면 다른 한 명도 낙관적이기 십상이다(Bates, 2015; Mosing et al., 2009). 낙관성은 건강한 유전자 발현도 지원한다(Uchida et al., 2018). 낙관적인 사람은 스트레스원에 직면할 때 흥분하기보다는 이완한다. 이것이 염증을 만들어내는 유전자의 발현 수준을 낮춘다.

좋은 소식은, 아무리 비관적인 사람일지라도 학습을 통해서 보다 낙관적인 사람이 될 수 있다는 사실이다. 일상 활동에 관한 일기만을 쓰는 비관주의자에 비해서, 어려운 상황의 밝은 면을 보고 자신의 목표를 달성 가능한 것으로 간주하도록 훈련받은 사람이 낮은 수준의 우울을 보고하였다(Sergeant & Mongrain, 2014). 다른 실험에서는 최선의 미래, 즉 열심히 노력하고는 삶의 모든 목표를 달성한 미래를 상상하도록 지시받은 사람이 더 낙관적으로 변모하였다(Malouff & Schutte, 2017). 낙관적 기대는 궁극적인 성공을 동기화하기 십상이다. 낙관성은 삶을 밝게 비추는 전등과 같은 것이다.

Sam Gross/Cartoon Stock

"우리는 단지 힘차게 날갯짓을 해본 적이 없었잖아요."

사회적 지원

LOQ 12-24 사회적 지원은 어떻게 좋은 건강을 조장하는가?

사회적 지원, 즉 친한 친구와 가족이 자신을 좋아하고 격려해준다는 느낌은 행복감과 건강을 모두 촉진한다. 연구자의 휴대폰에서 무작위로 선택하여 전화로 확인한 사람들은 다른 사람과 같이 있을 때 더 높은 행복감을 보고한다(Quoidbach et al., 2019). 수천 명의 사람을 여러 해에 걸쳐서 추적한 국제적 연구에서 보면, 개인주의 문화와 집단주의 문화 모두에서 긴밀한 관계가 행복감과 건강을 예측하였다(Brannan et al., 2013; Chu et al., 2010; Rueger et al., 2016). 긴밀한 관계로부터 지원을 받는 사람이 장수하는 경향이 있다(Smith et al., 2018; Whisman et al., 2018). 전 세계적으로 총 340만 명이 참가한 70개 연구의 데이터를 종합하였을 때, 사회적 지원의 놀라운 효과를 확인하였다. 풍요로운 사회적 연계를 맺고 있는 사람에 비해서 사회적으로 고립되었거나 외로운 사람은 7년의 연구기간 동안에 30%나 높은 사망률을 보였다(Holt-Lunstad et al., 2010, 2015, 2017). 미국의 전 공중위생국장이었던 비벡 머시(2017)는 "외로움은 수명의 감소를 예측하며, 하루에 담배를 15개비 피우는 것에 맞먹는다."라고 퉁명스럽게 지적하였다.

사회적 고립에 맞서기 위해서는 많은 지인을 만드는 것 이상이 필요하다. 진정으로 자신에게 관심을 기울이는 사람이 필요하다(Cacioppo et al., 2014; Hawkley et al., 2008). 어떤 사람은 친구, 가족, 직장동료, 신앙집단이나 지지집단의 구성원과 연계를 맺음으로써 이 욕구를 충족한다. 다른 사람은 긍정적이고 지지적인 결혼을 통해서 연계한다. 행복한 결혼은 사회적 지원을 충만하게 만들어서 낮은 체중 증가와 장수로 이끌어간다(Chen et al., 2018; VanderWeele, 2017). 70년에 걸친 종단연구는 50세에 낮은 콜레스테롤 수준보다는 좋은 결혼이 건강한 노화를 더 잘 예측한다는 사실을 찾아냈다(Vaillant, 2002). 뒤집어 말하면, 이혼이 형편없는 건강을 예측한다. 24개 국가에서 6억 명을 분석한 결과를 보면, 별거하거나 이혼한 사람이 일찍 사망할 가능성이 더 높았다(Shor et al., 2012). 그렇지만 건강을 예측하는 것은 결혼 여부가 아니라 결혼의 질이며, 그 효과는 건강식단과 신체 활동이 예측하는 것과 맞먹는다(Robles, 2015; Smith & Baucom, 2017).

사회적 지원과 건강 간의 연계를 어떻게 설명할 수 있을까? 혼자 사는 중년이나 노인이 흡연하고 비만이며 콜레스테롤 수준이 높기 때문에 심장마비의 위험이 배가되기 때문인가?(Nielsen

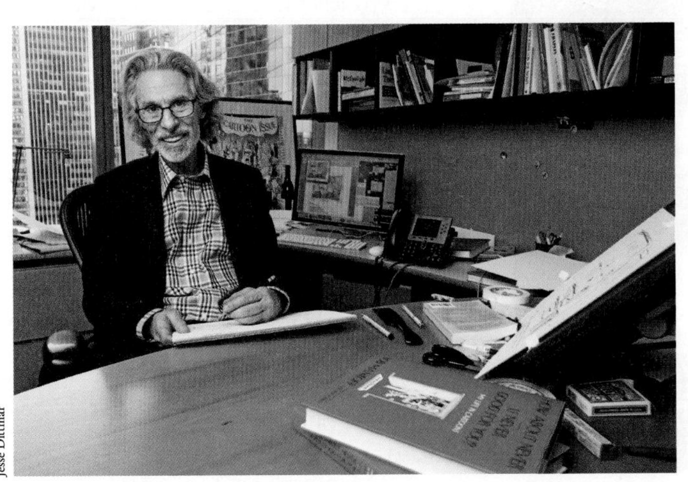
Jesse Dittmar

재미있는 사업 저자들이 이 책을 집필하면서 얻는 즐거움의 하나는 심리학 개념을 예증하고 강화하면서도 기분전환을 제공하는 삽화를 발견하는 것이다(저자들은 여러분의 즐거움이 이 책을 읽는 데 있기를 희망하고 있다). 많은 삽화가 *뉴요커* 지에서 찾은 것인데, 이 잡지에서 오랫동안 삽화가와 삽화 편집인을 맡았던 사람이 밥 맨코프이다. 그는 유머심리학을 강의하는 심리학 전공자이며 CartoonCollections.com의 대표이기도 하다. 맨코프는 다음과 같은 설명을 내놓는다. "유머는 다른 형태의 놀이와 마찬가지로, 세 가지 핵심 이점을 가지고 있다. 첫째, 신체적으로나 심리적으로 건강하며, 특히 스트레스를 차단한다는 점에서 그렇다. 둘째, 유머는 사람들을 심리적으로 융통성 있게 만들어준다. 즉, 변화에 대처하고, 위험을 감수하며, 창의적으로 생각하게 해준다. 셋째, 유머는 동료와 내담자를 보다 효과적으로 다룰 수 있게 만들어주는 사회적 윤활유로 작동한다."

반려동물도 친구이다 반려동물은 심장마비에서 살아남을 가능성을 높여주고, 에이즈 환자의 우울을 달래주며, 고혈압을 비롯한 관상동맥 위험 요인을 줄여준다(Allen, 2003; McConnell et al., 2011; Wells 2009). 효과적인 약물과 운동을 대체할 수는 없지만, 동물을 사랑하는 사람, 특히 혼자 사는 사람에게는 반려동물이 건강한 즐거움이다(Reis et al., 2017; Siegel, 1990).

Happy Window/Alamy Stock Photo

et al., 2006). 아니면 건강한 사람이 단지 더 사교적인가? 아마도 그럴 것이다. 그렇지만 연구결과는 사회적 지원이 확실하게 건강상의 이점을 갖는다는 사실을 시사한다.

사회적 지원은 사람들을 진정시키고, 수면을 개선시키며, 혈압을 낮춘다(Baron et al., 2016; Kent de Grey et al., 2018; Uchino et al., 2017). 한 연구팀은 사회적 지원이 위협에 대한 반응을 진정시키는지 알아보기 위하여, 행복한 결혼생활을 하고 있는 여자가 fMRI 장치 속에 누워있는 동안 팔꿈치에 전기 쇼크가 가해질 것이라는 위협을 가하였다(Coan et al., 2006). 실험을 진행하는 동안 어떤 여자는 남편의 손을 붙잡고 있었다. 다른 여자는 모르는 사람의 손을 잡고 있거나 어떤 손도 잡고 있지 않았다. 언제 나올지 모르는 쇼크를 기대하고 있는 동안, 남편의 손을 잡고 있는 여자가 위협에 반응을 보이는 두뇌영역의 활동을 적게 나타냈다. 이러한 진정 효과는 최상의 결혼생활을 하고 있다고 보고한 여자에게서 가장 컸다. 사랑하는 사람의 손을 잡고 있는 것이 스트레스에 대처하고 갈등에 관한 논의를 개선시킨다(Jakubiak & Feeney, 2019).

사회적 지원은 보다 강력한 면역기능을 조장한다. 스트레스는 면역기능을 방해하지만, 사회적 연계는 그 기능을 강화한다(Leschak & Eisenberger, 2019). 감기 바이러스에 노출된 자원자들이 격리되어 있는 5일 동안에 이 효과를 보여주었다(Cohen, 2004; Cohen et al., 1997). (이 실험에서는 600명 이상의 자원자가 이 경험을 감내하는 대가로 상당한 액수의 보상을 받았다.) 연령, 인종, 성별, 흡연 여부를 비롯한 다른 건강 습관을 동일하도록 통제하였을 때, 사회적 유대가 가장 높은 사람이 감기에 걸릴 가능성이 가장 낮았다. 일상생활에서 포옹을 자주하는 사람도 마찬가지로 감기 증상을 적게 경험하였으며, 증상의 심각도도 낮았다(Cohen et al., 2015). 사회적 유대의 효과는 결코 무시할 것이 아니다!

긴밀한 관계는 '털어놓기 치료(open heart therapy)', 즉 고통스러운 감정을 꺼내놓을 기회를 제공한다(Frattaroli, 2006). 오래전에 있었던 스트레스 사건에 관하여 이야기하는 것은 일시적으로 사람들을 각성시킬 수 있지만, 곧 진정된다(Lieberman et al., 2007; Mendolia & Kleck, 1993; Niles et al., 2015). 한 연구에서는 홀로코스트 생존자 33명이 자신의 경험을 2시간에 걸쳐 회상하였는데, 회상한 많은 내용은 과거에 결코 밝히지 않았던 상세한 것이었다(Pennebaker et al., 1989). 14개월이 지난 후에 자신의 문제를 가장 많이 토로한 생존자의 건강이 가장 많이 향상되었다. 자살을 시도하거나 교통사고로 배우자는 사망하고 혼자 살아남은 사람을 대상으로 수행한 또 다른 연구

친구들 사이의 웃음은 보약이다 웃음은 사람들을 각성시키고, 근육을 마사지해 주며, 이완된 느낌을 가져다준다(Robinson, 1983). 유머는 스트레스를 흩어버리고 통증을 완화시키며 면역 활동을 강화시킨다(적개적인 야유는 그렇지 않다)(Ayan, 2009; Berk et al., 2001; Dunbar et al., 2011; Kimata, 2001). 많이 웃는 사람은 심장병 발병 가능성도 낮은 경향이 있다(Clark et al., 2001).

Tim Robberts/Getty Images

Baby Blues: © 2010 Baby Blues Partnership Distributed by King Features Syndicate, Inc.

에서 보면, 슬픔을 혼자 감내한 사람이 공개적으로 표명한 사람보다 더 많은 건강 문제를 가지고 있었다(Pennebaker & O'Heeron, 1984). 마음속의 비밀을 털어놓는 것은 신체와 정신에 이롭다(제16장 치료를 참조하라).

"홀로 있어 넘어지고 붙들어 일으킬 자가 없는 자에게는 화가 있으리라." 전도서 4장 10절

정서를 억누르는 것은 신체 건강에 해를 끼칠 수 있다. 심리학자 제임스 페니베이커(1985)가 700명 이상의 여대생을 조사하였을 때, 아동기에 외상적인 성적 학대를 경험하였던 학생이 다른 외상을 경험하였던 학생보다 더 많은 두통과 위장 장애를 보고하였다. 아마도 성적 학대 경험자는 다른 외상 경험자에 비해서 자신의 비밀을 다른 사람에게 털어놓을 가능성이 낮기 때문인 것으로 보인다. 호주의 구급차 운전자 437명을 대상으로 수행한 또 다른 연구는 외상을 목격한 후에 정서를 억압하는 것의 부정적 효과를 확증하였다(Wastell, 2002).

개인적 외상을 일기로 적는 것도 도움을 줄 수 있다(Burton & King, 2008; Kállay, 2015; Lyubomirsky et al., 2006). 633명의 외상 희생자를 분석한 결과에서 보면, 심적 외상을 완화시키는 데 있어서 글쓰기 치료가 심리치료 못지않게 효과적이었다(van Emmerik et al., 2013). 또 다른 실험에서는 외상 일기를 쓴 자원자가 이후의 4~6개월 동안에 더 적은 건강 문제를 나타내었다(Pennebaker, 1990). 한 참가자가 설명하였듯이, "내가 적은 것에 대해서 어느 누구와도 이야기를 나누지는 않았지만, 결국에는 그 문제를 다룰 수 있게 되었으며, 고통을 차단하려고 애쓰는 대신에 그 고통을 헤치고 나갈 수 있게 되었다. 이제 그 문제를 생각하여도 괴롭지 않다."

운동을 더 많이 하거나, 술을 적게 마시거나, 금연을 하거나, 체중 조절을 시도하고자 할 때, 사회적 유대가 목표로부터 멀어지게 하거나 목표로 이끌어갈 수 있다. 만일 여러분이 어떤 목표를 달성하고자 애쓰고 있다면, 사회적 연결망이 도움을 줄 것인지 아니면 방해할 것인지를 생각해보라.

자문자답하기

어떤 문제를 사랑하는 사람과 논의하거나 심지어는 반려동물과 시간을 보낸 후에 기분이 좋아졌던 때를 기억해낼 수 있는가? 그렇게 하는 것이 여러분이 대처하는 데 어떤 도움을 주었는가?

스트레스 감소법

통제감을 갖고, 낙관적으로 생각하며, 사회적 지원을 구축하는 것은 스트레스를 덜 경험하도록 도와줌으로써 건강을 증진시킨다. 나아가서 이 요인들은 서로 관련되어 있다. 자신에 대해서 그리고 미래에 대해서 낙관적인 사람은 건강을 조장하는 사회적 유대도 즐기는 경향이 있다

"마음에 간직하고 있는 산. 그대가 오르려 고만 했었지." 시인 나즈와 제비언, 『고통의 달콤함』(2016)

(Stinson et al., 2008). 그렇지만 때로는 스트레스를 경감시킬 수 없으며 단지 그 스트레스를 건강한 방식으로 관리할 필요가 있기도 하다. 유산소 운동, 이완, 명상, 영적 공동체 등은 내부의 힘을 모으고 스트레스의 효과를 낮추는 데 도움을 준다.

유산소 운동

LOQ 12-25 스트레스를 관리하고 안녕감을 증진시키는 방법으로 유산소 운동은 얼마나 효과적인가?

모든 경우에 모든 사람에게 작동하는 만병통치약을 찾기는 거의 불가능하다. 그런데 **유산소 운동**(aerobic exercise), 즉 심폐기능을 증진시키는 지속적인 유산소 운동이야말로 거의 완벽에 가까운 희귀한 약 중 하나이다. 추정치는 다양하지만, 몇몇 연구는 운동이 수명을 증가시킨다는 사실을 시사한다. 운동을 1시간 할 때마다 7시간씩 수명이 증가한다는 것이다(Lee et al., 2017; Mandsager et al., 2018; Zahrt & Crum, 2017). 또한 삶의 질을 개선시키고, 에너지가 충만하게 만들며, 기분이 좋아지고, 관계를 강하게 만들어준다는 사실도 시사한다(Flueckiger et al., 2016; Hogan et al., 2015; Wiese et al., 2018). 자연은 너그럽게도 운동에 할애한 시간의 일곱 배를 되돌려준다고 생각해보라(Myers, 2018). 얼마나 자비로운가 말이다!

운동은 심장을 강화하고, 혈액순환을 촉진하며, 혈관이 막히지 않게 해주고, 혈압을 낮추어주며, 스트레스에 대한 호르몬 반응과 혈압반응을 낮추어줌으로써 심장병에 맞서 싸우는 것을 도와준다(Ford, 2002; Manson, 2002). 활동적이지 않은 사람에 비해서 운동을 하는 사람은 심장마비로 고생할 가능성이 절반으로 줄어든다(Evenson et al., 2016; Visich & Fletcher, 2009). 틀림없는 사실은 운동이 장수를 예측한다는 것이다(Lee et al., 2011; Moholdt et al., 2018). 음식물에 들어있는 지방은 동맥을 막히게 하지만, 운동은 근육이 '지방'을 더 많이 요구하게 만들어서 동맥을 깨끗하게 청소해준다(Barinaga, 1997). 144만 명의 미국인과 유럽인을 대상으로 수행한 연구에서 보면, 운동이 '많은 암 유형의 발생 위험'을 낮추었다(Moore et al., 2016). 근무시간 내내 걷는 스코틀랜드 우편배달부는 우체국에서 내근하는 직원보다 심장병 위험도가 낮았다(Tigbe et al., 2017). 말년에 규칙적인 운동도 더 우수한 인지기능 그리고 신경인지장애와 알츠하이머병의 낮은 위험도를 예측한다(Kramer & Erickson, 2007).

먼 조상으로부터 전해 내려온 유전자는 사냥과 채취 그리고 농사일에 필수적인 신체 활동을 가능하게 해주는 유전자다(Raichlen & Polk, 2013; Shave et al., 2019). 근육세포에 들어있는 이 유전자가 운동으로 활성화되면, 단백질을 생성하는 반응을 보인다. 사람은 운동을 하도록 만들어졌다. 활동성이 떨어지는 현대인에게 있어서 이 유전자가 적은 양의 단백질만을 생성함으로써 제2유형 당뇨병, 심혈관 질병, 뇌졸중, 알츠하이머병, 암 등과 같은 20가지 이상의 만성적 질병에 취약하게 만든다(Booth & Neufer, 2005). 따라서 비활동성은 유해 잠재성을 내포하고 있는 것이다. 신체 활동은 몇몇 유전적 위험 요인의 영향을 약화시킬 수 있다. 45편의 연구를 분석한 결과를 보면, 비만 위험이 27%나 감소하였다(Kilpeläinen et al., 2012).

운동이 정신도 고양시키는가? 21개국의 대학생을 조사한 결과를 보면, 신체운동은 삶의 만족도에 대한 강력하고도 일관성 있는 예측 요인이었다(Grant et al., 2009). 1주일에 적어도 3회 이상 유산소 운동을 하는 미국인, 캐나다인, 영국인은 비활동적인 또래에 비해서 스트레스를 보다 잘 관리하고, 자신감을 더 많이 나타내며, 활력을 더 많이 느끼고, 우울감과 피로를 덜 느낀

유산소 운동 심장과 폐의 활력을 증진시키는 지속적인 운동. 우울과 불안을 완화시키기도 한다.

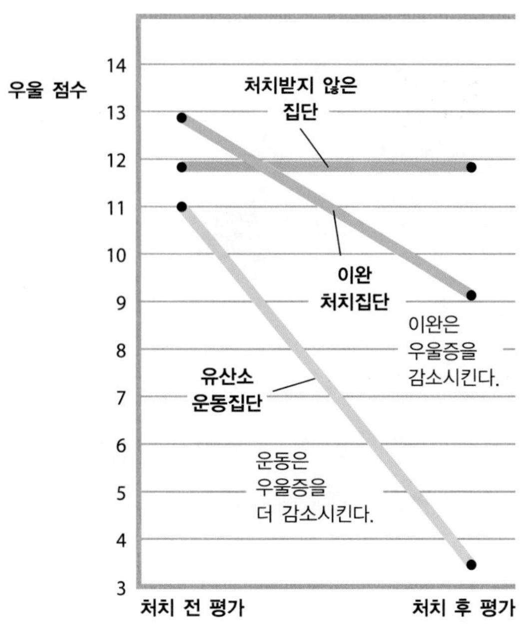

그림 12.22
유산소 운동은 경미한 우울을 감소시킨다 (McCann & Holmes, 1984의 데이터)

다(Rebar et al., 2015; Smits et al., 2011). 120만 명의 미국인에 대한 분석은 운동자와 비운동자를 비교하였다. 다른 신체적 차이와 사회적 차이를 통제하였을 때, 운동자가 '지난달에 형편없는 정신건강 상태이었던 날'을 43%나 적게 경험하였다(Chekroud et al., 2018). 49편의 엄격하게 통제된 연구의 요약은 운동이 상당한 항우울제 효과를 가지고 있다고 결론지었다(Schuch et al., 2018).

그렇지만 이러한 관찰을 다른 방식으로도 진술할 수 있다. 즉, 스트레스를 받으며 우울한 사람이 운동을 적게 한다고 말이다. 이러한 상관은 인과를 함축하지 않는다는 사실을 명심하라. 원인과 결과를 분리해내기 위해서 실험연구를 수행하는 것이다. 스트레스 받는 사람, 우울한 사람, 불안한 사람을 유산소 운동집단이나 통제집단에 무선할당한다. 그런 다음에 통제집단과 비교하여 유산소 운동이 스트레스, 우울, 불안, 또는 다른 건강 관련 결과에서 변화를 초래하는지 측정한다. 이제 고전이 되어버린 한 실험에서는 경증의 우울을 보이는 여대생들을 세 집단에 무선할당하였다. 1/3은 유산소 운동 프로그램에 참가하였다. 다른 1/3은 이완 처치 프로그램에 참가하였다. 통제집단인 나머지 1/3은 아무런 처치도 받지 않았다(McCann & Holmes, 1984). 그림 12.22에서 보는 바와 같이, 10주가 지난 후에 유산소 운동 프로그램 집단의 우울이 가장 많이 감소하였다. 많은 여학생이 말 그대로 자신의 문제에서 멀리 벗어났던 것이다.

다른 수십 가지 실험과 종단연구도 운동이 우울과 불안을 예방하거나 감소시킨다는 사실을 확증하고 있다(Catalan-Matamoros et al., 2016; Harvey et al., 2018; Stubbs et al., 2017). 우울한 사람을 운동집단, 항우울제 집단, 가짜약 집단에 무선할당하였을 때, 운동은 항우울제 못지않게 우울 수준을 효과적으로 감소시켰으며, 더 지속적인 효과를 나타냈다(Hoffman et al., 2011).

활기찬 운동은 즉각적으로 기분을 상당히 좋게 만들어준다(Watson, 2000). 10분 걷는 것만으로도 에너지 수준을 높이고 긴장을 완화시킴으로써 2시간 동안 안녕감의 증가를 촉진시킬 수 있다(Thayer, 1987, 1993). 운동은 여러 가지 방식으로 이토록 마술적인 효과를 나타낸다. 운동은 각성을 증가시킴으로써, 우울이 초래하는 낮은 각성 상태를 상쇄시킨다. 근육을 이완시키고 숙

기분 상승 에너지나 활력이 떨어질 때는 운동만큼 활력을 다시 찾아주는 것도 없다. 두 저자 중 한 사람은 점심시간을 이용한 농구 경기를 통해서, 그리고 다른 한 사람은 달리기를 통해서 이 사실을 확증하고 있다.

Kathryn Brownson

Alice DeWall

면하게 해준다. 탄탄한 근육을 만들어주는데, 이 근육이 우울을 초래하는 독소를 걸러낸다(Agudelo et al., 2014). 항우울제와 마찬가지로, 신체 내부에서 기분을 끌어올리는 화학물질, 즉 노르에피네프린이나 세로토닌과 같은 신경전달물질과 엔도르핀 등을 분비하게 만든다(Jacobs, 1994; Salmon, 2001). 운동은 신경생성도 촉진한다. 쥐의 경우에, 운동은 두뇌로 하여금 스트레스에 강한 새로운 뉴런의 생성을 자극하는 분자를 생성하도록 만든다(Hunsberger et al., 2007; Reynolds, 2009; van Praag, 2009).

보다 단순한 수준에서는 성취감 그리고 성공적인 운동에 뒤따르는 외모의 개선이 정서 상태를 고양시키기도 한다. 빈번한 운동은 질병을 예방하고 치료하며, 에너지를 증가시키고, 불안을 완화하며, 기분을 증진시키는 약물과 같다. 만일 이런 약이 있다면, 모두가 원치 않겠는가! 그럼에도 불구하고 소수의 사람(미국에서는 4명 중 단지 1명)만이 이것을 활용하고 있다(Mendes, 2010).

이완과 명상

LOQ 12-26 이완과 명상은 어떤 방식으로 스트레스와 건강에 영향을 미치는가?

이제 스트레스의 손상 효과를 알았으니, 사고와 삶의 양식을 변경함으로써 스트레스 반응에 대처하는 방법을 학습할 수 있겠는가? 1960년대 후반에 심리학자들은 바이오피드백 실험을 시작하였다. 바이오피드백이란 대부분 자율신경계가 관장하는 미묘한 생리적 반응을 기록하고 증폭하여 그 정보를 피드백해 주는 시스템을 말한다. 바이오피드백 도구는 자신이 노력한 결과를 되돌려줌으로써, 어떤 기법이 특정한 생리적 반응을 통제하거나 통제하지 못하는 것인지를 알 수 있게 해준다. 그렇지만 10여 년의 연구 끝에 바이오피드백에 관한 초기 주장이 부풀려졌으며 과대포장되었다는 사실이 드러났다(Miller, 1985). 1995년에 미국 국립건강연구소(NIH)는 바이오피드백이 기껏해야 긴장성 두통에서만 가장 잘 작동한다고 천명하였다.

값비싼 장비를 필요로 하지 않는 단순한 이완법도 바이오피드백이 한때 장밋빛 약속을 내놓았던 많은 결과를 보여주고 있다. 마사지도 근육을 이완시키고 우울을 낮추는 데 도움을 줌으로써 조산아와 통증 환자가 이완하는 데 도움을 준다(Hou et al., 2010). 그림 12.22는 유산소 운동이 우울을 낮춘다는 사실을 보여주었다. 그런데 여러분은 그 그림에서 이완 처치집단에서도 우울이 감소하였다는 사실을 알아차렸는가? 60편 이상의 연구는 이완 절차가 두통, 고혈압, 불안, 불면증 등을 완화하는 데도 도움을 줄 수 있다는 사실을 찾아냈다(Nestoriuc et al., 2008; Stetter & Kupper, 2002).

마음챙김 명상 판단하지 않으면서 수용적인 방식으로 현재의 경험에 주의를 집중하는 반추형 훈련

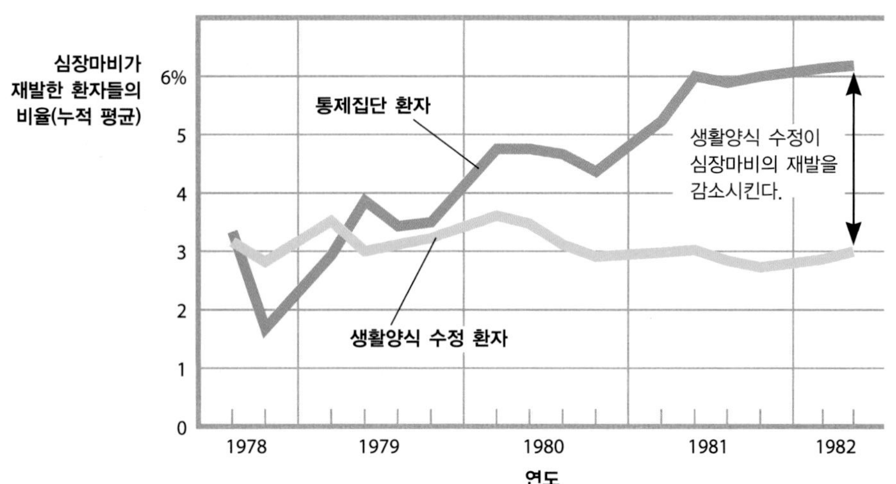

그림 12.23
재발하는 심장마비와 생활양식의 변화 샌프란시스코 관상성 심장질환 재발방지 프로그램은 심장마비 생존자를 위한 심장학자의 조언을 내놓았다. A 유형 생활양식을 바꾸도록 조언을 받은 사람들도 심장마비의 재발 빈도가 줄어들었다(Friedman & Ulmer, 1984의 데이터).

이러한 결과가 마이어 프리드먼과 레이 로젠먼 그리고 그의 동료들에게는 하등 놀라운 일이 아니었다. A 유형 심장마비 환자(B 유형보다 심장마비를 일으킬 가능성이 더 높다)에게 이완 훈련을 시키는 것이 심장마비의 재발 가능성을 감소시킬 것인지의 여부를 알아보기 위하여, 프리드먼 등은 심장마비에서 소생한 수백 명의 중년 남성을 두 집단에 무선할당하였다. 첫 번째 집단은 심장 전문의로부터 치료와 식이요법 그리고 운동 습관에 관한 표준적인 조언을 들었다. 두 번째 집단은 유사한 조언에 덧붙여서 생활양식을 수정하는 방법을 교육받았다. 보다 천천히 걷고 말하며 식사함으로써 여유를 갖고 이완하는 것을 배웠다. 상대방에게 미소 짓기와 자신을 보고 웃는 것을 학습하였다. 실수를 인정하고, 삶을 즐기는 데 시간을 할애하며, 종교적 신념을 새롭게 갱신하는 것을 학습하였다. 그 훈련은 보상을 주었다(그림 12.23). 생활양식을 수정하도록 학습한 두 번째 집단은 첫 번째 집단에 비해서 향후 3년 동안에 심장마비를 절반 정도만 경험하였다. 기쁨에 넘친 프리드먼은 이것이야말로 전무후무하며 극적이라고 할 만큼 심장마비의 재발을 감소시킨 것이라고 적고 있다. 13년에 걸친 보다 작은 규모의 영국 연구에서도 마찬가지로 사고와 생활양식을 수정하도록 훈련받은 집단에서 사망률이 50%나 감소하였다(Eysenck & Grossarth-Maticek, 1991). 55세에 심장마비로 고생한 프리드먼은 자신의 행동의학을 스스로 실시하기 시작하여 90세까지 살았다(Wargo, 2007).

시간이 모든 상처를 치유해줄 수도 있지만, 이완은 그 치유속도를 높이는 데 도움을 줄 수 있다. 한 연구에서는 수술 환자들을 두 집단에 무선할당하였다. 두 집단 모두 표준적인 치료를 받았지만, 두 번째 집단은 45분에 걸친 이완 회기도 경험하였으며 수술 전후에 사용하기 위한 이완 기록도 받았다. 수술을 받고 1주일이 지난 후에, 이완집단의 환자가 더 낮은 스트레스를 보고하였으며, 빠른 회복속도를 보여주었다(Broadbent et al., 2012).

명상은 오랜 역사를 가지고 있는 현대 기법이다. 전 세계적으로 널리 알려진 대부분의 종교에서는 고통을 낮추고 자각과 통찰 그리고 측은지심을 증진시키기 위하여 명상을 사용해왔다. 오늘날의 테크놀로지는 종교에 관계없이 누구나 명상을 할 수 있게 만들어주었다. 신체건강을 증진시킬 수 있는 명상기법을 무료로 지도해주는 많은 앱이 존재한다(Adams et al., 2018). 수많은 연구가 명상의 심리적 효과를 확증해왔다(Goyal et al., 2014; Rosenberg et al., 2015; Sedlmeier et al., 2012). 명상의 한 유형인 **마음챙김 명상**(mindfulness meditation)이 스트레스 관리 프로그램에 새로운 둥지를 틀었다. 이 명상을 훈련받게 되면, 내적 상태를 판단하지 않으면서 이완한

"홀로 조용히 앉아라. 머리는 낮추고, 눈을 감고 부드럽게 숨을 내쉬며, 여러분 자신의 속내를 들여다보는 자신을 상상하라… 숨을 내쉬면서 '주 예수 그리스도여, 자비를 베푸소서.'라고 되뇌어라… 모든 잡생각을 제쳐놓도록 하라. 차분하고, 조급하게 굴지 말며, 이 과정을 자주 반복하라." 시나이의 그레고리, 1346년 사망

부드럽고 그윽한 음악 음악은 천연 항스트레스 약물인가? 100편 이상의 연구를 분석한 결과를 보면, 음악 청취(특히 느림 템포의 음악)가 심장박동률, 혈압, 심적 고통을 완화시켰다(de Witte et al., 2019). 이제 스트레스를 받고 있다면, 음악이 여러분을 완화시킬 수도 있다는 사실을 명심하라.

채 그 내적 상태에 조용히 초점을 맞추게 된다(Goldberg et al., 2018, 2019; Kabat-Zinn, 2001). 앉아서 눈을 감은 채, 마음속으로 머리부터 발끝까지 신체를 살핀다. 신체의 특정 부위와 반응에 초점을 맞추면서, 각성을 유지한 채 그 상태를 받아들인다. 또한 호흡에도 초점을 맞추면서, 마치 각각의 호흡이 어떤 대상인 것처럼 주의를 기울인다.

마음챙김 훈련은 행복감을 북돋우고 불안과 우울을 낮추어준다(de Abreu Costa et al., 2019; Lindsay et al., 2018). 한 실험에서는 한국인 참가자에게 자신의 죽음에 관하여 생각해보라고 요구하였다. 명상을 하지 않는 사람에 비해서 명상을 하는 사람은 자신의 필연적인 죽음을 상기시킬 때도 덜 불안해했다(Park & Pyszczynski, 2019). 마음챙김 훈련은 수면, 도움행동, 면역체계 기능의 개선과도 연계되어 왔다(Donald et al., 2018; Rusch et al., 2019; Villalba et al., 2019). 텔로머의 길이도 증가시켜서, 암과 심장병의 위험을 낮추어준다(Conklin et al., 2018). 매일 몇 분 정도의 마음챙김 명상이면 집중력과 의사결정을 증진시키기에 충분하다(Hafenbrack et al., 2014; Rahl et al., 2017).

그렇지만 몇몇 연구자는 마음챙김이 과장되어 있다고 경고한다(Britton, 2019; Van Dam et al., 2018). 단순히 혼자 있는 것만으로도 이완하고 스트레스를 감소시킬 수 있다는 것이다(Nguyen et al., 2018). 그렇지만 긍정적 결과는 마음챙김을 수행할 때 두뇌에서는 어떤 일이 일어나는지를 궁금하게 만든다. 상관연구와 실험연구는 마음챙김의 효과에 대해 다음과 같은 세 가지 설명을 내놓고 있다.

학기 마지막 주의 털 많은 친구들 몇몇 학교는 학기 마지막 주에 학생들을 이완시키고 파괴적인 스트레스 수준을 떨어뜨리는 데 도움을 주는 방편으로 반려동물들을 캠퍼스에 데려오도록 하고 있다. 한 연구에서는 시험 스트레스를 받는 대학생들이 치료견들과 어울리고 10시간이 지난 후에 스트레스를 덜 느꼈다. 에모리대학교의 이 학생은 반려동물과 함께 휴식을 취하고 있다. 다른 학교들은 반려동물 동물원을 제공하거나 교수들도 그 주에 반려동물들을 데려오도록 권장하고 있다.

- **여러 두뇌영역들 간의 연결을 강화한다.** 영향을 받는 영역은 주의를 집중하고, 듣고 보는 것을 처리하며, 돌이켜보고 자각하는 것과 관련된 영역들이다(Berkovich-Ohana et al., 2014; Ives-Deliperi et al., 2011; Kilpatrick et al., 2011).
- **반추적 자각과 관련된 두뇌영역을 활성화시킨다**(Davidson et al., 2003; Way et al., 2010). 마음을 챙기는 사람은 정서에 이름을 붙일 때, 공포와 관련된 두뇌영역인 편도체의 낮은 활성화 그리고 정서 조절을 돕는 영역인 전전두엽의 높은 활성화를 나타낸다(Creswell et al., 2007; Gotink et al., 2016).
- **정서 상황에서 두뇌 활성화를 진정시킨다.** 낮은 활성화는 참가자들이 슬픈 영화와 중립적 영화를 시청하였던 연구에서 명백하게 나타났다. 마음챙김을 훈련받지 않은 통제집단의 참가자는 두 영화를 시청할 때 두뇌 활성화의 명확한 차이를 나타냈다. 마음챙김 훈련을 받은 참가자는 두 영화에 대한 두뇌반응에서 거의 차이를 보이지 않았다(Farb et al., 2010). 마음을 챙기는 사람의 경우에는 그렇지 못한 사람에 비해서 정서적으로 불쾌한 장면도 상대적으로 약한 두뇌반응을 촉발한다(Brown et al., 2013). 마음을 챙기는 두뇌는 강인하고 반추적이며 안정적이다.

Djomas/Shutterstock

Barbara Smaller/Cartoon Stock

"우리 교실에는 타임아웃 의자가 없습니다. 저것은 마음챙김 의자이지요."

신앙 공동체와 건강

LOQ 12-27 신앙심 요인이란 무엇인가? 신앙심과 건강 간의 연계에 대한 가능성 있는 설명에는 어떤 것이 있는가?

마음의 힘을 사용하여 (치과용 마취제인) 노보카인 없이도 충치를 치료할 수 있는 방법을 모색하는 신비주의자들이 있다. 이들의 목표는 초월적 치과 명상이다.

21세기의 첫 20년 동안에만도 2,000편이 넘는 연구가 신앙심 요인이라고 부르는 또 다른 흥미로운 상관을 밝혀왔다(Oman & Syme, 2018; VanderWeele, 2018). 종교적으로 활동적인 사람이 그렇지 않은 사람보다 장수하는 경향이 있다. 한 연구에서는 두 지역사회에 살고 있는 이스라엘 사람 3,900명의 사망률을 비교하였다. 첫 번째 집단에는 11개의 정통 유대교 집단 정착촌이 포함되었으며, 두 번째 집단에는 이에 상응하는 11개의 비종교적 집단 정착촌이 포함되었다(Kark et al., 1996). 16년이라는 기간에 걸쳐서 '종교집단에 소속되었다는 것이 강력한 보호적 효과와 연합되었으며', 이는 연령이나 경제적 차이에 의해서 설명될 수 없었다. 모든 연령 수준에서 종교집단 구성원은 비종교 집단에 비해서 사망할 가능성이 절반밖에 되지 않았다. 이러한 차이는 개략적으로 남녀 간의 사망률 차이에 비견할 만한 것이다. 또 다른 연구는 74,534명의 간호사를 20년 동안 추적하였다. 다양한 건강 위험 요인을 통제하였을 때, 종교모임에 자주 참석하는 사람이 그렇지 않은 사람보다 사망하였을 가능성이 1/3이나 낮았으며, 자살하였을 가능성은 훨씬 더 낮았다(Li et al., 2016; VanderWeele et al., 2016). 추모사에서 소속 종교를 언급하는 것이 그

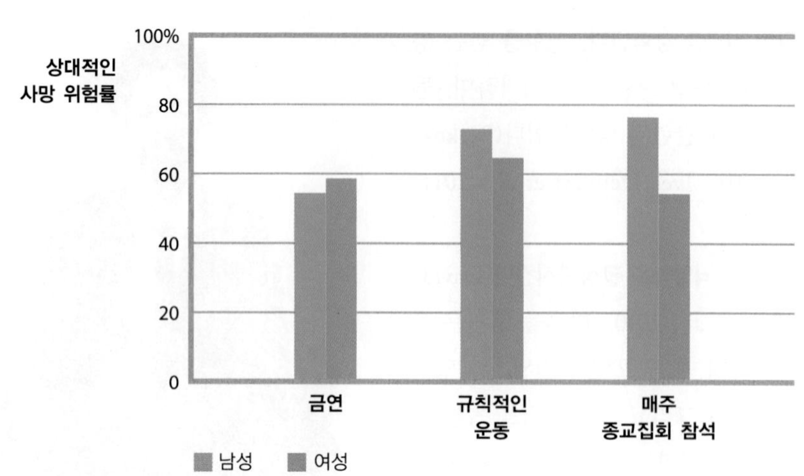

그림 12.24
장수의 예측 요인 : 금연, 잦은 운동, 그리고 규칙적인 종교집회 참석 한 연구는 28년에 걸쳐 미국 캘리포니아 앨러미다에 거주하는 5,286명의 성인을 추적하였다(Oman et al., 2002; Strawbridge, 1999; Strawbridge et al., 1997). 연령과 교육 수준을 통제하였을 때, 금연, 규칙적인 운동, 종교집회 참석 모두가 낮은 사망 위험을 예측하였다. 예컨대, 매주 종교집회에 참석하는 여성은 그렇지 않은 여성에 비해서 연구가 진행된 기간의 어느 해에서든지 사망할 가능성이 단지 54%에 불과하였다.

렇지 않을 때에 비해서 7.5년의 부가적인 삶을 예측하였다(Wallace et al., 2018).

참가자들을 종교적 관여 여부에 무선할당할 수 없다는 사실을 감안할 때, 이 결과를 어떻게 해석해야만 하겠는가? 상관은 인과적 진술이 아니며, 많은 요인을 통제하지 못한다(Sloan, 2005; Sloan et al., 1999, 2000, 2002). 또 다른 가능한 설명을 보자. 여성이 남성보다 종교 활동에 더 적극적이며 더 오래 산다. 따라서 종교적 관여 효과란 단지 여성이 장수하는 것을 나타내는 것이 아니겠는가?

결코 그렇지 않다. 국립건강연구소가 8년에 걸쳐서 수행한 연구는 50~79세에 해당하는 92,395명의 여성을 추적하였다. 많은 요인을 통제한 후에도, 매주 한 번 이상 종교집회에 참가하는 여성이 연구기간 중에 사망할 위험이 대략 20% 정도 낮았다(Schnall et al., 2010). 더군다나 종교 관여와 기대수명 간의 관계는 남성에서도 나타났다(Benjamins et al., 2010; McCullough et al., 2000; McCullough & Laurenceau, 2005). 5,286명의 캘리포니아 주민을 28년 동안 추적한 연구는 연령, 성별, 인종, 교육 수준 등을 통제한 후에도 종교행사에 자주 참석하는 사람이 특정한 해에 사망할 가능성이 36%나 낮았다(그림 12.24). 20,000명 이상을 대상으로 8년 동안 수행한 또 다른 연구(Hummer et al., 1999)에서는 그 효과가 기대수명으로 나타났는데, 종교 활동이 활발한 사람의 경우는 83세이고 그렇지 않은 사람의 경우는 75세이었다.

연구결과는 신앙심-장수 간의 상관에 대해서 다음과 같은 세 가지 가능한 설명을 내놓고 있다(그림 12.25).

그림 12.25
종교적 관여와 건강/장수 간의 상관에 대한 가능한 설명

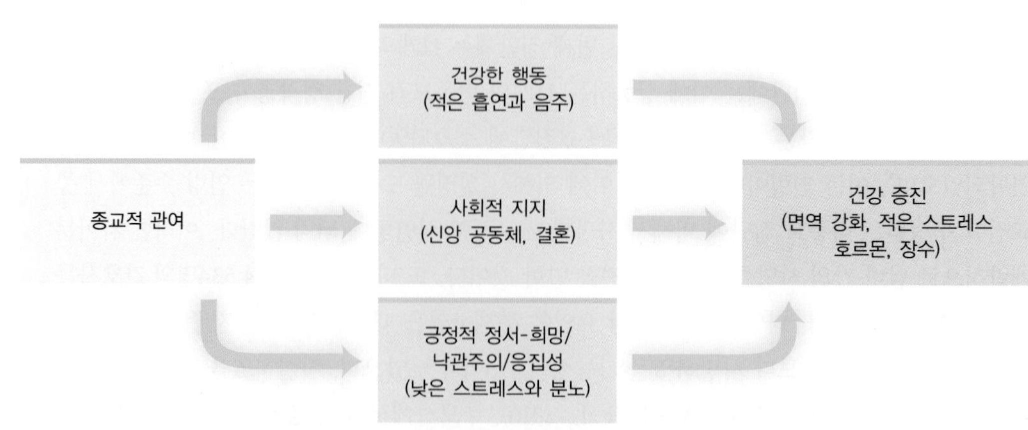

- **건강한 행동** : 종교는 자기통제를 촉진한다(DeWall et al., 2014; McCullough & Willoughby, 2009). 이 사실은 종교에 적극적인 사람이 흡연과 음주를 훨씬 덜 하며, 보다 건강한 생활양식을 나타내는 경향이 있는 까닭을 설명하는 데 도움을 준다(Islam & Johnson, 2003; Koenig & Vaillant, 2009; Masters & Hooker, 2013; Park, 2007). 550,000명의 미국인을 대상으로 수행한 갤럽 조사를 보면, 매우 종교적인 사람의 15%가 흡연자인 반면, 종교적이지 않은 사람의 경우에는 28%이었다(Newport et al., 2010). 그렇지만 그러한 생활양식 차이는 이스라엘의 종교 정착촌에 살고 있는 사람의 사망률이 극적으로 감소하는 것을 설명할 만큼 충분한 것은 아니다. 미국 연구에서도 비활동성이나 흡연과 같은 건강하지 않은 행동을 통제하였을 때에도, 75% 정도의 수명 차이가 설명되지 않은 채 남았다(Musick et al., 1999).
- **사회적 지원** : 종교 공동체에 속한다는 것은 사회적 지원 네트워크에 참여하는 것이다. 불행이 닥칠 때 서로를 돕는 종교적으로 적극적인 사람들이 존재한다. 예컨대, 20년에 걸친 간호사 연구에서 보면 종교를 가지고 있는 사람의 사회적 지원이 우수한 건강에 대한 최선의 예측 요인이었다. 이에 덧붙여서, 종교는 결혼을 장려하는데, 결혼이 건강과 장수의 또 다른 예측 요인이다. 예컨대, 이스라엘 종교 정착촌에는 이혼이 거의 존재하지 않는다.
- **긍정적 정서** : 사회적 지원, 성별, 건강하지 않은 행동, 성별, 이미 가지고 있는 건강 문제 등을 통제한 후에도, 종교에 몰입한 사람이 장수하는 경향이 있다(Chida et al., 2009). 연구자들은 종교적으로 적극적인 사람이 안정적이고 응집적인 세계관, 장기적 미래에 대한 희망, 궁극적 수용감, 기도나 안식일 준수가 가져오는 이완적 명상 등으로부터 도움을 받을 것이라고 생각한다. 이러한 매개변인들이 종교 활동에 적극적인 사람들 사이에서 건강한 면역기능과 병원 입원 횟수가 적은 결과, 그리고 에이즈 환자의 경우 스트레스 호르몬 수준이 낮고 더 오래 산다는 결과를 설명하는 데 도움이 될 수 있다(Ironson et al., 2002; Koenig & Larson, 1998; Lutgendorf et al., 2004).

자문자답하기

여러분은 삶의 스트레스에 대처하기 위해서 어떤 전략을 사용하였는가? 그 전략은 얼마나 잘 작동하였는가? 어떤 다른 전략을 시도할 수 있었는가?

인출 연습

RP-2 피할 수 없는 스트레스를 성공적으로 관리하기 위하여 사용할 수 있는 책략에는 어떤 것이 있는가?

답은 부록 E를 참조

개관 건강과 대처법

학습목표

자기검증 개념 파악을 증진시키도록 (부록 D의 답을 확인해보기에 앞서) 여러분 자신의 표현으로 여기서 반복하는 학습목표 물음에 답해보라 (McDaniel et al., 2009, 2015).

LOQ 12-20 사람들은 어떤 두 가지 방식으로 스트레스를 완화하고자 시도하는가?

LOQ 12-21 통제할 수 없다는 지각은 건강에 어떤 영향을 미치는가?

LOQ 12-22 자기통제가 중요한 까닭은 무엇인가? 자기통제가 고갈될 수 있는가?

LOQ 12-23 낙관적 조망은 건강과 장수에 어떤 영향을 미치는가?

LOQ 12-24 사회적 지원은 어떻게 좋은 건강을 조장하는가?

LOQ 12-25 스트레스를 관리하고 안녕감을 증진시키는 방법으로 유산소 운동은 얼마나 효과적인가?

LOQ 12-26 이완과 명상은 어떤 방식으로 스트레스와 건강에 영향을 미치는가?

LOQ 12-27 신앙심 요인이란 무엇인가? 신앙심과 건강 간의 연계에 대한 가능성 있는 설명에는 어떤 것이 있는가?

기억해야 할 용어와 개념들

자기검증 여러분 자신의 표현으로 정의를 적어본 후에 답을 확인해보라.

개인적 통제	문제중심 대처법	정서중심 대처법
내적 통제 소재	외적 통제 소재	학습된 무기력
대처법	유산소 운동	
마음챙김 명상	자기통제	

학습내용 숙달하기

자기검증 여러분 자신의 표현으로 다음 물음에 답한 후에 부록 E에서 답을 확인해보라.

1. 통제감을 느낄 수 없는 상황에 직면할 때는 (정서/문제)중심의 대처법을 사용하는 것이 가장 효과적이다.

2. 셀리그먼의 연구는 개가 반복적인 쇼크를 받으면 학습된 무기력을 나타내게 된다는 사실을 보여주었는데, 다음 중 어떤 조건에서 그러한 것인가?

a. 쇼크를 피할 기회가 있다.
b. 쇼크를 통제할 수 없다.
c. 고통스럽거나 불편하다.
d. 쇼크에 앞서 먹이나 물이 없다.

3. 노인 환자가 자신이나 주변 환경을 관리하는 데 적극적으로 참여할 때, 이들의 사기와 건강이 증진되는 경향이 있다. 이러한 결과는 사람들이 (내적/외적) 통제 소재를 경험할 때 더 건강하다는 사실을 나타낸다.

4. 밀접한 사회적 관계를 가지고 있는 사람이 그렇지 않은 사람보다 일찍 사망할 가능성이 낮다. 다음 중 이 사실이 지지하는 것은 무엇인가?

a. 사회적 유대는 스트레스의 원천일 수 있다.
b. 성별이 장수에 영향을 미친다.
c. A 유형 행동이 많은 조기 사망의 원인이다.
d. 사회적 지원은 건강에 이로운 효과를 가지고 있다.

5. ___________운동은 노르에피네프린, 세로토닌, 엔도르핀 등과 같이 기분을 고양시키는 신경전달물질의 분비를 촉발하기 때문에, 에너지 수준을 높여주고 불안과 우울을 완화하는 데 도움을 준다.

6. 다음 중 신앙심 요인에 관한 연구가 밝혀온 것은 무엇인가?

a. 비관론자는 낙관론자보다 더 건강한 경향이 있다.
b. 기대가 스트레스 감정에 영향을 미친다.
c. 종교에 적극적인 사람은 그렇지 않은 사람보다 장수하는 경향이 있다.
d. 종교 관여는 고립감, 억압, 나쁜 건강 등을 조장한다.

LeoPatrizi/Getty Images

사회심리학

1569년 디르크 빌렘스는 결정의 순간에 직면하였다. 박해받고 있는 소수 종교집단의 구성원으로 구속되어 고문과 죽음의 위협에 직면하였던 그는 당시 홀란드 아스퍼렌 감옥을 탈옥하여 얼음이 덮여 있는 연못을 가로질러 도망하였다. 자신보다 힘이 세고 육중한 간수가 추격하였으나 연못에 빠지고 말았으며, 빠져나오지 못하게 되자 그는 빌렘스에게 도움을 요청하였다.

자유를 목전에 두고 있던 빌렘스는 아무런 사욕이 없는 것처럼 행동하였다. 그는 돌아서서 간수를 구해주었는데, 이 간수는 명령에 따라서 그를 다시 감옥에 처넣어버렸다. 몇 주가 지난 후에 빌렘스는 화형 선고를 받았다. 오늘날 아스퍼렌에는 그의 순교정신을 기리고자 그의 이름을 딴 도로가 남아있다(Toews, 2004).

무엇이 사람들로 하여금 디르크 빌렘스와 같은 종교적 소수자를 경멸하고 악의적으로 행동하도록 몰아가는 것인가? 무엇이 빌렘스의 사욕 없는 반응, 그리고 타인을 구하기 위해서 목숨을 바치는 많은 사람을 동기화시키는 것인가? 도대체 무엇이 사람들로 하여금 타인을 향하여 자발적으로 친절과 자비심을 발현하도록 동기화시키는 것인가?

사람은 사회적 동물이다. 혼자서는 살 수가 없다. 많은 사람이 코로나바이러스 대유행으로 사회적 거리두기를 실시하자 이 사실을 예리하게 느꼈다. 당연하게 생각해왔던 면대면 상호작용이 너무나도 소중한 것이 되었다. 사회심리학자는 사람들이 상대방을 어떻게 생각하고, 상대방에게 어떤 영향을 미치며, 상대방과 어떻게 관계를 맺는 것인지를 과학적으로 연구함으로써 이러한 연계를 탐구한다.

사회적 사고

학습목표 물음 LOQ **13-1** 사회심리학자는 무엇을 연구하는가? 사람들은 상대방의 행동과 자신의 행동을 어떻게 설명하는 경향이 있는가?

사회와 집단을 연구하는 사회학과는 달리, 사회심리학은 개인들이 서로를 어떻게 바라다보며 상호 간에 어떤 영향을 미치는지에 초점을 맞춘다.

성격심리학자는 개인에게 초점을 맞춘다. 특정 상황에서 사람들이 상이하게 행동하는 이유를 설명하는 개인 특질과 역동성을 연구한다. (여러분이라면 얼음 속에 빠진 간수를 도와주었겠는가?) **사회심리학자**(social psychologist)는 상황에 초점을 맞춘다. 동일한 사람이 상이한 상황에서 다르게 행동하는 이유를 설명하는 사회적 영향을 연구한다. (다른 상황이었다면 그 간수는 빌렘스를 놓아주었겠는가?)

Mennonite Library and Archives/Bethel College

네덜란드 화가 얀 뤼켄이 제작한 디르크 빌렘스 판화 (*Martyrs Mirror*, 1685에서 인용)

근본적 귀인 오류

사회행동은 사회인지로부터 발생한다. 사람들은 왜 상대방이 그렇게 행동하는지를 이해하고 설명하기를 원한다. 사람들이 상대방의 행동을 어떻게 설명하는 것인지를 연구한 후에 프리츠 하이더(1958)는 **귀인 이론**(attribution theory)을 제안하였다. 즉, 사람들은 행동을 개인의 안정적이고 지속적인 특질에 귀인하거나(성향 귀인), 아니면 상황에 귀인할 수 있다(상황 귀인).

예컨대, 수업시간에 영숙이는 거의 말을 하지 않는다. 커피를 마시면서 철수는 끊임없이 말한다. 그들이 그런 부류의 사람이기 때문이라고 결정한다. 영숙이는 수줍어하며 철수는 외향적임에 틀림없다는 것이다. 이러한 귀인, 즉 성향 귀인은 타당한 것일 수 있다. 사람들은 지속적인 성격 특질을 가지고 있기 때문이다. 그렇지만 때로는 성격의 영향력을 과대평가하고 상황의 영향력을 과소평가하는 **근본적 귀인 오류**(fundamental attribution error)의 희생양이 되기도 한다(Ross, 1977, 2018). 강의실에서는 철수도 영숙이 못지않게 조용할지도 모른다. 파티장에서는 강의실에서 조용하기만 하였던 영숙이를 몰라볼는지도 모른다.

연구자들은 대학생을 대상으로 수행한 실험에서 이러한 경향성을 입증하였다(Napolitan & Goethals, 1979). 학생들이 한 번에 한 사람씩 한 여자와 이야기를 나누도록 하였는데, 그 여자는 냉담하고 비판적이거나 따뜻하고 친절하게 연기하는 실험협조자였다. 사전에 절반의 학생에게는 여자의 행동이 자발적인 것이라고 알려주었으며, 다른 절반의 학생에게는 여자가 친근하게(또는 냉담하게) 행동하도록 지시받았다는 사실을 알려주었다.

사실을 알려준 것이 그 여자에 대한 인상에 영향을 미쳤겠는가? 전혀 효과가 없었다! 두 집단 모두 여자가 친근하게 행동할 때는 정말로 따뜻한 사람이라고 판단하였으며, 냉담하게 행동할 때는 정말로 냉담한 사람이라고 판단하였다. 학생들은 그녀의 행동이 상황적인 것이라고 말해주었을 때조차도, 즉 그녀는 단지 실험 목적을 위해서 그런 행동을 한 것이라고 알려주었을 때조차도, 그녀의 행동을 개인 성향에 귀인하였던 것이다.

모든 사람이 근본적 귀인 오류를 범한다. 다음을 생각해보자. 여러분의 심리학 교수는 내성적인가 아니면 외향적인가? 만일 '외향적'이라고 답한다면, 여러분은 그 교수를 강의실이라는 특정 상황을 통해서만 알고 있는데 강의실은 교수에게 외향적 행동을 요구하는 장소라는 사실을 기억하기 바란다. 교수는 이렇게 말할는지도 모른다. "내가 외향적이라고요? 상황에 따라 다르지요. 강의실이나 친한 친구와 있을 때는, 그렇지요, 외향적입니다. 그렇지만 학회와 같은 전문적인 모임에서는 조금 소극적이지요." 자신에게 부여된 역할을 벗어나면, 교수는 덜 교수답게, 대통령은 덜 대통령답게, 그리고 상사는 덜 상사답게 보인다.

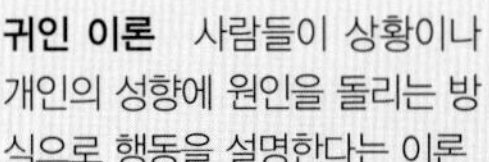

사회심리학 사람들이 상호 간에 어떻게 생각하고 영향을 미치며 관계를 맺는지를 과학적으로 연구하는 심리학의 분야

귀인 이론 사람들이 상황이나 개인의 성향에 원인을 돌리는 방식으로 행동을 설명한다는 이론

근본적 귀인 오류 상대방의 행동을 분석할 때 상황의 영향을 과소평가하고 개인적 성향을 과대평가하는 관찰자의 경향성

어떤 요인이 귀인에 영향을 미치는가?

한 가지 요인이 문화이다. 서구인은 행동을 개인 특질에 더 자주 귀인한다. 중국인과 일본인은 상황의 위력에 더 민감하다(Feinberg, M. et al., 2019; Miyamoto & Kitayama, 2018). 큰 물고기가 작은 물고기와 수초 사이를 헤엄치는 것과 같은 장면을 보여준 실험에서, 미국인은 큰 물고기의 속성에 더 많은 주의를 기울이는 반면, 일본인은 전체 장면, 즉 상황에 더 많은 주의를 기울였다(Chua et al., 2005; Nisbett, 2003).

누구의 행동인지도 중요하다. 자신의 행동을 설명할 때는 행동이 상황에 따라 매우 가변적이라는 사실에 민감하다(Idson & Mischel, 2001). 많은 상황에서 보았던 사람의 행동을 설명할 때도 상황의 위력에 민감하다. 낯선 사람이 나쁜 행동을 할 때 근본적 귀인 오류를 범할 가능성이 매우 높다. 시합의 열기가 뜨거울 때 얼굴이 벌개져서는 심판에게 야유를 퍼붓는 열성 팬만을 보았을 때는 그가 형편없는 사람이라고 생각할 수 있다. 그렇지만 경기장 밖에서 그는 좋은 이웃이며 대단한 부모일는지도 모른다.

관찰자의 견지를 취하는 것이 자신의 행동을 더 잘 자각하게 만드는가? 이 아이디어를 검증해 보기 위하여, 연구자들은 두 사람이 상호작용하는 장면을 별도의 카메라를 사용하여 녹화하였다. 상대방의 조망에서 녹화한 장면을 보여주었을 때, 참가자는 관찰자가 전형적으로 나타내는 것처럼 자신의 행동을 성향(개인적 특성) 탓으로 돌렸다(Lassiter & Irvine, 1986; Storms, 1973). 마찬가지로 경찰관의 행동을 (제3자의 입장에서 보여주는 카메라가 아니라) 그 경찰관 몸에 부착한 카메라의 조망에서 평가할 때, 사람들은 상황에 더욱 동조하여 경찰관과 더욱 공감하게 되었다(Turner et al., 2019).

자신의 행위에 대한 견해에는 두 가지 중요한 예외가 존재한다. 사람들은 자신의 의도적이고 바람직한 행동을 상황이 아니라 자신의 좋은 의도에 귀인하기 십상이다(Malle, 2006; Malle et al., 2007). 그리고 나이가 들면, 젊은 시절의 행동을 성격 특질에 귀인하는 경향이 있다(Pronin & Ross, 2006). 5~10년 정도가 지나면, 여러분의 현재 자기는 다른 사람처럼 보일는지도 모른다.

J B Handlesman/Cartoon Stock

"여보, 저 사람 비키라고 소리 좀 질러봐요."

귀인이 중요한 까닭은 무엇인가?

다른 사람의 행위를 설명하는 방식, 즉 개인에 귀인하거나 상황에 귀인하는 것은 실생활에서 중요한 효과를 갖는다(Fincham & Bradbury, 1993; Fletcher et al., 1990). 따듯한 인사는 낭만적 관심사인가 아니면 사회적 예의인가? 상사의 신랄하기 짝이 없는 지적은 실직 위협을 반영하는 것인가 아니면 나쁜 일진을 반영하는 것인가? 총을 쏜 것은 악의적인 짓인가 아니면 정당방위인가? 한 연구에서 보면, 181명의 판사가 공격성과 관련된 두뇌영역에 영향을 미치는 유전자를 가지고 있다고 과학자가 증언한 폭력범에게 보다 가벼운 판결을 내렸다(Aspinwall et al., 2012). 귀인이 중요한 것이다.

여대생 10명 중 7명은 남자들이 자신이 보인 호의를 성적 유혹으로 잘못 귀인한 적이 있다고 보고하였다(Jacques-Tiura et al., 2007).

귀인의 문제 빈곤의 문제를 사회 환경에 귀인할지 아니면 개인 성향에 귀인할지는 정치적 입장에 영향을 미치고, 그 입장을 반영하기도 한다.

Lee Snider/TopFoto

여러분은 가난과 실업을 사회적 환경에 귀인하는가 아니면 개인적 성향과 나쁜 선택에 귀인하는가? 영국, 인도, 호주, 미국에서 보수주의자는 사회 문제를 가난한 사람이나 실업자의 개인 성향에 귀인하는 경향이 있다(Dunn, 2018; Furnham, 1982; Pandey et al., 1982; Wagstaff, 1982; Zucker & Weiner, 1993). "사람들은 스스로 선택한다. 주도권을 쥐는 사람은 여전히 앞서 나갈 수 있다."라는 것이다. 사람들에게 자신의 선택을 회상하거나 다른 사람의 선택에 주목하게 함으로써 선택의 위력에 대해 숙고하게 만들면, 받을 만큼 받는 것이라고 생각하게 될 가능성이 증가한다(Savani & Rattan, 2012). 정치적 진보주의자 그리고 선택의 위력을 생각해보도록 점화되지 않은 사람은 과거와 현재의 상황을 비난할 가능성이 높다. "만일 과거와 똑같이 교육환경은 열악하고 기회는 박탈되고 차별받는 상황에서 살아가야 한다면, 도대체 나아질 것이 무엇이겠는가?"

명심할 사항 : 개인 성향으로든 상황으로든, 귀인은 실질적인 귀결을 초래한다.

Keith Srakocic/AP Images

성향 귀인 대 상황 귀인 2018년 미국 피츠버그의 생명의 나무 유대교 회당에서 11명의 예배자를 학살한 것을 살인범의 증오 성향에 귀인해야만 하는가? 또는 살인범과 생각이 같은 사람들이 반유대주의와 백인 국수주의를 선동하는 소셜 미디어에? 미국의 총기 문화에? (살인범은 네 자루의 총을 쏘아댔다.) 아니면 이 모든 것에 귀인해야 하는가? 증오를 발산한 살인범을 치료한 응급실 간호사인 유대인 한 명과 랍비 아들의 동정심은 어디에 귀인해야 하는가?

태도와 행위

LOQ 13-2 태도와 행위는 어떻게 상호작용하는가?

태도(attitude)란 사물, 사람, 사건 등에 대해 특정 방식으로 반응하도록 만드는 신념의 영향을 받기 십상인 감정이다. 만일 어떤 사람이 자신을 위협하고 있다고 믿으면, 그 사람을 향한 공포와 분노를 느끼고 방어적으로 행동하게 된다. 태도와 행위 간의 통로는 양방향적이다. 태도가 행위에 영향을 미친다. 미워하는 태도는 폭력행동을 부추긴다. 그리고 행위가 태도에 영향을 미친다(정서적 표현이 정서에 영향을 미치는 것과 마찬가지다).

태도가 행위에 영향을 미친다

태도가 행동에 영향을 미친다. 그렇지만 강력한 사회적 압력과 같은 상황 요인이 태도-행동 연계를 압도할 수 있다(Wallace et al., 2005). 정치가는 개인적으로는 동의하지 않음에도 지지자들의 요구에 따라서 투표하기도 한다(Nagourney, 2002). 또는 사적으로는 나타내지 않는 행동을 공개적으로 표명하기도 한다. [불륜을 저지른 국회의원이 '길거리에서는 낙태에 반대하고 침대에서는 임신중절에 찬성한다'고 알려진 것처럼 말이다(Weiner, 2017).]

태도는 특히 외부 영향이 거의 없을 때, 그리고 태도가 안정적이며 그 행위에만 해당하며 쉽게 회상할 수 있을 때, 행위에 영향을 미칠 가능성이 높다(Glasman & Albarracín, 2006). 한 실험은 선탠을 하고 있는 백인 학생에게 반복적인 선탠은 장차 피부암을 일으킬 위험이 있다고 설득하는 데 선명하고 쉽게 회상할 수 있는 정보를 사용하였다. 1개월이 지난 후에 참가자의 경우에는 72%가, 그리고 통제집단의 경우에는 16%만이 밝은 피부를 나타냈다(McClendon & Prentice-

Dunn, 2001). (피부암 위험에 관하여) 변화된 태도가 행위를 바꾼 것이다.

행위가 태도에 영향을 미친다

이제 놀라운 원리 하나를 보도록 하자. 사람들은 때때로 자신이 믿는 것을 편들게 될 뿐만 아니라 편들었던 것을 믿게 되기도 한다. 많은 증거들이 **태도가 행위에 뒤따른다**는 사실을 확증해준다(그림 13.1).

문안에 발 들여놓기 현상 만일 어떤 사람이 여러분의 신념에 반하여 행동하도록 유도하면 어떻게 반응하겠는가? 많은 경우에 사람들은 자신의 태도를 조정한다. 한국전쟁 중에 많은 미군 포로가 중국 공산당 포로수용소에 감금되었다. 수용소는 단순 과제(특권을 얻기 위하여 심부름을 하는 것)에서부터 보다 심각한 행위(거짓 자백, 동료 포로의 밀고, 군사정보의 폭로 등)에 이르는 다양한 행위에서 포로들의 협조를 확보하였다. 그렇게 함으로써 포로들은 때때로 자신의 공개된 행위와 일치하도록 생각을 조정하기도 하였다(Lifton, 1961). 전쟁이 끝났을 때, 21명의 포로가 공산주의자들과 남는 길을 선택하였다. 어떤 포로는 공산주의가 아시아에 적합한 이념이라고 세뇌당한 채 고향으로 돌아갔다(흔히 알려진 것처럼, 실제로 세뇌를 한 것은 아니다).

중국 공산당이 이토록 성공적이었던 까닭은 부분적으로 **문안에 발 들여놓기 현상**(foot-in-the-door phenomenon) 덕분이었다. 이들은 사소한 행위의 요구에 응한 사람이 나중에 더 큰 요구에도 쉽게 동의한다는 사실을 알고 있었던 것이다. 중국 공산당은 사소한 서류를 복사하는 것과 같이, 아무런 해가 없는 요구사항으로 시작하여 점차적으로 요구의 강도를 높였다(Schein, 1956). 복사해야 할 다음 서류는 자본주의 병폐의 목록일 수 있다. 그런 다음에 포로들은 특권을 얻기 위하여 집단토론에 참여하거나, 자아비판문을 작성하거나, 아니면 공개적 자아비판에 나서기도 하였다. 요점은 간단하다. 사람들이 무엇인가 중차대한 것에 동의하도록 만들려면, 작은 것으로부터 시작하라(Cialdini, 1993). 사소한 행위는 다음 행위를 쉽게 만들어준다. 사소한 거짓말은 더 큰 거짓말의 발판을 마련해준다. 하찮은 거짓말이 사기로 발전할 수 있다. 한 가지 유혹에 굴복하게 되면, 다음 유혹에 저항하기는 더욱 어려워지는 것이다.

수십 회의 실험에서 사람들로 하여금 자신의 태도에 반하여 행동하거나 도덕 기준을 위배하는

실험은 '면전에서 문 닫기' 효과도 보여준다. 누군가에게 접근하여 말도 안 되는 요청을 해보라("2주 동안 매일 자원봉사를 해주시겠습니까?"). 거절당한 후에(면전에서 문 닫기), 뒤이은 온건한 요청은 받아들일 가능성이 커진다("30분만 자원봉사를 해주시겠습니까?").

Matthias Hangst/Getty Images

그림 13.1
태도가 행위에 뒤따른다 사진에서 보는 바와 같이 2014년 월드컵 우승을 자축하고 있는 독일 축구팀을 포함하여 스포츠팀 선수들이 나타내는 협동 행위는 상호 간의 호감을 촉진시킨다. 이러한 태도는 다시 긍정적 행동을 조장한다.

태도 대상, 사람, 사건 등에 특정한 방식으로 반응하도록 만드는 감정으로, 신념의 영향을 받기 십상이다.

문안에 발 들여놓기 현상 처음에 작은 요청에 동의하였던 사람이 나중에 더 어려운 요청에도 동의하는 경향성

King Features Syndicate

행위를 하도록 끌어들였을 때, 동일한 결과를 얻었다. 즉, 행하면 믿게 되는 것이다. 결백한 희생자에게 추잡한 말을 하거나 짐짓 전기쇼크를 가하는 등의 방식으로 해를 가하도록 유도하면, 사람들은 그 희생자를 헐뜯기 시작한다. 양심의 가책을 느끼는 입장을 대변해서 말을 하거나 글을 쓰도록 유도하면, 사람들은 자신의 표현을 믿기 시작한다.

다행스럽게도, 태도가 행위에 뒤따른다는 원리는 악행뿐만 아니라 선행에서도 잘 작동한다. 이제 고전이 되어버린 실험에서 안전운전 자원홍보자라고 소개한 연구자들이 캘리포니아 주민에게 '안전하게 운전합시다'라고 괴발개발로 쓴 커다란 현수막을 자신의 앞마당에 설치하는 데 동의해줄 것을 요청하였다(Freedman & Fraser, 1966). 단지 17%만이 동의해주었다. 사전에 높이가 10센티미터도 되지 않는 '안전운전자가 됩시다'라는 표어를 창문에 부착할 것을 요청하였던 사람들의 경우에는 76%로 치솟았다.

문안에 발 들어놓기 책략은 기부, 헌혈, 미국 학교의 인종차별 폐지 등을 신장하는 데도 도움을 주었다. 1964년 인종평등 법안이 통과된 후 학교의 인종차별 금지는 법으로 안착하였다. 그 뒤로 백인들이 인종 편견을 점차적으로 덜 표현하였다. 그리고 인종차별에 대한 국가 기준이 더욱 동일해진 덕분으로 서로 다른 지역의 미국인들이 보다 유사하게 행동하게 되자, 보다 유사하게 생각하기 시작하였다. 실험연구도 도덕적 행위는 도덕적 신념을 강화시킨다는 사실을 확증하고 있다.

자문자답하기

여러분은 변화시키고 싶은 태도나 경향성을 가지고 있는가? 태도가 행위에 뒤따른다는 원리를 사용한다면, 그 태도를 어떻게 변화시킬 수 있겠는가?

역할놀이는 태도에 영향을 미친다 대학생이 된다거나, 혼인을 한다거나, 처음 직장생활을 시작하는 등 새로운 **역할**(role)을 맡게 되면, 사람들은 사회적 처방을 준수하고자 애쓴다. 처음에는 어떤 역할을 수행하는 것이기에 그 행동이 가짜인 것처럼 느껴질 수 있다. 군에 입대한 첫 주는 마치 군인 흉내를 내는 것처럼 인위적인 느낌이 든다. 그렇지만 머지않아서 삶이라는 극장에서 역할놀이로 시작한 것이 바로 자신이 되어버린다. 미국 드라마 매드맨의 보비 배럿이 충고하는 것처럼, "직업을 하나 선택하라, 그러면 바로 그 일을 하는 사람이 된다."

"이룰 때까지는 속여라." AA(Alcoholics Anonymous) 경구

실세계에서는 고문 전문가를 훈련하는 데에도 단계적인 역할놀이를 사용해왔다(Staub, 1989). 1970년대 초반에 그리스 군사정권은 남자들을 쉽게 고문자 역할로 끌어들였다. 우선 피훈련자는 취조실 밖에서 보초를 섰다. 이렇게 문안에 발을 들여놓은 다음에는 취조실 안에서 보초를 섰

Paul Burns/Blend Images/Alamy

신참 간호사 의료가운을 처음 입을 때는 변장놀이를 하는 것처럼 느낄 수 있다. 그렇지만 시간이 지나면서 매일의 직무에 뛰어들고 새로운 환경에서 사회적 단서를 쫓다보면 그 역할이 사람을 규정짓게 된다.

역할 사회적 위상에 대한 일련의 기대(규범)이며, 그 위상에 위치하는 사람이 어떻게 행동해야 할 것인지를 규정한다.

인지부조화 이론 두 가지 생각이 일치하지 않을 때 사람들이 느끼는 불편함(부조화)을 감소시키도록 행동한다는 이론. 예컨대, 태도와 행위에 대한 자각이 충돌할 때 태도를 변화시킴으로써 부조화를 감소시킬 수 있다.

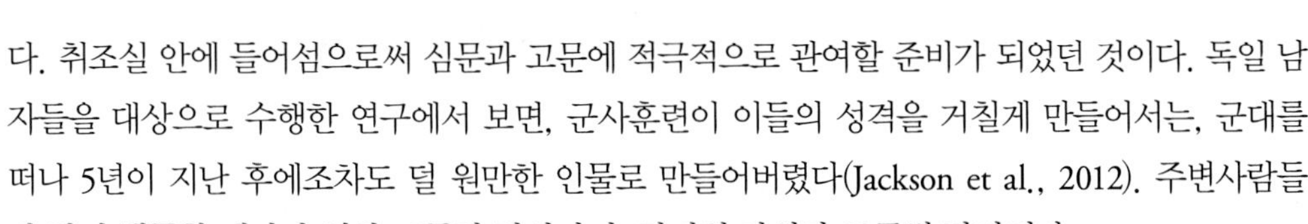

다. 취조실 안에 들어섬으로써 심문과 고문에 적극적으로 관여할 준비가 되었던 것이다. 독일 남자들을 대상으로 수행한 연구에서 보면, 군사훈련이 이들의 성격을 거칠게 만들어서는, 군대를 떠나 5년이 지난 후에조차도 덜 원만한 인물로 만들어버렸다(Jackson et al., 2012). 주변사람들과 같이 행동할 때마다 점차 그들과 닮아가며, 과거의 자신과 조금씩 달라진다.

그렇지만 사람들은 서로 다르다. 잔악 행위를 유발하는 실제 상황에서 어떤 사람은 상황에 굴복하였지만 다른 사람은 그렇지 않았다(Haslam & Reicher, 2007, 2012; Mastroianni & Reed, 2006; Zimbardo, 2007). 사람과 상황은 상호작용하는 것이다.

인지부조화 : 긴장 해소 지금까지는 행위가 태도에 영향을 미친다는 것을 보았다. 예컨대, 포로가 협조자로, 역할놀이자가 신봉자로 변한다. 그런데 그 이유는 무엇인가? 한 가지 설명은 태도와 행위가 일치하지 않는다는 사실을 자각할 때, 긴장 또는 **인지부조화**를 경험한다는 것이다. 레온 페스팅거가 제안한 **인지부조화 이론**(cognitive dissonance theory)에 따르면, 이 긴장을 해소하기 위해서 사람들은 태도를 행위에 맞추어 변화시킨다.

수많은 실험이 인지부조화 이론을 검증하였다(Levy et al., 2018). 사람들에게 자신의 태도와 일치하지 않으며 예측할 만한 결과를 초래하는 행동에 책임감을 느끼게 만들었다. 만일 여러분이 이러한 실험의 참가자라면, 소액을 받고 무언인가를 지지하지 않는 글, 예컨대 등록금 인상에 찬성하는 글을 써서 연구자를 도와주는 것에 동의할 수 있다. 여러분의 태도와 불일치하는 글의 내용에 책임감을 느낀다면 부조화를 느낄 수 있는데, 특히 학교당국이 여러분의 글을 읽을 것이라고 생각할 때 그렇다. 불편한 부조화를 감소시키기 위하여 여러분은 직접 쓴 가짜 글을 믿어버릴 수 있다. 이러한 경우는 마치 합리화하는 것처럼 보인다. "만일 내가 그렇게 할 것을 선택하였다면, 그것을 신봉하는 것이 확실해." 강제성이 적고 그 행위에 책임감을 많이 느낄수록, 부조화를 더 많이 느끼게 된다. 부조화를 더 많이 느낄수록, 행위를 정당화하는 데 도움이 되도록 태도를 변화시키는 것과 같이 일관성을 되찾으려는 동기도 더 높아진다.

태도가 행위에 뒤따른다는 원리는 심금을 울리는 함의를 가지고 있다. 즉, 사람들이 모든 감정을 직접적으로 제어할 수는 없지만, 행동을 변화시킴으로써 그 감정에 영향을 미칠 수 있다. 우울하다면 사건에 대한 귀인을 수정하고 가능한 한 자기비하를 하지 않으면서 그 사건을 보다 긍정적이고 자신을 받아들이는 방식으로 설명할 수 있다(Rubenstein et al., 2016). 사랑스럽지 않다면, 마치 사랑하는 것처럼 행동함으로써, 즉 사려 깊게 행동하고 애정을 표현하며 상대를 인정해줌으로써, 사랑스럽게 될 수 있다. 로버트 레빈(2016)은 "스스로 '내가 어떻게 행동해야 하는

"울적한 자세로 하루 종일 앉아서 한숨 쉬고, 매사에 음울한 목소리로 응답해보라. 그러면 우울함이 떠나지 않을 것이다… 만일 바람직하지 않은 정서적 경향성을 극복하고자 원한다면, 자신이 배양하려는 정반대의 성향을 향해 나아가야만 한다." 윌리엄 제임스, 『심리학원리』(1890)

가?'라고 자문할 때마다, 여러분은 '내가 되고 싶은 사람은 누구인가?'라는 질문도 던지고 있는 것이다."라고 언급하고 있다. 이 사실은 10대의 봉사 활동이 다정다감한 정체성을 촉진하게 되는 이유를 설명하는 데 도움이 된다. 누군가를 좋아하는 것처럼 행동하라. 그러면 곧 그렇게 된다. 겉치레도 실제가 될 수 있다. 행위가 품성을 조성한다. 행동하면 그러한 사람이 되는 것이다.

명심할 사항 : 생각하는 것을 행위로 나타낼 수 있을 뿐만 아니라 행동한 것을 생각하는 방식으로 받아들일 수도 있다.

인출 연습

RP-1 눈이 오는 날 차를 몰고 가던 철수는 빨간 신호등임에도 교차로로 미끄러지듯 들어오는 다른 차와 거의 충돌할 뻔하였다. '속도를 낮춰야지, 이 멍청한 운전자야.'라고 속으로 생각하였다. 잠시 후에는 철수 자신의 차가 교차로에서 미끄러지면서, "와우! 이 동네 길이 황당하네. 시에서는 이곳부터 눈을 치워야 하잖아!"라고 소리 질렀다. 철수는 어떤 사회심리학 원리를 방금 시범 보인 것인가? 설명하라.

RP-2 태도와 행동은 상호 간에 어떤 영향을 미치는가?

RP-3 사람들이 자신의 태도와 일치하지 않는 방식으로 행동하고는 그 행동에 걸맞게 태도를 변화시키는 이유를 설명하고자 시도하는 이론은 무엇인가?

답은 부록 E를 참조

설득

LOQ 13-3 주변 경로 설득과 중심 경로 설득은 어떻게 다른가?

사람들은 상대방의 태도를 변화시키고자 설득함으로써 상대방의 행동에 영향을 미치고자 시도하기 십상이다. 설득 노력은 일반적으로 다음과 같은 두 가지 경로를 밟는다.

- **주변 경로 설득**(peripheral route persuasion)은 주의를 끌어당기는 단서를 사용하여 빠르고 정서에 기반한 판단을 촉발한다. 한 실험에서는 한 집단에게 백신이 자폐증을 초래한다는 엉터리 신화를 깨부수는 정보를 제공하였으며, 다른 집단에게는 백신을 맞지 않아서 볼거리, 홍역, 또는 풍진을 앓고 있는 아동의 사진을 홍역에 대한 부모의 설명과 함께 보여주었다. 선명한 사진과 설명을 제공한 집단만이 백신을 지지하게 되었다(Horne et al., 2015). 정치 후보자를 선택하든 최신 미용제품을 구매하든, 미인이나 유명인의 홍보도 사람들에게 영향을 미칠 수 있다. 환경운동가이자 배우인 케이트 블란쳇이 기후변화 재앙을 막는 행동을 촉구하거나, 프란치스코 교황(2015)이 "기후변화는 심각한 함의를 갖는 전 지구적 문제입니다."라고 언급할 때는 자신들의 호소를 주변 경로 설득과 연결시키고자 희망하는 것이다. 상품을 팔기 위하여 감동적인 이미지를 사용하는 광고도 마찬가지이다.
- **중심 경로 설득**(central route persuasion)은 신중한 사고를 촉발하는 증거와 주장을 내세운다. 새로운 도구를 구입하도록 설득하기 위하여 광고가 모든 최신예 자질을 조목조목 명세하기도 한다. 기후변화 개입에 대한 지지를 모으려는 효과적인 주장은 쌓여가는 온실가스, 녹아내리는 극지방 빙하, 상승하는 해수면과 세계 기후, 증가하고 있는 극단적인 날씨 등에 초점을 맞추어왔다(van der Linden et al., 2015). 중심 경로 설득은 본래 분석적이거나 논제에 관여하고 있는 사람에게 잘 작동한다. 보다 사려 깊고 덜 피상적이기 때문에 효과가 더욱 지속적이다. 사람들이 메시지를 적극적으로 처리할 때, 즉 마음속에서 그 메시지를 정교화시킬

주변 경로 설득 사람들이 말하는 사람의 매력도와 같은 우발적 단서의 영향을 받아 이루어지는 설득

중심 경로 설득 관심을 보이는 사람이 주장에 주의를 기울이고 호의적인 생각으로 반응을 보임으로써 이루어지는 설득

때, 더 잘 기억한다(정교화 가능성 모형이 기술하는 현상이다).

어떻게 하면 상대방이 자신의 견해를 받아들이도록 하는 데 더 성공적일 수 있을까? 효과적인 설득 전략에 대해서 더 많은 것을 알고자 한다면, 비판적으로 생각하기 : 어떻게 설득할 것인가?를 참조하라.

자문자답하기

여러분은 '비판적으로 생각하기 : 어떻게 설득할 것인가?'에서 확인할 수 있는 '해서는 안 되는' 비효과적인 설득 전략을 사용하였던 적이 있는가? 다음번에 중요한 토론을 할 때 여러분의 접근방식을 어떻게 개선하겠는가?

인출 연습

RP-4 증거에 기반하고 있는 효과적인 설득방법은 무엇인가?

답은 부록 E를 참조

개관 사회적 사고

학습목표

자기검증 개념 파악을 증진시키도록 (부록 D의 답을 확인해보기에 앞서) 여러분 자신의 표현으로 여기서 반복하는 학습목표 물음에 답해보라 (McDaniel et al., 2009, 2015).

LOQ 13-1 사회심리학자는 무엇을 연구하는가? 사람들은 상대방의 행동과 자신의 행동을 어떻게 설명하는 경향이 있는가?

LOQ 13-2 태도와 행위는 어떻게 상호작용하는가?

LOQ 13-3 주변 경로 설득과 중심 경로 설득은 어떻게 다른가?

LOQ 13-4 어떻게 자신의 견해를 효과적으로 공유하도록 만들 수 있는가?

기억해야 할 용어와 개념들

자기검증 여러분 자신의 표현으로 정의를 적어본 후에 답을 확인해보라.

귀인 이론	사회심리학	중심 경로 설득
근본적 귀인 오류	역할	태도
문안에 발 들여놓기 현상	인지부조화 이론	
	주변 경로 설득	

학습내용 숙달하기

자기검증 여러분 자신의 표현으로 다음 물음에 답한 후에 부록 E에서 답을 확인해보라.

1. 한 연구는 대부분의 10대 소년과 소녀가 온라인 포르노에 등장하는 여자가 진정한 성적 쾌감을 경험하고 있다고 믿는다는 사실을 지적하였다(Jones, 2018). 그렇지만 카메라 앞에 있다는 상황은 여자가 자신의 역할을 연기하고 있음을 시사한다. 사회심리학자라면 10대의 오해를 __________오류로 설명할 것이다.

2. 사람들은 이미 작은 요청에 동의하였다면, 큰 요청에는 보다 쉽게 동의하는 경향이 있다. 이러한 경향성을 __________현상이라고 부른다.

3. 철수의 치료사는 철수가 비록 불안하고 부끄럼을 타더라도 마치 자신 있는 것처럼 행동하도록 제안하였다. 이러한 제안을 가장 지지하는 사회심리학 이론은 무엇인가? 그리고 치료사는 무엇을 달성하고자 시도하고 있는 것인가?

4. 광고에 유명인사가 출연하는 것은 소비자로 하여금 (중심/주변) 경로 설득을 통해서 제품을 구매하도록 이끌어가는 것이다.

비판적으로 생각하기

어떻게 설득할 것인가?

LOQ 13-4 어떻게 자신의 견해를 효과적으로 공유하도록 만들 수 있는가?

여러분과 견해가 다른 사람에게 설득적이고 싶은가?

해서는 안 되는 것

경청하기에 앞서 자신의 입장을 **큰 소리로 주장**한다. 고함지르기는 역효과를 초래한다.

상대방에게 **창피를 주거나** 무식하다는 암시를 준다. 모욕은 방어적 자세를 잉태한다.

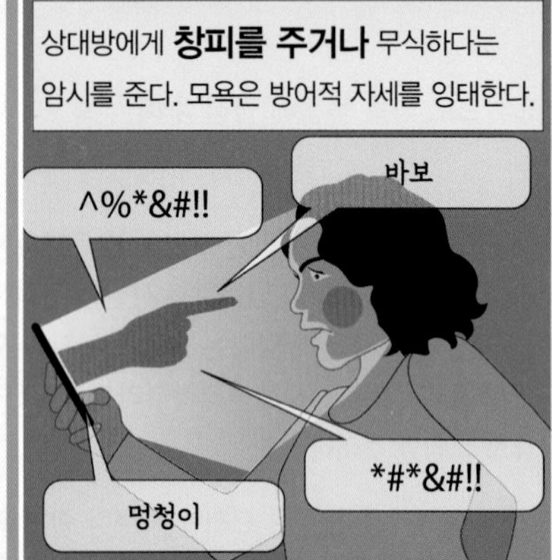

복잡하고 잊기 쉬운 정보로 상대방을 **지루하게 만든다.**

그래서 말이죠, 앞에서 말한 것처럼 결코 기억하지 못하겠지만 매우 지루하고 불안정하고 따분하기 짝이 없는 통계치에 주의를 기울이세요. 자, 그렇지만 한편으로는 마지막에 제시한 것보다도 더 무미건조하고 지나칠 정도로 복잡하기 짝이 없는 또 다른 데이터 포인트가 여기 있습니다. 계속하자면…

해야 하는 것

공유하는 가치나 목표를 확인한다. 예컨대 "모두 졸업하고 싶나요? 더 좋은 직업도 갖고 싶나요? 나가서 즐기기에 앞서 시험공부를 합시다."

상대방의 바람직한 동기에 호소한다.

여러분의 목표를 상대방이 바라는 것과 관련시킨다.[1] 예컨대,

"나는 사람들이 사냥총은 가지고 있지만 폭력을 위한 총은 가지고 있지 않았던 그리운 지난날을 회복하고 싶습니다."

"나는 미래에 사람들이 자신의 사냥총은 소유하지만 누구도 폭력을 위한 총은 소지하지 않도록 변화시키는 것을 선호합니다."

정치적 보수주의자는 향수에 반응을 보이는 경향이 있다. 이 집단에 총기 안전법을 홍보하는 사람은 과거를 확인하는 것으로 메시지의 틀을 만들어야 한다.

정치적 진보주의자는 미래에 초점을 맞춘 메시지에 더 잘 반응한다.

메시지를 선명한 것으로 만들어라. 사람들은 극적인 시각 사례를 잘 기억한다. 백신을 맞지 않아서 예방할 수 있는 질병을 앓고 있는 아동이나 기아 상태의 배고픈 아동의 사진은 이성에 못지않게 감성에 호소한다.

메시지를 반복하라. 사람들은 반복적인 거짓말을 믿지만, 자주 반복하는 진실도 믿는 경향이 있다.

Science Science Evidence-based Science Evidence-based Science Evidence-based Evidence-based Consider alternatives Science Consider alternatives

청중이 여러분의 메시지를 재언급하도록 만들어라. 아니면 그에 따라서 행동하도록 만들면 더 좋다. 단순히 수동적으로 듣는 것이 아니라 적극적으로 자신의 것으로 받아들이도록 만들어라.

1. Lammers & Baldwin, 2018.

사회적 영향

사회심리학의 위대한 교훈은 사회적 영향의 엄청난 위력에 있다. 이 영향은 부분적으로 사회 **규범**(norm), 즉 기대하고 용납되는 행동의 규칙에서 유래한다. 대학 캠퍼스에서는 청바지가 규범이다. 뉴욕의 월 스트리트나 런던의 본드 스트리트에서는 정장을 예상한다. 어떻게 행동하고 어떻게 치장하며 어떻게 말해야 하는지를 알 때는 삶이 조화롭게 작동한다.

그렇지만 때로는 사회적 압력이 사람들을 위험천만한 방향으로 이끌어간다. 불만을 공유하는 사람들과 함께 고립무원이 된 반대자들은 점차적으로 폭도가 될 수 있으며, 이 폭도는 다시 테러리스트가 될 수 있다. 총기난사, 자살, 폭탄 위협, 비행기 납치 등은 모두 이상하리만치 군집적으로 나타나는 경향을 가지고 있다. 4명 이상의 다중 살인이 발생한 후에는 13일에 걸쳐서 다른 유사한 공격이 발생할 확률이 증가한다(Towers et al., 2015). 이러한 사회적 끈이 잡아당기는 힘을 살펴보도록 하자. 그 힘은 얼마나 강력한 것이며, 어떻게 작동하는 것인가? 언제 그 힘을 깨뜨리게 되는가?

"좋든 나쁘든 하나의 사례가 어떻게 다른 사람들로 하여금 따라 하도록 촉발시킬 수 있는지를 알아차렸던 적이 있는가? 한 사람이 불법 주차를 하는 것이 어떻게 다른 사람들도 그렇게 하도록 해줄 수 있겠는가? 인종차별 농담이 어떻게 또 다른 농담에 불을 지필 수 있겠는가?" 마리안 라이트 에덜먼, 『성공의 평가』(1992)

동조 : 사회적 압력에 순응하기

LOQ 13-5 어째서 사회적 전염이 동조의 한 형태이며, 동조 실험은 어떻게 사회적 영향의 위력을 밝히고 있는가?

사회적 전염

물고기들은 떼를 지어 헤엄친다. 새들은 무리 지어 날아다닌다. 인간도 집단과 동행하고, 집단이 하는 대로 행동하며 생각하는 대로 생각하는 경향이 있다. 행동은 **사회적 전염**의 영향을 받는다. 집단의 한 사람이 하품하거나, 웃거나, 기침하거나, 하늘을 쳐다보거나, 휴대폰을 확인하면, 다른 사람들도 곧 그렇게 행동한다(Holle et al., 2012). 하품에 관한 글을 읽는 것조차도 하품을 증가시킨다(Provine, 2012). 여러분은 이 사실을 알아챈 적이 있는가?

타냐 차트랜드와 존 바그(1999)는 이러한 사회적 전염을 주변 색깔에 맞추어 몸 색깔을 바꾸는 카멜레온에 빗대서 **카멜레온 효과**라고 명명하였다. 학생들에게 다른 사람과 함께 한 방에서 일을 하도록 하였는데, 사실은 그 사람이 실험자를 도와주는 실험협조자이었다. 실험협조자는 때때로 얼굴을 문질렀으며, 다른 때는 발을 떨었다. 확실히 참가자들은 얼굴을 문지르는 사람과 함께 있을 때는 자신의 얼굴을 문지르는 경향이 있었으며, 발을 떠는 사람과 함께 있을 때는 자신의 발을 흔들어댔다.

© Dave Coverly/speedbump.com

사회적 전염은 행동에 국한되지 않는다. 인간 카멜레온은 주변사람의 표현, 자세, 억양 등의 정서적 어조 그리고 심지어는 문법조차도 따라

규범 용인되고 기대되는 행동에 대한 규칙. 규범은 '적절한' 행동을 처방한다.

동조 자신의 행동이나 사고를 집단의 기준과 일치하도록 조정하는 것

한다(Ireland & Pennebaker, 2010). 누군가 중립적인 글을 행복하거나 슬픈 목소리로 읽는 것을 듣기만 해도 **기분 전염**이 발생한다(Neumann & Strack, 2000).

이렇게 자연스러운 흉내 내기는 사람들이 **공감**하도록, 즉 다른 사람이 느끼고 있는 것을 느끼도록 도와준다. 이 사실은 우울한 사람 옆에 있을 때보다 행복한 사람과 함께 있을 때 더 행복하게 느끼는 이유를 설명하는 데 도움을 준다. 영국 근로자 집단을 대상으로 수행한 연구들이 **기분 연계**, 즉 기분의 오르내림을 공유하는 현상을 보여준 이유를 설명하는 데도 도움을 준다(Totterdell et al., 1998). 대화 상대자가 고개를 끄덕이면 여러분도 그렇게 하는 것처럼 공감적인 흉내 내기는 친근감을 조장한다(Chartrand & van Baaren, 2009; Lakin et al., 2008). 사람들은 좋아하는 사람을 흉내 내며 자신을 흉내 내는 사람을 좋아하는 경향이 있다(Kämpf et al., 2018). 여러분과 의견이 다를지도 모르는 누군가와 산책을 가는 것조차도 걸음을 동시화시킬 뿐만 아니라 라포르와 공감도 증가시킨다(Webb et al., 2017).

"하품이든 웃음이든 춤이든 따라 하기이든지 간에, 동시성과 흉내 내기를 관찰할 때, 사회적 연계와 유대를 보게 된다." 영장류 동물학자 프란스 드 발, 『공감 본능』(2009)

사회적 연결망은 행복이나 외로움과 같은 기분, 약물 남용, 심지어는 비만과 수면 상실로 이끌어가는 행동 패턴에 대한 전염성 통로로 작용한다(Christakis & Fowler, 2009). 웹사이트에서 긍정적 평가는 더욱 긍정적 평가를 초래하는데, 이 현상을 **긍정적 군집**이라고 부른다(Muchnik et al., 2013). 2010년 미국 국회의원 선거일에 실시한 대규모 실험에서는 페이스북이 6,100만 명에게 투표를 부추기는 메시지를 지역의 투표장에 대한 링크와 클릭할 수 있는 '투표 완료 인증' 버튼과 함께 보냈다. 어떤 수신자의 경우에는 메시지가 이미 투표한 페이스북 친구의 사진도 포함하였다. '친구에게 투표하였다고 알리세요'라는 메시지를 받은 사람은 투표할 가능성이 약간 높았으며, 그 차이는 추정하건대 부가적인 282,000표를 만들어냈다.

피암시성과 흉내 내기는 비극으로 이끌어갈 수도 있다. 총기난사 사건이 널리 알려진 후에, 사람들이 총기를 구입하고 폭력을 위협할 가능성이 높아진다(Cooper, 1999; Porfiri et al., 2019). 때로는 널리 알려진 자살 뒤에 자살률의 급등이 뒤따른다(Phillips et al., 1985, 1989).

무엇이 행동군집을 일으키는 것인가? 서로 영향을 미치기 때문에 유사하게 행동하는 것인가? 아니면 동일한 사건과 조건에 동시에 노출되기 때문인가? 사회심리학자들은 답을 찾기 위하여 동조에 관한 실험을 수행하여 왔다.

전염성 있는 웃음 웃음도 하품과 마찬가지로 전염성이 있다. 캔디스 페인이라는 가정주부가 분장한 '츄바카 엄마' 동영상을 시청한 사람들이 발견한 것이 바로 이것이다. 이 동영상은 2016년 페이스북에서 1억 6,400만 뷰 이상을 기록하여 전 세계에서 가장 많은 조회수를 기록한 페이스북 라이브 동영상이 되었다.

동조와 사회 규범

피암시성과 흉내 내기는 미묘한 유형의 **동조**(conformity), 즉 행동이나 생각을 집단 기준에 맞추는 것이다. 솔로몬 애쉬(1955)는 동조를 연구하기 위해서 간단한 검사를 만들었다. 여러분이 시지각 연구라고 생각하는 실험의 참가자로 제시간에 실험실을 방문하였는데, 그곳에는 이미 다섯 사람이 테이블에 둘러앉아 있다. 실험자는 세 개의 비교 선분 중에서 기준 선분과 길이가 같은 것이 어느 것인지를 순서대로 묻는다. 여러분은 선분 2가 정답임을 명확하게 볼 수 있으며, 다른 사람이 먼저 답하고 차례가 오기를 기다리고 있다. 두 번째에도 똑같이 쉬운 비교가 진행되자 실험이 지루해지기 시작한다.

이제 세 번째 시행이며, 정답은 여전히 명백해 보인다(그림 13.2). 그런데 처음 사람이 '선분 3'이라고 틀린 답을 내놓아서 여러분을 어리둥절하게 만든다. 두 번째, 세 번째, 네 번째 사람도 동일한 틀린 답을 내놓자 여러분은 의자를 고쳐 앉고는 눈을 가늘게 뜨고 선분들을 들여다본다. 다섯 번째 사람도 앞의 네 사람과 동일한 답을 내놓게 되자, 여러분의 심장이 뛰기 시작한다. 이제 실험자가 여러분을 쳐다보면서 답을 하도록 요청한다. 다섯 사람의 만장일치 반응과 자신의

Reprinted by permission of Anderws McMeel. ©1997 Wiley.

눈이 보고 있는 증거 사이의 괴리로 인해서 여러분은 긴장감을 느끼고 조금 전에 비해서 자신을 덜 확신하게 된다. 답을 내놓기 전에 주춤거리면서, 이단자가 되는 불편함을 감내할 것인지를 생각해본다. 여러분이라면 어떤 답을 내놓을 것인가?

애쉬의 실험에서 혼자서 답을 한다면, 실수를 범할 가능성은 1%도 되지 않는다. 그런데 다른 여러 사람, 즉 실험협조자들이 엉터리 답을 내놓는다면 어떻겠는가? 비록 많은 사람은 다른 사람들이 엉터리 답을 내놓는 경우에도 진실을 말하였지만, 애쉬는 자신의 결과로 혼란을 겪었다. 즉, 1/3 이상의 경우에 '지적이고 선의를 가지고 있는' 대학생 참가자가 집단과 같은 행동을 함으로써 "기꺼이 검은 것을 흰 것이라고 말하였던 것이다."

후속 연구자들이 항상 애쉬가 얻었던 만큼의 동조를 찾아낸 것은 아니었지만, 다음과 같은 상황에서 동조할 가능성이 더 크다는 사실을 밝혀왔다.

- 능력이 없거나 불확실하다고 느끼도록 만들었을 때
- 집단에 최소한 세 명이 존재할 때
- 집단이 만장일치일 때 (단 한 명의 이단자라도 사회적 용기를 상당히 증가시킨다.)
- 집단의 위상과 매력을 존중할 때
- 미리 어떤 반응을 할 것인지를 정하지 않았을 때
- 집단의 다른 사람들이 자신의 행동을 관찰하고 있다는 사실을 알고 있을 때
- 문화가 사회적 기준을 존중하도록 강력하게 요구할 때

어째서 사람들은 그토록 자주 다른 사람들이 행동하는 대로 행동하고 생각하는 대로 생각하

Gerda & Helmut Schill/Anzenber/Redux

문신 : 어제의 비동조, 오늘의 동조? 스티븐 핑커(2019)는 "우리 학생들은 동조자가 아닙니다. 모두 문신과 피어싱을 하고 있지요."라고 자랑하듯 떠벌린 대학 관리자의 무시당한 채 은근슬쩍 넘어간 역설을 회상하였다.

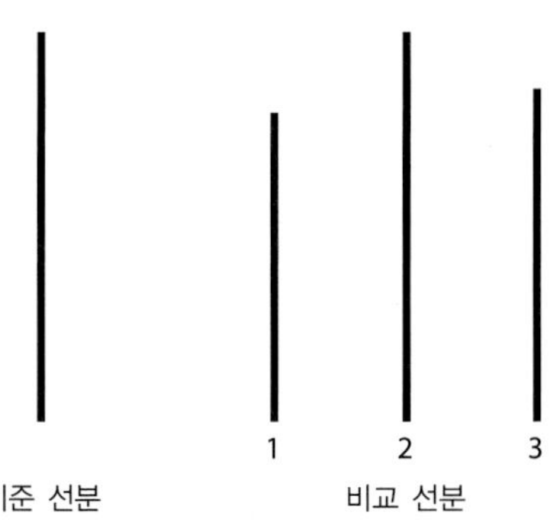

William Vendivert/Scientific American

그림 13.2
애쉬의 동조 실험 세 개의 비교 선분 중에서 기준 선분과 길이가 동일한 것은 어느 것인가? 다섯 명이 '선분 3'이라고 말하는 것을 들은 후에, 대부분의 사람은 어떻게 말할 것이라고 생각하는가? 애쉬 실험의 한 장면인 이 사진에서, 중앙의 학생은 다른 사람들(이 경우에는 실험협조자들이다)의 반응에 동의하지 않음으로써 초래되는 심각한 불편함을 보여주고 있다.

Mike Twohy The New Yorker Collection/The Cartoon Bank

"나는 네가 다른 녀석들과 동일하려는 것을 좋아해."

는 것인가? 논쟁을 불러일으키는 논제에 대해서 강의실에서 손을 들어 답하는 것이 무기명 반응만큼 다양하지 않은 이유는 무엇인가?(Stowell et al., 2010). 어째서 다른 사람이 박수 치면 박수 치고, 먹으면 먹고, 믿으면 믿고, 심지어는 보는 것을 보는 것인가?

사람들은 배척을 회피하거나 사회적 인정을 얻기 위하여 동조한다. 그 경우에 사람들은 **규범적 사회영향**(normative social influence)에 반응하고 있는 것이다. 사회 규범에 민감한 까닭은 달라서 치러야 할 대가가 심각한 것일 수 있기 때문이다(Culcutt et al., 2019). 사람은 소속욕구를 가지고 있는 것이다. 집단 조화를 우선시하는 집단주의 문화에서 사회 규범에 더 많이 동조한다(Stamkou et al., 2019). 또한 사람들은 육류를 적게 먹는다든가, 설탕 소비를 줄인다든가, 동성애자 권리를 지지한다든가 하는 것처럼, 변화하는 '역동적 규범'에도 동조반응을 보인다(Sparkman & Walton, 2017, 2019).

다른 경우에는 정확하고자 원하기 때문에 동조한다. 집단은 정보를 제공하며, 비정상적으로 고집스러운 사람만이 다른 사람의 말에 귀를 기울이지 않는다. 온라인에서 영화나 식당의 평가를 읽을 때처럼 실재에 대한 타인의 견해를 받아들일 때, **정보적 사회영향**(informational social influence)에 반응하고 있는 것이다. 다른 사람이 옳다고 생각하고 그들을 따르는 것은 때때로 보상을 준다. 웨일스의 한 운전자는 영국의 고속도로에서 가장 먼 역주행 기록을 가지고 있다. 고속도로가 끝나기 전에 경찰이 그녀의 자동차 타이어를 펑크 낼 때까지 단 한 번의 접촉사고만을 낸 채 거의 50킬로미터를 역주행하였다. 음주 상태이었던 운전자는 나중에 자신을 향해 달려오는 수백 대의 자동차가 모두 역주행하고 있다고 생각하였다고 말하였다(Woolcock, 2004).

동조는 좋은 것인가 아니면 나쁜 것인가? 사람들을 거짓말에 동의하도록 이끌어가거나 집단 따돌림을 함께 하도록 만든다는 점에서 동조는 나쁠 수 있다. 아니면 다른 사람의 너그러움을 관찰한 후에 사람들을 더 너그럽게 만든다는 점에서 좋을 수도 있다(Nook et al., 2016). 또한 그 답은 부분적으로 문화의 영향을 받는 가치관에도 달려있다. 많은 아시아, 아프리카, 라틴아메리카 국가의 국민은 집단 기준을 강조하는 집단주의에 높은 가치를 부여한다. 서구인들과 영어를 사용하는 많은 국가의 국민은 독립적인 자기를 강조하는 개인주의를 떠받드는 경향이 있다. 17개 국가에 걸쳐 수행한 실험에서 보면, 개인주의 문화에서 동조하는 비율이 낮았다(Bond & Smith, 1996). 예컨대, 미국 대학생은 소비자의 구매행동에서부터 정치적 견해에 이르는 영역에서 자신이 다른 사람보다 덜 동조적이라고 생각하는 경향이 있다(Pronin et al., 2007). 각자의 눈으로 볼 때, 자신은 양 떼 속에 들어있는 개인인 것이다.

인간과 마찬가지로, 철 따라 떼를 지어 이동하는 동물도 정보적 이유와 규범적 이유로 동조하고 있는 것이다(Claidière & Whiten, 2012). 다른 친구들을 따르는 것은 정보적이다. 외로운 거위와 비교해서, 집단을 이루고 있는 거위들이 더 정확하게 이동한다. (집단의 지혜가 있는 것이다.) 그렇지만 무리와 함께 있는 것은 집단 구성원의 자격도 유지시켜 준다.

자문자답하기

여러분은 자신이 얼마나 동조적이라고, 아니면 '비동조에 동조한다고' 생각하는가? 여러분은 동일 문화나 하위문화의 사람과 동일시하는 사람들을 어떤 방식으로 보아왔는가?

인출 연습

RP-1 인체공학적인 배낭을 사용하라는 어머니의 간청에도 불구하고, 영숙이는 멋을 부리는 친구들이 하는 방식으로 커다란 숄더백에 모든 책을 넣고 다니기를 고집하고 있다. 어떤 유형의 사회적 영향이 영숙이에게 영향을 미치고 있는가?

답은 부록 E를 참조

복종 : 명령에 따르기

LOQ 13-6 밀그램의 복종 실험이 사회적 영향의 위력에 관하여 알려주는 것은 무엇인가?

스탠리 밀그램(1933~1984) 사회심리학자 스탠리 밀그램의 복종 실험은 오늘날 '우리 시대에서 교육받은 사람들의 자화상'에 해당한다(Sabini, 1986).

솔로몬 애쉬의 제자인 사회심리학자 스탠리 밀그램(1963, 1974)은 사람들이 사회적 압력에 복종한다는 사실을 알고 있었다. 그런데 노골적인 명령에는 어떻게 반응하겠는가? 홀로코스트 잔혹 행위를 수행하였던 사람들처럼 반응하겠는가? (밀그램의 몇몇 가족은 나치 집단수용소에서 살아남았다.) 밀그램은 이 사실을 알아보기 위하여 사회심리학에서 가장 유명하고 논란거리가 되어버린 실험을 수행하였다(Benjamin & Simpson, 2009).

밀그램이 수행한 20회 실험에는 대부분이 20~50세인 남자 1,000여 명이 참가하였는데, 여러분이 그 참가자 중의 한 명이라고 상상해보라. 구인광고를 보고 예일대학교 심리학과에 가서 처벌이 학습에 미치는 효과에 관한 실험에 참가한다. 밀그램 교수의 조교가 여러분과 또 다른 한 사람 중에서 누가 '선생'이 되고 누가 '학생'이 될 것인지를 결정하기 위해서 제비뽑기를 하도록 요청한다. 여러분이 '선생'을 뽑는다(여러분은 알지 못하였지만, 제비는 모두 '선생'이다). 실험자가 짐짓 온순하고 복종적으로 보이는 '학생'을 옆방으로 데리고 가서 벽을 통해서 전기쇼크 기계와 연결된 의자에 붙잡아 맨다. 여러분은 전기쇼크 기계 앞에 앉아 학생에게 단어쌍 목록을 가르치고 검사하라는 과제를 받는다. 학생이 틀린 답을 내놓으면 짧은 전기쇼크를 전달하는 스위치를 올려야 한다. 첫 번째 오답에 대해서는 '15볼트-미약한 쇼크'라는 표시가 적힌 스위치를 올리게 된다. 학생이 계속해서 틀릴 때마다, 단계적으로 더 높은 전압으로 이동하게 된다. 스위치를 올릴 때마다 불빛이 들어오고 스위치의 전기음이 실내를 채운다.

실험이 시작되고, 여러분은 첫 번째와 두 번째 오답에 쇼크를 전달한다. 만일 계속한다면, 세 번째, 네 번째, 다섯 번째 스위치를 올릴 때마다 학생이 투덜거리는 소리를 듣게 된다. 여덟 번째 스위치('120볼트-상당한 쇼크')를 작동시킬 때는, 쇼크가 고통스럽다고 고함을 지른다. 열 번째 스위치('150볼트-강한 쇼크')에서는 학생이 "여기서 나가게 해줘요! 더 이상 실험하지 않을래요! 그만두겠어요!"라며 울먹인다. 여러분은 이러한 간청을 듣고 멈칫거린다. 그런데 실험자가 격려한다. "계속하십시오. 실험은 계속하도록 되어있습니다." 만일 여러분이 항의하면, 실험자는 "당신이 계속하는 것이 절대적으로 필요한 것입니다." 또는 "대안이 없습니다. 계속해야 합니다."라고 주장한다.

여러분이 복종하여 계속되는 오답에 쇼크 수준을 높여감에 따라서, 학생의 항의가 점증하여 비탄의 비명소리로 변하는 것을 듣게 된다. 330볼트 수준이 되면 학생은 답하기를 거부하고는 잠잠해진다. 실험자는 여전히 마지막 450볼트 스위치까지 진행할 것을 요구하며, 학생에게 질문을 던지고 정답을 대지 못하면 다음 쇼크 수준을 집행할 것을 명령한다.

여러분은 누군가에게 쇼크를 가하라는 실험자의 명령을 따르겠는가? 어느 수준에서 복종하기를 거부하겠는가? 실험을 수행하기에 앞서 밀그램은 실험에 참가하지 않는 사람들에게 자신이 선생이라면 어떻게 하겠는지를 물었다. 대부분의 사람은 학생이 최초로 고통을 표현하자마자 그러한 가학적인 역할을 중지할 것이며, 비탄의 비명까지는 결코 가지 않을 것이라고 주장하였다. 40명의 정신과 의사도 그러한 예측에 동의하였다. 예측은 정확하였는가? 전혀 아니며, 근처에도 가지 못하였다. 실제로 실험을 수행하였을 때, 밀그램은 경악하고 말았다. 60% 이상의 참가자가 명령에 복종하여 마지막 450볼트 스위치까지 올렸던 것이다. 40명의 새로운 선생을 대상으로 학생이 '약간의 심장마비 증상'을 호소하는 새로운 실험을 수행하였을 때도 결과는 마찬가지이었

규범적 사회영향 인정을 획득하고 불인정을 피하려는 개인의 욕구로 인해서 초래되는 영향

정보적 사회영향 현실에 대한 타인의 견해를 받아들이려는 의지에서 초래되는 영향

Alexandra Milgram

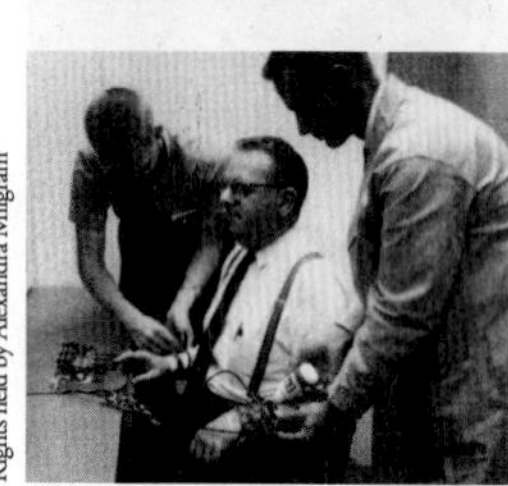
Stanley Milgram, from the film "Obedience," Rights held by Alexandra Milgram

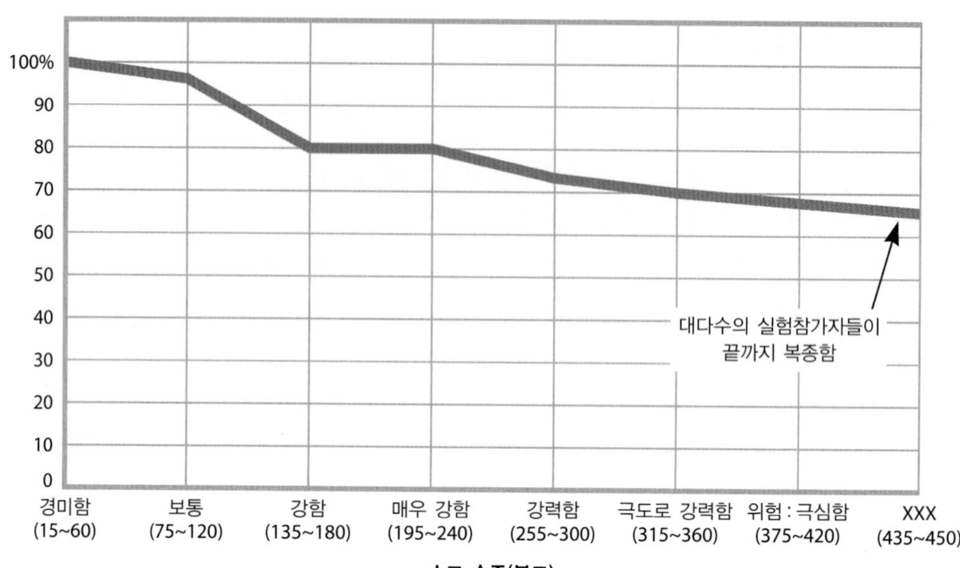

그림 13.3
밀그램의 후속 복종 실험 초기 실험의 반복 연구에서, '선생' 역할을 맡은 남자 성인의 65%가 실험을 계속하라는 실험자의 명령에 완전히 복종하였다. '학생' 역할을 맡은 사람이 사전에 심장병에 대해서 언급하고 150볼트 후에는 항의의 비명소리를 그리고 330볼트 후에는 고통스러운 항의를 했음에도 불구하고 '선생' 참가자들이 그렇게 했다(Milgram, 1974의 데이터).

다. 새로운 선생의 65%가 실험자의 명령에 복종하여 450볼트까지 스위치를 올렸던 것이다(그림 13.3). 후속된 10회의 실험에서는 여자도 남자와 유사한 비율로 명령에 복종하였다(Blass, 1999).

밀그램의 결과는 1960년대 미국인의 마음갖춤새에 의한 산물이었는가? 아니다. 보다 최근에 수행한 반복연구에서 보면, 참가자의 70%가 150볼트 수준까지 복종하였다(이 수준에서 밀그램의 결과가 83%이었던 것에 비해서 다소 낮은 것이었다)(Burger, 2009). 폴란드 연구팀은 이 수준에서 90%의 복종결과를 얻었다(Doliński et al., 2017). 그리고 최근 프랑스 텔레비전의 리얼리티 프로그램이 밀그램 실험을 반복하였을 때, 환호하는 관중이 충동질을 하자 81%의 출연자가 명령에 복종하여 비명을 지르는 희생자에게 고문을 가하였다(Beauvois et al., 2012).

밀그램 실험에서 '선생' 역할을 맡은 참가자는 속임수, 즉 쇼크가 실제로 주어지는 것은 아니며, 학생이 쇼크의 고통을 연기하는 실험협조자라는 사실을 알아차렸을까? 실험이 실제로는 처벌을 가하라는 명령에 복종하는 정도를 측정하는 것이었음을 깨달았을까? 그렇지 않다. 선생들은 전형적인 고통의 징표를 그대로 나타냈다. 땀을 뻘뻘 흘리고, 몸을 덜덜 떨며, 신경질적으로 웃으며 입술을 깨물었다.

밀그램이 속임수와 스트레스를 실험에 사용한 것은 연구윤리에 관한 논쟁을 촉발시켰다. 밀그램은 자신을 방어하면서 참가자들이 속임수와 실제 연구목적을 알게 된 후에도 실험에 참가한 것을 후회하는 사람은 거의 없었다는 사실을 지적하였다(아마도 그 시점에서 참가자들은 **부조화**를 감소시키기 위해서 그랬을 가능성이 있다). 가장 비탄에 빠졌던 40명의 '선생' 참가자가 나중에 정신과 의사의 상담을 받았는데, 어느 누구도 정서적 후유증을 겪는 것으로 보이지 않았다. 총체적으로 이 실험은 대학생이 중요한 시험에 직면하고 실패할 때 경험하는 스트레스보다 덜 지속적인 스트레스를 유발하였다고 밀그램은 주장하였다(Blass, 1996). 그렇지만 다른 연구자들은 밀그램의 기록을 면밀하게 살펴본 후에, 그의 실험 후 설명이 철저하지 못하였으며 참가자의 고통은 그가 언급한 것보다 훨씬 큰 것이었다고 보고하고 있다(Nicholson, 2011; Perry, 2013). 또한 비판자들은 참가자가 맹목적으로 복종한 것이라기보다는 자신을 연구자 그리고 연구자의 과학적 목표와 동일시하고 있었을 수도 있다고 추측하였다(Haslam et al., 2014, 2016).

후속 실험에서 밀그램은 사람들의 복종행동에 영향을 미치는 몇 가지 조건을 발견하였다. 상황을 변화시켰을 때, 끝까지 복종하는 참가자의 비율은 0%에서 93%까지 변하였다. 복종이 가장 많이 일어나는 상황은 다음과 같다.

- **명령을 내리는 사람이 가까이 존재하며 합법적인 권위자로 지각될 때** 이러한 사례는 2005년에 템플대학교 농구팀 감독이 120킬로그램의 거구이면서 후보 선수인 네헤미아 인그램을 시합에 내보내면서 '거친 파울'을 하라고 지시한 것이다. 인그램은 명령에 따라서 상대 선수의 오른팔을 부러뜨리면서 4분 만에 5반칙으로 퇴장당하였다.
- **저명한 기관이 권위자를 지지할 때** 밀그램이 자신의 실험을 예일대학교와 분리시켰을 때 복종이 줄어들었다. 그렇다면 1994년 르완다 대학살이 진행될 때, 어째서 그토록 많은 후투족 사람이 이웃인 투치족 사람을 학살하였단 말인가? 부분적으로는 이들이 상부의 명령은 비록 사악한 것이라고 할지라도 법의 힘을 가진 것으로 이해하는 문화에 속해있었기 때문이다(Kamatali, 2014).
- **희생자가 몰개성화되거나 멀리 떨어져 있거나 다른 방에 있을 때** 마찬가지로 적군과 마주 보면서 전투를 치를 때는 많은 군인이 방아쇠를 당기기 못하거나 제대로 겨냥하지 못한다. 대포나 전투기와 같이 멀리 떨어져있는 무기를 작동하는 군인들 사이에서는 이러한 거부가 드물게 나타난다(Padgett, 1989). 원격 조종하는 무인 비행기를 작동하여 원거리에서 살상을 감행하는 사람은 아프가니스탄 전쟁과 이라크 전쟁에서 지상군으로 활동하였던 군인들보다 훨씬 적은 외상 후 스트레스 장애를 겪었다(Miller, 2012).
- **저항하는 역할 모델이 없을 때** 즉, '선생' 참가자가 실험자에게 복종하지 않는 다른 참가자를 보지 않을 때

"홀로코스트는 가스실에서 시작된 것이 아니다. 이러한 증오는 합법적 배제, 비인간화, 폭증하는 폭력을 통해 말표현, 고정관념, 편견에서부터 서서히 증가하였던 것이다." 아우슈비츠 박물관 트윗(2018)

합법적이고 가까이 존재하는 권위의 위력은 홀로코스트 잔혹 행위를 수행하라는 명령에 복종한 사람들의 이야기에서 명백하게 나타난다. 복종 자체만으로는 홀로코스트를 설명할 수 없다. 반유대주의도 열성적인 살인자들을 만들어냈다(Fenigstein, 2015; Mastroianni, 2015). 그렇지만 복종이 한 요인임은 확실하다. 1942년 여름에 거의 500명이나 되는 중년의 독일 예비경찰관이 독일 점령지역인 폴란드 유제푸프에 파견되었다. 7월 13일, 대부분이 가장인 이들에게 눈에 뜨일 정도로 흥분한 대장이 적군을 도와준 것으로 알려진 마을의 유대인들을 일제 검거하라는 명령을 받았다고 알렸다. 신체가 건장한 유대인은 작업 캠프로 보냈으며, 나머지는 모두 즉석에서 총살하였다.

처형에 참여하는 것을 거부할 기회가 주어졌을 때, 단지 10여 명만이 그 자리에서 거부 의사를 나타냈다. 17시간 이내에 나머지 485명의 경찰은 1,500명의 힘없는 여성과 어린이 그리고 노인을 바닥에 엎드리게 해놓고는 뒤통수에 총을 쏘아서 살해하였다. 희생자들의 호소를 듣고 무시무시한 결과를 목격하게 되자, 20% 정도의 경찰이 결국 명령에 불복종하게 되었으며, 학살이 끝날 때까지 희생자를 체포하지 않거나 멀리 도망가서 숨어있게 해주었다(Browning, 1992). 실제 삶에서도, 밀그램의 실험에서와 같이, 불복종자는 소수였다.

또 다른 이야기가 프랑스의 르 샹봉 마을에서 펼쳐졌다. 이 마을에서는 독일로 끌려갈 운명에 처한 프랑스계 유대인을 보호해주고 때로는 스위스 국경을 넘어 도피하는 것을 도와줌으로써, '새로운 질서'에 협조하라는 명령을 공개적으로 거부한 마을사람들이 있었다. 신교도이었던 이 마을의 조상도 박해를 받아왔으며, 마을 목사는 마을사람에게 "적이 성경 말씀에 위배되는 복종

을 강요할 때는 언제나 저항하라."라고 가르쳐왔던 것이다(Rochat, 1993). 숨겨준 유대인 목록을 내놓으라고 경찰이 강요하자, 담임목사는 저항의 본보기를 보여주었다. "나는 유대인을 모른다. 단지 인간을 알 뿐이다." 개인적으로 엄청난 위험에 처하였음에도, 르 샹봉 주민은 우선적으로 저항하였던 것이다. 이들은 궁핍한 생활로 고생하였으며, 불복종함으로써 처벌을 받기도 하였다. 그렇지만 자신들의 신념, 역할 모델, 서로 간의 상호작용, 자신들 스스로의 행위에 힘입어, 전쟁이 끝날 때까지 저항하였던 것이다.

복종은 항상 사악한 것이고 저항은 항상 옳은 것이라고 지레 짐작하는 것을 막기 위해서, 1852년 증기선 버컨헤드호에 승선하여 아녀자들과 함께 항행하고 있었던 영국 병사들의 복종을 보도록 하자. 배가 남아프리카 항구에 접근할 때, 암초에 걸려 좌초하고 말았다. 승객들을 진정시키고 석 대의 구명정을 이용하여 여자와 아동 그리고 민간인을 질서 있게 탈출시키기 위하여, 승객을 도와주거나 구명정에 바람을 넣고 있지 않은 병사들은 퍼레이드 난간에 도열하였다. 구명정을 내리는 동안 장교는 "일동, 차렷!"을 명하였다. 어느 병사도 구명정의 자리를 얻기 위하여 미친 듯이 달려들지 않았다. 배가 가라앉자 모든 병사는 바다로 뛰어들었으며, 대부분은 익사하거나 상어 밥이 되고 말았다. 거의 한 세기 동안 '버컨헤드호의 엄격한 훈련은 바다에서의 영웅적 행동을 측정하는 표준'으로 남아있다고 제임스 미치너(1978)는 지적하였다.

동조와 복종 연구의 교훈

LOQ 13-7 사회적 영향 연구가 사람들 자신에 관해 알려주는 것은 무엇인가? 사람들은 한 개인으로서 얼마나 많은 힘을 가지고 있는가?

사회적 영향에 대한 실험연구는 어떻게 일상 삶과 관련되는가? 선분 길이를 판단하는 것이나 전기쇼크 스위치를 올리는 것이 일상적 사회행동과 어떤 관계가 있는가? 심리학 실험의 목적은 일상 삶에서 실제로 나타나는 복잡한 행동을 곧이곧대로 재현하는 것이 아니라, 그러한 행동을 조성하는 기저과정을 포착하고 탐색하려는 것이다. 솔로몬 애쉬와 스탠리 밀그램은 사람들에게 친숙한 선택, 즉 내 기준이 다른 사람의 기대와 갈등을 일으키는 경우에도 그 기준을 고수할 것인지를 강제하는 실험을 고안한 것이다.

밀그램의 실험과 오늘날의 반복실험에서 참가자들은 갈등을 겪었다. 희생자의 호소에 반응해야 하는가 아니면 실험자의 명령에 따라야 하는가? 도덕성은 남을 해치지 말라고 경고하는 동시에 실험자에 복종하여 좋은 실험참가자가 되도록 부추겼다. 친절과 복종이 충돌하는 과정에서는 일반적으로 복종이 우선하였다.

이러한 실험들은 강력한 사회적 영향이 사람들을 거짓에 동조하거나 잔혹 행위에 굴복하게 만들 수 있다는 사실을 입증하였다. 밀그램은 "우리 연구의 가장 근본적인 교훈은 자신의 일을 충실하게 수행하며 어떤 특정한 적개심도 가지지 않은 보통사람이 끔찍한 파괴적 행위자가 될 수 있다는 점"이라고 적고 있다(1974, 6쪽).

450볼트 또는 누군가의 실제 폭력이라는 극단에 초점을 맞추게 되면, 비인도적 행위를 결코 이해할 수 없다. 밀그램이 처음부터 머리카락이 쭈뼛 설 만큼 강력한 전기쇼크를 '학생'에게 가하도록 요구함으로써 '선생' 참가자를 함정에 빠뜨린 것은 아니다. 문안에 발 들여놓기 기법을 이용하여, 처음에는 간지러운 정도의 전압으로 시작한 다음에 단계적으로 그 강도를 높여갔던 것

Sueddeutsche Zeitung Photo/Alamy

소수의 영향 모든 사람이 나치와 아돌프 히틀러에게 충성을 맹세하고 있는 와중에 팔짱을 끼고 도전적으로 서있는 아우구스트 란트메서처럼 행동하는 데는 이례적인 용기가 필요하다. 그렇지만 때로는 이러한 개인이 소수자 영향의 위력을 입증하면서 집단을 고취시켜 왔다.

이다. 스위치를 올리는 사람의 마음에서는 최소한의 행위가 정당화되었으며, 다음 행위도 참을 만한 것이 되어버렸다. 사람들이 사악한 행위에 점차적으로 굴복할 때 바로 이러한 일이 발생하는 것이다.

"모든 사악한 행동은 15볼트로부터 시작한다." 필립 짐바르도, 스탠퍼드대학교 강연(2010)

어느 사회에서든 엄청난 악행은 작은 악행에 복종하는 것에서부터 자라나기 마련이다. 나치 지도자는 대부분의 독일 공무원이 유대인을 직접 총살하거나 가스실로 집어넣기를 거부할 것이라고 걱정하였지만, 이들은 홀로코스트에 대한 서류 작업을 기꺼이 처리하였던 것이다(Silver & Geller, 1978). 밀그램도 자신의 실험에서 유사한 반응을 발견하였다. 40명의 남자에게 다른 사람이 전기쇼크를 주는 동안 학습검사만을 실시해달라고 요구하였을 때, 93%가 복종하였다. 잔인함은 악마와 같은 깡패를 필요로 하지 않는다. 필요한 것은 사악한 상황에 오염된 보통사람이다. 신입회원을 못살게 굴라는 명령에 솔선수범하는 보통 학생, 유해한 제품을 생산하여 판매하라는 명령에 따르는 보통 직원이 바로 그들이다. 일반 병사는 죄수를 처벌하고 고문하라는 명령에 따르게 된다(Lankford, 2009). 폭력집단의 꼬임에 넘어간 사람들의 경우에, 강제로 폭행을 자행하도록 만들고 나면 자신을 그 집단과 동일시할 가능성이 매우 높다(Littman, 2018). 태도가 행위에 뒤따르는 것이다.

"나는 단지 명령에 따랐을 뿐이다." 아돌프 아이히만

밀그램의 실험에서와 마찬가지로 유제푸프와 르 샹봉에서도 저항하였던 사람은 일반적으로 처음부터 저항하였다. 애초에 순응하거나 저항한 후에는 태도가 행위를 따르고 정당화하기 시작하였던 것이다.

사회심리학자들이 개인의 힘에 관하여 밝혀낸 것은 무엇인가? **사회적 제어**(상황의 위력)와 **개인적 제어**(개인의 힘)는 상호작용한다. 물이 소금은 용해시키지만 모래에 대해서는 그러지 못하는 것과 마찬가지로, 부패한 상황에서 어떤 사람은 썩은 사과로 변모하는 반면 다른 사람은 그 상황에 저항한다(Johnson, 2007).

어떤 사람은 압박을 느낄 때 기대와는 정반대로 행동하는 방식으로 저항한다(Rosenberg & Siegel, 2018). 한두 사람이 다수를 움직이는 힘이 **소수자 영향**이다(Moscovici, 1985). 다음과 같은 한 가지 연구결과가 끊임없이 회자된다. 여러분이 소수자일 때 자신의 견해를 굳건하게 지키면서 머뭇거리지 않는다면, 다수를 움직일 가능성이 훨씬 크다. 이 책략이 여러분을 유명하게 만들

Michael Campanella/Getty Images

Pacific Press Agency/Alamy Stock Photo

Macmillan Learning

개인의 위력 2018년 8월, 15세 소녀인 그레타 툰베리가 스웨덴 국회의사당 밖에 혼자 앉아있었는데, 이것이 기후변화에 항의하는 최초의 학교 시위이었다. 그녀의 행위가 시위운동을 점화하고 13개월이 지난 2019년 9월에는 전 세계에서 4,000만 명이 그녀의 기후 시위에 동참하였으며, 타임지는 그녀를 2019년 올해의 인물로 선정하였다.

지는 않을지라도 영향력 있는 인물로 만들어줄 수 있다. 특히 여러분의 자기확신이 다른 사람들을 자극하여 여러분이 그렇게 행동하는 까닭을 생각해보도록 만들 때 더욱 그렇다(Wood et al., 1994).

사회적 영향의 위력은 엄청나지만, 신념에 찬 개인의 힘도 만만치 않다. 만일 그렇지 않다면, 공산주의는 여전히 애매모호한 이론으로 남아있고, 기독교는 중동의 작은 분파이며, 버스 뒷좌석에 앉기를 거부한 로자 파크스[1]가 미국의 인권운동을 촉발하지 못하였을 것이다. 사회적 힘은 중요하다. 그렇지만 개인도 중요하다.

인출 연습

RP-2 대부분의 실험참가자가 무고한 타인에게 생명을 위협하는 쇼크를 가하라는 권위자의 요구에 복종하였던, 심리학에서 가장 유명한 복종 실험을 수행한 사회심리학자는 ______________ 이다.

RP-3 실험참가자의 복종을 가장 잘 일으킬 수 있는 상황에는 어떤 것이 있는가?

답은 부록 E를 참조

집단행동

LOQ 13-8 타인의 존재는 사회적 촉진, 사회적 태만, 몰개인화를 통해서 사람들의 행동에 어떤 영향을 미치는가?

낚싯대를 들고 서있다고 상상해보라. 여러분의 과제는 가능한 한 빠르게 릴을 감는 것이다. 때로는 다른 참가자도 가능한 한 빨리 릴을 감고 있는 상황에서 그 과제를 수행한다. 다른 사람의 존재가 여러분의 수행에 영향을 미치겠는가?

사회심리학에서 수행한 최초 실험 중의 하나에서 노먼 트리플릿(1898)은 동일한 과제를 수행하고 있는 다른 사람이 존재할 때 청소년들이 릴을 더 빠르게 감는다는 사실을 발견하였다. 오늘날 재분석한 결과를 보면 그 차이가 대단한 것은 아니었지만(Stroebe, 2012), 트리플릿은 타인의 존재가 사람들의 행동에 어떤 영향을 미치는지를 연구하도록 사회심리학자들을 고취시켰다. 집단영향은 단 한 명의 타인이 존재하는 작은 집단과 상당히 복잡한 집단 모두에서 작동한다.

사회적 촉진 타인이 존재할 때 단순하거나 잘 학습된 과제를 잘 수행하는 현상

1 로자 파크스(Rosa Lee Louise McCauley Parks, 1913~2005)는 아프리카계 미국인 시민운동가로, '현대 시민운동의 어머니'로 불린다. 1955년 12월 1일, 앨라배마 몽고메리에서 백인 승객에게 자리를 양보하라는 버스 운전사의 지시를 거부하여 경찰에 체포되는 사건이 벌어졌다. 이 사건은 382일 동안 계속된 몽고메리 버스 거부운동으로 이어졌고 인종 분리에 저항하는 대규모 운동으로 확대되었다._역자 주

사회적 촉진

타인이 존재할 때 수행이 증진된다는 트리플릿의 발견을 **사회적 촉진**(social facilitation)이라고 부른다. 그렇지만 후속 연구는 사회적 영향이 그렇게 간단하지만은 않다는 사실을 드러냈다. 타인의 존재는 가능성이 매우 높은 반응, 즉 쉬운 과제에서는 정확 반응을 그리고 어려운 과제에서는 틀린 반응을 강화한다(Guerin, 1986; Zajonc, 1965). 그 이유는 무엇인가? 다른 사람이 관찰할 때는 사람들이 각성되며, 이 각성이 반응을 증폭시키기 때문이다. 아마도 여러분은 다른 많은 사람과 마찬가지로, 다른 사람들과 함께 먹을 때 더 많이 먹는 경향이 있을 것이다(Ruddock et al., 2019). 아니면 혼자 경기할 때는 71%의 정확도를 보이지만, 네 사람이 들어와서 자신의 경기를 관람할 때는 80%의 정확도를 보이는 프로 당구선수를 생각해보라(Michaels et al., 1982). 반면 혼자 경기할 때는 36%의 정확도를 보였던 초보자가 관객이 있을 때는 25%의 정확도만을 나타냈다.

열광적인 관중의 효과는 홈경기 이점을 설명하는 데 도움을 준다. 다양한 국가에서 개최되는 대학 스포츠 경기와 프로 스포츠 경기에 대한 연구는 홈경기 이점이 실재한다는 사실을 보여준다. 예컨대, 홈팀의 승률이 메이저리그 야구에서는 54%, NBA 농구에서는 60%, 그리고 영국 프리미어리그 축구에서는 63%이다(Allen & Jones, 2014; Jamieson, 2010; Moskowitz & Wertheim, 2011).

명심할 사항 : 여러분이 잘하고 있을 때는, 관중 앞에서 더욱 잘해낼 가능성이 높으며, 특히 관중이 호의적일 때 그렇다. 여러분이 어려워하는 것은 누군가 지켜보고 있을 때 거의 불가능한 것처럼 보이게 된다.

사회적 촉진은 관중의 웃음 촉진 효과를 설명하는 데도 도움을 준다. 코미디언은 '좋은 공연장'이란 객석이 가득 찬 공연장이라는 사실을 알고 있다. 그/그녀가 알지 못할 수도 있는 사실은 관중이 각성을 촉발한다는 점이다. 관중이 별로 없을 때는 보통 정도로만 재미있는 코미디가 관중으로 가득 찬 방에서는 훨씬 재미있는 것처럼 느껴진다(Aiello et al., 1983; Freedman & Perlick, 1979). 서로 가까이 앉아있을 때 친한 사람들은 더 좋아하게 되고, 친하지 않은 사람들은 덜 좋아하게 된다(Schiffenbauer & Schiavo, 1976; Storms & Thomas, 1977). 따라서 활기찬 이벤트를 원한다면, 모든 사람을 수용하기 어려운 공간을 선택하라.

사회적 촉진 숙달된 운동선수들은 관중 앞에서 능력을 발휘한다. 사람들이 보고 있는 상황에서는 더 잘한다.

Hope College

사회적 태만

사회적 촉진 실험은 당구를 치는 것과 같이 타인의 존재가 한 개인의 과제 수행에 미치는 효과를 검증한다. 그렇다면 사람들이 집단으로 동일한 과제를 수행할 때는 어떤 일이 벌어지는가? 예컨대, 팀을 이루어 줄다리기 시합을 할 때 사람들은 일대일로 시합을 할 때보다 힘을 더 쓰겠는가, 덜 쓰겠는가, 아니면 똑같겠는가?

이 물음에 답하기 위해서 매사추세츠대학교 연구팀은 학생들에게 눈을 가린 채 밧줄을 '있는 힘껏' 당기도록 요구하였다. 자기 뒤에서 세 사람이 함께 줄을 당기고 있다고 거짓으로 알려주었을 때, 눈을 가린 학생은 혼자 당기고 있다고 생각할 때에 비해서 82%만 힘을 사용하였다(Ingham et al., 1974). 집단 속에 앉아있으면서 눈을 가린 채 헤드폰을 통해서 다른 사람들의 큰 박수소리나 고함소리를 들으면서 가능한 한 크게 박수 치거나 고함을 지를 때 어떤 일이 일어날 것인지를 생각해보자(Latané, 1981). 다른 사람들과 함께 박수를 치거나 고함을 지르고 있다고 생각할 때, 실험참가자들은 '혼자' 박수를 치거나 고함을 지를 때에 비해서 1/3가량 소리를 적게 내었다.

이렇게 노력이 감소하는 현상을 **사회적 태만**(social loafing)이라고 부른다(Jackson & Williams, 1988; Latané, 1981). 미국, 인도, 태국, 일본, 중국, 대만 등에서 수행한 실험에서 보면, 사회적 태만은 다양한 과제에서 일어났다. 특히 개인주의 문화의 남자들 사이에서 공통적으로 나타났다(Karau & Williams, 1993). 사회적 태만의 원인은 무엇인가? 집단의 일원으로 행동하는 사람은 다음과 같을 수 있다.

- **책임감을 덜 느낀다**. 따라서 다른 사람이 어떻게 생각할 것인지를 덜 걱정한다.
- **개인의 기여를 없어도 되는 것으로 간주한다**(Harkins & Szymanski, 1989; Kerr & Bruun, 1983).
- **자신의 기여도를 과대추정**하고, 다른 사람의 노력을 평가절하한다(Schroeder et al., 2016).
- **다른 사람의 노력에 무임승차한다**. 아마 여러분도 집단 과제를 수행하면서 이 현상을 목격하였을 수 있겠다. 동기가 아주 높지 않고 집단과의 동일시도 높지 않으면, 다른 구성원들의 노력에 무임승차하려고 한다. 특히 얼마나 공헌하였느냐에 관계없이 돌아오는 이득이 모든 구성원에게 동일할 때 그렇다.

자문자답하기

다음번 집단 프로젝트 과제를 수행할 때 사회적 태만을 감소시키기 위하여 어떤 조치를 취할 수 있겠는가?

Jessica Kourkounis/Reuters/Newscom

몰개인화 2018년 미국 NFL 슈퍼볼에서 필라델피아 이글스팀이 최초로 승리한 흥분으로 인해서, 사회적 각성과 '언더독(개싸움에서 밑에 깔린 개. 스포츠에서 이길 확률이 적은 팀을 일컫는다)' 가면이 제공하는 익명성에 의해 탈억제된 몇몇 팬들이 파괴적으로 변하였다.

몰개인화

타인의 존재는 사람들을 각성시키거나(사회적 촉진) 책임감을 감소시킬 수 있다(사회적 태만). 그런데 때로는 타인의 존재가 각성도 시키면서 동시에 책임감을 감소시키기도 한다. 그 결과로 식당에서 음식 쟁탈전을 벌이거나 예술문화의 파괴 행위나 폭동에 이르기까지 충격적인 행동이 나타날 수 있는 것이다. 자의식과 억제력을 상실하는 이러한 과정을 **몰개인화**(deindividuation)라고 부르며, 집단에의 참여가 사람들을 각성시키는 동시에 익명적으로 만들 때 발생한다. 한 실험에서는 KKK단 모자와 같은 것을 머리에 써서 몰개인화시킨 뉴욕대학교 여학생들이 그렇지 않은 여학생들에 비해서 상대방에게 두 배 이상 강력한 전기쇼크를 가하였다(Zimbardo, 1970).

몰개인화는 다양한 상황에서 번창하고 있다. 인터넷 익명성은 사람들로 하여금 자신의 분노를 제멋대로 표출하게 해주며, 때로는 집단 따돌림과 혐오적인 언사를 동반하기도 한다(Chetty & Alathur, 2018; Kowalski et al., 2018; Zych et al., 2018). 자유분방한 표현의 어두운 면을 예증하는 온라인 트롤(인터넷 토론방에서 남들의 화를 부추기기 위한 메시지를 보내는 사람)[2]은 다른 사람들을 무자비하게 학대하는 것을 즐긴다고 보고한다(Buckels et al., 2014; Sest & March, 2017). 면전에서는 "너는 역겨워!"라고 결코 말하지 않겠지만, 온라인 익명성 뒤에 숨을 수 있는 것이다. 얼굴 분장이나 가면 등으로 스스로를 몰개인화시킨 부족의 전사는 맨얼굴의 다른 부족민에 비해서 체포된 적군을 살해하거나 고문하거나 사지를 절단할 가능성이 훨씬 크다(Watson, 1973). 폭동이든 콘서트이든 운동 시합이든 종교집회이든, 자의식과 자기억제를 상실할 때 집단

2 이런 사람을 지칭하는 유사한 신조어로 '어그로꾼'이 있다._역자 주

표 13.1 타인이 존재할 때의 행동 : 세 가지 현상

현상	사회 맥락	타인 존재의 심리적 효과	행동 효과
사회적 촉진	관찰 대상이 되는 개인	각성의 증가	쉬운 과제를 더 잘하고, 어려운 과제를 더 못하는 것과 같이, 주도적 행동의 증폭
사회적 태만	집단 프로젝트	개인적인 책임이 없을 때, 책임감 감소	노력 감소
몰개인화	각성과 익명성을 조장하는 집단 상황	자기자각의 감소	자기억제 저하

사회적 태만 집단에 들어있는 사람이 공동의 목표를 달성하기 위해서 노력을 합해야 할 때 적은 노력을 들이는 경향성

몰개인화 흥분과 익명성을 조장하는 집단 상황에서 자각과 자기억제가 상실되는 현상

집단 극화 집단 내에서의 토론을 통해 집단의 주도적 성향이 고양되는 현상

행동에 더욱 매몰되는 것이다. 좋든 나쁘든 말이다. 사회적 촉진, 사회적 태만, 몰개인화의 비교를 보려면, 표 13.1을 참조하라.

* * *

타인의 존재가 노력을 더 많이 경주하도록 동기화하거나 타인의 노력에 무임승차하도록 유혹하며, 쉬운 과제는 더 쉽게 그리고 어려운 과제는 더 어렵게 만들며, 유머를 증폭시키거나 폭동에 기름을 붓게 만들 수 있는 조건들을 살펴보았다. 연구결과를 보면, 타인과의 **상호작용**이 좋은 측면과 나쁜 측면을 모두 가지고 있다는 사실을 알 수 있다.

"집단은 개인보다 더 부도덕한 경향이 있다." 마틴 루서 킹, "버밍엄 교도소에서 온 편지"(1963)

집단 극화

LOQ 13-9 집단 상호작용은 어떻게 집단 극화를 가능하게 만들 수 있는가?

사람들은 점차적으로 극단화하는 세상에 살고 있다. 중동은 전쟁의 상흔으로 고통을 받고 있다. 유럽연합은 개별 국가의 탈퇴로 고심하고 있다. 1990년에 미국 국회에서의 연설을 1분만 들어보면, 그 국회의원의 소속 정당을 55%의 정확성을 가지고 추측할 수 있었다. 2009년에는 당파성 판단의 정확성이 83%로 높아졌다(Gentzkow et al., 2016). 2016년에는 사회조사 역사상 처음으로 대부분의 미국 공화당 지지자와 민주당 지지자가 상대 정당에 대해서 '꽤나 호의적이지 않은' 견해를 견지하고 있다고 보고하였다(Doherty & Kiley, 2016). 그리고 기록적으로 77%나 되는 미국인이 자신의 국가가 분열되었다고 지각하였다(Jones, 2016).

강력한 원리, 즉 집단에서 의기투합하는 사람들과 자신의 신념과 태도를 논의함에 따라서 그 신념과 태도가 더욱 강력해진다는 원리가 이렇게 점증하고 있는 극화 현상을 이해하는 데 도움을 준다. **집단 극화**(group polarization)라고 부르는 이 과정은 편견이 없는 학생이 인종 문제를 논의하면서 더욱 수용적이 되는 것처럼, 이로운 결과를 초래할 수도 있다. 조지 비숍과 저자(마이어스)가 찾아낸 바와 같이, 집단 극화는 편견이 심한 학생들끼리 모여서 인종 문제를 논의하면 더욱 편견을 갖게 되는 것처럼, 사회적으로 해로울 수도 있다(Myers & Bishop, 1970; 그림 13.4). 반복해서 얻는 결과는 다음과 같다. 비슷한 사람들은 극단으로 치닫는다.

그림 13.4
집단 극화

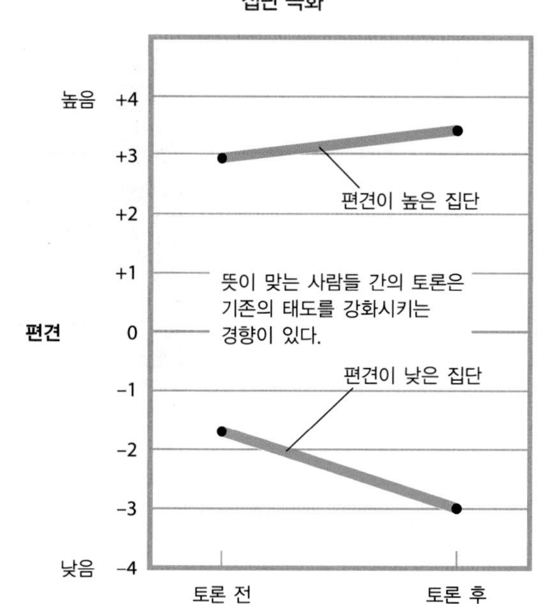

NO EXIT
© Andy Singer
테크놀로지의 잡동사니
소셜 미디어는 다른 게이와 양성애 친구들과 연계하는 데 도움을 주고 이 조그만 마을에서 고립감을 덜 느끼게 해줘요.
소셜 미디어는 나치와 백인 우월주의자들과 연계하는 데 도움을 주고 이 조그만 마을에서 고립감을 덜 느끼게 해줘요.
SINGER

Technology is a Mixed Bag by Andy Singer/Cagle Cartoons, Inc.

테러 조직에 관한 분석은 테러리스트들의 정신 상태가 불만을 공유하는 사람들 사이에서 서서히 시작한다는 사실을 보여준다(McCauley, 2002; McCauley & Segal, 1987; Merari, 2002). 고립된 상태에서 예민해진 사람들이 상호작용함에 따라서(때로는 캠프나 교도소에서 '형제'와 '자매'들끼리만 상호작용함에 따라서), 이들의 생각은 점점 극단으로 치닫게 된다. 점차적으로 세상을 '우리'에 반대하는 '그들'로 범주화한다(Chulov, 2014; Moghaddam, 2005). 유사한 생각을 가진 사람들끼리 분리시키면 집단 극화가 발생한다는 사실을 알고 있는 2006년 미국 국가정보국은 2006년 백서에서 "스스로 극단화된 세포조직들이 도발을 시도할 위협은 증가할 것이다."라고 예측하였다.

인터넷은 상호 연결된 하나의 지구촌을 제공하고 있지만, 쉽게 접속할 수 있는 집단 극화 매체도 마련해준다. 저자(마이어스)는 집단 극화 실험을 통해서 사회심리학의 경력을 쌓기 시작하였지만, 가상현실에서 집단 극화의 잠재적 위력을 상상조차 하지 못하였다. 진보주의자는 진보주의자와 교류하며 자신들이 공유하는 견해를 확증해주는 사이트에 대한 링크를 공유한다. 보수주의자는 보수주의자와 연계하며, 마찬가지로 보수주의적 조망을 공유한다. 뉴스를 전달하고 리트윗하면서 사람들은 상호 간에 정보와 거짓 정보를 공유하며, 자신이 동의하는 내용을 클릭한다(Hills, 2019). 따라서 유유상종하는 사람들이 이구동성으로 아우성치는 인터넷 공간에서는 견해가 점점 극단적이 된다. 의심이 확신으로 바뀌어버린다. 다른 집단과의 대립은 악마와 같은 행위를 부추길 수 있다. 2018년에는 미국에서 한 사나이가 인터넷에 자신의 당파적 적개심을 퍼트린 후에 유명한 민주당 의원과 지지자들에게 12개의 파이프 폭탄을 보냈는데, 이것이 "반격의 신호탄이 되었다. 그렇게 하는 것을 정당화하고 증폭시켰다. 어두운 것을 가져다가는 더욱 어둡게 만들었던 것이다"(Bruni, 2018).

"악마여, 내 인터넷 뉴스를 오직 나만을 위해 맞춤으로 만들어주심에 감사드립니다." 코미디언 스티브 마틴(2016)

바이러스처럼 퍼지는 거짓뉴스 현상을 염려한 테크놀로지 기업들은 미디어 리터러시(미디어가 제공하는 정보를 비판적으로 이해하고 활용하며, 그 정보를 창조적으로 표현하고 소통할 수 있는 능력)를 조장하는 방법을 찾고 있다. 집단 극화에서 인터넷의 역할에 대해 더 많은 것을 보려면, 비판적으로 생각하기 : 사회적 증폭기로서의 인터넷을 참조하라.

NurPhoto/Getty Images

해로운 집단 극화 2017년 버지니아 샬러츠빌에서 열린 백인 국수주의자 집회가 예증하는 바와 같이, 온라인이든 면대면이든 유유상종하는 사람들의 상호작용은 기존의 태도를 강화시킬 수 있다. 2019년 미국 국토안보부는 "ISIS가 잠재적인 극단적 이슬람 테러리스트를 고취시키고 이들과 연계하는 것과 마찬가지로, 폭력적이고 극단적인 백인 우월주의자들도 온라인에서 유유상종하는 사람들과 연계하고 있다."라고 분명하게 언급하였다.

비판적으로 생각하기

사회적 증폭기로서의 인터넷

LOQ 13-10 인터넷은 집단 극화에서 어떤 역할을 담당하고 있는가?

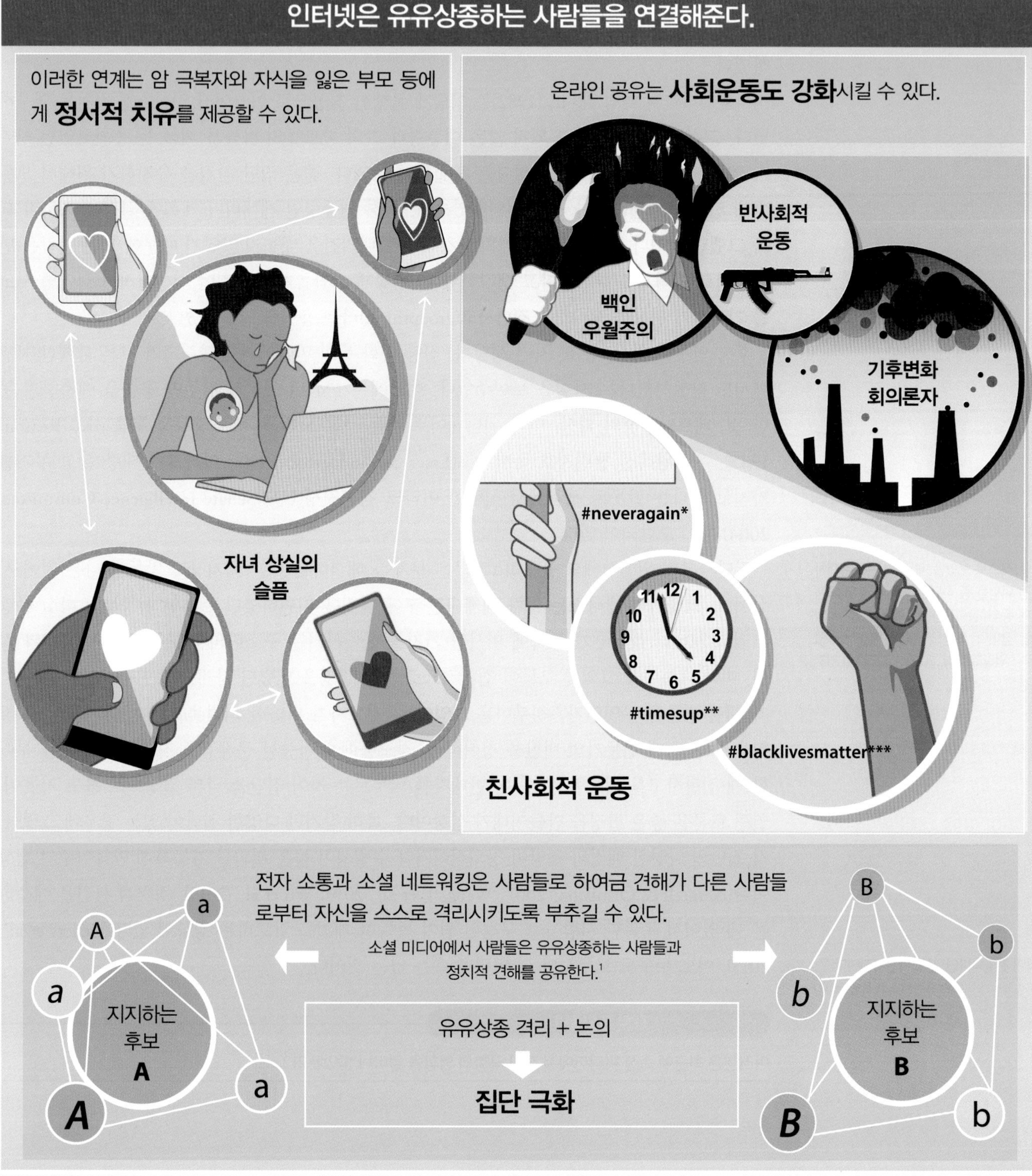
인터넷은 유유상종하는 사람들을 연결해준다.
이러한 연계는 암 극복자와 자식을 잃은 부모 등에게 정서적 치유를 제공할 수 있다.
자녀 상실의 슬픔
온라인 공유는 사회운동도 강화시킬 수 있다.
백인 우월주의
반사회적 운동
기후변화 회의론자
#neveragain*
#timesup**
#blacklivesmatter***
친사회적 운동
전자 소통과 소셜 네트워킹은 사람들로 하여금 견해가 다른 사람들로부터 자신을 스스로 격리시키도록 부추길 수 있다.
소셜 미디어에서 사람들은 유유상종하는 사람들과 정치적 견해를 공유한다.1
유유상종 격리 + 논의
집단 극화
지지하는 후보 A
지지하는 후보 B

* 2018년 2월 14일 미국 플로리다주 총기난사 사건 이후 10대 청소년들을 중심으로 미국 전역에서 전개된 총기규제 강화 촉구 운동, ** 때가 됐으니 주저하지 말고 자신이 당한 경험을 공유하고, 우리 사회에 두 번 다시 이런 일이 없도록 하자는 운동, *** 흑인 인권 운동_역자 주

1. Bakshy et al., 2015; Barberá et al., 2015.

집단사고 의사결정 집단에서 화합의 욕구가 대안들에 대한 현실적 평가를 압도할 때 발생하는 사고양식

집단사고

LOQ 13-11 집단 상호작용은 어떻게 집단사고를 가능하게 만드는가?

집단영향은 중차대한 국가적 결정도 왜곡시키는가? '쿠바 피그스만 침공의 대실패'를 생각해보라. 1961년에 미국의 케네디 대통령과 그의 참모들은 중앙정보부가 훈련시킨 1,400명의 쿠바 망명자를 동원하여 쿠바를 침공한다는 결정을 하였다. 침공군들이 곧바로 포로가 되어서는 미국 정부와 연루되자, 케네디는 "어떻게 우리가 그토록 어리석을 수 있었단 말인가?"라고 크게 한탄하였다.

사회심리학자 어빙 재니스(1982)는 이렇게 불행한 침공으로 이끌어간 의사결정 절차를 연구하였다. 그는 당선된 지 얼마 되지 않은 대통령과 그의 참모들의 하늘을 찌를 듯 충천하였던 사기가 엉뚱한 자만심을 불러일으켰다는 사실을 찾아냈다. 좋은 집단 감정을 유지하기 위해서 모든 반대 견해를 억제하거나 자체 검열하였으며, 특히 대통령인 케네디가 계획에 열정을 표하자 더욱 그랬던 것이다. 어느 누구도 계획에 강력한 반대의견을 내놓지 않았기 때문에 모든 사람은 만장일치로 합의가 이루어졌다고 생각하였다. 이렇게 조화롭기는 하지만 비현실적인 집단의 사고를 기술하기 위하여 재니스는 **집단사고**(groupthink)라는 용어를 만들어냈다.

후속 연구는 과신, 동조, 자기 정당화, 집단 극화 등이 만들어낸 집단사고가 다른 불행한 사건에서도 작동하였다는 사실을 보여주었다. 여기에는 1941년 일본의 진주만 공습을 예측하지 못한 것, 베트남전쟁의 확산, 미국 워터게이트 추문, 체르노빌 원자로 방사능 누출 사고(Reason, 1987), 우주왕복선 챌린지호 폭발사고(Esser & Lindoerfer, 1989), 이라크가 대량 살상 무기를 가지고 있다는 잘못된 생각에서 시작한 이라크 침공전쟁(U.S. Senate Intelligence Committee, 2004) 등이 포함되어 있다.

"역사적으로 보았을 때, 백악관에 존재하였던 위험들 중 하나는 모든 사람이 모든 것에 동의하는 집단사고에 빠져들 수 있다는 점이다. 토론도 없고 반대의견도 없다." 버락 오바마, 2008년 12월 1일 기자회견

집단사고의 위험성에도 불구하고, 많은 문제를 해결하는 데는 백지장도 맞들면 나은 것이 사실이다. 그렇기에 재니스는 이차 세계대전 후에 유럽을 지원하였던 트루먼 행정부의 마셜 플랜 그리고 케네디 행정부가 쿠바에 미사일 기지를 설치하려는 구소련의 기도를 차단시킨 것과 같이, 미국 대통령과 그의 참모들이 집단적으로 좋은 결정을 내렸던 사례들도 연구하였다. 재니스가 내린 결론은 무엇인가? 정부이든 기업이든, 지도자가 다양한 의견을 기꺼이 받아들이고, 계획을 수립할 때 전문가의 비판을 청취하며, 참모들에게 가능한 문제점을 찾아내는 과제를 부여할 때 집단사고를 예방할 수 있다. 반대자를 억누르는 것이 집단을 나쁜 결정으로 몰고 가듯이, 열린 토론은 좋은 결정을 만들어내기 십상이다. 특히 작지만 다양한 집단이 있는 경우에 그렇다. 각 집단의 다양한 배경과 조망이 창의적이거나 수월성이 높은 결과를 가능하게 만들어주기 십상이다(Nemeth & Ormiston, 2007; Wang, J. et al., 2019; Wu et al., 2019). 정치적 사건을 예측하는 데 있어서 똑똑한 사람들로 구성된 팀이 똑똑한 개인을 압도하는 경향이 있다(Mellers et al., 2015). 어느 누구도 모두보다 더 현명할 수는 없는 것이다.

"악이 전염되다면, 선도 마찬가지이다." 교황 프란치스코 트윗(2017)

자문자답하기

여러분은 최근에 소셜 미디어에서 집단 극화의 영향을 얼마나 받았는가?

인출 연습

RP-4 사회적 촉진이란 무엇인가? 학습이 잘 되어있는 과제에서 일어날 가능성이 더 큰 이유는 무엇인가?

RP-5 사람들은 혼자 작업을 할 때보다 집단으로 작업할 때 노력을 적게 경주하는 경향이 있는데, 이 현상을 __________이라고 부른다.

RP-6 여러분이 치열하게 경쟁하고 있는 정치 후보자들의 모임을 주선하고 있다. 친구들은 재미를 더하기 위하여 후보자의 얼굴이 새겨진 가면을 지지자들에게 나누어주라고 제안하였다. 이러한 가면은 어떤 현상을 초래하겠는가?

RP-7 유유상종 집단이 한 주제를 놓고 토론할 때, 주도적인 견해가 강력해지는 결과가 초래된다. 이 현상을 __________라고 부른다.

RP-8 집단의 조화욕구가 다른 견해에 대한 현실적 분석을 압도할 때 __________가 발생한다.

답은 부록 E를 참조

개관 사회적 영향

학습목표

자기검증 개념 파악을 증진시키도록 (부록 D의 답을 확인해보기에 앞서) 여러분 자신의 표현으로 여기서 반복하는 학습목표 물음에 답해보라(McDaniel et al., 2009, 2015).

LOQ 13-5 어째서 사회적 전염이 동조의 한 형태이며, 동조 실험은 어떻게 사회적 영향의 위력을 밝히고 있는가?

LOQ 13-6 밀그램의 복종 실험이 사회적 영향의 위력에 관하여 알려주는 것은 무엇인가?

LOQ 13-7 사회적 영향 연구가 사람들 자신에 관해 알려주는 것은 무엇인가? 사람들은 한 개인으로서 얼마나 많은 힘을 가지고 있는가?

LOQ 13-8 타인의 존재는 사회적 촉진, 사회적 태만, 몰개인화를 통해서 사람들의 행동에 어떤 영향을 미치는가?

LOQ 13-9 집단 상호작용은 어떻게 집단 극화를 가능하게 만들 수 있는가?

LOQ 13-10 인터넷은 집단 극화에서 어떤 역할을 담당하고 있는가?

LOQ 13-11 집단 상호작용은 어떻게 집단사고를 가능하게 만드는가?

기억해야 할 용어와 개념들

자기검증 여러분 자신의 표현으로 정의를 적어본 후에 답을 확인해보라.

규범	몰개인화	정보적 사회영향
규범적 사회영향	사회적 촉진	집단 극화
동조	사회적 태만	집단사고

학습내용 숙달하기

자기검증 여러분 자신의 표현으로 다음 물음에 답한 후에 부록 E에서 답을 확인해보라.

1. 다음 중 개인이 집단에 동조할 가능성이 가장 큰 경우는 무엇인가?
- **a.** 집단 구성원들이 다양한 의견을 가지고 있을 때
- **b.** 그 개인이 유능하고 안전하다고 느낄 때
- **c.** 그 개인이 집단의 위상을 존경하고 있을 때
- **d.** 아무도 그 개인의 행동을 관찰하고 있지 않을 때

2. 밀그램의 실험에서 복종의 비율이 가장 높을 때는 언제인가?
- **a.** '학생'이 '선생'과 멀리 떨어져있을 때
- **b.** '학생'이 가까이 있을 때
- **c.** 다른 '선생'이 실험자의 명령에 동의하기를 거부할 때
- **d.** '선생'이 '학생'을 싫어할 때

3. 유명한 음악가인 황 교수는 환상적인 음악사 강의를 하지만, 학생들에게 시험결과 통계를 설명할 때는 긴장하고 실수를 저지른다. 그의 수행성과가 과제에 따라서 다른 이유는 무엇인가?

4. 각성과 익명성을 조장하는 집단 상황에서는 사람들이 때때로 자기의식과 자기제어를 상실한다. 이 현상을 __________라고 부른다.

5. 유사한 생각을 하는 다른 사람들과 의견을 공유하는 것은 자신의 견해를 강화시키는 경향이 있다. 이 현상을 __________라고 부른다.

반사회적 관계

편견 집단과 그 구성원들에 대한 부당한(그리고 일반적으로 부정적인) 태도. 일반적으로 편견에는 고정관념과 부정적 감정 그리고 차별적 행위의 성향이 수반된다.

고정관념 집단에 대한 일반화된 신념(때로는 정확하기도 하지만 과잉일반화되기 십상이다.)

차별 집단이나 그 구성원을 향한 부당하고 부정적인 행동

사회심리학은 사람들이 서로에 대해서 어떻게 생각하며 어떤 영향을 미치는지 그리고 서로 어떻게 관계 짓는지를 연구한다. 무엇이 사람들로 하여금 어떤 때는 미워하고 해를 끼치며, 어떤 때는 사랑하고 도와주도록 만드는가? 파괴적인 갈등이 발생할 때, 어떻게 평화로 전환할 수 있는가? 이 절에서는 편견과 공격성을 연구해온 연구자들이 수집한 반사회적 관계에 관한 통찰을 다룬다.

편견

LOQ 13-12 편견이란 무엇인가? 명시적 편견과 암묵적 편견은 어떻게 다른가?

편견(prejudice)은 '예단(豫斷)'을 의미한다. 특정 집단과 그 구성원, 즉 서로 다른 문화, 종족, 성별, 성적 지향성 등이 다른 집단과 구성원을 향한 정당하지 않으며 부정적인 태도를 말한다. 태도는 신념의 영향을 받으며 사람들을 특정 방식으로 행동하도록 이끌어가는 감정이다. 편견은 다음과 같은 세 가지 성분의 혼합체이다.

- 적개심이나 공포와 같은 부정적 정서.
- **고정관념**(stereotype), 즉 특정 집단에 대한 일반화된 신념. 고정관념은 때때로 실제를 반영한다. 텍사스 상원의원인 테드 크루즈(2018)가 설명한 것처럼, "텍사스 사람이 바비큐를 좋아한다는 생각은 고정관념이다. 모든 텍사스 사람이 바비큐를 좋아하는 것도 사실이다." 그렇지만 고정관념은 과잉일반화하거나 과장되기 십상이다. 예컨대, 미국에서 열렬한 공화당원과 민주당원은 상대방의 극단주의를 과대추정하는 '인식의 간극'을 나타낸다(Yudkin et al., 2019b).
- **차별**(discrimination) 성향, 즉 집단 구성원에게 부정적이고 정당하지 않은 방식으로 행동하는 성향. 때때로 편견은 노골적이다. 예컨대, 흑인을 무시하는 태도를 가지고 있는 사람은 흑인을 살해한 백인 경찰관을 유죄로 판단할 가능성이 낮다(Cooley et al., 2019). 다른 경우에는 편견이 매우 미묘해서, 인종과 연관된 버스정류장, 기차에서 상이한 인종 옆 좌석을 선택하지 않으려는 경향성, 아프리카계 미국인 이름을 가지고 있는 사람에게는 우버택시가 더 오래 기다리게 하고 에어비앤비 사용승인이 잘 떨어지지 않는 것 등과 같은 미시공격성의 형태를 취한다(Edelman et al., 2017; Ge et al., 2016; Wang et al., 2011).

체중 편향 : 400만 명의 미국 성인으로부터 수집한 데이터에서 보면, 특정 성, 장애, 연령, 또는 인종을 향한 명시적 편향이 체중에 대한 편향으로 인해 상당히 증가하였다(Charlesworth & Banaji, 2019).

과체중인 사람은 탐욕스럽다고 생각하는 것, 과체중인 사람에게서 혐오감을 느끼는 것 등은 편견이라고 할 수 있다. 구혼 사이트에서 모든 비만자를 무시하는 것이나 과체중인 사람을 구직 후보자에서 배제하는 것은 차별이다.

명시적 편견과 암묵적 편견

두뇌는 두 가지 상이한 궤적을 따라서 사고, 기억, 태도 등을 처리한다는 사실을 반복해서 보았다. 때로는 그 처리과정이 명시적이다. 즉, 각성이라는 레이더 화면에 나타난다. 대부분의 경우에

는 그 처리과정이 암묵적이다. 무릎반사와 같이 레이더를 벗어나서 작동하며, 태도가 행동에 어떤 영향을 미치고 있는지를 자각하지 못한다. 2015년에 미국 대법원은 공평주거권리법을 인용(認容)하는 과정에서 의식적으로 차별할 의도가 없는 경우조차도 '무의식적 편견'이 차별을 야기할 수 있다고 언급하면서 암묵적 편향 연구를 인정하였다.

심리학자들은 암묵적 편견을 다음과 같은 방식으로 연구한다.

Brian Blanco/EPA/Shutterstock

암묵적 편향? 암묵적 편향 연구는 2012년 트레이본 마틴의 죽음을 이해하는 데 도움을 주는가? (사진은 살해되기 7개월 전의 모습이다.) 그가 혼자서 플로리다의 출입을 통제하는 공동체에 살고 있는 아버지 약혼녀의 집으로 걸어가고 있을 때, 수상히 여긴 주민이 막아서고는 총을 쏘았다. 방송 해설자는 만일 마틴이 무장하지 않은 백인 10대이었더라도 그렇게 지각하고 응대하였겠느냐고 반문하였다.

- **무의식적 집단 연합을 검사한다.** 사람들이 특정 개인의 이미지를 특정 특질과 신속하게 연결 짓는 검사는 인종 편견을 부정하는 사람조차도 부정적인 연합을 나타낼 수 있음을 입증한다(Greenwald & Banaji, 2017). 수백만 명이 암묵적 연합 검사(IAT)를 받았다. 비판자들은 검사의 신뢰도에 의문을 제기하며, 개인을 평가하거나 낙인을 찍는 데 사용하는 것에 반대한다(Oswald et al., 2013, 2015). 그렇지만 옹호자들은 암묵적 편향은 바꾸기 어려우며 친근한 행동에서부터 업무의 자질에 이르는 행동을 예측한다고 맞받아친다(Forscher et al., 2019; Jost, 2019; Kurdi et al., 2019).
- **무의식적 후원을 따져본다.** 한 실험에서는 백인 여자들이 백인이나 흑인 학생이 작성한 것이라고 믿는 흠집투성이의 글을 평가하였다. 백인 학생이 작성하였다고 알려준 글을 평가할 때는 신랄한 비판과 함께 낮은 점수를 주었지만, 흑인 학생이 작성하였다고 알려주었을 때는 평가가 긍정적이었다(Harber, 1998). 연구자는 실제 평가에서 그러한 낮은 기대와 그로 인한 '과장된 칭찬과 불충분한 비판'이 소수인종 학생의 성취를 방해할 수 있다는 점을 지적하였다. 따라서 많은 교사는 글쓴이의 인종을 모르는 상태에서 글을 읽는다.
- **반사적인 신체반응을 모니터링한다.** 의식적으로는 편견을 거의 나타내지 않는 사람조차도 신체가 상대방의 인종에 선택적으로 반응함으로써 암시적 신호를 내놓을 수 있다. 신경과학자들은 얼굴근육 반응 그리고 정서처리 중추인 편도체의 활성화에서 나타나는 암묵적 편견의 신호를 탐지할 수 있다(Cunningham et al., 2004; Eberhardt, 2005; Stanley et al., 2008).

"자기 허물을 깨달을 자 누구인가? 숨겨진 허물에서 나를 깨끗하게 하소서." 시편 19장 12절

편견의 표적

LOQ 13-13 어느 집단이 편견의 표적이 되기 십상인가?

민족과 인종의 편견 미국인이 인종에 대해서 표명하는 태도는 지난 반세기 동안 극적으로 변모해왔다. 예컨대, 흑인과 백인 간의 결혼을 지지하는 비율이 1959년에는 4%에 불과하던 것이 2013년에는 87%로 증가하였다(Saad, 2019). 오늘날 미국인 네 명 중에서 세 명(대졸자의 경우에는 열 명 중에서 거의 아홉 명)은 '많은 다양한 민족과 인종을 가지고 있는 것'이 미국에 유익하다는 데 동의하고 있다(Horowitz, 2019). 다양성의 이점은 900만 편의 과학 논문과 600만 명의 과학자 분석에서 나타났다. 인종적으로 다양한 연구팀이 가장 영향력 있는 연구를 수행하였던 것이다(AlShebli et al., 2018).

"데이터는 극단적인 빈곤, 문맹, 전쟁, 폭력범죄, 인종차별, 성차별, 동성애 혐오, 가정폭력, 질병, 치명적 사고와 다른 모든 재앙에 빠져들고 있음을 보여준다." 심리학자 스티븐 핑커, "뉴스에 놀랐는가? 장기적 안목을 가져라"(2018)

외현적인 인종 편견은 사그라지고 있지만, 미묘한 편견은 여전히 남아있다. 흑인과 검은 색

조의 피부를 가지고 있는 히스패닉이 더 심한 편견과 차별을 경험한다(Gonzales-Barrera, 2019; Landor & Smith, 2019). '고정관념상 백인의 범죄'(횡령, 컴퓨터 해킹, 내부자 거래 등)가 아니라 '고정관념상 흑인의 범죄'(자동차 주행 중 총격, 조직폭력, 길거리 도박 등)를 저지를 때, 백인보다는 흑인이 더 매몰찬 판결을 받는다(Petsko & Bodenhausen, 2019). 의료계는 똑같은 질병의 흑인 환자보다는 백인 환자를 치료하는 데 더 많은 자원을 투여한다(Obermeyer et al., 2019).

많은 사람은 어떻게 그러한 편견이 지속되는지 궁금해한다. 한 가지 이유는 편견이나 증오 발언에 맞설 용기를 발휘하는 사람이 거의 없다는 것이다. 많은 사람이 인종차별(또는 인간혐오) 발언을 하는 사람을 보면 역겨울 것이라고 말하지만, 막상 편견으로 가득 찬 표현을 들을 때는 무관심하게 반응하기 십상이다(Kawakami et al., 2009). 결론 : 만일 여러분이 편견을 인정하지 않는다면, 다음과 같이 자문해보라. "누군가 인종차별적, 인간혐오적, 성차별적 발언을 할 때 침묵을 지킨다면 나는 어떤 메시지를 보내고 있는 것일까?"

앞서 언급한 바와 같이, 편견은 단지 미묘하기만 한 것이 아니라 무의식적(암묵적)이기 십상이다. 암묵적 연합 검사(IAT)는 백인 열 명 중에서 아홉 명은 유쾌한 단어('평화', '천국' 등)를 흑인으로 들리는 이름('라티샤', '다넬' 등)과 함께 제시하였을 때 '좋다'고 확인하는 데 시간이 더 오래 걸린다는 사실을 보여주었다. 이에 덧붙여서 좋은 것을 백인 이름이나 얼굴과 신속하게 연합시키는 사람은 흑인 얼굴에서 분노와 위협을 지각하는 데도 가장 빠르다(Hugenberg & Bodenhausen, 2003). 2008년 미국 대통령 선거에서 명시적이거나 암묵적인 편견을 가지고 있는 사람은 버락 오바마 후보에게 투표할 가능성이 낮았다. 그렇지만 그의 당선은 암묵적 편견을 감소시켰다(Bernstein et al., 2010; Payne et al., 2010; Stephens-Davidowitz, 2014).

지각도 암묵적 편견을 반영할 수 있다. 1999년에 흑인인 아마두 디알로는 자신의 아파트 현관에 다다랐을 때, 강간범을 쫓고 있는 경찰과 맞닥뜨렸다. 그가 지갑을 꺼낼 때, 권총으로 오인한 경찰이 41발을 발사하였고 19개의 탄환이 그의 몸을 벌집으로 만들고 말았다. 7년에 걸쳐 필라델피아에서 무장하지 않은 혐의자에게 총을 쏜 59건의 사건을 분석하였을 때, 49건이 (휴대폰과 같은) 사물이나 (바지 올리기와 같은) 움직임의 오인을 수반하였다. 흑인 혐의자를 위협적이라고 잘못 지각할 가능성이 두 배 이상 높았는데, 심지어 흑인 경찰조차도 그러하였다(Blow, 2015). 미국 전역에 걸쳐서, 대략 흑인 남자 1,000명당 1명이 경찰에 의해 사살되었는데, 백인의 비율보다 두 배 이상 높은 것이다(Edwards et al., 2019). 한 연구팀은 다른 여러 요인을 설명하는 과정에서 200만 명이 넘는 미국인의 암묵적 편향 점수를 분석하였다. 이들이 얻은 결과는 특정 지역에서 아프리카계 미국인을 향한 암묵적 편향이 경찰에 의해 살해된 아프리카계 미국인의 수를 예측하였다는 것이다(Hehman et al., 2018).

"잠재하고 있는 편향을 어쩔 수 없다면, 그러한 본능적 반응에 대항하여 행동할 수 있다. 우리 모두의 바로 그러한 인간적인 면을 극복하는 시스템과 처리과정을 구축하고자 시도하는 이유가 바로 그것이다." 미국 중앙정보부장 제임스 B. 코미, "냉혹한 진실 : 법 집행과 인종"(2015)

이러한 비극적인 총격 사건을 보다 잘 이해하기 위하여, 연구자들은 상황을 재현해보았다(Correll et al., 2007, 2015; Plant & Peruche, 2005; Sadler et al., 2012a). 실험참가자들에게 화면에 갑자기 나타난 남자에게 사격을 할 것인지 아닌지를 신속하게 판단하여 버튼을 누르도록 요청하였다. 스크린에 나타나는 어떤 남자는 손에 총을 들고 있었다. 다른 사람은 전등이나 물통과 같이 무해한 사물을 들고 있었다. 경찰관을 포함하여 흑인과 백인 참가자 모두가 무해한 사물을 들고 있는 흑인에게 총격을 더 많이 가하기 십상이었다. 백인 얼굴이 아니라 흑인 얼굴로 점화시키는 것도 무해한 사물을 총으로 잘못 지각하게 만드는 경우가 많았다(그림 13.5). 의식적 제어를 약화시키고 자동반응을 증가시키는 피로도 총격 판단에서 인종 편견을 증폭시킨다(Ma et al., 2013).

암묵적 편향의 존재를 인식한 많은 기업, 대학, 경찰은 직원들에게 암묵적 편향 교육을 실시해왔다. 2018년에 스타벅스가 175,000명의 직원을 교육시키기 위하여 미국 내 모든 매장을 반나절 닫은 것으로 편향 사건에 대응하였던 것처럼 말이다. 단일 회기로 진행되는 다양성 훈련이나 편향 훈련이 태도를 조금은 변화시킬 수도 있겠지만, 행동은 수정하기가 더 어렵다(Chang et al., 2019; Forscher et al., 2019).

(a)

(b)

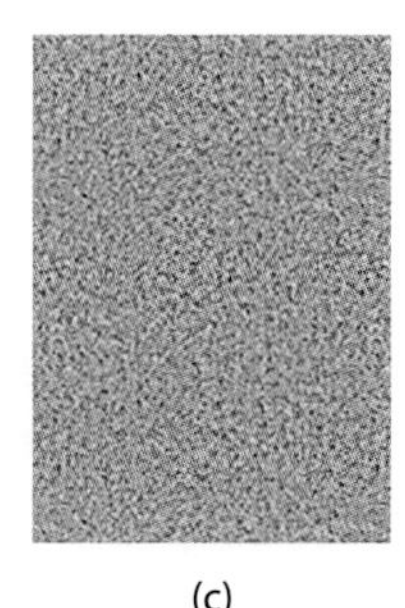
(c)

그림 13.5
인종이 지각을 점화한다 키스 페인(2006)의 실험에서, 참가자들은 (a) 흑인이나 백인의 얼굴을 본 직후에 (b) 총이나 도구를 보고, 곧바로 (c) 시각 차폐자극을 보았다. 참가자들은 백인보다는 흑인 얼굴을 본 직후에 도구를 총으로 잘못 지각할 가능성이 더 높았다.

성별 편견 명시적인 성별 편견도 급격하게 감소해왔다. 자기가 지지하는 정당에서 대통령 후보로 지명한 유능한 여성 후보에게 투표하겠다는 미국인이 1937년에는 33%이었던 것이 2012년에는 95%로 치솟았다(Jones, 2012; Newport, 1999). 전 세계적으로 여자가 문맹자의 거의 2/3를 차지하고 있으며, 30%는 배우자 폭력을 경험하였음에도 불구하고, 오늘날 모든 사람의 65%가 여자도 남자와 동일한 권리를 갖는 것이 매우 중요하다고 말한다(UN, 2015; WHO, 2016a; Zainulbhai, 2016).

그렇지만 성별 편견과 차별은 지속되고 있다. 다음을 생각해보라.

- **임금** : 서구 국가에서는 자녀를 돌보는 사람(일반적으로 여자)보다 길거리를 관리하는 사람(일반적으로 남자)에게 더 많은 임금을 지불한다.
- **리더십** : 2007년부터 2016년까지 1,000대 기업(매년 100대 기업)의 남자 임원의 수는 여자 임원의 수보다 24배나 많았다(Smith et al., 2017). 암묵적 성별 편향도 여성이 승진하지 못하는 데 일조한다(Régner et al., 2019).
- **존경심** : (서양의 경우) 사람들은 남자를 성(姓)으로 호칭하고 여자를 이름으로 호칭하기 십상이다.
- **지능의 지각** : 성별 편향은 지능에 대한 생각에도 적용된다. 지능검사 점수에서 성별 차이가 없음에도 불구하고, 사람들은 아버지가 어머니보다 더 지적이고 아들이 딸보다 더 명석하다고 지각하는 경향이 있다(Furnham, 2016).

"남자가 되기 전에는, 어떻게 하면 직장에서 멋진 남자가 되는 것인지를 알지 못하였다. … 회의석상에서 처음으로 새로운 저음의 차분한 목소리로 발언하고는 갑작스럽게 주목을 받고 있음을 깨달았을 때, 나는 너무나 불편하여 이야기를 마칠 수가 없었다." 토마스 페이지 맥비(2016), 여성에서 남성으로 전환한 후

고대 그리스에서 그랬던 것처럼, 여아라고 해서 더 이상 시골길에 버려져 죽게 되지는 않는다. 그렇지만 남녀 출산비가 정상적으로 105 대 100이라는 사실로는 전 세계적으로 수억 명으로 추산되는 '실종된 여자'들을 설명할 수 없다. 많은 국가에서 여아보다 남아를 선호한다. 인도에서는 여아를 임신하는 방법보다는 남아를 임신하는 방법을 묻는 구글 탐색이 3.5배나 높다(Stephens-Davidowitz, 2014). 성별에 따라 선택적 낙태를 가능하게 해주는 검사로 인해서, 여러 국가가 여아 출산율의 급격한 감소를 경험하고 있다(그림 13.6). 최근에 인도의 신생아 성비는 여아 100명당 남아 112명이었다. 비록 중국이 성별에 따른 선택적 낙태는 중범죄라고 천명하였지만, 신생아 성별 비율은 여전히 100 대 111명이었다(CIA, 2014). 20세 이하에서 여성보다 남성이 5,000만 명이나 많은 중국과 인도에서는 앞으로 많은 총각이 배우자 없이 지내야 할 것이다(Denyer & Gowen, 2018; Gupta, 2017). 여자가 모자라는 것은 범죄, 폭력, 매춘, 여자의 납치 등이 증가하는 데도 한몫하고 있다(Brooks, 2012).

LGBTQ 편견 전 세계 대부분의 나라에서 게이, 레즈비언, 트랜스젠더는 자신이 어떤 사람인지

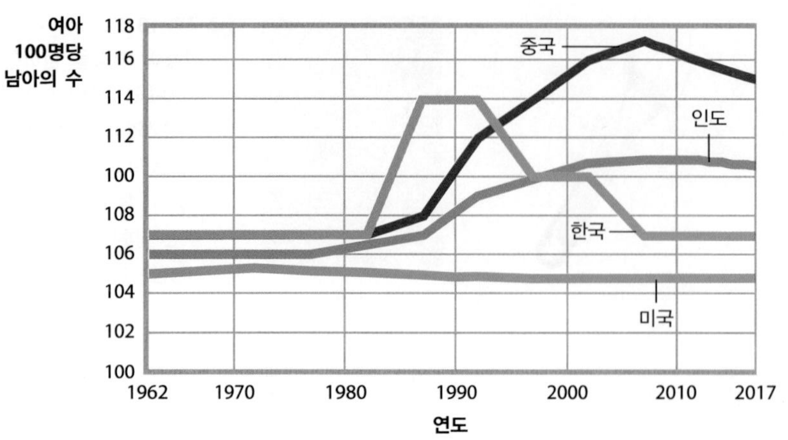

그림 13.6
남아 편향 생물학적으로 기대하는 성비는 여아 100명당 남아 105명이다. 실제에 있어서는 대부분의 국가가 유의한 남아 편향을 보여주고 있다(Our World in Data와 세계은행의 데이터).

그리고 누구를 사랑하고 있는지를 공개적으로 자유롭게 표방할 수 없다. 2019년 기준 28개 국가가 동성결혼을 허용하였지만, 훨씬 더 많은 나라가 동성관계를 형사처벌하는 법을 가지고 있다. 문화 간 변산성이 매우 크다. 스페인에서는 6%만이 "동성애는 도덕적으로 용인할 수 없다."라고 말하는 반면, 가나에서는 98%가 그렇게 말한다(Pew, 2014). 전 세계적으로 동성애에 반대하는 태도는 남자, 노인, 불행하고 실직 상태이며 교육 수준이 낮은 사람들 사이에서 가장 보편적이다(Haney, 2016; Jäckle & Wenzelburger, 2015).

성소수자의 법적 보호를 시행하고 있는 국가에서조차도 명시적인 반LGBTQ[3] 편견이 지속되고 있다. 미국과 영국에서 구인광고에 수천 통의 이력서를 보냈을 때, '회계 담당자, 진보주의와 사회주의 단체 회원'을 포함한 이력서가 '회계 담당자, 게이와 레즈비언 단체 회원'을 포함한 이력서보다 더 많은 회신을 받았다(Agerström et al., 2012; Bertrand & Mullainathan, 2004; Drydakis, 2009, 2015). LGBTQ 미국인에 대한 전국 조사에서는 다음과 같은 다른 증거가 나타났다.

- 39%가 성적 지향이나 성별 정체성으로 인해서 친구나 가족으로부터 배척되었다고 보고하였다(Pew, 2013b).
- 58%가 비방이나 조롱의 대상이 되었다고 보고하였다(Pew, 2013b).
- 54%가 학교와 직장에서 희롱당했다고 보고하였다(Grant et al., 2010; James et al., 2016).

게이, 레즈비언, 트랜스젠더를 낙인찍고 비하하며 차별하는 태도와 관습이 이들의 심리장애와 나쁜 건강의 위험을 증가시키는가? 그렇다. LGBTQ를 혐오범죄와 차별로부터 보호하는 장치가 없는 미국의 여러 주에서는 게이와 레즈비언이 상당히 높은 비율의 우울 장애 질병을 경험하고 있는데, 수입과 교육의 차이를 통계적으로 통제한 후에도 여전히 그렇다. 동성애에 대한 편견이 높은 지역사회에서는 게이와 레즈비언의 자살과 심장병 비율이 높다. 2001~2005년 사이에 동성결혼을 금지하였던 16개 주에서, 게이와 레즈비언의 우울증은 37%, 알코올 남용 장애는 42%, 그리고 범불안 장애는 248%나 증가하였다(이성애자들은 그렇지 않았다). 반면에 다른 주에서는 게이와 레즈비언의 정신과 장애가 증가하지 않았다(Hatzenbuehler, 2014).

공평한 세상 현상 세상은 공평하기 때문에 사람들은 어떤 것이든 받을 만한 것을 받는 것이라고 믿는 경향성

3 알다시피 LGBT는 각각 레즈비언(Lesbian), 게이(Gay), 양성애자(Bisexual), 트랜스젠더(Transgender)의 두문자어이다. 마지막으로 추가된 Q는 성소수자 전반을 지칭하는 Queer 혹은 성정체성에 대해 갈등하는 사람의 의미를 담고 있는 Questioning의 머리글자이다._역자 주

그렇다면 게이, 레즈비언, 트랜스젠더의 인정을 조장하는 법률이 편견을 감소시키는가? 여기서도 답은 '그렇다'이다. 인종차별 폐지와 시민권 법이 통과된 후에 일어났던 일과 마찬가지로, 새롭게 제정된 행동에 태도가 뒤따랐다. 동성애가 합법화된 미국의 여러 주에서 사람들이 동성애를 더욱 지지하게 되었다(Ofuso et al., 2019).

편견의 뿌리

LOQ 13-14 편견의 사회적, 정서적, 인지적 뿌리는 무엇이며, 편견을 줄일 수 있는 방법은 무엇인가?

편견은 문화의 분할, 정서적 열정, 그리고 마음의 자연스러운 작동에서 흘러나온다.

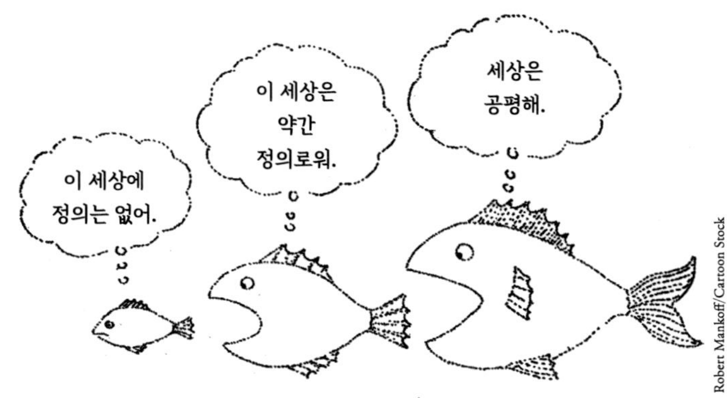

Robert Mankoff/Cartoon Stock

사회적 불평등과 문화적 분할 어떤 사람은 재산, 권력, 특권을 가지고 있고 다른 사람은 그렇지 못할 때, '가진 사람'은 일반적으로 자신의 것을 정당화시키는 태도를 발전시킨다. **공평한 세상 현상**(just-world phenomenon)은 사람들이 항상 자식에게 가르치는 생각, 즉 선은 보상받고 악은 처벌받는다는 인과응보의 생각을 반영하고 있다. 이러한 생각으로부터 성공하는 사람은 선하고 고통받는 사람은 악한 것임에 틀림없다고 가정하게 되는 것은 어려운 일이 아니다. 이러한 추론으로 인해서 부자는 자신의 부와 가난한 사람의 불행에 그럴 만한 충분한 이유가 있다고 간주하게 된다. 미국에 노예제도가 존재하였을 때, 노예 소유자는 노예가 생득적으로 게으르고 무식하며 책임감이 없으며, 그들을 노예로 사용하는 것을 정당화하는 바로 그러한 특질을 가지고 있는 것으로 지각하였다. 고정관념이 불평등을 합리화시키고 있는 것이다.

차별의 희생자는 고전적인 희생자 비난하기라는 역동성을 통해서 편견을 조장하는 방식으로 반응하기도 한다(Allport, 1954). 빈곤 상황이 높은 범죄율을 초래하는가? 만일 그렇다면 가난한 사람을 차별하는 행위를 정당화하는 데 높은 범죄율을 사용할 수 있는 것이다.

세상을 '우리'와 '그들'로 분할하는 것이 갈등, 인종차별, 전쟁을 초래할 수 있지만, 지역사회의 결속이라는 이점도 제공한다. 따라서 자신이 속한 집단을 응원하고, 집단을 위해서 살인도 하

Mike Hewitt/Getty Images

내집단 최대의 라이벌인 잉글랜드와의 축구경기에서 응원을 펼치고 있는 스코틀랜드의 유명한 '타탄 아미' 응원단은 '우리'(스코틀랜드 내집단)와 '그들'(잉글랜드 외집단)을 정의하는 사회적 정체감을 공유하고 있다.

© Dave Coverly/speedbump.com

며, 목숨도 바친다. 실제로 소속 집단이 부분적으로는 자신의 **사회적 정체성**을 정의해 준다(Thomas et al., 2019; Whitehouse, 2018). 올리버가 자신을 남자, 영국인, 리버풀 출신, 브렉시트 지지자로 동일시할 때 그는 자신이 누구인지를 아는 것이며, 우리도 마찬가지다. 마음속에서 울타리를 치는 것이 '우리' 즉 **내집단**(ingroup)을 정의한다. 그렇지만 자신이 누구인지에 관한 사회적 정의는 자신이 속하지 않은 집단에 대해서도 언급하는 것이다. 울타리를 벗어난 사람들은 '그들', 즉 **외집단**(outgroup)이다. 그렇게 되면, 자신의 집단을 선호하는 **내집단 편향**(ingroup bias)이 뒤따른다. 심지어는 동전 던지기를 통해 임의적으로 만든 내·외집단조차도 이러한 편향을 만들어낸다. 실험에서 보면, 사람들은 보상을 나눌 때 내집단을 선호하였다(Tajfel, 1982; Wilder, 1981; Wynn et al., 2018). 17개 국가에 걸쳐서 내집단 편향은 외집단에 해를 끼치는 것보다는 내집단에게 더 호의적인 것으로 나타나고 있다(Romano et al., 2017). 차별은 외집단 적개심보다는 내집단 연결망과 상부상조에 의해서 촉발된다. 예컨대, 다른 지원자를 희생시키고 친구의 자녀를 고용하는 것이다(Greenwald & Pettigrew, 2014).

사람들은 석기시대 조상의 소속욕구, 즉 집단으로 생활하고 집단 속에서 사랑받고자 하는 욕구를 물려받았다. 결속함으로써 안전할 수 있었다. 사냥하든 방어하든 공격하든지 간에, 소수보다는 다수가 유리하였다. 진화는 낯선 사람을 만날 때 친구인지 아니면 적인지를 즉각적으로 판단할 수 있게 해주었다. 적과 친구를 구분하고 자신과 유사하지 않은 사람을 비인간화하거나 타인화하려는 욕구가 낯선 사람에 대한 편견의 소지를 만들어준다(Kteily & Bruneau, 2017; Whitley, 1999). 고대사회 그리스인들에게 있어서, 그리스인이 아닌 사람은 모두 '야만인'이었다. 오늘날 대부분의 아동은 자신이 다니는 학교가 그 지역의 다른 학교보다 좋다고 믿는다. 많은 고등학생은 동아리라는 미명하에 파벌을 만들어서 자기 집단 이외의 학생을 멸시한다. 심지어는 침팬지도 다른 집단의 침팬지가 건드린 몸의 부분을 깨끗하게 닦아낸다(Goodall, 1986). 침팬지는 내집단 공감도 표출한다. 외집단보다는 내집단 구성원이 하품하는 것을 본 후에 하품을 더 많이 한다(Campbell & de Waal, 2011). 이상적인 세상은 모든 사람에 대한 정의와 사랑을 우선시하겠지만, 실세계에서는 내집단 사랑이 보편적 정의를 압도하기 십상이다.

자문자답하기

여러분 자신의 삶에서 내집단 편향의 사례는 어떤 것인가? 여러분이나 다른 사람이 직면하고 있을지도 모르는 장벽을 타파하는 데 어떤 도움을 줄 수 있는가?

내집단 '우리' 즉 공통된 정체감을 공유하는 사람들

외집단 '그들' 즉 자신의 내집단과 다르거나 분리된 것으로 지각되는 사람들

내집단 편향 자신의 집단을 선호하는 경향성

희생양 이론 편견이 다른 사람을 비난하도록 해줌으로써 분노의 배출구를 제공한다는 이론

다른 인종 효과 다른 인종의 얼굴보다는 자기 인종의 얼굴을 보다 정확하게 회상하는 경향성. 인종 간 효과, 자기 인종 편향이라고도 부른다.

부정적 정서 부정적 정서는 편견을 배양한다. 죽음에 직면하거나 위협을 두려워하거나 좌절을 경험하면, 사람들은 내집단에 더욱 매달린다. 심각한 불평등으로 좌절하게 되면, 전 세계의 모든 사람은 질서를 되찾아줄 강력한 지도자를 원하게 된다(Sprong et al., 2019). 테러를 두려워하게 되면, 위협으로 간주하는 사람들을 향한 증오심이나 공격심과 함께 애국심이 증가한다(Pyszczynski et al., 2002, 2008).

희생양 이론(scapegoat theory)은 일을 그르치게 되면, 비난할 누군가를 찾아내는 것이 분노의 표적을 제공할 수 있다는 사실을 지적한다. 탈도 많았던 2016년 미국 대통령 선거가 진행되고 끝난 후에 증오범죄 보고가 증가하였으며, 2019년에는 미국인 10명 중 7명이 인종관계가 악화된 것으로 지각하였다(FBI, 2019; Horowitz, 2019). 그 이유는 무엇인가? 한 가지 이유는 그 당

시 후보이었던 도널드 트럼프가 유세하는 동안 표적으로 삼았던 집단, 예컨대 이슬람교도와 이민자를 향한 편견을 더욱 부추겼기 때문이었다(Crandall et al., 2018). 2016년에 트럼프의 대규모 집회를 주관하였던 지역에서는 그 이후 증오범죄율이 배가되었다(Feinberg, A. et al., 2019).

영국과 웨일스에서는 2016년 반이민자 브렉시트 국민투표를 치른 후에 증오범죄가 치솟은 것으로 알려져있다. 2015/2016년에 52,000건이었던 것이 2018/2019년에는 103,000건으로 늘어났다(Home Office, 2019). 이 지역과 아울러 독일과 미국에서는 반유대주의 범죄도 증가해왔다(ADL, 2019; Statista, 2019). 코로나바이러스 대유행이 시작될 무렵에, 백인이 주종을 이루는 국가의 몇몇 정부관리는 '중국' 바이러스라고 불렀다. 바이러스를 특정 국가와 연합시키는 것은 편견과 차별에 기름을 붓는 격이어서, 미국에서만도 단 1주일 만에 아시아계 미국인을 향한 차별 사건이 650건이나 발생하였다(Hong, 2020; Van Bavel et al., 2020). 한 사람은 칼로 찌르고, 다른 사람에게는 침을 뱉거나 "너희가 바이러스를 가져왔다. 중국으로 돌아가라."라고 위협하였다(Loffman, 2020).

David Sipress/Conde Nast/Cartoonbank

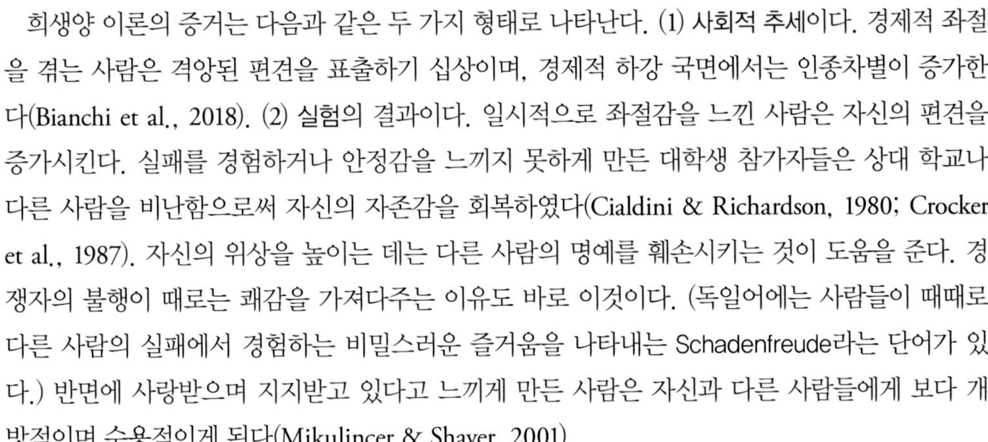
희생양 이론의 증거는 다음과 같은 두 가지 형태로 나타난다. (1) 사회적 추세이다. 경제적 좌절을 겪는 사람은 격앙된 편견을 표출하기 십상이며, 경제적 하강 국면에서는 인종차별이 증가한다(Bianchi et al., 2018). (2) 실험의 결과이다. 일시적으로 좌절감을 느낀 사람은 자신의 편견을 증가시킨다. 실패를 경험하거나 안정감을 느끼지 못하게 만든 대학생 참가자들은 상대 학교나 다른 사람을 비난함으로써 자신의 자존감을 회복하였다(Cialdini & Richardson, 1980; Crocker et al., 1987). 자신의 위상을 높이는 데는 다른 사람의 명예를 훼손시키는 것이 도움을 준다. 경쟁자의 불행이 때로는 쾌감을 가져다주는 이유도 바로 이것이다. (독일어에는 사람들이 때때로 다른 사람의 실패에서 경험하는 비밀스러운 즐거움을 나타내는 Schadenfreude라는 단어가 있다.) 반면에 사랑받으며 지지받고 있다고 느끼게 만든 사람은 자신과 다른 사람들에게 보다 개방적이며 수용적이게 된다(Mikulincer & Shaver, 2001).

"다른 사람의 불행은 꿀맛이다." 일본 속담

인지적 지름길 고정관념은 사람들이 세상을 인지적으로 단순화시키는 방식의 부산물이기도 하다. 주변 세상을 이해하기 위해서 사람들은 범주를 형성하기 십상이다. 화학자는 분자를 유기물과 무기물로 범주화한다. 정신건강 전문가는 심리장애를 유형으로 범주화한다. 모든 사람은 성별, 인종, 민족성, 연령을 비롯하여 다정함이나 유능성 등과 같은 다양한 특성으로 사람들을 범주화한다(Fiske, 2018). 그렇지만 사람들을 집단으로 범주화할 때, 고정관념을 형성하기 십상이다. 사람들은 자신이 집단 내의 다른 사람과 얼마나 다른지를 인식하고 있지만, 다른 집단의 구성원들이 상호 간에 유사한 정도를 과대추정하기 십상이다(Bothwell et al., 1989). 외집단 동질성, 즉 태도, 성격, 외모 등의 단일성을 지각한다. 자신이 속한 인종의 얼굴을 보다 잘 재인하는 현상, 즉 **다른 인종 효과**(other-race effect, 인종 간 효과 또는 자기 인종 편향이라고도 부른다)는 생후 3개월에서 9개월 사이의 유아기 때 출현한다(Anzures et al., 2013; Telzer et al., 2013). [또한 사람들은 동일 연령 편향, 즉 자신과 동일한 연령집단의 얼굴을 더욱 잘 재인하는 편향도 가지고 있다(Rhodes & Anastasi, 2012).]

© Dave Coverly/speedbump.com

그렇지만 때로는 인종 범주에 잘 들어맞지 않는 사람도 있다. 그러한 경우에는 그

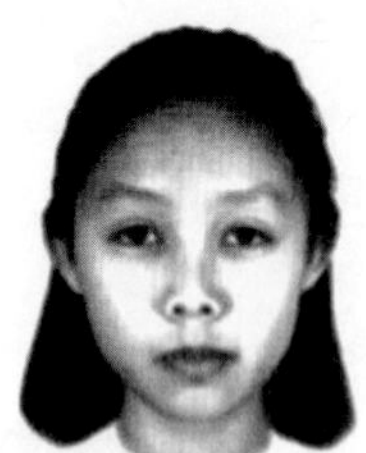
100% 중국인

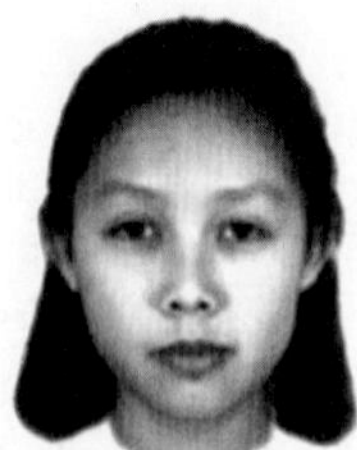
80% 중국인
20% 백인

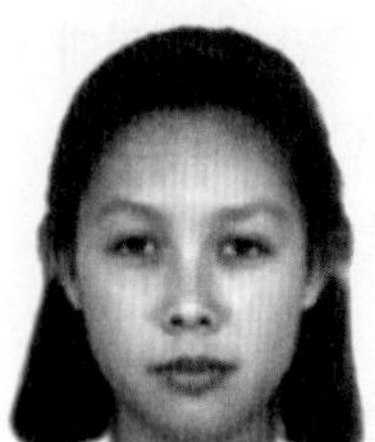
60% 중국인
40% 백인

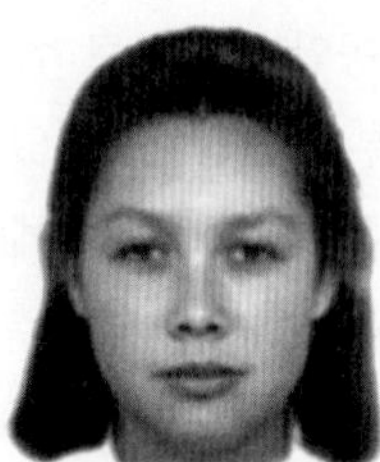
40% 중국인
60% 백인

20% 중국인
80% 백인

100% 백인

Dr. Jamin Halberstadt

그림 13.7
인종 합성 얼굴의 범주화 뉴질랜드인들에게 104장의 사진을 재빨리 분류하게 하였을 때, 유럽계 뉴질랜드인이 중국계 뉴질랜드인보다 모호한 중앙의 두 얼굴을 중국인으로 분류하는 경향이 높았다(Halberstadt et al., 2011).

사람을 소수인종에 할당한다. 연구자들은 사람들이 친숙한 인종집단의 자질을 학습한 후에, 덜 친숙한 소수인종의 차별적 자질에 선택적으로 주의를 기울이기 때문에 이러한 일이 벌어진다고 믿고 있다. 제이민 할버스태트와 그의 동료들(2011)은 뉴질랜드 사람들에게 중국인과 백인 얼굴을 혼합한 얼굴을 보여줌으로써 이러한 학습된 연합 효과를 예증하였다. 중국 실험참가자와 비교할 때, 백인인 뉴질랜드 사람들은 모호한 얼굴을 중국인의 얼굴로 보다 쉽게 분류하였다(그림 13.7 참조). 사람들은 노력을 경주하고 경험을 쌓음에 따라서, 다른 집단의 얼굴을 보다 잘 재인할 수 있게 된다(Hugenberg et al., 2010; Young et al., 2012).

생생한 사례의 기억 사람들은 발견법, 즉 즉각적인 판단을 가능하게 해주는 심적 지름길을 채택함으로써 세상을 단순화시키기도 한다. **가용성 발견법**은 어떤 사건이 얼마나 용이하게 떠오르는지에 근거하여 그 사건의 빈도를 추정하는 경향성이다. 생생한 사례는 쉽게 떠오르기 때문에, 그러한 사례가 고정관념을 부추긴다고 해서 놀라울 것이 없다. 고전적인 실험에서, 연구자들은 두 집단의 오리건대학교 학생들에게 50명의 남자에 대한 정보가 들어있는 목록을 보여주었다(Rothbart et al., 1978). 첫 번째 집단의 목록에는 문서 위조와 같이 비폭력적 범죄로 구속된 10명의 남자가 포함되었다. 두 번째 집단의 목록에는 폭행과 같은 폭력범죄로 구속된 10명의 남자가 포함되었다. 나중에 얼마나 많은 남자가 각종 유형의 범죄를 저질렀는지를 회상하였을 때, 두 번째 집단이 그 숫자를 과잉추정하였다. 현저한 폭력 사례가 기억에서 더욱 가용하였기 때문에 집단의 판단에 영향을 미친 것이다(그림 13.8).

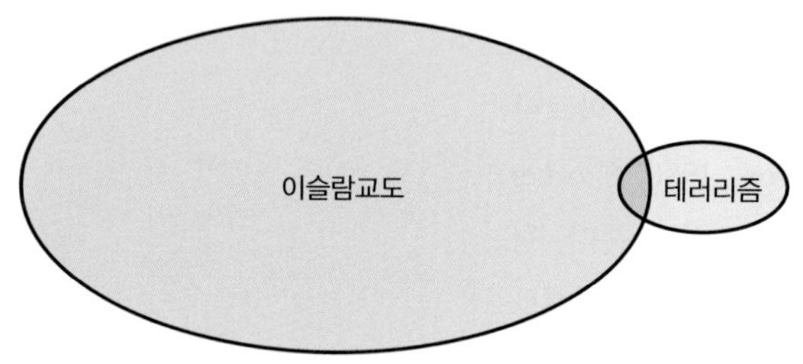

그림 13.8
현저한 사례가 고정관념을 촉진시킨다 9/11 테러리스트들은 많은 사람의 마음에 이슬람교도들이 테러를 저지르기 쉽다는 과장된 고정관념을 만들어냈다. 실제로 국립연구위원회 테러리즘 분과가 제시한 그림에서 보는 바와 같이 대부분의 테러리스트는 이슬람교도가 아니다.

희생자 비난하기 앞에서 언급한 바와 같이, 사람들은 희생양을 비난함으로써 자신의 편견을 정당화하기 십상이다. 만일 세상이 공평하다면, 사람들은 받을 만한 것을 받는 것이라고 생각한다. 한 독일인이 이차 세계대전이 끝난 직후에 베르겐-벨젠 강제수용소를 방문하였을 때 발언한 것으로 알려진 것처럼 "이곳의 수감자들이 저지른 극악한 범죄는 그러한 대우를 받을 만하였던 것이 틀림없다."라고 생각한다.

후견편향이 희생자 비난하기를 증폭시킨다(Carli & Leonard, 1989). 여러분은 강간 희생자, 학대받는 배우자, 에이즈 감염자 등은 그렇게 될 수밖에 없는 충분한 이유가 있을 것이라는 말을 들어본 적이 있는가? 파키스탄과 같은 국가에서는 강간당한 여자들이 간통죄를 범하였다고 극형에 처해지기도 하였다(Mydans, 2002). 한 실험에서는 두 집단에게 데이트에 대한 상세한 설명을 제시하였다(Janoff-Bulman et al., 1985). 첫 번째 집단의 설명에서는 데이트가 강간당하는 것으로 끝이 났다. 이 집단의 참가자들은 그 여자의 행동이 부분적으로는 비난받을 만한 것이었으며, 돌이켜보건대 '여자가 더 신중했어야만 한다'고 생각하였다. 강간 부분을 제외하고 동일한 내용을 보았던 두 번째 집단은 여자의 행동이 강간을 불러왔다고 지각하지 않았다. 첫 번째 집단에서 후견편향이 희생자를 비난하려는 심리를 조장하였던 것이다. 피해자를 비난하는 것은 그러한 일이 자신에게는 일어날 수 없다고 확신시키는 역할도 담당한다.

사람들은 자기 문화의 사회 시스템을 정당화하려는 경향성도 가지고 있다(Jost, 2019). 매사가 그렇게 될 수밖에 없는 방식으로 진행되는 것이라고 보려는 경향이 있다. 누군가 부자라면, 그 사람은 똑똑한 사람임에 틀림없다는 것이다(Hussak & Cimpian, 2015). 이러한 자연스러운 보수성이 건강보험이나 기후변화 정책 등과 같이 중차대한 사회 개혁을 입법화하기 어렵게 만든다. 일단 그러한 정책이 자리를 잡게 되면, 사람들의 '시스템 정당화'가 그 정책을 유지하고자 시도하게 된다.

* * *

만일 여러분이 때때로 다른 사람들에 대해서 가지고 있지 않으면 더 좋았을 감정을 가지고 있다는 사실을 직관적으로 느낀다면, 다음을 명심하라. 중요한 것은 그 감정을 어떻게 다루느냐는 것이다. 자신의 감정과 행위를 감시하고, 낡은 습관을 새로운 습관으로 바꾸며, 새로운 우정관계를 추구함으로써 스스로 편견에서 벗어날 수 있다.

공격성 남을 해치려는 의도를 가진 신체행동이나 언어행동 

인출 연습

RP-1 편견에 기초한 판단이 희생당한 사람에게서 비난의 원인을 찾게 만들 때, 그 사람을 __________이라고 부른다.

답은 부록 E를 참조

공격성

LOQ 13-15 공격성에 대한 심리학의 정의는 일상적 용법과 어떻게 다른가? 어떤 생물학적 요인이 서로를 더욱 해치도록 만드는가?

심리학에서 **공격성**(aggression)이란 적개심의 발로이든 목적 달성을 위해 계산된 수단이든, 남을 해치려는 의도를 가지고 있는 신체행동이나 언어행동이다. 자기주장이 강하고 집요한 판매원을 공격적이라고 보지 않는다. 통증으로 환자를 움츠리게 만드는 치과 의사도 마찬가지다. 그렇지만 나쁜 유언비어를 퍼뜨리는 사람, 개인적으로나 온라인에서 타인을 괴롭히는 사람, 물건을 빼

Gilbert Laurie/Getty Images

가정에 있는 권총은 목숨을 구해주는가 아니면 빼앗아 가는가? '개인적 안전/보호'가 미국인들이 총기 소유에 내건 첫 번째 이유이다(Swift, 2013). 그렇지만 총기 소유는 역효과를 낳기 십상이다. 가정의 총기는 자기방어보다는 사랑하는 사람을 살해하거나 자살하는 데 훨씬 더 자주 사용된다(Kivisto et al., 2019; Stroebe et al., 2017). 2017년에 39,773명이 총기 사고로 사망하였는데, 셋 중 둘은 자살이었다(CDC, 2019c). 지난 반세기에 걸쳐서 150만 명 이상의 미국인이 전쟁이 아닌 상황에서 총에 맞아 사망하였는데, 이 숫자는 미국 역사의 모든 전쟁에서 사망한 사람의 수보다도 많은 것이다(Jacobson, 2015). 동일한 성별, 인종, 연령, 이웃을 가진 사람들과 비교하였을 때, 집에 총을 소지하고 있는 사람은 집에서 살해될 가능성이 거의 두 배나 높았으며, 자살을 기도할 가능성은 세 배나 높았다(Anglemyer et al., 2014; Stroebe, 2013). 총기 소유 비율이 높은 주와 국가는 훨씬 높은 살인율과 총기 사망률을 보이는 경향이 있다(VPC, 2016). 일본에서 미국의 평범한 하루에 발생하는 폭력적 총기 사망자 수만큼 누적되려면 거의 10년이 걸린다. 총기가 많을수록 사망자가 증가하는 것이다.

앗는 강도 등은 공격적이다.

공격행동은 생물학적 소인과 경험의 상호작용으로 나타난다. 총을 쏘려면, 방아쇠를 잡아당겨야 한다. 어떤 사람은 방아쇠가 아주 예민한 총과 마찬가지로, 쉽게 폭발해버린다. 우선 공격행동의 역치에 영향을 미치는 생물학적 요인을 살펴본 후에, 방아쇠를 잡아당기게 만드는 심리적 요인을 살펴보도록 하자.

공격성의 생물학적 소인

공격성은 문화, 시대, 사람에 따라서 너무나 광범위한 차이를 보이기 때문에 생득적 본능으로만 간주할 수는 없다. 그렇지만 생물학적 요인이 공격성에 영향을 미친다. 생물학적 영향은 세 수준, 즉 유전, 신경, 그리고 생화학 수준에서 살펴볼 수 있다.

유전적 요인 유전자가 공격성에 영향을 미친다. 때로는 시합용으로, 때로는 연구용으로 동물을 공격적으로 품종개량해 왔다. 유전 효과는 인간의 쌍둥이 연구에서도 나타난다(Miles & Carey, 1997; Rowe et al., 1999). 일란성 쌍둥이 중의 한 명이 '폭력 기질'을 가진 것으로 진단되면, 다른 한 명도 동일한 진단을 받기 십상이다. 이란성 쌍둥이들은 훨씬 덜 유사하게 행동한다.

연구자들은 심각한 폭력을 저지르는 사람에서 발견되는 유전 표지를 추적하고 있다. 하나는 이미 잘 알려져있는데, 절반의 인간이 가지고 있는 것, 즉 Y 염색체이다. 또 다른 표지가 **모노아민 산화효소** A(monoamine oxidase A, MAOA) 유전자인데, 도파민과 세로토닌 같은 신경전달물질을 파괴하는 데 일조한다. 때때로 '전사 유전자'라고도 부르는 MAOA 유전자 발현이 떨어지는 사람은 화가 날 때 공격적으로 행동하는 경향이 있다. 한 실험에서 보면, MAOA 유전자가 모자라는 사람이 자신을 화나게 만든 사람에게 핫소스를 더 많이 집어던졌다(McDermott et al., 2009; Tiihonen et al., 2015).

신경적 요인 공격성을 제어하는 두뇌의 특정 영역은 존재하지 않는다. 공격성은 복잡한 행동이며, 특정 맥락에서 일어난다. 그렇지만 동물과 인간의 두뇌는 자극을 받을 때 공격행동을 억제하거나 촉발시키는 신경 시스템을 가지고 있다(Falkner et al., 2016; Fields, 2019). 다음을 보도록 하자.

- 같은 우리에 사는 원숭이 집단에서 횡포가 극심한 우두머리의 머리에 원격 조종할 수 있는 전극을 삽입하였는데, 전극을 통해서 자극을 가하면 공격성을 억제할 수 있다. 전극을 통해 자극을 가하는 버튼을 우리 속에 설치하였을 때, 한 작은 원숭이가 우두머리의 위협을 받을 때마다 그 버튼 누르는 것을 학습하였다.
- 한 유순한 여성 환자에게 신경외과 의사가 장애를 진단하려는 목적으로 그녀 두뇌의 편도체에 전극을 삽입하였다. 두뇌는 감각수용기를 가지고 있지 않기 때문에 그녀가 자극을 느낄 수는 없었다. 그렇지만 자극 스위치를 올리는 순간, "혈압을 측정하세요, 지금 당장!"이라고 으르렁거리듯이 소리를 지르고는 일어서서 의사를 때리기 시작하였다.
- 전두엽이 손상되거나 비활동적이거나 연결이 끊어졌거나 충분히 성숙하지 못하게 되면, 공격성이 나타날 가능성이 커진다(Amen et al., 1996; Davidson et al., 2000; Raine, 2013). 203명의 살인범을 대상으로 수행한 연구를 보면, 충동을 제어하는 전두엽 조직이 감소하였다(Sajous-Turner et al., 2019).

Donald Reilly The New Yorker Collection/The Cartoon Bank
"저것은 남자들 일이에요."

Chris Courteau/AGE Fotostock

깡마르고 비열한 싸움기계 : 테스토스테론이 가득 찬 하이에나 암컷들 하이에나의 이례적인 발생학적 특성은 암컷 태아에게 테스토스테론을 주입시킨다. 그 결과로 태생적 싸움꾼으로 보이는 암컷 하이에나들이 태어난다.

생화학적 요인 유전자가 신경계를 설계하는데, 신경계는 전기화학적으로 작동한다. 예컨대, 테스토스테론은 혈액을 따라 순환하다가 공격성을 제어하는 신경계에 영향을 미친다. 흉포한 수소를 거세하여 테스토스테론 수준을 낮추면 온순해진다. 반대로 거세한 숫쥐에게 테스토스테론을 주사하면 다시 공격적으로 변한다.

인간은 호르몬 변화에 덜 민감하다. 그렇지만 나이를 먹어감에 따라서 테스토스테론 수준이 낮아지면서 공격성도 떨어진다. 호르몬 활동이 왕성하고 공격적인 17세 청소년은 호르몬 감소에 따라 더 조용하고 점잖은 70세 노인으로 성숙해간다. 테스토스테론 수준을 급격하게 낮추는 약물은 남자의 공격 경향성을 가라앉힌다.

때때로 혈액을 따라 순환하는 또 다른 약물, 즉 알코올이 좌절에 대한 공격반응을 폭발시킨다. 경찰 데이터, 교도소 수감자 조사결과, 실험결과 등을 보면, 공격 성향이 있는 사람이 술을 마실 가능성이 크며, 취했을 때 폭력적이기 십상이다(White et al., 1993). 알코올은 탈억제제이다. 즉, 판단과 억제를 제어하는 두뇌 활동을 늦춘다. 알코올의 영향을 받고 있는 사람은 (군중 속에서 어깨가 부딪히는 것과 같이) 모호한 행위를 도발로 해석하고는 공격적으로 반응할 수 있다(Bègue et al., 2010; Giancola & Corman, 2007). 러시아에서 살인범죄의 73% 그리고 미국에서 살인의 57%가 알코올의 영향을 받아 발생한다(Landberg & Norström, 2011).

"12세에서 28세 사이의 체격이 당당한 젊은 남자들을 극저온 냉동 상태에서 잠을 자게 만들기만 하면 모든 범죄의 2/3를 예방할 수 있다." 데이비드 리켄, 『반사회적 성격』(1995)

단지 술을 마셨다고 생각하는 것도 공격성을 증가시킬 수 있다(Bègue et al., 2009). 그렇지만 본인도 모르게 음료수와 함께 섭취한 알코올도 효과를 나타낸다. 따라서 공격성에 대한 알코올 효과는 생물학적이면서 동시에 심리적인 것이다(Bushman, 1993; Ito et al., 1996; Taylor & Chermack, 1993).

공격성의 심리적 요인과 사회문화적 요인

LOQ 13-16 어떤 심리적 요인과 사회문화적 요인이 공격행동을 촉발하는가?

생물학적 요인은 공격성을 촉발하는 용이성에 영향을 미친다. 그렇다면 어떤 심리적 요인과 사회문화적 요인이 방아쇠를 당기게 만드는가?

혐오 사건 때로는 고난이 품성을 도야시키기도 한다. 그렇지만 실험실에서 비참하게 된 사람들은 다른 사람도 비참하게 만들기 십상이다(Berkowitz, 1983, 1989). 높은 기온, 신체적 고통, 개인적 모욕, 썩은 냄새, 담배연기, 밀집을 비롯한 수많은 혐오자극이 적개심을 야기할 수 있다. 심

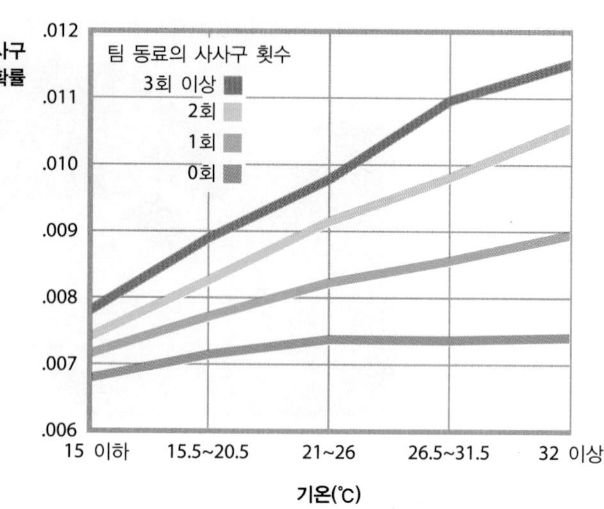

그림 13.9
기온과 보복 리처드 래릭과 그의 동료들(2011)은 1952년 이후 미국 메이저리그에서 벌어진 57,293회의 시합에 걸쳐 4,566,468번의 타석에서 투수의 공에 맞아 출루한 사사구를 살펴보았다. 사사구의 확률은 투수의 동료가 상대편 투수의 공에 맞았었을 때 그리고 기온이 높았을 때 증가하였다.

지어는 배고픔도 분노를 부추길 수 있다(Bushman et al., 2014). 이 현상의 대표적인 사례가 **좌절-공격성 원리**(frustration-aggression principle)이다. 즉, 좌절이 분노를 초래하고, 분노가 공격성에 불을 붙인다는 것이다.

좌절-공격성 연계는 1960년부터 2004년 사이에 메이저리그에서 발생한 27,667번의 사사구를 분석한 결과가 예증하였다(Timmerman, 2007). 투수는 직전 타자가 홈런을 쳤을 때, 현재 타자가 앞 타석에서 홈런을 쳤을 때, 또는 동료선수가 바로 직전의 공격에서 상대 투수의 공에 맞았을 때 타자를 공으로 맞출 가능성이 매우 높았다. 또 다른 연구는 기온의 상승과 몸에 공을 맞는 타자의 숫자 간에 유사한 연계를 찾아냈다(Reifman et al., 1991; 그림 13.9 참조). 지나치게 높은 기온이 지나치게 높은 울화통으로 이끌어간다.

전 세계적으로 기온이 높았던 해, 계절, 달, 그리고 날에 폭력범죄율과 배우자 학대율이 더 높았다(Anderson et al., 1997; Heilmann & Kahn, 2019). 고고학, 경제학, 지리학, 정치학, 심리학 등에서 수행한 연구들은 인간 역사에 걸쳐 높은 기온이 개인의 폭력, 전쟁, 혁명 등의 증가를 예측하였다는 사실로 수렴하고 있다(Hsiang et al., 2013). 가용한 데이터에 근거한 한 가지 예측은 지구 온난화로 인해서 평균 기온이 섭씨 2도 상승하는 것이 폭력과 살인 범죄를 수만 건 이상 증가시킬 것이라고 추정한다(Anderson & Delisi, 2011; Miles-Novelo & Anderson, 2019). 이 수치는 기후변화와 관련된 한발, 가난, 식량 부족, 인구 이동 등이 야기할 부가적인 폭력은 고려하지 않은 것이다.

강화와 모델링 공격성은 혐오 사건에 대한 자연스러운 반응일 수 있지만, 학습이 선천적 반응을 변화시킬 수 있다. 행동이 강화받을 때 학습하며 타인 행동을 관찰함으로써 학습한다.

공격이 보상을 제공한다는 사실을 경험적으로 알고 있는 상황에서는 다시 공격적으로 행동할 가능성이 높다. 자신의 공격이 다른 아동을 성공적으로 겁먹게 만든 아동은 더욱 공격적으로 바뀔 수 있다. 투쟁하여 성공적으로 먹이를 얻거나 배우자를 구한 경험이 있는 동물은 점차적으로 흉포해진다. 보다 관대하고 점잖은 세계를 만들기 위해서는 어린 시절부터 감수성과 협동성의 모범을 보이고 보상을 주는 것이 최선이다. 아마도 폭력의 모범을 보이지 않으면서 아이를 훈육하도록 부모들을 훈련시켜야 할 것이다. 부모 훈련 프로그램은 고함을 지르고 매질을 하지 않도록 충고하기 십상이다. 오히려 부모는 바람직한 행동을 강화하고 긍정적인 틀로 말할 수 있다.

("먹은 것을 치우지 않으면 나가 놀 수 없어!" 대신에 "먹은 것을 치운 후에 나가 놀아라.")

문화에 따라서 상이한 폭력 경향성을 모델링하고 강화하며 촉발한다. 예컨대, 빈부 격차가 두드러지는 시대와 국가일수록 범죄율이 높으며, 행복도가 낮다(Messias et al., 2011; Oishi et al., 2011; Wilkinson & Pickett, 2009). 그리고 아버지가 중요하다(Triandis, 1994). 부모의 교육 수준, 인종, 수입, 10대 미혼모 등의 효과를 통제한 후에도, 아버지가 부재하는 가정의 젊은이가 범죄로 투옥될 가능성이 또래들보다 두 배나 높다(Harper & McLanahan, 2004).

폭력은 한 국가 내에서도 문화에 따라 차이를 보일 수 있다. 예컨대, 미국 남부는 오랫동안 '명예 문화'를 유지해왔다. 리처드 니스벳과 도브 코헨(1996)은 스코틀랜드와 아일랜드 목축업자들이 정착한 미국 남부 도시에서 백인이 저지르는 폭력을 분석하였는데, 이 사람들은 '남성 명예', 자기 가축을 지키기 위하여 무기를 사용하는 것, 그리고 고압적인 노예제도의 역사를 강조하는 전통을 가지고 있었다. 청교도와 퀘이커교도 그리고 네덜란드 농부와 장인들이 정착한 뉴잉글랜드 백인들에 비해서 이 문화 후손의 살인율이 세 배나 높았으며, 아이들에게 체벌을 가하는 것, 전쟁을 벌이는 것, 그리고 무기를 무제한적으로 소유하는 것을 더욱 지지하였다. '명예 문화'가 주도하는 남부 지역에서 학생이 무기를 소지하고 등교하는 비율과 학교 총기 사고를 일으키는 비율도 높다(Brown et al., 2009).

폭력의 대중매체 모델 부모만이 유일한 공격 모형은 결코 아니다. 텔레비전, 영화, 비디오 게임, 인터넷이 엄청난 양의 폭력을 제공하고 있다. 실제 삶의 도전거리에 직면한 10대 소년은 위협 대상을 겁주거나 제거하는 방식으로 적어도 액션영화에 등장하는 '어른처럼 행동'한다. 대중매체 폭력은 사람들에게 **사회 스크립트**(social script), 즉 특정 상황에서의 행동방식에 대해 문화가 제공하는 심적 파일을 가르친다. 100편 이상의 연구는 모두 사람들이 때때로 시청한 것을 모방한다는 사실을 확증하고 있다. 위험을 찬양하는 행동(위험한 운전, 익스트림 스포츠, 무분별한 성행위 등)을 시청하는 것은 실세계에서의 위험 추구 행동을 증가시킨다(Fischer et al., 2011). 폭력행동(살인, 절도 등)의 시청은 실생활의 공격성을 증가시킬 수 있는 것이다(Anderson et al., 2017).

대중음악의 가사도 사회 스크립트를 표현한다. 한 연구에서는 독일 남자 대학생들이 여자를 비하하는 가사의 음악을 청취한 후에, 한 여자에게 먹기 힘든 가장 매운 칠리소스를 제공하였다. 그리고 여자에 관하여 더욱 부정적인 감정과 신념을 회상해냈다. 남자를 비하하는 노랫말도 여자에게 유사한 효과를 나타냈다(Fischer & Greitemeyer, 2006).

포르노 영화의 반복적인 시청은 어떤 영향을 미치는가? 포르노의 가용성이 증가함에 따라서, 보고된 성폭력의 비율이 미국에서는 감소해왔다(캐나다, 호주, 유럽에서는 그렇지 않았다). 그렇지만 대중매체 폭력의 반복적인 시청이 공격성에 무뎌지게 만드는 것과 마찬가지로, 포르노의 반복적 시청은 비록 비폭력적인 것이라고 할지라도 성적 공격을 덜 심각하게 받아들이도록 만든다는 사실을 보여주었다(Harris, 1994). 한 실험에서는 대학생들이 매주 여섯 편의 짧지만 노골적인 성애영화를 6주에 걸쳐서 시청하였다(Zillmann & Bryant, 1984). 통제집단은 동일한 6주 동안 성적이지 않은 영화를 시청하였다. 3주 후에 두 집단 모두 자동차에 편승한 여자 여행자를 강간하여 기소된 한 남자에 대한 보고서를 읽었다. 적절한 형량을 예상해보라고 요구하였을 때, 노골적인 영화를 시청하였던 학생은 통제집단의 학생에 비해서 절반의 형량만을 제시하였다. 포르노가 파트너를 향한 공격성에 미치는 효과를 탐색한 다른 연구에서는 포르노를 시청한 정도

좌절-공격성 원리 어떤 목표를 달성하려는 시도가 차단되는 것과 같은 좌절이 분노를 유발하고, 분노가 공격성을 만들어낼 수 있다는 원리

사회 스크립트 다양한 상황에서 어떻게 행동할 것인지에 대한 문화적 지침

가 자기보고한 공격성 그리고 실험참가자가 상대방에게 시끄러운 굉음을 들려주려는 의향 모두를 예측하였다(Lambert et al., 2011; Peter & Valkenburg, 2016). 포르노는 대체로 불에다 기름을 끼얹는 방식으로 작동한다. 공격 성향이 높은 남자의 성적 공격 위험성을 높인다(Malamuth, 2018).

폭력적인 내용의 포르노도 여자에게 공격적으로 행동하려는 남자의 의도를 증가시킨다. 21명의 사회과학자가 내놓은 성명서가 지적하는 바와 같이, "성적 공격이 피해자에게 즐거움을 주는 것처럼 묘사한 포르노 영화가 성관계의 강요를 수용하게 만든다"(Surgeon General, 1986). 일반 대중의 생각과는 정반대로, 그러한 장면의 시청이 성적 충동의 배출구를 제공하지 않는다. 오히려 "단기 효과를 측정한 실험연구에서 보면, 폭력적인 포르노 영화에 노출되는 것이 여자를 향한 가혹 행위를 증가시킨다."라고 성명서는 지적하였다.

폭력적 비디오 게임은 폭력의 사회 스크립트를 가르치는가? 전 세계에서 수행한 실험은 긍정적인 게임을 즐기는 것이 긍정적 효과를 초래한다는 사실을 지적하고 있다(Greitemeyer & Mügge, 2014; Prot et al., 2014). 예컨대, 다른 사람을 도와주는 것이 목표인 레밍스와 같은 게임을 즐기는 것은 실세계에서의 도움행동을 증가시킨다. 그렇다면 폭력이 벌어지는 게임을 즐긴 후에는 이에 상응하는 효과가 나타나겠는가? 수많은 지역에서 10대가 평소에 즐기던 슈팅 게임의 대학살을 흉내 낸 것처럼 보인 후에, 폭력적 비디오 게임은 대중의 논란을 불러일으킨 논제가 되었다(Anderson, 2004, 2013).

이렇게 흉포하기 짝이 없는 흉내 내기는 많은 사람을 고민에 빠트렸다. 공격성을 적극적으로 역할놀이하는 것의 효과는 무엇인가? 사람들을 폭력에 무감각하게 만들고 폭력 행위에 더 개방적이게 만드는가? 갈등적인 연구결과에도 불구하고 13만 명을 동원한 400편의 연구가 몇 가지 해답을 제공하고 있다(Calvert et al., 2017). 폭력적 비디오 게임은 사람들을 잔인성에 덜 민감하게 만드는 경향이 있다(Arriaga et al., 2015). 공격적 사고를 점화하고, 공감을 감소시키며, 누군가 도발하면 공격적으로 반응하도록 이끌어갈 수 있다. 폭력 비디오 게임을 즐기는 데 가장 많은 시간을 사용하는 대학생들이 신체적으로도 가장 공격적인 경향이 있다(Anderson & Dill, 2000). 예컨대, 누군가를 때리거나 공격해 왔다는 사실을 인정하기 십상이다. 아동과 청소년을 최대 4년까지 추적한 수십 편의 종단연구는 폭력적 비디오 게임이 '시간이 경과함에 따라 점점 높아지는 명백한 신체 폭력'을 예측한다는 결과를 얻었다(Prescott et al., 2018).

실험에서 비폭력 게임을 하는 것과 비교할 때, 고통으로 신음하는 희생자가 유혈이 낭자하게 살해되는 내용이 포함된 게임을 하도록 무선할당된 사람들이 더욱 적대적으로 변모하였다. 후속 과제를 수행할 때, 동료 학생에게 강력한 소음 공격을 가할 가능성도 더 컸다. 청소년을 대상으로 수행한 연구를 보면, 폭력 비디오 게임을 많이 즐기는 청소년이 더 공격적이 되며 세상을 보다 적대적으로 바라다본다(Bushman, 2016; Exelmans et al., 2015; Gentile, 2009). 게임을 하지 않는 청소년에 비해서 언쟁과 싸움을 많이 벌이며 성적도 나쁘다. 또 다른 실험에서는 총을 사용한 폭력 비디오 게임을 하였던 아동이 (칼을 사용한 폭력 비디오 게임이나 폭력이 없는 비디오 게임을 하였던 아동에 비해서) 나중에 실제(이지만 망가진) 총을 만지고 집어들며 방아쇠를 당겨 볼 가능성이 더 컸다(Chang & Bushman, 2019).

그런데 이러한 결과는 단지 선천적으로 적대적인 청소년이 그러한 게임에 더 몰두하기 때문은 아닐까?(Greite-meyer et al., 2019). 그렇지 않은 것으로 보인다. 적대감 검사에서 점수가 낮

우연의 일치인가, 필연적인 결과인가? 2011년 노르웨이 사람인 아네르스 베링 브레이비크는 오슬로의 정부청사에 폭탄을 투척한 다음에, 청소년 캠프로 가서는 총질을 하여 대부분이 10대인 69명을 사살하였다. 슈팅 게임을 즐겼던 브레이비크는 "나는 무엇보다도 MW2(Modern Warfare 2) 게임을 나의 훈련 시뮬레이션의 한 부분으로 생각한다."라고 언급함으로써 논란을 불러일으켰다. 그의 폭력 게임 놀이 그리고 2012년 미국 코네티컷에서 다중 살인을 저지른 초등학교 1학년생의 게임 놀이가 폭력에 기여한 것인가, 아니면 단순히 우연한 연합일 뿐인가? 이 물음을 탐구하기 위하여 심리학자들은 실험을 수행한다.

AFP/Getty Images

으면서 게임을 즐기는 청소년과 즐기지 않는 청소년을 비교하였을 때, 싸움하는 횟수에서 차이를 나타냈다. 폭력 게임을 즐기는 청소년의 40%가 싸움을 벌였던 것에 반하여, 그러한 게임을 즐기지 않았던 청소년들은 단지 4%만 그러하였다(Anderson, 2004). 몇몇 연구자는 부분적으로 적극적인 관여와 폭력이 제공하는 보상으로 인해서 폭력 비디오 게임이 텔레비전의 폭력 프로그램과 영화보다 공격행동과 공격적 사고에 더 큰 영향을 미친다고 생각하고 있다(Anderson & Warburton, 2012).

"폭력적 비디오 게임은 공격적 행동, 공격적 인지, 공격적 감정의 증가 그리고 친사회적 행동, 공감, 공격에 대한 민감도의 감소와 일관성 있는 관계를 가지고 있다는 사실을 연구가 입증하고 있다." APA 폭력적 매체 태스크 포스(2015)

다른 연구자는 그러한 결과에 공감하지 않는다(Markey & Ferguson, 2018). 1996년과 2006년 사이에 비디오 게임 판매는 증가해왔지만 청소년 폭력은 감소해왔다는 사실을 지적한다. 이들은 우울, 가정폭력, 또래 영향, 권총 휴대 문화 등이 더 우수한 예측 요인이라고 주장한다. 몇몇 평론가는 폭력 비디오 게임의 총기난사를 비난해왔지만, 대부분의 연구자는 총기난사가 사회폭력에 미치는 영향은 미미하다는 데 동의하고 있다(Mathur & VanderWeele, 2019).

"연구는 폭력적 아동에의 노출이 비디오 게임 캐릭터의 공격성 증가를 초래한다는 사실을 찾아내고 있다." 풍자지 *The Onion*(2017년 3월 6일)

* * *

요컨대, 연구는 공격행동에 대한 생물학적, 심리적, 사회문화적 영향 요인을 밝히고 있다. 폭력과 같이 중차대하고 복잡한 행동은 일반적으로 많은 결정 요인을 가지고 있으며, 어떤 것이든 단 하나의 설명은 과잉단순화가 된다. 따라서 폭력을 야기하는 것이 무엇인지를 묻는 것은 암을 야기하는 것이 무엇인지를 묻는 것과 마찬가지이다. 석면에의 노출은 확실한 암의 원인이지만, 단지 하나의 원인일 뿐이다. 다른 많은 현상과 마찬가지로, 공격도 생물심리사회적 현상인 것이다(그림 13.10).

다행스러운 결론을 적어본다. 역사적 추세는 세상이 점차 덜 폭력적이 되어간다는 사실을 시사한다(Pinker, 2011). 사람들이 시간과 공간에 따라서 변한다는 사실은 환경도 변한다는 사실을

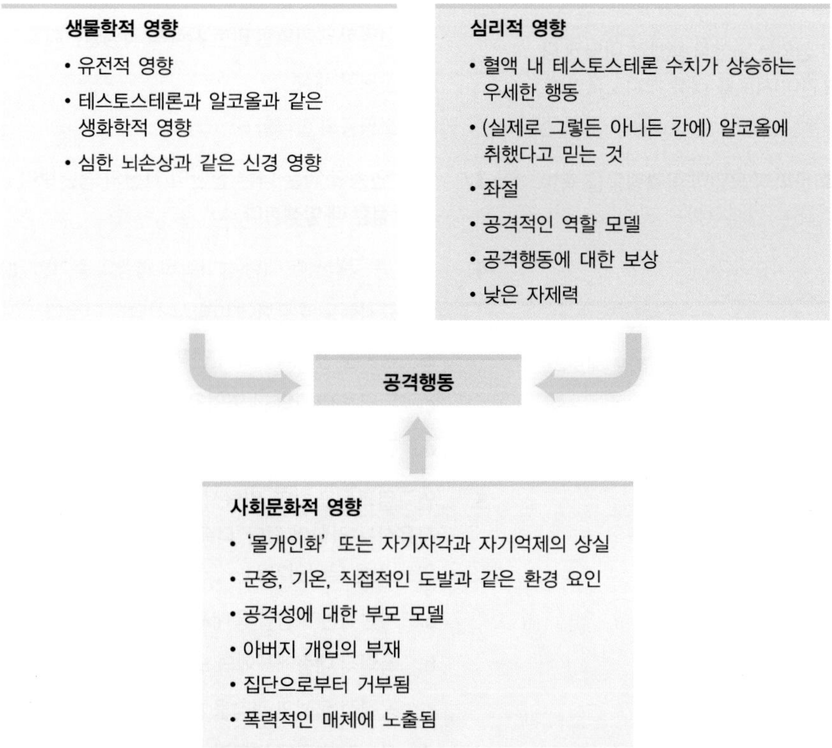

생물학적 영향
- 유전적 영향
- 테스토스테론과 알코올과 같은 생화학적 영향
- 심한 뇌손상과 같은 신경 영향

심리적 영향
- 혈액 내 테스토스테론 수치가 상승하는 우세한 행동
- (실제로 그렇든 아니든 간에) 알코올에 취했다고 믿는 것
- 좌절
- 공격적인 역할 모델
- 공격행동에 대한 보상
- 낮은 자제력

공격행동

사회문화적 영향
- '몰개인화' 또는 자기자각과 자기억제의 상실
- 군중, 기온, 직접적인 도발과 같은 환경 요인
- 공격성에 대한 부모 모델
- 아버지 개입의 부재
- 집단으로부터 거부됨
- 폭력적인 매체에 노출됨

그림 13.10
공격성에 대한 생물심리사회적 이해 많은 요인들이 공격행동에 기여하지만, 분노 관리와 의사소통 기술의 학습 그리고 폭력적 대중매체와 비디오 게임의 회피 등을 포함하여 이러한 영향에 맞서 싸울 수 있는 많은 방법들이 존재한다.

생각나게 해준다. 어제의 약탈자이었던 바이킹이 오늘날 평화를 추구하는 스칸디나비아인이 되었다. 다른 모든 행동과 마찬가지로 공격성도 사람과 상황의 상호작용에서 발생한다.

자문자답하기

여러분은 공격성의 사회 스크립트에 의해서 어떤 영향을 받아왔는가? 여러분의 시청 습관과 게임 습관이 이러한 사회 스크립트에 영향을 주었는가?

인출 연습

RP-2 어떤 생물학적, 심리적, 사회문화적 요인이 상호작용하여 공격행동을 초래하는가?

답은 부록 E를 참조

개관 반사회적 관계

학습목표

자기검증 개념 파악을 증진시키도록 (부록 D의 답을 확인해보기에 앞서) 여러분 자신의 표현으로 여기서 반복하는 학습목표 물음에 답해보라(McDaniel et al., 2009, 2015).

LOQ 13-12 편견이란 무엇인가? 명시적 편견과 암묵적 편견은 어떻게 다른가?

LOQ 13-13 어느 집단이 편견의 표적이 되기 십상인가?

LOQ 13-14 편견의 사회적, 정서적, 인지적 뿌리는 무엇이며, 편견을 줄일 수 있는 방법은 무엇인가?

LOQ 13-15 공격성에 대한 심리학의 정의는 일상적 용법과 어떻게 다른가? 어떤 생물학적 요인이 서로를 더욱 해치도록 만드는가?

LOQ 13-16 어떤 심리적 요인과 사회문화적 요인이 공격행동을 촉발하는가?

기억해야 할 용어와 개념들

자기검증 여러분 자신의 표현으로 정의를 적어본 후에 답을 확인해보라.

고정관념	내집단 편향	좌절-공격성 원리
공격성	다른 인종 효과	차별
공평한 세상 현상	사회 스크립트	편견
내집단	외집단	희생양 이론

학습내용 숙달하기

자기검증 여러분 자신의 표현으로 다음 물음에 답한 후에 부록 E에서 답을 확인해보라.

1. 집단을 향한 편견은 부정적 감정, 차별 경향성, 그리고 ________이라고 부르는 과잉일반화된 신념을 수반한다.

2. 널리 알려진 몇몇 살인을 특정 집단의 구성원이 저지른다면, 그 집단의 모든 구성원에게 공포와 의구심을 가지고 반응하는 경향이 있다. 다음 중 이러한 반응을 설명하는 데 도움을 주는 것은 무엇인가?

a. 희생자 비난하기
b. 선명하고 기억할 만한 사례의 과잉일반화
c. 공평한 세상
d. 불평등의 합리화

3. 다른 인종 효과는 다른 집단이 자신의 집단보다 (덜/더) 동질적이라고 가정할 때 발생한다.

4. 다음 중 공격성에 대한 생화학적 영향의 증거인 것은 무엇인가?

a. 공격행동은 문화에 따라서 상당히 다르다.
b. 동물을 공격적이도록 선택 교배시킬 수 있다.
c. 두뇌 변연계의 한 영역을 자극하면 공격행동이 발생한다.
d. 평균 이상의 테스토스테론이 남성의 폭력행동과 연합되어 있다.

5. 연구결과들을 보면, 일탈적인 젊은이의 부모는 훈육을 위하여 매질을 사용하는 경향이 있다. 다음 중 이 결과가 공격성에 관하여 시사하고 있는 것은 무엇인가?

a. 직접적인 보상을 통해서 공격성을 학습한다.
b. 폭력적 대중매체에의 노출이 공격성을 촉발한다.
c. 공격적 모델의 관찰을 통해서 공격성을 학습한다.
d. 사춘기 호르몬 변화가 공격성을 초래한다.

6. 다음 중 포르노의 효과를 연구하는 사회과학자들이 만장일치로 동의하는 것은 무엇인가?
   a. 폭력적 포르노는 대부분의 시청자에게 아무 영향도 없다.
   b. 보도와 관계없이 모든 강간의 일차적 원인이다.
   c. 시청자를 강제적 성적 관계에 더욱 수용적이게 이끌어간다.
   d. 단기적 각성과 재미 외에는 아무런 효과도 없다.

7. 다음 중 여자를 향한 남자의 공격성에 가장 직접적으로 영향을 미치는 포르노 영향의 측면은 어느 것인가?
   a. 영화의 길이 b. 묘사하는 성애 장면
   c. 성적 폭력의 묘사 d. 연기하는 배우의 매력도

친사회적 관계

다른 사람을 필요로 하는 사회적 동물인 우리 인간은 주먹을 움켜쥐기보다는 양팔을 벌리고 다른 사람에게 접근한다. 사회심리학자들은 사회적 관계의 어두운 측면에만 초점을 맞추는 것이 아니다. 친사회적 행동, 즉 타인에 도움을 주려는 행동을 연구함으로써 밝은 면도 다룬다. 타인을 향한 긍정적 행동은 매력, 이타심, 그리고 중재의 탐구에서 명확하게 드러난다.

Brendan Beirne/REX/Shutterstock

친숙성은 수용성을 낳는다 사진과 같이 진희한 흰 펭귄이 호주 시드니 동물원에서 태어났을 때, 턱시도가 있는 또래 펭귄들이 그를 집단 따돌림시켰다. 동물원 담당자는 그 녀석을 인정받게 하려면 턱시도를 그려줄 필요가 있겠다고 생각하였다. 그렇지만 그들이 서로 만난 지 3주가 지난 후에는 다른 펭귄들이 그 녀석을 인정하게 되었다.

매력

잠시 쉬면서 절친한 친구 아니면 낭만적 사랑의 느낌을 촉발시키는 두 사람 간의 관계에 대해서 생각해보자. 이렇게 특별한 유형의 애착을 통해서 모든 사람을 결합시켜 주는 심리적 요인은 무엇인가? 사회심리학은 몇 가지 답을 제안하고 있다.

매력의 심리학

LOQ 13-17 어떤 사람과는 친구가 되거나 사랑에 빠지면서도 다른 사람과는 그렇게 되지 않는 이유는 무엇인가?

사람들은 어떻게 하면 다른 사람의 애정을 획득할 수 있으며 자신의 애정을 솟구치거나 사라지게 만드는 것이 무엇인지에 대해서 끊임없이 궁금해한다. 친숙감은 경멸을 싹트게 하는가 아니면 애정을 강하게 만들어주는가? 유유상종인가 아니면 양극은 끌어당기는가? 아름다움이란 단지 피상적인 것인가 아니면 심각하게 중요한 것인가? 이러한 물음을 탐색하기 위해서 우선 서로 좋아하게 되는 데 영향을 미치는 세 가지 성분, 즉 근접성, 신체적 매력, 그리고 유사성을 따져보도록 하자.

근접성 우정은 일단 싹터야만 깊어질 수 있는 것이다. **근접성**, 즉 지리적으로 가까운 것은 우정의 가장 강력한 예측자이다. 근접성은 공격 기회도 제공하지만, 대부분의 경우에 호감을 싹트게 만든다. 가까운 이웃, 강의실에서 가까이 앉은 사람, 같은 사무실에서 근무하는 사람, 동일한 주차장을 공유하는 사람, 동일한 식당에서 식사하는 사람에게 호감을 갖고 심지어는 결혼할 가능성도 매우 높다. 주변을 둘러보라. 결혼은 만남으로부터 시작한다.

근접성이 호감을 촉발하는 이유는 부분적으로 **단순 노출 효과**(mere exposure effect) 때문이다.

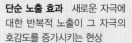

단순 노출 효과 새로운 자극에 대한 반복적 노출이 그 자극의 호감도를 증가시키는 현상

(a)

(b)

Jeffrey Mayer/Getty Images

어느 사진이 실제 소피아 베르가라인가? 단순 노출 효과는 우리들에게도 적용된다. 사람 얼굴은 완벽한 대칭이 아니기 때문에, 거울 속에서 보는 내 얼굴은 친구들이 보는 얼굴과 똑같지 않다. 대부분의 사람은 친숙한 거울상을 선호하지만, 친구들은 그 반대다(Mita et al., 1977). 배우인 소피아 베르가라가 아침마다 거울에서 보는 자신의 모습은 (b)이며, 아마도 그녀가 선호하는 모습일 것이다.

새로운 자극에의 반복적인 노출은 호감을 증가시킨다. 생후 3개월인 유아도 가장 자주 보는 인종의 사진을 선호하는데, 일반적으로는 자신의 인종이 된다(Kelly et al., 2007). 친숙한 얼굴은 더 행복하게 보인다(Carr et al., 2017). 조상에게 있어서 단순 노출 효과는 생존가치를 가지고 있었다. 친숙한 것은 일반적으로 안전하고 접근 가능한 것이었다. 친숙하지 않은 것은 위험하고 위협적인 것이기 십상이었다. 따라서 진화가 친숙한 사람과 유대관계를 맺고 친숙하지 않은 사람을 경계하는 경향성을 생득적 신경회로로 만들어버렸다(Sofer et al., 2015; Zajonc, 1998).

단순 노출 효과는 친숙한 얼굴뿐만 아니라 친숙한 음악, 기하 도형, 한자, 얼굴, 자기 이름에 들어있는 글자에 대한 호감도 증가시킨다(Moreland & Zajonc, 1982; Nuttin, 1987; Zajonc, 2001). 심지어는 의식적으로 처리할 수 없을 만큼 짧은 시간 동안 제시하는 무의미철자의 무의식적 호감도 증가시킨다(Van Dessel et al., 2019). 따라서 어느 수준까지는 친숙성이 호감을 불러일으킨다(이 수준을 넘어서면 효과가 사라진다)(Bornstein, 1989, 1999; Montoya et al., 2017). 이 현상은 자신의 여자 친구에게 청혼하는 700통의 편지를 보냈던 젊은 대만 남자에게는 놀라운 일이 아닐 것이다. 여자 친구가 결혼을 하였는데, 상대는 바로 편지를 전달해준 사람이었던 것이다(Steinberg, 1993).

자기 얼굴만큼 친숙한 얼굴은 없다. 이 사실은 리사 드브륀(2002, 2004)의 흥미진진한 결과를 설명하는 데 도움을 준다. 사람들은 자기 얼굴의 자질을 포함하고 있는 얼굴 모습을 하고 있는 사람을 좋아한다. 맥마스터대학교 남녀 학생들에게 가상의 다른 플레이어와 게임을 하도록 하였을 때, 상대방의 이미지가 자기 얼굴이 가지고 있는 자질을 합성하여 만든 것일 때, 그 플레이어를 더욱 신뢰하고 그에게 협조적이었다. 사람은 자기 모습을 신뢰하는 것이다.

현대판 중매 주변에서 낭만적 사랑의 대상자를 찾지 못한 사람은 보다 넓은 투망질을 해볼 수 있다. 수백만 명이 8,000개에 달하는 온라인 중매 사이트에서 배우자를 찾고 있다(Hatfield, 2016). 2015년에 18~24세 미국인의 27%가 온라인 중매 서비스나 모바일 중매 앱을 이용하였다(Smith, 2016).

온라인 중매는 잠재적 배우자 전집을 확장시키는데, 특히 동성애 쌍의 경우에 그렇다(Finkel et al., 2012a,b; Rosenfeld et al., 2019). 이 중매는 얼마나 효과적인가? 인터넷에서 형성한 우정과 낭만적 관계는 개인적으로 형성한 관계에 비해서 평균적으로 약간 더 오래 지속되고 만족할 가능성이 더 크다(Bargh & McKenna, 2004; Bargh et al., 2002; Cacioppo et al., 2013). 한 연구에서 보면, 사람들은 온라인에서 만난 사람에게 일부러 꾸민 모습보다는 본모습을 더 많이 노출하

Emily Flake/Conde Nast/The Cartoon Bank

"… 여기 계신 분 누구라도 두 사람을 하나로 묶어주는 알고리듬에 문제가 있을지도 모른다고 의심하신다면, 지금 말하십시오…"

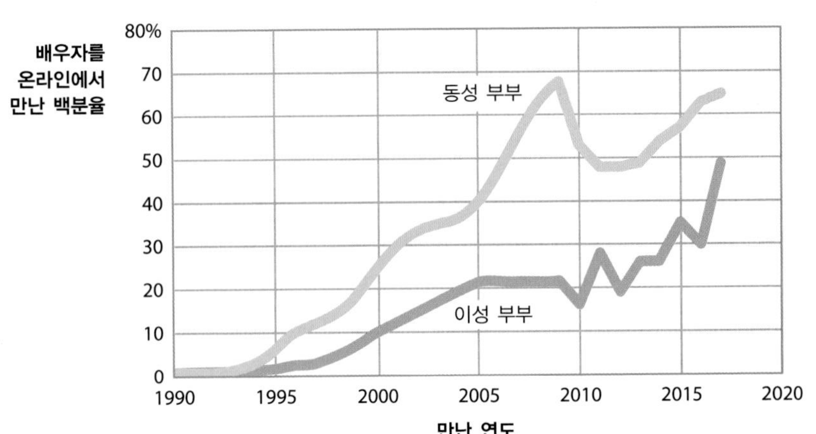

그림 13.11
배우자를 만나는 방식의 변화 미국에서 실시한 이성애 부부와 동성애 부부의 조사에서 보면 인터넷의 점증하는 역할이 명확하다(Rosenfeld, 2011; Rosenfeld et al., 2018, 2019의 데이터).

였다(McKenna et al., 2002). 온라인에서 어떤 사람과 20분 동안 대화할 때, 직접 만나서 면대면 대화를 하였을 때보다 그 사람에게 호감을 더 많이 느꼈다. 심지어 동일인인 경우조차도 그러하였다! 인터넷 우정은 개인적인 관계 못지않게 실제적이며 중요하다고 느껴진다.

온라인 만남에는 어느 정도의 위험성이 따른다. 젊은 여자의 절반 정도가 원치 않는 성적 메시지를 받았다(Anderson et al., 2020). 그럼에도 불구하고 1,000만 명 정도의 미국인이 온라인 중매를 사용하고 있다(Statista, 2018). 한 가지 추정치에 따르면, 미국에서 이루어지는 결혼의 대략 1/5이 온라인 중매를 통한 것이다(Crosier et al., 2012). 2017년에 만났던 사람들 중에서 이성애 쌍의 39% 그리고 동성애 쌍의 65%가 온라인에서 만났다(Rosenfeld et al., 2019; 그림 13.11 참조).

번개 데이트는 연인 찾기에 가속도를 붙이고 있다. 중매를 알선하는 한 유대교 랍비가 처음 시작한 번개 데이트는 사람들이 예비 배우자를 개인적으로 아니면 웹캠으로 연속해서 만나는 것이다(Bower, 2009). 3~8분 정도의 대화를 나눈 다음에, 다음 사람으로 이동한다. (이성애자의 경우 개인적 만남에서는 일반적으로 여자 후보자가 자리에 앉아있으면 남자 후보자가 순회하게 된다.) 다시 만나기를 원하는 사람은 뒷날의 만남을 주선할 수 있다. 많은 참가자에게 있어서 대화 상대자에 대한 감정을 형성하고 그 상대자가 자신에게 호감이 있는지 알아내는 데는 4분이면 충분하다(Eastwick & Finkel, 2008a,b).

연구자들에게는 번개 데이트가 연인 후보자에 대한 첫인상에 영향을 미치는 요인을 연구할 수 있는 독특한 기회를 제공한다. 최근의 연구결과 몇 가지를 보자.

- **거절을 두려워하는 사람이 거절을 유발하기 십상이다.** 3분의 번개 데이트가 끝난 후에, 거절을 매우 두려워한 사람이 후속 데이트를 요구받지 못하기 십상이다(McClure & Lydon, 2014).
- **후보자의 수가 많아질수록 사람들의 선택은 더욱 피상적이 된다.** 많은 잠재 후보자를 만나게 되면, 사람들은 신장과 체중 등과 같이 쉽게 평가할 수 있는 특징에 초점을 맞추게 된다(Lenton & Francesconi, 2010).
- **남자는 번개 데이트를 하였던 많은 후보자와 다시 만나기를 원하는 반면, 여자는 더욱 선택적인 경향이 있다.** 그렇지만 남자가 한자리에 앉아있고 여자가 순회하는 방식으로 관례적 역할을 바꾸게 되면, 이러한 성차가 사라진다(Finkel & Eastwick, 2009).
- **만남의 성사는 예측하기 어렵다.** 번개 데이트에 관한 두 연구에서, 참가자들은 사전에 100문항도 넘는 자기보고 질문지에 답하였다. 불행하게도, 어느 것도 성공적인 만남을 예측하지

못하였다(Joel et al., 2017).

신체적 매력 일단 근접성이 접촉을 가능하게 한 후에는 무엇이 첫인상에 가장 큰 영향을 미치겠는가? 성실성인가? 지능인가? 성격인가? 수백 가지가 넘는 실험은 지극히 피상적인 것, 즉 외모라는 사실을 보여주고 있다. '아름다움은 단지 피상적인 것이다' 그리고 '외모는 속임수이다'라는 가르침을 받아온 사람들에게 신체적 매력의 위력은 맥 빠지게 만드는 것이다.

초기의 한 연구에서는 대학 신입생들을 댄스파티 파트너로 무선할당 방식으로 짝을 맺어주었다(Walster et al., 1966). 댄스파티에 앞서 각 학생은 성격검사와 적성검사를 받았으며, 연구자들은 각 학생의 신체적 매력 수준을 평정하였다. 각 쌍은 춤도 추고 2시간 이상의 대화를 나누었으며 중간 휴식시간에 파트너를 평가하는 시간을 가졌다. 서로에 대한 호감을 결정하는 것은 무엇인가? 단 한 가지, 즉 신체적 매력만이 중요하였다. 여학생과 남학생 모두 잘생긴 파트너에게 가장 호감을 느꼈다. 남학생보다는 여학생이 파트너의 외모가 영향을 미치지 않는다고 말하는 경향이 더 크기는 하였다(Lippa, 2007). 그렇지만 연구결과를 보면 남학생의 외모가 여학생의 행동에 영향을 미치는 것이 확실하다(Eastwick et al., 2014a,b). 번개 데이트 실험은 매력이 남자와 여자 모두에게 있어서 첫인상에 영향을 미친다는 사실을 확인해주고 있다(Belot & Francesconi, 2006; Finkel & Eastwick, 2008).

신체적 매력은 데이트의 빈도와 인기도 등도 예측해준다. 상대방의 성격에 대한 첫인상에도 영향을 미친다. 매력적인 사람을 더 건강하고 행복하며 감수성이 크고 성공적이며 사회적으로 유능한 것으로 지각한다(Eagly et al., 1991; Feingold, 1992; Hatfield & Sprecher, 1986).

"개인적 아름다움이 어떤 추천서보다도 좋은 추천장이다." 아리스토텔레스, 『경구집』(기원전 330)

외모의 중요성이 부당하고 미개한 것이라고 생각하는 사람들에게는 다음과 같은 세 가지 매력 연구의 결과가 안심거리일 수 있겠다.

- 매력은 자존감과 행복과는 놀라우리만치 무관하다(Diener et al., 1995; Major et al., 1984). 엄청나게 매력적인 사람과 비교하지 않는 한, 어느 누구도 자신을 매력적이지 않다고 생각하지 않는다. 아마도 단순 노출 효과 덕분이겠다(Thornton & Moore, 1993).
- 지나치게 매력적인 사람은 때때로 자기가 한 일에 대한 칭찬이 단지 외모에 대한 반응이 아닐까 의심한다. 매력적이지 않은 사람이 칭찬받을 때는 그 칭찬을 진실한 것으로 받아들일 가능성이 더 크다(Berscheid, 1981).
- 연인이 되기에 앞서 친구 사이이었던 쌍, 처음 만난 후 많은 시간이 지나서야 연인이 된 쌍에게 있어서는 외모가 덜 중요하다(Hunt et al., 2015). 서서히 익어가는 사랑의 경우에는 공유하는 가치관과 관심사가 더 중요하다.

아름다움은 문화적 조망에도 들어있다. 매력적으로 보이려는 희망에서 전 세계의 사람들은 몸에 피어싱과 문신을 하고, 목을 늘리며, 발이 튀어나오게 하고, 피부와 머리카락을 염색하며, 근육을 늘린다. 풍만한 몸매를 얻기 위해서 게걸스럽게 먹거나, 날씬한 몸매를 위해서 지방흡입수술을 받으며, 원치 않는 털을 제거하거나 원하는 털이 다시 자라게 하려는 희망에서 화학물질을 사용하며, 허리, 엉덩이, 가슴의 비율을 변화시키는 속옷을 입는다. 문화의 기준도 시대에 따라 변한다. 북미 여성의 경우, 광란의 1920년대에 깡마른 이상적인 몸매가 1950년대에 부드럽고 관능적인 마릴린 먼로 스타일의 몸매에 자리를 내주었으며, 오늘날에는 다시 가냘프면서 가슴이 풍만한 몸매로 대치되었다.

코의 길이는 미국 성형외과 의사들에 의해 매년 1.7킬로미터씩 깎이고 있다(*Harper's*, 2009).

Sean Caffrey/Getty Images

Blend Images/Alamy

svetikd/Getty Images

'매력'이란 무엇인가? 그 답은 문화와 시대에 따라 다르다. 하지만 건강한 외모와 대칭적인 얼굴 등과 같은 몇몇 신체 특징은 세계 어디에서나 매력적으로 보인다.

그렇기는 하지만 이성애적 매력의 몇몇 측면은 시공간을 뛰어넘는 것이기도 하다(Cunningham et al., 2005; Langlois et al., 2000). 신체는 생식능력의 단서를 제공함으로써 성적 매력에 영향을 미친다. 진화심리학자들이 설명하고 있는 바와 같이, 호주에서 잠비아에 이르기까지 많은 문화의 남자는 엉덩이에 대한 허리 비율이 낮음으로써 젊어 보이고 다산의 외모를 갖추고 있는 여자를 더 매력적이라고 판단한다(Karremans et al., 2010; Perilloux et al., 2010; Platek & Singh, 2010). 여자는 건강미가 넘치는(정력과 생식력의 단서이다) 남자에게 매력을 느끼며, 특히 성숙하고 주도적이며 풍요롭게 보이는 남자에게 더 많은 매력을 느낀다(Gallup & Frederick, 2010; Gangestad et al., 2010). 얼굴도 중요하다. 사람들이 이성의 얼굴과 신체를 별도로 평가할 때, 얼굴이 전반적인 신체 매력의 더 좋은 예측자가 되는 경향이 있다(Currie & Little, 2009; Peters et al., 2007).

Peter Steiner/Cartoon Stock

"미용치과가 내 삶을 바꾸어놓았어."

감정도 매력 판단에 영향을 미친다. 다음과 같은 두 사람을 상상해보라. 첫 번째 사람은 정직하고 유머가 넘치며 예의바르다. 두 번째 사람은 무례하고 부정직하며 독선적이다. 어느 사람이 더 매력적인가? 대부분의 사람은 긍정적인 특질을 가지고 있는 사람을 신체적으로도 더 매력적인 사람으로 지각한다(Lewandowski et al., 2007). 아니면 여러분이 매력을 느끼는 성별이며 여러분의 자기노출을 성심껏 경청해주는 낯선 사람과 짝을 이룬다고 상상해보라. 그토록 공감하는 사람에게 성적 매력의 짜릿함을 느끼겠는가? 여러 실험에 자원한 대학생들의 경우에 그러하였다(Birnbaum & Reis, 2012). 감정이 지각에 영향을 미치고, 좋아하는 사람에게서 매력을 발견하는 것이다.

로저스와 해머스타인의 뮤지컬에서 왕자는 신데렐라에게 "아름답기에 내가 당신을 사랑하는

John Shearer/Getty Images

Bennett Raglin/Getty Images

극단적인 변신 부유하고 아름다움을 의식하는 문화에서는, 유명인사인 카일리 제너와 같이 점점 더 많은 수의 사람이 외모를 바꾸는 성형수술을 받는다.

것인가요, 아니면 사랑하기에 당신이 아름다운 것인가요?"라고 묻고 있다. 둘 다 맞는 말이다. 사랑하는 사람을 계속해서 봄에 따라서, 신체 결함은 점차적으로 눈에 뜨이지 않고 매력은 점점 현저하게 나타난다(Beaman & Klentz, 1983; Gross & Crofton, 1977). 셰익스피어는 한여름 밤의 꿈에서 "사랑은 눈으로 보는 것이 아니라 마음으로 보는 것"이라고 말하였다. 누군가를 사랑해 보라. 그리고 아름다움이 자라나는 것을 관찰해보라. 사랑은 사랑스러움을 본다.

© Dave Coverly/speedbump.com

유사성은 서로 끌어당긴다. 지각한 차이는 그렇지 않다.

유사성 근접성은 누군가와 접촉하게 만들며, 외모는 첫인상을 만든다. 이제 낯익은 사람을 친구로 발전시키는 데 영향을 미치는 것은 무엇인가? 예컨대, 여러분이 누군가를 더 잘 알게 될 때, 서로가 정반대인 경우와 유사한 경우 중에서 어느 경우가 궁합이 더 잘 맞겠는가?

이 물음은 이야기의 좋은 주제가 된다. 즉, 극단적으로 다른 유형이 서로 좋아하거나 사랑하는 문제 말이다. 아놀드 로벨의 동화에 등장하는 개구리와 두꺼비의 어울리지 않는 우정, 해리 포터 시리즈에 등장하는 헤르미온느와 론 등이 좋은 예이다. 이 이야기들은 사람들이 거의 경험하지 못하는 것을 다룸으로써 즐거움을 주는데, 실생활에서는 상반되는 것이 서로 밀치게 된다(Montoya & Horton, 2013; Rosenbaum, 1986). 큰 사람은 전형적으로 큰 사람과 진정한 사랑을 나누고, 작은 사람은 작은 사람에게 연정을 느낀다(Yengo et al., 2018). 친구와 배우자는 무선할당 방식으로 짝지어진 두 사람에 비해서 공통되는 태도와 신념 그리고 관심사를 가지고 있을 가능성이 상당히 높다. 그렇기 때문에 연령, 종교, 인종, 교육 수준, 지능, 흡연 여부, 경제적 지위 등도 매우 유사하다. 이에 덧붙여서 서로가 유사할수록 호감도 더 오래 지속된다(Byrne, 1971; Hartl et al., 2015). 신문기자인 월터 리프먼이 '연인들이 서로를 사랑할 뿐만 아니라 다른 많은 것을 함께 사랑할 때' 관계를 가장 잘 유지한다고 가정한 것은 옳은 것이다. 유사성이 만족감을 싹트게 하는 것이다.

근접성, 매력, 유사성만이 호감의 결정 요인은 아니다. 누구나 자신을 좋아하는 사람을 좋아한다. 특히 자기상이 낮을 때 그렇다. 누군가 자신을 좋아한다고 믿을 때 그 사람에게 보다 따뜻하게 대하게 되며, 이것은 다시 그 사람이 자신을 더 좋아하게 만들어간다(Curtis & Miller, 1986). 누군가 나를 좋아한다는 것은 강력한 보상인 것이다. 그리고 좋은 소식이 있다. (누군가를 만난 후에 자신의 말이나 외모에 조바심을 낼 때) 대부분의 사람은 기대하는 것 이상으로 자신을 즉각적으로 좋아한다(Boothby et al., 2018).

"교황께서 나를 싫어하지 않는 한, 나는 교황을 좋아한다. 그래서 나는 교황을 좋아하지 않는다." 도널드 트럼프(2016)

실제로 **매력의 보상 이론**은 지금까지 다루었던 모든 연구결과를 설명할 수 있다. 즉, 상대방의 행동이 자신에게 보상적일 때 그 사람을 좋아하게 되며, 비용보다 보상을 더 많이 제공하는 관계를 계속 유지하게 된다(Montoya & Horton, 2014). 한 사람이 다른 사람과 아주 가깝게 살거나 함께 일할 때, 우정을 발전시키고 그 우정을 즐기기 위한 시간과 노력이 적게 든다. 매력적인 사람은 심리적으로 즐거움을 주며, 그 사람과 함께 있는 것은 사회적으로 보상을 준다. 인생관이 유사한 사람은 내 자신의 인생관을 타당한 것으로 만들어줌으로써 보상을 주는 것이다.

자문자답하기

여러분의 친밀한 관계는 근접성, 신체 매력, 유사성의 영향을 어느 정도나 받았는가?

인출 연습

RP-1 사람들은 가까운 곳에서 살거나 일하는 사람과 결혼하는 경향이 있다. 이것은 ________가 작동하는 예이다.

RP-2 매력적인 신체는 다른 사람의 지각에 어떤 영향을 미치는가?

답은 부록 E를 참조

낭만적 사랑

LOQ 13-18 낭만적 사랑은 시간이 지나면서 어떻게 변모해가는가?

때때로 사람들은 첫인상에서 우정으로, 그리고 보다 강렬하고 복잡하며 불가사의한 상태인 낭만적 사랑으로 급변하기도 한다. 만일 사랑이 지속된다면, 일시적인 **열정애**는 지속적인 **동료애**로 원숙해지게 된다(Hatfield, 1988).

빌과 수전은 서로 바라보았다.
갑자기 자살이 적절한 선택처럼 보이지 않았다.
이것이 바로 첫눈에 반한 사랑이다.

열정애 **열정애**(passionate love)는 무엇인가 새로운 것을 무엇인가 긍정적인 것과 뒤섞는다(Aron et al., 2000; Coulter & Malouff, 2013). 배우자와 함께 있고 싶다는 갈망이 강렬하며, 배우자를 보면 갈망이나 집착과 연계된 두뇌영역으로 혈액이 몰린다(Acevedo et al., 2012; Hatfield et al., 2015).

정서의 2요인 이론(제12장 참조)이 상대방에게 강렬하게 몰입하는 현상을 이해하는 데 도움을 줄 수 있다(Hatfield, 1988). 이 이론은 다음의 두 가지를 가정하고 있다.

- 정서는 신체 각성과 인지 평가라는 두 가지 성분을 가지고 있다.
- 출처에 관계없이 어떻게 해석하고 이름 붙이느냐에 따라서 각성이 특정한 정서를 고양시킬 수 있다.

이제 고전이 되어버린 실험에서는 브리티시컬럼비아의 카필라노 협곡을 가로지르는 두 개의 다리를 건너는 사람들을 연구하였다(Dutton & Aron, 1974, 1989). 하나는 흔들다리로 협곡의 70미터 상공에 걸려있으며, 다른 하나는 아래쪽에 설치된 튼튼한 다리다. 매력적인 젊은 여자로 하여금 각 다리를 막 건너온 남자를 가로막고는 짧은 질문지에 답해달라고 협조를 구하도록 하였다. 그런 다음에 혹시 자신의 연구에 대해서 더 많은 것을 알고 싶다면 전화번호를 알려주겠다고 하였다. 높이 걸려있는 흔들다리를 막 건너와서 아직 심장이 두근거리고 있는 남자들이 전화번호를 받고 나중에 그녀에게 전화를 걸어온 경우가 훨씬 많았다.

신체가 활성화되고 그 각성을 멋진 사람과 연합시키게 되면 열정을 느끼게 된다. 아드레날린은 사람의 감정을 솟아나게 만들어준다. 솟아오르는 애착이 성적 욕구를 보완하게 되면, 열정적 사랑이 초래되는 것이다(Berscheid, 2010).

동료애 낭만적 사랑의 갈망과 애착이 지속되는 경우도 많지만, 상대방에의 격정적 몰입과 연애의 스릴감 그리고 구름 위를 나는 것과 같은 들뜬 기분은 오래지 않아 사라지게 된다. 이 말은 '사랑은 시간을 흘러가게 만들고 시간은 사랑이 흘러가게 만든다'는 프랑스 격언이 옳다는 것을 의미하는가? 아니면 열정이 식은 후에도 우정과 배우자에 대한 헌신이 관계를 유지시켜 줄 수 있는 것인가?

사랑은 성숙해짐에 따라서 보다 안정적인 **동료애**(companionate love), 즉 깊은 곳에서 우러나

열정애 상대방에 강력하고도 긍정적으로 몰입된 흥분된 상태. 일반적으로 열애관계를 시작할 때 나타난다.

동료애 자신의 삶이 얽혀있는 사람에 대해서 느끼는 깊고 따뜻한 애착

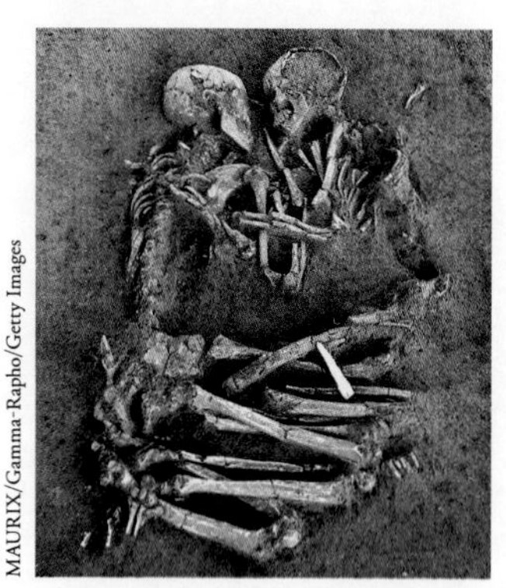

MAURIX/Gamma-Rapho/Getty Images

사랑은 영원한 것 2007년, 로마 근교에서 5,000~6,000년 된 포옹하고 있는 젊은 '로미오와 줄리엣' 커플이 발굴되었다.

오는 따뜻한 애착이 된다(Hatfield, 1988). 테스토스테론, 도파민, 아드레날린 등 열정을 촉진하는 호르몬의 방출은 잦아들고, 다른 호르몬인 옥시토신이 배우자와의 신뢰감, 안정감, 유대감을 지원해준다. 열정에서 애착으로의 이러한 전환에는 적응적 지혜가 담겨있다(Reis & Aron, 2008). 열정애는 자녀를 낳는다. 부모가 상호 간의 집착에서 벗어남에 따라 동료애가 자녀의 생존을 돕는다.

가장 만족스러운 결혼생활에서는 매력과 성적 욕구가 지속되는 반면에, 초기 단계의 집착은 사라진다(Acevedo & Aron, 2009). 열정적 사랑의 기간은 짧다는 사실을 인식한 몇몇 사회는 그러한 감정을 결혼의 어리석은 이유로 간주해오기도 하였다. 그러한 문화에서는 조화를 이룰 수 있는 배경과 관심사를 가지고 있는 배우자를 선택하는 것이 더 좋다고 말한다. 사랑을 결혼의 조건으로 높게 평가하지 않는 비서구 문화권에서는 이혼율이 낮다(Levine et al., 1995).

만족스럽고 지속적인 관계의 한 가지 핵심이 **형평성**(equity)이다. 두 사람이 똑같이 주고받는 형평성이 존재할 때, 만족스럽고 지속적인 동료애의 가능성이 높아지게 된다(Gray-Little & Burks, 1983; Van Yperen & Buunk, 1990). 전국 조사에서 보면, 사람들이 성공적인 결혼과 연합시킨 아홉 가지 목록에서 '집안일 나누어 하기'가 '상대방에게 충실하기'와 '행복한 성관계'의 뒤를 이어 세 번째를 차지하였다. 퓨 연구센터(2007)는 "나는 껴안기를 좋아하고 키스하기를 좋아한다. 그렇지만 내가 진정으로 사랑하는 것은 설거지를 도와주는 것"이라고 요약하였다.

형평성의 중요성은 결혼을 넘어서서 확장된다. 소유물을 공유하고, 함께 결정하며, 정서적 지원을 주고받고, 서로의 안녕감을 조장하고 염려해주는 것이 모든 유형의 사랑관계에서 핵심이 된다(Sternberg & Grajek, 1984). 이것은 연인관계, 부모-자식관계, 그리고 절친한 친구관계 모두에서 참이다.

공유하는 것에는 **자기노출**(self-disclosure), 즉 싫어하고 좋아하는 것, 미래에 대한 꿈과 걱정거리, 자랑스럽거나 창피했던 순간 등 자신에 관한 은밀한 세부사항을 드러내는 것이 포함된다. 로마의 정치가 세네카는 "나는 친구와 함께 있을 때 외롭다고 생각하지 않으며, 생각하는 것은 무엇이든 자유롭게 말할 수 있다."라고 지적하였다. 자기노출은 호감을 싹트게 하며, 호감은 자기노출을 가능케 한다(Collins & Miller, 1994). 한 사람이 자신을 조금 노출시키면 상대방이 응답하게 되며, 다시 첫 번째 사람이 더 많은 것을 노출하는 식으로 진행함에 따라서 친구나 연인이 더욱 깊은 친밀감을 느끼게 되는 것이다(Baumeister & Bratslavsky, 1999).

한 실험에서는 실험에 자원한 학생들을 짝을 이루어 45분에 걸쳐서 "가장 최근에 혼자 노래를 불렀던 적은 언제입니까?"에서부터 "가장 최근에 남들 앞에서 울었던 적은 언제이고 혼자 울었던 적은 언제입니까?" 등과 같이, 점차적으로 자기를 노출하는 대화를 나누도록 하였다. 다른

HI & LOIS

HI & LOIS © 1990 by King Features Syndicate, Inc.

쌍의 학생들은 "고등학교 시절에는 무엇을 좋아했나요?"와 같은 잡담으로 시간을 보냈다(Aron et al., 1997). 실험이 종료되었을 때, 친밀감이 상승하는 경험을 하였던 사람들은 잡담으로 시간을 보냈던 사람들에 비해서 상대방을 현저하게 가깝다고 느꼈다. 마찬가지로 데이트하는 남녀가 45분에 걸쳐 그러한 질문에 답을 한 후에 애정이 증가하였다고 느꼈다(Welker et al., 2014).

Carolita Johnson/Conde Nast/Cartoonbank

형평성과 자기노출에 덧붙여서 지속적인 사랑의 세 번째 핵심 요소가 **긍정적 지지**이다. 관계의 갈등은 필연적이라고 하더라도, 상처를 주는 소통은 필연적인 것이 아니다. 지지보다는 빈정거림을, 공감보다는 야유를, 미소보다는 비웃음을 더 자주 표현하지는 않는가? 불행한 쌍의 경우에는 불일치와 비난 그리고 멸시가 일상적이다. 지속적인 관계를 유지하는 행복한 쌍의 경우에는 칭찬, 신체 접촉, 웃음 등의 긍정적 상호작용이 야유, 비난, 모욕 등의 부정적 상호작용보다 적어도 다섯 배 이상으로 압도적이다(Gottman, 2007; Sullivan et al., 2010도 참조). 한 번의 비난이 주의를 끌고 정서에 영향을 미치는 힘을 상쇄하려면 여러 차례의 칭찬이 필요할 만큼 사람들은 비난에 예민하며, 이렇게 예리한 민감성은 모든 관계에도 적용된다(Tierney & Baumeister, 2019). 여러분도 알아차렸겠지만, 친절한 말은 쉽게 망각되는 반면, 상처 주는 말은 오랫동안 어른거린다.

사랑의 공식에 대입하면, 다음과 같다. 자기노출에 따른 친밀감+상호 지지적인 형평성=지속적인 동료애.

인출 연습

RP-3 정서의 2요인 이론은 열정애를 어떻게 설명하는가?

RP-4 동료애를 유지하는 두 가지 결정적인 성분은 ________과 ________이다.

답은 부록 E를 참조

이타심

LOQ 13-19 이타심이란 무엇인가? 사람들은 언제 남을 도와줄 가능성이 가장 높거나 낮은가?

이타심(altruism)은 타인의 안녕에 관한 헌신적 관여이다. 계속 도망가지 않고 얼음에 빠진 간수를 구해주었던 디르크 빌렘스가 이타심을 예증하였다. 빌렘스는 **영웅**의 정의에 잘 들어맞는다. 도덕적이고 용기 있으며, 어려움에 처한 사람을 보호한다(Kinsella et al., 2015). 칼 윌켄스와 폴 루세사바기나도 르완다 키갈리에서 이타심의 또 다른 영웅적 사례를 보여주었다. 안식일 재림파 선교사인 칼 윌켄스는 1994년에 후투족 민병대가 소수인종인 투치족을 학살하기 시작하였을 때, 르완다의 키갈리에서 가족과 함께 살고 있었다. 미국 정부와 교회 지도자 그리고 친구들은 모두 윌켄스에게 떠날 것을 간청하였지만, 그는 거부하였다. 가족을 피신시킨 후에, 심지어는 모든 미국인이 키갈리를 떠난 후에도, 그는 혼자 남아서 80만 명의 대학살에 항의하였다. 민병대가 그와 투치족 하인을 살해하고자 왔을 때, 후투족 이웃들이 민병대를 말렸다. 반복되는 살해 위협에도 불구하고, 윌켄스는 도로를 차단한 바리케이드의 위험을 무릅쓰고 고아원에 먹을 것과 물을 공급하며, 유혈참사 속에서도 협상하고 탄원하며 위협도 하는 나날을 보내면서 끊임없

형평성 대인관계에서 자신이 주었던 만큼 받게 되는 조건

자기노출 상대방에게 자신의 속내를 드러내는 것

이타심 타인의 복지에 대한 헌신적 관여

이 생명을 구하였다. 훗날 그는 "그렇게 하는 것이 올바른 길인 것처럼 보였다."라고 술회하였다(Kristof, 2004).

키갈리의 다른 곳에서는 투치족과 결혼한 후투족 사람이자 고급호텔의 지배인이었던 폴 루세사바기나가 공포에 떨고 있는 투치족 사람과 온건한 후투족 사람을 1,200명 이상이나 보호하고 있었다. 국제평화유지군이 키갈리를 포기하고, 적대적인 민병대가 '르완다 호텔'(2004년에 출시한 영화에서 이렇게 불리게 되었다)에 보호하고 있는 사람들을 위협할 때, 용기 있는 루세사바기나는 과거에 받았던 선물을 현금으로 바꾸어 민병대에 뇌물로 주고, 외국의 영향력 있는 인물에게 전화를 걸어 당국에 압력을 넣어주도록 요청함으로써, 주변의 혼란 속에서도 호텔에 보호하고 있던 사람들의 생명을 구하였다. 윌켄스와 루세사바기나는 모두 이타심, 즉 타인의 안녕에 관한 헌신적 관여를 나타내고 있었던 것이다.

이타심은 비열하기 짝이 없는 성폭력 사건이 있은 후에 사회심리학자들의 주요 관심사가 되었다. 1964년 3월 13일 새벽 3시 30분경에 뉴욕 퀸스에 있는 그녀의 아파트 앞에서 한 스토커가 키티 제노비스를 무자비하게 칼로 찌르고는 죽어가는 그녀를 강간하는 사건이 벌어졌다. "살려주세요, 칼에 찔렸어요! 제발 도와주세요!"라고 제노비스는 새벽의 정적 속에서 비명을 질렀다. 몇몇 이웃이 그녀의 비명을 듣고는 창문을 열고 전등을 밝혔다. 범인은 도주하였다가 다시 나타나서 그녀를 재차 찌르고 강간하였다. 그때까지 어느 누구도 경찰에 신고하거나 그녀를 돕지 않았던 것이다.

방관자 개입

제노비스 살해의 최초 보도가 목격자의 수를 과대추정하였지만, 그 보도는 방관자들의 '냉담함'과 '무관심'에 격노하게 만들었다. 사회심리학자인 존 달리와 비브 라타네(1968b)는 구경꾼들을 비난하는 대신에 이들의 무반응을 중요한 상황 요인, 즉 타인의 존재 탓으로 돌렸다. 이들은 특정 상황에서는 대부분의 사람도 마찬가지로 행동하지 않을까 의심하였다. 프랑스 작가 볼테르의 표현을 의역해보면, 우리 모두는 행하지 않은 선행에서 유죄다.

다양한 조건에서 비상사태를 설정한 후에 달리와 라타네는 자신들의 결과를 다음과 같은 의사결정 도식으로 종합하였다. 즉, 상황이 사람들로 하여금 우선 사건에 주목하게 하고, 그것을 비상사태로 해석한 다음에, 마지막으로 도움의 책임감을 느끼게 해줄 때 비로소 도움행동을 할 것이라는 도식이다(그림 13.12). 각 단계에서 다른 방관자의 존재는 사람들로 하여금 도움행동으로 통하는 길에서 벗어나게 만들 수 있다는 것이다.

달리와 라타네가 수행한 한 실험에서는 실험실에서 대학생들이 인터컴을 통한 토론에 참가하고 있는 동안에 비상사태를 모사하였다. 각 학생은 독립된 작은 방에 있었으며, 마이크가 켜져

그림 13.12
방관자 개입에서의 의사결정 과정 도움행동에 앞서 우선 비상사태임을 알아차린 후에 정확하게 해석하고 책임감을 느껴야 한다(Darley & Latané, 1968b의 데이터).

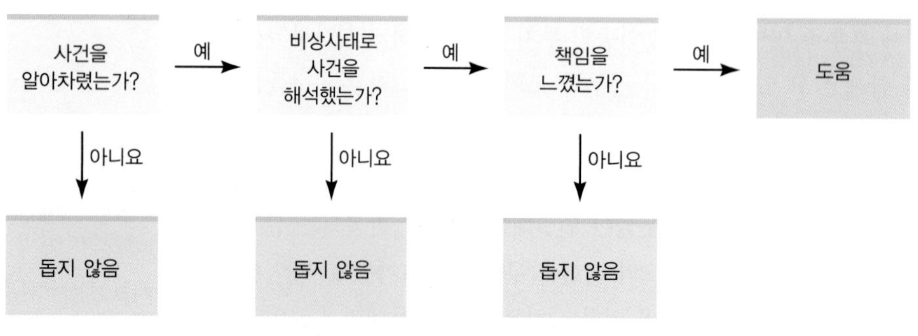

Viviane Moos/Getty Images

있는 사람의 목소리만을 들을 수 있었다. 실험협조자인 한 학생이 자기 차례가 되었을 때, 마치 뇌전증 발작을 일으키는 것처럼 소리를 냈고 도움을 요청하였다(1968a).

다른 학생들은 어떻게 반응하였겠는가? 그림 13.13이 보여주는 것처럼, 피해자의 소리를 자기만이 듣고 있다고 믿은, 따라서 피해자를 도와줄 모든 의무가 자신에게 있다고 생각한 사람은 일반적으로 즉각 도움행동에 나섰다. 다른 사람들도 그 소리를 듣고 있다고 생각한 사람은 아무 행동도 하지 않을 가능성이 컸다. 보다 많은 사람이 도움의 책임을 나누어 가지고 있을 때, 즉 책임감이 분산되었을 때, 각자가 도움행동을 할 가능성이 낮아졌다. 실제로 멀리 떨어져있는 수백만 명의 사람이 기아, 질병, 집단학살 등으로 죽어감에도 부주의와 분산된 책임감이 '총체적인 방관자 미개입'에 기여한다(Pittinsky & Diamante, 2015).

수백 회의 후속 연구는 이러한 **방관자 효과**(bystander effect)를 입증하였다. 예컨대, 연구자와 연구보조자들은 세 도시에서 1,497번이나 승강기를 타고는 4,813명의 동승자 앞에서 '실수로' 동전이나 연필을 떨어뜨렸다(Latané & Dabbs, 1975). 도움이 필요한 사람과 단 둘이만 있을 때는 40%가 도움을 주었다. 다른 다섯 명의 방관자가 존재할 때는, 20%만이 도움을 주었다. 역설적으로 키티 제노비스의 살인자인 윈스턴 모즐리는 나중에 빈집털이를 하다가 마주친 단 한 명의 방관자가 개입한 덕분에 체포되었다. 집주인이 이사하는 것을 도와주고 있었다는 모즐리의 해명을 의심하고는 이웃에 도움을 요청하였으며, 모즐리의 차가 작동하지 못하도록 연결선을 끊어버렸던 것이다(Kassin, 2017).

다른 방관자의 존재가 도움을 줄 가능성을 낮추기는 하지만, 때때로 사람들은 도움행동을 한다. 암스테르담, 랭커스터, 케이프타운의 거리에서 CCTV에 포착된 언쟁과 싸움을 보면, 10회 중에서 9회는 적어도 한 명 이상의 방관자가 무엇인가 도움행동을 하였다(Philpot et al., 2019). 또 다른 연구팀은 40개 국가에서 17,303회에 걸쳐 누군가 '분실한' 지갑을 들고 호텔, 우체국, 은행 등과 같은 공공기관을 찾아가서 직원에게 다음과 같이 설명하였다. "길에서 주웠습니다. 누군가 분실한 것이 확실하네요. 저는 바빠서 가야 하니 이것 좀 처리해주시겠습니까?" 현금이 들어있지 않은 지갑을 건네받은 직원의 40%가 주인에게 연락하였다. 조사하였던 경제학자들에게는 놀랍게도, 현금이 들어있는 지갑을 건네받은 직원이 도움행동을 할 가능성(51%)이 더 컸다(Cohn et al., 2019).

긴급전화를 걸어주고, 사고를 당한 운전자를 도와주며, 헌혈을 하고, 떨어뜨린 책을 집어주며, 헌금을 하고, 시간을 내주는 등 수많은 상황에서 나타난 행동을 관찰한 결과를 보면, 누군가를 도와줄 가능성은 다음과 같은 경우에 가장 높다.

- 피해자가 도움이 필요하고 도움을 받을 만한 것으로 보일 때
- 피해자가 어느 면에서든 도와줄 사람과 유사할 때
- 피해자가 여자일 때
- 다른 누군가가 도움을 주는 것을 방금 관찰하였을 때
- 바쁘지 않을 때
- 작은 도시나 농촌 지역에 있을 때
- 죄책감을 느끼고 있을 때

"아마도 키티 제노비스의 살해만큼 사회심리학자들이 사회행동의 한 측면에 많은 관심을 기울이게 만든 사건은 없을 것이다." 랜스 쇼트랜드(1984)

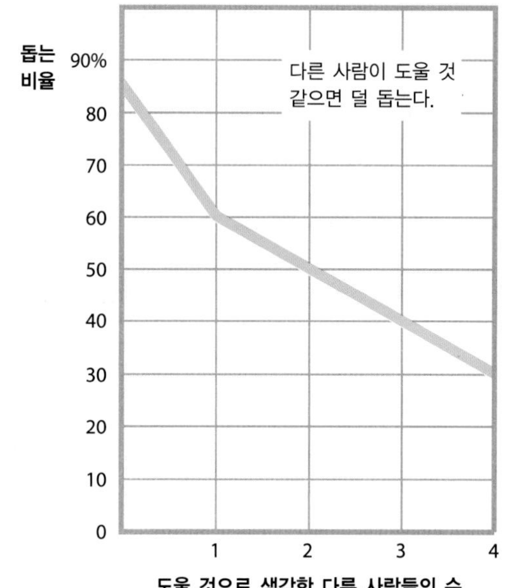

그림 13.13
가상의 신체적 비상사태에 대한 반응 뇌전증 발작을 일으켰다고 생각되는 사람의 도움 요청을 자기 혼자서 들었다고 생각하였을 때, 사람들은 일반적으로 도움을 주었다. 그렇지만 다른 네 사람도 그 요청을 듣고 있다고 생각할 때는 1/3도 안 되는 사람들만이 도움행동을 보였다(Darley & Latané, 1968a의 데이터).

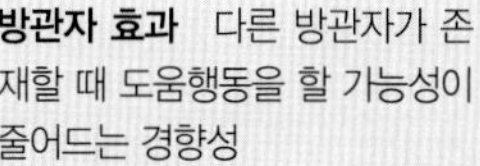

방관자 효과 다른 방관자가 존재할 때 도움행동을 할 가능성이 줄어드는 경향성

- 타인에 주의를 기울이고 다른 생각에 사로잡혀 있지 않을 때
- 기분이 좋을 때

© 2014 Steve Kelley/Creators Syndicate, Inc.

행복한 사람이 도움을 많이 준다는 '좋은 기분' 결과는 심리학에서 가장 일관성 있게 나타나는 결과 중의 하나다. 시인 로버트 브라우닝(1868)이 읊조린 것처럼, "우리를 행복하게 해주렴. 그러면 우리를 착한 사람으로 만드는 것이지!" 무엇 때문에 기분 좋은 것인지는 문제가 되지 않는다. 성공적이고 지적이라고 느끼게 만들었기 때문이든, 행복한 생각을 하였기 때문이든, 돈을 주웠기 때문이든, 심지어는 최면 후 암시를 받았기 때문이든, 더 관대해지고 기꺼이 도와주려고 한다(Aknin et al., 2019). 그리고 누군가의 헌신적인 행위를 목격하거나 알게 된 후에 기분이 고양된 느낌을 가질 때, 도움행동은 더욱 두드러지게 된다(Schnall et al., 2010).

이렇게 행복은 도움행동의 씨앗을 뿌린다. 그렇지만 도움행동이 행복을 가져온다는 것도 참이다. 어려운 사람을 돕는 것은 보상과 연합된 두뇌영역을 활성화시킨다(Harbaugh et al., 2007; Kawamichi et al., 2015). 이 사실은 다음과 같은 호기심 어린 결과를 설명하는 데 도움을 준다. 즉, 돈을 기부한 사람이 오직 자신만을 위해서 돈을 사용한 사람보다 더 행복하다. 한 실험에서는 현금과 함께 자기 자신이나 남을 위해서 그 돈을 사용하라는 지시문이 들어있는 편지봉투를 사람들에게 주었다(Dunn et al., 2008; Dunn & Norton, 2013). 하루를 마감하는 시점에서 어느 집단이 더 행복하였겠는가? 물론 남을 위해서 돈을 사용하라는 조건에 할당된 사람들이었다. 그리고 전 세계적으로 20만 명 이상을 대상으로 조사한 결과를 보면, 가난한 국가이든 부유한 국가이든 사람들은 지난달에 자선단체에 기부하였을 때 삶이 행복하였다. 다른 사람을 위해서 돈을 지출하였던 때를 돌이켜보는 것만도 많은 사람에게 고양된 기분을 제공한다(Aknin et al., 2013).

자문자답하기

혼잡한 버스터미널에서 도움이 필요한 이방인이 되었다고 상상해보라. 어떻게 하면 누군가 여러분을 도와줄 가능성을 높이겠는가? 어떤 유형의 사람이 도움을 줄 가능성이 가장 높겠는가?

인출 연습

RP-5 어떤 사회심리학 원리가 키티 제노비스 사건을 예증하였는가?

답은 부록 E를 참조

도움행동의 규범

LOQ 13-20 사회교환 이론과 사회 규범은 도움행동을 어떻게 설명하는가?

도움행동을 하는 이유는 무엇인가? 한 가지 널리 인정받고 있는 견해는 이기심이 모든 대인관계의 기저를 이루며 사람들의 변함없는 목표는 보상의 극대화와 비용의 최소화라는 것이다. 회계사들은 이것을 비용-이득 분석이라고 부른다. 철학자는 공리주의라고 부르며, 사회심리학자는 **사회교환 이론**(social exchange theory)이라고 부른다. 만일 여러분이 헌혈을 할 것인지를 고민하고 있다면, 시간, 불편함, 불안 등 헌혈에 드는 비용을 죄책감의 감소, 사회적 인정, 좋은 감정 등의 이득과 대비시켜 볼 것이다. 보상이 비용을 능가하면 도울 것이다.

다른 연구자들은 사람들이 어떻게 행동해야 할 것인지를 처방하는 규범을 통해서 그렇게 행동

하도록 사회화되었기 때문에 돕는다고 믿고 있다(Everett et al., 2015). 그러한 두 가지 규범은 호혜성 규범과 사회적 책임 규범이다.

호혜성 규범(reciprocity norm)은 자신을 도와주었던 사람에게는 해를 끼치지 말고 도움을 되돌려주어야 한다는 기대이다. 호의를 받았던 사람은 호의로 보답하기 십상이다. (다른 사람에게 친절하라. 그러면 언젠가 그 사람의 친절을 유발하게 된다.) 호혜성 규범은 유사한 다른 사람과의 관계에서, 부탁이든 선물이든 초대이든, 받은 만큼 돌려주도록 이끌어간다. 정중하게 대접받은 사람이 나중에 낯선 사람에게 정중할 가능성이 더 높아진다는 실험결과(Tsvetkova & Macy, 2014)에서 보는 바와 같이, 때로는 호혜성 규범이 '좋은 것을 나누는' 의미를 갖는다. 호의에 보답하는 것은 기분 좋은 일이기에 사람들이 호혜성 규범을 남을 돕는 즐거운 방법으로 받아들이는 경향이 있다(Hein et al., 2016).

Denis Poroy/AP Images

영웅적 도움행동 2019년에 총기를 소지한 남자가 캘리포니아 유대교 회당에 들이닥쳤을 때, 60세의 로리 길버트-케이가 헌신적으로 랍비를 보호하고자 막아서다가 살해되었다. 사회심리학자는 무엇이 사람들의 도움행동을 촉발하는지를 연구한다.

호혜성 규범은 애리조나 템피의 노숙자이었던 데이브 탤리가 한 애리조나주립대학교 학생이 중고차를 사러 가는 도중에 분실한 배낭에서 3,300달러를 발견하였을 때 작동하였다(Lacey, 2010). 현금을 당장 시급한 자전거 수리와 음식 그리고 거처를 마련하는 데 사용하는 대신에, 탤리는 배낭을 자신이 자원봉사하고 있던 기관에 보냈던 것이다. 그 학생은 탤리의 도움에 보답하기 위하여 한 가지 보상으로 감사를 표시하였다. 탤리의 헌신적 행위를 전해 들은 수십 명의 사람들이 그에게 돈을 보내고 직장을 제안하였던 것이다.

사회적 책임 규범(social-responsibility norm)은 비록 비용이 이득을 상회하더라도 받은 만큼 되돌려줄 수 없는 어린 아동과 같이 도움을 필요로 하는 사람을 도와야 한다는 기대이다. 유럽인들은 고문을 받았거나 생존한 가족이 없는 난민들처럼 매우 취약한 망명 신청자를 기꺼이 받아들인다(Bansak et al., 2016). 이 규범은 코로나바이러스 대유행이 최고조에 달하였을 때 입증되었다. 감염의 위험에도 불구하고 많은 용감한 사람이 아픈 사람을 보살피고, 나이 든 이웃을 위해 장을 보아주며, 노숙자에게 먹을 것을 나누어주는 등 어려운 사람들을 계속해서 도와주었다. 건설 노무자인 웨슬리 오트리는 2007년 1월 2일 사회적 책임 규범을 시범 보였다. 그는 4살과 6살인 두 딸을 데리고 뉴욕에서 지하철을 기다리고 있었는데, 그때 이들 앞에서 한 남자가 마비로 쓰러졌다가는 일어선 다음에 플랫폼 모서리로 비틀거리며 가다가는 선로로 떨어지고 말았다. 나중에 오트리는 기차의 불빛이 다가오고 있는 가운데, "나는 순간적인 결정을 해야만 하였지요."라고 회상하였다(Buckley, 2007). 두 딸이 공포에 질려 쳐다보는 가운데, 그의 결정은 플랫폼에서 뛰어내려 남자를 30센티미터밖에 여유 공간이 없는 두 선로 사이로 밀어넣고는 그 남자 위에 바짝 엎드리는 것이었다. 열차가 급정거를 하는 동안 다섯 량이 머리 위를 가까스로 지나가면서 그의 털모자에 기름을 묻혔다. 오트리가 "그 위에 내 두 딸이 있어요. 아버지는 무사하다고 알려주세요."라고 소리치자, 구경꾼들은 환성을 내질렀다.

전 세계의 많은 종교는 신도들에게 사회적 책임 규범을 실천하도록 조장하며, 때때로 이러한 격려가 친사회적 행동으로 이끌어간다. 2006~2008년 사이에 갤럽은 140개 국가에 걸쳐서 30만 명이 넘는 사람을 대상으로 '매우 종교적'인 사람들(종교가 중요하다고 말하며 지난주에 종교집회에 참석하였던 사람들)을 그렇지 않은 사람들과 비교하였다. 매우 종교적인 사람들은 더 가난하였음에도 불구하고, 지난달에 자선사업에 기부금을 냈으며 봉사기관에서 자원봉사를 하였을 가능성이 대략 50% 높았다(Pelham & Crabtree, 2008). 32,000명의 뉴질랜드인을 대상으로 실시한 새로운 조사도 종교에의 몰입과 자발적 봉사 간의 연계를 반복하고 있다(Van Tongeren et al., 2020).

사회교환 이론 사회행동은 교환과정이며, 이 과정의 목적은 이득을 극대화하고 손실을 극소화하려는 것이라는 이론

호혜성 규범 자신을 도와주었던 사람을 해치지 않고 도와줄 것이라는 기대

사회적 책임 규범 사람들은 도움이 필요한 사람을 도와줄 것이라는 기대

갈등으로부터 평화로의 전환

긍정적인 사회 규범은 너그러움을 조장하며 집단을 이루어 살아갈 수 있게 해준다. 그렇지만 갈등이 사람들을 분열시키기 십상이다. 최근의 전 지구적 갈등과 빈곤이 초래한 집단 이주에 대한 한 가지 반응은 점증하는 민족주의와 원주민 우선주의이었다. 이에 덧붙여 세계는 매일같이 무기와 군대에 거의 50억 달러를 쏟아붓고 있다. 어려운 사람들의 주택, 먹거리, 교육, 보건 등에 사용할 수도 있는 돈인데 말이다. 전쟁은 사람의 마음에서 시작된다는 사실을 알고 있는 심리학자들은 인간의 마음에서 무엇이 파괴적 갈등을 초래하는 것인지, 어떻게 하면 사회적 다양성의 위협을 협동정신으로 바꿀 수 있는지를 물음해 왔다.

갈등의 요소

LOQ 13-21 사회적 함정과 거울상 지각이 어떻게 사회 갈등에 기름을 붓는 것인가?

사회심리학자에게 있어서 **갈등**(conflict)이란 행위, 목표, 아이디어 등의 불일치를 지각하는 것이다. 갈등의 요소는 언쟁을 벌이고 있는 부부이든 반목하고 있는 정치집단이든 전쟁 중인 국가이든, 대부분 동일하다. 각 상황에서 갈등은 긍정적 변화의 싹을 틔우거나 아무도 원치 않는 결과를 초래할 수 있는 파괴적 과정이 될 수 있다. 이러한 파괴적 과정에는 사회적 함정과 왜곡된 지각이 포함된다.

사회적 함정 어떤 상황에서는 개인 이득을 추구하는 것이 집단 안녕감을 지원하게 된다. 자본주의자였던 애덤 스미스는 국부론(1776)에서 "우리가 저녁식사를 기대할 수 있는 것은 푸줏간 주인이나 양조장 주인 또는 빵집 주인의 자비심에서가 아니라 그들 자신의 이득에 대한 관심에서 비롯되는 것"이라고 설명했다. 다른 상황에서는 개인 이득을 추구함으로써 집단의 안녕에 해를 끼치기도 한다. 그러한 상황이 **사회적 함정**(social trap)이다.

연구자들은 실험실 게임을 통해서 소규모 사회적 함정을 만들어왔다. 두 명의 참가자에게 상대방은 손해를 보지만 자신은 즉각적인 이득을 추구하는 선택지와 상호 이득을 위해 협력하는 선택지 중에서 하나를 선택하도록 요구한다. 실생활의 많은 상황도 개인 이득을 집단의 안녕과 경쟁하게 만든다. 어부는 자신이 특정 물고기를 많이 잡는다고 해서 멸종할 위험은 없으며, 자신이 아니더라도 다른 어부가 그 물고기를 잡을 것이라고 추론하였다. 그 결과는 어땠는가? 몇몇 종의 물고기가 멸종 위험에 처하고 말았다. 코로나바이러스 봉쇄를 예상한 사람들이 화장실 휴지를 싹쓸이하였다. 자동차와 주택 소유자들은 이렇게 생각한다. "전기자동차는 더 비싸다. 게다가 내 차 한 대가 사용하는 연료가 온실가스를 눈에 뜨이게 증가시키는 것도 아니다." 많은 사람이 이렇게 생각한다면, 총체적 결과는 기후변화, 해수면 상승, 더욱 극단적인 날씨 등과 같은 재앙을 초래하는 것이다.

사회적 함정은 개인의 안녕을 추구하는 권리를 모든 사람의 안녕에 대한 책임과 조화시킬 수 있는 방법을 찾으라는 도전거리를 제공하고 있다. 따라서 심리학자들은, 예컨대 동의가 이루어진 규제를 통해서, 개선된 소통을 통해서, 그리고 지역사회와 국가 그리고 인류 전체에 대한 책임감을 자각하도록 촉진시킴으로써, 상호 간의 발전을 위해서 협력하도록 사람들을 설득하는 방법을 모색하고 있다(Dawes, 1980; Linder, 1982; Sato, 1987). 효과적인 규제와 소통 그리고 자각이 가능하다면, 사람들은 실험실 게임에서든 아니면 실생활에서든 보다 많이 협력하게 된다.

내 바다에는 안 돼! 많은 사람들은 풍력발전을 포함한 대체에너지원을 지지한다. 그렇지만 현실에서 풍력발전 단지를 건설하려는 제안은 지지를 받지 못한다. 스코틀랜드 하이랜드 연안의 풍력발전소 설치는 깨끗한 에너지의 이점과 귀중한 경관의 훼손이라는 대가를 놓고 뜨거운 논쟁을 초래하였다.

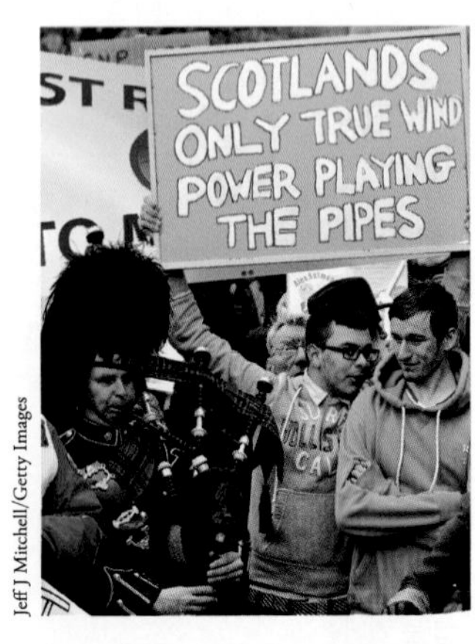

Jeff J Mitchell/Getty Images

적대적 지각 심리학자들은 갈등상태에 있는 사람들이 상대방에 대해서 사악한 이미지를 형성하는 이상한 경향성이 있다는 사실을 지적해왔다. 이렇게 왜곡된 이미지는 역설적으로 너무나 유사하기 때문에 **거울상 지각**(mirror-image perception)이라고 부른다. '우리'가 '그들'을 신뢰할 수 없으며 사악한 의도를 가지고 있는 것으로 지각하는 것처럼, '그들'도 '우리'를 그렇게 지각한다. 서로가 상대를 악마로 간주하는 것이다. "내가 지지하는 정당은 다른 정당과는 달리 국익을 최우선시한다"(Waytz et al., 2014).

거울상 지각은 적대감의 악순환을 제공한다. 만일 철수는 영희가 자기를 귀찮아한다고 믿고 있다면, 영희를 냉대함으로써 그녀가 철수의 지각을 정당화시킬 수 있는 방식으로 행동하도록 만들게 된다. 개인 간에 일어나는 것과 똑같은 일이 국가 간에도 벌어진다. 지각은 **자기충족적 예언**(self-fulfilling prophecy)이 될 수 있다. 국가는 자신을 정당화시켜 주는 것처럼 보이는 방식으로 상대 국가가 반응하도록 영향을 미침으로써 스스로 확증하게 된다.

개인과 국가는 똑같이 자신의 행위를 다음에 일어날 사건의 원인으로 간주하기보다는 도발에 대한 반응으로 간주하는 경향이 있다. 한 실험에서 영국 대학생 자원자들이 보여준 바와 같이, 자신을 눈에는 눈으로 되갚는 것으로 지각한 참가자들은 상대방에게 더 강력하게 앙갚음한다(Shergill et al., 2003). 이들의 과제는 자신의 손가락에 압박감을 느낀 후에, 기계 장치를 사용하여 또 다른 참가자의 손가락에 압박을 가하는 것이었다. 동일한 압력으로 응대하라는 지시를 주었음에도 불구하고, 참가자들은 전형적으로 방금 경험하였던 힘보다 대략 40% 정도 더 강한 힘으로 대응하였다. 부드럽게 대응하면 됨에도 불구하고, 이들이 가하는 힘은 가속도가 붙어서는 강력한 압박으로 급상승하였다. 마치 싸움을 벌인 아이들이 "나는 그냥 밀기만 하였는데, 쟤가 마구 때렸어요."라고 말하는 꼴이다.

전 세계적 수준에서도 거울상 지각이 유사한 적개심의 악순환에 불을 지핀다. 대부분의 사람에게 있어서 고문은 '그들'이 아니라 '우리'가 행할 때 더 정당한 것처럼 보이게 된다(Tarrant et al., 2012). 미국 대중매체의 보도에서 보면, 살인을 저지른 회교도를 광적이고 저주할 테러리스트로 묘사해온 반면, 16명의 아프가니스탄 사람을 살해한 것으로 알려진 미국인은 결혼 문제, 군 복무 중 네 차례의 파병, 다리를 절단한 동료 등의 문제로 스트레스가 심한 것으로 묘사하였다(Greenwald, 2012).

핵심은 진실이 그러한 두 가지 견해의 중간 어디엔가 존재해야만 한다는 것이 아니라(한 가지 견해가 더 정확한 것일 수 있다), 적대적 지각이 거울상을 형성하기 십상이라는 데 있다. 나아가서 상대가 변함에 따라서 지각도 변한다는 것이다. 미국인의 마음과 대중매체에서 이차 세계대전 중에 '피에 굶주리고 잔인하며 신뢰를 배반하는' 일본인들이 나중에는 '지적이고, 열심히 일하며, 자기훈련이 되어있고, 지모가 뛰어난 동맹자'가 되었던 것이다(Gallup, 1972).

갈등 행위나 목표 또는 아이디어들 간의 지각된 대립

사회적 함정 갈등을 겪는 집단(또는 개인)들이 각자 합리적으로 자신의 이익을 추구함으로써 상호 간에 파괴적 행동에 휘말려 들어가게 되는 상황

거울상 지각 갈등상태의 쌍방이 견지하고 있기 십상인 견해. 각자는 자신이 윤리적이고 평화지향적이며 상대방은 사악하고 공격적이라고 지각한다.

자기충족적 예언 자신이 생각한 대로 이끌어가는 신념

인출 연습

RP-6 스포츠팬들이 숙적인 팀이 패배할 때 만족감을 느끼는 경향이 있는 이유는 무엇인가? 그러한 감정이 다른 상황에서도 갈등 해소를 어렵게 만드는 이유는 무엇인가?

답은 부록 E를 참조

평화의 증진

LOQ 13-22 어떻게 평화를 증진시킬 수 있는가?

어떻게 평화를 구축할 수 있는가? 접촉, 협동, 소통, 화해가 편견과 갈등이 초래하는 적대감을 평화 촉진 태도로 전환시킬 수 있는가? 연구들은 몇몇 경우에 그것이 가능하다는 사실을 보여주고 있다.

접촉 갈등을 벌이고 있는 두 당사자가 직접 접촉하는 것이 도움이 될까? 상황에 따라 다르다. 부정적 접촉은 혐오감을 증가시킨다(Barlow et al., 2019). 그렇지만 긍정적 접촉, 특히 상점의 두 점원과 같이 그러한 접촉이 경쟁적인 것이 아니며 동등한 지위의 당사자들 간에 이루어지는 접촉이라면 도움이 된다. 인종 편견을 가지고 있으면서 함께 일하는 서로 다른 인종의 사람은 이러한 상황에서 일반적으로 상대방을 인정하게 된다. 다수집단과 소수인종, 노인, 성소수자, 장애자 등과 같은 외집단과의 면대면 접촉을 다룬 연구들은 이러한 사실을 확증해준다. 38개국에 걸쳐 연구하였던 25만 명에서는 접촉이 보다 긍정적인 태도와 상관이 있었으며, 실험연구에서의 접촉도 보다 긍정적인 태도로 이끌어갔다(Paluck et al., 2018; Pettigrew & Tropp, 2011; Tropp & Barlow, 2018). 몇 가지 예를 보자.

- 90개 국가에서 116,667명을 대상으로 수행한 조사를 보면, 이민자가 많은 국가일수록 그 국민이 이민자를 더욱 지원하였다. 외집단 편견은 이민자가 적은 국가일수록 강력하였다(Shrira, 2020). 독일과 미국에서도 그렇다. 이민자가 적은 주의 주민이 반이민자 태도를 더 많이 견지한다(Myers, 2018).
- 게이와 트랜스젠더를 향한 이성애자의 태도는 알고 있는 것뿐만 아니라 알고 있는 사람에 의해서도 영향을 받는다(Brown, 2017; DellaPosta, 2018). 조사결과를 보면, 사람들이 동성결혼에 더 지지적이 되는 이유는 '가족이나 절친한 친구 또는 아는 사람 중에 게이나 레즈비언이 있는 것'이었다(Pew, 2013a). 오늘날 87%의 국민이 게이인 사람을 알고 있다고 말하는 미국에서, 동성결혼에 대한 태도가 한결 수용적으로 변해왔다(McCarthy, 2019; Pew, 2016). 예컨대, 룸메이트로서 백인과 흑인 간의 친근한 접촉은 상이한 인종에 대해서뿐만 아니라 다른 인종집단에 대한 명시적 태도와 암묵적 태도를 모두 개선시키고 있다(Gaither & Sommers, 2013; Meleady et al., 2019; Onyeador et al., 2020).
- 100편 이상의 연구는 내집단 친구가 외집단 친구를 가지고 있다는 사실을 아는 것과 같이 '확장된 접촉'조차도 외집단에 대한 태도를 개선시킨다는 사실을 밝히고 있다(Zhou et al., 2019). 이성애 친구가 게이 친구를 가지고 있을 때, 이성애자가 게이를 더 인정하기 십상이다.

그렇지만 접촉이 항상 충분한 것은 아니다. 인종차별을 철폐한 대부분의 학교에서 인종집단은 학교 식당, 교실, 운동장 등에서 스스로 차별하고 있다(Alexander & Tredoux, 2010; Clack et al., 2005; Schofield, 1986). 각 집단의 사람은 다른 집단과의 접촉을 환영한다고 생각하기 십상이지만, 다른 집단이 그러한 소망에 응답하지 않을 것이라고 지레 짐작한다(Richeson & Shelton, 2007). "퇴짜를 당하고 싶지 않기 때문에 나는 그들에게 다가가지 않습니다. 그들은 그저 관심이 없기 때문에 나에게 다가오지 않는 것이지요." 이러한 거울상의 왜곡된 지각을 수정하게 되면, 우정을 형성하고 편견도 녹여버릴 수 있다.

"편견은 지워버릴 수 있는 학습된 행동이다." 데즈먼드와 레아 투투 재단(2019)

협동 적대적인 사람들이 차이점을 극복할 수 있는지를 알아보기 위하여 무자퍼 셰리프(1966)는 갈등을 조장해보았다. 오클라호마시티에 사는 22명의 소년을 서로 다른 두 보이스카우트 캠프에 배치하였다. 그런 다음에 두 집단을 일련의 경쟁 활동에 참가시키고는 승자에게만 상을 주었다. 오래지 않아서 각 집단은 자기 집단을 열정적으로 자랑스러워하고 다른 집단의 '비겁하고', '잘난 체하는 비열한 녀석들'에게 적대적이 되었다. 식사시간에는 음식전쟁이 벌어졌다. 숙소는 약탈당하였다. 캠프 참모진 사이에서 주먹싸움이 벌어지기도 하였다. 두 집단을 한 군데 불러 모았을 때, 서로를 회피하면서 조롱하고 위협하였다. 아이들은 며칠 이내에 서로 친구가 될 것이라고는 꿈도 꾸지 못하였다.

상위목표 사람들 간의 차이를 압도하고 협력을 필요로 하는 공동 목표

셰리프는 아이들에게 **상위목표**(superordinate goal), 즉 협력을 통해서만 달성할 수 있는 공동 목표를 제공함으로써 어린 적대자들을 명랑한 동료로 변모시켰다. 캠프의 물 공급 장치를 고의로 파손시킴으로써, 공급 장치를 복구하려면 22명 소년 모두의 협동이 필요하게 만들었다. 영화 관람일 이전에 영화를 빌리려면 모든 아동의 지혜가 요구되었다. 진흙탕에 빠진 트럭을 다시 움직이도록 하려면 모든 아동이 함께 밀고 당기는 힘이 필요하였다. 분리와 경쟁을 사용하여 낯선 사람들을 적대적으로 만든 후에, 셰리프는 곤경에 함께 직면하고 공동 목표를 갖게 함으로써 적들을 화해시키고 친구로 만들었던 것이다. 갈등을 감소시킨 것은 단순한 접촉이 아니라 **협동적** 접촉이었다.

비판자들은 셰리프 연구팀이 사회적으로 해로운 경쟁과 사회적으로 이로운 협동에 관한 자신들의 기대를 예증할 것이라는 희망을 가지고 갈등을 조장하였다는 사실을 지적한다(Perry, 2018). 아무튼 함께 직면한 곤경은 강력하게 하나로 뭉치게 만들어주는 효과를 가지고 있다. 배척이나 차별에 직면한 소수집단 구성원은 내집단에 강력하게 동일시한다(Bauer et al., 2014; Ramos et al., 2012). 전쟁이나 갈등에 노출된 아동과 젊은이도 강력한 사회적 정체성을 형성한다. 분쟁 지역에서 성장하는 이스라엘 아동은 자신들이 공유하는 역경에 관하여 갈등을 지지하는 지각, 신념, 정서를 발달시키기 십상이다(Nasie et al., 2016). 그러한 해석은 내집단 결속뿐만 아니라 외집단 구성원이 경험하는 고통에 대한 무감각도 만들어낸다(Levy et al., 2016).

분파적인 후보 경선의 후유증에도 불구하고, 당원들은 상대 당 후보라는 공동의 위협에 직면하면 일반적으로 재결합하게 된다. 그러한 시점에 협동은 사람들로 하여금 이전의 하위집단들을 해소시키는 새로운 포괄적 집단을 정의하도록 이끌어갈 수 있다(Dovidio & Gaertner, 1999). 만

Rosiland Beckton

힘을 합친 이방인들 플로리다 해변에서 한 가족이 이안류에 휩쓸렸을 때, 함께 물놀이를 즐기던 80명도 넘는 사람들이 인간 띠를 만들어 그들을 구출하였다. 목격자 중의 한 사람인 로절린드 벡턴은 "모든 인종과 연령의 사람이 합심하여 생명을 구하였다."라고 하였다(AP, 2017).

Justin Tafoya/Getty Images

상위목표는 차이를 압도한다 2019년 미국 여자농구 챔피언인 베일러대학교 농구팀의 득의만면한 모습이 생생하게 보여주는 것처럼, 공통 목표를 달성하기 위한 협동적 노력은 사회장벽을 허무는 효과적인 방법이다.

일 이것이 사회심리학 실험이라면 두 집단의 구성원들을 반대편에 마주 앉도록 하지 말고 원형 테이블에 교대로 앉게 하라. 이들에게 새로운 공통 이름을 부여하라. 함께 작업하도록 만들라. 이러한 경험은 '우리와 그들'을 새로운 '우리'로 변화시킨다.

만일 경쟁집단의 구성원들 간에 협동적 접촉이 긍정적 태도를 촉진한다면, 이 원리를 다문화 학교에 적용할 수 있지 않을까? 교실에서의 협동적 학습이 인종 간 우정을 증진시키고 학생들의 성취를 고양시킬 수 있지 않을까? 11개 국가의 청소년을 대상으로 수행한 실험은 두 가지 물음 모두에서 그 답은 긍정적이라는 사실을 확증하고 있다(Roseth et al., 2008). 프로젝트를 함께 수행하고 스포츠 팀에서 함께 운동하는 다인종 집단의 구성원들은 전형적으로 다른 인종의 구성원을 친근하게 느끼게 된다. 이 사실을 알고 있는 수많은 교사는 인종 간 협동학습을 교실 활동의 한 부분으로 정착시켜 왔다.

"나는 형제에게 맞서고, 형제와 나는 사촌에게 맞서며, 사촌과 나는 이방인에게 맞선다." 베두인족 격언

과거의 적을 친구로 만드는 협력 활동의 위력은 심리학자들로 하여금 국제 교환과 협동 프로그램을 증가시켜야 한다고 주장하도록 이끌어왔다. 몇몇 실험은 기후변화라는 공통적인 위협을 생각하는 것만으로도 국제적 적대감이 감소된다는 사실을 밝혔다(Pyszczynski et al., 2012). 브라질에서 인접하여 생활하는 부족들로부터 유럽 국가에 이르기까지 과거에 갈등을 일으키던 집단들이 공동 목표를 추구함에 따라서, 상호 연계, 상호의존성, 사회적 정체성의 공유 등을 구축하게 되었다(Fry, 2012). 호혜적 무역관계를 갖고, 이렇게 허약한 행성에 살고 있는 인류의 공동 운명을 보호하고자 노력하며, 희망과 공포를 공유한다는 사실을 보다 잘 자각하게 됨에 따라서, 분열과 갈등으로 이끌어가는 거울상 지각을 공동 관심사에 기반을 둔 연대의식으로 바꿀 수 있는 것이다.

"우리들 대부분은 매우 차이 나는 집단과 우리를 묶어주는 중첩되는 여러 가지 정체성을 가지고 있습니다. 우리는 우리가 아닌 것, 그리고 우리가 아닌 사람들을 미워하지 않고도 우리 자신을 사랑할 수 있습니다. 우리는 다른 전통에서 무엇인가를 학습하는 경우에도 우리 자신의 전통 속에서 번성할 수 있는 것입니다." 유엔 사무총장 코피 아난, 노벨평화상 수상 강연(2001)

Byron Buck

공통점을 찾고 있는 양극단의 미국인들 미국 전역에 걸친 지역사회에서는 중재자들이 보수주의 시민(빨간색 카드)과 진보주의 시민(파란색 카드)이 공통점을 발견하고 우정을 형성하도록 돕고 있다.

소통 실생활의 갈등이 심각하게 되면, 결혼상담가, 노동중재자, 외교관, 지역사회 자원자 등 제3의 중재자가 필요한 소통을 촉진시켜 줄 수 있다(Rubin et al., 1994). 중재자는 각 당사자가 자신의 입장을 표명하고 상대편의 요구와 목표를 이해할 수 있도록 도와준다. 중재자가 성공적이라면, 경쟁

적인 '승리 아니면 패배'라는 생각을 호혜적 해결 방안을 추구하는 '협동적 윈-윈'으로 생각을 바꾸어줄 수 있다. 고전적인 예를 하나 보자. 두 친구가 오렌지 한 알 때문에 싸움을 벌인 끝에 반으로 자르는 데 동의하였다. 한 명은 자신의 반쪽을 짜서 주스를 만들었다. 다른 한 명은 반쪽의 껍질을 사용하여 케이크를 만들었다. 만일 두 사람이 상대방의 동기를 이해하였더라면, 한 사람은 주스를 더 많이 만들고 다른 사람은 껍질을 더 많이 가질 수 있는 윈-윈 해결책을 찾아냈을 것이다.

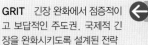

GRIT 긴장 완화에서 점증적이고 보답적인 주도권. 국제적 긴장을 완화시키도록 설계된 전략

화해 분노나 위기의 순간에는 이해와 협조적 해결책이 가장 필요함에도 불구하고, 그 가능성은 지극히 작아지고 만다(Bodenhausen et al., 1994; Tetlock, 1988). 갈등이 증폭될 때, 상대방에 대한 이미지가 더욱 고정관념화되고, 판단은 더욱 경직되며, 소통은 더욱 어려워지거나 거의 불가능해진다. 쌍방은 서로 위협하거나 강제하거나 보복할 가능성이 높다. 걸프전이 시작되기 몇 주 전에 조지 부시 대통령은 사담 후세인을 제거하겠다고 공공연하게 위협하였다. 후세인은 미국인들이 "자신의 피바다에서 헤엄치게 만들겠다."라고 위협하면서 되받아쳤다.

이러한 상황에서 전쟁이나 항복의 대안은 있는 것인가? 사회심리학자 찰스 오스굿(1962, 1980)은 긴장 완화에서 점증적이고 상보적인 주도권(Graduated and Reciprocated Initiatives in Tension-Reduction, GRIT) 전략을 주창하였다. **GRIT**을 적용하려면, 우선 한쪽이 호혜적 관심사에 대한 인식과 긴장 완화 의도를 천명해야 한다. 그런 다음에 하나 이상의 소규모 회유적 조치를 시작한다. 이렇게 작은 출발은 보복능력을 약화시키지 않으면서도 상대방이 응답할 수 있는 여지를 열어놓는다. 한쪽이 부드럽게 응수하는데 다른 한쪽이 적대적으로 반응하겠는가! 마찬가지로 화해적 반응으로 응답하게 된다.

실험연구에서도, 미소, 접촉, 사과의 말 한마디 등 조그만 회유 제스처가 양측으로 하여금 긴장의 사다리에서 소통과 상호 이해를 시작할 수 있는 안전한 곳으로 내려오게 할 수 있다(Lindskold, 1978; Lindskold & Han, 1988). 실제로 국가 간 갈등에서 원자폭탄의 대기(大氣) 실험을 중지하겠다는 케네디 대통령의 제스처는 일련의 상보적인 회유 조치를 시작하게 만들었으며 결국에는 1963년에 대기 실험 금지조약을 체결할 수 있게 되었다.

Warren Miller The New Yorker Collection/The Cartoon Bank

"무엇보다도, 여러분을 만날 수 있는 기회가 주어진 것에 심심한 감사와 깊은 경의를 표하는 바입니다. 우리들 사이에는 아직도 심각한 차이점이 있기는 하지만, 오늘 제가 이곳에 왔다는 바로 그 사실이 중차대한 약진이라고 생각하는 바입니다."

공동 목표를 향하여 함께 노력하는 것이 일깨워주는 바와 같이, 사람들은 다르기보다 유사하다. 문명은 갈등과 문화적 고립에 의해서 진보하는 것이 아니라 전체 인류에게 주는 모든 문화의 유산인 지식과 기술 그리고 예술을 함께 이용함으로써 발전하는 것이다. 개방사회는 문화를 공유하는 덕분에 풍요로워진다(Sowell, 1991). 사람들은 종이와 인쇄술 그리고 위대한 탐험을 열어준 자석 나침반을 개발한 중국에 감사를 표한다. 삼각측량을 시작한 이집트에 감사를 표한다. 아라비아 숫자를 개발한 이슬람 세계와 인도의 힌두교인들에게 감사를 표한다. 이렇게 다양한 문화유산을 축하하고 받아들임으로써 오늘날의 풍요로운 사회적 다양성도 기꺼이 받아들일 수 있다. 모든 사람은 자신을 인류라는 관현악단의 악기로 간주할 수 있다. 그렇게 함으로써 자기 자신의 문화유산을 인정하면서 동시에 문화적 전통 간에 대화와 이해 그리고 협동의 다리를 놓을 수 있다.

자문자답하기

가족과 어울리지 못하거나 친구와 언쟁을 벌인 것을 후회하는가? 이제 그러한 갈등을 해소할 수 있는 방법에 대해서 어떤 아이디어를 가지고 있는가?

인출 연습

RP-7 갈등을 풀고 평화를 도모하는 방법에는 어떤 것이 있는가?

답은 부록 E를 참조

개관 친사회적 관계

학습목표

자기검증 개념 파악을 증진시키도록 (부록 D의 답을 확인해보기에 앞서) 여러분 자신의 표현으로 여기서 반복하는 학습목표 물음에 답해보라 (McDaniel et al., 2009, 2015).

LOQ 13-17 어떤 사람과는 친구가 되거나 사랑에 빠지면서도 다른 사람과는 그렇게 되지 않는 이유는 무엇인가?

LOQ 13-18 낭만적 사랑은 시간이 지나면서 어떻게 변모해가는가?

LOQ 13-19 이타심이란 무엇인가? 사람들은 언제 남을 도와줄 가능성이 가장 높거나 낮은가?

LOQ 13-20 사회교환 이론과 사회 규범은 도움행동을 어떻게 설명하는가?

LOQ 13-21 사회적 함정과 거울상 지각이 어떻게 사회 갈등에 기름을 붓는 것인가?

LOQ 13-22 어떻게 평화를 증진시킬 수 있는가?

기억해야 할 용어와 개념들

자기검증 여러분 자신의 표현으로 정의를 적어본 후에 답을 확인해보라.

갈등	사회적 책임 규범	자기충족적 예언
거울상 지각	사회적 함정	형평성
단순 노출 효과	상위목표	호혜성 규범
동료애	열정애	GRIT(긴장 완화에서 점증적이고 상보적인 주도권)
방관자 효과	이타심	
사회교환 이론	자기노출	

학습내용 숙달하기

자기검증 여러분 자신의 표현으로 다음 물음에 답한 후에 부록 E에서 답을 확인해보라.

1. 사람들은 자극이 친숙할수록 더 좋아하는 경향이 있다. 이것은 ________효과를 예증하는 것이다.

2. 금혼식(결혼 50주년)을 축하하는 행복한 부부는 깊은 ________를 경험할 가능성이 있다. 비록 이들의 ________는 진작 사라졌겠지만 말이다.

3. 격렬한 운동 후에 매력적인 사람을 만나고는, 순간적으로 그 사람을 향한 낭만적 사랑의 느낌에 사로잡혔다. 이 반응은 정서의 2요인 이론을 지지하는데, 이 이론은 열정애와 같은 정서가 신체적 각성과 다음 중 어떤 것의 합으로 구성된다고 가정하고 있는가?

a. 보상 **b.** 근접성
c. 동료애 **d.** 그 각성의 해석

4. 방관자 효과에 따를 때, 다음 중 방관자가 도움행동을 적게 할 상황은 어느 것인가?

a. 희생자의 외모가 방관자와 유사할 때
b. 자기 말고 아무도 없을 때
c. 다른 사람들이 존재할 때
d. 사건이 황량한 시골 지역에서 발생할 때

5. 적대자는 상대방이 자신에 대해서 가지고 있는 것과 동일한 부정적 인상을 상대방에 대해서 가지고 있기 십상이다. 이 사실은 ________지각의 개념을 예시하고 있다.

6. 갈등을 해소하고 협동을 조장하는 한 가지 방법은 경쟁적인 집단들에게 차이점을 극복하도록 도와주는 공동의 목표를 제시하는 것이다. 이것을 ________목표라고 부른다.

CHAPTER

14

Peathegee Inc/Getty Images

성격

레이디 가가는 그녀만의 독특한 음악, 애간장을 녹이는 의상, 도발적인 무대공연 등으로 수백만 팬들을 열광시킨다. 그녀의 가장 예측 가능한 자질은 바로 예측 불가능성이다. 그녀는 MTV 비디오뮤직 시상식에 쇠고기로 만든 드레스를 입고 나와서 논란을 불러일으켰다. 2019년에는 배우인 브래들리 쿠퍼와 깜짝 듀엣을 함으로써 아카데미상 시청자를 놀라게 만들었다.

그렇지만 예측 불가능한 레이디 가가조차도 독특하고 지속적인 사고방식, 감정, 행동방식을 나타낸다. 그녀의 팬과 비평가들은 똑같이 그녀가 스포트라이트 속에서 얻는 새로운 경험과 에너지에 대한 개방성을 신뢰할 수 있다. 그리고 자신의 공연에 대한 뼈를 깎는 헌신도 신뢰할 수 있다. 그녀는 고등학교 시절의 자신을 '매우 헌신적이고 학구적이며 규율적'이었다고 기술한다. 이제 성인이 되어서 그녀는 유사한 자기훈련을 보여주고 있다. "나는 정말로 꼼꼼합니다. 공연의 매 순간이 완벽해야만 합니다." 이 장에서는 사람들을 독특한 존재로 만들어주는 것, 즉 성격에 초점을 맞춘다.

이 책의 많은 부분이 성격을 다루고 있다. 앞선 장들에서는 성격에 대한 생물학적 영향, 일생을 통한 성격 발달, 성격이 학습, 동기, 정서, 건강과 관련되는 방식, 그리고 성격에 대한 사회적 영향 등을 살펴보았다. 다음 장은 성격의 장애를 다룬다. 이 장은 성격 자체, 즉 성격이란 무엇인지 그리고 연구자들이 어떻게 연구하는지에 초점을 맞춘다.

서양 문화의 한 부분이 되었던 역사적으로 중요한 두 가지 성격 이론, 즉 지그문트 프로이트의 정신분석 이론 그리고 인본주의 이론으로부터 시작한다. 인간의 본질에 관하여 이토록 광범위한 조망은 뒤따르는 성격 이론가를 위한 초석을 깔았으며 이

장에서 제시하려는 성격에 대한 새로운 과학적 탐구의 바탕이 되었다.

오늘날의 성격 연구자들은 성격의 기본 차원들 그리고 개인과 환경 간의 상호작용을 연구한다. 또한 자존감, 자기위주 편향, 자기개념에 대한 문화 영향 등을 연구한다. 그리고 무의식적 마음을 연구하는데, 프로이트조차도 경탄할지 모르는 연구결과들을 내놓고 있다.

성격과 정신역동 이론의 소개

Macmillan Learning

지그문트 프로이트(1856~1939)
"나는 새로운 분야에서 유일한 연구자였다."

성격이란 무엇인가?

학습목표 물음 LOQ 14-1 성격이란 무엇이며, 어떤 이론이 성격에 대한 이해를 알려주는가?

심리학자들은 **성격**(personality), 즉 사고하고 느끼며 행동하는 특정 패턴을 바라다보고 연구하는 다양한 방법을 가지고 있다. 지그문트 프로이트의 **정신분석 이론**은 아동기 성징과 무의식적 동기가 성격에 영향을 미친다고 제안하였다. **인본주의 이론**은 성숙과 자기충족의 내적 능력에 초점을 맞추었다. 후속 이론가들은 이러한 두 가지 광의적 조망에 바탕을 두었다. **특질 이론**은 행동의 독특한 패턴(특질)을 다룬다. **사회인지 이론**은 사고 패턴을 포함한 사람의 특질과 사회적 맥락 간의 상호작용을 탐구한다. 프로이트의 연구 그리고 그 뒤를 이은 오늘날의 **정신역동 이론**으로부터 시작해보자.

정신역동 이론

성격 개인의 특징적인 사고, 감정, 그리고 행위 패턴

정신역동 이론 무의식과 아동기 경험의 중요성에 초점을 맞추고 성격을 조망하는 이론

정신분석 사고와 행위를 무의식적 동기와 갈등으로 귀인시키는 프로이트의 성격 이론. 무의식적 긴장을 노출시키고 해석함으로써 심리장애를 치료하는 데 사용하는 기법

무의식 프로이트에 따르면 대부분의 용납될 수 없는 사고와 소망과 감정 그리고 기억의 저장고. 오늘날의 심리학자들에 따르면 사람들이 자각하지 못하는 정보처리

자유연상 정신분석에서 무의식을 탐색하는 방법으로, 이완된 상태에서 아무리 사소하거나 당황스러운 것이라고 하더라도 마음에 떠오르는 것을 말하는 방법

성격의 **정신역동 이론**(psychodynamic theory)은 인간 행동을 의식적 마음과 무의식적 마음 간의 역동적 상호작용으로 간주하는데, 그와 관련된 동기와 갈등이 포함된다. 정신역동 이론은 프로이트의 **정신분석**(psychoanalysis), 즉 그의 성격 이론 그리고 그 이론에 바탕을 둔 치료기법에서 유래한 것이다. 프로이트는 무의식적 마음에 대한 임상적 관심에 초점을 맞춘 최초의 인물이었다.

프로이트의 정신분석 조망 : 무의식의 탐구

LOQ 14-2 지그문트 프로이트의 심리장애 치료는 어떻게 무의식적 마음에 대한 그의 견해로 이끌어갔는가?

길 가는 사람 100명에게 이미 사망한 위대한 심리학자 한 사람의 이름을 말해보라고 하면, "프로이트가 압도적인 승자가 될 것"이라고 키스 스타노비치(1996, 1쪽)는 말하였다. 대중의 마음속에서는 엘비스 프레슬리가 록 음악의 역사인 것과 마찬가지로, 프로이트가 심리학의 역사이다. 프로이트의 영향은 정신의학과 임상심리학에도 남아있을 뿐만 아니라, 문학과 영화 평론 등에도 남아있다. 미국의 대학에서 정신분석학을 참조하고 있는 교과목의 경우, 열 과목 중 아홉 과목은 심리학과가 아닌 다른 학과에서 개설하고 있는 과목이다(Cohen, 2007). 그가 20세기 초에

사용한 개념들이 21세기 언어에 스며들어 있는 것이다. 사람들은 그 출처가 어디인지도 모른 채, 자아, 억압, 투사, '열등감 콤플렉스'에서와 같은 콤플렉스, 형제 경쟁, 프로이트식 말실수, 고착 등의 표현을 사용하고 있다. 그렇다면 프로이트는 누구이며, 무엇을 알려주었는가?

모든 사람과 마찬가지로, 프로이트도 시대의 산물이다. 빅토리아 시대의 끝자락인 1800년대 후반은 엄청난 발견과 과학 진보를 이룬 시대이었을 뿐만 아니라 성적 억압과 남성 우위의 시대이기도 하였다. 남녀의 역할을 명확하게 구분하였는데, 남성의 우월성을 가정하였으며, 암암리에 남성의 성징만을 인정하였다. 이러한 분위기가 성격에 대한 프로이트의 생각에 영향을 미쳤다. 심리적 문제는 기대하는 역할에 대한 남성과 여성의 해소되지 않은 갈등에서 유래한다고 믿었다.

"여성은… 자신의 거세를 인정하며, 그 사실과 함께 남성의 우월성과 자신의 열등함도 함께 인정하고 있다. 그렇지만 이토록 원치 않는 불공정한 상태에 반기를 들고 있다." 지그문트 프로이트, 『여성의 성징』(1931)

1873년 비엔나대학교에 입학하기 훨씬 전부터 젊은 프로이트는 독립심과 탁월함의 징표를 나타냈다. 희곡과 시 그리고 철학 서적을 너무나도 애독하였기에, 한때는 서점의 빚이 수입을 넘어서기도 하였다. 10대 시절에는 공부하는 시간을 빼앗기지 않기 위해서 저녁식사를 자신의 조그만 침실에서 먹기 일쑤였다. 그는 의과대학을 졸업한 후에 신경질환을 전문적으로 다루는 개인 클리닉을 열었다. 그렇지만 오래지 않아서 그는 신경학적으로는 아무런 의미도 없는 장애를 가지고 있는 환자를 접하게 되었다. 예컨대, 한 환자는 손의 모든 감각을 상실하였는데, 손상된다고 하더라도 손 전체를 마비시키는 감각신경은 없었던 것이다. 그러한 장애의 원인을 찾으려는 노력은 프로이트를 운명적으로 인간의 자기이해를 변화시키는 방향으로 내달리게 만들었다.

어떤 신경장애는 심리적 원인을 가지고 있는가? 환자를 치료하면서 관찰한 내용은 프로이트로 하여금 **무의식**(unconscious)을 찾아내도록 이끌어갔다. 손의 특정한 느낌을 상실하는 것은 성기를 만진다는 공포가 야기할 수 있으며, 아무 근거도 없이 눈이 보이지 않게 되거나 귀가 들리지 않게 되는 것은 강력한 불안을 야기하는 무엇인가를 보거나 듣지 않으려는 욕구가 야기할 수 있다고 생각하였다. 처음에 최면을 사용한 시도가 실패로 돌아간 후에, 프로이트는 **자유연상**(free association)으로 방향을 틀었다. 자유연상에서는 환자에게 편안한 상태에서 아무리 당황스럽거나 사소한 것일지라도 머리에 떠오른 것이면 무엇이든 말하도록 요구하였다. 프로이트는 환자의 먼 과거에서부터 고통받고 있는 현재에 이르는 마음의 도미노가 쓰러지며 진행될 것이라고 가정하였다. 자유연상은 환자의 무의식으로 이끌어가는 생각의 연쇄를 따라가면 그 흐름을 재추적할 수 있게 해줄 것이라고 생각하였으며, 무의식 속에서 흔히 아동기부터 시작되었기 십상인 고통스러운 무의식적 기억을 끄집어내서 방출시킬 수 있을 것이라고 믿었다.

프로이트 이론의 토대는 마음의 대부분이 숨어있다는 그의 신념이었다(그림 14.1). 의식적 자각은 수면 위에 떠 있는 빙산의 일각이라는 것이다. 수면 아래에 훨씬 큰 무의식적 마음이 존재하는데, 여기에는 사람들이 자각하지 못하는 사고, 소망, 감정, 기억 등이 들어있다. 몇몇 생각은 일시적으로 전의식 영역에 저장되는데, 이 영역으로부터 그 생각을 의식적 자각 상태로 인출해낼 수 있다. 프로이트에게 가장 큰 관심사는 사람들이 인정하기에는 너무

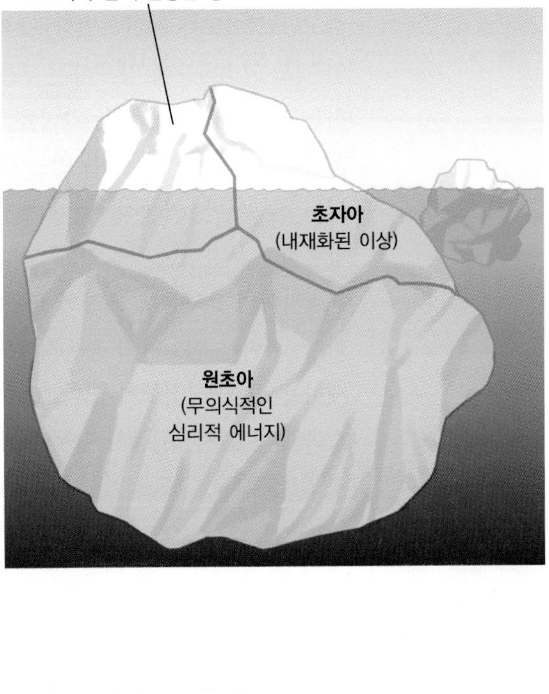

그림 14.1
마음의 구조에 대한 프로이트의 아이디어 심리학자들은 마음이 의식적 표면 아래에 감춰져 있다는 프로이트의 생각을 설명하기 위하여 빙산의 모습을 이용해왔다.

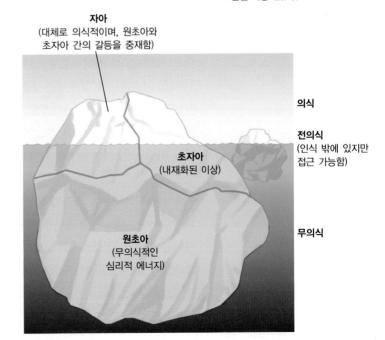

원초아 프로이트에 따르면, 기본적인 성적 추동과 공격 추동을 만족시키려고 전력투구하는 무의식적 정신 에너지의 저장고. 원초아는 쾌락원리에 따라서 작동하며 즉각적인 만족을 요구한다.

자아 프로이트에 따르면, 원초아와 초자아, 그리고 현실의 요구를 중재하는 대체로 의식적인 성격의 '집행자'에 해당한다. 자아는 현실원리에 따라서 작동하며, 현실적으로 고통보다는 쾌를 초래하게 되는 방식으로 원초아의 요구를 만족시킨다.

초자아 프로이트에 따르면, 내재화된 이상(理想)을 대표하며 판단(양심)과 미래 포부의 기준을 제공하는 성격 부분

심리성적 단계 프로이트에 따르면, 아동기 발달단계(구강기, 항문기, 남근기, 잠복기, 생식기)로 원초아의 쾌추구 에너지가 특정한 성감대에 초점을 맞추게 된다.

외디푸스 콤플렉스 프로이트에 따르면, 어머니를 향한 남아의 성적 욕구 그리고 경쟁자인 아버지에 대한 질투와 혐오감

동일시 프로이트에 따르면, 아동이 부모의 가치관을 자신의 발달하는 초자아로 받아들이는 과정

고착 프로이트에 따르면, 갈등이 해소되지 않은 초기의 심리성적 단계에 쾌추구 에너지가 머물러있는 것

나 불안정한 것이기에 억압하거나 아니면 의식에서 강제로 몰아낸 용납할 수 없는 열정과 사고의 덩어리였다. 의식적으로는 자각할 수 없다고 하더라도, 이렇게 골치 아픈 감정과 생각들이 사람들에게 강력한 영향력을 행사하며, 때로는 선택하는 일, 가지고 있는 신념, 일상 습관, 불안 징후 등과 같이 위장된 형태로 표현되기도 한다고 프로이트는 믿었다.

성격 구조

LOQ 14-3 성격에 대한 프로이트의 견해는 무엇인가?

프로이트는 정서와 분투를 포함한 인간의 성격은 충동과 억제 사이의 갈등, 즉 공격적이고 쾌락추구적인 생물학적 충동과 이러한 충동을 제어하는 내면화된 사회적 제약 사이의 갈등에서 생겨난다고 믿었다. 성격이 이러한 기본 갈등을 해소하려는, 다시 말해서 죄책감이나 처벌을 초래하지 않으면서 만족을 가져오는 방식으로 충동을 표현하려는 노력의 산물이라는 것이었다. 이러한 갈등 중에 일어나는 마음의 역동성을 이해하기 위하여 프로이트는 세 가지 상호작용하는 체계, 즉 원초아, 자아, 그리고 초자아를 제안하였다(그림 14.1).

원초아(id)의 무의식적 정신 에너지는 생존하고 자손을 퍼뜨리고 공격하려는 기본 추동을 만족시키고자 끊임없이 시도한다. 원초아는 쾌락원리에 따라 작동한다. 즉, 즉각적 만족을 추구한다. 원초아의 위력을 이해하려면, 욕구를 느끼는 순간 만족시켜 달라고 울어대면서 외부세계 조건과 요구사항에 대해서는 아랑곳하지 않는 신생아를 생각해보라. 아니면 시간 조망이 미래에 있기보다는 현재에 머물러있는 사람들, 즉 흡연, 음주, 향정신성 약물을 자주 사용하며, 미래의 성공과 행복을 위해서 오늘의 즐거움을 희생하기보다는 지금 이 순간의 파티에만 몰입하는 사람들을 생각해보라(Fernie et al., 2013; Friedel et al., 2014; Keough et al., 1999).

자아(ego)가 발달함에 따라서 어린 아동은 현실세계에 반응하게 된다. 현실원리에 따라서 작동하는 자아는 장기적 즐거움을 초래할 수 있는 현실적인 방법으로 원초아의 충동을 만족시키고자 시도한다. (자아가 결여된 채로 성적 충동이나 공격 충동을 느낄 때마다 무절제하게 표현한다면 어떤 일이 일어날 것인지를 상상해보라.) 자아는 부분적으로 의식하는 지각, 사고, 판단, 기억 등을 포함하고 있다.

4~5세경이 되면 아동의 자아는 새롭게 출현하는 **초자아**(superego)의 요구를 인식하기 시작한다고 프로이트는 제안하였다. 초자아란 자아로 하여금 현실적인 것뿐만 아니라 이상적(理想的)인 것도 고려하도록 강제하는 부분적으로 의식적인 양심의 소리이다. 초자아는 어떻게 행동해야 하는지에 초점을 맞춘다. 완벽을 추구하며, 행위를 판단하고, 자신감이라는 긍정적 감정이나 죄책감이라는 부정적 감정을 만들어낸다. 지나치게 강력한 초자아를 가지고 있는 사람은 도덕적이기는 하겠지만, 역설적으로 죄책감에 휩싸여있을 수 있으며, 초자아가 약한 사람은 무분별하게 방종하고 무자비한 사람일 수 있다.

초자아의 요구는 원초아의 요구와 상충되기 십상이기 때문에, 자아는 둘을 화해시키고자 노력한다. 자아는 원초아의 충동적 요구, 초자아의 규제 요구, 그리고 외부세계의 현실적 요구를 중재하는 성격의 '집행자'이다. 만일 정숙한 영숙이가 철수에게 성적인 매력을 느낀다면, 철수가 소속되어 있는 자원봉사 단체에 가입함으로써 원초아와 초자아 모두를 만족시킬 수 있다.

성격 발달

LOQ 14-4 프로이트는 어떤 발달단계를 제안하였는가?

환자의 개인사를 분석한 프로이트는 성격이 생애 처음 몇 년 사이에 형성된다고 확신하였다. 그는 아동이 일련의 **심리성적 단계**(psychosexual stage)를 거치는데, 각 단계에서 원초아의 쾌락추구 에너지가 성감대라고 부르는 쾌감에 민감한 특정 신체부위에 초점을 맞춘다고 결론 내렸다(표 14.1). 각 단계는 자체적인 도전거리를 제공하는데, 프로이트는 이것을 갈등 경향성으로 간주하였다.

Sidney Harris/Cartoon Stock

"우리의 성적 충동을 자각하게 되면, 그것이 무엇이든지 간에 숨겨야만 한다고 들었어."

예컨대, 프로이트는 **남근기**에 사내아이는 어머니를 향한 무의식적인 성적 욕망 그리고 자신의 경쟁 상대로 생각하는 아버지를 향한 질투와 증오를 모두 발달시킨다고 믿었다. 그는 이런 감정이 남아가 죄책감을 느끼고, 아버지가 자신의 성기를 거세하는 처벌을 가할지도 모른다는 공포를 느끼게 만든다고 믿었다. 프로이트 자신의 경험이 바로 그러한 것이었다. "나 자신의 경우에도 어머니를 사랑하고 아버지를 질투하는 현상을 발견하였으며, 이제 나는 이것이 초기 아동기의 보편적인 사건이라고 생각한다"(1897). 프로이트는 이러한 복합적 감정을 자신도 모르게 아버지를 살해하고 어머니와 결혼한 그리스의 외디푸스 신화를 빌려 **외디푸스 콤플렉스**(Oedipus complex)라고 불렀다. 프로이트 시대의 몇몇 정신분석학자는 여자아이도 이에 상응하는 **엘렉트라 콤플렉스**(아버지의 살해를 복수하기 위하여 어머니를 죽이도록 도왔던 신화 속 딸의 이름을 빌린 것이다)를 경험한다고 믿었다.

결국 아동은 그러한 콤플렉스를 억압하고 경쟁자 부모와 동일시함으로써, 즉 똑같이 되려고 시도함으로써 위협적인 감정에 대처하게 된다고 프로이트는 말하였다. 이것은 마치 아동 속의 무엇인가가 "만일 상대방, 즉 동성 부모를 물리칠 수 없다면, 그들에 합류하라."라고 결정 내리는 것처럼 보인다. 이러한 **동일시**(identification) 과정을 통하여, 부모의 많은 가치를 자신의 것으로 받아들임으로써 아동의 초자아는 힘을 얻는다. 프로이트는 동성 부모와의 동일시가 오늘날 심리학자들이 말하는 성별 정체성, 즉 자신이 남성, 여성, 무성, 또는 남성과 여성의 어떤 조합이라는 생각을 제공한다고 믿었다. 프로이트는 아동 초기에 형성하는 관계, 특히 부모나 보호자와의 관계가 정체성, 성격, 그리고 결점 등이 발달하는 데 영향을 미친다고 생각하였다.

Charles Saxon/The New Yorker Collection/The Cartoon Bank

"아니 이런! 담배를 피우고 있네!"

프로이트의 견해에 따르면, 초기 심리성적 단계에서 해결되지 않은 갈등은 어른이 되어서 부적응적인 행동으로 표출될 수 있다. 구강기나 항문기 또는 남근기의 어느 시점에서든 강력한 갈등은 쾌락추구 에너지를 그 단계에 **고착**(fixation)시킬 수 있다. 예컨대, 너무 일찍 급작스럽게 젖

표 14.1 프로이트의 심리성적 단계

단계	초점
구강기(0~18개월)	쾌가 입에 집중된다(빨기, 깨물기, 씹기).
항문기(18~36개월)	쾌가 방광과 대장의 방출에 집중된다. 제어 요구에 대처해야 한다.
남근기(3~6세)	쾌영역이 성기로 바뀐다. 근친상간의 성적 감정에 대처해야 한다.
잠복기(6세~사춘기)	성적 감정의 잠복
생식기(사춘기 이후)	성적 관심의 성숙

을 떼는 것처럼, 구강기의 쾌락추구가 지나치게 만족되었거나 박탈되었던 사람은 구강기에 고착될 수 있다. 구강기에 고착된 사람은 보호받고 있는 유아의 행동처럼 수동적 의존성이나 거칠게 행동하고 신랄한 냉소적 표현을 하는 것 등과 같이, 이러한 의존성을 과장되게 부정하는 모습을 보일 수 있다. 또는 흡연과 과도하게 먹는 것을 통해서 구강기 욕구의 만족을 계속해서 추구할 수도 있다. 이러한 방법으로 성격이라는 나뭇가지가 아동 초기에 휘어지게 되는 것이라고 프로이트는 제안하였다.

방어기제

LOQ 14-5 프로이트는 사람들이 어떻게 불안으로부터 자신을 방어한다고 생각하였는가?

프로이트에 따르면, 불안은 문명화를 위하여 치러야 하는 대가이다. 사회집단의 구성원으로서 사람들은 성적 충동과 공격 충동을 제어하여 행동으로 표출하지 않아야 한다. 그러나 때로는 자아가 원초아의 요구와 초자아의 요구 사이에 벌어지는 내적 전쟁을 제어할 힘을 상실할지도 모른다는 두려움에 휩싸이며, 그 결과로 초점이 없는 불안이라는 먹구름이 뒤덮게 되어 그 이유가 확실하지 않은 불안정한 느낌을 갖게 만든다.

프로이트는 자아가 **방어기제**(defense mechanism), 즉 현실을 왜곡시킴으로써 불안을 감소하거나 방향을 다른 곳으로 돌리게 만드는 책략을 가지고 자신을 보호한다고 제안하였다(표 14.2).

표 14.2 여섯 가지 방어기제

프로이트는 불안을 유발하는 충동을 제거하는 기본 기제인 억압이 다른 방어기제들을 가능하게 만들어준다고 믿었다.

방어기제	불안을 유발하는 생각이나 감정을 피하기 위하여 사용하는 무의식적 과정	사례
퇴행	더 어린 시기의 심리성적 단계로 되돌아가는 것. 정신 에너지가 그 단계에 남아 고착된다.	초등학교 입학식에 직면한 불안한 아동이 엄지손가락을 빠는 구강기적 만족으로 되돌아간다.
반동형성	용납할 수 없는 충동을 반대로 나타내는 것	화난 감정을 억압한 사람이 과장된 친근감을 나타낸다.
투사	자신의 위협적인 충동을 다른 사람 탓으로 돌림으로써 그 충동을 위장하는 것	"도둑은 다른 사람들도 모두 도둑이라고 생각한다." (엘살바도르 속담)
합리화	자신의 행동에 대한 실제 이유를 숨기기 위하여 무의식적으로 자기를 정당화하는 설명을 만들어내는 것	습관적 음주자가 '단지 친구들과의 사교를 위해서' 술을 마신다고 말한다.
전위	성적 충동이나 공격 충동을 그 감정을 유발한 대상이 아니라 심리적으로 용인될 수 있는 대상이나 사람을 향하도록 방향을 바꾸는 것	부모에게 분노를 표현하는 것이 두려운 아동이 반려동물을 발로 걷어찬다.
부정	고통스러운 현실을 믿지 않거나 심지어 지각하는 것 자체를 거부하는 것	배우자가 사랑하는 사람의 불륜 증거를 부정한다.

Nacivet/Getty Images

퇴행

프로이트에게 있어서 모든 방어기제는 간접적이고 무의식적으로 작동한다. 신체가 의식하지 않은 채 질병으로부터 자신을 방어하는 것과 마찬가지로, 자아도 불안으로부터 자신을 무의식적으로 방어한다는 것이다. 예컨대, **억압**(repression)은 불안을 야기하는 생각과 감정을 의식에서 몰아낸다. 프로이트에 따르면, 억압이 다른 모든 방어기제의 기저를 이룬다. 그렇지만 억압은 완벽하지 않기 십상이어서 억압된 충동이 꿈의 상징과 말실수를 통해서 배어나온다.

프로이트는 예컨대, 경제적 스트레스를 받는 환자가 커다란 알약(pill)을 원치 않으면서, "제발 청구서(bill)를 주지 마세요, 삼킬 수가 없다니까요."라고 말할 때, 무의식이 배어나오는 순간을 포착할 수 있다고 믿었다(오늘날에는 이것을 '프로이트식 말실수'라고 부른다). 또한 프로이트는 농담을 억압된 성적 경향성과 공격 경향성의 표현으로, 꿈을 '무의식으로 향하는 지름길'로 간주하였다. 기억해내는 꿈의 내용(**표출내용**)은 꿈꾼 사람의 무의식적 소망(**잠재내용**)이 검열을 통과한 표현이라고 생각하였다. 꿈의 분석을 통해서 프로이트는 환자의 내적 갈등을 탐색하였던 것이다.

Dana Fradon/The New Yorker Collection/The Cartoon Bank

"좋은 아침이네요, 참수자(beheaded)여. 아니, 내 말은 사랑하는 사람(beloved)이라는 뜻이지요."

"당신 이름은 완벽하게 기억하는데, 당신 얼굴을 생각해낼 수가 없어요." 옥스퍼드대학교 교수 W. A. 스푸너[의도적인 말실수를 만들어내는 것으로 유명하다(스푸너리즘)]

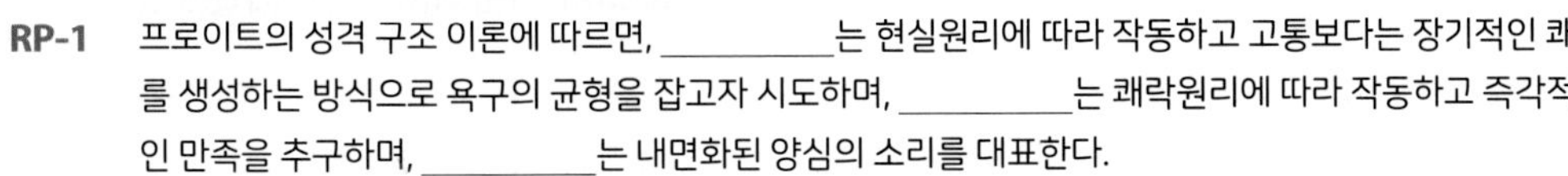

인출 연습

RP-1 프로이트의 성격 구조 이론에 따르면, ________는 현실원리에 따라 작동하고 고통보다는 장기적인 쾌를 생성하는 방식으로 욕구의 균형을 잡고자 시도하며, ________는 쾌락원리에 따라 작동하고 즉각적인 만족을 추구하며, ________는 내면화된 양심의 소리를 대표한다.

RP-2 정신분석 견해에 따르면, 처음의 세 심리성적 단계 동안 해소하지 못한 갈등은 그 단계에의 ________으로 이끌어간다.

RP-3 프로이트는 방어기제가 (의식적/무의식적)으로 작동하며 ________으로부터 사람들을 보호해준다고 믿었다.

답은 부록 E를 참조

신프로이트학파와 정신역동 이론가들

LOQ 14-6 프로이트의 후계자들은 그의 어떤 생각을 받아들이거나 거부하였는가?

사람들이 성에 관하여 거의 언급하지 않았으며, 부모를 향한 무의식적 성적 갈망은 더구나 생각하지도 않았던 시대에, 프로이트의 글은 상당한 논쟁을 불러일으켰다. 프로이트는 한 친구에게 다음과 같이 고백하였다. "중세기였다면 나를 화형에 처했을 게야. 지금은 내 책을 불태워버리는 것으로 만족하고 있지"(Jones, 1957). 논란에도 불구하고 프로이트는 추종자들을 끌어들였다. 젊고 야심만만한 여러 의사가 결단력 있는 지도자를 중심으로 자신들만의 이너서클을 형성하였다. 오늘날 흔히 **신프로이트학파**라고 부르는 이러한 선구자적인 정신분석학자들은 프로이트의 상담기법을 채택하고, 원초아, 자아, 초자아의 성격 구조, 무의식의 중요성, 아동기의 성격형성, 불안의 역동성과 방어기제 등 프로이트의 기본 생각을 받아들였다. 그렇지만 이들은 두 가지 중요한 측면에서 프로이트와 입장을 달리하였다. 첫째, 경험을 해석하고 환경에 대처하는 데 있어서 의식의 역할을 보다 강조하게 되었다. 둘째, 성과 공격성이 모든 정신 에너지를 사용하는 동기라는 데 이의를 제기하였다. 오히려 이들은 보다 상위의 동기와 사회적 상호작용을 강조하는 경향이 있었다.

예컨대, 알프레드 아들러와 카렌 호나이는 아동기가 중요하다는 데 있어서 프로이트와 의견을 같이하였다. 그렇지만 이들은 성격형성에서 아동기 성적 긴장보다는 사회적 긴장이 핵심적인

방어기제 정신분석 이론에서 자아가 현실을 무의식적으로 왜곡시킴으로써 불안을 감소시키는 보호방법

억압 정신분석 이론에서 불안을 유발하는 사고와 감정 그리고 기억을 의식으로부터 밀어내는 기본적인 방어기제

Macmillan Learning

알프레드 아들러(1870~1937) "개개인은 자신이 타인에게 도움이 되며 자신의 열등감을 극복하는 한에 있어서 편안하게 느끼며 자신의 존재가 가치 있다고 느끼게 된다"(『신경증의 문제』, 1964).

Macmillan Learning

카렌 호나이(1885~1952) "여성이 유아적이고 정서적 존재이며, 그렇기 때문에 책임감과 독립성을 유지할 수 없다는 견해는 여성의 자존감을 낮추어보려는 남성적 경향성의 산물이다"(『여성심리학』, 1932).

Macmillan Learning

칼 융(1875~1961) "본능이라는 살아있는 분수로부터 창의적인 모든 것이 흘러나온다. 따라서 무의식이야말로 창의적 충동의 원천이다"(『영혼의 구조와 역동성』, 1960).

집단무의식 조상의 역사로부터 공유하고 물려받은 기억에 대한 칼 융의 개념

것이라고 믿었다(Ferguson, 2003, 2015). 오늘날에도 널리 알려져 있는 **열등감 콤플렉스**를 제안한 아들러는 아동기 질병과 사고를 이겨내고자 스스로 애를 썼던 사람이며, 많은 행동은 아동기 열등감, 즉 우월성과 권력에 대한 열망을 촉발시키는 감정을 물리치려는 노력이 동기화시킨다고 믿었다. 호나이는 아동기 불안이 사랑과 안전의 욕구를 촉발한다고 주장하였다. 또한 여성이 약한 초자아를 가지고 있으며 '남근 선망'으로 고통받는다는 프로이트의 가정을 맞받아쳤으며, 이러한 남성 위주의 심리학에서 자신이 찾아낸 편견을 걷어내고자 노력하였다.

칼 융은 프로이트의 수제자로 출발하였으나, 나중에는 자신의 입장으로 선회하였다. 융은 사회적 요인의 중요성을 깎아내리고 무의식이 강력한 영향을 끼친다는 프로이트의 생각에 동의하였다. 그러나 융에게 있어서 무의식에는 억압된 생각과 감정 이상의 것이 들어있다. 그는 사람들이 **집단무의식**(collective unconscious)도 가지고 있다고 생각하였는데, 이것은 인간종의 보편적 경험이 이끌어낸 이미지, 즉 원형의 공동 저장고이다. 집단무의식은 많은 사람에게 있어서 영적 관심이 그토록 뿌리 깊은 이유 그리고 서로 다른 문화의 사람들이 애정의 상징으로서 어머니와 같은 특정 신화와 이미지를 공유하는 이유를 설명해준다고 융은 주장하였다. 오늘날 많은 심리학자가 상속된 경험이라는 생각을 평가절하하고 있지만, 사람들이 공유하는 진화의 역사가 몇몇 보편적 성향을 조성해왔다고 믿고 있다. 또한 경험이 후생유전적 표지를 남겨놓을 수 있다는 사실도 자각하고 있다(제4장 참조).

프로이트는 1939년에 사망하였다. 그 이래로 그의 몇몇 아이디어는 정신역동 이론으로 흡수되어 왔다. "오늘날 대부분의 정신역동 이론가와 치료사는 성이 성격의 토대라는 생각에 동의하지 않는다. 이들은 원초아와 자아에 대해서 언급하지 않으며, 자기 환자를 구강기, 항문기, 남근기적 인물 등으로 분류하지 않는다."라고 드루 웨스턴(1996)은 지적한다. 이들이 프로이트에 동의하며 오늘날의 심리과학에서 많은 지지를 받으면서 가정하는 것은 대부분의 정신생활이 무의식적이라는 가정이다. 프로이트와 마찬가지로 이들은 사람들이 소망과 공포 그리고 가치 사이의 내적 갈등으로 어려움을 겪기 쉬우며, 아동기에 성격 그리고 타인에게 애착하는 방법을 조성한다고 가정한다.

프로이트의 정신분석 조망의 평가와 무의식에 대한 오늘날의 견해

LOQ 14-7 오늘날의 심리학자는 프로이트의 정신분석을 어떻게 바라다보는가?

오늘날의 연구는 프로이트의 많은 아이디어와 상충된다 사람들은 21세기의 관점에서 프로이트를 비판한다. 그는 신경전달물질이나 DNA 연구는 말할 것도 없거니와, 인간의 발달, 사고, 정서 등에 관하여 밝혀낸 모든 것에 접속할 수 없었다. 오늘날의 견지와 비교함으로써 그의 이론을 비판하는 것은 포드의 모델 T(포드가 만든 세계 최초의 대량생산 자동차)를 테슬라 모델 3(테슬라가 출시한 최신 전기차)와 비교해서 비판하는 것과 같다. 과거를 오늘날의 관점에서 판단하려는 것이 참으로 구미를 당기는 일이기는 하다.

"프로이트 이론의 많은 측면들은 실제로 낡은 것이며, 그럴 수밖에 없다. 프로이트는 1939년에 사망하였으며, 그는 자기 이론의 개정을 서두르지 않았다." 심리학자 드루 웨스턴(1998)

그렇지만 프로이트의 신봉자와 비판자들은 최근 연구결과들이 그의 세부 아이디어들과 상충한다는 데 동의한다. 오늘날 발달심리학자들은 인간의 발달이 아동기에 고정된 것이 아니라 **평생에 걸쳐서 진행**된다고 본다. 이들은 유아의 신경망이 프로이트가 가정하였던 것만큼 많은 정서적 외상을 파지할 수 있을 정도로 성숙되었는지를 의심한다. 혹자는 프로이트가 부모 영향을 과대평가하였으며 또래 영향을 과소평가하였다고 생각한다. 또한 아동이 5~6세에 외디푸스(또는 엘렉트라) 콤플렉스를 해소하면서 양심과 성 정체성을 형성한다는 주장에도 의문을 제기한다. 아동은 더 이른 시기에 성 정체성을 획득하며, 동성 부모가 존재하지 않는 경우에도 남아는 남성답고 여아는 여성답게 된다. 그리고 이들은 아동기 성에 관한 프로이트의 아이디어는 그의 여성 환자들이 말한 아동기 성적 학대의 이야기를 부인함으로써 만들어낸 것이라고 지적한다. 어떤 연구자는 프로이트가 환자에게 암시하거나 강요하거나 아니면 나중에 잘못 기억함으로써 환자 자신의 아동기 성적 소망과 갈등으로 귀인시킨 이야기라고 믿는다(Esterson, 2001; Powell & Boer, 1994). 오늘날에는 아동기 성적 학대가 실제로 일어난다는 사실을 알고 있으며, 프로이트가 환자에게 질문하는 방식이 엉터리 기억을 만들어낼 수 있다는 사실도 이해하고 있다.

오늘날의 꿈 연구는 꿈이 소망을 위장하고 충족시킨다는 프로이트의 신념에 논박을 가한다. 그리고 말실수는 기억망에서 유사한 언어 표현들 사이의 경쟁으로 설명할 수 있다. "늙으면 땍땍거려."라고 말하려는데, "늦으면 땍땍거려."라고 말실수를 하는 것은 두 단어가 음운적으로 유사하기 때문일 수 있다. 이메일이나 문자 메시지에서 사소한 것이든 낭패를 당할 정도의 것이든 잘못된 표현은 대부분이 타이핑 실수이다(Stephens-Davidowitz, 2017).

역사도 억압된 성이 심리장애를 초래한다는 프로이트의 아이디어를 지지하지 않고 있다. 프로이트 시대로부터 현재에 이르기까지 성적 억제는 감소해왔지만, 심리장애는 그렇지 않다. 심리학자들은 프로이트 이론이 과학적으로도 불충분하다고 비판한다. 좋은 과학 이론은 관찰한 결과를 설명하고 검증 가능한 가설을 제안하는 것이라는 제1장의 내용을 회상해보기 바란다. 프로이트 이론은 객관적 관찰에 거의 의존하지 않으며, 검증 가능한 가설을 제공하지 못한다. 프로이트에게 있어서는 환자의 자유연상, 꿈, 말실수 등에 관한 자신의 회상과 해석이면 충분한 증거가 되었던 것이다.

프로이트 이론에서 가장 심각한 문제점은 무엇인가? 흡연한다든가 말을 무서워한다든가 특정한 성적 지향을 가지고 있다든가, 어떤 특징이든지 사후약방문식의 설명을 제공하지만, 그러한 행동과 특질을 예측하는 데 실패하고 있다는 점이다. 만일 어머니가 돌아가신 것에 분노를 느낀다면, '해소하지 못한 아동기 의존성 욕구가 위협을 받기 때문'이라고 그의 이론을 갖다 붙일 수 있다. 만일 분노를 느끼지 않는다면, '분노를 억압하고 있기 때문'이라고 말할 수 있다. '이것은 마치 경마가 끝난 후에 특정 말에 돈을 거는 것'과 같다(Hall & Lindzey, 1978, 68쪽). 좋은 이론은 검증 가능한 예측을 하는 것이다.

그렇다면 심리학은 이렇게 낡은 이론에 '자연사(自然死)' 딱지를 붙여야 하겠는가? 프로이트 지지자들은 이의를 제기한다. 이들은 프로이트 이론이 검증 가능한 예측을 내놓지 못한다고 비판하는 것은 야구가 유산소 운동이 아니라고 하는 것과 마찬가지라고 말한다. 그의 이론이 결코 의도한 바 없는 것을 비판하고 있다는 것이다. 프로이트는 정신분석이 예측과학이라고 주장한 적이 결코 없다. 단지 정신분석은 되돌아봄으로써 마음의 상태에서 의미를 찾을 수 있다고 주장하였을 뿐이다(Rieff, 1979).

또한 지지자들은 프로이트의 몇몇 아이디어가 아직도 살아있다는 사실을 지적한다. 무의식과 비합리성과 같은 생각이 널리 퍼져있지 않은 시대에 그러한 생각에 주의를 기울이게 만든 사람이 바로 프로이트이었다. 오늘날 많은 연구자가 비합리성을 연구하고 있다(Ariely, 2010; Thaler, 2015). 심리학자 대니얼 카너먼은 2002년에, 그리고 행동경제학자 리처드 탈러는 2017년에 잘못된 의사결정 연구로 노벨상을 수상하였다. 프로이트는 성의 중요성 그리고 생물학적 충동과 사회적 안녕 간의 긴장에도 주의를 기울였다. 인간의 독선에 도전장을 내밀고 인간의 가식적인 모습을 드러냈으며, 사악해질 수 있는 잠재성을 경고한 사람도 바로 프로이트이었다.

오늘날의 연구는 억압이라는 생각에 도전한다 정신분석 이론은 인간의 마음이 고통스러운 경험을 억압하여 먼지 쌓인 다락방에 처박힌 책처럼 다시 찾아낼 때까지 무의식으로 추방한다는 가정에 근거한다. 아동기의 고통스러운 억압된 기억을 찾아내서 해소시켜야만 정서적 치료 효과가 뒤따른다는 것이다. 억압은 널리 용인되는 개념이 되었으며, 최면 현상과 심리장애를 설명하는 데 사용되었다. 프로이트의 정신역동을 추종하는 연구자는 상실한 듯 보이지만 나중에 회복한 아동기 외상기억을 설명하는 데까지 억압 개념을 확장하였다(Boag, 2006; Cheit, 1998; Erdelyi, 2006). 한 조사에 따르면, 대학생의 88%가 고통스러운 경험은 일반적으로 의식에서 밀려나서 무의식으로 들어간다고 믿고 있었다(Garry et al., 1994).

오늘날 연구자들은 사람들이 때때로 위협적인 정보를 무시함으로써 자아를 보호한다는 데 동의하고 있다(Green et al., 2008). 그렇지만 억압은 드물며, 충격적인 외상에 있어서조차도 드물게 나타난다. 나치 수용소에서 부모의 살해를 목격하였거나 살아남은 사람들조차도 잔혹 행위에 대해 억압되지 않은 기억을 가지고 있다(Helmreich, 1992, 1994; Malmquist, 1986; Pennebaker, 1990).

어떤 연구자들은 지독하게 학대받은 아동이 경험하는 스트레스와 같이, 극단적이고 지속적인 스트레스가 해마를 손상시킴으로써 기억을 와해시킬 수 있다고 믿는다(Schacter, 1996). 그렇지만 훨씬 보편적인 사실은 높은 스트레스 그리고 이와 관련된 스트레스 호르몬이 기억을 증진시킨다는 것이다. 실제로 강간과 고문을 비롯한 외상 사건은 생존자의 마음을 떠나지 않고 맴도는데, 생존자는 원치 않는 순간을 반복해서 경험한다. 이들의 영혼에 낙인이 찍힌 것이다. 홀로코스트 생존자인 샐리 H.(1979)는 이렇게 말하였다. "아이들이 보입니다. 울부짖는 어머니들이 보입니다. 교수대에 매달린 사람이 보입니다. 앉아서 그 얼굴을 봅니다. 결코 잊을 수가 없어요."

"비록 프로이트가 자신의 아이디어를 구성하는 데 있어서 몇 가지 명백한 실수를 저질렀다고 하더라도, 무의식적 심적 과정에 대한 그의 이해는 꽤나 핵심을 찌르고 있는 것이었다. 실제로 이것은 대부분의 심적 과정이 무의식적이라는 현대 신경과학자의 생각에 딱 들어맞는 것이다." 노벨상을 수상한 신경과학자 에릭 캔들(2012)

"홀로코스트에서 많은 아동은 … 감내할 수 없는 것을 감내하도록 강요받았다. 계속해서 고통받고 있는 사람에게는 여러 해가 지난 후에도 그 고통이 바로 그 당일에 겪었던 것처럼 생생하게 남아있다." 에릭 질머, 몰리 해로어, 배리 리츨러, 그리고 로버트 아처, 『나치 성격의 탐구』(1995)

오늘날의 무의식적 마음

LOQ 14-8 오늘날의 연구는 무의식에 대한 이해를 어떻게 발전시켰는가?

프로이트는 오늘날의 정신역동적 사고에 바탕이 되는 한 가지 비상한 아이디어에서 옳았다. 즉, 마음에서 진행되고 있는 모든 것에 접속할 수 있는 것은 아니라는 생각이다(Erdelyi, 1985, 1988; Norman, 2010). 두 궤적의 마음은 눈에 보이지 않는 광대한 영역을 가지고 있다. 몇몇 연구자는 "일상생활의 대부분은 무의식적 사고과정이 결정한다."라고 주장한다(Bargh & Chartrand, 1999). (아마도 여러분은 의식 수준에서는 그 이유를 알지 못한 채 슬프거나 제정신이 아니었던 때를 회상할 수 있을 것이다.)

그렇기는 하지만 오늘날 많은 실험심리학자는 무의식을 끓어오르는 충동과 억압적 검열이 아니라 자각되지 않은 채 일어나는 정보처리로 간주한다. 이 연구자들에게 있어서 무의식은 다음과 같은 것을 수반한다.

- 지각과 해석을 자동적으로 제어하는 **스키마**(제6장)
- 의식적으로 주의를 기울이지 않는 자극에 의한 **점화**(제6장과 제8장)
- **분할뇌** 환자가 말로 표현할 수 없는 지시를 왼손을 가지고 따를 수 있게 해주는 우반구의 활동(제2장)
- (심지어 기억상실증 환자에게서도 나타나는) 의식적으로 회상하지 않은 채 작동하는 **암묵기억**(제8장)
- 의식적으로 분석하기도 전에 즉각적으로 작동하는 **정서**(제12장)
- 자신과 타인에 관한 정보를 처리하는 방식에 자동적이고 무의식적으로 영향을 미치는 **고정관념과 암묵적 편견**(제13장)

사람들은 깨닫고 있는 것 이상으로 자동항법장치에 의존해서 살아가고 있다. 화면 바깥에서 시야를 벗어난 무의식적 정보처리가 사람을 주도한다. 무의식적 마음은 거대하다. 무의식적 정보처리에 대한 이러한 이해는 프로이트에 앞서서 수면 아래에서 흐르고 있는 사고의 흐름으로부터 자연발생적인 창의적 아이디어가 수면 위로 떠오르게 된다고 제기하였던 견해에 더 가깝다(Bargh & Morsella, 2008).

연구결과는 프로이트의 방어기제 중에서 두 가지를 지지한다. 한 연구는 동성애에 강력하게 반대하는 태도를 표명한 남자들에게서 **반동형성**, 즉 용납될 수 없는 충동을 상반된 충동과 맞바꾸려는 현상을 입증하였다. 동성애에 강력하게 반대하는 남자는 그러한 태도를 표명하지 않은 남자에 비해서 동성애자가 성관계를 갖는 비디오를 관람할 때 더 높은 생리적 각성을 나타냈는데, 그 비디오가 자신을 성적으로 흥분시키지 않았다고 말하는 경우에도 그러하였다(Adams et al., 1996). 마찬가지로 의식 수준에서는 자신을 이성애자로 간주하지만 무의식적으로는 동성애자인 사람이 동성애에 대해서 더욱 부정적인 태도를 보고한다(Weinstein et al., 2012).

프로이트의 **투사**, 즉 자신의 위협적인 충동을 다른 사람에게 전가하는 현상도 확증되어 왔다. 사람들은 자신의 특질, 태도, 목표 등을 다른 사람에게서도 보는 경향이 있다(Baumeister et al., 1998b; Maner et al., 2005). 오늘날의 연구자들은 이것을 **허위적 합의 효과**라고 부른다. 즉, 다른 사람이 자신의 신념과 행동을 공유하는 정도를 과대추정하는 경향성이다. 폭음을 하거나 속도제한을 어기는 사람은 다른 사람도 그렇게 한다고 생각하는 경향이 있다. 그렇지만 두뇌 영상을

Carolita Johnson/The New Yorker Collection/The Cartoon Bank

"'언젠가 당신은 죽을 것입니다.'라고 적혀있네요."

보면, 투사는 프로이트가 가정하였던 성적 충동과 공격 충동보다는 자기상을 보호하려는 욕구가 더 동기화시키는 것으로 보인다(Welborn et al., 2017).

마지막으로 연구결과는 사람들이 불안으로부터 자신을 무의식적으로 방어한다는 프로이트의 생각을 지지해왔다. 연구자들은 불안의 한 원천이 '취약성과 죽음의 자각이 초래하는 공황 상태'라고 제안해왔다(Greenberg et al., 1997). **공포관리 이론**(terror-management theory)을 검증한 수백 편의 연구는 자신의 죽음에 관한 생각, 예컨대 자신이 죽어가는 것과 그에 수반되는 정서에 관한 짧은 글짓기를 하는 것이 다양한 공포관리 방어를 야기한다는 사실을 보여준다(Burke et al., 2010). 예컨대, 죽음 불안은 타인을 향한 경멸감과 자신을 향한 자존감을 증가시킨다(Cohen & Solomon, 2011; Koole et al., 2006).

위협적인 세상에 직면하면, 사람들은 자존감을 고양할 뿐만 아니라 삶의 의미에 관한 물음에 답해주는 세계관에 더욱 강하게 매달리는 행동을 한다. 죽음의 예견은 종교적 관심을 조장하고, 깊은 신앙심은 사람들로 하여금 죽음을 상기할 때 덜 방어적이게 만든다. 즉, 자신의 세계관을 방어하고자 애쓸 가능성이 낮아진다(Jonas & Fischer, 2006; Norenzayan & Hansen, 2006). 나아가서 죽음을 깊이 생각할 때, 사람들은 긴밀한 인간관계에 매달린다(Cox & Arndt, 2012; Mikulincer et al., 2003). 사랑하는 사람의 실제 죽음은 보호반응도 유발할 수 있다. 여러 해에 걸쳐 공동저자인 드월은 사람들이 죽음에 관한 생각에 반응하는 방식을 연구해왔다. 그런데 어머니의 예기치 않은 죽음의 충격은 그를 다시 일으켜 세우고는 더 건강한 삶을 살아가도록 동기화시켰다(Hayasaki, 2014; Kashdan et al., 2014). 죽음에 직면하는 것이 삶을 긍정적으로 받아들이도록 고취시킬 수도 있다.

자문자답하기

프로이트에 대한 어떤 이해와 인상이 여러분으로 하여금 이 과목을 수강하게 만들었는가? 그의 몇몇 아이디어는 가치가 있으며 다른 많은 아이디어는 의문의 여지가 있다는 사실을 알고는 놀랐는가?

인출 연습

RP-4 프로이트의 정신분석 이론에서 살아남은 세 가지 거대 아이디어는 무엇인가? 프로이트의 이론은 어떤 측면에서 비판받아 왔는가?

RP-5 오늘날의 정신역동 이론가와 치료사들이 받아들이고 있는 전통적인 정식분석의 요소는 무엇이며, 버린 요소는 무엇인가?

답은 부록 E를 참조

공포관리 이론 자기 세계관에 대한 확신과 자존감의 추구가 깊게 뿌리박힌 죽음의 공포로부터 보호해준다고 제안하는 이론

주제 통각 검사(TAT) 사람들이 모호한 장면에 관하여 만들어내는 이야기를 통해서 내적 감정과 흥미를 표출하는 투사법 검사

투사법 검사 로르샤흐 검사나 TAT와 같이, 한 개인의 내적 역동성을 투사시키도록 설계된 모호한 자극을 제시하는 성격검사

로르샤흐 잉크반점 검사 헤르만 로르샤흐가 제작한 10장의 잉크반점 검사로, 가장 널리 사용되는 투사법 검사이다. 반점에 대한 해석을 분석함으로써 내적 감정을 확인해낸다.

무의식적 과정의 평가

LOQ 14-9 투사법 검사란 무엇인가? 어떻게 사용하며, 어떤 비판을 받는가?

성격검사는 특정 성격 이론의 기본 아이디어를 반영한다. 그렇다면 프로이트의 전통에서 일하고 있는 사람들이 선택한 평가도구는 어떤 것인가? 그 도구는 아동 초기 경험의 잔재를 들추어내고 위장된 표면 속으로 들어가서 숨어있는 갈등과 충동들을 밝혀내기 위하여 무의식으로 들어가는 통로를 제공할 필요가 있다. '찬성-반대' 또는 '그렇다-아니다' 식의 질문지와 같은 객관적 평가도구는 의식만을 다루기 때문에 적절하지 않아 보인다.

헨리 머레이(1933)는 자신의 11살짜리 딸의 파티에서 그러한 검사의 가능성을 입증하였다. 머

레이는 아이들에게 '살인'이라고 부르는 무시무시한 게임을 하도록 하였다. 게임이 끝난 후 몇 장의 사진을 보여주었을 때, 아이들은 게임 전보다 그 사진을 더욱 악의적인 것으로 지각하였다. 머레이에게는 그 아이들이 내적 감정을 사진에 투사한 것으로 보였다.

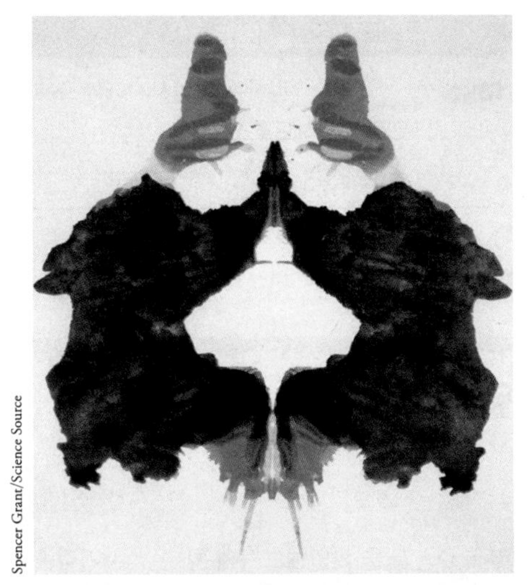

그림 14.2
로르샤흐 검사 이 투사법 검사에서 사람들은 일련의 대칭적인 잉크반점에서 본 것을 말한다. 이 검사를 사용하는 임상가는 모호한 자극의 해석이 피검사자 성격의 무의식적 측면을 밝혀준다고 확신한다.

몇 년이 지난 후에, 머레이는 **주제 통각 검사**(Thematic Apperception Test, **TAT**), 즉 사람들이 모호한 장면을 보고는 그 장면에 관한 이야기를 구성하는 **투사법 검사**(projective test)를 도입하였다. 백일몽을 꾸는 소년의 모습을 보여주었을 때, 그 소년이 성취에 관한 공상을 하고 있다고 상상한 사람은 자신의 목표를 투사하고 있는 것으로 간주된다. "일반적으로 피검사자는 심리학자에게 자신의 속내를 보여주는 X선 사진에 해당하는 것을 보여주었다는 사실을 깨닫지 못한 채 기꺼운 마음으로 검사를 마친다."라고 머레이는 말하였다(Talbot, 1999에서 인용).

수많은 연구는 머레이가 옳았음을 시사한다. 즉, TAT가 사람들의 암묵적 동기에 관하여 타당하고도 신뢰할 수 있는 지도를 제공한다는 것이다(Jenkins, 2017). 예컨대, 그러한 이야기 만들기를 성취동기와 친애동기를 평가하는 데 사용해왔다(Drescher & Schultheiss, 2016; Schultheiss et al., 2014). TAT 반응은 시간 경과에 따른 일관성도 보여준다(Lundy, 1985; Schultheiss & Pang, 2007). 동일한 그림을 오늘 보여주나 한 달 후에 보여주나 유사한 이야기를 상상한다.

스위스 정신과 의사인 헤르만 로르샤흐(1884~1922)가 가장 널리 사용되는 투사법 검사를 개발하였다. 그의 유명한 **로르샤흐 잉크반점 검사**(Rorschach Inkblot Test)(그림 14.2)는 아이들이 즐기는 놀이에 바탕을 두고 있다. TAT의 자연스러운 장면을 나타내는 그림과 달리, 로르샤흐와 그의 동료들은 종이에 잉크를 떨어뜨리고 반으로 접어서 나타나는 반점에서 무엇을 보았는지 말해보았다(Sdorow, 2005). 여러분은 어떤 포식동물이나 무기를 보는가? 만일 그렇다면 여러분은 공격 경향성을 가지고 있는 것이다. 잉크반점이 어떤 실생활의 의미도 가지고 있지 않다는 사실을 고려할 때, 도대체 이것은 합리적인 가정인가? 그 답은 경우에 따라 다르다.

어떤 임상가는 로르샤흐 검사를 애지중지하며, 내담자의 내적 동기를 밖으로 드러낸다고 확신한다. 다른 임상가는 도움이 되는 진단도구이거나 암시적 유도의 출처이거나 아니면 속내를 밝히는 면접기법 정도로 간주한다. 성격평가학회(2005)는 '책임을 동반한 사용'을 권장한다(그렇다고 과거 아동기 성적 학대를 추론하는 것까지 포함하는 것은 아니다).

그렇지만 비판자들은 로르샤흐 검사가 결코 정서 MRI가 아니라고 주장한다. 로르샤흐 검사에서 얻는 많은 점수 중에서 단지 인지 손상과 사고장애와 같은 소수의 점수만이 타당도와 신뢰도가 입증되어 왔을 뿐이라고 주장한다(Mihura et al., 2013, 2015; Wood et al., 2015). 이에 덧붙여서 잉크반점 평가는 많은 정상 성인을 병리적으로 잘못 진단한다(Wood, 2003; Wood et al., 2006). 대안적인 투사법 검사들도 나을 것이 전혀 없다. "효과에 대한 강력한 증거도 없는 도구에 대한 믿음과 직관으로 인해서 경험이 풍부한 전문가조차도 바보 같은 짓을 할 수 있다. 상당한 양의 연구가 낡은 직관은 잘못된 것임을 입증한다면, 새로운 사고방식을 채택할 때가 된 것이다."라고 스콧 릴리엔펠드, 제임스 우드, 하워드 가브(2001, 47쪽)는 경고한 바 있다.

"로르샤흐 검사는 모든 심리학 평가 도구 중에서 가장 소중하면서도 동시에 가장 매도당하는 의심스럽기 짝이 없는 특징을 가지고 있다." 존 헌슬리와 마이클 베일리(1999)

인출 연습

RP-6 ________검사는 피검사자에게 모호한 그림을 제시하고, 그 그림을 기술하거나 이야기를 만드는 방식으로 반응하도록 요구한다.

답은 부록 E를 참조

개관 성격과 정신역동 이론의 소개

학습목표

자기검증 개념 파악을 증진시키도록 (부록 D의 답을 확인해보기에 앞서) 여러분 자신의 표현으로 여기서 반복하는 학습목표 물음에 답해보라 (McDaniel et al., 2009, 2015).

LOQ 14-1 성격이란 무엇이며, 어떤 이론이 성격에 대한 이해를 알려주는가?

LOQ 14-2 지그문트 프로이트의 심리장애 치료는 어떻게 무의식적 마음에 대한 그의 견해로 이끌어갔는가?

LOQ 14-3 성격에 대한 프로이트의 견해는 무엇인가?

LOQ 14-4 프로이트는 어떤 발달단계를 제안하였는가?

LOQ 14-5 프로이트는 사람들이 어떻게 불안으로부터 자신을 방어한다고 생각하였는가?

LOQ 14-6 프로이트의 후계자들은 그의 어떤 생각을 받아들이거나 거부하였는가?

LOQ 14-7 오늘날의 심리학자는 프로이트의 정신분석을 어떻게 바라다보는가?

LOQ 14-8 오늘날의 연구는 무의식에 대한 이해를 어떻게 발전시켰는가?

LOQ 14-9 투사법 검사란 무엇인가? 어떻게 사용하며, 어떤 비판을 받는가?

기억해야 할 용어와 개념들

자기검증 여러분 자신의 표현으로 정의를 적어본 후에 답을 확인해보라.

고착	성격	정신분석
공포관리 이론	심리성적 단계	정신역동 이론
동일시	억압	주제 통각 검사(TAT)
로르샤흐 잉크반점 검사	외디푸스 콤플렉스	집단무의식
무의식	원초아	초자아
방어기제	자아	투사법 검사
	자유연상	

학습내용 숙달하기

자기검증 여러분 자신의 표현으로 다음 물음에 답한 후에 부록 E에서 답을 확인해보라.

1. 성격 구조에 대한 프로이트의 견해에 따르면, 집행자 시스템인 ________는 ________의 충동을 보다 용납할 수 있는 방법으로 만족시키고자 한다.

a. 원초아; 자아 **b.** 자아; 초자아
c. 자아; 원초아 **d.** 원초아; 초자아

2. 프로이트는 '양심의 소리'의 발달이 ________와 관련되어 있는데, 이것은 이상적인 것을 내면화하고 판단의 기준을 제공한다고 제안하였다.

3. 정신분석의 성격 발달 이론에 따르면, 모든 사람은 구강기, 항문기, 남근기 등 일련의 심리성적 단계를 거치게 된다. 다음 중 어느 단계이든지 해소하지 못한 갈등이 초래할 수 있는 것은 무엇인가?

a. 숨어있는 성적 감정
b. 그 단계에의 고착
c. 충동의 전의식적 차단
d. 왜곡된 성 정체성

4. 프로이트는 방어기제가 현실을 왜곡하거나 위장하기 위한 무의식적 시도이며, 이 모든 노력은 ________을 감소시키기 위한 것이라고 믿었다.

5. 프로이트는 사람들이 고통스럽거나 용납할 수 없는 생각, 소망, 감정, 기억 등을 ________이라고 부르는 무의식적 과정을 통해 의식으로부터 차단한다고 믿었다.

6. 일반적으로 아들러나 호나이와 같은 신프로이트 학자들은 프로이트의 많은 견해를 받아들인다. 다음 중 프로이트보다 이들이 더 강조하는 것은 무엇인가?

a. 일생을 통한 발달
b. 집단무의식
c. 원초아의 역할
d. 사회적 상호작용

7. 다음 중 오늘날 정신역동 이론가와 치료사들이 프로이트에 동의하고 있는 것은 무엇인가?
   a. 무의식적 심적 과정의 존재
   b. 외디푸스 콤플렉스
   c. 프로이트 이론의 예측력
   d. 성격의 집행 구조로서 초자아의 역할

8. 다음 중 무의식에 대한 오늘날의 견해가 아닌 것은 무엇인가?
   a. 불안 유발 사건의 억압된 기억
   b. 지각과 해석에 영향을 미치는 스키마
   c. 의식적 지식 없이 일어나는 병렬처리
   d. 즉각적으로 활성화된 정서와 학습된 기술의 암묵기억

인본주의 이론과 특질 이론

인본주의 이론

 **14-10** 인본주의 심리학자는 성격을 어떻게 조망하였는가? 성격 연구에서 이들의 목표는 무엇이었는가?

1960년대에 들어서면서, 몇몇 성격심리학자는 정신역동 이론이 충동과 갈등이라는 부정적 측면에 초점을 맞추고 있는 것, 그리고 스키너의 **행동주의**라고 하는 기계론적 심리학(제7장 참조)에 불만을 품기 시작하였다. 두 명의 선구적인 이론가인 에이브러햄 매슬로우와 칼 로저스는 건강한 개인적 성숙의 잠재력을 강조하는 제3의 조망을 제안하였다. 프로이트가 갈등에서 유래하는 장애를 강조한 것에 반하여, **인본주의 이론가**(humanistic theorist)는 사람들이 자립과 자기실현을 추구하는 방식을 강조하였다. 이들은 행동주의의 과학적 객관성에 반대하면서, 각자가 보고하는 경험과 감정을 통하여 사람들을 연구하였다.

인본주의 이론 건강한 개인적 성장 잠재력에 초점을 두고 성격을 바라다보는 이론

욕구 위계 인간 욕구에 대한 매슬로우의 피라미드. 가장 밑바닥에 우선적으로 만족되어야만 하는 생리적 욕구로 시작하여, 그 위에 안전 욕구가 존재하며, 그런 다음에 심리적 욕구들이 위치한다.

자기실현 매슬로우에 따르면, 기본적인 생리적 욕구와 심리적 욕구가 만족되고 자기존중감이 달성된 후에 발생하는 궁극적인 심리적 욕구로, 자신의 잠재력을 충족시키려는 동기이다.

자기초월 매슬로우에 따르면, 자기를 넘어선 정체성, 의미, 목적 등의 추구

에이브러햄 매슬로우의 자기실현 인간

매슬로우는 사람들이 **욕구 위계**(hierarchy of needs)에 의해서 동기화된다고 제안하였다(제11장 참조). 생리적 욕구가 만족되면, 개인적 안전에 관심을 갖게 된다. 안전감을 달성하면, 사랑하고 사랑받고자 애쓰게 된다. 사랑 욕구가 만족되면, 자존감을 추구한다. 자존감을 달성한 후에는 궁극적으로 자신의 잠재력을 충족시키는 과정인 **자기실현**(self-actualization) 그리고 자기를 넘어서는 의미와 목표 그리고 영적 교감에 해당하는 **자기초월**(self-transcendence)을 추구하게 된다.

매슬로우(1970)는 문제가 있는 임상 사례가 아니라 건강하고 창의적인 사람을 연구함으로써 자신의 아이디어를 발전시켰다. 자기실현에 관한 그의 설명은 에이브러햄 링컨과 같이, 풍부하고도 생산적인 삶으로 널리 알려진 사람에 대한 연구에 근거하였다. 매슬로우는 이러한 사람들이 특정한 특성을 공유한다고 보고하였다. 즉, 이들은 자기자각적이고 자기

에이브러햄 매슬로우(1908~1970) "주목받을 만한 가치가 있는 동기 이론은 어느 것이든 손상당한 영혼의 방어적 책략뿐만 아니라 건강하고 강인한 사람의 최상 능력도 다룰 수 있어야만 한다"(『동기와 성격』, 1970, 33쪽).

그림 14.3
자기실현 특성 척도(CSAS) 이러한 단축형 CSAS는 스콧 배리 카우프먼(2018)이 연구한 열 가지 특성을 나타낸다(원척도는 30문항으로 되어 있다).

자기실현 특성 척도(CSAS)

여기 여러분에게 해당하거나 해당하지 않을 특성들이 있습니다. 각 진술에 동의하거나 동의하지 않는 정도를 나타내는 답을 선택하십시오. 가능한 한 솔직하게 답하지만, 즉각적인 느낌에 의존하고 너무 많이 생각하지는 마십시오.

1	2	3	4	5
전혀 동의하지 않음	동의하지 않음	중립적	동의함	매우 동의함

1. __ 나는 얼마나 자주 접하는지에 관계없이 삶에서 좋은 일에 감사를 자주 느낀다.
2. __ 나는 단점을 포함하여 나의 모든 측면을 받아들인다.
3. __ 나는 나의 행위에 대한 책임을 진다.
4. __ 나는 대부분의 사람에게 골칫거리처럼 보이는 일로 쉽게 방해를 받지 않고 동요되지 않는다.
5. __ 나는 인류의 복지에 도움이 될 삶의 목표를 가지고 있다.
6. __ 나는 현실을 명확하게 바라다보곤 한다.
7. __ 나는 인류를 도우려는 순수한 욕망을 가지고 있다.
8. __ 나는 지구상의 모든 사람과 사물과 하나라고 느끼는 경험을 자주 한다.
9. __ 나는 일상 삶에서 옳고 그름에 대한 강력한 판단력을 가지고 있다.
10. __ 나는 일반적으로 나의 모든 일에 창의적 태도를 견지한다.

채점방식

점수를 모두 합하고 10으로 나눈다. 위의 문항은 스콧 배리 카우프먼(2018)이 연구한 다음과 같은 열 가지 자기실현 특성을 나타낸다.
(1) 지속적으로 생생하게 감사하는 마음, (2) 수용성, (3) 진실성, (4) 평정성(심적 평온성), (5) 목표, (6) 진리 추구, (7) 인본주의(인류 안녕에 대한 관심), (8) 정상 경험, (9) 우수한 도덕 직관, (10) 창의적 정신.

카우프먼은 점수가 높은 사람이 '다양한 성취영역에 걸친 창의성' 뿐만 아니라 '더 높은 삶의 만족, 자기수용, 긍정적 관계, 개인적 성숙, 삶의 목표, 자기초월'을 경험하였다는 결과를 얻었다.

수용적이며, 개방적이고 자발적이며, 자애롭고 남을 보살피며, 다른 사람의 견해로 인해서 위축되지 않았다(Kaufman, 2018). 자기감이 안정되어 있기 때문에, 관심사가 자기중심적이기보다는 과제중심적이었다. 세상에 대한 호기심으로 인해, 불확실성을 포용하고 스스로 새로운 경험을 찾아 나섰다(Compton, 2018; Kashdan, 2009). 일단 특정 과제에 에너지를 집중하면, 그것을 삶의 의무 또는 '소명'으로 간주한다(Hall & Chandler, 2005). 많은 피상적 관계보다는 소수의 심층적 관계를 즐겼다. 일상의 의식을 뛰어넘는 영적이거나 개인적인 정상 경험으로 감동을 받았다. 매슬로우에 따르면 이러한 특성이 성숙한 인물의 자질인데, 삶에 대해서 많은 것을 터득함으로써 다정다감하며, 부모를 향한 복합적 감정을 극복하였고, 자신의 소명을 발견하였으며, '평판에 연연하지 않고, 공개적으로 도덕성을 보이는 것을 부끄러워하지 않는 용기를 획득한' 사람들에게서 찾아볼 수 있는 자질이다. (그림 14.3에서 여러분 자신의 자기실현 수준을 검사해 보라.)

무조건적인 긍정적 존중 로저스에 따르면, 타인을 향한 절대적 용인의 태도

자기개념 "나는 누구인가?"라는 물음에서 자신에 대한 모든 사고와 감정

칼 로저스의 개인중심적 조망

동료 인본주의 심리학자인 칼 로저스는 매슬로우의 생각 대부분에 동의하였다. 로저스의 개인중심적 조망은 사람들이 근본적으로 선하며 자기실현 경향성을 가지고 태어난다고 주장한다. 성장을 저해하는 환경에 의해서 방해받지 않는 한, 모든 사람은 성장과 실현이 준비되어 있는 도토리

와 같은 존재라는 것이다. 로저스(1980)는 성장을 촉진하는 사회 환경은 다음 세 가지를 제공한다고 믿었다.

칼 로저스(1902~1987) "호기심을 불러일으키는 역설은 내가 있는 그대로의 나 자신을 받아들이게 되면, 변할 수 있다는 사실이다"(『진정한 사람 되기』, 1961).

- **수용성** : 수용적으로 됨으로써 사람들은 **무조건적인 긍정적 존중**(unconditional positive regard), 즉 실패한 것을 알고 있는 경우에도 자신을 가치 있게 대하는 태도를 나타낸다. 가식을 버리고, 최악의 감정을 고백하며, 자신이 여전히 인정받고 있다는 사실을 발견하는 것은 커다란 안도감을 제공한다. 좋은 부부관계, 결속된 가족, 또는 친밀한 친구관계에서는 상대방의 자존감을 손상시킨다는 두려움을 가지지 않고, 자유롭게 자발적으로 행동할 수 있다.
- **진실성** : 진실함으로써 사람들은 자신의 감정에 개방적이고, 거짓된 겉치레를 떨어버리며, 솔직하게 속내를 드러내 보이게 된다.
- **공감성** : 공감적으로 됨으로써 사람들은 감정을 공유하고 상대방의 의도를 받아들인다. 로저스는 "정말로 상대방을 이해하고 공감하면서 상대방의 말을 청취하는 경우는 드물다. 그렇지만 이렇게 특별한 유형의 듣기야말로 내가 아는 한에 있어서 가장 강력하게 변화시키는 힘의 하나"라고 말하였다.

무조건적인 긍정적 존중을 보이지 않는 아버지

"아들아, 명심해라.
네가 이기느냐 지느냐는
중요하지 않단다.
네가 아빠의 사랑을
원치 않는다면 말이다."

로저스에 따르면, 수용성과 진실성 그리고 공감성은 도토리가 쭉쭉 뻗어나가는 상수리나무로 성장하는 것과 같이, 사람들이 성장하도록 만들어주는 물과 태양 그리고 자양분이다. "인정받고 칭찬받을수록 자기 자신에 대해서 아끼고 보살피는 태도를 더욱 발달시키는 경향이 있기 때문이다"(Rogers, 1980, 116쪽). 자신의 말을 공감하면서 들어주게 되면, 사람들은 "자신의 내적 경험의 흐름에 더욱 정확하게 귀를 기울일 수 있게 된다."

작가인 캘빈 트릴린(2006)은 자기 부인인 앨리스가 근무하고 있는 중증 장애아 캠프에서 경험하였던 부모의 진실성과 수용성의 사례를 회상하고 있다. L.이라고 부르는 한 '기적 같은 아이'는 튜브를 통해서 음식을 받아들이고 걷기도 힘든 유전병을 가지고 있었다. 앨리스는 다음과 같이 회상하였다.

> 어느 날, 우리가 둘러앉아서 수건돌리기 놀이를 하고 있을 때, 나는 그 아이 옆에 앉아있었는데, 아이는 술래가 되어 한 바퀴를 돌아오는 동안 나에게 자신의 우편물 뭉치를 가지고 있어달라고 부탁하였다. 한 바퀴를 돌아오려면 시간이 꽤나 걸렸기에, 나는 맨 위에 있는 우편물에서 아이 어머니의 메모를 보게 되었다…. 나는 이 아이의 부모가 자식을 그토록 멋지게 만들기 위해서 그리고 내가 지금까지 만났던 가장 낙관적이고 열정적이며 희망에 가득한 사람으로 만들기 위해서, 무엇을 하였는지를 알 수밖에 없게 되었다. 나는 메모를 빠르게 훑어보다가 다음 문장에 눈이 꽂히게 되었다. "만일 하느님이 세상의 모든 아이를 주시고 선택하라 하셨다면, 우리는 너만을 선택하였을 것이다." 아이가 제자리로 다시 돌아오기 전에, 내 옆에 앉아있던 버드에게 메모를 보여주었다. 나는 "빨리 읽어봐요, 이게 삶의 신비네요."라고 속삭였다.

매슬로우와 로저스라면 이미 알고 있었다는 듯이 미소 지었을 것이다. 그들에게 있어서 성격의 핵심 자질은 **자기개념**(self-concept), 즉 "나는 누구인가?"라는 물음에 대해 갖게 되는 모든 사

공감의 모습 듣는 사람이 진정한 이해를 보여줄 때 열린 마음으로 신뢰감을 공유하는 것이 용이해진다. 이러한 관계 속에서 사람들은 편안함을 느끼고 진정한 자기를 충분히 표출할 수가 있다.

SDI Productions/Getty Images

고와 감정이다. 자기개념이 긍정적이면, 긍정적으로 행동하고 세상을 긍정적으로 지각한다. 만일 부정적이면, 즉 현재의 자신이 **이상적 자기**에 훨씬 못 미치는 것으로 보이면, 불만족스럽고 불행하게 느낀다. 따라서 치료사, 부모, 교사, 친구가 가치를 두는 목표는 상대방이 자신을 이해하고 받아들이며 자신에게 진실하도록 도와주는 것이라고 로저스는 말하였다.

자문자답하기

누군가가 여러분의 이야기를 듣는 대신에 자신이 말할 차례만 기다리고 있는 상황에서 가졌던 대화를 떠올려보라. 이제 가장 최근에 누군가가 공감하면서 여러분의 이야기를 들어주었던 때를 생각해보라. 두 경험은 어떻게 달랐는가?

자기의 평가

LOQ 14-11 인본주의 심리학자는 어떻게 개인의 자기감을 평가하였는가?

인본주의 심리학자는 때때로 사람들에게 자기개념을 평가하는 질문지에 답하도록 요구함으로써 성격을 평가한다. 칼 로저스로부터 영감을 받은 한 질문지는 사람들에게 자신의 이상적인 모습과 실제 모습을 모두 기술하도록 요구한다. 로저스에 따르면, 이상적 자기와 실제 자기가 유사할 때, 자기개념이 긍정적이다. 치료 중에 내담자의 개인적 성장을 평가하면서 로저스는 실제 자기와 이상적 자기의 평가가 점진적으로 가까워지기를 기대하였다.

몇몇 인본주의 심리학자는 표준화된 성격평가는 물론이고 질문지조차도 몰개인적이라고 믿었다. 이들은 사람들로 하여금 협의적 범주에 반응하도록 강제하기보다는 인터뷰와 친밀한 대화가 각자의 독특한 경험을 보다 잘 이해할 수 있게 해준다고 가정하였다. 오늘날의 몇몇 연구자는 **인생 이야기 접근법**, 즉 개인의 독특한 일생사를 상세하게 설명하는 풍부한 진술을 수집하는 방법이 그 개인의 정체성을 드러내준다고 믿고 있다(Adler et al., 2016; McAdams & Guo, 2015). 일생사는 소수의 질문에 대한 응답보다 한 개인의 완벽한 정체성을 더 많이 드러낼 수 있다는 것이다(Waters et al., 2019).

인본주의 이론의 평가

LOQ 14-12 인본주의 이론은 심리학에 어떤 영향을 주었는가? 이 이론은 어떤 비판에 직면하였는가?

프로이트에 대해서 지적하였던 사실 하나가 인본주의 심리학자에게도 해당될 수 있다. 즉, 이들의 영향이 광범위하였다는 점이다. 매슬로우와 로저스의 아이디어는 상담, 교육, 자녀양육, 경영 등에 영향을 미쳐왔다. 그리고 오늘날의 과학적 **긍정심리학**의 토대를 놓았다(제12장 참조).

인본주의 이론은 의도하지 않은 채 오늘날 대중심리학에도 상당한 영향을 미쳐왔다. 긍정적 자기개념이 행복과 성공으로 가는 열쇠인가? 수용성과 공감성이 자신에 대한 긍정적 감정을 배양하는가? 사람은 근본적으로 선하며 자기계발 능력을 가지고 있는가? 많은 사람의 답은 '그렇다', '그렇다', '그렇다'이다. 인본주의 심리학의 좋은 기분 철학이 미국 문화에 스며들기 전인 1975년의 고등학생에 비해서 2006년의 학생은 상당히 높은 자존감과 미래 직업적 성공에 대해서 상당히 높은 기대감을 보고하였다(Twenge & Campbell, 2008). 북미 대학생은 선택할 수 있다면, 맛있는 음식이나 섹스를 즐기기보다는 칭찬이나 좋은 성적과 같이 자존감을 북돋아주는 것을 선택하겠다고 말하였다(Bushman et al., 2011). 인본주의 심리학자의 메시지가 이미 사람들에게 전달되었던 것이다.

인본주의 조망이 일약 명성을 얻게 되자 비판도 급등하게 되었다. 첫째, 개념이 모호하고 주관적이라는 비판이다. 자기실현을 이룩한 사람이 개방적이고, 자발적이며, 다정하고, 자기수용적이며, 생산적이라는 매슬로우의 설명을 생각해보자. 이것은 과학적 기술인가? 단지 매슬로우의 개인적 가치와 이상(理想)을 기술한 것은 아닐까? 브루스터 스미스(1978)는 매슬로우가 자신의 개인적 영웅에 관한 인상을 제시한 것이라고 지적하였다. 다른 유형의 영웅들, 예컨대 나폴레옹, 알렉산더 대왕, 록펠러 등으로부터 출발한 다른 이론가를 상상해보라. 이 이론가는 자기실현을 이룩한 사람을 '다른 사람의 욕구로 인해 방해받지 않고', '성취동기가 높고', '강박적으로 권력에 집착하는' 사람으로 기술할 가능성이 있다.

비판자들은 또한 "유일하게 중요한 물음은 '나는 나에게 정말로 만족스러우며 나를 옳게 표출하는 삶을 살고 있는가?'이다."라는 칼 로저스(1985)의 생각에 이의를 제기한다. 인본주의 심리학이 부추겨온 **개인주의**, 즉 자신의 감정에 충실하고 그에 따라 행동하며, 자신에 대해서 솔직하고, 자신을 만족시키려는 문화 성향은 방종, 이기심, 도덕적 제약의 파괴로 이끌어갈 수 있다고 비판자들은 주장해왔다(Campbell & Specht, 1985; Wallach & Wallach, 1983). 내면에서 만족스럽지 않거나 진정 자신의 정체성을 표출하지 않는 과제의 수행을 거부하는 사람과 집단 프로젝트를 수행한다고 상상해보라.

인본주의 심리학자는 안전하고 비방어적인 자기수용이야말로 타인을 사랑하는 첫걸음이라고 반격해왔다. 실제에 있어서 본질적으로 사랑받고 인정받는다고 느끼는 사람이 단지 성취 때문이 아니라 자신의 특성으로 인해서 덜 방어적인 태도를 나타낸다(Schimel et al., 2001). 낭만적 배우자가 좋아하며 받아들이고 있다고 느끼는 사람은 그 관계에서 더 행복하며 배우자에게 더 친절하게 행동하고 있다고 보고한다(Gordon & Chen, 2010).

인본주의 심리학을 향한 또 다른 비난은 인간이 사악해질 수 있는 잠재력의 실재를 인식하지 못할 만큼 순진하다는 것이다(May, 1982). 지구 온난화, 인구 과밀, 테러리즘, 핵무기 확산 등에 직면해있는 사람들은 다음과 같은 두 가지 합리화를 통해서 무관심을 표명할 수 있다. 하나는 위협을 부정하는 순진한 낙관주의이다("사람들은 본질적으로 선하기 때문에 매사가 잘될 것이다"). 다른 하나는 처절한 실망이다("희망이 없는데, 무슨 노력을 하겠는가?"). 관심을 기울이도록 현실을 직시하고, 희망을 갖도록 낙관적으로 생각하게 만드는 조치가 필요하다. 인본주의 심리학은 필요한 희망을 조장하기는 하지만, 이에 상응하는 사악함에 대한 현실인식을 조장해주지 못한다고 비판자들은 주장한다.

Dana Fradon/The New Yorker Collection/The Cartoon Bank

"사람들이 근본적으로 선하다는 생각을 포기할 때 우리는 잘해낼 수 있어."

인출 연습

RP-1 인본주의 심리학은 어떤 신선한 조망을 제공하였는가?

RP-2 공감적이라는 것의 의미는 무엇인가? 자기실현이란 무엇인가? 어느 인본주의 심리학자가 이러한 용어를 사용하였는가?

답은 부록 E를 참조

특질 이론

LOQ 14-13 심리학자는 어떻게 특질을 사용하여 성격을 기술하는가?

어떤 연구자는 무의식적 힘과 좌절된 성장 기회에 초점을 맞추기보다 레이디 가가의 새로운 경험에 대한 개방성과 자기훈련과 같이, 안정되고 지속적인 행동 패턴으로 성격을 정의하고자 시도한다. 이러한 조망은 부분적으로 1919년의 역사적 만남으로 거슬러 올라갈 수 있는데, 이 만남이란 호기심에 가득 찬 22세의 심리학도였던 고든 올포트가 비엔나에서 지그문트 프로이트를 인터뷰하였던 것을 말한다. 올포트는 정신분석의 창시자가 숨겨진 동기를 찾아내는 데 사로잡혀 있으며, 심지어는 인터뷰를 하는 동안 올포트 자신의 행동에서도 숨어있는 동기를 찾아내려고 애쓰고 있다는 사실을 곧바로 알아차렸다. 이 경험은 마침내 올포트로 하여금 프로이트가 하지 않았던 작업, 즉 성격을 근본적인 **특질**(trait)에 따라서 기술하는 작업으로 이끌어갔다. 특질이란 사람들의 특징적 행동과 의식적 동기(예컨대, 올포트로 하여금 프로이트를 만나러 가도록 동기화시킨 전문가적 호기심)를 말한다. 올포트는 "프로이트와의 만남은 정신분석이 그 모든 장점에도 불구하고 너무 깊은 곳으로 빠져 들어갔으며, 심리학자는 무의식을 탐색하기에 앞서 표출된 동기를 충분히 확인해내야 하겠다는 사실을 나에게 가르쳐주었다."라고 말하였다. 올포트는 성격을 확인 가능한 행동 패턴에 따라서 정의하기에 이르렀다. 그는 개별 특질을 설명하기보다는 기술하는 데 더 많은 관심이 있었다.

올포트와 마찬가지로, 이자벨 브리그스 마이어스(1987)와 그녀의 어머니 캐서린 브리그스는 성격에서의 중요한 차이점을 기술하고자 하였다. 이들은 126가지 질문에 대한 반응에 기초하여 사람들을 칼 융의 성격 유형에 따라서 분류하고자 시도하였다. 마이어스-브리그스 유형 지표(MBTI)는 20개 이상의 언어로 번안하여 사용되고 있으며, 수백만 명 이상에게 실시해왔는데, 주로 상담과 리더십 훈련, 그리고 작업팀 개발을 위한 것이다(CPP, 2017). 이 검사는 "당신은 일반적으로 논리보다 감정에 더 가치를 부여합니까, 아니면 감정보다 논리에 더 가치를 부여합니까?"와 같은 선택지를 제시한다. 그런 다음에 선호를 계산하여, 예컨대, '감정' 유형이나 '사고' 유형 등의 이름을 붙이고는, 피검사자에게 칭찬하는 표현으로 피드백을 주게 된다. 예컨대, 감정 유형에게는 "공감적이고, 식별력이 있고, 재주가 있다."라고 말해주며, 사고 유형에게는 "분석력이 뛰어나다."라고 말해준다. (모든 유형은 여러 강점을 가지고 있기 때문에 모든 사람이 우쭐하게 된다.)

대부분의 사람은 자신이 선택한 선호도를 반영하는 MBTI 프로파일에 동의한다. 또한 자신에게 붙여진 유형의 이름을 자신의 기질에 적합한 작업과 작업 파트너를 선택하는 근거로 받아들이기도 한다. 그러나 미국 국립연구위원회 보고서는 이 검사가 기업과 직업 상담에서 대중적 인기가 있다 하더라도 직업성취 예측자로서의 가치에 있어서는 그 활용도가 연구결과를 앞지르고 있으며, "과학적 가치가 증명되지도 않은 도구가 유행하는 것이 문제"라고 지적하였다

특질 행동 또는 느끼고 행동하는 성향의 특징적 패턴. 자기보고식 검사와 또래보고로 평가한다.

(Druckman & Bjork, 1991, 101쪽; Pittenger, 1993도 참조하라). 이러한 경고가 나온 이래로, MBTI에 대한 연구가 누적되어 왔지만, 대체로 상담과 코치 도구로 남아있을 뿐이며, 연구도구로 사용되는 경우는 거의 없다. 다행스럽게도 새로운 연구는 특질을 탐색하는 신뢰할 수 있고 타당한 도구들을 제안하고 있다.

"여보세요. 못된 성격 상담소입니다. 도대체 뭘 원하십니까?"

James Stevenson/The New Yorker Collection/The Cartoon Bank

특질의 탐색

모든 사람은 다중 특질이 독특하게 결합된 복합체이다. 그렇다면 어떻게 개별성을 포착할 수 있는 방식으로 성격을 기술할 수 있겠는가? 사과는 크기, 색깔, 맛 등 여러 특성 차원에 따라서 배열함으로써 기술할 수 있다. 사람도 여러 특질 차원에 동시적으로 위치시킴으로써 수많은 개인적 성격 차이를 기술할 수 있다.

어떤 특질 차원이 성격을 기술해주는가? 만일 온라인 중매 서비스에서 프로파일을 살펴보고 있다면, 어떤 성격 특질이 상대방에 대해서 정확하게 감을 잡을 수 있게 해주겠는가? 올포트와 그의 동료인 H. S. 오드버트(1936)는 영어사전에서 사람을 기술할 수 있는 모든 단어를 세어보았다. 단어의 수가 얼마나 되었겠는가? 거의 18,000개나 되었다! 그렇다면 심리학자들은 어떻게 그 목록을 대처할 수 있는 수의 기본 특질로 압축할 수 있었는가?

요인분석 한 가지 기법이 요인분석이며, 특질의 기본 성분을 뽑아내는 검사 항목의 군집(요인)을 확인해내는 통계 절차이다(McCabe & Fleeson, 2016). 자신을 외향적이라고 기술하는 사람이 자극적인 것과 농담을 좋아하며 조용히 책 읽는 것을 싫어한다고 말하는 경향이 있다고 상상해보라. 이렇게 통계적으로 상관된 행동군집은 기본 요인 또는 특질을 반영하는데, 위의 경우에는 외향성이 된다.

영국의 심리학자 한스 아이젱크와 시빌 아이젱크는 정상적인 개인 간의 변산성을 외향성-내향성과 정서적 안정성-불안정성이라는 두 차원으로 축소할 수 있다고 믿었다(그림 14.4). 중국에서부터 우간다와 러시아에 이르기까지 세계 35개국의 사람들이 아이젱크 성격 질문지 검사를 받았으며, 이들의 반응을 분석하였을 때 예외 없이 외향성과 정서성 요인이 기본 성격 차원으로 나타났다(Eysenck, 1990, 1992). 아이젱크 부부는 두 요인이 유전 영향을 받는 것으로 믿었으며, 최근

Pictorial Press Ltd/Alamy

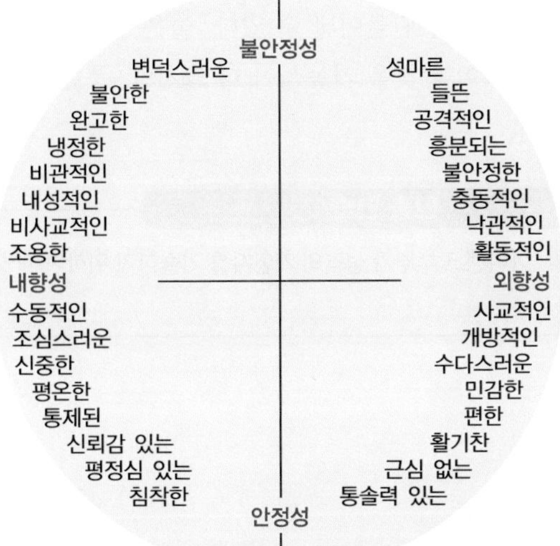

Abaca Press/AP Images

그림 14.4

두 가지 성격 차원 지도제작자는 두 개의 축(동서 축과 남북 축)을 사용하여 많은 것을 알려줄 수 있다. 마찬가지로 두 가지 일차적인 성격 요인(외향성-내향성, 안정성-불안정성)도 다양한 성격을 기술하는 축으로 유용하다. 두 축의 다양한 조합은 세부적인 특질을 정의해준다(Eysenck & Eysenck, 1963). 많은 배우가 외향적이지만, 엠마 왓슨과 같은 몇몇 배우는 내향적이며, 독학으로 자신이 연기하는 인물에 몰입하는 능력이 특히 뛰어나다. 지미 팰런과 같은 전문 코미디언은 타고난 외향적 인물이기 십상이다(Irwing et al., 2020).

문어의 성격 독일 아쿠아리움에 있는 오토라는 이름의 실제 문어는 방문객의 주의 끌기를 좋아하는 것처럼 보인다. 겨울에 아쿠아리움이 문을 닫으면, 오토는 심심한 장난꾸러기처럼 행동한다. 소라게를 가지고 저글링을 하고, 관리직원에게 물을 쏘며, 물을 뿌려서 전등을 깨뜨렸다.

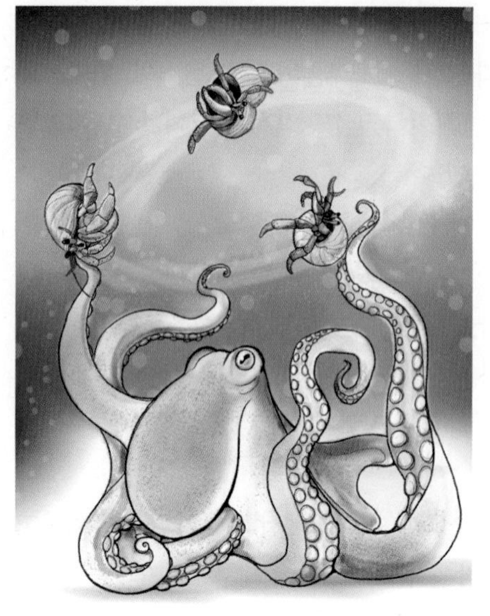

연구는 이러한 생각을 지지하고 있다.

생물학적 요인과 성격 외향적인 사람의 두뇌 활동 영상은 이 기법을 통해서 탐색하여 온 심적 상태의 목록에 새로운 항목을 첨가시키고 있다. 이러한 연구는 외향적인 사람의 정상적인 두뇌 각성 수준이 상대적으로 낮기 때문에 자극을 추구한다는 사실을 보여준다. 예컨대, PET 영상을 보면, 행동 억제에 관여하는 전두엽 영역의 활동 수준이 내향적인 사람보다 외향적인 사람에게서 낮다는 사실을 알 수 있다(Johnson et al., 1999). 도파민 그리고 도파민과 관련된 신경 활동이 외향적인 사람에게서 높은 경향이 있다(Kim et al., 2008; Wacker et al., 2006).

생물학적 요인이 성격에 영향을 미친다. 제4장에서 쌍둥이 연구와 입양아 연구에서 살펴보았던 것처럼, 이란성 쌍둥이에 비해서 일란성 쌍둥이의 성격이 더 유사하다(Loehlin & Martin, 2018; Mõttus et al., 2019). 인간의 본성에서 참인 것은 성격과 삶의 결과에서도 참이며, 이것들은 소소한 효과를 나타내는 많은 유전자의 영향을 받는다(Smith-Wooley et al., 2019; van den Berg et al., 2016). 유전자는 성격을 정의하는 기질과 행동양식에도 영향을 미친다. 예컨대, 제롬 케이건은 아동의 수줍음과 억제에서의 차이를 자율신경계 반응성의 탓으로 돌리고 있다. 반동적인 자율신경계를 가지고 있으면 스트레스에 대해 더 불안하고 억제적으로 반응한다. 무서움이 없고 호기심이 많은 아동은 산악인이나 카레이서가 될 가능성이 있다. (비판적으로 생각하기 : 내향성의 오명을 참조하라.)

"나는 여러 무리 출신이다. 이민자이고, 내성적인 사람이며, 노동자 계급이고, 한국인 출신이다… 성장하는 동안, 나 같은 사람이 책을 쓰거나 대중 앞에서 말을 할 수 있다는 사실을 결코 알지 못하였다…. 말하기가 고통스러운 까닭은 자신의 아이디어를 평가에 노출시키기 때문이다. 그렇지만 말하기가 강력한 까닭은 자신의 아이디어가 가치 있으며 표현할 것을 요구하기 때문이다." 작가이자 강연자 이민진(2019)

개의 경우에도 에너지, 다정함, 반응성, 호기심 등의 차이가 사람들의 성격 차이 못지않게 명백하게 드러난다(Gosling et al., 2003; Jones & Gosling, 2005). 원숭이, 보노보, 침팬지, 오랑우탄, 범고래, 바다사자, 심지어는 새와 물고기도 차별적이고 안정된 성격을 가지고 있다(Altschul et al., 2018; Úbeda et al., 2018; Weiss, A. et al., 2017). 양심조차도 침팬지에서 꿀벌에 이르기까지 개별 동물들 간에 차이를 보인다(Delgado & Sulloway, 2017). 선택 교배를 통해서 용감하거나 소심한 새를 만들어낼 수 있다. 둘은 자연 속에서 장단점을 갖는다. 흉년이 든 해에는 용감한 새가 먹이를 찾을 가능성이 더 크지만, 풍년인 해에는 소심한 새가 보다 안전하게 먹이를 찾게 된다.

인출 연습

RP-3 아이젱크 부부가 성격의 개인차를 기술하기 위하여 제안한 두 가지 대표적인 차원은 무엇인가?

답은 부록 E를 참조

비판적으로 생각하기

내향성의 오명

LOQ 14-14 내향성에 관한 보편적인 오해는 무엇인가?

서양 문화는 내향적인 사람에게 가혹하다.

위대한 영웅은 외향적인 경향이 있다. 블랙 팬서는 자신의 매력적인 품성을 가지고 다섯 부족을 하나로 묶는다. 애니메이션 영화 '인크레더블'에서 임무를 부여받은 일래스티걸이 가까스로 문제를 해결한다.

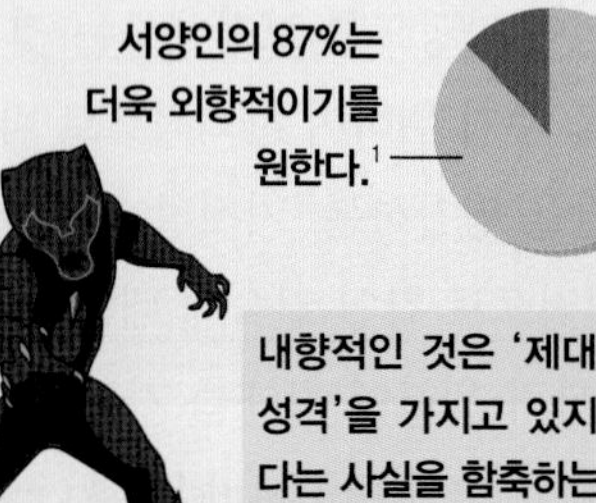

서양인의 87%는 더욱 외향적이기를 원한다.[1]

내향적인 것은 '제대로 된 성격'을 가지고 있지 못하다는 사실을 함축하는 것으로 보인다.[2]

구직 면접자가 피고용자에게 원하는 것은 무엇인가? 외향성이 대부분의 다른 성격 특질을 압도한다.[3]

매력적이고 성공적인 사람은 외향적이라고 생각한다.[4]

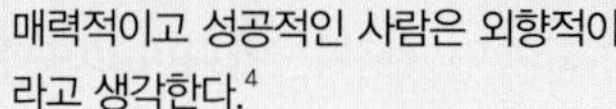

내향성이란 무엇인가?

내향적인 사람은 혼자 있는 시간에 에너지를 얻는 경향이 있으며, 사회적 상호작용이 그를 기진맥진하게 만들기도 한다. 반면에 외향적인 사람은 다른 사람과 함께 보내는 시간에서 에너지를 얻는 경향이 있다.

내향성인 사람이 '수줍어하는' 것은 아니다. (수줍어하는 사람이 조용히 있는 까닭은 다른 사람이 자신을 부정적으로 평가할 것이 두렵기 때문이다.)

내향적인 사람이 환경으로부터 낮은 수준의 자극을 찾는 까닭은 보다 민감한 신경계를 가지고 있기 때문이다. 예컨대, 레몬주스를 주면 내향적인 사람은 외향적인 사람보다 침을 더 많이 분비한다.[5]

내향성은 많은 이점을 가지고 있다.

- 내향적인 지도자는 부하가 자신의 생각을 말하고 기존 규범에 도전할 때와 같은 맥락에서 외향적인 지도자를 압도한다.[6]
- 내향적인 사람이 갈등을 잘 다룬다. 복수하기보다는 홀로 있기를 선택한다.[7]
- 빌 게이츠, 테레사 수녀, 오프라 윈프리 등을 포함한 많은 내향적인 사람이 왕성하게 활동하였다. 윈프리는 "진정 외향적인 사람은 에너지를 얻고… 사람들을 즐기며… 나는 피가 마른다."라고 토로한다.[8]

1. Hudson & Roberts, 2014. 2. Cain, 2012. 3. Kluemper et al., 2015; Salgado & Moscoso, 2002. 4. Wilmot et al., 2019. 5. Corcoran, 1964. 6. Grant et al., 2011. 7. Ren et al., 2016. 8. OWN, 2018.

특질의 평가

LOQ 14-15 성격검사란 무엇인가? 특질 평가도구로서 성격검사의 장점과 단점은 무엇인가?

만일 안정적이고 지속적인 특질이 행동을 주도한다면, 타당하고 신뢰할 수 있는 특질검사를 개발할 수 있지 않겠는가? 여러 가지 특질 평가 기법이 존재한다. 어떤 기법은 다른 기법보다 타당도가 높다. 어떤 기법은 외향성, 불안, 자존감 등과 같은 단일 특질을 신속하게 평가할 수 있게 해준다. 광범위한 감정과 행동을 다루는 긴 목록의 질문지인 **성격검사**(personality inventory)는 여러 특질을 동시에 평가한다.

고전적인 성격검사가 **미네소타 다면 성격검사**(Minnesota Multiphasic Personality Inventory, **MMPI**)이다. MMPI는 애초에 정서장애를 찾아내기 위하여 개발한 것이지만, 사람들의 성격 특질도 평가한다. 개발자의 한 사람인 스타키 해서웨이(1960)는 자신의 노력을 알프레드 비네의 노력에 비유하였다. (제10장에서 보았던 것처럼, 비네는 프랑스 초등학교에서 정상적으로 수업을 따라가는 데 어려움을 겪는 아동을 변별해주는 문항들을 선정함으로써 최초의 지능검사를 개발하였다.) 비네가 개발한 항목들과 마찬가지로, MMPI 항목들도 **경험적으로 유도한**(empirically

성격검사 광범위한 감정과 행동을 평가하도록 설계된 항목들에 반응하는 질문지. 선택적인 성격 특질을 평가하는 데 사용한다.

미네소타 다면 성격검사(MMPI) 가장 많이 연구되고 임상적으로 많이 사용되는 성격검사. 원래 정서장애를 찾아내기 위하여 개발되었으나, 오늘날에는 다른 많은 선발 목적으로도 사용되고 있다.

경험적으로 유도한 검사 항목 전집을 검사한 후에 집단을 구분해주는 항목들을 선택해서 개발한 검사

derived) 것이다. 즉, 해서웨이와 동료들은 많은 항목 중에서 특정 진단집단이 차이를 나타내는 항목들을 선정하였다. "내 손발은 일반적으로 충분히 따뜻하다."라는 문항은 피상적인 것으로 보일 수도 있지만, 불안한 사람이 "아니요."라고 답할 가능성이 높을 수도 있는 것이다. 그런 다음에 그 항목들을 우울 경향성, 남성성-여성성, 내향성-외향성 등을 평가하는 척도를 포함한 10개의 임상 척도로 묶었다. 오늘날 사용하고 있는 MMPI-2는 작업 태도와 가족 문제 그리고 분노 등을 평가하는 새로운 척도들도 포함하고 있다.

(로르샤흐 잉크반점 검사와 같은) 대부분의 투사법 검사는 주관적으로 채점하는 반면, 성격검사는 객관적으로 채점한다. 그렇지만 객관성이 타당도를 보장해주는 것은 아니다. 예컨대, 취업 목적으로 MMPI를 받는 사람은 좋은 인상을 주기 위하여 사회적으로 바람직한 반응을 할 수 있다. 그런데 그렇게 반응을 하게 되면, 거짓말을 평가하는 '거짓말 척도'에서도 높은 점수를 받게 된다("나는 때때로 화가 난다."와 같이 보편적으로 참인 진술에 대해서도 "아니요."라고 반응하는 식이다). 또 다른 경우에는 의무를 회피하기 위하여 장애를 가지고 있는 것처럼 가식적으로 행동하는 사람을 찾아내는 데 MMPI를 사용할 수 있다(Chmielewski et al., 2017). MMPI는 그 객관성으로 인해서 인기가 있으며 100개 이상의 언어로 번안하여 사용되고 있다.

사람들은 MMPI를 자신의 엉터리 문항으로 패러디하면서 즐겨왔다. "울음은 내 눈에 눈물이 나게 한다.", "광적인 비명은 나를 불안하게 만든다.", "나는 건포도처럼 보일 때까지 욕조에 들어가 있다"(Frankel et al., 1983).

성격의 5대 요인

LOQ 14-16 어떤 특질이 성격의 개인차에 관하여 가장 유용한 정보를 제공하는가?

오늘날의 특질 연구자들은 아이젱크의 내향성-외향성 차원과 정서적 안정성-불안정성 차원과 같은 초기의 특질 차원이 중요하다고 믿고 있지만, 그것이 전부는 아니라고 주장한다. **5대 요인**(Big Five factors)이라고 부르는 다소 확장된 요인들의 집합이 보다 큰 설명력을 가지고 있다(Costa & McCrae, 2011; Soto & John, 2017). 만일 성격검사가 다섯 차원(개방성, 성실성, 외향성, 우호성, 신경증; 표 14.3을 참조하라)에서 여러분이 어디에 위치하는지를 명시해준다면, 여러분의 성격에 대해서 알려주는 것이 많을 수밖에 없다. 5대 요인은 심리적 번성과 기능부전을 모두 이해하는 데도 사용할 수 있다(Bleidorn et al., 2019; Ohi et al., 2016; Oltmanns et al., 2018).

전 세계에 걸쳐 사람들은 대체로 이 차원들과 일치하는 방식으로 상대방을 기술한다. 한 연구에서 보면, 56개국, 29개 언어에 걸쳐서 그렇다(Schmitt et al., 2007). 오늘날 '성격심리학의 공용 화폐'(Funder, 2001)라고 할 수 있는 5대 요인은 1990년대 초반 이래로 성격 연구에서 가장

표 14.3 성격의 5대 요인

연구자들은 5대 성격 요인을 평가하고 채점하기 위하여 자기보고식 검사를 사용한다.

현실적, 관례 선호, 동조적	개방성	창의적, 다양성 선호, 독립적
무질서, 부주의, 충동적	성실성	체계적, 신중함, 규율적
철회적, 절제성, 과묵함	외향성	사교적, 유쾌함, 다정다감
무자비, 회의적, 비협조적	우호성	관대함, 신뢰함, 협조적
차분함, 안정성, 자기만족	신경증(정서적 안정성 대 불안정성)	불안함, 불안정, 자기 연민

출처 : McCrae & Costa(1986, 2008)

Aaron Foster/Getty Images

5대 요인 연구자들은 성격을 기술하는 다섯 가지 요인, 즉 개방성, 성실성, 외향성, 우호성, 신경증을 확인하였다. (5요인 모형이라고도 부른다.)

활발하게 다루고 있는 주제이며, 가장 널리 받아들이고 있는 기본 특질 차원들이다.

5대 요인에 대한 연구는 다음과 같은 다양한 물음을 탐구해왔다.

- **특질은 얼마나 안정적인가?** 50세까지의 미국인, 호주인, 독일인의 특질을 분석하였다(Damian et al., 2019; Wagner et al., 2019). 참가자들의 성격은 일반적으로 안정된 상태를 유지하였지만, 대부분의 사람은 성숙 원리의 징표를 나타냈다. 즉, 청소년기부터 사람들이 더욱 성실하고 우호적이며, (정서적으로 불안정한) 신경증적 특성을 덜 나타냈다(Allemand et al., 2019; Klimstra et al., 2018; Rohrer et al., 2018). 일본인도 성격 특질의 안정성을 나타내지만, 성격을 환경에 적응시키는 경향으로 인해서 시간이 경과함에 따라 5대 요인 특질의 더 많은 변산성을 나타낸다(Chopik & Kitayama, 2018).
- **특질에 대한 자기보고식 평가는 다른 사람의 평가와 일치하는가?** 5대 요인 특질에 대한 가족과 친구의 평가는 자신을 스스로 평가한 결과와 유사하다(Finnigan & Vazire, 2018; Luan et al., 2019).
- **특질은 차이 나는 두뇌 구조를 반영하는가?** 두뇌조직의 크기와 두께는 5대 요인 특질과 상관을 나타낸다(DeYoung & Allen, 2019; Li, T. et al., 2017; Riccelli et al., 2017). 예컨대, 성실성에서 높은 점수를 받는 사람은 계획 세우기와 행동 제어에 도움을 주는 전두엽 영역이 큰 경향이 있다. 두뇌의 연결성도 5대 요인 특질에 영향을 미친다(Toschi et al., 2018). 신경증(정서적 불안정성)이 높은 사람은 스트레스를 강하게 경험하도록 구조화된 두뇌를 가지고 있다(Shackman et al., 2016; Xu & Potenza, 2012).
- **특질은 출생순위를 반영하는가?** 가족의 크기와 같은 다른 변인을 통제한 후에도 맏이가 더 성실하고 우호적인가? 대중적인 생각과는 반대로 여러 대규모 연구는 출생순위와 성격 간에 어떤 관계도 찾지 못하였다(Damian & Roberts, 2015; Harris, 2009; Rohrer et al., 2015).
- **특질은 다양한 문화에 얼마나 잘 적용되는가?** 5대 요인 차원은 다양한 문화에서 성격을 합리적으로 잘 기술해준다(Fetvadjiev et al., 2017; Kim, H. et al., 2018; Schmitt et al., 2007). 케냐와 탄자니아의 유목인으로부터 말리의 정원사에 이르기까지, 특질은 성격의 기본 자질을 이해하는 데 도움을 준다(Thalmayer et al., 2019). 로버트 매크리와 79명의 공동연구자들(2005)은 50가지 문화를 대상으로 수행한 연구를 통해서 "성격 특질의 자질들은 모든 인간 집단에 공통적이다."라고 결론지었다.
- **5대 요인 특질은 실제 행동을 예측하는가?** 그렇다. 5대 요인 특질은 중요한 삶의 결과를 신뢰할 수 있게 잘 예측한다(Soto, 2019). 성실성과 우호성은 직장에서의 성공을 예측한다(Nickel et al., 2019; Wilmot & Ones, 2019). 우호적인 사람은 기꺼이 도와주고, 법규를 준수하며,

여러분의 투표 성향은 어떨까? '좋아요'를 세어보자 여러분의 5대 요인 특질, 의견, 정치적 태도 등을 예측하는 데 페이스북 '좋아요'를 사용할 수 있다(Youyou et al., 2015). 기업은 광고를 위하여 이러한 '빅데이터'를 수집한다(그런 다음에 여러분이 보는 광고를 개별화한다). 여러분에게 설득적 메시지를 전달하려는 정치 후보자도 마찬가지다(Matz et al., 2017). 2016년에 케임브리지 애널리티카라는 회사는 8,700만 미국인의 페이스북 프로파일과 '좋아요'를 수집한 것으로 알려져있다. 그것으로부터 추론한 개별 유권자의 정치적 성향과 성격 유형은 도널드 트럼프 후보를 위한 가가호호 선거운동에 사용되었다(Grassegger & Krogerus, 2017). (지금은 페이스북이 사용자 '좋아요'의 사생활 정보를 보호하고 있다.)

그림 14.5
5대 요인 자기평가

자신을 어떻게 기술하겠는가?

여러분 자신을 미래에 되고 싶은 인물이 아니라 현재 보편적인 모습으로 기술하십시오. 여러분이 알고 있는 동성이며 같은 연령대의 사람들과 관련하여, 솔직하게 자신을 기술하십시오. 각 진술에 대해서 아래 척도를 사용하여 수치를 적어 넣으십시오. 그런 다음에 아래쪽에 있는 채점 지침을 사용하여 5대 요인 각 특질의 스펙트럼에서 어디에 위치하는지를 확인해보십시오.

1	2	3	4	5
매우 부정확	어느 정도 부정확	정확하지도 부정확하지도 않음	어느 정도 정확	매우 정확

1. ___ 나는 분위기 메이커이다.
2. ___ 나는 다른 사람의 감정에 공감한다.
3. ___ 나는 쉽게 스트레스를 받는다.
4. ___ 나는 항상 준비되어 있다.
5. ___ 나는 아이디어의 보고이다.
6. ___ 나는 대화를 주도한다.
7. ___ 나는 다른 사람을 위해 시간을 내준다.
8. ___ 나는 스케줄에 따른다.
9. ___ 나는 매사를 걱정한다.
10. ___ 나는 생생한 상상력을 가지고 있다.

5대 요인 특질로 정리한 채점 지침

개방성: 문항 5, 10
성실성: 문항 4, 8
외향성: 문항 1, 6
우호성: 문항 2, 7
신경증: 문항 3, 9

채점방법

왼쪽에서 언급한 바와 같이, 5대 요인 각 특질에 따라 여러분의 반응을 분리하고, 2로 나누어서 각 특질에 대한 점수를 구하라. 예컨대, '우호성' 특질의 문항 2에 3의 값을 부여하고 문항 7에 4의 값을 부여하였다면, '우호성'에 대한 여러분의 전반적 점수는 (3+4)/2=3.5가 된다.

출처 : ipip.ori.org

편견을 가지고 있지 않다(Crawford & Brandt, 2019; Habashi et al., 2016; Walters, 2018). 5대 요인은 소셜 미디어 행동과 개인의 경력을 예측하는 데도 도움을 준다. 예컨대, 외향적인 사람이 집단에서 지도자가 되기 십상이다(Azucar et al., 2018; Hanania, 2017; Spark et al., 2018). 특질은 언어 패턴에도 나타난다. 문자 메시지에서 외향성은 인칭대명사의 사용을 예측하며, 신경증은 부정적 정서단어를 예측한다(Holtgraves, 2011).

5대 요인에 관한 연구는 이러한 물음을 탐구함으로써 특질심리학을 유지해왔으며 성격의 중요성을 새롭게 인식할 수 있게 해주었다. (여러분의 성격을 알아보고 싶다면, 그림 14.5의 약식 자기평가를 시도해보라.) 특질이 중요한 것이다.

자문자답하기

그림 14.5의 자기평가를 시도해보기에 앞서, 여러분은 5대 요인 성격 차원에서 자신을 어디에 위치시키겠는가? 가족과 친구들은 여러분을 어디에 위치시키겠는가? 실제 결과가 여러분을 놀라게 하였는가? 그 결과는 가족과 친구도 놀라게 만들 것이라고 생각하는가?

인출 연습

RP-4 성격의 5대 요인은 무엇인가? 이 요인들이 과학적으로 유용한 까닭은 무엇인가?

답은 부록 E를 참조

특질 이론의 평가

LOQ 14-17 연구결과는 시대와 상황에 걸쳐서 성격 특질의 일관성을 지지하고 있는가?

성격 특질은 안정적이고 지속적인가? 아니면 행동은 자신이 어디에 있으며 누구와 함께 있는가에 달려있는 것인가? 명랑하고 다정한 아동은 명랑하고 다정한 어른으로 성장하는 경향이 있다. 최근에 참석한 대학 동창회에서 저자(마이어스)는 과거에 쾌활하였던 친구는 여전히 쾌활하고, 수줍었던 친구는 여전히 수줍으며, 행복해 보였던 친구는 여전히 미소 짓고 웃음을 터뜨리는 모습을 보고 놀라고 말았다. 50년이나 지났는데도 말이다. 그렇지만 재미를 사랑하는 농담꾼이 직업 인터뷰에서는 갑자기 진지해지고 공손해질 수 있는 것도 사실이다. 새로운 상황과 중차대한 삶의 사건이 표출하는 성격 특질을 변경시킬 수 있다. 고등학교에서 대학으로 진학하거나 직업을 갖게 되면, 사람들은 더욱 우호적이고 성실하며 개방적이고 덜 신경증적이 되기 십상이다(Bleidorn et al., 2018). 실직은 사람들을 덜 우호적이고 개방적이게 만들기도 한다(Boyce et al., 2015). 그렇지만 은퇴할 때는, 즉 스스로 선택하여 직업을 그만둘 때는 더욱 호의적이고 개방적이 되기 십상이다(Schwaba & Bleidorn, 2019).

"우리와 우리 자신 사이에는 우리와 다른 사람 사이에 못지않게 많은 차이가 존재한다." 미셸 드 몽테뉴, 『수상록』(1588)

사람-상황 논쟁 행동은 내적 성향과 환경 간 상호작용의 영향을 받는다. 그렇다고 해도 여전히 물음은 남는다. 어느 것이 더 중요한가? **사람-상황 논쟁**을 다루기 위해서는 시간과 상황에 걸쳐 지속되는 순수한 성격 특질을 찾아야 한다. 어떤 사람은 항상 성실하며 다른 사람은 불성실한가? 어떤 사람은 쾌활하고 다른 사람은 시무룩한가? 어떤 사람은 친근하고 외향적이며 다른 사람은 수줍어하는가? 친근함을 특질로 고려하려면, 친근한 사람은 시공간을 넘어서 친근하게 행동하여야만 한다. 정말로 그런가?

개략적으로 말해서, 행동에 대한 일시적인 외부 영향이 사회심리학의 핵심이며, 지속적인 내부 영향이 성격심리학의 핵심이다. 실제로 행동은 항상 개인과 상황의 상호작용에 달려있다.

앞의 여러 장에서는 시간 경과에 따라서 삶을 추적한 연구들을 살펴보았다. 어떤 연구자, 특히 유아 연구자는 성격 변화를 찾아내었으며, 다른 연구자는 성인기의 성격 안정성을 밝혀냈다. 그림 14.6이 보여주는 것처럼, 152편의 장기적 종단연구에서 얻어낸 데이터는 성격 특질 점수가 7년 후의 점수와 정적으로 상관되어 있으며, 나이가 들어감에 따라서 성격이 안정된다는 사실을 보여주고 있다. 관심사는 변할 수 있다. 열렬한 열대어 수집가가 열렬한 원예 애호가로 변할 수 있다. 경력도 변할 수 있다. 확고한 영업사원이 사회사업가로 변신할 수도 있다. 인간관계도 변할 수 있다. 적대적인 아들이 적대적인 남편이 될 수 있다. 그렇지만 대부분의 사람은 자신의 특질은 그대로 남아있다고 인식한다. 로버트 매크리와 폴 코스타(1994)는 "그렇게 인식하는 것이 타당하다. 자기 자신의 성격은 필연적인 것이라고 인식하는 것은 일생을 살아가면서 궁극적으로 획득한 지혜"라는 견해를 피력하였다.

따라서 대부분의 심리학자를 포함하여 많은 사람은 성격 특질의 안정성이라는 가정을 받아들인다. 나아가서 특질은 사회적으로도 중요하다. 건강, 사고, 직무수행 등에 영향을 미친다(Hogan, 1998; Jackson et al., 2012; Mueller et al., 2018). 오랜 시간에 걸쳐서 수천 명을 추적한 연구를 보면, 성격 특질은 사망, 이혼, 직업 획득 등의 예측자로서 사회경제적 지위나 인지능력과 어깨를 나란히 하고

연령에 따라 안정되는 것이 성격만은 아니다

연령에 따른 나의 머리 스타일

아동기

10대와 20대 - 과도기

30대 이후

mitra farmand

© Mitra Farmand, www.fuffernutter.com

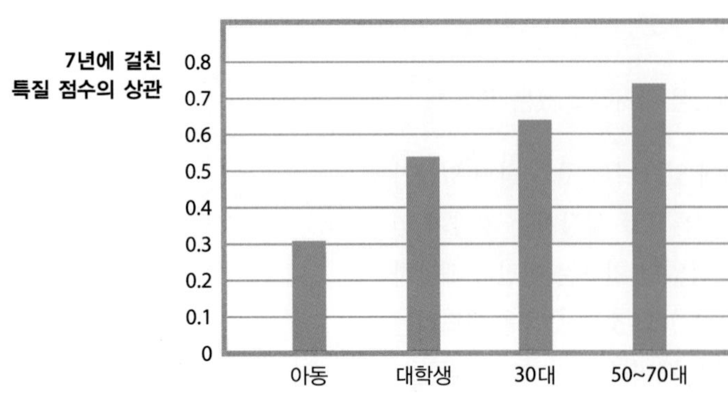

그림 14.6
성격의 안정성 특질 점수와 7년 후의 점수 사이의 상관관계에 반영되어 있는 것처럼 연령이 증가함에 따라 성격 특질은 보다 안정되어 간다(Roberts & DelVecchio, 2000의 데이터).

있다(Graham et al., 2017; Roberts et al., 2007).

성격 특질이 안정적이고 동시에 강력한 영향을 미치는 요인이라고 하더라도, 특정 행동이 상황에 걸쳐 일관적인 것은 또 다른 문제다. 여러분은 한 상황에서의 성실성(예컨대, 수업에 지각하지 않는 것)과 다른 상황에서의 성실성(예컨대, 건강하지 않은 음식을 피하는 것) 사이에는 어떤 관계가 있을 것이라고 기대하는가? 여러분 스스로 한 상황에서는 상당히 외향적이며 다른 상황에서는 뒤로 물러나 있는 자신을 목격해왔다면, 아마도 "관계가 별로 없을 것이다."라고 말하였을 것이다. 연구자들이 찾아낸 결과가 바로 미미한 상관이었다(Mischel, 1968; Sherman et al., 2015). 행동의 이러한 비일관성은 성격검사 점수를 행동의 약한 예측자로 만들기도 한다. 예컨대, 외향성 검사에서의 점수는 특정 상황에서 얼마나 사교적으로 행동할 것인지를 깔끔하게 예측하지 못한다.

이러한 결과를 인식하게 되면, 사람들은 개개인에게 꼬리표를 붙여 분류하는 데 보다 신중하게 된다(Mischel, 1968). 과학은 몇 년 앞서서 특정한 날짜에 나타날 달의 위상을 알려줄 수 있다. 기상학자는 하루 앞서서 날씨를 예측할 수 있다. 그렇지만 여러분이 내일 어떻게 느끼고 행동할 것인지를 예측하기 위해서는 밝혀야 할 것들이 많이 남아있다.

여러 상황에 걸친 **평균적인** 외향성이나 행복감, 또는 부주의는 예측 가능하다(Epstein, 1983a,b). 특질과 일관성 있게 행동하는 이러한 경향성은 미국에서부터 베네수엘라와 일본에 이르기까지 전 세계적으로 나타난다(Locke et al., 2017). 마티아스 멜과 동료들(2006)은 몸에 부착한 녹음 장치를 통해 사람들이 겪는 일상 경험의 단면들을 수집함으로써, 외향적인 사람이 실제로 말을 많이 한다는 사실을 확인하였다. 저자인 마이어스는 점심시간에 친구들과 즐기는 농구 경기를 하는 동안 나불거리고 농담 따먹기 하는 것을 줄이겠다고 반복해서 맹세해왔다. 아뿔싸! 잠시 후에는 억제할 수 없는 수다 주머니가 그의 몸을 점령해버리고 만다. 그리고 공동저자인 드월도 식료품점에 갈 때마다 유사한 경험을 한다. 거의 항상 출납원과 잡담을 나누는 것으로 끝을 맺고 만다. 가까운 친구들이 입증할 수 있는 것처럼, 유전 영향을 받은 지속적인 특질이 확실히 존재한다. 그리고 성격 특질은 다음과 같은 것에서도 표출된다.

- **음악 선호** 여러분이 즐겨 듣는 음악 목록은 성격에 관하여 많은 것을 말해준다. 고전음악, 재즈, 블루스, 포크 뮤직 애호가는 경험에 개방적이며 언어지능이 높은 경향이 있다. 외향적인 사람은 긍정적이고 활기찬 음악을 선호하는 경향이 있다. 컨트리뮤직, 팝, 종교음악 애호가는 쾌활하고 외향적이며 성실한 경향이 있다(Langmeyer et al, 2012; Nave et al., 2018; Rentfrow & Gosling, 2003, 2006).
- **글쓰기 스타일** 만일 글쓰기 스타일에서 어떤 사람의 성격을 탐지할 수 있다고 느꼈던 적이 있다면, 여러분은 확실히 옳은 것이다!! 이 얼마나 멋지고 흥미진진한 결과인가!!! ☺ 사람들의 글쓰기는 심지어 짧은 트윗이나 페이스북 게시물에서조차도 외향성, 자존감, 우호성 등을 표현하고 있기 십상이다(Orehek & Human, 2017; Park et al., 2015; Pennebaker, 2011). "친구 만나러 간다. 야호!!!" 외향성에서 높은 점수를 보인 페이스북 사용자가 게시한 글이다(Kern et al., 2014). 외향적인 사람은 형용사도 더 많이 사용한다.

Mike Twohy/The New Yorker/ The Cartoon Bank

"감탄부호를 과다하게 사용하는 경향이 있군요."

- **온라인과 개인 공간** 온라인 프로파일, 웹사이트, 아바타도 자화상이 될 수 있을까? 아니면 개인을 왜곡시키는 방식으로 나타낼 수 있는 기회를 제공하는 것인가? 전자에 더 가깝다(Akhtar et al., 2018a; Hinds & Joinson, 2019). 페이스북이나 트위터에서 호감이 가는 사람은 면대면에서도 호감이 간다(Qiu et al., 2012; Weisbuch et al., 2009). 심지어 단순한 인물 사진에서조차도, 입고 있는 옷과 표정 그리고 자세 등이 성격과 행동에 관한 단서를 제공해 줄 수 있다(Gunyadin et al., 2017; Naumann et al., 2009). 생활공간이나 작업공간도 자신의 정체성을 표현한다. 이 모든 것이 외향성, 우호성, 성실성, 개방성 등에 대한 단서를 제공한다(Back et al., 2010; Fong & Mar, 2015; Gosling, 2008).

상이한 문화의 가정에 손님으로 갔을 때처럼 친숙하지 않은 공식적 상황에서는, 사람들이 사회적 단서에 조심스럽게 주의를 기울임에 따라서 특질이 드러나지 않을 수 있다. 친구들과 어울릴 때처럼 친숙하고 비공식적인 상황에서는, 덜 경직됨으로써 특질이 튀어나오게 된다(Buss, 1989). 비공식적인 상황에서는 활동성, 대화 매너, 몸동작 등의 표현양식이 인상적이라고 할 만큼 일관적이다. 잠깐 사진을 본다거나 강의 중인 교사의 동영상을 2초간 보는 것과 같이 행동의 단편만을 보더라도, 즉각적으로 그 사람에 대한 인상을 형성할 수 있는 이유가 바로 이것이다(Ambady, 2010; Tackett et al., 2016).

어떤 사람들은 선천적으로 표현적이며(따라서 팬터마임과 몸짓놀이에 재능을 가지고 있다), 다른 사람은 덜 표현적이다(따라서 유능한 포커선수가 될 수 있다). 표현성을 임의로 제어하는 능력을 평가하기 위하여 벨라 드파울로와 동료들(1992)은 실험참가자에게 자신의 의견을 피력하면서 가능한 한 표현적이거나 아니면 억제적으로 행동하도록 요구하였다. 이들의 놀라운 결과는 다음과 같다. 비표현적인 사람은 표현성을 가장하는 경우조차 표현적인 사람이 자연스럽게 행동할 때보다도 덜 표현적이었다. 마찬가지로 표현적인 사람은 억제하려고 애쓰는 경우조차 자연스럽게 행동하는 비표현적인 사람보다도 덜 억제적이었다. 자신과 다른 어떤 사람인 척하는 것도 어렵고, 자신이 아닌 척하는 것도 어려운 것이다.

요컨대, 어느 순간이든 즉각적 상황이 개인의 행동에 강력한 영향력을 미친다. 사회심리학자들은 상황이 분명한 것을 요구하는 경우에 특히 그렇다는 사실을 확인해왔다(Cooper & Withey,

James Woodson/Getty Images

단서를 제공하고 있는 방 한 번도 만나지 않은 사람이라 하더라도, 그 사람의 온라인 공간이나 개인공간을 잠시 훑어봄으로써 그 사람의 성격을 알아볼 수 있다. 그렇다면 두 방의 사용자에 관해서 여러분은 무엇을 읽어낼 수 있는가?

2009). 신호등 앞에서 운전자의 행동은 그 운전자의 성격보다는 신호등의 색깔을 가지고 더 잘 예측할 수 있다. 따라서 교수는 교실에서의 행동에 근거하여 어떤 학생이 억제적이라고 지각할 수 있지만, 친구들은 파티에서의 행동에 근거하여 그 학생을 꽤나 거친 녀석으로 지각할 수 있다. 그렇기는 하지만 많은 상황에 걸친 행동을 평균해보면 독특한 성격 특질이 드러난다. 특질은 존재한다. 사람들은 서로 다르다. 그리고 그러한 차이가 중요하다.

자문자답하기

여러분의 음악 선호, 글쓰기 스타일, 온라인 공간과 개인공간을 통해서 자신의 성격 특질이 어떻게 드러난다고 생각하는가?

인출 연습

RP-5 성격검사 점수는 행동을 얼마나 잘 예측하는가? 그 이유를 설명해보라.

답은 부록 E를 참조

개관 인본주의 이론과 특질 이론

학습목표

자기검증 개념 파악을 증진시키도록 (부록 D의 답을 확인해보기에 앞서) 여러분 자신의 표현으로 여기서 반복하는 학습목표 물음에 답해보라 (McDaniel et al., 2009, 2015).

LOQ 14-10 인본주의 심리학자는 성격을 어떻게 조망하였는가? 성격 연구에서 이들의 목표는 무엇이었는가?

LOQ 14-11 인본주의 심리학자는 어떻게 개인의 자기감을 평가하였는가?

LOQ 14-12 인본주의 이론은 심리학에 어떤 영향을 주었는가? 이 이론은 어떤 비판에 직면하였는가?

LOQ 14-13 심리학자는 어떻게 특질을 사용하여 성격을 기술하는가?

LOQ 14-14 내향성에 관한 보편적인 오해는 무엇인가?

LOQ 14-15 성격검사란 무엇인가? 특질 평가도구로서 성격검사의 장점과 단점은 무엇인가?

LOQ 14-16 어떤 특질이 성격의 개인차에 관하여 가장 유용한 정보를 제공하는가?

LOQ 14-17 연구결과는 시대와 상황에 걸쳐서 성격 특질의 일관성을 지지하고 있는가?

기억해야 할 용어와 개념들

자기검증 여러분 자신의 표현으로 정의를 적어본 후에 답을 확인해보라.

경험적으로 유도한 검사	성격검사	자기실현
무조건적인 긍정적 존중	욕구 위계	자기초월
미네소타 다면 성격 검사(MMPI)	인본주의 이론	특질
	자기개념	5대 요인

학습내용 숙달하기

자기검증 여러분 자신의 표현으로 다음 물음에 답한 후에 부록 E에서 답을 확인해보라.

1. 매슬로우의 욕구 위계는 자기실현과 같이 궁극적인 심리적 욕구를 추구하기에 앞서 기본적인 생리적 욕구와 안전 욕구를 만족해야만 한다고 제안한다. 다음 중 매슬로우의 아이디어가 바탕을 두고 있는 것은 무엇인가?
   a. 프로이트 이론
   b. 환자들과의 경험
   c. 일련의 실험실 실험
   d. 건강하고 창의적인 인물들의 연구
2. 칼 로저스는 환경이 어떻게 범죄자의 발달에 영향을 미친다고 설명하고 있는가?

3. 칼 로저스가 성숙 촉진 환경의 부분으로 주창한 완전한 용인을 __________이라고 부른다.

4. 성격의 __________이론은 우호성이나 외향성과 같은 특징적인 행동 패턴을 기술하는 데 초점을 맞춘다.

5. 다음 중 널리 사용하고 있는 특질 성격검사는 무엇인가?
   a. 외향성-내향성 척도 b. 개인-상황 검사
   c. MMPI d. 5대 요인

6. 다음 중 5대 성격 요인이 아닌 것은 무엇인가?
   a. 성실성 b. 불안
   c. 외향성 d. 우호성

7. 다음 중 성격검사 점수가 가장 잘 예측하는 것은 무엇인가?
   a. 특정 상황에서의 행동
   b. 많은 상황에 걸친 평균 행동
   c. 성실성과 같은 단일 특질을 수반한 행동
   d. 상황이나 맥락에 의존적인 행동

사회인지 이론과 자기

사회인지 이론

 **14-18** 사회인지 이론가는 성격 발달을 어떻게 조망하고 행동을 어떻게 설명하는가?

앨버트 반두라(1986, 2006, 2008)가 제안한 성격에 관한 **사회인지 조망**(social-cognitive perspective)은 특질과 상황의 상호작용을 강조한다. 선천성과 후천성이 항상 함께 작동하는 것처럼, 사람과 환경도 함께 작동한다는 것이다.

사회인지 이론가는 사람들이 조건형성을 통해서 또는 타인을 관찰하고 그들의 행동을 모방함으로써 많은 행동을 학습한다고 믿고 있다(이것이 '사회적' 측면이다). 또한 심적 과정의 중요성도 강조한다. 상황을 어떻게 생각하는지가 행동에 영향을 미친다(이것이 '인지적' 측면이다). 환경이 사람을 어떻게 제어하는지에만 초점을 맞추기보다 사람과 환경이 어떻게 상호작용하느냐에 초점을 맞춘다. 즉, 외부 사건을 어떻게 해석하고 반응하는가? 스키마, 기억, 기대 등이 행동 패턴에 어떻게 영향을 미치는가?

호혜적 영향

반두라(1986, 2006)는 사람과 환경 간의 상호작용을 **호혜적 결정론**(reciprocal determinism)으로 간주한다. 반두라에 따르면, "행동, 내적인 개인 요인, 환경 영향 모두가 상호 간에 맞물려있는 결정인자로 작동한다"(그림 14.7). 이러한 상호작용을 사람들의 관계에서 볼 수 있다. 예컨대, 영희의 과거 연애 경험(그녀의 행동)은 낭만적 관계에 관한 그녀의 태도(내적 요인)에 영향을 미치며, 이 태도는 지금 철수(환경 요인)에게 어떻게 반응할 것인지에 영향을 미친다.

개인과 환경이 상호작용하는 세 가지 구체적 방식을 생각해보자.

1. **서로 다른 사람들은 서로 다른 환경을 선택한다.** 읽는 내용, 사용하는 소셜 미디어, 추구하는 경력, 청취하는 음악, 어울리는 친구 등 모든 것은 부분적으로 자신의 성향에 근거하여 선택한 환경의 부분이다(Denissen et al., 2018; Funder, 2009). 그리고 선택한 환경이 사람들을 조성한다. 자존감이 과장된 사람은 갈망하는 대중의 주의집중과 칭찬을 받을 수 있는 온

사회인지적 조망 행동을 개인(그리고 사고)과 사회 맥락 간의 상호작용에 영향받는 것으로 간주하는 조망 

호혜적 결정론 행동, 인지, 환경 간의 상호작용적 영향

그림 14.7
호혜적 결정론

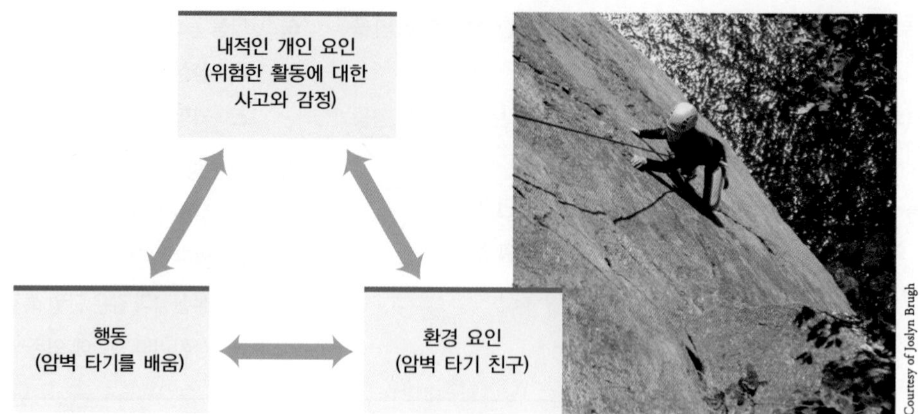

라인 환경에 셀카 사진을 자주 올린다. 이것이 더욱 심각한 자기애로 이끌어간다(Halpern et al., 2016).

2. **성격은 사건을 해석하고 그 사건에 반응하는 방식을 조성한다.** 세상을 위협적인 것으로 지각하면, 위협적인 것에 조심하고 자신을 방어할 준비를 한다. 불안한 사람은 관계 위협에 주의를 기울이고 강력하게 반응하는 경향이 있다(Campbell & Marshall, 2011).
3. **성격은 사람들이 반응할 환경을 만드는 데 일조한다.** 상대방을 바라보고 대하는 방식이 다시 상대방이 자신을 대하는 방식에 영향을 미친다. 다른 사람이 자신을 좋아하지 않을 것이라고 기대하면, 그 사람의 인정을 받으려는 처절한 노력이 그들로 하여금 자신을 거부하게 만들 수 있다(Scopelliti et al., 2015).

그림 14.8
성격 연구에 대한 생물심리사회적 접근 다른 심리 현상과 마찬가지로, 성격도 다양한 수준에서 연구한다.

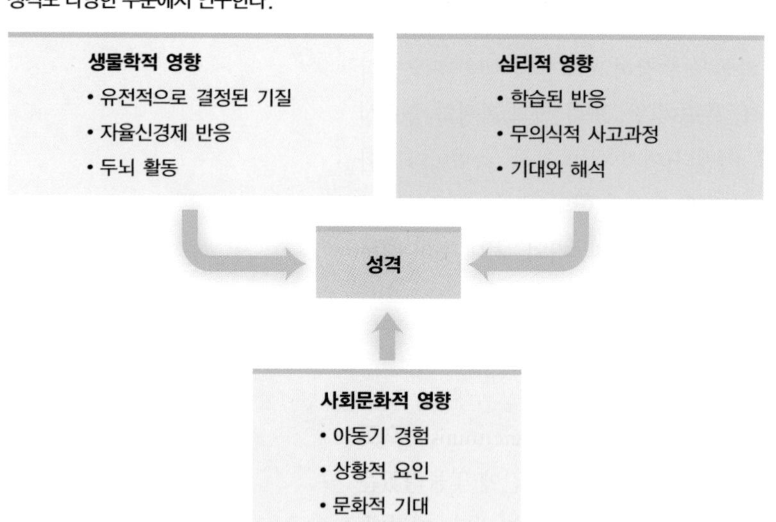

내적인 개인 요인, 환경, 행동이 상호작용하는 것에 덧붙여서, 사람들은 유전자-환경 상호작용도 경험한다(제4장 참조). 유전 영향을 받은 특질은 다른 사람으로부터 특정 반응을 촉발시키고, 이 반응은 다시 자신을 특정 방향으로 이끌어간다. 이미 고전이 된 한 연구에서 보면, (1) 공격성과 관련된 특정 유전자를 가지고 있고, (2) 어려운 환경에서 성장한 사람은 성인이 되어서 반사회적 행동을 나타낼 가능성이 매우 높다(Byrd & Manuck, 2014; Caspi et al., 2002).

이러한 방식으로 사람은 환경의 산물이자 제작자이기도 한 것이다. **행동은 외적 영향과 내적 영향의 상호작용에서 출현한다.** 끓는 물은 계란을 단단하게 만들며 감자를 부드럽게 만든다. 위협적인 환경이 한 사람은 영웅으로, 다른 사람은 무뢰배로 만들어버린다. 외향적인 사람은 외향적인 문화에서 더 높은 안녕감을 향유한다(Fulmer et al., 2010). 매 순간마다 행동은 생물학적 특성, 사회문화적 경험, 인지와 기질의 영향을 받는다(그림 14.8).

자문자답하기

여러분의 경험은 어떻게 여러분의 성격을 조성해왔는가? 여러분의 성격은 여러분의 환경을 조성하는 데 어떤 도움을 주었는가?

인출 연습

RP-1 앨버트 반두라는 성격에 관한 ________ 조망을 제안하였는데, 이 조망은 사람과 환경 간의 상호작용을 강조한다. 행동과 사고 그리고 환경의 상호작용적 영향을 기술하기 위하여, 반두라는 ________ 이라는 용어를 사용하였다.

답은 부록 E를 참조

상황 속에서의 행동 평가

사회인지심리학자는 행동을 예측하기 위해서 실제 상황에서 행동을 관찰하기 십상이다. 한 가지 야심찬 사례는 이차 세계대전에서 스파이 임무를 수행할 후보자를 평가하는 미군의 전략이었다. 군대심리학자는 지필검사를 사용하는 대신에 후보자들을 모의 스파이 활동 조건에 집어넣었다. 후보자들이 스트레스를 다루고 문제를 해결하며 리더십을 유지하고 자신의 정체를 밝히지 않으면서 가혹한 심문을 견디어내는 능력을 검사하였다. 시간이 많이 걸리고 경비가 많이 들기는 하지만, 실제 상황에서 행동을 평가하는 것은 실제 스파이 임무에서의 성공을 예측하는 데 도움을 주었다(OSS Assessment Staff, 1948).

Mark Waugh / Alamy Stock Photo

상황에서 행동 평가하기 음악 경연 텔레비전 프로그램에서는 참가자들이 스트레스 상황에서 서로 경쟁한다. 승자에게는 상금과 음반 계약 권한을 수여한다. 이러한 프로그램은 한 가지 타당한 사실을 전제한다. 즉, 직무 관련 상황에서의 행동은 직무성과를 예측하는 데 도움을 준다는 것이다.

군대와 교육기관 그리고 포춘지가 선정한 500대 기업 대부분은 매년 수십만 명의 후보자를 평가하는 데 이와 유사한 전략을 채택하고 있다(Bray & Byham, 1991, 1997; Eurich et al., 2009). AT&T사는 모의 관리 작업을 수행하는 관리자 후보들을 관찰해왔다. 몇몇 유럽 대학은 응시자에게 학습 자료를 제공한 다음에 학습한 것을 검사함으로써 교육 프로그램을 모사한다(Niessen & Meijer, 2017). 많은 대학은 간호학과 학생의 임상 활동을 관찰함으로써 그들의 잠재력을 평가한다. 그리고 공개강의를 통해 교수 후보자의 교수능력을 평가한다.

이러한 절차는 미래 행동을 예측하는 최선의 방법이 성격검사도 아니고 면접자의 직관도 아니며, 유사한 상황에서 그 개인이 보여주었던 과거 행동 패턴이라는 원리를 이용하는 것이다(Lyons et al., 2011; Mischel, 1981; Schmidt & Hunter, 1998). 상황과 개인이 변하지 않은 채 그대로 남아 있는 한, 미래 직무성과에 대한 최선의 예측자는 과거의 직무성과이다. 미래 성적에 대한 최선의 예측자는 과거의 성적이다. 미래 공격성에 대한 최선의 예측자는 과거의 공격성이다. 집에서 배우자에 대한 부정 웹사이트를 이용하였던 사람은 직장에서도 비도덕적으로 행동할 가능성이 더 높다(Griffin et al., 2019). 만일 한 개인의 과거 행동을 확인할 수 없다면, 차선책은 과제를 모의하는 평가 상황을 만들어서 그 상황에 어떻게 대처하는지를 보는 것이다(Lievens et al., 2009; Meriac et al., 2008).

"지나간 과거가 바로 서막이다." 윌리엄 셰익스피어, 『템페스트』(1611)

사회인지 이론의 평가

LOQ 14-19 사회인지 이론가는 어떤 비판에 직면해왔는가?

성격에 대한 사회인지 이론은 연구자들로 하여금 상황이 개인에게 어떤 영향을 미치며 개인이 상황에 어떤 영향을 미치는지에 주목하게 만든다. 이 이론은 다른 이론들에 비해서 학습과 인지에 관한 심리학 연구에 더 많이 기초하고 있다(표 14.4 참조).

비판자들은 사회인지 이론이 상황에 지나치게 초점을 맞추어서 개인의 내적 특질을 제대로 평가하지 못한다고 주장한다. 성격에 대한 이 견해에서 사람은 어디에 있으며, 인간의 정서는 어디에 존재하는가? 물론 상황이 행동을 이끌어가는 것은 사실이다. 그렇지만 많은 경우에 무의식적 동기, 정서, 우세한 특질 등이 작동하지 않느냐고 비판자들은 반문하고 있다. 성격 특질은 직장, 사랑, 놀이 등에서의 행동을 예측한다. 생물학적으로 영향을 받는 특질이 정말로 중요한 것이다. 퍼시 레이 프리젠과 찰스 길을 보자. 두 사람은 동일한 상황에 직면하였다. 두 사람은 공동으로 9,000만 달러의 로또에 당첨되었던 것이다(Harriston, 1993). 프리젠은 1등 번호를 확인하였을 때, 걷잡을 수 없이 떨기 시작하였으며, 화장실 문 뒤에서 친구와 함께 당첨을 확인한 후

표 14.4 주요 성격 이론의 비교

성격 이론	주창자	가정	성격에 대한 견해	성격 평가방법
정신분석	프로이트	정서장애는 해소하지 못한 성적 갈등이나 아동기 갈등, 다양한 발달단계에서의 고착 등과 같은 무의식적 역동성에서 유래한다. 방어기제가 불안을 차단한다.	성격은 쾌를 추구하는 충동(원초아), 현실지향적인 집행자(자아), 그리고 내면화된 이상적인 것들의 집합(초자아)으로 구성된다.	자유연상 투사법 꿈 분석
정신역동	아들러 호나이 융	무의식적 마음과 의식적 마음은 상호작용한다. 아동기 경험과 방어기제가 중요하다.	의식적 동기와 갈등 그리고 무의식적 동기와 갈등 간의 역동적 상호작용이 성격을 조성한다.	투사법 치료 회기
인본주의	로저스 매슬로우	갈등에서 유래한 장애에 초점을 맞추기보다는 건강한 사람이 자기실현을 위하여 노력하는 방법에 초점을 맞추는 것이 더 좋다.	기본 욕구를 만족하면, 사람들은 자기실현을 향한 노력을 경주한다. 무조건적인 긍정적 존중의 환경에서 사람들은 자기자각 그리고 보다 실제적이고 긍정적인 자기개념을 발달시킬 수 있다.	질문지 치료 회기 인생 이야기 접근법
특질	올포트 아이젱크 매크리 코스타	사람들은 유전적 소인이 영향을 미치는 안정적이고 지속적인 특성을 가지고 있다.	특질의 과학 연구는 5대 요인(개방성, 성실성, 외향성, 우호성, 신경증)과 같이 성격의 중요한 차원들을 분리해 냈다.	성격검사
사회인지	반두라	특질과 사회 맥락은 상호작용하여 행동을 만들어낸다.	조건형성과 관찰학습은 인지와 상호작용하여 행동 패턴을 만들어낸다. 유사한 상황에서의 과거 행동이 현재 상황에서의 행동을 가장 잘 예측한다.	실제 상황에서의 행동관찰

에 흐느껴 울었다. 길은 당첨 소식을 들었을 때 부인에게 그 사실을 이야기하고는 잠이 들었다.

인출 연습

RP-2 한 사람의 미래 행동을 예측하는 최선의 방법은 무엇인가?

답은 부록 E를 참조

자기의 탐색

LOQ 14-20 심리학이 자기개념에 관하여 그토록 많은 연구를 수행한 이유는 무엇인가? 자존감은 안녕감에 얼마나 중요한가?

성격은 자기감을 만들어낸다. "나는 누구인가?"를 생각해보도록 요청하면 사람들은 사고하고 느끼며 행동하는 독특하고도 지속적인 방식을 생각한다. 자기감에 대한 심리학의 관심은 적어도 윌리엄 제임스까지 거슬러 올라가는데, 그는 1890년에 출판한 **심리학원리**에서 이 주제를 위하여 100쪽 이상을 할애하였다. 1943년 고든 올포트는 자기개념이 심리학의 관심에서 사라져버렸다고 한탄하였다. 비록 자기개념에 대한 인본주의 심리학의 강조가 많은 연구를 촉발시키지는 못하였지만, 그 개념을 소생시켜 살아있게 만드는 데는 공헌하였다. 제임스 이후 100여 년이 지난 오늘날, 자기개념은 서구 심리학이 가장 열정적으로 연구하고 있는 주제의 하나가 되었다. 매년 자존감, 자기노출, 자기자각, 자기 스키마, 자기감시 등에 관한 엄청난 연구결과가 새롭게 발표되고 있다. 신경과학자조차도 자기를 탐구해왔으며, 자신의 특질과 성향에 관한 자기 투영적 질문에 답할 때 활동하는 전두엽 영역을 확인하기도 하였다(Damasio, 2010; Mitchell, 2009; Pauly et al., 2013). 이러한 연구의 기저에는 사고, 감정, 행위의 조직자로서의 **자기**(self)가 성격의 중추적 핵심을 차지하고 있다.

가능한 자기의 개념을 생각해보라(Markus & Nurius, 1986; Rathbone et al., 2016). 여러분의 가능한 자기에는 부유한 자기, 성공한 자기, 사랑받고 존경받는 자기 등, 되고자 꿈꾸는 자기에 대한 비전이 포함된다. 또한 실직한 자기, 외로운 자기, 학업에 실패한 자기 등, 되기를 두려워하는 자기도 포함된다. 이렇게 가능한 자기는 특정한 목표를 설정하고 그 목적을 달성하기 위해 매진하는 에너지를 불러일으키도록 사람들을 동기화시킨다(Landau et al., 2014). 집안이 재정적으로 어려움을 겪고 있는 중학교 2~3학년생은 학업에서 성공한다는 명백한 비전을 가지고 있을 때, 우수한 성적을 받을 가능성이 더 높았다(Duckworth et al., 2013). 꿈은 성취를 낳기 십상인 것이다.

자기에 초점을 맞춘 조망이 사람을 동기화시키기도 하지만, 다른 사람들도 자신을 인식하고 인정해준다고 너무 쉽게 가정해버리도록 만드는 **스포트라이트 효과**(spotlight effect)라는 현상으로 이끌어갈 수도 있다. 한 실험에서 다른 학생들을 만나기 전에 당혹스러운 티셔츠를 입도록 요청받은 대학생은 적어도 절반의 학생이 티셔츠에 주목할 것이라고 추측하였다. 실제로는 23%만이 그랬다(Gilovich, 1996). 스포트라이트의 밝은 빛을 어둡게 만들기 위해서 두 가지 전략을 사용할 수 있다. 첫째는 그 효과를 이해하는 것이다. 대중 앞에서 연설하는 사람에게 자연스럽게 발생하는 신경과민이 청중에게는 잘 드러나지 않는다는 사실을 이해하면 연설 성과가 개선될 수 있다(Savitsky & Gilovich, 2003). 둘째는 청중의 조망을 취해보는 것이다. 상황에 공감하고 있는

자기 현대심리학에서 성격의 중심이며, 사고와 감정 그리고 행위를 체제화하는 존재로 가정하는 개념

스포트라이트 효과 자신의 외모와 성과 그리고 실수를 다른 사람이 알아채고 평가하는 것을 과대평가하는 것

자존감 자신의 가치를 높게 또는 낮게 느끼는 것

자기효능감 개인의 유능성과 효과성에 대한 생각

청중을 상상할 때, 자신을 그렇게 불쾌한 존재로 판단하지 않을 것이라고 기대하는 경향이 있다(Epley et al., 2002). **명심할 사항 :** 상상하는 것처럼 자신이 두드러지는 것은 아니다. 심지어 바보 같은 옷에 형편없는 모자를 쓰고 있어도, 심지어 도서관 경보 장치를 오작동시키는 멍청한 실수를 저지른 후에도 그렇다(Gilovich & Savitsky, 1999; Savitsky et al., 2001).

자문자답하기

여러분이 되기를 꿈꾸거나 두려워하는 '가능한 자기'는 무엇인가? 이렇게 '상상하는 자기'는 지금 여러분을 얼마나 동기화시키고 있는가?

일기야,
다시 귀찮게 해서
미안하구나.
낮은 자존감
Mike Twohy/The New Yorker Collection/The Cartoon Bank

자존감의 특전

자존감(self-esteem), 즉 자기에 대한 가치감은 중요하다. **자기효능감**(self-efficacy), 즉 과제에 대한 유능감도 중요하다(Bandura, 1977, 2018). (수학 과목에 높은 자기효능감을 느끼지만 전반적인 자존감은 낮을 수 있다.) 자신에 대해서 긍정적으로 느끼고 있는 사람, 즉 자기 긍정적 질문지 문항에 적극적으로 동의하는 사람은 밤잠을 설치는 경우가 적다. 외향적이고 책임감이 있으며, 새로운 경험에 개방적인 경향이 있다(Fetvadjiev & He, 2019). 온라인에서든 면대면에서든 긍정적으로 소통하여 다른 사람들이 더 좋아하고 함께하기를 원하도록 만든다(Cameron & Granger, 2019; Mahadevan et al., 2019). 수줍어하지 않고 불안해하지 않으며 외로움을 잘 느끼지 않고, 그저 더 행복해한다(Greenberg, 2008; Orth & Robins, 2014; Swann et al., 2007). 자존감은 모험의 경험과 성취에서 자라나기 때문에, 나이가 늘어가면서 변한다(Hutteman et al., 2015). 자존감은 청소년기부터 중년기까지 극적으로 증가하기 십상이며, 50대에 최고조에 이를 때까지 계속해서 올라간다(Bleidorn et al., 2016; Orth et al., 2018; von Soest et al., 2018).

그렇지만 대부분의 심리학자는 자존감이 정말로 삶의 문제로부터 '아동을 보호해주는 무기'라는 데는 회의적이다(Baumeister & Vohs, 2018; McKay, 2000; Seligman, 2002). 아동이 학업에 대해서 가지고 있는 자기효능감, 즉 학업을 잘해낼 수 있다는 자신감은 학업성취를 예측해준다. 그렇지만 일반적인 자기상은 그렇지 않다(Marsh & Craven, 2006; Swann et al., 2007; Trautwein et al., 2006). 자존감은 도전거리에 직면하여 난관을 극복한 부수 효과이거나 대인관계의 상태를 알려주는 척도일 수 있다(Reitz et al., 2016). 만일 그렇다면, "너는 특별한 사람이야."와 같이 말함으로써 척도의 값을 인위적으로 높게 올리는 것은 자동차 연료가 거의 바닥이 났는데도 연료 표시기만 '가득 찼음'을 나타내도록 만드는 것과 같지 않겠는가?

"아동이 자기제어를 증가시키면, 나중에 성적이 올라간다. 그렇지만 자존감을 증가시키는 것은 성적에 아무런 효과가 없다." 앤절라 더크워스(2009)

만일 기분 좋음은 잘해내는 것에 뒤따르는 것이라면, 수행을 잘하지 못하였음에도 칭찬을 하는 것이 실제로 해로울 수 있다. 잘해내려고 발버둥치고 있는 학생이 1주일 내내 자존감을 고양시키는 메시지를 받은 후에 기대 이하의 성적을 받았다(Forsyth et al., 2007). 다른 연구를 보면, 사람들에게 무작위로 보상을 주는 것이 생산성을 떨어뜨린다. 마틴 셀리그먼(2012)은 이렇게 보고하였다. "자판기에서 흘러나온 동전과 같이, 노력하지 않은 채 일어난 좋은 일은 사람들의 안

녕감을 증가시키지 않았다. 무기력을 초래할 뿐이다. 사람들은 포기하고는 수동적이 되어버렸다."

그런데 자존감이 위협받을 때 나타나는 중요한 효과가 있다. 적성검사 점수가 형편없다고 말하거나 성격을 비난함으로써 참가자의 자기상을 일시적으로 위축시키면, 다른 사람을 비난하거나 인종 편견 표현을 더 많이 사용할 가능성이 증가한다(vanDellen et al., 2011; van Dijk et al., 2011; Ybarra, 1999). 자기상 위협은 무의식적 인종 편견조차도 증가시킨다(Allen & Sherman, 2011). 또한 자신에 대해서 부정적인 사람은 성마르고 비판적인 경향이 있다(Baumgardner et al., 1989; Pelham, 1993). 자존감 위협은 자신의 온라인 프로파일에 집착하게도 이끌어가는데, 온라인 공간은 자신의 가치를 재구축할 수 있는 안전지대이기 때문이다(Toma & Hancock, 2013). 이러한 결과는 건강한 자기상이 도움을 준다는 인본주의 심리학의 가정과 일치하는 것이다. 자신을 인정하면 타인도 쉽게 인정할 수 있게 된다. 자신을 비난하면 타인을 무가치한 것으로 보게 된다. 자신에게 의기소침한 사람은 다른 대상과 사람들도 평가절하하는 경향이 있다.

"자존감 운동의 열광적인 주장은 대체로 환상에서부터 무가치한 것에 걸쳐있다. 자존감의 효과는 작고 제한적이며 전혀 좋은 것이 아니다." 로이 바우마이스터(1996)

자존감의 비용

LOQ 14-21 과도한 낙관성, 자신의 무능성에 대한 무지, 자기위주 편향은 어떻게 자존감의 비용을 드러내는가? 방어적 자존감과 안정적 자존감은 어떻게 다른가?

과도한 낙관성 난관에 직면하였을 때 긍정적 사고가 도움을 줄 수 있지만, 현실에 맞서는 것도 도움이 될 수 있다(Schneider, 2001). 미래의 잠재적 실패에 대한 현실적인 불안은 걱정스러운 미래를 피하기 위한 활기찬 노력을 경주하게 만들어준다(Goodhart, 1986; Norem, 2001; Showers, 1992). 다가오는 시험에서 실패할 것을 걱정하는 학생은 철저하게 공부하여 실력은 비슷하지만 더 자신만만한 동료를 능가할 수 있다. 유럽이나 미국 학생에 비해서 아시아계 학생이 꽤나 높은 비관성을 나타내는데, 이것이 아시아계 학생의 인상적인 학업성취를 설명하는 데 도움을 줄 수 있다(Chang, 2001). 성공을 위해서는 희망을 제공하기에 충분한 낙관성 그리고 자기만족을 차단하기에 충분한 비관성이 모두 필요하다. 여행객은 여객기 조종사가 최악의 사태를 염두에 두고 있기를 원한다.

과도한 낙관성은 실제 위험에 눈이 멀게 할 수 있다(Tenney et al., 2015). 1,000편이 넘는 연구는 타고난 긍정적 사고 편향이 어떻게 '비현실적인 낙관주의'를 조장할 수 있는지를 보여주었다(Shepperd et al., 2015; Weinstein, 1980). 고등학교 3학년생의 9%만이 장차 대학원 학위를 취득함에도 불구하고 56%가 그럴 것이라고 믿는다면, 이것은 비현실적인 낙관주의이다(Reynolds et al., 2006). 상반되는 정치적 견해를 가지고 있는 대부분의 사람이 자신의 견해가 보편적인 것이 될 것이라고 낙관적으로 믿는다면, 많은 사람이 실수를 저지르는 것이다(Rogers et al., 2017). 대학생들이 급우에 비해서 수입이 더 좋은 직업을 얻고 멋진 집을 소유하며, 심장마비나 암에 걸릴 가능성이 훨씬 낮다고 믿는다면, 그것도 비현실적 낙관주의다(Waters et al., 2011). 흡연 욕구와 같은 충동을 제어하는 능력을 지나치게 확신하게 되면, 그러한 유혹에 자신을 노출시킬 가능성이 더 높으며, 백발백중 제어에 실패하고 만다(Nordgren et al., 2009). 낙관적으로 흡연의 중독성을 부정하고 불행을 초래하는 관계에 무모하게 뛰어들며, 위험한 사업계획에 돈을 투자하는 사람에게서 볼 수 있는 바와 같이, 맹목적인 낙관성은 자기파괴적일 수 있다.

그렇지만 시험 성적과 같은 피드백을 기다릴 때는 긍정적 사고 편향이 사라지는 것으로 보인다(Carroll et al., 2006). 실세계(변호사 시험 점수를 기다리는 상황)와 실험실(지능검사 점수를 기다리는 상황) 모두에서 수행한 많은 연구에서 보면, 사람들은 최악의 결과에 대비한다(Sweeny & Falkenstein, 2017). (아마 여러분도 진실의 순간이 다가옴에 따라서 비관주의로 이동하였던 경험을 회상할 수 있을 것이다.) 캘리포니아에서 재앙적 지진을 경험한 후에 자신이 다른 사람보다 지진에 덜 취약할 것이라는 환상을 포기하였던 것처럼, 긍정적 사고 편향은 개인적 외상 경험이 일어난 후에도 사라진다(Helweg-Larsen, 1999).

자신의 무능성에 대한 무지 역설적으로 사람들은 가장 무능할 때 가장 과신하기 십상이다. 저스틴 크루거와 데이비드 더닝(1999)은 유능한 사람만이 유능성을 알아볼 수 있기 때문이라고 지적한다. 이들은 문법과 논리검사에서 최하위 점수를 받은 많은 학생이 자신은 상위 절반의 점수를 받았다고 믿는다는 사실을 발견하였다. 오늘날 더닝-크루거 효과라고 부르는 이러한 '자신의 무능성에 대한 무지' 현상은 정치 지도자의 과신을 초래할 수 있다. 저자(마이어스)가 확증할 수 있는 것처럼, 청력이 떨어진 사람이 자신의 청력 손상을 인식하기 어려운 현상에도 비유할 수 있다. 자신이 듣지 못하는 것은 자각하지 못하기 때문에, 자신의 청력을 과대추정하기도 한다. 만일 친구가 내 이름을 부르는 것을 듣지 못한다면, 그 친구는 나의 부주의를 알아차릴 것이다. 그렇지만 나에게는 아무 사건도 일어나지 않았다. 나는 내가 듣는 것만을 들으며, 이것이 나에게는 지극히 정상인 것이다.

"내가 진정으로 열망하는 것은 나 자신이 더닝-크루거 효과를 보이는 순간을 파악할 수 있는 능력이다. 그렇지만 나 자신의 이론에 따르면, 나는 결코 그럴 수가 없다." 심리학자 데이비드 더닝(2016)

더닝(2019)은 다음과 같이 요약한다. "무지는 자신에게 보이지 않는다. 더닝-크루거 클럽의 첫 번째 규칙은 자신이 더닝-크루거 클럽의 회원이라는 사실을 모른다는 것이다." 따라서 자신의 능력을 판단하고 미래의 수행을 예측하려면 다른 사람의 평가를 받아보는 것이 도움이 된다(Dunning, 2006; Grossmann & Kross, 2014). 자신과 친구들이 미래를 예측한 연구에 근거할 때, 위험을 무릅쓰고라도 다음과 같은 충고를 할 수 있겠다. 만일 여러분이 사랑에 빠져있으며 그 관계가 지속될 것인지를 예측하고 싶다면, 여러분 가슴에 귀를 기울이지 말고, 룸메이트에게 물어보라.

DOONESBURY

Andrews McMeel Syndication

자기위주 편향 강의 시작 처음 몇 분을 놓치지 않으려고 강의실로 달려가는 모습을 상상해보라. 그런데도 숨을 헐떡거리면서 5분 늦게 도착한다. 자리에 털썩 주저앉을 때, 어떤 유형의 생각이 여러분 마음을 스쳐 지나가는가? "나는 내가 싫어."와 "나는 패배자야."와 같은 생각과 함께, 부정적인 방향으로 흐르겠는가? 아니면 "그래도 강의실에 왔잖아."와 "제시간에 오려고 정말 노력했는데 뭘."이라고 말하면서 긍정적인 입장을 취하겠는가?

자기위주 편향 자신을 호의적으로 지각하려는 경향성

성격심리학자는 대부분의 사람이 두 번째 입장을 취한다는 사실을 밝혀왔는데, 이것이 긍정적인 자기 생각으로 이끌어가기 때문이다. 사람들은 자신을 높게 평가한다. 다시 말해서 **자기위주 편향**(self-serving bias), 즉 자신을 호의적으로 지각하려는 성향을 나타낸다(Myers, 2010). 다음을 보자.

사람들은 악행보다는 선행 그리고 실패보다는 성공의 책임을 더 잘 받아들인다. 운동선수는 승리를 자신의 뛰어난 솜씨 덕으로 돌리며, 패배를 불운이나 어처구니없는 심판 판정 또는 상대방의 이례적인 성과 등의 탓으로 돌리기 십상이다. 시험에서 좋지 않은 점수를 받은 많은 학생은 자신을 탓하기보다는 시험이나 담당 교수를 비난한다. 자동차 보험회사의 기록을 보면, 운전자들이 사고를 다음과 같이 설명하는 경우가 많다. "보행자가 내 차를 들이받고는 차 밑으로 들어갔다." 자신의 성공이 아니라 문젯거리에 대해서 일반적으로 던지는 물음은 "도대체 내가 무슨 짓을 했다는 거야?"이다. 자기위주 편향이 사람들을 불편한 진실을 피하도록 이끌어갈 수도 있지만, 어려운 과제에 절망이 아니라 자신감을 가지고 접근하도록 동기화시킬 수도 있다(Tomaka et al., 1992; von Hippel & Trivers, 2011). 실제로 많은 연구에서 보면, 자기고양이 정서적 안녕감을 예측하고 있다(Dufner et al., 2019).

대부분의 사람은 자신이 평균보다 우수하다고 생각한다. 다른 사람에 비해서 여러분은 얼마나 도덕적인가? 얼마나 쉽게 다른 사람과 어울리는가? 1부터 99퍼센타일에서 여러분을 어디에 위치시키겠는가? 대부분의 사람은 자신을 50퍼센타일보다 훨씬 높은 쪽에 위치시킨다. 이러한 평균 이상 효과는 거의 모든 주관적이고 사회적으로 바람직한 차원에서 나타난다. 대부분의 사람은 자신이 평균 이상의 지능, 매력, 윤리의식, 직무수행 능력, 운전능력 등을 가지고 있다고 평가한다(Heck et al., 2018; Myers & Twenge, 2019; Walker & Keller, 2019). 겸손함에 가치를 두는 경향이 있는 아시아에서는 자기위주 편향이 약하다(Church et al., 2014; Falk et al., 2009). 그렇지만 조사한 53개국 모두에서 사람들은 평균 이상의 자존감을 피력하였다(Schmitt & Allik, 2005). 자신이 평균 이상이라고 생각하는 것은 정상인 것이다.

"나는 안타를 치지 못할 때 결코 나 자신을 비난하지 않는다. 단지 방망이를 비난하며, 그래도 안 될 때는 방망이를 바꾼다." 위대한 야구선수 요기 베라

관계에서 발생한 문제로 배우자를 비난하거나 직무수행에서 발생한 문제로 동료를 비난하는 것과 같이, 자기위주 편향이 갈등에 기저하기 십상이다. 모든 사람은 학교, 조직, 지역, 국가 등

"재미있는 사실 : 보통사람은 좀비 대재앙에서 살아남아야만 한다면, 63%의 다른 사람보다 자신이 더 낫다고 생각한다." 수학자 스펜서 그린버그와 경제학자 세스 스티븐스 다비도위츠(2019)

PEANUTS

Andrews McMeel Syndication

을 막론하고 자신의 집단이 더 우월하다고 생각하는 경향도 있다. 미국에는 50개의 주가 있는데, 미국인들은 평균적으로 자신의 주가 미국 역사에 18%를 기여하였다고 추정한다(Putnam et al., 2018). 내 집단이 더 우수하다는 이러한 집단위주 편향이 나치의 참상과 르완다 대학살에 기름을 부었던 것이다. 문학과 종교가 자기애와 자만심의 위험을 그토록 자주 경고하는 것도 이상한 일이 아니다.

부풀려진 자아를 가지고 있는 사람은 자신의 자존감이 위협을 받게 되면 폭력적으로 반응하기도 한다. 브래드 부시먼과 로이 바우마이스터(1998; Bushman et al., 2009)는 대학생 자원자들에게 글을 쓰게 하였는데, 그 글에 대해서 또 다른 대학생으로 위장한 실험협조자가 칭찬을 해주거나("대단한 글솜씨네!") 날카롭게 비난하였다("내가 읽어본 글 중에서 최악이군!"). 그런 다음에 글을 쓴 학생에게 평가자를 큰 소음으로 공격할 수 있는 기회를 주었다. 여러분은 그 결과를 예상할 수 있겠는가? 비현실적으로 높은 자존감을 가지고 있는 학생이 비난을 받은 후에는 '이례적이라고 할 만큼 공격적'이었다. 정상적인 자존감을 가진 학생보다 세 배나 많은 소음 공격을 가하였던 것이다. 80편이 넘는 연구가 공격성에 대한 **자기애**(narcissism)의 위험한 효과를 반복하였다(Rasmussen, 2016). 연구자들은 "자존심이 강하고 자기를 중요시하는 사람은 자기애라는 풍선에 구멍을 내는 사람에게는 심술쟁이로 변한다."라고 결론지었다(Baumeister, 2001).

심리학자 진 트웬지(2006; Twenge & Foster, 2010)는 지난 수십 년에 걸쳐 자기 중요성을 추적한 후에, 1980년대와 1990년대에 태어난 '나 세대(Generation Me)'라고 이름 붙인 오늘날의 새로운 세대가 자기애를 더 많이 표출한다고 보고하였다. 이들은 "만일 내가 세상을 지배한다면, 더 좋은 세상이 될 것이다." 또는 "나는 내가 특별한 사람이라고 생각한다."와 같은 진술에 더 자주 동의한다. 이러한 자기애 진술에 동의하는 것은 물질주의, 즉 유명해지려는 욕망, 부풀려진 기대, 진실한 관계의 감소, 증가하는 도박과 바람피우기 등과 상관이 있다. 이 모든 것이 자기애가 증가함에 따라서 함께 증가해왔다.

자기애적인 사람은(남자가 더 많다) 타인을 잘 용서하지 않고, 낭만적 사랑을 나누는 상대를 게임을 즐기듯이 대하며, 성적으로 강압적인 행동에 몰두한다(Blinkhorn et al., 2015; Bushman et al., 2003; Grijalva et al., 2015). 카리스마가 있고 야심만만하기 십상이며, 사람들이 건방지기 짝이 없는 오만에 식상할 때까지는 인기가 있다(Leckelt et al., 2020; Poorthuis et al., 2019). 과도한 칭찬을 목말라하며 비판받으면 방어적이거나 격분하기 십상이다(Geukes et al., 2016; Gnambs & Appel, 2018; Krizan & Herlache, 2018). 대부분의 자기애자는 자신이 다른 사람보다 우월하다고 말하는 부모 밑에서 성장하였다(Brummelman et al., 2015). 텔레비전 리얼리티 프로그램의 출연자들이 특히 자기애를 많이 나타낸다(Rubinstein, 2016; Young & Pinsky, 2006).

"실제라고 믿고 있는 자화상에게 자유롭게 말할 수 있는 기회가 주어질 때, 사람들은 현실이 유지시켜 줄 수 있는 것보다 극적이라고 할 만큼 긍정적인 태도를 취한다." 셸리 테일러, 『긍정적 착각』 (1989)

자만심의 위험이 입증되었음에도 불구하고 많은 사람은 자기위주 편향이라는 생각이 무가치하고 사랑받지 못한다고 느끼는 사람들을 간과하고 있다는 이의를 제기한다. 만일 자기위주 편향이 일반적인 것이라면 어째서 그토록 많은 사람이 자신을 비하하겠느냐는 것이다. 여기에는 다음과 같은 다섯 가지 이유가 있다. (1) 때때로 자기경멸은 암암리에 이루어지는 전략적인 것이다. 즉, 이러한 반응이 마음에 위안을 주려는 조치를 유발시킨다. 예컨대, "아무도 나를 좋아하지 않아."라고 말하는 것은 적어도 "그렇지만 모든 사람을 만나본 것은 아니잖아!"라는 반응을 유발시킬 수 있다. (2) 시합이나 시험을 앞둔 경우에는 자기비하 언급이 가능한 실패에 대비할 수 있게 해준다. 상대팀의 뛰어난 실력을 격찬하는 코치는 패배를 이해할 만한 것으로, 그리고 승리를 주목할 만한 것으로 만들어준다. (3) "어떻게 이렇게 어리석을 수 있었단 말인가!"와

자기애 지나친 자기 사랑과 자기 연민

같은 자기비하는 실수로부터 무엇인가를 배울 수 있게 도와주기도 한다. (4) 때로는 거짓 겸손이 실제로는 겸손한 척하면서 은근히 자랑하는 태도를 나타낸다. "공부를 거의 하지 않았는데, 놀랍게도 A 학점을 받았어"(Sezer et al., 2018). (5) 자기비하는 과거의 자기에 해당하는 것이기 십상이다. 정말로 잘못된 행동을 기억해내라고 요구하면, 사람들은 먼 과거의 일을 회상한다. 그리고 좋은 행동은 가까운 과거에서 쉽게 마음에 떠오른다(Escobedo & Adolphs, 2010). 사람들은 현재의 자기보다는 먼 과거의 자기에 대해서 훨씬 비판적이며, 아무것도 변한 것이 없는 경우에도 그렇다(Wilson & Ross, 2001). "18세 때 저는 멍청이였지요. 지금은 훨씬 다정다감하답니다." 자기 눈에는 어제의 얼간이가 오늘의 챔피언으로 보이는 것이다.

그렇다고 하더라도 모든 사람은 때때로 (그리고 어떤 사람은 거의 항상) 열등감을 느낀다. 특히 지위나 외모 또는 수입이나 능력이라는 사다리에서 한두 계단 위에 있는 사람과 자신을 비교할 때 그렇다. 상대적 열등감을 자주 느낄수록 더 불행하고 심지어는 우울해진다. 그렇지만 대부분의 사고는 본질적으로 긍정적 편향을 나타낸다.

몇몇 연구자는 두 가지 유형의 자존감, 즉 방어적 자존감과 안정적 자존감을 인정한다(Kernis, 2003; Lambird & Mann, 2006; Ryan & Deci, 2004). **방어적 자존감**은 깨지기 쉽다. 자기를 유지하는 데 초점을 맞추기 때문에 실패와 비판을 위협적인 것으로 느낀다. 방어적인 사람은 지각한 위협에 분노나 공격성으로 반응하게 된다(Crocker & Park, 2004; Donnellan et al., 2005).

안정적 자존감은 외적 평가에 좌지우지되지 않기 때문에 잘 깨지지 않는다. 외모나 부유함 또는 찬사가 아니라 바로 자기 자신이 인정받고 있다고 느끼는 것은 성공의 압력으로부터 벗어나게 해주며, 자신을 넘어서는 것에 초점을 맞출 수 있게 해준다. 대인관계와 목적에서 자신을 버림으로써 보다 안정된 자존감과 더 좋은 삶의 질을 달성할 수 있다(Crocker & Park, 2004). 실제 성취에 뿌리를 두고 있는 진정한 자부심은 자신감과 리더십을 지원해준다(Tracy et al., 2009; Weidman et al., 2016; Williams & DeSteno, 2009).

"만일 여러분 자신을 다른 사람과 비교한다면, 여러분은 공허하고 쓰라리게 될 것이다. 여러분보다 더 유능하거나 무능한 사람이 항상 존재하기 때문이다." 맥스 어먼, "원하는 것"(1927)

"진정한 겸손은 여러분 자신을 낮춰서 생각하는 것이 아니라, 자신에 대한 생각을 적게 하는 것이다." C. S. 루이스, 『순전한 기독교』(1952)

인출 연습

RP-3 높은 자존감의 긍정적 효과와 부정적 효과는 무엇인가?

RP-4 성공에 대해서는 책임을 받아들이고 실패에 대해서는 상황이나 나쁜 운을 비난하는 것을 ________이라고 부른다.

RP-5 (안정적/방어적) 자존감은 공격적이고 반사회적인 행동과 상관이 있다. (안정적/방어적) 자존감은 자신을 넘어서는 관심사에 초점을 맞추게 해주고 더 좋은 삶의 질을 향유하게 해주는 건강한 자기상이다.

답은 부록 E를 참조

개관 사회인지 이론과 자기

학습목표

자기검증 개념 파악을 증진시키도록 (부록 D의 답을 확인해보기에 앞서) 여러분 자신의 표현으로 여기서 반복하는 학습목표 물음에 답해보라 (McDaniel et al., 2009, 2015).

LOQ 14-18 사회인지 이론가는 성격 발달을 어떻게 조망하고 행동을 어떻게 설명하는가?

LOQ 14-19 사회인지 이론가는 어떤 비판에 직면해왔는가?

LOQ 14-20 심리학이 자기개념에 관하여 그토록 많은 연구를 수행한 이유는 무엇인가? 자존감은 안녕감에 얼마나 중요한가?

LOQ 14-21 과도한 낙관성, 자신의 무능성에 대한 무지, 자기위주 편향은 어떻게 자존감의 비용을 드러내는가? 방어적 자존감과 안정적 자존감은 어떻게 다른가?

기억해야 할 용어와 개념들

자기검증 여러분 자신의 표현으로 정의를 적어본 후에 답을 확인해보라.

사회인지적 조망	자기애	자존감
스포트라이트 효과	자기위주 편향	호혜적 결정론
자기	자기효능감	

학습내용 숙달하기

자기검증 여러분 자신의 표현으로 다음 물음에 답한 후에 부록 E에서 답을 확인해보라.

1. 사회인지 조망은 개인 요인과 환경 요인 그리고 행동이 상호작용하는 것처럼, 호혜적 결정론이라고 부르는 과정이 성격을 조성한다고 제안한다. 다음 중 환경 요인의 예는 무엇인가?

a. 집에 있는 책
b. 야외 활동의 선호
c. 4학년 수준의 읽기 능력
d. 텔레비전 폭력장면의 공포

2. 비판자들은 __________성격 이론은 개인과 특정 환경 간의 상호작용에 매우 민감하지만 그 개인의 지속적인 특질에는 주의를 기울이지 않는다고 주장한다.

3. 자신의 외모, 수행, 실수 등에 대한 타인의 주의와 평가를 과대추정하는 경향성을 __________라고 부른다.

4. 연구자들은 낮은 자존감이 삶의 문제와 관련되는 경향이 있다는 사실을 밝혀왔다. 다음 중 이 연관성을 제대로 해석하고 있는 것은 무엇인가?

a. 삶의 문제가 낮은 자존감을 초래한다.
b. 연계는 상관적이며 인과관계를 나타내지 않기 때문에 답이 명확하지 않다.
c. 낮은 자존감이 삶의 문제로 이끌어간다.
d. 자기위주 편향으로 인해서, 외적 요인이 낮은 자존감을 초래한다고 가정해야만 한다.

5. 행운의 과자는 '자신을 사랑하라. 그러면 행복이 따를 것'이라고 충고하고 있다. 이것은 좋은 충고인가?

baona/Getty Images

심리장애

나는 … 내 방을 청소해야 한다고 느꼈고, 매번 네다섯 시간을 들여 청소를 하였다. 서가의 책을 하나하나 끄집어내서 먼지를 털고는 다시 꽂았다 … 그만둘 수가 없었다. 외출하기에 앞서 침실 벽을 만져보는 의식을 수행하고 있었는데, 만일 그렇게 하지 않으면 무엇인가 나쁜 일이 벌어질 것 같았기 때문이었다.

— 강박장애로 진단된 마크
(Summers, 1996에서 인용)

내가 우울증에 빠지는 것은 자기감을 상실하기 때문이다. 나를 좋아할 만한 이유를 찾을 수가 없다. 나는 못생겼다고 생각한다. 아무도 나를 좋아하지 않는다고 생각한다.

— 우울증으로 진단된 그레타
(Thorne, 1993에서 인용)

군중의 함성과 같은 목소리가 들렸다. 내가 예수인 것처럼 느껴졌다. 십자가에 못 박히고 있었다.

— 조현병으로 진단된 스튜어트
(Emmons et al., 1997에서 인용)

모든 사람은 때때로 심리장애를 닮은 방식으로 느끼고 생각하며 행동한다. 불안하고 우울하며 고립감을 느끼고 미심쩍어한다. 따라서 와해된 심리 상태를 이해하려고 애쓰는 것은 이상한 일이 아니다. 때때로 연구하고 있는 정신질환에서 자신을 보기도 한다. '비정상을 연구하는 것은 정상을 이해하는 최선의 길'이라고 윌리엄 제임스(1842~1910)는 지적하였다.

개인적으로나 아니면 친구나 가족을 통해서 사람들은 설명할 수 없는 신체 증상이나 비합리적인 공포 또는 삶을 살아갈 가치가 없다는 감정을 경험하

신경발달장애
지적장애
자폐 스펙트럼 장애(ASD)
주의력결핍 과잉행동장애(ADHD)
비판적으로 생각하기: ADHD. 정상적으로 충만한 에너지인가 아니면 장애행동인가?

기도 한다. 여덟 개 국가에서 대학 신입생을 대상으로 수행한 조사에서 보면, 셋 중 한 명은 지난해에 정신건강 문제를 겪었다고 보고하였다(Auerbach et al., 2018).

전 세계적으로 대략 5억 명 이상이 심리장애나 행동장애를 가지고 살아가고 있다(WHO, 2017b). 심리장애의 발병률과 증상은 문화에 따라 다르지만, 우울정신병과 조현병이라는 두 가지 끔찍한 정신질환에서 자유로운 사회는 하나도 없다(Baumeister & Härter, 2007; Jablensky, 1999; Susser & Martínez-Alés, 2018). 이 장에서는 위의 두 장애를 포함하여 다양한 심리장애를 다룬다. 제16장에서는 치료법을 살펴볼 것이다.

심리장애의 소개

대부분의 사람은 너무나 우울해서 지난 석 달 동안 침대에서 빠져나오지 못하는 사람이 심리장애를 가지고 있을 것이라는 데 동의할 것이다. 그렇다면 자식을 잃은 후에 석 달 동안 정상적인 사회 활동을 재개하지 못하는 비통한 아버지는 어떤가? 이해할 수 있는 비탄과 임상적 우울 사이 어디에 경계선을 그어야 하는가? 두려움과 공포증의 경계선은? 정상성과 비정상성의 경계선은? 다음과 같은 물음으로부터 시작해보자.

- 심리장애를 어떻게 **정의**해야 하는가?
- 심리장애를 어떻게 **이해**해야 하는가? 기저의 생물학적 요인은 장애에 어떤 영향을 미치는가? 당혹스러운 환경은 안녕감에 어떤 영향을 미치는가? 이러한 선천성과 후천성 효과는 어떻게 상호작용하는가?
- 심리장애를 어떻게 **분류**해야 하는가? 그리고 병명으로 낙인찍지 않고 사람들에게 도움을 줄 수 있는 방식으로 분류할 수 있겠는가?
- 심리장애를 가지고 있는 사람은 자신이나 다른 사람에게 해를 끼칠 위험이 있는가?
- 심리장애 발병률에 대해서 무엇을 알고 있는가? 얼마나 많은 사람이 심리장애를 앓고 있는가? 어떤 사람이 언제 취약성을 보이는가?

"도대체 누가 무지개에서 보라색이 끝나고 주황색이 시작되는 곳에 선을 그을 수 있을까? 사람들이 색깔의 차이를 보는 것은 확실하지만, 정확하게 어디에서 하나의 색이 다른 색과 처음으로 뒤섞이게 되는 것인가? 정상과 정신 이상에서도 그렇지 않은가?" 허먼 멜빌, 『선원 빌리 버드』(1924)

심리장애의 정의

학습목표 물음 LOQ **15-1** 정상성과 장애 간의 경계선을 어떻게 그어야 하겠는가?

심리장애(psychological disorder)는 '인지, 정서 조절, 행동 등에서 임상적으로 심각한 동요'의 특징을 갖는 증후군, 즉 증상들의 집합이다(American Psychiatric Association, 2013). 그러한 사고, 정서, 행동은 **기능장애적**이고 **부적응적**이다. 정상적인 일상생활을 방해한다. 집을 주말마다 깨끗하게 청소해야 한다고 생각하는 것은 장애가 아니다. 그렇지만 이 장의 첫머리에 소개하였던 마크의 청소 의식처럼, 일과 여가를 방해한다면 장애의 신호가 될 수 있다. 마찬가지로 지속적이고 무능력하게 만드는 슬픈 기분도 심리장애의 신호일 수 있다.

심리장애 인지, 정서 조절, 행동 등에서 임상적으로 심각한 동요가 특징적으로 나타나는 증후군

괴로움은 기능장애를 수반하기 십상이다. 마크, 그레타, 스튜어트는 모두 자신의 사고, 정서,

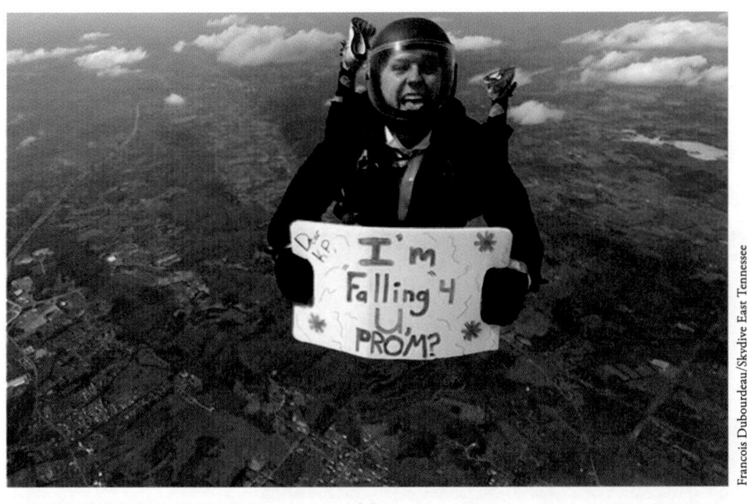

Francois Dubourdeau/Skydive East Tennessee

(a)

Carol Beckwith

(b)

문화와 정상성 (a) 남학생이 여학생에게 졸업무도회에 동행하자고 호소한 것처럼, 미국의 젊은 남자는 거창한 이벤트에 정성을 들인 초대를 계획하는지도 모르겠다. (b) 서아프리카 워다베 부족의 젊은 남자는 정교한 화장과 의상을 걸치고 여자를 유혹한다. 각 문화는 상대방의 행동을 비정상적인 것으로 간주할는지도 모르겠다.

행동으로 인해서 고통을 받았다.

시대가 바뀌면서 '심각한 동요'에 대한 정의도 변해왔다. 1952년부터 1973년 12월 9일까지는 동성애를 심리장애로 분류하였다. 1973년 12월 10일부터는 장애가 아니었다. 미국정신의학회가 이렇게 변경한 까닭은 점차적으로 많은 회원이 동성애를 더 이상 심리적 문제로 간주하지 않게 되었기 때문이다. 이러한 변화는 사회적 신념의 위력이기도 하다. [이러한 문화적 변천에도 불구하고, 자신을 트랜스젠더나 (자신을 남성이나 여성으로 규정하지 않는) 젠더 퀴어와 동일시하는 미국의 아동과 청소년이 심리장애로 진단받을 가능성은 정상적인 또래보다 일곱 배나 높다(Becerra-Culqui et al., 2018). 이것은 대체로 그들이 경험하는 낙인과 스트레스에 따른 것이다(Hatzenbuehler et al., 2009; Meyer, 2003).] 21세기에 들어와서는 장애를 기술하기 위한 보편적인 진단도구인 DSM의 최신판에서 새로운 진단이나 변화된 진단을 놓고 논쟁이 들끓고 있다(Conway et al., 2019; Widiger et al., 2019).

인출 연습

RP-1 한 변호사가 하루에 100번씩이나 손을 씻어야 한다는 느낌으로 고통을 받고 있다. 고객을 만나는 데 사용할 시간이 없으며, 동료들은 그의 능력을 의심하고 있다. 아마도 그의 행동에는 장애라는 딱지를 붙여야 할 것으로 보이는데, 그 행동이 일상생활을 간섭하는 __________ 행동이기 때문이다.

답은 부록 E를 참조

과거의 '치료법' 오랜 세월에 걸쳐서 심리장애가 있는 사람은 잔인한 치료를 받아왔는데, 석기시대 유물에서 보는 바와 같이 두개골을 도려내는 방법이 포함되었다. 이러한 두개골 구멍은 악령을 내보내서 심리장애를 치료하기 위한 것으로 보인다. 이 환자는 '치료' 후에 생존하였겠는가?

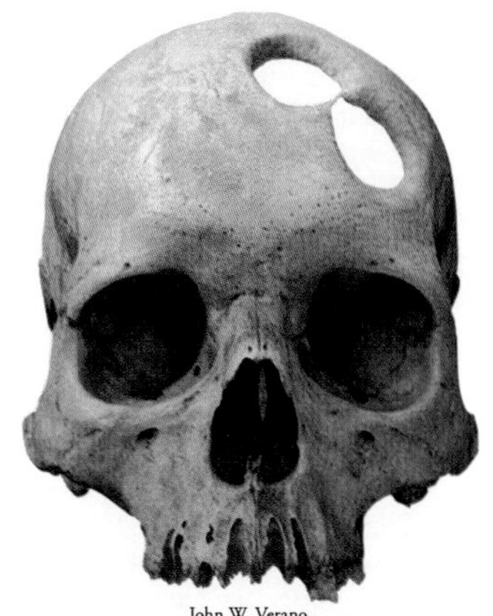
John W. Verano

심리장애의 이해

LOQ 15-2 의학 모형과 생물심리사회적 접근은 심리장애의 이해에 어떤 영향을 미치는가?

문제를 바라다보는 방식이 그 문제를 해결하고자 시도하는 방식에 영향을 미친다. 옛날 옛적에는 수수께끼 같은 행동을 별의 움직임, 신의 힘, 악령 등 이상한 힘이 작동하는 증거로 생각하기 십상이었다. 만일 여러분이 중세기에 살았더라면, "악마가 저 사람을 이렇게 만들었어요!"라고 말하였을지도 모른다. 그렇게 믿었었기에 사악한 악령을 내쫓는 치료법이 인정되어 왔다. 따라서 '미친' 사람을 때때로 동물원과 같은 환경에 가두거나, 거세하거나 때리거나, 이빨이나 내장

도덕적 치료 필리프 피넬의 영향을 받아서, 병원은 때때로 조지 벨로스의 작품(「정신병원에서의 춤」)에 묘사된 '광인을 위한 무도회'와 같은 환자들의 댄스파티를 후원하기도 하였다.

Dance in a Madhouse, 1917 (litho)/Bellows, George Wesley (1882–1925)/SAN DIEGO MUSEUM OF ART/San Diego Museum of Art, USA/Bridgeman Images

을 제거하거나, 동물의 피를 수혈하는 것과 같은 방법으로 치료하고자 하였다(Farina, 1982).

프랑스의 필리프 피넬(1745~1826)과 같은 개혁가들은 이렇게 잔인한 치료에 반대하고, 광기(狂氣)는 악마의 침입이 아니라 심한 스트레스와 비인간적인 조건이 야기하는 마음의 병이라고 주장하였다. 피넬은 질병의 치료에는 쇠사슬을 풀어주고 그들과 대화를 나눔으로써 환자의 사기를 증진시키는 것을 포함한 **도덕적 치료**가 필요하다고 언급하였다. 개혁가들은 잔인한 행위를 관대함으로, 고립을 활동으로, 불결함을 신선한 공기와 햇빛으로 대치하고자 노력하였다.

어떤 지역에는 아직도 정신병에 대한 야만적 치료법이 남아있다. 환자를 쇠사슬로 침대에 묶어놓거나 야생동물과 함께 방에 가두어두기도 한다. 세계보건기구(WHO)는 전 세계의 정신병원을 '구속하지 않고 환자에게 친절한 인도주의적 공간'으로 개조하려는 개혁을 시작하였다(WHO, 2014b).

의학 모형

1900년경의 획기적인 의학적 돌파구는 개혁에 더욱 박차를 가하게 만들었다. 연구자들이 성관계를 통해서 감염되는 매독균이 두뇌에 침투하여 마음을 일그러뜨린다는 사실을 발견하였던 것이다. 이 발견은 다른 심리장애의 신체적 원인 그리고 그 장애를 개선시키는 치료법을 찾아내려는 연구를 촉발하였다. 병원이 수용소를 대신하고, 심리장애의 **의학 모형**(medical model)이 탄생하였다. 이러한 영향을 받아서 오늘날에도 여전히 정신건강 운동을 언급한다. 즉, 마음의 **병**(정신병리라고도 부른다)은 **증상**에 근거하여 **진단**하고 **치료**를 통해 회복시켜야 하는데, 여기에는 정신**병원** 입원이 포함될 수 있다는 것이다. 의학적 조망은 많은 유전자가 상호작용하여 모든 주요 심리장애를 초래하는 두뇌의 비정상과 생화학적 비정상에 영향을 미친다는 최근의 발견에 의해서 활성화되어 왔다(Smoller, 2019). 오늘날에는 점점 더 많은 수의 임상심리학자가 병원에서 활동하면서, 마음과 신체가 어떻게 함께 작동하는지를 알아내기 위하여 의사들과 공동연구를 수행하고 있다.

의학 모형 질병은 진단되고 치료되며 대부분의 경우에 완치될 수 있는 신체적 원인을 가지고 있다는 개념. 심리장애에 적용할 때, 의학 모형은 이러한 심적 질병이 증상에 근거하여 진단되고 치료를 통해서 완치될 수 있다고 가정하는데, 여기에는 정신병원에서의 치료가 포함된다.

후생유전학 (DNA 변화 없이) 환경이 유전자 발현에 영향을 미칠 수 있는 분자기제에 관한 연구

생물심리사회적 접근

심리장애를 '질병'이라고 부르는 것은 연구를 생물학적 요인에만 지나치게 경도되게 만든다. 그렇지만 다른 많은 영역에서와 마찬가지로, 생물학적, 심리적, 사회문화적 요인이 행동과 사고 그

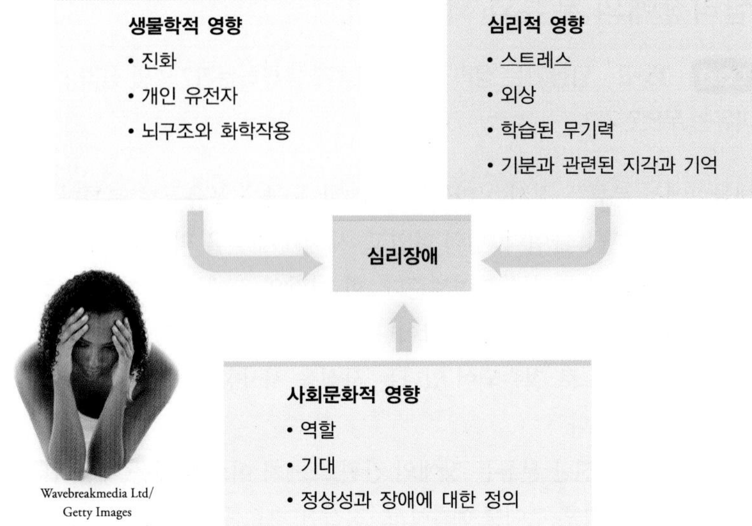

그림 15.1
심리장애에 대한 생물심리사회적 접근 오늘날의 심리학은 생물학적 요인과 심리적 요인 그리고 사회문화적 요인들이 상호작용하여 특정한 심리장애를 초래하는 방식을 연구한다.

리고 감정이라는 직물을 함께 직조해가는 것이다. 개개인은 경험하는 스트레스의 양과 스트레스원에 맞서 싸우는 방식에서 차이를 보인다. 문화도 스트레스의 출처 그리고 전통적인 대처방법에서 차이를 보인다. 사람은 신체적으로도 체화되어 있으며 사회적으로도 체화되어 있는 것이다.

우울정신병과 조현병이라는 두 장애는 전 세계적으로 발생한다. 다른 장애는 특정 문화와 연관되는 경향이 있다. 라틴아메리카에서는 심각한 불안과 안절부절못함 그리고 악마의 마법에 대한 공포라는 특징을 가지고 있는 수스토를 겪는 사람이 있다. 일본에서는 사람들이 자신의 외모에 대한 사회적 불안을 얼굴이 쉽게 붉어지는 것과 눈맞춤의 공포와 결합시킨 다이진 교푸쇼를 겪기도 한다. 거식증과 폭식증과 같은 섭식장애는 먹을거리가 넘쳐나는 서구 문화에서 가장 많이 발생한다. 이러한 장애들이 불안과 같은 기저의 역동성을 공유하지만, 특정 문화에서 발현되는 증상(섭식 문제나 공포의 유형 등)에서는 차이를 보인다. 장애에 따른 공격성조차도 문화에 따라서 상이하게 설명한다. 말레이시아에서 아목은 갑작스러운 폭력행동의 분출을 나타낸다.

생물심리사회적 접근은 마음과 신체가 분리 가능하지 않다는 사실을 강조한다(그림 15.1). 부정적 정서는 신체 질병을 촉발할 수 있으며, 신체 비정상성은 부정적 정서를 촉발할 수 있다. 생물심리사회적 접근은 취약성-스트레스 모형(소인-스트레스 모형이라고도 부른다)을 내놓았는데, 이 모형은 개인적 성향이 환경의 스트레스원과 결합하여 심리장애에 영향을 미친다고 가정한다(Monroe & Simons, 1991; Zuckerman, 1999). **후생유전학**(epigenetics) 연구는 DNA와 환경이 상호작용하는 방식을 밝힘으로써 취약성-스트레스 모형을 지지하고 있다. 특정 유전자가 한 환경에서는 발현되지만 다른 환경에서는 잠재된 채 발현되지 않기도 한다. 어떤 경우에는 이것이 장애의 출현 여부를 결정짓는 차이가 된다.

인출 연습

RP-2 심리장애는 문화보편적인가 아니면 문화특수적인가? 사례를 가지고 설명하라.

RP-3 생물심리사회적 접근이란 무엇인가? 심리장애의 이해에서 이 접근이 중요한 이유는 무엇인가?

답은 부록 E를 참조

Sidney Harris/Cartoon Stock

"저는 항상 이렇거든요. 가족들은 선생님이 약한 항우울제를 처방할 수는 없는지 궁금해하지요."

심리장애의 분류와 낙인찍기

LOQ 15-3 임상가는 심리장애를 어떻게 분류하는가? 몇몇 심리학자가 진단명 사용을 비판하는 이유는 무엇인가?

생물학에서 분류는 질서를 만들어낸다. 한 동물을 포유류로 분류하게 되면, 많은 사실을 알 수 있게 된다. 온혈동물이며, 털이 나있고, 새끼에게 젖을 먹인다. 정신의학과 심리학에서도 분류는 증상을 기술하고 질서를 부여해준다. 한 사람의 장애를 '조현병'으로 분류하는 것은 그 사람이 응집성 있게 말하지 못하며, 환각이나 망상을 가지고 있고, 정서가 거의 없거나 부적절한 정서를 보이며, 사회적으로 철수되어 있다는 사실을 시사한다. '조현병'은 복잡한 장애를 기술하는 간편법을 제공해준다.

이에 덧붙여, 진단 분류는 장애의 간편 스케치 이상의 것을 제공한다. 정신의학과 심리학에서 분류는 장애의 향후 추이를 **예측**하고, 적절한 치료를 **제안**하며, 원인에 대한 연구를 **촉진**한다. 장애를 연구하려면, 우선 이름을 붙이고 기술해야만 한다.

많은 국가에서 심리장애를 기술하는 데 가장 보편적으로 사용하는 도식이 미국정신의학회의 심리장애의 진단 및 통계 편람(DSM)인데, 현재 제5판(**DSM-5**)이 나와있다. 의사와 정신건강 전문가들은 DSM-5에 들어있는 상세한 '진단 기준과 코드'를 사용하여 진단과 치료를 주도한다. 예컨대, 표 15.1에 나와있는 모든 기준을 만족하는 사람을 '불면장애'로 진단하고 치료할 수 있다. DSM-5는 WHO의 국제질병분류(ICD)의 진단 코드를 포함하고 있어서 심리장애의 전 세계적 추세를 쉽게 추적해볼 수 있다.

DSM 이전 판에 딸린 사례 예시 책자는 이 장에서 소개한 여러 사례를 제공해 주었다.

DSM-5 범주의 신뢰도를 평가하는 실세계 검증에서 몇몇 진단은 잘 들어맞으며, 다른 진단은 잘 들어맞지 않았다(Freedman et al., 2013). 예컨대, 성인 외상 후 스트레스 장애와 아동기 자폐 스펙트럼 장애에 대한 임상가의 동의율은 거의 70%에 이르렀다. (만일 정신과 의사나 심리학자가 누군가를 이러한 장애로 진단한다면, 또 다른 정신건강 전문가가 독자적으로 동일한 진단을 내릴 가능성이 70%이었다.) 그렇지만 반사회적 성격장애와 범불안장애에서는 동의율이 20%에 머물렀다.

DSM-5 미국정신의학회의 심리장애의 진단 및 통계 편람, 제5판. 널리 사용하는 심리장애 분류 시스템이다.

표 15.1 불면장애
• 수면의 양이나 질에 만족하지 못한다(잠들기 어렵거나, 계속 잠을 자기 어렵거나, 깨었다가 다시 잠들기 어렵다).
• 수면 방해가 고통을 초래하거나 일상 기능을 손상시킨다.
• 1주일에 적어도 3일에 걸쳐 발생한다.
• 적어도 3개월 동안 지속된다.
• 적절한 수면 기회가 있음에도 발생한다.
• 기면증과 같은 다른 수면장애로는 설명할 수 없다.
• 약물의 사용이나 남용이 초래한 것이 아니다.
• 다른 심리장애나 의학 처치가 야기하는 것이 아니다.

출처 : American Psychiatric Association(2013)

비판자들은 오래전부터 DSM이 그물을 지나치게 넓게 치고는 '정신의학의 범위 내에 들어있는 거의 모든 유형의 행동'을 끌어들인다고 비난해왔다(Eysenck et al., 1983). 이제 DSM-5가 더욱 넓어진 그물을 가지고 일상생활을 지나치게 병리화한다고 우려하고 있다. 예컨대, 사별의 비탄을 **우울장애**로 분류한다는 것이다. 비판자들은 그러한 비탄은 비극적 삶의 사건에 대한 정상적인 반응으로 간주할 수 있다고 제안한다.

DSM에 바탕을 둔 새로운 분류법이 미국 국립정신건강연구소(NIMH)의 연구영역 기준(RDoC) 프로젝트이다(Insel et al., 2010; NIMH, 2017). RDoC 프로젝트는 장애를 행동과 두뇌 활동에 따라 체제화함으로써, '유전학, 신경과학, 행동과학에서 사용하는 현대적 연구 접근법의 위력'을 이용하여 장애를 연구하려는 목표를 가지고 있다(Insel & Lieberman, 2013).

다른 비판자들은 보다 근원적인 불만, 즉 병명이 기껏해야 주관적인 것이며, 설상가상으로 과학이라는 가면을 쓴 가치 판단일 뿐이지 않느냐는 불만을 토로한다. 어떤 사람에게 별명을 붙이게 되면, 그 사람을 다르게 보게 된다(Bathje & Pryor, 2011; Farina, 1982; Sadler et al., 2012b). 명칭은 자신의 견해를 확증하는 증거에 주의를 기울이게 함으로써 실제를 왜곡시킬 수 있다. 만일 신입사원이 비열한 속물이라는 말을 듣는다면, 그를 의심의 눈초리로 대하게 된다. 다시 그는 비열한 사람처럼 반응을 보일지도 모른다. 누군가 똑똑하다고 믿게 만들어도 마찬가지다. 특정 학생이 '영재'라고 알려주게 되면, 교사는 자신이 그 학생에게 기대하는 행동을 유발시키는 방식으로 행동하였다(Snyder, 1984). 명칭은 자기충족적일 수 있다. 그 명칭이 부정적인 것이면, 낙인을 찍을 수 있는 것이다.

한 연구에서는 사람들이 녹화한 면접 장면을 시청하였다. 피면접자가 구직자라고 알려주면, 정상적이라고 지각한다(Langer & Abelson, 1974; Langer & Imber, 1980). 암환자나 정신질환자를 보고 있다고 말해준 사람은 동일한 피면접자를 '보통사람과는 다른' 사람으로 지각하였다. 정신질환자의 면접을 보고 있다고 생각한 치료사는 '자신의 공격 충동에 놀란 사람', '수동적이고 의존적인 유형' 등으로 지각하였다. 사람들은 심리장애자를 낙인찍는 경향이 있다(Angermeyer & Dietrich, 2006; Corrigan & Watson, 2002; Pachankis et al., 2018; Weiner et al., 1988). 정신질환의 낙인은 사람들로 하여금 자신의 증상을 숨기고 치료를 회피하도록 만들 수 있다(Corrigan, 2004; Nam et al., 2018).

"내 여동생은 양극성장애로 고통받고 있으며, 내 조카는 조현병을 앓고 있다. 우리 집안에는 실제로 상당한 우울증과 알코올 중독이 있어왔으며, 전통적으로 이 사실에 대해서 아무도 언급한 적이 없다. 그저 그렇게 하지 않았을 뿐이다. 그 오명은 유해한 것이다." 배우 글렌 클로스, "정신질환 : 침묵의 오명"(2009)

명칭은 실험실 밖에서도 위력을 발휘한다. 정신병원에서 방금 퇴원한 사람에게는 직업을 구하거나 집을 임대하는 것이 심각한 도전거리가 될 수 있다. 누군가에게 '정신병자'라는 명칭을

GRETCHEN ERTL/The New York Times/Redux Pictures

분투와 회복 미국 보스턴시 시장인 마틴 월시는 자신의 음주에 대한 투쟁을 공개적으로 천명하였다. 그의 회복 이야기는 수십 년간 가장 치열하였던 시장 선거에서 승리하는 데 일조하였다.

붙여보라. 그러면 사람들은 잠재적인 폭력성에 두려워할지도 모른다. 심리장애를 보다 잘 이해함에 따라서 그러한 반응은 사라지고 있다. 인기인들이 당당하게 나서서 우울증과 약물 남용과 같은 장애로 고생한 것 그리고 도움을 찾아서 진단을 받고 치료를 받는 것이 얼마나 유용한지를 공개적으로 표명함으로써, 새로운 이해를 조장하는 데 일익을 담당해왔다. 심리장애 환자와의 접촉이 더 많아짐에 따라서 사람들의 태도도 더욱 수용적으로 바뀌고 있다(Corrigan et al., 2014).

심리장애와 장애행동에 관한 대중매체의 묘사가 낡은 고정관념을 서서히 교체하고 있다. 영화 '아이언맨'과 '어벤저스'에서 토니 스타크라는 슈퍼히어로는 PTSD의 배경 이야기를 가지고 있다. 영화 '블랙 스완'(2010)은 망상장애를 앓고 있는 주인공을 극화하였다. 영화 '싱글 맨'(2009)은 우울증을 묘사하였다.

따라서 명칭이 중요하다. 이러한 위험성에도 불구하고, 진단명은 이점을 가지고 있다. 정신건강 전문가들은 진단명을 사용하여 자신의 사례에 대한 정보를 소통하고 기저 원인을 이해하며 효과적인 치료 프로그램을 판별해낸다. 환자들도 자신이 겪고 있는 고통의 본질이 이름을 가지고 있으며 자신이 이러한 증상을 경험하는 유일한 존재가 아니라는 사실을 알고는 안도하기 십상이다.

자문자답하기

심리장애로 진단받았던 사람을 알고 있는가? (여러분 자신일 수도 있겠다.) 진단명이 그 사람에게 도움을 주었는가 아니면 해를 끼쳤다고 생각하는가?

인출 연습

RP-4 심리장애자에게 명칭을 붙이는 것의 가치는 무엇이며, 위험성은 무엇인가?

답은 부록 E를 참조

자신과 타인에게 해를 끼칠 위험성

심리장애자는 자신에게 해를 끼칠 가능성이 높다. 다른 사람에게 해를 끼칠 가능성도 높은가?

자살의 이해

LOQ 15-4 어떤 요인이 자살의 위험성을 증가시키는가? 비자살적 자해(自害)에 대해서 무엇을 알고 있는가?

절망의 순간에 자살을 생각해본 적이 있는가? 만일 그렇다면, 여러분은 혼자가 아니다. 전 세계적으로 자살 생각을 품은 많은 사람 중에서 매년 80만 명의 절망적인 사람이 일시적인 것일 수도 있는 문제에 영원한 해결책을 선택하는 행위를 수행한다(WHO, 2018e). 혹자는 여러분이 이 문단을 읽는 데 걸리는 시간인 40여 초 이내에 자살로 삶을 마감할 가능성이 있다.

불안하였던 사람의 경우에는 자살의 위험이 세 배로 증가하고, 우울하였던 사람의 경우에는 다섯 배나 된다(Bostwick & Pankratz, 2000; Kanwar et al., 2013). 깊은 우울에 빠져있을 때는 에너지와 결단력이 결여되기 때문에 자살을 선택하는 경우가 드물다. 회복하기 시작하여 실행에 옮길 수 있게 될 때 위험이 증가한다(Chu et al., 2016).

"그렇지만 이러한 속세의 장애물에 진절머리가 나는 삶이라고 할지라도, 스스로를 포기할 힘은 결코 가지고 있지 않지요." 윌리엄 셰익스피어, 『줄리어스 시저』(1599)

연구자들은 상이한 집단의 자살률을 비교하여 다음과 같은 사실을 찾아냈다.

- **국가 차이** : 러시아의 자살률이 미국보다 두 배 높으며, 미국은 스페인보다 두 배 높다(WHO, 2018e). 유럽 내에서는 리투아니아가 그리스보다 일곱 배 높다.
- **인종 차이** : 미국에서는 백인과 원주민의 자살률이 흑인, 히스패닉, 아시아인보다 대체로 두

배 높다(Curtin & Hedegaard, 2019). 캐나다 토착민의 자살률이 다른 캐나다인의 경우보다 세 배 높다(Kumar & Tjepkema, 2019).

- **성별 차이** : 여자가 남자보다 자살을 고려하거나 시도할 가능성이 훨씬 높다. 그렇지만 전 세계적으로 실제로 자살을 통해서 사망할 가능성은 남자가 두 배 높다(ONS, 2019; Ritchie et al., 2019b; WHO, 2018e). 머리에 총을 쏘는 것과 같이 남자가 사용하는 방법이 더 치명적이다. 예컨대, 미국에서는 모든 자살 시도의 13%만이 사망으로 끝이 나지만, 총을 사용하는 경우에는 그 수치가 90%로 치솟는다(Juskalian, 2019).
- **특질 차이** : 스웨덴인의 경우, 강박장애자가 우울의 위험도가 높으며, 그렇기에 자살의 위험이 증가한다(de la Cruz et al., 2017). 완벽주의자가 예컨대, 날씬해지거나 이성애자가 되거나 부자가 되겠다는 목표를 달성하려는 욕구를 느끼는데, 달성이 불가능하다는 사실을 알게 되어도 자살 생각이 증가할 수 있다(Chatard & Selimbegović, 2011; Smith, M. et al., 2018).
- **연령 차이** : 전 세계적으로 성인 후기에 자살률이 증가하는데, 70세가 넘어서 가장 높은 자살률에 도달한다(Ritchie et al., 2019a).
- **집단 차이** : 자살률은 부자, 무신론자, 독신자에서 훨씬 높았다(Norko et al., 2017; Okada & Samreth, 2013; VanderWeele et al., 2016, 2017). 가족이나 또래의 배척을 포함하여 비협조적인 환경에 직면한 게이, 트랜스젠더, 젠더 퀴어 젊은이도 자살을 시도할 위험이 증가한다(Goldfried, 2001; Haas et al., 2011; Hatzenbuehler, 2011; Testa et al., 2017).
- **요일과 계절 차이** : 부정적 정서는 주중에 올라가는 경향이 있는데, 이것이 비극적 결말을 초래할 수 있다(Watson, 2000). 놀랍게도 미국에서 자살의 25%가 수요일에 발생한다(Kposowa & D'Auria, 2009). 자살률은 4월과 5월에 가장 높으며, 일반적으로 생각하는 것과는 달리 겨울휴가를 보낸 후가 아니다(Nock, 2016).
- **연도 차이** : 대부분의 국가에서 자살이 증가해왔다(Ritchie et al., 2020). 예컨대, 1999년과 2017년 사이에, 미국인의 자살 생각과 자살률 모두가 거의 40% 증가하였다(CDC, 2019e; SAMHSA, 2019).

사회적 암시가 자살 생각과 행동을 촉발하기도 한다. 1,700만 명의 트위터 사용자 데이터를 분석한 결과를 보면, 자살 생각의 공유가 파급 효과를 일으켜서 소셜 네트워크를 통해서 퍼져나간다(Cero & Witte, 2019). 유명인사가 자살하거나 자살을 다룬 텔레비전 프로그램이 방영된 후에, 때때로 자살률이 증가한다(Niederkrotenthaler et al., 2019). 치명적인 자동차 사고와 자가용 비행기 사고의 경우도 마찬가지다. 6년에 걸친 한 연구는 1990년대에 스웨덴 스톡홀름에 살았던 1,200만 명 중에서 자살한 사례를 추적하였다(Hedström et al., 2008). 동료의 자살을 접한 남자는 그렇지 않은 사람에 비해서 자신의 목숨을 버릴 가능성이 3.5배나 높았다.

일반적으로 자살은 적개심이나 보복행위가 아니다. 사람들, 특히 노인은 현재나 미래의 고통에 대한 대안, 즉 참을 수 없는 고통을 제거하고 가족에게 안겨주는 부담을 덜어주기 위한 방안으로 자살을 선택하기도 한다. 전형적으로 자살 충동은 어느 곳에도 소속되지 않거나 다른 사람에게 짐이 된다고 느낄 때, 피할 수 없는 것처럼 보이는 상황에 갇혔다고 느낄 때, 즐거움을 경험할 수 없다고 느낄 때 증가한다(Chu et al., 2018; Ducasse et al., 2018; Taylor et al., 2011). 심리학자들은 광범위한 실업과 사회적 고립을 초래한 코로나바이러스 대유행 중에 자살률이 증가할지도 모른다고 염려하고 있다(Reger et al., 2020). 미국의 시스젠더(생물학적 성별과 심리적인 성별이 서로 일치하는 사람)인 퇴역군인에 비해서, 군대에서 낙인이 찍혔다고 느끼기 십상인 트랜스젠더 퇴역군인도 자살할 가능성이 두 배나 높다(Tucker, 2019).

가족과 친구들은 나중에 암시적 표현, 소지품 정리, 갑작스러운 기분 변화, 철회와 죽음에의 몰두 등 자신들에게 사전경고하였던 것이 확실하다고 믿는 신호를 회상하기도 한다(Bagge et al., 2017). 17개 국가에 걸쳐 84,850명을 대상으로 실시한 조사에서 보면, 대략 9%의 사람이 삶의 어느 시점에서 자살을 심각하게 고려하였다. 자살을 생각한 사람 10명 중에서 대략 3명이 실제로 자살을 시도하며, 그중에서 3%가 사망한다(Han et al., 2016; Nock et al., 2008). 첫 번째 자살 시도 후에 25년에 걸쳐 사람들을 추적한 연구에서 보면, 대략 5%가 결국에는 자살로 생을 마감하였다(Bostwick et al., 2016).

한 연구팀이 요약한 바와 같이, 자살은 예측하기 어렵다. "(자살하려는) 특정한 위험 요인을 가지고 있는 거의 대다수의 사람은 결코 자살행동을 시도하지 않는다"(Franklin et al., 2017, 217쪽). 그렇지만 연구자들은 자살의 수수께끼를 풀고자 계속해서 시도하고 있다. 한 연구팀은 전화 데이터를 수집하는 앱을 사용하여 10대 자원자의 목소리, 말표현, 사진, 선택한 음악, 수면장애 등을 연구함으로써 자살 위험을 예측하고자 시도하고 있다(Servick, 2019). 다른 연구팀은 심리평가, 건강기록, 소셜 미디어 게시물 등을 가지고 자살을 예측하는 인공지능 알고리듬을 개발하고 있다(Ribeiro et al., 2019; Simon et al., 2018; Walsh et al., 2017).

대략 47,000명의 미국인이 매년 자살로 사망하는데, 절반은 총기를 사용한 자살이다(CDC, 2019c). (독극물과 약물 과다복용이 자살 시도의 대략 80%를 설명하지만, 자살 사망의 14%만을 설명한다.) 총기 소지 비율이 높고 총기 안전법이 미약한 주의 자살률이 높으며, 빈곤과 도시화를 통제한 후에도 그렇다(Anestis & Anestis, 2015; Anestis et al., 2015; Miller et al., 2002, 2016; Tavernise, 2013). 미주리주가 엄격한 총기법을 폐기한 후에, 자살률이 15% 증가하였다. 코네티컷주가 그러한 총기법을 제정하였을 때 자살률이 16% 떨어졌다(Crifasi et al., 2015). 따라서 미국의 총기 소유자는 안전을 위해서 총기를 소유하기 십상이지만, 집에 총기를 보유하는 것이 덜 안전하게 만들어버린다. 가족이 자살이나 살인으로 사망할 가능성을 상당히 증가시키기 때문이다(Kposowa et al., 2016; VPC, 2015; Vyse, 2016).

자살을 언급하고 있는 사람, 예컨대 "모든 것을 끝낼 수 있으면 좋겠다." 또는 "내 인생이 정말 싫다. 계속 살 수가 없어." 등을 언급하는 사람에게 어떻게 하면 도움을 줄 수 있을까? 만일 누군가 온라인에 그런 글을 쓴다면, 익명으로 (페이스북, 트위터, 인스타그램, 유튜브, 스냅챗 등을 포함한) 다양한 소셜 미디어 안전팀과 접촉할 수 있다. 만일 친구나 가족이 자살을 말한다면, 여러분은 다음과 같이 할 수 있다.

1. **경청**하고 공감한다.
2. 그 사람을 학교 카운슬링센터, 자살 예방 생명의 전화 등과 같은 기관과 **연결**시켜 준다.
3. 의사, 가까운 병원 응급실, 119 등에 도움을 청함으로써 즉각적인 위험에 처한 것으로 보이는 사람을 **보호**한다. 장례식에 참석하는 것보다는 비밀을 공유하는 것이 더 좋다.

"사람들은 두 가지 근본적인 욕구가 소멸할 정도로 좌절을 경험할 때 죽기를 원한다. 즉, 어딘가에 소속되거나 다른 사람들과 연계하려는 욕구, 그리고 유능하다고 느끼거나 다른 사람에게 영향을 미치려는 욕구." 토머스 조이너(2006, 47쪽)

비자살적 자해

자해는 다양한 형태를 취한다. 비자살적 자해(NSSI)를 시도하는 사람은 대부분 청소년과 여성이다(Mercado et al., 2017; 그림 15.2). 예컨대, 피부에 상처를 내거나 불로 지지거나, 자신을 때리

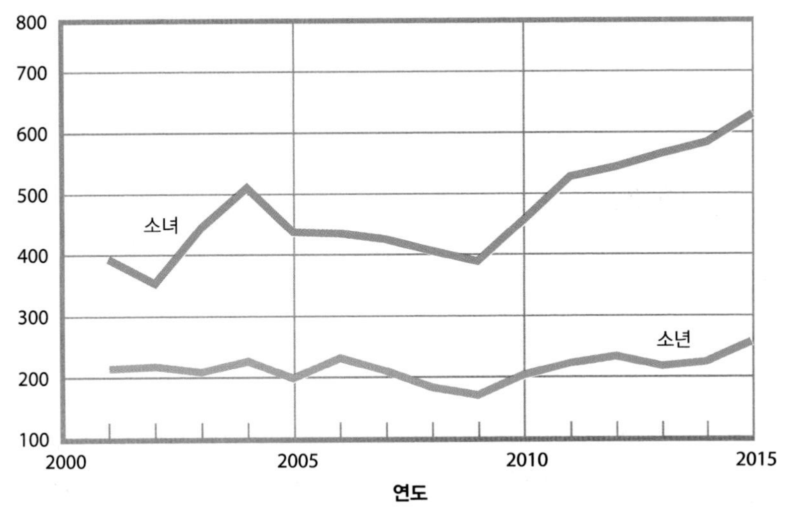

그림 15.2
미국에서 비자살적 자해로 응급실을 찾는 비율 자해율은 15~19세의 소년에 비해서 동년배의 소녀에게서 정점이 이른다(Mercado et al., 2017). 캐나다와 영국도 동일한 성별 차이와 증가하는 추세를 경험하였다(CIHI, 2019; McManus et al., 2019).

거나, 손톱이나 피부 속에 이물질을 삽입하기도 한다.

NSSI를 시도하는 사람은 집단 따돌림, 괴롭힘, 스트레스를 경험하였기 십상이다(Miller, A. et al., 2019; van Geel et al., 2015). 일반적으로 정서적 고통을 감내하거나 조절할 능력이 떨어진다(Hamza et al., 2015). 자기비판적이며 충동적이기 십상이다(Beauchaine et al., 2019; Cha et al., 2016).

NSSI는 자기강화적이기 십상이다(Hooley & Franklin, 2018; Selby et al., 2019). 사람들이 NSSI를 시도하는 이유는 다음과 같다.

- 고통의 분산을 통해서 집요한 부정적 사고로부터 벗어난다.
- 주의를 끌고 가능하다면 도움을 받는다.
- 스스로를 처벌함으로써 죄책감을 던다.
- 다른 사람이 부정적인 행동(집단 따돌림, 비난 등)을 바꾸도록 만든다.
- 또래집단과 어울린다.

NSSI는 자살로 이끌어가는가? 일반적으로는 아니다. NSSI를 시도하는 사람은 전형적으로 자살 시늉을 할 뿐이지 자살을 시도하지는 않는다(Evans & Simms, 2019; Nock & Kessler, 2006). 그렇지만 NSSI는 자살 생각과 장차 자살을 시도할 위험 요인이며, 양극성장애와 공존할 때 특히 그렇다(Geulayov et al., 2019). 만일 도움을 찾지 못하면, NSSI는 자살 생각으로 증폭되고는 결국에 자살을 시도하게 된다.

심리장애는 위험한 것인가?

LOQ 15-5 심리장애는 폭력행동을 예측하는가?

미국의 수도 워싱턴에 있는 해군 공창에서 2013년 9월 16일은 여느 월요일과 마찬가지로 시작하여, 사람들이 한 주의 일과를 시작하기 위하여 일찍 출근하고 있었다. 그런데 정부 청부업자인 에런 알렉시스가 주차를 하고는 건물에 들어서서 사람들에게 총격을 가하기 시작하였다. 한 시간이 지난 후에는 알렉시스를 포함하여 13명이 사망하였다. 알렉시스는 정신병 이력을 가지고 있었으며, "지난 3개월 동안 나는 초저주파 공격을 받았다. 정말로 솔직하게 말해서 그것이 나를

ADREES LATIF/REUTERS/Newscom

정신건강과 총기난사? 2012년 코네티컷 뉴타운에서 20명의 초등학생과 6명의 성인을 학살하고, 다시 2018년 플로리다 파클랜드에서 14명의 청소년과 3명의 성인에 대한 대학살이 일어나자, 사람들은 다음과 같은 물음을 던졌다. 정신건강 검사가 그러한 비극을 예방할 수 있는가? 극소수에 불과한 폭력을 행사하기 쉬운 심리장애자를 정신건강 전문가가 사전에 확인하고 총기 소유를 차단할 수 있는가? 그렇지만 1982년부터 2017년까지 미국에서 벌어진 집단학살의 85%에서 보면, 살인자는 사전에 정신건강 전문가를 만난 적이 없는 것으로 알려져 있다. 대부분의 살인은 "일상적 정서 상태에서 총을 쥐고 있는 건강한 사람이 저지른다"(Friedman, 2017).

이렇게 만들어버렸다."라고 진술하였다. 이렇게 충격적인 총기난사는 그 이후의 다른 사건들과 마찬가지로, 심리장애가 있는 사람은 위험하다는 대중의 생각을 강화시켰다(Barry et al., 2013; Jorm et al., 2012). 하원 의장인 폴 라이언(2015)은 "정신질환자가 총기를 구하고는 총기난사를 저지르고 있다."라고 말하였다. 한 조사에서 보면, 미국인의 84%는 "정신건강 진단과 치료에 정부의 지출을 늘리는 것이 학교 총기난사 사건을 예방하는 '어느 정도' 또는 '매우 효과적인' 접근방법이다."라는 데 동의하였다(Newport, 2012). 2018년 플로리다 파클랜드에서 일어난 학교 대학살 사건의 여파로, 당시 도널드 트럼프 대통령은 집단 살인자가 될 소지가 있는 사람을 수용할 수 있는 정신병원을 더 많이 개설할 것을 제안하였다. "이런 사람이 주변에 있다면, 정신병동으로 데려갈 수 있다."

임상가는 실제로 누가 해를 끼칠 가능성이 높은지를 예측할 수 있는가? 아니다. 대부분의 폭력범죄자는 정신질환자가 아니며, 대부분의 정신질환자는 폭력적이지 않다(Leshner, 2019; Verdolini et al., 2018). 게다가 폭력의 임상적 예측은 신뢰할 수 없다. 폭력행위를 저지르는 극소수의 정신질환자는 해군 공창의 총기난사자와 같이 그렇게 행동하라고 명령하는 위협적인 망상이나 환청을 경험하는 사람이거나 마약을 남용하는 사람인 경향이 있다(Douglas et al., 2009; Elbogen et al., 2016; Fazel et al., 2009, 2010).

심리장애를 겪고 있는 사람은 폭력범죄자이기보다는 희생자일 가능성이 훨씬 높다(Buchanan et al., 2019). 미국 의무감실에 따르면(1999, 7쪽), "심리장애를 가지고 있는 사람과의 우연한 접촉에서 낯선 사람을 향한 폭력이나 해코지할 위험성은 전혀 없다." 폭력에 대한 더 좋은 예측 요인은 알코올이나 마약의 남용, 폭력의 개인사, 총기의 가용성, 그리고 반복적인 두뇌 손상으로 결국에는 살인광이 되어버린 NFL 선수이었던 에런 에르난데스의 사례처럼, 두뇌 손상 등이다(Belson, 2017). 대량 살상 총기 사용자는 한 가지를 더 공통적으로 가지고 있다. 즉, 이들은 대부분 젊은 남자이다.

자문자답하기

사람들이 심리장애를 앓고 있는 사람은 위험하다고 믿기 십상인 까닭은 무엇이라고 생각하는가?

심리장애의 발병률

LOQ 15-6 얼마나 많은 사람이 심리장애로 고통받고 있거나 고통받아 왔는가? 위험 요인에는 어떤 것이 있는가?

누가 심리장애에 가장 취약한가? 삶의 어느 시기에 많이 발병하는가? 이러한 물음에 답하기 위해서 여러 국가는 수천 명에 달하는 국민의 대표표본을 대상으로 장시간에 걸친 구조화 인터뷰를 실시해왔다. 증상을 알아보는 수백 가지 질문, 예컨대 "2주 이상 죽고 싶다고 느꼈던 적이 있습니까?" 등의 질문을 던진 후에, 연구자들은 다양한 장애의 현재 발병률, 과거의 발병률, 그리고 평생에 걸친 발병률을 추정해왔다.

얼마나 많은 사람이 심리장애로 고통받는가? 전 세계를 대상으로 수행한 한 가지 주요 연구는 "2016년에 전 세계적으로 10억 명 이상이 심리장애와 중독장애로 고생하였다."라고 보고하였다(Rehm & Shield, 2019). 미국에서는 전체 성인의 19%에 달하는 4,700만 명의 성인이 지난해에

표 15.2 지난해에 심리장애를 겪었다고 보고한 미국인의 백분율

심리장애	백분율
우울장애나 양극성장애	9.3
특정 사물이나 상황의 공포증	8.7
사회적 불안장애	6.8
주의력결핍 과잉행동장애(ADHD)	4.1
외상 후 스트레스 장애(PTSD)	3.5
범불안장애	3.1
조현병	1.1
강박장애	1.0

출처 : 국립정신건강연구소(2015)

정신질환을 경험하였다(SAMHSA, 2018; 표 15.2).

심리장애 발병률은 지역에 따라 차이가 있는가? WHO 연구는 28개 국가에서 각국의 인구를 대표하는 수천 명을 대상으로 실시한 90분 인터뷰에 근거하여 작년에 심리장애를 겪은 사람의 수를 추정하였다(Kessler et al., 2009). 그림 15.3이 예시하는 바와 같이, 심리장애 보고율이 가장 낮은 국가는 나이지리아이었으며, 가장 높은 국가는 미국이었다. 나아가서 멕시코, 아프리카, 아시아에서 미국으로 이민 간 사람의 평균 정신건강이 미국 토박이보다 더 좋았다(Breslau et al., 2007; Maldonado-Molina et al., 2011). 예컨대, 최근 멕시코에서 이민 온 사람에 비해서, 미국에서 태어난 멕시코계 미국인이 심리장애의 위험이 훨씬 높았다. 이 현상을 이민자 역설이라고 부른다(Salas-Wright et al., 2018).

무엇이 심리장애의 취약성을 증가시키는가? 표 15.3이 나타내고 있는 바와 같이, 심리장애의 위험 요인과 보호 요인은 다양하다. 한 가지 예측 요인인 빈곤은 인종과 성별의 경계선을 넘나든다. 빈곤선(최저한도의 생활을 유지하는 데 필요한 소득 수준) 이하에 놓인 사람들 중에서는 심각한 심리장애의 발생빈도가 2.5배나 높다(CDC, 2014a). 이러한 빈곤-심리장애 상관은 또 다른 문제를 제기한다. 즉, 빈곤이 장애를 초래하는가? 아니면 장애가 빈곤을 초래하는가? 그 답은 장애에 따라 다르다. 조현병

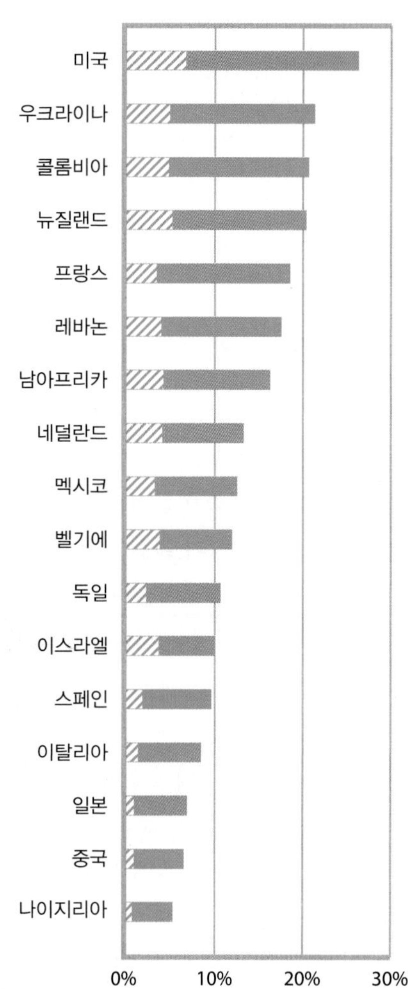

그림 15.3
여러 국가에서 심리장애의 지난해 유병률 28개 국가에서 실시한 인터뷰 결과(Kessler et al., 2009의 데이터)

표 15.3 심리장애의 위험 요인과 보호 요인

위험 요인	보호 요인
학업 실패	유산소 운동
출생 합병증	권한, 기회, 안전을 제공하는 지역사회
만성 질환자나 신경인지장애자 보호하기	경제적 독립
아동 학대와 방치	우수한 양육
만성 불면증	숙달과 제어감
만성 통증	안전감
가족 붕괴와 갈등	높은 자존감
저체중 출산	글 해독
낮은 사회경제적 지위	긍정적 애착과 초기 유대감
질병	긍정적 부모-자식 관계
신경화학적 불균형	문제해결 기술
부모의 정신질환	스트레스와 역경에 대한 탄력적 대처
부모의 물질 남용	사회적 기술과 직업기술
개인적 상실과 사별	가족과 친구의 사회적 지원
열등한 직업기술과 습관	
읽기장애	
감각장애	
사회적 무능력	
삶의 스트레스 사건	
물질 남용	
외상 경험	

출처 : WHO(2004a,b)

은 확실히 빈곤으로 이끌어간다. 그렇지만 빈곤의 스트레스와 폐해도 장애를 재촉하며, 특히 여성의 우울증과 남성의 물질 남용에서 그렇다(Dohrenwend et al., 1992). 빈곤-병리의 연계에 관한 현장실험에서 연구자들은 노스캐롤라이나 인디언 원주민 사회에서 경제발전이 지역사회의 빈곤율을 극적으로 감소시킴에 따라서 그 아동들이 문제행동을 저지르는 비율을 추적조사하였다. 연구가 시작되었을 때는 가난한 아동이 더 일탈적이고 공격적인 행동을 나타냈다. 4년이 지난 후에 빈곤선 이상으로 이동한 가정의 아동은 문제행동을 40%나 적게 나타낸 반면, 빈곤선 위나 아래에서 예전의 위치를 유지한 가정의 아동은 아무런 변화도 보이지 않았다(Costello et al., 2003).

삶의 어느 시기에 심리장애가 들이닥치는가? 심리장애자의 대략 절반은 10대 중반에 최초의 증상을 경험하며, 3/4이 20대 중반에 경험한다(Kessler et al., 2007; Robins & Regier, 1991). 반사회적 성격장애(연령 중앙값 8세)와 공포증(연령 중앙값 10세)의 증상이 가장 일찍 나타난다. 알코올 남용 장애, 강박장애, 양극성장애, 조현병 증상은 중앙값으로 20세경에 나타난다. 우울정신병은 더 늦게 나타나기 십상인데, 중앙값으로 25세경에 나타난다.

인출 연습

RP-5 가난과 심리장애 간의 관계는 무엇인가?

답은 부록 E를 참조

개관 심리장애의 소개

학습목표

자기검증 개념 파악을 증진시키도록 (부록 D의 답을 확인해보기에 앞서) 여러분 자신의 표현으로 여기서 반복하는 학습목표 물음에 답해보라 (McDaniel et al., 2009, 2015).

LOQ 15-1 정상성과 장애 간의 경계선을 어떻게 그어야 하겠는가?

LOQ 15-2 의학 모형과 생물심리사회적 접근은 심리장애의 이해에 어떤 영향을 미치는가?

LOQ 15-3 임상가는 심리장애를 어떻게 분류하는가? 몇몇 심리학자가 진단명 사용을 비판하는 이유는 무엇인가?

LOQ 15-4 어떤 요인이 자살의 위험성을 증가시키는가? 비자살적 자해(自害)에 대해서 무엇을 알고 있는가?

LOQ 15-5 심리장애는 폭력행동을 예측하는가?

LOQ 15-6 얼마나 많은 사람이 심리장애로 고통받고 있거나 고통받아 왔는가? 위험 요인에는 어떤 것이 있는가?

기억해야 할 용어와 개념들

자기검증 여러분 자신의 표현으로 정의를 적어본 후에 답을 확인해보라.

심리장애	후생유전학
의학 모형	DSM-5

학습내용 숙달하기

자기검증 여러분 자신의 표현으로 다음 물음에 답한 후에 부록 E에서 답을 확인해보라.

1. 두 가지 주요 심리장애가 전 세계적으로 나타난다. 하나는 조현병이며, 다른 하나는 ________이다.
2. 안나는 자동차를 평행주차하는 데 몇 분이나 걸린다는 사실이 당황스럽다. 인도와의 거리와 앞뒤 차와의 거리를 점검하기 위하여 일반적으로 한두 번은 차에서 내려보아야만 한다. 그녀는 심리장애를 걱정해야 하겠는가?
3. 한 심리치료사는 심리장애가 질병이며 이 장애를 가지고 있는 사람은 병원에 입원하여 치료를 받아야 한다고 주장한다. 이 치료사는 ________ 모형을 신봉하고 있다.
4. 문화와 관련된 심리장애의 예에는 어떤 것이 있는가?
5. 많은 심리학자는 질병으로서의 심리장애 견해를 거부하고, 스트레스 수준과 그 대처방법 등과 같은 다른 요인들도 관여되어 있다고 주장한다. 이러한 견해는 ________ 접근을 나타낸다.
   - **a.** 의학적
   - **b.** 후생유전학적
   - **c.** 생물심리사회적
   - **d.** 진단 명칭적
6. DSM, 특히 DSM-5가 논란거리가 되는 이유는 무엇인가?
7. (여자/남자)가 (여자/남자)보다 자살로 사망할 가능성이 더 높다.
8. 인종과 성별에 걸쳐 정신과적 장애에 대한 한 가지 예측 요인은 ________이다.
9. ________ 증상은 대략 10세경에 나타난다. ________은(는) 대략 25세경에 늦게 나타나는 경향이 있다.
   - **a.** 조현병; 양극성장애
   - **b.** 양극성장애; 조현병
   - **c.** 우울정신병; 공포증
   - **d.** 공포증; 우울정신병

불안 관련 장애

불안은 삶의 한 부분이다. 수업시간에 발표할 때, 사다리 위에서 아래를 내려다볼 때, 학기말시험 결과를 기다릴 때, 모든 사람은 불안을 느낀다. 때로는 너무나 불안해서 눈도 맞추지 못하고 상대방에게 말하는 것도 기피하게 되는데, 이럴 때 '수줍음'이라고 말하기도 한다. 다행스럽게도 대부분의 사람에게 있어서 이러한 근심은 강하지도 않고 지속적이지도 않다. 그렇지만 어떤 사람은 마치 공포영화의 배경음악을 들으면서 사는 것처럼, 미지의 것을 두려워하고 위협을 보다 잘 알아채며 기억해내는 경향이 있다(Gorka et al., 2017; Mitte, 2008). 두뇌의 위험 탐지 시스템이 과민반응하게 될 때, 불안장애와 불안을 수반하는 다른 세 장애인 **강박장애**(OCD), **외상 후 스트레스 장애**(PTSD), **신체증상장애**의 높은 위험성에 직면하게 된다.[1]

불안장애

LOQ 15-7 범불안장애, 공황장애, 그리고 특정 공포증은 어떻게 다른가?

불안장애(anxiety disorder)는 괴롭고 지속적인 불안이나 그 불안을 감소시키기 위한 행동의 기능장애라는 특징을 나타낸다. 예컨대, **사회적 불안장애**가 있는 사람은 파티, 교실에서의 발표, 심지어는 사람들과 함께 식사할 때처럼 다른 사람이 자신을 평가할지도 모르는 사회적 장면에서 극단적으로 불안해진다. 한 대학생은 발표를 하거나 시험을 치거나 권위 있는 인물을 만날 때 당황하지나 않을까 두려워서 과도한 심장박동, 떨림, 홍조, 발한 등을 나타냈다. 집에 있으면서 불안감을 피하였지만, 이것은 부적응적이다. 타인을 피하는 것은 대처하는 방법을 배우지 못하게 만들고 외롭다는 느낌을 갖게 만든다(Leichsenring & Leweke, 2017).

다른 세 가지 불안장애를 자세하게 살펴보도록 하자.

- **범불안장애** : 특별한 이유도 없이 계속해서 긴장하고 근심에 휩싸인다.
- **공황장애** : **공황발작**, 즉 급작스러운 강렬한 두려움을 경험하며, 다음 공황발작의 출현을 무서워한다.
- **특정 공포증** : 특정한 대상이나 행위 또는 상황을 불합리하고 강렬하게 무서워한다.

범불안장애

27세의 전기기사인 톰은 지난 2년간 어지러움, 손바닥에 땀나기, 심장의 두근거림, 이명(耳鳴) 등의 고통을 받아왔다. 짜증을 느끼며 때때로 몸을 덜덜 떤다. 자신의 증상을 가족과 동료들에게 숨기는 데는 어느 정도 성공하고 있다. 그렇기는 하지만 사회 접촉을 거의 하지 않고 있으며, 수시로 결근할 수밖에 없다. 가정의와 신경학자는 아무런 신체 문제를 발견하지 못하고 있다.

톰의 집중할 수 없고 제어할 수도 없는 부정적 감정은 지난 6개월 이상 지속된 과도하고 제어할 수 없는 병리적 걱정이 특징인 **범불안장애**(generalized anxiety disorder)를 암시한다. 이 장애를 가진 사람(2/3가 여자이다)은 끊임없이 걱정하며, 근육 긴장과 심적 동요 그리고 불면으로 괴

1 과거에는 OCD와 PTSD를 불안장애로 분류하였으나, DSM-5는 이 장애들을 별도로 분류하고 있다.

불안장애 고통스럽고 지속적인 불안 또는 불안을 완화하는 부적응 행동이 특징인 심리장애

범불안장애 끊임없이 긴장하고 불안하며 자율신경계가 각성된 상태에 있는 불안장애

공황장애 가슴 통증이나 숨막힘 또는 무시무시한 감각을 수반한 테러를 경험하는 강한 공포가 몇 분씩 지속되는 예측 불가능한 사건이 반복되는 불안장애. 다음에 발생할 공황 상태에 대한 심각한 걱정이 뒤따르기 십상이다.

특정 공포증 특정 대상, 행위, 상황 등에 대한 지속적이고 불합리한 공포와 회피가 특징인 불안장애

로움을 겪는다(McLean & Anderson, 2009). 일상의 걱정거리가 끊임없는 주의를 요구하기 때문에 주의집중이 어렵다. 자율신경계의 각성은 주름진 이마, 실룩거리는 눈꺼풀, 몸 떨림, 식은땀, 안절부절 등으로 긴장과 불안을 표출한다.

일반적으로 범불안장애자는 불안을 확인하거나 이완하거나 피할 수 없다. 프로이트의 용어를 빌리면, 불안은 특정 스트레스원이나 위협과 관련되지 않고 **유동적**이다. 우울한 기분을 수반하기 십상이지만, 우울 증상이 없는 경우에도 아무것도 하지 못하는 경향이 있다. 게다가 고혈압과 같은 신체 문제를 초래하기도 한다. 그러나 시간이 경과하면서 정서는 부드러워지는 경향이 있으며, 50세 정도가 되면 범불안장애는 상당히 드물게 된다(Rubio & López-Ibor, 2007).

공황장애

어떤 사람은 불안이 갑자기 급상승하여 무시무시한 공황이 엄습한다. 공황이란 무엇인가 무시무시한 사건이 일어날 것만 같은 강력한 공포가 1분여 지속되는 것이다. 심장이 쿵쾅거리고, 가슴 통증이 발생하며, 호흡곤란을 일으키고, 숨이 막히는 느낌, 몸의 떨림, 어지러움 등과 같은 신체 증상을 수반하기도 한다. 한 여자는 급작스러운 감정을 다음과 같이 회상하였다.

> 갑자기 뜨겁고 숨을 쉴 수 없을 것만 같은 느낌이 들었습니다. 심장이 고동치고 땀이 나면서 덜덜 떨리며 곧 기절할 것이 틀림없다고 생각하였지요. 그다음에는 손가락이 마비되고 욱신거리는 느낌이 들기 시작하면서 모든 것이 비현실적인 것처럼 보였습니다. 너무나 나쁜 상황이어서 죽어가는 것이 아닌가 걱정하면서 남편에게 응급실로 데려가 달라고 부탁했습니다. 대략 10분 정도 후에 응급실에 도착하였을 때는 최악의 공황 상태가 지나갔고 저는 모든 것이 쓸려나간 느낌이었습니다(Greist et al., 1986).

배회하는 공포 영화 '트와일라잇'의 젊은 배우인 크리스틴 스튜어트는 빈번하게 불안을 경험하였다. 그녀는 "나는 공황발작 증상이 있어요. 문자 그대로 항상 복통을 느꼈습니다."라고 말하였다(Lapidos, 2016). 자신의 불안을 공개하고 터놓은 것이 도움을 주었다. "마음을 여니까 훨씬 행복하답니다."

공황장애(panic disorder)가 있는 사람의 3%의 경우에는 공황발작이 반복된다. 불안이 토네이도와 같이 갑작스럽게 휘몰아쳐서 황폐하게 만들고는 사라져버리지만, 결코 망각되지 않는다. 역설적으로 불안에 대한 걱정, 아마도 또 다른 공황발작의 두려움이나 공공장소에서 불안이 야기하는 진땀 흘리기 등에 대한 걱정은 불안 증상을 증폭시킬 수 있다(Olatunji & Wolitzky-Taylor, 2009). 여러 차례의 공황발작을 경험한 후에 사람들은 이전에 그 발작이 휘몰아쳤던 상황을 회피하게 된다. 그 공포가 극단적으로 강력한 것이 되어버리면 **광장공포증**, 즉 공황발작이 들이닥칠 때 피하기 어려운 상황에 대한 공포나 회피로 발전할 수 있다. 그러한 공포로 인해서 사람들은 집 밖이나 군중 속이나 버스나 엘리베이터 안에 있는 것을 회피하게 된다. 흡연자는 공황장애의 위험이 배가되며 공황발작을 일으키면 증상이 더 심각하다(Knuts et al., 2010; Zvolensky & Bernstein, 2005). 니코틴이 흥분제이기 때문에, 담뱃불을 붙이는 것이 기분을 전환시켜 주지 않는다.

찰스 다윈은 5년에 걸쳐 전 세계를 항해한 후인 28세부터 공황장애로 고통받기 시작하였다. 시골로 이사하고, 사교모임을 회피하였으며, 부인을 대동하고서만 여행을 하였다. 그런데 이러한 은둔생활이 그가 진화론을 발전시키는 데 몰두할 수 있게 해주었다. 그는 이렇게 회고하였다. "나쁜 건강조차도 사교계의 즐거움이 초래하는 혼란으로부터 나를 구해주었다"(Ma, 1997에서 인용).

특정 공포증

모든 사람은 어느 정도 공포를 가지고 살아간다. 그렇지만 **특정 공포증**(specific phobia) 환자는

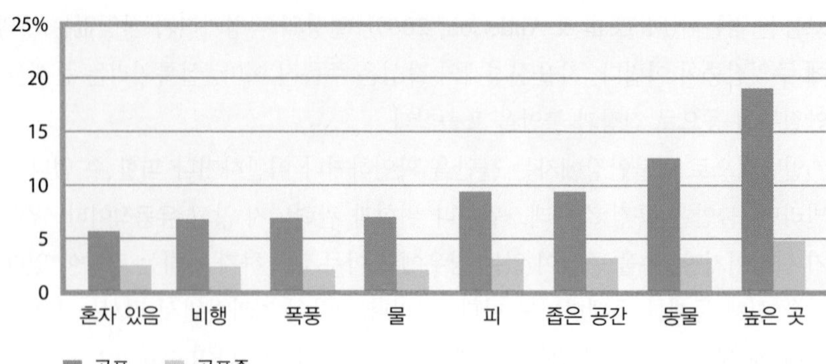

그림 15.4
몇 가지 공통적인 특정 공포 연구자들은 네덜란드인이 무서워하는 가장 공통적인 사건이나 대상을 확인하기 위한 조사를 실시하였다. 강력한 공포가 무시무시한 대상이나 상황을 피하려는 강력하지만 비이성적인 욕구를 촉발하면 공포증이 되어버린다(Depla et al., 2008의 데이터).

어떤 물건, 행위, 상황 등에 대한 지속적이고 비합리적인 공포와 회피로 탈진 상태가 되어버린다. 예컨대, 동물, 벌레, 높은 곳, 피, 좁은 공간 등이다(그림 15.4). 많은 사람은 높은 곳과 같이 공포를 유발하는 촉발자극을 회피하며, 공포증을 간직한 채 삶을 영위한다. 어떤 사람은 옴짝달싹할 수가 없다. 28세의 마릴린은 다른 모든 면에서는 건강하고 행복하지만, 천둥번개를 너무나도 무서워하여 일기예보에서 주말경에 폭풍우 가능성이 있다고 보도하는 순간부터 불안을 느낀다. 만일 남편이 출장을 가는데 폭풍우 예보가 있으면, 가까운 친척이라도 함께 있어야 한다. 폭풍우가 칠 때는 창문에서 멀리 떨어진 곳에 숨어서 번개를 보지 않기 위해 얼굴을 감싸 안는다.

인출 연습

RP-1 초점이 없는 긴장, 염려, 각성은 ________장애의 증상이다.

RP-2 예측할 수 없는 주기의 공포와 강렬한 위협을 경험하며 소름 끼칠 정도의 신체 감각을 수반하는 사람은 ________장애로 진단받을 수 있다.

RP-3 특정한 대상이나 상황에 근거 없는 두려움을 느끼는 사람은 ________을 가지고 있는 것이다.

답은 부록 E를 참조

강박장애(OCD)

LOQ 15-8 강박장애란 무엇인가?

불안장애에서와 마찬가지로, 일상 행동에서 **강박장애**(obsessive-compulsive disorder, **OCD**)의 단면을 볼 수 있다. 강박적 사고는 원치 않으면서 끝나지 않을 것만 같다. 강박적 행동은 그러한 사고에 대한 반응이다.

모든 사람은 때때로 어떤 생각에 사로잡히고 강박적으로 행동하기도 한다. 여러분의 생활 공간이 다른 사람에게 어떻게 보일지가 다소 걱정이 되어 손님이 도착하기 전에 반복적으로 확인하고 청소한 적이 있는가? 아니면 다가오는 시험이 걱정되어, 공부하기에 앞서 모든 물건을 정리하는 데 사로잡힌 적이 있는가? 일상의 삶은 사소한 리허설과 안달복달하는 행동으로 가득 차 있다.

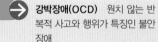

강박장애(OCD) 원치 않는 반복적 사고와 행위가 특징인 불안장애

외상 후 스트레스 장애(PTSD) 외상 경험 후에 4주 이상 맴도는 기억, 악몽, 과잉경계, 외상 관련 자극의 회피, 사회적 철수, 급작스러운 불안, 감각마비, 불면증 등이 특징적으로 나타나는 불안장애

너무나 지속적으로 일상생활을 방해하고 개인적 고통을 야기하게 되면 정상성을 벗어나서 장애가 되어버린다. 문이 잠겼는지를 확인하는 것은 정상이다. 그렇지만 열 번씩 확인한다면 그것은 정상이 아니다. (표 15.4는 몇 가지 사례를 보여준다.) 일생을 살아가면서 특히 10대 후반

표 15.4 강박장애 아동과 청소년의 강박적 사고와 행동

사고 또는 행동	증상을 보고하는 백분율
강박적(반복적) 사고	
먼지, 병균, 독극물 등의 걱정	40
무시무시한 사건의 발생(화재, 죽음, 질병)	24
대칭, 질서, 또는 정확성	17
강박적(반복적) 행동	
지나친 손 씻기, 목욕, 칫솔질, 몸단장	85
반복적 의식행동(문 드나들기, 의자에서 앉고 서기의 반복)	51
문, 자물쇠, 집기, 자동차 브레이크, 숙제 등의 확인	46

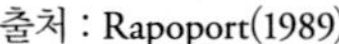
출처 : Rapoport(1989)

Michael Campanella/WireImage/Getty Images

OCD와 함께 성공하기 유명 가수인 저스틴 팀버레이크는 가족의 지원과 유머감각이 강박신경증을 극복하는 데 도움을 주었다고 말하고 있다.

과 20대에서 자주 일어나는데, 대략 2%의 사람이 정상성의 경계를 넘어서서 장애를 경험한다(Kessler et al., 2012). 강박적 사고와 행동이 비합리적이라는 사실을 알고 있음에도 불구하고, 불안이 증폭시키는 강박적 사고가 머리에서 떠나지 않으며 강박적 의식이 지나치게 많은 시간을 낭비하게 만들면, 효과적으로 기능하는 것 자체가 불가능해진다(Pérez-Vigil et al., 2018).

강박장애는 나이 든 사람보다 10대와 젊은 성인에서 더욱 빈번하다(Samuels & Nestadt, 1997). 강박장애로 진단받은 144명의 스웨덴인을 40년 동안 추적한 연구를 보면, 대부분의 경우에 강박 증상이 점차적으로 완화되지만, 완전히 회복한 경우는 다섯 명 중에서 한 명에 불과하였다(Skoog & Skoog, 1999).

Lila Ash/Conde Nast/The Cartoon Bank

"잠깐! 손은 씻었어요?"

어떤 사람은 강박장애와 관련된 다른 장애를 경험한다. 예컨대, **수집장애**(실제 쓸모나 가치와 무관하게 물건을 버리지 못하고 쌓아두는 증상), **신체변형장애**(신체적 결함이나 외모에 대한 지나친 집착), **발모장애**(자기 자신의 털을 잡아 뜯는 병적 충동), **피부뜯기장애**(자신의 피부를 반복적으로 뜯어내려는 충동) 등이 있다.

외상 후 스트레스 장애(PTSD)

LOQ 15-9 외상 후 스트레스 장애란 무엇인가?

해외에서 복무하는 동안 제시는 "아이들과 여자들의 살해 장면을 목격하였다. 그것은 누구에게나 끔찍한 경험이었다." 집으로 귀환한 후에 그는 "정말로 끔찍한 플래시백"으로 고통받았다(Welch, 2005).

제시만이 이러한 고통을 받고 있는 것은 아니다. 이라크와 아프가니스탄에서 귀환한 104,000명의 퇴역군인을 대상으로 수행한 연구에서 보면, 25%가 심리장애로 진단받았다(Seal et al., 2007). 가장 빈번한 것이 **외상 후 스트레스 장애**(posttraumatic stress disorder, **PTSD**)이었다. 테러, 고문, 강간, 지진, 난민 이동의 생존자들도 PTSD를 나타냈다(Charlson et al., 2016; Westermeyer, 2018). 전형적인 증상이 반복적으로 출몰하는 선명하고도 비통한 기억과 악몽이다. 또한 PTSD는 잠재적 위협, 사회적 철회, 솟구치는 불안, 불면 등에 대하여 레이저로 초점을 맞춘 것과 같은 주의집중이 수반되기 십상이다(Fried et al., 2018; Lazarov et al., 2019;

Chip Somodevilla/Getty Images

플로리다 파클랜드에서 발생한 PTSD 2018년 플로리다 파클랜드에서 벌어진 학교 총기난사 사건에서 서맨사 푸엔테스(오른쪽)는 친구가 죽어가는 장면을 목격하였으며 그녀의 얼굴과 다리에 파편이 박혔다. 나중에 그녀는 PTSD 증상을 보고하였는데, 학교로 되돌아가는 것과 문이 꽝 하고 닫히는 소리에 깜짝 놀라는 공포를 포함하였다. 살아남은 다른 두 학생은 2019년에 자살하였는데, 그중 한 명은 PTSD로 진단받았었다(Mazzei, 2019).

Malaktaris & Lynn, 2019).

많은 사람이 외상적 사건을 경험한다. 그리고 많은 사람이 **생존자 탄력성**, 즉 심각한 스트레스 후에 회복하는 능력을 나타낸다(Galatzer-Levy et al., 2018). "나를 죽이지 못하는 것은 나를 더욱 강하게 만든다."라는 프리드리히 니체(1889/1990)의 아이디어가 모든 사람에게 참은 아닐지라도, 외상 희생자의 대략 절반이 **외상 후 성장**을 보고한다(Wu, X. et al., 2019). 때로는 눈물이 승리를 거두기도 한다.

어째서 외상 사건 후에 5~10%의 사람은 PTSD로 발전하지만 다른 사람들을 그렇지 않은 것인가?(Bonanno et al., 2011). 한 가지 요인은 정서적 고통의 양이다. (전쟁포로가 겪는 신체적 고문의 수준과 같이) 고통이 클수록, 외상 후 증상의 위험이 크다(King et al., 2015; Ozer et al., 2003). 이라크와 아프가니스탄에 참전하였던 미군 중에서 심각한 전투를 경험하고 자기비난적인 재앙적 사고를 하였던 병사가 특히 PTSD에 취약하였다(Seligman et al., 2019). 9/11 테러 공격이 있을 때 국제무역센터 건물 내부에 있다가 생존한 사람의 PTSD 진단율은 건물 밖에 있었던 사람의 진단율보다 두 배나 높았다(Bonanno et al., 2006).

또 다른 무엇이 PTSD 발생에 영향을 미치는가? 어떤 사람은 신체를 스트레스 호르몬으로 흠뻑 적시게 만드는 민감한 정서처리 변연계를 가지고 있다(Duncan et al., 2017; Kosslyn, 2005). 유전자와 성별도 중요하다. 쌍둥이는 형제에 비해서 PTSD의 인지적 위험 요인을 더 많이 공유하고 있다(Gilbertson et al., 2006). 그리고 외상 사건 후에 이 장애를 얻을 가능성은 여자가 남자보다 더 높다(Olff et al., 2007; Ozer & Weiss, 2004).

몇몇 심리학자는 PTSD를 과잉진단해 왔다고 믿고 있다(Dobbs, 2009; McNally, 2003). 비판자들은 너무나도 자주 정상적인 스트레스와 관련된 나쁜 기억과 꿈을 포함하도록 PTSD를 확장한다고 말한다. 그리고 '실험 후 설명'과 같은 몇몇 선의의 절차가 스트레스 반응을 악화시킬 수도 있다는 것이다(Bonanno et al., 2010; Wakefield & Spitzer, 2002).

인출 연습

RP-4 원치 않는 반복적인 생각이나 행위를 통해서 불안을 표현하는 사람은 __________ 장애를 가지고 있을 수 있다.

RP-5 외상 사건 후에 끊임없이 떠오르는 기억과 악몽, 사회적 철회, 솟아오르는 불안, 감정의 마비, 몇 주에 걸친 불면 등의 증상을 보이는 사람은 __________ 장애로 진단받을 수 있다.

답은 부록 E를 참조

신체증상장애

LOQ 15-10 신체증상장애란 무엇인가?

사람들이 병원을 찾게 만드는 공통적인 문제는 '의학적으로 설명할 수 없는 질병'이다(Johnson, 2008). 엘런은 남편이 귀가하기 직전에 어지럽고 토할 듯 메스껍다. 그녀의 주치의나 신경과 의

사는 신체적 원인을 찾아낼 수가 없다. 이들은 그녀의 증상이 무의식적인 원인을 가지고 있으며, 남편에 대한 양가적 감정이 촉발하는지도 모르겠다고 의심하고 있다. 엘런은 **신체증상장애**(somatic symptom disorder)를 가지고 있으며, 명백한 신체적 원인도 없이 고통스러운 증상이 신체적 형태를 취한다.

모든 사람은 스트레스를 받을 때 설명할 수 없는 신체적 증상을 경험한다. 문제는 "당신 마음속에 있다."라고 말해주는 것은 위로가 되지 않는다. 비록 원인이 심리적인 것이라고 하더라도, 정말로 그 증상을 느낀다. 어떤 사람은 구토, 어지럼증, 혼탁한 시야, 삼키기 어려움 등과 같은 다양한 고통을 보이기도 한다. 다른 사람은 심각하고 지속적인 통증을 경험하기도 한다. 그러한 증상이 심각한 고통이나 기능의 손상과 연합되면 장애가 되는 것이다.

문화적 맥락이 사람들의 신체적 고통과 그 고통의 설명방식에 커다란 영향을 미친다(Kirmayer & Sartorius, 2007). 중국에서는 불안장애가 가장 보편적인 심리장애이다(Huang et al., 2019). 그렇지만 불안과 우울의 심리학적 설명이 서구 국가에 비해서 사회적으로 용납되지 않기 때문에, 사람들은 고통의 정서적 측면을 잘 토로하지 않는다. 중국인은 고통의 신체적 증상에 더 민감하고 기꺼이 언급하려고 하는 것으로 보인다(Ryder et al., 2008).

신체증상장애는 환자가 심리학자나 정신과 의사가 아니라 내과 의사를 찾게 만든다. 특히 **질병불안장애**(illness anxiety disorder, 과거에는 건강염려증이라고 불렀다)를 겪고 있는 사람에게서 그렇다. 비교적 보편적인 이 장애를 가지고 있는 사람은 정상적인 감각(오늘의 위경련, 내일의 두통 등)을 심각한 질병의 증상으로 해석한다. 사소한 증상이 심각한 질병을 나타내는 것이 아니라고 의사가 아무리 설득해도 환자를 확신시키지 못한다. 따라서 환자는 이 병원과 저 병원을 찾아다니면서 의학적 관심을 추구하고 받아보지만, 장애의 심리적 뿌리를 받아들이지 못한다. 누군가의 공감이나 일상사로부터 일시적으로 벗어나는 것이 그러한 행동을 강화한다.

자문자답하기

정상적인 신체 감각으로 인해서 불필요하게 짜증을 냈던 때를 회상할 수 있는가?

불안 관련 장애의 이해

LOQ 15-11 조건형성, 인지, 생물학적 소인은 어떻게 불안 관련 장애를 특징짓는 감정과 사고에 기여하는가?

불안은 감정이자 인지이다. 양면적 자기평가이다. 불안한 감정과 인지는 어떻게 일어나는 것인가? 오늘날 불안을 지그문트 프로이트와 같이 해석하는 심리학자는 거의 없다. 프로이트의 정신분석 이론은 사람들이 아동기에 시작된 억누르기 어려운 충동과 생각 그리고 감정을 억압한다고 제안하였다. 프로이트는 이렇게 침잠한 심적 에너지가 때때로 불안한 손 씻기와 같은 이상한 증상으로 드러난다고 믿었다. 오늘날 대부분의 심리학자는 세 가지 현대적 조망, 즉 조건형성, 인지 그리고 생물학적 조망을 취한다.

조건형성

파블로프식 조건형성을 통해서 공포반응이 예전의 중립적이던 사물이나 사건과 연계될 수 있다.

신체증상장애 명확한 신체적 원인이 없음에도 증상이 신체적 형태를 취하는 심리장애 

질병불안장애 정상적인 신체 감각을 질병의 증상으로 해석하는 장애(과거에는 건강염려증이라고 불림)

학습과 불안 간의 연계를 이해하기 위하여 연구자들은 실험실 쥐에게 예측할 수 없는 전기쇼크를 가하였다(Schwartz, 1984). 범행 장면으로 되돌아오면 불안감을 느낀다고 보고하는 폭행 희생자와 마찬가지로, 쥐도 실험실 환경에서 불안정해진다.

마찬가지로 불안하거나 외상을 경험한 사람은 자신의 불안을 특정 단서와 연합시키게 된다(Bar-Haim et al., 2007; Duits et al., 2015). 한 조사에 따르면, 사회적 불안장애를 가지고 있는 사람의 58%가 외상 사건 후에 장애를 경험하였다(Öst & Hugdahl, 1981). 불안과 관련된 장애는 나쁜 사건이 예측 불가능하고 제어 불가능한 상태에서 발생할 때 발병할 가능성이 더 높다(Field, 2006; Mineka & Oehlberg, 2008). 단 한 번의 고통스럽고 놀라운 사건조차도 파블로프식 조건형성의 **자극 일반화**와 조작적 조건형성의 **강화** 덕분에 완벽한 공포증을 촉발하기도 한다.

자극 일반화(stimulus generalization)는 두려운 사건을 경험하고 뒤이어서 유사한 사건에 대한 공포가 발달될 때 일어난다. 정지 신호를 놓친 운전자가 저자(마이어스)의 차를 들이받은 적이 있다. 그 후 몇 달 동안 저자는 옆에서 접근하는 차를 두려워하였다. 마릴린의 천둥번개 공포증도 마찬가지로 폭풍이 칠 때 무시무시하거나 고통스러운 경험을 한 후에 일반화된 것일 수 있다.

강화는 학습된 공포와 불안을 유지하는 데 기여한다. 두려운 상황을 회피할 수 있게 해주는 것은 어느 것이나 부적응적인 행동을 강화할 수 있다. 공황발작이 두려운 사람은 집구석에 처박혀 있기로 결정하기도 한다. 안정된 느낌으로 강화를 받음으로써 그 행동을 반복할 가능성이 증가한다(Antony et al., 1992). 강박행동도 유사하게 작동한다. 손을 씻는 것이 불안 감정을 완화해 준다면, 그 감정이 일어날 때마다 손을 씻게 된다.

인지

조건형성이 불안 감정에 영향을 미치지만, 사고, 기억, 해석, 기대 등도 마찬가지다. 다른 사람을 관찰함으로써 그들이 두려워하는 것을 두려워하도록 학습할 수 있다. 야생에서 성장한 거의 모든 원숭이가 뱀을 두려워하는 반면에, 실험실에서 성장한 원숭이는 그렇지 않다. 대부분의 야생 원숭이가 실제로 뱀에 물려서 고통받지 않는 것은 확실하다. 원숭이는 관찰을 통해서 공포를 학습하는가? 이 물음에 답하기 위하여 수전 미네카(1985, 2002)는 야생에서 성장한 여섯 마리의 원숭이(모두 뱀을 극도로 두려워하였다) 그리고 실험실에서 성장한 이들의 후손(어느 녀석도 뱀을 두려워하지 않았다)을 대상으로 실험을 수행하였다. 뱀이 존재하는 상황에서 먹을 것에 접근하지 않는 부모와 또래를 반복적으로 관찰한 어린 원숭이는 뱀에 대한 강력한 공포를 발달시켰다. 3개월 후에 재검사를 실시하였을 때, 이들의 학습된 공포가 그대로 남아있었다. 인간도 마찬가지로 타인을 관찰함으로써 공포를 학습한다(Helsen et al., 2011; Olsson et al., 2007).

위험에 주의를 기울이는 것이 도움이 된다고 하더라도, 불안은 단지 스스로 만들어낸 거짓뉴스에 대한 반응이다. 불안장애가 있는 사람을 추적한 연구에서 보면, 10명 중에서 9명 이상이 근거가 없다고 입증된 것을 걱정한다(LaFreniere & Newman, 2019). 그러한 사람은 과잉경계를 하는 경향이 있는 것이다. 자극을 위협적인 것으로 해석하기 십상이다(Everaert et al., 2018). 쿵쾅거리는 심장은 심장마비의 신호가 된다. 한 마리의 거미는 해충의 침입이 된다. 배우자나 상사와의 일상적인 불일치가 관계의 불행한 운명을 예측한다. 그리고 위협적인 사건을 더 잘 기억해낸다(Van Bockstaele et al., 2014). 불안은 사람들이 그렇게 침입하는 생각을 차단시킬 수 없으며, 제어의 상실과 무기력을 지각할 때 특히 보편적으로 나타난다(Franklin & Foa, 2011).

Hemera Technologies/PhotoObjects.net/360/Getty Images

자문자답하기

여러분이 학습한 공포는 무엇인가? 조건형성이나 인지가 어떻게 관여되었는가?

생물학적 소인

조건형성과 인지가 불안장애, 강박장애, 외상 후 스트레스 장애의 모든 측면을 설명할 수는 없다. 생물학적 소인도 일익을 담당한다.

유전자 원숭이가 공포를 느끼는 것은 가계의 내력이다. 만일 생물학적으로 가까운 친척 원숭이가 불안반응을 보이면, 스트레스에 더욱 강력하게 반응한다(Suomi, 1986). 인간의 경우에도 마찬가지이다. 일반적으로 쌍둥이가 심리장애의 위험이 더 높지 않음에도 불구하고, 일란성 쌍둥이 중 한 명이 불안장애를 가지고 있으면, 다른 한 명의 위험성이 증가한다(Polderman et al., 2015). 일란성 쌍둥이는 유사한 공포증을 나타내기 십상이며, 분리 성장하는 경우에도 그렇다(Carey, 1990; Eckert et al., 1981). 여성 일란성 쌍둥이 두 사람은 독자적으로 물을 너무나도 무서워하여 바닷물에 가까스로 들어가기는 하지만 무릎 깊이 이상은 들어갈 수 없게 되었다. 강박장애를 나타내는 또 다른 쌍은 샤워를 몇 시간씩 하고, 매일같이 살균 알코올을 다섯 병이나 사용하며, 집을 벗어나는 경우가 거의 없고, 불행하게도 동반자살을 하였다(Schmidt, 2018).

불안장애에 유전 소인이 있다는 사실을 확인한 연구자들은 현재 혐의가 가는 유전자들을 추적하고 있다. 한 연구팀은 전형적인 불안장애 증상과 함께 발현하는 17개의 유전자 변이를 확인하였다(Hovatta et al., 2005). 다른 연구팀은 특히 강박장애와 연합된 유전자들을 찾아냈다(Mattheisen et al., 2015; Taylor, 2013).

어떤 유전자는 두뇌의 신경전달물질 수준을 조절하는 방식으로 장애에 영향을 미친다. 여기에는 수면, 기분, 위협자극에의 주의집중에 영향을 미치는 **세로토닌**(Canli, 2008; Pergamin-Hight et al., 2012), 두뇌 경계중추의 반응을 높이는 **글루타메이트**(Lefleur et al., 2006; Welch et al., 2007) 등이 포함된다.

유전자가 중요하다. 어떤 사람은 가냘프지만 적합한 환경에서는 자신을 아름다운 꽃이 피는 난초같이 만들어주는 유전자를 가지고 있다. 다른 사람은 강인하고 어떤 환경에서도 번성할 수 있는 민들레같이 만드는 유전자를 가지고 있다(Ellis & Boyce, 2008; Pluess & Belsky, 2013).

그렇지만 경험이 유전자 발현에 영향을 미친다. 전쟁의 외상이나 아동 학대는 장기적인 **후생유전적 표지**를 남길 수 있다. 이러한 분자 표지가 염색체에 붙어서는 특정 유전자를 발현시키거나 억제한다. 따라서 어떤 경험은 PTSD와 같은 장애에 대한 유전적 취약성이 발현될 가능성을 증가시킬 수 있다(Mehta et al., 2013; Zannas et al., 2015).

두뇌 경험은 두뇌를 변화시켜 새로운 신경통로를 만들어낸다. 외상적 공포학습 경험은 두뇌에 흔적을 남겨 편도체 속에 공포회로를 만들어낼 수 있다(Etkin & Wager, 2007; Herringa et al., 2013; Kolassa & Elbert, 2007). 이러한 공포회로가 더 많은 공포를 경험하게 만드는 통로를 만들어낸다(Armony et al., 1998).

범불안장애, 공황발작, 특정 공포증, 강박장애(OCD), 외상 후 스트레스 장애(PTSD) 등은 생물학적으로 충동 제어와 습관적 행동에 관여하는 두뇌영역의 과잉각성으로 나타난다. 이러한 장애들은 두뇌의 위험 탐지 시스템이 과도하게 흥분하여 위험이 전혀 존재하지 않을 때도 불안

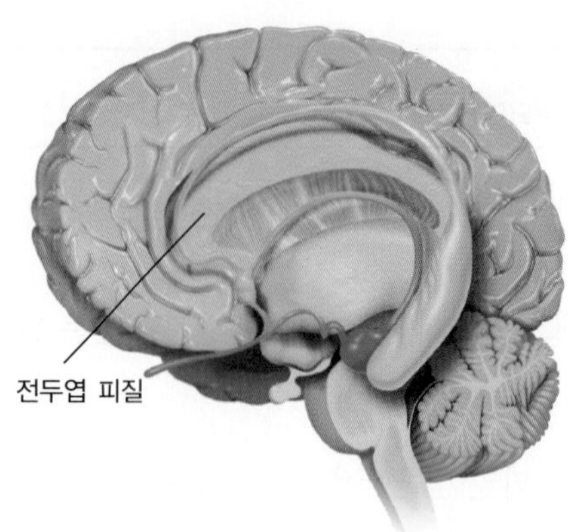

그림 15.5
강박적 두뇌 도전적인 인지 과제에 몰입할 때, OCD 환자는 전두엽에 위치한 전측 대상회의 상당한 활동을 나타냈다(Maltby et al., 2005).

을 유발한다. 예컨대, OCD에서는 두뇌가 무엇인가 잘못되었다는 것을 탐지하게 되면, 생각이나 행위를 반복하는 심적 딸꾹질을 일으키는 것으로 보인다(Gehring et al., 2000). OCD 환자의 두뇌 영상을 보면, 강박적인 손 씻기, 확인하기, 정리하기, 모으기 등의 행동을 할 때 특정한 두뇌영역의 활동이 상승한다(Insel, 2010; Mataix-Cols et al., 2004, 2005). 행동을 감시하고 오류를 확인하는 두뇌영역인 전측 대상회가 OCD 환자에게서 특히 과잉반응을 보이기 십상이다(Maltby et al., 2005; 그림 15.5). 심지어 과학자들은 사람들이 불안을 제어하는 것을 도와준다는 목표를 가지고, 불안에 기여하는 특정한 두뇌세포를 찾아내고 있다(Jimenez et al., 2018).

몇몇 항우울제는 이러한 공포회로의 활동을 약화시켜서 이와 관련된 강박행동을 줄여준다. 환자들이 외상 경험을 회상하고 다시 저장할 때(재응고화할 때) 이러한 약물을 제공함으로써 공포를 약화시킬 수도 있다(Kindt et al., 2009; Norberg et al., 2008). 비록 그 경험을 망각할 수는 없지만, 관련된 정서는 상당히 지워버릴 수 있는 것이다.

자연선택 사람은 조상들이 직면하였던 위협을 무서워하도록 생물학적으로 준비된 것으로 보인다. 특정 공포증은 거미, 뱀 등과 같은 동물, 닫힌 공간과 높은 곳, 폭풍우와 어둠 등과 같은 특정 공포에 초점을 맞추고 있다. 이러한 위협을 두려워하지 않았던 조상은 생존하여 후손을 퍼뜨릴 가능성이 적었다. 생후 9개월 유아도 오늘날의 위협(폭탄이 터지거나 유리가 깨지는 것)을 나타내는 소리보다는 조상들이 직면하였던 위협(뱀의 쉭쉭거리는 소리, 천둥)을 신호하는 소리에 더 많은 주의를 기울인다(Erlich et al., 2013). 이렇게 '진화와 관련된 자극'에 대한 공포는 쉽게 조건형성시킬 수 있으며 소거하기도 어렵다(Coelho & Purkis, 2009; Davey, 1995; Öhman, 2009). 오늘날의 몇몇 공포도 진화로 설명할 수 있다. 예컨대, 비행기 타기의 공포는 닫힌 공간과 높은 곳을 무서워하게 만들어준 생물학적 소인에서 유래한 것일 수 있다.

특정 공포증은 조상들이 직면하였던 위험에 초점을 맞추는 것과 마찬가지로, 강박행동도 인류의 생존에 공헌하였던 행동을 과장해서 나타내는 것일 수 있다. 털고르기는 생존가치가 있었다.

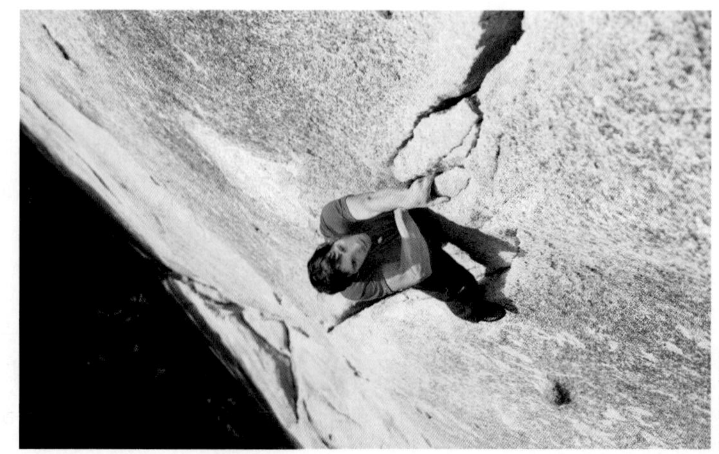

대담무쌍 생물학적 조망은 어째서 대부분의 사람이 알렉스 호놀드보다 높은 곳을 더 무서워하는지를 이해하는 데 도움을 준다. 사진은 그가 2017년에 요세미티 국립공원의 엘 카피탄 암벽을 안전 로프도 없이 단독 등반한 최초의 인물이 되는 장면이다. (이러한 쾌거에 대한 다큐멘터리는 2019년에 오스카상을 수상하였다.)

미친 듯 열중하게 되면, 강박적 머리카락 쥐어뜯기가 된다. 몸 씻기가 의식적(儀式的)인 손 씻기가 된다. 영역의 확인이 이미 잠긴 문을 확인하고 재확인하는 행동이 된다(Rapaport, 1989).

인출 연습

RP-6 연구자들은 조건형성과 인지과정이 불안장애, 강박장애, 외상 후 스트레스 장애에 기여한다고 믿고 있다. 어떤 생물학적 요인이 이러한 장애에 영향을 미치는가?

답은 부록 E를 참조

개관 불안 관련 장애

학습목표

자기검증 개념 파악을 증진시키도록 (부록 D의 답을 확인해보기에 앞서) 여러분 자신의 표현으로 여기서 반복하는 학습목표 물음에 답해보라(McDaniel et al., 2009, 2015).

LOQ 15-7 범불안장애, 공황장애, 그리고 특정 공포증은 어떻게 다른가?

LOQ 15-8 강박장애란 무엇인가?

LOQ 15-9 외상 후 스트레스 장애란 무엇인가?

LOQ 15-10 신체증상장애란 무엇인가?

LOQ 15-11 조건형성, 인지, 생물학적 소인은 어떻게 불안 관련 장애를 특징짓는 감정과 사고에 기여하는가?

기억해야 할 용어와 개념들

자기검증 여러분 자신의 표현으로 정의를 적어본 후에 답을 확인해보라.

강박장애(OCD)
공황장애
범불안장애
불안장애
신체증상장애
외상 후 스트레스 장애 (PTSD)
질병불안장애
특정 공포증

학습내용 숙달하기

자기검증 여러분 자신의 표현으로 다음 물음에 답한 후에 부록 E에서 답을 확인해보라.

1. 가슴 통증, 숨막힘 등을 비롯한 무시무시한 감각을 수반하는 강력한 두려움의 경험을 무엇이라고 부르는가?

a. 강박적 사고 **b.** 강박적 행동
c. 공황발작 **d.** 특정 공포증

2. 특정 대상이나 활동 또는 상황에 대한 비합리적이고 부적응적인 공포의 형태를 취하는 불안을 ________이라고 부른다.

3. 마리나는 집 전체를 청소할 필요성에 사로잡히게 되어 다른 활동에 참여하기를 거부하였다. 그녀의 가족이 심리치료사에게 문의하였더니, 그녀를 ________장애로 진단하였다.

4. 불안장애 환자가 공포를 불러일으키는 상황을 회피함으로써 불안을 낮추고자 하는 것을 무엇이라고 부르는가?

a. 유동 불안 **b.** 강화
c. 후행유전적 표지 **d.** 과잉경계

5. 학습 조망은 공포를 다음 중 어느 것과 같다고 제안하는가?

a. 유전자 구성의 결과
b. 수용할 수 없는 충동을 표상하는 방법
c. 조건공포
d. 아동기에 학대받은 증상

우울장애와 양극성장애

Brad Wenner/Getty Images

"나의 삶은 갑자기 멈추게 되었다. 나는 숨을 쉬고 먹고 마시며 잠을 잘 수 있었다. 그렇지만 내 속에는 진정한 삶이 존재하지 않았다." 레프 톨스토이, 『참회록』(1887)

LOQ 15-12 우울장애와 양극성장애는 어떻게 다른가?

지난해 어느 때인가 "너무나 우울해서 제대로 기능하기 어려웠던 때"가 있었는가? 만일 그랬다면, 여러분은 혼자가 아니다. 전국 조사에서 보면, 31%의 미국 대학생이 "그렇다."라고 답하였다(ACHA, 2009). 여러분은 미래에 대해서 좌절감을 느낄 수도 있고, 삶에 만족하지 못하거나 사회적으로 고립되었다는 느낌을 가질 수도 있다. 일을 마무리하거나 사람을 만나거나 심지어는 침대에서 내려올 에너지조차 결여할 수도 있다. 정상적으로 집중하거나 식사를 하거나 잠을 잘 수 없으며, 심지어는 차라리 죽는 것이 낫지 않을까 생각할 수도 있다. 전에는 공부에 별문제가 없었는데, 이제 실망스러운 성적이 여러분의 목표를 엉망진창으로 만들 수 있다. 어느 곳에도 소속감을 느끼지 못하거나 애인과의 결별과 같은 사회적 스트레스가 여러분을 절망의 나락으로 떨어뜨릴 수도 있다. 그리고 낮은 자존감이 우울함을 증가시키고 자기학대를 악화시킬는지도 모른다(Orth et al., 2016). 마찬가지로 소셜 미디어에서 즐거워하는 친구들을 보면서, 자신만이 그러한 부정적 감정을 가지고 있다고 잘못 생각할 가능성이 있다(Jordan et al., 2011). 대부분의 사람은 직접적이든 간접적이든 우울을 경험한다. 비참한 느낌은 생각보다 많은 사람이 겪는다.

불안이 미래의 상실 위협에 대한 반응이라면, 우울은 과거와 현재의 스트레스에 대한 반응이기 십상이다. 심각하게 슬픈 사건에 대한 반작용으로 기분이 나빠지는 것은 현실과의 접촉을 유지하려는 것이다. 그러한 경우에, 우울은 자동차의 연료 경고등과 같다. 차의 운행을 정지하고 적절한 조치를 취하라는 신호인 것이다. 어느 책의 제목이 상기시키는 바와 같이, 나쁜 감정에는 충분한 이유가 있는 것이다.

그렇지만 **우울정신병**을 앓는 사람은 몇 주나 몇 달 동안 지속되는 절망감과 무력감을 경험한다. **지속적 우울장애**(기분저하증이라고도 부른다)도 유사하지만, 2년 이상 지속되는 상대적으로 경미한 우울 증상을 말한다. **양극성장애**(예전에는 **조울증**이라고 불렀다)를 앓는 사람은 우울 상태와 지나치게 흥분하는 조증 상태를 번갈아 나타낸다.

"누군가 당신에게 영원히 행복하게 만들어주는 약을 제안한다면, 빨리 멀리 달아나도록 충고하겠다. 정서는 무엇을 해야 할 것인지를 알려주는 나침반이며, 영구히 '북쪽'만을 가리키는 나침반은 무가치한 것이다." 대니얼 길버트, "행복의 과학"(2006)

생물학적으로 말하면, 삶의 목표는 행복이 아니라 생존과 번식이다. 기침, 구토, 다양한 형태의 통증은 위험한 독소로부터 신체를 보호하려는 것이다. 마찬가지로 우울은 일종의 정신적 동면이다. 페이스를 조절하게 만들며, 관계를 상실하거나 목표가 좌절될 때 에너지를 보존하도록 유도한다(Beck & Bredemeier, 2016; Gershon et al., 2016). 우울한 사람이 그러하듯이, 잠시 멈추어 서서 과거를 돌이켜보는 것은 위협을 느낄 때 자신의 삶을 재평가하고 에너지를 보다 희망적인 방향으로 되돌리려는 것이다(Watkins, 2008). 고통에도 의미가 있는 것이다.

"우울증은 어둠 속에서 소리 없이 서서히 나를 덮쳐오는 쓰나미이다." 에피 레드먼, "우울이 걷히기를 기다리며"(2017)

경미한 슬픔조차도 얼굴을 보다 정확하게 처리하고 회상하는 데 도움이 된다(Hills et al., 2011). 세부사항에 주의를 더 많이 기울이고 비판적으로 생각하며(잘 속지도 않는다) 더 우수한 결정을 내리는 경향도 있다(Forgas, 2009, 2013, 2017). 나쁜 기분이 좋은 목적을 달성할 수 있게 해주는 것이다. 그렇지만 때로는 우울이 심각하게 부적응적인 것이 되기도 한다. 어떻게 하면 우울한 기분과 장애를 명확하게 구분하겠는가?

자문자답하기

학생으로서의 생활이 여러분을 우울하거나 불안하게 만든 적이 있는가? 신입생을 위해 어떤 충고를 하겠는가? (아니면 누군가 여러분에게 해주었더라면 좋았을 조언은 무엇인가?)

우울정신병 약물이나 의학 처치가 없는 상태에서 2주 이상 심각하게 우울한 기분과 무가치하다는 느낌 그리고 대부분의 활동에서 관심이나 즐거움이 감소된 것을 경험하게 되는 기분장애

우울정신병

환희, 만족, 슬픔, 절망은 하나의 연속선 위에 존재하는 각기 다른 점이며, 모든 사람은 어느 순간에든 그 연속선상의 어느 한 점에 위치한다. 나쁜 소식을 접한 후의 우울한 기분과 **우울정신병**(major depressive disorder) 간의 차이는 격한 달리기를 한 후에 가쁜 숨을 몰아쉬는 것과 만성적으로 호흡이 가쁜 것 간의 차이와 같다(표 15.5).

표 15.5 우울정신병의 진단

DSM-5는 우울정신병을 (최소한 우울한 기분이나 흥미의 상실을 포함하여) 다음 증상 중에서 적어도 다섯 가지가 2주 이상 지속되는 것으로 정의하고 있다(American Psychiatric Association, 2013).

- 대부분의 시간 동안 우울한 기분
- 대부분의 시간 동안 활동에서 현저하게 감소한 흥미나 즐거움
- 식욕과 체중 조절의 심각한 도전거리
- 수면 조절의 심각한 도전거리
- 신체적 교란이나 무기력
- 피로나 에너지의 상실
- 무가치하다는 느낌 또는 부적절한 죄책감
- 생각하거나 집중하거나 의사결정에서의 문제점
- 죽음과 자살에 대한 반복적인 생각

우울은 사람들이 정신건강 서비스를 찾는 첫 번째 원인이다. 실제로 WHO는 우울이 '전 세계적으로 장애의 선도적 원인'이라고 천명하였다(WHO, 2017a). 21개 국가에서 실시한 조사에서 보면, 인터뷰한 사람의 4.6%가 경증이거나 심각한 우울을 경험하고 있었으며(Thornicroft et al., 2017), 미국 성인 10명 중에서 1명이 지난해에 우울증을 경험하였다(Hasin et al., 2018).

어떤 사람의 우울은 계절적 패턴을 가지고 있어서 항우울제 처방이 증가하는 겨울철에 되살아나는 것으로 보인다(Lansdall-Welfare et al., 2019). DSM-5가 우울정신병과 양극성장애에서 계절적 패턴을 인정하고 있기는 하지만, 몇몇 연구자는 광범위한 '계절성 우울증'을 가정하는 것에 이의를 제기하고 있다. 이들은 북극에 가깝거나 구름이 많은 지역에 사는 사람이 겨울철 우울증을 더 많이 경험하지 않는다는 결과를 보고하고 있다(LoBello & Mehta, 2019; Traffanstedt et al., 2016). 상황이 이러하니 기다려보자.

양극성장애 절망과 우울의 무기력 그리고 지나치게 흥분된 조증 상태가 교대되는 기분장애(과거에는 조울증이라 불림)

조증 위험한 정도로 형편없는 판단이 보편적인 과잉행동적이며 지나치게 낙관적인 상태

양극성장애

유전자가 어떤 사람에게는 좋고 나쁜 사건에 정서적으로 반응하는 성향을 갖게 만든다(Whisman et al., 2014). **양극성장애**(bipolar disorder)를 앓고 있는 사람은 한 극단의 정서에서 다른 극단의 정서로 치닫는다(하루하루 또는 순간순간 바뀌는 것이 아니라 매주 바뀐다).

우울 증상이 끝나면, 행복감에 도취하고 지나치게 수다스러우며 과잉행동적이고 터무니없이 낙관적인 상태인 **조증**(mania)이 뒤따른다. 그렇지만 머지않아서 기분은 정상으로 되돌아가거나 다시 우울 상태로 빠져드는데, 때로는 양극성 주기를 왔다 갔다 한다. (유형 2 양극성장애가 있는) 사람은 이렇게 극단적인 변동(유형 1 양극성장애라고 부른다) 대신에, 우울과 경조증(輕躁症) 사이를 왔다 갔다 한다.

양극성장애의 조증단계에서는 전형적으로 잠을 자고 싶은 욕구가 거의 없다. 성적 억제를 거의 보이지 않는다. 긍정적 정서가 비정상적으로 지속된다(Gruber et al., 2019; Stanton et al., 2019). 목소리는 커지고 투쟁적이며, 중지시키기 어렵게 된다. 충고를 귀찮은 것으로 받아들인다. 그렇지만 무모한 투자와 위험한 성관계로 이끌어갈 수 있는 약해진 판단력으로부터 보호받아야 할 필요가 있다. 빠른 사고과정이 기분을 좋게 할 수 있지만, 위험 추구도 증가시킨다(Chandler & Pronin, 2012; Pronin, 2013).

조증 상태의 에너지와 자유분방한 사고가 창의성을 촉진시킬 수 있다. 높은 창의성과 관련된 유전자는 양극성장애의 가능성을 증가시키며, 양극성장애를 일으킬 위험 요인은 더 높은 창의성을 예측한다(Taylor, 2017). 게오르크 프리드리히 헨델(1685~1759)은 경증의 양극성장애로 고통을 받았던 것으로 알려져있는데, 강력하고도 창의적인 에너지를 이용하여 3주 만에 거의 네 시간 동안 연주하는 「메시아」(1742)를 작곡하였다(Keynes, 1980). 로베르트 슈만은 조증 상태의 2년 동안에(1840년과 1849년) 51개 작품을 작곡한 반면, 심각한 우울증에 빠져있었던 1844년에는 한 편도 작곡하지 못하였다(Slater & Meyer, 1959). 건축가, 디자이너, 기자 등과 같이 정확성과 논리에 의존하는 사람은 정서 표현과 선명한 심상에 의존하는 사람에 비해서 양극성장애로 고통받는 경우가 드물다. 작곡가, 예술가, 시인, 소설가, 연예인들이 특히 취약한 것으로 보인다(Jamison, 1993, 1995; Kaufman & Baer, 2002; Ludwig, 1995). 실제로 100만 명 이상을 대상으로 수행한 분석을 보면, 창의적 전문직에서 활동하는 것과 연관된 유일한 정신과적 상태가 양극성장애이었다(Kyaga et al., 2013).

양극성장애 화가 애비게일 사우스워스는 자신의 양극성장애 경험을 그림으로 표현하였다.

Life as a Two-Headed Beast: Bipolar, Abigail Southworth

양극성장애가 우울정신병만큼 흔하지는 않지만, 훨씬 심각한 기능장애를 일으키며, 연간 정상적인 작업을 해낼 수 없는 날이 두 배나 많다(Kessler et al., 2006). 양극성장애는 자살의 예측자이기도 하다(Schaffer et al., 2015). 여자가 더 위험한 우울정신병과는 달리, 양극성장애는 남녀 간에 차이가 없다. 양극성장애 진단은 청소년 사이에 증가해왔는데, 이들의 기분은 격분하는 것에서부터 거품이 꺼지는 것에 이르기까지 급격하게 교차하며, 때로는 지속적이기도 하다. 1994년부터 2003년까지의 10년 동안 20세 이하 미국인의 양극성장애 진단이 놀랍게도 40배나 증가하였다. 추정컨대, 2만 명에서 80만 명으로 증가한 것이다(Carey, 2007; Flora & Bobby, 2008; Moreno et al., 2007). 미국인은 다른 나라 사람보다 양극성장애로 진단받았을 가능성이 두 배나 높다(Merikangas et al., 2011). 그렇지만 새로운 DSM-5의 분류체계는 아동과 청소년의 양극성장애 진단의 수를 감소시키기 시작하였다. 대신에 지속적으로 짜증을 내고 빈번하게 재발하는 행동 폭발성을 가지고 있는 사람을 **파괴적 기분 조절 곤란 장애**(disruptive mood dysregulation disorder)로 진단한다(Faheem et al., 2017).

배우 러셀 브랜드

가수 머라이어 캐리

창의성과 양극성장애 양극성장애를 앓았던 수많은 창의적인 예술가, 작곡가, 작가, 연주가들이 있어왔다. 러셀 브랜드와 같은 사람은 물질 남용 장애도 나타냈다. 머라이어 캐리가 17년 동안 그래왔던 것처럼, 다른 사람은 남몰래 장애로 고생하고 있다.

우울장애와 양극성장애의 이해

LOQ 15-13 생물학적 조망과 사회인지적 조망은 우울장애와 양극성장애를 설명하는 데 어떤 도움을 주는가?

오늘날의 심리학자는 계속해서 사람들이 우울정신병과 양극성장애를 겪는 이유를 밝히고 치료하고 예방하는 효과적인 방법을 고안하느라 여념이 없다. 여기서는 무엇보다도 우울정신병에 초점을 맞춘다. 한 연구팀은 어떤 이론이든지 설명해야만 하는 우울에 관한 사실을 다음과 같이 요약하고 있다(Lewinsohn et al., 1985, 1998, 2003).

- **행동 변화와 인지 변화가 우울을 수반한다.** 우울한 기분에 사로잡힌 사람은 비활동적이고 외로움과 공허함을 느끼며 의미 있는 미래가 없다(Bullock & Murray, 2014; Khazanoy & Ruscio, 2016; Smith & Rhodes, 2014). 나쁜 일이 일어나면 슬픔을 느끼는 것은 정상이지만, 우울증이 있는 사람은 나쁜 일이 일어나지 않아도 심각한 슬픔을 느낀다. 또한 부정적 정보를 자주 회상하고 기대한다(자기 팀이 패배할 것이라거나, 성적이 떨어질 것이라거나, 사랑이 실패로 끝날 것이라는 등의 생각)(Zetsche et al., 2019).
- **우울은 광범위하며, 어느 곳에서나 여자가 더 위험하다.** 전 세계적으로 3억 5,000만 명이 우울정신병을 앓고 있으며, 6,000만 명이 양극성장애로 고생하고 있다(WHO, 2017a). 전 세계적으로 우울정신병의 위험은 여자가 남자보다 거의 두 배나 높다(Kuehner, 2017; 그림 15.6도 참조). 우울증의 성별 격차는 다음과 같은 거대한 패턴에 잘 들어맞는다.

그림 15.6
우울증의 전 세계적 남녀 비율 남자에 비해서 여자의 우울증 위험성이 두 배나 높으며, 청소년 초기에는 세 배에 달한다(Salk et al., 2017). 많은 소녀에게는 10대 초기가 힘겨운 시기이다.

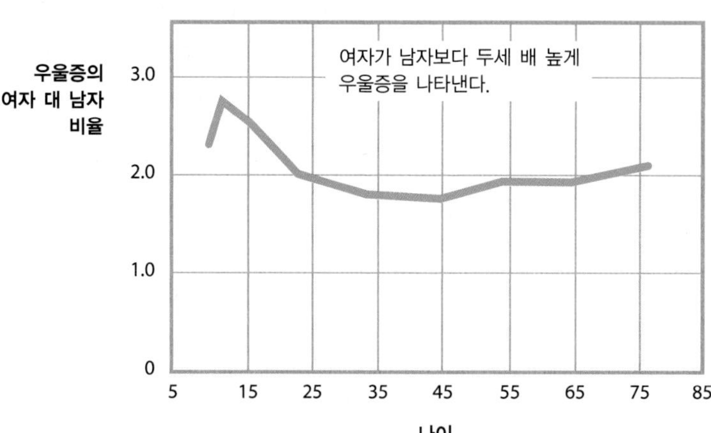

그림 15.7
우울증의 발달 궤적 거의 10,000명에 달하는 영국의 10대와 젊은 성인 사이에서 우울증 증상은 10대에 증가하였다(Kwong et al., 2019).

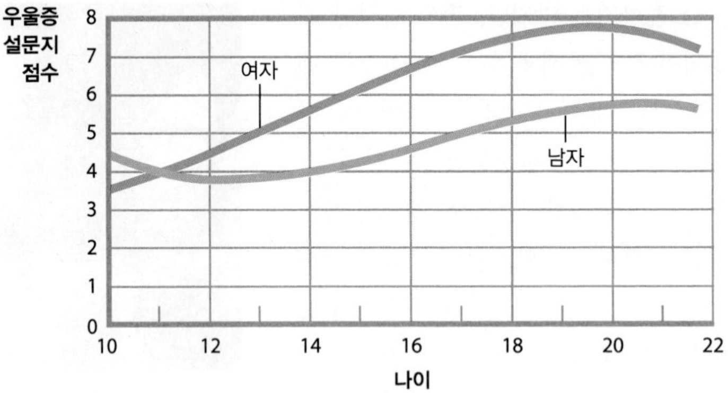

즉 우울, 불안, 억제된 성적 욕구 등과 같이 내면화된 상태를 수반하는 장애에 여자가 더 취약하다. 또한 동일한 업무에도 불구하고 낮은 임금, 다중역할 속에서 곡예하기, 자녀와 노부모의 보호 등과 같이, 우울증의 위험을 증가시킬 수 있는 상황을 더 많이 경험한다(Freeman & Freeman, 2013). 남자들의 장애는 알코올 남용, 반사회적 행동, 충동 통제의 결여 등과 같이 외부적인 경향을 보인다. 여자는 슬플 때 남자보다 더 슬픔에 빠진다. 남자는 제정신이 아닐 때 여자보다 더 미쳐 날뛴다.

- **대부분 우울정신병 증상은 저절로 끝이 난다.** 치료가 회복을 촉진시키는 경향이 있기는 하지만, 대부분의 사람은 전문적 도움을 받지 않아도 결국에는 정상으로 되돌아온다. 어떤 사람은 우울증이 재발하지 않으며 '최적의 안녕감'을 회복한다(Rottenberg et al., 2019). 우울증이라는 전염병이 들어왔다가 지속적인 투병 끝에 나가버리기 십상이다. 그렇지만 절반가량의 사람에게는 우울증이 되돌아온다(Curry et al., 2011; Klein & Kotov, 2016). 대략 20% 정도만이 만성적 우울증을 경험한다(Klein, 2010). 최초의 발병 시기가 늦고, 과거의 우울 일화가 적으며, 신체적이든 심리적이든 스트레스를 적게 경험하고, 사회적 지원을 많이 받을수록 더 오랫동안 정상을 유지하게 된다(Fuller-Thomson et al., 2016).
- **직무 스트레스와 관계 스트레스가 우울증에 선행하기 십상이다.** 우울증으로 진단받은 4명 중 1명 정도는 사랑하는 사람의 죽음, 이혼, 신체 공격, 실직 등과 같은 중차대한 상실이나 외상을 경험하였다(Kendler et al., 2008; Monroe & Reid, 2009; Orth et al., 2009; Wakefield et al., 2007). 새로운 문화로 이주하는 것도 우울증을 증가시킬 수 있는데, 특히 자신의 정체성을 아직 형성하지 못한 젊은이 사이에서 그렇다(Zhang et al., 2013). 그리고 아동 학대는 성인기 우울증의 위험을 배가시킨다(Nelson et al., 2017).
- **지나간 세대에 비해서 우울증이 이른 시기에 발병하고 있으며, 10대 후반과 젊은 성인에서 최고조에 달한다**(Cross-National Collaborative Group, 1992; Kessler et al., 2010; Olfson et al., 2015; 그림 15.7 참조).

이러한 사실로 무장한 오늘날의 연구자들은 우울증에 대한 생물학적 설명과 인지적 설명을 제안하고 있으며, 생물심리사회적 조망으로 결합하기 십상이다.

생물학적 조망

우울증은 전신(全身)장애다. 부정적 사고와 우울한 기분뿐만 아니라 유전적 소인과 생화학적 불균형을 수반한다.

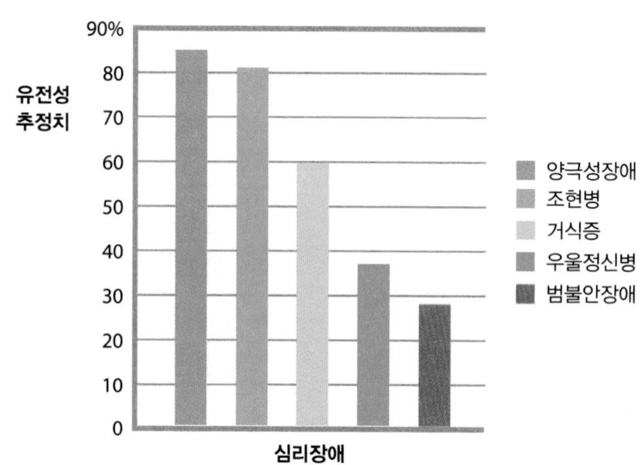

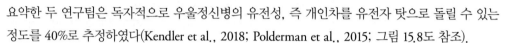

그림 15.8

다양한 심리장애의 유전성 연구자들은 양극성장애, 조현병, 거식증, 우울정신병, 범불안장애의 유전성을 추정하기 위하여 일란성 쌍둥이와 이란성 쌍둥이 연구들의 데이터를 합병하였다(Bienvenu et al., 2011).

유전적 영향 우울정신병과 양극성장애는 가계 내력이 있다. 한 연구자가 지적하는 바와 같이, 정서는 '유전자가 보내오는 엽서'이다(Plotkin, 1994). 우울증 부모나 형제가 있을 때 우울정신병과 양극성장애의 위험이 증가한다(Sullivan et al., 2000; Weissman et al., 2016). 일란성 쌍둥이 중에서 한 명이 우울정신병으로 진단받으면, 다른 한 명도 그렇게 진단받을 가능성이 절반 가까이 된다. 한 명이 양극성장애를 가지고 있으면, 다른 한 명도 언젠가 동일하게 진단받을 가능성이 10명 중 7명으로 증가하며, 분리 성장하였을 때도 마찬가지다(DiLalla et al., 1996). 주요 쌍둥이 연구들을 요약한 두 연구팀은 독자적으로 우울정신병의 유전성, 즉 개인차를 유전자 탓으로 돌릴 수 있는 정도를 40%로 추정하였다(Kendler et al., 2018; Polderman et al., 2015; 그림 15.8도 참조).

우울증의 위험에 빠뜨리게 만드는 유전자들을 분리해내기 위하여 **연관분석**을 사용하기도 한다. 우선 여러 세대에 걸쳐 장애를 가지고 있었던 가계를 찾은 후에, 장애가 있는 가족 구성원과 그렇지 않은 구성원으로부터 혈액을 채취하여 DNA를 조사하면서 차이점을 찾는다. 연관분석은 관련 염색체에 초점을 맞추는 것인데, "혐의가 가는 유전자를 찾기 위해서는 가계의 조사가 필요하다"(Plomin & McGuffin, 2003). 그렇지만 우울증은 복잡하기 짝이 없는 현상이다. 많은 유전자가 함께 작용하여 미미한 효과의 모자이크를 만들어내는데, 이 미미한 효과가 다른 요인들과 상호작용하여 사람들을 더 큰 위험에 빠뜨린다. 아무튼 연구자들은 우울장애와 양극성장애에서 보다 효과적인 약물 치료의 길을 열어줄지도 모르는 의심스러운 유전자 변이를 찾고 있다(Halldorsdottir et al., 2019; Stahl et al., 2019).

두뇌 활동 두뇌 영상 도구들은 우울증 상태와 조증 상태에서의 두뇌 활동에 대한 새 지평을 열어주고 있다. 한 연구에서는 캐나다를 대표하는 13명의 수영선수에게 올림픽 대표로 발탁되지 못하거나 올림픽 게임에서 좌절감을 맛보는 비디오를 시청하는 괴로운 경험을 하게 만들었다(Davis et al., 2008). fMRI 영상을 보면, 실망한 선수들이 우울한 사람과 유사한 두뇌 활동을 경험하였다.

많은 연구는 우울 상태에서 두뇌 활동이 감소하고 조증기간에 활동이 증가한다는 사실을 밝혀왔다(그림 15.9). 우울은 두뇌 보상중추가 덜 활동적이도록 만들 수 있다(Pizzagalli et al., 2019). 긍정적 정서를 경험할 때, 좌반구 전두엽 그리고 이웃한 보상중추가 더욱 활동적이 된다

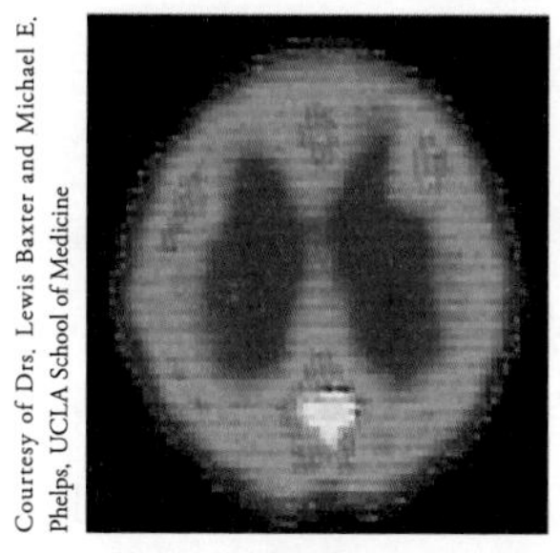
우울 상태
(5월 17일)

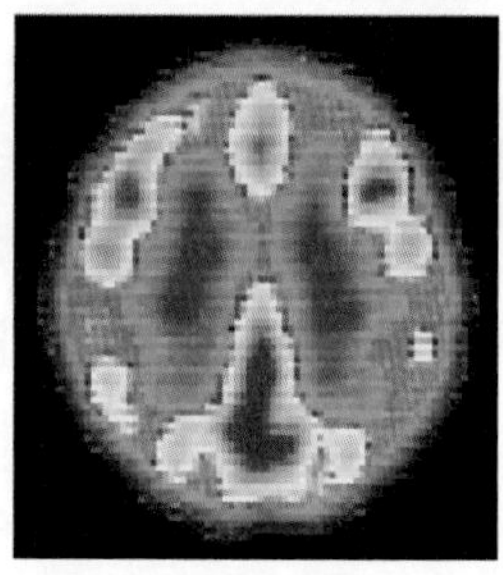
조증 상태
(5월 18일)

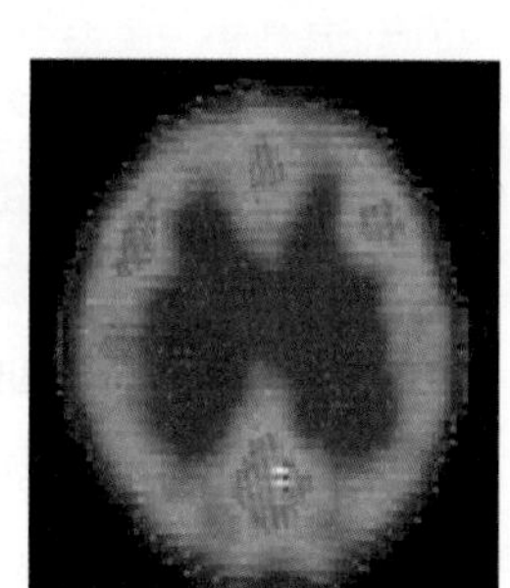
우울 상태
(5월 27일)

Courtesy of Drs. Lewis Baxter and Michael E. Phelps, UCLA School of Medicine

그림 15.9

양극성장애의 오르내림 PET 영상은 환자의 정서가 교대됨에 따라서 두뇌의 에너지 소비가 오르내리는 것을 보여준다. 붉은 영역이 글루코스를 활발하게 소비하는 영역이다.

(Davidson et al., 2002; Heller et al., 2009; Robinson et al., 2012). 또한 신경과학자들은 양극성장애 환자에서 백질(수초가 덮여있는 축색)의 감소와 뇌척수액이 차있는 뇌실의 확대 등을 포함하여 변화된 두뇌 구조도 발견하였다(Arnone et al., 2009; Hibar et al., 2016).

우울정신병과 양극성장애에 수반되는 두뇌의 무활동과 과잉 활동 기간에 적어도 두 개의 신경전달물질이 작동한다. 각성을 증가시키고 기분을 고양시키는 **노르에피네프린**이 우울 상태에서는 희박하고 조증 상태에서는 지나치게 넘쳐난다. 조증을 완화시키는 약물은 노르에피네프린 수준을 낮춘다. 세로토닌도 우울 상태에서 희박하거나 작동하지 않는다(Carver et al., 2008). 뉴질랜드의 젊은 성인들을 대상으로 수행하여 널리 알려져 있는 한 연구는 우울증의 발현조건이 두 가지 필요 성분, 즉 심각한 삶의 스트레스와 세로토닌이 제어하는 유전자의 변이가 결합되는 것이라는 사실을 밝혀냈다(Caspi et al., 2003; Moffitt et al., 2006). 우울증은 열악한 환경과 유전적 소인의 상호작용으로 발현하였지만, 둘 중 하나만으로는 발현하지 않았다. 그렇다손 치더라도 중심을 잃지는 말자. 다른 연구자들이 이 결과의 신뢰도에 이의를 제기함에 따라서, 유전자-환경 상호작용의 이야기는 여전히 작성 중인 것이다(Border et al., 2019).

우울증을 완화하는 약물은 노르에피네프린이나 세로토닌의 재흡수를 차단하거나(프로작, 졸로프트, 팍실 등의 약물이 세로토닌의 재흡수를 차단하는 약물이다) 화학적 분해를 차단함으로써 공급을 증가시키는 경향이 있다. 조깅과 같은 규칙적인 신체운동이 우울을 완화시키는 까닭은 기분과 각성에 영향을 미치는 세로토닌을 증가시키기 때문이다(Airan et al., 2007; Harvey et al., 2018; Ilardi, 2009). 한 연구에서 보면, 2시간의 달리기는 환희와 연합된 두뇌영역의 활동을 증가시켰다(Boecker et al., 2008). 어떤 사람들은 나쁜 기분에서 벗어나기 위해서 자신의 두 다리를 사용해왔던 것이다.

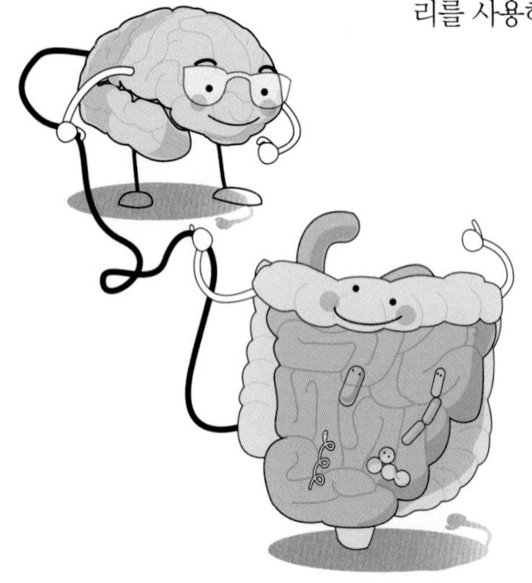

두뇌와 내장 음식이 기분을 바꾸어 주는가? 소화기관 박테리아는 정서에 영향을 미치는 신경전달물질을 생성한다. 몇몇 연구자는 행복한 내장/행복한 두뇌 관계가 지나치게 과장되었다고 생각하지만, 건강하고 다양한 내장 미생물은 최소한도 불안, 우울, PTSD 위험의 감소와 상관이 있다(Hooks et al., 2019; Smith & Wissel, 2019).

영양분 효과 심장에 좋은 것은 두뇌와 마음에도 좋다. 심장 건강에 이로운 '지중해식 식사'(야채와 어류 그리고 올리브유를 많이 섭취하는 것)를 즐기는 사람은 심장병, 뇌졸중, 노년의 인지능력 감소, 우울증이 나타날 위험이 상대적으로 낮은데, 이 모든 증상은 신체의 염증과 관련이 있다(Kaplan et al., 2015; Psaltopoulou et al., 2013; Rechenberg, 2016). 지나친 알코올 남용도 우울과 상관이 있는데, 부분적으로는 우울이 알코올 섭취를 증가시키기 때문이지만, 대부분의 경우에는 알코올 남용이 우울로 이끌어가기 때문이다(Fergusson et al., 2009).

사회인지적 조망

생물학적 요인이 우울증에 영향을 미치지만, 선천성-후천성 상호작용에서 삶의 경험도 일익을 담당한다. 섭식, 약물, 스트레스를 비롯한 환경 요인이 후생유전적 표지를 남기는데, 이러한 분자 표지가 염색체에 들러붙어 특정 유전자를 발현시키거나 억제시킨다. 동물 연구는 후생유전적 영향 요인이 우울증에서 장기적인 역할을 담당한다고 제안하고 있다(Nestler, 2011).

사고도 중요하다. **사회인지적 조망**은 사람들의 가정과 기대가 어떻게 지각하는 내용에 영향을 미치는 것인지를 탐구한다. 우울한 사람은 낮은 자존감이라는 어두운 색안경을 끼고 삶을 바라본다(Orth et al., 2016). 자신과 환경 그리고 미래에 대해 심각하게 부정적인 생각을 가지고 있다. 캐나다의 대학교수인 노먼이 자신의 우울증을 회상한 것을 보도록 하자.

나는 인간이라는 것을 절망적으로 받아들였다. 솔직히 나는 인간 이하라고 느꼈으며, 해충보다도 못하다고 느꼈다. 게다가 자기비하적이었고, 어째서 사람들이, 나를 사랑하는 것은 제쳐두더라도, 나와 관계를 가지려고 하는지를 이해할 수 없었다…. 나는 사기꾼이고 위선자이며, 박사 자격이 없다고 확신하였다. 교수 종신직을 받을 자격도 없고, 정교수가 될 자격도 없으며, … 연구비를 받을 자격도 없다. 내가 어떻게 책을 쓰고 논문을 작성하였는지를 이해할 수 없다…. 많은 사람을 속여 온 것이 틀림없다(Endler, 1982, 45~49쪽).

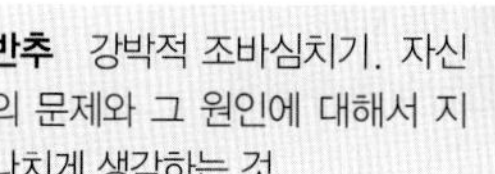

반추 강박적 조바심치기. 자신의 문제와 그 원인에 대해서 지나치게 생각하는 것

최악의 경우를 예상하는 우울한 사람은 나쁜 경험을 극대화하고 좋은 경험을 극소화한다(Wenze et al., 2012). 자기파멸적 신념과 부정적 설명양식이 이렇게 우울증의 악순환을 부추긴다.

부정적 사고, 부정적 기분, 그리고 성별 여자가 남자보다 우울증에 두 배나 취약하며, 항우울제를 복용할 가능성이 두 배나 높은 까닭은 무엇인가?(Pratt et al., 2017). 여자가 스트레스에 더 민감하게 반응한다(Hankin & Abramson, 2001; Mazure et al., 2002; Nolen-Hoeksema, 2001, 2003). 예컨대, 미국 대학에 입학하는 여학생의 38% 그리고 남학생의 17%가 최소한 가끔씩은 자신이 해야 할 모든 일에 압도당하는 느낌을 갖는다고 보고하였다(Pryor et al., 2006). 관계 스트레스도 10대 소년보다는 10대 소녀에게 더 많은 영향을 미친다(Hamilton et al., 2015).

수전 놀렌 혹스마(2003)는 여자의 높은 우울증 위험도를 지나치게 생각을 많이 하고 반추하는 경향성과 관련지었다. 주의를 유지시키는 전두엽 영역이 지속적으로 활동한 덕분으로 한 문제에 계속해서 집중하는 것은 적응적일 수 있다(Altamirano et al., 2010; Andrews & Thomson, 2009a,b). 그렇지만 끊임없이 자신에게 초점을 맞추는 **반추**(rumination)는 사람을 혼란시키고 부정적 정서를 증가시키며 일상생활을 와해시킬 수 있다(Johnson et al., 2016; Leary, 2018; Yang et al., 2017). 비교도 불행을 증폭시킬 수 있다. 엘리자는 신나게 비디오 게임을 즐기고 있는 동안, 외로운 로리는 자신의 소셜 미디어를 훑어보면서 마리아가 파티에서 즐거운 시간을 보내고, 안젤리크는 가족 휴가여행을 즐기고 있으며, 아미라는 수영복 차림으로 몸매를 과시하고 있는 사진을 보고 있다. 그 결과로 로리는 "내 삶은 형편없어!"를 곱씹고 있다.

그렇다면 삶에서 피할 수 없는 실패가 어떤 사람만을 우울증으로 이끌어가는 이유는 무엇인가? 그 답은 부분적으로 사람들의 **설명양식**, 즉 자신의 실패에 대해서 누구 또는 무엇을 비난할 것인지에 달려있다. 시험에서 실패하였을 때 어떤 느낌일지를 생각해보라. 비난을 바깥으로 돌리면, 예컨대 실패를 공정하지 않은 시험 탓으로 돌리면, 분노를 느끼게 될 가능성이 크다. 자신을 비난하게 되면, 아마도 어리석게 느끼고 우울해질 것이다.

우울에 취약한 사람은 특히 자신에게 초점을 맞추고 자신을 비난하는 방식으로 나쁜 사건에 반응한다(Huang, 2015; LeMoult & Gotlib, 2019; Mor & Winquist, 2002). 그림 15.10이 예증하는 바와 같이, 나쁜 사건을 불변적이고 포괄적이며 내면적인 것에 따라서 설명한다.

자기파괴적 신념은 학습된 무력감, 즉 인간이나 동물이 제어할 수 없는 고통스러운 사건을 경험할 때 학습하는 절망감과 수동적 포기에서 발생하기도 한다(Maier & Seligman, 2016). 비관적이고 과잉일반화가 일어나며 자기를 비난하는 귀인은 우울하기 짝이 없는 절망감을 만들어내기도 한다(Abramson et al., 1989; Groβ et al., 2017). 마틴 셀리그먼(1991, 78쪽)이 지적한 바와 같이, "심각한 우울증의 처방전은 기존의 비관주의가 실패에 직면하게 만드는 것이다." 그렇다면 비관적 설명양식을

반추가 날뛰다 자신의 잘못을 생각하는 것은 정상이다. 그렇지만 끊임없이 부정적 사고, 특히 자신에 대한 부정적 사고에 몰두하는 것은 자신을 신뢰하고 문제를 해결하기 어렵게 만든다. 때때로 사람들은 이러한 반추를 제거하기 위하여 치료를 찾아 나선다.

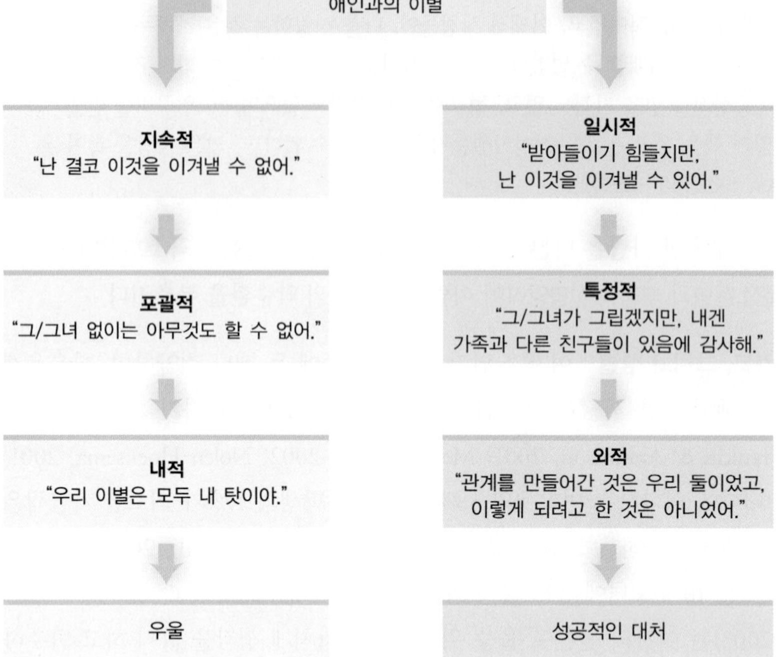

애인과의 이별
지속적
"난 결코 이것을 이겨낼 수 없어."
일시적
"받아들이기 힘들지만,
난 이것을 이겨낼 수 있어."
포괄적
"그/그녀 없이는 아무것도 할 수 없어."
특정적
"그/그녀가 그립겠지만, 내겐
가족과 다른 친구들이 있음에 감사해."
내적
"우리 이별은 모두 내 탓이야."
외적
"관계를 만들어간 것은 우리 둘이었고,
이렇게 되려고 한 것은 아니었어."
우울
성공적인 대처

그림 15.10
설명양식과 우울증

나타내는 대학 신입생에서 무엇을 예상할 수 있겠는가? 로렌 알로이와 그녀의 동료들(1999)은 2년 반에 걸쳐서 미국 템플대학교와 위스콘신대학교 학생들을 6주마다 관찰하였다. 비관적 사고양식을 가지고 있는 것으로 확인된 학생 중에서는 17%가 우울정신병을 처음으로 경험하였으며, 낙천적 사고양식을 가진 학생 중에서는 단지 1%만이 그러한 경험을 하였다.

어째서 우울증은 젊은 서구인들에게 그토록 보편적인가? 셀리그먼(1991, 1995)은 개인주의의 증가 그리고 종교와 가족에의 충성도 감소를 지적하였다. 친밀한 가족관계와 협동이 규범인 비서구 문화에서는 우울정신병이 흔하지 않으며 개인적 실패를 자기비난과 연결시키지 않는다(De Vaus et al., 2018; Ferrari et al., 2013). 예컨대, 일본에서는 우울한 사람이 다른 사람의 기분을 언짢게 만드는 것을 창피하게 느낀다고 보고하는 경향이 있다(Draguns, 1990).

The New Yorker Collection, 2009, William Haefeli, from cartoonbank.com. All Rights Reserved.

"누군가의 지도를 받지 않은 채 반추해서는 결코 안 됩니다."

비판자들은 우울증에 대한 사회인지적 설명에 내포되어 있는 닭과 달걀의 문제를 지적한다. 무엇이 먼저인가? 비관적 설명양식인가 아니면 우울한 기분인가? 부정적 설명이 우울한 기분과 동시발생하며, 우울의 지표가 되기도 한다. 그렇다면 속도계를 읽는 것이 자동차 속도의 원인이 아닌 것처럼, 부정적 사고도 우울의 원인은 아니지 않을까? 누군가를 일시적으로 나쁘거나 슬픈 기분에 빠지게 만들면, 그 사람의 기억과 판단 그리고 기대도 비관적인 것이 되어버린다. 기억 연구자들은 자신의 현재 기분과 일치하는 경험을 회상하는 경향성을 상태의존기억이라고 부른다.

우울증의 악순환 우울증은 자신의 정체감을 와해시키고 인간으로서의 존재감을 무너뜨리는 스트레스 경험의 원인이기도 하고 결과이기도 하다. 그러한 와해가 반추로 이끌어가고, 반추가 다시 부정적 감정을 증폭시킬 수 있다. 철회적이고, 자기에게 초점을 맞추며, 불평불만을 토로하는 것 자체가 다시 배척을 야기할 수 있다(Furr & Funder, 1998; Gotlib & Hammen, 1992). 실제로 우울의 번민에 휩싸여있는 사람은 이혼, 실직을 비롯한 삶의 스트레스 사건에 처할 위험성이 매우 높다. 상대방의 피로, 절망적인 태도, 권태감 등에 진절머리가 난 배우자는 떠나겠다고 위협

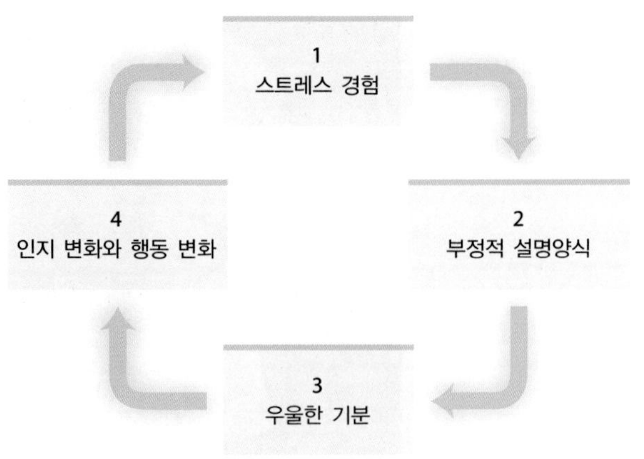

그림 15.11
우울한 사고의 악순환 치료사들은 이러한 악순환을 인식하고 우울한 사람이 악순환에서 벗어나도록 도와주고자 시도한다. 즉, 자기 비난과 부정적 조망을 역전시키고, 주의를 외부로 돌리며, 보다 즐거운 활동 그리고 보다 유능성을 보일 수 있는 행동에 몰입하게 한다.

하고, 상사는 그 사람의 능력에 의심을 품기 시작할 수 있는 것이다. (이 사실은 유전-환경 상호작용의 또 다른 사례를 제공하고 있다. 유전적으로 우울증 소인이 있는 사람은 우울을 초래하는 사건을 더 많이 경험한다.) 배척과 우울은 서로 상승 효과를 초래한다. 불행한 사건은 다른 사람의 불행을 좋아할는지 모르겠지만, 관계는 다른 사람의 불행을 원치 않는다.

"어떤 사람은 어디를 가든 행복을 초래한다. 다른 사람은 언제 가든 그렇다." 아일랜드 작가 오스카 와일드

이제 우울증 퍼즐의 조각들을 채워넣을 수 있게 되었다(그림 15.11). (1) 스트레스 경험을 (2) 반추적이고 비관적인 설명양식을 통해서 해석하면, (3) 절망적이고 우울한 상태를 만들며, (4) 이 상태는 생각하고 행동하는 방식을 방해한다. 이것은 다시 배척과 같은 (1) 스트레스 경험에 기름을 붓는다. 우울증은 자신의 꼬리를 물고 있는 뱀과 같은 것이다.

"남자는 고통을 받을 때 결코 많은 생각을 하지 않으며 반추하지도 않습니다. 남자는 자기 고통의 원인을 찾아보고자 안달하기 때문이지요." 루이지 피란델로, 『작가를 찾는 6인의 등장인물』(1922)

어느 누구도 배척이나 패배가 초래하는 의기소침, 저하된 자존감, 부정적 사고에서 자유로울 수 없다. 지극히 사소한 손실도 잠정적으로는 사고를 삐뚤어지게 만들 수 있다. 한 연구에서는 대학 농구팀을 자신의 분신으로 간주하는 것처럼 보이는 미국 인디애나대학교의 광적인 농구팬을 연구하였다(Hirt et al., 1992). 참가자들에게 자기 팀이 승리하거나 패배하는 것을 목격한 후에 팀의 미래 성적과 자신의 미래 성과를 예측해보도록 요구하였다. 패배한 후에는 시무룩해진 팬들이 팀의 미래 성적뿐만 아니라 다트 게임과 애너그램 풀기 그리고 이성과의 데이트 등에서 자신의 성취도 형편없을 것이라고 평가하였다. 일이 내 방식대로 잘 풀리지 않을 때는 마치 다시는 일이 제대로 될 것 같지 않아 보이기도 한다.

이것이 확인할 수 있는 악순환이다. 나쁜 기분은 자가발전을 한다. 기분이 안 좋을 때는 부정적으로 사고하며 나쁜 경험을 기억해낸다. 영국 수상이었던 윈스턴 처칠은 우울증을 주기적으로 자신을 쫓아오는 '검은 개'(우울증, 낙담 등의 의미도 있다)라고 불렀다. 미국 대통령이었던 에이브러햄 링컨은 젊었을 때 너무나도 의기소침하고 우울하여서 친구들은 그가 자살이라도 하지 않을까 걱정하였다(Kline, 1974). 시인인 에밀리 디킨슨은 대중 앞에서 눈물이 쏟아지는 것이 너무나 두려워서 대부분의 성인 시기를 은둔한 채 보냈다(Patterson, 1951). J. K. 롤링은 우울증과 싸우면서 해리포터 시리즈의 첫 권을 집필하였다. 이들의 삶이 보여주는 것처럼, 사람들은 우울과 맞서 싸울 수 있으며 또 그렇게 하고 있다. 대부분의 사람은 사랑하고 일하는 능력을 회복하며, 가장 높은 수준까지 성공하기도 하는 것이다.

인출 연습

RP-1 "우울증은 전신(**全身**)장애이다."라고 말하는 것의 의미는 무엇인가?

답은 부록 E를 참조

우울증 이후의 삶 해리 포터 시리즈의 작가인 J. K. 롤링은 25세부터 28세 사이에 급성 우울증, 즉 자살 생각으로 가득 찬 '암흑의 시기'로 고통받았었다고 말하였다. 그녀는 그 시기가 '악몽의 시간'이었지만 '더욱 강해질 수 있는' 기반을 마련해주었다고 말하였다(McLaughlin, 2010).

Terry Gatanis/ZUMA Press/Newscom

개관 우울장애와 양극성장애

학습목표

자기검증 개념 파악을 증진시키도록 (부록 D의 답을 확인해보기에 앞서) 여러분 자신의 표현으로 여기서 반복하는 학습목표 물음에 답해보라 (McDaniel et al., 2009, 2015).

LOQ **15-12** 우울장애와 양극성장애는 어떻게 다른가?

LOQ **15-13** 생물학적 조망과 사회인지적 조망은 우울장애와 양극성장애를 설명하는 데 어떤 도움을 주는가?

기억해야 할 용어와 개념들

자기검증 여러분 자신의 표현으로 정의를 적어본 후에 답을 확인해보라.

반추
양극성장애
우울정신병
조증

학습내용 숙달하기

자기검증 여러분 자신의 표현으로 다음 물음에 답한 후에 부록 E에서 답을 확인해보라.

1. 우울증에서의 '성별 차이'는 (남자/여자)의 우울증 위험도가 (남자/여자)의 위험도보다 거의 두 배나 된다는 결과를 지칭하는 것이다.

2. 미국에서 양극성장애의 발병률은 1994년부터 2003년 사이에 극적으로 증가하였는데, 특히 __________에서 그렇다.

a. 중년 여성
b. 중년 남성
c. 20세 이상의 남녀
d. 19세 이하의 남녀

3. 우울증의 치료에는 신경전달물질 __________과 __________을 증가시키는 약물이 포함되기 십상이다.

4. 우울증에서 부정적 지각, 신념, 사고의 중요성을 강조하는 심리학자들은 __________조망에서 연구를 수행하고 있다.

조현병

조현병(schizophrenia) 환자가 가장 심각한 상태에 처해있을 때는 내밀한 세계에서만 살며, 괴상망측한 생각과 귀신이 든 것과 같은 이미지에 사로잡혀 있게 된다. 조현병을 나타내는 영어단어 schizophrenia는 '분열된 마음'을 의미한다. 다중성격으로의 분열이 아니라 현실과의 분열을 지칭하는 것으로 지리멸렬한 사고와 말, 왜곡된 지각, 그리고 부적절한 정서(그리고 행동)를 보여준다. 그렇기 때문에 조현병은 비합리성 그리고 현실과의 접촉 상실이라는 특징을 갖는 **정신질환**(psychotic disorder)의 대표적인 사례이다.

조현병의 증상

LOQ 15-14 어떤 패턴의 사고와 지각 그리고 감정이 조현병을 특징짓는가?

조현병은 다양한 형태로 나타난다. 조현병 환자는 양성 증상(부적절한 행동이 나타난다)이나 음성 증상(적절한 행동이 나타나지 않는다)을 나타낸다. 양성 증상을 나타내는 조현병 환자는 환각을 경험하고 지리멸렬하고 망상적인 방식으로 말하며, 부적절한 웃음이나 눈물 또는 격노를 나타낸다. 음성 증상 환자는 단조롭고 생기 없는 목소리, 무표정한 얼굴, 경직된 신체 등을 나타낸다.

왜곡된 지각과 신념

조현병 환자는 때때로 환각, 즉 자신의 마음에만 존재하는 어떤 것을 보거나 느끼거나 맛을 경험하거나 냄새를 맡는다. 대부분의 경우에 환각은 청각적인 것이며, 모욕적 언사를 내뱉거나 명령을 내리는 목소리이기 십상이다. 그 목소리는 환자에게 나쁜 녀석이라고 말하거나 담배 라이터로 몸을 지져버려야 한다고 말할 수 있다. 꿈이 여러분의 깨어있는 의식으로 침입해서 경험을 상상과 구분하기 어렵게 되었을 때의 반응을 상상해 보라. 비현실적인 것이 현실적인 것처럼 보일 때, 그 결과로 나타나는 지각은 기껏해야 괴상망측할 것이며, 최악의 경우에는 무시무시한 것이 되고 만다.

© Craig Geiser

조현병으로 진단받은 사람의 작품 시인이자 미술평론가인 존 애시버리는 여기 제시하고 있는 유형의 작품(미국 미시간에서 열린 크레이그 가이서의 2010년 작품 전시회에서 인용)에 논평을 가하면서 다음과 같이 적고 있다. "작품의 매력은 대단하지만, 이 작품이 드러내고 있는 답할 수 없는 공포도 상당하다."

환각은 잘못된 지각이다. 조현병 환자의 사고는 지리멸렬하고 산산조각이 나있기 십상인데, **망상**(delusion)이라고 부르는 엉터리 신념에 의해서 왜곡되기 십상이다. 편집증적 망상을 가지고 있는 환자는 자신이 위협받거나 미행당하고 있다고 믿기도 한다.

지리멸렬한 사고의 한 가지 원인은 선택주의의 와해일 수 있다. 정상적일 때 사람들은 일단의 감각자극에 주의를 기울이고 다른 자극들은 걸러내는 상당한 능력을 가지고 있다. 조현병 환자는 벽돌에 나있는 홈이나 목소리 억양과 같이 관련이 없으며 사소한 자극도 전체 장면이나 말하

조현병 와해되고 망상적인 사고, 혼란스러운 지각, 그리고 부적절한 정서와 행위가 특징인 일군의 심각한 심리장애

정신질환 비합리적 생각, 왜곡된 지각, 현실과의 접촉 상실 등의 특징을 나타내는 일군의 장애

망상 정신병에 수반되는 거짓 신념으로, 피해망상이거나 과대망상이기 십상이다.

는 사람의 의미로부터 주의를 혼란시킬 수 있다. 선택주의의 어려움은 조현병과 연합된 수많은 인지장애의 하나일 뿐이다(Reichenberg & Harvey, 2007).

지리멸렬한 말표현

"이제 다음을 생각해보라. 여러분에게 특정 정보를 전달하고 다른 정보를 걸러내는 조절기가 갑자기 먹통이 되었다. 시각, 청각, 후각 등으로 여러분에게 주어지는 모든 것이 등가적이다. 사고, 감정, 기억, 아이디어조차도 모두 똑같은 강도로 나타난다고 말이다." 엘린 R. 색스(2007)

조현병을 앓고 있는 젊은 여자인 맥신은 자신이 메리 포핀스라고 믿고 있었다. 생각이 아무런 논리적 순서도 없이 쏟아져 나오기 때문에 그녀와 대화를 나누는 것은 불가능에 가깝다. 그녀의 전기작가인 수전 쉬한(1982, 25쪽)은 그녀가 특정 대상을 향한 것이 아니면서 큰 소리로 말하는 것을 관찰하였다. "오늘 아침 내가 힐사이드 병원에 있으면서 영화를 찍고 있었지요. 나는 영화배우들에게 둘러싸여 있었는데… 이 방은 나를 흥분시키기 위해서 파랗게 칠한 건가요? 우리 할머니는 내 열여덟 번째 생일 4주 후에 돌아가셨어요."

한 생각에서 다른 생각으로 날아다니는 것은 심지어 한 문장 내에서도 일어나며, 일종의 '단어 샐러드'를 만들어낸다. 한 젊은이는 '치료에 알레그로를 약간 첨가할 것'을 요청하면서 '지평을 넓히려는 자유화 운동은 그렇기 때문에 강의에서의 재치를 왜곡'시킨다고 언급하였다.

손상되고 부적절한 정서

조현병 환자가 표현하는 정서는 지극히 부적절하고 현실과 동떨어진 것이기 십상이다(Kring & Caponigro, 2010). 맥신은 할머니의 죽음을 회상하고는 웃음을 터뜨렸다. 다른 경우에는 다른 사람들이 웃을 때 눈물을 흘리거나, 아무런 이유도 없이 화를 내었다. 다른 조현병 환자는 정서가 없는 상태인 무미건조한 감정에 빠져들기도 한다.

또한 대부분의 환자는 **손상된 마음 이론**을 가지고 있다. 즉, 얼굴 정서를 지각하고 다른 사람의 마음 상태를 읽어내는 데 어려움을 겪는다(Bora & Pantelis, 2016). 다른 사람의 마음 상태를 이해하지 못하기 때문에, 공감이나 동정심을 느끼기 어렵다(Bonfils et al., 2016). 이러한 정서적 손상은 발병 초기에 발생하며 유전적 토대를 가지고 있다(Bora & Pantelis, 2013). 신체운동도 부적절하고 와해될 수 있다. **납굴증**을 경험하기도 하는데, 신체적 혼미 상태(몇 시간 동안 움직이지 않음)에서부터 무감각한 강박적 행동(끊임없이 팔을 흔들거나 문지르는 것과 같은 행동)과 심각하고 위험한 동요에 이르기까지 다양한 신체행동을 나타낸다.

상상할 수 있듯이 이렇게 왜곡된 지각, 지리멸렬한 사고, 부적절한 정서는 사회관계와 직장에서의 관계를 심각하게 와해시킨다. 조현병이 가장 심각한 시기에는 사적인 내밀한 세계에서만 살아가며 비논리적인 생각과 비현실적인 이미지에 사로잡혀 있게 된다. 다른 장애에서와 마찬가지로 많은 환자가 수면장애를 가지고 있는데, 이것이 야식과 비만을 증가시킬 수 있다(Baglioni et al., 2016; Palmese et al., 2011). 환자를 지원하는 환경과 치료가 마련되면, 조현병 환자의 40% 이상이 1년 이상의 정상적인 삶의 경험을 갖게 된다(Jobe & Harrow, 2010). 그렇지만 7명 중에서 1명만이 완전하게 회복된다(Jääskeläinen et al., 2013).

조현병의 출현과 전개

LOQ 15-15 만성 조현병과 급성 조현병은 어떻게 다른가?

100명 중 1명은 금년 중에 조현병을 경험할 것이며, 전 세계적으로 이 장애를 앓고 있는 것으로 추산되는 2,100만 명 중의 한 사람이 될 것이다(WHO, 2017b). 조현병은 국가 간의 경계도 없으며, 전형적으로 젊은이가 성숙하여 성인기로 접어들 시점에 출현한다. 남자가 여자보다 조기에 발병하고 더 심각하며 빈번한 경향이 있다(Aleman et al., 2003; Eranti et al., 2013; Picchioni & Murray, 2007).

조현병이 서서히 발병하는 경우는 **만성 조현병**(chronic schizophrenia)이라고 부르며, 회복이 불확실하다(Harrison et al., 2001; Jääskeläinen et al., 2013). 맥신의 조현병 사례가 이 경우에 해당하는데, 점진적으로 발전하며 사회적 부적절성과 형편없는 학업수행의 오랜 개인사 끝에 출현한다(MacCabe et al., 2008). 만성 조현병 환자는 사회적 철회라는 지속적이고 무능력한 부정적 증상을 나타내기 십상이다(Kirkpatrick et al., 2006). 남자가 음성 증상과 만성 조현병을 더 많이 나타내기 십상이다(Räsänen et al., 2000).

과거에 잘 적응하고 있던 사람이 특정한 삶의 스트레스에 대한 반동으로 갑자기 조현병을 일으키면 **급성 조현병**(acute schizophrenia)이라고 부르며, 회복될 가능성이 훨씬 크다. 약물 치료에 반응을 보일 가능성이 큰 양성 증상을 가지고 있는 경우가 많다(Fenton & McGlashan, 1991, 1994; Fowles, 1992).

조현병의 이해

조현병은 연구자들이 가장 집중적으로 연구를 수행해온 심리장애이다. 오늘날 대부분의 연구는 이 장애를 비정상적인 두뇌조직과 유전 소인과 연계시키고 있다. 조현병은 마음의 증상으로 나타나는 두뇌의 질병인 것이다.

비정상적 두뇌

LOQ 15-16 어떤 두뇌 비정상이 조현병과 관련되어 있는가?

조현병의 기저에는 두뇌의 화학적 불균형이 존재하지는 않을까? 과학자들은 이미 오래전부터 별난 행동은 비정상적인 화학적 원인을 가지고 있다는 사실을 알고 있다. '모자장이처럼 미쳐버린(mad as a hatter)'(제정신이 아니라는 의미의 영어 숙어)이라는 말은 영국의 모자 만드는 사람들의 심리적 퇴화를 지칭하는 것인데, 납 성분이 들어있는 펠트 모자의 챙을 입술로 축이면서 이들의 두뇌가 서서히 납에 중독되었다는 사실이 뒤늦게 밝혀졌던 것이다(Smith, 1983). 조현병 증상도 이와 유사한 생화학적 열쇠를 가지고 있는가? 과학자들은 조현병 출현을 예측할지도 모르는 혈액 단백질을 찾고 있다(Chan et al., 2015). 그리고 화학물질이 환각을 비롯한 여러 증상을 초래하는 기제를 추적하고 있다.

도파민 과잉 활동 한 가지 가능성 있는 답은 연구자들이 사망한 조현병 환자의 두뇌를 부검해 보았을 때 나타났다. 이들은 도파민 수용기가 과다하게 많다는 사실을 찾아냈는데, 특히 D4 도파민 수용기가 여섯 배나 많았다(Seeman et al., 1993; Wong et al., 1986). 이렇게 높은 도파민 수준이 조현병 환자의 두뇌 신호를 증폭시켜서, 환각과 편집증과 같은 양성 증상을 초래하는 것일 수 있다(Maia & Frank, 2017). 도파민 수용기를 차단하는 약물은 증상을 완화시킨다. 니코틴, 암페타민, 코카인 등과 같이 도파민 수준을 높이는 약물은 때때로 증상을 증폭시키기도 한다(Basu & Basu, 2015; Farnia et al., 2014).

만성 조현병 일반적으로 증상이 청소년 후기나 성인 초기에 나타나는 유형의 조현병. 나이를 먹어감에 따라서 정신병적 일화가 더 오래 지속되고 회복기간은 짧아진다. 과정 조현병이라고도 부른다. 

급성 조현병 어느 연령대에서도 시작할 수 있는 유형의 조현병이다. 정서적 외상 사건에 대한 반응으로 자주 발생하며, 긴 회복기간을 갖는다. 반동적 조현병이라고도 부른다.

© Chris Mueller/Redux Pictures

두뇌를 저장하고 연구하기 정신의학자 E. 풀러 토리는 조현병과 양극성 장애와 같은 심리장애로 고생하다 젊은 나이에 사망한 수백 명의 뇌를 수집하였다.

두뇌의 이상 활동과 해부학적 특징 비정상적인 두뇌 활동과 두뇌 구조가 조현병에 수반된다. 조현병으로 진단받은 어떤 환자는 전두엽의 활동이 비정상적으로 낮은데, 전두엽은 추리, 계획 세우기, 문제해결 등에서 중요하다(Morey et al., 2005; Pettegrew et al., 1993; Resnick, 1992). 또한 두뇌 영상은 전두엽에서 동시화된 신경 활동을 반영하는 뇌파가 현저하게 감소하는 결과도 보여준다(Spencer et al., 2004; Symond et al., 2005).

한 연구는 조현병 환자가 환각을 경험할 때의 두뇌 활동을 PET로 촬영하였다(Silbersweig et al., 1995). 환자가 존재하지도 않는 목소리를 듣거나 무엇인가를 볼 때, 두뇌의 여러 핵심 영역이 격렬하게 활동하였다. 그중 하나가 시상으로, 유입되는 감각 신호를 걸러내고 피질로 그 신호를 전달하는 두뇌 깊은 곳에 자리 잡고 있는 구조이다. 편집증 환자를 대상으로 수행한 또 다른 PET 영상 연구는 공포처리 중추인 편도체에서 활동이 증가하는 것을 발견하였다(Epstein et al., 1998).

많은 연구는 조현병 환자에게서 뇌척수액이 차있는 뇌실영역이 확대되며, 그에 상응하게 피질조직이 수축한 것을 발견하였다(Goldman et al., 2009; van Haren et al., 2016). 사람들은 이러한 두뇌 차이를 조상에게서 물려받기 십상이다. 일란성 쌍둥이 중 한 명이 그러한 두뇌 이상을 나타내면, 다른 한 명도 그러한 이상을 나타낼 확률이 50%에 이른다(van Haren et al., 2012). 심지어 나중에 조현병을 일으키게 될 사람도 그러한 두뇌 이상을 가지고 있는 경우가 많다(Karlsgodt et al., 2010). 두뇌의 수축 정도가 클수록 사고장애가 심각하다(Collinson et al., 2003; Nelson et al., 1998; Shenton, 1992).

정상보다 작아진 영역에는 피질, 해마, 그리고 두 대뇌반구를 연결하는 뇌량 등이 포함된다(Arnone et al., 2008; Bois et al., 2016). 정상보다 작은 또 다른 영역이 시상인데, 이 사실은 조현병 환자가 감각입력을 걸러내고 주의를 집중하지 못하는 이유를 설명해준다(Andreasen et al., 1994; Ellison-Wright et al., 2008). 조현병은 두뇌 신경망 전역에 걸쳐서 신경회로의 상실을 수반하는 경향도 있다(Bohlken et al., 2016; Kambeitz et al., 2016).

다양한 연구의 최종 결론은 조현병이 두뇌의 한 영역만의 이상이 아니라 여러 두뇌영역 그리고 그 영역들 간의 신경연결에서의 문제를 수반한다는 것이다(Andreasen, 1997, 2001; Arnedo et al., 2015).

출생 이전 환경과 위험성

LOQ 15-17 어떤 출생 이전 사건이 조현병의 위험 증가와 관련되어 있는가?

조현병 환자의 두뇌 비정상을 초래하는 것은 무엇인가? 몇몇 과학자는 출생 이전 발달이나 출산 시의 불상사를 지적하고 있다(Fatemi & Folsom, 2009; Walker et al., 2010). 조현병의 위험 요소에는 저체중 출산, 산모의 당뇨병, 노령의 아버지, 출산 시의 산소 결핍 등이 포함되어 있다(King et al., 2010). 영양 결핍도 위험성을 증가시킨다. 네덜란드에서 이차 세계대전으로 기근이 최고조에 달하였을 때 태어난 사람들은 나중에 조현병을 일으키는 비율이 두 배나 높았다. 1959~1961년 동중국에 대기근이 일어났을 때 태어난 사람들도 마찬가지였다(St. Clair et al., 2005; Susser et al., 1996). 그리고 산모의 극단적인 스트레스에도 혐의가 간다. 200,000명의 이스라엘 어머니를 대상으로 수행한 조사를 보면, 임신 중에 경험한 테러 공격이 자녀의 조현병 위험률을 배가시켰다(Weinstein et al., 2018b).

또 다른 혐의를 받고 있는 요인을 살펴보자. 임신 중의 바이러스 감염이 태아의 두뇌 발달을 손상시키는 것은 아닐까?(Brown & Patterson, 2011). 여러분은 이러한 태아-바이러스 아이디어를 검증할 방법을 상상해볼 수 있겠는가? 과학자들은 다음과 같은 물음을 던져왔다.

- **태아가 발달하고 있는 시기에 그 지역에 독감이 유행하였을 때, 조현병의 위험이 증가하는가?** 반복되는 답은 '그렇다'이다(Mednick et al., 1994; Murray et al., 1992; Wright et al., 1995).
- **바이러스에 의한 질병이 보다 쉽게 확산될 수 있는 인구밀도가 높은 지역에서 태어난 사람이 조현병에 걸릴 위험성이 더 큰가?** 175만 명의 덴마크인을 대상으로 수행한 연구는 그 답이 '그렇다'라고 확증하고 있다(Jablensky, 1999; Mortensen, 1999).
- **가을과 겨울의 독감 시즌에 어머니 뱃속에 있다가 겨울과 봄에 태어난 사람들도 그 위험성이 증가하는가?** 답은 역시 '그렇다'이다(Fox, 2010; Schwartz, 2011; Torrey and Miller, 2002; Torrey et al., 1997).
- **계절이 북반구와 정반대인 남반구에서, 출생 계절에 따른 조현병 발병률이 마찬가지로 역전되는가?** 이 물음에 대한 답도 '그렇다'이다. 호주에서 8월과 10월 사이에 태어난 사람이 더 높은 위험에 처한다. 그렇지만 예외가 있다. 북반구에서 태어나고 나중에 호주로 이주한 사람의 경우에는 1월과 3월 사이에 태어난 사람의 발병 위험률이 더 크다(McGrath et al., 1995; McGrath & Welham, 1999).
- **임신 중에 독감에 걸렸었다고 보고하는 산모가 조현병을 앓을 아이를 출산할 가능성이 더 큰가?** 거의 8,000명의 산모를 대상으로 수행한 연구에서 그 답은 '그렇다'이다. 조현병의 위험이 통상적인 1%에서 대략 2%로 증가하였다. 그렇지만 임신 4개월에서 6개월 사이에 산모가 독감에 걸렸을 때만 그렇다(Brown et al., 2000). 임신 중인 어미 원숭이의 독감 감염도 아기 원숭이의 두뇌 발달에 영향을 미친다(Short et al., 2010).
- **자식이 나중에 조현병을 일으킨 산모에게서 채취한 혈액에는 바이러스 감염을 암시하는 항체가 정상 수준 이상으로 들어있는가?** 20,000여 명의 산모로부터 혈액을 채취한 연구를 포함한 여러 연구에서 그 답은 역시 '그렇다'이었다(Brown et al., 2004; Buka et al., 2001; Canetta et al., 2014).

이렇게 수렴적인 증거는 태아 바이러스 감염이 조현병 발현에 어떤 역할을 담당한다는 사실을 시사하고 있다. 또한 이 증거는 임산부에게 독감 예방 백신을 최우선적으로 접종해야 한다는 WHO(2012b)의 권고도 강화시킨다.

유전 요인

LOQ 15-18 유전자가 조현병에 어떤 영향을 미치는가? 어떤 요인이 아동기 조현병의 조기 경고 신호인가?

태아 바이러스 감염은 그 아이가 조현병을 일으킬 가능성을 증가시키는 것으로 보인다. 그러나 많은 산모가 임신 중에 독감에 걸리지만, 단지 2%만이 조현병을 일으키는 아동을 출산한다. 이 아이들만이 위험에 처하는 이유는 무엇인가? 어떤 사람은 유전적으로 조현병에 더 취약한가? 그렇다. 조현병으로 진단받을 가능성은 대체로 100명 중 1명이지만, 형제나 부모가 조현병을 앓고 있을 때는 10명 중 1명 그리고 일란성 쌍둥이의 경우에는 2명 중 1명으로 그 확률이 증가한다

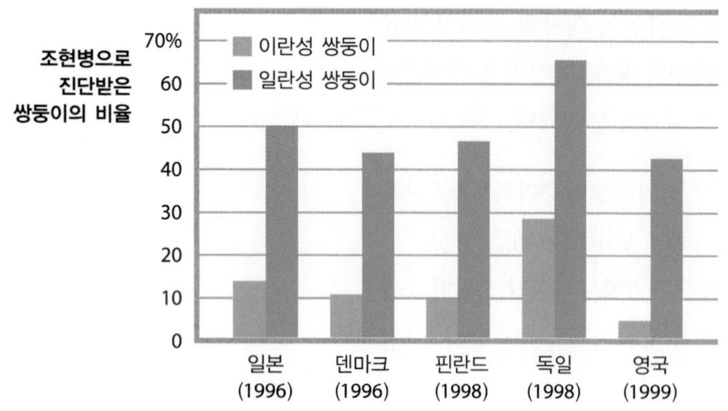

그림 15.12

조현병 발병의 위험성 일생에 걸쳐 조현병이 발병할 위험성은 이 병을 앓고 있는 사람과의 유전적 관련성에 따라 달라진다. 여러 국가에 걸쳐 이란성 쌍둥이는 10쌍 중 1쌍만이 조현병 진단을 공유하지만, 일란성 쌍둥이는 10쌍 중 5쌍이 그렇다(Gottesman, 2001; Hilker et al., 2018의 데이터).

(그림 15.12). 비록 10여 개의 사례에 불과하지만, 일란성 쌍둥이가 분리 성장한 경우에도, 그 가능성은 여전히 동일하다(Plomin et al., 1997).

그렇지만 일란성 쌍둥이조차도 유전자 이상의 것을 공유한다는 사실을 명심하기 바란다. 일란성 쌍둥이는 출생 이전 환경도 공유한다. 대략 2/3가 동일한 태반과 혈액을 공유한다. 나머지 1/3은 분리된 태반을 갖는다. 공유하는 태반이 중요한 것이다. 일란성 쌍둥이 중 한 명이 조현병일 때 다른 한 명도 발병할 확률이 동일한 태반을 공유할 때 0.6인 반면에, 서로 다른 태반을 가지고 있을 때는 0.1에 불과하다(Davis et al., 1995; Davis & Phelps, 1995; Phelps et al., 1997). 태반을 공유하는 쌍둥이는 태아기에 동일한 바이러스에 감염될 가능성이 크다. 따라서 공유하는 유전자뿐만 아니라 공유하는 바이러스가 일란성 쌍둥이의 발병 가능성을 유사하게 만들 수 있다(그림 15.13).

입양아 연구가 유전 영향과 환경 영향을 분리해내는 데 도움을 준다. 조현병 환자에게 입양된 아동이 이 병에 걸리는 경우는 별로 없다. 오히려 친부모가 조현병으로 진단받았을 때 입양아의 발병 위험이 증가한다(Gottesman, 1991). 정말로 유전자가 중요하다.

유전자가 중요하지만, 유전자 조합의 역할이 눈동자 색깔의 유전과 같이 명약관화한 것은 아니다. 조현병은 작은 효과를 가지고 있는 많은 유전자의 영향을 받는다(이 사실이 이제는 놀랍지도 않다)(Binder, 2019; Weinberger, 2019). 결합을 통해서 조현병으로 이끌어가는 두뇌 비정상 성향을 갖게 만드는 특정 유전자들을 찾고 있다. 조현병에 대한 대규모 유전 연구에서, 과학자들은 전 세계에서 수집한 수만 명에 달하는 조현병 환자와 정상인의 게놈 데이터를 분석하고 있다(Lam et al., 2019; Pardiñas et al., 2018). 한 가지 분석에서는 조현병과 연계된 176곳의 게놈 위치를 확인하였는데, 몇몇 위치는 도파민을 비롯한 신경전달물질에 영향을 미치고 있다. 대략 절반은 조현병 환자이고 나머지는 정상인인 100,000명 이상을 대상으로 수행한 다른 연구는 조현병과 관계된 413개의 유전자를 확인하였다(Huckins et al., 2019).

자주 보았던 것처럼, 선천성과 후천성은 상호작용한다. 후생유전적 요인들이 유전자 발현에 영향을 미친다. 홍차 티백을 녹여내는 뜨거운 물과 마찬가지로, 바이러스 감염, 영양 결핍, 모성 스트레스, 심각한 삶의 스트레스 등과 같은 환경 요인이 조현병 소인을 가지고 있는 유전자를 발

그림 15.13

한 명만 조현병인 일란성 쌍둥이 쌍둥이가 차이를 보인다면, 조현병을 앓고 있는 두뇌(b)만이 전형적으로 뇌실의 확장을 보여준다(Suddath et al., 1990). 쌍둥이 간의 차이에는 바이러스와 같은 비유전적 요인도 작동한다는 사실을 함축하고 있다.

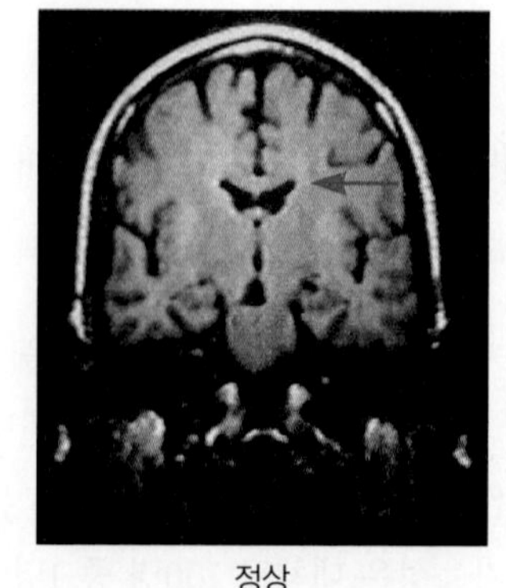

정상
(a)

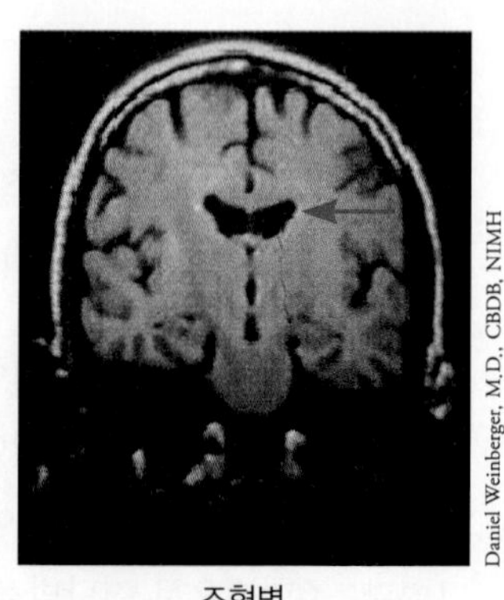

조현병
(b)

Daniel Weinberger, M.D., CBDB, NIMH

현시킬 수 있다. 자궁 속에서 그리고 태어난 후에 일란성 쌍둥이의 상이한 개인사는 어째서 한 사람만이 유전자 발현을 나타내기도 하는지를 설명해준다(Dempster et al., 2013; Walker et al., 2010). 유전과 삶의 경험은 함께 작동한다. 손바닥도 마주쳐야 소리가 나는 법이다.

조현병과 같은 결함의 유전 영향과 두뇌 영향에 대한 이해가 확장된 덕분에, 일반 대중도 점점 정신과적 장애를 생물학적 요인 탓으로 돌리게 되었다(Pescosolido et al., 2010). 그렇다면 과학자들은 누가 조현병을 비롯한 여러 심리장애에 취약한지를 밝혀주는 유전자 검사를 개발할 수 있을까? 만약 개발한다면, 사람들은 위험성을 확인하기 위하여 자신, 자신의 태아, 자신의 자녀가 유전자 검사를 받도록 하겠는가? 그리고 그 정보를 어떻게 사용하겠는가? 21세기의 새로운 위대한 신세계에서 이러한 물음들이 답을 기다리고 있다.

조현병의 환경 촉발 요인

태아 바이러스와 유전 소인이 그 자체로 조현병을 초래하지 않는 것과 마찬가지로, 가족이나 사회 요인도 독자적으로는 조현병을 초래하지 않는다. 거의 30년 전에 수전 니콜과 어빙 고츠먼(1983)이 지적한 바와 같이, 조현병 환자와 아무 관계도 없는 사람에게서 조현병을 변함없이 초래하는 환경 요인을 결코 찾아낸 적이 없으며, 어느 정도의 확률을 가지고 있는 환경 요인조차 찾아낸 바도 없다.

조현병의 환경 촉발 요인을 찾아내려는 희망을 가지고 여러 연구자는 (예컨대, 조현병 친척을 가지고 있는) '고위험군' 아동과 저위험군 아동의 경험을 비교해왔다. 조현병을 앓고 있는 두 명의 친척이 있는 163명의 10대와 20대 초반의 사람을 2년 6개월 동안 추적한 연구에서 보면, 조현병을 일으킨 사람의 20%가 발병에 앞서 사회적 철회를 비롯한 이상행동을 나타냈다(Johnstone et al., 2005). 연구자들은 다음과 같은 초기 경고 신호를 찾아냈다. 즉, 조현병 증세가 심각하고 오랫동안 지속된 어머니, 산소 결핍과 저체중 출산을 수반하기 십상인 출생 합병증, 아동기에 바이러스를 비롯한 여러 감염으로 인한 빈번한 입원, 부모와의 이별, 짧은 주의폭과 열등한 근육 협응성, 분열적이거나 철회적인 행동, 정서적 예측 불가능성, 열악한 또래관계와 혼자만의 놀이, 아동기의 신체적, 성적, 정서적 학대 등이다(Abel et al., 2010; Debost et al., 2019; Freedman et al., 1998; Schiffman et al., 2001; Susser, 1999; Welham et al., 2009).

* * *

조현병의 괴상망측한 사고와 지각 그리고 행동과 관련이 있는 사람은 거의 없다. 사고가 때로는 날아다니기도 하지만, 아무 의미 없이 말하는 경우는 드물다. 가끔은 누군가를 의심하기도 하지만, 온 세상이 나에게 음모를 꾸미고 있다고 두려워하지는 않는다. 지각에 오류가 자주 발생하지만, 존재하지도 않는 것을 보고나 듣지는 않는다. 누군가의 불행을 보고 웃은 후에 후회를 한 적이 있지만, 나쁜 소식을 접하고 낄낄거리는 경우는 거의 없다. 가끔은 혼자 있고 싶기도 하지만, 환상의 세계로 빠져들지는 않는다. 그럼에도 불구하고 전 세계적으로 수백만 명의 사람이 괴상망측하게 말하고, 망상에 시달리며, 존재하지도 않는 목소리를 듣고 사물을 보며, 엉뚱한 시점에 웃거나 울며, 자신만의 공상세계로 철회하고 있는 것이다. 따라서 조현병이라는 잔인무도하기 짝이 없는 수수께끼를 풀어야 하는 과제는 그 어느 때보다도 활발하게 계속되고 있다.

자문자답하기

여러분은 어떤 대상이나 사람을 무심코(그리고 부정확하게) '조현병적'이라고 말하는 것을 들었던 때를 회상할 수 있는가? 이 장애를 더 잘 알게 된 지금은 그러한 진술을 어떻게 교정해주겠는가?

인출 연습

RP-1 (양성/음성) 증상을 가지고 있는 조현병 환자는 표정 없는 얼굴과 무미건조한 목소리를 나타낸다. 이러한 증상은 (만성/급성) 조현병에서 매우 보편적이며 약물 치료에 반응을 보일 가능성이 낮다. (양성/음성) 증상을 가지고 있는 조현병 환자는 망상을 경험하고 (만성/급성) 조현병으로 진단받을 가능성이 높으며, 약물 치료에 반응을 보일 가능성이 훨씬 높다.

RP-2 어떤 요인이 조현병의 출현과 전개에 영향을 미치는가?

답은 부록 E를 참조

개관 조현병

학습목표

자기검증 개념 파악을 증진시키도록 (부록 D의 답을 확인해보기에 앞서) 여러분 자신의 표현으로 여기서 반복하는 학습목표 물음에 답해보라 (McDaniel et al., 2009, 2015).

LOQ 15-14 어떤 패턴의 사고와 지각 그리고 감정이 조현병을 특징짓는가?

LOQ 15-15 만성 조현병과 급성 조현병은 어떻게 다른가?

LOQ 15-16 어떤 두뇌 비정상이 조현병과 관련되어 있는가?

LOQ 15-17 어떤 출생 이전 사건이 조현병의 위험 증가와 관련되어 있는가?

LOQ 15-18 유전자가 조현병에 어떤 영향을 미치는가? 어떤 요인이 아동기 조현병의 조기 경고 신호인가?

기억해야 할 용어와 개념들

자기검증 여러분 자신의 표현으로 정의를 적어본 후에 답을 확인해보라.

급성 조현병	망상	조현병
만성 조현병	정신질환	

학습내용 숙달하기

자기검증 여러분 자신의 표현으로 다음 물음에 답한 후에 부록 E에서 답을 확인해보라.

1. 발렌시아는 "날씨가 최근에 너무나 조현병적이다. 하루는 뜨겁고 다음 날은 얼어 죽을 판이다!" 이 비교는 조리에 맞지도 않을뿐더러 부정확하다. 이유를 설명해보라.

2. 다음 중 조현병의 양성 증상을 보이는 사람이 경험할 가능성이 가장 높은 것은 무엇인가?

a. 납굴증 **b.** 망상
c. 철회 **d.** 무미건조한 정서

3. 조현병 환자는 자기파괴를 강제하는 목소리를 듣기도 한다. 이것은 ________의 한 예이다.

4. 다음 중 조현병에서 회복될 가능성이 가장 높은 것은 무엇인가?

a. 스트레스에 대한 반응으로 급격하게 출현한다.
b. 아동기에 와해가 점진적으로 일어난다.
c. 어떤 환경적 원인도 확인할 수가 없다.
d. 두뇌에 탐지할 수 있는 비정상성이 존재한다.

해리장애, 성격장애, 섭식장애

해리장애

해리장애 의식적 자각이 과거의 기억, 사고, 감정 등과 분리(해리)되는 논란이 많고 드물게 나타나는 장애

해리 정체성 장애(DID) 한 사람이 둘 이상의 차별적이고 교대되는 성격을 나타내는 희귀한 해리장애. 과거에는 다중성격장애라고 불렀다.

LOQ 15-19 해리장애란 무엇인가? 이 장애가 논란을 불러일으키는 이유는 무엇인가?

가장 당혹스러운 장애 중에는 드물게 나타나는 **해리장애**(dissociative disorder)가 있다. 의식적 자각이 고통스러운 기억, 사고, 감정과 해리(분리)되는 장애다. 그 결과가 해리성 둔주 상태, 즉 급작스러운 기억상실이나 정체성의 변화인데, 과도한 스트레스 상황에 대한 반응으로 나타나는 경우가 많다(Harrison et al., 2017). 동료 군인의 죽음이 머리에서 떠나지 않았으며 9/11 테러 직전에 세계무역센터의 사무실을 빠져나왔던 한 베트남전쟁 참전용사가 이에 해당하는 사례이다. 그는 어느 날 사라졌는데, 6개월 후에 시카고의 노숙자 쉼터에서 발견되었을 때 자신의 정체성과 가족에 관한 기억이 전혀 없었다(Stone, 2006).

해리 자체는 드문 현상이 아니다. 간혹 사람들은 비현실감, 신체로부터 분리된 느낌, 마치 영화에서처럼 자신을 바라다보는 느낌을 가질 수 있다. 때때로 사람들은 "그 당시에 나는 내가 아니었어."라고 말하기도 한다. 여러분도 마음이 엉뚱한 것에 사로잡혀 있는 동안 의도하지 않았던 엉뚱한 곳으로 차를 몰고 갔던 경우를 기억할는지 모르겠다. 아니면 누군가와 대화를 나누면서도 능숙하게 기타나 피아노를 칠 수도 있다. 외상에 직면할 때는 그러한 해리가 정서에 압도되는 것으로부터 스스로를 보호해주기도 한다.

해리 정체성 장애

일상적 의식으로부터 자기감이 대규모로 해리되는 것이 **해리 정체성 장애**(dissociative identity disorder, **DID**) 환자를 특징짓고 있는데, 둘 이상의 독자적인 정체성이 그 사람의 행동을 교대로 제어하는 것으로 알려져 있다. 각 성격은 자체적인 목소리와 습관적 행동방식을 가지고 있다. 따라서 한 순간에는 새침을 떨다가 다음 순간에는 큰 소리로 시시덕거리기도 한다. 원래 가지고 있던 성격은 전형적으로 다른 성격의 자각을 부정한다.

Collection Christophel/Alamy

영화에서 다중 정체성 소설과 영화 '이브의 세 얼굴'에서 다루고 있는 크리스 사이즈모어의 이야기는 오늘날 해리 정체성 장애라고 부르는 장애에 대한 초기 모습을 보여주었다. 제임스 매커보이가 24개의 상이한 정체성을 연기하였던 2019년 영화 '글래스'에서 보는 바와 같이, 이렇게 논란거리인 장애는 오늘날 대중매체에 계속해서 영향을 미치고 있다.

해리 정체성 장애의 이해 회의론자들은 DID에 의문을 제기한다. 첫째, DID는 진정한 장애가 아니라 정체성을 변경할 수 있는 정상적인 능력의 연장선상에 있는 것은 아닌가? 니콜라스 스파노스(1986, 1994, 1996)는 대학생들에게 정신과 의사가 조사하는 기소된 살인범인 척해보라고 요청하였다. 몇몇 유명한 DID 사례에 사용하였던 최면 치료를 받았을 때, 대부분의 학생은 자발적으로 두 번째 정체성을 나타냈다. 이러한 사실은 스파노스로 하여금 다음과 같은 물음을 던지게 만들었다. 친구들과 어울릴 때는 얼빠지고 시끄러운 자기를 나타내는 반면 상사 앞에서는 차분하고 공손한 자기를 나타내는 것처럼, 해리된 정체성은 단지 여러 '자기'를 변화시킬 수 있는 정상적인 인간의 능력이 극단적으로 나타난 것인가? 다중성격을 발견한 임상가는 단지 특정한 사회적 맥락에서 백일몽에 잘 빠지는 사람의 역할놀이를 촉발시키고 있는 것인가?(Giesbrecht et al., 2008, 2010; Lynn et al., 2014; Merskey, 1992). 아무튼 내담자가 "나의 여러 자기를 소개하겠습니다."라고 말하면서 치료를 시작하는 것이 아니다. 오히려 치료사가 다음과 같은 질문을 통해서 다중성격을 낚시하듯 찾아 나선다는 사실을 회의론자들은 지적한다. "행여 당신의 또

광범위한 해리 셜리 메이슨은 해리 정체성 장애로 진단받은 정신과 환자이었다. 그녀의 삶은 베스트셀러인 『시빌』(Schreiber, 1973) 그리고 두 영화의 토대가 되었다. 혹자는 책과 영화의 인기가 해리 정체성 장애의 진단이 극적으로 증가하는 촉진제 역할을 하였다고 주장한다. 회의론자들은 그녀가 실제로 해리 정체성 장애를 가지고 있었는지를 의심하고 있다(Nathan, 2011).

다른 부분이 스스로 제어할 수 없는 일을 하고 있다고 느낀 적은 없습니까?", "그 부분이 이름을 가지고 있나요? 화가 난 당신의 부분과 대화할 수 있을까요?" 일단 내담자가 이름을 말함으로써 치료사로 하여금 '화난 것을 말하는 당신의 부분'과 대화할 수 있게 만들게 되면, 환자는 이미 환상을 연기하기 시작한 것이 된다. 자신의 배역에서 원래의 자기를 상실한 연기자와 마찬가지로, 취약한 내담자는 자신이 연기하고 있는 또 다른 부분이 될 수 있다. 그 결과로 다른 자기를 경험할 수 있다는 것이다.

회의론자들은 DID가 시공간에 국한되어 나타난다는 사실에도 의심의 눈초리를 보내고 있다. 북미 대륙에서 1930년부터 1960년까지는 10년당 단지 두 사례씩만 보고되었지만, DSM이 DID를 최초로 공식적으로 인정한 시기인 1980년대에는 20,000건 이상으로 폭발적으로 증가하였다(McHugh, 1995). 표출하는 정체성의 수도 환자당 3개에서 12개로 폭발적으로 증가하였다(Goff & Simms, 1993). 그리고 DID가 알려진 국가에서 진단이 증가해왔지만, 북미를 벗어난 지역에서는 훨씬 드물다(Lilienfeld, 2017).

"겉치레는 실제가 되기도 한다." 중국 속담

몇 가지 장난질에도 불구하고, 여러 연구자와 임상가는 DID가 실제 장애라고 믿고 있다. 이들은 상이한 정체성과 관련된 독특한 두뇌 상태와 신체 상태의 결과를 인용한다(Putnam, 1991). 두뇌의 비정상적인 해부학적 특성과 활동도 DID에 수반될 수 있다. 두뇌 영상을 보면, 기억과 위협 탐지를 돕는 두뇌영역이 축소되어 있다(Vermetten et al., 2006). 외상기억의 제어나 억제와 관련된 두뇌영역의 활동이 증가한다(Elzinga et al., 2007).

정신역동 조망과 학습 조망은 모두 DID 증상을 불안에 대처하는 방식으로 해석하여 왔다. 몇몇 심리역동 이론가는 증상을 받아들일 수 없는 충동이 분출하여 야기한 불안에 대한 방어로 간주한다. 이 견해에 따르면, 두 번째 정체성이 금지된 충동을 해소시킨다. 학습 이론가는 해리장애를 불안 감소로 강화받은 행동으로 간주한다.

몇몇 임상가는 해리장애를 외상 후 스트레스 장애라는 우산 속에 포함시킨다. 즉, 아동기 외상의 개인사에 대한 자연스러운 보호반응이라는 것이다(Brand et al., 2016; Spiegel, 2008). DID 치료를 받은 많은 사람은 아동기에 겪었던 신체적, 성적, 정서적 학대의 고통을 회상한다(Gleaves, 1996; Lilienfeld et al., 1999). 그렇지만 비판자들은 생생한 상상이나 치료사의 암시가 그러한 회상에 기여하였을지도 모른다고 생각하고 있다(Kihlstrom, 2005). 논쟁은 계속 이어지고 있다.

"이것이 광기일지라도, 그 속에는 방법이 있을 것이다." 윌리엄 셰익스피어, 『햄릿』(1600)

자문자답하기

여러분은 상황에 따라서 정체성의 상이한 측면을 뒤집어 보여주기도 하는가? 여러분의 경험은 위에서 기술한 해리 정체성 장애의 증상과 어떻게 유사하고 어떻게 다른가?

인출 연습

RP-1 심리역동 조망과 학습 조망은 해리 정체성 장애 증상이 불안에 대처하는 방식이라는 데 동의하고 있다. 이들의 설명은 서로 어떻게 다른가?

답은 부록 E를 참조

성격장애

LOQ 15-20 성격장애의 세 군집은 무엇인가? 어떤 행동과 두뇌 활동이 반사회적 성격장애를 특징짓는가?

성격장애 사회적 기능을 손상시키는 융통성이 없고 지속적인 행동 패턴이 특징인 심리장애

반사회적 성격장애 잘못에 대한 양심이 결여되어 있는 성격장애. 심지어는 친구와 가족에게도 그렇다. 공격적이고 무자비하거나 똑똑한 사기꾼이 될 수 있다.

성격장애(personality disorder)의 융통성 없고 지속적인 행동 패턴은 사회적 기능을 손상시킨다. DSM-5에 포함된 열 가지 성격장애는 세 가지 군집을 형성하는 경향이 있으며, 다음과 같은 특징을 갖는다.

- **회피성 성격장애**는 사회적 배척에 지나치게 민감한 불안을 표출한다.
- **분열성 성격장애**는 무감정한 철회와 같은 별난 행동을 표출한다.
- 천박하게 주의를 끌고자 극적이거나 충동적인 행동을 표출하는 **경계선 성격장애**, 자기 초점적이고 자신의 중요성을 과장하는 **자기애성 성격장애**, 그리고 다음 절에서 자세하게 다룰 냉담하고 위험하기 십상인 **반사회적 성격장애**가 있다.

반사회적 성격장애

반사회적 성격장애(antisocial personality disorder)를 가지고 있는 사람은 일반적으로 남자이며, 8세경에 증상을 나타낼 수 있다. 15세 이전에 거짓말을 하거나 도둑질을 하거나 싸움을 하거나 무절제한 성관계를 갖기 시작함에 따라서 양심을 상실하게 된다(Cale & Lilienfeld, 2002). 이러한 특질을 가지고 있는 모든 아동이 반사회적 성인이 되는 것은 아니며, 많은 남성에게 있어서 반사회적 행동은 청소년기 이후에 가라앉는다(Moffitt, 2018). (반사회적이란 표현은 사회적으로 해로우며 무자비하다는 의미이지, 단순히 사교적이지 않다는 의미가 아니다.) 이 장애로 발전하는 절반가량의 사람은 일반적으로 폭력적이거나 범죄적인 방식으로 행동하며, 직업을 유지하지 못하고 가족에게 무책임한 행동을 한다(Farrington, 1991).

그렇지만 범죄가 반사회적 행동의 필수 성분은 아니다(Skeem & Cooke, 2010). 그리고 많은 범죄자는 반사회적 성격장애를 보이지 않는다. 오히려 자신의 친구와 가족에게 책임감을 보인다. 대부분의 범죄자와는 달리, 반사회적 성격장애 환자(때로는 **사회병질자** 또는 **정신병질자**라고도 부른다)는 사회성이 결핍되어 있다. 정서지능, 즉 정서를 이해하고 관리하며 지각하는 능력이 부족하다(Ermer et al., 2012b; Gillespie et al., 2019).

반사회적 성격은 충동적으로 행동하며, 그런 다음에도 감정이 없고 무서워하지도 않는다

Stringer/Reuters/Newscom

후회는 없다 캐나다 토론토에서 조경사로 일하는 브루스 매카서(법정 스케치 참조)는 8년에 걸쳐 8명을 살해한 혐의로 2019년에 기소되었다. 그는 게이, 노숙자, 아니면 이민자를 표적으로 삼았으며, 시신을 상자에 넣어 자신의 작업장에 보관하였다. 매카서는 반사회적 성격장애의 특징인 극단적인 후회 부재를 나타냈다.

Leo Cullum/Cartoon Stock

"목요일은 안 됩니다. 배심원으로 나가야 해요."

이 만화에서 보는 것처럼, 많은 범죄자들은 삶의 다른 영역에서는 양심과 책임감을 나타냄으로써 반사회적 성격장애를 나타내지 않는다

(Fowles & Dindo, 2009). 이들의 충동성은 살인을 포함하여 무시무시한 결과를 초래할 수 있다(Camp et al., 2013; Fox & DeLisi, 2019). 헨리 리 루카스의 사례를 보자. 그는 13세에 첫 번째 희생자를 살해하였다. 그 당시에도 그리고 나중에도 전혀 후회감을 느끼지 않았다. 그는 32년간 범죄 행각을 벌이면서 157명의 여자와 남자 그리고 아동을 잔인하게 살해하였다. 그가 극악범죄를 저지른 마지막 6년 동안에는 오티스 엘우드 툴리와 짝을 이루었는데, 이 작자는 살려둘 만한 가치가 없다고 생각한 50여 명을 학살한 것으로 알려져 있다(Darrach & Norris, 1984).

반사회적 성격장애의 이해 반사회적 성격장애는 생물학적 씨줄과 심리적 날줄이 엮여있는 것이다. 쌍둥이 연구와 입양아 연구는 반사회적이고 무정서적인 경향성을 가진 사람과 혈연관계에 있는 사람이 반사회적 행동을 나타낼 위험이 크다는 사실을 보여준다(Frisell et al., 2012; Kendler et al., 2015a). 때때로 반사회적 성격의 소유자가 다른 반사회적 성격 소유자와 결혼함으로써 후손에게 자신의 유전자를 전파하기도 한다(Weiss, B. et al., 2017). 어떤 단일 유전자도 범죄와 같은 복잡행동을 설명해주지는 못한다. 그렇지만 낮은 심적 능력과 자기제어 성향을 부여하는 유전자는 높은 범죄 위험을 예측한다(Wertz et al., 2018). 다른 장애에서와 마찬가지로, 유전학자들은 반사회적 성격장애자에게 보다 보편적인 몇몇 특정 유전자를 밝혀왔다(Gunter et al., 2010; Tielbeek et al., 2017).

반사회적 경향성을 가지고 있는 사람의 유전적 취약성은 위협에 대한 낮은 각성으로 나타난다. 전기쇼크나 굉음과 같은 혐오자극을 기대하고 있을 때에도 자율신경계의 각성을 전혀 보이지 않는다(Hare, 1975; Ling et al., 2019). 장기적으로 수행한 연구들을 보면, 이들이 범죄를 저지르기 이전의 10대 시절에도 스트레스 호르몬 수준이 평균 이하이었다는 사실을 알 수 있다(그림 15.14). 그리고 조건공포를 발달시키는 것이 느린 3세 아동이 나중에 범죄를 저지를 가능성이 더 컸다(Gao et al., 2010). 마찬가지로 성장한 후에 공격적이거나 반사회적 청소년이 되는 남자아이는 어렸을 적부터 충동적이고 억제하지 못하며 사회적 보상에 무관심하고 불안이 낮다(Caspi et al., 1996; Tremblay et al., 1994).

그림 15.14
냉혹한 각성 가능성과 범죄의 위험 스웨덴에서 두 집단의 13세 소년들을 대상으로 스트레스 호르몬인 아드레날린의 수준을 측정하였다. 나중에 범죄를 저지른 소년들이 18세에서 26세 사이에 스트레스 상황과 스트레스가 없는 상황 모두에서 상대적으로 낮은 각성을 보여주었다(Magnusson, 1990의 데이터).

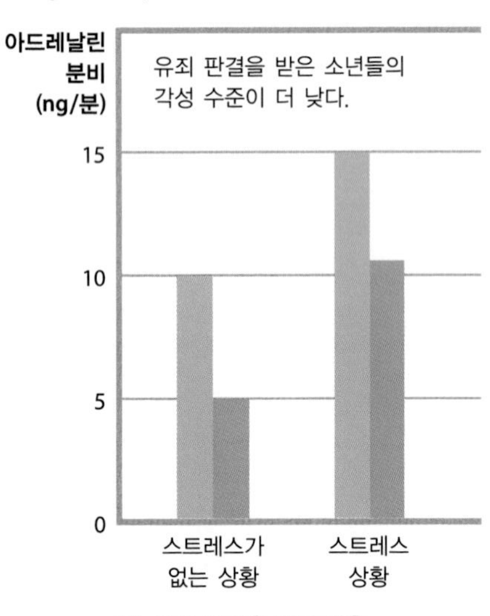

대담무쌍함과 주도성과 같은 특질은 적응적일 수 있다. 보다 바람직하고 생산적인 방향으로 돌려놓게 되면, 이러한 대담무쌍함이 용감한 영웅주의나 모험주의 또는 상당한 수준의 운동선수로 이끌어갈 수도 있다(Costello et al., 2018; Patton et al., 2018). 실제로 42명의 미국 대통령들은 일반 대중보다 높은 대담무쌍함과 주도성을 나타냈다(Lilienfeld et al., 2012, 2016). 편도체가 손상된 49세의 여자 환자인 S. M.은 용맹성과 충동성뿐만 아니라 영웅적인 면모도 보여주었다. 그녀는 어려운 남자에게 자신의 유일한 코트와 스카프를 주었으며, 암으로 고생하는 아동과 친구가 된 후에 사랑의 열쇠 자선단체에 자신의 머리카락을 기부하였다(Lilienfeld et al., 2017). 그렇지만 사회적 책무감을 결여하고 있기 때문에, 동일한 성향이 냉정한 사기꾼이나 살인자를 만들기도 한다(Lykken, 1995).

유전 영향은 흔히 아동 학대, 가정의 불안정, 가난 등과 같은 부정적 환경 요인과 결합함으로써, 두뇌 신경회로 형성에 영향을 미친다(Dodge, 2009). 이러한 유전자-환경의 결합은 침팬지에서도 나타나며, 사람과 마찬가지로 반사회적 경향성에서 차이를 보인다(Latzman et al., 2017). 반사회적 범죄 성향을 가지고 있는 사람은 정서를 제어하는 편도체가 더 작다(Pardini et al., 2014).

41명의 살인범 두뇌 PET 영상을 연령과 성별이 유사한 사람들의 것과 비교하여 찾아낸 바와 같이, 전두엽의 활동도 낮다(Raine, 1999, 2005; 그림 15.15). 전두엽은 충동을 제어하는 데 관여한다. 이러한 활동의 감소는 충동적으로 살인을 저지른 사람에서 특히 현저하였다. 레이니와 그의 동료들(2000)은 후속 연구에서 폭력 상습범이 정상인에 비해서 전두엽 조직이 11%나 적다는 사실을 발견하였다. 이 결과는 반사회적 성격장애자가 계획 세우기와 조직화 그리고 억제와 같은 전두엽 인지기능에서 현저한 결손을 보이는 이유를 설명하는 데 도움이 된다(Morgan & Lilienfeld, 2000). 공감을 느끼고 표출하는 사람에 비해서, 이들의 두뇌는 다른 사람의 고통을 나타내는 얼굴에도 반응을 덜 보이며, 이것이 낮은 정서지능에 기여한다(Deeley et al., 2006).

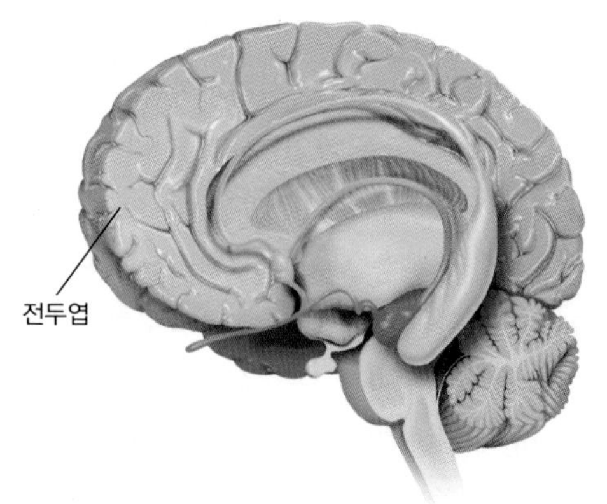

그림 15.15
살인자의 마음 연구자들은 살인자의 전두엽에서 활성화가 줄어드는 사실을 밝혀왔다. 이 두뇌영역은 충동적이고 공격적인 행동을 억제하는 데 일익을 담당한다(Raine, 1999).

초기 환경뿐만 아니라 생물학적 바탕을 가지고 있는 대담무쌍함은 이례적인 가족 재상봉을 설명해준다. 오랫동안 헤어졌던 자매인 27세의 조이스 로트와 29세의 메리 존스는 정상적이라면 상봉이 아니라 가족을 헤어지게 만드는 장소에서 만났는데, 그 장소는 둘 모두 마약사범으로 수감된 사우스캐롤라이나 교도소이었다. 이들의 재회에 관한 신문기사가 난 후에, 오랫동안 잊고 있었던 이복 남동생인 프랭크 스트릭랜드가 전화를 걸어왔는데, 그 자신도 문제를 가지고 있었다. 그도 마약, 강도, 방화죄로 교도소에 갇혀있었던 것이다(Shepherd et al., 1990).

사람들을 반사회적 행동의 위험에 처하도록 만드는 유전자는 물질 남용 장애의 위험에도 빠지게 만든다(Dick, 2007). 장애는 함께 출현하기 십상이다. 예컨대, 우울장애와 불안장애는 함께 출현하는 경우가 많다(Jacobson & Newman, 2017; Plana-Ripoll et al., 2019). 하나의 장애로 진단받은 사람은 다른 장애로 진단받을 위험성이 매우 높다. 이러한 동반장애는 상이한 장애에 취약하게 만드는 중복된 유전자로 인해서 나타난다(Brainstorm Consortium, 2018; Gandal et al., 2018).

그렇지만 유전만으로는 반사회적 범죄를 모두 설명할 수 없다. 에이드리언 레이니가 이끄는 또 다른 연구팀(1996)은 20세에서 22세 사이의 400명가량의 덴마크 남자가 저지른 범죄기록을 확인한 끝에, 모든 범법자는 조산과 같이 출생할 때 생물학적 위험 요인을 경험하였거나 가난과 결손가정과 같은 가족배경을 가지고 있다는 사실을 알게 되었다. 생물학적 위험 요인과 사회적 위험 요인을 모두 가지고 있는 생물사회적 집단을 두 가지 특징 중에서 하나만 가지고 있는 집단과 비교한 결과, 생물사회적 집단이 범죄를 저지를 위험성이 두 배나 높았다. 1,037명의 아동을 25년간 추적조사한 연구에서도 유사한 결과가 나타났다. 두 요인, 즉 아동기 학대 그리고 신경전달물질의 불균형을 초래하는 유전자를 결합할 때 반사회적 문제를 예측할 수 있었다(Caspi et al., 2002). '나쁜' 유전자이든 '나쁜' 환경이든 그 어느 것도 단독으로는 성장한 후의 반사회적 행동을 결정짓지 못한다. 오히려 유전자가 어떤 아동에게는 학대에 민감한 소인을 제공한다. '유전적으로 취약한 사람'에서 좋든 나쁘든 간에, 환경 영향이 문제가 되는 것이다(Belsky & Pluess, 2009; Moffitt, 2005).

다른 많은 행동에서와 마찬가지로, 반사회적 행동에서도 선천성과 후천성이 상호작용하며, 생

어떤 사람에게는 보름달이 '광기'를 촉발시키는가? 달의 위상을 범죄(특히 살인), 긴급전화, 정신병원 입원 등과 관련시킨 37편 연구의 데이터를 조사해보았다(Rotton & Kelley, 1985). 결론은 다음과 같다. '달 광기'의 증거는 하나도 없다. 달의 위상은 자살, 폭행, 응급실 방문, 교통사고 등과 아무런 상관도 보이지 않는다(Martin et al., 1992; Raison et al., 1999).

물심리사회적 조망이 반사회적 행동을 온전하게 이해하는 데 도움을 준다. 반사회적 장애의 신경 토대를 탐구하려는 신경과학자들은 반사회적 성격장애를 나타내는 범죄자에서 나타나는 두뇌 활동의 차이를 확인해내고 있다. 여자의 목에 칼을 들이대고 있는 남자와 같이 정서적으로 도발적인 사진을 보여주었을 때, 이들은 낮은 심장박동률과 호흡률을 나타내며, 정서자극에 전형적으로 반응을 보이는 두뇌영역의 활동도 낮았다(Harenski et al., 2010; Kiehl & Buckholtz, 2010). 또한 부정적 결과에도 불구하고 무엇인가 보상을 주는 행동을 하려는 충동적 욕구를 불러일으키는 도파민 보상중추의 과잉반응도 보여주었다(Buckholtz et al., 2010; Glenn et al., 2010). 이러한 결과는 '심리적인 것은 어느 것이든 생물학적인 것'이라는 사실을 또다시 생각나게 만들어준다.

인출 연습

RP-2 생물학적 요인과 심리적 요인이 반사회적 성격장애에 어떻게 기여하는가?

답은 부록 E를 참조

섭식장애

LOQ 15-21 세 가지 대표적인 섭식장애는 무엇인가? 어떤 생물학적, 심리적, 사회문화적 요인이 사람들을 이 장애에 더욱 취약하게 만드는가?

신체는 먹거리가 가용하지 않을 때를 대비하여 에너지를 저장해두는 것을 포함하여, 일정한 체중을 유지하려는 선천적인 소인을 가지고 있다. 그런데 때로는 심리적 요인이 생물학적 지혜를 압도하기도 한다. 이 사실은 다음의 세 가지 섭식장애에서 극명하게 나타난다.

- **거식증**(anorexia nervosa)에서는 일반적으로 10대 소녀이지만 몇몇 남녀 성인과 소년도 포함된 사람들이 스스로 굶는다. 거식증은 전형적으로 체중 감량 다이어트로 시작되지만, 다이어트가 습관이 되어버린다(Steinglass et al., 2018). 체중이 심각할 정도로 정상 이하임에도 불구하고 여전히 뚱뚱하다고 느끼고, 뚱뚱해지는 것을 두려워하며, 체중 감량에 강박적으로 매달리고, 때로는 지나치게 운동을 한다.
- **과식증**(bulimia nervosa)에서는 폭식에 이어 구토, 완하제의 복용, 단식, 지나친 운동 등과 같은 보상행동이 뒤따르는 악순환이 반복된다(Wonderlich et al, 2007). 거식증과는 달리, 과식증은 체중이 정상 범위에서 오르내리기 때문에 그 증상을 쉽게 숨길 수 있다. 숨겨놓은 음식을 게걸스럽게 먹음으로써 다이어트의 와해가 촉발되기도 한다. 대부분이 10대 후반이거나 20대 초반의 여자들인 과식증 환자는 한꺼번에 잔뜩 먹는데, 때로는 부정적 정서나 폭식하는 친구의 영향을 받기도 한다(Crandall, 1988; Haedt-Matt & Keel, 2011). 달콤하고 고지방인 음식을 그리워하며 음식 생각에 사로잡혀 있으면서도 과체중이 되는 것을 두려워하는 나머지, 과식증 환자는 폭식을 하고 있거나 폭식을 한 후에 발작적인 우울과 불안을 경험한다(Hinz & Williamson, 1987; Johnson et al., 2002).
- **폭식장애**(binge-eating disorder) 환자는 심각한 폭식을 한 후에 자책감이 뒤따르지만, 먹은 것을 제거하거나 단식을 하거나 지나치게 운동을 하지는 않는다.

왜곡된 신체 이미지가 거식증의 바탕에 깔려있다

artbyjulie/Getty Images

일생을 살아가는 동안 어느 시점에서 260만 명의 미국인(0.8%)이 DSM-5가 설정한 거식증의 기준을, 260만 명이 과식증의 기준을, 270만 명이 폭식장애의 기준을 넘어선다(Udo & Grilo, 2019). 세 가지 장애는 모두 치명적일 수 있다. 신체와 정신에 해를 끼침으로써 짧은 기대수명, 높은 자살 위험성, 비자살적 자해 등을 초래한다(Cucchi et al., 2016; Fichter & Quadflieg, 2016; Mandelli et al., 2019).

거식증 정상체중의 사람(일반적으로 청소년기의 여자)이 다이어트를 하고 심각하게 저체중이 되지만(15% 이상), 여전히 뚱뚱하다고 느끼면서 계속해서 굶는 섭식장애

과식증 일반적으로 고칼로리의 음식을 과식한 후에 토하거나 완하제를 사용하거나 단식하거나 지나치게 운동을 하는 섭식장애

폭식장애 엄청나게 폭식을 한 후에 괴로움이나 혐오감 또는 죄의식이 뒤따르지만, 과식증을 특징짓는 보상행동은 나타내지 않는다.

섭식장애의 이해

섭식장애는 (혹자가 추측하는 것과는 달리) 아동기 성폭행의 명백한 신호가 아니다(Smolak & Murnen, 2002; Stice, 2002). 그런데 가정환경이 또 다른 방식으로 섭식장애에 영향을 미치기도 한다. 예컨대, 거식증 환자의 가정은 경쟁적이고 성취지향적이며 방어적인 경향이 있다(Ahrén et al., 2013; Berg et al., 2014; Yates, 1989, 1990). 섭식장애자는 신체 만족도가 낮고, 완벽주의 기준을 설정하며, 기대에 미치지 못하는 것과 다른 사람들이 자신을 어떻게 쳐다볼 것인지를 지나치게 염려하기 십상이다(Farstad et al., 2016; Smith, M. et al., 2018; Wang, S. et al., 2019). 이러한 요인 중 몇몇은 10대 소년들이 비현실적인 근육질을 추구하는 현상도 예측해준다(Karazsia et al., 2017; Ricciardelli & McCabe, 2004).

유전도 중요하다. 이란성 쌍둥이에 비해서 일란성 쌍둥이의 경우, 한 사람이 섭식장애일 경우 다른 사람도 장애에 걸릴 가능성이 더 높으며, 거식증의 경우에는 유전성이 50~60%에 이른다(Yilmaz et al., 2015). 연구자들은 혐의가 가는 유전자들을 찾고 있다. 대규모 연구는 거의 17,000명에 이르는 거식증 환자와 56,000명의 정상인의 게놈을 비교함으로써 유전자 차이를 확인해냈다(Watson et al., 2019).

그렇지만 섭식장애는 문화 성분과 성별 성분도 가지고 있다. 이상적인 몸매는 문화와 시대에 따라 변한다. 빈곤율이 높은 국가에서는 포동포동한 것이 부유함을 의미하고 마른 것이 가난이나 질병을 신호하기도 한다(Knickmeyer, 2001; Swami et al., 2010). 부유한 서구 문화에서는 그렇지 않다. 222편의 연구를 분석한 결과에 따르면, 20세기의 후반부 50년에 걸쳐 섭식장애가 증가한 것은 서구 여성의 신체 이미지가 극적으로 저하된 것과 일치한다(Feingold & Mazzella, 1998).

일반적으로 여자이거나 게이이기 십상인 섭식장애에 가장 취약한 사람은 마른 것을 가장 이상적인 몸매로 간주하며 몸매 불만족이 가장 큰 사람이기도 하다(Feldman & Meyer, 2010; Kane, 2010; Stice et al., 2010). 그렇다면 여자가 비정상적으로 비쩍 마른 모델과 유명인사들의 이미지를 볼 때, 수치심을 느끼고 우울하며 자신의 몸매에 불만을 품기 십상이라고 해서 놀랄 일이 있겠는가?(Bould et al., 2018; Tiggemann & Miller, 2010). 에릭 스타이스와 그의 동료들(2001)은 몇몇 10대 소녀에게 10대용 패션잡지의 15개월 정기구독권을 제공함으로써 이러한 모델링 효과를 검증하였다. 잡지 구독권을 받지 않은 통제집단과 비교할 때, 이미 불만으로 가득 차있고 삐쩍 마른 것을 이상형으로 삼고 있으며 사회적 지지를 받지 못하고 있었던 상처받기 쉬운 소녀들은 몸매 불만족과 섭식장애 경향성의 증가를 나타냈다. 그렇지만 아무리 마른 모델이라고 하더라도 바비 인형의 비현실적인 기준을 만족시킬 수는 없다. 170센티미터의 신장으로 환산할 때, 바비 인형은 32-16-29 체형(센티미터로는 가슴 82, 허리 41, 엉덩이

"그 시점까지 버니스는 한 번도 낮은 자존감의 문제를 가져본 적이 없었다."

"여자들은 어째서 그토록 낮은 자존감을 가지고 있는가? 많은 복잡한 심리적이고 사회적인 이유가 있는데, 내가 의미하는 것은 바로 바비 인형이다." 데이브 배리(1999)

74)을 가지고 있는 것이다(Norton et al., 1996).

그렇지만 신체 불만족과 거식증에는 대중매체 효과 이상의 것이 존재한다(Ferguson et al., 2011). 놀려대기와 괴롭힘과 같은 또래의 영향도 중요하다. 그럼에도 불구하고, 오늘날 만연하고 있는 섭식장애는 부분적으로 체중 강박적인 문화에 책임이 있다는 사실이 명백해 보인다. 즉, 온갖 방법으로 '뚱뚱한 것은 나쁜 것'이라고 말하면서, 수많은 여성으로 하여금 '항상 다이어트 중'이도록 동기화시키며, 항상 준아사 상태로 살도록 압력을 가함으로써 폭식을 부추기는 문화 말이다. 한 전직 모델은 거식증이 어떻게 자신의 신체 장기를 망가뜨렸는지에 대해서 언급한 바 있다(Carroll, 2013). 며칠을 굶어서 아사 직전인 그녀가 자신의 모델 에이전트와의 만남 장소로 걸어 들어가자, 그 에이전트는 "무엇을 하고 있든 계속하세요."라고 말하면서 그녀에게 인사하였다.

섭식장애로 진단받은 사람 대부분은 개선된다. 22년에 걸친 한 연구에서 보면, 거식증이나 과식증이었던 여자 세 명 중에서 두 명이 회복되었다(Eddy et al., 2017). 예방도 가능하다. 10대 소녀에게 자신의 신체를 인정하도록 가르치는 상호작용 프로그램은 섭식장애의 위험을 감소시켜 왔다(Beintner et al., 2012; Melioli et al., 2016; Vocks et al., 2010). 위험에 처한 사람이 문화가 학습시킨 것에 당당하게 맞섬으로써, 장수하고 건강한 삶을 영위하기도 한다.

인출 연습

RP-3 (거식증/과식증) 환자는 자신이 과소체중일 때조차도 체중을 감량하기를 끊임없이 원한다. (거식증/과식증) 환자는 정상 범위 내에서 또는 바로 위에서 일정 수준을 유지하는 체중을 갖는 경향이 있다.

답은 부록 E를 참조

개관 해리장애, 성격장애, 섭식장애

학습목표

자기검증 개념 파악을 증진시키도록 (부록 D의 답을 확인해보기에 앞서) 여러분 자신의 표현으로 여기서 반복하는 학습목표 물음에 답해보라(McDaniel et al., 2009, 2015).

LOQ 15-19 해리장애란 무엇인가? 이 장애가 논란을 불러일으키는 이유는 무엇인가?

LOQ 15-20 성격장애의 세 군집은 무엇인가? 어떤 행동과 두뇌 활동이 반사회적 성격장애를 특징짓는가?

LOQ 15-21 세 가지 대표적인 섭식장애는 무엇인가? 어떤 생물학적, 심리적, 사회문화적 요인이 사람들을 이 장애에 더욱 취약하게 만드는가?

기억해야 할 용어와 개념들

자기검증 여러분 자신의 표현으로 정의를 적어본 후에 답을 확인해보라.

거식증	성격장애	해리장애
과식증	폭식장애	해리 정체성 장애(DID)
반사회적 성격장애		

학습내용 숙달하기

자기검증 여러분 자신의 표현으로 다음 물음에 답한 후에 부록 E에서 답을 확인해보라.

1. 다음 중 해리 정체성 장애가 논란거리인 이유는 무엇인가?

a. 해리는 실제로 매우 드물다.

b. 1920년대에는 빈번하게 보고되었지만, 오늘날은 드물다.

c. 북미를 제외하고는 거의 보고된 적이 없다.

d. 증상이 강박신경증 증상과 거의 동일하다.

2. 다음 중 반사회적 성격과 같은 성격장애의 특징은 무엇인가?
   a. 우울
   b. 환각
   c. 사회적 기능성을 손상시키는 융통성 없는 지속적 행동
   d. 자율신경계 각성의 증가된 수준
3. 다음 중 살인자 두뇌의 PET 영상이 밝혀온 것은 무엇인가?
   a. 전두엽에서의 평균 이상 활동
   b. 전두엽에서의 평균 이하 활동
   c. 정상보다 많은 전두엽 조직
   d. 두뇌 구조와 활동에서 차이 없음
4. 다음 중 거식증에 해당하는 진술은 무엇인가?
   a. 거식증 환자는 저체중인 경우조차도 체중 감량을 계속해서 원한다.
   b. 거식증은 정상 범위 내 또는 그 이상에서 나타나는 체중 오르내림의 특징을 나타낸다.
   c. 거식증 환자는 흔히 경쟁적이고, 활동량이 많으며 보호적인 중산 가정에서 나타나기 십상이다.
   d. 쌍둥이 중 한 명이 거식증으로 진단받으면, 일란성보다는 이란성일 때 다른 쌍둥이도 장애를 공유할 가능성이 높아진다.

신경발달장애

신경발달장애(neurodevelopmental disorder)는 중추신경계, 특히 두뇌의 비정상으로 정의한다. 아동기에 시작하는 이 장애는 지적장애나 심리장애로 발현될 수 있는 사고와 행동의 변화를 초래한다.

지적장애

LOQ **15-22** 지적장애란 무엇인가?

지적장애(intellectual disability)는 18세 이전에 분명하게 나타나며, 알려진 신체적 원인을 수반하기 십상이다. (예컨대, **다운증후군**은 유전자 배열에서 21번째 염색체 쌍에 군더더기 염색체가 존재함으로써 발생하며, 지적 심각성과 신체적 심각성의 정도가 다양한 장애이다.) 지적장애로 진단받으려면, 다음과 같은 두 가지 기준을 만족해야 한다. 첫째는 낮은 지능검사 점수에 반영된 낮은 지적 기능이다. 지침은 전집의 최하위 3%에 해당하는 지능검사 점수이거나 대략 70점 이하로 규정하고 있다(Schalock et al., 2010). 두 번째 기준은 독자적인 삶을 영위하기 위해 필요한 다음과 같은 세 가지 영역 또는 기술에서의 요구사항을 충족시키는 데 어려움을 겪어야 한다는 것이다. 즉 개념적 영역(언어, 읽기, 돈과 시간 그리고 수의 개념 등), 사회적 영역(대인관계 기술, 사회적 책임감, 기본 규칙과 법의 준수, 희생양이 되는 것을 피하는 능력 등), 그리고 현실적 영역(건강관리와 개인관리, 직업기술, 여행 등)이 그것이다. 경증의 지적장애는 정상적인 지능과 마찬가지로, 유전적 요인과 환경적 요인의 조합이 초래한다(Reichenberg et al., 2016).

신경발달장애 아동기에 시작하여 사고와 행동을 바꾸어놓는 중추신경계의 이상

지적장애 지능검사 점수가 70 이하이거나 삶의 요구사항에 적응하는 데 어려움을 느끼는 제한된 심적 능력 상태(과거에는 정신지체라고 불림)

인출 연습

RP-1 지적장애로 진단받으려면 어떤 기준을 만족해야만 하는가?

답은 부록 E를 참조

자폐 스펙트럼 장애(ASD) 소통, 사회적 상호작용, 상대방의 마음 읽기 등에 대한 이해 결손이 특징적으로 나타나는 아동기에 발생하는 심리장애

자폐 스펙트럼 장애(ASD)

LOQ 15-23 자폐 스펙트럼 장애란 무엇인가?

자폐 스펙트럼 장애(autism spectrum disorder, **ASD**)는 사회적 결함과 반복행동이라는 특징을 나타내는 인지적이고 사회 · 정서적인 장애이다. 한때 2,500명의 아동 중에서 1명이 앓는다고 생각하였던 ASD(과거에는 그냥 **자폐증**이라고 불렀다)가 오늘날 한국에서는 38명 중 1명, 미국에서는 59명 중 1명, 캐나다에서는 66명 중 1명, 영국에서는 100명 중 1명이 이 장애로 진단받고 있다(Baio et al., 2018; CDC, 2014b; Kim et al., 2011; NAS, 2011; Offner et al., 2018). ASD 진단이 증가하는 것은 '인지장애'나 '학습장애'로 간주되는 아동의 수가 감소하는 것과 맞물려있으며, 아동의 장애에 다른 이름을 붙이고 있다는 사실을 시사한다(Gernsbacher et al., 2005; Grinker, 2007; Shattuck, 2006).

ASD 증상의 기저 출처는 정상적으로 함께 작동한다면 다른 사람의 견지를 받아들이도록 해주는 두뇌영역들 간의 열악한 소통인 것으로 보인다. 유아는 생후 2개월부터 다른 사람과 눈을 맞추는 데 더 많은 시간을 보내는데, 나중에 ASD 증상을 보이게 되는 아동은 눈 맞추기를 점점 덜 한다(Baron-Cohen, 2017; Wang et al., 2020). ASD 환자는 손상된 마음 이론을 가지고 있다(Matthews & Goldberg, 2018; Velikonja et al., 2019). 대부분의 사람에게는 직관적으로 나타나는 마음 읽기('저 얼굴은 미소 짓는 것인가 아니면 코웃음 치는 것인가?')가 ASD 환자에게는 어렵다. 다른 사람의 생각과 감정을 추론하고 기억해내며, 놀이친구와 부모는 대상을 다르게 바라다볼 수도 있다는 사실을 깨닫고, 선생님은 자신보다 더 많이 알고 있음을 이해하는 데 어려움을 겪는다(Boucher et al., 2012; Frith & Frith, 2001; Knutsen et al., 2015). 부모와 교사를 대상으로 수행한 전국 조사를 보면, 부분적으로 이러한 이유로 ASD 청소년의 46%가 집단 따돌림의 고통을 겪어왔는데, 보통 아이들의 경우인 11%에 비하면 4배나 높다(Sterzing et al., 2012). 자폐아동도 친구를 사귀지만, 상대 아동은 그 관계가 정서적으로 만족스럽지 못하다고 생각하기 십상이다(Mendelson et al., 2016). 이 사실은 ASD 환자가 '삶에서 우울증을 겪을 가능성이 4배나 높은 이유'를 설명하는 데 도움을 준다(Hudson et al., 2019).

"나는 자폐증이다. 이 말이 의미하는 바는 내 주변 사람들이 소름 끼칠 만큼 내 눈동자를 들여다보게 만드는 장애를 가지고 있다는 것이다." Facebook.com/autisticnotweird(2020)

ASD는 증상의 정도가 다양하다. 대략 절반의 ASD 환자는 '적절'하거나 심지어는 '좋은' 결과를 초래한다(Steinhausen et al., 2016). 흔히 아스퍼거 증후군이라고 불리던 증상으로 진단받은 사

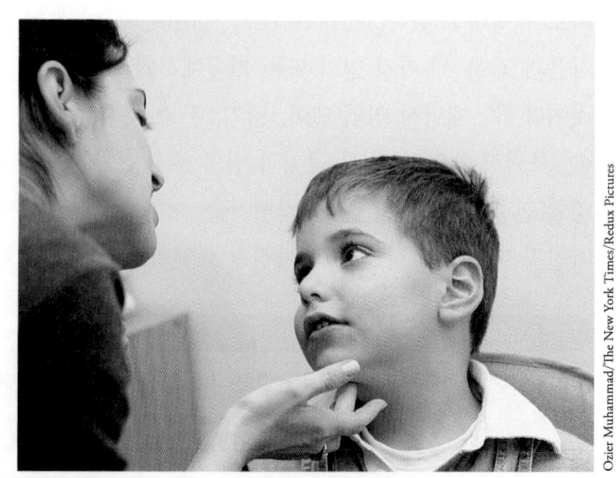

Ozier Muhammad/The New York Times/Redux Pictures

자폐 스펙트럼 장애(ASD) 언어병리학자가 ASD 소년에게 말소리와 단어 말하기를 도와주고 있다. ASD는 사회적 소통의 결손과 다른 사람의 마음 상태를 이해하는 데 어려움을 겪는 특징이 있다.

람은 일반적으로 높은 수준의 기능성을 나타낸다. 정상적인 지능을 가지고 있으며, 흔히 특정 영역에서 이례적인 기술이나 재능을 가지고 있기 십상이다. 104개 국가에서 6,500명을 대상으로 수행한 연구를 보면, 자폐적 특질을 가지고 있는 사람이 사회적 태만이나 집단사고와 같은 사회심리학적 현상을 평균 이상으로 이해하였다(Gollwitzer et al., 2019). 그렇지만 사회적으로 상호작용하고 소통하려는 동기와 그 능력이 결여되어 있으며, 무관한 자극에 방해받는 경향이 있다(Clements et al., 2018; Remington et al., 2009).

ASD는 여아보다 남아가 3배나 더 많이 진단받는데, 부분적으로는 여아가 ASD와 관련된 특질을 숨기는 능력이 더 뛰어나기 때문이기도 하다(Dean et al., 2017; Loomes et al., 2017). 심리학자 사이먼 바론-코헨(2010)은 이러한 불균형이 여아에 비해서 남아가 훨씬 '체계자'이기 때문이라고 믿고 있다. 남아는 수학이나 공학에서와 같이 규칙이나 법칙에 따라서 사물을 이해하는 경향이 있다는 것이다. 반면에 여아는 선천적으로 '공감자'의 소인을 가지고 있다고 주장한다. 여아는 얼굴 표정과 몸짓을 읽어내는 데 유능하다(van Honk et al., 2011). 남성이든 여성이든 관계없이, ASD 환자는 얼굴 표정을 읽어내는 데 어려움을 더 많이 겪는 체계자이다(Baron-Cohen et al., 2015). STEM(과학, 테크놀로지, 공학, 수학) 분야에서 일하는 사람도 ASD와 유사한 특질을 나타낼 가능성이 조금 더 높다(Ruzich et al., 2015).

"자폐증은 내 삶을 어렵게 만들지만 아름답게도 만든다. 모든 것이 강렬해진다면, 일상적이고 진부하며 전형적이고 정상적인 것들이 두드러지게 된다." 에린 매키니, "자폐증이 무엇인지 기술하는 최선의 방법"(2015)

생물학적 요인이 ASD에 기여한다(Zhou et al., 2019). 출생 이전 환경이 중요하며, 특히 임신 중의 감염, 향정신성 약물 남용, 스트레스 호르몬 등으로 환경의 변화가 있을 때 그러하다(NIH, 2013; Wang, 2014). 유전자도 중요하다. 5개 국가에서 200만 명을 대상으로 수행한 연구를 보면, ASD의 유전성이 거의 80%에 이른다(Bai et al., 2019). 만일 일란성 쌍둥이 중의 한 명이 ASD로 진단받으면, 다른 한 명도 그렇게 진단받을 가능성은 50~70%이다(Tick et al., 2016). 하나의 '자폐증 유전자'가 장애를 설명하지는 못한다. 많은 유전자가 관여하는 것으로 보이며, 지금까지 400개 이상이 확인되었다(Krishnan et al., 2016; Yuen et al., 2016). 정자세포의 유전적 돌연변이도 일익을 담당하는 것으로 보인다. 남자의 나이가 많을수록 이러한 돌연변이가 더 빈번하게 나타나는데, 이 사실은 40세 이상의 아버지가 30세 이하의 아버지보다 ASD 아동을 갖게 될 위험성이 훨씬 높은 이유를 설명하는 데 도움이 될 수 있다(Wu et al., 2017).

연구자들은 두뇌 구조에서도 ASD의 징후를 추적하고 있다. 여러 연구는 '과소연결', 즉 두뇌의 앞부분을 뒷부분과 연결하는 신경통로의 수가 정상보다 적다는 사실을 밝혀왔다(Picci et al., 2016). 과소연결로 인해서, 예컨대 시각 정보와 정서 정보를 통합하는 두뇌 전체의 동시적 활동이 줄어든다. EEG로 측정한 생후 3개월 유아의 두뇌 활동으로 ASD를 예측할 수 있다(Bosl et al., 2018).

최초의 '자폐증' 사례 1943년에 이례적인 재능과 사회적 결손을 나타내는 '이상한' 소년이었던 도널드 그레이 트리플릿은 '자폐증' 진단을 받은 최초의 사람이었다. (2013년에 진단 매뉴얼이 개정된 후에는 자폐 스펙트럼 장애라고 부른다.) 2016년에 82세가 된 트리플릿은 여전히 미시시피의 작은 마을에 있는 집에서 가족과 함께 생활하면서 자주 골프를 즐기고 있다(Atlas, 2016).

Miller Mobley/August Image

ASD에서 생물학적 특성의 역할은 두뇌기능에서도 나타난다. 보통사람은 다른 사람이 하품할 때 자신도 하품하는 경우가 많다. 그리고 다른 사람의 미소나 찡그림을 관찰하고 모방하게 되면, 다른 사람이 느끼고 있는 것과 유사한 감정을 느끼게 된다. ASD 환자는 그렇지 않다. 이들은 흉내를 잘 내지 않으며 다른 사람의 행동을 거울처럼 반영하는 데 관여하는 두뇌영역에서의 활동이 훨씬 적다(Edwards, 2014; Yang & Hofmann, 2015). 예컨대, 다른 사람의 손 움직임을 관찰할 때 ASD 환자의 두뇌는 정상인의 거울 활동을 적게 나타낸다(Oberman & Ramachandran, 2007; Théoret et al., 2005). 과학자들은 ASD 환자의 두뇌는 '깨진 거울'을 가지고 있다는 생각을 계속해서 탐구하고 있으며 격렬한 논쟁을 벌이고 있다(Gallese et al., 2011; Schulte-Rüther et al., 2016). 그리고 사회적 유대를 조장하는 호르몬인 옥시토신 치료가 ASD 환자의 사회행동을

주의력결핍 과잉행동장애(ADHD) 극단적 부주의, 과잉행동, 그리고 충동성이 특징인 심리장애

개선시킬 수 있는지를 탐구하고 있다(Gordon et al., 2013; Lange & McDougle, 2013).

ASD의 원인이 아닌 것은 무엇인가? 1998년에 수행된 사기성 연구가 엉뚱한 주장을 하였지만, 아동기 백신은 ASD와 아무런 관계가 없다(Taylor et al., 2014). 예컨대, 거의 70만 명의 덴마크 아동을 추적한 최근 연구에서 보면, MMR 백신을 맞은 아동은 나중에 ASD로 진단받은 6,517명에 포함될 가능성이 약간 더 낮았다(Hviid et al., 2019).

주의력결핍 과잉행동장애(ADHD)

주의력결핍 과잉행동 장애(attention-deficit/hyperactivity disorder, **ADHD**) 증상을 경험하는 아동에게는 진단과 치료가 도움을 줄 수 있다(Kupfer, 2012; Maciejewski et al., 2016). DSM은 이 장애의 진단 기준을 확장해왔다. 그렇지만 비판자들은 그 기준이 너무나 광의적이어서, 정상적인 아동기의 개구쟁이 행동을 장애로 치부할 수 있다고 제안한다(Frances, 2013, 2014). 과잉행동인가, 아니면 에너지가 넘치는 것인가? 충동적인가, 아니면 자발적인가? 과도하게 수다스러운가, 아니면 흥분한 것인가? 스웨덴에서 10년간 수행한 연구에서 보면, 아동의 주의행동은 변하지 않았음에도 전국적인 ADHD 진단은 다섯 배나 증가하였다(Rydell et al., 2018). (비판적으로 생각하기 : ADHD. 정상적으로 충만한 에너지인가 아니면 장애행동인가?를 참고하라.)

* * *

심리장애가 야기하는 혼란스러움, 공포, 슬픔 등은 실재하는 것이다. 그렇지만 다음 장의 주제, 즉 치료가 보여주는 것처럼, 희망도 실재한다.

비판적으로 생각하기

ADHD, 정상적으로 충만한 에너지인가 아니면 장애행동인가?

LOQ 15-24 주의력결핍 과잉행동장애에 대한 논란이 있는 까닭은 무엇인가?

미국에서의 진단율

9.4%[1] 2~17세

2.5%[2] 성인

노르웨이와 스웨덴과 같은 여러 나라에서는 진단율이 낮기 십상이다.[3]

여아보다는 남아가 두 배 높다.

증상

- 부주의와 주의산만[4]
- 과잉행동[5]
- 충동성

회의론자의 주장

에너지 충만 + 지루한 학교 = ADHD 과잉진단

- 아동은 실내 의자에 몇 시간씩 앉아있지 못한다.
- 학급에서 가장 어린 아동이 더 가만히 있지 못하기 때문에 ADHD로 진단받기 십상이다.[6]
- 나이를 먹은 학생은 ADHD 처방약인 흥분제, 즉 '공부약'을 찾기도 한다.[7]
- 약물 치료의 장기적 효과는 무엇인가?
- ADHD 진단과 약물 사용이 증가하는 까닭은 무엇인가?[8]

지지자의 주장

- 진단이 많은 것은 관심도의 증가를 반영한다.
- ADHD는 실재하는 신경생물학적 장애이며 그 존재는 더 이상 논쟁거리가 아니다.[9]
- ADHD는 비정상적인 두뇌 구조와 두뇌 활동 패턴, 그리고 장차 위험행동이나 반사회적 행동과 관련이 있다.[10]

원인?

- 학습장애 또는 반항적이고 성마른 행동과 공존하기도 한다.
- 유전적일 수도 있다.[11]

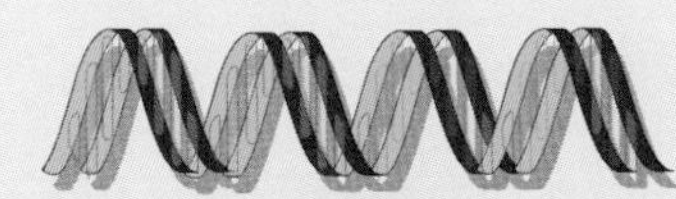

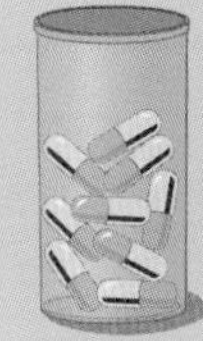

치료

- 흥분제(리탈린, 애더럴 등)가 과잉행동을 완화시키며, 앉아서 집중하는 능력을 증가시킨다.[12] 행동치료와 유산소 운동도 효과가 있다.[13]
- 심리치료가 ADHD의 고통에 도움을 준다.[14]

결론

극단적인 부주의, 과잉행동, 충동성 등은 사회적 성취, 학업, 직무수행 등을 와해시킬 수 있다. 이러한 증상은 약물과 다른 치료법으로 치료할 수 있다. 그렇지만 정상적인 높은 에너지를 너무나도 자주 심리장애로 진단하고 있는지, 그리고 ADHD를 치료하기 위한 흥분제의 장기적 사용이 치러야 하는 비용은 없는지에 관하여 논란이 계속되고 있다.

1. CDC, 2019a. 2. Simon et al., 2009. 3. MacDonald et al., 2019; Smith, 2017. 4. Martel et al., 2016. 5. Kofler et al., 2016. 6. Chen, M. et al., 2016. 7. Schwarz, 2012. 8. Ellison, 2015; Hales et al., 2018; Sayal et al., 2017. 9. World Federation for Mental Health, 2005. 10. Ball et al., 2019; Hoogman et al., 2019. 11. Nikolas & Burt, 2010; Poelmans et al., 2011; Volkow et al., 2009; Williams et al., 2010. 12. Barbaresi et al., 2007. 13. Cerrillo-Urbina et al., 2015; Pelham et al., 2016. 14. Fabiano et al., 2008.

개관 신경발달장애

학습목표

자기검증 개념 파악을 증진시키도록 (부록 D의 답을 확인해보기에 앞서) 여러분 자신의 표현으로 여기서 반복하는 학습목표 물음에 답해보라 (McDaniel et al., 2009, 2015).

LOQ 15-22 지적장애란 무엇인가?

LOQ 15-23 자폐 스펙트럼 장애란 무엇인가?

LOQ 15-24 주의력결핍 과잉행동장애에 대한 논란이 있는 까닭은 무엇인가?

기억해야 할 용어와 개념들

자기검증 여러분 자신의 표현으로 정의를 적어본 후에 답을 확인해보라.

신경발달장애
자폐 스펙트럼 장애(ASD)
주의력결핍 과잉행동장애(ADHD)
지적장애

학습내용 숙달하기

자기검증 여러분 자신의 표현으로 다음 물음에 답한 후에 부록 E에서 답을 확인해보라.

1. 다음 진술 중 지적장애에 해당하는 것은 무엇인가?
  a. 일반적으로 독자적인 삶의 정상적인 요구사항에 적응할 수 있다.
  b. 전형적으로 알려지지 않은 신체적 원인과 함께 나타난다.
  c. 지능검사 점수가 대략 70 이하이다.
  d. 얼굴 표정을 읽어내는 데 어려움을 나타내기 십상인 체계자이다.

2. 몇몇 연구자는 ASD 환자의 두뇌가 '깨진 거울'을 가지고 있다고 제안해왔다. 이것이 의미하는 바는 무엇인가?

3. 몇몇 비판자는 DSM-5가 일상 삶과 정상적인 행동을 장애로 간주할 수도 있다고 믿고 있다. ADHD 논쟁은 이러한 염려와 어떤 관계가 있는가?

Caiaimage/Tom Merton/Getty Images

치료

수상 경력이 있는 임상심리학자이자 양극성장애의 극단적 정서에서 세계적인 전문가인 케이 레드필드 제이미슨은 자신의 주제를 단박에 알아보았다. 그녀는 자신의 저서『소란한 마음』에서 이렇게 술회하였다.

> 기억해낼 수 있는 한에 있어서, 나는 경탄스러울 때도 많이 있기는 하였지만, 두려울 정도로 기분에 사로잡혀 있었다. 어려서는 지독하게 정서적이었으며, 소녀 시절에는 변덕스럽기 짝이 없었고, 청소년 시절에는 처음으로 심각하게 우울증에 빠졌으며, 내가 전문가로서의 삶을 시작할 시점에는 무자비하게 반복되는 조울증(오늘날에는 양극성장애로 알려져 있다)에 사로잡혀 있었기에, 나는 필연적으로 그리고 지적 성향으로 인해서 기분 전공자가 되었다(1995, 4~5쪽).

그녀의 삶은 강렬한 민감성과 열정적 에너지의 시기라는 축복을 받았다. 그렇기는 하지만 그녀의 아버지와 마찬가지로, '마음의 가장 어두운 동굴'을 들락날락하면서 무모한 낭비, 끊임없이 이어지는 대화, 불면으로 오염된 시기이기도 하다.

그때 그녀는 '처절한 혼란 속에서' 분별 있고 대단히 도움이 되는 결정을 내렸다. 전문가로서의 당혹스러움을 무릅쓰고 그녀는 여러 해에 걸쳐서 매주 방문하게 되었던 정신과 의사인 치료사와 상담 약속을 하였던 것이다.

> 선생님은 헤아릴 수도 없이 많은 경우에 나를 살아있을 수 있게 해주었다. 광기, 절망, 멋들어지지만 가혹하기도 했던 연애 사건, 미몽과 쟁취, 병의 재발, 거의 치명적인 자살 시도, 내가 지독히도 사랑하던 사람의 죽음, 그리고 전문가 생활의 엄청난 즐거움

과 곤혹스러움 등을 꿰뚫고 있었다…. 선생님은 매우 친절할 뿐만 아니라 아주 다부지기도 하였다. 에너지와 활기 그리고 창의성에서 내가 얼마나 많은 것을 잃어버리고 있다고 느끼는지를 어느 누구보다도 잘 이해하고 있었지만, 치료받는 동안에 나의 병이 얼마나 많은 대가를 치르고 있으며 해롭고 삶을 위협하는 것인지에 관한 전반적 조망을 결코 놓치지 않았다…. 병을 치료하기 위하여 찾아간 것임에도 불구하고, 선생님은 나에게 … 두뇌가 마음에 그리고 마음이 두뇌에 총체적으로 의존하고 있다는 점을 가르쳐주었다(87~88쪽).

배우인 케리 워싱턴과 가수인 케이티 페리도 공개적으로 심리치료의 이점을 다음과 같이 공유하였다. 페리는 "나는 대략 5년 동안 치료를 받으러 다녔으며, 치료는 나의 정신건강에 믿을 수 없을 만큼 많은 도움을 주었다고 생각한다."라고 언급하였다(Chen, 2017). 케임브리지 공작부인 캐서린(케이트 미들턴이라고도 부른다)은 정신질환과 치료를 둘러싼 오명을 제거하고자 노력해왔다. "우리는 이것이 도움을 요청하는 나약함의 신호가 아니라는 사실을 젊은이와 그의 부모에게 이해시킬 필요가 있다"(Holmes, 2015).

이 장에서는 치료사와 도움이 필요한 사람에게 가용한 몇 가지 치료법을 살펴본다. 심리치료법을 살펴보고 평가하는 것으로 시작한 다음에 생의학 치료와 장애의 예방에 초점을 맞춘다.

치료와 심리치료법의 소개

Macmillan Learning

도로시 딕스 "나는… 여러분들이 영연방 내에서 창살에 갇혀있는 정신질환자들의 상태에 주목해줄 것을 요청합니다"(1843).

심리장애를 치료하려는 노력의 오랜 역사는 당혹스러울 만큼 뒤섞여있는 혹독한 방법과 관대한 방법으로 점철되어 있다. 선의의 치료사가 사람의 머리에 구멍을 내고는 붙잡아매거나 출혈을 시키거나 '악마를 쫓아내기도' 하였다. 그렇지만 따뜻한 목욕과 마사지를 해주고 햇볕이 따뜻한 평온한 환경에 데려다놓기도 하였다. 약물을 투여하였으며, 환자와 아동기 경험, 현재의 감정, 부적응적인 사고와 행동에 관하여 대화를 나누기도 하였다.

필리프 피넬(1745~1826)과 도로시 딕스(1802~1887)와 같은 개혁가들은 보다 친절하고 인간적인 치료법 그리고 정신병원의 건립을 주창하였다. 이들의 노력은 대체로 보상을 받았다. 1950년대 이래로 효과적인 약물치료와 지역사회에 기반을 둔 치료 프로그램을 도입함으로써 대부분의 정신병원에는 빈 입원실이 늘어나게 되었다. 불행하게도 이러한 탈수용화는 노숙자와 구금자의 수를 늘리는 데 기여하고 말았다. 오늘날 미국인 5명 중에서 1명은 어떤 형태로든 외래환자로서 정신건강 치료를 받고 있다(Olfson et al., 2019).

심리장애의 치료

학습목표 물음 LOQ **16-1** 심리치료와 생의학치료는 어떻게 다른가?

오늘날의 치료법은 다음과 같은 두 가지 주요 범주로 나눌 수 있다.

- **심리치료**(psychotherapy)에서는 훈련받은 치료사가 심리학 기법을 사용하여 어려움을 극복하거나 개인적 성숙을 달성하려는 사람을 지원하게 된다. 치료사는 내담자의 초기 관계를 살펴보고, 새로운 사고방식을 채택하도록 격려하거나 예전의 행동을 새로운 행동으로 대치

하도록 지도한다.

- **생의학치료**(biomedical therapy)는 약물치료나 다른 생물학적 처치를 제안한다. 예컨대, 심한 우울증을 겪고 있는 사람은 항우울제, 전기충격요법(ECT), 또는 두뇌 자극을 받기도 한다.

장애 자체뿐만 아니라 치료사의 훈련과 전문성이 치료법 선택에 영향을 미친다. 심리치료와 약물치료를 결합하여 사용하기 십상이다. 케이 레드필드 제이미슨은 정신과 의사와의 만남에서 심리치료를 받았으며, 기분이 거칠게 요동치는 것을 제어하기 위한 약물치료도 받았다.

우선 '대화치료'로 치료받는 사람을 위한 몇 가지 영향력 있는 심리치료법을 살펴보도록 하자. 각 치료법은 심리학에서 하나 이상의 주요 이론, 즉 정신역동 이론, 인본주의 이론, 행동 이론, 인지 이론 등에 토대를 두고 있다. 대부분의 기법은 일대일 상황에서나 집단에서 사용할 수 있다. 어떤 치료사는 여러 기법을 결합한다. 실제로 많은 심리치료사는 자신이 다양한 심리치료법을 종합적으로 사용하는 **절충적 접근**(eclectic approach)을 취하고 있다고 말한다.

The Granger Collection, NYC-All Rights Reserved.

치료의 역사 18세기 정신병원 방문자는 마치 동물원을 구경하듯 환자를 구경하기 위하여 입장료를 지불하였다. 윌리엄 호가스(1697~1764)의 이 작품은 영국 런던 세인트 메리 베들레헴 병원(보통 베들람이라고 부른다)을 방문하고 있는 장면을 포착한 것이다.

정신분석과 정신역동 치료

LOQ 16-2 정신분석의 목표와 기법은 무엇인가? 이것들이 어떻게 정신역동 치료에 적용되었는가?

최초의 중요한 심리치료법이 지그문트 프로이트의 **정신분석**(psychoanalysis)이었다. 오늘날 프로이트가 시행하였던 것처럼 치료하는 임상가는 거의 없지만, 그의 작업은 논의할 만한 가치가 있다. 이 치료법은 심리장애를 치료하는 초석을 마련하는 데 일익을 담당하였으며, 여전히 정신역동적 조망을 가지고 활동하는 오늘날의 치료사에게 영향을 미치고 있다.

정신분석의 목표

프로이트는 사람들이 과거에 원초아-자아-초자아 갈등에 쏟아부었던 에너지를 방출함으로써 더 건강하고 덜 불안한 삶을 성취할 수 있다고 믿었다(제14장 참조). 프로이트는 사람들이 자신을 충분히 알지 못한다고 가정하였다. 알고자 원치 않는 위협적인 것들을 억압하고 있기에 그것을 부인하거나 부정한다고 믿었다. 정신분석은 이렇게 억압된 감정을 의식적 자각 상태로 끌어내도록 도와주는 프로이트의 방법이었다. 무의식적 사고와 감정을 떠올리는 것을 도와주고 장애의 출처에 대한 통찰을 제공함으로써, 치료사(분석가)는 성장을 가로막고 있는 내적 갈등을 감소시키도록 도와줄 수 있다는 것이다.

정신분석의 기법

정신분석 이론은 어른을 만들어내는 아동기 경험의 위력을 강조한다. 따라서 정신분석은 개인사의 재구성이다. 현재의 가면을 벗긴다는 희망 아래, 과거를 파헤치는 것을 목표로 삼는다. 프로이트는 최면을 신뢰할 수 없는 기법이라고 파기시킨 후에 **자유연상**으로 돌아섰다.

여러분 자신이 자유연상을 사용하는 환자라고 상상해보라. 이완하는 것으로 시작하는데, 아마도 장의자에 누워서 이완할 것이다. 여러분의 시야가 미치지 않는 곳에 자리 잡은 정신분석가는 여러분에게 마음에 떠오르는 것을 무엇이든지 큰 소리로 말하도록 요구한다. 어느 시점에서 여러분은 아동기 기억을 떠올린다. 다른 시점에서는 꿈이나 최근의 경험을 기술한다. 이것이 쉬워 보이지만, 여러분은 말을 하면서 자신의 생각을 얼마나 자주 정리하고 있는지를 곧바로 알아

심리치료 훈련받은 치료사와 심리적 어려움으로 고통받거나 개인적 성숙을 추구하는 사람 간의 상호작용으로 구성된 심리학적 기법을 수반하는 치료

생의학치료 환자의 신경계에 직접적으로 작용하는 약물의 처방이나 의학적 처치

절충적 접근 내담자의 문제에 따라서 다양한 형태의 치료기법을 사용하는 심리치료에 대한 접근방법

정신분석 지그문트 프로이트의 치료기법. 프로이트는 환자의 자유연상, 저항, 꿈, 전이, 그리고 치료사의 해석이 과거에 억압되었던 감정을 방출시킴으로써 환자가 자기 통찰을 획득하게 해준다고 생각하였다.

Paul Noth/The New Yorker Collection/The Cartoon Bank

"나는 당신이 스스로 숨기고 있는 난자에 관한 이야기를 더 듣고 싶은데요."

차리게 된다. 당황스러운 생각을 말하기에 앞서 잠시 머뭇거린다. 사소하거나 무관하거나 창피해 보이는 것은 생략한다. 때때로 마음이 텅 비게 되거나 중요한 세부사항을 기억해낼 수 없는 자신을 발견하게 된다. 농담을 하거나 무엇인가 덜 위협적인 것으로 주제를 바꾸기도 한다.

정신분석가에게는 이러한 심적 차단이 **저항**(resistance)을 나타낸다. 저항은 불안이 숨어들었으며 여러분이 민감한 내용으로부터 자신을 방어하고 있다는 사실을 암시한다. 분석가는 여러분의 저항을 기록한 다음에 그 의미를 향한 통찰을 제공한다. 적절한 시점에 제공한 이러한 **해석**(interpretation), 예컨대 어머니에 관해서 말하고 싶지 않은 것이라는 해석은 여러분이 회피하고 있는 기저에 숨어있는 원망과 감정 그리고 갈등을 밝혀줄 수 있다. 분석가는 이러한 저항이 심리적 퍼즐의 다른 조각들과 어떻게 맞아떨어지는 것인지에 대한 설명을 제공하기도 하는데, 여기에는 꿈 내용의 분석에 근거한 설명도 포함된다.

여러 회기에 걸친 분석가와의 상호작용에서 여러분의 관계 패턴들이 수면 위로 떠오른다. 여러분은 분석가를 향한 긍정적이거나 부정적인 강한 감정을 경험하고 있는 자신을 발견하기도 한다. 분석가는 여러분이 가족이나 다른 중요한 사람과의 초기 관계에서 경험하였던 의존성이나 애증과 같은 감정을 **전이**(transference)하고 있다고 말할는지도 모른다. 그러한 감정을 드러냄으로써, 여러분은 현재의 관계에 대한 통찰을 얻을 수 있다.

오늘날의 치료사 중에서 극소수만이 전통적인 정신분석을 실시한다. 과학 연구는 기저 이론의 대부분을 지지하지 않는다. 분석가의 해석은 입증할 수도 없고 반증할 수도 없다. 그리고 정신분석은 상당한 시간과 비용을 요구한다. 매주 여러 회기의 치료를 여러 해에 걸쳐 실시하기 십상이다. 정신분석에서 진화한 오늘날의 정신역동적 접근이 이러한 문제점을 다루어왔다.

"프로이트는 정신분석의 아버지이다. 어머니는 없다." 저메인 그리어, 『거세된 여자』(1970)

인출 연습

RP-1 정신분석에서 환자가 치료사를 향한 강한 감정을 경험하는 것을 ________라고 부른다. 환자가 민감한 기억 주변에 심적 차단벽을 설치할 때 불안을 입증하는 것이라고 말하는데, 이것은 ________을 나타내는 것이다. 치료사는 심적 차단벽에 관한 ________을 제시함으로써 기저에 숨어있는 불안을 향한 통찰을 제공하고자 시도하게 된다.

답은 부록 E를 참조

정신역동 치료

비록 프로이트 아이디어의 영향을 받기는 하였지만, **정신역동 치료사**(psychodynamic therapist)는 원초아-자아-초자아 갈등에 대해서 말을 아낀다. 대신에 환자 스스로 자신의 현재 증상을 이해하는 것을 돕고자 시도하면서, 아동기 경험과 치료사와의 관계를 포함하여 중요한 관계에 걸쳐 있는 주제에 초점을 맞춘다. 정신역동 치료사인 조너선 쉐들러(2009)는 "동일 인물을 향하여 사랑하는 감정과 미워하는 감정을 가질 수 있으며, 무엇인가를 갈망하면서도 그것을 무서워할 수도 있다."라고 갈파하였다. 내담자-치료사 만남은 한 주에 여러 차례가 아니라 한두 차례만 진행되며, 몇 주나 몇 달 동안만 진행되는 것이 일반적이다. 치료사의 시선을 벗어난 장의자에 누워있기보다는 면대면(또는 온라인)으로 만나며 방어하고 있는 사고나 감정을 뒤져봄으로써 새로운 조망을 얻는다.

치료사인 데이비드 사피로(1999, 8쪽)는 자신이 사랑하지 않는다는 사실을 잘 알고 있을 때조차도 여자에게 사랑한다고 말하였던 한 젊은 남자의 사례를 가지고 이 방법을 예증하였다. 여자가 기대하고 있었기 때문에 그렇게 말하였다는 것이 그의 설명이었다. 그렇지만 사랑한다고 말해주기를 원하고 있는 자기 부인에게는 그렇게 말할 수 없었다. "그 이유를 모르겠는데요, 아무튼 못 하겠어요."

> 치료사 : 그렇다면, 할 수만 있다면 말하겠다는 뜻인가요?
> 환자 : 글쎄요, 모르겠네요…. 정말 사랑하는지 확신이 없어 말할 수 없을 것 같네요. 사랑하지 않는지도 모르지요.

계속적인 상호작용을 통해서 진정한 사랑을 표현할 수 없는 까닭은 그러한 표현이 너무 '감상적'이고 '부드러워서' 남자답지 않다고 느끼기 때문이라는 사실이 드러났다. 그는 '자신과의 갈등을 겪고 있으며, 그 갈등의 본질로부터 스스로 차단하고 있는 것'이었다. 사피로는 자신으로부터 소원해진 이러한 환자의 경우에 "정신역동 치료사는 그 환자에게 환자 자신을 소개시킬 입장에 처하게 된다. 치료사는 환자 자신의 소망과 감정에 대한 자각 그리고 그러한 소망과 감정에 반한 반응도 자각시킬 수 있다."라고 지적하였다. 따라서 정신역동 치료사는 프로이트 이론의 모든 것을 수용하지 않은 채, 내담자가 자기 삶의 경험에서 발생한 무의식적 역동성에 대한 통찰을 얻도록 도와주는 것을 목표로 삼고 있다.

인본주의 치료

LOQ 16-3 인본주의 치료의 기본 주제는 무엇인가? 칼 로저스의 내담자 중심 치료의 목표와 기법은 무엇인가?

인본주의적 조망(제14장)은 사람들 속에 내재하는 자기완성의 잠재력을 강조한다. 놀라울 것도 없이, 인본주의 치료는 자연스러운 발달과 성장을 저해하고 있는 내적 갈등을 해소시키려고 시도한다. 이 목표를 달성하기 위하여 인본주의 치료사는 내담자가 새로운 통찰을 발견하도록 도와주고자 시도한다. 실제로 정신역동 치료와 인본주의 치료는 이러한 목표를 공유하기 때문에, 흔히 **통찰치료**(insight therapy)라고 부른다. 그렇지만 인본주의 치료는 여러 가지 측면에서 정신역동 치료와 차이를 보인다.

- 인본주의 치료사는 자기자각과 자기수용을 통해서 사람들이 성숙해지는 것을 도와줌으로써 자기완성을 촉진시키려는 목표를 갖는다.
- 병을 치료하는 것이 아니라 이러한 성숙을 도모하는 것이 치료의 초점이다. 따라서 치료를 받는 대상은 '환자'가 아니라 '내담자'이거나 그저 '사람'이 된다(다른 많은 치료사도 이러한 변화를 채택하였다).
- 성숙으로 나아가는 길은 숨어있는 결정인자를 밝혀내는 것이라기보다는 자신의 감정과 행위에 대해 즉각적인 책임을 지는 것이다.
- 의식적 사고가 무의식적 사고보다 더 중요하다.
- 과거보다는 현재와 미래가 더 중요하다. 따라서 현재 감정에 대한 아동기 출처에 대한 통찰

저항 정신분석에서 불안을 내포하고 있는 내용의 의식을 차단하는 현상 

해석 정신분석에서 환자의 통찰을 촉진시키기 위해서 꿈의 의미, 저항을 비롯한 중요한 행동과 사건에 대해서 분석자가 언급하는 것

전이 정신분석에서 다른 관계(예컨대, 부모에 대한 사랑이나 증오)와 연계된 정서를 환자가 치료사에게 전달하는 것

정신역동 치료 개인을 무의식적 욕구와 아동기 경험에 반응하는 존재로 간주하고 자기 통찰을 고양시키고자 하는 정신분석 전통에서 도출한 치료법

통찰치료 기저 동기와 방어에 대한 내담자의 자각을 증진시킴으로써 심리적 기능을 개선하려는 치료기법

을 얻는 것보다는 현재 일어나는 감정 자체를 탐색하는 것이 목표이다.

이 모든 주제는 칼 로저스(1902~1987)가 개발하고 **내담자 중심 치료**(client-centered therapy)라고 명명한 이후 널리 사용하고 있는 인본주의 기법에 들어있다. 이러한 비지시적 치료에서는 내담자가 논의를 주도한다. 치료사는 판단이나 해석을 하지 않으면서 듣기만 하며, 내담자가 특정 통찰을 얻도록 이끌어가는 것을 자제한다. 대부분의 사람은 이미 성장에 필요한 자원을 가지고 있다고 믿은 로저스(1961, 1980)는 치료사들에게 수용성, 진실성, 공감을 나타냄으로써 그러한 성장을 조장할 것을 권유한다. 치료사는 수용적인 태도를 견지함으로써 내담자가 자유를 더 많이 느끼고 변화에 더욱 개방적이 되도록 도와준다. 마찬가지로 진실한 태도를 견지함으로써, 내담자가 자신의 속내를 표현하도록 격려한다. 공감하는 태도를 견지함으로써, 내담자의 감정을 공유하고 반영하고자 시도하며, 심층적인 자기이해와 자기수용을 경험하도록 도와준다(Hill & Nakayama, 2000). 로저스는 다음과 같이 설명한다(1980, 10쪽).

> 듣는 것은 효과가 있다. 내가 진정으로 상대방의 이야기를 듣고 그 순간에 상대방에게 중요한 의미를 들을 때, 듣는 것은 단지 그의 말이 아니라 그 자신인 것이며, 내가 그 자신의 내밀한 사적 의미를 듣고 있는 것이라는 사실을 그가 알도록 할 때, 많은 일이 일어난다. 무엇보다도 고맙게 생각하는 모습이다. 상대방은 해방감을 느낀다. 자신의 세계에 대해서 더 많은 것을 이야기하고 싶어 한다. 그는 새로운 해방감 속으로 밀려 들어간다. 변화과정에 더욱 개방적으로 되는 것이다.
>
> 나는 상대방의 의미를 보다 깊이 있게 들을수록 보다 많은 일이 일어난다는 것을 자주 목격해왔다. 자신의 이야기를 깊이 있게 들어주고 있다는 사실을 깨달을 때 상대방은 거의 항상 눈시울을 붉힌다. 나는 진정한 의미에서 그가 환희의 눈물을 흘리는 것이라고 생각한다. 이것은 마치 "하느님 감사합니다, 누군가 내 이야기를 들어주었습니다. 누군가 내가 어떤 사람인지를 알고 있습니다."라고 말하고 있는 것처럼 보인다.

로저스에게 '듣기'란 **적극적 듣기**(active listening)이었다. 치료사는 언어적으로든 비언어적으로든 상대방이 표현하는 것을 따라 해보고, 다시 표현해보며, 분명하게 확인한다. 또한 표현한 감정도 인정한다. 오늘날 많은 학교와 클리닉에서 적극적 듣기를 치료적 상담의 한 부분으로 받아들이고 있다. 상담자는 주의 깊게 듣는다. 내담자의 감정을 다시 언급하고 확인할 때, 내담자가 표현하는 것을 받아들일 때, 또는 분명하게 확인하고자 할 때에만 말을 중단시키게 된다. 다음의 짧은 발췌문에서, 내담자가 자신을 보다 명확하게 바라보도록 도와주기 위해서 로저스가 어떻게 심리적 거울을 제공하려고 시도하였는지에 주목하라.

> 로저스 : 지금도 그렇게 느낍니까? 자신에게도 도움이 안 되고 어느 누구에게도 도움이 안 된다고 말이죠. 앞으로도 결코 도움이 안 될 거구요. 당신이 전혀 쓸모없다, 그 말인가요? 정말 비참한 느낌이네요. 당신이 전혀 도움이 되지 않는다고 느낀단 말이지요? 흠.
>
> 내담자 : 예. (의기소침한 낮은 목소리로) 언젠가 이 친구와 함께 시내에 갔을 때, 나에게 한 말입니다.
>
> 로저스 : 시내에 같이 갔던 그 친구가 당신이 전혀 도움이 되지 않는다고 정말로 말했나요? 당신이 그렇게 말했나요? 내가 바로 들은 것인가요?
>
> 내담자 : 으음.
>
> 로저스 : 내가 바로 들었다면 그 의미는 여기 누군가 있고 무엇인가 당신에게 말을 하였으며, 그것이 당신에 대해서 생각하는 것을 말한 것이라고 생각하는데, 그렇다면 도대체 왜 그 친구는 당신이 전혀 도움이 되지 않는다고 말했을까요? 그 말이 당신의 버팀목을 쓰러뜨린 것이군요. (내담자가 조용히 흐느낀다.) 그래서 눈물이 나고요. (20초 동안 침묵)

내담자 중심 치료 칼 로저스가 개발한 인본주의 치료법. 치료사는 내담자의 성장을 촉진시키기 위해서 진실하고 수용적이며 공감적인 환경에서 적극적 듣기와 같은 기법을 사용한다.

적극적 듣기 듣는 사람이 따라 말해보고, 다시 표현해보며, 분명하게 확인하는 공감적 듣기. 로저스의 내담자 중심 치료의 핵심이다.

무조건적인 긍정적 존중 배려하고 수용하는 비판단적 태도로서, 칼 로저스는 이것이 내담자가 자기자각과 자기수용을 발달시키는 것을 돕게 된다고 믿었다.

Michael Rougier/Getty Images

적극적 듣기 칼 로저스(오른쪽)는 이 집단치료 회기에서 내담자와 공감하고 있다.

내담자 : (다소 반항적으로) 그렇지만 난 신경 안 써요.
로저스 : 스스로 신경 안 쓴다고 말하지만, 그것 때문에 눈물을 흘리는 것을 보니까 내 생각에는 어느 정도는 신경을 쓰고 있는 것처럼 보이네요.

내담자가 회상한 것을 선택하고 해석하지 않고도 치료사는 완벽한 거울이 될 수 있을까? 로저스는 완벽하게 비지시적일 수는 없다고 시인한다. 그렇지만 치료사가 할 수 있는 최선의 공헌은 내담자를 받아들이고 이해하는 것이라고 로저스는 믿고 있다. **무조건적인 긍정적 존중**(unconditional positive regard)을 제공하는 비판단적이고 후의로 가득 찬 환경을 제공하면, 사람들은 자기가 가지고 있는 최악의 특질조차도 수용하게 되며, 가치 있고 온전한 느낌을 가지게 된다.

"우리가 두 개의 귀와 한 개의 입을 가지고 있는 것은 많이 듣고 적게 말하라는 것이다." 키티온의 제논

여러분 자신의 관계에서 보다 적극적으로 듣기를 통하여 어떻게 소통을 개선할 수 있겠는가? 로저스가 제안한 다음과 같은 세 가지 힌트가 도움이 될 것이다.

1. **부연 설명하라.** 상대방의 말을 여러분 자신의 표현으로 요약함으로써 여러분의 이해를 확인하라.
2. **명확한 해명을 정중하게 요청하라.** "그 말의 예는 어떤 것이 될 수 있나요?"라고 묻는 것은 상대방으로 하여금 더 많은 말을 하게 해준다.
3. **감정을 표현하라.** "그것 참 초조했겠는데요."는 상대방의 신체언어와 강도로부터 여러분이 무엇을 느꼈는지를 반영해준다.

자문자답하기

여러분의 절친한 친구를 생각해보라. 그들은 여러분이 덜 가깝게 느끼는 사람들보다 더 많은 공감을 표출하는가? 여러분은 친구의 말을 더 심층적이며 적극적으로 듣기 위해서 어떻게 하겠는가?

행동치료

LOQ 16-4 행동치료의 기본 가정은 정신역동 치료와 인본주의 치료의 가정과 어떻게 다른가? 노출치료와 혐오조건형성에서는 어떤 파블로프식 조건형성 기법을 사용하는가?

통찰치료는 자기자각과 심리적 안녕감 간에 밀접한 관련이 있다고 가정한다. 정신역동 치료사는

사람들이 해소되지 않은 무의식적 긴장에 대한 통찰을 얻게 됨에 따라서 문제가 진정될 것이라고 기대한다. 인본주의 치료사는 사람들이 자신의 감정을 직시함에 따라서 문제가 감소할 것이라고 기대한다. 반면에 **행동치료사**(behavior therapist)는 자기자각의 치료 효과에 의문을 제기한다. 행동치료사는 내면의 원인을 찾기 위하여 마음 깊은 곳을 찾아 헤매기보다는 문제행동이 문제라고 가정한다. (시험을 보는 동안 매우 불안한 이유를 자각하게 될 수 있지만, 여전히 불안하기는 마찬가지라는 것이다.) 만일 특정 공포증, 성기능부전을 비롯한 여러 부적응 증상이 학습된 행동이라면, 새로운 건설적 행동으로 대치하도록 파블로프식 조건형성과 조작적 조건형성의 원리를 적용할 수 있지 않겠는가?

골칫거리의 본질이 무엇입니까? 그리고 언제 시작되었나요?
시운전을 해보면서 무슨 일이 일어나는지 알아봅시다.
프로이트 계열 치료사
행동치료사

Sidney Harris/Cartoon Stock

파블로프식 조건형성 기법

한 군집의 행동치료법은 20세기 초에 파블로프가 수행한 조건형성 실험에서 개발한 원리로부터 도출한 것이다(제7장 참조). 파블로프 등이 보여준 바와 같이, 사람들은 파블로프식 조건형성을 통해서 다양한 행동과 정서를 학습한다. 만일 개의 공격을 받았다면, 다른 개가 접근할 때 조건형성된 공포반응을 나타낼 수 있다. (공포가 일반화되어, 모든 개가 조건자극이 된다.)

부적응 증상이 조건반응의 사례가 될 수 있겠는가? 만일 그렇다면, 재조건형성이 해결책인가? 학습 이론가 O. H. 모우러는 그렇다고 생각하였으며, 만성 야뇨증 아동을 위한 조건형성 치료를 개발하였다. 아동이 물기에 민감한 요 위에서 잠을 자는데, 이 요는 자명종과 연결되어 있다. 요에 물기가 있으면 자명종이 작동하여 아이를 깨우게 된다. 몇 차례 반복하게 되면, 방광 괄약근 이완과 깨어나는 것이 연합되어 야뇨증이 중단된다. 이 치료법은 효과적이었으며, 성공적인 치료는 아동의 자기상을 개선시켜 주었다(Christophersen & Edwards, 1992; Houts et al., 1994).

대중연설이나 비행기 타기 등과 같은 공포반응을 새로운 조건형성을 통해서 해소시킬 수 있는가? 많은 사람이 그렇게 공포를 해소하였다. 한 가지 사례를 보자. 엘리베이터 공포는 폐쇄 공간에 대한 학습된 혐오이기 십상이다. **역조건형성**(counterconditioning)은 노출치료에서와 같이, 촉발자극(이 경우에는 엘리베이터의 폐쇄된 공간)을 공포와 양립할 수 없는 새로운 반응(이완)과 연결짓는 것이다.

인출 연습

RP-2 정신역동 치료사는 모우러의 야뇨증 치료에 대해서 무슨 말을 하겠는가? 행동치료사는 어떻게 응답하겠는가?

답은 부록 E를 참조

노출치료 다음 장면을 머리에 그려보라. 행동주의 심리학자이었던 메리 커버 존스가 세 살배기 피터를 데리고 연구를 진행하고 있다. 피터는 토끼와 같이 털이 난 대상을 보면 몸이 얼어붙는다. 피터의 공포를 제거하기 위하여 존스는 먹는 것과 관련된 즐겁고 이완된 반응과 공포를 유발하는 토끼를 연합시키려는 계획을 세우고 있다. 피터가 오후에 간식을 먹기 시작할 때, 커다란 방의 다른 쪽 구석에 토끼장을 들여놓는다. 크래커를 맛있게 씹어 먹고 우유를 마시고 있는 피터는 거의 눈치채지 못한다. 다음 날부터는 토끼를 조금씩 가까운 곳으로 이동시킨다. 두 달이 채 못 되어서 피터는 무릎 위에 있는 토끼를 참을 수 있으며, 간식을 먹으면서 손으로 쓰다듬기까지 하게 된다. 나아가서 털이 달린 사물에 대한 공포도 가라앉게 되는데, 공포가 공존할 수 없는 이완 상태로 대치된 것이다(Fisher, 1984; Jones, 1924).

존스의 역조건형성 절차로 도움을 받을 수도 있었던 사람에게는 불행한 일이었지만, 피터와 토끼에 관한 존스의 연구결과가 1924년에 발표되었을 때는 널리 알려지지 못하였다. 30년 이상이 지난 후에 비로소 정신과 의사인 조셉 울페(1958; Wolpe & Plaud, 1997)가 존스의 역조건형성 기법을 오늘날 사용하고 있는 **노출치료**(exposure therapy)로 가다듬었다. 다양한 방식의 노출치료는 원치 않는 반응을 촉발하는 자극에 반복적으로 노출시킴으로써 사람들의 반응을 변화시키고자 시도한다. 모든 사람은 일상생활에서 이 과정을 경험한다. 새로운 아파트로 이사한 사람은 주변의 커다란 교통소음으로 짜증이 나기도 하지만, 잠시만 그렇다. 사람은 반복적인 노출에 적응한다. PTSD 환자와 같이 특정 사건에 공포반응을 보이는 사람의 경우도 마찬가지이다(Thompson-Hollands et al., 2018). 한때 몸을 얼어붙게 만들었던 상황에 반복적으로 노출되면, 대화치료의 도움을 받아서 덜 불안하게 반응하도록 학습할 수 있다(Langkaas et al., 2017; Stein & Rothbaum, 2018). 노출치료는 즐겁지도 않고 쉽지도 않기 때문에, 지지적 가족이나 친구가 도움이 된다(Meis et al., 2019).

특정 공포증을 치료하는 데 사용하는 노출치료법이 **체계적 둔감화**(systematic desensitization)이다. 불안하면서 동시에 이완할 수는 없다. 따라서 불안을 촉발하는 자극을 대하면서 반복적으로 이완할 수 있다면, 불안을 점진적으로 제거할 수 있다. 핵심은 점진적으로 진행한다는 데 있다. 만일 대중연설을 두려워한다면, 행동치료사는 우선 여러분이 불안 위계, 즉 점차적으로 높은 수준의 불안을 촉발하는 말하기 상황의 사다리를 구성하도록 돕는다. 여러분의 불안 위계는 친구 몇 명 앞에서 말하는 것과 같이 경미하게만 불안을 촉발하는 상황에서부터 많은 관중 앞에서 연설하는 것과 같이 공황 상태를 불러오는 상황에까지 이를 수 있다.

이제 치료사는 점진적 이완법으로 여러분을 훈련시킨다. 여러분은 편안하고 완벽한 이완 상태에 다다를 때까지 근육을 하나씩 차례로 이완시키는 방법을 학습한다. 그런 다음에 치료사는 여러분에게 눈을 감고 경미하게 불안을 유발하는 상황을 상상해보도록 요청한다. 예컨대, 친구들과 커피를 마시면서 여러분은 친구들 앞에서 말을 할 것인지 말 것인지를 결정하려고 애쓰고 있다. 만일 그 장면을 상상하는 것이 불안을 느끼게 만든다면, 여러분은 손가락을 들어서 긴장된다는 사실을 알리고, 치료사는 심상을 지워버리고 다시 깊은 이완 상태로 되돌아가라고 지시한다. 이렇게 상상하는 장면을 이완과 반복적으로 연결함으로써 궁극적으로는 더 이상 불안의 흔적을 느낄 수 없게 된다.

치료사는 불안 위계를 단계적으로 올라가면서, 이완 상태를 이용하여 상상하는 장면 각각에 둔감해지도록 만든다. 여러 회기를 시행한 후에는 상상하였던 것을 실제 장면에서 실행하게 되는데, 마찬가지로 상대적으로 쉬운 과제로부터 시작하여 단계적으로 더 많은 불안을 유발하는 장면으로 나아간다. 단순한 상상 속에서가 아니라 실제 상황에서 불안을 극복하는 것은 자신감을 고양시킨다(Foa & Kozak, 1986; Williams, 1987). 궁극적으로 여러분은 자신감이 넘치는 대중연설가가 될 수도 있다. 사람들은 대중연설과 같은 상황만을 두려워하는 것이 아니라, 자신의 공포반응으로 인해서 마비 상태가 되기도 한다. 공포가 가라앉게 되면, 공포에 대한 공포도 함께 사라지게 된다.

행동치료 원하지 않는 행동을 제거하는 데 학습 원리를 적용하는 치료

역조건형성 원하지 않는 행동을 촉발하는 자극에 새로운 반응을 조건형성시키는 행동치료 기법. 파블로프식 조건형성에 근거한다. 노출치료와 혐오조건형성이 포함된다.

노출치료 체계적 둔감화와 가상현실 노출치료와 같은 행동치료 기법으로, 상상 속에서든 아니면 실제 상황에서든 무서워하고 피하려고 하는 대상에 사람들을 노출시킴으로써 불안을 치료한다.

체계적 둔감화 즐거운 이완 상태를 점진적으로 강력해지는 불안 유발자극과 연합시키는 역조건형성의 한 유형. 특정 공포증을 치료하는 데 많이 사용한다.

그림 16.1
겁나는 타란툴라 독거미 가상현실 테크놀로지는 사람들을 독거미와 같은 두려운 자극의 선명한 시뮬레이션에 노출시키고는 점진적으로 그 공포를 극복하도록 도와준다.

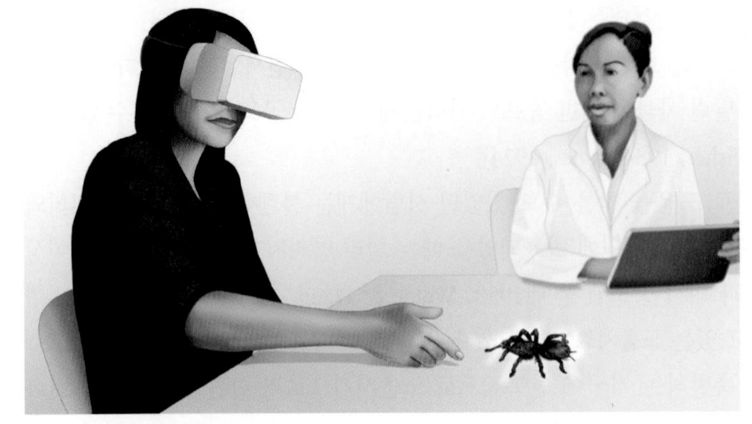

"우리가 무서워해야 할 유일한 것은 공포 그 자체이다." 미국 대통령 프랭클린 루스벨트의 첫 번째 취임 연설(1933)

불안 유발 상황(비행기 탑승, 높은 장소, 특정 동물, 대중연설 등)을 재생하는 데 경비가 너무 많이 들거나 재생 자체가 어렵거나 당황스러운 것일 때, 치료사는 **가상현실 노출치료법**(virtual reality exposure therapy)을 권하기도 한다. 이 치료법에서는 여러분의 특정한 공포에 맞춘 3차원 가상세계를 경험하게 해주는 장치를 머리에 착용한다. 예컨대 거미를 무서워한다면, 컴퓨터가 생성한 3차원의 타란툴라가 탁자 위에 있는 장면을 볼 수 있다. 한 발짝씩 다가가서는 여러분의 손을 테이블에 올려놓고 마침내 거미를 손으로 잡으면서 '꾸물거리는' 감각을 경험하게 된다(그림 16.1). 만일 사회적 상호작용을 두려워한다면, 사람으로 가득 찬 방으로 들어가는 것과 같은 스트레스 상황을 경험할 수 있다. 통제된 연구에서 보면, 가상현실 노출치료로 치료받은 사람은 실생활 공포와 사회적 불안의 감소도 경험하였다(Anderson et al., 2017; Freeman et al., 2018; Minns et al., 2019).

혐오조건형성 노출치료는 여러분이 해야만 하는 것을 학습하도록 도와준다. 흥분시키지만 해롭지는 않은 자극에 대해서 보다 이완되고 긍정적인 반응을 가능하게 해준다. **혐오조건형성**(aversive conditioning)은 여러분이 해서는 안 되는 것을 학습하도록 도와준다. 술과 같이 해로운 자극에 대한 긍정적 반응을 부정적(혐오) 반응으로 대치하려는 것이다. 혐오조건형성 절차는 간단하다. 원치 않는 행동을 불쾌한 감정과 연합시키는 것이다. 강박적 손톱 물어뜯기를 고치기 위해서 역겨운 냄새가 나는 매니큐어를 손톱에 칠할 수 있다(Baskind, 1997). 알코올 남용 장애를 치료하기 위하여 내담자에게 심한 구역질을 초래하는 약물이 섞인 술을 권한다. 만일 그 치료가 알코올을 격렬한 구토와 연계시키게 되면, 알코올에 대한 반응이 긍정적인 것에서 부정적인 것으로 변화할 수 있다(그림 16.2).

그림 16.2
알코올 남용 장애의 혐오치료 심한 구역질을 초래하는 약물을 섞은 술을 반복적으로 마신 후에, 알코올 남용 장애의 이력을 가지고 있는 사람들은 일시적으로나마 알코올에 대한 조건 혐오를 발달시킨다.

미각 혐오 학습은 몇몇 동물보호 프로그램에서 포식동물을 사냥하는 것의 성공적인 대안이 되어왔다(Dingfelder, 2010; Garcia & Gustavson, 1997). 부패한 양을 먹고 복통을 일으켰던 늑대는 나중에 양을 회피하게 된다. 혐오조건형성은 술에 대한 반응도 변형시키겠는가? 단기적으로는 그럴 수도 있다. 이미 고전이 되

어버린 연구에서는 685명의 알코올 남용 장애자가 혐오조건치료 프로그램을 받았다(Wiens & Menustik, 1983). 다음 해에 이들은 술을 복통과 연결짓는 여러 가지 촉진적 치료를 받았다. 그 해가 끝날 무렵에는 63%가 성공적으로 금주를 하고 있었다. 그러나 3년 후에는 단지 33%만이 계속 금주를 하였다.

연구에서와 마찬가지로 치료에서도 인지가 조건형성에 영향을 미친다. 사람들은 병원을 벗어나면 구역질의 공포 없이 술을 마실 수 있다는 사실을 알고 있다. 혐오조건형성 상황과 다른 모든 상황을 변별할 수 있는 능력이 치료의 효과를 제한시킨다. 따라서 치료사는 혐오조건형성을 다른 치료법과 결합하여 사용하기 십상이다.

조작적 조건형성

LOQ 16-5 조작적 조건형성 원리에 입각한 행동치료의 주요 전제는 무엇인가? 이 치료법의 지지자와 비판자의 견해는 무엇인가?

만일 여러분이 수영을 배웠다면, 물속에서 숨을 참는 방법, 물을 헤치고 앞으로 나아가는 방법, 안전하게 잠수하는 방법 등을 배웠을 것이다. 조작적 조건형성은 여러분이 수영하는 행동을 조성하였다. 안전하고 효율적인 행동에 강화를 받았다. 그리고 물을 먹는 것처럼 부적절한 수영행동은 처벌받았다.

결과는 사람들의 자발적 행동에 강력한 영향을 미친다. 행동치료사는 이 사실에 근거하여 **행동수정**, 즉 바람직한 행동은 강화하고 바람직하지 않은 행동에는 강화를 철회하거나 처벌하는 기법을 적용할 수 있다.

특정한 행동 문제를 해결하기 위하여 조작적 조건형성을 사용하는 것은 절망적이라고 생각하였던 사례에도 희망을 갖게 해주었다. 지적장애가 있는 아동에게 스스로를 돌볼 수 있도록 훈련시켜 왔다. 자폐 스펙트럼 장애(ASD)로 사회적 철회를 보이는 아동에게는 대인 상호작용을 학습시켜 왔다. 조현병 환자에게는 정신병동에서 합리적으로 행동하도록 도와주어 왔다. 이러한 경우에 치료사는 원하는 행동에 조금씩 근접할 때마다 강화하는 단계적 방법으로 행동을 조성하기 위하여 정적 강화물을 사용하게 된다.

극단적인 사례의 경우에는 집중적으로 치료를 진행하여야 한다. 한 연구에는 ASD로 철회적이고 의사소통을 하지 않는 19명의 3세 아동이 2년 동안 진행한 프로그램에 참여하였는데, 이 프로그램에서는 부모가 자녀의 행동을 조성하는 데 매주 40시간을 사용하였다(Lovaas, 1987). 바람직한 행동을 강화하며 공격적이고 자기학대적인 행동을 무시하거나 처벌하는 방법을 결합한 결과, 몇몇 ASD 아동에게는 경이로울 정도의 효과를 초래하였다. 초등학교 1학년이 되었을 때, 19명 중에서 9명은 학교에도 성공적으로 적응하였으며 정상적인 지능을 나타냈다. 이러한 치료를 받지 않았던 또 다른 40명의 ASD 아동집단에서는 단지 1명만이 위와 유사한 개선 효과를 나타냈을 뿐이다. 후속 연구들은 정적 강화에 맞추었으며, 정적 강화는 이렇게 집중적인 생애 초기의 행동 개입에서 효과적인 것으로 판명되었다(Reichow, 2012).

행동을 수정하기 위하여 사용하는 보상은 다양하다. 어떤 사람에게는 주의를 기울이거나 칭찬을 해주는 강화물이면 충분하다. 다른 사람에게는 음식과 같은 구체적인 보상이 필요하다. 시설기관 장면에서는 치료사들이 **토큰경제**(token economy)를 실시할 수도 있다. 행동수정이 필요한 사람이, 예컨대 잠자리에서 일어나거나, 세수를 하거나, 옷을 입거나, 밥을 먹거나, 제대로 말

가상현실 노출치료 사람들이 비행기 타기, 거미, 대중연설 등과 같이 극심한 공포에 안전하게 직면하도록 해주는 창의적인 전자기적 자극을 통해서 불안을 치료하는 역조건형성 기법 

혐오조건형성 불쾌한 상태(예컨대, 구역질)를 원하지 않은 행동(예컨대, 술 마시기)과 연합시키는 역조건형성의 한 유형

토큰경제 원하는 행동을 나타냄으로써 특정 유형의 토큰을 얻은 후에 다양한 특권이나 음식 등과 교환할 수 있게 하는 조작적 조건형성 절차

을 하거나, 방을 청소하거나, 아니면 협동적으로 놀이를 하는 것과 같이 적절한 행동을 나타낼 때는 정적 강화물로 토큰이나 플라스틱 동전을 받는다. 모아놓은 토큰은 나중에 과자, 텔레비전 시청, 외출, 더 좋은 생활시설 등과 같은 다양한 보상과 교환할 수 있다. 토큰경제는 가정, 교실, 병원, 교도소 등 다양한 상황에서, 그리고 장애아동에서부터 조현병을 비롯한 여러 심리장애를 가지고 있는 사람에 이르기까지 다양한 집단에서 성공적인 효과를 거두어왔다(Matson & Boisjoli, 2009).

행동수정의 비판자들은 다음과 같은 두 가지 우려를 표명한다.

- **그 행동은 얼마나 오랫동안 지속되는가?** 외적 보상에 지나치게 의존적이 되었기 때문에 강화가 중지되면 적절한 행동은 곧바로 사라지지 않겠는가? 행동수정 지지자들은 사회적 인정과 같은 다른 실생활의 보상으로 대치함으로써 토큰이라는 것을 뗄 수 있다고 주장한다. 또한 바람직한 행동 자체가 보상적일 수 있다는 사실을 지적한다. 사회적으로 유능하게 됨에 따라서, 사회적 상호작용이라는 내재적 만족감이 그 행동을 유지시킨다는 것이다.
- **한 사람이 다른 사람의 행동을 제어하는 것은 옳은 일인가?** 토큰경제를 실시하는 사람은 다른 사람이 원하는 무엇인가를 박탈하고는 어느 행동을 강화할 것인지를 결정한다. 비판자에게 있어서 행동수정 절차는 권위적 냄새를 풍긴다. 지지자는 제어는 이미 존재하고 있다고 응수한다. 환경에 존재하는 강화물과 처벌자극이 파괴적인 행동 패턴을 유지시키고 영속시키고 있다는 것이다. 정적 보상을 사용하여 적응적 행동을 강화하는 것이 시설에 감금하거나 처벌을 가하는 것보다 훨씬 인간적이며, 효과적인 치료와 삶의 질을 개선시키는 권리는 일시적인 박탈을 정당화시키기에 충분하다고 주장한다.

자문자답하기

여러분은 토큰경제에서 사용하는 것과 같은 행동수정 기법을 어떻게 판단하는가? 이러한 접근에 동의하는가, 아니면 반대하는가?

인출 연습

RP-3 통찰치료란 무엇인가? 행동치료와 어떻게 다른가?

RP-4 어떤 부적응 행동은 학습한 것이다. 이 사실은 어떤 희망을 제공하는가?

RP-5 노출치료와 혐오조건형성은 ________ 조건형성을 응용한 것이다. 토큰경제는 ________ 조건형성을 응용한 것이다.

답은 부록 E를 참조

인지치료

LOQ 16-6 인지치료와 인지행동치료의 목표와 기법은 무엇인가?

특정 공포와 문제행동을 나타내는 사람에게는 행동치료가 효과적이다. 그렇다면 행동치료사는 우울장애를 수반하는 다양한 행동을 어떻게 수정하겠는가? 아니면 불안에 초점이 없으며 불안위계를 구성하는 것 자체가 거의 불가능한 범불안장애는 어떻게 치료하겠는가? 1960년대 이래로 심리학의 여러 영역을 급격하게 변화시켜온 **인지혁명**은 치료에도 영향을 미쳤다.

인지치료(cognitive therapy)는 생각이 감정을 윤색하며, 사건과 반응 사이에 마음이 존재한다

인지치료 사람들에게 새롭고 보다 적응적인 사고와 행동 방식을 가르치는 치료법. 사고가 사건과 정서반응을 매개한다는 가정에 근거한다.

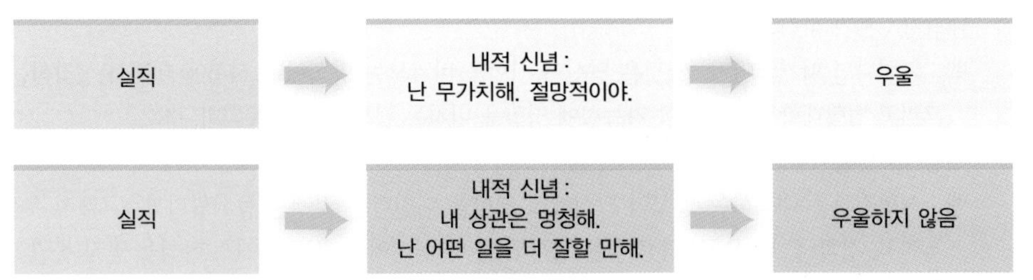

그림 16.3
심리장애에 대한 인지적 조망 정서반응은 사건이 직접 만들어내는 것이 아니라 그 사건에 대한 생각이 초래하는 것이다.

고 가정한다(그림 16.3). 예컨대, 불안은 '위협을 향한 주의 편향'에서 발생할 수 있다는 것이다(MacLeod & Clarke, 2015). 자기비난과 나쁜 사건에 관한 과잉일반화된 설명이 우울을 부추긴다. 우울을 경험하고 있는 사람은 제안을 비판으로, 견해 차이를 싫어함으로, 칭찬을 아첨으로, 친근감을 동정으로 해석하기도 한다. 그러한 생각에 골몰함으로써 부정적 사고가 유지된다. 인지치료사는 사람들이 마음을 바꾸어 새롭고 건설적인 방식으로 사건을 지각하고 해석하도록 도와준다(Schmidt et al., 2019).

"삶은 주로 사실과 사건으로 구성되는 것이 아니라, 끊임없이 마음을 강타하고 있는 폭풍과 같은 생각들로 구성되는 것이다." 마크 트웨인

아론 벡의 우울증 치료

1960년대 후반에 한 여인이 파티를 일찍 떠났다. 모든 일이 제대로 이루어지지 않았다. 그녀는 다른 파티참석자들과 단절된 느낌이 들었고 아무도 자신을 좋아하지 않는다는 생각이 들었다. 며칠 후에, 그녀는 인지치료사인 아론 벡을 찾아갔다. 벡은 아동기로 되돌아가는 전통적인 방식 대신에, 그녀의 사고에 도전장을 내밀었다. 자신을 정말로 좋아하는 열댓 명의 목록을 그녀가 작성하였을 때, 벡은 어려움을 겪는 사람의 자동적인 부정적 사고가 치료대상임을 깨달았다. 그렇게 해서 벡의 인지치료가 탄생하게 되었는데, 이 치료법은 사고를 변화시키는 것이 기능을 변화시킬 수 있다고 가정한다(Spiegel, 2015).

벡은 우울한 사람이 상실, 배척, 자포자기 등의 부정적 주제를 갖는 꿈을 보고하기 십상이라는 사실을 찾아냈다. 내담자가 자신의 실패와 사악한 충동을 회상하고 반추함에 따라서 그러한 주제는 깨어있을 때의 사고와 심지어는 치료 장면으로까지 확장되기도 한다(Kelly, 2000). 벡과 그의 동료들(1979)은 인지치료를 통해서 내담자 자신과 환경 그리고 미래에 대한 재앙적 사고를 역전시킬 수 있는 방법을 찾아 나섰다. 내담자가 자신의 비합리성을 찾아내는 데 도움이 되도록 정중하게 질문을 던짐으로써, 이들은 우울증 환자가 세상을 바라보는 검은 색안경을 벗어던지도록 다음과 같이 설득한다(Beck et al., 1979, 145~146쪽).

> 내담자 : 저에 대한 설명에는 동의하지만, 제가 생각하는 방식이 저를 우울하게 만들었다는 말씀에는 동의할 수 없겠는데요.
> 벡 : 어떻게 이해하고 계시는지요?
> 내담자 : 일이 잘못될 때 우울해져요. 시험을 잘 못 칠 때처럼 말이죠.
> 벡 : 시험을 잘 못 치는 것이 어떻게 우울하게 만들게 되나요?
> 내담자 : 음, 그렇게 되면 법학대학원에 진학할 수 없거든요.
> 벡 : 그렇다면 시험을 잘 못 치는 것이 중요하겠군요. 그렇지만 만일 시험을 잘 못 치는 것이 사람들을 우울증에 빠뜨린다면, 시험을 잘 못 친 모든 사람들도 우울증에 빠진다고 생각하시나요? … 시험을 잘 못 친 모든 사람들도 치료를 받을 만큼 우울해지던가요?
> 내담자 : 아닙니다. 그렇지만 시험이 그 사람에게 얼마나 중요한가에 달려있겠지요.
> 벡 : 맞습니다. 그런데 누가 그 중요성을 결정하나요?

아론 벡 "인지치료는 잘못된 생각과 신념을 수정함으로써 심리적 스트레스를 완화시키고자 한다. 잘못된 신념을 수정함으로써 과도한 반응을 낮출 수 있다"(Beck, 1978).

© Macmillan Learning

내담자 : 제가 하지요.

벡 : 그렇다면 따져보아야 할 것은 당신이 시험을 바라보는 방식이나 시험에 대해서 생각하는 방식 그리고 법학대학원에 진학할 가능성에 영향을 미치는 정도이네요. 동의하나요?

내담자 : 맞습니다.

벡 : 시험결과를 해석하는 방식이 당신에게 영향을 미친다는 것에는 동의합니까? 그래서 우울하게 느끼고, 잠도 잘 안 오고, 먹고 싶은 생각도 없고, 심지어는 그 과목에서 학점을 받지 못할까 걱정할 수도 있겠네요.

내담자 : 성적을 잘 받지 못할 것이라고 생각한 적은 없었습니다. 아무튼 동의합니다.

벡 : 이제 시험을 잘 못 치는 것이 의미하는 것은 무엇인가요?

내담자 : (눈물을 흘리면서) 그렇게 되면 법학대학원에 진학할 수 없어요.

벡 : 그렇다면 대학원에 진학하지 못하는 것이 의미하는 것은 무엇인가요?

내담자 : 제가 그렇게 똑똑하지 못하다는 것이지요.

벡 : 또 다른 것은 없나요?

내담자 : 행복할 수 없다는 것이지요.

벡 : 그러한 생각이 어떤 느낌을 가져옵니까?

내담자 : 매우 불행하다는 것입니다.

벡 : 그렇다면 당신을 불행하게 만드는 것은 시험을 잘 못 치는 것의 의미이군요. 실제로 행복할 수 없다고 믿는 것은 불행을 초래하는 강력한 요인이지요. 따라서 당신은 스스로 함정에 빠진 것입니다. 법학대학원에 진학하지 못하는 것은 곧 "내가 행복할 수 없다."와 동일한 것이네요.

사람들은 언어를 가지고 생각하기 십상이다. 따라서 자신에게 말하는 방식을 변화시키도록 만드는 것은 사고를 변화시키는 효과적인 방법이 된다. 여러분도 시험을 치르기에 앞서 자기실패적 사고로 인해서 문제를 더욱 악화시키는 불안에 빠진 친구를 알고 있을지 모르겠다. "이 시험은 불가능할 것 같아. 다른 모든 친구는 편안하고 자신감에 차있는 것으로 보이는데. 공부를 조금 더 할 걸 그랬지. 아무튼 너무 불안해서 몽땅 잊어버릴 것 같아." 심리학자들은 이러한 유형의 수그러들지 않고 과잉일반화된 자기비난 행동을 **파국화**라고 부른다.

이러한 부정적 자기비하 발언을 변화시키기 위해서 인지치료사는 **스트레스 면역 훈련**, 즉 스트레스 상황에서 생각을 재구조화하도록 훈련시킬 것을 제안해왔다(Meichenbaum, 1977, 1985). 때로는 자신에게 보다 긍정적인 말을 하는 것만으로도 충분할 수 있다. "긴장하지 마. 시험이 어려울지도 모르지만, 다른 친구들에게도 똑같이 어려울 거잖아. 다른 친구들보다 더 많이 공부했어. 게다가 만점을 받아야만 좋은 학점을 받는 것도 아니잖아." 우울에 빠지기 쉬운 초등학생, 10대, 대학생이 부정적 사고를 집어던지도록 훈련받은 후에, 우울의 비율이 크게 감소하였다(Reivich et al., 2013; Seligman et al., 2009). 불안도 마찬가지이었다(Krueze et al., 2018). 상당한 부분에서 문제가 되는 것은 바로 생각인 것이다. 표 16.1은 인지치료에서 보편적으로 사용하는 몇몇 기법을 정리한 것이다.

Drawing by Charles Schulz; © 1956. Reprinted by permission of Andrews McMeel Syndication

긍정적인 자기표현에서 도움을 받을 수 있는 것은 우울한 사람에 국한되지 않는다. 모든 사람은 스스로에게 말을 한다("그렇게 말하지 말았어야 했는데."라는 생각은 실수를 반복하지 않게 만들어줄 수 있다). 거의 40편에 달하는 스포츠심리학 연구의 결과를 보면, 자기에게 말하기가 운동기술의 학습도 증진시킬 수 있다(Hatzigeorgiadis et al., 2011). 예컨대, 초보 농구선수에게는 "집중해.", "동작을 끝까지 해."

표 16.1 몇 가지 인지치료 기법

기법의 목표	기법	치료사의 지시
신념 드러내기	해석을 물어보기	"누구나 나를 좋아해야만 한다."와 같은 잘못된 생각을 드러내도록 자신의 신념을 살펴보도록 한다.
	사고와 정서의 순위 매기기	미미한 것에서부터 극단적인 것에 이르기까지 사고와 정서에 순위를 매김으로써 조망을 획득하도록 한다.
신념 검증하기	결과를 조사하기	어려운 상황을 탐색함으로써 가능한 결과를 평가하고 잘못된 사고에 직면하게 한다.
	재앙적 사고 제거하기	직면하고 있는 상황에서 실제 최악의 결과를 살펴본 다음에(생각한 것만큼 형편없는 것이 아니기 십상이다), 직면한 실제 상황에 대처하는 방법을 결정하게 한다.
신념 변화시키기	적절한 책임감을 취하기	자신에게 정말로 책임이 있는 측면과 그렇지 않은 측면을 지적함으로써 자기 비난적이고 부정적인 사고 전체에 도전하게 한다.
	극단성에 저항하기	부적응 습관을 대체하는 새로운 사고방식과 감정을 발달시킨다. 예컨대, "나는 완전히 망했어."라는 생각을 "이 시험에서는 낙제 점수를 받았지만, 다음번에는 성공할 수 있어."라는 생각으로 바꾼다.

를, 수영선수에게는 "팔꿈치를 높이 들어.", 테니스선수에게는 "공을 끝까지 봐."를 훈련시킬 수 있다. 대중연설이 불안한 사람의 경우, 말하기에 성공한 경우를 회상하고 "여러분이 그토록 성공적인 성과를 달성할 수 있었던 이유를 설명해보라."라고 요구함으로써 자신감이 증가하였다(Zunick et al., 2015).

자문자답하기

여러분 자신의 자기파괴적 사고로 인해서 학교나 직장에서 목표를 달성하는 데 애를 먹은 적이 있는가?

인지행동치료

치료사 앨버트 앨리스(1913~2007)는 "대부분의 치료에서 어려움은 내담자를 기분 좋게 만들어 주려는 데 있다. 그런데 내담자는 기분이 좋아지지 않는다. 내담자가 치료를 행동, 행동, 행동으로 지원해야만 한다."라고 말하였다. **인지행동치료**(cognitive-behavior therapy, **CBT**)는 우울증을 비롯한 많은 장애를 치료하는 데 있어서 종합적 접근방식을 취한다. 널리 시행되고 있는 이러한 **통합적** 치료법은 생각하는 방식뿐만 아니라 행동하는 방식도 변화시키려는 목표를 가지고 있다. 다른 인지치료법과 마찬가지로, CBT는 사람들로 하여금 자신의 비합리적인 부정적 사고를 자각하고 새로운 사고방식으로 대치시키고자 한다. 그리고 다른 행동치료와 마찬가지로, 일상 상황에 긍정적으로 접근하도록 훈련시킨다.

불안장애, 우울장애, 양극성장애는 건전하지 않은 정서조절이라는 문제를 공유한다(Aldao & Nolen-Hoeksema, 2010; Szkodny et al., 2014). 이러한 정서장애에 효과적인 CBT 프로그램은 사람들로 하여금 자신의 재앙적 사고를 보다 현실적인 평가로 대치하고, 스스로 자신의 문제와 상응하지 않는 행동을 연습하도록 훈련시킨다(Kazantzis et al., 2010; Moses & Barlow, 2006). 부정적 정서나 긍정적 정서와 연합된 매일의 상황을 기록하고, 자신을 기분 좋게 만들어주는 행

인지행동치료(CBT) 인지치료(자기파괴적 사고를 변화시킴)를 행동치료(행동을 변화시킴)와 결합시킨, 널리 사용하는 통합적 치료법 

artursfoto/iStock/Getty Images

일기 쓰기의 도움을 받아 섭식장애를 치료하는 인지행동치료 인지행동치료사는 섭식장애 환자를 자신의 좋거나 나쁜 음식 관련 경험을 새로운 방식으로 설명하도록 이끌어간다(Linardon et al., 2017). 긍정적인 사건 그리고 어떻게 그 사건을 가능하게 만들었는지를 기록함으로써, 자기제어를 더욱 유념하게 되고 긍정적으로 변하게 된다.

위를 더 많이 할 수 있다. 사회 상황을 두려워하는 사람은 자신의 사회불안을 둘러싼 부정적 사고를 억제하는 훈련을 하고 다른 사람에게 다가서는 행동을 연습할 수 있다.

CBT는 강박장애를 효과적으로 치료한다(Öst et al., 2015; Tolin et al., 2019). 이제 고전이 되어버린 한 연구에서는 사람들이 자신의 강박 사고에 다른 이름을 붙임으로써 강박행동을 차단하는 것을 학습하였다(Schwartz et al., 1996). 손을 또다시 씻고 싶은 충동을 느낄 때마다 자신에게 "나는 강박 충동을 가지고 있는 거야."라고 말하며, PET 영상에서 보았던 것처럼 그 충동을 두뇌의 비정상 활동 탓으로 돌렸다. 충동에 굴복하는 대신에 15분 정도 악기를 연주하거나, 산책을 하거나, 정원을 돌보는 것과 같이 즐겁고 대안적인 행동에 몰입한다. 이러한 행동은 주의를 다른 곳으로 돌리고 두뇌의 다른 부분이 활동하도록 함으로써 두뇌가 그 충동에 매달려있지 못하도록 하는 데 도움이 되었다. 2~3개월에 걸쳐 매주 치료 회기를 계속하였으며, 집에서는 강박 사고에 다른 이름을 붙이고 주의를 다른 곳으로 돌리는 훈련을 하였다. 연구를 종료하였을 때, 대부분 환자의 증상이 완화되었으며, PET 영상도 정상적인 두뇌 활동을 보여주었다. 다른 많은 연구도 불안, 우울, 섭식장애, ADHD, 알코올을 비롯한 물질 남용 장애 등을 치료하는 데 CBT가 효과적이라는 사실을 확증해주고 있다(Brown et al., 2018; Knouse et al., 2017; Linardon et al., 2017; Magill et al., 2019).

면대면 치료사가 없는 치료인 온라인 CBT 훈련도 불면증, 우울, 불안 등을 완화하는 데 도움을 주었다(Andrews et al., 2018; Carlbring et al., 2018; Ebert et al., 2018). 온라인 CBT는 융통성 있고 비용을 감당할 수 있으며 효과가 있는 치료를 제공함으로써, 외진 지역, 낮은 수입, 당황스러움 등으로 인해서 면대면 치료 회기에 참석하기 힘든 사람에게도 적용할 수 있다(Dadds et al., 2019; Sheeber et al., 2017).

변증법적 행동치료(DBT)라고 부르는 변형된 새로운 CBT는 자살을 비롯한 해로운 행동 패턴을 변화시키는 데 도움을 준다(Linehan et al., 2015; McCauley et al., 2018; Tebbett-Mock et al., 2019). **변증법적**이란 '대립한다'는 의미이며, 이 치료법은 두 가지 대립하는 힘인 수용과 변화 간의 조화를 시도한다. 치료사는 수용적이고 격려하는 환경을 만들어서 내담자가 자신에게 건설적인 피드백과 지도를 제공하는 협력자를 가지고 있다고 느끼도록 도와준다. 개별 회기에서 내담자는 고통을 참아내고 자신의 정서를 조절하는 데 도움을 주는 새로운 사고방식을 배운다. 또한 사회적 기술과 **마음챙김 명상**도 훈련받는데, 우울증을 완화하는 데 도움을 준다(Gu, J. et al., 2015; Wielgosz et al., 2019). 집단훈련 회기는 사회적 맥락에서 새로운 기술을 훈련하는 부가적 기회를 제공한다.

인출 연습

RP-6 인본주의 치료와 인지치료는 어떻게 다른가?

RP-7 아론 벡이 개발한 __________의 결정적인 특징은 사람들의 생각을 변화시키면 그 기능성도 변화시킬 수 있다는 생각에 초점을 맞추고 있다는 점이다.

RP-8 인지행동치료란 무엇인가? 이 치료법이 가장 잘 다루는 유형의 문제는 어떤 것인가?

답은 부록 E를 참조

집단치료 개인이 아니라 집단으로 시행하는 치료. 집단 상호작용을 통해서 치료 효과를 얻을 수 있다.

가족치료 가족을 하나의 시스템으로 다루는 치료. 한 개인의 바람직하지 않은 행동을 가족 구성원의 영향을 받거나 그 구성원을 향한 것으로 간주한다.

집단치료와 가족치료

LOQ 16-7 집단치료와 가족치료의 목표와 이점은 무엇인가?

집단치료

전통적 정신분석을 제외하고, 대부분의 치료는 소집단으로도 실시할 수 있다. **집단치료**(group therapy)에서는 치료사가 각 내담자에게 개별치료와 동일한 정도로 관여할 수는 없다. 그렇지만 다음과 같은 이점을 가지고 있다.

- **치료사의 시간과 내담자의 경제적 부담을 줄여준다.** 그리고 그 효과도 개별치료 못지않은 경우가 많다(Burlingame et al., 2016).
- **사회행동을 탐구하고 사회적 기술을 개발하는 현장실험실을 제공해준다.** 치료사들은 흔히 빈번한 갈등을 경험하거나 자신의 행동이 다른 사람을 괴롭히는 사람에게 집단치료를 권한다. 치료사는 사람들이 어떤 논제에 관하여 토론하고 새로운 행동을 시도할 때 사람들 간의 상호작용을 이끌어간다.
- **다른 사람들도 자신의 문제를 공유하고 있다는 사실을 알 수 있게 해준다.** 다른 사람들도 동일한 스트레스원, 골치 아픈 감정, 행동 등을 경험하고 있다는 사실을 알게 됨으로써 안도감을 찾을 수 있다.
- **내담자가 새로운 행동방식을 시도할 때 피드백을 제공해준다.** 불안감을 느끼고 자의식적임에도 불구하고, 안정적으로 보인다는 말을 듣는 것은 상당한 자신감을 줄 수 있다.

가족치료

특별한 유형의 집단치료라고 할 수 있는 **가족치료**(family therapy)는 어느 누구도 외딴 섬이 아니라는 사실을 전제로 한다. 즉, 누구나 다른 사람, 특히 가족과의 관계 속에서 생활하며 성장한다는 것이다. 사람들은 다른 가족 구성원과 차별화하고자 애쓰지만, 정서적으로는 그 가족과 유대관계를 맺을 필요가 있다. 이러한 두 가지 대립적인 경향성이 개인과 가족 모두에게 스트레스를 초래하기도 한다.

가족치료사는 가족을 구성원 각자의 행위가 다른 구성원들의 반응을 촉발하는 시스템으로 간주하는 경향이 있다. 예컨대, 아동의 반항은 다른 구성원과의 긴장을 초래하기도 하고, 바로 그 긴장이 반항을 초래하기도 한다. 가족치료사는 가족 구성원들이 가족이라는 사회 시스템 내에서

John Moore/Getty Images

가족치료 이러한 유형의 치료는 예방적 정신건강 전략으로 작동하며, 군인가족을 위한 치료에서 보는 바와 같이 결혼치료를 포함하기도 한다. 치료사는 가족 구성원들이 상호 간에 관계하는 방식이 어떻게 문제를 일으키는지를 이해하도록 도와준다. 치료는 개인을 변화시키는 것을 강조하기보다는 구성원들 간의 관계와 상호작용을 변화시키는 데 초점을 맞춘다.

자신의 역할을 확인하고 소통을 개선하며 갈등을 예방하거나 해소하는 새로운 방법을 찾도록 도와주기 십상이다(Hazelrigg et al., 1987; Shadish et al., 1993).

자조집단

1억 명 이상의 미국인이 정기적으로 만나는 종교집단, 특수이익집단, 지지집단 등에 소속해왔으며, 10명 중에서 9명은 집단 구성원들이 상호 간에 정서적 지원을 해준다고 응답하였다(Gallup, 1994). 자조집단은 다른 곳에서 지원을 받으려고 애쓰고 있는 사람들에게 지원을 제공한다. 14,000개 이상의 자조집단을 대상으로 수행한 분석은 대부분의 지지집단이 낙인이 찍혀있거나 논의하기 어려운 문제에 초점을 맞추고 있다고 보고하였다(Davison et al., 2000). 에이즈 환자가 지지집단에 참여할 가능성이 고혈압 환자에 비해서 250배나 높다. 거식증과 알코올 남용 장애로 고생하는 사람도 지지집단에 참여하기 십상이다. 반면에 편두통과 위궤양 환자는 그렇지 않다.

전 세계적으로 200만 명 이상의 회원을 가지고 있는 AA(Alcoholics Anonymous)는 '아무도 가입을 원하지 않은 지구상에서 가장 큰 조직'이다(Finlay, 2000).

지지집단의 선구자 격인 알코올릭스 아노니머스(Alcoholics Anonymous, AA)의 유명한 12단계 전략은 다른 많은 자조집단에서 차용하고 있는데, 참여자에게 자신의 무력함을 인정하고, 더 큰 힘을 가지고 있는 조직이나 사람으로부터, 그리고 서로서로 도움을 찾으며, (열두 번째 단계에서) 희망의 메시지가 필요한 사람에게 그 메시지를 전하도록 권한다(Galanter, 2016). AA와 같은 12단계 프로그램에 관한 연구결과를 보면, 그 프로그램이 다른 치료 개입에 상응할 만한 정도로 알코올 남용 장애를 감소시키고 있다(Ferri et al., 2006; Moos & Moos, 2005). 8년에 걸쳐 2,700만 달러를 투입한 연구에서 보면, 인지행동치료나 대안적 치료를 받은 사람들 못지않게 AA 참여자들도 술을 마시는 정도가 현저하게 감소하였다(Project Match, 1997). 알코올 중독 치료를 찾은 2,300명의 참전용사를 대상으로 수행한 연구에서 보면, AA 활동 수준이 높을수록 알코올 문제가 감소하였다(McKellar et al., 2003). AA 모임에 더 많이 참여할수록 금주하는 정도도 높았다(Moos & Moos, 2006). 개인적 이야기에 속죄하는 표현, 즉 무엇인가 좋은 것을 자신의 고군분투에서 나온 것으로 간주하는 표현을 포함하고 있는 사람이 금주 상태를 유지하기 십상이다(Dunlop & Tracy, 2013).

점점 더 많은 사람이 외롭게 살아가며 고립감을 느끼게 되는 개인주의 시대에 중독자, 가족을 잃은 사람, 이혼한 사람, 동료의식과 성장을 추구하는 사람에 이르기까지 지지집단이 널리 유행한다는 사실은 공동사회와 유대감을 그리워한다는 사실을 반영하는 것으로 보인다.

* * *

지금까지 논의한 다양한 유형의 현대 심리치료법의 요약을 보려면, 표 16.2를 참조하라.

표 16.2 현대 심리치료법의 비교

치료법	전제하는 문제점	치료 목표	치료기법
정신역동 치료	아동기 경험에서 오는 무의식적 갈등	자기 통찰을 통한 불안 감소	내담자의 기억, 꿈, 감정 등의 해석
내담자 중심 치료	자기이해와 용인의 장애물	무조건적인 긍정적 존중, 수용성, 진실성, 공감 등을 통한 성장	적극적 듣기와 내담자 감정의 재현
행동치료	기능부전 행동	적응 행동의 학습, 문제행동의 제거	노출치료와 혐오치료를 통한 파블로프식 조건형성이나 토큰경제와 같은 조작적 조건형성의 사용
인지치료	부정적이고 자기파괴적인 사고	건강한 사고와 자기표현의 촉진	부정적 사고와 귀인을 제거하도록 훈련
인지행동치료	자기파괴적인 사고와 행동	건강한 사고와 적응행동의 촉진	자기파괴적 사고를 물리치고 새로운 사고방식을 행동으로 나타내도록 훈련
집단치료와 가족치료	스트레스를 유발하는 관계	관계의 개선	가족을 비롯한 사회 시스템에 대한 이해 증진, 역할의 탐색, 소통기술의 개선

개관 치료와 심리치료법의 소개

학습목표

자기검증 개념 파악을 증진시키도록 (부록 D의 답을 확인해보기에 앞서) 여러분 자신의 표현으로 여기서 반복하는 학습목표 물음에 답해보라 (McDaniel et al., 2009, 2015).

LOQ 16-1 심리치료와 생의학치료는 어떻게 다른가?

LOQ 16-2 정신분석의 목표와 기법은 무엇인가? 이것들이 어떻게 정신역동 치료에 적용되었는가?

LOQ 16-3 인본주의 치료의 기본 주제는 무엇인가? 칼 로저스의 내담자 중심 치료의 목표와 기법은 무엇인가?

LOQ 16-4 행동치료의 기본 가정은 정신역동 치료와 인본주의 치료의 가정과 어떻게 다른가? 노출치료와 혐오조건형성에서는 어떤 파블로프식 조건형성 기법을 사용하는가?

LOQ 16-5 조작적 조건형성 원리에 입각한 행동치료의 주요 전제는 무엇인가? 이 치료법의 지지자와 비판자의 견해는 무엇인가?

LOQ 16-6 인지치료와 인지행동치료의 목표와 기법은 무엇인가?

LOQ 16-7 집단치료와 가족치료의 목표와 이점은 무엇인가?

기억해야 할 용어와 개념들

자기검증 여러분 자신의 표현으로 정의를 적어본 후에 답을 확인해보라.

가상현실 노출치료	역조건형성	정신역동 치료
가족치료	인지치료	집단치료
내담자 중심 치료	인지행동치료(CBT)	체계적 둔감화
노출치료	저항	토큰경제
무조건적인 긍정적 존중	적극적 듣기	통찰치료
생의학치료	전이	해석
심리치료	절충적 접근	행동치료
	정신분석	혐오조건형성

학습내용 숙달하기

자기검증 여러분 자신의 표현으로 다음 물음에 답한 후에 부록 E에서 답을 확인해보라.

1. 환자가 문제점의 무의식적 근원을 탐색하는 것을 돕고, 환자의 행동, 감정, 꿈 등의 해석을 제공하는 치료사는 다음 중 어느 입장을 취하는 것인가?

a. 정신분석 **b.** 인본주의 치료
c. 내담자 중심 치료 **d.** 행동치료

2. ______치료는 사람들로 하여금 동기와 행동을 이끌어가는 무의식적 사고와 감정을 발견하도록 도와준다.

3. 정신분석과 비교할 때, 인본주의 치료가 더 강조하는 것은 다음 중 어느 것인가?
   a. 숨어있거나 억압된 감정
   b. 아동기 경험
   c. 심리장애
   d. 자기충족과 성숙

4. 내담자의 진술을 재언급하고 명확하게 만드는 치료사는 ______기법을 시행하고 있는 것이다.

5. 다음 중 행동치료의 목표는 무엇인가?
   a. 문제의 기저 원인을 확인하고 치료한다.
   b. 학습과 통찰을 개선시킨다.
   c. 불필요한 행동을 제거한다.
   d. 소통과 사회적 민감도를 증진시킨다.

6. 행동치료는 체계적 둔감화와 혐오조건형성과 같은 ______기법을 사용하여 내담자로 하여금 예전 자극에 대해 새로운 반응을 내놓도록 부추긴다.

7. ______기법은 사람들에게 점차적으로 불안을 더 유발하는 자극이 출현하여도 이완하도록 훈련시킨다.

8. 거의 치명적인 자동차 사고가 일어난 후에, 고속도로에서의 운전에 대한 강력한 공포가 발생함으로써, 리코는 매일 먼 길을 돌아 출근하고 있다. 어떤 심리치료가 리코의 공포증을 극복하는 데 가장 많은 도움을 주겠는가? 그 이유는 무엇인가?

9. 치료센터에서 원하는 행동을 나타내는 사람은 나중에 다른 보상과 바꿀 수 있는 코인을 받는다. 이것은 ______의 예이다.

10. 다음 중 인지치료가 특히 효과적인 증상은 무엇인가?
   a. 손톱 물어뜯기
   b. 공포증
   c. 알코올 남용 장애
   d. 우울증

11. ______치료는 사람들이 자기파괴적 사고방식을 변화시키고 그러한 변화를 일상 행동으로 나타내도록 도와준다.

12. 다음 중 가족치료사가 가정하고 있는 것은 무엇인가?
   a. 가족 중 단지 한 사람만 변화가 필요하다.
   b. 각자의 행위가 다른 가족들로부터 반작용을 촉발한다.
   c. 기능부전 가족의 행동은 대체로 유전적 요인에 근거한다.
   d. 내담자를 가족과 분리하여 치료할 때 가장 효과적이다.

심리치료의 평가

많은 사람은 심리치료의 효과를 전제로 한다. 조언 전문 칼럼니스트는 "상담을 받아보세요." 또는 "배우자에게 치료사를 찾아보도록 요청하세요."라고 강력하게 권하기 십상이다. 1950년 이전까지는 정신건강의 주 제공자가 정신과 의사였다. 오늘날 대부분의 심리치료는 임상심리학자와 상담심리학자, 임상사회복지사, 교회 상담, 결혼 상담, 학대 상담, 학교 상담 전문가, 정신과 간호사 등의 몫이다. 시간과 경비, 노력과 희망을 엄청나게 투여하는 것을 감안할 때, 전 세계의 수많은 사람이 이러한 치료에 부여하고 있는 신뢰감은 정당한 것인지를 물음하는 것이 중요하겠다.

© Jon Carter/Cartertoons
그래, 당신은 얼마나 오랫동안 치료사가 되고자 원했나요?
그게 바로 내가 당신에게 묻고 싶은 것인데요.
에드는 자신이 치료사라고 믿는 것 때문에 치료를 받고 있었다.

Jon Carter/Cartoonstock

심리치료는 효과적인가?

LOQ 16-8 심리치료는 작동하는가? 어떻게 알 수 있는가?

물음은 간단하지만, 답은 그렇게 단순하지 않다. 감염이 신속하게 사라지면, 항생제가 효과적이었다고 생각할 수 있다. 그렇다면 심리치료 효과는 어떻게 평가할 수 있겠는가? 나아졌다고 느끼는 것을 가지고 평가하겠는가? 치료사가 그 개선 효과를 느끼는 것을 가지고 평가하겠는가? 친구와 가족이 느끼는 것을 가지고 평가하겠는가?

내담자의 행동이 변한 것을 가지고 평가하겠는가?

내담자의 지각

만일 내담자의 증언이 유일한 측정 척도라면, 심리치료의 효과를 강력하게 확증할 수 있다. 자신의 정신건강 전문가 경험을 언급한 *Consumer Reports* 독자 2,900명을 보자(1995; Kotkin et al., 1996; Seligman, 1995). 얼마나 많은 사람이 적어도 '꽤나 만족'하였는가? 거의 90%나 된다. 심리치료를 시작할 때는 '그저 그렇다'거나 '형편없다'고 느꼈다고 회상한 사람 중에서 이제는 '매우 좋다'거나 '좋다' 또는 '괜찮다'고 느낀 사람이 10명 중에서 9명이나 되었다. 이들의 보고를 인정해야 한다. 도대체 누가 더 잘 알겠는가?

이들의 증언을 가볍게 보아서는 안 된다. 그렇지만 비판자들은 다음과 같은 회의적일 수밖에 없는 이유를 지적하고 있다.

- **사람들은 위기를 겪을 때 치료를 받기 십상이다.** 인생사는 일반적으로 흥망성쇠가 있기 마련이며, 위기가 지나갔을 때 사람들은 개선을 치료 탓으로 돌린다. 우울한 사람은 무엇을 하였든지 간에 나아지기 십상이다.
- **내담자는 치료가 효과적일 것이라고 믿는다.** 가짜약 효과는 긍정적 기대의 치유력이다.
- **일반적으로 내담자는 치료사를 좋게 말한다.** 내담자의 문제가 여전히 남아있는 경우에도, "내담자들은 무엇인가 긍정적으로 말할 수 있는 것을 열심히 찾는다. 치료사가 매우 이해심이 있었다거나, 내담자는 새로운 조망을 얻게 되었다거나, 보다 효율적으로 소통하는 방법을 학습하였다거나, 마음이 편해졌다는 등 치료가 별 볼 일 없었다고 말해야만 하는 것이 아니라면 어떤 것이든지 말하고자 한다"(Zilbergeld, 1983, 117쪽).
- **내담자는 치료가 투자할 가치가 있었다고 믿고자 한다.** 무엇인가에 시간과 비용을 투자하였다면, 그것에서 무엇인가 긍정적인 것을 찾고자 하지 않겠는가? 심리학자는 이것을 **노력 정당화**라고 부른다.

일탈행동을 할 가능성이 있는 5세에서 13세 사이의 매사추세츠 소년 500여 명을 대상으로 수행한 대규모 실험에서 수집한 증언서를 생각해보자. 동전 던지기를 해서 절반의 소년을 5년에 걸친 치료 프로그램에 할당하였다. 상담자가 한 달에 두 차례씩 방문하였다. 소년들은 지역사회 프로그램에 참여하였으며, 필요에 따라서 가정교사와 치료 개입 그리고 가족의 지원을 받았다. 30년가량 지난 후에 조앤 맥코드(1978, 1979)는 참가자 485명의 소재를 확인하고, 치료 효과를 평가하기 위하여 질문지를 보냈으며, 법원과 정신병원 그리고 다른 출처의 기록을 확인하였다. 치료는 성공적이었겠는가?

내담자들의 증언은 고무적인 결과, 심지어는 열렬히 환영하는 보고를 내놓았다. 어떤 사람은 만일 그 상담자가 없었더라면, 자기는 "교도소에 있었을 것이다.", "집사람이 가출하고 말았을 것이다.", 또는 "범죄로 생을 마감하였을 것이라고 생각한다."라고 답하였다. 법원의 기록은 이러한 증언을 지지해주는 것으로 보였다. 프로그램에서 '골칫덩어리'였던 당시 소년들 사이에서조차 66%는 공식적인 청소년범죄 기록이 없었다.

이제 현실을 소망적 사고로부터 분리해내는 심리학의 가장 강력한 도구, 즉 **통제집단**을 회상해보라. 상담을 받지 않은 통제집단에는 상담을 받았던 치료집단의 소년들과 유사한 소년들이 있었다. 치료받지 않았던 사람들의 70%도 청소년범죄 기록이 없었다. 심지어는 재범률, 알코올 남용 장애, 사망률, 그리고 직업 만족도와 같은 또 다른 기록에서는 치료받지 않은 사람들이 약간 더 적은 문제를 일으켰다. 치료받은 사람들의 열광적인 증언은 의도하지도 않은 채 속임수를 쓰고 있었던 것이다.

치료사의 지각

치료사의 지각이 치료 효과를 입증하는 것이라면, 축배를 들 만한 더 많은 이유가 있다. 성공적인 치료의 사례연구는 넘쳐난다. 문제는 내담자가 자신의 불행에 초점을 맞춘 채 심리치료를 받기 시작하며, 자신의 안녕감에 초점을 맞춘 채 치료를 종료한다는 데 있다. 치료사는 내담자가 마지막 인사를 하거나 훗날에 심심한 감사를 표하면서 보여준 찬사를 보물처럼 간직하고 있다. 그렇지만 일시적으로만 증세 완화를 경험하였고, 재발하는 문제로 새로운 치료사를 찾아 나선 내담자로부터는 아무 이야기도 듣지 못한다. 따라서 치료사는 다른 치료사의 실패를 가장 잘 꿰뚫고 있다. 동일한 불안이나 우울 또는 결혼 문제 등의 문젯거리가 재발한 동일 인물이 다른 치료사의 파일에는 '성공적' 이야기로 철해질 수 있는 것이다. 나아가서 치료사도 일반인과 마찬가지로 인지적 오류에 취약하다. **확증 편향**(confirmation bias)은 무의식적으로 자신의 신념을 지지하는 증거를 추구하고 상반된 증거를 무시하도록 이끌어가며, 착각상관은 존재하지도 않는 관계를 지각하도록 이끌어갈 수 있다(Lilienfeld et al., 2015b).

결과물 연구

그렇다면 심리치료의 효과를 어떻게 객관적으로 측정할 수 있겠는가? 어떤 유형의 사람과 장애가 어떤 유형의 심리치료를 통해서 도움을 받는지에 대해서 어떤 결과물을 기대할 수 있는가?

이 물음의 답을 찾으려는 심리학자들은 통제된 실험연구로 주의를 돌렸다. 1800년대에 수행된 이와 유사한 연구가 의학 분야를 변모시켰던 것이다. 회의적이었던 의사들은 그 당시 주류의 치료법(출혈)을 받았음에도 많은 환자가 사망하였으며, 다른 많은 환자는 이러한 치료를 받지 않고도 저절로 호전되었다는 사실을 깨닫기 시작하였다. 사실을 미신과 구분하기 위해서는 특정 치료를 받거나 받지 않은 환자들을 면밀하게 관찰하고 기록하는 것이 필요하였다. 예컨대, 장티푸스 환자는 출혈치료를 받은 후에 호전되기 십상이었는데, 많은 의사는 이 사실을 출혈치료 덕분으로 받아들였다. 통제집단을 단지 침대에서 휴식을 취하게 한 후에야 비로소 의사들은 이 치료가 무가치한 것이라는 사실을 알고는 놀라게 되었다. 통제집단의 70%가 5주 동안 고열로 고생한 후에 스스로 호전되었던 것이다(Thomas, 1992).

영국의 심리학자 한스 아이젱크(1952)가 심리치료 결과를 다룬 24편의 연구를 요약함으로써 20세기에도 유사한 충격이 뒤따랐다. 그는 환각과 망상을 수반하지 않는 심리장애를 겪는 사람의 2/3가 심리치료를 받은 후에 현저하게 호전된다는 사실을 발견하였다. 오늘날에도 그토록 낙관적인 추정치에 대해 아무도 이의를 제기하지 않는다. 그렇지만 거기에는 함정이 있었다. 아이젱크는 대기자 명단에 들어있던 사람들, 즉 치료를 받지 않은 사람에서도 유사한 호전이 일어난다는 사실을 보고하였던 것이다. 심리치료를 받는 것과는 무관하게, 대체로 환자의 2/3가 현저하게 호전된다고 아이젱크는 보고하였다. 시간이야말로 위대한 치료사이었다.

후속 연구는 아이젱크 분석의 단점, 즉 그의 표본이 작았다는 문제점을 제기하였다. 1952년에 아이젱크는 심리치료 결과에 관한 24편의 연구만을 사용하였지만, 오늘날에는 수천 편의 연구가 가용하다. 최선의 연구방법은 대기자 명단에 들어있는 사람을 치료받는 집단과 치료받지 않

확증 편향 자신의 선입견을 지지하는 정보를 찾고 상반된 증거를 무시하거나 왜곡하려는 경향성

메타분석 통합적 결론에 도달하기 위하여 많은 연구의 결과를 분석하는 통계 절차

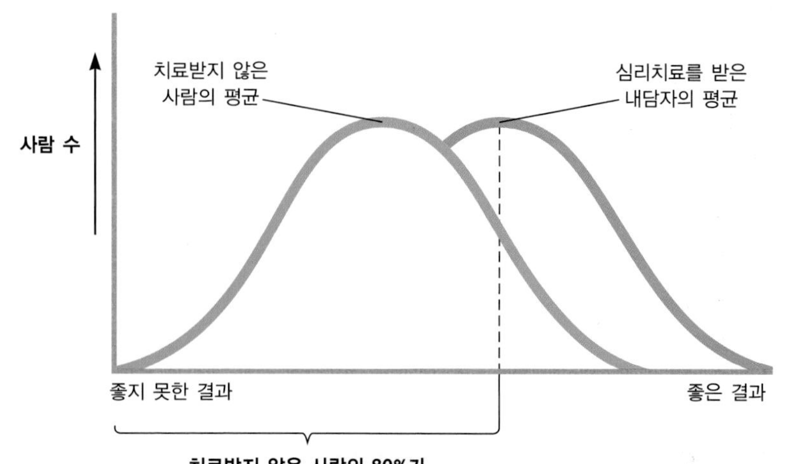

그림 16.4
치료 대 치료 없음 475개 연구에서 얻은 데이터에 근거한 2개의 정규분포는 치료받지 않은 사람과 심리치료를 받은 내담자의 개선 효과를 보여준다. 치료받은 내담자의 평균 결과는 치료받지 않은 사람의 80%를 능가하고 있다(Smith et al., 1980).

는 집단에 무작위로 할당하는 것이다. 그런 다음에 심리검사 그리고 치료를 받았는지의 여부를 알지 못하는 심리학자의 평가를 사용하여 모든 사람을 평가한다.

심리치료의 전반적 효과는 **메타분석**(meta-analysis)이라고 부르는 통계기법으로 분석할 수 있다. 메타분석이란 수많은 서로 다른 연구의 결론을 종합하는 통계 절차이다. 간단하게 말해서, 메타분석은 수많은 연구의 결과를 요약한다. 심리치료사들은 475편의 심리치료 결과를 다룬 연구에 대한 최초의 메타분석을 환영하였다(Smith et al., 1980). 그 결과는 치료받은 내담자의 평균 결과가 치료받지 않은 대기자 80%의 결과보다 더 좋았다는 사실을 보여주었다(그림 16.4). 메리 리 스미스와 동료들(1980, 183쪽)은 "학교 교육이 사람들을 가르치는 것이나 의술이 사람들을 낫게 해주는 것이나, 사업이 이익을 남기는 것 못지않게, 심리치료가 연령에 관계없이 사람들에게 신뢰할 만한 도움을 준다."라고 요약하였다.

오늘날 수십 편의 메타분석 연구가 심리치료의 효과를 다루었다. 이들의 평결은 초기 결과물 연구의 결과를 반복하였다. 즉, 심리치료를 받지 않은 사람도 호전되는 경우가 많지만, 치료받는 사람이 호전될 가능성이 더 크며, 보다 신속하게 호전되며 재발 위험도 낮다는 것이다(Eckshtain et al., 2019; Weisz et al., 2017). [한 가지 단서가 있다. 치료의 이점을 찾지 못한 연구에 비해서, 치료 효과를 찾아낸 연구가 학술지에 게재될 가능성이 더 크다(Driessen et al., 2015).] 많은 사람은 치료를 받은 후에 참을성이 많고 외향적인 성격과 함께 개선된 통찰과 정서적 각성을 보인다(Høglend & Hagtvet, 2019; Roberts et al., 2017). 우울증과 불안이 있는 사람도 치료 회기 도중에 갑작스러운 증상 완화를 경험하기도 한다(Aderka et al., 2012). 내담자의 대략 12%가 경험하는 이러한 '갑작스러운 성과'는 장기적 개선을 잘 예측해준다(Wucherpfennig et al., 2017; Zilcha-Mano et al., 2019).

심리치료는 비용 면에서도 효과적일 수 있다. 심리치료를 찾는 사람은 다른 의학치료를 받는 경우가 현저하게 줄어든다. 91편의 연구를 종합한 결과를 보면, 16% 정도나 줄어들고 있다(Chiles et al., 1999). 물질 남용을 비롯한 여러 심리장애는 사고, 실직, 치료 등으로 사회에 상당한 부담을 준다. 한 추정치에 따르면, 미국에서 마약의 확산은 2001년부터 2017년까지 1조 달러가 넘는 손실을 초래하였다(Altarum, 2018). 지출하는 경비가 허리를 휘게 할 정도인 점을 감안할 때, 출생 전후의 아동보호에 투자하는 것이 장기적으로 들어가는 비용을 감소시키는 것

Feng Li/Getty Images

심적 외상 이 여인들은 2010년 중국에서 일어난 지진으로 인한 삶과 가정의 비극적 상실에 비통해하고 있다. 이러한 외상으로 고통받는 많은 사람들은 스스로 회복하거나 가족과 친구와의 지지적 관계의 도움을 받아 회복하기도 하지만, 상담을 통해서도 도움을 받을 수 있다. 정신역동 치료사인 카렌 호나이는 '삶 자체가 여전히 매우 효과적인 치료사'라고 언급하였다(『우리의 내적 갈등』, 1945).

과 마찬가지로, 심리치료도 좋은 투자이다(Chisholm et al., 2016; Johnson et al., 2019). 둘 모두 장기적 비용을 감소시킨다. 피고용자의 심리적 안녕감을 증진시키는 조치는 어느 것이든 의료비를 절감시키고 작업효율성을 증진시키며 결근율을 감소시킨다. 미국의 의료보험회사와 영국의 국민건강보험이 점차적으로 심리치료에 더 많은 지원을 해왔다고 해서 놀라울 것이 없다(Hockenberry et al., 2019; NHS, 2020).

그렇지만 심리치료가 평균적으로 어느 정도는 효과가 있다는 주장이 특정 치료를 지칭하는 것은 아니라는 사실에 주목하기 바란다. 이것은 마치 폐암 환자에게 건강 문제에 대한 의학치료가 '평균적으로' 효과가 있다고 말하는 것과 같다. 사람들이 정말로 알고 싶은 것은 모든 심리치료의 평균적 효과가 아니라 특정한 문제에 대한 특정 치료의 효과인 것이다.

인출 연습

RP-1 가짜약 효과는 심리치료의 효과에 대한 내담자와 치료사의 평가를 어떻게 편향시키는가?

답은 부록 E를 참조

어느 심리치료법이 가장 효과적인가?

LOQ 16-9 특정 장애에 있어서 특정 심리치료법이 다른 치료법보다 더 효과적인가?

초기에 수행한 통계적 요약과 조사는 어느 한 유형의 치료법이 전반적으로 수월성을 갖는다는 결과를 얻지 못하였다(Smith & Glass, 1977; Smith et al., 1980). 후속 연구도 임상가의 경험, 훈련, 슈퍼비전, 자격증 등에 관계없이 내담자는 심리치료의 도움을 받을 수 있다는 결과를 얻었다(Cuijpers, 2017; Kivlighan et al., 2015; Wampold et al., 2017). 컨슈머 리포트 조사도 동일한 결과를 내놓았다(Seligman, 1995). 정신과 의사, 심리학자, 사회복지사 중에서 누가 내담자를 치료하였는가? 집단치료이었는가, 아니면 개별치료이었는가? 치료사는 집중적인 훈련과 경험을 받았는가, 아니면 제한적인 훈련과 경험만을 받았는가? 그 어떤 것도 중요하지 않았다.

이상한 나라의 앨리스의 도도새가 "모든 사람이 승리하였으며 모두가 상을 받아야만 한다."고 말하는 것이 옳았던 것인가? 확실하게 그렇지는 않다. 연구들로부터 한 가지 보편적인 결과가 나타난다. 즉, 문제가 구체적일수록, 심리치료가 그 문제를 해결할 가능성이 크다는 것이다(Singer, 1981; Westen & Morrison, 2001). 공황장애나 특정 공포증을 경험하는 사람, 자기주장을 내세우지 못하는 사람, 성기능 문제로 좌절하고 있는 사람 등은 개선의 희망을 가질 수 있다. 우울이나 불안과 같이 초점이 잡혀있지 않은 문제를 가지고 있는 사람은 대개 단기적으로는 도움이 되지만 나중에 재발한다. 그리고 흔히 장애들 간에 중복되는 부분, 즉 **공존질환**이 있다.

"각기 다른 염증에는 각기 다른 연고가 있게 마련이다." 영국 속담

그렇기는 하지만 몇몇 유형의 치료법이 특정 문제에 대해서 수월성을 발휘하여 수상대상이 되기도 한다.

- **인지치료와 인지행동치료** : 무엇보다도 불안, 외상 후 스트레스 장애, 불면증, 우울증(Qaseem et al., 2016; Scaini et al., 2016; Tolin, 2010).
- **행동치료** : 야뇨증, 특정 공포증, 강박증, 결혼 문제, 성적 기능부전 등과 같은 특정 행동 문제(Baker et al., 2008; Hunsley & DiGiulio, 2002; Shadish & Baldwin, 2005).
- **정신역동 치료** : 우울증과 불안(Driessen et al., 2010; Leichsenring & Rabung, 2008; Shedler,

2010).

- **비지시적인 내담자 중심 상담** : 경미한 우울증(Cuijpers et al., 2012).

가짜약 효과(치료에 대한 믿음이 초래하는 치유력)와 결합함으로써 많은 비정상적인 마음 상태가 정상으로 되돌아오는 경향성은 사이비치료법이 번성할 비옥한 토양을 제공한다. 그렇지만 특정한 대체치료법에는 어떤 상도 돌아가지 않으며, 과학적 지지 증거도 거의 없거나 전혀 없다(Arkowitz & Lilienfeld, 2006; Lilienfeld et al., 2015a). 사람 주변에 보이지 않는 에너지 장(field)에 처치를 가한다고 제안하는 치료법, 내담자 출생의 외상을 다시 들여다본다는 치료법, 소통하지 않는 사람에게 손으로 유도하여 소통을 촉진한다는 치료법 등을 걸러내는 지혜를 가지고 있어야만 하겠다.

몇몇 의학치료에서와 마찬가지로, 어떤 심리치료는 효과가 없을 뿐만 아니라 해로울 수도 있다. 미국정신의학회, 캐나다심리학회, 영국심리학회는 사람들의 성별 정체성이나 성적 지향성을 변화시켜 준다는 전환치료를 경고해왔다. 미국심리학회 회장인 배리 안톤(2015)은 이러한 치료법이 '정신질환이 아니어서 심리치료가 필요하지 않은 어떤 것을 수선하는 것'을 목표로 삼는다고 선언하였다. 실제로 전환치료는 '심각한 위해의 위험'을 수반한다(APA, 2018a; Turban et al., 2020). 이러한 증거는 이 치료법의 시행을 금지시키도록 이끌어갔으며, 특히 성소수자를 대상으로 하는 시행을 금지시켰다. 10대 폭력을 순화시킨다는 스케어드 스트레이트(Scared Straight) 프로그램, 경찰이 주도하는 마약 퇴치 프로그램인 D.A.R.E., 그리고 수많은 체중 감량 프로그램과 소아성애자 재활 프로그램 등도 효과가 없거나 심지어 해로운 것으로 밝혀졌다(Walton & Wilson, 2018).

"어느 치료법이 영예의 수상감이며 어느 치료법이 그렇지 못한가?"라는 평가 물음은 혹자가 심리학의 내전(內戰)이라고 부르는 갈등의 핵심에 자리하고 있다. 과학은 정신건강 관리 제공자들의 임상 활동과 의지 그리고 심리치료 경비를 부담하는 보험사 모두를 어느 정도나 이끌어가야만 하겠는가? 한편에는 다양한 장애에 대해 잘 정의되고 타당성을 검증한 치료법들의 목록을 확장하고자 과학적 방법을 사용하는 연구지향적 심리학자들이 있다. 이들은 '개인적 경험에 더 많은 가중치를 부여하는' 임상치료사를 공공연하게 비난한다(Baker et al., 2008). 다른 한편에는 치료를 과학이라기보다는 예술로 간주하며, 매뉴얼에 기술하거나 실험으로 검증하기에 용이한 것이 아니라고 생각하는 사람들이 존재한다.

증거기반 실행 가용한 최선의 연구결과를 임상치료사의 전문성, 내담자의 특성, 선호도 등과 통합하는 임상적 결정

두 극단 사이에는 **증거기반 실행**(evidence-based practice)을 내세우는 과학지향적인 임상치료사들이 자리하고 있는데, 이 방법은 미국심리학회(2006)를 비롯한 여러 기관이 인정해왔다(Holmes et al., 2018; Sakaluk et al., 2019). 이 접근법을 사용하는 치료사는 가용한 최선의 연구결과를 임상 전문성 그리고 환자의 선호도나 특성과 통합한다(그림 16.5). 임상가는 자신의 실력과 각 환자의 독특한 상황에 맞추어 엄격한 평가를 거친 치료법을 적용한다. 어떤 임상가는 테크놀로지도 활용하고 있다. 컴퓨터 프로그램은 내담자에 관한 많은 정보를 분석함으로써, 임상가에게 맞춤식 치료법

그림 16.5
증거기반 실행 이상적인 임상적 결정은 연구 증거, 임상 전문성, 내담자의 특성이라는 세 개의 다리가 지탱해주는 탁자에 비유할 수 있다.

치료적 동맹 치료사와 내담자 간의 신뢰와 상호 이해의 유대. 두 사람은 함께 건설적인 방식으로 작업함으로써 내담자의 문제를 극복한다.

을 제안할 수 있다(Ewbank et al., 2019; Webb et al. 2020). 점차적으로 정신건강 서비스에 대한 보험회사와 정부의 지원은 증거기반 치료를 요구하고 있다.

인출 연습

RP-2 심리치료는 (잘 정의된/잘 정의되지 않은) 문제를 가지고 있는 사람에게 도움이 될 가능성이 크다.

RP-3 증거기반 실행이란 무엇인가?

답은 부록 E를 참조

심리치료는 어떻게 사람들을 도와주는가?

LOQ 16-10 모든 유형의 심리치료법이 공유하는 세 가지 요소는 무엇인가?

치료사의 훈련과 경험이 내담자의 치료결과와 상관이 거의 없는 이유는 무엇인가? 한 가지 답은 모든 심리치료가 다음과 같은 세 가지 이점을 공유한다는 것일 수 있다(Cuijpers et al., 2019; Frank, 1982; Wampold, 2007).

- **사기가 꺾인 사람들의 희망** 치료를 찾는 사람은 전형적으로 불안을 느끼고 우울하며 자존감이 전혀 없으며 매사를 다른 측면에서 바라볼 수 있는 능력이 없다. 어떤 치료이든, 내담자가 적극적으로 관여하는 한에 있어서 모든 것이 나아질 수 있다는 기대를 제공해준다. 어느 치료법이냐에 관계없이, 이러한 신념은 사기를 증진시키고 새로운 자기효능감을 촉진시키며 증상을 완화시킨다(Corrigan, 2014; Meyerhoff & Rohan, 2016).
- **새로운 조망** 모든 치료법은 증상에 관한 그럴듯한 설명을 제공한다. 신뢰할 만한 신선한 조망으로 무장함으로써 삶에 새로운 태도로 접근하고, 자신의 행동과 인생관을 바꾸는 데 개방적이 된다.
- **공감하고 신뢰하며 후원하는 관계** 사용하는 기법에 관계없이, 유능한 치료사는 공감적인 사람이다. 내담자의 경험을 이해하고자 애쓴다. 내담자에게 자신의 관심과 우려를 전달하며 주의 깊게 경청하고 안심시키며 조언을 해줌으로써, 내담자의 신뢰와 존경을 받는 사람이다. 이러한 자질은 저명한 치료사 36명의 치료 회기를 녹음한 내용에서 분명하게 드러났다(Goldfried et al., 1998). 어떤 치료사는 인지행동 접근법을 사용하였으며, 다른 치료사는 정신역동 원리를 사용하였다. 이들은 상이한 치료법을 사용하였음에도 몇 가지 놀랄 만한 유사성을 나타냈다. 내담자가 자신을 평가하고 삶의 한 측면을 다른 측면과 연계시키며 타인과의 상호작용에 대한 통찰을 갖도록 도와주었다. 치료사와 내담자 간의 정서적 유대관계, 즉 **치료적 동맹**(therapeutic alliance)은 공감적이고 사려 깊은 치료사가 특히 효과적인 이유를 설명하는 데 도움을 준다(Atzil-Slonim et al., 2019; Rubel et al., 2019). 캐나다이든 캄보디아이든, 강력한 치료적 동맹은 심리적 건강을 촉진한다(Falkenström et al., 2019; Gold, 2019). 치료적 동맹은 생명을 구하기도 한다. 12편의 연구를 분석한 결과를 보면, 강력한 치료적 동맹은 자살 생각, 자해행동, 자살 시도 등의 감소를 예측하였다(Dunster-Page et al., 2017).

Mort Gerberg The New Yorker Collection/The Cartoon Bank

"문제는 네가 정말로 변하기를 원해야만 한다는 것이야."

이러한 세 가지 공통 요소, 즉 희망, 신선한 조망, 공감하고 사려 깊은 관계는 준전문가(단기 훈련을 받은 간병인으로, 심리장애에서 회복한 내담자일 수도 있다)가 어려움에 처한 많은 사람을 그토록 효과적으로 도와줄 수 있는 이유를 이해하는 데 도움을 준다(Bryan & Arkowitz, 2015; Christensen & Jacobson, 1994). 이들은 현장이나 온라인에서 점증하고 있는 자조집단과 지지집단이 회원들에게 제공하는 서비스이기도 하다. 그리고 전통적인 치유자들이 제공해왔던 서비스이기도 하다(Jackson, 1992). 정신과 의사이든 주술사이든, 전 세계 어디서나 치유자, 즉 사람들이 자신의 고통을 드러내게 만드는 특별한 사람은 내담자의 고통을 이해하고 공감하며, 안심시키고 충고하며, 위로하고 해석하며 설명하기 위해서 열심히 듣는다(Torrey, 1986). 긴밀한 관계로 지지받고 있다고 느끼는 사람, 즉 염려해주는 사람과의 교제와 우정을 즐기는 사람은 치료를 받을 필요도 적고 전문적 치료를 찾아 나설 가능성도 적은 이유가 바로 이것이다(Frank, 1982; O'Conner & Brown, 1984).

Rainer Kwiotek/Friendship Bench

우정의 벤치 짐바브웨의 몇몇 보건 진료소는 야외에 '우정의 벤치'를 설치해왔으며, 이곳에서 준전문가인 지역사회 의료종사자가 치료를 제공한다(Chibanda, 2016). 정신과 의사인 딕슨 치반다는 한 내담자가 자신의 진료소까지 오기 위한 버스 요금이 없어 자살한 후에 지역사회를 위한 이러한 무료 치료를 개발하였다. 그는 "우리는 [정신의학을] 지역사회로 이동시켜야만 합니다."라고 말하였다(Rosenberg, 2019).

* * *

요컨대, 도움을 찾아 나서는 사람은 일반적으로 호전된다. 심리치료를 받지 않는 많은 사람도 호전되는데, 이것이야말로 서로를 지원하고 염려해주는 우리 인간의 유능성이라는 축복이다. 그렇지만 치료사가 사용하는 치료법과 경험이 그렇게 중요하지 않은 것처럼 보인다고 하더라도, 일반적으로는 심리치료를 받은 사람이 그렇지 않은 사람보다 더 많이 호전된다. 세부적이고 명확한 문제를 가지고 있는 사람이 가장 호전되는 경향이 있다.

자문자답하기

여러분이 읽은 것에 근거할 때, 어떤 문제로 어려움을 겪고 있다면 치료를 찾아 나서겠는가? 그 이유는 무엇인가? 치료를 경험한 적이 있다면, 학습한 내용이 그 경험에 대한 감정에 영향을 미치겠는가?

인출 연습

RP-4 심리치료를 받은 사람이 그렇지 않은 사람보다 개선을 보일 가능성이 (더 크다/더 작다).

답은 부록 E를 참조

인간의 다양성이 심리치료에 어떤 영향을 미치는가?

LOQ 16-11 어떤 개인적 요인이 치료사-내담자 관계에 영향을 미치는가?

모든 심리치료법은 희망을 제공하며, 거의 모든 치료사는 내담자의 감수성, 개방성, 개인적 의무감, 존재감 등을 고양시키고자 노력한다(Jensen & Bergin, 1988). 그렇지만 문화, 가치관, 개인적 정체성이라는 측면에서 치료사들은 서로 다르고 내담자와도 차이를 보일 수 있다(Delaney et al., 2007; Kelly, 1990).

이러한 차이점이 예컨대, 한 문화의 치료사가 다른 문화의 내담자를 치료할 때처럼 부조화를 초래할 수도 있다. 북미, 유럽, 호주에서는 대부분의 치료사가 자기 문화의 특징인 개인주의를 표방하는데, 개인적 욕구와 정체성에 우선권을 부여한다. 아시아 문화와 같은 집단주의 조망을 가지고 있는 내담자는 사회와 가족의 의무, 조화, 집단 목표 등을 더 많이 유념할 것이라고 생각할 수 있다. 이러한 내담자는 자신의 안녕감만을 생각하도록 요구하는 치료사와 관계를 형성하는 데 어려움을 겪을 수 있다(Markus & Kitayama, 1991).

문화적 차이는 어떤 집단이 정신건강 서비스의 사용에 거부감을 느끼는 이유를 설명하는 데 도움이 된다. '명예문화'에서 살고 있는 사람은 강하고 거친 것을 숭상한다. 이들은 정신건강 관리를 찾는 것은 성숙의 기회가 아니라 취약성을 인정하는 것이라고 느낄 수 있다(Brown et al., 2014). 그리고 몇몇 소수집단은 치료를 찾아 나서는 것 자체를 망설이며 신속하게 치료를 마치는 경향이 있다(Chen et al., 2009; Sue et al., 2009). 한 실험에서 보면, 자신의 문화 가치관을 공유하는 상담자와 짝이 된 아시아계 내담자는 상담자의 공감을 더 많이 지각하며 상담자와의 동맹관계를 더 많이 느꼈다(Kim et al., 2005). 치료사와 내담자의 명백한 부조화는 생사의 문제가 될 수도 있다. 치료에서 엄청난 장벽을 지각한 미군 병사는 자살로 생을 마감할 가능성이 매우 높았다(Zuromski et al., 2019).

내담자-심리치료사 부조화는 다른 개인적 차이에서 유래할 수도 있다. 신앙심이 깊은 사람은 종교적으로 유사한 치료사를 선호하고 그 치료사로부터 더 많은 도움을 받기도 한다(Masters, 2010; Pearce et al., 2015). 마찬가지로 레즈비언, 게이, 양성애자, 트랜스젠더, 퀴어(LGBTQ)에 대한 치료사의 태도가 내담자-치료사 관계에 영향을 미칠 수 있다. 예컨대, 트랜스젠더가 자신을 인정하는 치료사를 찾아 나서는 것은 충분히 이해할 만하다(Bettergarcia & Israel, 2018).

누가 심리치료를 찾으며 누가 치료를 제공하는가?

LOQ 16-12 언제 치료사를 찾아 나서야 하며, 치료사를 선택할 때 무엇을 살펴보아야만 하는가?

모든 사람에게 있어서 삶은 평온과 스트레스, 축복과 사별, 좋은 기분과 나쁜 기분의 혼합체이다. 그렇다면 언제 정신건강 전문가의 도움을 찾아야 할 것인가? 미국심리학회는 다음과 같은 일반적인 재난 신호를 제안하고 있다.

- 절망감
- 심각하고 지속적인 우울
- 물질 남용과 같은 자기파괴적 행동
- 붕괴적 공포
- 급작스러운 기분 변화
- 자살 생각
- 자물쇠 확인과 같은 강박적 의식
- 성 장애
- 다른 사람은 경험하지 않는 목소리를 듣거나 무엇인가를 보는 것

심리치료사를 찾을 때, 여러분은 두세 차례 예비 자문을 갖기를 원할 수 있다. 여러 치료사와의 만남은 여러분이 편안하게 공유한다고 느끼는 치료사를 찾을 기회를 더 많이 제공한다. 대학 진료센터가 일반적으로 좋은 출발점이다. 웹페이지를 살펴보거나 직접 방문함으로써 자질을 갖춘 치료사와 무료 서비스에 접속할 수 있다. 또한 의사나 진료센터의 추천을 받을 수도 있다. 의료보험을 가지고 있다면, 보험회사가 치료사 목록을 제공하기도 한다. 많은 사람이 인터

표 16.3 치료사 유형과 훈련 경험

유형	설명
임상심리학자	대부분 박사학위를 가지고 있는 심리학자이며, 슈퍼비전을 받는 인턴십과 박사후 트레이닝을 받은 연구와 평가 그리고 치료 전문가이다. 절반 정도가 병원과 같은 기관에서 활동하며, 나머지 절반은 개인 클리닉을 운영한다.
정신과 의사	심리장애를 전문적으로 치료하는 의사이다. 모든 정신과 의사가 심리치료 훈련을 받는 것은 아니지만, 의사로서 약물을 처방할 수 있다. 따라서 이들은 가장 심각한 문제를 다루는 경향이 있다. 대부분은 자신의 개인 클리닉을 가지고 있다.
임상/정신과 사회복지사	2년간의 사회복지학 대학원 프로그램에서 석사학위를 받고 졸업 후에 슈퍼비전을 받음으로써 사회복지사는 심리치료를 실시할 수 있게 되는데, 대부분의 경우에 일상의 개인 문제와 가족 문제를 가지고 있는 사람을 대상으로 한다. 대략 절반의 사회복지사가 임상사회복지사의 공인자격증을 가지고 있다.
상담가	결혼과 가족 상담가는 가족관계에서 발생하는 문제를 전문적으로 다룬다. 목회 상담가는 수없이 많은 사람에게 상담을 제공한다. 남용/학대 상담가는 물질 남용자, 배우자와 자녀 학대자, 학대 희생자 등의 문제를 상담한다. 정신건강을 비롯한 다른 상담가는 석사학위를 필수적으로 요구할 수도 있다.

넷이나 10,000개가 넘는 정신건강 앱을 사용하여 치료사를 찾아 온라인으로 도움을 받기도 한다(Kocsis, 2018; Levin et al., 2018; Nielssen et al., 2019). 온라인이나 앱에 기반한 치료는 우울, 불안, 불면 등을 제거하는 데 도움을 줄 수 있다(Espie et al., 2019; Firth et al., 2017a,b; Linardon et al., 2019).

직접 방문하거나 온라인 만남에서, 여러분의 문제를 언급하고 각 치료사의 치료기법을 알 수 있다. 치료사의 가치관, 비밀 보장, 치료비 등에 대한 질문을 던질 수 있다(표 16.3). 그리고 각 치료사에 관한 여러분 자신의 감정을 평가할 수 있다. 아마도 치료사와 내담자 사이의 정서적 유대관계가 효과적인 치료에서 가장 중요한 요인이겠다.

미국심리학회는 강력한 치료적 동맹의 중요성을 인식하고 다양한 내담자와 좋은 관계를 맺을 수 있는 다양한 치료사를 기꺼이 받아들인다. 문화적 감수성 훈련(예컨대, 상이한 가치관, 소통 스타일, 언어 등)을 제공하고 소수 문화집단을 모집하는 프로그램을 승인하고 있다.

심리치료에서 중요한 윤리 원리는 무엇인가?

LOQ 16-13 어떤 윤리 원리가 심리치료와 정신질환에 대한 심리학 연구를 주도하는가?

심리치료사들은 상이한 접근방법을 사용하여 내담자의 고통을 경감시켜 준다. 마찬가지로 연구자들도 많은 방법을 적용하여 와해된 사고, 감정, 행동 등을 줄이는 방법을 이해하고자 한다. 그렇지만 심리치료사나 연구자가 치료나 연구를 시작하기에 앞서, 해당 국가의 윤리 원리와 행동 강령을 준수해야만 한다(APA, 2017a).

미국심리학회(APA)에 따르면, 치료사는 다음과 같은 원리를 준수해야만 한다.

- 내담자에게 혜택을 주고 해를 끼치지 않는다.
- 치료 공동체(종래의 정신병원보다 민주화된 의료기관)에 대한 서비스뿐만 아니라 신뢰감을 구축하고 치료사로서 규정된 역할을 수행한다.
- 솔직하고 진실하며 정확해야 한다.
- 내담자에게 공정하고 정의로우며, 모든 사람이 치료 혜택을 받을 수 있도록 도와준다.
- 내담자의 존엄성과 가치를 존중하며, 사생활 비밀과 자기결정 권한을 인정한다.

심리학 연구자도 정신질환을 완화시키는 방법을 연구할 때 동일한 윤리지침을 사용한다. 사람들에게 혜택을 주려는 목적을 가지고, 솔직하고 진실하며, 사람들을 최소 위험(사람들이 일상생활에서 접하는 수준의 위험)을 넘어서는 경험에 노출시켜서는 안 된다.

인출 연습

RP-5 수용할 수 있는 많은 정신건강 치료법과 연구방법이 존재하지만, 모든 치료사와 심리학 연구자는 ________ 원리를 준수해야만 한다.

답은 부록 E를 참조

개관 심리치료의 평가

학습목표

자기검증 개념 파악을 증진시키도록 (부록 D의 답을 확인해보기에 앞서) 여러분 자신의 표현으로 여기서 반복하는 학습목표 물음에 답해보라(McDaniel et al., 2009, 2015).

LOQ 16-8 심리치료는 작동하는가? 어떻게 알 수 있는가?

LOQ 16-9 특정 장애에 있어서 특정 심리치료법이 다른 치료법보다 더 효과적인가?

LOQ 16-10 모든 유형의 심리치료법이 공유하는 세 가지 요소는 무엇인가?

LOQ 16-11 어떤 개인적 요인이 치료사-내담자 관계에 영향을 미치는가?

LOQ 16-12 언제 치료사를 찾아 나서야 하며, 치료사를 선택할 때 무엇을 살펴보아야만 하는가?

LOQ 16-13 어떤 윤리 원리가 심리치료와 정신질환에 대한 심리학 연구를 주도하는가?

기억해야 할 용어와 개념들

자기검증 여러분 자신의 표현으로 정의를 적어본 후에 답을 확인해보라.

메타분석 치료적 동맹
증거기반 실행 확증 편향

학습내용 숙달하기

자기검증 여러분 자신의 표현으로 다음 물음에 답한 후에 부록 E에서 답을 확인해보라.

1. 다음 중 심리치료의 효과에 대해서 가장 열광적이거나 낙관적인 견해를 내놓는 결과는 무엇인가?
 a. 결과물 연구
 b. 무선화 임상실험
 c. 임상가와 내담자의 보고
 d. 우울증 치료에 대한 정부의 연구

2. 다음 중 많은 연구가 대부분의 심리장애를 가장 효과적으로 치료할 수 있는 치료법으로 지목하는 것은 무엇인가?
 a. 행동치료 **b.** 인본주의 치료
 c. 정신역동 치료 **d.** 어느 것도 아니다

3. 증거기반 실행의 세 가지 성분은 무엇인가?

4. 심리치료는 사람들에게 ________, 새로운 조망, 공감하고 신뢰하며 사려 깊은 관계를 제공함으로써 도움을 준다.

생의학치료와 심리장애의 예방

심리치료는 심리장애를 치료하는 한 가지 방법이다. 다른 방법은 **생의학치료**이며, 약물로 두뇌의 화학 구조를 변화시키거나, 전기자극이나 자기(磁氣) 충격 또는 심리외과수술을 통하여 신경회로를 변화시키거나, 생활양식의 변화를 통해서 두뇌의 반응에 영향을 미치는 치료법이다.

이 목록에서 **생활양식 변화**를 보고 놀랐는가? 심리적 영향과 생물학적 영향을 별도로 다루는 것이 편리하지만, 심리적인 것은 모두 생물학적이기도 하다. 따라서 운동, 영양, 관계, 레크리에이션, 휴식, 종교나 영성적 활동 등의 생활양식이 정신건강에 영향을 미친다(Schuch et al., 2016; Walsh, 2011). (비판적으로 생각하기 : 생활양식 변화의 치료 효과를 참조하라.)

"일그러진 분자가 없다면 일그러진 사고도 없다." 심리학자 랠프 제라드

모든 사고와 감정은 기능하는 두뇌에 달려있다. 모든 창의적 아이디어, 기쁨이나 분노의 순간, 우울 기간 등은 살아있는 두뇌의 전기화학적 활동에서 출현한다. 불안장애, 강박장애, 외상 후 스트레스 장애, 우울장애, 양극성장애, 조현병 등은 모두 생물학적 사건이다. 어떤 심리학자는 심리치료조차도 생물학적 치료로 간주한다. 생각하고 행동하는 방식의 변화는 두뇌를 변화시키는 경험이기 때문이다(Kandel, 2013). 심리치료가 강박장애나 조현병과 관련된 행동을 완화시킬 때, PET 영상은 평온한 두뇌를 드러낸다(Habel et al., 2010; Schwartz et al., 1996). 반복해서 보았던 것처럼, 인간은 **통합적인 생물심리사회적 시스템**이다.

인출 연습

RP-1 사람들이 자신의 정신건강을 증진시키고자 수행할 수 있는 생활양식 변화에는 어떤 것이 있는가?

답은 부록 E를 참조

약물치료

LOQ 16-14 약물치료란 무엇인가? 이중은폐 연구는 약물의 효과를 평가하는 데 어떤 도움을 주는가?

지금까지 가장 널리 사용하는 생의학치료는 약물치료이다. 일차 의료기관이 대부분의 불안과 우울증 약물을 처방하며, 뒤이어서 정신과 의사 그리고 미국의 몇몇 주에서는 심리학자가 약물을 처방하기도 한다. 대부분의 의학적 치료의 경우와 마찬가지로, 자신이나 타인에게 상당한 해를 끼칠 위험이 있는 드문 사례를 제외하고는 사람들이 처방받은 정신건강 약물을 복용할 것인지 여부를 스스로 선택할 수 있다.

"우리 정신약리학자는 천재야."

Edward Koren The New Yorker Collection/The Cartoon Bank

비판적으로 생각하기

생활양식 변화의 치료 효과

LOQ 16-15 치료적 생활양식 변화를 효과적인 생의학치료법으로 간주하는 이유는 무엇이며, 어떻게 작동하는 것인가?

생활양식 (운동, 영양, 관계, 레크리에이션, 타인에의 봉사, 휴식, 종교나 영성적 활동 등) → **두뇌와 신체에** 영향을 미친다. → **정신건강에** 영향을 미친다.[1]

인간이 공유하는 역사가 신체적으로 활동적이며 사회적 관계를 맺도록 준비시켜 왔다.

조상들은 집단으로 사냥하고 채집하며 도구를 만들었다.

오늘날 연구자는 자연환경에서의 야외 활동이 스트레스를 경감시키고 건강을 조장한다는 사실을 발견하였다.[2]

치료에의 적용

훈련 세미나가 치료적 생활양식 변화를 조장한다.[3] **소집단의 우울증 환자가 다음과 같은 목표를 가지고 12주 훈련 프로그램에 참가한다.**

유산소 운동 하루에 30분씩, 적어도 매주 3일 (근력과 활력을 증가시키고, 엔도르핀을 자극함)

규칙적인 유산소 운동은 항우울제의 치유력에 비견된다.[4]

적절한 수면 하루에 7~8시간을 목표로 함

충분한 야간 수면은 면역력을 높이고, 에너지, 각성 수준, 기분을 증진시킨다.[5]

빛 노출 라이트박스를 사용하여 매일 아침 15~30분(각성을 증진시키고, 호르몬에 영향을 미침)

사회적 연계 혼자 있는 시간을 줄이고, 매주 적어도 두 차례의 의미 있는 사회적 관계를 가짐(소속 욕구를 만족시키는 데 도움을 줌)

반추 감소 부정적 사고를 확인하여 다른 생각으로 주의 전환(긍정적 사고를 고양함)

영양보충제 매일 오메가3 지방산을 포함한 영양보충제를 복용(공격행동을 감소시킴)[6]

초기의 소규모 연구(74명의 참가자)[7]

프로그램을 이수한 사람의 77%가 우울 증상의 완화를 경험하였다.

통제집단에 할당된 사람의 19%만이 유사한 결과를 나타냈다.

추후 연구는 어느 치료의 결합이 치료 효과를 초래하는지를 확인하고자 시도할 것이다.

생의학치료는 마음과 신체가 하나의 단위라고 가정한다. 하나가 영향을 받으면 다른 것도 영향을 받는다는 것이다.

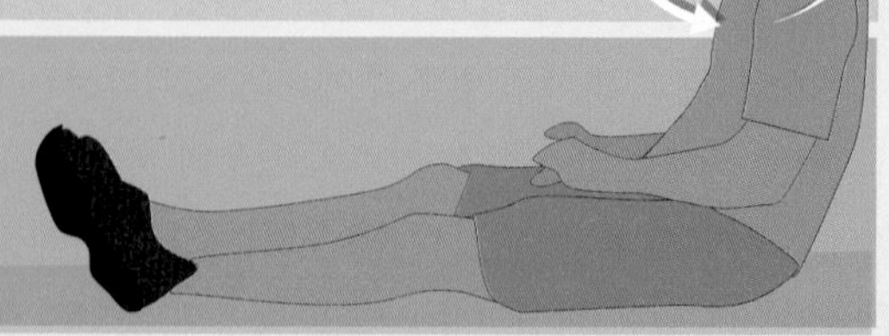

1. Sánchez-Villegas et al., 2015; Walsh, 2011. 2. MacKerron & Mourato, 2013; NEEF, 2015; Phillips, 2011. 3. Ilardi, 2009. 4. Babyak et al., 2000; Salmon, 2001; Schuch et al., 2016. 5. Gregory et al., 2009; Walker & van der Helm, 2009. 6. Bègue et al., 2017; Raine et al., 2018. 7. Ilardi, 2009, 2016.

1950년대 이래로 **정신약리학**(psychopharmacology), 즉 마음과 행동에 대한 약물 효과 연구의 결과는 심각한 장애를 가지고 있는 사람의 치료에 대변혁을 초래하였으며, 병원에 감금하였던 수많은 사람을 자유롭게 해주었다. 약물치료와 지역사회 정신건강 프로그램 덕분에, 오늘날 정신병원에 입원하고 있는 환자의 수는 과거에 비해서 현저하게 줄어들었다. 그렇지만 스스로 자립할 수 없는 사람에게는 병원에서의 퇴원이 자유가 아니라 노숙생활을 의미하였다.

정신약리학 마음과 행동에 대한 약물의 효과를 연구하는 분야 

항정신병 약물 조현병을 비롯한 심각한 사고장애를 치료하는 데 사용하는 약물

약물치료를 포함하여 거의 모든 새로운 치료법은 많은 사람이 호전되는 것처럼 보임에 따라서 처음에는 열광적인 환영을 받는다. 면밀한 조사를 한 후에는 그러한 열광이 수그러들기 십상이다. 어떤 신약의 효과를 평가하려면 정상적인 회복률도 알 필요가 있다.

- 얼마나 많은 사람이 치료를 받지 않고 회복되며, 얼마나 빨리 회복되는가?
- 그 회복은 약물에 의한 것인가, 아니면 가짜약 효과에 의한 것인가? 환자나 정신건강 종사자가 긍정적 결과를 기대하고 있으면, 실제로 일어난 일이 아니라 기대한 것을 보게 될 수 있다. 단순히 어떤 약물의 효과를 선전하는 광고에 노출되는 것조차도 그 효과를 증가시킬 수 있다(Kamenica et al., 2013).

이러한 영향을 통제하기 위해서 약물 연구자들은 절반의 환자에게 약물을 투여하고, 나머지 절반에게 약물과 유사하게 보이는 가짜약을 투여한다. 연구자와 환자는 모두 누가 어떤 약물을 복용하는지를 알지 못하기 때문에, 이러한 절차를 이중은폐 절차라고 부른다. 좋은 소식은 이중은폐 연구에서도 여러 유형의 약물이 심리장애를 효과적으로 치료한다는 사실이다.

항정신병 약물

심리장애에 대한 약물치료의 혁명은 다른 의학적 목적에 사용하던 특정 약물이 정신병 환자의 환각이나 망상을 진정시킨다는 사실을 우연히 발견한 것으로부터 출발하였다. 클로르프로마진(상표명은 소라진)과 같은 제1세대 **항정신병 약물**(antipsychotic drug)은 불필요한 자극에 반응하는 것을 가라앉힌다. 따라서 환청과 편집증과 같은 양성 증상을 경험하는 조현병 환자에게 가장 큰 도움을 제공한다(Leucht et al., 2018). (냉담함과 철회와 같은 음성 증상을 변화시키는 데는 덜 효과적이다.)

관례적으로 사용하는 대부분 항정신병 약물의 분자는 신경전달물질인 도파민의 분자와 매우 유사하기 때문에 도파민 수용기를 선점하여 활동을 차단시키게 된다. 이러한 발견은 도파민 시스템의 과잉 활동이 조현병의 한 원인이라는 생각을 설득력 있게 만들어준다.

아마도 여러분은 파킨슨병 환자의 도파민 수준을 높여주는 약물인 엘도파의 부작용을 추측할 수 있을 것이다. 그것은 바로 환각이다.

항정신병 약물은 강력한 부작용도 가지고 있다. 몇몇 약물은 파킨슨병과 유사한 굼뜬 행동, 떨림, 경련 등을 초래한다(Kaplan & Saddock, 1989). 이러한 약물을 장기적으로 사용하게 되면, 안면근육과 혀 그리고 사지의 불수의적 운동을 수반하는 신경중독 효과인 만발성 운동장애를 초래하기도 한다. 리스페리돈(상표명은 리스페달)과 올란자핀(상표명은 자이프렉사)과 같은 새로운 세대의 많은 항정신병 약물은 심각한 조현병 증상에 가장 효과적이며 부작용도 훨씬 적다(Furukawa et al., 2015). 그렇기는 하지만 새로운 약물은 비만과 당뇨병의 위험을 증가시키기도 한다(Buchanan et al., 2010; Tiihonen et al., 2009). 연구자들은 20가지가 넘는 항정신병 약물의 가장 효과적이고 안전한 처방을 찾아내고자 역사적 데이터를 샅샅이 살펴왔다(Leucht et al., 2020).

삶의 기술 프로그램 그리고 가족의 지원과 결합시킨 항정신병 약물은 많은 조현병 환자에게

새로운 희망을 주어왔다(Goff et al., 2017; Guo et al., 2010). 오늘날 컴퓨터 프로그램이 어떤 조현병 환자가 특정 항정신병 약물로부터 도움을 받는지를 확인해내는 작업을 하고 있다(Lee, B. et al., 2018; Yu et al., 2018b). 수많은 환자가 정신병원의 후미진 병동을 떠나 직장으로 복귀하고 거의 정상적인 생활을 다시 할 수 있게 되었다(Leucht et al., 2003). 서던캘리포니아대학교 법학 교수인 엘린 색스(2007)는 조현병과 함께 살아가는 것이 무엇을 의미하는지를 알고 있다. 항정신병 약물과 심리치료를 결합한 치료 덕분에, 그녀는 "이제 나는 거의 정상입니다. 대부분 명확하게 사고하고 있지요. 나는 (조현병의) 일화를 가지고 있지만, 언제나 정상에 머무르려고 몸부림치는 것과는 다릅니다."라고 언급하였다.

항불안제

알코올과 마찬가지로, 자낙스나 아티반과 같은 **항불안제**(antianxiety drug)는 중추신경계 활동을 약화시킨다(따라서 이 약물을 알코올과 함께 사용해서는 안 된다). 몇몇 항불안제는 심리치료와 병행하여 성공적으로 사용해왔다. 학습된 공포를 소거하는 노출치료의 효과를 증진시키고, 외상 후 스트레스 장애와 강박장애의 증상을 완화시키는 데 도움을 주었다(Davis, 2005; Kushner et al., 2007).

몇몇 비판자는 항불안제가 기저 원인은 해소하지 않은 채 증상만을 완화시킨다고 걱정한다. 특히 항불안제를 일차 치료로 사용할 때 그렇다는 것이다. 긴장의 신호가 처음 나타날 때 '자낙스를 떠올리는 것'은 학습된 반응을 만들어낼 수 있다. 즉, 즉각적인 이완은 불안할 때 약물을 복용하는 경향성을 강화한다. 항불안제는 중독을 초래할 수도 있다. 중독성 사용자가 약물 복용을 끊으면, 불안의 증가와 불면증과 같은 금단 증상을 경험할 수 있다.

항우울제

항우울제(antidepressant drug)는 우울 상태에 있는 사람의 기분을 고양시켜 주기 때문에 붙인 이름이며, 최근까지도 이것이 이 약물의 핵심 용도이었다. 오늘날에는 불안장애, 강박장애, 외상 후 스트레스 장애 등을 성공적으로 치료하는 데도 이 약물을 사용하는 빈도가 증가하고 있다(Beaulieu et al., 2019; Merz et al., 2019; Slee et al., 2019). 많은 항우울제는 각성과 기분을 고양시키며 우울하거나 불안할 때 양이 줄어드는 신경전달물질 노르에피네프린이나 세로토닌의 가용성을 증가시키는 방식으로 작동한다. 프로작 그리고 이것의 사촌 격인 졸로프트와 팍실을 포함하여 가장 보편적으로 처방하는 항우울제는 세로토닌 분자가 두뇌의 시냅스에 머무르는 시간을 연장시키는 방식으로 작동한다. 제2장에서 보았던 것처럼, 이 약물들은 부분적으로 정상적인 재흡수 과정을 차단함으로써 작동한다. 불안에서부터 뇌졸중에 이르기까지, 우울증이 아닌 다른 장애들을 치료하는 데 사용한다는 점을 감안하여, 이 부류의 약물을 항우울제가 아니라 SSRI, 즉 선택적 세로토닌 재흡수 억제제라고 부른다(Kramer, 2011).

과거에 사용하던 몇몇 항우울제는 노르에피네프린과 세로토닌 모두의 재흡수나 분해를 차단하는 방식으로 작동한다. 효과적이기는 하지만, 이러한 이중 작동 약물은 입안이 바짝바짝 마른다거나, 체중이 증가한다거나, 고혈압이나 어지럼증과 같은 부작용을 많이 일으킬 수 있다(Anderson, 2000; Mulrow, 1999). 몸에 붙이는 패치를 이용하여 내장과 간을 우회하도록 사용하면 그러한 부작용을 감소시키는 데 도움이 된다(Bodkin & Amsterdam, 2002).

그렇지만 명심할 사항이 있다. 항우울제를 복용하기 시작한 우울증 환자가 다음 날 아침에

항불안제 불안과 조바심을 제어하는 데 사용하는 약물

항우울제 우울, 불안장애, 강박장애, 외상 후 스트레스 장애를 치료하는 데 사용하는 약물. 널리 사용하는 여러 항우울제는 선택적 세로토닌 재흡수 억제제(SSRI)이다.

"오, 아름다운 아침이여!"라고 노래하면서 잠자리에서 일어나는 것은 아니다. 신경전달에 대한 SSRI의 영향은 몇 시간 내에 일어나지만, 충분한 심리적 효과는 4주 정도가 걸리기 십상이며, 성적 욕구가 감소한다는 부작용을 수반하기도 한다. 이렇게 효과가 지연되는 한 가지 가능성 있는 이유는 세로토닌의 증가가 **신경생성**, 즉 스트레스가 유발한 뉴런의 손상을 만회시키는 새로운 뉴런의 생성을 촉진시키기 때문인 것으로 보인다(Launay et al., 2011). 연구자들은 자살 위험이 있는 환자를 위하여 신속하게 작용하는 항우울제의 가능성도 탐색하고 있다. 그중의 한 가지인 케타민은 때때로 위험한 환각용 파티 약물로 사용하는 마취제이기도 하며, 신경전달물질인 글루타메이트 수용기의 과잉반응을 차단시킨다. 케타민은 1시간도 안 되는 시간에 우울 증상을 완화시킬 수 있다(Domany et al., 2019; Phillips et al., 2019; Popova, V. et al., 2019). 그렇지만 완화 효과는 1주일 내에 사라지기 십상이기 때문에, 반복 사용의 위험성에 대한 의문이 제기되고 있다(Nemeroff, 2018; Schatzberg, 2019). 케타민이 아편처럼 작동한다는 사실에 근거하여, 한 비판자는 케타민 치료소는 현대판 아편굴에 불과한 것은 아닌지 걱정한다(George, 2018). 그렇지만 다른 연구자들은 케타민이 새로운 시냅스를 자극한다는 사실을 지적하고 있다(Beyeler, 2019).

몇몇 제약회사는 부작용이 적으면서도 케타민과 같이 빠르게 작용하는 약물을 개발하려는 희망을 가지고 있다(Kirby, 2015). 또한 연구자들은 실로시빈(환각버섯에서 추출한 환각 유발물질)과 같은 환각제를 극소량 투여하는 것의 치료 효과도 탐구하고 있다(Carey, 2019b; Kuypers et al., 2019). 항우울제만이 신체를 고양시키는 유일한 방법은 아니다. 유산소 운동은 불안을 느끼는 사람을 진정시키고 우울을 느끼는 사람에게 활력을 제공해준다. 규칙적인 신체 활동은 10대의 정신건강을 증진시킨다(Beauchamp et al., 2018). 그리고 성인의 경우에는 전 세계적으로 매주 3시간 이상의 운동이 장차 우울증의 위험을 낮추어준다(Choi et al., 2019; Schuch et al., 2018).

Peter C. Vey/The New Yorker Collection/Cartoonbank.com

"만일 이 약이 걱정을 덜어드리는 데 도움이 되지 않는다면, 가짜약입니다."

인지치료는 습관적인 부정적 사고 스타일을 반전시키도록 도와줌으로써 약물의 도움에 의한 우울증 완화를 촉진시키며, 치료 후의 재발 위험성을 감소시킬 수 있다(Amick et al., 2015). 몇몇 임상가는 우울증과 불안을 위아래에서 동시에 양방향으로 공격한다(Cuijpers et al., 2010; Hollon et al., 2014; Kennard et al., 2014). 즉, 정서를 형성하는 변연계에 상향적으로 작동하는 항우울제에다가 전두엽 활동의 변화로부터 시작하여 하향적으로 작동하는 인지행동치료를 병행하는 것이다.

우울증 환자에게 한 달 동안 항우울제를 처방하면 호전되기 십상이라는 데에는 누구나 동의한다. 그렇다면 자발적 회복과 가짜약 효과를 감안할 때, 약물의 효과는 얼마나 큰 것인가? 효과가 일관성 있게 나타나지만, 비판자는 그 효과가 그렇게 크지는 않다고 주장한다(Cipriani et al., 2018; Kirsch et al., 1998, 2014). 이중은폐 임상실험의 분석결과는 가짜약이 약물 효과의 75% 정도를 설명한다는 사실을 지적하고 있다. 우울 증상이 심각한 환자에서는 가짜약 효과가 상대적으로 적었는데, 이러한 환자의 경우에는 약물 효과가 다소 크다고 할 수 있다(Fournier et al., 2010; Kirsch et al., 2008; Olfson & Marcus, 2009). 몇몇 임상가는 부정적인 부작용을 감안하여 항우울제를 복용하기에 앞서 심리치료로 시작하도록 충고하고 있다(Strayhorn, 2019; Svaldi et al., 2019). 어빙 커시(2016)는 "만일 약물을 사용할 수밖에 없다면, 최후의 수단이 되어야 한다."라고 지적한다. **명심할 사항** : 정신건강을 염려하고 있다면, 정신건강 전문가와 상의하여 여러분에게 최선인 치료법을 결정하라.

기분안정제

정신과 의사는 항정신병 약물, 항불안제, 항우울제 이외에 기분안정제도 사용한다. 그중의 하나인 데파코트는 원래 뇌전증 치료에 사용하였는데, 양극성장애와 연합된 조증을 제어하는 데도 효과가 있다는 사실을 발견하였다. 단순한 소금 리튬도 양극성장애의 정서적 과잉상승이나 과잉하락을 효과적으로 조절해준다.

호주 내과 의사인 존 케이드는 1940년대에 리튬이 기니피그를 안정시킨다는 사실을 발견하였다. 사람에게도 적용할 수 있는지가 궁금하였던 그는 (안전성을 확인해보기 위하여) 우선 자신에게 실시한 다음에 10명의 조증 환자에게 시도해보았는데, 모두가 극적인 개선 효과를 나타냈다(Brown, 2019). 양극성장애로 고통받은 사람 10명 중에서 대략 7명은 이렇게 값싼 소금을 매일같이 장복함으로써 도움을 받는다. 리튬은 조증을 예방하거나 완화시키며, 효과가 덜하기는 하지만, 우울 증상도 완화시킨다(Solomon et al., 1995). 케이 레드필드 제이미슨(1995, 88~89쪽)은 그 효과를 다음과 같이 기술하였다.

> 리튬은 나의 유혹적이지만 재앙적인 심적 황홀경을 차단시키고, 우울증을 감소시키며, 지리멸렬한 사고로부터 실타래처럼 얽혀있는 것들을 제거해주고, 느긋하게 해주며, 부드럽게 만들어주고, 경력과 인간관계를 파손시키지 않도록 해주며, 병원에서 퇴원하게 해주고, 심리치료를 가능하게 해준다.

리튬 복용은 양극성장애 환자의 자살 위험도 감소시킨다. 리튬을 복용하지 않는 환자와 비교할 때 그 비율이 1/6에 지나지 않는다(Oquendo et al., 2011). 식수에 들어있는 리튬의 양은 일본의 18개 도시와 마을에 걸친 낮은 자살률과도 상관이 있으며, 텍사스의 27개 지역에 걸친 낮은 범죄율과도 상관이 있다(Ohgami et al., 2009; Schrauzer & Shrestha, 1990, 2010; Terao et al., 2010). 리튬은 치료 효과를 가지고 있는 것이다.

인출 연습

RP-2 연구자들은 특정 약물치료법의 효과를 어떻게 평가하는가?

RP-3 우울증을 치료하기 위하여 가장 많이 처방하는 약물을 ________라고 부른다. 조현병은 흔히 ________으로 치료한다.

답은 부록 E를 참조

두뇌 자극하기

LOQ 16-16 특정 장애를 치료하는 데 있어서 두뇌 자극하기와 정신외과수술을 어떻게 사용하는가?

전기충격요법

또 다른 생의학치료법인 **전기충격요법**(electroconvulsive therapy, **ECT**)은 충격을 가하는 방식으로 두뇌에 처치를 가한다. 1938년에 처음 도입하였을 때, 멀쩡하게 깨어있는 환자를 침대에 묶고는 대략 100볼트의 전기로 두뇌에 충격을 가하였다. 심한 경련과 순간적인 혼수상태를 초래하는 이 절차는 야만적인 인상을 얻었다. 그러한 이미지가 여전히 남아있지만, 오늘날의 ECT는 훨씬 인간적이며 더 이상 경련을 일으키지 않는다. 환자를 먼저 의식이 없도록 전신마취시키며,

전기충격요법(ECT) 심각한 우울증 환자를 위한 생의학치료법. 마취한 환자의 두뇌에 전류를 짧게 흐르게 하는 방법이다.

경련으로 인한 부상을 방지하기 위하여 근육을 이완시킨다. 그런 다음에 짧은 전기 펄스를 전달하는데, 때로는 두뇌 우측에만 전달하며, 이 전기 펄스는 30~60초가량 두뇌 발작을 촉발한다(McCall et al., 2017). 환자는 30분 이내에 의식을 되찾고, 앞서 진행한 치료나 몇 시간 동안 일어났던 사건에 대해서 아무것도 기억하지 못하게 된다. 신기하게도 효과가 있는 이 치료법은 컴퓨터를 리부팅하거나 오케스트라 연주를 중지시키고 단원들을 잠시 낮잠을 자도록 집으로 보내는 것과 유사하다.

수많은 연구는 약물치료 효과가 없었던 심각한 우울증 환자에게 ECT가 효과적임을 확증해주고 있다(Fink, 2009; Giacobbe et al., 2018; Ross, E. et al., 2018). 오늘날의 ECT를 2~4주에 걸쳐 매주 3회를 실시하고 나면, 70%를 넘는 환자가 현저하게 개선되는데, 초기 ECT 버전에 비해서 기억상실도 적으며 눈이 뜨일 정도의 두뇌 손상이나 치매 위험성의 증가도 없다(Osler et al., 2018). 또한 자살 생각도 감소시키며 많은 사람의 목숨을 자살로부터 구하였다는 사실을 인정받아 왔다(Kellner et al., 2006). 미국의학회지(JAMA)는 "심각한 우울증 치료법에서 ECT의 결과는 모든 의학치료 중에서 가장 긍정적인 효과가 있는 치료 중의 하나"라고 결론 내리고 있다(Glass, 2001).

ECT는 어떻게 심각한 우울 증상을 완화시키는 것인가? 70년 이상이 지났음에도 아무도 명확하게 알지 못하고 있다. 혹자는 ECT를 천연두 백신에 비유하기도 하였는데, 이 백신은 작동원리가 밝혀지기 전부터 수많은 생명을 구하고 있었다. 아마도 과도하게 활동함으로써 우울을 초래하는 신경중추를 짧은 전류가 진정시키는 것이 아닐까 싶다. 몇몇 연구는 ECT가 신경생성(새로운 뉴런)과 새로운 시냅스 연결을 자극한다는 사실을 지적하고 있다(Joshi et al., 2016; Rotheneichner et al., 2004; Wang et al., 2017b).

전기를 의학적으로 사용하는 것은 고대의 처방이다. 고대 로마의 의사들은 전기뱀장어로 클라우디우스 1세 황제의 관자놀이를 누르는 방법으로 그의 두통을 치료하였다. 오늘날 다른 치료법으로는 치료하기 어려운 우울 증상을 가지고 있는 대략 10만 명당 17명이 ECT 치료를 받았다(Lesage et al., 2016).

그 효과가 얼마나 인상적이냐는 문제와는 무관하게, 두뇌에 전기쇼크를 가하여 경련을 일으킨다는 사실이 많은 사람들에게는 야만적인 방법으로 비친다. 특히 ECT가 어떻게 작동하는 것인지를 모른다는 점에서 더욱 그렇다. 게다가 기분 고양은 그렇게 오래가지 않기도 한다. ECT로 치료받은 많은 환자에게 결국에는 우울증이 재발하는데, 항우울제를 복용하거나 유산소 운동을 하는 사람의 경우에는 재발하는 경우가 다소 적다(Rosenquist et al., 2016; Salehi et al., 2016). **최종 결론** : 많은 정신과 의사와 환자의 생각으로는 전기충격요법이 심각한 우울증의 비참하고 괴로운 상태 그리고 자살의 위험을 고려한다면 그렇게 사악한 방법은 결코 아니다. ECT가 자신의 심한 우울증을 완화시킨 후에 심리학자 노먼 엔들러(1982)는 "2주 사이에 기적이 일어났다."라고 보고하였다.

대안적 신경자극 치료법

세 가지 또 다른 신경자극 기법인 경두개 전기자극법, 자기자극법, 뇌심부자극법도 우울한 두뇌를 치료하려는 목표를 가지고 있다(그림 16.6).

경두개 전기자극법 대략 800밀리암페어의 전류로 두뇌 경련을 일으키는 ECT와는 달리, 경두개 직류자극법(tDCS)은 1~2밀리암페어의 약한 전류를 두피에 가한다. 회의론자는 그러한 전류는 너무 약해서 두뇌로 뚫고 들어갈 수 없다고 주장한다(Underwood, 2016). 그렇지만 연구결과는 tDCS가 우울증, 조현병, 강박장애 치료에 어느 정도 효과가 있음을 시사한다(Brunelin et al., 2018; Jeon et al., 2018; Koops et al., 2018).

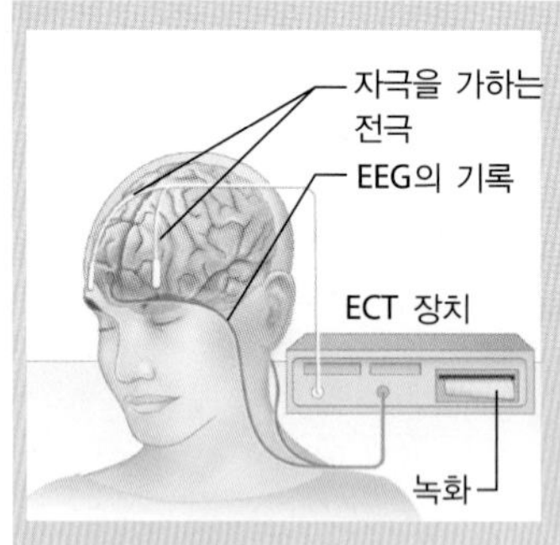

전기충격치료(ECT)
정신과 의사가 가하는 강력한 전류가 마취 상태 환자의 경련을 촉발한다.

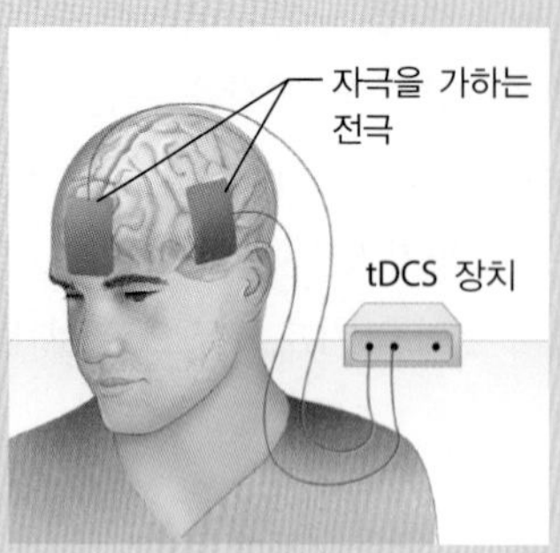

경두개 직류자극(tDCS)
정신과 의사가 두피에 약한 전류를 가한다.

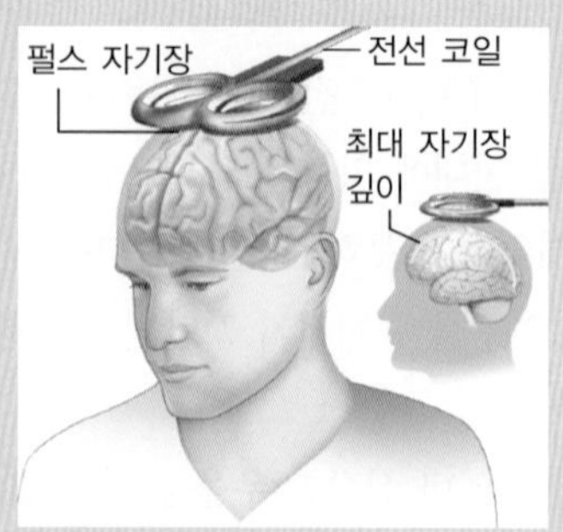

경두개 자기자극(TMS)
정신과 의사가 두뇌 활동을 변경시키기 위해서 두개골을 통해 피질에 통증이 없는 자기장을 전달한다.

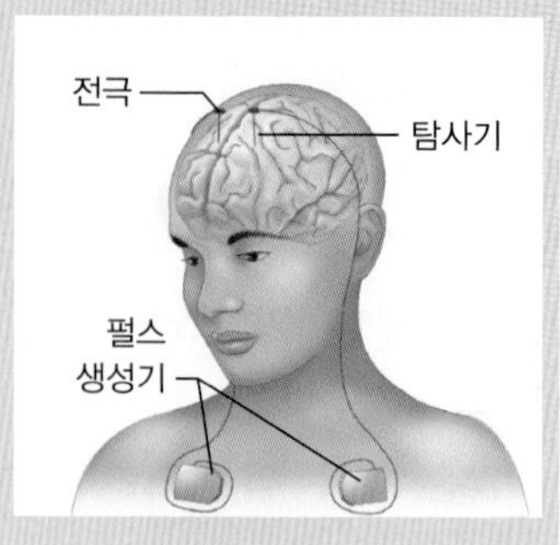

뇌심부자극법(DBS)
정신과 의사가 '슬픔 중추'를 진정시키기 위하여 그곳에 심은 전극을 통해 자극을 가한다.

그림 16.6
자극을 받는 경험 오늘날의 신경자극 치료법은 두개골이나 두뇌 뉴런에 직접적으로 강력하거나 약한 전기 또는 자기 에너지를 가한다.

자기자극법 우울한 기분은 때때로 **경두개 자기자극법**(transcranial magnetic stimulation, **TMS**)이라고 부르는 무통증 절차를 여러 주에 걸쳐서 깨어있는 환자에게 실시할 때 개선되기도 한다. 자석 코일을 둘러싸고 있는 반복적인 펄스를 두개골 가까운 곳에 위치시키면 피질영역의 활동을 촉진하거나 억제할 수 있다. tDCS와 마찬가지로(그리고 ECT와는 달리), TMS 절차는 기억상실을 비롯한 다른 심각한 부작용을 초래하지 않는다. 그렇지만 두통을 초래할 수는 있다.

결과는 엇갈리고 있다. 몇몇 연구는 TMS가 비록 ECT만큼 효과적이지는 않더라도, 우울증 환자의 30~40%에서 작동한다는 결과를 얻었다(Carmi et al., 2019; Mutz et al., 2019). 또한 동기와 사회적 관심의 상실과 같은 조현병의 몇몇 증상도 감소시킨다(Osoegawa et al., 2018). 그 작동방식은 명확하지 않다. 한 가지 가능성 있는 설명은 우울할 때 비교적 활동하지 않는 좌반구 전두엽을 자기자극이 활성화시킨다는 것이다(Helmuth, 2001). 반복적인 자극이 신경세포들로 하여금 장기 활동증폭(LTP) 과정을 통해서 새롭게 기능하는 회로를 형성하게 만들 수 있다는 것이다. 또 다른 가능성 있는 설명은 가짜약 효과이다. 즉 신뢰할 만한 설명을 제시하여 TMS가 작동한다고 믿음으로써 사람들이 도움을 받는다는 것이다(Geers et al., 2019; Yesavage et al., 2018).

우울증 스위치? 우울증이 있는 환자와 없는 환자의 두뇌를 비교함으로써, 헬렌 메이버그는 우울하거나 슬픈 사람의 두뇌에서 활동적인 영역을 확인하였으며(붉은색으로 표시한 영역), 이 영역의 활동은 뇌심부 자극법으로 완화시킬 수 있다.

Jared Siskin/Patrick McMullan/Getty Images

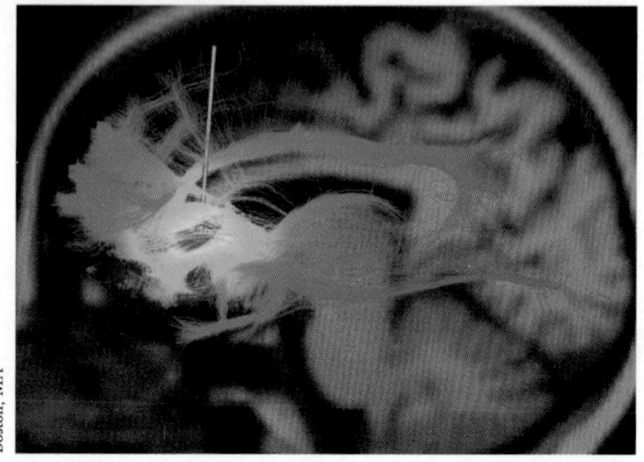

Helen Mayberg, M.D. Psychiatric Neuroimaging and Therapeutics, The Mayberg Lab at Emory University, Atlanta, GA/V. J. Wedeen and L. L. Wald/Athinoula A. Martinos Center For Biomedical Imaging and The Human Connectome Project, Boston, MA

뇌심부자극법 약물과 ECT 모두 효과를 보이지 않던 환자가 사고를 관장하는 전두엽과 변연계를 연결하고 있는 신경중추에 초점을 맞춘 실험적 처치의 도움을 받았다(Becker et al., 2016; Brunoni et al., 2017; Ryder & Holtzheimer, 2016). ECT나 항우울제를 처치하면, 우울하거나 일시적으로 슬픈 사람의 두뇌에서 과잉반응을 보이는 이 영역이 안정을 되찾았다. 이렇게 부정적인 활동을 억제하는 뉴런들을 실험적으로 흥분시키기 위하여, 신경과학자 헬렌 메이버그는 때때로 파킨슨병 환자의 떨림을 치료하는 데 사용하였던 뇌심부자극(DBS) 테크놀로지를 이용하였다. 2003년 이래, 메이버그와 동료들은 '슬픔 중추'로 기능하는 두뇌영역에 심은 전극을 통해서 뇌심부에 두뇌 자극을 가하는 방법으로 100명 이상의 우울증 환자를 치료해왔다(Lozano & Mayberg, 2015). DBS는 작동하는가? 연구결과를 보면, 어떤 환자에게 있어서는 DBS가 우울의 상당하고도 지속적인 감소를 초래한다(Crowell et al., 2019; Kisely et al., 2018). 메이버그는 "최종 결론은 만일 여러분이 호전된다면, 계속하라는 것이다."라고 언급하고 있다.

정신외과수술

두뇌조직을 제거하거나 파괴하는 외과수술인 **정신외과수술**(psychosurgery)은 그 효과가 불가역적이기 때문에 행동을 변화시키기 위한 가장 대담하면서도 가장 적게 사용하는 생의학치료법이다. 1930년대에 포르투갈 의사인 에가스 모니스는 오늘날 가장 널리 알려져 있는 정신외과수술법인 **전두엽 절제술**(lobotomy)을 개발하였다. 모니스는 전두엽에서 정서통제 중추로 연결된 신경을 절단하면 정서적으로 통제 불가능한 난폭한 환자를 진정시키게 된다는 사실을 발견하였다. 환자에게 전기쇼크를 가하여 혼수상태로 만든 후에 신경외과 의사는 안구를 통해 얼음 깨는 송곳과 같은 장치를 두뇌에 집어넣어 전두엽으로 전달되는 신경통로를 절단하게 된다. 수술 절차가 조악하기는 하지만, 많은 비용을 들이지 않고 쉽게 할 수 있다. 1936년부터 1954년 사이에, 수만 명의 심각한 정신질환자가 전두엽 절제술을 받았다(Valenstein, 1986).

원래의 의도는 단지 정서를 사고와 분리시키려는 것이었지만, 그 효과는 극단적이었다. 일반적으로 전두엽 절제술은 환자의 고통이나 긴장을 감소시켰을 뿐만 아니라, 장기적으로는 무기력하고 미숙하며 충동적인 성격을 초래하였다. 미국에서만도 35,000명 정도가 이미 전두엽 절제술을 받고 난 1950년대에 치료약물이 등장하게 되자, 풍자 작가인 도로시 파커가 한 것으로 알려진 "나는 전두엽 절제술을 받느니 차라리 내 앞에 있는 술을 한 병 마시겠다."라는 말처럼, 정신외과수술은 거의 사라지고 말았다.

오늘날 정신외과수술은 역사의 기록으로만 남아있다. 지극히 극단적인 사례의 경우에만 때때로 보다 정밀하고 미세한 정신외과수술을 사용하기도 한다. 예컨대, 환자가 통제 불가능한 발작으로 고통을 받는 경우에, 그 발작을 야기하거나 전달하는 특정 신경중추를 절단하기도 한다. 심각한 우울정신병이나 강박장애에 수반된 회로를 절단하기 위해서 MRI 영상에 근거한 섬세한 외과수술을 간혹 수행하기도 한다(Carey, 2009, 2011; Kim, M. et al., 2018; Sachdev & Sachdev, 1997). 이 수술은 되돌릴 수 없기 때문에 최후의 수단으로만 사용할 뿐이다.

New York Times Co./Getty Images

실패한 전두엽 절제술 1940년에 찍은 이 사진은 당시 22세였던 로즈메리 케네디(중앙)가 남동생 존(나중에 미국 대통령이 되었다)과 여동생 진과 함께 있는 모습을 보여준다. 1년 후에 그녀의 아버지는 의학적 권유에 따라서 폭력적 기분의 오르내림을 제어할 것이라고 기대한 전두엽 절제술을 승낙하였다. 이 수술은 로즈메리가 2005년 86세의 나이로 사망할 때까지 유아의 정신 수준에 머무른 채 병원에 갇혀있게 만들었다.

인출 연습

RP-4 다른 치료법에 반응을 보이지 않았던 심각한 우울 증상은 경련과 기억 손실을 초래할 수도 있는 __________으로 치료 효과를 보기도 한다. 우울 증상을 완화하기 위한 보다 부드러운 신경자극기법에는 __________ 전기자극법, __________ 자기자극법, 그리고 __________ 자극법이 있다.

답은 부록 E를 참조

* * *

표 16.4는 지금까지 논의한 생의학치료법의 몇몇 측면을 요약한 것이다.

자문자답하기

이 절을 읽기 전에 생의학적 치료에 대한 여러분의 인상은 어떤 것이었는가? 이제 여러분의 견해에서 바뀐 것이 있는가? 있다면(혹은 없다면) 그 이유는 무엇인가?

경두개 자기자극법(TMS) 자기 에너지의 반복적인 파동을 두뇌에 적용하는 것. 두뇌 활동을 자극하거나 억제하는 데 사용한다.

정신외과수술 행동을 변화시키기 위해서 두뇌조직을 제거하거나 파괴하는 외과수술

전두엽 절제술 과거에 정서를 통제할 수 없거나 난폭한 환자를 진정시키기 위해서 사용하였던 정신외과수술로, 전두엽을 정서 통제 중추로 연결해주는 신경을 절단하는 외과수술

표 16.4 생의학치료법의 비교

치료법	가정하는 문제	치료 목표	치료기법
치료적 생활양식 변화	스트레스와 건강하지 않은 생활양식	건강한 생물학적 상태의 회복	적절한 운동, 수면, 섭식 등을 비롯한 변화를 통해서 생활양식을 바꾼다.
약물치료	신경전달물질의 기능부전	심리장애 증상의 제어	약물로 두뇌의 화학적 상태를 변화시킨다.
두뇌 자극하기	우울장애(ECT는 다른 치료가 듣지 않는 심각한 우울장애에만 사용함)	약물치료를 비롯한 다른 치료에 반응하지 않는 우울의 완화	전기충격, 약한 전기자극, 자기펄스, 뇌심부자극 등을 통하여 두뇌를 자극한다.
정신외과수술	두뇌기능부전	심각한 장애의 완화	두뇌조직을 제거하거나 파괴한다.

심리장애의 예방과 탄력성 구축

LOQ 16-17 심리장애를 예방하는 데 도움을 주는 것은 무엇인가? 탄력성을 발달시키는 것이 중요한 이유는 무엇인가?

심리치료와 생의학치료는 심리장애의 원인을 그 장애를 가지고 있는 사람에게서 찾는 경향이 있다. 잔인하게 행동하는 사람은 잔인하며 '미친' 행동을 하는 사람은 '병자'임에 틀림없다고 추론한다. 그러한 사람에게 병명을 붙임으로써 '정상적'인 사람과 구분한다. 그런 후에, '비정상적'인 사람에게 자신의 문제에 대한 통찰을 갖게 하거나, 생각을 바꾸거나, 아니면 약물을 가지고 통제할 수 있도록 도와줌으로써 치료하고자 시도하게 된다.

이에 대한 대안적 견해가 존재한다. 많은 심리장애를 고통스럽고 스트레스를 주는 사회에 대한 반응으로 해석할 수 있다는 것이다. 이 견해에 따르면, 치료가 필요한 것은 단지 사람뿐만 아니라 그 사람을 둘러싸고 있는 사회 맥락이다. 문제가 발생할 때까지 기다렸다가 치료하는 것보다는 열악한 상황을 개조하고 사람들의 대처능력을 개발하여 문제를 예방하는 것이 더 좋다는 것이다.

정신건강 예방책

급물살 속에 빠진 사람을 구출하는 이야기는 이 견해를 잘 예시해준다. 구조자는 첫 번째 희생자에게 응급처치를 성공적으로 실시한 후에, 또 다른 사람을 확인하고 물에서 꺼내준다. 구조과정을 수차례 반복한 후에 구조자는 또 다른 사람이 물살에 휩쓸려 내려오는 것이 보임에도 불구하고 갑자기 돌아서서는 상류로 달려가기 시작한다. 한 구경꾼이 "저 친구는 구조하지 않을 참입니까?"라고 묻자, 구조자는 "에이, 안 하렵니다. 저 위쪽에 가서 도대체 이 모든 사람을 물에 빠뜨리는 것이 무엇인지 알아보렵니다."라고 응답한다.

"치료하기보다는 예방하는 것이 더 좋다." 페루의 민속지혜

정신건강 예방책은 상류에서 하는 작업이다. 심리장애를 야기하는 조건을 확인하여 제거함으로써 심리적 피해자를 예방하려는 것이다. 조지 알비(1986; 2006)가 지적한 바와 같이, 가난, 무의미한 일, 끊임없는 비난, 실직, 차별 등이 개인의 유능감, 제어감, 자존감을 갉아먹는다. 이러한 스트레스가 우울증, 알코올 남용 장애, 자살 등의 위험을 높인다는 것이다. 알비는 심리적 피해를 예방하려면, 이토록 사기를 저하시키는 상황을 개선하려는 프로그램을 지원해야만 한다고 주장하였다. 천연두를 퇴치한 것은 감염자를 치료하였기 때문이 아니라 감염되지 않은 사람에게 백신을 주사하였기 때문이다.

심리장애의 예방은 무력감의 태도를 학습한 사람에게 힘을 실어주고, 외로움을 조장하는 환경을 변화시키는 것을 의미한다. 와해된 가정을 복원시키고, 아동의 성취를 북돋워줌으로써 자존감을 높여주는 부모와 교사의 기술을 고양시키는 것을 의미한다. 인류의 번성을 증진시키려는 긍정적인 심리학적 개입의 실시를 의미한다. 한 가지 개입은 청소년에게 성격은 고정된 것이 아니라 변할 수 있는 것이라고 가르침으로써 미래의 우울 증상을 40%나 감소시켰다(Miu & Yeager, 2015). 이 결과는 우발적인 것이 아니다. 예방적 치료는 우울증의 위험을 일관성 있게 감소시켜 왔다(Breedvelt et al., 2018).

요컨대 "삶의 조건을 개선시키고, 삶을 보다 충만하고 의미 있는 것으로 만들려는 모든 조치는 정신적 혼란과 정서적 갈등의 일차적 예방으로 간주할 수 있다"(Kessler & Albee, 1975, 557쪽). 예방은 때때로 이중의 이득을 제공할 수 있다. 삶의 의미를 강하게 느끼고 있는 사람은 사회적으로 더 적극적이다(Stillman et al., 2011). 삶의 의미를 강화시켜 줄 수 있다면, 보다 적극적인 사회참여자로 성장함으로써 외로움도 경감시킬 수 있다.

"심리장애는 신체장애에서 유래하며, 마찬가지로 신체장애는 심리장애에서 유래한다." 『마하바라타』(기원전 200)

상류에서 일하는 예방 전문가 중에는 **지역사회심리학자**가 있다. 사람들이 환경과 상호작용하는 방식을 염두에 두고 있는 이 심리학자는 심리적 건강을 지원해주는 환경을 만들어내는 데 초점을 맞춘다. 연구와 사회 활동을 통해서 지역사회심리학자는 사람들에게 힘을 실어주고 그들의 능력과 건강 그리고 안녕감을 고양시키려는 목표를 가지고 있다.

탄력성의 구축

예방적 정신건강에는 개인의 **탄력성**(resilience), 즉 스트레스에 대처하고 역경을 이겨내는 능력을 구축하려는 노력이 포함된다.

극단적인 고통이나 외상 사건에 직면할 때 어떤 사람은 지속적인 손상을 경험하며, 어떤 사람은 안정된 탄력성을 경험하며, 어떤 사람은 실제로 심리적 성숙을 경험한다(Myers, 2019). 9/11 테러의 여파에 휩싸였던 많은 뉴욕 시민도 탄력성을 나타냈다. 특히 긴밀한 지원관계를 향유하며 최근에 다른 스트레스 사건을 경험하지 않았던 사람에게서 그렇다(Bonanno et al., 2007). 비록 9/11 테러로 경악하고 비탄에 빠지기는 하였지만, 뉴욕 시민 10명 중 9명 이상이 기능부전의 스트레스 반응을 보이지 않았다. 스트레스 반응을 보였던 사람의 경우에도 그다음 해 1월이 되었을 때는 증상 대부분이 사라졌다(Person et al., 2006). 심지어는 전투 스트레스가 막심하였던 참전용사, 고문에서 살아남은 대부분의 정치범, 그리고 척추 손상을 입은 대부분의 사람은 나중에 외상 후 스트레스 장애를 보이지 않는다(Bonanno et al., 2012; Mineka & Zinbarg, 1996).

탄력성 대부분의 사람들이 스트레스에 대처하고 역경, 심지어는 외상에서부터 회복하도록 도와주는 심리적 힘

외상 후 성장 극단적으로 도전적인 환경이나 삶의 위기와 투쟁한 결과로 나타나는 긍정적인 심리적 변화

도전적인 위기에 맞서 싸우는 것은 **외상 후 성장**(posttraumatic growth)으로 이끌어갈 수도 있다. 암을 극복한 많은 생존자는 삶에 감사하는 마음, 더욱 의미충만한 관계, 개인적 힘의 증가, 우선순위의 변화, 풍요로운 영적 생활 등을 보고하였다(Tedeschi & Calhoun, 2004). 최악의 경

전쟁포로에서 정치가로의 탄력적 변신 존 매케인은 미국 상원의원이 되기 전에 5년 이상을 베트남전쟁 포로로 잡혀있었다. 주기적으로 구타와 고문을 당하여 평생 양손을 머리 위로 올릴 수 없게 되었다. 그렇지만 그는 탄력성을 갖춘 인물이었다. 그는 다음과 같이 말하였다. "나는 (베트남을) 떠나면서 전쟁을 잊었다. 가지고 있는 기억이란 내가 봉사할 영광을 가졌던 멋진 분들에 관한 것이다"(Myre, 2000). 매케인이 2017년에 뇌종양 진단을 받았을 때(그는 다음 해인 2018년에 사망하였다), 그의 딸인 메건은 "우리들 중에서 가장 자신감에 차있고 차분한 사람은 바로 우리 아버지입니다."라는 트윗을 남겼다.

Nancy Kaszerman/ZUMA Press/Newscom

Horst Faas/AP Images

험에서조차 무언가 좋은 것이 나올 수 있는 것이다. 특히 새로운 가능성을 상상할 수 있을 때 그렇다(Mangelsdorf et al., 2019; Roepke, 2015). 긍정적 경험의 경우와 마찬가지로, 고통도 새로운 민감성과 힘을 가져다줄 수 있다.

인출 연습

RP-5 정신건강 예방책과 심리치료나 생의학치료 간의 차이는 무엇인가?

답은 부록 E를 참조

* * *

여러분이 이제 막 이 책을 다 읽었다면, 심리과학의 소개는 끝이 난 것이다. 심리과학으로의 여행은 기분과 기억, 무의식에의 접근, 인류가 번성하고 분투하는 방식, 물리적 세상과 사회적 세상을 지각하는 방식, 생물학적 특성과 문화가 사람을 조성하는 방식 등에 관하여 많은 것을 가르쳐주었다. 여러분에게도 그러하였는가? 이 여행의 가이드로서 여러분도 저자들을 매료시켰던 것을 공유하고, 이해와 공감 속에서 무럭무럭 성장하여 비판적 사고를 예리하게 만들었기를 희망한다. 또한 여러분도 이 여행을 즐겼기를 희망한다.

모든 독자에게 행운이 깃들기를 기원하며,

데이비드 마이어스

네이선 드월

개관 생의학치료와 심리장애의 예방

학습목표

자기검증 개념 파악을 증진시키도록 (부록 D의 답을 확인해보기에 앞서) 여러분 자신의 표현으로 여기서 반복하는 학습목표 물음에 답해보라 (McDaniel et al., 2009, 2015).

LOQ 16-14 약물치료란 무엇인가? 이중은폐 연구는 약물의 효과를 평가하는 데 어떤 도움을 주는가?

LOQ 16-15 치료적 생활양식 변화를 효과적인 생의학치료법으로 간주하는 이유는 무엇이며, 어떻게 작동하는 것인가?

LOQ 16-16 특정 장애를 치료하는 데 있어서 두뇌 자극하기와 정신외과수술을 어떻게 사용하는가?

LOQ 16-17 심리장애를 예방하는 데 도움을 주는 것은 무엇인가? 탄력성을 발달시키는 것이 중요한 이유는 무엇인가?

기억해야 할 용어와 개념들

자기검증 여러분 자신의 표현으로 정의를 적어본 후에 답을 확인해보라.

경두개 자기자극법 (TMS)	전두엽 절제술	항불안제
외상 후 성장	정신약리학	항우울제
전기충격요법(ECT)	정신외과수술	항정신병 약물
	탄력성	

학습내용 숙달하기

자기검증 여러분 자신의 표현으로 다음 물음에 답한 후에 부록 E에서 답을 확인해보라.

1. 조현병 환자를 안정시키는 데 사용하는 몇몇 항정신병 약물은 바람직하지 않은 부작용을 가질 수 있다. 다음 중 주목할 부작용은 무엇인가?

a. 과잉 활동성 **b.** 경련과 일시적 기억상실
c. 굼뜬 행동, 떨림, 경련 등 **d.** 편집증

2. 중추신경계 활동을 억압하는 자낙스와 아티반 같은 약물은 치료를 위해 계속해서 사용할 때 중독될 수 있다. 이러한 약물은 __________라고 부른다.

3. 양극성장애의 급격한 오르내림으로 고통받는 환자에게 안정을 가져다주기 십상인 소금은 __________이다.

4. 약물치료가 효과적이지 않을 때, 전기충격요법(ECT)을 치료법으로 사용하는 증상은 다음 중 어느 것인가?

a. 심각한 강박장애 **b.** 심각한 우울증
c. 조현병 **d.** 불안장애

5. 사람들을 심리장애의 위험성으로 이끌어가는 조건을 확인하고 완화시키고자 하는 접근을 다음 중 무엇이라고 부르는가?

a. 뇌심부자극법 **b.** 기분 안정화 조망
c. 자발적 회복 **d.** 예방적 정신건강

심리학 이야기 : 연대표

찰스 브루어(퍼먼대학교), 샐리나 브로디(댈러스 소재 텍사스대학교)

기원전

387 생득적 아이디어를 믿었던 플라톤은 두뇌가 심적 과정이 들어 있는 자리라고 제안

335 생득적 아이디어의 존재를 부정한 아리스토텔레스는 심장이 심적 과정의 자리라고 제안

기원후

1604 요하네스 케플러가 역전된 망막상을 기술

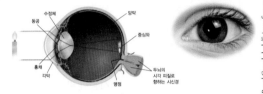

역전된 망막상

Pascal Goetgheluck/Science Source

1605 프랜시스 베이컨이 **학습의 진보와 발달** 출간

1636 하버드대학교 설립

1637 프랑스 철학자이자 수학자이며 심신 상호작용과 생득적 아이디어의 원리를 제안한 르네 데카르트가 **방법서설** 출간

1690 데카르트의 생득적 아이디어를 부정하고 출생할 때의 마음은 백지장(tabula rasa)이라고 주장한 영국 철학자 존 로크가 경험주의를 강조한 **인간 오성론** 출간

1774 오스트리아 내과 의사로서 '동물 자력'(나중에 메스머리즘과 최면이라고 부름)을 사용한 프란츠 메스머가 최초의 치료를 시행. 1777년 비엔나 의학계에서 추방됨

1793 필리프 피넬이 프랑스 비세트르 수용소에서 최초로 정신병 환자의 쇠사슬을 풀어주고, 정신질환자의 인간적인 대우를 주창

1802 토마스 영이 영국에서 **색채 지각 이론** 출간(그의 이론은 나중에 삼원색 이론으로 불림)

1808 독일 내과 의사 프란츠 요제프 갈은 두개골 모양이 심적 능력과 특질을 나타낸다는 골상학 주창

1813 미국에서 최초의 사설 정신병원을 필라델피아에 개원

1834 에른스트 하인리히 베버가 **촉각**을 출간. 이 책에서 그는 최소식별차이(just noticeable difference, jnd)와 오늘날 베버의 법칙이라고 부르는 것을 논의

1844 필라델피아에서 13명의 교육감이 오늘날 미국정신의학회의 전신인 모임을 결성

1848 사고로 커다란 쇠막대가 두뇌를 관통하여, 지능과 기억은 온전하였지만 성격에 변화가 초래된 피니어스 게이지가 심각한 두뇌 손상으로 고통받음

Warren Anatomical Museum in the Francis A. Countway Library of Medicine, Gift of Jack and Beverly Wilgus.

피니어스 게이지

1850 헤르만 폰 헬름홀츠가 신경충격의 속도를 측정

1859 찰스 다윈이 **종의 기원**을 출간. '적자생존'이라는 용어를 만든 허버트 스펜서의 이론을 포함하여 진화론에 관한 선행 연구들을 종합

1861 프랑스 내과 의사인 폴 브로카가 발성 언어에 결정적인 좌측 전두엽(오늘날 '브로카 영역'이라 부름)의 한 영역을 발견

1869 찰스 다윈의 사촌인 프랜시스 골턴이 지능은 유전된다고 주장하는 **유전적 천재** 출간. 1876년에 그는 '유전과 환경'에 대응되는 '선천성과 후천성'이라는 표현을 만들어냄

1874 독일 신경학자이자 정신과 의사인 칼 베르니케가 좌측 측두엽의 특정 영역(오늘날 '베르니케 영역'이라 부름)의 손상이 말이나 글의 이해나 생성 능력을 와해시킨다는 사실을 보여줌

1878 스탠리 홀이 미국에서는 처음으로 심리학으로 하버드대학교에서 박사학위를 수여받음

1879 빌헬름 분트가 독일 라이프치히대학교에 최초의 심리학 실험실 창설. 전 세계적인 심리학 메카가 됨

빌헬름 분트(1832~1920)

1883 빌헬름 분트의 제자인 스탠리 홀이 존스홉킨스대학교에 미국 최초의 공식적인 심리학 실험실 창설

1885 헤르만 에빙하우스가 **기억에 관하여**를 출간. '망각곡선'을 포함하여 학습과 기억에 관한 그의 집중적인 연구를 요약

1886 조셉 자스트로가 존스홉킨스대학교에서 심리학과에서 수여하는 최초의 심리학 박사학위(Ph.D.)를 받음

1889 알프레드 비네와 앙리 보니가 소르본대학교에 프랑스 최초의 심리학 실험실 창설. 파리에서 최초의 국제 심리학회 개최

알프레드 비네(1857~1911)

1890 하버드대학교 철학자이자 심리학자인 윌리엄 제임스가 **심리학원리**를 출간. '정신생활의 과학'으로서의 심리학을 기술

윌리엄 제임스(1842~1910)

1891 제임스 마크 볼드윈이 토론토대학교에 영연방 최초로 심리학 실험실 창설

1892 스탠리 홀이 미국심리학회(APA)의 창립을 주도하고 초대 회장에 취임

1893 메리 휘턴 캘킨스와 크리스틴 래드 프랭클린이 최초의 APA 여성회원으로 선출됨

메리 휘턴 캘킨스 (1863~1930)

리스틴 래드 프랭클린 (1847~1930)

1894 마거릿 플로이 워시번이 여성 최초로 코넬대학교에서 심리학 박사학위를 수여받음

— 메리 휘턴 캘킨스가 그동안 최고의 학생이었다는 휴고 뮌스터버그의 주장에도 불구하고, 하버드대학교는 여자라는 이유로 박사학위 수여를 거부

1896 존 듀이가 "심리학에서 반사궁 개념"을 출간. 기능주의라 부르는 심리학파를 공식화하는 데 일조

1898 컬럼비아대학교의 에드워드 손다이크는 **동물 지능**에서 '문제상자' 속의 고양이를 대상으로 수행한 학습실험을 기술. 1905년 '효과의 법칙'을 제안

— 박사과정생인 앨리스 리는 *Journal of Anatomy*에 발표된 데이터를 사용하여 두개골 크기가 지능과 관련이 있다는 대중적인 우생학 주장이 엉터리임을 밝힘

1900 지그문트 프로이트가 정신분석의 일차적인 이론적 작업이었던 **꿈의 해석** 출간

1901 열 명의 심리학자가 영국심리학회를 창설

1904 이반 파블로프가 소화의 생리학에 관한 연구로 노벨 의학상 수상

1905 메리 휘턴 캘킨스가 APA 초대 여성회장으로 선출됨

— 이반 파블로프가 동물의 조건형성에 관한 연구를 발표하기 시작

이반 파블로프(1849~1936)

— 알프레드 비네와 테오도르 시몽이 파리 초등학생의 능력과 학력을 평가하는 최초의 지능검사 개발

1909 지그문트 프로이트가 클라크대학교에서 행한 일련의 강연을 위하여 유일한 미국 여행을 함

지그문트 프로이트(1856~1939)

1913 존 왓슨이 "행동주의가 바라보는 심리학"이라는 논문을 *Psychological Review*에 게재하여 행동주의의 기조를 개관

존 왓슨(1878~1958)

1914 일차 세계대전 중에 로버트 여키스와 그의 동료들이 미국 군인을 평가하는 집단용 지능검사를 개발. 심리검사에 대한 대중의 수용성을 증가시킴

— 릴리언 길브레스가 산업조직심리학 분야의 토대가 된 **관리의 원리**를 출간

초상화 출처 : Macmillan Learning

1920 

레타 스테터 홀링워스가 초기 고전의 하나인 **정상 이하 아동의 심리학**을 출간. 1921년 여성심리학에 대한 연구로 American Men of Science에 선정됨

레타 스테터 홀링워스(1886~1939)

프랜시스 세실 섬너가 클라크대학교에서 심리학으로 박사학위를 수여받아, 심리학 박사가 된 최초의 흑인이 됨

프랜시스 세실 섬너(1895~1954)

존 왓슨과 로잘리 레이너가 '어린 앨버트'라고 불린 아동의 공포반응을 조건형성시킨 연구를 발표

1921 스위스 정신과 의사인 헤르만 로르샤흐가 로르샤흐 잉크반점 검사를 소개

1923 발달심리학자 장 피아제가 **아동의 언어와 사고** 출간

1924 메리 커버 존스가 아동(피터)의 공포반응을 재조건형성시킨 결과를 발표함. 조셉 울페가 개발한 체계적 둔감화의 선구자가 됨

1927 아나 프로이트가 **아동분석 기법의 소개**에서 아동치료에서의 정신분석을 논의

1929 볼프강 쾰러가 **게슈탈트 심리학**을 출판. 행동주의를 비판하고 게슈탈트 접근의 핵심 요소들을 개관

1931 

마거릿 플로이 워시번이 미국 국립과학원 회원으로 선출된 최초의 여성 심리학자(두 번째 여성 과학자)가 됨

마거릿 플로이 워시번(1871~1939)

1932 월터 캐넌이 **신체의 지혜**에서 항상성(homeostasis)이라는 용어를 사용하고, 투쟁-또는-회피 반응을 논의하며, 스트레스와 관련된 호르몬 변화를 확인

1933 

이네즈 베벌리 프로서가 미국 대학에서 심리학으로 박사학위를 수여받은(신시내티대학교, 교육학 박사) 최초의 아프리카계 미국인 여성이 됨

이네즈 베벌리 프로서(1895~1934)

1934 루스 위니프레드 하워드가 심리학으로 박사학위를 받은 두 번째 아프리카계 미국인 여성이 됨

루스 위니프레드 하워드(1900~1997)

1935 크리스티나 모건과 헨리 머레이가 정신분석을 받는 사람으로부터 판타지를 이끌어내는 주제 통각 검사(TAT)를 소개

1936 포르투갈 내과 의사인 에가스 모니스가 인간에게 수행한 최초의 전두엽 절제술에 관한 연구를 발표

1938 스키너가 **유기체의 행동**을 출간하고 동물의 조작적 조건형성을 논의

루이 서스톤이 **일차 심적 능력**에서 일곱 가지 능력을 제안

우고 세를레티와 루치노 비니가 사람 환자에게 전기충격요법을 사용

1939 데이비드 웩슬러가 웩슬러 아동용 지능검사(WISC)와 웩슬러 성인용 지능검사(WAIS)의 선구자인 웩슬러-벨레부 지능검사 출간

마미 핍스 클라크가 하워드대학교에서 석사학위를 받음. 케네스 클라크와의 공동연구를 통해서 "흑인 학령 전 아동의 자의식 발달"이라는 제목의 석사논문을 확장하여, 공립학교에서 인종차별을 종식시키는 1954년 대법원 판결에서 인용한 공동연구를 제공

마미 핍스 클라크(1917~1983)

에드워드 알렉산더 보트가 캐나다심리학회를 창립하는 데 일조하고, 1940년 초대 회장으로 취임

이차 세계대전이 특히 응용심리학 분야에서 심리학의 대중성과 영향력을 제고할 수 있는 많은 기회를 제공

1943 심리학자 스타키 해서웨이와 내과 의사 존 맥킨리가 MMPI를 출판

1945 

프로이트의 여성 성발달 이론을 비판한 카렌 호나이가 **내적 갈등** 출간

카렌 호나이(1885~1952)

1946 벤자민 스포크가 **신체와 아동보호의 상식** 초판을 출간. 이 책은 수십 년에 걸쳐 북미에서의 자녀양육에 영향을 미치게 됨

초상화 출처 : Macmillan Learning

1948 앨프리드 킨제이와 그의 동료들이 **남성의 성행동**을 출간하고, 1953년에는 **여성의 성행동**을 출간

스키너의 소설 **월든 투**가 정적 강화에 근거한 유토피아 공동체를 기술. 이 소설은 일상의 삶, 특히 공동체 삶에 심리학 원리를 적용하는 청신호가 됨

B. F. 스키너(1904~1990)

어니스트 힐가드가 **학습 이론**을 출간. 이 책은 북미에서 수십 년 동안 심리학도들의 필독서가 됨

1949 레이먼드 카텔이 16PF(16가지 성격요인 질문지)를 출판

임상심리학 대학원 교육에 관한 볼더 학회에서 과학자-임상가 훈련 모형을 승인

캐나다 심리학자 도널드 헤브가 **행동의 체제화 : 신경심리학적 이론**에서 신경계 작동에 대한 새로우면서도 영향력 있는 개념화를 제공

1950 솔로몬 애쉬가 선분 길이 판단에서의 동조 효과에 관한 연구를 발표

에릭 에릭슨이 **아동기와 사회**에서 심리사회적 발달단계들을 개관

1951 칼 로저스가 **내담자 중심 치료** 출간

1952 미국정신의학회가 정기적으로 개정되는 영향력 있는 책인 DSM 출간

1953 유진 아세린스키와 나다니엘 클라이트먼이 수면 중에 나타나는 REM을 기술

자넷 테일러의 표출 불안 척도(Manifest Anxiety Scale)가 *Journal of Abnormal Psychology*에 게재됨

1954 에이브러햄 매슬로우가 **동기와 성격**에서 생리적 욕구에서부터 자기실현에 이르는 동기위계를 제안

맥길대학교 신경심리학자인 제임스 올즈와 피터 밀르너가 쥐 시상하부의 전기자극이 갖는 보상 효과를 기술

고든 올포트가 **편견의 본질** 출간

1956 조지 밀러가 *Psychological Review*에 게재한 논문에서 청크(chunk)라는 용어를 사용

1957 로버트 시어스, 엘리너 맥코비, 해리 레빈이 **아동양육의 패턴** 출간

찰스 퍼스터와 스키너가 **강화계획** 출간

1958 해리 할로우가 원숭이의 애착에 관한 연구를 개관한 **사랑의 본질** 출간

1959 스키너의 **언어행동**에 대한 노엄 촘스키의 비판적 개관이 *Language*에 게재됨

키투라 화이트허스트가 버지니아에서 최초로 자격증을 받은 아프리카계 미국인이 됨

키투라 화이트허스트(1912~2000)

엘리너 깁슨과 리처드 워크가 "시각절벽"에서 유아의 깊이 지각에 관한 연구를 발표

로이드 피터슨과 마가렛 피터슨이 *Journal of Experimental Psychology*에 게재한 논문에서 기억에서의 되뇌기 중요성을 강조

존 티보와 해롤드 켈리가 **집단 사회심리학** 출간

1960 조지 스펄링이 "짧은 시각 제시에서 가용한 정보"를 발표

1961 게오르그 폰 베게시가 청각의 생리학에 관한 연구로 노벨 생리학상 수상

데이비드 맥클러랜드가 **성취하는 사회** 출간

1962 제롬 케이건과 하워드 모드가 **성숙을 위한 출생** 출간

마사 버날이 미국에서 최초로 심리학 박사학위를 받은 라틴계 여자가 됨

마사 버날(1931~2001)

스탠리 샥터와 제롬 싱어가 정서의 2요인 이론을 지지하는 결과를 발표

알버트 엘리스가 **심리치료에서 이성과 정서** 출간. 합리적-정서적 치료법(RET)이 발전하는 초석이 됨

1963 레이먼드 카텔이 유동 지능과 결정 지능을 구분

스탠리 밀그램의 "복종의 행동 연구"가 *Journal of Abnormal and Social Psychology*에 게재됨

1964

마리골드 린턴이 심리학 박사학위를 받은 최초의 아메리카 원주민이 됨

마리골드 린턴(1936~)

초상화 출처 : Macmillan Learning

1965 캐나다 연구자 로널드 멜자크와 영국 연구자 패트릭 월이 통증의 출입문 제어 이론을 제안

로버트 자이언스의 "사회촉진"이 *Science*에 게재됨

미국심리학 역사 아카이브가 아크론대학교에 설립됨

1966 낸시 베일리가 여성 최초로 APA 우수 과학자상을 수상

하버드대학교 인지과학 연구센터의 제롬 브루너와 동료들이 **인지적 성장 연구** 출간

윌리엄 마스터스와 버지니아 존슨이 인간 성행동에 관한 연구결과 발표

앨런 가드너와 베아트릭스 가드너가 네바다대학교에서 침팬지(워슈)에게 미국 수화를 가르치기 시작

존 가르시아(1917~1983)

존 가르시아와 로버트 쾰링이 쥐의 미각 혐오에 관한 연구를 발표

데이비드 그린과 존 스웨트가 **신호탐지 이론과 정신물리학** 출간

줄리안 로터가 제어 소재에 관한 연구를 발표

1967 울릭 나이서의 **인지심리학**이 심리학을 행동주의로부터 인지과정으로 방향을 돌리게 하는 데 일조

마틴 셀리그먼과 스티븐 마이어가 개의 "학습된 무력감"에 관한 연구결과를 발표

1968 리처드 앳킨슨과 리처드 시프린의 영향력 있는 3단계 기억모형을 *The Psychology of Learning and Motivation*에 게재

*Nature*에 게재된 자동적 반응의 도구적 조건형성에 관한 닐 밀러의 논문이 바이오피드백에 관한 연구를 촉진

1969 앨버트 반두라가 **행동수정의 원리** 출간

여성심리학회가 설립됨. 키치 차일즈가 중요한 역할을 담당하였으며, 교차성(인종, 계급을 비롯한 정체성의 여러 측면이 어떻게 결합하여 차별이나 불편부당을 만들어내는지를 고려함)에 기반한 치료기법을 선도함

조지 밀러가 APA 회장 취임사에서 심리학 응용의 중요성을 강조

1970

레이코 홈마 트루(1933~)

심리학자 레이코 홈마 트루가 성공적으로 로비하여 아시아계 미국인 지역사회 정신건강 프로그램을 개설함. 소수집단이 최초의 관심사가 됨

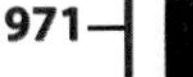

1971

케네스 클락(1914~2005)

케네스 클락이 APA 최초의 흑인 회장으로 선출됨

앨버트 반두라가 **사회학습이론** 출간

스키너가 **자유와 존엄을 넘어서** 출간

1972 엘리엇 애론슨이 **사회적 동물** 출간

퍼거스 크레이크와 로버트 로크하트의 "처리수준 : 기억연구의 틀"이 *Journal of Verbal Learning and Verbal Behavior* 에 게재됨

로버트 레스콜라와 앨런 와그너가 파블로프식 조건형성의 연합모형 발표

데럴드 수와 스탠리 수의 리더십으로 아시아계 미국심리학회 창설

데럴드 수
(1942~)

스탠리 수
(1944~)

1973 동물행동학자 칼 폰 프리쉬, 콘라트 로렌츠, 니콜라스 틴버겐이 동물행동에 대한 연구로 노벨상 수상

1974 APA 2분과가 로버트 대니얼을 편집장으로 하여 처음으로 *Teaching of Psychology*라는 저널을 발간

엘리너 맥코비와 캐롤 재클린이 **성차의 심리학** 출간

1975 생물학자 에드워드 윌슨이 **사회생물학** 출간. 진화심리학의 논란 많은 선구자가 됨

1976 샌드라 우드 스카와 리처드 와인버그가 *American Psychologist*에 "백인가정에 입양된 흑인아동의 지능검사 수행"을 발표

imageBROKER/Alamy

심리학자 로버트 거스리가 **쥐조차도 희다** 출간. 미국에서 역사상 최초의 아프리카계 미국인 심리학자가 됨

손드라 머리 네틀스가 흑인 여성 우선권에 관한 연구팀장을 맡음. 이를 계기로 APA 35분과 흑인여성심리학 분과가 만들어짐

초상화 출처 : Macmillan Learning

심리학자 캐롤린 페이튼이 미국 평화봉사단 최초의 아프리카계 미국인 여성 단장이 됨

1978 카네기멜론대학교 심리학자 허버트 사이먼이 인간사고와 문제해결에 컴퓨터 시뮬레이션에 관한 선구자적인 연구로 노벨상 수상

1979 제임스 깁슨이 **시지각의 생태학적 접근** 출간

엘리자베스 로프터스가 **목격자 증언** 출간

1981 데이비드 후벨과 토스텐 위젤이 시각피질에서 자질탐색기 세포를 확인해내는 단일세포 기록 연구로 노벨상 수상

로저 스페리가 분할뇌 환자 연구로 노벨상 수상

사회학자 해리엣 파이프 매카두가 존 루이스 매카두와 함께 아프리카계 미국인 중산층 가정에 대한 연구 선집이라고 할 수 있는 **흑인 가정** 출간. 선행 연구들은 교도소와 약물 치료 프로그램 등과의 접촉이 있는 기능장애 가정에 초점을 맞춤

고생물학자 스티븐 제이 굴드가 **인간의 오측정** 출간. 지능의 생물학적 결정에 관한 논쟁을 다룸

1983 하워드 가드너가 **마음의 틀**에서 자신의 다중지능 이론을 소개함

1984 APA가 44번째 분과(레즈비언과 게이 문제에 대한 심리학 연구학회) 신설

로버트 스턴버그가 **행동과 뇌과학**에서 인간 지능의 삼원 이론을 제안함

1987 엘리자베스 스카보로와 로렐 후루모토가 **알려지지 않은 삶 : 미국 여성심리학자 일세대** 출간

플로오젝틴(프로작)을 우울증 치료에 도입

미시간대학교 윌버트 맥키치가 APA의 심리학 교육과 훈련 특별상을 최초로 수상

1988 미국심리학협회(APS)가 창립됨. 2006년에 심리과학회로 개명

1990 정신의학자 아론 벡이 인지치료법의 발전에 기여한 혁혁한 공헌을 포함하여 정신질환의 이해와 치료에 관한 공헌으로 심리학 응용 분야의 특별상 수상

스키너가 평생에 걸친 심리학에의 공헌에 대한 APA의 특별상을 수상하고, "심리학은 마음의 과학일 수 있는가?"라는 제목의 마지막 공식 연설을 함(86세의 나이로 며칠 후에 사망하였음)

1991 마틴 셀리그먼이 **학습된 낙천성** 출간. '긍정심리학' 운동의 출발점이 됨

1992 중등학교에서의 심리학 교수(TOPSS) 분과를 APA에 설립

대략 3,000명의 미국 고등학생이 대학에 진학하여 심리학개론 강의를 면제받기 위하여 최초로 심리학 배치고사를 치름

1993 심리학자 주디스 로딘이 펜실베이니아대학교 총장으로 선출됨. 아이비리그 대학 최초의 여성 총장이 됨

1996 도로시 캔터가 최초로 Psy.D 학위를 받은 APA 회장으로 당선됨

1998 **아시아계 미국인 심리학 편람**이 발간됨

2002 뉴멕시코주가 미국에서는 처음으로 임상심리학자들이 특정 약물을 처방할 수 있도록 허용

프린스턴대학교 심리학자 대니얼 카너먼이 의사결정에 관한 연구로 노벨상 수상

2009 심리학자 주디 추가 미국 의회에 진출한 최초의 중국계 미국인이 됨

2011 2008년 푸제사운드대학교에서 개최된 학술대회 참가자들이 제안한 "수월성을 갖춘 학부 심리학 교육원리"를 APA가 공식적으로 인정

멜바 바스케스가 미국심리학회 최초의 라틴계 여성 회장이 됨

멜바 바스케스(1951~)

2013 미국 버락 오바마 대통령이 인간 두뇌에 대한 이해를 위한 학제적 프로젝트에 1억 달러의 연구비 출연을 천명

2014 사회심리학자 제니퍼 에버하트가 암묵적 편향 연구를 지원하는 맥카서 펠로십('천재 연구비')을 수상함

2015 APA 윤리지침, 국가안보심문, 고문과 관련된 제3자 개관이 미국심리학회에 제시됨

2018 크리스티나 올슨이 미국과학재단(NSF) 워터먼상을 수상한 최초의 심리학자가 됨. 그녀는 2018년에 트랜스젠더와 젠더 비동조 젊은이의 사회성 발달과 인지 발달에 관한 연구로 맥카서 펠로십도 받음

초상화 출처 : Macmillan Learning

심리학의 직업 분야

제니퍼 졸린스키(샌디에이고대학교)

심리학으로 학위를 받으면 무슨 일을 할 수 있는가? 엄청나게 많다!

심리학 전공자로서, 여러분은 과학적 마음갖춤새와 인간 행동의 기본 원리들(생물학적 기제, 선천성-후천성 상호작용, 일생에 걸친 발달, 인지, 심리장애, 사회적 상호작용 등)의 자각으로 무장한 채 졸업하게 될 것이다. 이러한 배경은 사업, 간호전문직, 건강 서비스, 마케팅, 법률, 판매, 교직 등을 포함한 많은 영역에서 성공할 준비를 마련해준다. 대학원에 진학하여 심리학 전문가가 되기 위한 훈련을 받을 수도 있다. 이 부록에서는 심리학의 몇몇 핵심 직업 분야를 소개한다.[1]

여러분이 여느 심리학 전공생과 다르지 않다면, 심리학에서 가용한 다양한 전문영역과 직업세계를 깨닫지 못하고 있을지도 모르겠다(Terre & Stoddart, 2000). 오늘날 미국심리학회(APA)는 보편적인 하위분야와 APA 회원들의 관심 집단을 대표하는 54개의 분과를 가지고 있다(표 B.1).[2] 예컨대, 2분과(심리학 교육 분과)는 심리학 학사학위를 가지고 있는 학생에게 가용한 수백 가지 직업 선택지에 관심이 있는 사람을 위한 훌륭한 직업 탐색 정보를 제공하고 있다.

1 이 책은 많은 국가에서 공부하고 있는 학생들을 위한 심리학 세계를 다루고 있지만, 이 부록은 일차적으로 가용한 미국 데이터에 근거한다. 그렇지만 심리학 직업 분야에 대한 기술은 다른 많은 국가에도 적용된다.

2 한국심리학회는 현재 15개 분과를 거느리고 있다. (www.koreanpsychology.or.kr에 접속해보라. 다양한 정보를 얻을 수 있다.)_역자 주

표 B.1 미국심리학회(APA)의 분과

1. 일반심리학	30. 심리최면
2. 심리학 교육	31. 주정부 심리학회
3. 실험심리학	32. 인본주의심리학
5. 평가, 측정 및 통계	33. 정신지체
6. 행동신경과학 및 비교심리학	34. 인구 및 환경심리학
7. 발달심리학	35. 여성심리학
8. 성격 및 사회심리학	36. 종교심리학
9. 사회문제의 심리학적 연구	37. 아동, 청년 및 가족 치료
10. 심미학, 창의성 및 예술심리학	38. 건강심리학
12. 임상심리학	39. 정신분석
13. 자문심리학	40. 임상신경심리학
14. 산업 및 조직심리학	41. 법심리학
15. 교육심리학	42. 개업심리학자
16. 학교심리학	43. 가족심리학
17. 상담심리학	44. 동성애에 관한 심리학 연구
18. 공공심리학	45. 소수민족에 관한 심리학 연구
19. 군대심리학	46. 대중매체심리학
20. 성인발달과 노화	47. 운동 및 스포츠심리학
21. 응용 실험 및 공학심리학	48. 평화심리학
22. 재활심리학	49. 집단심리학 및 집단 심리치료
23. 소비자심리학	50. 약물중독
24. 이론 및 철학심리학	51. 남성심리학
25. 행동 분석	52. 국제심리학
26. 역사심리학	53. 임상아동심리학
27. 지역사회심리학	54. 소아심리학
28. 심리약리학 및 약물 남용	55. 약물치료
29. 심리치료	56. 외상심리학

** 현재 4분과와 11분과는 존재하지 않음.

다음의 내용은 심리학의 주요 직업영역을 가나다순으로 기술한 것인데, 대부분은 대학원 이상의 학위를 요구한다.

건강심리학자는 건강을 증진시키고 질병을 예방하는 데 있어서 심리학의 역할에 관심을 갖는 연구자이자 전문가이다. 응용심리학자 또는 임상가로서 건강심리학자는 금연, 체중 조절, 수면 개선, 통증관리, 성관계를 통한 전염병의 예방, 만성 질환이나 불치병과 관련된 심리사회적 문제의 치료 등을 위한 프로그램을 설계하고 실행하며 평가함으로써, 사람들이 보다 건강한 삶을 영위하도록 도와준다. 연구자이자 임상가로서 건강과 질병과 관련된 조건과 습관들을 찾아내어 효과적인 개입이 가능하게 만든다. 공공 서비스 분야에서 정부정책과 건강관리 시스템을 연구하고 개선하는 역할을 담당한다. 병원, 의과대학, 재활센터, 공중보건 기관, 대학 등에 근무할 수 있으며, 만일 임상심리학자이기도 하다면 개인 클리닉을 개설할 수도 있다.

교육심리학자는 학습에 수반된 심적 과정에 관심이 있다. 학습과 물리적 · 사회적 환경 간의 관계를 연구하며 학습과정을 증진시키는 전략을 개발한다. 대학에서 심리학과나 교육대학원에서 활동하는 교육심리학자는 학습과 관련된 주제에 대한 기초연구를 수행하거나 학습을 증진시키는 혁신적 교수법을 개발한다. 적성검사와 성취검사를 비롯한 효과적인 심리검사를 설계할 수도 있다. 학교나 정부기관에 근무하거나 기업에서 효과적인 직원 훈련 프로그램을 개발하고 구현하는 일을 담당할 수도 있다.

발달심리학자는 연령과 관련된 행동 변화에 대한 연구를 수행하고, 자신의 과학지식을 교육정책이나 아동보호 정책 등과 관련된 장면에 적용한다. 발달의 생물학적, 사회적, 심리적, 인지적 측면을 포함한 광범위한 영역의 주제에 걸쳐서 변화를 연구한다. 발달심리학은 교육심리학, 학교심리학, 아동 정신병리학, 노인학 등을 포함한 다양한 응용 분야에 정보를 제공한다. 교육 개혁과 아동보호 개혁, 모성보건과 아동건강, 애착과 입양 등의 분야에서 마련하는 공공정책에 자문을 한다. 유아기, 아동기, 청소년기, 중년기, 노년기 등 특정 발달단계에서의 행동 전문가가 될 수도 있다. 작업 장면은 교육기관, 탁아시설, 청소년집단 프로그램, 또는 노인센터 등이 될 수 있다.

범죄 수사 법심리학자는 사진에서 보듯 총기 난사 범죄 장면을 조사하고 있는 경찰관들을 돕기 위해 나서기도 한다. 그렇지만 대부분의 법심리학 연구는 실험실에서 이루어지며, 법조계를 지원하기 위한 것이다.

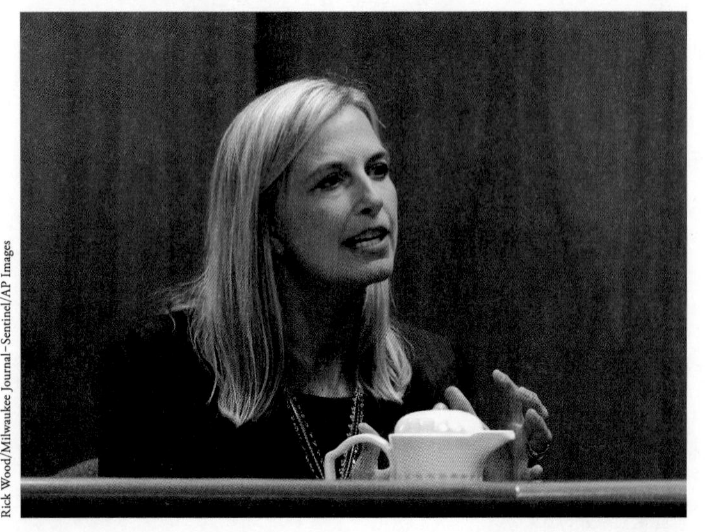

Rick Wood/Milwaukee Journal-Sentinel/AP Images

법심리학자는 법률 문제에 심리학 원리를 적용한다. 법과 심리학의 접목에 관한 연구를 수행하며, 정신건강과 관련된 공공정책을 수립하는 데 일조하고, 형사사건에 대한 법집행 기관을 지원하며, 배심원 선정과 평결과정을 자문한다. 또한 법조계를 지원하기 위한 평가를 제공하기도 한다. 대부분의 법심리학자는 임상심리학자이지만, 사회심리학이나 인지심리학과 같은 다른 심리학 분야의 전문가일 수도 있다. 몇몇 법심리학자는 법학 학위도 소지하고 있다. 대학의 심리학과, 법학전문대학원, 연구기관, 지역사회 정신건강 기관, 법집행기관, 법정, 또는 교정기관에서 활동할 수 있다.

사회심리학자는 타인과의 상호작용에 관심을 갖는다. 개인의 신념과 감정 그리고 행동이 어떻게 타인의 영향을 받으며 타인에게 영향을 미치는 것인지를 연구한다. 태도, 공격성, 편견, 대인매력, 집단행동, 리더십 등과 같은 주제를 연구한다. 조직 컨설팅, 마케팅 연구, 또는 사회신경과학을 포함한 응용심리학 분야에서 일을 할 수 있다. 또한 대학교수가 될 수도 있다. 몇몇 사회심리학자는 응용연구를 수행하는 병원, 정부기관, 소셜 네트워킹 사이트, 기업체 등에서 일을 하고 있다.

산업조직심리학자는 사람과 작업 환경 간의 관계를 연구한다. 조직 장면에서 생산성을 증진시키거나, 인사 선발을 개선시키거나, 직무 만족도를 증진시키는 새로운 방법을 개발한다. 이들의 관심사에는 조직의 구조와 변화, 소비자 행동, 인사 선발과 훈련 등이 포함된다. 작업장 훈련을 실시하거나 조직의 분석과 발달을 제공할 수 있다. 기업체, 정부기관 또는 대학에 근무할 수 있다. 아니면 컨설턴트로 독자적으로 활동하거나 경영 상담 회사에서 일할 수 있다. (산업조직심리학에 관해서 더 자세한 내용을 보려면, 부록 C : 일터에서의 심리학을 참조하라.)

상담심리학자는 사람들이 삶의 변화에 적응하거나 생활양식을 변화시키도록 도움을 준다. 임상심리학자와 유사하지만, 상담심리학자는 심각한 정신병리보다는 전형적으로 적응에 문제가 있는 사람을 돕는다. 임상심리학자와 마찬가지로 심리치료를 실시하며 개인과 집단 평가를 실시한다. 내담자가 삶의 전환기에 자신의 재능과 관심사 그리고 능력을 사용하여 대처하는 것을 도와줌으로써 내담자의 강점을 강조한다. 학교 장면에서의 대학교수나 교육행정가 또는 대학 상담센터, 지역 정신건강센터, 기업, 개인 클리닉 등에서 활동할 수도 있다. 임상심리학의 경우와 마찬가지로 독자적으로 일반 대중에게 상담 서비스를 제공할 계획이라면, 공인된 자격증을 획득할 필요가 있다.

스포츠심리학자는 스포츠를 비롯한 다양한 신체 활동에 참여하는 것에 영향을 미치거나 영향을 받는 심리적 요인들을 연구한다. 이들의 전문적인 활동에는 연구와 강의뿐만이 아니라 코치 교육과 선수 훈련이 포함된다. 임상심리학이나 상담심리학 학위도 가지고 있는 스포츠심리학자는 자신의 전문성을 불안이나 물질 남용 등과 같은 심리적 문제를 가지고 있어서 최적의 수행에 방해를 받는 사람에게 적용할 수 있다. 교육기관이나 연구기관에서 일하지 않는다면, 팀이나 조직

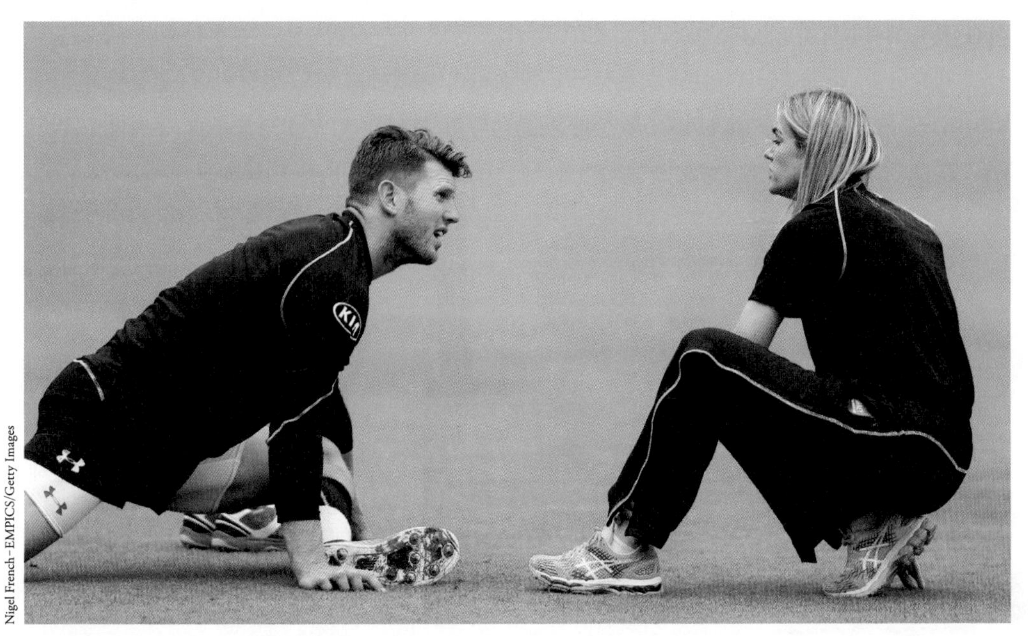
Nigel French - EMPICS/Getty Images

크리켓 조언 스포츠심리학자는 운동선수들이 실력을 증진시키도록 돕기 위하여 직접 그 선수들과 함께 작업을 한다. 사진에서는 스포츠심리학자가 세계기록을 경신한 뉴질랜드 크리켓 대표선수인 브랜든 맥컬럼에게 자문을 해주고 있다.

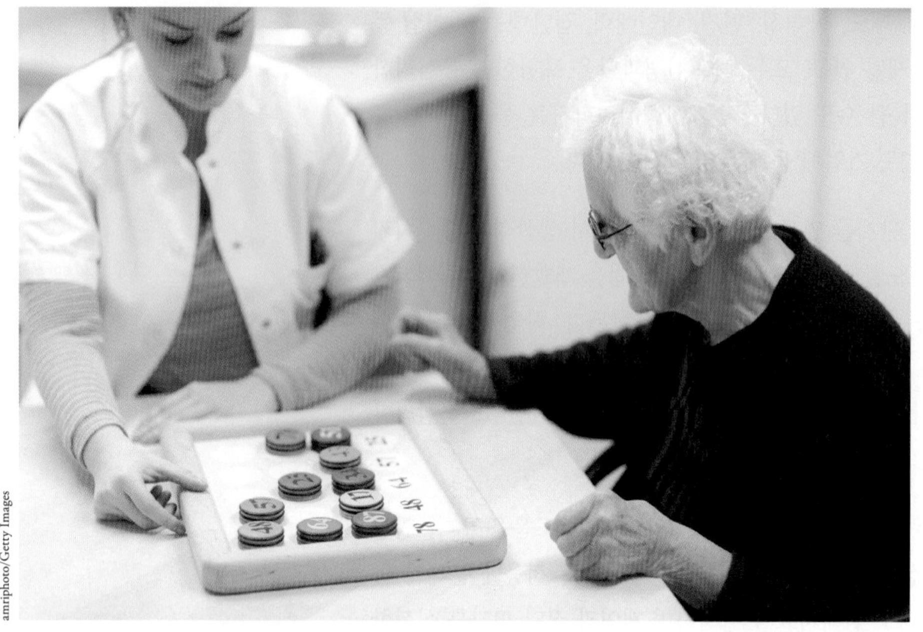
amriphoto/Getty Images

인지 기능성 평가 미국심리학회는 2030년까지 65세 이상의 연령대가 미국에서 가장 많은 심리적 보살핌을 요구하는 연령대가 될 것으로 예측하고 있다(APA, 2018). 노령 인구집단에서 인지능력을 평가하기 위해 신경심리학적인 측정을 사용할 수 있도록 훈련된 심리학자들이 더 필요할 것이다. 정신건강 전문가들은 알츠하이머병과 같은 심리장애의 진단, 치료, 관리에 도움을 주는 데에 그러한 검사 결과를 사용할 수 있다.

의 구성원으로 일하거나 사설 클리닉을 운영할 가능성이 크다.

신경심리학자는 신경과정(두뇌의 구조와 기능)과 행동 간의 관계를 연구한다. 알츠하이머병이나 뇌졸중과 같은 중추신경계 장애를 평가하고 진단하며 치료할 수 있다. 뇌손상, 자폐 스펙트럼 장애와 같은 학습과 발달의 장애, 주의력결핍 과잉행동장애와 같은 정신과적 장애를 평가하기도 한다. 만일 여러분이 임상신경심리학자라면, 병원 신경과, 신경외과, 정신과 등에서 일을 할 수 있다. 신경심리학자는 대학에서 연구와 교육을 수행하기도 한다.

실험심리학자는 인간과 동물의 다양한 기본적 행동과정을 연구하는 광범위한 집단의 과학자를 일컫는다. 실험연구의 대표적인 연구영역에는 과학적 연구방법, 동기, 사고, 주의, 학습, 기억, 지각, 언어 등이 포함된다. 대부분의 실험심리학자는 자신의 관심사와 훈련에 따라 인지심리학과 같은 특정 하위분야에서 정체감을 찾는다. 실험연구 방법론은 실험심리학 분야에만 국한하지 않는다. 다른 많은 하위분야들도 연구를 수행하는 데 있어서 실험 연구방법론에 의존한다. 실험심리학자는 대학에서 자신의 연구를 수행하는 것뿐만 아니라 학생을 가르치고 학생의 연구를 지도하는 일을 할 가능성이 가장 크다. 또는 연구기관, 동물원, 기업체, 정부기관 등에 근무할 수도 있다.

심리측정심리학자는 심리학 지식을 얻기 위해 사용하는 방법과 기법을 연구한다. 기존의 신경인지검사나 성격검사를 개정하거나 임상 장면과 학교 장면 또는 기업 장면에서 사용할 새로운 검사를 개발한다. 또한 그러한 검사를 실시하고 채점하며 해석하는 일도 담당한다. 연구자들과 협력하여 연구 프로그램을 설계하고 그 결과를 분석하며 해석한다. 연구방법론과 통계학 그리고 컴퓨터 테크놀로지에 대해서 충분한 훈련을 받아야 한다. 대학, 심리검사 회사, 사설 연구기관, 정부기관 등에서 일을 할 가능성이 크다.

인지 컨설팅 인지심리학자는 수반되는 인간요인들을 이해함으로써 기업을 보다 효과적으로 운영하는 방식에 관하여 조언을 해줄 수 있다.

monkeybusinessimages/iStock/Getty Images

인지심리학자는 사고과정을 연구하며, 지각, 언어, 주의집중, 문제해결, 기억, 판단과 의사결정, 망각, 지능 등과 같은 주제에 초점을 맞춘다. 연구의 관심사에는 사고과정에 대한 컴퓨터기반 모형을 개발하고 인지의 생물학적 상관물을 확인하는 것 등이 포함된다. 교수, 기업체 자문, 또는 교육이나 기업 장면에서 인간요인 전문가로 활동하기도 한다.

임상심리학자는 개인, 집단, 조직의 심리적 건강을 증진시킨다. 몇몇 임상심리학자는 특정 심리장애를 전문적으로 다룬다. 다른 임상심리학자는 적응의 어려움에서부터 심각한 정신병리에 이르기까지 다양한 장애를 치료한다. 심리치료 이외에도 연구, 교육, 평가, 자문 역할 등을 담당하기도 한다. 다른 분야의 전문가와 일반 대중을 위하여 심리적 문제에 관한 워크숍을 개최하거나 강연을 한다. 다양한 장면에서 일을 하는데, 여기에는 개인 임상클리닉, 정신건강 서비스 기관, 학교, 대학, 산업체, 법률기관, 의료기관, 상담센터, 정부기관, 교정기관, 비영리단체, 군대 등이 포함된다.

임상심리학자가 되기 위해서는 임상심리학 프로그램에서 박사학위를 취득할 필요가 있다. APA는 임상심리학 대학원 프로그램의 기준을 설정하고, 그 기준을 만족하는 프로그램을 공인해주고 있다. 심리학의 다른 하위분야에서 개업 활동을 하는 심리학자와 달리, 임상심리학자는 미국의 모든 주에서 심리치료와 검사와 같은 서비스를 제공할 수 있는 자격증을 획득하여야만 한다.

재활심리학자는 사고나 질병과 같은 사건으로 인해서 최적의 기능을 상실한 사람을 대상으로 일하는 연구자이자 전문가이다. 의료 재활기관이나 병원에서 일하게 된다. 또한 의대, 대학교, 직업재활기관, 또는 신체장애를 가지고 있는 사람들을 치료하는 사설 클리닉에서도 일을 할 수 있다.

지역사회심리학자는 특정 개인이나 가족을 넘어서서 지역사회 장면에서 정신건강이라는 광범위한 문제를 다룬다. 이들은 사람과 그들의 물리적, 사회적, 정치적, 경제적 환경 간의 상호작용에 의해 행동이 상당한 영향을 받는다고 믿고 있다. 이들은 심리적 건강을 촉진시키는 환경을 개선시킴으로써 개인의 기능을 증진시키고자 한다. 예방, 긍정적 정신건강의 증진, 그리고 위기 개입에 초점을 맞추며, 특히 혜택을 제대로 받지 못하는 집단과 소수 인종집단의 문제에 관심을 갖는다. 어떤 지역사회심리학자는 예방이라는 공통된 관심사를 가지고 있는 공중보건과 같은 영역의 전문가와 협업한다. 작업 장면에는 국가나 지방자치 단체의 정신건강 부서, 교정 부서, 복지 부서 등이 포함될 수 있다. 연구를 수행하거나 건강 서비스 장면에서 연구를 평가하는 데 일조하며, 개인 클리닉이나 정부기관을 위한 독자적 컨설턴트로 활동하거나 대학의 전임교수로서 교육과 자문을 할 수도 있다.

지역사회 배려 이 지역사회심리학자(오른쪽)는 2010년 아이티에서 발생한 처참하기 짝이 없는 지진 후에 지역 주민들이 직면한 정서적 도전거리들을 헤쳐나가도록 돕고 있다.

AP Photo

학교심리학자는 교육 장면에서 아동을 평가하고 개입하는 역할을 담당한다. 아동의 학습이나 학교에서의 전반적인 수행에 부정적 영향을 미치는 인지, 사회, 정서 등의 문제를 진단하고 치료한

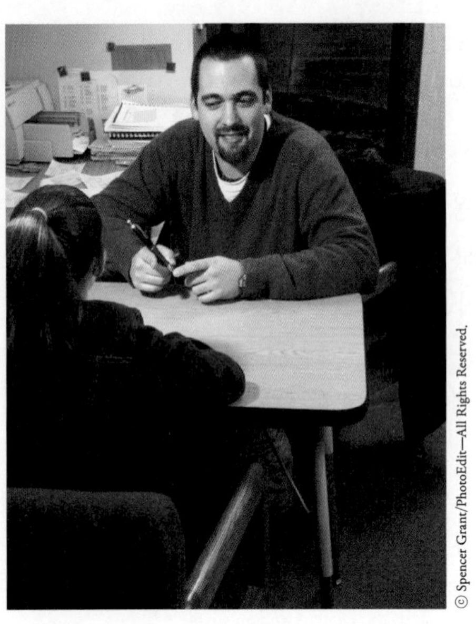
© Spencer Grant/PhotoEdit—All Rights Reserved.

강의실 상담자 심리학 석사학위를 가지고 있는 학교심리학자는 학생들과 개인적으로 또는 집단으로 만나 상담을 실시할 뿐만 아니라 학교 운영자들을 위한 자문 역할도 담당할 수 있다.

다. 교사, 학부모, 학교 운영자 등과 협력하여 학생들의 학습을 개선시킬 수 있는 제안을 내놓는다. 교육 장면, 정신건강 클리닉, 정부기관, 아동지도센터, 또는 행동연구기관 등에서 일을 하게 된다.

* * *

이제 누군가 여러분에게 심리학 학위를 가지고 무엇을 할 것인지 묻는다면, 많은 선택지가 있다는 사실을 알려주어라. 여러분은 심리학에서 얻은 재능과 지식을 사용하여 직업을 구하여 많은 분야에서 성공할 수 있으며, 아니면 대학원에 진학하여 심리학이나 관련 전문 분야에서 경력을 쌓을 기회를 얻을 수도 있다. 어느 경우이든, 행동과 심적 과정에 대해서 학습한 것이 여러분의 삶을 풍요롭게 만들어줄 것임에 틀림없다(Hammer, 2003).

일터에서의 심리학

많은 사람에게 있어서 산다는 것은 곧 일한다는 것이다. 일은 먹거리, 물, 주거지를 가능하게 만들어줌으로써 사람들을 지탱하게 해준다. 사회적 욕구를 만족시킴으로써 사람들을 연계해준다. 일은 사람들을 정의해준다. 누군가를 처음 만날 때, 그 사람이 누구인지가 궁금하다면 "어떤 일을 하고 계십니까?"라고 묻기 십상이다.

사람들은 직무 만족에서 차이를 보인다. 직장을 그만두고 떠나는 날, 혹자는 슬픈 마음으로 전 고용주에게 작별인사를 건네며, 혹자는 귀찮은 일에서 벗어나 즐겁다고 말한다.

훗날 지나간 세월을 돌이켜보면서 예측 가능한 경력의 길을 밟아왔다고 말할 사람은 거의 없다. 사람들은 직업을 바꾸었을 것이며, 혹자는 자주 바꿀 것이다. 이러한 변화의 촉발 요인은 경제 시스템에서 변경된 요구일 수 있다. 휘몰아치는 테크놀로지의 변화는 어떤 직업을 사라지게 만들었으며, 새로운 직업이 그 자리를 차지하였지만, 그 대체가 항상 순조롭게 이루어지는 것은 아니다. 아니면 그 촉발 요인은 더 많은 수입이나 더 행복한 직장에서의 관계, 또는 더 성취적인 일의 갈망이었을 수도 있다.

사람들은 자신의 직업을 어쩔 수 없이 해야 하는 잡일이나 의미 충만한 소명으로 간주하기도 한다. 자신의 직업을 최소한의 기본을 하거나 자신의 잠재력을 극대화하는 기회로 간주하기도 한다. 그리고 자신의 직업을 지루하기 짝이 없는 잡무의 경험이나 몰입감의 경험으로 생각하기도 한다. 어떤 직업이 다른 직업보다 더 보상적인 이유에 대해 심리학자들이 어떻게 설명하는지를 살펴보도록 하자.

일과 삶의 만족도

일에서의 몰입감

 학습목표 물음 LOQ **C-1** 몰입감이란 무엇인가?

다양한 직업에 걸쳐서 사람들은 자신의 일에 대한 태도에서 차이를 보인다. 혹자는 자신의 직무를 **밥벌이**, 즉 성취감을 주지는 못하지만 돈을 벌기 위해서 필요한 수단으로 간주한다. 다른 사람은 자신의 직무를 **경력**, 즉 보다 좋은 지위로 나아가는 기회로 간주한다. 자신의 직무를 **소명**(calling), 즉 만족스럽고 사회적으로 유용한 활동이라고 간주하는 사람은 자신의 직무와 삶에 아주 만족한다고 보고한다(Dik & Duffy, 2012; Wrzesniewski et al., 1997, 2001).

삶의 질은 목표를 가지고 삶에 충실할 때 증가한다는 사실을 관찰하였던 미하이 칙센트미하이(1990, 1991)에게는 이러한 결과가 하나도 놀랄 만한 것이 아니었다. 일의 중압감에 눌리고 스트

몰입감 의식이 완전하게 관여되고 초점을 맞춘 상태. 자신의 기술을 최적의 방식으로 사용함으로써 자신과 시간에 대한 자각이 감소된다.

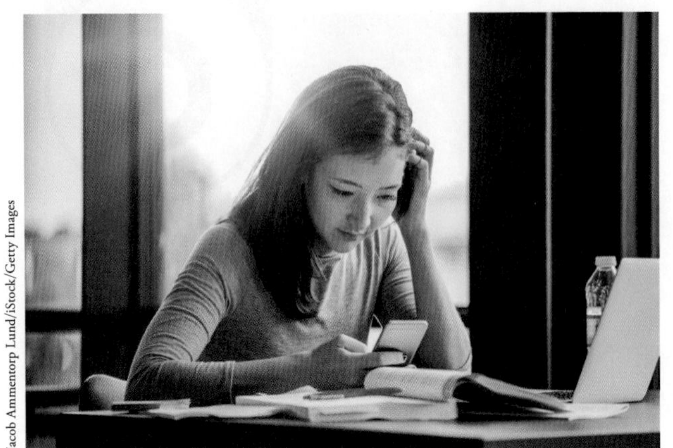
Jacob Ammentorp Lund/iStock/Getty Images

방해받는 삶 온라인에서 게임을 즐기고 교류를 하는 것은 언제나 존재하는 방해의 원천이다. 전화기를 확인하지 않기란 어려우며, 방해를 받은 후에 다시 정신을 집중하는 데는 시간이 필요하다. 이렇게 규칙적인 차단은 몰입감을 방해하기 때문에, 손에 들고 있는 전자장치들을 확인하는 휴식시간을 스케줄에 포함시키는 것이 좋은 생각이다.

레스를 받는다는 불안 그리고 흥미를 갖지 못하고 지루함에 따른 무관심 사이에는 사람들이 **몰입감**(flow)을 경험하는 지대가 존재한다. 아마도 여러분은 온라인에 푹 빠져서는 기진맥진할 정도의 몰입감에 빠졌던 것을 회상할 수 있을 것이다. 만일 그렇다면, 여러분은 2009년에 노트북에 집중한 나머지 지상 통제소에서 여객기에 보내는 메시지를 놓쳐버렸던 노스웨스트 항공사 소속의 두 조종사와 공감할 수도 있겠다. 이들은 목적지인 미니애폴리스 공항을 220킬로미터나 지나치고 말았으며, 물론 해고되었다.

칙센트미하이는 엄청난 집중력을 견지한 채 쉬지 않고 그림을 그리거나 조각을 하는 예술가들을 연구한 후에 몰입감의 개념을 구성하였다. 예술가들은 작업에 몰입하여서는 다른 어느 것도 문제가 되지 않는다는 듯이 작업을 하였으며, 일단 완성한 후에는 즉각적으로 그 프로젝트를 망각하였다. 예술가들은 돈, 명성, 승진 등 작품 완성에 따른 외적 보상보다는 작품을 창작한다는 내적 보상에 의해 동기화된 것으로 보였다. 거의 200편에 달하는 다른 연구도 내재적 동기가 수행을 증진시킨다는 사실을 확증하고 있다(Cerasoli et al., 2014).

칙센트미하이는 무용가, 체스선수, 외과 의사, 작가, 부모, 산악인, 항해사, 농부 등을 연구하였다. 그의 연구에는 호주인, 북미인, 한국인, 일본인, 이탈리아인 등이 포함되었다. 참가자 연령은 10대에서부터 노년기에 이른다. 도출한 한 가지 명백한 원리는 자신의 재능을 쏟아붓는 행위에 몰입하는 것은 행복하기 그지없다는 것이다(Fong et al., 2015). 몰입감 경험은 자부심, 유능감, 안녕감을 북돋는다. 한 연구팀은 10,000쌍의 스웨덴 쌍둥이를 연구하여 빈번한 몰입감 경험이 우울증과 소진의 위험을 감소시킨다는 사실을 찾아냈다(Mosing et al., 2018). 집중하는 마음이 행복한 마음인 것이다.

무위도식이 축복인 것처럼 들릴 수도 있다. 영화를 시청하고, 잠자며, 아무 의무도 없는 미래를 꿈꿀는지도 모른다. 실제로는 목표를 추구하는 일이야말로 삶을 풍요롭게 만들어준다. 직장을 떠나는 사람은 불행해지는 경향이 있으며, 직장에 다시 복귀하면 곧바로 기분이 개선된다(Zhou, Y. et al., 2019). 바쁜 사람이 더 행복하다(Hsee et al., 2010; Robinson & Martin, 2008).

여러분 자신의 몰입감을 찾고, 관심사를 일과 대응시키기

몰입감으로 향하는 여러분 자신의 길을 찾고 싶은가? 여러분의 강점 그리고 만족스럽고 성공적인 일의 유형을 정확하게 규정하는 것으로 시작할 수 있다. 마커스 버킹엄과 도널드 클리프턴(2001)은 다음과 같은 네 가지 물음을 스스로 던져볼 것을 제안하였다.

여러분은 일에 몰두하여 시간이 쏜살같이 지나갔던 것을 깨달았던 적이 있었는가? 그리고 시계를 들여다보니 상당히 느리게 가는 것처럼 느꼈던 적이 있었는가? 프랑스 연구자들은 우리가 사건의 지속시간에 주의를 많이 기울일수록 더 오래 지속되는 것처럼 느껴진다는 사실을 확인해왔다(Couli et al., 2004).

1. 어떤 활동이 즐거움을 주는가? 혼돈에서 질서를 찾아내는 것? 주인 노릇 하는 것? 다른 사람을 도와주는 것? 엉성한 생각에 도전장을 내미는 것?
2. 어떤 활동이 "언제 끝나지?"가 아니라 "언제 다시 할 수 있지?"라고 궁금하게 만드는가?
3. 어떤 유형의 도전거리를 즐기고, 어떤 유형을 두려워하는가?
4. 어떤 유형의 과제를 용이하게 학습하고, 어떤 유형에 어려움을 겪는가?

여러분은 가르치거나 물건을 팔거나 글을 쓰거나 청소를 하거나 위로를 해주거나 무엇인가를 만들거나 수선할 때, 자신의 재능을 쏟아붓고 시간이 쏜살같이 지나갈 수 있다. 어떤 행위를 할 때 기분이 좋거나, 쉽게 수행하거나, 그 행위를 기대하게 된다면, 더 깊이 있게 살펴보라. 그러한 일에서 여러분의 강점을 보게 될 것이다(Buckingham, 2007). 여러분 자신의 강점을 무료로 평가해보고 싶다면(등록은 해야 한다), AuthenticHappiness.sas.upenn.edu에 접속해서 '간편 강점검사'를 받아보라.

Michael Maslin/The Cartoon Bank/Conde Nast Publications

"현실을 직시해봅시다. 당신하고 이 조직은 결코 합치된 적이 없어요."

미국 노동부도 직업 정보 네트워크(O*NET)를 통해서 경력 흥미도 질문지를 제공하고 있다. 10분 정도의 시간을 내서 MyNestMove.org/explore/ip에서 부엌 선반 만들기에서부터 악기 연주에 이르는 활동을 얼마나 좋아하거나 싫어하는지를 나타내는 60문항에 응답하면, 여러분의 반응이 다음과 같은 여섯 가지 관심 유형을 얼마나 강력하게 반영하는지를 피드백 받게 된다(Holland, 1996).

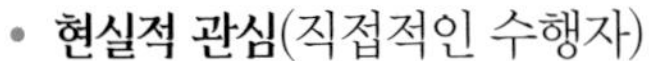

- **현실적 관심**(직접적인 수행자)
- **탐구적 관심**(사고자)
- **예술적 관심**(창작자)
- **사회적 관심**(조력자, 교사)
- **진취적 관심**(설득자, 결정자)
- **관례적 관심**(기획자)

"사랑하는 직업을 구하라. 그러면 당신의 삶에서 단 하루도 결코 일을 하지 않게 될 것이다." 페이스북에 게시된 글(2016)

마지막으로, 얼마나 훈련을 받을 의향이 있는지에 따라서, 여러분의 관심 패턴에 적합한 (900개 이상의 직업 데이터베이스에서 선택한) 직업을 제시해준다.

여러분이 좋아하고 사랑하는 일을 하라. 그러면 여러분이 하는 일을 사랑하게 된다. 경력 상담학의 목표는 첫째, 사람들의 상이한 가치관, 성격, 특히 관심사를 평가하는 것인데, 이것들은 대단히 안정적이며 장차 삶의 선택과 그 결과를 예측해준다(Dik & Rottinghaus, 2013; Stoll et al., 2017). (여러분의 직업이 변할 수는 있지만, 현재의 관심사는 10년 후에도 여전히 여러분의 관심사일 가능성이 크다.) 둘째, 사람들에게 잘 대응하는 직업, 즉 **개인-환경 적합도**가 높은 직업에 관심을 기울이게 하려는 것이다. 성격에 적합한 직업을 갖는 것이 유리하다. 매우 개방적인 사람은 개방성을 요구하는 직업(예컨대, 배우)에서 더 많은 수입을 올린다. 매우 성실한 사람은 성실성을 요구하는 직업(예컨대, 재무관리자)에서 더 많은 수입을 올린다(Denissen et al., 2018).

오늘날의 노동자 이 책의 출판을 지원하는 편집팀은 재택근무도 하고, 비행기 안에서도 일을 한다.

Column 1: Hope College; Kathryn Brownson; Anna Munroe; Steven McIntosh, Column 2: Lorie Hailey; Trish Morgan; Stephanie Ellis; Laura Burden, Column 3: Danielle Slevens; Don Probert; Jeff Brune.

한 연구는 고등학생 400,000명의 관심사를 평가한 다음에 오랜 시간에 걸쳐 이들을 추적하였다. 최종 결과는 "관심사는 인지능력과 성격을 넘어서서 학업과 직업에서의 성공을 더 잘 예측한다."는 것이다(Rounds & Su, 2014). 60여 편의 다른 연구도 학생과 직장인 모두에서 이 사실을 확증하고 있다(Nye et al., 2012). 직업 적합도의 결여는 좌절에 기름을 끼얹듯이 비생산적이고 심지어는 적대적인 직무행동을 초래할 수 있다(Harold et al., 2016). 산업조직심

산업조직심리학 심리학의 개념과 방법들을 작업공간에서의 인간 행동을 최적화시키는 데 적용하는 심리학의 한 분야

인사심리학 산업조직심리학의 하위분야로 직원의 선발, 배치, 훈련, 평가, 그리고 개발에 초점을 맞춘다.

조직심리학 산업조직심리학의 하위분야로 직업 만족도와 생산성에 대한 조직의 영향을 연구하며 조직의 변화를 촉진시킨다.

인간요인심리학 사람과 기계가 상호작용하는 방식 그리고 기계와 물리적 환경을 안전하고도 사용하기 쉽게 설계하는 방법을 연구하는 산업조직심리학의 하위분야

리학자는 경력상담학을 실행에 옮기기 위해서 유료 온라인 서비스인 jobZology.com을 개발하였다. 이 서비스는 우선 사람들의 관심사, 가치관, 성격 그리고 직장문화 선호도를 평가한다. 그런 다음에 직업을 제안하고 구인 목록과 연결해준다.

자문자답하기

여러분 자신의 강점 그리고 추구해볼 수 있는 경력의 유형에 대해서 무엇을 찾아냈는가?

인출 연습

RP-1 직무에서 몰입감을 찾는 가치는 무엇인가?

답은 부록 E를 참조

산업조직심리학

LOQ C-2 산업조직심리학의 세 가지 핵심 연구영역은 무엇인가?

선진국에서는 일이 농업에서 제조업으로 그리고 다시 '지식 작업'으로 확장되어 왔다. 보다 많은 일들이 가상의 작업공간에서 전자소통하는 임시직과 컨설턴트들에게 아웃소싱되고 있다(Gallup, 2020).

직무가 변함에 따라서 일에 대한 태도도 변하였는가? 직무 만족도는 증가하였는가 아니면 감소하였는가? 심리적 계약(psychological contract), 즉 작업자와 고용자 사이의 주관적 상호 의무감은 더 신뢰할 만하고 안전해졌는가? 심리학자는 어떻게 조직이 직무를 더 만족스럽고 생산적이도록 만드는 것을 도와줄 수 있는가? 이러한 물음은 심리학 원리를 작업 현장에 적용하는 **산업조직심리학자**(Industrial-organizational[I/O] psychologist)들을 매료시킨다(표 C.1).

- 산업조직심리학의 한 하위분야인 **인사심리학**(personnel psychology)은 심리학의 방법론과 원리를 직원의 선발, 배치, 훈련, 평가 등에 적용한다. 인사심리학자는 적합한 후보자를 찾아서 배치함으로써 사람과 직무를 대응시킨다. 또 다른 하위분야인 **조직심리학**(organizational psychology)은 작업 환경과 경영 스타일이 작업동기, 만족도, 생산성 등에 어떤 영향을 미치는 것인지를 다룬다. 사기와 생산성을 증진시키도록 직무와 관리감독을 개선하는 데 초점을 맞춘다.
- 오늘날 산업조직심리학과 동맹관계를 맺고 있으면서 차별화된 분야인 **인간요인심리학**(human factors psychology)은 어떻게 기계와 환경을 인간의 능력에 가장 잘 부합하도록 설계할 것인지를 탐구한다. 인간요인심리학자는 사용자 우호적인 기계와 작업 상황을 만들어내기 위하여 사람들의 자연스러운 지각과 성향을 연구한다.

표 C.1 작업 현장에서의 산업조직심리학과 인간요인심리학

과학자, 컨설턴트, 그리고 관리전문가로서, 산업조직심리학자는 조직이 직무-가정 갈등을 해소하고, 인재를 확보하며, 조직문화를 개선하고, 팀워크를 다지도록 지원한다. 인간요인심리학자는 직원의 안전과 디자인 개선에 기여한다.

인사심리학 : 잠재능력의 극대화	조직심리학 : 수월한 조직의 구축
구직자의 성공을 증가시키는 훈련 프로그램의 개발 직원의 선발과 배치 • 직원의 선발과 배치 그리고 승진을 위한 평가도구의 개발과 검증 • 직무 내용의 분석 • 직원 배치의 최적화 직원의 훈련과 개발 • 욕구의 확인 • 훈련 프로그램의 설계 • 훈련 프로그램의 평가 수행평가 • 지침서 개발 • 개인의 수행을 측정 • 조직의 수행을 측정	조직의 발전 • 조직 구조의 분석 • 직원 만족도와 생산성의 극대화 • 조직의 변화 촉진 직장에서의 삶의 질 고취 • 개인의 생산성 확대 • 만족 요소의 확인 • 직무의 재설계 • 소셜 미디어, 스마트폰, 급격한 테크놀로지 변화 시대에 직장과 가정 삶의 균형 유지 **인간요인심리학 : 기계와 환경의 최적화** • 최적 작업 환경의 설계 • 사람-기계 상호작용의 최적화 • 시스템 테크놀로지의 개발

출처 : www.siop.org

인사심리학

LOQ C-3 인사심리학자는 어떻게 구직 활동, 직원의 선발과 배치, 직무수행 평가를 촉진하는가?

인사심리학자는 사원을 선발하고 평가하는 여러 단계에서 조직을 지원한다. 필요한 직무기술을 확인하고, 효과적인 선발방법을 개발하며, 다양한 지원자를 모집하고 평가하며, 신입사원을 훈련시키고, 그들의 직무수행을 평가하며, 다양한 문화적 배경을 가지고 있는 사람들이 팀을 구축하는 것을 돕는다. 또한 신경장애가 있는 직원, 예컨대 자폐 스펙트럼상에 위치하거나, ADHD로 어려움을 겪고 있거나, 학습장애나 뇌손상이 있는 직원의 안녕감과 생산성을 향상시킬 수 있는 방안도 모색한다(Weinberg & Doyle, 2017).

채용 담당자 : "저번 직장을 그만둔 이유는 무엇인가요?"
구직자 : "상사가 말했습니다."
채용 담당자 : "뭐라고 하던가요?"
구직자 : "너는 해고야."
Zoominfo 블로그에 게시된 농담

그리고 인사심리학자는 구직자를 지원한다. 50편에 가까운 연구에서 보면, (구직기술을 가르치고, 자기소개서를 개선시키며, 자존감을 북돋고, 목표 설정을 조장하며, 지원을 요청하는) 훈련 프로그램이 구직자의 성공률을 거의 세 배나 높여주었다(Liu et al., 2014).

성공적인 사원 선발을 위하여 강점을 사용하기

AT&T사의 새로운 인사담당 이사로 기용된 심리학자 메리 테노피어(1997)에게 고객 서비스 담당자들의 이직률이 매우 높은 문제를 해결하라는 문제가 주어졌다. 많은 직원이 새로운 직무의 요구와 맞지 않기 때문이라고 결론 내린 테노피어는 새로운 선발도구를 개발하였다.

1. 새로운 지원자들에게 다양한 질문에 반응하도록 요구하였다.
2. 나중에 어떤 지원자들이 직무에서 유능한지를 추적 평가하였다.
3. 성공적인 직원을 잘 예언해주는 질문들을 확인하였다.

데이터에 기초한 그녀의 바람직한 연구결과는 AT&T가 성공 가능성이 높은 고객 서비스 직원을 찾아낼 수 있게 해주는 새로운 검사가 되었다. 이 사례가 예시하는 것처럼 인사선발 기법은 사람들의 장점을 직무와 대응시킴으로써 직원 자신은 물론 조직도 번창할 수 있게 만드는 것을 목표로 삼는다. 사람들의 장점을 직무와 짝 지음으로써 조직이 번창하고 이득을 많이 남기는 결과를 초래하는 것이다.

면접은 직무수행을 예측하는가?

일반적으로 직원 선발에는 면접이 포함되는데, 많은 면접자가 구조화되지 않은 친숙한 면접을 통해서 장기적인 직무성과를 예측하는 자신의 능력을 확신한다. 놀라운 사실은 직무를 예측하든 대학원에서의 성공을 예측하든, 면접자의 예측은 오류투성이라는 점이다. 일반 심적 능력이 더 우수한 예측자이었으며, 특히 새로운 기술을 학습하는 능력이 필요한 복잡한 직무에서 그렇다(Schmidt & Hunter, 2004). 비공식 면접은 적성검사, 작업수행 표본, 직무지식 검사, 그리고 과거의 직무성과만큼 정보적이지 않다. 구글은 수많은 비공식적 면접과 나중의 직무 성공을 분석한 끝에, 철저하게 무작위적이며 아무 관계도 없음을 확인하였다(Bock, 2013).

비구조화 면접과 면접자 착각

전통적인 비구조화 면접은 상대방 성격, 예컨대 표현성, 따뜻함, 언어능력 등에 대한 이해를 제공해줄 수 있다. 그렇지만 비공식적인 면접은 피면접자에게 면접 상황에서 자신의 인상을 제어할 수 있는 상당한 힘을 제공할 수도 있다(Barrick et al., 2009). 그럼에도 불구하고 많은 면접자가 피면접자의 직무 적합도를 판별해내는 자신의 능력을 그토록 신봉하는 이유는 무엇인가? 산업조직심리학자는 "나는 뛰어난 면접기술을 가지고 있기 때문에, 사람을 읽어내는 능력을 가지고 있지 않은 사람처럼 추천서를 확인해볼 필요도 없습니다."라는 말을 자주 듣는다. 사람의 미래를 예측하는 능력을 과대평가하는 이러한 경향성을 면접자 착각이라고 부른다(Dana et al., 2013; Nisbett, 1987). 다음과 같은 다섯 가지 요인이 면접자의 과신을 설명해준다.

- **면접자는 사람들이 면접 상황에서 보인 모습이 바로 그 사람의 진면목이라고 생각한다.** 비구조화 면접은 다른 상황에서 사람들을 향한 피면접자의 행동에 대한 잘못된 인상을 만들어낼 수 있다. 어떤 피면접자는 바람직한 태도를 가장하고, 어떤 피면접자는 불안할 수 있다. 사회심리학자들이 설명하고 있는 바와 같이, 사람들은 다른 사람을 만날 때 근본적 귀인 오류를 범한다. 다양한 상황의 엄청난 영향을 절감하며, 지금 보이는 모습이 미래의 모습이라고 잘못 생각한다. 그렇지만 수다스러움에서부터 성실성에 이르기까지 거의 모든 것에 관하여 산더미같이 쌓인 연구는 사람들의 행동이 지속적인 특질뿐만 아니라 특정 상황의 세부적인 요소

들도 반영하는 것이라는 사실을 보여주고 있다.

- **면접자의 선입견과 기분이 피면접자 반응을 어떻게 지각할 것인가를 왜곡한다**(Cable & Gilovich, 1998; Macan & Dipboye, 1994). 만일 면접자가 자신과 닮은 사람을 순간적으로 좋게 보게 되면, 그 사람의 자기주장을 '오만함'보다는 '자신감'을 나타내는 것으로 해석할 수 있다. 특정 지원자는 사전심사를 통과한 사람이라고 알려주면, 면접자는 그 사람을 보다 호의적으로 판단하는 편향을 보인다. 면접자가 확증 편향을 보이고 있는 것이다. 즉, 구직자에 대한 선입견을 지지하는 정보를 찾으며 상반된 증거를 무시하거나 왜곡한다(Skov & Sherman, 1986).
- **면접자는 사람을 판단할 때, 방금 그 앞이나 뒤에서 면접한 사람과 비교한다**(Simonshon & Gino, 2013). 만일 여러분이 구직 면접이나 대학원 입학 면접을 보고 있다면, 앞선 피면접자가 제대로 해내지 못하였기를 빌어보라.
- **면접자는 자신이 고용하였던 직원의 성공적인 경력만을 고려하고, 자신이 탈락시킨 사람들의 성공적인 경력은 고려하지 않기 십상이다.** 이러한 피드백 누락은 면접자가 자신의 선발능력을 확인하지 못하게 만든다.
- **면접은 피면접자의 좋은 의지를 드러내게 하지만, 습관적 행동을 드러내지는 못한다**(Ouellette & Wood, 1998). 의지는 중요하다. 사람은 변할 수 있다. 그렇지만 한 개인의 미래에 대한 최선의 예측자는 과거의 그 사람이다. 자신의 일에 몰입하는 학생들은 일을 기피하는 학생들과 비교할 때, 10년 이상이 경과한 후에도 자신의 일에 몰입하는 사람일 가능성이 더 크다(Salmela-Aro et al., 2009). 어디를 가든, 사람은 과거의 그 사람과 함께한다.

"아이디어와 현실 사이에는 … 그림자가 진다." T. S. 엘리엇, 『텅 빈 사람들』(1925)

예측과 선발을 개선시키려는 희망을 가지고 인사심리학자는 사람들을 모의 작업 상황에 집어넣어 보기도 하고, 과거 성과에 대한 정보를 뒤지기도 하며, 다중 면접을 통한 평가를 종합하며, 검사를 실시하고, 직무에 국한한 면접을 개발하기도 한다.

구조화 면접

상대방에 대한 감을 잡기 위한 일상 대화와 달리, **구조화 면접**(structured interview)은 엄격한 정보 수집방법을 제공한다. 인사심리학자는 직무를 분석하고, 질문을 작성하며, 면접자들을 훈련시키기도 한다. 그런 다음에 면접자가 모든 지원자에게 동일한 질문을 동일한 순서로 제시하고는 각 지원자를 이미 만들어놓은 척도에서 평가한다.

비구조화 면접에서는 "당신은 얼마나 조직적입니까?", "사람들과 얼마나 잘 어울립니까?", 또는 "스트레스를 어떻게 처리합니까?" 등의 질문을 던질 수 있다. 눈치 빠른 지원자는 어떻게 하면 높은 점수를 받을 수 있는지를 알고 있다. "가끔은 저 자신을 지나치게 몰아붙이기도 합니다만, 일에 우선순위를 부여하고 다른 사람에게 부탁하는 방식으로 스트레스에 대처하고, 잠을 자고 운동을 할 시간을 반드시 할애하여 스트레스에 대처합니다."

반면에 구조화 면접은 특정 계통의 직무에서 우수한 수행자를 판별해주는 강점들(태도, 행동, 지식, 기술 등)을 핵심적으로 다룬다. 면접과정에는 직무에 특수한 상황을 규정하고, 지원자에게 그 상황에 어떻게 대처할 것인지를 설명하며, 과거 직무에서 이와 유사한 상황에서 어떻게 대처하였는지를 설명하도록 요구하는 것이 포함된다. "상충하는 요구가 있는데, 둘을 모두 만족시킬 시간이 없었던 경우를 말해보십시오. 그 상황에 어떻게 대처하였습니까?" 구글은 면접에서 "분

구조화 면접 모든 지원자에게 동일한 직무 관련 질문을 던지는 면접과정으로, 각 지원자를 확정된 척도에서 평가한다. 

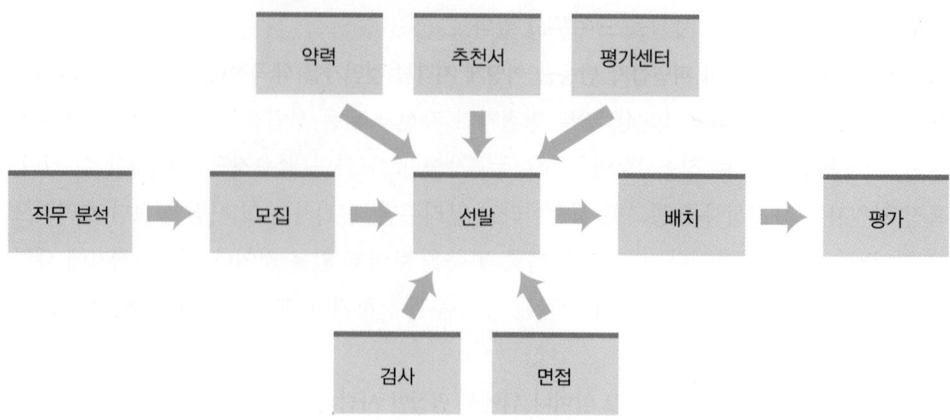

그림 C.1
인사심리학자의 과제 인사심리학자는 직무 정의에서부터 직원 평가에 이르는 인사관리 활동을 자문한다.

석하기 어려운 문제를 해결하였던 사례를 제시해보십시오."라고 요구하였다(Bock, 2013).

기억 왜곡과 편향을 감소시키기 위해서 면접자는 기록을 하며 면접을 진행하는 동안 평가를 하고, 관련 없는 질문이나 추가 질문을 하지 않는다. 따라서 구조화 면접은 덜 인간적으로 느껴지지만, 이 사실을 지원자들에게 설명해줄 수 있다. "이러한 대화방식이 이 회사에서 전형적으로 진행되는 방식은 아닙니다."

150편의 연구결과를 개관한 결과, 구조화 면접이 비구조화 면접보다 예측 정확도에서 두 배가 넘는 것으로 나타났다(Schmidt & Hunter, 1998; Wiesner & Cronshaw, 1988). 또한 구조화 면접은 과체중 지원자에 대한 편향과 같은 것도 줄여준다(Kutcher & Bragger, 2004).

만일 직관이 채용과정을 편향시키도록 내버려둔다면, "우리가 할 수 있는 일이란 조카와 같은 특정인만을 고용하였던 배타적 조직망을 악수할 때 당신을 가장 감명시켰던 사람을 고용하는 또 다른 배타적 조직망으로 바꿔치기하는 것뿐이다. 만일 우리가 신중하지 못하다면, 사회적 진보란 단지 명백하게 임의적인 것을 명백하게 드러나지 않는 임의적인 것으로 대치하는 것에 불과할 뿐이다."라고 말콤 글래드웰(2000)은 지적하고 있다.

요컨대, 인사심리학자는 구직자를 훈련시키며, 직무를 분석하고 적절한 지원자를 모집하며 사원을 선발하고 배치하며 그들의 성과를 평가함으로써 조직을 지원하고 있다. 또한 직원들의 직무수행도 평가한다(그림 C.1).

직무수행의 평가

직무수행 평가는 조직에서 여러 가지 목적을 위한 것이다. 누구를 퇴출시킬 것인지, 어떻게 합당한 보상과 임금을 지불할 것인지, 때때로 실시되는 직무 이동이나 승진을 통해서 어떻게 직원들의 강점을 강화시킬 것인지 등을 결정하는 데 도움을 준다. 또한 개인적 목적도 가지고 있다. 피드백은 직원의 장점을 확인시키고, 어떤 직무수행 능력을 증진시키도록 동기화시키는 데 도움을 준다.

직무수행 평가 방법에는 다음과 같은 것들이 포함된다.

- **체크리스트** 상급자가 직원을 기술하는 행동을 체크만 하면 된다("항상 고객의 욕구에 귀를 기울인다.", "쉬는 시간이 너무 길다.").
- **그래프 평정 척도** 상급자가 직원이 얼마나 신뢰할 수 있는지, 그리고 생산적인지를 예컨대

5점 척도에 체크한다.

- **행동 평정 척도** 상급자가 직원의 성과를 가장 잘 기술하는 행동을 체크한다. 만일 직원의 '절차를 준수하는' 정도를 평가하는 것이라면, 상사는 '손쉬운 방법을 택하기 십상이다'와 '항상 규정된 절차를 준수한다' 사이 어딘가에 표시를 하게 된다(Levy, 2003).

어떤 조직에서는 직무수행 피드백이 상급자뿐만 아니라 모든 조직 수준에서 주어지기도 한다. 만일 여러분이 360도 피드백(그림 C.2)을 시행하는 조직에 들어간다면, 여러분은 자신과 상급자 그리고 다른 동료들을 평가하게 되며, 여러분도 상급자와 동료 그리고 고객의 평가를 받게 된다(Green, 2002). 이렇게 함으로써 보다 개방적인 소통과 완벽한 평가가 이루어지기 쉽게 된다.

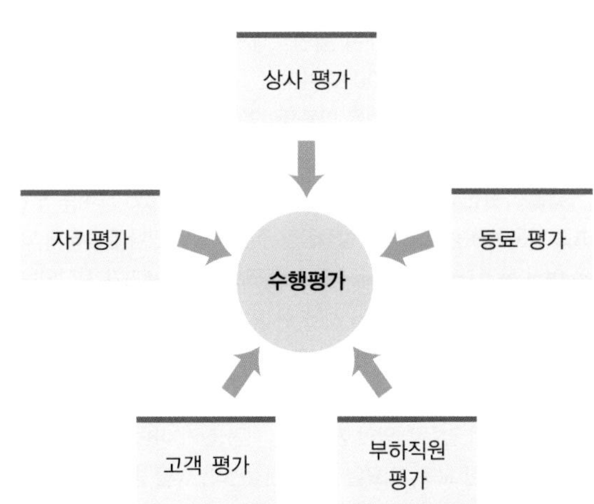

그림 C.2
360도 피드백 360도 피드백에서는 개인의 지식과 기술 그리고 행동을 자신과 주변 사람들이 평가한다. 예컨대, 교수를 학과장, 학생, 동료 교수들이 평가한다. 모든 평가를 받은 후에 교수는 학과장과 360도 피드백의 내용을 상의한다.

직무수행 평가도 다른 사회적 판단과 마찬가지로 편향의 위험성이 있다(Murphy & Cleveland, 1995). **후광 오류**는 직원에 대한 전반적 평가나 친절함과 같은 특질의 평가가 신뢰성과 같이 특정 직무와 관련된 행동의 평가를 편향시킬 때 일어난다. **관대함 오류**와 **가혹함 오류**는 모든 사람에게 지나치게 관대하거나 엄격한 판단자의 경향성을 반영한다. **신근성 오류**는 평가자가 쉽게 회상할 수 있는 최근 행동에만 초점을 맞출 때 일어난다. 여러 명이 평가하도록 하며 객관적이고 직무와 관련된 직무수행 측정치를 개발함으로써 인사심리학자는 조직을 지원할 뿐만 아니라 직원들도 평가과정이 공정한 것으로 지각하도록 하는 데 도움을 준다.

인출 연습

RP-2 인력 담당 책임자가 여러분에게 "나는 검사결과나 추천서에 신경 쓰지 않아요. 면접에만 의존합니다."라고 설명하고 있다. 산업조직심리학 연구에 근거할 때, 이 말이 야기하는 걱정거리는 무엇인가?

답은 부록 E를 참조

조직심리학

유능하고 다양한 인력을 모집하고 고용하며 훈련하고 평가하는 것이 중요하지만, 직원의 동기와 사기도 중요하다. 조직심리학자는 직원을 동기화시키고 일에 매진하게 만들려는 노력을 지원하며, 효과적인 리더십도 탐색한다.

일터에서의 만족과 직무 몰입

LOQ C-4 조직심리학자가 직원의 직무 만족과 몰입에 관심을 갖는 까닭은 무엇인가?

산업조직심리학자는 직무 만족과 일과 생활의 균형에 대한 만족이 삶에 대한 전반적인 만족을 제공한다는 사실을 확인해왔다(Bowling et al., 2010). (때로는 재택근무가 가능하게 해주는) 직무 스트레스의 감소가 건강을 증진시킨다(Allen et al., 2015).

만족하고 있는 구성원이 조직의 성공에도 기여한다. 직장에서의 긍정적 기분은 창의성, 책임

선행이 만사형통—'위대한 실험' 18세기가 끝날 무렵, 스코틀랜드 뉴래나크의 방적공장에는 1,000명이 넘는 노동자들이 일하고 있었다. 대부분은 글래스고 빈민가에서 데려온 아동들이었다. 하루에 13시간씩 일하면서 암울한 조건에서 살아가고 있었다.

웨일스 출신의 이상적인 젊은 방적공장 경영자였던 로버트 오언은 글래스고를 방문하던 중에 우연히 방적공장 주인의 딸을 만나 결혼하게 되었다. 오언은 여러 동업자들과 함께 공장을 사들였으며, 19세기가 시작되는 첫날에 그가 말한 '세계 어느 곳, 어느 시대에서도 수행하지 않았던 인류의 행복을 위한 가장 중요한 실험'을 시작하였다(Owen, 1814). 그는 아동과 성인 노동력의 착취가 불행하고 비효율적인 노동자들을 만들어내고 있는 것을 목격하였다. 오언은 다음과 같은 다양한 개혁, 즉 학령 전기 아동을 위한 어린이집, 나이 든 아동을 위한 교육, 일요일 휴무, 건강관리, 유급 병가, 공장 가동이 중단되었을 때를 위한 실직 수당, 저렴한 가격으로 물건을 파는 회사가 운영하는 가게 등의 개혁을 실시하였다. 오언은 생산 목표와 근로자 평가 프로그램도 개선하였는데, 여기에는 매일매일의 생산성과 경비에 대한 상세한 기록과 함께 '구타 금지, 모욕적 표현 금지'가 포함되었다.

뒤따른 기업적 성공은 인도주의적 개혁운동에 기름을 부었다. 10년이 넘도록 계속해서 기업 이윤이 증가하였던 1816년에 오언은 자신이 "범죄와 가난이 사라지고, 건강이 엄청나게 개선되며, 궁핍함이 거의 없고, 지능과 행동이 100배로 증가하는 사회를 만들 수 있다."라는 사실을 증명하였다고 믿었다. 비록 그의 유토피아적 비전이 달성되지는 않았다고 하더라도, 오언의 위대한 실험은 오늘날 대부분의 국가에서 인정받고 있는 고용 관행의 초석이 되었다.

Courtesy of New Lanark Trust

감, 그리고 협동감에 기여한다(Ford et al., 2011; Jeffrey et al., 2014; Shockley et al., 2012). 그렇다면 일에 몰두하고 행복한 구성원이 결근율과 이직률도 낮은가? 조직의 재산을 빼돌릴 가능성이 낮은가? 출퇴근시간을 더 잘 지키는가? 보다 생산적인가? 선행 연구들의 통계분석 결과는 개인의 직무 만족도와 직무수행 간에 어느 정도의 정적 상관이 있음을 밝혀왔다(Judge et al., 2001; Ng et al., 2009). 영국의 42개 제조회사에 근무하는 4,500명의 직원을 대상으로 수행한 최근 분석에서 보면, 가장 생산적인 직원들은 작업 환경에 만족하는 직원들이었다(Patterson et al., 2004).

어떤 조직은 보다 몰입하고 생산적인 직원들을 양성해내는 비결을 가지고 있는 것으로 보인다. 미국에서 **포춘**지가 선정한 '가장 일하고 싶은 100대 기업'들이 투자자들에게 평균보다 훨씬 높은 수익을 가져다주었다(Yoshimoto & Frauenheim, 2018). 다른 긍정적인 데이터는 사상 최대 규모의 연구에서 찾아볼 수 있는데, 이 연구는 36개 대기업의 거의 8,000개 부서에 근무하는 198,000명 이상의 직원들을 조사한 갤럽 데이터를 분석한 것이다(여기에는 1,100여 개 은행의 지점, 1,200여 개의 판매장, 그리고 4,200여 개의 팀이나 부서가 포함되었다). 제임스 하터 등(2002)은 조직의 성공이 구성원들의 직무 몰입에 관한 다양한 측정치들, 예컨대 구성원들의 직무 몰입 정도, 열정, 조직과의 동일시 등과 어떤 관계가 있는지를 탐구하였다(표 C.2). 이들은 직무에 몰입한 구성원들이 그렇지 않은 구성원들에 비해서 자신에게 기대하는 것이 무엇인지를 알고 있고, 자기 업무에 필요한 능력을 가지고 있으며, 자기 업무에 만족감을 느끼고, 자기 능력을 최대로 발휘할 수 있는 정기적인 기회를 가지고 있으며, 자신이 중요한 무엇인가의 한 부분이라고 지각하고, 학습하고 발전할 기회를 가지고 있다는 사실을 밝혀냈다. 또한 직무에 충실한 직원들이 근무하는 부서는

성실한 직원 모하메드 마모우(왼쪽)는 미국 시민이 될 때 국기에 대한 맹세를 함으로써 직업을 갖게 되었다. 마모우와 부인은 소말리아 난민캠프에서 만났으며, 지금은 다섯 아이의 부모가 되었으며, 기능공으로 일하면서 이들을 키우고 있다. "나는 직업을 잃기 싫다. 나는 자식들과 가족에 대한 책무가 있다."라고 다짐하면서 자신의 책무를 항상 유념하고 있는 그는 직장에 30분 일찍 출근하여 자기 업무의 모든 세부사항을 점검한다. 고용주는 "그는 정말로 열심히 일합니다. 우리 모두에게 우리가 정말로 축복받았다는 사실을 일깨워줍니다."라고 언급하였다(Roelofs, 2010).

Advance/MLive.com

tdub_video/Getty Images

Hero Images/Getty Images

Peter Cade/Getty Images

업무 중요도 사람들은 자신의 일이 업무 중요도를 가지고 있을 때, 즉 자신의 일을 다른 사람에게 도움을 주는 것으로 간주할 때, 그 일에 의미를 부여하고 몰입한다(Allan, 2017).

표 C.2 세 가지 유형의 직원

- **직무 몰입 직원** : 열정 그리고 회사나 조직과 긴밀한 연계감을 가지고 일을 하는 직원
- **직무 태만 직원** : 자리를 지키고 있으나 직무에 열정이나 노력을 기울이지 않는 직원
- **적극적 직무 태만 직원** : 동료들이 달성한 것을 깎아내리는 불행한 직원

출처 : Crabtree(2005)

보다 많은 단골 고객을 확보하고 있으며, 이직률이 낮고, 생산성이 높으며, 보다 많은 이득을 창출한다는 사실도 찾아냈다.

몇 퍼센트의 직원이 몰입하고 있는가? 159개 국가에서 640만 명을 대상으로 수행한 대규모 연구에서 보면, 단지 15%의 직원만이 몰입하고 있다고 보고하였다(Gallup, 2017, 2020). 몰입, 즉 자신의 직무에 빠져있으며 열정적이라는 느낌은 지식에 기반한 직무를 수행하고 근무시간이 유연하며 다른 장소에서도 일할 수 있는 자유가 있는 직원들 사이에서 가장 높았다. 오늘날 더 많은 조직이 직원의 몰입을 증가시키려는 희망을 가지고 그러한 혜택을 제안하고 있다(Eisenberger et al., 2019).

그렇다면 기업의 성공과 직원의 사기나 직무 몰입 간의 이러한 상관에는 어떤 인과적 관계가 존재하는 것인가? 기업의 성공이 사기를 드높이는가, 아니면 높은 사기가 성공을 드높이는가? 142,000명의 직원을 대상으로 수행한 후속 종단연구에서, 시간이 경과할수록 기업 성공이 직원들의 태도를 예측하기보다는 그들의 태도가 미래의 기업 성공을 예측한다는 사실을 발견하였다(Harter et al., 2010). 다른 많은 연구가 행복한 직원이 훌륭한 직원인 경향이 있다는 사실을 확증하고 있다(Ford et al., 2011; Seibert et al., 2011; Shockley et al., 2012). 또 다른 분석은 직원들의 직무 몰입 수준이 상위 25%에 해당하는 기업과 평균 이하인 기업들을 비교하였다. 3년에 걸쳐서, 몰입도가 높은 직원들을 보유한 기업의 수입이 2.6배나 빠르게 증가하였다(Ott, 2007). 몰입하는 직원을 보유할 가치가 충분하다.

효율적 리더십

LOQ C-5 어떤 지도자가 가장 효율적인가?

몰입하는 직원이 저절로 생기는 것은 아니다. 대부분의 경우에 효율적인 **지도자**(leader), 즉 직원들이 집단의 성공을 가능하게 만들도록 동기화시키고 영향력을 행사하며, 자신의 관심사와 충성심을 발휘하는 사람이 존재한다(Royal, 2019). 훌륭한 상사는 직원의 안녕을 지원하고, 목표를 명확하게 천명하며, 상황에 적합한 방식으로 이끌어가고, 문화적 맥락을 고려한다.

구체적이고 도전적인 목표의 설정

"금요일까지 역사과목 보고서 작성을 위한 정보 수집을 끝마친다."와 같이 구체적이고 측정 가능한 목표는 주의를 집중하고 쉽사리 포기하지 않으면서 창의적이 되도록 고취시킨다. 목표는 성취하려는 동기를 조장하는데, 특히 진도 보고서와 결합할 때 그렇다(Harkin et al., 2016). 많은 사람의 경우에 생일, 새해, 새 학기, 졸업, 새로운 직업, 새로운 10년 등과 같이 특별한 시점은 개인적인 목표 설정을 촉발시킨다(Alter & Hershfield, 2014; Dai et al., 2014). 거창한 목표를 작은 단계(하위목표)로 분할하고, 언제 어디서 어떻게 그 단계들을 달성할 것인지를 나타내는 구현의도를 규정한 실행계획은 과제를 제시간에 완수할 가능성을 증가시킨다(Fishbach et al., 2006; Gollwitzer & Sheeran, 2006). 과제를 수행해가는 과정에서 사람들이 먼 훗날의 목표(예컨대, 학점)보다는 즉각적인 목표(예컨대, 매일 해야 하는 공부)에 초점을 맞출 때 자신의 기분과 동기를 가장 잘 유지하게 된다. 궁극적인 포상에 눈을 맞추기보다는 꾸준하게 일하는 것이 더 좋은 것이다(Houser-Marko & Sheldon, 2008).

"훌륭한 지도자는 구성원들이 해낼 수 있는 것 이상을 요구하지는 않지만, 구성원들이 해내려고 의도하는 것이나 해낼 수 있다고 생각하는 것 이상을 요구하고 또한 달성하기 십상이다." 존 가드너, 『수월성』(1984)

따라서 매번 이 책의 개정판을 출판하는 작업을 시작하기에 앞서, 저자와 편집팀은 하위목표들을 설정하는 방식으로 작업을 진행한다. 예컨대, 각 장의 초고를 완성하고 편집하는 목표 일자를 설정하고 동의하는 식이다. 단기목표 각각을 달성하는 데 초점을 맞추게 되면, 예정한 일자에 출판한다는 보상은 저절로 뒤따르게 되는 것이다. 따라서 높은 생산성을 동기화시키기 위해서 유능한 지도자는 부하직원들과 함께 명시적 목표를 정의하고 실행계획을 설정하도록 작업하며, 진행과정에 대한 피드백을 제공해준다. 그러한 목표가 SMART[1] 목표이다.

적절한 리더십 스타일의 선택

실험실 집단, 작업팀, 대기업의 효율적인 지도자는 카리스마, 즉 상대방을 편안하게 만들면서도 영향을 행사하는 능력을 발휘하기 십상이다(Goethals & Allison, 2014; Tskhay et al., 2018). 카리스마가 있는 사람은 사람들의 충성심을 고취시키고 열정적으로 몰입하도록 만드는 능력을 가지고 있다(Grabo & van Vugt, 2016).

카리스마는 리더십을 강화하는데, 특히 실제적인 관리능력과 결합될 때 그렇다(Vergauwe et al., 2018). 어떤 또 다른 자질이 도움이 되겠는가? 리더십은 지도자의 자질과 상황의 요구사항 모두에 따라 달라진다(Bandura et al., 2019). 어떤 상황에서는(전투에서 부대를 이끄는 지휘관을 생각해보라) 지시적 스타일이 요구된다(Fiedler, 1981). 코미디 프로그램을 개발하는 것과 같

1 여기서 SMART란 Specific(구체적), Measurable(측정 가능), Achievable(달성 가능), Realistic(현실적), Timely(시의적절)의 두문자어이다._역자 주

은 다른 상황에서는, 팀 구성원들의 창의성을 끌어내는 민주적 스타일을 사용하는 지도자가 더 우수한 결과를 얻을 수 있다.

지도자는 개인적 자질에서 차이를 보인다. 혹자는 **과제 리더십**(task leadership), 즉 목표를 설정하고, 직무를 조직하며, 목표에 초점을 맞추는 리더십에서 유능성을 보인다. 과제 지도자는 집단이 과제에 초점을 맞추도록 전형적으로 지시적 스타일을 사용하는데, 지도자가 올바른 방향을 제시할 때 잘 작동한다(Fiedler, 1987).

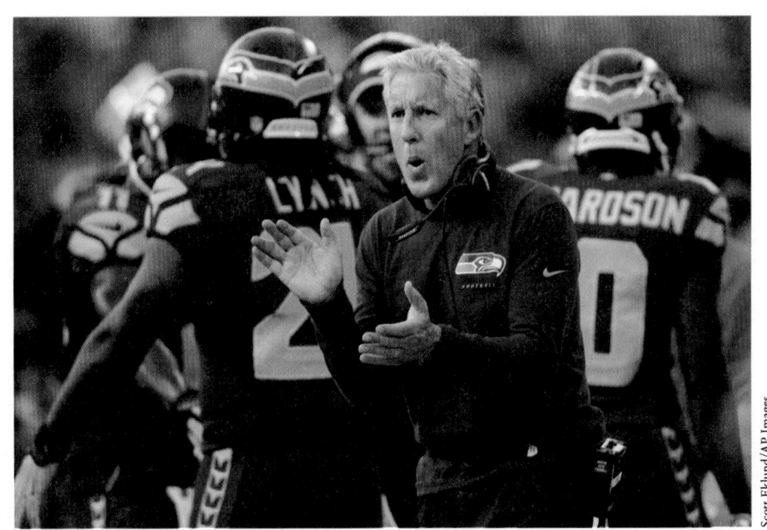

Scott Eklund/AP Images

긍정적 코치하기의 위력 서던캘리포니아대학교를 두 번씩이나 챔피언으로 이끌었고 프로팀인 시애틀 시호크스 팀을 슈퍼볼 챔피언으로 이끌었던 미식축구 감독 피트 캐럴은 긍정적 열정과 재미있는 연습을 '팀에 책임감을 느끼면서도 자신을 위해서도 무엇인가를 할 수 있게 해주는 환경에 몰입하는 것'과 결합시키고 있다(Trotter, 2014). 시호크스의 유명한 수비선수인 리처드 셔먼은 "이길 수 있다는 긍정적 마음을 갖게 해줍니다."라고 언급하고 있다.

다른 사람은 **사회적 리더십**(social leadership)에서 뛰어나다. 결정사항을 설명해주고, 구성원들이 갈등을 해소하도록 도와주며, 협업을 잘하는 팀을 구성한다(Bisbey et al., 2019; Pfaff et al., 2013). 사회적 지도자는 민주적 스타일이기 십상이며, 많은 사회적 지도자가 여성이다. 권한을 위임하고 집단 구성원들의 참여를 적극 권장한다. 사회적 리더십과 팀 구축은 사기와 생산성을 증진시킨다(Shuffler et al., 2011, 2013). 사람들은 의사결정에 참여할 수 있을 때 일반적으로 더 만족하고 동기가 높으며 우수한 수행을 나타낸다(Cawley et al., 1998; Pereira & Osburn, 2007). 나아가서 집단 구성원들이 서로를 잘 파악하고 있으며 동등하게 참여할 때, 보다 높은 '집단 지능'을 발휘하여 문제를 해결하게 된다(Woolley et al., 2010).

네덜란드의 50개 기업을 대상으로 수행한 연구에서 보면, 직원들의 사기가 가장 높은 기업은 최고경영자가 '집단을 위하여 개인의 사리사욕을 뛰어넘도록' 동료들을 고무시킨 기업이었다(de Hoogh et al., 2004). 이러한 유형의 변환형 리더십은 사람들로 하여금 자신을 집단의 임무와 동일시하고 그 임무에 몰입하도록 동기화시킨다. 변환형 지도자들은 대부분이 선천적으로 외향적이며, 높은 기준을 설정하고, 사람들이 자신의 비전을 공유하도록 고취시키며, 개인적 관심을 보인다(Bono & Judge, 2004). 그 결과로 인해서 직무에 더 몰입하고 신뢰할 만하며 효율적인 조직 구성원들이 만들어지기 십상이다(Turner et al., 2002). 남성보다는 여성 지도자가 변환성 리더십의 자질을 나타내는 경향이 있다(Wang, G. et al., 2018).

인도, 대만, 이란에서 수행한 연구들은 석탄 광산이든 은행이든 아니면 정부기관이든지 간에, 유능한 상사는 과제 리더십과 사회적 리더십 모두를 상당한 정도로 나타내기 십상임을 시사한다(Smith & Tayeb, 1989). 성취를 염두에 두는 유능한 상사는 일을 얼마나 잘 수행하는지에 관심을 기울이는 것이 확실하지만, 동시에 부하직원들의 요구에도 민감하다. 융통성 있는 근무시간을 시행하는 가족적 분위기의 조직에 근무하는 사람들이 더 높은 직무 만족도와 상사에 대한 더 높은 충성심을 보고한다(Butts et al., 2013; Roehling et al., 2001). 미국에서 보면, 보편적 미덕(겸손함, 지혜, 용기 등)을 나타내는 상원의원이 조작과 협박을 행하는 상원의원보다 시간이 지남에 따라 리더십 역할에서 더 큰 영향력을 행사하게 된다(ten Brinke et al., 2016). 사회적 미덕이 작동하는 것이다.

정적 강화 유능한 리더십은 조작적 조건형성의 기본 원리에 근거하기 십상이다. 행동을 가르치려면, 올바른 행동을 하는 사람을 포착하여 그 행동을 강화하라. 간단한 것처럼 들리지만, 많

지도자 사람들에게 집단의 성공에 기여하도록 동기화시키고 영향을 미치는 개인

과제 리더십 목표지향적 리더십으로 기준을 설정하고 일을 조직하며 목표에 초점을 맞춘다.

사회적 리더십 집단지향적 리더십으로 팀워크를 구축하고 갈등을 중재하며 지원을 해준다.

The New Yorker Collection, 1988, Anthony Taber from cartoonbank.com. All Rights Reserved.

은 상사는 자녀에 잘못 대처하는 부모와 같다. 즉 자녀가 거의 만점에 가까운 성적표를 들고 왔을 때, 성적이 나쁜 한 과목에만 초점을 맞추고 나머지는 무시하는 부모 말이다. 갤럽(2004)은 "작년에 65%의 미국인이 직장에서 칭찬이나 인정을 한 번도 받지 못하였다."라고 보고하였다.

소속욕구의 충족 직원의 소속욕구를 만족시켜 주는 근무환경이 고무적이다. 양질의 동료 관계를 즐기는 직원이 열정을 가지고 직무에 몰입한다(Carmeli et al., 2009). 갤럽 연구자들은 전 세계적으로 1,500만 명 이상의 직원에게 "직장에 절친한 친구를 가지고 있는지"를 물었다. 톰 래스와 제임스 하터(2010)는 그렇다고 답한 30%가 그렇지 않다고 답한 사람에 비해서 "자신의 직무에 몰입하고 있을 가능성이 7배나 높다."라고 보고하였다. 앞서 언급한 바와 같이, 긍정적이고 몰입하는 직원이 번성하는 조직의 지표이다.

참여적 경영 의사결정에의 직원 참여가 스웨덴, 일본, 미국 등에서 보편적이며, 다른 국가에서도 점차로 증가하고 있다(Cawley et al., 1998; Sundstrom et al., 1990). 자신의 의견을 발언할 기회가 주어지고 의사결정 과정에 참여하는 직원은 최종 결정에 보다 긍정적으로 반응한다(van den Bos & Spruijt, 2002). 또한 권한을 더 많이 가지고 있다고 느끼게 됨으로써 더욱 창의적이 될 가능성이 높아진다(Hennessey & Amabile, 2010; Seibert et al., 2011).

직원 참여의 정점은 직원들이 소유하는 회사이며, 미국에만 거의 200,000명의 직원이 근무하는 퍼블릭스 슈퍼마켓을 포함하여 2,000개 정도의 회사가 있을 것으로 알려져 있다(Lapp, 2019). 저자(마이어스)가 살고 있는 지역에 위치한 플리트우드 그룹이 그러한 회사 중의 하나이며, 165명의 직원이 근무하는 교육용 가구와 무선 통신장비를 생산하는 회사이다. 모든 직원이 회사의 지분을 소유하고 있으며, 모든 직원이 100% 회사를 소유하고 있다. 근무연수가 증가함에 따라서 더 많은 지분을 소유하게 되지만, 한 사람이 5% 이상을 소유할 수는 없다. 모든 회사 사장들과 마찬가지로, 플리트우드 사장도 주주들을 위해서 일을 하는데, 주주들이 바로 자신의 직원들인 것이다.

플리트우드 그룹은 충성심을 고취시키는 '고용자 리더십'과 '각 팀의 구성원이자 소유주에 대한 상호 존중과 배려'를 보장하는 회사로서, 이윤에 우선하여 사람들을 자유롭게 배치하고 있다. 따라서 최근 경기 후퇴로 주문량이 감소하였을 때, 직원이자 소유주들은 직장을 보장해주는 것이 이윤보다 중요하다는 결정을 내렸다. 회사는 다른 때 같았으면 놀고 있을 수밖에 없는 직원들에게 월급을 주면서 비영리기관에서 전화를 받는다든지 영세민을 위한 집을 짓는 등 지역사회 서비스에 참여하도록 유도하였다. 직원 보유제도가 재능 있는 사람들을 끌어들여 이직하지 않게 하는데, 이것이 플리트우드에게는 회사의 성공을 의미하는 것이었다.

리더십 스타일에 대한 문화적 영향

LOQ C-6 효율적인 리더십 스타일을 선택할 때 어떤 문화적 요인을 고려할 필요가 있는가?

AJ_Watt/Getty Images

효율적인 지도자+만족스러운 직무=몰입하는 직원

산업조직심리학은 북미에 뿌리를 두고 출현하였다. 그렇다면 그 리더십 원리가 전 세계 다양한 문화에 얼마나 잘 적용되겠는가?

전 세계적 연구 프로젝트인 GLOBE(Global Leadership and Organizational Behavior Effectiveness)는 기대하는 리더십에서의 문화적 차이를 연구하였다(House et al., 2001). 예컨대, 어떤 문화는 자원과 보상의 공동 분배를 장려하며, 다른 문화는 더 개인주의적이다. 어떤 문화는 전통적인 성별 역할을 최소화하고, 다른 문화는 강조한다. 어떤 문화는 다정하고 보살피며 친절한 것에 우선권을 부여하며, 다른 문화는 '나 먼저' 태도를 부추긴다. 이 연구 프로젝트의 첫 번째 연구단계에서는 61개 국가에서 950개 조직의 지도자 17,300명을 연구하였다(Brodbeck et al., 2008; Dorfman et al., 2012). 어떤 문화에서는 지시적이고 다른 문화에서는 참여적인 것처럼 리더십 기대를 충족시키는 지도자는 성공적인 경향이 있다는 것이 한 가지 결과이었다. 문화가 리더십 그리고 그 리더십을 성공적이게 만들어주는 것을 조성한다.

그렇지만 어떤 지도자 행동은 보편적 효율성을 갖는다. 45개 국가에서 거의 50,000개의 부서를 대상으로 갤럽이 수행한 집중적 연구에서 보면, 번창하는 기업은 (직원의 취약점에 처벌을 가하는 대신에) 직원의 강점을 확인하고 부추기는 데 초점을 맞추는 경향이 있다. 그렇게 하는 것은 직원 몰입, 소비자 만족, 수익성 등의 증가를 예측한다(Rigoni & Asplund, 2016a,b). 강점에 기반한 리더십은 상당한 이득을 초래하며, 직장에서 결근율과 이직률이 낮은 보다 행복하고 창의적이며 생산적인 근로자들을 지원한다(Amabile & Kramer, 2011; De Neve et al, 2013).

나아가서 동일한 원리가 학생들의 만족, 학업, 미래 성공 등에도 영향을 미친다(Larkin et al., 2013; Ray & Kafka, 2014). 배려하는 친구와 교수들의 지원을 받고 있다고 느끼는 학생이 재학 중에 끈기를 가지고 분투하여 졸업한 후에도 결국 성공하는 경향이 있다.

* * *

지금까지 직원의 선발과 배치, 평가와 발전에 초점을 맞춘 산업조직심리학의 하위분야인 인사심리학을 살펴보았다. 직원 만족도와 생산성 그리고 조직 변화에 초점을 맞춘 산업조직심리학의 하위분야인 조직심리학도 살펴보았다. 마지막으로 인간-기계 인터페이스를 탐구하는 인간요인 심리학을 살펴보도록 한다.

자문자답하기

어떤 유형의 리더십 역할에서 여러분이 매우 뛰어나다고 생각하는가? 이미 리더십을 경험하였다면, 어떻게 더욱 효율적이고 유능한 지도자가 될 수 있겠는가?

인출 연습

RP-3 변환형 지도자에게는 어떤 특성이 중요한가?

답은 부록 E를 참조

인간요인심리학

LOQ C-7 인간요인심리학자는 사용자에게 우호적인 기계와 작업 상황을 만들어내기 위하여 어떤 연구를 수행하는가?

때때로 디자인은 인간요인을 간과한다. 인지과학자 도널드 노먼(2001)은 자신이 새로 구입한 HDTV의 부품들을 연결하여 조립하고 7개의 리모컨을 하나의 홈시어터 시스템으로 통합하는 것이 너무나 복잡한 것을 한탄하였다. "나는 애플사에서 고급 테크놀로지 개발 담당 부사장이었다. 수십 가지 프로그래밍 언어로 수많은 프로그램을 작성할 수 있으며, 텔레비전의 작동 원리도 이해하고 있다. 정말로 그렇다… 그런데 아무런 쓸모가 없다. 나는 그저 어찌할 바를 모르겠다."

인간요인심리학자는 디자이너와 공학자들과 협력하여 장치와 기계 그리고 작업 장면을 사람들의 자연스러운 지각과 성향에 부합하도록 설계한다. 은행의 현금인출기는 내부적으로 그 어떤 리모컨보다 복잡하지만, 인간요인공학 덕분에 사용하기가 훨씬 쉽다. 디지털 녹화기는 텔레비전 녹화 문제를 단순한 '선택하여 클릭하기' 메뉴 시스템을 가지고 해결하였다. 마찬가지로 애플사는 아이폰과 아이팟을 쉽게 사용할 수 있도록 설계하였다. 포켓용과 웨어러블 테크놀로지는 점차적으로 촉각 피드백을 사용하고 있다. 엄지의 지문으로 전화기를 열고, 스마트워치를 이용하여 맥박을 체크하며, 손목에 차는 다른 장비를 가지고 피부에 진행할 방향을 지시한다.

노먼(2001)은 사람들에게 적합한 좋은 디자인을 예시하는 웹사이트(www.jnd.org)를 운영하고 있다(그림 C.3). 인간요인심리학자들은 효율적인 환경을 디자인하는 작업도 하고 있다. 연구자들은 이상적인 주방이란 필요한 물품을 눈높이 수준에 맞추어 사용할 위치와 가까운 곳에 보관해두는 것이라는 사실을 밝혀냈다. 예컨대, 냉장고와 스토브 그리고 개수대를 삼각형의 꼭짓점에 해당하는 위치에 배치함으로써 일거리들을 순서대로 할 수 있도록 배열한다. 조리대를 팔꿈치 높이이거나 약간 아래에 위치시킴으로써 손이 자연스럽게 작업을 하도록 만들어준다(Boehm-Davis, 2005).

Ride On Carry On

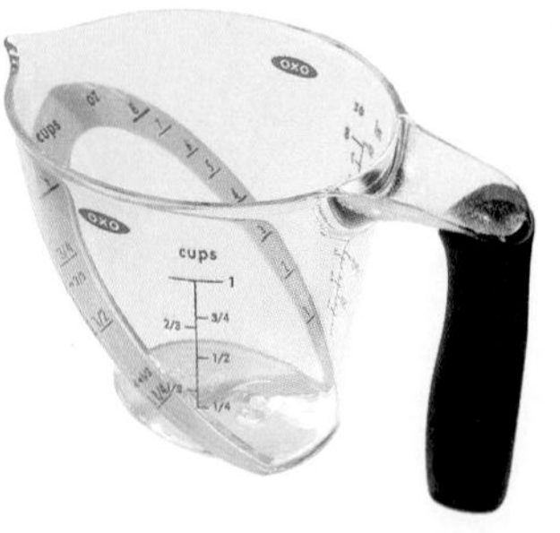

OXO Good Grips

그림 C.3
사람들에게 적합한 제품의 설계
인간요인심리학자 도널드 노먼은 효율적으로 설계한 제품의 예들을 제시하고 있다. '비행기 승무원인 어머니가 설계한' 접을 수 있는 부착용 의자는 작은 여행가방이 유모차의 역할도 할 수 있게 해준다. 계량컵은 사용자가 위에서도 양을 알아볼 수 있게 해준다.

인간요인을 이해하는 것은 사고를 예방하는 데 도움을 줄 수 있다. 사고를 유발하는 인간요인을 연구함으로써, 심리학자들은 전 세계적으로 매년 125만 명의 교통사고 사망자를 초래하는 혼동이나 피로 그리고 부주의를 감소시키는 방법들을 개발하고자 시도하고 있다(WHO, 2016). 민간 항공기 사고의 적어도 2/3는 인간요인에 의해서 발생한다(Shappell et al., 2007). 1960년대 후반에 민간 항공기 시대가 개막된 이래, 보잉 727기는 조종사의 실수가 야기한 여러 차례의 착륙 사고를 일으켰다. 심리학자 콘래드 크래프트(1978)는 이 사고들의 공통점을 찾아냈다. 모든 사건은 밤에 일어났으며, 어두운 밤바다나 대지를 통과한 후에 착륙할 때 활주로가 모자라서 일어났다. 크래프트는 활주로 너머에 있는 도시는 대개 활주로보다 조금 높은 곳에 위치함으로써 그 도시의 불빛이 상대적으로 큰 망막상으로 투사된다고 추론하였다. 그래서 활주로가 실제보다 더 멀리 있는 것처럼 보이게 만들었다는 것이다. 비행 시뮬레이션에서 이러한 조건을 구현하였을 때, 크래프트는 조종사들이 실제 고도보다 더 높이 날고 있다고 생각하게 만드는 착시가 일어난다는 사실을 발견하였다(그림 C.4). 크래프트의 연구결과에 도움을 받아, 항공사들은 비행기가 착륙을 위해 하강할 때 부조종사로 하여금 고도계를 감시하면서 현재의 고도를 조종사에게 알려주도록 요구하기 시작하였으며, 사고도 감소하게 되었다.

인간요인심리학자는 다른 상황에서도 사람들이 올바르게 기능하도록 도움을 줄 수 있다. 극장, 공회당, 예배 장소 등에서 가용한 '보조 청취' 테크놀로지를 생각해보자. 미국에서 널리 사용되고 있는 한 가지 기술은 주머니 크기의 리시버에 부착된 헤드셋을 필요로 한다. 이 시스템을 디자인하고 구입하며 설치한 선의의 사람들은 이 기술이 사용자의 귀에 소리를 직접 전달하게 만들어준다는 사실을 정확하게 이해하고 있다. 불행한 사실은 청각 장애자 중에서 이렇게 눈에 확 뜨이는 헤드셋의 대여 장소를 확인하고 요청하여 착용하고는 반납하는 불편함을 감내하는 사람이 거의 없다는 점이다. 따라서 대부분의 헤드셋은 캐비닛에서 잠자고 있다. 영국, 스칸디나비아 삼국, 그리고 호주에서는 청각 장애자의 개인 보청기를 통해서 맞춤화된 소리를 직접 전달하는 '루프 시스템'을 설치해왔다(HearingLoop.org 참조). 적절하게 설치하게 되면, 간단한 조작만으로 보청기를 귓속에 들어있는 확성기로 바꾸어줄 수 있다. 편안하고 눈에 뜨이지도 않으며 개인화된 소리를 제공한다면, 보다 많은 사람이 자발적으로 청취 보조기술을 사용할 것이다.

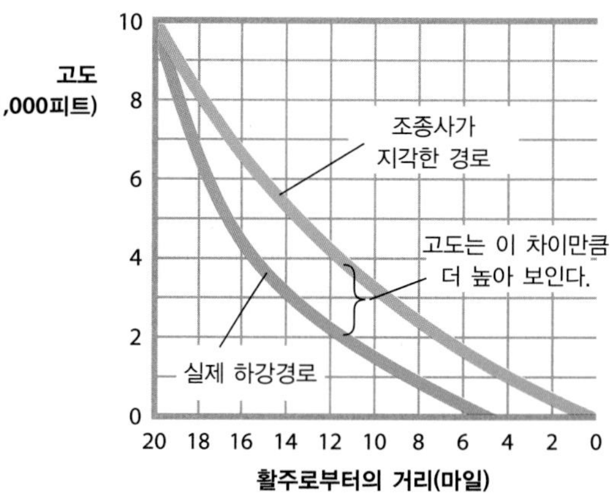

그림 C.4
오지각을 일으키는 인간요인 어두운 하늘로부터 활주로로 접근할 때 거리 단서가 결여됨으로써 야간 착륙을 시뮬레이션하는 조종사들이 너무 낮게 비행하는 경향이 있었다(Kraft, 1978의 데이터).

사람과 테크놀로지 간의 안전하고 용이하며 효과적인 상호작용을 가능하게 해주는 디자인을 만들고 난 후에는 그 디자인이 자명한 것처럼 보이기 일쑤이다. 그렇다면 그러한 디자인이 흔하지 않은 이유는 무엇인가? 테크놀로지 개발자들은 때때로 다른 사람들도 자신들의 전문성을 공유하고 있다고 오해한다. 즉, 자신들에게 명확한 것이 다른 사람들에게도 마찬가지로 명확할 것이라고 잘못 생각하는 것이다(Camerer et al., 1989; Nickerson, 1999). 친숙한 노랫가락을 전달하기 위하여 손가락으로 책상을 두드릴 때, 사람들은 듣는 사람이 그 가락을 알아차릴 것이라고 기대하기 십상이다(친구에게 한번 시도해보라). 그렇지만 듣는 사람에게 이것은 거의 불가능한 일이다(Newton, 1991). 여러분이 무엇인가를 알고 있을 때, 그것을 알지 못한다는 것이 어떤 것일지를 마음속에서 시뮬레이션해 보기는 어려우며, 이것을 지식의 저주라고 부른다.

"여러분이 무엇인가를 더 잘 알수록, 그것을 배우기가 얼마나 어려운 것인지를 기억해내기 어렵게 된다." 심리학자 스티븐 핑커, 『스타일 감각』(2014)

명심할 사항 : 디자이너와 공학자가 기계, 테크놀로지, 환경을 사람의 능력과 행동에 적합하도록 제작하고, 생산과 판매에 앞서 사용자를 대상으로 하는 검증을 실시하며, 항상 지식의 저주를 유념하면, 모든 사람이 도움을 받는다.

Steven Day/AP Images

안전한 착륙에서의 인간요인 진일보한 조종실 설계와 반복 훈련받은 긴급 상황 대처 절차는 심리학과 인간요인을 공부하였던 미국 공군사관학교 졸업생인 조종사 '설리' 슐렌버거에게 도움을 주었다. 2009년 1월, 슐렌버거의 신속한 결정은 고장을 일으킨 비행기를 뉴욕 허드슨강에 안전하게 착륙하도록 만들어서 155명의 승객과 승무원 모두를 안전하게 구조할 수 있었다.

자문자답하기

디자인이 잘 작동하지 않는 어떤 상황(새로운 테크놀로지의 사용, 건물 방문, 교통수단 사용 등)을 경험해보았는가? 설계자가 기계와 물리적 환경을 사람의 능력과 기대에 대응시키는 데 특히 유능성을 발휘한 어떤 상황을 경험해보았는가?

인출 연습

RP-4 지식의 저주란 무엇인가? 이것은 인간요인심리학자의 연구와 어떤 관계가 있는가?

답은 부록 E를 참조

개관 일터에서의 심리학

학습목표

자기검증 개념 파악을 증진시키도록 (부록 D의 답을 확인해보기에 앞서) 여러분 자신의 표현으로 여기서 반복하는 학습목표 물음에 답해보라 (McDaniel et al., 2009, 2015).

LOQ C-1 몰입감이란 무엇인가?

LOQ C-2 산업조직심리학의 세 가지 핵심 연구영역은 무엇인가?

LOQ C-3 인사심리학자는 어떻게 구직 활동, 직원의 선발과 배치, 직무수행 평가를 촉진하는가?

LOQ C-4 조직심리학자가 직원의 직무 만족과 몰입에 관심을 갖는 까닭은 무엇인가?

LOQ C-5 어떤 지도자가 가장 효율적인가?

LOQ C-6 효율적인 리더십 스타일을 선택할 때 어떤 문화적 요인을 고려할 필요가 있는가?

LOQ C-7 인간요인심리학자는 사용자에게 우호적인 기계와 작업 상황을 만들어내기 위하여 어떤 연구를 수행하는가?

기억해야 할 용어와 개념들

자기검증 여러분 자신의 표현으로 정의를 적어본 후에 답을 확인해보라.

과제 리더십	사회적 리더십	인사심리학
구조화 면접	산업조직심리학	조직심리학
몰입감	인간요인심리학	지도자

학습내용 숙달하기

자기검증 여러분 자신의 표현으로 다음 물음에 답한 후에 부록 E에서 답을 확인해보라.

1. 자신의 일을 소명으로 간주하는 사람들은 ________, 즉 자신과 시간의 자각이 감소한 집중된 의식 상태를 경험하기 십상이다.

2. ________심리학자는 사원의 모집, 선발, 배치, 훈련, 평가, 발전을 연구한다. ________심리학자는 사람과 기계가 상호작용하는 방식 그리고 장치와 작업 환경의 최적화에 초점을 맞춘다.

3. 한 인사심리학자가 모든 지원자에게 제시할 일련의 질문을 작성하였다. 그런 다음에 회사 면접자들에게 오직 그 질문만을 하고 요점을 적으며 지원자의 반응을 평가하도록 훈련시켰다. 이 기법을 무엇이라고 하는가?

a. 구조화 면접
b. 비구조화 면접
c. 성과 평가 체크리스트
d. 행동 평가 척도

4. 직장에서 자신, 상사 그리고 동료들의 수행을 평가한다. 상사와 동료 그리고 고객들도 여러분의 수행을 평가한다. 이 조직이 사용하고 있는 형태의 수행 평가를 무엇이라고 부르는가?

a. 평가센터 접근방법
b. 그래프 피드백
c. 구조화 면접
d. 360도 피드백

5. 이 강의에서 여러분이 주의를 집중하고 최선을 다하려는 동기를 갖는 데 가장 큰 도움을 주는 목표의 유형은 어떤 것인가?

6. 연구결과를 보면, 여자가 남자보다 ________리더십 스타일을 가지고 있을 가능성이 더 크다.

7. 다음 중 유능한 상사가 나타내기 십상인 특성은 무엇인가?
   a. 오직 과제 리더십
   b. 오직 사회적 리더십
   c. 상황과 개인에 따라서 과제 리더십과 사회적 리더십 모두
   d. 팀을 구성하는 데는 과제 리더십 그리고 기준을 설정하는 데는 사회적 리더십

8. 다음 중 인간요인심리학자가 일차적으로 초점을 맞추는 것은 무엇인가?
   a. 직원의 훈련과 발전
   b. 직원 직무수행의 평가
   c. 직원 만족도의 극대화
   d. 기계와 환경의 디자인 개선

각 장의 개관

서막

심리학 이야기

심리학이란 무엇인가?

P-1 어째서 심리학은 과학인가?

경험적 접근방법에 근거한 심리학의 발견은 세심한 관찰과 검증의 결과이다. 무의미한 것에서 의미 있는 것을 걸러내기 위해서는 "쥐는 항상 옳다."라는 초기 심리학의 모토에서 보는 바와 같이, 과학적 태도가 필요하다.

P-2 과학적 태도의 세 가지 핵심 요소는 무엇이며, 어떻게 과학적 탐구를 지원하는가?

과학적 태도는 경쟁적인 아이디어나 관찰한 결과를 면밀히 살피는 과정에서 호기심을 갖고 회의적 태도를 견지하며 겸손하도록 만들어준다. 호기심은 새로운 아이디어를 촉발하고, 회의적 태도는 사실에 주의를 기울이도록 해주며, 겸손은 연구가 검증할 수 없는 예측을 폐기처분하게 해준다. 종합적으로 이러한 세 가지 핵심 요소가 오늘날의 과학을 가능하게 만들어준다.

P-3 어떻게 비판적 사고가 과학적 태도, 그리고 보다 현명한 생각을 일상생활에 제공하는가?

비판적 사고는 가정을 살펴보고, 출처를 확인하며, 숨겨진 편향을 구분해내고, 증거를 평가하며, 결론을 따져봄으로써 아이디어를 검증하게 해준다.

P-4 심리학의 초기 발전에서 중요한 이정표에는 어떤 것이 있는가?

빌헬름 분트는 1879년에 독일에서 최초의 심리학 실험실을 창설하였다. 심리학 초기의 두 심리학파는 구조주의와 기능주의이었다. 메리 휘턴 캘킨스와 마거릿 플로이 워시번은 심리학 분야에서 초기의 두 여성 심리학자이었다.

P-5 어떻게 행동주의, 프로이트 심리학, 인본주의 심리학이 심리과학의 발전을 더욱 촉진시켰는가?

초기 연구자들은 심리학을 '정신적 삶의 과학'으로 정의하였다. 1920년대에 존 왓슨을 비롯한 행동주의자들의 영향을 받아서, 심리학의 초점이 '관찰 가능한 행동의 과학적 연구'로 이동하였다. 행동주의는 1960년대까지 심리학의 두 가지 핵심 세력 중 하나가 되었다. 그렇지만 두 번째 핵심 세력인 프로이트 계열의 심리학(정신분석)은 인본주의 심리학의 영향력과 함께 정신과정의 연구에 대한 관심사를 부활시켰다.

P-6 어떻게 오늘날의 심리학은 인지, 생물학적 특성과 경험, 문화와 성별, 인간의 번성 등에 초점을 맞추게 되었는가?

1960년대 인지혁명은 심리학을 마음에 대한 초기의 관심사로 되돌려놓았으며, 행동과 심적 과정의 과학이라는 오늘날의 정의로 이끌어갔다. 오늘날 인지신경과학 분야는 심적 활동에 기저하는 두뇌 활동을 연구한다. 생물학적 특성과 경험에 대한 이해의 증가는 심리학에서 가장 끈질긴 논쟁을 이끌어왔다. 선천성-후천성 논제는 유전자와 경험의 상대적 공헌 그리고 특정 환경에서의 상호작용에 초점을 맞춘다. 자연선택이 신체뿐만 아니라 행동도 조성한다는 찰스 다윈의 견해는 공통적인 생물학적 특성과 진화사에 근거하여 인간의 유사성에 대한 진화심리학 연구 그리고 행동에 대한 유전적 영향과 환경적 영향의 상대적 위력과 제한에 대한 행동유전학의 연구를 이끌어왔다. 비교문화 연구와 성별 연구는 인간의 유사성을 확인해줄 뿐만 아니라 심리학의 가정들을 다양화시켜 왔다. 태도와 행동이 성별이나 문화에 따라서 다소 가변적일 수 있지만, 인간의 특성을 공유하기 때문에 기저의 과정과 원리는 다르기보다는 훨씬 더 유사하다. 문제점과 골칫거리를 이해하고 치료하려는 심리학의 전통적인 관심사는 인간의 번성에 관한 연구를 더 많이 수행하고 그러한 번성에 도움을 주는 특성을 찾아서 조장하려는 긍정심리학의 요구에 따라 확장되어 왔다.

P-7 어떻게 심리학자들은 생물심리사회적 접근방법을 사용하며, 이 접근방법은 다양하기 그지없는 세상을 이해하는 데 어떤 도움을 줄 수 있는가?

생물심리사회적 접근방법은 세 가지 상이하지만 상보적 분석 수준, 즉 생물학적, 심리적, 사회문화적 분석 수준에서의 정보를 통합한다. 이 접근방법은 심리학의 이론적 조망(신경과학적 조망, 진화적 조망, 행동유전학적 조망, 정신역동, 행동적 조망, 인지적 조망, 그리고 사회문화적 조망 등) 중의 하나에만 의존할 때 도달할 수 있는 것보다 더 완벽한 이해를 제공한다.

P-8 심리학의 주요 하위분야는 무엇인가?

심리과학에서 연구자들은 지식 기반을 증가시키는 기초연구(생물, 발달, 인지, 성격, 사회심리학이기 십상이다)를 수행하거나 현실적 문제들을 해결하려는 응용연구(산업조직심리학을 비롯한 여러 분야들)들을 수행하기도 한다. 지원 전문가로 심리학에 종사하는 사람들은 상담심리학자나 임상심리학자로 사람들을 지원하는데, 심리장애를 앓는 사람들을 연구하고 평가하며 심리치료를 이용하여 치료를 한다. 정신과 의사도 심리장애자들을 연구하고 평가하며 치료하지만, 의사로서 심리치료에 덧붙여 약물을 처방하기도 한다. 긍정심리학은 사람들이 번성하도록 도와주는 특질을 발견하고 조장하고자 시도한다. 지역사회심리학자는 건강한 사회적 · 물리적 환경을 조성하는 역할을 수행한다.

P-9 심리학 원리는 어떻게 여러분이 학습하고 기억해내며 발전해나가는 것을 도와줄 수 있는가?

검증 효과는 학습과 기억이 이전에 학습한 내용

을 단순히 반복해서 읽는 것보다는 적극적으로 인출해봄으로써 증진된다는 사실을 보여준다. 훑어보고, 질문하며, 읽고, 인출하며, 개관하는 SQ3R 공부법은 기억 연구에서 도출한 원리들을 적용하고 있다. 네 가지 부가적인 지침은 (1) 공부시간을 분산하라, (2) 비판적으로 생각하는 것을 배우라, (3) 수업내용을 적극적으로 처리하라, 그리고 (4) 과잉학습하라라는 것이다. 심리학 연구를 보면, 행복하고 번성하는 삶을 영위하는 사람은 밤에 숙면할 수 있도록 시간을 관리하며, 운동할 수 있는 공간을 마련하고, 매일의 목표와 함께 장기적 목표를 설정하며, 성장 마음갖춤새를 가지고 있고, 관계에 우선권을 부여한다.

제1장

심리과학을 비판적으로 생각하기

연구 전략 : 심리학자가 물음을 던지고 답하는 방법

1-1 어떻게 일상적 사고가 때때로 잘못된 결론에 도달하게 만드는가?

일상적 사고는 세 가지 현상, 즉 후견 편향, 과신, 그리고 무선 사건에서 패턴을 지각하려는 경향성으로 인해서 위험할 수 있다. 후견 편향('나는 진작 알고 있었어 현상'이라고도 부른다)은 결과를 알고 난 후에 그 결과를 예측할 수 있었다고 믿는 경향성이다. 판단에서의 과신은 부분적으로 그 판단을 확증하는 정보를 찾으려는 편향에서 유래한다. 이러한 경향성에 무선 사건에서 패턴을 지각하려는 욕구가 더해지면, 직관을 과대 추정하도록 이끌어간다. 과학 탐구는 비록 검증 가능한 물음 여부에 제한을 받지만, 이러한 직관 편향과 단점을 극복하는 데 도움을 줄 수 있다.

1-2 어째서 사람들은 거짓에 그토록 취약한가?

오늘날의 '탈진실' 문화에서, 사람들의 정서, 신념, 집단에의 소속 등이 판단을 오염시키며, 객관적 사실의 인정을 거부하고 자신의 견해를 확증하는 정보만 받아들이도록 만든다. 오정보는 반복과 기억할 만한 사례로 인해서 퍼져나가서는 탈진실 문화에 기여한다. 정보의 비판적 평가와 과학적 마음갖춤새가 이러한 편향과 왜곡된 사고에 맞서 싸울 수 있게 해준다.

1-3 이론은 어떻게 심리과학을 발전시키는가?

심리학 이론은 관찰을 체제화하고, 가설을 생성하는 데 일련의 통합 원리를 적용한다. 연구자들은 자신의 가설을 검증함으로써 이론을 확증하거나 배제하거나 수정할 수 있다. 다른 연구자들이 자신의 연구를 반복할 수 있도록, 자신이 사용한 절차와 개념의 명확한 조작적 정의를 사용하여 그 결과를 보고한다. 만일 다른 연구자들도 유사한 결과를 얻는다면, 결론의 확신도가 증가하게 된다. 점점 더 많은 심리학자가 사전등록을 사용하여 자신이 계획한 연구설계, 가설, 데이터 수집, 분석 등을 공개적으로 천명하고 있는데, 이것이 개방성과 투명성을 조장해준다. 메타분석은 많은 연구의 결과를 결합함으로써 작은 표본크기의 문제를 벗어나서 자신의 결과에 대한 확신도를 증가시키는 데 도움을 준다.

1-4 심리학자는 행동을 관찰하고 기술하기 위하여 어떻게 사례연구, 자연관찰, 사회조사법을 사용하는가? 그리고 무선표집이 중요한 이유는 무엇인가?

사례연구, 자연관찰, 사회조사 등을 포함하는 기술적 방법은 어떤 일이 일어날 수 있는지를 보여주며, 후속 연구를 위한 아이디어들을 제공할 수 있다. 전집에 관하여 일반화하는 최선의 토대는 대표표본이다. 무선표본에서는 전체 전집에 들어있는 모든 사람이 연구에 참여할 동등한 기회를 갖는다. 기술적 방법은 변인들을 통제할 수 없기 때문에 인과관계를 보여줄 수는 없다.

1-5 두 요인이 상관되어 있다고 말하는 것의 의미는 무엇인가? 정적 상관과 부적 상관이란 무엇인가?

상관이란 두 변인이 관련된 정도이며, 하나를 가지고 다른 하나를 얼마나 잘 예측하는지를 보여주는 것이다. 정적 상관에서는 두 요인이 함께 오르내린다. 부적 상관에서는 한 요인이 올라가면 다른 요인은 내려간다. 상관계수는 두 변인 간 관계의 강도와 방향을 나타낼 수 있으며, +1.00(완벽한 정적 상관)에서부터 0(상관 없음)을 거쳐 −1.00(완벽한 부적 상관) 사이의 값을 갖는다. 그 관계는 산포도로 나타낼 수 있는데, 산포도에서 각 점은 두 변인의 값을 나타낸다.

1-6 착각상관이란 무엇이며, 평균으로의 회귀란 무엇인가?

착각상관이란 관계가 있다고 잘못 생각하는 무선적 사건이다. 평균으로의 회귀란 극단적이거나 이례적인 점수가 평균을 향하여 되돌아오는 경향성을 말한다.

1-7 상관이 예측은 가능하게 하지만 인과적 설명을 못 하는 까닭은 무엇인가?

상관이 예측을 가능하게 해주는 까닭은 정적이든 부적이든지 간에 두 요인이 어떻게 함께 변하는지를 보여주기 때문이다. 상관은 인과관계의 가능성을 나타낼 수는 있지만, 영향의 방향이나 기저의 제3요인이 상관을 설명해주고 있는지를 입증할 수는 없다.

1-8 원인과 결과를 분리해낼 수 있는 실험법의 특징은 무엇인가?

심리학자들은 인과관계를 밝히기 위하여 하나 이상의 관심 요인에 처치를 가하고 다른 요인들을 통제하는 실험을 수행한다. 무선할당을 사용함으로써 처치를 받는 실험집단과 가짜약이나 상이한 처치를 받는 통제집단 간에 이미 존재하는 차이와 같은 혼입변인을 최소화할 수 있다. 독립변인이란 실험자가 그 효과를 검증하기 위하여 처치를 가하는 요인이다. 종속변인이란 처치에 대한 반응으로 일어나는 변화를 찾아내기 위하여 실험자가 측정하는 요인이다. 가짜약 효과와 실험자 편향을 피하기 위하여 이중은폐 절차를 사용하기도 한다.

1-9 어떤 연구설계를 사용할 것인지를 어떻게 아는가?

심리과학자는 연구를 설계하고 의미 있는 결과를 가장 잘 제공할 수 있는 연구방법을 선택한다. 연구자는 검증 가능한 물음을 생성하고 그 물음을 연구하기에 가장 좋은 설계(실험법, 상관연구, 사례연구, 자연관찰법, 쌍둥이 연구, 종단연구, 횡단연구 등)를 신중하게 따져본다. 그런 다음에 연구하고 있는 변인을 측정하고 마지막으로는 가능한 혼입변인을 염두에 두면서 그 결과를 해석한다.

1-10 단순화시킨 실험실 조건이 어떻게 일상

의 삶을 예증할 수 있는가?

연구자들은 실험실에서 보편적인 이론적 원리를 검증하기 위하여 통제되고 인위적인 환경을 의도적으로 만들어낸다. 일상행동을 설명하는 데 도움을 주는 것은 특정한 연구결과가 아니라 바로 이러한 보편 원리이다.

1-11 심리학자가 동물을 연구하는 이유는 무엇이며, 인간과 동물 연구 참가자들을 보호하는 윤리적 지침은 무엇인가? 심리학자의 가치관은 연구내용과 그 결과의 응용에 어떤 영향을 미치는가?

어떤 심리학자들은 일차적으로 동물행동에 관심을 기울인다. 다른 심리학자들은 인간과 다른 동물종들이 공유하는 생리적 과정과 심리적 과정을 보다 잘 이해하고자 한다. 정부기관은 동물의 보호와 관리에 대한 기준을 제정해왔다. 전문단체와 연구비 지원기관들도 동물의 안녕을 보호하는 지침을 제정한다. 미국심리학회와 영국심리학회의 윤리강령은 고지된 동의서와 실험 후 설명을 포함하여 인간 참가자의 웰빙을 보호하는 기준을 내놓고 있다. 면밀한 조사와 반복연구는 엄청난 위해를 초래할 수도 있는 데이터 조작을 감시하는 데 도움을 준다. 심리학자의 가치관은 연구주제, 이론과 관찰, 행동에 이름 붙이기, 그리고 전문적 충고를 선택하는 데 영향을 미친다. 심리학의 원리들은 주로 인류애를 증진시키는 데 사용해왔다.

일상생활에서의 통계적 추리

1-12 어떻게 세 가지 집중경향 측정치를 사용하여 데이터를 기술할 수 있는가? 두 가지 변산성 측정치의 상대적 유용성은 무엇인가?

연구자들은 연구하고 있는 집단의 특성을 측정하고 기술하기 위하여 기술통계치를 사용한다. 집중경향 측정치란 전체 점수집합을 대표하는 단일 점수이다. 세 가지 집중경향 측정치는 최빈값(빈도가 가장 높은 점수), 평균(산술적 무게중심에 해당하는 점수), 그리고 중앙값(데이터 집합에서 중앙에 위치하는 점수)이다. 집중경향 측정치는 데이터를 깔끔하게 요약해준다. 변산성 측정치는 데이터들이 얼마나 다양한지를 알려준다. 변산성의 두 가지 측정치는 범위(최고 점수와 최저 점수 간의 차이)와 표준편차(점수들이 평균을 중심으로 얼마나 떨어져있는지를 알려준다)이다. 점수들은 흔히 정상곡선을 나타낸다.

1-13 관찰한 차이를 다른 전집에 일반화시킬 수 있는지를 어떻게 아는가?

연구자들은 결과를 더 큰 전집에 일반화시킬 수 있는지 결정하기 위하여 추론통계를 사용한다. 신뢰할 만한 차이는 연구하는 전집을 대표하며, 변산성이 낮고, 많은 사례를 포함하는 표본에 근거한다. 효과크기, 즉 집단 간 차이의 크기는 통계적 유의도를 결정하는 데 도움을 준다. 표본평균을 신뢰할 수 있고 표본 간의 차이가 크다면, 존재하는 차이가 없다는 영가설을 기각할 수 있다. 많은 심리학 검증은 p값을 제시하는데, 이것은 영가설이 표본 데이터를 내놓을 확률을 나타낸다.

제2장

마음의 생물학

신경계와 내분비계

2-1 심리학자들이 인간의 생물학에 관심을 갖는 이유는 무엇인가?

생물학적 조망에서 연구를 수행하는 심리학자는 생물학적 특성과 행동 간의 연계를 연구한다. 사람은 생물심리사회적 시스템이며, 생물학적 요인과 심리적 요인 그리고 사회문화적 요인이 상호작용하여 행동에 영향을 미친다.

2-2 어떻게 생물적 특성과 경험이 함께 신경가소성을 가능하게 만드는가?

신경가소성은 사람들이 새로운 경험에 적응함에 따라서 두뇌가 새로운 신경통로를 구축할 수 있게 해주기 때문에, 두뇌는 유전자뿐만 아니라 삶의 경험에 의해서도 만들어진다. 일생에 걸친 능력이기는 하지만, 신경가소성은 아동기에 가장 잘 작동한다. 훈련을 통해서 두뇌는 삶의 경험을 반영하는 독특한 패턴을 발달시킨다.

2-3 뉴런이란 무엇인가? 뉴런은 어떻게 정보를 전달하는가?

뉴런은 신경계의 기본 성분이며, 신체의 신속한 전기화학적 정보 시스템이다. 뉴런은 수상돌기를 통해서 신호를 받아들이고 축색을 통해서 신호를 내보낸다. 어떤 축색은 수초로 뒤덮여있으며, 수초는 정보전달 속도를 빠르게 해준다. 교세포가 수초를 제공하며, 뉴런을 지원하고 영양분을 제공하며 보호해준다. 교세포는 학습과 사고에서도 역할을 담당한다. 받아들인 신호의 합이 역치를 넘어서면, 뉴런이 흥분하여 전기화학적 과정을 통해서 축색을 따라 전기자극(활동전위)을 전달한다. 뉴런의 반응은 실무율적 반응이다.

2-4 신경세포는 어떻게 다른 신경세포와 소통하는가?

활동전위가 축색의 끝부분(축색종말)에 도달하면, 신경전달물질의 방출을 자극한다. 이 화학 메신저는 시냅스를 통해서 메시지를 수신 뉴런의 수용기 위치로 전달한다. 그런 다음에 송신 뉴런은 재흡수라고 부르는 과정을 통해서 시냅스 틈에 남아있는 신경전달물질 분자들을 되받아들인다. 받아들이는 신호가 충분히 크면(역치를 넘어서면), 수신 뉴런은 자체적인 활동전위를 생성하여 다른 뉴런으로 메시지를 전달한다.

2-5 신경전달물질은 행동에 어떤 영향을 미치는가? 약물이나 다른 화학물질은 신경전달에 어떤 영향을 미치는가?

신경전달물질은 두뇌에서 정해진 회로를 따라 이동하며 특정 행동과 정서에 영향을 미치기도 한다. 아세틸콜린(ACh)은 근육운동, 학습, 기억 등에 영향을 미친다. 엔도르핀은 통증과 운동에 대한 반응으로 방출하는 생득적 마약이다. 약물과 같은 화학물질들은 시냅스에서 두뇌의 화학작용에 영향을 미친다. 효능제는 특정 신경전달물질을 흉내 내거나 재흡수를 차단함으로써 흥분시키는 기능을 한다. 길항제는 특정 신경전달물질의 방출을 억제하거나 그 효과를 차단한다.

2-6 신경계 주요 부분들의 기능은 무엇인가? 뉴런의 세 가지 주요 유형은 무엇인가?

중추신경계(CNS), 즉 두뇌와 척수는 신경계의 의사결정자이다. 말초신경계(PNS)는 신경을 통해서 CNS를 신체의 나머지 부분들과 연결시키며, 정보를 수집하고 CNS의 결정을 신체로 전달한다. PNS의 두 가지 기본 구조가 체신경계(신체 근육의 수의적 제어를 가능하게 한다)와 자율신경계(교감신경계와 부교감신경계를 통해서 불수의적 내장근육과 내분비선을 제어한다) 이다. 뉴런들은 작동하는 신경망을 구성한다. 세 가지 유형의 뉴런이 있다. (1) 감각뉴런은 감각수용기로부터 들어오는 정보를 두뇌와 척수로 전달한다. (2) 운동뉴런은 정보를 두뇌와 척수로부터 근육과 내분비선으로 내보낸다. (3) 간뉴런은 두뇌와 척수 내에서 그리고 감각뉴런과 운동뉴런 사이에서 소통한다.

2-7 내분비계는 어떻게 정보를 전달하고 신경계와 상호작용하는가?

내분비계는 호르몬들을 혈액에 분비하는 일련의 분비선이다. 호르몬은 혈액을 따라 신체를 순환하다가 두뇌를 포함한 다른 조직에 영향을 미친다. 내분비선의 우두머리인 뇌하수체는 다른 분비선의 호르몬 방출에 영향을 미친다. 정교한 피드백 시스템에서, 시상하부는 뇌하수체에 영향을 미치고, 뇌하수체는 다른 분비선들에 영향을 미치며, 이 분비선들은 호르몬을 분비하게 되는데, 이 호르몬들이 다시 두뇌에 영향을 미친다.

발견도구, 오래된 두뇌 구조, 그리고 변연계

2-8 신경과학자들은 두뇌와 행동이나 마음 간의 연계를 어떻게 연구하는가?

임상관찰과 손상법 연구는 두뇌 손상의 일반적 효과를 드러낸다. 전기적, 화학적, 자기적 자극도 두뇌 정보처리의 단면을 드러낸다. MRI 영상은 두뇌의 해부학적 구조를 보여준다. EEG, MEG, PET, fMRI 기록은 두뇌의 기능을 드러낸다. 다른 흥미진진한 테크닉으로는 광유전학과 기능성 근적외선 분광분석기(fNIRS) 등이 있다.

2-9 뇌간을 구성하는 구조들은 무엇인가? 뇌간, 시상, 망상체 그리고 소뇌의 기능은 무엇인가?

두뇌에서 가장 오래된 부분인 뇌간은 자동적인 생존기능을 담당한다. 그 구성 성분에는 연수(심장박동과 호흡을 제어한다), 뇌교(협응 운동을 지원한다), 망상체(각성에 영향을 미친다)가 있다. 뇌간 바로 위에 자리한 시상은 두뇌의 감각 스위치로 작용한다. 뇌간의 뒤쪽에 붙어있는 소뇌는 근육운동과 균형에 관여하며 감각정보를 처리하는 데 도움을 준다.

2-10 변연계의 구조와 기능은 무엇인가?

변연계는 정서, 기억, 추동과 관련되어 있다. 신경중추로는 해마(의식적 기억을 처리한다), 편도체(공격과 공포 반응에 관여한다), 시상하부(다양한 신체 유지기능, 쾌를 초래하는 보상, 그리고 내분비계의 제어에 관여한다)가 있다. 시상하부는 호르몬들의 분비를 촉발하도록 뇌하수체(우두머리 분비선)를 자극하는 방식으로 뇌하수체를 제어한다.

대뇌피질

2-11 대뇌피질을 구성하는 네 가지 엽은 무엇인가? 운동피질, 체감각피질 그리고 연합영역의 기능은 무엇인가?

대뇌피질은 두 반구를 가지고 있으며, 각 반구는 네 개의 엽, 즉 전두엽, 두정엽, 후두엽, 측두엽을 가지고 있다. 각 엽은 많은 기능을 수행하며 다른 영역들과 상호작용한다. 전두엽 후미에 자리한 운동피질은 자발적 움직임을 제어한다. 두정엽 앞부분에 자리한 감각피질은 신체의 촉각과 운동감각을 받아들이고 처리한다. 정교한 운동 제어를 요구하는 신체부위나 예민하게 감각하는 신체부위는 더 큰 두뇌영역을 차지하고 있다. 네 엽의 대부분을 차지하고 있는 연합영역은 학습, 기억, 사고 등 고급 정신기능에 수반된 정보를 통합한다. 심적 경험은 통합적인 두뇌 활동에서 발생한다.

2-12 두뇌의 90%를 실제로 사용하지 않는다는 것이 사실인가?

연합영역이 전기적 탐사에 반응을 보이지 않는다는 사실이 두뇌의 10%만을 사용한다는 엉터리 주장으로 이끌어갔다. 두뇌의 90%에 해당하는 이 영역은 감각정보를 해석하고 통합하며 그 정보에 반응하고 기존 기억과 연계시키는 역할을 담당한다. 두뇌 손상의 증거를 보면, 연합영역의 뉴런들은 고급 정신기능으로 무척이나 분주하다. 총탄이 '사용하지 않는' 영역을 관통하지는 못한다.

2-13 손상된 두뇌는 어느 정도나 자체적으로 재조직될 수 있는가? 신경생성이란 무엇인가?

일반적으로 두뇌와 척수의 뉴런이 재생되지는 않지만, 어떤 신경조직은 손상에 대한 반응으로 재구축할 수 있다. 손상된 두뇌는 새로운 신경통로를 구축하고 기능이 다른 두뇌영역으로 이동하는 것처럼, 신경가소성을 입증하기도 하며, 특히 어린 아동에게서 그렇다. 상이한 두뇌영역으로의 기능 재할당은 시각 장애나 청각 장애에서도 일어날 수 있으며 손상이나 질병의 결과로도 발생할 수 있다. 몇몇 연구는 두뇌가 때때로 신경생성이라고 알려진 과정을 통해서 새로운 뉴런들을 만들어냄으로써 스스로 수선하기도 한다는 사실을 시사하고 있다.

2-14 분할뇌는 두 대뇌반구의 기능에 관하여 무엇을 밝혀주는가?

뇌량을 절단한 사람들을 대상으로 수행한 분할뇌 연구는 대부분의 사람에게 있어서 좌반구가 언어를 담당하며 우반구는 시지각과 추론에서 우수하며 말하기와 자각을 조절해준다는 사실을 확증해왔다. 온전한 두뇌를 가지고 있는 건강한 사람들을 대상으로 수행한 연구들은 각 반구가 두뇌의 통합기능에 독자적인 기여를 하고 있다는 사실을 확증하고 있다.

제3장

의식과 이중 궤적의 마음

의식의 기본 개념

3-1 심리학 역사에서 의식의 위상은 어떤 것인가?

19세기에 처음으로 의식을 하나의 연구영역으로 주장하였던 심리학자들은 20세기 전반부에 의식을 포기하고는 관찰 가능한 행동의 연구로 돌아섰다. 의식이 과학적으로 연구하기 너무나 어려운 주제라고 믿었기 때문이었다. 1960년 이래 인지심리학과 신경과학의 영향을 받아 의식, 즉 자신과 환경에 대한 자각은 중요한 연구영역의 위상을 되찾게 되었다.

3-2 어떻게 선택주의가 지각을 주도하는가?

사람들은 들어오는 정보의 대부분을 차단하고 흔히 주의의 초점을 하나의 대상에서 다른 것으로 이동하면서 지극히 제한적인 정보에만 선택적으로 주의를 기울이고 처리한다. 하나의 과제에만 초점을 맞춤으로써, 다른 사건이나 주변의 변화에 대해서 부주의적 맹시를 나타내기 십상이다.

3-3 오늘날의 인지신경과학이 밝혀내고 있는 이중 처리과정은 무엇인가?

의식과 인지에 기저하는 두뇌기제를 연구하는 인지신경과학자들은 마음이 두 개의 개별적인 궤적을 따라서 정보를 처리한다는 사실을 밝혀왔다. 하나는 명시적인 의식 수준에서 작동하며(계열처리), 다른 하나는 암묵적인 무의식 수준에서 작동한다는 것이다(병렬처리). 병렬처리는 일상적인 과제를 담당하는 반면, 계열처리는 주의를 요구하는 새로운 문제를 해결하는 데 가장 좋다. 의식적 처리와 무의식적 처리라는 이러한 이중 처리과정은 지각, 기억, 태도 등 많은 인지에 영향을 미친다.

수면과 꿈

3-4 수면이란 무엇인가?

수면은 정기적이고 자연스러운 의식의 상실이다. 혼수상태, 전신마취, 동면 등에서 초래되는 무의식과 구분되는 것이다.

3-5 생물학적 리듬은 사람들의 일상 기능에 어떤 영향을 미치는가?

신체는 낮과 밤의 24시간 주기와 얼추 맞아떨어지는 내부의 생물학적 시계를 가지고 있다. 이러한 일주기 리듬은 체온, 각성, 수면 등의 하루 패턴에서 나타난다. 연령과 경험이 이러한 패턴을 변경시켜, 생물학적 시계를 원위치시킨다.

3-6 수면과 꿈의 단계에서 나타나는 생물학적 리듬은 무엇인가?

젊은 성인의 수면 주기는 매 90분에 걸쳐 네 가지 독특한 단계를 반복한다. (노인의 경우에는 수면 주기가 더 빈번하게 반복한다.) 깨어있지만 이완된 단계의 알파파로부터 시작하여 NREM-1 단계(N1)의 불규칙적인 뇌파로 진행하는데, 흔히 낙하하거나 부동하는 감각과 같은 환각을 수반한다. 대부분의 수면시간을 차지하는 N2 수면이 뒤따르는데, 특징적인 수면방추를 나타내면서 대략 20분간 지속한다. 그런 다음에 크고 느린 델타파를 나타내며 대략 30분간 지속하는 N3 수면으로 접어든다. 잠을 자기 시작하고 대략 1시간 후에 REM 수면단계를 시작한다. 대부분의 꿈은 내적으로는 각성되어 있지만 외적으로는 거의 마비 상태인(그래서 역설적 수면이라고도 부른다) 이 단계에서 발생한다. 밤에 정상적으로 수면을 취할 때, N3 수면은 짧아지고 REM 수면과 N2 수면은 길어진다.

3-7 수면 패턴에서 생물학적 요인과 환경은 어떻게 상호작용하는가?

연령과 신체의 멜라토닌 생성뿐만 아니라 일주기 리듬 등을 포함한 생물학적 요인들이 문화적 기대와 개인의 행동과 상호작용하여 수면과 각성의 패턴을 결정한다. 빛에 지나치게 노출되거나 빛을 박탈하면 24시간 생물학적 시계가 와해된다. 야간근무자처럼 햇빛이 만성적으로 박탈된 사람은 탈동기화를 경험하기도 한다.

3-8 수면의 기능은 무엇인가?

수면은 인간의 진화에서 위험이 잠재되어 있는 시간 동안 조상들을 안전하게 지켜줌으로써 보호기능을 담당하였을 수 있다. 또한 손상된 뉴런들을 회복시키고 수선하는 것도 도와준다. REM 수면과 N2 수면은 영구기억을 구축하는 신경연결을 강화하는 데 도움을 준다. 수면은 다음 날 창의적인 문제해결을 증진시킨다. 마지막으로 느린 뇌파가 나타나는 깊은 수면을 취하는 동안, 뇌하수체는 근육 발달에 필요한 성장호르몬을 분비한다. 이러한 이점이 있기 때문에, 규칙적인 야간 수면은 운동수행을 크게 신장시킬 수 있다.

3-9 수면 결핍은 사람들에게 어떤 영향을 미치는가? 대표적인 수면장애는 무엇인가?

수면 박탈은 피로와 성마름을 야기하며, 주의집중, 생산성, 기억 응고화 등을 손상시킨다. 우울, 비만, 관절통, 면역 시스템의 억압, 수행속도의 저하 등도 초래할 수 있다. 수면장애에는 불면증(반복적으로 깨어난다), 기면증(제어할 수 없이 급작스럽게 수면에 빠져들거나, REM 수면으로 빠져든다), 호흡정지증(수면 중에 호흡이 정지된다. 비만과 관련이 있으며, 특히 남자에게서 그렇다), 야경증(높은 각성 그리고 공포의 출현. 주로 아동에게서 나타나는 N3 장애이다), 몽유병(이것도 주로 아동에게서 나타나는 N3 장애이다), 잠꼬대 등이 포함된다.

3-10 사람들은 무엇을 꿈꾸며, 꿈 이론가들이 제안하는 꿈의 기능은 무엇인가?

일반적으로 일상 사건과 경험들을 꿈꾸며, 대부분은 불안이나 불행을 수반한다. 꿈이 성적 내용을 담고 있는 경우는 10%도 되지 않으며, 여성의 경우에 더 적다. 대부분의 꿈은 REM 수면 중에 발생한다. 꿈의 기능에 대해서는 다섯 가지 대표적인 견해가 존재한다. (1) 프로이트의 원망 충족 : 꿈은 잠재내용의 검열받은 버전으로 작용하는 표출내용을 통해서 정신적 '안전밸브'를 제공한다. (2) 정보처리 : 꿈은 그날의 사건을 정리하고 기억에 응고화시키는 것을 도와준다. (3) 생리적 기능 : 정기적인 두뇌 자극은 두뇌의 신경회로를 발달시키고 유지하는 것을 도와준다. (4) 신경 활성화 : 두뇌는 신경 활동을 하나의 이야기 줄거리로 엮어냄으로써 그 신경 활동에 의미를 부여하고자 시도한다. (5) 인지 발달 : 꿈은 발달 수준을 반영한다. 대부분의 꿈 이론가는 인간과 다른 동물종에서 REM을 박탈한 후에 나타나는 REM 반동이 보여주는 바와 같이, REM 수면이 중요한 기능을 수행한다는 데 동의하고 있다.

약물과 의식

3-11 물질 남용 장애란 무엇인가?

물질 남용 장애자는 손상된 제어능력, 사회적 와해, 위험행동, 그리고 내성과 금단이라는 신체적 효과를 나타낼 수 있다. 향정신성 약물은 지각과 기분을 변화시킨다.

3-12 내성과 중독은 물질 남용 장애에서 어떤 역할을 담당하는가? 그리고 중독의 개념이 어떻게 변하였는가?

향정신성 약물은 원하는 효과를 얻기 위해서 더 많은 양의 약물을 필요로 하는 내성 그리고 사용 중지에 수반되는 심각한 불편함인 금단을 초래하기도 한다. 중독은 부정적인 결과를 알고 있음에도 불구하고 약물이나 특정 행동(예컨대, 도박)을 강박적으로 갈망하는 것이다. 치료나 집단 지원이 도움을 줄 수 있다. 즉, 중독은 제어할 수 있으며 사람은 변할 수 있다는 사실을 믿도록 도와준다. 심리학자들은 과도한 행동에 중독이라는 표지를 남용하지 않고자 애쓰고 있지만, 행동이 강박적이고 기능장애가 되어버리는 몇몇 행동중독(도박장애와 인터넷게임 중독 등)이 존재한다.

3-13 진정제란 무엇인가? 그 효과는 무엇인가?

알코올, 바르비투르산염, 아편제와 같은 진정제는 신경 활동을 무디게 하고 신체기능 속도를 느리게 만든다. 알코올은 탈억제 경향이 있어, 해로운 것이든 이로운 것이든 충동적으로 행동할 가능성을 증가시킨다. 판단도 손상시키고, REM 수면을 억압함으로써 기억과정을 와해시키며, 자기자각과 자기제어 능력도 감소시킨다. 사용자 기대가 알코올의 행동 효과에 강력한 영향을 미친다. 알코올은 알코올 남용 장애자의 두뇌를 수축시킬 수 있다.

3-14 흥분제란 무엇인가? 그 효과는 무엇인가?

카페인, 니코틴, 코카인, 암페타민, 메탐페타민, 엑스터시 등을 포함한 흥분제는 신경 활동을 자극하고 신체기능 속도를 빠르게 하며, 에너지와 기분 변화를 촉발한다. 모두 상당한 중독성을 갖는다. 니코틴 효과가 금연을 어렵게 만들기는 하지만, 반복적인 금연 시도가 효과를 나타내기도 한다. 코카인은 사용자에게 신속한 행복감을 제공하지만, 곧바로 급격한 나락으로 떨어지게 만든다. 코카인 사용의 위험에는 심장발작, 호흡장애, 경련, 정서적 와해 등이 포함된다. 암페타민은 신경 활동을 자극하여 에너지와 기분을 고양시킨다. 메탐페타민의 사용은 도파민 생성을 영구적으로 감소시킬 수 있다. 엑스터시는 흥분제이며 동시에 약한 환각제로, 황홀감과 친근감을 초래한다. 사용자는 면역 시스템의 억제, 기분과 기억의 영구적 손상, 탈수증과 체온의 급상승 등의 위험에 노출된다.

3-15 환각제란 무엇인가? 그 효과는 무엇인가?

LSD와 마리화나와 같은 환각제는 지각을 왜곡시키고 환각, 즉 감각입력이 없는 감각 이미지를 촉발한다. 사용자의 기분과 기대가 LSD의 효과에 영향을 미치지만, 일반적인 경험은 환각 그리고 황홀감에서부터 공황상태에 이르는 정서이다. 마리화나의 주성분인 THC는 탈억제, 황홀감, 이완, 통증 감소, 감각자극에 대한 강렬한 민감도 등을 촉발할 수 있지만, 심리장애의 위험성을 증가시키고 학습과 기억의 손상을 초래할 수 있다.

3-16 사람들이 의식을 변화시키는 약물의 습관적 사용자가 되는 이유는 무엇인가?

어떤 사람은 특정 약물에 생물학적으로 취약할 수 있다. 스트레스, 우울, 무력감 등과 같은 심리적 요인과 또래 압력과 같은 사회적 요인이 결합하여 많은 사람으로 하여금 약물을 시도하게 이끌어가며 때로는 중독에 이르게 만들기도 한다. 약물을 사용하는 비율은 문화집단과 인종집단에 따라 차이를 보인다. 생물학적, 심리적, 사회문화적 영향 각각은 약물 예방과 치료 프로그램을 위한 가능한 통로를 제공해준다.

제4장

선천성과 후천성 그리고 인간의 다양성

행동유전학 : 개인차 예측하기

4-1 염색체, DNA, 유전자, 그리고 인간 게놈이란 무엇인가? 행동유전학자는 개인차를 어떻게 설명하는가?

유전자란 DNA의 코일 형태 연쇄로 염색체를 구성하는 유전의 생화학적 단위이다. 유전자가 발현하면, 신체의 기본 단위를 형성하는 단백질을 생성하는 코드를 제공한다. 대부분의 인간 특질은 함께 작동하는 많은 유전자의 영향을 받는다. 인간 게놈은 인간을 다른 동물종과 구분하는 공유된 유전 프로파일이며, 염색체 내에서 모든 개별 수준의 유전물질들로 구성된다. 행동유전학자는 행동에 미치는 유전 영향과 환경 영향의 상대적 힘과 제한점을 연구한다. 상이한 특질 대부분은 다중 유전자에 의한 것이며, 개인의 환경과 유전적 성향의 상호작용이 영향을 미친다.

4-2 쌍둥이와 입양아 연구는 어떻게 선천성과 후천성의 영향 그리고 둘 간의 상호작용을 이해하는 데 도움을 주는가?

일란성 쌍둥이와 이란성 쌍둥이 연구, 분리 성장한 쌍둥이 연구, 그리고 친부모와 양부모 연구는 공유하는 환경과 유전자의 효과를 따져볼 수 있게 해주며, 선천성과 후천성이 특질에 어떤 영향을 미치는지를 밝혀준다. 공유하는 가정환경은 놀라우리만치 성격에 아무런 효과도 없으며, 양육방식은 다른 요인에 영향을 미친다.

4-3 심리학자들은 기질에 관하여 무엇을 알아냈는가?

생애 첫 주부터 나타나는 한 개인의 특징적인 정서 반응성과 강도를 나타내는 기질의 안정성은 유전적 소인을 시사한다. 유전 효과는 심장박동과 신경계 반응과 같은 생리적 차이에서도 나타난다.

4-4 유전성이란 무엇인가? 유전성은 개인이나 집단과 어떻게 관련되는가?

유전성은 집단 구성원들 간의 변산성을 유전자 탓으로 돌릴 수 있는 정도를 나타낸다. 신장이나 지능과 같은 특질에서 유전 가능한 개인차가 존재한다는 사실이 반드시 유전 가능한 집단 차이를 함축하는 것은 아니다. 대체로 유전자는 어떤 사람의 신장이 더 큰 이유를 설명해주지만, 오늘날의 사람들이 한 세기 전의 사람들보다 더 큰 이유는 설명해주지 못한다.

4-5 분자유전학 연구는 선천성과 후천성의 효과에 관한 이해를 얼마나 변화시키고 있는가?

유전적 소인과 특정 환경은 상호작용한다. 환경은 유전자 발현을 촉발하며, 유전적 영향을 받은 특질은 추구하는 경험 그리고 타인에게서 야기하는 반응에 영향을 미칠 수 있다. 분자유전학자는 행동에 영향을 미치는 유전자의 분자 구조와 기능을 연구한다. 분자행동유전학의 한 가지 목표는 함께 조화를 이루어 체중, 성적 지향성, 충동성 등과 같은 복잡한 특질을 만들어내고 사람들을 장애의 위험에 처하게 만드는 유전자 집단을 찾아내려는 것이다. 후생유전학 분야는 환경이 유전자 발현을 촉발하거나 차단하는 분자기제를 연구한다.

진화심리학 : 인간의 선천성과 후천성 설명하기

4-6 진화심리학자는 어떻게 자연선택을 사용하여 행동 경향성을 설명하는가?

진화심리학자는 어떻게 자연선택이 모든 사람에게서 나타나는 특질과 행동 경향성을 조성하는 것인지를 이해하고자 시도한다. 특정 환경에서 후손을 퍼뜨리고 생존할 가능성을 증가시키는 유전적 변이는 후속 세대에 전달될 가능성이 매우 높다. 어떤 변이는 돌연변이(유전자 복제에서의 무선 오류)에서 발생하고, 다른 변이는 수정란이 만들어질 때 새로운 유전자 결합에서 발생한다. 사람들은 유전적 유산을 공유하며 조상들의 생존과 후손 전파를 촉진하였던 방식으로 행동하려는 소인을 가지고 있다. 찰스 다윈의 진화론은 생물학의 체제화 원리이다. 그는 진화 원리가 심리학에 적용될 것을 예견하였다.

4-7 진화심리학자는 성징과 배우자 선호에서의 성차를 어떻게 설명하는가?

성적 배우자를 선택할 때 여자가 남자보다 더 선택적인 경향이 있다. 진화심리학자들은 남자가 건강하고 다산의 외모를 갖춘 여러 여자에게 매력을 느끼는 것이 자신의 유전자를 널리 퍼뜨릴 기회를 증가시킨다고 생각한다. 여자는 아이를 임신하고 보호해야 하기 때문에, 공동의 후손에게 장기적인 투자를 할 가능성이 높은 배우자를 찾음으로써 자신과 자식의 생존 가능성을 증가시킨다.

4-8 인간 성징의 진화적 설명에 대한 핵심 비판은 무엇인가? 진화심리학자는 어떻게 대응하고 있는가?

비판자들은 진화심리학자가 결과로부터 출발하여 거꾸로 진행하면서 설명을 시도하며, 현재의 사회적·문화적 영향을 최소화하고 있으며, 남자의 성폭력을 포함하여 사람들의 성행동 책임을 면제해주고 있다고 주장한다. 진화심리학자는 사회적 영향과 문화적 영향의 중요성을 인정하지만, 진화 원리에 근거한 검증 가능한 예측의 가치를 지적한다. 사람의 소인을 이해하는 것이 문제들을 극복하는 데 도움을 줄 수 있다는 것이다.

문화 다양성과 성별 다양성 : 선천성과 후천성 이해하기

4-9 초기 경험은 어떻게 두뇌를 조성하는가?

아동의 두뇌가 발달함에 따라서, 신경연계는 점점 많아지고 복잡해진다. 그렇게 되면 경험이 가지치기 과정을 촉발하는데, 이 과정에서 사용하지 않는 연계는 약화되고 집중적으로 사용하는 연계는 강화된다. 아동 초기는 두뇌를 조성하는 중요한 시기이지만, 신경가소성 덕분에 생애 전반에 걸쳐서 두뇌는 학습에 근거하여 스스로 수정해나간다.

4-10 부모와 또래는 어떤 방식으로 아동의 발달을 만들어가는가?

가정환경과 부모의 기대가 아동의 동기와 장차의 성공에 영향을 미칠 수 있다. 그렇지만 성격은 대체로 후천성 탓으로 돌릴 수 있는 것이 아니다. 아동이 또래와 어울리고자 애씀에 따라서 외모, 악센트, 비속어, 태도 등 또래 문화를 받아들이는 경향이 있다. 부모는 자녀의 이웃과 학교를 선택함으로써 또래집단 문화에 어느 정도 영향을 미치게 된다.

4-11 문화는 행동에 어떤 영향을 미치는가?

문화는 한 집단이 공유하며 한 세대에서 다음 세대로 전달하는 일련의 행동, 아이디어, 태도, 가치, 전통이다. 문화 규범은 구성원들에게 용인하고 기대하는 행동이 무엇인지를 알려주는 규칙이다. 문화는 시대와 지역에 따라서 다르다.

4-12 개인주의 문화와 집단주의 문화는 가치관과 목표에서 어떻게 다른가?

개인들은 서로 다르지만, 상이한 문화는 개인주의나 집단주의를 강조하는 경향이 있다. 자기 의존적인 개인주의에 바탕을 둔 문화는 개인의 독립성과 성취에 가치를 부여하는 경향이 있다. 정체성을 자존감, 개인적 목표와 태도, 개인의 권리와 자유 등에 따라서 정의한다. 사회적 연대에 바탕을 둔 집단주의 문화는 상호의존성, 전통, 조화 등에 가치를 부여하는 경향이 있으며, 정체성은 집단 목표, 책무, 집단에의 소속감 등에 근거하여 정의한다.

4-13 성별의 의미는 성의 의미와 어떻게 다른가?

심리학에서 성별(gender)은 사람들이 남성과 여성을 정의하는 사회적으로 영향을 받은 특징이다. 성(sex)은 사람들이 남자와 여자를 정의하는 생물학적 영향을 받은 특징을 지칭한다. 성별은 생물학적 소인과 상황이 상호작용한 산물이다.

4-14 남성과 여성이 유사한 경향이 있으며 동시에 차이를 보일 경향이 있는 방식에는 어떤 것들이 있는가?

남성이든 여성이든 간성이든, 대부분의 사람은 어머니와 아버지에게서 각각 23개의 염색체를 물려받는데, 45개 염색체는 모든 사람에게서 똑같다. 사람들이 상응하는 창의성, 지능, 정서 등과 함께 유사하게 보고 들으며 학습하고 기억하는 것처럼, 유사한 유전적 구성 덕분에 다르기보다는 훨씬 더 유사하다. 유사하게 보고 들으며 학습하고 기억한다. 남성-여성 차이에는 사춘기 출현 연령, 기대수명, 정서적 표현력, 특정 장애의 취약성 등에서 차이를 보인다. 남자는 여자보다 더 공격적이며, 신체적 공격성을 나타낼 가능성이 더 크다. 대부분의 사회에서 남자가 사회 권력을 더 많이 가지고 있으며, 독립적인 경향이 있는 반면에, 여자는 사회적 연계에 초점을 더 많이 맞추며, '상냥하고 우호적'이다.

4-15 어떤 요인이 직장에서의 성별 편향에 기여하는가?

직장에서의 성별 편향은 지각, 수입, 자녀양육 책임 등의 차이에서 볼 수 있다. 사회적 규범, 상호작용 스타일, 일상행동도 편향에 기여한다. 남자의 리더십 스타일은 지시적인 경향이 있는 반면, 여자의 리더십 스타일은 더 민주적인 경향이 있다. 일상행동과 상호작용에서 남자는 더 직설적이고 자기주장적인 경향이 있으며, 여자는 보다 지지적이고 양해를 구하는 방식으로 행동하는 경향이 있다.

4-16 성호르몬은 태아와 청소년의 성 발달에 어떤 영향을 미치는가?

성염색체와 성호르몬은 모두 발달에 영향을 미친다. 임신 7주 정도가 되면, 아버지에게서 물려받은 Y 염색체의 유전자가 테스토스테론의 생성을 촉발한다. 이 호르몬이 남성기관의 발달을 촉진한다. 에스트로겐은 여성의 성적 특성에 기여하며, 남자보다는 여자가 더 많이 분비한다. 임신 4~5개월이 되면, 성호르몬이 태아의 두뇌에 유입되어, 남자에게 많은 테스토스테론과 여자에게 많은 에스트로겐에 의해서 상이한 발달 패턴을 나타내게 된다. 출생 전에 이례적으로 높은 수준의 남성호르몬에 노출된 여아는 나중에 남성 특유의 관심사를 갖게 될 수 있다. 호르몬의 또 다른 과다유입이 사춘기에 발생하여, 성장 급등, 일차 성징과 이차 성징의 발달, 초경과 첫 사정 등을 촉발한다. 성적 발달의 개인차는 성염색체, 호르몬, 해부학적 특성의 이례적인 조합을 통해서 일어난다.

4-17 성별 역할에 대한 문화적 영향은 무엇

인가?

성별 역할, 즉 문화가 남자와 여자에게서 기대하는 행동, 태도, 특질 등은 지역과 시대에 따라 변한다. 전 세계 여러 지역에서 성별 역할이 지난 세기에 극적으로 변모하였다. 성별 역할에 대한 기대도 성폭력에 대한 문화적 태도에 영향을 미친다.

4-18 성폭력의 후유증은 무엇인가? 문화적 견해는 어떻게 변해왔으며, 어떻게 성폭력을 근절할 수 있는가?

성희롱을 포함한 성폭력은 수면을 와해시키고, 건강을 해치며, 새로운 관계 파트너를 신뢰하기 어렵게 만든다. 성폭력에 대한 문화적 견해는 시대와 지역에 따라 다르며, 어떤 변화는 여전히 희생자를 비난한다. 그러나 미국을 비롯한 여러 지역에서 지난 반세기를 거치면서 희생자 비난은 용인되지 않게 되었다. 성폭력 치료가 효과적인지는 입증되지 않았지만, 성폭력 경험을 고발하고 공유하도록 북돋우고 희생당한 사람에게 권한을 부여하며, 사람들에게 예방적인 방관자 개입 전략을 교육함으로써 성폭력을 감소시킬 수 있다.

4-19 사람들은 어떻게 성별 정체성을 형성하는가?

사회학습 이론은 강화, 처벌, 관찰 등을 통해서 여러 가지를 학습하는 것과 마찬가지로 성별 정체성도 학습하는 것이라고 제안한다. 그렇지만 비판자들은 모델링과 보상이 성별 유형화를 설명할 수 없기 때문에 인지도 일익을 담당한다고 주장한다. 어떤 아동은 자신들을 '남자의 세계'나 '여자의 세계'로 체제화하며, 다른 아동은 양성성을 선호한다. 자신을 시스젠더로 간주하는 사람의 경우에는 성별 정체성이 생물학적 성과 일치한다. 자신을 트랜스젠더로 간주하는 사람의 경우에는 성별 정체성이 생물학적 성과 다르다. 이들의 성적 지향성은 이성애적이거나 양성애적이거나 무성애적일 수 있다.

4-20 선천성, 후천성, 그리고 자발적 선택은 성별 역할과 삶의 여러 측면에 어떤 영향을 미치는가?

개인적 발달은 생물학적 요인, 심리적 요인, 사회문화적 요인의 상호작용이 초래한다. 생물학적 요인은 공유하고 있는 인간 게놈, 개인적 변인, 출생 이전 환경, 성 관련 유전자, 호르몬, 생리적 특성 등을 포함한다. 심리적 요인은 유전자-환경 상호작용, 신경망에 대한 초기 경험의 효과, 성별과 기질과 같은 자체적인 특성이 촉발하는 반응, 개인적 신념과 감정 그리고 기대 등을 포함한다. 사회문화적 요인은 부모와 또래의 영향, 문화적 전통과 가치, 문화적 성별 규범 등을 포함한다. 그리고 개인의 선택이 이 모든 요인들이 상호작용하는 방식에 영향을 미친다.

제5장

일생에 걸친 발달

발달의 주요 논제, 출생 이전 발달, 그리고 신생아

5-1 발달심리학자가 추구해온 세 가지 논제는 무엇인가?

발달심리학자들은 평생에 걸친 신체적, 심리적, 사회적 변화를 연구한다. 이들은 다음과 같은 세 가지 논제를 탐구하고자 횡단연구나 종단연구를 수행하기 십상이다. 즉, 선천성과 후천성(유전적 유산과 경험 간의 상호작용), 연속성과 단계(발달이 점진적인지 아니면 비교적 급작스러운 일련의 변화인지 여부), 그리고 안정성과 변화(나이를 먹어감에 따라서 특질이 지속적인지 아니면 변화하는지 여부).

5-2 출생 이전 발달의 과정은 어떻게 진행되는가? 테라토겐은 발달에 어떤 영향을 미치는가?

삶의 주기는 하나의 정자가 난자와 결합하여 접합자를 형성하는 임신부터 시작된다. 접합자의 내부 세포들은 배아가 되고, 다음 6주에 걸쳐서 신체 기관들이 형성되고 기능하기 시작한다. 9주경의 태아는 사람으로 알아볼 정도가 된다. 테라토겐은 태아 알코올 증후군에서 볼 수 있는 바와 같이, 탯줄을 통해 전달되고 발달하고 있는 배아나 태아에 해를 끼칠 수 있는 해로운 물질을 말한다.

5-3 신생아의 능력에는 어떤 것이 있는가? 신생아의 심적 능력은 어떻게 연구하는가?

신생아는 생존과 사회적 상호작용을 촉진하는 감각 장치와 반사능력을 가지고 태어난다. 예컨대, 신생아는 어머니의 냄새와 모습을 신속하게 변별학습한다. 연구자들은 새로운 선호 절차와 같이, 습관화를 검증하는 기법을 사용하여 유아의 능력을 탐구한다.

유아기와 아동기

5-4 유아기와 아동기에 두뇌와 운동기술은 어떻게 발달하는가?

두뇌 뉴런들은 유전과 경험이 만들어간다. 아동의 두뇌가 발달함에 따라서 신경연계는 다양하고 복잡해진다. 그런 다음에 경험이 가지치기 과정을 촉발하여, 사용하지 않는 연계는 약화시키고 집중적으로 사용하는 연계는 강화시킨다. 아동기에 앉기, 서기, 걷기 등과 같은 복잡한 운동기술이 예측 가능한 순서대로 발달한다. 물론 그러한 순서의 출현 시점은 개인의 성숙과 문화의 함수이기도 하다. 사람들은 대략 4세 이전에 일어난 사건들을 의식적으로 기억해낼 수 없다. 이러한 유아기 기억상실이 일어나는 까닭은 부분적으로 주요 두뇌영역들이 아직 성숙하지 않았기 때문이다.

5-5 피아제는 아동의 마음이 발달하는 방식에 대한 이해를 어떻게 확장했는가? 그리고 오늘날의 연구자들은 그의 연구에 무엇을 쌓아올렸는가?

장 피아제는 자신의 인지 발달 이론에서 아동은 동화와 순응이라는 과정을 통해서 세상에 관한 이해를 적극적으로 구축하고 수정해나간다고 제안하였다. 아동은 자신의 경험을 조직하는 것을 도와주는 스키마들을 형성한다. 대상영속성을 발달시키는 처음 두 해의 감각운동 단계를 거쳐, 아동은 보다 복잡한 사고방식으로 넘어간다. 전조작 단계(대략 2세에서 6, 7세까지)에서 아동은 마음 이론을 발달시키지만, 자기중심적이고 단순한 논리적 조작도 수행하지 못한다. 대략 7세가 되면, 구체적 조작 단계에 접어들어서, 보존 원리를 이해할 수 있다. 대략 12세경이 되면, 형식적 조작단계에 접어들어서는 체계적으로 추리할 수 있다. 연구들은 피아제가 제안한 순서를 지지하지만, 아동은 피아제가 생각하였던 것보다 더 유능하며 발달은 더 연속적이라는 사실도 보여준다.

5-6 비고츠키는 아동의 인지 발달을 어떻게 간주하였는가?

아동 발달에 관한 레프 비고츠키 연구는 아동의 마음이 사회 환경과의 상호작용을 통해서 성장하는 방식에 초점을 맞추었다. 그의 견해에 따르면, 부모, 교사, 그리고 다른 아동들이 특정 아동으로 하여금 상위 수준의 사고로 올라갈 수 있는 도약대를 제공해준다.

5-7 마음 이론이 발달한다는 것은 무엇을 의미하는가? 그리고 자폐 스펙트럼 장애 아동의 경우에는 마음 이론이 어떻게 손상되어 있는가?

마음 이론, 즉 자신과 타인의 심적 상태에 대한 생각은 초기 아동기에 발달한다. 자폐 스펙트럼 장애아는 손상된 마음 이론을 가지고 있다. 즉, 자신의 생각을 되돌아보는 것뿐만 아니라 상대방의 마음 상태를 이해하는 데 어려움이 있다.

5-8 부모-유아 애착의 유대는 어떻게 형성되는가?

대상영속성이 발달한 직후인 대략 8개월경에 보호자와 분리된 아동은 낯가림을 나타낸다. 유아가 애착을 형성하는 까닭은 부모가 단지 생물학적 욕구를 만족시켜 주기 때문이 아니라, 안락함을 제공해주고 친숙하며 반응을 해주기 때문이다. 오리를 비롯한 다른 동물들은 결정적 시기에 발생하는 각인이라고 부르는 경직된 애착과정을 나타낸다.

5-9 심리학자는 애착의 차이를 어떻게 연구해왔으며, 무엇을 알아냈는가?

애착은 낯선 상황 실험에서 연구해왔는데, 이 실험을 보면 어떤 아동은 안정적으로 애착하고 다른 아동은 불안정 애착을 보인다. 유아의 애착 스타일은 개인의 기질 그리고 부모나 보호자의 반응성 모두를 반영한다. 성인들의 관계도 아동 초기의 애착 스타일을 반영하는 것으로 보인다. 이 사실은 유아기에 반응적인 보호자와의 경험을 통해서 기본 신뢰를 형성한다는 에릭 에릭슨의 생각을 지지해준다.

5-10 아동기 방치나 학대가 아동의 애착에 어떤 영향을 미치는가?

대부분의 아동은 매우 탄력적이지만, 아동 초기에 부모가 심각하게 방치하거나 아니면 어떤 방식으로든 애착 형성이 차단된 아동은 애착 문제를 일으킬 위험성에 처하게 될 수 있다. 아동기에 경험하는 극단적인 외상은 두뇌를 변화시켜서는 스트레스 반응에 영향을 미치거나 후생유전적 표지를 남기기도 한다.

5-11 아동의 자기개념은 어떻게 발달하는가?

자신이 누구인지를 이해하고 평가하는 자기개념은 점진적으로 출현한다. 생후 15~18개월의 아동은 거울 속의 모습을 자신으로 재인한다. 학령기가 되면 자신의 많은 특질을 기술할 수 있으며, 8~10세가 되면 자기 이미지가 안정된다.

5-12 네 가지 대표적인 양육방식은 무엇인가?

대표적인 양육방식은 권위주의적, 허용적, 방임적, 권위적 양육방식이다.

5-13 어떤 결과가 각 양육방식과 연합되어 있는가?

권위적 양육방식은 높은 자존감, 자기의존성, 자기조절성, 사회적 유능성과 관계가 있다. 권위주의적 양육방식은 낮은 자존감, 미숙한 사회적 기술, 그리고 실수에 과민반응을 보이는 두뇌와 관련이 있다. 허용적 양육방식은 높은 공격성과 미성숙과 관련이 있다. 방임적 양육방식은 열등한 학업수행과 사회성과 관련이 있다. 그렇지만 상관은 인과성과 동일한 것이 아니다. 긍정적인 특성을 가지고 있는 아동이 긍정적인 양육방법을 초래할 가능성이 더 높을 수 있는 것이다.

청소년기

5-14 청소년기를 어떻게 정의하는가? 신체 변화는 발달하고 있는 10대에 어떤 영향을 미치는가?

청소년기는 사춘기에서 사회적 독립으로 확장되는 아동기로부터 성인기로 넘어가는 전환기이다. 조숙함은 발달하고 있는 청소년에게 도전거리가 될 수 있다. 청소년기와 20대 초기에 두뇌의 전두엽이 성숙하고 수초의 성장이 증가하여, 증진된 판단과 충동 제어 그리고 장기적 계획 수립을 가능하게 해준다.

5-15 피아제와 콜버그 그리고 후속 연구자들은 청소년기 인지 발달과 도덕성 발달을 어떻게 기술하는가?

피아제는 청소년이 형식적 조작능력을 발달시키며, 이 발달이 도덕 판단의 토대라고 생각하였다. 로런스 콜버그는 자기 이해관계를 생각하는 전인습적 도덕성에서부터 법과 사회 규칙의 준수에 관심을 갖는 인습적 도덕성을 거쳐, 보편 윤리 원리에 근거한 후인습적 도덕성에 이르는 도덕 추리의 단계 이론을 제안하였다. 다른 연구자들은 도덕성이 생각뿐만 아니라 도덕 직관과 도덕 행동에도 들어있다고 생각한다. 몇몇 비판자들은 콜버그의 후인습적 수준이 개인주의 문화의 중산층 남자의 조망에서 바라본 도덕성을 나타낸다고 주장한다. 삶의 성공은 만족을 지연시키는 능력이 초래할 수도 있다.

5-16 청소년기의 사회적 과업과 도전거리는 무엇인가?

에릭 에릭슨은 일생에 걸친 여덟 단계의 심리사회적 발달을 제안하였다. 그는 신뢰성, 자율성, 선도성, 유능성, 정체성, 친밀성, 생산성, 통합성을 달성할 필요가 있다고 믿었다. 삶의 각 단계는 자체적인 심리사회적 과업을 가지고 있으며, 청소년기에 자기감을 공고하게 만드는 것은 '다양한 역할들을 시도해보는 것'을 의미한다. 사회적 정체성은 특정 집단의 구성원으로서 갖게 되는 자기개념의 한 부분이다.

5-17 부모와 또래는 청소년에게 어떤 영향을 미치는가?

청소년기에 부모의 영향력은 감소하고 또래의 영향력은 증가한다. 청소년은 또래의 복장, 행동거지, 소통방법 등을 받아들인다. 그렇지만 긍정적인 부모-10대 자녀 관계는 긍정적인 또래관계와 상관이 있다. 성격과 기질은 부모와 또래의 영향을 포함하여 선천성과 후천성 모두에 의해서 만들어진다.

5-18 신흥 성인기란 무엇인가?

이른 성적 성숙과 늦은 독립성으로 인해서 청소년기로부터 성인기로의 전환이 예전보다 더 오랜 시간 진행된다. 신흥 성인기란 18세부터 20대 중반까지의 기간을 말하는데, 이 시기에 많은 젊은이가 아직 완전하게 독립하지 못한다. 이 단계는 대부분 오늘날의 서구 문화에서 나타난다.

성인기

5-19 중년기와 성인 후기에 어떤 신체 변화가 일어나는가?

근력, 반응시간, 감각능력, 심장기능 등이 20대 후반부터 떨어지기 시작하여 중년기(대체로 40세부터 65세까지)를 거쳐 성인 후기(65세 이후)까지 계속해서 감퇴한다. 중년기와 성인 후기를 거치면서 하강곡선을 그리는 궤적은 개인적 건강과 운동습관에 따라 상당한 차이를 보인다. 여자의 가임기는 50세를 전후한 폐경과 함께 끝난다. 남자는 보다 점진적인 감퇴를 경험한다. 성인 후기에 면역 시스템이 약화되고, 삶을 위협하는 질병에의 취약성이 증가한다. 염색체 끝부분(텔로미어)이 닳아버려서 정상적인 유전 복제의 가능성이 감소한다. 그렇지만 장수를 돕는 유전자, 낮은 스트레스, 좋은 건강습관 등이 말년의 좋은 건강을 유지할 수 있게 해준다.

5-20 기억은 나이 들어감에 따라서 어떻게 변하는가?

회상능력은 감퇴하기 시작하며, 특히 무의미 정보의 경우에 그렇다. 그렇지만 재인기억은 강력한 채로 남아있다. 발달 연구자들은 횡단연구(상이한 연령의 사람들을 비교한다)와 종단연구(오랜 기간에 걸쳐 동일한 사람들을 반복연구한다)를 통해서 기억과 같이 연령과 관련된 변화를 연구한다. '종착역 내리막길'은 삶의 마지막 몇 년 동안의 인지적 저하를 나타낸다.

5-21 신경인지장애와 알츠하이머병은 인지능력에 어떤 영향을 미치는가?

신경인지장애(NCD)는 인지적 결손이 특징인 후천적 장애이며, 알츠하이머병, 두뇌 손상이나 질병, 또는 약물 남용 등과 관련되기 십상이다. 두뇌세포의 손상은 정상적인 노화의 특징이 아닌 심적 능력의 마모를 초래한다. 알츠하이머병은 기억의 와해에 뒤이은 추리능력의 와해가 발생한다. 5~20년이 지난 후에는 정서적으로 무감각해지고, 방향성과 억제능력을 상실하며, 대소변을 가리지 못하고, 마침내는 마음이 텅 비어버린다.

5-22 어떤 주제와 영향 요인이 성인 초기부터 죽음에 이르기까지의 사회적 여정을 특징짓는가?

성인기는 연령과 관련된 사회적 단계들의 질서정연한 순서를 밟아 진행되지 않는다. 우연 사건들이 삶의 선택을 결정할 수 있다. 사회적 시계란 결혼, 자녀양육, 은퇴와 같은 사회적 사건들에 있어서 한 문화가 선호하는 시점을 말한다. 오늘날 서구 문화의 많은 사람이 자신의 사회적 사건 순서를 자유롭게 설정한다. 성인기의 주도적 주제는 사랑과 일이며, 에릭슨은 이것을 친밀감과 생산성이라고 불렀다.

5-23 사람들의 안녕감은 평생에 걸쳐서 어떻게 변하는가?

조사결과를 보면, 삶의 만족도는 삶이 끝나는 순간까지 연령과 관계가 없다. 중년기 이후 정적 정서는 증가하고 부적 정서는 감소한다. 나이를 먹어감에 따라서 극단적인 정서와 기분은 거의 나타나지 않는다.

5-24 사랑하는 사람의 죽음은 어떤 반응을 촉발하는가?

사람들은 한때 생각하였던 것처럼, 예측 가능한 단계로 슬퍼하지 않는다. 사별치료가 그러한 도움을 받지 않은 채 슬픔을 표출하는 것보다 유의하게 더 효과적이지 않다. 삶은 죽음 앞에서도 긍정적일 수 있으며, 특히 에릭슨이 통합감이라고 명명한 것을 경험하는 사람, 즉 자신의 삶이 의미 있었다고 느끼는 사람에게 있어서 그렇다.

제6장

감각과 지각

감각과 지각의 기본 개념

6-1 감각과 지각이란 무엇인가? 상향처리와 하향처리가 의미하는 것은 무엇인가?

감각이란 감각수용기와 신경계가 환경으로부터 자극 에너지를 받아들여 표상하는 과정이다. 지각이란 이 정보를 체제화하고 해석하여 의미 있는 사건의 재인을 가능하게 하는 과정이다. 감각과 지각은 실제로 하나의 연속적인 과정의 부분이다. 상향처리는 감각수용기로부터 두뇌로 흘러가는 정보를 입력 수준에서 분석하는 감각분석이다. 하향처리는 경험과 기대를 통해서 정보를 걸러냄으로써 지각을 구성할 때처럼 상위 수준의 심적 과정이 주도하는 정보처리이다.

6-2 모든 감각 시스템에 기본이 되는 세 단계는 무엇인가?

감각은 (1) 흔히 전문화된 수용기세포를 통해서 감각자극을 받아들이고, (2) 그 자극을 신경 흥분으로 변환하며, (3) 신경정보를 두뇌로 전달한다. 변환이란 한 가지 형태의 에너지를 다른 형태로 전환하는 과정이다. 정신물리학자는 자극의 물리적 특징과 그 자극의 심리적 경험 간의 관계를 연구한다.

6-3 절대 역치와 차이 역치는 어떻게 다른가?

어떤 자극에 대한 절대 역치란 그 자극을 0.5의 확률로 의식적으로 자각하는 데 필요한 최소한의 자극크기를 말한다. 신호탐지 이론은 사람들이 언제 어떻게 배경소음 속에서 희미한 자극을 탐지할 것인지를 예측한다. 절대 역치는 신호의 강도 그리고 개인의 경험, 기대, 동기, 각성 등에 따라서 달라진다. 차이 역치(최소가지 차이 jnd라고도 부른다)는 0.5의 확률로 두 자극을 분별할 수 있는 차이이다. 베버의 법칙에 따르면, 두 자극을 다르다고 지각하려면 그 자극들이 일정한 비율만큼(일정한 양이 아니다) 차이를 보여야 한다.

6-4 역치하 자극은 사람들에게 어떤 영향을 미치는가?

사람들은 절대 역치 이하의 자극도 감각하고 그러한 감각의 영향을 받을 수 있다. 그렇지만 역치하로 점화할 수 있다고 하더라도, 역치하 감각은 강력하고 지속적인 영향을 미치지는 못한다.

6-5 감각 순응의 기능은 무엇인가?

감각 순응(일정하거나 관례적인 냄새, 소리, 촉감 등에 대한 민감도의 저하)은 환경에서 정보를 담고 있는 변화에 주의를 집중하게 해준다.

6-6 기대, 맥락, 동기, 정서 등은 지각에 어떤 영향을 미치는가?

지각갖춤새는 사람들이 세상을 지각할 때 사용하는 렌즈로 기능하는 심적 성향이다. 학습한 개념(스키마)은 모호한 자극을 특정 방식으로 체제화하고 해석하도록 점화한다. 동기뿐만 아니라 신체 맥락과 정서 맥락도 기대를 생성하여 사건과 행동에 대한 해석을 채색한다.

시각 : 감각처리와 지각처리

6-7 사람들이 가시광선으로 보는 에너지의 특징은 무엇인가? 눈의 어느 구조가 그 에너지에 초점을 맞추게 도와주는가?

사람들이 빛으로 보는 것은 광대한 전자기 에너지 스펙트럼의 단지 좁은 영역일 뿐이다. 사람이 볼 수 있는 영역은 파랑-보라를 경험하게 만드는 파장에서부터 빨강을 경험하게 만드는 파장에까지 이른다. 눈으로 들어오고 수정체가 초점을 맞춘 가시광선의 광자들은 눈의 안쪽 면, 즉 망막에 가닿는다. 망막에서는 빛에 민감한 간상체와 색에 민감한 원추체가 빛 에너지를 신경 흥분으로 전환시킨다. 빛에서 지각하는 색상은 파장에 의한 것이며, 밝기는 강도에 의한 것이다.

6-8 **간상체와 원추체는 어떻게 정보를 처리하는가? 그리고 정보가 눈에서 두뇌로 전달되는 신경통로는 무엇인가?**

눈에 들어온 빛은 망막에서 빛에 민감한 간상체와 색상에 민감한 원추체의 화학반응을 촉발하는데, 이 광수용기들은 빛 에너지를 신경충격으로 전환시킨다. 양극세포와 신경절세포가 처리한 후에, 신경 흥분은 망막에서부터 시신경을 따라서 시상으로 그리고 다시 시각피질로 전달된다.

6-9 **사람들은 주변 세상에서 어떻게 색깔을 지각하는가?**

영-헬름홀츠 삼원색 이론은 망막이 세 가지 유형의 색채수용기를 가지고 있다고 제안하였다. 오늘날의 연구는 세 가지 유형의 원추체를 발견하였는데, 각각은 세 가지 삼원색(빨강, 녹색, 파랑) 중 하나의 파장에 가장 민감하다. 헤링의 대립과정 이론은 세 가지 부가적인 색채처리 과정(빨강 대 녹색, 파랑 대 노랑, 하양 대 검정)을 제안하였다. 오늘날의 연구는 망막과 시상의 뉴런들이 원추체로부터 받아들이는 색채 관련 정보를 보색 쌍들로 부호화한다는 사실을 확증해왔다. 두 이론 그리고 이 이론들을 지지하는 연구들은 색채처리가 두 단계에 걸쳐 일어난다는 사실을 보여준다.

6-10 **자질 탐지기는 어디에 존재하는가? 이들의 역할은 무엇인가?**

시각피질에 존재하는 전문화된 신경세포인 자질 탐지기는 모양, 각도, 움직임 등과 같은 시각자극의 특정 자질에 반응한다. 자질 탐지기는 정보를 다른 피질영역으로 넘겨주는데, 이 영역에 존재하는 초세포 군집이 보다 복잡한 패턴에 반응한다.

6-11 **두뇌는 어떻게 병렬처리를 사용하여 시지각을 구성하는가?**

두뇌는 병렬처리를 통해서 시각의 다양한 측면(색깔, 움직임, 형태, 깊이 등)을 동시에 다룬다. 다른 신경조직이 그 결과를 통합하여 저장된 정보와 비교함으로써 지각을 가능하게 만든다.

6-12 **게슈탈트심리학자들은 어떻게 지각 체제화를 이해하였는가? 전경-배경 그리고 집단화 원리는 어떻게 지각에 기여하는가?**

게슈탈트심리학자는 두뇌가 감각 데이터의 조각들을 게슈탈트 또는 의미 있는 형태로 체제화하는 규칙들을 탐색하였다. 전체는 부분의 합을 능가한다는 사실을 지적하면서 게슈탈트심리학자들은 사람들이 감각정보를 걸러내고 지각을 구성한다는 사실에 주목하였다. 사물을 재인하려면 우선 그 사물을 주변(배경)과 차별되는 것(전경)으로 지각해야만 한다. 사람들은 근접, 연속성, 폐쇄 등과 같은 규칙에 따라서 자극들을 의미 있는 집단으로 체제화함으로써 질서와 형태를 부여하는 것이다.

6-13 **어떻게 양안 단서와 단안 단서를 사용하여 3차원 세상을 지각하는가? 어떻게 움직임을 지각하는가?**

깊이 지각은 대상을 3차원에서 지각하고 거리를 판단하는 능력이다. 시각 절벽 등을 사용한 연구는 많은 동물종이 태어날 때부터 아니면 태어난 직후부터 세상을 3차원으로 지각한다는 사실을 입증하고 있다. 망막 부등과 같은 양안 단서는 양쪽 눈 모두의 정보에 의존하는 깊이단서이다. 상대적 크기, 중첩, 상대적 높이, 상대적 운동, 선형 조망, 빛과 그림자 등과 같은 단안 단서는 한 눈이 전달하는 정보를 사용하여 깊이를 판단할 수 있게 해준다. 사람들은 대상이 움직일 때, 수축하는 대상은 멀어지는 것이고 확장하는 대상은 접근하는 것이라고 가정한다. 두뇌는 움직임을 불완전하게 계산하며, 특히 아동은 자동차와 같이 다가오는 위험물을 부정확하게 지각하는 위험에 처하게 된다. 스트로보스코프 운동이나 파이 현상에서 보는 바와 같이, 망막에 이미지들을 빠르게 연속적으로 제시하는 것은 움직임의 착시를 만들어낼 수 있다.

6-14 **지각 항등성은 어떻게 의미 있는 지각을 구축하는 데 도움을 주는가?**

색채, 밝기, 모양, 크기 등의 지각 항등성은 망막상이 변함에도 불구하고 대상을 안정적인 것으로 지각할 수 있게 해준다. 두뇌는 주변 자극들과의 비교를 통해서 한 대상의 색채나 밝기에 대한 경험을 구성한다. 대상의 크기를 아는 것은 거리에 관한 단서를 제공한다. 거리를 아는 것은 크기에 관한 단서를 제공한다. 그렇지만 때로는 달 착시에서 보는 바와 같이, 단안 거리 단서를 잘못 읽어서 엉뚱한 결론에 도달하기도 한다.

6-15 **회복된 시각, 감각 제약, 그리고 지각 순응에 관한 연구는 지각에 대한 경험의 효과에 관하여 무엇을 밝혀주는가?**

경험은 지각 해석을 주도한다. 생득적으로 눈이 멀었다가 외과수술로 시력을 회복한 사람은 모형과 형태 그리고 온전한 얼굴을 시각적으로 재인하는 경험이 결여되어 있다. 감각 제약 연구는 감각 발달과 지각 발달의 몇몇 측면에는 결정적 시기가 있다는 사실을 지적한다. 생의 초기 자극이 결여되면, 두뇌의 신경 체제화가 정상적으로 발달하지 않는다. 세상이 왼쪽이나 오른쪽으로 이동한 것처럼 보이거나 상하가 역전된 것으로 보이게 만드는 특수 안경을 착용한 사람은 지각 순응을 경험한다. 처음에는 방향감각을 상실하지만, 새로운 맥락에 적응하기 시작한다.

시각 이외의 감각

6-16 **사람들이 소리로 듣게 되는 음파의 특징은 무엇인가?**

음파는 공기가 띠 모양으로 압축되고 확장되는 것이다. 귀는 공기압에서의 이러한 변화를 탐지하고 신경 흥분으로 변환시키는데, 두뇌는 이것을 소리로 해부호화한다. 음파는 강도에서 차이를 보이는데, 우리는 이것을 상이한 크기의 소리로 지각하며, 주파수의 차이를 음고의 차이로 경험한다.

6-17 **귀는 소리 에너지를 어떻게 신경 메시지로 변환하는가?**

중이는 고막과 달팽이관 사이의 공간이다. 내이는 달팽이관, 삼반규관, 전정낭으로 구성되어 있다. 청도를 따라서 진행하는 음파는 일련의 기계적인 사건을 거쳐서 고막에 미약한 진동을 야기한다. 중이의 소골들이 그 진동을 증폭하여 액이 차있는 달팽이관에 전달한다. 달팽이관 액의 압력 변화가 초래하는 기저막의 흔들림은 모세포의 미세한 움직임을 초래하여 신경 메시지를 시상을 거쳐 두뇌의 청각피질로 보내게 만든다. 감각신경성 청력 손실(신경성 귀머거리라고도 부른다)은 달팽이관 모세포의 손상이나 관련 신경의 손상이 초래한다. 전도성 청력 손실은 음파를 달팽이관으로 전달하는 기계적 시스템의 손상이 초래한다. 달팽이관 임플란트는 청력을 회복시켜 줄 수 있다.

6-18 어떻게 소리의 크기를 탐지하고 음고를 변별하며 소리의 위치를 파악하는가?

소리의 크기는 모세포 반응의 강도와 무관하다. 두뇌는 활동하는 모세포의 수로부터 크기를 해석한다. 장소 이론은 높은 음고의 소리를 듣는 방식 그리고 빈도 이론은 낮은 음고의 소리를 듣는 방식을 설명해준다. 두 이론의 결합은 중간 범위의 음고를 듣는 방식을 설명해준다. 장소 이론은 음파가 달팽이관의 기저막을 자극하는 장소를 두뇌가 해부호화함으로써 특정 음고로 해석한다고 제안한다. 빈도 이론은 청신경을 통해 두뇌로 전달되는 신경 흥분의 빈도를 해독해낸다고 제안한다. 음파는 한쪽 귀를 다른 쪽 귀보다 빨리 그리고 보다 강하게 자극한다. 두뇌는 두 귀가 받아들이는 소리의 미묘한 차이를 분석하여 음원의 위치를 계산한다.

6-19 네 가지 기본 촉각은 무엇인가? 어떻게 촉각을 경험하는가?

촉각은 압각, 온각, 냉각, 통각의 네 가지 기본 감각이며, 이것들이 결합하여 '가렵다'나 '축축하다'와 같은 다른 감각을 만들어낸다.

6-20 어떤 생물학적, 심리적, 사회문화적 요인들이 통각 경험에 영향을 미치는가? 가짜약, 주의분산, 최면은 어떻게 통각을 제어하는 데 도움을 주는가?

생물심리사회적 조망은 통각을 생물학적 요인, 심리적 요인, 그리고 사회문화적 요인의 합으로 간주한다. 통증은 상향감각과 하향처리를 반영한다. 한 이론은 척수에 있는 '출입문'이 통각 신호가 작은 신경섬유를 통하여 두뇌로 전달되도록 열리거나 그 전달을 차단하도록 닫힌다고 제안한다. 통증치료는 흔히 신체적 요소와 심리적 요소를 결합한다. 가짜약은 고통스러운 경험에 대한 중추신경계의 주의와 반응을 약화시킴으로써 도움을 줄 수 있다. 주의분산은 사람들의 주의를 고통스러운 자극으로부터 멀어지게 한다. 암시에 대한 반응성을 증가시키는 최면도 통증 완화에 도움이 될 수 있다. 몇몇 임상가들은 바람직하지 않은 증상을 제어하기 위하여 최면후 암시를 사용한다.

6-21 미각과 후각은 어떤 측면에서 유사하며 어떻게 다른가?

미각과 후각은 모두 화학적 감각이다. 미각은 단맛, 신맛, 짠맛, 쓴맛, 감칠맛이라는 다섯 가지 기본 감각 그리고 미뢰에 들어있는 미각수용기 세포의 정보와 상호작용하는 냄새의 복합체이다. 후각에는 기본 감각이 존재하지 않는다. 공기 속에 들어있는 어떤 물질의 분자가 비강 위쪽에 있는 2,000만 개의 수용기세포들 중에서 작은 군집에 도달할 때 냄새를 맡게 된다. 냄새 분자는 후각피질이 해석하는 패턴의 수용기 조합을 자극한다. 수용기세포는 메시지를 두뇌의 후각신경구로 전달하고, 이어서 측두엽과 변연계의 구조로 전달한다.

6-22 어떻게 신체 위치와 움직임을 감각하는가?

근육, 힘줄, 관절 등의 고유감각기라고 부르는 위치 센서와 움직임 센서가 신체부위의 위치와 움직임 감각인 운동감각을 가능하게 해준다. 전정감각을 가지고 머리의 위치와 움직임을 감시하며 균형을 유지한다(따라서 신체의 위치와 움직임도 감시한다). 전정감각은 삼반규관과 전정낭에 의존하여 머리의 기울임과 회전을 감각한다.

6-23 감각 상호작용은 지각에 어떤 영향을 미치는가? 체화 인지란 무엇인가?

감각은 상호 간에 영향을 미친다. 예컨대, 좋아하는 음식의 냄새가 맛을 증폭시킬 때 감각 상호작용이 일어난다. 체화 인지란 신체 감각, 몸짓 등이 인지적 선호와 판단에 미치는 영향을 말한다.

6-24 ESP의 주장은 무엇인가? 이 주장을 검증해본 후에 대부분의 심리학자가 내린 결론은 무엇인가?

초심리학이란 초감각지각(ESP)과 염력을 포함한 비정상적인 현상들을 연구하는 분야이다. 세 가지 대표적인 검증 가능한 ESP 형태는 텔레파시(마음과 마음 간의 소통), 천리안(멀리 떨어진 사건의 지각), 그리고 예지(미래 사건의 지각)이다. ESP는 존재하지 않는다고 주장하는 사람을 반박하려면, 한 가지라도 재생 가능한 ESP 사건을 입증할 수 있는 단 한 사람만 있으면 된다. 연구를 계속하고 있지만, 엄격하게 통제한 실험조건에서 ESP 현상을 한 번도 반복할 수 없었다.

제7장

학습

학습의 기본 개념과 파블로프식 조건형성

7-1 어떻게 학습을 정의하며, 학습의 기본 형태는 무엇인가?

학습은 새로우며 비교적 지속적인 정보나 행동을 획득하는 과정이다. 연합학습에서는 특정 사건들이 함께 발생하는 것을 학습한다. 파블로프식 조건형성에서는 둘 이상의 자극을 연합시키는 것을 학습한다. 자극이란 반응을 유발하는 사건이나 상황을 말한다. 조작적 조건형성에서는 반응을 그 결과와 연합시키는 것을 학습한다. 인지학습을 통해서는 행동을 이끌어가는 심적 정보를 획득한다. 예컨대, 관찰학습에서는 사건을 관찰하고 다른 사람을 지켜봄으로써 새로운 행동을 학습한다.

7-2 학습에 대한 행동주의 견해는 무엇인가?

조건형성에 대한 파블로프의 연구는 행동주의의 초석을 놓았다. 행동주의란 심리학이 심적 과정을 참조하지 않으면서 행동을 연구하는 개관적 과학이 되어야 한다는 견해이다. 행동주의자는 학습의 기본 법칙들이 인간을 포함한 모든 동물 종에서 동일하다고 생각하였다.

7-3 파블로프는 누구이며, 파블로프식 조건형성의 기본 성분은 무엇인가?

러시아 생리학자인 이반 파블로프는 학습에 관한 새로운 실험을 수행하였다. 그의 생애에서 마지막 30년에 걸친 20세기 초기의 연구는 파블로프식 조건형성이 학습의 기본 형태임을 입증하였다. 파블로프식 조건형성은 유기체가 자극들을 연합시키는 유형의 학습이다. 파블로프식 조건형성에서 중성자극(NS)은 조건형성 이전에는 아무 반응도 유발하지 않는 자극이다. 무조건반응(UR)은 어떤 자극에 대한 반응으로 침 흘리기와 같이 자연적으로 발생하는 사건이다. 무조건자극(US)은 입속의 음식이 침을 촉발하는 것처럼, 학습하지 않은 반응을 자연적이고 자동적으로 촉발하는 자극이다. 조건자극(CS)은 이전에는 소리와 같이 중성자극이었던 자극이 먹이와 같은 US와 연합된 후에 조건반응(CR)을 촉발하게 된 자극이다. CR은 조건자극에 대해서 학습한 반응이다.

7-4 파블로프식 조건형성에서 획득, 소거, 자발적 회복, 일반화, 그리고 변별 과정이란 무엇인가?

파블로프식 조건형성에서 첫 번째 단계인 획득은 NS를 US와 연합시킴으로써 NS가 CR을 촉발하게 되는 단계이다. 획득은 NS를 US 직전에 제시함으로써(대략 0.5초) 유기체로 하여금 다가오는 사건에 준비하도록 만들 때, 가장 쉽게 일어난다. 이 결과는 파블로프식 조건형성이 생물학적으로 적응적이라는 견해를 지지한다. 고차 조건형성을 통해서 새로운 NS를 새로운 CS로 만들 수 있다. 소거는 CS가 더 이상 US를 신호해주지 않을 때 반응이 감소하는 현상이다. 자발적 회복은 휴식기간 후에 이미 소거되었던 반응이 다시 나타나는 현상이다. 일반화는 CS와 유사한 자극들에 반응하는 경향성이다. 변별은 CS와 다른 무관련 자극들을 구분하는 학습한 능력이다.

7-5 파블로프의 연구가 여전히 중요하게 남아있는 이유는 무엇인가?

파블로프는 중요한 심리현상을 객관적으로 연구할 수 있으며, 파블로프식 조건형성이 모든 동물 종에게 적용되는 학습의 기본 형식이라는 사실을 알려주었다.

7-6 파블로프의 연구는 인간의 건강과 안녕감에 어떻게 적용되어 왔는가? 왓슨은 파블로프의 원리를 학습된 공포에 어떻게 적용하였는가?

파블로프식 조건형성 기법은 몇몇 심리장애에 대한 행동치료를 포함하여 인간의 건강과 안녕감을 개선하는 데 사용되고 있다. 신체의 면역시스템도 파블로프식 조건형성에 반응을 보일 수 있다. 또한 파블로프의 연구는 인간의 정서와 행동이, 비록 생물학적 영향을 받는 것이라고 하더라도, 기본적으로 조건반응들의 묶음이라는 왓슨의 생각에 대한 토대를 제공하였다. 왓슨은 '어린 앨버트' 연구에 파블로프식 조건형성 원리를 적용하여 특정 공포가 어떻게 조건형성될 수 있는지를 입증하였다.

조작적 조건형성

7-7 조작적 조건형성이란 무엇인가?

조작적 조건형성에서는 강화가 뒤따르는 행동이 재발할 가능성이 증가하고 처벌자극이 뒤따르는 행동은 감소하기 십상인 학습 유형이다.

7-8 스키너는 누구이며, 어떻게 조작행동을 강화하고 조성하는가?

스키너는 학부에서 영문학을 전공하였으며, 나중에 심리학을 전공하고자 대학원에 입학한 포부가 대단한 작가이었다. 그는 오늘날 행동주의에서 가장 영향력이 크고 논란의 대상이 된 인물이 되었다. 에드워드 손다이크의 효과의 법칙을 확장한 스키너는 조작실(스키너 상자)에 집어넣은 쥐나 비둘기의 행동을 원하는 행동으로 조금씩 접근하도록 만드는 강화물을 사용하여 조성할 수 있다는 사실을 밝혀냈다.

7-9 정적 강화와 부적 강화는 어떻게 다르며, 강화물의 기본 유형에는 어떤 것이 있는가?

강화는 행동을 강력하게 만드는 결과이다. 정적 강화는 바람직한 자극을 제공하여 행동의 빈도를 증가시키는 것이다. 부적 강화는 혐오자극을 제거하여 행동의 빈도를 증가시키는 것이다. 배고플 때 먹이를 제공받는 것이나 병이 났을 때 구토가 멈추게 해주는 것과 같은 일차 강화물은 생득적으로 만족을 제공하는 것이며, 학습이 필요하지 않다. 돈과 같은 조건 강화물(또는 이차 강화물)이 만족스러운 까닭은 음식이나 약물과 같은 기본적인 보상과 연합하는 것을 학습하였기 때문이다. 즉각적인 강화물은 보상을 즉시 제공한다. 지연 강화물은 만족을 지연하는 능력을 요구한다.

7-10 상이한 강화계획이 행동에 어떤 영향을 미치는가?

강화계획이란 반응을 얼마나 자주 강화할 것인지를 나타내는 것이다. 원하는 반응이 나타날 때마다 강화를 주는 연속 강화에서는 학습이 신속하게 일어나지만 보상을 더 이상 제공하지 않을 때 소거도 신속하게 일어난다. 부분 강화에서는 최초의 학습이 느리게 일어나지만, 그 행동은 소거에 대한 저항이 훨씬 크다. 고정비율 계획은 일정한 수의 반응 후의 행동을 강화한다. 변동비율 계획은 예측할 수 없는 시행 후에 강화를 준다. 고정간격 계획은 일정한 시간이 지난 후에 나타나는 행동을 강화한다. 변동간격 계획은 예측할 수 없는 시간 후에 강화를 준다.

7-11 처벌은 부적 강화와 어떻게 다른가? 처벌은 행동에 어떤 영향을 미치는가?

처벌은 아동의 반항과 같은 행동의 빈도를 낮추기 위하여 회초리와 같이 원치 않는 결과를 제공하거나 좋아하는 장난감을 치워버리는 것처럼 무엇인가 원하는 것을 없애버리는 것이다. 두통약을 복용하는 것과 같은 부적 강화는 혐오자극(두통)을 제거하는 것이다. 이렇게 원하는 결과(통증으로부터 벗어남)는 두통을 없애기 위하여 두통약을 복용하는 것과 같은 행동을 반복할 가능성을 증가시킨다. 처벌은 원치 않는 행동을 변화시키기보다는 억압하고, 공격성을 가르치며, 공포를 조장하고, 변별을 부추기며(처벌자극이 존재하지 않을 때는 바람직하지 않은 행동이 다시 나타난다), 우울과 무기력감을 조장하는 등 바람직하지 않은 부작용을 초래할 수 있다.

7-12 스키너의 생각이 논쟁을 불러일으킨 이유는 무엇인가? 그의 조작적 조건형성 원리를 어떻게 응용할 수 있겠는가?

스키너 원리의 비판자들은 그 접근이 개인의 자유를 무시하고 행동을 통제하고자 시도함으로써 사람들을 비인간화시킨다고 생각하였다. 스키너는 이미 외적 결과가 사람들의 행위를 제어하고 있으며, 강화는 행동을 제어하는 수단으로 처벌보다 훨씬 더 인간적인 방법이라고 응수하였다. 학교에서 교사는 조성기법을 사용하여 학생들의 행동을 유도할 수 있으며, 상호작용적 소프트웨어와 웹사이트를 사용하여 즉각적인 피드백을 제공할 수 있다. 스포츠에서 코치는 사소해 보이는 성과에 보상을 줌으로써 선수들의 기량과 자신감을 키워줄 수 있다. 직장에서 관리자는 잘 정의되고 달성 가능한 행동에 보상을 줌으로써 생산성과 사기를 고양시킬 수 있다. 가정에서 부모는 바람직한 행동에 보상을 주고 그렇지 않은 행동에는 보상을 주지 않을 수 있다. 개인 스스로도 자신의 목표를 천명하고 바람직한 행동의 빈도를 감시하며, 그 행동에 보상을 주고, 그 행동이 습관적으로 바뀜에 따라서 점차적으로 보상을 줄이는 방식으로 행동을 조성해갈 수 있다.

7-13 조작적 조건형성은 파블로프식 조건형성과 어떻게 다른가?

조작적 조건형성에서 유기체는 자신의 행동과 그 결과로 나타나는 사건 간의 연합을 학습한다. 이러한 형태의 조건형성은 조작행동, 즉 환경에 조작을 가하고 보상이나 처벌이라는 결과를 초래하는 행동을 수반한다. 파블로프식 조건형성에서 유기체는 자신이 제어하지 못하는 자극-사건 간의 연합을 형성한다. 이 형태의 조건형성은 반응행동, 즉 특정 자극에 대한 자동반응을 수반한다.

생물학적 소인, 인지, 그리고 학습

7-14 생물학적 제약은 파블로프식 조건형성과 조작적 조건형성에 어떤 영향을 미치는가?

동물의 조건형성 능력은 생물학적 제약을 받기 때문에 어떤 연합은 학습이 더 용이하다. 각 동물종은 생존에 도움을 주는 행동을 학습하는데, 이것이 준비성이라고 부르는 현상이다. 미각 혐오를 쉽게 학습한 동물은 동일한 해로운 먹이를 먹을 가능성이 낮으며 생존하여 후손을 퍼뜨릴 가능성이 높다. 자연은 각 동물종의 파블로프식 조건형성과 조작적 조건형성 능력 모두에 제약을 가한다. CS를 예측 가능하면서도 즉각적으로 뒤따르는 US와 연합시키는 준비성은 적응적이기 십상이다. 조작적 조건형성 훈련에서 동물은 생물학적 소인으로 되돌아가는 향본능 표류를 나타내기도 한다.

7-15 인지과정은 파블로프식 조건형성과 조작적 조건형성에 어떤 영향을 미치는가?

파블로프식 조건형성에서 동물은 US가 나타날 시점을 학습하고 자극과 반응 간의 연계를 자각하기도 한다. 조작적 조건형성에서는 인지도와 잠재학습 연구가 학습에서 인지과정의 중요성을 입증하고 있다.

7-16 관찰학습이란 무엇인가?

관찰학습(사회학습이라고도 부른다)에는 직접적인 경험보다는 관찰과 흉내를 통한 학습이 수반된다.

7-17 어떻게 거울뉴런은 관찰학습을 가능하게 해주는가?

두뇌 전두엽은 다른 사람의 두뇌 활동을 따라 할 수 있는 능력을 가지고 있다. 몇몇 심리학자는 거울뉴런이 이 과정을 가능하게 만들어준다고 믿고 있다. 다른 사람이 특정 행위를 수행하는 것을 관찰할 때, 자신이 그 행위를 수행할 때와 동일한 두뇌영역이 활동한다.

7-18 친사회적 모델링과 반사회적 모델링의 영향은 무엇인가?

아동은 따라 하는 행동이 친사회적(긍정적이고 건설적이며, 도움이 되는)이든 반사회적이든 간에, 모델이 행하고 말하는 것을 흉내 내는 경향이 있다. 만일 모델의 행위와 말이 일치하지 않는다면, 아동은 자신이 관찰하는 위선을 흉내 내기도 한다.

7-19 폭력 시청의 효과는 무엇인가?

대중매체 폭력이 공격성에 기여할 수 있다. 모방과 탈민감화가 이러한 폭력 시청 효과를 촉발하기도 한다. 상관이 인과성과 동일하지는 않지만, 연구참가자들은 폭력을 시청하였을 때 도발자극에 더욱 잔인하게 반응하였다.

제8장

기억

기억 연구와 부호화

8-1 기억이란 무엇인가? 어떻게 기억을 측정하는가?

기억이란 정보의 저장과 인출을 통해서 오랜 시간 동안 지속하는 학습을 말한다. 기억의 증거는 나중에 정보를 보다 쉽게 회상하거나, 재인하거나, 재학습하는 것일 수 있다. 심리학자는 이러한 상이한 형태의 기억을 개별적으로 측정할 수 있다.

8-2 기억 모형은 기억을 연구하는 데 어떤 도움을 주는가? 후속 연구는 3단계 정보처리 모형을 어떻게 업데이트하였는가?

심리학자들은 기억 모형을 사용하여 기억에 관하여 생각하고 소통한다. 정보처리 모형은 부호화, 저장, 인출의 세 과정을 수반한다. 민첩한 두뇌는 많은 것을 병렬처리의 방법으로 (몇몇은 무의식적으로) 동시에 처리한다. 연결주의 정보처리 모형은 기억을 상호 연결된 신경망의 산물로 간주하며 이러한 다중 궤적 처리에 초점을 맞춘다. 앳킨슨-시프린 모형에서 세 가지 처리단계는 감각기억, 단기기억, 장기기억이다. 보다 최근의 연구들은 이 모형에 다음과 같은 두 가지 중요 개념을 포함시켜 개선해왔다. (1) 작업기억. 두 번째 기억단계에서 일어나는 적극적인 처리를 강조하기 위한 것이다. (2) 자동처리. 의식적 자각 이면에서 진행되는 정보처리를 다루기 위한 것이다.

8-3 외현기억과 암묵기억은 어떻게 다른가?

인간의 두뇌는 이중 궤적을 통해서 의식적으로 그리고 무의식적으로 정보를 처리한다. 사실과 경험의 의식적 기억인 외현기억(선언기억)은 통제처리를 통해서 만들게 되는데, 의식적 노력과 주의를 요구한다. 기술의 획득과 조건연합을 포함한 암묵기억(비선언기억)은 자동처리를 통해 자각하지 않은 채 일어난다.

8-4 어떤 정보를 자동적으로 처리하는가?

기술과 조건연합 이외에도 공간, 시간, 빈도 등에 관한 정보를 자동적으로 처리한다.

8-5 감각기억은 어떻게 작동하는가?

감각기억은 적극적인 처리를 위한 정보를 작업기억에 제공한다. 영상기억은 시각자극에 관한 극히 짧은(수백 밀리초) 감각기억이다. 반향기억은 3~4초 정도의 청각자극에 관한 감각기억이다.

8-6 단기기억 용량은 얼마나 되는가?

단기기억 용량은 대략 7±2 정도의 항목이지만, 되뇌기를 하지 않으면 신속하게 사라져버린다. 작업기억 용량은 연령 등의 여러 요인에 따라서 차이를 보이지만, 누구나 과제 이동을 하지 않음으로써 더 능률적으로 작업할 수 있다.

8-7 새로운 정보를 기억하는 데 도움을 줄 수 있는 통제처리 전략에는 어떤 것이 있는가?

효과적인 통제처리 전략으로는 청크 만들기, 기억술, 위계 등이 있다. 각각은 새로운 기억을 형성하는 능력을 배가시킨다.

8-8 분산훈련, 심층처리, 새로운 자료를 개인적으로 의미 있는 것으로 만드는 것이 기억에 어떤 도움을 주는가?

분산훈련(간격두기 효과)은 보다 우수한 장기 회상을 초래한다. 검증 효과는 단순한 반복 읽기보다는 정보의 의식적 인출이 기억을 증진시킨다는 것이다. 처리 깊이는 장기파지에 영향을 미친다. 얕은 처리에서는 단어를 그 구조나 외형에 근거하여 부호화한다. 파지는 깊은 처리, 즉 단어를 그 의미에 근거하여 부호화할 때 가장 우수하다. 그리고 개인적으로 의미 있는 정보를 보다 쉽게 기억해낼 수 있으며, 이것을 자기참조 효과라고 부른다.

기억 저장과 인출

8-9 장기기억의 용량은 얼마나 되는가? 장기기억은 두뇌의 특정 위치에서 처리하고 저장하는가?

장기기억 용량은 근본적으로 무한하다. 기억은 두뇌의 한곳에 몽땅 저장하는 것이 아니다. 많은 두뇌영역이 기억을 형성하고 인출할 때 상호작용한다.

8-10 기억 처리에서 전두엽과 해마의 역할은 무엇인가?

전두엽과 해마는 외현기억 형성을 전담하는 두뇌 신경망의 부분이다. 많은 두뇌영역이 전두엽에 정보를 보낸다. 해마는 주변 피질영역의 도움을 받아 외현기억 요소들을 등록하고 잠시 저장하며, 나중에 장기 저장을 위하여 다른 두뇌영역으로 그 정보를 보낸다. 장기기억의 신경 저장을 기억 응고화라고 부른다.

8-11 기억 처리에서 소뇌와 기저신경절이 담당하는 역할은 무엇인가?

소뇌와 기저신경절은 암묵기억 형성을 전담하는 두뇌 신경망의 부분이다. 소뇌는 파블로프식 조건형성 정보를 저장하는 데 중요하다. 기저신경절은 신체운동에 관여하며 기술의 절차기억을 형성하는 데 도움을 준다. 생애 첫 3년 동안에 학습하는 많은 행동과 기술들이 성인의 삶까지 계속되지만, 이러한 연합과 기술의 학습내용을 의식적으로 기억해낼 수는 없다. 심리학자들은 이 현상을 '유아기 기억상실'이라고 부른다.

8-12 정서는 기억 처리에 어떤 영향을 미치는가?

정서적 각성은 스트레스 호르몬의 과잉분비를 야기하며, 이 호르몬이 두뇌의 기억 형성 영역의 활동으로 이끌어간다. 심각한 스트레스 사건은 아주 선명한 섬광기억을 촉발할 수 있다. 대체로 개인적으로 중요한 경험의 기억은 되뇌기를 통하여 지속된다.

8-13 시냅스 수준에서의 변화가 기억 처리에 어떤 영향을 미치는가?

장기 활동증폭(LTP)이 학습의 신경 기반인 것으로 보인다. LTP에서 뉴런들은 신경전달물질을 보다 효과적으로 분비하고 받아들이며, 뉴런들 간에 보다 많은 연계가 발달하게 된다.

8-14 외적 단서, 내적 정서, 출현 순서 등이 기억 인출에 어떤 영향을 미치는가?

외적 단서는 기억 인출을 도와주는 연합을 활성화시킨다. 이 과정은 점화에서와 같이, 자각하지 않은 채 일어나기도 한다. 기억을 형성할 때와 동일한 물리적 맥락이나 정서 상태로 되돌아가는 것은 그 기억의 인출을 도와줄 수 있다. 계열위치 효과는 한 목록에서 마지막 항목들(아직 작업기억에 들어있는)과 초기 항목들(되뇌기하는 데 더 많은 시간을 할애하였다)을 가장 잘 회상하는 경향성을 설명한다.

망각, 기억 구성, 그리고 기억 증진법

8-15 망각하는 이유는 무엇인가?

진행성 기억상실은 새로운 기억을 형성하지 못하는 것이다. 역행성 기억상실은 과거 기억을 인출하지 못하는 것이다. 정상적인 망각은 정보를 부호화하지 못하였거나, 기억흔적이 소멸하였거나, 부호화하고 저장한 정보를 인출할 수 없기 때문에 발생한다. 인출 문제는 선행 학습이 새로운 정보의 회상을 방해하는 순행간섭이나 새로운 학습이 예전 정보의 회상을 방해하는 역행간섭에서 발생한다. 혹자는 동기적 망각이 일어난다고 생각하지만, 연구자들은 억압에 관한 증거를 거의 찾아내지 못하였다.

8-16 오정보, 상상, 출처 기억상실이 기억 구성에 어떤 영향을 미치는가? 사람들은 어떻게 기억이 실제인지 거짓인지를 판단하는가?

기억은 인출할 때 계속해서 개정되며, 기억 연구자들은 이것을 재응고화라고 부른다. 오정보와 상상 효과는 실제로 일어났던 사건에 대해 저장된 기억을 왜곡시킨다. 인출할 때 기억을 재구성함으로써 엉뚱한 출처에 귀인하기도 한다(출처 기억상실). 출처 기억상실은 데자뷔 현상을 설명하는 데 도움이 되기도 한다. 거짓기억은 실제기억처럼 느껴지며 지속적일 수 있지만, 일반적으로는 사건의 개요에만 국한된다.

8-17 어린 아동이 목격한 내용의 진술은 얼마나 믿을 수 있는가?

아동의 목격담은 성인의 보고를 왜곡시키는 것과 동일한 요인의 영향을 받는다. 사건이 일어난 직후에 아동이 이해할 수 있는 중립적 표현을 사용하여 질문하면, 사건 그리고 그 사건에 연루된 사람들을 정확하게 회상할 수 있다.

8-18 억압되었다가 회복된 기억의 보고가 그토록 뜨거운 논쟁을 일으켜온 까닭은 무엇인가?

논쟁은 초기 아동기 학대에 관한 기억이 억압되었다가 치료과정에서 회복할 수 있는지 여부에 초점이 맞추어져 있다. 희생자가 기억해내지 못할 정도로 너무 어린 경우가 아닌 한에 있어서, 그러한 외상을 억압하기보다는 일반적으로 선명하게 기억해낸다. 심리학자들은 아동기 성적 학대가 발생하며, 불공정이 발생하고, 망각이 일어나며, 회복된 기억이 많이 존재하고, 4세 이전에 발생한 사건의 기억은 신뢰하기 어려우며, 최면을 통해서 회복한 기억은 특히 신뢰할 수 없고, 실제이든 거짓이든 기억은 정서적 혼란을 야기할 수 있다는 데 동의하고 있다.

8-19 여러분은 이 과목을 포함하여 모든 교과목을 잘 해내기 위하여 기억 연구의 결과를 어떻게 사용할 수 있겠는가?

기억 연구 결과는 기억 증진을 위한 다음과 같은 전략들을 제안하고 있다. 반복적으로 공부하고, 공부거리를 의미 있는 것으로 만들며, 인출 단서를 활성화시키고, 기억술 도구를 사용하며, 간섭을 최소화하고, 잠을 더 많이 자며, 공부거리들을 재인할 수 있을 뿐만 아니라 인출할 수도 있다는 사실을 확신할 수 있도록 스스로 검증해 보라.

제9장

사고와 언어

사고

9-1 인지와 메타인지란 무엇인가? 개념의 기능은 무엇인가?

인지란 생각하기, 알기, 기억하기, 그리고 소통하기와 연합된 모든 심적 활동을 지칭한다. 메타인지란 인지에 대한 인지, 즉 자신의 심적 과정을 추적하고 평가하는 능력이다. 사람들은 주변세계를 단순화하고 질서정연한 것으로 만들기 위하여 개념, 즉 유사한 대상, 사건, 아이디어, 사람 등의 심적 집단화를 사용한다. 사람들은 대부분의 개념을 원형 또는 한 범주에서 최선의 사례를 중심으로 형성한다.

9-2 어떤 인지 전략이 문제해결을 지원하고, 어떤 장애물이 방해하는가?

알고리듬은 문제의 해결책을 보장하는 논리적 규칙이나 절차이다. 발견법은 일반적으로 알고리듬보다 빠르지만 오류를 범할 가능성이 더 많은 단순한 전략이다. 통찰은 전략에 기반한 해결책은 아니지만, 문제를 해결하는 순간적으로 번뜩이는 영감을 말한다. 문제해결의 장애물에는 확증 편향, 즉 자신의 가설에 도전하기보다는 확증하려는 성향, 그리고 해결책으로 이끌어갈 수 있는 신선한 조망을 취하지 못하게 만드는 마음 갖춤새와 같은 고착 등이 있다.

9-3 직관이란 무엇인가? 대표성 발견법과 가용성 발견법이 결정과 판단에 어떤 영향을 미칠 수 있는가?

직관은 체계적 추리 대신에 흔히 사용하는 즉각적이고 자동적이며 노력을 들이지 않는 느낌이나 사고를 말한다. 발견법은 즉각적인 판단을 가능하게 해준다. 사람들은 대표성 발견법을 사용하여 어떤 사건이 특정 원형을 얼마나 잘 대표하는지에 근거하여 그 사건의 가능성을 판단한다. 가용성 발견법을 사용하여서는 얼마나 쉽게 마음에 떠오르는지에 근거하여 사건의 가능성을 판단한다.

9-4 어떤 요인이 일어날 가능성이 없는 사건에 대한 두려움을 가중시키는가?

조상들이 후손들로 하여금 두려워하도록 준비시켜 준 것들, 제어할 수 없는 것들, 즉각적인 것들, 그리고 아주 쉽게 가용한 것들을 무서워하는 경향이 있다. 사람들은 교통사고나 질병과 같이 생명을 앗아가는 위협에는 지나칠 정도로 두려움을 느끼지 않는다.

9-5 과신, 신념 집착, 틀만들기는 사람들의 결정과 판단에 어떤 영향을 미치는가?

과신은 사람들이 가지고 있는 신념의 정확도를 과대추정하도록 이끌어갈 수 있다. 가지고 있는 신념이 신빙성을 잃게 되면, 신념 집착이 그 신념에 매달리도록 만들기도 한다. 신념 집착을 치료하는 한 가지 방법은 반대되는 결과를 어떻게 설명하였을지 따져보는 것이다. 틀만들기는 논제를 제시하는 방법이다. 논제 제시의 미묘한 차이가 사람들의 반응을 극적으로 변화시킬 수 있으며, 사람들이 이로운 결정을 하도록 넛지를 가할 수도 있다.

9-6 현명하게 생각하는 사람은 어떻게 직관을 사용하는가?

현명한 사고자는 자신의 직관을 기꺼이 받아들이지만(그 직관은 일반적으로 적응적이다), 언제 무시할 것인지도 알고 있다. 복잡한 결정을 내릴 때는 가능한 한 많은 정보를 수집한 다음에, 두 궤적의 마음이 가용한 모든 정보를 처리하도록 시간적 여유를 갖는다.

9-7 창의성이란 무엇인가? 무엇이 창의성을 조장하는가?

새롭고 가치 있는 아이디어를 생성하는 능력인 창의성은 적성과 어느 정도 상관이 있지만, 학교 똑똑이 이상의 것을 의미한다. 적성검사는 수렴적 사고를 요구하지만, 창의성은 확산적 사고를 요구한다. 로버트 스턴버그는 창의성이 다음과 같은 다섯 성분을 가지고 있다고 제안해왔다. 전문성, 상상력 사고기술, 모험적 성격, 내적 동기, 그리고 창의적 아이디어를 점화시키고 지원하며 정교하게 만들어주는 창의적 환경.

9-8 다른 동물종의 사고에 관하여 무엇을 알고 있는가?

연구자들은 행동과 신경 활동에 근거하여 다른 동물종들의 의식과 지능에 관한 추론을 한다. 다양한 동물종 연구의 증거를 보면, 많은 동물종이 개념, 수, 도구를 사용할 수 있으며, 학습한 내용을 세대를 거쳐 전달할 수 있다는 사실을 알 수 있다. 또한 사람과 마찬가지로 통찰, 자기자각, 이타심, 협력, 비탄 등도 보여준다.

언어와 사고

9-9 언어의 구조적 성분은 무엇인가?

음소는 한 언어의 기본 음성 단위이다. 형태소는 의미의 기본 단위이다. 문법, 즉 소통을 가능하게 해주는 규칙 시스템에는 의미론(의미를 이끌어내는 규칙)과 통사론(단어들을 배열하여 문장을 만드는 규칙)이 있다.

9-10 어떻게 언어를 획득하는가? 보편문법이란 무엇인가?

생물학적 특성과 경험이 상호작용하면서, 아동기에 경험하는 언어의 특정 문법과 어휘를 용이하게 학습한다. 언어학자 노엄 촘스키는 모든 인간 언어가 언어의 기본 구성 단위인 보편문법을 공유하며, 인간은 언어를 학습할 소인을 가지고 태어난다고 제안하였다. 인간 언어는 어느 정도 공통점을 공유하고 있지만, 다른 연구자들은 아동이 언어 패턴을 변별하면서 문법을 학습한다는 사실에 주목한다.

9-11 언어 발달의 이정표는 무엇인가? 언어를 획득하는 결정적 시기는 언제인가?

언어 발달의 시점은 차이를 보이지만, 모든 아동은 동일한 순서를 따른다. 수용성 언어, 즉 상대방이 말한 것을 이해하는 능력은 표현성 언어보다 앞서 발달한다. 대략 생후 4개월이 되면 유아는 옹알이를 시작하는데, 전 세계에 걸쳐 존재하는 모든 언어에서 나타나는 말소리를 낸다. 대략 10개월이 되면 옹알이는 집에서 사용하는 언어의 말소리만을 포함한다. 대략 12개월이 되면, 아동은 단일 단어를 말하기 시작한다. 한 단어 단계는 두 돌이 되기 전에 두 단어(전보식) 말로 발전하며, 그 이후에 온전한 문장을 말하기 시작한다. 아동기는 구술언어나 수화를 능숙하게 학습하는 결정적 시기이다. 언어학습을 늦게 시작하는 아동도 일반적인 발달 순서를 따르지만, 그 진행속도가 빠르다. 7세가 될 때까지 구술언어나 수화를 경험하지 못한 아동은 어떤 언어도 결코 숙달할 수 없다. 초기 언어 경험의 중요성은 비장애 부모 밑에서 태어난 청각 장애 아동에게서 명백하게 드러난다.

9-12 어느 두뇌영역이 언어처리와 말하기에 관여하는가?

실어증은 언어의 손상을 말하며, 일반적으로 좌반구 손상이 야기한다. 두 가지 중요한 언어처리 영역은 언어 표현을 제어하는 전두엽 영역인 브로카 영역 그리고 언어 수용을 제어하는 좌측 측두엽 영역인 베르니케 영역이다. 언어처리는 다른 두뇌영역들에 걸쳐서 널리 퍼져있는데, 이 영역들의 다양한 신경망이 언어의 특정 하위과제들을 처리한다.

9-13 다른 동물종의 언어능력에 대해서 무엇을 알고 있는가?

침팬지와 보노보들이 수화를 사용하거나 컴퓨터와 연결된 버튼을 누르는 방식으로 인간과 소통하는 법을 학습하였다. 몇몇은 거의 400단어에 해당하는 어휘를 획득하였고, 그 단어들을 조합함으로써 소통하였으며, 부분적이나마 통사를 이해하였다. 인간만이 복잡한 문장을 사용하여 소통하지만, 다른 동물들이 보여준 인상적인 사고능력과 소통능력은 다른 동물종의 도덕적 권리에 관하여 숙고할 도전거리를 제공하고 있다.

9-14 사고와 언어 간의 관계는 무엇인가? 심상적 사고의 가치는 무엇인가?

벤저민 리 워프의 언어결정론 가설은 언어가 사고를 결정한다고 제안하고 있지만, 언어가 사고에 영향을 미친다고 말하는 것이 보다 정확하겠다(언어상대성). 상이한 언어는 상이한 사고방식을 체화하며, 이중언어 교육은 사고를 증진시킬 수 있다. 사람들은 흔히 비선언기억(절차기억), 즉 운동기술과 인지기술 그리고 파블로프식으로 조건형성된 연합에 대한 자동적인 기억 시스템을 사용할 때 심상을 통해서 사고한다. 심상적 사고는 다가오는 사건을 마음속에서 연습할 때 기술을 증진시킬 수 있다. 과정 시뮬레이션(목표에 도달하는 데 필요한 단계들에 초점을 맞추는 것)은 효과적이지만, 결과 시뮬레이션(목표를 달성한 것을 그려보는 것)은 전혀 도움이 되지 않는다.

제10장

지능

지능이란 무엇인가?

10-1 심리학자는 지능을 어떻게 정의하는가?

지능은 경험으로부터 학습하고 문제를 해결하며 새로운 상황에 적응하기 위하여 지식을 사용하는 능력으로 구성된 심적 자질이다.

10-2 일반지능 g의 주장은 무엇인가?

찰스 스피어먼은 우리가 모든 특정 심적 능력의 기저를 이루고 있는 하나의 보편지능(g)을 가지고 있다고 제안하였다. 관련된 심적 능력들의 군집을 확인해내는 통계 절차인 요인분석을 사용한 연구를 통해서, 스피어먼은 한 영역에서 높은 점수를 받는 사람은 다른 영역에서도 높은 점수를 받기 십상이라는 사실에 주목하였다. 서스톤은 이에 반대하고 심적 능력의 일곱 가지 상이한 군집을 확인하였다. 그렇지만 한 군집에서 높은 점수를 받는 사람은 다른 군집에서도 높은 점수를 받는 경향이 그대 남아있었기에, g 요인의 또 다른 증거를 제공한 셈이 되었다.

10-3 Gf와 Gc 개념 그리고 CHC 이론은 지능 이해에 어떤 영향을 미쳤는가?

레이먼드 카텔과 존 혼은 서스톤의 일차 심적 능력을 유동지능(Gf)과 결정지능(Gc)으로 단순화시켰다. 카텔-혼-캐롤(CHC) 이론은 일반지능 능력 요인뿐만 아니라 특정 능력(읽기, 글쓰기, 기억, 처리속도 등)도 인정하고 있다.

10-4 가드너와 스턴버그의 다중지능 이론은 서로 어떻게 다른가? 이 이론들은 어떤 비판에 직면해왔는가?

하워드 가드너는 다음과 같은 여덟 가지 독자적인 지능을 제안하였다. 언어지능, 논리-수학 지능, 음악지능, 공간지능, 신체운동 지능, 개인내 지능, 대인관계 지능, 그리고 자연지능. (또한 그는 가능성 있는 아홉 번째 지능인 실존지능, 즉 삶에 관한 심오한 물음을 숙고하는 능력도 제안하였다.) 현자 증후군, 자폐 스펙트럼 장애(ASD), 그리고 특정 유형의 두뇌 손상을 입은 사람의 상이한 지능도 그의 견해를 지지하는 것으로 보인다. 로버트 스턴버그의 삼원 이론은 실세계 기술을 예측하는 세 가지 지능영역을 제안하였다. 즉, 분석지능, 창의성 지능, 그리고 현실지능. 비판자들은 일반지능 요인을 확증해온 연구들을 내세운다. 지극히 성공적인 사람들은 성실하고 사회적 연계가 우수하며 치열할 정도로 활력적인 경향도 있다. 이들의 성취는 능력과 의도적인 훈련 모두에 달려있다. 또한 수월성을 갖춘 가정과 학교 그리고 특정 재능이 중요한 시공간에서 살고 있는 것도 중요하다.

10-5 정서지능의 네 가지 성분은 무엇인가?

사회지능의 한 측면인 정서지능은 정서를 지각하고 이해하며 관리하고 사용하는 능력이다. 정서지능이 높은 사람은 행복하고 건강하며 보다 높은 개인적 성공과 전문적 성공을 달성하는 경향이 있다. 몇몇 비판자들은 이러한 능력을 지능이라고 부르는 것이 지능의 개념을 지나치게 확장하는 것은 아닌지 염려한다.

지능의 평가와 역동성

10-6 지능검사란 무엇인가? 성취검사나 적성검사와의 차이는 무엇인가?

지능검사는 점수를 사용하여 개인의 심적 적성을 평가하고, 다른 검사들과 비교하는 방법이다. 적성검사는 학습할 수 있는 것을 예측하려는 것인 반면, 성취검사는 이미 학습한 것을 측정하는 것이다.

10-7 지능검사는 언제 그리고 왜 만들었는가? 오늘날의 지능검사는 초기의 검사와 어떻게 다른가?

1800년대 말에 천재는 유전적으로 물려받는 것이라고 믿었던 프랜시스 골턴은 간단한 지능검사를 구성하고자 시도하였으나 실패하였다. 1900년대 초 프랑스에서는 지능의 차이를 환경으로 설명하려는 경향이 있었던 알프레드 비네가 파리 초등학생들의 학업성취를 예측하는 데 도움을 주는 문항들을 개발함으로써 현대적 의미의 지능검사 운동을 시작하였다. 비네는 아동의 정신연령을 측정하는 자신의 검사가 아동의 교육을 증진시키기를 희망하였지만 아동에게 낙인을 찍는 데 사용될 것을 걱정하였다. 20세기

초엽에 스탠퍼드대학교의 루이스 터먼은 비네의 작업내용을 미국에서 사용할 수 있도록 개정하였다. 터먼은 지능이 유전적인 것이라고 믿었으며, 스탠퍼드-비네 검사가 사람들을 적절한 기회로 이끌어가는 데 도움을 줄 수 있다고 생각하였지만, 지능은 태어날 때부터 고정되어 있으며 인종집단마다 차이가 있다는 그의 생각은 지능검사가 아동의 기회를 제한하는 데 사용될지도 모른다는 비네의 걱정을 현실화시키고 말았다. 윌리엄 스턴은 IQ(지능지수) 개념을 확립하였다. 오늘날 전 세계적으로 가장 널리 사용하는 지능검사는 WAIS(웩슬러 성인용 지능검사)와 WISC(웩슬러 아동용 지능검사)이다. 이 검사들은 전반적 지능 점수뿐만 아니라 다양한 언어영역과 수행영역의 점수들도 제공한다는 점에서 초기의 검사들과 차이를 보인다.

10-8 정상곡선(정규곡선)이란 무엇인가? 검사를 표준화하였다는 것 그리고 검사가 신뢰할 수 있고 타당하다는 말은 무엇을 의미하는가?

검사 점수의 분포는 평균 점수를 중심으로 극단으로 갈수록 적은 수의 점수가 존재는 정상곡선을 형성하기 십상이다. 표준화는 앞으로 검사를 받을 사람들 전집의 대표표본에 검사를 실시함으로써 점수의 의미 있는 비교를 위한 토대를 마련하는 것이다. 신뢰도는 한 검사가 (그 검사를 두 부분으로 나누든, 검사를 반복 실시하든지 간에) 일관성 있는 결과를 내놓는 정도를 말한다. 타당도는 검사가 측정하고자 하는 것을 측정하거나 예측하는 정도를 말한다. 만일 검사가 관련된 행동을 표집하고 있다면(예컨대, 운전시험이 운전능력을 측정한다), 내용타당도를 갖는다. 예측하려는 행동을 예측한다면 예측타당도를 갖는다. (적성검사가 미래의 성취를 예측할 수 있다면 예측타당도가 있는 것이다.)

10-9 지능의 양극단에 위치하는 사람들의 특성은 무엇인가?

정상곡선의 양극단에 해당하는 점수를 받는 사람들은 현저하게 달라야 하며, 실제로도 그렇다. 지능검사 점수 70 이하는 지적장애를 진단하는 한 가지 진단 기준이다. 지능검사 점수 135 이상인 고지능 극단에 위치한 사람은 건강하고 적응적일 뿐만 아니라 학업에서도 이례적인 성공을 보이는 경향이 있다. '영재' 프로그램이나 '보충교육' 프로그램은 자기충족적 예언을 만들어내기도 하지만, 학생들을 적절하게 배치한다면 효과적일 수 있다.

10-10 횡단연구와 종단연구란 무엇인가? 어느 연구법을 사용하였는지를 아는 것이 중요한 까닭은 무엇인가?

횡단연구는 상이한 시대와 환경의 사람들을 비교한다. 특정 시점에서의 현황을 제공할 수 있지만, 종단연구가 시간 경과에 따른 특성의 변화과정을 추적하는 데 뛰어나다. 횡단연구법을 사용하는 심리학자는 심적 능력이 연령에 따라 감소한다고 결론지었지만, 종단연구법을 사용한 심리학자는 심적 능력이 안정 상태를 유지한다는 (심지어는 증가한다는) 사실을 확인하였다.

10-11 지능검사 점수는 일생에 걸쳐 얼마나 안정적인가?

지능검사 점수의 안정성은 연령에 따라 증가한다. 4세 때의 점수가 청소년과 성인의 점수를 예측하기 시작한다. 11세가 되면, 점수는 상당히 안정적이고 예측력을 갖는다.

10-12 노화는 결정지능(Gc)과 유동지능(Gf)에 어떤 영향을 미치는가?

연령과 지능 간의 관계에 관한 물음의 답은 무엇을 어떻게 평가하는지에 달려있다. 노년기에 부분적으로 신경처리 속도가 늦어지기 때문에 유동지능은 감소한다. 그렇지만 결정지능을 연령에 따라 증가하는 경향이 있다.

지능에 대한 유전 영향과 환경 영향

10-13 유전성이란 무엇인가? 쌍둥이 연구와 입양아 연구는 지능의 선천성과 후천성에 대해서 무엇을 알려주는가?

유전성이란 유전자의 탓으로 돌릴 수 있는 변산성의 비율을 의미한다. 쌍둥이, 가족 구성원, 그리고 입양아 연구는 지능 점수에 유전이 상당한 공헌을 한다는 사실을 나타낸다. 지능에는 수많은 유전자들이 영향을 미치는 것으로 보인다.

10-14 환경 요인은 인지 발달에 어떤 영향을 미치는가?

사회적 상호작용이 거의 없는 열악한 환경에서 성장한 아동의 연구는 삶의 경험이 인지 발달에 심각한 영향을 미친다는 사실을 보여준다. 어떤 증거도 정상적이고 건강한 아동을 이례적으로 풍요로운 환경에서 성장하게 함으로써 천재로 만들 수 있다는 생각을 지지하지 않는다. 성장 마음갖춤새를 조장하는 환경이 지능을 변화시키지는 않지만 성취에 긍정적인 영향을 미칠 수는 있다.

10-15 심적 능력 점수에서 성별 차이는 얼마나 나타나며 그 이유는 무엇인가?

남아와 여아는 지능검사 점수에서 동일한 평균을 갖는 경향이 있지만, 몇몇 특정 능력에서는 차이를 보인다. 여아가 평균적으로 받아쓰기를 더 잘하고, 언어가 유창하며, 사물의 위치를 더 정확하게 찾아내고, 정서를 더 잘 탐지하며, 촉각과 미각 그리고 색채에 더 예민하다. 남아는 공간능력 그리고 이와 관련된 복잡한 수학에서 여아를 압도하지만, 수학 계산을 비롯한 전반적인 수학 성과에서는 거의 차이가 없다. 심적 능력의 양극단에는 여아보다 남아가 압도적으로 더 많다. 이러한 성별 차이에 대해서 진화적 설명과 문화적 설명이 제안되어 왔다.

10-16 인종집단과 민족집단이 심적 능력 점수에서 어떤 차이를 보이며 그 이유는 무엇인가?

인종집단과 민족집단들은 평균 지능검사 점수에서 차이를 보인다. 증거들은 환경 차이가 이러한 집단 차이의 대부분을 설명한다는 사실을 시사한다.

10-17 지능검사는 편향되거나 불공정한 것인가? '고정관념 위협'이란 무엇이며, 이것이 피검사자의 수행에 어떤 영향을 미치는가?

편향의 과학적 의미는 검사를 받은 일부의 사람이 아니라 모든 사람의 미래 행동을 예측하는 검사의 능력에 달려있다. 이러한 의미에서 대부분의 전문가는 주요 적성검사들이 비편향적이라고 생각한다. 그렇지만 만일 편향이 문화적 경험의 영향을 받는 것을 의미한다면, 지능검사는 공평하지 않은 것으로 간주할 수 있다. 고정관념 위협, 즉 부정적인 고정관념에 근거하여 평가받을 것이라는 자기 확신적 염려가 모든 종류의 검사에서 수행에 영향을 미친다. 몇몇 연구결과는 이러한 위협을 효과적으로 제거할 수 있는 전략을 제안하고 있다.

제11장

동기 : 배고픔, 성, 소속감, 그리고 성취

동기의 기본 개념

11-1 심리학자들은 동기를 어떻게 정의하는가? 네 가지 핵심 동기 이론은 무엇인가?

동기란 행동에 활력을 불어넣고 방향을 제시하는 욕구나 원망이다. 본능/진화적 조망은 복잡한 행동에 대한 유전 영향을 탐구한다. 추동감소 이론은 생리적 욕구가 어떻게 그 욕구를 만족하도록 이끌어가는 각성된 긴장 상태(추동)를 만들어내는지를 탐구한다. 환경 유인자극이 추동을 증폭시킬 수 있다. 추동감소의 목표는 항상성, 즉 일정한 내적 상태를 유지하는 것이다. 각성 이론은 호기심이 이끌어가는 것과 같은 몇몇 행동은 생리적 욕구를 감소시키는 것이 아니라 최적 각성 상태의 추구가 촉발한다고 제안한다. 여키스-닷슨 법칙은 각성과 수행 간의 관계를 기술한다. 에이브러햄 매슬로우의 욕구 위계는 배고픔과 갈증과 같은 기본 욕구에서부터 자기실현과 초월과 같은 높은 수준의 욕구에 이르는 욕구 피라미드를 제안한다.

배고픔

11-2 배고픔을 유발하는 생리적 요인은 무엇인가?

배고픔의 고통은 위의 수축과 대응되지만, 다른 원인들도 가지고 있다. 시상하부의 몇몇 신경영역은 혈당 수준과 같은 혈액의 화학적 상태와 신체 상태에 관한 정보를 감시한다. 섭식 호르몬에는 혈당을 제어하는 인슐린, 비어있는 위가 분비하는 그렐린, 시상하부가 분비하는 오렉신, 지방세포가 분비하는 렙틴, 소화선이 분비하는 PYY 등이 있다. 기초대사율이란 휴식 상태에서 신체의 에너지 소비율이다. 신체는 조절점(최적 체중을 유지하려는 생물학적으로 정해진 경향성)이나 환경의 영향도 받는 정착점을 가지고 있기도 하다.

11-3 어떤 문화 요인과 상황 요인이 배고픔에 영향을 미치는가?

배고픔은 마지막으로 식사를 하였던 시점의 기억 그리고 언제 다시 식사를 해야 할 것인지에 대한 기대도 반영한다. 동물종으로서 인간은 단맛과 짠맛과 같은 특정 맛을 선호하지만, 개인의 선호도는 조건형성, 문화, 상황 등의 영향도 받는다. 새로운 음식이나 복통을 일으켰던 음식의 회피와 같은 맛 선호도는 생존가치를 가지고 있다. 상황적 요인에는 타인의 존재, 제공하는 음식의 양과 다양성 등이 포함된다.

11-4 비만은 신체건강과 정신건강에 어떤 영향을 미치는가? 체중관리에는 어떤 요인이 수반되는가?

체질량계수(BMI) 30 이상으로 정의하는 비만은 우울(특히 여자들)과 집단 따돌림, 그리고 여러 가지 신체건강 위험 요인과 관련이 있다. 유전자와 환경이 상호작용하여 비만을 초래한다. 조상들에게는 지방의 저장이 적응적이었으며, 지방은 체중을 유지하는 데 더 적은 양의 음식 섭취를 필요로 한다. 조절점과 신진대사율도 중요하다. 쌍둥이 연구와 입양아 연구는 체중이 유전적 영향을 받는다는 사실을 보여준다. 환경 요인에는 수면 박탈, 사회적 영향, 음식 섭취와 활동 수준 등이 포함된다. 체중 감량을 원하는 사람들에게는 습관을 변화시키되, 그 변화가 평생 동안 지속되도록 만들 것을 권한다. 유혹적인 음식 단서에의 노출을 최소화하고, 운동을 통해서 에너지 소비를 증가시키며, 건강식을 하고, 하루에 걸쳐서 일정하게 식사를 하며, 폭식에 유념하고, 충분한 수면을 취하며, 때때로의 망각을 용서하라. 진도표를 공개적으로 작성하고, 지지집단과 연계하라.

성적 동기

11-5 호르몬은 인간의 성적 동기에 어떤 영향을 미치는가?

무성애자로 간주되는 극소수를 제외한 모두에게 있어서, 이성을 만나 성적 관계를 갖는 것은 사춘기가 시작되면서 우선순위가 높아지게 된다. 여성의 에스트로겐과 남성의 테스토스테론은 다른 동물종의 성행동에 영향을 미치는 것만큼 직접적으로 인간의 성행동에 영향을 미치지는 않는다. 여자의 성은 에스트로겐 수준보다는 테스토스테론 수준에 더 반응을 보인다. 남자들에게 있어서 테스토스테론 수준의 일시적 변화는 정상적인 것이며, 부분적으로는 자극에 대한 반응에서 나타난다.

11-6 인간의 성적 반응 주기란 무엇인가? 성기능부전과 성도착증은 어떻게 다른가?

윌리엄 매스터스와 버지니아 존슨은 인간의 성적 반응 주기를 네 단계로 기술하였다. 흥분단계, 고조단계, 오르가슴 단계(남자와 여자에서 유사한 감정과 두뇌 활동을 수반하는 것으로 보인다), 그리고 해소단계. 해소단계에는 새로운 각성과 오르가슴이 불가능한 불응기가 존재한다. 성기능부전은 성적 각성과 기능을 지속적으로 손상시키는 문제이다. 여기에는 발기장애와 여성 오르가슴 장애 등이 포함되며, 행동치료나 약물치료로 성공적으로 치유되는 경우가 많다. 성도착증은 장애로 분류하든지 그렇지 않든지 간에, 성적 각성이 사람 이외의 대상, 자신이나 상대방의 고통, 동의하지 않은 사람들과 관련된 증상이다.

11-7 어떻게 하면 성관계를 통한 감염을 예방할 수 있을까?

안전한 성교육은 성관계를 통한 감염(STI)를 예방하는 데 도움을 준다. 콘돔은 특히 에이즈를 초래하는 바이러스인 HIV의 전파를 예방하는 데 효과적이다. 자신의 STI 상태를 알고 성적 파트너와 그 정보를 공유하는 것이 STI 예방에서 중요한 첫 번째 단계이다.

11-8 외부자극과 상상자극은 성적 각성에 어떤 영향을 미치는가?

외부자극은 성적 각성을 촉발할 수 있다. 노골적인 성애자극은 사람들로 하여금 자신의 배우자를 덜 매력적으로 지각하고 배우자와의 관계를 평가절하하도록 이끌어가기도 한다. 성적 강요의 묘사는 여성을 향한 성폭력 수용성을 증가시킬 수 있다. 온라인 포르노의 지나친 노출은 젊은 성인으로 하여금 실제 성생활에 무감각하게 만들어서는 성적 욕구와 만족을 낮추는 결과를 초래하고 남자의 경우 발기의 문제를 유발하기도 한다. 상상자극(꿈이나 공상)도 성적 각성에 영향을 미친다.

11-9 어떤 요인이 10대의 성행동과 피임도구 사용에 영향을 미치는가?

10대의 성은 문화에 따라서 그리고 시대에 따라

서 차이를 보인다. 이러한 차이에 영향을 미치는 요인에는 피임에 관한 소통, 충동성, 알코올 남용, 대중매체 등이 포함된다. 높은 지능, 종교 활동, 아버지의 존재, 서비스 학습 프로그램에의 참여 등이 10대의 성 억제를 예측한다.

11-10 성적 지향성에 관하여 무엇을 알고 있는가?

성적 지향성이란 갈망이나 망상에 반영되어 있는 것과 같은 성적 매력의 방향성이다. 사람들은 동성(동성애 지향성), 이성(이성애 지향성), 양성 모두(양성애 지향성)를 향하거나, 아니면 어느 누구에게도 향하지 않은(무성애 지향성) 성적 매력을 가지고 있을 수 있다. 어떤 사람은 성 정체성이나 성별 정체성에 관계없이 성적 매력을 경험한다고 보고한다(범성애 지향성). 유럽과 미국에서 남자의 대략 3~4% 그리고 여자의 2%가 전적으로 동성애자라고 밝히고 있다. 과학자들은 성적 지향성에 기여하는 환경 요인을 찾아내지 못하였다. 생물학적 영향의 증거에는 많은 동물종에서 동성애의 존재, 신체 특성과 두뇌 특성에서 동성애자와 이성애자 간의 차이, 유전적 요인, 그리고 출생 전 요인 등이 포함된다.

11-11 사회적 요인은 인간의 성징에서 어떤 역할을 담당하는가?

성적 동기에 관한 과학 연구는 많은 사회적 요인의 영향을 받는 삶에서 성이 갖는 개인적 의미를 정의하고자 시도하지 않는다. 성은 사회적으로 중요한 행위이다. 성적 욕구가 사람들로 하여금 친밀하고 충실한 관계를 형성하도록 동기화시키며, 이러한 관계가 만족스러운 성을 가능하게 만들어준다. 성은 삶을 하나로 묶어주고 사랑을 새롭게 만들어준다.

친애와 성취

11-12 어떤 증거가 인간의 친애욕구, 즉 소속하려는 욕구를 보여주는가?

친애하거나 소속하려는 욕구, 즉 다른 사람과 연대감을 느끼고 동일시하려는 욕구는 우리 조상들에게 생존가치를 가지고 있었다. 이 사실은 모든 사회에서 사람들이 집단으로 생활하는 이유를 설명해준다. 자기결정 이론에 따르면, 사람들은 유능성, 자율성, 그리고 관계성 욕구를 만족시키고자 노력한다. 사회적 유대는 사람들을 더 건강하고 행복하도록 지원하며, 사랑받고 있다는 느낌은 보상과 안전 시스템과 연합된 두뇌영역을 활성화시킨다. 추방은 개인이나 집단을 의도적으로 배척하는 것이다. 사회적 고립은 사람들을 심리적으로나 신체적으로 위험에 빠뜨릴 수 있다.

11-13 소셜 네트워킹은 사람들에게 어떤 영향을 미치는가?

사람들은 소셜 네트워킹을 통해서 다른 사람과 연결하고 있으며, 이미 알고 있는 사람들과의 관계를 강화하고, 새로운 친구나 낭만적 배우자를 만나며, 어려울 때 지원을 받기도 한다. 그렇지만 온라인에 할당하는 시간의 증가는 다른 활동을 대신하며, 소셜 미디어 사용은 다른 사람의 삶과 자신의 삶을 더 많이 비교하게 만든다. 연구자들은 화면을 들여다보는 시간과 10대의 정신건강 문제 간의 연계를 탐구하고 있다. 사람들은 네트워킹을 할 때 자기노출을 더 많이 하는 경향이 있다. 자기애가 높은 사람이 특히 소셜 네트워킹 사이트에서 적극적이다. 자기제어와 엄격한 사용을 위한 전략을 설정하는 것은 사람들로 하여금 사회적 연계와 학업 그리고 직장에서의 수행 간에 건강한 균형을 유지하도록 도와줄 수 있다.

11-14 성취동기란 무엇인가? 성취를 고취시키는 방법에는 어떤 것이 있는가?

성취동기란 유의한 성취를 달성하고, 기술을 숙달하고 아이디어를 내놓으며, 신속하게 높은 기준에 도달하려는 욕구이다. 높은 성취동기는 더 높은 성공으로 이끌어가며, 특히 단호한 불굴의 투지와 결합될 때 그렇다. 연구결과를 보면 (외재적 동기를 주도하는) 지나친 보상이 내재적 동기를 갉아먹을 수 있다. 목표를 달성하기 위하여, 사람들은 결심을 하고, 목표를 천명하며, 구현계획을 세우고, 단기적 보상을 제공하며, 진척 과정을 감시하고 기록하며, 지지적 환경을 만들고, 행동을 습관으로 전환시킨다.

제12장

정서, 스트레스, 그리고 건강

정서의 소개

12-1 각성과 표현행동 그리고 인지는 정서에서 어떻게 상호작용하는가?

정서는 생리적 각성, 표현행동, 해석의 결과로 나타나는 의식 경험 간의 상호작용을 수반하는 유기체의 심리적 반응이다. 일반적으로 정서 이론은 다음과 같은 두 가지 주요 물음을 다룬다. (1) 생리적 각성은 정서 감정 이전에 나타나는가 아니면 이후에 나타나는가? (2) 인지와 감정은 어떻게 상호작용하는가? 제임스-랑게 이론은 정서 유발자극에 대한 신체반응 후에 정서 감정이 뒤따른다고 주장한다. 캐논-바드 이론은 정서를 경험하는 동시에 신체가 정서에 반응한다고 제안한다. (하나가 다른 하나를 야기하는 것이 아니다.)

12-2 정서를 경험하려면 그 정서를 의식적으로 해석하고 이름을 붙여야만 하는가?

샥터-싱어의 2요인 이론은 정서가 신체 각성과 인지적 명칭이라는 두 가지 성분을 가지고 있으며, 각성 상태에 붙이는 인지적 명칭이 정서의 핵심 성분이라고 주장한다. 라자루스는 많은 중요한 정서가 해석이나 추론에서 유래한다는 데 동의하였다. 그렇지만 자이언스와 르두는 몇몇 단순한 정서반응은 의식적 자각을 벗어날 뿐만 아니라 인지처리가 일어나기 전에 즉각적으로 발생한다고 생각한다. 정서와 인지의 이러한 상호작용은 두 궤적의 마음을 예증한다.

12-3 정서적 각성과 자율신경계 간에는 어떤 관계가 있는가?

자율신경계의 교감신경과 부교감신경이 정서의 각성 성분을 제어한다. 위기에 닥쳤을 때, 투쟁-또는-도피 반응이 자동적으로 신체를 활성화시켜 행동하게 만든다.

12-4 정서는 어떻게 상이한 생리적 반응과 두뇌 패턴반응을 활성화시키는가?

공포, 분노, 성적 흥분 등을 상이하게 느끼지만, 그에 수반되는 신체 변화(발한, 호흡, 심장박동 등)는 매우 유사하다. 여러 정서가 유사한 각성을 보이기도 하지만, 얼굴 근육의 움직임과 같은 몇몇 미묘한 생리적 반응은 그 정서들을 구분해준다. 보다 의미 있는 차이는 상이한 정서와 연합된 두뇌의 신경회로와 피질영역의 활동 그리고 호르몬 분비에서 나타난다.

12-5 거짓말 탐지를 위하여 신체 상태를 사용하는 폴리그래프는 얼마나 효과적인가?

폴리그래프(거짓말 탐지기)가 정서의 여러 가지 생리적 지표를 측정하고자 시도하지만, 기업과 경찰에서 널리 사용하는 것을 정당화시킬 만큼 정확하지 않다. 숨긴 정보 검사가 더 우수한 거짓말 지표를 내놓는다.

정서의 표현

12-6 사람들은 어떻게 비언어적으로 소통하는가?

대부분의 소통은 몸동작, 얼굴 표정, 목소리 톤 등을 통해서 이루어진다. 행동을 보여주는 단지 몇 초의 동영상조차도 감정을 드러낼 수 있다.

12-7 남녀는 비언어적 소통에서 어떤 차이를 보이는가?

여자가 정서 단어를 보다 쉽게 읽어내며 공감적인 경향이 있다. 여자의 얼굴도 더 많은 정서를 표현한다.

12-8 한 문화 내에서 그리고 문화 간에 몸짓과 얼굴 표정을 어떻게 이해하는가?

몸짓의 의미는 문화에 따라 다르지만, 행복과 공포의 표정과 같은 얼굴 표정은 전 세계적으로 보편적이다. 맥락과 문화가 얼굴 표정의 해석에 영향을 미칠 수 있다. 문화적 표출 규칙도 나타내는 정서의 양에 영향을 미친다.

12-9 얼굴 표정은 감정에 어떤 영향을 미치는가?

얼굴 피드백 효과에 관한 연구들을 보면, 얼굴 표정이 정서 감정을 촉발하며 그에 따라서 신체가 반응하도록 신호할 수 있다는 사실을 알 수 있다. 사람들은 다른 사람의 표정을 흉내 낼 수도 있으며, 이 능력이 공감에 도움을 준다. 이와 유사한 행동 피드백 효과는 행동이 상대방의 사고와 감정 그리고 행위에 영향을 미치는 경향성을 말한다.

정서의 경험

12-10 기본 정서에는 어떤 것이 있는가?

대부분의 정서 연구자는 분노, 공포, 혐오, 슬픔, 행복이 기본적인 인간 정서라는 데 동의하고 있다. 캐럴 이저드의 열 가지 기본 정서는 기쁨, 흥미, 놀람, 슬픔, 분노, 혐오, 경멸, 공포, 수치심, 그리고 죄책감이다.

12-11 분노의 원인과 결과는 무엇인가?

분노는 사람들이 의도적이고 부당하며 피할 수 있는 것으로 해석하는 비행(非行)이 유발하기 십상이다. 그렇지만 사소한 좌절과 비난할 수 없는 짜증도 분노를 유발할 수 있으며, 문화도 분노를 표현하는 방식에 영향을 미칠 수 있다. 분노는 심장박동을 촉진하며 염증을 증가시킨다. 정서적 카타르시스는 일시적으로 안정감을 제공하기도 하지만, 궁극적으로는 분노를 감소시키지 못한다. 분노를 표현하는 것이 더욱 화나게 만들 수 있다. 전문가는 기다림으로써 분노의 생리적 각성 수준을 낮추고, 건강한 주의분산 자극이나 지원자극을 찾으며, 마음속에서 그 상황으로부터 벗어나고자 시도할 것을 제안한다. 감정을 제어한 주장이 갈등을 해소시킬 수 있으며, 용서가 분노 감정을 제거할 수도 있다.

12-12 기분 좋음, 선행 현상이란 무엇인가? 긍정심리학 연구의 핵심은 무엇인가?

행복한 사람은 건강하고 활기차며 삶에 만족하는 경향이 있으며, 다른 사람을 기꺼이 돕게 만들어준다(기분 좋음, 선행 현상). 긍정심리학은 개인과 지역사회가 번성하도록 지원하는 강점과 미덕을 발견하고 조장한다는 목표를 가지고, 인간의 번성을 연구하는 데 과학적 방법을 사용한다.

12-13 시간, 부유함, 적응, 비교는 행복 수준에 어떤 영향을 미치는가?

좋고 나쁜 사건이 촉발하는 기분이 하루 이상 지속하는 경우는 거의 없다. 횡재와 같이 상당히 좋은 사건조차도 행복을 오랫동안 증가시키는 경우는 거의 없다. 편안함, 안전감, 제어감을 보장하기에 충분한 돈을 가지고 있는 것이 행복을 예측한다. 그 이상의 돈은 행복을 증가시키지 않는다. 많은 국가에서 경제성장은 불평등을 심화시켰으며, 이것이 불행을 예측한다. 불평등이 심각한 국가와 지역에서 수입이 적은 사람은 나쁜 건강, 사회적 문제, 심리장애 등을 더 많이 경험한다. 행복은 자기 자신의 경험에 상대적이며(적응 수준 현상), 다른 사람의 성공에 상대적이다(상대적 박탈감 원리).

12-14 무엇이 행복을 예측하며, 어떻게 하면 더 행복해질 수 있는가?

어떤 사람들은 유전적으로 다른 사람들보다 더 행복한 소인을 가지고 있기 때문에 다른 사람들보다 더 행복하다. 가치를 부여하는 특질 그리고 기대하고 보상을 주는 행동에서 차이를 보이는 문화도 개인의 행복 수준에 영향을 미친다. 행복 수준을 높이기 위한 조언 : 시간을 관리하고, 행복하게 행동하며, 자신의 재능을 수반하는 일과 여가를 찾고, 물건이 아니라 경험을 구입하며, 운동하고, 충분한 수면을 취하며, 우정을 쌓고, 자신을 넘어서는 의미에 초점을 맞추고 추구하며, 부정적 사고에 맞서고, 감사하는 마음과 영적인 자기를 계발하라.

스트레스와 질병

12-15 사건의 판단은 스트레스 반응에 어떤 영향을 미치는가? 세 가지 핵심 유형의 스트레스원은 무엇인가?

스트레스는 도전거리를 제공하거나 위협이 되는 스트레스원(재앙 사건, 심각한 삶의 변화, 일상적 다툼 등)을 평가하고 그에 대처하는 반응을 보이는 과정이다. 어떤 사건을 도전거리로 평가하게 되면, 이겨내기 위한 준비 작업으로 각성하고 초점을 맞추게 된다. 위협으로 평가하게 되면 스트레스 반응을 경험하게 되며, 건강이 위협을 받는다. 세 가지 핵심 유형의 스트레스원은 재앙 사건, 심각한 삶의 변화, 그리고 일상적 삶의 다툼과 사회적 스트레스이다. 일상적 다툼과 사회적 스트레스에는 불평등과 편견, 만성적 직장 스트레스, 여러 가지 상이한 접근-회피 동기 사이에서 직면하는 갈등 등이 포함된다.

12-16 사람들은 스트레스에 어떻게 반응하고 적응하는가?

월터 캐넌은 스트레스 반응을 '투쟁 또는 도피' 시스템으로 간주하였다. 한스 셀리에는 일반적으로 세 단계(경고-저항-소진 단계)를 거치는 일반 적응 증후군(GAS)을 제안하였다. 사람들은 철회하는 방식으로 스트레스에 반응하기도 한다. 또한 보살피고 편들어주기 반응을 나타내기도 하는데, 이 반응은 여성에게서 더 보편적이다.

12-17 스트레스는 어떻게 질병에 더 취약하게

만드는가?

심리신경면역학은 심리과정, 신경과정, 내분비과정이 어떻게 종합적으로 면역 시스템과 건강에 영향을 미치는지를 밝혀내려는 분야이다. 스트레스는 에너지를 면역 시스템에서 다른 곳으로 돌리게 만들어서, 림프구, 대식세포, NK 세포 등의 활동을 억제해버린다. 스트레스가 에이즈나 암과 같은 질병을 초래하는 것은 아니지만, 면역기능을 약화시킴으로써 질병에 더욱 취약하게 만들고 진행과정에 영향을 미칠 수 있다.

12-18 어떤 사람이 다른 사람보다 관상성 심장질환에 더 취약한 이유는 무엇인가?

관상성 심장질환은 반동적이고 분노에 취약한 A 유형 성격과 관련되어 왔다. 이완되고 태평한 B 유형 성격에 비해서, A 유형 사람은 심장으로 이어지는 동맥에 플라크가 끼는 것을 촉진하는 호르몬을 더 많이 분비한다. 만성 스트레스도 지속적인 염증에 기여하는데, 이 염증이 동맥 경화와 우울의 위험을 높이게 된다.

12-19 스트레스가 질병을 야기하는가?

스트레스가 질병을 직접적으로 야기하지는 않겠지만, 생리적 과정과 행동에 영향을 미침으로써 사람들을 더욱 취약하게 만들어버린다.

건강과 대처법

12-20 사람들은 어떤 두 가지 방식으로 스트레스를 완화하고자 시도하는가?

문제중심 대처는 스트레스원을 변화시키거나 그 스트레스원과 상호작용하는 방식을 변화시키고자 시도한다. 정서중심 대처는 스트레스원을 피하거나 무시하고 스트레스 반응과 관련된 정서적 욕구에 주의를 기울이고자 한다.

12-21 통제할 수 없다는 지각은 건강에 어떤 영향을 미치는가?

개인적 통제감의 상실은 사람들의 건강을 위험에 빠뜨리는 호르몬의 지나친 분비를 촉발한다. 반복되는 혐오 사건을 피할 수 없는 것은 학습된 무기력으로 이끌어갈 수 있다. 내적 통제 소재를 지각하는 사람은 외적 통제 소재를 지각하는 사람보다 더 많은 것을 성취하고 더 좋은 건강을 향유하며, 더 행복하다. 자유의지의 믿음은 더 많은 도움행동, 우수한 학습, 작업 지속성, 수행, 만족 등과 연계되어 있다.

12-22 자기통제가 중요한 까닭은 무엇인가? 자기통제가 고갈될 수 있는가?

자기통제는 주의력과 에너지를 필요로 하지만, 우수한 건강과 높은 수입 그리고 학업수행을 예측해준다. 미래의 학업과 삶의 성공을 예측하는 데 있어서 자기통제가 지능검사 점수보다 더 우수하다. 자기통제는 시간에 따라 변한다. 연구자들은 자기통제에 영향을 미치는 요인에 관하여 의견을 달리 하지만, 자기통제력을 강화하는 것은 더 건강하고 행복하며 성공적인 삶으로 이끌어갈 수 있다.

12-23 낙관적 조망은 건강과 장수에 어떤 영향을 미치는가?

낙관적 조망자를 대상으로 수행한 연구를 보면, 비관적 조망자에 비해서 스트레스에 반응하더라도 혈압이 급격하게 증가하지 않으며, 심장 우회 수술에서 회복하는 속도가 빠르고, 기대수명이 길다는 사실을 알 수 있다.

12-24 사회적 지원은 어떻게 좋은 건강을 조장하는가?

사회적 지원은 사람들을 진정시키고 혈압과 스트레스 호르몬을 감소시키며 강력한 면역기능을 조장함으로써 건강을 증진시킨다. 관계를 형성하고 유지하며 고통스러운 감정을 억누르기보다는 털어놓음으로써 스트레스를 유의하게 감소시키고 건강을 증진시킬 수 있다.

12-25 스트레스를 관리하고 안녕감을 증진시키는 방법으로 유산소 운동은 얼마나 효과적인가?

유산소 운동은 각성을 증가시키고, 근육 이완과 숙면으로 이끌어가며, 신경전달물질의 생성을 촉발하고, 자기 이미지를 개선시킨다. 우울을 완화하거나 예방할 수 있다. 노년기에는 규칙적인 운동이 보다 우수한 인지기능이나 장수와 연합되어 있다.

12-26 이완과 명상은 어떤 방식으로 스트레스와 건강에 영향을 미치는가?

이완과 명상은 스트레스를 감소시키고 혈압을 낮추며 면역기능을 증진시키고 불안과 우울을 완화시키는 것으로 알려져 있다. 마음챙김 명상은 비판단적이고 수용적인 자세로 현재의 경험에 주의를 기울이는 반성적 훈련이다. 마사지 치료도 이완을 조장하고 우울을 감소시킨다.

12-27 신앙심 요인이란 무엇인가? 신앙심과 건강 간의 연계에 대한 가능성 있는 설명에는 어떤 것이 있는가?

신앙심 요인은 종교에 적극적인 사람들이 그렇지 않은 사람들보다 장수하는 경향이 있다는 결과를 반영한다. 가능한 설명에는 종교집회에 규칙적으로 참석하는 사람에서 흔히 찾아볼 수 있는 건강한 행동, 사회적 지원, 긍정적 정서 등과 같은 매개변인들의 효과가 포함된다.

제13장

사회심리학

사회적 사고

13-1 사회심리학자는 무엇을 연구하는가? 사람들은 상대방의 행동과 자신의 행동을 어떻게 설명하는 경향이 있는가?

사회심리학자는 과학적 방법을 사용하여 사람들이 상호 간에 어떻게 생각하고 영향을 미치며 관련되는 것인지를 연구한다. 동일인이 상이한 상황에서 상이하게 행동하는 이유를 설명하는 사회적 영향을 연구한다. 다른 사람의 행동을 설명할 때 사람들, 특히 개인주의적인 서구 문화의 사람들은 상황의 영향력을 과소추정하고 성격의 효과를 과대추정하는 근본적 귀인 오류를 범하기도 한다. 자신의 행동을 설명할 때는 보다 쉽게 상황의 영향력에 귀인한다.

13-2 태도와 행위는 어떻게 상호작용하는가?

태도와 행위는 서로 영향을 미친다. 다른 영향 요인이 거의 없다면, 안정적이고 특정적이며 쉽게 회상할 수 있는 태도가 행위에 영향을 미칠 수 있다. 행위는 문안에 발 들여놓기 현상과 역할놀이에서와 같이 태도를 수정할 수 있다. 인지 부조화 이론은 태도가 행위가 맞아떨어지지 않을 때 태도를 행위와 맞아떨어지도록 변경함으로써 긴장을 감소시키게 된다고 제안한다.

13-3 주변 경로 설득과 중심 경로 설득은 어떻게 다른가?

주변 경로 설득은 주의를 끌어당기는 단서(예컨

대, 명사의 공언)를 사용하여 신속하지만 비교적 생각 없는 판단을 촉발한다. 중심 경로 설득은 증거와 주장을 제시하여 사려 깊은 반응을 촉발한다.

13-4 **어떻게 자신의 견해를 효과적으로 공유하도록 만들 수 있는가?**

여러분과 다른 견해를 가지고 있는 사람을 설득하려면, 고함을 지르거나 창피를 주거나 복잡하고 잊기 쉬운 정보를 가지고 지루하게 만드는 것을 피하라. 대신에 공유하는 목표를 확인하여 여러분의 목표를 그 사람의 동기와 관련지어라. 메시지를 선명하게 만들고, 반복하며, 다른 사람도 동일한 발언을 하도록 만드는 것도 도움이 된다.

사회적 영향

13-5 **어째서 사회적 전염이 동조의 한 형태이며, 동조 실험은 어떻게 사회적 영향의 위력을 밝히고 있는가?**

사회적 전염(카멜레온 효과), 즉 무의식적으로 상대방의 표현, 자세, 목소리 톤 등을 따라 하는 경향성은 동조의 한 형태이다. 소셜 네트워크는 좋든 나쁘든 기분을 전염시키는 통로로 작용한다. 솔로몬 애쉬 등은 다음과 같은 경우에 사람들이 집단 규준과 일치하도록 행동이나 사고를 조절할 가능성이 가장 크다는 사실을 밝혀왔다. (a) 능력이 없거나 불확실하다고 느낄 때, (b) 집단에 최소한 세 명이 존재할 때, (c) 집단이 만장일치일 때, (d) 집단의 위상과 매력을 존중할 때, (e) 미리 어떤 반응을 할 것인지를 정하지 않았을 때, (f) 집단의 다른 사람들이 자신의 행동을 관찰하고 있다는 사실을 알고 있을 때, (g) 문화가 사회적 기준을 존중하도록 강력하게 요구할 때. 사람들은 인정을 받기 위해서(규범적 사회영향) 또는 다른 사람의 의견을 새로운 정보로 받아들이기 위해서(정보적 사회영향) 동조한다.

13-6 **밀그램의 복종 실험이 사회적 영향의 위력에 관하여 알려주는 것은 무엇인가?**

자신이 다른 사람에게 해를 끼치고 있다고 생각하는 경우에도 명령에 복종한다는 사실을 보여준 밀그램의 실험은 강력한 사회적 영향력이 보통사람들로 하여금 거짓에 동조하거나 잔인성에 굴복하도록 만들 수 있다는 사실을 입증하였다. 복종은 (a) 명령을 내리는 사람이 가까이 존재하며 그 사람을 합법적인 권위자로 지각할 때, (b) 저명한 기관이 권위자를 지지할 때, (c) 희생자가 몰개인화되거나 멀리 떨어져 있을 때, (d) 저항하는 역할 모델이 없을 때, 가장 많이 나타난다.

13-7 **사회적 영향 연구가 사람들 자신에 관해 알려주는 것은 무엇인가? 사람들은 한 개인으로서 얼마나 많은 힘을 가지고 있는가?**

이 연구는 강력한 사회적 영향이 행동에 영향을 미칠 수 있음을 입증해왔다. 개인의 힘(개인적 제어)과 상황의 힘(사회적 제어)은 상호작용한다. 일관성 있게 자신의 견해를 표명하는 소수, 심지어는 심지가 굳은 한 사람이 다수를 움직일 수도 있다.

13-8 **타인의 존재는 사회적 촉진, 사회적 태만, 몰개인화를 통해서 사람들의 행동에 어떤 영향을 미치는가?**

사회 촉진의 경우에는, 단순히 다른 사람이 존재한다는 사실이 사람들을 각성시켜, 쉽거나 잘 학습한 과제에서의 성과를 증진시키고, 어려운 과제에서의 성과를 떨어뜨린다. 사회 태만의 경우에는 집단 프로젝트를 수행하는 참가자들이 책임감을 덜 느끼고 다른 사람의 노력에 무임승차하게 만들 수 있다. 타인의 존재가 사람들을 각성시키면서 동시에 익명성을 보장해주게 되면, 자기자각과 자기억제가 감소하는 몰개인화를 경험하기도 한다.

13-9 **집단 상호작용은 어떻게 집단 극화를 가능하게 만들 수 있는가?**

집단 극화의 경우에는, 유사하게 생각하는 사람들과의 집단 토의가 구성원들 사이에 퍼져있는 신념과 태도를 강화시킨다.

13-10 **인터넷은 집단 극화에서 어떤 역할을 담당하고 있는가?**

좋든 나쁘든 간에, 인터넷 소통이 유유상종인 사람들을 연결시키는 효과를 증폭시킨다. 사람들은 지원을 찾는데, 지원은 자신의 아이디어를 강화시킬 뿐만 아니라 다른 견해로부터의 고립을 초래하기 십상이다. 고립된 상태에서의 토론은 집단 극화로 이끌어가게 된다.

13-11 **집단 상호작용은 어떻게 집단사고를 가능하게 만드는가?**

집단사고는 의사결정 집단 내의 조화를 이루고자 대안의 현실적 평가를 무시하려는 욕구가 주도한다. 집단의 지도자는 사람들에게 가능한 문제점을 확인하는 과제를 부여하고 다양한 견해와 전문가 비판을 기꺼이 받아들임으로써 집단 상호작용의 이점을 활용할 수 있다.

반사회적 관계

13-12 **편견이란 무엇인가? 명시적 편견과 암묵적 편견은 어떻게 다른가?**

편견이란 한 집단이나 그 구성원들을 향한 정당하지 않은 부정적인 태도를 말한다. 편견의 세 가지 성분은 신념(흔히 고정관념이다), 정서, 그리고 행위 성향(차별)이다. 편견은 외현적(명시적)이거나 암묵적일 수 있다. 암묵적 편견은 사람들이 의식적으로는 차별할 의도가 없을 경우조차도 차별을 야기할 수 있다.

13-13 **어느 집단이 편견의 표적이 되기 십상인가?**

편견은 특정한 인종이나 민족집단, 성별집단, 성적 지향성 집단 등을 향한 명시적이고 암묵적인 부정적 태도를 수반한다. 미국에서 빈번하게 표적이 되는 집단에는 아프리카계 미국인, 여성, 그리고 LGBTQ 집단이다.

13-14 **편견의 사회적, 정서적, 인지적 뿌리는 무엇이며, 편견을 줄일 수 있는 방법은 무엇인가?**

편견의 사회적 뿌리에는 사회적 불평등과 분할이 포함된다. 지위가 높은 집단은 자신의 특권을 공정한 세상 현상으로 정당화하기 십상이다. 사람들을 '우리'(내집단)와 '그들'(외집단)로 분할함으로써 자신의 집단을 선호하는 경향이 있다(내집단 편향). 편견은 특정 사건에 대해서 희생양을 비난함으로써 분노를 가라앉힐 때처럼, 정서적 안녕감을 보호하는 도구가 될 수도 있다. 편견의 인지적 뿌리는 범주를 형성하고 선명한 사례를 기억해내며 세상은 공평하다고 믿는 등, 자연스러운 정보처리 방식에서 자라난다. 자신의 감정과 행위를 감시하고 새로운 우정을 쌓는 것이 편견에서 벗어나는 데 도움을 줄 수 있다.

13-15 **공격성에 대한 심리학의 정의는 일상적 용법과 어떻게 다른가? 어떤 생물학적 요인이 서로를 더욱 해치도록 만드는가?**

심리학에서 공격성이란 어떤 것이든 남을 해치거나 파괴하려는 의도를 가지고 있는 신체행동이나 언어행동을 말한다. 생물학적 요인들은 유전(물려받은 특질), 신경(두뇌 핵심영역의 활동), 그리고 생화학(알코올이나 과도한 테스토스테론)이라는 세 수준에서 공격행동의 역치에 영향을 미친다. 공격은 생물학적 특징과 경험 간의 상호작용에서 유래하는 복잡한 행동이다.

13-16 어떤 심리적 요인과 사회문화적 요인이 공격행동을 촉발하는가?

좌절(좌절-공격성 원리), 공격행동에 대한 과거의 강화 경험, 공격적 역할 모델의 관찰 등이 모두 공격성에 기여할 수 있다. 대중매체의 폭력은 아동들이 학습하는 사회 스크립트를 제공한다. 성폭력의 시청은 여자를 향한 공격성에 기여한다. 폭력 비디오 게임을 즐기는 것은 공격적 사고, 정서, 행동을 증가시킨다.

친사회적 관계

13-17 어떤 사람과는 친구가 되거나 사랑에 빠지면서도 다른 사람과는 그렇게 되지 않는 이유는 무엇인가?

근접성(지리적으로 가까운 것)이 호감을 증가시키는 이유는 부분적으로 단순 노출 효과, 즉 새로운 자극에의 노출은 그 자극에 대한 호감도를 증가시키는 효과 때문이다. 신체 매력은 사회적 기회를 증가시키고 호의적으로 지각하게 만들어준다. 태도와 관심사의 유사성은 호감을 상당히 증가시키는데, 특히 관계를 발전시킬 때 그렇다. 자신을 좋아하는 사람을 좋아하는 것은 당연한 이치이다.

13-18 낭만적 사랑은 시간이 지나면서 어떻게 변모해가는가?

친밀한 사랑관계는 열정애, 즉 강력하게 각성된 상태로부터 시작한다. 시간이 경과하면서 동료애가 발달하게 되는데, 특히 대등한 관계와 친밀한 자기노출로 고양될 때 그렇다.

13-19 이타심이란 무엇인가? 사람들은 언제 남을 도와줄 가능성이 가장 높거나 낮은가?

이타심은 타인의 안녕에 관한 헌신적 관여이다. 사람들은 다음과 같은 경우에 도움행동을 할 가능성이 매우 높다. (a) 사건을 목격하고, (b) 그 사건을 위급 상황으로 해석하며, (c) 도움의 책임감을 느낄 때. 기분 그리고 희생자와의 유사성 등을 포함한 다른 요인들도 도와주려는 의도에 영향을 미친다. 다른 방관자들이 존재할 때 도움행동을 할 가능성이 가장 낮다(방관자 효과).

13-20 사회교환 이론과 사회 규범은 도움행동을 어떻게 설명하는가?

사회교환 이론은 사람들이 타인을 돕는 까닭은 자신에게 이득이 되기 때문이라는 견해이다. 이 견해에서는 사회행동의 목표가 개인적 이득을 극대화하고 비용을 최소화하려는 것이다. 다른 연구자들은 도움행동이 사회화의 결과라고 믿고 있다. 즉, 호혜성 규범이나 사회적 책임 규범에서와 같이, 사람들이 사회적 상황에서 기대하는 행동에 대한 지침을 배운다는 것이다.

13-21 사회적 함정과 거울상 지각이 어떻게 사회 갈등에 기름을 붓는 것인가?

사회적 함정은 갈등을 겪고 있는 사람들이 자신의 개인적인 이득만을 추구하여 집단의 안녕에 해를 끼치는 상황이다. 갈등을 겪고 있는 개인이나 문화는 거울상 지각을 형성하는 경향도 있다. 각자는 상대방을 신뢰할 수 없으며 악의적 의도를 가지고 있는 것으로 간주하고 자신을 윤리적이고 평화를 추구하는 희생자로 간주한다. 지각은 자기충족적 예언이 될 수 있다.

13-22 어떻게 평화를 증진시킬 수 있는가?

개인이나 집단이 상위의 공동 목표를 달성하기 위하여 함께 일할 때 평화를 초래할 수 있다. 연구들은 GRIT(긴장 완화에서 점증적이고 상보적인 주도권) 전략처럼, 접촉, 협동, 소통, 그리고 화해라는 네 가지 과정이 평화를 증진시키는 데 도움을 준다는 사실을 보여주고 있다.

제14장

성격

성격과 정신역동 이론의 소개

14-1 성격이란 무엇이며, 어떤 이론이 성격에 대한 이해를 알려주는가?

성격이란 개인의 특징적인 사고, 감정, 행위 패턴이다. 정신분석(나중에는 정신역동) 이론과 인본주의 이론이 서구 문화의 한 부분이 되어왔다. 이 이론들은 특질 이론과 사회인지 이론과 같은 후속 이론의 토대도 마련해주었다.

14-2 지그문트 프로이트의 심리장애 치료는 어떻게 무의식적 마음에 대한 그의 견해로 이끌어갔는가?

정신역동 이론은 행동을 의식적 마음과 무의식적 마음의 역동적 상호작용으로 간주한다. 이 이론은 지그문트 프로이트의 정신분석 이론에 그 기원을 두고 있다. 명확한 신체적 원인을 가지고 있지 않은 장애를 치료하는 과정에서 프로이트는 이 문제들이 무의식적 마음에 숨어있는 용납할 수 없는 사고와 감정을 반영하고 있다고 결론지었다. 환자 마음의 숨어있는 부분을 찾아내기 위하여 프로이트는 자유연상과 꿈의 분석을 사용하였다.

14-3 성격에 대한 프로이트의 견해는 무엇인가?

프로이트는 성격이 원초아(쾌를 추구하는 충동), 자아(현실지향적 집행자), 초자아(내면화된 일련의 이상이나 양심)라는 세 시스템 간의 상호작용에서 발생하는 갈등에서 초래된다고 믿었다.

14-4 프로이트는 어떤 발달단계를 제안하였는가?

프로이트는 아동이 다섯 가지 심리성적 단계(구강기, 항문기, 남근기, 잠복기, 생식기)를 거친다고 생각하였다. 어느 단계에서든 해소하지 못한 갈등은 그 사람의 쾌락추구적인 충동을 그 단계에 고착하게 만들 수 있다.

14-5 프로이트는 사람들이 어떻게 불안으로부터 자신을 방어한다고 생각하였는가?

프로이트에게 있어서 불안은 원초아와 초자아의 요구 간에 발생하는 긴장의 산물이다. 자아는 억압과 같은 무의식적인 방어기제를 사용하여 이에 대처하는데, 프로이트는 억압을 다른 모든 방어기제에 기저하며 그 기제들을 가능하게 만들어주는 기본 기제로 간주하였다.

14-6 프로이트의 후계자들은 그의 어떤 생각을 받아들이거나 거부하였는가?

프로이트의 초기 추종자들인 신프로이트학파는 그의 많은 아이디어를 받아들였다. 의식적 마음을 강조하고 성이나 공격성보다는 사회적 동기를 강조한다는 점에서 차이를 보였다. 오늘날의 정신역동 이론가와 치료사들은 프로이트가 성적 동기를 강조한 것에 반대한다. 이들은 오늘날의 연구결과에 근거하여, 대부분의 정신적 삶이 무의식적이라는 견해를 강조하며, 아동기 경험은 어른 성격과 애착 패턴에 영향을 미친다고 믿고 있다. 또한 인간종이 공유하는 진화의 역사가 몇몇 보편적 소인을 조성하였다고 믿고 있다.

14-7 오늘날의 심리학자는 프로이트의 정신분석을 어떻게 바라다보는가?

프로이트가 광대한 무의식, 성적 욕구에 대처하려는 노력, 생물학적 충동과 사회적 제약 간의 갈등, 몇몇 형태의 방어기제(허위적 합의 효과/투사, 반동형성), 무의식적인 공포관리 방어 등에 주의를 기울인 것의 공로를 인정하고 있다. 그렇지만 억압 개념 그리고 무의식을 억압되고 용납되지 않는 사고, 소망, 감정, 기억의 집합체로 간주한 그의 견해는 과학적 검증의 벽을 넘지 못하였다. 프로이트는 사후 설명을 내놓았지만, 이것은 과학적으로 검증하기 어려운 것이다. 연구들은 발달이 아동기에 고착된다는 견해와 같은 프로이트의 많은 생각을 지지하지 않는다(우리는 이제 발달이 평생에 걸쳐 진행된다는 사실을 알고 있다).

14-8 오늘날의 연구는 무의식에 대한 이해를 어떻게 발전시켰는가?

오늘날의 연구는 마음에서 진행되는 모든 것에 충분히 접속할 수 없다는 사실을 확증하고 있지만, 무의식에 대한 오늘날의 견해는 억압된 감정과 사고로 충만한 숨어있는 창고와 같은 생각이 아니다. 오히려 자각을 넘어서서 일어나고 있는 별도의 병행적인 궤적을 가지고 있는 정보처리로 간주한다. 예컨대, 지각을 제어하는 스키마, 점화 효과, 학습한 기술의 암묵기억, 즉각적으로 활성화하는 정서, 자신과 타인에 관한 정보를 걸러내는 자기개념과 고정관념 등을 들 수 있다. 또한 연구는 반동형성과 투사(허위적 합의 효과), 그리고 (공포관리 이론을 검증하는 실험에서 보는 바와 같이) 사람들이 불안으로부터 자신을 무의식적으로 방어하고 있다는 아이디어를 지지하고 있다.

14-9 투사법 검사란 무엇인가? 어떻게 사용하며, 어떤 비판을 받는가?

투사법 검사는 사람들에게 다양한 해석이 가능한 모호한 자극을 제시함으로써 성격을 평가하고자 시도한다. 사람들의 응답이 무의식적 동기를 표출한다는 것이다. 주제 통각 검사(TAT)와 로르샤흐 잉크반점 검사가 대표적인 투사법 검사이다. TAT는 시간이 경과하여도 일관성을 유지하는 사람들의 암묵적 동기에 관한 타당하고도 신뢰할 수 있는 지도를 제공한다. 로르샤흐 검사는 신뢰도와 타당도가 낮지만, 몇몇 임상가는 이 검사를 암시적 유도의 출처이거나 아니면 속내를 밝히는 면접기법으로 간주한다.

인본주의 이론과 특질 이론

14-10 인본주의 심리학자는 성격을 어떻게 조망하였는가? 성격 연구에서 이들의 목표는 무엇이었는가?

성격에 관한 인본주의 심리학자들의 견해는 건강한 개인적 성숙 잠재성, 자기결정, 자기실현의 추구 등에 초점을 맞추었다. 에이브러햄 매슬로우는 인간의 동기가 욕구 위계를 형성한다고 제안하였다. 기본 욕구를 만족하면, 사람들은 자기실현과 자기초월을 향하여 나아간다는 것이다. 칼 로저스는 성장을 촉진하는 환경 성분이 진실성, 수용성, 공감성이라고 믿었다. 매슬로우와 로저스 모두에게 있어서 자기개념이 성격의 핵심 자질이었다.

14-11 인본주의 심리학자는 어떻게 개인의 자기감을 평가하였는가?

몇몇 인본주의 심리학자는 어느 것이든 표준화된 평가를 거부하고 면접과 대화에 의존하였다. 로저스는 때때로 사람들이 이상적 자기와 실제 자기를 기술하는 질문지를 사용하였는데, 그는 치료를 통한 진전을 판단하는 데 이것을 사용하였다. 오늘날 몇몇 심리학자는 각 개인의 독특한 인생사를 상세하게 서술하는 인생 이야기 접근법을 사용하고 있다.

14-12 인본주의 이론은 심리학에 어떤 영향을 주었는가? 이 이론은 어떤 비판에 직면하였는가?

인본주의 심리학은 자기개념에 대한 관심사를 다시 불러일으키는 데 도움을 주었다. 또한 오늘날 긍정심리학이라는 과학 분야의 토대를 놓았다. 비판자들은 인본주의 심리학의 개념들이 모호하고 주관적이며, 가치관은 자기중심적이고, 가정들이 순진할 정도로 낙관적이라고 주장하였다.

14-13 심리학자는 어떻게 특질을 사용하여 성격을 기술하는가?

특질 이론가는 성격을 안정적이고 지속적인 행동 패턴으로 간주한다. 이들은 특질을 설명하고자 시도하기보다는 사람들 간의 차이를 기술한다. 요인분석을 사용하여 함께 출현하는 행동 경향성의 군집을 확인한다. 유전 성향이 여러 특질에 영향을 미친다.

14-14 내향성에 관한 보편적인 오해는 무엇인가?

서구 문화는 외향성을 떠받들고 있지만, 내향적인 사람은 상이하면서도 중요한 재능을 가지고 있다. 내향성은 수줍음과 동일한 것이 아니며, 지도자로서 외향적인 사람이 항상 내향적인 사람을 압도하는 것은 아니다. 내향적인 사람은 갈등을 잘 다루며, 보복하기보다는 혼자 있기를 선호한다.

14-15 성격검사란 무엇인가? 특질 평가도구로서 성격검사의 장점과 단점은 무엇인가?

MMPI와 같은 성격검사는 다양한 범위의 감정과 행동을 평가하고자 설계한 문항들에 사람들이 반응하는 질문지이다. 검사 문항은 경험적으로 이끌어낸 것이며, 객관적으로 채점한다. 그렇지만 객관성이 타당도를 보장하지는 않는다. 사람들은 좋은 인상을 남기고자 엉터리로 응답할 수 있다(그렇지만 거짓 반응을 평가하는 거짓말 척도에서도 높은 점수를 받게 된다).

14-16 어떤 특질이 성격의 개인차에 관하여 가장 유용한 정보를 제공하는가?

성실성, 우호성, 신경증 경향, 개방성, 외향성이라는 성격의 5대 요인이 오늘날 가장 명확한 성격의 면모를 제공한다. 이 요인들은 안정적이며 모든 문화에서 나타나는 것으로 보인다. 각각 작은 효과를 나타내는 많은 유전자가 결합하여 특질에 영향을 미친다.

14-17 연구결과는 시대와 상황에 걸쳐서 성격

특질의 일관성을 지지하고 있는가?

한 개인의 평균 특질은 시간이 경과하여도 지속적이며 많은 다양한 상황에서 예측 가능하다. 그렇지만 특질이 특정 상황에서의 행동을 예측하지는 못한다.

사회인지 이론과 자기

14-18 사회인지 이론가는 성격 발달을 어떻게 조망하고 행동을 어떻게 설명하는가?

앨버트 반두라의 사회인지 조망은 특질과 상황 간의 상호작용을 강조한다. 사회인지 연구자들은 학습, 인지, 사회행동의 원리들을 성격에 적용한다. 호혜적 결정론은 행동, 내적인 개인 요인, 그리고 환경 요인들 간의 상호작용과 상호영향을 기술하는 용어이다. 실재를 모사하는 조건을 수반한 평가 상황은 유사한 상황에서의 행동이 미래 행동에 대한 최선의 예측자라는 원리를 이용하는 것이다.

14-19 사회인지 이론가는 어떤 비판에 직면해 왔는가?

사회인지 이론가는 잘 확립되어 있는 학습과 인지 개념들에 근거하고 있다. 이들은 특정 상황에서 특정인의 행동을 예측하는 최선의 방법은 유사한 상황에서 그 사람의 행동을 관찰하는 것이라고 믿는 경향이 있다. 이들은 무의식적 역동성, 정서, 내적 특질 등의 중요성을 과소평가하였다고 비난받아 왔다.

14-20 심리학이 자기개념에 관하여 그토록 많은 연구를 수행한 이유는 무엇인가? 자존감은 안녕감에 얼마나 중요한가?

자기개념은 사고와 감정 그리고 행위를 체제화시키는 성격의 핵심 개념이다. 가능한 자기를 고려하는 것은 긍정적 발달을 향하도록 동기화시키기도 하지만, 자신에게 지나치게 초점을 맞추는 것은 스포트라이트 효과로 이끌어갈 수 있다. 높은 자존감은 동조 압력을 덜 느끼고, 어려운 과제에 매달리며, 행복한 것과 상관이 있다. 그렇지만 그 상관의 방향은 명확하지 않다. 심리학자들은 아동의 자기 가치감을 비현실적으로 조장하지 말 것을 경고한다. 아동의 성취에 보상을 주어 유능감으로 이끌어가는 것이 더 좋다.

14-21 과도한 낙관성, 자신의 무능성에 대한 무지, 자기위주 편향은 어떻게 자존감의 비용을 드러내는가? 방어적 자존감과 안정적 자존감은 어떻게 다른가?

지나친 낙관성은 현 상태에 안주하게 만들고 실제 위험을 보지 못하게 만들 수 있다. 자신의 무능력을 알지 못하는 것은 동일한 실수를 반복하게 만들기도 한다. 자기위주 편향이란 자신이 평균보다 우수하다고 간주하고, 성공에는 자신의 공적을 인정하고 실패에는 비난을 하지 않을 때처럼, 자신을 호의적으로 지각하는 경향성을 말한다. 방어적 자존감은 깨지기 쉽고, 자신을 유지하는 데 초점을 맞추며, 실패나 비판을 위협으로 간주한다. 안정적 자존감은 있는 그대로의 자신이 용인된다고 느끼도록 해준다.

제15장

심리장애

심리장애의 소개

15-1 정상성과 장애 간의 경계선을 어떻게 그어야 하겠는가?

심리학자와 정신의학자들에 따르면, 심리장애는 개인의 인지, 정서 규제, 또는 행동에서 임상적으로 유의하게 심각한 동요의 특징을 갖는다. 기능부전이거나 부적응적인 사고, 정서, 행동 등은 일상생활을 방해하기 때문에 장애가 되는 것이다.

15-2 의학 모형과 생물심리사회적 접근은 심리장애의 이해에 어떤 영향을 미치는가?

의학 모형은 심리장애가 진단하고 처치를 가하며 대부분의 경우에 병원에서의 의학치료를 통해서 완치할 수 있는 신체적 원인을 가지고 있는 심리적 질병이라고 가정한다. 생물심리사회적 조망은 생물(진화, 유전, 두뇌 구조와 화학적 특성), 심리(스트레스, 외상, 학습된 무기력, 기분과 관련된 지각과 기억), 그리고 사회문화(역할, 기대, 정상성과 장애의 정의)라고 하는 세 가지 범주의 요인들이 상호작용하여 특정한 심리장애를 초래한다고 가정한다. 후생유전학도 심리장애에 대한 이해를 제공하고 있다.

15-3 임상가는 심리장애를 어떻게 분류하는가? 몇몇 심리학자가 진단명 사용을 비판하는 이유는 무엇인가?

미국정신의학회의 DSM-5는 연구자와 임상치료사들 간의 소통과 연구를 위한 공통 언어와 개념들을 제공하는 진단적 병명과 기술을 포함하고 있다. DSM 비판자들은 너무나 넓게 투망질을 하여 정상적인 행동까지 장애로 간주하고 있다고 주장한다. DSM과 상호보완적인 분류법이 미국 국립정신건강연구소(NIMH)의 연구영역기준(RDoC) 프로젝트이며, 여러 차원에서의 행동과 두뇌 활동에 따라 장애를 체제화하는 틀걸이이다. 어떤 것이든 분류(진단)는 병명을 붙인 사람들의 과거 행동과 현재 행동에 대한 지각을 편향시키는 선입견을 만들어내는 임의적인 명칭을 초래할 수 있다.

15-4 어떤 요인이 자살의 위험성을 증가시키는가? 비자살적 자해(自害)에 대해서 무엇을 알고 있는가?

자살률은 국가, 인종, 성별, 연령대, 수입, 종교활동, 결혼 상태를 비롯한 여러 요인에 따라서 차이를 보인다. 대부분의 국가에서 자살률은 증가해왔다. 게이, 트랜스젠더, 성별을 부정하는 젊은이 등과 같이 사회적 지지를 받지 못하는 사람은 불안장애자나 우울장애자 못지않게 자살위험이 크다. 고립과 실직도 위험을 배가시킬 수 있다. 자살 경고에는 언어적 암시, 소유물의 처분, 철회, 죽음에의 몰두, 자신의 자살에 관한 논의 등이 포함된다. 자살을 언급하는 사람은 심각하게 받아들여야 한다. 당장 위험에 처한 것으로 보이는 사람을 경청하고 공감하며 보호해야 한다. 일반적으로 치명적이지 않은 자해가 자살로 이끌어가지는 않지만, 치료받지 못하면 자살 생각과 행동을 가속시킬 수 있다. 자해를 하는 사람들은 소통기술과 문제해결 능력이 형편없으며, 스트레스를 잘 참지 못하고, 자기비판적인 경향이 있다.

15-5 심리장애는 폭력행동을 예측하는가?

심리장애가 폭력으로 이끌어가는 경우는 매우 드물지만, 누가 타인에게 해를 끼칠 가능성이 높은지를 예측하기는 어렵다. 대부분의 심리장애자는 비폭력적이며 공격자이기보다는 희생자일 가능성이 더 높다. 폭력의 더 우수한 예측 요인은 알코올이나 약물의 남용, 폭력 전과, 총기 가용성, 두뇌 손상 등이다.

15-6 얼마나 많은 사람이 심리장애로 고통받고 있거나 고통받아 왔는가? 위험 요인에는 어떤 것이 있는가?

심리장애 발병률은 조사하는 시점과 장소에 따라 다르다. 많은 국가를 대상으로 수행한 연구에서 보면, 가장 낮은 발병률을 보인 국가는 나이지리아이며, 가장 높은 발병률 국가는 미국이었다. 가난이 한 가지 위험 요인이다. 그렇지만 조현병과 같은 몇몇 장애는 사람들을 가난으로 이끌어갈 수 있다. 미국으로 이민 간 사람의 평균 정신건강이 미국 토박이보다 더 좋다(이민자 역설이라고 알려진 현상이다).

불안 관련 장애

15-7 범불안장애, 공황장애, 그리고 특정 공포증은 어떻게 다른가?

불안장애는 괴로움, 지속적인 불안, 불안을 감소시키려는 부적응적 행동이라는 특징을 나타내는 심리장애이다. 범불안장애 환자는 명백한 이유도 없이 지속적이고 제어할 수 없는 긴장감을 느끼고 두려움을 느낀다. 보다 극단적인 공황장애에서는 불안이 강렬한 두려움의 주기적인 발현으로 급상승한다. 특정 공포증 환자는 특정 대상이나 행위 또는 상황을 비합리적으로 두려워한다.

15-8 강박장애란 무엇인가?

지속적이고 반복적인 생각과 행위가 강박장애(OCD)의 특징이다.

15-9 외상 후 스트레스 장애란 무엇인가?

외상 후 스트레스 장애(PTSD) 증상에는 외상 경험을 겪은 후에 4주 이상 지속하는 괴로운 기억, 악몽, 사회적 철회, 불쑥불쑥 튀어나오는 불안, 수면장애 등이 포함된다.

15-10 신체증상장애란 무엇인가?

질병불안장애를 포함한 신체증상장애에서는 명백한 신체적 원인이 없는 신체적 증상을 나타낸다.

15-11 조건형성, 인지, 생물학적 소인은 어떻게 불안 관련 장애를 특징짓는 감정과 사고에 기여하는가?

학습 조망은 불안 관련 장애를 공포 조건형성, 자극 일반화, 공포반응의 강화, 다른 사람의 공포와 인지의 관찰학습(해석, 비합리적 신념, 과잉경계 등)의 산물로 간주한다. 생물학적 조망은 자연선택과 진화에서 삶을 위협하는 천적에 대한 공포가 담당하는 역할, 높은 수준의 정서반응과 신경전달물질 생성의 유전 소인, 그리고 두뇌 공포회로의 부적절한 반응 등을 고려하고 있다.

우울장애와 양극성장애

15-12 우울장애와 양극성장애는 어떻게 다른가?

우울정신병 환자는 2주 이상 적어도 다섯 가지 우울 증상을 경험하는데, 그중에는 우울한 기분 또는 흥미나 즐거움의 상실이 포함된다. 지속성 우울장애는 지속적인 경증의 우울한 기분을 포함한다. 양극성장애 환자는 우울뿐만 아니라 조증도 경험한다. 조증이란 과잉행동과 걷잡을 수 없이 낙관적이고 충동적인 행동을 나타내는 것이다.

15-13 생물학적 조망과 사회인지적 조망은 우울장애와 양극성장애를 설명하는 데 어떤 도움을 주는가?

우울장애와 양극성장애에 대한 생물학적 조망은 유전 소인 그리고 (신경전달물질 시스템에서 발견되는 비정상성을 포함하여) 두뇌 구조와 기능의 비정상성에 초점을 맞춘다. 사회인지적 조망은 우울을 부정적 기분과 사고 그리고 행위로 이끌어가며 새로운 스트레스 경험에 기름을 끼얹는 스트레스 경험의 악순환으로 간주한다.

조현병

15-14 어떤 패턴의 사고와 지각 그리고 감정이 조현병을 특징짓는가?

조현병은 망상, 환각, 지리멸렬한 말표현, 부적절한 정서 표현 등의 특징을 나타내는 정신질환이다. 망상은 엉터리 신념이다. 환각은 감각자극이 없는 감각 경험이다. 조현병 증상은 양성(부적절한 행동의 출현)이거나 음성(적절한 행동의 부재)일 수 있다.

15-15 만성 조현병과 급성 조현병은 어떻게 다른가?

조현병은 전형적으로 청소년 후기에 발병하며, 여자보다는 남자의 발병률이 조금 높고, 모든 문화에서 나타나는 장애이다. 만성(과정) 조현병은 점진적으로 진행하며 회복이 의심스럽다. 급성(반동적) 조현병은 스트레스에 대한 반작용으로 급작스럽게 출현하여 회복 전망이 밝다.

15-16 어떤 두뇌 비정상이 조현병과 관련되어 있는가?

조현병 환자의 두뇌에는 도파민 수용기들이 증가하는데, 환각과 편집증과 같은 정적 증상을 초래하는 두뇌 활동을 증폭시키는 것으로 보인다. 조현병과 연합된 두뇌 비정상에는 뇌척수액이 차 있는 뇌실의 확대와 그에 따른 피질의 축소가 포함된다. 두뇌 영상을 보면 전두엽, 시상, 편도체의 비정상적인 활동이 나타난다. 다양한 두뇌 영역과 이들 간의 연계에서의 상호작용적인 기능 부전이 조현병 증상을 초래하는 것으로 보인다.

15-17 어떤 출생 이전 사건이 조현병의 위험 증가와 관련되어 있는가?

가능성 있는 요인에는 임신 중의 바이러스 감염이나 영양 결핍, 출생시의 저체중이나 산소 결핍, 산모의 당뇨병이나 아버지의 노령 등이 포함된다.

15-18 유전자가 조현병에 어떤 영향을 미치는가? 어떤 요인이 아동기 조현병의 조기 경고 신호인가?

쌍둥이 연구와 입양아 연구는 조현병 소인이 유전되고, 환경 요인이 이 장애를 일으키는 유전자의 발현에 영향을 미친다는 사실을 나타낸다. 조현병을 일관성 있게 초래하는 환경 요인은 하나도 없다. 그렇지만 태아의 바이러스 감염이나 어머니의 스트레스와 같은 환경 사건이 조현병을 일으킬 소지가 있는 유전자들을 발현시킬 수 있다. 나중에 조현병의 발병을 경고할 가능성이 있는 초기 신호에는 사회적 철회, 심각한 만성 조현병을 앓고 있는 어머니, 출산 합병증, 부모와의 격리, 짧은 주의폭, 열등한 근육 협응, 정서적 예측 불가능성, 열악한 또래 관계와 독단적 놀이, 아동기 남용 등이 포함된다.

해리장애, 성격장애, 섭식장애

15-19 해리장애란 무엇인가? 이 장애가 논란을 불러일으키는 이유는 무엇인가?

해리장애는 의식적 자각이 과거 기억, 사고, 감

정 등과 분리되는 것처럼 보이는 드문 장애이며, 논란의 여지가 있다. 회의론자들은 해리 정체성 장애(DID)가 20세기 말엽에 극적으로 증가하였으며, 북미를 벗어난 지역에서는 찾아보기 힘들고, 치료사의 암시에 취약한 사람들이 나타내는 역할놀이를 반영하는 것일 수 있다는 사실을 지적한다. 다른 연구자들은 불안감의 발현 또는 불안 감소로 강화받아 학습한 반응으로 간주한다.

15-20 **성격장애의 세 군집은 무엇인가? 어떤 행동과 두뇌 활동이 반사회적 성격장애를 특징짓는가?**

성격장애는 사회기능을 손상시키는 파괴적이고 융통성이 없으며 지속적인 행동 패턴이다. DSM-5의 열 가지 장애는 (1) 불안, (2) 괴상망측한 행동, (3) 극적이거나 충동적인 행동이라는 세 가지 주요 특징에 근거한 세 가지 군집을 형성한다. 반사회적 성격장애(세 번째 군집에 들어있는 장애이다)는 양심의 결여, 그리고 때로는 공격적이고 두려움이 없는 행동이라는 특징을 갖는다. 편도체가 작기 십상이며 전두엽의 활동이 낮아, 손상된 전두엽 인지기능과 다른 사람의 고통에 대한 반응성 감소로 이끌어간다. 유전 소인이 환경과 상호작용하여 이러한 특징을 초래하는 것일 수 있다.

15-21 **세 가지 대표적인 섭식장애는 무엇인가? 어떤 생물학적, 심리적, 사회문화적 요인이 사람들을 이 장애에 더욱 취약하게 만드는가?**

(여자나 게이들이 많이 나타내는) 이러한 섭식장애에서는 심리적 요인이 균형 잡힌 내적 상태를 유지하려는 항상성 욕구를 압도할 수 있다. 심각하게 저체중임에도 불구하고, 거식증 환자(일반적으로 청소년기 여자이다)는 자신이 뚱뚱하다고 생각하기 때문에 계속해서 다이어트를 한다. 과식증 환자(일반적으로 10대와 20대 여자이다)는 몰래 폭식을 한 다음에, 토해내거나 단식을 하거나 지나치게 운동을 하여 보상을 한다. 폭식장애 환자는 폭식을 하지만 토한다거나 단식한다거나 운동을 하지 않는다. 문화 압력, 낮은 자존감, 부정적 정서가 스트레스로 가득 찬 삶의 경험과 유전적 특성과 상호작용하여 섭식장애를 초래한다.

신경발달장애

15-22 **지적장애란 무엇인가?**

지적장애란 지능검사 점수 70 이하이거나 세 가지 재능영역(개념영역, 사회적 영역, 현실적 영역)에서 삶의 요구사항에 적응하는 데 어려움을 나타내는 제한된 심적 능력 상태이다.

15-23 **자폐 스펙트럼 장애란 무엇인가?**

자폐 스펙트럼 장애(ASD)는 아동기에 나타나며 소통과 사회적 상호작용의 심각한 제약 그리고 지나치게 고착된 관심사와 반복적 행동이 특징인 장애이다.

15-24 **주의력결핍 과잉행동장애에 대한 논란이 있는 까닭은 무엇인가?**

극단적인 부주의, 과잉행동, 충동성을 표출하는 아동(그리고 소수의 성인)은 ADHD(주의력결핍 과잉행동장애)로 진단받을 수 있으며, 의학치료와 다른 치료법을 적용할 수 있다. 논쟁은 ADHD 사례의 수가 점증하는 것이 과잉진단을 반영하는 것인지 아니면 장애에 대한 자각이 증가한 것을 반영하는 것인지에 초점을 맞추고 있다.

제16장

치료

치료와 심리치료법의 소개

16-1 **심리치료와 생의학치료는 어떻게 다른가?**

심리치료는 심리학 기법들을 수반한 치료법이다. 심리치료는 훈련받은 치료사와 심리적 어려움을 극복하거나 개인의 성장을 달성하려는 사람 간의 상호작용으로 이루어진다. 대표적인 심리치료법은 정신역동 이론, 인본주의 이론, 행동이론, 인지 이론 등에 근거한다. 생의학치료는 환자의 생리적 특성에 직접 작용하는 약물이나 시술을 통해 심리장애를 치료한다. 절충적 접근은 다양한 형태의 치료법을 결합하는 기법이다.

16-2 **정신분석의 목표와 기법은 무엇인가? 이것들이 어떻게 정신역동 치료에 적용되었는가?**

지그문트 프로이트는 정신분석을 통해서 불안에 휩싸여있는 감정과 생각을 의식적 자각으로 끌어올려 사람들에게 자기에 대한 통찰과 장애의 완화를 제공하고자 시도하였다. 사용한 기법에는 자유연상 그리고 저항과 전이 사례에 대한 해석 등이 포함된다. 정신역동 치료는 전통적인 정신분석의 영향을 받았지만, 원초아와 자아 그리고 초자아의 개념을 신봉하지 않는 것을 포함하여 많은 면에서 정신분석과 차이를 보인다. 이러한 정신역동 치료는 치료기간이 짧고 비용이 적게 들며 내담자가 현재의 증상에서 벗어나는 것을 도와주는 데 초점을 맞춘다. 치료사는 내담자가 과거와 현재 관계를 이해하는 것을 도와준다.

16-3 **인본주의 치료의 기본 주제는 무엇인가? 칼 로저스의 내담자 중심 치료의 목표와 기법은 무엇인가?**

정신역동 치료와 인본주의 치료는 모두 통찰치료, 즉 내담자가 동기와 방어를 보다 잘 자각하게 함으로써 심적 기능을 증진시키고자 시도한다. 인본주의 치료의 목표는 내담자가 자기자각과 자기용인에서 성장하도록 도와주고, 질병을 치료한다기보다는 개인적 성장을 조장하며, 자신의 성장에 대한 책임감을 갖도록 도와주고, 무의식적 동기보다는 의식적 생각에 초점을 맞추며, 과거보다는 현재와 미래를 더 중요하게 바라다보게 하려는 것이다. 칼 로저스의 내담자 중심 치료는 치료사의 가장 중요한 공헌이 적극적 듣기를 통하여 심리적 거울로 작용하며, 진실성과 수용성 그리고 공감성의 특징을 갖는 무조건적인 긍정적 존중이라는 성장 촉진 환경을 마련해 주는 것이라고 제안하였다.

16-4 **행동치료의 기본 가정은 정신역동 치료와 인본주의 치료의 가정과 어떻게 다른가? 노출치료와 혐오조건형성에서는 어떤 파블로프식 조건형성 기법을 사용하는가?**

행동치료는 통찰치료가 아니며 문제행동이 바로 문제라고 가정한다. 이 치료법의 목표는 학습 원리를 적용하여 문제행동을 수정하는 것이다. 체계적 둔감화나 가상현실 노출치료와 같은 노출치료법과 혐오조건형성을 포함한 파블로프식 조건형성 기법은 역조건형성을 통해서 행동을 수정하고자 시도한다. 즉, 원치 않는 행동을 촉발하는 예전의 자극에 대해서 새로운 반응을 촉발시키는 것이다.

16-5 조작적 조건형성 원리에 입각한 행동치료의 주요 전제는 무엇인가? 이 치료법의 지지자와 비판자의 견해는 무엇인가?

조작적 조건형성은 자발적 행동이 그 결과의 영향을 강하게 받는다는 전제에서 작동한다. 조작적 조건형성 원리에 기반을 둔 치료는 원하는 행동에 정적 강화물을 제공하고 원치 않는 행동을 무시하거나 처벌하는 방식으로 원치 않는 행동을 변화시키는 데 행동수정 기법을 사용한다. 비판자들은 (1) 토큰경제에서 사용하는 것과 같은 기법은 보상이 종료될 때 사라져버리는 행동 변화를 생성하며, (2) 어떤 행동을 변화시킬 것인지를 결정하는 것은 권위주의적이고 비윤리적이라고 주장한다. 지지자들은 정적 강화물을 사용하는 치료가 바람직하지 않은 행동을 처벌하거나 수용시설에 가두는 것보다 훨씬 인간적이라고 주장한다.

16-6 인지치료와 인지행동치료의 목표와 기법은 무엇인가?

아론 벡의 우울치료법과 같은 인지치료는 사고가 감정에 영향을 미치며, 치료사의 역할은 내담자가 자신을 보다 긍정적으로 바라다보도록 훈련시킴으로써 그 내담자의 자기파괴적 사고를 변화시키는 것이라고 가정한다. 가장 많은 연구를 수행하였으며 가장 널리 사용하고 있는 인지행동치료(CBT)는 내담자가 일상생활에서 새로운 사고방식과 행동방식을 규칙적으로 나타내도록 도와주기 위하여 인지치료와 행동치료를 결합하고 있다. 변증법적 행동치료(DBT)라고 부르는 변형된 새로운 CBT는 사회적 재능 훈련과 마음챙김 명상을 통해서 고통을 이겨내고 정서를 조절하는 인지적 책략을 결합하고 있다.

16-7 집단치료와 가족치료의 목표와 이점은 무엇인가?

집단치료 회기는 개별 치료보다 더 많은 사람에게 도움을 주고 비용을 낮출 수 있다. 내담자는 집단 상황에서 감정을 탐색하고 사회적 기술을 발달시키고, 다른 사람들도 유사한 문제점을 가지고 있다는 사실을 알게 되고, 새로운 행동방식에 대한 피드백을 받음으로써, 도움을 받는다. 가족치료는 가족이라는 상호작용적 사회 시스템 속에서 구성원들이 자신의 역할을 발견하고 소통을 증진시키며, 갈등을 예방하거나 해소하는 새로운 방법을 배우는 것을 목표로 삼는다.

심리치료의 평가

16-8 심리치료는 작동하는가? 어떻게 알 수 있는가?

내담자와 치료사의 긍정적 증언은 치료가 실제로 효과적이라는 사실을 입증할 수 없다. 그리고 가짜약 효과와 평균으로의 회귀(극단적이거나 이례적인 점수는 평균으로 되돌아오게 되는 경향성) 현상은 치료 덕분에 개선이 나타난 것인지를 판단하기 어렵게 만든다. 연구자들은 수많은 심리치료 연구의 결과를 통계적으로 종합하는 메타분석을 사용하여, 치료를 받지 않은 사람도 개선을 보이기 십상이지만 심리치료를 받은 사람이 보다 신속한 개선 효과를 보이고 재발의 가능성도 낮다는 사실을 밝혀왔다.

16-9 특정 장애에 있어서 특정 심리치료법이 다른 치료법보다 더 효과적인가?

어떤 유형의 심리치료법도 총체적으로 다른 기법보다 수월한 것은 아니다. 치료는 명확하고 구체적인 문제점을 가지고 있는 사람에게 가장 효과적이다. 공포증과 강박증을 치료하는 행동치료와 같은 몇몇 치료법은 특정 장애에 더 효과적이다. 정신역동 치료는 우울과 불안에 효과적이며, 인지치료와 인지행동치료는 불안장애, 강박장애, 외상 후 스트레스 장애, 우울증에 대처하는 데 효과적이다. 증거기반 치료는 가용한 연구결과를 임상치료사의 전문성 그리고 내담자의 특성과 선호도 그리고 상황과 통합시킨다.

16-10 모든 유형의 심리치료법이 공유하는 세 가지 요소는 무엇인가?

모든 심리치료법들은 사기가 꺾인 사람들에게 신선한 조망 그리고 (치료사가 유능하다는 것을 전제로 할 때) 공감적이고 신뢰로우며 후원하는 관계라는 새로운 희망을 제공한다. 치료사와 상담자 간의 신뢰와 이해라고 하는 정서적 유대, 즉 치료적 동맹이 효과적인 치료에서 중요한 요소이다.

16-11 어떤 개인적 요인이 치료사-내담자 관계에 영향을 미치는가?

치료사는 치료의 목표와 진전에 대한 견해에 영향을 미치는 가치관에서 차이를 보인다. 치료사와 내담자가 문화, 성별, 또는 종교적 조망에서 다르다면, 이러한 차이가 문제를 불러일으킬 수도 있다.

16-12 언제 치료사를 찾아 나서야 하며, 치료사를 선택할 때 무엇을 살펴보아야만 하는가?

상담을 선택하는 데 있어서는 일반적으로 대학의 상담센터가 훌륭한 출발점이며, 무료 서비스를 제공하기도 한다. 치료를 찾는 사람은 치료사의 접근방식, 가치관, 비밀 보장, 비용 등에 관하여 알고 싶어 할 수 있다. 중요한 한 가지 고려사항은 치료를 찾는 사람이 편안함을 느끼고 치료사와 정서적 유대를 형성할 수 있는지 여부이다. 강력한 치료적 동맹의 중요성을 인식한 미국심리학회는 문화적 감수성 훈련을 제공하고 소수문화집단을 모집하는 프로그램을 승인해주고 있다.

16-13 어떤 윤리 원리가 심리치료와 정신질환에 대한 심리학 연구를 주도하는가?

심리치료사와 정신건강 연구자는 타인에게 도움을 주며, 정직하고 진실하며, 내담자를 일상생활에서 직면하는 위험보다 더 큰 위험에 노출시키지 않는다는 등의 해당 국가의 윤리 원리와 행동규범을 준수해야만 한다.

생의학치료와 심리장애의 예방

16-14 약물치료란 무엇인가? 이중은폐 연구는 약물의 효과를 평가하는 데 어떤 도움을 주는가?

정신약리학은 생의학치료에서 가장 널리 사용하는 약물치료를 가능하게 해주었다. 조현병을 치료하는 데 사용하는 항정신병 약물은 도파민 활동을 차단한다. 부작용으로는 안면근육과 혀 그리고 사지의 불수의적 운동을 수반하는 신경중독 효과인 만발성 운동장애나 비만과 당뇨병의 위험 증가 등을 들 수 있다. 중추신경계 활동을 억제하는 항불안제는 불안장애, 강박장애, 외상 후 스트레스 장애 등을 치료하는 데 사용한다. 항불안제는 신체적으로나 심리적으로 중독될 수 있다. 세로토닌과 노르에피네프린의 가용성을 증가시키는 항우울제는 우울증 치료에 사용하는데, 가짜약 효과를 다소 상회하는 효과를 가지고 있다. 오늘날에는 뇌졸중과 불안장애를 포함한 다른 장애를 치료하는 데도 선택적 세로토닌 재흡수 억제제라고 알려진 항우울제를 사용하고 있다. 리티움과 데파코테는 양극성장애 환자에게 처방하는 기분안정제이다. 연구자들은 가짜약 효과와 연구자 편향을 제거하기 위하여 이중은폐 절차를 사용한다.

16-15 치료적 생활양식 변화를 효과적인 생의학치료법으로 간주하는 이유는 무엇이며, 어떻게 작동하는 것인가?

치료적 생활양식 변화를 생의학치료법으로 간주하는 이유는 두뇌가 반응하는 방식에 영향을 미치기 때문이다. 마음과 신체는 하나다. 하나가 영향을 받으면 다른 것도 영향을 받게 된다. 운동, 영양, 관계, 휴식, 이완, 종교 활동 등이 정신건강에 영향을 미친다. 유산소 운동, 적적한 수면, 불빛 노출, 사회적 관여, 반추 감소, 영양 보충 등의 프로그램에 참여하는 사람이 우울증상의 완화를 나타냈다.

16-16 특정 장애를 치료하는 데 있어서 두뇌 자극하기와 정신외과수술을 어떻게 사용하는가?

마취한 환자의 두뇌에 짧은 전류를 흘려보내는 전기충격요법(ECT)은 다른 치료법에 반응을 보이지 않았던 중증 우울증 환자에게 효과적이며 최후 수단으로 사용하는 기법이다. 우울증에 대한 새로운 대안적 치료법에는 경두개 직류자극법(tDCS), 경두개 자기자극법(TMS) 그리고 부정적 정서와 연관되어 과잉반응을 보이는 두뇌 영역을 진정시키는 뇌심부자극법 등이 있다. 정신외과수술은 행동을 수정할 것이라는 희망에서 두뇌조직을 제거하거나 파괴시킨다. 전두엽 절개술과 같은 극단적인 정신외과수술 기법이 한때 유행하였으나, 오늘날의 신경외과 의사들은 행동이나 기분을 변화시키기 위한 뇌수술을 거의 실시하지 않는다. 뇌수술은 그 효과가 불가역적이기 때문에 최후의 수단으로 사용하는 치료법이다.

16-17 심리장애를 예방하는 데 도움을 주는 것은 무엇인가? 탄력성을 발달시키는 것이 중요한 이유는 무엇인가?

예방적 정신건강 프로그램은 압박을 가하고 자존감을 파괴하는 환경을 성장과 자신감 그리고 탄력성을 조장하는 보다 자애롭고 지원하는 환경으로 변화시킴으로써 많은 심리장애를 예방할 수 있다는 생각에 바탕을 두고 있다. 도전거리와 씨름하는 것은 외상 후 성장으로 이끌어갈 수 있다. 지역사회심리학자는 예방적 정신건강 프로그램에 적극적으로 관여하기 십상이다.

부록 C

일터에서의 심리학

일과 삶의 만족도

C-1 몰입감이란 무엇인가?

몰입감은 자신과 시간을 전혀 자각하지 않은 채 완전히 주의를 집중하고 있는 의식 상태를 말한다. 몰입감은 자신의 재능에 철저하게 빠져 들어감으로써 초래된다. 흥미는 수행 성과와 끈기를 모두 예측하기 때문에 사람들은 강건한 사람-환경 적합도를 갖는 직업을 찾아야한다.

산업조직심리학

C-2 산업조직심리학의 세 가지 핵심 연구영역은 무엇인가?

산업조직심리학과 관련된 세 가지 핵심 연구영역은 인사심리학, 조직심리학, 인간요인심리학이다. 각 영역은 심리학 원리를 사용하여 오늘날 광범위한 근로자, 작업장, 작업 활동을 연구하고 도움을 준다.

인사심리학

C-3 인사심리학자는 어떻게 구직 활동, 직원의 선발과 배치, 직무수행 평가를 촉진하는가?

인사심리학자들은 조직에서 새로운 직원의 선발 방법을 고안하고, 지원자를 모집하고 평가하며, 훈련 프로그램을 설계하고 평가하며, 사람들의 장점을 파악하고, 직무내용을 분석하며, 개인과 조직의 수행을 평가하는 일을 담당한다. 주관적 면접은 면접자의 착각을 조장한다. 구조화 면접은 직무 관련 강점을 강조하며, 수행의 보다 우수한 예측자이다. 체크리스트, 그래프 평정 척도, 행동 평정 척도 등이 유용한 수행 평가 방법들이다.

조직심리학

C-4 조직심리학자가 직원의 직무 만족과 몰입에 관심을 갖는 까닭은 무엇인가?

조직심리학자들은 직원의 만족도와 생산성에 영향을 미치는 요인들을 밝히고 조직의 변화를 촉진시킨다. 직원 만족도와 몰입은 조직의 성공과 상관을 갖는 경향이 있다. 실제로 직원의 태도는 미래의 기업 성공을 예측한다.

C-5 어떤 지도자가 가장 효율적인가?

유능한 지도자는 직무관련 강점을 활용하고, 구체적인 도전 목표를 설정하며, 적절한 리더십 스타일을 선택한다. 리더십 스타일은 목표지향적이거나(과제 리더십), 집단지향적이거나(사회적 리더십), 둘의 결합이 될 수 있다. 효율적인 경영은 정적 강화, 소속욕구의 충족, 그리고 참여적 경영을 수반하기 십상이다.

C-6 효율적인 리더십 스타일을 선택할 때 어떤 문화적 요인을 고려할 필요가 있는가?

GLOBE 프로젝트는 기대하는 리더십에서의 문화적 차이를 연구한다. (어떤 문화에서는 지시적이고 다른 문화에서는 참여적이기도 한) 기대를 충족하는 지도자가 성공을 거두는 경향이 있다. 그렇지만 전 세계적으로 번창하는 기업은 직원의 강점을 확인하고 고양하는 데 초점을 맞추는 경향이 있다. 강점에 기반한 리더십은 어느 곳에서나 이점으로 작용한다.

인간요인심리학

C-7 인간요인심리학자는 사용자에게 우호적인 기계와 작업 상황을 만들어내기 위하여 어떤 연구를 수행하는가?

인간요인심리학자들은 개발자와 디자이너들로 하여금 인간의 지각능력을 고려하고, 지식의 저주를 피하며, 지각에 따른 문제점들을 밝혀내기 위하여 사용자 검사를 실시하도록 부추김으로써 인간의 안전과 개선된 디자인에 공헌한다.

인출 연습과 학습내용 숙달하기의 답

서막

심리학 이야기

심리학이란 무엇인가?

인출 연습의 답

RP-1 증거의 평가, 출처 확인, 결론의 평가, 그리고 가정의 확인이 비판적 사고의 필수적 부분이다. **RP-2** 과학적 심리학은 1879년에 빌헬름 분트가 최초의 심리학 실험실을 설립함으로써 시작되었다. **RP-3** 사람들의 자기보고는 그 사람의 경험, 지능, 언어능력 등에 따라 다르다. **RP-4** 구조주의, 기능주의. **RP-5** 행동주의, 프로이트. **RP-6** 인지혁명은 초기 심리학의 심적 과정에 대한 관심사를 부활시키고 과학적 연구의 합법적인 주제로 만들었다. **RP-7** 우연한 변이로부터 유기체가 특정 환경에서 생존하고 후손을 퍼뜨리게 해주는 특질을 자연이 선택하는 과정이다. **RP-8** 심리적 사건은 선천성이나 후천성 중의 하나가 아니라 둘 간의 상호작용에서 유래한다. **RP-9** 세 가지 상이한 분석 수준이 협응하는 생물심리사회적 접근은 개별적인 접근보다 완벽한 견해를 제공해줄 수 있다. **RP-10** 사회문화적, 행동적. **RP-11** 1-b, 2-c, 3-a. **RP-12** 검증 효과. **RP-13** 훑어보기, 질문하기, 읽기, 인출하기, 개관하기.

학습내용 숙달하기의 답

1. 비판적 사고는 현명한 사고이다. 대중매체의 주장을 평가할 때는 (비록 여러분이 많이 알고 있지 않은 주제에 관한 것이라고 할지라도) 경험적 증거를 찾아라. 분석할 때는 다음의 질문을 던져라. 주장은 일화에 근거한 것인가, 아니면 증거에 근거한 것인가? 출처를 인용하는가? 만약 그렇다면, 그 출처를 신뢰할 수 있는가? 저자는 어떤 의제를 가지고 있는가? 어떤 대안적 설명이 가능한가? **2.** 빌헬름 분트. **3.** a. **4.** a. **5.** b. **6.** 환경(후천성)이 영향을 미치지만, 그 영향은 생물학적 특성(선천성)의 제약을 받는다. 선천성과 후천성은 상호작용한다. 예컨대, 키가 큰 소인이 있는(선천성) 사람은 아무리 열심히 연습한다고 하더라도(후천성) 올림픽 체조 선수가 될 가능성이 낮다. **7.** b. **8.** 긍정심리학. **9.** d. **10.** 정신과 의사. **11.** c.

제1장

심리과학을 비판적으로 생각하기

연구 전략 : 심리학자가 물음을 던지고 답하는 방법

인출 연습의 답

RP-1 사람들은 후견 편향으로 어려움을 겪기 십상이다. 특정 상황에서의 결과를 알고 난 후에는 그 결과가 친숙해 보이기 때문에 당연한 것처럼 보인다. **RP-2** 좋은 이론은 관찰한 사실을 체제화하고 검증 가능한 예측을 제안하는 가설을 함축하며 때로는 현실적 응용도 함축한다. **RP-3** 다른 연구자가 실험을 반복하여 동일한(또는 더욱 강력한) 결과를 얻게 되면, 결과를 확증하고 신뢰성을 더욱 확신하게 된다. **RP-4** 사례연구는 단지 한 명이나 한 집단만을 수반하기 때문에, 관찰한 원리가 더 큰 전집에 적용될 수 있는지를 확신할 수 없다. **RP-5** 자연관찰은 행동을 설명하지 않으며, 행동에 영향을 미칠 수 있는 모든 요인을 제어하지 않는다. 그렇기는 하지만 자연관찰이 제공하는 기술은 흥미진진하고, 이해를 확장시키며, 후속 연구를 위한 밑바탕을 제공할 수 있다. **RP-6** 대표적이지 않은 표본은 연구하는 전체 전집을 대표하지 못하는 집단이다. 무선표집은 연구자가 대표표본을 구성하는 것을 지원한다. 전집의 각 구성원이 표본에 포함될 기회가 동등하기 때문이다. **RP-7** 1. 부적, 2. 정적, 3. 정적, 4. 부적. **RP-8** 팀의 형편없는 성과는 그 팀의 전형적인 행동이 아니었다. 연승이라는 정상적인 상태로의 복귀는 평균으로의 회귀를 보여준 사례에 불과한 것일 수 있다. **RP-9** 다른 많은 사례와 마찬가지로 이 경우에도 제3요인이 상관을 설명할 수 있다. 즉, 금혼식과 대머리는 모두 노화를 수반한다. **RP-10** 가짜약 효과를 예방하도록 설계한 연구는 참가자들을 실험집단이나 통제집단에 무선적으로 할당한다. 이중은폐 절차는 사람들의 기대와 희망이 결과에 영향을 미치는 것을 차단시킨다. 참가자와 데이터를 수집하는 사람 모두 누가 가짜약을 받았는지 모르기 때문이다. 결과의 비교는 실제 처치 절차가 치료에 대한 신념보다 더 우수한 결과를 초래하는지를 입증하게 된다. **RP-11** 혼입변인. **RP-12** 1-c, 2-a, 3-b. **RP-13** 약물을 받은 집단(실험집단)의 결과를 그렇지 않은 집단(통제집단)의 결과와 비교함으로써 약물의 효과성에 관하여 더 많은 것을 알아내게 된다. 만일 1,000명의 참가자 모두에게 약물을 투여하였다면, 그 약물이 가짜약으로 기능하는지 아니면 실제로 의학적 효과가 있는지를 알 수 있는 방법이 없다. **RP-14** 동물보호법, 실험실 규제와 감독, 지역사회나 대학의 윤리위원회(연구제안서를 심사한다)는 동물복지를 보장하고자 애를 쓴다. 국제심리학회는 인간 참가자를 사용하는 연구자에게 고지된 동의를 받고, 일상의 위험과 불편함을 넘어서지 않도록 참가자를 보호하며, 개인정보를 보호하고, 실험이 끝난 후에는 철저한 실험 후 설명을 해줄 것을 강력하게 요구하고 있다. IRB(기관생명윤리위원회)가 이러한 기준을 강제 적용하는 역할을 담당하고 있다.

학습내용 숙달하기의 답

1. 후견 편향. **2.** d. **3.** 가설. **4.** c. **5.** 대표성. **6.** 부적. **7.** 산포도. **8.** a. **9.** 평균으로의 회귀는 이례적 사건 후에 극단적 점수나 결과가 정상으로 되돌아가는 경향성을 기술하는 통계 현상이다. 이 현상을 알지 못하면, 정상으로의 복귀를 자신의 행동 때문이었다고 잘못 판단할 수 있다. **10.** a. **11.** (a) 아마도 분노가 음주를 촉발하거나 동일한 유전자나 자녀양육방식이 음주와 공격성 모두의 요인일 수도 있다. (여기서 연구자는 음주가 실제로 공격행동을 촉발한다는 사실을 알아냈다.) (b) 아마도 부유한 사람이 더 많은 교육과 더 우수한 건강관리를 할 여유가 있을 수 있다. (연구는 이 결론을 지지한다.) (c) 어떤 제3요인이 이 상관을 설명할 수 있다. 마약을 사용하고 흡연하며 성관계를 갖고 무기를 소지하며 정크푸드를 먹는 10대는 어떤 팀 스포츠에서 운동을 즐기지 않는 '외로운 사람'일 수 있다. (d) 아마도 흡연하고 영화를 자주 관람하는 청소년은 부모의 관여가 적고 가용한 용돈이 많을 수 있다. **12.** 실험. **13.** 가짜약. **14.** c. **15.** 독립변인. **16.** b. **17.** d.

일상생활에서의 통계적 추리

인출 연습의 답

RP-1 각 그래프의 *y*축에 어떤 표지가 붙어있는지를 확인하라. 그래프 (a)에서 *y*축 표지의 범위는 단지 95~100이다. 그래프 (b)에서의 범위는 0~100이다. 모든 트럭이 95% 이상에 위치하기 때문에 거의 모든 트럭이 10년 후에도 여전히 작동하고 있으며, 그래프 (b)가 이 사실을 명확하게 보여주고 있다. **RP-2** 평균; 최빈값; 중앙값; 범위; 표준편차. **RP-3** 소수의 강의에 근거한 평균은 가변성이 크며, 이 사실은 첫 번째 학기를 끝났을 때 상당히 많은 극단적인 고득점과 저득점의 가능성을 나타낸다. **RP-4** 기술; 추론.

학습내용 숙달하기의 답

1. b. **2.** d. **3.** 정상곡선. **4.** a.

제2장

마음의 생물학

신경계와 내분비계

인출 연습의 답

RP-1 둘은 모두 두뇌와 행동 간의 연계에 초점을 맞춘다. 골상학이 사라진 까닭은 과학적 기반이 없었기 때문이다. 두개골의 요철은 심적 특질과 능력을 드러내지 않는다. **RP-2** 신경가소성 덕분에, 두뇌는 경험에 대한 반응으로 변한다. 새로운 재능의 학습과 연습은 새로운 신경통로의 발달을 촉진하고 두뇌조직의 지속적인 변화를 초래할 수 있다. **RP-3** 수초, 세포체, 축색. **RP-4** 강한 자극이 약한 자극보다 더 많은 뉴런이 더 자주 흥분하도록 만든다. **RP-5** 뉴런은 축색종말과 다른 뉴런의 수상돌기나 세포체 사이의 미세한 공간으로 신경전달물질을 내보낸다. **RP-6** 과도하게 분비된 신경전달물질을 다시 빨아들일 때 재흡수 과정이 일어난다. 효소가 신경전달물질을 청소하거나 분해할 수도 있다. **RP-7** 신경전달물질. **RP-8** 모르핀은 효능제이며 쿠라레는 길항제이다. **RP-9** 1-c, 2-a, 3-b. **RP-10** 자율신경계의 교감신경이 각성으로 이끌어가고, 부교감신경이 이완으로 이끌어간다. **RP-11** 뇌하수체는 시상하부의 신호에 대한 반응으로 다른 내분비선의 호르몬 분비를 촉발하는 호르몬을 방출하는데, 이것이 다시 두뇌와 행동에 영향을 미친다. **RP-12** 두 소통 시스템은 행동과 정서에 영향을 미치는 신체 수용기에 작용하는 화학분자를 만들어낸다. 혈관에 호르몬을 분비하는 내분비계는 속도가 빠른 신경계보다 훨씬 느리게 메시지를 전달하며, 내분비계 메시지의 효과는 신경계의 메시지보다 훨씬 오랫동안 지속된다.

학습내용 숙달하기의 답

1. 인간의 두뇌는 융통성 있게 설계되어 있다. 손상을 받은 후에 재체제화할 수 있으며 경험에 근거하여 새로운 통로를 구축할 수 있다. 이러한 가소성은 변화하는 세상에 적응할 수 있게 해준다. **2.** 축색. **3.** c. **4.** a. **5.** 신경전달물질. **6.** b. **7.** c. **8.** 자율신경계. **9.** 중추. **10.** a. **11.** 부신선.

발견도구, 오래된 두뇌 구조, 그리고 변연계

인출 연습의 답

RP-1 1-b, 2-a, 3-c. **RP-2** 뇌간. **RP-3** (a) 소뇌, (b) 시상, (c) 망상체, (d) 연수. **RP-4** 교감신경계. **RP-5** (a) 편도체는 공격성과 공포 반응에 관여한다. (b) 시상하부는 신체 유지, 보상, 호르몬계의 제어 등에 관여한다. (c) 해마는 사실과 사건의 기억을 처리한다.

학습내용 숙달하기의 답

1. b. **2.** d. **3.** c. **4.** 소뇌. **5.** b. **6.** 편도체. **7.** b. **8.** 시상하부.

대뇌피질

인출 연습의 답

RP-1 뇌간, 대뇌피질. **RP-2** (a) 오른쪽 손과 발의 상반된 행위가 서로 간섭하는 까닭은 둘 모두를 두뇌의 동일한 반구(좌반구)가 제어하기 때문이다. (b) 왼쪽 손과 발 그리로 오른쪽 손과 발을 두뇌의 반대쪽 반구가 제어하기 때문에, 상반된 움직임은 간섭을 덜 일으킨다. **RP-3** 체감각피질, 운동피질. **RP-4** 연합영역은 해석하기, 통합하기, 다른 영역에서 처리한 정보에 작용하기 등과 같은 고등 정신 기능에 관여한다. **RP-5** (a) 그렇다, (b) 아니다, (c) 녹색.

학습내용 숙달하기의 답

1. d. **2.** 시각피질은 간뉴런들을 통해서 청각 신경망을 비롯한 다른 신경망들과 연결되어 있는 감각뉴런들의 신경망이다. 이러한 연결은 파티에서 여러분이 알아본 친구가 여러분에게 인사할 때 시각정보와 청각정보를 통합할 수 있게 해준다. **3.** c. **4.** 전두. **5.** 연합영역. **6.** c. **7.** ON, HER. **8.** a. **9.** b.

제3장

의식과 이중 궤적의 마음

의식의 기본 개념

인출 연습의 답

RP-1 인지신경과학. **RP-2** 선택주의는 주변의 제한된 영역에만 초점을 맞출 수 있게 해준다. 부주의적 맹시는 주의가 흐트러졌을 때 어떤 대상을 지각하지 못하는 이유를 설명해준다. 예컨대, 환경에서 비교적 중요하지 않은 변화를 알아채지 못할 때 부주의적 맹시가 나타난다. 이 원리는 마술사가 재주를 부리고자 관객의 주의를 다른 곳으로 돌리게 만드는 이유이다. **RP-3** 마음은 정보를 체제화하고 해석할 때 의식적 궤적과 무의식적 궤적의 정보를 동시에 처리한다.

학습내용 숙달하기의 답

1. 부주의적 맹시. **2.** 무의식적; 의식적. **3.** 선택.

수면과 꿈

인출 연습의 답

RP-1 각 난민은 독자적으로 수면단계의 주기를 거치기 때문에, 어느 시점에 적어도 한 사람은 쉽게 깨어날 수 있는 단계에 있을 가능성이 있다. **RP-2** REM, N1, N2, N3. 정상적으로 사람들은 N1 다음에 N2, N3로 진행한 다음에 REM 수면을 경험하기에 앞서 다시 N2를 거친다. **RP-3** 1-b, 2-c, 3-a. **RP-4** 시교차상핵, 일주기. **RP-5** (1) 수면은 생존가치를 가지고 있다. (2) 수면은 면역계를 회복시키고, 감염을 치료하며, 두뇌조직을 수선한다. (3) 수면 중에 기억을 응고화시킨다. (4) 수면은 창의성을 북돋운다. (5) 수면은 성장과정에서 일익을 담당한다. **RP-6** 반응시간이 빨라질, 체중이 증가할. **RP-7** (1) 프로이트의 소망충족, (2) 정보처리, (3) 생리적 기능, (4) 활성화-종합, (5) 인지발달.

학습내용 숙달하기의 답

1. 일주기 리듬. **2.** b. **3.** N3. **4.** 길이가 증가한다. **5.** c. **6.** 기면증 환자는 아무런 경고신호도 없이 습관적으로 REM 수면으로 바로 빠져 들어간다. 수면 무호흡증 환자는 밤에 반복적으로 깨어난다. **7.** d. **8.** 활성화-종합 이론은 꿈이 무선적 신경 활동을 이해하려는 두뇌의 시도라고 제안한다. **9.** 꿈의 정보처리 설명은 REM 수면 중의 두뇌 활동은 낮에 경험한 것들을 걸러내게 해준다고 제안한다. **10.** REM 반동.

약물과 의식

인출 연습의 답

RP-1 향정신성 약물에 반복적으로 노출됨으로써 두뇌의 화학적 기제가 적응하고 약물의 효과가 감소한다. 따라서 원하는 효과를 얻으려면 더 많은 양의 약물을 받아들여야 한다. **RP-2** 강박적이거나 기능부전이 되지 않는 한, 단순히 쇼핑에 강력한 흥미를 느끼는 것은 약물에 대한 신체의 중독과 같은 것이 아니다. 쇼핑은 전형적으로 부정적 결과를 알고 있음에도 강박적인 갈망을 수반하지 않는다. **RP-3** 진정제. **RP-4** 니코틴 금단 증상에는 강력한 갈망, 불면증, 불안, 성마름, 주의산만 등이 포함된다. 그렇지만 금연을 끝까지 시도하게 되면, 갈망과 금단 증상은 대략 6개월에 걸쳐 서서히 사라진다. **RP-5** 향정신성 약물은 두뇌의 화학적 기제를 변화시킴으로써 쾌를 초래한다. 반복적으로 사용함으로써 내성이 증가하고 원하는 효과를 달성하기 위해서는 더 많은 약물이 필요하게 된다(마리화나는 예외이다). 약물의 사용을 중지하면 고통스럽거나 심리적으로 불쾌한 금단 증상이 나타난다. **RP-6** 니코틴은 강력한 중독성이 있으며, 젊었을 때 니코틴 신경통로를 형성한 사람은 금연하기가 매우 어렵게 된다. 따라서 담배회사는 평생 고객을 확보하게 되는 것이다. 이에 덧붙여서 증거를 보면 담배회사가 성인 초기에 고객을 확보하지 못하면, 그 이후에 흡연자가 될 가능성은 매우 낮다. **RP-7** 가능한 설명에는 (1) 생물학적 요인(어린 시기부터 음주하고 나중에 남용하게 되는 생물학적 소인을 가지고 있거나 음주가 신경통로를 변화시킬 수 있다), (2) 심리적 요인(조기 음주가 알코올 맛의 선호를 형성할 수 있다), 그리고 (3) 사회문화적 요인(조기 음주가 지속적인 습관, 태도, 행위, 또는 알코올 남용 장애를 조장할 수 있는 또래관계에 영향을 미칠 수 있다)이 포함된다.

학습내용 숙달하기의 답

1. 내성. **2.** a. **3.** 알코올은 탈억제자이다. 즉, 도움이 되는 것이든 아니면 공격적인 것이든, 멀쩡할 때 하지 못하였던 것을 할 수 있게 만들어준다. **4.** d. **5.** 환각제. **6.** a. **7.** b.

제4장

선천성과 후천성 그리고 인간의 다양성

행동유전학 : 개인차 예측하기

인출 연습의 답

RP-1 유전자, 염색체, 세포핵. **RP-2** 연구자들은 얼마나 많은 개인차가 유전에 의한 것이며 환경 요인에 의한 것인지를 알아내고자 쌍둥이 연구와 입양아 연구를 사용한다. 몇몇 연구는 일란성 쌍둥이와 이란성 쌍둥이의 특질과 행동을 비교한다. 또한 입양아를 양부모나 친부모와 비교하기도 한다. 몇몇 연구는 함께 성장하거나 분리 성장한 쌍둥이의 특질과 행동을 비교한다. **RP-3** 유전자. **RP-4** 1-c, 2-b, 3-a.

학습내용 숙달하기의 답

1. 염색체. **2.** 유전자. **3.** b. **4.** c. **5.** 일란성. **6.** b. **7.** 기질. **8.** 유전성. **9.** 환경.

진화심리학 : 인간의 선천성과 후천성 설명하기

인출 연습의 답

RP-1 벨랴예프와 트루트는 여러 세대에 걸쳐서 자신들이 원하는 특질, 즉 온순함을 나타내는 여우를 선택 교배하였다. 이 과정은 자연적으로 발생하는 선택과 유사하지만, 자연선택이 매우 느리고 후손 전파와 생존에 기여하는 특질을 선호한다는 점에서 차이를 보인다. **RP-2** 진화심리학자는 자손을 임신하고 양육해야 하는 도전거리 때문에 여성이 성적으로 더 신중한 조상의 경향성을 물려받았다고 가정한다. 남성은 아버지 노릇이 더 적은 투자를 요구하기 때문에 성에 관해 더 관대한 경향성을 물려받았다는 것이다. **RP-3** 첫째, 결과로부터 출발해서 거꾸로 올라가면서 설명을 제안한다. 둘째, 문화적 기대와 사회화의 효과를 간과한다. 셋째, 남자들이 여자를 향한 무책임한 행동을 합리화하는 데 이러한 설명을 사용할 수 있다.

학습내용 숙달하기의 답

1. 차이점; 공통점. **2.** c. **3.** 자연선택은 생존

과 후손 전파를 가능하게 해주는 특질과 행동을 선호한다. 진화심리학자는 임신, 출산, 보호, 양육에 필요한 투자 때문에 여자가 배우자 선택에 더 까다롭다고 주장한다. 이성애 여자는 후손을 지원하고 보호할 수 있는 것처럼 보이는 남자를 선호하는 경향이 있다. 위험을 무릅쓰지 않아도 되는 남자는 성에 더 관대한 경향이 있으며, 이성애 남자는 건강과 다산성을 함축하는 특질의 여자를 선호하는 경향이 있다.

문화 다양성과 성별 다양성 : 선천성과 후천성 이해하기

인출 연습의 답

RP-1 청소년은 유사한 또래를 선택하고 자신들을 동병상련 집단으로 분류하는 경향이 있다. 운동을 좋아하는 10대의 경우에는 운동을 좋아하는 다른 10대를 찾아서 학교 팀에 함께 가입할 수 있다. **RP-2** 개인주의자는 집단 목표보다는 개인적 목표에 우선권을 부여하며 자신의 정체성을 개인적 속성에 따라서 정의하는 경향이 있다. 집단주의자는 개인적 목표에 앞서 집단 목표에 우선권을 부여하며 자신의 정체성을 집단 동일시에 따라서 정의하는 경향이 있다. **RP-3** 여자; 남자. **RP-4** 7; 사춘기. **RP-5** 성별 역할은 여자와 남자에게 기대한 행동에 관한 사회적 규칙이나 규범이다. 성별 역할을 포함하여 다양한 역할과 관련된 규범은 문화 맥락에 따라 광범위한 차이를 보이는데, 이 사실은 상이한 환경의 사회적 요구를 학습하고 그 요구에 적응할 수 있다는 증거이기도 하다. **RP-6** 생물심리사회적 접근은 개인의 발달에 영향을 미치는 모든 요인을 고려한다. 생물학적 요인(진화, 유전자, 호르몬, 두뇌 등을 포함), 심리적 요인(경험, 신념, 감정, 기대 등을 포함), 사회문화적 요인(부모와 또래의 영향, 문화적 개인주의나 집단주의, 성별 규범 등을 포함).

학습내용 숙달하기의 답

1. b. **2.** 성; 성별. **3.** c. **4.** Y. **5.** d. **6.** 10; 12. **7.** 간성. **8.** b. **9.** 성별 정체성.

제5장

일생에 걸친 발달

발달의 주요 논제, 출생 이전 발달, 그리고 신생아

인출 연습의 답

RP-1 연속성; 단계. **RP-2** (1) 피아제(인지 발달), 콜버그(도덕성 발달), 에릭슨(심리사회적 발달)의 연구는 단계 이론을 지지한다. (2) 기질 등과 같은 몇몇 특질은 일생에 걸쳐 상당한 안정성을 나타낸다. **RP-3** 접합자; 태아; 배아. **RP-4** 습관화.

학습내용 숙달하기의 답

1. 횡단연구는 한 시점에서 상이한 연령대의 사람들을 비교한다. 종단연구는 오랜 시간에 걸쳐 동일한 사람을 재연구하고 재검증한다. **2.** 연속성/단계. **3.** b. **4.** c. **5.** 테라토겐.

유아기와 아동기

인출 연습의 답

RP-1 성숙. **RP-2** 감각운동 단계의 대상영속성, 전조작 단계의 가상놀이, 구체적 조작 단계의 보존, 그리고 형식적 조작단계의 추상적 논리. **RP-3** 1-d, 2-b, 3-c, 4-c, 5-a, 6-b. **RP-4** 마음 이론은 자신과 타인의 심적 상태를 이해하는 능력에 초점을 맞춘다. 자폐스펙트럼 장애자는 이 능력에서 어려움을 겪는다. **RP-5** 애착은 중요한 타인과 정서적 유대를 형성하는 정상적인 과정이다. 각인은 결정적 시기를 나타내는 특정 동물에서만 나타난다. 결정적 시기란 발달 초기에 애착을 형성해야만 하며 불가역적인 방식으로 애착을 형성하는 시기이다. **RP-6** 권위주의적 방식은 너무 엄격하고, 허용적 방식은 너무 부드럽고, 방임적 방식은 너무나 무관심하고, 권위적 방식이 가장 알맞다. 권위적 양육방식을 사용하는 부모가 높은 자존감, 자기의존성, 자기규제, 그리고 사회적 유능성을 보이는 자녀를 갖는 경향이 있다.

학습내용 숙달하기의 답

1. a. **2.** 전두. **3.** b. **4.** 4세 이전에 일어난 사건들에 대한 의식적 기억이 없는 까닭은 주요 두뇌영역들이 아직 성숙하지 않았기 때문이다. **5.** 피아제의 감각운동 단계에 있는 유아는 자신이 지각하는 세상에만 초점을 맞추고, 보이지 않은 대상도 계속해서 존재한다는 사실을 자각하지 못하는 경향이 있다. 전조작 단계의 아동은 여전히 자기중심적이며 조작의 가역성과 같은 단순 논리를 이해할 수 없다. 구체적 조작 단계의 아동은 구체적 사건에 대해서 논리적으로 생각하기 시작하지만, 추상 개념에 대해서는 논리적으로 생각하지 못한다. **6.** a. **7.** 낯가림. **8.** 이러한 연구가 이루어지기 전에는 많은 심리학자가 유아는 영양분을 제공하는 사람에게 애착하게 된다고 믿었다.

청소년기

인출 연습의 답

RP-1 전인습적; 후인습적; 인습적. **RP-2** 콜버그의 연구는 개인주의적 세계관을 반영하였기 때문에, 그의 이론은 문화적으로 보편적이지 못하다. **RP-3** 1-g, 2-h, 3-c, 4-f, 5-e, 6-d, 7-a, 8-b.

학습내용 숙달하기의 답

1. b. **2.** 형식적 조작. **3.** b. **4.** 신흥 성인기.

성인기

인출 연습의 답

RP-1 사랑; 일. **RP-2** 도전거리 : 근력, 반응시간, 체력, 감각 예민성, 심혈관 약화, 면역계 기능의 저하. 인지적 저하의 위험이 증가한다. 보상 : 긍정적 감정이 증가하는 경향이 있다. 부정적 정서가 가라앉으며, 분노, 스트레스, 걱정거리, 사회적 관계의 문제가 감소한다.

학습내용 숙달하기의 답

1. a. **2.** 생산성. **3.** c.

제6장

감각과 지각

감각과 지각의 기본 개념

인출 연습의 답

RP-1 감각은 감각수용기와 신경계가 자극을 받아들이고 표상하는 상향처리과정이다. 지각은 감각기관이 탐지한 것을 두뇌가 체제화하고 해석함으로써 의미를 생성하는 하향처리과정이다. **RP-2** 절대 역치는 특정한 자극을 50%의 시행에서 탐지하는 데 필요한 최소한의 자극이다. 역치하 자극은 자각하지 않은 채 감각 시스템이 절대 역치 이하인 자극을 처리할 때 일어난다. 차이 역치는 두 자극을 50%의 시행에서 구분하는 데 필요한 최소한의 차이이다. **RP-3** 신발은 일정한 자극을 제공한다. 감각 순응 덕분에, 사람들은 변화하는 자극에 우선적으로 초점을 맞추는 경향이 있다. **RP-4** 지각갖춤새가 하향처리를 수반하는 까닭은 자극을 해석할 때 경험, 가정, 기대 등에 의존하기 때문이다.

학습내용 숙달하기의 답

1. b. **2.** 지각. **3.** d. **4.** 최소식별차이(jnd). **5.** b. **6.** d. **7.** a.

시각 : 감각처리와 지각처리

인출 연습의 답

RP-1 맹점은 각 망막의 코 쪽에 위치하는데, 이 사실은 오른쪽에 있는 사물이 오른쪽 눈의 맹점에 상을 맺을 수 있음을 의미한다. 왼쪽에 있는 사물은 왼쪽 눈의 맹점에 상을 맺을 수 있다. 정상적으로는 맹점이 시각을 방해하지 않는 까닭은 눈이 움직이고 있으며 한 눈이 놓친 대상을 다른 눈이 포착하기 때문이다. 이에 덧붙여서 한 눈만을 뜨고 있는 경우에도 두뇌는 구멍이 뚫린 지각을 제공하지 않는다. **RP-2** 간상체; 원추체; 색채. **RP-3** 동공. **RP-4** 영-헬름홀츠의 삼원색 이론은 망막이 빨강, 녹색, 파랑의 색채수용기를 가지고 있음을 보여준다. 대립과정 이론은 망막과 시상에 빨강-녹색, 파랑-노랑, 그리고 하양-검정의 대립과정 세포가 있음을 보여준다. 두 이론은 상보적이며 색채 지각의 두 단계를 보여준다. 첫째, 망막의 빨강, 녹색, 파랑 수용기가 상이한 색채 자극에 반응한다. 둘째, 수용기 신호가 두뇌의 시각피질로 전달되는 과정에서 대립과정 세포가 처리한다. **RP-5** 친구 얼굴에서 반사된 빛이 눈으로 전달된다. 망막의 수용기세포가 빛의 파장 에너지를 두뇌로 전달할 신경 흥분으로 변환한다. 두뇌 탐지기 세포와 해당 영역이 색채, 움직임, 형태, 깊이 등을 포함한 하위 차원을 독자적이면서도 동시에 처리한다. 두뇌가 이전에 저장한 정보와 기대에 근거하여 이 정보를 해석하고, 친구에 대한 의식적 지각을 형성한다. **RP-6** 전경; 배경. **RP-7** 게슈탈트심리학자는 감각의 군집을 의미 있는 형태나 응집적인 집단으로 체제화하는 지각적 경향성을 기술하는 데 이 표현을 사용하였다. **RP-8** 사람은 (망막 부등과 같은) 양안 단서와 (선형 조망, 중첩 등과 같은) 단안 단서 덕분에 깊이를 지각할 수 있다.

학습내용 숙달하기의 답

1. 파장. **2.** a. **3.** c. **4.** c. **5.** d. **6.** 두뇌는 두 단계에 걸쳐서 색채를 지각한다. 첫 번째 단계에서, 레몬은 눈에 빛 에너지를 투사하는데, 눈은 이 에너지를 신경 메시지로 변환한다. 상이한 파장(빨강, 파랑, 녹색에 해당하는 파장)에 민감한 세 가지 유형의 원추체가 색깔을 처리한다. 이 경우에, 빛 에너지는 빨강에 민감한 원추체와 녹색에 민감한 원추체를 모두 자극한다. 두 번째 단계에서는 보색 쌍(빨강/녹색, 노랑/파랑, 하양/검정)에 민감한 대립과정 세포들이 시신경을 거쳐서 시상과 시각피질로 전달되는 신경 메시지를 평가한다. 노랑에 민감한 대립과정 세포가 자극을 받으면, 레몬을 노란색으로 지각한다. **7.** 자질 탐지기. **8.** 병렬처리. **9.** a. **10.** d. **11.** b. **12.** c. **13.** 단안. **14.** b. **15.** b. **16.** 지각 순응.

시각 이외의 감각

인출 연습의 답

RP-1 외이(바깥귀)가 모은 음파를 중이가 기계적 파형으로 변형시키고, 내이에서 유체의 파형으로 바뀐다. 그런 다음에 청신경이 에너지를 전기파로 변형하여 두뇌로 전달하는데, 두뇌가 소리를 지각하고 해석한다. **RP-2** 크기. **RP-3** 낮고; 낮다. **RP-4** 장소 이론; 주파수 이론. **RP-5** c. **RP-6** 네 가지 기본 촉각과 다섯 가지 기본 미각이 있다. 그렇지만 특정한 후각수용기는 없다. 후각수용기의 상이한 조합이 두뇌에 메시지를 전달하며, 대략 1조 가지의 냄새를 재인할 수 있다. **RP-7** 고유감각기라고 부르는 운동감각수용기는 관절, 힘줄, 근육에 존재한다. 전정감각수용기는 내이에 존재한다. **RP-8** ESP 사건이 다른 과학 연구에서도 반복될 필요가 있다.

학습내용 숙달하기의 답

1. 달팽이관. **2.** 외이는 음파를 수집하고, 중이가 음파를 기계적인 파형으로 변형하며, 내이에서 액체의 파형으로 바뀐다. 청신경이 에너지를 전기파로 변환하고 두뇌로 전달하는데, 두뇌는 그 소리를 지각하고 해석한다. **3.** 장소; 주파수. **4.** 유해수용기. **5.** c. **6.** 통각 경험은 생물학적 요인(예컨대, 압력을 탐지하는 감각수용기), 심리적 요인(예컨대, 주의 집중), 그리고 사회문화적 요인(예컨대, 참을성과 통증의 표현에 관한 사회적 기대)의 영향을 받는다. **7.** 단맛, 짠맛, 신맛, 쓴맛, 그리고 감칠맛에 전문화된 수용기가 있다. 좋은 맛을 탐지할 수 있는 능력은 조상으로 하여금 에너지와 단백질이 풍부한 먹거리를 찾을 수 있게 해주었다. 혐오스러운 맛을 탐지할 수 있는 능력은 독이 들어있는 물질을 멀리하여 생존기회를 증가시켰다. **8.** 근육감각; 전정감각. **9.** 전정감각이 내이에 들어있는 액체가 촉발하는 근육감각수용기를 통해서 신체의 균형과 위치를 조절한다. 불안정하게 흔들리는 다리와 빙빙 돌아가는 세상은 이 수용기들이 여전히 롤러코스터의 흔들림에 반응하고 있다는 신호이다. 전정감각이 고정된 지상에 적응함에 따라서 균형감을 회복한다. **10.** d. **11.** d.

제7장

학습

학습의 기본 개념과 파블로프식 조건형성

인출 연습의 답

RP-1 특정 맥락에서 행동을 반복하면 습관을 형성하게 되며, 그 결과로 자각하지도 못한 채 연합을 학습하기 십상이다. 예컨대, 달콤한 과자와 함께 커피를 마시는 경험을 자주 반복하여 커피 향기와 과자를 연합하게 되면, 커피 자체만은 무엇인가 2% 모자란 것처럼 느끼게 된다. **RP-2** NS=조건형성 이전의 소리; US=공기 분사; UR=공기 분사에 대한 눈깜빡임; CR=소리에 대한 눈깜빡임. **RP-3** (맛을 포함하여) 케이크가 US이다. 연합된 향기가 CS이다. 향기에 대해 침 흘리기가 CR이다. **RP-4** 획득; 소거. **RP-5** 일반화. **RP-6** 유명배우를 보는 것(US)이 긍정적 반응(UR)을 유발한다면, US와 새로운 중성자극(음료수)과의 짝 짓기는 그 음료수를 긍정적인 조건자극(CS)으로 바꾸어줄 수 있다. **RP-7** US는 큰 소음이다. UR은 소음에 대한 공포반응이다. NS는 소음과 짝 짓기 이전의 쥐이다. CS는 짝을 지은 후의 쥐이다. CR은 쥐에 대한 공포이다.

학습내용 숙달하기의 답

1. 정보; 행동. **2.** c. **3.** 조건. **4.** 변별. **5.** b. **6.** 성적 이미지는 무조건반응이나 각성을 촉발하는 무조건자극이다. 광고가 제품을 성적 이미지와 연합시키기 전에는 제품이 중성자극이다. 시간이 경과함에 따라서 제품은 조건반응이나 각성을 촉발하는 조건자극이 될 수 있다.

조작적 조건형성

인출 연습의 답

RP-1 없는; 뒤따르는. **RP-2** 아이가 원하는 것을 부모가 허락함으로써 울음을 멈출 때, 아이는 부모의 행동을 부적으로 강화한다. 부모는 함께 자도록 허락함으로써 아이의 울음을 정적으로 강화한다. **RP-3** 스팸메일을 보내는 사람은 변동비율 계획에 따라 강화를 받는다. 오븐을 확인하는 사람은 고정간격 계획에 따라 강화를 받는다. 샌드위치 가게는 고정비율 계획을 사용하고 있다. **RP-4** 1. 정적 강화; 2. 부적 처벌; 3. 정적 처벌; 4. 부적 강화. **RP-5** 영숙이가 관심을 받고자 하는 것이라면, 선생님의 꾸중은 처벌이기보다 강화일 수 있다. 영숙이의 행동을 변화시키기 위해서 선생님은 제대로 행동할 때마다 (칭찬과 같은) 강화를 제공할 수 있다. 선생님은 조성을 통해서 또는 규칙을 처벌(올바르게 행동하지 않으면 블록을 가지고 놀 수 없다!) 대신에 보상(다른 아이들과 어울려 놀면 블록을 사용할 수 있다)의 형태로 표현함으로써 점차적으로 적절한 행동을 하도록 영숙이를 격려할 수 있다. **RP-6** 반응; 조작.

학습내용 숙달하기의 답

1. 스키너. **2.** 조성. **3.** b. **4.** 교수는 여러분이 싫어하는 무엇인가를 치워버림으로써 여러분의 주의집중 행동을 강화할 수 있다. 예컨대, 교수는 부여한 과제의 길이를 줄여주거나 강의를 교실에서의 다른 활동으로 대체할 수 있다. 두 경우에 교수는 여러분의 주의집중을 부적으로 강화하기 위하여 혐오적인 것을 제거하는 것이다. **5.** 부분. **6.** a. **7.** 변동간격. **8.** c.

생물학적 소인, 인지, 그리고 학습

인출 연습의 답

RP-1 가르시아와 퀠링은 쥐가 생존이 달려있는 맛에 대한 혐오를 학습하지만, 장면이나 소리에 대한 혐오를 학습하지 않는다는 사실을 입증하였다. **RP-2** 조작적 조건형성의 성공은 단순히 환경 단서뿐만이 아니라 생물학적 요인과 인지적 요인의 영향도 받는다. **RP-3** 철수가 과속할 가능성이 더 크다. 관찰학습 연구는 아동이 다른 사람의 행동을 따라 하고 말하는 것을 따라 말한다는 사실을 시사한다. **RP-4** 1-c, 2-d, 3-a, 4-e, 5-b.

학습내용 숙달하기의 답

1. 미각 혐오. **2.** 이 결과는 자연선택이 생존에 도움이 되는 특질을 선호한다는 다윈의 원리를 지지한다. **3.** 인지도. **4.** 잠재학습. **5.** 관찰학습. **6.** 대리적; 대리적. **7.** a. **8.** 거울뉴런. **9.** c.

제8장

기억

기억 연구와 부호화

인출 연습의 답

RP-1 재인; 회상. **RP-2** 재인보다는 회상으로 기억을 검증해보는 것이 더 좋다. 정보의 회상은 재인보다 더 어렵다. 따라서 회상할 수 있다면, 단지 재인할 수 있을 때보다 여러분의 파지가 더 우수하다는 사실을 의미한다. 따라서 시험에서 좋은 성적을 얻을 가능성이 더 높다. **RP-3** 앳킨슨-시프린 모형은 단기기억을 최근의 사고와 기대를 잠시 저장하기 위한 일시적 저장고로 간주하였다. 작업기억이라는 새로운 아이디어는 앳킨슨-시프린의 단기기억에 대한 이해를 확장하여, 두뇌가 새로운 경험을 이해하고 장기기억의 기존 정보와 연계할 때 발생하는 의식적이고 적극적인 처리를 강조한다. **RP-4** 작업기억의 두 가지 기본 기능은 새로운 정보를 기존의 장기기억과 적극적으로 통합하는 것 그리고 주의의 초점을 맞추는 것이다. **RP-5** 자동처리는 하루 동안 일어난 사건의 순서와 빈도, 모국어의 단어를 읽고 이해하는 것처럼, 무의식적으로(자동적으로) 진행된다. 통제처리는 주의를 기울이는 자각을 요구하며, 예컨대 강의시간에 새로운 정보를 학습하고자 애쓰거나 새로운 연극 대본을 암송하고자 애쓸 때 일어난다. **RP-6** 감각기억. **RP-7** 벼락치기 공부와 반복적 읽기가 일시적으로는 지식의 파지로 이끌어가기도 하지만, 분산학습과 반복적인 자기검증이 가장 우수한 장기파지를 초래한다. **RP-8** 내용을 개인적으로 의미 있는 것으로 만드는 것은 의미 수준에서 처리하는 것이기 때문에 깊은 수준의 처리를 수반한다. 깊은 처리가 더 우수한 파지로 이끌어간다.

학습내용 숙달하기의 답

1. 회상. **2.** 부호화; 저장; 인출. **3.** a. **4.** 영상; 반향. **5.** 일곱. **6.** 기억술.

기억 저장과 인출

인출 연습의 답

RP-1 소뇌와 기저신경절이 암묵기억 처리에서 중요하며, 전두엽과 해마가 외현기억 처리의 핵심이다. **RP-2** 사실과 일화의 외현적이고 의식적인 기억은 (구두끈 매기와 같은) 기술의 암묵적 기억이나 파블로프식 조건반응과 다르다. 사고를 당했을 때 외현기억 처리에 관여하는 두뇌영역(전두엽과 해마)은 지속적인 손상을 입은 반면에, 암묵기억 처리에 관여하는 두뇌영역(소뇌와 기저신경절)은 손상을 모면한 것으로 보인다. **RP-3** 편도체. **RP-4** 장기 활동 증폭 **RP-5** 점화는 연합의 활성화이다(자각 없이 발생하기 십상이다). 예컨대, 총기를 보게 되면 일시적으로 모호한 얼굴을 위협적인 것으로 해석하거나 상사를 심술궂은 사람으로 회상하게 되기도 한다. **RP-6** 계열위치.

학습내용 숙달하기의 답

1. a. **2.** 암묵. **3.** c. **4.** 인출 단서. **5.** 기억은 많은 연합망 속에 저장되는데, 그중의 하나가 기분이다. 행복하였던 순간을 회상할 때, 여러분은 의도적으로 긍정적 연계를 활성화한다. 그렇게 되면 기분부합 기억을 경험하고는 다른 행복한 순간을 회상하게 되는데, 이것이 여러분의 기분을 개선시키고 현재 사건의 해석을 밝게 해줄 수 있다. **6.** a.

망각, 기억 구성, 그리고 기억 증진법

인출 연습의 답

RP-1 첫째, 부호화 실패이다. 주의를 기울이지 않은 정보는 결코 기억 시스템에 들어가지 못한다. 둘째, 저장 소멸이다. 정보가 기억에서 희미해진다. 셋째, 인출 실패이다. 때때로 간섭이나 동기적 망각으로 인해서 저장된 정보에 정확하게 접속할 수 없다. **RP-2** 억압. **RP-3** 실제 경험을 꿈에서 경험한 것과 혼동하게 될 것이다. 따라서 알고 있는 사람을 볼 때, 그 사람이 예전에 했던 행위에 반응을 보이는 것인지 아니면 꿈에서 보았던 그 사람의 행위에 반응을 보이는 것인지 확신하지 못할 수도 있다. **RP-4** 대부분의 연구자와 전문기관이 동의하고 있는 다음과 같은 핵심 내용을 기억해내는 것이 중요하다. 즉, 성적 학대, 불평등, 망각, 기억 구성 등이 모두 발생하며, 회복된 기억은 보편적 현상이고, 4세 이전의 기억은 신뢰할 수 없으며, 최면을 통해서 회복하였다고 주장하는 기억은 특히 신뢰할 수 없고, 실제이든 거짓이든 기억은 정서적 혼란을 야기할 수 있다. **RP-5** 장기적 회상을 증진시키려면 공부거리를 되뇌기하고 적극적으로 생각하는 데 더 많은 시간을 할애하라. 공부한 것을 말로 표현해볼 수 있는 스터디그룹을 고려하라. 몰아치기가 아니라 간격을 둔 공부시간 계획을 세워라. 잘 체제화되어 있으며 선명한 연합을 사용하여 공부거리를 개인적으로 의미 있는 것으로 만들어라. 인출 단서를 활성화시킬 수 있는 맥락과 기분을 떠올려 기억을 되살려라. 기억술을 사용하라. 순행간섭과 역행간섭을 최소화하라. 숙면을 취할 수 있도록 사전에 계획을 세워라. 반복적으로 자기검증을 시도하라. 인출 훈련은 그 효과가 입증된 파지 전략이다.

학습내용 숙달하기의 답

1. d. **2.** d. **3.** 역행. **4.** 억압. **5.** b. **6.** 엘리자의 성숙하지 못한 해마와 언어기술의 결손이 2세 때 결혼 피로연에 대한 외현기억을 부호화하지 못하게 하였을 수 있다. 엘리자가 이야기를 반복적으로 들음으로써 정보를 학습하고는 결국에 사실처럼 느껴지는 기억으로 구성하였을 가능성이 더 크다. **7.** 출처 기억상실. **8.** 데자뷔. **9.** b. **10.** b.

제9장

사고와 언어

사고

인출 연습의 답

RP-1 비행기 추락과 같은 비극적 사건이 뉴스거리가 된다면, 그 사건은 자동차 사고와 같이 훨씬 보편적인 나쁜 사건과 달리, 주목할 만하고 이례적인 것이다. 이러한 사실에 근거하여 가능성이 낮은 사건을 덜 염려하고 일상 행위의 안전을 증진시키는 방안을 더 많이 생각할 수 있다(예컨대, 차를 탈 때는 언제나 안전벨트를 매고 길을 건널 때는 항상 횡단보도를 이용한다.) **RP-2** 1-b, 2-c, 3-e, 4-d, 5-a, 6-f, 7-h, 8-j, 9-i, 10-g, 11-k.

학습내용 숙달하기의 답

1. 개념. **2.** 알고리듬. **3.** 오스카는 반대 견해를 찾아봄으로써 확증 편향(자신의 견해를 지지하는 증거를 찾고 상반된 증거는 무시하는 오류)에서 벗어날 필요가 있을 것이다. 오스카가 자기 신념에 반하는 새로운 정보에 접하더라도, 신념 집착이 어떻게든 그 신념에 매달리도록 이끌어갈 수 있다. 신념을 변화시키기 위해서는 그 신념을 만들어낸 것보다 더 강력한 증거가 필요하다. **4.** c. **5.** 가용성. **6.** 틀만들기. **7.** b. **8.** 신경망.

언어와 사고

인출 연습의 답

RP-1 두 개의 형태소(고양이, 들), 여덟 개의 음소(ㄱ, ㅗ, ㅑ, ㅇ, ㅣ, ㄷ, ㅡ, ㄹ). **RP-2** 촘스키는 인간이 언어의 문법규칙을 학습하는 생물학적 소인을 가지고 있다고 주장하였다. **RP-3** 유아는 정상적으로 생후 4개월 전후에 수용성 언어기술(누군가 말하는 것을 이해하는 능력)을 발달시키기 시작한다. 4개월 즈음의 옹알이로부터 시작하여 유아는 생성적 언어기술(말소리와 궁극적으로 언어를 생성하는 능력)을 구축하기 시작한다. **RP-4** 언어학습을 위한 두뇌의 결정적 시기는 아동기이며, 이 시기에 언어구조를 거의 힘들이지 않고 받아들일 수 있다. 두뇌 발달의 이 단계를 지나감에 따라서, 새로운 언어를 학습하는 능력이 극적으로 저하된다. **RP-5** 브로카 영역; 베르니케 영역. **RP-6** 명백한 소통이기는 하다. 그렇지만 언어가 단어 그리고 의미를 소통하기 위하여 단어들을 결합하는 데 사용하는 문법규칙으로 구성된다고 할 때, 개가 짖는 것을 언어라고 이름 붙일 과학자는 거의 없다. **RP-7** 언어결정론. **RP-8** 심적 훈련은 미래의 행동을 마음속에서 되뇌기하는 데 시각 심상을 사용하며, 실제 행동을 할 때 사용하는 두뇌영역과 동일한 영역을 활성화시킨다. 과정의 세부사항을 시각화하는 것이 최종 목표만을 시각화하는 것보다 효과적이다.

학습내용 숙달하기의 답

1. c. **2.** 음소; 형태소; 문법. **3.** 전보식 말. **4.** 보편문법. **5.** a.

제10장

지능

지능이란 무엇인가?

인출 연습의 답

RP-1 현자 증후군을 가지고 있는 사람은 전반적으로 심적 능력이 제한적이지만, 하나 이상의 이례적 재능을 가지고 있다. 하워드 가드너에 따르면, 이 사실은 사람들의 능력이 모든 재능을 포괄하는 하나의 일반지능으로 나타나기보다는 개별적인 패키지를 통해서 발현된다는 사실을 시사한다. **RP-2** 지능은 광의적 능력 요인뿐만 아니라 읽기, 기억, 처리속도 등과 같은 구체적 능력으로 구성되어 있다.

학습내용 숙달하기의 답

1. 일반지능(g). **2.** c. **3.** 분석지능; 창의성 지능; 현실지능. **4.** d.

지능의 평가와 역동성

인출 연습의 답

RP-1 비네는 아동의 정신연령을 결정하는 것이 아동을 적절한 학교에 배정하는 데 도움을 줄 것이라는 희망을 가지고 있었다. **RP-2** 125(5/4×100=125). **RP-3** 적성검사; 성취검사. **RP-4** 심리검사는 표준화하고 신뢰할 수 있으며, 타당해야 한다. **RP-5** 불일치; 내려간다; 0; 일치; 올라간다. **RP-6** 연구자 A는 지능이 일생에 걸쳐 어떻게 변하는지를 살펴보려면 종단연구를 개발해야 한다. 연구자 B는 다양한 삶의 단계에 위치한 사람들의 지능을 살펴보려면 횡단연구를 개발해야 한다.

학습내용 숙달하기의 답

1. d. **2.** c. **3.** 신뢰도. **4.** c. **5.** 작가의 작품은 연령과 함께 누적되는 지식인 Gc(결정지능)에 더 많이 의존한다. 과학자가 최상의 연구수행을 나타내기 위해서는 Gf(유동지능)를 필요로 하는데, 이 지능은 연령과 함께 감소하는 경향이 있다.

지능에 대한 유전 영향과 환경 영향

인출 연습의 답

RP-1 a. (유전적 영향으로 설명하는 변산성인 유전성은 환경의 변산성이 감소함에 따라서 증가한다.) **RP-2** 완벽하게 동등한 기회는 100% 유전성을 만들어낼 수 있다. 유전자만이 사람들 간의 개인차를 설명하기 때문이다. **RP-3** 특정한 문화경험을 하는 사람이 고득점을 올린다면 그 검사는 문화적으로 편향된 것이다. 검사가 예측타당도를 가지고 있는 한에 있어서, 즉 예측할 것이라고 가정한 것을 예측한다면, 동일한 검사는 과학적으로 편향적이지 않다. 예컨대, SAT(학업적성검사)는 미국 교육 시스템을 경험하는 사람에게 적합하지만, 미국 대학에서의 성공을 정확하게 예측하지 못한다. **RP-4** 고정관념 위협.

학습내용 숙달하기의 답

1. c. **2.** a. **3.** c. **4.** 고정관념 위협.

제11장

동기 : 배고픔, 성, 소속감, 그리고 성취

동기의 기본 개념

인출 연습의 답

RP-1 (a) 훈련이 충분한 선수는 경쟁으로 각성될 때 뛰어난 기량을 발휘하는 경향이 있다. (b) 어려운 시험에 대한 높은 불안은 수행을 와해시킬 수 있다. **RP-2** 매슬로우에 따르면, 배고픔과 갈증의 생리적 욕구를 만족시키려는 추동은 안전 욕구보다 우선권을 갖기 때문에, 때때로 위험을 감수하도록 촉발하기도 한다.

학습내용 숙달하기의 답

1. b. **2.** a. **3.** 유인자극. **4.** 각성. **5.** b. **6.** a.

배고픔

인출 연습의 답

RP-1 낮은; 높은. **RP-2** 입으로 들어올 음식을 신호하는 장면과 향기에 어떻게 반응하는지를 이미 배웠다. 생리적 단서(낮은 혈당)와 심리적 단서(맛있는 음식을 예상)가 모두 여러분의 배고픔 경험을 강력하게 만든다. **RP-3** 유전적으로 영향을 받은 조절점/정착점, 신진대사를 비롯한 여러 요인이 신체가 칼로리를 태우는 방식에 영향을 미친다.

학습내용 숙달하기의 답

1. 매슬로우의 욕구 위계가 이 진술을 지지하는 까닭은 어떤 동기의 우선성을 언급하고 있기 때문이다. 일단 기본적인 생리적 욕구가 만족되면, 안전에 대한 관심이 대두되고, 뒤이어 소속욕구와 사랑의 욕구가 뒤따른다. **2.** 조절점. **3.** c. **4.** 낮을 때. **5.** 기초대사율. **6.** d. **7.** 철수의 계획은 문제가 있다. 체중이 늘어나고 나면, 여분의 지방은 처음에 획득할 때보다 유지할 때 더 적은 에너지를 요구하게 된다. 철수는 나중에 체중을 유지하기 위해서 신진대사가 느려졌을 때 살을 빼기 위해서 어려움을 겪을 것이다.

성적 동기

인출 연습의 답

RP-1 에스트로겐; 테스토스테론. **RP-2** 성기능부전; 성도착증. **RP-3** 성적 성숙과 성호르몬과 같은 생물학적 요인, 환경자극과 환상과 같은 심리적 요인, 그리고 가족과 주변 문화에서 흡수한 가치관과 기대와 같은 사회문화적 요인 등이 포함된다. **RP-4** a, c, d. **RP-5** b, c, e.

학습내용 숙달하기의 답

1. b. **2.** b. **3.** 성기능부전은 성적 흥분과 기능과 관련된 문제점이다. 성도착증은 심리장애로 진단될 수 있는데, 성적 각성이 사람 이외의 대상, 자신과 상대방의 고통, 그리고 동의하지 않는 사람들과 관련된다. **4.** 시킨다; 시키지 않는다. **5.** c. **6.** 연구자들은 환경 요인들(예컨대, 부모관계, 아동기 경험, 또래관계, 데이트 경험 등)이 성적 지향의 발달에 영향을 미친다는 아무런 증거도 찾아내지 못하였다.

친애와 성취

인출 연습의 답

RP-1 자기파괴적인 행동에 더 많이 몰입하고 험담과 공격행동을 더 많이 나타낸다. 이 학생들의 소속욕구가 와해된 것으로 보인다. **RP-2** 강화; 증가. **RP-3** 자기도야(불굴의 투지).

학습내용 숙달하기의 답

1. c. **2.** 온라인에서 보내는 시간 그리고 그 시간에 대한 감정을 감시하라. 혼란스러운 온라인 친구를 피하라. 전자기기들을 꺼버리거나 멀리 치워라. 소셜 네트워킹 단식(제한)을 고려해보고, 규칙적으로 전자기기로부터 벗어나 밖으로 나가라. **3.** 해야; 해야.

제12장

정서, 스트레스, 그리고 건강

정서의 소개

인출 연습의 답

RP-1 동시적으로; 순차적으로. **RP-2** 인지적 평가. **RP-3** 자이언스와 르두는 사람들이 의식적인 인지적 평가 없이 정서를 경험한다고 제안하였다. 라자루스, 샥터와 싱어는 정서 경험에서 평가와 인지적 표지의 중요성을 강조하였다. **RP-4** 교감신경은 더욱 강력한 정서 경험을 하도록 각성시키며, 신체가 투쟁 또는 도피를 준비할 수 있도록 스트레스 호르몬인 에피네프린과 노르에피네프린을 마구 쏟아낸다. 부교감신경은 위기가 지나간 후에 작동하며, 신체를 차분한 생리적 상태와 정서 상태로 회복시킨다.

학습내용 숙달하기의 답

1. 제임스-랑게. **2.** b. **3.** c. **4.** 폴리그래프는 정서와 관련된 심장박동과 호흡 등과 같은 생리적 변화를 측정한다. 거짓말 탐지기로 사용하는 것이 논란거리인 까닭은 측정치가 유사한 생리적 변화를 가지고 있는 정서들(예컨대, 불안과 죄책감)을 구분하지 못하기 때문이다.

정서의 표현

인출 연습의 답

RP-1 여자. **RP-2** 몸동작. **RP-3** (a) 빽이 위로 올라갈 때 대부분의 사람은 슬프기보다 행복하다고 보고한다. (b) 빽이 아래로 처질 때 대부분의 사람은 행복하기보다는 슬프다고 보고한다.

학습내용 숙달하기의 답

1. 얼굴 피드백. **2.** 행동 피드백 효과로 인해서 철수의 자세는 그의 기분에 부정적인 효과를 나타낼 수 있다.

정서의 경험

인출 연습의 답

RP-1 b. **RP-2** a. (연령은 행복 수준을 제대로 예측하지 못한다. 더 우수한 예측인자는 성격 특질, 수면과 운동, 그리고 종교적 신념 등이다.)

학습내용 숙달하기의 답

1. d. **2.** 긍정. **3.** b. **4.** 상대적 박탈감.

스트레스와 질병

인출 연습의 답

RP-1 교감; 증가한다; 근육; 투쟁 또는 도피. **RP-2** 심리신경면역학. **RP-3** 스트레스는 면역계가 적절하게 기능하는 능력을 감소시키는 경향이 있기 때문에, 일반적으로 높은 스트레스는 신체 질병의 위험을 증가시킨다. **RP-4** 대부분의 경우에 분노와 부정적 정서이다.

학습내용 숙달하기의 답

1. b. **2.** d. **3.** 저항; 소진. **4.** 배려; 친밀감. **5.** 면역계. **6.** c. **7.** A 유형 사람은 부정적 정서(분노, 우울)를 자주 경험하는데, 이때 교감신경계가 혈액을 간에서 다른 곳으로 돌려버린다. 이것이 혈관을 따라 순환하고 있는 지방과 콜레스테롤이 심장을 비롯한 여러 기관 근처에 쌓이게 만들어서는 심장병을 비롯한 여러 건강 문제의 위험을 증가시키게 된다. 따라서 A 유형 사람은 분노를 다른 사람에게 향하게 만들어 스스로를 해치게 된다.

건강과 대처법

인출 연습의 답

RP-1 문제; 정서. **RP-2** 유산소 운동, 이완 처치, 이완과 명상, 종교 몰입.

학습내용 숙달하기의 답

1. 정서. **2.** b. **3.** 내적. **4.** d. **5.** 유산소. **6.** c.

제13장

사회심리학

사회적 사고

인출 연습의 답

RP-1 다른 사람의 행동을 그 개인에게 귀인하고 자신의 행동을 상황에 귀인함으로써, 근본적 귀인 오류를 범하였다. **RP-2** 사람들이 자신의 신념과 일치하는 방식으로 행동하기 때문에 태도가 행동에 영향을 미치기 십상이다. 그렇지만 행위도 태도에 영향을 미친다. 이미 행동한 것을 믿게 된다. **RP-3** 인지부조화. **RP-4** 상대방에게 고함을 지르거나 비하하거나 지겹게 만들지 말라. 공유하는 가치관을 확인하고, 상대방의 바람직한 동기에 호소하며, 메시지를 선명하게 만들고 반복하며, 상대방이 여러분의 메시지에 적극적으로 관여하도록 만들어라.

학습내용 숙달하기의 답

1. 근본적 귀인. **2.** 문안에 발 들여놓기. **3.** 인지부조화 이론이 이 제안을 가장 잘 지지해준다. 만일 철수가 자신 있게 행동한다면, 그의 행동은 부정적 자기 사고와 상충되어, 인지부조화를 초래한다. 긴장을 완화하기 위하여 철수는 자신을 보다 외향적이고 자신감 있는 사람으로 간주함으로써 자신의 태도를 행동과 재정렬할 수 있다. **4.** 주변.

사회적 영향

인출 연습의 답

RP-1 규범적 사회영향. **RP-2** 스탠리 밀그램. **RP-3** 밀그램 연구를 보면, 실험자가 가까이 있고 합법적인 권위자로 지각되며, 권위 있는 기관이 그 권위자를 지지하고, 희생자가 몰개인화되어 있거나 멀리 떨어져있으며, 저항의 본보기가 없을 때 사람들은 명령에 복종할 가능성이 매우 높다. **RP-4** 타인이 존재할 때 수행의 증가는 잘 학습된 과제에서 일어날 가능성이 매우 높다. 타인이 야기하는 부가적인 각성이 가능성이 높은 반응을 강화시키기 때문이다. 이 사실은 타인이 존재할 때 어려운 과제에서의 형편없는 수행도 예측해준다. **RP-5** 사회적 태만. **RP-6** 가면이 제공하는 익명성이 경쟁적인 장면이 야기하는 각성과 결합하여 몰개인화를 초래할 수 있다. **RP-7** 집단 극화. **RP-8** 집단사고.

학습내용 숙달하기의 답

1. c. **2.** a. **3.** 많은 청중의 존재는 각성을 유발하고, 황 교수가 나타낼 가능성이 가장 큰 반응, 즉 숙달한 과제(음악사 가르치기)에서의 수행을 증진시키고 어렵게 느끼는 과제(통계)에서의 수행을 약화시킨다. **4.** 몰개인화. **5.** 집단극화.

반사회적 관계

인출 연습의 답

RP-1 희생양. **RP-2** 생물학적 특성(유전자, 신경계, 생화학적 기제 등)이 공격 경향성에 영향을 미친다. 심리적 요인(좌절, 공격행동에 대한 과거의 보상, 타인이 나타내는 공격성의 관찰 등)도 공격 경향성을 촉발할 수 있다. 폭력적 매체에의 노출이나 집단에서의 추방, 그리고 '명예 문화'나 아버지가 부재한 가정에서 성장하였는지 여부 등과 같은 사회적 영향도 공격 경향성에 영향을 미칠 수 있다.

학습내용 숙달하기의 답

1. 고정관념. **2.** b. **3.** 더. **4.** d. **5.** c. **6.** c. **7.** c.

친사회적 관계

인출 연습의 답

RP-1 단순 노출 효과. **RP-2** 신체적 매력은 긍정적인 첫인상을 유발하는 경향이 있다. 사람들은 매력적인 사람이 더 건강하고 행복하며 예민하고 성공적이며 사회적 재능도 더 많이 갖추고 있다고 가정하는 경향이 있다. **RP-3** 정서는 (1) 신체적 각성과 (2) 그 각성에 대한 해석으로 구성된다. 연구자들은 바람직한 인물이 존재할 때는 각성의 출처를 어느 것이든지 열정으로 해석한다는 사실을 밝혔다. **RP-4** 형평성; 자기노출. **RP-5** 타인이 존재할 때 사람들은 상황을 긴급사태로 정확하게 해석하고 도움을 제공할 책임감을 느낄 가능성이 낮아진다. 키티 제노비스 사례는 이러한 방관자 효과를 예증하였다. 즉, 각 목격자는 많은 다른 사람도 사건을 자각하고 있다고 가정하였다. **RP-6** 스포츠팬은 외집단(경쟁팀의 팬)과 분리된 내집단의 일원이라고 느낄 수 있다. 내집단 편향은 발전하여 외집단은 불행을 받을 만하다는 편견으로 이끌어간다. 따라서 경쟁팀의 패배는 정당화된다. 갈등 상황에서는 이러한 유형의 사고가 문제를 야기하며, 특히 갈등의 당사자들이 상대방에 대한 거울상 지각을 발전시킬 때 그렇다. **RP-7** 중재자는 대등한 지위의 접촉, 상위목표를 달성하기 위한 협동, 소통을 통한 이해, 상호 화해적 제스처 등을 부추겨야 한다.

학습내용 숙달하기의 답

1. 단순 노출. **2.** 동료애; 열정애. **3.** d. **4.** c. **5.** 거울상. **6.** 상위.

제14장

성격

성격과 정신역동 이론의 소개

인출 연습의 답

RP-1 자아; 원초아; 초자아. **RP-2** 고착. **RP-3** 무의식적; 불안. **RP-4** 프로이트는 아동기 경험의 중요성, 무의식적 마음의 존재, 자기보호적인 방어기제 등에 처음으로 주의를 기울였다는 공헌이 있다. 프로이트 이론은 과학적으로 검증 가능하지 않고 사후 설명만을 제공하며, 아동기의 성적 갈등에 너무나 치중하고, 억압이라는 아이디어에 의존하고 있는데, 오늘날의 연구는 억압을 지지하지 않고 있다. **RP-5** 오늘날의 정신역동 이론가와 치료사는 여전히 프로이트의 면접기법을 사용하고 있으며, 아동기 경험과 애착, 해소되지 않은 갈등, 무의식적 영향 요인 등에 초점을 맞추는 경향이 있다. 그렇지만 특정 심리성적 단계에의 고착이나 성적 문제가 성격의 토대라는 생각에 동의할 가능성이 매우 낮다. **RP-6** 투사법.

학습내용 숙달하기의 답

1. c. **2.** 초자아. **3.** b. **4.** 불안. **5.** 억압. **6.** d. **7.** a. **8.** a.

인본주의 이론과 특질 이론

인출 연습의 답

RP-1 인본주의 이론은 심리학의 관심사를 추동과 갈등에서 벗어나서 성장 잠재성으로 돌리고자 시도하였다. 사람들이 자기결정과 자기실현을 추구하는 방식에 초점을 맞춘 이러한 운동은 프로이트 이론과 엄격한 행동주의와 대비되었다. **RP-2** 공감한다는 것은 다른 사람의 감정을 공유하고 반영하는 것이다. 칼 로저스는 공감함으로써 다른 사람의 성장을 지원한다고 믿었다. 에이브러햄 매슬로우는 자기실현이 한 개인의 잠재성을 충족시키는 동기이며 궁극적인 심리적 욕구의 하나라고 제안하였다(다른 궁극적 욕구는 자기초월이다). **RP-3** 외향성-내향성 그리고 정서적 안정성-불안정성. **RP-4** 성격의 5대 요인은 개방성, 성실성, 외향성, 우호성, 그리고 신경증이다. 이 요인들은 객관적으로 측정할 수 있으며, 일생에 걸쳐 대체로 안정적이고, 연구를 수행하였던 모든 문화에 잘 적용된다. **RP-5** 성격검사 점수는 특정 상황에서 특정 행동을 예측하는 것보다는 많은 상황에 걸친 평균 행동을 훨씬 더 잘 예측한다.

학습내용 숙달하기의 답

1. d. **2.** 칼 로저스는 범죄자가 진실성, 수용성(무조건적인 긍정적 존중), 공감 등이 결여된 상황에서 성장하였는데, 이러한 상황이 심리적 성숙을 억제하고 부정적인 자기개념으로 이끌어갔다고 주장할 수 있다. **3.** 무조건적인 긍정적 존중. **4.** 특질. **5.** c. **6.** b. **7.** b.

사회인지 이론과 자기

인출 연습의 답

RP-1 사회인지; 호혜적 결정론. **RP-2** 어떤 사람의 미래 행동을 예측하려면, 유사한 상황에서 그 사람의 과거 행동 패턴을 살펴보라. **RP-3** 자신의 능력을 확신하는 사람은 외향적이고, 반응적이며, 새로운 경험에 개방적이고 더 행복하고 덜 불안하며 덜 외로운 경향이 있다. 부풀려진 자존감은 자기위주 편향, 공격성, 자기애 등으로 이끌어갈 수 있다. **RP-4** 자기위주 편향. **RP-5** 방어적; 안정적.

학습내용 숙달하기의 답

1. a. **2.** 사회인지적. **3.** 스포트라이트 효과. **4.** b. **5.** 자기애가 안전한 유형일 경우라면, 그렇다. 안전한 자존감은 자기를 넘어선 것에 초점을 맞추게 해주며, 보다 우수한 삶의 질을 조장해준다. 지나친 자기애는 인위적으로 높거나 방어적인 자존감을 조장할 수 있는데, 만일 부정적인 외적 피드백이 분노나 공격성을 촉발하게 되면 불행으로 이끌어갈 수 있다.

제15장

심리장애

심리장애의 소개

인출 연습의 답

RP-1 기능부전이거나 부적응적인. **RP-2** 어떤 심리장애는 문화특수적이다. 예컨대, 거식증은 대부분 서구 문화에서 발생하며, 다이진 교푸쇼(대인공포증)는 대체로 일본에서 발생한다. 우울정신병과 조현병 같은 다른 장애는 보편적이며 모든 문화에서 발생한다. **RP-3** 생물학적 요인, 심리적 요인, 사회문화적 요인이 결합하여 심리장애를 초래한다. 이 접근법은 사람들의 안녕감이 유전자, 두뇌기능, 내적 사고와 감정, 사회문화적 환경 요인 등의 영향을 받는다는 사실을 이해하는 데 도움을 준다. **RP-4** 치료사들은 공통 언어를 사용하여 상호 간에 소통하고 연구를 진행할 때 개념을 공유하기 위하여 장애의 명칭을 사용한다. 내담자는 그러한 증상을 갖고 있는 사람이 자신뿐만이 아니라는 사실로부터 도움을 받을 수도 있다. 사람들에게 장애의 명칭을 부여할 때, (1) 지나치게 광의적인 분류가 정상행동조차 병리적인 것으로 만들 수 있으며, (2) 명칭이 사람들의 행동을 그 명칭이 함축하는 대로 행동하도록 변화시키는 생각을 촉발할 수 있다(자기충족적 예언). **RP-5** 가난과 관련된 스트레스가 장애를 촉발하는 데 기여할 수 있지만, 무능력하게 만드는 장애도 가난으로 이끌어갈 수 있다. 따라서 가난과 장애는 닭과 계란과 같은 상황이기 십상이다. 어느 것이 먼저인지를 알기는 쉽지 않다.

학습내용 숙달하기의 답

1. 우울정신병. **2.** 아니다. 안나의 행동이 이례적이고 스트레스를 야기하며 때때로 몇 분 정도 지각하게 만들 수는 있겠지만, 그녀의 기능을 유의할 정도로 와해시키는 것은 아니다. 대부분의 사람과 마찬가지로, 안나는 장애나 기능부전이 아닌 몇몇 이례적 행동을 보여주고 있는 것이기 때문에, 심리장애를 시사하는 것은 아니다. **3.** 의학. **4.** 문화와 관련된 다양한 장애가 존재한다. 수스토(남미), 다이진 교푸쇼(일본), 아목(말레이시아), 섭식장애(먹거리가 풍부한 서구 문화) 등이 있다. **5.** c. **6.** 비판자들은 DSM 병명의 부정적 효과에 우려를 표명해왔다. 최근에 비판자들은 DSM-5가 장애에 너무나도 큰 투망을 설치하여 정상적인 행동조차도 병리적인 것으로 만들고 있다고 주장하고 있다. **7.** 남자; 여자. **8.** 가난. **9.** d.

불안 관련 장애

인출 연습의 답

RP-1 범불안. **RP-2** 공황. **RP-3** 특정 공포증. **RP-4** 강박. **RP-5** 외상 후 스트레스. **RP-6** 생물학적 요인에는 물려받은 기질 차이와 유전자 변이, 경험에 의해 변화된 두뇌 회로, 먼 조상에게 생존가치가 있었던 낡은 물려받은 반응 등이 포함된다.

학습내용 숙달하기의 답

1. c. **2.** 특정 공포증. **3.** 강박. **4.** b. **5.** c.

우울장애와 양극성장애

인출 연습의 답

RP-1 유전자와 두뇌기능이라는 생물학적 요인을 포함한 많은 요인이 우울증에 기여한다. 설명양식, 기분, 스트레스 경험에 대한 반응, 생각하고 행동하는 패턴의 변화, 문화적 요인 등을 포함한 사회인지적 요인도 중요하다. 우울증은 신체 전체를 수반하며 수면, 에너지 수준, 집중력 등을 와해시킨다.

학습내용 숙달하기의 답

1. 여자; 남자. **2.** d. **3.** 노르에피네프린; 세로토닌. **4.** 사회인지적.

조현병

인출 연습의 답

RP-1 음성; 만성; 양성; 급성. **RP-2** 생물학적 요인에는 두뇌 구조와 기능의 비정상성과 장애에 대한 유전적 소인 등이 포함된다. 영양 결핍, 바이러스에의 노출, 산모의 스트레스 등과 같은 환경 요인이 위험을 증가시키는 유전자를 발현시켜 조현병에 영향을 미칠 수 있다. 많은 환경 촉발인자에의 노출이 조현병 출현의 가능성을 증가시킬 수 있다.

학습내용 숙달하기의 답

1. 조현병은 왜곡된 지각, 정서, 현실에서 이탈된 행동 등을 수반한다. 이 비교가 시사하고 있는 기분이나 정체성의 급속한 변화를 수반하지 않는다. **2.** b. **3.** 환각. **4.** a.

해리장애, 성격장애, 섭식장애

인출 연습의 답

RP-1 해리 정체성 장애(DID) 증상에 대한 정신역동적 설명은 그 증상이 용납할 수 없는 충동이 야기하는 불안에 대한 방어라는 것이다. 학습 조망은 불안을 완화시킴으로써 강화받았던 행동으로 설명하고자 시도한다. **RP-2** 쌍둥이 연구와 입양아 연구를 보면, 반사회적 성격장애자의 생물학적 친척도 반사회적 행동의 위험성이 높다. 또한 반사회적 범죄자의 두뇌 활동과 구조에서도 차이를 발견하였다. 가난이나 아동기 남용과 같은 부정적인 환경 요인은 용맹성과 같은 유전적 특질을 보다 위험한 방향으로 이끌어간다. **RP-3** 거식증, 과식증.

학습내용 숙달하기의 답

1. c. **2.** c. **3.** b. **4.** a.

신경발달장애

인출 연습의 답

RP-1 지적장애로 진단받으려면, 지능검사 점수가 전체 전집 점수의 3% 이하이거나 70 이하이어야 한다. 둘째, 독자적인 삶의 요구사항에 적응하는 데 어려움이 있어야 한다. 즉, 개념적 요구사항(언어, 읽기, 돈, 시간, 수의 개념 등), 사회적 요구사항(대인관계 기술, 사회적 책임감, 기본 규칙과 법의 준수, 희생당하는 것을 피하는 능력 등), 현실적 요구사항(건강과 개인적 관리, 직업기술, 여행능력 등)에서 어려움을 겪어야만 한다.

학습내용 숙달하기의 답

1. c. **2.** 자폐 스펙트럼 장애(ASD) 환자는 따라하기를 잘 하지 않으며, 타인의 마음을 읽는 데 관여하는 두뇌영역의 활동이 적다. 예컨대, ASD 환자가 다른 사람의 손동작을 관찰할 때, 두뇌가 정상 이하의 활동을 나타낸다. **3.** DSM은 ADHD의 진단 기준을 넓혀옴으로써 아동의 주의행동에는 변화가 없음에도 진단의 수를 증가시켰다. 비판가들은 이러한 기준이 너무나도 광

의적이며 정상행동조차 병리화시켜서 일상적인 아동의 개구쟁이 행동을 장애로 바꾸어버린다고 주장한다.

제16장

치료

치료와 심리치료법의 소개

인출 연습의 답

RP-1 전이; 저항; 해석. **RP-2** 정신역동 치료사는 아동이 야뇨증을 초래한 기저 문제에 대한 통찰을 갖도록 도움을 주는 데 더 많은 관심을 기울일 것이다. 행동치료사는 야뇨증 증상이 문제이며 바람직하지 않은 행동의 역조건형성이 실제로 정서적 위안을 가져다줄 것이라는 모우러의 주장에 동의할 가능성이 크다. **RP-3** 통찰치료, 즉, 정신역동 치료와 인본주의 치료는 증상의 출처에 대한 이해를 제공함으로써 문제를 완화시키고자 한다. 행동치료는 문제행동이 문제라고 가정하며, 출처에는 관심을 기울이지 않은 채 그 문제행동을 직접적으로 치료하고자 한다. **RP-4** 행동이 학습할 수 있는 것이라면, 학습을 해소하고 보다 적응적인 다른 행동으로 대치할 수 있다. **RP-5** 파블로프식; 조작적. **RP-6** 인본주의 치료는 비지시적 상황에서 사람들의 감정을 반영하여 사람들이 보다 자기자각적이고 자기수용적이게 도와줌으로써 개인적 성장을 촉진하고자 시도한다. 인지치료는 사람들이 자기파괴적인 사고 패턴을 자각하도록 만들어서 자신과 세상에 대하여 보다 적응적인 사고방식을 갖도록 이끌어간다. **RP-7** 인지치료. **RP-8** 이러한 통합적 치료는 사람들이 자기파괴적인 사고와 행동을 변화시키도록 지원한다. 이 치료법은 불안장애, 강박장애, 우울장애, 양극성장애, ADHD, 섭식장애, 알코올이나 물질 남용장애 등에 효과적인 것으로 밝혀져 왔다.

학습내용 숙달하기의 답

1. a. **2.** 통찰. **3.** d. **4.** 적극적 듣기. **5.** c. **6.** 역조건형성. **7.** 체계적 둔감화. **8.** 행동치료는 공포증을 치료하는 데 최선의 선택이기 십상이다. 리코의 고속도로 공포를 학습된 반응으로 간주하는 행동치료사는 리코로 하여금 고속도로 운전에 대한 불안반응을 이완반응으로 대치하도록 도와줄 수 있다. **9.** 토큰경제. **10.** d. **11.** 인지행동. **12.** b.

심리치료의 평가

인출 연습의 답

RP-1 가짜약 효과는 치료에서 신념의 치유력을 말한다. 치료가 효과적일 것이라고 기대하는 내담자와 치료사는 치료가 효과적이었다고 믿을 수 있다. **RP-2** 잘 정의된. **RP-3** 증거기반 접근법을 사용하는 치료사는 연구 증거, 임상 전문성, 그리고 내담자에 대한 지식 등에 근거하여 치료법에 대한 결정을 내린다. **RP-4** 더 크다. **RP-5** 윤리.

학습내용 숙달하기의 답

1. c. **2.** d. **3.** 연구 증거, 임상 전문성, 그리고 환자에 대한 지식. **4.** 희망.

생의학치료와 심리장애의 예방

인출 연습의 답

RP-1 규칙적으로 운동하고, 충분한 수면을 취하며, 빛에 더 많이 노출하고, 중요한 관계를 구축하며, 부정적 사고를 버리고, 오메가3가 풍부한 식사를 한다. **RP-2** 연구자들은 사람들을 치료조건과 비치료조건에 할당하고 약물치료를 받는 사람이 그렇지 않은 사람보다 더 많이 개선되는지를 본다. 이중은폐 절차를 사용하는 연구가 가장 효과적이다. 만일 치료사와 내담자 모두 누가 약물치료를 받았는지를 모른다면, 치료집단과 비치료집단 간의 차이는 약물치료의 실제 효과를 반영할 수 있다. **RP-3** 항우울제; 항정신병약. **RP-4** 전기충격요법; 경두개; 경두개; 뇌심부. **RP-5** 심리치료나 생의학치료는 심리장애의 고통을 덜어주고자 시도한다. 정신건강 예방책은 장애를 초래하는 조건을 확인하고 제거할 뿐만 아니라 탄력성을 구축함으로써 고통을 예방하고자 시도한다.

학습내용 숙달하기의 답

1. c. **2.** 항불안제. **3.** 리튬. **4.** b. **5.** d.

부록 C

일터에서의 심리학

인출 연습의 답

RP-1 자신의 일이 만족스럽고 사회적으로 유능하다고 생각할 가능성이 증가하게 되며, 높은 자존감, 유능감, 전반적 안녕감을 경험하게 된다. **RP-2** (1) 면접자는 피면접자가 면접에서 보여준 것이 바로 그 사람의 특성이라고 가정할 수 있다. (2) 면접자의 선입견과 기분이 피면접자의 반응을 지각하는 방식을 채색해버린다. (3) 면접자는 현재의 피면접자를 앞선 다른 피면접자에 근거하여 상대적으로 판단한다. (4) 면접자는 자신이 선발하지 않은 사람의 성공적인 경력이 아니라 자신의 선발한 사람의 성공적인 경력만을 추적하는 경향이 있다. (5) 면접은 피면접자의 습관적 행동이 아니라 좋은 의도만을 드러내는 경향이 있다. **RP-3** 변환형 지도자는 사람들을 집단의 비전을 공유하고 집단 임무에 자신을 몰입하도록 고취시킬 수 있다. 선천적으로 외향적이며 높은 기준을 설정하는 경향이 있다. **RP-4** 인간요인심리학자는 안전한 기계와 작업 환경을 개발하기 위하여 지식의 저주, 즉 전문가가 다른 사람도 자신의 지식을 공유하고 있다고 잘못 가정하는 경향성을 항상 염두에 둔다.

학습내용 숙달하기의 답

1. 몰입. **2.** 인사; 인간요인. **3.** a. **4.** d. **5.** 구체적이고 측정 가능하며, 행동으로 옮길 수 있고, 현실적이며, 시간을 정해놓은 목표가 장기적인 목표에 초점을 맞추는 것보다 더 도움이 된다. **6.** 변환성. **7.** c. **8.** d.

용어해설

가상현실 노출치료(virtual reality exposure therapy) 사람들이 비행기 타기, 거미, 대중연설 등과 같이 극심한 공포에 안전하게 직면하도록 해주는 창의적인 전자기적 자극을 통해서 불안을 치료하는 역조건형성 기법

가설(hypothesis) 이론이 함축하기 십상인 검증 가능한 예측

가용성 발견법(availability heuristic) 사건의 가능성을 기억의 가용성에 근거하여 추정하는 방법. 사례들이 쉽게 마음에 떠오르면, 그러한 사건이 흔하다고 가정하게 된다.

가족치료(family therapy) 가족을 하나의 시스템으로 다루는 치료. 한 개인의 바람직하지 않은 행동을 가족 구성원의 영향을 받거나 그 구성원을 향한 것으로 간주한다.

가짜약 효과(placebo effect) 단지 기대에 의해 초래된 실험결과. 불활성 물질이나 조건을 처치하였지만, 활성제라고 가정함으로써 초래된 행동의 효과

각인(imprinting) 특정 동물이 생애 초기 결정적 시기에 애착을 형성하는 과정

간격두기 효과(spacing effect) 집중적인 공부나 연습보다 분산된 공부나 연습이 더 우수한 장기 파지를 초래하는 경향성

간뉴런(interneuron) 감각입력과 운동출력 사이에서 내부적으로 소통하는 두뇌와 척수의 뉴런

간상체(rod) 명암을 탐지하는 망막수용기. 주변시 그리고 원추체가 반응하지 않는 석양 무렵의 시각에 필요하다.

간성(intersex) 출생 시에 남성과 여성의 생물학적인 성적 특성을 모두 소유하고 있다.

갈등(conflict) 행위나 목표 또는 아이디어들 간의 지각된 대립

감각(sensation) 감각수용기와 신경 시스템이 환경으로부터 자극 에너지를 받아들이고 표상하는 과정

감각기억(sensory memory) 기억 시스템에 감각 정보를 매우 짧은 시간 동안 기록하는 것

감각(구심성)뉴런(sensory neuron, afferent neuron) 들어오는 정보를 감각수용기로부터 척수와 뇌로 전달하는 뉴런

감각 상호작용(sensory interaction) 음식 냄새가 맛에 영향을 미치는 것처럼 하나의 감각이 다른 감각에 영향을 미치는 원리

감각수용기(sensory receptor) 자극에 반응하는 감각신경 말단

감각 순응(sensory adaptation) 일정한 자극의 결과로 민감도가 줄어드는 것

감각신경성 청력 손실(sensorineural hearing loss) 달팽이관 모세포의 손상이나 청신경의 손상이 야기한 청력 손상. 신경성 청각 장애라고도 부른다.

감각운동 단계(sensorimotor stage) 피아제 이론에서 유아가 주로 감각 인상과 신체운동을 통해서 세상을 알아가는 단계(출생부터 2세까지)

강도(intensity) 광파나 음파에 들어있는 에너지의 양. 파의 진폭에 의해서 결정되며, 빛의 밝기 또는 소리의 크기로 지각한다.

강박장애(obsessive-compulsive disorder, OCD) 원치 않는 반복적 사고와 행위가 특징인 불안장애

강화(reinforcement) 조작적 조건형성에서 행동을 강력하게 만드는 사건

강화계획(reinforcement schedule) 원하는 반응을 얼마나 자주 강화할 것인지를 정의하는 패턴

개념(concept) 유사한 사물, 사건, 아이디어, 사람 등의 심적 집단화

개인적 통제(personal control) 무력하다고 느끼기보다는 환경을 통제하고 있다는 느낌

개인주의(individualism) 집단 목표보다는 개인 목표에 우선권을 부여하고, 자신의 정체성을 집단과의 동일시보다는 개인 특성으로 정의 내리는 입장

거식증(anorexia nervosa) 정상체중의 사람(일반적으로 청소년기의 여자)이 다이어트를 하고 심각하게 저체중이 되지만(15% 이상), 여전히 뚱뚱하다고 느끼면서 계속해서 굶는 섭식장애

거울뉴런(mirror neuron) 특정한 행동을 수행하거나 다른 사람이 그렇게 행동하는 것을 관찰할 때 흥분하는 전두엽의 뉴런. 거울뉴런의 활동은 모방과 언어행동 그리고 공감을 가능하게 해준다.

거울상 지각(mirror-image perception) 갈등상태의 쌍방이 견지하고 있기 십상인 견해. 각자는 자신이 윤리적이고 평화지향적이며 상대방은 사악하고 공격적이라고 지각한다.

건강심리학(health psychology) 심리학 지식을 행동의학에 제공하는 심리학의 하위분야

검증 효과(testing effect) 정보를 단순히 읽어보기만 하는 것보다는 인출을 시도한 후에 기억이 증진되는 효과. 때로는 인출 연습 효과 또는 검증 고양 학습이라고도 부른다.

게놈(genome) 유기체를 만드는 완벽한 명령으로, 그 유기체의 염색체에 들어있는 모든 유전물질로 구성된다.

게슈탈트(gestalt) 체제화된 전체. 게슈탈트심리학자들은 부분 정보들을 의미 있는 전체로 통합하는 경향성을 강조하였다.

결정적 시기(critical period) 출생 직후 유기체가 특정 자극이나 경험에 노출되는 것이 적절한 발달을 초래하는 최적 시기

결정지능(crystallized intelligence, Gc) 누적된 지식과 언어기술. 연령과 함께 증가하는 경향이 있다.

경두개 자기자극법(transcranial magnetic stimulation, TMS) 자기 에너지의 반복적인 파동을 두뇌에 적용하는 것. 두뇌 활동을 자극하거나 억제하는 데 사용한다.

경험적으로 유도한 검사(empirically induced test) 항목 전집을 검사한 후에 집단을 구분해주는 항

목들을 선택해서 개발한 검사

경험적 접근(empirical approach) 관찰과 실험에 바탕을 두는 경험 기반 방법

계열위치 효과(serial position effect) 목록에서 처음과 마지막 항목들을 가장 잘 회상하는 경향성

계열처리(serial processing, sequential processing) 자극이나 문제의 한 측면을 한 번에 하나씩 처리. 일반적으로 새로운 정보를 처리하거나 어려운 문제를 해결할 때 사용

고정간격 계획(fixed interval schedule) 조작적 조건형성에서 일정한 시간이 지난 후의 반응에 강화를 주는 계획

고정관념(stereotype) 집단에 대한 일반화된 신념 (때로는 정확하기도 하지만 과잉일반화되기 십상이다.)

고정관념 위협(stereotype threat) 자신이 부정적 고정관념에 근거하여 평가될 것이라는 자기확증적 우려

고정비율 계획(fixed ratio schedule) 조작적 조건형성에서 특정한 수의 반응이 일어난 후에만 반응을 강화하는 계획

고지된 동의(informed consent) 잠재적 연구참가자에게 참가 여부를 결정하는 데 충분한 정보를 제공하는 것

고차 조건형성(higher-order conditioning) 한 조건형성 경험에서 조건자극이었던 자극을 새로운 중성자극과 짝을 지어서 두 번째 조건자극을 만들어내는 절차. 예컨대, 소리가 먹이를 예측한다는 사실을 학습한 동물이 소리를 예측하는 불빛을 학습하고는 불빛에도 조건반응을 보이기 시작한다. 이차 조건형성이라고도 부른다.

고착(fixation) 프로이트에 따르면, 갈등이 해소되지 않은 초기의 심리성적 단계에 쾌추구 에너지가 머물러있는 것

공격성(aggression) 남을 해치려는 의도를 가진 신체행동이나 언어행동

공평한 세상 현상(just-world phenomenon) 세상은 공평하기 때문에 사람들은 어떤 것이든 받을 만한 것을 받는 것이라고 믿는 경향성

공포관리 이론(terror-management theory) 자기 세계관에 대한 확신과 자존감의 추구가 깊게 뿌리박힌 죽음의 공포로부터 보호해준다고 제안하는 이론

공황장애(panic disorder) 가슴 통증이나 숨막힘 또는 무시무시한 감각을 수반한 테러를 경험하는 강한 공포가 몇 분씩 지속되는 예측 불가능한 사건이 반복되는 불안장애. 다음에 발생할 공황 상태에 대한 심각한 걱정이 뒤따르기 십상이다.

과식증(bulimia nervosa) 일반적으로 고칼로리의 음식을 과식한 후에 토하거나 완하제를 사용하거나 단식하거나 지나치게 운동을 하는 섭식장애

과신(overconfidence) 자신의 신념과 판단의 정확성을 실제보다 과잉추정하는 경향성

과제 리더십(task leadership) 목표지향적 리더십으로 기준을 설정하고 일을 조직하며 목표에 초점을 맞춘다.

관계 공격성(relational aggression) 어떤 사람의 관계나 사회적 지위에 해를 끼칠 의도가 있는 신체적이거나 언어적인 공격행위

관상성 심장질환(coronary heart disease) 심근에 영양을 공급하는 혈관이 막히는 질환. 많은 선진국에서 사망의 첫 번째 요인이다.

관찰학습(observational learning) 타인을 관찰함으로써 학습하는 것

교감신경계(sympathetic nervous system) 스트레스 상황에서 신체를 활성화시키고 에너지를 동원하는 자율신경계의 부분

교세포(glial cell, glia) 뉴런을 지원하고 영양분을 제공하며 보호해주는 신경계의 세포. 학습, 사고, 기억에서도 역할을 담당한다.

구조주의(structuralism) 분트와 티치너가 중심이 된 초기 심리학파. 인간 마음의 구조를 밝히기 위하여 내성법을 사용하였다.

구조화 면접(structured interview) 모든 지원자에게 동일한 직무 관련 질문을 던지는 면접과정으로, 각 지원자를 확정된 척도에서 평가한다.

구체적 조작단계(concrete operational stage) 피아제 이론에서 아동이 구체 사건들에 대해 논리적으로 생각할 수 있게 해주는 심적 조작을 획득하는 인지 발달 단계(대략 7세에서 11세까지)

귀인 이론(attribution theory) 사람들이 상황이나 개인의 성향에 원인을 돌리는 방식으로 행동을 설명한다는 이론

규범(norm) 용인되고 기대되는 행동에 대한 규칙. 규범은 '적절한' 행동을 처방한다.

규범적 사회영향(normative social influence) 인정을 획득하고 불인정을 피하려는 개인의 욕구로 인해서 초래되는 영향

근본적 귀인 오류(fundamental attribution error) 상대방의 행동을 분석할 때 상황의 영향을 과소평가하고 개인적 성향을 과대평가하는 관찰자의 경향성

금단(withdrawal) 중독성 약물이나 행동의 중지에 뒤따르는 불편함과 고통

급성 조현병(acute schizophrenia) 어느 연령대에서도 시작할 수 있는 유형의 조현병이다. 정서적 외상 사건에 대한 반응으로 자주 발생하며, 긴 회복기간을 갖는다. 반동적 조현병이라고도 부른다.

긍정심리학(positive psychology) 개인과 지역사회가 융성하도록 도와주는 장점과 덕목을 발견하고 조장한다는 목표를 가지고, 인간의 기능성을 과학적으로 연구하는 심리학 분야

기능성 자기공명 영상법(funtional MRI, fMRI) 연속적인 MRI 영상을 비교함으로써 혈액의 흐름을 통해서 두뇌 활동을 밝혀내는 기법. fMRI는 두뇌의 구조뿐만 아니라 기능도 보여준다.

기능주의(functionalism) 윌리엄 제임스가 주장하고 다윈의 영향을 받은 초기 심리학파. 마음과 행동의 과정이 작동하는 방식, 즉 유기체로 하여금 적응하고 생존하며 번창하게 만드는 방식을 탐구하였다.

기면증(narcolepsy) 통제할 수 없이 수면에 빠져드는 수면장애. 곧바로 REM 수면으로 빠져들게 되는데, 부적절한 시간에 그렇게 되기 십상이다.

기본 신뢰감(basic trust) 에릭 에릭슨이 주장한 개념으로, 세상은 예측 가능하고 신뢰할 만하다는 느낌. 공감적인 보호자와의 적절한 경험을 통해서 유아기에 형성되는 것으로 알려져 있다.

기분부합 기억(moodcongruent memory) 현재의 좋은 기분이나 나쁜 기분과 일관성을 유지하는 경험을 회상하는 경향성

기분 좋음, 선행 현상(feel-good, do-good phenomenon) 좋은 기분 상태에 있을 때 남에게 도움을 주려는 경향성

기억(memory) 정보의 저장과 인출을 통해서 시간이 경과하여도 학습한 내용을 유지하는 것

기억술(mnemonics) 선명한 심상과 체제화 도구를 사용하는 기억 지원 기법

기억 응고화(memory consolidation) 장기기억의 신경 저장

기질(temperament) 한 개인의 특징적인 정서 반응과 강도

기초대사율(basal metabolic rate) 신체의 기본 에너지 소비율

기초연구(basic research) 과학지식 기반을 증대시키려는 목적을 갖는 순수과학

길항제(antagonist) 신경전달물질의 작동을 억제하거나 차단하는 분자

깊은 처리(deep processing) 단어의 의미에 근거하여 부호화하는 것. 최선의 파지를 보이는 경향이 있다.

깊이 지각(depth perception) 망막상은 2차원임에도 불구하고 사물을 3차원으로 지각하는 능력. 거리를 판단할 수 있게 해준다.

꿈(dream) 잠자고 있는 사람의 마음을 관통하는 일련의 장면, 정서, 사고

낯가림(stranger's anxiety) 유아가 일반적으로 나타내는 낯선 사람에 대한 두려움. 대략 생후 8개월에 시작된다.

내담자 중심 치료(client-centered therapy) 칼 로저스가 개발한 인본주의 치료법. 치료사는 내담자의 성장을 촉진시키기 위해서 진실하고 수용적이며 공감적인 환경에서 적극적 듣기와 같은 기법을 사용한다.

내분비계(endocrine system) 신체의 '느린' 화학적 소통 시스템. 호르몬을 혈관에 분비하는 일련의 내분비선으로 구성되어 있다.

내성(tolerance) 동일한 양의 약물을 반복적으로 사용함으로써 효과가 감소하는 것. 약물의 효과를 경험하려면 점점 더 많은 양이 필요하게 된다.

내이(inner ear) 귀의 가장 깊은 곳으로 달팽이관, 삼반규관 그리고 전정낭을 가지고 있다.

내재적 동기(intrinsic motivation) 그 자체가 좋아서 어떤 행동을 하려는 욕구

내적 통제 소재(internal locus of control) 스스로 자신의 운명을 통제한다는 지각

내집단(ingroup) '우리' 즉 공통된 정체감을 공유하는 사람들

내집단 편향(ingroup bias) 자신의 집단을 선호하는 경향성

넛지(nudge) 사람들이 이로운 결정을 내리도록 부추기는 방식으로 틀을 선택하는 것

노출치료(exposure therapy) 체계적 둔감화와 가상현실 노출치료와 같은 행동치료 기법으로, 상상 속에서든 아니면 실제 상황에서든 무서워하고 피하려고 하는 대상에 사람들을 노출시킴으로써 불안을 치료한다.

뇌간(brainstem) 두뇌에서 가장 오래된 중추적 핵심 부분으로, 척수가 두개골로 들어오면서 부풀어 오른 곳에서부터 시작한다. 뇌간은 자동적인 생존기능을 책임지고 있다.

뇌량(corpus callosum) 두 대뇌반구를 연결하는 커다란 신경섬유 다발. 두 반구 사이에서 메시지를 전달한다.

뇌자도(magnetoencelpahlograph, MEG) 두뇌의 전기 활동에 따른 자기장을 측정하는 두뇌 영상 기법

뇌전도(electroencephalogram, EEG) 두뇌 표면에 걸쳐 나타나는 전기파를 증폭시켜 기록한 것. 이 뇌파는 두피에 부착한 전극으로 측정한다.

뇌하수체(pituitary gland) 내분비계에서 가장 영향력 있는 내분비선. 시상하부의 영향을 받아서 성장을 조절하며 다른 내분비선을 제어한다.

뉴런(neuron) 신경세포. 신경계의 기본 단위

니코틴(nicotine) 담배에 들어있는 흥분제이며 상당한 중독성을 나타내는 향정신성 약물

다른 인종 효과(other-race effect) 다른 인종의 얼굴보다는 자기 인종의 얼굴을 보다 정확하게 회상하는 경향성. 인종 간 효과, 자기 인종 편향이라고도 부른다.

단기기억(short term memory) 전화를 거는 동안 일곱 자리 전화번호를 유지하는 것처럼 정보가 저장되거나 망각되기 전에 소수의 항목을 잠시 유지하는 활성화된 기억

단순 노출 효과(mere exposure effect) 새로운 자극에 대한 반복적 노출이 그 자극의 호감도를 증가시키는 현상

단안 단서(monocular cue) 중첩이나 선형 조망과 같이 한쪽 눈만으로도 가용한 깊이 단서

달팽이관(cochlear) 내이(속귀)에 들어있는 나선 형태의 뼈로 만들어진, 액체가 들어있는 튜브. 달팽이관에서 음파가 신경 흥분을 촉발한다.

달팽이관 임플란트(cochlear implant) 소리를 전기 신호로 변환하고 달팽이관에 이식한 전극을 통해서 청신경을 자극하는 장치

대뇌피질(cerebral cortex) 대뇌반구를 덮고 있는 복잡하게 상호 연결된 뉴런들의 조직. 신체의 궁극적인 통제와 정보처리 센터이다.

대립과정 이론(opponent-process theory) 망막과 시상에서의 대립적인 과정(빨강-녹색, 파랑-노랑, 하양-검정)이 색채 시각을 가능하게 만든다는 이론. 예컨대, 어떤 세포는 녹색에 의해서 흥분하고 빨강에 의해서 억제된다. 다른 세포는 빨강에 의해서 흥분하고 녹색에 의해서 억제된다.

대상영속성(object permanence) 지각할 수 없는 경우에도 대상이 계속해서 존재한다는 사실을 자각하는 것

대처법(coping) 정서적, 인지적, 또는 행동적 방법을 사용하여 스트레스를 완화하는 것

대표성 발견법(representativeness heuristic) 사건의 가능성을 그 사건이 특정한 원형을 얼마나 잘 대표하는지 또는 원형에 잘 들어맞는지에 따라 판단하는 방법. 다른 관련 정보를 무시하도록 이끌어가기도 한다.

데자뷔(dejavu, 기시감) "이것을 전에 경험한 적이 있어."라는 기묘한 느낌. 현재 상황에 들어있는 단서가 과거 경험의 인출을 무의식적으로 촉발시킬 수 있다.

델타파(delta wave) 깊은 수면과 연합된 크고 느린 뇌파

도약대(scaffold) 비고츠키 이론에서, 아동이 높은 사고 수준으로 발달할 때 일시적인 지지를 제공하는 틀걸이

독립변인(independent variable) 실험에서 처치를 가하는 요인. 그 효과를 연구하는 변인이다.

돌연변이(mutation) 유전자 복제에서 변화를 초래하는 무선 오류

동기(motivation) 행동을 하게 하고 방향 지어 주는 욕구나 원망

동료애(companionate love) 자신의 삶이 얽혀 있는 사람에 대해서 느끼는 깊고 따뜻한 애착

동일시(identification) 프로이트에 따르면, 아동이 부모의 가치관을 자신의 발달하는 초자아로 받아들이는 과정

동조(conformity) 자신의 행동이나 사고를 집단의 기준과 일치하도록 조정하는 것

동화(assimilation) 새로운 경험을 기존의 스키마로 해석하기

두 단어 단계(two-word stage) 대략 2세부터 시작하는 언어 발달 단계로, 아동은 대체로 두 단어 표현을 사용한다.

두정엽(parietal lobe) 머리 위쪽에서부터 뒤쪽으로 위치한 대뇌피질 영역. 촉각과 신체 위치에 대한 감각입력을 받아들인다.

로르샤흐 잉크반점 검사(Rorschach Inkblot Test) 헤르만 로르샤흐가 제작한 10장의 잉크반점 검사로, 가장 널리 사용되는 투사법 검사이다. 반점에 대한 해석을 분석함으로써 내적 감정을 확인해낸다.

마음갖춤새(mental set) 문제를 특정한 방식으로만 접근하려는 경향성. 과거에 성공적이었던 방식이기 십상이다.

마음 이론(theory of mind) 감정, 지각, 사고 그리고 이러한 것들이 예측하는 행동 등 자신과 타인의 심적 상태에 대한 사람들의 생각

마음챙김 명상(mindfulness meditation) 판단하지 않으면서 수용적인 방식으로 현재의 경험에 주의를 집중하는 반추형 훈련

만성 조현병(chronic schizophrenia) 일반적으로 증상이 청소년 후기나 성인 초기에 나타나는 유형의 조현병. 나이를 먹어감에 따라서 정신병적 일화가 더 오래 지속되고 회복기간은 짧아진다. 과정 조현병이라고도 부른다.

말초신경계(peripheral nervous system) 중추신경계와 신체의 나머지 부분을 연결하는 감각뉴런과 운동뉴런들

망막(retina) 빛에 민감한 눈의 안쪽 면으로, 광수용기인 간상체와 원추체 그리고 시각 정보처리를 시작하는 뉴런의 여러 층을 가지고 있다.

망막 부등(retinal disparity) 깊이 지각을 위한 양안 단서. 두 망막의 이미지를 비교함으로써 두뇌는 거리를 계산한다. 두 이미지 간의 부등(차이)이 클수록 사물은 가깝게 지각된다.

망상(delusion) 정신병에 수반되는 거짓 신념으로, 피해망상이거나 과대망상이기 십상이다.

망상체(reticular formation) 각성을 제어하는 데 있어서 중요한 역할을 담당하는 뇌간의 신경망

맹시(blindsight) 시각자극을 의식적으로 경험하지 못하면서 그 자극에 반응할 수 있는 상태

맹점(blind spot) 시신경이 망막을 출발하는 지점. 그 영역에는 광수용기가 존재하지 않기 때문에 볼 수 없는 지점이 된다.

메타분석(meta-analysis) 통합적 결론에 도달하기 위하여 많은 연구의 결과를 분석하는 통계 절차

메타인지(metacognition) 인지에 대한 인지. 심적 과정을 추적하고 평가한다.

메탐페타민(methamphetamine) 중추신경계를 자극하는 강력한 중독성 약물로, 신체기능을 촉진하고 에너지와 기분 변화를 초래한다. 시간이 경과함에 따라서 도파민 수준을 감소시키는 것으로 보인다.

모델링(modeling) 특정 행동을 관찰하고 흉내 내는 과정

몰개인화(deindividuation) 흥분과 익명성을 조장하는 집단 상황에서 자각과 자기억제가 상실되는 현상

몰입감(flow) 의식이 완전하게 관여되고 초점을 맞춘 상태. 자신의 기술을 최적의 방식으로 사용함으로써 자신과 시간에 대한 자각이 감소된다.

무선표본(random sample) 전집의 모든 사람이 표본으로 선발될 가능성이 동일함으로써 전집을 대표할 수 있는 표본

무선할당(random assignment) 실험참가자들을 실험집단과 통제집단으로 확률에 따라 할당함으로써 서로 다른 집단에 할당한 참가자들 간에 이미 존재하는 차이를 최소화하는 기법

무성애자(asexual) 다른 사람을 향한 성적 관심이 없는 사람

무의식(unconscious) 프로이트에 따르면 대부분의 용납될 수 없는 사고와 소망과 감정 그리고 기억의 저장고. 오늘날의 심리학자들에 따르면 사람들이 자각하지 못하는 정보처리

무조건반응(unconditioned response, UR) 파블로프식 조건형성에서 먹이가 입에 들어올 때 침을 흘리는 것처럼, 무조건자극(US)에 대해서 자연스럽게 나타내는 반응

무조건자극(unconditioned stimulus, US) 파블로프식 조건형성에서 무조건적으로, 즉 자연스럽고 자동적으로 반응을 촉발시키는 자극

무조건적인 긍정적 존중(unconditional positive regard) 배려하고 수용하는 비판단적 태도로서, 칼 로저스는 이것이 내담자가 자기자각과 자기수용을 발달시키는 것을 돕게 된다고 믿었다.

문법(grammar) 한 언어에서 상대방과 소통하고 말이나 글을 이해할 수 있게 해주는 규칙 시스템. 의미론은 음성으로부터 의미를 도출하는 일련의 규칙이며, 통사론은 단어들을 문법적으로 의미 있는 문장으로 결합하는 일련의 규칙이다.

문안에 발 들여놓기 현상(foot-in-the-door phenomenon) 처음에 작은 요청에 동의하였던 사람이 나중에 더 어려운 요청에도 동의하는 경향성

문제중심 대처법(problem-focused coping) 스트레스원을 변화시키거나 스트레스원과 상호작용하는 방법을 변화시킴으로써 직접적으로 스트레스를 경감하려는 시도

문화(culture) 한 집단의 사람들이 공유하며 한 세대에서 다음 세대로 전달하는 지속적인 행동, 생각, 태도, 그리고 전통

물질 남용 장애(substance use disorder) 삶의 심각한 와해와 신체적 위험에도 불구하고 특정 물질을 계속해서 갈망하고 사용하려는 장애

미각(gustation) 맛의 감각

미네소타 다면 성격검사(Minnesota Multiphasic Personality Inventory, MMPI) 가장 많이 연구되고 임상적으로 많이 사용되는 성격검사. 원래 정서장애를 찾아내기 위하여 개발되었으나, 오늘날에는 다른 많은 선발 목적으로도 사용되고 있다.

바르비투르산염(barbiturate) 중추신경계의 활동을 억제하는 약물로, 불안을 감소시키지만 기억과 판단을 손상시킨다.

반복연구(replication) 연구결과를 다른 참가자

와 상황에도 확장할 수 있는 것인지를 알아보기 위하여 다른 상황에서 다른 참가자들을 대상으로 연구의 핵심을 반복하는 것

반사(reflex) 무릎반사와 같이 감각자극에 대한 단순하고 자동적인 반응

반사회적 성격장애(antisocial personality disorder) 잘못에 대한 양심이 결여되어 있는 성격장애. 심지어는 친구와 가족에게도 그렇다. 공격적이고 무자비하거나 똑똑한 사기꾼이 될 수 있다.

반응행동(respondent behavior) 어떤 자극에 대한 자동적 반응으로 일어나는 행동

반추(rumination) 강박적 조바심치기. 자신의 문제와 그 원인에 대해서 지나치게 생각하는 것

반향기억(echoic memory) 청각자극의 순간적인 감각기억. 주의가 다른 곳에 주어졌더라도, 소리와 단어는 3~4초 정도 유지되고 회상될 수 있다.

발견법(heuristic) 판단과 문제해결을 효율적으로 만들어주는 간단한 사고 방략. 일반적으로 알고리듬보다 빠르지만 실수를 범할 가능성도 크다.

발기장애(erectile disorder) 음경에 충분한 혈액을 공급하지 못함으로써 발기 상태를 일으키거나 유지하지 못하는 장애

발달심리학(developmental psychology) 일생을 통한 신체적, 인지적, 그리고 사회적 변화를 연구하는 심리학 분야

방관자 효과(bystander effect) 다른 방관자가 존재할 때 도움행동을 할 가능성이 줄어드는 경향성

방어기제(defense mechanism) 정신분석 이론에서 자아가 현실을 무의식적으로 왜곡시킴으로써 불안을 감소시키는 보호방법

배아(embryo) 수정란이 만들어진 후 2주부터 임신 2개월에 걸쳐 발달하고 있는 자궁 속의 유기체

범불안장애(generalized anxiety disorder) 끊임없이 긴장하고 불안하며 자율신경계가 각성된 상태에 있는 불안장애

범위(range) 분포에서 최고점과 최저점 간의 차이

베르니케 영역(Wernicke's area) 언어 이해와 표현을 관장하는 두뇌영역으로, 일반적으로 좌반구 측두엽의 영역을 말한다.

베버의 법칙(Weber's law) 두 자극이 다르게 지각되기 위해서는 최소한 일정 비율만큼(일정한 양이 아니라) 차이가 나야 한다는 원리

변동간격 계획(variable interval schedule) 조작적 조건형성에서 예측 불가능한 시간 경과 후의 반응에 강화를 주는 계획

변동비율 계획(variable ratio schedule) 조작적 조건형성에서 예측 불가능한 횟수의 반응 후의 반응에 강화를 주는 계획

변별(discrimination) 파블로프식 조건형성에서 무조건자극을 신호하지 않는 자극과 조건자극을 구분하는 학습된 능력. (조작적 조건형성에서는 강화받는 반응과 유사하지만 강화받지 못하는 반응을 구분하는 능력)

변연계(limbic system) 대뇌반구 바로 안쪽에 위치한 신경 구조(해마, 편도체, 그리고 시상하부를 포함한다)로서 정서와 추동과 관련되어 있다.

변인(variable) 변할 수 있으며, 윤리적으로 측정 가능한 모든 것

변화맹(change blindness) 환경의 변화를 탐지하지 못하는 상태. 부주의적 맹시의 한 형태

변환(transduction) 한 형태의 에너지를 다른 형태로 바꾸는 것. 감각에서 빛, 소리, 그리고 냄새와 같은 자극 에너지를 두뇌가 해석할 수 있는 신경 흥분으로 변환시킨다.

병렬처리(parallel processing) 문제의 여러 측면들을 동시에 처리하는 것. 시각을 포함하여 두뇌가 정보를 처리하는 방식이다. 대부분의 컴퓨터와 의식적 문제해결의 단계적(계열적) 처리와 대비된다.

보살피고 편들어주기 반응(tend-and-befriend) 스트레스에 직면할 때, 사람들(특히 여자들)은 다른 사람을 지원하고(보살피기) 유대감을 형성하며 그 사람으로부터의 지원을 모색한다(편들어주기).

보존(conservation) 사물의 모양이 달라져도 질량, 부피, 그리고 숫자와 같은 특성이 그대로 남아있다는 원리(피아제는 이를 구체적 조작단계 추리의 한 부분이라고 믿었음)

본능(instinct) 한 동물종에서 철저하게 패턴화되어 있으며, 학습하지 않은 복잡한 행동

부교감신경계(parasympathetic nervous system) 신체를 안정시키고 에너지를 보존하는 자율신경계의 부분

부분(간헐적) 강화계획(partial/intermittent reinforcement schedule) 부분적으로만 반응을 강화하는 것. 연속 강화에 비해서 반응의 획득은 느리지만, 소거 저항이 매우 강하다.

부신선(adrenal gland) 콩팥 바로 위에 있는 한 쌍의 내분비선. 에피네프린(아드레날린)과 노르에피네프린(노르아드레날린)을 분비하는데, 이 호르몬은 스트레스 상황에서 신체를 각성시키는 데 일조한다.

부적 강화(negative reinforcement) 쇼크와 같은 부적 자극을 중지시키거나 감소시킴으로써 행동을 증가시키는 것. 부적 강화물은 반응 후에 제거함으로써 반응을 강력하게 만드는 자극이다. (부적 강화는 처벌이 아니다.)

부주의적 맹시(inattentional blindness) 주의가 다른 곳을 향하고 있을 때 가시적 사물을 보지 못하는 것

부호화(encoding) 정보를 기억 시스템에 집어넣는 과정

부호화 명세성 원리(encoding specificity principle) 특정 기억에 국한된 단서와 맥락이 그 기억을 회상하는 데 가장 효과적이라는 생각

분석 수준(level of analysis) 어느 것이든 주어진 현상에 대한 생물학적 특성 분석에서부터 심리적 분석과 사회문화적 분석에 이르는 서로 다른 보완적 견해

분자유전학(molecular genetics) 유전자의 분자 구조와 기능을 연구하는 생물학의 하위분야

분자행동유전학(molecular behavior genetics) 유전자의 구조와 기능이 어떻게 환경과 상호작용하여 행동에 영향을 미치는지를 연구하는 분야

분할뇌(split brain) 좌우 반구를 연결하는 뇌량을 절단함으로써 두 대뇌반구가 분리된 상태

불굴의 투지(grit) 장기적 목표를 추구하는 열정과 집념

불면증(insomnia) 잠에 빠져들고 계속해서 잠을 자는 데 어려움이 있는 장애

불안장애(anxiety disorder) 고통스럽고 지속적

인 불안 또는 불안을 완화하는 부적응 행동이 특징인 심리장애

불응기(refractory period) 뉴런이 흥분한 후에 다시 활동하지 못하는 휴지기간. 축색이 안정 상태로 돌아올 때까지는 후속 활동전위가 일어날 수 없다.

브로카 영역(Broca's area) 일반적으로 언어 표현을 제어하는 좌반구 전두엽의 한 영역. 말하기에 관여하는 근육운동을 제어한다.

비만(obesity) 체질량지수 30 이상으로 정의하며, 체중과 신장의 비율로 계산한다(체질량지수가 25 이상이면 과체중이다).

비판적 사고(critical thinking) 주장과 결론을 자동적으로 받아들이지 않는 사고. 가정을 살펴보고, 출처를 평가하며, 숨어있는 편향을 가려내고, 증거와 결론을 평가한다.

사례연구(case study) 보편 원리를 밝혀낼 것이라는 희망을 가지고 한 개인이나 집단을 심층적으로 연구하는 기술적 방법

사전등록(preregistration) 계획한 연구설계, 가설, 데이터 수집, 그리고 분석을 공개적으로 천명하는 것

사춘기(puberty) 성적 성숙이 이루어지는 시기로, 이 시기에 자손 번식이 가능해진다.

사회교환 이론(social exchange theory) 사회행동은 교환과정이며, 이 과정의 목적은 이득을 극대화하고 손실을 극소화하려는 것이라는 이론

사회 스크립트(social script) 다양한 상황에서 어떻게 행동할 것인지에 대한 문화적 지침

사회심리학(social psychology) 사람들이 상호 간에 어떻게 생각하고 영향을 미치며 관계를 맺는지를 과학적으로 연구하는 심리학의 분야

사회인지적 조망(social-cognitive perspective) 행동을 개인(그리고 사고)과 사회 맥락 간의 상호작용에 영향받는 것으로 간주하는 조망

사회적 리더십(social leadership) 집단지향적 리더십으로 팀워크를 구축하고 갈등을 중재하며 지원을 해준다.

사회적 시계(social clock) 결혼, 부모가 되는 것, 그리고 은퇴와 같은 사회적 사건에 대해서 문화적으로 선호하는 타이밍

사회적 정체성(social identity) 자기개념 중에 '우리'의 측면. "나는 누구인가?"에 대한 답의 한 부분이며, 소속 집단에서 나온다.

사회적 책임 규범(social-responsibility norm) 사람들은 도움이 필요한 사람을 도와줄 것이라는 기대

사회적 촉진(social facilitation) 타인이 존재할 때 단순하거나 잘 학습된 과제를 잘 수행하는 현상

사회적 태만(social loafing) 집단에 들어있는 사람이 공동의 목표를 달성하기 위해서 노력을 합해야 할 때 적은 노력을 들이는 경향성

사회적 함정(social trap) 갈등을 겪는 집단(또는 개인)들이 각자 합리적으로 자신의 이익을 추구함으로써 상호 간에 파괴적 행동에 휘말려 들어가게 되는 상황

사회조사(survey) 특정 집단의 사람들이 스스로 보고하는 태도나 행동을 확인하는 기술적 방법으로, 일반적으로는 대표적인 무선표본에게 질문을 하게 된다.

사회학습 이론(social learning theory) 관찰하고 흉내내며 보상받거나 처벌받음으로써 사회행동을 학습한다는 이론

산업조직심리학(industrial-organizational psychology) 심리학의 개념과 방법들을 작업공간에서의 인간 행동을 최적화시키는 데 적용하는 심리학의 한 분야

산포도(scatterplot) 각 개인에게 있어서 두 변인의 값을 직교좌표상에서 한 점으로 나타낸 것의 그래프. 점들의 기울기는 두 변인 간 관계의 방향을 시사한다. 분산된 정도는 상관의 강도를 시사한다(분산이 적을수록 높은 상관을 나타낸다).

상관(correlation) 두 요인이 함께 변하는 정도에 대한 측정치이며, 한 요인이 다른 요인을 얼마나 잘 예측하는지에 대한 측정치이다.

상관계수(correlational coefficient) 두 변인 간의 관계를 나타내는 통계적 지표. −1에서부터 +1 범위 내의 값을 갖는다.

상담심리학(counseling psychology) 삶의 문제(학교, 직장, 또는 결혼과 관련됨) 또는 보다 나은 삶의 질을 달성하는 문제를 가지고 있는 사람을 지원하는 심리학의 한 분야

상대적 박탈감(relative deprivation) 자신이 비교하고 있는 대상에 비추어 자신을 열등하다고 지각하는 것

상위목표(superordinate goal) 사람들 간의 차이를 압도하고 협력을 필요로 하는 공동 목표

상향처리(bottom-up processing) 감각수용기로부터 시작하여 감각정보에 대한 두뇌의 통합으로 나아가는 분석

상호작용(interaction) 한 요인(예컨대, 환경)의 효과가 다른 요인(예컨대, 유전)에 의존적일 때 발생하는 공동 효과

색상(hue) 빛의 파장에 의해서 결정되는 색 차원. 우리가 파랑, 빨강 등의 색깔 이름으로 부르는 것이다.

생리적 욕구(physiological need) 기본적인 신체의 요구

생물심리사회적 접근방법(biopsychosocial approach) 생물학적, 심리적, 그리고 사회문화적 분석 수준을 아우르는 통합적 접근방법

생물심리학(biological psychology) 생물학적 특성과 행동 간의 연계에 초점을 맞춘다. 신경과학, 행동유전학, 진화심리학 분야에서 활동하는 심리학자들이 견지하는 조망인데, 이들은 스스로를 행동신경과학자, 신경심리학자, 행동유전학자, 생리심리학자, 또는 생물심리학자라고 부르기도 한다.

생의학치료(biomedical therapy) 환자의 신경계에 직접적으로 작용하는 약물의 처방이나 의학적 처치

선천성-후천성 논제(nature-nurture issue) 유전자와 환경이 심적 특질과 행동의 발달에 기여하는 상대적 공헌에 대한 해묵은 논쟁. 오늘날의 과학은 특질과 행동이 선천성과 후천성의 상호작용에서 출현하는 것으로 간주한다.

선택주의(selective attention) 특정 자극에 의식적 자각의 초점을 맞추는 것

섬광기억(flashbulb memory) 정서적으로 중차대한 순간이나 사건에 대한 선명한 기억

성(sex) 심리학에서 사람들이 남성과 여성을 정의하는 생물학적으로 영향을 받은 특성들

성격(personality) 개인의 특징적인 사고, 감정, 그리고 행위 패턴

성격검사(personality inventory) 광범위한 감정과 행동을 평가하도록 설계된 항목들에 반응하는 질문지. 선택적인 성격 특질을 평가하는 데

사용한다.

성격장애(personality disorder) 사회적 기능을 손상시키는 융통성이 없고 지속적인 행동 패턴이 특징인 심리장애

성기능부전(sexual dysfunction) 성적 반응 주기 도중에 성적 각성이나 기능이 계속적으로 손상되는 문제

성도착증(paraphilia) 사람이 아닌 대상을 수반하는 환상이나 행동 또는 충동으로부터 성적 각성을 경험하고, 동의하지 않는 사람에게 고통을 주는 장애

성별(gender) 심리학에서 사람들이 여자와 남자를 정의하는 사회적으로 영향을 받은 특성들

성별 역할(gender role) 남성과 여성에게 기대하는 행동의 집합

성별 유형화(gender typing) 전통적인 남성과 여성의 역할을 획득하는 것

성별 정체성(gender identity) 남성 또는 여성이거나 남성과 여성의 조합이라는 생각

성숙(maturation) 경험의 영향을 거의 받지 않으면서 행동이 질서정연하게 변화하도록 해주는 생물학적 성장과정

성장 마음갖춤새(growth mindset) 능력을 고정된 것으로 간주하지 않고 학습과 성장에 초점을 맞추는 상태

성적 반응 주기(sexual response cycle) 매스터스와 존슨이 기술한 성적 반응의 네 단계 : 흥분, 고조, 오르가슴, 해소

성적 지향성(sexual orientation) 성적 끌림의 방향으로, 사람들의 갈망이나 환상에 투영된다.

성취검사(achievement test) 한 개인이 지금까지 학습한 것을 평가하는 검사

성취동기(achievement motivation) 중요한 성취를 달성하고 완전해지려 하며 높은 기준을 달성하려는 욕구

성폭력(sexual aggression) 신체적으로든 정서적으로든 원치 않는 사람에게 성적으로 해를 끼치려는 의도가 있는 신체적 또는 언어적 행동

세포체(cell body) 뉴런에서 세포핵을 포함하고 있는 부분. 세포의 생명유지 중추

소거(extinction) 조건반응의 감소. 파블로프식 조건형성에서는 US가 CS에 뒤따르지 않을 때, 그리고 조작적 조건형성에서는 반응이 더 이상 강화되지 않을 때 일어난다.

소뇌(cerebellum) 뇌간 뒤쪽에 붙어있는 '작은 두뇌'로서 감각입력을 처리하고 운동출력과 균형을 조정하며, 비언어적 학습과 기억을 가능하게 만드는 기능을 가지고 있다.

손상법(lesion) 조직의 파괴. 두뇌 손상이란 자연적으로 또는 실험에서 처치한 두뇌조직 파괴를 말한다.

수렴적 사고(convergent thinking) 최선의 해결책을 결정하기 위하여 가용한 문제해결 방안을 좁혀나가는 사고

수면(sleep) 규칙적이고 자연적인 의식의 상실. 혼수상태나 마취 또는 동면으로 인해서 초래되는 무의식과는 구별된다(Dement, 1999에서 인용).

수면 무호흡증(sleep apnea) 잠을 자면서 일시적인 호흡 중단으로 반복적으로 깨어나게 되는 특징을 보이는 수면장애

수상돌기(dendrite) 메시지를 받아들이고 신경 흥분을 세포체 쪽으로 전도하는 뉴런의 나뭇가지 모양의 구조

수초(myelin sheath) 많은 뉴런의 축색을 마디마다 덮고 있는 기름층. 신경 흥분이 한 마디에서 다음 마디로 뛰어넘어 감에 따라서 흥분의 전달속도를 아주 빠르게 해준다.

순행간섭(proactive interference) 과거의 학습이 새로운 정보의 회상을 방해하는 효과

스키마(schema) 정보를 체제화하고 해석하는 개념 또는 틀

스탠퍼드-비네 지능검사(Stanford-Binet Intelligence Test) 비네 지능검사의 미국판 검사 (스탠퍼드대학교의 터먼 교수가 개발하였다.)

스트레스(stress) 사람들이 위협적이거나 도전적이라고 평가하는 스트레스원이라고 부르는 특정 사건을 지각하고 그 사건에 반응하는 과정

스포트라이트 효과(spotlight effect) 자신의 외모와 성과 그리고 실수를 다른 사람이 알아채고 평가하는 것을 과대평가하는 것

습관화(habituation) 반복되는 자극에 대한 반응성의 감소. 유아가 시각자극에 반복적으로 노출되어 친숙해짐에 따라서 흥미가 감소하고 곧 다른 곳으로 시야를 돌리게 된다.

시각 절벽(visual cliff) 유아와 어린 동물의 깊이 지각을 검사하는 실험도구

시교차상핵(suprachiasmatic nucleus, SCN) 시상하부에 있는 일주기 리듬을 제어하는 한 쌍의 세포군집. 빛에 대한 반응으로 송과선으로 하여금 멜라토닌 생성을 조절하게 만들어서 졸리다는 느낌을 변화시킨다.

시냅스(synapse) 정보를 보내는 뉴런의 축색 끝부분과 받아들이는 뉴런의 수상돌기나 세포체 간의 접합부분. 이 접합부분의 미세한 간극을 시냅스 틈이라고 부른다.

시상(thalamus) 뇌간의 꼭대기에 위치한 두뇌의 감각 스위치. 피질의 감각영역으로 메시지를 보내며 피질의 응답을 소뇌와 연수로 전달한다.

시상하부(hypothalamus) 시상 아래에 위치한 신경 구조. 여러 신체보존 활동(먹기, 마시기, 체온 등)을 관장하며, 뇌하수체를 통하여 내분비계를 지배하고, 정서와 관련되어 있다.

시신경(optic nerve) 눈에서의 신경 흥분을 두뇌로 전달하는 신경

신경(nerve) 많은 축색으로 구성된 신경 '케이블'로, 말초신경계의 한 부분인 이러한 축색 다발은 중추신경계를 근육, 내분비선, 그리고 감각기관과 연결시킨다.

신경가소성(neuroplasticity) 손상 후의 재조직하거나 경험에 근거하여 새로운 신경통로를 구축하는 방식으로 두뇌가 변화하는 능력. 아동기에 특히 현저하다.

신경계(nervous system) 말초신경계와 중추신경계의 모든 뉴런으로 구성된 신체의 신속한 전기화학적 소통망

신경발달장애(neurodevelopmental disorder) 아동기에 시작하여 사고와 행동을 바꾸어놓는 중추신경계의 이상

신경생성(neurogenesis) 새로운 뉴런의 형성

신경인지장애(neurocognitive disorder, NCD) 인지 결손이 특징인 후천적 장애. 알츠하이머병, 두뇌 손상이나 질병, 물질 남용 등과 관련되기 십상이다. 노인들의 신경인지장애를 치매라고도 부른다.

신경전달물질(neurotransmitter) 뉴런들 사이의 시냅스 틈에서 작용하는 화학 메신저. 정보를 보내는 뉴런에서 방출된 신경전달물질은 시냅

스 틈을 건너가서 받아들이는 뉴런의 수용기 영역에 들러붙음으로써 그 뉴런이 신경 흥분을 생성하는 데 영향을 미친다.

신념 집착(belief perseverance) 자기 생각의 토대가 잘못된 것임이 판명된 후에도 처음의 생각에 매달리는 것

신뢰도(reliability) 검사가 일관적인 결과를 내놓는 정도. 반분신뢰도, 동형검사 신뢰도, 또는 검사-재검사 신뢰도 등으로 평가한다.

신체증상장애(somatic symptom disorder) 명확한 신체적 원인이 없음에도 증상이 신체적 형태를 취하는 심리장애

신호탐지 이론(signal detection theory) 배경 자극(소음) 속에서 희미한 자극(신호)의 존재를 언제, 어떻게 탐지하는지를 예언하는 이론. 단 하나의 절대 역치는 존재하지 않으며, 탐지는 부분적으로 개인의 경험과 기대 그리고 동기와 피로 수준에 달려있다고 가정한다.

신흥 성인기(emerging adulthood) 오늘날 어떤 사람들에게 있어서, 청소년의 의존성과 완전히 독립적이고 책임을 져야 하는 성인기 간의 간극을 연결시키는 18세부터 20대 중반까지의 시기

실무율 반응(all-or-none response) 뉴런이 (최대 강도로) 흥분하거나 흥분하지 않는 반응

실어증(aphasia) 일반적으로 좌반구의 브로카 영역(말하기의 장애)이나 베르니케 영역(언어 이해의 장애)의 손상에 의해 야기되는 언어장애

실험(experiment) 연구자가 하나 이상의 변인(독립변인)에 처치를 가하고 행동이나 심적 과정(종속변인)에 미치는 효과를 관찰하는 연구방법. 참가자들을 무선할당함으로써 연구자는 다른 관련 요인들을 통제하고자 한다.

실험집단(experimental group) 실험참가자들에게 처치를 가하는, 즉 독립변인의 한 수준에 노출시키는 집단

실험 후 설명(debriefing) 실험을 종료한 후에 참가자에게 그 실험의 목적이나 (만일 있었다면) 속임수 등을 포함하여 연구의 내용을 설명해주는 것

심리성적 단계(psychosexual stage) 프로이트에 따르면, 아동기 발달단계(구강기, 항문기, 남근기, 잠복기, 생식기)로 원초아의 쾌추구 에너지가 특정한 성감대에 초점을 맞추게 된다.

심리신경면역학(psychoneuroimmunology) 심리, 신경, 내분비 처리과정이 합동으로 면역 시스템과 그에 따른 건강에 영향을 미치는 방식을 연구하는 분야

심리장애(psychological disorder) 인지, 정서 조절, 행동 등에서 임상적으로 심각한 동요가 특징적으로 나타나는 증후군

심리치료(psychotherapy) 훈련받은 치료사와 심리적 어려움으로 고통받거나 개인적 성숙을 추구하는 사람 간의 상호작용으로 구성된 심리학적 기법을 수반하는 치료

심리학(psychology) 행동과 심적 과정의 과학

아편제(opiate) 아편 그리고 모르핀과 헤로인과 같은 유도체. 신경 활동을 억제하며 일시적으로 통증과 불안을 완화시킨다.

알고리듬(algorithm) 특정한 문제의 해결을 보장해주는 논리적 규칙이나 절차. 일반적으로 신속하지만 실수를 저지르기도 쉬운 발견법(어림법)과 대비된다.

알츠하이머병(Alzheimer's disease) 신경 반점이 특징적으로 나타나는 신경인지장애. 보통 80세 이후에 출현하며, 기억을 포함한 여러 인지능력의 점진적 손상을 수반한다.

알코올 남용 장애(alcohol use disorder) 내성과 금단 그리고 계속해서 알코올을 사용하려는 추동의 특징을 나타내는 장애 (일반적으로는 알코올 중독이라고 부른다.)

알파파(alpha wave) 깨어있으면서 이완된 상태의 비교적 느린 뇌파

암묵기억(implicit memory) 의식적 회상과 독립적인 학습된 기술이나 파블로프식으로 조건형성된 연합의 파지 (비선언적 기억이라고도 부른다.)

암페타민(amphetamine) 신경 활동을 자극하여 신체기능을 촉진시키고 에너지와 기분 변화를 초래하는 메탐페타민과 같은 약물

애착(attachment) 다른 사람과의 정서적 유대. 어린 아동은 보호자와 가까이 있으려고 하고 헤어지면 불편함을 나타낸다.

야경증(night terror) 높은 각성과 심각한 공포의 모습을 보이는 수면장애. 악몽과는 달리 잠들고 두세 시간 내의 N3 수면 중에 일어나며 기억하는 경우가 드물다.

양극성장애(bipolar disorder) 절망과 우울의 무기력 그리고 지나치게 흥분된 조증 상태가 교대되는 기분장애(과거에는 조울증이라 불림)

양성성(androgyny) 전통적으로 남성적인 심적 특성과 여성적인 심적 특성을 모두 나타내는 특성

양안 단서(binocular cue) 망막 부등이나 수렴과 같이 두 눈의 사용에 의존하는 깊이 단서

양전자 방출 단층촬영법(positron emission tomography, PET) 두뇌가 특정 과제를 수행하는 동안 방사능 물질이 포함된 포도당이 어느 곳에 몰리는지를 탐지하는 기법

얕은 처리(shallow processing) 단어의 구조나 외형에 근거한 기본 수준에서의 부호화

억압(repression) 정신분석 이론에서 불안을 유발하는 사고와 감정 그리고 기억을 의식으로부터 밀어내는 기본적인 방어기제

언어(language) 말하거나 쓰거나 손으로 신호하는 단어들, 그리고 의미를 의사소통하기 위하여 그 단어들을 결합하는 방법

언어결정론(linguistic determinism) 언어가 사람들의 사고방식을 결정한다는 벤저민 워프의 가설

언어상대성(linguistic relativity) 언어가 사고방식에 영향을 미친다는 생각

얼굴 피드백 효과(facial feedback effect) 얼굴 근육 상태가 분노, 공포, 행복 등과 대응하는 감정을 촉발하는 경향성

에스트로겐(estrogen) 남성보다 여성이 더 많이 분비하는 성호르몬. 인간을 제외한 포유류 암컷의 경우 에스트로겐 수준은 배란기에 최고조에 달하여 성적 수용성을 촉진시킨다.

에이즈(AIDS) 성관계를 통하여 감염되는 질병으로 HIV가 초래하는 치명적인 상태이다. 면역 시스템을 무력화시켜 감염에 취약하도록 만든다.

엑스터시(ecstasy, MDMA) 합성 흥분제이며 약한 환각제. 도취감과 사회적 친밀감을 만들어 내지만, 단기적으로는 건강의 위험 그리고 장기적으로는 세로토닌 생성 뉴런과 기분 그리고 인지를 손상시키게 된다.

엔도르핀(endorphine) '신체 내부의 모르핀'으로, 통증 조절과 쾌(快)와 연결된 자연적인 마약과 같은 신경전달물질

여성 오르가슴 장애(female orgasmic disorder) 오르가슴을 거의 경험하지 못하거나 전혀 경험할 수 없는 고통

여키스-닷슨 법칙(Yerkes-Dodson law) 성과는 일정 수준까지 각성과 함께 증가하며, 그 수준을 넘어서면 성과가 떨어진다는 원리

역조건형성(counterconditioning) 원하지 않는 행동을 촉발하는 자극에 새로운 반응을 조건형성시키는 행동치료 기법. 파블로프식 조건형성에 근거한다. 노출치료와 혐오조건형성이 포함된다.

역치(threshold) 신경 흥분을 촉발시키는 데 필요한 자극의 수준

역치하(subliminal) 의식적 자각을 위한 절대역치 이하

역할(role) 사회적 위상에 대한 일련의 기대(규범)이며, 그 위상에 위치하는 사람이 어떻게 행동해야 할 것인지를 규정한다.

역행간섭(retroactive interference) 새로운 학습이 기존 정보의 회상을 방해하는 효과

역행성 기억상실증(retrograde amnesia) 과거의 정보를 인출하지 못하는 장애

연속 강화계획(continuous reinforcement schedule) 원하는 반응이 나타날 때마다 강화하는 것

연수(medulla) 뇌간의 토대. 심장박동과 호흡을 제어한다.

연합영역(association area) 일차 운동기능과 감각기능에 관여하지 않는 대뇌피질 영역. 학습, 기억, 사고 그리고 언어와 같은 고등 심적 기능에 관여한다.

연합학습(associative learning) 특정 사건들이 함께 출현하는 것을 학습하는 것. 사건은 두 자극일 수도 있고(파블로프식 조건형성), 반응과 그 결과일 수도 있다(조작적 조건형성).

열정애(passionate love) 상대방에 강력하고도 긍정적으로 몰입된 흥분된 상태. 일반적으로 열애관계를 시작할 때 나타난다.

염색체(chromosome) 유전자를 담고 있는 DNA 분자로 구성된 실 같은 구조

영상기억(iconic memory) 시각자극의 순간적인 감각기억. 300밀리초도 지속되지 않는다.

영-헬름홀츠 삼원색 이론(Young-Helmholtz trichromatic theory) 망막에는 세 가지 상이한 색채수용기, 즉 빨강에 매우 민감한 수용기, 녹색에 민감한 수용기, 그리고 파랑에 민감한 수용기가 있으며, 이것들이 적절하게 조합하여 활동함으로써 모든 색을 지각할 수 있게 된다는 이론

예측타당도(predictive validity) 검사가 예측하고자 계획한 행동을 실제로 예측하는 정도. 검사 점수와 기준행동 사이의 상관을 계산하여 평가한다(준거타당도라고도 부른다).

오정보 효과(misinformation effect) 오도하는 정보에 의해 기억이 오염되는 효과

옹알이 단계(babbling stage) 대략 생후 4개월에 시작하는 언어 발달 단계로, 이 단계의 유아는 자발적으로 가정에서 사용하는 언어와는 무관한 다양한 소리를 낸다.

외디푸스 콤플렉스(Oedipus complex) 프로이트에 따르면, 어머니를 향한 남아의 성적 욕구 그리고 경쟁자인 아버지에 대한 질투와 혐오감

외상 후 성장(posttraumatic growth) 극단적으로 도전적인 환경이나 삶의 위기와 투쟁한 결과로 나타나는 긍정적인 심리적 변화

외상 후 스트레스 장애(posttraumatic stress disorder, PTSD) 외상 경험 후에 4주 이상 맴도는 기억, 악몽, 과잉경계, 외상 관련 자극의 회피, 사회적 철수, 급작스러운 불안, 감각마비, 불면증 등이 특징적으로 나타나는 불안장애

외재적 동기(extrinsic motivation) 약속된 보상을 받거나 위협적인 처벌을 피하기 위해서 어떤 행동을 하려는 욕구

외적 통제 소재(external locus of control) 우연이나 자신의 개인적 통제를 벗어난 외부 힘이 자신의 운명을 결정한다는 지각

외집단(outgroup) '그들' 즉 자신의 내집단과 다르거나 분리된 것으로 지각되는 사람들

외현기억(explicit memory) 의식적으로 알고 있으며 선언할 수 있는 사실과 경험의 기억 (선언기억이라고도 부른다.)

욕구 위계(need hierarchy) 인간 욕구에 대한 매슬로우의 피라미드. 가장 밑바닥에 우선적으로 만족되어야만 하는 생리적 욕구로 시작하여, 그 위에 안전 욕구가 존재하며, 그런 다음에 심리적 욕구들이 위치한다.

우울정신병(major depressive disorder) 약물이나 의학 처치가 없는 상태에서 2주 이상 심각하게 우울한 기분과 무가치하다는 느낌 그리고 대부분의 활동에서 관심이나 즐거움이 감소된 것을 경험하게 되는 기분장애

운동감각(kinesthesis) 각 신체부위의 위치와 운동을 감각하는 시스템

운동(원심성)뉴런(motor neuron, efferent neuron) 중추신경계에서 내보내는 정보를 근육과 내분비선에 전달하는 뉴런

운동피질(motor cortex) 자발적 운동을 통제하는 전두엽의 뒤쪽 영역

원초아(id) 프로이트에 따르면, 기본적인 성적 추동과 공격 추동을 만족시키려고 전력투구하는 무의식적 정신 에너지의 저장고. 원초아는 쾌락원리에 따라서 작동하며 즉각적인 만족을 요구한다.

원추체(cone) 망막 중심부에 집중되어 있으며 낮이나 조명이 밝을 때 기능하는 망막수용기. 세부사항을 탐지하며 색채감각을 유발한다.

원형(prototype) 한 범주의 심상이나 최선의 사례. 새로운 항목을 원형과 대응시키는 것은 그 항목을 한 범주에 포함시키는 신속하고도 용이한 방법을 제공해준다.

웩슬러 성인용 지능검사(Wechsler Adult Intelligence Scale, WAIS) 가장 널리 사용되는 지능검사. 언어성 하위검사와 동작성 하위검사로 구성되어 있다.

유동지능(fluid intelligence, Gf) 빠르고 추상적으로 추리하는 능력. 연령이 증가함에 따라 감소하는 경향이 있으며, 특히 노년기에 그렇다.

유산소 운동(aerobic exercise) 심장과 폐의 활력을 증진시키는 지속적인 운동. 우울과 불안을 완화시키기도 한다.

유인자극(incentive) 행동을 동기화하는 긍정적이거나 부정적인 환경자극

유전(heredity) 조상으로부터 후손으로 유전적 특성이 전이되는 것

유전성(heritability) 개인 간의 변산성 중에서 유전 탓으로 돌릴 수 있는 비율. 한 특질의 유전성은 연구하는 전집의 범위와 환경의 범위에 따라서 변할 수 있다.

유전자(gene) 염색체를 구성하는 생화학적 유

전 단위. 단백질을 합성할 수 있는 DNA의 부분

음고(pitch) 소리의 높낮이. 주파수에 달려있다.

음소(phoneme) 한 언어에서 변별적인 최소 음성 단위

응용연구(applied research) 현실 문제를 해결하려는 목적을 갖는 과학 연구

의미기억(semantic memory) 사실과 일반지식의 외현기억. 두 개의 의식적 기억 시스템 중의 하나이다(다른 하나는 일화기억이다).

의식(consciousness) 우리 자신과 환경에 대한 자각

의학 모형(medical model) 질병은 진단되고 치료되며 대부분의 경우에 완치될 수 있는 신체적 원인을 가지고 있다는 개념. 심리장애에 적용할 때, 의학 모형은 이러한 심적 질병이 증상에 근거하여 진단되고 치료를 통해서 완치될 수 있다고 가정하는데, 여기에는 정신병원에서의 치료가 포함된다.

이란성 쌍둥이(fraternal twin) 서로 다른 수정란으로부터 발달한 쌍둥이. 유전적으로는 형제들보다 더 유사하지 않지만, 태내 환경을 공유한다.

이론(theory) 관찰을 체제화하고 행동이나 사건을 예측하는 원리들의 통합적 집합을 사용한 설명

이중은폐 절차(double-blind procedure) 실험참가자와 실험자 모두 누가 실험처치를 받았는지, 그리고 누가 가짜약을 받았는지를 모르는 실험 절차. 일반적으로 약물 평가 연구에서 사용한다.

이중 처리과정(dual processing) 분리된 의식 궤적과 무의식 궤적에서 정보를 동시에 처리한다는 원리

이차 성징(secondary sex characteristics) 여성의 가슴과 엉덩이, 남성의 변성과 체모 등과 같은 부차적 성징

이타심(altruism) 타인의 복지에 대한 헌신적 관여

인간요인심리학(human factors psychology) 사람과 기계가 상호작용하는 방식 그리고 기계와 물리적 환경을 안전하고도 사용하기 쉽게 설계하는 방법을 연구하는 산업조직심리학의 하위 분야

인본주의 심리학(humanistic psychology) 건강한 사람의 성장 잠재력을 강조한 역사적으로 중요한 조망

인본주의 이론(humanistic theory) 건강한 개인적 성장 잠재력에 초점을 두고 성격을 바라다보는 이론

인사심리학(personnel psychology) 산업조직심리학의 하위분야로 직원의 선발, 배치, 훈련, 평가, 그리고 개발에 초점을 맞춘다.

인지(cognition) 사고하기, 알기, 기억하기, 그리고 의사소통하기와 연합된 모든 심적 활동

인지도(cognitive map) 환경의 배열에 관한 심적 표상. 예컨대, 미로를 탐색한 후에 쥐는 마치 그 미로의 인지도를 학습한 것처럼 행동한다.

인지부조화 이론(cognitive dissonance theory) 두 가지 생각이 일치하지 않을 때 사람들이 느끼는 불편함(부조화)을 감소시키도록 행동한다는 이론. 예컨대, 태도와 행위에 대한 자각이 충돌할 때 태도를 변화시킴으로써 부조화를 감소시킬 수 있다.

인지신경과학(cognitive neuroscience) 지각, 사고, 기억, 언어 등 인지와 연계된 두뇌 활동을 연구하는 학제적 분야

인지심리학(cognitive psychology) 우리가 지각하고 학습하며 기억하고 사고하며 소통하고 문제를 해결할 때 발생하는 것과 같은 심적 과정의 연구

인지치료(cognitive therapy) 사람들에게 새롭고 보다 적응적인 사고와 행동 방식을 가르치는 치료법. 사고가 사건과 정서반응을 매개한다는 가정에 근거한다.

인지학습(cognitive learning) 사건을 관찰하든 타인을 주시하든 언어를 통해서든, 심적 정보를 획득하는 학습

인지행동치료(cognitive-behavior therapy, CBT) 인지치료(자기파괴적 사고를 변화시킴)를 행동치료(행동을 변화시킴)와 결합시킨, 널리 사용하는 통합적 치료법

인출(retrieval) 기억 저장소에서 정보를 끌어내는 과정

일란성 쌍둥이(identical twin) 둘로 분할되어 유전적으로 동일한 두 유기체를 만들어내는 단일 수정란에서 발달한 쌍둥이

일반 적응 증후군(general adaptation syndrome, GAS) 스트레스에 대한 신체의 적응적 반응을 나타내는 한스 셀리에의 개념으로, 세 단계 즉 경고단계, 저항단계, 소진단계로 진행된다.

일반지능(general intelligence, g) 스피어먼 등에 의하면, 모든 심적 능력에 기저하며, 지능검사에 들어있는 모든 과제를 가지고 측정하게 된다.

일반화(generalization) 파블로프식 조건형성에서 일단 한 반응이 조건형성된 후, 조건자극과 유사한 자극이 유사한 반응을 초래하는 경향성(조작적 조건형성에서는 한 상황에서 학습한 반응이 다른 유사한 상황에서 일어날 때 일반화가 발생한다.)

일주기 리듬(circadian rhythm) 생물학적 시계. 24시간 주기로 발생하는 규칙적인 신체리듬(예컨대, 체온과 각성의 리듬)

일차 강화물(primary reinforcer) 생물학적 욕구를 만족시키는 생득적으로 강화적인 자극

일차 성징(primary sex characteristics) 자손 번식을 가능하게 만들어주는 신체 구조(난소, 고환, 그리고 외부의 성기)

일화기억(episodic memory) 개인적 경험의 외현기억. 두 개의 의식적 기억 시스템 중의 하나이다(다른 하나는 의미기억이다).

임사체험(near-death experience) (심장마비 등으로 인해서) 죽음에 임박하였던 경험 후에 보고하는 의식의 변경된 상태. 약물로 유도한 환각과 유사하기 십상이다.

임상심리학(clinical psychology) 심리장애를 가지고 있는 사람을 연구하고 평가하며 치료하는 심리학의 한 분야

자극(stimulus) 반응을 유발하는 어떤 사건이나 상황

자기(self) 현대심리학에서 성격의 중심이며, 사고와 감정 그리고 행위를 체제화하는 존재로 가정하는 개념

자기개념(self-concept) (1) "나는 누구인가?"라는 물음에서 자신에 대한 모든 사고와 감정, (2) 자신의 정체감과 개인적 가치에 대한 감각

자기결정 이론(self-determination theory) 사람들은 유능성, 자율성, 관계성 욕구를 만족시키려는 동기를 가지고 있다는 이론

자기공명 영상법(magnetic resonance imaging,

MRI) 자기장과 라디오파를 사용하여 컴퓨터가 생성하는 영상을 만들어내는 기법. 두뇌 구조를 보여준다.

자기노출(self-disclosure) 상대방에게 자신의 속내를 드러내는 것

자기실현(self-actualization) 매슬로우에 따르면, 기본적인 생리적 욕구와 심리적 욕구가 만족되고 자기존중감이 달성된 후에 발생하는 궁극적인 심리적 욕구로, 자신의 잠재력을 충족시키려는 동기이다.

자기애(narcissism) 지나친 자기 사랑과 자기 연민

자기위주 편향(self-serving bias) 자신을 호의적으로 지각하려는 경향성

자기중심성(egocentrism) 피아제 이론에서 전조작기 아동이 다른 견지를 받아들이는 데 어려움을 느끼는 현상

자기초월(self-transcendence) 매슬로우에 따르면, 자기를 넘어선 정체성, 의미, 목적 등의 추구

자기충족적 예언(self-fulfilling prophecy) 자신이 생각한 대로 이끌어가는 신념

자기통제(self-control) 충동을 통제하고 보다 큰 장기적 보상을 위하여 단기적 욕구를 지연하는 능력

자기효능감(self-efficacy) 개인의 유능성과 효과성에 대한 생각

자동처리(automatic processing) 공간, 시간, 빈도, 단어 의미 등과 같이 잘 학습된 정보의 무의식적 부호화

자발적 회복(spontaneous recovery) 휴지기간 후에 소거되었던 조건반응이 다시 나타나는 현상

자아(ego) 프로이트에 따르면, 원초아와 초자아, 그리고 현실의 요구를 중재하는 대체로 의식적인 성격의 '집행자'에 해당한다. 자아는 현실원리에 따라서 작동하며, 현실적으로 고통보다는 쾌를 초래하게 되는 방식으로 원초아의 요구를 만족시킨다.

자연관찰(natural observation) 상황에 처치를 가하거나 통제하지 않은 채 자연적으로 발생하는 상황에서 행동을 관찰하고 기록하는 기술적 기법

자연선택(natural selection) 유전된 특질의 변이라는 범위 내에서 자손 번식과 생존에 기여하는 특질은 후세대에게 전달될 가능성이 더 크다는 원리

자유연상(free association) 정신분석에서 무의식을 탐색하는 방법으로, 이완된 상태에서 아무리 사소하거나 당황스러운 것이라고 하더라도 마음에 떠오르는 것을 말하는 방법

자율신경계(autonomic nervous system) 내분비선과 신체기관(예컨대, 심장)의 근육을 제어하는 말초신경계의 부분. 교감신경계는 활성화하고, 부교감신경계는 안정을 유지한다.

자존감(self-esteem) 자신의 가치를 높게 또는 낮게 느끼는 것

자질 탐지기(feature detector) 모양이나 각도 또는 움직임과 같이 자극의 특정한 자질에 반응하는 두뇌의 뉴런

자폐 스펙트럼 장애(autism spectrum disorder, ASD) 소통, 사회적 상호작용, 상대방의 마음 읽기 등에 대한 이해 결손이 특징적으로 나타나는 아동기에 발생하는 심리장애

작업기억(working memory) 단기기억에 대한 새로운 이해로서, 들어오는 청각 정보와 시공간 정보 그리고 장기기억에서 인출된 정보의 의식적이고 적극적인 처리를 수반한다.

잠재내용(latent content) 프로이트에 따르면, 꿈의 숨어있는 의미이다.

잠재학습(latent learning) 학습이 일어났지만 그것을 나타낼 유인자극이 있을 때까지 외현적으로 나타나지 않는 학습

장기기억(long term memory) 비교적 영속적이고 무제한의 기억저장 창고. 지식, 기술, 경험 등이 포함된다.

장기 활동증폭(long-term potentiation, LTP) 짧고 신속한 자극 후에 시냅스 활동의 잠재력이 증가하는 것. 학습과 기억의 신경적 토대로 보인다.

장소 이론(place theory) 우리가 듣는 음고를 달팽이관의 기저막이 자극받는 위치와 연결시키는 이론

재응고화(reconsolidation) 과거에 저장한 기억이 인출된 후에는 다시 저장하기에 앞서 또다시 변화될 가능성이 있는 과정

재인(recognition) 선다형 검사에서와 같이 학습한 항목을 확인만 하면 되는 기억 측정 방법

재학습(relearning) 학습하였던 정보를 다시 학습할 때 절약되는 시간의 양을 평가하는 기억 측정 방법

재흡수(reuptake) 신경전달물질이 내보냈던 뉴런으로 되돌아가는 현상

저장(storage) 부호화된 정보를 오랫동안 파지하는 것

저항(resistance) 정신분석에서 불안을 내포하고 있는 내용의 의식을 차단하는 현상

적극적 듣기(active listening) 듣는 사람이 따라 말해보고, 다시 표현해보며, 분명하게 확인하는 공감적 듣기. 로저스의 내담자 중심 치료의 핵심이다.

적성검사(aptitude test) 한 개인의 미래 성취를 예언하기 위해 고안된 검사. 적성이란 학습능력을 말한다.

적응 수준 현상(adaptation level phenomenon) 과거 경험에 의해 정의된 중립적 수준에 비추어 판단하는 경향성

전경-배경(figure-ground) 시야를 주변(배경)에 존재하는 사물(전경)로 체제화하는 것

전기충격요법(electroconvulsive therapy, ECT) 심각한 우울증 환자를 위한 생의학치료법. 마취한 환자의 두뇌에 전류를 짧게 흐르게 하는 방법이다.

전도성 청력 손실(conduction hearing loss) 음파를 달팽이관으로 전달하는 기계적 시스템의 손상이 야기하는 청력 손상

전두엽(frontal lobe) 이마 쪽에 위치한 대뇌피질 영역. 말하기와 근육운동 그리고 계획 세우기와 판단에 관여한다.

전두엽 절제술(lobotomy) 과거에 정서를 통제할 수 없거나 난폭한 환자를 진정시키기 위해서 사용하였던 정신외과수술로, 전두엽을 정서통제 중추로 연결해주는 신경을 절단하는 외과수술

전보식 말(telegraphic speech) 아동이 전보처럼 말하는 초기 언어단계로, 대체로 명사와 동사를 사용하며 보조단어들을 생략한다.

전이(transference) 정신분석에서 다른 관계(예컨대, 부모에 대한 사랑이나 증오)와 연계된 정서를 환자가 치료사에게 전달하는 것

전정감각(vestibular sense) 균형감각을 포함하

여 신체 운동과 위치에 대한 감각

전조작 단계(preoperational stage) 피아제 이론에서 아동이 언어를 학습하지만 구체적 논리의 심적 조작을 아직 이해하지 못하는 단계(대략 2세에서 7세까지)

전집(population) 연구를 위한 표본을 추출하는 전체 집단. (주 : 전국 연구를 제외하고는 전집이 한 국가의 모든 인구를 지칭하지 않는다.)

절대 역치(absolute threshold) 특정 자극을 50%의 시행에서 탐지하는 데 필요한 최소 자극

절충적 접근(eclectic approach) 내담자의 문제에 따라서 다양한 형태의 치료기법을 사용하는 심리치료에 대한 접근방법

점화(priming) 특정 연합의 무의식적 활성화. 지각이나 기억 또는 반응을 한쪽으로 이끌어 간다.

접근과 회피 동기(approach and avoidance motives) 특정 자극에 다가가거나(접근) 멀어지려는(회피) 동기

접합자(zygote) 수정란. 2주에 걸친 급속한 세포 분열기에 접어들어 배아로 발달한다.

정보적 사회영향(informational social influence) 현실에 대한 타인의 견해를 받아들이려는 의지에서 초래되는 영향

정상곡선(normal curve) 많은 신체적 속성과 심리적 속성을 기술하는 대칭적인 산 모양의 곡선. 대부분의 점수가 평균 주변에 위치하며, 극단으로 갈수록 적은 수의 점수가 위치한다.

정서(emotion) 생리적 각성, 표현적 행동, 그리고 무엇보다도 해석에 따른 의식적 경험을 수반하는 유기체의 반응

정서중심 대처법(emotion-focused coping) 스트레스원을 피하거나 무시하고 스트레스 반응과 관련된 정서적 욕구에 주의를 기울임으로써 스트레스를 경감하려는 시도

정서지능(emotional intelligence) 정서를 지각하고 이해하며 처리하고 사용하는 능력

정신물리학(psychophysics) 자극의 강도와 같은 물리적 특성과 심리적 경험 사이의 관계에 대한 연구

정신분석(psychoanalysis) (1) 사고와 행위를 무의식적 동기와 갈등으로 귀인시키는 프로이트의 성격 이론. 무의식적 긴장을 노출시키고 해석함으로써 심리장애를 치료하는 데 사용하는 기법, (2) 지그문트 프로이트의 치료기법. 프로이트는 환자의 자유연상, 저항, 꿈, 전이, 그리고 치료사의 해석이 과거에 억압되었던 감정을 방출시킴으로써 환자가 자기 통찰을 획득하게 해준다고 생각하였다.

정신약리학(psychopharmacology) 마음과 행동에 대한 약물의 효과를 연구하는 분야

정신역동 이론(psychodynamic theory) 무의식과 아동기 경험의 중요성에 초점을 맞추고 성격을 조망하는 이론

정신역동 치료(psychodynamic therapy) 개인을 무의식적 욕구와 아동기 경험에 반응하는 존재로 간주하고 자기 통찰을 고양시키고자 하는 정신분석 전통에서 도출한 치료법

정신연령(mental age) 비네가 고안한 지능검사 성과의 측정치. 검사 수행 수준에 대응되는 생활연령을 말한다. 따라서 평균 8세 아동의 검사 성과를 나타내는 아동은 8세의 정신연령을 갖는다.

정신외과수술(psychosurgery) 행동을 변화시키기 위해서 두뇌조직을 제거하거나 파괴하는 외과수술

정신의학(psychiatry) 심리장애를 다루는 의학의 한 분야. 심리치료뿐만 아니라 의학치료(예컨대, 약물치료)도 제공하는 의사들이 활동하는 분야

정신질환(psychotic disorder) 비합리적 생각, 왜곡된 지각, 현실과의 접촉 상실 등의 특징을 나타내는 일군의 장애

정적 강화(positive reinforcement) 먹이와 같은 정적 자극을 제공함으로써 행동을 증가시키는 것. 정적 강화물은 반응 후에 제공함으로써 그 반응을 강력하게 만드는 자극이다.

정체성(identity) 자기라는 느낌. 에릭슨에 따르면, 청소년의 과제는 다양한 역할을 검증하고 통합함으로써 자기감을 공고하게 만드는 것이다.

제임스-랑게 이론(James-Lange theory) 정서 경험은 정서 유발자극에 대한 생리적 반응을 자각하는 것이라는 이론

조건 강화물(conditioned reinforcer) 일차 강화물과 연합되어 강화의 힘을 획득한 자극. 이차 강화물이라고도 부른다.

조건반응(conditioned response, CR) 파블로프식 조건형성에서 이전에 중성적이었던(현재는 조건화된) 자극(CS)에 대한 학습된 반응

조건자극(conditioned stimulus, CS) 파블로프식 조건형성에서 무조건자극(US)과 연합된 후에 조건반응(CR)을 촉발시키게 된 자극

조성(shaping) 강화물을 사용하여 원하는 행동으로 조금씩 접근하도록 유도하는 조작적 조건형성 절차

조작실(operant chamber) 스키너 상자로 알려진 실험공간. 동물이 먹이나 물이라는 강화물을 얻기 위해서 조작을 가할 수 있는 지렛대나 원판이 설치되어 있으며, 연결 장치를 통해서 동물이 지렛대를 누르거나 원판을 쪼는 반응률을 기록할 수 있다. 조작적 조건형성 연구에 사용된다.

조작적 정의(operational definition) 연구에서 사용하는 정확한 절차에 대해 신중하게 표현한 진술. 예컨대, 인간 지능은 지능검사가 측정한 것이라고 조작적으로 정의할 수 있다.

조작적 조건형성(operant conditioning) 강화가 뒤따를 때 행동이 강력해지고, 처벌이 뒤따를 때 행동이 약화되는 유형의 학습

조작행동(operant behavior) 환경에 조작을 가하여 결과를 초래하는 행동

조절(accommodation) 새로운 정보를 받아들이기 위해서 그 정보에 현재의 이해(스키마)를 적응하기

조절점(set point) '체중 자동조절 장치'에 설정된 체중. 신체가 이 체중 이하로 떨어지면, 배고픔의 증가와 낮아진 신진대사율이 상실한 체중을 회복하도록 작동한다.

조증(mania) 위험한 정도로 형편없는 판단이 보편적인 과잉행동적이며 지나치게 낙관적인 상태

조직심리학(organizational psychology) 산업조직심리학의 하위분야로 직업 만족도와 생산성에 대한 조직의 영향을 연구하며 조직의 변화를 촉진시킨다.

조현병(schizophrenia) 와해되고 망상적인 사고, 혼란스러운 지각, 그리고 부적절한 정서와 행위가 특징인 일군의 심각한 심리장애

종단연구(longitudinal study) 동일한 사람을 시

간 경과에 따라 추적하면서 재검사하는 연구

종속변인(dependent variable) 실험에서 측정하는 결과. 독립변인의 처치로 인해서 변하게 되는 변인이다.

좌절-공격성 원리(frustration-aggression principle) 어떤 목표를 달성하려는 시도가 차단되는 것과 같은 좌절이 분노를 유발하고, 분노가 공격성을 만들어낼 수 있다는 원리

주관적 안녕감(subjective well-being) 스스로 지각한 행복이나 삶의 만족도. 사람들의 삶의 질을 평가하기 위해서 객관적 안녕감 측정치(예컨대, 신체적 지표와 경제적 지표 등)와 함께 사용한다.

주변 경로 설득(peripheral route persuasion) 사람들이 말하는 사람의 매력도와 같은 우발적 단서의 영향을 받아 이루어지는 설득

주의력결핍 과잉행동장애(attention-deficit/hyperactivity disorder, ADHD) 극단적 부주의, 과잉행동, 그리고 충동성이 특징인 심리장애

주제 통각 검사(Thematic Apperception Test, TAT) 사람들이 모호한 장면에 관하여 만들어내는 이야기를 통해서 내적 감정과 흥미를 표출하는 투사법 검사

주파수(frequency) 주어진 시간에 한 지점을 통과하는 완벽한 파장의 수

주파수 이론(frequency theory) 청신경을 따라 전달되는 신경 흥분의 비율이 소리의 주파수와 대응되어 음고를 지각할 수 있게 해준다는 이론

준비성(preparedness) 맛과 메스꺼움 간의 관계와 같이 생존가치를 가지고 있는 연합을 학습하려는 생물학적 소인

중독(addiction) 해로운 결과를 초래함에도 불구하고 강박적인 물질 남용(그리고 때로는 제어할 수 없는 도박과 같은 역기능적 행동 패턴)에 대한 일상적 용어(물질 남용 장애도 참조)

중성자극(neutral stimulus, NS) 파블로프식 조건형성에서 조건형성이 이루어지기 이전에 조건반응을 유발하지 않는 자극

중심 경로 설득(central route persuasion) 관심을 보이는 사람이 주장에 주의를 기울이고 호의적인 생각으로 반응을 보임으로써 이루어지는 설득

중심와(fovea) 망막의 중심 위치로, 원추체들이 몰려있다.

중앙값(median) 분포의 중간 점수. 점수의 절반은 중앙값 위쪽에, 그리고 나머지 절반은 아래쪽에 위치하게 된다.

중이(middle ear) 고막과 달팽이관 사이의 공간으로 세 개의 작은 뼈(망치뼈, 모루뼈, 그리고 등자뼈)를 가지고 있다. 이 뼈들은 고막의 진동을 증폭시켜 달팽이관의 난원창으로 전달한다.

중추신경계(central nervous system, CNS) 두뇌와 척수

증거기반 실행(evidence-based practice) 가용한 최선의 연구결과를 임상치료사의 전문성, 내담자의 특성, 선호도 등과 통합하는 임상적 결정

지각(perception) 감각정보를 체제화하고 해석하는 과정으로, 의미 있는 사물과 사건을 재인할 수 있게 해준다.

지각갖춤새(perceptual set) 사물을 한 가지 방식으로만 지각하려는 심적 성향

지각 순응(perceptual adaptation) 시각에서 인위적으로 이동되거나 심지어는 도치된 세상에도 적응할 수 있는 능력

지각 항등성(perceptual constancy) 조명과 망막상이 변하여도 사물을 불변적인 것으로 지각하는 것 (일정한 밝기, 색깔, 모양, 그리고 크기로 지각한다.)

지능(intelligence) 경험으로부터 학습하고, 문제를 해결하며, 지식을 사용하여 새로운 상황에 적응하는 능력

지능검사(intelligence test) 개인의 심적 적성을 평가하고 점수를 사용하여 다른 사람들의 적성과 비교하는 방법

지능지수(intelligence quotient, IQ) 처음에는 생활연령(CA)에 대한 정신연령(MA)의 비율에 100을 곱한 점수로 정의되었다(즉, IQ=MA/CA×100). 오늘날의 지능검사에서는 해당 연령에서의 평균적 수행에 100의 점수를 부여한다.

지도자(leader) 사람들에게 집단의 성공에 기여하도록 동기화시키고 영향을 미치는 개인

지역사회심리학(community psychology) 사람들이 자신의 사회 환경과 상호작용하는 방식 그리고 사회 제도가 개인과 집단에 영향을 미치는 방식을 연구하는 심리학의 한 분야

지적장애(intellectual disability) 지능검사 점수가 70 이하이거나 삶의 요구사항에 적응하는 데 어려움을 느끼는 제한된 심적 능력 상태(과거에는 정신지체라고 불림)

직관(intuition) 노력이 들지 않고 즉각적이며 자동적인 감정이나 사고. 외현적이고 의식적인 추리와 대비된다.

진정제(depressant) 신경 활동을 감소시키고 신체기능을 느리게 만드는 약물(알코올, 바르비투르산염과 아편제 등)

진행성 기억상실증(anterograde amnesia) 새로운 기억을 형성하지 못하는 장애

진화심리학(evolutionary psychology) 자연선택의 원리를 사용하여 행동과 마음의 진화를 연구하는 분야

질병불안장애(illness anxiety disorder) 정상적인 신체 감각을 질병의 증상으로 해석하는 장애(과거에는 건강염려증이라고 불림)

집단 극화(group polarization) 집단 내에서의 토론을 통해 집단의 주도적 성향이 고양되는 현상

집단무의식(collective unconscious) 조상의 역사로부터 공유하고 물려받은 기억에 대한 칼 융의 개념

집단사고(groupthink) 의사결정 집단에서 화합의 욕구가 대안들에 대한 현실적 평가를 압도할 때 발생하는 사고양식

집단주의(collectivism) 집단(자신의 확장된 가족이거나 직장이기 십상이다)의 목표에 우선권을 부여하며, 그에 따라서 자신의 정체성을 정의 내리는 입장

집단치료(group therapy) 개인이 아니라 집단으로 시행하는 치료. 집단 상호작용을 통해서 치료 효과를 얻을 수 있다.

집단화(grouping) 자극들을 응집적인 집단으로 체제화하는 지각 경향성

차별(discrimination) 집단이나 그 구성원을 향한 부당하고 부정적인 행동

차이 역치(difference threshold) 두 자극이 다르다는 것을 50% 탐지하는 데 필요한 최소한의 차이. 최소식별차이(jnd)라고도 부른다.

착각상관(illusory correlation) 관계가 존재하지 않는데 어떤 관계를 지각하거나 실제보다 더 강력한 관계를 지각하는 것

창의성(creativity) 신선하고 가치 있는 아이디어를 만들어내는 능력

처벌(punishment) 반응 후에 주어짐으로써 그 행동을 감소시키는 사건

첫 사정(spermarche) 최초의 사정

청각(audition) 듣는 감각 또는 행위

청소년기(adolescence) 아동기에서 성인기로 넘어가는 과도기로, 사춘기에서부터 독립하는 시기까지를 말한다.

청크 만들기(chunking) 항목들을 친숙하고 처리 가능한 단위로 체제화하는 것. 자동적으로 일어나기 십상이다.

체감각피질(somatosensory cortex) 두정엽의 앞부분 영역으로, 촉각과 운동감각을 받아들이고 처리한다.

체계적 둔감화(systematic desensitization) 즐거운 이완 상태를 점진적으로 강력해지는 불안 유발자극과 연합시키는 역조건형성의 한 유형. 특정 공포증을 치료하는 데 많이 사용한다.

체신경계(somatic nervous system) 신체 골격근을 제어하는 말초신경계의 부분

체화 인지(embodied cognition) 심리과학에서 인지적 선호도와 판단에 미치는 신체 감각, 몸동작 등의 영향

초감각지각(extrasensory perception, ESP) 감각 입력 없이 지각이 일어날 수 있다는 논란의 소지가 많은 주장. 텔레파시, 천리안, 예지 등이 포함된다고 주장한다.

초경(menarche) 최초의 생리 경험

초심리학(parapsychology, 사이비심리학) ESP와 염력을 포함한 심령 현상 연구

초자아(superego) 프로이트에 따르면, 내재화된 이상(理想)을 대표하며 판단(양심)과 미래 포부의 기준을 제공하는 성격 부분

최면(hypnosis) 한 사람(최면술사)이 다른 사람(피최면자)에게 특정한 지각이나 감정, 사고나 행동이 저절로 나타날 것이라는 암시를 주는 사회적 상호작용

최면 후 암시(posthypnotic suggestion) 최면을 거는 동안 최면이 풀린 후에 수행할 것이라고 주어진 암시. 몇몇 임상치료사들이 바람직하지 않은 증상과 행동을 제어하기 위해서 사용한다.

최빈값(mode) 분포에서 가장 빈번하게 나타나는 점수

추동감소 이론(drive-reduction theory) 생리적 욕구가 유기체로 하여금 그 욕구를 만족시키도록 동기화하는 각성된 긴장 상태(추동)를 만들어낸다는 이론

추방(ostracism) 개인이나 집단을 의도적으로 사회에서 배척하는 것

축색(axon) 뉴런에서 뻗어 나와 다른 뉴런이나 근육 또는 내분비선에 메시지를 전달하는 구조

출입문 제어 이론(gate-control theory) 척수에 통각 신호를 차단하거나 두뇌로 전달하는 신경학적 '출입문'이 있다는 이론. '출입문'은 작은 신경섬유를 통해 위로 올라가는 통각 신호의 활동으로 열리며, 큰 신경섬유의 활동이나 두뇌로부터 내려오는 정보에 의해서 닫힌다.

출처 기억상실(source amnesia) 정보를 언제 어디서 어떻게 획득하거나 상상하였는지에 대한 잘못된 기억. (출처 오귀인이라고도 부른다.) 출처 기억상실은 오정보 효과와 함께 많은 거짓기억의 핵심을 이룬다.

측두엽(temporal lobe) 귀 쪽에 위치한 대뇌피질 영역. 좌우 측두엽은 반대편 귀로부터 청각 정보를 받아들인다.

치료적 동맹(therapeutic alliance) 치료사와 내담자 간의 신뢰와 상호 이해의 유대. 두 사람은 함께 건설적인 방식으로 작업함으로써 내담자의 문제를 극복한다.

친밀감(intimacy) 에릭슨 이론에서 밀접하고 사랑하는 관계를 형성하는 능력. 청소년 후기와 초기 성인기에 직면하는 일차 발달 과제이다.

친사회적 행동(prosocial behavior) 긍정적이고 건설적이며 도움이 되는 행동. 반사회적 행동의 반대

친애욕구(affiliation need) 관계를 형성하고 유지하며 집단의 일원임을 느끼려는 욕구

카타르시스(catharsis) 심리학에서 (행동이나 상상을 통한) 공격적 에너지의 방출이 공격 욕구를 완화시킨다는 아이디어

카텔-혼-캐롤 이론(Cattell-Horn-Carroll theory, CHC 이론) 지능이 특정 능력들뿐만 아니라 g에도 근거하는데, Gf와 Gc가 둘을 연계한다는 이론

캐넌-바드 이론(Cannon-Bard theory) 정서 유발자극이 생리적 반응과 정서의 주관적 경험을 동시에 촉발시킨다는 이론

코카인(cocaine) 코카나무에서 추출한 강력하고도 중독성이 강한 흥분제. 일시적으로 각성과 도취감을 증가시킨다.

코호트(cohort) 특정 시대 동일 연배의 집단과 같이, 공통된 특징을 공유하는 집단

타당도(validity) 검사가 측정하려는 것을 측정하거나 예측하는 정도(예측타당도를 참조)

탄력성(resilience) 대부분의 사람들이 스트레스에 대처하고 역경, 심지어는 외상에서부터 회복하도록 도와주는 심리적 힘

태도(attitude) 대상, 사람, 사건 등에 특정한 방식으로 반응하도록 만드는 감정으로, 신념의 영향을 받기 십상이다.

태아(fetus) 임신 9주부터 출생 때까지 발달하는 자궁 속의 유기체

태아 알코올 증후군(fetal alcohol syndrome, FAS) 임산부의 음주로 인해 아동에게 초래된 신체적이고 인지적인 이상. 심한 경우에는 현저한 얼굴 이상의 증상이 나타난다.

테라토겐(teratogen) 화학물질이나 바이러스와 같이 출생 이전 발달과정에서 배아나 태아에 침투하여 해를 끼치는 물질

테스토스테론(testosterone) 남성호르몬 중에서 가장 중요한 호르몬. 남성과 여성 모두 가지고 있지만, 남성의 부가적 테스토스테론이 태아기에 남성 성기의 성장을 자극하며 사춘기 남성의 성징 발달을 촉진시킨다.

토큰경제(token economy) 원하는 행동을 나타냄으로써 특정 유형의 토큰을 얻은 후에 다양한 특권이나 음식 등과 교환할 수 있게 하는 조작적 조건형성 절차

통계적 유의도(statistical significance) 연구하는 전집들 간에 차이가 없다고 가정할 때, 결과가 우연히 얻어질 가능성이 얼마나 되는 것인지를 통계적으로 진술한 것

통제집단(control group) 실험에서 처치를 받지 않는 집단. 실험집단과 대비시키며 처치 효과를 평가하는 비교 기준이 된다.

통제처리(controlled processing, effortful processing) 주의와 의식적 노력이 요구되는 부호화

통찰(insight) 문제의 해결책을 갑작스럽게 깨닫는 것. 전략 기반 해결책과 대비된다.

통찰치료(insight therapy) 기저 동기와 방어에 대한 내담자의 자각을 증진시킴으로써 심리적 기능을 개선하려는 치료기법

투사법 검사(projective test) 로르샤흐 검사나 TAT와 같이, 한 개인의 내적 역동성을 투사시키도록 설계된 모호한 자극을 제시하는 성격검사

트랜스젠더(transgender) 성별 정체성이나 표현이 생물학적 성과 연합된 방식에서 벗어난 사람들을 기술하는 포괄적 용어

특정 공포증(specific phobia) 특정 대상, 행위, 상황 등에 대한 지속적이고 불합리한 공포와 회피가 특징인 불안장애

특질(trait) 행동 또는 느끼고 행동하는 성향의 특징적 패턴. 자기보고식 검사와 또래보고로 평가한다.

틀만들기(framing) 문제를 제기하는 방법. 문제를 어떤 틀에 맞추느냐가 의사결정과 판단에 심각한 영향을 미칠 수 있다.

파블로프식 조건형성(pavlovian conditioning, 고전적 조건형성) 유기체가 자극들을 연합시키는 유형의 학습. 무조건자극(US)을 신호하는 중성자극이 무조건자극을 기대하고 준비하는 반응을 초래하기 시작한다.

파이 현상(phi phenomenon) 둘 이상의 인접한 불빛이 빠른 속도로 교대할 때 발생하는 움직임 착시

파장(wavelength) 광파나 음파의 한 정점에서 다음 정점까지의 거리. 전자기 파장은 극히 짧은 감마선으로부터 매우 긴 라디오파에 이르기까지 다양하다.

편견(prejudice) 집단과 그 구성원들에 대한 부당한(그리고 일반적으로 부정적인) 태도. 일반적으로 편견에는 고정관념과 부정적 감정 그리고 차별적 행위의 성향이 수반된다.

편도체(amygdala) 콩알 크기의 두 신경군집으로 정서와 관련되어 있다.

평균(mean) 점수들을 모두 합한 후에 점수의 수로 나누어줌으로써 얻게 되는 분포의 산술평균

평균으로의 회귀(regression toward the mean) 극단적이거나 이례적인 점수 또는 사건은 평균 방향으로 되돌아오게 되는(회귀하는) 경향성

폐경(menopause) 월경주기가 자연적으로 중지되는 시점. 또한 여성의 자녀 생산 능력이 감소함에 따라서 경험하게 되는 생물학적 변화를 지칭한다.

폭식장애(binge-eating disorder) 엄청나게 폭식을 한 후에 괴로움이나 혐오감 또는 죄의식이 뒤따르지만, 과식증을 특징짓는 보상행동은 나타내지 않는다.

폴리그래프(polygraph) 거짓말을 탐지할 때 사용하는 기계. 발한, 심장박동, 호흡 등에서 정서와 연계된 변화를 측정한다.

표준편차(standard deviation) 점수들이 평균을 중심으로 얼마나 변하는지를 계산한 측정치

표준화(standardization) 일정한 검사 절차와 사전에 검사받은 집단의 성과를 비교함으로써 점수의 의미를 정의하는 것

표출내용(manifest content) 프로이트에 따르면, 꿈의 상징적이고 기억된 이야기이다.

하향처리(top-down processing) 경험과 기대에 근거하여 지각을 구성할 때와 같이, 상위 수준의 심적 과정에 의해 주도되는 정보처리 과정

학습(learning) 경험에 따른 유기체 행동의 비교적 영속적인 변화

학습된 무기력(learned helplessness) 동물이나 사람이 반복적인 혐오 사건을 피할 수 없을 때 무력해지고 수동적으로 되는 것

한 단어 단계(one-word stage) 대략 1세에서 2세까지의 언어 발달 단계로, 아동은 대체로 한 단어만을 말한다.

항불안제(antianxiety drug) 불안과 조바심을 제어하는 데 사용하는 약물

항상성(homeostasis) 일정한 내적 상태를 유지하려는 경향성. 혈당과 같은 신체의 화학적 상태를 특정한 수준으로 조절하는 것

항우울제(antidepressant drug) 우울, 불안장애, 강박장애, 외상 후 스트레스 장애를 치료하는 데 사용하는 약물. 널리 사용하는 여러 항우울제는 선택적 세로토닌 재흡수 억제제(SSRI)이다.

항정신병 약물(antipsychotic drug) 조현병을 비롯한 심각한 사고장애를 치료하는 데 사용하는 약물

해리(dissociation) 의식의 분리로, 어떤 사고와 행동이 다른 것들과 동시에 발생하도록 만든다.

해리장애(dissociative disorder) 의식적 자각이 과거의 기억, 사고, 감정 등과 분리(해리)되는 논란이 많고 드물게 나타나는 장애

해리 정체성 장애(dissociative identity disorder, DID) 한 사람이 둘 이상의 차별적이고 교대되는 성격을 나타내는 희귀한 해리장애. 과거에는 다중성격장애라고 불렸다.

해마(hippocampus) 변연계에 자리 잡고 있으며, 외현기억을 처리하여 저장하는 데 도움을 주는 신경중추

해석(interpretation) 정신분석에서 환자의 통찰을 촉진시키기 위해서 꿈의 의미, 저항을 비롯한 중요한 행동과 사건에 대해서 분석자가 언급하는 것

행동유전학(behavior genetics) 행동에 대한 유전과 환경의 상대적 영향력과 제한점에 관한 연구

행동주의(behaviorism) 심리학은 (1) 객관적 과학이며, (2) 심적 과정을 참조하지 않고 행동을 연구해야 한다는 견해. 오늘날 대부분의 심리학자들은 (1)에 동의하지만 (2)에는 동의하지 않는다.

행동치료(behavior therapy) 원하지 않는 행동을 제거하는 데 학습 원리를 적용하는 치료

행동 피드백 효과(behavior feedback effect) 행동이 사람들의 생각과 감정 그리고 행위에 영향을 미치는 경향성

향본능 표류(instinctive drift) 학습한 행동이 점진적으로 생물학적 소인의 패턴으로 되돌아가는 경향성

향정신성 약물(antipsychotic drug) 지각과 기분을 변화시키는 화학물질

현자 증후군(savant syndrome) 다른 측면에서는 심적 능력이 모자란 사람이 계산이나 그림 그리기 등에서 이례적인 유능성을 보이는 현상

혈당(blood glucose) 혈관을 따라 순환하면서 신체조직의 일차 에너지원을 공급해주는 당분의 형태. 이 수준이 낮아지면 배고픔을 느끼게 된다.

혐오조건형성(aversive conditioning) 불쾌한 상태(예컨대, 구역질)를 원하지 않는 행동(예컨대, 술 마시기)과 연합시키는 역조건형성의 한 유형

형식적 조작단계(formal operational stage) 피아

제 이론에서 아동이 추상 개념에 대해 논리적으로 사고하기 시작하는 인지 발달 단계(정상적이라면 12세에서 시작)

형태소(morpheme) 한 언어에서 의미를 담고 있는 최소 단위. 단어이거나 단어의 부분일 수가 있다(접두사 등).

형평성(equity) 대인관계에서 자신이 주었던 만큼 받게 되는 조건

호르몬(hormone) 대부분 내분비선에서 제조하는 화학 메신저로, 혈액을 따라 돌아다니다가 다른 조직에 영향을 미친다.

호혜성 규범(reciprocity norm) 자신을 도와주었던 사람을 해치지 않고 도와줄 것이라는 기대

호혜적 결정론(reciprocal determinism) 행동, 인지, 환경 간의 상호작용적 영향

혼입변인(confounding variable) 실험에서 독립변인 이외에 효과를 초래할 수도 있는 가외 요인

확산적 사고(divergent thinking) 가능한 문제해결 방안의 수를 넓혀나가는 사고. 다양한 방향으로 퍼져나가는 창의적 사고

확증 편향(confirmation bias) 자신의 선입견을 확증하는 정보만을 찾으며 상반된 증거를 무시하거나 왜곡하려는 경향성

환각(hallucination) 외부 자극이 없음에도 무엇인가를 보는 것과 같은 잘못된 시각 경험

환각제(hallucinogen) LSD와 같이 지각을 왜곡시키고 감각입력이 없는 상태에서 감각 이미지를 촉발시키는 마약

환경(environment) 출생 이전 영양공급에서부터 우리를 둘러싸고 있는 사람과 사물에 이르는 모든 비유전적 영향

활동전위(action potential) 신경 흥분. 축색을 따라 전달되는 짧은 전위

회상(recall) 괄호넣기 검사에서와 같이 학습한 정보를 인출해야만 하는 기억 측정 방법

획득(acquisition) 파블로프식 조건형성의 첫 단계. 중성자극이 US와 짝 지어져서 CR을 유발하게 되는 단계. 조작적 조건형성에서는 강화된 반응이 증가하는 것

횡단연구(cross-sectional study) 동일 시점에 상이한 연령의 사람들을 비교하는 연구

효과의 법칙(law of effect) 호의적 결과가 뒤따르는 행동은 출현 가능성이 증가하고, 호의적이지 않은 결과가 뒤따르는 행동은 출현 가능성이 줄어든다는 손다이크의 원리

효능제(agonist) 신경전달물질의 활동을 증가시키는 분자

후각(olfaction) 냄새 감각

후견 편향(hindsight bias) 결과를 알고 난 후에, 그 결과를 예측할 수 있었던 것처럼 믿는 경향성 ('나는 진작 알고 있었어' 현상이라고도 알려져 있다.)

후두엽(occipital lobe) 뒤통수 쪽에 위치한 대뇌피질 영역. 반대편 시야로부터 시각정보를 받아들이는 시각영역을 포함한다.

후생유전학(epigenetics) (DNA 변화 없이) 환경이 유전자 발현에 영향을 미칠 수 있는 분자기제에 관한 연구

흥분제(stimulant) 신경 활동을 증폭시키고 신체기능을 촉진시키는 약물(카페인, 니코틴 그리고 보다 강력한 암페타민, 코카인, 엑스터시)

희생양 이론(scapegoat theory) 편견이 다른 사람을 비난하도록 해줌으로써 분노의 배출구를 제공한다는 이론

2요인 이론(two-factor theory) 정서를 경험하기 위해서는 신체적으로 각성되고, 인지적으로 그 각성에 표지를 붙여야만 한다는 샥터와 싱어의 이론

5대 요인(Big Five factors) 연구자들은 성격을 기술하는 다섯 가지 요인, 즉 개방성, 성실성, 외향성, 우호성, 신경증을 확인하였다. (5요인 모형이라고도 부른다.)

A 유형(Type A) 경쟁적이고 정력적이며 참을성이 없고 언어 공격을 많이 하며 화를 잘 내는 사람에 대한 프리드먼과 로젠먼의 용어

B 유형(Type B) 낙천적이고 편안한 사람에 대한 프리드먼과 로젠먼의 용어

DNA(deoxyribonucleic acid) 염색체를 구성하는 유전적 정보를 담고 있는 복잡한 분자

DSM-5 미국정신의학회의 심리장애의 진단 및 통계 편람, 제5판. 널리 사용하는 심리장애 분류 시스템이다.

GRIT(Graduated and Reciprocated Initiatives in Tension-Reduction) 긴장 완화에서 점증적이고 보답적인 주도권. 국제적 긴장을 완화시키도록 설계된 전략

LSD(lysergic acid diethylamide) 강력한 환각제이며, acid라고도 부른다.

REM 반동(REM rebound) REM 수면이 박탈된 후에 REM 수면이 증가하는 경향성

REM 수면(REM sleep) 빠른 안구운동 수면으로, 일반적으로 선명한 꿈이 나타나는 수면단계이다. 근육은 이완되지만 다른 신체 시스템은 활동적이기 때문에 역설적 수면이라고도 알려져 있다(때로는 R 수면이라고 부른다).

SQ3R 훑어보고, 질문을 던지며, 읽고, 인출하며, 개관하는 다섯 단계를 사용하는 공부법

THC(delta-9-tetrahydrocannabinol) 마리화나의 주요 성분. 약한 환각을 포함한 다양한 효과를 초래한다.

X 염색체(X chromosome) 남성과 여성 모두에 존재하는 성염색체. 여성은 두 개의 X 염색체를 가지고 있는 반면, 남성은 하나만 가지고 있다. 각 부모로부터 X 염색체를 물려받으면, 여아가 된다.

Y 염색체(Y chromosome) 남성에게만 존재하는 성염색체. 어머니로부터 받은 X 염색체와 결합하여 남아가 된다.

참고문헌

Note: As your authors, we aim to report psychology's current state, including each sub-discipline's latest research insights. We've incorporated 2100 citations dated 2015–2020, highlighted here in blue. For more on our Research and Critical Thinking Story, see p. xii of the Preface at the beginning of the text.

AAA. (2010). *Asleep at the wheel: The prevalence and impact of drowsy driving* [PDF file]. https://aaafoundation.org/wp-content/uploads/2018/02/2010DrowsyDrivingReport.pdf

AAA. (2015). *Teen driver safety: Environmental factors and driver behaviors in teen driver crashes*. AAA Foundation for Traffic Safety.

AAMC. (2014). *Medical students, selected years, 1965–2013*. https://www.aamc.org/download/411782/data/2014_table1.pdf

AAMC. (2018). *Total enrollment by U.S. medical school and sex, 2014–2015 through 2018–2019*. American Association of Medical Colleges (aamc.org).

Aarts, H., & Custers, R. (2012). Unconscious goal pursuit: Nonconscious goal regulation and motivation. In R. M. Ryan (Ed.), *The Oxford handbook of human motivation* (pp. 232–247). Oxford University Press.

Abbey, A. (1987). Misperceptions of friendly behavior as sexual interest: A survey of naturally occurring incidents. *Psychology of Women Quarterly, 11*, 173–194.

Abel, K. M., Drake, R., & Goldstein, J. M. (2010). Sex differences in schizophrenia. *International Review of Psychiatry, 22*, 417–428.

Abrams, D. B., & Wilson, G. T. (1983). Alcohol, sexual arousal, and self-control. *Journal of Personality and Social Psychology, 45*, 188–198.

Abrams, L. (2008). Tip-of-the-tongue states yield language insights. *American Scientist, 96*, 234–239.

Abrams, M. (2002, June). Sight unseen—Restoring a blind man's vision is now a real possibility through stem-cell surgery. But even perfect eyes cannot see unless the brain has been taught to use them. *Discover, 23*, 54–60.

Abramson, L. Y., Metalsky, G. I., & Alloy, L. B. (1989). Hopelessness depression: A theory-based subtype. *Psychological Review, 96*, 358–372.

Abramson, L. Y., Seligman, M. E. P., & Teasdale, J. D. (1978). Learned helplessness in humans: Critique and reformulation. *Journal of Abnormal Psychology, 87*, 49–74.

Abuhamdeh, S., Csikszentmihalyi, M., & Jalal, B. (2015). Enjoying the possibility of defeat: Outcome uncertainty, suspense, and intrinsic motivation. *Motivation and Emotion, 39*, 1–10.

Academy of Science of South Africa. (2015). *Diversity in human sexuality: Implications for policy in Africa*. http://research.assaf.org.za/handle/20.500.11911/38

Acevedo, B. P., & Aron, A. (2009). Does a long-term relationship kill romantic love? *Review of General Psychology, 13*, 59–65.

Acevedo, B. P., Aron, A., Fisher, H. E., & Brown, L. L. (2012). Neural correlates of long-term intense romantic love. *Social Cognitive and Affective Neuroscience, 7*, 145–159.

Ackerman, P. L. (2014). Adolescent and adult intellectual development. *Current Directions in Psychological Science, 23*, 246–251.

ACMD. (2009). *MDMA ('Ecstasy'): A review of its harms and classification under the Misuse of Drugs Act 1971* [PDF file]. https://assets.publishing.service.gov.uk/government/uploads/system/uploads/attachment_data/file/119088/mdma-report.pdf

Adachi, T., Fujino, H., Nakae, A., Mashimo, T., & Sasaki, J. (2014). A meta-analysis of hypnosis for chronic pain problems: A comparison between hypnosis, standard care, and other psychological interventions. *International Journal of Clinical and Experimental Hypnosis, 62*, 1–28.

Adams, H. E., Wright, L. W., Jr., & Lohr, B. A. (1996). Is homophobia associated with homosexual arousal? *Journal of Abnormal Psychology, 105*, 440–446.

Adams, Z. W., Sieverdes, J. C., Brunner-Jackson, B., Mueller, M., Chandler, J., Diaz, V., Patel, S., Sox, L. R., Wilder, S., & Treiber, F. A. (2018). Meditation smartphone application effects on prehypertensive adults' blood pressure: Dose-response feasibility trial. *Health Psychology, 37*, 850–860.

Addis, D. R., Leclerc, C. M., Muscatell, K. A., & Kensinger, E. A. (2010). There are age-related changes in neural connectivity during the encoding of positive, but not negative, information. *Cortex, 46*, 425–433.

Adelmann, P. K., Antonucci, T. C., Crohan, S. F., & Coleman, L. M. (1989). Empty nest, cohort, and employment in the well-being of midlife women. *Sex Roles, 20*, 173–189.

Ader, R., & Cohen, N. (1985). CNS-immune system interactions: Conditioning phenomena. *Behavioral and Brain Sciences, 8*, 379–394.

Aderka, I. M., Nickerson, A., Bøe, H. J., & Hofmann, S. G. (2012). Sudden gains during psychological treatments of anxiety and depression: A meta-analysis. *Journal of Consulting and Clinical Psychology, 80*, 93–101.

Adetunji, J. (2014, February 17). *Genes predispose obesity but it's fullness that makes you fat*. The Conversation. https://theconversation.com/genes-predispose-obesity-but-its-fullness-that-makes-you-fat-23335

ADL. (2019, accessed November 14). *Anti-Semitism in the US*. Anti-Defamation League. Retrieved from https://www.adl.org/what-we-do/anti-semitism/anti-semitism-in-the-us

Adler, J. (2012). Erasing painful memories. *Scientific American, 306*, 56–61.

Adler, J. M., Lodi-Smith, J., Philippe, F. L., & Houle, I. (2016). The incremental validity of narrative identity in predicting well-being: A review of the field and recommendations for the future. *Personality and Social Psychology Review, 20*, 142–175.

Admon, R., Vaisvaser, S., Erlich, N., Lin, T., Shapira-Lichter, I., Fruchter, E., Gazit, T., & Hendler, T. (2018). The role of the amygdala in enhanced remembrance of negative episodes and acquired negativity of related neutral cues. *Biological Psychology, 139*, 17–24.

Adolph, K. E., & Hoch, J. E. (2019). Motor development: Embodied, embedded, enculturated, and enabling. *Annual Review of Psychology, 70*, 141–164.

of undesirable daily events with mood disturbance and chronic pain intensity. *Journal of Personality and Social Psychology, 66*, 329–340.

Afzali, M. H., Sunderland, M., Stewart, S., Masse, B., Seguin, J., Newton, N., Teesson, M., & Conrod, P. (2019). Machine-learning prediction of adolescent alcohol use: a cross-study, cross-cultural validation. *Addiction, 114*, 662–671.

Agerström, J., Björklund, F., Carlsson, R., & Rooth, D.-O. (2012). Warm and competent Hassan = cold and incompetent Eric: A harsh equation of real-life hiring discrimination. *Basic and Applied Social Psychology, 34*, 359–366.

Agrawal, Y., Platz, E. A., & Niparko, J. K. (2008). Prevalence of hearing loss and differences by demographic characteristics among US adults: Data from the National Health and Nutrition Examination Survey, 1999–2004. *Archives of Internal Medicine, 168*, 1522–1530.

Agrigoroaei, S., & Lachman, M. E. (2011). Cognitive functioning in midlife and old age: Combined effects of psychosocial and behavioral factors. *The Journals of Gerontology. Series B: Psychological Sciences and Social Sciences, 66* (suppl 1), 1130–1140.

Agrillo, C. (2011). Near-death experience: Out-of-body and out-of-brain? *Review of General Psychology, 15*, 1–10.

Agudelo, L. Z., Femenía, T., Orhan, F., Porsmyr-Palmertz, M., Goiny, M., Martinez-Redondo, V., Correia, J. C., Izadi, M., Bhat, M., Schuppe-Koistinen, I., Pettersson, A. T., Ferreira, D. M. S., Krook, A., Barres, R., Zierath, J. R., Erhardt, S., & Ruas, J. L. (2014). Skeletal muscle PGC-1α1 modulates kynurenine metabolism and mediates resilience to stress-induced depression. *Cell, 159*, 33–45.

Ahrén, J. C., Chiesa, F., Koupil, I., Magnusson, C., Dalman, C., & Goodman, A. (2013). We are family—parents, siblings, and eating disorders in a prospective total-population study of 250,000 Swedish males and females. *International Journal of Eating Disorders, 46*, 693–700.

Aichele, S., Rabbitt, P., & Ghisletta, P. (2016). Think fast, feel fine, live long: A 29-year study of cognition, health, and survival in middle-aged and older adults. *Psychological Science, 27*, 518–529.

Aiello, J. R., Thompson, D. D., & Brodzinsky, D. M. (1983). How funny is crowding anyway? Effects of room size, group size, and the introduction of humor. *Basic and Applied Social Psychology, 4*, 193–207.

Ainsworth, M. D. S. (1973). The development of infant-mother attachment. In B. Caldwell & H. Ricciuti (Eds.), *Review of child development research* (Vol. 3). University of Chicago Press.

Ainsworth, M. D. S. (1979). Infant-mother attachment. *American Psychologist, 34*, 932–937.

Ainsworth, M. D. S. (1989). Attachments beyond infancy. *American Psychologist, 44*, 709–716.

Airan, R. D., Meltzer, L. A., Roy, M., Gong, Y., Chen, H., & Deisseroth, K. (2007). High-speed imaging reveals neurophysiological links to behavior in an animal model of depression. *Science, 317*, 819–823.

Ajiboye, A. B., Willett, F. R., Young, D. R., Memberg, W. D., Murphy, B. A., Miller, J. P., Walter, B. L., Sweet,

* 이 책의 참고문헌은 지면상 모두 싣지 못하였습니다. 전체 목록은 출판사 홈페이지(http://www.sigmapress.co.kr)의 일반자료실에서 내려받을 수 있습니다.
(2015~2020년 사이에 발표된 최신 연구 2,100건은 파란색으로 표시됨)

찾아보기

저자 소개

Photographer Steven Herppich, courtesy of Hope College Public Affairs and Marketing

데이비드 마이어스(David Myers)

아이오와대학교에서 심리학으로 박사학위를 받았다. 지금까지 미시간의 호프대학 교수로 활동해왔는데, 많은 심리학개론 강의를 담당해왔다. 호프대학 학생들은 졸업식에 마이어스 교수를 초청해왔으며 '뛰어난 교수'로 선정해왔다. 그의 연구와 저작물들은 고든 올포트 집단관계상 수상, 2010년 행동과학과 뇌과학 연합회의 명예로운 과학자상 수상, 2010년 성격심리학과 사회심리학 서비스상 수상, 2013년 APA 2분과의 회장상 수상, 미국과학진흥협회(AAAS) 펠로우 선출, 그리고 세 번의 명예박사학위 수여 등을 통해서 인정받아 왔다.

미국 과학재단(NSF)의 연구비 지원을 받아 수행한 마이어스의 연구논문들은 *Science, American Scientist, Psychological Science, American Psychologist* 등을 포함한 수십 가지 과학 저널에 게재되었다. 연구논문 그리고 심리학개론과 사회심리학 교과서를 집필하는 것 이외에도, 마이어스는 일반 대중을 위하여 심리과학을 정리하여 소개하기도 한다. 그의 글은 *Today's Education*에서부터 *Scientific American*에 이르기까지 40여 종의 잡지에 게재되어 왔다. 또한 **행복과 직관의 추구 : 그 위력과 폐해**(*The Pursuit of Happiness and Intuition: Its Powers and Perils*)를 포함하여 일반 대중을 위한 다섯 권의 책을 집필하기도 하였다. 그리고 TalkPsych.com에 심리학과 삶에 관한 블로그를 운영하고 있다.

데이비드 마이어스는 자신이 살고 있는 도시의 인간관계위원회 위원장직을 맡아왔고, 빈민가정 지원센터를 설립하는 데도 일조해왔으며, 전 세계의 수많은 대학, 지역사회, 전문가 집단에서 강연을 해왔다.

자신의 경험에 근거하여 청각 상실에 관한 논문들과 책(**적막한 세상**)도 저술하였으며, 미국 보조청각 기술의 변혁을 주창하고 있다(www.hearingloop.org를 참고하라). 그의 리더십이 인정받아 미국 청각학회, 청각산업, 미국 난청학회에서도 수상하였다.

데이비드와 캐럴 마이어스는 학부생일 때 만나 결혼하여 2남 1녀를 두었으며, 손녀도 한 명 있다.

네이선 드월(Nathan DeWall)

켄터키대학교 심리학 교수이다. 그는 시카고대학교에서 사회과학 석사학위 그리고 플로리다주립대학교에서 사회심리학으로 석사학위와 박사학위를 받았다. 드월은 문리과대학 우수 강의상을 수상하였는데, 이 상은 학부 강의와 대학원 강의의 수월성을 인정하는 것이다. 심리과학회는 그를 '심리과학 분야에서 혁혁한 공로를 이룩한', '떠오르는 스타'로 인정하였다. Web of Science(SCIE, SSCI, A&HCI를 WEB에서 동시에 검색할 수 있는 웹 DB)에 따르면, 드월은 심리학과 정신의학에서 피인용 횟수가 상위 1%에 드는 과학자이다.

드월은 친밀한 관계, 자기제어, 공격성 등에 관한 연구를 수행하고 있다. 미국 국립보건원(NIH), 과학재단(NSF), 존 템플턴 재단 등의 연구비 지원을 받아, 200여 편에 이르는 과학논문과 글들을 발표하였다. 드월의 수상 경력에는 성격과 사회심리학 재단이 수여하는 SAGE 젊은 학자상, 국제 공격성 연구학회의 젊은 연구자상, 국제 자기와 정체성 학회의 신진학술상 등이 있다. 그의 연구는 수많은 대중매체에서 다루어왔는데, 여기에는 *Good Morning America, The Wall Street Journal, Newsweek, The Atlantic Monthly, The New York Times, The Los Angeles Times, Harvard Business Review, USA Today*, 공영 라디오 방송, BBC, *The Guardian* 등이 포함된다. 그는 홍콩, 중국, 네덜란드, 영국, 그리스, 헝가리, 스웨덴, 호주, 프랑스 등을 포함한 많은 국가에서 강연을 해왔다.

그는 앨리스 드월과 행복한 결혼생활을 하고 있으며, 두 아들의 자랑스러운 아버지이다. 골든 리트리버 종의 두 마리 애견과 장난치기를 즐긴다. 울트라 마라톤 선수로 2017년 배드워터 135(세계에서 가장 험난한 경주로 알려져 있다)를 비롯하여 여러 경주에 참가하여 완주하였다. 여가시간에는 소설을 쓰고, 스포츠 경기를 관람하며, 록밴드에서 기타를 연주하고 노래를 부른다.